U0473401

第五卷

華夏文明聖火薪傳

主　編　章人英
副主編　葛明滄
　　　　顧　鋼

上海三聯書店

总目录

第一卷
卷首语　鸿儒卓识
第一章　厥初生民
第二章　先哲玄训
第三章　质测钩玄

第二卷
第四章　郅治之道
第五章　文化教育

第三卷
第六章　武备韬略
第七章　史志辑略
第八章　舆地广记

第四卷
第九章　字源韵会
第十章　文苑汇考

第五卷

第十一章　艺林掇英

第十二章　民族博闻

第五卷 目录

第十一章 艺林掇英

第一节 书画品录/1

一、画谱菁华/1

二、书法通览/100

三、金石镌华/125

四、论著题录/128

第二节 雕塑荟萃/135

一、原始社会时期雕塑/135

二、商代雕塑/136

三、西周雕塑/137

四、春秋战国时期雕塑/137

五、秦代雕塑/137

六、汉代雕塑/138

七、两晋南北朝雕塑/140

八、隋唐雕塑/141

九、五代两宋雕塑/143

十、辽金元雕塑/144

十一、明清雕塑/144

第三节　工艺造物/145

　　一、中国原始工艺美术/146

　　二、先秦工艺美术/147

　　三、秦汉工艺美术/155

　　四、魏晋南北朝工艺美术/159

　　五、隋唐工艺美术/161

　　六、宋、辽、金、西夏工艺美术/164

　　七、元代工艺美术/170

　　八、明清工艺美术/173

第四节　巧夺天工/182

　　一、古都布局/182

　　二、肃穆陵墓/185

　　三、坛庙寺观/188

　　四、民居院落/198

　　五、雄伟长城/199

　　六、多姿桥梁/200

　　七、园林胜景/200

　　八、著作要目/203

第五节　古乐韶舞/203

　　一、中国古代音乐/203

　　二、中国古代舞蹈/210

　　三、戏曲的起源与形成/214

　　四、宋元南戏/217

　　五、元杂剧/218

　　六、明清传奇与杂剧/219

　　七、清代地方戏/220

　　八、京剧/221

第十二章 民族博闻

一、众多民族 /222
二、哲理思想 /222
三、宗教崇拜 /224
四、生活习俗 /230
五、语言文字 /233
六、文学艺术 /235
七、民族医药 /275
八、民族历法 /278

鸣　谢 /279

第十一章 艺林掇英

第一节 书画品录

一、画谱菁华

美术品类丰富多彩，形态各异，千变万化。美术品类，按物质材料和制作方法来区分，大体上可分为绘画、雕塑、工艺美术、建筑艺术等几个大门类。绘画品种中的中国画又可按艺术技巧分为工笔重彩和水墨写意两大系统；按题材样式又可分为人物画、山水画、花卉、草虫、翎毛（禽鸟走兽）、鳞介（鱼贝类）等画科。书法和篆刻一向是中国画的姊妹艺术而自成系统。

1. 原始绘画与先秦绘画

中国绘画的最早遗迹可上溯到远古的岩画。岩画是在岩石上雕刻或绘制的图画，其创作时间约在旧石器时代至新石器时代早期。北方地区的岩画以刻凿为主，多表现各种动物、人物、狩猎及各种符号，反映原始的游牧生活；南方地区的岩画以涂饰为多，表现内容更增多了采集、房屋或村落、宗教仪式等，反映了南方原始农业社会的生活状况。岩画古朴、稚拙、粗犷，富有幼稚夸张的特点。如在广西宁明县明江边岩壁上的祭神舞蹈图，展示出一幅震撼人心的动人"祭神"舞蹈场面。

祭神舞蹈图细部

舞蹈纹盆

繁荣于新石器时代彩陶器上的非常丰富的装饰纹样，技巧上虽尚处于稚拙阶段，但已具有初步造型能力，对人物、鱼、鸟等外形动态亦能抓住主要特征，并表现作者的信仰、愿望，用以美化生活，犹如一片绚丽的彩霞，映现了中国绘画史的黎明。如出土于青海省大通县上孙家寨的《舞蹈纹盆》，不仅巧妙地反映出原始人的舞乐活动，也是直接而完整地表现人物活动的最早的绘画作品之一。

《乐舞百戏图》

夏、商、西周及春秋、战国时期，绘画已有了相当的进步。这时的绘画形象，可从青铜器及玉器上的装饰纹样，战国时期漆器上的彩画，特别是湖南长沙战国楚墓中出土的帛画和缯书图像中看出中国绘画在当时已达到较高水平。从风格上看，商代庄严神秘而缛丽，西周趋于典雅，春秋以后社会和思想观念发生巨大变化，绘画内容逐渐更多地反映社会生活，形象活泼生动，技巧上有着巨大的飞跃。

2. 秦汉绘画

（一）壁画

内蒙古和林格尔县新店子一号汉墓壁画中的《乐舞百戏图》，描绘墓主人观看杂技的情景，展现了汉代社会生活的动人场面。

（二）帛画

帛画是画在丝织品上的画。湖南长沙马王堆一号汉墓出土的帛画最有代表性。一号墓画《升天图—轪侯妻墓帛画》，画幅呈T字形，画面完整，形象清晰。自上而下分段描绘了天上、人间和地下的景象。

《升天图—轪侯妻墓帛画》

（三）画像石、画像砖

画像石是汉代的石刻画。主要用于墓室、墓前祠堂、石阙等墓葬建筑的建造与装饰。东汉武氏祠画像石，表现最多的是历史上的人物故事画，其中《荆轲刺秦王》为较著名的作品。

画像砖是中国古代用于墓室建筑的砖刻绘画，始于战国晚期，盛于汉代。画像砖的题材内容广泛地表现了所处时代的政治、经济、文化、艺术、风俗、民情及生产劳动等。如《狩猎出行画像砖》是描绘墓主人生前享乐生活中出猎的情景。

《荆轲刺秦王》

《狩猎出行画像砖》

3. 三国两晋南北朝绘画

三国两晋南北朝处于长期分裂混乱之中，战争频繁，民生疾苦。苦难的时代，给佛教提供了传播和发展的土壤，佛教美术勃然兴盛，遍及南北。中原地区寺庙壁画虽已毁于兵燹，但石窟壁画如新疆克孜尔石窟、吐峪沟石窟、甘肃麦积山石窟、炳灵寺石窟，特别是敦煌莫高窟都保存有大量的此一时期壁画，展示出高度的艺术造诣。东晋时，绘画不仅是"百工"之事，而且涌现出一批知名画家，如顾恺之等，他们与广大工匠一起为绘画的繁荣作出了贡献。山水画和花鸟画开始萌芽。此期绘画在塑造人物形象上追求精神状态的刻画及气质的表现，体现了这一时期绘画的水平。

（一）石窟壁画

石窟最初是传教信徒在山崖间凿洞修炼的地方，后成为礼佛与参拜的圣地。最早始于印度，约东汉后盛行于中国。敦煌莫高窟里北魏时期的壁画，多以佛教故事为主要内容。《九色鹿本身故事》绘于莫高窟第275窟西

鹿王本生故事画之一（董希文临摹）

壁中层,是国内外现存九色鹿本身故事画作品中,内容最丰富、保存最完整的一组壁画。

故事内容体现了对负义与贪心的道德谴责。壁画呈横构图,显示出早期绘画的人物为主、山水为辅的经营特点。线条刚劲有力,以土红为底,用青、绿、黑、白等色画人物、景物,于浑朴中见瑰丽和谐。

(二)墓室壁画

出土于新疆吐鲁番阿斯塔那东晋墓的《墓主人生活图》是分别绘在六张纸上拼合而成的一幅完整画面。全画反映了东晋时期豪门贵族的生活。形象稚拙

《墓主人生活图》

简率,用笔粗放沉着,色彩仅用红、黑、蓝色,明快热烈。这是我国目前所见保存完好、时代最早的纸画。

(三)画家作品

①顾恺之画

顾恺之(约348~409年),东晋画家。字长康,晋陵无锡(今属江苏省)人。他多才艺,工诗赋,尤精绘画。善画肖像、历史人物、道释、禽兽、山水等。其人物画,强调传神,注重点睛。顾恺之作品真迹没有保存下来。相传为顾恺之作品的摹本有《女史箴图》、《洛神赋图》、《列女仁智图》等。

《洛神赋图》以手卷形式展现了曹植名篇《洛神赋》的内容。此图之传世摹作凡有数本。图绘按先后情节分段为画,有一本,又录曹赋原文,载画载书。以山、树作时间和内容变换的间隔,是人物故事画表现方法的一大发展。

洛神赋图(宋摹本第一卷首段)

洛神赋图（宋摹本第二卷首段）

②杨子华画

杨子华，北齐画家。生卒年不详。善画贵族人物、宫苑、车马，所画马尤其生动逼真。他的人物画吸收了顾恺之、陆探微、张僧繇等前代画家的长处，而又提高到一个新水平，由于技艺精湛，当时即被称为"画圣"，成为专门的御用画家。现存《北齐校书图》系描绘北齐天保七年（556年）文宣帝高洋命樊逊等人校勘五经诸史的事迹。

北齐校书图

③萧绎画

萧绎（508～554年），字世诚，南兰陵（今江苏省常州市西北）人，梁武帝第七子。萧绎画过与梁通好的国家使臣形象的《职贡图》，并自撰序言。

职贡图（局部）

此卷原绘有25国使臣像，现已残损，仅存12段，每人身后皆有简短的文字题记，记叙该国情况及历来交往史实。画中人物造型准确，神态自然，传写出不同地区不同国家使者的外貌和风度。

职贡图

4. 隋唐绘画

（一）隋唐画家作品

①展子虔画

隋代画家展子虔,渤海（今属山东）人,生卒年不详。他在中国画坛上影响最大的是山水画,善于表现自然山水的深远的空间感。其画《游春图》,卷前有宋徽宗赵佶手书"展子虔游春图"的题签。在这幅画上,展子虔以圆劲的线条和浓丽的青绿色彩,描绘了在阳春三月、花红树绿、山青水碧的郊野中,贵族、仕女骑马泛舟、踏青赏春的优美景色,是迄今为止所保存的最早的卷轴山水画。《游春图》超越了以前"人大于山,水不容泛"的山水草创阶段,将中国山水画的发展推向了一个新的时期。

游春图卷（局部）

②阎立本画

唐代画家阎立本（？~673年）,雍州万年（今陕西临潼）人。他善画道释、人物、山水、鞍马,尤以道释人物画著称,曾在长安慈恩寺两廊画壁,颇受称誉。他又工写真,不少肖像画是为了表彰功臣勋业而创作的。现存传为阎立本作品多为摹本,其中《步辇图》是现存阎立本的重要作品。全

步辇图

图不画背景，手法简洁，生动地记录了吐蕃王松赞干布派禄东赞到长安通聘，要求通过与唐公主和亲而永结和好，受到唐太宗赞许的重要事件。作品描绘了唐太宗召见禄东赞的场面，刻画了太宗的睿智与喜悦和禄东赞对太宗的敬仰之情，对不同地位、民族、身份的人物都表现得真实得体。

传为阎立本的作品还有描绘汉至隋代13个不同帝王形象的《古帝王图》，又名《历代帝王图》。画者特别注意人物面部表情的刻画，通过对所画帝王的眼神及嘴唇的紧闭、舒展的微妙表现，和肌肉、胡须等生理差异的不同描绘，来表现他们的心理状态与性格特征。

历代帝王图部分之一

③张萱画

张萱，京兆（今陕西省西安市）人，生卒年不详。善画人物、仕女。他的人物画线条工细劲健，色彩富丽匀净。其妇女形象代表着唐代仕女画的典型风貌，并直接影响晚唐五代的画风。有摹本《捣练图》、《虢国夫人游春图》等流传于世。《虢国夫人游春图》描绘唐玄宗宠妃杨玉环的二姐虢国夫人及其眷从们骑马郊游的行列。不画背景，但人物鲜艳明快的服装、鞍鞯华丽的骏马，使整个队伍有如花团锦簇。令人联想起沐浴在明媚春光中的桃红柳绿和扑面而来的花粉气息。

虢国夫人游春图

《捣练图》描绘贵族妇女捣练、熨练、缝制的情景。画家抓住劳动中富有意味的姿势，如捣练间歇的挽袖，扯绢因用力而使身体微微后仰，缝制中灵巧的理线，小女孩看熨练时和嬉戏、顾盼等细节都增添了该画的生动性，使画面洋溢着有节奏的律动和欢快的情调。

捣练图

④周昉画

周昉,字景玄,又字仲朗。京兆(今陕西省西安市)人。生卒年不详。所画人物仕女,体态丰满,容貌端庄,衣纹简劲,色彩柔丽,史称"周家样"。周昉的作品现存者相传有《纨扇仕女图》、《调琴啜茗图》、《簪花仕女图》等。其中《簪花仕女图》精致地刻画了几个身披轻纱、高髻凌风的贵妇在庭院中闲步、赏花、采花、戏犬等的生活情节。她们步履从容,但眉宇间却流露出若有所思的心态。圆浑流畅的线条,艳丽丰富的色彩,出色地表现了"绮罗纤缕见肌肤"的效果。

簪花仕女图

调琴啜茗图

⑤韩滉画

韩滉(723~787年),字太冲,长安(今陕西省西安市)人。他善画人物,尤喜画农村风俗和牛、马、羊、驴等。其传世作品《五牛图》,画5只肥壮的黄牛分别作昂首、独立、嘶鸣、回首、擦痒之状。用笔厚拙粗辣,神气生动,是现存唐画中的珍品。

五牛图

⑥孙位画

孙位，后改名遇，号会稽山人。会稽（今浙江省绍兴市）人，生卒年不详，主要生活于唐代末年。孙位作品流传至今的只有《高逸图》，画高士4人在庭园中席地而坐，躯干伟岸，颇能传达魏晋名士的风度神采。线描细劲圆润，湖石补景简括而有皴染，反映了晚唐绘画艺术的风格。

高逸图（竹林七贤图残卷）

⑦李昭道画

李昭道，字希俊。李思训之子，玄宗时期曾官至中书舍人。善画山水，继承家学，并能变父之体，有所创新，造诣精深，后世称之为"小李将军"。作品现很少见到，传为他的《春山行旅图》、《明皇幸蜀图》等，可能系后人摹本。

明皇幸蜀图

（二）墓室壁画

隋唐时代是中国壁画的繁荣期。唐墓壁画以人物为主，以简练的线描、鲜明的色彩，栩栩如生地描绘了各种人物形象。

红衣舞女图（陕西西安执失奉节墓）　众侍女局部（陕西乾县乾陵永泰公主墓）

（三）版画

刻于唐咸通九年（868年）的《金刚般若波罗蜜经卷首图》（敦煌）是现存最早的版画。其特点是体现了相当浓厚的宗教画画风。在处理众多人物的复杂构图上，无论是主宾位置，还是疏密布局，都很恰当。线条匀称，刀法锋利成熟，线条虽纤细而有力，并且从刻划的线条上可以看出毛笔的运用肥瘦适中，浑厚流利。画面上衬以花树烟云，具有了装饰趣味。

金刚般若波罗蜜经卷首图（敦煌）

5. 五代绘画

五代十国时，各个地区之间由于历史地理及政治上的种种原因，绘画的发展是不平衡的。其中以中原、西蜀和南唐三个地区的绘画最为发达。在中原地区有擅长山水的荆浩、关仝，擅长宫室的郭忠恕等；在西蜀有佛道人物画家贯休、石恪，山水画家李昇，花鸟画家滕昌祐、黄筌、黄居寀等；在南唐佛道人物画家有王齐翰、周文矩、顾闳中，山水画家有董源、巨然、赵幹,花鸟画家有徐熙、唐希雅,宫室画家有卫贤等。

（一）后梁画家作品

①关仝画

后梁画家关仝,长安（今陕西省西安市）人,生卒年不详。关仝喜作秋山、寒林、村居、野渡、幽人逸士、渔村山驿的生活景物,能使观者如身临其境,具有强烈的艺术感染力。北宋人将他与李成、范宽并列为"三家鼎峙",具有很大影响。关仝传世作品有《山溪待渡图》及《关山行旅图》等。其中《关山行旅图》画深秋季节荒山中的野店行旅,勾皴简括有力,景物高深,虚实富有变化,穿插各种人物活动,使画面更富生活气息。

山溪待渡图 　　　关山行旅图

②荆浩画

后梁画家荆浩,字浩然,自号洪谷子,河内沁水（今山西省沁水县）人,生卒年不详。他的山水画已经开始达到笔墨两得,皴染兼备,标志着中国山水画的一次大突破。他所作的全景式山水画更为丰富生动,其特点是在画幅的主要部位安排气势雄浑的主峰,在其他中景和近景部位则布置乔棻杂植,溪泉坡岸,并点缀村楼桥杓,间或穿插人物活动,使得一幅画境界雄阔,景物逼真和构图完整。

荆浩的山水画传世作品仅有《匡庐图》。

匡庐图

（二）南唐画家作品

①董源画

董源,一作董元,字叔达,钟陵（今江西南昌附近）人。生卒年不详,主

要活动在南唐中主(934~960年)时期。因任北苑副使,故后世称之为"董北苑"。其最有独创性而且成就最高的是水墨山水。他运用披麻皴和点苔法来表现江南一带的自然面貌,神妙地传写出峰峦晦明、洲渚掩映、林麓烟霏的江南景色。他用笔甚草草,近视几不类物象,远观则景物粲然,在技巧上富有创造性。其传世作品有《夏景山口待渡图》、《潇湘图》和《龙宿郊民图》等。《潇湘图卷》是董源的代表作品。全图以平远取势构图,描摹出江南山水的秀润空灵与淡远清深。整个画面视域开阔,构图层次井然,活跃于其间的人物更是将作品意境推进到一个更高的层次。

龙宿郊民图

潇湘图卷

②顾闳中画

顾闳中,江南人,生卒年不详。为南唐画院待诏。善画人物,传世代表作品为《韩熙载夜宴图》。见于画史著录的作品还有《明皇击梧桐图》、《游山阴图》、《雪村图》、《荷钱幽浦》等。

《韩熙载夜宴图》的创作背景是:

李煜当政时,因中书舍人韩熙载好蓄声伎,常在家中举办夜宴,与宾客们在觥筹交错、酒酣耳热中行为放纵。李煜想了解其家宴活动的具体情状,因命顾闳中夜至其宅,暗中观察,目识心记,完成了这件作品。由此可知它是一幅以默画为基础进行创作的记实的人物画作品。它以连环图画形式表现了5个互相联系而又相对独立的情节,以展现夜宴活动的丰富内容，即听乐、观舞、休息、清吹，送别。人物衣纹简练洒脱，勾勒的线条劲健优美、柔中有刚。色彩丰富而又统一、和谐，服饰花纹细入毫发。

③巨然画

巨然，江宁（今南京）人，生卒年不详。南唐亡，至开封，为开元寺僧。他善于表现烟岚气象，笔墨秀润可爱。所画峰峦，带有渰郁的水蒸气，山顶多作矾头，林麓间多作卵石，掩映之以疏筠蔓草，旁

韩熙载夜宴图（宋摹本）

通之以细径危桥，深得野逸清静的景趣。传世作品有《万壑松风图》、《秋山问道图》、《山居图》等。

④卫贤画

卫贤，京兆（今陕西省西安市）人，生卒年不详。善画台阁、盘车、水磨、人物等。尤以"界画"著名。代表作《高士图》所画为东汉梁鸿、孟光夫妇相敬

万壑松风图 　　秋山问道图 　　高士图

如宾,孟光进食举案齐眉的故事。画面以高崖巨石和茂密的树丛为背景,中作瓦屋,堂上梁鸿高坐,孟光跪地举案。此画构图严谨,树石皴染精到,多用干笔皴擦点苔,确有古秀苍厚之趣,这种画法在当时应属新的创造。屋宇用界画法画出,严密工致而不板滞,可见其功力之深厚。

⑤徐熙画

徐熙,金陵(今江苏南京)人,生卒年不详。善画花竹、禽鱼、蔬果、草虫。作品早已不存,现传的《雪竹图》、《玉堂富贵图》、《雏鸽药苗图》皆为摹本。

雪竹图 玉堂富贵图

⑥周文矩画

周文矩,建康句容(今江苏省句容县)人,生卒年代不详。善于表现繁华富丽的生活场景,是周文矩人物画的特长。名作《重屏会棋图》描绘李璟与其三个弟弟弈棋,在弈棋的高雅生活中流露着友爱气氛。衣纹细挺而带转折,瘦硬战掣,正是周文矩线描特色。图中屏风上又画一屏风,内容系表现白居易《偶眠》诗意,故名《重屏会棋图》

重屏会棋图

(三)前蜀画家作品

①贯休画

贯休(832~912年),僧人,号禅月大师,本姓姜氏。婺州兰溪(今浙江省兰溪市)人。他善画佛像题材,尤以罗汉像著名。其所画罗汉像,极具独特风格,多为庞眉深目、隆鼻突颚,形骨十分古怪,是根据当时本已流行的"胡貌梵相"而益加夸张变形的,据说他自称这种奇怪的罗汉相貌乃得之于梦中所见。

十六罗汉图·阿氏多

②黄筌画

黄筌（？～965年），字要叔，成都（今四川省成都市）人。以画花鸟著称。黄筌的《写生珍禽图》，其表现翎毛、昆虫等自然物态的精确性及其作为艺术形象的审美趣味性，确已达到妙造自然、形神兼备的地步。黄筌作画极为勤奋，北宋时御府所藏他的作品还极为浩繁，但现在传下来的作品已很稀少。黄筌《写生珍禽图》虽为给黄居宝作范本的画稿，但却不难据以想见写生技巧之妙。

（四）西蜀画家作品

①石恪画

石恪，字子专，成都人，生卒年不详。所画佛道、鬼神、人物，多作丑怪奇诡之状，并借所画古僻的人物形象，侮弄豪门，嘲讽权贵，以致当时成都权贵们对他引以为患。

6. 两宋绘画

两宋时期，绘画艺术进一步成熟和完备，成为中古绘画的鼎盛时期。由于城市商业的繁荣和市民阶层的壮大，使绘画艺术服务范围有所扩展，一些画家进入手工业行列，其作品作为商品在市场上出售，增强了艺术与社会的联系。宋代设有画院，给画家授以职衔，从而使宋代成为历史上宫廷绘画最活跃的阶段。文人学士把书画视为高雅的精神活动和文化素养，并对绘画提出鲜明的审美标准，在创作和理论上都开始形成独特体系。社会、宫廷、文人士大夫之间的绘画创作各具特色而又互相影响，使宋代绘画在内容、形式、技巧诸方面都出现群彩纷呈、多方发展的局面。

溪芦野鸭图

写生珍禽图卷

石恪：二祖调心图之一

（一）宋初百余年（960～1065年）

宋初百余年间，汴京一带成为绘画艺术中心，宫廷画院先后集中了来自西蜀、南唐及中原一带的画家。院体花鸟画以黄家富贵体为规范，道释画中以吴家样影响最大，山水画以院外画家成就最高。

①李成画

李成（919～967年），字咸熙，原籍长安（今陕西省西安市）。五代时避乱流寓北海营丘（今山东临淄），人称"李营丘"。他画的平原寒林，最为潇洒清旷。笔法洒脱，墨法精微，形成一种文秀风貌。传为李成的作品流传至今的，有《读碑窠石图》、《寒林平野图》、《晴峦萧寺图》、《茂林远岫图》、《寒鸦图》等。

寒鸦图卷

读碑窠石图（李成、王晓合作）

《读碑窠石图》画荒野中寒林老树下有一古碑，一骑骡者正仰观碑文，旁有一童仆相随，通过读碑的描绘使人联想起历史的兴衰变迁，颇为耐人寻味。画中枯枝作蟹爪状，石如卷云状，萧索的气象和平远的景物，体现了李成山水画的特点。碑侧有小楷款书"王晓人物，李成树石"，可知人物为王晓所画。

②范宽画

范宽，一名中正，字中立。华原（今陕西省耀县）人。范宽善画崇山峻岭，画山石落笔雄健老硬，以短而有力的笔触（被后人称为雨点皴），画出岩石的形貌质感。画上的大山巍然矗立，浑厚壮观，具有压顶逼人的气势。流传至今的代表作品有《溪山行旅图》、《临流独坐图》、《雪山萧寺图》、《雪景寒林图》等。

雪景寒林图 　　　　　关山密雪图

溪山行旅图　　秋江渔艇图

《溪山行旅图》画中巨峰巍然耸矗，山涧中瀑布直泻而下，峻厚的山峦长着茂密的林木，岩石皴纹历历可辨，显示出一种逼人的磅礴气势。山脚下雾气迷蒙，近处大石兀立，老树挺生，溪水潺潺。山路上有旅人赶着驮队走过，人畜虽皆画得其小如蚁，然却真实生动，使人彷佛能听到驴蹄得得之声。

《雪景寒林图》是否范宽真迹，尚有争议。画家以沉稳老辣的笔墨，画出雪后北方山川奇观。山势嵯峨，岩壑幽深，近处树木形象甚有姿态，平远处亦有峻岭起伏，折落而有气势。

③许道宁画

许道宁，长安（今陕西省西安市）人，生卒年不详。善画平远、野水、林木。存世作品仅有《关山密雪图》、《秋山萧寺图》、《秋江渔艇图》（又名《渔父图》等。其中《秋江渔艇图》所绘山峦远近隐现，屏立峭拔，峰头直皴而下，野水曲回平远，渔夫、行旅等点景人物生动有致，体现了他的典型画风。

④赵昌画

赵昌，字昌之，剑南（今属四川省）人，生卒年不详。常在清晨露未干时，绕栏槛谛视花卉姿容情态，手调彩色当场画之。他以能为花卉传神著称，尝自号"写生赵昌"。他画的折枝花卉，具体真实，精于傅色，被誉为"旷代无双"。有《写生蛱蝶图》等传世。

写生蛱蝶图

⑤燕文贵画

燕文贵（967~1044年），吴兴（今浙江省湖州市）人。燕文贵善画山水、界画及人物。所画景物清润秀丽，又善于把山水与界画相结合，将巍峨壮丽的楼观阁榭穿插于溪山之间，点缀以人物活动，刻画精微。他还善描绘风俗题材，曾画过《七夕夜市图》，表现北宋都城汴梁城内安业界到潘楼一带商肆。又画过《舶船渡海图》，在大不盈尺的幅面上，画出了海船樯帆桿橹的复杂结构和指呼奋跃的船夫活动，及风波浩荡、岛屿相望的海景。城市商业和远海航运在宋代相当发达，燕文贵绘画创作中反映了这一时代的生活特色。传为燕文贵的作品流传至今的有《江山楼观图》、《秋山梵琳图》、《溪山楼观图》、《溪风图》、《烟岚水殿图》等。

溪山楼观图

⑥易元吉画

易元吉，字庆之，长沙（湖南长沙）人，生卒年不详。他原工花鸟，后志在獐猿，遂深入湖北、湖南山区，潜心观察獐猿等动物的野逸之姿，并在长沙的居舍凿池蓄养水禽，以助写生。

聚猿图卷

（二）熙宁和元丰之际（1066~1100年）

熙宁和元丰之际，出现了以李公麟为代表的鞍马人物画，以郭熙为代表的山水画，以崔白为代表的花鸟画。他们在内容及艺术上都展示出崭新的风貌，都具有精湛的技巧和深厚的修养。以苏轼、文同为代表的文人士大夫绘画潮流，也于此时形成。驸马都尉王诜筑宝绘堂收藏法书名画，并于府第西园中聚集诗人画家赋诗作画，皇族赵令穰善作清丽富有诗意的小景山水，以及米芾这一时期已开展的书画活动，都显示出这一阶层艺术活动的活跃。

①郭熙画

郭熙，字淳夫，河阳温县（今河南省温县）人，生卒年不详。他的画能真实而微妙地表现不同地区、季节、气候的特点，画出"远近浅深、四时朝暮、风雨明晦之不同"，创造出极其丰富优美动人的意境。现存郭熙的作品有《早春图》、《关山春雪图》、《窠石平远图》、《幽谷图》、《古木遥山图》等。

早春图

《早春图》，表现出冬去春来，大地复苏的细致的季节变化。章法上兼有高远、深远、平远，层次分明。画中虽无桃红柳绿的景色，却已

窠石平远图

传达出春回大地的信息。

《窠石平远图》，近处窠石高兀，四面皆浑厚，溪水清浅，杂树枯瘦奇倔、枝干蟠曲。远处，寒烟苍翠，荒原莽莽，群峰如屏，绵亘不断。天空高远，清旷云淡，是典型的天高气爽的北方深秋景象。全图情景交融，笔力硬劲，笔法秀俊，显示出郭熙晚年炉火纯青的艺术造诣，开创了一代画风。

②文同画

文同（1018~1079年），字与可，号笑笑居士、锦江道人，世称石室先生，梓潼永泰（今四川省盐亭县）人。他以善画墨竹著称，不唯写形，而且赋予竹以品格，托物寄兴，抒发个人情怀。

文同的《墨竹图》绘一根倒垂的竹子，其竿劲健挺峭，竹枝横斜，竹叶飘洒飞舞。作者发挥毛笔的特性，用笔撇出竹叶，以浓淡墨区分竹叶的正反。笔触不加修饰，一任自然，给人以清新而富于生意的感受。

墨竹图

③王诜画

王诜（1048~?年），字晋卿，祖籍太原，后定居汴梁（今河南省开封市）。绘画以山水见长。传世作品有《渔村小雪图》、《烟江迭嶂图》及《瀛山图》。《渔村小雪图》为水墨山水，生动地描绘了初冬雪后山峦溪岸的景色，渔夫冒雪垂钓捕鱼，文人雅士兴冲冲地出游，远处山峦重迭，两岸虬松盘屈，江面开阔。技法上以水墨渲染并施金粉以加强雪后的效果，用笔尖俏爽利，体现了李成画派的特色。

渔村小雪图卷

④苏轼画

苏轼善作枯木、怪石、墨竹,于追求形似之外,独辟蹊径。传为他画的《枯木怪石图》中犹可见其画风。

枯木怪石图

⑤李公麟画

李公麟(1040~1106年),字伯时,号龙眠居士,舒城(今安徽省舒城县)人。善画道释、人物、鞍马、宫室、山水、花鸟等,尤精白描,即仅以单纯洗练、朴素自然的线条来表现物象的形貌情态,形成为独立的、具有高度概括性和表现力的艺术形式。

李公麟现存作品有《五马图》、《临韦偃牧放图》、《维摩诘像》(传)、《免胄图》(传)及《圣贤图》(南宋石刻本)等流传于世。

五马图长卷

《五马图》,描绘当时皇家驷监和左骥院的凤头骢、锦膊骢、好头赤、照夜白、满川花五匹骏马及牵马的奚官或圉人,人物和马匹均各具风采神韵。行云流水似的线条,将马的浑圆体态及健美的筋肉毛色表现得栩栩如生。牵马者的面容和衣纹,只以极简洁的轮廓线勾出,其不同民族、不同身份、不同神情特征便跃然纸上。

⑥米芾画

米芾(1051~1107年),初名黻,后改芾,字符章,号襄阳居士、海岳山人等。祖籍太原,后迁居襄阳(今属湖北),长期居住润州(今江苏省镇江市)。他将书法中的点画用笔融于绘画,并以大笔触的水墨表现自然山川的烟云风雨变化,人称米点山水。

《春山瑞松图》,或说为仿作。描绘云雾掩映的山林景色,山峦青绿晕染,再加"米点"(亦称"落茄被"),松树笔法细致、严密。用淡墨、淡色表现雾中树木,十分成功。作品描写的中心不是山峰林木,而是山中浮动的云雾。通过云雾表现春山的湿润、静谧和松树的矫健挺拔。

春山瑞松图

⑦赵令穰画

赵令穰,字大年,宋宗室,为宋太祖赵匡胤之五世孙,生卒年不详。赵令穰的画多描绘湖边水滨水鸟凫雁飞集的景色,运思精妙,清丽雅致。现存《湖庄清夏图》描绘清幽的郊野景色,绿树板桥,凫鸟嬉水,湖庄临夏,意境颇为优美。

湖庄清夏图(局部)

⑧崔白画

崔白,字子西,濠梁(今安徽省凤阳县)人,生卒年不详。崔白画花鸟,善于通过对季节变化的自然环境中花鸟情态的细致刻画,取得真实生动的效果。他的画构思新巧,画法上工中带写,不尚琐碎,特别是画败荷芦雁等秋冬季节的花鸟尤具特色。《双喜图》是其重要传世作品,表现秋风劲吹摇撼树木,双鹊掠飞鸣噪,引起野兔的回首观望,风竹败草和雀兔之间的联系情节中极为生动地表现了荒寒气氛。《寒雀图》则画冬季枯树上10余只麻雀蜷缩鸣叫的不同情态。

双喜图

寒雀图

(三)徽宗、高宗时期(1101～1160年)

徽宗赵佶、高宗赵构统治时期,是宋代宫廷画院最为繁荣的时期。徽宗时画院制度已相当完备,社会上民间画家艺术水平的提高,为画院输送了不少优秀画家。靖康之变,一部分画家被掳北去,宫廷藏画流散北方甚多,给金朝统治区绘画发展以相当影响。另外,大批画家纷纷逃到江南,又成为南宋高宗画院中的骨干力量,促进了江南地区绘画的发展。

①李唐画

李唐,字晞古,河阳(今河南省孟县)人。生卒年不详。李唐是宋代绘画史上承前启后的人物。他善画山水、人物、禽兽、界画,能作青绿山水,尤以水墨山水为人称道。南渡后,他以云遮雾罩来表现山水苍茫的无限深度,以粗放的夹杂着偏锋的用笔,恣意刷出山石具有强烈体积感的块面,创造了大斧劈皴法。在布局上,他改变了以往全景式山水的构图法,采取

顶天立地的方式,突出描绘自然山水的一角。从此一变北宋山水画严谨的格局,而开南宋豪放简括的水墨山水画的新面貌。现存李唐的传世作品有《万壑松风图》、《江山小景图》、《清溪渔隐图》(传)、《晋文公复国图》、《采薇图》等。

《万壑松风图》,巉岩峻拔、方硬高耸,峰峦郁盘,山泉奔跃,松林茂密,笔墨爽健苍郁,给人以强烈印象。

万壑松风图

《晋文公复国图》长卷,绢本,线描浅设色。该图采用连环画的形式描绘春秋时期晋国公子重耳,流亡国外19年后辗转回国当政的故事。全图人物生动,屋宇车马描画整齐而无刻画呆滞习气。

晋文公复国图卷之一

②赵佶画

赵佶(1082~1135年),即宋徽宗。赵佶在绘画上既重视传统法度,又强调深入观察生活,同时也追求绘画的构思和意境。他善画花鸟、人物、山水,描绘工细入微,尤善花鸟画,设色均净,富丽典雅,笔墨精妙,造型生动,神形兼备。现存传为赵佶的绘画作品有《芙蓉锦鸡图》、《瑞鹤图》、《听琴图》以及临摹唐代张萱的《捣练图》和《虢国夫人游春图》等。

③苏汉臣画

苏汉臣,汴京(今河南省开封市)人,一说

芙蓉锦鸡图

瑞鹤图

听琴图（部分）

钱塘（今浙江省杭州市）人，生卒年不详。善于描绘佛道、仕女等，尤以表现儿童形象及游戏时天真活泼的情态著称。

《秋庭婴戏图》是他的代表作品之一。画面通过矗立于庭院的山石和盛开的芙蓉及菊花，表现了秋高气爽的季节，两个衣着整洁、面庞圆润的幼童正围在螺钿木墩旁边，兴致勃勃地玩着转枣磨的游戏，生动地刻画了幼童全神贯注的神情和天真聪慧的形象，反映了作者对儿童生活的熟悉和挚爱的情感。此图用笔简洁劲利，色彩明丽典雅，属于典型的南宋院画风格。另外，传为他所画的表现儿童歌舞演戏的《五瑞图》、欣赏音乐演奏的《击乐图》、扑蝶的《婴戏图》等也流传了下来。

秋庭婴戏图

④扬无咎画

扬无咎（1097~1171年），字补之，号逃禅老人、清夷长者。清江（今江西省清江县）人。精绘画，擅长用水墨写梅竹、松石、水仙，尤以墨梅著称。存世代表作有《四梅图》、《雪梅图》等。

雪梅图

⑤王希孟画

王希孟18岁为北宋画院学生，后召入禁中文书库，曾得到宋徽宗赵佶的亲自传授，半年后即创作了《千里江山图》。惜年寿不永，20余岁即去世，是一位天才而又不幸早亡的优秀青年画家。

千里江山图长卷之一

《千里江山图》画中描写岗峦起伏的群山和烟波浩淼的江湖。依山临水，布置以渔村野市，水榭亭台，茅庵草舍，水磨长桥，并穿插捕鱼、驶船、行路、赶脚、游玩等人物活动。整个画面雄浑壮阔，气势磅礴，充满着浓郁的生活气息，将自然山水描绘得如锦似绣，分外秀丽壮美，是一幅既写实又富理想的山水画作品，是中国传统山水画中少见的巨制。

⑥张择端画

张择端，字正道，东武（今山东省诸城市）人。宋徽宗时为宫廷画家。擅长界画，尤喜画舟车、市桥、郭径，自成一家。作品除《清明上河图》外，还有传为他画的《西湖争标图》。

清明上河图卷

《清明上河图》是描绘北宋京城汴梁及汴河两岸清明时节的风光。开卷处画汴京近郊，中段写汴河，是全画的一个高潮。后段写市区街道，各行各业应有尽有。《清明上河图》在表现手法上，全图以不断移动视点的办法，即"散点透视法"来摄取所需的景象。大到广阔的原野、浩瀚的河流、高耸的城郭，细到舟车上的钉铆、摊贩上的小商品、市招上的文字，和谐地组织成统一整体，繁而不乱，长而不冗，段落分明，结构严谨。画中人物多达500余人，不惟衣着不同，神情气质也各异，而且穿插安排着各种活动。其笔墨技巧，兼工带写，线条遒劲老辣，与一般的界画大不相同。

（四）孝宗以后的南宋时期（1161年以后）

孝宗以后的南宋时期，山水画出现了明显的画风变化。刘松年、马远、夏圭等人，他们重视章法的剪裁，巧妙地利用画面大片空白突出鲜明的形象，画面效果含蓄凝练，简洁而富有诗意，具有优美的意境，简率而富有表现力的大斧劈皴则显示了笔墨技巧的提高。历史故事画及风俗画在整个南宋时期都比较发展，此时出现的李嵩是尤其值得注意的画家，梁楷等的水墨、减笔则开了元明写意画之风气。

①李嵩画

李嵩（1166~1243年），钱塘（今浙江杭州市）人。擅长人物道释，尤精于界画。《货郎图》是李嵩传世的重要作品。描绘农妇携带幼童兴致勃勃地围观货郎担，人物布置疏密相间，将货郎刚刚到达乡下而引起人们兴趣的一刹那，生动地表现了出来，具有浓厚的生活情趣。细劲的线描，准确而传神地勾出朴实的形象。把劳动人民的生活作为审美对象来描绘,在中国古代美术发展史上有着重要的意义。

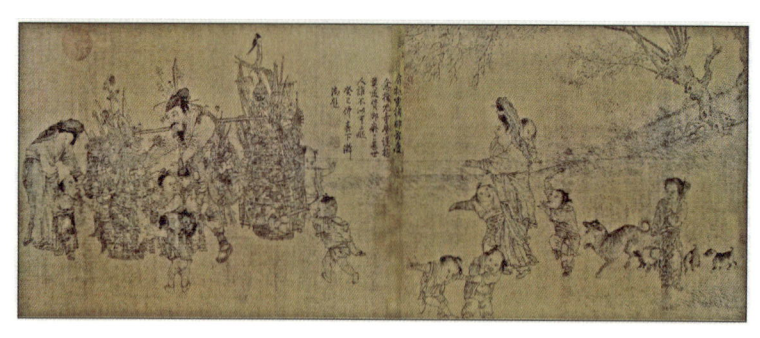

货郎图卷

李嵩具有多方面才能,他的界画如《夜月看潮图》、《水殿招凉图》,山水画如《观潮图》、《西湖图》、《仙山瑶涛图》,人物画如《骷髅图》、《观灯图》及花鸟画《柳塘聚禽图》、《花篮图》等,都显示出他卓越的绘画技巧。

花篮图　　　　　　　　　夜月看潮图(纨扇)

②马远画

马远,字遥父,号钦山。祖籍河中(今山西省永济县),移居钱塘(今浙江省杭州市)。善画花鸟、人物,尤长于山水。其山水画多取材江浙一带山川景物,所画树木杂卉,多用水墨夹笔,山石则以大斧劈皴带水墨画出,坡石方硬严整。山势多作奇峰陡立,笔墨雄健简练。构图上,为取自然山水之一角,经过提取、加工、剪裁,突出自然山水的雄奇峭拔部分,并利用空白来衬托画中主体,给人以强烈印象。其特征是"峭峰直上,而不见顶;或绝壁直下,而不见其脚;或近山参天,而远山则低;或孤舟泛月,而一人独坐",人称"马一角"。马远传至今日的代表作有《踏歌图》、《寒江独钓图》、《水图》等。

《踏歌图》，题诗是："宿雨清畿甸，朝阳丽帝城。丰年人乐业，垄上踏歌行。"马远以此画来颂扬年丰人乐、政和民安的景象。马远的花鸟画，多于自然环境中写花鸟的神情野趣。如《梅石溪凫图》在梅花盛开的崖壁下，几只水凫在溪水里追逐嬉戏，颇富情趣，反映了马远花鸟画创作的风貌。

梅石溪凫图　　　　　　　　**踏歌图**

③赵孟坚画

赵孟坚（1199~1264/1267年），字子固，号彝斋；宋太祖十一世孙。南渡后居嘉兴海盐（今浙江省海盐县）广陈镇。他善画水墨梅、兰、竹、石等，尤以白描水仙最为有名。用笔劲利流畅，微染淡墨，风格秀雅，很受后世文人画家的推崇。存世作品有《墨兰图》、《墨水仙图》、《岁寒三友图》等。

墨兰图

④法常（牧溪）画

法常，生卒年不详，僧人，号牧溪，蜀（今四川省）人。善画龙、虎、猿、鹤、芦雁、山水、人物等。所画形象颇为严谨，背景则比较纵逸，大体上是

运用一种半工半写的画法。《松猿图》绘两只黑猿踞于松干上,一只成年猿将一幼猿揽于怀中,形象十分生动。画家用浓墨干笔绘猿身皮毛,很真实地表现出蓬松的质感。

⑤郑思肖画

郑思肖(1241~1318年),字所南,一字忆翁,号三外野人,连江(今福建连江)人。南宋亡后,他隐居苏州。善画兰、竹、菊等,尤以画墨兰著名。他的画用笔简洁劲健,富于书法韵味。画上常题以表明自己志节操守的诗句。存世作品有《墨兰图》等。

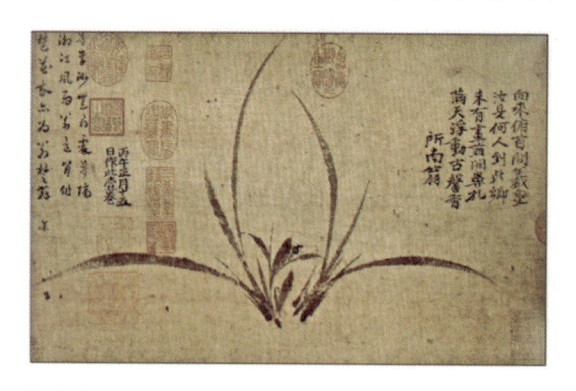

松猿图

墨兰图卷

⑥李迪画

李迪,河阳(今河南省孟县)人,生卒年不详。善画翎毛、走兽、花竹,所绘禽鸟、鸡雏、猫犬等动物,精确生动,羽毛刻画尤为细腻入微,富有质感;补景树石等则用笔坚劲雄放,多用水墨渲染。传世作品有《雪树寒禽图》、《枫鹰图》、《风雨归牧图》等。

《枫鹰图》,又称《枫鹰雉鸡图》,画一

枫鹰稚鸡图

风雨归牧图

枫树,枯枝上立一鹰,凶猛地侧首斜视下方一只惊慌地向草丛中逃窜的雉鸡,气氛紧张,笔力豪雄,翎毛精细,神态生动,是他的传世代表作之一。

《风雨归牧图》是传世李迪具款作品中最早的一件。

⑦梁楷画

梁楷，生卒年不详，原籍东平（今山东省东平县）。为人豪宕不羁，嗜酒自乐，有"梁风（疯）子"的别号。善画人物、山水、佛道、鬼神、花鸟。绘画风格多样，其中为他所独创的则是大笔泼墨酣畅淋漓的减笔画。《泼墨仙人图》则为纸本水墨，大笔泼扫，水墨酣畅，草草地画成仙人身躯袍服。另以细笔简括地勾画五官神态，仙人蹒跚的醉态极为生动突出，是梁楷减笔画中的代表作。《太白行吟图》寥寥几笔，意溢神足，使得诗人李白洒脱飘逸的形象跃然纸上，是他的代表作。

泼墨仙人图　　　太白行吟图

⑧刘松年画

刘松年，钱塘（今浙江省杭州市）人，生卒年不详。善画山水、人物，其艺术水平被誉为"院人中绝品"，画史上与李唐、马远、夏圭并称为南宋四家。所作人物画多描绘历史人物故事、文人贵族生活及佛道题材。线描细秀劲挺，设色明快典雅，能生动地表现出对象的神态气质。作品有《耕织图》、其传世《便桥盟会图》、《九老图》、《四景山水图》等。

《四景山水图》，共分四段，分别画春、夏、秋、冬四季的景色。全卷布置精严，笔苍墨润，设色典雅，代表了刘松年山水画的风格和成就，也是传世南宋山水画中难得的杰作。

第三幅为秋景，画梧桐枫槲，霜重色浓，桂花飘香，堂中主人读罢掩卷，倚榻闲憩。

四景山水图（秋）

⑨林椿画

林椿，钱塘（今浙江杭州）人。善画花果、翎毛，有很高的状物写生能力，并在师承前人的基础上，自出新意。

⑩马麟画

马麟，生卒不详，钱塘（今浙江杭州）人，马远之子。画承家学，善画山水、人物和花鸟，是马远派一位重要画家。

《芳春雨霁图》是马麟传世绘画中的代表作。画家裁取溪水寨石、疏林平摊这些平凡的林塘小景，营造出春意盎然的动人景致。

⑪夏圭画

夏圭，字禹玉，钱塘（今浙江省杭州市）人，生卒年不详。长于山水画，亦能画人物。山水画喜用秃笔，下笔较重，因而更加老苍雄放。用墨善于调节水分，因取得更为淋漓滋润的效果。在山石的皴法上，常先用水笔淡墨扫染，然后趁湿用浓墨皴，造成水墨浑融的特殊效果，被称作拖泥带水皴。更善于表现烟雨迷蒙的江滨湖岸景色，其点景人物亦简括生动，楼台等建筑物不用界尺，信手而成，取景剪裁极为精练。亦喜用一角半边的构图，故有"夏半边"之说，往往用寥寥几笔，表现出一个异常广阔、旷远的空间。现存作品有《溪山清远图》、《山水十二景》（仅存四段）、《江山佳胜图》、《西湖柳艇图》、《观瀑图》、《梧竹溪堂图》、《烟岫林居图》、《松崖客话图》等。

《溪山清远图》画溪山丛树，江岸峭崖，渔舟客艇，竹篱茅舍，楼阁桥彴，行人对语。山重水复，烟雾迷蒙，天水一色，令人目不暇给，极尽淡远微茫之趣。

《山水十二景》，仅存四段，描写遥山书雁、烟村归渡、渔笛清幽、烟堤

林椿：枇杷绣羽图

林椿：果熟来禽图

芳春雨霁图

溪山清远图长卷（部分）

山水十二景图卷之烟堤晚泊

晚泊，是夏圭最有名的代表作之一。

7. 辽金西夏绘画

与宋王朝先后并立的辽、西夏、金等王朝统治下的多民族聚居的中国北部地区，汉族文化和少数民族文化相互交融，涌现出耶律倍等少数民族画家。宫廷及陵墓也绘有壁画，创作了富有民族风习的绘画作品。辽金地区的文人士大夫绘画在北宋文人画传统基础上加以发展，对元代文人画有着直接的影响。

（一）辽代绘画

辽代绘画继承唐及五代传统，却又独具特色，多描写北方少数民族生活情状，以人物、鞍马居多。画花卉鸟兽带有浓郁的装饰味，技法有独到之处，唯山水画处于发展阶段，尚未臻成熟。

①耶律倍画

耶律倍（899~936年），辽太祖耶律阿保机长子，封东丹

射骑图

王。汉名李赞华。他善画契丹贵族生活及鞍马,颇负盛名。

东丹王出行图

②佚名画

辽画中之精品还有《秋林群鹿图》、《丹枫呦鹿图》等。

秋林群鹿图 　　丹枫呦鹿图

③辽代壁画

辽代壁画,能更多地显示出契丹族绘画的民族特色。

河北宣化县辽张世卿墓壁画 　　契丹人引马图(墓室壁画)

(二)金代绘画

①王庭筠画

王庭筠字子端,河东(今山西省永济县)人,一说熊岳(今辽宁省盖县)

人。曾读书于黄华山寺,自号黄华山人,又号黄华老子。擅长山水、枯木、竹石,有《幽竹枯槎图》传世。该图笔法苍老,颇与苏轼的《枯木竹石图》一脉相通。

幽竹枯槎图

②武元直画

武元直,字善夫。生卒年不详。他以山水画见长,现存作品有《赤壁图》。此图构图、技巧均具特色。崖壁以劲利的斧劈皴法,表现石块的嶙峋与坚实,树木细小挺直,峰石只略加皴染,江水波浪涌处,有一小舟顺流而下,舟上人物虽小,其精神面貌可得其大略,是一幅颇为难得的优秀作品。

赤壁图卷

③张珪(生平不详)画

神龟图

④赵霖(生平不详)画

昭陵六骏图长卷(部分)

⑤张瑀画

张瑀,生卒年未详,行状无可考。画仅见有《文姬归汉图》,上有落款:"祗应司张瑀画"。祗应司为金章宗泰和元年(1201年)设置的内府机构,"掌给宫中诸色工作"。

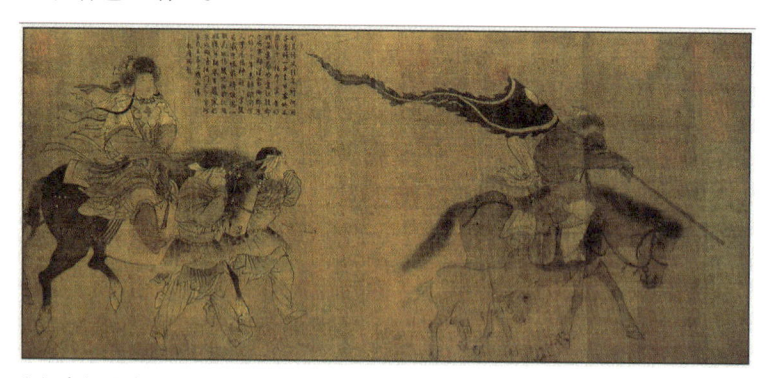

文姬归汉图卷之一

⑥金代壁画

诸天王

(三)西夏绘画

西夏是以党项羌人为主体的地方割据政权,从11世纪到13世纪,前后延续将近200年,遗留下许多壁画、彩绘木板画、木刻画、纸和布帛画等绘画作品。

①西夏壁画

②西夏木版画

回鹘王子供养像(莫高窟409窟)　　四美图真本(木版年画)

8. 元代绘画

元代绘画中,文人画占据画坛主流。因元代未设画院,除少数专业画家直接服务于宫廷外,大都是身居高位的士大夫画家和在野的文人画家。他们的创作比较自由,多表现自身的生活环境、情趣和理想。山水、枯木、竹石、梅兰等题材大量出现,直接反映社会生活的人物画减少。作品强调文学性和笔墨韵味,重视以书法用笔入画和诗、书、画的三结合。在创作思想上,提倡遗貌求神,以简逸为上,追求古意和士气,重视主观意兴的抒发。元代画坛名家辈出,其中以赵孟頫、钱选、李衎、高克恭、王渊等和号称元四家的黄公望、吴镇、倪瓒、王蒙最负盛名。

(一)元初画家

①何澄画

何澄(1223~? 年),燕(今河北省)人。他是官职极高的宫廷画家。有《下元水官图》、《归庄图》等传世。《归庄图》是元代人物画中最长的一卷。其内容是根据晋代陶渊明《归去来兮辞》加以构思，以山水为背景，人物穿插其间，在完整的全景式构图中，主题人物连续出现，犹如一组连环画，逐段反映了陶渊明辞官归里的主要情节。人物线描多用方折笔，山石多用枯笔焦墨，间以淡墨晕染，劲健中含秀润，苍率中蕴清逸，画法既有南宋院体遗风，亦开元人逸笔先路。

陶潜归庄图卷（部分）

② 钱选画

钱选，字舜举，号玉潭，晚年更号霅川翁，吴兴（今浙江省湖州市）人。善画花鸟、山水、人物、鞍马。以花鸟画成就最为突出，存世代表作品有《八花图》、《花鸟图》等。他的山水画以青绿设色见长，存世代表作有《山居图》、《浮玉山居图》等。

山居图

《山居图》为青绿山水，绘高士幽居环境，山石勾勒无皴，树木空勾填色，适当融合书法用笔，下笔取涩势，含而不露，呈现生拙的意趣。设色浓丽而不妖艳，重色与淡色交相辉映。这种青绿山水，追求拙朴意趣，后人多称为有士气。

浮玉山居图卷

《浮玉山居图》,卷尾有元、明名家题跋者甚多,鉴赏印章达三百二十多方。

③李衎画

李衎(1244~1320年),字仲宾,号息斋道人,蓟丘(今属北京市)人。善画枯木竹石,双钩竹尤佳。其主要传世作品有《四清图》、《双钩竹图》、《沐雨图》、《新篁图》、《新篁树石图》等。

李衎勾勒竹以《双钩竹图》为代表。为绢本勾勒填色,用笔劲利工整,枝叶穿插得体,设色明快清雅。石的画法纯用浓淡相间的水墨晕染,无明显的勾括和皴擦。

双钩竹图

四清图长卷

《四清图》,前半卷写慈竹、笙竹二丛,后半卷画梧、竹、兰石。此图截取梧竹中段摄入画面,用笔沉着稳健,墨气淋漓清润,繁而不乱,疏密有致,结构层次和空间处理甚为妥帖。

④高克恭画

高克恭(1248~1310年),字彦敬,号房山,大都(今北京)房山人。善画山水、墨竹。主要传世作品有《云横秀岭图》、《春山晴霭图》、《墨竹坡石图》、《春云晓霭图》等。《云横秀岭图》,绢本,设色,画云山烟树、溪

桥亭屋，用笔凝重苍浑，墨色淋漓酣畅，是他合参董源、米芾画法的典型之作，也反映了他晚年山水画面貌。《墨竹坡石图》，画浓淡雨竹两竿，表现竹子在烟雨迷蒙中婷婷玉立的潇洒姿态；笔法凝练，墨气清润，是高克恭墨竹代表作。

⑤任仁发画

任仁发（1254～1327年），原名霆，字子明，号月山道人，松江（今上海市松江县）人。善画鞍马、人物故实、花鸟等。其人物、鞍马用笔工细，线条简练而精确，设色明快秀丽，形象真实生动，有唐人风致。花鸟画，工整艳丽一格，接近宋代院体花鸟画风。其传世代表作有《二马图》、《出圉图》、《张果见明皇图》、《秋水凫鹭图》等。《二马图》画肥瘦二马，以肥马比喻贪官污吏，以瘦马比喻始终不得志的清廉士大夫，以寓意手法抨击社会的不合理现象，这在元代绘画中是罕见的。

云横秀岭图　　墨竹坡石图

二马图

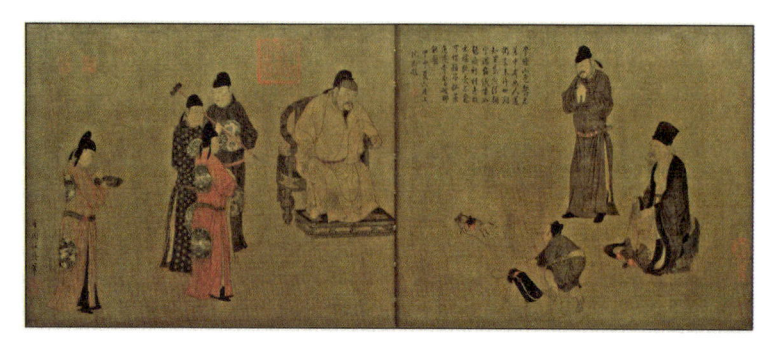

张果见明皇图

⑥赵孟頫画

赵孟頫（1254~1322年），字子昂，号松雪，又号水精宫道人，湖州（今浙江省湖州市）人。善画山水、人物、鞍马、花鸟、兰竹各科，取材广泛，技巧全面。在笔墨技法上，兼善工笔与写意，呈多种面貌。代表作有早期仿古的青绿山水《幼舆丘壑图》，仿古工笔重彩人物鞍马《人骑图》、《红衣罗汉图》、《秋郊饮马图》，以及白描墨笔的《人马图》。山水画师承董源的有《鹊华秋色图》、《山村图》、《洞庭东山图》等；属于李成、郭熙体系的则有《重江迭嶂图》、《双松平远图》；竹石画有《秀石疏林图》等。这些作品体现了他具有多样的艺术面貌和与之相应的多种精湛的艺术技巧。

《鹊华秋色图》描绘山东济南郊区的鹊山和华不注山一带的秋景，采取平远法构图。综观全图，水陆交接、林木聚散、平原远近、两山对峙、屋宇人物，诸多景物安排得错落有致，富有节奏感，显示了画家高度的概括能力。

鹊华秋色图

《浴马图》描绘九名奚官在绿荫溪边为群马洗刷沐浴。此画情景生动感人，人马画法唐人遗韵，古丽中兼有逸趣。用笔工细圆转，设色艳丽而沉厚，为画家人马画之杰作。

浴马图

⑦刘贯道画

刘贯道，字仲贤，中山（今河北省定州市）人。生卒年不详。元初服务于

消夏图

宫廷,是宫廷的绘画高手。善画道释、人物、山水、花竹、鸟兽。传世作品有《元世祖出猎图》、《消夏图》。

《消夏图》绘一文士赤裸上身卧于榻上,右手持尘尾,左手拈书卷作思考状。后斜置一琴,榻后方桌上陈书卷、砚台、茶盏之属,点明画中主人的生活情趣。画幅另一侧绘仕女二人相对而语。人物衣纹爽劲流畅,起止转折略有顿挫,具宋代人物画风格。

⑧颜辉画

颜辉,字秋月,江山(今浙江省江山县)人,一作庐陵(今江西省吉安市)人,生卒年不详,约活动于宋末元初。作品大多描写佛、神仙、道、鬼怪之类的形象,也善画猿。所作人物,造型奇特,性格突出,形象生动,当时人称之为"八面生意"。在画法上,喜作水墨粗笔,用笔劲健豪放。传世作品有《李仙像》以及《水月观音像》、《刘海蟾像》、《中山出猎图》、《戏猿图》等。《李仙像》画传说中的八仙之一铁拐李手扶铁拐,坐于山涧岩石上,浓眉深目,凝视前方,神情生动,背后峭壁陡立,飞瀑直下。笔墨劲健奔放,富有气势。

李仙像

(二)元四家

①黄公望画

黄公望(1269~1354年),本姓陆,名坚,常熟(今江苏省常熟县)人,因过继浙江永嘉黄氏,改姓名,字子久,号一峰、大痴道人、井西老人等。作品大都表现江南秀丽的山川景色。笔墨喜用书法中的草籀之法,笔意简远逸迈,有水墨和浅绛两种面貌。风格苍劲高旷,气势雄秀,有"峰峦浑

富春山居图（部分）

天池石壁图　　　剩山图卷（富春山居图卷首段）

厚、草木华滋"之评。在画史上地位与吴镇、倪瓒、王蒙合称为"元四家"，被推为"元四家之冠"。主要传世作品有《富春山居图》、《九峰雪霁图》、《丹崖玉树图》、《天池石壁图》、《溪山雨意图》、《剡溪访戴图》、《富春大岭图》等。

《天池石壁图》绘重峰迭岭，高松层崖，山石多作披麻皴和矾头石，兼施淡色。结构繁复而笔法简练，烟云流润，气势雄浑，是黄公望自创的浅绛山水代表作。

《富春山居图》描绘富春江两岸初秋景色，坡陀起伏，林峦深秀，笔墨纷披，苍茫简远，是黄公望水墨山水画中的杰作。此图在清代顺治年间曾焚于火，前段烧残部分割去另行装裱，取名《剩山图》。

②王蒙画

王蒙（？~1385年），字叔明，号黄鹤山樵，一号香光居士，吴兴（今浙江省湖州市）人，赵孟頫外孙。入明后不久因胡惟庸案死于狱中。善画山水，其鲜明的艺术特色是：喜用枯笔干皴，创牛毛皴，有时兼用解索皴或小斧劈皴，皴法简练成熟，如行书草隶。内容多反映文人的山林隐居生活，善于表现江南山川的湿润感，创造出蓊郁深秀、浑厚华滋的境界，在元四家中以繁密见长。主要传世作品有《青卞隐居图》、《春山读书图》、《丹山瀛海图》、《谷口春耕图》、《夏日山居图》、《夏山高隐图》、《葛稚川移居图》、《太白山图》、《花溪渔隐图》、《秋山草堂图》、《林泉清集图》等。

《葛稚川移居图》章法严谨，结构繁复，树叶多用双勾填色，青、红间施，山石皴法以细笔皴擦，干湿并用，略带小斧劈皴，皴中不加苔点，与其他作品迥异。

水墨山水画《青卞隐居图》，画面重山复岭，密树深溪，笔墨干湿浓淡相间，山石皴法披麻、解索互用，气韵苍郁而秀润。各种笔法和墨法交替使用，繁而不乱，景色郁茂，布满全幅，又能展现出广阔空间，做到密而不塞，被董其昌称为"天下第一"。

葛稚川移居图　　青卞隐居图

③吴镇画

吴镇（1280~1354年），字仲圭，号梅花道人，又自称梅花和尚、梅沙弥，浙江嘉兴魏塘镇人。擅山水、墨竹。山水画作品多画渔夫和隐逸题材，画山石用披麻长皴，水墨渲染，浓墨点苔。墨色浓淡湿润，富有变化，意境深邃，风格沉雄郁茂。画墨竹则重墨秃笔，笔锋劲利沉着，气势浑厚豪迈。传世作品有《双桧平远图》、《渔父图》、《秋江渔隐图》等。

《双桧平远图》水墨画出古桧两株，参天耸立，下临坡石溪流，远山层迭，具有平远之势。笔法严谨，水墨浑厚，气势

双桧平远图　　渔父图

雄伟。《渔父图》高远构图，平岗层峦，隐现天际烟云中，奇柯古木，枝干盘桓偃仰。一条小溪自山下蜿蜒而出，汇入一汪湖水。湖中洲渚嘉树，近岸蒲草丛生，一渔父坐小舟停桨垂钓。此图笔法圆润，墨气苍浑，韵致清雅。

④倪瓒画

倪瓒（1301~1374年），原名珽，字符镇，号云林，别号幼霞生、荆蛮民、奚元朗、净名居士、朱阳馆主等，常州无锡梅里祗陀村（今江苏无锡梅里镇）人。擅长画山水、枯木、竹石。崇尚疏简画法，以天真幽淡为趣。作品大多取材于太湖一带景色，好作疏林坡岸，浅水遥岭之景，章法极简，于简中寓繁；多用枯笔干擦，淡雅松秀，似嫩而实苍，风格萧散超逸，独树一帜。传世主要作品有《水竹居图》、《渔庄秋霁图》、《虞山林壑图》、《秋亭嘉树图》、《竹枝图》等。

《水竹居图》绘江南初秋景色，远岫平林，山前溪水渚坡，坡上杂树五株，树后茅屋丛篁。画法谨严，用笔圆润浑厚。

《虞山林壑图》取一河两岸式构图，坡石皴擦善用干笔，风格浑穆，反映出画家晚期山水画的特点。

水竹居图　　虞山林壑图

（三）元中后期画家

①王冕画

王冕（1287~1359年），字符章，号煮石山农、梅花屋主等，会稽（今浙江省绍兴市）人。善画，尤以墨梅知名。所作梅花，有疏，有密，或疏密得当，尤以繁密见胜。枝干交错，蕊萼分枝布，主次分明，层次清晰，达到密中有疏，多而不繁。他绘梅干，用笔遒劲，顿挫得宜，富有质感。画

墨梅图

花瓣，或用浓淡水墨点染的点花法，或用双线勾勒的圈花法，或点、圈兼施，变化多端，都能生动地表达出梅花的特有形态，并通过对梅花神韵的刻画，抒写自身的情怀和抱负。

②柯九思画

柯九思（1290~1343年），字敬仲，号丹丘生，别号五云阁吏，台州仙居（今属浙江）人。以画竹著名，善于用浓淡墨色分清竹叶的阴阳向背，以浓墨为面，淡墨为背，层次分明，笔力浑厚、劲健。还常以书法的用笔写竹石，自称以篆法写竹干，草书法写竹枝，八分法写竹叶，兼融以颜真卿的撇笔等，书画结合，运用自如，别成一格。传世作品有《清閟阁墨竹图》，笔墨圆浑雄厚，竹叶向背层次分明，为中年时佳构。《双竹图》，下垂的竹叶，用笔稳健，笔锋起落疾徐，都具有书法运笔的韵味。

墨梅图

清閟阁墨竹图 　双竹图

③朱德润画

朱德润（1294~1365年），字泽民，号睢阳山人，祖籍睢阳（今河南省商邱市），后寓居苏州。传世作品有《秀野轩图》，是其友人周驰的书斋。画面表现疏林平远之景，意境清幽，笔墨苍秀。

秀野轩图

④盛懋画

盛懋，字子昭，原籍临安（今浙江省杭州市），侨寓嘉兴（今浙江省嘉兴市）魏塘镇。其山水画多作丛山密林，表现四时朝暮的江山胜景，也有的作品描写清溪洲渚中渔夫、隐逸的生活环境。传世代表作品有《溪山清夏图》、《秋林高士图》、《沧江横笛图》、《秋江待渡图》、《秋舸清啸图》及《老子授经图》等。

秋江待渡图　　秋舸清啸图

⑤商琦画

商琦，字德符，号寿岩，曹州（今山东菏泽市）人，生卒年不详。传世山水画《春山图》，画法工细，色彩鲜丽。

⑥马琬画

马琬，字文璧，号鲁钝生、灌园人，秦淮（今江苏省南京市）人，寓居松江（今属上海市），生卒年不详。善画山水，画法多作浅绛，笔墨清润细密。传世作品如《乔岫幽居图》、《春山清霁图》等。

春山图

春山清霁图

⑦张渥画

张渥,字叔厚,号贞期,又号江海客,祖籍淮南,居杭州,生卒年不详。工画人物,以白描法著称于世。传世作品有《九歌图》、《雪夜访戴图》等。

九歌图(部分)

(四)元佚名画家作品举隅

《搜山图》描绘二郎神率领力士神将搜山除魔的情景。画面动感强烈,气氛紧张,寓意正义必定战胜邪恶。

搜山图(部分)

《百尺梧桐轩图》,图绘园居闲适之景。全图笔法秀雅,设色工丽。右上款识笔法滞涩,显为伪款。

百尺梧桐轩图

《青山画阁图》，画面重峦迭嶂，楼阁重重，游人漫步其中，临溪水榭有人凭栏远眺，两只小舟荡于溪水之上。

《元世祖像》，画家用淡色晕染脸部不同的部位，以线条勾出耳、鼻、眼及眼角的鱼尾纹。用笔细谨传神，毫不呆板。

青山画阁图 　　　　元世祖像

（五）元代壁画

元代壁画比较兴盛，分布地区也很广。甘肃敦煌莫高窟第3窟和第465窟佛教密宗壁画，山西芮城县永乐宫道教壁画，均属于元代壁画代表作。特别是永乐宫壁画，规模宏大，描绘人物众多，内容丰富，技艺精湛，为存世古代道教壁画之最佳作品。

阿閦佛一铺（甘肃敦煌莫高窟第465窟） 　　　　钟吕谈道图（山西省芮城永乐宫纯阳殿）

9. 明代绘画

明代画风迭变，画派繁兴。在绘画的门类、题材方面，传统的人物画、山水画、花岛画盛行，文人墨戏画的梅、兰、竹及杂画等也相当发达。在艺术流派方面，涌现出众多以地区为中心、或以风格相区别的绘画派系。在师承方面，主要有师承南宋院体风格的宫廷绘画和浙派，以及发展文人画传统的吴门派和松江派、苏松派等两大派系。在画法方面，水墨山水和写意花鸟勃兴，成就显著，人物画也出现了变形人物、墨骨敷彩肖像等独特的

新面貌。另外,民间绘画,尤其是版画,至明末呈现繁盛局面。

(一)洪武至弘治时期(1368~1505年)

①画院画家

明代宫廷绘画承袭宋制,但未设专门的画院机构。朝廷征召的许多画家,皆隶属于内府管理,多授以锦衣卫武职。画史称他们为画院画家,实际上是宫廷画家。

△人物画方面

明代宫廷绘画以山水、花鸟画为盛,人物画取材比较狭窄,以描绘帝后的肖像和行乐生活、皇室的文治武功、君王的礼贤下士为主。如倪端的《聘庞图》、商喜的《朱瞻基行乐图》、谢环的《杏园雅集图》、刘俊的《雪夜访普图》等都是其例。

倪端,字仲正,杭州人。其作品《聘庞图》描写三国荆州刺史聘请庞德公的历史故事。

商喜(熹),字惟吉,濮阳(今河南濮阳)人,一作会稽(今浙江绍兴)人。善画人物、山水,笔法劲健。其作品《朱瞻基行乐图》描写明宣宗朱瞻基出行游猎情景。全图环境开阔优美,场面浩大,构图严密,但繁而有序。

商喜:朱瞻基行乐图

倪端:聘庞图

谢环,字廷循,永嘉(今浙江温州)人。善山水、墨竹、人物,是明宫廷画家中杰出的代表人物。

其杰作《杏园雅集图》描绘明内阁大臣杨士奇、杨荣、杨溥及画家等十人在杨荣的杏园集会之情景。画法工细，色彩鲜艳。再现了一幅当时高级官僚和文人宴乐的历史画面。

杏园雅集图

刘俊，字廷伟，善画山水、人物。其作品《雪夜访普图》描绘宋太祖赵匡胤雪夜访问功臣赵普的故事。用笔严谨，线条秀劲流畅，设色精丽典雅，人物及衬景刻画细腻、生动，构图庄重而概括。

△山水画方面

明代宫廷绘画中的山水画主要宗法南宋马远、夏圭，也兼学郭熙。著名画家有李在、王谔、朱端等人。李在仿郭熙几乎可以乱真。王谔被明孝宗称为"明代马远"。

李在（？～1431年），字以政。福建莆田人。日本画僧雪舟曾与他切磋画艺。工山水，笔气生

雪夜访普图

动，得苍劲之意。其作品《山村图》以高远全景式构图绘山村景色。王谔，字廷直，浙江奉化人。朱端，字克正，号一樵，浙江海盐人。擅山水，兼工人物、花鸟、竹石。

△花鸟画方面

明代宫廷画中的花鸟画呈现多种面貌，代表画家有边景昭、孙隆、林

李在：山村图 　　　　　王谔：寒山图 　　　　　朱端：松院闲吟图

竹鹤图 　　　　　花石游鹅图

良等人。

边景昭，字文进，福建沙县人，一作陇西（今甘肃）人。擅长工笔重彩，承袭南宋院体传统，妍丽典雅而又富有生意。所画花鸟，注重刻画花鸟的各种情态。《竹鹤图》是他的存世代表作，双鹤造型准确，勾勒精微，悠然自得的姿态，洁白无瑕的羽毛，配以挺拔的竹枝、清幽的环境，生动地表现出仙鹤轩昂的气质和高洁的情怀。

孙隆，一作孙龙，字从吉、廷振，号都痴，毗陵（今江苏常州）人。善画花鸟，所作翎毛、草虫、瓜果以及山野田园中的白菜、紫茄、山鼠、蝗虫、山雀、白鸽等，多具有野逸之趣。画法从北宋徐崇嗣脱胎而出，专攻没骨法。其作品《花石游鹅图》工写结合，芙蓉湖石用阔笔写意，游鹅用工细勾勒与没骨相结合之法，相映生辉。

林良（1416~1480年），字以善，南海（在今广东）人。以水墨写意花

林良：山茶白鹇图 　　林良：秋林聚禽图 　　吕纪：桂菊山禽图 　　吕纪：鹰鹊图

鸟著称，笔墨洗练奔放，造型准确生动。早期工笔设色的有《山茶白鹇羽图》，粗笔水墨写意画如《灌木集禽图》、《秋林聚禽图》等。

吕纪（1477~？年）字廷振，号乐愚，鄞（今浙江省宁波市）人。其花鸟画风呈两种面貌，一作工笔重彩，精工富丽，多绘凤鹤、孔雀、鸳鸯之类，辅以树木坡石、滩渚流泉背景，既具法度，又富生气。《桂菊山禽图》反映了他工笔花鸟的典型风貌。

②浙派画家

浙派以戴进和吴伟为代表，因创始人戴进为浙江人，故有浙派之称。

戴进（1388~1462年），浙派开创者。字文进，号静庵、玉泉山人，钱塘（今浙江杭州）人。他擅长山水、人物、花鸟各科，风格多样。其画在当时影响很大，追随者甚众，成为明前期画坛主流。存世名作《春山积翠图》为他的本色画，边角式的取景，雄阔的皴斫，溟蒙的烟云，都取自马远，而方硬挺劲的用线，酣畅淋漓的笔势，已显示出他个人的特色。

吴伟（1459~1509年），字次翁，号小仙，江夏（今湖北省武汉

春山积翠图　　吴伟：渔乐图

市）人。吴伟擅长人物画、山水画，劲健豪放的画风与戴进相近，故又被称为浙派健将。但他的笔墨更加迅疾酣畅，自成一派，由于他是江夏人，遂有江夏派之称。《渔乐图》表现的是江南秀丽的自然景致和渔民的生活。此画为吴伟山水画中的巨幅杰作。

其名作《长江万里图》，用写意手法，刻画长江浩瀚无际、一泻千里的壮阔景象，笔墨简率纵逸、横涂竖抹，一气呵成，突出地反映了他以气势取胜的艺术特点。

长江万里图（部分）

③吴门派先驱

明代早期，江南地区有一批继承元代水墨画传统的文人画家，如徐贲、王绂、刘珏、杜琼、姚绶等人。他们的画风堪称吴门派先驱。

徐贲（1335~1393年），字幼文，祖籍四川，居毗陵（今江苏常州），后迁平江（今江苏苏州）。山水承董源、巨然，笔法苍劲秀润。

王绂（1362~1416年），字孟端，一作带，又作韨，后以字为名，号友石生、九龙山人，江苏无锡人。喜用披麻兼折带皴作山水，繁复似王蒙，墨竹挺秀潇洒，被称为明代"开山手"。

王绂的《北京八景图》，图中八景，气象各异。近山短披麻皴。松秀华滋，苔点繁密，状似碎石，

徐贲：峰下醉吟图　　王绂：山亭文会图

沉着有力；远山一抹，平涂擦染，高旷空灵。凡屋舍、桥亭、人物、云烟、流水，无不精致，别有神韵。其中《北京八景图之居庸叠翠》，绘都城西北居庸关景色。山崖峻绝，层峦叠翠；两山夹峙，中有石城。

北京八景图卷之居庸叠翠

刘珏（1410～1472年），字廷美，号完庵，江苏苏州人。工书画，山水画风格苍郁，所绘烟岚绵邈幽深。沈周亦曾师事之。其作品《放歌林屋图》真实地画出苏州西郊林屋洞天这一幽胜的环境。此图以长披麻皴画出山势的浑厚和滋润，云气弥漫，气象清新俊逸，是刘珏师法巨然的代表作。

放歌林屋图

杜琼（1396～1474年），字用嘉，号鹿冠道人，世称东原先生，吴（今江苏苏州）人。善水墨浅绛山水，多用干笔皴染。其作品《江亭饯别图》画一船夫正撑篙靠岸泊舟，一人肩担行李走向渡船，坡上茅亭内二人正饮酒作别，点出画题。对岸远山层迭绵连，洲渚迤然，屋舍隐现。整幅画面气韵沉古，苍润细秀，是其本色画风。

江亭饯别图

姚绶（1423～1495年），字公绶，号丹丘生，又号谷庵子、云东逸史，浙江嘉兴人。擅长山水、竹石。其作品《古木竹石图》首段画墨竹数丛，顶天立地，竹竿林立，竹叶披纷。第二段画古木竹石。末段画兰花细竹。

其作品《绿树茅堂图》，近岸土坡高树，绿荫下茅舍一栋，坐落于江边

古木竹石图

绿树茅堂图

丛竹之中。一人坐室内读书。一长者在持琴侍者陪同下向茅堂走来,似有访友之意。对岸崇山峻岭,烟雾蒙蒙,草木华滋。用笔苍润,构图采用一水两山的自然分疆法,静中寓动。

④其他著名画家

明代早期,还有一些画家虽未归宗立派,亦各有建树:

王履(1332~?年),字安道,号畸叟,又号抱独老人,江苏昆山人。他在游览华山后,完成了著名的《华山图册》。图页撷取华山诸峰奇景,加以

华山图册之一

华山图册之四

概括提炼，真实而又全面地再现了西岳华山万秀千奇的自然变化之状，并塑造出险峻、苍茫、空旷、幽深、秀丽、壮伟等各异其趣的意境。画法既吸取南宋马远、夏圭之长。又自具雄健清疏的风格。

周臣（约1450~约1535年），字舜卿，号东邨，吴（今江苏苏州）人。周臣善画山水，笔法纯熟清秀尖劲，构图清旷周密。他的绘画代表作品有：《香山九老图》、《刺日图》、《闲看儿童拽柳花图》、《宁戚阪牛图》、《山亭纳凉图》、《春山游骑图》等。《春山游骑图》系传统的春游、山行题材，绘春山、旅店、游骑和行旅者的活动情景。构图清旷周密，笔法清秀。山石用小斧劈皴，人物用细线淡色，别具新意。《辟纑图》表现出山居人家从容恬淡的生活，与优美的自然环境十分和谐。

春山游骑图

辟纑图卷之一

郭诩（1456~?年），字仁宏，号清狂，江西泰和人。善画山水、人物，画风简逸狂放，接近浙派。如《杂画册》，山水、人物均信手勾染，线条粗劲，笔法顿挫，水墨淋漓，物象简括、秀逸而传神。郭诩亦能作工整画法，细

杂画册之溪山空亭

杂画册之四

玩古图

致俊雅,如《琵琶行图》、《东山携妓图》等作品,作细笔白描,线条圆劲、细畅,衣褶转折洗练,富有表现力,风格娟秀,颇能传神。

史忠(1437~1519年),本姓徐,名端本,字廷直。17岁方能言,人以痴呼之,因号痴翁,又称痴仙,又号痴痴道人,金陵(今江苏省南京市)人。擅长绘画,工山水,兼善人物、花木、竹石。所作山水树石,纵笔挥写,不拘家数,极简率放逸。人物亦有奇趣,粗笔写意,不求形似。

杜堇,本姓陆,后改姓杜,字惧男,号柽居,别号古狂、青霞亭长等,丹徒(今江苏省镇江市)人。生卒年不详。在绘画上他山水、人物、花木、鸟兽,无不臻妙。并工界画楼台,严整有法,尤长于白描人物,时称高手。他不肯轻易与人作画,作品流传不广。代表作品有《古贤诗意图》、《陪月间行图》、《玩古图》等。

古贤诗意图卷之韩愈《桃源图》

(二)正德至嘉靖时期(1506~1566年)

明代中期,作为纺织业中心的苏州,成为江南富庶的大都市。一时人文荟萃,名家辈出,文人名士经常雅集宴饮,诗文唱和,很多优游山林的文人士大夫也以画自娱,相互推重。他们继承和发展了崇尚笔墨意趣和"士气"、"逸格"的元人绘画传统，其间以沈周、文徵明、唐寅、仇英最负盛名，画史称为吴门四家。他们开创的画派，被称为吴门派或吴派。

①吴门四家

沈周（1427~1509年），字启南，号石田，更号白石翁，长洲（今江苏省苏州市）人。沈周擅长水墨山水，尤以水墨浅绛画法著称。《庐山高图》描绘庐山崇山密林，烟云弥漫，瀑布高悬直下，一泻千里，景色繁茂，草木华滋。笔法缜密，属"细沈"代表作。

《南山祝雨图》绘南山老树，翠竹苍松，山涧泉水奔流，一屋掩映于丛林之中。一长者在侍者陪同下于平台上席地而坐，作祈雨状。环境清净优美，意境深幽。用笔草草，属沈氏粗笔一路。

南山祝雨图

《东庄图》系描绘其师吴宽家的亭园景色，为沈周描写文人生活环境的写实作品。山坡用缜密的披麻皴法，以淡墨渲染；用线圆劲，墨色浓润，富有生活气息，反映了他中年时期的典型面貌。

庐山高图 　　东庄图册之十七

《盆菊幽赏图》，对角构图，卷首一侧，杂树中设一草亭，四周以曲栏隔成庭院。亭内三人对饮，一僮持壶侍立，一派秋高气爽的意境。隔水茂树数株，景致简朴，画法谨细，笔墨精工。

盆菊幽赏图

文徵明（1470～1559年），初名壁，字徵明，后以字行，改字徵仲，号衡山居士，长洲（今江苏苏州）人。技艺全面，山水、人物、花卉、兰竹兼能，尤以山水著称。他的山水画多描写江南园林景物和文人的生活环境，景致平和恬静，布局层叠而上，笔墨清秀含蓄，注重抒情味和书卷气。

《惠山茶会图》描绘作者与王宠等友人在暮春时节于无锡西郊惠山之麓汲泉品茗，赏景赋诗的情景。画面苍翠明丽，人物神态生动，是一幅纪游画卷。

惠山茶会图

作于82岁和88岁的两幅《真赏斋图》，描绘鉴藏家华夏的居室真赏斋，两幅构图、画法均近似，而后者更具精微苍秀之致。

真赏斋图

真赏斋图

《兰亭修禊图》描绘东晋永和九年,王羲之、谢安等人在浙江山阴(今绍兴)的兰亭溪上修禊、作曲水流觞之会的故事。是作者青绿山水的代表作。

兰亭修禊图

《浒溪草堂图》,此图高木浓荫,掩映草堂,群山环抱,清波蜒曲,帆樯林立,榭阁屋宇错落,构成一派清幽境界。

浒溪草堂图

唐寅(1470~1523年),字子畏,一字伯虎,号六如居士,又号花庵主,吴县(今江苏苏州)人。人物画题材多绘古今仕女和历史故事。早年以工笔重彩为主,用笔精细,设色艳丽,后来又兼长水墨写意,洗练流畅,笔简意赅。所作仕女,尤有特色,于后世影响较大。代表作品早年有《王蜀宫妓图》（又名《四美图》），描写五代前蜀后主王建宫中的4位歌妓，身着道衣，头戴莲花冠，执物侍宴的情景，画上题诗，尖锐地抨击了蜀后主荒淫糜烂的宫廷生活，具有明显的讽喻之意。

山水画作品多描绘雄伟险峻的崇山复岭，布局比较疏朗，刚中含柔，粗中有细，如《山路松声图》等。另一种山水画，呈秀润清俊的细笔画风。如《事茗图》等。

王蜀宫妓图 　　事茗图

桃源仙境图　秋江待渡图

仇英（1482~1559年），字实父，号十洲。江苏太仓人，后居苏州。他对青绿山水和工笔人物尤有建树。山水境界宏大繁复，物象精细入微，山石用勾勒法，兼带细密的皴法和渲染，色彩浓丽而又不失明雅，工而不板，艳而不媚，严谨精丽中透出文人画的妍雅温润，具有雅俗共赏的格调。代表作有《桃源仙境图》、《秋江待渡图》等。

文姬归汉图（部分）

仇英人物画多绘传统题材，有工笔重彩和粗笔写意两种面貌。其精丽的仕女画影响尤大，形成仇派仕女画风。

②宗沈周诸家

周用（1478～1547年），字行之，号白川，江苏吴江人。善绘事，得沈周指教，布置渲染，颇见高雅之致，山水遒劲繁密，气韵蔼然。

周用：诗画册之一

谢时臣（1487～1567年），字思忠，号樗仙，吴（今江苏苏州）人。善山水，初得沈周笔意，进而融洽各家，变化其意，既能浅淡飘逸，又能谨严雄厚。笔势纵横时极其潇洒，笔意更为厚重，古意昂然。

《江山胜览图》表现了万里江山的壮美。气势壮伟，景物极丰富。

江山胜览图（部分）

③宗文徵明诸家

陆治（1496～1576年）字叔平，号包山，吴县（今江苏苏州）人。性格耿介，不轻易为人作画。晚年家贫，隐居支硎山，种菊自赏。绘画学文徵明，善画花鸟、山水。花鸟以工笔见胜。勾勒精细，敷色清丽，有妍丽派之称。

陆治：梅石水仙图

文嘉（1501～1583年），字休承，号文水，江苏苏州人。文徵明次子。画风疏秀、温润。

文伯仁（1502～1575年），字德承，

陆治：山水人物图册之采药

文嘉：药草山房图　与钱谷、朱朗合作

号五峰、葆生、摄山老农。长洲（今江苏苏州）人，文徵明的侄子。善画山水、人物，笔力清劲，布景奇兀，以细密取胜。

文伯仁：秋山游览图（部分）

钱榖（1508~1572年），字叔宝，吴（今苏州）人。随文徵明学习绘画。颇负盛名，求画者接踵不绝。文徵明题其室名曰"悬磬"，因自号为"磬室子"。山水画笔法细密，墨色清润，敷色淡雅，境界爽朗。

求志园图

陈淳（1483~1544年），字道复，后以字行，更字复甫，号白阳山人，长洲（今苏州）人。从文徵明习画，所作泼墨山水淋漓酣畅，深得水墨之

洛阳春色图

妙。作花卉尤擅写生，一花半叶，淡雅高简，开创了文人画写意花卉清新隽雅的画格，在绘画史上与徐渭并称"白阳、青藤"。

周之冕（1521~？年），字服卿，号少谷，长洲（今江苏苏州）人。以画花鸟著名。家中饲养有各种禽鸟，经常观察其饮啄飞止的动态，故笔下花鸟逼真又富生意。画法兼工带写，往往花用勾勒法，叶以墨色点染，被称为勾花点叶体。

陈淳：寿袁方斋三绝图册之七宝泉

④青藤画派

徐渭（1521~1593年），字文清、文长，号天池，晚号青藤；别字很多，有田水月、天池生、青藤道士、漱仙、山阴布衣、鹅鼻山侬等。山阴（今浙江绍兴）人。中年以后才开始学画，山水、人物、花鸟、走兽、鱼虫无不精妙，尤其是水墨写意花卉，完成了写意花鸟画的重大变革，推动了大写意画派的发展和盛行。

周之冕：花鸟图册之八

徐渭：花卉图·牡丹葵、水仙、竹卷之四：竹

徐渭：杂花图卷之八

（三）隆庆至崇祯时期（1567~1644年）

①浙派后绪武林派

蓝瑛（1585~？年）字田叔，号蜨叟，晚号石头陀，又自号东郭老农，钱塘（今浙江杭州）人。他的创作以山水画最负盛名，主要有两种面貌：

一种为水墨浅绛，笔墨苍劲疏宕，气势雄伟博大。另一种作绿设色，用没骨法，树石不加勾勒，直接用石青、石绿、朱砂、赭石诸色状物，格调秾丽夺目，在明末山水画中独具一格，尤有新意。蓝瑛还擅长兼工带写的花卉。由于他是浙江人，有的画史即称他为浙派殿军、异军，其实他的画风自成一派，为明末清初武林派的创始人。

秋山红树图　　白云红树图

②南陈北崔

陈洪绶（1599~1652年），字章侯，号老莲，诸暨（今浙江诸暨）人。善绘画，尤以人物画著称于世。所作人物躯干伟岸，衣纹细劲清圆，晚年有些作品形象变态怪异，以突出表现人物的性格特征。他与另一位画家崔子忠有"南陈北崔"之称。

隐居十六观图册之品梵

钟馗图

崔子忠，生卒年不详。初名丹，字开予，更名后，字道田，号北海，又号青蚓（一作青引），山东莱阳人。善画人物、仕女，细描设色，衣纹细劲，多用颤笔，面目奇古，自出新意。

长白仙踪图

③姑熟派

丁云鹏（1547~？年），字南羽，号圣华居士，安徽休宁人。工诗，善画，与董其昌、詹景凤诸人交游，故流传作品多有董其昌、陈继儒等人的题赞。其画以人物、佛道最负盛名。早年人物画工整秀雅，晚期趋于沉着古朴。论者以为在明末人物画家中，丁云鹏与陈洪绶、崔子忠成鼎足之势。

关公像 　　三教图 　　煮茶图

④波臣派

曾鲸（1568~1650年），字波臣，福建莆田人。善画肖像，善于抓住对方的精神，点睛生动，咄咄逼真，如镜取影，俨然如生。其画法注重墨骨，即先用线勾出面部轮廓和五官部位，墨骨既成，再层层烘染，多至数十层，使之富有立体

王时敏像

感。曾鲸发展了传统的粉彩渲染技法,吸取了西方绘画的某些表现手法,对明清肖像画的发展影响很大,有波臣派之称。

葛一龙像

⑤松江派之华亭派

董其昌(1555~1636年),字玄宰,号思白、香光居士,华亭(今上海松江)人。其画以山水见长,宗法董源、巨然、"二米"及"元四家",取精用

昼锦堂图(部分)

赠稼轩山水图 　　青山白云图 　　林和靖诗意图

宏，自立门庭，独树一帜，成为松江画派奠基人。他作画着重传统笔墨技法的运用，以墨韵幽雅、意境深邃取胜，但不刻意追求工似。笔墨萧散生秀而含蓄蕴藉，逸笔草草而生趣盎然。董其昌代表作有水墨山水《赠稼轩山水》、《岚容川色图》等，设色山水《林和靖诗意图》、《昼锦堂图》等。

陈继儒（1558~1639年），字仲醇，号眉公，又号麋公，华亭（今上海松江）人。善画水墨梅花、山水，尤以画梅见长。他的水墨梅花，多卷册小幅，轻描淡写，意态萧疏，间或衬以竹石，草草而就。反映了明末文人闲居弄笔、不求工拙、聊以抒情适意的一种"以画为寄"的态度。

墨梅册之二

莫是龙（？~1587年），字云卿，更字廷韩，号秋水、后明，别署云龙山人、玉关山人、贞一道人、提垄居士、碧山樵等，华亭（今上海松江）人。擅长书画，深通画理。

山水图

⑥松江派之苏松派

赵左，字文度，华亭（今上海松江）人。苏松派的创立者。他创作的山水画，景物大多较为繁复，有时画烟岚云雾流动于层峦迭嶂、坡谷幽溪间；并以斜径、溪桥、房屋、树木，掩映穿插。笔墨方面，或用浓、湿、浅、淡的墨色染出山峦向背，同时渍出浮动的白云；或作浅绛设色，与笔墨的运用相融。

山水图册之一

仿大痴秋山无尽图（部分）

⑦松江派之云间派

沈士充,字子居,松江（今上海松江）人。画风近董其昌,曾为董氏代笔人之一。于松江画派中别辟云间派,并为此派首要人物。

郊园十二景册之凉心堂　　仿古山水图册之四

⑧嘉兴派

项元汴(1523~1602年),字子京,号墨林,浙江嘉兴人。收藏极丰,熏习既久,书画自通。

梵林图

项圣谟(1597~1658年),项元汴之孙,初字逸,后字孔彰,号易庵,别号胥山樵、逸叟等,浙江嘉兴人。他对乔木的刻画,寓巧于拙,形象鲜明强烈。尤喜画松树,有"项松之名满东南"之誉。著名的《大树风号图》,寄托了他对故国江山深切的怀念和无限的哀思。

⑨画中九友

卞文瑜(1576～1655年),字润甫,号浮白,长洲(今江苏吴县)人。善画小景。与名画家董其昌、王时敏、王鉴、李流芳、杨文聪、张学曾、程嘉燧、卞文瑜合称为"画中九友"。

山水图册之四　　　大树风号图

秋江图(部分)　　　祝王时敏六十寿山水图册之一

　　程嘉燧(1565～1643年),字孟阳,号松园、偈庵。祖籍安徽休宁,后侨居嘉定,晚年居虞山(今江苏常熟)拂水庄,筑耦耕室。善画山水,亦工花卉。其作品《桐下高吟图》,用笔以侧锋为主,人物衣褶的勾勒顿挫有力,形象描绘简练传神。用笔虽简,而墨色精微。

　　李流芳(1575～1639年),字茂峰,又字长蘅,号檀园,晚号慎娱居士,安徽歙县人,侨居上海嘉定。与唐时升、娄坚、程嘉燧称"嘉定四君子"。善画山水,尤好吴镇画法,能得逸气飞动之致。

李流芳：吴中十景图册之二　　邵弥：溪亭访友图

程嘉燧：桐下高吟图　　杨文骢：送覃公山水图（部分）

杨文骢（1597~1645年），字龙友，贵阳人。流寓南京，后抗清兵败被杀。擅书画，运笔有古淡、湿润两种面貌。

邵弥（约1592~1642年），字僧弥，后以字为名，号瓜畴、芬陀居士，长洲（今江苏苏州）人。善画山水，笔墨简逸，风格秀美。

（四）生卒年月未详的其他画家作品

陈焕，字子文，号尧峰，吴县（今江苏苏州）人。工山水，用笔苍老而笔势空远。约活动于万历至天启间。胡宗信，字可复，上元（今南京）人。画山水秀雅。郑重，字千里，号无著，安徽歙县人，流寓金陵，擅画佛像。

陈焕：林溪观泉图　　胡宗信：秋林书屋图　　郑重：十八应真像册之十　　宋懋晋：写杜甫诗意图　　许俊：钟馗嫁妹图

（五）佚名画家作品

（六）明版画

明朝的版画大体分为初、中、晚三个时期。初中期以南北二京的国子监为中心，刻印不少书籍。民间的刻本也有所抬头，如北京金台岳家版《西厢记》等书的插图，风格质朴，人物生动，代表了那个时期的水平。从嘉靖元年至崇祯末年间所刻版画，习惯上纳入明代后期版画。福建建安版画仍继承宋元传统，诸如熊龙峰、刘龙田、余象斗、杨闽斋诸家书坊，刻印了不少小说和实用书籍，多数为上图下文本，后来发展为单页联句，由文中之图改变为每卷首全页附图，为细致地刻画人物情节提供了较大的篇幅。

陈洪绶酷爱戏曲，他曾不止一次为《西厢记》等绘制插图，其中《窥柬》中画出莺莺看信时流露出对张珙的爱慕和红娘的热情与机警。这些作品被刻版流行，成为明末版画中脍炙人口的名作。

（七）明壁画

（八）明年画

10. 清代绘画

（一）早期画家（顺治至康熙初年期间）

①清初六大家（四王吴恽）

（佚名）徐光启像　（佚名）少数民族像册之二

陈洪绶：《西厢记》之五窥柬（版画）

壁画：水母巡幸（太原市晋祠）

年画：寿星图　年画：秦叔宝

杜甫诗意图册之十二 　　仙山楼阁图

王时敏（1592~1680年），字逊之，号烟客、西庐老人、归村老农、西田主人等，江苏太仓人。擅长山水画，摹古功夫深，笔墨上讲求法度，风格苍劲浑厚，开创了娄东派。

王鉴（1598~1677年），字符照，又字圆照，号湘碧、染香庵主，江苏太仓人。曾官廉州（今广东省合浦县）知府，故人们常以"王廉州"称之。善画山水，善用中锋尖笔，墨色浓润，皴法细密，所作青绿山水，烘染得法，富有简淡的情趣。

青绿山水

青绿山水（局部一）

夏木垂阴图 　　春山飞瀑图

王翚（1632~1717年），字石谷，号耕烟散人、剑门樵客、乌目山人、清晖老人等，江苏常熟人。擅山水，笔墨功底深厚，形成个人风貌。长于摹古，但又能不为成法所囿，构图多变，勾勒皴擦渲染得法，格调明快。其画在清代被视为画之正宗，追随者甚众，因他为常熟人，常熟有虞山，故后人将其称为虞山派。

王原祁（1642~1715年），字茂京，号麓台、石师道人，江苏太仓人。王时敏之孙。其画风主要受元代黄公望影响。作画时先笔后墨，由淡而浓反复晕染，最后以焦墨破醒，干湿并用，疏密相生，浑然一体，自称笔端如金刚杵。其设色画多用浅绛法，但构图变化较少，面目比较雷同。在京师时，他地位显赫，应酬较多，故不少作品由其弟子代笔，流传作品真伪并存。

卢鸿草堂十志图之一

沧浪亭诗画卷之一

吴历（1632~1718年），原名启历，字渔山，号墨井道人，江苏常熟人。加入天主教后，教名西满。以山水画闻名于清代画坛。中年用笔细润沉着，善用重墨，积墨；70岁以后作品水墨渲染和干笔枯墨并用，反复皴染，沉郁苍秀，最具特色。

兴福庵感旧图

湖天春色图

恽寿平（1633~1690年），毗陵（今江苏武进）人。原名格，字寿平，后以字行，改字正叔，号南田。晚年迁居常州城南的白云溪旁并名其画室为瓯香馆，则又号白云外史、瓯香散人。恽寿平的别号特别多，常用的别号还有

出水芙蓉 　　　　　　　　　　山水图册之春山暖翠图

东园生、园客、雪衣居士等。他创造出一种托名为"仿北宋徐崇嗣"的没骨花卉画法。这种花卉画法的特点是以潇洒秀逸的用笔直接点蘸颜色敷染成画。在造型上注重对客观对象的观察体验，提倡"对花临写"，因而讲究形似，但又不以形似为满足，有文人画的情调、韵味。

②四僧

石涛（原济、元济）（1642~约1718年），本姓朱，名若极，小字阿长，明宗室靖江王赞仪十世孙，明亡后出家为僧，法名原济，字石涛，别号大涤子、清湘老人、苦瓜和尚、瞎尊者等。石涛善画山水，兼工兰竹。山水画自

松石图

淮扬洁秋图 　　　　　　　　　唐人诗意图之五

成一家，既善于借鉴前人之长，又注重外师造化。他的山水新颖奇异、苍劲恣肆、纵横排奡、生意盎然，在景色、构图、形体、笔墨、风格、意境各方面，都呈现出生动多变的艺术特征。

朱耷（八大山人）（1626~1705年），江西南昌人，明宗室后裔，明亡后落发为僧，法名传綮，字刃庵，号雪个、个山、驴、屋驴、掣颠等。弃僧还俗后取号八大山人。擅山水、花鸟、竹木。画风枯索冷索，凄凉悲清。署款"八大山人"，连笔如"哭之笑之"，寓"哭笑不得"之意。

髡残（1612~约1692年），俗姓刘，武陵（今湖南常德）人，居南京。幼年丧母，遂出家为僧。法名髡残，字石溪，一字介丘，号白秃，一号天壤、残道者、电住道人、石道人。他削发后云游各地，43岁时定居南京大报恩寺，后迁居牛首山幽栖寺，度过后半生。性寡默，身染痼疾，潜心艺事，与程正揆（程正揆，号青溪道人）交善，时称二溪，艺术上与石涛并称二石。善画山水，亦工人物、花卉。其画章法严密，笔法苍劲，喜用秃笔渴墨，层层皴擦勾染，厚重而板滞，郁茂而迫塞，善写平凡景致，平淡中见幽深。

朱耷：杂画之五

朱耷：长松老屋图

朱耷：山水花果之二

髡残：云洞流泉图

弘仁（渐江）（1610~1664年），俗姓江，名韬，字六奇，又名舫，字鸥盟，安徽歙县人。明亡后出家，法名弘仁，字无智，别名渐江，自号梅花老衲。擅山水，亦长于画梅。作品多画黄山，构图简洁，山石方折近几何体，奇峰壁立，奇松倒挂，笔墨秀逸凝重，意境宏阔淡远，气势峻伟。画梅得梅花疏枝淡蕊、冷艳寒香之韵致。安徽歙县、休宁，古名海阳，隋唐时两县迭为新安郡治。故渐江与其同郡的查士标、汪之瑞、孙逸，在绘画上被称为海阳四家，或新安画派。

③安徽名家名派之海阳四家（新安派四大家）

查士标、汪之瑞、孙逸、僧弘仁被称为"海阳四大家"。

查士标（1655~1698年），字二瞻，号梅壑散人，新安（今属安徽歙县、休宁县）人。其绘画以山水见长，取材广泛，并旁及枯木、竹石等，主要有两种艺术风格。一种属于笔墨纵横、粗放豪逸一路，多以水墨云山为题；另一种笔墨尖峭，风格枯寂生涩。

弘仁：黄海松石图

弘仁：山水册之六

查士标：抱琴山幽图

④安徽名家名派之姑熟派

萧云从（1596~1673年）字尺木，号默思、无闷道人、于湖渔人等。明亡始号钟山老人，寓仰望钟山陵阙（明陵）之意。安徽芜湖人，一作当涂人。其山水画行笔方折枯瘦，结构繁复而不乏疏秀之致，气格高森苍润，人称姑熟派。曾在采石太白楼壁画匡庐、峨眉、泰岱、华岳四大名山，为时人所称。人物画继承李公麟白描法又有发展，线条流畅，造型生动。

萧云从：云台疏树图（部分）

萧云从：拟古山水图之三

⑤江西派

罗牧（1622～？年），字饭牛，号云庵、牧行者，江西宁都人，侨居南昌百花洲。所作林壑森秀，水墨淋漓，笔法多样，风格深沉粗犷，时人推为妙品。其画风在江淮间也有一定影响，为人师法，论者称之为江西派。

⑥金陵名家名派之金陵二溪

程正揆（1604～1676年），字端伯，号鞠陵，别号清溪道人，湖北孝感人。善画山水，用笔枯劲简老，设色浓湛，随意结构，任其自然。与石溪友善，并称"二溪"。

罗牧：溪山烟霭图

程正揆：江山卧游图（部分）

⑦金陵名家名派之金陵八家

龚贤（1618～1689年），字岂贤，号半千、野遗、柴丈人。祖籍江苏昆山，后迁居南京。晚年定居南京清凉山，称所居为"扫叶楼"，屋旁栽花种竹，名"半亩园"。与樊圻、吴宏、高岑、邹喆、叶欣、胡慥、谢荪称为金陵八家。其中以龚贤成就最大，列为"八家"之首。

龚贤:清凉环翠图

龚贤:摄山栖霞图(部分)　　　　　　　　　　　　　　邹喆:山水图

邹喆,字方鲁,吴县(今苏州)人,居家金陵(今南京)。其山水画工稳有古气,兼长花草,画松尤奇。

高岑,字善长,又字蔚生,杭州人,居金陵(今南京)。善山水及水墨花卉,写意入神。

江天树影图(部分)

樊圻(1616~?年),字会公,更字洽公,江宁(今南京)人。山水、人物、花卉,无不精妙。

花蝶图(部分)

柳溪渔乐（隐）图（部分）

叶欣，字荣木，华亭（今上海松江）人，一作无锡人，流寓金陵（今南京）。所作断草荒烟，孤城古渡，辄令人动秦月汉关之思。

梅花流泉图（部分）

谢荪，字缃酉、天令，江苏溧水人，居南京。善画，尤工花卉。

胡慥，字石公，金陵（今南京）人。山水苍莽浑厚。写菊备极香艳之致。

谢荪：荷花图 　　胡慥：秋菊图

吴宏，字远度，江西金溪人，寓居江宁（今南京）。善山水，于纵横放逸中，见步伍整齐之法，墨竹飞舞绝俗，其画自辟一径。

竹石图（部分）

⑧金陵名家名派之其他诸家

陈谟（？~1538年），字公赞，广东顺德人。善画山水。

陈卓（1634~？年），字中立，北京人，家居金陵。山水工细，千丘万壑，具有宋人精密。

陈谟：白云青嶂图 　　陈卓：石城图

樊沂，字浴沂，江宁（今南京）人。樊圻之兄。善画山水及人物、花卉。

柳堉（活动于康熙年间），字公韩，号愚谷，江宁（今南京）人。山水得董、巨遗法，遒逸苍郁。

樊沂：高松峭壁图　　柳堉：山水图之十

王槩（1645~1710年），初名匄，亦作丐，字东郭，一字安节，秀水（今浙江嘉兴）人，久居江宁（今南京）。善画山水、松石、人物、花卉。

秋帆旷揽图（部分）

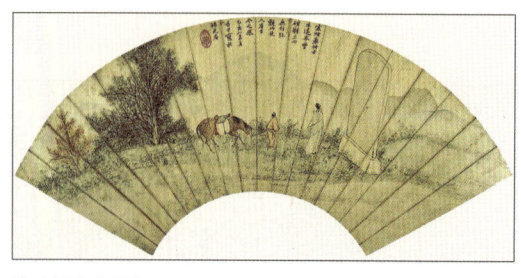

张风（？~1662年），字大风，号昇州道士，署款喜书"真香佛空"四字而不名。善画，不特山水称妙，人物、花草亦恬静闲适，神韵悠然，无一毫妩媚习气。

读碑图（扇面）

⑨指头画派

高其佩（1660~1734年），字韦之，号且园，别号南村等，辽宁铁岭人。他擅长指头画，即以指蘸墨代替毛笔作画。据说这一画法系从梦中得到启示而创造的，因刻有"画从梦授，梦自心成"的印章。以后学者日众，成为一个新兴的画种和画派。其作品取材较为广泛，其风格变化早年以机趣风神胜，多萧疏灵妙之作；中年以神韵力量胜，简淡古拙，淋漓痛快；晚年以理法胜，深厚浑穆。

指画山水册之一

⑩虞山派

僧上睿（1634~？年），字静睿，号目存、蒲室子，江苏吴县人。僧人。山水得王翚指授，花鸟得恽寿平真传，人物亦得古法。

杨晋（1644~1728年），王翚弟子。字子和、子鹤，号西亭、二雪、谷林樵客、鹤道人、又署野鹤，江苏常熟人。善山水，所作烟林清旷，锋毫精整，

僧上睿：仿古山水图之一　　杨晋：赤壁图

尤工村庄景物；亦写人物、花鸟，尤擅画牛，蹄角生动。王翚作图，凡有人物、舆轿、驼马牛羊等皆由晋补之。

⑪娄东派

黄鼎（1650~1730年），字尊古，一字旷亭，号闲浦，又号独往客、净垢老人。江苏常熟人。善画山水，先临摹

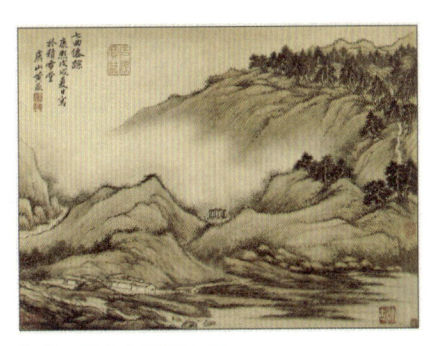

黄鼎：蜀中八景图之二

唐岱：夏日山居图　　戴本孝：华山十二景图之四　　梅清：黄山图之翠微寺

古人，后师王原祁，画风为之一变，笔墨苍茫，意境不凡。

唐岱（1673～1752年），字毓东，号静岩、知生、默庄。满州正白旗人。王原祁弟子。山水沉厚深稳。康熙曾赐他为"画状元"。

⑫黄山派

戴本孝（1621～1691年），字务旃，号鹰阿山樵，别号黄水湖渔父、太华石屋叟等，和州（今安徽和县）人。善画山水，善用干笔焦墨，构图疏秀，意境清远枯淡。其作品中不少为描绘华山、黄山等名山的实景。

梅清（1623～1697年），字远公，一字渊公，号瞿山，别号新田山长、敬亭画逸、莲峰长者等，安徽宣城人。传世作品，除描绘家乡宣城周围景致外，大都是黄山景致。风格雄奇豪放，为宣城地区画坛领袖。

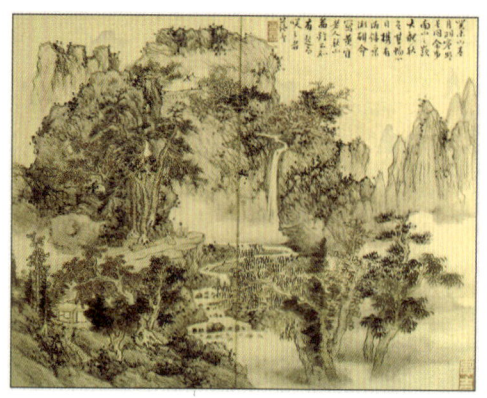

⑬武林派

蓝孟，字次公、亦舆，钱塘（今浙江杭州）人。蓝瑛子，活动于顺治至康熙年间。善画山水，笔法疏秀。

山水图之一　　　　洞天春霭图

⑭其他画家

傅山（1607~1684年），字青竹，后改字青主，号真山、石道人、松侨老人等，阳曲（今山西太原）人。他能画山水，风格古拙奇特。

书画

黄向坚（1609~1673年），字端木，江苏苏州（一作常熟）人。有手绘所历滇中山水册《寻亲图》，渴笔干皴，构境奇险，气势雄浑。

寻亲纪程图卷之八：罗岷古刹

法若真（1613~1696年），字汉儒，号黄石、黄山等，山东胶州人。其山水画潇洒拔俗，不染尘氛，烟云弥漫，笔墨浮动，自成一格。

禹之鼎（1647~1716年），字尚吉、又作上吉、尚基、尚稽，号慎斋，本籍广陵，后寄籍江都。善画山水、人物、花鸟、走兽，尤精传神写照，名重当代。

禹之鼎：闲敲棋子图 　　　　法若真：秋山白云图

禹之鼎：王士禎放鶴图

王树毂（1649~？年），字愿丰，号无我、鹿公、恬叟、方外布衣，浙江仁和（今杭州）人。人物画衣纹秀劲，设色古雅。

（二）中期画家（康熙、雍正、乾隆年间）

①宫廷画家

焦秉贞，山东济宁人。工人物楼观，参用西洋画法。

王树毂：人物图

冷枚，字吉臣，号金门外史（金门画史），胶州（今山东胶县）人。焦秉贞弟子。善画人物，尤精仕女。工中带写，工细净丽。

焦秉贞：历朝贤后故事图之孝事周姜 　焦秉贞：仕女图册之莲舟晚泊 　冷枚：美人献寿图 　冷枚：春闺倦读图

花鸟图册之梅雀图 　　群仙献瑞图

蒋廷锡（1669~1732年），字扬孙，号西君、西谷、南沙，晚年室名青桐轩，故又号青桐居士。江苏常熟人。能诗善画，多作写生花卉及兰竹小品，

工整、简率间出，或水墨、或色墨并施，颇有韵致。

姚文瀚，号濯亭，顺天（今北京）人。乾隆时供奉内廷。

邹一桂（1686~1772年），字原褒，号小山，晚年号二知老人。江苏无锡人。善画花卉，作品多为写生，设色明丽净秀。

姚文瀚：楼阁图之山庄水榭图

邹一桂：花卉图之四

②娄东派

张宗苍（1686~1753年），字默存、墨岑，号篁村、蔗翁、太湖渔人，晚号瘦竹，吴县（今江苏苏州）人。师承娄东画派传人黄鼎。

董邦达（1699~1769年），字孚存，一字非闻，号东山，浙江富阳人。好书画，善用枯笔，饶有逸致。

张宗苍：山水图之一

董邦达：青溪落雁图

钱惟诚（1720~1772年），初名辛来，字宗盘、幼安，号幼庵、稼轩、茶山，江苏武进人。其画以干笔勾勒，重视烘染，又能作界画，名盛于世。

仙庄秋月图

③虞山派

李世倬（1687~1770年），字天章、汉章、天涛，号谷斋、十石居士等，奉天（今辽宁沈阳）人，高其佩外甥。善画山水、人物、花鸟、果品，各臻其妙。

李世倬：山水图册之七

④小四王与后四王

王昱、王玖、王愫、王宸被称为小四王；王鸣韶、王三锡、王廷元、王廷周被称为后四王。

王昱，字旦初，号东庄，亦称东庄老人，又号云槎山人，江苏太仓人。王原祁堂弟。喜作山水，淡而不薄，疏而有致。

王昱：层峦耸翠

⑤扬州画派

高凤翰（1683~1749年），字西园，号南村，别署南阜山人等，胶州（今山东胶县）人。长于绘画，中年以后，多作花卉树石，笔法奔放，纵逸不拘成法。后右臂病发，坚持用左臂，自号后尚左先、丁巳残人，艰苦力学，书、画为之一变，生拗苍劲，更富奇趣，为时所称。与边寿民、李鱓、金农、黄慎、郑燮、李方膺、罗聘被列为扬州八怪之一。

高凤翰：山水图之二

高凤翰：自题牡丹图之二

边寿民：芦雁图

边寿民：杂画卷（下）之三

边寿民（1684~1752年），原名维祺，字寿民，后以字行，更字颐公，号渐僧，又号苇间居士。山阳（今江苏省淮安县）人。善画花鸟、蔬果和山水，尤以画芦雁驰名江淮，曾有"边芦雁"之称。

边寿民：山雀（鹊）爱梅图 　边寿民：童戏图之四

华嵒（1684~1762年），字秋岳，号新罗山人，福建上杭人。花鸟画于造型严谨的没骨法技法中，融汇进率意、潇洒的水墨技巧，干笔湿笔并用，设色淡而艳，雅而丽，形成一种独特的小写意画法。人物画构思巧妙，立意新颖。山水画笔致清新，色调明快。

华嵒:秋山晚翠图

金农:自画像

黄慎:群官聚讼图

黄慎:东坡玩砚图

金农(1687~1764年),字寿门,号冬心,别号甚多,有稽留山民、曲江外史、昔耶居士、龙梭仙客、百二砚田富翁、心出家粥饭僧、苏伐罗吉苏伐罗(即金吉金)、荆蛮民等。仁和(今浙江省杭州市)人。善画梅、兰、竹及人物、佛像、山水、马等。

《携杖图》(自画像)画自己持杖彳亍踟蹰而行,造型夸张。这种用水墨白描而笔意疏简,勿饰丹青的手法,妙在似与不似之间,开创了文人写意肖像画的新风格。

黄慎(1687~1770年?),初名盛,一作胜,字恭寿,一字恭懋,号瘿瓢子,别号东海布衣。宁化(今属福建省)人。工画人物,早年用笔工细,后吸收唐代怀素草书笔法作人物,风格变为粗犷,纵横排奡,气象雄伟。多取材于历史人物故事,以及神仙佛道,樵夫渔父。

郑燮(1693~1765年),字克柔,号板桥,江苏兴化人。专长于画兰、竹、石、松、菊等,剪裁构图崇尚简洁,笔情纵逸,随意挥洒,苍劲豪迈。

李方膺(1695~1755年),字虬仲,号晴江,别号秋池、抑园等。通州(今江苏南通)人。擅画梅、

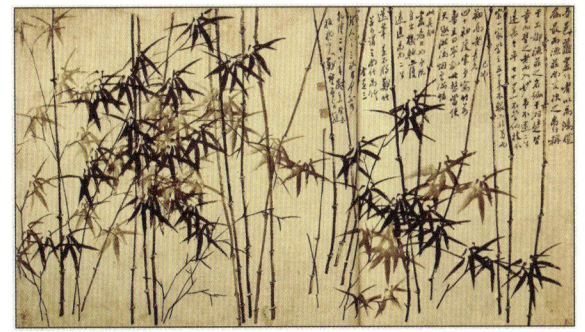

郑燮：兰竹册之一　　郑燮：丛竹图

兰、竹、菊及松树等。所画梅花独具特色，笔法苍劲老厚，剪裁极其简洁，表现出一种宁折不弯的倔强性格，如其为人。

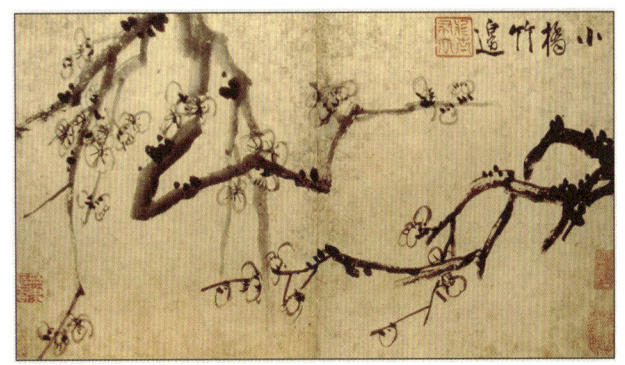

李方膺：苍松怪石　　李方膺：墨梅册之一

罗聘（1733~1799年），字遁夫，号两峰，别号花之寺僧等。原籍安徽歙县，迁居扬州。绘画题材广泛，笔法凝重，思致渊雅。

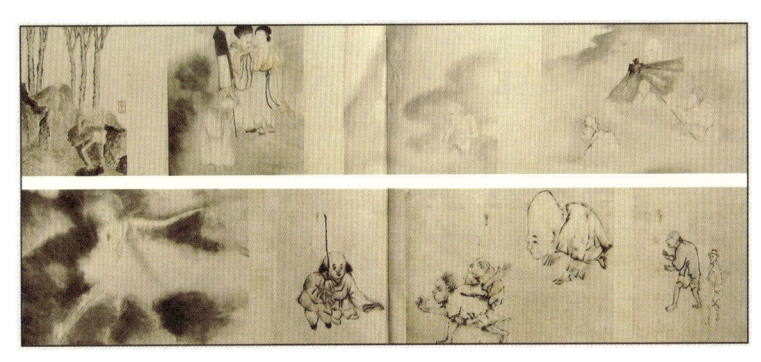

鬼趣图

⑥袁氏画派

袁江（1671?～1746年?），字文涛，晚年号岫泉，江苏江都人。其界画在清代画坛独树一帜。

东园图（部分）

岑楼霜白图 　　重岩暮霭图

郎世宁：八骏图

⑦京江画派（丹徒派、镇江派）

潘恭寿（1741～1794年），字慎夫，号莲巢，丹徒（今江苏镇江）人。能诗善画，其画时得王文治题，人称"潘画王题"。

⑧洋画家

郎世宁Guiseppe Castiglione（1688～1766年），清代宫廷画家兼建筑师、天主教耶稣会修士。意大利人，原名G.卡斯蒂略内。擅长画人物肖像、鸟兽、山水及历史画。画法参酌中西，所绘作品，造型准确，笔法工细，设色富丽。

⑨西泠四家

奚冈（1746～1803年），初名钢，字铁生、纯草，号萝龛、蒙泉外史、冬花庵主、鹤渚生等，钱塘（今杭州）人。善画山水花卉，性格耿介，与丁敬、黄易、庄仁齐合称"西泠四家"。

洛浦仙裳图（荷花图卷）

（三）晚期画家（嘉庆、道光至清末）

自嘉、道至清末，随着封建社会的没落衰亡，中国逐步沦为半殖民地半封建社会，绘画领域也发生了新的变化。视为正宗的文人画流派和皇室扶植的宫廷画日渐衰微，而辟为通商口岸的上海和广州，这时已成为新的绘画要地，出现了海派和岭南画派。

①京江画派（丹徒派、镇江派）

张崟（1761~1829年），字宝厓，号夕庵、夕道人、号樵山居士、观白居士等，丹徒（今江苏镇江）人。善画花卉、竹石及山水，山水画能脱离四王窠臼，另辟蹊径，尤善画松。画风较细密，色彩雅致。

临顿新居第三图（部分）

②海派沪上三熊（朱熊、张熊、任熊）

任熊（1823~1857年），字渭长，一字湘浦，号不舍，浙江萧山人。任熊绘画兼具传统绘画及民间绘画之长，富有创造性，是上海画派的先驱者之一。

③海派海上四任（任熊、任熏、任预、任颐）

任熏（1835~1893年），字舜琴、阜长，浙

十万图之万笏朝天图

任熊：范湖草堂图（部分）

江萧山人。任熊之弟。其画工写兼善，取景布局，能突破前人规范，富有奇趣。

任薰：设色花鸟走兽图之牵牛飞鸟

任颐（18390~1895年），原名润，字小楼，后改字伯年，浙江山阴（今绍兴）人。其人物画取材广泛，作品能反映现实生活，针砭社会，寄托个人情怀。他博采众长，转益多师，成为集工笔、写意、勾勒、没骨于一身的画家。他于传统的笔墨之中掺以水彩画法，淡墨与色彩相交

任薰：松菊八哥

关河萧索图

苏武牧羊

溶,风格明快、温馨、清新、活泼,极富创造性。

风尘三侠

④海派前期诸家

虚谷(1824~1896年),姓朱,名虚白,字怀仁,出家为僧后以虚谷名,号紫阳山民、倦鹤,室名觉非庵、三十七峰草堂等,安徽歙县人。虚谷擅长画人物肖像、花鸟和山水。

赵之谦(1829~1884年),字益甫、撝叔,号悲盦,别号铁三、无闷、冷君、憨寮、梅庵。会稽(今浙江绍兴)人。擅人物、山水,尤善花卉。其画纵笔泼墨,而色彩浓艳,风格清新,常流露出淋漓痛快、生动自然的情趣。

虚谷:衡峰和尚像 虚谷:寒山积雪　　**赵之谦:花卉图之八**

赵之谦:腊梅茶花图

蒲华：富春晓翠　　胡锡珪：仕女图之三

⑤海派后期诸家

蒲华（1832~1911年），字作英，一署胥山外史，原名成，字竹英，秀水（今浙江嘉兴）人。侨居上海，卖画为生。笔法淋漓潇洒，不拘成法。

胡锡珪（1839~1883年），原名文，字三桥，号红荳馆主，江苏苏州人。工画仕女，水墨白描尤精雅。

吴昌硕（1844~1927年），名俊卿，初字香补，中年后更字昌硕，亦署仓硕、苍石，别号缶庐、老苍、苦铁、大聋、石尊者、破荷亭长、五湖印匄等。绘画题材以花卉为主，作品色墨并用，浑厚苍劲，再配以画上所题写的真趣盎然的诗文和洒脱不凡的书法，并加盖上古朴的印章，使诗书画印熔为一炉。

山水手卷

芦橘夏熟（镜心）

秋光图　　篮菊图

⑥岭南画派

居廉(1828~1904年),字古泉,号隔山老人,祖籍江苏宝应,后定居广东番禺隔山乡。他选取生活中平凡的山花、野卉、蔬果入画,所作花卉,色彩鲜艳明净,在画上用水破色,画法独特,称为撞粉。后开馆广收门徒传艺,开岭南画派之先声。

花卉草虫图　　　　花卉昆虫图之月季

岭南画派名家还有苏六朋、苏长春等。

苏六朋:太白醉酒图　　　苏长春:人物立轴

(四)佚名画家作品

万笏朝天图(部分)

康熙朝服像 　　　　　乾隆古装像

花卉图（扇面） 　　　胤禛行乐图之一 　　雍正妃行乐图之一

（五）清代民间绘画

①版画创作

版画创作在康、乾时期曾兴盛一时，由官家主持的"殿版"版画，出现了许多宏帙巨制，多由著名画家起稿。

御制耕织图之织图（焦秉贞作） 　红楼梦图咏之妙玉（改琦作） 　平准战图之通古斯鲁克之战（朗世宁作，铜版画）

②清代年画、壁画

清代年画制作地区遍及大江南北的一些城镇乡村，并形成杨柳青、桃花坞、杨家埠、绵竹、佛山等富有地方特色的年画。

天津的杨柳青是北方的年画中心，多绘喜庆吉祥题材，内容通俗，画面耐看，构图饱满，色彩鲜明，造型简练，富有装饰性。

金玉满堂（杨柳青年画）康熙时期

江苏苏州桃花坞是南方年画中心，作品在描绘传统的喜庆吉祥题材的同时，还表现繁华的都市风貌。四川绵竹年画，盛行于光绪年间，呈型质朴、色彩艳丽。

（六）彩绘瓷画与早期油画

苏州阊门图（桃花坞年画） 　镇殿将军（四川绵竹年画）

夜半钟声到客船图瓷板（清光绪年间作） 　油画桐荫仕女图（约1700年前后佚名宫廷画家作）

二、书法通览

距今五、六千年前的陶器刻画符号是汉字的原始形态。在作为记录语言的符号的同时,汉字字形更是先民观察、提炼和摹拟自然事物特征的产物,体现出对于线条结构的把握运用能力。随着字形数量的不断增加和结构的渐趋复杂化,书写行为也越来越成为一种造型能力的表现,而这一点正是使汉字的书写能够成为一门艺术创作的最重要的条件。

大汶口文化遗址刻符

商代甲骨文(小骨版拓片)　甲骨朱书

但是,新石器时代的陶器刻画符号毕竟不是"成文文字",只有到了商代甲骨文与青铜器铭文(金文),一种相当成熟的文字体系形成后,书法艺术的产生才成为现实。

1. 先秦书法

中国书法是在汉字发展到成熟阶段时产生的。商、西周的文字已具有用笔、结体和章法等书法艺术所必备的三个方面的要素,书法在这时已初步形成。商、西周时期的书法主要有甲骨文和金文。

刻在龟甲、兽骨上,其文字是记录当时占卜的内容,故又称卜辞,是十分成熟的文字。甲骨文契刻时的轻重疾徐,在线条上都能细微的反映出来,表现出契刻者运刀如笔的熟练技巧。

在青铜器上铸铭文,始于商,盛行于西周。这些青铜器上的铭文,现在称之为金文。金文一般是铸,少数是刻。金文的铸作是先把文字书写在软坯上制成范模,然后用烧熔的铜液浇铸。仍能保留和显示书写时的笔意,字画丰腴,体势凝重,有极高的艺术性。

商代金文的字体与甲骨文相近。笔划首尾尖锐出锋,中画肥厚,收笔处时有波磔，直线条较多，圆转的线条较少，行款错落参差，气象雄奇瑰丽。

《大盂鼎》用笔方整，行款茂密，气度宏伟，是西周早期金文的典型。中期铭文笔划粗细划一，均匀圆润，布局完满，文字十分规整。如恭王时期的《墙盘》谨严端整，是金文精美的代表作。

晚期的金文，呈现出多姿多采的局面。宣王时期的《毛公鼎》用笔纯熟，字迹秀劲，铭文多达490字，为西周金文之冠。

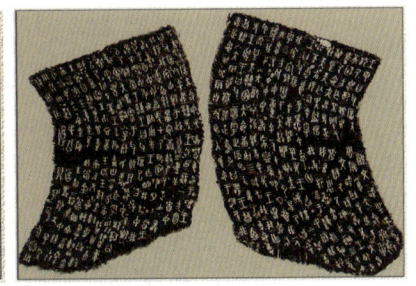

西周康王时期大盂鼎铭文拓片　　宣王时期毛公鼎　　毛公鼎铭文拓片

春秋中晚期出现了错金工艺，并用于错嵌铭文，如像《鄂君启节》，铭文圆润秀劲、端严华丽，是错金铭文中的精品。

石鼓文是秦国的石刻文字，内容主要是歌颂田原之美和游猎之盛的四言诗，分别刻在10个鼓形碣石上。石鼓文的字体被认为是属于籀书系统，是周代金文向秦代小篆过渡的形体。

战国的竹简和帛书，都是手写。与金文随形轻重和因接搭凝结的笔划形态不同，已由迟重变为流美，笔划和体式也较金文更为简略。

战国时期楚鄂君启铜节　秦石鼓文拓片　　包山楚简　　楚帛书（摹本）

2．秦汉书法

（一）秦代书法

小篆是秦代的官方文字。秦统一六国后,规定"书同文字"。小篆形体长方,用笔圆转,结构匀称,笔势瘦劲俊逸,体态典雅宽舒,主要用于官方文书、刻石、刻符等。

秦代权、量、诏版刻的都是始皇和二世的诏书,文字也是小篆,但由于刀刻和受当时民间书风的影响,风格比较质朴,笔划多为方折,线条瘦硬,锋棱俏丽。

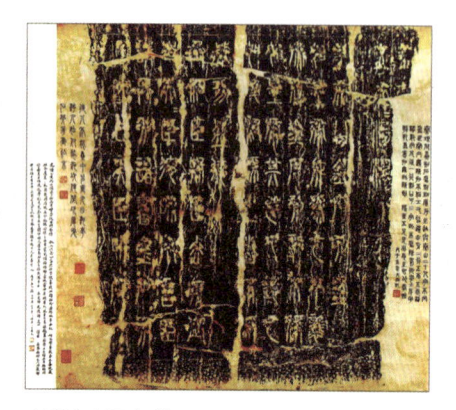

琅邪台刻石拓片 　　　　秦诏版拓片

(二)汉代书法

汉代通行的字体约有三种:篆书、隶书和草书。

篆书。西汉碑刻篆书比较少,东汉立碑之风兴起,书法结体茂密,体势方圆结合,用笔遒劲,与秦代刻石风格不同。如《袁安碑》,书法宽博舒展,字体遒美。汉代篆书另一丰富的宝库为铜器上的铭文。汉器铭文多先书写,再由工匠凿刻而成,因此笔划多为方折,转折处断而不连,使篆书呈现出另一种风格。

新莽时期铸造的铜器铭文多为工整垂脚的方正小篆,结构舒展挺拔,风格典雅俏丽,《新莽铜量铭》、《新莽铜嘉量铭》为最典型的作品。

袁安碑拓片

新嘉量铭文拓片

隶书。它在秦代普遍流行于民间，到汉代成为主要字体。居延出土汉简，多为修筑边塞、屯田、置亭燧所遗屯戍文书，书写比较草率，似多不经意，而书写面貌也各不相同。

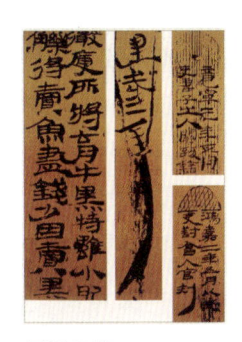

最能代表隶书成就的是东汉碑刻。东汉碑刻隶书，大体可分为两大类型：

其一字形比较方整，而法度严谨，波磔分明。分为两种风格：一种是倾向端庄秀丽的风格，刻得比较细腻，笔毫效果较明显，笔划波磔明。结体方正，笔划顿挫有致，如《曹全碑》等。另一种是倾向古朴雄强的风格，刀刻的效果较明显，笔划呈现方棱，转折崭齐，结体方正。如《张迁碑》。

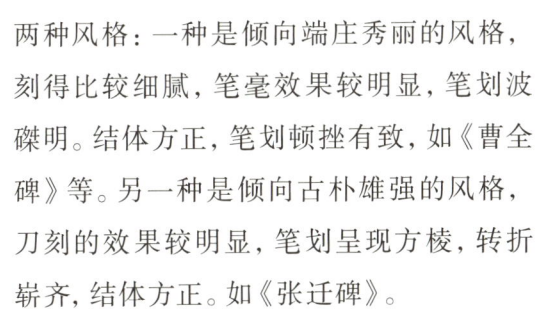

其二书写比较随意自然，法度不十分森严，有放纵不羁的趣味。也可分为两种风格：一种是书写草率随便，字形大小参差不一。另一种是写在崖壁上，为不平整的石面所限制，所以随石书写，有自然不拘的效果。《礼器碑》是兼有上列两种风格的汉隶书，全碑细劲雄健，在端庄中略带秀丽草书。汉代早期的草书，是隶书（古隶）的简易、急速的书写。这时期的草书为草隶或

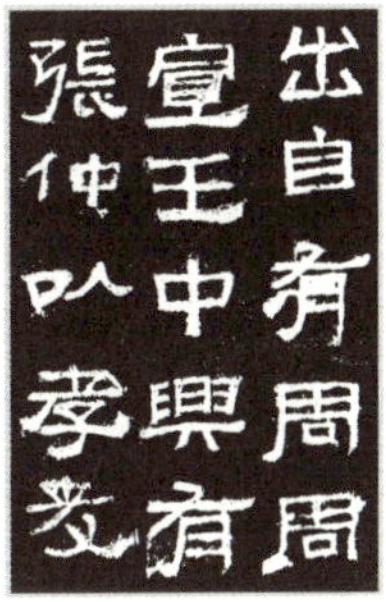

居延汉简

曹全碑拓片　张迁碑拓片

礼器碑拓片

武威医药木牍 　　章帝千字帖拓片

隶草阶段。东汉时期草书逐渐出现波磔，这时草书可以从武威出土的医药简牍等见其大概。至曹魏、西晋，草书经过书法家的不断加工，形成有一定规律的草法，后代称这类草书为章草，以区别东晋盛行的今草。

3. 三国、两晋、南北朝书法

三国、两晋、南北朝时代，楷书趋向成熟，草书经章草阶段发展成今草，行书在隶楷递变过程中从产生经过发展到成熟，涌现出了众多著名书法家，产生了许多重要的书法理论著作，成为中国书法史上光辉灿烂的时代。

（一）三国书法

三国时期，隶书仍是官方通行的书体，当时的碑刻大都用隶书写成。《孔羡碑》为魏初著名碑刻之一，其结体严整而不板滞，书风淳古而高远，气势凌厉而磅礴，对北朝方严灵秀的楷书的形成和发展有渊源关系。吴《天发神谶碑》笔意在篆、隶之间，结体以圆驭方，势险局宽，下笔处如斩截，气势雄伟奇恣，是面貌独特的书法作品。

三国时期著名的书法家有钟繇、皇象等。他们的作品有的刻成单帖，有的收集在丛帖中。如钟繇的《贺克捷表》、皇象的《急就章》。钟繇的书法，是较可靠的传世文人书中最早的作品。

孔羡碑拓片 　　天发神谶碑拓片 　　（魏）钟繇贺克捷表拓片 　（吴）皇象急就章

(二)两晋书法

西晋因禁止立碑,流传丰碑巨碣较少,墓志因此逐渐兴起,著名碑刻有《大晋皇帝三临辟雍碑》等,著名的墓志有《贾充妻郭槐柩铭》等,都是工整的隶书。

东晋碑刻传世很少,《爨宝子碑》是著名的晋碑,书体介于隶楷之间,碑字大小错落,笔划多为方笔写成,横画收笔处有挑脚,但体势已具楷书的特点,风格朴厚古茂。《好太王碑》字形方正,笔划平直,书体间杂篆法。

皇帝三临辟雍碑拓片　贾充妻郭槐柩铭拓片　爨宝子碑拓片　好太王碑拓片

西晋流传有绪的书法家墨迹,有字体属于章草的陆机《平复帖》。西晋《三国志》写本残卷,书法在隶楷之间,捺笔滞重,有朴拙的风格。

东晋流传至今的墨迹大都是勾摹本和临摹本,其中以王羲之和王献之父子的书迹比较多。

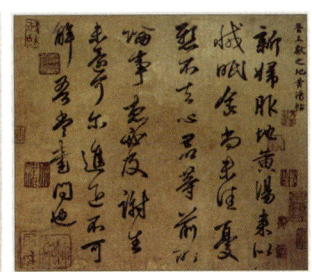

平复帖(陆机书)　三国志写本残卷　初月帖(王羲之书)　地黄汤帖(王献之书)

东晋书法家墨迹流传至今比较可靠的有王珣《伯远帖》、晋人书《曹娥诔辞卷》等。另外王荟、王徽之、庾亮等亦很著名。

伯远帖（王珣书） 　　曹娥诔辞卷 　　疖肿帖（王荟书） 　　书箱帖拓片（庾亮书） 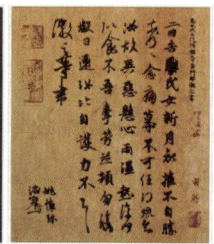　　新月帖（王徽之书）

（三）十六国书法

十六国是当时少数民族建立的政权，信奉佛教，其书法内容，差不多全为佛经经典，故也称为"佛陀书法"。十六国碑刻书法，有可观者，如前秦《广武将军碑》、北凉《沮渠安周造佛寺碑》等，都是隶楷过渡时期的楷书。

广武将军碑拓本（前秦） 　　沮渠安周造佛寺碑（北凉） 　　爨龙颜碑拓片 　　瘗鹤铭拓片 　　刘岱墓志拓片

（四）南北朝书法

南朝宋、齐、梁、陈是楷书盛行时期。南朝碑刻以宋《爨龙颜碑》、梁《瘗鹤铭》最为著名。《爨龙颜碑》楷书，带有隶意，笔势方折雄劲而又具飞动之势。《瘗鹤铭》因刻在摩崖上，随山刻石极为自然，书法潇洒而有法度，字画厚重笔势飞动，其中间杂行书，笔法方圆并用，圆处圆转流利，方处不显得呆滞，严谨有法度，为历代书法家所重视。南朝墓志中齐《刘岱墓志》等在秀丽中又有一种静穆典雅、疏放妍妙的风格，可代表南朝书风的转变。

南朝书法家比较多，如齐王僧虔《太子舍人帖》、王慈《尊体安和帖》、南梁王志《一日无申帖》等。

北朝北魏、东魏、西魏、北齐、北周以碑刻书法著称，传统书学以"魏碑"或"北碑"称之。北魏初期书法方劲古拙，仍保留部分隶书笔划，如《中岳嵩高灵庙碑》雄强而奇古，笔划方棱，结构富于变化。北魏帝王提倡佛教，开窟造像之风大兴，因此造像碑亦大为兴起。著名的龙门石窟成为北魏书法艺术的宝库。其书法结体紧劲，风格雄强，可以代表太和间雄伟浑厚的书风，如《杨大眼造像记》、《孙秋生造像记》等。太和间著名碑刻有《晖福寺碑》、《吊比干文碑》等。太和以后书法风格更为丰富多采，丰碑巨碣亦同时兴起，如《高庆碑》、《南石窟寺碑》、《张猛龙碑》等。其中《张猛龙碑》书法雄强奇肆，结构严谨，能在方劲中表现出纵逸的韵味，而在严整中时出险峭之笔，富于变化。

太子舍人帖（王僧虔书） 　一日无申帖（王志书） 　嵩高灵庙碑拓片 　杨大眼造像记拓片 　孙秋生造像记拓片

晖福寺碑拓片  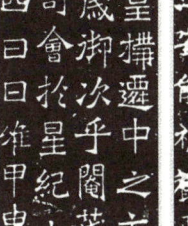　吊比干文碑拓片 　高庆碑拓片 　张猛龙碑拓片 　南石窟寺碑拓片

东魏承接北魏书风，著名碑刻有《敬使君碑》、《高盛碑》、《归彦造像记》等。其中《敬使君碑》用笔侧微细巧，书法清婉秀劲。

北齐碑刻多用隶书，著名碑刻有《唐邕写经碑》、《文殊般若经碑》等。北周碑刻有《西岳华山神庙碑》等。

敬使君碑拓片　高盛碑拓片　归彦造像记拓片　唐邕写经碑拓片　文殊般若经碑拓片　西岳华山神庙碑拓片

北朝碑刻书法，以北魏和东魏为最精。摩崖碑刻，著名的有北魏《石门铭》、《郑羲下碑》等，北齐《泰山金刚经》等。《石门铭》书法超逸疏宕，其笔势长而飞动。《郑羲下碑》结字宽博，用笔方圆结合，圆劲中有篆隶遗韵，为魏碑之精品。《泰山金刚经》为隶书之变体，因长期风化剥蚀，渐去棱角，呈圆浑之笔划，故时出奇态。

石门铭拓片　郑羲下碑（碑额）郑道昭书　泰山经石峪金刚经拓片

北朝墓志数量之多为前所未有，其书法也极为多样。如北魏《刁遵墓志》雍容浑厚，用笔凝练。《崔敬邕墓志》由于用刀有粗细深浅不同，故产生纵横使转不为法度所拘的特殊趣味。北魏以后墓志书体渐趋疏宕平整，北魏茂密浑厚的书风已渐趋泯灭，如

刁遵墓志铭拓片　崔敬邕墓志拓片　王僧墓志拓片

东魏之《王僧墓志》等。

4. 隋唐书法

（一）隋代书法

隋碑内承周、齐峻整之绪，外收梁、陈绵丽之风，故简要精通，汇成一局，淳朴未除，精能不露。隋代著名的碑刻有：《龙藏寺碑》、《董美人墓志》、《苏孝慈墓志》等。这些碑刻和墓志，结体或斜画竖结，或平画宽结；风神或浑厚圆劲，或秀朗细挺；都能符合变化，自成面貌。

隋书法家智永为王羲之七世孙，山阴永欣寺僧，人称"永禅师"。其书法传王羲之法而有所变化，平正和美，体兼众妙。所写《真草千字文》是我国书法史上的名迹。

龙藏寺碑拓片 　　苏孝慈墓志拓片 　　董美人墓志拓片 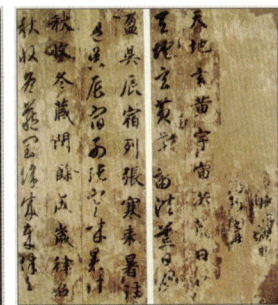　　真草千字文 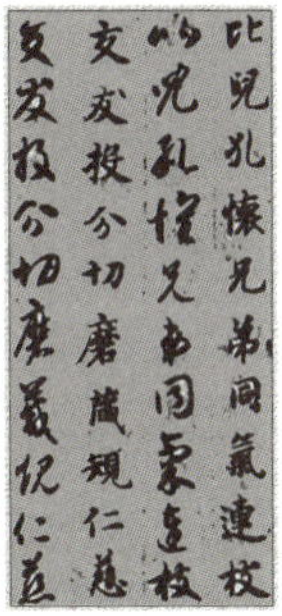　　真草千字文拓片

（二）初唐书法

唐初书法家的代表是欧阳询、虞世南和褚遂良三人。

欧阳询的书法，法度严谨，雄深雅健，以险峭取胜。代表碑刻有《九成宫醴泉铭》、《化度寺碑》、《皇甫君碑》、《房彦谦碑》等，墨迹有《梦奠帖》、《卜商帖》、《张翰帖》等。

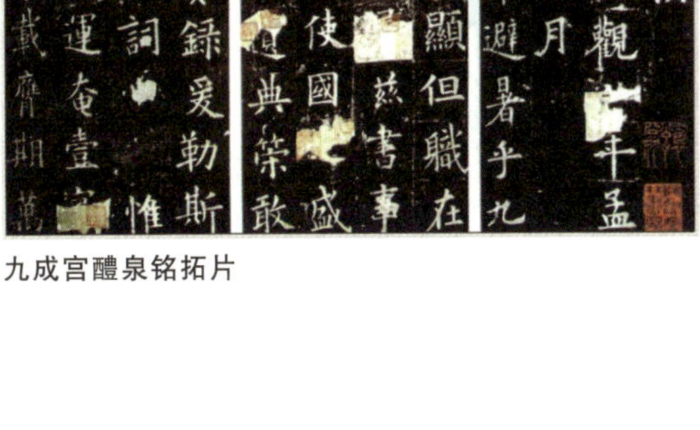

九成宫醴泉铭拓片 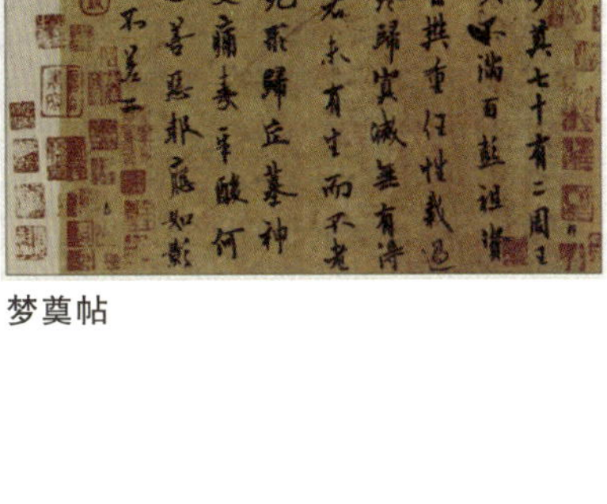　　梦奠帖

虞世南书法沉粹安详，不露锋芒，笔力坚实，外柔内刚。代表作品为《孔子庙堂碑》。

褚遂良书法，清劲秀颖，内含筋骨，在笔法上有新的创造。作品有《伊阙佛龛碑》、《孟法师碑》、《雁塔圣教序碑》、《房玄龄碑》等。

孔子庙堂碑拓片（虞世南书） 　汝南公主墓志（虞世南书） 　伊阙佛龛碑拓片（褚遂良书） 　雁塔圣教序（褚遂良书） 　临王献之飞鸟帖（褚遂良书）

初唐著名书法作品尚有薛稷《信行禅师碑》、李世民《晋祠铭》、孙过庭《书谱》、李邕《云麾将军李思训碑》等。还有欧阳通有《道因碑》、贺知章《孝经》、陆柬之《文赋》、敬客《王居士砖塔铭》等。

信行禅师碑拓片（薛稷书） 　晋祠铭拓片（李世民书） 　麾将军李思训碑拓片（李邕书） 　道因法师碑拓片（欧阳通书） 　王居士砖塔铭拓片（敬客书）

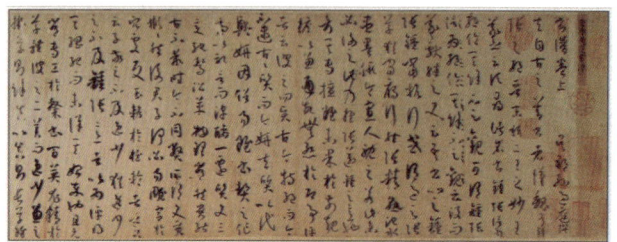

书谱（孙过庭书） 　　　　　　孝经（贺知章书） 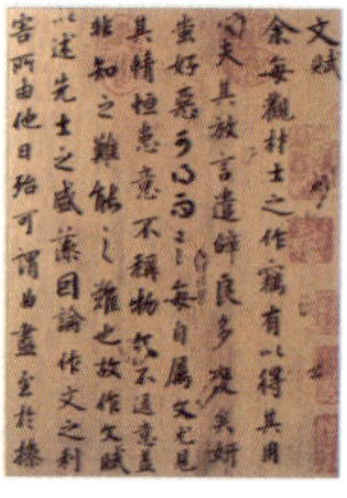　文赋（陆柬之书）

(三)盛唐书法

这一时期书法风格由初唐方整劲健趋向雄浑肥厚。这时出现了张旭、怀素、颜真卿和柳公权等著名书法家,他们分别在狂草和楷书方面开创了新的局面。

张旭,人称张颠,创狂草,有草圣之称。怀素其字如惊蛇走虺,张雨狂风。怀素与张旭合称"颠张狂素"。

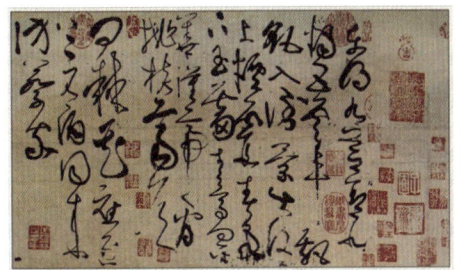

古诗四帖(张旭书)

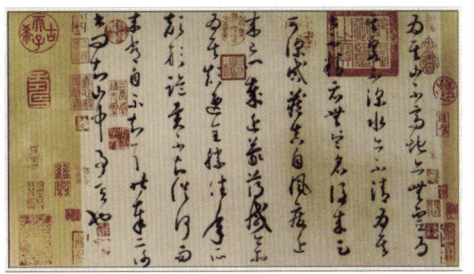

论书帖释(怀素书)

颜真卿的书法多用中锋,结体丰茂,庄重奇伟,称颜体。他遗留的碑刻最且极富变化。如《多宝塔碑》结字匀稳,秀媚多姿;《颜勤礼碑》

多宝塔碑拓片

颜勤礼碑拓片

颜氏家庙碑拓片

祭侄季明文

风神饱满,用笔奇伟;《颜家庙碑》庄重遒劲,大书深刻。其草稿《祭侄季明文》则顿挫郁屈,纵横磅礴,成为书法中的楷模。

徐浩工楷隶,其作品有《朱巨川告身》、《不空和尚碑》等。

柳公权其字遒劲圆润,楷法精严。传世碑刻有《玄秘塔碑》、《神策军纪圣功德碑》等。

其他著名的书法作品,如钟绍京《灵飞经》、李阳冰《三坟记》、史维则《大智禅师碑》等。

朱巨川告身帖(徐浩书) 　不空和尚碑拓片(徐浩书)  　玄秘塔碑拓片(柳公权书)

神策军碑拓片(柳公权书) 　灵飞经拓片(柳公权书) 　三坟记拓片(柳公权书) 　大智禅师碑拓片(柳公权书)

5. 五代十国书法

这一时期,书法家们转向以书法抒发个人意趣的轨道,在这方面取得高度成就的是杨凝式。他的《韭花帖》为行楷书尺牍,谨严而意志超俗。《神仙起居法帖》有一种萧散疏狂的韵致。

南唐后主李煜,擅长书法,相传他能以战笔作书,笔划屈曲,谓之金错刀。又传说他写大字不用笔,卷帛代笔书写,称撮襟书。吴越国王钱镠、钱俶祖孙二人的《批牍合卷》,表文楷书,质朴敦厚。

韭花帖 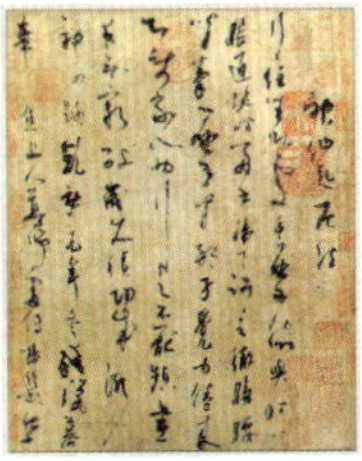　　　　神仙起居法帖 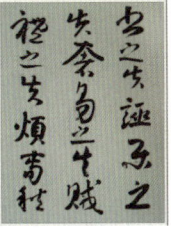　　　册页（李煜书） 　　批牍合卷（钱镠、钱俶书）

6. 两宋书法

（一）北宋书法

北宋初期最享盛名的书法家为李建中和蔡襄。李建中擅长楷、行、篆、隶书。其楷、行书肥而能秀、拙中见巧。蔡襄工楷、行、草书，表现为端而正丽、健而洒脱。

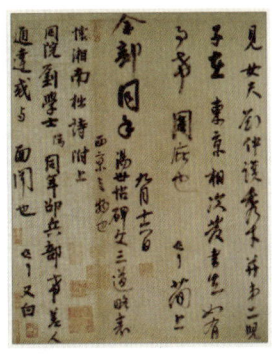

同年帖（李建中书） 　　　十一月廿八日帖（蔡襄书）

真正确立宋代书风的是苏轼、黄庭坚和米芾三人。

苏轼是书法尚意的倡导者。他创造出用笔丰肥遒劲，字势内紧外疏，应手生变，婀娜多姿而又雄浑沉着的苏体。

黄州寒食诗帖

醉翁亭记拓片

赤壁赋

黄庭坚的书法有中宫紧结、笔划向外四射和有意拉长的特点。他的书法，运笔沉着迟涩，形成一种神闲意散的艺术趣味。

米芾的书法篆、隶、楷、行、草书俱能，以行书成就最高。他能于疾书中做到用笔沉着，锋全势备。且擅长传势，字形跌宕多姿。

北宋时期还有一些书法家，如薛绍彭，书法颇具功力；宋徽宗赵佶，创瘦金书，亦颇有影响。

致景道十七使君尺牍（黄庭坚书）

松风阁诗帖（黄庭坚书）

蜀素帖（米芾书）

闰中秋月帖册（赵佶书）

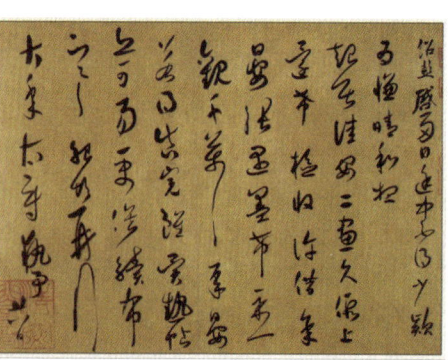

晴和帖页（薛绍彭书）

苕溪诗帖（米芾书）

(二) 南宋书法

南宋时期在书法上造诣颇深的有高宗赵构、吴琚、张即之、张孝祥、陆游、朱熹等人。

赐岳飞手敕（赵构书）　　识语并焦山题名（吴琚书）　　城南唱和诗（朱熹书）

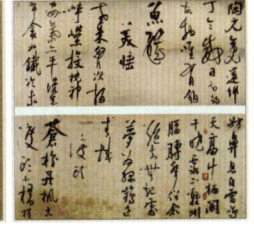

柴沟帖（张孝祥书）　　自书诗（陆游书）　　大字杜甫诗卷（张即之书）

7. 金、元书法

金代不断地吸收汉文化，促进本民族文化艺术的发展，书法上也出现了一些有成就的人物。如王庭筠、赵秉文等。

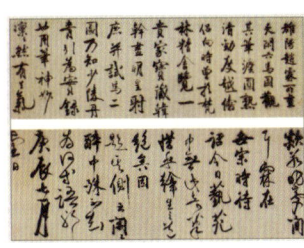

赵霖昭陵六骏图跋（赵秉文书）　　幽竹枯槎图卷跋（王庭筠书）

赵孟頫、鲜于枢、邓文原，并称元初三大书法家。赵孟頫擅长篆、隶、楷、行、草诸体，法度谨严，用笔遒劲，体势朗逸，风格姿媚，创造独具面目的赵体。他的书法对当时和后代影响很大。

胆巴碑碑额

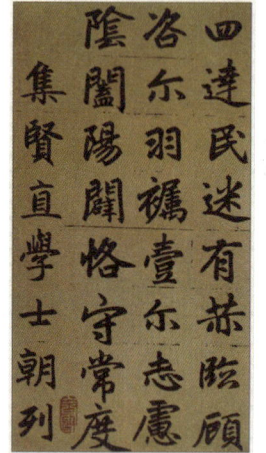

重修三门记　　趵突泉诗　　闲居赋

鲜于枢善楷、行、草书，笔法婉转遒健，气势雄伟迭宕，自成一格。邓文原擅长楷、行、草书，运笔清劲秀丽、韵致古雅，对于恢复和发扬绝响已久的古书体作出了贡献。

元中、后期的著名书法家有康里巎巎、杨维桢、倪瓒等。

论张旭怀素高闲草书（鲜于枢书）　　透光古镜歌（鲜于枢书）

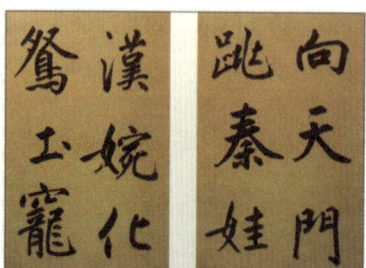

急就章（邓文原书）　　临十七帖（康里巎巎书）　　张氏通波阡表（杨维桢书）

诗五则（倪瓒书）

8. 明代书法

（一）明早期书法

明初著名书法家有三宋，即宋克、宋璲和宋广，宋克在明初书法艺术成就最高。他的书法古雅遒劲，技艺娴熟。其章草笔划瘦劲挺拔，以健美见长。

敬复帖（宋璲书）　　唐宋人诗卷（宋克书）

永乐年间明成祖下令征召天下善书人,缮写内阁拟定的诏令、典册、文书等。其书法有着统一的要求和体格,人称台阁体。台阁体的代表书家有二沈。即沈度、沈粲兄弟。

（二）明中期书法

书法家们在继承优秀传统基础上更讲求形式美和抒发个人情怀,终于在苏州出现了吴门派书法。他们的代表人物是祝允明、文徵明、王宠等。祝允明潜心研究古法,出入变化,自成面貌。

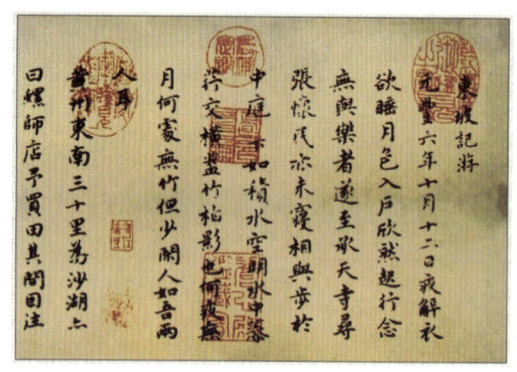

朱熹感寓诗八首并序（沈度书）

五言古诗轴（沈粲书）

东坡记游

草书卷

文徵明其书以功力取胜,风格娟美和雅。

赤壁赋

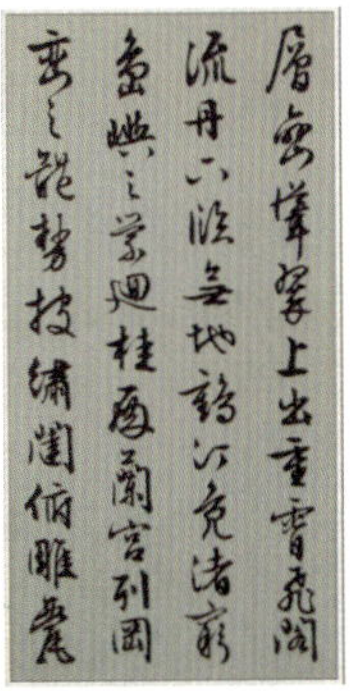

王勃滕王阁序 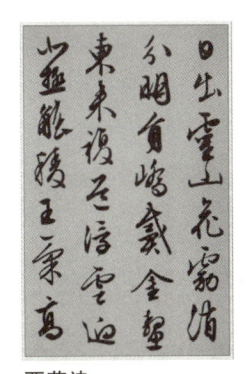　　西苑诗 　　　　辞金记碑拓片

王宠书风朴拙疏秀，疏拓萧散，于朴拙中流露出爽爽风神。

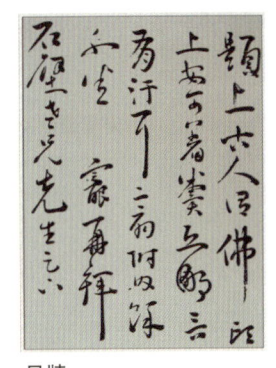

尺牍 　　　　　　张华励志诗

（三）明晚期书法

明晚期书坛出现了许多风格独特和成就卓著的书法家。徐渭以他纵横驰骋的行草书来抒发胸中的郁愤；邢侗书法笔力矫健、沉着圆浑；张瑞图

七言律诗（徐渭书） 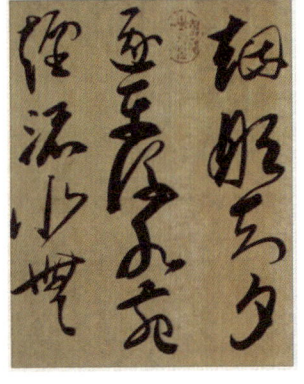　古诗（邢侗书） 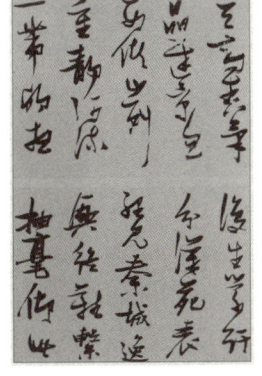　　　五言唐诗卷（张瑞图书）

湛园花径诗　　杜牧江南春词（赵宦光书）　　麇提居士诗　　宋词册秋意（董其昌书）
（米万钟书）　　　　　　　　　　　　　　　（宋珏书）

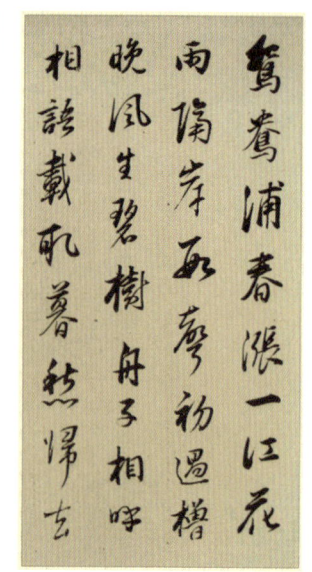

书风奇逸，用笔体势多方侧，给人以古怪奇特之感；米万钟专学米字，笔法沉着浑厚。还有创草篆的赵宦光，专工隶书的宋珏等。在晚明书坛，影响最大，开一代书风的应推董其昌。

9. 清代书法

（一）清早期书法

清代初期在书坛上有影响的书法家仍是明代遗民，以王铎、傅山、朱耷的影响最大。

王铎行草浑雄恣肆，一时独步。傅山以书法发挥他的思想感情，所以有萧然物外、自得天机的意趣。

杜甫诗（王铎书） 　　丹枫阁记（傅山书） 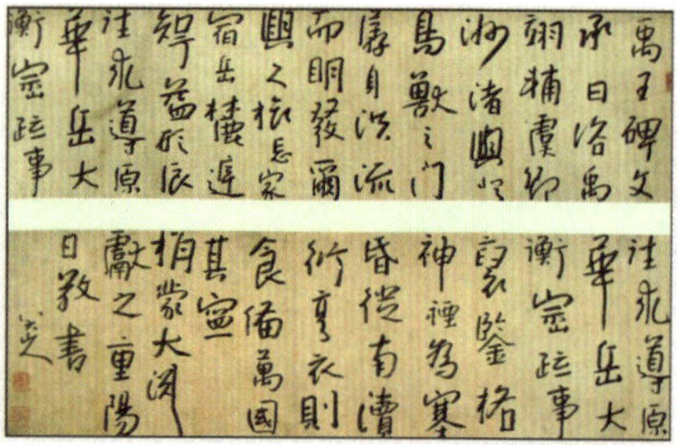　　录禹王碑文（朱耷书）

朱耷的行草藏头护尾，其点画及其转折中蕴涵着一种国破家亡的惨痛的心情。

清初王时敏为画坛"四王"之首，书法长于隶书，气象庄严，笔力沉厚。稍后有代表性的书法家有沈铨、高士奇等。

并称为康熙间四大家的书法家是笪重光、姜宸英、何焯、汪士鋐。

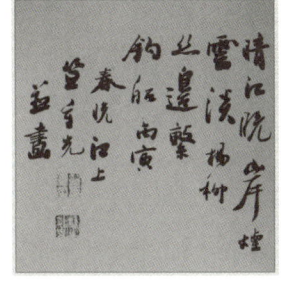

七言绝句（王时敏书）　七言联（沈铨书）　跋欧阳询梦奠帖（高士奇书）　题画诗（笪重光书）　送秀野南归诗序（汪士鋐书）

在帖学衰颓时期，有一些书法家起来学习汉碑。其中影响最大要数郑簠和朱彝尊。

（二）清中期书法

乾隆嗜书，尽力搜集历代名迹，命梁诗正摹刻《三希堂法帖》，对帖学的发扬起着积极的作用。

灵宝谣（郑簠书）　舟次七里泷诗轴（朱彝尊书）

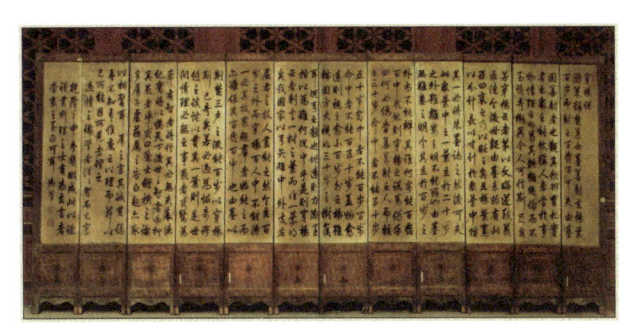

穿杨说屏风（弘历书）

帖学书法家中以刘墉、王文治、梁同书、翁方纲四大家为代表。

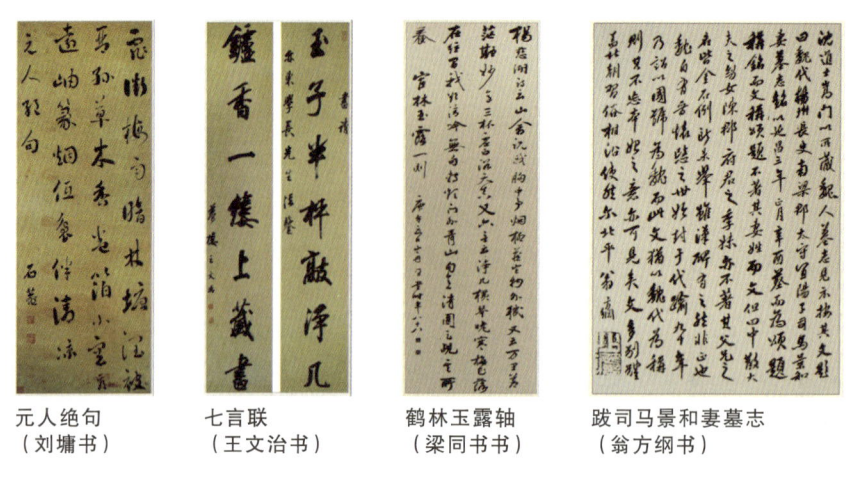

元人绝句（刘墉书）　七言联（王文治书）　鹤林玉露轴（梁同书书）　跋司马景和妻墓志（翁方纲书）

此外，姚鼐的行书萧疏澹宕，永瑆的楷书、行草典雅端丽，钱沣的颜体楷书丰腴厚润，铁保的草书，张问陶的行书，都比较有名。

七言绝句（姚鼐书）　洛神赋（永瑆书）　真书轴（钱沣书）　自书七言诗册（铁保书）　五言绝句轴（张问陶书）

清代中叶碑学书法家不断涌现，金农创造所谓漆书，力追刀法的效果，强调金石味。伊秉绶擅长隶书，魄力宏恢，有独特的风貌。邓石如是清代学碑的书法巨匠。他开创了篆书的新风格；其隶书继承汉分隶法，成遒丽绵密的新体；楷书取北魏碑，行草书由碑中衍变而出，加上他在篆刻上的造诣，创造了富有金石气的风格。

这时期有许多以学者身份而善书法的书法家，如：桂馥、钱大昕等，他们都擅长隶书，其篆隶醇雅清古，别开生面。

这时期还有一些画家也兼为书法家，如扬州八怪中的郑燮、黄慎、汪士慎等，都有自己的风格和特点。郑燮熔真、草、篆、隶于一炉，自名为"六分半书"。

篆刻家中如西泠八家，也都人人善书。丁敬隶法行草，古朴简率，得旷然天真的趣味。蒋仁行草凝练郁勃。黄易、奚冈书法亦各具特色。

临华山庙碑（金农书） 　隶书五言联（伊秉绶书） 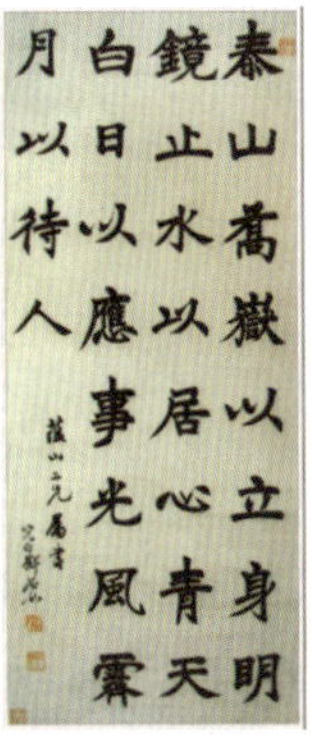　警语（邓石如书） 　语摘（桂馥书）

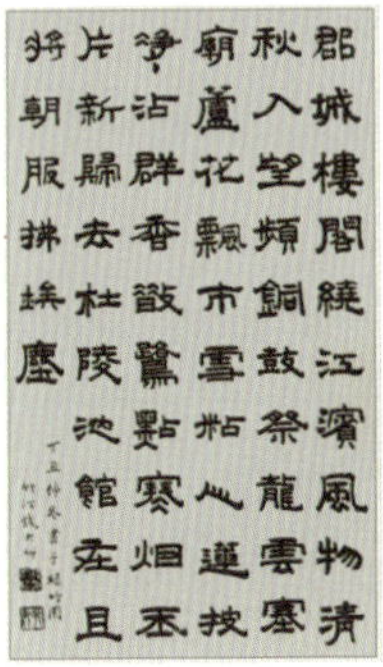

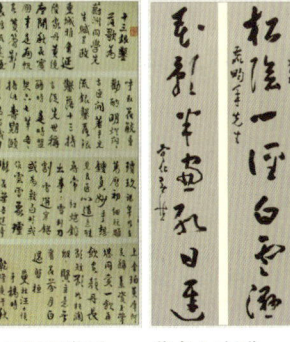

隶书轴（钱大昕书） 　七言联（钱大昕书） 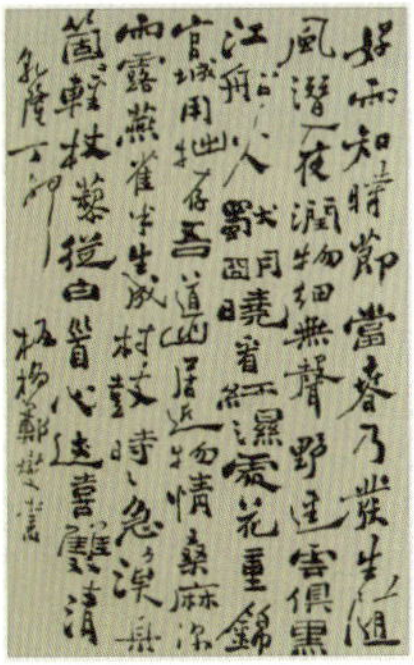　书杜甫诗（郑燮书）　十三银凿落歌（汪士慎书）　草书七言联（黄慎书）

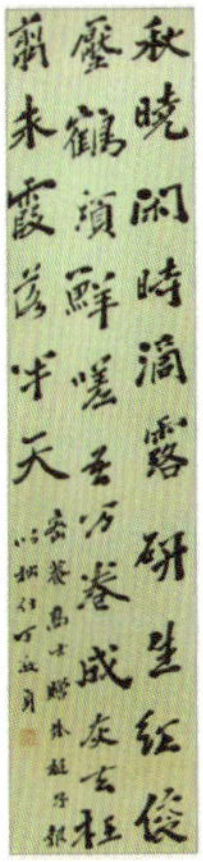

七言绝句（丁敬书） 　董其昌语（蒋仁书） 　摹娄寿碑字（黄易书） 　檀园论书一则（奚冈书）

（三）清晚期书法

晚清书法以何绍基、赵之谦为代表。何绍基的书法以颜真卿为基础，搜集周、秦、两汉古篆籀，下至南北朝、隋、唐碑版，心摹手追，自成一家。他的行草是熔颜字、北朝碑刻、篆隶于一炉，恣肆而超逸，天真罄露。

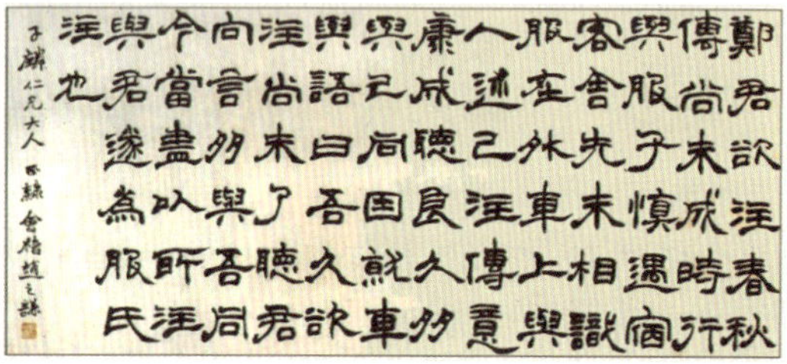

赵之谦书画、篆刻都兼长，他的楷书颜底魏面，用婉转圆通的笔势来写方折的北魏碑体，而且他的行草、篆、隶诸体，无不掺以北魏体势，自成一格。

这时期的书法家还有翁同龢、吴大澄、杨沂孙、张裕钊、吴熙载、徐三

祝寿词　　论画语

语摘

画梅题画句（翁同龢书） 　书札（吴大澄书） 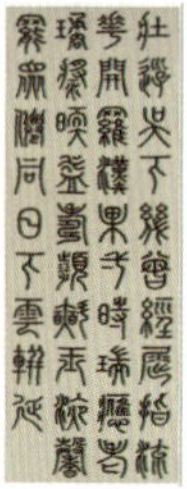　篆书条屏（杨沂孙） 　五言诗（吴熙载书）

七言联（张裕钊书） 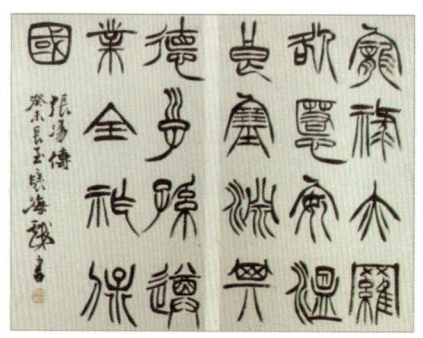　张汤传（局部）（徐三庚书）　隶书七言联（俞樾书）　隶书七言联（杨岘书）

庚、俞樾、杨岘等。

清代末年,以杨守敬、吴昌硕、康有为、沈曾植等书法最著名。

吴昌硕,为清末书、画、篆刻大家,篆书对石鼓文下功夫最深,字形变方为长,讲究气势;隶书亦别具一格;晚年"强抱篆籀作狂草",融会贯通,开辟了新的境界。

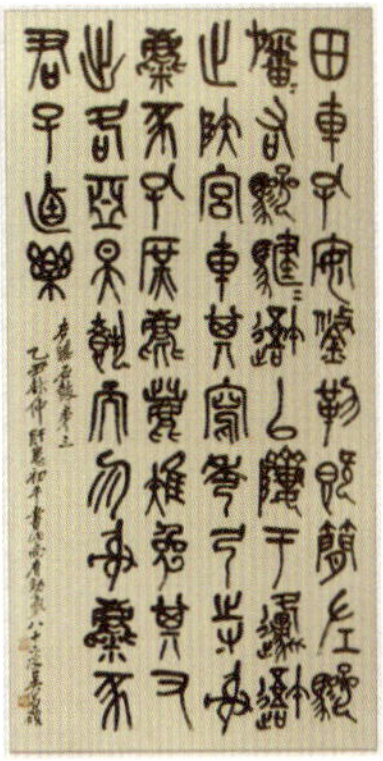

临石鼓文(吴昌硕书) 　题画诗(吴昌硕书) 　集杜子美七言联(吴昌硕书) 　跋吴镇草书心经(杨守敬书) 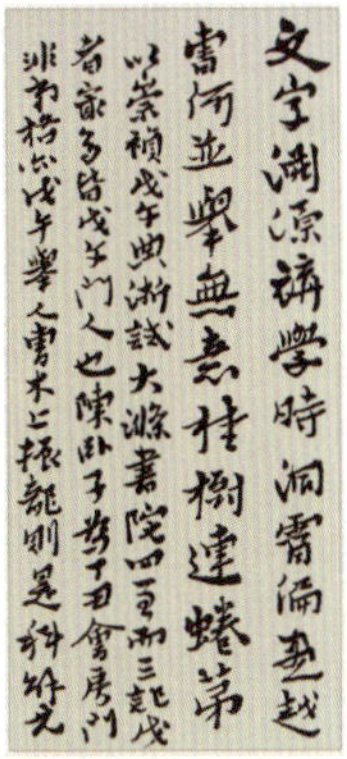　论科举(沈曾植书)

四言诗(康有为书) 　南阳小庐诗(康有为书) 　甲骨文轴(罗振玉书) 　书刘禹锡诗轴(梁启超书) 　篆书七言联(章炳麟书)

三、金石镌华

中国篆刻是书法(主要是篆书)和镌刻(包括凿、铸)结合,来制作印章的艺术。

古代印章中最早的是古玺,玺是先秦印章的通称,在战国时写作"鉨"或"坯",

阳都邑圣迎盟之玺铜玺[战国齐] 　弄狗厨印铜印(篆书)[秦]

到了秦代，规定皇帝的印称玺，一般人的则称印。

到了唐代一度改玺为"宝"，以后历代帝王玺、宝并用。玺文分朱文（文字凸起，亦称阳文）和白文（文字凹入，亦称阴文）两种，古玺的形状、大小不一，有长方形、方形、圆形和其他异形。古代玺印既是一种实用品，又是艺术品。

先秦及秦、汉的玺印，是古代人们在交往时，作为权力和凭证的信物。此外，吉语印、肖形印等印，也反映了古代的社会生活习俗和人们的思想意识。

汉代是玺印发展空前灿烂辉煌的时期。汉代除帝王印仍称玺外，其余都称印。在官印中有的称章或印章，私印中有的称信印或印信。汉印以缪篆体入印。这种字体与汉代隶书的兴起有关系，结体简化，笔划平整方直。汉印中还有以鸟虫书入印的，装饰性很强，是古代的一种美术字体。汉印分铸、凿两种。西汉的印章多为铸造，其中以西汉末年新莽时期的印章制作最为精美。东汉的印章以凿印最有特色。

古代使用玺印时还出现一种封泥，又名泥封。在纸张未发明以前古人多在简牍上记写公文、账目、书信等内容，在简牍的递寄往来过程中，为了严守机密和防奸杜伪，故在简牍的绳结处加上软泥，然后钤盖玺印，这就是所谓缄。

皇后之玺玉玺（篆书）[西汉] 　武意玉印（鸟篆）[西汉] 　轪侯家丞封泥（篆书）[西汉] 　万石木印（隶书）[西汉] 　广陵王玺金印（篆书）[东汉] 　平东将军章金印（篆书）[三国魏]

晋归义氐王金印（篆书）[西晋] 　建威将军章龟钮铜印[东晋]

南北朝时期，纸张已普遍应用，新的钤印方法也随之产生，封泥之法开始废止。而是使朱砂调制成的印泥来钤盖印章，这就是所谓的濡朱之制。

隋唐宋元时代，一些人出于鉴藏书画的目的和书画家在作品上钤盖印章渐成风气，从而收藏印、斋馆印和闲文印盛行，这是实用的玺印向篆刻艺术发展的重要因素。印章与书画有机的融为一体，印章成为人们同时欣赏的对象，称金石书画。宋、元的很多私印，也很有艺术性，有的是出自文人之手。宋代朱记印和元代花押印，也富有特色，已用隶书、楷书入印，是后世篆刻家重视的印章资料和取法的范体。

契丹节度使印铜印（篆书）[唐] 　　元从都押衙记铜印（楷书）[五代] 　　卢遹玉印（篆书）[南宋] 　　西夏文首领铜印 　　胡里改路之印铜印（九迭篆书）[金] 　　八思巴文桑结贝帝师印玉印[元]

明代中叶，印章已发展为独特的篆刻艺术。它从实用品、书画艺术的附属品，而发展成为独立的艺术。明代的文彭篆刻擅名当代，后来的篆刻家奉他为篆刻之祖。文彭一派被称为吴门派。与文彭齐名的何震一派被称为徽派。

清代金石学盛行，篆刻流派众多。清代初期，程邃的白文印师法汉印，厚重凝练；朱文印喜用大篆，离奇错落，奠定了皖派的基础。

清代中叶，丁敬的篆刻借古开今，成为浙派的开创者。这一流派又经后继者蒋仁、黄易、奚冈、陈豫钟、陈鸿寿、赵之琛、钱松等八人的继承和发扬，成为清代影响最大的篆刻流派——西泠八家。邓石如是一个开拓者，兼善真、草、隶、篆四体书。因他是安徽人，故他的篆刻被称为皖派，又称邓派，最能传承邓派衣钵的是吴熙载。

晚清的篆刻大都笼罩在浙、皖两派之内，毫无新意。但赵之谦能在刀石之间流露出笔墨情趣。所刻的边款也别具一格，突破了前人窠臼，终于建树了赵派的地位。吴昌硕的篆刻，寓秀丽的意趣于苍劲古朴之中，被后人尊为吴派。黄士陵的篆刻平正朴实，寓拙于巧，在清末印坛中异军突起。由于他客居广州最久，对岭南篆刻家影响最大，有人把黄士陵的篆刻名为黟山派。

必力公万户府印铜印（九迭篆书）[明] 　　如来大宝法王之印玉印（十一迭篆书）[明] 　　乌罗长官司印铜印（汉满文二体）[清] 　　敕封班臣额尔德尼之印金印（藏满汉三体）[清]

四、论著题录

1. 绘画方面

（一）两晋南北朝时期的绘画理论

东晋画家顾恺之在绘画理论上也有突出成就，今存有顾恺之《魏晋胜流画赞》、《论画》、《画云台山记》3篇画论。提出了传神论、以形守神、迁想妙得等观点，主张绘画要表现人物的精神状态和性格特征，重视对所绘对象的体验、观察，通过形象思维即迁想妙得，来把握对象的内在本质，在形似的基础上进而表现人物的情态神思，即以形写神。顾恺之的绘画及其理论上的成就，在中国美术史上占有极其重要的地位。

宗炳的《画山水序》与王微的《叙画》是反映这一时期山水画理论成就的两篇重要著作。

宗炳（375～443年），南朝宋画家，字少文，南阳涅阳（今河南省镇平县）人。他的《画山水序》是一篇富于哲理性的完整的山水画论。他从哲学高度立论，把自然美的欣赏与山水画的创作联系起来认识，从真与美的统一上认识山水画的功能，在既真实又兼顾绘画艺术表现特点上揭示山水画再现自然的重要法则，因而具有较强的理论性与系统性，对后代山水画创作与理论产生了久远的影响。

王微（415～453年），南朝宋画家，字景玄，山东临沂人。他的《叙画》是一篇视山水画为独立画科并重视山水画抒情作用的山水画论。他高度重视了山水画创作中凭借驰骋想象力的抒情特点，为中国山水画抒情特点以及"意境"理论的形成奠定了基础。

中国传统画论中分等评论的体裁创始于南朝，谢赫的《画品》（俗名《古画品录》）开其先，姚最《续画品》（俗称《续画品录》）踵其后，其后绵延不断，成为定例。谢赫是由齐入梁的南朝画家。他提出"六法"："一、气韵生动是也；二、骨法用笔是也；三、应物象形是也；四、随类赋采是也；五、经营位置是也；六、传移模写是也"。这是在顾恺之《论画》思想的基础上，进一步体系化的结果，是对以前绘画实践的全面总结，具有进步意义。

中国最早的画史与绘画著录也出现于南北朝时期。这时的画史，受传统史学重视记载历史人物与历史故事的影响，形成了编录画家生平简况、擅长、作品与故事的体例特色，如孙畅之《述画记》便是这样一部萌芽状态的画史。这时的著录，主要是宫廷收藏绘画的简目，是在图书目录学影响下的产物，《梁太清目》即属此类著述。

（二）隋唐时期的绘画史论著述

隋唐两代是中国绘画史论著述的重要发展时期。著述家继承前代传统，运用前人积累的丰富史料与绘画思想史料，总结古今创作经验，撰写了一大批绘画史论著作与论文，开拓了新的研究领域，完善了画史编写体例。其理论认识、编撰方法与整理记录的大量数据都对后代发生了深远影响。

现存最早的一部中国绘画作品著录《贞观公私画录》，不仅记载卷轴画存世情况，也记录寺庙壁画保存情况，保存了大量史料。

已知中国最早的一部断代画史《唐朝名画录》，又名《唐画断》，吴郡朱景玄撰。朱景玄，吴郡（今江苏省苏州市）人。该书是一部关于唐代画家情况的较详记录。其数据源，部分引自唐人有关著作，部分为作者亲自采访收集。对于时代较近画家、与作者同时画家，本书尤多记述，故在绘画史料上具有不可替代的价值。在编写方法上，本书开创了以分品列传体编写断代画史的先例。

《历代名画记》是中国第一部绘画通史著作。著者张彦远，字爱宾，蒲州猗氏（今山西省临猗县）人。该书可分为三部分：一是对绘画历史发展的评述与绘画理论的阐述；二是有关鉴识收藏方面的叙述；三是370余名画家传记，大略包括画家姓名、籍里、事迹、擅长、享年、著述、前人评论及作品著录，并有张彦远所列的品级及所作的评论。

（三）五代时期画院的设立

唐末曾出现授予御用画家以翰林待诏、翰林供奉等职称的作法。到了五代，西蜀和南唐则已有画院的设立，用以容纳御用画家和掌管宫廷绘画事务。

（四）宋代绘画史论著述

《图画见闻志》，北宋郭若虚著。若虚，太原（今山西太原）人，生卒年不详。该书记载了唐会昌元年（841年）至北宋熙宁七年（1074年）之间的绘画发展史。全可分为三大部分：第一部分，集中反映了作者的绘画思想与艺术见解。第二部分，主要是唐末至宋代中期284个画家小传，记叙了画家的生平、师承、擅长、艺术思想和绘画成就等。第三部分，记述前人著作中有关唐至五代时期画家的故事传说，以及作者本人对当时画坛耳闻目睹的事件记录。

《画继》，南宋邓椿著。邓椿，字公寿，四川成都双流人，生卒年不详。此书记述了北宋神宗熙宁七年（1074年）至南宋孝宗乾道三年（1167年）共93年间的有关绘画见闻，是继《图画见闻志》之后的又一重要绘画史著作。《画继》开创了综合利用前人诗文、笔记等多方面数据编写的先例。

（五）元代绘画史论著述

《图绘宝鉴》，夏文彦撰。字士良，号兰渚生，吴兴（今浙江湖州）人。此书可分两编。上编编录前人著述中关于论画与鉴赏的论述，下编为上自古史传说时代起，下至元朝画家的传记，是中国最早的一部绘画通史简编。

《画继补遗》，庄肃撰。字幼恭，号蓼塘，吴郡（今江苏苏州）人。此书是继《画继》之后编写的南宋画家传记，上卷为帝王、贵族、官宦、僧道、文人及平民画家，下卷所载主要为宫廷画家。传记内容包括籍里、字号、生平、师承、专擅、画法风格、所见作品、当时影响各项，亦略有评价。

《云烟过眼录》，周密撰。字公谨，号草窗。先世山东济南人，流寓吴兴（今浙江湖州）。此书为中国第一部以私家藏画为主要对象的著录书籍。亦兼记载南宋宫廷收藏情况。

《画鉴》，又名《古今画鉴》，汤垕著。字君载，号采真子，山阳（今江苏山阳）人。上编为《画鉴》，以时代先后为序，列吴画、晋画、六朝画、唐画、五代画、宋画、金画、外国画各节，评述所见历代画家画法风格，兼及画家略历、师承、擅长，亦时有真伪优劣之论断。下编为《画论》，一称《杂论》，专论鉴藏方法与得失，综括前人经验，批评鉴赏界时弊，亦反映了元人论画的一些主张。

《山水家法》，饶自然撰。字太虚，号玉笥山人，江西人。作者以生平所见名迹，参考历代画史著作，自唐至元初，选出王维等20家，论其山水画的笔意染法、渊源所自、风格特征等，皆立言精要。

（六）明代画论和著录

①书画理论著作

明人画论的发展约分三期。初期未发现论画专书，论文散见于文集或题跋原件中。中期除大量画家均有论画言论外，还出现了较完整的理论专著。各书各文大多持文人画观点，以论山水画者为主，但见地也不尽相同。影响最大者为董其昌《画禅室随笔》、《画旨》、《画眼》与《画说》。其中心论点是倡导文人画，贬抑"行家画"的"南北宗论"。后期绘画论著更加繁荣，有专著（包括某一画科专著），有涉及画论的文集杂著，更有后人所辑名家论画之作。

②书画著录著作

张丑《清河书画舫》，以时代先后为序，以作者为纲，以其流传书画为目，记其书画名迹之流传、题跋。汪珂玉《珊瑚网》，全书分两大部分，第一部分为古今法书题跋，第二部分为古今名画题跋，自卷一至卷二十二，著录顾恺之《洛神赋图》以来的名画，详略不一，其详者录款识、题跋、印章，作者有题跋者也录入其中。卷二十三为《画据》，录宋以来公私藏画目录。卷二十四为《画继》并附《画法》，编采各家画史、画论及画法著述的有关部分。

（七）清代画论和著录

①绘画论著

《苦瓜和尚画语录》，石涛著。全书18章，先讲原理，次述运腕，最终引申出理论主张，构成一个完整有机的山水画理论体系。

《芥子园画传》，一名《芥子园画谱》，共三集。是李渔的女婿沈心友请王概兄弟三人和其他诸人编绘并加以解说的。因李渔在南京的别墅名"芥子园"，故此书被命名为《芥子园画传》。此书介绍中国画基本画法和传统流派，较为系统。图文结合，浅显明了，虽有舛误，却便于初学者临摹参考。

②画史要籍

为明代画家作传的有姜绍书《无声诗史》、徐沁《明画录》等。专为清代画家作传的有张庚《国朝画征录》，收录清初至乾隆中叶画家450余人；冯金伯《国朝画识》和《墨香居画识》，收录清初至嘉庆时画家1800余人；

蒋宝龄《墨林今话》，接《墨香居画识》收录乾、嘉、道、咸四朝画家1286人；张鸣珂《寒松阁谈艺琐录》，又续《墨林今话》收录咸、同、光三朝画家330多人，为清代断代史的终篇。

③专史著述

按地域论述的有鱼翼《海虞画苑略》等；按类著述的有胡敬《国朝院画录》等；按画家姓氏笔划序列的画传，以彭蕴璨的《画史汇传》最著名，亦开创了画家人名辞典之先例。

④著录书籍

内府藏品的著录书比较系统齐全，乾、嘉年间编纂的《秘殿珠林》、《石渠宝笈》正、续三编，几乎将内府收藏辑录无遗。一些编纂者还根据自己的笔记整理成著作。如阮元《石渠随笔》、胡敬《西清札记》等。私人收藏、鉴赏家所编撰著录之书也很普遍，著名的有安岐《墨缘汇观》、高士奇《江村销夏录》、孙承泽《庚子销夏记》、顾复《平生壮观》、吴昇《大观录》等。同时也出现了汇编的丛辑，卞永誉的《式古堂书画汇考》，堪称集历代著录书之大成。

⑤综合性丛辑

《佩文斋书画谱》，书画类书。康熙年间，由孙岳颁、宋骏业、王原祁、吴暻、王铨等进行纂辑成书。共100卷，引用书籍1844种，资料完备，体例精密，为书画史论集大成之作。

2. 书法论著

中国书法经过两汉、魏、晋的发展，各种书体都已成熟。因此，在错综复杂的发展过程中，要寻绎其发展历史，便有书体渊流派的探索和讨论。又因书法家蜂起，而各有擅长，要收藏品第，便有书法家名录和品评一类的著作。此外，书法技巧的研究，也较两汉时期为广泛和深入。魏晋南北朝书法理论著作主要有：卫恒《四体书势》、索靖《草书势》、羊欣《采古来能书人名》、王愔《古今文字志目》、王僧虔《论书》、虞龢《论书表》、萧衍《观钟繇书法十二意》、《与陶隐居论书启》、庾肩吾《书品》、袁昂《古今书评》、江式《论书表》等。

唐代书法理论在三国、两晋、南北朝基础上更加精密、完善。孙过庭的《书谱序》不仅是一篇优秀的草书精品，也是一篇文思绵密、词简意赅的书法理论著作。该序从溯源流、辨书体、评古迹、述笔法、诫学者、伤知音等六个方面对书法的奥义进行了全面论述，被后人视为准则，影响甚大。张怀瓘的《书仪》、《书断》等亦多真知灼见。张彦远的《法书要录》则是第一部古代书法理论的总集，收罗广博，选择精审，对后世书论产生了深远影响。

北宋朱长文编辑的《墨池编》是一部重要的书法理论总集，分字学、笔法、杂议、品藻、赞述、宝藏、碑刻、器用等八类，在体例上创分门别类的先河，收集古代书法理论资料相当丰富。米芾的《书史》，为米芾著录书法之书，此书记载他生平目见和家藏的法书，详记作品质地、印章和跋尾，并兼及故事轶闻，有时亦有评论。南宋陈思的《书苑菁华》，是继《墨池编》之后的书论总集。《宣和书谱》是北宋徽宗宣和年间由官方主持编撰的宫廷所藏书法作品的著录著作。著录历代书家197人，作品1344件。每种书体前都有叙论，叙述各种书体的渊源、发展情况；次为书法家小传，记载作者生平，遗文轶事，次及评论其书法的特点、优劣，最后列御府所藏的作品目录。

元代书法理论著作，属于通论的有郑构《衍极》，属于丛辑的有苏霖《书法钩玄》、吕宗《书经补遗》、盛熙明《法书考》，属于书法技法的有陈绎曾《翰林要诀》、释溥光《雪庵字要》和《雪庵永字八法》等。此外，在赵孟頫、鲜于枢、邓文原、虞集、柯九思等人有关书法的题跋中也有理论方面的精辟论述。其中《法书考》保存了一部分书法史料，对研究书法史具有一定价值。《翰林要诀》提出"笔笔造古意，字字有来历，日临名书，毋吝纸笔，功夫精熟，久自得之"的要诀。

元末明初陶宗仪编著的《书史会要》是明代辑录历代书法家传记和技法的著作。解缙的《春雨杂述》内容有学书法、草书评、评书、书学评说、书学传授等。丰坊《书诀》大部分篇幅为法帖书迹目录，是研究书法史的资料。明代书法理论著作还有项穆的《书法雅言》，杨慎的《墨池琐录》等。王世贞编著的《王氏法书苑》则是一部构思宏大的关于书法艺术的丛辑，其中部分内容为作者自己的著作。全书分为源、体、法、品、评、拟、评拟、文、诗、传、墨迹、金、石等13类,保存了不少有价值的书法史料。

清代包世臣的《艺舟双楫》,为《安吴四种》之一,包括论述作文、作书两部分内容。他认为书道妙在性情,能在形质,然性情得于心而难名,形质当于目而有据。康有为《广艺舟双楫》最重要的意义是提倡南北朝的碑刻书法。它总结了清代的碑学,指出长期受帖学统治下书坛的弊端,想从北朝碑刻中开辟出一条新路。全书结构严谨,有系统、有理论,阐发提倡碑学的观点,虽然其中有片面的地方和不符合实际的情况,但乃是清代一部极为重要的书法理论著作。其他书法理论著作尚有冯班《钝吟书要》、笪重光《书筏》、宋曹《书法约言》、潘存辑和杨守敬《楷法溯源》、刘熙载《书概》、冯武《书法正传》、梁巘《评书帖》等。

3. 法帖

古人将书写在丝织品上的字迹称为帖,书写在竹、木上的字迹称为简牍。造纸术发明后,纸与丝织品并用于书札,凡是小件篇幅的书迹,都称帖。宋代,汇集历代名家书法墨迹刻在石或木板上并拓成墨本的亦称为帖。因为这些墨迹是学习书法的范本,所以又称为法帖。汇集数家书迹的,称为丛帖、汇帖或集帖。

《淳化阁帖》是中国流传至今最早的一部刻帖,共收入唐代以前历代名人及帝王法帖100余家、400余种。著名的《绛帖》、《大观帖》等大都以《淳化阁帖》为基础,稍加增减、调整。

明代是摹刻法帖比较兴盛的时期,代表作品有:《东书堂集古法帖》、《宝贤堂集古法帖》、《真赏斋法帖》、《停云馆帖》、《余清斋帖》、《墨池堂选帖》、《戏鸿堂法书》、《郁冈斋墨妙》、《玉烟堂帖》、《晚香堂苏帖》、《渤海藏真帖》、《快雪堂法书》等。其中被金石家、书法家所重视的《停云馆帖》、《真赏斋法帖》等,都是明代法帖的代表作。《真赏斋法帖》是无锡华夏把家藏钟繇《荐季直表》、王羲之《袁生帖》、唐王方庆进《万岁通天帖》墨迹,编次成《真赏斋法帖》三卷。此帖由书画家文徵明父子勾摹,章简甫镌刻。由于摹勒、镌刻都是当时名手,被誉为明刻帖第一。

清代宫廷刻帖和民间刻帖中较有影响的法帖有:《式古堂法书》、《翰香馆帖》、《懋勤殿法帖》、《秋碧堂帖》、《三希堂法帖》、《墨妙轩法帖》、《兰亭八柱帖》、《玉虹鉴真帖》、《谷园摹古法帖》、《玉虹楼法帖》、《经训堂帖》、《小清秘阁帖》、《风满楼集帖》、《海山仙馆藏真》、《南雪斋藏真帖》、《邻苏园法帖》等。

第二节 雕塑荟萃

中国古代雕塑艺术的主要内容为：

陵墓雕塑（包括地上的纪念性石刻与墓室随葬俑）、宗教雕塑、民俗性及其他内容的雕塑。

一、原始社会时期雕塑

1. 人像雕塑

中国最古老的人像雕塑，属新石器时代。从作品质料来看，陶塑人像所占比重最大，玉雕、石雕与骨雕人像仅有少量出土。

红陶人头壶（仰韶文化） 　陶塑人头像（河姆渡文化） 　堆塑人形彩陶壶（马家窑文化） 　陶塑人面像（龙山文化） 　玉人像（江淮原始文化）

彩塑女神头像（红山文化） 　石雕镶嵌人面像（马家窑文化） 　石雕人头（磁山文化） 　骨雕人头（仰韶文化）

2. 动物雕塑

中国动物形象雕塑作品最早出现于新石器时代早期，多属陶塑。玉石雕刻动物也不少。

红陶龟形鬶（大汶口文化）

陶猪（河姆渡文化）

彩陶鸟形壶（红山文化）

玉蝉（良渚文化）

玉鹰形佩（红山文化）

二、商代雕塑

1. 人物雕塑

商代人物雕塑主要有两类，一类是写实的或比较写实的人物形象；一类是半人半兽或人与兽、人与神怪动物组合在一起的形象。

双面玉人（商后期）

奴隶陶塑（商）

石人（商后期）

青铜双面人像（商）

虎食人卣（商后期）

人面形陶器盖（商后期）

2. 动物雕塑

商代动物雕塑主要有石雕的建筑物装饰、玉石、牙骨装饰品和青铜酒器等。

三、西周雕塑

风格倾向于写实，逐渐淘汰了商代艺术中神秘恐怖的气氛，出现现实的、理性的因素。

四、春秋战国时期雕塑

这时期雕塑的特点是，人的形象大为丰富，出现了武士、侍从、伎乐、舞人等各种不同社会地位的形象。雕塑材料的使用更加广泛，雕塑手法逐渐摆脱程序化，形象写实、生动。

玉凤（商） 　　妇好鸮尊（商后期） 　　牛尊（商后期）

刖刑奴隶守门鬲（西周）（局部） 　　跽坐人车辖（西周前期）

鱼尊（西周） 　　三足鸟尊（西周）

漆绘木俑（春秋晚期至战国） 　铜武士俑（战国） 　青铜跪人（战国） 　牺座立人擎盘（战国早期） 　镶嵌虎噬鹿屏风插座（战国中期）

五、秦代雕塑

秦始皇统一六国之后，凭借高度集中的人力与物力，大兴土木。瓦当是强烈反映时代艺术风格的一种建筑装饰构件。

秦代的墓葬明器雕塑，即供随葬用的雕塑作品十分突出，最闻名的是秦始皇陵的兵马俑与彩绘铜车马。

秦代瓦当 　　陶塑跪射俑（秦） 　　将军俑（秦） 　　铜车马（秦）

铜车马（秦）

六、汉代雕塑

两汉的雕塑作品，主要包括石刻、玉雕、陶塑、木雕和铸铜等品种。雕塑艺术应用范围非常广泛，表现技巧相当成熟。

1. 石刻

汉代雕塑艺术的新成就，突出地表现在大型石刻作品上。其中著名的西汉大型石刻是汉骠骑将军霍去病墓石刻，是汉代纪念碑雕刻的重要代表性作品。

马踏匈奴石雕 　　野人抱熊 　　卧虎 　　卧牛

东汉大型石刻，以李冰石像最为重要。东汉石刻艺术的成就还体现在造型劲健的大型动物雕刻上。

李冰石像 　　石兽

2. 玉雕

汉代玉雕在继承传统的基础上，又有新的发展。其中圆雕玉奔马，质料晶莹润泽，雕琢精美，此作品包含仙人盗药、天马行空的情节构思，寄寓着西汉贵族祈求长生、幻想升仙的思想。

玉奔马（西汉） 　　玉辟邪（汉）

3. 陶塑

西汉前期，某些军功显赫的将领及受封的诸侯王，也使用陶塑兵马俑随葬，以炫耀其生前地位及权力。到东汉，陶塑品种增多，其中说唱俑等，刻画得维妙维肖。动物陶塑，形象也十分生动。

楚王墓兵马俑（西汉） 　击鼓说唱俑（东汉） 　男舞俑（东汉） 　女舞俑（东汉） 　陶猴（西汉）

4. 青铜雕塑

汉代青铜雕塑以善于刻画特定人物的表情动态见称。青铜装饰雕塑的艺术成就亦颇足称道。

青铜群俑（西汉） 　　鎏金四人舞俑（西汉） 　　两狼噬鹿铜扣饰（西汉） 　　奔马（东汉）

七、两晋南北朝雕塑

两晋南北朝雕塑主要有陵墓雕刻、俑、宗教造像，还有些供玩赏的小型雕塑品，用于建筑或器皿上的工艺雕塑也很普遍。

1. 陵墓雕刻

帝王陵墓地表上的石刻群雕，以南朝保存较好。

萧道生修安陵麒麟（齐） 　　成陵石蹲狮（梁）

2. 俑

这一时期的立体圆雕作品中，以俑的数量最多，绝大部分是涂彩的陶塑，也有少量的釉陶俑、青瓷俑以及石雕作品。

青瓷高冠骑马乐俑（西晋） 　　陶牛（两晋南北朝） 　　陶武士俑（北齐）

3. 宗教造像

南北朝是宗教雕塑空前发展的时期。佛教造像主要有两大类：一类是石窟寺的造像，另一类是一般放置于寺庙或宫室、民居的供养像。石窟寺造像主要分布在北方，著名的石窟寺如云冈、龙门、敦煌莫高窟以及麦积山、炳灵寺、巩县、响堂山、天龙山等都有这一时期的雕塑作品。

坐佛像
（北齐南响堂山）

释迦、多宝像
（北魏巩县）

五佛像（北周炳灵寺）

站佛（南北朝）

菩萨（北魏敦煌260窟）

释迦牟尼佛（北周麦积山石窟）

4. 小型雕塑

小型雕塑是指供佩戴、玩赏的小型雕塑品，使用的材料主要是玉石、琥珀等，上面多有穿孔，可与珠饰串联在一起。

透空龙纹白玉鲜卑头饰（南朝宋）

鸟纹铜牌（北魏）

八、隋唐雕塑

隋唐雕塑作品的题材，主要是陵墓雕刻、随葬俑群、宗教造像，也有供玩赏的小型雕塑艺术品,如儿童玩具等。此外,用于建筑或器皿装饰的工艺雕塑,也有精美的作品。

1. 陵墓雕刻

唐太宗李世民陵墓的石刻称为昭陵石刻,其中浮雕昭陵六骏,由名画家阎立本画图起样,良匠用6块石板刻成高浮雕,真实而精练地表现了隋唐之际重型骑乘马的形神特征。

昭陵六骏之一:白蹄乌    昭陵六骏之二:特勒骠    昭陵六骏之三:青骓

昭陵六骏之四:飒露紫    昭陵六骏之五:什伐赤    昭陵六骏之六:拳毛䯄

2. 随葬俑群

陶俑中,有这一时期创制出一种三彩俑,以釉色绚烂多变而受人喜爱,后人称为"唐三彩"。

三彩陶载物骆驼    三彩陶鞍马

3. 宗教造像

唐代宗教造像,以佛教为主,也有道教造像。包括石窟寺中的石雕和泥塑、摩崖大像和造像龛、供寺庙内供养的石雕和金铜造像以及石质经幢的雕刻等。乐山弥勒大佛是中国第一大坐佛,创建者为唐海通和尚。

弥勒大佛（唐四川乐山凌云山）　　释迦牟尼与文殊、普贤菩萨（隋麦积山）　　迦叶、菩萨、天王（唐敦煌）

九、五代两宋雕塑

五代石刻浮雕艺术相当发达。

彩绘浮雕女伎乐图（后梁）

宋代佛教雕塑由于禅宗的盛行,作为礼拜偶像的那种神圣性和理想性减弱,而世俗化的现实性大为增强。道教雕塑的内容与形式较前丰富多样。以直接反映社会现实生活为主要特征用以殉葬的俑,无论数量、质量在同时期整个雕塑艺术中所占的地

千手观音（宋大足宝顶山）　　罗汉坐像（北宋）

位，都远不及前代那样重要。各种供人玩赏的小型雕塑的蓬勃发展，是宋代雕塑中引人瞩目的现象。

老君坐像（南宋泉州北青源山） 　养鸡女（南宋） 　蹲狮（北宋） 　孩儿枕（北宋定窑）

十、辽金元雕塑

两宋时期，契丹族贵族建立的辽朝和女真族贵族建立的金朝，都信奉流行于中国北部边地的萨满教，后来为在广大汉族地区建立统治，又都改而推崇佛教。金代以俑随葬比较普遍，然而金代陶俑很少唐宋以来的圆雕形式，侍从、仪仗俑大多是背连方砖。此外尚有砌于墓室壁面的散乐、杂剧人物雕砖。

西藏化的密宗佛教——喇嘛教，受到元朝统治者的高度重视和特别尊崇。所以元代的宗教雕塑中与汉式佛教雕塑相融合喇嘛教雕塑样式广泛流行，其中尤以杭州飞来峰摩崖造像和北京居庸关过街塔基座券洞浮雕具有代表性。

菩萨立像（辽） 　击鼓舞蹈童俑（金） 　杂剧人物（金早期） 　无量寿佛（元杭州飞来峰） 　增长天（元居庸关云台浮雕）

十一、明清雕塑

明清雕塑艺术的制作活动相当活跃，其中的陵墓雕刻与宗教雕塑，规模大，材料贵重，制作精细，但大多缺乏创造性和生命力。而各种小型的案头陈设雕塑和工艺品装饰雕刻，则有显著的发展，出现了生机勃勃的景象，代表着这一历史时期雕塑艺术的新成就。

涅盘佛与弟子（明麦积山）

北海九龙壁（清）

千手观音（明）

竹雕童子戏牛件（明）

石蹲狮（清）

惜春作画（清）

持杖罗汉组雕（清）

大阿福（清）

第三节　工艺造物

工艺美术（又称实用美术）的品种最为丰富多彩，门类纷繁，样式众多。如从工艺美术材料和制作工艺来看，一般可分为雕塑工艺（牙骨、木竹、玉石、泥、面等材料的雕、刻或塑）、锻冶工艺（铜器、金银器、景泰蓝等）、烧造工艺（陶瓷、玻璃料器等）、木作工艺（家具等）、髹饰工艺（漆器等）、织染工艺（丝织、刺绣、印染等）、编扎工艺（竹、藤、棕、草等材料的编织扎制）、画绘工艺（年画、烫画、铁画、内画壶等）、剪刻工艺（剪纸、皮影等）种类。现在习惯上通常将传统工艺美术分为雕塑工艺、织绣工艺、编织工艺、金属工艺、陶瓷工艺和漆器工艺6类。工艺制品大多数源于民间手工艺,它有雅俗共赏的特点,与人民群众有密切联系。

一、中国原始工艺美术

劳动产生艺术。原始工艺美术最显著的特征,就是实用性与艺术性的紧密结合,艺术性服从于实用性。

1. 石器

为了将石块加工成生产工具,出现了砍砸器、刮削器、尖状器等,其中有石斧、石锛、石铲、石锄、石刀、石镰、石凿、石矛、石镞、石球、石磨盘、石磨棒等器具。旧石器时代用打制方法制成较为粗糙的石器;中石器时代出现打制兼个别磨制的石器;新石器时代已学会制作经磨制加工而成的石器。

北京猿人用火烧过的动物下颌骨、石头、泥块(旧石器时代初期)

石斧(新石器时代)

2. 陶器

中国原始陶器约出现在新石器时代。其陶器制作,一般要用已淘出杂质的粘土,做成泥陶坯,后用火烧制。制坯时在编织的容器外表上涂泥、捏制、盘筑泥条、轮制等;坯胎的表面加工分压磨、涂陶衣、彩绘、压印、堆贴、刻画等。先后出现的种类有灰陶、红陶、彩陶、黑陶、印纹陶、白陶等。

猪纹陶钵(新石器时代早期)

彩陶鹳鱼纹石斧图陶缸(新石器时代中期)

3. 编织和染织

在原始社会后期，先民已经会用各种植物的枝、干、茎、叶、皮等作材料，编织成各种生产、生活用器，并已掌握了染织技术。

苇席残片（新石器时代早期）

4. 骨、牙、玉等雕刻

骨器出现较早，而用动物的牙齿制作富于装饰意味的物品或生活用具，至迟在新石器时代就已出现。玉雕工艺是在石器的基础上发展起来的，已学会使用镂雕和线刻，懂得采用透雕、或阴线细刻或剔地凸起加阴线细刻的技法。

镶骨珠簪（新石器时代）　　玉兽面纹琮（新石器时代）

二、先秦工艺美术

1. 青铜工艺

青铜器已形成独特的造型系列，主要器类有：

（一）容器类

先秦时期，炊器有鼎、鬲、甗、敦；盛食器有簋、豆、簠、盨、敦；盛酒器有尊、罍、瓿、卣、壶；调酒器有盉、方彝、兕觥及各类鸟兽尊；温酒、饮酒器有斝、爵、角、觚、觯；水器有盘、匜、盂、鉴等。炊食器和酒器，均属于礼器。鼎是礼器中最主要的代表器类，具有重要的宗教、政治意义，在造型上也力求庄严、厚重，强调体量感。大型鼎为贵族权势的象征之物，著名的商代王室祭器司母戊鼎，重875公斤，为已知商、西周时期最重的巨型青铜器。周时期的圆腹大鼎如大盂鼎、大克鼎等都有涉及西周史实的长篇铭文，造型典雅、庄重，代表了西周时期青铜器艺术的成就。

司母戊鼎（商代） 　　大盂鼎（西周） 　　大克鼎（西周）

酒器中兕觥和各种鸟兽尊为模仿鸟兽形体制作的盛酒器，表现出古代艺术工匠善于观察自然物象和按照工艺美术造型原则加以提炼变形的能力。此外，四川广汉出土的商代大型青铜人像、人头像、面具等，表现了古代巴蜀地区在人物塑造方面的特殊成就。

四羊方尊（商代后期） 　　象尊（商代） 　　人头像（商代后期）

春秋战国时期，鼎依然是最尊贵的青铜礼器，与簋配套使用，依使用者的不同社会地位而在数量上有所区别。鼎用单数，依9、7、5、3为次。簋按复数相应配置。最高统治者用9鼎8簋。

（二）乐器类

有铙、镈、铃、仿木器的鼓，西周中期以后出现编钟、编镈、錞于等。战国时期曾侯乙墓编钟，有钮钟19枚，甬钟45枚，合共64枚。另有镈1枚。依其大小和音高为序编为8组，悬挂于曲尺形的3层铜木结构的钟架之上。

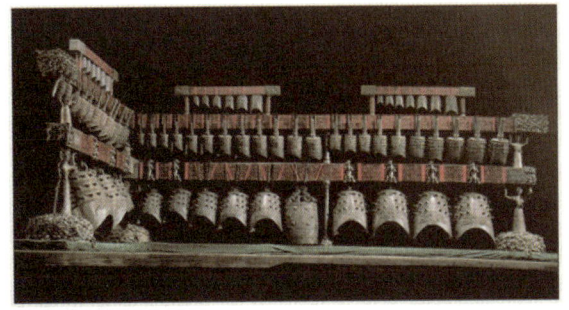

曾侯乙编钟（战国） **人面纹錞于（春秋）**

（三）兵器类

有钺、戈、矛、殳、戟、剑和弩机、镞等。战国时期战争频繁，兵器种类、数量很多，一些贵族使用的兵器嵌金错银、装饰精美的纹饰和图案化的文字，或髹漆绘彩，本身也具有独立的审美价值。著名的越王勾践剑，剑身有经过特殊处理而产生的光焰状或菱形花纹，异常精工。

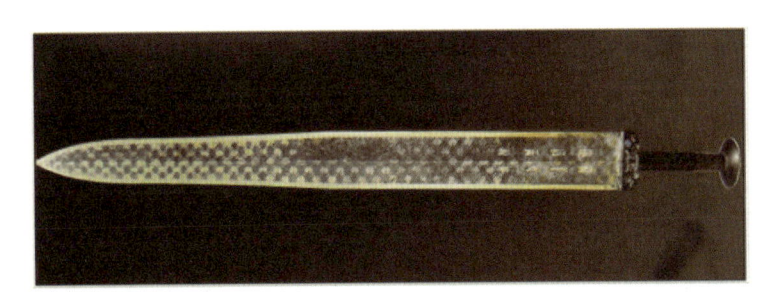

越王勾践剑（春秋）

（四）生活用具

最有代表性的器物为铜镜与带钩。战国晚期，铜镜制造大为兴盛，以楚国铜镜为数最多。铜镜的工艺美术价值在于它创造了一系列不同于一般青铜器纹饰的独特纹饰，并在适合纹样的设计中表现出杰出的创造才能。带钩是由北方游牧民族传入南方的服饰用具，战国中期以后在贵族生活中普遍流行。有的铸为兽形，有的鎏金镶玉，非常精巧。

春秋战国时期制造技艺上的进步主要表现为分体铸造，焊接技术有了新的发展。春秋中晚期开始应用失蜡法熔模铸造技术，这是一种古代金属铸造的方法，即用蜡制成模，外敷造型材料，成为整体铸型。加热将蜡化去，形成空腔铸范，浇入液态金属，冷却后得到成型铸件。曾侯乙墓所出的尊盘，都是应用失蜡法铸造的。

透雕蟠螭纹铜镜（战国·楚） 　猿形银饰带钩（战国） 　　　曾侯乙尊盘（战国）

商、西周青铜工艺还创造了富于时代特征的多种纹饰。流行于商代和西周早期的纹饰主要有饕餮纹（或称兽面纹）、夔纹、鸟纹等。饕餮纹为一个具有神秘色彩的突出的兽头，有的有角、爪、尾，其生活原型为牛、虎、羊等动物。夔纹为侧身、有角、一足、卷尾的龙形纹饰，多用于装饰带。两个相对的夔纹也可构成一个饕餮纹饰。鸟纹初出现于商代中期，到西周以后更为盛行，有小鸟、长尾鸟和华冠大尾鸟等不同样式。西周中期以后，饕餮纹、夔纹等逐渐为窃曲纹、重环纹、波纹等所代替。

早期饕餮纹（无云雷底纹） 　　　　后期饕餮纹（有云雷底纹）

夔龙纹

青铜器上大面积装饰的鸟纹

鸟纹

窃曲纹

波纹（环带状）

重环纹

流行于春秋中期以后的青铜器纹饰主要有蟠螭纹、蟠虺纹，为由两条或数条螭龙纠结而成的纹饰。自春秋晚期始，出现了与以往完全不同的倾向于写实的人和动物纹饰。初期主要是狩猎纹，以后发展到表现贵族生活的宴乐、习射、采桑、弋射，以至水陆攻战等内容，并有简单的环境描写。

蟠螭纹

蟠虺纹

嵌错宴乐渔猎攻战纹壶（战国）

嵌错宴乐渔猎攻战纹展示图

春秋战国青铜器中具有突出艺术价值的代表作品有莲鹤方壶、吴王夫差鉴、错银铜卧牛、牺尊错金银云纹犀尊、镶嵌虎噬鹿屏风插座、龟鱼蟠螭纹长方盘等。

牺尊（战国早期）

吴王夫差鉴（春秋晚期）

镶嵌云纹犀尊（战国中晚期）

莲鹤方壶（春秋中期）

镶嵌虎噬鹿屏风插座（战国）

龟鱼蟠螭纹长方盘（战国）

错银铜卧牛（战国中晚期）

2. 陶瓷工艺

夏、商、西周时期大量日用器物是红陶与灰陶制品。其中食器、水器多为泥质陶器，炊器多为夹砂陶。在器表施加印纹、划纹和附加堆纹，表现出

兽面纹灰陶簋（商）

云雷纹黑陶提梁盉（战国）

朴素的装饰意匠。商代中期曾一度流行在陶器上施加与青铜器相同的饕餮纹。江南地区和东南沿海流行印纹硬陶器，器表拍印有云雷纹、人字纹、米字纹、方格纹等纹饰。

商代中期出现原始瓷器，胎骨以高岭土烧成，外施青灰或黄褐色釉，烧成温度在1200℃左右，胎质坚密，不吸水分，扣击有金石声。器类有尊、豆、瓮、盂等容器，施有弦纹、方格等刻画纹饰。西周以后有较大的发展。

3. 玉石、骨牙雕刻工艺

青釉弦纹尊（商） 　　青釉弦纹索耳盂（西周） 　　青釉弦纹杯（战国）

玉石工艺在商代达到成熟期，数量众多，应用广泛。在贵族生活中，直接以玉器的造型种类来区别贵族的等级身份。西周以后，玉器的造型进一步规范化，并被广泛纳入贵族礼仪活动和日常生活之中。玉石礼器主要有璧（及各种环类）、琮、圭、璋、璜、琥6类，用于祭祀活动和贵族佩戴。还有一些铜镶玉或其他材料的戈、矛钺、戚等兵器、工具，用于仪仗。动物和人形装饰品都是小型的佩饰或镶嵌的装饰品。也可能具有辟邪等巫术意义。

龙纹玉合璧（战国） 　　玉鸟纹琮（西周） 　　玉人头（春秋）

骨、牙雕刻在商、西周时期也很流行。骨雕多用作笄、匕等生活用品或矛、镞、刀、锥等兵器与生产工具。

4. 漆器工艺

漆器的制作是将漆树的汁液，即漆涂在先做好的木器上，在潮润空气中氧化后，其表面呈深褐色，干后变为褐黑色，使器物既防腐、耐酸、耐热、又可作装饰，具有美感。漆器工艺在商代中期已达到较高水平，在晒漆、兑色、髹漆等方面已掌握了较熟练的技艺。春秋战国以后，漆器工艺日益繁荣，应用范围极广。

彩绘出行图夹纻胎漆奁（战国晚期）　　鸳鸯形漆盒（战国）

5. 丝织工艺

中国丝织工艺开始出现于原始社会晚期的良渚文化。商、西周时期已达到较高水平。战国时期丝织品和刺绣达到很高成就，从出土的纺织品有丝、麻两大类。丝织品包括绢、绨、纱、罗、绮、锦、绦、组8类，以绢和锦类数量居多。

龙凤虎纹绣（部分）（战国中期）　　凤鸟纹绣（战国）

6. 金银器、琉璃等工艺

金器在商代已有发现，春秋战国时期贵族墓葬盛行以金银器随葬，北方草原游牧民族也盛行使用金银器。

琉璃制品初见于西周。春秋、战国时期除常见的珠、管之外，还有璧、

兽形金带钩（战国）　　　　　　匈奴金冠（战国）

环、璜等仿玉器作品，以及琉璃杯、剑饰、印章等。战国琉璃器有多种透明或不透明的色泽。琉璃珠上常有以蓝色圆点和白色圆圈组成的鱼目纹或多彩套色俗称"蜻蜓眼"的美丽花纹。

包金镶玉嵌琉璃银带钩（战国）

三、秦汉工艺美术

1. 铜器工艺

秦汉时期的铜器工艺生产是一个重要的部门，成就卓著。秦始皇陵兵马俑坑出土的鎏金铜车马以其形体硕大，制作精良，著称于世。其他品种有传统的鼎、敦、簋等。

铜车马（秦代）

汉代铜器已向日用器皿发展，其特点是出现了一些新品种。

（一）铜灯

汉代是铜灯制作的鼎盛期。有盘灯、虹管灯、筒灯、行灯、吊灯等，其中造型优美、设计精巧的是象生灯。

长信宫灯（西汉） 　　错银铜牛灯（东汉） 　　雁鱼灯（西汉）

（二）铜炉

铜炉因用途不同而又分：熏炉，用于燃烧香料，又名香熏，呈豆形，上有雕镂成山形的、高而尖的盖，象征着海上仙山博山，故又称博山炉。温手炉，取暖用，炉体侧壁及上部镂有散热的气孔，有的还有柄或链条。温酒

错金博山炉（西汉）　四神纹炉（东汉）　　耳杯温酒炉（东汉）

炉，多呈长圆形，上可置杯以温酒，炉体上有孔，有的还雕镂有四神及动物形象，有柄。

错金银鸟篆文壶（西汉） 　鎏金乳钉纹铜壶（西汉）

（三）铜壶

汉代铜壶，造型为鼓腹、小颈、口向外侈、圆足，腹多有兽面衔环，错金银鸟篆文壶周身布满鸟形文字，比较少见。

（四）铜镜

汉代铜镜的特点为体薄、平

边、圆纽，装饰程序化，艺术水平极高。其品种主要有早期的螭形镜、草叶镜、星云镜、日光镜、昭明镜，中期的规矩镜，后期的双夔纹镜、云雷纹镜、蝙蝠纹镜、画镜和方铭镜及阶段式镜等。其纹饰有人物、动物、神话、飞禽、花草及文字等。

四猴纹镜（西汉） 　　长毋相忘草叶纹镜（西汉） 　　车马人物彩绘纹镜（西汉） 　　博局狩猎纹镜（东汉）

（五）铜鼓

铜鼓为西南少数民族所制器物，系打击乐器。因其地区和式样的不同，可分滇系和粤系两大系统。前者形体较小，多单弦纹分晕；后者高大，鼓面多有立体的青蛙装饰。

竞渡纹鼓（西汉·滇系） 　　五铢钱纹鼓（西汉·粤系）

2. 金银器工艺

秦汉银器器物极为精致、豪华，除饮食具外，更多的是各种金银装饰品。

鎏金龙凤纹银盘（秦） 　　三牺银豆（西汉）

3. 陶瓷工艺

秦代的陶器制作品种繁多，许多是仿自铜器造型。也有一部分器物具有陶器本身的特征，如陶簋、陶盉、陶壶等。其中陶壶尤以双耳夸张、形式多样、造型优美著称，而陶塑更是十分发达。

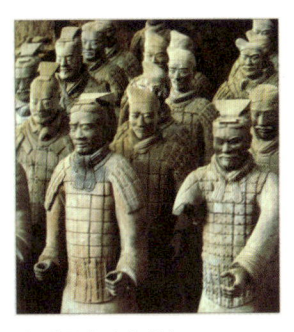

秦兵马俑（秦代） 　　跪坐俑（秦代）

汉代陶瓷工艺又有进一步提高，此时北方出现了釉陶，这是一种涂有

黄绿色低温铝釉的陶器，其品种有壶、奁、盒、博山炉等。其中以釉陶壶最具特色，其造型为鼓腹、长颈、盘口，并饰浮雕狩猎纹或兽面纹等纹样，非常精美。在南方则有青釉陶，此种釉陶，火度高，釉度较硬，又称硬釉陶。彩绘陶在汉代也获很大发展，品种有壶、盒、碗、炉、奁等，主要用作明器，色彩丰富，常绘以几何纹及人物、动物等。

釉陶鸱鸮壶（西汉）　　彩绘陶仓楼（东汉）

秦汉的砖瓦也以质地坚硬、形式多样、纹饰古朴精美闻名于世。

双鹿纹半瓦当（秦） 　　四神瓦当（新莽） 　　龙纹画像砖（东汉） 　　辎车画像砖（东汉）

4. 染织工艺

染织工艺在汉代有飞跃性的发展。

丝织品种有锦、绫、绮、罗、纱、绢、缣、缟、纨等。织造方法有平纹、斜纹和罗纹等，其中以织锦最有代表性。汉锦是一种经丝彩色显花的丝织品，又称经锦，其纬线只用一色，经线则多至三色，分别为地色、花纹和轮廓线。

"万世如意"锦袍（汉代） 　　长寿绣绛红色绢 　　乘云绣（西汉）

印染依工艺的不同,有涂染、浸染、套染和媒染之分。所用染料分植物染料和矿物染料两类,所染织物色彩丰富,名称繁多。

刺绣针法多用辫绣,或称锁子绣。

5. 漆器工艺

秦代漆器品种有漆盒、漆盂、漆奁、漆壶、漆卮、漆樽、漆耳环、漆勺、漆匕、漆木梳等器物,均为木质胎,大都里红外黑,在黑漆上绘有红色或赭色花纹,纹饰有人物和动物等。汉代漆器又有了很大发展,达到了鼎盛时期。漆胎多为木质,也有夹纻和竹胎,其品种较前代有所增加,有盒、盘、匣、案、耳环、碟、碗、奁、箱、梳、尺、唾壶、面罩、棋盘、虎子等;色彩以红黑为主,造型丰富,变化多端,纹饰清新华美,有云气纹、动物纹、人物纹、植物纹、几何纹等;装饰手法有彩绘、针刻、铜扣、贴金片、堆漆等。

漆壶彩绘马图(秦) 　　马王堆一号墓黑地彩绘棺局部(西汉) 　　彩绘神人怪兽纹龟甲形漆盾(西汉) 　　双层九子漆奁(西汉)

6. 汉代画像石

汉代画像石,以人物、动物、植物为主要纹饰,古朴生动,矫健大方。其方法多为剔地突起的浅浮雕法,也有采用线刻的形式。

东王公、乐舞庖厨画像石拓片(西汉) 　　龙纹画像砖(东汉)

四、魏晋南北朝工艺美术

魏晋南北朝时期广为流行的佛教和佛教艺术,使一部分工艺美术的制作宗教化,并对工艺美术题材、艺术风格产生了重要的影响。作为佛教象征的莲花纹的广泛应用,漆器中夹纻造像的发展,金属、玉石工艺中的大量佛像的产生,成为这一时期工艺美术的时代特征之一。成就最突出的是陶瓷工艺,其他如织绣、金属、漆器、玻璃等工艺也都有不同程度的发展。

1. 陶瓷工艺

陶瓷工艺中成就突出的是青瓷生产,尤以浙江的青瓷最为著名,出现了越窑、瓯窑、婺州窑和德清窑4个系统。越窑系统的主要窑场分布在今浙江余姚、上虞一带,瓯窑系统的主要窑场分布在今浙江南部的温州一带,婺州窑系统的主要窑场分布在今浙江中部的金华地区,德清窑系统的主要窑场分布在杭嘉湖平原西端。其中越窑器物品种繁多,式样新颖,达到了实用与美观的完满结合。瓷器胎质坚硬细腻,呈清灰色,釉色纯净,是这一时期青瓷产品中的佼佼者。另外还有均山窑,产地主要在江苏宜兴县离均山不远的丁蜀镇汤渡附近。

这时期青瓷的主要品种有盘口壶、唾壶、罐、盆、钵、碗、槅(多子盒)、水盂、砚、香熏、鸡头壶、灯虎子等,反映了瓷器正在逐渐取代过去铜器和漆器的地位。

这时期陶制明器大量流行。作为明器重要组成部分的陶塑——动物俑和人物俑,突破了前代陶俑古拙生硬的作风,而注重神态的刻画。从北朝才开始出现的骆驼俑,是这时期最有时代特色的陶塑作品。

青瓷狮形水盂(西晋) 　青瓷莲花尊(南朝梁) 　鸡首龙柄瓷壶(北齐) 　彩绘陶骑马文吏俑(北齐) 　朱绘陶持盾武士俑(东晋) 　彩绘陶骆驼(北齐)

2. 金属工艺

由于青瓷的大量生产,逐渐代替了用青铜制作的日用器皿,同时,佛教的流行,大量的铜用于铸造各种佛像,所以,这一时期铜器的制作日益衰落。只有金银器和金银装饰品,制作精美,比较引人注目。

莲花纹银碗（东魏） 　　四兽形金饰件（西晋）

3. 织绣、漆器、玻璃工艺

织绣工艺包括染织和刺绣两大类。染织工艺中又包括丝织、麻织、毛织、棉织和印染等工艺。其中以丝织工艺的成就最突出。这一时期的漆器工艺不很发达。但在漆器的制作工艺上应用漆器的夹纻工艺制造佛像。所谓夹纻工艺，是以漆灰造型并用麻布粘贴作为漆胎。这一时期玻璃工艺有了一定的发展。

红色绞缬绢（北朝） 　　刺绣佛像（北魏） 　　玻璃钵（北魏） 　　彩绘人物故事漆屏（北魏）

五、隋唐工艺美术

隋唐时代的工艺美术，随着国家的统一，社会的相对稳定和经济、文化的高度繁荣以及中外经济、文化交流的日益频繁，而获得了长足的进步和巨大的发展。

1. 陶瓷工艺

隋代陶瓷工艺有新的发展，其显著标志则是白瓷的烧制成功。唐代瓷窑已有名称，并以窑名来代表瓷器的品种和特色，这种传统习惯，一直延续至今。唐代的瓷窑以南方的越窑和北方的邢窑为代表。越窑以盛产青瓷著名，所产青瓷，胎质坚硬，胎体较薄，釉色莹润，纯净如翠，有类玉、似冰之誉。邢窑以烧制皎洁如玉的白瓷为主，其瓷胎质细洁，釉色白润，类银似雪，器形素光大方，不施纹饰。

唐代还新创一种花釉瓷，亦称彩瓷，是在黑釉、黄釉、天蓝和茶叶末釉上，施以天蓝或月白斑点，深色的釉上衬出浅色彩斑，十分醒目明快，人

白釉双螭把双身瓶(隋) 　　越窑褐彩如意云纹镂孔熏炉(唐) 　　邢窑"盈"字盒(唐)

称釉上彩。纹瓷也是唐代陶瓷中的新工艺,系将白、褐两色瓷土,揉合在一起,然后拉坯成型,烧制后具有白褐相间,类似木纹、虎皮的纹理,效果独特,为寿州窑所创。

黑釉彩斑执壶(唐) 　　黑釉彩斑双系罐(唐)

唐代还出现了著名的唐三彩。三彩釉色鲜明,以黄、绿、白、赭为主,蓝色较少,亦较名贵。三彩的盛行期,大致在唐高宗至玄宗之间,以后逐渐衰落。三彩分人物、动物和器皿3类,其中以人物和动物制作的尤为精美。

三彩骆驼载乐俑(唐) 　　三彩凤首壶(唐) 　　三彩女俑(唐)

2. 染织工艺

隋唐染织，官方均设有织染署，管理生产。唐代织锦工艺尤为发达。所织锦纹，鸟兽成双，左右对称，联珠团花，花团锦簇，缠枝花卉，柔婉多姿。因受佛教影响，宝相花和莲花图案，也广泛流行。其他丝织品亦十分发达，主要有绫、绢、罗等。

花鸟纹锦（唐） 　　菱格柿蒂纹双面锦（唐） 　　狩猎纹夹缬绢（唐） 　　红色绫地宝相花织锦绣袜（唐）

3. 金属工艺

金银器皿作为一种豪华而贵重的生活用具，在隋唐时期有着重大的发展。唐代金银器多为生活用具，造型优美，富有变化，纹饰生动。其装饰技法多以毛雕、浅浮雕、鎏金及镶嵌等技术为之，反映了唐代金银细工高度的工艺水平。

狮纹金花银盘（唐） 　　金棺银椁（唐） 　　掐丝团花纹金杯（唐）

唐代铜镜，庄丽丰满，风采迥异，质纯而精，镜面光亮平滑。由于合金中锡的成分增多，色泽净白如银。

高士宴乐纹嵌螺钿铜镜（唐） 　　飞仙铜镜（唐）

4. 漆器工艺

隋代漆器仅见于记载，无遗物出土。唐代漆器制品种类多，技艺精，并有许多新的创造和革新。产品有镜、盘、瓶、箱和床等。而漆胎则有木胎、夹纻、竹胎、皮胎等。唐代漆器的制作已向华美方向发展。其方法有：金银平脱、螺钿、雕漆（又称剔红）。

嵌螺钿经箱（晚唐） 　　彩绘木罐（唐）

5. 玉石工艺等

唐代的玉石、家具、牙雕、犀角雕、竹刻、柳编、剪纸、珐琅、琉璃以及石雕等工艺均有卓越成就。

刻花玉杯（唐）

镶金牛首玛瑙杯（唐） 　　玉镂双凤佩（唐） 　　三彩贴花钱柜（唐）

六、宋、辽、金、西夏工艺美术

1. 陶瓷工艺

宋代是中国古代陶瓷发展的重要时期。出现了定窑、汝窑、官窑、哥窑、钧窑等五大名窑，而当时的磁州窑、耀州窑、吉州窑、龙泉窑、景德镇窑等名窑也以其清新质朴的瓷器闻名于世。

宋代陶瓷的突出成就，在于烧制成了定窑的白釉印花，耀州窑的青釉刻花和划花，磁州窑的白釉釉下黑彩和白釉釉上划花，钧窑的乳光釉和焰红釉，景德镇窑的影青，龙泉窑的粉青釉和梅子青釉等。而黑釉的兔毫、油滴、玳瑁、剪纸漏花等新兴品种和装饰手法的出现，也标志着此一时期陶瓷工艺的巨大进步。

定窑印花云龙纹瓷盘（北宋） 　　定窑莲瓣纹碗（北宋） 　　汝窑盘口瓶（北宋）

汝窑碗（宋） 　　官窑六棱花口洗（宋） 　　官窑贯耳瓶（南宋）

哥窑双耳瓶（宋） 　　哥窑花口洗（宋） 　　钧窑玫瑰紫釉菱花花盆（北宋）

钧窑月白釉紫斑花口碗（宋） 　　磁州窑牡丹纹梅瓶（北宋） 　　耀州窑刻花瓷罐（北宋）

第十一章　艺林掇英

影青刻花弦纹梅瓶（南宋景德镇窑） 　　吉州窑海水纹炉（南宋） 　　龙泉窑三足炉（南宋）

定窑白瓷孩儿枕（北宋） 　　景德镇窑影青加彩观音像（南宋）

辽代陶瓷创造了有着契丹族特点的鸡冠壶、鸡腿壶、盘口壶和凤首壶等器型。金代陶瓷推广了耀州窑印花，并大量生产了白釉黑花瓷器。西夏的白釉高足器则与宋金瓷器不同，可能是本地所烧。

绿釉皮囊壶（辽） 　　白釉黑花葫芦瓶（金） 　　白地黑花猴鹿纹瓶（西夏）

2. 染织刺绣工艺

宋代丝织的主要品种有锦、绫、纱、罗、绮、绢、缎、绸、缂丝等，以锦最为著名。而缂丝、刺绣等也以所缂绣山水、楼阁、人物、花草、鸟兽的真实生动，而与绘画有异曲同工之妙。南宋时著名缂丝家有朱克柔、沈子蕃、吴熙等人。其中以朱克柔最著名，她所缂的书画作品，形象生动传神。

辽代丝织继承和借鉴唐宋先进技术的基础上，获得很大的发展。

金代丝织是在宋代北方丝织业的基础上建立起来的，其中鹤氅、黄褐色罗地、鹤云的绣工精细，针法熟练，风格典雅，堪称金代刺绣工艺的精品。传统的西夏织绣是毛纺业，产品有氆氇、毛褐、毡、毯及驼毛布等，除了满足本地需要外，还向外输出。

缂丝莲塘乳鸭图（南宋朱克柔） 　朱克柔缂丝山茶图（南宋） 　罗地绣花鞋（金）

3. 金属工艺

宋代金银制品多为酒器、茶具和装饰品。宋代铜器工艺中重要的有仿古彝器和铜镜两类。仿古彝器，在宋代主要充作礼乐和祭祀之器，造型敦朴古雅。宋代铜镜注重实用，不崇华侈，器体轻薄，装饰简洁，形状仍以圆形为主，亦有方形、亚字形、弧形、菱形、四方圆角式、菱角形及带柄等多种形式。

葵花形金盏（南宋） 　鎏金银盏（南宋） 　海船纹铜镜（宋代）

蹴鞠铜镜（南宋） 　傀儡戏画像镜（南宋） 　龙珠纹鎏金银冠（辽） 　双鲤镜（金）

鎏金卧牛（西夏）

辽代的金属工艺，既受波斯萨珊王朝的影响，又继承了唐代的传统，并根据本民族的生活习性而创造了富有特征的金属工艺。如鸡心壶、八角铜镜及鎏金凤冠等。金代的金银器出土甚少，但有不少铜镜。西夏对金属工艺比较重视，有鎏金铜卧牛等。

4. 漆器工艺

宋代漆器品种有：（一）金漆，分戗金和描金。前者是在朱色或黑色的漆器上用特制的工具戗刻图案的阴纹，后再填以金粉或银粉；后者则是直接用笔在漆器上描绘图案。（二）犀皮，又称虎皮漆、波罗漆等。系在涂有凹凸不平的稠厚色漆的器物上，以各种对比鲜明的色彩分层涂漆，形成色层丰富的漆层，最后用磨炭打磨，因漆层高低不同，故打磨后显出各种不同的斑纹。（三）螺钿，在器物表面上镶嵌以各色螺片使器物具有典雅美的

园林仕女图戗金莲瓣形朱漆奁盖面（南宋） 　　檀木识文描金长方形经函（北宋）

艺术效果。(四)雕漆,因其漆层颜色的不同,而分剔红、剔黄、剔绿、剔黑等。另外又将红黑色漆相间涂漆,雕刻花纹者称剔犀,或称乌间朱线。

辽代漆器分木胎和卷木糊纻胎两种,有黑光、朱红、酱红等色的素漆碗、盘、盆、勺、钵、奁、梳、枕等。金代漆器继北宋漆业也有所发展。

5. 玉石工艺

宋代玉器的器形、图案等花样品种甚丰。人物、花鸟、走兽等器物,形神俱存,栩栩如生,富有生活情趣。

白玉透雕凌霄花佩(宋)　　青玉龙柄长方折角杯(宋)

宋、辽、金玉器擅用镂空作工,玲珑剔透,纤巧秀丽。形象处理,起伏自然,转折合度,简洁准确,形神兼备。所表现的人物、故实、祥瑞、山水、禽兽、花草等题材,背景较为复杂,构图多取三远法,类似绘画,对象的前

镂雕云龙嵌饰(宋代)　青玉人物山子(宋)　　　　玉飞天(辽)

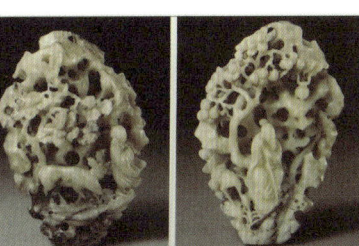

白玉雕柞树鹿纹炉顶(辽)　荷叶双龟玉佩饰(金)　玉"春水"饰(金)

后主次及形神的巧妙处理，均达到了很高的水平。

6. 玻璃工艺

宋代自制玻璃器的成型工艺有两种：（一）实心玻璃器，有珠、簪、坠等，其中玻璃珠的形制和色彩最为丰富，以单色珠为主，亦有少量变色珠，如蓝地孔雀蓝点珠等。（二）空心玻璃器以瓶为主。宋、辽、金自制玻璃器，器形往往雷同，可能为同一地所产，后销往各处。

玻璃葡萄（北宋）　　　　　　乳钉纹高颈玻璃瓶（辽）

7. 文房四宝工艺

文房四宝工艺，包括以笔、墨、纸、砚为主的书画工具、材料及笔山、笔架、笔筒、墨床、水盂、勺、镇尺、盒等附属性器具。宋代毛笔以安徽宣城为中心产地，其笔以秋季紫毫为上，亦称宣毫。制笔名家有陈氏和诸葛氏。墨的产地仍以歙州为最。宋墨形制增多，装饰素雅，古色古香。宋代竹纸已名冠天下，优质宽幅的皮料纸也已出现。宋砚仍以端、歙为两大名砚。

七、元代工艺美术

元代其文化特征从总体上看，仍是融合蒙古族等游牧民族文化和汉民族传统文化及其他外来文化，所形成的文化总体，是整个中华民族传统文化的继续发展和不断提高，具有鲜明的时代性。

1. 陶瓷工艺

元代江西景德镇窑出现了划时代的新创造，最大成就是青花、釉里红等品种的成熟。青花是以氧化钴料在瓷胚上绘以各种纹样，上釉后以还原焰烧成。釉里红是以氧化铜呈色的釉下彩，其显色较青花难度更大。红、蓝单色釉瓷的烧成，标志着中国单色釉瓷发展到了一个新的高度。其间白釉瓷，其釉呈卵白色，因印有"枢府"字，故又名枢府窑，其中以"天禧"款为其代表。

青花凤凰牡丹纹执壶（元） 　景德镇窑釉里红盖罐（元） 　釉里赭花鸟纹荷叶式盖罐（元） 　枢府釉印云龙纹高足碗（元）

2. 织绣工艺

元代绫绮局、织佛像提举司等官办织绣作坊所绣织的御容像、佛像等，应是元代织锦业重大发展的代表，纳石失则是其丝织业的新成就。它最初是由阿拉伯工匠以金丝色线织成，地色与金丝交相辉映，富丽堂皇，故亦名织金锦，对后世织金锦缎的发展有一定影响。花毯、花毡工艺的发展与蒙古族的生活起居有紧密的联系。

龟背团龙凤纹纳石失佛衣披肩（元） 　灵鹫纹织金锦（元）

3. 玉器工艺

元代礼仪，上承宋、金，亦用金玉作为典章用具。故元代玉器工艺在宋、金玉器业的基础上得到持续发展。大都与杭州成为元代金玉工艺生产的南北两个中心。

渎山太玉海（元） 　玉雕云龙带板（元）

玉行龙和太乙卧莲图山子（元） 　　　　伎乐纹双人耳玉杯

4. 漆器工艺

元代漆器工艺成就较大的是雕漆、犀皮、戗金、螺钿等，雕漆属于漆器中的雕镂，即雕刻为隐现、阴中有阳者，分为剔红、剔黑、剔犀等若干种。剔红名工有张成、杨茂等人。戗金是在漆地上以锥划山水树石、花卉翎毛、亭台屋宇、人物故实等图案，再填金粉装饰。元代螺钿片薄，光彩闪耀，以铁锥刻划，精细密致，工匠萧震、刘良弼等均善此艺，自称铁笔。

杨茂造剔红花卉尊（元） 　　　　张成造剔红人物盒（元）

5. 金属工艺

元代最为知名的金银工匠有朱碧山、谢君余、谢君和、唐俊卿等。铸铜名匠有杭城姜娘子、平江王吉等人。铜镜仍是元人整容的必备用器，多重实用，精美者较少。

如意云纹金盒（元） 　　　　章仲英造金把杯（元）

海涛云帆葵花镜（元） 　　鎏金唐王游月宫画像葵花镜（元）

6. 玻璃工艺

玻璃古称琉璃，近世称"料"。元代玻璃器最重要的产地是山东益都颜神镇。

7. 珐琅器工艺

元代珐琅器是珐琅与金属的复合工艺品。掐丝珐琅在元代称做"大食窑"或"鬼国嵌"，系从阿拉伯地区传入。

莲花玻璃托盏（元）

掐丝珐琅象耳炉（元末） 　　掐丝珐琅三环尊（元末）

8. 文房四宝工艺

元代吴兴制笔业先后出现了冯应科、张进中、吴昇、姚恺、陆震、杨鼎等名匠。其中冯应科笔与赵孟頫字、钱选画被称为吴兴三绝。元代湖笔，端、歙二砚，宣纸，徽墨为以后文房四宝制造业的繁荣提供了有利条件。

八、明清工艺美术

1. 陶瓷工艺

明初永乐、宣德年间，青花、釉里红等瓷器已达顶峰。永乐宝石红、甜白，宣德宝石蓝都是永、宣两朝瓷器获得巨大进步的标志。成化官窑瓷器又有创新，别开生面。青花瓷质细而坚，釉肥腻而色幽雅，斗彩的烧成标志着景德镇窑彩绘瓷进入釉上彩的新时代，但仍离不开釉下青花的配合。嘉靖时的五彩包括红、黄、绿、紫等釉上彩，亦有多彩之意。万历时的五彩描金则别出新裁。弘治的黄釉瓷、黄绿彩和正德的孔雀蓝釉也是新兴的瓷器。

青花花卉纹盖罐（洪武）

青花桃竹纹梅瓶（永乐）

红釉暗龙纹高足碗（永乐）

青花海水龙纹瓷扁瓶（宣德）

洒蓝釉钵（宣德）

黄釉双兽耳罐（弘治）

青花红龙纹碗（弘治）

青花阿拉伯文罐（正德）

黄釉青花葫芦式瓶（嘉靖）

五彩凤鹤纹罐（嘉靖）

青花缠枝莲纹方盒（隆庆）

五彩人物瓷洗（万历）

青花锦地开光三层套盒（万历）

斗彩蔓草纹瓶（明）

江苏宜兴紫砂茶壶系由明末金山寺僧人首创，经时大彬加工改进，有着单纯朴素、典雅淳厚的美感。另外，像宜兴仿钧釉瓷也是成功之举，而广东石湾窑仿钧瓷，粗犷朴拙，具有岭南地方的特殊风趣。

时大彬白泥瓜棱壶（明） 　　惠孟臣梨皮朱泥壶（明）

石湾窑玉兰式花插（明） 　镂雕八仙纹法华陶罐（明） 　项圣思紫砂桃形杯（明）

清代青花、斗彩、五彩及单色釉都具有鲜明的时代烙印。属于新创的有粉彩和珐琅彩，均始于康熙、成于雍正而盛于乾隆。粉彩是将玻璃白调入彩料，呈不透明色，柔媚鲜艳。珐琅彩是将珐琅料绘在瓷胎上，烘烧而成。

青花麒麟纹罐（顺治） 　五彩花蝶提梁壶（康熙） 　红绿彩描金兽面纹尊（康熙） 　粉彩荷莲纹罐（雍正）

火焰红釉瓷瓶（乾隆） 　　粉形转心瓶（乾隆） 　　斗彩开光农耕图扁瓶（乾隆） 　　珐琅彩龙凤纹双连瓶（乾隆）

粉彩石榴纹戟耳瓶（嘉庆） 　　绿地粉彩缠枝莲托八宝纹烛台（嘉庆） 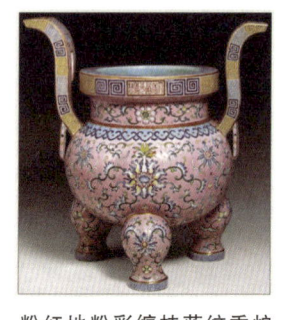　　粉红地粉彩缠枝莲纹香炉（道光） 　　黄釉豆（光绪）

博古图大花瓶（光绪） 　　花鸟图海棠碗（宣统）

清代的紫砂壶工艺也十分发达。

梅花纹紫砂罐（乾隆） 　　杨彭年飘提壶（乾隆至道光） 　　陈鸣远梅桩壶（康熙）

陈荫千双竹提梁壶（乾隆） 　何心舟五铢壶（道光至同治） 　万幅纹紫砂执壶（乾隆）

2. 纺织工艺

明、清时期苏州、江宁多生产重经或重纬的彩色提花丝织物——织锦。苏州织锦，图案多仿宋代锦纹，格调秀丽古雅，亦称宋锦。江宁织锦，质地厚重，以金丝勾边，彩色富丽，气势阔绰，采用由浅至深的退晕配色方法，犹如绚丽的云霞，故有云锦之誉。

明清刺绣业迅速发展，形成不同地方特色，出现了顾绣、苏绣、湘绣、粤绣、蜀绣、京绣。

白地加金胡桃纹　云鹤纹妆花纱（明）
双层锦（明）

绿地花卉樗蒲纹妆花　彩绣龙凤双　彩绣极乐世界图轴（清） 　缂丝加绣九阳消寒图
缎（明）　　　　　　喜纱帘（清）　　　　　　　　　　　　轴（清）

3. 玉器工艺

明代传世玉器中羊脂白玉极少，大多为青白玉。明代制玉中心为北京和苏州，涌现出一批诸如陆子刚等的名玉工。

玉爵杯（明万历） 　陆子刚青玉卮（明嘉靖、万历间） 　玉龙纹兽耳簋（明） 　玉桃形把杯（明）

大禹治水图玉山（乾隆） 　镂空碧玉花薰（乾隆）

清乾隆年间特别盛行碾字玉器，《大禹治水图》玉山是乾隆玉器的代表性作品。清代盛行制作仿古玉，有些甚至可以鱼目混珠，以假冒真。乾隆晚期莫卧儿玉进入宫廷，皇帝命造办处仿制，并影响到京师、苏州、扬州等地的玉器。苏州玉器制作精巧，而扬州则以制作大型玉器见长。

碧玉雕西园雅集图插屏（乾隆） 　碧玉龙凤花插（清中期） 　仿古黄玉龙柄觥（清中期） 　青玉仿古召夫鼎（乾隆）

4. 漆器工艺

明代雕漆初以嘉兴西塘派为漆作主流，至嘉靖年间，云南雕漆取而代之。明末清初雕漆失传，至乾隆时苏州织造漆作仿制成功，宫廷用雕漆亦大多由苏州制作。扬州雕漆有螺钿、百宝嵌等品种，以螺钿最富特色，其中尤以点螺最为精巧。苏、扬两地漆作毁于清廷镇压太平天国革命之战中。明末清初出现的软螺钿则是螺钿的新品种。新安方信川钿嵌堆、扬州卢葵生砂钿镶嵌漆均名震一时。

剔彩龙纹长方盒（明万历）　　填漆梵文缠枝莲盒（明）

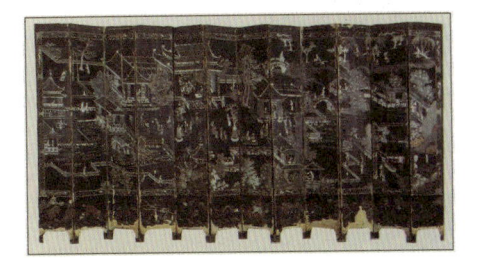

黑漆彩螺钿楼阁仕女屏风（明）　　江千里黑漆嵌螺钿执壶（明）　　识文描金瓜形漆盒（清乾隆）

脱胎菊瓣形朱漆盘（清乾隆）　　提梁描漆熏盒（清）　　金星料三羊开泰山子（清）

5. 金属工艺

明代金银器工艺的特点是与宝石镶嵌结合。内廷设银作局，专为皇家打造金银器，其代表有十三陵定陵出土的金冠等。清代内廷金银器由养心殿造办处制造，如康熙年间造双龙钮金编钟等。银器作为金器的代用品，

万历皇帝金丝冠（明）　　神宗孝靖王皇后凤冠（明）　　金凤钗（明永乐）　　金编钟（清）

制成首饰、器皿,通行全国城乡。

葫芦式金执壶(清)　　银酥油壶(清)

明清时期铸铜工艺获得了特殊发展,最著名的是铸于永乐年的金刚华严钟,为国内现存最大铜钟。宣德鼎彝因产于宣德年间,又称宣德炉,后代均有仿制。

宣德云纹铜熏炉(明宣德)　　铜洗手壶(清)

6. 玻璃工艺

清代玻璃产于颜神镇和广州、苏州等地。雍正年间于颜神镇设博山县治,此后所产玻璃,世称博山琉璃。

套料荷花纹缸(乾隆)　　金星玻璃天鹅式水盂(清)

7. 珐琅器工艺

明代景泰蓝（即掐丝珐琅）工艺以宣德年制，御用监造款的云龙盖罐为代表。万历掐丝珐琅器，以其掐丝短促放纵、釉色鲜艳热烈为其特色。为珐琅器的一大变革。清代景泰蓝，内廷与民间均极盛行。画珐琅始于清代康熙，最大产地是广州，不仅有规模巨大的画珐琅行业和作坊，且还向内廷输送画珐琅匠人，提供广州生产或进口的珐琅料及数量庞大的成品。

掐丝珐琅花觚（明景泰）　掐丝珐琅狮纹尊（明景泰）　银质珐琅酒壶（清）

8. 木竹牙雕工艺

木竹牙雕工艺，即有机质材料雕刻的统称。明代后期出现金陵、嘉定两大竹雕流派。清代竹黄工艺，去青留黄压平刻镂，兴于江浙、盛于苏州市。木雕分为杂木、硬木及软木三种。广州牙雕镂刻深峻，加以茜色，多层透雕的绣球和楼阁、龙凤船等是其名作。

竹雕松鹤笔筒（明）　竹镂雕听泉图笔筒（明）　黄杨木根雕笔筒（清）　牙雕葡萄草虫碟（清）

9. 镶嵌工艺

以金银、玉石、玻璃、珐琅、竹、木、牙、骨等材料，雕刻镶嵌于硬木器物，以加强其装饰效果。运用多种珍贵材料雕刻并镶嵌于一器，呈现斑斓多彩的镶嵌，称为百宝嵌，为镶嵌工艺的杰出代表。

紫檀百宝嵌长方盒（明） 　花卉纹百宝嵌倭角方形黑漆笔筒（明晚期） 　嵌珠宝蝴蝶簪（明） 　鎏金镶松石火镰（清）

第四节　巧夺天工

一、古都布局

中国古代帝王所居的大型建筑组群，是中国古代最重要的建筑类型。河南偃师二里头夏代早期宫殿遗址是现知最早的宫殿，以廊庑围成院落，前沿建宽大院门，轴线后端为殿堂。殿内划分出开敞的前堂和封闭的后室，屋顶可能是四阿重屋（即庑殿重檐）。其形制开创了中国古代宫殿建筑的先例。

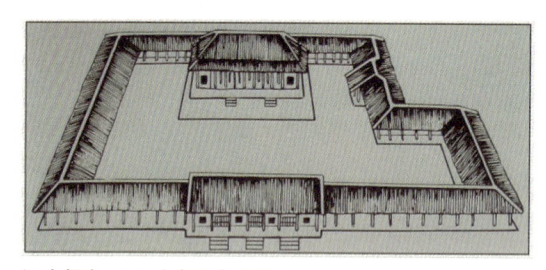

河南偃师二里头宫殿复原图

岐山西周宫殿是中国已知最早最完整的四合院，已有相当成熟的布局水平。四合院规整对称，中轴在线的主体建筑具有统率全局的作用，使全体具有明显的有机整体性，体现一种庄重严谨的性格。战国期间流传的

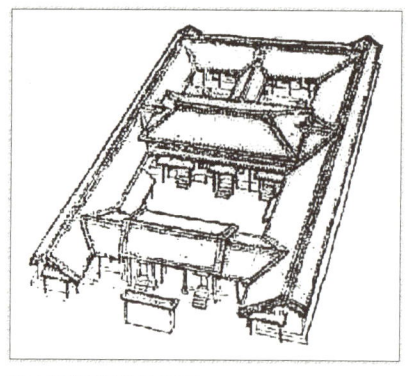

岐山西周宫殿复原图 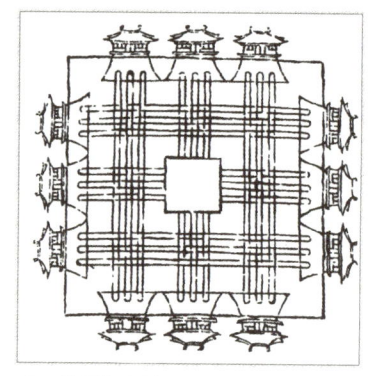　　　《三礼图》中的周王城图

《考工记》记载了周朝都城制度:"匠人营国,方九里,旁三门,国中九经九纬,经涂九轨,左祖右社,前朝后寝。"汉以后营造王城皆以这种规划思想为基础。

咸阳1号宫殿是战国时期秦国和秦代都城咸阳的一处宫殿,在陕西咸阳北部高原的南沿,依原作基筑台,台上构屋,经复原是二元式的阙形。

秦始皇还在咸阳仿建六国宫殿,又在渭河以南建阿房宫,规模十分巨大。

西汉长安主要有未央、长乐、建章诸宫,以未央宫为朝会宫殿,诸宫各有宫墙,主要宫门处建双阙,中轴一线布局

秦咸阳宫遗址

规整对称,其他地方比较自由地布置园林池沼和次要建筑,它们的规模都很宏大。秦汉的离宫苑囿也很多,是中国宫殿建设的第一次高潮。

汉未央宫遗址

唐长安有3座宫殿,即西内、东内和南内。西内以太极宫为朝会大宫,以凹字形平面的宫阙为正门(承天门),内有太极殿、两仪殿两重殿庭,即唐代的大朝、常朝和日朝。两仪殿以后还有甘露殿院庭。中轴线左右各有对称布置的一串院庭,安置宫内衙署。太极宫东连东宫,西连掖庭宫,分居太子和后妃。东内即大明宫,在长安城外东北,在丹凤门内顺置含元、宣政和紫宸3座大殿为三朝,左右也各一路。含元殿及左右两阁合成凹字形平面宫阙,气势辉煌。大明宫后面是太液池园林区,沿湖有许多游观建筑,其中有的是楼阁,规模极大,它和含元殿都是中国古代建筑盛期建筑艺术最高水平的代表。隋唐时期在两京之间及其他地方还建造了许多离宫,形成了中国宫殿建设的第二次高潮。

北宋汴梁和南宋临安宫殿都是就旧时州衙改建，规模气势已大不如唐。但汴梁由内城正门到宫前正门之间所建的丁字形宫前广场则是北宋的卓越创造。金中都宫殿大都仿自汴梁，宫内正中为皇帝正殿，后为皇后正位，是前朝后寝的概念。元大都宫殿仿自金中都，也是前朝后寝。

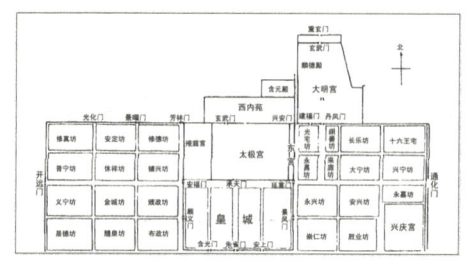

唐长安城平面图（北面部分） 　　唐宫城遗址

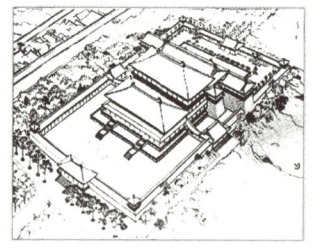

大明宫麟德殿复原图 　　大明宫含元殿复原图

中国明清两代都城北京的宫殿，又称紫禁城。明成祖时始建于元大都宫殿毁弃后的旧基上，即今故宫博物院所在地。现存世界上规模最大的古代木结构宫殿建筑群。

紫禁城

北京紫禁城太和殿 　　　　　　中和殿和保和殿

宫前广场串连为三，气势更大。宫内布局为前朝三大殿（太和、中和、保和）、后寝（又称内廷）三大宫（乾清、交泰、坤宁）和御花园，朝寝均各由3殿组成。中轴左右前部是文华、武英两殿，后部是东西六宫和外六宫。宫城以北的景山也是明代的创造，清代乾隆时在山上建五亭，恰当地起到收束轴线的作用。这些建筑都统一在黄色琉璃瓦顶、红墙、红柱、白色石雕台基栏杆的庄重色调中，在城市大面积的灰瓦、灰墙民宅的衬托下，显得十分突出。

午门和内金水桥 　　　　　　乾清宫内景

清代在北京和承德建造了许多离宫。明末时清朝的前身后金政权在沈阳建造过一组宫殿，具有地方的和女真族的特色。除清代的离宫以外，北京和沈阳宫殿是现仅存的两组宫殿。明清时期是中国宫殿建设的第三次高潮。

二、肃穆陵墓

陵墓建筑是埋葬帝王、后妃的坟墓和祭祀建筑群。远古时代，殉葬制度简单。商代已很重视埋葬制度。至迟在周代就把殡葬制度纳入朝廷礼制范围。现知最早的地上王墓遗存为战国时期的中山国王墓。

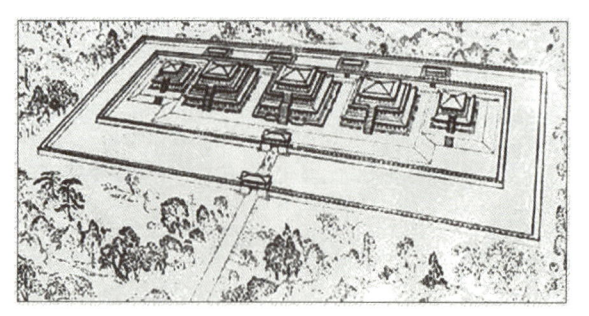

陵墓建筑示意图

陕西省临潼县骊山秦始皇陵，规划和造型都很严格整齐。陵丘为3层方形夯土台，顶部建有寝殿；坟上遍植柏树，以象征山林。古代帝王坟墓通称陵寝，又称山陵，即从这种形象而来。

秦始皇陵

兵马俑坑

汉承秦制。西汉陵墓大部分位于咸阳至兴平一带，陵丘都是正方形截锥体，称为方上。陵上面建寝殿，四周建围墙，呈十字轴线对称。帝陵旁还有后妃、功臣贵戚的坟墓，形式与帝陵相似，但规模大为减小。帝陵周围还建有官署、贵戚第宅、苑囿，外绕城墙，称为陵邑，是一种很特别的贵族居住区。神居山是西汉广陵国第一代国王刘胥夫妇的合葬墓地。此墓凿山为陵，

茂陵（汉武帝陵）

黄肠题凑木椁墓

采用巨型楠木垒筑方形墓椁,俨然是一座方城,史称"黄肠题凑"。因柏木之心呈黄色,故称"黄肠",又因柏木垒棺时,木头皆内向,称"题凑"。

东汉帝陵大部分集中在洛阳(北魏)北邙山上,形制继承西汉,但体量缩小,而且没有陵邑。南朝帝陵规模不大,坟丘上不建寝殿,但开始在陵前设置纵深的神道,神道两侧对称排列石刻的麒麟(辟邪)、墓表和碑。唐代陵墓是汉陵以后的又一种典型形式。唐代18处陵墓中有15处是利用自然山丘作为陵体,周围建方形陵墙,四面正中建阙门,外置石狮,正南设置很长的神道,南端建大阙门。两侧布置石人、石马、朱雀、华表等。陵顶不建寝殿,而改在门内设献殿。

唐乾陵(唐高宗李治和武则天合葬墓)

北宋陵墓的帝陵主体称为上宫,南面设神道,两侧对称排列大朝会的仪仗,有宫女、官员、使臣、马、象、羊、虎等石刻,最南端建阙门,称为乳台。另在上宫的北面建下宫,为一组供奉帝后遗像和祭祠使用的祠祀建筑。

明清陵墓加强了神道建筑处理,突出陵墓前导部分的气氛,对陵体作了大的变动,使之完全宫室化,其中前朝部分为宫室型的纵向院落,而将后寝部分改为明楼宝城。

明十三陵大宫门 　　**明十三陵石牌坊** 　　**明十三陵永陵棱恩殿前丹陛石**

清永陵鸟瞰（努尔哈赤祖陵）　永陵碑亭　福陵神功圣德碑楼（福陵为努尔哈赤和孝慈皇后的合葬墓）

清昭陵隆恩殿（昭陵为皇太极和皇后的陵墓）　清东陵孝陵神道石牌坊　景陵双妃园寝

三、坛庙寺观

1. 中国佛寺

中国佛寺是中国宗教建筑的主要类型。是供奉佛像、举行佛教礼仪、居住僧侣的地方，为中国古代建筑艺术的重要组成部分。

白马寺　　　　悬空寺

中国最早的佛寺建筑是东汉的洛阳白马寺。经三国到南北朝，由于阶级矛盾和民族矛盾的激化，社会动乱，再加以统治阶级的提倡，佛教和佛寺发展很快。早期佛寺已经采用了院落布局，有两种方式：一是以佛殿为中心，二是以塔为寺院中心。

隋唐以后，佛教更重义理，满足于宣讲义理需要的，以佛殿和法堂等殿堂建筑为主的布局更见盛行。因遭到战争、"灭法"和自然的破坏，唐代以前的佛寺幸存者只有山西五台山的南禅寺大殿和佛光寺大殿,它们是中国现存最早的两座木结构建筑。

南禅寺正殿  　　　　　　佛光寺大殿

南禅寺正殿内景 　　镇国寺万佛殿 　　少林寺祖庵大殿

现存宋元时期的重要佛寺有天津蓟县独乐寺,山西应县佛宫寺,大同华严寺、善化寺,河北正定隆兴寺,山西洪洞广胜下寺等。佛宫寺内的释迦塔,是世界上现存最高的木建筑,也是中国现存唯一的楼阁式木塔。

独乐寺观音阁 　独乐寺观音阁内景 　佛宫寺释迦塔 　隆兴寺

现存佛寺绝大多数是明清时代建立或重建的。传统佛寺有两种风格:一是敕建的大寺,多位于城市或其附近,地势平坦开阔,规模较大,建造官式建筑,总体规整对称,风格华采富丽,整饬严肃;二是山林佛刹,多建在名山胜境风景佳丽之地,布局不求规整,活泼多变,单体建筑近于民居,规模不大,风格纯朴淡素。

中国佛教中喇嘛教的寺院,分布在西藏、内蒙古、青海、甘肃南部、四川和云南西北部,以及北京、山西、河北(承德)等地。雍和宫是中国北京最重要的喇嘛寺院。布达拉宫是中国喇嘛教首领达赖喇嘛的驻地,也是清朝西藏政、教机关的所在。承德外八庙为承德避暑山庄外的喇嘛寺院群,因其中8座驻有喇嘛,故称外八庙。位于甘肃的拉卜楞寺为中国喇嘛教格鲁派六大寺院之一。

喇嘛庙建筑中的都纲,原是大经堂的音译。体量巨大,柱网纵横排列,空间呈回字形。中部升高,凸出天窗,周围低平;或中部上下贯通,四周为二三层围廊。大经堂里的曼荼罗,原是法坛的音译演绎而成金刚宝座、须弥山等表现形式。其特点是井字形划分,十字轴线对称,按间隔的5个空间排列建筑。

雍和宫万福阁 　　　　　　雍和宫永佑殿

布达拉宫 　　　　　　　　拉卜楞寺

在云南南部有少数小乘佛教的佛寺,形式和汉族地区传统佛寺很不相同。

2. 中国佛塔

塔是佛教纪念性建筑。"塔"字是梵文stūpa(窣堵波)的音译略写,有时又借Bu-ddha(佛)的译音浮屠、浮图为塔。印度窣堵波原意是坟墓,释迦牟尼死后，遗骨分葬在多座窣堵波中，从此窣堵波就具有了宗教纪念意义。窣堵波是一座半球状的坟堆，上面以方箱形的祭坛和层层伞盖组成坟顶。中国式的楼阁和印度式的塔结合在一起就产生了中国佛塔，上累金盘，下为重楼。金盘又称相轮，即窣堵波的层层伞盖。这种塔属楼阁式。塔的另一重要型式是密檐式，多为砖石结构。密檐式的各檐也是对重楼各檐的模仿。

中国最早的佛塔是东汉洛阳（北魏）白马寺和东汉末笮融在徐州所建浮屠祠中的塔。早期楼阁式塔的重要作品之一是北魏洛阳永宁寺塔。现存最早的塔是河南登封嵩岳寺塔，平面十二角，密檐式15层，全高约40米。

唐宋以前的楼阁式塔大多是木构建筑，但由于木塔不易保存，又创造了砖石建造仿木塔形式的楼阁式塔。唐塔砖建楼阁式塔有西安慈恩寺塔（大雁塔）、兴教寺玄奘塔和香积寺塔等；密檐式塔

白马寺齐云塔　　嵩岳寺塔

慈恩寺大雁塔 　　玄奘塔

香积寺塔 　　小雁塔 　　云南大理崇圣寺三塔
主塔千寻塔为方形密檐式砖塔，共16层，是唐代最高的砖塔之一

有西安荐福寺塔（小雁塔）、河南登封法王寺塔和云南大理崇圣寺千寻塔等。这些塔的平面都是方形，对木结构的模仿只是大体意会，不追求精细的形似。体现了砖石结构的本色美，具有雄浑质朴的时代风格。

五代宋辽的塔方形平面已极少见，八角形最多。在此期间，北方的塔，性格倾向雄健浑朴，南方的塔性格倾向秀丽细巧。

在北方，建于辽代的山西应县佛宫寺释迦塔（见前中国佛寺），是中国古代建筑最重要的作品之一。仿木结构的楼阁式砖塔可以内蒙古辽代庆州白塔为代表；密檐式砖塔中，重要作品有北京天宁寺塔、辽宁北镇双塔、山西灵丘觉山寺塔等（均为辽代所建）。

庆州白塔 　　　　北京天宁寺塔 　　　　辽宁北镇辽代双塔

南方的塔，除南京栖霞寺五代一座小而精巧的密檐式石塔外，几乎全是楼阁式。砖塔如苏州五代云岩寺塔（俗称虎丘塔），石塔如福建泉州南宋开元寺2座石塔。砖心木檐的有上海龙华塔、苏州瑞光塔、松江兴圣教寺塔、苏州报恩寺塔和杭州六和塔等。

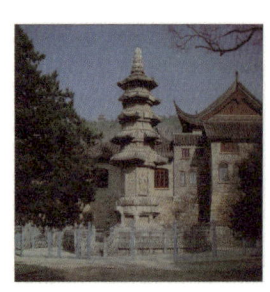

栖霞寺舍利塔 　　　云岩寺塔 　　　　开元寺双塔 　　　　上海龙华寺塔

元明清的传统佛塔已趋衰落，有艺术成就的不多。但明代山西洪洞广胜上寺飞虹塔，通体贴以彩色琉璃面砖显示了高度的工艺水平。

广胜寺飞虹塔

从元代起,原在西藏流行的喇嘛塔传入华北,为佛塔又带来了一次新的崛起。喇嘛塔,造型与内地传统佛塔完全不同:瓶形、单层,绝大多数为砖石结构,外面刷白,还有一些铜壳镏金或镶砌琉璃。元代的北京妙应寺白塔,塔形如瓶,石心砖表,通体刷白而饰以金色铜制塔顶,高51米,庄严圣洁,纪念性和造型感都很强。群体塔为5塔组合的金刚宝座式,以明代所建的北京真觉寺为最早。金刚宝座塔就是佛居住的须弥圣山的象征。

在云南傣族地区还有另外一种形式的塔,因与缅甸的佛塔很相似,故称为"缅式塔"。其造型的特点是将多座塔共同建在一个台座上,每一座塔都由多层须弥座和覆盆相迭而成,下大上小,最上面是喇叭状的锥形塔刹(将原来的窣堵波简化为圆拱,相轮当成塔的顶部,称为塔刹)。最具代表性的是宋代云南景洪曼飞龙塔。

妙应寺白塔　　真觉寺金刚宝座塔　　云南曼飞龙塔

3. 石窟寺

石窟寺是中国佛教寺庙建筑的一种,在开凿的洞窟中陈示佛教雕刻、彩塑或壁画。中国最早凿建石窟寺的是今新疆地区,有可能始于东汉,十六国和南北朝时经由甘肃到达中原,形成高潮,唐宋时除在原有的某些石窟群中续有凿建外,又出现了一些新的窟群。最著名的有甘肃敦煌莫高窟、山西大同云冈石窟、河南洛阳龙门石窟和甘肃天水麦积山石窟等。敦煌是古代中国对外交通的丝绸之路上的重要枢纽,莫高窟在今敦煌县城东南鸣沙山东麓的悬岩上;云冈石窟在大同西武周山的南向悬岩上;龙门石窟在洛阳南伊水东西两岸;麦积山石窟在天水东南形如麦垛的山峰悬岩上。此外,新疆拜城克孜尔石窟、甘肃永靖炳灵寺石窟、河南巩县石窟、河北峰峰南北响堂山石窟、山西太原天龙山石窟、四川大足石窟和云南剑川石窟等也是比较重要的处所。

敦煌莫高窟 　　　　　　　　　　　　云岗石窟全景

龙门石窟 　　　　麦积山石窟 　　　　炳灵寺石窟

4. 中国道教建筑

中国道教供奉神像和进行宗教活动的庙宇,通常称为宫、观、庙。道教建筑主要是庙宇建筑组群,宋以后也有极少数的石窟和塔。

现存道教宫观大部分为明清时重建,重要的有,苏州城内玄妙观大

苏州玄妙观三清殿　　山西永济永乐宫 　　北京白云观 　　武当山紫云殿

殿、福建莆田县玄妙观、山西永济县的永乐宫、晋城府城村玉皇庙等。明清遗留的著名道观较多，如北京白云观，江西贵溪县龙虎山正一观，陕西周至县秦岭北麓楼台观，四川成都青羊宫等。山林道观也有许多艺术水平较高的遗物，最著名的有青城山、崂山和武当山等。

5. 中国伊斯兰教建筑

中国伊斯兰教的宗教建筑，包括礼拜寺（清真寺）、教经堂、教长墓等几个类型。伊斯兰教大约在唐代传入中国，先后为回、维吾尔、撒拉等民族所信仰。中国伊斯兰教建筑有2个体系：以广大内地的回族为主的礼拜寺和教长墓（拱北）为代表；以维吾尔族为主的礼拜寺和陵墓（玛札）为代表。一般礼拜寺由礼拜殿（祈祷堂）、唤醒楼（拜克楼）、浴室、教长室、经学校、大门等建筑组成。唤醒楼即中亚礼拜寺中的密那楼（Minaret），原是塔形，称密那塔，或按波斯语称帮克塔，为呼唤教民作礼拜的建筑，因为体形高耸，也成了伊斯兰教特有的标志。

松江清真寺二门（创建于元代） 　西安华觉巷清真寺讲堂（创建于明代） 　北京牛街礼拜寺礼拜大殿及后窑殿 　牛街礼拜寺邦克楼

新疆地区的伊斯兰教建筑，结合当地原有的木柱密梁平顶和土坯拱及穹窿顶的结构方式，又吸取中亚的某些手法，而创造出布局自由灵活，装饰和色彩都很丰富的地区民族风格。

艾提卡尔礼拜寺外观 　阿巴依加玛札大门 　阿巴依加玛札高礼拜寺外殿 　阿巴依加玛札墓祠

6. 坛庙建筑

坛庙建筑是中国古代礼仪性的祭祀建筑。主体建筑是坛（露天的砖石台）和庙（殿宇），此外还有安放神主（牌位）的享殿，斋戒的寝殿（斋宫）或更衣的具服殿，雨雪日拜祭的拜殿，储放祭器、祭品的神橱、神库，屠宰牺牲物的牺牲所或宰牲亭，以及门殿、配殿、井亭等附属建筑。

从礼制内容上祭祀性建筑可分为5大类：

（一）明堂辟雍

明堂辟雍是中国古代最高等级的皇家礼制建筑之一。明堂是古代帝王颁布政令，接受朝觐和祭祀天地诸神以及祖先的场所。辟雍即明堂外面环绕的圆形水沟，环水为雍（意为圆满无缺），圆形象辟（辟即璧，皇帝专用的玉制礼器），象征王道教化圆满不绝。

汉长安南郊明堂辟雍复原图

清北京国子监辟雍殿

太庙正殿

（二）宗庙

宗庙是祭祀祖先的庙宇。皇帝的宗庙称太庙，王公贵族官吏都有各自的祖庙，庶人只能在家中设祭。建于明代的太庙正殿，位于北京故宫午门东侧，是皇帝举行祭祀时行礼的地方，是典型的明代礼仪性建筑。

（三）坛

坛，又称丘，是祭祀各类神灵的台座。祭祀的种类有天、地、日、月、星辰、土地、农神、谷神、蚕神、山川、水旱、灾戾等。京师有全套祭坛，除天地日月外，府、州、县也有相应的一套。

北京天坛圜丘 　　　圜丘棂星门 　　　皇穹宇

祈年殿 　　　月坛具服殿 　　　地坛方泽坛全貌

（四）祠庙

祠庙是列入朝廷礼制的祭祀庙宇。其中一类是祭祀朝廷表彰的历史人物，如北京历代帝王庙、山东邹县孟轲庙、山西解州关帝庙、四川成都武侯祠、山西太原邑姜祠（晋祠）等。

晋祠鸟瞰图 　　　晋祠圣母殿及鱼沼飞梁

由于儒学是封建礼制的理论基础，孔子在封建社会有特殊地位，所以孔庙在祠庙中规格最高。孔庙又称文庙，京师以外，各府、州、县也都建造地方性文庙。

另一类是祭祀著名的山川，秦汉已专门祭祀泰山，以后固定五岳、五镇、四渎、四海为朝廷设祭。泰山在五岳中居于首位，所以东岳庙（岱庙）的规格也最高。

山东曲阜孔庙 　　　　　山东曲阜孔府大成殿 　　　岱庙天贶殿

（五）杂祀庙

杂祀庙是在城市和乡村中祭祀与人民生活有密切关系的神灵的小祠庙，大部分只是民间祭祀，如城隍、土地、火神等。这类祠庙的形式比较自由，有些是风景名胜所在，有些是集市场所。

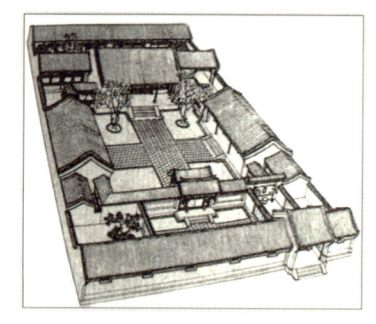

四、民居院落

北京四合院住宅示意图

中国民房建筑呈现出极丰富多彩的面貌，北方的规整式住宅以北京四合院住宅最典型。华北住宅的庭院都较方阔，有利于冬季多纳阳光。东北的院落更加宽大。稍南的晋、陕、豫等省，夏季西晒严重，院子变成窄长。西北地区风沙很大，院墙加高，谓之庄窠。黄河中上游地区又多窑洞式住宅。南方炎热多雨，多山地丘陵，人稠地窄，住宅比较紧凑，多楼房。少数民族地区的居住建筑也很多

北京四合院庭院 　　　山西祁县乔家大院 　　　安徽黟县宏村月塘明清民居

河南巩县下沉式　宁夏回族民居外貌 　安徽黟县西递村民居 　江西龙南杨村燕翼围楼
窑洞民居

江西婺源延村民居 　　福建民居 　　云南傣族竹楼

蒙古包 　　维吾尔族民居门廊 　　西藏朗色林住宅

样,如新疆维吾尔族住宅多为平顶,土墙,一层或二三层,围成院落。蒙古族通常住在可以移动的蒙古包内。西南各少数民族常依山面溪建造木结构杆阑式楼房,以云南傣族名为竹楼的木结构杆阑式楼房最有特色。

五、雄伟长城

长城是中国古代最雄伟的防御建筑。包括城墙、敌台、烽燧、城障等建筑。

长城 　　秦长城

明长城

居庸关云台

六、多姿桥梁

安济桥

中国古代桥梁形式多样，在建筑上极富特色。从结构与造型形式上可分为拱式桥、梁式桥、索桥、浮桥、悬臂桥等。拱式桥又分为联拱式与单拱式，单拱式桥亦可分为敞肩式与实肩式等。拱式桥有悠久的历史，最著名的为建于隋代的河北赵县安济桥（即赵州桥），为大跨度敞肩式平拱桥。

江南一带，为便于水运交通，拱桥必须有足够的高度，从而创造了半圆拱、尖形拱、弓形拱、多边形拱等多种拱桥形式。古代遗留下来的石拱桥数量很多，如金代建造的北京卢沟桥，明末建造的江西南城万年桥、永丰思江桥，清代建造的清漪园十七孔桥等，都很著名。

卢沟桥

《清明上河图》所表现的虹桥

七、园林胜景

中国园林主要有4种类型：

1. 帝王宫苑

历史上著名的宫苑有秦和汉的上林苑、汉的甘泉苑、隋的洛阳西苑、唐的长安禁苑、宋的艮岳等。现存皇家宫苑都是清代创建或改建的，著名的有北京（明清）城内的西苑（中、南、北海）、西郊三山五园中的颐和园、静明园、圆明园（遗址）、静宜园（遗址）、畅春园和承德避暑山庄。帝王宫苑都兼有宫殿功能，造园手法多用集锦式，注重各个独立景物间的呼应联络，讲究对意境链的经营。

北海琼华岛

颐和园万寿山佛香阁

《圆明园图》

承德避暑山庄水心榭

2. 私家园林和庭园

大多是人工造的山水小园，其中的庭园只是对宅院的园林处理。园内景物主要依靠人工营造，建筑比重大，假山多，空间分隔曲折，特别注重小空间、小建筑和假山水系的处理，同时讲究花木配置和室内外装饰。历史上著名的私家园林很多，其中，苏州、扬州、南京的园林最为著名。

艺圃池边景色（明文震孟的药圃） 　　沧浪亭园门（宋苏舜卿整修后题名沧浪）　　狮子林扇子亭（元天如禅师建造）

明拙政园远香堂 　　留园明瑟楼 　　网师园梯云室石庭

上海豫园卷雨楼 　　南京煦园自漪澜西侧南望 　　退思园闹红一舸与水香榭（吴江同里）　　余荫山房曲廊（广东番禺）

3. 寺观园林

寺观园林一般只是寺观的附属部分，园林部分的风格注重淡雅。还有相当一部分寺观地处山林名胜，本身也就是一个观赏景物，这类寺观的庭院空间和建筑处理也多使用园林手法，使整个寺庙形成一个园林环境。

4. 邑郊风景区和山林名胜

如苏州虎丘、天平山，扬州瘦西湖，南京栖霞山，昆明西山滇池，滁州琅琊山，太原晋祠，绍兴兰亭，杭州西湖等；还有佛教四大名山，武当山、青城山、庐山等。这类风景区把自然的、人造的景物融为一体，既有私家园林的幽静曲折，又是一种集锦式的园林群。

八、著作要目

中国古代建筑著作有官书和私人著作两类。

官书是古代各王朝制定的建筑制度做法、工料定额一类的建筑法规，或关于这方面的记录。现知最早的官书是《考工记》，一般认为是春秋时齐国人所作，是记录手工业技术的专书。唐代颁有《营缮令》，规定官吏和庶民房屋的形制等级制度。宋代两次颁布《营造法式》，为当时宫廷官府建筑的制度材料和劳动日定额等甚为完整的规范，是古代建筑学的专著。元代有《经世大典》，其中"工典"门分22个工种，与建筑有关者占半数以上。明代建筑等第制度多纳入《明会典》，另外还有一些具体规章，如《工部厂库须知》等。清代颁有《工部工程做法则例》，是一部有关建筑的大型文献，内务府系统还有若干匠作则例规定比较详细。

私人著作方面，北宋初有都料匠喻皓著《木经》3卷，是一部建筑学专著，但早已不存。明中叶有《鲁班营造正式》，是南方民间匠师所著，以后又有《新镌京版工师雕斫正式鲁班经匠家镜》。明清文士著述，有文震亨《长物志》记载居室及庭园环境布置等；计成《园冶》是造园学的专著。李斗《扬州画舫录》附录《工段营造录》，传自内廷的工程人员。

第五节 古乐韶舞

一、中国古代音乐

中国音乐是从原始氏族社会中反映劳动、战争、爱情及原始宗教活动的歌舞发源来的。从原始氏族社会到隋唐，是以歌舞音乐为中心的时代；从宋代到明清，是以戏曲音乐为中心的时代。

1. 远古的音乐

古代文献中关于远古音乐的传说，大致可分为两类：一类是以某某氏为名的古乐，如朱襄氏之乐、阴康氏之乐、葛天氏之乐、伊耆氏之乐等；另一类是被尊为古代帝王的黄帝、颛顼、帝喾、帝尧、帝舜和夏禹等时代的古乐。

原始时代的古乐常常是诗歌、音乐、舞蹈的不同程度的结合体，且都与原始人类的生产活动、与自然灾害的斗争有较直接的联系。如葛天氏之乐是"三人操牛尾,投足以歌八阕"(《吕氏春秋》),即舞者拿着牛尾巴,边舞边唱。所唱的8首歌中,开始两首一为《载民》,一为《玄鸟》。前者含有祖先崇拜的意思,后者可能与图腾崇拜有关。又有《遂草木》、《奋五谷》、《总禽兽之极》等,表现了人们盼望农牧业获得好收成的心愿。

据说一些原始时代的古乐如黄帝的《云门》、帝尧的《咸池》、帝舜时的《韶》,在周代还作为宫廷雅乐的"六代之乐"在演出。这些古乐中最重要的算是《韶》,春秋时期的吴公子季札和孔子都曾欣赏过它的演出,并给予很高的评价。此外,用伊耆氏之乐的蜡祭,据说孔子和他的学生子贡曾见过(《礼记·杂记》)。这些原始的乐舞经过长时期的流传,面貌有很大变化。

从出土文物证明,那时已出现的古乐器有骨哨、陶埙。火烧沟出土的十多个陶埙最为珍贵,它们都有3个音孔,可以吹出4个音和由这4个音构成的具有某种调式结构的音乐。

2. 夏、商、西周至春秋时期的音乐

进入奴隶社会,有了供奴隶主消遣娱乐的专业乐舞奴隶——乐工,逐渐形成了独唱、独舞、独奏等演出形式,从而丰富了奴隶主的宫廷歌舞艺术。为了显示奴隶主阶级的强大和胜利,为了纵情享乐,每个奴隶主宫廷都建立了庞大的演出机构,编演了大型歌舞。传说中夏代的代表性乐舞是《大夏》,以歌颂夏禹治水的业绩为内容,由9个段落组成,演出时用籥作伴奏,故又称《夏籥》。此外,夏有《九招》和《九歌》、商有《大濩》、周有《大武》等,都是大型歌舞。当时宫廷收集到的民间诗歌,到春秋时期已有3000多首,从中选录的305篇,就是今天流传的《诗经》。这部诗集,还没有包括当时四方边境的28个少数民族歌舞的唱词。那时民间有许多有名的乐师,如师旷、师文、师涓、师曹、师经、师襄、师慧等人,是其中的代表人物,他们多被聘为宫廷乐师。

由现已出土的实物可知,商代便已有编钟(铙)和编磬出现。战国初期入葬的曾侯乙编钟,每个钟都可发相距为小三度或大三度的两个音。整套编钟,其规模之宏大,制作之精美,音质之优良,发音之准确,无与伦比。

一些在原始社会中已经出现或稍具雏形的乐器,此时已有了显著的进步。原来是将兽皮蒙在瓦罐（缶）口上敲击的土鼓，此时发展为木框两面蒙皮的鼓。原来是传说中的籥，进一步发展成为周代的箫（排箫）。商、周时期出现的乐器中，对后世影响较广的有笙、竽和琴、瑟。它们的出现，对音乐的艺术表现力的提高起了积极的作用。

3. 战国、秦、汉的音乐

战国时期，急剧的社会变革，给音乐文化的发展带来了巨大的变化，出现了民间俗乐纷纷进入各国宫廷的新趋势。在南方则有楚国的音乐——楚声的兴起，屈原的《九歌》就是由民间祀神歌舞加工创作而成的。在百家争鸣氛围中，墨子的《非乐》、荀子的《乐论》和《礼记·乐记》等，都显示了古代音乐思想的光辉成就，对后世产生了深远的影响。《管子·地员篇》和《吕氏春秋·季夏纪·音律》中关于三分损益律的记载，是中国乐律学的最早的文献。《周礼》的《考工记》则保存了钟、磬之类古代乐器制作的重要技术数据。它们都不同程度地反映了当时音乐科学的高度成就。

始建于秦朝而在汉武帝时得到极大加强的乐府，是中央集权封建国家为实现其对音乐文化的控制而设置的机构。它的建立，对当时音乐文化的发展产生了重大的影响。乐府里集中了1000多个来自全国各地区、各民族的优秀的音乐家，广泛地采集全国各地区、各民族的民间音乐，并在这基础上进行程度不同的加工提高或改编创作。这些新作，既有《郊祀歌》之类用于郊丘祭祀等典礼的音乐，也有郊庙祭典之外的音乐。战国以来各地兴起的民间俗乐（包括边远地区少数民族的音乐），经过乐府及其他相应机构的集中、提高，使汉代宫廷音乐呈现出丰富多采的面貌。当时的演出包括鼓吹乐、相和歌、歌舞百戏以及乐器演奏等多种样式和体裁，最主要的则是鼓吹乐和相和歌。鼓吹乐源出于北部边境的少数民族，主要用于朝会、道路及军中等，多少带有些仪仗的性质，而相和歌则主要用于娱乐和欣赏，因而应用较普遍，影响也较广。在相和歌中，最重要而且最能反映当时艺术水平的则是相和大曲。这是一种有器乐、歌唱与舞蹈相配合的大型演出形式，从不同方面反映社会的现实生活。

这时期，出现了许多新乐器，其中比较重要的有笳、角、笛（竖吹）、筝、筑、琵琶、箜篌等。这些新出现的乐器大都有较强的音乐表现力。属于鼓吹乐系统的筚和角都有较强的音量和富于特点的音色；属于相和歌系统的主要是丝竹管弦乐器，大都有适于配合歌唱与舞蹈节奏的优点。特别是琵琶类弹弦乐器的出现，是乐器演进中一个重大的进展。

4. 三国、两晋、南北朝至隋、唐的音乐

三国、两晋、南北朝是中国历史上一个大动乱的时期。人们冀求着新的精神寄托，音乐便是一个理想的避难所。清商乐是这时期兴起并在当时音乐生活中占居主导地位的一种音乐。它是晋室南迁之后，旧有的相和歌和由南方民歌发展起来的"吴声"、"西曲"（或称"吴歌"、"荆楚西声"）相结合的产物，是相和歌的直接继续和发展。作品绝大多数皆以爱情为题材，较少有触及社会矛盾的现实内容。其风格一般都较纤柔绮丽，但也有许多确实具有清新自然之美。

琴曲是这一时期获得重大发展的第一个领域。魏晋以来，琴的艺术进入了一个高潮时期。当时的许多名士如魏晋时期的阮籍、嵇康，南北朝时期的戴逵、戴颙父子等，都以琴名世，对他们来说，琴主要是寄托他们情志的工具。他们创作的或者经他们加工提高的不少琴曲长久地保持着它们的影响。

西汉末年由印度传入中国的佛教，在这动乱的年代里得以广泛流传。佛曲的俗化和俗乐的佛化，逐渐形成了一种"其音清而近雅"的音乐——法曲，成为隋唐燕乐的一个重要组成部分。

隋唐时期，在国家统一的局面下，经济繁荣，国力强盛。在这基础上，各族人民共同创造了光辉灿烂的音乐文化，繁盛的燕乐便是它的主要标志。隋唐燕乐，是汇集在宫廷里的俗乐的总称，它包括汉族的和少数民族的，中国的和外国的音乐。从隋初的七部乐到唐贞观时的十部乐，包括燕乐、清商乐、西凉乐（隋初沿用北周"国伎"名称）、高昌乐、龟兹乐、疏勒乐、康国乐、安国乐、天竺乐和高丽乐。不入十部者尚有扶南、百济、突厥、新罗、倭国、南诏、骠国和属于鼓吹乐系统的鲜卑、吐谷浑、部落稽等多种伎乐，异常丰富多采。

燕乐包括各种声乐、器乐、舞蹈乃至散乐百戏之类的体裁和样式，而其主体则是歌舞音乐。歌舞音乐中，大曲（包括法曲）又居于重要的地位。

燕乐大曲无论是音乐的主题结构或者节奏的发展层次都远较以前的相和大曲和清乐大曲更为细致，更为复杂而多变，其结构也庞大得多。以著名的法曲《霓裳羽衣》为例，全曲共有36段，其中"散序"6段，为器乐的演奏；"中序"（"排遍"）18段，是慢板的抒情歌舞；"破"（"舞遍"）12段，是节奏急促的快速舞蹈，有器乐伴奏。燕乐大曲的高度艺术成就，标志着歌舞音乐发展的一个高峰。

在唐代的大曲中，琵琶通常是占有中心地位的一种乐器，许多著名的音乐家都是优秀的琵琶演奏家。鼓类乐器中，出现了许多技艺高超的羯鼓名手和成套的羯鼓独奏曲，说明羯鼓音乐在节奏、力度与音色等方面都已有了相当高的表现力。

隋唐时期的音乐，还有一些在当时及后世都有相当影响的体裁，一是包括歌词和曲子在内的各种歌曲。曲子的广泛流传，使为曲子填写的词成了宋代重要的文学体裁；二是属于"散乐"范畴的一些歌舞戏。如"代面"、"拨头"、"踏摇娘"、"窟垒子"和一些带有歌唱的"参军戏"等，这些带有一定故事情节的歌舞，为宋代杂剧与南戏的产生准备了条件；三是唐代颇为流行的说唱变文。它原是寺院中僧侣们用民间原有的说唱形式演佛经故事来宣传宗教的一种通俗文艺形式，后来逐渐引进了一些世俗的题材，说唱历史或民间故事，在群众中有广泛的影响。这种齐言歌赞与散文讲说相间的说唱音乐形式，正是后世词话与宝卷一类说唱的直系祖先。

5. 宋、元的音乐

隋唐以来的曲子，到宋代及以后相当长的一段时期中成了一种广泛流行的歌曲形式。它的发展，直接导致了宋词创作的繁荣。不少著名词人的作品被运用于实际的演唱，它们既丰富了曲子的内容，也促进了曲子的发展，出现了"减字"、"偷声"、"摊破"、"犯调"等变化运用和发展曲调的手法，产生了徐缓抒情而细腻深刻的"慢曲"，成为当时流行的一种曲式。南宋的姜夔还曾为自己作的词创作曲调（称"自度曲"）。他的《白石道人歌曲》是现存最早的宋词歌谱，用"旁谱"的形式记录了作者的"自度曲"和旧曲共17首，它们是研究宋词音乐的珍贵数据。

曲子在民间则成了说唱和戏曲创作的音乐材料，同时也出现了由单只曲调的运用向多只曲调依不同方式联合的趋势，于是形成了多样的声乐体裁与形式。

宋元时期的说唱音乐主要是鼓子词和诸宫调。鼓子词的音乐比较简单，用一首曲子反复咏唱，中间插入散文讲说，以说唱故事。诸宫调也叫"诸般宫调"，用同一宫调的若干首曲子联成一个套数，把不同宫调的若干套数或单曲联接起来，用以说唱长篇故事。董解元作词的《西厢记诸宫调》，是现存最完整的一部诸宫调作品。诸宫调的形成和发展，为戏曲音乐准备了重要的条件。

宋元两代是新兴的戏曲获得重大发展和趋于成熟的时期，在北方有杂剧，在南方有南戏，杂剧继承唐代歌舞戏和参军戏的传统，在广泛兴起的曲子的基础上，经过宋金时代的发展，到元代达到了它的鼎盛时期。宋杂剧（金代称"院本"）的演出，由"艳段"、"正杂剧"、"散段"（或称"杂扮"）3部分组成。艳段演的是"寻常熟事"，散段是滑稽戏一类的东西，只有正杂剧才是搬演故事的戏曲，音乐多是利用曲子和歌舞大曲的曲调。元杂剧通常是一剧分为4折，有的在前头或中间加进一个"楔子"。4折分别用4个不同的套数，由主角1人演唱全套曲调，其余角色只说不唱。杂剧音乐通称"北曲"，它的主要特点是用七声音阶，字多调促，风格劲遒。

南戏是北宋时在浙江永嘉（今温州）地区形成起来的，也称"永嘉杂剧"。南戏剧本没有折数限制，音乐没有宫调的束缚，各种角色都能有唱，还有对唱、齐唱等活泼多样的演唱形式。在南方有着广泛影响的戏曲形式，称为"传奇"。南戏音乐通称"南曲"，它的主要特点是用五声音阶，字少调缓，风格柔婉。

宋元时期的音乐，形成了以杂剧、南戏为中心的南北曲音乐系统，成为影响到歌舞、说唱、以至器乐等多种音乐体裁的巨流。这是中国音乐史上以南北曲为中心的音乐开始形成并得到发展的一个重要的时期。

6. 明、清的音乐

杂剧和南戏在明代出现了新的发展趋势。这就是杂剧的渐趋衰微和南戏的转趋兴盛。由于南戏（传奇）主要流行在中国南方，在流传当中，不断与各地民间音乐相结合，并根据各地语言音调的不同，而不断派生出多种南方的戏曲声腔如："海盐腔"（浙江）、"余姚腔"（浙江）、"弋阳腔"（江西）、"昆山腔"（江苏）等。其中出现较早的是"海盐腔"，而在明初流传最广的则是"弋阳腔"。"弋阳腔"是高腔一类戏曲声腔中最早出现的一种，运用帮腔和滚调是它的特色。

"昆山腔"（亦称"昆曲"）是明代戏曲声腔中成就极高、影响极广的一种。明中叶，魏良辅等人对"昆山腔"作了重大的创造性发挥，创造了称为"水磨调"的新唱法，更加突出了舒缓优美和细腻的风格。用新的"昆山腔"演唱的第1个剧本《浣纱记》（明梁辰鱼作）上演之后，"昆山腔"遂风靡一时，为其他声腔所不及。不幸的是，作为南北曲发展的顶峰的昆曲，由于适应上层观众的需要，创作和表演上过分追求文雅和雕琢，到明末清初便逐渐趋于衰落。代之而起的是多种地方戏曲声腔兴起的新局面。

明末清初兴起的多种戏曲声腔中，影响最大的是"梆子腔"和"皮黄腔"。梆子腔起源于陕西一带，故又称"秦腔"。南方的许多剧种中，梆子腔也是一种比较常用的声腔。皮黄腔是"西皮"、"二黄"两腔的合称。二黄是在安徽、湖北一带形成的新声腔；西皮则是梆子腔流入湖北后逐渐演变而成的。其后著名演员辈出，艺术上广为吸收昆曲等多方面的经验，有了重大的发展，逐渐形成了以皮黄腔为主要声腔的新剧种——京剧。

大量民间小戏的兴起，是明清时期戏曲发展的一大特点。这些民间小戏，和梆子、皮黄等声腔系统多演成本历史故事的大戏不同，大都只有两三个角色（生、旦、丑），所演多为日常生活情节和民间故事，有浓厚的生活气息。南方的各种"花灯戏"、"花鼓戏"、"滩簧"和北方的秧歌、二人台、二人转等均属之。它们多数是从民间歌舞发展而成，也有在民歌、说唱的基础上演变而成的。演出形式载歌载舞，生动活泼，深为群众所喜爱。有一些在后来也发展成了大戏。

明清时期的说唱，就其音乐结构而言，主要有两种类型：一种是属于"曲牌体"的各种牌子曲；另一种是近似"板腔体"的各种鼓词、弹词等。此外，也有一些是介乎两者之间的曲种。北方的鼓词，在长篇鼓词之外，较早就有所谓"段儿书"（"子弟书"），其后又有各种"大鼓"在各地产生；南方的弹词则早在乾隆、嘉庆年间便已有陈派、俞派等流派的出现。许多地方逐渐也有了不同的弹词曲种。此外，具有悠久历史的说唱道情，在明清时期逐渐离开道教教义的束缚，引入了民间故事的题材。它的音乐构成多数与鼓词、弹词相近。各地也出现了一些具有本地特色的道情（渔鼓）曲种。明清时期说唱音乐的发展，为后来说唱曲种的更大发展打下了基础。

明清时期，由于统一的多民族国家得到巩固，各民族间文化交流有所加强，中国各少数民族的音乐得到较快的发展。一些具有悠久历史的著名的少数民族音乐如苗、彝等南方少数民族的史诗性歌曲，维吾尔族的《十二木卡姆》和藏族的"囊玛"、"藏戏"等，不少是在明清时期得到进一步发展和逐渐趋于定型的。

二、中国古代舞蹈

1. 中国原始舞蹈

中国原始舞蹈的主要形式是有关狩猎、劳动的舞蹈。由于原始社会的人们对大自然现象的理解不足，产生了畏惧感，逐渐形成了原始的宗教信仰——图腾崇拜。把动物、植物或自然物作为图腾，认为图腾能为人赐福或降灾，把图腾奉为祖先和保护神。传说中人首蛇身的伏羲、女娲，是以"龙"为图腾的华夏族先祖。伏羲氏舞名《凤来》，唱《网罟》之歌；女娲舞名《充乐》，是颂扬伏羲氏发明网罟，教民捕捉鸟兽和女娲制定婚配、教民嫁娶的业绩的。传说中牛首人身的炎帝，是以"羊"为图腾的羌族的先祖，炎帝的乐舞《扶犁》，唱《丰年》之歌，是歌颂炎帝教民播种五谷，发明农业的功绩，尊称他为神农氏。阴康氏舞名《大舞》，教民体育锻炼，以抗阴湿之病。葛天氏舞名《广乐》，三人操牛尾而歌八阙（段），祈求五谷丰登，鸟兽繁殖。黄帝以"云"为图腾，《云门》是黄帝氏族的图腾舞蹈；"凤鸟天翟"舞是帝喾时的图腾舞；"击石拊石，百兽率舞"，是帝尧时各氏族的图腾乐舞。这些远古氏族的乐舞，充满着青春与力量的斗争生活，也反映了原始宗教的祈求幻想和巫术礼仪。

2. 集古舞之大成的周代礼乐

周代的统治阶级充分地认识到乐舞用于政治的社会作用，因而制定出礼乐制度。周王室整理了前代遗存的乐舞，包括黄帝的乐舞《云门》、唐尧的乐舞《大咸》、虞舜的乐舞《大韶》、夏禹的乐舞《大夏》、商汤的乐舞《大濩》及周武王的乐舞《大武》，总称为六代舞，用于祭祀。并设立了庞大的乐舞机构"大司乐"，贵族子弟要受严格的六艺（礼、乐、射、御、书、数）教育。13岁入学，循序渐进，先学习音乐、朗诵诗和小舞。15岁开始学习射箭、驾车和舞《象》（《象》传说是一种武舞，也有人认为是一种鱼虾等图腾的舞蹈）。20岁时学习各种仪礼和大舞。在举行大祭时，由大司乐率领着贵族子弟跳六代舞。不同的场合演奏不同的乐舞，胜利凯旋时奏《凯乐》；燕享宾客，表演《四裔乐》、《散乐》；举行射仪时跳《弓矢舞》。在所有的祭仪场合中，一方面强调受命于天的神圣性，另一方面强调等级区分的尊严。西周的礼乐制度是奴隶社会政治文明的重大创造，集周以前古代舞蹈之大成。

3. 巫舞及民俗祭祀舞蹈

在原始社会由于人们崇拜图腾和迷信神鬼，逐渐产生了沟通人神之间的"巫"。"巫"掌管祭祀占卜，求神福佐或祓除不祥。"巫"原是由氏族领袖兼任的。传说中的夏禹是一个大巫，他在治水中两腿受病，走路迈不开步，只能碎步向前挪移，这种步法称为"禹步"，成了后世巫觋效法的舞步，又称"巫步"。汉代天旱求雨要跳龙舞，现在龙舞已变成民间欢庆节日的舞蹈。

源于巫术的蜡祭，传说开始于伊耆氏时代，是一种在年终举行的祈祝丰收、酬谢神祇的祭典。蜡祭时穿着黄衣黄冠的巫唱祭歌，乐队吹《幽颂》，打土鼓，跳《兵舞》和《帗舞》。在楚国祭神歌舞《九歌》中，祭坛上布置着琼花芳草，桂酒椒浆；主祭者身佩美玉，手持长剑；乐队五音合奏，拊鼓安歌；"神灵"穿着彩衣翩翩起舞。汉高祖曾令天下立灵星祠，祭祀灵星成为全国性祭祀活动。灵星是天田星，主谷。祭祀时跳灵星舞。舞者为童男16人，舞蹈动作是教民种田的劳动过程：除草、耕种、耘田、驱雀、舂簸等。灵星舞一直流传到明代。

4. 俗乐舞兴盛的两汉时代

秦汉时代民间俗舞有显著的发展，秦二世曾在甘泉宫"作角抵俳优之观"，汉高祖刘邦喜好民间的楚声、楚舞，并把俗乐舞用于宫廷祭祀。汉武帝扩大了"乐府"机构，任命李延年为协律督尉，大力采集民间乐舞。为了政治上的需要，还演出大角抵招待外国宾客。角抵年年增变，内容日趋丰富，因而又称为百戏。百戏中的舞蹈有：武打项目中的棍舞、剑舞、刀舞等。假形舞蹈项目，包括凤舞、鱼舞、龙舞等。舞蹈项目，摆阔巾舞、鞞舞、铎舞、靴舞、长袖舞、盘鼓舞、巴渝舞、建鼓舞、双人对舞。歌舞戏项目中的东海黄公，总会仙倡等。由此可知舞蹈在百戏中的比重是很大的。

两汉时代由于封建制度趋于巩固，经济繁荣，人民生活有了提高，各地乐舞有了相应发展。各地著名的歌舞有：东歌、东舞、赵讴、赵舞、荆艳、楚舞、吴歈、越吟、郑声、郑舞。

5. 各民族乐舞文化的交流

中华民族古老的乐舞文化，是在各族乐舞文化不断地交流融合中形成的。西域乐舞的传入，约在秦汉之际，汉初宫中已有《于阗乐》。汉武帝派张骞通西域，传入《摩诃兜勒》之曲，协律都尉李延年因胡乐更造新声二十八解，在接受外来乐舞影响下，加以创造发展。汉代的《盘鼓舞》，把中原的优美典雅和西域的热烈奔放相交融，形成了汉代舞蹈审美的特征。

西晋丧乱，关中人士纷纷避难凉州，带去了汉魏传统乐舞。氐族吕光和匈奴族沮渠蒙逊把平西域获得的《龟兹乐》与传于凉州的中原旧乐相合，产生了新型乐舞《西凉乐》。自南北朝以来北方最重胡舞，盛唐健舞《胡腾舞》和来自康居的《胡旋舞》更是风靡一时。宋代的《柘枝舞》与中原的大曲歌舞形式相融合，改变了胡舞的原貌，发展成一种新的民族舞蹈形式。

6. 鼎盛发展的唐代燕乐

唐代燕乐以规模宏大的三大舞——《破阵乐》、《庆善乐》、《上元乐》为代表，有的气势雄伟，有的安徐娴雅，有的充满幻想色彩。三大舞可算唐代史诗型舞蹈的创造。但真正代表唐代舞蹈艺术风格的，是小型娱乐性舞蹈健舞和软舞。健舞中以《剑器》、《柘枝》、《胡旋》、《胡腾》为代表。软舞中以《绿腰》、《凉州》、《春莺啭》、《乌夜啼》为代表。代表唐代乐舞艺术高峰的是歌舞大曲。《教坊记》记载，唐代有46种大曲，其节奏复杂、曲调丰富，结构严密，具有大型歌舞的高级形式。

7. 宋代舞蹈及其戏剧因素

宋代舞蹈主要有3个方面：宫廷队舞、民间队舞和百戏中的舞蹈。宋代演出宫廷队舞的舞队,据《宋史·乐志》记载有小儿队舞和女弟子队舞。宋代的民间舞蹈十分兴盛。每逢新年、元宵灯节、清明节、天宁节(皇帝的生日),民间舞队非常活跃。宋代百戏中的舞蹈,在军旅中常有演出。表演者有的戴面具,有的用青、绿、黄、白各色涂面,金睛异服,两两格斗击刺,摆阵对垒。这些扮演了各种人物的舞蹈,各成一出,又似有一定的戏剧情节的联系。

中国舞蹈中的戏剧因素并非始源于宋代。春秋时的《大武》是表现武王伐纣的故事,汉代的歌舞戏《东海黄公》已具有戏剧的雏形。唐代歌舞戏剧有《兰陵王》、《拨头》、《踏摇娘》。《踏摇娘》已具备了舞蹈、音乐、表演、歌唱、说白等表演手段,由演员装扮人物,表现故事情节。宋代宫廷队舞和大曲中增加了戏剧因素。如队舞中的参军色,又名竹竿子,担任勾队、放队、致辞、与领舞人对话,不但起了报幕人的作用还是节目中有机的一员,对推动剧情的发展起着重要作用。宋代大曲也增加了故事性,如《鄮峰真隐大曲》中的《剑舞》,包括了两个内容,前半部表现鸿门宴项庄舞剑意在沛公的故事;后半部表现张旭观公孙大娘舞剑,草书大进的故事。这些大曲都有了较强的戏剧性。

8. 元代的戏曲舞蹈和宗教舞蹈

元代戏曲艺术称元杂剧。元杂剧中的"唱"、"云"、"科"是它的艺术表演手段。三者之中的"科",主要是做工,包括表情、舞蹈和武功。元杂剧中有插入性舞蹈,如《唐明皇秋夜梧桐雨》中安禄山的《胡旋》舞和杨贵妃的《霓裳羽衣》舞等。当时的杂剧艺人,还给一些技巧性的舞蹈动作起了名字,如"扑红旗"、"拖白练"、"踏跷"等。

元代以信仰萨满教(巫教)和喇嘛教(佛教)为主,在元朝的宫廷队舞充满了宗教迷信色彩。元朝最著名的赞佛舞蹈,如《十六天魔舞》,名为赞佛,实为娱人。

9. 明清时代的舞蹈

这一时期的舞蹈,大致可分为3类:宫廷队舞、戏曲舞蹈和民间舞蹈。

明代宫廷舞,大祀庆成大宴用《万国来朝队舞》、《缨鞭得胜队舞》。万寿圣节大宴用《九夷进宝队舞》、《寿星队舞》。冬至大宴用《赞圣喜队舞》、

《百花朝圣队舞》。正旦大宴用《百戏莲花盆队舞》、《胜鼓采莲队舞》。

清代宫廷宴乐队舞的总名为《庆隆舞》,其中包括介胄骑射的《扬烈舞》和大臣对舞的《喜起舞》。

明、清的戏曲舞蹈,是戏曲中的重要组成部分。可分为5类:一是插入性的舞蹈,如明刊本《目莲救母》剧中的《跳和合》、《跳钟馗》、《哑子背疯》。二是程序化的舞蹈段子,如:"起霸"、"趟马"、"走边"。三是程序化的舞蹈动作,如水袖、翎子、甩发、髯口、扇子、手绢、长绸等多种。四是刀枪把子。五是跟斗。戏曲舞蹈是在中国古代舞蹈的基础上,又根据剧情和人物的需要发展而形成的。它不仅具有中国古典舞蹈的特色,并且保存了中国古代舞蹈的精萃,这对打开中国古典舞蹈的宝库,研究古代舞蹈的发展规律,有着启示性的作用。

中国是个多民族的国家,共有56个民族。因为各民族的生活、历史、宗教、文化和风俗不同,产生了丰富多采的民族民间舞。从流传至今的各民族民间舞蹈来看,这些舞蹈绝大多数在明清时期已定型成熟。

三、戏曲的起源与形成

中国戏曲主要是由民间歌舞、说唱和滑稽戏三种不同艺术形式综合形成的。庙会和瓦舍勾栏对戏曲的形成起了促进作用。

1. 民间歌舞

中国历代农村里往往保存了从原始社会遗留下来的歌舞。《论语·乡党》说:孔子在每年"乡人傩"的时候,也要恭恭敬敬穿起朝服去参加。"乡",是指孔子出生的老家,也就是他的氏族所在地。这个"傩",就是每年年三十所举行的逐鬼除疫的仪式。战国时代屈原的《九歌》,就是楚国民间祀神歌舞的歌辞。汉代关中地方的民间歌舞,见于记载的有《东海黄公》;南北朝和隋代,北方有《钵头》、《大面》、《踏摇娘》,南方也有《狮子舞》及胡公、昆仑等角色的歌舞。唐代更把这些歌舞加以提高。北宋有《讶鼓舞》,南宋有《旱船》、《竹马》、《花鼓》等。这种歌舞的特点是:一是农民在节日才演出;二是业余的;三是在广场或队伍行进中表演的;四是载歌载舞,装扮成人物来表演,但还没有构成完整的戏剧性故事;五是除歌舞外,还包括各种技巧表演,如踩高跷、武术、筋斗等。自宋以来,这种歌舞通称为"社火"。到了南宋，东南沿海一带出现了商业城市和港口，附近农村在生活上也起了很大变化，出现了职业化的艺术团体。于是，早期的戏曲形式——南戏就应运而生了。

2. 说唱艺术

两汉时代乐府诗歌的"相和歌辞"中有一部分如《白头吟》（相如、文君的故事）、《陌上桑》（罗敷女的故事）等，是配合管弦歌唱故事的。这一部分乐府诗歌在南北朝时称为大曲。大曲是一种音乐形式，它是以一支曲子反复演唱多遍来叙述一个完整的故事。大曲前面加引子，名叫"艳"，后面加尾声，名叫"趋"和"乱"。曲的最后，还有由音乐伴奏的一段舞蹈。隋唐时期，大曲在音乐舞蹈上形成散板——慢板——快板——散板的乐曲结构形式，而且反复次数很多。到了宋代，摘取慢板和快板到尾声的若干遍来叙述一个故事。这种形式名叫"摘遍"，在宋杂剧中成为叙唱故事节目的主要形式。

唐代寺院用边唱边讲的方式讲说佛经故事和世俗故事，称为"俗讲"或"啭变"，这类讲唱的本子叫做"变文"。变文的文体是一段散文和一段七言或五言的韵文相间。这种文体后来为宋代鼓子词所继承，用以咏唱故事。鼓子词的音乐是一支曲调的不断反复，比较单调。北宋中叶，说唱艺人孔三传创造了一种诸宫调来说唱长篇故事。诸宫调的形式是在乐曲上不限于用一支曲子，而且不限于用同一宫调的曲子，而是按故事的情节需要，选用合适的宫调的曲子来表现。这样说一段故事，再唱一段富于表现这段故事情绪的曲子，它的表现能力便大大增强了。

到了金代，出现了董解元的说唱诸宫调《西厢记》。"董西厢"的出现，表明说唱艺术无论在文学上还是音乐上都已经完全成熟；而说唱艺术的成熟，则为戏曲的产生在文学上和音乐上铺平了道路。在唱腔音乐上，金代诸宫调是元代北曲的先行者。元杂剧中王实甫的《西厢记》在文学上正是"董西厢"进一步的戏剧化；在音乐上，四折一楔子的曲牌联套体，也正是诸宫调音乐向戏剧化所迈进的重大一步。

3. 滑稽戏

滑稽戏是从"优"发展而来的。据历史记载，优最早是出现在西周幽王的宫廷。优是国王贵族的弄臣,专以讽刺调笑为职务。国王行事不当,不能直接批评,就利用优来进行调笑以达到讽刺的目的。到了封建时代,优从对帝王进行讽谏,变成帝王用来讽刺臣下的手段。在五胡十六国时代,后赵石勒因一个担任参军的官员贪污官绢,就令一个优人穿上官服扮成参军,让别的优伶从旁戏弄他。从此,优的表演就被称为参军戏,并从一个脚色发展成两个脚色,被戏弄者叫"参军",而戏弄者就叫"苍鹘"。

到晚唐时期,参军戏发展成为多人演出,戏剧情节也比较复杂,除男脚色外,还有女脚色出场。到了唐末五代,又改称"杂剧",至宋,更出现了五个脚色名目,并各有分工职司,一是"戏头",又叫"末泥",是计划演出的,为一班之首;二是"引戏",是具体安排演出的,又兼"装旦";三是"副净",就是原来的参军;四是"副末",就是原来的苍鹘。在这四个脚色还不够的时候,就添一个脚色叫"装孤"。虽然有了上述种种变化,但其内容仍属滑稽调笑性质;不过这时多以市井人物为取笑的对象。这些剧目除表现秀才、妇女等外,还表现乞丐、军士、小偷、和尚等人物的种种笑料。因此,在五个脚色中,仍是以副净和副末为主要的表演者。

4. 庙会和瓦舍勾栏

民间歌舞、说唱和滑稽戏三种不同艺术形式,统称为"百戏",又名"散乐"。秦汉以来,百戏有一种集中表演的传统。汉代宫廷中的表演地在平乐观;北魏开始,把这种表演的场所改在寺庙里;隋炀帝将四方各国的"散乐"集中在洛阳,每年正月初一到十五,在皇宫端门外8里长的地方辟出一处场所,集中各种散乐,令百官和各国来朝贺的使臣随意观看。唐代的歌舞百戏表演场所,除宫廷演出外,也是设在长安几座大的寺庙里。到了北宋,都城东京(今开封)除相国寺为游观之地外,还有专为各种艺术表演而设的瓦舍。每座瓦舍中有好几十座"勾栏棚"。瓦舍是一个集合多种伎艺长年卖艺的地方。瓦舍的艺人以卖艺为职业,观众主要是市民。瓦舍虽集合各种伎艺在一处,但分别在各自的勾栏棚里表演。瓦舍勾栏所演出的伎艺范围很广,有小说、讲史、诸宫调、合生、武艺、杂技、各种傀儡戏、影戏、说笑话、猜谜语、舞蹈、滑稽表演、装神弄鬼,等等。也有从滑稽戏发展出来的"杂剧"。南宋都城临安(今杭州)的瓦舍勾栏承袭北宋体制,但杂剧在数量和质量上都有所发展和提高。瓦舍勾栏各种伎艺集中表演，招徕观众，它们互相观摩，互相竞争，也互相吸收，逐渐汇合，这就促进了戏曲的形成。起源于滑稽戏的宋杂剧就是在瓦舍勾栏中吸收了各种伎艺而形成的综合性戏曲艺术。

5. 宋杂剧与金院本

宋杂剧是中国最早的戏曲形式。金院本与宋杂剧实同而名异，但艺术上有所发展，它是从宋杂剧过渡到元杂剧的重要形式。

宋杂剧演出时先演一节"艳段"，艳段最早的形式就是一段小歌舞，也即是爨。因为爨是5个脚色都出场的，所以又叫做"五花爨弄"；然后再演正杂剧。正杂剧或是一段滑稽戏，或是一段大曲。有时最后还加演一段"杂扮"。这是一种小的玩笑段子，大都扮演没有进城见过世面的乡下人闹的笑话。

金院本和宋杂剧的不同有以下几点：一是金院本中用大曲歌唱的节目很少，多数没有标明曲调。这是因为大曲的音乐不适合北方听众的兴趣，特别不适合北方民族如女真族听众，所以金院本在乐曲上逐渐北方化了，这就是北曲声腔形成的开始。二是金院本中属于艳段的节目形式丰富了。除宋杂剧里"爨"这种形式仍旧保留以外，又增加了"栓搐艳段"、"打略栓搐"等形式。栓搐就是捆绑的意思，栓搐艳段是指那些能和某些正杂剧的内容联系得起来的艳段，和"说话"中的"入话"相似。"打略栓搐"内容中的各种"家门"，是准备为正杂剧演出中的各种人物和题材作介绍用的。三是金院本还有一类称为"院么"的节目，可能是以唱为主的正杂剧和以滑稽戏为主的正杂剧综合起来的新形式。"院么"正是宋杂剧和元杂剧之间的过渡形式。金院本是宋杂剧的发展，同时又是元杂剧的孕育者；出现了金院本，元杂剧的诞生条件也就完全成熟了。

四、宋元南戏

北宋末叶到元末明初，在中国南方流行的戏曲艺术称南戏，又称戏文、南曲和南曲戏文或南戏文。因最初产生在浙江温州（一名永嘉）地区，故又称为温州杂剧或永嘉杂剧。

南戏萌芽于南方民间的"村坊小曲"，初为歌舞小戏。北宋王朝后期，温州偏处浙江东南，未遭兵燹，商业发达，经济繁荣。当地村坊小戏很快被吸收到城市中来。南戏这种新鲜而又有生气的剧种，便在这个古文化之邦迅速成长起来。温州杂剧在浙、闽地区流行之后，再进一步发展成为成熟的戏曲艺术，则又与南宋及元代最繁华的城市临安（今杭州）有不可分割的关系。因为南宋都城临安有许多游艺场所，兼容从汴京来的北方各种伎艺，为南戏广泛吸收北方伎艺的成就创造了有利的条件。到了元代，由于南方繁荣的社会经济生活的吸引，大量北人继续南下，许多北方杂剧作家和演员到了临安，这对于南戏吸收北杂剧的艺术成就，丰富、提高自身舞台艺术，产生了重要的影响。随着临安瓦舍伎艺的繁盛，还出现了很多叫做"社会"的团体组织。其中书会成员是一批下层文人和粗通文墨的艺人，他们专为班社编写剧本。南戏在临安上演很多新剧目，大部分来自书会，因而进一步促进了南戏的成熟和发展。

南戏在各大城市的流布，为南戏各种声腔的形成创造了有利条件。元末高明采用南戏形式创作了《琵琶记》，正如徐渭所说："用清丽之词，一洗作者之陋，于是村坊小伎，进与古法部相参"（《南词叙录》）。南戏一方面在江南与东南沿海农村乡镇中继续流行，仍保持浓厚的民间色彩和地方情调；另一方面在城市中有了较大的发展，受到专业作家的影响。到元末明初，海盐、余姚、弋阳、昆山以及闽南多种声腔的蓬勃兴起又呈现出不同的艺术风采。

南戏剧本从许多方面反映了宋元两代长期动乱所造成的尖锐复杂的社会矛盾。其中反映婚姻问题的剧目约占三分之一以上。婚姻题材的剧目又可分为两类：一是争取婚姻自由，一是婚变。这两种题材，都有现实意义。

南戏剧本约有200多种，但全本留传的仅有《小孙屠》、《张协状元》、《宦门子弟错立身》、《拜月亭记》、《荆钗记》、《白兔记》、《杀狗记》、《琵琶记》等少数几种，而且大都经过明代人的增删或改写。

五、元杂剧

元杂剧的形成，是中国戏曲艺术发展到成熟阶段的重要标志。它的部分优秀剧目，如关汉卿的《窦娥冤》、《救风尘》，王实甫的《西厢记》、马致远的《汉宫秋》，白朴的《梧桐雨》，纪君祥的《赵氏孤儿》，石君宝的

《秋胡戏妻》，康进之的《李逵负荆》等，数百年来被改编为各种新的戏曲形式，延续不断地演出。

元杂剧的表演艺术，首先是说话人的渲染景色、描摹人物、展开故事情节等手段，为杂剧的演出准备了故事内容和人物形象。其次是说唱诸宫调的乐曲组织是元杂剧按不同宫调组织曲调的滥觞；它的以歌曲为主结合说白演唱的形式，使元杂剧成为一种有说有唱、载歌载舞的表演艺术。最后是各种舞队的舞蹈，各种扑打的武技，使剧中人物的身段向着更美的程序发展；傀儡、影戏既模仿杂剧中人物的演出，又反过来给杂剧中人物的舞蹈动作和脸谱以影响。

元杂剧每本四折演唱四套宫调不同的曲子。这四套曲子由一个演员主唱。扮演男脚叫正末，扮演女脚叫正旦。一些次要的男女脚色被称为外末、冲末、外旦等，反面的脚色男的叫净或副净，女的叫搽旦。他们往往只起配角的作用，偶尔也唱一二支小令，从来不唱整套曲子。至于孤、孛老、卜儿、俫儿等名色本是市语中对官员、老翁、老妇、儿童等的通称，后来也成为脚色的名目。

元杂剧的艺术成就，首先在于适合舞台演出，而不是案头之作。作者不仅要熟悉人情世故，还必须懂得舞台艺术。其次是它的通俗性。三是它的群众性。这不仅指剧中人物故事在群众中广泛流传，就是它的创作过程也带有群众性，其中不少作品是勾栏艺人与书会才人合作编写的，或者是书会才人根据勾栏艺人的舞台演出本加工的。

六、明清传奇与杂剧

明清传奇指当时活跃在舞台上的海盐、余姚、弋阳、昆山等声腔及由它们流变的诸腔演出的剧本。

明清时代，由于社会各阶层对戏曲的普遍爱好，昆山腔和弋阳诸腔流行于广大的城镇与乡村。昆山腔集南北曲之大成，充分发挥了南曲流丽悠远、委婉细腻的特长，又适当吸取北曲激昂慷慨的格调。各种宫调曲牌的搭配，场次的安排，更加规范；同时广泛地运用借宫与集曲，使曲牌联套体的结构方法，更加完整和富有表现力。昆山腔伴奏乐器的配置和乐队场面的组织，也更为丰富、完备，使演出能在规定情景和节奏中进行，为后世戏曲声腔与剧种的乐队伴奏，树立了楷模。弋阳诸腔的音乐，则是在"字多音少，一泄而尽"的基础上，创造出"帮腔"和"滚调"。"帮腔"是独唱与合唱结合的声乐艺术，在某种程度上弥补了弋阳诸腔演唱时无乐器伴奏的不足，同时也丰富了演唱的形式，起渲染人物感情、烘托环境气氛的作用。"滚调"是以"流水板"，诵唱通俗易懂的唱词，既增加了音乐节奏的变化，也有助于更加酣畅地表达曲情。弋阳诸腔绝大多数只用锣、鼓等音响效果强烈的打击乐器作为衬托，这同多在村镇庙宇、广场为人数众多的下层群众演出的条件有关，也与弋阳腔前期作品内容偏重于人物众多、场面热闹的历史剧有密切的联系，所以弋阳诸腔在整体风格上显得高昂奔放。这些对后来高腔腔系剧种的音乐有深远的影响。

在表演艺术方面，脚色分工的细致，无疑是这一时期表演艺术丰富与提高的重要关键。昆山腔，从南戏的7个脚色发展为"江湖十二脚色"，使演员得以专心致力于某种类型和某个人物的创造，探索内心，揣摩性格。弋阳诸腔演唱时重视观众的接受能力，努力运用生动的念白活跃舞台的气氛，加强表演的戏剧性和动作性，避免某些传统南戏剧目中单一的抒情。

明清传奇在演出时，重视在舞服装、化妆和脸谱对塑造人物、渲染气氛的积极作用。

明清杂剧既保存了元杂剧某些主要的艺术特点，也因传奇的影响，在演唱、曲调和语言等方面作出了不少改革。结构比较灵活，作品抒情色彩浓郁。

七、清代地方戏

清代地方戏是清代新兴的多种民族、民间戏曲的统称。继昆曲盛行之后，具有浓厚乡土色彩的地方戏在全国各地蓬勃兴起，剧种众多，各具特色。占主导地位的是乾隆年间被称为"花部乱弹"戏的梆子、弦索、皮簧等新兴剧种和以藏剧、白族吹吹腔为代表的少数民族戏曲。原来散布在南北各地的昆曲，也加强了自明代以来就已出现的地方化的趋势，接受各地民间艺术、地方语言和群众欣赏习惯的影响，演变为富有当地色彩的昆剧，如被今人称为北昆、湘昆的剧种；或被地方戏所吸收，成为地方戏的组成部分之一，如川剧、婺剧中的昆曲。此外，这一时期流行在闽、广一带的古老剧种,如兴化戏(即今莆仙戏)、下南腔(即今梨园戏)、潮调(即今潮州戏)等也有相应的发展。许多少数民族的戏曲,如藏剧、白族吹吹腔、壮剧等,也已形成或有新的发展。

八、京剧

清初,京师梨园最盛行的是昆腔与京腔(源出弋阳腔,简称弋腔,亦称高腔,传至北京的称京腔),乾隆年间,各种地方戏曲纷纷进京献艺。因为剧种繁多,为了正名起见,从这时起,戏曲开始分为"花"、"雅"两部。所谓雅,就是正的意思,即奉昆曲为雅乐正声。花部为京腔、秦腔、弋阳腔、梆子腔、罗罗腔、二簧调。所谓花,就是杂的意思,言其声腔花杂不纯,多为野调俗曲。故花部诸腔戏,又有"乱弹"的称谓。当时,京中花部以京腔为最盛,后秦腔演员魏长生自四川入都,以《滚楼》一剧名动京师,京腔大为减色。随着扬州的三庆徽班入京,以其诸腔并奏和剧目内容多样化的两大优势,很快就压倒秦腔,结果就形成徽、秦两腔合作的局面。

以唱二簧调为主的徽班自从吸收了秦腔以后,除拥有原有的昆腔、吹腔、四平调、拨子等腔调和剧目外,又新增添了秦腔——亦即后来称为西皮调的腔调和剧目。徽班的这种兼收并蓄,无所不包的特点,终于使秦腔难以与徽班抗衡,而纷纷报散。从此,作为一个剧种代表的二簧调便独尊剧坛,风行一时。这一形势一直发展到道光年间,湖北演员带来所谓"楚调"之后,才又引起了一场新的变化,促成湖北的西皮调与安徽的二簧调第二次合流的所谓"皮簧戏"。

光绪、宣统年间,北京皮簧班去上海演出,因京班所唱皮簧与同出一源、来自安徽的皮簧声腔不同,而且更为悦耳动听,遂称为"京调",以示区别。民国以后,上海梨园全部为京班所掌握,于是正式称京皮簧为"京戏"。"京戏"一名,实创自上海,而后流传至北京。

第十二章　民族博闻

一、众多民族

中国自古以来就是一个多民族的国家。现在全国有56个兄弟民族。各民族共同缔造了祖国的历史和文化。

全国现有56个民族。汉族在历史上由许多古代民族混合而成，它的人数最多，占全国总人口的93.3%，主要聚居在黄河、长江、珠江三大流域和松辽平原；其他55个少数民族占全国总人口的6.7%，多分布在边疆，计有蒙古、回、藏、维吾尔、苗、彝、壮、布依、朝鲜、满、侗、瑶、白、土家、哈尼、哈萨克、傣、黎、傈僳、佤、畲、高山、拉祜、水、东乡、纳西、景颇、柯尔克孜、土、达斡尔、仫佬、羌、布朗、撒拉、毛南、仡佬、锡伯、阿昌、普米、塔吉克、怒、乌孜别克、俄罗斯、鄂温克、德昂、保安、裕固、京、塔塔尔、独龙、鄂伦春、赫哲、门巴、珞巴、基诺族。

二、哲理思想

1. 汉代彝族古代著作《说文》

《说文》，又名《宇宙源流》。成书年代及作者均不详，据《序例》推断，约成书于东汉初年，是彝族内部长期流传的一部著作。

《说文》中记述了古代彝族先民对宇宙起源、天地形成、形神关系、社会政治等等的观点和看法。它认为天地是由气自然形成的，人是由气构成的，有了气才形成了身体与灵魂。饮食是人类聪明才智的物质基础。

2.《勒俄特依》

又名《勒俄石博》、《布此特依》，简称《勒俄》。"勒俄"意为历史真相,"特依"为书。成书年代及作者均不详。彝文原著手抄本长期流传于四川和云南的大小凉山地区。全书论述了宇宙的变化、万物的形成、人类的起源、社会的变迁等。认为混沌宇宙有"正面变、反面变"的矛盾运动,由此演变出了水。水是万事万物的始基。水演变出有色、光、声的世界和万事万物。

3.《宇宙人文论》

成书年代及作者均不详,可能形成于唐中期至北宋末年之间。书中认为物质性的气是天地形成的根源,并从五行生万物的观点出发,认为人是秉承天地自然而生,是自然界的组成部分。书中还认为天地间一切事物都遵循固有的规律发展变化着。天地的矛盾结合,就产生了"嗳"和"哺"这一对新矛盾,"嗳哺"的矛盾作用使一切事物都产生了。

4. 藏族佛教哲学

公元7世纪,佛教开始传入藏族地区。藏族佛教的哲学,基本上属于大乘中观派的"缘起性空"观点。由于师徒传承、教义侧重、修习方式、立教地区的不同而形成不同的派别,主要有:

(一)宁玛派。"宁玛"意为"古旧",不重戒律,专持密咒,以"大圆满法"为其根本教法。认为一个人的心体本质是纯净、远离尘垢的。在修习中,应让心体随意而往,听其自然,并因势利导,使之能在空虚明净中安住于一境,可达到解脱而成佛。

(二)噶当派。"噶"指佛语,"当"指教授,"噶当"意为佛所说的一切语言(经、律、论三藏教义)都是对僧人修学全过程的指导。强调僧人应严守戒律、显密并重、先显后密。

(三)噶举派。"噶举"意为"教授传承"。其教义为"大手印法"。认为世间万物皆空,连心亦空。修炼时先使心专注于一境,不趋散乱,不起分别,达到禅定境界,当悟到此心本非实有而是空无,这就修得"空性"而能成佛。

(四)萨迦派。"萨迦"意为"白土",因创始人在白色土地上建立寺庙得名。其教义为"道果法"。认为世间一切皆是明净空无,应舍弃一切牵挂与执著,断除一切恶业,专心行善积德。破除一般人认为万物实有的常见和认为连佛法、涅盘等一切皆无的断见。如此，便可达到成佛的目的。

（五）格鲁派。依创始人所建寺庙立名。该派主张"缘起性空"之说，认为世间万物皆处于因果联系中，依一定条件生起变化，除去这些条件，则为空无，所以说是"自性空"，即"缘起有"，"毕竟空"。

5. 蒙古族学者萨囊·彻辰的宇宙生成说

17世纪蒙古族学者萨囊·彻辰，鄂尔多斯蒙古部（今属内蒙古）人。曾位列大臣之职，多次参预当时蒙古地区的重大事件。该部臣服满族统治者后，他被迫退出政治舞台，回到家乡，埋头著述。

萨囊·彻辰在其《蒙古源流》一书中认为世界万物的开始和本原是"空"，世界上的一切生灵都是由"因缘"形成的。他阐述了宇宙生成的逻辑顺序为：空——风坛——水坛——土坛——外象包罗者。

6. 中国伊斯兰教哲学著作《天方性理》

《天方性理》，清初著名伊斯兰教学者刘智著。该书主要论述伊斯兰教关于宇宙起源、"大世界"（天）与"小世界"（人）、性与理之间的观点。认为宇宙形成之前，有一个实有的"最初无称"，即真主。"最初无称"经过"先天理化"，产生了元气、阴阳、水火、气土、天星、地海、金石、草木、人类。在谈到人时，认为人类是经过种子、清浊、红液、心肺、灵活等胎形变化而逐步形成的。在论述天人关系时，认为真主独一无偶，主宰天地万物，这是"真一"。"真一"产生了天地万物，这是"数一"。人通过认识自己，认识了世界和造化万物的真主，这是"体一"。最后，天人浑化，复归于"真"。

三、宗教崇拜

我国的少数民族，有着各种各样的宗教信仰，举例如下：

1. 白族宗教

白族主要聚居于云南，少数散居于贵州和湖南。

该族固有的宗教主要有本主崇拜。本主是一村或数村的最高社神。大致可分为自然神、部落神和英雄神三类。自然神大多是与农业生产有关的驱雾神、龙王、龙母等。英雄神中，很多是同蟒蛇斗争、为民除害的英雄人物。部落神，各地供奉的十八堂本主、七十二景帝等，几乎都是南诏、大理国的君主或宰臣。

2. 哈尼族宗教

哈尼族聚居于云南省南和西南部。

哈尼族认为，人和万物都由灵魂或精灵主宰。灵魂失落，或是触犯精灵，人就会得病或死亡。西双版纳地区哈尼族专有为病人叫魂治病的仪式，称"拉枯枯"。用线一根、饭一团、鸡蛋一个到所谓病人丢魂的地方，呼唤病人的名字，然后将线拴在病人手腕上，并给病人吃饭团和鸡蛋，认为这样便可收回失魂而痊愈。该族认为人久病不愈，是由于专捉人魂的精灵"拉帕"作祟，必须纠集众人，手持刀枪，哄赶拉帕。

哈尼族除重视村寨祭祀外，在农业生产的各个领域和各个阶段都有特定的祭祀仪式和崇拜内容。诸如：祭树和祭水、播种祭、收获祭。

3. 景颇族宗教

景颇族大部分聚居于云南德宏傣族景颇族自治州。

景颇族在每年春耕播种、收获时，谷堆正式打谷前都要举行祭祀。该族还重视对火的祭祀，认为善火可供炊事、取暖、刀耕火种之用；恶火则会带来火灾，因此，房屋遭火灾后，便要在烧毁的房基上举行赶恶火仪式。人死后，规定尸体要停放在特设的鬼门处。用粗树干挖成长方形的木槽作为棺材。在守丧期间，特请两名穿长衫的男子持矛在屋内外挥舞，并作刺击状，表示驱邪。村中的青年男女群集死者家中，跳丧礼舞。

4. 傈僳族宗教

傈僳族分布于云南怒江、迪庆、大理和德宏等州。

该族认为人们的生产、生活均为各种"尼"（精灵）所主宰；而人的生命则由"稠哈"（灵魂）所主宰。所以特别重视对神灵的崇拜。由于傈僳族多居高山，经常遭到风、旱灾害，因而形成一套驱逐自然灾害的崇拜仪式：驱风、祈雨、祭水、祭火。另外在荞麦播种、水稻发青、稻谷黄熟、或猎获野兽时都要举行祭祀。人死后停尸于火塘里侧，头前供酒、饭各一碗。若死者为男性，供肉九斤；女性供肉七斤。吊唁者唱祭歌，手持木棍击地板，以示驱鬼，围着尸体跳"斯我堆"（死舞）。

5. 佤族宗教

佤族分布于云南省西盟、沧源、孟连、澜沧、耿马、双江和镇康等县。

西盟佤族各氏族每年的祭祀活动都以祭水神为开端。火也是佤族主要祭祀对象，沧源县佤族每年新年都要祭火神。

佤族认为主宰万物的最大神灵为"木衣吉"，或称"梅吉"。每年祭祀三五次不等。

西盟和沧源等地的佤族还普遍崇拜祭器木鼓（梅克劳格）。他们认为木鼓可以通神，无论是祭祀或氏族械斗都要敲击木鼓。平时将木鼓供奉在村中最高大的树下。有些地区还专为木鼓盖房。氏族成员环居周围，以求木鼓庇护。

西盟佤族过去在农作物种植或收获季节，有以部落为单位，结合血族复仇猎取仇寨人头的祭典。随着佤族社会的发展，猎头血祭也逐渐发生变化。据传，最初由武装猎取改为购买人头（被出卖的多为奴隶）。以后又用死人之头或狗头来代替。部分地区改为杀牲祭祀。现今猎头血祭已经绝迹。

6. 纳西族宗教

纳西族多分布于云南和四川两省，少数散居于西藏自治区。有东巴教和达巴教。

东巴教以丁巴什罗为祖师。据《东巴经·什罗祖师传略》记载，丁巴什罗为征服魔鬼，造福人类，携带99部经书和360名门徒来到今云南中甸县三坝白地村"灵洞"传播东巴教，被奉为东巴教主。白地遂成历代东巴教的圣地。东巴教认为天神保佑人类；鬼魅作祟；人只能依靠天神庇护才能生存发展。东巴教的祭典，多与生产、生活相关。主要有：祭天、祭龙王和山神、驱鬼、求寿祭仪。

达巴教也奉丁巴什罗为始祖。达巴教基本宗教活动是为病人驱鬼。达巴教认为人死后，不灭的灵魂就成为"池梅垮"。池梅垮靠人们奉献牺牲生活，触犯池梅垮就会生病，治病的方法就是给池梅垮奉献祭品、祈求宽恕。

7. 布依族宗教

布依族主要分布在贵州南部和西南部地区，有少数分布在云南。

布依族特别盛行农业祭祀，每年有4次：农历三月初三祭树神或山神，六月初六祭社神或土地神，九月初九庆祝丰收或"扫寨"，腊月初八祭祀土地神。祖先崇拜也备受重视。每家堂屋都有神龛，供奉祖先灵位。这被认为最神圣之处，不许外人触动，也不准置放杂物。

8. 侗族宗教

侗族聚居在贵州东南苗族侗族自治州及广西的龙胜各族联合自治县等地。侗族相信万物有灵，认为自然界各种物类和自然现象都有神灵主宰，并影响人们的生产和生活。因而崇拜众多的神灵：土地神、水神、牛神。侗族还崇拜祖先：萨丙和三容神。萨丙是侗族共同供奉的女祖先，被认为是本民族的最高护佑神。三容神是湖南通道侗族自治县黄柏一带侗族供奉的男祖先。

9. 苗族宗教

苗族分布于贵州、云南、广西、湖南、四川、湖北和广东等省区。

苗族相信鬼神的存在，并将其分为"善神"和"恶鬼"两大类。因此其宗教活动常因善恶对象之不同而有别。对被认为能造福于人的善神作虔诚的供祭，对那些被认为专门与人为祟的恶鬼，则采取躲避、驱赶和进行不得已的讨好或哄骗。

祭祖仪式规模最大的是鼓社祭。苗族认为木鼓为祖先亡灵所居，是一个血缘家族的纽带与象征。鼓社是以木鼓为核心的祭祀组织，故称鼓社祭。湘西苗族祭祖与祭雷神相结合的祭典，称"吃猪"。祭祀需生猪四头，水牛肉若干。川、滇、黔交界地区的苗族祭祀初死者亡魂的仪式，称解簸箕，苗语称"阿汪"。苗族认为人死后，其灵魂背着簸箕，不便行走，所以要为他解簸箕。云南一些地区的苗族在人死后三年或数年要进行烧灵，苗语称"阿旺"。他们认为只有经过烧灵，死者亡魂才能随同祖先同享节日祭奠。

苗族奉"傩公傩婆"为祈福消灾、许愿求子之神。祈求村寨吉利，猛兽不犯则崇拜土地神。

苗族宗教中的恶鬼名称很多，每一鬼名又包括若干"成员"，形成一个鬼群。人畜生病被认为是某种鬼群作祟，则须按成例购备祭品致祭，禳祓恶鬼。

10. 瑶族宗教

瑶族分布于广西、广东、湖南、云南、贵州、江西等地，其中广西最多。

瑶族固有的宗教崇奉自然神以及祖先神灵。瑶族成年男子必经的宗教仪式叫戒道。未经戒道不算成年，不能结婚。如果一生不举行戒道仪式，被认为生前不能获得神灵保护，死后不能列入祖宗神龛接受供奉。

瑶族世居山区，崇拜山神。他们每每结合伐木、狩猎等生产活动进行祭祀。在翻土、播种、收割时，都要祭拜土地神。浸种、播种、收割、建仓、入仓、开仓都要择吉祭谷神。瑶族认为社神是村寨的保护神，每年定期祭社。

瑶族禁止杀狗食肉。传说盘瓠"其毛五色"，所以，瑶族喜穿"五彩衣"，无论男女，都要在领边、袖口、裤沿、胸襟两侧绣上花纹图案。有的上衣前短后长，形似狗尾。妇女把发髻梳成多角状，再覆上花帕，形似狗耳；男子裤管两侧绣上红线，象征盘瓠受伤后流下的血丝。有些地方的神龛上筑有"狗巢"，塑有狗像。有的在除夕和尝新节举行祭狗仪式时，在祖先神龛前用狗食槽盛放猪肉、豆腐、米饭献祭，祭毕喂狗，然后全家才能进食。

11. 彝族宗教

彝族分布在四川、云南、贵州、广西等地。彝族认为人的灵魂不死。生时灵魂附于躯体，死后灵魂则独立存在；或栖附他物；或往来于阴阳世界之间；或游荡于死者的村寨住所附近。这种游离的灵魂被称为鬼。鬼又分为善鬼、恶鬼和善恶相兼的三类。善鬼为神，已故父母之灵是善鬼，因此，他们极为重视祖先崇拜。主要表现为重葬仪与崇尚祭祖。

彝族崇拜神灵，主要有：天神、地神、水神、石神、山神、火神、日月星辰诸神。

彝族还盛行图腾崇拜，其中有竹崇拜、松树崇拜、葫芦崇拜、鸟兽崇拜。

12. 羌族宗教

羌族分布于岷江上游的四川茂汶羌族自治县，汶川、理县、松潘、黑水以及丹巴、北川等县。

羌族为多神崇拜，主要为供奉"五神"。羌族住房的平顶上，一般都有五块白石英石，代表天神、地神、山神、山神娘娘和树神。他们认为天神的地位最高。在室内供奉白石，象征本家族的祖先神灵以及男性和女性的主宰神。对于一些被认为与生产和生活直接有关的神灵，如火神、地界神、六畜神、门神、水缸神、仓神、碉堡神、石匠神、铁匠神等，也备受重视。各寨还各有自己的地方神，并有正邪之分。正神被认为是地方保护神，邪神则作祟害人。

祭天是羌族最隆重的宗教活动,同时祭山神,故又称为祭山。天旱,则举行祈雨仪式。

13. 壮族宗教

壮族多聚居于广西境内,部分散居于滇、黔、湘、粤等省与广西相邻的地带。

壮族民间崇拜的神灵多而杂,有自然神、社会神、守护神等等,崇拜仪式也随诸神的功能而不同。此外,还崇拜龙、雷、水、火等众多自然神灵,并各有崇拜祭祀礼仪。

壮族称祖先神灵为"公裔",崇拜至诚,特别是对被认为英雄的祖先,尊崇尤甚。如传说能呼风雨、驱鬼神、敌盗寇、护百姓的英雄祖先莫一大王。

14. 土家族宗教

土家族主要分布在湖南、湖北、四川、贵州四省接壤的武陵山支脉与清江,酉水、澧水与乌江的部分支流萦绕的溪峒地区。

土家族相信世上万事万物都有神灵主宰,所以崇拜众多的神灵。主要有:猎神、土地神、阿密妈妈、四官神。湖南龙山、永顺、桑植等地称猎神为梅山娘娘、梅山土地或云霄娘娘。湖北长阳、五峰等地则奉张五郎为猎神。湘西北土家的妇女多信仰"阿密妈妈",或称"阿麻帕帕"、"巴山婆婆",被奉为主管小孩成长的女神。四官神,亦称仕官神。土家族认为他是使人致富或专管六畜的神。

15. 高山族宗教

高山族散居于台湾省各地。高山族认为一切生物都有灵魂。人的灵魂有生灵与死灵之分,生灵附在活人身上,人死后生灵则变为死灵。高山族将神分为善、恶两种。善神是祭祀与祈祷的物件,如天地山川之神等;恶神是禳被诅咒的对象,如疾病与灾祸之神。祭祀仪式是高山族宗教的基本活动。农事祭祀包括开垦祭、播种祭、收获祭、开仓尝新祭等,以播种祭与收获祭为主。渔猎祭祀大多在收获祭后举行。祭祀物件为猎神或兽灵,祈求狩猎顺利,猎物丰盛与人身安全。祖灵祭祀因各地祖灵观念不一,祭仪也各地不一。

16. 黎族宗教

黎族大多聚居海南黎族苗族自治州。鬼神崇拜是黎族宗教的一种主要内容。该族敬畏的鬼神种类繁多，主要有：山鬼、地鬼、灶鬼和雷公鬼。此外黎族认为人做梦或患疾病时，系灵魂暂时离开肉体；死亡是灵魂永远离开肉体，变成鬼魂。鬼魂凶恶贪吃，四处游离，生人的灵魂遇到它，将招致横祸，或陷于死地。因此，他们很注重丧葬的祭祀活动。

17. 本教

藏族地区的古老宗教。或译钵教，俗称黑教。在原始社会里，本教主要崇拜天、地、水、火、雪山等自然物。以后，随着生产力和氏族社会的发展，对守护神和祖先的崇拜逐渐成为主要的信仰，并崇尚念咒、驱鬼、占卜、禳祓等仪式。

18. 萨满教

萨满教曾广泛流传于中国东北到西北边疆地区，是操阿尔泰语系满—通古斯、蒙古、突厥语族的许多民族之中的一种原始宗教。因为通古斯语称巫师为萨满，故该教得此称谓。

该教具有较复杂的灵魂观念，在万物有灵信念支配下，以崇奉氏族或部落的祖灵为主，兼有自然崇拜和图腾崇拜的内容。崇拜对象极为广泛，有各种神灵、动植物以及无生命的自然物和自然现象。

四、生活习俗

辽、金、元节日习俗。辽金元时习俗多向宋学习仿效，其都城燕京汴梁，原为唐宋旧地，故年节习俗均相沿袭成风。但是各民族仍保持许多古老的习俗，反映其狩猎生活、游牧生活的民族文化。现摘要分述如下：

祭山仪（辽）。祭山仪是辽祭祀天地神祇之仪，地点在木叶山。木叶山为辽始祖耶律阿保机之葬处。辽人祭山仪植树作神门、中立君树。立天神地祇的牌位，帝后都向牌位致奠，大臣宰相向君树致奠。诸亲王臣子在皇帝带领下绕神门树若干圈。并把酒肉扔向东方。最后饮酒吃肉，仪式结束。

瑟瑟仪（辽）。这是祈雨的仪式。祈雨前先置百柱天棚，皇帝在百柱天棚祈雨，致奠祖先，然后率群臣射柳。射柳是一种骑射比赛。先将柳枝削皮使其成一段呈白色，插柳枝为两行，高数寸，欲射之柳用帕标志。射柳者以箭射柳枝，射断柳枝并以手去柳，打马飞驰而去的为上，断而不能去者次之，断在青的地方或射中没有射断和没有射中的为负。

拜日仪（辽）。契丹拜日，每月朔旦，东向而拜日。辽人不拜月，他们崇拜太阳。

岁除仪（辽）。除夕之夜，皇帝下诏，由有关官吏把羊油和盐放在火里烧，巫依次赞祝火神，皇帝向火礼拜。

洒马奶子节（元）。每年六月二十四日祭成吉思汗，皇帝幸上都，用一马，八只黑羊，彩缎丝绢各九匹，以白羊毛缠九个穗，三张貂鼠皮。命蒙古的巫觋及蒙古和汉人的秀才、达官四员主持其事。拜告苍天之神，又呼成吉思汗的御名而祝并曰："托天皇帝福荫，年年祭赛者。"（《元史·志·祭祀六》）

射草狗（元）。每年十二月下旬，择日，于西镇国寺内墙下，洒扫平地，太府监供彩币，中尚监供细毡、针线，武备寺供弓箭环刀，束秆草为人形一、为狗一，剪杂色彩缎做肠胃，选达官世家之有地位的贵人交相射之。将草人、草狗射烂，用羊酒祭奠，祭毕，帝后及太子嫔妃并射者各自脱下所穿的衣服，使蒙古巫觋祝赞，然后把衣服给丞。叫做脱灾。这项活动非别速、扎剌尔、乃蛮、忙古、台列班、塔达、珊竹、雪泥等氏族不得参与（《元史·志》）。

巡皇城（元）。元朝每年二月十五日举行迎引伞盖活动。由朝廷拨伞鼓手一百二十人，甲马五百人，抬汉代关羽像的轿军五百人。宣政院所辖三百六十所寺庙，掌管供应三百六十坛佛像、坛面、幡幢、车鼓、头旗，每坛抬坛者二十六人，钹鼓僧十二人。大都掌供民间大社一百二十队。教坊司掌各种乐器，如大乐鼓、板杖鼓、笙箫、龙笛、琵琶、筝、琴等四百人。伎女杂扮队戏一百五十人，杂技一百五十人，汉、回、河西细乐三百二十四人。凡执役者官给铠甲袍服仗，全都鲜丽整洁，珠玉金绣，装束奇巧，首尾排列三十余里，都城士女，市民百姓围聚观看，有官府维持秩序，分守城门，中书省官员总监视。正月十三日于西镇国寺迎太子游四门，抬高塑像，具仪仗入城。十四日由佛教国师率梵僧五百人于大明殿内建佛事。正月十五日请下御座上的伞盖，奉置于车上，诸仪仗队列于殿前，社队、演员、僧人列于崇天门外，迎引大伞盖出宫，到庆寿寺，吃素食，食过起行，从西宫门外垣海子南岸，入厚载红门，由东华门过延春门而西。皇帝、皇后、妃子、公主在玉德殿门外，搭彩楼观览。游行完毕，把伞盖送还宫中，恭置御榻上。帝师与僧众作佛事至十六日散。岁以为常，谓之游皇城。夏六月中，上京亦举行一次。此伞盖按帝师八思巴言做成白色，顶用白缎，泥金书梵文于上，谓镇伏邪魔护安国刹。每年二月十五举行迎引伞盖的活动，"周游皇城内外，云与众生祓除不祥，导迎福祉"（《元史·志·祭祀六》）。此项活动从元世祖忽必烈至元七年（1270年）开始，每岁举办，成为元代初期以信仰喇嘛教为主的宗教习俗。这种抬塑像，列仪仗，举大伞，列队而行的活动影响了以后京城每过节日列队走会的习俗之形成。

射天狼（元）。射天狼为十月开垛场中的活动，其作法，"宰执奉弓执箭，跪以进，太子受弓后，发矢至高远处，名射天狼"（《析津志辑佚·岁纪》）。

扫黄叶（元）。扫黄叶又名送寒衣节。十月进行，"是月，都城自一日之后，时令谓之送寒衣节。祭先上坟，为之扫黄叶"（《析津志辑佚·岁纪》）。这一月内人们追思远祖先人，礼仪特重，不论贫富都说家中富有，祭祖先十分虔诚恭敬，表现出重视人伦，尊重先辈的风习。

腊日洒净与驱邪（元）。在腊日（或接近除夕之日）"于宫中大明殿牌下，西蕃咒师以扇鼓持咒，供羊、马、牛、酒等物，陈设于殿庭，咒师数人奏咒乐念咒，两人牵手巾，一人以水置其中，谓之洒净。以诸肉置于桶中，二人抬而出殿前，一人执黑旗于前，出红墙门外，于各宫绕旋，自隆福宫、兴圣宫出，驰马击鼓举铙奔走，出顺城门外二里头，将所致桶中肉抛撒以济人，谓之驱邪。"（《析津志辑佚·岁纪》）这种宗教习俗是喇嘛教的习俗，说明元朝习俗深受喇嘛教的影响。

宋元时期，西有西夏，东有辽金，后又有元，各族人民聚集一起，在长期的共同生活中，少数民族受到中原汉族节日习俗的影响，越来越多接受了汉族的节日习俗。元旦、除夕、元宵、立春、端午、重九、立秋、冬至、腊日无不接受汉族节日文化影响。元朝蒙族原来有萨满信仰，后来又接受了佛教、道教的信仰，西藏喇嘛教僧人在元成为国师，倍受尊敬，其宗教仪式和活动规模空前，对我国的节日习俗产生很大影响。

五、语言文字

1. 中国少数民族语言

中国境内各民族的语言除朝鲜语和京语系属未定外，分属汉藏语系、阿尔泰语系、南亚语系、南岛语系和印欧语系。

（一）汉藏语系

包括汉语和藏缅、壮侗、苗瑶3个语族。

中国说藏缅语族语言的人口分布在西藏自治区、青海、甘肃、四川、云南、贵州、湖南、湖北等省和广西壮族自治区。包括藏语、门巴语、珞巴语、僜语、嘉戎语、羌语、普米语、尔苏语、独龙语、土家语、彝语、傈僳语、纳西语、哈尼语、拉祜语、白语、基诺语、怒语、景颇语、阿昌语、载瓦语等。

中国说壮侗语族语言的人口分布在广西壮族自治区和云南、贵州、湖南、广东4省。包括壮语、布依语、傣语、侗语、水语、仫佬语、毛南语、拉珈语、黎语、仡佬语、佯僙话、莫话等。

中国说苗瑶语族语言的人口分布在贵州、湖南、云南、四川、广东5省和广西壮族自治区。包括苗语、布努语、勉语（瑶）和畲语（畲族大多数人已经转用汉语客家方言）。

（二）阿尔泰语系

阿尔泰语系包括蒙古、突厥、满-通古斯3个语族。

中国说蒙古语族语言的人口分布在内蒙古自治区、新疆维吾尔自治区、黑龙江、辽宁、吉林、青海、甘肃等省。包括蒙古语、达斡尔语、东乡语、东部裕固语、土族语和保安语。

中国说突厥语族语言的人口分布在新疆维吾尔自治区、青海、甘肃、黑龙江等省。包括维吾尔语、哈萨克语、柯尔克孜语（又称吉尔吉斯语）、乌孜别克语（又称乌兹别克语）、塔塔尔语（又称鞑靼语）、撒拉语、西部裕固语和图佤语。

中国说满-通古斯语族（也称通古斯-满语族）语言的人口分布在新疆维吾尔自治区、内蒙古自治区和黑龙江省。满-通古斯语族包括满语、锡伯语、赫哲语、鄂温克语和鄂伦春语。

（三）南岛语系

南岛语系又称马来–波利尼西亚语系。中国台湾省高山族语言属这个语系的印度尼西亚语族。高山族使用派宛、阿眉斯、布嫩、鲁凯、赛夏、卑南、邵、泰雅尔、赛德、邹、沙、卡、雅美等语言。

（四）南亚语系

中国属于这个语系的语言都属孟–高棉语族。人口分布在云南省南部边疆地区，包括佤语、德昂语、布朗语、克木语、户语。

（五）印欧语系

中国属这个语系的现代语言只有属斯拉夫语族的俄语和属印度–伊朗语族的塔吉克语。中国古代属印欧语系的语言有粟特语和于阗塞语、焉耆–龟兹语。

2. 中国少数民族文字

（一）非字母文字

①图画文字。包括纳西族东巴图画文字和尔苏人沙巴图画文字。

②象形文字。包括纳西族的象形文字和水族的水书。

③在汉字影响下创制的文字。包括契丹大字、西夏文、女真文、方块壮字、方块瑶字和方块白文。

④音节文字。包括彝文、纳西族的哥巴文和傈僳族的音节文字竹书。

（二）字母文字

①藏文、八思巴字、傣文、于阗文、焉耆龟兹文。

藏文是7世纪时参考梵文字母制订的，有30个辅音字母和4个表示元音的符号。由左向右横行书写。八思巴字是参考藏文字母设计的，但书写行款由上向下竖写，由左向右移行。1269年开始推行时，有41个字母，以后增加到57个字母。傣文是13世纪仿照印度南部的某种字母创制的。于阗文使用印度的婆罗米字母直体和佉卢虱咤（简称"佉卢"）两种字母书写。焉耆–龟兹文，旧称"吐火罗文"，使用婆罗米字母斜体、拼写焉耆和龟兹两种方言。

②粟特文、回鹘文、蒙古文、满文、锡伯文。

粟特文来源于波斯时代的阿拉米文草书。回鹘文字母是参考粟特字母创造的。蒙古文字母的制订参考了回鹘字母。满文字母的制订参考了蒙古文字母。锡伯文是满文的延续。

③察合台文、维吾尔文、哈萨克文、柯尔克孜文。

这4种文字都以阿拉伯字母为基础,都是由右向左横行书写。

④突厥文,又称鄂尔浑-叶尼塞文。

它是一种音素字母和复合字母混合型的文字。一般由右向左横行书写。使用时代约在6~10世纪。

⑤朝鲜文、契丹小字和方块苗文。

这3种文字在汉字的影响下,都把属于一个音节的字母拼成一个方块。朝鲜文创制于1444年。契丹小字创于10世纪。它的字素一般称原字或小原字。用1、2个原字或多到6、7个原字大体上拼成一个方块。行款是自右向左,竖行书写。既可直写,又可横写。方块苗文是1905年英国基督教传教士和苗语滇东北次方言区几个知识分子为拼写当地方言共同创制的一种苗文。

⑥俄文。指中国境内俄罗斯族使用的文字。

⑦拉丁字母形式的文字,指拉祜族、景颇族和佤族的文字。

六、文学艺术

1. 中国少数民族文学

中国各少数民族,都有着十分悠久的文学传统,作为文学源头的民间口头创作更是丰富多彩。各民族的神话、传说、故事、歌谣、叙事诗(包括英雄史诗和一般叙事诗)、谚语、谜语等作品,构成少数民族民间文学璀璨夺目的宝库。

(一)神话

神话产生于人类生产水平和认识水平十分低下的原始社会,它是原始人类通过幻想方式认识世界、解释世界,又企图用幻想的方式去征服世界。

我国少数民族神话作品从形式上一般分为韵文体神话和散文体神话两类。其中以韵文体神话最为丰富,最具特点。这些神话也被称为"创世史诗"。比较优秀的作品有:纳西族的《创世纪》,白族的《创开天辟地》,彝族的《查姆》、《梅葛》、《阿细的先基》、《勒俄特依》,瑶族的《密洛陀》,壮族的《布碌陀》,侗族的《侗族祖先哪里来》,苗族的《苗族史诗》、《苗族古歌》,拉祜族的《牡帕蜜帕》,阿昌族的《遮帕麻与遮米麻》,哈尼族的《奥色蜜色》，佤族的《司冈里》（葫芦的传说），傣族的《牧帕密帕》，布依族的《伏哥羲妹造人烟》，哈萨克族的《萨迦甘创世》等。加上其他短篇古歌、叙事性散文神话作品，构成中国少数民族神话包罗万象的内容。其中大部分神话作品，通过丰富奇特的想象，叙述了原始人类对宇宙开辟、人类起源、自然万物生成、洪水灾难、民族繁衍等的认识和解释。各民族神话，特别是创世纪神话的另一特点，是对民族文化发展的历史作了独特的记叙。

纳西族的《创世纪》，原名《崇班图》。以纳西族象形文字东巴文书写载入《东巴经》的诗体《创世纪》，长2000余行。作品展示出世界起源、开天辟地的奇丽场景：远古时代天地混沌，白气、妙音变出善神和白鸡，鸡生白蛋，孵出九兄弟七姐妹开天辟地。后来巨牛出世，天地摇荡，智者造居那若倮山以镇之。白气、妙音交合成白露和大海，海蛋孵出第一代人。

彝族的《勒俄特依》基本上由五音节诗句构成，间或杂以三、七音节或七音节以上的诗句。包括"开天辟地"、"创造生物"、"支格阿龙系谱"、"射日月"、"洪水潮天"、"选住地"等十几个部分。它曲折形象地反映了彝族先民对大自然及其变化规律的探索和认识。

独龙族的《嘎美和嘎莎造人》，叙述上天的大神嘎美和嘎莎用手在岩石上搓出泥土，捏成泥块，然后又用泥块捏成一男一女，男的叫"普"，女的叫"姆"，人类由此而生。

彝族的《阿细的先基》，主要分为"最古的时候"和"男女说合成一家"两大部分。长诗内容广泛，生动、形象地反映了阿细人民从原始社会到阶级社会的各个阶段的不同生活侧面，神话和现实交织，理想和事实融合，既是文学，也是历史。

拉祜族的《牡帕蜜帕》描述天神厄莎在朦胧的宇宙中为开拓天地而冥思苦想、呕心沥血，又在实践中创造了清澄的天宇、辽阔的大地。然后，厄莎培植万物，使大地生机盎然。其中对育人的葫芦，尤为精心守护，最后产生了繁衍人类的始祖——扎苗和娜笛。

（二）英雄史诗

英雄史诗，又称英雄叙事诗，是我国少数民族文学中最重要、最引人注目、最具有民族特征和审美艺术价值的民间叙事文学。

我国少数民族史诗蕴藏十分丰富。在少数民族众多的史诗作品中，特别值得重视的是藏族的《格萨尔王传》、蒙古族的《江格尔》和柯尔克孜族的《玛纳斯》。

《格萨尔王传》是藏族人民的集体创作，约计长达100多部，为世界最长的英雄史诗。分别叙述了天神降生人世、扫除一切暴虐势力、拯救黎民百姓；格萨尔在赛马会上夺魁，成为岭国国王；格萨尔率领大军降服霍尔、救回王妃珠牡；格萨尔降服姜国、保卫盐海；格萨尔打开阿里金窟，救济人民；格萨尔与周围各国交战，取得青稞、马匹、牛羊、珊瑚、玉石、兵器、绸缎、玛瑙、珍珠，壮大了岭国；格萨尔老年将王位传给侄子、自己重返天界的故事。史诗中的格萨尔有超人的智慧和本领，一生征战，打败了一切敌人，取得了一系列胜利。它以幻想式的夸张手法把格萨尔神化，表达了人民的某些愿望，也曲折地反映了历史上复杂的部落、民族关系。《格萨尔王传》的主题思想，一是为民除害，保护百姓；二是反对侵略，保卫家乡；三是扩大财富，改善生活。史诗中格萨尔经过一系列惊心动魄的斗争并取得胜利体现了这一主题，并使得格萨尔成为人民心目中最高大、最理想的英雄典型。

蒙古族的史诗《江格尔》是由数十部作品组成的一部大型史诗，各部作品都有一个完整的故事，可以独立成篇。贯串整个《江格尔》的是一批共同的正面人物形象。

《江格尔》的开篇是一部优美动听的序诗。它称颂江格尔的身世和幼年时代的业绩，讴歌江格尔像天堂一样的幸福家乡宝木巴地方和富丽宏伟的宫殿，赞扬江格尔的闪烁着日月光辉的妻子和智勇双全、忠诚无畏的勇士们，介绍了《江格尔》的故事背景，主要人物，并且揭示了全书的主题思想，是这部史诗的楔子。《江格尔》的故事繁多，归纳起来大致有三大类作品，即结义故事、婚姻故事和征战故事，以后一类故事最为常见。

《江格尔》是在蒙古族古代短篇英雄史诗的基础上形成的。它继承、发展了蒙古族古代民间创作的艺术传统和艺术手法，语言优美精练，想象大胆奇特，擅长夸张、渲染，以富于浪漫主义色彩著称。它还博采蒙古族民间文学中的各种韵文样式(包括民间歌谣、民间叙事诗、祝词、赞词等)在艺术上的特点、长处,用以增强表现力,达到了蒙古族传统民间韵文创作的一个高峰。它是蒙古族民间文学的一个瑰宝,在蒙古族文学发展史上享有很高的地位。

《玛纳斯》是柯尔克孜族的英雄史诗。现有记录材料长达20余万行,分成8部。第1部《玛纳斯》,叙述第一代英雄玛纳斯联合分散的各部落和其他民族受奴役的人民共同反抗卡勒玛克、契丹统治的业绩;第2部《赛麦台依》,叙述玛纳斯死后,其子赛麦台依继承父业,继续与卡勒玛克斗争。因其被徒逆坎乔劳杀害,柯尔克孜族人民再度陷入卡勒玛克统治的悲惨境遇;第3部《赛依台克》,描述第三代英雄赛麦台依之子赛依台克严惩内奸,驱逐外敌,重新振兴柯尔克孜族的英雄业绩;第4部《凯耐尼木》,述说第四代英雄赛依台克之子凯耐尼木消除内患,严惩恶豪,为柯尔克孜族人民缔造了安定生活;第5部《赛依特》,讲述第五代英雄凯耐尼木之子赛依特斩除妖魔,为民除害;第6部《阿斯勒巴恰、别克巴恰》,讲述阿斯勒巴恰的夭折及其弟别克巴恰如何继承祖辈及其兄的事业,继续与卡勒玛克的统治进行斗争;第7部《索木碧莱克》,讲述第七代英雄别克巴恰之子索木碧莱克如何战败卡勒玛克、唐古特、芒额特部诸名将,驱逐外族掠夺者;第8部《奇格台依》,叙说第八代英雄索木碧莱克之子奇格台依与卷土重来的卡勒玛克掠夺者进行斗争的英雄业绩。史诗的每一部都可以独立成篇,内容又紧密相连,前后照应,共同组成了一部规模宏伟壮阔的英雄史诗:英雄玛纳斯以及其子孙联合分散的各部落和其他民族受奴役的人民共同反抗卡勒玛克、契丹统治的光辉业绩。

这部英雄史诗无论从内容的深度、广度、还是艺术形式的完美程度上来讲,都代表着柯尔克孜古代文学艺术的最高成就。

由于《玛纳斯》是一部可用20多种曲调演唱的长篇叙事诗,又使得这部英雄的颂歌更具独特的民族风格和感人的音乐魅力。

(三)民间叙事长诗

中国少数民族民间文学宝库中,民间叙事长诗的创作,具有特别的光彩,几乎每一个民族都有自己的叙事长诗,有的民族甚至多到上百部和几百部。民间叙事长诗中以爱情为题材的占大多数,也有些是一般生活叙事诗。较有影响的优秀代表作品有:彝族的《阿诗玛》、《妈妈的女儿》,傣族的《召树屯》、《娥并与桑洛》、《相秀》,苗族的《仰阿莎》、《哈梅》,侗族的《珠郎娘美》,壮族的《达稳之歌》、《达备之歌》、《特华之歌》、《唱离乱》、《马骨胡之歌》,白族的《青姑娘》、《鸿雁带书》,傈僳族的《生产调》、《逃婚调》,布依族的《月亮歌》、《伍焕林》,土家族的《锦鸡》,土族的《拉仁布与且门索》,回族的《马五哥与尕豆妹》,裕固族的《黄黛琛》,维吾尔族的《艾里甫和赛乃姆》,哈萨克族的《萨里哈与萨曼》,蒙古族的《达那巴拉》、《成吉思汗的两匹骏马》等。

彝族长篇叙事诗《阿诗玛》,生动地刻画了两个撒尼青年的可爱形象。主人公阿诗玛是一个聪明美丽而又能干的姑娘。她被有钱有势的热布巴拉抢走,虽经百般诱惑和恐吓,但始终不屈。她的哥哥阿黑勇敢、机智。为解救阿诗玛和热布巴拉父子斗智、比武,获得胜利,终于救出了妹妹。热布巴拉不甘心失败,当阿黑带着阿诗玛渡河之际,放下洪水,把阿诗玛冲走。相传阿诗玛并没有死。她被一个仙人——应山姑娘搭救,从此便永远住在山上。撒尼人怀念她,常常对着山谷呼唤她的名字,这时山谷里就传来她的回声。

傣族叙事长诗《娥并与桑洛》,讲述一个沙铁(富人)家的儿子桑洛,为反对母亲的包办婚姻,借经商离开家庭,在外地结识了娥并,两人真心相爱,过着美满的生活。桑洛回家,要求母亲答应娶娥并为妻。但母亲拒绝桑洛的请求。当怀孕的娥并来找桑洛时,桑洛的母亲百般虐待娥并,将她赶出门外。娥并在归家途中,生下孩子后含恨死去。桑洛闻讯赶来,见娥并已死,遂举刀自刎。两人化作两颗星星。

(四)少数民族民间歌谣

以歌答问,以歌传情是各少数民族传统的生活习俗,他们的民间歌谣,大部分都有自己的称谓。其中较有影响的民歌有:侗族的"大歌",壮族的"欢、加、西、比",水族的"双歌"、"单歌",布依族的"浪哨歌",白族的"白曲"、"打歌",瑶族的"香哩歌",彝族的"跳歌"、"阿色调",朝鲜族的"阿里郎",回、东乡、撒拉等民族的"花儿",蒙古族的"祝赞歌",藏族的"鲁"、"谐体"等。

少数民族民间歌谣，从内容上可粗略分为儿歌、情歌、劳动歌、苦歌、习俗歌五大类。

① 儿歌

又称童谣。如高山族的《我的妈妈》："世界上的妈妈呵！算我的妈妈最勤俭。白天上山下田，夜晚穿针引线。世界上的妈妈呵！算我的妈妈最能干，白天喂猪养鸡，夜晚捣米流汗。"以具体、朴实的儿童语言刻画了一位勤劳、能干的母亲形象，深深地流露出孩子对母亲的赞美。

② 情歌

反映爱情生活的民歌在各族歌谣里数量最多，艺术成就也最高。如塔吉克族的《试情歌》："你的嘴唇像红嫩的花瓣，你的眼睛像含情的温泉，你的身姿像奔跳的山鹿，你的歌声是那么动听婉转。姑娘啊，你能给我一碗奶茶，你的眼睛能给我讲上几句话，当我吹起身边的鹰笛，姑娘啊！你愿把天鹅似的舞步踏上吗？"前四句是对姑娘的赞美之词，后四句是在温情的赞美声中含蓄、委婉地传达了歌者的求爱之心。歌词生动、优美，为塔吉克族情歌中的优秀之作。

③ 劳动歌

劳动歌的内容非常广泛，而且将叙事与抒情、音乐与舞蹈自然地结合在一体，真实地抒发了各族人民热爱劳动、建设家乡、追求幸福生活的理想和愿望。如瑶族的《十二月生产歌》："正月雷公唤，二月犁耙向地行，三月耙田撒谷种，四月芒种插禾秧，五月担粪泼生水，六月担锹看田塘，七月得见禾胎现，八月得见禾浪花，九月禾黄垌垌热，十月收禾谷满仓，十一月开仓捣白米，十二月担伞纳官粮。"

④ 苦歌

苦歌大都饱含着一种苦闷、压抑、悲伤的感情色彩，是各民族历史上苦难悲惨生活的真实写照。如藏族的《怨歌》："虽是父母养育，却被老爷奴役。虽有生命和身体，却无自己的权力。即使雪山变成了酥油，也被官老爷所占有。即使大海变成乳汁，我们也无权喝一口。只因为唱了一首怨歌，脖子上就套上枷锁。要问我歌里唱的是什么？都在枷锁上写着。"

⑤习俗歌

习俗歌是各民族在举行各种仪式活动时,在特定场合下唱的与风俗习惯紧密联系的民间歌谣。诸如婚丧嫁娶、祭祖敬神、节日喜庆、拜年祝寿、乔迁新居等。如蒙古族的《祭火神之歌》是一首比较古老的传统祭祀歌,它表现了蒙古族人民对火的崇拜心理,寄托了对安康富足生活的理想:"永存的敖包上,燃起了向上腾飞的火,燃烧吧,永生的火,有火啊,就有生活。疾病和灾难就会焚成灰烬哟,火焰烧的是恶魔。把心中的祈祷念出来吧,但愿过上火似的生活。"

(五)民间传说

我国少数民族的民间传说可分为人物传说、地方风物传说、风俗传说三类,尤以后两类传说的内容最为丰富,艺术性也最高。

①人物传说

影响较大的有藏族的《文成公主的传说》、《金成公主》、《汤东杰布的传说》,壮族的《刘三姐的传说》等。

②地方风物传说

这类传说大部分是以悲伤凄怆的爱情故事为题材。如白族的《望夫云》,叙述一位公主与年轻狩猎人的爱情遭到国王的反对,猎人被国王派去的妖僧打入洱海,化成石螺。公主悲愤而死,化成苍山顶上的一缕云朵,寻找自己的丈夫。从此,每当冬天来临,大理苍山玉局峰上就会浮现一朵白云——望夫云。

③风俗传说

风俗传说是解释各民族风俗习惯和节日活动等由来的故事。如傣族的"泼水节"是为了纪念七个勇敢、善良的傣族妇女为民除害而举行的。纳西族的"火把节"是为了纪念玉皇大帝的天将舍身拯救人类而举行的。苗族节日"四月八"是为了纪念一位民族英雄而举行的。瑶族的"达努节"是为了感谢神话中人类的始祖密洛陀赐福于瑶家人的恩泽并为女神祝寿而举行的节日。

(六)民间故事

少数民族民间故事有广义和狭义之分。广义的民间故事包括神话故事和传说故事；狭义的民间故事主要指童话、寓言、动物故事、笑话、机智人物故事等。

（七）作家文学

作家文学是伴随着文字的产生而产生的。从古至今的少数民族作家，无论是使用本民族文字进行创作，或是用汉文进行创作，都为中国文学的繁荣和发展作出了自己的贡献。

藏族的作家文学，产生于公元7世纪左右。8、9世纪的敦煌文献《赞普传略》，已具有相当文采。从11世纪初，藏族著名宗教领袖、诗人米拉日巴写作《道歌》算起，藏族作家文学已有将近千年的历史，其间出现了许多著名的作家和作品，如贡嘎坚赞（参）的哲理诗《萨迦格言》、桑吉坚赞的传记文学《米拉日巴传》、六世达赖仓央嘉措的《仓央嘉措情歌》、才仁旺阶的长篇小说《旋努达美》等，都是藏族作家文学的瑰宝。

公元10世纪后半期至12世纪，维吾尔族文学得到飞速发展，尤素甫·哈斯·哈吉甫的叙事长诗《福乐智慧》、马合木德·喀什噶里的巨著《突厥语辞典》、阿合买提·玉格乃克的《真理的入门》，并称为维吾尔族文学史上的三大名著。14世纪至15世纪，维吾尔族诗坛上出现了鲁提菲等一系列著名诗人，特别是纳瓦依的创作不仅对15世纪维吾尔文学创作产生了巨大影响，而且对整个西亚和中亚文学，也是一座高大的丰碑。18世纪以后，尼扎里的《爱情长诗集》，在维吾尔族文学史上占有十分重要的地位。

大约成书于13世纪40年代的《蒙古秘史》（旧译《元朝秘史》），对后世蒙古族历史、语言文学产生了深远影响，罗卜桑丹金的《黄金史》、萨囊彻辰的《蒙古源流》以及尹湛纳希的《青史演义》都曾受到它的滋养。19世纪，蒙古族古代文学的代表作家是尹湛纳希，除《青史演义》外，他还用蒙文创作了《一层楼》、《泣红亭》等长篇小说和大量诗歌。哈斯宝的《新译〈红楼梦〉》和为此书所作的评点，在"红学"研究中独树一帜。

少数民族古代作家中，还有不少使用汉文进行创作，同样创造出辉煌的成绩。如元代诗人耶律楚材（契丹）、萨都剌（回族），散曲作家贯云石（维吾尔族），杂剧作家李直夫（女真族）；明代文学批评家李贽（回族）；清代词人纳兰性德（满族），小说家蒲松龄（回族，一说蒙古族）、曹雪芹

（满族）等。白族、纳西族和壮族中也有不少用汉文创作的优秀作家。他们同用少数民族语言文字创作的作家一起，共同丰富了中国文学宝库。

从历代分期层面来看，唐代是我国少数民族作家文学的起始阶段。唐代高度发达的诗歌艺术和吟诗之风对当时少数民族文人产生了较大的影响。其中以杨奇鲲、段义宗的诗歌创作最为著名。杨奇鲲，大理人，任南诏清平官。精通汉文，尤擅长诗歌。他的作品《途中诗》已收入《全唐诗》。段义宗，大理人，长和国（唐时大理白族人建立的地方国家政权）宰相。他的诗作《思乡》也被收入《全唐诗》。

与宋同时代的辽代契丹族，其王室文学特别发达。契丹贵族中有以学汉诗赋为雅的风气。东丹王耶律倍是一个代表。他的诗歌代表作有《海上诗》和《传国玺诗》。辽代的道宗耶律洪基曾编制御制诗文，取名为《清宁集》，其中《题李俨黄菊赋》最为著名。辽代寺公大师的《醉义歌》，是辽代契丹诗歌中最长的一首诗。辽末较有影响的诗人有萧瑟瑟（天祚帝妃），其代表作有《讽喻诗》和《咏史诗》。

女真族建立的金朝，当时也涌现出不少以汉文进行文学创作的各民族作家。其中以女真族的元好问、完颜寿和董解元的影响最大。元好问是金代最著名的诗人和文论家。金代的诗歌，由于他编纂的《中州集》才得以保留。他的《论诗三十首》在文学批评史上占有一定的地位。完颜寿著有诗作《如庵十稿》，元好问赞誉他为"百年以来，宗室中第一流人物"。董解元的《西厢记诸宫调》是金代戏剧文学代表作。

元代时期，涌现了大批各民族作家、诗人，产生了大量具有较高艺术水平的文学作品，包括诗、词、曲、戏等。其中影响较大的诗人有：维吾尔族的贯云石、马祖昌，回族的萨都剌，蒙古族的伯彦、不突木、郝天挺、泰不花、月鲁不花、完泽、达突帖木儿，契丹族的耶律楚材、耶律璹，白族的段功、杨渊海、高氏、阿盖公主，彝族的段福等。还有西夏文人昂吉，契丹族剧作家李直夫，女真族剧作家石宝君等。其中以贯云石、萨都剌的诗歌创作成就为最高。

明代时期，藏族除有传纪文学作家桑吉坚参的《米拉日巴传》外，还有诗人索南扎巴的《格丹格言》。这是一部劝喻性的哲理诗集，是《萨迦格言》的续篇。剧作家杨景贤曾用汉文写过《刘行首》等19种杂剧。维吾尔族主要作家的作品有鲁菲提的《花儿与元旦》，艾里舍尔·纳瓦依的《五卷书》和《四卷集》，阿曼尼荷的《雅歌集》和《美的品德》。回族较有影响的民族作家、学者有李贽、海瑞、金大年、金大兴、马继龙、马欢等，具有田园诗特征的诗人有丁鹤年。木公和木增是明代纳西族著名的诗人，他们的汉文诗歌创作标志着纳西族作家文学的开始。用汉文创作的白族诗人有高桂芝、杨南金、杨士元、李元阳、杨黼等，他们的汉诗创作都具有较高的艺术水平。

在清代少数民族文学创作中，最令人注目的有两部杰作，一部是满族作家曹雪芹的《红楼梦》，另一部是回族作家蒲松龄的《聊斋志异》。满族还有被称为清代第一词人的纳兰性德，被誉为"清代第一女词人"的顾太清（著有《天游阁集》），小说家文康（著有《金玉缘》，又名《儿女英雄传》）。藏族长篇小说的代表作有才仁旺阶的《青年达美》，阿旺、洛卓加错的《郑宛达娃》。仓央嘉措不仅是一位宗教领袖，而且也是一位学识渊博、才华横溢、风流倜傥的诗人，他创作的诗歌，内容多以爱情为主题，故后人习惯地称之为仓央嘉措情歌。蒙古族长篇小说的开创者尹湛纳希的代表作有《青史演义》、《一层楼》、《泣红亭》，作家哈斯宝的《〈红楼梦〉评注》在我国"红学"研究中占有重要的地位。维吾尔族最有影响的诗人和作品是阿不都热依木·纳扎尔和他的《爱情长诗集》。壮族最为出色的诗人韦丰华，著有《今是崛吟草》。白族诗人师范著述广泛，有《金华山樵前后集》等作品。19世纪哈萨克族最优秀的诗人阿拜是哈萨克族书面文学的奠基者。土家族著名的诗人有田舜年、彭淑等。

2. 中国少数民族音乐

（一）满族音乐

可分为民间歌曲、歌舞音乐、说唱音乐3类。

①民间歌曲

有山歌、劳动号子、小唱3种。内容有情歌、劳动歌、婚礼歌、祝寿歌、摇篮歌等。

②歌舞音乐

满族传统歌舞主要有"莽式"和"萨满"歌舞。

莽式,又称"玛克沁"、"玛克式",为舞蹈之意。每逢年节喜庆筵宴,主、客男女轮番起舞。一人领唱,众人以"空齐"2字帮腔。这种歌舞在清初进入宫廷,属宴乐之首,乾隆八年定名为《庆隆舞》。

"萨满"系北方游牧民族的一种原始宗教。萨满歌舞即烧香跳神歌舞,多在祭天、祭祖、还愿、庆丰收时举行。舞蹈者萨满(男巫)或乌答有(女巫)带腰铃,拿手鼓(又称抓鼓或单鼓)、铃、扎板等乐器,边击鼓,边唱边舞。这种歌舞有两种:一种是跳家神,即祭祀天地祖先,曲调多具朗诵性,节奏平稳,有独唱、齐唱等形式,舞蹈动作简单;一种是放山林百神,音乐类似戏曲音乐中的联曲体,有独唱、对唱、领唱及齐唱等多种形式。伴奏乐器主要是鼓。

③说唱音乐

满族人民善说书、讲故事。由满族八旗子弟始创的子弟书和八角鼓等,后来发展成为流行于北方的曲艺。

子弟书。亦称清音子弟书,用鼓、三弦伴奏。多取材于明清小说、戏曲和民间故事。子弟书对京韵大鼓和东北大鼓的产生、发展有重要影响。

八角鼓说唱。是满族传统的曲艺形式,常见的有单唱、折唱、群唱(坐唱)3种。伴奏乐器主要是八角鼓、三弦。音乐属曲牌联套体,它融汇了满汉民歌、说唱音乐、南北曲、地方戏曲曲牌等音乐,适合表现叙事性内容。

(二)藏族音乐

包括民间音乐、宗教音乐、宫廷音乐3大类。

①民间音乐

民间音乐可分为民歌、歌舞音乐、说唱音乐、戏曲音乐、器乐等5类。

△民歌

包括山歌(牧歌)、劳动歌、爱情歌、风俗歌、颂经调等。

山歌。在卫藏地区称"拉噜"、康地区称"噜"、安多地区称"勒",是在山野间自由演唱的歌曲。山歌音域宽广,节拍、节奏自由,旋律起伏较大,悠长高亢,极富高原特色。安多地区的山歌当地亦称为酒曲。牧歌流行于牧区,与山歌音乐特点相近。

劳动歌。藏语称"勒谐",种类甚多,几乎在各种劳动中都有特定的歌曲。

爱情歌。包括情歌、情茶歌等。情歌安多地区称"拉伊",卫藏地区称"嘎噜"。情歌音乐有的较深情,有的较开阔自由,接近山歌风格。情茶歌藏语称"克加",流传于云南中甸等地,是在青年男女们聚会、饮茶以表达爱情时唱的歌,包括招呼歌、进门歌、对歌、感谢歌、告别歌等。

风俗歌。包括酒歌、猜情对歌、婚礼歌、箭歌、告别歌等。酒歌。在节庆聚会敬酒时唱。藏语称"羌谐",安多地区的"则柔",甘南地区的"格儿",都属酒歌一类。猜情对歌。卫藏地区称"次加"、康地区称"叶莫"或"戈莫",安多地区称"谐莫"等,是藏族青年相聚娱乐或作占卦游戏时所唱的歌。四川藏族区青年游戏时常以戒指作为卜卦的信物,因此亦称"箍箍卦"。婚礼歌。各地的婚礼歌及演唱形式不同,大致包括接亲歌、离家歌、途中歌、迎亲歌等。箭歌。藏语称"达谐",主要流行于西藏林芝地区,亦称"工布箭歌",春夏之际,在林卡耍坝子时演唱,是射手们夸耀弓箭及射箭技术所唱的歌。告别歌。流行于四川丹巴等地,在送别贵客、亲友时由中、老年妇女演唱。

颂经调。亦称六字真言歌。藏语称"玛乃",是信佛群众在寺院朝拜神佛时唱的曲调。

△歌舞音乐

藏族民间歌舞形式多样,特色鲜明。唱词内容广泛,如歌颂日月星辰、山河大地,赞美妇女的容貌服饰,思念亲人,祝福相会,祝颂吉祥如意以及宗教信仰等内容。有果谐、堆谐、弦子、囊玛、谐钦、热巴谐等。

果谐。一种古老的歌舞形式,意为圆圈歌舞,萨迦地区称"索",工布地区称"波"或"波强",藏北牧区、康地区、安多地区称"卓"或"果卓"(俗称锅庄)。果谐多在节日喜庆、劳动之余和宗教仪式上演唱,参加者相互拉手扶肩,边唱边舞,不用乐器伴奏。

堆谐。为西藏西部地方的歌舞。堆是高地的意思,指雅鲁藏布江流域由日喀则以西至阿里整个地区。堆谐的结构由前奏、慢歌段、间奏、快歌段、结尾组成。

弦子。藏语称"页"、"伊"或"康谐",流行于康、卫藏地区。由于歌舞时男子用牛角胡或二胡在队前领舞伴奏,故称弦子。

囊玛。主要流行在拉萨地区。其乐基本上由中速的引子、慢板的歌曲及快板的舞曲3部分组成。

谐钦。流传于西藏拉萨、山南、日喀则、阿里等地区的古老仪式歌舞形式,多在隆重节日或仪式时演唱。

热巴谐。流行于康巴地区的流浪艺人所表演的歌舞。包括鼓铃舞、杂耍、歌舞剧、木棒舞、鹿舞、刀舞、热巴弦子等多种表演形式。

此外,还有流行于西藏地区的卓谐(鼓舞),流行于云南中甸地区的雄冲、卓见,流行于甘南地区的多底舞、嘎巴舞等。

△说唱音乐

藏族说唱音乐有仲谐、折嘎、喇嘛玛尼等数种,多由民间艺人和僧人演唱。

仲谐。意为讲故事的歌,有说有唱,流传甚广,内容多为长篇民间故事或叙事诗。

折嘎。是贫苦流浪艺人乞讨时,或游方僧人化缘时表演的一种说唱音乐。多用牛角胡琴伴奏,自拉自唱。

喇嘛玛尼。是一种古老的说唱形式。演唱者多为尼姑或民间艺人,他们张挂起描绘佛经故事的轴画,向群众说唱画中故事。

△戏曲音乐——藏戏

藏戏包括西藏藏戏(阿吉拉姆)、安多藏戏(南木特)、德格藏戏、昌都藏戏等4个剧种,各剧种的唱腔、音乐、表演、服饰等具有不同特色。

西藏藏戏的传统结构共分3部分,第1部分"顿",为开场白;第2部分"堆",是正戏;第3部分"扎西",是祝福吉祥如意的结尾歌舞。

△器乐

藏族民族乐器种类繁多,弹拨乐器有札木聂、扬琴;弓弦乐器有牛角胡、贴琴、根卡、胡琴、热玛琴等;吹管乐器有竖笛、骨笛、大号、号、唢呐、铜笛、海螺、口弦、竹笛、泥笛等;打击乐器有大鼓、热巴鼓、达玛鼓、巴郎鼓、锣、镲、串铃等。其中的札木聂、牛角胡、大号、竖笛最富有特色。

②宗教音乐

宗教音乐包括诵经音乐、宗教仪式乐舞羌姆、寺院器乐。

③宫廷音乐

宫廷乐舞嘎尔只传于拉萨布达拉宫及日喀则扎什仑布寺。

(三)回族音乐

可分为花儿、山歌与小调、劳动歌曲、宴席曲、宗教音乐等5类。

①花儿

这是回族最具代表性的民间歌曲,也是回、汉、撒拉、东乡、保安、土等民族群众中广为流传的山歌。流传在黄河、湟水沿岸的通称为"河州花儿"或"河湟花儿";流传在山区的则称为"山花儿",因不用乐器伴奏而将手搭在耳后干唱,故又称"干花儿"。花儿的曲调又称为"令"。

花儿的演唱形式又分为"漫"、"对"、"合"、"联"等4种。

"漫花儿"是指1人随意演唱的,"对花儿"是两人以上用问答形式演唱,"合花儿"是一领众合的形式,"联花儿"是将几个令根据内容的需要连接在一起演唱。

②山歌与小调

陕甘宁3省交界地区,由于回、汉杂居,汉族民间音乐信天游、爬山调和民间小曲,在回族人民中流传,逐渐花儿化了。

③劳动歌曲

指在劳动生活中产生的号子与夯歌。

④宴席曲

是回族音乐中另一具有代表性的民间音乐,在婚礼喜庆中演唱,边歌边舞节奏平稳。

⑤宗教音乐

有招祷音调、咏经音调、礼拜音调和赞主音调4类,约有数十种之多。一般音域较窄,具有吟诵性质。

(四)蒙古族音乐

可分为民间歌曲、说唱音乐、歌舞音乐等3类。

①民间歌曲

蒙古族民歌主要有狩猎歌、牧歌、赞歌、思乡曲、礼俗歌、短歌、叙事歌、摇儿歌和儿歌。

狩猎歌是蒙古族民歌中最早发展起来的体裁。从题材来看可大致划分为原始狩猎歌舞、动物歌、寓言性的动物叙事歌。狩猎歌的曲调简短，节奏鲜明，带有强烈的舞蹈性。演唱形式上则多为齐唱、对唱和歌舞表演唱等。

牧歌以歌唱草原、赞美骏马、热爱生活、充满对自由幸福的向往和追求为其主要内容。牧歌的歌词既擅于抒情，又注重写景，情景交融，表现人和大自然的和谐关系。一首好的牧歌，可以说是一幅动人的草原风景画。牧歌的曲调高亢、嘹亮、宽阔舒展。节奏一般是悠长、徐缓、自由。一般情况下，上行乐句节奏是悠长徐缓的，下行乐句则往往采用活跃跳荡的三连音节奏，形成绚丽的华彩乐句。牧歌曲式中，非方整性结构的占主导地位。带有再现意味的二部曲式、三部曲式以及多段体的联句结构，在草原牧歌中也较为常见。

赞歌，多在那达慕大会或其他公共集会、庆典活动等特定场合演唱。其内容主要是歌颂蒙古族历史上著名英雄人物，赞美家乡的山川湖泊、古刹寺庙等。赞歌的曲调简洁有力，节奏规整鲜明，较少华彩性装饰音。在调式上大量运用徵调式和宫调式，以适应赞歌的豪放雄壮气质。演唱形式有独唱、齐唱、重唱和合唱。有些古老的赞歌，还有简单的和声。这样的民间合唱，蒙古人称之为"潮尔"。

思乡曲，在蒙古族民歌中，思乡曲极为普遍；它在蒙古人的生活中占有重要地位。思乡曲的艺术性较高，曲调优美流畅，节奏舒展，结构严谨，调式运用丰富而大胆，转调离调手法很多，常以模进的手法来发展曲调。

礼俗歌，在特定场合演唱的、带有生活风俗性和实用性的民歌，如宴歌、婚礼歌、安魂曲等。宴歌主要用于节日集会、招待宾客的饮宴场合，其音乐是一种欢快热烈的带有舞蹈性的短调宴歌。婚礼歌包括5个组成部分：迎宾曲、敬酒歌、欢乐歌舞、母女惜别对唱和送宾曲。欢乐歌舞是整个婚礼套曲的高潮，充满欢腾热烈的气氛。安魂曲在举行葬礼时唱。曲调悲切哀婉，庄重肃穆，多为齐唱或合唱。摔跤歌在那达慕大会上举行摔跤比赛时唱。每当双方摔跤手跳跃出场时，由男高音歌手领唱，其余人以潮尔——固定低音式的和声予以伴唱。

短歌,亦称短调民歌,是最早发展起来的一种民歌体裁,爱情歌曲在短调民歌中占有极大的比重。

叙事歌的曲调简短方整,同语言密切结合,带有浓厚的说唱性。其演唱形式均为自拉自唱,用四胡或马头琴等乐器伴奏。另外,演唱者根据故事情节、刻画人物的需要,可以随时插入评述性的道白。

摇儿歌和儿歌。摇儿歌的曲调简洁柔婉,表达了母亲们对孩子的深厚情感。儿歌的曲调轻快活泼,节奏鲜明,音域适中,适于儿童学唱。

②说唱音乐

蒙古族说唱艺术有古代英雄史诗、好来宝、说书。

古代英雄史诗的内容多为表现古代部落勇士同邪恶势力的代表——恶魔(蟒古思)进行搏斗并取得胜利的故事。

好来宝主要流传于内蒙古东部地区,有单口好来宝和对口好来宝两种。单口好来宝由说唱艺人用四胡自拉自唱,对口好来宝蒙语称"岱日勒查",意为彼此辩难。不用乐器伴奏,由两人表演,彼此考问知识,进行激烈争论,直至决出胜负为止。

说书的音乐来源有:将英雄史诗的曲调加以改造;吸收民歌曲调,使之说唱化,适于表现叙事性内容;从器乐曲(包括汉族乐曲)中脱胎演变而来。

③歌舞音乐

许多古老岩画中至今保留着萨满教巫师击鼓祭天的宗教舞蹈、猎人们的狩猎舞蹈以及古代部落威武雄壮的战争舞蹈等场面。流传于哲里木盟库伦地区的安代舞,原为治病消灾的带有宗教色彩的舞蹈,现已成为群众喜爱的自娱性集体歌舞。流行于呼伦贝尔盟的布里亚特舞以悠长的歌调开始,人们围成圆圈由左向右缓缓移动;继而歌调转入快速段,人们的舞步也变得热情而欢快。流传于昭乌达盟的孛尔吉纳舞(即公驼舞)是一种嬉戏性的集体歌舞,由2人表演公驼追逐牝驼,其他人排成队阻挡公驼,在《放驼歌》的歌声中不断变换队形。灯舞和盅碗舞(即盅子舞)是技巧性较高的单人表演舞蹈,其音乐庄重典雅,优美抒情。

蒙古族民间乐器主要有马头琴、四胡、三弦、笛、雅托格(类似汉族筝),以及古老的弹拨乐器胡拨斯(即火不思)等。此外,在宗教音乐中,还使用唢呐、大铜角等。

（五）朝鲜族音乐

分为民谣、歌乐、舞乐、器乐、"板嗦哩"（说唱音乐）、唱剧等6类。

①民谣

按音乐的体裁形式可分为农谣、抒情谣、风俗谣、童谣、长歌等5种。

农谣，即劳动歌谣。在民谣中占有很大比重，几乎所有劳动都有相应的歌曲。

抒情谣，这类歌数量多，题材广泛，包括了人民生活的各个侧面。抒情谣大多旋律流畅，抒情轻快，有的带有诉怨情绪。

风俗谣，指和民间娱乐活动、婚丧嫁娶等日常生活、风俗习惯相联系的歌谣。

童谣有游戏谣、生活谣、讽刺谣。

长歌是结构长大的抒情叙事歌谣。主要包括长杂歌和短歌两类。长杂歌由专业歌手演唱。音乐较为抒情，对故事情节的描述运用了朗诵旋律，歌词则采用诗歌的形式。短歌，比普通民谣长，但比"板嗦哩"短，以写自然和人生的关系、赞美自然等为题材。常作为板嗦哩的序唱，以渲染气氛，亦称"虚头歌"。其曲调具有板嗦哩的特点，长于抒情叙事。

②歌乐

有歌曲、歌辞、时调3种。

歌曲，曲调缓慢，同一曲调可配唱不同内容的多首歌词。多用联曲体形式。有独唱，也有男女混声合唱。用乐队伴奏，乐器有玄琴、大筝（朝鲜族横笛）、短箫、筚篥和杖鼓等。

歌辞，独唱歌曲，曲调比歌曲通俗活跃，一曲一词，多采用通谱歌形式。歌辞与歌曲类似常用高腔，旋律跌宕起伏，富于装饰性，一音多字，多用假声演唱，常用杖鼓伴奏，有时也用奚琴、大筝、筚篥等乐器伴奏。

时调，曲调缓慢平稳，具有吟诵特点，一曲多词，也称"时节歌"。较之歌曲和歌辞更加通俗短小。

③舞乐

朝鲜族的民间舞蹈形式很多，农乐舞是朝鲜族最有代表性的民间舞蹈，其音乐称为农乐。

④器乐

朝鲜族民间乐器种类很多，常用的吹管乐器有：短箫、大笒、笙簧、洞箫、唢呐等；弦乐器有：玄琴、伽倻琴、洋琴、奚琴、牙筝等；打击乐器有杖鼓（长鼓）、鼓、钲（锣）、小金等。

⑤"板嗦哩"（说唱音乐）

一种叙事性的说唱艺术。"板"是指游戏的场所（舞台），"嗦哩"是唱的意思。"板嗦哩"的内容多为传说故事，由1人表演，1人用鼓伴奏，伴奏者时以"儿西古"等欢呼声帮腔，以鼓舞情绪、渲染气氛。

⑥唱剧

在板嗦哩基础上发展起来的一种有故事情节的，包括歌唱、说白、器乐、舞蹈等在内的综合艺术。

（六）羌族音乐

羌族的民间音乐主要是民间歌曲及歌舞音乐。

①民间歌曲

有山歌、劳动歌、风俗歌及巫师歌。

山歌。羌语称"拉那"或"拉索"，多在劳动场合或山间田野中唱。演唱形式有独唱、对唱。传统歌词中苦歌很多。

劳动歌。有犁地歌、收割歌、薅草歌、撕玉米皮歌、打场歌、搂柴歌、打房背歌等。有的节拍自由，近似山歌；有的节拍规整，接近歌舞曲。

风俗歌。专用于传统风俗仪式活动，包括婚嫁歌、酒歌及耍山调。婚嫁歌包括嫁歌及喜庆歌。嫁歌又称姊妹歌，姑娘出嫁前夕，由陪伴新娘的妇女们和新娘唱。喜庆歌则是新郎家为庆祝喜事而唱的歌曲。内容有赞颂新娘的美貌和服饰以及祝贺之辞等。酒歌是婚丧节日宴客时唱的歌。节奏徐缓，曲调悠扬，风格古朴。内容有客主间互相祝贺、应酬之辞；有的叙述家史或赞颂古代英雄人物。耍山调是一种体裁自由的抒情歌曲。按羌族风俗，每年农历正月初五，青年男女上山游玩，俗称耍寨子。耍山调是在这种场合所唱的歌曲。

巫师歌。是巫师在请神送鬼时唱的歌。其中保存着一些古老的民间故事传说。

②歌舞音乐

有喜庆歌舞和丧事歌舞。喜庆歌舞，羌语称"洒朗"，广泛用于各种喜庆活动。表演时，人们分成两组，围成圆圈，轮番歌舞。丧事歌舞，内容多为对死者的赞颂，对死者亲属的安慰，并不表现悲伤情绪。

（七）彝族音乐

有民间歌曲、歌舞音乐、器乐等3种。

①民间歌曲

民间歌曲可分为叙事歌、情歌、儿童歌、劳动歌、催眠歌、风俗歌等6类。

叙事歌。凉山彝族称"阿衣阿直"、"阿莫里惹"；云南楚雄俚支系彝族称"梅噶"；阿细人称"先基"。叙事歌的内容，包括天地万物的形成、人类遭受洪水灾难后又重新繁衍后代、民族的迁徙、战争、英雄故事以及婚丧礼仪的来由、狩猎农耕经验等。

情歌。红河两岸的尼苏支系称"阿哩"、"曲子"；贵州西部的彝族称"求谷"；凉山彝族称"阿惹牛"等。在音乐上，男女轻声对唱的情歌，委婉流畅，节奏平稳；山野间的对唱情歌常带有悠长的拖腔，曲调起伏较大，节奏也有一定的对比变化。

儿童歌。内容广泛，有唱日月星辰、打雷、下雨等自然现象；有唱家禽鸟兽、花草昆虫等。曲调活泼跳跃，音域较窄，适于儿童歌唱。

催眠歌。歌词没有具体涵意，只表示温柔的情绪。曲调单纯优美，节奏自然。

劳动歌。彝族居住于山区或半山区，主要从事农业、牧业生产，反映劳动生活的歌有牛山歌（亦称牛歌）、下种歌、推磨歌等。牛山歌为农民犁耕时所唱。歌词中多吆喝性的衬词。节拍也不规整，即兴性强。推磨歌、下种歌等劳动歌，曲调明快，节奏鲜明。

风俗歌。主要有婚礼歌、丧礼歌，以及传统节日唱的风俗歌。

②歌舞音乐

彝族各支系的民间舞蹈繁多，归纳起来，基本上有：

打歌。包括打跳、跳歌、跌腿等歌舞。流传于云南西部与凉山交界的地区和云南西南部，常于节日或婚丧喜庆中进行。舞时人们围成圆圈，相互手挽手，随音乐起舞，也有载歌载舞的。

跳弦。因舞蹈者双手弹击木质烟盒，亦称烟盒舞。流传于云南中部、南部地区尼苏支系中。跳弦又分为正弦与杂弦两类。正弦，多为双人舞，舞姿轻盈优美，情绪欢乐热烈。杂弦，为许多歌舞小品的统称。杂弦的舞曲和舞蹈歌均称杂弦调。杂弦调轻快优美，以轻声演唱。

罗作。包括三步弦等传统歌舞。流行于红河南岸尼苏支系中。

跳三弦。云南中南部地区阿细人、撒尼人、阿哲人的舞蹈属此类。阿细人的"高斯比"，意为欢乐舞（亦称跳月），由竹笛、三胡（三条弦的胡琴）、月琴、三弦等乐器伴奏。

③器乐

器乐。彝族的民间乐器有30余种。其中流传最广的是吹管乐器无膜短笛、葫芦笙、直箫、唢呐，拨弦乐器四弦、月琴、三弦以及具有特殊音色的乐器巴乌、马布和口弦等。这些乐器都有各自的独奏曲或合奏曲。

（八）白族音乐

可分为民歌、歌舞音乐、大本曲音乐、吹吹腔音乐、器乐等。

①民歌

保持着白族民间传统音乐特点的民歌，包括白族调、白族小调、叙事歌等。

白族调。白语称"白儿祜"，意为白曲，类似山歌。因各地不同，故常冠以地名，如"大理白族调"、"剑川白族调"等。

白族小调。与白族调不同之处，在于爱情内容较少，可以在家里、街巷中演唱。

叙事歌。有流行于洱海四周的"大帛曲"（又称"花柳曲"），流行于山区的"打歌调"。

此外，尚有风俗性民歌、儿歌，哄娃娃调等。

②歌舞音乐

有"打歌调"、"霸王鞭调"、"耍龙舞"、"耍狮舞"、"绕三灵"等，音乐都较欢快热烈。

③大本曲音乐

大本曲是白族传统曲艺的曲种。其唱腔按传统的说法，"三腔九板十八调"。"三腔"指的是3个艺术流派：流行于大理城南的称为南腔；流行于大理城北的称为北腔；流行于洱海东岸的称为海东腔。

"九板"指的是9个曲牌，是大本曲的基本唱腔。"十八调"指的是18首来自民间的民歌小调，是大本曲的辅助唱腔，如老麻雀调、螃蟹调、放羊调、花子调等。

④吹吹腔音乐

吹吹腔是白族的传统戏曲剧种，历史悠久，现称白剧。

⑤器乐

白族民间器乐曲主要有三弦曲、唢呐吹打乐、洞经音乐等；此外尚有古曲和竹笛、口簧、木叶等演奏的曲调。

（九）壮族音乐

主要有民歌、歌舞音乐、说唱音乐、戏曲音乐、器乐5种。

①民歌

主要有山歌、小调、叙事歌、习俗歌、儿歌和摇儿歌等。壮族民歌的唱词，讲究字句的对仗和格局，使用腰脚韵体。

山歌。壮语的方言称谓很多，布越语称欢越，布雅依语称比雅依，布央语称诗央，布侬语称伦侬，布傣语称加傣等等，简称为欢、比、诗、伦、加，均为山歌之意。传统唱法有独唱、对唱、重唱、合唱等，分为单声部和多声部两类。单声部山歌：各地的传统曲调差别很大。有的高亢嘹亮，有的平缓流畅，有的如吟如诉。民间称之为高腔山歌、平调山歌、谣唱山歌。高腔山歌：多在山野用大嗓或小嗓喊唱。平调山歌：曲调流畅优美，节奏缓慢舒展，结构匀称，音域适中，旋律富于歌唱性。谣唱山歌：曲调接近口语，多用同音进行或急唱法，具有朗诵性。多声部山歌：多为同声结合的二声部重唱或合唱。民间俗称双声。各地传统曲调近似单声部山歌，也分为高腔、平调、谣唱等3种。

小调。壮语称伦才、欢谈等。有些散曲杂调又称伦考杂花。与山歌相比,其词曲较为固定,有的已形成完整的曲牌,音乐更注重语言声调和词意情感的表达,富有谣特曲性。

叙事歌。壮语称"伦考波"、"诗太排"等,意为咏古。民间有土俗字唱本流传,多为人物传奇或民族史诗。

习俗歌。主要有拦路歌和哭嫁歌、儿歌和摇儿歌等。拦路歌和哭嫁歌,壮语称"伦地洛"、"调莫贝"。主要流传于桂西南及滇东南。

儿歌和摇儿歌。壮语称"欢勒吔"。传统儿歌歌词比兴巧妙,曲调优美朴实。摇儿歌,旋律委婉抒情,音域适中,具有鲜明的摇荡感和周期性循环结构。

② 歌舞音乐

壮族歌舞,源远流长。秦汉时代的百越铜鼓的鼓身花纹,广西花山崖壁画中,都有翩翩起舞的歌手形象。歌舞所用的音乐,可以是打击乐,也可以是山歌或小调。其表演形式可分为东舞、歌舞、拟兽舞。其中,流传较广和民族特色较浓的是扁担舞、舞春牛、壮采茶。

③ 说唱音乐

主要曲种有末伦、渔鼓、蜂鼓等。末伦,亦称巫伦,主要流传于壮语南部方言区的靖西、德保、那坡、天等、大新、龙州等县。渔鼓,亦称渔鼓道情,流传于云南西畴、文山等县。用当地壮语方言和壮族民歌演唱,以渔鼓和简板伴奏。蜂鼓,源于民间唱师音乐,以壮族蜂鼓为主要伴奏乐器,间或有小堂鼓、锣、钹、无膜笛加入。

④ 戏曲音乐

主要有师公戏、北路壮剧、南路壮剧等多种。

师公戏。流行于广西来宾、象州、武宣、贵县、武鸣、上林、马山、河池、百色、田阳、钦州等县。唱腔多为当地民歌、巫调,为联曲体音乐。有清唱法、滚唱法、帮腔法等。

北路壮剧。流行于广西田林、隆林、西林、百色及云南文山、富宁等县。源于田林旧州壮族民歌、唱师、民间杂耍板凳戏等。

南路壮剧。流行于广西靖西、德保、那坡、大新等县。源于靖西提线木偶戏和德保马隘双簧戏。

⑤器乐

壮族民间乐器有擦弦类的马骨胡、土胡、清胡、葫芦胡、七弦琴等；弹拨乐器有天琴、三弦等；吹奏乐器有木叶哨、敦都喔、竹笛等；打击乐器有蜂鼓、铜鼓、边鼓、横鼓、大鼓、八音鼓、八音锣、砻、扁担、棒棒等。多用于戏曲、曲艺、歌舞的伴奏。有自己的伴奏程序、过场音乐、专用曲牌、锣鼓点子。南部方言区有民间器乐合奏班，俗称八音，以鼓吹乐为主。

（十）侗族音乐

侗族以贵州锦屏县启蒙为界，分南北两个方言区，侗族民歌也由此形成两种不同风格。

①北部方言区民歌

以单声部山歌为主，有一般山歌、玩山歌、白话、酒歌、伴嫁歌及其他礼俗歌曲。

山歌。侗语称"阿高井"，意为高坡歌，是北部侗歌的主要歌种。常在山坡上劳动和行路途中唱，曲调高亢嘹亮，音域宽广，内容有古歌、放排歌、拉木歌、苦情歌、反抗歌等，多为见景生情，即兴编唱。

玩山歌。玩山是侗族青年男女的社交活动，每逢节假日，男女相约上山唱歌游玩，故称玩山歌。玩山歌有一套歌曲，按一定的程序唱。如初次见面唱"初相会歌"；初恋时唱"深情歌"、"成双歌"；失恋时唱"伤心歌"等。玩山歌曲调优美抒情，唱时常运用一种独特的装饰性颤音，使歌曲独具风韵。

白话。侗语称"垒"、"晓宋巴"、"阿板宋"等，是唱玩山歌中插入的一段朗诵性歌调，音域较窄，基本是一字一音，速度较快。

酒歌。亦称好事歌，侗语称"阿煞"，在喜庆筵席时唱，曲调丰富，内容广泛，除有历史题材的古歌外，还有赞颂、感谢主人的歌，相互问答斗智的盘歌等。有的曲调流畅优美，含蓄深情；有的音域宽广，开朗热情。以真假声结合的唱法，采用一领众和的形式，气氛热烈。酒歌还常因衬词的不同而冠以"阿哦哩"、"阿诺"、"阿哩"等名称。

伴嫁歌。出嫁前夕由新娘及伴嫁姑娘们唱，曲调委婉，多倾吐包办婚姻的痛苦及离别亲人之情。

除上述歌种外，北部侗歌中还有孝歌、上祭歌、龙灯歌、桃源歌以及宗教歌曲——佛歌等。

②南部方言区民歌

可分为小歌、大歌、习俗歌与仪式歌3类。

△小歌

侗语称"嘎腊"，是南部侗歌中单声部民歌的统称。大多在青年男女社交的"行歌坐月"时由1人独唱或2人对唱。用小嗓轻声慢唱，内容多为情歌，曲调短小，委婉缠绵。其中有用乐器伴奏的琵琶歌、牛腿琴歌、笛子歌；有无伴奏的河歌、山歌等。

琵琶歌：侗语称"嘎琵琶"，以侗族琵琶伴奏而得名。侗族琵琶有大、中、小3种。以低音大琵琶自弹自唱的称叙事琵琶歌，唱时穿插说白，由"桑嘎"（即歌师）1人表演多种角色，是一种说唱性音乐。以中、小琵琶伴奏的琵琶歌，是男青年晚间唱的一种情歌，用小嗓唱，曲调含蓄轻柔。

牛腿琴歌：侗语称"嘎给"，以牛腿琴伴奏，多为情歌和叙事歌，结构短小，速度徐缓，音色柔美。

笛子歌：侗语称"嘎滴"。一般由男子吹笛，女子唱歌，曲调华丽流畅，悠扬动听。还有一种苇笛伴奏的侗歌，称为"嘎笛套"。

河歌：侗语称"嘎尼亚"，意为流水歌。结构短小，曲调轻柔质朴，接近口语。

山歌：侗语称"嘎摆进"，意为上坡的歌，在野外演唱。

△大歌

侗语称"嘎劳"，是由集体演唱的结构比较长大的民间复调歌曲。侗族大歌有鼓楼大歌、声音大歌、叙事大歌、童声大歌等4类。

鼓楼大歌：侗语称"嘎的楼"，多在鼓楼（是村民聚会、议事、歌唱娱乐的场所）里迎接宾客时唱。

声音大歌：以表现声音和曲调的美为主，又称"花唱大歌"。其旋律常模仿自然界的音响，如流水、鸟叫、蝉鸣，再以和声衬托，形成丰富的多声效果。

叙事大歌：侗语称"嘎所"，为叙事性合唱歌曲，内容多为神话、历史故事和英雄人物的传说等。曲调具吟诵性。

童声大歌：侗语称"嘎腊温"，为儿童歌队演唱的大歌，曲调活泼，音域不宽，歌词以儿童游戏或传授知识的内容。

△习俗歌与仪式歌

有踩堂歌、拦路歌、酒歌、赖油歌等。

踩堂歌：侗语称"多耶"或"耶"，为古老的祭祀歌。侗族敬奉萨玛神，每年春节要举行祭祀活动。全寨老少在供神的社堂前围成圆圈，手牵手边歌边舞，因而称踩堂歌。

拦路歌：侗语称"嘎撒困"。侗族于婚嫁、节日相互请客吃酒，客人来时，男女歌队列于寨前，以各种杂物将进寨路阻塞，相互唱"拦路歌"、"开路歌"等，以歌声问答，客方回答了主方的各种提问后方可入寨。

酒歌：侗语称"嘎靠"，包括酒令歌，在请客吃酒时唱。歌词与北部地区酒歌相同，音乐具有南部侗歌特点。送客歌、分手歌都属于风俗性歌曲。

赖油歌：侗语称"嘎拉油"。广西三江地区盛产茶油，每年收油季节，外寨女青年常常结队到侗乡讨油，每讨一次油，唱1、2支歌，故称为赖油歌。内容为歌颂茶油丰收，感谢主人盛情等，曲调欢快流畅，是当地一种独特的风俗歌。

（十一）乌孜别克族音乐

乌孜别克族音乐可分为民歌、歌舞曲、说唱音乐、器乐曲以及大型歌舞音乐套曲木卡姆等5类。

①民歌

分为"琼艾虚来"和"耶来"两种。琼艾虚来，意为大歌，是一种多段体曲式的声乐曲。常选用古典诗人艾里西尔·纳瓦依等人的诗词，每首歌5～6段以上。大歌的节拍徐缓，旋律优美抒情。耶来，指一种结构较为短小的歌曲，音乐结构具有方正性。节奏活泼欢快，旋律进行中常有四、五度音程的跳进。

②歌舞曲

包括"来派尔"、"热克斯"两种。来派尔是一种小型歌舞音乐，其中有单人、双人、集体等歌舞形式。单人表演的常采用简短的单乐段结构，双人或多人表演的,则由数首节奏和调式不同的短小歌舞曲组成的歌舞套曲。热克斯,意为舞蹈,指的是一种纯舞蹈音乐。

③说唱音乐

分为"达斯坦"、"库夏克"、"埃提希西"三种。达斯坦是一种叙事性的说唱音乐。旋律优美,歌词多少不限,多采用一曲多词的形式。库夏克是一种在乐器伴奏下演唱的民谣,结构短小,旋律较平稳,音域不宽,歌词以4句为一段,以格律诗为主,内容多诙谐、风趣。埃提希西,兼有说唱、对唱和歌舞的综合表演艺术形式。歌词常为即兴创作,无韵律,近似口语。器乐曲的演奏形式有独奏或合奏。

④器乐曲

常用的乐器有都它尔、弹拨尔、热瓦甫、艾捷克、笛子、双管笛、唢呐、扬琴、纳额拉、手鼓等。器乐曲的演奏形式有独奏或合奏。

⑤木卡姆

木卡姆是歌、乐、舞连接组成的大型套曲。乌孜别克族有木卡姆共6套。其名称和顺序是:布祖茹克、纳瓦、都尕、赛尕、热斯特、依拉克。

(十二)哈萨克族音乐

哈萨克族音乐分民歌、器乐曲(包括舞曲)两大类。

①民歌

包括"安"、"月令"、"吉尔"三类。

安。泛指歌曲。这里指旋律优美、宽广,并有固定唱词和曲名的歌曲,又可分为"阔西安"(牧歌)、"巴拉克西安"(渔歌)、"安给西安"(狩猎歌)、"玛罕拜特安"(情歌)、"迪纳依安"(宗教歌)等。人们把唱这类歌曲的歌手称为"安奇"。

月令。即兴填词的民歌都称月令。多数是上下两个乐句或经过扩充的单乐段构成,常以衬词为曲名。演唱形式主要有"艾依提西"、"达斯坦"两种。艾依提西是一种即兴对歌竞赛。达斯坦是一种叙事性的咏唱,内容多以英雄史诗和民间叙事长诗为主。唱时有的不用乐器,有的用冬布拉自弹自唱。

吉尔。即婚礼歌,亦称"托依吉尔"。哈萨克族有一套婚礼歌伴随着婚礼仪式的全过程。

②器乐曲

哈萨克族器乐曲统称"魁",它的曲目丰富,多由冬布拉演奏。

(十三)维吾尔族音乐

分为民间歌曲、歌舞音乐、说唱音乐、器乐曲和包括歌、舞、乐的大曲《木卡姆》5大类。

①民间歌曲

从内容及其功能来划分,有爱情歌曲、劳动歌曲、历史歌曲及习俗性歌曲4种。

②歌舞音乐

维吾尔族人民能歌善舞,经常根据不同的时间和场合,举行各种不同形式的"麦西来甫"。麦西来甫一词为聚会之意,是维吾尔族传统的群众性民间文娱活动形式。其中主要有"节日麦西来甫"、"婚礼麦西来甫"、"丰收麦西来甫"、"白雪麦西来甫"、"青苗麦西来甫"和"郊游麦西来甫"等。

③说唱音乐

主要有"达斯坦"、"库夏克"和"埃提西希"。

达斯坦是一种有唱、奏、说的叙事套曲形式。库夏克为民间弹唱音乐,由库夏克艺人手执热瓦甫或都它尔,边弹边唱,歌词多是一些带有简单故事情节的歌谣体组诗。埃提西希意为说唱。常由1~2人边说边唱些带有嘲讽性的小故事,有的有简单的情节和人物,形式活泼,表演生动,曲调简单。

④器乐曲

拨弦乐器有都它尔、弹拨尔、热瓦甫、卡侬,拉弦乐器有萨它尔、艾捷克,击弦乐器有扬琴等。吹管乐器主要有笛子、唢呐、巴拉曼(又名皮皮)、雀拉(类似汉族古乐器陶埙)、口弦、喀(长号筒又称纳来)。打击乐器有手鼓、铁鼓、大鼓、萨巴衣、石片、木勺。这些乐器大多数可以独奏,在不同的地区和演奏场合,还可组成各种不同的乐器组合形式。

⑤木卡姆

亦称玛卡姆,意为大曲,是一种包括歌曲、器乐曲、舞蹈在内的大型歌舞套曲。

（十四）土族音乐

主要以民歌为主，可分为宴席曲、婚礼曲、歌舞曲、叙事曲、摇儿歌、花儿等6类。

① 宴席曲

属于风俗性歌曲，按内容可分为赞歌和问答歌两类。赞歌，内容多为赞颂对方，常作为问答歌的引子。问答歌内容广泛，从天文地理、生产知识到宗教信仰等，富有知识性。其曲调铿锵有力、曲尾收束干脆而不拖沓。

② 婚礼曲

土族传统的仪式歌曲，也称喜曲，贯穿于婚礼的始终。

③ 歌舞曲

土语称"安召"。凡喜庆佳节或婚礼宴席中，人们围成圆圈，旋转歌舞，曲调具有独特的民族风格，节奏多为3拍子。领唱的乐句简短，合唱的乐句较长，往往带有延长音的衬句。内容多为庆丰收，祈求人畜兴旺等。

④ 叙事曲

土族的每首长诗都有专门的曲调，大多由上下两个乐句构成，音域在一个八度以内。旋律进行平稳，具有朗诵性。

⑤ 摇儿歌

常以寓言的形式进行叙述，内容富有哲理性。曲调抒情优美。

⑥ 花儿

土族将花儿及土语演唱的情歌皆称"哈达过道"，每年农历六月六日的庙会上，比赛花儿成为土族民间传统的盛事，歌手一般都运用真假声相结合的唱法。

（十五）土家族音乐

有民间歌曲和器乐两类。

① 民间歌曲

按土家族的传统习惯可分为山歌、薅草锣鼓、劳动号子、摇儿歌与儿歌、风俗歌等5种。

山歌。在内容上有情歌、古歌、礼仪歌、生活歌、苦情歌等。

薅草锣鼓。又称薅草歌、合音锣鼓、挖土歌等。在集体薅草、耘田或挖土时，由2人或4人在劳动队伍前鸣锣击鼓歌唱。

劳动号子。土家人世居武陵山区和酉水、澧水两岸，拖木运料，撬岩抬石，行船驾舟等，在劳动生活中占有重要地位，因而行船号子、拖木号子、岩工号子最为流行。

摇儿歌与儿歌。龙山的坡脚、保靖的普戎流行用土家语唱的摇儿歌。儿童们在娱乐放牧时喜唱儿歌，一种用汉语唱的儿歌是在童谣基础上发展起来的；一种用土家语唱，曲调与土家族吹管乐"咚咚喹"的曲牌相同。

风俗歌。有哭嫁歌、孝歌、摆手歌、梯玛歌4种：

哭嫁歌。土家族历来有"歌丧哭嫁"的风俗。姑娘出嫁前夕要唱哭嫁歌。

孝歌。按土家族风俗，老人死后安葬前一夜，要请人唱孝歌，用鼓伴奏，亦称"打丧鼓"、"打夜锣鼓"。

摆手歌。土家族在举行大型祭祀活动中要跳摆手舞，唱摆手歌。摆手歌的内容广泛，有民族迁徙定居、自卫抗敌、开荒生产等。

梯玛歌。"梯玛"亦称"土老司"，为宗教职业者。梯玛歌用于驱鬼除邪等宗教活动，由梯玛请神时唱。他一手摇铜铃，一手舞司刀，边唱边舞。

②器乐

土家族民间流传的乐器有咚咚喹、唢呐、竹号、牛角、木叶等。土家族的器乐合奏曲牌丰富，风格独特，有打溜子、五支家伙、花锣鼓、丝弦锣鼓等。

（十六）鄂伦春族音乐

主要有山歌体的"赞达仁"、歌舞曲"吕日格仁"、宗教歌曲"萨满调"等。

①赞达仁

鄂伦春族民歌中主要的音乐形式。在鄂伦春语中，赞达仁的词义本身虽然是指山歌小调类型的民歌，但也泛指歌舞曲以外的一切民歌。就其内容而言，它包括悲歌、情歌、儿歌、摇儿歌等。

②吕日格仁

鄂伦春族民间歌舞。人们手拉着手，随着吕日格仁的节奏前后摆动，在原地或沿圆圈踏步。演唱形式以一领众和为多。

③萨满调

兼有歌唱、舞蹈、叙事的特点。它的节奏多变，衬词特殊，音调富于表情色彩,在一定程度上保留着鄂伦春族民歌的古朴风貌。

(十七)瑶族音乐

主要有民歌和歌舞音乐两大类。

①民歌

按传统分类,可归纳为山歌、长歌、古歌、风俗歌、劳动歌、儿歌及二声部民歌等。

山歌。多用于男女交游中相互打招呼及赞美对方时对唱,一般用真声演唱,风格粗犷。

长歌。采用陈述性的基本调演唱,没有山歌那么高亢,也不及古歌的吟诵性强。

古歌。是歌唱瑶族古代历史神话传说的长篇叙事歌。

风俗歌。包括酒歌、交游歌、恋歌、婚丧歌等。

劳动歌。有一般的劳动歌和号子两种。劳动歌有舂米调,挖地歌等。由于瑶族多居住在高山峻岭的密林深处,从事林业劳动,有节奏鲜明、铿锵有力的劳动号子。

儿歌。在达努节中,都安瑶族多演唱一种儿歌,称为"飞儿懂"。金秀茶山瑶的儿歌称为"果拉"。

二声部民歌。瑶族的二声部民歌,主要流传在过山瑶、布努瑶、平地瑶等支系中。

②歌舞音乐

有两种类型:一是祭祖还愿仪式中边舞边唱的祭祀歌曲,一是节日中娱乐性的舞歌。

(十八)高山族音乐

有民歌与器乐两大类。

①民歌

可分劳动歌、生活歌、仪式歌和叙事歌。

劳动歌是在农耕、狩猎、捕鱼及其他劳动中唱的,以农业劳动歌最多。生活歌分抒情歌、朗诵歌、讽刺歌、舞歌、酒歌、儿歌和催眠歌等。仪式歌分礼俗歌、祭典歌和巫咒歌等3种:礼俗歌用于婚礼、丧礼和迎宾送客等场合；祭典歌用于有关农业、狩猎、渔业的祭祀仪式以及祭祖先、祭人头和举行成年仪式（祭猴）等场合；巫咒歌用于祈求降雨和祛除疾病。叙事歌是以叙述历史来缅怀祖先和颂扬部落头人等为内容的传说故事歌。

②器乐

高山族的乐器，主要有口簧、弓琴、竖笛、鼻笛、乐杵、竹筒、铃、裂缝鼓和龟甲等。

（十九）傣族音乐

分为民间歌曲、歌舞音乐、说唱音乐、戏曲音乐4类。

①民间歌曲

有山歌、叙事歌、悲歌、宗教歌等。

山歌。多由青年在田野、山林独唱或男女对唱。有的表达爱情、赞美家乡、歌颂幸福生活，有的为即兴编唱。德宏地区山歌主要有"喊嘛"与"喊同卯"两种。喊嘛又分城子山歌（傣语称"喊嘛勒猛"，意为流行于城镇的山歌）、坝子山歌（傣语称"喊嘛勒姐"，意为流行于农村的山歌）两种。前者较柔和，后者较明朗。喊同卯用于男女对唱情歌时，称为"喊必央爽"，意为相爱歌。

叙事歌。包括"喊秀"（鹦鹉歌）、"喊吴哦"（叙事歌）、"喊暧轰"（流水歌）、"桑烘"（凤凰情诗调）、"拽"、"索"、"森"等。喊秀，直译为绿色的歌，是用以咏唱情诗或叙事诗的民歌，流行于德宏的瑞丽、芒市等地。喊吴哦与喊暧轰流行于德宏瑞丽地区，前者富吟诵性，后者歌唱性较强。桑烘，是流行于西双版纳的古老诗歌形式，也是表达青年人真挚爱情的长篇抒情诗。拽与索、森流行于孟连县边境孟阿地区。拽的音乐较抒情，速度稍自由，演唱时常用弓弦乐器多洛伴奏。索的音乐较活跃，速度稍快。森的旋律性强。演唱索与森时皆用弹拨乐器玎列伴奏。

悲歌。傣语称"喊细喊海"，包括"喊海"、"喊海赛篾"、"喊玎"、"喊鳖"等。喊海，傣语意为哭调，办丧事时由妇女边哭边唱。喊海赛篾，是在姑娘出嫁时母女相对哭泣而唱，歌词表现了母女恋恋不舍之情。喊玎，意为玎琴歌。喊鳖，意为口弦歌。演唱时不用乐器伴奏，多在忧伤时吟唱。

宗教歌。德宏地区有拜佛调、念经调、倒水祝福调等；西双版纳地区有拜佛调、升和尚调、念经快调、念经慢调等。此外各地还有反映原始崇拜的祭神调,以及巫婆演唱的师娘调、跳柳神调和巫师演唱的卜卦调等。其共同特点是音调近于朗诵。

此外,还有催眠歌、儿歌等。

②歌舞音乐

包括孔雀歌、打鼓调、十二马调、依拉恢、喊扎等。在年节、赶摆、喜庆时演唱,多用象脚鼓等打击乐器伴奏。

③说唱音乐

傣族人民在逢年过节、建造新房、婚嫁生育、赕佛仪式等活动时,都邀请民间歌手到场演唱助兴。这种半职业性艺人在西双版纳称"赞哈",在孟连称"窝甘"。由一人演唱,一人伴奏,伴奏乐器分别用筚、西玎。

④戏曲音乐

傣剧是在傣族民间歌曲和歌舞音乐的基础上发展起来的,并借鉴了汉族戏曲艺术的表现手段,流传于德宏、保山、临沧等傣族聚居区。

傣族的民族乐器属于吹奏乐器的有筚、葫芦箫、竖笛、木叶等;弹拨乐器有玎琴、口弦等;弓弦乐器有西玎、牛角玎等;打击乐器有象脚鼓、光隆、光边、光邦、铓锣、镲等。象脚鼓、铓锣、镲的合奏是傣族器乐合奏的主要形式。

(二十)纳西族音乐

分为民间歌曲、歌舞音乐和器乐3类。

①民间歌曲

从音乐形式和内容上,可分为:

"谷期"。意为吟唱,流行于西部地区,节奏自由,旋律常自高音开始,并任意延长。其内容多为情节曲折的叙事长歌,语言优美,比喻生动。

"俸北谷奴至"。意为劳动歌,有栽秧唱的"夕独热"、"喂猛达"、拔秧唱的"勒白儿"、收割唱的"窝勒鲁"、春碓唱的"习碓"……其他如犁田、采药、织麻、筑墙等也都有不同的歌曲。其内容多与各项劳动紧密相联,或祈求丰收,或相互逗趣以鼓舞劳动热情。这类歌曲节奏鲜明,节拍与劳动相适应。

"都目北夺至"。有"思库"、"目至"两种。思库，意为喜歌，是恋爱、说媒、婚嫁时唱的歌。目至，意为挽歌，速度徐缓，音调低沉，内容多属对死者的缅怀和对死者亲属的安慰。

"格于格止"。直译为见到什么唱什么，是一些短小的民歌，旋律较固定，音域不宽，曲调流畅、朴实。歌词多为即兴创作，内容有颂歌、祝愿等。

东巴调。是东巴教念诵经文调。音阶、调式、旋律等与古老的纳西族民歌相似。

"阿伙比哩"。是东部地区广为流传的一个歌种，亦称"阿哈巴拉"、"阿卡比哩"、"阿卡巴达咪"等。东部地区的民歌曲调，绝大部分是由它演变而来。内容以情歌和对母亲的赞美、怀念等居多。

由于纳西族东西两种方言的差别，以及东西两地民间音乐在调式、音阶旋律发展手法上的不同，形成了两种不同的音乐风格。西部民歌优美含蓄，委婉纤细；东部民歌较为明朗热情，粗犷奔放。

②歌舞音乐

可分为舞曲和歌舞曲两类：

舞曲。一般用竹笛或葫芦笙为舞蹈伴奏。曲调悠扬，旋律多跳进，节奏鲜明。

歌舞曲。舞蹈者手挽手或手搭肩围成圆圈。一领众和、边唱边舞，主要有："喂猛达"、"窝热热"、"热尺蹉"、"阿卡巴拉"、"呀丽哩"等。

③器乐

纳西族流行的乐器有：筚篥、横笛、芦管、琵琶、古筝、胡拨、口簧、二簧、胡琴、银锣、偏铃、鼓、镲等。纳西族器乐曲有如下诸种：

"白石细哩"。即白沙细乐，是一部带有歌曲、器乐曲、舞蹈的大型套曲。据传始于元代，现存6个乐章。乐曲充满缠绵悱恻、哀伤凄婉之情，常用于丧事，成为纳西族的一种风俗性音乐。

筚篥调。筚篥即竹笛，指用筚篥吹奏的各种曲调。

口簧曲。曲调较多。

丽江古乐。纳西族将内地传入丽江的洞经音乐（原为道教礼仪音乐，因其内容为颂唱《大洞仙经》的经文而得名）称"丽江古乐"。

3. 中国少数民族舞蹈

（一）塔吉克族舞蹈

塔吉克族是中国古老的高原民族，聚居在帕米尔高原东部新疆塔什库尔干塔吉克族自治县与邻近各县。这里地处古代丝绸之路，是中西交通孔道，舞蹈艺术不仅有明显的高原特征，而且受到中原文化、塔里木盆地各民族文化以及伊朗、印度文化的影响。

塔吉克族的舞蹈形式，主要有恰甫苏孜、麦依丽斯、拉泼依、刀舞、马舞等。

①恰甫苏孜

这是一种以双人对舞为主、即兴表演并带有竞技性的舞蹈形式。恰甫苏孜一词，塔吉克语意为快速、熟练。单拍活泼、跳跃，双拍沉稳有力，形成塔吉克族舞蹈的特有风格。

②麦依丽斯

麦依丽斯的塔吉克语意为特定节拍。是以民乐伴奏或民歌伴唱为主的自娱性舞蹈，也常用来表演传统的故事性民歌。

③拉泼依

自娱性舞蹈。是家庭内只用一个热瓦甫伴奏的特定舞蹈形式。舞蹈动作自由、轻快。

④刀舞

表演性单人舞蹈。表演者持波斯式长型弯刀而舞。动作有挥刀进、错步跳、劈转等。颇具古代武士之风。

⑤马舞

表演性道具舞蹈。塔吉克语称为阿路夏玛克。表演者腰系特制的马形道具，由1人或2人表演，边唱边舞。歌词内容多为称赞马如何矫健顽强，善走山路。动作多模拟马的登山、越涧、跑、跳、闪、转等。

（二）维吾尔族舞蹈

维吾尔族舞蹈继承古代鄂尔浑河流域和天山回鹘族的乐舞传统，又吸收古西域乐舞的精华，经长期发展和演变，形成具有多种形式和特殊风格的舞蹈艺术。

维吾尔族舞蹈的主要特点是身体各部位的动作同眼神配合传情达意。从头、肩、腰、臂到脚趾都有动作。昂首、挺胸、直腰是体态的基本特征。通过动、静的结合和大、小动作的对比以及移颈、翻腕等装饰性动作的点缀,形成热情、豪放、稳重、细腻的风格韵味。

维吾尔族民间歌舞蹈的主要形式有:赛乃姆、多朗舞、萨玛舞、夏地亚纳、纳孜尔库姆、盘子舞以及其他表演性舞蹈。

①赛乃姆

自娱性舞蹈。赛乃姆原是古代新疆民间曲调的一种,节奏平稳,旋律优美,适于舞蹈,后来与节奏欢快的曲调赛勒凯相结合,形成由慢转快的两段体的舞蹈形式,被收进维吾尔族古典套曲《十二木卡姆》。从《钦定皇舆西域图志·卷四十》关于回部乐的记载,可知赛乃姆曾是清朝宫廷回部乐中的表演项目。赛乃姆的伴奏乐器有弹拨尔、热瓦甫、都它尔、沙塔尔、手鼓等。以手鼓掌握舞蹈速度。

②多朗舞

礼俗性舞蹈。以双人对舞为基础,带有竞技性的组舞。"多朗"是居住在塔里木盆地个别地区古代维吾尔族人的自称。多朗舞是他们传统风俗活动中的重要组成部分。每逢婚嫁、喜庆日欢聚时,都跳多朗舞。多朗舞的表演程序:不分男女老少,团团围坐,鼓声起后,纷纷邀请对手双双起舞,其舞步稳健豪放。随音乐节奏由慢而快。舞蹈由双人对舞转为集体圈舞,又由圈舞发展成双人竞技性旋转表演,动作勇猛、矫健。伴奏乐器有卡侬、多朗热瓦甫、艾捷克、手鼓等。

③萨玛舞

风俗性舞蹈。是伊斯兰教节日时由男子在广场上集体表演的舞蹈形式。主要乐器为铁鼓和唢呐。其舞蹈动律沉稳、舒展。落脚时全脚着地,身体下压,微顿,抬步时两手随身体的俯仰而轻摆,常用跳转、擦地空转等技巧动作。表演者多为劳动群众,动作粗犷有力,富有劳动生活气息。

④夏地亚纳

是节日或盛大集会时在广场上表演的群众集体舞蹈形式。夏地亚纳原是乐曲名称,维吾尔语意为"欢乐的",过去曾用于王宫贵族的出巡、迎送等礼仪的乐舞中,后发展成为表达欢乐情绪的舞蹈。

⑤纳孜尔库姆

表演性男子舞蹈。以双人对舞为主,带有竞技性。伴奏乐器为:艾捷克、弹拨尔、热瓦甫、手鼓、唢呐、铁鼓等。

⑥盘子舞

表演性道具舞蹈。据传,盘子舞源于新疆库车民间,后流传各地,逐渐发展成为舞台节目,由女子单人表演。表演时舞者两手各持一盘子,指挟竹筷,和着音乐,边打边舞,并在头上顶一盛水的碗,以增加难度。麦盖提县的盘子舞,由男艺人表演,嘴内叼长把木勺,随舞击打碗。盘子舞的步法与舞姿,多来自赛乃姆。

(三)藏族舞蹈

藏族舞蹈大体可分为民间歌舞和宗教舞蹈两大系统;又可具体分为谐、卓、噶尔和羌姆4大类。

①谐

泛指流传在广大农牧村镇的自娱性集体歌舞,其主要形式有:

果谐。即圆圈舞,是流传在前后藏地区广大农村的一种自娱性集体歌舞。舞蹈时,人们围着盛有青稞酒的酒缸,男女各站一边,拉圈起舞,从左向右沿圈踏步移动并分班歌唱。歌词内容多为歌颂家乡和赞美生活。

果卓。俗称锅庄,是圆圈歌舞的意思。舞蹈动作有力,舞姿矫健奔放,有模拟禽兽的动作。

堆谐。藏族人把雅鲁藏布江上游的昂仁、定日、拉孜、萨迦及阿里一带叫作"堆",这些地区的农村圈舞就叫堆谐。13世纪,"堆"地区出现了一种叫"札木聂"的六弦琴,当地居民开始用它为歌舞伴奏,致使农村圈舞在结构上发生了变化,构成了踢踏舞的雏形。17世纪中叶传入拉萨后,经过加工形成了藏族踢踏舞,逐渐从自娱性舞蹈过渡到表演性舞蹈。

谐。是弦子舞的意思。每逢节日,一人操"白旺"(牛角胡)站在排头,拉起胡琴带领人群挥袖起舞,边唱边舞,基本队形是圆形,顺时针方向行进,时聚时散。舞者膝部连续柔缓地颤动,舞姿优美抒情。

②卓

泛指表演性强的集体舞，包括多种鼓舞、拟兽舞、性格舞等。这类舞蹈一般重技巧表演，歌时不舞，舞时不歌，或歌与舞穿插进行。代表性的卓有：

热巴卓。热巴是包括铃鼓舞、杂曲、民间歌舞的一种综合表演艺术。热巴卓是专指热巴中的铃鼓舞。表演这种舞蹈开始要向观众说一段颂赞吉祥、炫耀技艺的话，然后男执铜铃，女持带把的扁鼓，边敲边舞，情绪热烈。观众增多以后，就拉开场子进行技巧表演。先是女子集体表演鼓技，然后男子各自表演不同的技巧动作。

卓谐。流传在拉萨、山南等地农村的一种鼓舞。舞者携扁圆形腰鼓，多在喜庆节日的礼仪场合表演。表演时有身披羊皮、头戴面具的指挥者（"卓本"）指挥舞蹈进行的次序和鼓点的节奏。表演形式大体先是纯舞，节奏由慢到快，击鼓跳跃，变化队形，中间穿插鼓技表演。接着是徒歌，歌词内容为吉祥如意之词。继而是边击鼓边歌唱，最后以施礼拜揖结束。这种舞的表演者，多在膝部或腰部拴一串铃铛，随着跳跃发出声响。

③噶尔

藏语意为专业性的表演歌舞。这部乐舞是具有民族特色的藏族宫廷舞蹈。表演这种乐舞的是男性儿童，称噶尔巴，他们身穿彩衣，头戴白布圈帽，靴上系铃，每人手中拿一柄小斧子。噶尔的表演特点是：唱一句歌词，变换一种舞姿造型。舞蹈内容多是驱邪迎祥、歌颂政教昌隆的。主要伴奏乐器有达尔玛（近似新疆的铁鼓）、加林（长唢呐）、根卡等。

④羌姆

泛指驱鬼酬神、宣扬佛法天命、解说因果关系和表演佛经故事的宗教性舞蹈，包括民间"鸟冠虎带击鼓"的大型巫舞，主要是指喇嘛寺的跳神。这种舞蹈，最早是根据印度佛教瑜伽宗的礼仪，吸收本地苯教反映自然崇拜的巫舞、拟兽舞、法器舞混杂而成。在表演时，没有歌唱，气氛庄严肃穆。

（四）蒙古族舞蹈

蒙古族是中国北方的游牧民族，从事畜牧狩猎生产。由于长期生活在草原的地理环境和气候条件下，自古以来崇拜天地山川和雄鹰图腾，因而形成了蒙古族舞蹈浑厚、含蓄、舒展、豪迈的特点。蒙古族民间舞蹈主要有以下几种：

①筷子舞

由男性艺人在喜庆节日里单人表演。舞者右手执一把筷子，半蹲姿势，边唱民歌，边用筷子敲击手掌、肩部、腰部、腿部，有时旋转敲击地面，节奏由慢渐快。伴奏乐器有三弦、四胡、扬琴、笛子等。这种舞蹈情绪热烈欢快，节奏性强。

②盅子舞

亦称打盅子。由男性艺人在节日欢宴时独舞。开始时，艺人席地而坐，左右手各握两个盅子，随着音乐的节奏，每一拍碰击一下盅子，使其发出悦耳的声响。然后舞者起立，双手边碰击盅子边舞，双脚一前一后踏动，形成"手在舞、腰在扭、眼跟手、脚步稳"的典雅优美的舞姿。伴奏乐器有三弦、扬琴、四胡、笛子等。

③安代舞

又称"查干额利叶"（唱白鹰）。这种舞源于萨满教的巫术活动，至今已有300多年的历史。安代舞的基本动作是舞者左手叉腰，右手在胸前上下甩动绸巾，右脚原地踏步，有单甩巾踏地、双甩巾踏地、甩巾踏步等。集体表演时，队形呈圆形，1人领唱，众人相和，载歌载舞。

（五）傣族舞蹈

傣族舞蹈优美恬静，感情内在含蓄，手的动作丰富，舞姿富于雕塑性，四肢及躯干各关节都要求弯曲，形成特有的"三道弯"造型。舞蹈动作与节奏的特点是：重拍向下的均匀颤动，具有南亚舞蹈的特征。

傣族舞蹈主要有以下种类：

①模拟性舞蹈。多模拟动物，如孔雀舞、马鹿舞、白象舞、蝴蝶舞、鱼舞、大鹏鸟舞、鹭鸶舞、竹雀舞、猴子舞等。

②生活舞蹈。表现傣族人民劳动生活，如花环舞、篾帽舞、划船舞、捞鱼舞、摘花舞等。

③自娱性舞蹈。在节日和其他喜庆活动中的集体舞蹈，如戛光舞、象脚鼓舞、依拉恢等。

④仪式性舞蹈。如宫廷舞、腊条舞、祭祀舞、扇子舞、儿童舞、戛界等。

⑤歌舞。如十二马、戛喃燕等。

傣族舞蹈中最古老、最有代表性的舞蹈为孔雀舞和戛光舞,它们概括了傣族舞蹈的风格、韵律、舞姿造型和动作的组合规律,是傣族舞蹈的精华,反映了傣族人民的民族精神和审美特征。

(六)彝族舞蹈

彝族民间舞蹈均与一定的节日、仪式相关,在举行追忆祖先、祈求丰年等祭祀仪式时都要跳木鼓舞、铜鼓舞、花鼓舞、跳鼓舞等舞蹈,其舞蹈气氛壮重、肃穆。皮鼓舞,过去一直是巫师跳的舞蹈,直接用于祈福禳灾的活动中。舞蹈时边击鼓边舞动,以双肩及胸、胯迅速摆动为其特点。跳宫、跳叉、跳麒甲、刀舞等舞蹈中仍保存有古代狩猎及部落之间争战的痕迹,并通过不同的舞蹈场面和仪式,表达对英雄的歌颂。

打歌。彝族地区的自娱性舞蹈,有些地区称之为"跳脚"、"跳乐"等。这类舞蹈以下肢动作为主,跳跃、抬腿、悠腿等动作较多,也有错步、转圈等。其伴奏大部分用四弦、三弦、笛子、芦笙等。各地区打歌风格各不相同,有的连续跳动,起伏明显;有的踏地有声,对脚有力;有的步法轻盈,错步如飞;有的动作纤细、柔和、抒情。手部动作较少,有拉手、拍掌、甩臂等。

披毡舞。是四川凉山地区特有的舞蹈形式,舞者以身上披裹的披毡为道具,多表现熊、鹰等形象。舞者双手握披毡开口处,随双臂伸展、收拢、摆动,带动披毡时上时下,好像老鹰展翅飞翔。

烟盒舞。舞蹈以盛烟草的烟盒为道具,其舞姿优美、刚柔相济,动静结合。用月琴伴奏,舞者和着节拍用手指弹响烟盒,其效果独具一格。

(七)朝鲜族舞蹈

朝鲜族舞蹈动作多为即兴性的。其特点是幅度大,表演者的内在情绪与动作和谐一致,长于表现潇洒、欢快的情绪。其伴奏音乐旋律优美,节奏多变。

朝鲜族舞蹈的主要形式有:

①农乐舞

朝鲜族表现农耕生活内容历史最长的舞蹈。它源于古代的祭祀和狩猎活动,后发展成为农事劳动中的自娱性舞蹈形式。农乐舞分情节表演与技巧表演两种。舞蹈中"象帽"(戴一种斗笠)的表演别具一格,舞者头戴系有长短两根飘带的特制斗笠,边击小鼓边转动飘带起舞,同时将舞蹈表演引向高潮。农乐舞的伴奏音乐,由12段曲调组成,音乐欢快热烈,舞蹈风趣活泼。

②假面舞

戴假面表演的男性舞蹈。其表演综合了唱诵、对话、舞蹈等艺术形式,并具有戏剧性。假面舞多用于表现讽刺性内容,情节活泼、幽默。伴奏乐器有箫、笛、鼓、长鼓、三弦琴等。

③剑舞

又称剑器舞,是手持短剑表演的女性舞蹈。短剑的剑柄与剑体之间有活动装置,表演者可自由甩动、旋转短剑,使其发出有规律的音响,与优美的舞姿相辅相成,造成一种战斗气氛。

④长鼓舞

是身挎长鼓表演的道具舞蹈。男女均可表演。女性长鼓舞风格优雅;男性长鼓舞风格潇洒、活跃。此舞来源于农乐舞中的单人表演,经演变后,成为独舞、双人舞和群舞,在朝鲜族广泛流传。所用长鼓两端鼓面分别为高、低不同音色,舞者两手同时击打出各种不同节奏的鼓点。

⑤扁鼓舞

持扁形鼓表演的道具舞蹈。扁鼓原为朝鲜族古老的打击乐器,后发展成为男女舞者胸前系鼓而舞的舞蹈。表演时舞者两手击打胸前的扁鼓,边击边舞。女性扁鼓舞多为独舞,舞姿优雅,男性扁鼓舞多为群舞,动作大方、有力,具有强烈的战斗性。

⑥扇舞

持花扇表演的女性道具舞蹈。源于古代巫女活动及民俗活动中的扇子表演,后发展成为单扇舞、双扇舞两种形式。扇舞动作细腻,节奏变化多,它以朝鲜族女性舞蹈活泼、优美的特点表现纯朴、善良的民族精神。

⑦拍打舞

是表现渔民喜获丰收的舞蹈。舞者扮为渔夫,作乘船姿态,随"安旦"

节奏用手掌拍打胳膊、双腿及胸部两肋,表达喜悦之情。其动作激烈,情绪欢快。

七、民族医药

1. 藏族医学

以藏族为主的少数民族在漫长的医疗实践中创造发展起来的传统医学。简称藏医学或藏医。是中国传统医学的重要组成部分。

藏医的基本理论包括:

(一)三因学说

三因指隆(意为风,主呼吸)、赤巴(意为火,主身体之热能)、培根(意为水和土,主体液)。藏医认为这三者是构成人体的基本要素,各有其生理机能。在正常情况下,它们保持着协调和相对的平衡状态,维持着人体的健康,而当其中某一成分因故偏盛或偏衰时,人体则陷于病态。

(二)人体类型学说

藏医把人体按隆、赤巴、培根分成三种类型。

隆型人体型干瘦、背曲、面色偏青灰、多话、不耐寒、睡眠不踏实、体格矮小、喜唱歌与嬉笑、喜争论、嗜甜酸苦辣味和具有老鹰、乌鸦、狐狸般的性格。

赤巴型的人体型高、多汗、身有臭味、易渴不耐饥、头发及肤色偏黄,聪明而骄傲;嗜甜苦涩凉味和具有猴子、老虎般的性格。

培根型的人较肥胖、肌肉丰满、肤色偏白、体型端直、耐饥渴和烦恼、嗜睡眠、嗜酸涩辣等,其性情善良,具有狮子般的性格。

有些人属混合型,如隆、赤巴混合型者身体较小,培根、隆混合型者身体中等,培根、赤巴混合型者身体高大,其性格、行为、嗜好等则兼有两者之特点。判定人的类型,与用药治病的关系极为密切。

(三)人体解剖及生理

藏医对于人体解剖及生理有比较深入的了解。在内脏构造方面,也认为有五脏:肝、心、脾、肺、肾;六腑:胆、小肠、大肠、膀胱、胃和"三木休"(类似中医的"三焦")。而且对骨骼关节、脑髓神经等,都有一定的认识。对于胚胎学的认识,在世界医学史上也占有一定地位。

藏医还认为人体是由七种物质构成的：即精微（来自食物）、血液、肌肉、脂肪、骨骼、骨髓和精液。这七种物质在体内有各自的功能。除这七种物质外，人体还有汗、尿、粪三种排泄物。

藏医认为，人体内的三大因素，七种物质、三种排泄物等，在正常情况下都有一定的量，互相之间保持协调，一旦这种协调关系受到破坏，发生偏盛或偏衰，都会导致疾病。

（四）病因学说

藏医也认为产生疾病的原因包括内因和外因两种。在内因方面，涉及人的体质类型、年龄、情绪变化等因素。各种过激的情绪，不论喜怒忧思，均可致病。在外因方面，包括气候变化、起居环境、饮食不节等因素，并特别强调起居环境和饮食。凡居住环境过于潮湿寒冷或过热，过食与体质类型不相匹配或相悖的食物，以及偏食嗜味、暴饮暴食、误食毒物、酗酒等均可致病。另外如强忍二便、强忍射精、久卧久坐、房事过度、失血过多，以及外伤、虫豸蜇伤等，都是造成疾病的原因。

（五）疾病分类

藏医把病证分成八科，又称为八支，这八科分别是全身病科、小儿病科、妇女病科、创伤科、中毒病科、魔鬼病科、返老还童科（或称老年科）及壮阳补养科。其中魔鬼病科包括了一些精神方面的疾病，如健忘、精神错乱以及癫狂类病证等。八科中以全身病包罗最广，凡其他各科未能包括者，均列入此科。

2. 蒙古族医学

在长期的医疗实践中逐渐形成与发展起来的蒙古族传统医学，简称蒙医学或蒙医。是中国传统医学的重要组成部分之一。

蒙医学以阴阳五行、五元学说理论为指导，贯穿了人与自然的整体观。内容包括三根、七素的物质基础，辨证施治的基本方法等。

（一）三根

蒙医以"赫依"、"希拉"、"巴达干"三根的关系来解释人体的生理、病理现象。

"赫依"是指各种生理功能的动力。凡是思维、语言、动作及各脏器的功能活动，皆受"赫依"支配。如果"赫依"的功能失常，则会导致脏腑功能减弱，表现为神志异常、失眠、健忘、疲乏、眩晕、麻木、抽搐、瘫痪等。

"希拉"有火热之意，在脏腑中与胆的关系最为密切。机体的体温、各组织器官的热能及精神的振奋等都是"希拉"在发挥作用。"希拉"偏盛，则可发生各种温热病，如黄疸、口苦、吐酸、烦渴、神情狂躁等机能亢盛的表现，都属于"希拉"的失常。

"巴达干"是指体内的一种粘液状物质，具有寒性的特征。在正常生理情况下，"巴达干"能滋润皮肤，濡养组织器官，滑利关节，化为唾液、胃液、痰液等分泌物。"巴达干"的功能失调，除表现为一般寒性征象外，还易导致水液的停滞不化而出现各种分泌物增多的现象，如浮肿、胸水、腹水、痰多、吐清水、妇女白带多等。

（二）七素

蒙医以"七素"作为构成人体的基本物质，包括水谷精微（透明液体）、血、肉、脂、骨、髓、精液。"赫依"、"希拉"、"巴达干"与"七素"之间有着相互依存的密切关系。

（三）辨证施治

蒙医的辨证方法主要有病因辨证、病位辨证及论病辨证等。此外，尚有探查性服药的辨证方法，多用于疑难病证。

施治的主要内容包括立法、处方、手术等。蒙医有清、解、温、补、和、汗、吐、下、静、养十法；还有燥"希拉乌素"（黄水），杀"粘"（病菌、病毒），导热、升温等独特的治疗法则。急则治标，缓则治本。蒙医非常重视人与自然环境，生活习俗与疾病的关系。

3. 解剖学方面的认识

公元8世纪时，藏医宇妥·元丹贡布宇玛，吸取了中原传统医学的精华，并引进了天竺（印度）、大食（阿拉伯）诸国的医学，著《四部医典》（藏名"据悉"，现今行世的《四部经典》，是由其十一世孙新宇妥·元丹贡布在历代医家补充修订的基础上全面修订而成的），书中含有不少人体解剖生理知识。1704年还绘制了成套的彩图79幅，包括药用动植物，人体解剖结构、胚胎发育等。

八、民族历法

1. 傣族历法

傣族人民使用的傣历是一种阴阳合历,年是阳历年,一般是365天,月是阴历月,即朔望月,29天或30天。傣历阳历年同十二个阴历月之间要差11天,为此有两种置闰法,一是每隔两三年加一个闰月,另一是隔几年有一次8月为大月,加一天。

2. 藏族历法

藏族的历法,在九世纪初就采用干支纪年法,但以阴阳五行(木、火、土、金、水,各分阴阳,第一年为阳,第二年为阴)代替十天干,以十二属相(鼠、牛、虎、兔、龙、蛇、马、羊、猴、鸡、狗、猪)代替十二地支,也是六十年一循环。如1027年,藏历称阴火兔年。

3. 回历

回历又叫"回回历"或"希吉来历",相传是伊斯兰教穆罕默德于622年所创。元忽必烈曾颁发过回回历。回历分在宗教仪式上用的"太阴年"和用在农业生产上的"太阳年"两种年法。太阳年法以春分为岁首,依太阳行十二宫一周为十二个月。其月份次序、宫名、日数为:一月,白羊(戌)宫,31天春分点;二月,金牛(酉)宫,31天;三月,双子(申)宫,31天;四月,巨蟹(未)宫,32天夏至点;五月狮子(午)宫,31天;六月,室女(巳)宫,31天;七月,天秤(辰)宫,30天秋分点;八月,天蝎(卯)宫,30天;九月,人马(寅)宫,29天;十月,摩羯(丑)宫,29天冬至点;十一月,宝瓶(子)宫,30天;十二月,双鱼(亥)宫,30天。上述平年365天,历128年置闰31次,逢闰的年,于双鱼宫之末增一日,为366天。这种置闰法比通行世界的儒略历或格里历还要精密。

鸣 谢

"故寂然凝虑,思接千载;悄焉动容,视通万里"(刘勰《文心雕龙》),为探究和弘扬华夏文明,古往今来无数学者鸿儒,他们呕心沥血,探微钩校,为垦拓和传承华夏文明提出了许多真知灼见,积累了大量翔实史料,其赫赫功绩,亦可彪炳史册。本书正是在此基础上纂编而成的。书中内容除参考或摘抄过的古代文献资料外,还曾引用过大量近现代诸家的著作或文章。

本书各卷中使用了众多的图片数据,其中绝大部分取自古代文献,但亦有少部分系引自近、现代诸家的著述,甚或引自互联网。对于引自近、现代著述或互联网的文献图片数据,有相当一部分我们已具实署名,标明出典,但亦有少量文献图片数据,我们实在无法逐一找到它们的原始出处或原作者,更无法找到它们的原作,因此只能进行复制。

为表达对专家学者的学术研究成果之心仪,特将已查明的姓名罗列于后,以示毋忘其在华夏文明史垦拓方面的卓绝贡献。

丁冠之、丁广举、丁羲元、丁宝兰、干前进、于民、于倬云、王水照、王玉池、王玉哲、王正平、王冬龄、王立、王永志、王永宽、王季思、王向群、王金雨、王兆春、王靖宪、王明、王其明、王起、王世仁、王思治、王健民、王诚汉、王曾婉、王贵祥、王国轩、王海萍、王驾吾、王苏波、王卫、王显臣、王学理、王越、王运熙、王振铎、王振俊、王钟翰、牛维佳、毛礼锐、毛元佑、文金祥、方定明、方克立、方立天、方诗铭、方夏灿、卞孝萱、孔令诩、孔德骐、尹恭弘、水渭松、石昌渝、石峻、石光伟、田人隆、田楚、田地、田光辉、田余庆、田自秉、田郁礼、田联韬、田泽长、史仲文、令狐彪、皮道坚、邢贲思、成东、成复旺、吕乃岩、吕长生、吕达、吕骥、吕薇芬、吕遵谔、朱大昀、朱日耀、朱步先、朱贻庭、朱清泽、朱关田、朱耀正、伍雄武、任金城、任昭坤、任继愈、伊广谦、向守志、向麓生、阮璞、江巨荣、江铭、江荣海、杜平、杜石然、李文治、李少一、李平、李光军、李季芳、李兆华、李思永、李延祜、李延良、李廷先、李放、李松、李硕之、李银珠、李德永、李国钧、李锦全、李经纬、李凯、李零、李晴海、李曦、李学勤、李学忠、吴庚舜、吴建璠、吴茂霖、吴奈夫、吴荣曾、吴如嵩、吴山、吴石苏、吴世昌、吴新智、吴肇钊、吴正明、吴宗国、吴组缃、何永才、何今声、何聿光、何满子、何荣昌、何兹金、何寿昌、何耀华、佟锦华、余先缘、余冠英、余敦康、余贻骥、谷方、谷世权、谷溪、辛冠洁、汪子春、汪菊渊、汪贤度、汪钱、沈天佑、沈玉成、沈林根、沈从文、沈灌群、邱中郎、邱振中、邱汉生、邱学平、宋正海、宋恩常、邵文良、邵荣芬、武绍新、林甘泉、林东海、林干、林则普、林圣龙、林贻俊、苟萃华、范文澜、范中义、范宁、尚廓、季德源、季镇淮、岳斌、金春峰、金启华、金宁芬、周一良、周士琦、周文英、周本淳、周先慎、周世德、周克文、周祖谟、周惠泉、周启澄、周振甫、周贻白、周德昌、周德礼、周芜、周云之、居思伟、孟令彰、孟繁树、岩林、柏桦、胡乃长、胡小伟、胡如雷、胡念贻、胡昭曦、胡振华、胡德智、胡厚宣、胡家聪、胡伟民、胡晓林、郝建恒、郝晓安、南炳文、畏冬、侯敏泽、侯外庐、俞启定、俞敏、俞濯之、施丁、施渡桥、施议对、计万松、韦凤娟、韦庆远、姚奠中、姚蜀平、涂钧勇、袁炳昌、袁珂、华觉明、夏东元、扎木苏、马白、马茂元、马彦祥、马得志、马振铎、马鸿盛、马啸风、钱冬生、钱南扬、钱仲联、倪其心、乌兰察夫、奚传绩、翁金墩、翁独健、郭乃安、郭化若、郭湖生、郭来喜、郭朋、郭松年、郭炎、郭预衡、郭植斋、郭隽杰、衷尔钜、高时良、高体干、席泽宗、唐永德、唐宇元、唐长孺、唐凯麟、唐昱、唐寰澄、陈子富、陈久金、陈少丰、陈永龄、陈伯海、陈金生、陈克明、陈明达、陈明义、陈祖美、陈思、陈秉才、陈哲夫、陈景盘、陈从周、陈铭、陈德礼、陈国强、陈嘉震、陈庆坤、陈胜庆、陈祥耀、陈增弼、陈智超、陈耀东、陈毓罴、陶文鹏、卿希泰、孙文良、孙立群、孙金麟、孙仲达、孙培青、孙强、孙望、孙静、孙关龙、孙机、桑吉扎西、梅荣照、黄才贵、黄志洪、黄葆真、黄纯真、黄慰文、黄朴民、曹汛、曹道衡、曹婉如、曹础基、曹寿珍、常霞青、敏泽、许大龄、许忠陵、许杭生、许启标、许椿生、许德楠、许淦、许梦瀛、寇邦平、梁光桂、张一文、张文才、张立文、张少康、张世禄、张戎、张有隽、张庚、张希钦、张秀平、张政烺、张棣华、张敦田、张国风、张国华、张惠芬、张焕庭、张俊、张丽荣、张烈、张鸣岐、张朋川、张荣庆、张瑞璠、张善诚、张紫晨、张树英、张燕镜、张驭寰、张泽咸、张铎、彭池、彭明、彭年、彭松、乔长路、钮骠、叶金培、万海峰、葛荃、葛荣晋、葛晓音、董时恒、董纯才、董琨、董鉴泓、董兴仁、蒙培元、蒲坚、单士元、单国强、程舜英、程喜霖、程毅中、程应镠、程宝绰、傅芳、傅懋绩、傅璇琮、傅云龙、邹经、邹逸、冯天瑜、冯至、冯东礼、冯明洋、冯尔康、冯慧芬、冯契、冯双白、冯蔚然、汤一介、汤池、汤炳正、汤纲、游修龄、游国恩、曾扬华、费师逊、费振刚、杨一凡、杨仁恺、杨占昌、杨志本、杨志玖、杨伯达、杨臣彬、杨羽健、杨宗平、杨放、杨德炳、杨泓、杨健、杨价佩、杨敏如、杨荣春、杨通儒、杨渭生、杨新、杨翼骧、杨增彤、贾福华、贾瑞凯、贾熟村、贾兰坡、楚石、雷广正、雷渊深、詹立波、詹慈、褚斌杰、蔡美彪、蔡星仪、蔡家麒、蔡景峰、赵宗正、赵匡华、赵德贤、赵景深、赵觉民、赵璞珊、赵齐平、漆侠、齐威、齐钟廖仲安、么书仪、郑文光、郑克晟、郑金生、郑登云、邓艾民、邓绍基、邓魁英、邓广铭、邓涛、邓兴器、楼宇烈、楼庆西、刘士忠、刘乃昌、刘仁庆、刘立文、刘金吾、刘先照、刘昌芝、刘佛年、刘海年、刘宏章、刘晖桢、刘建龙、刘靖、刘培育、刘起釪、刘昭祥、刘德重、刘德华、刘齐、刘瑞莲、刘蔚华、刘孝瑜、刘旭、刘叙杰、刘燕池、刘纲纪、刘扬忠、刘叶秋、刘兴珍、刘泽华、黎沛虹、鲁才全、谈宗英、潘永祥、潘深亮、潘富恩、潘鼐、穆罕买江·司马益、穆益勤、翦伯赞、薛永年、薄松年、薄树人、萧家驹、萧涤非、萧箑父、萧默、萧万源、萧燕翼、霍印章、霍松林、卢开万、鲍昌、鲍同、邝柏林、阎国华、蓝永蔚、戴念祖、戴逸、谢桂华、谢国良、谢凝高、谢庆奎、应永深、聂崇正、庞朴、韩国磐、魏隐儒、苏和、苏琴、苏移、苏传训、罗佐才、罗世烈、罗希吾戈、罗铭、罗雄岩、罗尔纲、严政、严敦杰、钟贤培、钟肇、谭其骧、谭家健、谭树桐、谭继和、关立勋、顾学颉、龚产兴、钟麟。

本书在编纂中尤其得益于如下著作：

任继愈：《中国哲学史简编》，人民出版社，1973年10月

中国科学院哲学研究所、北京大学哲学系：《中国历代哲学文选》，中华书局，1962年10月

侯外庐等：《中国思想通史》，人民出版社，1962年

明旸法师：《佛法概要》，1993年

韦庆远：《中国政治制度史》，中国人民大学出版社，2005年2月

郭化若：《孙子今译》，上海人民出版社，1977年6月

银雀山汉墓竹简整理小组：《孙膑兵法》，文物出版社，1975年2月

许保林：《中国兵书通览》，解放出版社，2002年1月

张志公：《汉语知识》，人民教育出版社，1962年8月

董琨：《汉字发展史话》，商务印书馆，1991年11月

郑振铎：《插图本中国文学史》，作家出版社，1957年11月

游国恩：《中国文学史》，人民文学出版社，1963年7月

章培恒等：《中国文学史》，复旦大学出版社，2004年9月

中国科学院文学研究所中国文学史编写组：《中国文学史》，人民文学出版社，1962年7月

徐中玉、金启华：《中国古代文学作品选》，上海古籍出版社，1987年8月

郭绍虞：《中国文学批评史》，新文艺出版社，1956年10月

周贻白：《中国戏剧史长编》，人民文学出版社，1960年1月

邓涛、刘立文等：《中国古代戏剧文学史》

范文澜：《中国通史》，人民出版社，1978年6月

翦伯赞：《中国史纲要》，人民出版社，1979年3月

翦伯赞等：《中外历史年表》，中华书局，1982年11月

刘泽华等：《中国古代史》，人民出版社，1979年7月

白寿彝等：《中国通史》，上海人民出版社，1999年

吴乘权等：《纲鉴易知录》，中华书局，1963年2月

傅恒等：《御批历代通鉴辑览》，浙江书局，同治十年

黄本骥：《历代职官表》，上海古籍出版社，1982年4月

中国科学院自然科学史研究所：《中国古代科技成就》，中国青年出版社，1996年1月

《教育大辞典》，上海教育出版社，1990年6月

《辞海》，上海辞书出版社，1997年7月

《中国大百科全书》，中国大百科全书出版社，1995年1月。

《中国百科大辞典》，中国大百科全书出版社，2005年。

《中国传世名画》，海燕出版社，2003年12月。

《中国绘画全集》，文物出版社，1999年10月

《中国名画博物馆》，海燕出版社，2002年1月。

《青铜礼乐器》，上海科技出版社，2007年1月。

《中国书法鉴赏大辞典》，中国人民大学出版社，2006年。

编纂者识

图书在版编目（CIP）数据

华夏文明圣火薪传／章人英主编．—上海：上海三联书店，2015.5
ISBN 978-7-5426-5187-7

Ⅰ.①华… Ⅱ.①章… Ⅲ.①中华文化－通俗读物 Ⅳ.①K203-49

中国版本图书馆CIP数据核字（2015）第100609号

华夏文明圣火薪传

主　　编／章人英
副 主 编／葛明沧　顾　钢

责任编辑／陈启甸
特约编辑／张建一
装帧设计／顾　夏
监　　制／李　敏
责任校对／鲍惠霞　石晓寅

出版发行／上海三联书店
　　　　　（201199）中国上海市闵行区都市路4855号2座10楼
网　　址／www.sjpc1932.com
邮购电话／021-24175971
印　　刷／上海江杨装订有限公司

版　　次／2015年5月第1版
印　　次／2015年5月第1次印刷
开　　本／787×1092　1/16
字　　数／1500 千字
印　　张／97.25
书　　号／ISBN 978-7-5426-5187-7／K·320
定　　价／280.00元（共五卷）

敬启读者，如发现本书有印装质量问题，请与印刷厂联系021-66081702

第四卷

华夏文明圣火薪传

主　编　章人英
副主编　葛明沧
　　　　顾　钢

上海三联书店

总目录

第一卷
卷首语　鸿儒卓识
第一章　厥初生民
第二章　先哲玄训
第三章　质测钩玄

第二卷
第四章　郅治之道
第五章　文化教育

第三卷
第六章　武备韬略
第七章　史志辑略
第八章　舆地广记

第四卷
第九章　字源韵会
第十章　文苑汇考

第五卷

第十一章　艺林掇英

第十二章　民族博闻

第四卷　目录

第九章　字源韵会

第一节　汉字溯源 /1
第二节　形体嬗变 /2
　　一、甲骨文 /2
　　二、铭文 /2
　　三、蝌蚪文 /3
　　四、大篆与鸟虫书 /3
　　五、小篆 /3
　　六、隶书 /4
　　七、草书 /4
　　八、行书 /4
　　九、楷书 /5
第三节　六书旨要 /5
　　一、汉字的构成和使用方式——六书 /5
　　二、汉字的结构 /6
第四节　孳乳寖多 /7
第五节　字书训诂 /8
　　一、学童习诵的识字书 /8
　　二、按形体偏旁分部编排的字书 /9

三、刊正字体的字书 /12
　　四、集录篆、隶、古文字的字书 /14
　　五、用六书分析文字的字书 /15
　　六、训诂类 /16

第六节　音韵举要 /19
　　一、汉语音韵概述 /19
　　二、反切 /20
　　三、等韵 /20
　　四、平水韵 /21
　　五、韵书要籍 /21

第七节　诗词格律 /25
　　一、绝句格式 /26
　　二、律诗格式 /27
　　三、古风特点 /29
　　四、词牌、词谱和词律 /29
　　五、词的体制 /30
　　六、常见词牌举隅 /30

第十章　文苑汇考

第一节　中国文学之滥觞 /33
　　一、远古口头文学 /33
　　二、古代神话传说 /33

第二节　先秦文学 /36
　　一、《诗经》 /36
　　二、楚辞 /41
　　三、先秦散文 /46

第三节　秦汉文学 /53
　　一、汉赋 /53

二、秦汉散文/56
　　三、汉代乐府/61
第四节　三国两晋文学/66
　　一、建安文学/66
　　二、正始文学/71
　　三、西晋文学/74
　　四、东晋文学/78
　　五、三国两晋文学理论批评/82
第五节　南北朝时期文学/83
　　一、乐府民歌/84
　　二、诗作歌行/85
　　三、辞赋散文/90
　　四、偶俪骈文/92
　　五、散文宏篇/93
　　六、志怪轶事/93
　　七、诗文总集/94
　　八、文学批评/95
第六节　隋唐五代文学/97
　　一、隋唐五代诗/97
　　二、唐五代词/136
　　三、隋唐五代散文/141
　　四、唐代传奇/145
第七节　宋代文学/146
　　一、宋诗/146
　　二、宋词/158
　　三、宋代散文/174
　　四、宋元话本/177
　　五、宋代文学理论批评/179
第八节　辽金元文学/182

一、辽金文学/182

　　二、宋金元诸宫调/183

　　三、元代散曲和诗文/184

　　四、戏曲的发展和元代杂剧/188

　　五、元代南戏/199

　　六、元代曲论/202

第九节　明代文学/202

　　一、明代诗文/202

　　二、明代小说/210

　　三、明代戏曲/218

　　四、明代散曲与民歌/224

　　五、明代文学理论批评/225

第十节　清代文学/227

　　一、清代诗词文/227

　　二、清代小说/238

　　三、清代戏曲/247

　　四、清代文学理论批评/253

第十一节　晚清文学（近世文学）/255

　　一、道光、咸丰朝文学/255

　　二、同治、光绪朝文学/256

　　三、清末民初文学/256

第九章　字源韵会

第一节　汉字溯源

中国汉字的起源，据西汉刘安《淮南子·本经训》说："昔者仓颉作书而天雨粟，鬼夜哭"。宋代叶梦得在《石林燕语》里还记述了当时京都官府中许多管理文书的小官吏，到了秋季就集体祭祀仓颉，把他尊为文字之神。可见仓颉造字之说在中国是源远流长的。另一种说法则见于《易经》，说是"上古结绳而治，后世圣人易之以书契"，而这个上古，东汉许慎在《说文解字》里明确指出是"神农氏"。另外，《尚书》记载："古者，伏羲氏之王天下也，始画八卦，造书契，以代结绳之政，由是文籍生焉。"其实，结绳只是表达某种信息的记事方式，八卦只是象征多种事物的基本图形或符号，它们都不能用来记录语言，不能算是文字。因为，文字是语言的书写符号，是人与人之间交流信息的约定俗成的视觉信号系统。这些符号能灵活地书写由声音构成的语言，使信息送到远方，传至后代。

大约在距今六千年前的仰韶文化彩陶上已发现了几十个刻画符号，考古学家们已认定它们就是我国最早的原始文字，或是文字的雏

仓颉像

八卦

刻符陶片　　　　　　　　大汶口文化遗址刻符陶尊
（新石器时代·龙山文化）　（似日、云和山组合在一起的符号）

形，后来有人称之为陶文。此后汉字形体的发展，正是在这一基础之上展开和完成的。

第二节　形体嬗变

一、甲骨文

中国现存最早的成系统的文字是甲骨文，用刀契刻于龟甲、兽骨之上，别称契文、龟甲文字。由于商王好占卜，凡是祭祀、征伐、田猎、农事等都要占卜，占卜的文辞就刻在龟甲兽骨上，故又称卜辞。甲骨文现存约4700个甲骨单字，已经辨识出三分之一。从中得知，甲骨文已是一种象形、指示、会意、形声相结合的书写文字，是相当成熟的文字。

二、铭文

殷周时，浇铸在青铜器上的文字，称为"铭文"，又称"金文"，也称

大骨版祭祀狩猎涂朱牛骨刻辞与拓片　商代田告母辛方鼎铭文与释文

"钟鼎文"。青铜器在西周得到极大的发展，铜器上的文字扩展到几百字的长片铭文。金文的形体也逐渐脱离图绘性而变为线条化、平直化。

三、蝌蚪文

殷周时还有一种书体蝌蚪文，因头粗尾细，形似蝌蚪，故名。又称蝌蚪书、蝌蚪篆、漆书。

四、大篆与鸟虫书

到了春秋战国之间，书写工具有了竹简和丝帛，文字可以用笔来写，不用契刻和陶铸，因而使用日广。这时，列国的文字各有地方特色，不完全一致。秦人承继了西周的文字，笔划趋于繁复，如秦刻石（通称石鼓），即所谓大篆，亦即籀文。东方诸国的文字则趋向简易，改变比较多。甚至有将笔划加鸟头形或拖上长尾巴，也有的加虫子形，形成一种所谓"鸟虫书"。鸟虫书，又名虫书、鸟书、鸟篆、鱼书。古人称鸟为羽虫，鱼为鳞虫，所以虫书可以包括鸟书和鱼书。鸟虫书是一种美术字体，其初只是为了美观，后来因为它笔划复杂，花样繁多，难于仿造，也用它写证件。大体都是用当时流行的篆书字体为骨干，任意加以改造装饰。鸟虫的形状"随体诘诎"，和篆书字体很和谐，容易取得美观的效果。鸟虫书是依附篆书发展起来的，魏晋以下通行楷书（真书），有的著名书法家也作鸟篆，只是仿古，没有实际用处。

秦石鼓文拓片（局部）

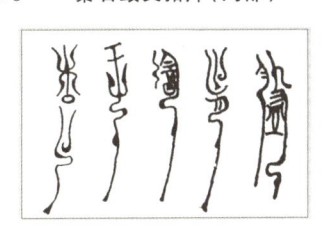

鸟虫书

峄山刻石拓片局部

五、小篆

秦灭六国以后，建立了统一的王朝，李斯倡议进行统一文字，罢其不与秦文合者，于是有小篆，因通行于秦代，故又称秦篆。

到新莽时，又出现一种用以摹印的别体，称缪篆，因其文屈曲缠绕，故名。

新嘉量铭文拓片（缪篆）

三老讳字忌日记拓片　史晨前碑拓片

小篆对大篆而言,形体比大篆简单,结构比金文整齐,写法有一定的规范,而且同从一个偏旁的字,偏旁的写法和地位也都有一定,因而文字走向系统化。

六、隶书

隶书是由简略的篆书逐渐发展而成的。《说文解字叙》云:"秦烧灭经书,涤除旧典,大发隶卒兴役戍,官狱职务繁,初有隶书,以趣约易,而古文由此绝矣。"晋卫恒《四体书势》云:"秦既用篆,奏事繁多,篆字难成,即令隶人佐书,曰隶书。"相传在秦代,民间已开始使用隶书。到了汉代,隶书不断发展,成为日常应用的字体。隶书笔划简化、结体改变、变篆书的圆笔为直笔或方笔。隶书解散了篆体,使文字完全脱掉了图画的性质,成为便于书写的符号,文字也就走向大众化的方向,在社会生活中发挥着更大的作用。从东汉时起,纸已经大量生产,书写文字也更加方便,因此隶书的笔势带有波磔,后人称为八分。在体势上与篆书大不相同,东汉时期有不少的书法家擅长楷隶。

七、草书

在汉代隶书开始发展的时期,又有了草书。草书是草率的隶书,汉魏时通行的是章草,东晋时又有了今草。宋黄伯思云:"凡草书分波磔者名章草。"清段玉裁云:"其各字不连绵者曰章草,晋以下相连绵者曰今草"。兴于唐代的还有狂草,即在今草的基础上任意增减笔划,恣意连写。

八、行书

汉末又有了由楷隶简化的行书,是介于草楷之间的一种字体。始于东汉,较草书端正,

急就章（章草）　十七帖晋王羲之书（今草）　苦笋帖唐怀素书（狂草）

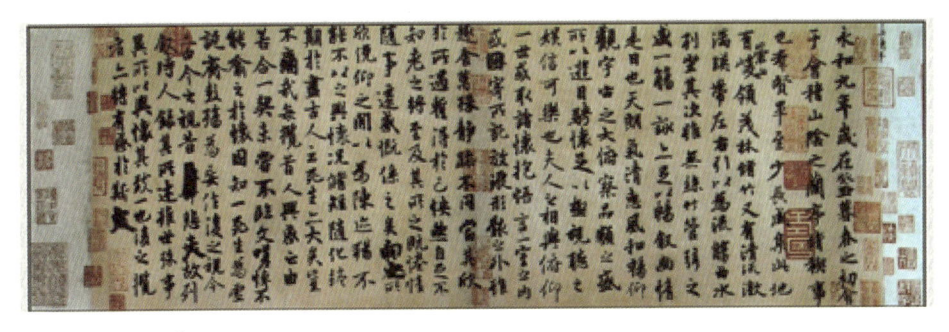

兰亭序晋王羲之书

比楷书潦草，弥补了楷书不便书写和草书难于辨认之不足。楷法多于草法的叫"行楷"，草法多于楷法的叫"行草"。被称为"书圣"的东晋大书法家王羲之创作了大量的行书作品，长期以来备受后人的宝爱。

宣示表拓片钟繇书

九成宫醴泉铭拓片欧阳询书

九、楷书

楷书即正楷，指具有法度、可为楷模的法书。从汉代有楷隶以后，到魏晋时代就有了正书。正书也称为真书。这种字体比楷隶又有了不同。波势减少，笔划也趋于平易圆转。所以从唐代以后一直成为手写的字体。

第三节 六书旨要

一、汉字的构成和使用方式——六书

六书一词出于《周礼·地官·保氏》。书是写字。西汉末，刘歆《七略》云："古者八岁入小学，故周官保氏掌养国子，教之六书，谓形、象事、象意、象声、转注、假借，造字之本也。"这是对于六书最早的解释，象形、象事、象意、象声指的是文字形体结构，转注、假借指的是文字的使用方式，而转注重在字义，假借重在字音，对当时的文字分析极为清楚。郑众《周官解诂》，把四象改为象形、会意、处事、谐声，其内容是一样的。

许慎《说文解字》叙曰:"周礼八岁入小学,保氏教国子先以六书。一曰指事,指事者视而可识,察而见意,上下是也。二曰象形,象形者画成其物,随体诘诎,日月是也。三曰形声,形声者以事为名,取譬相成,江河是也。四曰会意,会意者比类合谊,以见指撝,武信是也。五曰转注,转注者建类一首,同意相受,考老是也。六曰假借,假借者本无其字,依声托事,令长是也。"从此六书成为专门之学。

总之,中国古人把汉字的造字法归结为六书:象形、指示、会意、形声、转注、假借。其中转注、假借是用字法而并非造字法。

如象形:♀(人),侧身而立的人形;▱(目),象人的眼睛,后来为了行款整齐,把它竖立起来,变成目;〇(月),象月牙儿的形状;⊛(龟),象乌龟的形状。

如指示:⌣(上);⌢(下);彭(彭),左边是鼓,右边的几画表示鼓的声音;刃(刃)、本(本)、牟(牟),牛叫。

如会意:采(采),上边是爪,下边是木,表示用手摘东西;莫(莫),上下都是草,中间是日,表示日落草中,天黑了(后来下边又加了一个"日",成了"暮"。古代的"莫"字就是现在的"暮"字的意思);益(益),上边是水,下边是盆,表示水多,流到外边(后来又加上水旁,成了"溢"字);出(出),表示由凵走出,"凵",即"坎"的本字,古人穴居而野处,住的是半地穴式的房子,"出",脚趾向外,表示人从坎穴中走出;步(步),两只脚趾一前一后,表示两足向前进;立(立),上边是"大",象大人之形,下边是"一",表示人立于地;牧(牧),左边是头牛。右边是一个人拿着木棍,表示驱牛。

如形声:江河为水一类事物,所以用水做形旁来造字,用工、可做声旁来比况字音。

二、汉字的结构

汉字是一种方块式的文字,有独体字和合体字。独体字是指汉字的一个字只有一个单个的形体,来源于图画式的象形字和指事字。合体字是指由两个或两个以上的单个字组成的汉字。合体字有两种。一种是从组合的两个成分上来显示字义。如"休"字从人从木,表示人倚着树木。这类字文字学上称为会意字。另外一种是两个字组合在一起，一个字表示义类，一个字表示字音。如"河"为水名，从水可声。这类字文字学上称为形声字。在汉字总体内，独体字很少，合体字占90%以上，而合体字中又以形声字占绝对多数。合体字组合的形式主要有两种：一种是左右排列的形式，另一种是上下组合的形式。形声字的结构是一半形旁，一半声旁，形旁表意，声旁表音。形旁和声旁所摆的位置则有6种不同的方式：（一）左形右声，如"江"、"唱"。（二）左声右形，如"鸭"、"翅"。（三）上形下声，如"花"、"露"。（四）上声下形，如"斧"、"驾"。（五）外形内声，如"病"、"衷"。（六）外声内形，如"闻"、"问"。这些形旁跟声旁的位置有不同的写法，到后来大都有一定的格式。例如："亻、口、彳、氵、火、木、扌、土、犭、礻、纟、禾、米、虫、酉、足、玉、巾、衤、日"等形旁一般都在左边；"力、攴、殳、见、刂、戈、页、欠、瓦、鸟、斤"等形旁都在右边；"宀、穴、艹、雨、灬"等形旁都在上边；"皿、子、心、灬（火）、黾"等形旁都在下边。这种结构的形式从秦汉时期的篆书发展为隶书就已经固定下来了。书写的笔顺也必然要从左到右，从上到下，从外到内不能错乱。

第四节　孳乳寖多

汉字的孳乳增繁与字书部首的变化，反映出汉字的成熟、定型与发展。

为了研究和解释汉字的形体和音义，历代学者编纂了许多字书。从字书收字数量的剧增，可以证明随着社会政治、经济、文化、科学的发展，汉语语词不断增多，文字也随之日益增加，形成一个繁富的文字体系。

秦代的《仓颉》、《博学》、《爰历》三篇有3300字，汉代扬雄作《训纂篇》，有5340字，到许慎作《说文解字》就有9353字（不算"重文"）。晋宋以后，文字又日渐增繁。据唐代封演《闻见记·文字篇》所记晋吕忱作《字林》，有12824字，后魏杨承庆作《字统》，有13734字，梁顾野王作《玉篇》有16917字，隋陆法言作《切韵》，有12158字。唐代孙强增字本《玉篇》有22561字。到宋代司马光修《类篇》有31319字，到清代《康熙字典》就多至47000多字。

东汉许慎作《说文解字》，以小篆为主，分析字形的结构，把具有同一个形旁的字归在一起，称为一"部"，全书共分为540部，开始是"一"部，最后是"亥"部。每部把共同所从的形旁字列在开头，这个字就称为部首。如玉、山、人、水、木等都是部首。

自许慎创立以形旁编排文字的方法以后，这种方法千百年来一直为编纂字书的人所采用，只是分部的多寡有所不同。梁代顾野王的《玉篇》，分为542部，明代梅膺祚的《字汇》，则减为214部，张自烈的《正字通》，清代编《康熙字典》，都跟《字汇》相同。不过由篆书变为隶书，由隶书变为楷书，字形笔划的结构改变很大，有些独体字就很不好归部，如年、及、也、丸等一些不好定部的字，在字典里只好另立检字表，以便检查。

第五节　字书训诂

字书是以解释汉字形体为主，兼及音义的书。

一、学童习诵的识字书

1.《史籀篇》

班固《汉字·艺文志》小学类载《史籀》15篇，他说："史籀篇者，周时史官教学童书也。"早已亡佚。

2.《仓颉篇》

秦始皇兼并天下，采纳李斯建议，"罢其不于秦文相合者"，实行书同文政策。李斯作《仓颉篇》，赵高作《爰历篇》，胡母（毋）敬作《博学篇》。这些书都是教学童的字书，对推行小篆，统一文字起到了重要作用。汉代初年把三部书合在一起，总称为《仓颉篇》。书体改为隶书，编为韵语，四字一句，两句一韵，以便记诵。《汉书·艺文志》说："仓颉多古字，俗师失其读。宣帝时征齐人能正读者，张敞从受之。"所谓正读，就是能认识是什么字，能知道它的音义。

《仓颉篇》流行直到东汉，后人合三书为三卷，以《仓颉篇》为上卷，扬雄《训纂篇》为中卷，贾鲂《滂喜篇》为下卷，合称为《三仓》。唐以后《仓颉篇》才完全亡佚。

3.《急就篇》

一名《急就章》，教学童识字的字书，西汉史游作。全书为三言、四言、七言韵语。三言、四言隔句押韵，七言则每句押韵，以便诵习。因首句"急就"两字，故名。宋晁公武《群斋读书志》云："急就者，谓字之难知者，缓急可就而求焉。"篇中分章叙述各种名物，如姓氏人名、锦绣、饮食、衣服、臣民、器物、虫鱼、服饰、音乐以及宫室、植物、动物、疾病、药品、官职、法律、地理等，不仅为识字而设，还有传布知识，以应实际需要的意思。

二、按形体偏旁分部编排的字书

1.《说文解字》

东汉许慎作。许慎在自叙里说："仓颉之初作书，依类象形，故谓之文。其后形声相益，即谓之字。字者言孳乳而寖多也。""文"指的是整体象形表意的字，"字"指的是结体有表形表声的合体字，所以他以"说文解字"为书名，后代常常简称为"说文"。

《说文》全书以小篆为主体，分析字形结构，根据不同的偏旁，分立为540部，凡字形偏旁或笔划接近的字都归于一部，举偏旁居一部之首。部与部排列的顺序大体以部首的笔划和形体结构是否相近为准则，笔划结构相近的就序列在一起。每一篆文之下先言义，后言形体结构，最后或说明读若某。小篆之外，如有籀文、古文异体，则列其下，名为"重文"。全书共收篆文9353字，重文1163字。古书中所使用的文字大体具备，其中既有先秦所有的字，也有汉代新产生的字，为后代考查汉字发展的历史提供极宝贵的材料。

许慎

《说文》的主要成就为：开创了汉字部首编排法；运用"六书"理论系统地解说汉字；保存了部分古篆的写法；探求字的本义；保存了上古音系。

2.《字林》

晋吕忱撰《字林》七卷，用隶书书写，全书沿袭《说文》的编排方法，仍分为540部，而收字有12824字，比《说文》多3471字。在唐代《字林》跟

《说文》同为士林所重,但到宋代以后反而亡逸,清人任大椿始有辑本《字林考逸》。

3.《玉篇》

《玉篇》,南朝梁代顾野王编纂,共分30卷,体例仿《说文》,部目稍有增删,分为542部,但是部次有变动。书中每字下详举字义,并引证经传文句和注解。字有异体,则分列在两部或数部,列于一字之下不同。顾野王在自序中说:"六书、八体,今古殊形。或字各而训同,或文均而释异,百家所谈,差互不少。字书卷轴,舛错尤多,难用寻求,易生疑惑。猥承明命,预缵过庭,总会众篇,校雠群籍,以成一家之制,文字之训以备。"这说明他作《玉篇》的宗旨是要综合众书,辨别形体意义的异同,网罗训释,以成一家之言。全书收字达16917字,又比《字林》多4000多字。这是在《字林》之后一部承前启后的重要著作。但经唐孙强增删,又经陈彭年等重修,原书体例已大改变。

4.《类篇》

《类篇》共15篇。每篇又各分上、中、下,合为45卷。是按部首编排的字书,由司马光整理成书。全书的部首为540部,与《说文解字》相同,部首排列的次序变动也很少,是直接承接《说文解字》和《玉篇》的一部字书。收字达31319字,每字下先列反切,后出训解,如果字有异音异义,则分别举出。书中收有唐宋之间所产生的字不少,为研究文字发展的重要参考资料。

5.《龙龛手镜》

《龙龛手镜》是一部按部首和四声两相结合排列汉字的字书,辽代释行均作。宋刻本因避讳而改为《龙龛手鉴》。

此书虽按部首编排文字,但部首又按平、上、去、入四声读音分为4卷,共计240部。每部之内所收的字又按平、上、去、入四声的次序排列,成为部首和四声两相结合的排列方法。

这部字书曾费时五载,收有26430余字。书中所列文字有正体、或体、俗体、古文几种,但或体、俗体、讹体独多,杂然并陈。有的奇诡讹乱,不可究诘、难以下笔。此书分部也不同于《说文解字》、《玉篇》,差别很大,只能供考查俗字、或体之用。

6.《字汇》

《字汇》，按部首编排的字书，明梅膺祚撰。这部书具有很大的特点。一是把《说文》、《玉篇》、《类篇》等书的部首，按楷书笔划，改并为214部首，依照地支子丑寅卯等次序，分为12集，所收文字有33179字。二是部首的排列次第按笔划多少叙列先后，少者在前，多者在后。一部之内的字除去部首笔划不计外，也都按余下的笔划多寡排列，极便检查。三是一字之下先注读音，然后注解字义，字义以基本的常用义列前，其他列后。释义下列举古书中的例证，也采录一部分口语、俗语的意义。《字汇》的体例为中国字典的编纂法奠定了基础。

7.《正字通》

《正字通》是一部按汉字形体分部编排的字书。明末张自烈撰。此书总12卷。所分部首、次序与《字汇》相同，只是征引繁芜，常有穿凿附会之说。但所列方言俗语之义，仍有参考意义。

8.《康熙字典》

这部字书是清代张玉书、陈廷敬等人奉旨编纂的，书成于康熙五十五年（1716），沿用《字汇》的部首排列法。

《康熙字典》收字47035个，根据12地支，把全书分成子丑寅卯等12集，每集各分上中下，再把214个部首按笔划数目分属在12集里。

它的释字体例是先音后义。每个字下面先列历代主要韵书的反切，接着便解释字义，每个字义后面一般都引古书为证。

《康熙字典》的注音法有三种：反切法、直音法、叶音法。

反切法是用二个汉字合注一个汉字的音，上字取声母，下字取韵母和声调。只要我们掌握反切的基本用法，就能切出字的读音了。但由于古今读音的变化，有的反切已经切不出现在的读音了。如"筹"，《康熙字典》注音为"直由切、陈留切"，显然不是现在的读音。

直音法就是列出某字作为该字的读音，如《康熙字典》里"筹"字下注"并音俦"，意思

康熙字典
（清康熙五十五年武英殿刻本）

是"筹"的读音与作伴侣解的"俦"一样。不过《康熙字典》里的直音法有的注音的字比被注的字还难认,这就失去了注音的作用。如"是",注音为"媞",字比原字冷僻。

叶音法,也称叶韵,叶句。"叶"也作"协"。南北朝以后的人读周秦两汉韵文感到不押韵,就临时改变其中一个或几个押韵字的读音,使韵脚和谐。这是由于不懂古今语音不同所致。其实,明代陈第开始提出古音不同于今音的见解,反对叶音。明末清初顾炎武写了《音学五书》,开始认真研究先秦的音。但《康熙字典》编纂者没有采纳他们的意见。

《康熙字典》对字的注音和释义主要是引用前人的意见,很少有编纂者自己的见解,这对我们了解古音古义颇有帮助。

《康熙字典》也有不少疏漏和错误之处,清代学者王引之《字典考证》就指出讹误处达2588条。不过,瑕不掩瑜,此书仍流行很广,影响较大。

三、刊正字体的字书

1.《干禄字书》

《干禄字书》一卷,是一本刊正汉字形体的书。唐颜元孙撰。唐太宗时颜师古曾著《字样》一卷,作为校勘楷书正误的根据,后来杜延业又作《群书新定字样》,文字虽有增加,可是瑕疵颇多,所以颜元孙编辑这本书,辨别楷书笔划写法的正俗,供为官和应试写字的参考,因此取名为《干禄字书》。

《干禄字书》所收的文字按平上去入四声编排。同属一声的字又按唐本《切韵》一类韵书的韵次排列。

颜元孙分别文字为俗、通、正三体,有的一个字列举三体,有的一个字列举两体,一一加以说明。如果同样偏旁的字很多,就只举一个例子,加注"他皆仿此"。或"诸同声者并准此"。遇有形体近似,容易相混的,就一并举出,说明有不同。这是现存最早的一本辨正楷书字体的书。

颜元孙所谓俗,大都指与通行的隶楷不同,在点画之间略有差误的字。所谓通,指通行已久,大半是隶省、隶变,或改易偏旁的字。所谓正,是指符合篆隶,都有凭据的字。他认为"自改篆行隶,渐失本真。若总据《说文》,便下笔多碍,当去泰去甚,使轻重合宜"(自序)。他认为俗、通、正三体可以在不同方面应用。俗体可用于书写契券、文案、户籍账簿、药方等。通体可用于书写表奏、笺启、尺牍、判状。但书写著述、文章、对策、碑碣最好用正体,进士考试,理应用正体。颜元孙所作的工作可以说是一次整理辨正的工作。对后来楷书的规范化起一定的作用。

2.《五经文字》

《五经文字》三卷,是一种辨正经传文字形体的书。唐张参撰。张参校勘五经文字,收集疑文互体,共收经传文字3235字,依据偏旁部首排列,凡160部,分为3卷。所收文字除见于易、书、诗、礼、春秋五经的以外,也兼收《论语》、《尔雅》中之字。每字加注读音,而以注反切为主,兼注直音。经书文字的楷书写法自有《五经文字》以后才有了一定的准绳。

3.《九经字样》

《九经字样》一卷,是一种辨正经传文字形体的书。唐代唐玄度撰。玄度《九经字样原序》云:"又于《五经文字》本部之中,采其疑误旧未载者,撰成《新加九经字样》一卷,凡七十六部,四百廿一文。其偏旁上下本部所无者,乃纂为杂辨部以统之。"又在《九经字样牒文》里讲到刊定字体的准则是:"如总据《说文》,即古体惊俗;若依近代文字,或传写乖讹。今与校勘官同商较是非,取其适中。"

关于注音,唐玄度在自序里说:"谨依《开元文字》,避以反言,但纽四声,定其音旨。"即采用唐玄宗《开元文字音义》的方法,不用反切,而用直音。如果没有适当的同音字可注,就注出某平、某上、某去、某入,按四声来调音。这就是"但纽四声,定其音旨"的意思。跟《五经文字》反切与直音并用的方式不同。

4.《复古编》

《复古编》十一卷,宋张有撰。是书根据《说文解字》辨别文字正俗,以四声分列诸字,正体用篆书,而注别体、俗体于其下。又辨别形体笔划相似的字,以免疑混。入声篇后为联绵字、形声相类、形相类、声相类、笔迹小异、上正下讹六篇,剖析毫厘,至为精密。

5.《字鉴》

《字鉴》五卷,元李文仲撰。文仲从父李世英曾辑类韵三十卷,以字为本,音为干,义训为枝叶,但韵内字画尚未编定,文仲因续为《字鉴》,"依二百六部之韵而编次之,辨正点画,刊除俗谬,于诸家皆有所驳正"(《四库全书·字鉴》提要)。

6.《俗书刊误》

《俗书刊误》,明焦竑撰。其书一至四卷,类分四声,刊正讹字;第五卷略记字义;第六卷略记骈字;第七卷略记字始;第八卷记音义同字异;第九卷记音同字义异;第十卷记字同音义异;第十一卷记俗用杂字;第十二卷论字易讹。

四、集录篆、隶、古文字的字书

1.《汗简》

《汗简》三卷,目录叙略一卷,宋郭忠恕撰。是书依《说文》分部,录存古文字。所征引古文诸书凡七十一家,今多不存。"后来谈古文者,辗转援据。大抵从此书相贩鬻"(《四库全书·汗简》提要)。

2.《古文四声韵》

《古文四声韵》五卷,宋夏竦撰。其书以四声分隶古篆,清全祖望以为是取《汗简》而分韵录之"虽不作可也"。其实《汗简》以偏旁分部,而偏旁又全用古文,不从隶体,不便于检索。此书以韵分字,而以隶领篆,较易于检阅。

3.《汉隶字源》

《汉隶字源》六卷,宋娄机撰。此书分考碑、分韵、辨字、碑目等项。钩摹的隶字,按宋丁度等所撰《礼部韵略》编列。所录汉碑309种,魏、晋碑31种,各记其时间地点及书写人姓名。形体异同,随字附注。

4.《历代钟鼎彝器款识法帖》

《历代钟鼎彝器款识法帖》二十卷,宋薛尚功著。全书共计著录历代钟鼎彝器铭文511件,其中除石鼓、秦玺、石磬和玉琥共15件外,绝大部分都是商周铜器的铭文。在宋代著录铜器铭

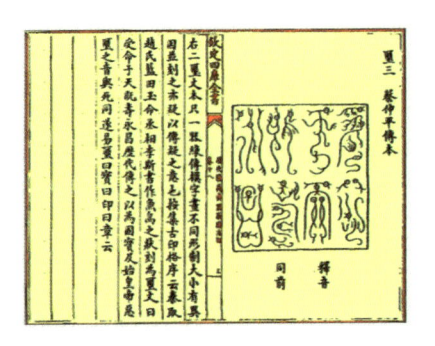

《历代钟鼎彝器款识法帖》第十八卷中一页

文诸书中，此书收录资料最为丰富，编次也较有条理。书中除摹录其文字外，并加考释。《四库全书·历代钟鼎彝器款识法帖》提要评价道："盖尚功嗜古好奇，又深通篆籀之学，能集诸家所长而比其同异，颇有订讹刊误之功，非钞撮蹈袭比也。"

五、用六书分析文字的字书

1. 《六书略》

《六书略》，宋郑樵撰。此书为讲解汉字形体构造的专著，收编在他所著《通志》内。许慎虽然给六书作了解说，但并未对所收的9000多字总的加以区分。郑樵首创六书分类之学，不仅把六书都分别举例，而且又细加区分，又有所谓"形兼声"、"形兼意"之类，竟增多至12类，以文字牵就六书，未免于理不合。其实他在《六书序》里已讲清楚，他说："象形指事一也，象形别出为指事。谐声转注一也。谐声别出为转注。二母为会意，一子一母为谐声。六书也者，象形为本。形不可象，则属诸事；事不可指，则属诸意；意不可会，则属诸声；声则无不谐矣。五不足，而后假借生焉。"

2. 《六书故》

《六书故》三十三卷，通释一卷，宋元之际戴侗撰，是一部用六书理论来分析汉字的字书。《四库全书·六书故》提要认为："是编大旨主于以六书明字义，谓字义明则贯通群籍，理无不明。"书中不沿用《说文》部目，而另分为九部，一曰数，二曰天文，三曰地理，四曰人，五曰动物，六曰植物，七曰人事，八曰杂，九曰疑。文字以钟鼎文为主，注用隶书，以六书说明字义，颇有创见，书中提出"因声以求义"，不仅为了解释形声字的声与义的关系，而且由此可知辨认古书中文字的假借。但作者直接采用金文字形，由于金文字少，往往杜撰字形，因此受到后人的很多批评。

3. 《六书统》

《六书统》二十卷，元杨桓撰。作者认为"以六书统诸字"，故名。书中用六书来统摄文字，先列古文大篆，次列钟鼎文字，再列小篆，作者原意想根据早于小篆的古文字来讲六书，来推寻造字本意，但为六书所囿，类例庞杂，特别是"杜撰字体，臆造偏旁"之病甚于《六书故》，而见解则不及《六书故》，所以不为后人所重。

六、训诂类

1. "训诂"

"训诂"一词在班固《汉书》里多写为"训故"。"训"是说明解释的意思,"诂"本义是古言的意思,引申也作解说古语讲。"训诂",就是用当代通行的语言来解释古字古义。解释语词时所应用的方法有形训、义训、声训。形训是就字形本身的结构来说明所表现的词义。义训是用当代人所理解的词语来解释字在书面上使用的含义。声训也称音训,是使用音义相通的词来说明词义,或有意识地从音上探求词义的来源。

2. 古籍注释

我国比较重要的古籍,前人大都作过注释。据对古籍作注释始自汉代,著名的注释家有毛亨、孔安国、马融、郑玄等。他们写的注释对后人读懂先秦典籍十分有用。到唐代时,汉时学者的注释对唐人来说又似乎颇为深奥,于是当代学者就对前人的注释进行注释,一般就称为"疏",或称"正义"。还有称"传"或"笺"的,"传"指阐明经义,"笺",也是注释的一种,侧重点在于补充和订正"传"的简略隐晦之处。一部重要的古籍,注家很多,后来就有人把各家的注释汇集一起,再加上自己的注解,这就成为"集注"或"集解"。注释常见的情况有:(一)释词;(二)串解(或称串讲),指对一句或几句的串解;(三)释词并串解,这是前两种方式的同时使用;(四)通释全章大意。

3. 训诂类要籍

(一)《尔雅》

《尔雅》,中国最早的一部训解词义的书,无作者主名,从内容看应当是战国至秦汉之间经学家和小学家迭相增益而成的。唐初陆德明《经典释文》叙录里说:"尔,近也;雅,正也。言可近而取正也。""尔雅"就是近正的意思。

《汉书·艺文志》著录《尔雅》三卷20篇。今本19篇。首三篇《释诂》、《释言》、《释训》主

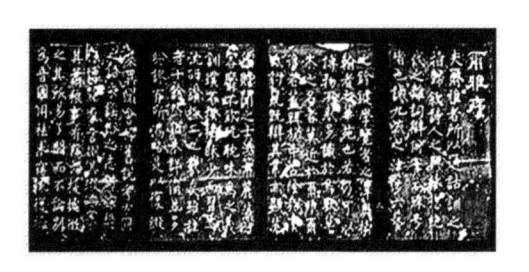

《尔雅》(唐开成石经本)

要是类聚一般意义相同或相近的词语用一个通用词作解释。其他各篇主要是关于各种名物的解释。这是汉代早期一部训诂的总汇，成为后代解词释义的重要根据。汉代的训诂学也就由此开始发展起来。

(二)《方言》

《方言》，全称《輶轩使者绝代语释别国方言》，西汉扬雄撰，是中国第一部比较方言词汇的重要著作。原书为十五卷，今存十三卷。輶轩，一种轻便车辆，古代使臣多乘輶车，故称使者为"輶轩使"。《风俗通序》云："周秦常以岁八月，遣輶轩之使，求异代方言。"书中类集西汉时古今各地的方言，把意义相近的列为一条，用当时通用的同义词作解释，并分别说明不同语词所通行的地区，可以看出汉代的语言分布情况。

(三)《释名》

《释名》八卷二十七篇，汉末刘熙撰。此书专从词的声音上推求事物所以得名的由来，用同音或声韵相近的语词作解释。这种方法训诂学上称之为"声训"，或称之为"音训"。声训本起于战国末，西汉时今文经家多从声音上解说字义，刘熙是要从语言出发来研究事物命名所以之故，跟今文经家不同。他是有意识地要把语音和语义联系起来，就音以求义。其中虽有穿凿附会之处，但于探求语源、辨证古音和古义，很有参考价值。

(四)《广雅》

《广雅》，三国魏时张揖撰。原书分上、中、下三卷，隋代曹宪作音释，因避隋炀帝杨广讳，改称《博雅》，后复用原名。张揖在《广雅表》里说，《尔雅》所集训诂还很不完备，所以"择撢群艺，文同义异，音转失读，八方殊语，庶物易名，不在《尔雅》者，详录品核，以着于篇。"因此所释仍用《尔雅》旧目，博采汉代以前经传的训诂，《楚辞》、《汉赋》的注释，以及汉代的字书、《方言》、《说文解字》等书的解说，增广《尔雅》所未备，故名为《广雅》。为研究汉魏以前词汇和训诂的重要著作。

(五)《骈雅》

《骈雅》七卷，明代朱谋㙔撰。大体以解释双音词为主。凡两字成为一义的，以及字异义同的都类聚而加以解释，所以称为《骈雅》。内容实际包括两类，一类是语词，一类是品物名称。按《尔雅》体例编制，所采词语出于周秦两汉以迄六朝的经史文集和唐宋类书,其中属于音声相转而写法不同的词很多,搜罗广博,间有错误。

(六)《经典释文》

《经典释文》三十卷,唐陆德明撰,为解释儒家经典文字音义的著作。陆德明既注经文读音,也给注文加音,所引各书先标明篇章,然后摘字,标明音义,遇到必须分别的才全录文句。惟有《孝经》、《老子》两种书特标全句。他对前代的书音,大体都照顾注者所理解的原书文义来采录读音。凡是典籍常用,他又认为合理合时的写在前面。其他音读,苟有可取,一并登录,标明氏姓,以免相乱。这种作法,成为后来作音义书的楷式。书中卷首《序录》,综述经学传授源流;继而叙述《周易》、《古文尚书》、《毛诗》、《三礼》、《春秋》三传、《孝经》、《论语》、《老子》、《庄子》、《尔雅》诸书。所采汉魏六朝音切凡230余家,兼载诸儒训诂,考证各本异同,是研究古籍流传历史的重要参考资料。书中记载的音义对考证晋宋以后音韵的变迁和古代词义的转变以及一字的多音多义都有很大用处。

(七)玄应本《一切经音义》

玄应本《一切经音义》二十五卷,原名《众经音义》,又名《玄应音义》,唐贞观间大慈恩寺翻经沙门释玄应撰,是解释佛经字义的著作。此书仿陆德明《经典释文》例,从经中择字为注,形音义三者兼顾。梵语名号也一律注明音读,解说所译文字当否。注文中所引古书,除经传注释以外,以古字书训诂书为多。其中所引如《仓颉篇》、《三仓》、《通俗文》、《古今字诂》、《埤仓》、《声类》、《韵集》、《字林》、《字书》之类早已亡佚。清代学者后来从中辑录出多种佚文训释,对研究古代训诂极为有用。

(八)慧琳本《一切经音义》

慧琳本《一切经音义》一百卷,亦称《慧琳音义》或《大藏音义》,唐代翻经沙门释慧琳撰,是解释佛经字义的著作。慧琳这部书所注的是贞观以后新翻译的经论和玄应没有注过的一些书,始于《大般若经》,终于《护命法》。他把玄应音和慧苑华严音义也收纳在一起,可以说是一部佛经音义集大成的书。书中所定字音以元庭坚《韵英》和张戬《考声》为准则;释义以《说文解字》、《字林》、《玉篇》、《字统》、《古今正字》、《文字典说》、《开元文字音义》等书为主,兼考经史注释,训诂典籍,用力20余载才完成。

慧琳书成于中唐时期,所见古书极多。审辨声音,诠解字义,原原本本,较玄应书为详。论音,主秦音,不取吴音。其中解说字义,辨析字形,详引书证,不仅对研究文字训诂有用,而且对辑录古书、校勘古书也大有功用。

(九)《经传释词》

《经传释词》十卷,清王引之撰,是解释经传古籍中虚词的专著。作者搜集周、秦、西汉古籍中虚词160个,先说用法,再引例证,追溯其原始,再明其演变,可供研究训诂、语法参考之用。但此书有缺点,一是阙漏较多,二是偶有误解古书处,甚至因此而断句失误,还有若干解释不确切之处。

(十)《经籍籑诂》

《经籍籑诂》一百零六卷,补遗一百零六卷,清阮元撰集,臧镛堂、臧礼堂等籑校,是一部汇辑古书中的文字训释编排而成的训诂书。全书按照《佩文韵府》分韵编字,《佩文韵府》所没有的字就根据《广韵》或《集韵》增补。全书所辑录的文字训释都是唐以前的经传子史的注释和唐以前的训诂书、字书、韵书、音义书中所有的。采用古书达100多种,收字13349字(异体字不在内)。古代的文字义训和在不同古书文句中的训解几乎都汇聚在一起了。

书中每字下叙列所采录的训释,首先把以声音相近的词为训解的列在前面,然后再以本义居前,引申义和辗转相训的居次,而以解释事物名称的居末。每一训释必写明所见的书籍和所训解的原文。如果是同一训释而分见于各书时,那就依次列举以证字有定诂,义有同训。如果一字二音,声调有不同,意义也有不同,就根据韵书的反切归类,分在两韵。如有经传的异文,字的假借和古文异体,则列于每字之末。所以这部书是探索古代词义和研究训诂所必备的书。

第六节 音韵举要

一、汉语音韵概述

汉字在构造上,采取偏旁结构,多数为方块形体;在音韵上,为单音节制，通常是一个方块形体表达一个"音节"。汉语的音节，一般可分成前后两个半段，前半段为"声母"所在，称"声"；后半段为"韵母"所在，称"韵"；音节所带有的"声调"，称"字调"，指汉语平上去入四个声调。声、韵、调，是汉字读音系统的三种成分。当两个汉字具有相同的声母，称之为"双声"字；当两个汉字具有相同的韵母，称之为"迭韵"字。

汉字的音读，随着汉语的发展变化而有演变，字音里声、韵、调三种成分古今的不同，代表着汉字读音系统的演变。上古音，指的是周秦两汉的读音系统。中古音，指的是魏晋唐宋间的读音系统。

为研究汉字的音韵，出现了专为写作韵文者检查押韵用的分韵编排的字典，这就是韵书。古代韵书把同韵的汉字归成一类，称为韵部。每个韵部用一个字来标目并排列次序，称为韵目。

最早的韵书有魏立登《声类》、晋吕静《韵集》等，惜已不传。唐宋时期的韵书，一般都依隋代陆法言《切韵》而来。

宋真宗时，陈彭年，丘雍等人奉诏根据前代《切韵》、《唐韵》等韵书修订而成《广韵》。

《广韵》是中国第一部官修的韵书。共分韵目206部，到金元之季合并为106部。

二、反切

反切，意即用两个汉字合起来为一个汉字注音，有时单称反或切，是中国传统的一种注音方法。汉代以前一般只用"直音"方法，即用音同或音近的字来注明一字的音读。文字上的形声和假借，就是从中派生出来的。由于双声、迭韵知识的逐渐普及，加之佛教文化梵文拼音的传入，在东汉年间产生了"反切"。反切的注音方法，就是用上下两字来切成一个音节，即取上字的"声"和下字的"韵"来拼合成所切字的音节。所以反切上字和所切的字必定是双声关系，而下字和所切的字必定是迭韵关系。反切下字又表示所切字的声调，所以反切下字和所切的字必定是同调关系。

三、等韵

《康熙字典·明显四声等韵图》的说明里说："夫等韵者、梵语悉昙。"意思是说，等韵是比照梵文的悉昙章（siddham）仿造的。悉昙是印度小孩子刚识字用的拼音表。汉人在学袭悉昙的基础上，仿造出唐音表，这就是等韵图。现存最早的韵图是《韵镜》，宋代流到日本，清末又从日本传回来。

等韵图，也称"韵图"是用来拼切汉字字音的一种图表。一般是以代表声母的字为纬，以韵目和四声为经，纵横交贯而为之图，用来说明反切的注音方法，并且表示由声、韵切成的各个音节。初期的韵图《韵镜》，较为细密，分图43，符合206韵的系统，而以36字代表声母。至中古后期，韵母的种类趋于简化，韵图里将繁密的韵类归合并为简单的"韵摄"。几个韵概括成一个单位就叫"摄"。摄（parigraha）是佛书里表示"概括"的词。

图式中有音没字的就划圈儿。在一个大格里，字排成4个小横行。第1行叫一等，第2行叫二等，第3行叫三等，第4行叫四等。"等韵"这个名字就从这里兴起。清代江永《音学辨微》说："音韵有四等。一等洪大、二等次大，三四皆细，而四尤细。"由此可见，"等"是说主元音的开口度。

四、平水韵

平水韵有两种指称：一指南宋末刘渊刻印的《壬子新刊礼部韵略》。因刻书地点在平水（今山西临汾）而得名。此书把《广韵》韵目下所注押韵时可以同用的韵都合并起来，共得107韵。另一指把107韵改并为106韵一派的韵书。这是把上声拯等两韵并入迥韵的结果。其韵目见于金王文郁《平水新刊礼部韵略》、张天锡《草书韵会》及宋末阴时夫《韵府群玉》，为元、明、清以来文人作诗用韵的标准。

平水韵的影响很大，清代编纂的许多工具书，如《佩文韵府》、《经籍纂诂》等，都是按平水韵顺序排列的。这样就扩大了学习、使用平水韵的范围。

五、韵书要籍

1.《切韵》

《切韵》五卷，隋陆法言撰。原书久佚。从后来发现的唐写本残卷和残页里，可以了解本书的基本体制和内容。

《切韵》收字11500个，分193韵：平声54韵，上声51韵，去声56韵，入声32韵。平上去三声各韵都按一定的次序排列，相承不乱。只有入声有一部分韵出现了参差，次序与相应的平上去声不相配。从韵数和未乱的韵次上可以看出入声配阳声，不配阴声。

各韵之内的字按同音关系分成小组。这种小组后来通称小韵。小韵首字下用反切注出本小韵的读音，并注明本小韵的字数。字的训释都极为简略，常用字大多不加训释。注文中各项内容的次序早期写本一般是：训释，反切，又音，字数。反切和字数两项只见于小韵首字之下；又音则只属于所注之字，与同小韵其余的字无关。小韵的排列是任意的，没有固定的次序。

《切韵》以当时洛阳音为主，酌收古音及其他方言，为唐宋韵书之祖。唐初被定为官韵，成为"临文楷式"，影响历久不衰。数百年间增订本层出不穷，结果成为一部能把自己所反映的语音系统完整地流传至今的最早韵书。

2.《唐韵》

《唐韵》五卷，唐孙愐撰，是《切韵》的一个增修本，原书已佚。因为书名为《唐韵》，曾献给朝廷，所以虽是私人著述，却带有官书性质。《唐韵》对字义的训释，既繁密又有出处、凭据，对字体的偏旁点画也极考究，使得韵书更加具有字典的性质。这也是《唐韵》更加受人重视的一个原因。

3.《广韵》

《广韵》五卷，全名《大宋重修广韵》，宋陈彭年、丘雍等人奉诏根据前代《切韵》、《唐韵》等韵书修订而成。《广韵》是宋代的官韵，也是中国第一部官修的韵书。由于《广韵》继承了《切韵》、《唐韵》的音系和反切，《切韵》、《唐韵》又已亡佚，《广韵》就成为研究汉语古音的重要材料。

《广韵》有206韵，包括平声57韵（上平声28韵，下平声29韵），上声55韵，去声60韵，入声34韵。

在《广韵》每卷的韵目下面都有一些韵目加注"独用"，或与某韵"同用"的字样。韵书有了注释，引文出处，便具有辞书、字典的性质。所以《广韵》也可以说是一部按韵编排的同音字典。

《广韵》的字数，较以前的韵书增加得很多。据它卷首的记载，共收字26194个，注解的文字191692个。

4.《集韵》

《集韵》十卷（平声四卷，上、去、入各二卷），宋丁度等奉诏撰。仁宗时，宋祁、郑戬上书皇帝批评《广韵》多用旧文，繁略失当，故重修此书。

《集韵》分韵的数目和《广韵》全同，仍为206韵。只是韵目用字，部分韵目的次序和韵目下面所注的同用、独用的规定稍有不同，并参考当时读音更订反切。

《集韵》共收53525字，比《广韵》多收27331字，而且所收的异体字特别多。一个字不论有多少不同写法，也不论是正体、古体、或体、俗体，只要有所根据即收。所以有的字竟多达八九种写法。《集韵》内容注重文字形体和训诂，为研究文字训诂和宋代语音的重要数据书。

5.《礼部韵略》

《礼部韵略》五卷，宋丁度等人编纂。是宋真宗景德《韵略》的修订本。《韵略》由于目的是为举子们应试而用，所以在收字和字的注释方面较《广韵》、《集韵》都简略，所以称为《韵略》。又由于它是当时考官和应考的举子共同遵守的官韵，而官韵从唐代开元以来就由主管考试的礼部颁行，所以叫《礼部韵略》。

《礼部韵略》只收9590字，仍为206韵。这书虽在当时引人注意，而对音韵学研究来说实在没有什么价值。

《礼部韵略》的原本已不存在。现在所见的是《附释文互注礼部韵略》。书中未列作者姓名，而有两篇序都提到欧阳德隆《押韵释疑》一书，大约《附释文互注礼部韵略》一书内包括着《押韵释疑》的"互注"。书中每个字下的注释是先列"官注"，即传统的一般解释，后附的"互注"，大致是对官注的疏解或补充。中间用一个带括号的"释"字隔开。韵部中上平声三十六桓的"桓"字作"欢"，是南宋重刊时修改的。

另一部《礼部韵略》的增修本，是南宋毛晃增注，他的儿子毛居正校勘重增的《增修互注礼部韵略》，简称《增韵》。此书原是毛氏的私人著述，它较《礼部韵略》增加了2655字，增圈1691字（《礼部韵略》的体例：凡是某字有别体、别音的，它的周围都有个墨圈作为记号，叫做圈字），订正485字。毛居正校勘后又增加了1402字。

6.《切韵指掌图》

《切韵指掌图》是宋代的一部等韵书。旧题司马光作，并载光自序一篇。《四库全书总目提要》认为"第光传家集中,下至《投壶新格》之类,无不具载,惟不载此书",反映人们怀疑它是伪作。后发现一个南宋刻本,因此该书是宋代作品无疑。后附明邵光祖检例一卷。

全书共分二十图,自创次序,不立"韵摄"之名。分各图为"独"、"开"、"合"三类。每图横分四层,表四声;每层横分四行,表四等。为研究等韵和宋代语音的重要数据。

7.《五音集韵》

《五音集韵》十五卷,金韩道昭撰,是道昭之父韩孝彦所著《四声篇海》的增订重编本。以《广韵》、《集韵》为蓝本,共收53525字,注文335840字,合并韵部为160韵,各部中字都按"三十六字母"排列。"三十六字母"大体上是代表唐宋间汉语语音的三十六个声母:"帮滂并明端透定泥见溪群疑精清从心邪影晓匣喻来日非敷奉微知彻澄娘照穿床审禅"。"五音"大约就是指喉牙舌齿唇。总之,该书对《广韵》的韵部和体例都有所革新。

8.《古今韵会举要》

《古今韵会举要》三十卷,元熊忠撰。宋末黄公绍曾搜集文字义训编成《古今韵会》(简称《韵会》)。熊忠嫌《韵会》过于浩繁,乃作《古今韵会举要》。部目完全依照刘渊的《壬子新刊礼部韵略》,共分107韵,每部中字依"三十六字母"排列,为研究文字、训诂及宋元间语音的一部要籍。从本书注释的引文还可以辨析古书中许多异体字、通假字,可据以校勘有些书上引文的错误。

9.《中原音韵》

《中原音韵》二卷,元周德清撰。前卷为韵书,后卷为附论,列"正语作词起例"及作词诸法。是中国最早出现的一部曲韵著作。

随着元曲的兴起和发展,元代有了适应北曲需要的曲韵。《中原音韵》,就是根据元代许多著名戏曲中押韵的字编成,又用来指导作曲用韵,调平仄声律的。周德清在《自序》中称曲为乐府,说:"欲作乐府,必正言语,欲正言语,必宗中原之音。"这种明标以中原语音为编写韵书标准的主张,是对传统韵书编写原则的重大改革。

书中首倡"平分阴阳,入派三声"之说,即每部的字均按阴平、阳平、上、去四声排列,以入声分别派入阳平、上、去三声。根据元代北曲用韵的实际,变更《切韵》以来的韵书的体例,韵部简化为十九部。此书反映了元代北方话的语音,是研究近代普通话语音的重要数据。

10.《洪武正韵》

《洪武正韵》十六卷,简称《正韵》,明乐韶凤、宋濂等11人奉诏编成的一部官韵。从编辑人员的籍贯来看,绝大多数是南方人,他们根据所谓中原雅音,把旧韵归并分析之后,共得平、上、去声各22部,入声10部,共76部。《洪武正韵》既重视中原的实际语音,以《中原音韵》为标准音,又考虑到南方人读书说话中还有入声,所以恢复了入声,不采取周德清入派三声的作法。《中原音韵》主张方言即说话音,《洪武正韵》主张官话即读书音,二者有同有异。本书应该是曲韵南派的创始著作。

11.《佩文诗韵》

《佩文诗韵》是清代一部有权威的官书,士子进考场作试帖诗,必须遵守这一部标准韵书。这本诗韵分平上去入四声(平声分上下),共106韵。大约是《佩文韵府》的单字本或节略本。共收10235字。每韵中常用字列在前,罕用字排在后,每字都加反切,与过去的韵书体例完全不同,使用不便,除供作诗的人猎取资料以外,也没有研究的价值。

第七节　诗词格律

南朝齐梁时期,沈约、周颙等人发现自己语言里有平上去入四个声调,就名之曰"四声"。这种分类主要是看一个音节的调子是高、中或低;调形是升、平或降。去声是低平调,上声是高平调,平声是中平调,日本释了尊引《元和新声谱》说:"平声者哀而安,上声励而举,去声清而远。"只有入声调值不清楚。

古人把汉语四声分成平仄两大类别,"平"指平声,"仄"指上去入。

诗词格律讲究的就是声律,包括韵和平仄。其中平仄的规则最为重要。由于平仄在声调上差异,形成了平仄间的对立。诗词家们利用这种对立,创作出诗词句子的节奏美。

一、绝句格式

绝句,也称截句、断句、绝诗,一种诗体。每首仅有四句,通常有五言、七言两种,简称五绝、七绝,也偶有六言绝句。绝句来源于汉及魏晋南北朝歌谣。"绝句"这一名称则大约起于南朝。

1. 五言绝句

五言绝句可以分为律绝和古绝两种。律绝一般只用平声韵,而平仄格式则有四种。有下划线者表示平仄可以互通,字后有(△)者为韵脚。第一、第三式为常见格式。

○<u>仄</u>仄平平仄　　　　平平仄仄平(△)
<u>平</u>平平仄仄　　　　<u>仄</u>仄仄平平(△)

○<u>平</u>平平仄仄　　　　<u>仄</u>仄仄平平(△)
<u>仄</u>仄平平仄　　　　平平仄仄平(△)

○<u>仄</u>仄仄平平(△)　　<u>平</u>平仄仄平(△)
<u>平</u>平平仄仄　　　　<u>仄</u>仄<u>仄</u>平平(△)

○平平仄仄平(△)　　<u>仄</u>仄仄平平(△)
<u>仄</u>仄平平仄　　　　平平仄仄平(△)

依照上述格式写成的诗句称为律句。凡不用或基本上不用律句的五言绝句称为"古绝"。古绝不拘平仄,押韵可押平声韵,也可押仄声韵。

2. 七言绝句

七言绝句也有四种格式,以首句押韵为常见格式。

○<u>平</u>平<u>仄</u>仄仄平平(△)　　<u>仄</u>仄平平<u>仄</u>仄平(△)
<u>仄</u>仄平平平仄仄　　　　　平平<u>仄</u>仄仄平平(△)

○<u>仄</u>仄平平仄仄平(△)　　<u>平</u>平<u>仄</u>仄仄平平(△)
平平<u>仄</u>仄平仄仄　　　　　<u>仄</u>仄平平仄仄平(△)

○平平仄仄平平仄　　　　仄仄平平仄仄平（△）
　　仄仄平平平仄仄　　　　平平仄仄仄平平（△）

　　○仄仄平平平仄仄　　　　平平仄仄仄平平（△）
　　平平仄仄平平仄　　　　仄仄平平仄仄平（△）

　　七言绝句每句第一字不拘平仄，故旧有"一三五不论，二四六分明"之说，实际上第五字通常不能不论，尤其是仄平脚的句子第三字不能不论，否则会犯孤平。

　　二、律诗格式

　　律诗中单句称"出句"，双句称"对句"。"出句"和"对句"加起来成为一联。第一联称"首联"，第二联称"颔联"，第三联称"颈联"，第四联称"尾联"。五言律诗和七言律诗都为八句四联，中间"颔联"和"颈联"必须要对仗。三联对仗也属常见。

　　对仗首先要求句型一致，要求词性相对，名词对名词，形容词对形容词，动词对动词，副词对副词。此外，还有三种特殊的对仗：数目对、颜色对和方位对。

　　名词还可以分为若干小类，如天文、时令、地理等。凡同一小类相对，词性一致，句型又一致者称为工对。邻类相对也算工对，如方位对颜色，天文对时令等。两种事物如果常常被并提的也算工对，如花对鸟、人对马等。还有所谓借对者，这是指借用同音字为对，如以白对清，因为清与青同音。

　　另外五字句中有四字，七字句中有四、五字对得工整的，也算是工对。

　　1. 五言律诗

　　五言律诗有四种平仄格式。

　　○仄仄平平仄　　　　平平仄仄平（△）
　　　平平平仄仄　　　　仄仄仄平平（△）
　　　仄仄平平仄　　　　平平仄仄平（△）
　　　平平平仄仄　　　　仄仄仄平平（△）

○平平平仄仄　　　　　仄仄仄平平（△）
仄仄平平仄　　　　　平平仄仄平（△）
平平平仄仄　　　　　仄仄平平仄（△）
仄仄平平仄　　　　　平平仄仄平（△）

○仄仄仄平平（△）　　平平仄仄平（△）
平平平仄仄　　　　　仄仄仄平平（△）
仄仄平平仄　　　　　平平仄仄平（△）
平平平仄仄　　　　　仄仄仄平平（△）

○平平仄仄平（△）　　仄仄仄平平（△）
仄仄平平仄　　　　　平平仄仄平（△）
平平平仄仄　　　　　仄仄仄平平（△）
仄仄平平仄　　　　　平平仄仄平（△）

2. 七言律诗

七言律诗也有四种平仄格式。

○平平仄仄仄平平（△）　　仄仄平平仄仄平（△）
仄仄平平平仄仄　　　　　平平仄仄仄平平（△）
平平仄仄平平仄　　　　　仄仄平平仄仄平（△）
仄仄平平平仄仄　　　　　平平仄仄仄平平（△）

○仄仄平平仄仄平（△）　　平平仄仄仄平平（△）
平平仄仄平平仄　　　　　仄仄平平仄仄平（△）
仄仄平平平仄仄　　　　　平平仄仄仄平平（△）
平平仄仄平平仄　　　　　仄仄平平仄仄平（△）

○平平仄仄平平仄　　　　仄仄平平仄仄平（△）
仄仄平平平仄仄　　　　　平平仄仄仄平平（△）

平平仄仄平平仄　　仄仄平平仄仄平（△）
仄仄平平平仄仄　　平平仄仄仄平平（△）

○仄仄平平平仄仄　　平平仄仄仄平平（△）
平平仄仄平平仄　　仄仄平平仄仄平（△）
仄仄平平平仄仄　　平平仄仄仄平平（△）
平平仄仄平平仄　　仄仄平平仄仄平（△）

3. 长律

超过八句的律诗称长律，有长达一百六十韵的，按两句一韵计，则全诗长达1600字。长律一般只是五言诗，除头尾各两句外，各句都要用对仗。

三、古风特点

古风，又称古体诗，其主要特点是：不但可用平韵，且可用仄韵，还可换韵；用韵较宽，不受韵书的限制；不拘平仄；不拘对仗；不拘字数。

为求格调高古，古代诗人通常尽可能少用律句，多用拗句。拗句的平仄特点主要是：五言二、四同声，七言有二、四或四、六同声。如果从三字尾看，拗句有四种三字尾：仄平仄、仄仄仄、平仄平、平平平。

古风分五言古诗（五古）和七言古诗（七古）。此外，还有一种杂言，又称长短句。杂言诗往往以七言句为主，夹杂三字句、五字句。有时还夹杂四字句、六字句以及十字句。

杂言诗一般不另列一类，只归入七言古诗。

四、词牌、词谱和词律

词其实就是歌词，是一种可以合乐歌唱的诗体，最早就称为"曲子词"。词的产生是与乐府诗、近体诗有一定的关系，但古乐府及近体诗之可歌者与词又有重要区别。前者大都先作诗歌，再以乐曲配合；后者则先有曲调，再按其曲拍调谱来填制歌词。所以作词也被称为"填词"、"倚声"。词的长短有固定格律，与乐府古诗中句式长短自由的杂言体截然不同。词可以说是萌芽于南朝，初生于隋和盛唐初的一种新型的合乐诗体。但词真正发展起来则要到中晚唐时期。

词在唐代产生和发展起来，和唐代音乐的繁荣有关。其时，西域的音乐（胡乐）大量传入中原地区，从宫廷到民间都很流行。同时，魏晋南北朝以来的民间乐曲此时也更发达。《唐书·音乐志》说："自开元以来，歌者杂用胡夷里巷之曲"。"胡夷"指的是西域来的胡乐，如《苏幕遮》、《菩萨蛮》；"里巷"指的是民间的俚曲小调，如《望江南》、《渔歌子》。要配合这些乐曲作词，只有依照乐曲的长短高下配以句子长短不齐的词才适于歌唱。

所以词虽然和前代的诗歌有着历史的因承关系，但在形式上又有着明显不同的特点：一是每首词都有一个表示音乐性的调名，如《水调歌头》、《沁园春》等，称为词调或词牌；二是每调都有固定的句数，每句都有固定的字数；三是每句中字声的平仄以及每调用韵的位置都有一定的格式；四是每调一般分为上、下片（或叫上、下阕），也有分三片、四片的，如《瑞龙令》、《莺啼序》等，不分片的单调，称为小令，如《望江南》、《十六字令》等。

词调或词牌种类繁多，有的词调又因字数或句式等不同而分两个或两个以上的"体"。集合词调各种体式，经过分类编排，给填词者作依据的书，称为词谱。其内容主要是介绍词的格律，即词律及词调的来源等。

词的格律，即词律，其基本特征是：字有定数、讲究平仄、句式参差不齐、押韵的位置各个词调不同、对仗可灵活掌握。

五、词的体制

词有"令"、"引"、"近"、"慢"等。"令"一般比较短，"引"和"近"一般较长，"慢"又比"引"、"近"长。后又出现"小令"、"中调"、"长调"的名称，清毛先舒《填词名解》说"五十八字以内为小令，五十九字至九十字为中调，九十一字以外为长调。"词除一部分字数较少的小令外，都要分段落。一段叫"一片"。一部分词分两段，少数词分三段、四段。两段的词，第一段被称为"上片"或"上阕"、"前阕"，第二段被称为"下片"、"过片"或"下阕"、"后阕"。不分片的称单调，分两片的叫双调。

六、常见词牌举隅

有下划线者表示平仄可以互通，字后有（△）者为韵脚。

1. 忆江南（又名望江南）27字

平平仄，仄仄仄平平（△）。仄仄平平平仄仄，平平仄仄仄平平（△）。仄仄仄平平（△）。

2. 浪淘沙54字

仄仄仄平平(△),仄仄平平(△)。平平仄仄仄平平(△)。仄仄平平仄仄,仄仄平平(△)。

仄仄仄平平(△),仄仄平平(△)。平平仄仄仄平平(△)。仄仄平平仄仄,仄仄平平(△)。

3. 蝶恋花(又名鹊踏枝)60字

仄仄平平平仄仄。仄仄平平,仄仄平平仄(△)。仄仄平平平仄仄(△)。平平仄仄平平仄(△)。

仄仄平平平仄仄。仄仄平平,仄仄平平仄(△)。仄仄平平平仄仄(△)。平平仄仄平平仄(△)。

4. 菩萨蛮44字(前后阕末句不能犯孤平)

平平仄仄平平仄(△),平平仄仄平平仄(△)。仄仄仄平平(△),仄平平仄平(△)。

平平平仄仄(△),仄仄平平仄(△)。仄仄仄平平(△),仄平平仄平(△)。

5. 忆秦娥46字

平平仄(△),平平仄仄平平仄(△)。平平仄(△),平平仄仄,仄平平仄(△)。

平平仄仄平平仄(△),平平仄仄平平仄(△)。平平仄(△),平平仄仄,仄平平仄(△)。

6. 浣溪沙42字(后阕首二句一般都用对仗)

仄仄平平仄仄平(△),平平仄仄仄平平(△)。平平仄仄仄平平。

仄仄平平平仄仄,平平仄仄仄平平(△)。平平仄仄仄平平。

7. 满江红93字

仄仄平平,平平仄、平平仄仄(△)。平平仄、平平仄仄,平平仄仄(△)。仄仄平平平仄仄,平平仄仄平平仄(△)。仄仄平、仄仄仄平平,平平仄(△)。

平平仄,平平仄(△)。平仄仄,平平仄(△)。仄平平仄仄,仄仄平平仄(△)。仄仄平平平仄仄,平平仄仄平平仄(△)。仄平平、仄仄仄平平,平平仄(△)。

8. 念奴娇(百字令)100字

仄平平仄,仄平平仄仄、平平平仄(△)(或者是:平仄仄,仄仄平平平仄)。仄仄平平平仄仄,仄仄平平仄仄。仄仄平平,平仄平仄,仄仄平平平仄(△)。

平仄平仄平平,平平仄仄、仄仄平平平仄(△)(或者是:仄平平仄仄,平平平仄(△))。仄仄平平平仄仄,仄仄平平仄仄(△)。仄仄平平,平平仄仄,仄仄平平仄(△)。平平平仄,仄平平仄平仄。

第十章　文苑汇考

第一节　中国文学之滥觞

一、远古口头文学

文字尚未产生前,作为语言艺术的文学,只能通过口头传诵的方式得以流传。关于远古的口头文学,我们从存世古籍的字里行间可窥见一斑。《吴越春秋》载有《弹歌》:"断竹,续竹,飞土,逐宍。"无疑这是一首比较原始的猎歌。夏侯玄《辨乐论》记载:"昔伏羲氏因时兴利,教民田渔,天下归之,时则有网罟之歌;神农继之,教民食谷,时则有丰年之咏。"可以推想当时因劳动而产生的歌谣韵律创作。

先民处在生产力与知识水平低下的实际状况下,在变幻莫测的大自然面前,神的信念在人们的意识中占着支配地位。对神的崇拜,就出现了宗教。对神赞美、祈祷所唱的韵语,是原始歌谣的一种形态。把自然力神化,并借助想象企图解说它、征服它、支配它,就产生了神话。以歌舞等仪式来"沟通"人与神的联系的巫祝,也就是原始的文艺家。因此,原始文学与神的观念以及宗教活动是密切相关的。那时,祀神、祭天、大战前后、大猎、大耕种、大收成之际,必有歌舞。这是一种鼓舞人心、激励感情的艺术手段。从而形成了诗、乐、舞三位一体的综合艺术。《吕氏春秋·古乐》所载"昔葛天氏之乐,三人操牛尾,投足以歌八阕",就生动地表现出原始人以载歌载舞形式演唱的场景。

二、古代神话传说

神话的创作往往表现了远古人民对自然力的抗争和对提高人类自身能力的渴望。在先秦古籍中，如《山海经》、《左传》、《国语》、《楚辞》以及《吕氏春秋》等，中国著名的古典神话已得到记载。这中间，《山海经》保存的神话最为丰富，而且接近古代神话的原貌。在这些记载中，呈现出许多英雄神、始祖神、创造神以及自然神、统治神、反抗神等丰富多采的神话人物形象。

1. 关于开辟的神话

女娲是北方神话的开辟神，盘古则为南方神话的开辟神。据东汉应劭《风俗通义》记载："俗说，天地开辟，未有人民。女娲抟黄土作人。剧务，力不暇供，乃引绳絚于泥中，举以为人。"南朝梁任昉《述异记》说，盘古死后，"头为四岳，目为日月，脂膏为江海，毛发为草木。"女娲在"往古之时，四极废，九州岛裂，天不兼覆，地不周载，火焰炎而不灭，水浩洋而不息"的情况下，还"炼五色石以补苍天，断鳌足以立四极，杀黑龙以济冀州，积芦灰以止淫水"，挽救了一个即将毁灭的世界，成为人类的再造神。

[清]萧云从：女娲

后羿射日图像（先秦漆绘）

2. 后羿射日的神话

《淮南子·本经训》说："逮至尧之时，十日并出，焦禾稼，杀草木，而民无所食。猰貐、凿齿、九婴、大风、封豨、修蛇皆为民害。尧乃使羿诛凿齿于畴华之野，杀九婴于凶水之上，缴大风于青丘之泽。上射十日而下杀猰貐，断修蛇于洞庭，禽封豨于桑林。万民皆喜，置尧以为天子。"传说中的羿大约是先民中的一位善射的能为民除害的英雄人物，或者是原始人在塑造或描绘一个能战胜一切自然灾害的英雄形象。

3. 关于洪水的神话

《列子·汤问》说："共工氏与颛顼争为帝，怒而触不周之山，折天柱、绝地维。故天倾西北，日月星辰就焉；地不满东南，故百川水潦归焉。"《淮南子·本经训》又载有："共公氏振滔洪水，以薄空桑。"可知在上古时代某一地区曾经发生过大水灾。在与洪水长期搏斗取得胜利后，鲧、禹父子治水的故事便成为我国古代流传最广、内容最丰富的神话了。《山海经》、《开筮》、《国语》等古代文献中记载的鲧、禹神话，塑造了中国古代两位治水英雄。《山海经·海内经》记载："洪水滔天，鲧窃帝之息壤，以堙洪水，不待帝命；帝令祝融杀鲧于羽郊。鲧复生禹，帝乃命禹卒布土以定九州岛。"还有许多神话片段，诸如：大禹治水三过其门而不入、禹化熊、石破生启等情节早已脍炙人口，反映了古代劳动者征服自然的伟大胸怀。

夏禹王像（[南宋]马麟）

4. 黄帝擒蚩尤的神话

黄帝在取得中央天帝的位置以前，曾经和他的同母异父兄弟炎帝，有过一场旷日持久的战争。和炎帝后裔蚩尤的战争，就是这场战争的主力战。据《龙鱼河图》说："蚩尤兄弟八十一人，并兽身人语，铜头铁额，食沙石子。造立兵仗，刀戟大弩，威振天下。"可见，蚩尤应当是古代一个强大的部落联盟的首领。黄帝擒蚩尤的神话故事，实际上是我国氏族社会部落之间相互斗争的反映。最早记录这场战争的《山海经·大荒北经》写道："蚩尤作兵伐黄帝，黄帝乃令应龙攻之到冀州之野。应龙蓄水，蚩尤请风伯、雨师从（纵）大风雨。黄帝乃下天女曰魃，雨止，遂杀蚩尤。"《虞喜志林》的记载稍有不同："黄帝与蚩尤战于涿鹿之野。蚩尤作大雾，弥三日，军人皆惑。乃令风后法斗机作指南车以别四方，遂擒蚩尤。"其他如刘恕《通鉴外纪》、杜佑《通典》、《归藏启筮》等诸书中亦有各种相关传说的记载。

5. 关于歌颂坚韧不拔精神的神话

在我国古代神话里，有不少是刻画先民与自然抗争的故事，他们不屈不挠的精神，感人至深。最为人们传诵的有：精卫填海、夸父追日、刑天舞干戚等。

《山海经·北山经》记载："炎帝少女，名曰女娃。女娃游于东海，溺而不返。故为精卫，常衔西山之木石，以堙于东海。"故事突出地表现了人类和自然作斗争的顽强意志。还有巨人夸父，《山海经·海外北经》里说，他竟敢"与日逐走，入日；渴，欲得饮，饮于河、渭；河、渭不足，北饮大泽。未至，道渴而死。弃其杖，化为邓林。"这种自我牺牲为后人造福的精神，可歌可泣。《山海经·海外西经》则记载了刑天的顽强斗志："刑天与帝争神，帝断其首，葬于常羊之山，乃以乳为目，以脐为口，操干戚以舞。"

夸父逐日（明刊《山海经图》）

晋代诗人陶潜在《读山海经》诗中赞叹道："夸父诞宏志，乃与日竞走……余迹寄邓林，功竟在身后。""精卫衔微木，将以填沧海。刑天舞干戚，猛志故长在。"

第二节　先秦文学

"先秦"，在汉代人心目中包括秦王朝在内。及至后人论"先秦诸子"时，才开始将"先秦"的范围转移到秦以前，主要是指春秋末期至战国的一段时间。今人更将这一概念扩展成为远古至秦统一前的全部文学。

一、《诗经》

《诗经》是中国最早的诗歌总集。它收集了从西周初年到春秋中叶大约500年间的诗歌305篇（另有《南陔》、《白华》、《华黍》、《由庚》、《崇丘》、《由仪》6篇"笙诗"，只存篇名）。

1.《诗经》的采集和编订

《诗经》作品的主要来源：一是"王官采诗"，周王朝设有专门采集民间歌谣的官员，称"行人"，他们四出采访、收集民歌，以供朝廷考察民情风俗、政治得失。二是"献诗"制度，为了讽谏或歌功颂德，周朝公卿士大夫在某种场合要给天子献诗；而各国诸侯为了了解民情或察看政治的得失，也要向周天子进献本国歌谣。

据《史记》等书记载，《诗经》曾经过孔子的删订，使之"可施于礼义"，并且"皆弦歌之，以求合《韶》、《武》、《雅》、《颂》之音"。其实，经考证，孔子删诗之说基本上不可信。就以《左传》所载"季札观周乐"一事而言，鲁国乐工为吴公子季札所奏的各国风诗的次序也与今本《诗经》基本相同，其时孔子年仅八岁。至于《论语·子罕》中孔子所说"吾自卫返鲁，然后乐正，雅、颂各得其所"的话，这只是说明孔子曾经整理校订过舛误的《诗经》乐曲。

2.《诗经》的编排分类

《周礼·春官·大师》中说"大（太）师教六诗：曰风，曰赋，曰比，曰兴，曰雅，曰颂。"在《毛诗序》里，把"六诗"叫做"六义"。孔颖达在《毛诗正义》中的解释道："风、雅、颂者，诗篇之异体；赋、比、兴者，诗文之异辞耳。大小不同，而得并为六义者，赋、比、兴是诗之所用，风、雅、颂是诗之成形，用彼三事，成此三事，是故同称为义。"他认为风、雅、颂是诗的不同体制，赋、比、兴是诗的不同表现手法，这看法被长期沿用下来。

《诗经》中的"风"是各诸侯国的土风歌谣，大多数是民歌，最富于思想意义和艺术价值。"风"又分为周南、召南、邶、鄘、卫、王、郑、齐、魏、唐、秦、陈、桧、曹、豳等15《国风》，共160篇。"雅"是西周王畿地区的正声雅乐，共105篇，又分"大雅"和"小雅"。"大雅"31篇，用于诸侯朝会；"小雅"74篇，用于贵族宴享。"颂"是宗庙祭祀的舞曲歌辞，又分"周颂"31篇，"鲁颂"4篇，"商颂"5篇，共40篇。

3.《诗经·国风》的思想内容

（一）反剥削、反压迫的诗

《诗经·国风》中有许多诗篇，表达了人民反抗剥削压迫的愿望和对劳役、兵役的痛苦与反感。《豳风·七月》描述了农奴被剥削、压榨，终年辛勤劳动和痛苦生活。《魏风·伐檀》写一群伐木者边劳动边歌唱，对不劳而获的奴隶主领主们作了愤怒斥责。《魏风·硕鼠》更痛斥那些剥削者为大老鼠。《唐风·鸨羽》写出了久困王事，在沉重的徭役压榨下人民痛苦的呼号。

[明]马和之：唐风图卷之鸨羽

《豳风·东山》描述战后农村的破败景象，揭示了战争给人民带来的不幸和痛苦，表达了人民对和平与劳动生活的渴望。《王风·君子于役》则从征夫家属的角度，表示了对兵役、徭役的愤怒与不满。

（二）关于恋爱婚姻的诗

在《国风》中以恋爱婚姻为题材的民歌数量最多，也最富情采。有的表现热恋的欢乐，有的表现相思之苦，都显示了古代人民单纯开朗的性格和纯洁质朴的心灵。《周南·关雎》抒写了一个青年男子大胆、率真地表露对一位美丽姑娘的相思之情。《卫风·木瓜》、《郑风·萚兮》，表现了青年男女两无嫌猜、和谐欢乐的爱情。《郑风·狡童》、《郑风·褰裳》写热恋中的女子对情人的戏谑，显得幽默而风趣。《邶风·静女》、《郑风·溱洧》、《郑风·风雨》、《王风·采葛》等，写爱情中的各种表现和心理变化，都十分真挚动人。而像《邶风·谷风》、《墉风·柏舟》、《卫风·氓》、《王风·中谷有蓷》、《郑风·遵大路》诸篇，或者反映了妇女被遗弃的悲惨命运，或者描写了她们敢于争取自由婚姻的斗争精神。其中的《卫风·氓》可称为代表作。诗中叙述女主人公从恋爱、结婚到离异的痛苦经历。诗中唱出了她的悔恨多于哀伤，决绝而不留恋。

（三）关于劳动的诗

《国风》中有很多关于劳动的诗。《周南·芣苢》，是妇女采集车前子时所唱的歌，诗篇以简单的语言，简单的韵律，唱出了劳动的欢乐情绪和热烈气氛。《魏风·十亩之间》，写采桑者劳动将结束归家时的高兴心情。当然还有反映被迫超负荷劳动的诗，诸如《召南·采蘩》、《召南·采蘋》等。

（四）反映贵族生活的诗

《国风》中反映贵族生活的诗也占了不少比重，其中《卫风·硕人》，赞美卫庄公夫人庄姜，被后人比做美人赋。《郑风·大叔于田》，赞美一个武士在围猎时表现的勇敢和精妙的射御技术。《秦风·权舆》描写了没落贵族嗟叹生活今不如昔的哀鸣。

此外，《国风》中还有些揭露、讽刺诸侯荒淫无耻的作品，如《邶风·新台》、《墉风·墙有茨》、《齐风·南山》、《陈风·株林》等等。

（五）表现爱国主义情操的诗

《秦风·无衣》反映战士们在国难当头为保卫家园，慷慨从军，团结御侮，同仇敌忾的豪情。《秦风·黄鸟》是悼"三良"（被殉葬的子车氏之三子）的挽歌，也是对残酷野蛮的殉葬制度的抗议。《墉风·载驰》，具名作者是许穆夫人，她是卫戴公之妹。卫被狄人所灭，她为了拯救祖国而向大国求援，遭到许国君臣的极力阻挠，作者愤而写下了这首具有爱国精神的作品。

4.《诗经·雅》的思想内容

《诗经·雅》诗中，大部分为奴隶主贵族的作品。其中的祭祀诗、宴饮诗、祝颂诗，情调庸俗颓废，糟粕较多如《小雅·鱼丽》、《小雅·庭燎》、《小雅·宾之初筵》等都极写贵族们宴饮场面，反映了统治阶级日趋豪华奢侈的生活。但另外还有一些的讽刺诗、农事诗、史诗和民间的怨歌、恋歌，却有不少精华之处。

（一）讽刺诗

《大雅·桑柔》直接指斥周厉王为政暴虐，执政大臣贪残害国。揭示了政治腐败、民生多艰的社会现实。《小雅·十月之交》大胆揭露周幽王的"艳妻"与佞臣内外相结，炙手可热。《大雅·抑》攻击执政者沉醉于饮酒作乐，倒行逆施，百事俱废。《小雅·雨无止》直刺周王朝统治者的昏庸残暴。《小雅·巧言》则讥讽巧舌如簧的谗者如何误国乱政。

（二）农事诗

农事诗和畜牧诗也是《雅》诗的内容之一。如《小雅·楚茨》、《小雅·甫田》、《小雅·大田》等，对周代的社会制度和农业生产方式均有反映。《小雅·无羊》极写牛羊蕃盛，畜牧兴旺，也反映了当时的社会生产情况。

（三）史诗

《大雅》中的《生民》、《公刘》、《绵》、《皇矣》、《大明》诸篇，从周民族的始祖后稷的诞生、成长及对农业生产的贡献写起，中间叙述周人远祖公刘率众由邰迁豳和太王古公亶父由豳迁居岐下建国立业的事迹;然后写文王伐密、伐崇,受命安天下;最后写武王伐纣、扬威克商,建立周王朝。这组诗歌颂了周民族创业开国的英雄人物和先王,较为完整地描述了周人的起源、发展和建国史,是珍贵的历史画卷。《小雅》中的《采薇》、《出车》和《六月》写周宣王时对猃狁的一些军事活动。

(四)民间的怨歌、恋歌

《雅》诗中也包含有一些直接反映劳动人民呼声的民间歌谣。《小雅·苕之华》写出了奴隶们在死亡线上艰难挣扎的惨景,喊出了他们在统治阶级的残酷压榨下痛苦欲绝的呼号。《小雅·何草不黄》在征夫的愤怒控诉中反映了兵役、徭役给人民带来的深重灾难。《雅》诗中还有一些恋歌和怨歌。《小雅·隰桑》便是女子对爱人倾诉款曲之歌;《小雅·采绿》是妇人思夫之辞;而《小雅·谷风》则是被遗弃的妇女对忘恩负义的丈夫的指责,充满了痛苦忿怒之情。

5.《诗经·颂》的思想内容

《颂》诗可分周、商、鲁三部分。《周颂》主要是西周王朝歌颂其最高统治者文治武功的诗;《商颂》是商朝天子的祭诗,一说主要是歌颂宋襄公伐楚的功绩;《鲁颂》主要是歌颂鲁僖公伐楚的功绩。三《颂》中有几首写到当时农业生产的情况,如《臣工》、《噫嘻》、《丰年》、《载芟》、《良耜》等,可以从中了解西周初年的农业生产和人民生活情景,是研究当时社会经济的重要史料。

6.《诗经》的赋、比、兴表现手法

《诗经》的表现手法,前人概括为赋、比、兴。朱熹在《诗集传》中解释说:"赋者,敷陈其事而直言之者也","比者,以彼物比此物也","兴者,先言他物以引起所咏之词也"。

赋,就是陈述铺叙的意思,一般多见于《颂》和《大雅》;但像《七月》、《氓》、《溱洧》等优秀民歌作品,也使用了赋的手法。比,就是譬喻,对人或物加以形象的比喻,使其特征更加鲜明突出。如《鄘风·相鼠》、《魏风·硕鼠》用令人憎恶的老鼠来比喻统治者的不讲礼仪、贪婪可恶;《卫风·氓》中用桑树由繁茂到凋落比喻女主人公的容貌由盛变衰。兴,就是借助其他事物作为诗歌发端,以引起所要歌咏的内容。兴和诗歌内容有一定的联系。如《周南·桃夭》是一首嫁女诗,以"桃之夭夭,灼灼其华"起兴,使人从桃花盛开联想到新嫁娘的美貌。又如《邶风·燕燕》是一首送别诗,以"燕燕于飞,差池其羽"起兴,使人从燕子飞时的差池不齐联想到送别时的依恋之情。比兴手法的运用,能加强诗歌的生动性和鲜明性,增加诗的韵味和形象感染力。

7.《诗经》的章法特点和语言艺术

《诗经》善于运用章句的重迭来表达思想感情,使诗歌在音律上和修辞上都收到美的效果。有的通篇重迭,各章对应地只换几个字,如《周南·芣苢》;有的只在章首或章尾重迭,如《周南·汉广》;有的隔章重迭,重首重尾,如《周南·关雎》。重迭便于记忆和咏唱,是民歌的特色之一,回旋反复,可以增加诗歌的音乐性和节奏感,更充分地抒发情怀。《诗经》中还运用了迭字、双声、迭韵等修辞手段,如"风雨凄凄,鸡鸣喈喈"、"风雨萧萧,鸡鸣胶胶",其中的"凄凄"、"喈喈"、"萧萧"、"胶胶"都是迭字;双声如"参差"、"踟蹰"等;迭韵如"窈窕"、"崔嵬"等。这些修辞手段的大量运用,不仅增加了诗的音乐美,而且表达出细微曲折的思想感情,描摹出事物的特征和属性。

《诗经》的形式基本上是四言诗,比较整齐,这是诗歌发展过程中的早期形式。但它又常常突破四言的格局,使用二字至八字一句的形式,亦间有一字句和九字句。这种长短不齐的句式,错综变化,灵活自由,读来节奏自然。《诗经》中多种多样的句型,可说是后代各种诗体发展的滥觞。

二、楚辞

战国后期,以屈原为代表的楚国作家,在吸收南北文化的基础上,创作了一批诗歌,因为直接脱胎于楚歌,故称作"楚辞"。汉时刘向把屈原、宋玉和汉初一些仿作辑为一书,正式定名为《楚辞》。这种新诗体又因屈原《离骚》而得名为"骚体"。在"楚辞"影响下,汉代产生了"赋",因当时"辞"、"赋"两词混用不分,所以被人连称为"辞赋"。

1. 屈原辞赋

(一)屈原(约公元前339年~约前278年)生平

屈原像
（明刻历代名人像赞本）

[清]门应兆：补绘离骚图（恐鹈鴂之先鸣兮，使夫百草为之不芳）

屈原，名平，字原。在《离骚》中自称名正则，字灵均。"正则"与"灵均"是平和原二字的引申义。楚国秭归人。诗人、政治家，"楚辞"的创立者。曾辅佐楚怀王，做过左徒、三闾大夫。他主张彰明法度，举贤授能，东联齐国，西抗强秦。后受谗去职，顷襄王时更被放逐，长期流浪于沅湘一带。秦兵攻入楚国都郢城后，他既无力挽救祖国危亡，又深感政治理想无法实现，遂投汨罗江而死。

屈原的作品，根据刘向、刘歆父子的校定和王逸的注本，有25篇，即《离骚》1篇，《天问》1篇，《九歌》11篇，《九章》9篇，《远游》、《卜居》、《渔父》各1篇。据《史记·屈原列传》司马迁语，还有《招魂》1篇。

（二）《离骚》

《离骚》，屈原的代表作，是他根据楚国的政治现实和自己的不平遭遇，"发愤以抒情"而创作的一首政治抒情诗。由于其中曲折尽情地抒写了诗人的身世、思想和境遇，因此也有人把它看作是屈原生活历程的形象记录，称它为诗人的自叙传。

这首诗可分为八个部分。第一部分从"帝高阳之苗裔兮"到"来，吾道夫先路"，叙述自己的家世、出生和他自幼的抱负；第二部分从"昔三后之纯粹兮"到"愿依彭咸之遗则"，历诉自己在政治上的遭遇；第三部分从"长太息以掩涕兮"到"岂余心之可惩"，写自己遭受迫害以后的心情，并表示仍要坚持理想，至死不屈；第四部分从"女媭之婵媛兮"到"耿吾既得此中正"，写女媭劝他不必"博謇好修"，他就向传说中的古帝重华陈辞，直面披露自己的政治理想；第五部分从"驷玉虬以乘鹥兮"到"余焉能忍与此终古"，写自己心情抑郁，无可告愬之下，幻想上天入地，寻求了解自己的人；第六部分从"索藑茅以筳篿兮"到"周流观乎上下"，写自己对去留楚国的矛盾心情；第七部分从"灵氛既告余以吉占兮"到"蜷局顾而不行"，写自己幻想离开楚国远游，但终于依恋不舍；第八部分是"乱辞"，表示要以死来殉自己的理想。

（三）《天问》

《天问》是一首内容写法都比较奇特的长诗。内容异常丰富，涉及宇宙来源、人生哲理、上古历史乃至神话传说。全诗凡374句，提出了172个问题。自篇首至"曜灵安藏"，以天事为主，杂以与天事有关的神话；自"不任汩鸿"至"乌焉解羽"，以地事为主，包括鲧禹治水传说；自"禹之力献功"至篇末，都是史事，夏代事最详，最后以楚国事为主，忧国情绪在这部分里颇为明显，但从文气上看似乎未完，恐是脱漏所致。

（四）《九歌》

《九歌》，诗题沿用上古乐章的名称，共11篇，是一套祭神的乐歌。前十章是祭十种神灵，可分为天神、地祇、人鬼三种类型。天神是指东皇太一（天神之贵者）、云中君（云神）、大司命（主寿命的神）、少司命（主子嗣的神）、东君（太阳神）；地祇是指湘君与湘夫人（湘水之神）、河伯（河神）、山鬼（山神）；人鬼是指国殇（阵亡将士之魂）。最后一章《礼魂》是送神曲。

[清]萧云从：九歌图之河伯

（五）《九章》

《九章》是汉代人辑录屈原作品而成的一组较为短小的抒情诗集。共九篇。其中《桔颂》以桔树的坚贞高洁自况，开了咏物诗体物写志的先河。《惜诵》表现了诗人在政治上遭受打击后的愤懑心情，内容略与《离骚》前半篇相似。《涉江》似是自叙放逐江南的行迹，反映了诗人高洁情操与现实生活黑暗混浊之间的矛盾。《哀郢》抒写了诗人对破国亡家的哀思及对人民苦难的同情。《抽思》抒发了诗人见疏于怀王之后的怫郁幽怨之情。《怀沙》着重叙写了诗人正道直行、不随世浮沉的节操以及准备以死来殉理想、殉信仰的决心。《思美人》反映了诗人思念其君而不能自达,但又不愿变心从俗的心情。《惜往日》概叙了自己一生的政治遭遇,为因谗人破坏和国君昏庸使自己的理想不能实现而深感痛惜,也表示了必死的决心。《悲回风》则流露了一种低徊缠绵的忧苦之情。

(六)《招魂》

《招魂》是利用民间招魂的形式写成的。有人认为是屈原自招其魂,借题发挥,以宣泄愁苦;另有人说是为招请怀王的亡魂而作。诗中铺叙上下四方的恐怖景象,恐吓游魂不要远去,又极写人间宫室的华美,呼唤灵魂返归故乡。通篇想象奇诡,辞藻华赡,在铺陈排比的手法上开了汉代辞赋的先河。

(七)屈原作品的思想感情

在屈原的作品中,随处都表现出强烈的忧国忧民、忠君致治的思想感情。他的政治理想的内容就是"美政",即圣君贤相的政治。"彼尧舜之耿介兮,既遵道而得路"(《离骚》),耿介,意即光明正大,是屈原对国君的最高要求。屈原"美政"的另一基本内容就是民本思想。他在《离骚》、《九章》等作品中反复谈到"民"的问题,"皇天无私阿兮,览民德焉错辅。夫惟圣哲之茂行兮,苟得用此下土";"瞻前而顾后兮,相观民之计极"(《离骚》);"愿摇起而横奔兮,览民尤以自镇"(《九章·抽思》)。所谓圣君贤相,所谓美政,就是要看能否解决民生疾苦问题,能否致民于康乐之境。但是美政理想与恶浊现实之间存在着严峻的对立,因此在屈原的诗篇里反复表达了同黑暗与邪恶势力殊死斗争的决心。总之,在屈原的作品里,作者鲜明地表露了崇高炽热的爱国激情。

(八)屈原作品的艺术特色

屈原是我国文学史上第一个伟大的诗人,他在采用当时民歌(楚歌)形式的基础上,创造了一种新的文学体裁——骚体。他把群众集体性的口头创作,提高到了专业作家艺术创造的水平上去。

第一,屈原开创了积极浪漫主义的创作方法。他的诗作特别体现出对进步理想的追求和坚持。所谓"路曼曼其修远兮,吾将上下而求索","亦余心之所善兮,虽九死其犹未悔"(《离骚》)。正因为屈原笔下更多的是理想世界和理想人物，所以在写作时常超脱时空，采用大量非现实的夸张手法，再加上广泛选取神话传说、历史故事和富于楚地特色的山川景物，就使其作品具有离奇曲折的情节，形成优美奇特的境界。屈原的作品感情澎湃激越，往往采取直接而强烈的抒情方式，把自己的感受、要求、态度，尽情地倾泻出来。面对国破家亡的景象，他悲愤地质问苍天："皇天之不纯命兮，何百姓之震愆！民离散而相失兮，方仲春而东迁。"在申明至死不变态度时，他多次犹如火山爆发那样："宁溘死以流亡兮，余不忍为此态也"、"虽体解吾犹未变兮，岂余心之可惩！"

第二，屈原完成了楚辞这种新诗体的创立，从体制、格调、技巧、语言诸方面突破了《诗经》的成规。

从体制上看，屈原以前的诗歌，不管是《诗经》或南方民歌，大多是短篇，而屈原发展为长篇巨制。在表现手法上，屈原把赋比兴巧妙地糅合成一体，大量运用"香草美人"的比兴手法，把抽象的品德、意识和复杂的现实关系生动形象地表现出来。在语言形式上，屈原作品突破了《诗经》以四字句为主的格局，每句五、六、七、八、九字不等，也有三字、十字句的，句法参差错落，灵活多变；句中句尾多用"兮"字，以及"之""于""乎""夫""而"等虚字，用来协调音节，造成起伏回宕、一唱三叹的韵致。

2. 宋玉辞赋

《史记·屈原贾生列传》载："屈原既死之后，楚有宋玉、唐勒、景差之徒者，皆好辞而以赋见称。然皆祖屈原之从容辞令，终莫敢直谏。"记述极为简略。《韩诗外传》和《新序》也有关于宋玉的片段记载。王逸在《楚辞章句》中则说他是屈原的弟子。晋代习凿齿《襄阳耆旧传》曾综合前人记载为宋玉列传，大体上说，宋玉出身寒微，曾师事屈原，又曾央求友人推荐，作了一个"小臣"，仕途上颇不得志。后来由于他通晓音律，善于文章，得以接近楚王。他也曾向楚王进谏和献策，均未被采用。

宋玉的作品，最早据《汉书·艺文志》载，有16篇。现今相传为他所作的《九辩》、《招魂》两篇，见于王逸《楚辞章句》；《风赋》、《高唐赋》、《神女赋》、《登徒子好色赋》、《对楚王问》5篇，见于萧统《文选》；《笛赋》、《大言赋》、《小言赋》、《讽赋》、《钓赋》、《舞赋》6篇，见于章樵

《古文苑》；《高唐对》、《微咏赋》、《郢中对》3篇，见于明代刘节《广文选》。但这些作品，真伪相杂，可信而无异议的只有《九辩》一篇。

《九辩》是一首长篇抒情诗，借悲秋来抒写"贫士失职"的"不平"，并在一定程度上揭露了现实的黑暗。诗人的感情是真挚的，但不像屈原那样激烈和执著，情调相对有些低沉。诗中悲秋感怀的主题和借景抒情的手法，对后代诗歌创作产生了深远的影响。

三、先秦散文

1. 散文的形成

先秦时期，散文只能说是与韵文相对的一种文体，基本上是哲学、政治、伦理、历史方面的论说文和记叙文，但因其具有较强的文学性，被视为先秦文学的一个组成部分。

殷代甲骨文，基本上都是殷代王室占卜的记录，只是记事散文的萌芽。商周盛行在青铜器上铸刻铭文，其叙事大都直陈其事，很少修饰，又有不少颂扬求福的套语，因此其文学价值十分有限。

周人卜与筮并用，但多用蓍筮。把占筮过的事和结果记下来，以便年终复查占验多少，这些记录，叫做筮辞。《周易》就是这样的一部占筮用书。《周易》所记的内容驳杂零乱，衔接成章的并不多，只能说它还处在散文正在形成的阶段。真正标志着中国古代散文已经形成的，应该是《尚书》。

2. 《尚书》

《尚书》主要载录了殷商、西周时期的典、谟、誓、命、训、诰，以及东周作品，是上古的一部官方历史文献。

《盘庚》三篇是盘庚迁都于殷的三次训话。唐韩愈说其文句"佶屈聱牙"，但通篇中心突出，议中夹叙，比喻生动，富于感情色彩。它与《周书》中写周公告诫周成王的《无逸》等篇，可算是较早的、比较完整的论说文。较早而又比较完整的记叙文，则可以《周书》中的《顾命》为代表。《顾命》记叙周成王之死和周康王即位的经过，先记成王临终时对大臣们的遗嘱，接着记述康王即位的仪式，最后是召公和诸侯们对康王的告诫和康王的答词，记叙具体而有层次。

《尚书》之后，散文分别向着偏重于论说的诸子散文和偏重于记述的历史散文两方面发展。

3. 诸子散文

汉刘向、刘歆父子和班固等人对先秦文化学术进行总结整理,把诸子分为儒、道、阴阳、法、名、墨、纵横、杂、农、小说十家(《汉书·艺文志》)。各家著述繁多,足证论说文在春秋末至战国期间的迅猛发展。

(一)《论语》

《论语》是由孔门后学根据孔子的言行而结集的"回忆录",是一部以记言为主的语录体散文。内容以伦理、教育为主。对文学的影响极为深远。

《论语》多三言两语为章,言简意赅,发人深省。如论为政,说"足食,足兵,民信之矣"(《颜渊》);论教育,说"学而不厌,诲人不倦","三人行,必有我师焉"(《述而》),"学而不思则罔,思而不学则殆"(《为政》);论为人,说"毋意,毋必,毋固,毋我"(《子罕》),"当仁不让于师"(《卫灵公》),"三军可夺帅也,匹夫不可夺志也"(《子罕》)等。

《论语》语言流畅通达,活泼生动,大量运用语气词、多迭句、排比、对偶,感情色彩颇浓。如孔子知冉求为季氏聚敛,就说:"非吾徒也,小子鸣鼓而攻之可也!"(《先进》)表现出激愤深恶之情。又如"子在川上曰:逝者如斯夫,不舍昼夜!"(《子罕》)表现出孔子的自强不息的精神。子路听到孔子说为政"必也正名乎"之后,率而便说:"有是哉,子之迂也,奚其正!"写出了子路的直率;孔子被围于匡,颜渊后到,"子曰:'吾以女(汝)为死矣。'曰:'子在,回何敢死!'"可见颜渊的敬顺老师。这些都表现了人物的个性。《论语》中还有不少关于神情态度的描写,《乡党》中的孔子,《微子》中的隐者,都形象具体。"季氏将伐颛臾"章(《季氏》)、"子路等侍坐"章(《先进》)等,略具情节,可以视作魏晋轶事小说的滥觞。

(二)《孙子兵法》

《孙子》一书虽非文学作品,但在中国文学发展史上值得注意。它大约与《论语》同时成书,全书结构谨严,按专题分篇论说,各篇中心明确,论证周密,文句整饬而流畅。如《谋攻篇》:"知彼知己者,百战不殆","不战而屈人之兵,善之善者也",说得明白朴实而意义深刻。它大量运用排比句式,比喻手法也很熟练,如写军队的行动:"其疾如风,其徐如林,侵掠如火,不动如山,难知如阴,动如雷震"(《军争篇》);写用兵:"常山之蛇也,击其首则尾至,击其尾则首至,击其中则首尾俱至"(《九地篇》),都含义贴切,形象生动,音韵铿锵,颇有气势。所以刘勰称"孙武兵经,辞如珠玉"(《文心雕龙·程器》)。

（三）《墨子》

《墨子》是墨翟及其后学的言论、著作集。其文大都质朴无华,较少文采。纯系说理,逻辑性强,善于从对具体问题的论辩中,层层推进,最后引出概括性的结论。如《非攻上》,从窃人桃李,说到攘人犬豕鸡豚;又从攘人犬豕鸡豚,推进到攻国。采用类推的方法,由此及彼,由小及大,层层推进,既是说理,又是比喻,使文章具有很强的说服力。论辩式的散文,是从《墨子》开始的。墨子在论辩中创造的"三表法",即引证历史材料和现实生活中的具体材料去说明问题,不尚空谈,对后世影响很大。

（四）《孟子》

《孟子》是一部记载孟轲言行的著作。全书基本上是对话体,行文感情强烈、气势充沛、组织严密、逻辑缜密、叙事生动、结构完整、笔带锋芒和富于煽动性,形成一种对话式的论辩文章。

由于对当时执政者贪婪残暴行径的愤慨,对挣扎在苦难中人民的同情,对别家学说的敌视,对贯彻自己主张的强烈愿望,以及那种"如欲平治天下,当今之世,舍我其谁也"(《公孙丑下》)的救世责任感,使孟子的文章激切、刚厉、理直气壮。他又善于运用各种驱诱论敌就范的手法,使辩难对方往往堕入他所设的陷阱之中。加上文辞铺张扬厉,时露尖刻,喜用一连串的排偶句式,所以笔锋咄咄逼人。在论辩技巧上,孟子常用设问的方式,单刀直入,步步紧逼,直驳得对方无言可对。所有这些,在《孟子》里比比皆是,如"孟子见梁惠王章"、"齐桓晋文之事章"等。

赵岐《孟子章句·题辞解》说:"孟子长于譬喻,辞不迫切而意以独至。"如将百姓盼望出现能使自己生活得到安定的君主,喻为"大旱之望云霓";把行为与目的之背谬,比作"缘木求鱼";把见小不见大,比作"能察秋毫之末而不见舆薪",都很形象准确。寓言也是孟子常用的手法之一。"揠苗助长"(《公孙丑上》)、"日攘其邻之鸡者"(《滕文公下》)、"五十步笑百步"(《梁惠王上》)、"学弈"(《告子上》)、"齐人有一妻一妾"(《离娄下》)等,既不似完全虚构,也非历史传说,大概是采自民间故事,具有通俗、诙谐的特点。

(五)《庄子》

《庄子》是庄周学派的论说文集,基本上已是一种专题论说文的形式。

《庄子》为文汪洋恣肆,想象奇特,精微玄妙,句式灵活多变,具有浓厚的浪漫主义色彩。大鹏展翅万里,北海虚怀若谷(《秋水》),盗跖声色俱厉(《盗跖》),庄周化为蝴蝶(《齐物论》),凡此种种,都说明作者并不按现实生活的本来面目去再现生活,而是用丰富的想象,离奇的夸张,以及大量的比喻与拟人手法去写意抒怀。在行文构思上,放得开,收得住,首尾不落套,转接无痕迹。文思跳跃,散而有结,开阖无端,读之恍惚迷离。

富于抒情意味,是《庄子》散文的一大特色。当作者在描述道家的理想人物或发表议论时,必定带着满腔热情。如称"关尹、老聃乎,古之博大真人哉!"(《天下》)而对于昏君乱臣,他敢说"窃钩者诛,窃国者为诸侯。诸侯之门而仁义存焉"。他讽刺曹商求官视为舐痔(《列御寇》),将惠施专揽相位比作嗜食腐鼠(《秋水》)。总之,或爱或憎,或褒或贬,嬉笑怒骂,鞭辟入里。

《庄子》一书"寓言十九"。寓言的性质是作为譬喻之用,庄子善作连类比喻,如"庖丁解牛"(《养生主》)、"鲁侯养鸟"(《至乐》),喻依自然之理;"轮扁斫轮"(《天道》)、"邯郸学步"(《秋水》),喻读书之法;"匠石运斤"(《徐无鬼》)、"斫轮老手"(《天道》),喻知音之难和重视实践;"痀偻承蜩"(《达生》)、"削木为鐻",喻专心致志;"蜗角触蛮"(《则阳》),喻诸侯的战争等。这些寓言故事,含义深刻,形象鲜明,语言极其生动,能给人以新的启迪。

(六)《荀子》

《荀子》,现存三十二篇,赋五篇,另有《成相》一篇。荀况撰,但有少数为其门人手笔。《荀子》的散文论点明确,长于论辩,论证缜密,条理清晰,托譬设喻,务求义尽,句法整严,词汇丰富,可谓之典型的论文。如《劝学》本是一篇谈论治学目的、方法、态度以及劝告人们应专心致志地学习的文章,作者却用比喻和推理的方法,浅显而又丰富的词汇,生动而又形象的语言,把抽象的道理,说得浅显明白,具体生动,发人深思。文中说:"不积跬步,无以至千里;不积细流,无以成江海。骐骥一跃,不能十步;驽马十驾,功在不舍。锲而舍之,朽木不折,锲而不舍,金石可镂。蚓无爪牙之利,筋骨之强,上食埃土,下饮黄泉,用心一也。蟹八跪而二螯非蛇蟺之穴无可寄托者,用心躁也。"比喻套比喻,比喻证比喻,大大增强了文章的生动性。

《荀子》中,还有《成相》和《赋》篇,基本上都是韵文。《成相》是以"三三七、四四三"为节奏的六句四韵体。内容虽是总结历史的盛衰成败、经验教训,而形式上却开创了一种新文体,清代卢文弨认为《成相》为弹词之祖。《赋》篇,以四言韵文为主,中间杂以散文句式,这种介乎散文和骈文之间的文体,对后来的汉赋影响很大。

(七)《韩非子》

《韩非子》五十五篇,韩非撰。其文词锋犀利,议论透辟,推证事理,剖析入微,形成了严峻峭拔的独特风格。韩非经常使用类似归纳的方法,即先举论据,再作论证,最后得出合于逻辑的结论。其代表作《五蠹》,就是先提出上古、中古和近古历史发展的事实,说明"今有构木钻燧于夏后氏之世者,必为鲧禹笑矣;有决渎于殷周之世者,必为汤武笑矣",继而转入本题:"今有美尧、舜、汤、武、禹之道于当今之世者,必为新圣笑矣"。在作了这些充分的论证之后,即顺理成章得出结论:"圣人不期修古,不法常可,论世之事,因为之备。"后文的"世异则事异"、"事异则备变"、"赏莫如厚而信"、"罚莫如重而必"等著名论点,也都是使用同样的论证方法得出的。由于作者用具体事例去阐明观点,从具体到抽象,反复印证,逐步加深,因而逻辑严密,说理透彻,标志着战国末期诸子的理论文章已达到相当成熟的阶段。

先秦后期散文,在议论中使用寓言故事以增强形象性和说服力,已成为一时风气。《韩非子》的许多篇章,如《说林》、《内储说》、《外储说》就集中记录了大量的寓言故事。"郢书燕说"(《外储说左上》)、"守株待兔"(《五蠹》)等,更成为后人常用的成语典故。

4. 历史散文

传说古时"左史记言,右史记事"(《汉书·艺文志》)。大事记于策,小事记于简。把简策按时间顺序编在一起,就成为史书,或称"春秋",或称"史记"。据《孟子·离娄》记载,晋有《乘》、楚有《梼杌》、鲁有《春秋》;还有《世本》、《竹书纪年》。墨子见过"百国春秋",这说明春秋时期历史著作很繁盛,可惜流传下来的很少。

到了战国,其时史书内容更加丰富,形式也更加多样。有编年体的《左传》,有国别体的《国语》、《战国策》,有记个人言行的《晏子春秋》等。统治者重视总结历史经验教训作为借鉴,这是历史散文兴盛的政治原因。

(一)《春秋》

战国时代以前,有丰富的历史典籍,这些典籍都是史官记载,藏在官府。到春秋末年和战国初期,就开始有人加以整理,编写出新的历史著作。第一部私人编撰的历史著作就是孔子整理、讲授的《春秋》。但《春秋》只是编年的大事记,写得比较简约。其中的褒贬往往是通过一字一句来显示的。《左传·成公十四年》记君子说:"《春秋》之称,微而显,志而晦,婉而成章,尽而不污,惩恶而劝善。"后人称之为"微言大义"或"春秋笔法"。其中的意义很不容易为读者所领会,后来就有解说、补充它的书出来。现存的有《春秋公羊传》、《春秋穀梁传》、《春秋左氏传》,世称"春秋三传"。

《春秋》语言上极为精练。历代对这种属辞比事、一字褒贬笔法的宣传和阐发,使得史学家、文学家在写作时重视用词造句。强调褒贬讽谕,产生了不可忽视的影响。

(二)《左传》

《左传》西汉初称《左氏春秋》,或称《春秋古文》。西汉末年刘歆所见到的则称"古文《春秋左氏传》",《左传》就是《春秋左氏传》的简称。《左传》的作者,从来说法分歧。司马迁、班固都说作者是左丘明,唐以后学者多有异议。

《左传》以《春秋》所记大事为纲,具体地记叙了春秋时代250多年的历史事件。它尤其善于叙写战争,把头绪纷繁、错综复杂的大小战役表现得千岩万壑,变化多端,脉络连贯,条理井然。在叙事中又着重写人,让人物在历史的矛盾冲突中呈现不同的性格;通过带故事性、戏剧性的细节描写,揭示人物的面貌。同时又从人物的一系列活动中去展现历史的变化发展过程。它尽管受到编年体的限制,还是写下了许多精美的篇章,刻画了一批有血有肉的历史人物形象。历史的真实性、思想倾向的鲜明性、语言的形象性三者的有机结合,是《左传》的重大成就,形成了我国历史散文的优良传统。

(三)《国语》

《国语》是一部国别体的史书,因其内容可与《左传》相参证,所以有《春秋外传》之称。为先秦史家编纂。全书载录了周、鲁、齐、晋、郑、楚、吴、越等国贵族的朝聘、宴飨、讽谏、辩说、应对之辞,也有一部分历史事件与传说故事的记述。

作者比较善于选择历史人物的一些精彩言论,来反映和说明某些社会问题。如《周语》"召公谏弭谤"一节,通过召公之口,阐明了"防民之口,甚于防川"的著名论题。在叙事方面,亦时有缜密、生动之笔。如《晋语》记优施唆使骊姬谗害申生与重耳出走事,《吴语》和《越语》记载吴越两国斗争始末,多为《左传》所不载,文章波澜起伏,为历代传诵之名篇。又《晋语》记董叔将娶于范氏,似绝妙的讽刺小品。所载朝聘、飨宴、辩诘、应对之辞。有些部分写得较精练、真切。由于原始史料的来源不同,《国语》本身的文风不很统一,诚如崔述所说:"周鲁多平衍,晋楚多尖颖,吴越多恣放"(《洙泗考信录·余录》)。

(四)《战国策》

《战国策》是一部国别体史料汇编,作者不可考。

《战国策》的基本内容是战国时代谋臣策士纵横捭阖的斗争及其有关的议论或辞说,保存不少纵横家的著作和言论。

《战国策》叙事生动形象,有不少完整而富于戏剧性的故事。如《齐策·邹忌讽齐王纳谏》、《燕策·荆轲刺秦王》、《齐策·冯谖客孟尝君》、《赵策·鲁仲连义不帝秦》、《魏策·唐雎不辱使命》等名篇,都受到历代读者的赞赏。

《战国策》文笔多采,刻画人物栩栩如生,有鲜明的个性。在许多篇章里,成功地描述了君王、后妃、谋臣、义士等不同类型的人物,把他们的性格特征、身份、处境,都刻画得入木三分。如《秦策》写苏秦先以"连横"说秦王,转而又以"合纵"说六国,生动地描写出一个善于机变、惯于夸说,一切言行以利为转移,朝秦暮楚的纵横家形象。这些手法对后世传记文学的写作很有影响。

《战国策》说理论辩,言辞犀利、精辟。书中主要记谋臣策士们的说辞,他们为使听者接受自己的政治主张,尽量把话讲得严密雄辩,无懈可击,并努力抓住对方最关心之点,一语破的。如《赵策》记述触龙的说辞。

《战国策》善用比喻、夸张、寓言等多样化修辞手段,增强散文的表达效果。如伯乐识骥、画蛇添足、狐假虎威、惊弓之鸟、南辕北辙、鹬蚌相争等,很多后来成了有名的典故。此外,《战国策》还多用工整的对偶和排比句法,使文章具有抑扬顿挫、气势贯通的特色。

第三节 秦汉文学

由于秦代历时短促,文学成就不高,因而主要是两汉文学的成就。从文学样式看,秦汉文学主要在辞赋、史传文、政论文和乐府诗歌等四个方面取得较高成就,在文学史上有较为深远的作用和影响。

一、汉赋

赋作为一种文体,早在战国时代后期便已经产生了。最早写作赋体作品并以赋名篇的是荀子。从现存荀赋来看,这时的赋体还属萌芽状态。

赋体的主要特点,是铺陈写物,"不歌而诵",接近于散文,但在发展中它吸收了楚辞的某些特点——华丽的辞藻,夸张的手法,因而丰富了自己的体制。正由于赋体的发展与楚辞有着密切关系,所以汉代往往把辞赋连称。

汉赋的形成和发展可以分为三个阶段。汉初的赋家,继承楚辞的余绪,这时流行的主要是所谓"骚体赋",其后则逐渐演变为有独立特征的所谓散体大赋,这是汉赋的主体,也是汉赋最兴盛的阶段;东汉中叶以后,散体大赋逐渐衰微,抒情、言志的小赋开始兴起。

1. 骚体赋时期

自汉高祖初年至武帝初年。这一时期的辞赋,主要仍是继承《楚辞》的传统,内容多是抒发作者的政治见解和身世感慨之作,在形式上初步有所转变。这时较有成就和代表性的作家是贾谊,此外还有淮南小山和枚乘等人。

贾谊的《吊屈原赋》是借悼念屈原抒发愤慨,虽吊逝者,实为自喻。此篇的形式与风格,是骚体的继承。贾谊的《鵩鸟赋》是一篇寓志遣怀之作,假设与鵩鸟对话而敷衍出一篇文字。这篇赋一方面使用了主客问答体,同时也比较多地倾向于使用铺陈的手法,散文的气味浓厚,预示了新的赋体正在孕育形成。

淮南小山的《招隐士》写作者以急切的心情召唤隐居山林的隐士早日归来。赋中描写山中景物,使用铺叙和夸张的手法,充满丰富的想象,是汉初骚体赋的优异之作。

标志着汉赋正式形成的第一个作家和作品,是枚乘和他的《七发》。《七发》写楚太子有病,吴客前去问候,通过主客的问答,批判了统治阶级腐化享乐生活,说明这种痼疾的根源在于统治阶级的腐朽思想,一切药石针灸都无能为力,唯有用"要言妙道"从思想上治疗。《七发》虽未以赋名篇,却已形成了汉大赋的体制。它通篇是散文,偶然杂有楚辞式的诗句,且用设问的形式构成章句,结构宏阔,辞藻富丽,是一篇承前启后的重要作品。

2. 散体大赋时期

从武帝至宣帝的90年间,是汉赋发展的鼎盛期。内容大部分是描写汉帝国威震四邦的国势,新兴都邑的繁荣,水陆产品的丰饶,宫室苑囿的富丽以及皇室贵族田猎、歌舞时的壮丽场面等等。

这一时期的赋作是一种宫廷文学,是为封建统治阶级"润色鸿业"服务的。

司马相如是汉代大赋的奠基者和成就最高的代表作家。《子虚》、《上林》两赋为其代表作。这两篇以游猎为题材,对诸侯、天子的游猎盛况和宫苑的豪华壮丽,作了极其夸张的描写,而后归结到歌颂大一统汉帝国的权势和汉天子的尊严。在赋的末尾,作者采用了让汉天子享乐之后反躬自省的方式,委婉地表达了作者惩奢劝俭的用意。从而确定了一种铺张扬厉的大赋体制和所谓"劝百讽一"的传统。

汉武帝、宣帝年间著名的赋作家还有东方朔、枚皋、王褒等人,但传世颇少。东方朔流传下来的《七谏》,是一篇因袭楚辞的骚体赋,并无新意。但他的《答客难》、《非有先生论》,却是两篇散体赋,对以后述志赋的发展有一定影响。王褒的《洞箫赋》是现存描写音乐赋作较早的一篇,对后世的咏物赋和描写音乐题材的作品有过影响。

扬雄是西汉末年最著名的赋家。《甘泉》、《河东》、《羽猎》、《长杨》四赋是他的代表作。这些赋在思想、题材和写法上,都与司马相如的《子虚》、《上林》相似,不过赋中的讽谏成分明显增加,而在艺术水平上有了进一步的提高,部分段落的描写和铺陈相当精采,在模拟中有自己的特色。

班固是东汉前期的著名赋家。他的代表作《两都赋》在体例和手法上都是模仿司马相如的,是西汉大赋的继续,但他把描写对象,由贵族帝王的宫苑、游猎扩展为整个帝都的形势、布局和气象,并较多地运用了长安、洛阳的实际史地材料,因而较之司马相如、扬雄等人的赋作,有更为实在的现实内容。

3. 抒情、言志小赋时期

这一时期汉赋的思想内容、体制和风格都开始有所转变,反映社会黑暗现实,讥讽时事,抒情咏物的短篇小赋开始兴起。这种情况的出现始于张衡。

张衡具有代表性的赋作是《二京赋》和《归田赋》。《二京赋》是他早年有感于"天下承平日久,自王侯以下莫不逾侈"而创作的,他警告统治者天险不可恃而民怨实可畏,要统治者懂得荀子所说的"水所以载舟亦所以覆舟"的道理。在《归田赋》里,作者以清新的语言,描写了自然风光,抒发了自己的情志,表达了在宦官当政,朝政日非的情况下,不肯同流合污,自甘淡泊的品格。把专门供帝王贵族阅读欣赏的"体物"大赋,转变为个人言志抒情的小赋,使作品有了作者的个性,风格也由雕琢堆砌趋于平易流畅。

赵壹的《刺世嫉邪赋》对东汉末年是非颠倒"情伪万方"的黑暗现象

进行了揭露和抨击,表现了作者疾恶如仇的反抗精神。这篇赋语言犀利,情绪悲愤,揭露颇有深度。

蔡邕的《述行赋》是他在桓帝时被当权宦官强征赴都,在途中有感而作。在赋中作者不仅揭露和批判了当时宦官专权、政治黑暗、贵族们荒淫无耻的现实,而且还满怀同情地写出了当时的民间疾苦,表现了作者的爱憎感情,语言平实,格调冷峻,颇具感染力。

祢衡的《鹦鹉赋》是一篇寓意深刻的咏物赋,作者借写鹦鹉,抒发了自己生于末世屡遭迫害的感慨。这些作品完全突破了旧的赋颂传统,为建安以至南北朝抒情言志、写景咏物赋的发展开拓了道路。

二、秦汉散文

1. 《吕氏春秋》和《谏逐客书》

短促的秦王朝期间,除皇帝的诏令和臣下的奏疏等实用文字外,没有散文名篇传于后世。而在文学发展中起过一定影响的是完成于秦统一前的《吕氏春秋》和李斯写的《谏逐客书》。

《吕氏春秋》由秦丞相吕不韦主持,由其门客集体编著。书中有不少地方借寓言故事说理,富于文学意味。并且还保存了大量先秦时代的文献和佚文遗闻,是后世研究先秦历史文化的重要资料。

《谏逐客书》是李斯为谏阻秦王拟驱逐六国来客而作。文章揆之以事理,说之以利害,排比铺张,有战国纵横家说辞的气势;而在文辞的修饰整齐、音节的和谐流畅等方面,又是汉代政论文和辞赋的先声。

2. 两汉政论文

西汉初年,一些作家继承先秦诸子的优良传统,关心国家和社会的发展,面对现实,分析形势,勇于表示自己的政治见解和主张,使汉初政论文具有鲜明的时代色彩。贾谊和晁错是这一时期政论文的代表作家。西汉后期散文成就表现在政论文方面,桓宽的《盐铁论》和刘向的奏疏、校书的"叙录",内容充实,说理明畅,表现了作者匡救时弊的热情。东汉政论文如王符《潜夫论》、崔寔《政论》、仲长统《昌言》等,反映了东汉中叶以后的各种社会矛盾和激烈的政治斗争。王充是东汉反对谶纬迷信的杰出思想家,他的《论衡》是一部"疾虚妄"之书,对当时统治者所宣扬的神学迷信进行了有力的揭露和抨击。他还从这一精神出发，批判了当时"华而不实，伪而不真"的文风，并正面提出了一系列文学主张。

（一）贾谊、晁错的政论文名篇

贾谊的散文有战国纵横家的风格，善于运用不同历史事实的对比来分析利害，在铺张渲染的描写中，造成文章的充沛气势，富于说服力和感染力。《过秦论》是贾谊政论文中的名篇，该文的中心思想是总结秦代兴亡的历史原因。为了说明秦国统一中国过程中的强大，极力描写六国诸侯合纵抗秦的盛况，"以什倍之地、百万之众，仰（或作叩）关而攻秦"，结果却为秦人"追亡逐北，伏尸百万，流血漂橹"。但就是这个"席卷天下"、"威震四海"的王朝，却在"率散乱之众数百"的陈涉"振臂大呼"下土崩瓦解。用这样的比衬，从而引出秦朝短期覆亡的教训，极其有力。另一篇著名政论文《陈政事疏》，又称《治安策》，作者在文章开头就以忧时济世的感情说道："臣窃惟事势，可为痛哭者一，可为流涕者二，可为长太息者六"，"夫抱火厝之积薪之下而寝其上，火未及燃，因谓之安，方今之势，何以异此！"文章极富于鼓动性。贾谊的散文对唐宋古文的写作有一定影响。

晁错是西汉学者、政治家、散文家。著名的政论文有《论守边备塞疏》和《论贵粟疏》。议论切实中肯，逻辑严密，条理清楚，语言明白晓畅，体现了作者对现实深刻的观察和匡正时弊的政治热情。

（二）桓宽《盐铁论》

《盐铁论》是西汉后期政论文集。原为汉昭帝时盐铁会议的文献，后经桓宽整理而成此书。桓宽，字次公。汝南（今河南上蔡）人。生卒年不详。宣帝时举为郎，后任庐江太守丞。

《盐铁论》内容涉及当时经济、政治、军事、文化等各个方面，是研究西汉后期历史的重要史料。形式上它采用汉赋主客问答方式，以文学、贤良为一方，以御史、大夫等为另一方，进行辩论。在辩论过程中，有从容细致的说理，有以尖锐激烈的言词批驳对方，有用生动的比喻以增加说服力，因而使论点不断深化，给人以深刻印象。《盐铁论》的议论从实际出发，针砭时弊，颇中要害，语言简洁流畅，浑朴质实，是汉初政论文的发展。

（三）刘向的奏疏、校书的"叙录"

刘向是西汉学者、文学家。字子政,本名更生。由于直谏而得罪权贵,曾被诬下狱,免为庶人,闲居十余年。汉成帝即位,刘向重被起用,前后近20年。官终中垒校尉,故后世称"刘中垒"。

奏疏是当时政论散文的主要形式。刘向的文章保存下来的多是一些奏疏和校雠古书的"叙录"等。其著名的有《谏营昌陵疏》和《战国策叙录》。刘向的散文,叙事简约,娓娓动听,论理畅达,从容不迫,在舒缓平易中表现了作者深沉恳切的感情。

刘向

(四)王符《潜夫论》

王符,字节信,东汉政论家、文学家。他游宦不获升迁。于是愤而隐居著书,终生不仕。《后汉书·王符传》说他著书目的是"以讥当时失得,不欲章显其名",所以题书名为《潜夫论》。

《潜夫论》内容主要是指陈时政得失,反对谶纬迷信。他总结三代以来的历史经验教训,以此立论,批评东汉后期政治弊端,是非明确,内容切实,说理透辟,指斥尖锐。在文学上,他主张文章以载"教训",要"遂道术而崇德义";认为诗赋应"颂善丑之德,泄哀乐之情",要"温雅以广文,兴喻以尽意"。《潜夫论》基本上实践了他的文学主张。由于辞赋的影响,《潜夫论》几乎通篇排偶,遣词骈俪,相当突出地表现着东汉后期政论散文的骈化趋势,渐启建安盛行的华丽之风。

(五)《论衡》

王充所著《论衡》是中国思想史上一部重要著作,他高举"疾虚妄"的旗帜,批判了当时统治阶级所提倡的对于天道神权命运的迷信,并对传统的思想提出了大胆的怀疑。

他针对当时文章写作方面所存在的内容虚妄荒诞、追求词藻华靡和复古模拟等问题,强调"真"是"美"的基础,不真实的作品只有"虚美"而没有"真美"。所以,他主张文章的内容必须真实,反对描写虚妄的迷信内容。文章必须有补于世用,能够起到积极的社会教育作用。他说:"为世用者,百篇无害;不为用者,一章无补"(《自纪》)。他并且强调文章的内容和形式必须统一,做到外内表里完全一致,既有翔实的内容,又有与之相适应的形式,坚决反对徒有美丽之观而无切实内容的"华伪"之作。

他把文人分为五类,最有才能的是"鸿儒",其特点是"能精思著文,连结篇章",坚决反对那种"因成纪前,无胸中之造"的因袭之作。他还提倡文章语言的口语化,反对古奥艰涩的文风。

3. 史传文学

西汉司马迁的《史记》是中国第一部纪传体通史著作,开创了中国纪传体的历史学和历史传记文学。东汉初年班彪"继采前史遗事,傍贯异闻,作《后传》数十篇"(《后汉书·班彪传》)。其子班固在此基础上,撰成中国第一部断代史《汉书》。是继《史记》之后又一创造和发展。长期以来,史学界均以班马、史汉并称。

(一)《史记》

司马迁(前145或前135~前87年?),西汉史学家、文学家。字子长。夏阳(今陕西韩城)人。早年遍游南北,考察风俗,采集传说。曾继父职,任太史令。后为李陵事上奏武帝,获罪,受腐刑。出狱后,发愤继续完成自己的著述,书成,人称为《太史公书》,后称《史记》。

司马迁从"网罗天下放失旧闻,考之行事,稽其成败兴坏之理"(《报任安书》)的要求出发,吸收前人编撰历史的各种方法而加以综合运用,写成十二本纪、十表、八书、三十世家、七十列传,共130篇,并通过它们之间的相互配合和补充而形成严谨完整的体系,完成"纪传体"的创造,从而达到其"究天人之际,通古今之变,成一家之言"(《报任安书》)的目的。

《史记》作为一部历史著作,由于它能够比较全面、客观的反映历史面貌,人们一直誉之为"实录",称赞作者"有良史之材,服其善序事理,辨而不华,质而不俚,其文直,其事核,不虚美,不隐恶"(《汉书·司马迁传》)。《史记》

司马迁

的可贵之处还在于作者在历史的写作中寄托了自己的理想，表达了他对于历史和现实的清醒的认识和强烈的爱憎，生动形象地再现了一系列历史人物，使之成为科学历史著作和优美传记文学的巧妙结合。

司马迁是以人物为中心来创作《史记》的。他通过对历史资料的选择、剪裁和集中，使《史记》的人物传记既正确地反映了他们在历史上的活动和作用，又突出了他们思想和性格的主要特征，塑造了完整的鲜明的人物形象。如写项羽，司马迁除了勾勒出秦末、楚汉之间的历史发展的轮廓外，集中一系列重要事件突出了项羽的叱咤风云、气盖一世的性格特征，形象十分鲜明，给人以深刻的印象。至于导致项羽失败的原因，他个人的缺点、军事上、政治上的错误，作者只在篇末评语中简要点明。

司马迁在写作人物传记时，抓住主要事件，具体细致地描写人物的活动，以突出人物的特点，塑造人物形象，如《魏公子列传》，作者围绕着信陵君救赵存魏这一主要事件，生动地叙述了信陵君怎样不顾当时的等级观念，与夷门监者侯嬴、屠者朱亥交往以及"从博徒卖浆者游"的故事。在描写人物的活动时，司马迁十分着力于通过不同人物的形体动作来显示人物的精神面貌和性格特征。如在《魏公子列传》中，作者绘声绘影地描写了信陵君亲自迎侯生的情景，交替出现"公子执辔愈恭"、"公子颜色愈和"、"公子色终不变"的神情，和侯生始终审视公子的目光以及市人、从骑者、宾客的反映，仿佛置人们于剧场观看戏剧演出。司马迁还采用描写人物的生活琐事，以表现人物的性格，虽然着墨不多，却给人以深刻印象。

描写紧张斗争的场面，让人物在具体矛盾斗争的冲突中，各自表现他们的优点和弱点，这是司马迁塑造人物形象的重要手法，在《项羽本纪》垓下之战中，写项羽在汉军数重包围之中，慷慨别姬、溃围、斩将、刈旗、嗔目叱汉将、以头赠故人，虽然形势危殆，仍然那样豪迈而从容，成功地展现了一位末路英雄的悲壮形象，有极强的艺术感染力。

司马迁善于运用符合人物身份的口语来表现人物的神态和性格。利用人物间的对话，也能很好地突出人物的不同身份和性格。《项羽本纪》鸿门宴一节、《平原君列传》毛遂自荐一节，都是通过人物对话来表现人物的精彩篇章。

《史记》的叙述语言也有口语化的特点。很少有排偶的句式，形成一种简洁精练、流畅生动的语言风格，有着极强的表现力。

司马迁还在《史记》中开创了"太史公曰"这一史论的方式。它们或写人物的传闻轶事，或订正史实的讹误，或抒写作者的感想，夹叙夹议，不拘一格，有的含蓄蕴藉，有的流畅明快，是人物传记的延伸和补充，而成为人物传记有机组成部分。司马迁在人物传记的叙述和评论中采用民歌、谣谚和俗语，从而增强了文章的说服力和生动性。

（二）《汉书》

作为史传文学，《汉书》也有不少人物传记写得很成功，如《苏武传》通过一系列具体生动情节的描写，突出了苏武视死如归，坚持民族气节的高尚品格。在《朱买臣传》中，通过写朱买臣失意和得意时的不同精神面貌以及人们对他的不同态度，既揭露了封建时代世态炎凉的社会习尚，又活画出封建时代在功名利禄的引诱下没有独立人格的封建文人可怜可憎的形象。

班固写人物又常常通过人物的日常生活细节来突出他们思想性格的特征，如《张禹传》，通过叙述张禹的日常言行，围绕着他"持禄保位"的卑鄙心理，来戳穿他"为人谨厚"、"为天子师"的堂皇外衣，显露出庸俗、虚伪、阴险的本来面目。

在文学语言方面，班固受当时辞赋创作的影响，崇尚采藻，长于排偶，亦喜用古字，具有整饬详赡、富丽典雅的一面，引起后世散文作家的喜好。范晔在《后汉书·班固传赞》中说："迁文直而事核，固文赡而事详。若固之序事，不激诡，不抑抗，赡而不秽，详而有体，使读之者亹亹而不厌。信哉其能成名也。"说出了《史记》和《汉书》语言风格的不同。

三、汉代乐府

1. 概说

乐府乃汉武帝时设置掌管音乐的官署，其职责专事搜集、整理民歌俗曲，因此后人就用"乐府"代称入乐的民歌俗曲和歌辞。六朝时，把"乐府"和"古诗"相对并举，以区别入乐的歌辞和讽诵吟咏的徒诗间不同的体裁。宋、元以后，"乐府"又被借作词、曲的一种雅称。

据《汉书·艺文志》所载篇目，西汉乐府民歌有138首，今存者仅三四十首。东汉观听风谣与用人政策相联系，注重歌辞，因此存录民歌谣辞较多。大体说来，存于官府的两汉乐府歌辞，汇录于《宋书·乐志》；传于民间的，则散见诸集；而《孔雀东南飞》则始见于《玉台新咏》，当是长期流传民间，录定于陈代。到宋朝郭茂倩编《乐府诗集》，搜集历代各类歌辞，把他所见的两汉官私所存的各类歌辞及谣谚，都编了进去。

今存两汉乐府歌辞中最有价值的作品是50余首民歌、部分谣谚和少量有主名或无名氏文人诗歌。大体说，西汉初期或更早时期有《汉铙歌十八曲》。《相和歌》本是汉旧曲，《乐府诗集》卷二十六"《晋书·乐志》载：'凡乐章古辞存者，并汉世街陌讴谣，《江南可采莲》、《乌生八九子》、《白头吟》之属'，其后渐被于弦管、即《相和》诸曲是也"。其中有一些是西汉作品，但也有东汉作品，如《雁门太守行》。《杂曲》本是乐府未收歌曲，其歌辞亦多东汉作品。至于谣谚及文人制作，则或有记载，或可考略，也以东汉作品为多。所以，今存两汉乐府，大致东汉作品多于西汉。

东汉文人创作的乐府歌辞，为数甚少。大约在顺帝、桓帝时期，民间涌现出一批无名氏文人写作的五言诗，即以《古诗十九首》为代表的五言"古诗"，其中有的就是乐府歌辞，到魏晋仍被弦歌。此外，两汉黄门乐人也写作歌辞，如李延年就有《北方有佳人》歌一首，东汉辛延年《羽林郎》、宋子侯《董娇娆》更是乐府歌辞的名篇。总体来看，两汉乐府歌辞的成就，主要以民间创作为代表。

2. 乐府歌辞的思想内容

两汉乐府的一个重要方面是暴露、讽刺、抨击封建上层统治集团淫侈、腐败。在《鸡鸣》、《相逢行》、《长安有狭斜行》里，作品在铺叙中暴露了富贵人家的糜烂腐败生活。而在一些徒歌谣辞里则对王侯之家予以尖锐辛辣的讽喻，如《淮南民歌》嘲笑汉文帝与其兄淮南王刘长，身为帝王，富有天下，而"兄弟二人不能相容"。《五侯歌》抨击汉成帝外戚曲阳侯王根穿长安城，引水修造宅园，骄奢僭越。这些徒歌谣辞，真实、深刻、有力地表达了人民憎恶愤恨的情绪。

两汉乐府又一重要方面是表达人民悲惨的生活遭遇和挣扎反抗的情

绪。《东门行》写一个男子因贫困绝望而愤怒地走上反抗的道路。《妇病行》写一个男子在残酷的剥削下，被迫违背妻子临终时的千叮万嘱，忍心地抛弃了自己的孩子。而比这样的孤儿命运更为凄惨的是一些父母双亡的孤儿，竟被兄嫂残酷奴役，《上留田行》和《孤儿行》便是反映这样的社会现实。显然，作品所涉及的并不单纯是家庭问题，而是揭露了剥削者的冷酷无情，有着深广的社会意义。

两汉乐府中还有一些作品着重反映战争给人民带来的痛苦。如《战城南》前一部分极写战争的惨状，后部分叙述战争给生产带来的破坏，给人民带来的苦难。痛斥统治者的不义和罪恶。《十五从军征》则通过一个老兵的悲惨遭遇，揭露了当时兵役制度的黑暗。他少小入伍，老大回乡，只见家园残破，亲友凋零。他孤独地采撷杂谷野菜做饭，"羹饭一时熟，不知贻阿谁"，茫然地倚门东望，不禁伤心泪落。

追求坚贞的爱情和幸福的婚姻，反抗封建礼教的束缚，是两汉乐府比较突出的内容。《上邪》追求爱情，矢志不渝："山无陵，江水为竭，冬雷震震，夏雨雪，天地合，乃敢与君绝！"《陌上桑》写美丽的罗敷用夸耀夫婿官威的方式，嘲笑斥退了太守的调戏，赞美罗敷的聪明坚贞，揭露了官僚的丑恶灵魂。长篇叙事诗《孔雀东南飞》，以汉末建安年间发生的真人实事为题材，通过刘兰芝、焦仲卿这对年轻夫妇的婚姻悲剧，表达了青年男女对爱情和幸福的追求，控诉了封建礼教的罪恶。

3. 两汉乐府的艺术特色

两汉乐府"感于哀乐，缘事而发"（《汉书·艺文志》），其显著的艺术特点之一，就是多叙事。从长篇《孔雀东南飞》到小诗《公无渡河》的许多叙事诗，大都以事为主，即事见义，相当明确地表达出主题思想。再如《白头吟》、《怨歌行》及《饮马长城窟行》之类抒情作品，亦多采用第一人称自述的结构。

在表现艺术上，一般说来，其抒情诗较多地运用比兴手法，比喻贴切，发人联想，而委婉曲折，含蓄有味。其叙事诗的突出特点是善于抓住诗中主人公遭遇的矛盾冲突，通过富有个性的对话或自述，运用铺张排比的手法来交待情事，见出神态，表达主题思想。如《孔雀东南飞》、《东门行》、

《上山采蘼芜》、《董娇娆》、《羽林郎》等。

两汉乐府的诗歌体裁以五言为主,兼有七言及杂言。句式比较灵活自由,语言自然流畅,通俗易懂,琅琅上口,生活气息比较浓厚。

4.《孔雀东南飞》

《孔雀东南飞》,汉代乐府民歌中的长篇叙事诗。最早见于徐陵《玉台新咏》,宋代郭茂倩《乐府诗集》将之收入《杂曲歌辞》,题名为《焦仲卿妻》。《孔雀东南飞》是后人以其首句命名的。它大致创作于东汉献帝建安年间,是当时人据庐江郡(今属安徽)实有其事的一个婚姻悲剧写成的,后来在民间口头流传。

这首叙事诗通过焦仲卿、刘兰芝这对恩爱夫妻的悲剧遭遇,控诉了封建礼教束缚、家长统治和门第观念的罪恶,表达了青年男女要求婚姻爱情幸福的合理愿望。他们以自己的生命向吃人的封建礼教进行了最后的抗争,表明了至死不渝的忠贞爱情。作者描述上述悲剧后,又添以浪漫的结尾,在枝叶相通的墓木上栖落一对鸳鸯鸟,夜夜相鸣到天明,仿佛告诫后世人"戒之慎勿忘"。

诗作突出的艺术成就是塑造出诸多比较成功的人物形象,如:焦母是破落大家的婆母形象,顽固而专横,一心指望儿子重振家门,满腔怨气都对儿媳发泄。刘母是小家良母的形象,夫死从子,能谅解同情女儿的委屈和不幸。刘兄则是庸碌的小民,只看门第荣禄,无视胞妹的婚姻幸福。仲卿守礼尽孝,性格懦弱。兰芝勤劳善良,温柔体贴,忍受折磨,顾全礼节。

诗作通篇运用精练的口语,适于歌唱,便于描述,表达灵活。全诗以兰芝的婚姻遭遇为主,描述了从焦母逼归到兰芝被迫再嫁而自尽的悲剧发展过程,故事完整,剪裁精当,冲突尖锐,情节动人。作者善于以富于个性特点的人物对话开展情节,同时又在冲突发展中表现人物性格。对次要人物如媒人、太守,次要情节如兰芝告别小姑、太守家筹备婚礼等,描述也有简有繁,都起着表现主题思想、衬托主要人物、渲染悲剧气氛的作用。

这首诗突出的特点是铺张排比的描写,如写兰芝离开焦家前的悉心打扮,那从容不迫的样子,正是她内心坦然的表现,也是一种无言的抗议。描写府君家办婚事时的排场和豪华情景,既衬托出兰芝不为荣华所动的坚贞操守,也从反面烘托了兰芝、仲卿的悲剧命运。

5.《古诗十九首》

《古诗十九首》,梁代萧统《文选》"杂诗"类的一个标题,包括汉代无名氏所作的十九首五言诗。主要是抒写游子失志无成和思妇离别相思之情,突出地表现了当时中下层士子的不满不平以至玩世不恭、颓唐享乐的思想情绪,真实地从这一侧面反映出东汉后期政治混乱、败坏、没落的时代面貌。

《古诗十九首》中游子诗的共同主题思想是,抒发仕途碰壁后产生的人生苦闷和厌世情绪。这类诗普遍写到人生寄世,如同行客,寿命短促,而穷贱坎坷。由此引出的不同处世态度,则构成各诗的具体主题。"青青陵上柏"劝人安贫达观,知足行乐。"西北有高楼"感慨世无知音;"明月皎夜光"怨恨不讲交情;"回车驾言迈"讽劝珍惜荣名;"去者日以疏"悲哀死不得归;而"驱车上东门"、"生年不满百"直截了当宣扬及时享乐。

《古诗十九首》中抒写离别相思的诗,大多是思妇闺怨,但也有游子乡愁。这类诗的共同主思想是表达离恨之苦,希望夫妻团聚,怨恨虚度青春。"行行重行行"写一个思妇因丈夫久出不归而思念、担忧;"青青河畔草"写一个娼女出身的思妇春怨;"冉冉孤生竹"写一个新婚离别的思妇怨伤青春蹉跎;"凛凛岁云暮"通过思妇深秋夜梦,渲染夫妻欢会的渴望;"孟冬寒气至"用思妇珍藏丈夫家书的细节来突出她的忠贞;"客从远方来"描写思妇接到丈夫来信,充满爱情的喜悦;"明月何皎皎"以思妇闺中望月情景,表现她为丈夫忧愁不安;"迢迢牵牛星"借牛郎、织女星故事,比喻思妇盼望丈夫的愁苦心情;"涉江采芙蓉"则以采芳草赠美人的习俗,写游子思念妻室。这些诗都流露着浓厚的感伤情调,蕴含着对当时社会政治的深刻不满。

《古诗十九首》思想内容比较狭窄,情调也比较低沉,但艺术成就相当突出。刘勰概括为"结体散文,直而不野,婉转附物,怊怅切情"。以《古诗十九首》而言,它把深入浅出的精心构思,富于形象的比兴手法,情景交融的描写技巧,如话家常的平淡语言,融合一炉,形成曲尽衷情而委婉动人的独特风格。其中的游子诗多属感兴之作,寓有哲理,意蕴深长,耐人寻味;

而思妇诗意在动人,所以形象鲜明,感情含蓄。

《古诗十九首》所代表的东汉后期无名氏五言诗,标志着五言诗歌从以叙事为主的乐府民歌,发展到以抒情为主的文人创作已经成熟。

《古诗十九首》以外也还有一些无名氏五言诗,被称为"古诗",与《古诗十九首》并传至今,如"十五从军征"、"上山采蘼芜"、"四坐且莫喧"、"穆穆清风至"、"橘柚垂华实"等诗,风格亦与《古诗十九首》相近。

第四节　三国两晋文学

一、建安文学

建安是汉献帝的年号。建安时期作家的创作,有着共同的时代特征。从创作态度上说,他们基本上都能关心现实,面向人生,他们的作品反映了汉末以来的社会变故和人民所遭受的苦难。从情调风格上说,大多流宕着一种悲凉慷慨的基调,诚如刘勰所说,"观其时文,雅好慷慨,良由世积乱离,风衰俗怨,并志深而笔长,故梗概而多气也"(《文心雕龙·时序》)。建安文学的这些时代特征,被后人称为"建安风骨"或"汉魏风骨"。建安文学的主要作家有"三曹"(曹操、曹丕、曹植),"七子"(孔融、陈琳、王粲、徐干、阮瑀、应玚、刘桢)和蔡琰。

1. 曹操

曹操的诗文创作,紧密联系着他的政治、军事斗争,表现了壮阔的胸怀抱负,具有沉雄豪迈的气概,古朴苍凉的风格。

与时事有某种关联的作品有《薤露行》、《蒿里行》、《苦寒行》、《步出夏门行》等。《薤露行》反映何进谋诛宦官事败,董卓入洛阳作乱之事。《蒿里行》写关东各州郡兴兵讨卓,又各怀野心,互相杀伐的汉末实录。诗中他以同情的笔调,写出了广大人民在战乱中所罹的深重苦难:"铠甲生虮虱,万姓以死亡,白骨露于野,千里无鸡鸣,生民百遗一,念之断人肠。"《步出夏门行》作于征三郡乌桓时,该诗中"观沧海"描写大海景象,"秋风萧瑟,洪波涌起,日月之行,若出其中;星汉灿烂,若出其里。"气势磅礴,格调雄放,映衬出诗人包容宇宙、吞吐日月的阔大胸怀。"龟虽寿"以一系列生动的比喻，表达诗人对人生及事业的看法："老骥伏枥，志在千里，烈士暮年，壮心不已。"这是诗人贯彻终生的积极进取精神的真实表白。

以表述理想为主的诗歌有《度关山》、《对酒》、《短歌行》等。前两篇写诗人的政治理想。他设想的太平盛世是儒法兼采、恩威并用的贤君良臣政治。《短歌行》的主题是求贤，以"山不厌高，水不厌深，周公吐哺，天下归心"等诗句，来抒发求贤若渴，广纳人才，以冀成其大业的心情。

在艺术风格上，曹操诗歌朴实无华、不尚藻饰。它们以感情深挚、气韵沉雄取胜。在诗歌情调上，则以慷慨悲凉为其特色。

曹操的散文多是应用性文字，大致可分表、令、书三大类。其代表作有《请追增郭嘉封邑表》、《让县自明本志令》、《与王修书》、《祀故太尉桥玄文》等。这些文字的共同特点是质朴浑重、率真流畅，写出了曹操的独特声口。如《让县自明本志令》，自述大半生奋斗经历，分析当时形势，剖析自己的心志，其中"设使国家无有孤，不知当几人称帝，几人称王"等语，写得极其坦率而有气魄。

2. 曹丕

曹丕（187~226年），即魏文帝。字子桓，曹操之子。其诗歌清丽秀出，民歌风味较浓。作品可以分两大类。一类是本人生活的写照，另一类是拟作的征夫思妇词。前一类作品，如《芙蓉池作》、《于玄武陂作》、《夏日诗》等，描写了在邺城诗酒流连、优游宴乐的生活。后一类作品，如《燕歌行》二首、《清河见挽船士新婚与妻别作》、《杂诗》二首等，以征夫或思妇的口气，写出了他们内心的苦楚。

曹丕散文《与吴质书》，叙说情谊、悼念亡友，语言质朴诚恳，读来令人感到亲切。而他的《典论》，是一部政治、文化论著，原书包括多篇，今唯存《自叙》、《论文》二篇较完整。《自叙》篇叙作者生活经历，对人物的语言、表情、动作，都有所刻画，《论文》篇则诠衡人物、评论文章，简洁而准确，三言两语，即能抓住要害，作出比较透彻的分析。如强调作家各有所

曹丕

长，反对"文人相轻"；提出了"文以气为主"的论点，注意到作家的个性特点；并把文章看作"经国之大业，不朽之盛事"。这标志着文学自觉发展倾向的开始。

3. 曹植

曹植（192~232年），字子建，曹丕之弟。其作品抒情性很强，"骨气奇高，词采华茂"（《诗品》），在艺术上达到了当时首屈一指的水平。

诗歌是曹植文学活动的主要领域。前期与后期内容上有很大的差异。前期诗歌可分为两大类，一类如《斗鸡》、《公宴》、《侍太子坐》等，表现他贵介公子的优游生活。另一类如《泰山梁甫行》、《送应氏》等则反映他"生乎乱、长乎军"的时代感受。

后期诗歌，主要抒发他在压制之下时而愤慨时而哀怨的心情，表现他不甘被弃置，希冀用世立功的愿望。其代表作有《野田黄雀行》、《赠白马王彪》、《七哀诗》、《怨歌行》、《鰕䱇篇》、《杂诗》等6首。《赠白马王彪》是最有代表性的一篇。诗作于黄初四年五月，诸藩王俱朝京师洛阳，任城王曹彰在洛阳突然死去，七月诸王还国，曹植与曹彪（白马王）同路，又被监国使者所禁止，诗人"意毒恨之"，愤而成篇，以赠别曹彪。他对任城王暴卒的敢怒不敢言的深沉悼念，对白马王生离一似死别的骨肉至情，对朝廷如此苛待诸王的无比愤怒，全在诗中宣泄无遗。诗中斥骂监视官吏是"鸱枭鸣衡轭，豺狼当路衢。苍蝇间白黑，谗巧令亲疏"，锋芒所向，矛头直指曹丕。在与曹彪分手在即的离情万难排遣时，却强为劝慰："心悲动我神，弃置莫复陈。丈夫志四海，万里犹比邻"。但诗人终于不能排解伤感，道出："仓卒骨肉情，能不怀苦辛。"整篇作品既表现了深沉的悲痛，又不流于悲伤绝望，写得情真意切，感人至深。

曹植还是建安时期很有成就的抒情小赋作家。从内容来看，大致可分三类。一为纪事，如《东征赋》、《登台赋》、《述行赋》等；二为述志，如《离思赋》、《感节赋》、《喜霁赋》等；三为咏物，如《宝刀赋》、《迷迭香赋》、《神龟赋》等。其特点，一是取材相当广泛，朝着日常化、生活化方向拓展。二是小型化。三是抒情化。无论纪事或者咏物，他都渗透进强烈的主观情感。

[东晋]顾恺之：洛神赋图之一（宋摹本）

曹植最出色的赋有《洛神赋》、《鹞雀赋》、《蝙蝠赋》等。《洛神赋》以传说中的洛水之神宓妃为题材，借鉴了宋玉《神女赋》的写法，刻画了一位美丽多情的女子，表达了作者对她的爱慕以及因神人殊隔、不能交接的惆怅。赋中的描写细腻而又生动，如写洛神"其形也，翩若惊鸿，婉若游龙。荣曜秋菊，华茂春松。仿佛兮若轻云之蔽月，飘飖兮若流风之回雪。远而望之，皎若太阳升朝霞，迫而察之，灼若芙蓉出渌波"等，从不同的角度，运用一连串巧妙的比喻，描绘出了鲜明的形象。

曹植的散文，包括颂赞、铭诔、碑文、哀辞、章表、令、书、序、论、杂说等多种体裁。其中著名的有，前期写的《与杨德祖书》、《与吴季重书》、《辨道论》、《王仲宣诔》，后期写的《求自试表》、《求通亲亲表》、《令禽恶鸟论》、《藉田说》、《髑髅说》等。《求自试表》、《求通亲亲表》的基本内容都包含这样两点：一是对自己在各方面都受到限制束缚表示悲痛，说自己过的生活犹如"禽息鸟视"，是"圈牢之养物"；二是要求明帝消除疑忌，给自己以报效国家、建功立业的机会。这些表文都写得慷慨激昂，情绪强烈，几乎是声泪俱下。总的来看，曹植的散文同样也具有"情兼雅怨，体被文质"的特色，加上其品种的丰富多样，使他在这方面也取得了卓越的成就。

4."七子"

"七子"指孔融（153~208年）字文举，鲁国（今山东曲阜）人。陈琳（？~217年）字孔璋，广陵（今江苏扬州）人。王粲（177~217年）字仲宣，山阳高平（今山东金乡西）人。徐幹（170~217年）字伟长，北海（今山东昌乐）人。阮瑀（？~212年）字符瑜，陈留（今河南开封）人。应玚（？~217年）字德琏，汝南（今河南汝南一带）人。刘桢（？~217年）字公幹，东平（今山东东平东）人。他们怀文抱质，各标其美。其中以王粲成就最高，《文心雕龙》称他为"七子之冠冕"。

"七子"的诗歌深刻地反映了汉末社会现实。王粲《七哀诗》第一首就吟诵道："出门无所见，白骨蔽平原。路见饥妇人，抱子弃草间。顾闻号泣声，挥涕独不还：'未知身死处，何能两相完！'"真实地概括了汉末战乱这场时代的惨剧，其中关于饥妇弃子的描写，更是传达了当时社会的凄楚气氛。陈琳的《饮马长城窟行》借用筑长城的历史题材控诉繁重的徭役。徐幹和应玚以抒情诗见长。徐幹的《室思》第三首尤为人传诵，其中"自君之出矣，明镜暗不治；思君如流水，何有穷已时"，其意境常为后人模拟。

王粲还以赋著称。《登楼赋》是他留滞荆州登当阳城楼的感怀之作。先极力铺陈异乡风物之美，随后一转："虽信美而非吾土兮，曾何足以少留！"思乡怀土之情表达得曲折深厚，文势亦富波澜。陈琳和阮瑀则以章表书檄著称。陈琳的《为袁绍檄豫州文》，风格雄放，文气贯注，笔力强劲。阮瑀的《为曹公作书与孙权》，文气顺畅，舒卷自如，曹丕说他"书记翩翩，致足乐也"（《又与吴质书》）。孔融的主要成就是散文，在《荐祢衡疏》里，他力荐青年才士祢衡，要求"令衡以褐衣召见"，称赞祢衡"忠果正直，志怀霜雪，见善若惊，疾恶若仇"，盛夸他"飞辩骋辞，溢气坌涌，解疑释结，临敌有余"。

5. 诸葛亮

诸葛亮的文学成就主要以散文著称。其代表作有《出师表》（又称"前出师表"）、《建兴六年上言》（又称"后出师表"）等篇，言辞诚恳，志笃文实，叮咛周详而几于涕零，感人至深，被认为是章表之英。此外《与群下教》、《诫子书》等篇，内容充实，说理透辟，精确简练。

《前出师表》是诸葛亮率军北伐曹魏之前给蜀汉后主刘禅的奏表。表文分三段。第一段分析了在天下三分中蜀国的危急形势，并告诫刘禅要继承先帝刘备遗志，广开言路，注意刑赏公正，防止偏私用事。第二段推荐郭攸之、费祎等文武大臣，希望刘禅亲贤臣，远小人，经常征询他们的意见。第三段叙述了自己受刘备三顾草庐以来的艰难经历,表示希望此次挥师北伐能够克敌制胜,恢复中原,以报答先帝刘备的知遇之恩。表文鲜明地写出了作者忠恳勤恪、贤明正派的性格作风。文章叙事详切著明,说理透彻晓畅,既有强烈的感情色彩,又具有朴实无华的语言风格。清代丘维屏说:"武侯在国,目睹后主听用嬖昵小人,或难于进言,或言之不省,借出师时叮咛痛切言之。明白剀切,百转千回,尽去《离骚》幽隐诡幻之迹而得其情。"

《后出师表》也分三段。首段述不能偏安于蜀的道理,指出当时魏兵东下,关中空虚,正是进行北伐的有利时机。二段列举了六条"不可解",批驳某些人想"坐定天下"的偏安主张。末段言天下形势多变,成败难于逆料,更无必胜把握,只能去努力争取胜利。文章同样表现了作者不计成败利钝,一心为蜀汉政权奋斗到底的精神。末段中"鞠躬尽力(瘁),死而后已"二句,概括了作者的性格,显示了高风亮节,成为千古名言。

据《蜀书·诸葛亮传》,诸葛亮"好为《梁父吟》",《乐府诗集·相和歌辞十六》载其辞("步出齐城门")。诗咏春秋时齐相晏子"二桃杀三士"事,全篇伤悼勇士无罪而被杀,对晏子作了批判。诗篇语言流畅,又多用问答式,颇有乐府民歌的韵味。

6. 蔡琰

蔡琰(约192~?)字文姬,又作昭姬,陈留圉(今河南杞县)人,蔡邕之女。五言《悲愤诗》是她的代表作。诗篇描写了她亲历的苦难。全诗分三大段,一段述汉末大乱和自己被虏掠经过,二段写身处匈奴中的痛苦生活和被赎时情形,三段述归汉途中及回到故乡后的感受。诗篇叙事与抒情紧相融合,全篇流贯着深沉强烈的"悲愤"情绪。它是对汉末社会动乱的真实写照,也是对军阀暴行的血泪控诉。

二、正始文学

正始是魏废帝齐王曹芳的年号,所谓"正始文学",实际是指从正始开始的魏国后期文学。这一时期,以何晏、王弼为首,用老、庄思想糅合儒家经义,开创了玄学清谈的风气。谈玄析理,放达不羁;名士风流,盛于雒下,世称"正始之音"。从政治形势而言,其时正是司马氏集团与曹魏集团激烈争夺政权的时期,几乎每隔二、三年,便有一次征伐和诛杀。在这样残酷的气氛下,文学作品里批判现实的内容,大都采取迂回隐约的方式,旁敲侧击,形成"厥旨渊放,归趣难求"(《诗品》)的独特风貌。

1. 阮籍

阮籍(210~263年)字嗣宗。陈留(今属河南开封)人。是建安七子之一阮瑀的儿子。曾做过步兵校尉,后人亦称阮步兵。《晋书》说他"本有济世志,属魏、晋之际,天下多故,名士少有全者。籍由是不与世事,遂酣饮为常。"他表面上醉酒狂放,其实内心是很痛苦的。史载他"常率意独驾,不由径路,车迹所穷,辄痛哭而返"。史载他善为青白眼,见礼俗之士只出白眼,见志同道合之人才现青眼。他把心里的是非爱憎、忧虑愁苦、悲愤怨怒,通过诗歌曲折地表现出来,这就是著名的八十二首《咏怀诗》。

《文选》李善注引说:"嗣宗身仕乱朝,常恐罹谤遇祸,因兹发咏,故每有忧生之嗟。虽志在刺讥,而文多隐避,百代之下,难以情测。"指出了它在内容上以感叹身世为主,也包含着讥刺时事的成分,在表现方式上则曲折隐晦。

《咏怀诗》中的身世之感,可分两个方面。一是自述生平经历及理想志向,一是表现惧祸忧生心情。这两方面有时分写,有时合说,并无定规。"讥刺时事",是阮籍诗中相当"隐避"因而颇难坐实的内容。如第31首"驾言发魏都",是写战国时梁惠王耽乐而军败身亡之事,显然是针对曹魏后期政治腐败而发。又如第67首"洪生资制度",是写"洪生"即鸿儒的,诗中淋漓尽致地刻画了礼法之士的虚伪丑态,辛辣地讽刺他们"外厉贞素谈,户内灭芬芳"。

《咏怀诗》在艺术上具有很大魅力。它的风格浑朴、洒脱、含蓄。形成这种风格的原因是,诗人在写作时不去刻意雕琢锻炼,而是凭着自己的感情所至,来驱遣才力,自然成文。另外,阮籍诗中的比兴,运用极为普遍,几乎无篇不比兴。比兴的素材很广泛,包括历史故事、典籍载记、神话传

阮籍像(南朝墓砖画)

说，直到眼前景物，信手拈来，皆成文章。

阮籍的《大人先生传》是一篇颇有锋芒的散文。所谓"大人"即仙人。文章一方面阐发了越名教而任自然的旨趣，一方面也对世俗庸人作了讥讽，特别是在第一段与"君子"的对话中，其思想锋芒之锐利，为阮籍著作中所仅见的。从艺术上看，也是阮籍散文中最为出色的文章。特别是"虱处裈中"这一寓言故事，形象生动，寓理深刻。在这段故事之末，作者写道："汝君子之处区之内，亦何异夫虱之处裈之中乎！"强烈表达了对"礼法君子"的憎恶。在语言运用上，此文音节整齐，而且基本都用韵，时见对偶文句，有的地方铺排较多，接近于赋的风格。

2. 嵇康

嵇康（223~263年）"竹林七贤"之一。字叔夜。谯国铚县（今安徽宿县）人。文学、玄学、音乐等无不博通。曾任中散大夫，史称"嵇中散"。司马昭的心腹钟会想结交嵇康，受到冷遇，从此结下仇隙，最终害死嵇康。嵇康临刑，神色自若。奏《广陵散》一曲，从容赴死。

嵇康的文学创作，主要是诗歌和散文。他的诗以四言体为多，代表作有《赠秀才入军》以及《幽愤诗》。《赠秀才入军》为赠其兄嵇喜之

嵇康像（南朝墓砖画）

作。诗中写对从军远征的哥哥的思念，表现了兄弟间的动人情谊。尤其是第十四首以想象方式，写嵇喜在征途中息驾休憩、寄情山水的悠闲神态："息徒兰圃，秣马华山。流磻平皋，垂纶长川。目送归鸿，手挥五弦，俯仰自得，游心太玄。嘉彼钓叟，得鱼忘筌，郢人逝矣，谁与尽言！"写得韵味浓深，风格清逸峻切。清逸是说以清新雅素的文字描写一种离尘脱俗的境界，峻切是说骨子里总含有一股不肯俯仰随俗的霜风傲骨。《幽愤诗》作于系狱临终之前。诗中回顾了自幼至长的经历，表示希望度过目前的厄难，然后去过超尘绝世生活，"无馨无臭，采薇山阿，散发岩岫，永啸长吟，颐性养寿"。这篇诗由于是在生命的最后时刻写的，所以特别深沉痛切。在写法上，它采取了回环往复的多层次结构，强调了诗人愧恶的心情和守朴全真

[唐]孙位：高逸图（竹林七贤图残卷）

的志向，充分表达了他内心的郁闷愤懑。

嵇康的散文成就比诗突出。他擅长著论，勇于发表不合传统观念的新颖议论，说理透彻细密，文风直抒胸臆，所以《文心雕龙》说他"师心以遣论"。《与山巨源绝交书》是一篇文学意味浓厚的书札，山巨源即山涛，"竹林七贤"之一，后来出仕司马氏。当时山涛将离吏部郎之职，举嵇康自代，康即写此书谢绝。书中列述自己不能任职的理由，有"必不堪者七"、"甚不可者二"；述说自己性格刚直，脾气怪僻，与"俗人"即礼法之士不合。此书写得泼辣而洒脱，向来被认为是嵇康散文中的代表作。

三、西晋文学

刘勰说："晋虽不文，人才实盛。"西晋王朝虽然不大重视文学，但仍然涌现了不少的人才，但成就一般并不太高。刘勰说："晋世群才，稍入轻绮；张潘左陆，比肩诗衢。采缛于正始，力柔于建安。或析文以为妙，或流靡以自妍，此其大略也。"（《文心雕龙·明诗》）

1. 李密散文

李密（224~287年）字令伯。一名虔。犍为武阳（今四川彭山县）人。以孝养祖母，闻名当时。晋武帝几次召他为官，李密乃上《陈情事表》申述自己不奉诏的缘由。在此表中，李密陈述自己与祖母相依为命，暂时不能应诏的苦衷，把处境和祖孙间真挚深厚的感情写得婉转凄恻。文章的语言尤具特色，如"茕茕孑立，形影相吊"；"日薄西山，气息奄奄"；"人命危浅，朝不虑夕"。既形象而又生动，词意真切，传为千古名句，转为成语。

2. 张华诗文

张华（232~300年）字茂先，范阳方城（今河北固安县）人。晋武帝时，因力主伐吴有功，历任要职。惠帝时，被赵王司马伦和孙秀杀害。

张华诗中少数作品写自己的壮志和对贵胄与豪门世族骄奢淫逸生活的不满。如《壮士篇》表现了诗人及时努力、积极进取的精神。在《轻薄篇》中揭露士族阶级荒淫奢侈的生活："末世多轻薄，骄代好浮华。志意既放逸，赀财亦丰奢。被服极纤丽，肴膳尽柔嘉。童仆余梁肉，婢妾蹈绫罗。"这首诗虽多用偶句，铺陈夸张，但不失其针砭社会的意义。不过，张华的其他一些诗作，由于内容空虚，单纯追求形式，喜用铺排对仗，堆砌典故辞藻，给人以繁缛乏味之感。

张华博学多闻，曾编撰志怪小说集《博物志》，分类记载异境奇物、古代琐闻杂事及神仙方术等，内容多取材于古籍，包罗很杂，有山川地理的知识，有历史人物的传说，有奇异的草木鱼虫、飞禽走兽的描述，也有怪诞不经的神仙方技的故事，其中还保存了不少古代神话材料。如所记八月有人浮槎至天河见织女的传闻，是有关牛郎织女神话故事的原始资料。

3. 太康诗人

太康（晋武帝年号）时期的代表诗人有张载、张协、张亢、陆机、陆云、潘岳、潘尼、左思等人。他们不仅擅长诗歌，有的还兼长辞赋，或兼长骈、散文。他们的诗歌（左思除外），更多地致力于抒发个人情志，并追求文采绮丽的特色。于是讲求排偶对仗、多用典故成语的风气开始弥漫。因而造成内容比较贫乏，有专重辞藻的形式主义倾向。

（一）陆机

陆机（261~303年）字士衡。吴郡吴（今江苏苏州）人。曾任平原内史，世称"陆平原"。成都王举兵伐长沙王，以陆机为前将军前锋都督。兵败，为怨家所谮，被杀，夷三族。陆机是西晋太康、元康间最著声誉的文学家，被后人誉为"太康之英"。他的诗歌"才高词赡，举体华美"（钟嵘《诗品》），注重艺术形式技巧，代表了太康文学的主要倾向。他的拟古诗、拟乐府大都脱离现实，跟着古人亦步亦趋，读来枯燥乏味。不过，其中也不乏寄兴颇深的作品，如《君子行》中写道："天道夷且

陆机

简，人道险而难。休咎相乘蹑，翻覆若波澜。"反映了诗人对政治环境的复杂和人生祸福无常的体会。陆机还有为数不多的纪行诗和亲朋赠答诗，情感真挚，较少雕饰，艺术成就较高。如《赴洛道中作》二首抒发去国离乡的悲苦心情，极为凄楚动人，是陆机五言诗的代表作。其中"行行遂已远，野途旷无人。山泽纷纡余，林薄杳阡眠"、"顿辔倚嵩岩，侧听悲风响。清露坠素辉，明月一何朗"等，都是情景交融的佳句。他的《文赋》是一篇精心撰制的论文名作，这篇赋虽然对文学发展的源流正变和文学作品的批评标准论述得较疏略，但对作家创作的过程，乃至遣词造句的甘苦，均有很亲切细致的论述。在中国文学批评史上起了重大影响。

（二）潘岳

潘岳（247~300年）字安仁。祖籍荥阳中牟（今属河南）。后被诬而死，夷三族。潘岳善缀辞令，长于铺陈，造句工整，充分体现了太康文学讲求形式美的倾向，所以在当时与陆机受到同样的推崇。梁代钟嵘《诗品》将他列为上品，并有"陆才如海，潘才如江"的赞语。

《悼亡诗三首》是他的代表作。诗中真情地表达对亡妻的哀念，"寝息何时忘，沉忧日盈积"。诗人望庐思人，睹物伤情："帏屏无仿佛，翰墨有余迹。流芳未及歇，遗挂犹在壁"，将物是人非的悲痛写得十分真切感人。这三首《悼亡诗》写景抒情，由物及人，通过一系列日常事物行止的描写，表现出真挚深厚的伉俪之情，写得层次分明，笔触细腻，具有缠绵悱恻、委曲深婉的特色。后人写哀念亡妻的诗都用"悼亡"为题，正是受了潘岳的影响。

潘岳的辞赋大致可以分为四类。一类是写景抒情，以《秋兴赋》和《闲居赋》为代表。另一类是咏物，其代表作为《射雉赋》。还有一类是叙事纪行，以《西征赋》为代表。此外，潘岳还有一些抒发哀婉之情的赋，如《寡妇赋》和《怀旧赋》。

潘岳又"善为哀诔之文"（《晋书·潘岳传》），有诔、哀辞、祭文等。这些哀诔之文大多是为亲人、朋友所作，如《杨荆州诔》、《夏侯常侍诔》、《哀永逝文》等，都以辞婉情切，哀痛感人著称。

（三）左思

左思，字太冲。临淄（今山东淄博）人。生卒年不详。在西晋一代诗人中，他的成就最高。其诗不同于当时人崇尚雕采的习气，是"建安风骨"的继承和发扬。他寓咏怀于咏史，给传统的题材注入新的生命；在豪门世族统治的时代，敢视豪右为埃尘，其胸次之高旷，笔力之雄迈，均非虚骄浮夸者所能相比的。《三都赋》与《咏史》诗是其代表作。

《三都赋》体制宏大，事类广博。问世后，一时间豪富人家竞相传写，以致"洛阳纸贵"。这除了《三都赋》本身的富丽文采及当时文坛重赋等因素外，更重要的是因为它包含了当时朝野上下关心瞩目的内容：进军东吴、统一全国。

《咏史》诗中错综史实，融会古今，连类引喻，"咏古人而己之性情俱见"（沈德潜《古诗源》）。左思早年有着强烈的用世之心，自认才高志雄，"左眄澄江湘，右盼定羌胡"（第一首），希望有所作为。但是在门阀制度的压抑下，他始终怀才不遇。在《咏史》诗第二首中，他以"郁郁涧底松，离离山上苗，以彼径寸茎，荫此百尺条"的艺术形象，深刻地揭露"世胄蹑高位，英俊沉下僚"的不合理现象；在第五首中，他表达了与腐朽的门阀社会的决裂态度："被褐出阊阖，高步追许由；振衣千仞冈，濯足万里流"；在第七首中他借咏古代贤士的坎坷遭遇，沉痛地指出："何世无奇才，遗之在草泽。"对扼杀人才的黑暗现实进行了猛烈的抨击，其笔锋之尖锐，在两晋南北朝是不多见的。《咏史》诗还借咏古人，阐明自己的生活态度和志向，声称："贵者虽自贵，视之若埃尘。贱者虽自贱，重之若千钧。"所以梁代评论家钟嵘说左思"文典以怨，颇为精切，得讽喻之致"（《诗品》）。

4．永嘉诗人

永嘉（晋怀帝的年号）时期，成绩突出的诗人是刘琨和郭璞。

（一）刘琨

刘琨（270～317年）字越石，中山魏昌（今河北无极东北）人。《晋书·祖逖传》记载过他和祖逖共被同寝，夜间闻鸡起舞的故事。但刘琨的生活、思想又有虚浮、放诞的一面，好老庄。后来他经历了"国破家亡，亲友凋残"的痛苦，思想也起了剧烈的变化。他虽不长于政治军事才略，但在艰危困顿中志存社稷，屡经挫败，却锲而不舍，奋斗不遗余力。后投奔幽州刺史鲜卑人段匹磾，相约共同扶助晋室，遭人挑拨而遇害。

刘琨诗仅存三首，皆用满腔热血写成，故长期为人传诵。代表作是他被段匹䃅拘禁时写的《重赠卢谌》，繁音促节，悲凉酸楚，大概是他的绝笔诗。诗中表达了继续和卢谌、段匹䃅等共扶晋室的愿望，同时也倾吐了壮志难酬的悲哀："时哉不我与，去乎若云浮。朱实陨劲风，繁英落素秋。狭路倾华盖，骇驷摧双辀。何意百炼刚，化为绕指柔。"悲凉慷慨，千载之下，尚动人心魄。

（二）郭璞

郭璞（276~324年）字景纯。河东闻喜（今属山西）人。因劝阻王敦图逆，被害。郭璞博学有高才，著述很多，如《尔雅注》、《方言注》、《穆天子传注》、《山海经注》、《水经注》等。

郭璞文藻粲丽，有诗赋赞颂传世。《江赋》是郭璞辞赋的代表作，文采宏丽，铺张夸饰，极写大江之浩瀚，地势之险峻，物产之丰富，气象壮阔，笔力雄健。但此赋仍不脱排比罗列的积习，所用古字和僻典也较多，行文显得艰涩。他的作品中最为人传诵的是《游仙诗》。这些诗的内容多写求仙者隐居深山的情趣及其得道飞升的愿望，流露出孤高傲世、蔑视世俗的情绪。他认为"朱门何足荣，未若托蓬莱"，期望"永偕帝乡侣，千龄共逍遥"。郭璞在《游仙诗》中虽然尽情地抒写得道成仙的乐趣，但也清醒地认识到"虽欲腾丹溪，云螭非我驾"。因此《游仙诗》实际上反映了他企图超脱现实又不可能超脱的矛盾心境。他描绘自然景色和幽寂环境极为生动细致，如"翡翠戏兰苕，容色更相鲜"，"吻谷吐灵曜，扶桑森千丈"及"云生梁栋间，风出窗户里"，"回风流曲棂，幽室发逸响"等。尤其是第九首所表现出来的飞腾九霄、俯视大地、忽感悲哀，只见"东海犹蹄涔，昆仑若蚁堆"的奇妙艺术想象和艺术构思，对后人很有影响。

四、东晋文学

东晋文坛崇尚清谈玄理，出现了孙绰、许询等一批作家，他们"是以世极迍邅，而辞意夷泰。诗必柱下之旨归，赋乃漆园之义疏。"（《文心雕龙·时序》）在内容上严重脱离现实，艺术上"理过其辞，淡乎寡味"（《诗品序》），失去了形象性和生动性。直到东晋末陶渊明的出现，才使文坛扭转颓势。

王羲之

[明]文征明：兰亭修禊图

1. 王羲之

王羲之（303~361年）字逸少。会稽（今浙江绍兴）人。曾任右军将军，故世称王右军。他的《兰亭集序》是一篇脍炙人口的优美散文。永和九年（353），王羲之等四十一人燕集于会稽山阴的兰亭，各赋诗咏怀，事后裒集成册，王羲之为之序，记叙了当时燕集的盛况，并且即事抒情，对人事聚散无常、年寿不永发出深沉的喟叹，情绪比较消沉，代表了当时士人的精神面貌。序中如："此地有崇山峻岭，茂林修竹，又有清流激湍，映带左右"；"虽无丝竹管弦之盛，一觞一咏，亦足以畅叙幽情"。文笔清新疏朗，情韵绵邈，不带魏晋以来的排偶习气。文风清淡，不尚辞藻而多情致。由叙事而写景，用感物以抒怀，笔势飘逸，一如其书法。

2. 陶渊明

陶渊明（365~427年）一名潜，字符亮，私谥靖节。浔阳柴桑（今江西九江西南）人。陶渊明出生于一个没落的仕宦家庭。由于父亲早死，他从少年时代就处于生活贫困之中。《五柳先生传》可能写于青年时期，其中简洁地描述了他"闲静少言，不慕荣利"，"好读书不求甚解"，"性嗜酒，家贫不能常得"，"不戚戚于贫贱，不汲汲于富贵"的个性风貌。他一度为彭泽令，在官八十余日，因不能为五斗米折腰而走上归田的道路。

陶渊明的五言诗大略分为咏怀诗和田园

[明]王仲玉：靖节先生像（部分）

诗。咏怀诗内容相当丰富,有他中年游宦在外的行旅诗,也有晚年归田后写的《杂诗》、《饮酒》、《咏贫士》、《拟古》、《读山海经》、《挽歌诗》等抒情言志之作。

陶渊明著名的《饮酒二十首》,主要内容之一,就是坚持躬耕自资的道路,傲视上层社会和豪门世族,甚至坚决拒绝统治者对他的征召。"结庐在人境"一首,表现出诗人淡然忘世的态度。只有思想真正远离官场,心远地

[明]陈洪绶:仿古名家册之五柳先生图

偏,才能在采菊见山之际,景与意会,兴致悠然。"清晨闻叩门"一首,仿屈原《渔父》的对话形式,拒绝了"田父"要他接受朝廷征召的劝告。"且共欢此饮,吾驾不可回!"语气虽然委婉,态度却非常坚决。最后一首"羲农去我久",是痛恨整个社会"真风告逝,大伪斯兴"、六经废黜、救世无人的愤慨之音。结尾四句,陡然说到饮酒:"若复不快饮,空负头上巾。但恨多谬误,君当恕醉人!"显然是悲愤之余又故作自我开脱的醉人醉语。可见他即使是在饮酒的时候,也并不都是超脱清闲,浑身静穆。

陶渊明的《杂诗十二首》中,除四首是中年时咏行役奔波之苦而外,都是由中年转入老境时候的作品。这组诗里,"白日沦西阿","忆我少壮时"两首最为著名。前者写他在斗室月夜中,想到自己一生壮志未酬而挥杯劝影、痛苦失眠的情景。后者则回忆自己少年时代"无乐自欣豫"的乐观精神和"猛志逸四海"的远大抱负,由于仕宦生活的教训和折磨,"荏苒岁月颓,此心稍已去"。他晚年还写了《读山海经十三首》,借着《穆天子传》、《山海经》等"异书"中的神话故事,抒发自己的感慨,其中颇有"金刚怒目"的豪放之作。"夸父诞宏志"一首就一反历来嘲笑夸父不自量力的俗见,大胆歌颂了他敢和太阳竞走的勇气。"精卫衔微木"一首,歌颂了精卫和刑天不屈服于命运、敢于斗争的精神。他还写了一首《咏荆轲》:"图穷事自至,豪主正怔营。惜哉剑术疏,奇功遂不成!"显然饱含着诗人的激情。

《归园田居五首》是陶渊明田园诗中的代表作。第一首"少无适俗韵"尤为世人传诵。他说自己置身官场,好比是"羁鸟"和"池鱼",无时不想念

[元]钱选：归去来辞图

着"旧林"和"故渊"的自由天地；日夜梦想的田园景物又出现在他的面前："方宅十余亩，草屋八九间。榆柳荫后檐，桃李罗堂前。暧暧远人村，依依墟里烟。狗吠深巷中，鸡鸣桑树巅。"他好像是又重新开始了一种新的生活："久在樊笼里，复得返自然！"字里行间洋溢着欢欣、喜悦的心情。"野外罕人事"一首写他断绝了和官场上层的应酬，却和农民们"时复墟曲中，披草共来往。相见无杂言，但道桑麻长。""种豆南山下"一首，也是直接描写种豆锄草的劳动。"晨兴理荒秽，带月荷锄归"两句，给农家披星戴月的劳动增加了无限的诗意。

大约在晋宋易代前后，他写了《桃花源诗并记》。诗中引人入胜的故事情节，"芳草鲜美，落英缤纷"、"土地平旷，屋舍俨然"的景物，"黄发垂髫，并怡然自乐"的生活气氛，以及桃源人民纯朴的精神世界，都是源于他对田园生活的体验。

陶渊明现存辞赋、韵文与散文篇数不多，影响却很大。其中《归去来兮辞》是他与官场诀别的宣言。赋一开头就是激愤诀绝之辞："归去来兮，田园将芜胡不归！既自以心为形役，奚惆怅而独悲？悟已往之不谏，知来者之可追。实迷途其未远，觉今是而昨非。"以下写启程抵家情况以及息交绝游、耕西畴，登东皋。也都是归家以前的悬想预拟之辞。

3. 东晋小说

东晋时代由于魏晋巫风的盛行，佛道宗教的传播，使鬼神志怪的作品出现较多；由于清谈风气的影响，记载士大夫们轶事清言的小说也开始出现。东晋干宝的《搜神记》是继张华《博物志》之后又一影响颇大的志怪小说名作。干宝（？~336年），字令升，新蔡（今属河南）人，是东晋初著名史学家。《搜神记》所记多为神怪灵异，但也保存了不少民间传说。如《韩凭夫妇》、《李寄》、《干将莫邪》等篇，暴露封建统治阶级的残酷本质，歌颂反抗者的优秀品德，描写也比较细致，历来被推许为名篇。裴启《语林》是轶事小说的先驱。托名刘歆的《西京杂记》一书，"意绪秀异，文笔可观"，《新唐书·艺文志》认为是东晋初葛洪所作。《西京杂记》共129则，都是写发生于"西京"（东汉人称西汉首都长安）的西汉统治阶级与文士的逸闻佚事，夹杂一些怪诞的传说。其中所写的故事，如王昭君为画工所欺远嫁匈奴，卓文君作《白头吟》，赵飞燕、合德姊妹的骄奢淫逸，以及九月九日佩茱萸、饮菊花酒的习俗等，常被后人引用为掌故。"秋胡"一条，是"秋胡戏妻"故事的最早著录。葛洪撰有《神仙传》，书中充满炼丹服药、隐形变化、长生不老、白日升天等迷信内容；而叙述仙人们得道前后的活动，也颇多雷同之处。但在传达人物情态时，仍表现出一定的想象力，对后世神魔小说当有某种程度的影响。

五、三国两晋文学理论批评

三国、两晋时期，是中国文学理论批评史上的一个重要转折时期。这一时期，出现了一批理论批评著作，如曹丕的《典论·论文》、《与吴质书》，曹植的《与杨德祖书》，陆机的《文赋》，挚虞的《文章流别论》，葛洪的《抱朴子》外篇等。尤其是曹丕的《典论·论文》与陆机的《文赋》，提出了一系列理论批评方面的新问题。

1. 关于文学的社会地位和作用的问题

曹丕在《典论·论文》里把"文章"提到"经国之大业，不朽之盛事"的高度加以提倡，鼓励作家"不托飞驰之势"努力从事创作活动；葛洪的《抱朴子》外篇则提出了"文章之与德行，犹十尺之与一丈，谓之余事，未之前闻。"（《抱朴子》卷三十二《尚博》）

2. 关于创作问题的研究

曹丕在《典论·论文》中提出的"文以气为主"、"气之清浊有体"的观点，以及他运用这一观点对当时作家的创作实际所作的批评，实际上是第一次提出了作家的气质、禀性对于作品风格的影响这一重要理论问题。葛洪则据此提出"才有清浊"（《抱朴子》卷四十《辞义》），成为中国古代文论中关于风格的一个著名命题。

关于创作过程的探讨。陆机的《文赋》不仅开创性地对于艺术想象及其在创作过程中的作用作了精辟而形象的论述,而且,论述了怎样使作家的艺术形象、构思得到最好的表现的问题。此外,他还第一次论述了"感兴",即"灵感"在创作中的作用。

3. 关于各种文体的特点、差异的研究

曹丕不仅第一次提出了"夫文本同而末异"的观点,而且运用这一观点对"奏议"、"书论"、"铭诔"、"诗赋"等不同文体的特点和差异,作了尝试性的区分。陆机的《文赋》也对诗、赋、碑、诔等的特点作过区分。挚虞的《文章流别论》,不仅对当时各种文体的特点作了更加精细的区分,而且还常常考察每种文体的历史源流。

4. 重视文学批评中的态度问题

曹丕《典论·论文》提出了"夫人善于自见,而文非一体,鲜能备善"的观点,反对"文人相轻";要求文学批评应该"审己以度人",进行"公正"的评价。曹植认识到文学批评对于创作的重要性,针对当时"诋诃文章"的风气,说:"世人著述,不能无病,仆常好人讥弹其文"(《与杨德祖书》)等等,对批评问题也提出了自己的见解。

5. 进化的文学史观开始出现

葛洪认为文学是随着社会的发展而不断发展的,反对贵古贱今的观点,指出两汉以来被奉为经典的儒家典籍(如《书》、《诗》等)的文辞,不及后代。

此外,像曹植对于民间文学的重视(《与杨德祖书》),在当时也是难能可贵的。陆机《文赋》中所提出的"诗缘情而绮靡",不仅反映了情感对于创作的重要性已日益受到人们的重视,而且自此以后,"缘情"一词就成了古代文学中诗体的代名词。

第五节　南北朝时期文学

南北朝时期由于南北政权的长期对峙和许多少数民族入居黄河流域,

致使文学的发展状况有所不同。大体上说,南朝文学以前期的成就为高,产生了谢灵运、鲍照、谢朓等作家;而北朝文学却是后期比较繁荣,出现了某些著名文人。从文体方面说,北朝的诗、赋和骈文,其成就比南朝小,而散文方面却出现了《水经注》和《洛阳伽蓝记》等名著。

一、乐府民歌

1. 南朝乐府民歌

宋代郭茂倩《乐府诗集》录存南朝乐府民歌近五百首,其中大多数列入《清商曲辞》的"吴歌曲辞"和"西曲歌"两类。所谓《清商曲辞》,就是不带音乐的歌谣。吴声歌曲是长江下游以建业(今南京)为中心这一地区的民歌,西曲歌则是长江中游和汉水流域的民歌。"清商曲辞"中还有《神弦歌》18首,则是江南人民娱神的乐歌。

南朝乐府民歌主要来自民间,几乎全部是情歌。一般说来,歌辞中所表现的爱情是坦率而健康的,其中最能见出民歌特色的是那些痴情和天真的描写:"夜长不得眠,明月何灼灼。想闻散唤声,虚应空中诺。"(《子夜歌》)写女子在明月之夜苦苦思念情人,仿佛听到了他的呼唤,因而脱口应诺。"怜欢敢唤名?念欢不呼字。连唤欢复欢,两誓不相弃。"(《读曲歌》)描写热恋,连连呼唤情人,要共同发誓永远不相抛弃。又如《子夜春歌》"春林花多媚"刻画女子在春光中的惆怅,《华山畿》"相送劳劳渚"描写别离的痛苦,《襄阳乐》"女萝自微薄"表现爱情的执著,《懊侬歌》"发乱谁料理"谴责男子的虚伪,也都是值得注意的篇章。特别是《西洲曲》,五言三十二句,是南朝乐府民歌中少见的长篇。歌中写一个女子从春到秋,从早到晚对情人的思念,感情细腻缠绵,音节悠扬摇曳,为这一时期民歌中最成熟最精致的代表作。

还有一些民歌反映了当时的经济状况以及江南水乡的明媚风光和生活情调。如"清商曲辞"中的《采桑度》描写采桑和养蚕,《懊侬歌》中的"江陵去扬州"和《黄督》中的"乔客他乡人"写行旅,可见出当时水运交通的发达。又如收录在"杂曲歌辞"里的《长干曲》将一个风里来浪里去的弄潮儿写得栩栩如生,描绘出一幅江南风情画,是一篇动人的佳作。

南朝乐府民歌的艺术风格与汉乐府民歌的质朴和北朝乐府民歌的刚

健迥然不同,以清新婉转、本色自然见称。在艺术手法上,最明显的特点是谐音双关隐语的运用。例如"黄蘖向春生,苦心随日长"(《子夜春歌》),苦心指苦味的黄蘖树心,又指人心;"春蚕易感化,丝子已复生"(《子夜歌》),以"丝子"谐音"私子";他如以"莲"谐"怜"、比"篱"谐"离"等等。

2. 北朝乐府民歌

北朝乐府民歌一般指宋代郭茂倩《乐府诗集》中所载的"梁鼓角横吹曲"。所谓"鼓角横吹曲",就是一种少数民族在马上演奏的军乐。

北朝乐府民歌,其风格比南方的"吴声歌"、"西曲歌"质朴,反映的生活面也比南朝民歌广阔。就其内容而言,可分为四类。

其一为战争题材。战争是北朝最主要的社会现象。这类民歌的代表作为长篇叙事诗《木兰诗》。诗歌记述了木兰女扮男装,代父从军,在战场上建立功勋,回朝后不愿作官,但求回家团聚的故事。诗中热情赞扬了这位奇女子勤劳善良的品德,保家卫国的热情,英勇战斗的精神,以及端庄从容的风姿。它不仅反映出北方游牧民族普遍的尚武风气,更主要的是表现了北方人民憎恶长期割据战乱,渴望过和平、安定生活的意愿。

其二为反映长期战乱,使人民生活困苦不堪的情景。其中以《陇头诗》最悲怆:"陇头流水,流离山下。念吾一身,飘然旷野。朝发欣城,暮宿陇头。寒不能语,舌卷入喉。陇头流水,鸣声呜咽。遥望秦川,心肝断绝。"

其三为反映爱情生活的歌唱。北朝民歌中的情歌与南朝民歌风格迥然不同。无论是男子或女子的歌唱都是那样大胆、干脆、毫不掩饰。

其四为反映北方民族游牧生活和描绘北国风光的画卷。其中《敕勒川》传诵最广:"敕勒川,阴山下。天似穹庐,笼盖四野。天苍苍,野茫茫。风吹草低见牛羊。"寥寥数字,描绘出敕勒族阴山下的游牧生活和茫茫草原浑朴如画的自然风光。

二、诗作歌行

南朝宋、齐、梁、陈四代的文学,特别是诗歌,远比北方繁荣。南朝这一时期的诗歌虽然反映的社会现实比较狭窄,然而在艺术形式和技巧方面则有重要的进展,为唐诗的繁荣准备了条件。刘宋时期诗歌刚从东

晋以来的玄言诗中解脱,"庄老告退,而山水方滋"。当时的代表作家是历来所称的"元嘉三大家"——谢灵运、颜延之和鲍照。

1. 山水诗大师谢灵运

谢灵运(385~433年)原籍陈郡阳夏(今河南太康)人。他是谢玄的孙子,袭爵封康乐公,后世习惯称他为谢康乐。谢灵运出生于会稽始宁(今浙江上虞),出生后不久就寄养在钱塘杜家,15岁时回到建康,所以小名曰客儿,后世又称之为谢客。他出身世家大族,但在仕途上不很得志,便寄情山水,经常到一些风景秀美的地区游览,也善于观察自然界的景色,形诸笔端。他的诗歌从古代诗赋中吸取营养,善于锻炼华丽的辞藻,富有色泽和光彩,模山范水,创造出许多写景名句,以精工见长。

谢诗的特点,就是鲜丽清新。例如"野旷沙岸净,天高秋月明"(《初去郡》);"池塘生春草,园柳变鸣禽"(《登池上楼》);"明月照积雪,朔风劲且哀"(《岁暮》)等,确实像鲍照所形容的那样:"如初发芙蓉,自然可爱。"另外如"白云抱幽石,绿筱媚清涟"(《过始宁墅》);"春晚绿野秀,岩高白云屯"(《入彭蠡湖口》);"鸟鸣识夜栖,木落知风发"(《石门岩上宿》)等,则出于精心的雕琢,表现了他"极貌写物","穷力追新"的艺术技巧。当然,谢灵运本人还没有摆脱玄言诗的消极影响,有不少作品的结尾,理往往游离于情景之外,类似说教,沉闷乏味。

2. 鲍照与七言诗

鲍照(?~466年)字明远,东海(今江苏涟水县北)人。鲍照一生沉沦下僚,很不得志,最后还死于乱军之中。

鲍照在文学成就上最高的是诗歌,具有"文甚遒丽"(《宋书·鲍照传》)的特点,即感情强烈,很有气势,辞藻华美,在锻炼字句上很见功夫。鲍照乐府歌行的重要内容是将士远戍、烽火疆场为题材的边塞诗,如《代出自蓟北门行》,全诗写深秋肃杀时,将士不畏严霜强虏,誓死保卫祖国的壮志。最后以"投躯报明主,身死为国殇"作结,情调激昂,"梗概多气"。

更能集中地表现鲍照战斗意志和艺术独创精神的则是他的七言歌行。《拟行路难》十八首是其中优秀的代表作,内容既丰富深远,感情也强烈奔放,而且音节激越顿挫,富于变化。如第六首"对案不能食",一开始就较激愤地说:"对案不能食,拔剑击柱长叹息",最后归结为"朝出与亲辞,暮还在亲侧。弄儿床前戏,看妇机中织。自古圣贤尽贫贱,何况我辈孤且直",几乎近于控诉,抒发了寒门出身的正直之士在仕途中备遭压抑的痛苦。鲍照另外有一些描写游子、思妇和弃妇的诗,写得也很细致动人。如"今年阳初花满林"写思妇想念游子:"朝悲惨惨遂成滴,暮思逸逸最伤心,膏沐芳余久不御,蓬首乱鬓不设簪";"春禽喈喈旦暮鸣"写征夫想念妻子:"我初辞家从军侨,荣志溢气干云霄。流浪渐冉经三龄,忽有白发素髭生。今暮临水拔已尽,明日对镜复已盈"。都能抓住最富特征的现象,刻画他们的心理。

3. 谢朓与新诗体

(一)"永明体"创始人沈约

永明是南朝齐武帝萧赜的年号。"永明体"是指永明年间沈约提出来的新诗体。沈约(441~513年)字休文。吴兴武康(今浙江吴兴)人。历仕宋、齐、梁三朝。为"竟陵八友"(齐竟陵王萧子良门下的八个文学家)之一。卒于梁朝,谥隐,故后人也称他为"隐侯"。

沈约把周颙发现的平、上、去、入四声用于诗的格律,归纳出了比较完整的诗歌声律理论四声说,要求在诗歌中使高低轻重不同的字音互相间隔运用,使音节错综和谐,即后世所谓调和平仄。此外,他还提出了八病说,即在诗歌创作时应规避"平头、上尾、蜂腰、鹤膝、大韵、小韵、旁纽、正纽"八种声律上的毛病。可见沈约倡导的"永明体",实质上就是在诗歌创作中,追求语言的音韵美。从此古体变为近体,是格律诗的开端,对后世诗歌乃至辞赋、骈文、词曲等等文学形式的发展,都有莫大的影响。

(二)永明诗人杰出者谢朓

谢朓(464~499年)字玄晖,陈郡阳夏(今河南太康)人。出身世家大族,为"竟陵八友"中成就最高者,后在统治集团宫廷权争中受牵连被杀。谢朓是继谢灵运之后最负盛名的山水诗人。他的诗作清新秀丽,精练隽永，脱尽玄言的羁绊，少芜词蔓语。最为人称道的有"余霞散成绮，澄江静如练"（《晚登三山还望京邑》），"天际识归舟，云中辨江树"（《之宣城郡出新林浦向板桥》），"朔风吹飞雨，萧条江上来"（《观朝雨》），"鱼戏新荷动，鸟散余花落"（《游东田》）等，这些警句清新隽永，流畅和谐，对仗工整，体现了"新体诗"的特点。其短诗也很出色，耐人咀嚼，富于民歌风味。如《玉阶怨》："夕殿下珠帘，流萤飞复息。长夜缝罗衣，想君此何极！"又如《王孙游》："绿草蔓如丝，杂树红英发。无论君不归，君归芳已歇！"还有《同王主簿有所思》、《铜雀悲》、《金谷聚》等篇，都是遣词自然、音调和谐、感情含蓄的佳作，收到了小中见大、尺幅千里的艺术效果。这类小诗，对后来的五言绝句的形成和发展有一定影响。

4. 梁、陈诗人与宫体诗

（一）宫体诗

宫体诗是南朝梁后期和陈代所流行的一种诗歌流派。其主要作者就是萧纲、萧绎以及聚集于他们周围的一些文人如徐摛、庾肩吾、徐陵等，陈后主陈叔宝及其侍从文人也可归入此类。总的来说，宫体诗的情调流于轻艳，诗风比较柔靡缓弱。萧纲晚年令徐陵编成《玉台新咏》，"非词关闺闼者不收"，以便推广。到陈朝，诗歌干脆和女性连在一起，内容低级下流，艺术上也纤弱浮肿，毫无可取。不过，被称为宫体诗人的萧纲、萧绎等人，也写过不少清丽可读之作，至于庾肩吾、徐陵等，更有一些比较优秀的诗篇。如徐陵拟作的乐府诗《出自蓟北门行》，写从军者立功沙场的雄心，"天云如地阵，汉月带胡秋；溃土泥函谷，挼绳缚凉州"等句，意气豪壮，风格遒劲。

从诗歌发展史上看，宫体诗起的作用有两个方面。一方面，隋及唐初诗风流于靡弱，多少是受它的影响；另一方面，它在形式上比永明体更趋格律化。对后来律诗的形成，有着重要的推动作用。至于它用典多、辞藻秾丽的特点，对后世也有一定的积极作用。

梁陈诗坛中，也有少数能够少受宫体羁绊而以本色见长的诗人，如梁朝的江淹、吴均、何逊，陈朝的阴铿等。

（二）江淹

江淹（444~505年）字文通。济阳考城（今河南兰考东）人。其诗比较古奥遒劲，稍近鲍照，所以合称"江鲍"。江诗的特色是意趣深远，其中以《渡泉峤出诸山之顶》、《仙阳亭》、《游黄蘖山》等首最具特色。如："万壑共驰骛，百谷争往来"；"崩壁迭枕卧，崭石屡盘回"（《渡泉峤出诸山之顶》）；"下视雄虹照，俯看彩霞明"（《仙阳亭》）；"残杌千代木，廞崒万古烟。禽鸣丹壁上，猿啸青崖间"（《游黄蘖山》）诸句，写人迹罕至的深山景色，造语险绝。江淹在诗歌方面的又一特长是拟古。有的拟作达到了乱真的地步，如《陶征君·田居》，曾被人误为陶渊明《归园田居》的第六首。

（三）吴均

吴均（469~520年）字叔庠。吴兴故鄣（今浙江安吉县）人。《梁书·吴均传》说他"文体清拔有古气"，在当时颇有影响，时称"吴均体"。其诗善于刻画周围景物来渲染离愁别绪。如《送柳吴兴竹亭集》"夕鱼汀下戏，暮雨檐中息。白云时去来，青峰复负侧。踯躅牛羊下，晦昧崦嵫色"，朦胧幕色中的山野景象，更衬出离别时分的凄婉气氛。他的一些五言诗句，如"君随绿波远，我逐清风归"，"折荷缝作盖，落羽纺成丝"等，民歌风味也比较浓。

（四）何逊

何逊（？~518年）字仲言。东海郯（今山东郯城）人。曾任建安王萧伟的记室，还兼任过尚书水部郎。后人称"何记室"或"何水部"。他的诗作，擅长抒写离情别绪及描绘景物。如"夜雨滴空阶，晓灯暗离室"（《临行与故游夜别》）；"露湿寒塘草，月映清淮流"（《与胡兴安夜别》）等句，都能做到情景交融，在写景中体现惜别和惆怅的心情。看似信手拈来，毫不费力，但情真意切，读后令人难忘。又如"薄云岩际出，初月波中上"（《入西塞示南府同僚》），"游鱼乱水叶，轻燕逐风花"（《赠王左丞》）等句，善于用流畅的语言细致贴切地描摹自然景物，对仗工整而不觉其平板。

（五）阴铿

阴铿，字子坚。武威姑臧（今甘肃武威）人，生卒年不详。其诗歌以写景见长，尤善于描写江上景色，展现了江陵洞庭、武昌一带长江风物。他善于锻炼字句，诸如"潮落犹如盖，云昏不作峰"（《晚出新亭》）、"山云遥似带,庭叶近成舟"(《闲居对雨》)、"夜江雾里阔,新月迥中明"(《五洲夜发》)等,都是在修辞上、声律上颇见用心的佳句。在雕琢字句的同时,他也讲究谋篇,注意到通篇的完整,如《晚泊五洲》:"客行逢日暮,结缆晚洲中。戍楼因嵯险,村路入江穷。水随云度黑,山带日归红。遥怜一柱观,欲轻千里风。"中间二联对仗工整,平仄协调,已经接近成熟的五言律诗。

5. 庾信及北朝诗人

庾信(513~581年)字子山。南阳新野(今河南新野)人,梁代诗人庾肩吾之子。他早年陪同太子萧纲(梁简文帝)等写作一些绮艳的诗歌,被称为"徐庾体"。侯景叛乱,他被迫逃亡江陵,投奔梁元帝萧绎。奉命出使西魏,抵达长安不久,西魏攻克江陵,杀萧绎。他因此被留在长安,历仕西魏、北周,官至骠骑大将军开府仪同三司,故又称"庾开府"。庾信被强留于长安后,经常怀念故国,内心非常痛苦。悲恸之中,诗风为之一变,在一定程度上,体现了南北文学合流的新趋势。

庾信诗歌创作的成就,集中体现在他的名作《拟咏怀》二十七首中。诗作多数是倾诉自己对故国深深的怀念,内容深沉丰富,真切地反映了他后期的生活和思想。如第七首:"榆关断音信,汉使绝经过。胡笳落泪曲,羌笛断肠曲。纤腰减束素,别泪损横波。恨心终不歇,红颜无复多。枯木期填海,青山望断河。"盼首回归之情,溢于言表。

杜甫说:"庾信文章老更成,凌云健笔意纵横。"的确,庾信到北方以后的诗显得苍劲和沉郁。如《郊行值雪》写北方的冬景,以"寒关日欲暮,披雪渡河梁"作结,颇有悲凉之气;《望野》写战乱后景象:"有城仍旧县,无树即新村",虽很含蓄,但是把城乡残破之状写得很传神。他还有一些诗句也写得清新可喜,如"寒沙两岸白,猎火一山红"(《上益州上柱国赵王》);"野戍孤烟起,春山百鸟啼"(《至老子庙应诏》);"山明疑有雪,岸白不关沙"(《舟中望月》)等。庾信赠别友人的小诗往往写得亲切动人,很少用典。如《寄王琳》:"玉关道路远,金陵信使疏;独下千行泪,开君万里书。"还有《寄徐陵》、《和侃法师三绝》、《重别周尚书二首》等,都很著名。

三、辞赋散文

1. 南朝辞赋

南朝辞赋的主要倾向仍然是崇尚华靡，内容深刻而艺术上有所创新的不多。大体可分为两类：一类是继承和发展了魏晋以来的抒情小赋，在体格和技巧方面有所创新。一些传诵的名篇大多属于这一类。另一类则基本沿袭汉代的大赋，以"体物"为主，偏重于铺张和夸饰。

刘宋时期，鲍照的辞赋成就最高。其中《芜城赋》最为传诵，历来被视为六朝抒情小赋的代表作之一。该赋写兵燹以后的广陵，通过劫前劫后的对比，以奇峭雄健之笔抒发了人事沧桑的感慨。有时只用简短的几个字，就使人有身历其境之感，如："饥鹰厉吻，寒鸱吓雏"；"孤蓬自振，惊沙坐飞"诸句，实有动人心魄的效果。

齐代的作品比较少。谢朓的辞赋不如诗，但也有值得称道的，如《思归赋》等，体制短小，声律调协，富于抒情色彩。

梁代是南朝辞赋的全盛时期，成就最大的辞赋作家是江淹。最著名的作品是《恨赋》和《别赋》。《恨赋》写的是人生短促，志不获骋的感慨。其中写冯衍的怀才不遇和昭君的远嫁匈奴，尤为哀婉动人，《别赋》主要写各种不同类型人物的离愁别恨，历代为人传诵。如"是以行子肠断，百感凄恻，风萧萧而异响，云漫漫而奇色，舟凝滞于水滨，车逶迟于山侧。棹容与而讵前，马寒鸣而不息。掩金觞而谁御，横玉柱而沾轼"，主要是通过景物描写来渲染"行子"上路的凄凉气氛。沈约也是梁代有名的辞赋作家。他的《愍涂》、《悯国》等篇，其风韵颇近于江淹；《丽人赋》一篇，许梿评为"曼声柔调，顾盼有情，自有六朝之隽"（《六朝文絜》），内容形式都属于轻绮一派。

陈代仅存赋20余篇，以徐陵的《鸳鸯赋》较为著名。

2. 北朝辞赋

北朝辞赋，以北魏张渊《观象赋》为最早。此赋主要是记载当时的一些天文知识，辞采尚佳。北魏后期，姜质的《亭山赋》，描写司农张伦宅中园林，虽着力铺陈，但罕见佳句。孝明帝即位以后，北魏朝政日乱，有些文人就利用辞赋的形式来发愤抒情。这些作品从内容到形式都各异其趣，但都带有模仿前人的痕迹。其中袁翻的《思归赋》抒情意味最强烈，手法颇近南朝江淹的赋作。

北齐的文化较高,产生的作家较多。但当时著名的文人如温子升、邢劭和魏收都没有留下什么重要的辞赋。

北周的情况与北齐不同。梁代著名作家庾信出使长安,被留在北方,历来被称为北周作家。他的代表作《哀江南赋》,是一篇用赋体写的梁代兴亡史和作者自传。在赋的前半,竭力渲染梁初的表面繁荣,然而对梁朝君臣纵容姑息侯景并在叛乱发生后继续采取错误的对策作了批评。赋中还写到江陵陷落后军民惨遭杀掠的情况:"冤霜夏零,愤泉秋沸,城崩杞妇之哭,竹染湘妃之泪;水毒秦泾,山高赵陉,十里五里,长亭短亭,饥随蛰燕,暗逐流萤。"这些人"莫不闻陇水而掩泣,向关山而长叹"。许多人家骨肉离散:"况复君在交河,妾在清波,石望夫而逾远,山望子而逾多"。有的人被迫流落他乡,"班超生而望返,温序死而思归"。至于在战乱中被杀害的人,更是不可胜数,"鬼火乱于平林,殇魂游于新市"。像这样生动而真实地描写重大政治事件而又深深浸透着作者的故国之思及对乱离中人民的同情的辞赋,确实很少见。

四、偶俪骈文

宋、齐、梁、陈四朝的文章,除一部分论议奏疏之外,几乎都是语句偶俪、声调铿锵的骈文。所谓骈,就是两两相对,就是对偶。骈文基本上是以四字或六字的平行配对,从文章的起首直至篇末。通篇大量对偶,在对偶中往往用典,以求得文章的委婉含蓄,典雅精炼。并且还要讲究字句的平仄,使之音调和谐,富有音乐感。南朝骈文中最有成就的作家是鲍照、江淹、刘峻和徐陵。鲍照的《登大雷岸与妹书》是南朝最早描写山水风景的名篇,颇饶古朴的风韵。齐梁以来,对形式的讲求更加严格。写景佳作有陶弘景《答谢中书书》,吴均《与朱元思书》、《与顾章书》,都是简洁精致的小品。丘迟的《与陈伯之书》,喻之以理,动之以情,其中"暮春三月,江南草长,杂花生树,群莺乱飞。见故国之旗鼓,感平生于畴日,抚弦登陴,岂不怆恨!"情真意长,感人至深,尤其为千古传诵。江淹的《诣建平王上书》、《报袁叔明书》、《与交友论隐书》等篇,骈俪之中间以单行散语,不事秾艳,气格高出时辈。刘峻的《辨命论》和《广绝交论》,是以骈体作议论的典范。另外,南齐孔稚珪的《北山移文》,借山灵的口吻,无情嘲讽了"虽假容于江皋,乃缨情于好爵"的假隐士周颙之流。全文奇想天开,辛辣犀利,嬉笑怒骂,寓庄于谐,别成一体。徐陵是南朝最后一位骈文大家,《玉台新咏序》体现了骈文五色相宣、八音迭奏的特色,素为后世所称道;《与齐尚书仆射杨遵彦书》,感情真挚,隶事工而论事畅,可推为集中压卷之文。

五、散文宏篇

南北朝散文虽然数量少,但在史学、哲学和地理学上却也出现了一些优秀作品。如南朝宋范晔的《后汉书》,梁朝范缜的《神灭论》;北朝北魏郦道元的《水经注》,杨衒之的《洛阳伽蓝记》。尤其是《水经注》是山水散文集大成之作。

郦道元(?~527年)字善长,范阳涿县(今属河北)人。为官执法严猛,得罪权贵,被雍州刺史杀害。《水经注》形象地描绘了中国各地美丽的山川景物、自然风光,是魏晋南北朝山水散文中的佳作。全书所记山水数以千计,大都能抓住特点,写得姿态各异。像《江水注》"巫峡"一节,仅用154字,既描绘了巫峡两岸连绵高峻的山势,又描绘了沿江四季景色的变化。语言精炼传神,情思隽永,壮美动人。再如《河水注》"龙门"一节,写汹涌的黄河怒涛冲击巨石的壮观景象:"其中水流交冲,素气云浮,往来遥观者,常若雾露沾人,窥深悸魄。"真使人有身临其境的感觉。行文以散体为主,写景状物有时也采用骈文修辞手法,显然受到当时南朝山水诗文的启发,对后世山水散文有巨大影响。

杨衒之,北平(今河北遵化)人。生卒年不详。因行役重至北魏旧京洛阳,见城郭崩毁,宫室倾覆,寺观灰烬,庙塔丘墟,便撰《洛阳伽蓝记》,寄托他对北魏王朝覆亡的哀悼,同时也对当时王公贵族耗财佞佛、"不恤众庶"的行为进行批评。"伽蓝"是梵语"僧伽蓝摩"的省称,也就是佛寺的别名。《洛阳伽蓝记》实为记述洛阳寺庙之作。全书叙事主要用散文,形容描写则往往夹用骈偶,条理清晰,洁净秀丽。如写永宁寺的佛塔,仅用"至于高风永夜,宝铎和鸣,铿锵之声,闻及十余里"等语,其巍峨庄严之状,读之如同亲见。

六、志怪轶事

南北朝时,由于佛教大盛,就有文人撰写志怪书来宣扬佛法,如南朝宋刘义庆的《宣验记》、南齐王琰的《冥祥记》、北齐颜之推的《冤魂志》等，大都是因果报应之类，乏善可言。只有苻秦王嘉的《拾遗记》和梁吴均的《续齐谐记》颇具特色。

轶事小说方面当首推南朝宋刘义庆的《世说新语》。刘义庆（403～444年），为南朝宋宗室。所著《世说新语》分德行、语言、政事、文学等36门。内容主要是记载东汉后期到晋宋间一些名士的言行与轶事。所记载的人物言行，往往是一些零星的片断，但言简意赅，颇能传达人物的个性特点。记言论的篇幅比记事的更多些。记言方面有一个特点，就是往往如实地记载当时口语，不加雕饰，因此有些话不很好懂。另一个特点，是常常能通过几句话，表现人物的性格。如《简傲篇》写桓冲问王徽之做什么官，他回答说："时见牵马来，似是马曹。"又问他有几匹马，死了多少，他答不上来，却用《论语》中的话来答对，活画出世族士大夫们狂放而不切世情的特征。《世说新语》一般都是很质朴的散文，有时几如口语，而意味隽永，在晋宋人文章中也颇具特色，其中有不少故事，成了诗词中常用的典故。

七、诗文总集

由魏、晋到齐、梁，是中国文学史上各种文学形式发展并趋于定型成熟的时期，作家和作品数量之多远远超过前代。文学作品的数量众多，对它们进行品鉴别裁、芟繁剪芜，选录优秀作品的文学总集乃应运而生。

南朝梁萧统编著的《文选》是中国现存最早的诗文总集。萧统（501～531年），字德施。梁武帝萧衍长子、皇太子，未及即位而卒。谥号昭明。故后人也习称《文选》为《昭明文选》。

全书收录作品514题。编排的标准是"凡次文之体，各以汇聚。诗赋体既不一，又以类分。类分之中，各以时代相次"（《文选序》）。从分类的实际情况来看，大致划分为赋、诗、杂文3大类，又分列赋、诗、骚等38小类。赋、诗所占比重最多，又按内容把赋分为京都、郊祀、耕籍等15门，把诗分为补亡、述德、劝励等23门，这

萧统

样的分类体现了萧统对古代文学发展、尤其是对文体分类及源流的理论观点，反映了文体辨析在当时已经进入了非常细致的阶段。

《文选》的选录标准，以词人才子的名篇为主，以"文为本"（《文选序》）。因此，凡后来习称为经、史、子的著作一律不选。但是史传中的赞论序述部分却可以收录，因为"赞论之综辑辞采，序述之错比文华，事出于沈思，义归乎翰藻"，合乎"能文"的选录标准。这一标准的着重点显然不在思想内容而在于讲究辞藻华美、声律和谐以及对偶、用事切当这样的艺术形式，但它为文学划定了范畴，是文学发展到一定阶段的结果，对文学的独立发展有促进作用。

八、文学批评

南北朝时期是中国古代文论发展史上一个重要的阶段。《文心雕龙》和《诗品》标志着我国古代文学批评和文学理论发展的高峰。

1. 刘勰的《文心雕龙》

刘勰的《文心雕龙》是中国文学理论批评史上第一部系统地阐述文学理论的专著，体大虑周，论析精微。是南朝以前古代文论发展史上的集大成的代表作；而且，在整个古代文论发展史上，也是一部最杰出、最系统、最重要的文学理论批评著作。刘勰（466？~539？年），南朝齐、梁文学理论批评家。字彦和，祖籍东莞郡莒县（今属山东）。永嘉之乱，其先人避难渡江，世居京口（今江苏镇江）。刘勰入梁出仕后，兼任东宫通事舍人的时间较久，后世因称他为刘舍人。

《文心雕龙》的内容可概括如下：

（一）文学的本源和准则

刘勰提出了"文源于道"的理论。在此理论基础上，他进而认为，最能体现"道"的文章是圣人所作的经典，从而提出"宗经"、"征圣"的主张。

（二）文体论

刘勰从四个方面对许多文体进行了详细的讨论：一是文体的名称和意义；二是文体的源流；三是列举并评论各类文体的代表作；四是论述各类文体的写作特点。

（三）创作论

关于作家的构思过程，刘勰很强调想象在构思中的地位，指出作家的艺术想象能打破时空的局限而"思接千载，视通万里"。他认为，作家的"神思"是"志气统其关键"、"辞令管其机枢"，即一要受理性的主宰，二要受语言表达的牵制。

刘勰认识到构思中文思泉涌的灵感状态是人力可致的：一方面，作家在临文之际，必须"疏瀹五藏，澡雪精神"，保持心神的冷静专注；另一方面，灵感也与作家平常的知识和生活的积累分不开。

刘勰从原则的高度上总结了写作的基本法则，即写作须先"设情以位体"，次"酌事以取类"，后"撮辞以举要"，亦即强调作家写作要从思想内容出发，而使形式为内容服务。至于具体的写作技巧，诸如篇章的剪裁、声律的安排、语言的运用、字句的锤炼、结构的经营以及比兴、夸张修辞手法的运用等各个方面，都作了细致深入的探讨。

在文学创作的内容和形式之间关系方面，刘勰主张"文质相称"、"华实相副"，使内容与形式相统一。

（四）风格论

刘勰认为作品的风格是作家才性的表现，可以归结为"才"、"气"、"学"、"习"四个因素。前二者指作家先天的才能与气质；后二者指作家后天的学问与习性。刘勰在多种风格之中，还提炼出一个对风格的更高要求，那就是"风骨"。"风"，大体指作品内部所蕴含的情味的充沛饱满，相当于后人所说的"韵味"范畴；"骨"，大体指作品外在格局和言辞的刚正有力，相当于后人所说的"格调"范畴。刘勰所标举的"风清骨峻"，即是一种在内容与形式的统一上刚健清新、格高韵足的文风。

（五）文学史观

刘勰总结了文学发展的外部规律，集中地论述了社会时代对文学发展的影响，指出政治对文学的影响。在此基础上，提出了"文变染乎世情，兴废系于时序"的著名论断。

刘勰也接触到文学发展的内部规律，要求作家创作既要"资于古实"，又要"酌乎新声"；既要"望今制奇"，又要"参定古法"，把继承与革新结合起来，才能使文学"骋无穷之路，饮不竭之源"。

(六)批评论

刘勰指出文学批评中的不良倾向是"贵古贱今"、"崇己抑人"和"信伪迷真"。从而提出文学批评的六项内容,即所谓"六观":"一观位体"、"二观置辞"、"三观通变"、"四观奇正"、"五观事义"、"六观宫商"。"六观"主要侧重于文学作品的表达方法。刘勰把"六观"作为"将阅文情"的手段,考察的归宿则是表达作品内部之"理",亦即作品的思想内容。

2. 钟嵘的《诗品》

南朝梁钟嵘(约468~约518年)字仲伟,祖籍颍川长社(今河南许昌)人。《诗品》是他的诗歌评论专著,以五言诗为主,将自汉至梁有成就的诗歌作家,区别等第,分为上中下三品,故称为《诗品》。

钟嵘在《诗品序》中,对于文学创作的一些重要的问题发表了精辟的看法。如针对当时的诗风,主张诗应该"吟咏情性",以自然真美为贵,而反对刻意追求声律造成"文多拘忌"的现象;批评诗歌创作滥于用典所造成的"殆同书抄"的现象;提倡"怨"诗;认为诗歌创作应该有"滋味"、意余言外,倡导"文已尽而意有余"等。另外还针对当时"随其嗜欲"、"准的无依"的批评风尚,对此前的诗歌创作进行了品评,并论述了作家作品之间的承继关系。《诗品》对以后中国"诗话"的发展,产生了重大的影响。

第六节 隋唐五代文学

一、隋唐五代诗

隋唐五代是中国诗歌史上的黄金时代,其主体唐诗更标志着中国古典诗歌成就的高峰。在梁、陈浮艳余风的影响下,隋及唐初,诗歌面临着变革的关头。到开元、天宝之际,唐诗进入全面繁荣的时期,被后人称为"盛唐之音"。安史乱后,社会生活矛盾日益激化,诗歌内容和艺术表现不断向纵深发展,到元和、长庆之际,唐诗又掀起第二次全面繁荣的高潮。晚唐到五代,诗风渐趋纤巧,诗人更高地在形式技巧方面下功夫,缺少前两个阶段的阔大气魄与浑融境界,而日益走向衰落。

1. 隋代诗歌

隋朝诗风，仍然"时俗词藻，犹多淫丽。"然而，一些较有名望的作者如薛道衡、卢思道、虞世基、杨广等，也有少数刚健清新的作品，透露出一点新的时代气息。同时，永明以来诗歌声韵格律的讲求，发展到这时，已接近成熟，诗歌体制的建设较前有了进步。像薛道衡的《豫章行》、卢思道的《从军行》，已粗具初唐七言歌行的规模。杨广《江都宫乐歌》，形式上比庾信《乌夜啼》更接近唐代七律。而无名氏的《送别诗》"杨柳青青着地垂"，音律调谐，更宛然是一首成熟了的唐人七绝。它们的产生，预示着由齐梁诗向唐诗转变的广阔前景。

薛道衡（540～609年），字玄卿，河东汾阴（今山西万荣）人。因得罪炀帝而被缢杀狱中。他和卢思道齐名，在隋代诗人中艺术成就最高。其诗虽未摆脱六朝文学浮艳绮靡的余风，有些作品，却具有一种刚健清新的气息。如与杨素唱和的《从军行》，就是较好的边塞诗。而《豫章行》，则是假托江南征人的妻子自诉缠绵而坚贞的爱情，寄寓诗人对友谊的诚笃，所以诗中颇多比兴寄托的诗句。这首七言歌行，语言骈丽，巧于用典，标志着七言诗体渐趋成熟。他的代表作《昔昔盐》描写思妇孤独寂寞的心情，其中"暗牖悬蛛网，空梁落燕泥"一联，最为脍炙人口。小诗《人日思归》："人归落雁后，思发在花前。"含思委婉，是历来传诵的名作。

卢思道（约531～582年）字子行。范阳（今属河北涿县）人。卢思道的诗长于七言，对仗工整，善于用典，气势充沛，语言流畅，已开初唐七言歌行的先声，在北朝后期和隋初有较高地位。代表作《听鸣蝉篇》抒发客愁乡思，讥讽长安权贵"繁华轻薄"的生活，词意清切，寄托较深，曾受到庾信的赞赏。《从军行》描写征人思妇的离愁别绪，讽刺武将邀功求赏，是一首较好的边塞诗。

2. 初唐诗歌

初唐诗歌创作，写的大都是应制颂圣、艳情唱酬之作。稍后，更发展出"以绮错婉媚为本"（《旧唐书·上官仪传》）的"上官体"。其时虽有个别作家能自拔于流风习俗之中，如魏徵《述怀》骨气劲拔，王绩《野望》意趣澹远，王梵志诗语言通俗，如"造作庄田犹未已，堂上哭声身已死。哭人尽是分钱人，口哭原来心里喜"，别开生面，但他们有的作品不多，有的地位不高,不足以扭转整个风气。

(一)初唐四杰

就在"上官体"风靡之际,一群地位不高而才名颇盛的年轻诗人,不满意于宫廷应制诗的空虚内容和呆板形式,热切要求抒写自己建功立业的豪情壮志与悲欢离合的人生感慨,从而推动诗歌题材"由宫廷走到市井","从台阁移至江山与塞漠"(闻一多《唐诗杂论》)。他们是被称为"初唐四杰"的王勃、杨炯、卢照邻、骆宾王。

王勃

王勃(649~676年)字子安。绛州龙门(今山西河津)人。王勃赴交趾探父时,不幸溺水,惊悸而死。王勃的诗多为五言律诗和绝句。其中写离别怀乡之作较为著名。如《杜少府之任蜀川》写离别之情,以"海内存知己,天涯若比邻"相慰勉,意境开阔。但这种豪情壮语恰由于失志不遇,因而蕴含着慷慨悲凉情绪。

杨炯(650~?年)华阴(今属陕西)人。曾任盈川令,世称杨盈川。杨炯以边塞征战诗著名,所作如《从军行》:"雪暗凋旗画,风多杂鼓声。宁为百夫长,胜作一书生。"用近体格律,歌颂御边歼敌的壮举,寄托报国立功的抱负,抒发怀才不遇的不平。全诗气势激越,情调慷慨,场景雄壮,个性鲜明。

卢照邻(约636~695年后)字升之,自号幽忧子。幽州范阳(治今河北涿县)人。曾被横祸下狱,后染风疾,手足残废。由于政治上的坎坷失意和长期病痛的折磨,终于自投颍水而死。卢照邻诗以歌行体为最佳。意境清迥,以韵致取胜。其代表作如《长安古意》借历史题材,描绘首都长安的繁华景象与现实生活的各个侧面,揭露了统治集团的横暴奢靡及其互相倾轧的情况,抒发了下层志士儒者的不平。清词丽句,委婉顿挫,寄慨深微,耐人寻味。

骆宾王(约626或627~684年后),婺州义乌(今属浙江)人。曾参与徐敬业讨伐武则天的战事,败亡后不知所终。他擅长七言歌行,《帝京篇》

在当时就已被称为绝唱。五律也有不少佳作，如《在狱咏蝉》，托物寄兴，感慨深微，是脍炙人口的名篇。绝句小诗，如《于易水送人》："此地别燕丹，壮发上冲冠。昔时人已没，今日水犹寒。"壮志豪情，激荡着风云之气，颇能见出诗人的个性风格。

（二）"文章四友"和沈佺期、宋之问

武后时有一批经常出入掖廷的御用文人，他们是沈佺期、宋之问和号称"文章四友"的李峤、崔融、苏味道、杜审言。他们所作多半是奉和应制、点缀升平的篇什。但他们在诗歌声律方面确实进行了探索，为五七言律诗格律形式的定型化，提供了可以遵循的规范。

骆宾王

"文章四友"中成就最高的是杜审言（？~708年），字必简，洛州巩县（今属河南）人。其诗主要是抒写羁旅情怀，描绘山川景物之作，如《和晋陵陆丞早春游望》："独有宦游人，偏惊物候新。云霞出海曙，梅柳渡江春。淑气催黄鸟，晴光转绿苹。忽闻歌古调，归思欲沾巾。"巧妙地把寄情山水的快意和仕途不遇的失意交织在一起，构思有新意，语言清丽，格律精整。

沈佺期（约656~约714或715年）字云卿。相州内黄（今属河南）人。其诗多宫廷应制之作，内容空洞，形式华丽。但他在流放期间诸作，多抒写凄凉境遇，诗风为之一变。代表作《杂诗》三首，写思妇与边塞征人的两地相思，有反对穷兵黩武的意义。他还创制七律，其中《古意呈补阙乔知之》（一名《独不见》）一首，写边塞战争造成的闺怨，缠绵悱恻，哀怨动人。

宋之问（约650至656~712至713年间），一名少连，字延清。汾州（今山西汾阳）人。因贪贿罪死。他与沈佺期齐名，时称"沈宋"，为近体律诗定型的代表诗人。他的诗多歌颂应制之作，格律严整，文辞华靡。晚年在流放途中诸作，忐忑不平，真情流露，诗风有明显转变。如《题大庾岭北驿》等篇，内容较为充实，在形象构思上有所创造。尤其是绝句《渡汉江》：

"岭外音书断，经冬复历春。近乡情更怯，不敢问来人。"把游子返乡的亦喜亦惧的复杂心情表达得真实、生动而深入。

（三）陈子昂

陈子昂（661～702年）字伯玉，梓州射洪（今属四川）人。因曾任右拾遗，后世称为陈拾遗。父死居丧期间，被权臣罗织罪名，加以迫害，冤死狱中。

陈子昂主张诗歌革新，在《与东方左史虬修竹篇序》中指出：当时文风凋弊，实质是齐、梁颓风蔓延，要求诗歌继承《诗经》"风、雅"的优良传统，有比兴寄托，有政治社会内容；同时要标举"汉魏风骨"、"正始之音"，即思想感情表现明朗，语言顿挫有力，形成一种爽朗刚健的风格。他的诗歌创作，即是这种进步主张的具体实践。他的代表作有《登幽州台歌》、《蓟丘览古赠卢居士藏用》七首和《感遇》三十八首。

《蓟丘览古》和《登幽州台歌》都是陈子昂随武攸宜北征契丹时所作。陈子昂在武攸宜幕中参谋军事，屡有建议，均不被采纳，失意无聊，因登蓟北楼（即幽州台），作《蓟丘览古》诗七首赠其好友卢藏用，通过吟咏蓟北一带古人古事来抒发怀才不遇的悲哀。同时用歌行体写下传诵千古的慷慨悲歌《登幽州台歌》："前不见古人，后不见来者。念天地之悠悠，独怆然而涕下！"

《感遇》诗不是一时一地之作，内容颇为丰富，反映了较广阔的社会生活和复杂的思想感情。其中如"苍苍丁零塞"、"朝入云中郡"篇，反映北方边塞战士和人民的苦难。"丁亥岁云暮"篇反映并批评武后准备开凿蜀山经雅州道攻击生羌，"圣人不利己"篇批评武后崇拜佛教，大兴土木，都具有强烈的现实意义。"贵人难得意"、"翡翠巢南海"等篇，以较曲折的方式讽刺武后滥施刑罚，使臣僚不得善终；"逶迤势已久"篇申述骨鲠之臣没有出路；"兰若生春夏"篇慨叹自己的抱负无法施展，都从不同角度对时政进行了批判。

陈子昂还有一部分抒情短篇，像五律《晚次乐乡县》、《渡荆门望楚》、《春夜别友人》、《送魏大从军》等，抒情写景，形象鲜明，音节浏亮，风格雄浑，显示出近体诗趋向成熟时期的特色和他自己刚健有力的诗风。

3. 盛唐山水田园诗人

盛唐诗歌中以题咏山水景物和田园生活著称的代表诗人，有孟浩然、王维、储光羲、常建等。他们的作品较多地反映了闲适、退隐的思想情绪，色彩清淡，意境深幽，多采用五言古体和五言律绝的形式。这派诗人在发掘自然美方面，把六朝以来的山水诗向前大大推进了一步。其中尤以王维的成就为高。他是诗人，又是画家，能够以画理通之于诗。湛深的艺术造诣，于李、杜之外别立一宗，对后世产生了相当的影响。

（一）孟浩然

孟浩然（689~740年），襄州襄阳（今湖北襄樊）人，世称孟襄阳。他未曾入仕，人称之为孟山人。因纵情宴饮，食鲜背疹疾发逝世。

孟浩然的田园诗侧重写在襄阳村居时的种种高雅行径和闲情逸致，善于发掘自然和生活之美，即景会心，写出一时真切的感受。如《过故人庄》："故人具鸡黍，邀我至田家。绿树村边合，青山郭外斜。开轩面场圃，把酒话桑麻。待到重阳日，还来就菊花。"通过田家留饮的情景，自然浑成，恬淡淳朴，色彩鲜明。又如《夏日南亭怀辛大》写夏日傍晚乘凉时对友人的思念："山光忽西落，池月渐东上。散发乘夕凉，开轩卧闲敞。荷风送香气，竹露滴清响。欲取鸣琴弹，恨无知音赏。感此怀故人，中宵劳梦想。"宁静轩朗的意境中仿佛沁透清爽芬芳的凉意。

孟浩然的山水行旅诗，也以清旷冲澹为基调，如《宿建德江》："移舟泊烟渚，日暮客愁新。野旷天低树，江清月近人。"以清淡的水墨绘出暮江泊舟的情景，渗透着诗人客居异乡的惆怅。孟诗除冲澹以外，还有雄健的一面。如《望洞庭湖赠张丞相》："八月湖水平，涵虚混太清。气蒸云梦泽，波撼岳阳城。欲济无舟楫，端居耻圣明。坐观垂钓者，徒有羡鱼情。"不仅写出了洞庭云气蒸腾、天水混茫的气势，而且暗寄着欲借舟楫以济时的深意。

（二）王维

王维（？~761年）字摩诘。祖籍太原祁（今山西祁县）人。他官终尚书右丞，世称"王右丞"。

王维诗歌的基本风格是"清而秀"（胡应麟《诗薮》）。

最能代表其创作特色的是描绘山水田园等自然风景及歌咏隐居生活的诗篇。苏轼曾说："味摩诘之诗，诗中有画；观摩诘之画，画中有诗"

(《东坡题跋·书摩诘蓝田烟雨图》)。王维深湛的艺术修养,对于自然的爱好和长期山林生活的经历,使他对自然美具有敏锐独特而细致入微的感受,因而他笔下的山水景物特别富有神韵,常常是略事渲染,便表现出深长悠远的意境,耐人玩味。

王维

山水之作如《终南山》:"太乙近天都,连山到海隅。白云回望合,青霭入看无。分野中峰变,阴晴众壑殊。欲投人处宿,隔水问樵夫。"以大气包举的笔势表现出终南山云烟变幻、干扰阴阳的雄姿,展现了诗人坦荡的胸怀。再如《汉江临泛》描绘浩瀚的江流,《山居秋暝》表现秋山雨后的清新气氛,"声喧乱石中,色静深松里"(《青溪》)、"泉声咽危石,日色冷青松"(《过香积寺》)等写深山之中溪涧或寺院的幽邃景象,都是脍炙人口之作。

描绘田园风景的诗作如《渭川田家》:"斜光照墟落,穷巷牛羊归。野老念牧童,倚杖候荆扉。雉雊麦苗秀,蚕眠桑叶稀。田夫荷锄立,相见语依依。即此羡闲逸,怅然吟式微。"勾画了农村平凡而美丽的日常风光,富于牧歌情调。其他一些描写隐居生活的诗篇,也常有出色的写景片断,如"闲花满岩谷,瀑水映杉松"(《韦侍郎山居》)、"渡头余落日,墟里上孤烟"(《辋川闲居赠裴秀才迪》)、"漠漠水田飞白鹭,阴阴夏木啭黄鹂"(《积雨辋川庄作》)等,绘出了山林田园间种种动人的风景画面。

王维的大多数山水田园之作,在描绘自然美景的同时,流露出闲居生活中闲逸萧散的情趣。诗人特别喜欢表现静谧恬淡的境界,从诗句中再现了丰富多彩的自然美,进而融进了高于自然的理想美。他能在一片乱竹丛中,找到弹琴啸咏、对月抒怀的理想境界:"独坐幽篁里,弹琴复长啸。深林人不知,明月来相照"(《竹里馆》)。他又能让空山中的深林透过人语的回响和夕阳的返照,赋予人间暖色:"空山不见人,但闻人语响。返景入深林,复照青苔上"(《鹿柴》)。

王维其他题材的作品,如送别、纪行之类的诗中,也经常出现写景佳句,如"远树带行客,孤城当落晖"(《送綦毋潜落第还乡》)、"山中一半雨，树杪百重泉"（《送梓州李使君》）、"日落江湖白，潮来天地青"（《送邢桂州》）、"大漠孤烟直，长河落日圆"（《使至塞上》）等，都是传诵不衰的名句。

王维以军旅和边塞生活为题材的《从军行》、《陇西行》、《燕支行》、《观猎》、《使至塞上》、《出塞作》等，都是壮阔飞动之作。《少年行》四首表现侠少的勇敢豪放，形象鲜明，笔墨酣畅。一些赠送亲友和描写日常生活的抒情小诗，如《送别》"山中相送罢"、《临高台送黎拾遗》、《送元二使安西》、《送沈子福归江东》，《九月九日忆山东兄弟》、《相思》、《杂诗》"君自故乡来"等，千百年来传诵人口；《送元二使安西》、《相思》等在当时即播为乐曲，广为传唱。这些小诗都是五言或七言绝句，感情真挚，语言明朗自然，不用雕饰，具有淳朴深厚之美，代表了盛唐绝句的最高成就。

王维的七古《桃源行》、《老将行》、《同崔傅答贤弟》等，形式整饬而气势流荡，堪称盛唐七古中的佳篇。

王维中年以后日益消沉，在佛理和山水中寻求寄托，他自称"一悟寂为乐，此生闲有余"（《饭覆釜山僧》）。

（三）储光羲与常建

盛唐时期诗坛上影响较大的山水田园诗人，除孟浩然、王维外，还有储光羲与常建。

储光羲（约706～约763年），兖州（今山东滋阳县）人。仕宦不得意，隐居终南山的别业。后出山任太祝，世称储太祝。安史乱起，叛军攻陷长安，他被俘，迫受伪职，后脱身归朝，贬死岭南。

储光羲的诗以描写田园山水著名，代表作有《田家杂兴》、《田家即事》等组诗。《田家即事》写老农晨出驾牛耕田的情景："蒲叶日已长，杏花日已滋。老农要看此，贵不违天时。迎晨起饭牛，双驾耕东菑。蚯蚓土中出，田鸟随我飞。"表现都很朴素真切，散发着泥土气息。《钓鱼湾》："垂

王维《少年行》
（明刊《唐诗画谱》）

钓绿湾春,春深杏花乱。潭清疑水浅,荷动知鱼散。日暮待情人,维舟绿杨岸。"从飞花、荷动、鱼散等细微的动态写出深静的水湾中活泼的春意,颇有韵致。

常建(708~765?年),曾官盱眙尉,后隐居鄂渚的西山。一生沉沦失意,耿介自守,不和名场通声气。其诗意境清迥,语言洗炼而自然,艺术上有独特的造诣。如《宿王昌龄隐处》:"清溪深不测,隐处唯孤云。松际露微月,清光犹为君。茅亭宿花影,药院滋苔纹,余亦谢时去,西山鸾鹤群。"用光和影构成清冷幽微的境界。《题破山寺后禅院》:"清晨入古寺,初日照高林。曲径通幽处,禅房花木深。山光悦鸟性,潭影空人心。万籁此都寂,但余钟磬音。"充分展示出从高朗转入幽深,复归于空静的意境。

4. 盛唐边塞诗人

盛唐时期中的边塞诗人,不仅描绘了壮阔苍凉、绚丽多彩的边塞风光,而且抒写了请缨投笔的豪情壮志,洋溢着激昂慷慨的时代精神。这类诗人中,以高适、岑参、李颀、王昌龄最为知名,他们的作品气氛浓郁,情调悲壮,多采用七言歌行或七言绝句的形式。

(一)高适

高适(约702~765年)字达夫,渤海蓨(今河北沧县)人。

高适诗题材广泛,内容丰富,现实性较强。主要有以下几类:

一是边塞诗,成就最高。代表作如《燕歌行》,首先以汉将东征的豪迈气概与胡骑凭陵的强大阵势相对照,在狼山猎火、山川萧条的边塞景色衬托下,预示出战斗的激烈和艰苦。诗人以奔放的语言和鲜明的形象颂扬了戍边战士勇敢杀敌、一往无前的精神,又真切动人地写出了战士思念家乡和亲人的情景。但是"战士军前半死生,美人帐下犹歌舞",边将的骄奢淫逸、不恤士卒的现状,使诗人以"君不见沙场征战苦,至今犹忆李将军"来作结,表示战士们期望有一位像李广那样的好统帅率领他们与敌人作战。诗中流露出忧国爱民之情,虽然悲壮慷慨,但并不低沉颓伤。高适还有一些描写边塞生活的绝句,如《营州歌》:"营州少年厌原野,狐裘蒙茸猎城下。虏酒千钟不醉人,胡儿十岁能骑马。"寥寥几笔勾出一幅东北少数民族生活风俗的速写,赞美了他们的勇武精神和剽悍豪爽的性格。

二是反映民生疾苦的诗。如《东平路中遇大水》描写农村遭受水灾后触目惊心的惨相："傍沿巨野泽，大水纵横流。虫蛇拥独树，麋鹿奔行舟。稼穑随波澜，西成不可求。室居相枕藉。蛙黾声啾啾，乃怜穴蚁漂。益羡云禽游。农夫无倚着，野老生殷忧。"《自淇涉黄河途中作》其九，反映了农民为旱灾租税所迫而贫苦无告的生活："朝从北岸来，泊船南河浒。试共野人言，深觉农夫苦。去秋虽薄熟，今夏犹未雨。耕耘日勤劳，租税兼乌卤。园蔬空寥落，产业不足数。尚有献芹心，无因见明主。"

三是讽时伤乱诗。大抵指斥弊政，对统治者的骄奢淫逸有所批判，如《古歌行》、《行路难二首》等。还有一些诗作于安史乱后，对政局流露出忧虑和愤慨，如《酬裴员外以诗代书》、《登百丈峰二首》等。

四是咏怀诗，数量最多，思想内容比较复杂。像《别韦参军》、《淇上酬薛三据兼寄郭少府微》、《效古赠崔二》、《封丘作》等，抒写了怀才不遇、壮志难酬的忧愤，对现实有所不满。而像《赋得还山吟送沈四山人》、《人日寄杜二拾遗》等，或抒发友情和别意，或向往隐居生活，情意真挚，颇有感染力。

（二）岑参

岑参（约715~770年），南阳（今河南南阳）人。盛唐边塞诗派的代表诗人，与高适齐名，并称"高、岑"。

岑参早期诗歌多为写景、述怀及赠答之作，其中写景的作品较多佳篇。这些诗往往以清丽见长，如"寂寞清溪上，空余丹灶间"（《寻少室张山人》）、"片雨下南涧，孤峰出东原"（《缑山西峰草堂作》）等，幽致俊逸。至于"山风吹空林，飒飒如有人"（《暮秋山行》）、"长风吹白茅，野火烧枯桑"（《至大梁却寄匡城主人》），更是"语奇体峻，意亦造奇"（殷璠《河岳英灵集》）。

岑参的边塞诗以慷慨报国的英雄气概和不畏艰苦的乐观精神为基本特征，成就最高的是那些描绘边疆奇异风光的作品。如《走马川行奉送出师西征》："君不见走马川行雪海边，平沙莽莽黄入天。轮台九月风夜吼，一川碎石大如斗，随风满地石乱走。匈奴草黄马正肥，金山西见烟尘飞。汉家大将西出师，将军金甲夜不脱。半夜军行戈相拨，风头如刀面如割。马毛带雪汗气蒸，五花连钱旋作冰。幕中草檄砚水凝，虏骑闻之应胆慑。料知短兵不敢接，车师西门伫献捷。"这首诗写得气完神足、热情奔放。三句一转韵的急促节奏与迅速的军事情势相配合，形成了高亢的基调和沉雄的气势，充分表现了战士们英勇艰苦的战斗生活和积极昂扬的精神面貌。另一首《轮台歌奉送封大夫出师西征》，歌颂封常清的战功和唐军的勇武，运用了想象和夸张的手法，把边塞上大自然的剧烈变化，同声势浩大的行军场面融合起来，给人以深刻的印象。再如《白雪歌送武判官归京》："北风卷地白草折，胡天八月即飞雪。忽如一夜春风来，千树万树梨花开。散入珠帘湿罗幕，狐裘不暖锦衾薄。将军角弓不得控，都护铁衣冷难着。瀚海阑干百丈冰，愁云惨淡万里凝。中军置酒饮归客，胡琴琵琶与羌笛。纷纷暮雪下辕门，风掣红旗冻不翻。轮台东门送君去，去时雪满天山路。山回路转不见君，雪上空留马行处。"诗人以绚丽的彩笔描绘塞外八月飞雪的奇观，抒写客中送别的愁绪和久戍思归的心情。全诗始终从描写雪景的角度表现诗人复杂的情绪变化。惜别思乡，难免伤神，而这诗写得一往情深而又如此奇丽豪放，正体现了岑参的英雄本色。

在岑参的晚期诗篇中，为国效劳的壮志虽还有所表露，但在无法实现时，往往趋于消沉，不复有以前那样的锐气。

（三）王昌龄

王昌龄（？~约756年）字少伯。京兆长安（今陕西西安）人。安史之乱中为濠州刺史闾丘晓所杀。

王昌龄的七言绝句以写边塞、从军为最著名，如《从军行》："青海长云暗雪山，孤城遥望玉门关。黄沙百战穿金甲，不破楼兰终不还。""大漠风尘日色昏，红旗半卷出辕门。前军夜战洮河北，已报生擒吐谷浑。"以雪山孤城、大漠红旗为背景，烘托身经百战的将士们热烈振奋的战斗情绪，歌颂了他们不获全胜、誓不收兵的决心。即使一些"边愁"的诗，如《从军行》："烽火城西百尺楼，黄昏独坐海风秋。更吹羌笛关山月，无那金闺万里愁。"也是悲凉慷慨，深沉含蓄，使人吟味无穷。他的《出塞》诗曾被唐人推为七绝的压卷之作："秦时明月汉时关，万里长征人未还。但使卢（龙）城飞将在，不教胡马度阴山。"以明月和关塞作为历史的见证，从秦汉以来无数将士从征未还的悲剧中，提炼出多少代人民的和平愿望和爱国热情，意境开阔明朗，情调激越昂扬，文字精练，音调铿锵。

王昌龄另一部分诗作写妇女题材，如《采莲曲》："荷叶罗裙一色裁，芙蓉向脸两边开。乱入池中看不见，闻歌始觉有人来。"描绘采莲少女夹杂在荷叶花丛中，若隐若现，若有若无，使采莲少女与美丽的大自然融为一体，使全诗别具一种引人遐想的优美意境。又如《长信秋词》，写宫中妇女长期与世隔绝的哀愁和幽恨，表现出诗人对她们不幸命运的关切和同情。而《闺怨》诗中的"忽见陌头杨柳色，悔教夫婿觅封侯"，从当前的感受引起往事，以矛盾的心情表达怨思，更觉深刻婉转，体贴入微。

王昌龄的行旅送别诗也很出色，如《芙蓉楼送辛渐》："寒雨连江夜入吴，平明送客楚山孤。洛阳亲友如相问，一片冰心在玉壶。"诗句把精巧的构思和深婉的用意融化在一片清空明澈意境之中，含蓄蕴藉，余韵无穷。

（四）李颀

李颀（？~757年？），赵郡（今河北赵县）人。一度任新乡县尉，不久去官。后长期隐居嵩山、少室山一带的"东川别业"，有时来往于洛阳、长安之间。其诗以五古及七言歌行见长，能以奔放的才力，铺叙夸饰，表现出事物的特征；描绘人物，尤能写态传神。他的边塞诗，写得流畅奔放，慷慨激昂，发挥了歌行体的特点。李颀的成就虽不限于边塞诗，却以边塞诗著名。

《古从军行》是李颀边塞诗中具有高度思想性和艺术性的名作："白日登山望烽火，黄昏饮马傍交河。行人刁斗风沙暗，公主琵琶幽怨多。野云万里无城郭，雨雪纷纷连大漠。胡雁哀鸣夜夜飞，胡儿眼泪双双落。闻道玉门犹被遮，应将性命逐轻车。年年战骨埋荒外，空见蒲桃入汉家。"诗歌以豪迈的语调写塞外的景象，揭露封建帝王开边黩武的罪恶，情调悲凉沉郁。

李颀性格豪放洒脱，交游广泛，因此送别之作尤多。这些诗往往通过描绘朋友落拓不羁的形象，抒写出诗人强烈的进取热情和不平之气。如写梁锽的兀傲："梁生倜傥心不羁，途穷气益长安儿。回头转盼似雕鹗，有志飞鸣人岂知"（《别梁锽》）。写陈章甫的豪放："陈侯立身何坦荡，虬须虎眉仍大颡。腹中贮书一万卷，不肯低头在草莽"（《送陈章甫》）。写张旭的狂诞："左手持蟹螯，右手执丹经。瞪目视霄汉，不知醉与醒"（《赠张旭》）。

李颀还有一些描写音乐的诗篇,最著名的是《听董大弹胡笳弄兼寄语房给事》和《听安万善吹觱篥歌》,记述的是当时自西域传入的新声,可以看出唐朝文化艺术的多方面发展。

(五)王之涣

王之涣(688~742年)字季陵,太原人。诗仅存六首,其中七绝《凉州词》:"黄河直上白云间,一片孤城万仞山。羌笛何须怨杨柳,春风不度玉门关。"诗中以塞外荒寒壮阔的背景,以及羌笛所吹的《折杨柳》乐曲,透露出征人久戍思家的哀怨,表现了对戍卒的深厚同情。后两句尤其含蓄双关,婉转深刻。另一首五绝《登鹳雀楼》:"白日依山尽,黄河入海流。欲穷千里目,更上一层楼。"诗句写出落日山河的苍茫壮阔景色,以及登高望远、极目骋怀的一片雄心。诗思高远,很富于启示性。这二首诗是代表盛唐诗风并为古今传诵的名作。

(六)崔颢

崔颢(704~754年),字不详,汴州(今河南开封)人。他年轻时的诗作内容轻佻,色泽浮艳。后来从军边塞,诗风发生变化,表现了"出身事边"和"报国赴难"的昂扬感情。如写少年将士的"还家且行猎,弓矢速如飞。地迥鹰犬疾,草深狐兔肥"(《古游侠呈军中诸将》);写边地风光的"山头野火寒多烧,雨里孤峰湿作烟。闻道辽西无斗战,时时醉向酒家眠"(《雁门胡人歌》),都是名作。他的《长干曲》五绝四首,用问答体写南方水乡民间男女恋情,富有民歌风味。他最有名的诗篇是七律《黄鹤楼》:"昔人已乘黄鹤去,此地空余黄鹤楼。黄鹤一去不复返,白云千载空悠悠。晴川历历汉阳树,芳草萋萋鹦鹉洲。日暮乡关何处是,烟波江上使人愁。"传说李白读了后大为佩服,说是"眼前有景道不得,崔颢题诗在上头"(《唐诗纪事》)。

(七)王翰

王翰,一作王瀚,字子羽,并州晋阳(今山西太原)人。生卒年不详。他的歌行写得风华流丽,其中《飞燕篇》借赵飞燕讽刺唐玄宗李隆基和杨贵妃的淫逸生活,富有现实意义。最有名的是《凉州词二首》,尤其第一首"葡萄美酒夜光杯,欲饮琵琶马上催。醉卧沙场君莫笑,古来征战几人回?"以豪放之情写军中生活,是唐代边塞诗中传诵千古的名篇。

5. 李白与杜甫

(一)李白

李白(701~762年)字太白,号青莲居士。绵州昌隆(今四川江油)青莲乡人。他喜欢隐居山林,求仙学道,同时又有建功立业的政治抱负,这就形成了出世与入世的矛盾。但积极入世、关心国家,是其一生思想的主流,也是构成他作品进步内容的思想基础。

李白约在二十五岁时离川,长期在长江、黄河中下游的各地漫游,对社会生活多所体验。安史之乱爆发,李白怀着消灭叛乱、恢复国家统一的志愿,参加了率师由江陵东下的永王李璘幕府工作。李璘想乘机扩张自己的势力,结果被肃宗派兵消灭,李白也受牵累,流放夜郎,途中遇赦得以东归。晚年漂泊困苦,卒于当涂。

[南宋]梁楷:太白行吟图

李白喜好任侠,曾写下不少歌颂游侠的诗,如《侠客行》:"赵客缦胡缨,吴钩霜雪明。银鞍照白马,飒沓如流星。十步杀一人,千里不留行。事了拂衣去,深藏身与名。闲过信陵饮,脱剑膝前横。将炙啖朱亥,持觞劝侯嬴。三杯吐然诺,五岳倒为轻。眼花耳热后,意气素霓生。救赵挥金槌,邯郸先震惊。千秋二壮士,烜赫大梁城,纵死侠骨香。不惭世上英。谁能书阁下。白首太玄经。"正是这种侠义精神,使他自视很高,屡以大鹏自比:"大鹏一日同风起,搏摇直上九千里。假令风歇时下来,犹能簸却沧溟水"(《上李邕》)。由于他正处于盛唐时期,向往功名事业的雄心,拯物济世的热望尤其突出。自称要"申管晏之谈,谋帝王之术,奋其智能,愿为辅弼,使寰区大定,海县清一"(《代寿山答孟少府移文书》)。他羡慕姜尚:"君不见朝歌屠叟辞棘津,八十西来钓渭滨。宁羞白发照清水,逢时壮气思经纶。广张三千六百钓,风期暗与文王亲"(《梁父吟》);羡慕诸葛亮:"鱼水三顾合,风云四海生。武侯立岷蜀,壮志吞咸京"(《读诸葛武侯传书怀》);羡慕谢安:"暂因苍生起,谈笑安黎元"(《书情赠蔡舍人雄》)。即使在政治失意之后,他还说:"穷与鲍生贾,饥从漂母飧。时来极天人,道在岂吟叹?乐毅方适赵,苏秦初说韩。卷舒固在我,何事空摧残?"(《秋日炼药院赠元林宗》)

李白一生关心国事,希望为国立功,不满黑暗现实。他的《古风》是这方面的代表作品。如第二十四首:"大车扬飞尘,亭午暗阡陌。中贵多黄金,连云开甲宅。路逢斗鸡者,冠盖何辉赫。鼻息干虹蜺,行人皆怵惕。世无洗耳翁,谁知尧与跖。"又第三十四首:"羽檄如流星,虎符合专城。喧呼救边急,群鸟皆夜鸣。白日曜紫微,三公运权衡。天地皆得一,澹然四海清。惜问此何为,答言楚征兵。渡庐及五月,将赴云南征。怯卒非战士,炎方难远行。长号别严亲,日月惨光晶。泣尽继以血,心摧两无声。困兽当猛虎,穷鱼饵奔鲸。千去不一回,投躯岂全生。如何舞干戚,一使有苗平。"对唐玄宗后期政治的黑暗腐败,广泛地进行了揭露批判,反映了贤能之士没有出路的悲愤心情。

李白在政治理想和黑暗现实尖锐矛盾下,抑不住写下了不少诗篇来抒发自己的痛苦和愤懑。如《行路难》:"金樽清酒斗十千,玉盘珍羞直万钱。停怀投箸不能食,拔剑四顾心茫然。欲渡黄河冰塞川,将登太行雪满山。闲来垂钓碧溪上,忽复乘舟梦日边。行路难,行路难,多歧路,今安在?长风破浪会有时,直挂云帆济沧海。"揭示了诗人在坎坷仕途上茫然失路的强烈痛苦,又表达出对理想追求的不离不弃。而在《梁甫吟》里,诗人更用愤怒控诉的形式表现出来:"我欲攀龙见明主,雷公砰訇震天鼓,帝旁投壶多玉女。三时大笑开电光,倏烁晦冥起风雨。阊阖九门不可通,以额扣关阍者怒。"

李白并不艳羡荣华富贵,不能为爵禄富贵而对权贵阿谀逢迎。他宣称"松柏本孤直,难为桃李颜"(《古风》第十二)。对玄宗后期形成的腐朽统治集团,更是鄙夷蔑视,他在诗中把玄宗比作昏暴的殷纣王(《古风》第五十一),把嚣张跋扈的宦官斥为大盗(《古风》第二十四)。他高唱:"安能摧眉折腰事权贵,使我不得开心颜!"(《梦游天姥吟留别》)

李白有不少诗篇,表现了对人民生活的关心和同情。如《秋浦歌》第十四首,描绘了冶炼工人的夜炼情景:"炉火照天地,红星乱紫烟。赧郎明月夜,歌曲动寒川。"第十六首则是一幅农村夜渔的风俗画:"秋浦田舍翁,采鱼水中宿。妻子张白鹇,结罝映深竹。"《宿五松山下荀媪家》:"我宿五松下,寂寥无所欢。田家秋作苦,邻女夜舂寒。跪进雕胡饭,月光明素盘。令人惭漂母,三谢不能餐。"不仅真切地写出农民秋作夜舂的劳苦生活,而且表达出诗人对劳动人民深情厚意的衷心感激。《丁都护歌》:"云阳上征去,两岸饶商贾。吴牛喘月时,拖船一何苦。水浊不可饮,壶浆半成土。一唱都护歌,心摧泪如雨。万人凿盘石,无由达江浒。君看石芒砀,掩泪悲千古。"对运送盘石的拖船的船夫在夏天挽船运石的劳苦深表同情。

李白注意反映妇女的生活极其痛苦,其中着重写思妇忆念征人,兼及商妇、弃妇和宫女的怨情。其中最受人们传诵的有《子夜吴歌》秋歌:"长安一片月,万户捣衣声。秋风吹不尽,总是玉关情。何日平胡虏,良人罢远征。"冬歌:"明朝驿使发,一夜絮征袍。素手抽针冷,那堪把剪刀。裁缝寄远道,几日到临洮?"由于抓住月光下捣衣声和絮征袍两种最牵动思绪的声音、画面,思妇深沉的相思和悲哀得到了生动、细腻而深刻的表现。

李白自称"一生好入名山游"(《庐山谣寄卢侍御虚舟》),写下不少描绘自然风景的诗篇。他喜爱、歌颂高山大川。在他笔下,咆哮万里的黄河,白浪如山的长江,"百步九折萦岩峦"的蜀道,"回崖沓嶂凌苍苍"的庐山,无不形象雄伟,气势磅礴。他的"蜀道之难,难于上青天"(《蜀道难》)、"君不见黄河之水天上来,奔流到海不复回"(《将进酒》)、"飞流直下三千尺,疑是银河落九天"(《望庐山瀑布》)等,都是传诵千古的名句。另外一些诗篇,像《秋登宣城谢朓北楼》:"江城如画里,山晚望晴空。两水夹明镜,双桥落彩虹。人烟寒橘柚,秋色老梧桐。谁念北楼上,临风怀谢公。"《独坐敬亭山》:"众鸟高飞尽,孤云独去闲。相看两不厌,只有敬亭山。"《清溪行》:"清溪清我心,水色异诸水。借问新安江,见底何如此?人行明镜中,鸟度屏风里。向晚猩猩啼,空悲远游子。"则善于刻画幽静的景色,清新隽永。

李白还有不少歌唱爱情的诗篇,写得真挚动人。如《长干行》:"妾发初覆额,折花门前剧。郎骑竹马来,绕床弄青梅。同居长干里,两小无嫌猜。十四为君妇，羞颜未尝开。低头向暗壁，千唤不一回。十五始展眉，愿同尘与灰。常存抱柱信，岂上望夫台。十六君远行，瞿塘滟滪堆。五月不可触，猿声天上哀。门前旧行迹，一一生绿苔。苔深不能扫，落叶秋风早。八月蝴蝶黄，双飞西园草。感此伤妾心，坐愁红颜老。早晚下三巴，预将书报家。相迎不道远，直至长风沙。"从女子怀人的角度来表达委婉深挚的爱情。

　　李白投赠友人的作品数量很多，更多的是表现日常送别、相思之感，像《黄鹤楼送孟浩然之广陵》："故人西辞黄鹤楼，烟花三月下扬州。孤帆远影碧空尽，唯见长江天际流"、《沙丘城下寄杜甫》："我来竟何事，高卧沙丘城。城边有古树，日夕连秋声。鲁酒不可醉，齐歌空复情。思君若汶水，浩荡寄南征"、《闻王昌龄左迁龙标遥有此寄》："杨花落尽子规啼，闻道龙标过五溪。我寄愁心与明月，随风直到夜郎西"等，感情深挚，形象鲜明，具有强烈的艺术感染力量。

　　李白诗歌形象特别生动，大量采用夸张手法和生动的比喻。他的"抽刀断水水更流，举杯消愁愁更愁"（《宣州谢朓楼饯别校书叔云》）、"白发三千丈，缘愁似个长"（《秋浦歌》其十五），刻画他长安政治活动失败后深广的忧思，是广泛流传的名句。其他如"吟诗作赋北窗里，万言不值一杯水"（《答王十二寒夜独酌有怀》），写自己的怀才不遇；"欲渡黄河冰塞川，将登太行雪满山"（《行路难》），写仕途艰难；"桃花潭水深千尺，不及汪伦送我情"（《赠汪伦》），写朋友间的深厚友谊等，都以鲜明突出的形象打动读者。在他笔下，自然景物，都被赋予强烈的抒情色彩。如"燕山雪花大如席，片片吹落轩辕台"（《北风行》），"长风几万里，吹度玉门关"（《关山月》），都以夸张手法刻画平凡的景物，从而衬托出诗中人物浩荡的愁思。

　　李白诗歌具有强烈的浪漫主义色彩，其想象力是很丰富和惊人的。他的"狂风吹我心，西挂咸阳树"（《金乡送韦八之西京》）以奇特的想象表现了对长安和诗友的怀念。《梁甫吟》、《古风》"西上莲花山"分别通过幻想方式来表现自己在长安受到谗毁和安史叛军对中原地区的蹂躏；《远别离》更通过迷离惝恍的传说来表现对唐玄宗后期政局的隐忧；它们都显得形象鲜明，寓意深刻。《蜀道难》、《梦游天姥吟留别》则借助于神话传说，构造出色彩缤纷、惊心动魄的境界。

李白擅长绝句。五绝如《静夜思》："床前明月光，疑是地上霜。举头望明月，低头思故乡"、《玉阶怨》："玉阶生白露，夜久侵罗袜。却下水晶帘，玲珑望秋月"等，蕴藉含蓄，意味深长。七绝佳作更多，语言明朗精练，声调和谐优美，写景抒情，深入浅出。像《望庐山瀑布》其二："日照香炉生紫烟，遥看瀑布挂长川。飞流直下三千尺，疑是银河落九天"、《望天门山》："天门中断楚江开，碧水东流至此回。两岸青山相对出，孤帆一片日边来"、《早发白帝城》："朝辞白帝彩云间，千里江陵一日还。两岸猿声啼不尽，轻舟已过万重山"等，都是脍炙人口的名篇。

（二）杜甫

杜甫（712~770年），字子美，生于河南巩县，是诗人杜审言的孙子。因他在长安时一度住在城南少陵附近，自称少陵野老，在成都时被荐为节度参谋、检校工部员外郎，后世又称他为杜少陵、杜工部。

杜甫出身在世代"奉儒守官"的官僚家庭，他曾以稷、契自许，有志于"致君尧舜上，再使风俗淳"（《奉赠韦左丞丈二十二韵》）。所以，他的早期诗篇充满自信，豪气万丈。如《房兵曹胡马》以"所向无空阔"、"万里可横行"写马，《画鹰》以"何当击凡鸟，毛血洒平芜"写鹰，颇有不可一世之气概。《望岳》诗起首"岱宗夫如何，齐鲁青未了"，气势宏大；结句"会当凌绝顶，一览众山小"，富于展望，表达出诗人雄心勃勃的精神状态。但在唐玄宗逐渐昏庸，李林甫、杨国忠相继弄权的社会里，杜甫一生的苦难和穷困使他不能不看到冷酷的现实。长期的流离失所又使他接近人民，体会到人民的情绪和愿望，从而丰富了自己的爱国思想和同情人民的感情，他诗歌中的现实主义精神也因此产生和发展。

杜诗最显著的特点是社会现实与个人生活的密切结合，思想内容与艺术形式的完美统一。杜甫的诗歌深刻地反映了唐代安史之乱前后二十多年

杜甫

的社会全貌，生动地记载了他一生所走过的路程，在艺术方面也达到唐代诗歌的最高成就。所以杜甫的诗被称为"诗史"。

《兵车行》的创作标志着杜甫诗歌的转变。由此形成并基本上贯穿了他此后一生诗歌创作在思想方面的主要特征：严肃的写实精神；在忠诚于唐王朝和君主的前提下，对统治集团中的腐朽现象给予严厉的批判；对民生疾苦的深厚同情；对国家与民族命运的深沉忧念。《兵车行》开头就展示出一幅悲惨的图景："车辚辚，马萧萧，行人弓箭各在腰。耶娘妻子走相送，尘埃不见咸阳桥。牵衣顿足拦道哭，哭声直上干云霄。"接着把批判的锋芒指向好大喜功的君王，指出战争导致国内生产力的衰减："边亭流血成海水，武皇开边意未已。君不闻汉家山东二百州，千村万落生荆杞。纵有健妇把锄犁，禾生陇亩无东西。"诗篇最后借想象为那些无辜的死者发出悲愤的哭喊："君不见青海头，古来白骨无人收。新鬼烦冤旧鬼哭，天阴雨湿声啾啾。"杜诗这种正视现实和深刻批判的精神在《自京赴奉先县咏怀五百字》诗中得到进一步的发展。诗人无情地揭露了统治集团的荒淫无度，黎民无以为生。以忿愤的心情反映了"朱门酒肉臭，路有冻死骨。荣枯咫尺异，惆怅难再述"这样贫富间的尖锐对立，以极为忧愤的语言表现了他忧国忧民的思想。在《北征》里，诗人着重描绘出一幅山河破碎、生灵涂炭的悲惨图景："鸱鸟鸣黄桑，野鼠拱乱穴。夜深经战场，寒月照白骨。"里边有抒情，有叙事，有纪行，有说理，有对于自然的观察，有对社会矛盾的揭露，有内心的冲突，有政治的抱负和主张，有个人的遭遇和家庭的不幸，有国家与人民的灾难和对于将来的希望。在著名的《前出塞》、《后出塞》两组组诗里，诗人曲折反复地叙述战士在从军过程中的心情变化，实际上是反映诗人从不同的角度对于战争的不同看法。这两组诗都歌颂了战场上的壮烈场面，战士如何善于战斗，勇于牺牲，取得胜利；又谴责了君王无止境的开拓边疆，主将骄横奢侈，使战绩失去积极的意义。这两组诗都是通过一个战士的自白，概括了无数英勇士兵的不幸命运。诗人并且代他们提出了质疑："君已富土境，开边一何多！"又如"三吏"、"三别"（《新安吏》、《石壕吏》、《潼关吏》、《新婚别》、《垂老别》、《无家别》）则更为具体地表达了作者的内心冲突。杜甫在洛阳路上，看见横暴的差吏把未成丁的男孩、孤苦的老人都强征入伍。他替这些人提出控诉，对差吏给以谴责，但在安史之乱引发的民族矛盾，严重危及国家统一的情况下，"勿为新婚念，努力事戎行！"（《新婚别》）转而鼓励人民要忍受最大的牺牲，歌颂他们为祖国献身的精神。

天宝后期以来，杜甫写了大量的时事政治诗，篇篇都能感受到诗人炽热的爱国热忱、对国家和人民的深切关怀和诗人的郁愤不安。

杜甫写过许多歌咏自然的诗。诗中不只有高度的情景交融，而且有情、景与时事的交融，作者在写景和抒情时，很少离开现实，随时随地都想到他所处的干戈扰攘、国困民疲的时代。如困居沦陷的长安时写的《春望》："国破山河在，城春草木深。感时花溅泪，恨别鸟惊心。烽火连三月，家书抵万金。白头搔更短，浑欲不胜簪。"前四句写春城败象，饱含感叹；后四句写心念亲人景况，充溢离情。全诗真挚自然。这类诗，杜甫越到晚年成就越大，如五律《江汉》："江汉思归客，乾坤一腐儒。片云天共远，永夜月同孤。落日心犹壮，秋风病欲苏。古来存老马，不必取长途。"七律《登楼》："花近高楼伤客心，万方多难此登临！锦江春色来天地，玉垒浮云变古今。北极朝廷终不改，西山寇盗莫相侵！可怜后主还祠庙，日暮聊为梁甫吟"等，都是情景与时事交融的脍炙人口的名篇。

杜甫在长年的转徙流离之后，到了成都，建立草堂，开辟田亩，得到暂时的休息，因此对于花草树木、鸟兽虫鱼的动态进行了细腻的观察，感到无限的热爱，具有深刻的体会。如《为农》："锦里烟尘外，江村八九家。圆荷浮小叶，细麦落轻花。卜宅从兹老，为农去国赊。远惭勾漏令，不得问丹砂"。《徐步》："整履步青芜，荒庭日欲晡。芹泥随燕觜，花蕊上蜂须。把酒从衣湿，吟诗信杖扶。敢论才见忌？实有醉如愚"。《水槛遣心》："去郭轩楹敞，无村眺望赊。澄江平少岸，幽树晚多花。细雨鱼儿出，微风燕子斜。城中十万户，此地两三家"。《后游》："寺忆曾游处，桥怜再渡时。江山如有待，花柳更无私。野润烟光薄，沙暄日色迟。客愁全为减，舍此复何之？"《春夜喜雨》："好雨知时节，当春乃发生。随风潜入夜，润物细无声。野径云俱黑，江船火独明。晓看红湿处，花重锦官城"等诗，从诗题上就可以想象出杜甫当时的心境。

杜甫也写过一些日常生活和怀念家属、朋友的诗，大都缠绵悱恻，一往情深。如《客至》："舍南舍北皆春水，但见群鸥日日来。花径不曾缘客扫，蓬门今始为君开。盘飧市远无兼味，樽酒家贫只旧醅。肯与邻翁相对饮，隔篱呼取尽余杯。"这是一首洋溢着浓郁生活气息，表现诗人诚朴的性格和喜客的心情。又如怀念弟弟的《月夜忆舍弟》："戍鼓断人行，边秋一雁声。露从今夜白，月是故乡明。有弟皆分散，无家问死生。寄书长不达，况乃未休兵"，写得凄楚哀感，沉郁顿挫。诗人在许多怀念朋友的诗中，以怀念李白的最为突出。杜甫自从与李白分手直到晚年，赠李白、忆李白、怀李白、梦李白及其他涉及李白的诗，有十余首之多。如《天末怀李白》："凉风起天末，君子意如何？鸿雁几时到？江湖秋水多！文章憎命达，魑魅喜人过。应共冤魂语，投诗赠汨罗"、《梦李白》："死别已吞声，生别常恻恻。江南瘴疠地，逐客无消息。故人入我梦，明我长相忆。恐非平生魂，路远不可测。魂来枫林青，魂返关塞黑。君今在罗网，何以有羽翼？落月满屋梁，犹疑照颜色。水深波浪阔，无使蛟龙得！"几乎首首都显示出对于李白深厚的情谊、热烈的关怀和衷心的钦佩。

杜甫把诗看作是他终生的事业，认为"诗是吾家事"（《宗武生日》）。他有丰富的生活经验，充满爱国爱人民的政治热情，在艺术技巧上也很下功夫。他善于捕捉事物的形象特征予以细节描绘，从而获得了高度的艺术效果。如《闻官军收河南河北》："剑外忽传收蓟北，初闻涕泪满衣裳。却看妻子愁何在？漫卷诗书喜欲狂！白日放歌须纵酒，青春作伴好还乡。即从巴峡穿巫峡，便下襄阳向洛阳。"全诗一气呵成，酣畅饱满。每一句都捕捉住最突出、最能表现诗人心理情绪的感受，显示了内容与形式的高度统一。再如《蜀相》，以"三顾频烦天下计，两朝开济老臣心"概括了诸葛亮的一生；《旅夜书怀》以"星垂平野阔，月涌大江流"，表现江边夜泊所见的阔大雄壮的景象；《白帝》里"高江急峡雷霆斗，古木苍藤日月昏"是即景寓情，而景物中含有时代动乱不安的影子；《秋兴》第一首："玉露凋伤枫树林，巫山巫峡气萧森。江间波浪兼天涌，塞上风云接地阴。丛菊两开他日泪，孤舟一系故园心。寒衣处处催刀尺，白帝城高急暮砧"，通过对巫山巫峡的秋声秋色的形象描绘，烘托出阴沉萧瑟，动荡不安的环境气氛，令人感到扑面惊心的意境，从而发抒了诗人的爱国感情和孤独抑郁。

杜甫很重视语言的锤炼。力求每首诗、每句诗，甚至每一字词都含有最大的容量，最精确、最富有表现力。他自己要求"语不惊人死不休"（《江上值水如海势聊短述》），"新诗改罢长自吟"（《解闷十二首》之七），正说明了他创作的严肃态度。如《登高》："风急天高猿啸哀，渚清沙白鸟飞回。无边落木萧萧下，不尽长江滚滚来。万里悲秋常作客，百年多病独登台。艰难苦恨繁霜鬓，潦倒新停浊酒杯。"此诗语言的精炼、对仗的自然，达到登峰造极的地步。其中第一、三两联，每一联都包含有多层意思，诗句的容量大，转折多，诗意就愈加丰富，愈加耐人寻味。

6. 中唐诗歌

（一）元结和顾况

中唐前期的诗人，有的寄情山水，有的写作边塞诗，惟有元结和顾况继承现实主义传统，描写人民疾苦和社会疮痍，成为新乐府运动的先驱。

元结（719~772年）字次山，号漫叟、聱叟。河南鲁山人。史思明攻河阳，元结组织义军，保全十五城，立了战功。后历任道州刺史、容州都督充本管经略守捉使，因遭权臣嫉妒，辞官归隐。

元结曾一度在樊上"修耕钓以自资"，对劳动人民的生活有过一些接触；历经战乱，他又亲眼看到人民的惨痛遭遇。因此他的作品有强烈的现实性。在《闵荒诗》中，诗人借隋炀帝亡国的历史教训以规讽时政："奈何昏王心，不觉此怨尤；遂令一夫唱，四海忻提矛。"其后，《系乐府十二首》中《贱士吟》、《贫妇词》、《去乡悲》、《农臣怨》诸篇，触及天宝中期日益尖锐的社会矛盾。更有代表性的是他在道州任上写作的《舂陵行》，当时人民饥寒交迫，挣扎于死亡的边缘，而皇家征敛却变本加厉，有增无减："州小经乱亡，遗人实困疲。大乡无十家，大族命单羸。朝餐是草根，暮食仍木皮。出言气欲绝，意速行步迟。追呼尚不忍，况乃鞭扑之。"元结对这种现象深感愤慨："奈何重驱逐，不使存活为！"（《舂陵行》）愤怒地斥责："使臣将王命，岂不如贼焉！"（《贼退示官吏》）

顾况（727~约815年）字逋翁，苏州（治所在今江苏苏州市）人。曾任著作郎。因作《海鸥咏》诗讽刺权贵被贬，晚年隐居茅山。

顾况强调诗歌的思想内容，注重教化。他曾模仿《诗经》作《上古之什补亡训传十三章》，并效法《诗经》"小序"，取诗中首句一二字为题，标明主题，开白居易《新乐府》"首句标其目"的先例。其中以《囝》最著名。唐代闽中官吏常取幼童作阉奴，诗中揭发闽吏这一残害人民的罪行，写得极其沉痛。《公子行》、《行路难三首》，揭露贵族子弟的豪侈生活，讽刺封建帝王追求长生的愚昧行为，颇有现实意义。

（二）刘长卿和韦应物

刘长卿（709~780年？）字文房，河间（今属河北）人。在任转运使判官后，曾被诬下狱。由于个人不得志，也写过一些反映社会现实的诗，如"城池百战后，耆旧几家残"（《穆陵关北逢人归渔阳》），"鸟雀空城在，榛芜旧路迁"（《送河南元判官赴河南勾当苗税充百官俸禄》）等，笔调苍凉沉郁，内容具有时代特征。

刘长卿诗以五七言近体为主，尤工五言，自诩为"五言长城"。他写山水隐逸生活的诗，成就较高。用严格的律诗写景抒情，能做到凝炼自然，造意清新。如其代表作《寻南溪常山人山居》："一路径行处，莓苔见履痕。白云依静渚，芳草闭闲门。过雨看松色，随山到水源。溪花与禅意，相对亦忘言。"写诗人寻访道人，在南溪山中一路所见的景色，洗炼清新，颇饶风致。结尾写空寂的禅意，思想感情比较消极。又如《碧涧别墅喜皇甫侍御相访》："荒村带返照，落叶乱纷纷。古路无行客，寒山独见君。野桥经雨断，涧水向田分。不为怜同病，何人到白云！"诗人对皇甫侍御远来相访，欣慰之情，不言而自见。刘长卿的七律也多秀句，如"细雨湿衣看不见，闲花落地听无声"（《别严士元》）、"秋草独寻人去后，寒林空见日斜时"（《长沙过贾谊宅》），历来传诵人口。绝句如《逢雪宿芙蓉山主人》："日暮苍山远，天寒白屋贫。柴门闻犬吠，风雪夜归人"，描绘出一幅风雪夜归的画图，也是脍炙人口的名作。《送灵澈上人》："苍苍竹林寺，杳杳钟声

刘长卿

晚。荷笠带夕阳，青山独归远"，则以白描取胜，饶有韵致。刘长卿还写过一些怀古伤今的作品。这些诗往往和他自己受贬谪的失意心情融合在一起。如《长沙过贾谊宅》，托古喻今，寓情于景，写得很浑成深厚。

韦应物（737~792或793年），长安（今陕西西安）人。玄宗近侍，常出入宫闱，扈从游幸。安史乱起，他流落失职，始立志读书。后来在京都和地方上担任过一些官职，最后任苏州刺史，人称"韦苏州"。

韦应物

韦应物中年以后，久历州县，目睹时弊，思想有较大的变化，写过一些反映社会现实的诗篇。如《采玉行》，写劳动人民受官府征调去绝岭采玉之苦："官府征白丁，言采兰溪玉。绝岭夜无家，深榛雨中宿。独妇饷粮还，哀哀舍南哭。"又如《观田家》："微雨众卉新，一雷惊蛰始。田家几日闲，耕种从此起。丁壮俱在野，场圃亦就理。归来景常晏，饮犊西涧水。饥劬不自苦，膏泽且为喜。仓廪无宿储，徭役犹未已。方惭不耕者，禄食出闾里。"描写农民辛勤劳动却家无宿粮，而官府仍不恤民情，穷征暴敛。

韦应物诗中最为人们传诵的是山水田园诗。他的山水诗如《淮上即事寄广陵亲故》："秋山起暮钟，楚雨连沧海"，"独鸟下东南，广陵何处在"。在描绘江上暮雨钟声、独鸟归飞的景色之中，传达出对亲友的怀念之情。《寄全椒山中道士》："今朝郡斋冷，忽念山中客。涧底束荆薪，归来煮白石。欲持一瓢酒，远慰风雨夕。落叶满空山，何处寻行迹"，虽情景比较幽寂，但诗中有人，语言凝炼自然，在韦诗中别具境界。其他如"漠漠帆来重，冥冥鸟去迟"（《赋得暮雨送李胄》）、"寒雨暗深更，流萤度高阁"（《寺居独夜寄崔主簿》）、"绿阴生昼静，孤花表春余"（《游开元精舍》）、"乔木生夏凉，流云吐华月"（《同德寺雨后寄元侍御李博士》）等，都写景优美细腻，能传达出人所不易说出的感受。又如《幽居》："微雨夜来过，不知春草生。青山忽已曙，鸟雀绕舍鸣。"清新自然而饶有生意，兴寄深微。而《象西塞山》所写的"势从千里奔，直入江中断。岚横秋塞雄，地束惊流满",则又显露了韦诗中雄豪的一面。

韦应物各体俱长。其中七绝《滁州西涧》中的"独怜幽草涧边生,上有黄鹂深树鸣。春潮带雨晚来急,野渡无人舟自横",写景如画,甚为后世称许。

(三)大历十才子和李益

唐代宗大历年间,出现了一批作家:卢纶、吉中孚、韩翃、钱起、司空曙、苗发、崔峒、耿湋、夏侯审、李端,被称为"大历十才子"。他们的诗大多是些歌功颂德和应酬唱和之作,虽有一定的艺术才气,却缺乏鲜明的艺术特色。其中只有钱起、卢纶的一些小诗具有一定的艺术价值。

钱起(722~780年),字仲文,吴兴(今浙江湖州一带)人。他擅长写景,例如"鹊惊随叶散,萤远人烟流"(《裴迪南门秋夜对月》),"牛羊上山小,烟火隔林疏"(《题玉山村叟屋壁》,"鸟道挂疏雨,人家残夕阳"(《太子李舍人城东别业与二三文友逃暑》)等,颇为评论家所称道。其中《省试汀灵鼓瑟》诗人借助神话传说,描绘出了帝子鼓瑟的动人魅力。末两句"曲终人不见,江上数峰青",写得空灵,语约韵远。

卢纶(748~800年?)字允言,河中蒲(今山西永济)人。在十才子中,他的诗风较为雄壮,其中《和张仆射塞下曲》两首最有名:"林暗草惊风,将军夜引弓。平明寻白羽,没在石棱中。""月黑雁飞高,单于夜遁逃。欲将轻骑逐,大雪满弓刀。"前一首暗用李广故事,写出边塞射猎生活的片断。后一首写轻骑雪夜追击敌人,更充满战争生活的气息。

比十才人成就大得多的诗人是稍晚的李益。

李益(748~829年)字君虞,陇西姑臧(今甘肃武威)人。他是中唐边塞诗的代表诗人。其诗虽不乏壮词,但偏于感伤,主要抒写边地士卒久戍思归的怨望心情,不复有盛唐边塞诗的豪迈乐观情调。其代表作是《夜上受降城闻笛》:"回乐峰前沙似雪,受降城外月如霜。不知何处吹芦管,一夜征人尽望乡。"写戍边将士听到芦笛而引起的思乡之情。首二句中的两个比喻"沙似雪"、"月如霜"渲染出一种凄清、寥落的气氛。在这样的氛围中,远处传来了哀怨、凄凉的芦管乐,勾起了士兵们的思乡之情。一个"尽"字写出了思乡的强烈。当然,李益也有洋溢着从军将士豪情壮志的诗篇,如

《塞下曲》:"伏波惟愿裹尸还,定远何须生入关。莫遣只轮归海窟,仍留一箭射天山。"诗中以汉代名将马援、班超和本朝薛仁贵作比,表达出将士们宁肯战死战场,也要歼灭敌人的气概。

(四)白居易与新乐府运动

白居易(772~846年)字乐天,下邽(今陕西渭南)人。元和时曾任翰林学士、左拾遗。因上书言事,触犯权贵,贬江州司马。后曾任忠州、杭州、苏州刺史,官至刑部尚书。晚年好佛,退居洛阳,号香山居士、醉吟先生。

白居易

白居易是新乐府运动的倡导者。所谓"新乐府",即是上继《诗经》和汉代乐府民歌的"感于哀乐,缘事而发"的现实主义精神,以自拟新题的方式写作乐府诗。其主要特点是真实地反映社会现实,抨击当时的政治时弊,提倡文字力求浅近,音律和谐,"老妪能解",便于传播。

白居易诗作很多,他在江州时,曾整理、编集自己的诗歌作品,分成讽谕、闲适、感伤和杂律四大类。前三类是古体诗,最后一类是近体诗。讽谕诗一百七十余首是白居易诗歌创作中最精华的部分,包括《新乐府》五十首、《秦中吟》十首等代表作。从"惟歌生民病"出发,他的讽谕诗广泛地反映了人民的痛苦,并表示极大的同情。首先是对农民的关切。在《观刈麦》中,他描写了"足蒸暑土气,背灼炎天光"的辛勤劳动的农夫和由于"家田输税尽"不得不拾穗充饥的贫苦农妇,勾画了当时广大农民终年辛苦劳动,却不得温饱的生活处境。在《采地黄者》中,他写农民因春旱年荒衣食无着,只得到田野去"采地黄"卖给"朱门家"的"白面马","与君啖肥马,可使照地光。愿易马残粟,救此苦饥肠!"《重赋》和《杜陵叟》也都是反映官府对人民残酷的压榨和掠夺的诗篇。前者写严冬时节农民"幼者形不蔽,老者体无温",可是官库内却"缯帛如山积,丝絮似云屯"。后者写春旱秋霜,天灾迭降的情况下,官府却"急敛暴征求考课",迫使农民"典桑卖地纳官租",对此诗人在诗中发出怒吼:"剥我身上帛,夺我口中粟。

虐人害物即豺狼,何必钩爪锯牙食人肉!"

讽谕诗中有的诗篇直接写宦官的飞扬跋扈和宫市给人民带来的苦难,如《宿紫阁山北村》里写暴卒入室抢酒食、砍庭树的抢劫事件:"夺我席上酒,掣我盘中飧"、"中庭有奇树,种来三十春。主人惜不得,持斧断其根"。在《卖炭翁》里,诗人通过卖炭翁的遭遇,深刻地揭露了"宫市"(是皇帝派太监到宫外劫夺人民资财的一种方式)的本质,对统治者掠夺人民的罪行给予有力的鞭挞。

讽谕诗中专门揭露豪门贵族穷奢极侈的诗篇有《红线毯》、《买花》、《轻肥》、《歌舞》等。《红线毯》写宣州太守每年要勒逼宣州人民编织大量的丝毯向朝廷进贡,诗人激愤地责问:"宣州太守知不知?一丈毯,千两丝,地不知寒人要暖,少夺人衣作地衣!"《买花》诗里,诗人则用"一丛深色花,十户中人赋"的对比,揭露了统治者们的豪华奢侈生活。在《轻肥》、《歌舞》等诗里,诗人除尖锐地揭露达官贵人们的穷奢极欲生活以外,更大声发出警世话语:"是岁江南旱,衢州人食人!""岂知阌乡狱,中有冻死囚!"

此外,讽谕诗中还有反映边防问题和战争给人民带来灾难的诗篇,如《新丰折臂翁》、《缚戎人》、《城盐州》、《西凉伎》等;有为门第限制下人才受压制而抱不平的诗篇,如《涧底松》、《羸骏》、《悲哉行》、《谕友》等;有为礼教束缚下妇女的悲惨命运发出控诉的诗篇,如《井底引银瓶》、《议婚》、《母别子》、《上阳白发人》等;有抨击世风衰败和人情浇薄的诗篇,如《伤友》、《和雉媒》、《天可度》等;有讽刺迷信神仙的虚妄愚昧的诗篇,如《海漫漫》、《梦仙》等。

白居易的闲适诗多用于表现闲情逸致,抒写对归隐田园的宁静生活的向往和洁身自好的志趣,不少篇章还宣扬了知足、安命的消极思想。但也有一些来源于诗人对现实生活的真诚感受,多方面地反映了诗人的社会经历,抒发了他与朋友亲人之间的友谊和情感,描摹了大自然景物的美丽风光。在这些诗中,屡见佳篇,不少是脍炙人口之作。如写咏物送别的《赋得古原草送别》:"离离原上草,一岁一枯荣。野火烧不尽,春风吹又生。远芳侵古道,晴翠接荒城。又送王孙去,萋萋满别情。"如写春日湖山之美和游兴的《钱唐湖春行》:"孤山寺北贾亭西,水面初平云脚低。几处早莺争暖树,谁家新燕啄春泥。乱花渐欲迷人眼,浅草才能没马蹄。最爱湖东行不足,绿杨阴里白沙堤。"《大林寺桃花》:"人间四月芳菲尽,山寺桃花始盛开。长恨春归无觅处,不知转入此中来!"写友情的《同李十一醉忆元九》:"花时同醉破春愁,醉折花枝当酒筹。忽忆故人天际去,计程今日到梁州。"《问刘十九》:"绿蚁新醅酒,红泥小火炉。晚来天欲雪,能饮一杯无?"

白居易的感伤诗写一时感触,而往往有深沉的寄托,如叙事长诗《长恨歌》和《琵琶行》。《长恨歌》歌咏唐玄宗李隆基和贵妃杨玉环的婚姻爱情故事,情绪感伤,寄托深微。诗中既写"汉皇重色思倾国",导致昏庸误国,讽意明显;更写"天长地久有时尽,此恨绵绵无绝期",感伤玄宗贵妃爱情真挚缠绵,流露出作者的同情。诗中极力铺陈和渲染了马嵬之变后唐明皇对杨妃的哀思悼念之情:"蜀江水碧蜀山青,圣主朝朝暮暮情。行宫见月伤心色,夜雨闻铃肠断声。"归京以后,写明皇的心境更为凄楚:"归来池苑皆依旧,太液芙蓉未央柳。芙蓉如面柳如眉,对此如何不泪垂?"接着"悠悠生死别经年,魂魄不曾来入梦"之后,又用临邛道士招魂的大段铺叙,着意描写了李、杨的山誓海盟,表现他们生死不渝的爱情和"天长地久有时尽,此恨绵绵无绝期"的"长恨"。怜悯、感叹之情,跃然纸上。

《琵琶行》是一首叙事诗,通篇寓叙事于抒情,每一诗句都渗透着作者十分浓郁的感情。诗中描写了两个人物:一个是漂零憔悴,流落江湖的长安歌妓,一个是遭谗受贬谪居江州的诗人自己。他们二人的社会地位并不相同,但对社会黑暗的不平却有相同的感受,"同是天涯沦落人,相逢何必曾相识"。在浔阳江头,琵琶语里,他们的哀怨和激愤组成了一支凄苦的歌,唱出了他们的不幸,也唱出了社会的不平。诗人十分善于把握住具有代表性的细节,以极为简炼、准确的语言把人物的情态和心理形象地描绘出来。如诗中描写琵琶女出场的情景:"寻声暗问弹者谁,琵琶声停欲语迟。移船相近邀相见,添酒回灯

[明]仇英:浔阳琵琶

重开宴。千呼万唤始出来，犹抱琵琶半遮面。"形象地写出了一个女子在生人面前迟疑、腼腆的情态及其欲出不出的矛盾心情。在弹过一曲而要述及自己身世遭遇的时候："沉吟放拨插弦中，整顿衣裳起敛容"，以及在听到诗人一席同情的话后："感我此言良久立，却坐促弦弦转急"。正是抓住不同情绪之下的外部情态，才能深刻而动人地表现出一个人的精神世界。

《琵琶行》在语言运用上表现出诗人高超的艺术才能。如形容琵琶飘忽易逝的声音时："大弦嘈嘈如急雨，小弦切切如私语。嘈嘈切切错杂弹，大珠小珠落玉盘。间关莺语花底滑，幽咽泉流冰下滩。冰泉冷涩弦凝绝，凝绝不通声暂歇。别有幽愁暗恨生，此时无声胜有声。银瓶乍破水浆迸，铁骑突出刀枪鸣。曲终收拨当心画，四弦一声如裂帛。东舟西舫悄无言，唯见江心秋月白。"诗人把音声错落，瞬息忽变，清幽抑扬的琵琶声，描写得传神入妙。特别是诗人还把音乐的描写与弹者、听者的感受融汇一起，既写出琵琶女的思想感情和高超技艺，也表达了诗人对琵琶女的才能的赞扬和对她遭遇的同情。

（五）新乐府运动的中坚

元稹、张籍、王建和李绅，也是新乐府运动的中坚。

元稹（779~831年）字微之，别字威明。河南洛阳人。为北魏鲜卑族拓跋部后裔。他与白居易齐名，并称"元白"，同为新乐府运动的倡导者。他为官不畏权奸，敢于斗争，但在受到打击后，转向宦官妥协，曾官至宰相，失去早年锐气，为当时正直人士所不取。

元稹的长篇叙事诗《连昌宫词》，通过宫边老人所述今昔之感，谴责了安史之乱前后统治者的腐败，表现了诗人对清明政治的向往，在当时与白居易的《长恨歌》并称。

元稹另有一些小诗颇为出色。如《行宫》："寥落古行宫，宫花寂寞红。白头宫女在，闲坐说玄宗。"可谓"语少意足，有无穷之味"（洪迈《容斋随笔》）。

元稹诗中最有特色的是艳诗和悼亡诗。他擅长写男女爱情，描述细致生动，不同于一般泛写的艳诗。流传最广的《遣悲怀三首》，一往情深，如话家常，在悼亡诗中可称翘楚。如第二首："昔日戏言身后意，今朝都到眼前来。衣裳已施行看尽,针线犹存未忍开。尚思旧情怜婢仆,也曾因梦送钱财。诚知此恨人人有,贫贱夫妻百事哀。"

张籍(约767~约830年)字文昌。原籍苏州,生长在和州(今安徽和县)。早年生活贫困,对民间疾苦颇多了解。所以其诗能揭露社会矛盾,反映人民的苦难生活。如《野老歌》:"老农家贫在山住,耕种山田三四亩。苗疏税多不得食,输入官仓化为土。岁暮锄犁傍空室,呼儿登山收橡实。西江贾客珠百斛,船中养犬长食肉。"一方面,农民终年辛勤劳动,仍然歉收,还偏遭重税的盘剥,因而无以为生,只得拾橡实充饥。另一方面,却是贾客过着"养犬长食肉"的奢侈生活,令人触目惊心。此诗反映了当时尖锐的社会现实。其他如《猛虎行》、《陇头行》、《征妇怨》、《促促词》等,都是用诗歌反映现实的作品。

张籍的乐府诗,还善于描绘农村的风俗习惯和生活画面。《采莲曲》、《寒塘曲》、《江村行》、《樵客吟》等都用鲜明的形象表现了采莲妇女、打鱼少年、农夫、蚕妇和樵客的动作情态。而《秋思》:"洛阳城里见秋风,欲作家书意万重。复恐匆匆说不尽,行人临发又开封。"截取生活中最普通的写信、捎信这一细节,极其生动地展现出写信人内心活动,巧妙地揭示了诗人对家乡亲人的深切思念和欲归不得的惆怅之感。

王建(约767~约830年)字仲初,颍川(今河南许昌)人。他仕途坎坷,一生潦倒。他的乐府诗和张籍齐名,世称"张王乐府"。其诗题材广泛,生活气息浓厚,思想深刻,爱憎分明。如《水夫谣》:"苦哉生长当驿边,官家使我牵驿船。辛苦日多乐日少,水宿沙行如海鸟。逆风上水万斛重,前驿迢迢波淼淼。半夜缘堤雪和雨,受他驱遣还复去。夜寒衣湿披短蓑,臆穿足裂忍痛何?到明辛苦何处说,齐声腾踏牵船歌。一间茅屋何所直,父母之乡去不得。我愿此水作平田,长使水夫不怨天。"诗不以苦为题,却以苦统摄全篇,层层展叙,委婉生动,感人至深。它又用第一人称的手法,以纤夫为官府拉纤的直接生活体验,来再现他们的痛苦,更显真实可信。全诗字里行间寄寓着诗人对纤夫的同情。此外,他还有一些生活画面作品,如《新嫁娘词》其三:"三日入厨下,洗手作羹汤。未谙姑食性,先遣小姑尝。"诗人选取新娘下厨为婆婆作羹汤这一普通的习俗,表现了刚过门的媳妇的谨慎行事,也表现了新媳妇的聪慧,极富生活情趣。诗中刻画新媳妇的心理状态,惟妙惟肖,十分真实。

李绅(772~846年)字公垂,无锡人。他的《悯农》二首最为后世传诵。其一:"春种一粒粟,秋成万颗子。四海无闲田,农夫犹饿死。"其二:"锄禾日当午,汗滴禾下土。谁知盘中餐,粒粒皆辛苦。"诗人运用对照反衬的手法,以实带虚,将发人深思的问题留给读者去思索,从而增大了作品的艺术容量。概括而不抽象,强烈而能隽永,简朴通俗,沉痛深刻。

(六)韩孟诗派

在中唐后期的诗坛上,与新乐府运动大致同时,还有一个新的流派,即韩孟诗派。代表者为韩愈、孟郊和贾岛。

韩愈在诗歌方面推崇李、杜,着眼于风格技巧上继承和实践杜甫的"语不惊人死不休"的主张,从而走上一条险怪的道路,主要表现为奇特雄伟、光怪陆离。如《陆浑山火和皇甫湜用其韵》、《月蚀诗效玉川子作》一类诗。那种雄奇境界,也存在于不少写景诗抒情如《南山诗》、《孟东野失子》等作品中。但韩愈诗在追求奇谲的同时,往往也有填砌僻语、生字、押险韵等近于文字游戏的缺陷。

韩愈写过一些反映社会现实、关心政治得失、同情人民疾苦的作品,代表作为《八月十五夜赠张功曹》,这首诗是他被贬阳山令遇赦归来途中所写。诗中借张功曹的话倾诉出贬谪生活的痛苦和抑郁悲愤的心情。

韩愈还写过一些风格清新明快的诗,如《山石》。诗用纪游的方法,写诗人黄昏入洛阳惠林寺参观,夜宿寺中,天明出山的行程,叙事与写景结合,一句一事,一句一景,读来有如展开一幅山水长卷,处处充满浓郁的诗意。又如《早春呈水部张十八员外》:"天街小雨润如酥,草色遥看近却无。最是一年春好处,绝胜烟柳满皇都。"短短四句,体物细微,生动地描绘出早春微雨中的景色。此外,如《听颖师弹琴》,诗一开始就将人们引入乐曲的艺术境界,在充分描述了音乐的变化以后,再点出是颖师弹琴,并以自己感情完全被对方所制服的体验来衬托琴曲的巨大感染力。此诗想象美妙,描写生动,情感强烈。而《左迁至蓝关示侄孙湘》:"一封朝奏九重天,夕贬潮阳路八千。欲为圣明除弊事,肯将衰朽惜残年?云横秦岭家何

在,雪拥蓝关马不前。知汝远来应有意,好收吾骨瘴江边。"写他被贬潮州的原委,表达出他无辜被放逐的悲愤。

孟郊(751~814年),字东野,湖州武康(今浙江德清)人。他一生穷愁潦倒,不苟同流俗,始终未能免于饥寒冻馁,被人称之为"寒酸孟夫子"。由于他性格耿介孤直,死后大家送他的谥号是"贞曜先生"。

孟诗中有的诗篇反映时代现实、揭露藩镇罪恶,如《征妇怨》、《感怀》、《杀气不在边》、《伤春》等;有的关心人民生活、愤慨贫富不平,如《织妇辞》、《寒地百姓吟》等。这些诗感情真实,诉说了封建社会的罪恶,可以说是苦难的劳动者的呼声。

他一生潦倒失意,诗多诉说自己的贫寒和失意,具有真情实感,比较感人。如《秋怀》中描写自己久病卧床,寒夜难眠的苦况:"冷露滴梦破,峭风梳骨寒。席上印病纹,肠中转愁盘。"

孟郊是著名的苦吟诗人,他的诗,无论表现手法或是遣词造句,都经过苦心锤炼,因而具有独特的风格。如《秋夕贫居述怀》:"卧冷无远梦,啼秋酸别情。高枝低枝风,千叶万叶声。井浅不供饮,瘦田长废耕。今交非古交,贫语话皆轻。"他的写景诗《洛桥晚望》:"天津桥下冰初结,洛阳陌上人行绝。榆柳萧疏楼阁闲,月明直见嵩山雪。"在森冷幽静之中,突出峭拔之笔,使人进入更高的意境。孟郊有的诗也写得明白晓畅,平易近人,如有名的表现亲子之情的《游子吟》:"慈母手中线,游子身上衣。临行密密缝,意恐迟迟归。谁言寸草心,报得三春晖。"

贾岛(779~843年),字浪仙,范阳(今北京附近)人。早年出家为僧,号无本。后还俗。

贾岛擅长五律,苦吟成癖,自谓"一日不作诗,心源如废井"(《戏赠友人》)、"二句三年得,一吟双泪流"(《题诗后》)。其诗造语奇特,给人印象深刻,常写荒寒冷落之景,表现愁苦幽独之情。例如"独行潭底影,数息树边身"(《送无可上人》);"怪禽啼旷野,落日恐行人"(《暮过山村》)等句。奇僻清峭的风格,给人以枯寂阴黯之感。也有于幽独中表现清美意境的,如"长江人钓月,旷野火烧风"(《寄朱锡珪》);"芦苇声兼雨,芰荷香绕灯"(《雨后宿刘司马池上》)之类。又如绝句《剑客》:"十年磨一剑,霜刃未曾试。今日把示君,谁为不平事?"这里剑客的豪侠意气,跃然纸上。再如《访隐者不遇》:"松下问童子,言师采药去。只在此山中,云深不知处。"这首诗的特点在于寓问于答,平淡中见深沉。但贾岛诗绝大部分是寄赠酬唱之作,题材范围狭小;又偏重炼句,忽视完整的艺术境界的创造。

（七）李贺

李贺（790~816年）字长吉,福昌昌谷（今河南宜阳）人。祖籍陇西,自称"陇西长吉"。家居福昌昌谷,后世因称他为李昌谷。因父名晋肃,"晋"、"进"同音,排挤者就以"父名晋肃,子不得举进士",使他无法应试,从而仕进无路。他一生体弱多病,死时仅二十七岁。

李贺一生,以诗为业,是一名苦吟诗人。其诗充满壮志未酬的思想,在《南园十三首》其五中,他吟诵道:"男儿何不带吴钩,收取关山五十州?请君暂上凌烟阁,若个书生万户侯?"全诗由两个设问句组成,顿挫激越,而又直抒胸臆,把家国之痛和身世之悲都淋漓酣畅地表达出来了。其六:"寻章摘句老雕虫,晓月当帘挂玉弓。不见年年辽海上,文章何处哭秋风?"慨叹读书无用,怀才不遇。他虽困顿不得志,但并不因此而灰心丧志,在《致酒行》中表露出毫不颓丧的乐观精神:"零落栖迟一杯酒,主人奉觞客长寿。主父西游困不归,家人折断门前柳。吾闻马周昔作新丰客,天荒地老无人识。空将笺上两行书,直犯龙颜请恩泽。我有迷魂招不

李贺

得,雄鸡一声天下白。少年心事当拏云,谁念幽寒坐呜呃。"

由于当时的现实是上层统治集团的腐朽无能,藩镇割据的祸国殃民,贪官污吏的横行不法,下层人民的受苦受难,因此,进一步激发诗人的愤慨,写下不少讽刺黑暗政治和不良社会现象的诗篇。如《猛虎行》中,以猛虎喻藩镇,对他们的凶恶残暴进行了无情的揭露。诗人一方面在《荣华乐》、《难忘曲》、《夜饮朝眠曲》、《贵公子夜阑曲》等诗篇中对贵族大臣及其子女们的荒淫腐朽生活予以辛辣的嘲讽和大胆的揭露,另一方面对于赋税繁重、人民疾苦也作了披露。如《老夫采玉歌》诗人极写采玉民工的艰苦劳动和痛苦心情:"采玉采玉须水碧,琢作步摇徒好色。老夫饥寒龙为愁,篮溪水气无清白。夜雨冈头食蓁子,杜鹃口血老夫泪。蓝溪之水厌生人,身死千年恨溪水。斜川柏风雨如啸,泉脚挂绳青袅袅。村寒白屋念娇婴,古台石磴悬肠草。"

李贺也有激昂的诗篇,如《雁门太守行》,诗人正面歌颂了维护国家统一、为国英勇献身的边城将士的形象:"黑云压城城欲摧,甲光向日金鳞开。角声满天秋色里,塞上燕脂凝夜紫。半卷红旗临易水,霜重鼓寒声不起。报君黄金台上意,提携玉龙为君死。"情调悲壮昂扬,充分体现出诗人的爱国激情。

李贺诗的想象力非常丰富奇特,惨淡经营,句锻字炼,色彩瑰丽。如《梦天》:"老兔寒蟾泣天色,云楼半开壁斜白。玉轮轧露湿团光,鸾佩相逢桂香陌。黄尘清水三山下,更变千年如走马。遥望齐州九点烟,一泓海水杯中泻。"写诗人梦游月宫,从天上俯视人间的情景,真是极尽变化之妙。又如《李凭箜篌引》:"吴丝蜀桐张高秋,空山凝云颓不流。江娥啼竹素女愁,李凭中国弹箜篌。昆山玉碎凤凰叫,芙蓉位露香兰笑。十二门前融冷光,二十三丝动紫皇。女娲炼石补天处,石破天惊逗秋雨。梦入神山教神妪,老鱼跳波瘦蛟舞。吴质不眠倚桂树,露脚斜飞湿寒兔。"诗人构思新颖,独辟蹊径,通过渲染音乐效果表现出神奇的想象,灵活地把神话典故熔铸在独造的奇峭瑰丽的词句中,旨在突出乐曲惊天地、泣鬼神的艺术魅力。

李贺的诗独具风格,自成一家,被称为"长吉体",对宋以来的历代诗人影响甚大。

（八）柳宗元与刘禹锡

中唐时期的诗坛。除以白居易、元稹、李绅、张籍、王建等一派作家倡导"新乐府运动"，以韩愈、孟郊、李贺、贾岛为代表的另一诗派以外，卓然成家的还有柳宗元和刘禹锡。柳宗元一部分写田园山水的五言诗，"发纤秾于简古，寄至味于澹泊"（苏轼《书黄子思诗集后》），风格近似陶渊明，与韦应物并称韦柳；而另一些政治抒情诗，则哀怨激越，富有楚骚意味。刘禹锡才力雄健，有"诗豪"之称。

柳宗元诗大多数是贬谪以后所作，内容多抒发他个人悲愤抑郁和离乡去国的情思，如《登柳州城楼寄漳汀封连四州》："城上高楼接大荒，海天愁思正茫茫。惊风乱飐芙蓉水，密雨斜侵薜荔墙。岭树重遮千里目，江流曲似九回肠。共来百越文身地，犹自音书滞一乡。"这是寄给同贬的四位好友的诗。诗里不仅表现了自己离乡别友的悲苦心情，"惊风""密雨"一联，托景寓意，流露出诗人对时事的忧伤和处境的险恶。

柳诗中有的则是揭露社会矛盾和同情人民的苦难，如《田家》三首反映劳动人民的生活，是一组优秀的现实主义诗篇，尤其是第二首写他们遭受官府的勒索和欺凌的惨况，描述得最为真实："蚕丝尽输税，机杼空倚壁。里胥夜经过，鸡黍事筵席。各言官长峻，文字多督责。东乡后租期，车毂陷泥泽。公门少推恕，鞭朴恣狼藉。努力慎经营，肌肤真可惜。"

柳宗元的山水诗，情致深沉委婉，描绘细致简洁，艺术成就很高。如《溪居》："久为簪组累，幸此南夷谪。闲依农圃邻，偶似山林客。晓耕翻露草，夜榜响溪石。来往不逢人，长歌楚天碧。"这首诗表面上似乎写溪居生活的闲适，然而字里行间隐含着孤独的忧愤。又如《渔翁》："渔翁夜傍西岩宿，晓汲清湘燃楚竹。烟销日出不见人，欸乃一声山水绿。回看天际下中流，岩上无心云相逐。"诗中表达出的怡然自得的境界，正是诗人处于贬谪生涯中所渴望的自由心情的反映。而《江雪》则是历来传诵的名作："千山鸟飞绝，万径人踪灭。孤舟蓑笠翁，独钓寒江雪。"诗中塑造出一个不畏艰难险阻、只身在寒冷孤寂的大自然中的渔父形象，隐隐透露书诗人孤高的人格风貌。

刘禹锡的诗具有鲜明的政治内容，如他贬官十年后被召回京师，游玄都观,写了《戏赠看花诸君子》:"紫陌红尘拂面来,无人不道看花回。玄都观里桃千树,尽是刘郎去后栽。"诗中用桃树来隐喻朝中的新贵,因语涉讥刺,再度受贬。但十四年后他再回京师,又写了一首《再游玄都观》:"百亩庭中半是苔,桃花净尽菜花开。种桃道士归何处?前度刘郎今又来。"讽刺比前一首更辛辣,态度也比前一首更倔强。

刘禹锡的怀古作品十分著名,如《西塞山怀古》:"王浚楼船下益州,金陵王气黯然收。千寻铁锁沉江底,一片降幡出石头。人世几回伤往事,山形依旧枕寒流。今逢四海为家日,故垒萧萧芦荻秋。"这首苍劲雄浑的咏史诗,写晋吴兴亡事迹,慨叹地形之险皆不足恃,割据一方的局面终归得到统一。诗末以写景作结,含义深长,既有对国家统一的歌颂,也有对人世兴亡的感慨。又如《石头城》:"山围故国周遭在,潮打空城寂寞回。淮水东边旧时月,夜深还过女墙来。"更是在低徊感慨中充满了对兴亡变化的无限沉思。《乌衣巷》则写煊赫了二百年的王谢世族的没落:"朱雀桥边野草花,乌衣巷口夕阳斜。旧时王谢堂前燕,飞入寻常百姓家。"还有一首《酬乐天扬州初逢席上见赠》虽不是怀古之作,但在思想上却有一定的内在联系:"巴山楚水凄凉地,二十三年弃置身。怀旧空吟闻笛赋,到乡翻似烂柯人。沉舟侧畔千帆过,病树前头万木春。今日听君歌一曲,暂凭杯酒长精神。"这是刘禹锡贬官二十多年后回乡的深沉感叹。沉舟侧畔,千帆竞发;病树前头,万木争荣。诗人领悟社会人事新陈代谢的哲理,显示出诗人开阔的胸襟。

刘禹锡还在学习民歌的基础上写了不少乐府诗篇,如《竹枝词》:"杨柳青青江水平,闻郎江上唱歌声。东边日出西边雨,道是无晴却有晴。"描写巴蜀风景和巴人生活,清新明快,音律和谐,运用双关语,巧妙地表现男女之间的纯朴爱情。

7. 晚唐诗歌

晚唐的衰落时期也正是唐诗的衰落时期。诗歌感伤颓废的情调和藻饰繁缛的风气逐渐增浓,连杰出的诗人杜牧、李商隐等人的诗作中也充满伤时忧国的感喟,而哀怨深沉,给人以"夕阳无限好,只是近黄昏"(李商隐《登乐游原》)的没落感,毕竟缺乏鼓舞人心的力量。但他们对诗歌艺术的技巧作出了独特的贡献,尤工七言近体,律对精切,文词清丽,笔意婉转,情味隽永，开拓出声情流美、翰藻醲郁的胜境。其他如皮日休、聂夷中、杜荀鹤诸人也都在中国诗歌史上占有一定的地位。

(一) 杜牧

杜牧（803~852年）字牧之，京兆万年（今陕西西安）人。出身高门士族，祖父杜佑是中唐有名的宰相和史学家。杜牧晚年任中书舍人，居长安城南樊川别墅，后世因称之"杜紫微"、"杜樊川"。

杜牧诗中忧国忧民之作占有相当的比重，《感怀诗一首》写得风格雄健，气势磅礴，抒发了诗人对唐王朝安史乱后数十年来藩镇跋扈、边患频仍的动乱历史的深沉忧愤，并表达了对苦难人民的深切同情。画面宏伟，意气纵横。七律《早雁》："金河秋半虏弦开，云外惊飞四散哀。仙掌月明孤影过，长门灯暗数声来！须知胡骑纷纷在，岂逐春风一一回。莫厌潇湘少人处，水多菰米岸莓苔。"以描写大雁四散惊飞，喻指饱受回纥侵扰而流离失所的边地人民，诗人用比兴托物的手法，寄予深切同情，婉曲而有余味。

杜牧的咏史绝句，或再现历史事件的某些情景，寄寓自己的感慨和评价，或以咏叹的语调，融入较多的史论成分。如《过华清宫绝句三首》之一："长安回望绣成堆，山顶千门次第开。一骑红尘妃子笑，无人知是荔枝来。"诗篇通过送荔枝这一典型事件，鞭挞了唐玄宗与杨贵妃骄奢淫逸的生活，有着以微见著的艺术效果。又如《赤壁》："折戟沈沙铁未销，自将磨洗认前朝。东风不与周郎便，铜雀春深锁二乔。"言近旨远，因小及大。从诗人在江边发现的一枝断戟写起，由它引起了对历史的思索，带有明显的史论特色。

杜牧的诗歌轻倩秀艳，神韵独高，气俊思活，流情感慨。尤其是七言绝句清新隽永，含蓄深婉。如《山行》："远上寒山石径斜，白云生处有人家。停车坐爱枫林晚，霜叶红于二月花。"诗里写了山路、人家、白云、红叶，构成一幅和谐统一的画面，展现出一幅动人的山林秋色图。又如《泊秦淮》："烟笼寒水月笼沙，夜泊秦淮近酒家。商女不知亡国恨，隔江犹唱《后庭花》。"写诗人夜泊秦淮的所见所感，吊古讽今，表现出对国家前途的忧虑。《江南春》："千里莺啼绿映红，水村山郭酒旗风。南朝四百八十寺，多少楼台烟雨中。"此诗即景抒情，先描绘了江南大好的风光，怡红快绿，莺啼燕飞,水村山郭,酒旗迎风招展。后写朦朦烟雨,笼罩着影影绰绰的寺庙,流露出作者的兴亡之感。再如《清明》:"清明时节雨纷纷,路上行人欲断魂。借问酒家何处有,牧童遥指杏花村。"写的是行路遇雨、思饮消愁的羁旅情怀。全诗不事雕琢,清新自然,令人回味无穷。

(二)李商隐

李商隐(813~858年)字义山,号玉溪生,又号樊南生,怀州河内(今河南沁阳)人。少有文才,因而较早涉足仕途,但因卷入晚唐激烈的朋党之争的旋涡,终其一生,未酬壮志。

李商隐是一个有政治抱负的诗人,在诗作《安定城楼》中有着真诚的自白:"迢递高城百尺楼,绿杨枝外尽汀洲。贾生年少虚垂涕,王粲春来更远游。永忆江湖归白发,欲回天地入扁舟。不知腐鼠成滋味,猜意鹓雏竟未休。"李商隐诗歌中触及时政题材的,占有相当比重。如《有感二首》和《重有感》记述大和末年震动朝野的"甘露事变",对宦官幽禁文宗、屠杀士民的专制暴行痛加抨击。在《隋师东》、《寿安公主出降》等诗中反对藩镇割据,但不限于斥责军阀的野心,并能够联系朝廷政治的腐败和政策的失误作批判性考察,认识比较深刻。尤其是长诗《行次西郊作一百韵》从眼前农村残破、民不聊生的景象:"高田长槲枥,下田长荆榛。农具弃道傍,饥牛死空墩。依依过村落,十室无一存。存者背面啼,无衣可迎宾。"然后回溯了唐王朝二百多年来治乱盛衰的历史变化,对唐代政治作了系统的总结回顾,成为杜甫《自京赴奉先县咏怀五百字》、《北征》以后难得的诗史。

李商隐的咏史诗有很高的成就。它们着眼于借鉴历史的经验教训来指陈政事、讥评时世,使咏史成为政治诗的一种特殊形式。这些作品往往选择历史上封建帝王的荒淫误国作为表现的主题,如《汉宫》、《齐宫词》、《陈后宫》、《北齐二首》、《隋宫二首》、《华清宫》、《马嵬》、《龙池》、《骊山有感》、《过景陵》等。

随着在政治上的失望,李商隐诗更多表达的是感叹个人的沦落和世运的衰微。如《乐游原》:"向晚意不适,驱车登古原。夕阳无限好,只是近黄昏。"

无题诗是李商隐独具一格的创造。它们大多以男女爱情相思为题材,意境要眇，情思婉转，辞藻精丽，声调和美，读来令人回肠荡气。这些诗篇并非一时一地之作，也没有统一的构思贯串起来，而是诗人生活中随时触发的各种感受与兴会的点滴结晶。其中有实写爱情相思的，如"相见时难别亦难，东风无力百花残。春蚕到死丝方尽，蜡炬成灰泪始干。晓镜但愁云鬓改，夜吟应觉月光寒。蓬山此去无多路，青鸟殷勤为探看。"、"昨夜星辰昨夜风，画楼西畔桂堂东。身无彩凤双飞翼，心有灵犀一点通。隔座送钩春酒暖，分曹射覆蜡灯红。嗟余听鼓应官去，走马兰台类转蓬。"

诗人还有一部分写景咏物的名篇，这些小诗摹写入微，体物工切，形象新鲜，颇具神韵。不过表现的多是缺月残花、黄昏迟暮的感伤情调，思想比较消极。如《宿骆氏亭寄怀崔雍崔衮》："竹坞无尘水槛清，相思迢递隔重城。秋阴不散霜飞晚，留得枯荷听雨声。"他善于驱遣想象，将实事实情转化为虚拟的情境画面，如《夜雨寄北》："君问归期未有期，巴山夜雨涨秋池。何当共剪西窗烛，却话巴山夜雨时。"《嫦娥》："云母屏风烛影深，长河渐落晓星沉。嫦娥应悔偷灵药，碧海青天夜夜心。"诗人还爱好绣织丽字，镶嵌典故，造成光怪陆离而又朦胧隐约的诗歌意象，如《锦瑟》："锦瑟无端五十弦，一弦一柱思华年。庄生晓梦迷蝴蝶，望帝春心托杜鹃。沧海月明珠有泪，蓝田日暖玉生烟。此情可待成追忆，只是当时已惘然。"

（三）晚唐其他诗人

唐末诗坛，总体而言未见出色，其中皮日休、聂夷中和杜荀鹤颇有成就。

皮日休（834？～883年？）字袭美，一字逸少。居鹿门山，自号鹿门子，又号间气布衣、醉吟先生。襄阳（今属湖北）人。参加过黄巢起义。黄巢都长安，皮日休做过他的翰林学士。后不知所终。

他主张诗歌应当反映现实，强调诗歌的"美""刺"作用。其代表作《正乐府十篇》和《三羞诗》深刻地反映了农民大起义前夕极端黑暗的社会现实。其中《卒妻怨》、《贪官怨》、《哀陇民》等对官吏贪暴、战争灾祸和农民被剥削的痛苦作了全面的反映，而《橡媪叹》写得尤其深刻动人："秋深橡子熟，散落榛芜冈。伛偻黄发媪，拾之践晨霜。移时始盈掬，尽日方满筐。几曝复几蒸，用作三冬粮。山前有熟稻，紫穗袭人香。细获又精舂，粒粒如玉珰。持之纳于官，私室无仓箱。如何一石余，只作五斗量！狡吏不畏刑，贪官不避赃。农时作私债，农毕归官仓。自冬及于春，橡实诳饥肠。吾闻田成子，诈仁犹自王。吁嗟逢橡媪，不觉泪沾裳。"

聂夷中（837~？年）字坦之。河东（今山西永济）人。其诗风格平易而内容深刻，在晚唐靡丽的诗风中独树一帜。如《公子行二首》、《公子家》讽刺贵族公子的骄奢淫逸，《田家》、《咏田家》谴责封建赋役对劳动人民的惨重剥削，《杂怨二首》表现连年战乱造成人们家庭离散的痛苦，写来都情真意切，感人肺腑。诗人喜欢采用短篇五言古诗和乐府的形式，以质直的语言、白描的手法，寥寥几笔，将触目惊心的社会现象暴露在人们眼前，冷峭有力。如《咏田家》："二月卖新丝，五月粜新谷。医得眼前疮，剜却心头肉。我愿君王心，化作光明烛。不照绮罗筵，只照逃亡屋。"

杜荀鹤（846~907年），字彦之，号九华山人，池州石埭（今安徽石台）人。唐亡，为梁太祖朱温的翰林学士，五天后即死去。他的诗作以反映黄巢起义后军阀混战局面下的社会矛盾和人民的惨痛境遇为主要题材，如《山中寡妇》："夫因兵死守蓬茅，麻苎衣衫鬓发焦。桑柘废来犹纳税，田园荒后尚征苗。时挑野菜和根煮，旋斫生柴带叶烧。任是深山更深处，也应无计避征徭。"

五代十国时期，藩镇混战，祸乱相继，诗坛也更加落寞，是唐诗的尾声。其中环境比较安定、文艺比较发达的南唐和西蜀，曲子词代替诗歌而兴盛起来。这个时期，没有出现著名的诗人。

二、唐五代词

1. 唐代早期的词

（一）敦煌曲子词

唐代曲子词最早流行于民间。敦煌曲子词的发现，为词体起源于民间提供了直接的证据。

曲子词的内容以反映妇女问题的数量最多。如《菩萨蛮》："枕前发尽千般愿，要休且待青山烂，水面上秤锤浮，直待黄河彻底枯。白日参辰现，北斗回南面，休即未能休，且待三更见日头。"一连用六种自然界绝不能出现的现象来比喻对爱情的坚贞，语言直率朴素，是地道的民间文学风格。又如《望江南》："莫攀我，攀我太心偏。我是曲江临池柳，者人折了那人攀，恩爱一时间。"这是当时受尽侮辱的妓女们的呼喊。曲子词中还有反映边疆地区民族矛盾、游子、商人、渔民等多种题材的作品。

总之，曲子词的内容比较广泛，虽然比较粗糙，格律也不严谨，但语言通俗，生活气息浓厚，想象、比喻都很夸张而奇特，又很真切。

（二）唐代早期文人词

相传唐代填词最早者为李白，他的《菩萨蛮》和《忆秦娥》被后人誉为"百代词曲之祖"，但是否李白作品尚无确论。不过从词本身而言，却是相当出色。《菩萨蛮》："平林漠漠烟如织，寒山一带伤心碧。暝色入高楼，有人楼上愁。玉阶空伫立，宿鸟归飞急。何处是归程，长亭更短亭。"描写一个在傍晚的景色中思念家乡的游子心情，寓情于景，情景交融，最后以"长亭更短亭"作结，余味无穷。《忆秦娥》："箫声咽，秦娥梦断秦楼月。秦楼月，年年柳色，霸陵伤别。乐游原上清秋节，咸阳古道音尘绝。音尘绝，西风残照，汉家陵阙。"描写女子怀念远方的情人，实寓怀古伤今之意。

中唐前后，在民间词的影响下，不少文人开始填词，较著名者有张志和、刘长卿、韦应物、戴叔伦、王建、白居易、刘禹锡等人。

张志和（730？～810年？），初名龟龄，字子同。婺州（今浙江金华）人。生卒年不详。曾任待诏翰林，后鄙弃官场，退隐江湖，自号烟波钓徒，又自号玄真子。现存其《渔歌子》即《渔父》词五首，描绘自然风光之美和词人闲适自乐不慕荣利的心情。如其一："西塞山前白鹭飞，桃花流水鳜鱼肥。青箬笠，绿蓑衣，斜风细雨不须归。"写景如画，形象鲜明，有隐者情怀，富生活乐趣，意蕴不尽，为早期文人词名作。

韦应物、戴叔伦的两首《调笑令》是最早描写边塞景象的文人词。韦词是："胡马，胡马，远放燕支山下；跑沙跑雪独嘶，东望西望路迷。迷路，迷路，边草无穷日暮。"戴词是："边草，边草，边草尽来兵老。山南山北雪晴，千里万里月明。明月，明月，胡笳一声愁绝。"韦词里的胡马实际是一个远戍绝塞、无家可归的战士的象征。戴词则是通过雪月交映的场景，衬托出久戍边疆的兵士的愁恨。

白居易是唐代早期写词较多的作家，在《忆江南》里，通过对江南美丽景物的描写，吐露出词人对江南的留恋之情，语言通俗清新，鲜明可爱，如其一:"江南好,风景旧曾谙。日出江花红胜火,春来江水绿如蓝。能不忆江南?"另一首《长相思》:"汴水流、泗水流,流到瓜洲古渡头,吴山点点愁。思悠悠,恨悠悠,恨到归时方始休,月明人倚楼。"上片写景,下片言情,通过水长山愁,抒发了女主人公的相思之苦。

刘禹锡的《忆江南》,其主题是惜春:"春去也,多谢洛城人。弱柳从风疑举袂,丛兰裛露似沾巾,独坐亦含嚬。"可以说是后来婉约派词风的滥觞。另一首《潇湘神》则写爱情:"斑竹枝,斑竹枝,泪痕点点寄相思。楚客欲听瑶瑟怨,潇湘深夜月明时。"既流转如珠,又含意不尽;既表现出民间词的本色,又能看出优秀词人的艺术加工。

2. 温庭筠、韦庄和花间词

中唐以后,文人中写词最多,对后世影响最大者当推温庭筠。

温庭筠(812?～866年),本名岐,字飞卿。太原祁(今山西祁县)人。他年轻时苦心学文,才思敏捷。晚唐考试律赋,八韵一篇。据说他叉手一吟便成一韵,八叉八吟即告完篇,人称"温八叉"、"温八吟"。精通音律,善鼓琴吹笛,为侧艳之词。但他喜讥刺权贵,多触忌讳,又不受羁束,纵酒放浪,因此不为时俗所重,一生坎坷,终身潦倒。

温庭筠是"花间派"词的先导。其词多写妇女生活和她们的相思离别之情,如其代表作《菩萨蛮》:"小山重迭金明灭,鬓云欲度香腮雪。懒起画蛾眉,弄妆梳洗迟。照花前后镜,花面交相映。新帖乡罗襦,双双金鹧鸪。"通过对一个贵族女子晨起梳洗过程的描述,表达了那女子盛年独处的空虚、孤寂之感。《望江南》则以清淡、疏朗明快的笔法描写闺情:"梳洗罢,独倚望江楼。过尽千帆皆不是,斜晖脉脉水悠悠。肠断白蘋洲。"全篇从女子的晓妆方罢,倚楼相望,直到黄昏,过尽千帆,仍不见其意中人,则其情可知,其苦可感。另一首《更漏子》描写妇女的离愁别恨也相当动人:"玉炉香,红蜡泪,偏照画堂秋思。眉翠薄,鬓云残,夜长衾枕寒。

温庭筠

梧桐树,三更雨,不道离情正苦。一叶叶,一声声,空阶滴到明。"

五代时后蜀赵崇选录了温庭筠、皇甫松、韦庄等十八家的词为《花间集》,其中除温庭筠、皇甫松、孙光宪外,都是集中在西蜀的文人。他们在词风上大体一致,后世因此而称为花间词人。五代十国时期,军阀割据,战争频繁,而地处西南的西蜀相对比较安定,战祸也少。于是达官贵人们依恃山川险固,偏安一隅,骄奢淫逸,纵情声色,醉生梦死。花间词人的作品就是在这样社会风气和文艺风尚里产生的。他们奉温庭筠为鼻祖,绝大多数作品都只能堆砌华艳的词藻来形容妇女的服饰和体态,其内容不外歌咏旅愁闺怨、合欢离恨,多局限于男女燕婉之私。在艺术上他们片面发展了温词雕琢字句的一面,而缺乏意境的创造。花间词人的这种作风在词的发展史上形成了一股浊流,一直影响到清代的常州词派。

韦庄(约836~910年),唐末五代诗人、词人。字端己。长安杜陵(今陕西西安东南)人。后居于西蜀,官至宰相。在花间词人里的韦庄,向来和温庭筠齐名,其词绝大多数写男女之情、离愁别苦,但在风格上比较清新明朗。如《思帝乡》:"春日游,杏花吹满头,陌上谁家年少足风流?妾拟将身嫁与一生休。纵被无情弃,不能羞。"用白描的手法写出一个天真烂漫追逐爱情幸福的少女的心情,生动活泼。韦庄有部分直抒情怀的作品,如《菩萨蛮》:"人人尽说江南好,游人只合江南老。春水碧于天,画船听雨眠。垆边人似月,皓腕凝霜雪。未老莫还乡,还乡须断肠。"通过对美丽的江南景色的描写,抒发了词人身在江南而心念北方故乡的心情,亲切自然,很少雕琢的痕迹。

3. 南唐词人

五代时期有几个跟花间词人同时而稍晚的词家,集中在当时南唐的首都金陵,这就是一般文学史家所称的南唐词人,重要作家有冯延巳、李璟和李煜,以李煜的成就最高。

冯延巳(903~960年)又名延嗣,字正中。广陵(今江苏扬州)人。南唐中主李璟时,官至同平章事。

冯词多写离情别恨,文辞清丽而内容单薄。但有些作品抒遣人物内心的哀愁情思,婉约缠绵,以景见情,兼寓感兴,且语言清新,以白描见长,有较高的艺术成就。如《鹊踏枝》："几日行云何处去？忘却归来，不道春将暮。百草千花寒食路，香车系在谁家树？泪眼倚楼频独语。双燕来时，陌上相逢否？撩乱春愁如柳絮，悠悠梦里无寻处。"词人托儿女之辞，写君臣之事，把词中人的"闲情"、"春愁"写得这样缠绵悱恻，即隐约的流露了他对南唐没落王朝的关心和忧伤。又如《谒金门》："风乍起，吹绉一池春水。闲引鸳鸯芳径里，手挼红杏蕊。斗鸭栏杆独倚，碧玉搔头斜坠。终日望君君不至，举头闻鹊喜。"写一个女子独处无聊的心境和在思念她爱人时的复杂感情，艺术技巧很高。

李璟（916～961年），字伯玉，南唐中主。他留存下来的词只有四首。其词表现了感时伤怀的迟暮之感，风格委婉哀怨，如《摊破浣溪沙》："手卷真珠上玉钩，依前春恨锁重楼。风里落花谁是主，思悠悠。春鸟不传云外信，丁香空结雨中愁。回首绿波三峡暮，接天流。"描写一个女子伤春怀远的情怀，蝉联而下，情与景已完全融成一体，幽怨之情笼罩全词。又如《山花子》："菡萏香消翠叶残，西风愁起绿波间。还与韶光共憔悴，不堪看。细雨梦回鸡塞远，小楼吹彻玉笙寒。多少泪珠何限恨，倚阑干。"语言清新，纯任自然，无剪红刻翠之处，为后世称诵之佳作。

李煜（937～978年），初名从嘉，字重光，南唐国君。降宋后被宋太宗赵光义毒死。

李煜的词以国亡被俘为界线，分为前后两期。前期的词主要反映宫廷生活与男女情爱，如描写宫廷豪华的享乐生活的《玉楼春》："晚妆初了明肌雪，春殿嫔娥鱼贯列。凤箫吹断水云间，重按霓裳歌遍彻。临风谁更飘香屑，醉拍阑干情味切。归时休放烛花红，待踏马蹄清夜月。"也有写离别相思的作品如《清平乐》："别来春半，触目愁肠断。砌下落梅如雪乱，拂了一身还满。信无凭，路遥归梦难成。离恨恰如春草，更行更远还生。"写景抒情，融成一片，是他早期词中的佳作。

李煜像（南熏殿旧藏《圣贤画册》）

后期，李煜处于亡国的深痛，往事的追

忆，使他的词的成就大大超过了前期。如《虞美人》："春花秋月何时了，往事知多少？小楼昨夜又东风，故国不堪回首月明中。雕栏玉砌应犹在，只是朱颜改。问君能有几多愁，恰似一江春水向东流。"通过对昔日繁华故国和帝王生活的怀念，及今日境遇之凄凉寂落的描述，吐露出深藏在内心的哀愁。又如《望江南》："多少恨，昨夜梦魂中。还似旧时游上苑，车如流水马如龙，花月正春风。"《浪淘沙》："帘外雨潺潺，春意阑珊。罗衾不耐五更寒。梦里不知身是客，一晌贪欢。独自莫凭栏，无限江山。别时容易见时难。流水落花春去也，天上人间。"《乌夜啼》："林花谢了春红，太匆匆。无奈朝来寒雨晚来风。胭脂泪，留人醉，几时重？自是人生长恨水长东！"《相见欢》："无言独上西楼，月如钩。寂寞梧桐深院锁清秋。剪不断，理还乱，是离愁。别是一般滋味在心头。"等，都是他后期的代表作，表达了对"故国"、"往事"的无限留恋，抒发了明知时不再来而心终不死的感慨，艺术上达到很高的境界。

三、隋唐五代散文

隋唐五代散文，在中国文学发展史上，起着承前启后的作用，占有相当重要的地位。这一时期的文章，一方面扬六朝余波，有讲究辞采的骈文；另一方面革六朝旧习，有散行流畅的古文，开辟了宋、元以后散体文的发展道路。

1. 唐代古文运动

魏晋六朝的骈体文，崇尚声律对偶和典故词藻，用古事古语比拟今事今语，语意往往模糊不清，加以声律的拘束，日益成为表达思想的桎梏。隋文帝曾"普诏天下公私文翰，并宜实录"，并禁止"文表华艳"。李谔上书请正文体，从崇实尚用的观点出发，抨击了浮华文风的弊害。王通也有类似的主张。但他们的理论尚未触及问题的实质，而积重难返，文帝一纸诏令，并未奏效。炀帝爱好靡丽，骈文仍然盛行。初唐文章开始出现由骈入散的倾向，并在理论上提出了改革的要求。魏徵指出梁以后骈文"意浅而繁"，"文匮而采，词尚轻险"，是"亡国之音"（《隋书·文学传序》）。李百药也批评南朝梁、北朝齐的文风"俱肆淫声"（《北齐书·文苑传序》）。他们的奏议文章也多用散体。初唐四杰之一的王勃主张文章要有儒学内容。这些理论,是古文运动的先声。在创作实践上,陈子昂的政论都用古文,是唐代第一个学西汉文辞的人。但总的来说,初唐依旧骈文为主。盛唐至中唐前期,相继出现一批崇儒复古、谋求革新的作家,萧颖士、李华、元结、独孤及、梁肃、柳冕等,先后出来提倡散体,反对骈文。其文论的基本精神,就是从宗经明道观点出发,强调文章的封建教化作用。

中唐后期,韩愈、柳宗元倡导古文运动,在理论和创作实践上使古文达到全盛阶段,一直发展到唐末五代。韩、柳古文运动的展开,有自成体系的古文理论,包括明道的原则、养气的功夫、学古的目标、创新的要求等各方面主张,旗帜鲜明,论辩有力。他们都有数量较多、质量较高的古文作品,风格多样,给人们提供了古文的范本。他们的主要文学理论观点:

一是"文以载道"。这是古文运动的基本口号。韩愈认为"读书以为学,缵言以为文,非以夸多而斗靡也。盖学所以为道,文所以为理耳"(《送陈秀才彤序》)。在他看来,古之道是用古之文写的,要明古道必须学古文,学古文正是为了明道。

二是"不平则鸣"。在《送孟东野序》中,韩愈把历代思想家的著作都看成"不得其平则鸣"的产物,也就是把文学现象的发生和一定社会矛盾普遍地联系起来理解。这种观念,到欧阳修时发展为文章必"穷而后工"的理论。

三是"气盛言宜"。韩愈认为作家只有不断加强道德修养和学识修养才能形成文章气势,只有气势充沛才能驾驭语言。柳宗元也认为:"凡为文,以神志为主"。"神志"的含意与韩愈的"气"大体相近。

四是"唯陈言之务去"。韩愈主张学习古文不能模仿,而要在继承的基础上有所创新,强调"师其意不师其辞"。

五是"文从字顺各识职"。即文字必须妥帖流畅,合乎自然语气,适宜于表达不同的内容。韩愈在《上襄阳于相公书》里主张"因事陈词",使"文章言语,与事相侔",作到"丰而不余一言,约而不失一辞。其事信,其理切。"柳宗元也提倡:"引笔行墨,快意累累,意尽便止,亦何所师法?"(《复杜温夫书》)"师法"即固定的程序。

2. 韩愈的散文

韩愈散文中最为人们称道的首先是杂文。其中一些嘲讽社会现状的杂文内容深刻，形式活泼，文笔犀利，有很高的文学价值。他的《杂说四》，以"千里马常有，而伯乐不常有"比喻贤才难遇知己，"只辱于奴隶人之手"，寄寓了他对自己遭遇的不平之怀。通篇以相马为喻，托物寓意，借题发挥，说理淋漓尽致，表达含蓄隽永，笔锋挺拔犀利，文约而意丰，韵短而势长。又如《师说》，主张"无贵无贱，无长无少，道之所存，师之所存也。""弟子不必不如师，师不必贤于弟子。闻道有先后，术业有专攻，如是而已。"文章动荡流走，富有生气，尤其是通过各种人物的层层比较，充分揭露今之士大夫"耻学于师"的愚蠢可笑，较之一般直陈式的论述，效果更为强烈。再如《进学解》和《送穷文》用对话形式，以自嘲为自夸，以反语为讽刺，表现了一个有抱负的知识分子的不平之气和坚持理想不肯妥协的态度。而且文字自由押韵，语词新颖别致，风格另成一体。

韩愈的议论文是古典散文中的佳品。如《原毁》，通篇以古今"君子"对比，谴责当时一些士大夫百般挑剔，诋毁后进之士的不良风气，并指出其原因在于懒惰和嫉妒。文章采用比较对照的论述方法，并列双行的结构方式，排比成篇，层层紧逼，处处呼应而又活泼流转。其他如《原道》之力辟佛老，崇尚儒学；《诤臣论》批评不敢直言的谏官；《谏迎佛骨表》指责统治者蠹财佞佛的愚蠢行为，都显得说理严密，条贯清晰，布局精巧，语言刚劲，气势磅礴。

韩愈的一些祭文和序文，实际上是抒情散文。它们有诗一般的语言，赋一样的抒写手法，熔叙事、说理、言情于一炉，具有感人肺腑的力量。如《祭十二郎文》，曾被人誉为"祭文中千年绝调"。文中一片惨痛之情自肺腑流出，泪随墨挥，凄楚动人，委曲萦回，不能自已，恰如长歌当哭，动人哀思。又如《送李愿归盘谷序》，鄙视炙手可热的权贵，赞扬高洁不污的处士，嘲笑追名逐利的官迷。语调铿锵，情绪激昂，气势恣纵。苏轼誉之为唐代的第一篇文章。

韩愈的记叙文，也有许多文学性较高的名篇。如《张中丞传后叙》，记许远、张巡、南霁云等死守睢阳的英勇抗敌事迹，绘声绘色，可歌可泣。这种写法，是《史记》传记散文的一个发展。

总的看来，韩愈的散文内容丰富，形式多样，其基本风格是刚健宏肆，泼辣明快，气势充沛。其文纵横开合，奇偶交错，巧譬善喻，或诡谲，或严正，具有多样的艺术特色。韩愈又是语言的大师，善于对前人的语言推陈出新，对人们的口语进行提炼。如"蝇营狗苟"（《送穷文》）、"细大不捐"、"同工异曲"、"俱收并蓄"、"佶屈聱牙"、"动辄得咎"（《进学解》）、"不塞不流，不止不行"（《原道》）、"俯首帖耳，摇尾乞怜"（《应科目时与人书》）、"不平则鸣"、"杂乱无章"（《送孟东野序》）、"落井下石"（《柳子厚墓志铭》）等新颖词语，丰富了中国语言的宝库。

3. 柳宗元的散文

柳宗元脍炙人口的山水游记，在中国文学史上具有独特的地位。著名的《永州八记》，画廊式地展现了湘桂之交一幅幅山水胜景，并把作者自己的身世遭遇、思想感情融合于自然风景的描绘中。除了这种借景抒愤的特色外，游记中还有一种幽静心境的描写，表现他在极度苦闷中转而追求精神寄托，如所谓"清冷之状与目谋，潆潆之声与耳谋，悠然而虚者与神谋，渊然而静者与心谋"（《钴鉧潭西小丘记》），"心凝形释，与万化冥合"（《始得西山宴游记》），"寂寥无人，凄神寒骨，悄怆幽邃，以其境过清，不可久居"（《至小丘西小石潭记》）等，都体现了这种境界。至于直接刻画山水景色，文笔或峭拔峻洁，或清邃奇丽，有的是"纷红骇绿"（《袁家渴记》），有的是"萦青缭白"（《始得西山宴游记》）。写丘石之状，或如"牛马之饮于溪"，或如"熊罴之登于山"（《钴鉧潭西小丘记》）；绘溪水之形，或则"舟行若穷，忽又无际"（《袁家渴记》），或则"鱼皆空游无所依，日光下澈，影布石上"（《至小丘西小石潭记》），都能用精巧的语言再现自然之美。

柳宗元对中国散文史的另一个贡献是寓言故事。他的寓言多用来讽刺、抨击当时社会的丑恶现实，推陈出新，造意奇特，善用各种动物拟人化的艺术形象以寄寓哲理或表达政治见解。代表作《临江之麋》、《黔之驴》、《永某氏之鼠》合组成的《三戒》，通过麋、驴、鼠三种物态的描绘，反映现实，形象生动，语言犀利，篇幅虽短，而波澜起伏。《蝜蝂传》、《罴说》等篇嘲弄贪婪无厌、虚声惑众的人，同样嬉笑怒骂，因物肖形，表现了高度的幽默讽刺艺术。

柳宗元的传记文也很出色，其特点是多取材于下层人物，以进步的政治立场和深厚的同情心，反映和歌颂了这些人物的才能、遭遇、高尚品格、抗暴精神，在真人真事的基础上有夸张有虚构，似寓言又似小说。如《梓人传》、《种树郭橐驼传》、《童区寄传》、《宋清传》、《捕蛇者说》等。

柳宗元的议论文阐发了一系列进步的政治思想和哲学观点。其特点是笔锋犀利，论证精确。《天说》为哲学论文的代表作。《封建论》、《断刑论》等为长篇和中篇政论的代表作。《晋文公问守原议》、《桐叶封弟辨》、《伊尹五就桀赞》等为短篇政论的代表作。

四、唐代传奇

唐代的文言短篇小说，内容多传述奇闻异事，后人称为唐传奇。唐传奇中最早的《古镜记》，相传为隋末唐初人王度作，内容以古镜为线索，把十多个怪异故事联缀起来组成长篇，叙述较为细致。《补江总白猿传》，作者不详，内容属志怪一类，情节较曲折，描绘也较具体生动，初步显示出唐传奇的艺术创新特色。《古镜》、《白猿》两篇，标志着中国小说从六朝志怪向唐传奇发展的过渡形态。

唐玄宗、肃宗时，张鷟《游仙窟》、张说《绿衣使者传》等，都描写了市民生活，说明这时期的传奇，有些已在内容题材上摆脱了六朝志怪小说传统，着重表现人情世态，向新的领域扩展。

唐代宗至文宗时，是唐传奇的繁荣阶段，作品多，名家也多，一些最优秀的单篇传奇，几乎都产生在这一时期。这时期的传奇作品从内容题材上看：神怪类，如沈既济《枕中记》、李公佐《南柯太守传》，分别写卢生、淳于棼于梦中位极宰相，权势煊赫。梦醒觉悟，皈依宗教。神怪兼爱情类，如陈玄祐《离魂记》，写张倩娘为了追随爱人王宙，魂魄与躯体相离。李朝威《柳毅传》，写书生柳毅传书搭救洞庭龙女脱离困境后，几经曲折，终于与龙女结为夫妇，情节离奇，性格鲜明，铺叙细致，文辞华艳，为唐传奇中的杰作。爱情类，如白行简《李娃传》，写荥阳大族郑生热恋长安娼女，屡经波折，几经丧生，终获美好结局。蒋防《霍小玉传》，写陕西李益与长安娼女霍小玉相爱，后登第授官，遂致负心。这两篇传奇，都以世族子弟与妓女的恋爱为题材,有其现实意义。历史类,如陈鸿《长恨歌传》前半写唐玄宗宠幸杨贵妃,朝政腐败,招致安史之乱,暴露了玄宗后期的黑暗现实。后半写杨妃死后,玄宗日夜思念,有蜀地方士为之在蓬壶仙山访得杨妃,故事纯出虚构,但叙述宛曲,富有情致。同时有白居易所作《长恨歌》与传文相配合。侠义类,如李公佐《谢小娥传》,写谢小娥的父亲、丈夫为盗申兰、申春所杀。小娥女扮男装,佣于申兰家,终于设计杀兰擒春,表现了智勇俱备的侠义精神。这类小说在唐晚期有较大的发展。

第七节　宋代文学

一、宋诗

宋诗从唐诗发展而来,但其艺术特色有别于唐诗,严羽《沧浪诗话·诗辨》概括为"以文字为诗,以议论为诗,以才学为诗"。"以文字为诗",就是诗的散文化。"以议论为诗",就是不少作品专论社会问题,甚至触及具体政事。"以才学为诗",表现为爱好使事用典。

1. 王禹偁

宋初有成就的诗人首推王禹偁(954~1001年),字符之,巨野(今山东巨野)人。为人正直敢言,曾三次得罪朝廷而遭贬谪。他诗学杜甫、白居易。所作《畲田词》五首生动地记录了山区刀耕火种的情景,赞扬了普通人民勤劳刻苦和团结互助的美德。他还有一些写景抒情的短诗,笔调清丽,饶有风韵。如《村行》:"马穿山径菊初黄,信马悠悠野兴长。万壑有声含晚籁,数峰无语立斜阳。棠梨叶落胭脂色,荞麦花开白雪香。何事吟余忽惆怅,村桥原树似吾乡。"描绘了山村黄昏的动人情景和诗人的感触。

2. 西昆体

宋初杨亿编《西昆酬唱集》,因其辞藻华美、对仗工整的诗体,为时人争效,风靡一时,号为西昆体。入这本诗集的作者有十七人,其中主要是杨亿、刘筠、钱惟演三人。《西昆酬唱集》里的诗歌,主要是歌唱内廷侍臣优游的生活,诸如绮宴、华灯、兰风、蕙帐等贫乏与空虚的生活。在写作上刻板地搬用李商隐的诗题、典故、词藻,只是一味模拟,缺乏真情实感。其后欧阳修、梅尧臣等开创新的诗风,西昆体乃告衰歇。

3. 苏舜钦、梅尧臣、欧阳修

苏舜钦、梅尧臣、欧阳修都致力于改变当时的诗风,所针对的是当时流行的西昆体。他们以丰富的创作成果来影响当世,在很大程度上宋诗就是沿着他们开创的道路而发展前进的。

他们共同的倾向和特点是重视思想内容,力求摆脱唐诗的风调。他们爱在诗歌中发议论。特别是一些涉及政治、社会问题的较长的诗,往往议论纵横,"以文为诗",即散文化,散文化是为了议论化。

由于重视思想内容,他们有意识地矫正晚唐以来直至西昆诗人崇尚近体、专务对偶声律的诗风,因此多作古体,古体在他们的诗集中要占一半以上。

梅尧臣(1002~1060年),字圣俞,宣城(今安徽宣城)人。宣城古名宛陵,故世称宛陵先生。他以"平淡"的诗风反对西昆体,所作颇多反映民生疾苦。他的名篇《汝坟贫女》,通过一个贫家女子哭诉,深刻地反映出广大人民的悲惨遭遇。他还写了不少山水风景诗,其中《寒草》、《见牧牛人隔江吹笛》、《晚泊观斗鸡》等诗,在平凡的景物或事物中寄寓了深刻的哲理。

苏舜钦(1008~1048年),字子美。梓州铜山(今四川中江)人。他是慷慨、豪迈、积极要求改变现实的诗人,其诗歌也热情奔放,多感慨之作,在《吾闻》中抒发了他梦寐不忘保卫边疆的壮志:"予生虽儒家,气欲吞逆羯。斯时不见用,感叹肠胃热。昼卧书册中,梦过玉关阙。"又如《庆州败》就一次丧师辱国的战役,对主将的怯懦无能和执政者的用人不当作了尖锐的指斥。《己卯冬大寒有感》、《城南感怀呈永叔》、《吴越大旱》等五言长篇,深刻反映了天灾人祸交加、阶级矛盾和民族矛盾交织的社会现象,对广大人民的苦难倾注了同情。在后期,隐居生活局限了他的视野,寄情山水的作品增加。如《初晴游沧浪亭》、《淮中晚泊犊头》、《夏意》等小诗,写得新鲜恬淡。但他"时发愤懑于歌诗,其体豪放,往往惊人"。如"老松偃蹇若傲世,飞泉喷薄如避人"(《越州云门寺》),"况时风怒尚未息,直恐泾渭遭吹翻"(《大风》),想象奇特,借助自然景物形象抒写愤世嫉俗、勃郁不平的情怀,最能体现他的诗歌风格特点。

欧阳修（1007~1072年），字永叔，号醉翁，晚号六一居士。吉州永丰（今属江西）人。欧阳修自称庐陵人，因为吉州原属庐陵郡。欧阳修的诗歌创作也很有特色。他的一些诗反映人民的疾苦，揭露社会的黑暗，如《食糟民》、《答杨子静祈雨长句》。他还在诗中议论时事，抨击腐败政治，如《奉答子华学士安抚江南见寄之作》。其他如《明妃曲和王介甫作》、《再和明妃曲》，表现了诗人对妇女命运的同情，对昏庸误国的统治者的谴责。但他写得更多、也更成功的，是那些抒写个人情怀和山水景物的诗。如《戏答元珍》中的"春风疑不到天涯，二月山城未见花"，《黄溪夜泊》中的"万树苍烟三峡暗，满川明月一猿哀"，《春日西湖寄谢法曹歌》中的"雪消门外千山绿，花发江边二月晴"等，明丽流畅，清新可喜。但他的诗在艺术上主要受韩愈影响，有议论化、散文化的特点。有一些诗说理过多，缺乏生动的形象。欧阳修还善于论诗。在《梅圣俞诗集序》中，他提出诗"穷者而后工"的论点，发展了杜甫、白居易的诗歌理论，对当时和后世的诗歌创作产生过很大的影响。他的《六一诗话》是中国文学史上第一部诗话，以随便亲切的漫谈方式评叙诗歌，成为一种论诗的新形式。

4. 王安石、苏轼、黄庭坚

北宋后期诗人辈出，形成不同的流派。主宰诗坛风气的是王安石、苏轼、黄庭坚三人。他们的诗歌被称为"荆公体"、"东坡体"、"山谷体"。黄庭坚在当时影响尤大，为江西诗派的开创者。

王安石、苏轼、黄庭坚等人都比较重视思想内容，他们写的古体诗，不同程度地有着以文为诗或以议论为诗的习气，这都是接受了欧阳修一派的影响。

王安石的诗歌，不仅数量多，有1500余首，而且很有特色，自成一家。退居江宁以前所写的诗歌，多数属于政治诗。他把自己长期观察、分析社会现实的感受和渴望济世匡俗的抱负写进诗里，主要有《感事》、《河北民》、

《兼并》、《省兵》等。这些作品，密切联系现实人生，内容比较充实；而在艺术上，一般存在着议论过多、形象不够丰满、语言较为生硬等缺点。

王安石以咏史和怀古为题材的诗篇中也颇有传诵之作。如《商鞅》、《贾生》等都有感而发，寓意深刻。历来脍炙人口的《明妃曲》两首，由细致的刻画与精妙的议论结合而成，在令人同情的王昭君的形象上寄托了自己怀才不遇的感触。

王安石晚年退居江宁后诗风转为潇洒清丽，写景抒情小诗有《书湖阴先生壁》："茅檐长扫静无苔，花木成畦手自栽。一水护田将绿绕，两山排闼送青来"、《泊船瓜洲》："京口瓜洲一水间，钟山只隔数重山。春风又绿江南岸，明月何时照我还"等，都是古今公认的佳作。

苏轼（1037~1101年），字子瞻，一字和仲，号东坡居士。四川眉山人。苏轼才气奔放，随物赋形。其诗风格多样。同情人民、关心生产是苏诗的一个突出内容。苏轼在早年即感受到社会上的贫富悬殊，苦乐不均，发出过"但恐城市欢，不知田野怆"（《许州西湖》）的感慨。后来辗转播迁，目睹人民困苦，写了不少"悲歌为黎元"的诗篇。如《和子由闻子瞻将如终南太平宫溪堂读书》、《除夜直都厅因系皆满，日暮不得返舍》、《五禽言》、《鱼蛮子》等。这些诗篇都写得情真言挚、朴实无华，有的还以具体描述，留下了人民悲惨遭遇的真切剪影。

苏轼像（南熏殿旧藏《圣贤画册》）

苏轼的政治讽刺诗，如《李氏园》、《荔枝叹》，都能通过具体事件的描绘，揭露封建统治者为满足个人贪欲享受而不顾百姓死活的罪行。有些政治讽刺诗，其真诚同情人民的思想同不满新法的情绪错综交织，如《吴中田妇叹》、《山村五绝》等。

苏轼的写景咏物诗大都笔意爽健，格调流畅，艺术价值极高，最为脍炙人口。如《新城道中》："东风知我欲山行，吹断檐间积雨声。岭上晴云披絮帽，树头初日挂铜钲。野桃含笑竹篱短，溪柳自摇沙水清。西崦人家应最乐：煮芹烧笋饷春耕"。诗人用清丽的、跳动的诗句美化了普通的农村春景。他的山水诗则着重在自然美的再现，如《饮湖上初晴后雨》："水光潋滟晴方好，山色空蒙雨亦奇。欲把西湖比西子，淡妆浓抹总相宜。"《题西林壁》："横看成岭侧成峰，远近高低各不同。不识庐山真面目，只缘身在此山中。"《惠崇春江晚景》："竹外桃花三两枝，春江水暖鸭先知。蒌蒿满地芦芽短，正是河豚欲上时。"

黄庭坚（1045～1105年），字鲁直，号山谷，又号涪翁，洪州分宁（今江西修水）人。黄庭坚被尊为江西诗派之开创者，写诗标榜杜甫，提倡"无一字无来处"和"夺胎换骨、点石成金"。即或师承前人之辞、或师承前人之意的一种方法，目的是要在诗歌创作中"以故为新"。但过份坚持仿效古人，追求形式，难免走上轻内容、重形式的道路。

黄庭坚

写景、寄识、遣怀、赠答、题画等类抒情诗，最能体现黄庭坚的艺术匠心和独创个性。如古体诗《题竹石牧牛》、《次韵子瞻寄眉山王宣义》，以命意新颖、笔力奇崛见称。七言律绝诗，如《登快阁》写洒脱襟怀，《寄黄几复》写友情，《病起荆江亭即事》咏时事，《雨中登岳阳楼望君山》描摹江南胜景，《过平舆怀李子先》抒发思归情怀，《清明》寄托世事人生的感慨等，大都思致幽远，情趣深浓，能给人以美感享受，是历来深受赞赏的佳篇。

黄庭坚的诗长于点化辞语，锻造句法，如"桃李春风一杯酒，江湖夜雨十年灯"（《寄黄几复》），"心犹未死杯中物，春不能朱镜里颜"（《次韵柳通叟寄王文通》），"鱼游悟世网，鸟语入禅味"（《又答斌老病愈遣闷》），"翩翩佳公子，为政一窗碧"（《咏竹》），都是下字奇警的名句。黄庭坚把杜甫、韩愈偶一为之的拗句、拗律的体制加以发展，大量运用，以音调反常、名法更变的办法，使诗格变得拗峭挺拔。如"酒船渔网归来是，花落故溪深一篙"（《过平舆怀李子先》）；"石吾甚爱之，勿遣牛砺角，牛砺角尚可，牛斗残我竹"（《题竹石牧牛》）。黄庭坚这些避熟就生、翻新出奇的诗法,矫正了晚唐、西昆的熟滑丽靡,形成了以瘦硬峭拔为主调,而兼有老朴沉雄的独特诗风。

5. 江西诗派与陈师道

江西诗派是宋代影响最大、最深远的一个诗歌流派。宋徽宗时吕本中作《江西诗社宗派图》,尊黄庭坚为诗派之祖,下列陈师道等25人,认为这些诗人都是与黄庭坚一脉相承的。其实,这些诗人并不都是江西人,大概吕氏的原意只是因为诗派之祖黄庭坚是江西人,派中诗人又以江西人较多,就取名为江西诗派。宋末方回又把杜甫和黄庭坚、陈师道、陈与义称为江西诗派的"一祖三宗"。

陈师道(1053~1102年),字履常,一字无己,号后山。彭城(今江苏徐州)人。陈师道曾经学习过黄庭坚的诗风,其后就发现"过于出奇,不如杜之遇物而奇也"(《后山诗话》),因而致力于学杜甫。他学杜比较成功的是五七言律诗,例如"岁晚身何托,灯前客未空。半生忧患里,一梦有无中。发短愁催白,颜衰酒借红。我歌君起舞,潦倒略相同"(《除夜对酒赠少章》);"断墙着雨蜗成字,老屋无僧燕作家。剩欲出门追语笑,却嫌归鬓逐尘沙。风翻蛛网开三面,雷动蜂窝趁两衙。屡失南邻春事约,至今容有未开花"(《春怀示邻里》)。前者可以看出他在追步杜诗的句法上所下的工夫,后者则近似杜诗中的遣兴体格。他也有一些感情朴挚的诗,如"极喜不得语,泪尽方一哂"(《示三子》)。

6. 南宋初期其他诗人

陈与义(1090~1138年),字去非,号简斋,洛阳(今属河南)人。江西诗派"三宗"之一。他的诗歌创作,早期以生涩见称。南渡后多抒发家国之痛,苍凉沉郁,转学杜甫诗歌的精神,感时伤事,成为宋代学习杜甫最有成就的诗人之一。其代表作《伤春》:"庙堂无计可平戎,坐使甘泉照夕烽。初怪上都闻战马,岂知穷海看飞龙。孤臣霜发三千丈,每岁烟花一万重。稍喜长沙向延阁,疲兵敢犯犬羊锋。"取题于杜甫的《伤春》诗,倾泻出诗人对国事的关怀,感情沉郁深挚。

曾几(1084~1166年),字吉甫,自号茶山居士,赣州(今江西赣县)人。他写的一些爱国诗篇,表现了伤时感乱、忧国忧民的心怀。如《寓居吴兴》:"相对真成泣楚囚,遂无末策到神州。但知绕树如飞鹊,不解营巢似拙鸠。江北江南犹断绝,秋风秋雨敢淹留?低回又作荆州梦,落日孤云始欲愁。"对北方国土沦丧,当权者又不抵抗表示极大的愤慨。曾几还写过许多描写自然山水、抒发闲适情趣的诗篇,如《三衢道中》:"梅子黄时日日晴,小溪泛尽却山行。绿阴不减来时路,添得黄鹂四五声。"轻快活泼,似不费力而别具韵味。

吕本中、刘子翚、王庭珪等,在时代巨变的推动下,也不同程度地突破了江西诗派理论的羁绊,写了一些反映动乱现实、抒发爱国情怀的诗篇。吕本中诗里最有名的是《兵乱后杂诗》,如其一:"晚逢戎马际,处处聚兵时。后死翻为累,偷生未有期。积忧全少睡,经劫抱长饥。欲逐范仔辈,同盟起义师。"写金兵南下事,抒发诗人的报国心愿。刘子翚的《汴京纪事》,写汴京被金兵攻占后,诗人回想和想象沦陷前后的情景和自己的感想。如其一:"帝城王气杂妖氛,胡虏何知屡易君。犹有太平遗老在,时时洒泪向南云。"着重表现遗民怀念故国、渴望光复的痛苦心情。王庭珪在《送胡邦衡之新州贬所二首》里,褒彰忠良,痛斥奸佞,脍炙人口。

民族英雄岳飞流传下来的诗很少,但却充满了爱国激情。如《送紫岩张先生北伐》:"号令风霆迅,天声动北陬。长驱渡河洛,直捣向燕幽。马蹀阏氏血,旗枭可汗头。归来报明主,恢复旧神州。"写得略无雕饰,直抒胸臆,显现了他的英雄气概和武将本色。他的《池州翠微亭》:"经年尘土满征衣,特特寻芳上翠微。好山好水看不足,马蹄催趁月明归。"诗人把自己的戎马生活和祖国大好河山从感情上联系起来,充分展示了诗人对祖国的深厚情谊。

7. "南宋四大家"

方回《跋遂初尤先生尚书诗》:"宋中兴以来,言诗必曰尤、杨、范、陆。"他们被称为"南宋四大家",代表了宋代诗歌第二个最繁荣的时期。

(一)尤袤

尤袤(1127~1194年),字延之,自号遂初居士。无锡(今江苏无锡)人。其代表作为《淮民谣》,写重赋扰民:"驱东复驱西,弃却锄与犁;无钱买刀剑,典尽浑家衣","流离重流离,忍冻复忍饥","死者积如麻,生者能几口!"这是他任泰兴令时为民请命之作。

（二）杨万里

杨万里（1127~1206年），字廷秀，吉州吉水（今属江西）人。南宋名将张浚曾以"正心诚意"四字相勉，因而自名书室为"诚斋"，世称诚斋先生。其诗以构思新巧，语言通俗明畅而自成一家，时人称为杨诚斋体。

杨万里的诗作甚丰，大多数是写景咏物和表现日常生活情趣之作。取材平凡随意，不假雕饰，自然生动，活泼灵巧。如《晓出净慈寺送林子方》："毕竟西湖六月中，风光不与四时同。接天莲叶无穷碧，映日荷花别样红。"纯用口语，随意画出了六月夏日西湖特有的美景。又如《闲居初夏午睡起》："梅子留酸软齿牙，芭蕉分绿与窗纱。日长睡起无情思，闲看儿童捉柳花。"将诗人初夏午睡起床时那种闲适自在的懒洋洋的情态活灵活现地描绘出来。诚斋写景小诗，最善于表现动态之美。如《小池》："泉眼无声惜细流，树阴照水爱晴柔。小荷才露尖尖角，早有蜻蜓立上头。"

杨万里写过一些反映当时民族矛盾和抒发爱国情感的诗篇，最有名的是《初入淮河四绝句》，如其一："船离洪泽岸头沙，人到淮河意不佳。何必桑乾方是远，中流以北即天涯!"其四："中原父老莫空谈，逢着王人诉不堪。却是归鸿不能语，一年一度到江南。"淮河流域，原为宋朝版图，如今淮河成了宋金疆界，中流以北，即是天涯，南北人民，失去了往来的自由。诗人抚今追昔，百感丛集，即景抒怀，比兴互陈，达到了他所追求的"诗已尽而味方永"（《诚斋诗话》）的艺术境界。杨诗中还有一些反映人民疾苦的作品，如《竹枝歌》七首写舟人纤夫雨夜行船："幸自通宵暖更晴，何劳细雨送残更？知侬笠漏芒鞋破，须遣拖泥带水行!"对辛苦劳役的下层人民表示关切。

杨万里喜欢向民歌学习，从中汲取了不少营养，有些作品简直就是民歌的情调。如《竹枝歌》："月子弯弯照几州，几家欢乐几家愁。愁杀人来关月事，得休休去且休休。"

（三）范成大

范成大（1126~1193年），字致能，号石湖居士。吴郡（今江苏苏州）人。为官政声颇著。晚年隐居石湖，以诗酒自娱。

范成大

范成大的诗,以反映农村社会生活图景的作品成就最高。他写过不少直接反映民间疾苦的现实主义诗篇,如《催租行》描述了农民输租完毕后,吏胥上门勒索的情景。后又写下了著名的《后催租行》,诗作对南宋赋敛之重、官吏煎逼之酷和百姓受难之深作了形象的描绘。范成大晚年作的组诗《四时田园杂兴》,是他田园诗的代表作品,这60首七言绝句分别描绘了春、夏、秋、冬四季不同的田园情景,凡农家生活环境、季节气候、风土民俗、耕织、收获及苦难与欢乐等,都得到了真切生动的展现。"蝴蝶双双入菜花,日长无客到田家。鸡飞过篱犬吠窦,知有行商来买茶。""昼出耘田夜绩麻,村庄儿女各当家。童孙未解供耕织,也傍桑阴学种瓜。"作者用平易如话的语言描绘出了一幅幅农家耕织图。这一组诗对南宋以后的田园诗产生了很大的影响。

范成大是一位具有强烈爱国思想的诗人。他早在未官时,就写过"莫把江山夸北客,冷云寒水更荒凉"(《秋日二绝》)的名句,对南宋小朝廷向金国使者夸耀残山剩水的昏聩行径予以批评。此后的许多作品,如《胭脂井》、《合江亭》等,都是借描写山川形胜,抒发爱国情怀的佳作。出使金国时写的七十二首七绝,更是集中地表现了他的爱国思想。"平地孤城寇若林,两公犹解障妖祲。大梁襟带洪河险,谁遣神州陆地沉?"(《双庙》)"州桥南北是天街,父老年年等驾回。忍泪失声询使者,几时真有六军来?"(《州桥》)这些诗篇通过题咏沦陷区的山川古迹,谴责了宋朝统治者的昏庸误国,为中原父老传达了盼望收复失地的心声。

(四)陆游

陆游(1125~1210年),字务观,号放翁。越州山阴(今浙江绍兴)人。他是一位创作特别丰富的诗人,作品将近万首。题材十分广阔,其中最突出的部分是忧国、爱民、誓死抗战的爱国诗歌。如《金错刀行》:"黄金错刀白玉装,夜穿窗扉出光芒。丈夫五十功未立,提刀独立顾八荒。京华结交尽奇士,意气相期共生死。千年史策耻无名,一片丹心报天子。尔来从军天汉滨，南山晓雪玉嶙峋。呜呼！楚虽三户能亡秦，岂有堂堂中国空无人！"感情激昂，气概宏肆，像黄钟大吕一般地震撼着人心。由于诗人的"一片丹心"始终得不到报国的机会，因此在他的诗篇中常常在激昂的声调中又鸣响着悲怆的音弦。如《书愤》："早岁那知世事艰，中原北望气如山。楼船夜雪瓜州渡，铁马秋风大散关。塞上长城空自许，镜中衰鬓已先斑。出师一表真名世，千载谁堪伯仲间。"在《十一月四日风雨大作》里，诗人表达了生命不息、战斗不止的抗金决心："僵卧荒村不自哀，尚思为国戍轮台。夜阑卧听风吹雨，铁马冰河入梦来。"

陆游

陆游诗中对中原的土地和人民有着深挚的眷恋，如《秋夜将晓出篱门迎凉有感》其二："三万里河东入海，五千仞岳上摩天。遗民泪尽胡尘里，南望王师又一年！"尤其感人至深的，是他的临终绝笔，传诵千古的《示儿》："死去元知万事空，但悲不见九州同。王师北定中原日，家祭无忘告乃翁。"这首诗是他生命终点所爆发出的爱国火花，也可看作他一生爱国思想及诗歌的结晶。

陆游还有很多别具风采的诗，或抒发生活中感情，或描写山川风物，呈现着自然流畅而又清新俊逸的风格。如《游山西村》："莫笑农家腊酒浑，丰年留客足鸡豚。山重水复疑无路，柳暗花明又一村。箫鼓追随春社近，衣冠简朴古风存。从今若许闲乘月，拄杖无时夜叩门。"诗篇生动描画出一幅色彩明丽的农村风光，对淳朴的农村生活习俗，流溢着喜悦的、挚爱的感情。又如《剑门道中遇微雨》："衣上征尘杂酒痕，远游无处不消魂。此身合是诗人未？细雨骑驴入剑门。"表现出诗人善于即景生情地发掘生活中的诗意。再如《沈园》其一："城上斜阳画角哀，沈园非复旧池台，伤心桥下春波绿，曾是惊鸿照影来。"回忆与发妻唐琬沈园相逢之事，悲伤之情充溢楮墨之间。

8. 四灵诗派和江湖诗人

南宋后期的四位诗人：徐玑、徐照、翁卷、赵师秀，因为他们的字或号都有一个"灵"字,又同为永嘉(今浙江温州)人,作诗的风格大抵相同,故时人称之为"永嘉四灵"或"四灵诗派"。他们以唐朝诗人贾岛和姚合为楷模,注重律诗,专门在形式技巧格律上下功夫,刻意雕琢,斤斤计较于声韵平仄和字句的锤炼。诗的内容却狭窄琐碎,思想也淡薄浮浅。他们反对江西诗派"以学问为诗","无一字无来历"的创作方法,往往能以清刻精致的语言描写出平常的景物,虽无多大成就,但在抗击江西诗派的诗风上略有建树。如赵师秀《约客》:"黄梅时节家家雨,青草池塘处处蛙。有约不来过夜半,闲敲棋子落灯花。"翁卷《野望》:"一天秋色冷晴湾,无数峰峦远近间。闲上山来看野水,忽于水底见青山。"字句精炼工巧,虽经精心刻画而能不露雕琢之痕。

继四灵诗派以后,在南宋诗坛上活跃一时的是江湖诗人。江湖派以临安的一个书商陈起刻的《江湖集》而得名。这派诗人多落第之士和流浪江湖者。成就较高者有戴复古、刘克庄、方岳。

戴复古(1167~1252年?),字式之,号石屏,天台黄岩(今属浙江黄岩县)人。终身布衣,长期浪迹江湖,晚年归隐于故乡南塘石屏山下。他写过一些议论朝政国事和关心民间疾苦的诗作,如《频酌淮河水》:"有客游濠梁,频酌淮河水。东南水多咸,不如此水美。春风吹绿波,郁郁中原气。莫向北岸汲,中有英雄泪。"还有《江阴浮远堂》等诗,都是眷念中原失地,渴望祖国统一和指斥朝廷苟安的力作。而《庚子荐饥》、《织妇叹》等诗则反映人民的痛苦生活,谴责统治阶级的残暴与虚伪。这些作品可说是继承了陆游创作的精神,笔致俊爽,清新自然。除反映社会现实之外,其描写自然风景和抒发个人生活感受的诗也有一定成就。如《江村晚眺》之一:"江头落日照平沙,潮退渔船阁岸斜。白鸟一双临水立,见人惊起入芦花。"写江村晚景,极有妙趣。

刘克庄(1187~1269年),字潜夫,号后村居士,莆田(今属福建)人。他是江湖诗人中成就最高者,其诗雄伟豪放,喜用"奇对","好对偶"。南宋后期,政治更加黑暗,国势江河日下,金人占领的淮河以北地区始终不曾收复,又逐渐受到崛起漠北的蒙古的入侵。作为一个关心祖国命运而又在政治上屡受打击的诗人,他只有"夜窗和泪看舆图"(《感昔二首》),感慨

"书生空抱闻鸡志"(《瓜洲城》)。他有不少诗歌抒发忧时的孤愤,如《有感》、《冶城》、《扬州作》等。

方岳(1199~1262年),字巨山,号秋崖。祁门(今安徽祁门)人。其诗多反映他罢职乡居时的心情和感慨,如在《感怀》诗中写道:"宦情已矣随流去,老色苍然上面来。已惯山居无历日,不知人世有公台。"由此可见其心境之一斑。他的一些描写农村、自然景色的小诗,清淡自然。如《农谣》:"漠漠余香着草花,森森柔绿长桑麻。池塘水满蛙成市,门巷春深燕作家。"

列为江湖诗人者还有很多,其中叶绍翁的《游园不值》:"应怜屐齿印苍苔,小扣柴扉久不开。春色满园关不住,一枝红杏出墙来。"历来为人们所传诵。

9. 文天祥和宋末爱国诗人

宋亡前后的代表诗人,有文天祥、谢枋得、郑思肖、林景熙、谢翱、汪元量等人。他们有的投身抗元斗争,被执不屈,壮烈牺牲;有的转徙流离,悲歌慷慨。他们写南宋灭亡前后的情况,写他们的斗争经历或"麦秀"、"黍离"之思,被目为"诗史"。他们尤以沉郁悲壮的诗篇,为宋代诗坛增添了最后的光彩。

文天祥(1236~1283年),字履善,一字宋瑞,号文山。吉州庐陵(今江西吉安)人。在与元军的战斗中,兵败被俘,最后从容就义。其诗多写时事,直抒胸臆,充溢着民族气节与战斗意志,慷慨悲壮,极为感人。他的代表作《正气歌》是一首光华灿烂的诗篇。诗中充满了浩然正气,表现出诗人坚贞的民族气节,威武不能屈、富贵不能淫的战斗精神以及生死不渝的崇高信念。又如《过零丁洋》:"辛苦遭逢起一经,干戈寥落四周星。山河破碎风飘絮,身世浮沉雨打萍。惶恐滩头说惶恐,零丁洋里叹零丁。人生自古谁无死,留取丹心照汗青!"最后两句大义凛然,悲壮慷慨,更是历来人们争相传诵的名句。

谢枋得(1226~1289年),字君直,号迭

文天祥

山,弋阳(今江西弋阳)人。宋亡,绝食死。其诗多感时怀旧,沉痛悲凉。如《武夷山中》:"十年无梦得还家,独立青峰野水涯。天地寥寂山雨歇,几生修得到梅花。"诗篇以高洁绝俗的梅花象征诗人不与世俗浮沉的崇高品质。

郑思肖(1241~1318年),连江(今属福建)人。原名不详,宋亡后改名思肖,表示思念赵宋,取"肖"从"赵"之意。字忆翁,表示不忘故国;号所南,表示以"南"为"所";名住地为"本穴世界",移"本"字之"十"置"穴"中,即"大宋"。日常坐卧,也要向南背北。他擅长作墨兰,花叶萧疏而不画根土,意寓宋土地已被掠夺。其诗多以怀念故国为主题,表现了忠于赵宋的坚贞气节,如《寒菊》的"宁可枝头抱香死,何曾吹落北风中"。又如《二砺》:"愁里高歌梁公吟,犹如金玉夏商音。十年勾践亡吴计,七日包胥哭楚心。秋送新鸿哀破国,昼行饥虎啮空林。胸中有誓深于海,肯使神州竟陆沉?"沉痛深切,一腔爱国热情溢于言表。

林景熙(1242~1310年),字德阳,一作德旸,号霁山。温州平阳(今浙江平阳)人。其诗亦多追念故国之作,情绪悲凉,委婉曲折。如《山窗新糊有故朝封事稿阅之有感》:"偶伴孤云宿岭东,四山欲雪地炉红。何人一纸防秋疏,却与山窗障北风!"触景生情,借景写怀,沉郁苍凉,感人至深。七古《读文山集》则悲壮激楚,正气凛然,如结尾写道:"书生倚剑歌激烈,万壑松声助幽咽。世间洒泪儿女别,大丈夫心一寸铁!"

谢翱(1249~1295年),字皋羽、皋父,号晞发子,长溪(今福建霞浦)人。其诗沉郁哀伤,如《书文山卷后》:"魂飞万里程,天地隔幽明。死不从公死,生如无此生。丹心浑未化,碧血已先成。无处堪挥泪,吾今变姓名。"诗人抒发对文天祥殉国的深切哀悼之情。

汪元量(1241~1317年后),字大有,号水云。钱塘(今浙江杭州)人。本为宫廷琴师,后为道士。其诗多为反映南宋亡国前后本人见闻,《湖州歌》、《越州歌》、《醉歌》是汪元量"诗史"的代表作。

二、宋词

宋代是长短句歌词繁荣兴盛的时代。文学史上,词以宋称,体现了宋词作为一代文学的重要地位。

词在北宋时期的发展大致经历了三个阶段。第一个阶段，晏殊、张先、晏几道、欧阳修等人承袭"花间"余绪，为由唐入宋的过渡；第二个阶段，柳永、苏轼在形式与内容上所进行的新的开拓以及秦观、贺铸等人的艺术创造，促进宋词出现多种风格竞相发展的繁荣局面；第三个阶段，周邦彦在艺术创作上的集大成，体现了宋词的深化与成熟。

1. 晏殊、晏几道与欧阳修

晏殊（991~1055年），字同叔，抚州临川（今江西临川）人。位居宰相，一生显贵。他的文章赡丽，诗词闲雅有情致。今存《珠玉词》百余首，内容主要反映他本人的清愁雅兴、诗酒生活。如《浣溪沙》："一曲新词酒一杯，去年天气旧亭台，夕阳西下几时回？无可奈何花落去，似曾相识燕归来，小园香径独徘徊。"这是一首感伤春残，痛失年华之作。词中抒发了作者难以排遣的闲愁暗恨，似无多大积极意义。然其和婉隽雅的境界，凝炼自然的语言，使人感到闲适恬美。又如《蝶恋花》："槛菊愁烟兰泣露，罗幕轻寒，燕子双飞去，明月不谙离恨苦，斜光到晓穿朱户。昨夜西风凋碧树，独上高楼，望尽天涯路。欲寄彩笺无尽素，山长水阔知何处？"词的内容无非是离愁别恨，但其风格却不同于晚唐五代，亦即写景物不秾艳，写秋意不凄凉，写相思不纤弱。

晏几道是晏殊的第七子，字叔原。有《小山词》。其词带有较多的感伤气息和诚挚感情，在抒情的深度和表现手法上发展了词的婉约风格。如《临江仙》："梦后楼台高锁，酒醒帘幕低垂，去年春恨却来时。落花人独立，微雨燕双飞。记得小苹初见，两重心字罗衣，琵琶弦上说相思。当时明月在，曾照彩云归。"这是一首怀念情人之词，写得凄婉动人。

欧阳修是北宋古文运动的倡导者，他认为诗、文是用来载道、述志的，因此力戒浮艳，而词则是专为言情的，所以在其《六一词》里多写士大夫的闲情逸致，格调清丽俊朗，题材也较广泛。其代表作，如《踏莎行》："候馆梅残，溪桥柳细，草熏风暖摇征辔。离愁渐远渐无穷，迢迢不断如春水。寸寸柔肠,盈盈粉泪,楼高莫近危阑倚。平芜尽处是春山,行人更在春山外。"上片写行人在旅途的离愁,下片写想象中家室的离愁,两地相思,一种情怀。而且用春水喻愁,春山骋望,贴合人物心境,构成清丽的词境,起到较强的艺术效果。又如《蝶恋花》:"庭院深深深几许?杨柳堆烟,帘幕无重数。玉勒雕鞍游冶处,楼高不见章台路。雨横风狂三月暮,门掩黄昏,无计留春住。泪眼问花花不语,乱红飞过秋千去。"写的是感伤春残、追念旧游的寂寞情怀。全篇感情凄婉,音调悲凉。特别是,以花之无情,衬托人的凄凉,更是达到了情景交融的境界。再如一首小词《生查子·元夕》:"去年元夜时,花市灯如昼。月上柳梢头,人约黄昏后。今年元夜时,月与灯依旧。不见去年人,泪湿春衫袖。"语言平淡,风味隽永。

欧阳修又有一组咏颍州西湖的《采桑子》词,表现了词人流连山水的洒脱情怀和描写自然景物的疏隽风格。如"轻舟短棹西湖好,绿水逶迤,芳草长堤,隐隐笙歌处处随。无风水面琉璃滑,不觉船移,微动涟漪,惊起沙禽掠岸飞。"又如"群芳过后西湖好,狼籍残红,飞絮蒙蒙,垂柳阑杆尽日风。笙歌散尽游人去,始觉春空,垂下帘栊,双燕归来细雨中。"

2. 西昆体张先与范仲淹

张先(990~1078年),字子野,乌程(今浙江湖州市)人。以词名世,有《安陆词》。其词多写诗酒生涯及花香月色,如《天仙子》:"水调数声持酒听,午醉醒来愁未醒。送春春去几时回?临晚镜,伤流景,往事后期空记省。沙上并禽池上暝,云破月来花弄影。重重帘幕密遮灯,风不定,人初静,明日落红应满径。"

张先词在艺术上的一个重要特征是,善于以工巧之笔表现一种朦胧的美。他以善于用"影"字著名。这些"影"字句,往往动中显静,以朦胧飘忽的景物反映出幽冷宁谧的意境。他自己也很得意于《天仙子》中的"云破月来花弄影"、《归朝欢》中的"娇柔懒起,帘压卷花影"、《剪牡丹》中的"柳径无人,堕飞絮无影",因而自称"张三影"。

范仲淹的词仅存五首,却大都脍炙人口。其中《渔家傲》:"塞下秋来风景异,衡阳雁去无留意。四面边声连角起,千嶂里,长烟落日孤城闭。浊酒一杯家万里,燕然未勒归无计。羌管悠悠霜满地。人不寐,将军白发征夫泪。"境界壮阔,风格苍凉,突破了唐末五代词的绮靡风气。又如《苏幕遮》:"碧云天,黄叶地,秋色连波,波上寒烟翠。山映斜阳天接水,芳草更在斜阳外。黯乡魂,追旅思,夜夜除非,好梦留人睡。明月楼高休独倚,酒入愁肠,化作相思泪。"上片由物(碧云、黄叶和一切秋声、秋光)及人,触景兴怀。下片直抒胸臆,以率真之语言情。道尽乡思离情,始终无法排解的羁旅情怀。

3. 柳永

柳永,宋代第一个专力写词的作家。原名三变,字耆卿,福建崇安人。其生卒年未见史籍明载。他在词史上的贡献有两个方面:其一,他是长调(慢词)的倡导者。其二,他用俗语填入词中。

柳永的词在内容与艺术上,都有一定的开创性。五代词题材狭窄,以艳情为主。而柳词出现了较为宽广的社会内容:其羁旅行役词,反映了怀才不遇、为衣食所役的悲愤,流露出厌倦宦游生活、否定功名利禄的思想。他的男女爱情词,以比较平等的身份互相怜惜的感情,描写歌伎的飘零生活和不幸命运。其都市写真词,以写实的笔调,铺陈的手法,反映帝都的壮丽和都市的繁华。

柳永的名篇首推《雨霖铃》:"寒蝉凄切,对长亭晚,骤雨初歇。都门帐饮无绪,留恋处,兰舟催发。执手相看泪眼,竟无语凝噎。念去去、千里烟波,暮霭沉沉楚天阔。多情自古伤离别,更那堪、冷落清秋节。今宵酒醒何处?杨柳岸晓风残月。此去经年,应是良辰好景虚设。便纵有千种风情,更与何人说。"上片写难舍难分,依依惜别的场面,谐婉凄恻的音律、沉重顿挫的语言、铺叙与白描的表现手法,把离别的情、景,交织成一片词境。下片写别时的痛苦,以向晚的冷落秋色,衬托词人难以排解的离愁别恨。情调感伤,音律低沉。这首词既有慢词的情事分明、语言浅畅的特点;又保留了小令的凄婉含蓄、余味不尽的本色。另一首《八声甘州》:"对潇潇暮雨洒江天,一番洗清秋。渐霜风凄紧,关河冷落,残照当楼。是处红衰翠减,苒苒物华休。惟有长江水,无语东流。不忍登高临远,望故乡渺邈,归思难收。叹年来踪迹,何事苦淹留?想佳人、妆楼颙望,误几回、天际识归舟。争知我、倚阑干处，正恁凝愁！"通过萧瑟秋景的极力渲染，佳人凝望的曲折描写，抒发了词人自己一生"单栖踪迹"的苦况和"多感情怀"的无法排遣。词里笼罩着浓重的感伤悲凉的情调。

柳永的男女情词有两类。一类以现实主义之笔，描摹妓女的心思和神态。另一类则以诗化了的女性，寄托词人的内心和品格。如意境深美的《凤栖梧》："独倚危楼风细细，望极离愁，黯黯生天际。草色山光残照里。无人会得凭阑意。也拟疏狂图一醉，对酒当歌，强乐还无味。衣带渐宽终不悔。为伊消得人憔悴。"

柳永的都市写真词在他那个时代是绝无仅有的。他有《倾杯乐》、《透碧宵》二词描写汴京，《木兰花慢》、《瑞鹧鸪》二词描写苏州。而为人传诵的《望海潮》词则专写杭州和西湖的秀丽风光和都市生活的富庶景象："东南形胜，三吴都会，钱塘自古繁华。烟柳画桥，风帘翠幕，参差十万人家。云树绕堤沙，怒涛卷霜雪，天堑无涯。市列珠玑，户盈罗绮，竞豪奢。重湖迭巘清嘉，有三秋桂子，十里荷花。羌管弄晴，菱歌泛夜，嬉嬉钓叟莲娃。千骑拥高牙。乘醉听箫鼓，吟赏烟霞。异日图将好景，归去凤池夸。"

4. 苏轼

苏轼突破词必香软的樊篱，创作了一批风貌一新的词章，为词体的长足发展开拓了道路。

首先，苏轼开创了豪放派的词风。如被誉为千古绝唱的《念奴娇·赤壁怀古》："大江东去，浪淘尽、千古风流人物。故垒西边，人道是、三国周郎赤壁。乱石崩云（崩云或作穿空），惊涛裂岸（裂或作拍），卷起千堆雪。江山如画，一时多少豪杰！遥想公瑾当年，小乔初嫁了，雄姿英发。羽扇纶巾，谈笑间、强虏（强虏或作樯橹）灰飞烟灭。故国神游，多情应笑我，早生华发。人生如梦，一尊还酹江月。"历来被认为是苏轼豪放词的代表作。词的开头将长江滚滚东逝与历代英才的更迭联结起来，接着描绘出赤壁这个古战场雄奇壮阔的景象，引出了下阕对少年英雄周瑜的赞美，从而寄托了自己报国振邦的渴望。表达同一思想的《江城子·密州出猎》："老夫聊发少年狂，左牵黄，右擎苍，锦帽貂裘，千骑卷平冈。为报倾城随太守，亲射虎，看孙郎。酒酣胸胆尚开张，鬓微霜，又何妨！持节云中，何日遣冯唐？

会挽雕弓如满月,西北望,射天狼。"词人以健笔刻画英气勃勃的人物形象,来寄托立功报国的壮志豪情。再如因时怀人之作《水调歌头》:"明月几时有?把酒问青天。不知天上宫阙,今夕是何年?我欲乘风归去,又恐琼楼玉宇,高处不胜寒。起舞弄清影,何似在人间!转朱阁,低绮户,照无眠。不应有恨,何事长向别时圆?人有悲欢离合,月有阴晴圆缺,此事古难全。但愿人长久,千里共婵娟。"格高,境大,色彩新鲜,笔触又明快、又飞扬、又沉着,这便是苏轼豪放词的特点。

其次,苏轼词风呈现出多样化的特色,除了"大江东去"一类壮丽词外,另一些作品,或清旷奇逸,或清新隽秀,或婉媚缠绵,都各具风韵。如《江城子·乙卯正月二十日夜记梦》:"十年生死两茫茫。不思量,自难忘。千里孤坟,无处话凄凉。纵使相逢应不识,尘满面,鬓如霜。夜来幽梦忽还乡。小轩窗,正梳妆。相顾无言,惟有泪千行。料得年年肠断处,明月夜,短松冈。"悼念亡妻,一往情深。

《浣溪沙》五首,以清新隽秀的语言,生动地描绘了农村生产和生活小景,描绘了黄童、白叟、采桑姑、缫丝娘、卖瓜人等各式各样的农村人物,为读者提供了一组洋溢着浓郁生活气息的农村风俗画。如《浣溪沙》之四:"薜薜衣巾落枣花,村南村北响缫车,牛衣古柳卖黄瓜。酒困路长惟欲睡,日高人渴谩思茶,敲门试问野人家。"以朴实、清新、准确、传神的笔触,描绘了农村初夏的特有景色。

《鹧鸪天》:"林断山明竹隐墙,乱蝉衰草小池塘。翻空白鸟时时见,照水红蕖细细香。村舍外,古城旁,杖藜徐步转斜阳。殷勤昨夜三更雨,又得浮生一日凉。"以轻松的笔调,跳荡的节奏,抒写了东坡一带的田园风光和美丽的自然景色,真切而诚挚地表现了词人身处逆境而毫无芥蒂的豁达心情。

《蝶恋花》:"花褪残红青杏小。燕子飞时,绿水人家绕。枝上柳绵吹又少,天涯何处无芳草!墙里秋千墙外道。墙外行人,墙里佳人笑。笑渐不闻声渐悄,多情却被无情恼。"写佳人的欢笑搅动了墙外行人的春愁,风情妩媚动人。但此词并非无聊伤春之作,而是寄寓着作者仕途失意、怀才不遇的恼恨心情。

《沁园春》:"孤馆灯青,野店鸡号,旅枕梦残。渐月华收练,晨霜耿耿;云山摛锦,朝露漙漙。世路无穷,劳生有限,似此区区长鲜欢。微吟罢,凭征鞍无语,往事千端。当时共客长安,似二陆初来俱少年。有笔头千字,胸中万卷;致君尧舜,此事何难。用舍由时,行藏在我,袖手何妨闲处看。身长健,但优游卒岁,且斗尊前。"以议论入词,直抒胸臆,表现致君尧舜的政治抱负。用词写政论,这是词史上的创举,也是苏轼革新词体、转变词风的体现。

其他如《卜操作数》:"缺月挂疏桐,漏断人初静。谁见幽人独往来?缥缈孤鸿影。惊起却回头,有恨无人省。拣尽寒枝不肯栖,寂寞沙洲冷(或作枫落吴江冷)。"写贬谪后孤高自赏,不肯随人俯仰的情绪。又如《满江红》:"江汉西来,高楼下,葡萄深碧。犹自带:岷峨雪浪,锦江春色。君是南山遗爱守,我为剑外思归客。对此间,风物岂无情,殷勤说。《江表传》,君休读;狂处士,真堪惜。空洲对鹦鹉,苇花萧瑟。独笑书生争底事,曹公黄祖俱飘忽。愿使君、还赋谪仙诗,追《黄鹤》。"即景怀古,用祢衡的遭遇暗寓愤懑不平的感慨。再如《定风波》:"莫听穿林打叶声,何妨吟啸且徐行。竹杖芒鞋轻胜马,谁怕?一蓑烟雨任平生。料峭春风吹酒醒,微冷,山头斜照却相迎。回首向来萧瑟处,归去,也无风雨也无晴。"借日常生活小事,反映不畏坎坷、泰然自处的生活态度。这些词作都是很有个性特色的。可以说,凡能写进诗文中的生活内容,苏轼都可以用词来表达。

5. 苏门词人秦观

苏轼过世后,最有名者为"苏门四学士",即黄庭坚、张耒、晁补之和秦观。其中秦观以词名家,在词的艺术上表现了更多的特色与独创性。

秦观(1049~1100年),字少游,一字太虚,号邗沟居士,学者称淮海先生,江苏高邮人。他是北宋以后几百年被视为词坛第一流的正宗婉约作家。

秦观像(南薰殿旧藏《圣贤画册》)

秦词以描写男女恋情和哀叹本人不幸身

世为主,感伤色彩较为浓重。他极善于把男女的思恋怀想、悲欢离合之情,同个人的坎坷际遇自然地结合在一起,运用含蓄的手法、淡雅的语言,通过柔婉的乐律、幽冷的场景、鲜明新颖的形象,抒发出来,达到情韵兼胜,回味无穷。所作《满庭芳》:"山抹微云,天连衰草,画角声断谯门。暂停征棹,聊共引离尊。多少蓬莱旧事,空回首、烟霭纷纷。斜阳外,寒鸦万点,流水绕孤村。销魂。当此际,香囊暗解,罗带轻分。谩赢得青楼薄幸名存。此去何时见也,襟袖上、空惹啼痕。伤情处,高城望断,灯火已黄昏。"词人把离情放在一个凄迷幽暗的特定环境中来抒写,以素描笔法勾勒景物,以抒情色彩很浓的感慨之语,绘出了一幅精巧工致、情韵兼胜的送别画面。他写的爱情词篇,爽健开朗,思想境界很高。如《鹊桥仙》:"纤云弄巧,飞星传恨,银汉迢迢暗度。金风玉露一相逢,便胜却人间无数。柔情似水,佳期如梦,忍顾鹊桥归路!两情若是长久时,又岂在朝朝暮暮。"词中歌颂了天上牛郎织女爱情的真挚与坚贞,从中透露了词人的不满现实和向往幸福的心意。此外如《望海潮》:"梅英疏淡,冰澌溶泄,东风暗换年华。金谷俊游,铜驼巷陌,新晴细履平沙。长忆误随车。正絮翻蝶舞,芳思交加。柳下桃蹊,乱分春色到人家。西园夜饮鸣笳,有华灯碍月,飞盖妨花。兰苑未空,行人渐老,重来是事堪嗟。烟暝酒旗斜,但倚楼极目,时见栖鸦。无奈归心,暗随流水到天涯。"词人伤今追昔,失意思归,其盛衰之感,不难体会。

秦观曾远徙彬州,他将放逐生活、飘零心情、悲愤感情寄托在一首《踏莎行》上:"雾失楼台,月迷津渡,桃源望断无寻处。可堪孤馆闭春寒,杜鹃声里斜阳暮。驿寄梅花,鱼传尺素,砌成此恨无重数。郴江幸自绕郴山,为谁流下潇湘去?"又如《千秋岁》:"水边沙外,城郭春寒退,花影乱,莺声碎。飘零疏酒盏,离别宽衣带。人不见,碧云暮合空相对。忆昔西池会:鹓鹭同飞盖。携手处,今谁在?日边清梦断,镜里朱颜改。春去也,飞红万点愁如海。"哀感顽艳,幽婉动人,都是辞情相称的本色词。词人也向往着避世的"桃源",有一首《好事近·梦中作》:"春路花添雨,花动一山春色;行到小桥深处,有黄鹂千百。飞云当面化龙蛇,夭矫转空碧,醉卧古藤阴下,了不知南北。"而另一首《清平乐》则词意明白流畅,以新颖意境见长:

"春归何处，寂寞无行路。若有人知春去处，唤取归来同住。春无踪迹谁知？除非问取黄鹂。百啭无人能解，因风吹过蔷薇。"

6. 贺铸与周邦彦

贺铸（1052~1125年），字方回。卫州（今河南汲县）人。唐贺知章后裔，自号庆湖（即镜湖）遗老。任侠喜武，不事权贵。因尚气使酒，终生不得美官，悒悒不得志。晚年更对仕途灰心，退而定居苏州。家有藏书万余卷，手自校雠，以此终老。著有《东山词》（又名《东山寓声乐府》）。贺铸诗、词、文皆善。其词刚柔兼济，风格多样，其中以深婉丽密之作为最多。他的许多描写恋情的词，写得婉转多姿，饶有情致。如名作《青玉案》："凌波不过横塘路，但目送、芳尘去。锦瑟华年谁与度？月桥花院，琐窗朱户，只有春知处。飞云冉冉蘅皋暮，彩笔新题断肠句。试问闲情都几许？一川烟草，满城风絮，梅子黄时雨。"辞藻工丽，即景抒情，写自己爱情上的失意"断肠"。特别是结尾处接连使用三个巧妙的比喻：烟草、风絮、梅雨，形象新颖鲜明而脍炙人口，以致有"贺梅子"之称。

贺铸有少数词能越出恋情闺思的范围，而着力抒写个人的身世经历和某些社会现实。如《鹧鸪天》："重过阊门万事非，同来何事不同归？梧桐半死清霜后，头白鸳鸯失伴飞。原上草，露初晞，旧栖新垄两依依。空床卧听南窗雨，谁复挑灯夜补衣。"这是一首悼亡词，最后两句既描写了当初夫妇的深情，又表现了今日物是人非的悲哀，虽然对自己的心情不着一笔，但字里行间却充满着血泪。

周邦彦（1057~1121年），字美成，晚号清真居士，钱塘（今浙江杭州）人。博学多才，精通音律。著有《清真词》（又名《片玉词》）。周邦彦是北宋婉约词的集大成者。其词以羁旅闲愁、离别相思等题材为多。长于铺叙，善于琢句，言情委婉，状物工巧，语言秾丽，风格典雅，格律精审，时誉甚高。他的写景词，清新淡雅，富有美感，多有精品，如《苏幕遮》："燎沈香，消溽暑。鸟雀呼晴，侵晓窥檐语。叶上初阳干宿雨、水面清圆，一一风荷举。故乡遥，何日去？家住吴门，久作长安旅。五月渔郎相忆否？小楫轻舟，梦入芙蓉浦。"上片写初夏朝阳下的新荷，下片写思归及归梦，而小船荡入荷花的描写则与上片相连，为游子的乡思带来生动自然的美丽色彩。

周邦彦的作品中有许多是以写景抒情的方法叙述故事,因为述事,有时不得不重现当时对话,不但使境界重现,而且使气氛重现。如《少年游》:"朝云漠漠散轻丝,楼阁淡春姿。柳泣花啼,九街泥重,门外燕飞迟。而今丽日明金屋,春色在桃枝。不似当时,小楼冲雨,幽恨两人知。"一首小令写两个故事,中间只用"而今丽日明金屋"一句联系起来,使前后两个故事——亦即两种境界作为比较,重新追忆第一个故事中的情调。

周邦彦词作又多创调,尤其是《兰陵王》(柳阴直)、《瑞龙吟》(章台路)以及《六丑》(正单衣试酒)等名篇,代表他的词风特色,后人称为"罕能继踪"。

7. 李清照

女词人李清照(1084~1155年?),号易安居士,历城(今山东济南)人。她兼工诗文,词尤为宋代大家。著有《漱玉词》。

李清照前期的词多涉闺情相思,不乏风韵优美之作。如《如梦令》二首:"常记溪亭日暮,沉醉不知归路。兴尽晚回舟,误入藕花深处。争渡,争渡,惊起一滩鸥鹭"、"昨夜雨疏风骤,浓睡不消残酒。试问卷帘人,却道海棠依旧。知否?知否?应是绿肥红瘦。"活泼秀丽,语新意隽。《凤凰台上忆吹箫》:"香冷金猊,被翻红浪,起来慵自梳头,任宝奁尘满,日上帘钩。生怕离怀别苦,多少事,欲说还休。新来瘦,非干病酒,不是悲秋。休休。这回去也,千万遍阳关,也即难留。念武陵人远,烟锁秦楼。惟有楼前流水,应念我、终日凝眸。凝眸处,从今又添,一段新愁。"这一段送别她丈夫时情景,去者难留,留者难舍,愁上添愁,写得很是缠绵。《一剪梅》:"红藕香残玉簟秋,轻解罗裳,独上兰舟。云中谁寄锦书来,雁字回时,月满西楼。花自飘零水自流,一种相思,两处闲愁。此情无计可消除,才下眉头,却上心头。"集中抒发了词人对丈夫的深笃爱情,吐露了夫妇各居一方的相思之苦。《醉花阴》:"薄雾浓云愁永昼,瑞脑消金兽。佳节又重阳,玉枕纱厨,半夜

[清]姜埙:李清照小像

凉初透。东篱把酒黄昏后,有暗香盈袖。莫道不消魂,帘卷西风,人比黄花瘦。"这首词以含蓄笔墨写相思之情,使人感受到诗人的孤独和愁闷。这些词,通过描绘孤独的生活和抒发相思之情,表达了对丈夫的深厚感情,婉转曲折,清俊疏朗。

南渡后,李清照的故土之思与身世之感融入所作,风格变为低回婉转,凄苦深沉。主要是抒发伤时念旧和怀乡悼亡的情感。在流离生活中她常常思念中原故乡,如《菩萨蛮》写的"故乡何处是,忘了除非醉",《蝶恋花》写的"空梦长安,认取长安道",都流露出她对失陷了的北方的深切怀恋。她更留恋以往的生活,如著名的慢词《永遇乐·元宵》:"落日熔金,暮云合璧,人在何处?染柳烟浓,吹梅笛怨,春意知几许?元宵佳节,融和天气,次第岂无风雨?来相召,香车宝马,谢他酒朋诗侣。中州盛日,闺门多暇,记得偏重三五。铺翠冠儿,捻金雪柳,簇带争济楚。如今憔悴,风鬟雾鬓,怕见夜间出去。不如向帘儿底下,听人笑语。"回忆"中州盛日"的京洛旧事,将过去的美好生活和今日的凄凉憔悴作对比,寄托了故国之思。

她在词中充分地表达了自己在孤独生活中的浓重哀愁,如《武陵春》:"风住尘香花已尽,日晚倦梳头。物是人非事事休,欲语泪先流。闻说双溪春尚好,也拟泛轻舟。只恐双溪舴艋舟,载不动、许多愁。"词人晚年屡经战乱,飘泊流寓,孤身一人,时值暮春,感触良多,所以词情极悲苦。又如《声声慢》:"寻寻觅觅,冷冷清清,凄凄惨惨戚戚。乍暖还寒时候,最难将息。三杯两盏淡酒,怎敌他、晚来风急?雁过也,正伤心,却是旧时相识。满地黄花堆积。憔悴损,如今有谁堪摘?守着窗儿,独自怎生得黑?梧桐更兼细雨,到黄昏、点点滴滴。这次第、怎一个愁字了得!"丧夫之痛与国家残破、故土难回的深切哀愁凝聚交织,文浅情深,沉痛无比。

8. 南宋初期的爱国词人

南宋时,许多文人在国家危急存亡之时,投身爱国救亡的斗争中去。他们也把这种爱国激情带入词的创作中去,写下了许多洋溢着爱国精神的词章,其中较著名的有张元幹、岳飞和张孝祥。

张元幹(1091~1160年后),字仲宗,自号真隐山人,又号芦川居士、芦川老隐。福建永福(今福建永泰)人。著有《芦川归来集》、《芦川词》。

张元幹词风激昂悲愤,开南宋爱国词先声。最为人称道的是两首《贺新郎》。送李纲的一首是:"曳杖危楼去。斗垂天、沧波万顷,月流烟渚。扫尽浮云风不定,未放扁舟夜渡。宿雁落、寒芦深处。怅望关河空吊影,正人间鼻息鸣鼍鼓。谁伴我,醉中舞?十年一梦扬州路。倚高寒、愁生故国,气吞骄虏。要斩楼兰三尺剑,遗恨琵琶旧语。谩暗涩、铜华尘土。唤取谪仙平章看,过苕溪、尚许垂纶否?风浩荡,欲飞举。"送胡铨的一首是:"梦绕神州路。怅秋风、连营画角,故宫《离黍》。底事昆仑倾砥柱,九地黄流乱注?聚万落千村狐兔。天意从来高难问,况人情老易悲难诉!更南浦,送君去。凉生岸柳催残暑。耿斜河、疏星淡月,断云微度。万里江山知何处?回首对床夜语。雁不到、书成谁与?目尽青天怀今古,肯儿曹恩怨相尔汝?举大白,听《金缕》。"

岳飞戎马一生,留下的词很少,但《满江红》一阕,千古传诵:"怒发冲冠,凭阑处、潇潇雨歇。抬望眼,仰天长啸,壮怀激烈。三十功名尘与土,八千里路云和月。莫等闲、白了少年头,空悲切。靖康耻,犹未雪;臣子恨,何时灭?驾长车、踏破贺兰山缺。壮志饥餐胡虏肉,笑谈渴饮匈奴血。待从头、收拾旧山河,朝天阙。"此词采用直接抒情的方法,表现了作者立志恢复中原的豪壮情怀,也是岳飞爱国主义精神的集中表现,思想性和艺术性达到了高度统一。还有一首《小重山》:"昨夜寒蛩不住鸣,惊回千里梦,已三更。起来独自绕阶行,人悄悄,帘外月胧明。白首为功名,旧山松竹老,阻归程。欲将心事付瑶琴,知音少,弦断有谁听。"此词的风格与《满江红》不同,它委曲婉转地倾吐出词人积极主战,反对投降的一腔心事。

张孝祥(1132～1169年),字安国,号于湖居士。历阳乌江(今安徽和县)人。著有《于湖词》、《于湖集》。其词颇多忧国忧民之作,最有名的是《六州歌头》:"长淮望断,关塞莽然平。征尘暗,霜风劲,悄边声,黯销凝。追想当年事,殆天数,非人力,洙泗上,弦歌地,亦膻腥。隔水毡乡,落日牛羊下,区脱纵横。看名王宵猎,骑火一川明。笳鼓悲鸣,遣人惊。念腰间箭,匣中剑,空埃蠹,竟何成!时易失,心徒壮,岁将零,渺神京。干羽方怀远,静烽燧,且休兵。冠盖使,纷驰骛,若为情?闻道中原遗老,常南望、羽葆霓旌。使行人到此,忠愤气填膺,有泪如倾。"这首词用直陈其事的方法描述在淮河前线的所见所感，即景抒情，披肝沥胆，读来感人肺腑。

张孝祥也有许多豪放而旷达的词，写景抒情，潇洒飘逸，别具情趣。如《念奴娇·过洞庭》："洞庭青草，近中秋、更无一点风色。玉鉴琼田三万顷，着我扁舟一叶。素月分辉，明河共影，表里俱澄澈。悠然心会，妙处难与君说。应念岭表经年，孤光自照，肝胆皆冰雪。短鬓萧骚襟袖冷，稳泛沧溟空阔。尽挹西江，细斟北斗，万象为宾客。扣舷独啸，不知今夕何夕！"上阕描写"表里俱澄澈"的洞庭景色，下阕抒发"肝胆皆冰雪"的高洁胸怀，被前人推为其词作中最杰出的一首。这类词作境界清疏空阔，情调凄凉萧飒，虽然没有直接写社会现实，但却呈现出了那个时代的特殊色彩。

他的一些小词，如《西江月》："问讯湖边春色，重来又是三年。东风吹我过湖船，杨柳丝丝拂面。世路如今已惯，此心到处悠然。寒光亭下水连天，飞起沙鸥一片。"表达词人心境达观而又恬淡，写得自然轻快，毫不着力。

9. 辛弃疾

辛弃疾（1140~1207年），原字坦夫，改字幼安，别号稼轩居士，历城（在今山东济南）人。辛弃疾在用武无地、报国无路、恢复无望的情况下，将其全部精力与才情用于填词，对于词的艺术世界进行了多方探索，成为南宋最杰出的词人。

辛弃疾生长在金统治区，对于北方各族人民反金斗争有深切的体验，具有强烈的民族意识，抗金、恢复，成为辛词的重要内容。

辛弃疾在词作中记录了自己早年聚众二千，参加耿京抗金义军一段传奇式的经历。如《鹧鸪天》上阕："壮岁旌旗拥万夫，锦襜突骑渡江初。突骑渡江初。燕兵夜娖银胡䩮，汉箭朝飞金仆姑。"南归后，他时时刻刻将中原故土和国家、民族的命运挂在心头。在《水龙吟》里他吟唱道："渡江天马南来，几人真是经纶手？长安父老，新亭风景，可怜依旧！夷甫诸人，神州

辛弃疾

沉陆，几曾回首！算平戎万里，功名本是，真儒事、君知否？"他在《水调歌头》词中高呼："要挽银河仙浪，西北洗胡沙。"在《破阵子》里回忆道："醉里挑灯看剑，梦回吹角连营。八百里分麾下炙，五十弦翻塞外声。沙场点秋兵。马作的卢飞快，弓如霹雳弦惊。了却君王天下事，赢得生前身后名。可怜白发生！"

但是，南归后，辛弃疾生活在恶劣的政治环境中，往往"恐言未脱口而祸不旋踵"，在《水龙吟·登建康赏心亭》里自白道："楚天千里清秋，水随天去秋无际。遥岑远目，献愁供恨，玉簪螺髻。落日楼头，断鸿声里，江南游子。把吴钩看了，阑干拍遍，无人会，登临意。休说鲈鱼堪脍，尽西风，季鹰归未？求田问舍，怕应羞见，刘郎才气。可惜流年，忧愁风雨，树犹如此！倩何人、唤取红巾翠袖，揾英雄泪！"表达了词人英雄失意、功业未成的抑郁心情。

在辛词中，爱国主题占最大分量，即使描绘景物，也往往联系爱国思想。如《菩萨蛮·书江西造口壁》："郁孤台下清江水，中间多少行人泪！西北望长安，可怜无数山！青山遮不住，毕竟东流去。江晚正愁余，山深闻鹧鸪。"即是以抒写家国兴亡之悲名世。又如辛弃疾在带湖与友人陈亮纵论古今，志同道合，互以收复神州为志，不被见用为憾，而以矢心如铁，决试身手，把爱国情怀发挥得淋漓尽致。辛弃疾在《贺新郎》里道："老大那堪说。似而今、元龙臭味，孟公瓜葛。我病君来高歌饮，惊散楼头飞雪。笑富贵、千钧如发。硬语盘空谁来听？记当时、只有西窗月。重进酒，换鸣瑟。事无两样人心别。问渠侬：神州毕竟，几番离合？汗血盐车无人顾，千里空收骏骨。正目断、关河路绝。我最怜君中宵舞，道男儿到死心如铁。看试手，补天裂。"尤其在六十六岁时，他以明快开朗的风格，酣畅昂扬的语调，歌唱自己老当益壮的战斗意志和强烈充沛的爱国感情，调寄《南乡子·登京口北固亭有怀》："何处望神州？满眼风光北固楼。千古兴亡多少事？悠悠！不尽长江滚滚流。年少万兜鍪，坐断东南战未休。天下英雄谁敌手？曹刘！生子当如孙仲谋。"同年他又写下《永遇乐·京口北固亭怀古》："千古江山，英雄无觅，孙仲谋处。舞榭歌台，风流总被，雨打风吹去。斜阳草树，寻常巷陌，人道寄奴曾住。想当年：金戈铁马，气吞万里如虎。元嘉草草，封狼居胥,赢得仓皇北顾。四十三年,望中犹记,烽火扬州路。可堪回首,佛狸祠下,一片神鸦社鼓!凭谁问:廉颇老矣,尚能饭否?"表达了词人抗敌救国的雄图大志,并对恢复大业的深谋远虑和为国效劳的忠心。

辛弃疾不遇于当世,在农村过隐居生活达二十年之久,写出一些别开新面的田家词。如《清平乐·村居》:"茅檐低小,溪上青青草。醉里吴音相媚好,白发谁家翁媪?大儿锄豆溪东,中儿正织鸡笼;最喜小儿无赖,溪头卧剥莲蓬。"词人用了侧笔反衬手法,反映农村生活一个恬静闲适的侧面,给人以艺术畅想的空间。在辛弃疾笔下,普通、常见的爱情题材,也会升华至一个高尚的精神境界。如《青玉案·元夕》:"东风夜放花千树,更吹落、星如雨。宝马雕车香满路。凤箫声动,玉壶光转,一夜鱼龙舞。蛾儿雪柳黄金缕,笑语盈盈暗香去。众里寻他千百度。蓦然回首,那人却在,灯火阑珊处。"此词从表面上看,描绘了一位不随流俗、自甘寂寞、且又略有迟暮之感的幽独女性形象。倘若联系当时词人已被劾落职,闲居上饶的境遇看,词中佳人形象实是他的自画像,表现了虽然政治失意,但宁固其穷,不改其节的品质。

10. 姜夔及其他词人

姜夔(约1155~约1221年),字尧章。人称白石道人。饶州鄱阳(今江西鄱阳)人。一生未仕,寄身于人。他能诗擅词,精通音律。著有《白石道人诗集》、《白石道人歌曲》等。姜夔是南宋词坛婉约派的代表者,由于他的词注重格律,音节谐美,故也称为格律派词人。

姜夔有深湛的音乐造诣,其词讲究词法,推敲声韵,故其词作大都写得自然蕴藉,很有特色。如《淡黄柳》:"空城晓角,吹入垂杨陌。马上单衣寒恻恻。看尽鹅黄嫩绿,都是江南旧相识。正岑寂,明朝又寒食。强携酒、小桥宅。怕梨花落尽成秋色。燕燕飞来,问春何在,唯有池塘自碧。"通篇以写景为主,情在景中。意境凄清冷隽,造句朴素自然,用语清新质朴,绝无矫

姜夔

揉造作的痕迹。

姜夔词有的咏叹时事，如《扬州慢》："淮左名都，竹西佳处，解鞍少驻初程。过春风十里，尽荠麦青青。自胡马窥江去后，废池乔木，犹厌言兵。渐黄昏清角吹寒，都在空城。杜郎俊赏，算而今重到须惊。纵豆蔻词工，青楼梦好，难赋深情。二十四桥仍在，波心荡，冷月无声。念桥边红药，年年知为谁生！"反映金兵侵扰后江淮一带的荒凉，词中虽不直言悲慨，却以景现情。

姜夔词还有一些吟咏湖山、感喟身世、追怀旧游、眷念情遇之作。

吴文英（约1200～1260年），字君特，号梦窗，晚又号觉翁。四明（今浙江宁波）人。毕生不仕，以布衣出入侯门。著有《梦窗词》。

吴词内容多为登临酬唱，咏物分韵之作，其词典雅端丽，精于造语，但有时研炼太过，流于晦涩。然而也有个别小词疏快流丽，如写离愁较有特色的《唐多令》："何处合成愁？离人心上秋。纵芭蕉、不雨也飕飕。都道晚凉天气好，有明月，怕登楼。年事梦中休，花空烟水流。燕辞归、客尚淹留。垂柳不萦裙带住，漫长是，系行舟。"开头两句采用拆字法，将愁字拆为心秋二字。词人借用蕉雨、明月等等难免触动乡思离愁的景物，表现客中孤寂和欲行不能的感叹，点出怀人的主题。

周密（1232～1298年），字公谨，号草窗，又号萧斋、四水潜夫等。原籍济南，流寓湖州（今浙江吴兴）。著有《草窗词》等多种。周密的词，继承了周邦彦格律精严、圆融雅艳的词风，造句用意，十分矜慎，声律节度，辨析入微，是宋末格律词派的重要代表。其压卷之作为《一萼红》："步深幽。正云黄天淡，雪意未全休。鉴曲寒沙，茂林烟草，俯仰千古悠悠。岁华晚、漂雾渐远，谁念我、同载五湖舟。磴古松斜，崖阴苔老，一片清愁。回首天涯归梦，几魂飞西浦，泪洒东卅。故国山川，故园心眼，还似王粲登楼。最怜他、秦鬟妆镜，好江山、何事此时游？为唤狂吟老监，共赋销忧。"上片以写景为主，景中寓情，借环境氛围烘托人物心理；下片以抒情为主，情中见景，而词境又有拓展。寄慨遥深而曲折含蓄，形成本词沉郁顿挫的风格特征。

蒋捷，字胜欲，号竹山，阳羡（今江苏宜兴）人。生卒年不详。宋亡后隐居不仕,其词多有追昔伤今之作。如《虞美人·听雨》:"少年听雨歌楼上,红烛昏罗帐。壮年听雨客舟中,江阔云低,断雁叫西风。而今听雨僧庐下,鬓已星星也。悲欢离合总无情,一任阶前、点滴到天明。"这首词截取三幅富有象征性的画面,形象地表现人生三个阶段的不同境遇和心情,概括性极强,层次与脉络也十分清楚。上片两个画面起陪衬作用,下片才是作者所要展示的主要画面,而其中所表达的亡国之哀也正是全词的中心思想。

张炎(1248~1320年),字叔夏,号玉田,又号乐笑翁。祖籍西秦(今陕西),家居临安(今浙江杭州)。著有《山中白云词》(又名《玉田词》)。宋亡,张炎落拓浪游,后失意南归,漫游江浙各地,潦倒以死。其词用字工巧,追求典雅,宋亡后多追怀往昔之作,如《八声甘州》:"记玉关、踏雪事清游,寒气脆貂裘。傍枯林古道,长河饮马,此意悠悠。短梦依然江表,老泪洒西州。一字无题处,落叶都愁。载取白云归去,问谁留楚佩,弄影中洲?折芦花赠远,零落一身秋。向寻常、野桥流水,待招来、不是旧沙鸥。空怀感,有斜阳处,却怕登楼。"对故友的绵邈深情和对故国的哀哀愁怀,都在婉转呜咽的描绘和抒情中得到动人的表现。

三、宋代散文

北宋初年第一个起来提倡古文的是柳开。柳开(947~1000年),原名肩愈,字绍先(一作绍元)。他表示要作韩愈、柳宗元的继承者。但他的古文并未能去绝艰涩的毛病,所以影响不大。稍后的王禹偁发挥了韩愈古文理论与实践中"文从字顺"的一面。他的《待漏院记》、《黄冈竹楼记》,含意深婉,情意真挚,成就在柳开之上。但浮靡和艰涩的文风并未收敛。到宋真宗、仁宗时代,出现了西昆体,号为时文。石介写了《怪说》三篇,对西昆体作了猛烈的抨击。期间,名臣范仲淹写出了《岳阳楼记》,抒写自己"先天下之忧而忧,后天下之乐而乐"的理想和抱负,文中多用四言,杂以排偶,铺叙藻饰,写景壮丽,为历代传诵。但宋代的古文运动,直到欧阳修才真正获得成功。

欧阳修是北宋诗文革新运动的领袖。他的文学成就以散文最高,影响也最大,是唐宋八大家之一。他继承了韩愈古文运动的精神,在散文理论上,提出:"道胜者,文不难而自至"(《答吴充秀才书》)。他反对"务高言而鲜事实"(《与张秀才第二书》),主张"言以载事而文以饰言"(《代人上王枢密求先集序》)。他取韩愈"文从字顺"的精神,大力提倡简而有法和流畅自然的文风,反对浮靡雕琢和怪僻晦涩。他不仅能够从实际出发,提出平实的散文理论,而且自己又以造诣很高的创作实绩,起了示范作用。他的散文大都内容充实,气势旺盛,具有平易自然、流畅婉转的艺术风格。叙事既得委婉之妙,又简括有法;议论纡徐有致,却富有内在的逻辑力量。章法结构既能曲折变化而又十分严密。《朋党论》、《新五代史·伶官传序》、《秋声赋》、《醉翁亭记》、《丰乐亭记》、《泷冈阡表》等,都是历代传诵的佳作。

北宋后期,是宋代散文发展的黄金时代。活跃在这时文坛的有欧阳修所推荐和培植的散文家苏洵、曾巩、王安石、苏轼、苏辙等人,又有苏轼门下的六君子陈师道、黄庭坚、秦观、张耒、晁补之、李廌等。这些人中有的虽然所长不专在散文,但他们的散文都有法度,有文采。

苏洵(1009~1066年),唐宋八大家之一。字明允,眉州眉山(今四川眉山)人,著有《嘉祐集》。他擅长论辩散文的写作,纵横雄奇,老辣犀利,说理透辟,有战国纵横家之风。在著名的《六国论》中,他认为六国破灭,弊在赂秦。实际上是借古讽今,指责宋王朝的屈辱政策。抒情散文《张益州画像记》记叙张方平治理益州的事迹,塑造了一个宽政爱民的封建官吏形象。

苏洵

曾巩(1019~1083年),唐宋八大家之一。字子固。建昌军南丰(今属江西)人,著有《元丰类稿》。曾巩比较接近欧阳修的文风。他的文章语言平易畅达,用思推勘入微,层次清晰,富有说服力。他的记叙文也偶有写景之作,极刻画之工。

曾巩

例如《墨池记》，一面记事，一面议论，篇幅短小，结构严密，内容精警，耐人寻味。

王安石把文辞只看作器物上的装饰，认为装饰虽属需要，主要还是适用。他的政论文观点鲜明，言辞犀利，见解卓越。如《上仁宗皇帝言事书》指出了宋朝的积弊，作变法的规划；《答司马谏议书》逐点驳辩，议论斩绝，绝不游移；《读孟尝君传》转折有力，笔势峭拔，与欧阳修的纡徐委备的不同，同为宋代散文的杰作。记叙文在王安石的散文中占有较大比重。人物传记如《伤仲永》，写仲永因后天不学终于由神童沦为常人的可悲经历，申述劝学之旨，题材很典型。游记如《游褒禅山记》，"借题写己，深情高致，穷工极妙"（《御选唐宋文醇》卷五十八引李光地语）。

苏轼的叙事纪游散文在苏文中艺术价值最高，有不少广为传诵的名作。记人物的碑传文如《方山子传》，能借助于生活片断和有代表性的细节显示人物性格。《潮州韩文公庙碑》有叙有议，结合韩愈一生遭遇，评述了他对文学儒学的贡献，写得议论风生，气势充沛。记楼台亭榭的散文，如《喜雨亭记》、《超然台记》、《韩魏公醉白堂记》，或表达关心稼穑、与民同乐的思想，或体现游于物外、无往不乐的襟怀，或赞扬严于律己、廉于取名的风节，都善于借事寓理寄情，且文意翻澜，发人深思。其写景的游记，更以捕捉景物特色和寄寓理趣见长。如《石钟山记》写夜泊绝壁奇境，情调森冷，耸人毛发；前后《赤壁赋》，一写清风朗月的秋光，一写水落石出的冬景，描绘逼真，境界若画。这些游记也不单纯流连风月，而总是即地兴感，借景寓理，达到诗情画意和理趣的和谐统一。苏轼的记叙体散文，常常熔议论、描写和抒情于一炉，在文体上，不拘常格，勇于创新；在风格上，因物赋形，汪洋恣肆。

苏辙（1039～1112年），与其父苏洵、兄苏轼合称"三苏"，均在"唐宋八大家"之列，字子由。他的文章风格汪洋澹泊，也有秀杰深醇之气。例如《黄州快哉亭记》，熔写景、叙事、抒

苏辙

情、议论于一炉,于汪洋澹泊之中贯注着不平之气,鲜明地体现了作者散文的这种风格。

南宋时期以散文著称的杰出作家不多,仅有的一些散文作者,他们的作品大都是在激烈的民族矛盾中有感而发,如李纲、宗泽、岳飞、胡铨、陆游、陈亮、叶适直至宋末文天祥、谢翱等人的许多抒发爱国心情的篇章中,"道"与"文"、内容与形式、思想与艺术结合得相当密切。

南宋末的散文,爱国精神极为昂扬。文天祥的《指南录后序》记他出使被拘和脱险后九死一生的遭遇,表达了强烈的爱国精神。郑思肖的《心史总后叙》,反抗民族压迫,即使"若剐、若斩、若碓、若锯","心中誓不可磨灭"。谢翱的《登西台恸哭记》,"以竹如意击石,作楚歌招之",用哭文天祥的牺牲来表达反抗民族压迫的愤激心情。他们的散文,都迸发出爱国主义的光芒。

宋代笔记文是散文中独具特色的一种文体。北宋即有欧阳修的《归田录》,司马光的《涑水纪闻》,沈括的《梦溪笔谈》,苏轼的《东坡志林》等等。南宋更加发达,名著如林。如陆游的《老学庵笔记》,罗大经的《鹤林玉露》,周去非的《岭外代答》,周密的《武林旧事》等,都是有代表性的作品。笔记文在宋代的盛行,和古文运动取得成功之后文体获得解放有很大的关系。那些笔记文大都是用清新活泼的散体写出,它们不假雕饰,质朴自然;每一条文字长短不拘,议论、抒情,无施不可。

四、宋元话本

"说话"就是讲故事。宋元时代说话人演讲故事所用的底本称为话本。小说家的话本称作小说,都是短篇故事。讲史家的话本称作平话,一般篇幅较长,讲的是历史故事。

1. 小说话本

现存宋元小说话本集都见于明代人编印的《清平山堂话本》和《古今小说》等书。有些文字经过修改增订,很难判断确切的年代。

宋元小说家话本的代表作为《碾玉观音》(《通言》注作"宋人小说"),话本中主人公璩秀秀,不甘心做咸安郡王的女奴,与她所爱恋的碾玉工人崔宁逃奔潭州成婚,后被咸安郡王抓回打死。崔宁则被解送临安府判刑。但秀秀阴魂不散,做了鬼仍与崔宁逃奔建康同居。后崔宁奉诏修理玉观音,回到临安,郡王又去捉拿秀秀,归途中发现人已不见,始知秀秀是鬼。情节曲折,语言生动。

宋元小说家话本中有不少公案小说,代表作为《错斩崔宁》。话本说乡民崔宁在路上遇见陈二姐,一路同行,不料陈二姐家里丈夫刘贵被杀,失去了十五贯钱。邻居发觉后告官追捕,见崔宁与陈二姐同行,身边并有钱十五贯,就把二人送官。二人屈打成招,同被处死。小说情节曲折,细节描写十分真实,批判了官吏草菅人命,率意断狱。后被明人改编为《双熊梦》,亦名《十五贯》。

2. 讲史话本

讲史家的话本不多。有一本《梁公九谏》,讲的是唐代狄仁杰九次劝阻武后传位于武三思的历史故事,是宋代流传下来的话本。元代建安(今福建建瓯)虞氏刻本《全相平话五种》,是中国小说史上非常重要的材料。包括《武王伐纣书(吕望兴周)》、《乐毅图齐七国春秋后集》、《秦併六国平话(秦始皇传)》、《前汉书续集(吕后斩韩信)》、《三国志平话》。其中《武王伐纣书》,最后演化为《封神演义》。《三国志平话》为后来罗贯中的《三国志通俗演义》定了基调。

《五代史平话》,据说是宋刻巾箱本。按五代各自分卷,开卷从伏羲、黄帝讲到黄巢起义,随后朱温篡唐,形成五代相替的局面。书已残缺不全,大致可以看出讲史平话的体制规格。话本基本上是说白,也穿插一些诗,语言简朴,文言语汇较多。也有不少说话人的用语,似是说话人粗加编纂而未经修饰的底本,也可能是书坊根据话本稍加修订而成的通俗读物。

《大宋宣和遗事》,似经元人修订。全书内容,都出于宋人的记载,反映了汉族人民爱国抗金的思想感情。大致可以分为十段:第一段历数前朝各个荒淫无道的昏君,直讲到宋徽宗;第二段讲王安石变法致祸;第三段讲宋徽宗用蔡京等在朝任事;第四段讲宋江36人聚义梁山泊,即水浒故事的雏型;第五段讲宋徽宗宠爱娼妓李师师;第六段讲宋徽宗信任道士林灵素;第七段讲腊月预赏元宵和元宵放灯的盛况;第八段讲金人入侵,以至攻陷京城;第九段讲金兵掳徽钦二帝北行;第十段讲康王南渡即位,定都临安（今杭州）。这些故事有不同的来源，文风也不一致。

还有诗话体话本《大唐三藏取经诗话》，又名《大唐三藏法师取经记》。作者不详。演述唐僧玄奘取经故事，即后世《西游记》的雏形。书中穿插诗赞，作为话本中人物的代言，所以称为"诗话"。中心人物是猴行者，自称是花果山紫云洞八万四千铜头铁额猕猴王，说明唐三藏法师去西天取经，途经36国，历遇险难多次。情节比较简单。取经僧徒共有七人，还没有出现猪八戒、沙僧的形象，可见是早期的话本。

中国小说的发展，宋元话本起了继往开来、承先启后的历史作用。

五、宋代文学理论批评

1. 文论

宋代文论，主要特点是环绕对"道"的理解以及"道"与"文"关系的论争开展的。宋初的柳开、王禹偁、穆修、石介等人提倡古文，推尊韩愈，要求文章阐述儒家之道，辅助教化，被称为宋代古文运动的先驱者。

欧阳修是北宋诗文革新运动的领袖，他论文也强调明道尊韩。但他主张从关心百事中求道。在道与文的关系上，他说"大抵道胜者文不难而自至"（《答吴充秀才书》）。但他又认为"其见于言者则又有能有不能也"（《送徐无党南归序》），即其次要注意文辞之美。他又认为"偶俪之文，苟合于理，未必为非"（《论尹师鲁墓志》）。

北宋后期，曾巩比韩愈、欧阳修更着重于道，故其为文，自然淳朴，而不甚讲究文采。王安石强调文章要以适用为本，他把文辞比做器物上的"刻镂绘画为之容而已"（《上人书》）。苏轼主张文须"有为而作"（《凫绎先生文集序》），强调只有在不断的生活实践中，才能掌握事物的特征及规律。他又高度重视文采、技巧，倡言辞达，他说："求物之妙，如系风捕影，能使是物了然于心者，盖千万人而不一遇也，而况能使了然于口与手者乎？是之谓辞达"（《答谢民师书》）。又称："吾文如万斛泉源，不择地而出，在平地滔滔汩汩，虽一日千里无难。及其与山石曲折，随物赋形而不可知也"（《文说》）。苏轼的文论成为北宋后期最杰出的文论。他的散文创作也能够贯彻他的文论，有卓越的成就。

南宋胡铨、陆游等的文论强调道德与养气。陈亮要求讲求天下之实，理百事。叶适的文论，认为"观众器者为良匠，观众方者为良医，尽观而后自为之，故无泥古之失，而有合道之功"（《法度总论一》）。所以他的散文比较切实明通。

总的看来，宋代文论的特点是，提倡平易通畅，强调散文的艺术性。宋代文论的成就，主要在北宋。

2. 诗论

北宋梅尧臣主张诗必须真正有感而作，用比兴手法来表达，用朴素的语言写出"意新语工"的诗来。欧阳修主张诗体雅正、风格变化和诗的感染力，他提出了"诗穷而后工"的主张（《梅圣俞诗集序》）。王安石论诗重视政治内容，晚年提倡用事和对偶的工巧，有助于诗歌创作艺术技巧的提高。苏轼对诗歌的艺术规律作了多方面的探讨，提出了"外枯而中膏"，"似淡而实美"（《评韩柳诗》），"诗中有画"，"画中有诗"（《书摩诘蓝田烟雨图》）等独创见解。黄庭坚主张诗人所接触到的外界事物，要进行陶冶，从中产生主旨和情味，再就古人的陈言加以熔铸，点铁成金，成为创作。他的诗歌创作和理论，影响很大，形成了江西诗派。流弊所及，使一些诗人只注意"取古人之陈言"，以文字为诗，以学问为诗，而忽略了他的"陶冶万物"，"有宗有趣"的主张，因此受到后人的批评反对。

严羽的《沧浪诗话》是南宋最重要的诗歌理论著作，具有比较完整的系统和纲领。他力主"妙悟"，创诗有"别材"、"别趣"之说，强调"咏吟性情"，"唯在兴趣"，以及笔力雄壮、气象浑厚、音调铿锵等，在探讨诗歌的艺术特征、辨别时代风貌和体制等方面都有精到的见解。然而他又把盛唐诗作为极限，把"熟参"古人作品当作"悟入"诗道的唯一途径。戴复古作《论诗十绝》，反对模拟藻饰，崇尚独创精神和雄浑的诗风。刘克庄批评作诗"或尚理致，或负材力，或逞辨博"（《竹溪诗序》）。

总的看来，北宋的诗论，从梅尧臣的"意新语工"，到欧阳修的"覃思精微"，到苏轼的"出新意于法度之中，寄妙理于豪放之外"（《书吴道子画后》），都着眼在思理上。南宋的诗论家们对于诗歌与政治、生活，诗品与人品，以及诗歌的形象、意境、趣味、韵律等理论问题，发表了许多卓有见地的看法，从而丰富了古典诗歌的美学理论。

3. 诗话

宋代产生了"轶事小说"体的"诗话",是一新型的文学评论形式。第一部诗话是欧阳修的《六一诗话》。接着司马光的《续诗话》和刘攽的《中山诗话》,都是以"记事"为主,品评诗句,表达了一些对诗歌的理论见解。到了南宋,出现了张戒的《岁寒堂诗话》、姜夔的《白石道人诗说》,和严羽的《沧浪诗话》。这三部诗话,已不再着重掌故的记述、用事造语的考释和寻章摘句的批评,而是发挥了对于诗歌理论的比较全面和根本的意见。

4. 词论

词的流派,有以晏殊、欧阳修等人的婉约派和以苏轼、辛弃疾等的豪放派。这两派词作的风格不同,因而也产生了不同的词论。苏轼提出词是"古人长短句诗"(《与蔡景繁》),主张词要写得"句句警拔",有"诗人之雄"(《答陈季常》),这就把词从"倚红偎翠"、"浅斟低唱"的风气中解放出来,从内容、形式、风格各方面,提高到与诗相同的地位。李清照的《词论》,对北宋词坛提出了总结性的意见,认为词"别是一家",要讲音律、铺叙、典重、故实,还要高雅。到南宋,在民族危机严重的新形势下,对苏辛词的评介,成为词论中的主要内容。王灼在《碧鸡漫志》中认为苏词的重要意义在于"指出向上一路,新天下耳目,弄笔者始知自振"。陆游驳斥了前人对苏词的责难,指出苏轼并非不懂音律,仅仅是不喜剪裁以就声律。范开在《稼轩词序》中指出辛词声闳意远,乃源于作者器大志高,蓄积深广,意气充沛。刘克庄更极力颂扬辛词"自有苍生以来所无"(《辛稼轩集序》)。

但以姜夔、史达祖、吴文英等人为代表的另一派着重追求格律形式的词风也在发展。反映在词论上,张炎的《词源》独尊姜夔,以协律、雅正、清空和意趣高远为标准。沈义父在《乐府指迷》中则独尊周邦彦。他论词提出四个标准:"音律欲其协","下字欲其雅","用字不可太露","发意不可太高";提倡绵密妍练的风格。他们两人的词论,代表了格律派词人的艺术观点。他们都很精通音律,在论词的格律以及技巧方面颇为精当,在使词论发展成为专门的词学方面,也有值得肯定之处。

第八节　辽金元文学

一、辽金文学

1. 辽代文学

辽代遗留的文学作品不多,引人瞩目的是女作家辽懿德皇后萧观音,传世之作以《回心院》最为有名。如其五:"剔银灯,须知一样明。偏是君来生彩晕,对妾故作青荧荧。剔银灯,待君行。"其十:"张鸣筝,恰恰语娇莺。一从弹作房中曲,常和窗前风雨声。张鸣筝,待君听。"这些短歌词藻华丽,寓意凄婉,颇为后世称道。其《怀古》诗:"宫中只数赵家妆,败雨残云误汉王。唯有知情一片月,曾窥飞燕入昭阳。"哀感顽艳,甚为动人。萧后即因此诗和为宫婢书写《十香词》而得祸,含冤而死。

辽代流传下来一些民歌歌谣,朴质无华,新鲜活泼。如《投坑伎歌》:"百尺竿头望九州,前人田土后人收。后人收得休欢喜,更有收人在后头。"

2. 金代文学

金初的文学作者大多是辽、宋降臣或被留使者,他们心中怀念的仍然是辽、宋故国。吴激的一首《人月圆》词传诵较广:"南朝千古伤心事,犹唱后庭花。旧时王谢堂前燕子,飞向谁家。恍然一梦,仙肌胜雪,宫髻堆鸦。江州司马,青衫泪湿,同是天涯。"

至金中叶,出现的诗人和诗歌数量都比较多,有蔡珪、刘迎、党怀英、王寂、王庭筠、周昂等人。金末,忧时伤乱开始成为诗文作品的一个重要主题。这一时期,影响最大的文学家当推元好问。元好问编的《中州集》,保存了大量的金代诗歌。

元好问(1190~1257年),字裕之,号遗山,太原秀容(今山西忻县)人。他涉足于诗、词、文、散曲和笔记小说各个领域,而以诗的成就最高。元好问诗,题材多样,内容丰富。以反映金元之际人民所受天灾人祸之苦,真实具体,富有感染力。它们有的写汴京沦陷前蒙古对金战争的残酷:"野蔓有情萦战骨,残阳何意照空城!"(《歧阳》)"高原水出山河改,战地风来草木腥。"(《壬辰十二月车驾东狩后即事》)有的写亡国的惨状:"道傍僵卧满累囚,过去辎车似水流。红粉哭随回鹘马,为谁一步一回头!"(《癸已五月三日北渡》)这些诗广泛而深刻地反映了国破家亡的现实,具有史诗的意义。其写景诗生活气息浓郁,能表现祖国山川之美,名句如"寒波淡淡起,白鸟悠悠下"(《颍亭留别》),境界优美,脍炙人口。然而奠定元好问在文学史上地位的,则是前者。

元好问词为金朝一代之冠,其词内容多怀古伤时和描写山川风光。如《木兰花慢》:"渺涨江东下,流不尽古今情。记海上三山,云中双阙,当日南城。黄鹤几年飞去,淡春阴平野草青青。冰井犹残石甃,露盘已失金茎。风流千古短歌行,慷慨缺壶声。想鲡酒临江,赋诗按马,词气纵横。飘零,旧家王粲,似南飞乌鹊三更。笑杀西园赋客,壮怀无复平生。"

元好问的散曲今存九首,其《骤雨打新荷》一首曾流行于当时:"绿叶阴浓,遍池塘水阁,偏趁凉多。海榴初绽,妖艳喷香罗。老燕携雏弄语,有高柳鸣蝉相和。骤雨过,珍珠乱糁,打遍新荷。人生有几,念良辰美景,一梦初过,穷通前定,何用苦张罗?命友邀宾玩赏,对芳樽浅酌低歌。且酩酊,任他两输日月,来往如梭。"

其散文风格清新雄健,语言平易自然。名篇如《杜诗学引》、《两山行记》、《题闲闲书赤壁赋后》等。

他的《续夷坚志》为笔记小说集,所记皆神怪故事。其中《狐锯树》、《包女得嫁》和《戴十妻》等,为金代现存的优秀短篇小说。

二、宋金元诸宫调

诸宫调是宋金元时流行的说唱体文学形式之一,它取同一宫调的若干曲牌联成短套,首尾一韵,再用不同宫调的许多短套联成长篇,以说唱长篇故事,因此称为"诸宫调"或"诸般宫调"。相传诸宫调是北宋一位民间艺人孔三传所创,但其作品已佚失。现存的诸宫调作品只有:金无名氏的《刘知远诸宫调》、董解元的《西厢记诸宫调》和元王伯成的《天宝遗事》。

董解元的《西厢记诸宫调》,习称《董西厢》,是今存宋金诸宫调最完整的作品,它标志着那个时代民间文艺的最高水平。这部诸宫调是以唐代元稹《莺莺传》传奇小说为基础,并从李绅《莺莺歌》、宋代赵令畤《商调蝶恋花》鼓子词等作品中汲取营养而写成的。这部诸宫调揭露封建礼教和包办婚姻的不得人心,歌颂青年要求婚姻自由的斗争,从而突出了反封建主题。与此同时，董解元还成功地塑造了两组有着复杂联系而又互相对立的人物形象，对他们从外貌到内心都作了刻画，具有明显的倾向性。张生已不再是对女性"始乱终弃"的薄幸儿。莺莺仍然温柔美丽，但已不再屈从于命运，形象较之传奇更为丰满。红娘、法聪和白马将军是崔、张的同情者和支持者。这几个有血有肉、各具特征的人物的出现，既突出了崔、张斗争的正义性，又使胜利结局显得有说服力。特别是将红娘这一个居于奴婢地位的少女形象写得富有光彩，尤为难得。与上述人物相对立的崔夫人、郑衙内、孙飞虎则作为反面形象在作品中出现。

《董西厢》作品以爱情为主线，用交叉描写男女主人公的方式来表现他们在相爱过程中的性格发展，同时巧妙而自然地穿插其他人物的活动。由于矛盾冲突尖锐复杂和采用了夸张、比喻、烘托、倒叙等种种表现手法，心理描写也相当细腻，因而能在平常生活的细节描写中获得不平常的效果。从普救寺崔张巧遇起，经过闹斋、寺警、法聪递信、将军解围、西厢待月、客馆拷红、长亭送别、村店惊梦、郑恒传谣、崔张出走，到最后两人终成眷属的结局止，情节并无神奇怪异，然而波澜起伏，曲折多致，引人入胜，具有很强的戏剧性。《董西厢》有说有唱，曲多白少，语言优美。

由于《董西厢》在主题思想、内容情节和人物性格等方面的改变和深化，使得西厢故事的社会意义有了很大的提高，对王实甫创作杂剧《西厢记》的思想倾向有直接影响。

三、元代散曲和诗文

1. 散曲的形式

散曲是元代文人作家吸收了各地民间的"俗谣俚曲"，变革了宋词的某些词调，并且采用了女真、蒙古少数民族的各种乐歌，杂合一起而形成的。它的兴起，标志着各民族文化互相融合的结果。

散曲的主要形式有小令和套数两种。小令又名"叶儿"，有独立曲牌和宫调的一支曲子。小令常见的曲牌有《点绛唇》、《山坡羊》、《生查子》、《满庭芳》等。每一种曲牌属于一种宫调，常用的是五宫四调（又称"九宫"），就是正宫、中吕宫、南吕宫、仙吕宫、黄钟宫、大石调、双调、商调、越调。小令也有两支或三支曲子联在一起，称为带过曲。套数又称套曲，是由两首以上同一宫调的曲子联缀而成的组曲。可长可短，短者两、三支曲调，长者可达二、三十调。不过，这些曲调必须属于同一宫调并且押同一韵。

曲和词的共同点是：一是以词牌与曲牌为名。二是以长短杂言为主。三是各有各的固定格律。

曲和词的不同处是：一是曲只有单调，词有单调、双调乃至三迭、四迭。二是曲在用韵方面，较词又密又宽。密，就是一句一韵的曲很多。宽，就是一个字的平、上、去三声可以通押，并且没有入声。而词有平（包括阴平、阳平）、仄（包括上声、去声）和入声三韵。三是曲在本曲之外，可以无限制地衬字，以此可以容纳并表达更加丰富的、复杂的思想内容。

2. 元代散曲的思想内容

元代散曲大致有以下几个方面内容：

一是反映了元代社会的黑暗现实，寄托了对人民苦难的同情。如张养浩的《山坡羊·潼关怀古》："峰峦如聚，波涛如怒，山河表里潼关路。望西都，意踟蹰，伤心秦汉经行处。宫阙万间都做了土。兴，百姓苦；亡，百姓苦！"借历史和古人的事例，揭示阶级对立和百姓的苦难。

二是慨叹世情险恶，向往脱离现实生活，归隐田园。如马致远的《夜行船·秋思》套曲。对封建王朝的灭亡，对富家儿的守财，尽情痛骂、诅咒；对乡村和隐居生活，尽情赞美；对争名夺利行为，极端厌恶。

三是歌唱爱情及描写闺怨。一般都写得想象丰富，语言直白，意境逼真率直，比较明显地表现出受民间歌谣的影响。如关汉卿的《双调·沉醉东风》："咫只的天南地北，霎时间月缺花飞。手执着饯行杯，眼搁着别离泪。刚道得声保重将息，痛煞煞叫人舍不得，好去者望前程万里。"写一对恋人别离情景，真挚自然，质朴动人。尤其是把对话嵌入曲中，更觉飞动。

四是写景。这是元散曲中又一重要题材，而且风格多样，色彩绚丽。在描写山河秀色时，不少作品以疏放豪宕的铺叙，表现出了曲的特有意境。其中马致远的《天净沙·秋思》："枯藤老树昏鸦，小桥流水人家，古道西风瘦马。夕阳西下，断肠人在天涯。"这首元人小令的名作，被称为"秋思之祖"（周德清《中原音韵·小令定格》）。

元代散曲创作的风格是多样的，一般认为，主要可以分豪放、清丽两派。豪放派以马致远称首,清丽派则以张可久为魁。

3. 散曲的流变和重要作家

元代散曲的流变可分为前、后两期。前期作家以结合民间艺人的"书会才人"关汉卿、白朴、马致远、张养浩为代表。他们的作品既有民间文艺的通俗平易、质朴自然的意趣,又经过锤炼开拓,提高了散曲的境界,如马致远的《秋思》套曲,关汉卿的《不伏老》套曲以及他们的小令等。他们对于散曲成长为一种富有特色的诗歌体裁,作出了很大贡献。后期作家出现了一批专攻散曲,或主要精力、主要成就在于散曲创作的作家,如张可久、乔吉、睢景臣、贯云石、徐再思等人。他们对于散曲的体制和规律勤于探究,写出不少好作品。出现了像睢景臣《高祖还乡》及刘时中《上高监司》等难得的、有特色的作品,但是总的创作倾向,却是趋于雅正典丽,逐渐失去前期的生命力。在这一时期,曲学评论与音律研究的著作也应运而生:贯云石的《阳春白雪序》是最早出现的散曲评论文章;周德清的《中原音韵》对于曲韵及曲的格律的研究,不论对杂剧还是散曲的创作,都有重要意义。此外,还出现了一些散曲选集,其中以杨朝英的《阳春白雪》和《朝野新声太平乐府》,人称"杨氏二选",最为著称。

4. 元代诗文

元代诗文成就不高,没有出现杰出的作家和优秀的作品。

初期诗文作家大都是宋、金遗老,诗歌中表现的民族思想比较突出。刘因、赵孟頫的诗作流露出较多的故国之思,感情深沉。

刘因(1249~1293年),字梦吉,河北容城人。著有《静修集》。他的《观梅有感》:"东风吹落战尘沙,梦想西湖处士家。只恐江南春意减,此心元不为梅花。"借歌咏梅花,含蓄地表露出自己的故国之思。

赵孟頫(1254~1322年),字子昂,号松雪道人、水精宫道人。著有《松雪斋文集》。

他的《岳鄂王墓》:"鄂王坟上草离离,秋日荒凉石兽危。南渡君臣轻社稷,中原父老望旌旗。英雄已死嗟何及,天下中分遂不支。莫向西湖歌此曲,水光山色不胜悲。"诗人悲愤满怀,因此眼中水光山色的西湖似乎也都充塞了悲愁。

中期出现了大量讲求词采典雅、声律精致，内容却大抵为题咏应酬的诗作，以虞集、杨载、范梈和揭傒斯为代表，号称元代四大家，是当时著名代表诗人。他们宗法唐诗，各有面目，但实际成就不高。

晚期作家著名的有王冕、萨都剌、杨维桢等。

王冕（1287~1359年），字符章，自号煮石山农，浙江诸暨人。著有《竹斋集》。他的诗歌思想内容较为丰富，不少作品反映了元末社会现实，诗风质朴自然。他的代表作《伤亭户》："清晨度东关，薄暮曹娥宿。草床未成眠，忽起西邻哭。敲门问野老，谓是盐亭族。大儿去采薪，投身归虎腹。小儿出起土，冲恶入鬼箓。课额日以增，官吏日以酷。不为公所干，惟务私所欲。田关供给尽，盐数屡不足。前夜总催骂，昨日场胥督。今朝分运来，鞭笞更残毒。灶下无尺草，瓮中无粒粟。旦夕不可度，久世亦何福。夜永声语冷，幽咽向古木。天明风启门，僵尸挂荒屋。"这是元末一幅极其悲惨的民不聊生的图画，是对腐朽的统治者愤怒的控诉。王冕写梅花的诗最为有名，如《梅花》："三月东风吹雪消，湖南山色翠如浇。一声羌管无人见，无数梅花落野桥。"又如《墨梅》："我家洗砚池头树，朵朵花开淡墨痕。不要人夸好颜色，只留清气满乾坤。"

萨都剌（1272~？年）字天锡，号直斋。答失蛮氏，蒙古人。著有《雁门集》。他擅长诗词，其诗《上京即事五首》，以清新的笔调刻画塞外风光和蒙古族的习俗，别有风味。如其一："牛羊散漫落日下，野草生香奶酪甜。卷地朔风沙似雪，家家行帐下毡帘。"他的词作虽然不多，但颇有

赵孟頫（明刻本《圣贤图像》）

王冕

萨都剌

影响。尤以《念奴娇·登石头城》和《满江红·金陵怀古》两首著名。《念奴娇·登石头城》："石头城上，望天低吴楚，眼空无物。指点六朝形胜地，唯有青山如壁。蔽日旌旗，连云墙橹，白骨纷如雪。一江南北，消磨多少豪杰。寂寞避暑离宫，东风辇路，芳草年年发。落日无人松径里，鬼火高低明灭。歌舞尊前，繁华镜里，暗换青青发。伤心千古，秦淮一片明月。"他抚今追昔，韵调苍凉，以一组富有悲剧意味的形象，咏出风云易消、青山常在的感慨。《满江红·金陵怀古》："六代豪华，春去也，更无消息。空怅望，山川形胜，已非畴昔。王谢堂前双燕子，乌衣巷口曾相识。听夜深寂寞打孤城，春潮急。思往事，愁如织，怀故国，空陈迹。但荒烟衰草，乱鸦斜日。玉树歌残秋露冷，胭脂井坏寒螀泣。到如今只有蒋山青，秦淮碧。"巧妙地活用前人典故，吊古伤今，表现了更为圆熟的技巧。后人曾推崇他为"有元一代词人之冠"，并非溢美之词。

杨维桢（1296~1370年），字廉夫，号铁崖，浙江会稽（今浙江绍兴）人。著有《铁崖古乐府》、《复古诗集》、《东维子集》。其诗时称"铁崖体"，很有影响。他的《题苏武牧羊图》："未入麒麟阁，时时望帝乡。寄书元有雁，食雪不离羊。旄尽风霜节，心悬日月光。李陵何以别？涕泪满河梁。"通过题画，歌颂了苏武的民族气节。

元代散文和宋代相比，远为逊色。没有大作家，也没有脍炙人口的作品。明人王世贞说有元一代无文章，这当然是过于绝对的说法。如赵孟頫的《吴兴山水清远图记》记画中山水的位置，山上的树木土石，山下的水中葭苇，使人读后如身临其境。李孝光的《大龙湫记》，以传神的笔触描绘雁荡山大龙湫瀑布，情景相融，是元代游记散文中的出类拔萃之作。

四、戏曲的发展和元代杂剧

1. 中国戏曲艺术的形成过程

我国的戏剧起源很早，远在上古氏族聚居的原始时代，就已存在再现他们生产劳动的歌舞以及祭祀的乐舞，其中包含了戏曲的因素。说唱、杂技等表演艺术也出现得很早。春秋时期出现了供贵族统治者娱乐的以歌唱或滑稽表演为职业的艺人——优（亦称"倡优"、"俳优"）。到了汉代，出现了"百戏杂陈"的繁荣景象。所谓"百戏"（与"角抵戏"通用），即乐舞、杂技表演的总称。它包括各种杂技、幻术、装扮人物和装扮各类动物的乐舞,有的还带有简单的故事情节。

魏晋南北朝时,北方各少数民族的南徙中原,与汉族人民杂居,既促进了相互的融合了解,又使南北文艺得以交流。在戏剧方面,北方少数民族的音乐、舞蹈和中原民间歌舞、角抵等相结合,创造出更具戏剧性质的、歌舞结合的、有故事影子和滑稽表演的小型歌舞戏。产生出"代面"、"踏摇娘"等带故事性、带表情的歌舞。"代面",亦称"大面",源出于北齐兰陵王带假面具上阵打仗演化而来的一种以面具化装的歌舞。"踏摇娘"源出于隋代,表演时一面唱苦情,一面摇顿身体。

唐代开始流行参军戏,也叫"滑稽戏"。参军戏一般有两个角色,一个是被嘲弄者叫"参军",另一个是戏弄者叫"苍鹘"。在演出形式上,基本上是两个角色有趣的问答,是一种以科白为主的笑谑讽刺喜剧。

宋代工商业经济的发展,城市的繁荣,宋代一些大城市里,出现了许多供群众游艺的娱乐场所——瓦舍,里有"大小勾栏棚"。所谓"勾栏棚",就是在每个瓦舍里栏出一些可供演出的圈子。在这些勾栏中,分别演出不同的节目,其中包括杂剧。宋杂剧是中国最重要的戏剧形式之一。它是在唐代参军戏和歌舞戏的基础上,糅合其他伎艺发展起来的一种滑稽短剧,一般以大曲曲调来演唱故事。角色已由唐参军戏的两人发展到五人:即"末泥",又称"戏头",在剧中扮演男主角,有时也兼"装旦"(扮演旦角)。他是一班之首,主要计划演出;"副净",就是原来的参军,剧中的被戏弄者;"副末",原来的苍鹘,剧中的戏弄者;如果这四个角色不够时,还可以增加一个叫"装孤"的角色。"装孤",指扮演官员的人。五个角色中,副净和副末仍然是主要的表演者。

金代的院本与杂剧很相似,"院本"本是行院(戏班)所用以演唱的底本。宋室南渡以后,在金人统治的广大北方地区,尤其是在燕京(今北京市)一带,聚集了一部分未随宋王朝南迁的瓦舍勾栏演员,逐渐形成了北方派的杂剧——金院本,促进了北方戏剧艺术的发展。

宋杂剧、金院本,已具备戏剧的雏形,中国戏曲艺术可以说是初步形成了。元代杂剧就是在它们的基础上发展、产生出来的。

2. 元代杂剧的体制

元杂剧在艺术体制上有一套严格的规定：

一是基本上采用每本"四折一楔子"。元代杂剧中，每一个套曲，称为一折，相当于现代剧中的一幕。折，也就是段，既是音乐的组织单元，也是故事情节发展的自然段落。每本元杂剧通常由四折组成，演出一个完整的故事。此外，还有被称做"楔子"的短场。"楔子"是元杂剧在折之外增加的短而独立的段落，一般用在剧的开头，作为剧情或人物的简略介绍。也有用在折与折之间，用以衔接剧情的。如果一个剧本内容过多，可以增加一、两折，甚而增加本数。

二是在一折戏里，规定只能用同一宫调的曲牌组成的一套曲子。每套曲子的数量不是一样的，少者三、四支，多者将近三十支。

三是有宾白和科泛。剧本中除所歌唱的曲文外，还有不唱的说白（对话、独白），因习惯上以歌唱为主，说白为辅，故称宾白。科泛就是人物的动作、表情和舞台效果。如"做敲门科"等。

四是角色。主要有末和旦。末，泛指男角色的扮演者。分为正末、副末、冲末、小末、外末等。除正末系剧中男主角的扮演者外，其余各末均为次要角色，分别扮演剧中不同年龄、性格、身份等男性人物。旦，泛指女角色的扮演者。分为正旦、副旦、贴旦、外旦、小旦、大旦、老旦、花旦、色旦、搽旦等。除正旦为剧中女主角外，其余各旦均为次要女角色。净，演反面人物或喜剧人物的男角色，有时也扮演女角色。有副净、二净等。元杂剧中无丑这一角色，一般由净来扮演。此外元杂剧中还有孤（官员）、卜儿（老妇人）、邦老（强盗或流氓）、孛老（老头）、俫儿（小孩子）等。称为杂，略同于现今的群众演员。

五是在剧本最后有"题目正名"，作为全剧的名称。题目正名，以起到总括全剧内容作用。

元杂剧中的歌曲比较集中地由主要角色旦或末歌唱。有的每折由一人独唱，有的甚至全剧四折，都由一人独唱到底。其他角色，只有对白。但在"楔子"中也偶有其他角色唱唱小令之类的歌曲。由女主角主唱的剧本称旦本；由男主角主唱的叫末本。也有在一本剧中由几个角色分唱的变例。

3. 关汉卿和他的杂剧

关汉卿，号已斋叟，大都人。约生于金末，卒于元成宗大德年间。他是元杂剧的奠基人。一生共作杂剧六十余种，现存十八种。

关汉卿现存的杂剧，大致可分为三类。

第一类是公案剧。这些剧作深刻揭露了元代社会的黑暗，是元代残酷的民族压迫和阶级压迫的一面镜子。其代表作《窦娥冤》写一个弱小无靠的寡妇窦娥，在贪官桃杌的迫害下，被

关汉卿（李斛作）

诬为"药死公公"，斩首示众。窦娥的冤案有巨大的典型意义，作家以"人命关天关地"的高度社会责任感，提出了封建社会里"官吏每（们）无心正法，使百姓有口难言"这个带普遍意义的问题，强烈地控诉了封建制度与民为敌、残民以逞的罪恶。第三折《滚绣球》一曲，通过窦娥血泪的控诉，引起人们对封建社会的现实秩序与传统观念的怀疑，把窦娥悲剧的意义升华到一个新的高度。又如《鲁斋郎》，全名《包待制智斩鲁斋郎》，写权贵势要鲁斋郎，依仗皇帝的宠信，无恶不作，到处鱼肉人民。在光天化日之下先后强占银匠李四和郑州六案孔目张珪的妻子，而清官包拯却必须瞒过皇帝，把"鲁斋郎"的名字改成"鱼齐即"才能锄奸除害。再如《蝴蝶梦》，全名《包待制三勘蝴蝶梦》，写皇亲子弟葛彪的横行霸道，借口农民王老汉冲撞他的马头，三拳两脚把他打死，扬长而去。而王老汉的儿子为父报仇，打死葛彪却必须偿命。作家通过这一不合理的官司，提出了"使不着国戚皇亲，玉叶金枝；便是他龙孙帝子，打杀人要吃官司"这样闪烁着民主主义光辉的思想。

第二类是妇女剧。剧作者鲜明地表达了对封建重压下妇女命运的关注和同情，赞美她们为改变自己的命运和地位所作的斗争。如《救风尘》，全名《赵盼儿风月救风尘》，是关汉卿杂剧中以妓女为题材的著名喜剧作品之一。主要写妓女赵盼儿搭救同伴宋引章，向纨绔子弟周舍展开斗争的故事。宋引章是个不谙世事人情的妓女，她原与穷秀才安秀实订下婚约，但她急于跳出火坑，追求理想的夫妻生活。被富豪花花公子周舍迷住，一心要

嫁给他。虽经风尘姐妹赵盼儿再三劝阻也无济于事。周舍骗娶宋引章后，凶相毕露，对引章诸般虐待。引章向赵盼儿求救。赵盼儿深知周舍是个喜新厌旧的好色之徒，决定只身赴险，采用卖笑调情的风月手段，凭借自己的花容月貌和勇敢机智去战胜周舍，救引章出火坑。果然，赵盼儿从周舍手中赚得了休书，解除了婚约，终于使宋引章与安秀实和好团圆。又如《望江亭》，全名《望江亭中秋切鲙》，也是关汉卿优秀喜剧之一。写聪明美丽的青年寡妇谭记儿，因生活孤独寂寞，经常去附近清安观与白道姑攀谈。白道姑的侄儿白士中，新近得官，在前往潭州上任途中，特别到清安观来探望。在白道姑的撮合下，谭记儿与白士中结为夫妻，并一同去潭州任所。在这之前，当朝权豪势要，人称花花太岁的杨衙内，对谭记儿的花容月貌早已垂涎三尺，只是还未到手。今闻谭、白已结为伉俪，便向皇上骗得御赐"势剑金牌"，逮人文书，连夜赶往潭州，索取白士中首级，夺取谭记儿。谭记儿得知此一情况后，决定与杨衙内周旋一番，救丈夫于危难之中。于是便在中秋之夜，乔装打扮成渔妇，驾着一叶孤舟，以献鲜切鲙为名，在望江亭上，机智勇敢地将杨衙内灌醉，赚取了势剑金牌和逮人文书，挫败了杨衙内的阴谋。最后杨衙内被问成"夺人妻室"之罪，杖八十解职归田。谭记儿夫妇从此相安无事，恩爱至终。

第三类是历史剧。如《单刀会》，全名《关大王独赴单刀会》，写三国时，吴国都督周瑜死于江陵后，惧怕曹操来犯。鲁肃劝孙权将荆州借与刘备，又将其妹嫁给了刘备。吴蜀两国修好，共拒曹操。后来，刘备取益州，并汉中，势力不断扩大，大有霸业兴汉之志。引起了吴国的不安。鲁肃想索回荆州，又慑于荆州守将关云长的勇猛，不敢贸然下手。于是设下计谋，拟以邀请关云长江夏赴宴之机，用武力从他手中夺回荆州。关云长明知这个宴会是鲁肃精心安排的"打凤牢笼"、"杀人的战场"。出于英雄襟怀和大无畏的精神，决定单刀赴会。席间，关云长凭着一身胆气，一腔豪情，经过激烈的唇枪舌战，在刀光剑影中慑服了鲁肃，扬帆凯旋。作者歌颂了忠心耿耿维护汉家事业的关羽，谴责了玩弄权术，一意孤行的鲁肃。

关汉卿杂剧将深刻的现实主义和强烈的理想色彩融为一体，既揭示了社会各方面的矛盾冲突，但在处理矛盾时又反映了作者的愿望和理想。剧文主脑清楚,矛盾集中,情节紧凑,形象突出,因此,其作品不是案头文学,而是经得起舞台演出实践考验的当行之作。关汉卿汲取大量民间生动的语言,熔铸精美的古典诗词,创造出一种生动流畅、本色当行的语言风格。表现在人物语言的性格化上,曲白酷肖人物声口,符合人物身份。而且不务新巧,不事雕琢藻绘,创造了一种富有特色的通俗、流畅、生动的语言风格。

4. 王实甫及其《西厢记》

王实甫,名德信,大都(今北京市)人。生卒年不详。

王实甫著杂剧十四种,完整保存下来的有《西厢记》、《破窑记》、《丽春堂》三种。

《西厢记》故事直接来源于唐代元稹的传奇小说《莺莺传》(又名《会真记》)。金代董解元曾将这个故事改编为长篇巨制《西厢记诸宫调》,摒弃了《莺莺传》的悲剧结局,以张生和莺莺双双私奔团圆作为结尾。王实甫将之改写成杂剧,故事大致相同,但反封建礼教的思想主题更为鲜明,艺术上也有较大的提高。

首先,《西厢记》歌颂了以爱情为基础的结合,否定了封建社会传统的联姻方式。作为相国小姐的莺莺和书剑飘零的书生相爱本身,在很大程度上就是对以门第、财产和权势为条件的择婚标准的违忤。莺莺和张生最初是彼此对才貌的倾心,经过联吟、寺警、听琴、赖婚、逼试等一系列事件,他们的感情内容也随之更加丰富,这里占主导的正是一种真挚的心灵上相契合的感情。

其次,莺莺和张生实际上已把爱情置于功名利禄之上。张生为莺莺而"滞留蒲东",不去赴考;为了爱情,他还几次险些丢了性命,直到被迫进京应试,得中之后,他也还是"梦魂儿不离了蒲东路"。莺莺在长亭送别时嘱咐张生"此一行得官不得官,疾便回来",她并不看重功名,认为"但得一个并头莲,煞强如状元及第";即使张生高中的消息传来,她也不以为喜而反添症候。全剧贯穿了重爱情、轻功名的思想。

与上述思想内容相联系的是《西厢记》中主要人物的性格都具有鲜明的特征。张生的志诚、忠厚和他对莺莺的一往情深,构成了他的主要性格特点。同时,作者又写了他的呆气和脆弱。他对老夫人的机诈权变几乎毫无准备,拙于应付;他对莺莺在爱情上表现的矜持、犹豫,常常产生误解,引出矛盾。正由于他的脆弱和忠厚相连,呆气又与钟情并存,所以,他的这些"缺点"反而有助于突出他的志诚、憨厚的性格特点。

莺莺的性格深沉而内向,她的一往情深与张生有着不同的表现形式。从佛殿相遇到月下联吟,她已经爱上了张生,但她的生活环境和她的许多思想负担,使她不愿轻易泄露内心的秘密。崔母赖婚以后,她开始勇敢起来,但又有"赖简"的曲折,直到"佳期"以后,她才不再掩抑已经被唤起的爱情。这一切都使她在争取婚姻自主的斗争中,表现出虽是一往情深,却又欲前又却,曲折的内心情绪。

红娘身份卑微,在崔、张婚姻事件中所起的作用却至关重要。她支持崔、张恋爱婚姻,反对封建家长干预。她伶俐机敏的性格,决定了她的行动方式:对志诚、憨厚的张生是坦率的,热心地为他出谋划策;她对心细如发的小姐十分小心,仔细揣摩她的心理,要作"撮合山",又要不露痕迹;对老夫人,她敢于抗争,有勇有谋,在"拷红"一场中,她的思想性格得到了最充分有力的表现。

老夫人冷酷无情、专横跋扈、背信弃义的特征,火头僧人惠明豪侠勇武的僧人形象,也丰富了《西厢记》所描写的人物群像。

《西厢记》的曲词华美,并有诗的意境。作者常常结合剧情,在景物描绘中,构成抒情意味极浓的意境。如"玉宇无尘,银河泻影,月色横空,花阴满庭",寥寥16个字,就勾画出张生等待莺莺烧夜香时静谧而落寞的环境。描写张生等莺莺来幽会时:"彩云何在,月明如水浸楼台。僧归禅室,鸦噪庭槐。风弄竹声则道金佩响,月移花影疑是玉人来。"用彩云、月光、僧人、乌鸦的动态,传达出张生焦躁不安的心情。特别是长亭送别,"碧云天,黄花地,西风紧,北雁南飞。晓来谁染霜林醉,总是离人泪"。用人们在秋天常见的景物,构成萧瑟而凄冷的氛围,与主人公的离愁别绪相互融合,创造了浓郁的抒情气氛,历来被称道为"神来之笔"。

5. 白朴和马致远

白朴(1226~?年),字太素,号兰谷,初名恒,字仁甫,隩州(今山西河曲县附近)人。金亡后,不肯出仕元朝。晚年移居金陵(今江苏南京市),放浪于山水之间，以诗酒为乐。

白朴曾作杂剧十六种。现仅存《梧桐雨》和《墙头马上》二种。

《墙头马上》，全名《裴少俊墙头马上》。是反映封建社会男女爱情婚姻问题的优秀作品。其故事本源于白居易新乐府中的《井底引银瓶》。主要描写洛阳总管之女李千金，在后花园赏花时，于墙头偶与马上的工部尚书裴行俭之子裴少俊相遇，一见钟情，私奔长安。裴少俊将李千金安排在裴府后花园内同居了七年之久，生下一男一女。后被裴行俭发现，留下两个孩子，把李千金赶回洛阳娘家。裴少俊中状元后，官授洛阳县尹。立即乞求与李千金团聚，重做夫妻。李千金不允。裴行俭得知媳妇不肯相认，与夫人带领两个孩子牵羊担酒前来赔情。在一双儿女苦苦哀求下，夫妻重归旧好，合家团圆。

《梧桐雨》，全名《唐明皇秋夜梧桐雨》。取材于唐人陈鸿《长恨歌传》，标目取自白居易《长恨歌》"秋雨梧桐叶落时"诗句。写唐明皇李隆基与杨贵妃故事。其情节是：幽州节度使裨将安禄山失机当斩，解送京师。唐明皇反加宠爱，安遂与杨贵妃私通。因与杨国忠不睦，出任范阳节度使。安禄山反，明皇仓皇逃出长安去蜀。至马嵬驿，大军不前，兵谏请诛杨国忠兄妹。明皇无奈，命贵妃于佛堂中自缢。后李隆基返长安，在西宫悬贵妃像，朝夕相对。一夕，梦中相见，为梧桐雨声惊醒，追思往事，倍添惆怅。全剧以李、杨爱情为主线反映了安史之乱这一重大历史事件及唐王朝由盛至衰的过程。主题思想比较复杂，人物形象也不够统一，但曲辞雅隽，心理刻划细致。

马致远（约1250~1321至1324年间），号东篱，一说字千里。大都（今北京）人。著有杂剧十五种，今存《汉宫秋》、《青衫泪》、《陈抟高卧》、《岳阳楼》、《任风子》、《荐福碑》以及和他人合写的《邯郸道省悟黄粱梦》。其代表作为《汉宫秋》，全名《破幽梦孤雁汉宫秋》。写汉元帝征选美女充实后宫，王嫱字昭君因未贿赂奸臣毛延寿，被丑化其画像，致使她入宫后长时间不得与君王见面。后昭君在抚琴诉怨时，偶被巡宫的元帝发现，立即册封为明妃，倍加宠爱。毛延寿见事已暴露，立即投奔匈奴，怂恿呼韩邪单于引兵入侵，索取王昭君。元帝无计可施，允许昭君出塞和亲，以求停息刀兵。昭君行至汉匈交界的黑河之畔,投江而死。单于将昭君的尸骨埋葬在江边,号为青冢。并将毛延寿解送长安,汉匈重新和好。元帝思念昭君,在梦境中再遇。惊醒之后,眼前只有一盏半暗孤灯照着昭君画像。此时,窗外秋风阵阵,孤雁哀鸣,更深深地牵动着元帝对昭君的思念之情。

作品以汉元帝与王昭君的爱情故事为主线,揭露了帝王的昏庸,朝政的腐败,抨击了朝中文武大臣在侵略威胁面前的怯懦和无能。剧中成功地塑造了王昭君这一爱国者的形象。《汉宫秋》有较高的艺术成就,结构紧凑,有浓烈的抒情色彩,曲辞苍凉幽邈,能贴切地表达人物的心情。

6. 元前期其他杂剧家与作品

纪君祥,一作纪天祥,生卒年均不详。元大都(今北京市)人。其作品只存《赵氏孤儿》一种。《赵氏孤儿》,全名《冤报冤赵氏孤儿》。故事采自《左传》、《史记·赵世家》和刘向《新序·节士》、《说苑·复思》等书。作者作了提炼、改造和虚构。故事是说春秋时晋国奸臣屠岸贾谋害忠直大臣赵盾,使赵家三百余口满门抄斩,只赵盾之孙——襁褓中婴儿被义士程婴救出。屠岸贾发现有人偷偷救出孤儿后,竟下令残杀国内所有一月以上半岁以下幼儿。程婴为保全孤儿和全国幼儿,毅然献出己子冒顶孤儿,其挚友公孙杵臼为开脱程婴救孤之罪,牺牲了自己的生命。孤儿由程婴扶养成人,二十年后,赵氏孤儿手擒屠岸贾,报了血海深仇。这是一部优秀的悲剧,人物形象鲜明生动,戏剧冲突扣人心弦,气氛激越慷慨,鞭挞了阴险残暴行为,歌颂了崇高正义精神。

康进之,棣州(今山东惠民)人。生卒年及生平事迹均不详。他的《李逵负荆》一剧,是元人水浒戏中最优秀的作品。

《李逵负荆》,全名《梁山泊李逵负荆》。写在梁山附近开酒店的王林的女儿满堂娇,被冒充宋江、鲁智深的恶棍宋刚、鲁智恩抢去。李逵听说后,不加分辨回山寨怒斥宋江、鲁智深二人。后真相大白,李逵知错,负荆请罪,宋江即命李逵除二恶棍,将功折罪。作品成功地塑造了李逵的英雄形象。他鲁莽、轻信,却又直率而勇于认错。这一切都出自对梁山义军的忠诚,对人民疾苦的同情。剧情发展虽然建立在误会的基础上,却符合李逵性格鲁莽刚直的特点。正是通过李逵维护梁山泊名声的行动,展现了梁山义军和人民的血肉关系。全剧曲词豪放,曲白生动。

杨显之,大都(今北京)人,生卒年不详,约与关汉卿同时。有杂剧八种,题材多采取现实生活和民间故事。其中《潇湘雨》影响较大。《潇湘雨》,全名《临江驿潇湘夜雨》,故又简称《潇湘夜雨》。写的是穷秀才崔通考中后弃妻再娶,将远道来寻的妻子张翠鸾毒打、发配、谋害,最终崔通受惩罚而改悔。剧情动人,对负心汉崔通的狠毒性格与卑劣面目刻画较充分。第三折写张翠鸾发配途中遇雨一节,情状凄苦,描写逼真。元杂剧中有很多写得官弃妻的作品,此剧为代表作之一。

尚仲贤的《柳毅传书》和李好古的《张生煮海》,是元杂剧中两部充满奇异瑰丽浪漫主义色彩的神话剧,被誉为元代神话戏中的"双璧"。这两出戏写的都是人神恋爱的故事。

尚仲贤,真定(今河北正定县)人。生卒年、字号不详。其剧作《柳毅传书》,全名《洞庭湖柳毅传书》。据唐李朝威的传奇小说《柳毅传》改编而成。写洞庭龙王之女三娘,嫁与泾河小龙为妻之后备受虐待,被罚至泾河岸上牧羊。龙女修书一封,希望有人替她捎回洞庭求救。恰遇落第书生柳毅路经此地,替她将书信及时送往洞庭,龙女因而得救。为答谢柳毅传书之恩,洞庭龙王欲将三娘许配柳毅为妻,却遭柳毅婉言谢绝。几经波折,最后终于结为夫妻。剧中人物不多,但性格,形象都还鲜明。

李好古,东平(今山东东)人。生卒年、字号不详。其剧作《张生煮海》,全名《沙门岛张生煮海》。写潮州书生张羽借宿东海岸边石佛寺,乘月弹琴。龙女琼莲闻琴声而至。二人一见钟情,约为婚姻。张羽一心追求琼莲,在仙人的帮助下,煮沸海水,迫使龙王答应了这门亲事。作者运用浪漫主义手法去表现现实生活,歌颂男女青年争取婚姻自由的行为,批判封建家长对婚姻的包办、干涉。全剧写海和龙宫景色的曲词甚多。气象万千,变化莫测;绮词丽语,美不胜收。

李潜夫,(一作李行甫)字行道,绛州(今山西新绛)人。生卒年不详。今存杂剧《灰阑记》一种。《灰阑记》,全名《包待制智勘灰阑记》。写妓女张海棠渴望从良,过正常人的生活。嫁给马员外作妾后,生下一子。马员外之妻与奸夫赵令史合谋害死了马员外,诬指海棠为凶手,并谎称海棠之子为己生，妄图霸占马家全部财产。郑州太守苏顺，不听海棠分辩，完全听信于赵令史，将海棠严刑拷打，造成冤狱，送往开封府。开封府包拯在查看案卷时，发现其中冤屈。为审清此案，他采用了一个极聪明的办法，即通过灰阑（用石灰画出的圆圈）拉子之计辨明了真假，平反了这场冤假错案。《灰阑记》是元代公案戏中比较优秀的作品之一。

7. 元后期杂剧及无名氏杂剧

约从元成宗大德末年开始，杂剧创作中心逐渐由大都（今北京）转向杭州，是元杂剧发展的后期阶段。郑光祖、宫天挺、乔吉和秦简夫等取得一定的成就。

郑光祖，字德辉，平阳襄陵（今山西临汾附近）人。生卒年不详。其作品《倩女离魂》全名《迷青琐倩女离魂》，取材于唐人小说陈玄祐《离魂记》。王文举与张倩女经父母指腹为婚，倩女母因文举功名未就，不许完婚。后文举赴京应试，倩女思念成疾，恹恹卧床不起，魂魄相随，结伴至京。文举得官，二人同返故里。倩女灵魂与久卧床榻的倩女的病体合二而一，遂与文举成亲。剧本塑造了一个敢于违背封建礼教规范，追求爱情的幸福生活的女性形象。全剧抒情气氛浓厚，心理刻画也较细致。

乔吉（？~1345年），一作乔吉甫，字梦符，号笙鹤翁或惺惺道人，太原人。有《扬州梦》、《金钱记》、《两世姻缘》三种传世。《扬州梦》，全名《杜牧之诗酒扬州梦》。以杜牧《遣怀》诗"十年一觉扬州梦，赢得青楼薄幸名"立意，借杜牧落魄扬州时在秦楼楚馆的一段风流韵事敷衍而成。主要写诗人与名妓张好好互生爱恋之心，虽几经波折，矢志不移，最后终成眷属。剧中过多地描写了酒席宴会场面，虽时间地点不同，但总觉得过于单调。对扬州的繁荣景象的描绘却颇为生动。

宫天挺，字大用，大名开州（今河南濮阳）人。生卒年不详。所作杂剧现存《死生交范张鸡黍》、《严子陵垂钓七里滩》两种。《死生交范张鸡黍》取材于《后汉书·范式传》，写太学生范式和张劭愤恨奸佞当道，不愿做官，辞归故里，临别时约定两年后至汝阳张劭家赴"鸡黍会"。不料，张劭不久即病故。托梦与范式，并告知他的死讯和下葬日期，范式果然不远千里而至送葬，并为之修坟守墓百日。作品歌颂了朋友间真挚深厚的友谊和生死不渝的信义。

秦简夫，大都（今北京）人，生卒年与生平事迹均不详。所作杂剧五种。现存《破家子弟》、《赵礼让肥》、《剪发待宾》三种。《破家子弟》，或叫《东堂老》，全名《东堂老劝破家子弟》。写扬州富商赵国器之子扬州奴，父死后浪荡成性，挥霍无度，将家产荡尽，沦为乞丐。其父生前好友东堂老李实，受亡友之托，对扬州奴苦心教诲和帮助，使他痛改前非，终于浪子回头，重振家业。作品歌颂了东堂老忠于朋友的信义行为，并意图通过扬州奴的形象，劝喻败家子弟引以为戒。这是一部反映商人生活信念的作品，有重要意义。

在元人杂剧中，还有不少无名氏的作品，《陈州粜米》是其代表。《陈州粜米》，全名《包待制陈州粜米》。写大宋年间，陈州大旱三年，颗粒不收，人民饥至相食。朝廷派刘得中、杨金吾前去救灾。他们不仅私自抬高米价，大秤收银、小斗售米，大肆搜刮百姓，而且还用敕赐紫金锤打死同他们论理的农民张懒古。张子小懒古上告到开封府。包拯微服暗访，查明事实真相，智斩了杨金吾，又让小懒古以同样的方式，用紫金锤击死刘得中，为受害者雪冤。剧本是元代灾荒频仍、社会矛盾十分尖锐的现实的反映。

五、元代南戏

南戏，亦称戏文、南曲、南戏文、南曲戏文。它是北宋末年到元末明初，流行于我国南方地区的一种戏曲艺术。由于南戏发源于浙江温州（一名永嘉），故又称温州杂剧或永嘉杂剧。元灭南宋统一中国后，南戏由南方地区逐渐传播到北方地区，虽受到宋金杂剧和元杂剧的影响，但仍走着自己的发展道路。直到元末明初，南戏仍继续向前发展着，不过已不叫南戏，而被称作传奇了。

1. 南戏的体制

第一，在剧本的结构和布局上，南戏可根据剧情和故事发展的需要，采取分场的形式。所谓分场，就是以剧中人物的上场或下场作为界线，把剧本分成若干段落，每一段落各成一场。在场次的安排上，南戏在剧本的开头，照例有一段介绍作者意图，或叙述故事梗概的开场戏，一般由"末"这一脚色来担任，因此叫"副末开场"或"家门引子"、"家门大意"。从第二场开始，才进入正戏。这一形式，一直保存在明清的传奇里。

第二，南戏的脚色行当已发展到七种之多。即生、旦、净、丑、外、末、贴。净、丑是南戏中一对喜剧式的人物；生、旦仍是剧中的主要表演者。在表现手段上，杂剧只能由一人（末或旦）主唱，南戏则不限脚色，凡是上场的人物都可以唱。不同的人物可以唱一场，也可以合唱一曲。这就使南戏的演唱灵活自如，给剧作家综合运用曲、白、科、介等各种艺术手段，刻画人物、增强舞台演出效果等，提供了有利条件。

第三，南戏剧本可短可长，不限场数。少则十几场，多则五十余场。剧作者可以根据所要表现的内容，去安排戏剧的结构。有话则长，无话则短，自由灵活，不强求千篇一律。

第四，从音乐的角度看，南戏最初取材于当地流行的民歌，但也有很大一部分来自宋代流行的词体歌曲，以及大曲、诸宫调、唱赚等传统音乐。因此，在一场戏里，不限使用同一宫调。每一宫调一般都唱两个以上的曲牌，有时还可以换韵，比杂剧灵活自由得多。

第五，南戏的剧中人物在下场前照例都要念下场诗。一方面总结一下本场戏的内容，另一方面暗示一下下场戏的内容。

2. 南戏四大本——荆、刘、拜、杀

《荆钗记》，元柯丹丘作。剧本写钱玉莲鄙弃富豪孙汝权的求聘，宁嫁一贫如洗、以荆钗为聘的书生王十朋。婚后半年，十朋赴京考中状元，因拒绝丞相逼婚，被改调烟瘴之地潮阳任职。孙汝权偷改十朋家书为"休书"，继续纠缠玉莲不止。后母逼迫改嫁，玉莲不从，投河遇救，跟随恩人远去他乡。十朋闻玉莲"死"讯后，决意终身不另娶。玉莲误听十朋病亡噩耗，也执意不再嫁。数年之后，于吉安重逢，夫妻团圆。剧本歌颂了王、钱二人坚贞不渝的爱情，描写了他们对黑暗势力的反抗精神和不屈的斗志。剧本对权相富豪的横行不法，也给予了揭露和鞭笞，是一部具有积极意义的作品。

《白兔记》，永嘉书会才人编撰。写后汉开国皇帝刘知远幼年失父，落魄马王庙中，李文奎见他相貌不凡，收留家中牧马，并将女儿三娘许配给他。李文奎夫妇去世后，三娘兄嫂不容。知远只得弃家投军，又被岳节度使招赘为婿，后成就功名。三娘不肯改嫁，被兄嫂逼迫，日挑水，夜推磨，受尽苦辛。她磨房咬脐产子,托窦公送往军营。十六载后,咬脐郎猎白兔而遇三娘,得以团圆。剧本成功地塑造了受尽折磨而坚强不屈的李三娘的形象。对刘知远贫穷时受到的欺凌与侮辱,也有较真实生动的描写,并寄予同情,而对其见利忘义、负情三娘的行为则给予了一定的批评;与此同时,还嘲讽了三娘兄嫂贪婪、残忍的品行。

《拜月亭》,传为元人施惠作。施惠,字君美。此剧据关汉卿杂剧《闺怨佳人拜月亭》改编。全剧以蒋世隆与王瑞兰的爱情婚姻波折为主线,写金朝末年,蒙古兵南下,金迁都汴梁。兵荒马乱中,书生蒋世隆与兵部尚书王镇女儿瑞兰旷野相逢,结伴同行,患难中结为夫妇。王镇议和归来,强行拆散恩爱夫妻。瑞兰思念丈夫,幽闺拜月祷祝重聚。后蒋世隆考中状元,破镜重圆。此剧突破"才子佳人一见钟情"的俗套,着力描写蒋、王二人在患难相扶、生死与共中建立起来的纯洁、坚贞的爱情,同时批判了封建的门第观念和封建婚姻制度。

《杀狗记》,作者未详。元代有无名氏杂剧《杨氏女杀狗劝夫》,内容与此戏文大致相同。剧本写财主孙华与市井小人柳龙卿、胡子传结为兄弟,受二人挑唆,视胞弟孙荣为仇敌,致使孙荣寄身破窑,乞食街头。华妻杨氏多方劝说无用,设杀狗劝夫之计,暴露结义兄弟危难时不肯相救的真面目,才使孙华醒悟,兄弟和好,共受旌表。剧本以宣扬封建伦理思想为主旨,赞美恪守封建妇道、又能劝夫改过的贤妻,以及事兄如事父、被逐不怨的悌弟,还有忠心事主的义仆。此剧封建宗法气息虽然浓厚,其警诫世人不可妄交酒肉朋友,却有一定的社会意义。作品对柳龙卿、胡子传两个骗吃、骗喝的游手好闲之徒,作了比较生动的描写。

3. 高明及其《琵琶记》

高明,字则诚,自号菜根道人。浙江瑞安人。瑞安属古永嘉郡,永嘉亦称东嘉,故后人称他为高东嘉。生卒年不详。

南戏《琵琶记》是高明得以名扬后世的代表作,它是在宋元时民间流行的蔡伯喈故事,尤其是在"戏文之首"《赵贞女蔡二郎》的基础上进行再创作而成。剧本写蔡伯喈被其父逼迫赴京应试。中状元后,牛丞相奉旨招他为婿。他辞婚、辞官均不获准,被逼入赘相府。时值家乡遭逢荒年,其妻赵五娘历尽艰辛,奉侍公婆。她求得赈米供养二老,自己却暗吞糠秕,年迈双亲盼子不归,气饿而亡。五娘剪发买葬,安葬公婆后,又琵琶卖唱,寻夫至京,最后夫妻团圆。

赵五娘是剧中塑造得最成功的形象,她的不幸遭遇反映了中国封建社会里许多妇女身受的深重苦难,体现了中国妇女吃苦耐劳、坚韧不拔的传统美德和克己待人的牺牲精神。蔡伯喈是一个软弱动摇的知识分子,他被迫屈从权势,生活在富贵之中,内心却充满痛苦。他希望忠孝两全,结果却忠孝两不全。这个悲剧形象暴露了封建道德自身的矛盾及其不合理性。剧中人物各具性格,五娘、伯喈、张大公、蔡公、蔡婆都写得有血有肉,情态逼真。

《琵琶记》描写人情,真实细腻,婉转曲折,能深深打动读者。剧中双线交错发展,以富衬贫,以喜衬悲,二者成鲜明对比,有力地突出了封建时代的社会矛盾,加强了悲剧的气氛,文词以本色为主而又文采斐然。

六、元代曲论

元代曲论尚属开创阶段,主要著作按内容可分为三类。一是论述演唱的专著,有署名燕南芝庵的《唱论》。二是有关北曲的韵书,有周德清的《中原音韵》。其中"正语作词起例"部分,论述制曲方法,涉及知韵、造语、用事、用字、务头、对偶、末句等各项,较有理论价值。三是有关戏曲的史料和评论著作,有钟嗣成的《录鬼簿》和夏庭芝的《青楼集》。《录鬼簿》包括金、元152位戏曲作家的小传和400余种戏曲作品的名目,不仅有较高的史料价值,也有较进步的理论观点。《青楼集》记录了元代100多位优伶的姓名、特长与身世,也含有为色艺出众的女艺人立传之意。

第九节 明代文学

明代是小说、戏曲等俗文学昌盛而正统诗文相对衰微的时期。明代文学的演变发展,大致可分为前后两个大的阶段,从明初到正德年间是明代文学的前期,从嘉靖年间到明亡是明代文学的后期。

一、明代诗文

1. 明初诗文

宋濂、刘基和高启是明初诗文的代表作家。

（一）宋濂

宋濂（1310~1381年），字景濂，号潜溪。先祖潜溪（今属浙江金华）人，至宋濂时迁到浦江（今浙江浦江县）。宋濂长于古文，效法唐宋，为文章雍容而简洁，朝廷的许多官方文章，大多出自他的手笔。他的散文较有现实意义的是传记文。如《秦士录》写文武兼长而怀才不遇的邓弼磊落性格及坎坷命运，其豪爽奔放个性，跃然纸上。《杜环小传》及《李凝传》分别叙写两个中、下层人士仗义助人、赈济病贫的品德，以对比手法抨击时弊。《记李歌》则写出了生于娼门的少女李歌，拒绝豪华生活诱惑，维护尊严的不屈性格。再如《王冕传》中描述王冕儿时好学不倦的情景和他豪放孤傲性格，形象鲜明，很有生气。

宋濂写过一篇《送东阳马生序》，以自己过去求学之难，与今日太学生求学之易相对比，勉励勤学，最后得出结论：学要虚心、要专心、要下苦功，才能取得成就。

宋濂写景散文佳作亦不少。如《环翠亭记》写亭外竹林"积雨初霁"，"浮光闪彩，晶荧连娟，扑人衣袂，皆成碧色"，秀丽清新。又如《桃花涧修禊诗序》、《看松庵记》等皆文笔简洁，写景状物都较生动、自然。

（二）刘基

刘基（1311~1375年），字伯温，青田（今属浙江）人。明代开国功臣，后为朱元璋猜忌，忧愤而死。

刘基的文学创作，以诗歌最为突出。诗歌之中，又以乐府、古体诗为优。他在诗歌写作中，贯彻自己的文学思想，写了相当数量的讽谕诗。这些诗描绘元末明初的社会动乱，在一定程度

上反映了人民的疾苦。他揭示了农民在地租王税下所受的严重剥削:"农夫力田望秋至,沐雨梳风尽劳瘁。王租未了私债多,况复尔辈频经过。"(《野田黄雀行》)"君不见古人树桑在墙下,五十衣帛无冻者。今日路傍桑满畦,茅屋苦寒中夜啼。"(《畦桑词》)这些诗篇都具有社会意义。刘基有不少即景言情和抒写怀抱的诗作,如《望孤山作》:"晓日千山赤,寒烟一岛青。羁心霜下草,生态水中萍。黄屋迷襄野,苍梧隔洞廷。空将垂老泪,洒恨到沧溟。"雄浑苍劲,深沉含蓄,是五律中的佳作。

刘基的散文体裁多样,内容丰富,但以寓言体散文最为出色。他在元末隐居时所写的《郁离子》,在议论之中常杂以寓言。郁离二字,意思是文明。刘基在此书中,较全面地发挥了他的哲学、政治、伦理、道德观念。他还写了若干思想性较强的散文,如《卖柑者言》,描写杭州有小贩卖柑,"金玉其外,败絮其中"。其讽刺锋芒,实际上是针对整个统治阶级的,是明代寓言体散文不可多得的佳作。他的写景散文数量不多,写景时讲求意境,手法细腻,如《松风阁记》描写风中之松:"有声,如吹埙篪,如过雨,又如水激崖石,或如铁马驰骤,剑槊相磨戛;忽又作草虫鸣切切,乍大乍小,若远若近,莫可名状。听之者,耳为之聪。"颇有唐宋散文名家的风致。

(三)高启

高启(1336~1374年),字季迪,长洲(今江苏苏州)人。元末隐居吴淞青丘,自号青丘子。后因触怒朱元璋,遭腰斩。

高启以诗盛名,诗风豪爽清逸,被后世推为明代诗人之冠。他的七言诗最为出色,如《登金陵雨花台望大江》:"大江来从万山中,山势尽与江流东。钟山如龙独西上,欲破巨浪乘长风。江山相雄不相让,形胜争夸天下壮。秦皇空此瘗黄金,佳气葱葱至今王。我怀郁塞何由开,酒酣走上城南台。坐觉苍茫万古意,远自荒烟落日之中来。石头城下涛声怒,武骑千群谁敢渡?黄旗入洛竟何祥?铁锁横江未为固。前三国,后六朝,草生宫阙何萧萧!英雄来时务割据,几度战血流寒潮。我生幸逢圣人起南国,祸乱初平事休息。从今四海永为家,不用长江限南北。"全诗波澜壮阔,一气呵成,怀古而不感伤,用典切合时地。最后两句,更表达了诗人对祖国河山获得统一的喜悦。

高启写过不少反映农村生活的作品,对农民表示同情和关怀,如《牧牛词》、《捕鱼词》、《养蚕词》、《射鸭词》、《伐木词》、《打麦词》、《采茶词》、《田家行》、《看刈禾》等。这些诗没有把田园生活理想化,而是在一定程度上反映了阶级剥削和人民疾苦。如《湖州歌送陈太守》写:"草茫茫,水汨汨。上田芜,下田没,中田有麦牛尾稀,种成未足输官物。侯来桑下摇玉珂,听侬试唱湖州歌。湖州歌,悄终阕,几家愁苦荒村月。"又如《练圻老人农隐》、《过奉口战场》、《闻长枪兵至出越城夜投龛山》、《大水》等诗,还描写了农民在天灾兵燹下的苦难。这些作品,是高启诗歌中的精华部分。

2. 于谦、台阁体和茶陵诗派

明永乐、弘治前后,诗坛上风行的是杨士奇、杨荣、杨溥为代表的"台阁体"。他们的诗歌,内容上不外粉饰太平、歌功颂德,多为应制、应酬、题赠之作;艺术上讲求雍容华贵、典雅工丽,实际上模拟因袭,刻板呆滞,毫无生气。能不为所囿者是于谦。

于谦(1398～1457年),字延益,号节庵,钱塘(今浙江杭州)人。他较能抒写自己的真情实感,且多忧国忧民之作,但由于他的诗作锤炼不足,在当时影响不大。最为后人所称道的诗作有《咏石灰》:"千锤万击出深山,烈火焚烧若等闲。粉骨碎身浑不怕,要留清白在人间。"借歌咏石灰以表明自己的情操。还有一首《咏煤炭》:"凿开混沌得乌金,藏蓄阳和意最深。爇火燃回春浩浩,洪炉照破夜沉沉。鼎彝元赖生成力,铁石犹存死后心。但愿苍生俱饱暖,不辞辛苦出山林。"抒发了诗人愿意像煤炭一样造福于人类,为人民而献身。

于谦

继"台阁体"之后,在明代前期诗坛上影响较大的是以李东阳为领袖的"茶陵诗派"。

李东阳(1447～1516年),字宾之,号西涯,祖籍湖广茶陵(今属湖南),著有《怀麓堂诗话》。他的诗风实际上是"台阁体"的继续,多应酬之作，内容贫乏，形式上典雅工丽。由于他官位高，立朝久，门生多，因此效仿、追随他的人颇多，形成了"茶陵诗派"。

3. 前后七子和复古主义

弘治、正德年间，李梦阳、何景明、徐祯卿、康海、王九思、边贡、王廷相，针对当时虚饰、萎弱的文风，提倡复古，他们鄙弃自西汉以下的所有散文及自中唐以下的所有诗歌，他们的主张被当时许多文人接受，于是形成了影响广泛的文学上的复古运动。为把他们与后来嘉靖、隆庆年间出现的李攀龙、王世贞等七人相区别，世称"前七子"。他们的文学观的共同点是，强调文章学习秦汉，古诗推崇汉魏，近体宗法盛唐。"前七子"以李梦阳、何景明为首。

李梦阳（1473～1530年），字献吉，号空同子，庆阳（今属甘肃）人。何景明（1483～1521年），字仲默，号白坡，又号大复山人，信阳（今属河南）人。他们提倡"文必秦汉，诗必盛唐"，形成盲目崇古非今、否认文学发展的复古主义文学主张。主张复古，必然导致创作上的拟古，而且这种摹拟主要是形式上的模仿。对古人的亦步亦趋，实质上扼杀了文学的创造性。当然，他们对冲破"台阁体"文风的统治地位，起到了积极的作用。李梦阳和何景明也写过一些现实性较强的好诗。如李梦阳的《秋望》："黄河水绕汉宫墙，河上秋风雁几行。客子过壕追野马，将军韬箭射天狼。黄尘古渡迷飞挽，白月横空冷战场。闻道朔方多勇略，只今谁是郭汾阳。"表露了诗人关心国家边防的爱国精神，诗写得雄浑流丽，很有气魄。又如何景明的《鲥鱼》："五月鲥鱼已至燕，荔枝卢桔未能先。赐鲜遍及中珰第，荐熟应开寝庙筵。白日风尘驰驿骑，炎天冰雪护江船。银鳞细骨堪怜汝，玉箸金盘敢望传。"抨击了明朝帝王的昏庸腐朽，含蓄蕴藉中有对比，讽刺得深刻而不露。

与此同时，也还出现了一些不为茶陵派、前七子所囿，但又能反对台阁体，成就较为显著的散文作家。先有马中锡，后有王守仁、杨慎等人。

马中锡（约1446～约1512年），字天禄，号东田。故城（今属河北）人。他的散文横逸奇崛，有一定成就。他据古代传说而创作的寓言故事《中山狼传》，写东郭先生以"兼爱"之心救狼，险被狼所害，寓意较深。

王守仁的散文疏畅俊达，后世传诵的《瘗旅文》是作者任龙场驿丞时为客死异乡的三个陌生人写的祭文。文意凄凉，催人泪下，在对他人的同情中也寄托着身处阉党迫害下作者的内心悲愤。

杨慎（1488~1559年），字用修，号升庵。新都（今属四川）人。他的诗以"思乡"、"怀归"为多。他临终前所作《六月十四日病中感怀》诗："七十余生已白头，明明律例许归休。归休已作巴江叟，重到翻为滇海囚。"叙述自己因病归蜀，途中却被追回的憾恨，深为感人。他的散文渊博婉丽，具有一定的创作个性。

嘉靖、隆庆年间的李攀龙、王世贞、谢榛、宗臣、梁有誉、吴国伦和徐中行等人继续提倡复古，相互鼓吹，彼此标榜，声势更为浩大，世称他们是"后七子"，以李攀龙、王世贞为其领袖。他们的诗文，有时竟然生吞活剥，模拟剽窃，因而不可能有什么优秀的作品。"后七子"中，宗臣（1525~1560年）的散文较出色。如《报刘一丈书》，有力地抨击了封建官场的腐败。其文重点描摹了奔走权门的无耻之徒的种种丑态。对他们贪缘钻营、甘言媚词、逢迎拍马的细节，作者刻画得惟妙惟肖，入木三分。

4. 归有光和唐宋派

嘉靖年间，王慎中、唐顺之、茅坤和归有光等，对前后"七子"的复古主张不满，提倡学习唐宋文，被称为"唐宋派"。他们的文学观点大致相同，都以散文见长。

茅坤评选的《唐宋八大家文钞》，在当时和后世有很大影响。此书选辑唐代韩愈、柳宗元，宋代欧阳修、苏洵、苏轼、苏辙、曾巩、王安石八家文章，繁简适中，可作为初学者之门径，因此几百年来盛行不衰。"唐宋八大家"的名目也由此流行。

在散文创作方面，"唐宋派"成就最高的是归有光。

归有光（1506~1571年），字熙甫，号项脊生，昆山（今属江苏）人。人称震川先生。他在"载道"的"古文"中抒写日常生活琐事，语言清新，亲切动人。其艺术特色是：一是即事抒情，真切感人。如代表作《项脊轩志》，以"百年老屋"项脊轩的几经兴废，穿插了对祖母、母亲、妻子的回忆，并抒发了人亡物在、世事沧桑的感触。所回忆者人各一事，均属家庭琐事，但极富有人情味。二是注重细节，刻绘生动。如《项脊轩志》写景，发扬了唐宋文的优良传统，确非前后七子所及。三是篇幅短小，言简意赅。他的散文名作，如《项脊轩志》、《先妣事略》、《思子亭记》等，均未超过千字。《寒花葬志》为悼念夭殇小婢而作，全文共112字，但以两个细节勾勒婢女形象，写出庭闱人情，极为凝炼。四是结构精巧，波折多变。如《宝界山居记》由太湖风景写到宝界山居，又对比唐代王维之辋川别墅，并对王维发了议论。《菊窗记》，从洪氏之居的地势、风景写到古人仲长统与陶渊明，夹叙夹议，跌宕多姿。

5. 李贽、公安派和反复古主义

归有光和"唐宋派"对前后"七子"的复古主义给予了一定的打击，但真正摧毁其在文坛上统治地位者，则是万历年间，李贽和其后的"公安派"。

李贽提倡"童心"，"绝假纯真，最初一念之本心"。他的散文，除阐述其思想的论文、书信外，还有一些富于战斗性的杂文，如《赞刘谐》，通过刘谐对"仲尼之徒"的嘲弄，辛辣地讽刺了虚伪的道学家们"天不生仲尼，万古如长夜"的愚昧论调。

公安派的代表人物为袁宗道、袁宏道、袁中道三兄弟，因其籍贯为湖广公安（今属湖北），故世称"公安派"。他们提出"性灵说"，主张个性表现和真情发露，接近于李贽的"童心说"。三袁当中，成就最高、影响最大的是袁宏道。

袁宏道（1568~1610年），字中郎，又字无学，号石公。其散文极富特色，清新明畅，卓然成家。尺牍类，如《致聂化南》一札："败却铁网，打破铜枷，走出刀山剑树，跳入清凉佛土，快活不可言，不可言！投冠数日，愈觉无官之妙。弟已安排头戴青笠，手捉牛尾，永作逍遥缠外人矣！朝夕焚香，唯愿兄不日开府楚中，为弟刻袁先生三十集一部，尔时毋作大贵人，哭穷套子也。不诳语者，兄牢记之。"简凝活脱，间以诙谐，可见其尺牍文的一斑。他的各类随笔，题材多样，饶有意趣，其中《畜促织》、《斗蛛》、《时尚》等篇，记述了当时的风俗人情。传记文以《徐文长传》、《醉叟传》两篇最优，刻绘人物，生动鲜明。游记文，于写景中注入主观情感，韵味深远，文笔优美。如《满井游记》所写京郊初春景色，纯用写实手法，刻画细腻，情致盎然。其他如《虎丘》、《天目（一）》、《晚游六桥待月记》、《观第五泄记》等，真切动人，语言浅近，略无斧凿之迹，都是佳作。

与"公安派"同时，还有"竟陵派"，因其代表人物钟惺、谭元春是竟陵（今湖北天门）人而得名。他们反对文学上的复古主义，也提倡独抒性灵，但也不满"公安派"的浮浅轻率，追求"幽深孤峭"的艺术风格，实际上艰涩难懂，成就不如"公安派"。但"竟陵派"的刘侗与他人合著的《帝京景物略》，记述北京地区名胜古迹、庵庙寺观、园林风景以及各种风俗习惯等，是一部有关北京历史地理的重要著作。

另外，与三袁、钟、谭同时的散文家魏学洢（约1596~约1625年），字子敬，嘉善（今浙江嘉善）人。其散文代表作《核舟记》，条理清晰，层次分明，是记叙静物的杰作，传诵很广。

6. 晚明诗文

明末产生了大量的小品散文，以张岱的成就最高，他能兼取公安、竟陵二家之长，题材较广，清新简约。

张岱（1597~约1676年），字宗子，改字石公，号陶庵，又自号蝶庵居士。山阴（今浙江绍兴）人，侨寓杭州。明亡后，他隐迹山居，在国破家亡之际，回首20年前的繁华靡丽生活，写成《陶庵梦忆》和《西湖梦寻》两书，以抒发他对故国乡土的追恋之情。张岱文笔活泼清新，时杂诙谐，不论写景抒情，叙事论理，俱趣味盎然。如《陶庵梦忆》中《西湖七月半》、《湖心亭看雪》均写得意境极佳。其他如《金山夜戏》、《柳敬亭说书》、虎丘的月夜、西湖的莲灯，无不写得逼真如画。张岱以散文的成就，被认为是晚明小品文的代表作家。

明末许多有节气的文人，他们的所作诗文，充满了强烈的爱国主义精神。如：

张溥（1602~1641年），字天如。太仓（今属江苏）人。他的散文在当时很有名，风格质朴，慷慨激昂，明快爽放，直抒胸臆。其代表作《五人墓碑记》，赞颂苏州市民与阉党斗争，强调"匹夫之有重于社稷"，为"缙绅"所不能及。叙议相间，以对比手法反衬五人磊落胸襟，为传诵名篇。

陈子龙（1608~1647年），字卧子，号轶符。晚年又号大樽。松江华亭（今上海市松江县）人。明亡前后，一直坚持抗清斗争，被捕后投水自尽。

他的《秋日杂感》十首，表达了他怀念故国、哀悼殉国烈士的沉痛感情："行吟坐啸独悲秋，海雾江云引暮愁。不信有天常似醉，最怜无地可埋忧。荒荒葵井多新鬼，寂寂瓜田识故侯。见说五湖供饮马，沧浪何处着渔舟。"他亦长于词，以婉转曲折之笔，抒写爱国之情，《点绛唇·春日风雨有感》、《念奴娇·春雪咏兰》等是其代表作。

张煌言（1620～1664年）字玄著，号苍水，浙江鄞县（今浙江宁波）人。明亡后，坚持抗清，后被捕不屈而死。就义前所写的《甲辰八月辞故里》："国亡家破欲何之？西子湖头有我师。日月双悬于氏墓，乾坤半壁岳家祠。惭将赤手分三席，敢为丹心借一枝。他日素车东浙路，怒涛岂必属鸱夷！"表示要以岳飞、于谦为典范，以身殉国，死而无憾。并且死后也要像伍子胥那样，化为滚滚的波涛，永不泯灭。诗写得悲壮慷慨，一片丹心，感人至深，读之令人泪下。

夏完淳（1631～1647年），原名复，字存古，号小隐，又号灵首（或灵胥）。松江华亭（今上海松江）人。明亡，随父、师进行抗清活动，后因人告密被捕，壮烈就义，年仅十七岁。夏完淳在诗文上的成就是较高的。早期作品，受拟古主义影响，内容比较单薄。明亡之后，他投身抗清义军，所作诗文迥然一变。表现为有充实的内容，艺术上形成一种慷慨激越的风格，如《别云间》写道："三年羁旅客，今日又南冠。无限河山泪，谁言天地宽？已知泉路近，欲别故乡难。毅魄归来日，灵旗空际看。"表达了诗人对故乡的深深眷恋之情，表明誓死不屈的决心。他直抒胸臆，不事雕琢，形成朴直爽朗、慷慨悲壮的创作风格，产生了巨大的艺术感染力。如他悼念老师陈子龙的诗《细林野哭》："去岁平陵鼓声死，与公同渡吴江水。今年梦断九峰云，旌旗犹映暮山紫"，"呜呼抚膺一声江云开，身在罗网且莫哀。公乎公乎为我筑室傍夜台，霜寒月苦行当来"，真挚的战斗情谊，极为感人。夏完淳的散文也都是他一腔爱国激情的表露，如《狱中上母书》等。

明末的爱国诗文作家还有瞿式耜、祁彪佳、黄淳耀等人。

二、明代小说

章回小说是我国古典小说的唯一形式，主要由宋元讲史话本发展而来。元末明初出现了第一批章回小说，如《三国志通俗演义》、《残唐五代史演义》、《平妖传》、《水浒传》等。它们是在民间长期流传,经民间艺人补充,最后由作家改写而成的。明代中叶以后,出现了《西游记》、《金瓶梅》等作品,它们在内容上已突破讲史范围,表现更为广阔、丰富的社会生活。

1.《三国志通俗演义》

《三国志通俗演义》,又称《三国志》、《三国志传》、《三国志传通俗演义》、《三国英雄志传》、《三国全传》,简称《三国演义》。元末明初罗贯中作。

罗贯中,生卒年不详。据明初贾仲明《录鬼簿续编》记载考订,一般认为,名本,字贯中。杭州人,祖籍太原。大约生活在1330~1400年间。

(一)成书过程与思想内容

《三国演义》的成书,是罗贯中在吸取汉后几百年间民间流传的三国故事的基础上,依据晋人陈寿所著《三国志》及南北朝人裴松之注的丰富历史素材,结合自己的生活经验加工创作而成。

《三国演义》以三国时期魏、蜀、吴三个统治集团相互间的斗争为主要描写内容。以描写军事斗争为主,同时又穿插结合政治斗争和外交斗争,它通过鲜明生动的生活场景所概括的崇尚智谋和斗争经验,可供后人借鉴。《三国演义》"尊刘贬曹"的思想倾向,实际上寄托着广大人民群众反对社会战乱,厌恶欺诈暴虐,赞成宽厚仁义,渴求安定统一的思想愿望。人物间展示出的"义气",既有政治方面的忠义,又有社交方面的信义。刘关张间的友谊表现了信义,而他们效忠汉室则是忠义。作为道德观念的"义气",一方面具有救困扶危、相互支持、见义勇为、自发反抗等的积极品德;另一方面又有个人恩怨为前提的历史局限。"义气"的两重性,在关羽身上最为突出。如在华容道上"义"释曹操,是把个人恩怨置于整体利益之上的错误行为,并不是什么"拼将一死酬知己,致令千秋仰义名"的"壮举"。

(二)艺术成就

《三国演义》代表着古代历史小说的最高成就。它采用浅近的文言,明快流畅,雅俗共赏。它的笔法富于变化,对比映衬,旁见侧出,波澜曲折,摇曳多姿。它以宏伟的结构,把百年左右头绪纷繁、错综复杂的事件和众多的人物,组织得完整严密,叙述得有条不紊,前后呼应,彼此关联,环环紧扣,层层推进。它最擅长于描写战争,能写出每次战争的特点,即在具体条件下不同战略战术的运用,指导作战的主观能动性的发挥,而不把主要笔墨花在单纯的实力和武艺的较量上。它所描写的官渡之战、赤壁之战、彝陵之战,都表现了战争中优势与劣势可以互相转化,关键在于指挥人员是否明于知己,又明于知彼,以及有无驾驭整个战争变化发展的能力。各次战争既有其特点,作品的写法也随之变化,或实写,或虚写,或正面写,或侧面写。在写战争的同时,兼写其他活动,作为战争的前奏、余波,或是战争的辅助手段,而紧张激烈、惊心动魄的战争,却由此表现得有张有弛,疾徐相间,具有旋律节奏,富于诗情画意。在人物塑造上,《三国演义》特别注意把人物放到现实斗争的尖锐矛盾中,通过各自的言行,表现其思想性格,并且注意略貌取神,不单纯追求细节的逼真。它往往借助人物自身的言行或通过周围环境来把人物的思想性格加以夸张渲染。曹操奸诈,一举一动都好像隐伏着阴谋诡计。张飞心直口快,无处不带上天真而莽撞的色彩。鲁肃忠厚老实,考虑问题总是那么单纯善良。诸葛亮神机妙算,临事总是那么得心应手,从容不迫。著名的关羽"温酒斩华雄"、张飞"威震长阪桥"等故事,都没有多少细腻的工笔描绘,只是通过粗线条的勾勒、环境气氛的渲染,来取得传神的艺术效果,使人物形象栩栩如生。

2.《水浒传》

《水浒传》是在宋元话本基础上发展起来的白话章回小说。它以农民起义为题材,描绘了农民起义的从无到有,从小到大,最后又从胜利到失败的全过程。在文学史上,也是后代的白话章回小说的先驱与典范。

《水浒传》的作者,明人大致有三种说法:施耐庵作、罗贯中作和施、罗合作。施耐庵生平不详,一般认为是元末明初人。

(一)成书过程与思想内容

宋江等三十六人的起义是《水浒传》创作的历史根据。宋末元初,龚开的《宋江三十六人赞并序》初次记录了三十六人的姓名和绰号,以水浒故事为题材的话本和戏曲相继问世。元代还出现了一批水浒戏。《水浒传》是在民间故事、话本、戏曲的基础上进行的再创作。《水浒传》的版本很复杂,有百回本、一百二十回本和七十一回本。

《水浒传》的社会意义首先在于深刻揭露了封建社会的黑暗和腐朽，及统治阶级的罪恶，说明造成农民起义的根本原因是"官逼民反"。《水浒传》写林冲被逼上梁山就具有典型意义，说明了"乱由上作"的道理。《水浒传》写晁盖等劫取北京留守梁世杰的不义之财，也具有典型意义，它表现了人民对贪官污吏剥削行为的反抗和打击。由这种反抗，也使晁盖等人走上造反的道路。"智取生辰纲"中白胜唱的一首山歌："赤日炎炎似火烧，野田禾稻半枯焦，农夫心内似汤煮，公子王孙把扇摇。"更是唱出了历代被压迫人民的不平，反映了阶级之间的尖锐矛盾。

　　《水浒传》反映农民起义发生发展的规律，是循序渐进，步步深入，而终于全面展开的。英雄们的起义行动，是由小到大，由个人反抗，到集体行动，由无组织到有组织，由小山头到大山头，最后汇成一股浩浩荡荡的起义巨流。《水浒传》对于这些英雄人物，予以充分的肯定和热情的讴歌，歌颂了这些人物的反抗精神、正义行动，也歌颂了他们超群的武艺和高尚的品格。

　　《水浒传》在记叙歌颂起义军的武装斗争时，还比较重视战争经验的总结，起义军战胜敌人，不仅凭勇敢，还靠智慧。《水浒传》中这方面的事例很多，"三打祝家庄"是一个较为突出的例子。《水浒传》中所描写的起义军的政治主张，虽然说得不十分明确，却可以看到他们有着"八方共域，异姓一家"、不管什么出身"都一般儿哥弟称呼，不分贵贱"的理想。

　　《水浒传》中用以组织群众和团结群众的思想基础是"忠义"。《水浒传》里的"忠"，有忠于梁山事业的内容，但它又有忠君思想，在许多场合里，"忠孝"这种封建伦理大节被放在首位，而把"义"置于次要地位，这就是江湖义气没有突破封建道德的表现，梁山泊一些斗争性最强、革命最坚决的人物，最终也不免在讲义气的情况下跟着宋江接受招安，义气服从了忠君，就是《水浒传》所写的"义"本身存在严重缺陷的证明。宋江投降之后，"水浒"英雄始终受奸臣排挤、打击和陷害，最后宋江等被奸臣害死。这样的悲剧结局，对于揭露统治者的罪恶，对受招安者的鉴戒来说，也是有其积极意义的。

　　（二）艺术成就

《水浒传》作者以其高度的艺术表现力,生动丰富的文学语言,叙述了许多引人入胜的故事,塑造了众多可爱的个性鲜明的英雄形象。故事极富传奇性,一波未平,一波又起,起伏跌宕,变化莫测。每一故事的高潮,都紧扣读者的心弦。如"拳打镇关西"、"智取生辰纲"、"宋江杀惜"、"武松打虎"、"血溅鸳鸯楼"、"江州劫法场"、"三打祝家庄"等等,数百年来一直脍炙人口。但《水浒传》并不是单纯为了追求故事情节的离奇而迎合群众的,而是紧紧围绕着"官逼民反"这一思想,把故事情节和人物性格融合在一起。

《水浒传》的语言是以口语为基础,经过加工提炼而创造的文学语言。其语言特色是明快、洗炼、准确、生动。无论是作者的描述语言,还是作品人物的语言,许多地方都惟妙惟肖,有浓厚的生活气息。写景、状物、叙事、表情,极为灵动传神。《水浒传》的叙事,要言不繁,恰到好处,而又绘声绘色,鲜明生动。"武松打虎"是历来传诵的好文章,写得极为传神,写人虎相搏,活灵活现,十分逼真。通过这些描写也就更好地突出了武松的英雄形象。《水浒传》人物语言的性格化,达到了很高的水平,通过人物的语言不仅表现了人物的性格特点,而且对其出身、地位以及所受文化教养而形成的思想习惯有时也能准确地表现出来。

3.《西游记》

《西游记》是我国古代神魔小说的高峰之作。故事的集大成者是吴承恩(约1500~约1582年),字汝忠,号射阳山人。先世江苏涟水人,后徙淮安山阳(今江苏淮安)。

(一)成书过程与思想内容

《西游记》取材于唐僧取经的故事。玄奘赴印度取经的史实,见于唐代慧立、彦琮的《大唐大慈恩寺三藏法师传》。此后取经故事即在社会上广泛流传,不断得到加工、润色,愈传愈奇,愈传离真人真事的本来面目愈远。刊印于南宋时期的说经话本《大唐三藏取经诗话》,是取经故事发展的重要阶段。此书已初步具备了《西游记》故事的轮廓,猴行者已取代唐僧而成为取经故事的主角。由宋至明,取经故事在戏剧舞台上也得到搬演。吴承恩就是在前代传说和平话、戏曲的基础上,熔铸进现实生活的内容,创作出这部规模宏大的杰出神话小说。

《西游记》全书分三部分。第一部分，写孙悟空的出身和大闹天宫故事。第二部分，写唐僧身世、魏徵斩龙、唐太宗入冥故事，交代取经缘由。第三部分，写孙悟空皈依佛门，和猪八戒、沙和尚一起保护唐僧到西天取经，一路上跟妖魔和险恶的自然环境作斗争，经历九九八十一难，终于取到真经，自己也成了"正果"。

作品以孙悟空为中心，着重写孙悟空与神、魔的斗争，寄寓了广大人民反抗黑暗势力，要求战胜自然、克服困难的精神，曲折地反映了封建时代的社会现实。作者通过神话故事，寄托了他对现实的愤激感情，把取经故事的宗教主题改造成为社会主题，表现了讽喻现实的创作意图。

（二）艺术成就

《西游记》在艺术上的最大特色，就是成功地运用了浪漫主义的创作方法。第一，《西游记》创造了神奇绚丽的神话世界，具有强烈的艺术魅力。天上地下，龙宫冥府，人物的活动有广阔的天地，可以无拘无束地充分施展其超人的本领。情节生动、奇幻、曲折，表现了丰富大胆的艺术想象力。第二，在人物塑造上，作者采用了神性（幻想性）、人性（社会性）、物性（自然性）三者有机结合的艺术手段，塑造出孙悟空这样一个理想化的神话英雄形象，这在中国小说史上是独特的创造。书中的许多人物，既是神奇的，又有强烈的现实感，这在古代神魔小说中也是极为罕见的。第三，在艺术创作上的一个特色是幽默与幻想相结合，寓讽刺世俗于其中，如西天是佛祖居住的圣地，反而贿赂公行等。第四，具有极强的故事性。通观全书，取经人与神佛的矛盾，取经人与妖魔鬼怪的矛盾，取经人自己内部的矛盾，错综复杂地交织在一起，构成一个个惊险的场面，一个个动人的故事。第五，《西游记》的语言由两种形式组成：一种是口语的散文，一种是文言式的骈文或诗词。散韵相间，汲取了民间说唱和方言口语的精华。

4. 其他长篇小说

（一）《金瓶梅》

《金瓶梅》是直接以明中叶以后社会生活为题材的长篇小说。作者署名"兰陵笑笑生"，真实姓名并不清楚。《金瓶梅》是中国文学史上第一部由文人独创的，以现实社会及家庭日常生活为题材，着重写市井间世俗情态的长篇小说，开创了"人情小说"的先河。故事由《水浒传》中"武松杀嫂"一段推衍而成。全书以商绅恶霸西门庆为中心，描述了他的社会活动和家庭生活，暴露了明代后期社会的黑暗。小说成功地描绘了一大批市井人物，其中有泼皮无赖、帮闲篾片、娼妓优伶、男奴女婢、和尚道士以至三姑六婆之类。几个主要人物都富于典型意义，如西门庆的贪婪狠毒；潘金莲的泼辣、淫荡、嫉妒和应伯爵的趋炎附势等。作者很重视细节描写，语言泼辣而酣畅，绘声绘色，十分传神。日常细节的描写和日常口语的运用方面也较有特色。

《金瓶梅》的思想内容存在着一些严重缺点。首先，作者对现实黑暗的暴露，缺乏鲜明的爱憎和严肃的批判。其次，小说对剥削阶级的腐朽糜烂生活，肆意渲染，特别是大量露骨的色情描写，秽心污目。另外，作者在解释人生和社会生活方面，有宿命论思想和虚无观念，给人以漆黑一团的感觉，看不出一线光明。

（二）《列国志传》

《列国志传》，全名《全像春秋五霸七雄列国志传》，作者余邵鱼，福建建阳人，生卒年不详。小说起于妲己驿堂被魅，终于秦一统天下，比较全面地记载了列国故事。明末冯梦龙对《列国志传》重加辑演，定名为《新列国志》，订正了史实谬误，敷演了大量情节，增添了不少细节，使内容丰富多彩，文字通畅明白。清乾隆年间蔡元放再作敷演润色并加评点，改名《东周列国志》。

（三）《封神演义》

《封神演义》，作者许仲琳，生卒年不详。是书以宋元讲史话本《武王伐纣平话》为基础，博采民间传说演绎而成。作品起于纣王进香女娲宫，止于武王伐纣胜利。揭露暴政，曲折地反映了社会现实，显示出人心向背的重要性。然其宣扬神权、王权以及"女人是祸水"的观点，则是封建糟粕。书中塑造了几个具有特色的人物形象，哪吒的反抗性格尤为生动鲜明。

5. 拟话本

明中期后，在宋元话本广泛流行的情况下出现了拟话本，这是文人模拟宋元话本的创作,也有根据明代话本改编的作品,是一种主要供案头阅读的短篇小说。

天启年间,冯梦龙广泛收集宋元话本和明代拟话本,加工整理为《喻世明言》(即《古今小说》)、《警世通言》和《醒世恒言》,合称《三言》。其后,凌蒙初创作了两个拟话本集子《初刻拍案惊奇》、《二刻拍案惊奇》,总称《二拍》。

(一)冯梦龙和《三言》

冯梦龙(1574~1646年),字犹龙,又字子犹、别号龙子犹、墨憨斋主人、顾曲散人、词奴等,长洲(今江苏苏州)人。

冯梦龙用毕生的精力,从事通俗文学的搜集、整理和编辑工作。其中最大的功绩就是将宋元明三朝五百多年中的话本、拟话本加以润色、修订、删改并付刻印,使我国古代白话小说这份珍贵遗产得以保存。

《三言》每集四十篇,共一百二十篇。题材广泛,内容丰富,几乎涉及了社会的各个侧面。

一是反映妇女对爱情追求,对婚姻自主渴望。《杜十娘怒沉百宝箱》、《卖油郎独占花魁》、《蒋兴哥重会珍珠衫》是其中最有代表性的作品。《杜十娘怒沉百宝箱》是《三言》中思想性最强,艺术成就最高的一篇。"教坊名姬"杜十娘爱上太学生李甲,在她跳出火坑与李甲返回家乡时,不料李甲竟以千金将杜十娘转卖给富商孙富,杜十娘在极度悲愤中,将收藏自己积蓄的宝匣,随同自己沉江而死,用自己的生命进行了最强烈的抗争。而《卖油郎独占花魁》里,卖油郎秦重与花魁莘瑶琴在婚姻和爱情问题上,强调彼此了解、互相敬重,而把门第、权势、富贵和等级的羁绊统统冲破了。这是充满生命活力的市民思想意识的一种表现,在当时具有冲破封建礼俗去争取纯真爱情的意义。二是反映统治阶级内部矛盾斗争,揭露官僚、地主、恶霸狰狞面目、丑恶本质。《沈小霞相会出师表》可算是一篇代表作。作品反映当代时事,描写反严嵩的斗争,表现出作者巨大的政治热情。可惜由于受到真人真事的局限,缺乏艺术提炼,使这篇作品显得结构松散,故事不够集中,人物形象不够鲜明。三是反映诚挚友谊、讲求信义。最有代表性的作品是《施润泽滩阙遇友》,通过施润泽和朱恩间患难相助的故事，反映了当时市民的情况。

《三言》的艺术特色是对细节描写更加逼真细腻，对人物的心理刻画更加细致，性格更加丰满生动。《三言》中也有不少宣扬封建伦理道德、宿命论思想和描写色情的作品。

（二）凌濛初和《二拍》

凌濛初（1580~1644年），字玄房，号初成，别号即空观主人。浙江乌程（今吴兴）人。

《二拍》刊于崇祯年间，包括短篇小说七十八篇，是作者根据笔记小说及戏曲故事推衍而成。部分作品反映了明代市民生活和他们的思想意识。如《转运汉遇巧洞庭红》写商人泛海经商事。主人翁文若虚，在国内经商破产，一次偶然和一些商人出海经商，他因没有本钱，只好带了只值一两多银子的洞庭红，不料到了海外，竟卖了八百多两银子。回来的路上，在过一荒岛时又拣到了个珍宝，因此大发横财，成了一大富商。联系明中叶后商人要求开放"海禁"的历史背景，就能看出，小说反映了当时商人们追求钱财的强烈欲望。另有一些描写爱情和婚姻的作品，也具有一定的社会内容。如《李将军错认舅》，着力描写了刘翠翠和金定之间忠贞不渝的爱情。先是翠翠迫使父母放弃"门当户对"的习俗陈规而和金定结合，后翠翠被李将军虏去作妾，金定又历尽艰辛，终于找到了翠翠。但迫于将军权势，不得以夫妻相认，最后以双双殉情来表示他们之间至死不渝的感情。

《二拍》最严重的缺点，一是充斥因果报应、宿命论、鬼神迷信、封建伦理说教；二是露骨的淫秽描写。

除《三言》、《二拍》外，明人创作的拟话本小说集，还有《石点头》、《醉醒石》、《西湖二集》等十多种，成就都不高。

三、明代戏曲

明代戏曲，主要是在宋元南戏基础上发展起来的传奇，作家和作品很多，特别是出现了戏剧家汤显祖和他的作品《牡丹亭》。杂剧的创作虽然没有间断，但已是强弩之末，日趋衰微，让位于传奇了。

1. 明初剧坛

明前期是戏剧创作的低潮时期。主要作家是贵族和宫廷文人，影响较大者有明太祖孙子朱有燉,他所作的三十多种杂剧,内容有的写游赏庆寿、歌舞升平;有的写神仙道化、宗教迷信;有的表彰妇女恪守贞节,宣扬封建伦理观念的"节义剧";有的写水浒剧,但对梁山好汉除暴安良、仗义行为的描写多有歪曲。

明前期的传奇多为维护封建纲常名教的陈腐之作。邱浚所作《五伦全备记》、邵灿所作《五伦香囊记》代表了这种创作的倾向。

一些经明人改编的《南西厢》、《幽闺记》等依然在民间流行,虽然艺术上较粗糙,但是情节生动,语言朴素,对后世戏曲仍有一定影响。

2.《宝剑记》、《鸣凤记》、《浣纱记》以及昆腔的兴起

《宝剑记》作者李开先(1502~1568年),字伯华,号中麓子、中麓山人及中麓放客。山东章丘人。《宝剑记》是他戏曲的代表作。剧本写林冲被逼上梁山的故事,但作者有意加以改造,将林冲塑造成为一位勇于向高俅、童贯斗争的英雄,以此表现作者对于黑暗统治的不满和抗议。其中《夜奔》一出,描写林冲夜奔,写出了林冲被逼上梁山的复杂心理,抒发了"丈夫有泪不轻弹,只因未到伤心处"的悲愤情怀,是歌场传唱之作。

《鸣凤记》传为王世贞所作。王世贞(1526~1590年),字符美,号凤州,弇州山人。太仓(今属江苏)人。剧本描写杨继盛等人与权臣严嵩的斗争,直接以时事入剧,具有更为深刻的社会意义。

梁辰鱼(约1521~约1594年),字伯龙,号少白,一号仇池外史,昆山(今属江苏)人。他的《浣纱记》,写吴越兴亡故事,最后以范蠡在灭吴后归隐作结束,寄意深远。

梁辰鱼精研音律,《浣纱记》是首先用昆腔来演唱的传奇剧本。在昆腔产生以前,南戏和后来的传奇,没有统一的唱腔,主要声腔为弋阳腔、余姚腔和海盐腔。昆山腔产生于元末明初江苏昆山一带,简称"昆腔"。到嘉靖年间,昆山音乐家魏良辅对昆腔进行了重大的改革,创造出一种委曲婉转的腔调,有"水磨腔"之称。梁辰鱼用昆腔写《浣纱记》,对于昆曲的迅速传播和广为流传起到了很大的作用。

在《鸣凤记》以后,产生了大量反映当时重大的政治事件的作品,虽然有的在艺术上比较粗糙,但表现出了强烈的现实批判精神,这是明后期传

奇创作中的一大特点。

3. 沈璟和吴江派

明万历年间，戏曲繁荣，出现了不同的传奇流派，最著名者是以汤显祖为代表的"临川派"和以沈璟为代表的"吴江派"。前者注重才情，后者讲究音律。

沈璟（1553~1610年），字伯英，晚字聃和，号宁庵，别号词隐。吴江（今属江苏）人。作过吏部、光禄寺官员，所以时人称之为"沈吏部"、"沈光禄"。后家居三十年，潜心研究词曲，考订音律，在音律研究方面有所建树。

沈璟是吴江派的领袖，在当时戏曲界影响颇大。针对传奇创作中出现的卖弄学问、搬用典故、不谙格律等现象，沈璟提出"合律依腔"和"僻好本色"的主张，并编纂《南九宫十三调曲谱》以为规范。

沈璟著有传奇"属玉堂传奇"，现存七种：《红蕖记》、《双鱼记》、《桃符记》、《一种情》（即《坠钗记》）、《埋剑记》、《义侠记》和《博笑记》。沈璟初期的创作也曾一度受到骈丽风气的影响，但不久向本色语言风格的变化。"水浒"戏《义侠记》是沈璟改变骈丽之风后的名作，基本情节与小说《水浒传》中武松故事相合。但他在剧中强调啸聚的目的是"怀忠仗义"，等待"招安"。提出臣民要恪守"忠孝"、"贞信"的信条，而人主则要能够"不弃人"。这是沈璟的"清平政治"理想在剧中的反映，也是《义侠记》的主旨所在。

沈璟的影响很大，依归者颇多。向来认为属于此派的曲家有顾大典、吕天成、卜世臣、王骥德、叶宪祖、冯梦龙等。

4. 汤显祖和《牡丹亭》

汤显祖（1550~1616年），字义仍，号海若，又号若士，别署清远道人。临川（今属江西）人。汤显祖性格刚直，为官清正。一生蔑视封建权贵，常得罪名人。后因触怒当道被贬谪。弃官还乡后，潜心从事戏曲创作。晚年思想比较消极，自称"偏州浪士，盛世遗民"，后又以"茧翁"自号。

汤显祖在文艺上提倡"灵气"，主张大胆表现作家个性。对忽视思想内容，片面强调音韵、格律的吴江派深表不满。

汤显祖的主要创作成就在戏曲方面，代表作是《牡丹亭》（又名《还魂记》),它和《邯郸记》、《南柯记》、《紫钗记》合称《临川四梦》,也叫《玉茗堂四梦》。

《牡丹亭》是中国戏曲史上的浪漫主义杰作。写贫寒书生柳梦梅梦见立在一座花园梅树下的佳人,从此经常思念她。南安太守杜宝之女名丽娘,在昏睡梦中见一书生持半枝垂柳前来求爱,两人在牡丹亭畔幽会。杜丽娘从此愁闷消瘦,一病不起。她在弥留之际要求母亲把她葬在花园的梅树下,嘱咐丫环春香将其自画像藏在太湖石底。其父葬女并修建"梅花庵观"。三年后,柳梦梅赴京应试,借宿梅花观中,在太湖石下拾得杜丽娘画像,发现就是梦中见到的佳人。杜丽娘魂游后园,和柳梦梅再度幽会。柳梦梅掘墓开棺,杜丽娘起死回生,两人结为夫妻。作品通过杜丽娘和柳梦梅生死离合的爱情故事,揭示了反封建礼教的主题。"情"与"理"的冲突贯穿全剧,体现了作者反对理学束缚,要求个性自由的进步倾向。

《牡丹亭》文词以典丽著称。《惊梦》、《寻梦》等出尤为脍炙人口。如《惊梦·皂罗袍》:"原来姹紫嫣红开遍,似这般都付与断井颓垣。良辰美景奈何天,赏心乐事谁家院!朝飞暮卷,云霞翠轩。雨丝风片,烟波画船——锦屏人忒看的这韶光贱!"写杜丽娘对春光的欣赏和叹惜,透露了她爱情上的苦闷,富于诗情画意。

汤显祖的其他作品,如:

《紫箫记》是汤显祖的早期作品。男女主角李益和霍小玉明显来自唐代蒋防的传奇小说《霍小玉传》,但情节不同,是一部未完成的不成熟的作品。

《紫钗记》是在《紫箫记》的基础上加工、改写而成。作品以讲霍小玉喜爱的紫玉钗作线索关合全剧情节,歌颂霍小玉在爱情上的坚贞,揭露以卢太尉为代表的有权势人物的专横自私,并对李益的软弱、感情不坚也作了一定程度的批评。由于情节冗长、结构松弛,而曲文又过于浓艳,使该剧只能供人阅读的"案头之曲",而非可供演出的"场上之曲"。

《邯郸记》,取材唐传奇《枕中记》。写卢生一贫如洗,在邯郸道旅舍中遇道士吕洞宾授他一枕,即入梦中。卧枕时旅舍主人方蒸黄粱。卢生在梦中得到荣华富贵,一梦醒来,黄粱方熟,卢生遂悟破人生,随吕洞宾出家。作品揭示和批判了封建官僚由发迹到死亡的丑恶历史,在很大程度上反映了明代官场的黑暗。

《南柯记》取材唐传奇《南柯太守传》。内写淳于梦酒醉后梦入槐安国（即蚂蚁国）被招为驸马，和瑶芳公主成婚。后任南柯太守，政绩卓著。公主死后，召还宫中，加封左相。他权倾一时，淫乱无度，终于被逐。醒来却是一梦，被契玄禅师度他出家。和《南柯太守传》相比，此剧更多地揭露了朝廷的骄奢淫逸和文人的奉承献媚。

5.《玉簪记》、《红梅记》和《东郭记》

《玉簪记》的作者高濂，字深甫，号瑞南。浙江钱塘（今浙江杭州）人。生卒年不详。《玉簪记》素材源自《古今女史》，写南宋时陈娇莲在女真观为女道士，法名妙常。观主之侄潘必正应试落第，也寄居观内。两人情意愈合，共明心愿。潘生被姑母训诫，又逼他早日赴试，并亲送至江畔。妙常私雇小舟，追赶上潘生，以玉簪为表记相赠，潘生酬以鸳鸯扇坠，二人相泣而别。后潘生及第授官，得以成婚。全剧展开了主要人物的矛盾冲突，深刻细致地揭示了两人的恋爱心理，具有强烈的喜剧效果。全剧语言典雅华美，是"着意填词"之作。

《红梅记》的作者周朝俊，字夷玉，一作仪玉，或说别字公美，宁波鄞县（今属浙江）人，生平不详。《红梅记》写书生裴舜卿在钱塘遇贾似道携众姬妾游湖，其中李慧娘对裴表露出爱慕之意。贾似道回府后即手刃李慧娘，以儆戒诸妾。贾又谋取卢昭容为妾，裴设法搭救。贾将裴拘禁于密室，意欲加害。李慧娘鬼魂深夜与裴舜卿幽会，并救出裴生，后裴生与卢昭容完婚。《红梅记》语言本色，科诨不俗。

《东郭记》的作者孙钟龄，籍贯生平均不详。字仁孺，号峨嵋子，又号白雪道人、白雪楼主人。《东郭记》是一部辛辣的讽刺剧，内容取自《孟子》"齐人有一妻一妾"，乞饮"东郭墦间"故事，以"齐人"为主角，兼写与他臭味相投的王驩、淳于髡等一伙无耻之徒，他们开始时在坟间乞食、偷鸡摸狗，后来凭借逢迎献媚、权门行贿等卑劣手段博取荣华富贵；及至做官以后，又互相倾轧，勾心斗角，丑态百出。作者假托古人，揭露明代官场内幕的黑暗，兼吐胸间的不平之气。情节与人物的处理，虽然明显地作了夸张，但就内容和主题来说，仍然是严肃的。

6. 明代的杂剧

明初杂剧作家虽然不少，但无好作品，直到弘治以后，才出现了一些生气。

王九思（1468～1551年），字敬夫，鄠县（今属陕西）人。他的杂剧《杜甫游春》，描写杜甫春天闲游长安的感受，剧中痛责了奸相李林甫的罪恶，揭露了"昏子谜做三公"的荒唐现实，下决心拒绝征召，乘槎度海，去过隐居生活。杜甫实际上是作者自己的化身。他是借杜甫之口，倾吐自己的愤懑。

康海（1475～1540年），字德涵，号对山、浒西山人、沜东渔夫。陕西武功人。他的《中山狼》是讲述东郭先生救一只中箭逃命的狼，自己几乎反被狼所害的故事。通过对狼的本性的揭露，骂尽一切负国家、负父母、负师友的无耻之徒，同时嘲讽了迂腐的东郭先生"无所不受"的"仁心"，颇有深意。全剧紧凑，富有戏剧性。曲白生动而自然，具有爽直古朴的特点，剧中狼、老杏、老牛开腔说话，情态逼真，饶有童话色彩。

徐渭（1521～1593年），字文长，一字文青，号天池，晚号青藤，别署田水月。山阴（今浙江绍兴）人。诗文、书画、音乐、戏曲，无不擅长。他的《四声猿》是四部杂剧的总称，包括《狂鼓史渔阳三弄》、《玉禅师翠乡一梦》、《雌木兰替父从军》、《女状元辞凰得凤》，代表着明代杂剧的最高成就。其中《狂鼓史》写祢衡被曹操杀害后，受阴间判官的敦请，面对曹操的亡魂再次击鼓痛骂，历数曹操全部罪恶的故事，实际上是借古讽今，抒发作者积郁在心间的愤恨。作品通过酣畅淋漓的曲词，辛辣而协律的语言，把封建社会奸相的蛇蝎心肠和丑恶嘴脸，揭露得穷形极致。《雌木兰》本自北朝乐府《木兰诗》，叙木兰女扮男装，代父从军，建功立业，但增添了嫁王郎的情节。《女状元》写五代时才女黄崇嘏改扮男装应科举、中状元的佳话。这两部杂剧都以女子为主人公，有意识地从文、武两方面讴歌她们的才能智慧与魄力情操。《翠乡梦》本自民间传说"月明和尚度柳翠"的故事，有比较严重的佛教

徐渭

因果报应的迷信思想。

其他杂剧有许潮的《兰亭会》、汪道昆的《远山戏》、徐复祚的《一文钱》、王衡的《郁轮袍》、孟称舜的《桃花人面》等。

7. 明末传奇

明代末年的传奇作家大抵受汤显祖和沈璟的影响。阮大铖和吴炳追求汤显祖词采,复又追求音律。他们的创作形式主义倾向很严重。

阮大铖(1587?~1646年?),字集之,号圆海,又号石巢、百子山樵,怀宁(今安徽安庆)人。曾依附魏忠贤阉党,人品甚劣,为士林所不齿。《燕子笺》是其代表作,描写唐代书生霍都梁和名妓华行云、官家小姐郦飞云之间爱情、婚姻的曲折故事。阮大铖作品,虽文辞甚佳,但亦不能掩其内容空洞无聊的严重缺陷。

吴炳(?~1647年?),字石渠,号粲花主人,宜兴(今属江苏)人。明亡被俘,不屈而死。其作品以《绿牡丹》和《西园记》最有名。《绿牡丹》是一部喜剧,写谢英、顾粲和车静芳、沈婉娥两对青年男女,克服了两个假名士的阻挠,结为美满婚姻的故事。剧本揭露了科举制度的腐败,对明末的假名士作了尖锐的讽刺,情节曲折,人物性格刻画细腻。京剧《诗文会》即据此剧改编而成。《西园记》写书生张继华与王玉真的爱情婚姻故事,中间又穿插赵玉英受迫害而死的情节,以及张继华由于错认王、赵而产生的误会,情节复杂曲折,很吸引人。吴炳的传奇结构严谨,情节曲折生动,文辞讲究,主要角色突出,有较高的艺术成就,但缺少深刻的思想意义。

四、明代散曲与民歌

明代的散曲作家为数颇多,但成就不太高。康海、王九思、王盘、祝允明、唐寅、陈铎、杨慎、黄峨、沈仕、常伦、李开先、金銮、冯惟敏、薛论道、张炼、刘效祖等,就是这时期有代表性的作家。他们都有题材比较狭窄和思想境界不高的通病。不少作品内容千篇一律,语言陈陈相因,格调卑下。啸傲烟霞的往往偏于消极颓废,吟咏风情的多入于庸俗色情。

而明代的民歌较发达,而且对散曲作家有一定的影响。其中直接反映封建压迫和人民生活疾苦的作品,如《凤阳花鼓》:"说凤阳,道凤阳,凤阳本是好地方。自从出了朱皇帝,十年倒有九年荒。大户人家买骡马,小户人家卖儿郎,奴家没有儿郎卖,身背花鼓走四方。"真实描写了农民在灾荒年月卖儿卖女逃荒流亡的悲惨情景。又如当时京城人民为讽刺权奸严嵩所编的歌谣:"可怜严介溪,金银如山积,刀锯信手施。尝将冷眼观螃蟹,看你横行得几时。"这显然是以民歌民谣形式直接参与到当时的政治斗争了。

五、明代文学理论批评

1. 《怀麓堂诗话》

"茶陵诗派"李东阳撰。论诗"贵情思而轻事实",反对通俗易解,提倡"台阁气"、"山林气"。论风格推重盛唐,讲究法度和格调。

2. 《谈艺录》

"前七子"徐祯卿撰。他强调诗人受外界客观事物的触发而产生的感情活动是诗歌创作的本源,"气"、"声"、"词"、"韵"等等都是因"情"而生的。不同的人,不同的遭遇,会产生不同的感情活动,从而写出不同的诗来,因此主张"因情立格",灵活地运用各种艺术法则,去求得"倩盼各以其状"的真实。可见,此书论旨重情贵实,反对片面追求形式。

3. 《艺苑卮言》

"后七子"王世贞撰。其中八卷皆评述诗文,附录四卷,分论词曲、书画等。王世贞主张文崇秦汉,诗法盛唐,于诗又喜言格调,但他认识到:"才生思,思生调,调生格;思即才之用,调即思之境,格即调之界"(《艺苑卮言》卷一)。这就将创作者的才思与作品的格调密切联系起来,看到了才思生格调、格调因人而异的必然性。他论词曲、书画则较重自然,不为成见所囿。

4. 明后期反复古文学思潮

明后期反复古文学思潮的基本观点:

一是呼吁打破传统思想与格调的束缚,实行创作自由。李贽提出"童心说",认为"天下至文"都出自不夹杂任何传统观念的童心,而"《六经》、《语》、《孟》乃道学之口实,假人之渊薮","断断乎其不可以语于童心之言"。汤显祖强调"情有者,理必无",指责当世"灭才情而尊吏法"。袁宏道倡"性灵说",创公安派,主张"独抒性灵,不拘格套"。

二是要求发展"今日之文"。徐渭指出:古代的《康衢》已变为今日里中的优唱,古代的《坟》已变为今日里唱的宾白;李贽宣称:"诗何必古《选》,文何必先秦",变而为六朝、为近体、为传奇、为杂剧、为《西厢记》、为《水浒传》,"皆古今至文,不可得而时势先后论也"。袁宏道则进而建立起一套中国古代较彻底又较系统的文学发展论,认为"人事物态"、"乡语方言"都在不断变化,以语言反映世事的文学也不能不因之而变化;有识之士当主动"堤其隤而通其所必变";每一时代的文学都需以自己的时代特征获得文学史上的地位,"各极其变,各穷其趣,所以可贵",故当代之文应"宁今宁俗"而不傍古人。

三是提倡愤世骇俗之作,倾向浪漫主义。徐渭以"冷水浇背,陡然一惊"为"兴观群怨之品"。李贽称"世之真能文者",皆"胸中有如许无状可怪之事"、"喉间有如许欲吐而不敢吐之物","蓄极积久,势不能遏",乃至"发狂大叫,流涕恸哭,不能自止"。汤显祖则进而提出了更全面的浪漫主义文学主张,他不仅认为文学应表达"奇迫怪窘"、"不可一世"的"至情",而且认为这种"至情"的表达需"上下天地、来去古今"的神思与"奇僻荒诞"、"可喜可愕"的事物,并提出"天下文章所以有生气者,全在奇士"。

反复古思潮的理论家,同时又都高度重视戏曲、小说、市井民歌等新兴文学。徐渭《南词叙录》是第一部论南戏的专著。此书坚决维护南戏"即村坊小曲而为之"的本色,反对"文而晦"的藻绘风气,主张"歌之使奴、童、妇女皆喻";反对拘守宫调,主张使"畸农市女顺口可歌"。并就曲词创作发表了"文既不可,俗又不可,自有一种妙处,要在人领解妙悟未可言传"的见解。汤显祖在《宜黄县戏神清源师庙记》中提出,戏剧能够"极人物之万途,攒古今之千变",把经过加工提炼的社会生活再现于舞台。李贽《忠义水浒传序》认为《水浒》是对"大贤处下,不肖处上"不合理现象的发愤之作,说一百八人"皆大力大贤有忠有义之人",虽有封建思想局限,却充分肯定了《水浒》的社会意义和梁山起义的正义性。

明末诗文理论无重大建树。王骥德的《曲律》是明代规模最大、系统性最强的戏曲论著。基本思想是提倡"关风化",既"守音律"又"尚意趣",既"用本色"又"用文调"。冯梦龙、叶昼为明末最重要的小说理论家。冯梦龙《喻世明言序》恰当地概括了中国古代的小说发展史,《警世通言序》就小说的真实性问题提出了"事真而理不赝,即事赝而理亦真"的著名观点,《醒世恒言序》高度评价了小说的社会意义。叶昼是第一个自觉地研究人物形象塑造的小说理论家,他的小说理论代表了明代的最高水平。

第十节 清代文学

清代是中国最后一个封建王朝,也是古代文学史上最后一个重要的阶段。诗、词、散文、小说、戏曲都取得了重要成就。一般认为,中国古代文学发展到鸦片战争(1840年)以前告终。鸦片战争之后,开始近代文学阶段。

一、清代诗词文

1. 顾炎武与清初遗民诗

清初,黄宗羲、顾炎武、王夫之等遗民写了许多爱国诗篇,反映了当时的民族斗争,表达了怀念故国的思想感情。悲壮沉郁,寄慨遥深。

顾炎武诗歌创作的现实性和政治性十分强烈,带有明显的史诗特色。清军南渡,一路烧杀淫掠。顾炎武写下了一系列国亡家破、长歌当哭的壮烈诗篇。他在《秋山》中描写江阴、昆山、嘉定等地人民抗清失败后被屠杀劫掠的惨状:"旌旗埋地中,梯冲舞城端。一朝长平败。伏尸遍冈峦。北去三百舸,舸舸好红颜","烈火吹山冈,磷火来城市。天狗下巫门,白虹属军垒。可怜壮哉县,一旦生荆杞"。他的斗争信念很强,如在《精卫》中说:"我愿平东海,身沉心不改。大海无平期,我心无绝时。"充分表现了诗人念念不忘恢复故国的民族气节。顾炎武论诗"主性情,不贵奇巧"(《日知录》),故其诗作质朴自然,不假雕饰,感情真挚而奔放,形成沉雄悲壮的艺术风格。如《酬王处士九日见怀之作》:"是日惊秋老,相望各一涯。离怀消浊酒,愁眼见黄花。天地存肝胆,江山阅鬓华。多蒙千里讯,逐客已无家。"其他名句如:"十年天地干戈老,四海苍生痛哭深"(《海上》)、"何期绝塞千山外,幸有清樽十日留"(《屈山人大均自关中至》)、"碧血未消今战垒,白头相见归征衣"(《赠朱监纪四辅》)等,都是很能体现顾炎武诗歌风格的作品。

黄宗羲的诗直抒胸臆,不事雕饰,多故国之悲,怀旧之感。如《山居杂咏》:"锋镝牢囚取次过,依然不废我弦歌。死犹未肯输心去,贫亦其能奈我何?廿两棉花装破被,三根松木煮空锅。一冬也是堂堂地,岂信人间胜著多。"充分表现他对抗逆境的顽强意志和乐观精神。

王夫之的诗作具有瑰丽、蕴藉的特色。如《读指南录》中云:"沧海金椎终寂寞,汗青犹在泪衣裳。"通过对文天祥在镇江逃脱的描写,抒发了自己眷恋故国、无以为报的爱国情怀。

重要的遗民诗人,还有傅山、归庄、杜浚、吴嘉纪、钱澄之、屈大均等。遗民诗的重要主题,是反映民族矛盾,表现爱国思想;钱澄之、吴嘉纪又较多地反映了当时的社会和阶级矛盾。在风格上,也各有特色。

钱谦益和吴伟业也是遗民,而且诗名出众,但他们以明臣而仕清,未免有损节气。钱谦益是清初最早的诗人,主盟文坛数十年。晚年的作品也常常流露出故国之思,如《后秋兴十三之二》:"海角崖山一线斜,从今也不属中华。更无鱼腹捐躯地,况有龙涎返海槎。望断关河非汉帜,吹残日月是胡笳。姮娥老大无归处,独倚银轮哭桂花。"虽有表白之愿,却无从洗刷变节的事实。吴伟业最有名的一首七言歌行是《圆圆曲》,通过陈圆圆与吴三桂的聚散离合,反映了明末清初的政治大事,委婉曲折地谴责了吴三桂的叛变行为。他对自己丧失气节也深自内疚,在《自叹》中写道:"误尽平生是一官,弃家容易变名难"。

2. 清诗的各种流派

(一)康熙、雍正时期的诗歌:

①"南施北宋"

康熙、雍正时期诗坛有所谓"南施北宋"两家。施指施闰章,诗学唐代的王、孟、韦、柳,以"温柔敦厚"著称,乐府歌行有一部分能反映现实生活;宋指宋琬,诗学宋代的陆游、兼师唐代的杜、韩,以"雄健磊落"著称。不过"南施北宋"并不能代表当时诗坛主流,这时期的第一流诗人应推王士祯。

②王士祯及其"神韵"说

王士祯(1634~1711年),字贻上,号阮亭,又号渔洋山人。新城(今山东桓台）人。他是"神韵"说的倡导者，以"不著一字，尽得风流"为诗的最高境界，追求淡远含蓄的情调。他善于绘景抒情，如《碧云寺》："入寺闻山雨，群峰方夕阳。流泉自成响，林壑坐生凉。竹覆春前雪，花寒劫外香。汤休何处是，空望碧云长！"意境清静幽冷，刻画生动细微，这便是他所追求的神韵。

③查慎行和赵执信

查慎行（1650~1727年）字悔余，号他山，又号初白，浙江海宁人。他以为"诗之厚，在意不在辞；诗之雄，在气不在直；诗之灵，在空不在巧；诗之淡，在脱不在易"（查为仁《莲坡诗话》）。他的《夜观烧山》："赤帜千人争赵壁，火牛百道走燕军。危时莫以烽为戏，我意方忧玉亦焚。"运意灵活飞动，造句凝练工稳。

赵执信（1662~1744年）字伸符，号秋谷，又号饴山，山东益都人。其诗的风格为峭拔新奇。如其诗句："雨玩山姿晴对月，莫辞闲谈送生涯"（《村舍》）、"客路远随残月没，乡心半向早寒生"（《晓过灵石》）等。

查慎行

（二）乾隆、嘉庆时期的诗歌：

①沈德潜及其"格调"说

沈德潜（1673~1769年），字确士，号归愚。长洲（今江苏苏州）人。他提倡"格调"说，认为"诗贵性情，亦须论法"，写诗必须"温柔敦厚"。这种主张形式与拟古的主张自然见赏于当局执政。

沈德潜

沈德潜的诗很多是为统治者歌功颂德之作。有些诗虽然反映了一些社会现实，但又常带有封建统治阶级的说教内容，如《观刈稻了有述》，一方面反映天灾为患，民生涂炭的情景："今夏江北旱，千里成焦土。黄稗不结实，村落虚烟火。天都遭大水，裂土腾长蛟。井邑半湮没，云何应征徭？"另方面却又劝百姓要安贫乐道："吾生营衣食，而要贵知足。苟免馁与寒,过此奚所欲。"因此多缺乏鲜明生动的气息。

沈德潜编选的《古诗源》收录了不少古代民歌,在当时颇难能可贵。选本中的评语,在品鉴诗歌艺术方面,有一些精辟见解。

② "浙派"领袖厉鹗

厉鹗(1692~1752年),字太鸿,号樊榭,浙江钱塘(今杭州)人。他是"浙派"诗领袖。风格清秀、恬淡,善于勾勒自然美。代表作如《秋夜宿葛岭涵青精舍》、《灵隐寺月夜》等。大型组诗《游仙百咏》,借仙境典故,影射现实社会,富于想象力。他取法宋诗,追求艰涩,用事偏僻琐碎,流为形式主义。他虽与沈德潜诗派不合,却同样背离现实主义道路。

③ "乾隆三大家"

袁枚、赵翼和蒋士铨合称"乾隆三大家"。他们中袁枚的思想在当时比较通达,论事论情,务求平恕,敢于菲薄崇古、泥古的观念,冲击沈德潜一派所宣扬的传统"诗教"。他作诗反对模拟,提倡自写"性灵"。

袁枚(1716~1797年),字子才,号简斋。钱塘(今浙江杭州)人。曾任知县,后辞官,定居江宁(今江苏南京市),筑室小仓山隋氏废园,改名随园,世称随园先生。从此不再出仕。从事诗文著述,广交四方文士。晚年自号仓山居士。袁诗思想内容的主要特点是抒写性灵,表现个人生活遭际中真实的感受、情趣和识见,往往不受束缚,时有唐突传统。在艺术上不拟古,不拘一格,以熟练的技巧和流畅的语言,表现所感受到的思想体会和所捕捉到的艺术形象,追求真率自然、清新灵巧的艺术风格。诗中屡见佳句,如"绿影自遮南北路,春痕分护短长桥"(《春柳》)、"半天凉月色,一笛酒人心"(《夜过借园见主人坐月下吹笛》)、"但觉关河开曙色,竟忘天地有黄昏"(《咏雪》),境界清新,明白流畅,而又饶有意味。袁诗的致命弱点是内容贫乏。

赵翼(1727~1814年),字云崧,一字耘崧,号瓯北,阳湖(今江苏常州)人。他论诗也重"性灵",主创新。他说:"力欲争上游,性灵乃其要"(《闲居读书作六首》之五)。他在《论诗》中发表了独到见解:"李杜诗篇万口传,至今已觉不新鲜。江山代有才人出,各领风骚数百年。"赵诗好发议论,说理诙谐,评论世事,常有精辟而进步的见解,很有特色。

蒋士铨（1725~1784年），字心余、苕生，号藏园，又号清容居士。铅山（今属江西）人。他说诗要"性灵独到删常语，比兴兼存见国风"（《怀袁叔论二首》）。他比较强调"忠孝节义之心，温柔敦厚之旨"，表现出更多的传统意识。蒋诗骨力的坚苍胜于袁、赵，但创新不如。他擅长七古，如《万年桥舫月》开头云："飞梁跨水一千步，空际行人自来去；乱山中断走红霓，下有蛟龙不敢怒。"雄放恣肆，豪气千丈，是其特色。

④郑燮和黄景仁

郑燮（1693~1765年），字克柔，号板桥，兴化（今属江苏）人。郑燮有多方面的文学、艺术才能，擅画竹、兰、石。又工书法，用隶体参入行楷。他的诗、书、画，人称为"三绝"。生平狂放不羁，愤世嫉俗的言论与行动，被称为"扬州八怪"之一。其诗不少是多反映社会黑暗，同情人民疾苦，富有现实意义。如《悍吏》中写道："豺狼到处无虚过，不断人喉抉人目。"《私刑恶》写道："一丝一粒尽搜索，但凭皮骨当严威。"郑燮有许多题画诗，表现真率性情，都有所寄托。如《竹石》："咬定青山不放松，立根原在破岩中。千磨万击还坚劲，任尔东西南北风。"郑诗的特点是，不傍古人，多用白描，明白流畅，通俗易懂。

郑燮

黄景仁（1749~1783年），字汉镛，一字仲则，号鹿菲子。武进（今江苏常州）人。他是一位早熟而短命的诗人，诗才极高。他的描写社会不平和个人遭遇不幸之作，感情强烈，笔调清新，境界真切，兼有"清窈之思"和"雄宕之气"，读起来使人回肠荡气。如《杂感》："仙佛茫茫两未成，只知独夜不平鸣。风蓬飘尽悲歌气，泥絮沾来薄幸名。十有九人堪白眼，百无一用是书生。莫因诗卷愁成谶，春鸟秋虫自作声。"又如《除夕偶坐》："千家笑语漏迟迟，忧患潜从物

黄景仁

外知。悄立小桥人不识，一星如月看多时。"

⑤翁方纲及其"肌理"说

翁方纲（1733～1818年），字正三，号覃溪，晚号苏斋。直隶大兴（今北京）人。是清代肌理说诗论的倡始人。他提倡"诗必研诸肌理，而文必求其实际"，主张把考订训诂与词章结合，成为所谓"学问诗"。其诗几乎可以作为学术文章来读，往往写得佶屈聱牙，毫无诗味。但在他的一些近体诗里，倒也偶有佳构，如："客路旬经雨，林峦翠倚空。不知秋暑气，直与岱淮通。旧梦千涡沫，思寻百步洪。大河西落日，穿漏一山红"（《高昭德中丞招同裴漫士司农钱稼轩司空集云龙山登放鹤亭四首》其二），"秋浸空明月一湾，数椽茅屋枕江关。微山湖水如磨镜，照出江南江北山"，"门外居然万里流，人家一带似维舟。山光湖气相吞吐，并作浓云拥渡头"（《韩庄闸二首》），颇有宋诗的清空气味。

⑥张问陶

生活于乾隆后期和嘉庆时期的著名诗人有张问陶（1764～1814年），字仲冶，号船山，又号蜀山老猿、药庵退守。遂宁（今属四川）人。他的七言律，佳句络绎。如《阳湖道中》："风回五两月逢三，双桨平拖水蔚蓝。百分桃花三分柳，冶红妖翠画江南。"

张问陶也好谈"性灵"，赞成袁枚论诗主张，可以算是"性灵派"的诗人。另有舒位、孙原湘和王昙，他们的创作倾向基本上还是继承"性灵派"的，但比较起来，他们在诗坛的地位及作用，已不如袁、赵。从这里，可以看出"性灵派"的影响已渐趋衰微的迹象。干嘉时期较有影响的诗人还有黎简、彭兆荪、宋湘等。但从总的趋势看，其后期的诗歌创作，已逐渐走向下坡路。

3. 清词的流派发展

翁方纲

张问陶

明末，词风萎靡纤弱。入清，词的创作呈中兴气象，词家辈出。

（一）"阳羡派"陈维崧

陈维崧（1625～1682年），字其年，号迦陵，江苏宜兴人。宜兴古名阳羡，故其词世称为"阳羡派"。陈维崧词风格豪迈奔放，接近宋代的苏、辛派。如《贺新郎·纤夫词》，写清兵征发民夫拉纤，弄得"叹闾左，骚然鸡狗。里正前团催后保，尽累累、锁系空仓后"，情状凄惨。又如《虞美人·无聊》："无聊笑捻花枝说，处处鹃啼血。好花须映好楼台，休傍秦关蜀栈战场开。倚楼极目添愁绪，更对东风语。好风休簸战旗红，早送鲥鱼如雪过江东。"写厌恶清兵镇压农民之情，具有社会意义。

陈维崧

（二）"浙西派"朱彝尊

朱彝尊（1629～1709年），字锡鬯，号竹垞，晚号小长芦钓鱼师，又号金风亭长。秀水（今浙江嘉兴市）人。他的词宗南宋姜夔、张炎，风格清丽，巧于用典，但视野不宽，仅在雕章琢句上下功夫。如《卖花声·雨花台》："衰柳白门湾，潮打城还。小长干接大长干。歌板酒旗零落尽，剩有鱼竿。秋草六朝寒，花雨空坛。更无人处一凭栏。燕子斜阳来又去，如此江山！"这是一首登览怀古之作，借人事的变化，抒兴亡的感慨，笔力遒劲。朱彝尊词影响很大，一时和者甚众，形成当时著名的浙西词派。

朱彝尊

（三）纳兰性德

满族词人纳兰性德（1655～1685年），原名成德，字容若，号楞伽山人，正黄旗人。他作词主情致，工小令，风格清新婉丽。内容极少接触社会问题，多半抒写离别相思及个人的闲愁哀怨，如《浣溪沙》："谁念西风独自凉？萧萧黄叶闭疏窗。沉思往事立残阳。被酒莫惊春睡重，赌书消得泼茶香。当时只道是寻常。"感情真挚细腻,造句朴素天然,最能代表纳兰性德词的艺术特色。他还写过一些抒写边塞生活的小令,明丽动人。如《菩萨蛮》:"朔风吹散三更雪,倩魂犹恋桃花月。梦好莫催醒,由他好处行。无端听画角,枕畔红冰薄。塞马一声嘶,残星拂大旗。"表现塞外风光,题材新颖,超越前人,尤为可贵。

(四)浙西词派重要词人厉鹗

厉鹗是继朱彝尊以后浙西词派重要词人,其词字句清远,声调和谐,但有堆砌之嫌,模仿痕迹较多。他的代表作《百字令》:"秋光今夜,向桐江,为写当年高躅。风露皆非人世有,自坐船头吹竹。万籁生山,一星在水,鹤梦疑重续。挐音遥去,西岩渔父初宿。心忆汐社沉埋,清狂不见,使我音容独。寂寂冷萤三四点,穿过前湾茅屋。林净藏烟,峰危限月,帆影摇空绿。随风飘荡,白云还卧深谷。"描绘富春江月夜之下的奇绝山水,着色鲜明生动,尤见锤炼本领。

(五)常州词派

乾隆后期及嘉庆时期,出现了以张惠言、周济为代表的"常州派"。他们不满浙西词派萎靡堆砌的词风,也不满阳羡词派粗犷直率的格调。以"意内言外"为宗旨而强调"寄托"。

张惠言(1761~1802年),原名一鸣,字皋文,武进(今江苏常州)人。他论词强调比兴。其词沉着典重,但意旨隐晦。如《木兰花慢·游丝同舍弟翰风作》:"是春魂一缕,销不尽,又轻飞。看曲曲回肠,愁侬未了,又待怜伊。东风几回暗剪,尽缠绵、未忍断相思。除有沉烟细袅。闲来情绪还知。家山何处?为春工、容易到天涯。但牵得春来,何曾系住,依旧春归。残红更无春消息,便从今、休要上花枝。待祝梁间燕子,衔他深度帘丝。"上阕刻画游子漂泊情态,下阕抒发一种"无计留住春"的淡淡哀愁,咏物抒情结合得很绵密。

周济(1781~1839年),字保绪,一字介存,晚号止庵。荆溪(今属江苏宜兴)人。他的作品多幽怨之思,其病也在晦涩。代表作如《蝶恋花》:"柳絮年年三月暮,断送莺花,十里湖边路。万转千回无落处,随侬只恁低低去。满眼颓垣欹病树,纵有余英,不直封姨妒。烟里黄沙遮不住,河流日夜东南注。"也写春天的感受,春光流逝,时不我待。"病树"、"封姨"(风神)、"烟里黄沙",似有寄托,又似没有寄托,这就是常州词派所追求的意境。

4. 清代散文

(一)学人之文派的"清初三先生"

清初,黄宗羲、顾炎武、王夫之被誉为"清初三先生",提倡经世致用之文。他们的散文,以深厚的功力,表现了强烈的民族思想和不同程度的民主思想。

黄宗羲,著作宏富,为文朴实无华,笔锋锐利,长于说理。《明夷待访录》是他进步思想的集中表现,也是其纵横恣肆、宏伟浑朴散文风格的鲜明表现。书中突出地批判封建专制制度,带有鲜明的民主思想色彩。书中《原君》篇指出:"为天下之大害者,君而已矣。"又说:"天下之治乱,不在一姓之兴亡,而在万民之忧乐。"他揭露封建皇帝以天下为私产,"荼毒天下之肝脑,离散天下之子女",以博其"一人之产业";"敲剥天下之骨髓,离散天下之子女",以奉其"一人之淫乐",并"视为当然"。对于八股取士的科举制度,也予猛烈抨击。他还写了许多赞颂爱国志士的传记文。

顾炎武治学谨严,立论卓越,既"邃于经术,而又洞达世故",其文凝炼劲健,坚苍醇雅,词锋所至,风骨极高。记事文如《吴同初行状》、《书吴潘二子事》等,或揭露清军屠城罪行,或表彰志士的高风亮节,读来情景如在目前,人物跃然纸上。

王夫之著作宏富,其史论和杂文,感情洋溢,恣肆纵横,显示了大家的气度,思想上闪耀着战斗的锋芒。《知性论》、《老庄申韩论》、《显妣谭太孺人行状》、《船山记》等可为代表。

(二)文人之文派的"清初三大家"

文人之文派的作者,可以侯方域、魏禧、汪琬为代表,称"清初三大家"。

侯方域(1618~1654年),字朝宗,河南商邱人。少年时即有才名,参加复社,交游广,名气大,时人以他和方以智、冒襄、陈贞慧为"四公子"。曾为史可法幕府于扬州。入清后仍不忘功名,晚节不终。他擅长散文,以写作古文雄视当世。其作品有人物传记,如《李姬传》写品行高洁、侠义美慧的李香君,同时也写反面人物阮大铖,有声有色,形象生动;如《马伶传》

写伶人刻苦学艺故事，情节曲折，精神感人。有论文书信，如《癸未去金陵日与阮光禄书》、《答田中丞书》、《朋党论》、《王猛论》等，或痛斥权贵，或直抒怀抱，都能显示出他的散文具有流畅恣肆的特色，尤其是《与阮光禄书》，洋洋洒洒，词严气盛，挥斥鞭辟，颇能感人。

魏禧（1624~1681年），字冰叔。一字叔子，号裕斋。江西宁都人。明亡后隐居翠微峰，所居之地名勺庭，人又称他为"勺庭先生"。他的散文多表彰殉国志士的高风亮节，如《江天一传》、《高士汪沨传》等。《大铁椎传》塑造了一个不知姓名的豪侠大力士形象，叹其不能为世所用，文笔简洁，错落有致，最为人欣赏。

汪琬（1624~1691年），字苕文，号钝庵，晚年隐居太湖尧峰山，学者称尧峰先生，长洲（今江苏苏州）人。汪琬之文，讲究规矩法度，写得"疏畅条达"，简净平实超过侯、魏，而才气藻采却大有不如。《陈处士墓表》、《尧峰山庄记》、《绮里诗选序》等文是其代表作。

（三）"桐城派"

清中叶出现了著名的散文流派"桐城派"，代表人物为方苞、刘大櫆和姚鼐。由于他们都是安徽桐城人，故名。"桐城派"一直是清代散文的主流，其理论核心是"义法"，按方苞的解释，"义即易之所谓'言有物'也，法即易之所谓'言有序'也。义以为经，而法纬之，然后为成体之文"（《又书货殖传后》）。并提出文章要重"清真雅正"和"雅洁"。他们追求文章的表现技巧，反对堆砌材料，语言简洁质朴。

方苞（1668~1749年），字凤九，一字灵皋，号望溪。清代桐城派散文的创始人。他的散文以所标"义法"及"清真雅正"为旨归。如《左忠毅公逸事》，记左光斗惨死狱中的经过，歌颂左光斗刚正不阿的斗争精神，其中史可法探监一段，描写得绘声绘色，催人泪下。又如《狱中杂记》，记事繁杂而井然有序，深刻揭露了清代狱中的残酷与黑暗。总之，他的散文都写得简练雅洁，没有枝蔓芜杂的毛病，开创清代古文的新面貌。

刘大櫆（1698~1779年），字才甫，一字耕南，号海峰。他的《论文偶记》一书，在方苞义法论基础上，进一步探求文章的艺术性。《送姚姬传南归序》、《马湘灵诗序》等，可以代表他的文章风格。

姚鼐（1732~1815年），字姬传，一字梦榖，室名惜抱轩，人称惜抱先生。他是桐城派理论的集大成者，又提出义理、考据、辞章合一的说法。他的议论文如《伍子胥论》、《李斯论》，序跋如《海愚诗钞序》、《荷塘诗集序》，书信如《答翁学士书》、《复鲁絜非书》，记传如《登泰山记》、《朱竹君先生传》等文，都可以看出他文章的风格。一些游记，写山川景色时有动人之处。其中《登泰山记》，抓住客观景物的时令特征，以简洁洗练的笔墨勾画出泰山冬季冰封雪盖的景象和泰山日出时的瑰丽图景。

姚鼐

（四）"阳湖派"

清代乾嘉时期，阳湖文人恽敬、李兆洛，武进文人张惠言，接受桐城派影响的同时，提出了一些不同的主张，世称阳湖派。

恽敬（1757~1817年），字子居，号简堂。阳湖（今江苏常州）人。他提出既要崇奉唐宋文，又要兼法秦汉六朝文，合骈、散两体文的长处，以健茂的气格，救"桐城派"的单薄。其代表作

李兆洛

之一《游庐山记》，实际上是七日游览的"系列日记"，但文章不长，线索清晰，选材精当，神韵贯通，特别是优美的文字，为壮丽的山河大为增色。

李兆洛（1769~1841年），字申耆，晚号养一老人，阳湖（今江苏常州）人。为文主张混合骈、散两体之长，与桐城派散文立异，是阳湖派代表作家之一。所作文章，大体上能贯彻自己的主张，如《骈体文钞序》、《皇朝文典序》等，骈散兼济，事理交融。所选《骈体文钞》为历来最好的骈文选本，标举魏晋、六朝宗旨。

张惠言早岁治经学，工骈文辞赋。所作如《游黄山赋》、《赁春赋》、《邓石如篆势赋》、《送恽子居序》、《词选序》，或恢宏绝丽，或温润朴健，气格颇为笃茂。

汪中

(五) 汪中以及骈文"中兴"

明末以张溥为首的"复社"提倡并写作骈文,清初陈维崧等继之。到清中叶,骈文盛行,呈现"中兴"的气象,成为与"桐城派"古文尖锐对立的一个文派。著名作家有汪中等人。

汪中(1744～1794年),字容甫,江都(今江苏扬州)人。他的骈文打破向来形式主义作风,"状难写之情,含不尽之意",悲愤抑郁,沉博绝丽。著名的《哀盐船文》,对扬州江面某次渔船失火时,人声哀号、衣絮乱飞的惨状和大火前后的氛围作了形象的描述,对船民的不幸遭难表示深切的同情,描写生动,文笔高古,当时主讲扬州安定书院的杭世骏评为"惊心动魄,一字千金"。在《吊黄祖文》中,借古人祢衡"虽枉天年,竟获知己"的遭遇,写自己"飞辨骋辞,未闻心赏"的不平之叹,发出了"苟吾生得一遇兮,虽报以死而何辞"的强烈呼声。《狐父之盗颂》更是一篇愤世嫉俗之作,文中认为世俗所谓"盗",是"悲心内激,直行无挠"的仁义之士,相比之下,当世许多人"孰如其仁"!汪氏甚至直呼"孰为盗者?我将托焉!"感情强烈充沛,语言明快锋利。

乾嘉之际的著名骈文家还有袁枚、洪亮吉、孙星衍、杭世骏等,但成就都有限。

二、清代小说

从清初到乾隆朝是小说的全盛时期,代表这个时期小说成就的是《聊斋志异》、《儒林外史》和《红楼梦》。

1.《聊斋志异》

《聊斋志异》,蒲松龄撰,是清代文言短篇小说集。蒲松龄(1640～1715年),字留仙,一字剑臣,别号柳泉居士。山东淄川(今属淄博市)人。

《聊斋志异》是蒲松龄的"孤愤"之作。用鬼狐故事曲折地反映了现实生活,表明作者的鲜明态度。书中的故事,来源非常广泛,或出自作者的亲身见闻,或借鉴于过去的题材,或采自民间传说,或为作者自己的虚构。

《聊斋志异》中很有思想价值的部分,是暴露现实社会黑暗的作品。如《促织》通过成名一家为捉一头蟋蟀"以塞官责"而经历的种种离合悲欢,从一个侧面暴露了封建统治者的荒淫昏庸。《席方平》则通过席方平魂赴地下、代父伸冤的曲折故事,写了官吏的贪赃枉法,人民含冤莫伸。作品虽写幽冥,其实是现实生活的投影。《梦狼》以白翁的梦境和白翁次子的现实见闻,两相对照,深刻揭露了封建官府吃人的本质,并大胆而尖锐地指出:"天下之官虎而吏狼者,比比也。"

《聊斋志异》的另一重要内容,是揭露了科举考试的种种弊端。如《司文郎》,文笔幽默,嘲讽更为尖刻。它写一个瞎和尚能用鼻子嗅出文字的好坏,但发榜后,他认为可以考中的王生名落孙山,而他嗅之作呕的文章的作者余杭生却得以高中。于是和尚叹息道:"仆虽盲于目,而不盲于鼻;帘中人并鼻盲矣!"又如《叶生》中的叶生"文章词赋,冠绝当时",但屡试不中,半生沦落,郁闷而死。书中有些作品,还生动描写了在科举考试戕害下读书人卑琐的精神状态。如《王子安》写书生王子安,久困场屋,一日醉后,梦见自己点了翰林,"乃欲出耀乡里,认假作真"。《续黄粱》写曾孝廉在高捷南宫后,便趾高气扬,幻想作威作福,所以他在梦幻中一作宰相,就"荼毒人民,奴隶官府,扈从所临,野无青草"。通过这些梦幻的境界,作者嘲笑了那些醉心功名利禄的士子。

描写爱情婚姻的作品,表现了强烈的反封建礼教的精神。如《连城》写乔生与连城相爱,遭到连父的阻挠,连城含恨而死,乔生也一痛而绝,二人在阴间相会。还魂前,他们唯恐再发生变故,便先结为夫妻。《鸦头》中的狐妓鸦头,不甘忍受侮辱,毅然随情人私奔,后被鸨母追回,囚禁暗室,虽"鞭创裂肤,饥火煎心",仍矢心不贰,终于和情人团聚。《青凤》写耿去病与狐女青凤相恋,耿生不避险恶,急难相助,对青凤感情恳挚;青凤也不畏礼教闺训,爱慕耿生,终于获得幸福结局。《瑞云》中的妓女瑞云爱才,不因贺生贫穷而嫌弃他,愿托以终身;贺生为感知己,不以瑞云变丑而变心,坦然赎为正妻。他说:"人生所重者知己:卿盛时犹能知我,我岂以衰故忘卿哉!"

《聊斋志异》中还有一部分作品抨击了浇薄的社会风气,歌颂了高尚的道德情操。如《镜听》写"贫穷则父母不子"的人情世态,《罗刹海市》写"颠倒妍媸,变乱黑白"的社会恶习,《劳山道士》写好逸恶劳、希图侥幸成功的投机心理,都可警发薄俗,启人心智,有较深刻的批判意义。还有一些赞扬人们美好情操的作品,如《娇娜》写孔生与狐女娇娜之间的真诚友谊,《竹青》写鱼生与神鸦竹青患难中的互助精神,《聂小倩》写宁采臣与女鬼聂小倩夫妻之间彼此体贴的亲密关系,《宦娘》写鬼女宦娘成人之美的高尚品德等。

《聊斋志异》在艺术上的主要特色是想象丰富、构思奇妙、情节曲折、境界瑰丽。其基本样式,就是历史传记和"传奇"的结合。小说塑造了一系列令人难忘的人物形象,大都栩栩如生,具有鲜明的性格特征。在描写人物的手法上多种多样。作者常把人的性格同花妖狐魅等原型的特征完美地结合起来,并且善于通过心理描写和细节点染来刻画人物性格,还常常运用环境气氛的渲染,以烘托人物性格,传达人物情绪。

《聊斋志异》的语言很有特色。作者创造性地运用了古代的文学语言,同时又大量提炼和融会进了当时的方言俗语,从而形成了一种既典雅工丽而又生动活泼的语言风格。无论是抒情写景,还是叙事状物,都绘声绘色,多彩多姿,曲尽形态,词汇异常丰富。有时还在单行奇句中,间用骈词俪语,句法富于变化。人物语言雅中有俗,俗中见雅,雅俗结合,更生动活脱,谐谑有趣。

2.《儒林外史》

《儒林外史》的作者吴敬梓(1701~1754年),字敏轩,一字粒民;因其书斋署"文木山房",晚年自号文木老人,又因自故居安徽全椒移居南京,故又自称秦淮寓客。

《儒林外史》由许多彼此独立的故事传递勾连而成,表面上写明代生活,实际上展示了一幅十八世纪中国社会的风俗画。它以封建知识分子的生活和精神状态为中心,从揭露科举制度以及在这个制度奴役下的士人丑恶的灵魂入手,进而讽刺了封建官吏的昏聩无能,地主豪绅的贪婪刻薄,附庸风雅的名士的虚伪卑劣,以及整个封建礼教制度的腐朽和不堪救药,乃至城乡下层人民都在这种社会秩序下灵魂被歪曲得不成样子,从而勾画出一幅社会群丑图。而抨击腐蚀士人灵魂的八股取士制度,是《儒林外史》社会批判的主要方面。书中塑造了许多生动的人物形象,如考到六十多岁还是个童生,受尽侮辱嘲弄,而一旦取得"功名",就立刻改变了社会地位的周进;一直考到胡须花白还没有中举,中举后却疯狂失态的范进;迂腐呆板、满口读书作官论的马二先生;原本纯洁朴实,考取秀才后便六亲不认、招摇撞骗的匡超人;鼓励自己女儿自杀殉夫,后来又"悲悼女儿,凄凄惶惶"的老秀才王玉辉,以及临死还心疼灯盏里点了两根灯草的悭吝财主严监生等。

另一方面,《儒林外史》还通过王冕、杜少卿、荆元等正面人物形象,寄托了作者的生活理想。此外,作品还颂扬了功名富贵圈外市井小民,如鲍文卿等的淳朴善良等品质。

《儒林外史》是中国叙事文学中讽刺艺术的高峰,它开创了一个以小说直接评价现实生活的范例。其结构"虽云长篇,颇同短制",它没有贯穿全书的主要人物和主要故事,而是把相对独立和人物联缀牵合成篇。由于前后交错呼应,各个故事都在表现封建科举制度的腐败上相关联,所以纵观全书,依然是一个艺术整体。其语言准确、洗炼,切合人物性格、身份,富有地方色彩。不足之处是三十八回以后远不如前面描写的深刻有力。

3.《红楼梦》

《红楼梦》,长篇小说,作者曹雪芹(1715~1763年),名霑,字梦阮,雪芹是其号,又号芹圃、芹溪。祖籍辽阳,先世原是汉族,后为满洲正白旗"包衣"人。《红楼梦》写于曹雪芹凄凉困苦的晚年,创作过程十分艰苦,是他"披阅十载,增删五次","字字看来皆是血,十年辛苦不寻常"的产物。可惜,在他生前,全书没有完稿。

曹雪芹的未完稿题名《石头记》,原为八十回。今见《红楼梦》一百二十回,是程伟元、高鹗在乾隆末年刊行的。其中后四十回一般认为

曹雪芹

是高鹗续成的。

《红楼梦》的版本大致有"脂评本"和"程高本"两个系统。"脂评本"是有"脂砚斋"等人批语，题名《脂砚斋重评石头记》的早期抄本。现存的较为重要的本子有"甲戌本"、"己卯本"、"庚辰本"、"戚序本"等。它们比较接近曹雪芹原著的面貌。"程高本"系由程伟元、高鹗整理出版的一百二十回本。它们的特点是删去了"脂批"，对前八十回文字进行了不小的改动，另附上后四十回。排印本称"程甲本"，修订后的排印本称"程乙本"，合称"程高本"。

《红楼梦》描写贾宝玉的爱情和婚姻悲剧，即贾宝玉和林黛玉的爱情悲剧以及贾宝玉和薛宝钗的婚姻悲剧。作者真实细致地描写了悲剧发生和发展的复杂现实内容，揭示造成悲剧的全面而深刻的社会根源。围绕着爱情婚姻悲剧，同时铺开一个由许多有关人物构成的广阔的社会生活环境，从而展示渐趋崩溃的社会的真实内幕。贾宝玉、林黛玉等人对自由和幸福的向往追求，反映那个时代对个性解放和人权平等的要求，闪烁着初步的民主主义精神。它与封建主义冲突所造成的悲剧，生动地表明封建社会的不合理，使读者预感到这个社会已日暮途穷，走向灭亡。《红楼梦》反映了贾府由盛至衰的过程，描写了封建社会后期的种种尖锐矛盾，预示着封建制度行将崩溃。作品中对贾府封建主子们穷奢极侈、勾心斗角、剥削农民、迫害丫鬟的描写，有力地控诉了封建统治阶级的罪恶。同时说明了封建制度灭亡的必然性。

[清]孙温：《红楼梦》大观园

《红楼梦》创造了一大批活生生的典型形象，体现了作者巨大的艺术才能。作者刻画人物，善于从不同角度深入地镂刻出他们最主要的性格特征。如贾宝玉这个主要中心人物，性格的核心是平等待人，尊重个性，主张各人按照自己的意志自由活动。在他心眼里，人只有真假、善恶、美丑的划分。他憎恶和蔑视世俗男性，亲近和尊重处于被压迫地位的女性。他憎恶自己出身的家庭，爱慕和亲近那些与他品性相近、气味相投的出身寒素和地位微贱的人物。这实质上就是对于自己出身的贵族阶级的否定。同时，他极力抗拒封建主义为他安排的传统的生活道路。对于封建礼教，除晨昏定省之外，他尽力逃避参加士大夫的交游和应酬；对封建士子的最高理想功名利禄、封妻荫子，十分厌恶，全然否定。他只企求过随心所欲、听其自然，亦即在大观园女儿国中斗草簪花、低吟悄唱、自由自在的生活。贾宝玉对个性自由的追求集中表现在爱情婚姻方面。他一心追求真挚的思想情谊，毫不顾忌家族的利益。这份以叛逆思想为内核的爱情，遭到封建势力的日益严酷的压迫，使他彻底绝望，终于弃家出走，回到渺茫的虚无之中。他的理想无疑是对封建主义生活的否定，却又十分朦胧，带有浓厚的伤感主义和虚无主义。

林黛玉是一个比贾宝玉更多一些悲剧色彩的艺术典型。她寄居在声势显赫的荣国府里，环境的势利与恶劣，使她自矜自重，警惕戒备；使她孤高自许，目下无尘；使她用真率与锋芒去抵御、抗拒侵害势力，以保卫自我的纯洁，免受轻贱和玷辱。在这个冷漠的环境中，她唯一的知己是贾宝玉。林黛玉和贾宝玉的恋爱注定是一个悲剧。这个恋爱在两个层次上与封建主义发生矛盾：首先是与"父母之命、媒妁之言"的封建婚姻制度冲突；其次，他们的恋爱是以叛逆思想为基础的，这样就与整个封建主义相冲突。林黛玉一心想得到幸福自由的生活，但环境是那样的虚伪和险恶，她的幻想破灭了，终于怀抱纯洁的爱和对环境的怨愤永远地离开了尘世，实现

[清]改琦：红楼梦图咏之林黛玉

了她的誓言："质本洁来还洁去，不教污淖陷渠沟。"

薛宝钗出身在一个豪富的皇商家庭，牢牢把握着现实的利益。"好风凭借力，送我上青云"，她孜孜以求的是富贵荣华。她比贾宝玉的父母更敏感到贾宝玉离经叛道的危险倾向，因而不断地以自己少女的妩媚和婉转的言词，同时还笼络了贾宝玉身边的丫鬟袭人，从正面和侧面规谏贾宝玉改弦易辙，劝他留心功名仕途，走上正路。薛宝钗得不到贾宝玉的爱情，但却握有实现婚姻的优势。她知道婚姻的缔结不在当事人，而取决于家长之命，她宁愿伤害贾宝玉的感情也不愿忤逆家长的意志。然而"金玉良姻"只是徒具形式的婚姻，这种婚姻的成功意味着她的悲剧的开始。

贾宝玉、林黛玉和薛宝钗的爱情婚姻悲剧有着深厚的社会内容。制造悲剧的是封建家长，而决定家长意志的却是封建家世的利益。

《红楼梦》为人们展示了一幅封建社会末期的历史画卷，反映的社会生活面异常广阔。对封建社会的官僚制度、土地制度、宗法制度、婚姻制度、科举制度以及封建伦理道德等，都作了深刻的揭露和批判。对琴棋书画、诗词曲牌、制艺尺牍、灯谜联额、医药卫生、园林建筑、家具器皿、服饰摆设、烹调饮食等都有细致的描写。作品规模宏大，结构严谨，人物众多。以宝黛的爱情和贵族家庭的衰亡史为基本线索，把千姿万态的人物形象和纷繁复杂的大小事件组织在一起，构成了一个和谐统一的艺术整体。作品描写了四百多个人物，塑造了众多的性格鲜明的人物形象。特别是贾宝玉、林黛玉和薛宝钗、王熙凤等典型形象的塑造，成为中国文学史上最宝贵的艺术财富。小说善于把人物置于矛盾冲突的漩涡中，运用细节描写、心理刻划、气氛烘托、对比映衬等多种艺术手法，表现各自不同的性格，使之生动逼真，栩栩如生。作品的语言凝炼自然，准确传神，达到了炉火纯青的境界。

4. 其他长篇小说

（一）历史演义和英雄传奇

《水浒后传》，作者陈忱（1613~1670年？），字遐心，一字敬夫，号雁宕山樵，浙江乌程（今湖州）人。《水浒后传》叙梁山好汉李俊、阮小七等人因贪官污吏横行，又穷治"梁山余党"，所以在登云山，饮马川重新聚义，他们处死了蔡京、高俅、童贯等奸臣，并奋起抗御南侵金兵，后又渡海至暹罗建立王业，但仍系心南宋朝廷安危，不忘复国之志。书中突出了北宋末年的政治腐败及金兵南侵暴行，明显地寄寓著作者对明亡教训的总结及亡国隐痛。

《隋唐演义》，作者褚人获（约1681年前后在世），字稼轩，一字学稼，号石农，长洲（今江苏苏州）人。小说据《隋唐志传》、《隋炀帝艳史》改写，并加入唐、宋人传奇材料。内容以隋末群雄并起，瓦岗寨英雄聚义，花木兰代父从军、唐太宗武功文治、武则天改元称帝等事穿插其间，暴露了帝王后妃的骄奢淫逸，颂扬了草泽英雄的侠义勇武。这部书题材过于芜杂而剪裁不当，细节描写与大段铺衍不够均匀协调，情节转换较生硬，常常插入一些毫无必要的英雄美人故事，显得结构松散，而且每一回前必有一忠孝节义的枯燥说教，都使它在艺术上减色不少。文笔虽流畅，然"沉着不足"。

《说岳全传》，全称《精忠演义说本岳王全传》，题"仁和钱彩锦文氏编次"，"永福金丰大有氏增订"。钱、金二人生平均不详。内容以岳飞及其将士的抗金故事为中心，写岳飞在国难当头，置个人得失荣辱于度外，以民族国家利益为重，驰骋疆场，精忠报国，是一位民族英雄；写他待人宽厚，军令森严，武艺高强，韬略精通，又是一位卓越的军事统帅。而皇帝是无情无义、苟且偷安的昏君，重用的是张邦昌、秦桧之类的权奸，朝廷不但无决心无力量抗战，而且在关键时刻充当了破坏抗战的祸首。但小说中也赋予岳飞形象以过多的封建伦理色彩。

《女仙外史》，作者吕熊，字文兆，号逸日叟。吴县（今江苏苏州）人。作品叙明代永乐年间山东蒲台县农民起义领袖唐赛儿事。选材命意有其新异之处，但大旨在于声讨朱棣篡位，而将农民起义仍复纳入封建正统轨道之内，且又将唐赛儿反抗朱棣的斗争，归结为嫦娥与天狼星的夙怨。至于将魔、仙、佛并称三教，间以仙灵幻化，称兵斗法，则又堕入明代神魔小说旧套，文笔亦不见佳。

（二）婚姻小说

《醒世姻缘传》，一名《恶姻缘》。"西周生"辑著。有说西周生即蒲松龄，此书内容情节和《聊斋志异》中的《江城》《邵女》等篇有许多相同之处,且本书中多山东方言土语,所写大半是山东淄川、章邱一带风俗习惯,因此蒲松龄作说比较可信。《醒世姻缘传》写晁源射杀仙狐,宠幸爱妾,逼死妻子计氏的经过。死后托生为狄希陈,死狐托生为薛素姐,计氏托生为童寄姐,成为狄希陈的妻妾。她们肆意凌虐狄希陈,报冤雪恨。以因果报应的方式,写出了地主阶级生活中的阴暗冷酷。作品广泛描写了封建社会里的城镇和都市的世情风俗,并尽情地刻画了地主官僚阶级的官场和家庭生活,把封建社会和封建家庭的污秽、欺诈、罪恶作了比较充分的暴露。作者观察细致,把地主阶级各色人物生活惟妙惟肖地如实刻绘出来,有时于轻描淡写之中,显得十分冷隽而幽默。

《平山冷燕》,署"荻岸山人编次"。小说描写京师大学士显仁之女山黛才华出众,名闻遐迩。慕名者以诗文考较,皆必败。同时有扬州村庄大户冷新之女冷绛雪,也有才华,冷绛雪被小人相陷,串通官府强买她,送山氏为侍女。冷因闻山女才名,将计就计,前往京师,两女相聚,彼此敬爱。同时有书生平如衡、燕白颔,能诗有才,同慕两才女之名,化名入京,与之较量诗文,相互爱慕。后会试得中,皇帝作媒,平与冷、燕与山结为夫妇。小说主旨颂扬女子才情,情节未脱才子佳人窠臼,却为同类小说中的上乘之作。

《好逑传》,又名《侠义风月传》,著者不详。《好逑传》叙述御史铁英之子铁中玉,曾为援救韩愿妻女,只身打入大夬侯养闲堂。又有兵部侍郎水居一之女水冰心美貌聪慧,恶霸过其祖仗势逼婚,为铁中玉路遇所救,而铁因此遭害致疾。冰心则不避嫌疑,迎至家中护视,彼此相敬。几经曲折后,铁中玉得中翰林,与冰心成婚。全书大旨在宣扬"守经从权"之说,将纲常名教与青年男女正当交往调合起来,使"名教生辉","以彰风化",因此夹有大段说教。

《玉娇梨》,又名《双美奇缘》,张匀作。写苏友白和白红玉、卢梦梨的婚姻故事。通过苏友白学博才高以致飞腾翰苑、一夫多妻的叙述,宣扬功名利禄、夫贵妻荣的思想。

(三)讽世小说

《镜花缘》,作者李汝珍(1763?~1830年?),字松石,直隶大兴(今属北京市)人。《镜花缘》前半部写秀才唐敖和林之洋、多九公三人出海游历各国及唐小山寻父的故事,通过海外诸国奇闻异见的描写,借想象中的"君子国"来寄寓他的社会理想。以辛辣而幽默的文笔,借"白民国"装腔作势的学究先生,"淑士国"里假斯文的酸腐气,以及"两面国"、"无肠国"、"穿胸国"、"结胸国"、"犬封国"和"豕喙国"等的各种不端行为,讥弹黑暗现实。后半部着重表现众女子的才华。由于过于炫耀知识,人物形象性不足。

三、清代戏曲

清代传奇与杂剧的发展,几经起伏,终于因为不能适应时代和观众的需要,逐渐步入衰微。然而,也还是出现过一些著名的作家与有影响的作品。

1. 洪昇和《长生殿》

洪昇(1645~1704年),字昉思,号稗畦,又号稗村、南屏樵者。钱塘(今浙江杭州)人。他的传奇巨著《长生殿》一出,立刻在剧坛引起巨大反响:"一时朱门绮席,酒社歌楼,非此曲不奏,缠头为之增价"(徐麟《长生殿序》)。《长生殿》的创作经历了三个过程。第一稿叫《沉香亭》,作者通过铺陈李白坎坷一生寄寓自己怀才不遇之情。第二稿更名《舞霓裳》,删去李白的情节,改写为李泌辅佐肃宗中兴。第三稿定名《长生殿》,以李隆基和杨玉环的爱情故事为主线,敷演唐王朝由盛而衰的历史。

《长生殿》全剧共五十出,规模宏大,内容丰富。它以李隆基和杨玉环的故事作为情节线索,广泛地展开了对当时社会、政治的描绘。作者有意识地把李、杨爱情与唐代安史之乱联系起来,写出了封建帝王和妃子的"逞侈心而穷人欲",以致朝政败坏,藩镇叛乱,造成他们自身的爱情悲剧;同时也真实地描绘了唐代天宝年间各种尖锐复杂的社会矛盾和政治斗争,表现了一代王朝由盛而衰走向没落的命运。

作者成功地写出了李隆基倦于政事,耽于安乐,把国家陷于苦难的深渊。他因宠爱杨玉环,而使杨家一门贵显。为了博得妃子的欢心,不顾万里之遥,命令臣下进贡新鲜荔枝。贡使的马匹沿途毁坏了庄稼,伤害了人命,全不在意。作者写出了帝王的爱情并不专一,因此李、杨之间尽管缠绵缱绻,也不可避免地出现波折和污点。七夕秘誓之后,两人的爱情有所发展和巩固,然而渔阳鼙鼓已动地而来,为了平息御林军的愤怒,皇帝不得不在马嵬坡下牺牲妃子,以挽救他自己的政治生命。从此他感到内疚不已,晚年沉浸于痛苦之中。

作者在写杨玉环时,主要突出她性格中两个基本特征,即她对专一爱情的热烈追求和邀宠固宠的性质,写出了一个帝王宠妃既骄纵、悍妒又温柔、软弱的典型性格。杨玉环对真挚爱情的追求,表现了人类对美好爱情生活的向往,这一点是杨玉环形象显示出的主要意义之一。然而,由于这爱情是生长在金铺玉砌的宫廷之中,所以它必然是被扭曲的、变形的,它与邀宠固宠相表里,因此不可避免地带有一定的功利目的。

与奸相杨国忠及逆藩安禄山相对照,作者精心塑造了郭子仪和雷海青这两个出身低微的英雄人物,他们忠心报国,大义凛然。

《长生殿》前半部基本上是现实主义的描写,后半部则显然加强了浪漫主义的描写。作者虽然谴责了李隆基因宠爱杨玉环而致国事败坏,无法收拾,然而对他们两人的爱情悲剧却很同情。他写李隆基退位后对过去之事有所悔悟,在深宫中为思念杨玉环而无限痛苦。他让杨玉环的幽魂也知道忏悔,一直怀念上皇。由于这种"真情",两人终于在月宫重新团圆。作者不但对李、杨两人加以美化和净化,而且特别宣扬一种"一悔能教万孽清"的思想。作者意图总结历史的教训以"垂戒来世",指出"古今来逞侈心而穷人欲,祸败随之"。准确地说,马嵬之难并不是李杨爱情的结束,而是他们从人间爱情向人鬼(仙)之恋的发展过程中的转折点。

《长生殿》场面壮丽,情节曲折,曲辞优美,恪守韵调。在中国文学史上占有很高的地位。

2. 孔尚任和《桃花扇》

孔尚任(1648~1718年),字聘之,又字季重,号东塘、岸堂,又号云亭山人,山东曲阜人。他的力作《桃花扇》享有盛誉。

《桃花扇》写明末复社文人侯方域避乱南京,结识了秦淮名妓李香君。两人一见钟情,定情次日,香君得知婚事费用皆出于魏忠贤余孽阮大铖,其意在结纳方域,以求开脱恶名。香君义形于色,立即下妆却奁以还。大铖衔恨,依附大学士马士英屡屡加害香君,香君不屈,守楼明志,血染桃花,廷筵骂座,入宫软禁。而方域也被阮大铖捕获,锒铛入狱。清军破南京后,侯李二人在栖霞山相遇,张道士以国恨、家恨之言点醒他们,二人双双入道。全剧在一派悲歌声中结束。

《桃花扇》展现了明末复杂的社会矛盾和民族矛盾,评价了南明的历史,艺术地总结了这一段历史教训。作品暴露了南明小朝廷的昏庸和腐败,揭露了上层统治集团及各军事首领间的尖锐矛盾,刻画了马士英、阮大铖一伙迫害清议派和无辜百姓的凶残面目,鞭挞了他们在国家危急时的投降主义本质。在表现正面人物时,孔尚任描写了民族英雄史可法抗击清兵的决心,表现了他在"江山换主"以后沉江殉国的英雄气概。作者赞扬了李香君关心国家命运、反对邪恶势力的可贵气节,肯定了民间艺人柳敬亭、苏昆生为挽救国家危局不惜奔波以及他们和其他歌妓、艺人、书商等下层人民反对权奸、关心国事、不做顺民的正义感和民族气节。在正反人物形象的强烈对比中,人们看出了明朝"三百年之基业,隳于何人,败于何事,消于何年,歇于何地"(《桃花扇小引》),这一幕江山沦亡、"舆图换稿"的历史悲剧,激发了当代人的故国情感,唤醒了潜在的民族意识。

在艺术上,《桃花扇》作为一部严肃的历史剧,善于在历史人物真实事迹的基础上进行艺术创作,着力揭示人物的个性特征和性格的复杂性。全剧结构精巧宏伟,布局均衡匀称,以侯、李的爱情线索,尤其是通过象征他们爱情命运的一把扇子,把一部包括了南明兴亡史庞大内容的戏剧情节,有机地贯穿在一起。从赠扇定情始,他们的爱情就被置于明末清议与阉党激烈斗争的政治旋涡之中;由于斗争的激化,侯、李被迫分离,结构上展开了由侯方域和香君联系着的两条线索:通过侯方域四处奔波这条线,写出了南明草创及四镇内讧等重大事件和矛盾。通过李香君备受欺凌这条线,写出了弘光和马、阮之流倒行逆施、宴游偷安的腐败情形。这两条线索,一生一旦,为全本纲领,就反映了南明朝廷内外、上上下下广阔的历史画面。最后,作者摆脱了生旦团圆的俗套,以张道士撕扇,侯、李入道的爱情悲剧,以及"借离合之情,写兴亡之感"的独特构思,来衬托国破家亡的严酷现实。《桃花扇》的语言既有戏剧的表演性又富于文采,达到了戏剧性与文学性的统一。作者写出了许多有强烈抒情和个性化的曲辞,又严肃详备地写好了宾白,这在古代传奇中也是罕有的。这一切使《桃花扇》成为明清传奇戏曲的压卷之作。

3. 李玉与苏州派作家

明末清初，苏州地区有一批戏曲作家形成了一个戏曲流派，后人称之为"苏州派"。李玉是苏州派主要作家。

李玉，字玄玉，号苏门啸侣、一笠庵主人。吴县（今属江苏）人。约生于明万历末（1610～1620年），卒于清康熙十年（1671年）以后。

李玉的早期作品，以描写人情世态为主要内容，最负盛名的是"一笠庵四种曲"，即所谓"一、人、永、占"。《一捧雪》写严世蕃倚仗其父严嵩之势，把持朝政，卖官鬻爵，为夺取一只玉杯，害得莫怀古家破人亡，这在一定程度上揭露了明代统治阶级的贪婪残暴和社会黑暗。《人兽关》写桂薪的忘恩负义，《永团圆》写江纳的贪富欺贫，也抨击了邪恶势力，表现出作者的正义感。《占花魁》根据《醒世恒言》中的《卖油郎独占花魁》改编，通过卖油小贩秦重和受骗失身的妓女莘瑶琴之间的爱情生活，反映了市民阶层的思想意识，但同小说相比，剧本更多地展示了异族入侵、人民饱受乱离之苦的社会背景，丰富了原作的内容。

李玉入清后的作品，较多的是描写历史上的政治斗争事件或从明末清初的社会生活中取材。其代表作是《清忠谱》，是他与朱素臣、毕万后、叶雉斐合作的剧本。写明末天启年间苏州市民为反对缇骑逮捕东林党人周顺昌而进行的一场斗争。剧中揭露了魏忠贤阉党集团的残暴统治，描绘了广阔的群众斗争的热烈场面，塑造了具有坚贞气节的周顺昌和见义勇为的颜佩韦等五义士的生动形象。《清忠谱》在艺术上的突出成就是它真实地反映出明代一场声势浩大的市民群众斗争。同时，这本戏主题突出，线索分明，始终沿着周顺昌及苏州市民与阉党的斗争进行，没有多余的人物与情节。在取材上，俱有历史根据，甚至一些细节，如周顺昌题写"小云栖"匾额等，也是事实。所以，它又是我国戏曲史上第一部"事俱按实"（吴伟业《清忠谱》序）的历史剧。

李玉的《万里圆》，写苏州黄向坚在明清易代之际的兵荒马乱中到云南寻父故事，剧中反映了清兵南下时人民遭受的种种苦难，暴露了清朝统治者屠杀人民的罪恶，抒发了作者对于亡国的悲愤感情。另外，如《千钟禄》

（又名《千忠戮》、《千忠会》、《琉璃塔》等），写明初燕王朱棣发动"靖难之役"占领南京后，建文帝乔装为僧出外流亡的经过，剧中表现的朱棣的残暴，程济、史仲彬等的忠贞，建文帝在逃亡途中的艰险和凄凉，也都隐含着作者对清朝统治者的不满和对明朝故国的怀念。《连城璧》写完璧归赵的蔺相如，《牛头山》写英勇抗金的岳飞，《风云会》和《麒麟阁》写宋、唐开国时的英雄业绩，都流露出作者对于时局的感受。其他一些作品，如《埋轮亭》、《洛阳桥》等描写不同的历史人物，表达兴利除弊、扬善惩恶的主题，都具有一定的价值。

朱素臣，名㿿，又字生庵，江苏吴县人。除与李玉合著《清忠谱》外，还著有《十五贯》等传奇。《十五贯》，又名《双熊梦》，由宋元话本《错斩崔宁》演化而来，是一个公案戏。剧本写熊友兰、熊友蕙兄弟都因十五贯钱的误会而遭祸获罪，知府况钟梦见双熊，疑为冤狱，亲自查访，为之昭雪。作品通过熊氏兄弟无辜被害，揭露了封建官吏的草菅人命，并成功地塑造了两个主要艺术形象：一个是昏庸无能、主观专断的过于执，一个是正直廉明、求实爱民的况钟。

4. 吴伟业和尤侗

李玉一派偏重于描写重大历史事件与当时的政治斗争，吴伟业、尤侗一派则偏重于借历史故事来表现个人的怀才不遇，或思念故国之情，意境更接近于诗歌而不大适合于演出，故有"案头之曲"的特征。

吴伟业（1609~1672年），字骏公，号梅村，世居昆山。他著有传奇《秣陵春》，杂剧《通天台》与《临春阁》等。《秣陵春》又名《双影记》，写徐适与黄展娘的爱情故事。作者把徐适虚拟为南唐徐铉之子，通过对南唐亡国的凭吊寄托了个人的抑郁情绪。《通天台》写梁尚书左丞沈炯，在梁亡后寄留北方，凭吊汉武帝通天台遗迹，梦中被武帝召用，力辞出关，曲折地反映出当时亡国士大夫的痛苦心情。《临春阁》写陈后主亡国事。据史实表彰了张丽华、冼夫人的

吴伟业

才具，痛斥了亡国的文武大臣。

尤侗（1618～1704年），字同人，一字展成，号悔庵，又号艮斋，晚自号西堂老人，江南长洲（今江苏苏州）人。著有传奇《钧天乐》和杂剧《读离骚》等。《钧天乐》取材于顺治十四年的丁酉南闱科场风波一案，借此感叹仕途坎坷，抒发个人牢骚。《读离骚》写屈原怀沙而死，宋玉为之招魂，表现出屈宋二人的高洁品质与屈原的爱国精神。

尤侗

5. 李渔和他的戏曲理论

李渔（1611～约1679年），字笠鸿，一字谪凡，号湖上笠翁。原籍浙江兰溪，生于雉皋（今江苏如皋）。李渔在当时很有声名，但毁誉不一。平生著作有剧本《笠翁十种曲》，即《奈何天》、《比目鱼》、《蜃中楼》、《怜香伴》、《风筝误》、《慎鸾交》、《巧团圆》、《凰求凤》、《意中缘》、《玉搔头》。

他的《闲情偶寄》是一部记叙戏曲理论为主的杂著。从他的戏曲理论中，首先可以看出他十分重视戏曲的社会教育作用。他把戏曲看成"寿世之方"，"弥灾止具"。其次，李渔很重视戏曲的主题与结构，提出"立主脑"、"减头绪"、"密针线"等很好的主张。第三，李渔要求戏曲语言浅显洁净，主张少用方言。第四，在音律方面，李渔主张"恪守词韵"，"凛尊曲谱"。第五，在创作方面，李渔反对蹈袭前人，提出"脱窠臼"，主张选材要"奇"，要从"家常日用之事"中去发掘戏曲题材。

6. 昆曲衰落时期的传奇杂剧作家

昆曲一向以曲词典雅优美见长，但随着昆曲逐渐进入宫廷，有意迎合宫廷贵族的口味，便逐渐脱离人民，脱离现实。内容的空泛、题材的缩小与艺术上日趋贵族化的倾向，使昆曲作茧自缚，走向衰落时期。传奇创作也随着走向低潮，其中值得注意的作家有蒋士铨等。

蒋士铨的作品有杂剧、传奇十六种。其中《临川梦》写明代汤显祖的艺术生活，它以"四梦"中的主要人物和为《还魂记》而死的娄江、俞二娘为剧中人，有意把这位戏曲家的生平搬上舞台，效果相当不错。《冬青树》写南宋灭亡的故事，歌颂了文天祥忠贞不屈的民族气节，表彰了谢枋得、唐珏等忠义之士，痛击了卖国投敌的汉奸留梦炎之流，也是较好的作品。

乾隆年间，值得提及的一部优秀戏曲是陈加言父女共写的传奇《雷峰塔》。这是一部具有深刻现实内容和浪漫主义风格的戏曲作品。剧情是白蛇、青蛇化为美女在杭州西湖遇见许仙，白娘子爱上许仙的善良、诚实和勤劳的品质，与他结为夫妇。后因法海和尚的阻挠、破坏，使他们的爱情受到种种挫折。白娘子为挽救许仙，争取自己的爱情幸福，在青蛇帮助下与法海进行了艰苦勇猛的斗争，但终因力不从心，被镇压在雷峰塔下。剧中的《水漫金山》、《断桥相会》等场，集中表现出白娘子对敌恨、对己和的优秀品质和丰富细腻的感情，深受大众喜爱。

清中叶的杂剧作家以杨潮观最为著名。杨潮观（1710～1788年），字宏度，号笠湖，金匮（今江苏无锡）人。作有杂剧三十二种，结集称为《吟风阁杂剧》。他的剧作都取材于古事，而有所寄托。影响最大的杂剧是《寇莱公思亲罢宴》，写寇准为庆祝生辰准备大肆铺张，一个老婢以寇家俭朴传统劝阻寇准，寇准感悟，撤去寿筵。此剧宣扬孝思，崇尚节俭，提倡为官作宰的人要有俭朴的美德。杨潮观的戏曲道白平易流畅，曲文清新优美，人物性格鲜明。

四、清代文学理论批评

1. 诗词理论

重要诗歌理论家有叶燮、王士禛、沈德潜、袁枚、翁方纲，还有冯班、吴乔、贺贻孙、廖燕、郑燮、赵执信、赵翼、潘德舆等人。叶燮的《原诗》被誉为清人诗话之冠冕，它以理论性、系统性见长。特别是在诗原论、发展观以及对诗歌创作与鉴赏中审美规律的论述等方面，在融汇前人之说的基础上，又颇多创见。王士禛是神韵派的领袖，其批评着重于审美鉴赏，以"不著一字，尽得风流"为诗家的极诣，论诗重在"清真"。沈德潜是格调派的代表，其论诗主张"温柔敦厚"、"关系人伦"，言诗重在"雅正"。具有反传统色彩的是袁枚的性灵说，其论诗主"真"，重"情"，强调创作中的主观因素。翁方纲的肌理说，又代表着以学为诗的倾向。

2. 文论

散文理论以桐城派为正宗,其代表理论家和代表作家有方苞、刘大櫆和姚鼐。方苞论文,标举义法,注重雅洁,力谋程朱之道与唐宋古文的融合、道学家与古文家文论的统一、唐宋派与秦汉派艺术的合流,从而奠定了桐城派理论的基础。刘大櫆进而把方苞的理论具体化,主张行文之道,"神为主,气辅之"。姚鼐则把方、刘二家之说加以融汇、抽象、提高,以"天与人一"、"艺与道合"、"意与气相御而为辞",全面概括了写作古典散文的思想原则与艺术规律。后起的阳湖派及其代表恽敬等人,在文风、理论上与桐城派虽有不同,但仍可归入同一营垒。经学家如戴震、段玉裁、钱大昕、焦循等更强调以义理、考据为本,以词章为末,着重于注经、论道的学术之文,代表着极端的杂文学观念。史学家中如章学诚认为,文的功用在于述事、明理、藏往知来;写作原则须是气求其清,理求其真,体求其纯,辞求其洁。清代的骈文颇有成就,阮元他提出文言说、文韵说,作文笔之辨,认为"凡文者,在声为宫商,在色为翰藻","奇偶相生,音韵相和",散行直达者是笔而不是文。

3. 小说、戏曲理论

清代小说理论的代表者是明末清初的金人瑞(1608~1661年),名采,字若采。明亡后更名人瑞,字圣叹。一说本姓张。吴县(今江苏苏州)人。他的评点很注重思想内容的阐发,往往借题发挥,议论政事,其社会观和人生观灼然可见。金人瑞文学批评的精彩之处在于对作品的艺术分析,他把人物性格的塑造放到首位,认为描写一个人物的性格应表现出多面性、复杂性,又应表现出统一性、连贯性的问题,也涉及人物语言个性化的问题。他强调结构的完整性,认为"一部书只是一篇文章",作者必须"全局在胸",因此讲究"过接"、"关锁"、"脱卸",要求行文如"月度回廊",有必然的次第。

清代在戏曲理论、批评方面著述丰富,出现了很多曲话著作,其内容或谈创作,或研声律,或考曲目,或辑数据,或评论作家作品,或杂考戏曲故事,或论述表演技巧,内容广泛,形式多样。从理论成就言,则首推清初李渔所著《闲情偶寄》中的词曲部、演习部。李渔论曲,强调维系封建礼教,使人趋善避恶,但主要是从结构、词采、音律、宾白、科诨、格局等方面具体阐述戏曲创作与表演的艺术规律，从而形成了一个相当完整的理论体系。此外，焦循《花部农谭》论述民间戏曲，黄旛绰《梨园原》探讨表演艺术，都各有理论价值。

第十一节　晚清文学（近世文学）

一、道光、咸丰朝文学

道光、咸丰朝时期，作家众多，流派竞起，文学呈现繁荣复杂的景象。首开文学新风气的是以龚自珍、魏源、林则徐等为代表的开明派，他们敏锐地看到清王朝内外严重的危机，积极建议改革内政，坚决主张抵抗外国资本主义的侵略，写出许多富于时代色彩和历史意义的诗文作品。龚自珍的诗歌揭露并批判了黑暗的社会现实，具有渴望变革、追求理想的精神。其诗瑰丽清奇，别开生面。他的散文亦多讥切时政，笔锋犀利。张维屏、张际亮等，也从不同角度写了许多具有现实意义的诗篇。早期的改良主义者冯桂芬、王韬都曾反对或抛弃桐城派古文；王韬更以一般古文或文言文用之于报章，使古文社会化或通俗化，具有划时代的意义。而太平天国的诗文，多直接服务于革命斗争，文风朴实明晓。这些就是这个时期进步文学的主流。

与此同时，传统诗文也出现了"宋诗运动"和桐城派中兴。"宋诗运动"以模拟宋诗为贵，由程恩泽、祁寯藻、曾国藩倡导，重要作家有何绍基、郑珍、莫友芝等。桐城派古文在这一时期产生了梅曾亮等著名作家，形成了"中兴"的局面。而经学家阮元，提倡以《文选》为范本，实际是提倡骈文，形成与桐城派古文对立的扬州派骈文。在骈、散之间作调和态度的则有常州的李兆洛。他实际也是倾向骈文。这些诗文流派的作家和作品，就其主导倾向看，是守旧或保守的。这时期，古典小说趋向衰落，出现了一批平庸落后的作品。狭邪小说，如《品花宝鉴》、《花月痕》、《青楼梦》、《海上花列传》等。侠义公案小说，如《施公案》、《三侠五义》、《小五义》、《续小五义》等。此外，俞万春的《荡寇志》，赤裸裸地暴露了对农民起义的疯狂仇视心理；文康的《儿女英雄传》极力宣扬忠孝节义等封建道德。

二、同治、光绪朝文学

清代同治、光绪年间,是帝国主义列强和封建买办相勾结把中国变为殖民地半殖民地的时期。戊戌变法前后,资产阶级改良派诗人,以黄遵宪、康有为、梁启超、谭嗣同、严复等为代表。黄遵宪最早从理论和创作实践上为"诗界革命"开辟道路。他主张"我手写我口",提倡"新派诗",表现了变古革新的精神。其诗广泛地描写了重大的历史事件,充满爱国热情,如《冯将军歌》、《哀旅顺》等。还反映了新世界的奇异风物以及新的思想文化,给诗界带来了新气息,如《今别离》等。手法多变,"旧风格"与"新意境"相和谐。梁启超是改良派主要领导人之一,他鼓吹"诗界革命"、"小说界革命"。他的新体散文,如《少年中国说》等,对传统古文是一次猛烈的冲击,为晚清文体解放和"五四"白话文运动开辟了道路。他强调小说对改良社会的作用,而特别重视"政治小说",宣传政治主张、政治理想,直接为改良运动服务。他更试作政治小说《新中国未来记》,虽未完篇,但有现实意义。与此同时,梁启超和其他改良派作家也曾利用"杂剧"、"传奇"的传统戏曲形式,反映现实政治内容,虽不成功,但也表现着他们对戏曲改良的尝试和努力。

翻译文学的兴起,也是改良运动的一个重要内容。严复、林纾是这个时期著名的翻译家,他们分别以各自熟练的古文翻译西方社会科学和文学作品,对传播新思想、新文化,起了积极的作用和广泛的影响。

改良运动对封建文化的冲击力量是不足的。传统诗文继续发展。"宋诗运动"的发展,出现了颇有影响的"同光体";同时出现了拟古的汉魏六朝诗派和晚唐诗派等。常州词派则朝词学的整理和研究方面发展。"桐城派"古文也出现了黎庶昌等新的作家,并对严复、林纾等翻译文有明显影响。

此外,道光年间诞生的京剧,在这一时期得到发展繁荣。它进一步吸取地方戏的精华,出现了一些有时代精神的优秀剧目,不少名演员创造了许多生动优美的艺术形象,成为一个影响深广的重要剧种,是这一时期文学成就比较突出的一个方面。

三、清末民初文学

清代末年到民国初期,是中国资本主义得到进一步发展的时期,资产阶级民主革命取得伟大胜利又转为失败的时期。

这一时期诗歌的突出特点和成就是以南社为中心、以南社诗人柳亚子、高旭、陈去病、马君武、周实等为代表，慷慨高歌民族民主革命。章炳麟在文学上的成就，主要是散文。其政治性文章感情强烈，思想敏锐，《驳康有为论革命书》和《革命军序》等昌言民族民主革命，影响很大。但他好用古字，有时流于艰涩。秋瑾则是这时期最杰出的女诗人。早期多写离情别绪，个人幽怨。投身革命后的作品，则大部分充满着英雄战斗、自我牺牲和追求理想的爱国热情。诗风豪迈慷慨，如《宝刀歌》等。二十世纪初，出现了大批反映改良主义政治要求、谴责黑暗现实的小说，标志着小说发展的新局面。如曾朴的《孽海花》，以金雯青和傅彩云的经历为线索，展示了晚清的政治、社会等现实，大胆揭露了清政府的腐败无能和帝国主义的侵略野心，表现出资产阶级民主革命的要求。陈天华的《狮子吼》（未完成）也是歌颂革命的作品。主张一般社会改良的著名谴责小说有：李伯元的《官场现形记》和吴趼人的《二十年目睹之怪现状》。刘鹗的《老残游记》，通过江湖医生老残游历中的见闻，反映了晚清的某些现实，并表达了作者的政治见解。作者思想上倾向于洋务派，塑造了玉贤、刚弼两个酷吏形象，描写细腻，语言清新，文笔流利。而戏剧说唱等方面，则有汪笑侬改良京剧，黄吉安改良川剧，春柳社、众化团等文明戏即话剧团体的出现，秋瑾、陈天华等用说唱形式宣传革命，以及一批有革命倾向的杂剧、传奇、乱弹等作品。

这一时期保守的传统诗文，主要在北京活动。"同光体"诗人在北京创立诗社，隐然和"南社"对立。而王国维则在西方资产阶级哲学思想基础上，提倡文学脱离现实政治社会，和进步潮流背道而驰。同时，随着资产阶级民主革命的失败，革命进步作家中也有颓唐悲观者，如"南社"苏曼殊等人。而前一时期的改良派人物如梁启超、严复、林纾等也与前清遗老们合作起来。这些都表现着中国资产阶级的软弱性和革命的不彻底性。

第三卷

华夏文明圣火薪传

主　编　章人英
副主编　葛明沧
　　　　顾　钢

上海三联书店

总目录

第一卷
卷首语　鸿儒卓识
第一章　厥初生民
第二章　先哲玄训
第三章　质测钩玄

第二卷
第四章　郅治之道
第五章　文化教育

第三卷
第六章　武备韬略
第七章　史志辑略
第八章　舆地广记

第四卷
第九章　字源韵会
第十章　文苑汇考

第五卷

第十一章 艺林掇英

第十二章 民族博闻

第三卷 目录

第六章 武备韬略

第一节　军事思想与谋略兵法 /1
　　一、先秦时期 /4
　　二、秦汉时期的《三略》/16
　　三、三国时期的《将苑》/16
　　四、两晋隋唐宋元时期 /17
　　五、明清时期 /22
第二节　历代军制 /30
　　一、兵役制度 /30
　　二、军事编制和管理制度 /34
　　三、军事指挥和行政管理 /42
第三节　军史集要 /46
　　一、先秦时期 /46
　　二、秦汉时期 /65
　　三、三国时期 /78
　　四、两晋隋唐宋元时期 /86
　　五、明清时期 /104
第四节　古代兵器 /132
　　一、兵器的起源 /132

二、冷兵器/132

　　三、火器/142

　　四、战车/146

　　五、战船/148

第五节　军事人物/148

　　一、姜望/148

　　二、孙武/149

　　三、吴起/149

　　四、孙膑/150

　　五、白起/150

　　六、乐毅/151

　　七、田单/151

　　八、李牧/151

　　九、项羽/152

　　十、韩信/152

　　十一、周亚夫/153

　　十二、李广/153

　　十三、霍去病/153

　　十四、曹操/154

　　十五、司马懿/154

　　十六、诸葛亮/154

　　十七、陆逊/155

　　十八、邓艾/155

　　十九、羊祜/156

　　二十、杜预/156

　　二十一、李靖/156

　　二十二、秦叔宝/157

　　二十三、尉迟恭/157

　　二十四、薛仁贵/158

二十五、郭子仪 / 158

二十六、李愬 / 159

二十七、狄青 / 159

二十八、岳飞 / 160

二十九、韩世忠 / 161

三十、刘基 / 161

三十一、徐达 / 161

三十二、于谦 / 162

三十三、戚继光 / 162

三十四、袁崇焕 / 163

三十五、郑成功 / 163

三十六、李秀成 / 164

第七章　史志辑略

第一节　中国历代史事要录 / 165

一、传说时期 / 165

二、中国古代第一个朝代——夏王朝（约前21世纪～约前16世纪） / 167

三、始见文字记载之历史时期——商王朝（约前16世纪～约前11世纪） / 168

四、封建制度之开创时代——西周王朝（约前11世纪～前771年） / 169

五、诸侯争霸之春秋时期（前770年～前476年）/ 171

六、各国混战不休之战国时期（前475年～前221年）/ 176

七、中国第一个封建统一国家——秦朝（前221年～前206年）/ 190

八、西汉王朝（前202年～8年）/ 197

九、"新"莽王朝（8年～23年）/ 210

十、东汉王朝（25年～220年）/ 212

十一、三国时期（220年~280年）/220

　　十二、西晋王朝（265年~316年）/224

　　十三、十六国政权（304年~439年）/226

　　十四、东晋王朝（317年~420年）/233

　　十五、南北朝时期（420年~589年）/234

　　十六、隋朝（581年~618年）/241

　　十七、唐朝（618年~907年）/245

　　十八、五代十国（907年~979年）/257

　　十九、辽朝（916年~1125年）/262

　　二十、宋朝（960年~1279年）/264

　　二十一、西夏（1038年~1227年）/275

　　二十二、金朝（1115年~1234年）/276

　　二十三、元朝（1271年~1368年）/278

　　二十四、明朝（1368年~1644年）/280

　　二十五、清朝（1644年~1911年）/289

第二节　中国古代史学史/311

　　一、先秦时期/311

　　二、秦汉至唐初时期/311

　　三、中唐至乾嘉时期/312

第八章　舆地广记

　　一、传统地理学之形成和发展/315

　　二、历代政区概览/319

　　三、疆域沿革/324

　　四、名山大川/331

　　五、丝绸之路/364

　　六、园林胜景/367

　　七、地理要籍与古地图/371

第六章　武备韬略

第一节　军事思想与谋略兵法

军事思想作为独立的社会意识形态出现，始于奴隶社会时期，产生了"攻"、"守"、"战术"、"统率"等军事概念。人们初步认识到军队的多寡、武器的数量和质量，对于战争胜负具有重要作用。"强胜弱"、"众胜寡"成为一般的作战原则。但当时宗教迷信观念占据重要地位，加之战争规模较小，作战形式单纯，这时的军事思想自然比较简单。

随着社会的发展，一些奴隶制国家在战争中衰亡的事实，使人们认识到战争胜负不仅取决于物质力量的强弱，而且同政治因素，战争的性质，力量的运用及其强弱转化，有着密切关系。

中国夏王朝时，人们产生了以靠天命观指导战争为中心内容的军事思想。作战方式是集团列阵正面冲杀。到商代以后，作战逐渐以车兵为主。对军队指挥，要求行动统一，严厉管理。人们初步认识到审势而动，量力而行，众可以胜寡，强可以胜弱。通过《左传》、《孙子兵法》等书的一些片断引文，得知西周时期曾有过《军志》、《军政》等军事著作。

春秋战国时期，涌现了许多军事家和兵书著作。世界上最早的系统而全面的军事理论著作《孙子兵法》，标志着封建社会时代军事思想的成熟，它揭示了一系列指导战争的规律，并奠定了中国军事思想的基础。吴起所著的《吴子》，已经论及战争发生的根源，并把战争分成几种类型，赋予定义，提出对付各类战争的方略。孙膑所著《孙膑兵法》里，更要求用战争手段解决社会混乱局面，并且特别强调"贵势"和以奇制胜这些作战思想。

随着秦、汉、两晋、隋、唐、宋、元等王朝的统治和更迭，军事思想进一步得到丰富和提高。出现过统一疆域的战争、农民起义、民族起义、争夺中央统治权等类型的战争。由于兵种和兵器装备有了较大的变化，作战指挥必须加强步、骑、水军等的配合作战，使得战略战术运用和指挥艺术都得到高度发展。因此，通过战争实践，也造就了许多著名的军事家和将领，出现了许多总结军事斗争经验的兵书。其中许多战略战术，诸如收揽民心、分化对方、争取同盟、孤立敌方、主动出击、快速机动、远程奔袭、正面冲击，翼侧迂回等作战行动的胜利成果已在作战实践中得到印证。政治斗争与军事斗争的结合，谋略与决策，以及作战指挥艺术，都达到了相当高的水平。

宋曾公亮等编纂《武经总要》，总结古今兵法和本朝方略，并颁布《孙子兵法》、《吴子》、《司马法》、《六韬》、《尉缭子》、《三略》和《李卫公问对》为《武经七书》，官定为武学教材。陈规在《守城录》中，记录了军队开始使用火器和改进城防工事进行防御作战的方法，主张"守中有攻"，对城市防御战法有所创新。中国北方游牧民族蒙古族，建立了兵牧合一的制度，充分发挥骑兵优势，其远距离的战略迂回和步、骑、水军联合多路进军，实施大集团军队的战略进攻，也都发展和丰富了古代的军事思想。

从明朝至清朝后期，由于火器的改进和从外国引进部分先进兵器，出现了独立的水师、炮兵、工兵及其他技术兵种，加以作战对象发生了变化，因而在建军和作战指挥等方面都发生相应的变化。明代抗倭将领戚继光在其《纪效新书》和《练兵实纪》兵书里，根据沿海复杂的地形条件和倭寇火器装备的特点，制定了以12人为单位的"鸳鸯阵"，把它作为战斗队形的基础。孙承宗主编的《车营扣答合编》，反映了在大量火器装备部队后，编制和战法的改革。茅元仪编纂的《武备志》，则试图从军事理论、建军作战、兵器制造使用、天象地理、江河海防诸方面，提出实行军事改革的依据，以求振兴明王朝的武备。清王朝建立以前，努尔哈赤集中优势兵力，充分发挥其步骑协同作战的长处，对明军的多路进攻实行各个击破，反映了军事指挥上的新思想。但乾隆以后，统治者崇尚"骑射为满洲之根本"，长期实行闭关锁国政策，兵器落后，军备废弛，军事思想停滞不前。

鸦片战争后，随着列强对华侵略的逐步加剧，中国古代军事思想受到西方资产阶级军事思想越来越大的挑战，发生了此消彼长或互相融合的历史性演变，导致了中国近代军事思想的产生和形成。以林则徐、魏源为代表的一些有识之士，首先放眼世界，看到了西方列强的"唯利是图"、"唯威是畏"的本性，主张严修武备，"以甲兵止甲兵"，坚决抵抗外来侵略。同时，他们也看到西方列强的"船坚炮利"，承认中国在军事技术方面的落后，提出了"师夷长技以制夷"的著名战略思想，"以守为战"的战略防御思想，以及"器良、技熟、胆壮、心齐"的建军思想，标志着中国近代军事思想发展的方向。

曾国藩、胡林翼、左宗棠、李鸿章等湘、淮军统帅，出身儒生，熟悉历代兵家韬略，并善于从实战中总结经验教训，形成了一套比较完整的作战指导思想。他们对战争持稳慎态度，主张"谨慎为先"、"稳慎为主"。在战略上，强调"慎静缓图"，谋定后动，稳扎稳打，不求速效。

第二次鸦片战争结束后，出现了一场以学习西方"长技"为主要内容的"自强"运动。洋务派本着"自强以练兵为要，练兵又以制器为先"的方针，首先兴办近代军事工业，仿造西式武器装备，这就为新的军事思想产生提供了物质基础。他们还在"练兵与制器相为表里"方针指导下，着手整顿军队。随着西式武器的陆续装备部队和军制的初步改革，在作战样式和战法方面已引起了不少变化。例如，步骑、步炮协同作战已被普遍采用；独立的海战以及陆海军协同的抗登陆作战也已出现；阵地战、运动战水平有所提高；战斗队形开始由密集向疏散发展，并出现了攻守结合的"地营"等。所有这些，是与作战指导思想的变化分不开的。

由于受到清廷"中学为体，西学为用"总的指导思想的束缚，尽管在仿制西式武器装备方面取得了较大的进展，但建军思想仍未能脱出湘军营制的窠臼。军队的管理教育，仍然以封建纲常与宗法思想为基本内容，带有浓厚的封建色彩。这是军事思想落后方面的反映。

中国在1894年中日甲午战争中的惨败，在军事思想领域引起了巨大的反响,得出了"仿用西法创练新兵为今日当务之急"的明确结论,决定全面改革军制,编练新军。张之洞在南京编练"自强军"。此次编练的新军,设有步、炮、马、工程各队,一律装备新式火器,并改用德国操典练兵。这是军事思想上放弃湘军营制、改用西法的重大转变。

1900年抗击八国联军入侵战争的失败,清廷颁谕实行"新政"。其重要内容之一就是进一步改革军制;设立练兵处,正式制定新军制,计划在全国限期编练新军36镇(师),加快了编练新军的步伐。此次普练新军,改以日本陆军编制为蓝本,平时以镇为单位,下辖步兵二协(旅)、马队、炮队各一标(团),工程、辎重各一营。这种编制的采用,标志着清代军制正式步入新的轨道。

一、先秦时期

1. 用天命观动员征伐

奴隶主对外族发动掠夺战争,或用武力镇压本族奴隶的反抗,都是以征讨"违天命者"、"吊民伐罪"、"敬天保民"相号召,并用占卜手段,假借神的旨意和严刑厚赏驱使士卒作战。《尚书·夏书·甘誓》记载夏后启伐有扈时的宣言:"有扈氏威侮五行,怠弃三正,天用剿绝其命,今予惟恭行天之罚。左不攻于左,汝不恭命;右不攻于右,汝不恭命;御其马之正,汝不恭命。用命赏于祖。弗用命戮于社,予则孥戮汝"。成汤誓师伐夏桀时也说:"有夏多罪,天命殛之","夏氏有罪,予畏上帝,不敢不正","尔尚辅予一人,致天之罚,予其大赉汝","尔不从誓言,予则孥戮汝,罔有攸赦"。

2. 《握奇经》

《握奇经》,或名握机经、幄机经,中国古代关于八阵布列的兵书。相传其经文为黄帝臣风后撰,吕望加以引申,汉武帝丞相公孙弘作解,晋武帝时西平太守马隆述赞。

《握奇经》以天地风云四阵为正,龙虎鸟蛇四阵为奇,四正四奇总为八阵。大将居阵中掌握机动兵力(即所谓"余奇"之兵),称为"握奇"。布阵时,先由游军于阵前两端警戒;布阵毕,游军撤至阵后待命。作战时,四正与四奇之兵与敌交锋,游军从阵后出击配合八阵作战,大将居中指挥,并以"余奇"之兵策应重要作战方向。由于经文简略,关于四正四奇的方位,在布阵和作战时的作用,两者变换演化关系,后人解释不尽一致。

据说,黄帝衍握奇之法外,设五旗(军中所建具五方之色)、五麾(牙旗)、五毒(即纛,军中大旗)而制其阵。熊、罴、貔、貅以为前行,雕、鹖、雁、鹫以为左右。又命岐伯作镯、鼓、角、灵鞞(骑上鼓)、神钲(即铜锣)以扬德而建武。

3.《六韬》

《六韬》,又称《太公六韬》,在宋代被列为《武经七书》之一。《隋书·经籍志》注云"周文王师姜望撰"。《六韬》,包括《文韬》、《武韬》、《龙韬》、《虎韬》、《豹韬》、《犬韬》六个部分,共计60篇。所谓"韬",与"弢"字相通,原指"弓套",含有深藏不露之意,引申为谋略。"六韬"就是指论述战争问题的六种韬略。

(一) 战略思想

在《文韬》和《武韬》里,重点讨论了战略问题,强调战争和军事是关系到国家盛衰兴亡的大事,必须服从于夺取天下、安定天下的战略目标。同时,军事目的的实现又必须以政治、经济、外交等问题的解决为前提和必要条件。《六韬》认为"天下非一人之天下,乃天下之天下",唯有道者才可君临天下,施政唯有"爱民而已"。并认为用兵目的在于"除民之害",战胜而使"百姓欢悦"。《六韬》又指出,战略的最高境界在于不战而屈人之兵,即"全胜不斗,大兵无创","善胜敌者,胜于无形,上战,无与战"。为了实现全胜的战略目的,必须以强大的政治、经济实力为后盾,必须实现国富兵强,同时争取人心,以道义号召天下。

(二) 战争谋略

《六韬》极端强调谋略和策略的重要作用,认为"不知攻战之策,不可以语敌;不能分移,不可以语奇;不通治乱,不可以语变。"作战的态势要依据敌人的行动而决定,战术的变化产生于敌我双方临阵对垒的具体情况,奇正的运用来源于将帅无穷的智慧和谋虑。在作战指导上,《六韬》强调:"凡兵之道,莫过乎一"。即必须做到集中兵力,统一部署,统一行动,统一指挥。同时又强调必须根据战争形势的变化,灵活机动地用兵:"凡用兵之法,三军之众,必有分合之变"。将统一性和灵活性有机地结合起来。

为了取得战争的胜利,将领要熟知敌情、友情、我情,"密察敌人之机而速乘其利,复疾击其不意"。一旦战机到来,指挥官的决心必须坚定、果敢,不可有丝毫的犹豫和迟疑。同时还必须保证作战行动的突然性,要做到"疾雷不及掩耳,迅电不及瞑目",兵贵神速,速战速决。将领在运用谋略时要力求做到神秘莫测。为此,首先必须确保作战意图和作战行动的隐密性,重视保密工作。其次,必须实施巧妙的战略伪装,欺骗和迷惑敌人。要先示弱于敌,以助长敌人的恃强心理和骄狂气焰,使其走向反面。书中说:"夫先胜者,先见弱于敌,而后战者也,故事半而功倍焉。"

（三）战术运用

对于不同的作战(如奇袭、围城、突围、遭遇)、不同的敌人(如强敌、弱敌、众敌)、不同的地形(如深草蓊蘙、深谷险阻、隘塞山林、清明无隐之地),都要根据具体情况部署相应的阵势和采取不同的战法。例如:进行防御战时,强调"以戒为固,以怠为败"的原则,设置严密的警戒,事先规定好口令暗号,随时作好战斗准备,这样才能使敌人无隙可乘;进行伏击战时,"必于死地"设伏,充分运用佯动、示形、诱敌等手段,使敌人就我范围,然后予以歼灭;在攻打敌方城邑时,一要加强警戒,扼守交通要道,切断敌军外援。二要"为之置遗缺之道",也就是采用"围师必阙"的方法,诱敌出城突围,乘机予以全歼。三要围城打援,孤立城中守军,并在运动中阻击和消灭敌方援兵。在使用兵力上,主张"必有分合之变";围城攻邑则要集结三军。在作战形式上,作者力主引兵深入敌境的进攻战。

书中还论述了车兵、骑兵、步兵的不同特点、作用以及三者之间作战能力的对比,强调在战斗中发挥各兵种协同作战的优势。指出:"车者,军之羽翼也,所以陷坚阵,要强敌,遮走北也。骑者,军之伺候也,所以踵败军,绝粮道,击便寇也"。"步贵知变动,车贵知地形,骑贵知别径奇道"。诸兵种协同作战,互相配合,扬长避短,相得益彰,才能确保战斗的胜利。

此外,书中对战场上侦知敌情、观敌料阵的方法也作了介绍。作者认为,"胜负之征,精神先见。"通过对敌军士气、阵势、军纪的侦察和了解,可以判断敌人的强弱胜败。这些方法包括:用宫、商、角、征、羽五音配合土、金、木、火、水五行来观察和判断敌情;通过观望敌城上方的云气来判断敌城是否可屠、克、降、拔以及可攻、不可攻;通过"登高下望"、"望其垒"、"望其士卒"来判断敌情的变化、敌营的虚实和敌军的动向,等等。

(四)军队建设

在军队建设上,首先是选择将帅要慎重,"得贤将者,兵强国昌;不得贤将者,兵弱国亡"。为将帅者的素质要求很高,"将必上知天道,下知地理,中知人事",具备勇、智、仁、信、忠等德行。将帅治军统兵必须恩威并重、令行禁止,同时要"与士卒共寒暑劳苦饥饱"。只有这样,才能使全军上下同心一德,众志成城,为国效命。

其次,要求执行严格的战场纪律,"无燔人积聚,无坏人宫室,冢树社丛勿伐,降者勿杀,得而勿戮"。在训练方面,主张从单兵训练开始,一人教成十人,十人教成百人,乃至百而千,千而万,万而合成三军之众进行大操练、大演习。只有这样,才能"成其大兵,立威于天下"。

此外,作者在《王翼》篇中还集中论述了军队指挥机构的构成情况。作为统领全军的将帅,最重要的是通晓和了解各方面情况,而不必专精某项专业知识和技能。为此,必须建立一个体系完备、职能齐全的参谋辅助机构,以网罗各方面人才,为将帅指挥战争服务。文中对这一机构的成员、名称、职责和人数作了详尽的介绍和说明,这在我国古代兵书中是很罕见的。

4.《孙子兵法》

《孙子兵法》,又称《吴孙子兵法》、《孙子》,中国古代最著名的军事著作,列为《武经七书》之首。它不但奠定了我国古代军事理论的基础,被誉为"兵经"、"百代谈兵之祖",而且在世界军事史上也占有突出的地位。

《孙子兵法》共分为十三篇,即计篇、作战篇、谋攻篇、形篇、势篇、虚实篇、军争篇、九变篇、行军篇、地形篇、九地篇、火攻篇和用间篇。内容涉及到战争规律、哲理、谋略、政治、经济、外交、天文、地理以及气象等多方面,对古典军事理论的各个方面几乎都有所论述。从大的门类看,它包括军事思想、武装力量建设、军事学术、军事地理等门类的知识。从具体学科看,它包括军事哲学、建军指导思想、作战指导思想、战略学、战术学、军事预测学、军事情报学、军事心理学、军事人才学、军事运筹学、军事训练学、军事管理学、战争动员学、军事后勤学、军事地形学等学科的知识。

(一) 慎用兵

《孙子兵法》它以研究战争的普遍规律为目的,深刻论述了战争的致胜因素,分析战争胜败的经验教训,强调"庙算"(军事决策)的重要性以及战争与政治、经济、外交、天文、地理等各种因素的关系,指出将帅指导战争、组织战争和发动战争要审时度势,谨慎从事,决不可轻率用兵。所以它开宗明义地指出:"兵者,国之大事,死生之地,存亡之道,不可不察也。"并且说:"亡国不可以复存,死者不可以复生。故明君慎之,良将警之。"又说:"无恃其不来,恃吾有以待也;无恃其不攻,恃吾有所不可攻也。"主张对敌对国家可能的进攻,必须做好准备,也就是对战争要有有备无患的思想。

(二) 决定战争胜败的首要因素是政治

《孙子兵法》着重论述了决定战争胜败的基本因素,提出要对战争"经之以五事,校之以计,而索其情:一曰道,二曰天,三曰地,四曰将,五曰法,……凡此五者,将莫不闻,知之者胜,不知者不胜"。它又提出:"主孰有道?将孰有能?天地孰得?法令孰行?兵众孰强?士卒孰练?赏罚孰明?吾以此知胜负矣。"它把"道"放在"五事"、"七计"的首位,指出:"道者,令民与上同意也。故可以与之死,可以与之生,而不畏危。"又说:"修道而保法,故能为胜败之政。""道",指政治。把政治作为决定战争胜败的首要因素,这是《孙子兵法》的重要贡献。

(三) 重视军队建设

《孙子兵法》的治军思想,强调将帅在治理军队、统驭部属时必须做到"令之以文,齐之以武",恩威并重,信赏必罚,刚柔相济,这样就可以训练出一支必胜的军队。"文",就是怀柔和重赏,使士卒亲附;"武",就是强迫和严刑,使士卒畏服。它提出"视卒如爱子",是要使他们去拼死作战。对俘虏提出"卒善而养之",是为了战胜敌人,壮大自己。

《孙子兵法》很重视和强调将帅的地位和作用,认为将是"国之辅也"。把具备"智、信、仁、勇、严"五个条件的将,看作是决定战争胜败的"五事"之一,把"将孰有能"列入"七计"之中。它对将帅要求有"知彼知己"、"知天知地"的广博知识和卓越的才能；有"知诸侯之谋"的政治头脑；有能"示形"、"任势"的指挥艺术；有"进不求名，退不避罪"的责任心；要有勇有谋，能"料敌制胜"、"通于九变"；善于用间、"因粮于敌"等等。

（四）不战而屈人之兵

《孙子兵法》强调以谋略战胜敌人，强调斗智不斗力。指出指导战争的最高境界在于"不战而屈人之兵"，即不用流血作战的手段而使敌人屈从我的意志，其中包括采取政治斗争、外交斗争、经济斗争等综合手段。强调"必以全胜争于天下"，力求以最小的损失获取最大的战果。

（五）知彼知己者，百战不殆

《孙子兵法》强调"知彼知己者，百战不殆"，揭示了正确指导战争的规律。为了了解彼己双方的情况，正确地指导战争，提出："知胜有五：知可以战与不可以战者胜；识众寡之用者胜；上下同欲者胜；以虞待不虞者胜；将能而君不御者胜。此五者，知胜之道也。"又说："知吾卒之可以击，而不知敌之不可击，胜之半也；知敌之可击，而不知吾卒之不可以击，胜之半也；知敌之可击，知吾卒之可以击，而不知地形之不可以战，胜之半也。"也就是必须实事求是，"知天知地，胜乃可全"，摸清一切情况，才能下定作战决心，才能自觉掌握战争规律。否则，单凭主观臆断、意气用事、贸然兴兵，必然导致失败。

（六）作战方针

《孙子兵法》主张进攻、速胜，强调"兵贵胜，不贵久"。为了达到进攻速胜的目的，要充分准备，"先胜而后求战"。就是说先有胜利的把握，才同敌人交战。要"并力、料敌、取人"，"避实而击虚"，集中兵力，打敌要害而又虚弱之处。进攻要突然，"攻其无备，出其不意"。行动要迅速，"兵之情主速，乘人之不及"。态势要有利，"善战者，其势险，其节短"。

（七）作战形式

《孙子兵法》主张在野外机动作战，把攻城看作下策。要在野外机动作战中消灭敌人，就要善于调动敌人。它说："善动敌者，形之，敌必从之；予之，敌必取之。以利动之，以卒待之。"对于固守高垒深沟的敌人，则采取"攻其所必救"的战法，调动敌人出来消灭它。

（八）作战指导原则

①致人而不致于人

《孙子兵法》主张用兵必须因势利导、因敌制胜，发挥战争中人的主观能动性，诱使敌人走向失败。强调必须在战略和战术上争取主动、抢占先机，尽可能做到"致人而不致于人"，即我方能调动和驾驭敌军行动，而敌军对我无可奈何。失去了主动权，就难免败亡的命运。为达此目的，要"先为不可胜，以待敌之可胜"，就是先要消除自己的弱点，不给敌人以可乘之隙，以寻求消灭敌人的机会。而在待机中，就要"以治待乱，以静待哗，……以逸待劳，以饱待饥"。它还强调"我专而敌分"，就是要设法使自己兵力集中而迫使敌人兵力分散，这样就能够造成"以十攻其一"、"以众击寡"的有利态势。

②"示形"惑敌

《孙子兵法》提出了"示形"惑敌办法，即"能而示之不能，用而示之不用，近而示之远，远而示之近"；或示弱"卑而骄之"，或扰敌"怒而挠之"，或疲敌"逸而劳之"，或间敌"亲而离之"。以此扰乱敌将的心境，挫伤敌军的气势，造成敌人的过失，使敌人弱点暴露，陷于被动。自己则始终保持主动，造成"转圆石于千仞之山"那样一种锐不可当的态势，使自己的进攻，能所向无敌，所谓"兵之所加，如以碬投卵"。

③奇正之变，不可胜穷

《孙子兵法》强调"兵因敌而制胜"，根据敌情来决定取胜的方针，正确地使用兵力和灵活地变换战术。指出："凡战者，以正合，以奇胜"。认为作战通常是用"正"兵当敌，用"奇"兵取胜。而"奇正之变"又是"不可胜穷"的。对不同的敌人，有不同的打法：对贪利的敌人，则"利而诱之"；对易骄的敌人，则卑词示弱，使它麻痹松懈。敌对双方兵力对比不同，作战方法也有所不同："守则不足，攻则有余"，即兵力劣势，采取防御；兵力优势，采取进攻。而优势的程度不同，打法也不一样，"十则围之，五则攻之，倍则分之"。

④战胜不复，而应形于无穷

用兵作战要巧设计谋，"为不可测"，这样就可"巧能成事"。因而要求"易其事,革其谋,使人无识;易其居,迂其途,使人不得虑"。每次取胜的方法都不重复,即所谓"战胜不复,而应形于无穷","践墨随敌,以决战事"。例如,对不同的战地(所谓"九地")要采取不同的行动方针;对不同的地形(所谓"六形")要采取不同的作战措施。对特殊情况,则要求作特殊的机断处置:"途有所不由,军有所不击,城有所不攻,地有所不争,君命有所不受。"它把作战方式因敌情而变化,比作水形因地形而变化,所谓"兵无常势,水无常形。能因敌变化而取胜者,谓之神"。

5.《吴子》

《吴子》,《武经七书》之一。传为战国初期吴起所著。

《吴子》是在封建制度确立后,战争和军事思想有了显著发展的历史条件下产生的。这时,军队成分的改变,铁兵器和弩的广泛使用以及骑兵的出现,引起了作战方式的明显变化。

(一)内修文德,外治武备

《吴子》主张"内修文德,外治武备",把政治和军事紧密结合起来,所谓"文德",就是"道、义、礼、仁",并以此治理军队和民众。认为"民安其田宅,亲其有司","百姓皆是吾君而非邻国,则战已胜矣",强调军队、国家要和睦。所谓"武备",就是"安国家之道,先戒为宝",必须"简募良材,以备不虞"。它把战争区分为义兵、强兵、刚兵、暴兵、逆兵等不同性质,主张对战争要采取慎重的态度,反对穷兵黩武。

(二)以治为胜

《吴子》主张兵不在多,"以治为胜"。治,就是建设一支训练有素的军队:"居则有礼,动则有威,进不可当,退不可追,前却有节,左右应麾,虽绝成陈,虽散成行,……投之所往,天下莫当。"要求选募良材、重用勇士和志在杀敌立功的人,作为军队的骨干,并"加其爵列"、"厚其父母妻子";对士卒的使用要因人而异,使"短者持矛戟,长者持弓弩,强者持旌旗,勇者持金鼓,弱者给厮养,智者为谋主",以发挥各自的特长;按照同乡同里编组,同什同伍互相联保,以对部众严加控制;采取"一人学战,教成十人;十人学战,教成百人……万人学战,教成三军"的教战方法,严格训练;明法审令,使"进有重赏,退有重刑,行之以信",做到令行禁止,严不可犯；将领必须与士卒同甘苦，共安危，奖励有功者，勉励无功者，抚恤和慰问牺牲将士的家属，以恩结士心，使其"乐战"、"乐死"；要"任贤使能"，选拔文武兼备、刚柔并用、能"率下安众、怖敌决疑"的人为将。

（三）料敌用兵，因情击敌

《吴子》强调料敌用兵，因情击敌。针对齐、秦、楚、燕、韩、赵六国的政治、地理、民情、军队、阵势等不同特点，提出了不同的作战方针和战法。例如：对齐作战，"必三分之，猎其左右，胁而从之"；对秦作战，先示之以利，待其士卒失去控制时，再"乘乖猎散，设伏投机"；与楚作战，则"袭乱其屯，先夺其气，轻进速退，疲而劳之，勿与争战"；同燕作战，则"触而迫之，陵而远之，驰而后之"和"谨我车骑必避之路"；与韩、赵作战时，则"阻阵而压之，众来则拒之，去则追之，以倦其师"。

（四）审敌虚实而趋其危

《吴子》还强调"审敌虚实而趋其危"。指出有八种情况，不需再卜问吉凶，即可向敌进击，在十三种情况下要"急击勿疑"，旨在乘隙蹈瑕，不失战机；又列举了不需占卜即可决定不与敌作战的六种情况，要"避之勿疑"。并进一步指出"用兵之害，犹豫最大；三军之灾，生于狐疑"。它还注重"应变"，提出击强、击众、谷战、水战、围城等具体战法。它最早对养马和骑战做了专门的论述。

《吴子》继承和发展了《孙子兵法》的有关思想，在历史上曾与《孙子》齐名，并称为"孙吴兵法"，因而为历代兵家所重视。

6.《司马法》

《司马法》，《武经七书》之一。据《史记·司马穰苴列传》载，"齐威王使大夫追论古者《司马兵法》，而附穰苴于其中，号曰《司马穰苴兵法》。"据此，其编纂成书时间约在战国中期。司马穰苴即田穰苴，因其任大司马，故名。齐相晏婴认为他"文能附众，武能威敌"，推荐于齐景公任将军。他治军严整，执法不阿，精于兵法，以战胜晋、燕，名于后世。

（一）六德

《司马法》所述经国治军思想的核心是：礼、仁、信、义、勇、智"六德"，强调"以仁为本"，"以礼为固"。它指出治军与治国不同："居国惠以信，在军广以武"，"居国和，在军法"。要求"军容（容，仪制）不入国，国容不入军"，治军应做到"力同而意和"，达到军队内部的团结和战斗中的互相配合。对将帅的条件提出较高要求，指出将帅"虑多成，则人服"。应当冷静沉着，"见敌，静；见乱，暇；见危难，勿忘其众"。要以道义教育部众，使之"悦其心、效其力"，在军队内部要消除隐患和不稳定因素。进入敌国作战要严守军纪，争取对方军民悦服。还列举了在战斗不利和畏怯情况下，鼓舞士气与转变局势的具体做法。

（二）五虑

它在作战方面主张要先行"五虑（谋画）"，创造取胜条件。指出要掌握有利时机（"顺天"）、充分的物资准备（"阜财"）、良好的士气（"怿众"）、有利地形（"利地"）和精良武器（"右兵"）。在作战上既要周密思考，制定正确方案，又要注意权变，因地、因敌设阵，要力争处于优势和主动的地位而陷敌于被动。在用兵上，对兵力寡众、弱强、钝锐，对军队行动的快捷、慢稳和浅进、深入等等，用了轻重的概念，指出轻重是相对的，即"相为轻重"，要"筹以轻重"。它强调掌握敌军情况，提到敌远则用间，敌近要观察，了解其变化，打击薄弱之处。提出乘敌犹疑、仓卒、受挫、畏惧以及谋划未定等情况下进行袭击的原则。还叙述了征师程序、出军礼仪以及夏、商、周三代关于戎车、兵器、旗鼓、徽章、赏罚、警戒等方面的变化和发展。

《司马法》在阐明军事原则时，注意从众寡、轻重、治乱、进退、难易、固危、强静与微静、小惧与大惧等各种关系中分析问题；用相为轻重的观点去判断敌对双方变化。它还指出军事原则知易行难，重视战争实践。

7.《孙膑兵法》

《孙膑兵法》，古称《齐孙子》，为战国中期孙膑及其弟子所著。

（一）战争观

《孙膑兵法》明确主张慎战思想，反对穷兵黩武、好战喜功。但同时，又指出战争并不能完全回避，战争作为解决政治问题的一种手段，既不可滥用，又不可不用。"战胜而强立，故天下服矣"，否则就会"削地而危社稷"。它用历史经验说明，奢谈仁义礼乐不能"禁争挩（夺）"，只能"举兵绳之"，用战争解决问题。因此作战时要做到"事备而后动"，必须"得众"、"取众"。这是符合当时七强并立，全国渐趋统一的客观要求的。

（二）军队建设

《孙膑兵法》认为，只有"富国"才是"强兵之急者也"。关于强兵，它重视训练、法制和将帅条件。提出"兵之胜在于篡（选）卒，其勇在于制"，即士兵要严格挑选，严格训练，有良好的组织编制，做到赏罚严明，"素听"、"素信"，令行禁止，才有战斗力。将帅不但要具备德、信、忠、敬等质量，还要善于掌握"破强敌，取猛将"的用兵之道："阵"（布阵之法）、"势"（有利态势）、"变"（战法变化）、"权"（争取主动）。并重视人的作用，认为"间于天地之间，莫贵于人"。

（三）战略战术思想

《孙膑兵法》在战略上强调"必攻不守"的积极进攻战略，提出了掌握战争主动权的"造势"思想。强调要"知道（取胜之道）"，所谓"知道"，就是"上知天之道，下知地之理，内得其民之心，外知敌之情，阵则知八阵之经。"强调创造有利的作战态势，即所谓"孙膑贵势"（《吕氏春秋·不二》）。

《孙膑兵法》认为在战术上"胜不可一"，强调灵活运用战法：对于"众且武"的强敌，取胜之法是"埤垒广志，严正辑众，避而骄之，引而劳之，攻其无备，出其不意，必以为久"；对于势均力敌、顽抗坚守之敌，则"营而离之，我并卒而击之"；对于凭坚固守之敌，则"攻其所必救，使离其固，以揆其虑，施伏设援，击其移庶"；对于将勇兵强，又有众多兵力之敌，则应"告之不敢，示之不能，坐拙而待之，以骄其意，以惰其志，使敌弗识，因击其不□，攻其不御，压其骀，攻其疑"；对于软弱之敌，则"噪而恐之，振而捅之，出则击之，不出则回之"，等等。

《孙膑兵法》在战术的运用方面，特别强调阵、势、变、权这四个环节。他用剑比喻阵，必须像练剑一样经常练阵法。剑有刃与柄，阵要有锋（前锋）有后（后备兵力），才能充分发挥效能；用弓弩来比喻势，要求造成险峻的态势，出其不意地猛烈打击敌人；用舟车比喻变，认为指挥作战要像舟能行水、车能行陆一样，善于适应客观情况，随机应变；用长具器来比喻权,要求掌握军队和战场的主动权。只有掌握好四个关键的战术环节,才能"破强敌,取猛将。"

《孙膑兵法》是先秦时期一部杰出的军事典籍,但其中也夹杂了一些迷信思想,反映出时代的局限。另外它的体裁稍显零乱,往往采用问对、叙事等不同形式。内容上主要谈兵略,但也杂有形势、阴阳诸家之言。

8.《尉缭子》

《尉缭子》,《武经七书》之一。《隋书·经籍志》注称《尉缭子》作者为尉缭,梁惠王时人,有疑为秦王政时尉缭所作,也有疑为后人伪托,成书似在战国中期。

《尉缭子》围绕"刑德可以百胜"之说,广泛论述用兵取胜之道。天官、兵谈、制谈、武议、治本等篇,着重论述战争与政治、经济的关系等;战威、攻权、守权、战权等篇,主要论述攻守权谋和战法;将理、十二陵、重刑令、伍制令、分塞令、兵教、兵令等篇,着重论述治军原则、要求及各种军事律令。

《尉缭子》强调农战,富国强兵。认为"土广而任则国富,民众而治(制)则国治",这样才能"威制天下"。它强调人事,专篇论述靠天官(天象)、阴阳、求鬼神等,"不若人事",不如"求己",注意人在战争中的作用。在文武的关系上,提出"兵者,以武为植(支干),文为种(根基);武为表,文为里"的卓越见解,含有军事从属于政治、是政治的表现的意思。

《尉缭子》注重谋略和战前准备,讲究"廊庙"决策,主张"权敌审将而后举兵","先料敌而后动"。在攻守上,讲奇正,重变通,注意争取主动。在进攻中,主张先发制人,出其不意;并论述了前锋、后续部队与大军的任务区分和行动配合。防守时,要守不失险,鼓舞士气,守军与援军要"中外相应(内外配合)","守必出之(必要的出击)"。

《尉缭子》在治军上主张"制必先定",赏罚严明,强调三点:其一,将帅要爱威并施,执法公允,并要以身作则,暑不张盖,寒不重衣,临战忘身;其二,把教练作为必胜之道,论述了训练的目的、方法、步骤,提出分级教练及大部队合练的要求;其三,"号令明,法制审(缜密)",使军令、军制完备,赏罚有据。其所拟制的一系列律令,内容最为丰富、具体、突出。

其中有战斗编组、队形、指挥信号,平时和战时奖惩,士卒官将上下联保、营区划分、宿营、戒严、通行以及旗色、着装、徽章等规定。这些都留存了中国早期的战斗、内务、纪律等方面法规性的一些具体内容,为其他先秦兵书所少见,对研究中国军制史有重大价值。

二、秦汉时期的《三略》

《三略》,《武经七书》之一。亦称《黄石公记》、《黄石公三略》。所谓《三略》,意为上、中、下三卷韬略,相传其源出于太公姜尚,经黄石公推演以授张良,故旧题黄石公撰。约为秦汉时无名氏作品。

该书是一部从政治与军事关系上论述战胜攻取的兵书。"上略设礼赏,别奸雄,著成败。中略差德行,审权变。下略陈道德,察安危,明贼贤之咎。"在政治上,它强调以"道"、"德"、"仁"、"义"、"礼"治国,要求明君得人心,选贤才,"赏禄有功,通志于众"。在军事上,它认为从事战争要从保民的目的出发,"扶天下之危","除天下之忧","救天下之祸","以义除不义"。它还认为:"将者,国之命也。"要求将帅"必与士卒同滋味而共安危","以身先人",重赏勇士,严明号令,确保机密,等等。值得重视的是,它对将帅、士兵和民众的各自作用作了中肯的论述,指出,"统军持势者,将也;制胜破敌者,众也","庶民者,国之本","以弱胜强者,民也"。

三、三国时期的《将苑》

《将苑》、又称《诸葛亮将苑》、《武侯将苑》、《心书》、《武侯心书》、《新书》、《武侯新书》等,它与《便宜十六策》均传为诸葛亮所撰。

《将苑》以为将之道为核心,展开论述,内容涉及择将之道、为将之道、用兵之道、取胜之道等多个方面。

《将苑》的《将材》、《将器》、《后应》三篇,主要论述了将的类型。在《将材》篇中,根据将帅的不同特点,概括了九种类型的将才,它们分别是:仁将、义将、礼将、智将、信将、步将、骑将、猛将、大将。在《将器》篇中,则根据将帅能力和作用大小的不同,把将帅分为六种:十夫之将、百夫之将、千夫之将、万夫之将、十万人之将、天下之将。在《后应》篇中,则又根据将帅在具体作战中所采取的方法把他们分为三类:一是智将,能料敌先机,轻取胜利;二是能将,能在与敌人的短兵相接中战胜敌人;三是下将,在未卜胜负的情况下带兵蛮干。

《将苑》中《兵权》、《将志》、《将善》、《将刚》、《将骄吝》、《将强》、《将诫》、《善将》、《将情》诸篇,着重论述了为将之道,主要包括为将者应该具备的素质、需要注意的事项以及必须克服的弊病。如《兵权》篇论述了掌握兵权对于将帅的重要性;《将志》篇论述了为将之人必须一心一意、以身报国;《将刚》篇论述了为将者必须处理好刚柔间的关系;《将骄吝》篇劝告为将者切不可骄傲、吝啬;《将诫》篇详细论述了将帅在引兵打仗时必须注意的种种事项,等等。而在该书的《将弊》篇中,则着重论述了为将者必须避免的八种弊病:一是贪得无厌,二是嫉贤妒能,三是听信馋佞,四是无自知之明,五是犹豫不决,六是沉缅酒色,七是奸诈怯懦,八是巧言无礼。

在《将苑》的《习练》、《腹心》、《择材》、《战道》、《察情》、《整师》、《励士》、《便利》、《地势》等篇中则具体介绍了将帅们应该采取的带兵和用兵之道。如《习练》篇中强调了训练士兵对于获取战争胜利的重要性;《择材》篇指出应把军队中的士兵根据他们的不同特长分为报国之士、突阵之士、搴旗之士、争锋之士、飞驰之士、摧锋之士六类;《战道》篇具体介绍了在丛林中作战、在山谷中作战、在水中作战、在夜间作战的种种方法;《察情》篇具体介绍了考察敌情的方法;《便利》篇则介绍了在不同地形地势下应该采取的作战规则,等等。

此外,《将苑》篇还涉及到一些与择将、用兵有关的其他方面的内容,如《知人性》篇介绍了七种观察人的好坏的办法;《出师》篇论述了国家面临危难时国君应该采取的态度和措施;《假权》篇则重申了"将之出,君命有所不受"的规则;至于该书的最后四篇《东夷》、《南蛮》、《西戎》、《北狄》则具体介绍了对付这四类民族的策略。

四、两晋隋唐宋元时期

1.《李卫公问对》

《李卫公问对》,即《唐太宗李卫公问对》,《武经七书》之一。以唐太宗李世民与卫国公李靖讨论兵法的形式而辑成。北宋陈师道、何薳披露乃当时人阮逸伪托,元马端临则认为是宋神宗时所校正。

《李卫公问对》从"奇正"、"虚实"、"主客"、"攻守"等几个方面生发议论，着重探讨争取作战主动权问题，认为兵法"千章万句，不出乎'致人而不致于人'而已"。同时，对阵法布列、古代军制、兵学源流以及教阅与实战的关系等，都能在一定程度上廓清异说，提出独到的见解。

如何争取战场主动地位，《李卫公问对》认为：首先，它指出奇正原是指正兵变为奇兵，即古代五军阵（东、南、西、北、中五军）中位于"阵地"的正兵，向位于"闲地"实施机动变为奇兵。这也就是五阵变为八阵，指出了奇正是兵力的灵活使用和战法的随机应变。奇正的运用，将帅必须根据敌情和地形，"临时制变"。"善用兵者，无不正，无不奇，使敌莫测。故正亦胜，奇亦胜"。其次，它把奇正与"虚实"、"示形"、"分合"等结合起来阐述，探求它们之间的关系。它要求以正兵对敌之实，以奇兵击敌之虚；利用"示形"，制造假像，荫蔽奇正之变；兵力分散时以集中为奇，兵力集中时以分散为奇。这样便可达到"使敌势常虚，我势常实"的目的，争取作战的主动。

《李卫公问对》对攻防关系，认为将帅可以根据战场情况使敌人"变主为客"，使自己"变客为主"。反对"攻不知守，守不知攻"的片面指导，认为"攻是守之机"（进攻是防御的转机），"守是攻之策"（防御为准备进攻的筹策），两者都是为了争取作战的胜利。它还强调进攻时，不仅要"攻其城，击其阵"，还要攻敌之心，瓦解其士气；防御时，不仅要"完其壁，坚其阵"，还要保持自己军队旺盛的士气。

《李卫公问对》对李靖所创的"六花阵"（亦称七军阵），指出："六花阵"乃是以中军居中、六军居外的一种圆阵。在阵体结构上，如同诸葛亮的八阵法一样，大阵包小阵，大营包小营，各阵各营之间相互衔接。在战场使用时，便于集中步兵形成整体和指挥骑兵实施机动，"伺隙捣虚"。

2.《太白阴经》

《太白阴经》，全名《神机制敌太白阴经》。唐代宗时河东节度使都虞候李筌撰。

《太白阴经》强调战争胜败决定于人谋而不靠阴阳鬼神；士兵之勇怯取决于刑赏；战争的胜利取决于君主的"仁义"以及国家的富强。在论述将帅用兵时，指出要考虑从政治上制胜敌人，团结内部，预有谋划，选拔各种人材，要利用地形，创造主动有利的态势。对军仪典礼、各类攻防战具、驻防行军等各项准备事宜、战阵队形、公文程序和人马医护、物象观测等，也分别作了具体论述。杜佑《通典·兵典》取该书内容颇多，亦为后世兵家所重。

3.《虎钤经》

《虎钤经》，北宋吴郡（今江苏吴县）人许洞撰，凡20卷，210篇，共论210个问题。《四库全书·虎钤经提要》认为"大都汇辑前人之说而参以己意"。

《虎钤经》以上言人谋，中言地利，下言天时为主旨，兼及风角占候、人马医护等内容。许洞认为天、地、人三者的关系应是"先以人，次以地，次以天"，重视人（主要是将帅）在战争中的作用。要求将帅应"观彼动静"而灵活用兵，做到"以虚含变应敌"。尽管天时有吉凶，地形有险易，战势有利害，如能吉中见凶、凶中见吉、易中见险、险中见易、利中见害、害中见利，就能用兵尽其变。他还认为，要取胜须"以粮储为本，谋略为器"。未战之前要"先谋"：欲谋用兵，先谋安民；欲谋攻敌，先谋通粮；欲谋疏陈，先谋地利；欲谋胜敌，先谋人和；欲谋守据，先谋储蓄；欲谋强兵，先谋赏罚等。既战之后，一要善于"夺恃"：夺气、夺隘、夺勇等；二要善于"袭虚"：以佯动、诱敌击其虚；三要"任势"：乘机击敌懈怠，设伏击敌不意，乘胜扩张战果等。还强调"逆用古法"，"利在变通之机"。《虎钤经》在体例上，分类编排，按类阐述，汇集的与军事有关的天文、历法、记时及识别方位等知识，有许多为过去兵书所少有。此外，还汇集了不少阵法，并自创飞鹗、长虹等阵。

4.《武经总要》

《武经总要》，宋曾公亮等编纂。《武经总要·仁宗皇帝御制序》谓："凡军旅之政，讨伐之事，经籍所载，史册所记，祖尚仁义，次以钤略，至若本朝戡乱边防御侮计谋方略，咸用概举。"并颁布《孙子兵法》、《吴子》、《司马法》、《六韬》、《尉缭子》、《三略》和《李卫公问对》为《武经七书》，官定为武学教材。

该书前集20卷，分制度15卷，边防5卷。前者重在论述选将料兵、教育训练、部队编成、行军宿营、古今阵法、通信侦察、军事地形、步骑应用、城邑攻防、水战火攻、武器装备等用兵作战的基本理论、制度和常识。后者介绍了边防各路州方位四至、地理沿革、山川河流、道路关隘、军事要点等。后集20卷中，故事15卷，"依仿兵法"，分类介绍历代战例，比较用兵得失，"使人彰往察来"；后5卷为阴阳占候等，是由司天监杨惟德奉命参考旧说撰成，附之于篇，其中有迷信之谈。

《武经总要》重新强调《孙子》等古代兵书中用兵"贵知变"，"不以冥冥决事"，军事上的因革要以适用为原则等思想。同时，强调了人在战争中的作用及知人善任的思想，主张"兵家用人，贵随其长短用之"，并称"所使人各当其分"是"军之善政"。该书还重视军队的训练，认为"用兵欲其便，用器欲其利，将校欲其精，士卒欲其教。盖士有未战而震慑者，马有未驰而疲汗者，非人怯马弱，不习之过也"。

《武经总要》广辑军事数据，较为完整地记述了北宋前期的军事制度；注重战术和技术的结合，介绍兵器、火器、战船等军用器具，并且在营阵、器械等部分大量附图；军事理论和战例故事结合，既言法而又言事与人。这些对于中国军事学术史和兵器技术史的研究，有较高的参考价值。

5.《何博士备论》

《何博士备论》，中国古代第一部军事人物评论集，北宋武学博士何去非撰。

《何博士备论》对战国至五代的兴废成败和22个军事人物的用兵得失进行了评述，旨在寻求历史借鉴。它认为，不能笼统地肯定或否定战争，重要的是要看是否合乎"德"，合乎"顺逆之情"、"利害之势"。它强调，要赢得战争的胜利必须有"智"（正确的谋略）并对"智"在战胜中的作用，作了多方面的论证。认清主要敌人，以战国时六国之亡，"自战其所可亲，而忘其所可仇"为鉴；攻防的主次方向要分明，以晋灭吴所以胜、刘濞之所以败为例证；主张灵活用兵，"不以法为守，而以法为用"，因而推崇韩信、曹操"出奇应变"，多谋善断。为了以智胜敌，该书主张君王应用"谋夫策士"组成自己的智囊，还要君将和谐，赋予将领机断指挥之权，权不中御，因而才能"武事可立，而战功可收"。

6.《守城录》

《守城录》是宋代城邑防御的专著。南宋初陈规、汤璹撰。全书由陈规的《靖康朝野佥言后序》、《守城机要》和汤璹的《建炎德安守御录》三部分组成，原各自成帙，后合为一书。

该书着重阐述了守城战法的改革，提出"善守城者"不能只守无攻，而要"守中有攻"，要注意沟通城内外道路，便利随时乘隙出击。它主张收缩易受炮击的四方城角，拆除马面墙（城门两侧城墙上的突出部分）上的附楼，另"筑高厚墙"等。由原来的一城一壕代之以"重城重壕"的新城防体系，以增强城邑防御能力。并具体阐述了炮在守城中新的使用方法，即由配置城头变为暗设城里，由城上观察目标，纠正射向和弹着点。此书还记载了陈规于绍兴二年（1132）研制成长竹竿火枪20余支及其在守城作战中发挥的作用。这种火枪是最早的管形火器，在科技史上具有重要意义。

7.《百战奇法》

《百战奇法》以论述作战原则和作战方法为主旨的古代军事理论专著，是中国古代分条论述战法的兵书。约成书于北宋末。明崇祯本《韬略世法》称该书为南宋末谢枋得编辑，原作者已不可考。清雍正后被更名为《百战奇略》，题明刘基撰，实系清人伪托。

《百战奇略》共分十卷，每卷十战，合为百战。着重论述了古代战争的作战原则和方法。指出"用兵之道，以计为首"，了解和分析敌我的实际情况，是制定用兵方略的前提。只有在"计料已审"之后出兵，才能无往而不胜。

《百战奇略》的军事思想可大致概括为如下几个方面：

（一）关于战争问题的论述

该书认为战争性质有顺与逆、直与曲之分，主张要为正义而战，正义之战必胜。

对战争胜负的因素，既强调人的因素在战争中的决定作用，又重视粮食、武器等物质因素，认为为将者必须同时举此二者方可取胜。

在对待战争的态度上，书中既反对穷兵黩武，又主张常备不懈。既论述了慎战的必要性和好战的危害性，认为兵器是杀人的工具，战争是违背德治和人们意愿的事情，不得已时才可征战。又主张居安思危，常备不懈，阐述了加强战备的必要性和忽视战备的危险性。

（二）关于治军问题的论述

主张通过平时训练培养提高部队的军事素质。提出平时和战时都要重视对士卒进行思想教育。认为对士卒既要关心爱护，又要从严要求，只有这样才能提高部队战斗力，克敌制胜。强调将帅以身作则的表率作用，尤其在危难中的表现对全军军心士气的影响力。

（三）关于具体战法的论述

主张充分利用有利地形、气候等自然条件对敌作战。认为这是实现"以寡敌众，以弱胜强"的重要因素。因此，主张"若有形势便利之处，宜争先据之"；山战"须居高阜"，谷战"必依附山谷"，水战"须居上风、上流"，泽战则应坚守"环龟"（即四周低中间高之地）。并且，在不同地形、气候条件下作战，要采取不同的作战手段和战法：在丘陵山地对敌骑兵作战，要使用步兵；在平原旷野对敌步兵作战，要使用骑兵和战车；在干旱天候对营于草莽山林之敌，可采取火攻；而在风雪天气作战，则要乘敌不备，"潜兵击之"，等等。

强调因变制敌，"凡兵家之法，要在应变。"要灵活用兵，不同敌情采取不同作战方式：有胜利把握时，要采取进攻作战，无胜利把握时，则应采取防御作战；我众敌寡时，要分兵多路进击敌人，敌众我寡时，"当合军以击之"；对初来阵势未定之敌，要"先以兵急击之"，对阵严锋锐之敌，则"候其阵久气衰起而击之"；对人多粮少、外无救援的守城之敌，要缓攻，而对人少粮多、外有强援的守敌，则应速取，等等。

针对敌方的具体情况，运用不同手段制造假像，佯动误敌。如轻骑挑之，诱敌入伏；围师必阙，虚留生路；捣敌巢穴，攻其必救；实而备之，强而避之；利而诱之，乱而取之；卑而骄之，亲而离之等等。

五、明清时期

1.《三十六计》

《三十六计》一书，迄今尚无准确的考证，可以断定其产生的年代。"三十六计"一语，始见于《南齐书·王敬则传》，"檀公三十六策，走是上计。"后来，曾有刊本标注为明代佚名之作。

从军事谋略的角度来看，《三十六计》是一部以突出强调对战计谋为重点内容的系统之作。该书"总说"中讲："数中有术，术中有数"，"数"是针对客观现象而言，而"术"则是主要反映主观方面作用，两者相辅相成。而"三十六"恰恰比较娴熟地把握了这种丰富而深刻的辩证关系，将之提升到较为系统化，具有较高自觉程度的层次上，灵活多变地把矛盾对立因素的相互转换规律有机的运用在计谋的筹划运作过程中，继而揭示了"机"在临战决断中至关重要的作用，这个命题的核心便成为贯穿整部《三十六计》的最高原则，也体现了对战谋略的精髓所在。

《三十六计》的具体内容有：

胜战计：瞒天过海、围魏救赵、借刀杀人、以逸待劳、趁火打劫、声东击西。

敌战计：无中生有、暗渡陈仓、隔岸观火、笑里藏刀、李代桃僵、顺手牵羊。

攻战计：打草惊蛇、借尸还魂、调虎离山、欲擒故纵、抛砖引玉、擒贼擒王。

混战计：釜底抽薪、混水摸鱼、金蝉脱壳、关门捉贼、远交近攻、假途伐虢。

并战计：偷梁换柱、指桑骂槐、假痴不癫、上屋抽梯、树上开花、反客为主。

败战计：美人计、空城计、反间计、苦肉计、连环计、走为上。

2.《火龙神器阵法》

《火龙神器阵法》明代关于火药、火器技术的专著，在军事技术史上有其重要地位。作者题平苗大将军爵东宁伯焦玉。

《火龙神器阵法》详细记述了火药配制，火器种类、性能及其使用方法，反映了明代军事技术的发展概况。书中提出，配制火药时要注意药性的特点和作战的需要，以便"知药性之宜"，"得火攻之妙"。该书记载了40多种新式火器的文图，根据性能可分为燃烧性、爆炸性和管形射击三类。燃烧性火器中，根据不同配方，又分为烧夷、发烟、毒剂等类；形式也从简单的火禽、火兽、火球发展为筒、炮等类，增大了效率。其中毒龙喷火神筒、九矢钻心神毒火雷炮等，掺入发烟、起雾剂和毒药，不仅可以烧敌设施，而且可以施放烟幕、制造障碍或喷撒毒剂，以迷盲、毒伤和惊扰敌人。爆炸性火器，则有多种炸弹、水雷，可分别布设于水陆要道，采用拉发、绊发、触发等方法，爆炸伤敌。其中地煞神机炮，以生铁铸造，装药五升，选坚木堵塞，用竹通节引药信，埋于敌必经之地，敌至炮发。管形射击火器，有火枪、火炮。有的火炮可旋转发射，扩大了射界。此外，还有利用火药反推力推进的火箭数种。这些火器，在当时世界上都处于先进地位。

该书还论述了使用火器的一般原则、阵法。一要考虑气象因素，做到"上顺天时"，以风为势；二要注意地形地物，做到"下因地利"，以便于发扬火力；三要各类火器配合，做到"用之相宜"、"随机应变"。

3.《纪效新书》

《纪效新书》，明戚继光在抗倭战争中写成，是以军事训练为主的兵书。作者说："夫曰'纪效'，明非口耳空言；曰'新书'，所以明其出于法而不泥于法，合时措之宜也。"阐明以实战经验为主，汲取前人兵法写成。

《纪效新书》分总序和正文两部分。总序由两件"公移"和《纪效或问》组成。作者在"公移"中，反复陈述结合东南沿海情况及针对敌情进行练兵的重大意义和势在必行的道理。《纪效或问》则历述练兵所急与可办者，提出了明确的要求，以统一将士思想，使之"信于众，而后教练可施"。

正文18卷记述的问题有：选兵和编伍；技术战术训练；军事纪律和比较武艺；行军作战及旗帜信号；守城和墩堠报警；兵船束伍、水寨习操、战艇器用和水上战斗等。

戚继光注重选兵，认为从"乡野老实之人"中选募兵员，才能把军队建设好。他根据敌情、地形、武器装备的实情，锐意改革军事训练。注重气质，讲究"气性活泼"；注重实用，平时所学与"临阵的一般"，"不能徒支虚架，以图人前美观"；注重奇正多变，攻守结合，创制著名的鸳鸯阵等；注重各种火器及冷兵器在战场上的作用，改进了多种兵器，并训练铳手、炮手、狼筅手、弓弩手等在统一指挥下互相配合行动。

4.《筹海图编》

《筹海图编》是明代筹划沿海防务的专著，明郑若曾编着。

该书中有地图114幅，图文结合。凡沿海地理形势，明代海防部署，海防方略，海战器具，中日历来的交往，倭寇劫掠沿海的历史，倭寇入侵的时间和路径、武器装备，战略战术以及平倭之功绩等，均有叙述。书中注重记叙地理形势，认为"不审形势，不可以施经略"，详细描述了自广西至辽东的沿海阨塞形胜，或当巡哨之海域，或为设防之要地，一目了然。其《沿海山沙图》是迄今所见中国最早而又详备的沿海地图和海防图。《筹海图编》详辑御敌之策，论列"共为异同"，以备抉择。它针对当时军备废弛提出了选兵、择将、加强训练的主张。主张练乡兵，寓兵于农。提出了海陆策应、攻守兼施的沿海防御方略。其基本思想是御近海、固海岸、严城守的多层防御。认为海防"必宜防之于海"，"哨贼于远洋"，"击贼于近洋"；同时提出沿海各府"协谋会捕"，击敌于将至。要在海岸要害处设防，进行堵截，击敌于将登。严守要害之城，坚壁清野，击敌于疲困，歼敌于城下，并详列了守城的具体方法。

5.《练兵实纪》

《练兵实纪》是明代以军事训练为主的著名兵书，戚继光著。全书可分为练卒和练将两大部分。正集一至四卷为练伍法、胆气、耳目和手足，侧重单兵训练；五至八卷的场操、行营、野营、战约和杂集中的《军器解》、《车步骑营阵解》则为营阵训练。通过训练达到"联异为同，聚少成多，合寡为众"，"万人一心，万身一力"，以取得"防身杀贼立功"的实效。该书反映了在当时的作战对象和火器大量使用的情况下编制装备的改进，车、步、骑、辎各营配备较多火器。同时，反映了练兵方法的革新，训练步兵、骑兵、车兵及铳手、炮手等配合作战，以发挥各种武器的威力。

书中指出："练兵之要，在先练将。"正集第九卷《练将》及杂集中《储练通论》、《将官到任宝鉴》和《登坛口授》等卷，系统阐述了将官的品德修养、战术和技术修养，以及养兵、练兵、用兵必须遵循的原则和方法。还主张兴办"武庠"（军事学校）训练将官，并放到"实境"中锻炼，以培养深谙韬钤的良将。

6.《阵纪》

《阵纪》是明代关于选练与作战的兵书，何良臣撰。该书分募选、束伍、教练、致用、赏罚、节制、奇正、众寡、率然、技用、阵宜、战令、战机、摧陷、因势、车战、骑战、步战、水战、火战、夜战、山林泽谷之战、风雨雪雾之战等共23类。认为练兵要"五教"（教目耳足手心），练胆练艺相辅相成，练就武艺精、胆气壮、进退熟、变号识、心同气一的有节制之师。还主张选组"秘技队"、"胆气队"、"敢死队"等，以为"不时之使"。对作战，强调掌握"战机"，主张待机而动，因势利导，灵活用兵。要诡秘自己行动，不予敌以可乘之隙；要发挥自己的气势，或击其先动，或乘其衅生，击敌于未固之前，断敌必返之路；敌长则截之，敌乱则惑之，敌薄则击之，敌疑则慑之，敌恃则夺之，敌疏则袭之；我退使敌不知我之所守，我进使敌不知我之所攻。此外，对兵器使用、阵法布列、兵力运用以及各种地形、气候条件下的作战方法都有所论述。

7.《武备志》

《武备志》是明代大型军事类书，明茅元仪辑。由兵诀评、战略考、阵练制、军资乘、占度载五部分组成。

兵诀评18卷，收录了《武经七书》，并选录《太白阴经》、《虎钤经》的部分内容，加以评点。认为"先秦之言兵者六家，前孙子者，孙子不遗，后孙子者，不能遗孙子"，学兵诀不可不读《孙子》。

战略考33卷，选录了从春秋到元各代有参考价值的战例。所选注重奇略，"足益人意志"。其所录内容，在紧要之处均有所评点。

阵练制41卷，分阵和练两部分。阵，载西周至明代各种阵法，配以319幅阵图，以诸葛亮的八阵、李靖的六花阵、戚继光的鸳鸯阵为详。阵有说记，有辩证。练，详记选士练卒之法，包括选士、编伍、悬令赏罚、教旗、教艺五方面内容，选自唐、宋、明有关兵书中的律令，尤以《纪效新书》、《练兵实纪》为重。

军资乘55卷，分营、战、攻、守、水、火、饷、马八类，下设65项细目，内容十分广泛，涉及到行军设营、作战布阵、旌旗号令、审时料敌、攻守城池、配制火药、造用火器、河海运输、战船军马、屯田开矿、粮饷供应、人马医护等事项，颇为详备。

占度载93卷，分占和度两部分。占，载日、月、星、云、风、雨、雷、电、五行、云物、太乙、奇门、六壬等占验,其中虽有人们对天文气象的某些粗浅认识,但多不经之谈。度,载兵要地志,分方舆、镇戍、海防、江防、四夷、航海六类,图文并举地叙述了地理形势、关塞险要、海陆敌情、卫所部署、督抚监司、将领兵额、兵源财赋等等内容。指出,兵家谈地理或无方舆之概、户口兵马之数,或缺关塞险要,"非所以言武备也,故我志武备,经之以度"。

《武备志》设类详备,收辑甚全,是一部类似军事百科性的重要兵书。其中存录很多十分珍贵的资料,如《郑和航海图》、杂家阵图阵法和某些兵器,为他书罕载。故该书在军事史上占有较高地位,为后世所推重。

8.《车营扣答合编》

《车营扣答合编》是明代关于火器和车、骑、步编组成营配合作战的兵书。又称《车阵扣答合编》或《车营百八扣答说合编》。由《车营百八扣》、《车营百八答》、《车营百八说》和《车营图制》汇编而成。明末孙承撰,但《车营百八答》则多出自赞画鹿善继、副总兵官茅元仪等人之手。

该书通过问、答、说,对车营及车营作战中的108个问题作了详细的回答和解说,涉及车营编组方法、阵法布列、行军作战、后勤保障等内容,重点是论述车营的战法。书中所论车营,系指拥有火器的战车、步、骑和辎重合编而成的新型营阵,具有较强的火力和较好的火炮运动性能。它是在戚继光所创车营的基础上发展起来的。其编制方法以四车为一乘,四乘为一衡,二衡为一冲,四冲为一营,每营6000余人,车128辆,骑步合营配各种炮352门。布阵时,战车在前,步、骑兵和"权勇"(骑营选勇800为中权,直属主将,名其兵曰权勇)依次排列于后。火器配置,步兵则鸟枪、佛郎机在前,三眼铳、火箭在后;骑兵也配有三眼铳和火炮。

书中在车营的作战指导原则上,强调发挥火器的作用和各兵种的互相配合。即所谓"用车在用火(火器),其用火在用迭阵",使车、步、骑之间交相更迭,各显其长,保证火力的发扬。在作战方法上,强调灵活机动。方、圆、曲、直、锐等队形变换,要"随地制形",因敌制宜;马、步、矢、炮等兵力兵器,因情调用,使之"俱得其宜";同时,还要求不泥古,不拘常,做到"相机而行"。

9.《读史方舆纪要》

《读史方舆纪要》是清初历史地理、军事地理名著。全书有舆地要览图36幅,沿革表35份。明末清初历史地理学家顾祖禹辑著。

《读史方舆纪要》综记"山川险易,古今用兵战守攻取之宜,兴亡成败得失之迹",具有浓厚的历史军事地理学特色,其核心在于阐明地理形势在军事上的战略价值。它首先指出,战守攻取应以分析地理形势为基础,无论"起事"之地,或"立本"之地,都须"审天下之大势"而后定,否则,不免于败亡。如"立本"之要在于择都,拱卫首都乃是军事建设的重心。

有关历代州域形势部分,《读史方舆纪要》综述了明以前各代州郡位置、形势,及其与用兵进退之策和成败的关系。

各省方舆部分,按明末清初的政区分述十五省的府、州、县形势与沿革、区划,以及各处历代所发生的重要战争。这两部分形成历代地理形势、沿革、区划与战史浑然一体的独特风格,构成全书的主体。

舆图要览部分,实为明代最完备的兵要图籍,由概况说明、图、表组成。概况说明,总论天下大势,分论各省形势、山川险易、物产户口、边腹要地设防、兵员粮饷等情况;地图,除一省一图外,另有总图、京师图、九边图说、河海漕运图等;表,列有府州县、山川险要,卫、所、关城的沿革、方位、区划、财赋、丁差、民情。书中在论及地理形势的战略价值时,注意到"设险以得人为本",不能只凭地利决定胜败。要求明白"险易无常处"之理,灵活运用地利。

该书为兵家所重,被誉为"千古绝作"、"古今之高抬贵手、治平之药石",是研究中国军事史、历史地理的重要文献。

10.《八阵图合变说》

《八阵图合变说》是明代一部专论八卦阵的阵法学专著,龙正撰。

该书是龙正根据当年诸葛亮在四川奉节鱼腹所摆八阵图遗址的八阵图推演而成,藉以教练士卒。书中附图9幅,即八阵总图、天覆阵图、地载阵图、龙飞阵图、虎翼阵图、风扬阵图、云垂阵图、鸟翔阵图、蛇蟠阵图。

全文分五大部分:第一部分为总序,交待《八阵图合变说》一书的编撰动机及背景。第二部分写八阵图合变说。介绍排列八阵图的几个基本单位：伍、队、阵、部、将、军各自的人数，总阵图的排列，各单位所站方位、相互之间的距离。第三部分是写八阵号令，需要统一的号令，因而大旗一挥，一声号令，各阵的举止行进皆受其节制，止于该止，动于当动。号令常用号笛、哱啰、鼓、金等军乐响器，每种军乐响器各代表一定的节度，交替使用，整个阵形随之变化，神出鬼没。第四部分是图文结合，具体解说天覆、地载、风扬、云垂、龙飞、虎翼、鸟翔、蛇蟠八种阵势的排列变化。八阵图可以无穷地组合变化，八阵可以合为一阵，以六十四阵作八阵变化，推而广之，大阵套小阵，统一号令，随机应变。第五部分是总括全文，讲八阵图的历史沿革、诸葛亮八阵图的遗址、历代兵家对八阵图的见解，及对诸葛亮八阵图的看法。

11.《曾胡治兵语录》

《曾胡治兵语录》是蔡锷就任云南新军协统时，受镇统钟麟同委托，编"精神讲话"，遂摘取曾国藩、胡林翼的论兵言论，分类编辑成此书。在每章后加评语，以阐发编者的军事思想，目的在于厉兵秣马，驱逐列强。

该书分将材、用人、尚志、诚实、勇毅、严明、公明、仁爱、勤劳、和辑、兵机、战守等十二章，系统地反映了曾国藩、胡林翼的军事思想。前十章围绕置将、整军、训练等，论述治军中的种种问题；后二章则专门论述战略战术中的一些重要问题。

从《将材》看，曾、胡治将，首重选将。主张选将要慎重，为将要智勇兼备，能耐劳苦，严明号令；要求将领除了具备基本的军事才能外，还必须"才堪治民"，可谓文武并重、德才兼求。而在众多要求中，又最重道德质量，即心须"有良心，有血性"。

从《用人》一章看，曾、胡对中下级军官虽重选拔，但更重培养。他们一再强调，用人不可求全责备，而要善于用其所长，并在实践中对之进行培养和熏陶。

《尚志》、《诚实》、《勇毅》三章，都是讲军人的修养和素质。认为做人要有远大志向，做军人也要立志高远、淡泊名利。胡林翼说："方今天下之乱，不在强敌而在人心。"本着这样的认识，曾、胡指出，指出治理军队应该先治人心，军人要做到诚实质朴，这不只是个人修养问题，而是直接影响到战争胜负的关键性问题。在论述勇毅时,曾、胡虽然也很注重不怕死的精神,但并不赞赏匹夫之勇,而是提倡一种具有浩然之气的"大勇"。

《严明》、《公明》、《仁爱》、《勤劳》、《和辑》等五章,都是讲练兵、带兵的方略和原则。曾、胡认为,赏罚严明、军纪整肃是克敌制胜的保证,必须使军队做到"号令未出,不准勇者独进;号令既出,不准怯者独止"。又说,将帅身居高位,掌握军中生杀大权,做事应出以公心;应以仁爱之心带兵,使士兵有军营为第二家庭的感觉。行军打仗,经常会遇到一些常人难以忍受的痛苦,军人只有时刻勤于训练,才能克服这些困难。当几支部队联合行动时,必须号令统一,团结协作。

《兵机》、《战守》两章为战略战术问题,讲究持重稳慎。主张"简练慎出",无充分准备不轻言战。以"战挟全力,稳扎猛打"为特点,以全军、破敌为上,得土地、城池次之。以后发制人为主,又注意抢占险要以求先制;重视以主待客持久待变,提出"以静制动,以逸待劳"。战法重奇正,认为"有正无奇,遇险而复;有奇无正,势极即阻。"故注重"拊其背、冲其腰、抄其尾。"同时,备策应,防抄袭。防守强调掌握重点,认为"必有所舍,乃能有所全",故选择紧要必争之地,厚集兵力,不处处设防。进攻重机宜,必审敌情、地势,"以整攻散,以锐蹈瑕","临阵分枝,不嫌其散,先期合力,必求其厚"。行止重谨慎,每住必深沟高垒,坚不可拔;戒贪小功而误大局,强调"悬军深入而无后继是用兵大忌"。

第二节　历代军制

军事制度,即组织、管理、发展和储备军事力量的制度。中国历史悠久、疆土辽阔、民族众多、战事频繁,军制(古代亦称兵制)已有4000多年连续不断的发展历史,内容丰富、形式独特。

一、兵役制度

1. 夏、商、西周时期

夏、商、西周时期,军事组织与社会组织统一,平时进行生产,战时武装作战,形成"兵农合一",这是当时军事制度的共同点。《左传·哀公元年》载,有虞氏分给少康"有田一成,有众一旅"。可见"众"既是农田耕作者,又是兵役人员。以"众"充当兵役来守卫国家、兴师征战的制度为商代所因循。

在奴隶制国家,奴隶不能服兵役,服兵役的只有自由民。西周的兵役制度是"乡遂"兵役制,亦称"国野"兵役制,即"王国百里为郊。乡在郊内,遂在郊外,六乡谓之郊,六遂谓之野"(《玉海·周兵制》)。也就是国都近郊为乡,郊外之野为遂,各设有六乡和六遂,六乡出兵役,六遂出军赋和劳役。乡是国人即自由民居住的地方,遂是野人即奴隶居住的地方,因此也称为"国野"。国人服兵役、野人不服兵役的制度,在西周曾得到严格的执行。只有在大规模战争中急需兵源补充时,才偶尔征发野人从军,但主要是作为徒兵使用。

2. 春秋战国时期

到春秋时期仍普遍实行国人当兵的制度,但是,随着社会生产的发展,使国野之间的经济界限逐渐打破,由于战争需要扩大兵源,征调野人当兵就成为普遍的趋势。到了战国时,野人已经普遍服兵役。

3. 秦汉魏晋南北朝时期

在秦汉魏晋南北朝时期,兵役制度发生了变化,曾形成过多种兵役形式并存或交替使用的局面。当时的兵役制主要有:郡县征兵制、谪罪兵役制、招募兵役制、世袭兵役制、发奴为兵制等。

郡县征兵制,即据郡县在籍男子均须服徭役的基础上而普遍征发丁役当兵的制度。如汉代规定男子在23岁到56岁之间,必须服兵役两年。前一年为材官、骑士、楼船,充当"正卒",即郡国的常备兵,在地方接受军事训练。经过训练的"正卒",要到京师或边境屯守戍卫一年,称为"卫士"或"戍卒",期满以后罢归乡里。魏晋以后,郡县兵役制不再作为主要的兵役制,但这种服役形式却被保留下来,并将服徭役者的年龄范围扩大到12岁至66岁之间。在军事需要的时候,也经常征发这些民丁充军。

谪罪兵役制即谪发刑徒和贱民充军的制度。秦代滥用民力,在兵源枯竭的情况下,迫使刑徒和奴产子充军入伍。西汉建立了"吏有罪一,亡命二,赘婿三,贾人四,故有市籍五,父母有市籍六,大父母有市籍七,凡七科"（《汉书·武帝纪》注引张晏语）的七科谪兵制，因为这些人在当时被认为是"贱民"，所以要迫令他们充军。魏晋以后，由于户口亡失过多，政府多次检括户口，查出隐户，"皆以补兵"（《晋书·毛琚传》）。

招募兵役制是以雇佣的形式来招收募集兵员的制度。这个时期实行募兵的原因，一是国家常备军需要训练有素、娴于战阵的精锐士卒，以保证其战斗力；二是由于兵源的减少和某种军事上的需要。招募的士卒一般均经过一定的考选，又是自愿前来，能较为稳定地长期在役，所以战斗力较强。招募兵的名目繁多，诸如奔命、伉健、应募士、勇敢士、壮士、弩手、马步、武力、斥候、快射手、屯田士等。

世袭兵役制亦称世兵制，是指子孙世代相袭为兵的制度。世兵制主要有两种类型。一种是强制世兵制，是指士兵全家被强迫从普通户籍中分离出来，脱离民籍，变为军籍，士兵本人终身当兵，其子子孙孙亦应世代为兵。这种世兵制是在东汉末年大战乱后，郡县征兵制遭到破坏，招募兵减少的情况下形成的，具体做法是，采取强制性的手段，把现役、招降和检括逃亡的军士编为军户，迫令其世代相袭，以保证基本兵源。这种世兵制盛行于魏晋，渐衰于南北朝。另一种是限制世兵制，十六国的一些少数民族政权和北魏前期，曾以本民族原有部落组编成军，将领士兵均世袭相代，而限制汉人在这些军队里当兵。

发奴为兵制即征发私家僮奴承当国家兵役的制度。这种兵役制与士族门阀政治有密切的联系，是当时的特殊现象。

除上述几种主要兵役形式以外，有些王朝还通过战争征服或掠夺的形式，强迫一些少数民族人民充军，或编为独立军伍，或分隶各营。少数民族政权也以同样的形式将降服的汉人编入军伍，强迫他们在前冲阵，充当"肉篱"（《宋书·柳元景传》）。

4. 隋唐五代宋时期

隋及唐初实行的是府兵制。作为府兵，或称军府，是在世兵制（世兵即世袭的职业兵）和郡县征发制的基础上发展起来的兵役制度和军事编组形式。府兵平时务农，农闲时接受军事训练，服役时自备兵器资粮，分番轮流宿卫京师，防守边境。战时由政府下令征集兵士，交大将统率出征；战争结束后，兵士回军府。而实际上，府兵制是难以持久维持的，均田制一旦被破坏，府兵制的基础也就不复存在。

在府兵制盛行的时候，还存在有其他的兵役形式。有唐一代可以说是世兵制、召募制、郡县征发制（初为府兵，后多强行征派）并存的时期。

晚唐五代时期，为了保证兵员，多采用在军士面上刺字的手段，士卒如果逃亡，由于面上的刺字易识，很快就会被抓回受到处置。五代军人骄奢蛮横，主要是士兵的成分发生了变化。如后周世宗显德二年（955），"诏诸道募山林亡命之徒有勇力者，送于阙下，仍目之为强人。帝以矫捷勇猛之士，多出于群盗中，故令所在招纳，有应命者，即贷其罪，以禁卫处之，至有朝行杀夺，暮升军籍，仇人遇之，不敢仰视"（《旧五代史·世宗纪》）。

宋的军队有禁兵、厢兵、蕃兵、乡兵的区别。禁兵是正规军，也称正兵，是招募而来的。厢兵是地方军兼杂役，开始是由各地方镇兵中的老弱和新设的杂役军卒合并组成，后来由禁兵中淘汰的老弱充当，还有一些罪犯被发配充军的，称为"配军"，也归入厢兵。蕃兵由西北沿边诸路羌族的壮丁所组成，有"熟户"和"生户"之分，"熟户"列入蕃兵编制，"生户"则不列入蕃兵编制。乡兵是非正规的地方武装，一般不脱离生产，也有少数是应募的；乡兵采取按户摊派的方式，每户丁壮，三丁抽一，五丁抽二。这样就构成召募、谪罪、郡县征发三制同时兼用的兵役形式。

5. 夏辽金元时期

夏、辽、金、元都是采取全族皆兵制，兵役不脱离生产。战时征召入伍，强壮者持兵战斗，幼弱者随军杂役。编组都是以部族为单位，形成军政合一的组织形式。如金代的猛安谋克制，三百户为一谋克，首领称百夫长，十谋克为一猛安，首领称千夫长，"诸部之民无它徭役，壮者皆兵，平居则听以佃渔射猎习为劳事，有警则下令部内，及遣使诣诸勃堇征兵，凡步骑之仗粮皆取备焉"（《金史·兵志》）。元初也是以万户、千户、百户为军事行政统一编组。这些编组的首领都是世袭，上马为将，下马为官，是与早期国家的军事需要相适应的。掌握全国政权以后，这种仅以本族为主体的兵役制就必然发生相应的改变。元代按不同职业，把全国居民分成若干户别，如军户、匠户、站户等，用于兵役的则是军户制度和奥鲁组织。军户主要分为蒙古、探马赤、汉、新附四大类,规定凡定为军户者,世代相袭,如没有复还为民户的命令,便永远不能更改,藉以保证有充足的兵源。

奥鲁,原义为老小营、营盘、家小。蒙古人出征,往往举家同迁,在距前线不远的地方安置家口和屯放辎重。奥鲁组织的作用是负责起发丁男出征,拘防在役军人逃亡和征发财物。蒙古、探马赤军户的奥鲁,隶于该军户所在万户、千户之下;汉军出征,在乡里也设奥鲁,实际上是为了防止军士逃亡和保障军队供给的组织。

6. 明朝和清朝前、中时期

明朝前期,各卫所的军士,少数驻防,多数屯田,农时耕种,农隙训练,战时出征。军士之家列为军户,世代服兵役。英宗正统年间,屯田制遭破坏,军士大量逃亡,改为主要实行募兵制。清朝时,凡16岁以上的八旗子弟,"人尽为兵",世代相袭。清末,编练新军,招募兵员,士兵在常备军中服现役3年后,转为续备军和后备军。

二、军事编制和管理制度

1. 夏、商、周时期

夏代的军队编制是以族为单位,按照部落联盟的构成,应以族为最小单位,依次是胞族、部落、部落联盟,夏代也应存在这种以血族团体为基础的编制,它既是生产组织又是军事组织。

商代出现了常备军,出现了血族团体和军事编组并存的编制形式。商代的军事编组采用的是十进制的编制,可考见的有行、大行、旅、师。师是最大的建制单位。

周灭商,把商朝的军队整编为八个师,史称"殷八师"或"成周八师"受国王节制,又把灭商的主力军队整编为六个师,驻守京师,以监视殷遗族,称为"西六师"。14个师统归周王指挥。另外尚有王的禁卫军"虎贲"。到西周晚期,由于军队的扩大和兵制的完善,建立了由伍、什、两、卒、旅、师、军等逐级组成的系统的军事编制体系。在兵员来源上,仍然实行"国人当兵,野人不当兵"、"兵农合一"的民兵制度,但服兵役又有了"正卒"与"羡卒"之分,即现役与预备役之分。

三代的兵种主要有步兵和车兵。步兵是最早出现的兵种,而车兵则是在战车普遍使用以后才出现的兵种。据考古发现，夏商周三代均有战车，是作战的主力。此外，以弓弩作为远兵器的"射"，逐渐成为既混编于步兵和卒兵之中，又具有独立编组的兵种。

2. 春秋战国时期

春秋战国时期，各国军队的编制也有了一定的发展。管仲组建齐国军队时，把社会组织作为军队编制的依据，使行政组织和军事组织结合起来，即所谓"制国五家为轨，轨为之长；十轨为里，里有司；四里为连，连为之长；十连为乡，乡有良人焉。以为军令，五家为轨，故五人为伍，轨长帅之；十轨为里，故五十人为小戎，里有司帅之；四里为连，故二百人为卒，连长帅之；十连为乡，故二千人为旅，乡良人帅之；五乡一帅，故万人为一军，五乡之帅帅之"（《国语·齐语》）。总体说来，基本上还是"寓兵于农"和"兵农合一"的编组形式。

以卒伍为基本军事编制单位，是春秋战国军队编制的共同点，同时，还有适合于作战的战斗编制，如"战车之制"。通常以一辆战车配备甲士10人，步卒20人，车上主力3人，执矛者居右，执弓者居左，御者居中，驷马驾车，余者为预备和护从。春秋战国时出现了许多新的兵种，如楚、吴、越等国有水军，在船上配备弓、戈、戟、剑、盾等不同武器装备的战士和专门的划船手。后来还发展起可以独立作战的骑兵以及专门攻坚的云梯兵和弹石兵，增加了兵种，扩大了作战范围。随着战争经验的丰富，继续得到发展完善。如秦国商鞅变法，以什伍为基本单位，实行连坐，"五人一屯长，百人一将，其战，百将、屯长不得，斩首；得三十三首以上，盈论，百将、屯长赐爵一级"（《商君书·境内》）。也就是说，以编伍配合军功，并且实行连坐赏罚，以发挥每个编组的最大战斗力。

春秋战国时期，各国都在不同程度上加强了对军队的行政建置和管理，在每一级编制内都设有军官主管军事行政事务，以实行层层控制。在战国时，军队的调动以君主行文命令为准，并必须根据调兵的凭信——兵符行事。兵符，亦称甲兵之符或虎符，其状为伏虎形，一分为二，以样相合，上有铭文，右半存君主处，左半颁发给将领。凡调动军队50人以上，必须有玉符会合将领左半符，并以文书指令为准。

为了加强对军队的管理,各国还相继建立了一整套军事刑罚制度。这套制度包括死刑、肉刑、财产刑、自由刑和流刑等刑罚等级。此外,还有一套名目繁多、规定严格的军事犯罪名目,形成特有的军法体系。

3. 秦汉魏晋南北朝时期

秦汉魏晋南北朝时期的军队规模庞大,为了统率和指挥上的方便,就必然要建立与之相适应的军队建制,完善管理体制,以适应大规模的战争的需要,使这支军队既能与专制主义的中央集权制度相适应,又能在战争中发挥出最大的战斗力。

(一)人员编制

秦代用于作战时的编制是:伍长统领伍,编员5人;屯长统领屯,编员50人;百将统领百,编员100人;五百主统领五百,编员500人;主将统领尉,编员1000人;将军统领偏裨,编员5000人;国尉统领国尉,编员10000人;大将统领军,编员40000人。

汉代用于作战时的编制是:卒长、伍长统领伍,编员5人;什长、火子统领什,编员10人;队将、队率、士吏统领队,编员50人;五百将、将统领官,编员100人;候、千人统领曲,编员200人;部司马统领部,编员400人;校尉、都尉统领校,编员800人;裨将(大校)统领裨,编员1600人;将军统领军,编员8000人。

汉代的军队编制对魏晋南北朝影响很大,编制名称历代各有所改,但什伍进位编员法始终未变。

(二)兵种的配置

秦汉的主要兵种有材官、骑士、轻车、楼船,兼有步、骑、车、水等兵种。在步兵中又有扶飞(快射手)、射士、彀者(弩手)、蹶张(攻坚兵)等小兵种,骑兵也有胡骑、越骑、羌骑之别,水军则有辑濯士(划船手)、楼船士(战斗兵)之分。

魏晋南北朝的战争频繁,诸兵种合成使用已经成为作战的手段,并且出现了专门的工兵。由于大规模的战争多在长江一带进行,这个时期的水军发展很快,舟船数量剧增;艨艟、楼船、飞云、盖海、青龙、赤龙等名号众多,大者可载千人,不仅用于内河流域,而且还游弋于辽阔的海域。

战争的发展和规模、形式的变化，使车兵退出战场，车辆转而用以转运军需辎重。战争地点的远近决定所需后勤辎重兵的数量。

秦汉曲以上的军官任免由丞相、御史二府共同拟定，东汉以后转归尚书拟定，魏晋时一度由中领军和中护军共同拟定，报请皇帝批准。曲以下的军官，校一级的统领就可任命。各军官免职，必须逐级向上汇报，核准以后才能生效。军官违反军令，上一级军官有权临时先将该官免职，另行指定他人代理，称之为"假"。

魏晋以后，中央军队分为中军和外军，中军为中央直辖的军队，外军为各都督分领的军队。从最初曹操自设武卫营开始，中军的规模不断扩大，至西晋时则形成以七军（左卫、右卫、前、后、左、右、骁骑）、七营（屯骑、步兵、越骑、长水、射声、翊军、积弩）、五率（东宫前、后、左、右、中卫率）和牙门军为主力，以中领军为中军主帅、中护军为中军副帅的中军系统。中军除担负宿卫皇宫、拱卫京师的任务外，还经常受派外出征战。

北魏初期实行部落兵制，进入中原后，按八个部落分置八个军府，为中军主力，还有一定数目的宿卫、扈从武士。北魏孝文帝改革，迁都洛阳，扩大了宿卫军规模，并且实行三长制，扩大了兵源，成为北魏的军事主力。

西魏、北周在原鲜卑部落制的基础上，建八柱国，设六军，每军设柱国大将军，统大将军、开府、仪同，领兵8000人，六军合计4.8万人，为中央禁军，此即所谓的府兵制度。

4. 隋唐五代宋时期

隋炀帝征伐高丽，前行分为24军，军设大将、亚将，统骑兵40队、步兵80队，每队100人。骑兵10队为团，步兵20队为团，设偏将统领。每军各配备辎重、散兵等4团，与步骑合计约2万人，24军约48万之众。后行是禁军，分内、外、前、后、左、右6军。

唐代初期的军队编制与隋相差不多，基层编制相对稳定，较大的编制则视兵员情况而定。其编制为：火长、火子统领火，编员10人；队正统领队，编员50人；旅帅统领旅，编员100人；校尉统领团，编员200人；都尉、子将、子总管统领府，编员400~1200人；将军、中郎将、总管统领军府、军营，编员800~9600人；大将、大将军、大总管统领军、卫，编员

2000~12000人。

唐代藩镇割据，各节度使自统牙兵，其编制大小视自己拥有军队的多少而定；至五代时，这些牙兵成为新建王朝的禁军，其编制也就逐渐有了明确的规定。五代禁军最高编制是司（如侍卫司、殿前司等），统领马、步两军。马步军各带有龙虎、金枪、护圣、奉国等番号。带有番号的军分为左右厢，由厢都指挥使（也称厢主）统领。厢下设若干军，由军都指挥使统领。军下设若干都，由都头统领。都下设若干队，由队长统领。

宋代完善了禁军的编制，三衙（殿前都指挥使司、侍卫亲军马军都指挥使司、侍卫亲军步军都指挥使司）之下设厢为最大的军队编制单位。厢以下编制大概如下：什将统领什，编员10人；队将统领队，编员50人；马军使、副马军使、步都头、副都头统领都，编员100人；指挥使、副使统领营，编员500人；都指挥使、副使、都虞侯统领军，编员2500人；厢都指挥使、副使统领厢，编员25000人。

5. 夏辽金元时期

西夏左右厢12监军司分统军队，分别设统军、监军、指挥、教练使等官负责日常军务。另有专门在战争中俘掠生口的"擒生军"、京城宿卫军、侍卫亲军，总兵力达60余万。基本上是以300人为一队，设队长。队以上编制不定，将领也多临时任命。军队的调动由皇帝派命枢密院统管，宿卫军的事务由翊卫司主管。

辽朝的军队，按其征集和编组系统，大体可分为朝廷宿卫军，部族军，五京州县汉军、渤海军及属国军四种类型。按其军事职能，包括朝廷行宫宿卫军和地方镇戍军两大系统。

辽朝的宿卫军，前期以左、右皮室军为主，中、后期以宫分军为主。此外，包括护卫、祗候郎君等御帐官。继皮室军之后，行宫宿卫的任务主要由宫分军承担，宫分军成为真正的御帐亲军。实际上，宫分军毕竟以轮番宿卫行宫为首要任务，并非攻城略地的主力部队，外出征伐还主要靠以五院、六院、乙室、奚部为主力的部族军。

辽朝的地方镇戍军，主要是部族军和五京州县汉军、渤海军。辽朝各部族"分地而居，合族而处"，集生产、行政、军事职能于一体，部民"胜兵甲者即著军籍",兵民合一,"有事则以攻战为务,闲暇则以畋渔为生"。

辽代军队的调动要以皇帝发出的金鱼符为凭,征战时由皇帝亲委将帅。平时设有天下兵马大元帅府,由太子或亲王为大元帅、副元帅,主管一般军务;各军设大将军府,由勋戚充当大将军;诸路设兵马都部署,部族设详稳,边防镇戍军设都统署、都虞候,分管各方面军务。州县兵由南面官的殿前都点检司、点检侍卫亲军马步司、侍卫亲军马步军都指挥使司、侍卫控鹤兵马都指挥使司、侍卫汉军兵马都指挥使司、诸厢兵马都指挥使司等依次进行管理。所有军务都由北面官的北枢密院负责,形成一个层层提控的军队管理体系。

金朝的军队一般是由猛安谋克统领,并且以猛安谋克分别作为基层军事编制。在中央设立都元帅府,设都元帅、副都元帅、监军、都监等官指挥作战,无战事则省。后又增设枢密院,掌管军国的军备军机。还设有殿前都点检司,掌管侍卫亲军。地方军归诸路兵马都总管府负责管理;中央直辖军设统军司于驻军处进行管理。诸京、府、州城设有防城军,京防城军由警巡院负责管理,府州防城军由知事司负责管理。边境镇戍兵由招讨司负责管理。此外还有诸屯田军,设都指挥使司进行管理。这样,一支庞大而混杂的军队各有所辖,统归朝廷,加强了军事集权。

元朝的军队主要有宿卫诸军、镇戍诸军和屯田诸军这三大部分。

宿卫军也叫侍卫军,成吉思汗时把自己的亲从编为怯薛军,怯薛是番直宿卫的意思。忽必烈建立元朝后,抽调各地精锐,建立前、后、左、右、中五卫亲军,作为中央禁军,直接隶属于枢密院,设亲军都指挥使统领,编组为皇帝的护卫军和京城防守军。又签发各族丁壮组成21卫亲军,驻守京城附近的"腹里"地区,21卫亲军各设都指挥使司或大都督府主管日常事务。21卫亲军统归枢密院直接管辖。

镇戍诸军是驻守全国各地的军队,主要由蒙古军、探马赤军、汉军、新附军等组成。蒙古军是本族兵组成的军队;探马赤初期由蒙古人和归附诸族组成,专门担任先锋,元朝建立后则专以女真、契丹和其他诸族兵组成;汉军是由北方汉族军阀和乣(即杂部族)军组成的;新附军是南宋投降的军队改编的。镇戍军的管理分别由中央的枢密院或设于行省的行枢密院负责,边远地区由宣慰使司都元帅府负责管理。

屯田诸军是由宿卫诸军和镇戍诸军调拨出来的军队。屯田有军屯、民屯和军民合屯等形式,军屯最主要,民屯虽归司农寺统领,但亦具有浓厚的军事性质。军屯由枢密院统管,各屯田区设有屯田司,由诸都指挥使统领。屯田军主要是供给军粮,有时也出战戍守。

6. 明朝时期

起义时期,朱元璋以都元帅身份自主行枢密院事,亲自指挥全盘军事,以后,改行枢密院为大都督府,但一切大小军政,仍由都元帅决定。明王朝建立后,将原来由大部督府掌管的军事行政工作划归兵部掌管,大都督府仅保留统率全国军队的职权。到洪武十三年(1680)朱元璋将大都督府分设为前、后、中、左、右五军都督府,互不统辖,分别与兵部直接联系工作,而统一奏请皇帝裁定。明王朝还规定:兵部有出兵之令而无统兵之权,五军都督府有统军之权而无出兵之令。

明代设在地方统率军队的部门分为都指挥使司、卫、所三级。都指挥使司又叫都司,是负责一个地区统率军队的领导性机关,辖有若干个卫和所。都指挥使司是省一级"三司"之一,设都指挥使一人,都指挥同知二人,都指挥佥事四人,还根据需要设置若干僚佐胥吏。全国各个都指挥使司分别辖属五军都督府领导。

在都司以下,军队的组织分为卫、所两级。每卫设指挥使一人为长官,大体上统兵5600人。卫以下再分为五个千户所,设千户为长官,统兵1120人。千户所以下再分为十个百户所,设百户,统兵为120人。在百户之下设总旗二,每个总旗领小旗五,每小旗领军10人。

卫、所的分布,主要根据军事的需要,一般在形势险要的地方设卫,以下再分设千户所为军事据点。除此以外,明代还设有专门的特殊卫所和军队,如所谓亲军各卫,又叫上十二卫,是专门负责警卫星宫皇城的御林军,其中的锦衣卫还逐渐发展成为特种的镇压部门,由皇帝直接指挥做缉捕刑狱的工作。这些卫不归五军都督府统率,直属皇帝指挥。

7. 清朝时期

清代军制是从八旗制度发展而来,并以旗作为军事编制的单位。八旗兵以镶黄、正黄、正白、正红、镶白、镶红、正蓝、镶蓝等八种旗帜为标志。"旗"本为满族"兵民合一"的社会组织，兼有掌管军事、政治、生产三个方面的职能。凡旗人男丁皆可为兵，平时生产，战时打仗。以旗统人，即以旗统兵。努尔哈赤初定旗兵编制，每300人为1牛录，领兵官称牛录额真；5牛录为1甲喇，领兵官称甲喇额真；5甲喇为1固山，领兵官称固山额真，共领7500人，是为1旗。以后牛录数量增加，旗数未变。太宗时增设蒙古八旗和汉军八旗，至此共有24旗。各旗主即为一旗之长，身兼行政长官与军事指挥官双重责任，组织比较单纯，指挥也比较灵活有效率，令行禁止，具有很强的战斗力。满洲八旗是清代军事力量的核心，蒙古和汉军八旗始终处于附庸的地位。在满洲八旗中，又以正黄、正白、镶黄为上三旗，名为天子亲军，可以入充侍卫，其地位更在其他五旗之上。

清自入关以后，正规军有两种，一种是原有的满、蒙、汉军八旗兵；另一种是绿营兵。在兵源上，八旗兵是世代军籍，绿营兵是由招募而来的。在编制上，八旗兵又分为"禁旅八旗"和"驻防八旗"。

"禁旅"，又可以分为郎卫和兵卫两种。郎卫又称亲军营，主要负责保卫宫廷和作为皇帝的随从武装，是皇帝身边的亲军。兵卫主要负责卫戍京师的工作。在兵卫中又分护军、骁骑、前锋、步军各营。又在各营内（包括亲军各营）挑选更精锐者编为神机营、健锐营、火器营、虎枪营等特种兵。这些特种兵都受过专门的训练，配备有当时最锐利的武器，作为王朝的基本镇压力量。驻防八旗是清廷分别派遣在全国各地的武装力量。

绿营的编制大体上是以营作为军队的基层单位，每营应有兵500人。除少数留驻北京的称为京营（又称巡捕营），隶属于步军统领外，绝大多数都分驻各省。绿营由地方上的总督、巡抚、将军等统辖。由总督统辖的叫"督标"，巡抚统辖的叫"抚标"，提督统辖的叫"提标"，总兵统辖的叫"镇标"，将军统辖的叫"军标"（只有四川、新疆设置）。除此之外在有些地区，还设有"河标"和"漕标"。标以下设协，副将统之，协以下设营，参将、游击、守备分别统之，营以下还有讯，千总、把总、外委等分别统之。就兵种说，有马兵、战兵、守兵之分，濒海濒江之地还有水师。

1840年鸦片战争后，封建军制开始全面崩溃，清朝八旗、绿营兵为勇营和新军取代。新军和近代海军的出现，标志着中国古代军制向近代军制的过渡。

三、军事指挥和行政管理

夏代经常由王亲自统帅作战，军队由各族临时征调。在战争时夏王朝还征调地方侯伯部落率军从行，夏王对这些军队有指挥权，而统率这些军队的则是部落的酋长。

商承夏制，商王拥有最高的军事统帅权。由于实战的需要，开始出现了固定的军队编制，所以在甲骨卜辞中出现了"师"、"亚"、"小臣"、"马"、"射"、"戍"、"卫"等军事职官的名称。

西周时已形成了以天子为中心的军事领导体系，周天子不仅亲自控辖强大的王室军，而且还掌握诸侯国军的组建和指挥权，同时还设立了国家管理军事的最高行政机构——司马，以统管天下军队。由于王掌军权，故"礼乐征伐自天子出。"春秋中后期，周王军权沦丧，五霸迭相登场，"挟天子以令诸侯，"以"尊王攘夷"的名义，直接向中小国家征赋调兵，由是"礼乐征伐自诸侯出"。此后，军权仍在下移，诸侯军权又旁落卿大夫之手，以至"公室益卑"，"政在家门。"至春秋末期，公室军权被各卿大夫瓜分殆尽，"礼乐征伐自诸侯出"变为"自大夫出。"战国时代，七雄并举，经过争霸和制度改革，各国建立了封建政权，国君独揽军政大权，确立了国君——郡县——乡里的军事领导体制。同时，在军队管理上，实行文武分职。为确保国君牢掌军权，各国均实行兵符调兵制。

秦汉王朝都拥有一支庞大的军队，皇帝将军队牢牢控制在自己手中，自任军队最高统帅。在皇帝之下，设有将军作为军队的高级将领，如秦国的国尉和汉代的太尉，他们均受命于皇帝，由皇帝亲自任免。皇帝还拥有调动军队、决定和战等大权。在调动军队方面，秦汉制定有玺、符、节等制度，必须严格遵守。

为了便于对军队的管理，还需要有一套由中央到地方的军事行政管理体制，按照一定的军事区划进行统一管理。

秦代军队在平时都归郡县，由郡尉负责训练；战时由皇帝征调和命将，皇帝控制着军队的指挥权和将帅的任免权。直属于中央的只有一些护卫皇宫的禁卫军。

汉代守卫京城和皇宫的、直属于中央的军队，主要由以下四个部分组成：

一是负责宫中殿内警卫的郎官，由郎中令统领，称为郎卫。郎官有议郎、中郎、侍郎、郎中、外郎的区别，其任务也不仅是宿卫，还有随从、顾问的性质，而且具有候补官的身份。郎中令（光禄勋）是宫殿内一切事务的总管。这部分武装是皇帝最亲近的警卫部队。

二是负责殿外宫墙内警卫的卫士，由卫尉统领。因其指挥机关驻在长安城南未央宫，故称卫士为南军。士兵是从郡国轮番征调来的。

三是守卫京城的屯兵，初期由中尉统领。因驻长安城内的北面，故称北军。汉武帝时改革北军，设八校尉。汉光武帝裁军，北军设北军中候，监掌屯骑、越骑、步兵、长水、射声等五营校尉。

四是驻守京师内外的卫戍军。汉武帝时，设执金吾统领缇骑巡徼长安城内，设城门校尉领城门屯兵守卫长安各门，设左、右、京辅都尉领三辅郡兵保卫长安城外，由执金吾统一节制，形成一支单独卫戍长安的驻军。东汉时，这种制度解体，三辅都尉被省去，城门校尉独立，执金吾也改为主管宫外巡循、防火、导从，兼主兵器。

秦汉的郡县都设有常备军队，平时由郡尉、县尉负责组织训练。每年立秋那天，把郡县军队集合到郡府所在地，由太守、都尉、令长、丞尉共同负责"都试"。太守是一郡的最高军事行政长官，但无权调动军队，只能在规定的阅武时间内调集本郡兵。东汉废除郡都尉，由郡太守直接负责本郡军事，取消每年立秋日的"都试"，以防郡太守利用"都试"集兵谋不轨。

东汉末年大战乱，刺史、太守拥兵自重。曹操采取驻屯的方法，任命都督某州郡军事（简称都督）主管军队。这种在外驻屯的军队称为"外军"。以后，根据战争的需要，设立大的军事区，以都督诸州军事（简称大都督）为统帅，根据不同的情况授予不同的应变和指挥权力。这种制度为两晋南北朝所因循，而且把都督分成若干等级：都督诸军、监诸军、督诸军。使持节、持节次之、假节。在使持节之上还有假黄钺。这些持节都督掌有较大的军事指挥权，分别控制着大片领地，往往形成与中央相抗衡的力量。

持节都督制建立以后，州郡兵锐减。持节都督开设军府，辖有一套专门的军事管理机构，除主要府僚由朝廷任命外，其余均由都督自行委任。

魏晋南北朝时期，军队的调动权由皇帝亲自掌握，用羽檄和符节为凭信，直接将命令下达给领兵郡守和将帅。除羽檄之外，郡国守相以及统兵将帅都持有铜虎符，调兵的羽檄还必须会合兵符才能生效。节也是信物，用作号令赏罚。最初不能调兵，以后调兵羽檄和符节并用，遣专使送达，以示慎重。在外出征的将帅，一般都持有皇帝赐给的"节"，凭此调动本部军队，并对军中犯军令者行军法处置。魏晋以后则形成制度，根据情况分为使持节、持节、假节三种，对不同种类授与不同的调兵和执法权力。

魏晋南北朝时期，因战祸连绵，分裂割据时常出现，致使军权旁落，中央集权化的领导体制被破坏。有些权臣当道，以大将军名义对军队进行指挥，但也必须假借皇帝的命令来调动军队。魏晋以后，设"都督中外诸军事"为中外诸军的最高统帅，有些权臣身任此职再加"录尚书事"，实际上是集军政大权于一身，这时的皇帝多半沦为傀儡，其皇位已经岌岌可危了。

军队的主要将领可以设置幕府，幕府人员有长史、司马、参军事等，这些人员的职责是协助长官处理日常行政事务。魏晋以后，凡达到开府级别的军官，都设有军府，主要府僚纳入国家官制规定的范围，规定了品级和职掌，高级府僚要由朝廷任命。

秦汉魏晋南北朝时期，都在边塞、交通要道和军事重地修建关塞亭障、镇戍营堡，设镇戍兵进行防守。边关的责任是防卫边境，内地设关主要是以加强一线防卫，确保内地和京师的安全为目的，其次才是征收关税。各关设有关都尉主管，因其兼管军事和税收，地位较高。

汉代的边境设有亭障烽燧，由边郡的都尉总负责。魏晋朝北朝时期，因分裂割据，边境关塞的驻军增多，除朝廷派大军在重要地区进行屯守外，沿边地区也设亭障烽燧，并建立起镇戍组织。分设镇都大将、镇都副将、镇大将、镇将主管。镇的地位相当于州，镇都相当于都督数州军事。镇下设戍，由戍主、戍副主管，戍的地位相当于郡。这个时期除在边境设防之外，在一些重点地区还设有护匈奴、乌桓、羌、越、蛮、夷、戎等中郎将或校尉，率领专门的军队进行镇防。

隋朝改革府兵制度，进一步使兵权直接隶属于皇权。591年，令"军人可悉属州县，垦田籍帐，一与民同"。使府兵隶属地方政府，将过去的兵、民分治改为兵、民合治；使兵散于府，而将归于朝。无战事时，兵可耕种土地，将又无握兵之重。

唐初的军事制度沿用隋制，仍为府兵制。征调兵士的规定极为严格。兵部分别向折冲府都卫和州刺史下达符契，折冲府都卫与刺史的符契相合，而后才可发兵。这就使将军很难形成自己的独立军事势力威胁皇权。唐初还有一支守卫皇宫的禁军。安史之乱以后，唐朝政治制度的基本结构发生重要变化，即国家政治权力不再高度集中于皇帝和围绕着他的中央政府，而是向由节度使控制的藩镇转移，形成地方割据局面。这些藩镇控制了全国最精锐的军队，有着自己独立的行政组织。

唐因藩镇兵强大而失去对全国的实际控制，五代统治者吸取教训，大力加强禁军建制，扩大直属的兵力，对军队的控制也日益严格。

宋在五代的基础上进一步使军队的指挥权和发兵权完全分离。在中央设枢密院为最高军事机关，职掌全国军队，承受皇帝的旨意，对军队有调动权，但没有指挥权。"三衙"握有指挥权，但却不能调动军队，所谓"国朝兵权，隶于三衙，本之枢府。枢府有发兵之权而无握兵之重，三衙有握兵之重而无发兵之权"。如遇有战事，皇帝临时委派将帅，还要派遣监军，进行监督制约。为了加强对军队的控制，有时还特设"走马承受公事"，负责传递皇帝的军令，搜集军事地图和前线的情况。因此，前线统兵将帅的一举一动、一计一谋都要由皇帝掌握，使一军之中无有专主，不能因机决策。每个编制又都设正副职以互相制衡，藉以保证兵权不旁落。兵权的过分集中，虽能有效地防止将领们拥兵自重，但又无可避免地严重削弱了军队的战斗力。

元代规定，"以兵籍系军机重务，汉人不阅其数。虽枢密近臣职专军旅者，惟长官一二人知之。故有国百年，而内外兵数之多寡，人莫有知之者"，这反映了元朝统治者对武装力量的一贯重视。

明代的军事机关体制是经过几度调整变革然后才比较固定下来的。以中央军事领导机关来说，起义时期，朱元璋以都元帅身份自主行枢密院事，亲自指挥全盘军事，以后，改行枢密院为大都督府，设大都督一人，名义上是"节制中外诸军事"，其实，一切大小军政，包括军官任免、军队调遣、战役指挥、战略考虑等，都由都元帅决定，大都督府不过是主持后勤给养。军丁军户管理、考绩、马政等日常事务。大都督当然也要统军作战，但只能奉命进止，不许擅作主张。当时，朱元璋在行中书省内设户、礼、刑、工四部，独不设吏、兵二部，正说明人事和军事大权不容假借于人。

清代实行严格地按照不同民族组成不同军队的原则，有意按民族分差别组建成等级地位不同的军队，藉以加强控制。皇帝是国家所有军队的最高统御者。为控制全国庞杂的各色军队，王朝设有各种严密的统御系统，以确保兵为皇家所有。其御兵原则是：强干弱枝，以满制汉，以文制武，互相制约。可见其旨在统而不在用。

清朝初期袭用明朝军制，皇帝之下设内阁，康熙时设南书房和王大臣会议，雍正时成立军机处，以掌军国大计。地方军事机构。基本上沿袭明制，在京畿设"顺天府"，受皇帝直接指挥。各地的八旗兵由专门的"八旗都统衙门"统御，地方官无权干涉。其军事统帅为"将军"，职权往往与"都统"、"副都统"重迭，故常有兼职。在少数民族地区，军事设有"理藩院"，军事由其管理。

地方军政官员实际所统之兵只有绿营，而八旗只有将军、都统、副都统及其下属满族军官统御。但所有军令又必须出于督抚等地方文官，即以文制武，防止武将专兵。为此，在绿营当中，也不让统兵将帅久居一处，与士兵建立过密从属关系。刘武元巡抚提出"将皆升转"的原则，被朝廷采纳。规定：武官升职后，必须到新的单位就任；不许原下属士兵随从调动，为免将官利用乡里关系营结私人势力。高级军官不得在本省任职，低级军官也要相应地回避生活所在地和原军事单位。

第三节　军史集要

一、先秦时期

1. 炎黄文明奠基战的涿鹿之战

早在原始社会中晚期，各个氏族部落之间就发生了基于扩大自己的生存空间、实行血亲复仇目的的武装冲突。《战国策·秦策》记载"黄帝伐涿鹿而禽蚩尤"；《山海经》记载，黄帝与蚩尤曾战于冀州之野，以应龙、女魃杀蚩尤；《逸周书·尝麦篇》记载杀蚩尤于中冀。中冀、冀州，当均指涿鹿所在。夏族与蚩尤之争还反映在《尚书·吕刑》中。这些历史传说，其史实背景为：

约四五千年前，传说兴起于今关中平原、山西西南部的黄帝族与炎帝族经过融合，沿着黄河南北岸向今华北大平原西部地带发展，而兴起于今冀、鲁、豫交界地区的蚩尤九黎族，则由东向西发展。两大部落联盟为争夺适于牧猎和浅耕的地带，在涿鹿之野（即浊陆，今太行山与泰山之间的广阔原野）展开长期争战。蚩尤族联合巨人夸父部族与三苗部族，先驱逐炎帝，后又乘势北进涿鹿（在今河北境），攻击黄帝族。传说蚩尤率领所属72氏族（或说81氏族），利用浓雾天气围困黄帝族。黄帝族率领以熊、罴、狼、豹、雕、鹖等为图腾的氏族，数战不胜。后得到玄女族帮助，吹号角，击夔鼓，乘蚩尤族迷惑、震慑之际，冲破迷雾重围，击败蚩尤，终在中冀之野（即冀州，今河北地区）将其擒杀。取得战争胜利的部落联盟首领黄帝成为华夏族的共同祖先。传说中还有黄帝与赤帝的阪泉之战，可能是涿鹿之战在传说中的分化。《逸周书·史记解》称蚩尤曰阪泉氏，可证阪泉之战即涿鹿之战。

2. 商汤灭夏的鸣条之战

夏王朝末年，商汤天乙领导商部族和其他同盟部族，运用战争的暴力手段，一举推翻了垂死腐朽的夏王朝。在政治上，他采取了争取民众和与国的政策，通过揭露夏桀暴政罪行的政治攻势，为战争的胜利奠定了政治基础。在军事战略上，巧妙谋划，"先为不可胜"，逐一翦除夏桀的羽翼，孤立夏后氏，最后一举攻克夏邑。具体地说，商汤首先是收集情报，派遣伊尹数次打入夏桀内部探明情况，确切掌握了夏王朝"上下相疾，民心积怨"的混乱状况。在知彼知己的基础上，有针对性地实施自己的战略方针。其次采用先弱后强，由近及远的谋略，逐步翦除夏桀羽翼，完成对其战略包围。起兵先后灭掉夏的属国葛、韦、顾，并攻灭夏桀最后一个支柱，即实力较强的昆吾。这样商汤就完成了对夏桀的战略包围，打通了最后灭桀的道路。第三，正确选择和把握决战时机。商汤用停止向夏桀纳贡的方法试探其反应，当时，夏桀立即调动九夷之师，准备讨伐商汤。商汤视情马上"谢罪请服，复入职贡"，稳住夏桀，继续积蓄力量，等待时机。不久传来夏桀诛杀重臣、众叛亲离的消息。商汤乃再行停止向夏桀的贡奉。这次，夏桀的指挥棒完全失灵了，九夷之师不起，有缗氏也公开反抗。到此时，商汤认为伐桀的时机完全成熟，于是果断下令起兵。

大约在公元前1766年，商汤兴兵伐夏，作《汤誓》激励士气。并简选良车70乘，"必死"6000人，联合各方国的军队，采取战略大迂回，绕道到夏都以西，出其不意，攻其无备，突袭夏都。夏桀仓促应战，西出拒汤，同商汤军队在鸣条（今河南洛阳附近）一带展开战略决战。在决战中，商汤军队奋勇作战，一举击败了夏桀的主力部队，夏桀败退归依于属国三朡（今山东定陶东一带）。商汤乘胜追击，攻灭三朡。夏桀率少数残部仓皇逃奔南巢（今安徽寿县南），不久病死，夏王朝宣告灭亡。商汤回师西亳（今河南偃师二里头），召开了众多诸侯参加的"景亳之命"大会，得到3000诸侯的拥护，取得了天下共主的地位，建立了新的商奴隶制王朝。

鸣条之战通过"伐谋"、"伐交"、"伐兵"、"用间"的全面运用，最终达到战争速胜的成功战例，对于后世战争的发展，军事理论的构筑，都产生过相当深远的影响。

3. 中国古代启用车战的牧野之战

殷商末年，以纣王为首的奴隶主统治集团日益腐败，从而导致整个社会动荡不安，出现了"如蜩如螗，如沸如羹"（《诗经·大雅·荡》）的混乱局面。而崛起于商国西面的周族方国，势力已伸入江、汉流域。文王姬昌即位后，在政治上积极修德行善，裕民富国，广罗人才，发展生产，造成"耕者九一，仕者世禄，关市讥而不征，泽梁无禁，罪人不孥"（《孟子·梁惠王》下）的清明政治局面。他的"笃仁、敬老、慈少、礼下贤"政策，赢得了人们的广泛拥护，巩固了内部的团结。同时，他向商纣发起了积极的政治、外交攻势，请求商纣"去炮烙之刑"，争取与国，最大限度孤立商纣。又公平地处理了虞、芮两国的领土纠纷，颁布"有亡荒阅"（搜索逃亡奴隶）的法令,保护奴隶主们的既得利益。通过这些措施,文王扩大了政治影响,瓦解了商朝的附庸,取得了"伐交"斗争的重大胜利。

接着,文王在吕尚的辅佐下,制定了正确的伐纣军事战略方针。其第一个步骤,就是翦商羽翼,对商都朝歌形成战略包围态势。为此,文王首先向西北和西南用兵,相继征服西边的犬戎、密须、阮、共等方国,消除了后顾之忧。接着,东渡黄河,先后翦灭黎、邘、崇等商室的重要属国,打开了进攻商都——朝歌的通路。至此,周已处于"三分天下有其二"(《论语·泰伯》)的有利态势。

前1027年(一说前1057年),周武王统率兵车300乘,虎贲3000人,甲士4万5千人,东进至孟津,与反商的庸、卢、彭、濮、蜀(均居今汉水流域)、羌、微(均居今渭水流域)、髳(居今山西省平陆南)等方国部落的部队会合,冒雨迅速东进,渡过黄河后,兼程北上,至百泉(今河南辉县西北)折而东行,列战车方阵于商郊牧野。纣王发兵迎战,周军布阵后庄严誓师,历数纣辛暴虐,史称"牧誓"。

誓师后,武王下令向商军发起总攻击,以吕望率领一部分精锐突击部队为前锋,冲入商军。商军纷纷起义,掉转戈矛,帮助周师作战,史称"前徒倒戈"。纣王见大势尽去,于当天晚上仓惶逃回朝歌,登上鹿台自焚而死。周军乘胜进击,攻占朝歌,灭亡商朝。此役是中国古代车战初期的著名战例。周争取人心、翦商羽翼、乘虚进攻的谋略,对古代军事思想的发展有着深远的影响。

4. 鱼丽阵首战告捷的繻葛之战

繻葛之战是春秋初期,郑国为称霸中原,在繻葛(今河南长葛北)大败周联军的一次反击作战。郑庄公凭借国力强盛,又是周王权臣的有利条件,侵伐诸侯,扩充领地,不听王命。周桓王为保持王室独尊地位,于十三年(前707)秋,率周军和陈、蔡、卫等诸侯军伐郑,郑庄公率大军迎战于繻葛。双方都布列阵势。周桓王将周室联军分为三军:右军、左军、中军,其中右军由卿士虢公林父指挥,蔡、卫军附属于其中;左军由卿士周公黑肩指挥,陈军附属于内;中军则由桓王亲自指挥。

交战之前,郑国大夫公子元认为,陈国国内正发生动乱,因此它的军队没有斗志，如果首先对陈军所在的周左军实施打击，陈军一定会迅速崩溃；而蔡、卫两军战斗力不强，届时在郑军的进攻之下，也将难以抗衡，先行溃退。鉴于这一实际情况，公子元建议郑军首先击破周室联军薄弱的左右两翼，然后再集中兵力攻击周桓王亲自指挥的周室联军主力——中军。另一位郑国大夫高渠弥则提出编成"鱼丽阵"以应敌的建议，所谓"鱼丽阵"，其特点便是"先偏后伍"、"伍承弥缝"，即将战车布列在前面，将步卒疏散配置于战车两侧及后方，从而形成步车协同配合、攻防灵活自如的整体。战斗开始，郑军右方阵首先攻击周联军左翼的陈军，陈军一触即溃。失去左翼军配合的右翼蔡、卫军，在郑军左方阵猛烈攻击下，纷纷败退。周中军为溃兵所扰，阵势大乱。郑左、右两方阵乘势合击，桓王中箭负伤，周军大败。

繻葛之战在政治和军事两方面都产生了重大的影响。政治上它使得周天子威信扫地，"礼乐征伐自天子出"的传统从此消亡。军事上，"鱼丽之阵"的出现，使中国古代车阵战法逐渐趋向严密、灵活，有力地推动了古代战术的革新和演进。

5. 以静制动，以弱胜强的长勺之战

长勺之战，发生于周庄王十三年（前684）春天，它是春秋初年齐鲁两个诸侯国之间进行的一场车阵会战，也是我国历史上后发制人，以弱胜强的一个著名战例。

中国春秋初期，即位不久的齐桓公，不听主政大夫管仲内修政治、外结与国、待机而动的意见，于周庄王十三年（前684）春发兵攻鲁，企图一举征服鲁国。鲁庄公注意整修内政，取信于民，决心抵抗。深具谋略的鲁国士人曹刿自告奋勇，请随鲁庄公出战。鲁军根据齐强鲁弱的形势，在长勺（今山东莱芜东北，一说曲阜北）迎击齐军。两军列阵毕，鲁庄公欲先发制人，被曹刿劝止。齐军见鲁军按兵不动，便一而再、再而三地发起冲击，均未奏效。齐军疲惫，士气沮丧。鲁军阵势稳固，斗志高昂。曹刿见战场形势已呈有利变化，建议庄公实施反击。鲁军将士一鼓作气，击溃齐军。庄公急于追击，曹刿恐齐军佯败设伏，即下车察看齐军车辙痕迹，又登车眺望齐军旌旗，发现辙乱旗靡，判明齐军确败，方建议乘胜追击，终将齐军逐出鲁境。

战争结束后,鲁庄公向曹刿询问是役取胜的原委。曹刿回答是:"夫战,勇气也。一鼓作气,再而衰,三而竭。彼竭我盈,故克之。夫大国,难测也,惧有伏焉。吾视其辙乱,望其旗靡,故逐之。"(《左传·庄公十年》)

长勺之战的规模虽然不大,但它却正确地反映了弱军对强军作战的基本规律和原则,即遵循后发制人、敌疲我打、持重相敌的积极防御、适时反击的方针,正确地选择战场,正确地把握反攻和追击的时机,从而牢牢地掌握了战争的主动权,赢得战役的重大胜利。

6. 运用一石两鸟计谋的假途灭虢之战

假途灭虢之战,是春秋初年晋国诱骗虞国借道,一石双鸟,先后攻灭虢、虞两个小国的一次作战。

春秋初期,诸侯并立,兼并无已。晋献公在位期间,想灭近邻虞、虢两小国,但虑其互救,于是采纳大夫荀息之谋,持美玉、骏马贿赂虞公,提出借道攻虢的要求。虞公贪利,不听大夫宫之奇劝阻,应允借道,且愿以虞军为伐虢先锋。当年夏,晋军在虞军配合下,攻占虢国下阳(今山西平陆境),控制了虢、虞之间的要地。二十二年,晋又派荀息向虞借道攻虢。宫之奇劝谏道:"虢,虞之表也。虢亡,虞必从之。晋不可启,寇不可翫。一之为甚,其可再乎?谚所谓'辅车相依,唇亡齿寒'者,其虞虢之谓也。"(《左传·僖公五年》)虞公以为晋、虞同宗不相欺,拒不听谏,再次借道。十月十七,晋军围攻虢都上阳(今河南陕县境),虢弱小无援,于十二月初一灭亡,虢公丑逃奔王城(今洛阳)。晋军随即回师,乘虞不备,袭灭虞国,生俘虞公。

晋军的胜利,在于它能够做到"必胜之兵必隐"这一点,以借道的假像巧妙掩盖自己各个攻灭虢、虞的真实企图。"兵不厌诈",晋国君臣深谙此中奥秘,故能确保自己以强击弱、以大攻小战略意图的实现。在实施"借道"这一计谋过程中,晋国君臣还能针对虞公贪利爱财的弱点,诱之以利,迷惑其心智,使敌人始终由自己牵着鼻子走,无所作为。

虞国的失败,首先是国力、军力远不逮人,故成为晋国敢于觊觎的对象。其次是其最高统治者虞公昏聩庸劣,贪图眼前小利,破坏与虢国的战略同盟关系;又文过饰非,拒纳谏言,终于引狼入室,自取咎殃。第三,与上两点相联系的是,虞国对晋国灭虢后的战略新动向毫无察觉,放松警惕,不作戒备,以至晋军发动突然袭击之时,无暇抵抗,束手就擒。

假道灭虢之战体现了相当丰富深刻的军事斗争艺术,因此受到历代兵家的广泛重视。著名兵书《三十六计》将假道灭虢之战立为一计,以概括军事斗争中这样一条重要规律:战争指导者有意掩盖自己的真实意图,利用敌人贪利、畏怯等弱点,借攻击第三者为由,顺势渗透自己的势力,控制对方。一俟时机成熟,即以迅雷不及掩耳之势发起攻击,一举消灭或制服对手,达到一石两鸟的目的。

7. 传为千年笑柄的泓水之战

泓水之战,是宋、楚两国为争夺中原霸权而进行的一次作战,也是中国古代战争史上因思想保守、墨守成规而导致失败的典型战例之一。

周襄王十四年(前638)夏,宋襄公率军进攻臣服于楚的郑国,楚成王发兵攻宋以救郑。宋襄公闻讯回师,于十一月初一与楚军战于泓水(今河南柘城北)。当时,宋军已先在泓水北岸布好阵势,处于对楚军半渡而击的有利态势。但宋襄公拘守"不鼓不成列"、"不以阻隘"(《左传·僖公二十二年》)的陈旧观念,在楚军渡河之际及渡河后尚未列阵之时,两次拒绝司马公孙固乘机出击的正确意见,直待楚军从容布好阵势后才下令攻击,以致大败,襄公重伤,不久死去,宋国由此失去了争霸的实力。此战是中国古代战争史上因思想保守而招致失利的典型战例。

8. 退避三舍,后发制人的城濮之战

城濮之战发生于鲁僖公二十八年(前632),它是春秋时期晋、楚两国为争夺中原霸权而进行的第一次战略决战。

当时,楚国为遏制晋国南下,以宋国背楚从晋为由,联合郑、陈、蔡、许等盟国军队,围困宋都商丘(今河南商丘南)。晋国以应宋求援为名,出师中原,力图"取威定霸"。鉴于楚联军势大,晋文公采纳大夫狐偃的建议,决定进攻兵力薄弱的曹、卫,迫使楚军北上救援以解宋围。又运用策略,加深齐、秦与楚的矛盾,形成晋、齐、秦联合攻楚局面。

楚成王见形势逆转,急忙率部分楚军从商丘撤退到申(今河南南阳北),以防秦军袭其后方。同时令楚军统帅子玉放弃围宋,避免与晋决战。

而子玉执意以曹、卫复国为解宋围的条件，要挟于晋。晋文公用元帅先轸计谋，私许曹、卫复国，使其背楚从晋，并扣留楚使宛春，激怒子玉北上与之决战。子玉忿而北进，直扑陶丘。晋文公为争取主动，避开楚军锋芒，向齐、秦两军靠近，遂下令部队"退避三舍"，撤到预定的战场——城濮（今河南濮城）一带。子玉以为晋军畏楚而退，长驱直入，陷入不利地位。

四月初一，晋楚两军展开了一场战车大会战。在决战中，晋军针对楚中军较强、左右两翼薄弱的部署态势，以及楚军统帅子玉骄傲轻敌、不谙虚实的弱点，采取了先击其翼侧，再攻其中军的作战方针，有的放矢发动进攻。晋下军佐将胥臣把驾车的马匹蒙上虎皮，出其不意地首先向楚军中战斗力最差的右军——陈、蔡军猛攻。陈、蔡军一触即溃，迅速就歼。

接着晋军又采用"示形动敌"，诱敌出击，尔后分割聚歼的战法对付楚的左军。晋军上军主将狐毛，故意在车上竖起两面大旗，佯示主将后退；同时，晋下军主将栾枝在阵后用车拖树枝扬起尘土，伪装晋军后队撤退。子玉不察虚实，令全军追击。楚左军孤军突出，侧翼暴露，晋元帅先轸即指挥中军侧击楚军，晋上军立即回军夹击，楚左军大部被歼。子玉见左、右两军失利，大势已去，只得率中军及左、右军残部退回楚地，不久，被迫自杀。

在这场战争中，楚军在实力上占有优势，但是由于晋军善于"伐谋"、"伐交"，并在战役指导上采取了正确的扬长避短、后发制人的方针，从而最终击败了不可一世的楚军，"取威定霸"，雄踞中原。

9. 蹇叔哭师的崤之战

崤之战是春秋中期，晋国为阻遏秦国图霸中原，发兵歼灭秦军于崤山（今河南陕县东南）隘道的一次伏击战。

周襄王二十四年（前628），秦穆公得知郑、晋国君新丧，欲出兵越晋境偷袭郑国。主政大夫蹇叔认为，"劳师以袭远，非所闻也"。穆公不听，执意袭郑。秦军往返必经崤山，而此山峻壁绝涧，唯东、西二崤间有一蜿蜒小道。晋襄公决定先不惊动秦军以骄其志，待其疲惫回师，于崤山险地设伏歼灭之。

十二月，秦将孟明视、西乞术、白乙丙率军穿越崤山隘道，偷越晋国南境，于次年二月抵滑（今河南偃师东南）。恰遇郑国商人弦高赴周贩牛，弦高断定秦军必是袭郑,即假郑君之命,犒劳秦师。孟明视等见弦高犒师,以为郑已有备,不再前进,灭滑而还。

晋国侦知秦师返归进入设伏地域,突然发起猛攻,晋襄公身着丧服督战,全歼秦军,俘孟明视等三将,取得阻遏秦国东向争霸的决定性胜利。

10. 晋楚再次争霸的邲之战

邲之战,是春秋中期晋、楚争霸中原的第二次重大较量。

城濮之战后,楚庄王"举不失德"、"赏不失劳"(《左传》宣公十二年),又大兴水利,使农业生产有了发展,为楚国争霸打下了物质基础。

前606年,楚庄王伐陆浑之戎(今河南伊川一带),观兵于周郊,并派人向周询问周九鼎之轻重,以表示有吞周之意。前598年,楚攻破陈的都城;次年又兴兵围郑,郑被困三月因城破而降楚。郑国,位于中原腹心四战之地,处境极其微妙。楚伐郑,直接威胁到晋国的霸权,故晋景公即委任荀林父为中军元帅,率军救郑。晋楚两军各自列阵于邲(今河南郑州北)。就在大战一触即发的前夕,郑襄公派遣使臣皇戌前往晋营,以"楚师骤胜而骄,其师老矣,而不设备"为由,劝说荀林父进攻楚军,并答应郑军协同晋军作战。这时晋国政令不行,将帅不和,特别是副帅郤縠刚愎自用,不肯服从命令,造成晋军内部的混乱分歧,而主帅荀林父缺乏威信,遇事犹豫不决,结果在楚军的奇袭下溃败,狼狈逃归。邲之战是楚国在中原所取得的第一次大胜。前594年,楚又围宋达九月之久,宋向晋告急,晋因畏楚而不敢出兵。宋、郑等国都屈服于楚,庄王成为中原的霸主。

11. 晋楚争霸末篇的鄢陵之战

鄢陵之战是春秋中期晋、楚争霸中原的最后一战。

周简王七年(前579),长期争霸的晋、楚两国,在宋大夫华元调停下弭兵议和,但双方都无诚意。十年,楚国首先进攻中原要冲之地的郑、卫,迫郑屈服。次年,晋厉公以郑国叛晋附楚为由,率军伐郑,以栾书为中军帅。楚共王为援救郑国,亲统楚军及郑军、夷兵,以司马子反为中军帅,与晋战于郑地鄢陵。楚军于古代用兵所忌的晦日六月二十九,趁晋军不备,利用晨雾掩护,突然迫近晋军营垒布阵,企图在援晋的齐、鲁、宋、卫军到达前速决取胜。晋军虽然因营前有泥沼,兵车无法出营列阵,处于不利地位。但考虑到楚军将帅不和,部伍混杂,彼此观望,纪律松弛。因此,晋厉公排除固守待援的主张,决心趋利避害,与楚军决战,并针对楚军精锐集于中军的情况,采纳苗贲皇建议,改变原有阵势,由中军将、佐各率精锐一部加强两翼,拟首先击破楚军薄弱的左、右军,尔后围歼其中军。部署既定,晋军绕营前泥沼两侧而进。楚共王见晋厉公所在中军兵力薄弱,即率中军攻晋厉公,遭晋军抗击。楚共王伤目,中军后退,未及支援两翼。晋军乘势猛攻楚左、右军,从清晨战至傍晚。楚军伤亡惨重,公子茷被俘,只得收兵。继又连夜修缮兵器,补充兵卒,准备鸡鸣再战。但因主帅子反醉酒无法指挥,楚共王自料难于取胜,率军宵遁,子反失职自杀。

楚军的失败,使晋国得以重整霸业。此战,晋军根据楚军阵势和地形特点,当机立断,改变部署,加强两翼,击败楚军,是中国古代灵活用兵的著名战例。

12. 千里破楚、五战入郢的柏举之战

柏举之战是春秋末期,吴国出兵深入楚地,在柏举(今湖北麻城东北,一说湖北汉川北)击败楚军主力、继而占领楚都的远程进攻战。

吴国是春秋晚期南方地区的一个国家,吴王阖闾励精图治,发展生产,改良吏治,整军经武,"立城郭,设守备,实仓廪,治兵库",并大胆起用伍子胥、孙武、伯嚭等外来杰出军政人才,积极从事争霸大业。这时,西方的强楚,是吴国争霸的最大障碍。为此,吴国首先消灭楚国的羽翼——徐和钟吾国,为进而伐楚扫清道路。其次,采取伍子胥"疲楚误楚"之计,将吴军分为三支,轮番出击,骚扰楚军,麻痹敌手。这一措施实行了六年有余,楚军疲于奔命,斗志沮丧。

前506年秋,楚国大军围攻蔡国,蔡求救于吴国。其时,居于楚北侧的唐国,因不堪楚国横暴勒索,自愿助吴攻楚。吴国通过和它们结盟,遂可以实施其避开楚国正面,进行战略迂回、大举突袭,直捣腹心的作战计划。

同年冬,吴王阖闾亲率其弟夫概和谋臣武将伍子胥、伯嚭、孙武等,倾全国三万水陆之师,乘楚军连年作战极度疲惫,东北部防御空虚薄弱之隙,进行战略奇袭。先溯淮水浩荡西进,后舍舟登陆,以3500精锐士卒为前锋,在蔡、唐军配合导引下,兵不血刃,迅速地通过楚国北部大隧、直辕、冥阨三关险隘（在今河南信阳南），挺进到汉水东岸。取得"出其不意，攻其无备"的战略效果，实践了孙武"以迂为直"的原则。

楚昭王急派令尹子常（即囊瓦）及左司马沈尹戍等，率军赶至汉水西岸抵御。并按沈尹戍建议，由子常坚守汉水西岸，正面牵制吴军，沈尹戍北上率方城（今河南方城县境）一带楚军，迂回至吴军侧后，毁吴舟，塞三关，断其归路，尔后与子常军实施前后夹击。但子常贪功，不待沈尹戍军完成迂回行动，擅自率主力渡汉水列阵。吴军鉴于楚军势盛，并为免遭前后夹击，即由汉水东岸后退。子常企图速胜，紧追吴军，三战不利，锐气受挫。

十一月十八，吴军在柏举迎战楚军。夫概认为，子常不得人心，军无死战之志，即率5000士卒猛击子常军。楚军一触即溃，阵势大乱。阖闾迅即投入主力，乘势扩张战果。子常惊惶失措，弃军逃奔郑国，楚军主力遭重创后狼狈向西溃逃。吴军及时实施战略追击，尾随不舍。终于在柏举西南的清发水（今湖北安陆西的涢水）追及楚军。吴军"因敌制胜"，用"半济击"的战法，再度给渡河逃命中的楚军以沉重的打击。吴军继续追击，在雍澨（今湖北京山西南）大破楚囊瓦军残部。并与回救的楚军沈尹戍部遭遇。经过反复激烈的拼杀，楚军又被战败，主将沈尹戍伤重身亡。至此，楚军全线崩溃，郢都（今湖北江陵西北）完全暴露在吴军面前。吴军长驱直入，势如破竹，五战五胜，于十一月二十九，一举攻陷郢都（今湖北江陵西北）。楚昭王逃往随国（今湖北随州）。柏举之战遂以吴军的辉煌胜利而告终结。

13. 渡江奇袭的笠泽之战

笠泽之战是春秋末期吴、越争霸战争中，越军在笠泽（今江苏苏州南，与吴淞江走向相同的古河道）击败吴军的一次作战。

周敬王二十六年（前494），越被吴战败。越王勾践卧薪尝胆，吸取教训，积聚力量。伺机灭吴。吴王夫差恃胜而骄，急欲图霸中原，连年向外用兵，对越国不加戒备。勾践采纳大夫范蠡、文种建议，趁吴王赴黄池（今河南封丘南）会盟，袭击吴都姑苏（今苏州）。四十二年，又乘吴国兵疲民困、连年天灾、军队分散的有利时机，再次攻吴。三月，勾践率军进抵笠泽江南岸。夫差仓促率姑苏守军至江北迎战，夹江对阵。勾践从左、右两军各派一部兵力，黄昏时分别进至上、下游五里处，夜半渡于江中，鸣鼓呐喊，佯为进攻。夫差急忙分兵两路迎战,仅留中军接应。勾践乘机率三军主力,以6000锐卒为先锋,偃旗息鼓,秘密渡江,向吴中军发起突然攻击,吴中军大乱败退。两路吴军不及回救,随之溃逃。越军乘胜猛追,再战于没(今苏州南),三战于郊(今苏州郊区),接连大败吴军,迫夫差退守姑苏,为最终灭吴奠定了基础。此战,越军利用夜暗,两翼佯动,诱敌分兵,乘虚偷渡,实施中央突破,是中国古代战争史上一次著名渡江奇袭战。

14. 揭开战国历史帷幕的晋阳之战

晋阳之战是春秋、战国之际,晋国内部四个强卿大族智、赵、韩、魏之间为争夺统治权益,兼并对手而进行的一场战争。是役历时两年左右,以赵、韩、魏三家联合携手,共同攻灭智伯氏,瓜分其领地而告终。它对中国历史的发展具有较大的影响,因为在这场战争后,逐渐形成了"三家分晋"的历史新局面,史家多将此视为揭开战国历史帷幕的重要标志。

春秋晚期社会政治生活的主要形式,是诸侯国中卿大夫强宗的崛起和国君公室的衰微。而强大起来的卿大夫之间,也互相兼并,进行激烈的斗争。这在晋国表现得最为典型。在那里,首先是十多个卿大夫的宗族的财富和势力一天天扩展,而其互相兼并的结果,则只剩下韩、魏、赵、智、中行、范六大宗族,是为"六卿"。"六卿"之间又因瓜分权益产生矛盾而进行火并,火并导致范、中行两氏的覆灭。晋国于是只剩下赵、韩、魏、智四大贵族集团,而智氏的智伯瑶专断了晋国的国政,在四卿中具有最雄厚的实力。智伯瑶凭借自己的优势地位,强行索取韩氏和魏氏的万家之县各一。韩康子、魏桓子被迫将大片领地献给智氏。智伯又向赵襄子索取土地,赵襄子断然拒绝。智伯乃于周贞定王十四年(前455),胁迫韩、魏共同发兵攻赵。赵襄子自知寡不敌众,采纳谋臣张孟谈建议,选择民心向赵并预有准备的晋阳(今太原西南)固守。智伯率联军攻晋阳三月不下,又围困一年多未克。至十六年,智伯引晋水(汾水)灌城,城内军民支棚而住,悬锅而炊,病饿交加,十分危急。赵襄子利用韩、魏与智伯的矛盾,派张孟谈乘夜潜出城外,密见韩、魏大夫,以唇亡齿寒的道理,说服韩、魏倒戈。密谋后,在一个约定的夜间展开军事行动,赵襄子派人杀智伯守堤官兵,掘堤放水,倒灌智伯军营。智氏军从梦中惊醒,乱作一团。赵军乘势出击,韩、魏军自两翼夹攻，擒杀智伯，其军逃散。赵、魏、韩乘胜进击，尽灭智氏宗族，瓜分其领地，逐渐形成"三家分晋"的局面。

15. 齐、魏两国的桂陵、马陵之战

桂陵之战和马陵之战，是战国中期齐、魏两大国之间的两场著名战争。当时齐国的军事家孙膑，创造性地运用和发展孙武"避实而击虚"、"攻其所必救"、"致人而不致于人"、"示形动敌"的作战指导思想，采取"围魏救赵"、"批亢捣虚"、"减灶诱敌"等高明战术，在桂陵和马陵地区，先后击败实力强大的魏国军队。这两场战争对于结束魏国在中原地区的霸权，具有决定性的意义；对战国整个战略格局的变化，产生了非常深远的影响。

魏惠王迁都大梁（今开封）后，与齐争雄中原。齐威王竭力拉拢韩、赵两国，与魏国对抗。周显王十五年（前354），赵国在齐国支持下，向依附于魏国的卫国发动战争，迫使卫国屈服称臣。魏惠王借口保护卫国，派将军庞涓率兵8万包围了赵国国都邯郸，强行攻打。两军相持一年有余，赵向齐求救，齐以田忌为主将，孙膑为军师，领兵8万救赵。田忌企图率军赴赵进攻魏军主力，以解赵围。孙膑主张"批亢捣虚"、"疾走大梁"的策略，认为魏国长期攻赵，主力消耗于外，老弱疲惫于内，齐军应乘魏国内防务空虚，直趋大梁，迫使魏军回师自救，于归途截击，以达到既援救赵又打击魏的目的。田忌采纳孙膑围魏救赵的计谋，派轻车锐卒直扑大梁城郊，主力则分路跟进，造成兵力单薄的假象，庞涓果然中计，撤离邯郸，抛弃辎重，兼程回师。田忌、孙膑判定魏军回师必经桂陵，即率主力先期到达该地。魏军进至桂陵，突遭齐军截击，仓皇应战，终致惨败。其已经占据的邯郸等赵地，至此也就得而复失了。

孙膑在此战中避实击虚、攻其必救，创造了"围魏救赵"战法，成为两千多年来军事上诱敌就范的常用手段。

魏军虽在桂陵之战中严重失利，但并未因此而一蹶不振。周显王二十六年（前343），魏军又发兵攻打韩国。韩国在危急中遣使奉书向齐国求救。齐威王征求孙膑的意见，孙膑主张"深结韩之亲，而晚承魏之弊"。即首先向韩表示必定出兵相救，促使韩国竭力抗魏。当韩处于危亡之际，再发兵救援,从而"尊名""重利"一举两得。他的这一计策为齐威王所接受。

二十七年(前342),齐威王以田忌为主将孙膑为军师,率军直趋魏都大梁,诱使魏军回救,以解韩围。魏军果然撤回大梁,并以太子申为上将军,庞涓为将,率兵10万东出外黄(今河南兰考东南),迎击齐军。孙膑认为,魏军悍勇,不可贸然决战,只可利用魏军向来轻视齐军和庞涓求胜心切的弱点,"因其势而利导之"(《史记·孙子吴起列传》),乃避战示弱,退兵减灶,引诱魏军追击。庞涓率军紧追,见齐军逐日减灶,以为齐军士气低落,逃亡严重,即丢下步兵,以轻车锐骑兼程追击。齐军退至树木茂密、道狭地险的马陵。孙膑计算行程,判断魏军将于日落后追至,即引军埋伏。经长途追击而疲惫不堪的魏军,于孙膑预计时间进入设伏地域。齐军万弩俱发,魏军大败,庞涓愤愧自杀。齐军乘胜进攻,俘太子申,全歼魏军。

此战孙膑利用庞涓的弱点,制造假象,诱其就范,是我国战争史上一场典型的"示假隐真"、欺敌误敌、设伏聚歼的成功战例。

16. 打开东进中原通道的伊阙之战

经过商鞅变法而日益强盛的秦国,乘齐、魏相持之际,首先蚕食中原要冲的韩、魏土地。周赧王二十一年(前294),秦左庶长白起率军夺占韩地新城(今河南伊川西南),并继续向韩、魏进攻。韩、魏以公孙喜为主将,率联军24万进据伊阙迎击。伊阙为韩、魏门户,两山对峙,伊水流其间,望之若阙,地势险要。当时秦军兵力不及联军一半,且联军已据险扼守,呈对峙态势。次年,升任左更的白起,针对韩、魏两军互相观望,不愿当先出击的弱点,以少量兵力钳制联军的主力韩军,以主力猛攻较弱的魏军。魏军无备,仓促应战,迅即惨败。韩军震慑,且翼侧暴露,遭秦军夹击,溃败而逃。白起乘胜挥师追击,全歼韩魏联军,俘公孙喜,攻占伊阙,夺取五城。韩国精锐损失殆尽。秦国则以不可抗御之势向中原扩展。

17. 乐毅率联军破齐的济西之战

周赧王元年(前314),力图向外扩张的齐国,乘燕国内乱,出兵占领燕都,并大肆烧杀抢掠,燕国民众纷纷起来反抗,各诸侯国也准备出兵救燕,齐军被迫撤退。四年,燕昭王即位,广招贤才,励精图治,欲报破国之恨。但齐为强国,燕无力单独攻齐。燕昭王采纳亚卿乐毅及策士苏秦建议,利用齐、秦、赵三强争夺宋国富庶之地的矛盾,定下诱齐灭宋、争取与国、孤立齐国、"举天下而图之"(《战国策·燕策二》)的攻齐方略。经苏秦两次入齐离间,齐愍王相继西向攻秦,南下灭宋,并欲向中原扩展,加深了齐与各国的矛盾。燕昭王趁机派乐毅等四出联络,很快形成联合攻齐的局面。

三十一年(前284),燕昭王任命乐毅为上将军,统率燕、秦、楚、韩、赵、魏六国军队攻齐。齐愍王开始并未料到燕国会联合诸国攻齐,及至发现燕军已攻入齐国时,才匆忙任命触子为将,率领全国军队主力渡过济水,西进拒敌。双方兵力各约20余万在济水之西(今山东高唐、聊城一带)展开决战。齐军由于连年征战,士气低落。齐愍王为迫使将士死战,以挖祖坟、行杀戮相威胁,更使将士离心,斗志消沉。结果,当联军进攻时,齐军一触即溃,遭到惨败。触子逃亡不知下落,副将达子收拾残兵,退保都城临淄。齐军主力被消灭后,秦、韩两军撤走,乐毅派魏军南攻宋地,赵军北取河间(今河北献县东南),自率燕军向临淄实施战略追击,继续聚歼齐国败退的残军,攻占了齐国的国都。齐愍王被迫出逃至莒(今山东莒县)。此时楚顷襄王为分占齐地,便以救齐为名,派淖齿率兵入齐。齐愍王幻想借楚军力量抵抗燕军,便委任淖齿为相。淖齿在莒地杀掉了齐愍王,并夺回了以前被齐占去的淮北之地。

乐毅攻克临淄后,采取布施德政、收取民心的政策,申明军纪,严禁掳掠,废除残暴法令和苛捐杂税。然后分兵五路,以彻底消灭齐军,占领齐国全境。燕军仅在6个月的时间,就攻取了齐国70余城,只剩下莒和即墨(今山东平度东南)两城未被攻克。

此战,乐毅以多结与国的方略和连续进攻的作战指导而取胜,齐国则过早集中主力与强大联军决战,几致国亡,为后世用兵留下了宝贵的经验教训。

18.田单运用火牛阵复齐的即墨之战

周赧王三十一年(前284),燕将乐毅破齐,连克70余城,随即集中兵力围攻仅存的莒(今山东莒县)和即墨,齐国危在旦夕。齐臣王孙贾等杀掉淖齿,立齐愍王之子法章为齐襄王,守莒抗燕,并号召民众起来抵抗。乐毅攻城一年不克，命燕军撤至两城外九里处设营筑垒，欲攻心取胜，形成相持局面。

即墨，地处富庶的胶东，是齐国较大城邑，当时守将已战死，军民共推田单为将。田单利用两军相持的时机，集结7000余士卒，加以整顿、扩充，并增修城垒，加强防务。他和军民同甘共苦，"坐则织蒉（编织草器），立则仗锸（执锹劳作）"（《资治通鉴》卷四），亲自巡视城防；编妻妾、族人入行伍，尽散饮食给士卒，深得军民信任。田单在稳定内部的同时，为除掉最难对付的敌手乐毅，又派人入燕行反间计。燕惠王果然中计，派骑劫取代乐毅。乐毅投奔赵国。骑劫到任后，即一反乐毅的做法，改用强攻。由于齐国军民的顽强抵抗，仍未能奏效，田单为了进一步激励士气，诱使燕军行暴，即墨军民见状，无不痛心疾首，誓与燕军决一死战。田单进而麻痹燕军，命精壮甲士隐伏城内，用老弱、妇女登城守望。又派使者诈降，让即墨富豪持重金贿赂燕将，假称即墨将降，惟望保全妻小。围城已逾三年的燕军，急欲停战回乡，见大功将成，只等受降，更加懈怠。

三十六年，田单见反攻时机成熟，便集中千余头牛，角缚利刃，尾扎浸油芦苇，披五彩龙纹外衣，于一个夜间，下令点燃牛尾芦苇，牛负痛从城脚预挖的数十个通道狂奔燕营，5000精壮勇士紧随于后，城内军民擂鼓击器，呐喊助威。燕军见火光中无数角上有刀、身后冒火的怪物直冲而来，惊惶失措，齐军勇士乘势冲杀，城内军民紧跟助战，燕军夺路逃命，互相践踏，骑劫在混乱中被杀。田单率军乘胜追击，齐国民众也持械助战，很快将燕军逐出国境，尽复失地70余城。随后，迎法章回临淄（今山东淄博东北），正式即位为齐襄王，田单受封安平君。

田单在国破城危的极端不利态势下，长期坚守孤城，积极创造反攻条件，巧妙运用"火牛阵"，实施夜间奇袭，成为中国古代战史上以弱胜强的出色战例。

19. 深入敌国作战的鄢、郢之战

秦国在伊阙之战后，继续向东扩张。周赧王三十六年（前279），秦昭王命白起率军数万攻楚。秦军进入楚境后，拆桥焚舟，自断归路，夺楚粮为食，很快进逼楚别都鄢，威胁楚都郢。此时，楚军主力进据鄢城。白起见城坚难克，便在鄢城西面约百里处筑堤凿渠，引西山长谷水灌城，溺死城中军民甚众，乘势攻占鄢、邓、西陵等城。次年，白起挥师直指楚都郢。楚军慑于白起兵威，各顾其家，纷纷逃散。秦军进占郢，楚顷襄王被迫迁都于陈（今河南淮阳）。此战，白起乘隙果敢深入楚国腹地，因粮于敌，因势用兵，战必速决，是中国古代战争史上深入敌国作战的著名战例。

20. 遏止秦师东进的阏与之战

周赧王四十六年（前269）秦昭王派中更胡阳率军攻赵要地阏与（今山西和顺）。赵惠文王命赵奢领兵往救。赵奢见秦军势盛，为隐蔽作战意图，率部出邯郸30里，即坚壁不进。时秦军一部进屯武安西面，击鼓呐喊，耀武扬威，以钳制赵军。赵奢不为秦军声威所动，严厉制止驰援武安的主张，并增设营垒，造成赵军怯弱、唯保邯郸的假象，终使秦军轻敌麻痹。赵奢停留28天后，乘秦军不备，偃旗息鼓，率军疾进，两天一夜赶到距阏与城50里处筑垒列阵。秦军久攻阏与不克，突闻赵援兵至，仓促全力迎击。赵奢采纳军士许历建议，严阵以待，并派万人抢先占领北山高地。秦军攻山不下，赵奢挥兵反击，大败秦军，遂解阏与之围。

21. 大规模包围歼灭战的长平之战

阏与之战后，秦国东向锋芒一时受挫。秦昭王采用谋士范雎远交近攻的方略，结好齐国，先谋韩、魏。自前268年起，先后出兵迫使魏国亲附于己，接着又大举攻韩，先后攻取了陉、高平、少曲等地，并于前261年攻克野王（今河南沁阳），将韩国拦腰截为二段。韩国赶忙遣使入秦，以献上党郡（今山西长治一带）向秦求和。然而，上党太守冯亭欲借赵军以抗秦，私献上党于赵。赵为固守西面屏障，于次年遣廉颇屯军上党郡地长平。范雎遂建议秦王乘机出兵攻赵。秦王便命令左庶长王龁率领大军扑向赵国，攻打上党。上党赵军兵力不敌，退守长平（今山西高平西北）。秦数败赵兵，廉颇坚壁不出。秦不能速胜，遂派人持重金入赵离间，扬言廉颇不足为虑，且将投降，秦怕名将赵奢之子赵括为将；同时，又以各种手段动摇齐、楚等国救赵决心。赵王本不满廉颇失利不战，又听信传言，便令赵括代廉颇为将。秦即秘密以白起为上将军代王龁为主将。

赵括秉承赵王意图，急于求胜，一到长平，即更换部将，改变部署，与秦军决战。白起利用赵括只善于纸上谈兵而缺乏实战经验和骄傲轻敌的弱点，交战时佯败而退，赵括率军追至秦军营垒。秦军以主力坚守，以2.5万步卒切断赵括退路，将赵军分割为二；又以5000骑兵插入赵军营垒间，防止营垒赵军出援。赵括攻秦垒不破，四面被围，又遭秦军轻兵袭击，于是筑垒待援。秦昭王闻赵重兵被围，亲赴河内（今河南黄河以北地区），征发15岁以上男丁至长平，堵截援军，断其粮道。前来救赵的齐、楚军见秦军势大，观望不前。赵向齐乞粮不得，赵军饥饿46日，以至杀人而食。赵括分兵四队，轮番突围未成，遂亲率精兵搏战，被秦军射死。赵40余万众全部降秦，被白起尽数坑杀于长平谷口（今高平西）。

22．平原君毁家解难的邯郸之战

邯郸之战是战国后期，赵联合魏、楚军在赵都邯郸大败秦军的一次防御战。

长平之战赵国大败，秦上将军白起欲乘胜直捣赵都邯郸，但秦相范雎忌功，向秦王建议接受赵国许割六城议和的条件。于是，赵国利用停战间隙，厉兵秣马，重整军备，结好齐、楚、魏等国，联合抗秦。秦昭王得知赵国不予六城，不顾白起关于赵已国内实、外交成而不宜出兵的劝阻，于周赧王五十六年（前259）九月，遣王陵率军进攻邯郸。赵国军民怀长平之恨，坚城死守。秦军久攻不克，于次年改派王龁代王陵为将，仍屡攻不下。赵军久困于邯郸，形势日趋危急。赵相平原君赴楚求援，赖自荐同行的食客毛遂之助，得以完成使命。但援兵又迟迟未到。平原君万分焦虑，寝食不安。邯郸传舍吏子李同向平原君进言道："邯郸之民，炊骨易子而食，可谓急矣，而君之后宫以百数，婢妾被绮縠，余粱肉，而民褐衣不完，糟糠不厌。民困兵尽，或剡木为矛矢，而君器物钟磬自若。使秦破赵，君安得有此？使赵得全，君何患无有？今君诚能令夫人以下编于士卒之间，分功而作，家之所有尽散以飨士，士方其危苦之时，易德耳"《史记·平原君虞卿列传》。于是平原君散家财与士卒，编妻妾入行伍，鼓励军民共赴国难，并选3000精兵，不断出击，疲惫秦军。同时，接连遣使赴魏求援。魏遣晋鄙率军10万救赵，因受秦威胁，至邺（今河北临漳西南）即屯兵不进。魏公子无忌（信陵君）使人盗魏王兵符，击杀晋鄙，夺取军权，选兵8万会楚军救赵。秦军久顿坚城，师老兵疲，受赵、魏、楚军内外夹击，大败，秦将郑安平率2万人降赵，邯郸围解。赵、魏乘胜夺回了部分失地。

23. 秦统一六国之战

秦统一六国的战争，既是战国末期最后一场诸侯兼并战争，又是中国历史上最早的一场封建统一战争。从前230年到前221年，秦国用了10年的时间，相继灭掉了北方的燕、赵，中原的韩、魏，东方的齐和南方的楚六个国家，结束了春秋以来长达500余年的诸侯割据纷争的战乱局面，建立了中国历史上第一个中央集权统一国家。

史书记载秦国"西有巴蜀、汉中之利，北有胡貉、代马之用，南有巫山、黔中之限，东有崤函之固"，在地理位置上进可攻，退可守；"战车千乘，奋击百万"，军事力量远胜于其他六国。与此同时，山东六国统治集团内部相互倾轧，争权夺利，政局很不稳固。各国之间长期战争，实力消耗，国力被削弱。六国面对强秦的威胁，虽然屡次合纵抗秦，但在秦国连衡策略下先后瓦解而失败。他们时而"合众弱以抗一强"，时而"恃一强以攻众弱"，无法形成稳固统一的抗秦力量，给秦国各个击破以可乘之机。

前238年，秦王政在李斯、尉缭等协助下制定了统一全国的战略策略。秦灭六国的战略有两个内容，一是乘六国混战之际，秦国"灭诸侯，成帝业，为天下一统"。秦王政采纳了尉缭破六国合纵的策略，"毋爱财物，赂其豪臣，以乱其谋"，从内部分化瓦解敌国。二是继承历代远交近攻政策，确定了先弱后强，先近后远的具体战略步骤，李斯建议秦王政先攻韩赵，"赵举则韩亡，韩亡则荆魏不能独立，荆魏不能独立则是一举而坏韩、蠹魏、拔荆，东以弱齐燕"。这一战略步骤可以概括为三步，即笼络燕齐，稳住楚魏，消灭韩赵，然后各个击破，统一全国。在这种战略方针指导下，展开了一场统一战争。

前236年，秦王政乘赵攻燕、国内空虚之际，分兵两路大举攻赵，经过数年连续攻战，一时无功。于是秦国转攻韩国，前231年，攻下韩国南阳，次年，秦内史滕率军北上，攻占韩国都城阳翟（今河南禹州市），俘虏韩王安，在韩地设置颍川郡，韩国灭亡。

前229年，秦大举攻赵，名将王翦率军由上党出井陉，端和由河内进攻赵都邯郸。赵国派大将李牧迎战，双方屡有胜负，陷入僵局，相持一年之久。秦军乃以重金贿赂赵王宠臣郭开、韩仓，使其诬告李牧等谋反。赵王听信谗言，撤换李牧，逼李牧自尽，由于临阵易将，赵军士气受挫，失去了相持能力。前228年，王翦向赵国发起总攻，很快攻占了邯郸，俘虏赵王迁，赵国灭亡。

秦国在攻赵的同时，兵临燕境。燕国无力抵抗，太子丹企图以刺杀秦王的办法挽回败局，派荆轲以进献燕国地图为名，谋刺秦王政，结果阴谋暴露，被秦国处死。秦王政以此为借口，派王翦率兵攻打燕国，秦军在易水（今河北易县境内）大败燕军。次年10月，王翦攻陷燕国都蓟（今北京市），燕王喜与太子丹率残部逃到辽东（今辽宁辽阳市），苟延残喘，燕国名存实亡。

前225年，秦将王贲率军出关中，东进攻魏，迅速包围魏都大梁（今河南开封市）。秦军引黄河水灌城，攻陷大梁，魏王假投降，魏国灭亡。

前226年，秦王以为王翦因年老怯战，没有听取他的意见，派李信和蒙恬率军20万攻打楚国。楚将项燕率军在城父大败秦军，李信败逃回国。前224年，秦王政亲自向王翦赔礼，命他率60万大军再次伐楚，双方在陈（今河南淮阳县）相遇，王翦按兵不动，以逸待劳，楚军屡次挑战，秦军不与交战，项燕只好率兵东归。王翦乘楚军退兵之机，挥师追击，在蕲（今安徽宿州市）大败楚军，杀楚将项燕。次年，秦军乘胜进兵，俘虏楚王负刍，攻占楚都郢（今湖北荆州市），设置郢郡，楚国灭亡。

前222年，秦将王贲率军歼灭了辽东燕军，俘虏燕王喜，回师途中又在代北（今山西代县）俘获赵国余部代王嘉，然后由燕地乘虚直逼齐国。齐王建慌忙在西线集结军队，准备抵抗。前221年，秦军避开西线齐军主力，从北面直插齐国都城临淄（今山东淄博市）。在秦国大兵压境的形势下，齐王建不战而降，齐国灭亡。

二、秦汉时期

1. 破釜沉舟，埋葬秦王朝的巨鹿之战

巨鹿之战，发生于秦二世三年（前207）十二月，是秦末农民大起义中起义军同秦军主力章邯部在巨鹿地区（今河北省平乡县西南）的一场战略决战。

秦王朝赋役繁重，刑政暴虐，导致社会矛盾全面激化。秦二世元年（前209）七月，爆发了陈胜、吴广起义战争。九月，项梁、项羽和刘邦相继在吴中（今江苏苏州）、沛县（今属江苏）聚众起义。被秦灭亡的六国旧贵族也乘机而起，出现了天下反秦的形势。

秦王朝遣少府章邯率军出函谷关，于次年初镇压陈胜吴广起义军后，又相继击灭齐王田儋、魏王咎部，大败楚军于定陶（今山东定陶西北），杀楚将项梁。章邯遂以为楚地兵不足忧，移兵北上攻赵。赵军将寡兵微，非秦军之对手，数战不利，赵王歇遂被迫放弃都城邯郸，赵军退守巨鹿。章邯率军乘胜逼进，他命令王离率20万人将巨鹿团团围困，自己亲自带领20万人屯驻于巨鹿南数里的棘原，构筑甬道，直达巨鹿城外，以供应王离军粮秣，企图长期围困巨鹿，困死赵军，并伺机拔城，彻底平定赵地。此时，赵将陈余征得数万援兵，进驻巨鹿北边，但因慑于秦军人多势众，不敢直接驰援巨鹿，对秦军采取避而不战的做法。赵巨鹿守军兵少粮缺，形势十分危急，于是只好遣使向各路反秦武装紧急求援。

楚怀王即命宋义为上将，项羽为次将，范增为末将，统率楚军主力5万人北上救赵，以伺机歼灭秦军主力。同时，派遣刘邦率军乘虚经函谷关进入关中，伺机攻打咸阳。这一战略部署的着眼点在于两支军队互相配合、双管齐下，使秦军陷于两线作战、顾此失彼的被动局面，以收一举灭秦之效。

秦二世三年十月，宋义率军抵安阳（今山东曹县东）后，饮酒作乐，滞留46日，坐观秦、赵相斗，以收渔人之利。项羽激于义愤，杀宋义。怀王改命项羽为上将军。时燕、齐、魏等援军已至巨鹿城郊，但不敢与秦军交锋。十二月，项羽遣英布、蒲将军率2万人为前锋，渡漳水，隔绝章邯、王离两军联系，断其甬道，使王离军缺粮。接着，亲率主力跟进，渡漳水后，命令全军破釜沉舟，每人仅带三日粮，准备决一死战。楚军进至巨鹿城外，即将王离围困。章邯率部往救，项羽挥军迎击。楚军将士奋勇死战，九战九捷，大败秦军。燕、齐、魏诸军乘势冲出壁垒，围攻王离军。经过激战，秦将王离被俘，苏角被杀，涉间自焚，巨鹿之围遂解。秦军在巨鹿失利后，章邯固守棘原与项羽对峙，并派部将司马欣向秦廷告急求援。时秦廷内部分崩离析,赵高专权,拒司马欣于宫门之外。章邯欲率军投楚,派人求见项羽,未成,又筹划退军。项羽乘章邯狐疑不定,命蒲将军率部日夜兼程渡三户津(古漳水渡口,在今河北磁县西南),断秦军归路。项羽继率主力与秦军激战于汙水(漳水支流),大败秦军。章邯进退无路,七月,率秦军20万在洹水南岸的殷墟投降项羽。巨鹿一战,秦军主力覆灭,为刘邦入关亡秦创造了条件。

2. 揭开楚汉战争序幕的彭城之战

秦亡后,刘邦乘项羽攻打齐、赵之机,击败章邯、董翳、司马欣三王,夺占关中。前205年,刘邦率诸侯联军56万长驱东进,一举攻占楚都彭城。项羽闻讯,自领精兵3万从鲁(今山东曲阜)迅速南下,占领彭城西面的萧县(今安徽萧县西北),切断汉军归路,接着于拂晓猛攻彭城。汉军大败,项羽挥兵追至灵璧(今安徽淮北市西)东面,刘邦乘大风骤起,飞沙走石之时仅率数十骑逃走。此战,刘邦遭到严重挫折,诸侯纷纷背汉向楚。

3. 背水设阵的井陉之战

井陉之战是楚汉战争中,汉将韩信开辟北方战场,在井陉口(今河北井陉东)一带对赵军的一次出奇制胜的进攻作战。

彭城之战后,汉军失利,诸侯皆背弃刘邦。占据赵、代称王的赵歇、陈余也与刘邦绝交。三年十月(前204),为开辟北方战场,汉将韩信率军3万挥师击赵。赵歇、陈余闻讯,以号称20万大军于井陉口防守。

井陉口是太行山八大隘口之一,其西,有一条长约几十公里的狭窄驿道,易守难攻,不利于大部队的行动。当时赵军先期扼守住井陉口,居高临下,以逸待劳,且兵力雄厚,处于优势和主动地位。反观韩信,麾下只有数万新募之卒,千里行军,将士疲乏,处于劣势和被动地位。陈余谋士李左车分析道:"今井陉之道,车不得方轨,骑不得成列,行数百里,其势粮食必在其后。"如果"从间路绝其辎重;足下深沟高垒勿与战。彼前不得斗,退不得能还,野无所掠,不至十天",必败无疑。陈余则认为韩信兵少,千里来袭,疲惫不堪,理当正面迎击。韩信探知陈余拒纳李左车建议,即挥军前进,在距井陉口30里处扎营。夜半,传令发兵,先选轻骑2000,每人手持赤旗,从小路依山隐蔽,待机行动。韩信鉴于敌强己弱,所领士卒多未经训练，乃一反常规，派兵万人为前锋，背绵蔓水（今绵河）列阵，置军于绝地。赵军见状，以为韩信不知兵事。天明，韩信建大将旗鼓，率主力向井陉口进发，赵军出壁垒迎击。激战多时，韩信佯败，弃旗鼓奔向背水阵。赵军中计，全力出击，争夺旗鼓，追逐汉军。背水为阵的汉军拼死抵抗，依山隐蔽的2000名汉军骑兵乘虚驰入赵军壁垒，树起2000面赤旗。赵军进攻不能获胜，正欲退军，望见壁上汉军赤旗，惊皇溃散。汉军乘势两面夹攻，歼灭赵军，追斩陈余，赵歇被俘。战后，韩信镇抚赵地，招降燕人，南与成皋（今河南荥阳汜水镇）战场汉军互相呼应，对楚军侧后形成极大威胁。

在此战中，韩信深入险地，背水设阵，一举歼灭赵军，成为中国古代战争史上灵活用兵、以少胜多的著名战例。

4. 终结楚汉之争的成皋之战

秦末农民大起义推翻秦王朝反动统治后，起义军首领项羽和刘邦为争夺统治权而展开长期战争，历史由此进入了楚汉相争时期。

刘邦善于运用谋略，巧妙利用矛盾，做到示形隐真，乘项羽东进镇压田荣反楚之际，暗渡陈仓，占领战略要地关中地区。尔后又联络诸侯军56万袭占彭城，端了项羽的老窝，成为项羽强有力的对手。

然而在袭占彭城之后，刘邦满足于表面上的胜利，置酒作乐，疏于戒备。而项羽一接到彭城失陷的消息，即亲率精兵3万从齐地赶回，乘刘邦毫无戒备的时机，发起进攻，夺回彭城。刘邦溃不成军，仅带骑兵数十名狼狈逃脱，自己的父亲和妻子吕雉也成了项羽的阶下之囚。

彭城之战使刘邦主力遭到歼灭性的打击，楚军乘胜实施战略追击，一些原来追随刘邦的诸侯这时见风使舵，纷纷背汉投楚，形势对刘邦来说殊为严峻。为了扭转不利的战局，刘邦采纳张良的建议，在政治上争取同项羽有矛盾的英布，重用彭越、韩信，团结内部力量；在军事上制定据关中为根本，以正面坚持为主，敌后袭扰和南北两翼牵制为辅的对楚作战方针，并一一予以实施。

前205年五月，刘邦退到荥阳一线收集残部。这时，刘邦的部下萧何在关中征集到大批兵员补充前线，韩信也带部队赶来与刘邦会合。刘邦的汉军得到休整补充后,实力复振,将楚军成功地遏阻于荥阳以东地区,暂时稳定了战局。

荥阳及其西面的成皋,南屏嵩山,北临河水(黄河),汜水纵流其间,为洛阳的门户,入函谷关(今河南灵宝东北)的咽喉,战略地位十分重要。自五月起,汉、楚两军为争夺该地展开了一场旷日持久的战争。

交战初,刘邦即按照张良制定的谋略,实施正面坚持、敌后袭扰和翼侧牵制的作战部署,以政治配合军事,以进攻辅助防御,游说英布倒戈,从南面牵制项羽;派遣韩信破魏,保障翼侧安全;联络彭越,袭扰项羽后方,从而有力地迟滞了项羽的进攻。前204年春,项羽将刘邦围困于荥阳。刘邦始则以请和为名,行缓兵之实,继而使陈平施反间计,迫使力主急攻荥阳的项羽主要谋士范增愤然离去,又派部将冒充汉王诈降,得以趁机潜出荥阳,返回关中。项羽在继续围困荥阳的同时,进占成皋。五月,刘邦由关中率军经武关,出宛、叶,以调动楚军,减轻荥阳守军的压力。韩信率部由赵地南下,直抵河水北岸,与刘邦及荥阳汉军互相策应。项羽急欲寻刘邦主力决战,果引兵向南。其时,彭越攻占下邳(今江苏睢宁西北),项羽不得不回师解救,汉军乘机收复成皋。六月,项羽发动第二次攻势,攻占荥阳,再夺成皋,挥戈西进。刘邦仓卒逃至河水北岸,深沟高垒,不与楚军交锋。同时,派韩信组建新军击齐,继续开辟北方战场。又遣刘贾等率兵深入楚地,协助彭越焚毁楚军物资,并攻占梁地十余城,迫使项羽第二次回师解救。刘邦乘项羽东去之机,再次夺回成皋,并收敖仓积粟以充军用。楚军回师成皋,与汉军对峙于广武。项羽欲与刘邦决胜,刘邦坚守不战。双方对峙数月,项羽无计可施。值韩信平定齐地,遣灌婴领兵深入彭城附近。楚军腹背受敌,少食无助,乃与汉议和,以鸿沟为界,引兵东归。前202年,刘邦采纳张良计,乘势挥军追击,在垓下(今安徽灵璧南)合围并大败楚军。项羽突围后自刎于乌江(今安徽和县东北,一说自刎于东城)。二月,刘邦称帝,建立汉朝,重新统一了中国。

5.周亚夫平定七国叛乱之战

刘邦立国后,借口清除叛乱,杀掉在楚汉战争时期分封的异姓诸王韩信、彭越、英布等人。同时,大封同姓子弟为王,并立下"非刘氏王者,天下共击之"的誓言，企图用家族血缘关系来维持刘氏的一统天下。后来诸王封地实际成了独立王国，与汉廷的矛盾日益激化。汉文帝用贾谊策，将一些诸侯国分小。汉景帝时又采纳御史大夫晁错削藩的建议，将诸侯王的部分封地收归朝廷管辖。吴王刘濞乘机纠合楚王、胶西王、菑川王、胶东王、济南王、赵王进行武力反叛。

汉景帝在获悉七王叛乱后，先是采取姑息政策，杀掉晁错，并恢复诸王封地，企图以此平息战乱。直到这一政策失败后，才决心迎击叛军，任命周亚夫为太尉，统率36将军东攻吴楚，另派郦寄攻赵，栾布攻齐，并以窦婴屯于荥阳，监视齐赵叛军动向。这一作战部署的着眼点是：分兵箝制齐赵，集中主力打击反汉的重要力量吴楚两军。

周亚夫率军由长安出发，准备会师洛阳，接受部下赵涉意见，改变进军路线，迅速由蓝田出武关，经南阳抵达洛阳，抢占荥阳要地，控制了洛阳的军械库和荥阳的敖仓，并派兵清除了崤渑间的吴楚伏兵，保障了潼关、洛阳间的交通补给线和后方的安全，顺利实现了第一步作战计划。然后，周亚夫率军30余万东出荥阳，进抵淮阳，针对吴楚锐气正盛，难与正面交锋，遂引兵东北，屯于昌邑（今山东金乡西北），让梁王坚守梁地，阻止吴兵西进，同时派兵奇袭淮泗口（今江苏淮阴县西泗水入淮之口），截断吴军粮道。

景帝三年（前154）正月，吴楚联军向梁进攻，棘壁（今河南永城西北）一战，歼灭梁军数万人，乘胜西进，梁军退保睢阳（今河南商丘南），被吴楚联军围攻。梁王数次派人求援，周亚夫按兵不动，直到吴楚攻梁受到相当消耗后，才将主力推进至下邑（今安徽砀山）。在吴楚四面围攻形势下，梁一面竭力固守，一面组织力量不断出击，袭扰吴军。吴楚联军久攻睢阳不下，屡屡受挫，西取荥、洛的企图难以实现，退路又受威胁，乃调转兵力进攻下邑，寻求汉军主力决战。周亚夫深沟高垒，坚壁不战。吴楚求战不得，派部分兵力佯攻汉军壁垒的东南角，转移汉军注意力，以主力强攻西北角，这一声东击西的企图被周亚夫及时识破，当吴军进攻东南角时，他加强了西北角的防御，粉碎了吴楚军的进攻。吴楚联军号称数十万，既遭顿挫于睢阳，又不得逞于下邑，进退维谷，加上饷道被断，粮食不继，在粮尽兵疲、士卒叛逃、士气低落的情况下，不得不撤兵西走。周亚夫乘机追击，大破吴楚联军。楚王兵败自杀，吴王仅率数千人乘夜向江南逃窜，企图依托东越垂死挣扎，但东越王慑于汉军压力，诱杀吴王。喧嚣一时的吴楚叛乱，历时仅3个月便完全失败。

当吴、楚联军向梁进攻时，胶西、胶东、菑川、济南四王在胶西王的指挥下，举兵西进围攻齐王临淄，经过3个月激战，被栾布击败。赵王刘遂联络匈奴，企图西入长安。当郦寄军进攻时，龟缩邯郸，凭城固守，汉围攻7月不克。栾布在消灭四王之后回师同郦寄合力进攻，引水灌城，城破后赵王自杀。至此，汉赢得了平定七王叛乱战争的彻底胜利。

6. 汉武帝反击匈奴之战

秦汉时期，北方的匈奴一直对中原王朝构成巨大的威胁。汉初，由于实力不逮，只能对匈奴采取和亲政策，与其约为兄弟，以缓解匈奴的袭扰。然而"和亲"政策并不能遏制匈奴的袭扰活动，汉朝的边患依旧相当严重。经过"文景之治"，整个国家呈现出一片富庶丰足的景象，而且军事力量也有所增强。在此基础上，汉武帝决心反击匈奴。

汉武帝反击匈奴之战，始于武帝元光六年（前129），共历时三、四十年之久，其中又可以取得漠北决战胜利为标志，划分为前后两个阶段，而以第一个阶段为主体。在这一时期内，汉军曾对匈奴展开三次重大反击作战，并取得决定性的胜利，这就从根本上解决了匈奴南下骚扰的问题。这三次战略反击，分别是河南、漠南之战、河西之战和漠北之战。

（一）河南、漠南之战

汉武帝元朔二年（前127），匈奴骑兵进犯上谷（今河北怀来东南）、渔阳（今北京密云西南）等地。

汉武帝避实就虚，实施反击，派遣卫青率大军进攻为匈奴所盘踞的河南地。卫青引兵北上，出云中，沿黄河西进，对占据河套及其以南地区的匈奴楼烦王、白羊王所部进行突袭，全部收复了河南地。汉武帝采纳主父偃的建议，在河南地设置朔方、五原两郡，并筑朔方城，移内地民众十多万在朔方屯田戍边。汉军收复河南地，解除了匈奴对长安的威胁，并为汉军建立了一个战略进攻的基地。

匈奴贵族不甘心失败，数次出兵袭扰朔方，企图夺回河南地区。元朔五年（前124）春，车骑将军卫青率军出朔方，进入漠南，反击匈奴右贤王；李息等人出兵右北平（今内蒙古宁城西南），牵制单于、左贤王，策应卫青主力军的行动。卫青出塞二三百公里，长途奔袭，突袭右贤王的王廷，打得其措手不及，狼狈北逃。此战彻底消除了匈奴对京师长安的直接威胁，并将匈奴左右两部切断，以便分而制之。

次年二月和四月，新任大将军的卫青两度率骑兵出定襄（今内蒙古和林格尔西北），扩大了对匈奴作战的战果，迫使匈奴主力退却漠北一带，远离汉境。

（二）河西之战

河西即现在甘肃的武威、张掖、酒泉等地，因位于黄河以西，自古称为河西，又称河西走廊。它为内地至西域的通路，具有重要的战略地位，这时它仍在匈奴的控制之下，对汉朝的侧翼构成威胁。汉廷为了打通西域的道路和巩固西部地区，遂决定展开河西之役。，为此，组织强大的骑兵部队，委派青年将领霍去病出征河西匈奴军。

元狩二年（前121）三月，霍去病率精骑万人出陇西，越乌鞘岭，进击河西走廊的匈奴，长驱直入，在短短的6天内连破匈奴五王国。接着翻越焉支山（今甘肃山丹大黄山）千余里，与匈奴军鏖战于皋兰山下，连战皆捷，歼敌近9000人，斩杀匈奴名王数人，俘虏浑邪王子及相国、都尉多人，凯旋而还。

同年夏天，汉武帝再次命令霍去病统军出击。为了防止东北方向的匈奴左贤王部乘机进攻，他又让张骞、李广等人率偏师出右北平，攻打左贤王，以策应霍去病主力的行动。

这一次，霍去病率精骑数万出北地郡，绕道河西走廊之北，迂回纵深达1000多公里，远出敌后，由西北向东南出击，大破匈奴各部，在祁连山与合黎山之间的黑河（今弱水上游）流域与河西匈奴主力展开决战，取得决定性胜利，全部占领河西走廊地区。汉廷在那里设置武威、酒泉、张掖、敦煌四郡，移民实边戍守生产。

河西之战，给河西地区的匈奴军以歼灭性打击，使汉朝统治延伸到这一地区，打通了汉通西域的道路，实现了"断匈奴右臂"的战略目标。

（三）漠北之战

匈奴不甘心失败,仍继续从事南下袭扰的活动。并采纳汉降将赵信的建议,准备引诱汉军主力至沙漠以北地区,寻机加以歼灭。

汉武帝集中了精锐骑兵10万人,组成两个大的战略集团,分别由大将军卫青、骠骑将军霍去病统率。另以步兵几十万,马匹十余万配合骑兵主力的行动。卫青、霍去病受命后,各率精骑5万分别出定襄和代郡,沿东西两路北进,决心在漠北与匈奴进行会战。

匈奴单于闻报汉兵将至,采纳赵信建议,将部众、牲畜、辎重转移到更远的北方,"以精兵待于幕北"。卫青出塞后,得知匈奴单于的战略意图,即率主力直扑单于所在,横渡大沙漠,北进几百公里,寻歼单于本部。同时命令李广、赵食其率所部从东面迂回策应。双方鏖战至黄昏,大风骤起,飞沙扑面,两军难辨彼此。卫青乘势分轻骑从左右迂回包抄。单于带数百精骑突围,向西北逃遁。是役虽然未能擒服单于,但一举歼俘匈奴军19000人,挺进到寘颜山(今蒙古杭爱山南端)的赵信城,尽烧其城和匈奴积粟而还。

在另一个方向,霍去病率军出代郡和右北平,北进1000余公里,渡过大漠,与匈奴左贤王部接战,尽歼其精锐,俘获屯头王、韩王以下70400余人。左贤王及其将领弃军逃逸,霍去病乘胜追杀,直抵狼居胥山(今蒙古乌兰巴托东),然后凯旋班师。

漠北之役是汉匈间规模最大,战场距中原最远,也是最艰巨的一次战役。是役,汉军虽然付出了很大代价,但共歼匈奴9万余人,严重地削弱了匈奴的势力,使得其从此无力大举南下,造成了"是后匈奴远遁,而幕南无王庭"的局面。

7. 推翻王莽政权的昆阳之战

西汉末年,政治腐朽,经济凋敝,民不聊生,危机四起。外戚王莽夺取政权,建立新朝。但王莽上台后"托古改制"的做法,导致阶级矛盾更趋激化。农民起义遍及河水(黄河)南北和江汉地区,其中绿林、赤眉声势最大。

地皇四年(23)初,绿林军乘王莽主力东攻赤眉之机,挥兵北上,在沘水(今河南泌阳境)、淯阳(今河南新野东北)击败王莽守军,势力迅速发展到十余万人。二月,推举汉室后裔刘玄为帝,恢复汉制,年号更始。更始政权建立后，即以主力北上围攻战略要地宛城（今河南南阳），并开进到滍川一带。另派王凤、王常和刘秀等人统率部分兵力，迅速攻下昆阳（今河南叶县）、定陵（今河南舞阳北）、郾县（今河南郾城南）等地，与围攻宛城的主力形成犄角之势。王莽派大司空王邑急赴洛阳，与大司徒王寻调集各州郡兵40余万南进，企图一举扑灭汉军。

五月，王莽军"旌旗辎重，千里不绝"，于洛阳经颍川直逼昆阳。当时昆阳汉军仅八九千人，刘秀以合兵尚能取胜、分散势难保全的道理，说服诸将固守昆阳。此时王莽军已逼近城北，汉军无路可走，乃决定由王凤、王常等率众守城。刘秀率13骑赴定陵、郾县调集援兵。王寻、王邑围困昆阳城后，恃众逞强，围昆阳数十层，并掘地道，造云车，企图强攻取胜。昆阳守军合力抵抗，坚守危城。

刘秀等抵定陵、郾县后，说服不愿出兵的诸营守将，于六月初一率步骑万余援兵驰援昆阳。此时王莽军久战疲惫，锐气大减。刘秀亲率千余精锐为前锋，斩杀王莽军千余人，又假传已克宛城，动摇王莽军军心。接着，刘秀亲率3000勇士密渡昆水（今叶县辉河），出其不意地迂回至王莽军侧后，猛击其中坚。汉军勇猛冲杀，王莽军阵势大乱，王寻被杀。昆阳守军见城外汉军取胜，乘势出击，内外夹攻，王莽军大乱，纷纷夺路逃命，互相践踏，死伤惨重。又恰遇雷雨，滍水（今叶县沙河）暴涨，王莽军万余人被淹死，仅王邑、严尤、陈茂等率数千人逃回洛阳。

昆阳之战，刘秀等汉军将领，以昆阳守军钳制强敌，用精干援军捣敌要害，大破王莽军主力，为汉军进军洛阳、长安，推翻新莽政权创造了条件，成为中国古代战争史上以少胜多、以弱胜强的著名战例。

8. 东汉王朝的统一之战

东汉王朝的统一之战，是指东汉光武帝刘秀利用新莽政权被推翻后群雄并起、中原无主的有利时机，以武力进攻为主，以政治诱降为辅，先后镇压赤眉农民军，兼并群雄的一场战争。战争历时多年，先后经历了平定关东、攻占关中、并陇灭蜀几个主要阶段。堪称为我国古代封建统一战争中的一个范例。

（一）平定关东

刘秀以复兴汉室为号召,不断壮大自身的势力,先后镇压了铜马、高潮、重连、尤来、大枪、五幡等部农民起义军,并将农民军中的精壮收编入自己的队伍之中,扩充自己的实力。待羽翼丰满后,刘秀公开与更始政权决裂,更始三年(25)六月,刘秀在鄗南(今河北柏乡)即皇帝位(光武帝),沿用汉的国号,并以这一年为建武元年。不久,定都洛阳,史称东汉。

刘秀称帝后,虽然基本控制了中原(今河南、河北大部和山西南部)要地,但是仍处于各种武装势力的包围之中。刘秀根据形势,采取了"先关东,后陇蜀",先集中力量消灭对中原威胁最大的关东武装势力,再挥师西向的战略决策,采取由近及远、各个击破的战略方针。

建武二年(26)春,刘秀命大将盖延率军5万进击直接威胁洛阳的刘永集团。盖延兵分两路,夹击进围刘永于睢阳(河南商丘南)。数月后城破,刘永逃奔谯县(今安徽亳县)。汉军乘胜追击,夺占沛、楚、临淮等三郡国大部。次年,刘永复据睢阳,刘秀命大司马吴汉及盖延再击刘永,围城百日,刘永粮尽突围,被部将所杀,睢阳守军降。豫州东部、徐州大部(约今豫东、皖北、苏北和鲁东南地区)均为刘秀所有。

刘秀在以优势兵力进击刘永集团的同时,消灭了南阳刘玄余部及董䜣、邓奉等势力,大败秦丰、田戎,并镇压了赤眉农民起义军。此后,刘秀又遣军北攻彭宠,占领渔阳,统一了燕蓟地区。

接着,刘秀采取"北守东攻"的战略方针。五年(29年)六月,刘秀亲率吴汉等攻东海郡(治今山东郯城)董宪,将其大败于昌虑(今山东枣庄西)。董宪退保郯(今山东郯城北)。八月攻下郯城,全歼其主力,董宪逃往朐(今江苏连云港南)。十月,刘秀遣大将耿弇进击张步,诱杀其大将费邑,连破40营,夺取济南郡(约今济南市),继克临淄(今山东淄博东北)。张步为挽回败局,率军号称20万,直扑临淄。耿弇以城为依托,诱其进攻,然后以奇兵袭击张步军,连战获胜。张步被迫降汉。建武六年(30)正月,吴汉领军破朐,击杀董宪。刘秀军歼灭李宪于舒(今安徽庐江西南)。至此,关东割据势力全部被消灭。

(二)镇压赤眉农民起义军的崤底之战

在从事关东统一之战的同时,刘秀也展开了镇压赤眉农民起义军的行动。

建武元年（25）九月，赤眉军攻入长安，推翻了更始政权。后因粮秣不继而西出陇东寻求出路，但结果为当地割据势力隗嚣所击败，只好折回关中。他们击走乘虚盘据在那里的邓禹军，重新控制了长安。但由于后勤保障仍未获得解决，赤眉军再度陷入饥馑，并为地方豪强武装所包围。不久，被迫放弃长安，引兵东归。刘秀为一举扑灭赤眉军，决定凭借崤函险道，以逸待劳，对赤眉军实施截击。遂派冯异代邓禹为主将，急速西进，抵华阴（今陕西华阴西）阻击赤眉军，同时命令候进、耿弇部集结，准备会同进剿。次年正月，冯异撤至湖县（今河南灵宝西北）与邓禹部汇合。不久赤眉军进至这一带，与汉军相对峙。邓禹邀功心切，迎战赤眉军。赤眉军先佯败，后反攻，大败邓禹军，邓禹仅率24骑逃回宜阳。冯异率军相救，也被赤眉军所击败。冯异逃至崤底，后收集散兵和当地豪强武装数万人，与赤眉军继续交战。二月，双方大战于崤底。战前，冯异先派一部分士卒化装成赤眉军，潜伏于道旁。战斗开始，冯异以少数兵力诱使对方进攻，再以主力相拒，待赤盾军攻势减弱后，突发伏兵出击。赤眉军因无法辨认敌我而阵脚大乱，溃退至崤底，8万余人投降。接着，刘秀亲率大军，与先期部署的候进、耿弇部会合，拦截折向东南的赤眉军余部于宜阳（今河南宜阳西），予以全歼，赤眉军首领樊崇等十余万人投降。至此，刘秀终于将延续10年之久的赤眉农民起义扼杀在血泊之中。

（三）伐陇之役

刘秀在镇压赤眉军，削平关东群雄之后，刘秀根据当时窦融据有河西，隗嚣占据陇西，公孙述割据巴蜀形势，制定了由近及远、稳住窦融、先陇后蜀、各个击破的战略方针，首先将兵锋指向隗嚣。

建武六年（30年）四月，刘秀正式发动伐陇之役。遣耿弇等分兵进攻陇坻（今陇山，陕西陇县西北），隗嚣居高临下，以逸待劳挫败汉军攻势。于是刘秀暂时转攻为守，命大司马吴汉赴长安集结兵力，以资策应。同时争取河西窦融出兵相助，使隗嚣腹背受敌，并让马援煽动隗嚣部属及羌族酋长附汉。隗嚣见处境危急，遂向公孙述称臣，联蜀抗汉。建武七年秋，隗嚣得西蜀援兵后亲率3万大军进攻安定（今甘肃镇原东南），另派一部进攻汧县

（今陕西陇县北），企图夺取关中，但分别为汉军冯异、祭遵部所击败。

隗嚣的冒险出击，造成后方的空虚，为刘秀乘虚蹈隙、直捣陇西提供了机遇。建武七年春，刘秀派遣来歙率2000人出敌不备，伐木开道，迂回奔袭，占领陇西战略要地略阳（今甘肃庄浪县西南），隗嚣大惊，即遣重兵数万进击来歙，企图夺回略阳。来歙与将士顽强坚守，使隗嚣顿兵挫锐于坚城之下，有力地牵制了隗嚣的主力。刘秀把握战机，速派吴汉、岑彭、耿弇、盖延诸将分兵进击陇山，占领高平（今宁夏固原），并亲率关东大军征讨隗嚣。所到之处，隗嚣的部队土崩瓦解，隗嚣本人败逃西城（今甘肃天水西南）。汉将吴汉、岑彭跟踪而至，兵围西城数月。隗嚣大将王元率西蜀援兵赶到，才救出隗嚣，共奔冀县（今甘肃天水西北），汉军也因粮尽撤兵。过后，隗嚣虽然重占了陇西大部，但实力已遭重创。

建武九年（33）正月，隗嚣在忧愤交加中病死，部下立其次子隗纯为王。刘秀采纳来歙建议，再次发兵攻打陇西。来歙、冯异诸将领兵沿渭水西进，击破西蜀援军，进围落门（今甘肃武山东北）。到了次年十月，终于攻破落门，迫降隗纯。历时四年的陇西之战宣告结束。

（四）攻蜀之战

刘秀摧毁陇西隗嚣势力后，于建武十一年（35）春挥兵攻蜀。刘秀针对公孙述东依三峡、北靠巴山、据险自守的军事部署，制定了水陆并进、南北夹击、钳攻成都的作战方略。派大将岑彭、大司马吴汉率荆州诸军由长江溯江西进，命大将来歙率陇西诸军出天水，指向河池（今甘肃徽县西北），相机南进。

岑建武十一年（35年）春，彭军迅即攻占夷陵，突入江关（今四川奉节）。蜀军田戎部退出三峡，入保江州（今四川重庆）。北路来歙军击败王元诸部，占领河池、下辨（今甘肃成县），乘胜南进。公孙述派刺客杀来歙，阻止汉军南下。

岑彭军进抵江州后，见江州城坚不宜强攻，遂留冯骏监视田戎，自率主力北上，攻占平曲（今合川西北）。公孙述急调王元、延岑军南下增援，集结重兵于广汉（今四川射洪南）、资中（今四川资阳北）一带，保卫成都；又命候丹率军2万屯守黄石（四川江津境），阻击汉军，策应王元。

岑彭根据敌情变化，分兵两路，进击蜀军。一路由臧宫率领，进据平曲上游，攻打蜀军王元、延岑部；主力则由他本人率领，取道江州，溯江西上，攻占黄石，击败候丹军。接着，倍道兼行，疾驰1000公里，攻克武阳（今四川彭山东），并出精骑闪击蜀之腹地广都（今成都南），逼近成都。另一路臧宫溯涪江而进，袭击蜀军，歼敌万余，迫使王元部投降，延岑败逃成都。

十月，公孙述派人在武阳刺杀岑彭，汉军退出武阳。刘秀急命吴汉接替岑彭。十二年（36）正月，吴汉在鱼涪津（今四川乐山北）大败蜀军，攻取广都。九月，臧宫连克涪县（今四川绵阳东）、绵竹（今四川德阳北）、繁（今四川新都西北）、郫（今四川郫县）等城。随即与吴汉会师，直逼成都。

汉军兵临城下，公孙述招募敢死士，袭击汉军，初获小胜，便以为汉军力尽。十一月十八，公孙述贸然反击，派延岑击臧宫，自率数万人攻吴汉。吴汉以一部迎战蜀军，待其疲困后，遣精兵数万突然进击，蜀军大乱，公孙述战死。次晨，延岑举城降。至此，刘秀取得了统一战争的最后胜利。

三、三国时期

1. 以少胜多的官渡之战

官渡之战是东汉建安五年（200），曹操统军在官渡（今河南中牟境）地区击败袁绍军队进攻的一次决战。

东汉末年，黄巾起义失败后，镇压义军的豪强势力拥兵割据，逐鹿中原。在镇压黄巾农民起义的过程中，各地州郡大吏独揽军政大权，地主豪强也纷纷组织"部曲"（私人武装），占据地盘，形成大大小小的割据势力，转入争权夺利、互相兼并的长期战争，造成中原地区"白骨露于野，千里无鸡鸣"的凄惨景象。当时的割据势力，主要有河北的袁绍、河内的张扬、兖豫的曹操、徐州的吕布、扬州的袁术、江东的孙策、荆州的刘表、幽州的公孙瓒、南阳的张绣等。在这些割据势力的连年征战中，袁绍、曹操两大集团逐步发展壮大起来。建安三年（198），袁绍击败公孙瓒，占有青、幽、冀、并四州之地。曹操则挟持汉献帝到许昌，形成"挟天子以令诸侯"的局面，取得政治上的优势。

建安四年秋，曹操遣军到河水（黄河）南的军事要地官渡，筑垒备战。次年一月，依附曹操的刘备投奔袁绍。袁绍乘机兴师南攻，至河水北岸，被驻防黎阳（今河南浚县境）的曹将于禁阻滞。曹操得以集结军队近2万人于官渡，待机与袁绍决战。

二月，袁绍率兵卒10万、骑兵万余进占黎阳（今河南浚县境）。遣大将颜良南渡黄河围攻白马城（今河南滑县境）。曹操采纳谋士荀攸声东击西之计，于四月率军驰河水渡口延津（今河南延津北），佯示北渡。袁绍分兵西应，曹操挥师东袭，击败袁军，斩颜良，解白马之围，徙该城官民向西南缓退诱敌。袁绍遣大将文丑与刘备率6000轻骑渡河急追。曹军至延津南设伏，解鞍放马，丢弃辎重。袁军追至，纷纷争抢财物。曹操乘机以近600骁骑袭击追兵，斩杀文丑。

袁军初战失利，但兵力仍占优势。七月，进军阳武（今河南中牟北），准备南下进攻许昌。八月，袁军主力接近官渡，依沙堆立营，东西宽约数十里。曹操也立营与袁军对峙。九月，曹军一度出击，没有获胜，退回营垒坚守。袁绍构筑楼橹，堆土如山，用箭俯射曹营。曹军制作了一种抛石用的霹雳车，发石击毁了袁军所筑的楼橹。袁军又掘地道进攻，曹军也在营内掘长堑相抵抗。双方相持3个月，曹操外境困难，前方兵少粮缺，士卒疲乏，后方也不稳固，曹操几乎失去坚守的信心。荀彧力主坚持，曹操于是一方面决心坚持危局，加强防守，命负责后勤补给的任峻采取10路纵队为一部，缩短运输队的前后距离，并用复阵（两列阵），加强护卫，防止袁军袭击；另一方面积极寻求和捕捉战机，击败袁军，不久派徐晃、史涣截击、烧毁袁军数千辆粮车，增加了袁军的困难。

十月，袁绍遣淳于琼率兵万余，押运粮车万余辆，屯于袁绍大营北40里的乌巢（今河南封丘西）。袁绍谋士许攸素与袁绍不和，适其家眷被拘下狱，愤而降曹，并献计偷袭乌巢，烧其辎重。曹操令曹洪守官渡，亲率5000精锐，冒用袁军旗号，诈称援兵，乘夜取小道奔袭乌巢，围困淳于琼军，焚烧屯粮。袁绍闻知乌巢被袭，仅遣轻骑往救，仍亲率主力进攻官渡曹营。曹操督军奋战，先破淳于琼营，再败援军，烧毁乌巢粮秣，乘胜还师官渡。袁军攻曹营不克，知乌巢失守，军心动摇，内讧迭起，张合烧毁战具降曹。曹操乘机进攻，大败袁军，追至河水，先后歼灭和坑杀袁军主力7万余人，缴获全部军资。袁绍仅率800余骑北逃，从此一蹶不振。

官渡之战，曹操利用袁绍恃强骄躁、不善用人、疏于筹策的弱点，后发制人，攻守相济，把握战机，出奇制胜，成为中国古代战争史上以少胜多的著名战例。

2. 孙刘联盟，天下三分的赤壁之战

曹操基本统一北方后，于建安十三年（208）七月，自宛（今河南南阳）挥师南下，欲先灭荆州刘表，再顺长江东进，击败孙权，以统一天下。其时刘表已死，其子刘琮不战而降。依附刘表屯兵樊城（今属湖北）的刘备仓促率军民南撤。曹操收编刘表部众，号称80万大军向长江推进。刘备在长阪（今湖北当阳境）被曹军大败后，于退军途中派诸葛亮赴柴桑（今江西九江西南）会见孙权，共谋抗曹。孙权慑于曹军声威，举棋不定。周瑜、鲁肃与诸葛亮等精辟分析局势，指出曹军兵力虽实有20余万，但有后方不稳、远道劳师、不服水土、短于水战等弱点可乘，坚定了孙权与刘备结盟抗曹的决心。孙权命周瑜为主将，程普为副，率3万精锐水军，联合屯驻樊口（今湖北鄂州境）的刘备军，共约5万人溯长江西进，迎击曹军。

曹军乘胜攻取荆州重镇江陵（今属湖北）后，顺长江水陆并进。十一月，被孙刘联军阻击于赤壁（今湖北嘉鱼东北）。曹军不善水战，又值疾疫流行，战斗力大减，初战受挫，被迫驻守江北乌林（今湖北洪湖县境）一带，隔江与联军对峙。曹操下令将战船首尾相连，结为一体，以利演练水军，伺机攻战。

联军虽初战获胜，但在曹军改变方略后，求战不得。周瑜采纳部将黄盖所献火攻计，并令其致书曹操诈降，以出奇制胜。黄盖择时率蒙冲斗舰十艘，满载薪草，灌注膏油，外用帷幕伪装，上竖军旗，乘东南风扬帆疾驶曹军水寨，余船跟进。船上水军齐呼投降，曹军将士争相观望。黄盖待船队逼近曹军，下令同时点燃薪草，水军换乘小船退走。火船乘风闯入曹军船阵，顿时一片火海，延及岸上营寨，曹军死伤惨重。周瑜等率军乘势冲杀，曹军溃败。曹操领残部从华容道（今湖北潜江南）逃向江陵，兵力折损大半，无力再战，遂率部北退，留征南将军曹仁固守江陵。

联军乘胜扩张战果。周瑜率军溯江进攻江陵，分遣部将甘宁绕道攻取夷陵（今湖北宜昌境）。孙权统大军东征合肥（今属安徽）。刘备领兵追至江陵后回师夏口（今武汉境），溯汉水北进以迂回曹仁后方，并分兵抢占荆州要地。赤壁决战，曹操在有利形势下，轻敌自负，指挥失误，终致战败。孙权、刘备在强敌进逼关头，结盟抗战，扬水战之长，巧用火攻，终以弱胜强。此战为尔后魏、蜀、吴三国鼎立奠定了基础。

3. 争夺战略要地荆州八郡的夷陵之战

夷陵之战是三国时期，吴军在夷陵（今湖北宜昌境）一带挫败蜀军进攻的著名防御战。又称彝陵之战、猇亭之战。

东汉建安二十四年（219），孙权乘蜀汉荆州守将关羽率军北攻襄阳、樊城，与曹魏大军激战不已，造成后方空虚之际，派遣大将吕蒙"白衣渡江"，袭占关羽的后方基地江陵。关羽闻讯后仓猝率军回救，结果兵败被杀，孙权遂占有了整个荆州，孙、刘矛盾全面激化。

221年7月，刘备不顾群臣反对，亲率蜀汉军队十多万人，对吴国发动了大规模的战争。当时，两国的国界已西移到巫山附近，长江三峡成为两国之间的主要通道。刘备派遣将军吴班、冯习率领4万多人为先头部队，夺取峡口，攻入吴境，在巫地（今湖北巴东）击破吴军李异、刘阿部，占领秭归。为了防范曹魏乘机袭击，刘备派镇北将军黄权驻扎在长江北岸，又派侍中马良到武陵活动，争取当地部族首领沙摩柯起兵协同蜀汉大军作战。

孙权奋起应战，任命陆逊为大都督，统率朱然、潘璋、韩当、徐盛、孙桓等部共五万人开赴前线，抵御蜀军；同时又遣使向曹丕称臣修好，以避免两线作战。当4万蜀军进攻巫（今四川巫山）、秭归（今属湖北）时，陆逊针对蜀军势盛、求胜心切以及地形对己不利的情况，采取先让一步、集中兵力、相机决战的方略，令守将李异、刘阿率部退至夷陵、猇亭（今湖北宜都北）一带，据守有利地形，将几百里峡谷山地让给刘备，以疲惫蜀军。

次年正月，刘备遣将军吴班、陈式督水军进入夷陵地区。二月，亲率诸将自秭归南渡，经崎岖山道，进至夷陵、夷道（今湖北宜都）一线连营，坐镇猇亭指挥；以黄权为镇北将军，督江北诸军至夷陵北，与吴军相拒，兼防魏军袭击；派侍中马良进至武陵郡，争取土著部族支持。当刘备遣前部督张南围孙桓于夷道时，吴众将请派兵救援，陆逊深知孙桓得士众心，夷道城坚粮足，坚持不予分兵。蜀军频繁挑战，吴将又急欲迎击，陆逊说服众将,坚守不出。刘备遂埋伏8000蜀兵于山谷,派吴班在平地扎营,企图诱陆逊出战。陆逊识破其计,仍不与战。

两军相持达半年之久,蜀军远道出师,运输困难,兵疲意懈。时值暑热,刘备将水军移驻陆上,失去主动。闰六月,陆逊认为战机成熟,先以火攻破蜀军一营,继令诸军乘势进攻,迫使刘备西退。张南闻讯,亦弃夷道北走,受吴将朱然、孙桓南北夹击,战死。陆逊即令水军封锁江面、孙桓等扼守夷陵道,分割蜀军于大江南北,进而各个击破,火烧连营,蜀军死伤惨重,将领杜路、刘宁投降,大督冯习被杀。刘备败退夷陵西北马鞍山,依险据守。陆逊集中兵力,四面围攻,歼蜀军数万。刘备领余部乘夜向西突围,后卫将军傅肜等被吴军斩杀。黄权因归路被吴军截断,率众投魏。刘备恼羞于夷陵惨败,一病不起,次年四月亡故于白帝城(今四川奉节东)。

4. 攻心为上的南征之战

蜀国的南中地区包括四郡,即越嶲、益州、永昌、牂牁,指今四川南部、云南东北部和贵州西北部一带。这里除了住有汉族外,还聚居着许多少数民族,统称"西南彝"。南中地区的民族矛盾十分尖锐,经常发生反抗活动。刘备占据益州后,为了稳定蜀国的政权,根据诸葛亮既定的方针,采取了一些安抚措施。但是南中的豪强地主和一些少数民族的上层分子,却利用民族矛盾,为了割据一方,举行武装叛乱。

后主建兴元年(223),益州郡(今云南晋宁)汉族豪强雍闿乘蜀汉夷陵战败,刘备病亡,背蜀附吴,煽动本郡夷帅孟获、越嶲郡(今四川凉山)夷帅高定元和牂牁郡(约今贵州)郡守朱褒反蜀。南中除永昌郡(今云南西部一带)外,其余皆反。诸葛亮为实现和抚诸夷、稳定后方的决策,经充分准备,在对雍闿规劝无效的情况下,于三年春进军南中。

临行,参军马谡献策:"夫用兵之道,攻心为上,攻城为下,心战为上,兵战为下,愿公服其心而已。"诸葛亮接受了这一正确意见,坚持军事镇压和政治攻心相结合的方针,兵分三路:以门下督马忠为牂牁太守,率东路军由僰道(今四川宜宾)攻打据守在牂牁的朱褒;庲降都督领交州刺史李恢由中路从平夷进逼益州;诸葛亮率主力以西路经水道入越嶲攻打高定元。

诸葛亮的西路大军顺岷江至安上(今四川屏山),旋即西向进入越嶲地区,在卑水停军等待时机。高定元从各处调集汇合起来,准备决战。诸葛亮乘叛军尚未完全调集部署之际,迅速进军,突然袭击,杀死高定元,进占越巂郡。

与此同时,东路的马忠也打败了朱褒,攻占了牂牁郡。李恢的中路军击破沿途围阻,南下盘江,助马忠部歼灭朱褒。三路大军直指叛军的最后据点益州郡。

五月,蜀军冒着酷暑炎热,穿过人烟稀少的荒山野岭,渡过泸水(金沙江),进入南中腹地,逼近益州郡。这时,叛军的内部已经起了变化,叛乱头目雍闿在内讧中被高定元的部下杀掉了,当地彝族首领孟获继统雍闿余部,率叛军对抗蜀军。

诸葛亮设置埋伏,一举生擒孟获于盘东(今云南曲靖、泸西一带),孟获以中计被俘,心里不服。诸葛亮让他观看了蜀军阵容,然后予以释放,让他整军再战。结果,孟获再次被擒,诸葛亮又放了他。这样再战再擒,前后七次,孟获终于心服,表示不再叛乱。

平叛之后,诸葛亮即施"和彝"政策,从南中撤出军队,不留兵,从而缓和和消除了与当地少数民族的矛盾,使"纲纪粗安","彝汉粗安"。

5. 六出祁山的攻魏之战

诸葛亮北伐曹魏之战,是由弱者主动向强者发动的一场战争。

蜀建兴五年(魏太和元年,227)春,诸葛亮统军10万,进驻汉中,图谋攻魏。次年春,诸葛亮按先攻陇右(今甘肃陇山西)、再取秦川(指关中一带)的既定方略,率军出祁山(今甘肃东南部西汉水北岸地区)。天水、南安、安定三郡(约今甘肃东南部、宁夏一部)背魏归蜀。魏明帝震恐,亲至长安(今西安),令大将军曹真统军守郿城(今陕西眉县境)拒赵云,派左将军张郃督步骑5万西拒诸葛亮。当蜀军锐气正盛之时,前锋马谡违反诸葛亮的节度,拒听王平的劝止,弃城不守,上山扎营。张郃乘机把蜀军围困于山上,断其水源。蜀军缺水,军心动摇,在曹军的进攻下溃败,马谡逃走,街亭失守。诸葛亮被迫兵汉中,斩马谡,整饬蜀军。南安、天水、安定三郡又被魏军夺回。

同年十二月,诸葛亮统军数万军出散关(今陕西宝鸡西南),围陈仓

（今陕西宝鸡东）。魏将郝昭凭险据守，诸葛亮攻城20余日未下，因粮尽被迫退军，于归途中设伏击杀魏将王双。

建兴七年（229）春，诸葛亮遣陈式攻武都（今甘肃成县）、阴平（今甘肃文县西北）二郡。魏雍州刺史郭淮领兵欲击陈式，诸葛亮即亲自出兵建威（今甘肃西和北）。郭淮退兵，蜀军遂取武都、阴平二郡。

建兴八年（230），曹魏采取主动行动，发兵进攻汉中。诸葛亮急调两万援军阻击。后因雨路阻，魏军退回。

九年春，诸葛亮率军再出祁山。魏大将军司马懿督军迎击。诸葛亮先于上邽（今甘肃天水）击败魏军，抢收小麦，充实军粮后东进，寻机与司马懿决战。司马懿据险坚守，诸葛亮退兵引诱，魏将急躁，率军出击，被诸葛亮战败。诸葛亮欲乘胜进击，中都护李严假传撤军圣旨，只得退军，于木门（今甘肃天水南）设伏杀张郃后，还师汉中。

十二年春，诸葛亮统军10万，与魏军20万对峙于渭水南。诸葛亮数次挑战，司马懿坚壁拒守，欲待蜀军兵疲粮尽再战。诸葛亮识破其谋，遂于渭滨分兵屯田，准备长期较量。两军相持百余日，八月，诸葛亮病亡军中。蜀军还师汉中。

诸葛亮攻魏，俗称"六出祁山"，长达七年之久，虽苦心筹谋，但终因国力不济，粮运艰难，攻强敌于易守之地，以致师劳功微。

6. 灭蜀亡吴之战

蜀国自诸葛亮死后，蒋琬和费祎辅政，他们遵行诸葛亮的既定方针，团结内部，又不轻易用兵，曾一度使蜀国维持着比较稳定的局面。后姜维执政，多次对魏用兵无功，消耗了国力。后主刘禅，昏庸无道，贪图享乐，不理朝政，宦官黄皓乘机取宠弄权，结党营私，朝政日非，连姜维也因怕被害，自请到沓中（今甘肃甘南州舟曲西北）种麦以避祸。至此，蜀国的基础已大大动摇。

魏元帝曹奂景元三年（262），执政的魏大将军司马昭，认为蜀国已经"师老民疲，我今伐之，如指掌耳"，决定采取"今宜先取蜀，三年之后，因巴蜀顺流之势，水陆并进"灭东吴的方针。为此，魏任钟会为镇西将军，都督关中，作伐蜀准备。同时扬言要先攻吴，以迷惑蜀国。四年（263）八月，魏分兵三路攻蜀：征西将军邓艾率军3万余人，从狄道（今甘肃临洮）进军，钳制驻守沓中（今甘肃舟曲西北）的大将军姜维所率蜀军主力；雍州刺史诸葛绪率军3万余人进逼武都（今甘肃成县西北），断姜维归路；镇西将军钟会率主力10余万人，攻取汉中，直趋成都。蜀急派将军廖化率军赴沓中，增援姜维。钟会进至汉中，以一部钳制蜀军，主力攻破关城（今陕西阳平关），长驱南下。姜维得知汉中失守，由阴平（今甘肃文县西北）南撤，与廖化等会师，据守剑阁。邓艾进至阴平，拟与诸葛绪合军，由江油（今四川江油北）直趋成都。诸葛绪不从，引军东下与钟会合军。钟会欲专军权，反告诸葛绪畏敌不前，将其押回魏都，随即率大军南下，被姜维阻于剑阁，加之粮运不继，准备退军。

邓艾上书建议改变原定计划，以奇兵从阴平小道经江油、涪县（今四川绵阳东），直取成都，如姜维退援涪县，钟会大军即可长驱南下，若姜维固守不动，奇兵亦可取胜。同年冬，邓艾率军自阴平南进，越700余里无人烟的小道，凿山开路，修栈架桥，出其不意，直抵江油，迫守将马邈投降。继破蜀军于绵竹（今四川德阳北），斩卫将军诸葛瞻，进取雒县（今四川广汉北）。蜀都一片混乱，刘禅请降，并令姜维投降钟会。邓艾率军进成都，蜀国灭亡。

灭蜀后，司马氏势力进一步加强。魏咸熙二年（265）司马昭病死，子司马炎嗣相国、晋王位，继掌魏国朝政。同年十二月，相国、晋王司马炎废魏元帝曹奂，自登皇位（即晋武帝），改国号为晋（史称西晋），改元泰始，都洛阳。这时的吴国，因孙权死后，内争迭起，尤其是吴主孙皓不修内政，暴虐荒淫，致民穷财竭，上下离心。晋泰始五年（269）十一月司马炎发兵二十万，分六路攻吴。镇军将军司马伷自下邳（今江苏邳县南）出涂中（今安徽滁河流域）；安东将军王浑自寿春（今安徽寿县）出江西（今安徽和县地区）；建威将军王戎出武昌（今湖北鄂州）；平南将军胡奋出夏口（今武昌）；镇南大将军杜预自襄阳（今属湖北）出江陵（今属湖北）；龙骧将军王濬及巴东监军唐彬自巴、蜀顺江而下。以贾充为大都督，驻襄阳，节度诸军；中书令张华为度支尚书，统筹军运。

王濬率水陆军7万，沿江东下，次年二月初克丹杨（今湖北秭归东）破吴军横断江路之铁锁铁锥,船行无阻,又克西陵、夷道(今湖北宜都)。杜预派部将周旨等率兵800乘夜渡江奇袭乐乡(今湖北松滋东北),擒获吴西线统帅、都督孙歆。中旬,杜预攻占江陵,斩吴江陵督伍延,胡奋克江安(今湖北公安西北)。吴属江南之州郡纷纷降附。司马炎鉴于各路晋军进展顺利,令王浚、唐彬攻占巴丘(今湖南岳阳)后,即与王戎、胡奋会攻夏口、武昌,顺流直取建业。并令杜预等分兵3万加强王、唐部。杜预也令所属乘破竹之势直趋建业。王戎遣兵与王浚攻下武昌后,吴属蕲春(今湖北蕲春西南)、邾(今湖北黄冈西北)两城守将投降。

在东线,司马伷军进据涂中,逼临江边,一部渡江破吴江防守备,斩获五六万人。王浑军出横江(今安徽和县东南),分兵克寻阳(今湖北黄梅西南)、高望(今江苏江浦西南)等城。三月,吴丞相张悌督丹阳(郡治今南京)太守沈莹、护军孙震等率众3万渡江迎战,被王浑军夹击大败,张悌及沈、孙等7800人被杀。王浑,屯军江北等待王浚,王浚临机果断,挥师直指建业。孙皓遣游击将军张象率水军万人抵抗,其众不战而降;吴将陶浚拟聚兵2万乘船迎战,士卒闻讯逃散。这时王浑、王浚、司马伷三路晋军皆逼临吴都,吴主孙皓面缚出降于王浚军前,吴亡。

四、两晋隋唐宋元时期

1. 风声鹤唳的淝水之战

公元383年发生的淝水之战,是偏安江左的东晋王朝同北方氐族贵族建立的前秦政权之间进行的一次战略性大决战。战争的结果,是弱小的东晋军队临危不乱,利用前秦统治者苻坚战略决策上的失误和前秦军队战术部署上的不当而大获全胜,成为中国历史上以弱胜强的著名战例之一。

前秦在统一北方后,不断向南扩张,前秦主苻坚为了灭亡东晋,统治全国,于东晋太元八年(383)八月,亲率步兵60万,骑兵27万、羽林郎(禁卫军)3万,计90万大军,"东西万里水陆齐进"(晋书·苻坚)。面对前秦军的进攻,东晋内部一致主张抵抗。晋孝武帝司马曜在宰相谢安等人辅弼下任命桓冲为江州(今湖北东部和江西西部)刺史,控制长江中游,阻扼秦军由襄阳南下。任命谢石为征讨大都督,谢玄为前锋都督,统率经过7年训练,有较强战斗力的"北府兵"8万沿淮河西上,遏制秦军主力的进攻。又派遣胡彬率领水军5000增援战略要地寿阳（今安徽寿县），摆开了与前秦大军决战的态势。

十月，秦苻融军攻克寿阳，慕容垂率所部占郧城（今湖北安陆）；卫将军梁成领兵5万进抵洛涧（即洛河，今安徽淮南市东），于淮水设木栅阻遏东来的晋军。谢石等见秦军势大，屯兵于洛涧东25里处。胡彬部在途中闻寿阳已失，退保硖石（山名，今安徽凤台西南）。后为苻融军所困，粮尽，派人下书向谢石求援，被秦军截获。苻融即遣使报告苻坚：晋兵少而易擒，请令后续部队加速进军。苻坚大喜，恐谢石等逃去，不等大军到齐，即从项县引轻骑8000赶往寿阳，亲临前线督战。随后，派在襄阳俘获的晋将朱序前往晋营劝降。朱序心向晋室，借机将秦军情况密告谢石等，并建议趁秦军尚未集中，迅速击败其前锋。谢石原想固守以疲惫秦军，经辅国将军谢琰相劝，决定采纳朱序建议，改取主动进攻之策。

十一月，晋军前锋都督谢玄派猛将刘牢之率领精兵5000迅速奔赴洛涧。前秦将梁成在洛涧边上列阵迎击。刘牢之分兵一部迂回到前秦军阵后，断其归路；自己率兵强渡洛水，猛攻梁成的军队。前秦军腹背受敌，抵挡不住，主将梁成阵亡，步骑5万人土崩瓦解，争渡淮水逃命。晋军活捉了前秦扬州刺史王显等人，缴获了前秦军的大批辎重、粮草。于是，谢石乘机命诸军水陆并进，直逼前秦军。苻坚"登寿阳望之，看到晋军部阵严整，又望八公山上草木皆以为晋兵，顾谓融曰：'此亦勍敌，何谓弱也！'怃然始有惧色"（《资治通鉴·晋纪》）。

谢玄针对秦军上下离心、将士厌战的情况，及苻坚恃众轻晋又急于决战的心理，派人前往秦营，要求秦军由淝水西岸略向后撤，以便晋军渡水决战。秦军将领认为不应后撤。苻坚则主张将计就计，待晋军半渡时以铁骑突袭取胜，于是下令稍退，但秦军一退不可复止。朱序趁机在阵后大喊秦兵败了。后面部众以为前阵真败，被迫从军的各族士兵纷纷逃散，顿时大乱。晋军及时抢渡淝水猛攻。苻融驰骑整顿队伍，马倒，死于乱军中。晋军乘胜追击至青冈（今寿县西30里处），秦军大败。溃兵听到风声鹤唳，以为是晋兵追来，因而昼夜奔跑，饥寒交迫，死者十之七八，及至洛阳，只剩下10余万人。苻坚中箭，单骑逃往淮北。

2. 推翻隋王朝的隋末农民战争

隋末农民战争是隋朝末年农民起义军推翻隋王朝的战争,这次战争从隋炀帝大业七年(611)王薄首义开始,到唐高祖武德七年(624年)辅公祏反唐失败,前后整整14年,历经荥阳之战、洛阳之战、乐寿之战、江都之战等重大战役,沉重打击了隋王朝。隋朝灭亡后,以李渊为首的地主贵族集团抢夺了农民战争的胜利果实,镇压起义军,隋末农民战争失败。

隋炀帝在位时期,"负其富强之资,思逞无厌之欲"(《隋书·帝纪第四》),不知爱惜民力,为所欲为。大规模的徭役和兵役,使隋朝社会经济受到严重摧残,民不聊生,危机四伏,于是爆发了农民大起义。起义军在同隋军作战中,虽屡遭挫折,但散而复集,并逐渐由分散走向联合。大业十二年后,形成了三支强大的起义军,即河南的瓦岗军,河北的窦建德军,江淮的杜伏威、辅公祏军。

(一)瓦岗军

大业七年(611),翟让聚众在瓦岗寨(今河南滑县南)起义,举兵反隋,山东、河南两地农民纷纷参加,单雄信、徐世勣、李密、王伯当都率众投奔瓦岗寨,队伍迅速壮大。大业十二年(616),瓦岗军采纳李密建议,决定首先攻占荥阳(郡治今郑州),获取军粮,然后再图进取。同月,翟让率军向西攻破金堤关(今河南荥阳东北)和荥阳郡所属大部县城,又在荥阳附近的大海寺设下埋伏,歼灭了前来镇压瓦岗军的隋将张须陀及2万名隋军主力,威震河南。十三年二月,瓦岗军又按照李密的谋划,乘杨广已去江都(今扬州),洛阳守备空虚,以7000之众,一举袭占距洛阳百余里的洛口仓(又名兴洛仓,在今河南巩县东北)。起义军开仓济贫,深得民众拥护,队伍迅速壮大。隋东都留守越王杨侗为夺回洛口仓,派刘长恭、裴仁基等围剿起义军,隋军布下5公里长阵,翟让将瓦岗军分为10队,与隋军对峙,亲自率军猛攻隋营,隋军大乱,全线崩溃。刘长恭逃回东都,裴仁基投降瓦岗军,打开了洛阳外围防御体系。同年二月,瓦岗军推李密为主,任统军元帅,翟让为上柱国、司徒、东郡公,设三司六卫,建立了瓦岗军农民政权。李密发布讨隋檄文,声讨隋炀帝罪行:"罄南山之竹,书罪无穷;决东海之波、流恶难尽"(《旧唐书·李密传》)。在隋朝即将被农民军推翻的关键时刻，瓦岗军内部发生分裂，十一月，李密设计杀害了翟让等重要农民将领，瓦解了瓦岗军人心，导致将卒离心，极大地削弱了起义军的力量。大业十四年（618）六月，李密率军投降了隋朝杨侗，后来又投降李渊，因起兵反唐被杀，断送了这支农民起义军。

（二）窦建德起义军

窦建德原在清河（今河北清河西北）高士达起义军中任司兵。大业十二年（616）十二月，隋涿郡通守郭绚率兵进犯起义军。高士达推举窦建德为军司马，指挥反击。窦建德计诱郭绚至长河（今山东德州东），乘其无备，突然进袭，大败隋军，斩郭绚。不久，高士达战亡，窦建德率领起义军继续战斗，队伍发展到10余万人。大业十三年（617）正月，窦建德在乐寿（今河北献县）称王。隋炀帝派涿郡薛世雄围剿起义军，双方在乐寿七里井交战，窦建德佯装南败诱敌，设下埋伏，乘隋军追杀之际，突然折回，伏兵齐起，夹击隋军，薛世雄大败，丢下无数尸体逃回涿郡。大业十四年（618）五月，窦建德称夏王，势力进一步壮大。唐高祖武德四年（621年），窦建德与李世民在虎牢关（今河南荥阳西北）交战，因轻敌冒进，起义军被李世民打败，窦建德被俘，后在长安（今陕西西安）被杀。武德五年（622），李世民在洺州（今河北永平县）战役中镇压了起兵反唐的窦建德部将刘黑闼，河北起义军失败。

（三）杜伏威、辅公祏起义军

杜伏威、辅公祏于大业九年（613）聚众起义，先进入长白山，后向淮南发展，合并苗海潮等几股起义军，歼灭前来镇压的隋军，声势日盛。大业十二年（616）七月，起义军进逼江都（今江苏扬州市），隋将陈棱率兵救援，与江淮起义军遭遇。陈棱深知杜伏威勇猛善战，坚壁不出。杜伏威用激将法激怒其出战，然后奋力冲杀，大获全胜。继而乘胜攻占高邮（今江苏高邮北），进据历阳（今安徽和县），控制了淮南、江北各县，严重威胁着当时杨广所在的江都。隋炀帝在江都被杀后，杜伏威去长安投降了李渊。次年，公祏重新起兵反唐，控制了江苏、安徽部分地区，以丹阳为中心展开斗争。唐朝派大兵镇压，辅公祏在当涂与唐军对峙，坚持斗争10个月，终因力量弱小，丹阳失守。辅公祏被俘，于武德七年（624年）六月在丹阳就义。

正是由于瓦岗军等三大支起义军,在各地其他起义军的配合下,不断歼灭和击败隋军主力,占领了河北、山东、河南及江淮等广大地区,隋王朝土崩瓦解。太原留守李渊因此得便乘虚进占长安(今西安)。十四年(618)三月,隋右屯卫将军宇文化及等发动兵变,在江都缢杀了隋炀帝,隋亡。

3. 由防御转入反攻的柏壁之战

刘武周原是隋鹰扬府校尉,于隋大业十三年(617)依附突厥被立为定杨可汗;后引突厥兵侵入唐境榆次、平遥等地,对太原形成包围态势。唐武德二年(619)六月,刘武周派大将宋金刚率兵3万进犯太原未果,于九月自领兵进逼太原。唐并州都督李元吉逃奔长安(今西安),太原失守。唐高祖李渊曾几次出兵,都为刘武周所败。宋金刚乃乘胜引兵南下,进逼绛州(今山西新绛),威胁关中。占据夏县(今属山西)与蒲州(治今山西永济西)的吕崇茂和王行本,也与刘武周相呼应,关中震惊。李渊派永安王李孝基等率兵进击吕崇茂,又允秦王李世民所请,命其率精兵3万收复失地。

十一月,李世民率兵自龙门(今山西河津西)趁冰坚渡过黄河,屯兵柏壁,并同固守绛州的唐军形成犄角之势,使宋金刚军不得前进。李世民认为,宋金刚孤军深入,军无蓄积,利在速战,所以唐军宜闭营养锐以挫其锋,分兵冲其心腹,待其粮尽计穷撤走时,再行出击。于是,命总管刘弘基率兵2000奔浩州(今山西汾阳)截断宋金刚粮道,并派小部队寻机袭扰其后方,而主力则厉兵秣马,坚壁不战。十二月,宋金刚先后派部将尉迟敬德、寻相率军支持吕崇茂和王行本,李世民两次出动精兵截击之。三年正月,蒲州王行本降唐。二、三月间,刘武周两次派兵攻潞州(今山西长治)、浩州,均被唐军击退。此时,浩州唐将张德政袭斩护运粮饷的刘武周部将黄子英,占领了介休(今属山西)与平遥之间的张难堡。

宋金刚军和唐军在绛州与柏壁之间相持近半年,因粮秣断绝,以寻相部为后卫向北撤军。李世民率军跟踪追击,至吕州(治今山西霍县),大败寻相。继而乘胜追歼,一昼夜行200余里,至雀鼠谷(介休西南),追上宋金刚军,一日八战皆胜,俘斩数万人。追至介休,宋金刚军尚有兵2万,背城布阵。李世民派总管李勣等出击,自率精骑抄其阵后,前后夹击,宋金刚大败而逃。尉迟敬德、寻相降唐。刘武周、宋金刚逃往突厥,后为突厥所杀。唐军收复太原后，又回师攻克夏县。

此战，李世民后发制人，待机破敌，穷追猛打，连续作战，终获全胜。唐军夺回河东，对巩固关中，进而争夺中原具有重要意义。

4. 围城打援，各个击破的洛阳、虎牢之战

王世充原为隋东都洛阳守将，隋炀帝死后，于武德二年四月称帝，国号郑。他利用唐军在河东作战无暇东顾的机会，夺取了唐在河南的部分土地。柏壁之战后，李渊为夺取中原，采取先郑后夏（窦建德已称夏王）、各个击破的方略，于唐武德三年（620）七月，命李世民领八总管25将，统兵8万余东击王世充。同时遣使与窦建德言和，使其保持中立。李世民大军拔除了洛阳城外王世充军的据点，形成了对洛阳城的包围。王世充困守孤城，粮尽矢绝，处境危急，遂连连遣使向窦建德告急求援。

窦建德充分意识到"唇亡齿寒"的道理，决定联郑击唐，然后相机灭郑，再夺取天下。于是他在兼并了山东地区的孟海公起义军之后，于621年春，亲率10余万兵马西援洛阳。连克管城（今郑州）、荥阳（今属河南）、阳翟（今河南禹县）等地，进至虎牢之东。

李世民采纳宋州刺史郭孝恪、记室薛收关于力阻王、窦两军会合之策，决定分兵围困洛阳，据守虎牢要地，阻止窦军西进，相机破敌，一举两克。立即将唐军一分为二，令李元吉、屈突通等将继续围攻洛阳；自己则率精兵3500人，进据虎牢。窦军不得前进，屯兵月余，数战不利，士气低落，将卒思归。李世民获悉，窦军将趁唐军饲料用尽牧马于河北时袭击虎牢，便将计就计，于五月初一，亲临广武山（西广武）观察窦军形势，留马千余匹在河中小洲放牧，诱其出战。次日，窦军果然全部出动，在汜水东岸布阵，横贯20里。李世民登高观察后，决定按兵不动，待其气衰，再行出击。两军相持至中午，窦军饥倦，阵容不整。李世民下令骑将率队自虎牢入南山，循谷而东，掩袭窦军阵后；自率轻骑东涉汜水，主力随后，直冲窦军。窦建德正和群臣议事，唐军突至，前后夹击，阵势大乱。唐军追击30里，俘获5万余人，窦建德受伤被俘。李世民回军洛阳，王世充出降。

此战，李世民围城打援，避锐击惰，奇兵突袭，一举两克。至此，唐王朝的统一事业基本完成。

5. 历时26年的唐攻东突厥之战

隋朝初年，突厥分裂为东西两部，都斤山（今新疆境内阿尔泰山）以西，称西突厥；以东，称东突厥。隋末唐初，东突厥频繁骚扰唐境。武德五年（622）八月，颉利可汗率15万骑进入雁门（今山西代县），攻太原（今太原西南），另遣兵攻原州（今宁夏固原）。李渊因中原尚未平定，一方面卑词厚礼，贿赂颉利，答应和亲请求；一方面派太子李建成、秦王李世民分别率兵抵御。后双方议和，颉利退兵。

李世民即帝位初，颉利又乘机率兵10余万至长安（今西安）城西的渭水便桥北，唐太宗亲至桥南，责其背约。颉利见唐军有备，不敢决战，遂与唐结盟退兵。

面临东突厥的威胁，太宗励精图治，练兵习武，分化突厥，准备反击。贞观元、二年间，东突厥内乱，又遭天灾，薛延陀等部落背离颉利，东突厥东部的突利可汗归唐。贞观三年（629）秋，唐代州都督张公瑾献言进攻突厥的有利条件，太宗认为战机成熟，决定出兵。命李世勣为通漠道行军总管，李靖为定襄道行军总管，柴绍为金河道行军总管，薛万彻为畅武道行军总管，统兵10万，由李靖指挥，分道出击突厥。贞观四年（630）正月，李靖率3000骁骑夜袭占定襄（今和林格尔西北）。颉利未料到唐军突至，率部北撤。李世勣自云中（今山西大同）出兵，大败突厥于白道（今内蒙古呼和浩特西北）。颉利退屯铁山（今内蒙古白云鄂博一带），收容余众数万，拟待草青马肥，然后撤至漠北，便遣使至唐，请举国内附。太宗遣鸿胪卿唐俭等去突厥抚慰，又诏李靖率兵迎颉利。李靖引兵至白道与李世勣军会师，相与定谋进击颉利。二月初，李靖率兵于夜间进发，李世勣亦统军跟进。李靖军至阴山，遇突厥千余帐，尽俘之以随军。颉利见唐使前来抚慰，以为安然无事。李靖军前锋部队乘雾而行，距牙帐七里，颉利才发觉，仓皇逃走。李靖率主力军至，突厥军溃散，共歼万余人，俘众10余万。唐俭脱身得归。颉利率万余人欲逃过碛口（今内蒙古善丁呼拉尔），遭李世勣军堵截，其大酋长皆率众投降。颉利逃往灵州（今宁夏灵武西南）的沙钵罗部落，欲奔吐谷浑，被大同道行军副总管张宝相俘获送京。

颉利可汗被俘后，突厥余部共推小可汗斛勃为主，在金山（阿尔泰山）

之北建立牙帐,自称乙注车鼻可汗,收笼突厥散族,势力复强。贞观二十三年(649),太宗派高侃率回纥、仆骨兵攻打车鼻可汗,突厥各部纷纷投降。唐朝在其地设置新黎等12州,分隶云中、定襄二都督府。高宗永徽元年(650),高侃率兵出击,突厥诸部不服车鼻可汗调遣,车鼻遁逃,在金山被唐军捉获,其部众被安置在郁督军山(今蒙古人民共和国抗爱山北),设置狼山都督府统辖。唐朝在此基础上设置单于、瀚海二都护府,统领各都督府,有效地管辖这一地区。此后,唐北边数十年无大战事。

6. 唐朝平定安史叛乱之战

唐朝平定安史之乱的战争,是唐中叶朝廷中央集权与地方割据势力分权的一场统治阶级内部权力再分配的斗争。这场战争从唐玄宗天宝十四年(755年)安禄山起兵反唐,到代宗宝应二年(763年)史朝义兵败,前后长达8年之久,中经洛阳之战、常山之战、太原之战、睢阳之战、河阳之战等重大战役,最后以唐朝平定叛乱结束。

天宝十四年(755)十一月,安禄山以讨伐权相杨国忠为名,在范阳起兵反唐。玄宗仓促应变,任封常清为范阳、平卢节度使,至洛阳募兵迎战,命荣王李琬为元帅、高仙芝为副元帅,率兵5万出潼关(今陕西潼关东北)。十二月,叛军田承嗣、安守忠进攻洛阳,守将封常清军队被叛军骑兵冲杀,大败溃逃,叛军攻占洛阳,封常清退至陕州(今河南三门峡市),与高仙芝会合,退守潼关。在河北,平原(今山东德州市)太守颜真卿、常山(今河北正定县)太守颜杲卿兄弟相约阻击叛军。史思明率兵攻打常山,颜杲卿昼夜拒战,终因粮尽无援,常山失守,颜杲卿及一家30余人被害。常山之战虽然失败,但却牵制了叛军攻打潼关的兵力,减轻了关中的压力。

天宝十五年(756)正月,安禄山在洛阳称大燕皇帝,准备西进夺取长安(今陕西西安市)。唐玄宗任命河西陇右节度使哥舒翰为兵马副元帅,扼守潼关。在玄宗严命催促下,哥舒翰不得已出关与叛军决战,结果遭崔干佑部伏击,18万之众,仅剩下8000人;潼关失守,哥舒翰被部将胁迫投敌。玄宗闻讯,决定放弃长安,携带少数宫眷和近臣仓皇逃蜀。至马嵬驿(今陕西兴平西),随行将士在愤怒中杀了杨国忠,并逼玄宗缢死杨贵妃。玄宗留下太子李亨收拾残局,自奔成都。

当叛兵攻下长安时，玄宗之子李亨逃到灵武，即位称帝，是为肃宗。肃宗整军经武，准备收复两京，中兴唐朝。唐将郭子仪率兵5万赴灵武，李光弼赴太原抗敌，肃宗政权始能立足。

至德二年，史思明、蔡希德率兵10万两路围攻太原，唐将李光弼率众不满万人，掘壕筑垒，挖掘地道，以密集的弩矢、石炮反击，杀敌数万，挫败安军的进攻，守住了太原。当时，叛军内乱，安庆绪杀其父安禄山而代之，把进攻方向指向江、淮，欲断唐军物资供应。安军先后调集兵力数十万攻南阳（今属河南）和睢阳（今河南商丘南），进攻睢阳的尹子奇部兵力达13万之众。唐河南节度副使张巡与太守许远合兵6800人防守睢阳，在民众支持下，以积极出击与顽强坚守并用，经大小400余战，杀敌12万，坚守达十个月之久，由于连续苦战，唐军只剩600人，孤立无援。张巡命南霁云赴临淮（今安徽泗县东南）向贺兰进明求援，但贺兰进明忌妒张巡成功，拒不发兵。叛兵见援兵不到，城中鼠雀都被网罗以尽，攻城更急，唐军将士力竭不能出战，城遂失陷，张巡、南霁云、雷万春等36将被害，许远押赴洛阳。

太原和睢阳保卫战，牵制了叛军大量兵力，对扭转战局起了重要作用。与此同时，唐将郭子仪率兵攻取凤翔，平定河东，肃宗由灵武进至凤翔，会集陇右、安西和西域之兵，又借回纥兵，收复两京。至德二年（757）九月，唐将郭子仪等，率唐军及回纥西域兵攻克长安，十月又收复洛阳，安庆绪退到邺城（河南安阳）。

唐乾元元年（758），唐朝以郭子仪等九节度使之兵围攻邺城，久攻不下，史思明赶来解围，唐军大败。形势再次对唐不利。不过，安史内部此后内讧不断，史思明杀安庆绪，自称大圣燕王，随后史朝义又杀史思明，自立为帝。宝应元年（762），唐代宗即位，命雍王李适为天下兵马元帅，仆固怀恩为副元帅，协同李光弼讨伐史朝义。唐军在洛阳北郊大败叛兵，杀获甚众，史朝义败归河北。宝应二年（763），史朝义败走范阳，穷困自杀，延续8年的安史之乱被平定。

7. 李愬雪夜袭取蔡州之战

唐元和九年（814），淮西节度使吴少阳死，其子吴元济割据申（今河南信阳）、光（今河南潢川）、蔡（今河南汝南）三州，并派兵在舞阳（今河南舞阳西北）一带烧杀抢掠。唐宪宗李纯曾发16道兵近9万人，从四面进讨，久战无功，乃命太子詹事李愬为西路唐军统帅。

十二年（817）正月，李愬到唐州（今河南泌阳）后，鉴于唐军屡败之后，士气沮丧、畏敌怯战的现状，先行慰问士卒，抚恤伤病人员，以安定军心。对外则佯示戒备松懈，以麻痹对方。

二月，宪宗增调2000步骑加强李愬军。李愬通过安抚归民，争取降将，分化瓦解淮西军，先后俘获和招抚淮西丁士良、陈光洽、吴秀琳、李忠义、李祐等将为己用，淮西军降者日多。他在询问降卒中，详知淮西地形险易，兵力虚实等情况。

为扫除外围，孤立蔡州，建立接近蔡州的奇袭基地，李愬先后出兵攻取蔡州以西和西北的文城栅、马鞍山、路口栅、嵖岈山、冶炉城和西平等据点，与北线郾城一带的唐军兵势相接，连成一气。又遣将攻克蔡州以南和西南的白狗、汶港和楚城诸城栅，切断了蔡州与申、光二州的联系。李愬军的主力进驻距蔡州仅65公里的文城栅。

九月，李愬领兵攻吴房（今河南遂平），克外城，斩守将，但不占该城，引兵还营，使敌仍分兵驻守。这时，李祐建议：蔡州精兵皆在洄曲，防守蔡州城的均为老弱残兵，可乘虚袭取。李愬遂决心奇袭蔡州。

十月十五，风雪阴晦，李愬命李祐、李忠义率精兵3000为前锋，自率3000人为中军，令田进诚率3000人殿后，秘密向蔡州进军。部队刚出发，李愬仅指示向东，行60里，夜至张柴村，命士卒稍事休息，留500人镇守，以断敌朗山（今河南确山）救兵；令丁士良带500人断通往洄曲的桥梁，防洄曲守军回救。随后领兵继续东进。此时方宣布此行是去蔡州擒吴元济。夜半，风雪大作，又急行70里，天未明至蔡州城下，城内守军毫无察觉。李祐、李忠义带领勇士先登城而入，尽杀守门士卒，打开城门放进后续部队。十六日拂晓，雪止，李愬进入吴元济外宅，命田进诚攻牙城，吴元济仓皇登城抵抗。唐军毁外门，占领军械库。十七日继续攻击，在民众协助下，火烧南门，迫吴元济投降。李愬又让洄曲守将董重质之子持书招降其父，申、光二州守军也相继来降，淮西遂平。

此战是唐朝平定淮西藩镇割据战争中的一次著名奇袭战。

8. 埋葬唐王朝的唐末农民战争

唐乾符元年（874），王仙芝在山东长垣聚众起义。次年，黄巢在冤句（今山东荷泽市西南）率众回应，举行起义。五年春，王仙芝阵亡，部将尚让领兵归黄巢，并推黄巢为王，称冲天大将军。黄巢挥师避实击虚，暂时放弃攻取洛阳计划，向江南进军。三月，进逼洛阳，随即又南渡长江，纵横驰骋于唐军力量薄弱的今江西、浙北地区。八月，出敌不意自衢州开山路700里，占领建州（今福建建瓯），十二月克福州。次年正月向广南进发，九月占广州。在广州休整两个月后，挥师北上。开始了推翻唐王朝的北伐战争。

乾符六年（879）十一月，黄巢率军迅速逼进潭州（今湖南长沙市），义军奋勇攻城，守将李系逃走，10万守军溃散，取得了潭州首战大捷。黄巢准备由湖北进入关中，直捣唐都长安（今陕西西安市），但在荆门受到唐将曹全晸和刘巨容伏击，损失惨重，只好引兵东下，于十二月再克鄂州。广明元年（880），黄巢在江西信州集中优势兵力，击溃唐将高骈主力，杀唐将张璘，唐朝长江防线崩溃，加速了北伐攻取长安的进程。此后，起义军从信州出发，经安徽、湖北，插入河南。十一月，攻打东都洛阳，唐东都留守刘允章被迫投降。起义军由洛阳西进，兵指长安东大门潼关。唐僖宗一面调集京城禁军和关内节度使之兵拒守潼关，一面准备逃往四川，伺机再起。十二月，黄巢亲率大军攻关，唐僖宗仓皇逃往四川。起义军经过6年浴血奋战，终于攻克了唐朝政治军事中心长安。黄巢在长安建立了大齐农民政权，镇压官僚贵族，巩固政权。

起义军夺取两京后，由于没有追歼唐王室残余势力和关中唐军，发展和巩固胜利，使唐军得以喘息、反扑，终于导致失败。逃到四川的唐僖宗纠集各地残余势力，任命郑畋进攻起义军，一度攻入长安，但随即被大齐军打退。中和二年（882），僖宗又任命王铎率军包围长安，并勾结沙陀贵族李克用，向起义军反扑。黄巢率军抵抗，但在关键时刻大齐大将朱温叛变投唐，严重削弱了义军力量。在唐军和沙陀军队联合进攻下，起义军损失惨重，不得不撤出长安，经河南进入山东。中和四年（884）六月，黄巢在莱芜与唐将时溥决战时牺牲，唐末农民战争宣告结束。

9. 实施先南后北战略的北宋统一战争

北宋为消灭藩镇割据,实现天下统一而进行的战争,前后历时共16年。

其时,除北方有契丹族建立的辽政权外,尚有占据江汉一隅的南平,占据湖南14州的武平,据有两川、汉中45州的后蜀,据有岭南60州的南汉,据有江淮地区的南唐,据有两浙地区的吴越,据有河东(约今山西省)江州的北汉等割据政权。面对"卧榻之侧,皆他人家"的严峻局势,宋太祖赵匡胤等确定了先易后难、先南后北、南攻北守的战略。为此,赵匡胤选派宿将,率领重兵,守卫北部要点,分别防备党项、北汉和契丹。

(一)攻灭荆南、湖南

建隆三年(962)十月,武平节度使周行逢卒,子保权嗣。十一月,荆南节度使高保勖卒,兄子继冲嗣。十二月,湖南将张文表袭潭州(今湖南长沙)据之,保权求援于宋。久已图谋南下的赵匡胤乘机采取一箭双雕的方针,于乾德元年(963),遣慕容延钊、李处耘以借道荆南讨伐张文表为名灭掉南平,又以救援为名灭了武平。

(二)攻灭后蜀

乾德二年(964)十一月,赵匡胤发兵两路攻蜀:北路以王全斌、崔彦进、王仁赡等率步骑3万出凤州,沿嘉陵江南下;东路以刘光义、曹彬等率步骑2万出归州(今湖北秭归),溯长江西上,两路分进合击,会师成都。后蜀孟昶得知宋师来袭,即命王昭远、赵崇韬率兵3万自成都北上,扼守广元、剑门等关隘;命韩保贞、李进率部数万驻守兴元(今陕西汉中),以为配合。十二月中旬,北路宋军攻入蜀境,连克兴州(今陕西略阳)、兴元,在西县(今陕西勉县西)将韩保贞击败,然后乘胜追击,俘韩保贞、李进,越过三泉(今勉县西南),直抵嘉川(今四川广元东北)。蜀军烧绝栈道,退保葭萌(今广元西北)。这时王昭远、赵崇韬率军屯驻利州(治所今广元),派兵于大、小漫天寨(今利州城北)立寨而守。王全斌遂率主力向嘉川东南的罗川小路迂回南进,由崔彦进率军一部赶修栈道,破小漫天寨,蜀军退保大漫天寨。不数日,王、崔两部会师,分兵三部夹攻大漫天寨。王昭远弃城渡江退保剑门(今四川剑阁东北),宋军遂于十二月三十日占领利州。乾德三年(965)正月,孟昶命太子元喆为元帅率兵万余增援剑门。王全斌分兵一部由剑门东南的来苏小路,绕至剑门之南,断其后路,自率精锐从正面进攻,迅速攻占剑门,并向汉源坡挺进。蜀军未战即溃,宋军乘胜进击,擒俘王昭远,占领剑州(今四川剑阁)。进至绵州(今四川绵州东)的元喆仓皇逃回成都。

东路宋军的进展也很顺利。十二月下旬刘光义等攻入巫峡,夺取夔州浮梁,进兵至白帝城西,击破蜀夔州守军,占领夔州,打开了由长江入蜀的大门。宋军自夔州沿江西上,势如破竹,蜀沿途守军皆不战而降,刘光义、曹彬率军顺利西进。正月初,北路宋军直逼成都城下,东路宋军也接踵而至。正月初七,孟昶见大势已去,被迫向王全斌投降,后蜀至此灭亡。

(三)攻灭南汉

开宝三年(970)九月,赵匡胤命潘美等率军由南汉中部突入,诱歼敌军,稳定翼侧,然后东击南汉都城兴王府(今广州市)。

九月中旬,宋军将贺州(今广西贺县东南)包围。南汉主刘鋹派军北援。宋军设伏大破南汉援军,并乘胜攻克贺州。此时,宋军西面和东面皆有南汉守军。潘美为稳定翼侧,并调动南汉主力西上,以便乘虚而击,遂扬言要沿贺水顺流东下直取兴王府。刘鋹急忙派马步军都统潘崇彻率兵5万进驻贺水一带(今贺县城东北),威胁宋军后路。潘美转军东进,克连州(今广东连县)。十二月,攻克广州的北部门户韶州(今广东韶关),以强弩破都统李承渥设置的象阵,击败南汉军主力10余万众,顺溱水(今北江)南下,进攻广州。四年正月,宋军连克英(今广东英德)、雄(今广东南雄)二州,潘崇彻降宋。二月,宋军进至广州城西之双女山。潘美见南汉营编竹木为栅,乘夜实施火攻,南汉军大败,刘鋹被迫出降,南汉遂亡。

(四)攻灭南唐

宋灭南汉后,从战略上形成了对南唐的三面包围。南唐后主李煜为苟安求存,一面主动削去南唐国号,表示臣服;一面暗中募兵备战,以防宋军进攻。赵匡胤命李煜入朝,李煜称病固辞。宋遂以此为借口,于开宝七年(974)十月下令曹彬率师发动进攻,并在长江采石矶架成浮桥。十月十八日曹彬率师沿长江顺流东下,顺利通过南唐屯兵10万的要地湖口(今江西湖口)。十月二十四日,宋军突然渡过长江,水陆并进,直趋池州。在石牌口(今安徽安庆西)把巨舰、大船连接起来,按照采石矶一带江面宽度试搭浮桥获得成功。然后继续东下,夺占采石。十一月中旬宋军将预制浮桥移至采石,潘美率宋军主力迅速跨过长江,连克金陵外围据点,并在秦淮河击败南唐水陆军10余万,形成对金陵的包围态势。

金陵被围数月,李煜全然不知。开宝八年五月李煜登城巡视,见宋军已进逼城下,急忙下令朱令赟率10万守军东下赴援。十月,朱令赟率水步军号称15万顺江东下,进至皖口(今安徽安庆西南),遇宋王明部阻止。朱令赟以火攻宋军,因风向改变,反烧自己。宋乘势猛攻,全歼南唐援军。此时金陵被围九个多月,曹彬再三致书劝降李煜,均被拒绝。十一月二十七日宋军发起总攻,金陵城破,李煜被迫投降,南唐灭亡。

(五)攻灭北汉

赵匡胤建立宋朝后,曾多次攻北汉,均因受辽援军的遏制,未达到目的。赵光义(即宋太宗)继位后,制定了分割包围、先打辽援、后攻太原的方略,并组建了能发射炮石的飞山军用以攻城。经两年多的充分准备,于太平兴国四年(979)再次出兵攻北汉。三月中旬,郭进率军至石岭关。北汉主刘继元向辽求援,辽派兵分东、北两路驰援。郭进击败辽东路援军,辽北路援军闻讯撤退。四月中旬,宋军数十万包围太原,赵光义亲临太原城下四面巡视督战。刘继元在困守孤城、外无援兵、内部厌战的情况下,于五月初五出降,北宋统一战争至此结束。

10. 和战幽云,结盟澶州的宋辽战争

(一)高梁河之战

公元979年六月,北汉平定后,宋太宗赵光义率军北上。十九日,宋军进入辽境。次日,宋军在沙河(今河北易县易水北)击败辽军。辽东易州刺史岐沟关(今河北涿县西南)守将刘禹以州降宋。二十一日,宋太宗进至涿州(今河北涿县),辽涿州刺史刘原德降宋。二十三日,宋军抵达幽州城南,击败驻守城北的辽军1万余人。二十六日,赵光义命宋偓、崔彦进、刘遇、孟玄喆等率军四面攻城。辽据城固守。七月初六,耶律沙率辽援军进抵幽州城下,与宋军大战于高梁河(今北京西直门外)边。辽军初战不利,少却。耶律休哥和耶律斜轸军及时赶到,分左右翼横击宋军。幽州城内的辽军也开门出击。宋军大败,赵光义中箭负伤,仅以身免。辽军乘胜逐北,追至涿州,缴获大量的军械资粮,挫败了宋军的第一次北伐。

(二)岐沟关之战

雍熙三年(986),宋太宗决定再次对辽用兵,兵分三路,大举北伐。全军由雄州直指幽州。东路军以曹彬为主将,崔彦进为副将;另一支以米信为主将,杜彦圭为副将。共拥有十余万兵力,是北伐的主力。全军由雄州直指幽州。中路军以田重进为主将,由定州(今河北定县)进攻飞狐(今河北涞源)、蔚州(今河北蔚县)。西路军以潘美为主将,杨业为副将,出雁门(今山西代县),进攻云(今山西大同)、朔(今山西朔县)、寰(今山西朔县东马邑镇)、应(今山西应县)诸州。

战初,宋中、西二路军进展顺利,势如破竹,连下飞狐、蔚、寰、朔、应、云诸州。东路军于三月初攻克固安、新城(今河北新城东南),进而占领涿州。耶律休哥避免与宋军决战,仅以小部队骚扰宋军,阻断其粮道。曹彬至涿州,因粮草不继,退往雄州。赵光义得报后命曹彬率部沿白沟与米信部会合,待中路、西路攻占山地之后,再会师北上。但曹彬所部诸将听到中、西二路连战皆捷的消息后,唯恐落他路之后,无不积极求战。曹彬无法控制,只得再次率部北进。宋军沿途迭遭辽军阻击,且战且行,抵达涿州时全军上下均已疲乏不堪。这时辽圣宗和承天太后率领的援军已抵涿州东50里处的驼罗口,并一举收复固安,与休哥军形成钳击态势。曹彬见势不利,引军冒雨撤退。休哥乘机率轻骑猛追,五月初三,辽军在岐沟关追上宋军,大败曹彬、米信军。曹彬军继续南撤,在夜涉拒马河时又被辽军追及,宋军在慌乱中人马相踏,死伤过半,损失惨重。余众奔高阳,又受到辽军骑兵的冲击,死者达数万之众,遗弃的兵甲堆积如山。

辽在岐沟关一役后,即移兵西向,攻克飞狐和蔚、寰、应诸州。宋将杨业重伤被俘,不屈而死。宋三路大军皆败退,所克州县,复归于辽。岐沟关之战以后,宋军被迫对辽转入守势,辽军则掌握了战争的主动权,不断对宋进行大举进攻。

(三)"澶渊之盟"

宋真宗景德元年(1004),辽军再度大举南下。辽军在侵入宋境后,即派出使者请和。十月,辽军在击败部署在边境一线的宋军主力后,移兵东攻瀛州（今河北河间）。宋知州李延渥率众坚守。辽军围攻多日不克，只得移军南下，同时又遣使请和。十一月，辽军进抵澶州（今河南濮阳），大将萧挞凛中伏弩死。辽军一面屯兵澶州城下，与宋真宗所统宋军主力对峙，一面与宋方谈和。此时，辽军虽已击败宋军第一线的主力，长驱直入，攻克祁（今河北安国）、德清军（今河南清丰）和通利军（今河南浚县）三城，但广大的河北地区仍在宋人之手。辽军前有坚城大河及宋军主力，后有伺机而动的宋河北军民，全军已陷入腹背受敌的困境，因而只想通过和谈解决争端。宋人也因争战多年，无法击败辽军，也决意议和。十二月，宋辽讲和，双方约为兄弟之国，承认边界现实，宋每年予辽银10万两，绢20万匹。这就是历史上所说的"澶渊之盟"。

11. "连结河朔，直捣中原"的郾城、颍昌之战

郾城、颍昌之战是南宋初年宋军抗金战争中重要战役之一。由岳飞指挥岳家军于1140年七月先后在郾城、颍昌大破金军，取得了直捣中原、收复河朔计划的关键性胜利。此战是岳飞生前最后一次与金军主力决战，不久，岳飞奉命班师，使抗金的有利形势废于一旦。

宋绍兴十年（1140）五月，金统治者调集大军分四路进攻陕西、山东、洛阳和开封，得手后又乘胜向淮西进攻，结果在顺昌为刘锜大败，金军的全线进攻受到了抑制。在南宋各路军节节胜利的形势下，岳飞打算联合义军，配合友军，乘胜反攻中原。岳飞派忠义统制梁兴、董荣等潜渡黄河，联络河北、河东义军，攻夺州县，袭扰金军后方；自率数万大军由鄂州（今武昌）北上，六月二十五，进入陈（今河南淮阳）、蔡（今河南汝南）地区，长驱直入，至七月初二，连克郾城、临颍（今属河南）、颍昌、郑州、河南府（今洛阳）等地，切断了金军东西联系，直接威胁开封。

完颜宗弼为扭转危局，利用宋军分兵攻占州县之机，亲率韩常、龙虎大王、盖天大王等部1.5万余重甲精骑，于七月初八奔袭岳飞宣抚司驻地郾城，企图摧毁宋军统帅机构，打破岳飞的反攻计划。宗弼率军进至城北20里处列阵，向郾城推进。岳飞首先命其子岳云率骑兵冲击，分割打乱金军阵势；继以步卒持麻扎刀、提刀、大斧从侧翼冲击，上砍人，下砍马，与金军骑兵展开格斗。激战竟日，金军死伤甚众，宗弼被迫率余部撤退。

郾城战后,岳飞料定宗弼必将继续来攻,遂调整部署,命统制张宪由陈州进驻临颍,派岳云率部援颍昌,以增强前锋兵力。宗弼果然倾其全力进攻临颍。七月十三日,岳飞派往临颍的杨再兴等300余骑,在临颍南的小商桥与金军遭遇,展开激战,杀金兵2000余,杨再兴等将英勇战死。十四日,张宪部赶到临颍后,击退金军。当日宗弼率3万余骑进逼颍昌城下。驻守颍昌的统制王贵会同岳云与宗弼军展开决战。宋军以800骑居中,猛冲金步军,以步军对付金军两翼骑兵,自晨战至午,杀金军统军使以下将士5000余人,俘2000余人,获马3000余匹,宗弼率余部败退开封,不敢再战。岳飞率军乘胜追击金军,于距开封仅20多公里的朱仙镇击溃金军,至此,岳飞反攻中原的战争取得重大胜利。金军屡遭挫败,内部分裂动摇,宗弼准备放弃开封,撤军河北。岳飞建议乘势夺回开封,收复中原,但南宋朝廷坚持与金议和,下诏强令回师。岳飞被迫于七月二十一撤军,所克州县复失。

12. 征服中亚和东欧的蒙古西征之战

蒙古西征之战是公元13世纪上半期蒙古帝国征服中亚和东欧的战争。成吉思汗和他的继承者以骠悍的武功征服了欧亚地区,以蒙古为中心,建立起由钦察汗国、察合台汗国、窝阔台汗国、伊利汗国组成的横跨欧亚大陆的庞大帝国。

蒙古族是我国北方的一个古老民族,长期过着原始的游牧生活。公元1206年,蒙古各部落首领在斡难河(今鄂嫩河)畔召开大会,推举铁木真为大汗,尊称成吉思汗,建立了蒙古国家。蒙古国建立后,以成吉思汗为首的蒙古贵族不断发动掠夺战争,用兵的主要方向是南下与西征,南下攻击的主要目标是南宋和金朝,西征则是征服中亚东欧各国。蒙古西征共有3次,第一次是1217年至1223年成吉思汗西征,第二次是1234年至1241年拔都西征,第三次是1253年至1258年旭烈兀西征。

近半个世纪中,蒙古帝国以蒙古大汗为中心,通过三次西征,先后征服了今咸海以西里海以北的钦察、花剌子模和东起阿尔泰山西至阿姆河的西辽、畏兀儿,建立察合台汗国;鄂毕河上游以西至巴尔喀什湖的乃蛮旧地,建立窝阔台汗国;伏尔加河流域的梁赞、弗拉基米尔、莫斯科、基辅等公国,建立钦察汗国;两河流域的伊朗、阿富汗、叙利亚,建立伊利汗国;

形成世界历史上前所未有的大帝国。蒙古西征的胜利,主要原因是在战略上采取由近及远、相继占领的策略,以蒙古大漠为中心,向外一步步扩张。在战术上注重学习汉人的军事技术,用汉人工匠制造大炮,提高了战术优势,西征时集中优势兵力,骠悍的蒙古骑兵适合远距离作战,战斗力相当强大。

13. 敲响南宋王朝丧钟的襄樊之战

襄樊之战是元朝统治者消灭南宋统一中国的一次重要战役,是中国历史上宋元王朝更迭的关键一战。

忽必烈即蒙古汗位后,为了攻灭南宋,制订了夺取襄樊、浮汉入江、直趋临安(今杭州)的新作战方略,并于咸淳四年(1268)九月,派都元帅阿术、刘整率各路兵进攻襄阳、樊城。襄樊地处南阳盆地南端,襄阳和樊城南北夹汉水互为依存,"跨连荆豫,控扼南北",地势十分险要。蒙军在襄樊东南,筑鹿门堡、修白河城,完全包围襄阳。南宋政府为挽救危局,进行了反包围战与援襄之战,从而揭开了襄樊之战的序幕。

咸淳三年(1267)冬,南宋任命吕文焕知襄阳府,兼京西安抚副使。次年十一月,为打破蒙军鹿门、白河之围,吕文焕命襄阳守军进攻蒙军,但被蒙古军队打败,宋军伤亡惨重。咸淳五年(1269)三月,宋将张世杰率军与包围樊城的蒙军作战,又被阿术打败。七月,沿江制置使夏贵率军救援襄阳,遭伏击,兵败虎尾洲。咸淳六年(1270)春,吕文焕出兵襄阳,攻打万山堡,蒙军诱敌深入,乘宋军士气衰退,蒙将张弘范、李庭反击,宋军大败。九月,宋殿前副都指挥使范文虎率水军增援襄阳,蒙军水陆两军迎战,大败宋军,范文虎逃归。咸淳七年(1271),范文虎再次援襄,蒙将阿术率诸将迎击,宋军战败,损失战舰100余艘。这一时期,宋蒙两军虽然在襄樊外围进行了长达3年的争夺战,但因蒙军包围之势已经形成,败局已定。

咸淳八年(1272)春,元军对樊城发动总攻,襄樊之战正式开始。三月,阿术、刘整、阿里海牙率蒙汉军队进攻樊城,攻破城廓,宋军退至内城坚守。城内盐柴布帛奇缺,宋军暗派人到襄阳西北清泥河上游均州(今湖北均县)境内,造轻舟百艘,募勇士3000,由民兵部将张顺、张贵率领,乘五月汉水上涨,先将载有物资的船只隐蔽于白河口内,夜间,驶入汉水,途中遭蒙古水军截击,转战一夜,张顺战死。黎明,张贵才将物资运入襄阳。后张贵率军从水路接应南来的援军,遭截击全军覆没。此后,两城与外联系断绝,仅借汉水上浮桥,互相支持。

元军为尽快攻下襄樊,采取了分割围攻战术。为切断襄阳的援助,元军对樊城发起总攻。咸淳九年(1273)初,元军分别从东北、西南方向进攻樊城,忽必烈又派遣回回炮匠至前线,造炮攻城。元军烧毁了樊城与襄阳之间的江上浮桥,使襄阳城中援兵无法救援,樊城完全孤立了。刘整率战舰抵达樊城下面,用回回炮打开樊城西南角,进入城内。南宋守将牛富率军巷战,终因寡不敌众,牛富投火殉职,偏将王福赴火自焚,樊城陷落。

樊城失陷以后,襄阳形势更加危急。吕文焕多次派人到南宋朝廷告急,但终无援兵。襄阳城中军民拆屋作柴烧,陷入既无力固守,又没有援兵的绝境。咸淳九年(1273)二月,阿里海牙由樊城攻打襄阳,炮轰襄阳城楼,城中军民人心动摇,吕文焕举城投降,襄樊战役宣告结束。

五、明清时期

1. 朱元璋北上灭元之战

1367年,朱元璋在攻灭陈友谅和张士诚等江南割据政权后,派遣徐达为大将军、常遇春为副将军率师25万北征军北上灭元,由应天(今南京)经镇江(今属江苏)沿运河北上。攻克沂州(今山东临沂)后,令平章韩政分兵一部攻占滕州(今山东滕县)等要地,保障侧翼安全。主力继续北进,攻占山东益都、昌乐、寿光等地,继而夺取济南及其附近州县。元顺帝令陕西等地元军速援山东,但各路元军按兵不动。

1368年,朱元璋称帝,国号明,年号洪武。三月,徐达挥师由山东向河南进军,攻占汴梁(今开封)。四月初八,徐达军自虎牢关(今河南荥阳西北)西进,在塔儿湾(在今河南偃师县境)一举击溃托音特穆尔率领的元军5万,迫元梁王阿鲁温于洛阳投降。接着,徐达、常遇春分兵攻占嵩、许、陈、汝诸州。元潼关(今陕西潼关东北)守将李思齐、张思道闻风弃关西逃,徐达等派兵进驻潼关,又西进占领华州(今陕西华县)。

闰七月初一,徐达率军自中滦(今河南封丘西南)渡黄河,攻占卫辉(今河南汲县)、彰德(今河南安阳)、磁州(今河北磁县),转向山东临清,会合山东各军,沿运河继续北进,连战皆捷。在河西务(今属天津武清)、通州(今北京通县)击败元军万余人,进逼大都。元顺帝仓皇逃往上都(今内蒙古正蓝旗东北)。徐达等率军于八月初二进占大都,元亡。

2. 抵抗瓦剌侵犯的明京师保卫战

瓦剌是居于漠北的蒙古族三部之一。明英宗正统四年(1439),瓦剌也先自称淮王,势力大盛,梦求再现大元一统天下的局面。

正统十四年(1449)初,也先遣使2000人向明朝贡马,诈称3000,希图冒领赏物。明廷按实际人数给赏,并削减了马价。也先闻悉大怒,七月,统率所部进攻明朝,自己率领人马攻打大同。当时太监王振专权,他挟英宗仓促亲征。八月初,英宗带领50万大军前往大同迎战,刚至大同,王振听说各路军马接连失败,急忙退兵至四面环山的土木堡(今河北怀来境内),被也先追至,从征官员和士兵死伤过半,英宗被俘,史称"土木堡之变"。也先乘明廷无主,国无重臣,主力溃散,京师空虚,人心未固之机,继续南攻,企图占取明都城京师,迫明投降。

败讯传到京师,举朝震恐,时任兵部侍郎的于谦将两京、河南的备操军,山东、南京沿海的备倭军,江北及北京诸府的运粮军,全部调进北京。有了这些人力和财力条件,京师人心渐趋安定。九月,群臣合请英宗弟朱祁钰即皇帝位,以次年为景泰元年,景帝登位,使瓦剌借英宗要挟明廷的阴谋破产。

十月初一,瓦剌军分路南下。东路2万人入古北口,以钳制明军;西路10万人由也先亲率,挟持英宗,经大同(今属山西)、阳和(今山西阳高),进占白羊口(今山西天镇北),攻占紫荆关,直逼京城。兵部尚书于谦率22万大军列阵京城九门之外,并与京师总兵石亨亲临德胜门外督阵。

十一日,也先以主力列阵西直门,欲行决战。明军避其锋芒,不断以小队袭击,屡有斩获。当晚,明军在彰义门又偷袭瓦剌军营获胜。也先见明军严阵抵抗,便施议和之计,诱于谦和石亨等到瓦剌军营迎接英宗,企图将他们擒获,其计被于谦识破。十三日,瓦剌军主力转攻德胜门。于谦即令小队精骑迎战,诱瓦剌军进至设伏地区。副总兵范广指挥神机营发射火铳、火箭,瓦剌军阵势大乱。石亨率五军营乘势冲入敌阵。瓦剌军仓皇溃退,也先弟孛罗、平章卯那孩等中炮身死。随后,瓦剌军又转攻西直门,城外守军力战不支,城上发炮助战,石亨派军增援,再次击退瓦剌军。次日,防守彰义门的明军也多次出击,挫败瓦剌军的进攻。与此同时,京城附近州县的民众,也纷纷拿起武器,配合明军抗击瓦剌军,使其陷于四面受敌的困境。也先惧怕久战粮草不济,归路被截,于十五日下令乘夜撤退。明军乘胜追击至固安(今属河北)、霸州(今河北霸县),杀伤瓦剌军万余,俘其将领阿归等48人,夺回被掠人畜无数。十一月初,瓦剌军退往塞外,京师解围。

3. 中国第一次反侵略战争的明东南沿海抗倭之战

元末明初,日本正处在南北朝分裂时期,封建诸侯割据,互相攻伐。在战争中失败了的封建主,就组织武士、商人、浪人到中国沿海地区进行武装走私和抢掠骚扰,历史上称为"倭寇"。

自嘉靖二十六年以来,明廷先后任用朱纨、王忬、张经等抗击倭寇。虽屡有胜绩,但倭寇依旧十分猖獗。

嘉靖三十八年(1559),浙江参将戚继光针对沿海卫所废弛、军令难行、战斗力低的情况,在浙江总督胡宗宪支持下,亲去义乌等地招募矿夫、农民4000多人,训练成为闻名的"戚家军"。又督造战船40余艘,分布于浙江沿海的松门(今温岭东)、海门(今椒江市)二卫,在海战中发挥了很大作用。他还根据沿海地形和倭寇作战特点,创造了攻防兼宜的"鸳鸯阵",每队12人,配备长短兵器,灵活变换队形,发挥各种火器和士兵的整体作战威力,屡次打败倭寇。四十年四月,倭寇万余、战船数百艘,大举入侵台州,戚继光率军九战皆捷,全歼倭寇。九月,总兵卢镗、参将牛天锡分别率军在宁波、温州等地与倭寇交战十余次,杀敌1400余人,焚死、溺死者甚众。至此,窜犯浙江的倭寇基本荡平。

四十一年(1562),福建沿海倭患严重,七月,戚继光奉命率领6000精兵,由浙江入闽剿倭。他利用退潮之机,涉海进攻横屿,斩倭2600余人,接着乘胜攻克牛田、林墩,后班师回浙。不久,福建沿海倭寇又趋猖獗。明廷命谭纶为福建巡抚,总督福建军务;俞大猷为福建总兵,戚继光为副总兵,率军进剿;同时,令广东总兵刘显率军援闽。四十二年四月,谭纶决心进攻倭寇据为巢穴的平海卫(今莆田东南)。他针对该地三面环海、易守难攻的特点，令戚继光率中军，刘显率左军，俞大猷率右军，采用水陆配合、中间突破、左右夹击的战法，一举攻克平海卫，斩倭2200余人，溺死无数，救回被掳男女3000余人，乘胜收复兴化城（今莆田）。接着，谭纶下令整治海防，督造战船，扼守海口，在沿海各县建立战守合一的地方武装。同年冬，倭寇万余人围攻仙游。次年二月，戚继光率军驰援，大战城下，倭寇败逃。戚家军乘胜追击，在同安、漳浦斩倭数千人，溺死焚死数千人，逃走者仅千人。至此，入侵福建的倭寇基本荡平。此后，俞大猷和戚继光分别率军横扫流窜广东沿海的残倭。时至四十五年，东南沿海的倭患基本消除。

4. 古代农民军事武装斗争发展到顶峰的明末农民战争

明末农民战争，是中国封建社会后期农民起义军与明清军队进行的一场战争，近200万农民革命大军在黄河南北、长江上下十几个省的辽阔地区，与明清地主阶级军队进行了艰苦卓绝的战斗。这次战争从明天启七年（1627）陕西王二起义开始，经过渑池之战、洛阳之战、襄阳之战、成都之战和山海关之战，至清顺治十五年（1658）失败，起义军与明军战斗17年，与清军战斗14年，是中国历史上历次农民战争的最高发展和总结。

明天启七年（1627）三月，陕西大旱，澄城知县张斗耀不顾饥民死活，仍然催逼赋税，敲骨吸髓地榨取农民。白水饥民王二率饥民冲进县城，杀死张斗耀，揭开了明末农民战争的序幕。

八年（1628），陕西府谷王嘉胤、汉南王大梁、安塞高迎祥等领导饥民起义，张献忠也在延安米脂起义。陕北起义震惊了明朝统治者，在明军剿抚兼施进攻下，陕西战场义军呈现出时降时叛的复杂局面。为避开明军主力，王嘉胤率军入晋，起义中心转移到山西。王嘉胤牺牲后，王自用联合高迎祥、张献忠、罗汝才各部，号称36营，在山西继续战斗，农民起义军由分散状态进入协同作战阶段。明廷派洪承畴任三边总督，集中力量围剿起义军。王自用作战牺牲，起义军在高迎祥领导下与明军展开了激烈搏斗，损失较大。为保存实力，起义军从山西转入河南。崇祯六年（1633）冬，高迎祥、张献忠、罗汝才、李自成等经渑池县突破黄河防线，转移到明军力量薄弱的豫西，展开了新的战斗。渑池突围的胜利，不但使义军未被消灭，而且变被动为主动，对后来起义军势力壮大意义重大。

起义军渑池突围后，在豫楚川陕交界山区流动作战，与明军周旋，明军不得不分兵把守要隘，穷于追剿，陷入战线过长，兵力分散的困境。明将洪承畴为改变被动局面，以重兵包围起义中心地区，实施重点进攻，高迎祥义军接连败于确山、朱仙镇（今河南开封市西南）等地，被迫转入西部山区。崇祯九年（1636）夏，高迎祥率部从陕西汉中突围，遭到陕西巡抚孙传庭埋伏，被俘牺牲。

高迎祥牺牲后，起义军逐渐形成为两支劲旅，一支由张献忠领导，活动在湖北、安徽、河南一带；另一支由李自成领导，活动在甘肃、宁夏、陕西一带。崇祯十一年（1638），在洪承畴优势兵力围攻下，起义军蒙受了很大损失。李自成兵败梓潼，退守岷州（今甘肃岷县）、临洮。张献忠败于南阳、麻城，最后投降了明军，起义转入低潮。李自成率部进入河南，于十四年（1641）一月攻占洛阳，镇压了福王朱常洵。张献忠经过一年休整，于崇祯十二年（1639）五月再次起兵，歼灭明军主力左良玉部，后转入四川，在达州战役中大获全胜，随即兵进湖北，十四年（1641）二月攻陷襄阳，镇压了襄王。李自成、张献忠相继攻占洛阳、襄阳，宣告了明朝围剿政策的破产。

张献忠、李自成两支大军相互应援，分别在川陕和河南战场与明军作战。崇祯十六年（1643）五月张献忠攻下武昌，把楚王投入江中。张献忠在武昌称大西王，初步建立了政权。次年，张献忠带兵入川，八月攻陷成都，在成都称帝，改元大顺，建立大西政权。李自成从洛阳转入湖广作战，于崇祯十五年（1642）攻下襄阳，称新顺王，初步建立了政权机构。此后连克承天府（今湖北钟祥县）、孝感、黄州（今湖北黄冈市）等地，基本上摧毁了明朝在河南的精兵，"据河洛取天下"。李自成攻占襄阳后，在政治上提出"均田免粮"口号争取群众，军事上改变过去流动作战战术，派遣将领分守所克城邑，严密军事组织，建立各种军事制度，把军队分为骑兵和步兵两种，形成营队两组编制，战术上步骑配合，骑兵诱敌，步兵拒战，然后骑兵包抄合围。攻城时骑兵布围，步兵冲锋，昼夜三番轮攻。这表明起义军已由流动作战阶段进入阵地战阶段，已具备了推翻明朝的实力。李自成确定了先取关中，继取山西，后占北京的策略。崇祯十六年（1643）十月，李自成大军攻克潼关，率10万大军围歼明三边总督孙传庭，十一月起义军不战而进入西安。十七年（1644）一月，李自成建立大顺政权，然后亲率大军渡黄河进入山西，攻克太原，沿大同、宣府（今河北宣化县），从北面包围了北京。另一路义军由左营制将军刘芳亮率领，渡黄河攻克山西上党（今山西长治市），分取真定（今河北正定县）、保定，从南面包围北京。三月十七日，李自成从昌平围攻北京，北京明军不攻自溃，十九日李自成率兵进城，崇祯帝在煤山自杀，明朝被推翻。其时，山海关宁远总兵吴三桂降清，与清军联合镇压起义军。四月，李自成亲率大军攻打吴三桂，在山海关激战。在满汉军队联合进攻下，李自成失败，撤回北京。二十九日匆忙称帝，建国大顺，次日退出北京。

李自成撤出北京后，经山西平阳、韩城进入西安。清顺治元年（1644）冬，清军分兵两路进攻西安，次年二月潼关失守，李自成从西安经襄阳进入武昌，五月，李自成在湖北通山县南九宫山遭到地主武装袭击，壮烈牺牲。顺治三年（1646），清军由陕南入川，攻打大西军，张献忠于次年七月撤离成都，北上与清军作战，十一月牺牲在凤凰山（今四川南溪县北）。李自成、张献忠牺牲后，农民军余部继续坚持战斗，大顺农民军分为两路，一路由郝摇旗、刘体纯等领导，活动在洞庭湖以东地区；另一路由李过、高一功领导，活动在洞庭湖以西地区。大西农民军在孙可望、李定国率领下转入川贵，坚持抗清斗争。清军集中兵力镇压义军，李过病逝，高一功、刘体纯、郝摇旗等战死，孙可望降清，李定国兵败。到顺治十五年（1658年），明末农民军余部完全失败。

5. 驱逐荷兰殖民者的收复台湾之战

台湾是中国的领土。明王朝末年，政治腐败，军备废弛。天启四年（1624），荷兰殖民者侵占台湾，进驻水陆军2000余人，重点据守军政中心台湾城（今台南市安平镇）及赤嵌城（今台南市内）等地。

郑成功是明末将领郑芝龙之子，明亡后，退守金门、厦门一带，在东南沿海坚持抗清斗争。为了驱逐荷兰殖民者，建立稳固的抗清基地，决意收复台湾。清顺治十八年（1661）年三月二十三，郑成功乘荷军增援战船大部撤离台湾之机，亲率官兵2.5万人、战船数百艘，在原荷兰翻译何廷斌和熟悉航路的渔民引导下，自福建金门料罗湾出发，次日抵澎湖列岛待机。三十日晚横渡澎湖水道，四月初二晨抵达水浅礁多、荷军疏于防守的鹿耳门港外。中午，郑成功令水师一部封锁港口，亲率主力乘满潮之时，出敌不意，驶入鹿耳门港，以4000余人抢占北线尾岛，万余人通过大海湾，直插赤嵌以北的禾寮港。郑军登陆后连挫荷军，迅速进逼赤嵌城。荷兰驻台湾总督揆一组织反扑，以舰、船四艘，攻击北线尾岛外的郑军战船。郑军水师集中炮火击沉荷主舰"赫克托"号，迫荷其余舰、船狼狈逃窜。另有荷军240人企图夺回北线尾岛，遭郑将陈泽部夹击，全部被歼。增援赤嵌的200余名荷军也遭重创，败回台湾城。郑军在粉碎荷军反扑后，便集中兵力围攻赤嵌城，切断其与台湾城的水陆交通，断绝城内水源，守军头目描难实叮被迫于初六率众出降。初七，郑军由水陆两路进攻台湾城，未克，遂改为长期围困。同时，分军收复其他失地，组织部队垦荒，解决军粮。

闰七月二十三，荷军又在巴达维亚（今印度尼西亚雅加达）派来的水军援助下进行反扑。郑军水师奋力回击，毁荷战船二艘，俘获战艇三艘，击毙艇长以下官兵130余人，迫使荷援军残余逃回巴达维亚，困守台湾城的荷军遂处绝境。十二月初六，郑军攻占城外重要据点乌得勒支堡（今译乌得勒支堡），揆一见大势已去，被迫于十二月十三（1662年2月1日）签字投降。至此，被荷兰殖民者侵占38年之久的台湾岛回归祖国。

此战，郑成功正确选择进攻方向，善于利用季风、潮汐，出敌不意地实施登陆，尔后集中优势兵力分割围歼荷军，取得了中国历史上大规模渡海登陆作战的胜利，捍卫了领土主权的完整。

6. 清廷平定"三藩"叛乱之战

清初，平西王吴三桂、平南王尚可喜、靖南王耿精忠，统称"三藩"。他们各拥重兵，分镇于云南、广东、福建，逐步形成强大的割据势力。康熙十二年（1673）八月，清廷下令撤藩。吴三桂即于十一月间在云南发动叛乱，发出檄文指斥清廷"窃我先朝神器，变我中国冠裳"，声称要"共举大明之文物，悉还中夏之乾坤"。蓄发易衣冠，旗帜皆白色，自称"天下都招讨兵马大元帅"，打起"复明"的旗号，以欺骗人民。叛军很快攻进湖南。不久，广西将军孙延龄、提督主雄等据广西叛，四川巡抚罗森、提督郑蛟麟等据四川叛。康熙十三年（1674）三月，耿精忠据福建叛。不到半年，清廷的滇、黔、湘、川、桂、闽六省全部失掉。康熙十五年二月，尚之信据广东叛。接着，战乱扩大到赣、陕、甘等省。

吴三桂叛乱之初，清军处处设防，屡战失利。康熙帝面对危局，紧急调整部署，派重兵坚守长江沿线要地和江西重镇南昌、赣州等地，以浙、赣为东线，以陕、甘为西线，分而制之。同时，重用汉将张勇、赵良栋等，鼓励汉兵立功，并针对叛军内部矛盾，采取剿抚兼施的策略，竭力分化、瓦解叛军。

在西线，清廷对时附时叛的王辅臣，一面遣军分路进讨，一面反复致书规劝，促其反正。十五年春，抚远大将军图海挥军击退吴三桂自汉中北攻陕、甘之师，将王辅臣围困于平凉（今属甘肃）。六月，王被迫归降，清廷诏复其官，并授予靖寇将军。此举，动摇了其他叛将，使西线叛军相继瓦解，从而打破了吴三桂与王辅臣合军，东出潼关，夺取中原的企图。

在东线，耿精忠部攻江西、犯浙江，吴三桂从湖南策应。清定远平寇大将军岳乐、扬威大将军喇布出师江西，收复萍乡、吉安等要地，将吴军主力阻于湖南，不得与耿军会合；奉命大将军杰书挥军收复浙江金华，攻破仙霞关（今浙江江山南），直逼福州，迫使耿精忠于十月归降。继而，杰书遣师南进，收复潮州（今属广东）。叛军开始瓦解，尚之信不满吴三桂节制，在清廷招抚下，于十六年五月归附。

吴三桂势孤力单，地盘日蹙，为鼓舞士气，于十七年三月在衡州（今湖南衡阳）称帝。八月病死，其孙吴世璠继位，退往贵阳。安远靖寇大将军察尼趁机以水陆军进取岳州（今湖南岳阳），攻克辰龙关；岳乐率师深入湖南，复长沙，克武冈，占沅州（今芷江）；喇布率师复衡州；同时，清将傅宏烈等部，在广东清军支援下收复桂林；陕、甘清军分路南下，收复汉中、重庆、成都。十九年十月，吴世璠再逃昆明。清军在将军赵良栋、大将军彰泰、赖塔率领下，从蜀、黔、桂三路挺进云南，二十年十月攻破昆明，吴世璠兵败自杀，残部6700余人投降。至此，延续八年之久的三藩之乱被平定。

7. 谱写反侵略斗争凯歌的雅克萨之战

黑龙江、乌苏里江流域自古以来就是中国领土。清朝建立之后，除设盛京将军（驻今辽宁沈阳）、宁古塔将军（驻今黑龙江宁安）和黑龙江将军

（驻今黑龙江爱辉）外，还把当地居民编为八旗。

明崇祯十六年（1643）夏，沙俄雅库次克长官戈洛文派波雅科夫率兵132人侵入中国领土。十一月，到达精奇哩江（今结雅河）中游达斡尔头人多普蒂乌尔的辖地后，四出抢掠，灭绝人性地杀食达斡尔族人。次年夏初，精奇哩江解冻后，这伙匪徒又闯入我国东北部最大的内河黑龙江，沿途遭到我国各族人民的抗击，波雅科夫率领残部逃回雅库次克。顺治六年（1649），雅库次克长官派哈巴洛夫率兵70名侵入黑龙江，强占我国达斡尔头人拉夫凯的辖区，其中包括达斡尔头人阿尔巴亚的驻地雅克萨城寨（今黑龙江左岸阿尔巴金诺），遭到当地人民的抵抗。次年夏末，哈巴洛夫率领138名亡命之徒，携3门火炮和一些枪支弹药，再次侵入黑龙江，强占雅克萨城，不断派人四出袭击达斡尔居民，捕捉人质，掳掠妇女，杀人放火。九月底，哈巴洛夫又率领侵略军200余人，侵入黑龙江下游乌扎拉河口（今宏加里河）我国赫哲人聚居的乌扎拉村，强占城寨，蹂躏当地居民。顺治九年（1652），清政府下令宁古塔驻军予以打击。经过中国军民的多次打击，侵入我国黑龙江流域的俄国侵略军一度被肃清。后来，沙俄侵略势力又到雅克萨筑城盘踞。清政府虽多次警告，都无济于事。

康熙二十二年（1683）九月，清勒令盘踞在雅克萨等地的沙俄侵略军撤离清领土。侵略军不予理睬，反而率兵窜至爱珲劫掠，清将萨布素将其击败，并将黑龙江下游侵略军建立的据点均予焚毁，使雅克萨成为孤城。二十四年（1685）正月二十三日，为了彻底消除沙俄侵略，康熙命都统彭春赴爱珲，负责收复雅克萨。五月二十二日抵达雅克萨城下，当即向侵略军头目托尔布津发出通牒。托尔布津恃巢穴坚固，有兵450人，炮3门，鸟枪300支，拒不从命。清军于五月二十三日分水陆两路列营攻击。陆师布于城南，集战船于城东南，列炮于城北。二十五日黎明，清军发炮轰击，侵略军伤亡甚重，势不能支。托尔布津乞降，遣使要求在保留武装的条件下撤离雅克萨。经彭春同意后，俄军撤至尼布楚（今涅尔琴斯克）。清军赶走侵略军后，平毁雅克萨城，即行回师，留部分兵力驻守爱珲，另派兵在爱珲、墨尔根（今黑龙江嫩江）屯田，加强黑龙江一带防务。

沙俄侵略军被迫撤离雅克萨后，贼心不死，继续拼凑兵力，图谋再犯。康熙二十四年（1685）秋，侵略军头目托尔布津率部再次窜到雅克萨。俄军这一背信弃义的行为引起清政府的极大愤慨。次年初，康熙接到奏报，即下令反击。

二十五年七月二十四日，清军2000多人进抵雅克萨城下，将城围困起来，勒令沙俄侵略军投降。托尔布津不理。八月，清军开始攻城，托尔布津中弹身亡，改由杯敦代行指挥，继续顽抗。八月二十五日，清军在雅克萨城的南、北、东三面掘壕围困，在城西河上派战舰巡逻，切断守敌外援。侵略军被围困近年，战死病死很多，826名侵略军，最后只剩66人。雅克萨城旦夕可下，沙皇急忙向清请求撤围，遣使议定边界。清答应所请，准许侵略军残部撤往尼布楚。雅克萨反击战结束后，双方于康熙二十八年（1689）七月二十四日缔结了《中俄尼布楚条约》，规定以外兴安岭至海，格尔必齐河和额尔古纳河为中俄两国东段边界。黑龙江以北，外兴安岭以南和乌苏里江以东地区均为清朝领土。

8. 平定准噶尔贵族叛乱之战

准噶尔部是清代中国西北地区厄鲁特蒙古四部中最强的一部，游牧于伊犁河流域。噶尔丹夺得该部汗位后，出兵兼并邻部，势力扩至天山南北和青海。康熙二十七年（1688），他又率军进攻漠北的喀尔喀蒙古，迫使该部迁往漠南。二十九年五月，噶尔丹以追击喀尔喀部为名，率军3万渡乌尔匝河（今蒙古人民共和国乌勒吉河）后，挥戈南下，兵锋指向北京。

面对噶尔丹的进攻，康熙帝下诏亲征。七月初，清军分左、右两路出古北口（今北京密云北）和喜峰口。八月初，两军激战于乌兰布通（今内蒙古克什克腾旗南），准噶尔军大败西逃，清军伤亡也很严重。噶尔丹兵败后仍不罢休，招集旧部，扩充部队，图谋再举。清廷得悉，调兵储粮，准备再战。三十四年秋，噶尔丹率兵3万，沿克鲁伦河而下，进驻巴颜乌兰（今蒙古人民共和国乌兰巴托东南）。康熙帝统兵近9万，分东、西、中三路，约期夹攻。次年五月，西路军主力于昭莫多（今乌兰巴托南）林中设伏，以骑兵一部迎战噶尔丹，且战且退，诱其入伏，清兵乘机冲杀，噶尔丹惨败，仅率数骑西逃。康熙帝于三十六年二月再次出兵，迫使流窜于塔米尔河（在今蒙古人民共和国境）流域的噶尔丹残部投降，噶尔丹自杀。

噶尔丹死后，其子策妄阿拉布坦在沙俄支持下，不断袭击清军据守的科布多、巴里坤（今新疆巴里坤）、哈密等军事重镇，并派兵侵入西藏，进行分裂叛乱活动。由于康熙及时派兵进藏协同藏军进行围剿，才将策妄阿拉布坦叛乱势力赶出西藏。雍正五年（1727）冬，策妄阿拉布坦死，其子噶尔丹策零继续进行叛乱活动。十年七月，噶尔丹策零率军袭击驻扎于塔半尔河的清军。八月初，清军以精骑3万夜袭其营，准噶尔军溃逃。清军乘胜追击，将其大部歼灭于光显寺（今蒙古共和国鄂尔浑河上游），噶尔丹策零被迫降附。

乾隆十年（1745），噶尔丹策零死后，准噶尔部内乱，达瓦齐夺得汗位。二十年（1755）二月，清廷发兵5万直捣伊犁，达瓦齐猝不及防，兵败被俘。不久，归降清廷的阿睦尔撒纳，因统治厄鲁特蒙古四部的野心未能得逞，聚众叛乱。二十二年春，清廷遣军从巴里坤（今属新疆）等地分路进击，叛军溃败，阿睦尔撒纳叛逃沙俄后病死。清廷经过近70年的战争，终于消除了准噶尔封建割据势力，维护了中国多民族国家的统一。

9. 中国沦为半殖民地半封建社会的第一次鸦片战争

自1800年起，英国商人便开始向中国大量输入鸦片。清道光皇帝意识到鸦片输入将造成军队瓦解、财源枯竭，便于1838年12月任命湖广总督林则徐为钦差大臣，节制广东水师，赴广州查禁鸦片。林则徐在广东人民的支持下，于1839年6月3日至25日，将从鸦片贩子手中收缴的走私鸦片两万余箱在虎门海滩全部销毁，禁烟运动取得重大胜利。但英国却以此为借口，向中国发动了一场旨在保护鸦片走私的不义的侵略战争。

1840年6月，懿律率领的英国舰船40余艘及士兵4000人到达中国海面，第一次鸦片战争正式开始。

第一次鸦片战争持续了两年多时间，分三个阶段。

战争的第一阶段，从1840年6月下旬英军封锁珠江口开始，到1841年1月下旬义律发布《穿鼻草约》为止。

1840年6月28日，懿律下令封锁珠江口，并立即启程北上，夺占定海。7月初，英军驶经福建海面，炮轰厦门港。7月4日，英军驶抵定海水域，5日英舰发起进攻，清军水师损失严重，向镇海方向退却。英军攻占定海城东南的关山炮台,次日凌晨,定海失陷。7月28日,义律率英舰8艘,驶离舟山群岛北上,于8月9日进泊天津大沽口外,向清政府递交照会、施加压力。

道光帝派琦善与义律在大沽口会谈。英方因当时军中流行疫病,不便采取军事行动,乃于9月15日起碇南返,并同意在广东继续谈判。道光帝即任命琦善为钦差大臣,赴广东继续办理中英交涉,并同时将林则徐、邓廷桢等革职查办。11月末,琦善到达广州,竟将珠江口防务设施撤除,水勇、乡勇遣散,以讨好英国侵略者。在谈判过程中,琦善对义律提出的各项侵略要求,一一许诺,只对割让香港一事,表示不敢作主。义律决定进一步施加压力,于1841年1月初,向虎门沙角、大角炮台发起进攻,清军英勇抵抗,打死打伤英军100余人。但由于清军防守兵力不足,琦善又拒发援兵,两个炮台终于失守,副将陈连升父子以下600余人阵亡。

琦善屈服于英军的强大压力,于1月中旬照会义律,表示愿意"代为奏恳"。然而,义律在1月20日单方面抛出《穿鼻草约》。《草约》包括割让香港、赔偿烟价600万元。6天之后,英军强行占领香港。第一阶段的战争,至此结束。

战争的第二阶段,自1841年1月27日清政府对英宣战开始,至5月27日《广州和约》订立为止。

1841年1月27日,大角、沙角炮台失守的消息传到北京,道光帝甚为恼怒,当即决定对英宣战。他任命御前大臣奕山为靖逆将军,户部尚书隆文和湖南提督杨芳为参赞大臣,调集各省军队1.7万人开赴广东。于是,广东的谈判停顿下来,中英双方又进入战争状态。

2月26日清晨,英军3000多人向虎门炮台发动猛烈攻击,水师提督关天培率军英勇抵抗,琦善拒绝派兵增援。由于寡不敌众,关天培和守军数百人壮烈牺牲,虎门炮台失守。英舰驶入省河,陆续攻陷乌涌炮台、猎德炮台,逼近广州。

4月,奕山及各省军队1.7万余人先后齐集广州。奕山为了报功邀赏,于5月21日夜贸然向英军发动进攻,分兵三路袭击英军。由于英军早有准备,所以没有收到什么战果。22日黎明,英军乘顺风发动进攻,向清军猛烈发炮轰击,清军溃败,英军乘势进攻广州城。5月26日,奕山派广州知府余保纯出城乞和。次日，订立屈辱的《广州和约》。条约规定：奕山、隆文、杨芳以及全部外省军队，六天内撤至离广州城30公里以外的地方，一周内交出"赎城费"600万元，款项交清后，英军全部撤至虎门口外。第二阶段的战争，至此结束。

战争的第三阶段，自1841年8月英国扩大侵略战争再度进攻厦门开始，到1842年8月29日《南京条约》签订为止。

1841年5月，英国政府认为《穿鼻草约》所得侵略权益太少，改派璞鼎查为全权公使，前来中国进一步扩大对华侵略战争。而此时的清统治者却误以为战争已经结束，通谕沿海将军督抚，酌量裁撤各省调防官兵。8月，璞鼎查到达香港，不久即率兵进犯厦门，总兵江继芸力战牺牲，厦门陷落。

英军攻陷厦门后继续北犯。守卫镇海的钦差大臣、江苏巡抚裕谦积极布置浙江沿海的防卫。9月，英军侵犯定海，总兵葛云飞、郑国鸿、王锡朋等率领守军英勇抵抗，以身殉国。10月1日，定海失陷。英军继续进攻镇海，守军顽强抵抗，多次同进攻之敌展开肉搏。浙江提督余步云在战斗最激烈的时候，贪生怕死，逃往宁波。裕谦率部死战，后见大势已去，投水自尽。镇海遂失陷。10月13日，英军又攻陷宁波。

清政府为挽回败局，于10月18日任命协办大学士奕经为扬威将军，侍郎文蔚和副都统特依顺为参赞大臣，前往浙江，并从江西、湖北、四川、陕西等省调集军队。奕经携带大批随员南下，一路上游山玩水，勒索地方供应，直到1842年2月才到达浙江绍兴。3月上旬，各省援兵到齐。奕经等认为兵力已厚，决定采取"明攻暗袭，同时并举"的方针，以期达到收复定海、镇海、宁波三城的。但在英军阻击下，反攻失败。3月15日，英军进攻慈溪，占领大宝山、长溪岭清军营地。清军退往绍兴。3月20日，奕经逃回杭州。道光帝在对英态度上由忽战忽和转而采取一意求和，派投降派耆英、伊里布赶赴浙江前线，办理乞和事宜。

1842年5月，英军为了集中兵力，退出宁波、镇海，进犯海防重镇乍浦，遭到守军的坚决抵抗。17日，乍浦陷落。6月中旬，英军开始进入长江。6月16日，英军向吴淞炮台发起进攻。两江总督牛鉴闻风而逃。江南提督陈化成率部抵抗，亲自操炮轰击敌舰，最后和守台士兵百余人一起战死。吴淞口失陷，英军随即侵占上海。

7月下旬，英军进攻镇江。副都统海龄率领守军奋起抵抗，直至最后自杀殉国。镇江失守后，英国军舰于8月间闯到南京江面。耆英、伊里布等赶到南京议和。在英国侵略军的胁迫下，全部接受了英国提出的议和条款，订立了中国近代史上第一个不平等条约——《南京条约》。第一次鸦片战争至此结束。

10. 英法联合侵略中国的第二次鸦片战争

第二次鸦片战争是英、法资产阶级对清朝发动的一次侵略战争。这次战争是第一次鸦片战争的继续和扩大，因此称为第二次鸦片战争。

1856年后，英法各自借口"亚罗号事件"和"马神甫事件"，挑起事端，企图通过扩大对中国的侵略战争，打开中国的市场。1857年春，英国政府任命前加拿大总督额尔金为全权专使，率一支海陆军前来中国；法国派葛罗为全权专使，率军参加对中国的战争。

10月，额尔金和葛罗率舰先后到达香港。11月，美国公使列卫廉、俄国公使普提雅廷也赶到香港与英法公使会晤，支持英法的行动。12月，英法联军5000多人编组集结完毕。额尔金、葛罗在27日向叶名琛发出通牒，限48小时内让出广州城。叶名琛以为英、法是虚张声势，不作防御准备。29日，广州失陷，叶名琛被俘，解往印度加尔各达，1859年病死于囚所。

英、法联军占领广州后，四国公使纠结北上。1858年4月，四国公使在白河口外会齐，24日即分别照会清政府，要求派全权大臣在北京或天津举行谈判。英、法公使限定6天内答复其要求，否则将采取军事行动。

1858年5月20日，联军轰击南北大沽两岸炮台，由于清朝官吏临阵逃跑，致使各炮台全部失守。联军随即溯白河上驶，到达天津，还扬言要进攻北京。清朝统治者感到战守两难，立即派出大学士桂良、吏部尚书花沙纳前往天津议和。6月26日和27日，中英《天津条约》和《中法天津条约》分别签订。美、俄两国则在此之前就分别与清政府签订了《天津条约》。这些条约规定了公使驻京、增开商埠以及赔款等内容。此外，俄国还趁火打劫，在5月底迫使黑龙江将军奕山签订了《中俄瑷珲条约》，割去了黑龙江以北60多万平方公里的领土。

1859年，英国派普鲁斯为公使到中国赴任和换约。普鲁斯和法国公使布尔布隆于6月中旬带领舰队和海军陆战队开到大沽口外。坚持要清政府拆除白河防御、乘舰带兵入京的无理要求，并限期撤防。

1859年6月25日，英国舰队司令率10余艘战舰、炮艇突袭大沽炮台。蒙古科尔沁亲王僧格林沁与守军奋起反击，激战一昼夜，击沉、击伤英法军舰10余艘，毙伤侵略军600余人，英国舰队司令何伯也受重伤。联军受此挫败，狼狈逃出大沽口。

英法联军在大沽战败，使英、法政府大为恼怒。额尔金、葛罗再次成为全权代表，分率英军1.8万人和法军7000人，气势汹汹地杀向中国。1860年4月，侵略军占领舟山，5月、6月占领青泥洼（大连）和烟台，封锁渤海湾，完成了进攻天津、北京的部署。

1860年8月1日，英法军舰30多舰，集结于北塘附近海面。北塘没有设防。8月12日，联军在北塘登陆，迅速占领北塘西南的新河、军粮城和塘沽，切断了大沽与天津之间的主要交通线。8月21日，联军占领大沽炮台。僧格林沁所部退至北京东南的张家湾、通州（今通县）一带。联军乘胜占领天津。

清政府立即派人至天津乞和，英、法联军不予理睬，进逼通州。清政府又派怡亲王载垣、兵部尚书穆荫为钦差大臣，到通州求和，英、法联军提出极为苛刻的条件。9月18日，联军攻陷张家湾和通州，21日陷京郊八里桥。僧格林沁等撤往北京城。咸丰帝令其弟恭亲王奕䜣留守北京，负责求和事宜，自己从圆明园仓皇逃往热河（今河北承德）。

英法联军略经整备，即于10月6日进攻北京，同日，闯入圆明园，在大肆抢劫之后，将圆明园烧毁。大火延烧3天，烟雾笼罩北京全城。接着，侵略军还抢劫了万寿山、玉泉山、香山等处许多著名建筑中所藏的大量文物珍宝。

10月13日，联军占据安定门，北京陷落。

10月24日，中英《北京条约》签订；25日，中法《北京条约》签订；11月14日，中俄《北京条约》签订，割占中国领土40万平方公里。至此，第二次鸦片战争结束。中国再次损失了大量主权和领土，向半殖民地道路又前进了一步。其中，鸦片贸易合法化、华工出国及允许外国人前往内地传教，都使中国的社会矛盾更趋激化。

11. 太平军北伐之战

清咸丰三年（1853）春，太平天国定都天京（今南京）后，派天官副丞相林凤祥和地官正丞相李开芳等率军2万余人，向北京进军。

林凤祥等率北伐军自浦口出发，在乌衣镇一带击败清军一部后，一路长驱北进，连克安徽滁州（今滁县）、临淮关、凤阳、怀远、蒙城，于6月10日到达亳州（今亳州市），13日攻克河南归德府城（今商丘）后，便北上刘家口（归德北），因清军在黄河渡口严密布防，太平军只得沿河西走，连下宁陵、睢州（今睢县）、杞县、陈留，3月19日进逼开封，不克，乃撤往中牟县之朱仙镇。6月23日撤离朱仙镇，经中牟、郑州、荥阳，26日到达汜水、巩县地区，在这里渡过黄河。7月2日，攻破河南温县，7月7日进围怀庆府（今沁阳）。围攻近两个月，未能攻下。9月1日，北伐军主动撤围西进，绕道济源，进入山西，连下垣曲、绛县、曲沃，于9月中旬进至平阳（今临汾）、洪洞一带，然后转而向东，经屯留、潞城、黎城，复入河南，攻破涉县、武安。9月29日，北伐军经河南入直隶，攻克军事重镇临洺关，击溃立足未稳的讷尔经额部清军万余人。接着，连下直隶沙河、任县、隆平（今隆尧）、柏乡、赵州（今赵县）、栾城、晋州（今晋县）、深州（今深县），迫近北京。清廷震动，即命胜保为钦差大臣，率军由南而北追赶，并命惠亲王绵愉为奉命大将军、僧格林沁为参赞大臣，率军由北而南迎堵。

北伐军在深州稍事休整后，于10月22日率部东走，连破献县、沧州，29日占领天津西南的静海县城和独流镇，前锋进至杨柳青。北伐军原想占领天津，但胜保率队赶到天津，僧格林沁也移营于天津西北之杨村（今武清），北伐军占领天津的计划落空。

北伐军在静海、独流两地驻扎下来，由林凤祥、李开芳分别率部固守，同时报告天京，要求速派援军。胜保率2万余清军围攻静海、独流。北伐军依托木城、堑壕顽强抵抗，胜保屡攻不下，僧格林沁奉命率部与胜保合力围攻。北伐军忍受着严寒和饥饿，整整坚持了100天，最后终因被围日久，粮弹均缺，援军又久等不至，不得已于1854年2月5日突围南走。2月6日到达河间府之东城镇。胜保、僧格林沁率马队紧追不舍，当天就追到东城，将北伐军再次包围起来。北伐军在这里驻守一个月后，于3月7日乘大雾再次突围,进至阜城。但是,进至阜城不久,很快又被3万多清军包围。在和清军的战斗中,吉文元受伤牺牲,北伐军处境更加严酷。幸好这时北伐援军已过黄河,胜保带领万余清军赶往山东防堵,阜城压力减轻,使北伐军得以在此坚守两个月之久。

北伐援军7500人,由夏官副丞相曾立昌、冬官副丞相许宗扬等率领,迟至1854年2月4日才从安庆出发,3月上旬渡过黄河,进入山东境内,连下金乡、巨野、郓城、阳谷、莘县、冠县,于3月31日进至距阜城仅100余公里的临清城下,兵力也扩充至三四万人。

4月12日,北伐援军攻克临清城,但随即被数万清军合围,援军屡战不利,于4月23日放弃临清,南退至李官庄、清水镇一带。4月27日,援军南退冠县,部队溃散,北伐援军至此失败。

北伐军在听到援军北上的消息后,于1854年5月5日,由阜城突围东走,占领东光县的连镇。连镇横跨运河,分东西两镇。当天,清军赶到,又将北伐军紧紧包围。李开芳率600精兵于5月28日突出重围,准备接应北伐援军,被清军围于山东高唐州。北伐军被截断在两地,处境更为困难。连镇被清军层层包围,林凤祥及太平军将士英勇战斗,不断打击进攻之敌。1855年3月7日,清军对林凤祥固守的东连镇发动总攻,林凤祥在督战时身负重伤,北伐军大部阵亡,清军攻入连镇,林凤祥被俘,解送北京、英勇牺牲。

李开芳也被清军包围,高唐城高池深,粮草尚多,利于防守。李开芳率领太平军坚守高唐,多次粉碎清军的进攻。1855年3月,僧格林沁选精兵8000余人,抵达高唐城外,使围城清军增至2万余人。此时,李开芳得知林凤祥部已覆没,决意突围南返。僧格林沁得知这一情报后,故意网开一面,诱使太平军突围。李开芳未识破此计,乃于3月17日突围至茌平县冯官屯。清军尾随跟至,重新包围。僧格林沁引运河水至冯官屯,屯内粮草火药尽湿。5月31日,清军进攻更加激烈,太平军粮弹俱尽,陷入绝境。李开芳率80余人突围,被清军俘获,后解送北京,于6月11日遇害。至此,这支由数万精锐组成的北伐军,经过两年多艰苦卓绝的奋战,终于全军覆没,悲壮地失败了。

12. 扭转西征战局的湖口激战

1853年,太平军在北伐的同时,又派兵西征。西征的战略目的在于确保天京，夺取安庆、九江、武昌这三大军事据点，控制长江中游，发展在南中国的势力。从1853年6月到1855年1月，西征军连续作战一年半，取得重大胜利。但后来遇到湘军的顽抗，湖北和江西战场形势对太平军极为不利。

1855年1月，湘军进逼九江。主持西征军务的翼王石达开由安庆进驻湖口，部署林启容率部守九江，罗大纲率部守梅家洲。

湘军首先集中力量攻九江。到1月9日，围攻九江的清军总兵力达1.5万人。从1月14日，湘军塔齐布、胡林翼率部进攻九江西门开始，到1月18日全面进攻，湘军死伤甚众，始终未能攻入城内。于是，曾国藩改变方针，留塔齐布继续围攻九江，派胡林翼、罗泽南等率部进驻梅家洲南4公里之盔山（今灰山），企图先取梅家洲，占领九江外围要点。1月23日，湘军向梅家洲发起进攻，太平军凭借坚固工事，击退了湘军的进攻。

湘军进攻九江和梅家洲均未得逞，曾国藩决定改攻湖口，企图凭借优势水师，先击破鄱阳湖内太平军水营，切断外援，然后再攻九江。

罗大纲鉴于湘军水师占优势，难以力胜，决定采用疲敌战法，用满载柴草、火药、油脂的小船百余艘顺流纵火下放，炮船紧随其后，对湘军水师实施火攻。还在鄱阳湖口江面设置木簰数座，四周环以木城，中立望楼。木簰上安设炮位，与两岸守军互为犄角，严密封锁湖口，多次击退湘军水师的进犯。1月23日，湘军水师击坏太平军设于鄱阳湖口的木簰，石达开、罗大纲将计就计，令部下用大船载以沙石，凿沉水中，堵塞航道，仅在靠西岸处留一隘口，拦以篾缆。1月29日，湘军水师营官萧捷三等企图肃清鄱阳湖内太平军战船，贸然率舢板等轻舟120余只，载兵2000，冲入湖内，直至大姑塘以上，待其回驶湖口时，太平军已用船只搭起浮桥二道，连结垒卡，阻断出路。湘军水师遂被分割为二，百余轻捷小船陷于鄱阳湖内，运转不灵的笨重船只则阻于江中。太平军即于当晚以小船数十只，围攻泊于长江内的湘军大船，并派一支小划船队，插入湘军水师大营，焚烧敌船。岸上数千太平军也施放火箭喷筒，配合进攻。湘军大船因无小船护卫，难以抵御，结果被毁数十只，其余败退九江附近江面。

在湖口大捷的同一天，江北秦日纲、韦俊、陈玉成所部太平军自安徽宿松西进，击败清军参将刘富成部，占领黄梅。

2月2日，罗大纲派部进占九江对岸之小池口。曾国藩命令胡林翼、罗泽南二部由湖口回攻九江，驻于南岸官牌夹。罗大纲乘势于2月11日率大队渡江前往小池口。当夜三更，林启容自九江、罗大纲自小池口以轻舟百余只，再次袭击泊于江中的湘军水师，用火药喷筒集中施放，焚毁大量敌船，并缴获曾国藩的坐船。曾国藩事先乘小船逃走，后入罗泽南陆营，愤愧万分，准备自杀，被罗泽南等劝止。此后，曾国藩败退至南昌。太平军在江西湖口与湘军激战，勇挫湘军，取得胜利，从而扭转了西征战局。

13. 集中优势兵力打歼灭战的三河之战

三河之战是太平天国后期太平军在安徽三河城（今属肥西县）歼灭湘军精锐李续宾部的一次著名战役，也是太平天国战争史上集中优势兵力打歼灭战的著名范例。

1856年9月，天京内讧，太平天国的革命形势开始急转直下。1857年5月，石达开受洪秀全猜忌，离京出走，带走数万精兵良将，更使太平军元气大伤。清军利用这一有利时机，重整旗鼓，于1858年1月重新建立江南大营，包围天京。江西战场上，湘军由防御转为进攻，1858年5月19日，新任浙江布政使、湘军悍将李续宾率部攻克军事重镇九江，太平军将领林启容以下1.7万名将士全部牺牲。李续宾在攻克九江后不久即率部渡江，回到湖北，准备乘胜东援安徽战场。

当时，太平军在陈玉成、李秀成等率领下，于8月23日占领庐州城。于是，湖广总督官文便命令李续宾迅速进兵，企图收回庐州，并堵住太平军北进之路。所以，当陈玉成、李秀成部挥师东向，进攻江北大营时，江宁将军都兴阿和李续宾等即率兵勇万余人自湖北东犯安徽，9月22日克太湖，然后分兵为二，都兴阿率副都统多隆阿和总兵鲍超所部进逼安庆，李续宾率所部湘军北指庐州。

李续宾部于10月24日陷舒城，接着指向舒城东面25公里的三河城，准备进犯庐州。三河城位于界河（今丰乐河）南岸，东濒巢湖，是庐州西南的重要屏障。11月，李续宾率精兵6000进抵三河城发起进攻，太平军伤亡很大，退入镇内，坚守待援。在湘军大举进攻三河城外围的当天，陈玉成率大队赶到，驻扎在三河城南金牛镇一带。11月14日，李秀成也率部赶到，驻于白石山。至此，集结在三河城周围的太平军众达10余万人，和李续宾部湘军相比占绝对优势。

面对太平军援军的强大气势，李续宾于11月15日深夜派兵7营分左、右、中三路偷袭金牛镇。16日黎明，当行至距三河城7.5公里的樊家渡王家祠堂时，与陈玉成军遭遇。陈玉成抓住敌人冒险出击的有利时机，以少部兵力正面迎敌，吸引敌人，另以主力从湘军左侧抄其后路。正面迎敌之太平军将敌人诱至设伏地域。当时，大雾迷漫，咫尺莫辨，鼓角相闻，敌我难分。陈玉成主力迅速击溃了左路湘军，并乘胜隔断中、右路之后路。湘军发现归路被断，仓皇后撤，在烟筒岗一带被太平军团团包围。李续宾得知大队被围，急忙亲率4营前往救应，反复冲锋数十次，也未能突入重围。驻扎于白石山的李秀成部，闻金牛镇炮声不绝，立即赶往参战，驻守三河城的吴定规也率部出镇合击湘军。李续宾逃回大营，当夜被太平军击毙（一说自杀）。之后，太平军继续围攻负隅顽抗的残敌，至18日，全部肃清。这一仗，太平军一举歼灭湘军精锐近6000人，是太平天国革命战争后期一次出色的歼灭战。

三河大捷后，太平军乘胜南进，连克舒城、桐城，围困安庆的湘军也闻讯后撤。湘军三河城之败，对清廷和湘军的打击是极为沉重的。

14. 太平军二破江南大营之战

清朝咸丰六年（1856）夏，太平军曾摧毁过以向荣为钦差大臣的江南大营。八年初，清钦差大臣和春又在天京东、南两面掘壕筑墙，复建江南大营。十年初，攻占城北下关、九洑洲，天京被围。在此危急关头，总理朝政的干王洪仁玕与忠王李秀成共商解围方略，确定运用"围魏救赵"的策略，首先奔袭清军必救的杭州，诱迫江南大营分兵，然后返旆回救，与天京守军内外合击江南大营。

1860年2月10日，李秀成率陈坤书、谭绍光、陆顺德等部2万余人，于24日攻占广德，留陈坤书、陈炳文率部守城，以备接应，自率谭绍光、陆顺德、吴定彩等部轻装疾进浙江。为掩护李秀成主力的进军，李世贤率部由南陵经泾县，进占旌德、太平（今太平东），留新任右军主将刘官芳在这一带活动，自率大军东入浙江，29日与李秀成部会师于安吉（今安吉北）。3月

4日，李秀成、李世贤两军大败清军于长兴西南的虹星桥，并进占长兴。然后分军为二：李世贤率部佯攻湖州，以牵制清军；李秀成则率领精兵六七千人冒充清军，经武康日夜兼程进袭杭州。

3月11日，李秀成所率精兵进抵杭州城外。19日，太平军轰塌清波门城垣，由1350人组成的先锋队立即冲入城内，攻占杭州，杀死浙江巡抚罗遵殿等多人。

对太平军的攻浙意图，江南大营统帅和春有所察觉，不敢派大队往援，而咸丰帝深恐失掉浙江这个财赋之区，严令和春增调劲旅赴浙，并命和春兼办浙江军务。和春只得遵旨加派援兵。

李秀成知敌中计，即于初三日悄然撤出杭州，由余杭、孝丰间道火速北返。十八日于安徽建平（今郎溪）会齐各路将领，部署回救天京，旋即兵分两路：一路由辅王杨辅清率领，攻取高淳、东坝、溧水后，于闰三月初三进抵天京南郊要地秣陵关；另一路由李世贤率领，于攻占溧阳后，分兵一支佯攻常州，主力于初三占句容，初八攻占天京东南要地淳化镇。与此同时，英王陈玉成部也奉调由江北来援，抵达天京西南之江宁镇。

各路大军云集天京外围，号称10万，形成了对江南大营的反包围。遂决定从五个方向进攻江南大营：李秀成部由尧化门进攻紫金山东麓，李世贤部进攻城北燕子矶一带，陈坤书部进攻高桥门，逼小水关大营总部，杨辅清部攻雨花台，陈玉成部攻江东门。天京守军则从东、南各门出击。十二日，总攻开始，各路太平军连日冒雨出击，与敌大战。十五日，陈玉成部由上河、毛公渡等处搭造浮桥，首先突破大营外墙，城内太平军也纷纷出击，向清营投掷火罐，引起火药爆炸，一时响声震野，大营西部防线随之瓦解。帮办军务张国梁率队救援不及，当晚，和春、张国梁等于一片慌乱中逃往镇江。苦心经营多年的江南大营，再次被摧毁。不久，太平军乘胜东征苏（州）、常（州），张国梁、和春先后败亡，天京以东的威胁基本解除。

15. 关系太平天国命运的安庆保卫战

安庆是天京上游的重要门户，安庆的得失，对太平天国后期战争的全局关系极大。湘军统帅曾国藩深知攻取安庆的意义，因此，在1860年6月令其弟曾国荃率湘军近万人进扎安庆北面的集贤关，并于城外开挖长壕二道，前壕用以围城，后壕用以拒援。

鉴于安庆已为湘军所困的局面，太平天国领导人决定再次采用"围魏救赵"之计，进军湖北，迫使湘军回救，使安庆之围不攻自破。具体部署是分兵五路，江南江北并进：陈玉成率军从长江北岸西进，经皖北入鄂东；李秀成率军从长江南岸西进，经皖南、江西，进入鄂东南；杨辅清、黄文金率军沿长江南岸趋赣北；李世贤率军经徽州入赣东；刘官芳率军攻祁门曾国藩大营。以上五路，李秀成和陈玉成取大钳形攻势，预定次年春会师武汉，占领湘、鄂军的后方基地，以调动围攻安庆之敌；后三路主要是牵制皖南和江西湘军，并伺机歼敌。每路兵力少者数万，多者10余万。

但原定的五路救皖计划因为各路将领未能协调一致而宣告失败。

1861年4月，陈玉成由鄂返皖，率军3万进至安庆集贤关，逼近围城的湘军。

湘军则深沟高垒，一面围困安庆，一面设法拖住陈玉成部，等待援军赶到后予以围歼。下旬，天京来援的干王洪仁玕、章王林绍璋和定南主将黄文金所部4万余人也抵达桐城地区，准备进援安庆，被多隆阿部阻截于练潭、横山铺一带，致使干王、章王军未能与陈玉成部会合。四月上旬，总兵鲍超、成大吉率所部湘军万余人赶到集贤关，陈玉成已先期率主力撤至桐城，仅留菱湖北岸13垒和赤岗岭4垒坚守待援。四月十四，陈玉成于桐城会合干王、章王等部，三路进攻挂车河之敌又失利，进援安庆再度受阻。菱湖、赤岗岭太平军各垒孤立无援，先后被鲍超、成大吉部攻陷，靖东主将刘玱林以下数千精锐全部牺牲。

安庆被围近年，粮弹将绝，太平军援救又连遭挫败，天京当局决定再从皖南调辅王杨辅清部增援。六月下旬，杨辅清率部渡江，会合陈玉成部攻太湖、挂车河又不利，乃于七月中旬径入集贤关，终因湘军壕深垒固，枪炮猛烈，虽付出巨大牺牲，也未能攻破。八月初一，湘军用地雷轰坍安庆北城，水陆各军乘机突入城内，万余饥疲守军宁死不屈，或战殁，或投江，壮烈殉难。安庆陷落，天京西线屏障遂失。

16.防御作战失败的天京保卫战

安庆失守后，陈玉成受到革职处分，坐守庐州，1862年5月放弃庐州北走寿州，被地主团练头子苗沛霖诱捕，6月4日在河南延津遇害。陈玉成的牺牲和庐州的失陷，使太平军在皖北的防务瓦解。太平天国只能依靠李秀成等新开辟的苏浙根据地支撑危局。

同治元年（1862）春，曾国藩调动湘、淮军7万余人，兵分10路，对以天京为中心的太平军占领区实施向心攻击。五月，布政使曾国荃、兵部侍郎彭玉麟率湘军水陆师2万余人，攻抵天京城下。江苏巡抚李鸿章所率淮军6500人全部运抵上海，准备西攻苏（州）、常（州）。浙江巡抚左宗棠率湘军万余，自江西入浙，准备攻取杭州。天京处于清军的战略包围之中。

忠王李秀成、侍王李世贤、辅王杨辅清等"十三王"，在天王洪秀全多次严诏之下，率领大军20余万回救天京。由于诸王企求侥幸速胜，激战45日，屡攻不利，即仓促决定撤出战斗。

天京解围战失败后，天王洪秀全责令被"严责革爵"的李秀成领兵渡江，西袭湖北，企图调动天京围敌，收"进北攻南"之效。次年春，李秀成率主力渡江西进，途中受到湘军节节阻截，加之军粮匮乏等原因，进至安徽六安即中途折返，并于五月间撤回江南。调动湘军的目的非但没有达到，反而在途中和渡江时损失数万精锐。

二年冬，太平军各个战场的军事形势迅速恶化。李鸿章所部淮军在"常胜军"（即洋枪队）支持下，自上海西进，连陷苏州、无锡，推进至常州城下。左宗棠部也进围杭州。曾国荃部湘军陆续攻占天京城外各军事要点，逐步缩小包围圈，天京仅剩神策门（今中央门东）外一路可与外界相通。在此危急关头，洪秀全拒绝了李秀成"让城别走"的积极建议，决定死守天京，从而错过了撤出天京、以图再举的最后机会。

三年正月，湘军进扎太平门、神策门外，合围天京。城内米粮日缺，洪秀全诏令军民食用"甜露"（一种野草制的代食品）充饥。四月二十七，洪秀全病逝（一说自杀），幼主洪天贵福即位，一切军政事务统归李秀成执掌。

湘军合围天京后，先后于城下挖掘地道十数处，均为太平军所破坏。五月底，湘军攻占天京城外最后一个据点地保城（龙脖子），从而能够居高临下，监视城内动静，压制守军炮火，掩护挖掘地道。六月十六，攻城准备就绪，中午点燃地雷，轰塌太平门以东城墙十余丈，大队湘军蜂拥入城，并分四路向纵深推进,其他方向的围城湘军,也闻声缘梯入城。傍晚,天京各门均为湘军占领。守军除李秀成带领幼主等千余人由地雷轰城处冲出城外,为湘军陈湜部所阻,只得转上清凉山。入夜,折回太平门,伪装湘军山缺口冲出,向孝陵卫方向突围。不久,李秀成与幼天王失散,便分道奔逃。7月22日,李秀成在方山附近被俘。8月7日,在写完供词后,被曾国藩杀害。城内守军与入城湘军展开巷战,大部战死,一部自焚,10余万人无人投降。

天京的陷落,标志着太平天国革命的失败。

17. 中国近代海军史上惨痛一幕的马尾海战

清光绪九年(1883),法国向驻扎越南山西的中国军队发动大规模进攻,挑起了中法战争。次年(1884),法国为扩大侵华战争,派遣远东舰队司令孤拔(即A.A.P.库贝)率舰队主力从海上侵犯中国。在进攻台湾基隆被击退后,窜犯福建沿海。闰五月二十三,孤拔率舰6艘侵入马尾港,泊罗星塔附近,伺机攻击中国军舰。当时主持福建军务的钦差会办福建海疆事宜大臣张佩纶、闽浙总督何璟、船政大臣何如璋、福建巡抚张兆栋和福州将军穆图善等人,根据清廷"不可衅自我开"的训令,对法舰的侵入不但不予拦阻,反而给以热情款待,同时命令各舰不准先行开炮,违者虽胜亦斩。于是,法舰在马尾港进进出出,自由自在,而中国军舰则处在法舰监视之下,不得移动。

七月初三(8月23日)下午1时56分,法舰突然发起攻击。福建海军舰只未及起锚即被敌炮击沉两艘,重创多艘。张佩纶、何如璋畏战遁逃,负责指挥水师的副将张成在开战后弃舰逃命,致使各舰失去统一指挥,仓惶应战。

战斗中,"建胜"舰击伤孤拔座舰"伏尔泰"号,"振威"舰管带许寿山、"福星"舰管带陈英,"福胜"、"建胜"两舰督带吕翰等英勇战死,未及一小时,福建水师即失去战斗力。次日上午,法舰用重炮轰击马尾船厂,使船厂遭到毁灭性破坏。此后几天,又将两岸炮台摧毁。清军再次遭受重大损失。福州将军穆图善率兵驻守长门、金牌两炮台,于闽江口击伤法舰两艘。初九,法舰全部撤出闽江口。战斗结果:福建水师军舰被击沉击毁9艘,伤两艘,另毁兵船十余艘,阵亡将士700余名;法舰队伤军舰3艘、水雷艇1艘。

18. 大败法国侵略军的镇南关之战

福建水师在马尾海战中全军覆没，打破了清政府苟且偷安的迷梦。1884年8月26日，清政府向法国宣战，命令陆路各军迅速向越南进兵，沿海各地加强戒备，严防法军侵入。中法战争在海上和陆路同时展开。

1884年10月，法国舰队进犯台湾，强占基隆。台湾守军在刘铭传指挥下退守淡水。法国舰队驶抵淡水港外，炮轰淡水炮台，并派兵登陆，被守军击退，法军进攻受挫，改用封锁方法，孤立台湾守军。1885年3月，法军攻占澎湖。但当他们北犯镇海时却遭到中国守军的炮击。孤拔坐舰也被击中，只得率舰队退往澎湖，不久即死在那里。陆路战场仍集中在中越边境地区和越南北部。1884年底，刘永福的黑旗军配合西线清军，围困占据宣光城的法军达3个月之久，城中法军几乎弹尽粮绝。但随着法国援兵的到来，宣光未能攻克。1885年2月，法国再次增兵越南，在法军统帅波里也（Brière de l' Isle）指挥下，集中两个旅团约万余人的兵力向谅山清军发动进攻，广西巡抚潘鼎新不战而退。2月13日，法军未经战斗，即占领战略要地谅山。2月23日，法军进犯文渊州，守将杨玉科力战牺牲，清军纷纷后撤，法军乘势侵占广西门户镇南关。后因兵力不足、补给困难而退至文渊（今越南同登）、谅山，伺机再犯。

清政府任命年近7旬的老将冯子材帮办广西军务，驰赴镇南关整顿部队，部署战守。冯子材经过反复勘察，选定关前隘（今隘口南）为预设战场。关前隘在镇南关内约4公里处，东西两面高山夹峙，中间为宽约1公里的隘口。冯子材命令部队在关前隘筑起一道长1.5公里、高2米多、宽1米多的土石长墙，横跨东西两岭之间，墙外挖掘1米多深的堑壕，东西岭上修筑堡垒数座，从而形成一个较为完整的山地防御体系。在兵力部署上，前线兵力约62营，3万余人。

为了打乱法军的进犯计划，冯子材决定先发制人。3月21日，冯子材率王孝祺部出关夜袭法军占据的文渊，击毁敌炮台两座、毙伤法军多人，取得较大胜利。

3月23日晨，法军东京军区副司令尼格里上校，以千余人侵入关内，另以千余人屯关外东南高地为后继。10时许，入关法军在炮火掩护下，分两路进犯关前隘，攻占了东岭三座堡垒，并猛攻长墙。16时许，苏元春率部赶到东岭，阻止了法军的进攻。这时王德榜部也自油隘袭攻法军的骡马运输队，钳制了敌预备队的增援。

24日晨，法军在炮火掩护下，沿东岭、西岭、中路谷地进攻关前隘。冯子材传令各部统领，勇敢杀敌，有进无退，并立悬重赏，激励将士。当敌逼近长墙时，年已七十的冯子材持矛大呼，冲入敌阵，全军感奋，一齐涌出，与敌白刃格斗，战至中午，终将法军击退；这时，王德榜部和扣波清军抄敌后路，关外千余越南义军及当地各族人民，也自动前来助战杀敌。法军腹背受敌，死伤数百人，遗弃大量军用物资，向文渊、谅山溃逃。冯子材指挥清军乘胜追击，连破文渊、谅山，重伤内格里埃，将法军逐至郎甲以南。

19. 中国近代战争史上最大一次海战的黄海海战

黄海海战是中日甲午战争中，双方海军主力在黄海北部海域进行的一次大海战，亦称大东沟海战。

1894年7月，中日两国军队齐集朝鲜，战争迫在眉睫。7月中旬，日本海军主力舰艇在佐世保军港集结，成立联合舰队。9月上旬，清政府鉴于平壤之战即将爆发，将驻防大连一带的总兵刘盛休所部铭军8营4000人由海道运至中朝边界大东沟登陆，再辗转前线。9月16日凌晨，丁汝昌率"定远"、"镇远"、"济远"、"致远"、"靖远"、"经远"、"来远"、"平远"、"超勇"、"扬威"、"广甲"、"广丙"、"镇南"、"镇中"14舰及"福龙"、"左队一"、"右队二"、"右队三"4艘鱼雷艇从大连出发，护送铭军，当日午后抵大东沟。晚上，铭军上岸，到达目的地。

不过，此时，平壤已经失陷，铭军无法起到应援的作用。

日本联合舰队得知中国海军将护送陆军赴朝的消息后，伊东佑亨率军舰"松岛"、"严岛"、"桥立"、"扶桑"、"千代田"、"比睿"、"赤城"、"西京丸"、"吉野"、"高千穗"、"秋津洲"、"浪速"12艘于16日下午出发，向黄海北部的海洋岛航进。

9月17日上午10时30分左右，北洋舰队正准备起锚回航旅顺，发现日本舰队自西南驶来，丁汝昌即命令舰队启锚迎战。日本舰队随后也发现了北洋舰队。北洋舰队开始成"并列纵阵"（"定远"、"镇远"两舰居前），以每小时五海里的速度向西南方向航进。日本则以第一游击队"吉野"、"高千穗"、"秋津洲"、"浪速"4艘速率最高的巡洋舰为先锋,伊东佑亨自乘旗舰"松岛",率领本队"千代田"、"严岛"、"桥立"、"比睿"、"扶桑"跟进,12时许,又将"西京丸"、"赤城"移至本队左侧。丁汝昌见日舰成"单行鱼贯阵"扑来,决定采取主舰居中的"夹缝雁行阵"(交错配置的双横队)应战。由于旗舰"定远"舰速度过快,"济远"、"广甲"等舰未能及时跟上,阵形因此成为半月形而类似"后翼梯阵"。

战斗开始时,"定远"发炮震塌飞桥,丁汝昌摔伤,随之信旗被毁,各舰失去指挥。日舰队一面以炮火突击北洋舰队右翼,一面横过北洋舰队阵前。继而第一游击队转向左后,主队转向右后,穿插包抄。北洋舰队队形顿乱,腹背受敌,"扬威"、"超勇"被击沉,"扬威"管带林履中、"超勇"管带黄建勋及两舰官兵战死。此时,"定远"、"靖远"、"致远"、"来远"和"经远"围攻日主队后尾之"比睿"、"赤城",将其击伤,并击毙"赤城"舰长阪元。伊东佑亨令第一游击队急援该两日舰。此时,已受重伤且弹尽的"致远"正遇来援的"吉野",管带邓世昌指挥已侧倾的"致远"舰向"吉野"猛冲,以求与敌同归于尽,不幸被日舰击沉,邓世昌及全舰官兵250余人壮烈殉国。"经远"继续迎战"吉野",也中弹起火,管带林永升、大副陈策阵亡,随后舰也被击沉,250余名官兵殉难。"致远"沉没后,"济远"管带方伯谦、"广甲"管带吴敬荣,贪生怕死,临阵脱逃。"靖远"、"来远"因中弹过多,退出战斗,避至大鹿岛附近紧急修补损坏的机器。抢修完毕,重新投入战斗。"靖远"帮带大副刘冠雄见"定远"号旗桅杆断裂,不能升旗指挥,建议管带叶祖珪代悬信旗集队,指挥各舰绕击日舰。这时,日旗舰"松岛"已经瘫痪,"吉野"也丧失了战斗力,其余日舰也都伤亡惨重,不能再战,又见北洋舰队重新集队,伊东佑亨便于17时40分左右下令撤出战场。北洋舰队稍事追击,也收队返回旅顺。历时5个多小时的黄海海战到此结束。

20,抗击八国联军的大沽、天津、北京之战

清光绪二十六年(1900)夏,义和团反帝爱国运动在中国北方迅猛发展。英、法、德、美、俄、日、意、奥等帝国主义列强除以"保护使馆"为名,

组成所谓特遣卫队进京外,还调集军舰到大沽口外示威。各国侵略军也陆续从大沽登陆,开进天津租界。6月15日各国海军头目密谋夺取大沽炮台,控制津沽通道,并于当晚派日军300人登陆。16日,各国海军头目联合向大沽炮台守将、天津镇总兵罗荣光发出最后通牒,限时交出炮台,遭罗拒绝。

6月17日凌晨,在俄国海军中将基利杰勃兰特指挥下,八国联军即炮击炮台,清军发炮还击,激战6小时,伤敌舰6艘,毙伤敌200多人,终因后援不继,炮台先后失陷。联军夺占炮台后,迅速向天津租界增兵,并积极准备进犯天津城。

7月5日,直隶总督裕禄同义和团首领商订部署,从三个方向对租界内侵略军发起进攻:提督马玉昆率武卫左军会同义和团曹福田部,自北面进攻租界,在东机器局重创侵略军,并一度攻占了火车站;淮军、练军会同义和团张德成部,从西面一度攻入租界;武卫前军统领聂士成率部进占跑马场、八里台、小营门炮台后,从南面直逼租界。7月9日,侵略军自租界南面出击,聂士成率部同敌在八里台激战,壮烈殉国。时清廷任命李鸿章为直隶总督兼北洋大臣,准备议和。10日,帮办北洋军务大臣宋庆到津,开始屠杀义和团,战局急转直下。13日凌晨,侵略军7000多人自租界分两路进攻天津城,裕禄、宋庆及马玉昆率2万多清军弃城撤往杨村、北仓。14日,天津城陷,北京受到直接威胁。

8月2日,八国联军拼凑了4万兵力,正式成立了联军司令部,由德国元帅瓦德西担任联军总司令。5日凌晨,联军到达北仓,聂士成军余部起而抵抗,附近的义和团民数千人,闻讯也赶来参战。而驻军马玉昆部,则枪声刚响便仓皇逃往武清县。最后,聂军弹药用尽,只好撤退。联军终于攻陷北仓,并继续进犯。6日,联军进至杨村,裕禄和宋庆率军勉强应战。大败,裕禄自杀。宋庆则率部逃到通州。杨村被联军攻占。

8月8日,李秉衡以帮办武卫军事务的名义统率"勤王之师"张春华、陈泽霖、万本华、夏辛酉各军1.5万人抵达河西务迎战八国联军。双方相持一昼夜,李秉衡军弹药粮食俱尽,最后失败。李秉衡愧愤交集,于11日饮毒自杀。

8月13日,八国联军攻占通州。14日凌晨两点,俄军攻占北京城东便门和建国门。日军于14日晨进攻齐化门（今朝阳门），直到黄昏，才被占领。英、法、美各军也相继进攻北京。英军乘虚攻破广渠门，抄小道进入东交民巷使馆区。

8月15日晨，八国联军进攻皇城东华门。慈禧太后闻讯惊骇至极，急忙带着光绪皇帝、皇后、太监李莲英、大阿哥等从西华门至德胜门，转经西直门逃出北京。他们经怀来、宣化、大同到太原，最后逃亡到西安。

慈禧太后在逃亡中，一面命令在上海的李鸿章迅速北上，授予他卖国全权，并加派庆亲王奕劻会同商办"议和"事项；一面下令镇压义和团，要求清军官兵对义和团要"严加查办"。

八国联军攻占北京后，皇宫、颐和园所藏大量珍贵的历史文物、珠宝金银，均被抢劫一空。

1901年9月7日，奕劻和李鸿章代表清政府，同英、俄、美、法、日、德、意、奥、西、比、荷11国代表，在北京签订了空前严重的丧权辱国的《辛丑条约》（共十二款，另有十九个附件）。帝国主义列强进一步巩固和加强了在华的侵略势力，向中国人民榨取了巨额的赔款。《辛丑条约》的签订，标志着中国完全沦为半殖民地半封建社会。

第四节　古代兵器

一、兵器的起源

大约发生于原始社会晚期，我国出现了专用于作战的兵器。当时由生产工具转化成的兵器主要有：用于远射的木质或竹制的单体弓和装有石质或骨、角、蚌质箭镞的箭；用于扎刺的石矛或骨矛；用于劈砍的石斧、石钺；用于砸击的大木棒和石锤；用于勾砍的石戈；以及石质或骨、角质的匕首，等等。此外，可能还使用了原始的木弩，以及可以抛发石弹的"飞石索"等。同时为抗御敌方进攻性兵器的杀伤，已经使用了原始的防护装具，主要有竹、木和皮革制造的盾，以及用藤或皮革制造的原始甲、胄。

二、冷兵器

中国古代冷兵器，按材质可分为石、骨、蚌、竹、木、皮革、青铜、钢铁等种；按用途可分为进攻性兵器和防护装具，进攻性兵器又可分为格斗、远射和卫体三类；按作战使用可分为步战兵器、车战兵器、骑战兵器、水战兵器和攻守城器械等。

1. 进攻性兵器

（一）刀

刀是中国古代一种用于劈砍的单面侧刃格斗兵器。由刀身和刀柄构成，刀身较长，薄刃厚脊。刀柄有短柄和长柄之分。自汉朝以来，钢铁制造的刀，一直是古代军队装备的主要格斗兵器之一。

石器时代的石刀和青铜时代早期的青铜小刀，可以看作是刀的雏形。商朝的青铜大刀，是现知最早的可供作战用的刀。西汉时期开始出现了新型的钢铁制造的刀。这种刀直体长身，薄刃厚脊，短柄，柄首加有扁圆状的环，故称为"环首刀"。百炼钢和灌钢技术用于造刀后，适于劈砍的短柄钢刀成为步兵和骑兵的主要格斗兵器。环首刀一直沿用到魏晋以后。东晋晚期，刀的形制开始有了变化。刀体加宽，刀头由斜方形改成前锐后斜的形状。隋唐时期军队中实战使用的刀，主要是横刀和陌刀。横刀亦称佩刀，短柄。它是每个士兵必备的兵器。陌刀是长柄两刃刀，为盛唐以后流行的兵器，主要供步兵使用。到北宋时期，短柄的刀称"手刀"。长柄的刀有多种式样。宋官方编修的《武经总要》中列举有掉刀、屈刀、手刀等。元、明时期，火铳、鸟铳等火器相继出现后，开始逐步改变了军队的装备，但直到明朝晚期，腰刀仍然是步兵和骑兵必备的兵器。

（二）剑

剑是一种用于刺劈的直身尖锋两刃兵器。由剑身和剑柄构成。剑身修长，两侧出刃，顶端收聚成锋，后安短柄，便于手握，并常配有剑鞘。由于在格斗中其功能以推刺为主，故又称为"直兵"。

迄今发现最早的剑是西周时期的青铜剑。在当时盛行的车战中，只是作为甲士佩带以表示等级身份的卫体兵器。

春秋时期的吴、越等国，剑成为步兵手中的利器，剑身加长。战国时期，剑身继续加长，并已铸出脊部和刃部具有不同铜锡配比的青铜剑，其脊部柔韧，而锋刃坚利，提高了杀伤效能。

春秋战国之际,已开始出现钢铁剑。西汉初年,钢铁剑盛行,其实战效能日益提高。但由于汉朝时骑兵已成为主要兵种,剑的实战作用逐渐降低,遂转而发展带有各种装饰的佩剑。晋朝还出现了用作仪仗的木质"班剑"。唐朝的剑主要作为王公贵族和文武官员的佩饰品,剑首作云形装饰。直至明清,剑的形制再无多大变化。

(三)矛

矛是中国古代一种用于直刺和扎挑的长柄格斗兵器。由矛头和矛柄组成。骑兵用矛又称"矟"或"槊"。矛是古代军队中大量装备和使用时间最长的冷兵器之一。

商朝时,铜矛已是重要的格斗兵器。从商朝到战国时期,一直沿用青铜铸造的矛头,只是在形制上,由商朝的阔叶铜矛发展成为战国时的窄叶铜矛。从战国晚期开始,较多使用钢铁矛头。但直到汉代,钢铁制造的矛头才逐渐取代青铜矛头。随着钢铁冶锻技术的提高,矛头的形体加大并更加锐利。西汉时骑兵日渐成为军队的主力兵种,出现专供骑兵使用的长矛,称为"矟"或"槊"。到东晋十六国和南北朝时期,人马都披铠甲的重甲骑兵——甲骑具装所使用的主要格斗兵器就是矟。唐代以后,矛头尺寸减小,更轻便合用。根据不同的战术用途,矛的种类增多,《武经总要》中,载有步兵和骑兵使用的"枪"9种。火器出现后,矛仍是军中必备的冷兵器,一直与火器并用到清朝后期。

(四)戈

戈是中国先秦时期一种主要用于勾、啄的格斗兵器。戈由长柄(柲)和横装的戈头组成。标准形态的戈头,包括上下有刃、前有尖锋的"援"和装柲用的"内"两部分,"内"上有穿绳缚柲用的孔,称为"穿"。为防止勾啄时戈头脱落,又常在援、内之间设"阑",并在援下近阑处下延成"胡",胡上也有"穿"。戈柲多为竹、木质。柲的下端常装有套筒状的金属"镈"。

在商朝,青铜戈的使用已极普遍。为了使戈头和柲结合得更牢固,出现了三种不同装柲方式的戈头,即銎内、曲内和直内的戈头。由于直内的戈头,援和内之间有阑,并增加了胡,与柲结合得最牢固,因此得到发展。西周时期的青铜戈头,都是直内式样的。为加强其勾击效能,戈头与柲由垂直相交，逐渐加大角度，改成大于90°的钝角。由于青铜戟的使用日渐普遍，戈的地位有所下降，但仍是主要格斗兵器之一。

战国晚期，铁兵器的使用渐多，铁戟逐渐取代了青铜戟，同时也逐渐淘汰了青铜戈。

（五）戟

戟是中国古代一种将戈的勾、啄和矛的直刺功能结合在一起的格斗兵器。由戟头和戟柄组成。戟头在商周时期用青铜铸制，战国末年出现钢铁制品。戟柄为竹木质，其长度按不同使用情况有所差别：车兵用戟柄最长，骑兵用戟柄稍短，步兵用戟柄更短，称为"短戟"。汉朝还出现一种单手握持的短柄戟，称为"手戟"，一人可持两戟并用，故又称为"双戟"。

春秋战国时期，盛行由青铜矛头和长胡多穿的青铜戈头联装在一起的青铜戟是车战的主要格斗兵器。春秋晚期步骑战兴起，青铜联装戟又成为步、骑兵的利器。

战国晚期开始，钢铁兵器逐渐取代了青铜兵器，产生了刺、援合铸的钢铁戟头，由于取消了青铜戈类兵器传统的后内，故成为"卜"字形。在西汉，"卜"字形钢铁戟是步骑兵装备的主要格斗兵器。到西汉末，"卜"字形戟的形制又发生了变化，侧出的小枝渐次向上弯曲，东汉以后则变为硬折向上，从而更增强了前刺的功能。至于原有的勾、啄功能，则随着结构的变化而逐渐消失。

晋朝以后，随着重甲骑兵的发展，长兵器多用矛，隋唐又兼用长刀。于是戟就逐渐脱离实战，成为只表示等级身份的仪仗礼兵，即所谓"棨戟"。

（六）钺

钺是中国古代一种两角上翘、具有弧形阔刃的劈砍兵器。先秦时期也作为统帅权威的象征物，并用于刑杀。

进入青铜时代，青铜铸造的钺仍是用于劈砍的兵器，其刃部保持石钺的特征，装柄的方式与短内的戈类似，并在阑侧设有穿孔。其中形体较小的，是实战用的。一些形体巨大而且花纹精美的，则是军中统帅的权威象征物。

在钢铁兵器中，钺从来不是大量装备部队的主要兵器。汉朝有一种把铁钺和铁矛结合在一起的兵器，称为"钺戟"。作为仪仗用的钺，则一直沿用到清朝末年。

（七）殳

殳是中国古代一种用于撞击的长柄兵器，又作"杸"或"祋"。殳长一丈二尺，柄为竹木质，呈八棱形，在柄端安有金属的殳头，称为"首"。一般认为殳是由原始社会中狩猎用的竹木棍棒发展而成。

殳的金属首多为青铜制，从出土实物看，可分无尖锋和有尖锋两类。在有关商朝的文献中，未见到殳的记载。周朝把殳列入"车之五兵"，是实战兵器。帝王或诸侯出巡时，前导勇士也执殳开道，即所谓"旅贲以先驱"。战国时期，步兵、骑兵的地位上升，由于殳的杀伤作用差，只作为侍卫的守备兵器，又是军事指挥的一种标帜。汉朝以后，殳被淘汰。

（八）弓

弓是中国古代一种弹射武器。由有弹性的弓臂和有韧性的弓弦构成，拉弦张弓过程中积聚的力量在瞬间释放时，可将扣在弓弦上的箭或弹丸射向目标。

中国在原始社会人们已使用弓矢，弓身只是用单根的木材或竹材弯曲而成，即"弦木为弧"的单体弓。从出土的战国时代的弓来看，其构造与《考工记》中制弓以干、角、筋、胶、丝、漆等"六材"之记述相合。这类弓在竹、木制的弓身上傅角被筋，弹性比用单一材料制弓身的单体弓大，通常称为复合弓。战国以后的弓，在形制上没有多大变化，只是在材料上有所选择。

中国古代军队历来非常重视使用弓箭。从周朝开始，就把"射"列为士的主要训练内容之一。秦汉时期强调用强弓劲弩。由于马背上不便张劲弩，所以弓、刀一直是骑兵的主要武器。直至唐宋，骑兵所用弓箭多采用速射法，使用强弓，开满即射，而明朝以后的射法理论则主张用"软弓长箭"，认为如果持硬弓则刚刚引满就须发矢，不能久持，命中率反而降低，因而制弓技术的发展方向不再单纯追求挽力强度的增加。大量使用火器以后，弓箭在战争中的作用逐渐降低，至清朝后期弓箭才最终被淘汰。

（九）弩

弩是中国古代装有张弦机构（弩臂和弩机），可以延时发射的弓。射手使用时,将张弦装箭和纵弦发射分解为两个单独动作,无须在用力张弦的同时瞄准,比弓的命中率显著提高;还可借助臂力之外的其他动力(如足踏)张弦,能达到比弓更远的射程。

弩的关键部件是弩机,弩机铜郭内的机件有望山(瞄准器)、悬刀(扳机)、钩心和两个将各部件组合成为整体的键。张弦装箭时,手拉望山,牙上升,钩心被带起,其下齿卡住悬刀刻口,这样,就可以用牙扣住弓弦,将箭置于弩臂上方的箭槽内,使箭栝顶在两牙之间的弦上,通过望山瞄准目标往后扳动悬刀,牙下缩,箭即随弦的回弹而射出。

春秋晚期,实战中开始重视用弩,《孙子兵法》中已提到"矢弩"的作用。到战国时,《孙膑兵法》所记述的阵法中,有一种叫"劲弩趋发",说明弩在实战中的地位更加重要。战国中期的弩机,虽然悬刀、钩、牙等已用铜制,但无铜郭,弩机直接装在木质弩臂上,承受不了太大的张力。战国晚期的弩机外增铜郭,强化了机槽,这一部件就是适应蹶张的需要而产生的。战国弩机的望山尚无刻度,西汉时出现了带刻度的望山,它的作用近似近代步枪上的表尺,射者依目标的远近,通过望山控制镞端的高低,找出适当的发射角,以便准确地命中目标。

东汉时出现了腰引弩,明朝的《武备志》称之为腰开弩,是单人使用的弹射力最大的弩。装有连射机构的连弩始见于东汉,三国时期,诸葛亮改制的连弩,大量装备蜀国部队,威力很强。

由于弩的发射比较费时,而且持弩的士兵又不便兼用其他武器,所以弩手常在其他士兵掩护下编成"上弩"、"进弩"、"发弩"等组,轮番连续发射。在"守隘塞口"中,更能发挥其威力。至南北朝以后骑兵大规模纵横驰骋之时,由于强弩不便在马背上使用,遂逐渐衰落。明朝以后,由于火器迅速发展,弩不再受重视。

(十)床弩

床弩是中国古代一种威力较大的弩。将一张或几张弓安装在床架上,以绞动其后部的轮轴张弓装箭,待机发射。多弓床弩可用多人绞轴,用几张弓的合力发箭,其弹射力远远超过单人使用的擘张、蹶张或腰引弩。

床弩的发明不晚于东汉。唐朝杜佑撰《通典》中将这种弩称作"车弩",宋朝以后则通称"床弩"。床弩在宋朝得到较大的发展。但床弩构造笨重,机动性较差。随着火器的发展,床弩逐渐被废置不用。

(十一)箭

箭是中国古代一种借助于弓、弩发射的具有锋刃的远射兵器。又名矢。由箭镞、箭杆、箭羽组成。箭镞用于射击目标,箭杆用于撑弦承力,箭羽使箭在飞行中保持稳定。还有在箭镞上敷毒药的毒箭和在箭杆上缚有纵火物(油脂或火药)的火箭,在战争中广泛应用。

箭的飞行速度和准确性与尾羽的关系密切。箭羽太多,飞行速度慢;太少,稳定性差。为了使之有恰当的比例,在《考工记》中载有将箭杆投入水中,根据其浮沉部分的长短,以求出装尾羽之比例的方法。

(十二)礮

礮是中国古代一种利用杠杆原理抛掷石弹的战具。简写作炮。又称为䲅、云䲅、飞石、抛石等。欧洲古代称抛石机。在火炮出现以前,礮一直是古代攻守战的重要兵器。

宋朝兵书《武经总要》记载:礮以大木为架,结合部用金属件联接。礮架上方横置可以转动的礮轴。固定在轴上的长杆称为"梢",起杠杆作用。用一根木杆作梢的称为单梢,用多根木杆缚在一起作梢的称为多梢,梢数越多,抛射的石弹越重、越远。礮梢的一端系皮窝,容纳石弹;另一端系礮索,索长数丈。小型礮有索数条,大型礮多达百条以上。每条礮索由1~2人拉拽。抛掷石弹时,由1人瞄准定放,拽礮人同时猛拽礮索,将另一端甩起,皮窝中的石弹靠惯性抛出,射程可达数百步。火药用于军事后,也常用炮抛掷火球、毒药弹及爆炸弹等。《武经总要》记载了十几种形式的炮,多数礮是将炮架置于地上或插埋于地下,固定施放。有一些在礮架下安四轮,便于机动,称为车礮。也有的礮,其礮柱可以左右旋转,向各个方向抛掷石弹,称为旋风礮。

中国至迟在春秋时期已使用礮。东汉曹操攻袁绍时使用的"霹雳车",是最早出现的车礮。宋朝战争频繁,用礮更加广泛。蒙古军西征时,主要靠礮攻取城垒。明朝以后,礮逐渐为火炮所取代。

2. 防护装具

（一）铠甲

铠甲是中国古代将士穿在身上的防护装具。先秦时，主要用皮革制造，称"甲"、"介"、"函"等；战国后期，开始用铁制造，改称从"金"的"铠"，皮质的仍称"甲"；唐宋以后，不分质料，或称"甲"，或称"铠"，或"铠甲"连称。

原始社会时，铠甲是藤、木、皮革等原料制造的简陋的护体装具。商周时期，人们已将原始的整片皮甲改制成可以部分活动的皮甲，即按照护体部位的不同，将皮革裁制成大小不同、形状各异的皮革片，并把两层或多层的皮革片合在一起，表面涂漆，制成牢固、美观、耐用的甲片，然后在片上穿孔，用绳编联成甲。春秋战国时期的皮甲都是由甲身、甲裙和甲袖三部分构成，并配有一顶由皮甲片编缀的胄。甲裙和甲袖是活动编缀，可以上下伸缩。这些皮甲在车战中与盾相配合，可以有效地防御青铜兵器的攻击。

战国后期，锋利的钢铁兵器逐渐用于实战，促使防护装具发生变革，铁铠开始出现。西汉时期的铁铠经历了由粗至精的发展过程，从用较大的长条形的甲片（又称"甲札"）编的"札甲"，逐渐发展为用较小的甲片编的"鱼鳞甲"；由仅保护胸、背的形式，发展到加有保护肩臂的"披膊"及保护腰胯的"垂缘"。

随着钢铁加工技术的提高，铠甲的精坚程度日益提高，类型也日益繁多，其防护身躯的部位逐渐加大，功能日益完备。到三国时已出现了黑光铠、明光铠、两当铠、环锁铠和马铠等五种。南北朝时期，随着重甲骑兵的发展，适于骑兵装备的两当铠极为盛行。这种两当铠又常附有披膊，与战马披的"具装铠"配合使用。北魏以后，明光铠日益盛行，逐渐成为铠甲中最重要的类型，直到隋唐时期仍是如此。据《唐六典》记载，唐朝有明光铠等13种甲制。在唐朝铠甲的基础上，至北宋初年，铠甲发展得更加完善，形成一定的制式。当时一套甲胄包括护体的"甲身"，护肩的"披膊"，护腿的"吊腿"以及护头颈的"兜鍪顿项"，是对中国古代甲胄的总结。

火器的出现，使有效地抗御冷兵器的古代铠甲，开始趋于衰落。直到清朝编练用近代枪炮装备的"新军"时，古代铠甲的使用才终止。

（二）胄

胄是中国古代将士防护头部的装具。又称兜鍪、头鍪、盔等。由于它常与护体的铠甲配套使用，所以"甲胄"一词成为中国古代防护装具的统称。在新石器时代，胄多用藤条或兽皮粗制而成。进入青铜时代，除继续使用皮胄外，开始使用青铜铸造的胄。战国时期，出现了铁质的护头装具，用89片铁甲片编缀而成。由于外形似鍪（即锅），开始称为"兜鍪"。从秦汉时期开始，军中普遍装备铁兜鍪。在兜鍪后部，常垂有护颈的部分，称为"顿项"。唐朝以后，顿项常用轻软牢固的环锁铠制成。宋朝以后，兜鍪又多称为"盔"。明初铁盔，盔体整制，后垂铜质的网状顿项。直到清末，铁盔仍是军队中装备的护头装具。

（三）马甲

马甲是中国古代用于保护战马的专用装具。又称马铠。可分为两类，一类用于保护驾战车的辕马，另一类用于保护骑兵的乘马。

商周时期，战车是军队的主要装备，马甲用于保护驾车的辕马。主要是皮质的，面上髹漆，并常画有精美图案。分为保护马头及躯干的两部分。秦汉以来，骑兵成为军队中的重要兵种，马甲用于保护骑兵的乘马。东汉时期，已经使用起部分防护作用的马甲，如保护马前胸的皮质"当胸"。到三国时期，文献中已记载有全副马铠。自东晋十六国到南北朝时期，骑兵的作用大大提高，组建了人和马都披铠甲的重甲骑兵——"甲骑具装"，马铠的结构也日趋完备，并从此称为"具装铠"或"马具装"。具装铠有铁质的，也有皮质的，一般由保护马头的"面帘"、保护马颈的"鸡颈"、保护马胸的"当胸"、保护躯干的"马身甲"、保护马臀的"搭后"以及竖在尾上的"寄生"6部分组成，使战马除耳、目、口、鼻以及四肢、尾巴外露以外，全身都有铠甲的保护。隋朝以后，重甲骑兵日渐减少，但马铠仍是军队中使用的一种防护装具。在宋、辽、金之间的战争中，交战各方都使用过装备马铠的骑兵。到明清时期，骑兵的战马一般不再披这种笨重的马甲。

（四）盾

盾是中国古代一种手持的防护械具。又称"干"，后来亦称"牌"。形体多为长方形、梯形或圆形，背后有握持的把手。

由于使用的民族和制造的地域不同，盾的名目也随之不同，出于吴地的大而平的盾称为"吴魁",出于蜀地的脊部隆起的盾称为"滇盾"。由于用途不同,形状与名称也不同,例如与刀配合攻防作战的步兵用盾,形状狭而长,称为"步盾"。车上使用的盾,形状狭而短,称为"子盾"。步兵所持的长方形大盾,还可连锁排列,形成一条结阵的防线。火器出现后,盾牌的防护作用日益降低,清末出现用新式枪炮装备的"新军"后,盾遂废弃。

3. 攻城守城器械

(一) 云梯

云梯是中国古代战争中用以攀登城墙的攻城器械,又有登高侦察敌情的功用。

战国时期的云梯,由三部分构成:底部装有车轮,可以移动;梯身可上下仰俯,靠人力扛抬,倚架于城墙壁上;梯顶端装有钩状物,用以钩援城缘,并可保护梯首免遭守军的推拒和破坏。唐朝的云梯梯身(主梯)以一定角度固定装置在底盘上;在主梯之外,又增设一具活动的"上城梯"(副梯),其顶端装有一对辘轳,登城时可以沿着城墙壁面上下滑动,谓之"飞云梯";云梯的底部则"以大木为床,下置六轮"。由于主梯采用了固定式装置,简化了架梯程序,缩短了架梯时间,而活动的上城梯的设计,则大大降低了云梯在接敌前的高度。攻城时只需将主梯停靠城下,然后再在主梯上架设"上城梯",便可"枕城而上",从而减少了敌前架梯的危险和艰难,同时又保证云梯在登城前不过早与城缘接近,免遭守军破坏。

宋朝的云梯结构有了更大的改进,采用了中间以转轴联接的折迭式结构,并在梯底部增添了防护设施。这些改进,一方面进一步降低了主梯在接敌前的高度,增加云梯车运动的稳定性,并减少遭受守军破坏的可能;另一方面,又配备了可适应多种复杂条件的上城梯,使登城接敌运动简便迅速。明朝以后,这种笨重的巨大云梯,因无法抵御火器的攻击,遂逐渐废弃。

(二) 巢车

巢车是中国古代一种设有望楼,用以登高观察敌情的车辆。车上高悬望楼"如鸟之巢",故名。又名楼车。唐朝杜佑撰《通典》记载,巢车的形制是:"以八轮车,上树高竿,竿上安辘轳,以绳挽板屋止竿首,以窥城中。板屋方四尺,高五尺,有十二孔,四方别布。车可进退,环城而行。"到北宋初，巢车和楼车的形制已有明显不同。巢车的形制同于《通典》；而楼车的形制则较为复杂完备。其车体为木质，底部有4轮，车上树望竿，竿上设置望楼，竿下装有转轴，并以6条绳索，分3层、从6面将竿固定，绳索下端则以带环铁橛揳入地下。这种"望楼车"当是宋朝的形制。

（三）铁蒺藜

铁蒺藜是中国古代一种军用的铁质尖刺的撒布障碍物。亦称蒺藜。有4根伸出的铁刺，长数寸，凡着地约有一刺朝上，刺尖如草本植物"蒺藜"，故名。在古代战争中，将铁蒺藜撒布在地，用以迟滞敌军行动。有的铁蒺藜中心有孔，可用绳串连，以便敷设和收取。中国在战国时期已使用铁蒺藜。秦汉以后，铁蒺藜成为军队中常用的防御器材，除在道路、防御地带、城池四周布设外，部队驻营时，也在营区四周布设。宋朝以后，为适应作战的需要，铁蒺藜的种类逐渐增多，如布设在水中的"铁菱角"，联缀于木板上的"地涩"，拦马用的"搠蹄"，在刺上涂敷毒药的"鬼箭"等。明朝军队广泛使用铁蒺藜，连战船上也装载大量铁蒺藜，交战时，向敌船投掷，使敌人在船上难于行动和作战。铁蒺藜制造简易，敷设方便。除用铁铸造外，也可以用竹、木代替。2000多年以来，它一直是战争中应用的障碍器材。

（四）地听

地听是中国古代战争中用于侦测有声源目标方位的器材，亦称瓮听。地听最早应用于战国时期的城防战中。据《墨子·备穴》记载：当守城者发现敌军开掘地道时，立即在城内墙下挖井，井中放置一口新缸，缸口蒙一层薄牛皮，令听力聪敏的人伏在缸上，监听敌方的动静。敌方开凿地道时所发生的音响在地下传播的速度高，而且衰减小，容易激起缸体共振，从而可以侦测地下敌人所在的方位。这种简易可靠的侦察方法，也被用于地面战斗。据唐朝李筌撰《太白阴经》记载，夜间战斗时，令少睡者伏地枕在空葫芦上，可以听到几十里外的人马脚步声。

三、火器

1. 中国古代火药

中国古代火药是以硝石、硫黄、木炭或其他可燃物为主要组分，点火后能速燃或爆炸的混合物。因为硝石、硫黄等在中国古代都是药物，混合后易点火并猛烈燃烧,故称为火药。现代黑火药是由中国古代火药发展而来。火药是人类掌握的第一种爆炸物,是中国古代的四大发明之一,对于世界文化的发展曾起重大作用。

自魏晋南北朝以来,我国古代化学家(炼丹家)们利用早在汉朝已经掌握了的金石药物硝、硫,经过长期的炼丹实践,至迟在唐宪宗元和三年(808)以前已经发明了火药,并在五代末北宋初(10世纪)用以制造出纵火用的火药兵器。在宋、元两代不断创造新火器的实践中,火药性能也不断提高,炸弹用火药和金属管形射击火器用的发射药等均已制造出来,并在明朝达到了成熟的程度。

2. 中国古代火箭

中国古代火箭是一种依靠自身向后喷射火药燃气的反作用力飞向目标的兵器。

北宋后期,民间流行的能高飞的"流星"(或称"起火")已利用了火药燃气的反作用力。按其工作原理,"流星"之类烟火就是用于玩赏的火箭。南宋时期,出现了最早利用了火药燃气的反作用力的军用火箭,它以火药筒作发动机,以箭杆作箭身,用翎和箭尾上的配重铁块稳定飞行姿态,以箭头为战斗部。其构造虽简单,但组成部分却很完整,是现代火箭的雏形。南宋绍兴三十一年(1161),宋金采石之战所用的带着火光升空的"霹雳炮",实际上也是一种火箭。到明朝初年,火箭技术迅速提高,发展成种类繁多的火箭武器,广泛用于战场,被称为"军中利器"。明朝焦王撰《火龙神器阵法》和茅元仪撰《武备志》对各种火箭的制作、使用与维护方法,火药配方与用量,以及飞行与杀伤性能等均有记述。其中"二虎追羊箭"和"神火飞鸦"等,是最早的多火药筒并联火箭。"飞空击贼震天雷炮"是有翼火箭。"火龙出水"是多级火箭。"一窝蜂"、"百虎齐奔箭"等是多发齐射火箭。

3. 猛火油柜

猛火油柜是中国古代一种喷火器具。猛火油即石油。约在西汉末年,我国发现并使用了石油。南北朝以后,石油被用于战争中的火攻。后梁贞明五年(919)出现了以铁筒喷发火油的"喷火器"。到北宋初年,火药用于军事后,军队装备了一种构造更完善的喷火器"猛火油柜"。据《武经总要》记载,它以猛火油为燃料,用熟铜为柜,下有4脚,上有4个铜管,管上横置唧筒,与油柜相通,每次注油3斤左右。唧筒前部装有"火楼",内盛引火药。发射时,用烧红的烙锥点燃"火楼"中的引火药,然后用力抽拉唧筒,向油柜中压缩空气,使猛火油经过火楼喷出时,遇热点燃,成烈焰,用以烧伤敌人和焚毁战具,水战时则可烧浮桥、战舰。还有一种小型喷火器,用铜葫芦代替沉重的油柜,便于携带、移动,用于守城战和水战。

4. 火毬

火毬是中国古代装有火药的燃烧性球形火器。宋、金、元朝的史书中,又常称其为火炮。其结构一般以硝、硫、炭及其他药料的混合物为球心,用多层纸、布等裱糊为壳体,壳外涂敷沥青、松脂、黄蜡等可燃性防潮剂。大者如斗,小者如蛋。使用时先点燃(初以烧红的铁锥烙透发火,后改进为引信发火),再用礮或人力抛至敌方,球体爆破并生成烈焰。还可通过改变药物配合或掺杂铁蒺藜、小纸炮等,达到施毒、布障、发烟、鸣响等多种效应。主要用来焚烧敌方城垒车船,杀伤和惊扰敌军。

5. 铁火炮

铁火炮是宋元时期军队装备的一种铁壳爆炸性火器,亦称"震天雷"。用生铁铸成外壳,形如罐子、合碗等不同样式,内装火药,并留有安放导火线的小孔。点燃后,火药在密闭的铁壳内燃烧,产生高压气体,使铁壳爆碎伤人,是当时威力较大的一种火器,广泛用于攻守城战、水战和野战。按其大小和用途不同,有的用礮抛掷,有的以手投放,也有的从城上推下。

6. 突火枪

突火枪是中国古代一种用火药发射弹丸的竹管射击火器。南宋开庆元年(1259)寿春府(今安徽寿县)始造。据《宋史·兵志》记载,突火枪"以巨竹为筒,内安子窠",点火后"子窠发出,如炮声,远闻百五十余步"。子窠是一种弹丸。突火枪由火枪发展演变而来。突火枪同火枪相比,已经从喷射火焰烧灼敌人的管形喷射火器,发展为发射弹丸(子窠)杀伤敌人的管形射击火器。突火枪是世界上最早的管形射击火器,其发射原理为步枪、火炮发射原理的先导。

7. 火铳

火铳是中国元朝和明朝前期对金属管形射击火器的通称。有时又称"火筒"。火铳以火药发射石弹、铅弹和铁弹,是在南宋长期使用的各种火枪的基础上,随着火药性能的提高而逐步发展起来的,是元明时期军队的重要装备。

火铳用铜或铁铸成,铜铸较多。由前膛、药室和尾銎构成。通常分为:单兵用的手铳,城防和水战用的大碗口铳、盏口铳和多管铳等。

火铳是中国古代第一代金属管形射击火器,它的出现,使火器的发展进入一个崭新的阶段。

8. 鸟铳

鸟铳是中国明朝后期对火绳枪和燧发枪的统称。清朝多称为鸟枪。与明代前期使用的手持火铳相比,鸟铳身管较长,口径较小,发射同于口径的圆铅弹,射程较远,侵彻力较强;增设了准星和照门,变手点发火为枪机发火,枪柄由插在火铳尾銎内的直形木把改为托住铳管的曲形木托,持枪射击时由两手后握改为一手前托枪身、一手后握枪柄,可稳定持枪进行瞄准,射击精度较高。又因其枪机形似鸟嘴,故又名鸟嘴铳。它的基本结构和外形已接近近代步枪,是近代步枪的雏形。

鸟铳是欧洲发明的,明嘉靖年间经日本传到中国。为装备明、清军队的主要轻型火器之一。第一次鸦片战争后,西方的后装线膛击针式步枪输入中国,鸟铳遂被淘汰。

9. 中国古代火炮

古代火炮由身管、药室、炮尾等部分构成,滑膛多为前装,可发射石弹、铅弹、铁弹和爆炸弹等,大多配有专用炮架或炮车。自元始成为中国军队的重要装备,主要用于攻守城塞,也用于野战和水战。

在此期间,欧洲火炮开始传入中国,其中影响较大的有佛朗机铳和红夷炮。西方火炮的传入,促进了中国明朝后期火炮技术的发展,改善了军队的装备。

清前期,为适应统一全国及平定三藩叛乱等战争的需要,曾大量制造火炮。主要有3种类型:一为红衣炮(即红夷炮)型,这种炮在中俄雅克萨之战中发挥了较大作用。二为子母炮型，类似佛朗机铳。如"子母炮"、"奇炮"等。三为大口径短管炮，如"冲天炮"、"威远将军"炮等。康熙三十年，清政府成立火器营，专习枪炮。清中期以后，火炮的发展基本处于停滞状态。直至第一次鸦片战争前后，为抗击殖民主义者的侵略，各地军民又造了一些重型火炮。19世纪50年代开始，清政府大量购买西方近代火炮，同时创办了一些近代军事工业，制造近代火炮，中国古代火炮逐渐被近代火炮所取代。

10. 中国古代地雷

古代地雷是设置在地下或地面的爆炸性火器。由雷壳、装药和引爆装置组成。明朝初年已使用地雷。早期的地雷多为石壳，内装火药，插入引信后密封埋于地下，并加以伪装。当敌人接近时，引信发火，引爆地雷。明中期后，雷壳多为铁铸，引信也得到了改进。明朝末年，明军所用的地雷有十多种。按引爆方式区分，有燃发、拉发、绊发、机发等。其布设方式，除单发雷外，还有利用一条引信控制爆炸的群发雷，一个母雷爆炸引爆若干子雷的"子母雷"。根据作战需要，还可将地雷设置在车上、建筑物内或用动物运载地雷冲阵。

11. 中国古代水雷

古代水雷是布设在水中的爆炸性火器。一般以铁为雷壳，内装火药和发火机构，外加密封装置。按其在水中布设的状态，有锚雷、漂雷、沉底雷等。在明朝的水战中已广泛使用水雷。明唐顺之辑《武编》，记有"水底雷"，它实际上是一种拉发锚雷。王鸣鹤撰《火攻问答》中，记述一种触发沉底雷，称为"水底鸣雷"。《武备志》（1621年初刊）中记录了几种水雷，其中有"水底龙王炮"，它是一种定时爆炸漂雷。宋应星撰《天工开物》记载有一种名叫"混江龙"的水雷，它的构造与"水底龙王炮"相似，但改信香发火为火石火镰摩擦发火，提高了点火机构的可靠性。

四、战车

古代战车是在战争中用于攻守的车辆。攻车直接对敌作战，守车用于屯守并载运辎重。一般文献中习惯将攻车称为战车，或称兵车、革车、武车、轻车和长毂。夏朝已有战车和小规模的车战。从商经西周至春秋，战车一直是军队的主要装备,车战是主要作战方式。

战车每车驾2匹或4匹马。4匹驾马中间的2匹称"两服",用缚在衡上的轭驾在车辕两侧。左右的2匹称"两骖",以皮条系在车前。合称为"驷"。马具有铜制的马衔和马笼嘴,这是御马的关键用具。马体亦有铜饰,主要有马镳、当庐、马冠、月题、马脊背饰、马鞍饰、环、铃等。

战车每车载甲士3名,按左、中、右排列。左方甲士持弓,主射,是一车之首,称"车左"、又称"甲首";右方甲士执戈(或矛),主击刺,并有为战车排除障碍之责,称"车右",又称"参乘";居中的是驾驭战车的御者,只随身佩带卫体兵器短剑。这种乘法可以追溯到商朝。西周和春秋时期的乘法也与此相同。此外,还有4人共乘之法,称为"驷乘",但这是临时搭载性质,并非通例。除3名甲士随身佩持的兵器外,车上还备有若干有柄格斗兵器。这些兵器是戈、殳、戟、酋矛、夷矛,合称"车之五兵",这些兵器插放在战车舆侧,供甲士在作战中使用。

国君所乘的战车称为"戎车",其形制与一般战车基本相同。春秋中期以后,军队中出现了专职将帅,戎车成为将帅的指挥车。

每乘战车除车上的3名甲士以外,还隶属有固定数目的徒兵(春秋时期称为步卒,战国时期称为卒)。这些徒兵和每乘战车编在一起,再加上相应的后勤车辆与徒役,便构成当时军队的一个基本编制单位,称为一乘。这一情况反映出当时的军队以战车为中心的编制特点。商周时期的战车,所使用的畜力驾挽的双轮战车,增强了军队的机动性;车上甲士的青铜兵器装备,发挥了当时兵器的最大威力;车上还配备有旗鼓铎铙,用以保证军队的通信联络和战斗指挥。作战时,甲士站在车上,徒兵跟在车下,而当一方车阵被击溃之后,胜负便成定局。所以当时的战争,主要就是战车之间的战斗。

到春秋战国之交,拥有大量步兵的新型军队开始组成。而铁兵器的采用和弩的改进,又使步兵得以在宽大正面上,有效地遏止密集整齐的车阵进攻。战车车体笨重,驾驭困难,其机动性受地形和道路条件的限制,遂逐渐被步兵、骑兵取代。

大约到汉武帝年间,汉王朝的军队为了与匈奴进行持续的战争,发展了大量骑兵部队，此后，战车在战场上便逐渐消失。

五、战船

古代战船是为作战目的制造或改装的武装船舶。大型的是主力战船，称为"舰"或"楼船"，有2层、3层、4层，甚至4层以上甲板的。中型的是用于攻战追击的战船，如"蒙冲"、"先登"等。小型的是用于哨探巡逻的快船，如"游艇"、"赤马舟"等。

周朝已有水战的记录，但舟师和战船的制度不详。到春秋时期各诸侯国乘船作战已很频繁。汉朝水军的规模更加巨大，战船更趋完备。南北朝时，重视发展人力推进的战船，出现多桨快艇。隋朝杨素造"五牙"大舰，起楼5层，高100余尺，能容战士800人，有6个拍竿，高50尺，用以击碎敌船。唐朝的海鹘船是模仿海鸟而创制的海船，两侧有浮板，具有良好的稳定性，以适应海上作战的要求。唐朝还发明了车船（轮桨船）。到了宋朝，车船在战争中有很大发展。

进入明清时期以后，中国古代战船的发展有两个显著的特点，一是隋唐五代两宋时期多用于锤击敌船的拍竿已经消失，而改以战船本身犁沉敌船，这说明船舶制造和驾驶技术的进步；二是从明初起，战船上配备了火炮。

第五节　军事人物

一、姜望

姜望

姜望，又名吕望、吕尚，字子牙，俗称姜太公，商周之际军事家、政治家，齐国的始祖，是周灭商的重要筹谋者。周文王采纳吕望谋略，卑事商纣，暗中积蓄力量，积极争取与国，乘隙翦商羽翼，造成"三分天下有其二"（《论语·泰伯》）的局面，奠定了灭商基础。周武王即位后，尊吕望为师尚父。武王伐纣前，吕望亲入商都探察情况，并协助制定乘虚进军、奔袭商都的作战方略。商、周牧野之战，他亲率一部精锐士卒，迅猛冲击商军前阵，商军前徒倒戈，周军主力乘势进攻，一举灭商。周成王亲政后，吕望以周朝开国重臣受封于齐（今山东北部）。史称吕望有著述，难以凭信。传世《六韬》，全书都是以太公答文王、武王之问的形式写成的。当是战国至秦汉间人托名吕望之作。

二、孙武

孙武，字长卿，春秋末期齐国乐安（今山东省惠民县）人，其生卒年月已不可详考。其祖先为陈国公子完，因内乱逃至齐国，后称田氏。孙武祖父齐大夫田书伐莒（今山东莒县）有功，齐景公赐姓孙氏。后因齐国内乱，孙武出奔吴国。经吴国重臣伍员推荐，向吴王阖闾进呈所著兵法十三篇，被重用为将。

孙武

孙武为将后，为吴国的兼并战争立下了卓越的战功。《史记》称："西破强楚，入郢，北威齐晋，显名诸侯，孙子与有力焉。"他与伍子胥一起，协助吴王阖闾三次伐楚，攻占楚国首都郢城。又攻破越国，开疆辟土。后来吴军在艾陵大破齐军，阖闾在黄池会盟诸侯，使吴国取代了晋国的霸主地位。所有这些辉煌的胜利，孙武都起过重要作用。他撰写的《孙子兵法》，总结春秋末期及其以前的战争经验，在中国和世界军事史上，最早比较系统地涉及战争全局问题，首次揭示了"知彼知己，百战不殆"这一指导战争的普遍规律，总结了若干至今仍有科学价值的作战指导原则。

三、吴起

吴起（？~前381年），战国初期军事家、政治家。卫国左氏（今山东定陶西）人。初为鲁将破齐军，后入魏为将。任魏西河郡守20余年，致力改革政治、经济、军事，创建了一支经过严格选拔和训练的"武卒"，与诸侯国作战数十次，开疆拓地，战绩卓著。后遭大夫王错陷害，被迫投奔楚国。吴起针对楚国积弊，剥夺旧贵族政治、经济特权，裁减冗员冗费，用于选练军队，以求富国强兵。仅一年，贫弱的楚国开始强盛，兵威四方。楚悼王死，反对改革的旧贵族乘机杀害吴起。吴起能征善战，治军严明，与士卒共甘苦,传曾亲为士卒吮疮毒,深得部众之心。相传著有《吴子》一书,在中国古代军事典籍中占有重要地位。

关于吴起为人,纪昀等在《四库全书·吴子提要》中说:"起杀妻求将,啮臂盟母,其行事殊不足道,然尝学于曾子,所论较为精粹,与战国术士专事智术诈谲者判然有殊。如对魏武侯,则曰:在德不在险。论制国治军,则曰:教之以礼,励之以义。论为将之道,则曰:所慎者五。一曰理,二曰备,三曰果,四曰戒,五曰约。大抵持议正大,犹有先王节制之遗。"

四、孙膑

孙膑,战国时齐国人,生于阿、鄄之间(今山东阳谷、鄄城一带),原名不详,因曾受膑刑(去掉膝盖骨),故世人称之为孙膑。生卒年月史无记载,是战国中期军事理论家和军事指挥家。

孙膑早年曾与庞涓从鬼谷子学习兵法。后来庞涓在魏国担任将军,因忌妒孙膑才能,将其骗至魏国,设计陷害,唆使魏惠王将孙膑处以膑刑。不久,孙膑在齐国使者帮助下逃到齐国,为齐将田忌的门客。他运用运筹学博弈原理,帮助田忌在贵族赛马中获胜。后经将军田忌举荐,被齐威王重用为军师。

据《史记·孙子吴起列传》记载,孙膑一生的主要业绩是参与指挥两次著名的对魏战争。一次是公元前353年的桂陵之战,一次是公元前341年的马陵之战。桂陵之战起因于魏军进攻赵国首都邯郸,赵求救于齐,齐威王派田忌、孙膑率军赴援。田忌采纳孙膑之计,避实击虚,疾趋魏国首都大梁,诱使魏军回救,而将主力埋伏在桂陵,以逸待劳,大破魏军。这就是著名的"围魏救赵"之计。十三年后,魏、赵联合攻韩,韩向齐求援,田忌、孙膑再度受命出师。这一次孙膑采取减灶示弱之计,制造齐军士气低落、逃亡严重的假象,利用魏军的轻敌心理,诱使其兼程穷追,然后在马陵设伏一举歼灭了魏军主力。经过这两次大战,齐国威望大增,孙膑也名扬天下。马陵战后不久,齐国统治集团内部矛盾激化。田忌受政敌邹忌排挤,被迫流亡楚国,孙膑也偕行入楚,所以后来有的资料说孙膑是"楚人"。入楚以后的孙膑在史料中不再出现,不知所终,仅有所著《孙膑兵法》传世。

五、白起

白起（？～前257年）是战国时军事家。善用兵，攻必克，守必固，征战沙场37年，攻取韩、魏、赵、楚等国70余城，以连续作战，用兵神速，集中兵力，各个击破，避实击虚，攻敌要害为用兵特点，成为秦昭襄王兵进中原，东灭六国的主战场统帅。他率数万之众，乘虚深入拥有百万重兵的大国，夺其地而灭其国。长平之战中，取代王龁为秦将，采取诱敌出击而围歼之的方略，大破赵军，坑杀赵降卒40万人，赵将赵括被射死。司马迁称道他："料敌合变，出奇无穷，声震天下。"

六、乐毅

战国后期名将，生卒年不详。初仕赵，后去魏。公元前284年，以燕上将军职，佩赵国相印，率燕、秦、赵、韩、魏五国联军攻齐。与齐主力决战于济水西，大胜之。又亲率燕军直捣临淄，为减少齐人敌对情绪，以利夺取全部齐地，他严申军纪，禁止掳掠，减轻齐民赋税，并以授爵、封地等手段笼络齐吏，争取人心。随即兵分5路，进攻齐境各地。自率中军镇守齐都，指挥各军。燕军势如破竹，半年内攻克齐70余城。后即墨守将田单行反间计，诈称乐毅名为攻齐，实欲称王。燕惠王果然中计，派骑劫取代乐毅。乐毅投奔赵国。破齐之战中，乐毅以多结与国的方略和连续进攻的作战指导而取胜，从此名震华夏。

七、田单

田单是战国后期齐国名将，生卒年代不详。乐毅率燕军破齐时，他率族人退至即墨，守将战死，城内军民共推他为将。他利用两军相持之机，整顿士卒，增修城垒，加强防务，和军民同甘共苦，深得军民信任。他施用反间计，逼走乐毅，将计就计，巧用"火牛阵"，实施夜间奇袭，大败敌军，尽复失地70余城，成为中国古代史上以少胜多的著名战例。

八、李牧

李牧（？～前229年）是赵国军事家，又名繓。赵孝成王时，长期驻守赵北部边境防备匈奴。先是坚壁自守，待时机成熟，诱匈奴主力来攻，布阵设伏，两翼包抄，歼匈奴10万余骑。又乘胜前进，灭襜褴，破东胡，降林胡，声威大振，使匈奴不敢进犯。此后，李牧继廉颇、赵奢成为赵国的主要统兵将领。赵王迁二年（前234），赵国遭秦将桓齮进攻，李牧率兵与秦军激战于宜安（今河北石家庄东南），大败秦军，受封武安君。四年，秦军进至番吾（今河北灵寿西南），畏李牧而退。前229年，秦大举攻赵，名将王翦率军由上党出井陉，端和由河内进攻赵都邯郸。赵国派大将李牧迎战，双方屡有胜负，陷入僵局，相持一年之久。秦军乃以重金贿赂赵王宠臣郭开、韩仓，使其诬告李牧等谋反。赵王听信谗言，撤换李牧，逼李牧自尽。

九、项羽

项羽（前232~前202年）是战国末期军事家。与其叔项梁举兵，响应陈胜吴广起义，后项梁战死。秦将章邯北上围赵，楚怀王任宋义为上将军，羽为次将，率军救赵。军至安阳，宋义畏敌不前，项羽杀之，并率兵渡漳水"破釜沉舟"，带一日粮，与赵并力攻秦，并调动作壁上观的诸侯军，与秦军激战，九战九捷，在巨鹿之战中摧毁秦王主力，坑章邯所部降卒20万人，为灭秦奠定了基础。秦亡后，自封为西楚霸王，建都彭城，声威显赫，大封诸侯。但因大肆掠杀，火烧阿房宫，失去民心，鸿门宴上又因缺乏谋略，放走对手刘邦。不久，同刘邦展开长达4年之久的楚汉战争。项羽虽数次击败刘邦，但终因刚愎自用，不善用人，缺乏战略筹谋而丧失优势，被汉军围于垓下，后突围而出，自刎于乌江。

十、韩信

韩信（？~前196年）是汉初军事家。从小苦练武功，深研兵法，初属项羽，拜为大将。楚汉战争中，为刘邦献《汉中策》，主张还定三秦，决策东向，引兵先从故道袭雍，然后分兵略地，终平关中。刘邦与项羽相持于荥阳、成皋时，受命抄袭项羽后路，击魏，破代、赵，下燕，取齐，屡获全胜。破魏之战中，采取了声东击西渡河进攻之策；攻赵之战中采取了诱敌出壁，背水死战，奇兵破壁，前后夹击之谋；击燕之战则采取先声后实之计，使其不战而降；破齐之战又剩隙而入，佯退诱敌，反攻取胜。这些战例，充分体现了他高超的军事谋略思想。前202年，与刘邦会合，击灭项羽。汉朝建立后，被封为楚王。后被诬告谋反，刘邦以计擒

韩信

之,贬为淮阴侯。后为吕后谋杀。

十一、周亚夫

周亚夫(?~前143年)是汉初大将周勃之子。匈奴入侵云中时,奉命驻军细柳。文帝劳军,至细柳军营,见军中士卒披甲戴盔,戒备森严,深为赞叹。由此,以治军严整闻名于世。七国叛乱时,率36将军迎击吴、楚军。避开吴军设伏的崤、渑,绕道武关,直趋洛阳,进至淮阴后,又率军直抵要地昌邑,深沟高垒,以逸待劳。时吴、楚军全力攻梁。梁王多次求援,景帝也几次诏令出击,他知吴、楚虽势盛,然不能持久,且梁国有一定实力,故仍坚守昌邑,另派轻骑迂回吴、楚军后,断其粮道。吴楚攻梁不下,转攻周亚夫,周坚壁不出,继又识破其声东击西之计。吴、楚军终因饥疲不堪,被迫撤退,周亚夫乘机派精兵追击,大破叛军,遂平七国之乱。

十二、李广

李广(?~前119年),中国西汉名将。陇西成纪(今甘肃静宁西南)人。武帝即位,召为未央宫卫尉。元光六年(前129),任骁骑将军,领万余骑出雁门(今山西右玉南)击匈奴,因众寡悬殊负伤被俘,于途中趁隙夺马逃回。后任右北平郡(治平刚县,今内蒙古宁城西南)太守。匈奴畏服,称之为"飞将军",数年不敢来犯。元狩二年(前121),李广率4000骑出击匈奴,被左贤王4万骑围困,李广毫无惧色,率部激战。士卒伤亡过半,箭矢将尽,李广仍沉着镇静;亲用强弩射杀匈奴将领数人,后援兵至,匈奴退走。四年,漠北之战中,李广任前将军,从大将军卫青出塞,受命迂回匈奴单于侧翼,因迷失道路,未能参战,愤愧自杀。李广前后与匈奴70余战,以骁勇善骑射著称。

十三、霍去病

霍去病(前140~前117年)西汉名将。少时即精通骑射、击刺等武艺,18岁随舅父、大将军卫青出征匈奴,首战因大功被封冠军侯。此后又五出边塞,其中以前119年春天规模最大。是年,他率5万精骑从代郡出塞,北行2000多里,越离侯山、涉弓间河,大败左贤王,斩虏约7万余人。他用兵灵活,不拘古法;作战勇猛,谋略深远。他的"匈奴未灭,何以家为"的精神也为后人所称颂。病卒时年仅24岁。

十四、曹操

曹操（155~220年）是汉魏之际军事家、政治家和文学家。为人机警，以孝廉推举为郎。在镇压黄巾起义时，诱降青州黄巾军，组成"青州兵"，成为后来统一北方的骨干力量。后总揽军政大权，挟天子以令诸侯，以各个击破之策，败张绣，平吕布，困袁术，驱刘备。200年，与袁绍战于官渡，先以声东击西战术败袁军于白马，继烧其乌巢屯粮，然后乘其军心动摇之机发动总攻，取得胜利。平定三郡乌桓，统一北方大部，又夺取荆州，以图江南。但因轻敌，在赤壁被孙刘联军所败，未能如愿，遂逐渐形成魏、蜀、吴鼎立局面。曹操勒马疆场30载，致力于统一中国。统一北方后，曾实行屯田，丰足军粮，减轻民众负担，治军严整，深得军心；知人善任，唯才是举。著有《孙子略解》、《续孙子兵法》、《兵书接要》等军事理论著作。

十五、司马懿

司马懿（179~251年）是三国魏军事家，字仲达，河内温县（今属河南）人。曹丕称帝后，升为丞相长史、抚军大将军。魏太和元年（227）受命平新城太守孟达的反叛，率军出宛县（今河南南阳），八天疾进千余里，克上庸（今湖北竹山西南），斩孟达。五年至青龙二年（234），统兵抗蜀，据险坚守，以逸待劳，使诸葛亮虚耗国力，师劳功微。景初二年（238），率军4万进攻叛魏的辽东太守公孙渊，先出疑兵于辽隧（今辽宁鞍山西）南牵制其主力，自率军突然北向，抢渡辽水，进围公孙渊于襄平（今辽宁辽阳），待其粮尽兵疲，一举克城，斩公孙渊父子，辽东四郡遂定。嘉平元年（249）正月，司马懿谋杀与其共辅曹芳的大将军曹爽，独揽朝政。三年，击败对抗司马氏的太尉王凌，奠定了以晋代魏的基础。不久病逝于洛阳，后追尊为宣帝。司马懿智勇兼备，其用兵有"兵动若神，谋无再计"（《晋书·宣帝》）之誉。

十六、诸葛亮

诸葛亮（181~234年）是三国时军事家、政治家。字孔明，徐州琅邪郡阳都（今山东沂南南）人。居隆中（今湖北襄阳西）十年，专注治国用兵之道。207年，刘备三顾茅庐时，提出著名的隆中对策：先取荆、益，西和诸戎，南抚夷越，外结孙权，攻灭曹操，以图中原，兴复汉室。从此，成为蜀汉主要谋士，辅佐刘备父子，运筹帷幄，统军征战。208年，与孙权联盟，以少胜多，大败曹军于赤壁。214年，率部溯江而上，攻城略地，与先期进入益州的刘备会师，攻下成都。刘备称帝后，任蜀国丞相，总理军政，刘备死后，又受封武乡侯，以"攻心为上"方略，平息了南中动乱，使蜀汉后方稳定。为实现隆中对策，228年，率师伐魏。先后六出祁山，与魏军展开长达7年的攻战，终因国力不支，敌占易守之地，以至师劳功微。诸葛亮用兵谨慎，擅长谋攻，治军有方，赏罚分明，为后世垂范。其"八阵图"为后世传扬。其军事著作，大多失传。

十七、陆逊

陆逊（183~245年），三国吴军事家。本名议，字伯言，吴郡吴县（治今江苏苏州）人。东汉建安二十四年（219），助吕蒙奇袭江陵（今属湖北），擒杀蜀名将关羽，夺取荆州，升右护军、镇西将军。蜀章武元年（221），刘备大举攻吴，陆逊以大都督率兵5万相拒，先避蜀军锐气，待其疲怠，利用火攻，大败蜀军。吴黄武七年（228），魏大司马曹休举兵10万入皖（今安徽潜山），陆逊率军击败魏军，追至石亭（潜山境），歼万余人，缴获甚多。吴嘉禾五年（236），奉命取襄阳（今属湖北），因军机泄露，又遇沔水（汉水）骤减，进军不利，便佯示进攻，暗中攻下安陆（今湖北安陆南）等地，乘魏军惊疑不定，安然还师。后久镇武昌（今湖北鄂州）。官至丞相兼上大将军。陆逊长于谋略，治军严而待卒宽，用兵慎而变化多。

十八、邓艾

邓艾（197~264年）是三国魏名将。字士载，义阳棘阳（今河南南阳南）人。率奇兵灭蜀，升太尉，后遭诬告被杀。

249年，他与征西将军郭淮受命拒战蜀偏将军姜维。双方未战，姜维便撤军而去。邓艾认为，姜维乃蜀中名将，善用谋，退军不远必定会卷军重来。于是，便留屯白水北岸以待蜀军。三日后，蜀大将廖化果然受遣来到白水南岸，却按兵不动。邓艾看出，这是姜维的佯动之兵，便果断作出决定，引兵赴救60里外的曹魏洮城。这次姜、邓斗智，邓艾获胜，姜维无功而还。邓艾用兵善算，出谋亦奇。263年，魏军钟会、诸葛绪进伐蜀汉，连攻姜维不胜，加之粮运不继，遂有撤兵之意。邓艾却引兵自阴平山间小道径行七百里，绕开蜀汉主力，出其不意，突然降兵于江油城下，迫降了守将马邈，进而打败诸葛瞻，进军至雒。至此，蜀汉屏障已失，后主刘禅请降。邓艾攻蜀，批亢捣虚而攻其不备，堪称善于运兵之名将。

十九、羊祜

羊祜（221~278年），西晋军事谋略家。字叔子，泰山南城（今山东费县西）人。因辅助司马炎称帝有功，任中军将军，后升任尚书左仆射、卫将军。西晋泰始五年（269），都督荆州诸军事，镇襄阳（今属湖北），作灭吴准备。羊祜出镇襄阳时，对吴沿边守将实施怀柔政策，一方面松懈了敌戒备之心，一方面也在战略上掩盖了晋攻吴的军事目的。同时，运用间计使东吴自石城至襄阳撤去七百里戍垒，晋军借此亦裁撤一半兵卒，用以开垦八百余顷屯田，使驻军得有十年粮食积蓄，免去国内远道运饷的耗费，堪称是对兵诀"久守则须屯田"的巧妙运用。羊祜筹划军事多从大处着手，富有兵家眼界。他认为西晋伐吴必须以水师为主，且须从四川长江上游直趋而下。因此，密疏晋武帝，推荐王浚监益州诸军事，密修战船，为攻吴作战略准备。这一思想，不仅为西晋平吴所遵循，亦为后世南北战争所借用。278年，羊祜病死，未能亲自参预平吴战争，但他在镇期间的军事成就，以及有关战略筹划，包括举荐杜预、王浚等事，都已为这场战争的胜利铺垫了基础。

二十、杜预

杜预（222~284年）西晋军事家。字符凯，京兆杜陵（今陕西西安东南）人。曹魏时曾参相府军事，晋时任度支尚书、司隶校尉。平生博学多才，通晓政治、军事、经济、历法、律令、工程等，被誉为"杜武库"。长于谋略，受羊祜推举，都督荆州诸军事，主持西晋平吴战争。280年，西晋大举攻吴，杜预庙谋在胸，指挥若定。奇兵八百夜渡，奇袭乐乡；巴山点火疑兵之计，震摄敌军；伏兵城下，混迹吴兵队列，生擒吴将孙歆。平吴之后，他以"忘战必危"古训为戒，勤于修武，注意德化；又于江南山地新占区错置屯营，分列于要害之地，以为巩固形势之据点，凡此都为西晋平吴之后局势的稳定发挥了积极的作用。著有《春秋左氏经传集解》及《春秋释例》等。

二十一、李靖

李靖（571~649年）是唐初著名将领、军事理论家。字药师，京兆三原

（今陕西三原东北）人。隋大业末年任马邑郡丞，曾与太原留守李渊有隙。李渊攻占长安（今陕西西安），执李靖将斩，见其胆识过人释之。后被秦王李世民召入幕府，跟随作战，因功授开府。他出朝为将，入朝为相，通兵书，善征战，在李渊统一全国和李世民征讨东突厥的战争中，立下赫赫战功。李靖善于反常用兵，以奇制胜。在江陵之战中，乘江水正涨出师，突然出现于江陵城下，迫降毫无戒备的梁王。他更善于以谋取胜。丹阳之战，采用"引蛇出洞"之术，以老弱士卒不胜而退，引辅公祐部将冯慧亮出险地，大获全胜。北击突厥时，以"韩信破齐"之策，俘获颉利可汗，灭亡东突厥汗国。著有《李卫公兵法》。

李靖

二十二、秦叔宝

秦叔宝（？~638年），中国唐初名将。名琼，齐州历城（今山东济南）人。以勇悍著称。隋末，跟随隋将张须陀镇压卢明月、李密等起义军，任建节尉。张须陀败死后，归附李密，任帐内骠骑。李密败后又附据洛阳的原隋将王世充，作龙骧大将军。唐武德二年（619），弃王世充投唐，任马军总管。随秦王李世民进击宋金刚，与唐将殷开山在美良川（今山西闻喜南）截击尉迟恭获胜，授秦王府右三统军；又在介休（今属山西）打败宋金刚军，授上柱国大将军。四年，随秦王讨王世充，分领精骑玄甲兵为前锋，因功封翼国公。又参与击灭窦建德等起义军。征战中，常跃马当先，冲锋陷阵，深受李世民器重。九年，助李世民夺取帝位有功，授左武卫大将军。

二十三、尉迟恭

尉迟恭（585~658年），唐初名将。字敬德，朔州善阳（今山西朔县）人。武艺高强，骁勇善战。隋末为将时，镇压过农民起义。后随刘武周为偏将。唐武德三年（620）降唐，任右一府统军。随秦王李世民迫降据洛阳称帝的王世充，并击灭窦建德等起义军。击王世充时，李世民以500骑察看地形，被王世充万余步骑围困，他跃马横槊，掩护李世民冲出重围。在与刘黑闼军作战中，李世民又身陷重围，他率壮士破围而入，拼死冲杀，使李世民突出重围,因功授秦王府左二副护军。九年,助李世民夺取帝位,功居第一,授右武侯大将军,封吴国公。贞观初,任泾州道行军总管击东突厥,泾阳(今属陕西)一战,他轻骑挑战,杀其名将。后任襄州都督等职,改封鄂国公。贞观十七年(643),上表请求归养,授开府仪同三司。十九年,为左一马军总管。晚年闲居,杜门谢客。

二十四、薛仁贵

薛仁贵(614~683年),唐朝名将。名礼,龙门(今山西河津)人。贞观末,应募从军。唐军攻高丽,在安市城(今辽宁海城南)阻击援军时,他身着白衣奋战获胜,为太宗赏识,升为游击将军、北门长上。后又任右领军郎将。高宗显庆中,辅助营州都督兼东夷都护程名振经略辽东,屡破高丽、契丹军,因功授左武卫将军。龙朔初,铁勒九姓袭扰,他率兵至天山;铁勒聚众10余万,先选数十骁骑挑战,他张弓三箭,射杀三人,其余请降。铁勒军溃逃,唐军追至碛北,获其叶护兄弟三人而还。乾封初,又参与攻高丽,因功授右威卫大将军兼检校安东都护。咸亨元年(670),吐蕃进扰,高宗以薛仁贵为逻娑道行军大总管,郭待封为副,率兵出击。因郭待封违背其意图,自率辎重前进,遭吐蕃军截击,辎重全部损失。薛仁贵退屯大非川(今青海共和境),被迫与吐蕃约和而还,免官为民。开耀元年(681),又被高宗起用,授瓜州长史;不久,授右领军卫将军,检校代州都督。永淳元年(682),突厥阿史德元珍反唐,他率兵出击。突厥军闻薛仁贵复起为将,自行退走,被唐军趁势追击而溃败。

二十五、郭子仪

郭子仪(697~781年)唐朝名将。华州(今陕西华县)人。天宝初以武举补左卫长史,后官至兵部尚书、太尉兼中书令,曾出任天下兵马副元帅,封汾阳郡王,被德宗李适尊为"尚父"。

安禄山反,郭子仪受任朔方节度使,引本部军东向讨击叛军,出兵单于府(今内蒙古和林格尔北),击败安禄山部将高秀岩,进围云中(今山西大同市),至德元年(756)二月,与李

郭子仪

光弼率师出井陉（今河北井陉西北），收复常山（今河北正定）等地。五月，以深沟高垒，敌来则守、敌去则追的战法，疲惫叛军，寻机攻击，多次击败史思明部，收复河北十余郡，使叛军陷入被动境地。后因潼关（今陕西潼关东北）失守，奉命还军灵武（今宁夏灵武西北）。此时他所统领的5万精兵，已成为唐军反攻的重要力量。二年，率军攻占河东，一度克潼关。五月，反攻长安（今西安），在清渠（长安西）失利。九月，从元帅广平王李俶率唐军及回纥军15万人在香积寺（长安南）北大败叛军，收复长安。又乘势东进，兵临陕州（今河南三门峡市）。他以回纥兵迂回抄袭，击溃叛军主力，迫使叛军弃洛阳逃走。至此，河西、河东、河南诸地皆为唐军所有。乾元元年（758），率兵攻破卫州（今河南汲县），与八节度使进围邺城（今河南安阳）。兵败后，受观军容使鱼朝恩排挤，被解除兵权。广德元年（763），仆固怀恩反唐，吐蕃、回纥兵相继进犯，他重新领兵，并屡上御敌之策。永泰元年（765）十月，在吐蕃与回纥大军压境之际，他利用矛盾，说服回纥反戈，大败10万吐蕃军，稳定了关中局势。他历事四朝，勤于职守，对巩固唐朝封建统治起了重要作用。

二十六、李愬

李愬（773~821年）中唐时代名将。他用兵谋深计远，筹算能兼顾全局，富有战略头脑。受命讨伐淮西叛将吴元济，摆出无所作为的态势，暗地里则积极准备、精心谋划。半年之后开始行动，相继攻下马鞍山、青陵城等；重用降将李祐，将经过严格训练的山南勇士3000人，即六院兵付予他指挥；一反"敢舍谍者族"的旧令，对之进行招抚，去敌耳目而为已所用。这一切举措均体现了他的用兵风度，也为最终袭击吴元济老巢——蔡州作好了准备。此时，唐将李光颜部对淮西频战皆胜，迫使吴元济抽调精锐驻洄曲以抵御。李愬认为决战之机已到。于是乘寒风大雪之夜，毅然引兵入蔡州取吴元济。轻兵奇袭，攻敌不备，唐军于拂晓之际即拿下州城，稍战即生擒吴元济。此即著称战史的"李愬雪夜下蔡州"。

二十七、狄青

狄青（1008~1057年），宋朝名将。字汉臣，汾州西河（今山西汾阳）人。他在同西夏作战中，骁勇善战，多次负伤，屡建战功，深为戍边名臣范仲淹、韩琦器重,累升至彰化军节度使、枢密副使。广源州(约今越南高平地区)部族首领侬智高称帝,建大南国,攻占广南(今广西、广东)九州岛,狄青奉命率兵3万进击。他先严惩违令出兵招致失败的广西钤辖陈曙等,以正军纪,又借元宵节佯令休兵十日,大宴将佐,以麻痹侬军,暗于次日率精锐冒雨取快捷方式袭占昆仑关(今属广西)。侬智高见无险可守,倾其号称10万之众,列阵于归仁铺(今广西南宁北郊),企图决战。狄青避其锋锐,令精骑从左右翼冲杀侬之中军,大败侬军,次日,收复邕州(今广西南宁),歼万余人。侬智高逃大理(今属云南)。五年,升枢密使。狄青一生征战,严于治军,喜读兵书,以范仲淹赠言"将不知古今,匹夫勇尔"(《宋史·狄青传》)自勉。嘉祐元年(1056)去职。

二十八、岳飞

岳飞(1103~1142年),南宋名将,字鹏举,相州汤阴(今属河南)人。1126年,从军抗金,屡立战功。多次击败伪齐刘豫军,收复郢州、随州、唐州、邓州、信阳军以及襄阳等地。此后,他营田屯兵,安抚民众,准备进军中原。后奉宋廷之命镇压洞庭湖地区的杨么农民起义军。又举兵奇袭刘豫军。以部分兵力东向蔡州诱敌来攻,主力自襄阳出击伊阳,收复豫西、陕南大片土地,取得重大胜利。1137年,乘金朝废除刘豫之机,岳飞提出举兵收复中原的主张,多次上书反对与金议和,均遭高宗和宰相秦桧拒绝。1139年,完颜宗弼毁约南进。岳飞按照其连接河朔、进军中原的方略,遣将联络北方义军梁兴、张宝部,袭扰金军后方;在郾城、颍昌之战中,大破金军精锐部队"铁浮屠"、"拐子马",击败金军主力,岳家军前锋部队直抵朱仙镇。但高宗赵构却把淮河以北土地割让给金人以求和,一日之中连下12道金字牌,命岳飞班师回朝。岳飞撤兵不久,原已收复之地尽落金人之手。岳飞富韬略,善用兵,博采众谋,团结民众。作战指挥机智灵活,不拘常法。强调"阵而后战,兵法之常,运用之妙,存乎一心"。兵飞严于治军,重视选将,赏罚分明,爱护

岳飞

士卒。其军以"冻死不拆屋,饿死不掳掠"著称,被誉为"岳家军"。金军也不得不叹服:"撼山易,撼岳家军难。"

二十九、韩世忠

韩世忠(1089~1151年),南宋名将。字良臣,绥德(今属陕西)人。宋金战争初,在北方力抗金军,以数十骑击败金军2000余骑。在济州(今山东巨野)率千人战金军数万,单骑冲入金军阵内斩其首领。之后,护卫高宗南下,任御营左都统制。建炎三年(1129),率军平息宋将苗傅、刘正彦兵变,救高宗出危,授检校少保、武胜昭庆军节度使。后任浙西制置使,守镇江(今属江苏)。四年,金将完颜宗弼在攻掠临安(今杭州)等地后北返。韩世忠率水师在镇江截其归路,妻梁红玉击鼓督战,屡败金军。两军沿江西上,且战且行,他以8000水兵围困10万金军于黄天荡(今南京东),后金军开凿河渠始得脱逃。他多次反对宋廷对金屈服议和。十一年,被召还临安,解除兵权,授枢密使。他因岳飞冤狱,当面诘责秦桧。终因其抗金主张不被朝廷采纳,乃自请解职。

三十、刘基

刘基(1311~1375年),明代政治家、军事谋略家。字伯温,浙江青田人。谋略超群,通晓经史天文,精于用兵布阵,时人比之为诸葛亮。辅佐朱元璋起兵反元,他根据当时形势,献时务十八策,提出利用矛盾,先灭陈友谅,再攻张士诚,以集中兵力,各个击破,避免两线作战的方略,并参与制定了先取山东,旋师河南,然后进兵大都(北京)的灭元作战计划,为朱元璋所接受。随朱元璋四面转战,灭陈友谅,执张士诚,降方国珍,南定闽广,北伐中原,为明朝的建立立下不朽的功勋。明朝建立后,又奏立卫所军制,加强海防和边防建设。著有《诚意伯文集》,相传《百战奇略》亦为其所撰。

三十一、徐达

徐达(1332~1385年),明朝开国军事统帅。字天德,濠州(今安徽凤阳)人。元至正十三年(1353),参加农民起义军,因智勇超群,位在诸将之上。十五年,从朱元璋渡长江,取太平(今安徽当涂),克集庆(今南京)。继又率部攻占镇江(今属江苏)等地,为开拓江南基地作出了贡献,授淮兴翼统军元帅。二十三年秋,在鄱阳湖之战中,身先诸将,冲锋陷阵,击败陈友谅军前锋。二十四年,因功升左相国。二十五年,以大将军率师出征,先占淮东,继平浙西,连战皆捷。二十七年九月,攻克平江(今江苏苏州),俘获张士诚及其将士25万。同年十月,以征虏大将军率师北上,先取山东,旋师河南,然后挥军攻克大都(今北京),灭亡元朝。明初,他多次率军远征漠北等地,戍守边疆,被朱元璋誉为"万里长城"。徐达长于谋略,治军严整,战功显赫,名列功臣第一。卒后追封为中山王。

三十二、于谦

于谦(1398～1457年),明代军事统帅。字廷益,钱塘(今杭州)人。在抗击瓦剌的北京保卫战中,他依托城防设置工事,充分发扬炮火威力,使兵力、机动、工事、火力密切合,并采取诱敌深入、伏击、追击等战术,取得战役的胜利。在军制上,创立团营制度,使编制、领导、指挥、训练、装备等各个方面得到高度统一,各营又实行马、步、火器各兵种合成编组,有利于战斗力的提高。在火器运用上,提出用猛烈火力杀伤敌人,再以弓弩射击敌人,最后进行白刃格斗。景泰八年(1457)正月中旬,英宗藉"夺门之变"重登帝位。二十二日,于谦遭诬陷被害。后沉冤昭雪,赠太傅,谥肃愍,又改谥忠肃。著有《经武要略》。

三十三、戚继光

戚继光(1528～1587年),明朝抗倭名将、军事家。字符敬,号南塘,晚号孟诸。祖籍安徽定远,生于山东济宁。他治军有方,所部战斗力强,纪律严明,有"戚家军"之称。南御倭寇,北镇边疆,为其主要军事活动。他针对南方多湖泽的地形和倭寇作战的特点,创造攻防兼宜的"鸳鸯阵",以12人为一队,长短兵器配合,因敌因地变换队形,灵活作战,屡次打败敌人。

戚继光指挥抗倭作战,机智勇敢。嘉靖四十年(1561),在浙江台州地区,九战皆捷。次年夏,奉命进剿猖獗于福建沿海的倭寇,捣毁倭寇盘踞牛田(今福建南)和林墩(今莆田南)的

戚继光

巢穴,因功升都督佥事。四十二年四月,奉命率兵万余急赴福建,与俞大猷、刘显部联合进攻倭寇据为巢穴的平海卫(今莆田东南),斩倭2200余,升福建总兵。同年冬,倭寇万余围攻仙游(今属福建)。次年二月,他率军数千驰救,以计惑敌,稳住倭寇,等待援军到达后,采取内外配合、各个击破的战法,解仙游之围,乘胜追歼逃倭数千。此后,转战福建、广东沿海抗倭战场,至嘉靖四十五年,东南沿海倭患基本消除。

隆庆二年(1568),明廷特命戚继光总理蓟州、昌平、保定三镇练兵事,总兵官以下悉受节制。16年间,他整饬防务,修筑御敌台,设立武学,训练将士,编成一支车、骑、步三者皆备的精锐军队,使防御巩固,京师(今北京)安全。后被诬陷夺职,回登州。著有《纪效新书》和《练兵实纪》。

三十四、袁崇焕

袁崇焕(1584~1630年),明朝名将,军事家。字元素,广西藤县人。天启二年(1622),以通兵略、晓边事被荐为兵部职方主事。他单骑出山海关考察形势,返京后自请戍守边防,任宁前兵备佥事,抓紧筑城,使宁远(今辽宁兴城)成为关外军事重镇。五年,辽东经略高第下令尽撤关外守军入关,袁崇焕主张坚守宁远,不撤。六年,在宁远之战中采取坚壁清野的策略,指挥军民用大炮和火具击败努尔哈赤所率后金军,升任右佥都御史,旋升辽东巡抚。于次年击败皇太极的进攻,获宁锦大捷。崇祯元年(1628),升任兵部尚书兼右副都御史,督师蓟辽,兼督登、莱、天津军务。次年,皇太极率军避开宁远、山海关,从长城龙井关、洪山口、大安口入关,进逼京师(今北京)。袁崇焕闻讯星夜驰援,统率诸路援军重创后金军于广渠门外。但崇祯帝听信谗言,中皇太极的反间计,以袁崇焕"私通"后金军罪,将其逮捕入狱,被冤杀于北京。

三十五、郑成功

郑成功(1624~1662年)是清初民族英雄,著名军事将领。福建南安人,原名森,字明俨,号大木。南明隆武间,受唐王宠遇,赐姓朱,改名成功。清军入闽,其父郑芝龙迎降,他哭谏不听,遂起兵反清,与清军大小82战,多次击败优势清军。攻南京时战败,被迫撤退,后率军入台,于1662年击败了号称"海上霸王"的荷兰殖民军,收复了祖国领土台湾。郑成功废除荷兰在台湾的殖民体制，建立行政机构，为开发台湾作出了重大贡献。

三十六、李秀成

李秀成（1823～1864年），太平天国后期将领。广西藤县人。在三河城战役中，及时增援陈玉成部，一举全歼湘军精锐李续宾部五千人。为破江南大营，他提出"围魏救赵"策，引兵佯攻敌所必救之地杭州，待敌抽江南大营兵力援杭时，他率军抄近道疾返天京，一举击破江南大营，歼清军数万，完全达到了调虎离山、声东击西的战略目标。二打上海，与李鸿章淮军及洋枪队交战，多次获胜。当数路清军合围天京时，他提出"让城别走"策略，但天王洪秀全未采纳他的正确主张，株守死地，终于城破国亡。李被俘遇害。

第七章　史志辑略

第一节　中国历代史事要录

一、传说时期

相传中国开天劈地之神为盘古氏，南朝梁任昉《述异记》与三国徐整《三五历记》里都有所撰述，但这只是神话故事，连古代学者编史时亦未正式列入。

1. 传说中的"三皇五帝"

据查"三皇"，有六说：①天皇、地皇、人皇（徐整《三五历记》）；②天皇、地皇、泰皇（司马迁《史记》）；③伏羲、神农、女娲（《春秋纬运斗枢》、皇甫谧《帝王世纪》）；④伏羲、神农、祝融（《白虎通》）；⑤燧人、伏羲、神农（谯周《古史考》）；⑥伏羲、神农、黄帝（孔安国说）。"五帝"，有三说：①太昊、神农、黄帝、少昊、颛顼（《礼记·月令》）；②黄帝、颛顼、帝喾、尧、舜（司马迁《史记·五帝本记》）；③少昊、颛顼、帝喾、尧、舜（皇甫谧《帝王世纪》）。其实，所谓"三皇五帝"，只不过是神话传说中我国史前时期部落或部落联盟的首领。

史传天皇氏制干支以定岁，地皇氏以三十日为一月，人皇氏分山川为九区。有巢氏构木为巢，燧人氏钻木取火并始作结绳之政。太昊伏羲氏教民佃渔畜牧并画八卦造书契，炎帝神农氏艺五谷而兴农事、尝百草而制医药，上述记事都隐约反映了中国先民在其发展的特定阶段的生活经历。

2. 华夏始祖黄帝轩辕氏

华夏族形成后黄帝被公认为全族的始祖。《史记·五帝本纪》说黄帝"姓公孙,名曰轩辕",其国号为"有熊"。崔述《补上古考信录》指出,"公孙"是公之孙,上古时无此称;"轩辕"是指黄帝居轩辕之丘,依所居以为号,非黄帝名;"有熊"不见于传、记,不合《帝系》原意。

黄帝的业绩,据文献记载,武功方面主要有,制阵法伐涿鹿而诛蚩尤,北逐荤粥以安中原。文治方面主要有:命仓颉观鸟兽之迹,体类象形而制字,命大挠探五行之情而作甲子(以十干配十二支,作为六十甲子),命容成作盖天(察天文之器)及调历(岁纪甲寅,日纪甲子,而使节定),命隶首定算数,命伶伦造律吕、荣瑗铸十二钟、大容作咸池之乐,作器用车马舟楫而备物致用,教民蚕以供衣服、作冕旒正衣裳,作内经使民得以尽年,画野分州、经土设井等。其中当然有不少是黄帝后的发明创造,但也反映了黄帝族获得的辉煌成就。

黄帝族经过夏、周两代与其他各族的冲突、交往与融合,到战国时期形成了统一的华夏族。《世本》及《大戴礼记》的《帝系》将各族的宗神和祖先编排成黄帝一系的分支,构成了完整的血缘世系。从此人们总把黄帝与炎帝并举,来表示华夏族从炎、黄开始已有源远流长的历史。

3. 尧、舜、禹君位禅让的传说

据传黄帝之后,经少昊金天氏(己姓,即玄嚣)、颛顼高阳氏(姬姓)、帝喾高辛氏、帝挚,由帝尧陶唐氏继位。

帝尧陶唐氏,姬姓,名放勋,高辛氏之子,帝挚之弟,又称伊耆氏(母家伊侯,后徙耆)。佐帝挚时曾受封于陶,后又封于唐,故又称陶唐氏。

尧于平阳(今山西临汾)践位,命羲、和掌管时令,制定历法,确定庄稼播种收割季节,推动了农业生产的发展。尧在位后期,洪水为患,尧任用鲧治水,无功,诛鲧于羽山,命其子禹续其业。四岳(四方部落酋长)推举舜为继承人,尧命舜摄政,历三年考核,舜不孚众望,巡行四方,消灭共工、驩兜和三苗,制五刑,尧去世后继位。

帝舜有虞氏,姚姓,名重华,践位于蒲阪(今山西芮县城西北)。舜任命九官,治理民事,并广求贤人以自辅,立诽谤木以闻得失。经咨询四岳,选拔治水成功的禹为摄政总师。据传,舜在位期间,曾造五弦琴,歌南风之诗；作箫（箫）韶乐，与百工相和卿云歌。

夏后氏大禹，姒姓，践位于安邑（今山西安邑西），国号夏。禹会诸侯于涂山。以铜为兵，铸九鼎，画九州岛，作禹刑。四岳推举皋陶为继承人，皋陶早死，又举伯益代替。禹死不久，禹子启就与伯益争夺王位，杀伯益，自任首领。君位禅让制遂被世袭制取而代之。

二、中国古代第一个朝代——夏王朝（约前21世纪~约前16世纪）

随着中国原始氏族社会组织的逐渐解体，聚居在中原地区黄河中下游两岸的夏部族，通过与周围地区其他部族联盟的形式，首先建立了中国历史上第一代王朝，史称夏。其统治时间约从公元前23或前22世纪（一说公元前21世纪）至公元前17世纪，近五百年左右。可惜确凿的夏文字迄今尚未发现，所以夏史仍须从考古发现继续予以印证。

夏代的世系，从夏禹建国到夏桀被商汤所灭。共传十四世，十七王：禹→启→太康→仲康（太康弟）→相→少康→予（杼）→槐（芬）→芒（荒）→泄→不降→扃（不降弟）→胤甲（廑）→孔甲（不降子）→皋（昊）→发（敬）→履癸（桀）。

夏部族主要活动区域和夏王朝的统治中心地带，大致西起今河南省西部（豫西）与山西省南部（晋南），东至河南省与山东省交界处，北入河北省，南接湖北省。这一区域的中心是中岳嵩山及其周围的伊、洛水流域、济水流域和颍水与汝水上游地区。

启袭禹帝位，经过巩固王位的激烈斗争，确立了王位世袭制。于是众多邦国首领都到阳翟朝会，启在钧台（今河南禹县境内）举行宴会。这就是历史上有名的"钧台之享"。

启死子太康立。太康因耽乐失国，遂都阳夏（今河南太康）。东夷族有穷氏首领后羿"因夏民以代夏政"。太康死，羿立太康弟仲康。仲康死，子相践位。相为羿所逐，徙都商丘（今河南商丘），依同姓部落斟灌与斟鄩。其时，羿被其亲信寒浞所杀，权归寒浞。嗣后命其子浇灭斟灌与斟鄩，杀夏后相。相妻逃回母家有仍氏（今山东金乡境），生下遗腹子少康。少康长大后积极争取夏众与夏民，终于在斟灌与斟鄩余众的协助下，剿灭寒浞，从而结束了后羿与寒浞四十年左右的统治，史称"少康中兴"。

少康死后,子杼立。他重视发展武装和制造兵甲。杼执政后曾"征于东海",东夷诸族都臣服于夏,受其爵命。夏代中兴局面得以形成。夏王朝经过较长一段时间的中兴稳定局面,到十四王孔甲时,"夏后氏德衰,诸侯畔之"(《史记·夏本纪》)。所以从孔甲经皋与发,直到履癸(即夏桀)内乱不止。夏桀是一个暴君。不用贤良,不忧恤于民,"百姓弗堪"。后商汤在伐桀誓词中,提及当时人民咒骂夏桀的话为"时日曷丧,予及汝偕亡",表明人民对夏桀之痛恨。故汤起兵伐桀,战于鸣条,桀众叛亲离,身死而国亡。

夏代奴隶数量较多,奴隶来源有二,一是战俘,二是破产或罪没的平民。当时奴隶或称牧竖,或称臣妾。王室贵族对奴隶不仅强迫他们劳动,而且还任意杀戮。据出土文物证实,奴隶往往用于人殉人祭。

三、始见文字记载之历史时期——商王朝(约前16世纪~约前11世纪)

商代的世系,从汤建国,至被周攻灭,历时六百年左右,共传十七世,三十一王:大乙(汤)→大丁(汤子,早殇)→外丙(大丁弟)→中壬(外丙弟)→大甲(大丁子)→沃丁→大庚(沃丁弟)→小甲→雍己(小甲弟)→大戊(雍己弟)→中丁→外壬(中丁弟)→河亶甲→祖乙→祖辛→沃甲(祖辛弟)→祖丁(祖辛子)→南庚(沃甲子)→阳甲(祖丁子)→盘庚(阳甲弟)→小辛(盘庚弟)→小乙(小辛弟)→武丁→祖庚→祖甲(祖庚弟)→廪辛→康丁(廪辛弟)→武乙→文丁→帝乙→帝辛(纣)。

商代农业比较发达,已用多种谷类酿酒。手工业已能铸造精美的青铜器和白陶、釉陶,交换也逐渐扩大,并出现了规模较大的早期城市。其强盛时期的疆域东到大海,西到陕西东部,北达河北北部,南至长江,为当时世界上的文明大国。

成汤,子姓,名履。汤灭夏,建国号为商,自称武王,都于亳(今河南商丘北)。连逢七年大旱,于是祷于桑林之野,反省自责。鉴于夏灭亡的经验教训又作《汤诰》,要求其臣属"有功于民,勤力乃事",否则就要"大罚殛汝"。汤注意"以宽治民",国力也日益强盛。

大甲是汤的嫡孙,即位后因不理国政,破坏了商汤之法制德行,"阿衡"(相当于宰相)伊尹将他放逐,囚禁于桐(今山西万荣西),自摄行政当国。太甲居桐三年,悔过自新,伊尹还政于太甲。

自中丁到阳甲，因有河决之患，曾四次迁都。其时众兄弟之间为争夺王位，导致政治衰乱，而国王又大造宫室，贵族奢侈腐化，国势岌岌可危。盘庚继位后，为稍抑奢侈恶习，作书（《商书·盘庚》上、中、下）告谕臣民，强令迁都于殷（今河南安阳），并改国号为殷，商道复兴。

武丁为盘庚弟小乙之子。年幼时曾在外行役，较了解"稼穑之艰难"。他即王位后，重用刑徒傅说为相，修政行德，将商王朝推向极盛，被称作"中兴之王"。武丁在位期间，不断向西面的舌方、南面的虎方、东面的夷方、北面的鬼方以及羌方、周族等进行大规模征伐。这些征伐战争，为王朝形成"邦畿千里，维民所止，肇域彼四海"的广大疆域，奠定了基础。

武丁以后，除祖甲外，都是昏君，殷道复衰。《商书·无逸》说他们"生则逸，不知稼穑之艰难，不闻小人之劳，惟耽乐之从"，到帝乙、帝辛时，更加荒淫无道。纣王帝辛除多次用兵征伐东夷外，还广筑离宫别馆，设"酒池"、"肉林"，"为长夜之饮"。又用炮烙之刑镇压异己者，以致天下颤怨。闻西伯昌不满，囚之羑里。西伯昌在囚禁中推演《易》八卦，作六十四卦象辞。

周西伯昌死，子西伯发嗣位，即周武王，尊昌为文王，建都于镐（即宗周，今陕西长安西北沣水东）。鉴于纣王杀比干，囚箕子，暴虐滋甚，周武王会诸侯于孟津（今河南孟县）。两年后伐纣，会战于牧野（今河南汲县北），纣师倒戈以战，纣王自燔而死，商朝灭亡。

四、封建制度之开创时代——西周王朝（约前11世纪~前771年）

1. 西周世系

周部落兴起于渭水支流漆水一带，姬姓。始祖后稷，名弃，长于种植。以后周人迁豳（今陕西旬邑），再迁岐山（今陕西岐山）周原，逐渐兴盛起来。周文王名昌，重农业，开境土，迁都于丰（今西安之西），与商关系日益密切。周武王即位，建镐都于丰之东。约前11世纪，武王灭商建周，史称西周（周王居于西方的都城宗周，故称西周）。西周传十一世十二王，历时约二百余年；武王（姬发）→成王（姬诵）→康王（姬钊）→昭王（姬瑕）→穆王（姬满）→恭王（姬繄扈）→懿王（姬囏）→孝王（姬辟方，恭王弟）→夷王（姬燮）→厉王（姬胡）→共和→宣王（姬静）→幽王（姬宫涅）。

2. 置三监，分封诸侯

周武王约于前11世纪，兴师伐纣，遂革殷命。分商的畿内为邶、鄘、卫三国，封纣子武庚于邶以治商遗民，鄘、卫则由武王之弟管叔鲜、蔡叔度分别管理，合称三监（一说管叔监卫、蔡叔监鄘、霍叔监邶）。

武王死，成王年幼，武王弟周公旦摄政。管叔及蔡叔、霍叔与武庚结合叛周，纠集徐（在今江苏泗洪）、奄（在今山东曲阜）、薄姑（在今山东博兴东南）和熊、盈等方国部落作乱。周公奉成王命东征，经过三年战争，终于平定叛乱。武庚和管叔被诛，蔡叔被流放。

为了消弭殷商残余势力叛周的隐患，周朝在伊洛地区合力营建新邑，即周朝的东都洛邑（成周）。东都既成，遂迁曾反对周朝的"殷顽民"于此，加以控制。又选拔一批商遗民，组成军队，驻守成周，即常见于铜器铭文的"成周八师"。

武王克商后，开始分封诸侯，但大规模分封是在成王、康王时期。据《荀子·儒效》记载，周初所封七十一国中，与周王同为姬姓的有五十三国。西周分封，以宗法血缘关系为纽带，建立起周天子统辖下的地方行政系统，从而在一定时期内起到了加强周王朝统治的作用。分封制还为维护天子、诸侯、卿、大夫、士这一等级序列的礼制之产生，提供了重要前提。

封建诸侯，要举行隆重的仪式，称为锡命。受封者从周天子接受册命，称为册封。册封的主要内容是授民授疆土。

3. 胶舟溺王与穆王游行

周昭王为扩大周的疆域，亲率大军南征楚荆，直至江汉地区。南征共经三年，昭王还师渡过汉水时，当地人用以胶粘接的船乘载昭王，中流船体分解，昭王溺死，六师俱损。其子穆王即位后也好大喜功，西征犬戎，南征徐国，以谋扩大发展。据《史记》和《左传》记载，穆王还好游行，得名马，造父御车，乘以西游，乐而忘归，致使朝政松弛。

4. 国人起义与共和行政

厉王在位的期间，西北戎狄，特别是玁狁，不时入侵；曾臣服于周的东南淮夷不堪承受沉重压榨，也奋起反抗。厉王命虢仲征伐，结果失败。连年战乱，给民间带来深重的疾苦。与此同时，厉王暴虐而且好利，任用荣夷公为卿士,实行"专利",将社会财富和资源垄断起来。为压制国人的不满,厉王命卫巫监视,有"谤王"者即加杀戮。结果人人自危,终于酿成国人起义。

公元前841年,国人大规模暴动,厉王逃奔到彘(今山西霍县)。朝中由召公(召穆公虎)、周公(周定公)两大臣行政,号为"共和",前后14年。自此,中国历史始有准确年代。

5. 宣王中兴与西周衰亡

共和十四年(前828),厉王死于彘。次年,太子静(靖)即位,是为周宣王。宣王在召穆公等大臣辅佐下,励精图治,朝政有明显起色。在国人支持下,宣王着手对西北防御玁狁,对东南讨伐淮夷,并取得了一些胜利,史称中兴。但连年在伐西戎、太原戎、条戎、奔戎的战争中,周师都败绩。尤其是前789年的千亩之战,"王师败绩于姜氏之戎"。频繁的战争,民不聊生,激化了各种矛盾。

宣王子幽王接位后,朝政腐败,激起国人怨恨。第二年(前780),泾水、渭水、洛水三川竭,岐山崩,人民到处流亡。第三年(前779),伐六济之戎又失败,同时天灾频仍,周王朝内外交困。而此时幽王却因嬖宠褒姒,废申后及太子宜臼,更激起了王室权利之争。前771年,申侯联合缯国引犬戎攻西周,杀幽王于骊山下,西周亡。

幽王死后,申侯、鲁侯、许文公等共立原太子宜臼于申,虢公翰又另立王子余臣于携(今地不详),形成两王并立。宜臼为避犬戎,迁都到雒邑(今河南洛阳东),是为周平王。余臣在前760年被晋文侯所杀。

五、诸侯争霸之春秋时期(前770年~前476年)

自前770年周平王东迁洛邑起,到前476年周敬王卒的这段历史时期,因被鲁史《春秋》所记录而得名。由于周的东迁,前人也称这时期为东周。这时期周王朝世系是:平王(姬宜臼)→桓王(姬林)→庄王(姬佗)→釐王(姬胡齐)→惠王(姬阆)→襄王(姬郑)→顷王(姬壬臣)→匡王(姬班)→定王(姬瑜)→简王(姬夷)→灵王(姬泄心)→景王(姬贵)→敬王(姬匄)。

东迁后的周王朝,王室衰微,在一百四十多个诸侯国中涌现出一批强国,先后竞夺霸权。齐、晋、楚、秦、宋,史称五霸。

1. 周王室衰微

平王依靠晋、郑诸侯的帮助而东迁洛邑，晋文侯和郑武公便成为周王左右卿士而掌握了王室政治大权。郑武公死，子庄公继任周室卿士，独揽王室大权。平王欲分政于虢公，引起郑伯不满，平王为示信任，只得和郑国交换太子为质。平王死，桓王决心剥夺郑伯的权力，郑便帅师在夏季麦熟时"取温（周地，今河南温县）之麦"，秋季又"取成周（今河南洛阳）之禾"（均见《左传》隐公三年）。桓王遂率陈、蔡、卫三国之师伐郑，结果被郑国打败。这时周所能控制的范围，仅限于洛邑四周。疆域的缩小，使周失去了号令诸侯的能力，各诸侯不再定期向天子述职和纳贡，周王室的收入因此而减少。周经常向诸侯求车、求赗、求金，失去了昔日的尊严，已和一般小国无别。西周时"礼乐征伐自天子出"的局面已为"礼乐征伐自诸侯出"所替代。各强国为争作霸主，挟天子以令诸侯，从而形成了春秋大国争霸的局面。

2. 列国争雄的序幕

春秋初年，晋有内乱，楚国势力尚未达到中原，雒邑以东地区的诸侯中以宋、卫、齐、鲁、陈、蔡、郑为最强。郑国除作周卿士、挟天子令诸侯外，还有着在春秋各诸侯国中比较发达的经济、政治上的有利条件，因而列国争雄的序幕首先由郑国拉开。

郑国在庄公时代采取了远交齐、鲁，近攻宋、卫的政策；宋也常常联合卫、陈、蔡以敌郑，但多为郑国所败。郑国在几次胜利中声威大振，齐、鲁两国听从了它的指挥，宋国归服之后不久，卫国也来讲和，于是郑庄公成了春秋初年的霸主。

郑庄公死后，发生内乱，因而中衰。后来又在与宋等国的交战中败北，郑庄公所开创的有利形势，终也失掉。

3. 齐桓公称霸

前685年，齐桓公即位，任用管仲治齐，在政治上，推行国、野分治的三国伍鄙之制（春秋和西周相似，在王国或侯国之内，分成国、野两个部分。国是都城及其四郊，是君主直接统治的区域；在郊以外到边境为野，或称野鄙，君主把野的一部分分封给卿大夫去统治。齐桓公时，国分二十一乡,工商之乡六,士或农之乡十五。鄙野分五十个县行政组织。并在国中设立各级军事组织,规定士、农、工、商各行其业);在经济上,实行租税改革(对井田"相地而衰征",即取消公田,以九夫为井,视土地的美恶及年岁的丰歉而征收田税,并采取了若干有利于农业、手工业发展的政策,使齐国的社会、经济更有飞速的发展);在军事上,又"作内政以寄军令",实行兵民合一,从而增强了军队战斗力。

在国内政治经济形势得到稳定和改善的基础上,管仲积极促使齐桓公采取尊王攘夷、争取与国的方针,以建立霸权。所谓"攘夷",是对侵占华夏地区的戎、狄进行抵御。管仲提出了"同恶相恤"和"诸夏亲昵"的号召,使齐国联合了华夏各国,击退了戎狄的进攻,把一些小国从戎狄的蹂躏下拯救出来,从而提高了齐国在中原的威信。

齐桓公的崛起,一些原来服属于南方楚国的小国都转向齐国,这使楚大为不满,于是连年进攻郑,以此作为报复。前656年,齐桓公也采取相应的举动,率领鲁、宋、陈、卫诸国之师,讨伐追随于楚的蔡国。蔡不堪一击而溃败,齐遂进而伐楚。楚不甘示弱,派人责问齐师。最后两国无法压倒对方,故在召陵(今河南郾城)会盟。这次齐虽未胜楚,但楚北进的计划受到了阻力。

前651年,齐桓公大会诸侯于葵丘(今河南兰考),参加盟会者有鲁、宋、郑、卫、许、曹等国的代表,周天子也派人前往。盟会上规定:凡同盟之国,互不侵犯,还须共同对敌。通过这次盟会,齐桓公成为霸主。霸主就是代替天子而成为诸侯中的主宰力量。

4. 晋文公的霸业

前745年,晋昭侯封其弟桓叔于曲沃(今山西闻喜)。桓叔实力超过晋君,双方展开了不断的激烈斗争。到前679年,桓叔之孙取胜而成为晋君,是为武公。到其子献公时,晋国疆土从黄河北岸延伸到黄河以南,成了北方的大国。献公晚年废嫡立庶,酿成内乱,相继在位的是碌碌无为的惠公和怀公。因而,晋国一直处于动荡不安的状态之中。前636年,流亡在外十九年的公子重耳,在秦的援助下回国即位,是为晋文公。他举贤任能,勤理军政,"救乏振滞,匡困资无。轻关易道,通商宽农。懋穑劝分,省用足财"

（《国语·晋语四》），实行有利于生产发展的政策。这样就使"政平民阜，财用不匮"（《国语·晋语四》），晋国大治，打下了开创霸业的基础。前635年，周王室发生了王子带之乱，周襄王出奔，晋文公出兵杀王子带，护送襄王回国，从而提高了晋在中原诸侯中的威望。

此时，楚国势大，不仅鲁、郑、宋等国都屈服，甚至齐国也受到楚国的危胁。晋文公要想称霸中原，首先必须转其矛头指向楚国。前633年，楚围宋，宋求救于晋。次年，晋国联合了秦、齐、宋，与楚会战于城濮（山东范县临濮集），楚军败绩。"城濮之战"后，诸侯服晋，晋文公就在践土（今河南原阳县西南）同齐、鲁、宋、卫等七国之君结盟曰："皆奖王室，无相害也！有渝此盟，明神殛之，俾队其师，无克祚国，及而玄孙，无有老幼"（《左传》僖公二十八年）。这次会盟中，周襄王也被召来参加，并册命晋文公为"侯伯"。从此，晋国也就正式确立了霸主地位。

5. 秦穆公称霸西戎

秦襄公因护送平王东迁有功，平王把岐山以西的土地赐予秦。以后，秦不断和戎狄斗争，扩张了土地。德公时迁都于雍（今陕西凤翔南），到秦穆公时，积极向东扩展自己的势力，逐渐强大起来。前628年，晋文公死，次年，秦穆公即乘晋丧而东向派兵袭郑，后因郑有备而退回，但秦军行经殽地（今河南洛宁县西北）时，碰到晋军和姜戎的夹攻，秦师全军覆没。前625年，秦伐晋，战于彭衙（今陕西白水县东北），秦师又败绩。过了一年，秦穆公亲自领兵伐晋，渡过黄河便烧掉乘舟，表示不胜不回。晋人见秦有决一死战之心，不敢应战。这次战争秦国虽然得胜，但是秦国力量终究不如晋国，特别是晋国占领了被称为"桃林之塞"的秦国门户（在今河南灵宝县，西接陕西潼关县界，这就是后来秦国的函谷关），秦国东进的道路被晋所扼，穆公乃向西方戎狄地区发展，遂霸西戎，"兼国十二，开地千里"（《韩非子·十过》）。

6. 楚庄王北向称霸

楚庄王初年，接连发生贵族暴乱，又逢天灾侵袭，而邻近于楚的群蛮、百濮也都乘机对楚进行骚扰。庄王平息乱事，并在内政方面作过一些改革，能够赏罚分明，大小贵族各有所用，使"群臣辑睦"；对人民也有所加惠,即使经常出兵,但国内也可以"商农工贾,不败其业"。由于庄王治国、治军有方,楚国力日益强盛。

前606年,庄王伐陆浑之戎(今河南伊川一带),至雒,观兵于周郊,向周询问周九鼎之轻重,以表示有吞周之意。前598年,楚攻破陈的都城;次年又兴兵围郑,郑被困三月因城破而降楚。晋出兵救郑,晋楚两军大战于邲(今河南郑州北),晋师败绩。前594年,楚又围宋达九月之久,宋向晋告急,晋因畏楚而不敢出兵。宋、郑等国都屈服于楚,庄王成为中原的霸主。楚在春秋时代先后兼并了十二国,疆土最大,所以《国语·楚语上》说:"赫赫楚国,而君临之,抚征南海,训及诸夏,其宠大矣。"

7. 晋悼公复霸

随着晋霸的中衰,齐一面和楚连结,一面又不断对鲁、卫两国用兵。前589年,鲁、卫向晋乞师,晋派兵攻齐,两军激战于鞍(今山东济南),齐师战败。齐与晋结盟,并答应归还占领鲁、卫之地。是年冬,楚以救齐为名而大兴师。接着楚在蜀(今山东泰安)举行了盟会,参与者有齐、秦、宋、郑、卫等十国,声势颇盛。晋不敢出来与楚抗争。当然,楚也不敢攻晋,两强处于相持阶段。

前579年,晋、楚两国在宋华元的调停下议和,这就是历史上所说的第一次弭兵会议。但两国均缺乏诚意,只能使矛盾获得暂时的缓和。前576年,楚首先违约而向郑、卫发动进攻。次年,晋国以郑服于楚为借口而伐郑,郑向楚求援,楚恭王率大军救郑,晋、楚两军大战于鄢陵,楚战败而退兵。

鄢陵之战后,晋在实力和条件上略胜于楚,晋厉公因此骄傲自满起来。为求改变权在卿大夫的局面而大开杀戒,结果反被大臣栾书、中行偃杀死。晋悼公继位以后,晋国卿大夫之间的斗争也趋于缓和,晋势复振。悼公在对付戎人方面采取魏绛和戎的策略,即用财物去换取戎人的土地,以代替过去的单纯的军事杀伐,借此抽出部分的兵力来加强对中原的争霸活动。

鉴于鄢陵之战以来,郑国一直服从于楚。前571年,晋在虎牢(今河南汜水)筑城以逼郑。郑国经不起晋国的压力,又转向于晋。这时,晋、楚俱弱,但因晋国略占上风,楚国不能与晋国对抗,晋悼公才能复霸,但其最大成效也就在于征服了郑国而已。

8. 吴越争霸

正当晋、齐、楚、秦四强从互相对峙走向公开决裂之际,吴、越崛起于东南长江下游。晋、楚都想利用此种新形势来增强自己。前583年,晋采纳从楚逃亡到晋的申公巫臣的策略,扶植吴国以制楚。前515年,吴公子光杀王僚而自立,即吴王阖闾。在晋的支持下,吴王阖闾重用楚亡臣伍员(子胥)与孙武等人,采纳他们的谋略,于前506年,大举攻楚。五战皆捷,吴军直捣楚国的郢都(今湖北江陵),楚昭王仓促逃奔于随(今湖北随县)。后赖楚申包胥入秦乞师,楚人在秦的支援下,才把吴军逐出楚境。但楚因遭到这次大败而失去其霸主地位。

然而,正当吴国得势之时,楚同越联合,越抄了吴的后路,于前496年与吴大战与檇李(今浙江嘉兴),吴师败,吴王阖闾负伤而死。其子夫差即位后,于前494年败越于夫椒(今江苏苏州),又乘胜而攻入越都。夫差以为解除了后顾之忧,便转师北上,一心争霸中原。前482年,吴王夫差与晋、鲁、周等国会于黄池(今河南封丘)。晋由于国内内乱未止,故不敢与吴力争,使吴夺得了霸主的位置。不料越王勾践卧薪尝胆,经过"十年生聚,十年教训",壮大了力量,乘吴王尽率精锐去参加黄池之会的时机,乘虚攻入吴都姑苏(今苏州),并于前473年灭吴。

勾践灭吴之后,步吴之后尘,以兵北渡淮,会晋、齐诸侯于徐州。越兵横行于江淮以东,"诸侯毕贺,号称霸王"。

六、各国混战不休之战国时期(前475年~前221年)

公元前475年到前221年秦统一以前,这一时期各国混战不休,故前人称之为战国。也有人把春秋、战国合称东周,还有称战国为列国或六国者。总之,这时期全国仍处于分裂割据状态,但趋势是通过兼并战争而逐步走向统一。到战国初年,只剩下十几国。大国有秦、楚、韩、赵、魏、齐、燕七国,即有名的"战国七雄"。除七雄外,越在战国初也称雄一时,但不久即走向衰亡。小国有周、宋、卫、中山、鲁、滕、邹、费等,都先后被七国所吞并。

1. 各国封建制度的确立和巩固

在这一阶段中的政治史上,主要有两件大事:一是韩、赵、魏瓜分晋国并被列为诸侯,以及齐国由田氏代替姜氏。这标志着在晋、齐两国的新兴封建势力夺得了国家的最高统治权,从而为封建经济及封建社会的发展提供了保护。另一件事是各国先后展开了改革活动,或称之为"变法"运动。这些变法运动,都是利用国家政权的力量,对旧的政权和经济加以改造,以适应日益频繁的战争需要。

(一)三家分晋

晋,姬姓诸侯国。西周初,成王封其弟叔虞于唐(今山西翼城西),为当时重要封国之一。叔虞子燮改称晋,后曾迁都于曲沃(今山西闻喜)、绛(即翼,今山西翼城)、新田(今山西侯马)等地。到晋文公时开创霸业,盛极一时。后来,受封于曲沃的公子成师不断扩大自己的势力,终于夺得君位。晋献公吸取这一历史教训,对同姓公族采取杀戮和放逐的策略,而任用异性大臣为辅佐。晋灵公时,赵盾杀君更立他人,开晋大臣专权的先例。以后,各异姓大臣的势力愈来愈大。春秋晚期,晋国由赵、韩、魏、范、中行六卿专权。前458年,知、赵、韩、魏四卿共灭范氏、中行氏,五年后赵、韩、魏三家共灭知氏,三分其领地。从此,晋君成为三家的附庸。前403年,周威烈王正式承认三家为诸侯。前376年,赵、韩、魏废掉晋静公,建立近七百年的晋国灭亡。

(二)田氏代齐

齐,姜姓诸侯国。周初重臣太公吕望(亦称师尚父)辅佐武王伐商有功,被封于营丘(今山东淄博东北)。齐桓公称霸后,领土有所扩大,北至黄河与燕接界;西至济水与卫接界;南至泰山与鲁接界;东至今山东寿光一带,与杞、莱接界。齐灵公灭莱后,领土更扩大到今山东半岛。

西周后期,周夷王听纪侯之谮烹齐哀公,立其弟静为胡公,胡公曾迁都薄姑(即蒲姑,今山东博兴东南)。哀公弟山率营丘人杀胡公自立,是为献公。献公又将都城迁回营丘,称为临淄。从此,齐的国都一直在临淄。春秋时,齐桓公任用管仲为辅佐,实行一系列改革,齐国日益强大,开始称霸诸侯。

春秋晚期,齐国公室衰落,卿大夫相互兼并。先后出现崔杼、庆封专齐政。庆舍与栾、高(齐惠公之后)、陈(田)、鲍四族攻庆封,庆封奔吴。齐景公时,大夫田桓子(即陈无宇),用大斗贷,小斗收进等办法,施惠于民,笼络人心,田氏因而强大。田桓子原是春秋时期陈国厉公之子陈完(前672

年,陈完入齐,事齐桓公)的后代,陈与田古音相近,故古书往往作田。前532年,田桓子联合鲍氏逐走掌权的栾施、高彊(齐惠公之后)。前489年,景公卒,国夏、高张(齐文公之后)立晏孺子,次年,田僖子(即田乞)联合鲍氏攻国氏、高氏,和晏氏,杀晏孺子,立公子阳生为齐悼公。继又杀悼公拥立悼公子壬为简公,阚止执政。前481年,田成子(即田常)又杀简公和阚止,立简公子敬为平公,专齐政。田常的曾孙田和,为齐宣公相。齐宣公死后,田和立宣公子贷为齐康公。前391年,田和遂有齐国。前386年,周安王正式承认田和为齐侯。田氏在齐国经过长期的发展和反复斗争,最终取代了姜姓的齐国。

(三)改革图强

战国前期,刚刚取得政权的各国地主阶级政权,都先后实行了不同程度的改革,以完善封建统治政权,达到富国强兵的目的。其中著名的有:

①魏国的李悝变法

前445年,魏文侯即位,他的用士参政的作法,标志着过去"任人唯亲"的世卿制度被"任人唯贤"的官僚制度所代替。《史记·货殖列传》说,魏之所以能"强匡天下,威行四邻",乃是因为李悝"务尽地力"和"撰次诸国法,著法经"(《晋书·刑法志》)的结果。李悝的"务尽地力"有两项措施:一是重新划分土地,规定每亩土地的标准产量,正式承认土地私有,发展农业生产,从而巩固地主阶级政权的经济基础。二是实行"平籴法",即丰年时由国家平价征购余粮作为储备,荒年时由国家平价出售粮食,不使粮价暴涨。这个政策,除了鼓励生产和保障农民利益外,其所具有的政治意义就是经济上的国君集权。李悝的《法经》,今虽不传,但从《晋书·刑法志》中可以得知是一部加强地主阶级专政的法典,所以成为后来历代封建法典的蓝本。在军事上,春秋时代,本无常备兵,李悝起用吴起,开始设置常备兵,挑选兵士需经"中试",中选者给予"复其户,利其田宅"的待遇,就使当时的战斗力有所提高,所以魏国在战国初年也就成了一个最为富强的国家。

②楚国的吴起变法

楚在悼王时,魏吴起奔楚,悼王用吴起进行变法。吴起在楚国改革的主

要内容是:

一是"明法审令"。《史记·吴起列传》说吴起"相楚,明法审令"。明法,就是制定法律并将它公诸于众,使官民皆明白知晓。"审令"是审核以往法令,不合用者去之,保留其适用的部分。这是吴起在楚国实施改革的总措施。

二是"封君之子三世而收其爵禄"。限制旧贵族,改变世袭的分封制,"废公族疏远者"(《史记·吴起列传》)。

三是限制大臣的权力。提出了"使私不害公、谗不蔽忠、言不取苟合、行不取苟容、行义不顾毁誉"、"塞私门之请、一楚国之俗"(《战国策·秦策三》)的主张。

四是裁汰冗官,抚养"选练之士"。减削官吏的禄序,精减裁汰"无能"、"无用"和"不急之官"(《战国策·秦策三》)。

五是统一舆论,以保证改革的顺利实行。《战国策·秦策三》记蔡泽语说吴起在楚国"破横散从(纵),使驰说之士无所开其口。"

吴起的改革使楚国在诸侯中逐渐强盛起来,"南平百越,北并陈、蔡、郤三晋,西伐秦"(《史记·孙子吴起列传》),成了南方的一个强国。

③韩国的申不害改革

韩昭侯以申不害为相,实行"内修政教"的改革措施,主要有:

明法察令。申不害认为君主只有用法才能使群臣的行为统一起来,只有用法的标准来衡量群臣的行为,才能使国家的义正。他把法比作称量物体的权衡,用来考察群臣的行为:"君必有明法正义,若悬权衡以称轻重,所以一群臣也"(《艺文类聚》)。

实行法治。申不害建议韩昭侯实行法治,而法治在用人上就要"见功而与赏,因能而授官"(《韩非子·外储说左上》)。

不准官吏侵权。申不害要求各官职责分明,做到"治不踰官"《韩非子·定法》。"治不踰官"的目的有二:一是专心做好本职工作;二是防止因干预他官事务,造成行政混乱。

主张建立集权制的君权至上的国家,集权于国君一身。申不害要求国君要"独视"、"独听"、"独断",他说"能独断者故可以为天下主"(《韩非子·外储说右上》)。

对官吏实行考核制。申不害说:"为人臣者操契以责其名,名者天地之纲,圣人之符。张天地之纲,用圣人之符,则万物之情无所逃之矣"(《群书治要》引《申子·大体》)。"契"就是权柄,"名"就是法度。此即利用国家政权的力量,建立治国的法度。"责其名"就是考查众官的行为是否合于法度,此即所谓的"循名而责实"。

提倡用"术"驾御臣下。申不害主张建立中央集权的国家,一切权力集国君之手。国君要讲究统治的"术",要靠机密手段,即"倚于愚"、"藏于无事"、"示天下无为"(《群书治要》引《申子·大体》)。就是说,做国君的要装傻,遇见什么事都装作无事一样,这样才能了解臣下的真实情况。申不害的"术"是用来考验臣下、驾御臣下的一种统治手段,是"帝王南面"的统治术,是一种玩弄权术的阴谋。

④齐国的邹忌改革

齐威王时邹忌为相。他接受淳于髡的建议,执行了顺从国君行事,选择"君子"担任官吏而防止"小人"混杂,修订法律而监督清除奸吏的法家政策。其措施主要有:

一是修法律而督奸吏。即颁布法律,督责不法官吏,不使为非。这样就树立起正气,打击官场中阿邑大夫之徒的歪风邪气。

二是举贤才。在齐威王之世,人才很多,像将军田忌、军事家孙膑,都成为国家的重要大臣。这是齐威王重视人才,把他们当作"国宝"的结果,也是作为相国的邹忌,实行"谨择君子",推荐人才的结果。

三是广开言路。在邹忌的建议下,齐国在威王时,把倾听臣下意见作为一项法令,颁行全国。

邹忌在齐威王时的改革,使齐国由弱变强,"于是齐最强于诸侯,自称为王,以令天下"(《史记·田敬仲完世家》)。

⑤秦国的商鞅两次变法

商鞅第一次变法在秦孝公六年(前356),这次变法的主要内容有:颁布法津,制定连坐法;奖励军功,禁止私斗,颁行按军功受赏的二十等爵制;重农抑末,发展农业生产。

秦孝公十二年，商鞅把秦国的国都从栎阳（今陕西临潼县东北武屯镇古城村南）迁到咸阳（今咸阳市东北），进行第二次变法，其内容主要有："为田开阡陌封疆"，废除旧的井田制；普遍推行县制；统一度量衡，"平斗桶权衡丈尺"；按户征收丁口军赋；革除落后的风俗，"令民父子兄弟同室内息者为禁"；焚烧儒家经典，禁止游说之士。商鞅在秦国的两次变法，奠定了秦国统一中国的基础。

2. 列国的相持局面

（一）魏齐争霸和"徐州相王"

魏国自李悝实行变法后开始强盛起来。文侯、武侯两世，魏灭中山国，东面屡败齐人。西面侵入秦之河西，派李悝、吴起守西河、上郡，一再挫败秦国的进攻。到武侯子惠王时，国势更加强盛。前361年，惠王从安邑（今山西夏县）迁都大梁（今河南开封市），从此更加紧了对宋、卫、韩、赵等国的进攻。

前354年，赵攻卫，魏派庞涓率宋、卫联军围攻赵都邯郸，次年破之。赵求救于齐，齐以田忌为将，孙膑为师，败魏师于桂陵。344年，魏惠王首先称王，召集逢泽（今河南开封市南）之会，率诸侯朝见周天子，使魏国的霸业到达顶峰。

前342年，魏国向韩进攻，三战三胜，直入韩国。韩向齐国求救。齐待魏、韩双方精疲力尽时，于次年派田忌、田婴为将，孙膑为军师，败魏师于马陵（今山东濮县）。马陵之战后，齐、秦、赵乘机从东、西、北三方向魏发动围攻。魏在西面又受挫于秦，失去少梁（今陕西韩城），河西屏障被秦突破。前340年，秦伐魏，虏魏将公子卬，这是魏国的又一次惨败。由于魏一再在军事上失利，不能继续称雄于中原，前334年，魏惠王和齐威王在徐州（今山东滕县）相会，互尊为王，承认魏、齐的对等地位，以共分霸业，并缓和魏、齐的矛盾。

（二）合纵连横运动

前325年，魏、齐徐州相王后的第九年，秦、韩也相继称王。前323年，秦国派张仪和齐、楚大臣在啮桑（今江苏沛县西南）相会，目的在于拉拢齐、楚，以便向魏进攻，这是张仪的连横政策。同时，公孙衍出任魏将，号为犀首,采取合纵的策略,发起"五国相与王"(《战国策·中山策》)。参加的五国是:魏、赵、韩、燕、中山,从这年起,赵、燕、中山也开始称了王。

在各大国纷纷拉拢与国,开展激烈的斗争中,便产生了所谓合纵连横的运动。"从(纵)者,合众弱以攻一强也;而衡(横)者,事一强以攻众弱也"。所谓一强,是指秦国。秦在西方,六国皆在其东。六国中任何一国与秦的结合是东西的结合,东西为横,故称"连衡";六国共相结合是南北的结合,南北为纵,故称"合从"。所谓纵横家,就是适应当时政治斗争的需要而产生的。他们鼓吹依靠合纵连横来称霸,或者建成"王业",宣称"外事,大可以王,小可以安"(《韩非子·五蠹》),"纵成必霸,横成必王"(韩非子·忠孝》)。张仪、公孙衍的一纵一横,其声势可以倾动天下。当时六国"诸侯之地,五倍于秦;料度诸侯之卒,十倍于秦。并力六国为一,西面而攻秦,秦破必矣"(《战国策·赵策二》),因而秦最怕合纵的成功。合纵虽然对山东六国有利,但是,一则由于各国有侵夺别国领土扩大自己的野心,再则由于秦国连横政策的破坏,所以各国之间,侵伐不断。就在"五国相王"的当年,楚将昭阳就在襄陵打败魏军,夺去8个邑。"五国相王"可称为公孙衍的一次"合纵"运动,但仍敌不过楚国,因此魏惠王对"合纵"政策动摇,接受了张仪"以魏合于秦、韩而攻齐、楚"的政策,这是张仪"连横"政策的胜利。但魏惠王相张仪,是想利用秦国的力量对抗齐、楚的压力。张仪却是要魏国投靠秦国。魏惠王当然不能就范,秦惠王于是出兵攻打魏国的曲沃、平周。这样,张仪的"连横"政策又受到挫折。

秦国咄咄逼人的东进政策,令东方各国生畏,纷纷支持公孙衍的"合纵"。前325年,秦惠文王也开始称王。秦强大之后对三晋威胁很大,前318年,魏相公孙衍起来联赵、韩、燕、楚"合纵"攻秦,结果被秦打败,将帅被秦俘获。前317年,秦败韩、赵、魏师于修鱼(今河南原阳西)。第一次五国抗秦的"合纵"便以失败而告终。

(三)秦併巴蜀和制服韩、魏

正当五国抗秦之际,齐国乘机偷袭赵、魏两国后方,在观泽打败两国军队。秦国见东方威胁解除,于是就向南方扩张领土,把进攻的矛头首先指向巴、蜀。

巴、蜀地在秦国西南，是地处今四川境内的两个小国。巴蜀地区自古号称"天府"，气候温暖，物产丰富。巴、蜀两国地界相接，但互相仇视。蜀王分封弟葭萌于汉中，号为苴侯。苴侯与巴国通好，蜀王出兵讨伐苴侯。苴侯逃到巴国，并向秦国求救。这时韩国又向秦国进攻，从魏国回来的张仪，主张先伐韩国。而大将司马错则主张先伐蜀国，秦惠王采纳了司马错的意见，于前316年，派张仪、司马错、都尉墨等率兵伐蜀。秦军灭掉蜀国后，就顺便将苴和巴两个国家灭掉。

秦在灭巴、蜀的同时，还积极向义渠发起攻击，以解除腹背的威胁。义渠是西戎的一支，游牧于今甘肃东部庆阳一带，向东有时到达晋、陕北境。秦灭巴、蜀后的第三年，大举向义渠进攻，占领了徒径（今山西境）25城。秦国接着就挥戈向东，朝函谷关以外发展。此时东方大国齐正忙于燕国的事务。因此，秦国就发动对三晋的进攻。前314年秦出兵攻占魏国曲沃和焦两地，又败韩师于岸门（今河南许昌县西北），韩太子仓入质于秦以和。次年，秦王、魏王相会于临晋，立魏公子政为魏太子，魏向秦屈服。秦又向赵国进攻，虏赵将赵庄，拔蔺地（今山西离石县西）。秦国在制服了韩、魏，打败了赵国后，韩、魏加入秦国阵营，这又是秦国用武力实现的一次"连横"。

（四）楚的衰落

秦国在制服了韩、魏，打败了赵国后，秦、韩、魏三国和齐、楚两国就形成了两个对立集团。秦国为了破坏齐、楚的联合，使张仪入楚，以商于（今河南淅川内乡一带）之地六百里的许让为条件，诱得楚怀王与齐绝交，但旋即食言。怀王大怒，于前312年，发兵攻秦，战于丹阳（今河南丹水北），楚国大败，秦又取楚的汉中郡（即楚上庸，在湖北境内）。怀王愈怒，再以倾国之兵袭秦，战于兰田（湖北钟祥西北），又是一败涂地。韩、魏两国还趁火打劫，攻楚至邓（湖北襄樊市北）。在这两次战争中，秦国取得了楚的汉中，使关中和巴蜀连成一片，从此排除了楚对秦国本土的威胁，秦更强盛起来。

前301年，齐联合韩、魏攻楚，大败楚军于垂沙（今河南唐河西南）。次年，秦亦攻楚，取襄城。前299年，楚怀王受骗入秦，被秦王扣留。楚人立太子为王，是为顷襄王。后三年怀王死于秦，楚从此一蹶不振。顷襄王时，秦继续攻楚。前278年,秦将白起直捣楚都郢(今湖北江陵),楚迁都于陈(今河南淮阳)。秦在所占领的楚地设立黔中郡和南郡,从此,"楚遂削弱,为秦所轻"。

(五)赵武灵王"胡服骑射"

战国中期,赵武灵王认为以骑射改装军队是强国之路,于是在前307年始行"胡服骑射"。胡服特征是短装,束皮带,用带钩,穿皮靴,它不同于中原华夏族人的宽衣博带长袖,比较适合于骑射。于是赵国建立起以骑兵为主体的一支军队,它在战争中的作用即刻显示出威力来。就在行胡服的次年,赵国就向中山国发动进攻,前296年,赵灭中山。与此同时,还向北方的匈奴出击,"攘地北至燕、代"。武灵王晚年,传位于子惠文王,自号为"主父","而身胡服",向西边林胡、楼烦用兵,到达云中(今内蒙古托克托县)、九原(今内蒙古包头市)。占领今内蒙古南部黄河西岸之地,建立云中、九原两郡,又在阴山下修长城。故在战国晚期赵成为实力仅次于秦、齐的军事强国。但英武一时的赵武灵王,由于传国于王子何而引起争位斗争,致使他被饿死在沙丘异宫中。

(六)秦齐称帝

前298年,齐相孟尝君发动一次"合纵"运动,联合齐、韩、魏三国攻秦,经过3年的战争,终于攻入函谷关。秦国被迫献地求和,归还了以前侵占魏、韩的河外之地(沿黄河拐弯南岸的地区),三国才撤兵。于是秦改用远交近攻的策略,与齐修好,想方设法拆散合纵。此时,齐热中于灭宋,也乐于与秦结好。于是秦向魏、韩展开了大规模的进攻。前294年,秦攻韩,占领韩的武始(今河北武安南)、新城(今河南密县西南)。前293年,在伊阙大破韩、魏联军。次年,白起率兵攻取魏国的垣(今山西垣曲县)和韩国的宛(今河南南阳)。前290年,司马错攻取魏国的轵(今河南济源县东南)和韩国的邓(今河南孟县西南)。结果,韩被迫割让武遂(今山西垣曲东南黄河以北地区)之地二百里给秦,魏被迫献出河东四百里给秦。东方能与秦抗衡的只有齐国。前288年秦与齐并称帝:齐为东帝、秦为西帝。但不久又都去掉帝号。

(七)苏秦合五国攻秦

苏秦是战国时著名的纵横家，为了破坏齐、秦关系，策动了一次五国攻秦的"合纵"运动。齐国是这次"合纵"攻秦的后台，它的目的是打击秦国以便于灭宋。参加伐秦的有韩、赵、魏、燕、齐五国，联军在前287年组成，各国共推赵国的权臣李兑为主帅，开始联合攻秦。这次五国"合纵"攻秦，表面上看行动一致，为攻秦而集结军队，但暗地却各有各的打算。军队停留在荥阳（今河南荥阳县东北）、成皋（今河南荥阳西北）间不前进，结果无功而散。在这之后，苏秦又串通各国各纵攻秦。然而各国怀有不同的目的，心不齐，秦又及时采取妥协措施。这样合纵也便告终。齐国却趁机伐宋，夺得一部分土地。这样，各国对齐大为恐慌，苏秦破坏秦、齐关系，结成反齐联盟的目的却是达到了。

（八）齐伐燕和燕破齐

燕王哙晚年，搞了一次不合时宜的禅让活动，把王位让给相国子之，自己却北面称臣。太子平聚众攻子之，引起内乱。前314年，齐宣王命令匡章带了"五都之兵"，会同征发来的"北地之众"，向燕国进攻，仅以五十天的时间攻下了燕都，燕王哙身死，子之被擒后处醢刑而死。齐军对燕人肆意蹂躏，引起燕人反抗，终于赶走齐兵，但燕也因此而残破。赵武灵王护送燕公子职回国继位，是为燕昭王，燕国复定。

燕昭王即位之后，礼贤下士，乐毅等人都奔赴于燕，经过二十八年而"燕国殷富"。前284年，燕联合三晋、秦楚而大举伐齐，齐无力抵御，燕将乐毅很快攻下齐都临淄，湣王出走，不久被杀。齐除莒、即墨以外的七十余城都为燕所占领，并成为燕的郡县。前279年，燕昭王卒，子惠王立，惠王以骑劫代乐毅，齐将田单举兵反攻，杀骑劫，大破燕兵，收复了所有的失地，迎齐襄王入临淄。齐虽能取得胜利，但国力未能因此而重振。

（九）秦对赵国的战争

齐国被燕战败，不复成为一个强国。楚国也因被秦攻下楚都郢而迁都陈，以避秦锋。这样，东方的齐国，南方的楚国都无力再同秦对抗，秦国于是转向对三晋用兵。

战国后期，东方国家以赵国为强。在赵惠文王时代，赵国人才济济，如廉颇、蔺相如、赵奢以及从燕国来归的乐毅父子，都得到重用。由于用人得当,国富兵强。当时赵国东制齐、南服魏,使"秦不能得所欲"。于是,赵国就成了秦国在兼并东方六国战争中的主要障碍。前282年,秦连续三年向赵进攻略地,后因南攻楚国的战略需要,于前279年,与赵惠王相约在渑池(今河南渑池县西)相会修好。赵惠王在廉颇、蔺相如的帮助下,不畏强秦,针锋相对,对秦王的凌辱予以反击,取得了外交斗争的胜利。

前278年,秦白起拔楚都郢,楚顷襄王退保于陈城(今河南淮阳)。秦对楚国战争取得决定性胜利以后,就集中力量攻魏,前275年,攻魏至国都大梁(今河南开封)。前273年,赵、魏攻韩,秦救之,大破其军,魏割地以和。前273年,秦攻赵,围阏与(今山西和顺西),赵将赵奢大破秦军。前266年,范雎相秦。秦昭王听从范雎"远交近攻"的策略,首先向韩国发起连续进攻,连续攻取韩的少曲、高平、陉城、南阳。前262年,又取韩的野王,切断上党通往韩都新郑的道路,韩上党郡守以郡降赵。此时赵惠文王已死,其子孝成王派军队取上党,派廉颇率军驻守长平(今山西高平),以防备秦军来攻。廉颇采用坚壁高垒以待秦军疲困,然后再反击的策略,坚守3个月不出击,秦军不能进。赵孝成王多次派人责让廉颇出战,范雎又派人用重金到赵国行反间计,赵王果然中计,于前260年派赵括代替廉颇为将。赵括求胜心切,主动出击,秦军佯装败走,诱赵军陷入包围圈,断其粮道。赵军被围困46天,草粮断绝。赵军轮番向外冲击,都不能突围。赵括亲自出战,被秦军射死,赵军于是大败,"数十万之众遂降秦"。秦将白起认为赵士卒反复无信,于是将降卒全部活埋。是役,秦军前后斩杀赵国士卒达45万,仅被活埋的就达40万人。赵国壮者尽死长平,国力大损。从此衰落下去,再不能同秦国一争高低了。

前259年,秦攻赵,围邯郸。前257年,赵向魏、楚两国求救,魏将晋鄙率10万大军驻扎在汤阴不前。魏信陵君无忌为了救赵,在大梁夷门监侯嬴的指点下,设计窃出魏王的兵符,带了武士朱亥,椎杀了晋鄙,假造了魏王命令,挑选8万精兵前往救赵。楚国春申君黄歇也派大军救赵。在邯郸城下,赵军和魏、楚军内外夹击秦军,秦军失败,主将郑安平在赵军包围下,带二万人投降。这是东方"合纵"对秦国的一次大胜利。

(十)周王室的灭亡

周王朝到战国时期更加形同虚设，只是苟延残喘而已。其世系为：元王（姬仁）→贞定王（姬介）→考王（姬嵬）→威烈王（姬午）→安王（姬骄）→烈王（姬喜）→显王（姬扁）→慎靓王（姬定）→赧王（姬延）。

周王室在东迁后土地一天天缩小，内部又多次发生争夺王位的斗争，王室更加衰弱。到战国时期，小小的周王室发生分裂，分成东周和西周两个小国。

周考王封他的弟弟揭于河南，即王城，号为西周桓公。桓公的孙子惠公继位后，立长子为西周公，封少子于巩（今河南巩县），号为东周惠公。周赧王即位后，东周和西周实行分别治理，各自为政并互不相统属。后周赧王从成周徙都西周王城，寄居于西周公下。西周和东周这两个小政权，后竟至互相攻伐，兵戎相见。

前256年，秦国攻取韩国的阳城、负黍（今河南登封县境），西周君恐惧，于是打着周王的旗号，想联合东方诸侯"合纵"攻秦。秦昭王大怒，特派将军摎讨伐西周。西周君忙赶到秦国叩头谢罪，把所辖的36个城邑和人口3万全部献给秦国。秦国接受了西周君献上的土地、人口，放西周君回到国内。前256年，西周君和赧王相继死去，秦国把周王室传国的九鼎取去，西周灭亡。后七年（前249年），秦庄王灭东周。至此，东、西周两个小政权皆被秦灭。历史上存在了800多年的姬姓周王朝，就此灭亡了。

3. 秦扫灭六国，重归统一

燕将乐毅破齐后，齐国损失惨重，元气大伤，再不是秦国的对手了。东方国家中，只有赵国经武灵王的改革，军事力量强，能同秦对峙。因此，秦国就把打击的矛头指向赵国。在长平之战，大败赵军后，赵国也从此衰落。秦国于是顺利地进行统一战争，最后灭掉六国，完成重新统一中国的大业。

（一）秦灭韩

前247年，秦庄襄王卒，子政立。当时，秦国实力最强，已具备统一东方六国的条件。但秦王政初即位时，国政为相国吕不韦和宦官嫪毐所把持。前238年，秦王政亲理国事，平定嫪毐的叛乱，免除吕不韦的相职，并任用尉缭、李斯等人，部署统一全国的战略和策略。

在东方六国中，韩多次遭受秦的打击，国土丧失最快最多。为使秦国民疲而不能向东征伐,韩派水利专家郑国前往秦国,劝秦凿泾水修渠至洛水,以灌农田。韩国的阴谋败露后,秦国旧贵族纷纷向秦王政进言,要求驱逐全部外来事秦者。秦王政于是下了"逐客令"。当时,颇受秦王政重用的李斯也在被逐之列,他向秦王上书指出"一切逐客"的错误,这就是有名的《谏逐客书》。秦王采纳李斯意见,收回"逐客令",且在李斯的建议下,采取"先取韩以恐他国"的方针。

前233年,秦大举进攻韩国,韩王安派韩非出使秦国。秦王政十分赞赏韩非的刑名法术之学,准备重用。李斯妒忌韩非的学识,陷害并毒死韩非。韩非死,韩王自知不保,于是向秦国"请为臣"。前231年,韩国被迫把残存的南部土地献给秦国。秦国派内史腾做南阳的"假守"(即兼治)。次年,内史腾率军攻韩,俘虏了韩王安。韩国的土地全部被秦国占领,秦建置为颖川郡。韩国灭亡。

(二)秦灭魏

战国初年,魏国曾是最强大的诸侯国,但到战国晚期,魏已降居弱国之列。秦曾于前283年和前275年两次攻魏到大梁,魏献温于秦求和。前273年,秦败赵、魏于华阳,斩首十五万,围魏大梁,魏献南阳于秦求和。前242年,秦蒙骜攻魏,攻取魏酸枣等20城后,建立东郡,从而把燕、赵与魏、楚、韩进行了战略分离。此时,魏的土地已大部被秦国夺去,而邺、安阳等地,又被赵国占领。所以到秦王政亲政时,魏国已是奄奄一息。前231年,魏国被迫献土地给秦,秦置为丽邑。嗣后,秦军在对赵国和燕国取得一连串的胜利后,又于前225年,派将军王贲攻魏。秦军包围了魏都大梁城,从大沟引来黄河水灌大梁城。大梁城坏,虏魏王假,魏国灭亡。秦在魏国的东部设立砀郡。

(三)秦灭赵

赵国虽然在长平之战中,损失惨重,国力大伤,但仍具有一定的战斗力,所以长平之战后,燕国想趁机讨便宜,召集60万大军伐赵,为赵将廉颇、乐乘所败。秦王政亲政后,以主要军力对付赵国,前241年,赵庞煖率赵、楚、魏、燕、韩五国兵攻秦,败归。前236年,赵攻燕,秦乘机攻取赵的阏与、撩阳、邺、安阳等城。前234年秦又大举攻赵,与赵军战于平阳(今河北临漳西），斩杀赵军10万。赵乃调在北地防御匈奴的李牧部队与秦交锋，于前233年败秦师于肥（今河北槁城西南）。次年，秦军分两路，一路攻到邺，一路军向赵的太原地番吾（今河北灵寿县西南）进攻。赵派李牧与秦军交战，再败秦军。赵虽两次打败秦军，但兵力耗损殆尽。秦军攻赵屡被李牧打败，于是用重金收买赵王迁的宠臣郭开，进行反间活动。前228年，用反间计杀赵将李牧。次年，秦攻下邯郸，虏赵王迁。赵公子嘉逃到代地（今河北蔚县），自立为王。前222年，秦将王贲攻取代，虏代王嘉，赵国灭亡。

（四）秦灭燕

燕国地处今河北东北部及辽宁地区，与秦相隔有三晋，故与秦未发生过军事冲突。相反，秦国还拉拢燕国，共同对付其他国家，如在燕昭王时乐毅率五国之师攻齐，秦国就是其中之一。赵将庞煖攻燕时，秦军以援燕的名义攻赵的后方。燕王喜还派太子丹到秦国为人质，以结两国之好。直到赵国邯郸陷落，赵王迁被俘，秦兵临易水，祸且至燕的关头，燕国才着了慌。

燕国无力抵抗秦军的威胁，燕太子丹就派刺客荆轲，带着燕国督亢地区（今河北固城、新城、涿县一带）的地图，佯装献地请和，乘机劫持或刺杀秦王政。刺杀没有成功，荆轲被杀，秦王政立即对燕加紧进攻。前227年，秦派大将王翦攻燕，次年，攻下燕都蓟（今北京），燕王喜迁都到辽东郡。秦又派李信率大军追至辽东。燕王喜听从代王嘉之计，逼太子丹自杀，将其头献给秦，秦才暂缓攻燕。前222年，秦派王贲率军往攻躲在辽东苟安的燕王喜，秦军很快占领燕辽东郡，燕王喜被俘，燕国灭亡。秦国灭燕后，先后在燕地建立渔阳郡、右北平郡、辽西郡、上谷郡、广阳郡。

（五）秦灭楚

自秦将白起破楚拔郢后，楚迁都于陈（今河南淮阳），从此一蹶不振。顷襄王卒，考烈王立，以黄歇（封为春申君）为相。前257年，黄歇与魏信陵君救赵败秦。次年，楚灭鲁。前253年，楚迁都巨阳（今安徽太和东南）。前241年，再迁都于寿春（亦称郢，今安徽寿县西南）。前225年，秦派李信、蒙武攻楚，楚军乘秦军不备，跟踪反击"三日三夜不顿舍，大破李信军"（《史记·王翦列传》）。后来，秦改派王翦领兵60万攻楚，大破楚军于蕲（今安徽宿县东南），迫使楚国名将项燕自杀。接着，秦军攻入楚都寿春，俘楚王负刍。前222年，王翦更平定了楚江南地，降服了越君，并在楚越旧地设置南郡、九江郡、会稽郡。楚亡。

（六）秦灭齐

前284年，燕以乐毅为上将军，合燕、秦、韩、赵、魏攻齐，攻入临淄，连下七十余城。齐城不下者只有莒和即墨。齐愍王逃入莒，被齐相淖齿杀死。愍王侍从王孙贾与莒人杀淖齿，立愍王子法章为齐襄王，距守。燕引兵东围即墨，即墨大夫战死，城中推举田忌为将。双方相持达五年。前279年，田单组织反攻，用"火牛阵"大败燕军，收复失地。齐虽复国，但元气大伤，无力再与秦抗衡。前221年，秦灭韩、魏、楚、燕、赵后，使将军王贲从燕地南攻齐国，俘虏齐王建，齐国灭亡。

七、中国第一个封建统一国家——秦朝（前221年~前206年）

前221年，秦统一六国，秦王嬴政建立起中国封建社会历史上第一个统一王朝——秦朝。建立了以咸阳为首都的东至海、西至陇西、南至岭南、北至阴山和辽东的大帝国。

1. 专制主义中央集权制度的建立

嬴政立国后，立即着手进行集中权力的活动。首先制定尊君卑臣的各种制度。自号始皇帝，规定皇帝自称曰"朕"，并制定了一套尊君抑臣的朝仪和文书制度。以十月为岁首，更名民曰黔首。

秦始皇接受了李斯的建议，废除分封诸侯的制度，全面推行郡县制度。把全国分成三十六郡，以后又陆续增设至四十余郡。这些郡完全由中央和皇帝控制，是中央政府辖下的地方行政单位。即在中央，设立以丞相、御史大夫为首，下辖诸卿的政府机构。在地方，郡县制代替了西周的分封制，郡守、县令由中央委派。县以下设乡、里以及司治安的亭。中央集权的制度从此确立。为巩固统一、加强中央集权，秦始皇还实行了一系列政策和措施：

（一）迁富豪，收兵器

秦始皇统一六国后，最担心的是六国贵族图谋复辟。于是他把六国富豪和强宗12万户迁至京城咸阳，便于监视和控制，一部分迁到巴蜀、南阳、三川和赵地，使他们脱离乡土，不致于形成反抗势力。同时，又收缴天下兵器，运到咸阳销毁，铸成12个各重千石的钟鐻、铜人，防止百姓手执武器造反。

（二）"令黔首自实田"

前216年，颁布"令黔首自实田"法令，进行全国性的土地登记，令所有占有土地的人向政府自报占有土地的数额，政府据此征收田租。这项政策意味着私有土地受到封建政权的保护，也意味着封建土地所有制在全国范围内正式得到确认。

（三）"书同文"、"车同轨"、修驰道、统一货币、度量衡，整齐划一各项制度

秦始皇令丞相李斯、中书府令赵高和太吏令胡毋敬等人，对文字进行整理。李斯以秦国文字为基础，参照六国文字，制定出小篆；程邈根据当时民间流行的、更为简化的字体，整理出隶书。两种形体的文字均在全国推广。但把小篆作为秦国标准文字，隶书作为日用文字，皇帝诏书和政府正式档一般用小篆书写，非官方档用隶书抄写。

秦始皇统一中国后，下令拆除战国时期各诸侯国修筑的关塞、堡垒，并从前220年起，陆续修建了以咸阳为中心的三条驰道：一条向东直通过去的燕、齐地区；一条向南直达吴、楚地区；还有一条是为了加强对匈奴的防御修筑的，从咸阳直达九原的直道。驰道宽50步，车轨宽6尺。道旁每隔三丈栽树一株。中间为皇帝御道，用明显标志标出，一般人不得行走。此外，还在今云南、贵州地区修"五尺道"，在今湖南、江西、广东、广西之间修筑攀越五岭的"新道"。形成了以咸阳为中心的四通八达的交通网络。

秦统一中国后，灭六国龟贝宝玉之属，把货币统一分为上币和下币两种，在全国通行。上币为黄金，以镒为单位，秦制二十两为一镒；下币为圆形方孔铜钱，以半两为单位。除此之外，秦始皇还把商鞅变法时制定的度量衡制度以及度量衡器作为标准器，在全国推广。

（四）焚书坑儒

当时的一些儒生、游士，希望复辟贵族割据局面，他们"入则心非，出则巷议"，引证《诗》、《书》、百家语，以古非今。前213年，在秦始皇举行的一次宫廷大宴上，发生了一场"师古"还是"师今"的争论。博士淳于越认为"事不师古而能长久者，非所闻也"。丞相李斯则以为"道古以害今"，如

不加以禁止,则"主势降乎上,党与成乎下"(《史记·秦始皇本纪》),统一可能遭到破坏。因此,他向秦始皇提出焚毁古书的三条建议:一是除《秦纪》、医药、卜筮、农家经典、诸子和其他历史古籍外,一律限期交官府销毁。令下30日后不交的,处以鲸刑并罚苦役四年。二是谈论《诗》、《书》者处死,以古非今者灭族,官吏见知不举者,与同罪。三是有愿习法令者,"以吏为师"。秦始皇批准了李斯的建议。在宴会散后第二天,就在全国各地点燃了焚书之火。不到30天时间,中国秦代以前的古典文献,都化为灰烬。第二年,为秦始皇求仙药的方士有诽谤之言,又相邀逃亡,秦始皇派御史侦察缉捕咸阳儒生方士,坑杀460多人。

2. 建立统一的多民族国家

(一)征服"百越",统一岭南

越族是生活在我国东南沿海地区的古老民族。史书上之所以称之为"百越"。他们的分支很多,居住在今浙江境内和江西东部的为东瓯;在今福建境内的为闽越;在今广东和广西东部、湖南南部的为南越,在今广西西部、南部和云南东南部的为雒越。

前223年,王翦率秦军灭楚,秦灭楚后,继而降服了居住在浙江一带的越族,建置会稽郡。接着又分别征服了居住在今温州一带的东瓯和今福建境内的闽越,设置闽中郡。前225年,秦始皇派尉屠睢指挥50万大军,分五路南下,进攻今两广地区的南越和西瓯,遭到越族顽强抵抗。又因运粮困难,不能获胜,相持三年之久。秦始皇为了解决进攻南越的供应问题,派监御史禄在今广西兴安县境内凿一条连接湘水和漓水的运河——灵渠,勾通了粮道,才将越族打败。越族藏于山林,伺机反攻。后乘秦军不备,半夜出击,杀屠睢。秦始皇又增派援军,才最后征服越族,统一了岭南地区,前214年,秦始皇又谪发内郡曾经逃亡的人、赘婿、商人增援,征服了西瓯,并在南越、西瓯故地及其相邻地区建置了南海郡(今广东广州),象郡(今广西崇左境)和桂林郡(今广西桂平),并继续征发人民前往戍守。这样,几十万北方农民就留在那里与越人杂居,共同开发珠江流域。

(二)北击匈奴,修筑长城

匈奴人分布在蒙古高原上,战国末年以来,常向南方侵犯。全国统一以后,秦始皇派大将蒙恬率30万大军向河套征伐,夺回被匈奴占领的河套地区,并设置了34个县,重设九原郡。为了进一步巩固对这一地区的统治,前211年,迁内地人3万户到北河、榆中(内蒙古自治区伊金霍洛旗以北)屯垦。这次大规模移民,既有效制止了匈奴奴隶主贵族的南下抢掠,也促进了对这一地区的开发和民族融合。

为了保护北方农业区域,秦王朝把战国时燕、赵、秦三国的长城修复并连接起来,筑成西起临洮(今甘肃岷县)、东到辽东郡碣石,绵延一万多里的长城。万里长城在当时,对于抵御匈奴奴隶主贵族的骚扰,保障中原地区人民生产和生活的安定,具有重要意义。

3. 胡亥、赵高篡权

秦始皇在完成统一大业之后,就开始全国巡行,到处立石颂功,自前221年起12年内,就兴师动众在全国巡行达五次之多。前210年,秦始皇第五次巡行,少子胡亥、丞相李斯、中书府令赵高等随从。从咸阳出发,沿丹水、汉水流域至云梦,再沿长江东下,经丹阳(安徽当涂县东),沿水道和运河至钱塘(浙江杭州),上会稽山,祭大禹,并在会稽山刻石留念。后取道临淄西归,在至平原津(山东平原县南)时,因为旅途劳顿和平时纵情淫乐,而得重病。他自知大限将至,遂诏令公子扶苏速回咸阳奔葬并继承帝位。诏书未发,秦始皇就在沙丘平台(河北巨鹿县东南)病故。丞相李斯为防引起大乱,秘不发丧,将尸体放在辒辌车中,每日照常令人送水送饭,以掩人耳目。途中,赵高拉拢丞相李斯,将诏书篡改成斥责扶苏"无尺寸之功"、"不孝"的罪名,令其自杀。并责备与扶苏一起率军戍边的蒙恬"为人臣不忠"、"赐死"。扶苏奉诏自杀,蒙恬知其有伪,不肯死,被逮捕囚禁起来。胡亥登上皇帝宝座,成为秦朝二世皇帝。赵高阴谋策划有功,擢升为郎中令,控制了秦国政权。

4. 秦末农民大起义

(一)秦政暴虐

秦的统治具有急政暴虐特色。为了巩固统一和维持庞大的官僚机构和军队,加在农民头上的赋税和徭役十分繁重。秦始皇时,抗击匈奴的战争、修筑万里长城和驰道、经营岭南等,虽具重要的历史意义,但也给农民带来沉重的负担。此外，秦始皇为满足自己的享用，还修建了许多劳民伤财的土木工程。秦始皇一生修建的宫殿、陵墓，其规模之大、建筑之豪华，更是骇人听闻。仅建造阿房宫和骊山墓，就动用了不下七十万的役夫和刑徒。造成"男子力耕不足粮饷，女子纺绩不足衣服，竭天下之资财以奉其政，犹未足以澹其欲"（《汉书·食货志》）的悲惨景象。另外，刑罚已苛重到人民摇手触禁，动辄陷刑，一人犯法，罪及三族，一家犯法，邻里连坐的程度。

秦二世即位后，其残忍昏暴与秦始皇相比，有过之而无不及。"赋敛愈重，戍徭无已。""税民深者为明吏，杀人重者为忠臣。"（贾谊《新书·过秦》）。他令农民增交菽粟刍槁，自备粮食，转输至咸阳，供官吏、军队以至于狗马禽兽的需要。他继续修建阿房宫，继续发民远戍。繁重的徭役，使广大农民被折磨得精疲力竭，竟出现了"死者相望"（《史记·平津侯主父列传》），"道路死人以沟量"（《淮南子·氾论训》）的惨状。而苛酷的刑罚，更是"赭衣塞路，囹圄成市"（《汉书·刑法志》），"劓鼻盈虆，断足盈车"（《盐铁论·诏圣》），冤狱遍于国中，被刑者多达数十万乃至上百万，整个社会变成了一个阴森恐怖的大监狱。

（二）大泽乡揭竿起义

前209年七月，秦二世征发闾左九百人屯戍渔阳（今北京密云），陈胜、吴广为屯长。行至大泽乡（今安徽宿县东南），为大雨所阻，不能按期到达。秦法"失期当斩"，戍卒们面临着死刑的威胁。陈胜、吴广便利用"鱼腹丹书"（在帛上书写"陈胜王"三字，置鱼腹中，让戍卒买鱼得书，传为怪异）、"篝火狐鸣"（吴广于夜晚在驻地旁丛祠中燃篝火，作狐鸣，发出"大楚兴，陈胜王"的呼声）等计策发动戍卒起义，提出"大楚兴，陈胜王"的口号。陈胜鼓动戍卒说："壮士不死即已，死即举大名耳，王侯将相宁有种乎！"于是杀押送他们的秦尉，自立为将军，以吴广为都尉，用秦始皇长子扶苏和楚将项燕的名义号召群众起义。

起义军迅速攻下蕲县大泽乡（今安徽宿县南）。连下今豫东、皖北的铚、酂、苦、柘、谯（分别在今安徽宿县，河南永城、鹿邑、柘城，安徽亳县境）诸县。广大农民"斩木为兵，揭竿为旗"，踊跃参加起义队伍。当义军进据陈县（今河南淮阳）时，已拥有步兵数万，骑兵千余，车六七百辆。于是，陈胜自立为王，国号"张楚"，任命吴广为假王，率军西击荥阳，命武臣、张耳、陈余北攻赵地，邓宗南征九江，周市夺取魏地。

张楚政权的建立，促进了全国范围内反秦斗争的高涨。九月，刘邦起兵于沛，称沛公。项梁与兄子羽起兵于吴。是后，齐、赵、燕、魏等六国后裔也纷纷起兵反秦。

吴广率领起义军围攻荥阳不下，陈胜另派周文为将军西击秦。起义军进抵距咸阳百来里的戏（今陕西临潼东北），与秦章邯军发生激战。起义军由于缺乏战斗经验，又孤军深入，接连受挫，周文自杀。章邯军立即东逼荥阳，吴广部将田臧竟假借陈胜之命杀死吴广，结果导致这支起义军的全军覆灭。

章邯解除了起义军对荥阳的包围后，倾全力向陈县猛扑。陈胜亲自督军应战，不幸失利。陈胜退至下城父（今安徽蒙城西北），前208年，叛徒庄贾杀害陈胜，陈县失守。陈胜首倡的起义只有半年就失败了，但反秦的浪潮继续不断地冲击秦的统治。

（三）项梁叔侄与刘邦的反秦斗争

陈胜、吴广相继牺牲后。项梁接受谋士范增建议，立楚怀王之孙为楚怀王，以资号召。项梁率领起义军大败秦军于东阿（今山东阳谷东北），又派刘邦、项羽攻下城阳（今山东菏泽东）。刘邦、项羽在濮阳、定陶、雍丘（今河南杞县）等地接连打败秦军。项梁在取得一系列胜利后，骄傲轻敌，被章邯偷袭以至牺牲。刘邦、项羽和吕臣引兵退守彭城（今江苏徐州）和砀（今安徽砀山南）。

章邯破项梁军后，又移兵击赵。命王离、涉间率兵包围巨鹿。楚怀王派宋义为上将军，项羽为次将，率师救赵。项羽建议迅速进兵，遭到拒绝，于是杀死宋义，被楚怀王任命为上将军。他随即派遣英布、蒲将军领兵两万先行救赵。随后命全军渡过漳河，破釜沉舟，持三日粮，以示必胜无退的决心。起义军马上与包围巨鹿的章邯军展开激战，经过九次激战，大败秦军，杀苏角、虏王离。之后，蒲将军和项羽又在漳南和汙水（河北临漳县西）再破秦军。章邯见大势已去，又怕被赵高陷害，遂率残军20万投降。

在项羽率师救赵的同时，楚怀王又命刘邦率领所部西行入关，攻打咸阳。当时秦军主力已开赴赵地,西线空虚,刘邦采纳陈恢的建议,实行招降政策,秦朝的地方官吏纷纷归顺。因此,刘邦迅速攻下武关,直趋关中。前207年八月,赵高胁迫胡亥自杀,立子婴为秦王。子婴谋杀赵高,派兵距守崤关。刘邦绕过崤关,大败秦军于蓝田。前206年十月,刘邦的军队进抵灞上,秦王子婴奉皇帝符玺投降,秦朝灭亡。刘邦废秦苛法,与关中父老约法三章,"杀人者死,伤人及盗抵罪",深得秦人拥护。项羽见刘邦已入咸阳,也立即率军入关大肆烧杀掠夺,并进驻鸿门,策划在宴会上刺杀刘邦未果。

(四)楚汉之争

按照原来楚怀王的约言"先入定关中者王之",刘邦先入咸阳,理应王关中,但项羽自恃功高,企图独霸天下。前206年正月,项羽阳尊怀王为义帝,徙于郴。二月,分天下王诸将,自立为西楚霸王,王梁楚地九郡,都彭城,分封十八路诸侯,封刘邦为汉王,王巴、蜀、汉中,都南郑。

刘邦被徙封汉王后,本想立即发兵攻楚,但萧何等人从楚汉双方的实力出发,主张以汉中为基地,养民招贤,安定巴蜀,然后收复三秦。刘邦采纳了这一建议,于夏四月经栈道往南郑,又听从张良的计策,烧绝所过栈道,以示无意东向争夺天下。

项羽分封诸侯,加剧了分裂割据,不久,齐田荣首先发难,诸侯混战再次爆发。

刘邦乘项羽无暇西顾之际,听从韩信等人的计议,于八月出故道,击降章邯、司马欣和董翳,迅速还定三秦,继续东进。其时,楚军主力困于齐地,无法脱身。刘邦乘隙降魏王豹,虏殷王卬。冬十月,项羽密使九江王英布等击杀义帝。刘邦在进驻洛阳后,为义帝发丧,并遣使告诸侯,指责项羽放杀义帝,号召诸侯王击"楚之杀义帝者"。之后,率诸侯兵凡五十六万人进据楚都彭城。项羽得知彭城失陷,率军还击,汉军大败,退守于荥阳、成皋之间,与项羽相持。相持阶段一开始,汉军一方面坚守荥阳、成皋一线,一方面积极在楚军的后方和侧翼开辟新战场。前205至前204年间,韩信接连平定魏、代、赵、燕,矛头直指齐地,逐渐形成包围西楚的态势。当时项羽主力虽然在前204年夏四月、六月再度攻克荥阳、成皋,但由于刘邦采取了"高垒深堑勿与战"的战术,不仅保存了汉军的实力,而且牵制了楚军的主力。刘邦在巩固关中后方的前提下,积极联络反楚力量,在一再失败之后,逆转形势。前203年十月大破楚军,收复成皋。与此同时,韩信也袭破齐历下军,进据临淄,并于十一月在潍水消灭了援齐楚将龙且的二十万楚军,尽定齐地。项羽在正面和侧翼战场上接连遭到重大失败,有生力量丧失殆尽,腹背受敌,进退失据,陷于汉军的战略包围之中。

前203年八月,项羽向刘邦提出议和,楚汉约定以鸿沟为界中分天下,鸿沟以西为汉,以东为楚。九月,项羽率兵东归,而刘邦则采纳张良、陈平之计,乘机追击楚军于固陵;并且调令韩信、彭越等人率兵围歼项羽。前202年十二月,项羽被围困于垓下(今安徽灵壁境),汉军四面唱起楚歌,楚军士无斗志;项羽率少数骑兵突围至乌江(今安徽和县境),自刎而死。楚汉战争最后以刘邦夺取天下,建立汉王朝而告终。

八、西汉王朝(前202年~8年)

前202年二月,刘邦称帝,是为汉高祖,初建都于洛阳,不久迁至长安,史称西汉。其世系为:高祖(刘邦)→惠帝(刘盈)→高后(吕雉)→文帝(刘恒)→景帝(刘启)→武帝(刘彻)→昭帝(刘弗陵)→宣帝(刘询)→元帝(刘奭)→成帝(刘骜)→哀帝(刘欣)→平帝(刘衎)→孺子(刘婴)。

1. 汉初"休养生息"的政策

秦末汉初,因战争频仍,社会经济遭到严重破坏,刘邦即位后的当务之急便是稳定政权,恢复封建统治秩序。

(一)汉承秦制与除秦苛法

"汉承秦制",主要包括两项。一是职官制度采用了秦制。皇帝掌握最高权力,实行专制统治。在皇帝以下又同样设置了十二个主要朝臣:丞相、太尉、御史大夫、奉常(景帝时更名太常)、郎中令(武帝时更名光禄勋)、卫尉、太仆、廷尉、典客(景帝时更名大行令,武帝时又更名大鸿胪)、宗正、治粟内史(景帝时更名大农令,武帝时又更名大司农)、少府。这些朝臣的职掌也与秦制相同。二是同样实行郡县制,作为全国基本的政区体制。

刘邦把除秦苛法、与民休息作为施政的指导方针,先后颁布了"复故爵田宅令"等一系列重要的政令。其主要内容为:

兵士罢归家乡，归农的军吏卒，按照军功大小，给予田宅，使自耕农获得一部分土地，并免除其徭役。

号召在战乱中流亡山泽的人各归本土，恢复故爵、田宅。亦即恢复一批地主的地位和财产，并扶植一批新的军功地主。

释放奴隶，以饥饿自卖为奴婢的人，一律免为庶人。

实行重农抑末政策，抑制商人，不许他们衣丝、操兵器、乘车骑马，不许他们做官，加倍征收他们的算赋，以限制商人对农民的兼并。减轻田租，十五税一。

鼓励增殖人口。

命丞相萧何取秦法加以损益，制定《九章律》，作为巩固统治的重要工具。

（二）总结历代兴亡的教训

汉高祖命陆贾著书论说秦失天下的原因，陆贾在他所著《新语》一书的《无为》篇中指出：秦代事功越烦，天下越乱；法禁越多，奸宄越盛；兵马越众，敌人越多。秦朝之崩溃，正是由于举措太暴，用刑太过的缘故。因此，只有轻徭薄赋慎刑，才能缓和农民的反抗，巩固自己的统治。这样就形成汉初"黄老无为"的政治思想。

2. 消除异姓王

在楚汉战争过程中，刘邦为了分化瓦解项羽的势力，一方面拉拢项羽所分封的诸王，另一方面也不得不满足其重要将领割地分封的要求，陆续封了一些诸侯王。这些诸侯王不是刘姓宗室，故称为异姓诸侯王。汉初，异姓诸侯王共有七人，即楚王韩信、梁王彭越、淮南王英布、赵王张耳、燕王臧荼、长沙王吴芮、韩王信。异姓诸侯王的封国跨州连郡，占据了战国时期东方六国大部分的疆域，又握有重兵，对于中央权力的稳定与巩固是很大的障碍。前202年，张耳、吴芮死。不久，燕王臧荼谋反，刘邦亲自领兵讨平。前201年，韩王信以马邑投降匈奴。前200年，刘邦亲自领兵征讨，韩王信逃入匈奴。同年，楚王韩信在封国"陈兵出入"，被人告发企图谋反。汉高祖借口巡游云梦。会诸侯于陈，乘机逮捕韩信，带至洛阳，贬为淮阴侯。前197年，陈豨谋反，韩信与陈豨暗通声气，并于次年乘高祖率军平叛之机，图谋诈诏赦诸官徒奴,袭击吕后和太子。由于为人告发,被吕后骗至长乐宫钟室处死,夷三族。之后,高祖又以梁太仆告发彭越谋反为由,逮捕彭越,废处蜀地。吕后为消除后患,将彭越诱至长安,指使其舍人诬以谋反罪,随即处死,夷三族。韩信、彭越被诛,使淮南王英布十分恐慌。他私下集合军队,加强警戒,结果也被人告发谋反。前196年月,英布起兵反汉。刘邦抱病征讨,并于次年十月平定淮南地。至此,异姓诸侯王中只剩下势力最弱的长沙王,对汉王朝已经没有什么威胁。

3. 吕氏篡权

前195年,高祖刘邦死,立子惠帝刘盈。刘盈柔弱,其母吕雉为人有谋略而性残忍,以惠帝年少,恐功臣不服,密谋尽诛诸将;后畏惧诸将拥有兵力,不敢下手。不久,她毒死刘邦生前最喜欢的儿子赵王如意,砍断其母戚夫人手足,挖眼熏耳,用药使之变哑,置于厕中,名曰"人彘"。对其他刘氏诸王,亦加残害。前193年,惠帝因不满吕后所为,忧郁病死。此后朝廷内外的军政大权由吕后一手控制,史称"太后称制"。吕后掌权期间,为巩固自己的统治地位,一方面大力削夺一些重臣元老的权力,迫使他们"病免家居";另一方面又将她的家侄吕禄、吕产等诸吕及其亲信封为王侯。她的这种所作所为引起了刘氏宗室和重臣元老们的强烈不满。吕后死后,周勃、陈平等即以遵守刘邦生前规定的"非刘氏而王,天下共击之"的遗诏为由,发动宫廷政变,将诸吕一网打尽,迎立刘邦之子、代王刘恒为帝,是为文帝。

吕后在称制的八年期间,继续执行汉高祖以来与民休息的政策,奖励农耕,废除夷三族罪和妖言令等苛法。因此人民生活比较安定,残破的社会经济也得以恢复。

4. 和亲政策

汉高祖刘邦称帝的第一年(前201年),匈奴发兵围攻马邑,次年,匈奴军再次南下,攻晋阳(今山西太原)。刘邦亲自率兵迎击。匈奴单于冒顿故意隐匿精兵,而将老弱士卒暴露在汉军面前,并佯败而逃。刘邦受骗,悉起大军32万追击。娄敬怀疑匈奴败退是诱敌之计,劝刘邦退兵。刘邦非但不听,反而将他关押在广武,准备回师后问罪。汉军行至平城(今山西大同西北），遭冒顿40万精兵伏击，汉军被截为两部分，包括刘邦在内的汉军前锋被围困在白登山上，七日七夜无法突围，史称"白登之围"或"平城之围"。陈平献计贿赂单于阏氏，单于阏氏接受贿赂后，以匈奴不能久居汉地和"汉王亦有神"为由劝冒顿解围。此时，由于韩王信手下部将王黄、赵利未按约定时间与匈奴军会师，引起冒顿怀疑，遂解围一角。刘邦趁机突围而出，至平城与主力会合后方得脱险。

"白登之围"使刘邦认识到，在当时政权尚未巩固、经济亟待恢复的形势下，想要通过战争的办法彻底解决与匈奴的关系是不现实的。有鉴于此，刘邦采纳娄敬的建议，采取"和亲"政策，把汉室公主嫁给匈奴单于，每年还送去大批丝绸、粮食和酒等，与匈奴结为兄弟，以缓和了同匈奴的矛盾，但匈奴仍不断对边境地区进行骚扰。

5．"文景之治"

自刘邦采纳陆贾的"黄老无为"政治思想以来，推行最得力者是曹参。黄老学说有一个重要的理论，就是"因"。作为一种政治理论，就是要求在治理国家时，尽量对过去的制度不加改动，即使客观形势要求变化，也要在原有基础上进行变动。萧何死后，曹参继任为相国，"举事无所变更，一遵萧何约束"，即所谓"萧规曹随"。

汉文帝刘恒、汉景帝刘启两代四十年左右的时间，政治稳定，经济生产得到显著发展，历来被视为封建社会的"盛世"，史称"文景之治"。

（一）簿税劝农和与民休息

汉文帝重视农业生产，屡诫百官守令劝课农桑。前167年下诏全免田租；前156年，汉景帝复收民田半租，即三十税一，并成为汉代定制。文帝时，算赋也由每人每年120钱减至40钱，徭役则减至每三年服役一次。农业的发展，使粮价大大降低，文帝初年粟每石十余钱至数十钱。文帝还曾一度取消过关用传（一种由官府颁发的通过关津的凭证）的制度，有利于行旅来往和商品流通。文帝还弛山泽之禁，促进了盐铁业的发展。农民有山泽得以渔樵，有利于商品流通和各地区间的经济联系，对于农业生产的发展也有一定促进作用。

（二）崇尚节俭

在文帝统治期间，宫室苑囿，车骑服御，都无所增益。文帝为了节省黄金百斤而罢建露台。文帝死时还特别提倡薄葬，要求自己死后所葬之处霸陵"山川因其故，无有所改"（《汉书·文帝纪》）。这对地主、商人中正在兴起的侈靡之风，多少会起一些制约作用。

（三）约法省禁

文帝废除了汉律中沿袭秦律而来的收孥相坐律令，缩小了农民奴隶化的范围。文帝、景帝又相继废除了黥、劓等刑，减轻了笞刑。这个时期，官吏不滥用刑罚，断狱但责大指，不求细苛；定刑可上可下者从轻处理。断狱从轻，持政务在宽厚，不事苛求，因此狱事简省，人民所受的压迫比秦时有显著的减轻。

（四）睦邻

文景两代对周边少数民族也不轻易动兵，尽力维持相安的关系。吕后时，南越王赵佗自立为帝，役属闽越、西瓯、骆，又乘黄屋左纛，与汉王朝分庭抗礼。文帝即位后，为赵佗修葺祖坟，尊宠赵氏昆弟，并派陆贾再度出使南越，赐书赵佗，于是赵佗去黄屋左纛，归附汉王朝。文帝时，匈奴骚扰日益加剧，但文帝只是诏令边郡严加备守，并不兴兵出击，以免烦扰百姓。文帝采纳晁错的建议，改革戍边制度，用免税、赐爵、赎罪等多种办法吸引移民"实边"，从而增强了边防力量。为进一步加强战斗力，文帝还大力提倡养马，训练众多而精强的军马以扩大骑兵，准备待时机成熟后对匈奴进行反击。

（五）削藩

文帝时期同姓王的势力更加发展。贾谊在《治安策》中认为当时形势是中央弱而王国强，要使天下治安，最好的办法莫过于"众建诸侯而少其力"。前164年，文帝分齐国之地为六国，分淮南国之地为三国，实际上就是贾谊"众建诸侯"之议的实现。

继贾谊之后，晁错屡次向文帝建议削夺诸王的封土。景帝时，吴国跋扈，晁错又上《削藩策》。前154年，景帝用晁错之策，削赵王常山郡，削胶西王六县，以次削夺，将及吴国。吴王濞就联络楚、赵、胶西、胶东、淄川、济南等六国，用"请诛晁错，以清君侧"的名义，举兵西向，发动了波及整个东方地区的叛乱,史称"七国之乱"。

(六)平定吴楚七国之乱

七国军队在叛乱之初进展顺利,先攻梁,再围齐,前锋直指今河南东部。景帝见叛军来势凶猛,依袁盎的谗言,将晁错腰斩,以图换得吴、楚退兵。但叛乱的诸侯不但没有退兵,刘濞反而公然自称"东帝",与西汉政权分庭抗礼。景帝这才下决心以武力镇压叛乱。太尉周亚夫奉命率军东进击吴、楚,轻兵南下,夺取泗水入淮之口(在今江苏洪泽境),截断吴楚,出奇兵断绝了叛军的粮道。当时正值天寒地冻,叛军士卒粮尽援绝,终于自行崩溃。周亚夫率军追击,大破吴、楚联军,吴王濞弃军逃至丹徒(今江苏丹徒),最后死于东越。楚王戊兵败自杀。此后其他诸侯王的叛军也相继被击败,纷纷投降,叛乱在持续了3个月之后被平息。

叛乱平息后,景帝首先继续推行贾谊"众建诸侯而少其力"的计划,先后分封了13个皇子为诸侯王。其次,下令取消诸侯王任命封国官吏的权力,并不准他们干预封国内的政治事务。至此,诸侯王国虽仍然存在,却与郡一样成为中央直接统辖的一级地方行政机构了。

6. 西汉盛世

汉武帝刘彻在位的五十余年,是西汉皇朝的鼎盛时期,也是封建制度成长过程中政治、经济、文化、军事各方面多所设施,中华民族创造力蓬勃发展的时期。嗣后,汉昭帝刘弗陵和汉宣帝刘询继续执行武帝晚年休息民力、重视生产的政策,政治局面重新相对稳定,国力得到恢复,成为西汉盛世的继续。

(一)罢黜百家,独尊儒术

前141年,景帝死。皇太子彻嗣位,是为汉武帝。窦太后(汉文帝的皇后)以太皇太后的身份摄政。窦太后笃信黄老学说。汉武帝虽然在一些大臣的支持下,准备罢黜包括黄老学说在内的百家思想,但在窦太后的阻挠下,无法得以实现。直到窦太后死后,武帝于前134年召集各地贤良方正文学之士到长安,亲自策问。董仲舒在对策中指出,春秋大一统是"天地之常经,古今之通谊"。他建议"诸不在六艺之科孔子之术者,皆绝其道,勿使并进。邪辟之说灭息,然后统纪可一而法度可明,民知所从矣"(《汉书·董仲舒传》)。他还撷取阴阳五行学说,提出王权神授的理论,建议用儒家的纲常名教来维护封建统治。董仲舒的这套理论博得了汉武帝的赞赏。此后,汉武帝大力提倡儒学,在设立"五经博士"之后,又设立太学"以养天下之士"。与此同时,汉武帝还实行了一系列神化皇权的措施,如行封禅之礼、太初改制、建立年号等等。更重要的是,汉武帝在确定将儒家学说作为统治思想以后,将儒家的理论渗透到政治、法律、文化等各个领域,使之成为制定各项政策的理论根据。他把儒术与刑名法术相糅合,形成了"霸王道杂之"的统治手段。从此,儒家学说不但逐步成为西汉中后期的统治思想,在后来两千年的中国历史上,儒家学说甚至发展成为儒教,上至国家机构的统治政策,下至普通百姓的饮食起居,都深受其影响。

(二)强化皇权的举措

一是迁徙郡国豪富。迁徙郡国豪富使之离开经营多年的故地,可以削弱地方势力。武帝时曾多次迁徙郡国豪富,仅在前127年,武帝采纳主父偃的建议,"徙郡国豪桀及訾三百万以上于茂陵、云陵"(《汉书·武帝纪》),有效地打击了地方势力,加强了朝廷力量。

二是行"推恩令"。武帝初年,一些大国仍然连城数十,地方千里,骄奢淫逸,阻众抗命,威胁着中央集权的巩固。前127年,主父偃建议令诸侯推私恩分封子弟为列侯。因为汉初,诸侯王的爵位是由嫡子继承的,庶出的子孙没有继嗣的资格。主父偃的建议,名义上是施德惠,实际上是剖分其国以削弱诸侯王的势力。这一建议既迎合了武帝巩固专制主义中央集权的需要,又避免激起诸侯王武装反抗的可能,因此立即为武帝所采纳。同年春正月,武帝制诏御史:"诸侯王或欲推私恩分子弟邑者,令各条上,朕且临定其号名",这就是"推恩令"。

三是"左官律"与"附益法"。为防止诸侯王网罗人才,从事非法活动,汉武帝还"作左官之律,设附益之法"(《汉书·诸侯王表》)。"左官律"规定,凡在诸侯王国任官者,地位低于中央任命的官吏,并且不得进入中央任职。"附益法"则严禁朝中大臣与诸侯王交通。凡触犯以上二法者,都要受到极严厉的处罚。

四是严刑峻法。汉武帝一改文景时期的宽缓刑法,务求严刑峻法。西汉的法律极其繁杂，大致包括四方面形式：一是律，是汉代法律的主要形式。二是令，亦即皇帝发布的诏令。三是科。科是关于人们如何作为的规范。四是比，又称"决事比"，就是以典型案例作为判决的标准。此外，汉武帝时还有一种特别的法律形式，就是"春秋决狱"。所谓"春秋决狱"，就是将《春秋》一书中的"微言大义"作为判断案件的根据。用《春秋》的精神和内容作为审判的依据，这就把儒家的经典当成了法律。用《春秋》中表达得并不十分明确的观念来断狱，便可以抛开繁琐的法律条文和客观事实，根据需要作出各种解释。

为打击地方豪强日益膨胀的势力，汉武帝一方面任用酷吏，动辄"族灭"千家，血流十余里。另一方面利用刺史监察"强宗豪右"。汉武帝创建刺史制度。刺史作为皇帝的代表，于每年八月巡视郡国，"以六条问事"，其中问事的第一条便是"强宗豪右，田宅逾制，以强凌弱，以众暴寡"。凡发现这类现象，刺史有权向中央汇报，采取措施予以惩处。

（三）重大经济政策的实施

与政治上强化皇权的措施相一致，汉武帝在经济上实行盐铁官营、均输平准和统一铸币等重大措施。

元狩中（前122~前117年），汉武帝打破商人不得为吏的禁令，任用大盐商东郭咸阳、大冶铁家孔仅为大农丞领盐铁事，任用洛阳贾人子桑弘羊主持计算。武帝依靠这些人，相继采取一系列重要经济措施：统一货币，筦盐铁，建立均输、平准制度，企图抑制商人活动，稳定市场，扩大财政收入。

汉初，黄金以斤为单位，钱重三铢，称为"荚钱"。文帝时，因为荚钱太轻，改铸四铢钱，面值"半两"。并取消禁止私铸的命令，准许诸侯王国铸钱。前119年，汉武帝把铸币权收归朝廷，统一铸造五铢钱，严禁地方和私人铸钱。规定使用三种货币：皮币、白金、三铢钱。次年，因三铢钱轻，改铸五铢钱，规定由上林三官（水衡都尉所属钟官、辨铜、均输三官）专铸。一律禁止郡国私铸，命令各郡国将以前所铸钱作废熔化，把铜料送到上林三官。五铢钱的重量和成色都有保证，私铸者无利可图，币制得到较长时期的稳定。

武帝实行均输、平准和盐铁专营。分别在产盐区设盐官，雇工煮盐，又在产铁区设铁官，经营采冶铸造，发卖铁器。盐铁官统属于中央的大农，盐铁官吏多用过去盐铁商人充任。均输，是由大农派出属官几十人到各个郡国，对各地应上交京师的货物，根据各地区对货物的需要沿途出卖，然后买取京师所需的货物运回。平准，则是在京师设平准官，统一掌管由天下运至京师的货物，根据市场行情卖出或买进，以求物价较为平稳。这样，大商贾无法囤积居奇，操纵物价，也限制了大商人的兼并行为。

前119年，武帝下令对商人和高利贷者加重征收财产税，称为"算缗"。责令商人自报财产。陈报不实者，罚戍边一年，财物没收；有告发者，得没收财物之半，称"告缗"。结果富商大贾受到一次沉重的打击。

（四）汉与匈奴的和战

武帝初年，继续实行文景之世对匈奴和亲的政策。前133年，武帝采用雁门富豪聂壹计谋，命聂壹诈降，引诱匈奴攻取马邑城，汉埋伏三十余万大军准备一举消灭匈奴主力。匈奴单于以十万骑兵入塞，半途发觉有诈引还。从此以后，匈奴绝和亲，常常在边塞攻掠，揭开了汉武帝统治时期西汉对匈奴长达43年之久的大规模战争的序幕。在长期的战争过程中，先后打了十几次仗，其中带有决定性的大规模战役共有三次。

前127年，匈奴侵入上谷渔阳（今北京密云县一带），武帝派车骑将军卫青率兵出云中，沿黄河北岸西进，迂回至陇西，再沿黄河南下，对河套及其以南的匈奴军发动突然袭击，匈奴的楼烦、白羊王大败而逃，匈奴将其根据地迁往漠北。经过此役，西汉夺回了河套地区，解除了匈奴对西汉都城长安的威胁。后来，西汉在这里设置朔方郡和五原郡，从内地迁徙10万人到当地定居，并修复了秦时蒙恬所筑的边塞和沿河的防御工事。

由于匈奴仍然不断骚扰上谷、代郡、雁门、定襄、云中上郡等地。前121年，武帝命霍去病将兵远征。霍去病出陇西，越过焉支山（今甘肃山丹县境内）西进，入匈奴境千余里，杀匈奴二王，俘虏浑邪王的儿子及相国、都尉等大小首领，还缴获休屠王的两个祭天金人。是年夏天，霍去病第二次出征，出陇西、北地，越居延泽（内蒙居延海），在今祁连山一带大破匈奴军，俘匈奴3万多人。匈奴贵族内部分裂，浑邪王率4万人降汉，汉政府将他们安置在陇西、北地、上郡、朔方、云中五郡，称为"五属国"。此后，西汉政府又先后在浑邪王、休屠王故地陆续设立武威、张掖、酒泉、敦煌四郡，史称"河西四郡"。第二次战役隔断了匈奴与羌人的联系，打通了汉通往西域的道路。

前120年，迁徙漠北的匈奴又南下攻掠右北平（今河北平泉）、定襄二地。为彻底击溃匈奴，武帝于前119年，派卫青和霍去病率领骑兵、步兵和辎重运输部队共数十万人，分东西两路深入漠北，寻找匈奴主力决战。卫青率领的西路军出定襄，越沙漠北进千余里，包围了匈奴单于的军队，全歼其主力，单于率残部突围逃走，汉军直追至赵信城（今蒙古杭爱山下）。霍去病率领的东路军出代郡，深入二千余里，在狼居胥山瀚海沙漠与匈奴左屠耆王接战，大败匈奴。这次战役是西汉时期对匈奴最为沉重的一次打击，匈奴力量大大削弱，再也无力大举南侵。

（五）张骞出使西域

秦和西汉初期，西域地区分布着36个国家，主要分布在三个地区：塔里木盆地南缘为南道诸国，包括楼兰、且末、于阗、莎车等国；塔里木盆地北缘为北道诸国，包括疏勒、龟兹、焉耆、车师等国；准噶尔盆地东部散布着姑师、卑陆、蒲类等一些小国。盆地西部的伊犁河流域，原来居住着塞人。西汉初年，居住在敦煌祁连山一带的月氏人，由于被匈奴所迫，西迁到此处，赶走了塞人，建立了大月氏国。不久，河西地区的乌孙人为了摆脱匈奴人的压迫，向西迁徙，把月氏人赶走，占领了这块土地。

自玉门关出西域，有两条主要的路径。一条经塔里木盆地东端的楼兰，折向西南，沿昆仑山北麓西行至莎车，称为南道。南道西出葱岭至中亚的大月氏、安息。另一条经车师前王庭，沿天山南麓西行至疏勒，称为北道。北道西出葱岭，可至中亚的大宛、康居、奄蔡。

西汉初年，匈奴冒顿单于征服西域，以西域作为向西汉进攻的军事据点和经济后盾。汉武帝即位后，从匈奴降人的口中得知西迁的大月氏有报复匈奴之意后，便决定沟通与西域的联系，联络大月氏夹攻匈奴。

前139年，汉中（陕西城固）人张骞应募出使西域，他率众一百余人，出陇西向西域进发。张骞在西行途中，被匈奴俘获，他保留汉节，居匈奴十年左右，终于率众逃脱，西行数十日到达大宛。那时大月氏已自伊犁河流域西迁到妫水流域，张骞乃经康居到达大月氏。大月氏自以为新居之处肥饶安全，又与汉距离遥远，所以不愿意再东还故地，张骞不得要领，居岁余而还。他在归途经过羌中，又被匈奴俘获，扣留了一年多。前126年，张骞回到长安。他的西行，传播了汉朝的声威，获得了大量前所未闻的西域资料，故司马迁把此行称为"凿空"。

前119年，张骞再度出使西域，目的是招引乌孙回河西故地，并与西域各国联系。张骞此行率将士三百人，每人备马两匹，并带牛羊以万数，金币丝帛巨万。张骞到乌孙，未达目的，于前115年偕同乌孙使者数十人返抵长安。随后，被张骞派到大宛、康居、大夏等国的副使，也同这些国家报聘汉朝的使者一起，陆续来到长安。从此以后，汉同西域的交通频繁起来，形成了"商胡贩客，日款于塞下"（《后汉书·西域传》）的景象。

但是，处于西域东端的楼兰、姑师（后称车师）在匈奴的挑唆下，经常出兵攻杀汉朝使者，劫掠商旅财物，成为汉通往西域的严重障碍。为确保西域通道，汉将赵破奴、王恢于前108年，率700轻骑突袭楼兰，后赵破奴又率军数万击破姑师，并在酒泉至玉门关一线设立亭障，作为供应粮草的驿站和防守的哨所。

前105年，汉武帝把江都王刘建之女细君作为公主嫁给乌孙王昆莫。细君死后，汉王朝又将楚王刘戊之女解忧公主嫁给乌孙王岑陬。这两次和亲，对于巩固汉与乌孙的友好关系，使乌孙成为汉在西方牵制匈奴的一支重要力量，以及发展双方经济、文化交流等，都起到了积极作用。

为了打破匈奴对大宛的控制并获得大宛的汗血马，汉武帝还于前104年和前102年，两次派贰师将军李广利西征大宛，从此大宛服属汉朝。此后，汉政府在楼兰、渠犁（新疆塔里木河北）和轮台（新疆库车县东）驻兵屯垦，置校尉。这是汉在西域最早设立的军事和行政机构，为后来设西域都护创造了条件。

（六）汉武帝末年的社会危机和"轮台罪己诏"

汉武帝时期出现了封建皇朝的鼎盛局面，而这一时期又存在着严重的弊政和社会问题。当时主要弊政，一是刑罚太滥，治罪严酷；二是连年征伐和其他事项耗费巨量钱财，造成府库空虚，于是加重对人民剥削，生产受到严重破坏;三是迷信鬼神,奢侈逸乐。这些弊政引起社会动荡,农民暴动接连发生。为镇压农民的暴动,武帝派"直指绣衣使者"分区镇压,大肆屠杀,但是农民军散而复聚,据险反抗。汉武帝又作《沉命法》,规定太守以下官吏如果不能及时发觉并镇压暴动,罪至于死。

在农民反抗斗争逐渐兴起的时候,汉武帝刘彻认识到要稳定统治,不能光靠镇压,还需在施政上有所转变,使农民得以喘息。他寄希望于"仁恕温谨"的"守文之主"卫太子(即以后所称的戾太子)。但在前91年,直指绣衣使者江充以穷治宫中巫蛊的名义逼迫卫太子,激起卫太子在长安的兵变。结果,江充被杀,卫太子也兵败自经而死。经过这一段曲折过程以后,武帝追悔往事,决心"与民休息"。他在前89年断然罢逐为他求仙药而伤民糜费的方士,拒绝在轮台(今新疆轮台)屯田远戍,停止向西修筑亭障,并且下诏自责,就是著名的"轮台罪己诏",申明此后务在禁苛暴,止擅赋,力本农,修马复令(养马者得免徭役)以补缺,只求不乏武备而已。同时,他还命赵过推行代田法,改进农具,以示鼓励农业生产。这样,农民暴动暂时平息了。

7. 昭宣中兴

前87年,武帝卒,太子弗陵继位,年仅八岁,由大司马大将军霍光秉政,继续实行武帝晚年的政策,"与民休息"。短短的几年内,流民稍还,田野益辟,政府颇有蓄积,西汉统治相对稳定。

前81年,御史大夫桑弘羊等与郡国所举贤良、文学六十余人辩论施政问题。贤良、文学力主罢盐铁、酒榷、均输官,以示节俭,并进而对于内外政策提出许多主张。这就是有名的盐铁之议,桓宽的《盐铁论》一书,即根据这次辩论写成。贤良、文学之议,对于"休养生息"政策的继续实行,对于安定局面的继续维持,起了促进作用。但是他们关于盐铁等方面的具体要求,多未被西汉政府采纳。同年七月,诏罢郡国榷酤和关内铁官,其余盐铁等政策,仍遵武帝之旧。

前74年,昭帝死,霍光等迎昌邑王刘贺嗣位,立27天被废。七月,迎武帝曾孙询嗣位,是为汉宣帝。宣帝刘询是戾太子之孙,起自民间。他继位后慎择刺史守相,平理刑狱,并继承昭帝遗法,把都城和各郡国的苑囿、公田借给贫民耕种,减免田赋,降低盐价。这些政治经济措施,使社会矛盾继续得到缓和,农业生产开始上升。由于连年丰稔,谷价下降。沿边许多地方这时都设立了常平仓,谷贱则籴,谷贵则粜,以调剂边地的需要。

官府手工业继续得到发展。铜器及铁器制造等手工业呈现繁荣景象。所以班固称赞宣帝时技巧工匠器械,元、成间很难赶上。

汉宣帝被封建时期的历史家称为"中兴之主",但当时西汉统治集团积弊已深,豪强的发展和农民的流亡,都已难于遏止,所以当时民多贫困,"盗贼"不止。

昭宣时期进一步加强了汉王朝同西域诸国的联系。前60年,匈奴内乱,日逐王降汉。宣帝遂于前59年任命汉王朝派驻在西域的骑都尉郑吉为西域都护,统领西域诸国。郑吉在乌垒(新疆轮台县境内)建立都护府。这是中央王朝在新疆地区设置行政机构的开始,使汉王朝的政令通行西域。

8. 苏武回归与昭君出塞

前100年,汉武帝派中郎将苏武出使匈奴。当时匈奴缑王图谋劫持单于母阏氏归汉,副使张胜卷入这一活动。事发后,苏武受到牵连。匈奴单于为诱逼苏武投降,先将他幽闭于大窖中,苏武以雪和旃毛为饮食,不为屈服。单于又将他远徙北海(今苏联贝加尔湖),苏武杖汉节,以牧羊为生。昭帝即位后,汉与匈奴和亲,要求匈奴遣返苏武等汉使,匈奴单于一再推延,后不得已交还。苏武在匈奴前后十九年。前81年还抵长安,以尽忠守节而闻名天下。

前57年,匈奴五单于争立,国内大乱,分裂为东、西两部。前53年,被郅支单于驱逐的呼韩邪单于归属汉朝,并于前51年亲到长安朝贺汉宣帝,汉王朝赐其"匈奴单于玺",正式成为西汉王朝的藩属。在汉王朝的大力支持下,呼韩邪单于的势力逐渐恢复和发展,到汉元帝初年便重返北庭,在汉军和西域诸国联军的帮助下攻杀了郅支单于。为表示对汉王朝的感谢和依附,呼韩邪单于在前33年提出愿与汉室和亲。汉元帝以宫女王嫱(即王昭君)赐与他,昭君远出塞外,成为呼韩邪单于之妻宁胡阏氏。昭君出塞表明,汉与匈奴中断了一百年的关系,至此时正式得以恢复。汉与匈奴的和平友好关系一直维持到西汉王朝的结束。

九、"新"莽王朝（8年～23年）

1. 西汉末年的社会危机

西汉后期，土地兼并加剧，大批农民流亡和沦为奴隶，而统治集团却极尽骄奢淫逸，外戚、宦官交替掌权，吏治愈来愈腐败，政治愈来愈黑暗，贪赃枉法屡见不鲜。民不聊生，矛盾激化。成帝即位不久，今山东、河南、四川等地相继爆发了农民和铁官徒的暴动。哀帝时，西汉王朝的危机更加严重。前7年，师丹建议，丞相孔光等奏请，限诸侯王下至吏民名田及奴婢数量，因贵戚近臣反对，未能实行。前1年，哀帝死，中山王箕子嗣位，是为汉平帝。太皇太后王氏临朝，大司马王莽总揽朝政。

2. "新"莽王朝的建立和托古改制

王莽是元帝皇后的侄子，他秉政后，竭力结党营私，诛灭异己。公元1年，进位太傅，号安汉公，后加称宰衡，并立其女为皇后。5年，王莽毒死平帝，立孺子婴为皇太子，自己以摄政名义居天子之位，朝会称"假皇帝"，年号居摄。6年，汉家宗室刘崇和东郡太守翟义先后起兵声讨王莽，关中民赵明、霍鸿等也群起反抗，众至十余万，攻烧官府，但相继为王莽所镇压。8年，王莽自立为帝，改国号曰新。为了解决西汉遗留的社会矛盾，王莽陆续颁布法令，附会《周礼》，托古改制。

王莽改制主要包括政治、经济和对外关系等三方面的内容：

第一，在政治方面，为了表示改朝换代，"革汉立新，废刘兴王"。王莽根据儒家经典，他把中央和地方的官名、郡县名和行政区划，都大大加以改变。他还恢复五等爵，滥加封赏。官吏俸禄无着，就想方设法扰民。

第二，在经济方面，实行了"王田"、"私属"制、五均、赊贷、六筦和币制改革。9年，颁行王田私属之制。将天下田改名曰王田，奴婢曰私属，不准买卖。次年，颁行五均六筦，企图以此节制商人对农民的过度盘剥，制止高利贷者的猖獗活动。五均是在长安以及洛阳、邯郸、临淄、宛、成都等大都市设立五均司市师，管理市场。六筦是由国家掌握盐、铁、酒、铸钱、五均赊贷等五项事业，不许私人经营；同时控制名山大泽，向在名山大泽中采取众物的人课税。由于地主官僚强烈反对这个诏令，王莽不得不于12年宣布王田皆得买卖，犯买卖奴婢罪者也不处治。这样，王莽解决当前最主要的社会矛盾的尝试,很快就失败了。

王莽共进行了四次币制的改革,货币不合理的变革,引起了经济混乱,加速了王莽财政的崩溃和人民的破产。他滥行五家连坐的盗铸法,实际上恢复了残酷的收孥相坐律。犯法的人没为官奴婢,铁索系颈。这项法令增加了汉末以来奴隶问题的严重性,使人民受苦最深,人民的愤恨最大。

第三,在同周边各民族的关系上,王莽一改西汉自昭宣以来建立的平等友好关系,妄自尊大,使中央政府与周边国家的关系日趋恶化,直至爆发连年战争。

王莽改制所引起的混乱愈来愈大。他为了挽回威信,拯救危亡,一面继续玩弄符命的把戏,一面发动对匈奴和对东北、西南边境各族的不义战争。沉重的赋役征发,战争的骚扰,残酷的刑法,使农民完全丧失了生路。23年,王莽政权终于在起义农民的打击下彻底崩溃。

3. 绿林、赤眉起义

(一) 绿林起义始末

17年,南方发生饥荒,新市(今湖北京山)人王匡、王凤兄弟聚众起义,以绿林山(今湖北大洪山)为根据地,被称为"绿林军"。这支起义军在数月间便迅速扩大至数千人。21年,王莽派兵二万前往镇压,绿林军在云杜(今湖北沔阳)将其击败,乘胜一举攻克重镇竟陵(今湖北潜江西北),又转击云杜、安陆(湖北安陆县北)。当起义军胜利回师绿林山时,队伍已发展到五万余人。22年,绿林山一带发生瘟疫,起义军被迫分两路向外转移:一支由王匡、王凤、马武率领,向北进入南阳郡,称"新市兵";一支由王常、成丹率领,向西南进入南郡,号称"下江兵"。七月,新市兵进攻随县(今湖北随县),得到平林(湖北随县东北)人陈牧、廖湛等人领导的"平林兵"的响应,平林兵与新市兵合兵一处,声势愈振。

绿林军起义爆发后,一些西汉宗室和地方豪强也纷纷起兵。宗室刘玄投奔平林义军。南阳大地主刘縯、刘秀兄弟为了恢复刘姓统治,联络附近各县地主豪强、部署宗族、宾客,组成一支七八千人的队伍,称为舂陵军。舂陵军与王莽军接战不利,乃与向北折回的下江兵约定"合纵"。

这时绿林军连败莽军,发展到十多万人。23年,绿林军新市、平林部立刘玄为帝,建元更始。王莽发州郡兵四十二万,由王邑、王寻率领进行反扑,在昆阳(今河南叶县)为被起义军打败,主力全部消灭。起义军乘胜迅速攻克长安,王莽被杀,北路军也攻占洛阳。24年,刘玄迁都长安。不久,更始帝沉湎于酒色之中,权臣把持朝政,打击异己。出现了"关中离心,四方怨叛"的局面。25年,赤眉军攻入长安,刘玄投降,更始政权结束。

(二)赤眉起义始末

18年,琅邪(今山东诸城)人樊崇在莒县起义,逄安、徐宣、谢禄、杨音等率部响应,队伍发展到几万人。相互约定"杀人者死,伤人者偿创",保持着淳朴的作风和良好的纪律。为在作战时与敌军相区别,他们将眉毛染红,故称"赤眉军"。

22年,王莽派太师王匡和更始将军廉丹率军镇压,在成昌(山东东平西)与义军展开激战。赤眉军击败莽军,杀廉丹,势力大为扩展。更始政权建立后,樊崇等曾表示愿意归附,但遭刘玄排斥,樊崇等人乃脱离刘玄,转战于今河南一带。24年冬,樊崇分两路进攻更始政权。次年正月,两路大军会师弘农(今河南灵宝北)后,继续攻向长安。进至华阴时,立十五岁的西汉宗室刘盆子为帝;随即顺利攻占长安,刘玄投降,不久被绞死。由于关中豪强地主隐匿粮食,组织武装,坚壁顽抗,赤眉军在粮食断绝的情况下,不得不退出长安。27年,在新安(今河南民渑池东)、宜阳(今属河南)一带遭到刘秀所部的围击,樊崇等投降,起义遂告失败。

十、东汉王朝(25年~220年)

25年,刘秀即皇帝位于鄗县(今河北高遇县南),重建汉政权。十月,刘秀收降了扼守洛阳的更始部队,进入洛阳,遂以洛阳为首都。因洛阳在长安之东,史称刘秀政权为东汉,而刘秀本人则称为汉世祖光武皇帝。其世系为:光武帝(刘秀)→明帝(刘庄)→章帝(刘炟)→和帝(刘肇)→殇帝(刘隆)→安帝(刘祜)→少帝(刘懿)→顺帝(刘保)→冲帝(刘炳)→质帝(刘缵)→帝(刘秀)→桓帝(刘志)→灵帝(刘宏)→废(少)帝(刘辩)→献帝(刘协)。

1.东汉王朝的建立与政治体制

(一)刘秀削平地方割据武装,统一全国

刘秀消灭了赤眉军后,形势仍不容乐观,因为当时全国各地几乎遍布地主武装集团。其中主要包括:刘永占据今豫东、皖北一带;张步据有今山东境内;董宪据有今苏北一带;李宪据有今安徽境内;秦丰据有今湖北境内;彭宠据有今河北北部;公孙述据有今四川成都地区;隗嚣据有今甘肃境内;卢芳据有今甘肃固原一带。这些地主武装的首领拥兵一方,有的还称王称帝。

26年,刘秀讨伐刘永,大破之。刘永败走,被部将所杀,其子刘纡率余部与董宪联合。29年,刘秀亲征,刘纡、董宪兵败被杀。与此同时,刘秀又遣将进讨张步,经过几次激战,张步大败投降。李宪也于30年被俘获。至此,东方基本平定。

此后,刘秀移兵向西,以解决隗嚣和公孙述两股地方割据势力。隗嚣在新莽末年起兵反莽,得到陇西一带地主豪强的支持,成为今甘肃境内一支强大的地方割据势力。公孙述也是在巴蜀豪强的拥戴下,于新莽末年自立为蜀王,后又于建武元年自立为天子。29年,隗嚣表示归附。刘秀即诏隗嚣从天水出兵讨伐公孙述,隗嚣转而遣使向公孙述称臣。刘秀率领诸将征讨之。33年,被刘秀军队长期围困的隗嚣忧愤而死,其子降汉。36年,刘秀亲率大军讨伐公孙述。两军战于成都、广都(四川双流之间),公孙述大败,被杀而死。至此,陇西、巴蜀地区被平定。

在此期间,刘秀还先后遣将平定了秦丰、彭宠、卢芳等地方割据势力。至此,各地的地方割据武装基本被剪灭,全国范围的统一局面基本形成。

(二)东汉前期恢复生产,稳定社会秩序的措施

刘秀在东汉王朝建立以后,着力推行了一系列旨在恢复生产、稳定社会秩序的政策和措施,主要包括:

第一,刘秀面对遍及全国的众多"屯聚山泽"的起义农民,并没有简单地一律加以镇压,而是采取了灵活的招抚政策。

第二,刘秀称帝后,曾九次颁布释放奴婢,提高奴婢地位的诏令。其内容包括凡王莽时沦为奴婢者,皆免为庶人;禁止杀、伤和虐待奴婢;缩小奴婢与普通百姓在法律地位上的差距。

第三,减轻刑罚,释放囚徒;

第四，军队复员和减免赋役。30年，减田租，三十税一。

第五，39年下诏，对全国土地进行丈量、核实，称为"度田"，与此同时，还要对全国的人口进行检查、登记。此举遭到各地豪强地主的激烈反对。刘秀无奈，只好让步，度田不了了之。

（三）封建专制体制的完备

东汉初年，功臣众多，封侯者百余人。但刘秀则一反汉高祖以功臣任丞相执政的办法，不给功臣实权实职，剥夺他们的兵柄。功臣除了任边将的以外，多在京城以列侯奉朝请，只有邓禹、李通、贾复等少数人，得与公卿参议大政。对于外戚，光武帝在经济方面尽量优容，但不让外戚干预政事，不给他们尊贵地位。对于宗室诸王，光武帝申明旧制"阿附蕃王之法"，不让他们蓄养羽翼。

在中央政府中，号称三公的太尉、司徒、司空只是名义上的政府首脑，实际权力在中朝的尚书台。尚书台设尚书令和尚书仆射，令、仆射以下有六曹尚书分掌庶政，每曹有丞、郎若干人。皇帝挑选亲信的三公或其他大臣"录尚书事"，实际上等于自己直接指挥尚书台，所以尚书台专权用事就是专制皇权的加强。宫内有些官职西汉时例由士人充任或者参用士人，这时专由宦官充任，以便皇帝直接掌握，随意指使。然而，皇权强固和相权微弱，在东汉后期王朝衰败的条件下，却导致外戚宦官挟主专权。

地方政权中重要的改革之一，是州的地位由监察区域逐渐变为具有郡以上一级地方政权性质的行政区域；刺史则相应地变为具有统郡职能的长官。另一个重要改革，是光武帝废除内郡的地方兵，裁撤郡都尉，并其职于太守；取消郡内每年征兵操练的都试，让地方兵吏一律归还民伍。废除内郡地方兵后，国家军队常常招募农民或征发刑徒组成，指挥权完全集中在中央和皇帝之手。这样就有可能加强皇帝镇压和控制的力量，减少州郡豪强掌握本地军队的机会。

（四）谶纬之学

光武帝特别提倡讲经论理，并把谶纬神学与之紧密结合起来。56年，宣布图谶于天下，谶纬之学成为官方的统治思想。谶原是预决吉凶祸福的预言，纬是对经书的迷信解释。谶纬神学，主要是把阴阳五行同儒家伦理学说更深入地搅合在一起,使之带上神秘色彩,而更具有欺骗性。但它自身有不可克服的矛盾,谁都可以根据自己的政治需要任意解释。因此,在儒家中对谶纬的态度不尽相同。今文经学家信谶纬,而古文经学家多不大相信,斥责它不合儒家经义。

汉章帝为了使儒学与谶纬之学进一步结合起来,于79年,召集诸儒于洛阳的白虎观,讨论五经异同,由班固总结,写成《白虎通议》(亦称《白虎通德论》)一书。这书是经学与谶纬学的混合物,中心内容是宣扬三纲六纪,神化皇帝,说皇帝享有天下,是天命所决定的,神圣不可侵犯的,从而使封建纲常伦理系统化、绝对化。同时还把当时流行的谶纬迷信与儒家经典糅合为一,使儒家思想进一步神学化。

2. 民族关系与中外交往

(一)匈奴的分裂及其瓦解

46年,匈奴单于舆死,其子蒲奴被立为单于,而匈奴八部大人又共议立右薁鞬日逐王比为单于,仍称"呼韩邪单于"。由于双方势不两立,加之当时匈奴又遇连年旱蝗灾害,比和八部大人遂于48年遣使请求内附,刘秀接受了比的归附,令其入居云中(内蒙古托克托县),后徙居西河郡的美稷县(内蒙古准格尔一带),其诸部分置于北地、朔方、五原、云中、定襄、雁门、代郡、西河等沿边八郡。从此,匈奴分裂为南北两部,呼韩邪单于之部即为历史上的南匈奴。

留在蒙古草原上的北匈奴,势力大为削弱,被奴役的乌桓、鲜卑等族,也先后摆脱了北匈奴的控制,转而归附东汉王朝。

为彻底消除北匈奴对边境地区的威胁,汉明帝于73年,派军分四路出击。窦固、耿忠的军队追击北匈奴至天山和蒲类海(今新疆巴里坤湖),夺得伊吾(今新疆哈密西),在那里置宜禾都尉,留吏士屯田。89年,汉和帝再派窦宪、耿秉率师出击北匈奴,北匈奴降者二十余万人。汉军出塞三千余里,直至燕然山(今蒙古杭爱山),命班固刻石而还。91年,汉军出居延塞,大破北单于于金微山(今阿尔泰山),北匈奴余部离开了蒙古高原,向西远徙,直接导致欧洲历史上的"民族大迁徙"。从这时起,匈奴东面的鲜卑族逐步西进,占据了匈奴的故地。

（二）班超出使西域

王莽时期，西域分割为五十五个小国，其中北道诸国，复受制于匈奴。莎车在塔里木盆地西端，匈奴势力衰竭后，莎车王贤逐渐骄横，攻掠近傍小国，攻破鄯善，又杀龟兹王。车师、鄯善、龟兹先后投降匈奴。此后，于阗攻灭莎车，势力增强，称雄南道，但不久也被匈奴控制了。

明帝时，东汉开始发动了进击匈奴的战争。73年，窦固占领伊吾后，于伊吾设宜禾都尉，设兵屯田戍守。又出昆仑塞；先后降服了车师前、后部，基本控制了西域北道诸国，遂重设西域都护和戊己校尉，以陈睦为都护、耿恭为戊校尉、关宠为己校尉，各率数百人屯田。并派假司马班超率吏士三十六人，出使西域南道各国，争取它们同东汉一起抗拒匈奴。

班超先到鄯善。他夜率吏士烧匈奴使者营幕，杀匈奴使者，控制鄯善。接着班超西至于阗，迫使于阗王杀匈奴使者，归服汉朝。

74年，班超前往西域西端，遣人从间道驰入疏勒（今新疆喀什一带），废黜龟兹人所立的疏勒王，另立亲汉的疏勒贵族为王。

当班超获得进展的时候，匈奴所控制的焉耆、龟兹等国，在75年发兵攻击东汉都护，都护陈睦被杀。匈奴围困关宠，车师也发兵助匈奴围攻耿恭。76年，汉章帝派军败车师，击退匈奴，救出耿恭和残存的吏士二十余人。东汉无力固守车师，于是撤销都护和戊己校尉，召班超回国。南道诸国怕班超撤退后匈奴卷土重来，都苦留班超，疏勒、于阗最为恳切。在这种情况下，班超决心留驻西域。班超压服了疏勒一部分亲匈奴的势力，并且用东汉前后两次援兵千余人以及于阗等国兵，迫使匈奴在南道的属国莎车投降，又击败了龟兹援助莎车的军队，西域南道从此畅通。

90年，大月氏贵霜王朝发兵逾葱岭入侵。班超坚壁清野，又遮断其与龟兹的联络，迫使月氏撤军。91年，北道龟兹等国降于班超。汉以班超为西域都护，驻守龟兹，徐幹为长史，驻疏勒，并复置戊己校尉。永元六年，焉耆等国归汉，北道完全打通，西域余国全部内属，班超以此受封为定远侯。

3. 东汉后期的腐败政治

东汉王朝的政治、经济在经历了光武、明、章、和帝近80年的恢复和发展后，很快便开始走向衰落。历史上一般称汉殇帝到献帝十代皇帝115

年为东汉后期。在此期间，政治昏暗，吏治日益腐败，社会矛盾渐趋激化，终于导致了统治集团的公开分裂和农民大起义的爆发。

（一）外戚与宦官的黑暗统治

88年，章帝死，皇太子肇十岁嗣位，是为汉和帝。窦太后临朝听政，窦氏外戚开始专政。和帝长大后，与宦官郑众等密谋，于92年收捕窦宪党羽，缴窦宪大将军印绶，迫使窦宪自杀。郑众因功封侯，是为宦官用权之始。

105年，和帝死，皇后邓绥与其兄邓骘立刚生下百余日的少子为帝，是为殇帝。次年，殇帝又死，立和帝侄十三岁的刘祜，是为安帝。这期间，邓太后除了并用外戚、宦官以外，又起用名士杨震等，以图取得士大夫的支持。邓太后死，安帝与宦官李闰、江京等合谋，消灭了邓氏势力。此后李闰、江京等人大权在握，而皇后阎氏的兄弟阎显等人也居卿校之位，形成宦官与外戚阎氏共同专权的局面。

125年三月，安帝死于巡幸途中。阎皇后与宦官江京、樊丰等合谋，秘不发丧，以防大臣拥立被废的皇太子继位。四天后，迎立久病不起、年仅八岁的北乡侯刘懿为帝，是为少帝，阎后以太后身份临朝听政。阎显将樊丰等宦官及帝舅耿宝等党羽处死或流放，曾经权倾朝野的宦官集团完全为阎氏外戚所代替，唯一幸免的宦官江京只能投靠阎氏外戚。同年十月少帝死，宦官孙程等十九人，拥立十一岁的济阴王为帝（汉顺帝），并且杀掉阎显。顺帝时，孙程等十九人皆得封侯，宦官的权势大为增长。他们不但可以充任朝官，还可以养子袭爵。后来，顺帝也扶植外戚势力，相继拜后父梁商和商子冀为大将军。

144年，顺帝死。皇太子炳嗣，是为汉冲帝刘炳，皇太后梁氏临朝称制。145年，冲帝死，大将军梁冀立勃海王鸿子缵嗣位，是为汉质帝刘缵。146年，质帝，因不满于梁冀的骄横，在上朝时目指其对大臣说："此跋扈将军也"。梁冀听说后竟鸩杀质帝，迎蠡吾侯刘志嗣位，是为汉桓帝刘志，皇太后梁氏仍临朝。

159年，桓帝与宦官单超等人合谋，派禁军突袭梁府，收梁冀大将军印绶，梁冀与其妻自杀，梁氏及其妻孙氏诸宗族，年无长幼，皆论罪弃市。数十名与其有牵连的公卿列校、刺史、二千石都被处死，梁氏外戚遭到致命打击。单超等五人因诛灭梁氏有功,被同日封侯,人称"五侯"。自此宦官又独揽政权。他们"手握王爵,口含天宪"(《后汉书·宦者传序》),权势达于顶点。

(二)清议和党锢

外戚、宦官交替擅权,使东汉政治更加黑暗腐朽,一部分官僚、士人,开始对东汉政权的前途感到担忧。另外,宦官和外戚及其爪牙控制了选官大权,严重地堵塞了太学生和各地郡国生徒入仕的出路,引起强烈不满。对国家命运和个人前途的担忧,促使这些官僚、士人起而反对外戚、宦官擅权,要求革新政治,并对时局提出尖锐的批评,对不畏权势的人物进行赞扬,逐渐形成了所谓"清议",即社会舆论。

安帝、顺帝相继扩充太学,笼络儒生,顺帝时太学生多至三万余人。太学生同官僚士大夫有着密切的联系,太学成为清议的中心。他们认为宦官外戚的黑暗统治是引起农民起义,导致东汉衰败的主要原因,所以力图通过清议,反对宦官外戚特别是当权的宦官,挽救东汉统治。太学诸生,特别尊崇李膺、陈蕃、王畅等人,太学中流行着对他们的评语:"天下模楷李元礼(膺),不畏强御陈仲举(蕃),天下俊秀王叔茂(畅)"(《后汉书·党锢传序》)。

166年,李膺杀术士张成,张成生前与宦官关系密切,所以他的弟子牢修诬告李膺与太学生及诸郡生徒结为朋党,诽讪朝廷,疑乱风俗。在宦官怂恿下,桓帝收系李膺,并下令郡国大捕"党人",词语相及,共达二百多名。第二年,李膺及其他党人被赦归田里,禁锢终身,这就是有名的"党锢"事件。

李膺等人获释之后,声望更高。168年,名士陈蕃为太傅,与大将军窦武(窦太后之父)共同执政。他们起用李膺和被禁锢的其他名士,并密谋诛杀宦官。宦官矫诏捕窦武等人,双方陈兵对阵,结果陈蕃、窦武皆死,他们的宗室宾客姻属都被收杀,门生、故吏免官禁锢。次年,曾经打击过宦官势力的张俭被诬告"共为部党,图危社稷",受到追捕,党人横死狱中的共百余人,被牵连而死、徒、废、禁的又达六七百人。

4.黄巾大起义

东汉自和帝以后，政治日趋腐朽。横征暴敛，土地兼并空前剧烈，农民大量破产流亡，成为流民。太平道（道教一支，奉黄帝、老子为教祖）首领张角，自称"大贤良师"，以传道和治病为名，在农民中宣扬教义，进行秘密活动。十余年间，徒众达十万，遍布青、徐、幽、冀、荆、扬、兖、豫八州，分为三十六方，大方万余人，小方六七千，每方设一渠帅，由他统一指挥。张角加紧部署起义，广泛传播"苍天已死，黄天当立，岁在甲子，天下大吉"的谶语，鼓舞农民起来推翻东汉王朝的统治。184年初，张角命令马元义调动荆、扬等地徒众数万人向邺集中，约定三月五日各地同时起义。但是，起义计划由于叛徒告密而完全泄露，东汉王朝逮捕马元义，诛杀洛阳通道的宫廷禁卫和百姓千余人，并令冀州逐捕张角。张角得知计划泄露，立即通知三十六方提前起义。二月，以黄巾为标志的农民起义军，在七州二十八郡同时俱起，众达数十万人。他们焚烧官府，捕杀官吏，攻打地主坞壁，旬日之间，天下响应，京师震动。东汉王朝派皇甫嵩、朱儁、卢植等率军前往河南、河北地区镇压，均先后被击败。灵帝改派东中郎将董卓进攻张角，同样遭到失败。后因起义军缺乏作战经验，加上政府军和豪强地主的联合镇压，先后败于颍川（今河南禹县）、南阳（今属河南）。同时，张角不幸病亡，河北黄巾军失败，张梁、张宝也牺牲。但分散在各地的各族人民起义，从灵帝到献帝，持续进行了二十多年的英勇斗争。

5. 董卓专权与东汉王朝的灭亡

黄巾大起义被镇压下去以后，宦官同外戚、官僚士大夫的矛盾又逐渐公开化。189年，灵帝死，外戚何进拥兵自重，立何皇后之子刘辩为帝，是为少帝。何进调凉州军阀、前将军董卓等进京，屯驻于洛阳附近，准备采取武力翦除宦官势力。宦官段珪等先发制人，杀大将军何进，并劫少帝出走。司隶校尉袁绍获悉后，率兵尽诛宦官。而此时董卓乘机率军进驻洛阳城，收编何进部下诸军，从而成为京城中拥有重兵的主要力量。189年九月，董卓胁迫何太后及百官废少帝，改立年方九岁的刘协为帝，是为献帝。随后，董卓逼令何太后自杀，并毒死少帝。此后，董卓自任相国，独揽朝政。

190年正月，关东州郡起兵，推袁绍为盟主，讨伐董卓。二月董卓胁献帝迁都长安，并强迫洛阳一带居民西迁，他竟动用军队驱赶百姓上路，并放火烧毁洛阳的宫殿和民房,致使从前兴旺一时的大都会在二百里以内荒无人烟。192年司徒王允定计杀死董卓,董卓部将李傕、郭汜以为董卓报仇为名,联兵攻占长安,杀死王允。接着,董卓部将之间又因争权夺利互相残杀起来,长安城中一片混乱。汉献帝成为诸将争夺的目标和傀儡,而东汉政权则已形同虚设了。

在董卓旧部混战长安的同时,关东地区也陷入一片混乱之中。袁绍、袁术、曹操等开始了更激烈的混战。196年,曹操将献帝迎至许昌,"挟天子而令诸侯",取得了政治上的优势。至此,东汉王朝已经名存实亡。至220年曹丕废汉献帝,东汉王朝彻底灭亡。

十一、三国时期(220年~280年)

1. 三国鼎立的形成

196年时,全国形成许多割据区域,其中势力最强也最活跃的是袁绍和曹操。

曹操自把汉献帝迁到许县(今河南许昌东),取得了挟天子以令不臣之势后,积极屯田积谷,以蓄军资。200年,曹操与袁绍两军进行官渡之战,曹操以弱胜强,全歼袁军主力。又利用袁绍二子的矛盾攻占袁氏的邺城,相继占领青、冀、幽、并四州之地,统一了中原地区。207年,曹军出卢龙塞(今河北遵化西北),打败侵扰北方的乌桓。

208年,曹军南下,攻占刘表之子刘琮所据的荆州。依托于荆州的刘备向南奔逃。江东的鲁肃受孙权之命与刘备会晤,商讨对策,诸葛亮又受刘备之命,于柴桑(今江西九江西南)与孙权结盟,共抗曹军。孙、刘联军以少胜多,大败曹军水师于赤壁,迫使曹军退回中原。这就是决定南北相持局面的赤壁之战。曹操北归以后,用兵于关中、陇西,把统一范围扩及整个北方。

211年,刘备率部进入益州,逐步占据了原来刘璋(刘焉之子)的地盘。219年,刘备从曹军手中夺得汉中,据守荆州的关羽也向曹军发起进攻,但是孙权遣军袭杀关羽,占领荆州全部,隔三峡与刘备军相持。

220年一月,曹操死。十月,子曹丕称帝(即魏文帝曹丕),国号魏,都洛阳,建元黄初。221年,刘备在成都称帝(即汉昭烈帝刘备),国号汉,世称蜀,又称蜀汉,建元章武。孙权于221年接受魏国封号,在武昌称吴王。

222年，蜀军出峡与吴军相持于夷陵（今湖北宜都境），猇亭一战，被吴将陆逊击败，退回蜀中。229年，孙权在武昌称帝（即吴大帝孙权），后迁都建业（即建康），建立吴国。猇亭之战以后不久，蜀、吴恢复结盟关系，共抗曹魏。南北之间虽然还常有战事发生，有时规模还比较大，但是总的说来，力量大体平衡，鼎足之势维持了四十余年之久。

2. 曹魏政权

魏国历五帝，共四十六年。其帝系表为：魏文帝（曹丕）→魏明帝（曹叡）→魏齐王（曹芳）→魏高贵乡公（曹髦）→魏陈留王（曹奂）。

曹操是魏国的奠基人。他破格用人、整饬吏治的政策，创造了魏国的活泼有生气的政治局面。早在逐鹿中原时，曹操一再发布"唯才是举"的教令，提出选官的真正准则是"治平尚德行，有事赏功能"。他又认为只有整饬吏治，才能打击那些目无法纪的人，使百姓安心，社会秩序得到保证。

曹操重视农业经济的恢复，采取各种措施安定流民，开垦荒田，兴修水利，减轻农民赋税负担，促进了社会安定的局面。为了保证军粮的供应，利用士兵或招募百姓耕种荒地，实行屯田制。

魏文帝曹丕依靠曹操所创基业，称帝建魏。他采纳陈群建议，选择贤而有识鉴的官员，兼任其本郡的中正，负责察访与他同籍而流散在外的士人，评列为九品，作为吏部授官的依据。这就是九品中正制。

220年，将魏的玺绶等物授予匈奴南单于呼厨泉，以加强对入塞匈奴部落的控制，并设置护鲜卑校尉，以镇抚这一北方草原地区继匈奴之后兴起的游牧民族。次年，魏又借西域鄯善、龟兹、于阗等国遣使朝贡的时机，设戊己校尉，屯田于高昌（今新疆吐鲁番东），恢复了东汉后期一度中断了的中原政权同西域地区的关系，扩大了魏的影响。魏文帝还于222年、224年两次率兵抵达长江北岸，欲攻取江南不成，但却乘势削平了青、徐一带的豪族势力，巩固了魏的统治。

226年魏文帝死，子叡继位，是为魏明帝。孙权趁曹丕新死之机举兵进攻襄阳。次年，蜀汉降将孟达复叛投蜀汉，蜀丞相诸葛亮进驻汉中，开始他的北伐活动。曹叡遣司马懿击败孙权，消灭孟达，自己坐镇长安，派曹真击退诸葛亮，后令曹真、司马懿多次击败诸葛亮的北伐。237年，世代据有辽东的辽东太守公孙渊叛魏,自称燕王,策动鲜卑部落侵扰魏北边疆土。次年魏明帝令屯守长安的司马懿率军消灭了这股割据势力,收降辽东、玄菟(治今辽宁沈阳市东)、乐浪(治今朝鲜平壤)、带方(治今朝鲜沙里院南)等四郡。

魏国建立不久,政权开始腐败。齐王芳在位时发生了辅政的宗室曹爽和太尉司马懿的权力之争。249年,司马懿乘曹爽奉齐王芳出洛阳城谒高平陵的机会发动政变,杀曹爽、何晏,遂专魏政,史称高平陵事件。251年,魏都督扬州诸军事王凌于淮南起兵反司马懿,兵败被擒自杀。254年,司马懿之子司马师废曹芳,立高贵乡公曹髦。255年,魏镇东将军毋丘俭在寿春起兵讨司马师,失败被杀。257年,魏征东大将军诸葛诞起兵讨司马昭,次年失败被杀。当反抗力量都被消灭以后,司马氏乘时立功,于263年出兵灭蜀。两年后,司马炎以接受禅让为名,代魏为晋。

3. 蜀汉政权

蜀国历二帝,共四十三年。其帝系表为:昭烈帝(刘备)→后主(刘禅)。

刘备在荆州时,三顾茅庐,起用诸葛亮辅政。诸葛亮看清了北有曹操,东有孙权,荆州不可持久的形势。从战略上促成刘备进入益州,以图自保。刘备死后,诸葛亮以丞相辅佐蜀汉后主刘禅,主管军国大政。他执行在《隆中对》中提出的"东连孙权"的既定策略,与孙吴订立共抗曹魏的盟约。同时在治蜀施政策略上,"科教严明,赏罚必信,无恶不惩,无善不显,至于吏不容奸,人怀自厉"(《三国志·诸葛亮传》),以此从政治上稳定了蜀汉政权。他又令修复都江堰,发展农业;置司盐都尉与司金中郎将,掌管盐铁;发展蜀锦生产使经济进一步发展。

内部稳定后,诸葛亮便着手平定南中。当时南中地区的西南夷接连发生叛乱。223年,益州郡(今云南晋宁东)豪强雍闿趁刘备死去的时机,杀太守,策动当地少数族,反对蜀汉统治。越嶲(今四川西昌)豪族高定、蜀牂柯(治今贵州黄平西南)太守朱褒也随之起兵,南中地区动乱扩大。225年,诸葛亮率军南征,大军分为三路,诸葛亮军西平越嶲、马忠军东平牂柯,然后他们与中路李恢所部共指益州郡。此时孟获已代雍闿据郡。诸葛亮败孟获，并按出军时马谡"攻心为上"的建议，对孟获七纵七擒，终于使孟获归心，南中平定。

南中战争后，诸葛亮于227年率军进驻汉中，同魏国展开争夺关陇的激战。228年，诸葛亮命赵云据箕谷（今陕西褒城北）以为疑兵，自己率主力取西北方向进攻祁山（今甘肃礼县东北）。前锋马谡在街亭（今甘肃庄浪东南）败阵，蜀军撤回。以后三年，诸葛亮又屡次出兵，都由于军粮不济，没有成果。234年，再次北伐，进军至渭水南面的五丈原（今陕西眉县西南），病死军中，蜀军撤回，北伐停顿。

诸葛亮死后，蜀国以蒋琬、费祎、董允等人相继为相，因循守成而已。258年以后，宦官黄皓擅权，政治腐败。大将军姜维北伐，劳而无功。263年，魏军三路攻蜀，姜维在剑阁抗拒魏钟会大军，而魏邓艾则轻军出阴平（今甘肃文县西）险道南下，直扑江油（今四川江油北），逼降蜀守将马邈，然后进攻涪城。蜀涪城守将、诸葛亮之子诸葛瞻败守绵竹，与子诸葛尚战死，绵竹陷落，刘禅向邓艾军投降。在剑阁与钟会对阵的姜维、廖化等也奉命自动解除武装。蜀汉亡。

4. 孙吴政权

吴国历四帝，共五十九年。其帝系表为：吴大帝（孙权）→吴会稽王（孙亮）→吴景帝（孙休）→吴乌程侯（孙皓）。

赤壁之战后，孙权占有江东，又占有荆州一部分，江南广大疆域都在他控制之下。229年，孙权称帝，建都于建业（今江苏南京）。他执行联刘抗曹的方针，多次率兵北上与曹魏交锋，但成效不大。在经济上，孙权重视农业生产，针对江南人口稀少，生产落后，大片土地尚未开发的情况，在长江两岸地区都设有屯田区。为了弥补兵源和劳动力的不足。孙权还对吴国境内的山越进行了长期战争，迫使十万多山越人先后迁居平川从事农业，客观上对于促进东南的经济发展和开发山区有积极作用。

孙权主要的军事活动在淮南。赤壁战后，曹操军屡攻合肥地区，双方互有胜负。江北居民多渡江，濒江数郡成为空虚地带。诸葛亮死，魏蜀战争停止后，魏国加强了在淮南对吴国的进攻。吴军除沿江设督驻军、遍置烽燧以外，还在巢湖南口筑坞，严密防守。魏军水师有限，进攻难于奏效，所以魏吴相持有年。

252年，孙权病死，临终令大将军诸葛恪入朝，以太子太傅的身份辅孙亮即位。253年，孙亮与宗室、武卫将军孙峻合谋杀诸葛恪，由孙峻任丞相、大将军，督中外诸军事，专吴朝政。孙峻病死，其同祖弟孙綝自为大将军，总揽军政大权。258年，孙綝废孙亮为会稽王，立孙休，是为吴景帝。孙休在将军张布、丁奉的帮助下杀死孙綝，从此，孙吴政争才逐渐缓和下来。264年，吴景帝死，孙皓立。孙皓宠用小人，滥施酷刑，横征暴敛，大修宫室，境内暴动不断。265年，魏司马昭死，子司马炎继相国、晋王位。接着废魏主，称帝，是为晋武帝，国号晋，都洛阳。由于司马氏代魏后忙于新朝定制，吴国政权暂得延续。279年，晋以贾充为大都督，大举伐吴，沿长江上下六路出兵。280年三月攻下建业，吴帝孙皓降，吴国亡。

十二、西晋王朝（265年~316年）

265年，晋王司马炎（即晋武帝司马炎）夺取政权，建立晋朝，先都洛阳，后迁长安，历四帝。316年为匈奴刘氏所灭，史称西晋。

其帝系表为：晋武帝（司马炎）→晋惠帝（司马衷）→晋怀帝（司马炽）→晋愍帝（司马邺）。

1. 短暂的小康局面

280年，晋灭吴，统一全国。司马炎即位后采取宽和节俭的方针，把曹魏以来的屯田民编入郡县为自耕小农，从而增加了纳税人口。同年颁布户调式，同时还颁布了占田法和课田法。在占田、课田制下的农民，是一家一户的个体小农。他们的粮食除缴纳田租外，都归他自己所有，因而他们的生产积极性较高，农业经济得到恢复和发展。全国百姓的赋税徭役负担归于一律，有利于政令的统一和中央集权的统治。所以晋武帝在位头十年，是西晋比较繁荣的时期，保持了一个小康的局面。

2. 宗室诸侯王的特权

西晋封宗室子弟为王，有二十七王之多。又让他们充当都督，出镇战略要地。地方都督，都是由皇帝任命的。建立都督制的目的也是为了巩固皇权，捍卫统一。但都督坐镇一方，手握一方军政大权，可以成为维护皇权的力量，也可以成为地方割据的势力。晋建立的宗室诸侯王的特权，恰好成为分割皇权的势力,导致出现了八王之乱。

3. 八王之乱

290年,晋武帝死,惠帝立,立贾充之女贾南风为皇后(贾后),武帝杨皇后父杨骏辅政。以刘渊为匈奴五部大都督。291年,贾后杀杨骏,又杀汝南王亮及楚王玮,延绵十六年之久的八王之乱从此开始。八王是:汝南王司马亮、楚王司马玮、赵王司马伦、齐王司马冏、长沙王司马乂、成都王司马颖、河间王司马颙、东海王司马越。八王之乱,正是不同派系的司马氏宗王之间的厮杀。

300年,赵王伦联合齐王冏起兵杀贾后。次年,废惠帝自立。齐王冏、成都王颖、河间王颙联合起兵,杀赵王伦,惠帝复位,齐王冏专政。302年底,河间王颙从关中起兵讨冏,洛阳城中的长沙王乂也举兵入宫杀齐王冏,政权落入乂手。303年,河间王颙、成都王颖合兵讨长沙王乂。303年正月,洛阳城里的东海王越与部分禁军合谋,擒长沙王乂,交与河间王颙的部将张方,乂被张方烧死。成都王颖入洛阳为丞相,但仍回根据地邺城,以皇太弟身份专政,政治中心一时移到邺城。东海王越挟惠帝北上进攻邺城,被成都王颖打败,惠帝被俘入邺,东海王越逃往自己的封国(今山东郯城北)。与此同时,河间王颙攻破邺城,成都王颖与惠帝投奔洛阳,转赴长安。305年,东海王越又从山东起兵进攻关中,击败河间王颙。306年,东海王越迎惠帝回洛阳,杀成都王颖、河间王颙相,惠帝也被毒死。弟炽继位,是为晋怀帝司马炽。大权落入东海王越手中,八王之乱到此终结。

4. 流民起义

晋惠帝即位后,政乱朝危,八王之乱后期大规模的内战又严重地破坏了社会生产,加以疾疫饥馑等天灾,百姓背井离乡,流离失所,结成一股股声势浩大的流民群。地方豪族乃至一些地方官吏也随流民活动,往往成为流民群的首领,这使西晋末年的流民起义独具特色。

301年,秦雍六郡流民起义爆发。流民推李特为首,起兵于绵、竹,进攻成都。303年,李特入成都,旋为益州刺史罗尚所杀。特侄李雄再攻下成都,自称成都王。306年,李雄称皇帝,国号大成,以成都为都城。后李寿于338年改国号为汉,史称成汉。这个割据政权在347年被东晋消灭。

李特的起义,是流民起义的开始。接着起义就不断发生。主要的起义,有王弥在青、徐等地的起义,张昌在江、汉间的起义,王如在豫、荆的起义,杜弢在荆、湘的起义。在起义的流民队伍中,也有当地人民参加。

5. 永嘉之乱

与流民起义相比,匈奴刘渊与羯人石勒的反晋活动对西晋政权的威胁更大,并最终消灭了西晋政权。历史上将匈奴、羯人反晋活动称为永嘉之乱。

304年,匈奴五部与杂胡的首领左贤王刘渊在左国城(今山西离石北)称汉王,首先打起反晋的旗号,很快就占领了并州(今山西中部和南部)一带地方。

刘渊起兵后,在东方起事的还有羯人石勒。石勒是上党羯人。羯是附属于匈奴的一支。307年,石勒、汲桑率牧人劫郡县囚徒,招山泽亡命,攻下邺城等地,几个月内与西晋官军厮杀三十余场,但最后归于失败,汲桑牺牲,石勒投奔刘渊。

308年,刘渊称皇帝,以汉为国号,都于平阳(今山西临汾),并派其子刘聪、族子刘曜等率军进攻西晋京城洛阳。310年,刘渊死,太子和继位。刘聪杀和自立。311年,刘曜攻陷洛阳,怀帝被俘至平阳(今山西临汾西)。313年,刘聪杀怀帝,秦王司马邺在长安即位,是为晋愍帝。316年,刘曜进兵关中,愍帝降,被送至平阳,西晋亡。

十三、十六国政权(304年~439年)

旧史中有"五胡十六国"之说。五胡,即指匈奴、鲜卑、氐、羌、羯。十六国是指从304年到439年一百三十六年间,在中国北部和四川先后建立的各族割据政权,即:成汉、汉(前赵)、后赵、前燕、前秦、前凉、后燕、南燕、北燕、后秦、西秦、夏、后凉、南凉、北凉、西凉。另有西燕和冉魏,一般不算入十六国之内。其中西凉、北燕、前凉、冉魏为汉族政权。

1. 成汉

巴賨是中国古代巴族的一支,301年,巴賨豪强领袖李特率流民起义,后被益州刺史罗尚击杀,第三子李雄继续领导流民作战,攻下成都,逐走罗尚,据有益州。304年李雄称成都王,306年改称皇帝,国号大成,都成都。李雄统治时,战事稀少,政刑宽和。赋税也较轻。334年,雄病死,宗室间为争夺帝位不断发生内乱,安定局面破坏。先是兄子李班继位,同年雄子李期杀班自立。338年特弟李骧之子李寿杀期自立,改国号为汉,史称成汉。李寿即位后,务为奢侈,大起宫殿,李寿死,子李势继位,淫杀尤甚,上下离心。347年,东晋荆州镇将桓温出兵伐蜀,李势兵败出降,成汉亡。历六主,共四十四年。其世系表为:太宗武帝(李雄)→哀帝(李班)→废主(李期)→中宗昭文帝(李寿)→后主(李势)。

2. 汉〈前赵〉

304年,匈奴大单于刘渊称汉王,都离石(今山西离石)。308年,刘渊称帝,仍以"汉"为国号,迁都平阳(今山西临汾市西南)。310年,刘渊病死,子刘和继位,刘和弟刘聪杀之自立为帝。

刘聪获得政权后,很快生活腐化,荒淫奢侈。其子弟争权,各拥强兵。宦官弄权,挑拨是非。加之连年战争,社会不安定,人民无法正常生产,饥荒频仍。在这种情况下,前赵的人民不断逃亡。318年,汉主刘聪死,子粲继立,为匈奴贵族靳准所杀,汉亡。镇守长安的刘聪族弟刘曜闻变,发兵攻靳准。十月,曜自立为皇帝。与此同时,石勒亦以讨伐靳准为名,率军攻破汉都平阳,于是,自平阳、洛阳以东之地尽入勒手。319年,曜徙都长安,改国号为赵,史称前赵。此后刘曜、石勒常相攻伐。328年,两军大战于洛阳城西,刘曜饮酒过量,兵败被擒,前赵主力被消灭。石勒军乘胜西进,曜太子刘熙弃长安,逃奔上邽(今甘肃天水)。329年,勒军攻占上邽,杀刘熙,前赵亡。历一主,十一年。

3. 后赵

羯族石勒从305年起兵后,辗转归于汉刘渊,为渊部将。311年石勒军全歼西晋主力,并会同刘曜等攻破洛阳。312年以后,石勒以襄国为基地,发展成为今河北、山东地区的割据势力。318年,汉内乱,他率军攻破汉都平阳(今山西临汾西)。319年,刘曜自立为帝,建前赵,迁都长安。石勒脱离前赵,自称大单于、赵王,定都襄国,史称后赵。石勒攻灭鲜卑段氏,又进据河南、皖北、鲁北。329年攻破长安、上邽,灭前赵,并有关陇。至此,北方除辽东慕容氏和河西张氏外,皆为石勒所统一。以淮水与东晋为界,初步形成南北对峙局面。330年石勒改称大赵天王、行皇帝事,同年称帝。333年石勒病死,太子弘继位,以勒侄石虎总摄朝政。334年,石虎废石弘,自称居摄赵天王。以后,石虎诛杀弘及勒诸子,迁都于邺。349年称帝。石虎是十六国时期有名的暴君。在其统治期间,军旅不息,众役繁兴,征调频仍,刑罚严酷。谪戍凉州的东宫卫士十余万在梁犊领导下于雍城起义。这次起义虽然失败,但动摇了后赵统治的根基。石虎病死后,诸子争立,互相残杀。350年,石虎养孙汉人冉闵(即石闵)乘政局混乱,杀石鉴,灭后赵,自立为帝,国号大魏,史称冉魏。次年,称帝于襄国的石祇也被冉闵消灭。历七主,共三十二年。其帝系表为:高祖明帝(石勒)→海阳王(石弘)→太祖武帝(石虎)→谯王(石世)→彭城王(石遵)→义阳王(石鉴)→新兴王(石祇)。

4. 前燕

307年前后,鲜卑慕容廆自称鲜卑大单于,以大棘城(今辽宁义县西北)为中心,据有辽水流域。333年,慕容廆死,第三子慕容皝继立。337年,慕容皝称燕王,建燕国,史称前燕。342年迁都龙城(今辽宁朝阳),南败后赵,东兼高句丽,北取宇文氏,十多年内拓地三千余里,成为东北地区强大国家。慕容皝死,子儁继位。349年进攻后赵,夺得幽州,迁都于蓟(今北京西南)。352年击灭冉魏,占有河北,自称燕皇帝。357年迁都邺城。360年,儁病死,十一岁的太子暐继位,儁弟慕容恪辅政。369年东晋桓温北伐,燕军连败失地,后慕容垂在襄邑大败晋军,桓温退走。370年前秦苻坚命王猛率大军攻燕,破邺城,俘慕容暐,前燕亡。历三主,共三十四年。其帝系表为:太祖文明帝(慕容皝)→烈祖景昭帝(慕容儁)→幽帝(慕容暐)。

5. 前秦

351年,氐族苻健在长安称天王、大单于,国号大秦,史称前秦。352年改称皇帝,都长安。355年苻健死,子苻生继位。357年苻生堂兄苻坚杀苻生自立。苻坚即位后的十几年内,前秦国内相对安定,势力逐渐强大,他集中氐族武装力量,开始了统一黄河流域的征战。370年灭前燕。376年灭前凉、代。前秦统一整个北方,与东晋形成南北对峙局面。苻坚自恃强盛,不断对东晋发动进攻,383年,晋秦淝水之战,前秦大败,苻坚中箭,仓皇逃回到长安。此时,前秦内部分崩,曾被征服的丁零、鲜卑、羌等各族贵族纷纷起兵反秦。丁零翟斌起兵河南,鲜卑慕容垂起兵河北,鲜卑慕容泓起兵陕西华阴,羌姚苌起兵渭北。慕容泓不久为部下所杀,其弟慕容冲被拥为主。冲率军进围长安,苻坚于385年留太子苻宏守城,自率数百骑出奔五将山(今陕西岐山东北),后为姚苌擒杀。苻宏率数千骑弃城出逃,辗转投奔东晋,长安遂为慕容冲攻占。至此,前秦已名存实亡。苻坚死后,镇守邺城的苻丕遭慕容垂长期围攻,于385年弃城,退至晋阳(今山西太原西南),自立为帝。386年,苻丕与西燕慕容永军在山西激战,秦军大败,丕逃奔河南,为东晋军所杀。其后,关陇氐人拥立苻坚族孙苻登称帝于枹罕(今甘肃临夏)。苻登与后秦姚苌连年争战。394年,苻登与姚苌子姚兴作战,兵败被杀,前秦灭亡。历六主,共四十四年。其帝系表为:高祖景明帝(苻健)→越厉王(苻生)→世祖宣昭帝(苻坚)→哀平帝(苻丕)→太宗高帝(苻登)→末主(苻崇)。

6. 前凉

314年,西晋凉州刺史张轨病死,长子张寔继任。西晋亡后,张寔仍长期使用晋愍帝的年号,虽名晋臣,实为割据政权,史称前凉。320年,张寔为其帐下阎沙等所杀。寔弟张茂诛阎沙等,自称凉州牧。324年,张茂病死,兄张寔子张骏继位。346年,张骏病死,子张重华继位、称凉州牧,假凉王。张骏、张重华父子统治时,前凉达于极盛。张重华死后,张氏宗室内乱不绝,凉州大姓也起兵反抗。十年争权夺位的斗争,使国势大衰,到张天锡时已失去今甘肃南部。376年,前秦主苻坚以步骑十三万大举进攻,张天锡被迫出降,前凉亡。历八主,共六十年。其世系表为:昭公(张寔)→成王(张茂)→文王(张骏)→桓王(张重华)→哀公(张耀灵)→前王(张祚)→冲公(张玄)→后主(张天锡)。

7. 后燕

前燕慕容暐时,慕容垂因宗室内部矛盾投奔前秦。淝水之战后,慕容垂于384年与前秦决裂,率军进围邺城,并在荥阳建元立国,史称后燕。慕容暐弟慕容泓闻讯即自称济北王,是为西燕。385年前秦苻丕撤往晋阳(今山西太原西南),河北之地尽属后燕。386年,垂自立为帝,定都中山(今河北定县）。392年消灭割据河南的丁零族翟魏政权，394年灭西燕，基本上恢复了前燕版图。395年，垂命太子宝率军进攻北魏，在参合陂（在今山西阳高境）大败。次年慕容垂亲自引兵突袭北魏，攻取平城（今山西大同东北），但因慕容垂病死军中而还，子宝继位。398年，慕容宝为鲜卑贵族兰汗所杀。慕容宝子慕容盛杀兰汗，慕容盛又为其臣下所杀。后来，鲜卑贵族拥立了慕容垂的少子慕容熙。慕容熙时，后燕据有辽西地区，境域狭隘，民户不多，但他却是个贪图享乐、不理朝政的人。407年，慕容熙为禁卫军将军冯跋和高云等所杀，后燕亡。历七主，共二十六年。其世系表为：世祖成武帝（慕容垂）→烈宗惠闵帝（慕容宝）→开封公（慕容详）→赵王（慕容麟）→中宗昭武帝（慕容盛）→昭文帝（慕容熙）→惠懿帝（高云，慕容宝养子）。

8. 南燕

后燕慕容宝在位时，叔父慕容德镇守邺城。397年北魏攻后燕都城中山（今河北定县），宝北奔龙城（今辽宁朝阳）。十月，北魏破中山，后燕被截为两部分。德于398年南徙滑台（今河南滑县东），自称燕王，史称南燕。399年滑台为北魏攻占，德入据广固（今山东益都）。400年德改称皇帝。405年，德病死，兄子慕容超嗣位。409年东晋刘裕率师北伐，次年攻下广固，超被俘斩，南燕亡。历二主，共十三年。其帝系表为：世宗献武帝（慕容德）→慕容超。

9. 北燕

后燕慕容熙荒淫无道，后燕禁卫军将领冯跋等杀慕容熙，拥立后燕主慕容宝养子慕容云（即高云）为主。409年云被其宠臣离班等所杀，冯跋又杀离班等，自称燕天王，仍以燕为国号，都龙城（今辽宁朝阳），史称北燕。430年，跋病死，其弟冯弘杀跋诸子自立。436年，冯弘在高句丽军保护下率龙城百姓东渡辽水，奔高句丽。北魏军入占龙城，北燕亡。历二主，共二十八年。其世系表为：太祖文成帝（冯跋）→昭成帝（冯弘）。

10. 后秦

357年，羌族姚苌率众降于前秦，为苻坚将领，累建战功。淝水战后，姚苌起兵反秦。384年，称万年秦王，史称后秦。386年入据长安称帝，国号大秦。393年姚苌病死,太子姚兴继立,次年,灭前秦,据有关陇。并乘西燕败亡,取得河东。随后又相继攻占东晋的洛阳,臣服西秦,攻灭后凉。416年姚兴病死,太子姚泓继位,后秦宗室骨肉相残,自相削弱。417年东晋刘裕进取潼关,攻占长安,姚泓兵败出降,后秦亡。历三主,共三十四年。其帝系表为:太祖昭武帝(姚苌)→高祖文桓帝(姚兴)→后主(姚泓)。

11. 西秦

前秦苻坚败亡后,鲜卑族(一说属赀虏)酋长乞伏国仁于385年自称大单于,筑勇士城为都,史称西秦。388年国仁死,弟乾归继位,称河南王,迁都金城(今甘肃兰州西北)。前秦主苻登败死,乾归尽有陇西之地,改称秦王,迁都苑川(今甘肃榆中东北)。412年,乾归死,子乞伏炽盘继位,称河南王,迁都枹罕(今甘肃临夏)。428年,炽盘死,子乞伏暮末继位,欲向东归附北魏,途中遭夏主赫连定阻击,退保南安(今甘肃陇西东南)。431年夏军攻围南安,暮末出降,西秦亡。历四主,共四十七年。其世系表为:烈祖宣烈王(乞伏国仁)→高祖武元王(乞伏乾归)→太祖文昭王(乞伏炽盘)→后主(乞伏暮末)。

12. 夏

407年,匈奴铁弗部赫连勃勃自称大夏天王、大单于,国号大夏,都统万(今内蒙古乌审旗南白城子)。418年,赫连勃勃陷长安,称帝。425年,勃勃死,子昌继位。426年,北魏攻占长安,次年又攻统万,昌战败逃往上邽(今甘肃天水)。428年,北魏攻克上邽,俘赫连昌,昌弟赫连定率余众数万至平凉(今甘肃平凉西南)称帝,继续与北魏作战。431年,定击灭西秦,掳其民十余万口欲渡黄河西去,渡河时遭北魏属国吐谷浑袭击,定被俘,夏亡。历三主,共二十五年。其世系表为:世祖武烈帝(赫连勃勃)→废主秦王(赫连昌)→后主平康王(赫连定)。

13. 后凉

前秦主苻坚统一北方后,于382年命氐族吕光铁骑五千,进军西域。光下焉耆,破龟兹,西域三十余国陆续归附。淝水之战后,前秦趋于瓦解。385年,吕光率兵东归,入据姑臧(今甘肃武威),386年,吕光自称凉州牧、酒泉公,都姑臧,史称后凉。399年,光病死,子绍继位,光庶长子吕纂旋杀绍自立。401年,光弟吕宝之子吕隆又杀纂自立。吕隆以南凉、北凉不断侵逼,内外交困,于403年请降于后秦主姚兴。后凉遂亡。历四主,共十八年。其帝系表为:太祖懿武帝(吕光)→隐王(吕绍)→灵帝(吕纂)→后主建康公(吕隆)。

14. 南凉

南凉为河西鲜卑族秃发乌孤所建。秃发即"拓跋"的异译。汉魏之际,拓跋氏的一支由酋长统率,从塞北迁到河西,被称为河西鲜卑。秃发乌孤时期,以廉川堡(今青海民和西北)为中心,势力不断发展。初附于后凉吕光,397年乌孤与后凉决裂,自称大将军、大单于、西平王。史称南凉。399年迁都于乐都(今属青海)。乌孤死,弟利鹿孤继立,402年利鹿孤死,弟傉檀继位,连年对外战争,农业失耕。西秦袭取乐都,秃发傉檀降,南凉亡。历三主,共十八年。其世系表为:烈祖武王(秃发乌孤)→康王(秃发利鹿孤)→景王(秃发傉檀)。

15. 北凉

397年,后凉进攻西秦战败,吕光杀死从征的部下沮渠罗仇兄弟,罗仇侄蒙逊以会葬为名,与诸部结盟起兵反抗吕光,并与从兄男成推后凉建康(今甘肃高台西北)太守段业为凉州牧、建康公。401年,沮渠蒙逊杀段业,自称凉州牧,史称北凉。北凉初在张掖建都。经过同南凉多次的战争,夺取了姑臧。412年,北凉迁都姑臧。沮渠蒙逊灭西凉后,河西走廊完全为其所占领。433年,蒙逊病死,子牧犍继位。439年,北魏主拓跋焘亲率大军伐北凉,包围姑臧。牧犍出降。北凉亡。历二主,共三十九年。其世系表为:太祖武宣王(沮渠蒙逊)→哀王(沮渠牧犍)。

16. 西凉

400年,汉族李暠,据敦煌自称大都督、大将军、凉公,设官建号,发兵攻下玉门以西诸城,控制了西域,都酒泉(今属甘肃),建国西凉。李暠立国后,与北凉连年作战。417年,暠病死,子李歆继位,继续对北凉作战。420年歆率军往攻北凉都城张掖,途中为蒙逊所败。蒙逊杀李歆,进占酒泉。同年九月,歆弟李恂据敦煌称冠军将军、凉州刺史。421年三月蒙逊攻破敦煌,恂自杀,西凉灭亡。历三主,共二十二年。其世系表为:太祖武昭王

（李暠）→后主（李歆）→冠军侯（李恂）。

十四、东晋王朝（317年~420年）

317年，琅邪王司马睿（即晋元帝司马睿）在江南即晋王位，都于建康，历十一帝。420年，为宋武帝刘裕所灭，史称东晋。

其帝系表为：晋元帝（司马睿）→晋明帝（司马绍）→晋成帝（司马衍）→晋康帝（司马岳）→晋穆帝（司马聃）→晋哀帝（司马丕）→晋废帝海西公（司马奕）→晋简文帝（司马昱）→晋孝武帝（司马曜）→晋安帝（司马德宗）→晋恭帝（司马德文）。

1. 东晋政权的风波

西晋覆亡后，各少数民族竞相建立政权，战争不已。中原的汉族人士不愿受胡族统治，纷纷南迁。307年，琅邪王司马睿出镇建业（后改名建康，今江苏南京）。他在王导、王敦辅助下，优礼当地士族，压平叛乱，惨淡经营，始得在江南立足。西晋亡后，司马睿于317年称晋王，史称东晋。次年即帝位。

东晋初年，政治上由王导主持，军事上依靠王敦，时人谓之"王与马，共天下"。司马睿对大权旁落不满，引用刘隗、刁协等为心腹，企图排斥王氏权势。322年，王敦以问罪于刘隗、刁协为名，起兵攻下建康，杀死刁协等。还屯武昌，遥制朝政。元帝忧愤死，明帝即位，王导辅政。324年，明帝下令讨伐王敦，敦以兄王含为元帅，率军进攻建康，未克而王敦病故。兵众溃散，王氏控制上游强兵，威胁建康的局面基本结束。

325年，明帝死，五岁的司马衍继位，即晋成帝，王导、庾亮、郗鉴、温峤等受遗诏辅政，尊皇后庾氏为皇太后，由皇太后临朝称制。庾氏是庾亮之妹。朝政大权就落在庾亮手里。327年，历阳内史苏峻拒绝征调，联合豫州刺史祖约举兵反叛。江州刺史温峤乞援于荆州刺史陶侃，联合击败苏峻。东晋政权才得以转危为安。

2. "北伐"与淝水之战

北人南渡之初，上下同仇敌忾，要求驱逐胡人，返回故土。范阳乃县（今河北涞水）人祖逖，年青时就枕戈待旦，闻鸡起舞，慨然有澄清天下之志。南下后，从淮水流域进抵黄河沿岸，联系保据坞壁不甘臣服胡族的北方人民，谋划恢复中原，经营达八年（313～321）之久。当时北方匈奴刘氏与胡羯石氏相争，形势有利于东晋。但元帝无意北伐，对祖逖所需人力物力都不予支持，加以皇室与王敦矛盾尖锐，祖逖备遭掣肘，壮志未伸而死。石虎死后，河北大乱，西晋遗民二十余万口渡河欲归附东晋。褚裒北伐，先锋达到彭城，战败退回。以后北方前燕与前秦东西并立，殷浩北伐也屡次失败。

354年，荆州镇将桓温北伐前秦，军至灞上，逼近长安，因缺粮退兵。两年后，桓温第二次北伐，入洛阳，留兵戍守而还，但不久复归于燕。369年，桓温再度北伐，到达距前燕首都邺不远的枋头，未再前进，退败于襄邑（今河南睢县）。桓温以"北伐"为事，受到朝臣的牵制，而他自己也把"北伐"作为个人集中权力的手段，所以"北伐"始终无法实现。

前秦苻坚吞并前燕后，屡次南向出兵，意图统一南北。383年，苻坚以绝对优势的兵力威胁江南，谢玄率北府兵以寡敌众。淝水一战，大败秦军，使南方人民避免了氐族统治者的摧残。

3. 东晋的衰亡

桓温集内外大权于一身后，企图夺取司马氏政权。先废司马奕为海西公，立简文帝，实则企望其让位于己，但未成功。接近皇室的庾氏家族中，多人被桓温杀害，桓温病中要求朝廷赐他"九锡"，以为禅让的前奏。由于谢安等人的拖延策略，桓温不及待而死。谢安辅政，但孝武帝的兄弟会稽王司马道子排斥谢氏，政权转入孝武帝及司马道子之手，政治更加腐败。399年，孙恩起义爆发。孙恩，琅邪人，世奉五斗米道。其叔父孙泰，借传教组织群众。司马道子诱斩孙泰，泰兄子孙恩逃亡海外。晋征发浙东诸郡免奴为客者为兵，引起骚乱。孙恩乘机自海上回来组织起义。402年，孙恩攻临海，败死。妹夫卢循继统其众，斗争持续近十二年，司马氏政权受到沉重打击。孙恩死后桓温的幼子桓玄又以荆州为据点，攻入建康，杀司马道子父子，总揽朝权。403年，桓玄称帝，国号为楚。刘裕从京口（今江苏镇江）起兵讨伐，桓玄退归江陵，失败被杀。刘裕对内镇压孙恩、卢循起义，讨平桓玄，对外北伐灭南燕，西征平谯纵，江南政权摆脱了最直接的外部威胁，得到稳定。灭后秦之后，420年，刘裕废晋恭帝自立，东晋亡。

十五、南北朝时期（420年～589年）

1. 南朝盛衰

东晋亡后,江南相继出现以建康为都城的宋、齐、梁、陈四个政权,人们习称为南朝,或将它们与此前定都建康的三国吴与东晋合称为六朝。

(一)宋王朝(420～479年)

刘裕是东晋将领。桓玄篡晋后,刘裕联合部分北府旧人举兵攻灭桓玄,从此掌握晋室军政实权。410年,刘裕灭南燕,取得今山东大部地方。镇压卢循起义后,又消灭割据益州(今四川)的谯纵,417年,灭后秦,取得潼关以东、黄河以南大片土地。420年,刘裕代晋称帝,是为武帝,国号宋,历史上又称刘宋。

刘裕称帝后,采取了一系列抑制豪强兼并,减轻人民负担和恢复农业生产的措施,使农民的境遇有所改善。422年,刘裕死,长子刘义符继位。424年,大臣徐羡之等废杀义符,立其三弟刘义隆为帝。宋文帝刘义隆继续执行刘裕的政策,重视农业生产,几次下令督课农桑,奖励开垦荒地,调整租税。人民得以休养生息,社会生产有所发展,经济文化日趋繁荣。宋文帝元嘉之世(424～453)是南朝国力最强盛的时期,史称"元嘉之治"。

453年,太子刘劭杀文帝自立,以此为开端,皇室内部连年发生争权夺利的战争,二十几年间更换了六个皇帝,同时,宋王朝对人民的剥削亦日益加重。小规模的农民起义不断发生。

在宋王朝统治集团内战的过程中,中领军将军萧道成逐渐夺取了中央兵权,进而掌握了政权。479年,萧道成迫宋帝禅位,宋亡。

宋王朝历八帝,共五十九年。其帝系表为:武帝(刘裕)→少帝(刘义符)→文帝(刘义隆)→孝武帝(刘骏)→前废帝(刘子业)→明帝(刘彧)→后废帝(刘昱)→顺帝(刘準)。

(二)齐王朝(479～502年)

479年,萧道成称帝,国号齐,史称南齐。萧道成惩宋之亡,务从俭约,减免百姓逋租宿债,宽简刑罚,但对宋之宗室王侯,无少长皆幽死。482年,萧道成死,子赜即位,是为齐武帝。萧赜曾与其父一同创建南齐,颇知民间疾苦,经常下令减免赋税,鼓励农耕,发展生产。所以,在位期间,虽然爆发过唐寓之暴动,尚能维持政局的稳定。萧赜死后,统治集团内部又连续发生争权夺利的斗争，宗室互相残杀，八年间更换了五个皇帝，政局混乱达于极点。501年，宗室雍州刺史萧衍自襄阳起兵攻占建康，次年称帝，建立梁朝，齐亡。

齐王朝历七帝，共二十四年。其帝系表为：高帝（萧道成）→武帝（萧赜）→郁林王（萧昭业）→海陵王（萧昭文）→明帝（萧鸾）→东昏侯（萧宝卷）→和帝（萧宝融）。

（三）梁王朝（502～557年）

502年，萧衍为梁公、梁王，杀齐明帝诸子，称帝，是为梁武帝，国号梁，史称萧梁。

萧衍，是南朝诸帝中在位时间最长的皇帝。他的统治，可分两大时期。前期的统治较为安定，只是到了晚年，委事群幸，政治也就不清不明了。其统治具有如下特点：一是优容士族。二是宽纵皇族。结果到了萧衍晚年，皇室间的相互残杀较之宋、齐两代更为残酷。三是萧衍博学能文，重视思想意识上的统治。如大力提倡佛教，不顾劳民伤财，大规模兴建佛寺。创立三教同源说，调和释、儒、道三者矛盾。四是以虚伪的勤俭、仁慈掩盖其残暴腐朽的统治。人民纷纷逃亡或奋起反抗，各种规模的农民起义接连不断。侯景之乱前夕，更是达到"人人厌苦，家家思乱"的严重地步。

梁初疆域与齐末略同，北以淮河与北魏为界。此时北魏虽日趋衰落，但由于萧衍昏庸无能，故几次对魏战争均未取得成果，反而给人民带来很大灾难。

547年，东魏大将侯景降梁，次年于寿阳起兵反梁，在萧衍侄萧正德接应下顺利渡江，占领建康。台城（宫城）被围期间，萧衍的子孙们虽据重镇，拥强兵，均不积极驰援，反而伺机夺取帝位。549年，叛军攻占台城，萧衍饿死。侯景立萧纲为帝（简文帝）。551年，侯景杀萧纲，自称汉皇帝。首都建康和三吴地区遭到空前破坏。直到552年，梁大将王僧辩和陈霸先率军攻入建康，才击溃了侯景的军队，侯景也被其部下杀死。

侯景被消灭后，萧衍的子孙们为了争夺帝位，互相攻杀，北方的西魏政权乘机出兵，夺取了长江上游的土地。在建康的梁政权，实际上为王僧辩和陈霸先所把持。不久，陈霸先袭杀王僧辩，独揽大权。557年，陈霸先称帝,建立陈朝。梁亡。

梁王朝历四帝,共五十六年。其帝系表为:武帝(萧衍)→简文帝(萧纲)→元帝(萧绎)→敬帝(萧方智)。

(四)陈王朝(557~589年)

557年,陈霸先创建陈国,仅控制江陵以东、长江以南的狭小地区。而且自侯景之乱以后出现的一些割据势力,不听号令,时常发生内战。陈霸先死后,陈蒨(文帝)、陈顼(宣帝),虽力图加强统治,但政治局面仍不稳定。陈叔宝(后主)继位后,荒淫奢侈,政治黑暗腐败,人民生活极为穷困。589年,隋军攻下建康,陈叔宝被俘,陈亡。分裂了二百多年的中国再次统一。

陈王朝,历五帝,共三十三年。其帝系表为:武帝(陈霸先)→文帝(陈蒨)→废帝(陈伯宗)→宣帝(陈顼)→后猪(陈叔宝)。

2. 北朝风云

北朝与南朝相峙并存。一般以魏太武帝拓跋焘统一北方(439年)算起,至杨坚建隋代周(581年)为止,包括北魏、东魏、西魏、北齐、北周五个王朝。另一说,起于386年拓跋珪建国称魏,止于589年隋文帝杨坚灭陈、统一全国。

(一)北魏王朝(386~534年)

376年,前秦消灭拓跋鲜卑建立的代国,淝水战后,拓跋珪返回塞北活动,复兴鲜卑代国。386年,拓跋珪称代王,都盛乐(今内蒙古和林格尔)。同年改国号为魏,史称北魏,亦称拓跋魏、元魏、后魏。398年,拓跋珪称帝,定都平城(今山西大同东北)。

北魏经过长期战争,有效地阻止了蒙古草原上新兴的游牧民族柔然的南进势头,消灭了北方残余的各族政权,继前秦后再一次统一中国北方,与江南的宋、齐、梁等政权形成对峙局面。

北魏建国后,其社会跃入封建制,生产力逐步发展。但在统治方式上,北魏前期仍然保留着浓厚的奴隶制残余。落后的统治,引起各族人民连绵不断的反抗斗争。

465年,拓跋珪死,子拓跋弘12岁继承帝位,即献文帝。冯太后诛杀专擅朝政的丞相乙浑,临朝听政。471年,冯太后逼献文帝传位给他4岁的皇太子拓跋宏,即孝文帝。476年,冯氏又杀被尊为太上皇的拓跋弘,以太皇太后的身份再次临朝听政,直到病死,她一直牢牢地掌握着朝政。

孝文帝拓跋宏,武功虽不显赫,政治上却很有作为。在他的一生中,进行了一系列改革活动,史称为孝文帝改革。

其主要内容集中在实行均田制和汉化政策上。

均田制的实施,使相当一部分农民获得了土地,得与生产资料重新结合,从而刺激了他们的生产积极性,大地主的兼并也受到一定限制。北魏朝廷大为头痛的流民和粮食问题,在均田制实行后,情况有所改善。

孝文帝时,开始把汉化做为一项国家基本政策加以推行。迁都洛阳是他的汉化政策中一项重大措施。494年,孝文帝排除穆泰、元丕及太子恂等鲜卑旧贵族和保守势力的反对,把都城从平城迁至洛阳。诏禁士民胡服。次年,禁止在朝廷讲鲜卑语,禁迁洛代人还葬北方。在洛阳立国子、太学、四门、小学。496年定族姓,改拓跋氏为元氏,其余鲜卑诸姓均改为汉姓。鲜卑八姓与汉四大姓同等。

孝文帝迁都洛阳后,开始大举南伐。宣武帝、孝明帝时,战事未休,反而有扩大之势。人民要负担兵役和作战物资,苦不堪言。终于爆发了以六镇起义开始的各族人民大起义。

六镇,一般是指沃野、怀朔、武川、抚冥、柔玄、怀荒。大部位在北魏的北方边境,即今内蒙古境内。六镇是北魏的军事要塞。镇将由鲜卑贵族担任,镇兵多是拓跋族成员或中原的强宗子弟,享有特殊地位。但迁都洛阳后,北方防务逐渐不被重视,镇将地位大大下降,镇兵的地位更是日趋低贱,与谪配的罪犯和俘虏为伍,受到镇将、豪强残酷的奴役和剥削,名为府户。镇兵对镇将、豪强和北魏政府怀有强烈的仇恨。加之塞外的柔然不时进扰掠夺,也加深了士卒生活的困难。523年,终于爆发了六镇起义。关陇、河北等地各族人民也陆续起义。边镇豪强集团利用当时的混乱局面,各自发展势力。肆州秀容(山西朔县北)的尔朱荣,聚集了北镇豪强和流民,势力发展最快。528年,胡太后毒死孝明帝,自居摄政,驻兵在晋阳(山西太原)的尔朱荣以给孝明帝报仇为借口,进军洛阳,在河阴将胡太后及大臣两千余人杀死,立长乐王之子修为帝(魏孝庄王),进而控制朝政,史称河阴之变。此后,内乱不止,孝庄帝设计杀尔朱荣,尔朱荣的侄子尔朱兆闻讯轻骑至洛阳,杀孝庄帝,立献文帝之孙广陵王恭,是为节闵帝。531年,原尔朱荣部将高欢起兵讨尔朱氏,立宗室元郎为帝。次年,高欢废节闵帝及废帝,立元修为帝,是为魏孝武帝。孝武帝不愿受高欢的控制,于534年逃出洛阳,投奔镇守关中的将领宇文泰。从此,北魏分裂为东西魏两国。东、西魏的军政大权,分别掌握在高欢、宇文泰的手里。北方又进入了分裂时期。

北魏王朝,历十二帝、二王,共一百四十九年。其帝系表为:道武帝(拓拔珪)→明元帝(拓拔嗣)→太武帝(拓拔焘)→南安王(拓拔余)→文成帝(拓拔浚)→献文帝(拓拔弘)→孝文帝(元宏)→宣武帝(元恪)→孝明帝(元诩)→孝庄帝(元子攸)→长广王(元晔)→节闵帝(元恭)→废帝(元朗)→孝武帝(元修)。

(二)东魏王朝(534~550年)

东魏是从北魏分裂出来的割据政权。534年,北魏孝武帝不愿作高欢控制的傀儡皇帝,逃往长安,投靠宇文泰。高欢随即立元善见为帝(孝静帝),从洛阳迁都于邺,史称东魏。高欢以原六镇流民为主,建立强大武装,自己住在晋阳(今山西太原西南),使之成为东魏政治中心。高欢屡次发兵进攻西魏,企图吞并对方。但双方互有胜负。546年,高欢亲率大军十余万人围攻西魏据守的玉壁(今山西稷山西南),苦战五十余天,他病倒军中被迫退兵,次年年初,死在晋阳。其子高澄、高洋相继执政权。550年,高洋废孝静帝,代东魏自立,建立北齐。东魏王朝历一帝,约十七年。

(三)西魏王朝(535~556年)

西魏也是从北魏分裂出来的割据政权。534年,孝武帝元修脱离高欢,从洛阳逃至长安,投靠北魏将领、鲜卑化的匈奴人宇文泰。次年宇文泰杀孝武帝,立元宝炬为帝(文帝),史称西魏,政权实由宇文泰掌握。宇文泰力求用政策法令扭转官吏贪婪而怠弃政事的恶习,实现政治稳定。535年,宇文泰定新制二十四条,后又增加至三十六条,称为"中兴永式"。其主要内容是:严禁贪污、裁减官员、置立正长(正即闾正、族正,长指保长。保、间、族为地方基层组织名称)、实行屯田、制定计帐(预计次年赋役的概数)和户籍等制度。541年,宇文泰颁布六条诏书,把关中大族出身的苏绰总结出的治国六条经验,作为施政纲领,颁行为"六条诏书"。550年,又正式建立由八柱国分掌禁旅的府兵制。故此,西魏期间,社会较为安定,国力日趋强盛,有效地抗击了东魏的多次进攻,并先后攻占南朝的益州和江陵。556年,宇文泰死,侄宇文护迫魏恭帝禅位,西魏亡。

西魏王朝历三帝,约二十二年。其帝系表为:文帝(元宝炬)→废帝(元钦)→恭帝(元廓)。

(四)北齐王朝(550~577年)

掌握东魏政权的高欢死后,长子高澄继续掌政。不久高澄遇刺身亡,弟高洋继承。550年,高洋废东魏孝静帝,自立为文宣帝,国号齐,都邺,史称北齐。

北齐占有今黄河下游流域的河北、河南、山东、山西及苏北、皖北的广阔地区。552年以后,高洋北击库莫奚、东北逐契丹、西北破柔然,西平山胡(属匈奴族),南取淮南,势力一直伸展到长江边。他在位期间是北齐国力鼎盛的时期。当时,农业、盐铁业、瓷器制造业都相当发达,是同陈、北周鼎立的三个国家中最富庶者。但高洋后来开始以功业自傲,荒淫酗酒,肆为暴虐。其后的统治者,自皇帝至各级官吏,多昏庸残暴,狗马鹰亦得加封官号。当北齐政权日趋腐朽之时,关中的北周政权通过一系列的改革措施,国力日益强盛。577年,北齐为北周所灭。

北齐王朝历六帝,共二十八年。其帝系表为:文宣帝(高洋)→废帝(高殷)→孝昭帝(高演)→武成帝(高湛)→后主(高纬)→幼主(高恒)。

(五)北周王朝(557~581年)

557年,宇文觉(宇文泰之子)废西魏恭帝自立,是为孝闵帝,国号周,都长安(今西安),史称北周。

孝闵帝年幼,大权掌握在堂兄宇文护手中。不久,宇文护杀孝闵帝,立宇文毓为帝,即明帝。560年,宇文护又毒死明帝,立宇文邕为帝,是为北周武帝。572年,周武帝杀宇文护,亲掌朝政,进行了多方面的改革。574年,改称府兵制下的"军士"为"侍官",表示府兵是从属于皇帝的侍从,由皇帝亲自领带。同时,将府兵征募范围扩大到汉人,打破鲜卑人当兵、汉人种地的胡汉分治界限。此举符合民族融合、国家统一的趋势,也为吞灭北齐,统一北中国提供了军事力量。

以战俘为奴是鲜卑长期沿袭的旧例,周武帝却数次下诏释放奴婢,把公私奴隶解放为良人,加强了皇帝的集权力量,削弱了豪强私家势力。同时,也推动了鲜卑族奴隶制残余向封建化的转变。

佛教在南北朝时期,达到全盛阶段。大量人口遁入佛门,朝廷失去劳动人手和士兵来源。574年周武帝禁佛、道两教,毁经、像,命沙门、道士还俗,编入国家户籍,以增加国家直接控制的劳动力,从而相应减轻了一般劳动人民的赋役负担。

周武帝对世族和豪族的打击,也很果断。世族大家占有大量的土地和人口,是南北朝时期普遍的现象,周武帝规定,凡"正长隐五户及十丁以上,隐地三顷以上者,至死"(《周书·武帝纪上》),这是对大地主荫护土地人口最严厉的一次法令。

575年,周大举攻齐,连战皆捷,后因周武帝得病而班师。次年攻破晋阳,再向邺城进发。577年,周军顺利进入邺城,灭北齐,统一了中国北方。

578年,武帝死,子宇文赟(宣帝)继位,在位二年,荒淫而死。宇文阐(静帝)继位,外戚杨坚辅政,宣布恢复奉行佛、道。581年,杨坚迫周静帝禅位,自立为帝,北周灭亡。

北周王朝历五帝,共二十五年。其帝系表为:孝闵帝(宇文觉)→明帝(宇文毓)→武帝(宇文邕)→宣帝(宇文赟)→静帝(宇文阐)。

十六、隋朝(581年~618年)

隋朝在北周统一北方的基础上,结束了南北朝长期对峙的局面。隋王朝历三帝,共三十八年。其帝系表为:文帝(杨坚)→炀帝(杨广)→恭帝(杨侑)。

1. 隋朝的建立和强盛

580年,杨坚总北周国政,先后平定起兵反抗他的相州总管尉迟迥、郧州总管司马消难、益州总管王谦。581年,杨坚称帝,是为隋文帝,国号隋,年号为开皇,建都长安。

（一）统一南北

隋初，北方突厥的势力强盛，与隋朝相对抗。583年，隋军挫败入掠河西以至弘化、上郡、延安（今陕西北部）的突厥军。突厥分裂为东、西两汗国。583年，东突厥沙钵略可汗归附隋朝，经隋朝同意，率部内迁白道川（今内蒙古呼和浩特西北），北方获得安定。于是，隋朝的力量转向江南。588年，隋文帝下诏伐陈，俘后主陈叔宝，并进而荡平残存江南的割据势力，结束了近三百年南北分裂的状态。

（二）改革制度

在文帝统治时期和炀帝统治的前期，隋朝先后进行了一系列有利于完成和巩固统一、强化中央集权的改革。

在改革行政制度上，废弃北周推行的六官之制，转而初步确立起三省六部制的格局。三省指内史（即中书，避文帝父杨忠讳改）、门下、尚书；六部指尚书省下属的吏部、户部、礼部、兵部、刑部、工部。583年，废郡，行州县二级制。

在改革选举制度上，实行六品以下官吏全部由尚书省吏部铨举之制，地方各级机构的属官从此由朝廷委任，彻底废除了传统的属官照例由长官自行委任的辟举制。同时，隋文帝废除保证门阀世袭的九品中正制。隋炀帝时设进士科，通过考试来选拔官吏，这是中国最早的科举制度。

在改革府兵制上，590年，文帝下诏，府兵全家一律归入州县户籍，受田耕作，只本人作为兵士由军府统领。这一措施清除了胡汉分治的遗迹，适应了民族融合的时代要求，有利于统一。

隋初较重要的改革还有铸造新五铢钱，统一当时混乱的货币，以及统一度量衡。制订《开皇律》，以北齐律为基础进行补充调整，形成了完整的体系。隋代法律对后世有很大的影响。

（三）经济发展

582年，隋文帝颁均田及租调新令，扩大了赋役物件。文帝统治时期，一些水利灌溉工程在各地兴建。水利灌溉事业的开展有利于产量的增长和耕地面积的扩大。大量谷物和绢帛从诸州输送到西京长安和东京洛阳。为便于征集物的集中和搬运，隋朝沿着漕运水道在今陕西、河南境内设置了广通等诸仓。隋朝仓库的富实是历史上仅见的。

2. 营建东京和大运河的开凿

600年，文帝废太子杨勇，改立杨广为太子。604年，文帝去世，杨广继位，是为隋炀帝。炀帝即位后，倾全国之力营建东京和开凿大运河。

605年，隋炀帝下诏命尚书令杨素和将作大匠宇文恺营建东京（今河南洛阳）。每月役使民工约200万人，经过十个月修成。新的洛阳城位于旧城之西，规模宏壮。隋炀帝把原洛阳城的居民和各地的富商大贾迁来居住。又在巩县置洛口仓，在洛阳北置回洛仓，贮藏各地运来的粮食。609年，改东京为东都。

为了控制地方，扩大南北漕运，隋朝在584年就开凿了由长安新城——大兴城到潼关的漕运管道，称为广通渠，又名富民渠。炀帝继位后，从605年至610年，又先后开凿疏浚了由河入汴、由汴入淮的通济渠；由淮入江的邗沟；由京口（今江苏镇江）达余杭（今浙江杭州）的江南河；引沁水南达黄河、北抵涿郡（今北京）的永济渠，相衔接为大运河。这条大运河自涿郡到余杭，成为贯通南北数千里的水运大动脉。它不仅加强了隋王朝对南方地区的政治、军事控制，便利了江南财物向洛阳、长安的转输，而且大大加强了中国南方和北方的经济、文化联系，对以后的历史发展也具有深远的影响。

3. 打通西域与疆域之盛

599年，东突厥突利可汗内附，隋名其为启民可汗，筑大利城（今内蒙古清水河境）处其部落。609年，炀帝亲征吐谷浑（吐谷浑人住在今青海一带和新疆南部。吐谷浑本为辽东鲜卑的贵族，西晋时，他率一部分鲜卑人迁到青海，在羌族人居住处建立了政权，即名吐谷浑），置西海（今青海都兰东）、河源（今青海东南布）、鄯善（今新疆若羌）、且末（今新疆且末）四郡。郡下设县、镇、戍，迁徙轻罪犯来充实这些郡、县。在河源郡积石镇大开屯田，防御吐谷浑残部，保障通西域之路。隋代通往西域的通道有三。北路从伊吾（今新疆哈密），经铁勒、西突厥可汗庭向西，为天山北路。中路从高昌（今新疆吐鲁番），经焉耆、龟兹（今新疆库车）、疏勒（今新疆喀什市疏勒），越葱岭而西北，为天山南路的北道。南路从鄯善（今新疆若羌),经于阗(今新疆和田南)、朱俱波(今新疆叶城)、喝盘陀(今新疆塔什库尔干),越葱岭而西南,为天山南路的南道。中路与南路,即著名的"丝绸之路"。炀帝对西域的经略,确立了华夏大地自公元7世纪起,以敦煌为咽喉之地,伊吾、高昌、鄯善为三大门户,沟通欧亚大陆交通的基本格局。

炀帝经略四方,至609年,共置郡190、县1255,民户为890余万,疆域西至且末郡(治所在今新疆且末),北到五原郡(治所在今内蒙古五原南),东达辽东郡(治所在今辽宁沈阳北),南抵日南郡(治所在今越南荣市一带)。史称"隋氏之盛,极于此矣"(《资治通鉴》卷181炀帝大业五年六月)。

4. 隋朝的覆亡

(一)大兴土木与巡游无度

导致人民反抗的直接原因是漫无限止的劳役征发。炀帝营建东京、修长城、开运河,虽有一定的积极意义,但却滥用了民力;至于纯为个人享乐而征发的劳役,只能给人民带来灾难。

炀帝在位十四年统治期间,几乎年年出去巡游。他曾三巡江都,三到涿郡,两至榆林,一游河右,还有长安与洛阳间的频繁往还。伴随着巡游,到处建筑宫殿;每次出巡,宫人、侍卫和各色随从人员多达十万人,沿路供需都由所经地方承办。这笔费用最后都落在人民的头上。

(二)对高丽用兵

隋朝时,朝鲜半岛上有高丽、百济、新罗三国,其中,高丽最强。598年,高丽王高元联合靺鞨进攻辽西,被隋朝地方军击退。文帝发兵三十万进击,高元遣使谢罪,罢兵修好。炀帝即位后,要求高元入朝未成,便决心大举东征。612年,炀帝渡辽水,一征高丽,战败撤兵。613年,炀帝二征高丽,围辽东城一个多月,因国内杨玄感起兵反炀帝,围逼东都,炀帝被迫撤兵。614年,炀帝三征高丽。高丽遣使请和,炀帝撤兵。三次对高丽用兵,给人民造成一场非常严重的灾祸。全国有几百万农民被征集去当兵服徭役,民间的车、牛、船也被大量征用。造船的工匠,被迫昼夜在水中赶工,以致腰以下生蛆,死者什三四。转运兵甲军粮的成百万民夫,往返于道,昼夜不绝,也大量死亡。农村里缺乏劳动力和耕畜,社会生产力遭到严重的破坏,其结果,引起了隋末农民起义的燎原大火。

(三)隋末农民大起义

炀帝三次东征,河北、山东的兵役、力役最为严重,又连遭水、旱灾,人民走投无路。611年,邹平县民王薄于长白山(在今山东邹平南)起义,自称"知世郎",作《毋向辽东浪死歌》号召反抗。刘霸道、孙安祖、窦建德、张金称、高士达、翟让、杜伏威等相继起义,隋末农民起义爆发。613年,杨玄感起兵后,民众举义遍及大河南北,直至江淮、岭南、关中。局部地区起义,转向全国范围的起义。617年,各地义军已汇合成三支骨干队伍,一是翟让、李密领导的瓦岗军,在中原抵御着隋朝的主力;二是窦建德领导的河北义军,打击了隋朝在河北的主力;三是杜伏威、辅公祏领导的江淮义军,牵制着隋朝在江淮的力量,打破炀帝保据丹阳(今江苏南京)的迷梦。

(四)丧身灭国

617年,炀帝的势力只剩江都、东都两个据点。此时,瓦岗军推李密为魏公,先后攻占洛口、回洛、黎阳诸仓,散粮聚众数十万,进逼东都。正当隋王朝在农民起义的沉重打击下陷于土崩瓦解时,各地的官僚和地方豪强也都纷纷起兵,打起反隋的旗号,志在窃取胜利果实。同年五月太原留守李渊起事于晋阳,七月进军关中,十一月攻占长安。李渊立炀帝孙代王侑为帝,尊炀帝为太上皇,自为大丞相,掌握大权。618年,炀帝的禁军将领宇文化及等发动江都兵变,杀炀帝,立秦王浩为帝,引众西返关中。同年李渊废隋恭帝侑,称帝,国号唐,是为唐高祖,隋朝亡。

十七、唐朝(618年~907年)

唐王朝历二十帝,中间在中宗、睿宗之际曾出现过短暂的武周政权。都西京长安(今陕西西安),以洛阳(今河南洛阳东)为东都,通称"二京"。其帝系表为:高祖(李渊)→太宗(李世民)→高宗(李治)→中宗(李显)→睿宗(李旦)→玄宗(李隆基)→肃宗(李亨)→代宗(李豫)→德宗(李适)→顺宗(李诵)→宪宗(李纯)→穆宗(李恒)→敬宗(李湛)→文宗(李昂)→武宗(李炎)→宣宗(李忱)→懿宗(李漼)→僖宗(李儇)→昭宗(李晔)→昭宣帝(哀)帝(李柷)。

1. 统一全国

618年，宇文化及率军西返关中为瓦岗军所阻，大批隋军投降，宇文化及势力崩溃。但瓦岗军也在战斗中损失重大，洛阳王世充乘虚进攻，瓦岗军战败，首领李密率众投降李渊。是年，李渊在长安称帝，建立唐朝。面临的首要任务是以关中为根据地进而统一全国。为此，唐军在李世民的指挥下，首先消灭了割据陇右的薛仁杲（称秦帝的薛举之子）势力，平定了西北广大地区。同年冬，幽州罗艺降唐。619年，唐军计擒武威鹰扬府司马李轨，平定了河西走廊。同年，马邑（今山西朔县）鹰扬府校尉刘武周勾结突厥大举南下，占领了今山西省大部分地区。唐高祖派李世民率军征讨，于620年收复并州（今山西太原西南），刘武周北走突厥，不久被突厥所杀。这时，黄河流域形成窦建德的夏政权、王世充的郑政权与唐政权鼎足而立的形势。621年，李世民率军打败窦建德，消灭夏政权；同时迫使盘踞洛阳的王世充出降，郑随之灭亡。同年七月，窦建德旧部刘黑闼起兵反唐，半年内尽复窦建德旧地，兖州徐圆朗举兵回应，战火再起。唐高祖派太子李建成出征，623年，俘斩刘黑闼，平定了河北地区。在江淮方面，受唐朝册封为吴王的杜伏威，其江淮余部在辅公祏策动下再度起事反唐，据丹阳（今江苏南京），称宋帝。624年辅公祏被执杀，江南平。另外，唐大将李靖于621年围江陵，消灭隋末所建的萧铣政权。翌年，岭南（今广东、广西一带）冯盎降，唐以其地置八州。同年，据有虔州（今江西赣州）的林士弘死，其地为唐所有。

626年六月，秦王李世民伏兵玄武门发动宫廷政变，杀死其兄太子建成及四弟齐王元吉，逼高祖立自己为太子。不久，世民即位，是为唐太宗。李渊退位为太上皇。次年改元贞观。

唐太宗即位后不久，于628年发大军征讨据有夏州（今内蒙古白城子）的梁师都，师都为其下所杀，夏州归唐所有，至此全国统一。

2. 贞观之治

唐太宗贞观年间（627～649年），君臣"共理天下"，励精图治，封建统治比较稳定，生产得到较快发展，民族融洽，出现天下升平的景象，史称贞观之治。

（一）"以静求治"的基本国策

太宗一即位就提出了"为国之道，安静为务"的方针。当时，突厥颉利可汗兵临渭水之北，太宗智退颉利，订立"便桥之盟"。然后对大臣们说："我所以不战者，即位日浅，为国之道，安静为务"（《旧唐书·突厥传上》）。这时，太宗的"安静"主要指避免征战。经过太宗君臣进行"理政得失"的讨论后，"安静"又被赋予新的含义，即"去奢省费，轻徭薄赋，选用廉吏，使民衣食有余。"紧接着，强调"君依于国，国依于民"（《资治通鉴》）。贞观初年，太宗接二连三地申明："为君之道，必须先存百姓"，"人君简静乃可致耳"（《贞观政要·务农》）。"简静"是为"不夺农时"，不夺农时是为"存百姓"。围绕"存百姓"这一宗旨，以"简静"为施政方针，太宗君臣"夙夜孜孜"，终致"年谷丰稔，百姓安乐"。

（二）去奢省费

主要表现在戒兴宫室、禁止王公奢靡诸方面。贞观前期，太宗基本上没有大肆兴修土木工程。太宗曾两次释放宫女，一是"省费"，二是"息人"，即令其婚配，生男育女，增加人口。

在禁断王公奢靡上，太宗即位初便下令限制王公贵戚过分奢侈，后来更针对勋戚之家侈靡厚葬的情况，专门下了一道《戒厚葬诏》。由于太宗的提倡和限制，贞观年间"风俗简朴，衣无绵绣，财帛富饶无饥寒之弊"（《贞观政要·俭约》）。

（三）轻徭薄赋

轻徭薄赋，为的是"使民衣食有余"。太宗除了切实推行和落实已经颁行的均田令和租庸调法外，还汲取隋炀帝"徭役无时，干戈不戢"的教训，把重心放在轻徭上。《唐律》中明确规定："修城郭、筑堤防，兴起人功，有所营造，依《营缮令》，计人功多少，申尚书省，听报始合役功。或不言上及不待报，各计所役人庸，坐赃论减一等"（《唐律疏议·擅兴律》）。

（四）任贤纳谏

"贞观之治"的实现，在很大程度上是与太宗的任贤纳谏分不开的。因而，任贤与纳谏便成为"贞观之治"的重要内容。

太宗虚怀博纳，从谏如流。魏征、刘洎、岑文本及马周等谏臣盈廷，多能面折廷诤，提出了不少中肯的意见和批评，因此皇帝能够较好地实行

"君道"，避免和纠正了很多错误。太宗善辨君子、小人，根据举贤任能的原则，用贤良，退奸佞，因而忠贤满朝，人才济济，如房玄龄、杜如晦、虞世南等名臣。太宗能举贤不避仇，以诚信待下，信赏必罚，调动臣下的积极性，政治生活相当正常。

（五）严守律法

太宗以变重为轻、务行宽简的精神立法，选择执法官吏，尽量避免枉滥；国君率先遵守法制，执法不避亲贵。并在实践中，能够经常注意诏敕与律令是否相违，以减少皇权对法律的干预。

太宗带头严格执法，带动了一批如戴胄、高季辅、薛仁方等不避权要的执法官吏。也正是贞观君臣严以执法，才使得"官吏多自清谨"，"王公、妃主之家，大姓豪猾之伍，皆畏威屏迹，无敢侵欺细人"（《贞观政要·政体》）。

（六）渐不克终

太宗在位23年，前期"居安思危，孜孜不怠"。后期，渐不克终，主要表现在三方面的变化上：

一是由清静简约到骄奢纵欲。如贞观初年，厉行节俭，禁止营建宫殿，但后来却频繁营建宫室，极大地加重了百姓的徭役负担。又如后来越发好大喜功，不断用兵高丽。

二是由任贤举善到随心好恶的转变。由"亲爱君子，疏斥小人"到"近昵小人，疏远君子"的变化，从"求贤若渴，信而任之"到"由心好恶，疑而远之"的变化，以及"君恩下流，臣情上达"向"恩礼不加，忠款莫申"的转变（《贞观政要·慎终》）。

三是由"从谏如流"向"不欲人谏"转变。自魏徵去世和刘洎被赐死之后，再没有直言无隐、触犯"龙鳞"的谏净之臣了。

3. 武周改制

649年，唐太宗去世，第九子李治即位，是为高宗。655年，高宗废黜王皇后，改立武则天为皇后。683年，高宗死后，武则天立太子李显为帝，是为中宗。不久，又废中宗，改立另一个儿子李旦为帝，是为睿宗。690年武则天终于废睿宗称帝，改国号周。

武则天操国柄期间，在政治上有所作为。她重视农业发展，颁布《兆人本业》，用以教导农民，内容包括农俗四时种莳之法。她破格用人，发展科举制，从庶族地主中选拔官员，选拔了一批才能之士，如狄仁杰、李昭德、姚崇、宋璟及张柬之等人。还一再下令放奴为良，限制王公以下的畜奴数，禁止西北一带养蓄突厥奴婢，各地不得以"佣力"为名质卖男女。

武则天为了培植自己的政治力量，扩大其政权的社会基础，还令大臣撰成《姓氏录》，以代替《贞观氏族志》，进一步贬抑旧士族的地位。武则天执政时期，社会生产有所提高，户口迅速增加。

武则天在巩固封建国家的边疆方面也不遗余力，安西四镇（即碎叶、龟兹、于阗、疏勒）自686年起为吐蕃所占。武则天不甘心失土，乃于692年遣王孝杰等大破吐蕃，恢复了四镇。702年又把天山以北地区从安西都护府划出来，另置北庭都护府，治庭州（今新疆吉木萨尔北破城子），辖西突厥十姓部落。

但武则天也有不少消极的行为。她信图箓、崇佛教、建寺院、筑明堂、造天枢、铸九鼎，浪费了大量的人力物力。在打击政敌的过程中任用酷吏周兴、来俊臣和索元礼等，广事罗织，以酷刑逼供，大兴告密之风，一时冤案累累。在她统治时期尽管社会经济有所上升，但逃户问题已经日益严重，府兵制开始走向破坏。

武则天重用武氏宗室武承嗣、武三思、武攸绪及武攸宁等人，并大封武氏宗人为王。武氏晚年宠爱男妾张昌宗、张易之兄弟，二人狐假虎威，作威作福。705年，张柬之、桓彦范、崔玄暐、敬晖等人联合右羽林大将军李多祚发动政变，诛杀二张，逼武则天退位，迎中宗李显复位，重建了李氏王朝。

4. 韦后之乱

中宗复位后，每临朝，韦后即置幔坐殿上，预闻政事。中宗以武三思为相。韦后的爱女安乐公主嫁武三思子武崇训，恃宠专横，权重一时。当时朝中形成一个以韦氏为首的武、韦专政集团。

武三思通过韦后和安乐公主，诬陷并迫害拥戴中宗复位的张柬之、敬晖等功臣。

太子李重俊，非韦氏所生，遭到韦后厌恶，武崇训唆使安乐公主请中宗废太子。707年太子李重俊发动部分羽林军杀死武三思与武崇训,谋诛韦后、安乐公主,因相从的羽林军倒戈,政变失败,重俊被杀。武、韦集团权势依旧不减。安乐公主等恃宠,骄恣专横,势倾朝野。她们仗势弄权,卖官鬻爵,又大肆营建第舍,穷奢极欲。中宗、韦后和公主们又多建佛寺,劳民伤财。其时后突厥攻掠陇右;西突厥攻陷安西都护府,断安西四镇路。内地则水旱为灾,户口逃散,民不聊生。中宗却与韦后恣为淫乐,不理朝政,还处死上书告发韦氏乱政的人。在一片混乱声中,中宗于710年去世,韦后立温王李重茂为帝,是为少帝,并欲加害相王李旦。李旦子隆基遂发动政变,诛杀韦后、安乐公主及武氏残余势力,拥立李旦即位,是为睿宗。此后睿宗妹太平公主因拥立之功而大权在握,与李隆基发生了权力之争。睿宗于712年让位于太子隆基,是为唐玄宗。次年,太平公主被赐死,党羽或杀或逐,混乱政局才告结束。

5. 开元之治

唐玄宗即位后励精图治,力求有所作为。他先后以姚崇、宋璟、张嘉贞、韩休和张九龄为相。诸相或忠言直谏,或守法不阿,或长于吏治,均能较好地辅佐皇帝。玄宗本人留心纳谏,精简机构,释放宫女,减毁服玩,显著节省了开支。玄宗承袭贞观法制的宽仁慎刑原则,继续完善法制建设。其时对官吏循名责实,对地方官加强监督,吏治趋向清明。又针对经济、财政、军事上出现的问题,进行一系列改革和整顿,收到一定的效果。

在兵制的变化和改革上,723年,玄宗采纳兵部尚书张说的建议,实行募士宿卫,称长从宿卫,后改称"彍骑"。737年,改革征防军,招募诸色征行人及客户为长征健儿。征兵制已改为募兵制,到后来天宝年间进而宣布停折冲府上下鱼书,府兵制至此终告废除。在府兵制崩溃的过程中,地方上又出现了团结兵,亦称"团练",后来由于广泛使用团结兵,诸州因置有团练使、都团练使等职,例由刺史、观察使兼领。

在经济上,大力兴修水利,边境上大规模兴建屯田,以发展生产。721年,令监察御史宇文融主持检括户口。又改变地税和户税的征收办法,使之在财政收入中分额增加,成为向两税法过渡的先声。

文化方面,在东、西二京置集贤院,集中学者整理典籍,抄写经史子集约九万卷。

此时国力强盛，玄宗加强邻接地区的军队，开立屯田，大大充实了防务；又从东北到西北和南方设立了平卢、范阳、河东、朔方、陇右、河西、安西四镇、伊西北庭、剑南等九个节度使和一个岭南五府经略使，以统一指挥战守军事。收复陷于契丹二十一年之久的辽西十二州，于柳城（今辽宁朝阳）重置营州都督府；漠北的同罗、拔也古等都重新归顺唐朝；后突厥与唐之间的战争也逐渐停止而代之以友好往来；唐又在西域设置安西四镇节度经略使，阻止吐蕃势力的北上；在陇右、河西之西增置军镇，巩固河西走廊的安定，保证了中国和中亚、西亚的交通顺畅。当时唐朝的声威远达西亚，各国使者和商人往来不绝。故开元年间形成了政治清明、物阜民殷、国泰民安的局面，史称开元之治。

6. 安史之乱

唐玄宗到天宝年间，在一派歌舞升平声中，逐步转化成了一个贪图逸乐的皇帝，挥霍浪费，用不知节。皇族、贵戚生活上的腐化必然引起政治上的浊乱。"口蜜腹剑"的李林甫拜相后，以谄佞进身的人与日俱增。继起的权臣杨国忠，也是一个恣弄威权的奸佞，玄宗对他盲目信任，群臣因之杜口。宦官高力士特蒙恩宠，权势炙手可热。总之，到唐玄宗统治的末年，已经显露出严重的危机。

府兵制的崩溃意味着中央集权军事纽带的松弛。长征健儿的出现虽能加强边防，但同时使节度使得以同士兵建立稳固的统属关系，容易形成割据势力。节度使成为既掌握军事权又掌握行政权和财政权的自雄于一方的力量。当时全国共有军队五十七万余，而镇兵竟达四十九万，中央与军镇的力量对比失去平衡，形成了外重内轻的局面。中央上层统治集团的腐化，大大削弱了控制地方的能力。

750年，蕃将安禄山身兼范阳（今北京）、平卢（今辽宁朝阳）、河东（今山西太原西南）三镇节度使。755年，安禄山在范阳发动叛乱，攻下洛阳，自行称帝，国号燕，令部将史思明经略河北。玄宗于潼关失守后仓皇奔蜀，至马嵬驿（今陕西兴平西），军士哗变，杀杨国忠、杨贵妃。太子李亨在灵武（今宁夏灵武西南）即位，是为肃宗。757年，安禄山为其子庆绪所杀。肃宗令李光弼、郭子仪统军与回纥军夺回长安与洛阳。安庆绪逃往退保邺郡（今河南安阳）。758年，唐以鱼朝恩为观军容使，总监郭子仪等九节度使大军攻邺郡。759年，史思明自范阳引兵增援安庆绪，大破九节度使之兵，诸节度使各溃归本镇。于是史思明杀安庆绪，即帝位于范阳，自称大燕皇帝。这年秋天，史思明又领兵南下，再度占据洛阳。761年，史思明又为其子史朝义所杀，内部斗争大大削弱了安史军的力量。在这种情况下，唐军逐步转败为胜。762年，肃宗去世，太子李豫即位，是为唐代宗。他以雍王李适为天下兵马元帅，会诸道军与回纥军展开反攻，最后在763年战败叛军，史朝义自缢。历时七年多的安史之乱至此结束。

7. 财政改革与两税法的实行

安史之乱使唐王朝陷入了严重的财政困难之中，当时税源枯竭，开支浩繁。为了维持统治，必须整顿并改革财政。形势的要求造就了一些理财家，其中最著名的是代宗朝的刘晏和德宗朝的杨炎。

刘晏在整顿财政方面的主要成就是：一是改革漕运，经此整顿，运量大增，运河沿线的社会经济亦得到恢复。二是改进盐政，经过整顿，盐利由每年四十余万缗增加到六百余万缗，占国家总收入的一半左右。三是行常平法，根据全国各地的物价和年景，实行丰则贵籴、歉则贱粜的办法，以稳定物价，增加财政收入。

杨炎则用两税法代替租庸调制，是唐朝赋税制度上的重大改革。新税制的基本内容是：废除以前的租庸调和一切苛杂，各项并入两税。不论土户、客户，一律就地落籍纳税，居无定处的行商于所在郡县纳相当于资财三十分之一的商税。新的税项是户税和地税。户税据户等以钱定税，纳税时可折收绫绢；地税按亩征收。规定户税与地税都一年两征，故称作"两税法"。这次改革的基本精神是改税丁为税产，这符合土地集中和贫富升降的社会现实。两税法对此后历代的赋税制度产生了深远的影响。

8. 藩镇割据

安史之乱虽然平定，藩镇割据的形势却从此形成。唐朝后期，中央同藩镇间发生过三次大规模的战争。

第一次，唐德宗力图平藩，引起了"二帝四王"之乱。

781年，成德节度使李宝臣死，子李惟岳向朝廷请求继任，为唐德宗所拒绝。于是李惟岳就和魏博节度使田悦、淄青节度使李正己、山南东道节度使梁崇义等连兵叛变，出现了"四镇之乱"。782年，淮西节度使李希烈也据镇反叛，出现了五镇连兵的局面。战事日益扩大，卷进来的藩镇越来越多，其中有四人称王，两人称帝，即幽州留后（代理节度使）朱滔称冀王，成德兵马使王武俊称赵王，田悦称魏王，李纳（李正己之子）称齐王，前卢龙节度使朱泚称秦帝，李希烈称楚帝。德宗一度逃往奉天（今陕西干县），后又奔梁州（今陕西汉中）。这次战争持续了五年之久，朱泚和李希烈等虽先后败死，唐朝却与其余藩镇妥协，条件是藩帅取消王号，朝廷承认他们在当地的统治权。德宗对藩镇的态度由坚决讨伐转变为姑息妥协。从此，有些节度使父死子继、兄终弟立成为惯例，割据局面进一步深刻化了。

第二次，唐宪宗大举用兵，平定了不少藩镇。

唐宪宗即位之始就大力对强藩巨镇进行斗争，企图恢复中央集权。从806年到812年，朝廷先后讨平剑南西川和镇海浙西节度使的叛乱，迫使魏博节度使田弘正举六州之地归附朝廷。814年，淮西节度使吴少阳死，其子吴元济自领军务，随即发动叛乱。宪宗发宣武等十六道兵讨伐，经过长期的战争，817年唐将李愬雪夜袭蔡州，擒吴元济，淮西平。819年，又平定了淄青节度使李师道。成德、卢龙两镇节度使自请入朝，藩镇割据局面暂时平定，但并不巩固。820年，宪宗为宦官陈弘志等所杀，两年中，卢龙、成德、魏博、淄青、泽潞、徐泗、汴宋、浙西等镇又纷纷发生变乱或不禀朝命。

第三次，唐武宗平泽潞。

泽潞节度使刘从谏与朝廷素相猜恨。843年，从谏卒，侄刘稹请为留后，武宗发兵进讨。战事进行了一年多，刘稹为部将郭谊所杀，朝廷平定了泽潞，史称会昌伐叛。

武宗以后，中央再也无力与藩镇进行较量，藩镇内部骄兵逐帅日见频繁，抵消了不少力量，双方在相当长的时期中未再发生重大的战争。

9. 宦官专权

唐玄宗晚年重用高力士开始，宦官逐渐参政。但宦官猖獗，专擅朝柄，则从代宗重用李辅国始。代宗甚至把御前符印军号都委交他处理。"四王二帝之乱"中,德宗由长安外逃,宦官窦文场、霍仙鸣从驾逃难。因此,德宗还京师后把神策军交给宦官统领。至此,宦官掌握禁军成为定制。代宗时,始用宦官于内廷知枢密,参与机要。宪宗时正式设枢密使,由宦官担任。皇帝深感握重兵的军将及藩帅难于控制。往往以宦官为监军使,分赴各地进行监督。凡此种种,皆使宦官集团在全国形成一股政治势力,干预国家的军政大事。尤其是中央的宦官更是大权在握,唐代自宪宗起,有八个皇帝是由宦官拥立的。宪宗与敬宗皆死于宦官之手。

宦官得势不仅浊乱朝政,而且对社会生活也产生了恶劣的影响。长安一带的甲舍、名园、上腴之田,为宦官占有的,近半京畿,因而大大激化了各种矛盾。

10. 反宦官的斗争

(一)二王八司马

宦官集团的猖獗和专擅,引起了皇帝和朝臣的不满。805年,顺宗即位,任用王叔文、王伾及韦执谊、韩泰、陈谏、柳宗元、刘禹锡、韩晔、凌准、程异等八人,共同商议国事,着手进行革新。革新的主要内容为:计划收夺宦官军权、制裁藩镇跋扈、打击贪残官吏、废除弊政、选拔人才。

这些改革引起以俱文珍为首的宦官集团及与之相勾结的藩帅剑南西川节度使韦皋、荆南节度使裴均和河东节度使严绶等人的强烈反对。他们发动政变,逼顺宗让位于太子纯,改元永贞,是为唐宪宗,史称"永贞内禅"。接着大肆打击和贬降革新派人物。王叔文被贬后赐死,王伾外贬后不久也病死,其余柳宗元、刘禹锡等八人均被贬为外州司马,史称二王八司马。改革历时一百余日,以失败而结束。

(二)甘露之变

唐文宗即位后,深以宦官专权为患,感到谋杀宪宗、敬宗的宦官犹有在左右者,决心加以翦除。当时神策中尉王守澄尤其专横,招权纳贿,皇帝对他无可奈何。文宗曾与宰相宋申锡谋诛宦官,不料事泄失败。此后,宦官更加骄横,文宗感到忍无可忍,于是提拔李训、郑注为翰林侍讲学士,常与两人密谋清除宦官势力。835年李训以郑注出任凤翔节度使,企图内外配合,发动事变。不久,李训拜相。这年初冬,文宗诛杀王守澄,消灭了弑宪宗的最后一个逆党。在李训的策划下，文宗在紫宸殿朝会，左金吾卫大将军韩约伪奏左金吾仗院内的石榴树夜有甘露，百官称贺，文宗遣宦官仇士良、鱼志弘（一作鱼弘志）等前往验看。李训预先已伏兵该处，谋乘机诛杀宦官，不料为仇、鱼等发觉，宦官因强拥皇帝退往后宫，并与朝官展开搏斗。大臣李训、郑注等均全家被杀。斗争结果，朝官惨败，宦官全胜。这次事件在历史上称作"甘露之变"。

11. 牛李党争

牛党的首领是牛僧孺和李宗闵，李党的首领是李德裕。牛李党争从宪宗朝开始，至宣宗朝结束，持续近半个世纪之久。

牛李两党的政治主张截然不同，主要表现在：李党力主摧抑藩镇割据势力，恢复中央集权；牛党反对用兵藩镇，主张姑息妥协。牛党利用科举中投卷、关节之风，相互援引，竭力拥护进士科取士；李党对科举制有所不满，企图改革选举制度。李党主张精简国家机构，裁汰冗官，牛党持相反态度。李德裕支持唐武宗废佛之举，宣宗即位后牛党执政，恢复了会昌废佛时被废毁的寺院。

牛李两党交替执政，执政时各自贬谪对方。846年唐武宗去世，皇太叔李忱即位，是为宣宗。李党从此失势，德裕被贬死于崖州（今广东琼山东南）。以后，朝廷上形成了牛党当权的形势，党争结束。

12. 唐末农民起义和唐朝的灭亡

（一）裘甫起义和庞勋起义

唐朝后期，中央的财政主要依靠搜刮东南各道，当地农民遭受的苦难特别深重。859年，浙东民裘甫起义，占领象山。次年，攻占剡县，自称天下都知兵马使。唐王朝派军前往镇压，860年夏，裘甫被围困于剡县城内，经八十三战，裘甫在出城突围战中牺牲，起义失败。

863年，徐州戍卒庞勋起义于桂州，卷旗北归，攻占徐州。在作战过程中，农民纷纷加入这支军队，使之很快就壮大到万人以上，兵变于是发展成为起义。869年，庞勋在蕲县（今安徽宿县南）附近被优势的唐军包围，庞勋与起义军近万人战死，起义失败。

（二）黄巢起义

873年,懿宗去世,太子李俨即位,是为僖宗,改名儇。僖宗终日打猎游嬉,朝政日非。黄河中游天灾严重,广大农民卖妻鬻子,无以为生。875年年初,濮州(今山东鄄城北)人王仙芝与尚让、尚君长等首先在长垣(今河南长垣东北)发动起义,王仙芝自称"天补平均大将军兼海内诸豪都统"。义军先后攻克濮州、曹州。冤句(今山东曹县西北)人黄巢亦于同年以数千人起义,回应王仙芝。两支义军汇合在一起壮大了声势,困于重敛的农民争先恐后归附者凡数万人。876年,义军攻克汝州(今河南临汝)后,采用避实就虚的战略,向敌人力量薄弱的南方进军,主要在长江中游以北及淮河上游以南战斗。由于在围攻蕲州的战役中,王仙芝曾发生动摇,有降唐意,黄巢遂与他分兵作战。大致此后王仙芝仍转战于南方,黄巢则北上打回沂州等地。878年,王仙芝战死于黄梅,尚让引余众与黄巢汇合,推黄巢为黄王,号"冲天大将军"。是岁,义军受阻,遂挥师南下,由浙趋闽,于879年,攻占广州。在岭南经过两个月的休整,黄巢于冬季开始率大军北伐,目标是攻取两京,推翻唐政权。880年,义军攻克东都。僖宗与宦官田令孜等奔蜀,义军入长安,黄巢称帝,国号大齐。当时,凤翔节度使郑畋传檄诸道,号召藩镇出兵镇压起义。于是双方在关中展开了反复的拉锯战,战争呈相持状态。后来,发生了对大齐不利的几件事:一是长安城中粮食严重不足;二是大齐的同州(今陕西大荔)守将朱温叛变;三是唐朝乞援于沙陀族李克用南下支援唐军。883年,力量对比朝不利于大齐的方向发展,黄巢决定放弃长安东撤。夏秋之交,黄巢围攻陈州(今河南淮阳)。这次战役持续达三百日之久,最后唐朝调朱温、李克用增援,义军连遭挫败,黄巢终于在884年退军北撤。围陈之役耗尽了义军的力量,黄巢犯了屯兵于坚城之下的错误。李克用与忠武军监军田从异在王满渡(今河南中牟北)发动进攻,义军损失万余人,尚让降敌。黄巢渡汴河北去,最后与亲故数十人退至狼虎谷(今山东莱芜西南),壮烈牺牲。历时九年余的农民战争至此结束。

(三)唐的灭亡

唐王朝在黄巢起义的沉重打击下分崩离析,名存实亡。新旧割据势力相互间展开了剧烈的兼并战争,其中黄河流域势力最大的是河东节度使李克用、汴宋节度使朱全忠(朱温降唐后被赐名全忠)和凤翔节度使李茂贞三人。

885年,僖宗返京。冬,李克用、河中节度使王重荣攻逼长安,僖宗奔凤翔。888年,僖宗去世,弟李晔立,是为昭宗。李茂贞与朱全忠各有挟天子以令诸侯之意,后来双方发生战争,唐昭宗被宦官和李茂贞劫持至凤翔。900年,朱全忠在军事上占优势,遂兵围凤翔。李茂贞不能支,终于让步讲和。903年朱全忠拥昭宗还京,利用自己的军事实力,尽诛内侍省宦官数百人,出使在外的宦官亦下令就地诛杀,持续一百多年的宦官势力至此被彻底翦除了。904年,朱全忠逼唐昭宗迁都洛阳,强令朝廷百官随驾东行,动身后派人尽毁长安宫室、百司及民间庐舍。不久,朱全忠使人杀昭宗,立其子李柷为太子,是为哀帝。905年,朱全忠大肆贬逐朝官,接着又把宰相崔枢等被贬的朝官三十余人全部杀死于白马驿,投尸于河,这次事件史称"白马驿之祸"。政治上的阻力已全部扫除,朱全忠遂于907年逼唐哀帝禅位于己,改国号梁(史称后梁),是为梁太祖(全忠原名温,不久,改名晃),都于开封。唐朝灭亡。

十八、五代十国(907年~979年)

五代是后梁、后唐、后晋、后汉、后周。后梁和后周的君主是汉族人,后唐、后晋、后汉的君主是沙陀族人。他们都建国于华北地区。

十国是前蜀、后蜀、吴、南唐、吴越、闽、楚、南汉、南平(荆南)和北汉。北汉建国于今山西境内,其余九国都在南方。十国与五代并存,但各国存在时间长短不一。

1. 五代的更迭

唐末,新旧藩镇林立,战争不休。国家分裂的倾向日益明显。经过多年的相互兼并,逐渐形成了几支较大的势力。在北方,主要是以汴州为据点的朱温和以太原为中心的李克用。

(一)后梁(907~923年)

朱温曾参加黄巢领导的农民起义,后叛降唐朝,被赐名朱全忠,与沙陀贵族李克用等协同镇压黄巢起义,受唐封为宣武节度使。他据汴州(今河南开封),逐渐扫除了今华北的许多武装割据势力。907年,朱温灭唐称帝,是为后梁太祖,国号梁,史称后梁。升汴州为开封府,称东都,以洛阳为西都。912年，次子朱友珪发动政变杀温，自立为帝。913年，朱温第三子友贞发动政变，友珪自杀，友贞即位，是为末帝。友贞猜忌方镇大臣，内部分裂，国力进一步削弱。923年月，后唐庄宗李存勖攻入开封，末帝自杀。后梁亡。

后梁历三主，共十七年。其帝系表为太祖（朱温）→朱友珪→末帝（朱友贞）。

（二）后唐（923～936年）

唐中叶后，迁居今山西境内的沙陀部酋长李克用参加镇压黄巢起义，被任命为河东节度使。他控制了今山西中部和北部地区，唐昭宗封他为晋王。朱温灭唐以后，他以拥护唐朝为名，与后梁交战不休。后来，他的儿子李存勖乘后梁内乱之机攻取河北，累败梁军。923年，李存勖称帝于魏州，是为后唐庄宗，国号唐，史称后唐。十月，庄宗攻入开封，后梁末帝自杀，后梁亡。冬，后唐都洛阳。割据凤翔的岐王李茂贞与吴越、楚、闽、南平都称臣于后唐。925年，灭前蜀，进一步统一北方，并扩展到长江上游。南方诸国中，仅南汉、吴与后唐抗衡。但存勖骄淫乱政，任用孔谦重敛急征，百姓怨愤；重用伶官、宦官，诛杀功臣；抢掠魏州军营妇女入宫，激起魏州兵变。926年，克用养子蕃汉总管李嗣源（沙陀人，原名邈佶烈）借兵变力量，夺取汴州（今河南开封）。李存勖被杀，李嗣源继位，是为明宗。他改革弊政，杀宦官，诛孔谦，废苛法，均田税，政局小安。932年，后唐令国子监依西京石经本校定九经，雕版印制，官府大规模刻书自此始。933年，明宗死后，子从厚继位。次年，河东节度使李从珂（本姓王，嗣源养子）起兵杀从厚，自立为帝，是为末帝。937年，嗣源女婿石敬瑭（即后晋高祖石敬瑭）勾结契丹攻入洛阳，从珂自杀。后唐亡。

后唐历四主，前后约十四年。其帝系表为：庄宗（李存勖）→明宗（李嗣源）→闵帝（李从厚）→末帝（李从珂）。

（三）后晋（936～946年）

936年夏，石敬瑭与桑维翰勾结契丹，认契丹主耶律德光为父，并将幽蓟十六州拱手献给契丹，另加岁贡帛三十万匹。十一月，契丹主在太原册立石敬瑭为大晋皇帝，国号晋，史称后晋。937年，石敬瑭迁都汴州，次年升为东京开封府。942年，石敬瑭死，侄石重贵继位，史称出帝或少帝。契丹主驱兵南下，晋军士兵英勇作战，前后两次击退契丹军。946年，重贵任其姑父杜威（即杜重威）为元帅，率军抵御契丹，杜威效法石敬瑭，暗中进行勾结，契丹主答应立杜威为中原皇帝。杜威信以为真，决意投降，遂引契丹军南下，辽兵攻下开封，俘后晋帝北迁，后晋亡。

后晋历二帝，前后约十一年。其帝系表为：高祖（石敬瑭）→出帝（石重贵）。

（四）后汉（947～950年）

沙陀部人刘知远是后晋的河东节度使。当后晋与契丹交战时，他广募士卒，有步骑五万人，声言防备契丹，但却按兵不动。待辽帝将出帝迁往北方后，他于947年在太原称帝，复都开封，国号汉，史称后汉。948年，刘知远死，次子承祐继位，是为隐帝。承祐初立，大臣史弘肇、杨邠、苏逢吉、郭威等专权，但四人之间又有矛盾。950年，承祐杀史弘肇、杨邠，并密令杀郭威。事泄，郭威起兵攻入开封，杀承祐。后汉亡。

后汉历二帝，前后约四年。其帝系表为：高祖（刘知远）→隐帝（刘承祐）。

（五）后周（951～960年）

951年，郭威称帝于开封，是为后周太祖，国号周，史称后周。郭威针对前朝弊政，进行了一些改革，刑罚有所轻减，某些苛税被废止，部分官田散给佃户，停止州府南郊进奉，这些措施在一定程度上减轻了对人民的压迫剥削，开始改变中国北方的残破局面。954年，郭威病逝，养子柴荣继位，是为世宗。大阅禁军，置殿前军，以殿前都点检、副都点检统之。955年，柴荣出兵击败后蜀，收复秦（今甘肃秦安西北）、凤（今陕西凤县东北）、成（今甘肃成县）、阶（今甘肃武都东）四州；此后，又亲征南唐，得淮南、江北十四州；959年，又收复了辽占领的莫、瀛、易三州。同年，柴荣病死。次年，子宗训继位，是为恭帝。960年，殿前都点检赵匡胤发动陈桥兵变，废恭帝，建立北宋王朝，后周亡。

后周历三帝，共十年。其帝系表为：太祖（郭威）→世宗（柴荣）→恭帝（柴宗训）。

2. 十国的割据

（一）前蜀（891~925年）

唐末，王建据有西川，后又取东川。903年，受唐封为蜀王，占地北抵汉中和秦川，东至三峡，907年，王建称帝，建都成都，国号蜀，史称前蜀。918年，王建死，子王衍继位。政治十分腐朽。925年，后唐庄宗李存勖发兵攻蜀，王衍降，前蜀亡。前蜀历二主，共三十五年。其帝系表为：高祖（王建）→后主（王衍）。

（二）后蜀（925~965年）

后唐灭前蜀，以孟知祥为西川节度使。932年，孟知祥杀东川节度使董璋，得东川地。934年，知祥称帝，国号蜀，史称后蜀。同年，孟知祥死，子孟昶继位。孟昶统治后期，君臣奢纵无度，朝政腐败。965年，为宋所灭。后蜀历二主，共四十年。其帝系表为：高祖（孟知祥）→后主（孟昶）。

（三）吴（892~937年）

唐末，杨行密据淮南二十八州，902年受唐封为吴王，都广陵（今江苏扬州）。905年，行密死。子杨渥继位，政权落入掌握牙军的大将张颢、徐温手中。908年，张颢、徐温杀杨渥，立杨隆演。920年，杨隆演死，其弟杨溥继位。927年，杨溥称吴皇帝。937年，徐温养子徐知诰废吴帝杨溥自立，国号大齐，吴亡。吴历四主，共四十六年。其帝系表为：太祖（杨行密）→烈宗（杨渥）→高祖（杨隆演）→睿帝（杨溥）。

（四）南唐（937~975年）

937年，徐知诰废吴帝杨溥，自称皇帝，国号大齐。次年，改姓名为李昪，改国号为唐，史称南唐，都金陵（今江苏南京）。李昪对外结好邻邦，对内整饬朝政，社会生产有所发展。由于兴科举、建学校，文化也比别国昌盛。943年李昪死，子李璟继位。945年，南唐灭闽。此后，李璟日益骄侈，朝政浊乱，任用非人，赋役繁重。951年，南唐乘楚内乱，派兵灭楚。但不久，楚国故地为周行逢所据，南唐未能巩固所占之楚地。其时，南唐国力迅速衰败下来。955年起，后周连续进攻南唐，958年，李璟献江北、淮南十四州。去年号，称臣于后周。961年，李璟死，子李煜即位，是为后主。李煜善文词，工书画，知音律，但政治上昏庸。975年，宋发兵南下渡江，攻破金陵，后主李煜被俘,南唐亡。

南唐历三主,前后约三十九年。其帝系表为:烈祖(李昇)→元宗(李璟)→后主(李煜)。

(五)吴越(893~978年)

钱镠在唐末为镇海、镇东节度使,驻杭州,据有浙江东、西二道。907年,后梁封他为吴越王。吴越比相邻的吴(后为南唐取代)弱小,故钱镠及其子孙皆向中原王朝称臣、纳贡,藉以牵制吴或南唐。钱镠在位期间,修筑钱塘江石塘,置龙山、浙江两闸,防御潮水内灌;又置都水营使,主管水利事业,统带撩浅(一作撩清)军,专管治河筑堤,发展了太湖一带的圩田。通过这些措施,使境内农业生产获得发展。吴越境内的手工业丝织、造纸,特别是陶瓷,都在唐代基础上进一步发展,其秘色青瓷制作精美,闻名于世。当时,由于陆道交通为战火阻塞,吴越常由海道与中原以及契丹贸易,与大食、日本也有贸易往来。杭州成为两浙地区政治、经济、文化中心。明州,是吴越重要的贸易港口。976年,钱俶入朝。978年,再次入朝,尽献所据土地,全家迁汴京。吴越亡。

吴越历五主,共八十六年。其世系表为:武肃王(钱镠)→文穆王(钱元瓘)→献王(钱弘佐)→忠逊王(钱弘倧)→忠懿王(钱俶)。

(六)闽(893~945年)

王潮、王审知兄弟在唐末占有福建全境,唐昭宗任王潮为节度使。909年,后梁封审知为闽王。王审知统治近三十年,他力行节俭,轻徭薄敛,境内富实安定。审知死后,国内常有乱事,政局非常不稳。闽政权的继承者都崇信道教巫术,他们大兴土木,除了盖宫殿外,还营造了许多工程浩大的道观。费用不足,便公开卖官鬻爵,横征暴敛。945年,闽为南唐所灭。

闽历七主,共五十三年。其帝系表为:威武军节度使(王潮)→太祖(王审知)→嗣主(王延翰)→惠宗(王延钧)→康宗(王继鹏,后改名昶)→景宗(王延曦)→天德帝(王延政)。

(七)楚(896~951年)

马殷在唐末被任为湖南节度使,进而占有桂管的梧、贺等州。907年被封为楚王,在长沙建宫殿,专制一方。马殷死后,诸子纷争,政刑紊乱。951

年,南唐发兵灭楚。

楚历六主,共五十五年。其世系表为:武穆王(马殷)→衡阳王(马希圣)→文昭王(马希范)→废王(马希广)→恭孝王(马希萼)→楚王(马希崇)。

(八)南汉(905~971年)

唐朝末年,岭南东道节度使刘隐,据有西自邕州(今广西南宁南)、东至潮州(今属广东)的岭南广大地区。917年,其弟刘岩称帝,国号越,不久改称汉,史称南汉,都番禺(今广东广州)。刘岩及其继承人都残暴荒淫,境内曾爆发张遇贤领导的农民起义。971年,南汉为宋所灭。

南汉历五主,共六十七年。其帝系表为:烈祖(刘隐)→高祖(刘岩)→殇帝(刘玢)→中宗(刘晟)→后主(刘鋹)。

(九)南平(荆南)(907~963年)

907年,后梁大将高季兴被任为荆南节度使,驻守江陵。924年,后唐封他为南平王,所以荆南又称南平。南平仅占有荆(今湖北江陵)、归(今湖北秭归)、峡(今湖北宜昌)三州,在十国中最为弱小。其统治者只有向四周称帝各国称臣,求得赐予。963年,南平为宋所灭。

南平历五主,共五十七年。其世系表为:武信王(高季兴)→文献王(高从海)→贞懿王(高保融)→荆南节度使(高保勖)→荆南节度使(高继冲)。

(十)北汉(951~979年)

十国中唯一在北方的国家是北汉。951年,沙陀部人(唐时突厥族别部)刘知远弟太原留守刘崇占据河东十二州(约为今山西中部和北部)称帝,以汉为国号,史称北汉。北汉土瘠民贫,赋役繁重。统治者结辽为援,守境割据。979年,宋兵攻克太原,北汉亡。

北汉历四主,共二十九年。其世系表为:世祖(刘崇)→睿宗(刘承钧)→少主(刘继恩)→英武帝(刘继元)。

十九、辽朝(916年~1125年)

辽朝是契丹族在中国北方地区建立的一个王朝。历九主,共二百十年。其世系表为:太祖(耶律阿保机)→太宗(耶律德光)→世宗(耶律阮)→穆宗(耶律璟)→景宗(耶律贤)→圣宗(耶律隆绪)→兴宗(耶律宗真）→道宗（耶律洪基）→天祚帝（耶律延禧）。

西辽（1124~1211年）历四主，共八十八年。其世系表为：德宗（耶律大石）→感天后（塔不烟）→仁宗（耶律夷列）→承天后（普速完）→末帝（耶律直鲁古）。

916年，耶律亿（阿保机）在今内蒙古西拉木伦河流域建契丹国，是为太祖。皇子耶律倍向往汉族的封建文明，次子耶律德光则主张实行契丹的奴隶制统治。926年，阿保机死，德光即位，是为太宗。耶律倍遭到排斥，逃奔后唐。契丹常向南方进攻，后晋石敬瑭奉献今河北、山西北部一带的燕云十六州。石敬瑭死，子石重贵不向契丹称臣，德光即发兵南下，于947年攻陷开封，正式称辽国。辽太宗并没有在汉地建立统治，而是掠夺开封财货人口至上都临潢府（今内蒙古巴林左旗南）。在北返途中，太宗死。辽贵族耶律安搏等拥立耶律倍之子耶律阮即位，是为世宗。951年，世宗领兵南下攻打后周。行军路上，被辽贵族耶律察割谋杀，随军南行的太宗子耶律璟又杀耶律察割，继帝位，是为穆宗。穆宗扩大奴隶占有，并加强了对奴隶的镇压。969年，穆宗出猎时为近侍奴隶小哥等六人所杀。辽朝官员拥立世宗子耶律贤继位，是为景宗。979年，宋进军辽南京（今北京）。辽军击败宋军于高梁河。982年，景宗病死，子耶律隆绪继位，是为圣宗。986年，宋军分路攻辽，于歧沟关等地大败而退。999年，圣宗领兵南下，次年正月至瀛州（今河北河间），大败宋军。1004年，再度南下，与宋军在澶州（今河南濮阳）订立澶渊之盟。两国各守旧界，此后不再有大的战事。

圣宗向周邻诸国扩展势力，先后征服西境的鞑靼，进讨甘州回鹘，还发动了对高丽的战争。与此同时，在辽国内实行了削弱奴隶制的措施，确立了封建制的统治。圣宗时，还修订法律，主人不得任意杀死奴隶。契丹人与汉人犯法同等治罪。圣宗又依仿汉人城市规模在上京以南的奚族旧地建新都中京大定府（今辽宁宁城西大名城）。辽圣宗喜读《贞观政要》，学习汉族的统治方法，又能吟诗作曲。汉文明在辽朝得到进一步的传播。辽朝在圣宗统治下，形成全盛时期。

1031年圣宗病死。子宗真（兴宗）即位。兴宗死后，子洪基即位（道宗），由于辽朝贵族和官员长期陷入相互攻讦倾轧之中，统治集团日益削弱,辽朝进入衰乱时期。1101年,道宗病死。耶律延禧继帝位,号天祚帝。这时,东北的女真族已强大起来。1114年,女真族首领完颜旻(阿骨打)统兵攻占辽地,辽兵全部溃灭。次年,完颜旻建立金朝。金兵不断侵辽。1125年,金兵俘天祚帝,辽亡。

辽亡后,耶律大石西迁到中亚楚河流域,重建辽国,史称西辽。1211年,乃蛮部屈出律篡位,1218年为蒙古所灭。

二十、宋朝(960年~1279年)

1. 北宋王朝

宋朝于960年在开封建国,1127年政权南迁后建都临安(今浙江杭州),1279年被元朝灭亡。习惯上称1127年前的宋朝为北宋,1127年后的宋朝为南宋。

北宋历九主,共一百八十八年。其世系表为:太祖(赵匡胤)→太宗(赵炅)→真宗(赵恒)→仁宗(赵祯)→英宗(赵曙)→神宗(赵顼)→哲宗(赵煦)→徽宗(赵佶)→钦宗(赵桓)。

(一)陈桥兵变

959年,后周世宗柴荣病死,继位的恭帝只有七岁。960年,风闻契丹和北汉发兵南下,后周宰相范质等人匆忙派遣殿前都点检、归德军节度使赵匡胤统率诸军北上抵御。大军行至陈桥驿(今河南封丘东南陈桥镇),赵匡胤弟匡义和归德军掌书记赵普授意将士把黄袍加在赵匡胤身上,发动兵变。赵匡胤率军回师开封,夺取皇位,建立了宋朝,都于开封,改国号为宋。

(二)中央集权

宋太祖即位不久,就以优厚的俸禄为条件,解除了曾帮助他夺取政权的禁军高级将领石守信、王审琦、高怀德等人的兵权,史称"杯酒释兵权"。宋太祖接着进行了军事制度的改革,主要有四项:

一是禁军由"三衙"(殿前都指挥使司、侍卫马军都指挥使司、侍卫步军都指挥使司)分掌。"三衙"的主帅和主要禁军将领都由皇帝任免,都只对皇帝负责。二是统兵权与调兵权分离。调兵权和发兵权在枢密院,而枢密院只有发兵、调兵权,而不直接掌握军队。枢密院要发一兵一卒都要通过皇帝下旨,这就是说,没有皇帝的命令,任何部门、将帅都无法调动军队。三是使京城驻军与外地驻军保持均衡,驻军的大多数就在京城附近,就便于皇帝对军队直接控制。四是兵将分离。利用更戍法,将屯驻在京城的禁军轮番派到各地戍守,或移屯就粮,定期更换。借士兵的经常换防,造成兵不识将,将不识兵,兵无常帅,帅无常师,以消除对皇权的威胁。

宋太祖对官僚机构的改革,主要包括:一是中央实行军政、民政和财政三权分立,大大削减宰相的权力。二是实行职官的官、职、差遣三者分离的制度。三是改革科举考试制度。下诏令禁止新中进士到主考官那里谢恩,避免新老官僚以门生故吏之名结成宗派。以后,又举行殿试,由皇帝亲自录取进士。这样经过殿试录取的进士,就成了"天子门生"。

宋太祖在国内集兵权、政权、财权于中央政府,改革军事机构和官僚机构,重建中央集权专制统治,使北宋出现了百多年局部统一、安定的局面。

(三)统一疆域

宋朝建立,赵匡胤在平定后周节度使李筠和李重进叛乱,稳定内部统治之后,开始进行统一事业。他遵循先南后北、先易后难、各个击破的方针,于963年灭荆南和湖南,965年灭后蜀,971年平南汉,975年进攻南唐,战舰沿江而下,歼灭南唐军主力,包围江宁府(今江苏南京),南唐主李煜投降。976年,太祖暴卒,弟赵光义夺取帝位,是为宋太宗。太宗使用政治压力,迫使吴越和割据漳泉二州的陈洪进相继纳土归附,两浙、福建亦纳入宋的版图。979年,宋太宗亲率大军征北汉,采用围城打援的战法,派潘美等率军四面合围太原,并击败了辽朝援兵,北汉主刘继元被迫投降。至此,安史之乱以来的两百多年的藩镇割据局面,基本上结束了。

(四)王小波与李顺起义

宋灭后蜀后,几年内把后蜀仓储财物全部运到京师。又以"上供"等方式掠夺布帛,设置博买务垄断布帛的购销,禁止民间交易,使广大农民和手工业者更加贫困。对于川峡盛产的茶叶,宋政府"掊取"茶利,断绝了很多茶农和茶商的生计。宋太宗即位后,川峡天灾频仍,饿殍载道,民不聊生。993年,永康军青城县(今四川灌县南)王小波、聚众起义,提出"均贫富"的战斗口号,起义军迅速发展到数万人。王小波在与官军激战中牺牲后,其妻弟李顺被推为领袖,继续战斗,攻克四川地区许多州县,起义队伍发展到十余万人。994年，攻克成都府，起义军在成都建立大蜀政权，李顺为大蜀王。起义军占领了剑关以南、巫峡以西的广大地区。宋太宗极为震惊，立即派遣两路大军，分别向剑门（今四川剑阁北）和峡路进军。李顺原想在宋大军入蜀前，先派兵占领剑门栈道，但未获成功。宋军占据栈道，得以长驱直入，李顺也在战斗中壮烈牺牲。起义军余部在张余、王鸬鹚等人领导下，在川南、川东一带坚持斗争，直到996年最后失败。

（五）澶渊之盟

宋太祖未竟的宏图大志是：进军辽南京幽州（今北京），收复燕云十六州。宋太宗于979年灭北汉后，立即移师进攻幽州，十一天未能奏效。辽援军抵幽州，宋太宗率军于高粱河（今北京西直门外）与辽援军激战。结果宋军大败，太宗中箭，兵败回东京。

986年，宋军分三路伐辽。战略意图是以东路军牵制住辽的主力，使西、中两路乘隙攻取山后诸州，然后三路大军合击幽都府。结果宋东路军于岐沟关（今河北涞水东）大败溃散，伤亡惨重。西、中两路军因此被迫撤军。西路军杨业由于得不到主帅潘美的支持，在陈家谷口（今山西宁武东北）战伤被俘，绝食三日而死。

宋太宗两次攻辽失败，便放弃收复燕云的打算，由攻变守。并采纳沧州刺史何承矩的建议，在今安新、雄县、霸州一线利用白洋淀之水建方田，史称北宋"水长城"，以与辽对峙。

在宋采取守势后，辽朝对宋却展开步步紧逼的攻势。从986年到997年，辽朝对宋发动过三次大规模攻势。真宗即位后，辽兵又乘机加强对北宋的军事攻击。1004年，辽朝以收复瓦桥关（今河北雄县旧南关）以南地区为名，发兵南下，直趋黄河边的澶州（今河南濮阳附近），对宋的都城开封构成严重威胁。宋朝大臣王钦若、陈尧叟等主张迁都逃跑，宰相寇准力请宋真宗亲征。宋真宗在寇准一再催促下，登上澶州北城门楼以示督战，宋军士气为之一振。宋、辽两军出现相峙局面。

辽军的南侵，原是以掠夺财物和进行政治讹诈为目的，直到侵入宋境后，因屡受挫败，就示意愿与宋朝议和。而真宗只盼辽军能够尽快北撤，不惜代价。结果宋、辽商定和议，交换"誓书"，约定：宋朝每年给辽绢二十万匹、银十万两,沿边州军各守疆界,两地人户不得交侵,不得收留对方逃亡的"盗贼",双方可以依旧修葺城池,但不得创筑城堡、改移河道。此外,又约定宋辽为兄弟之国。盟约缔结后,宋、辽形成长期并立的形势。

(六)宋与西夏的和战

西夏是以党项人(羌族的一支)为主体的国家,基本地境包括今宁夏全部以及甘肃、陕西、青海、内蒙古一部。宋太宗时,占据夏州(今陕西横山西)一带的党项族首领李继迁受辽封号,称夏国王。996年,李继迁领兵攻宋灵州(今宁夏灵武西南)。宋太宗派兵迎敌,未能取胜。1002年,李继迁攻陷灵州。1038年,李继迁之孙元昊称帝,是为西夏景宗,建都兴庆府(今宁夏银川),国号大夏,史称西夏。1040年至1042年间,西夏每年都对宋发动一两次大规模的进攻。连年战争,双方伤亡惨重,财政困难,人民厌战。1043年,宋、西夏议和成,宋册元昊为夏国主,夏对宋名义上称臣,宋每年"赐"夏绢十三万匹、银五万两、茶两万斤,还按年在双方的节日赠西夏银两万二千两,绢、帛、衣着两万三千匹,茶一万斤。重开沿边榷场贸易,恢复民间商贩往来。

(七)庆历新政

1043年,参知政事范仲淹与富弼联名上《答手诏条陈十事》,提出明黜陟、抑侥幸、精贡举、择官长、均公田、厚农桑、修武备、减徭役、覃恩信、重命令等十项以整顿吏治为中心的改革主张。欧阳修等人也纷纷上疏言事。宋仁宗采纳了大部分意见,陆续颁布几道诏令,施行新政,称庆历新政。由于"新政"触犯了贵族官僚的利益,因而在陆续施行的过程中,遭到他们的阻挠。反对派的谤议愈来愈甚,甚至诬蔑范仲淹与韩琦、富弼、欧阳修等人为朋党。1045年初,范仲淹、韩琦、富弼、欧阳修等人相继被排斥出朝廷,各项改革也被废止。

(八)王安石变法

宋神宗即位后,立志革新,召王安石入京商议富国强兵,改变积贫积弱的现状。1069年,王安石任参知政事,开始实行变法。王安石认为理财是宰相要抓的头等大事,只有在发展生产的基础上,才能解决好国家财政问题。所以他的变法把发展生产作为当务之急。因此,制订和实施了诸如农田水利、青苗、免役、均输、市易、免行钱、矿税抽分制等一系列的新法，从农业到手工业、商业，从乡村到城市，展开了广泛的社会改革。与此同时，改革军事制度，制定将兵、保甲、保马诸法以整顿军队，加强统治，以提高军队的素质和战斗力，强化对广大农村的控制。为培养更多的社会需要的人才，对科举、学校教育制度也进行了改革，王安石亲自撰写《周礼义》、《书义》、《诗义》，即所谓的《三经新义》，为学校教育改革提供了新教材。

1085年，宋神宗病死，高太后秉政，起用司马光，开始推翻熙宁新法。

（九）蜀洛朔党争与元祐党人碑

1086年，守旧派司马光为相，废除新法，罢逐新党。但守旧派内部见解分歧，形成洛党程颐等人、蜀党苏轼等人、朔党刘挚等人的党争。1094年，哲宗亲政，继续实行新法。此时新法一派分裂，变法意义逐渐模糊。1102年宋徽宗赵佶亲政后，新政完全成为聚敛手段。宰相蔡京把文彦博、吕公著、司马光、苏轼、苏辙、程颐等120人定为"元祐奸党"，由徽宗亲自书写，刻石于皇宫的端礼门，称为党人碑。其中已死的人追贬官职，未死的人流放边远地区。凡哲宗死后提议恢复旧法的人，共五百余人，被定作"邪类"，降官责罚。1104年，蔡京与徽宗把元祐、元符党人合为一籍，重新确定309人为"党人"，刻石于朝堂。后来，连李清臣及王安石的弟子陆佃等许多变法派人物，因得罪了蔡京，也都被打入元祐党人籍，甚至连著名的变法派章惇也被视为"党人"，屡遭打击。

（十）方腊起义

宋徽宗赵佶政治上极端腐败，生活骄奢淫逸，挥霍无度。他宠信蔡京、王黼、童贯、朱勔、梁师曾、李彦，时人称为"六贼"。"六贼"当政，竭力搜刮民财，增赋税、括民田、提高盐茶专卖价格，弄得民不聊生。为了在开封修建皇家花园，由朱勔主持苏杭应奉局，专门索求奇花异石等物，运往东京开封。每十船组成一纲，称"花石纲"。花石纲之扰，波及两淮和长江以南等广大地区，而以两浙为最甚。在积愤难平的情况下，1120年，睦州青溪县（今浙江淳安）方腊以诛朱勔为名，提出了"平等"的口号，号召人民起义。远近农民闻风响应，在几个月的时间里，起义军发展到数十万人，攻破浙东、浙西六州五十二县，镇压了不少贪官污吏。1121年，宋徽宗急忙派童贯率领京畿禁军和陕西蕃、汉兵十五万人南下。宋军攻杭州,起义军战败,退回青溪。歙州、睦州、青溪相继落入宋军之手。方腊带领余部退守帮源峒。宋军重重包围帮源,发动总攻。起义军奋战,七万多人壮烈牺牲,方腊力竭被俘后英勇就义。起义军余部分散在浙东坚持战斗,直到1122年,最后失败。

在方腊起义之前,河北、京东遭水灾,贫苦农民流离失所,无以为生。1119年,宋江领导京东路的农民举行起义。起义军活跃在河北、京东、淮南一带。大约在方腊起义失败的前后,宋江等三十六名首领接受了宋朝的招安,起义就此失败。

(十一)海上盟约

1115年,女真族贵族首领完颜旻(阿骨打),在混同江(今松花江及同江以东黑龙江)建立国家,国号金。随后向辽朝进攻,屡败辽兵。宋徽宗等以为辽朝有必亡之势,决定联金灭辽,乘机恢复燕云。1118年起,派使者从登州(今山东蓬莱)渡海到辽东同金朝商议共同伐辽的事宜。1120年,宋、金订立"海上盟约":双方夹击辽朝,金军攻取辽的中京大定府(今内蒙古宁城境),宋军攻取辽的南京析津府(今北京)和西京大同府(今山西大同);灭辽后,燕云之地归宋,宋将原来送与辽的岁币转送给金朝。1122年,金军攻占辽中京、西京,而由童贯、蔡攸统领的宋军却一再被辽军打败。童贯转求金军攻辽南京。金军由居庸关进军,一举攻下辽南京。金朝提出:燕京(辽南京)归宋,宋将燕京租税一百万贯给予金朝。宋徽宗、王黼全部应允照办。金军将燕京城内财物和男女掳掠一空而去,宋朝接收的只是一座残破不堪的空城,改燕京为燕山府。

(十二)金兵南侵与北宋的灭亡

1125年,金灭辽,乘胜分两路侵宋,西路进取太原府,东路进取燕山府。两路约定在攻下太原、燕山府后,会师于宋朝东京开封府。西路军在太原城遭到王禀领导下宋朝军民的顽强抵抗,长期未能攻下。东路军到达燕山府,宋守将郭药师投降,金即以降将为向导,长驱南下,渡过黄河,直达东京城下。宋徽宗急忙传位给太子赵桓(宋钦宗),企图南逃避难。宋钦宗即位后,虽然起用了主战派李纲等人部署京城的防御,但却拒绝他们坚守京城,在敌军粮尽力疲北撤时,中途邀击,可以取胜意见,一再对金割地赔款求和。金朝在得到赔款和割让太原、中山、河间三镇的要求后,撤军北归。

1126年,金人再度南侵,攻破开封,钦宗亲去金营求降,献上降表。1127年,金军掳徽、钦二帝及皇室并宝玺舆服等北撤,北宋灭亡。

2. 南宋王朝(1127~1279年)

南宋历九主,共一百五十三年。其世系表为:高宗(赵构)→孝宗(赵昚)→光宗(赵惇)→宁宗(赵扩)→理宗(赵昀)→度宗(赵禥)→恭帝(赵㬎)→端宗(赵昰)→赵昺。

(一)宋室南迁

1127年,宋康王赵构于南京应天府(今河南商丘)即位,是为南宋高宗。次年,金完颜宗翰、完颜宗辅大举攻宋。宋东京留守宗泽联合各地义军,击退金兵。宋高宗赵构置北方大批抗金的忠义民兵于不顾,迁都扬州。1129年,完颜宗弼(兀朮)的率领下,向江淮大举进攻,进逼扬州,宋高宗逃往江南杭州(临安)。宋将官苗傅、刘正彦发动政变,逼迫赵构退位。吕颐浩和张浚联络韩世忠、刘光世和张俊起兵"勤王",政变宣告失败。当年冬,金军渡江,占领建康府(今江苏南京),赵构又自杭州出奔,漂泊于海上。金军追至明州(今浙江宁波),沿途遭受南宋军民的不断袭击,遂于1130年春在大肆掳掠后北撤。

(二)黄天荡、建康,和尚原之战

宋浙西制置使韩世忠驻守镇江,1130年,当宗弼军船队北撤到镇江时,韩世忠以8000人的队伍,在黄天荡一带拦截号称10万的金军,相持四十天之后,金军以火攻破韩世忠军,才得回到建康。

宗弼从黄天荡逃回建康,又在建康大肆抢掠并纵火烧城,准备从静安镇渡江北返。岳飞得知金兵到静安镇,不等张俊的命令,主动向金兵发动突然的猛攻。原建康通判钱需,在静安镇附近联合抗金的义军、乡兵,从敌后杀出,紧密配合。在两军攻下,金兵大败。岳飞率部克复了建康府,金军退至长江以北。

1130年,金朝册立原宋济南知府刘豫为"大齐皇帝",建立傀儡政权,与南宋对峙,并集结重兵,攻打川陕。宋川陕宣抚处置使张浚命都统制刘锡率五路军马，与金军在富平（今属陕西）举行大规模会战，宋军溃败，陕西五路大部丧失。都统吴玠率军扼守大散关附近的和尚原（今陕西宝鸡附近），屏蔽西川。1131年，完颜宗弼大军猛攻和尚原，吴玠率军顽强抵御，重创金军，使金军遭受自灭辽破宋以来的首次惨败。1134年，吴玠军又在仙人关（今甘肃徽县南），再次大破完颜宗弼的重兵。金军退守凤翔，暂时不敢窥伺四川。

（三）钟相与杨么起义

在金军南侵过程中，从前线败退下来的宋朝溃兵、游寇，流窜各地，到处杀掠，残害百姓。加之金兵的屠戮，官府和地主的加强压榨，广大人民陷入水深火热之中，故不断爆发地区性的武装起义。当时规模最大的，是洞庭湖滨的钟相、杨么起义。钟相在北宋末宣传"等贵贱，均贫富"的思想，组织民众，1130年发动起义，攻占了洞庭湖周围的十九县。钟相建立大楚政权，自称楚王。钟相被匪徒孔彦舟杀害后，杨么继续领导斗争，并宣布一律免除税赋差科，不受官司法令束缚。起义军实行陆耕水战，凭借水军优势，发挥车船威力，屡次痛击官军。1135年，宋廷派遣岳飞率兵镇压。岳飞采用政治诱降为主，军事进攻为辅的策略，最后瓦解和消灭了这支起义军。

（四）岳飞领导的抗金斗争

1133年，伪齐刘豫遣部将李成勾结金兵占夺宋襄汉之地。1134年，岳飞率军打败李成，收复襄汉六郡。同年，刘豫又勾结金兵进犯，为韩世忠击败于大仪（今扬州西北），岳飞也败齐金联军于庐州（今安徽合肥）。1136年，岳飞派兵北上，突击伊洛，连战皆捷，中原人民纷起响应。齐军攻淮南，战败。岳飞军击退金、齐军进犯，兵临蔡州（今河南汝南）。

1137年，金朝鉴于刘豫无能，废除刘豫的齐国，改向高宗实施诱降的策略。1138年，赵构决意求和，接受称臣纳贡的和议条件，派秦桧代表自己跪受金朝诏书。金朝将陕西、河南归还宋朝。1140年，完颜宗弼率金军毁约南犯，在顺昌（今安徽阜阳）被宋刘锜军击败。进攻陕西的金军在扶风（今陕西凤翔）也被宋吴璘军大败。

岳飞率领数万岳家军，自湖北出发，进军中原，连败金军，占领军事重镇颍昌府（今河南许昌）、淮宁府（今河南淮阳），并乘胜收复了郑州、西京河南府（今河南洛阳东）等地。岳飞还派梁兴等人渡过黄河，联合河东、河北义军,在金的后方痛击金军,收复了不少州县。岳飞以轻骑驻守郾城（今属河南），打败了宗弼的精锐骑兵"拐子马"。不久，又大破进犯颍昌的金军主力。岳家军前锋直抵开封附近的朱仙镇。岳飞上书赵构，要求各路宋军乘胜进军，收复失地。黄河以北的广大人民也闻风响应，恢复中原已指日可待。一心求和的赵构，竟一天下十二道"金字牌"，强令岳飞班师。并且设置冤狱，以"莫须有"的罪名，杀害力主抗金的岳飞和战将张宪、岳云，迫令抗战派韩世忠等人退闲。

（五）绍兴和议

1141年，以赵构和秦桧为首的投降派和金朝议定屈辱的和约，其主要条款是：一是南宋称臣于金，并且要"世世子孙，谨守臣节"。二是宋金两国，东起淮水中流，西至大散关（今陕西宝鸡西南）为界，中间唐州（今河南唐河）、邓州（今河南邓县）、商州（今陕西商县）和秦州之大半皆属金朝。三是南宋每年向金朝输纳银三十五万两、绢二十五万匹。这就是所谓的"绍兴和议"。

（六）采石之战

金海陵王完颜亮即位后，策划灭宋，占据江南。1161年，完颜亮亲率大军渡淮，打到长江边。金军企图由采石（今属安徽马鞍山市）渡江，督视江淮军马府参谋军事虞允文凭借南方的水军优势，督率宋军，迎击于采石江中，金军渡江失败，移军扬州，强令金军从瓜洲（今江苏扬州南运河入长江口处）渡江，为部下所杀，金军败退。南宋再度转危为安。

（七）隆兴和议

宋孝宗即位后锐意抗金，1163年，派大将李显忠和邵宏渊出师北上，连破灵璧县（今属安徽）和虹县（今安徽泗县），进据宿州州治符离县（今安徽宿县）。金将纥石烈志宁指挥大军反攻，邵宏渊坐观李显忠与金军激战，李显忠失利，宋军各部相继弃城溃逃，损失惨重。宋孝宗被迫遣使与金军议和，并重新任用秦桧余党汤思退为相，汤思退暗通消息，请金朝出动重兵胁迫议和。金军遂再次渡淮南侵，魏胜率义军在淮阴县（今属江苏）勇敢抗击，镇江府都统制刘宝在楚州（今江苏淮安）拒不救援，魏胜战死。

金军攻陷楚州、濠州（今安徽凤阳）、滁州（今安徽滁县）等地。宋孝宗被迫与金朝签订和约。南宋皇帝不再对金帝称臣，改称侄，为侄叔关系，每年缴纳银绢各二十万两、匹，双方各守旧疆，这就是"隆兴和议"。

（八）庆元党禁与开禧北伐

宋孝宗因倦于政事，传位给四十多岁的儿子，是为光宗。光宗患有精神病，与太上皇的关系日益紧张。1194年，孝宗病死，宗室赵汝愚和外戚韩侂胄等共同策划，取得吴太后的赞同，迫令光宗退位，当太上皇。立其次子赵扩为皇帝，是为宋宁宗。宋宁宗即位后韩侂胄和赵汝愚两派展开了激烈的斗争。

宰相赵汝愚倡导理学，引荐朱熹，朱熹亦为赵汝愚谋划，企图阻止韩侂胄参预朝政，韩侂胄设法贬逐赵汝愚、朱熹一派。1196年，宋廷宣布程朱理学为"伪学"，毁禁理学家的"语录"之类书籍，科举考试稍涉义理之学者一律不取。次年，又将赵汝愚、朱熹一派及其同情者定为"逆党"，开列"伪学逆党"党籍，共计五十九人。名列党籍者受到不同程度的处罚，凡与他们有关系的人员，也都不许担任官职，不许参加科举考试，这就是庆元党禁。

1206年，身任平章军国事的韩侂胄在没有作充分准备的情况下，贸然发动对金的北伐战争。初战小胜，不久金军反攻，宋军失败。韩侂胄派人赴金议和，金以杀韩侂胄为条件。韩侂胄见议和不成，决定再次整兵出战。朝中主和派礼部侍郎史弥远与杨皇后及后兄杨次山等勾结，指使权主管殿前司公事夏震等秘密杀死韩侂胄。1208年，主和派完全遵照金朝的要求，与金重订和约，改金宋叔侄之国为伯侄之国，岁币由银绢各二十万两、匹增至各三十万两、匹，宋朝另付犒军银三百万两。史称"嘉定和议"。至此，南宋统治者的昏庸虚弱，更加暴露出来了。

（九）抗击蒙古军的斗争

1233年，蒙古军包围金朝都城南京开封，金哀宗出逃蔡州。蒙古约宋朝出兵夹击，灭金后河南地归还宋朝。宋将孟珙出兵，歼灭金将武仙重兵，与蒙古军联合包围蔡州，1234年，宋军与蒙古军攻破蔡州，金朝灭亡。宋军乘胜收复汴京，不久又入洛阳。蒙古即攻洛阳，宋军因缺粮退师。蒙军在汴京决黄河水以灌宋军,宋军败归。从此揭开双方四十多年战争的序幕。

1235年,蒙古皇子阔端和曲出分路进攻四川与襄汉。宋将曹友闻在大安军阳平关(今陕西宁强西北)击退蒙古军。曲出军攻破枣阳军和郢州(今湖北钟祥),而未能夺取襄阳府。1236年,蒙古军再攻四川,曹友闻在阳平关战死,蒙古军长驱入川,绝大部分州县失陷,人民惨遭屠掠。而宋襄阳府因军队内部发生冲突,蒙古军进而占领襄阳。1242年,余玠镇守四川,开始全面推行依山筑垒,抵抗蒙古军的方略。1251年,宋收复襄阳与樊城。

蒙古蒙哥即大汗位后,向南宋发动大规模的进攻。命皇弟忽必烈从甘肃经青海、四川到云南,消灭了大理和吐蕃地方政权,对宋采取大包围形势。1258年,忽必烈率兵从云南、广西北上进攻潭州(今长沙)及鄂州(今武昌),蒙哥则率主力分三路进攻四川。1259年,蒙哥围攻四川合州钓鱼城,宋将王坚率军民死守,重创蒙古军,蒙哥战死于军中,蒙古军被迫撤围退兵。忽必烈军猛攻鄂州不克。兀良合台兵临潭州,宋将向士璧率军民顽强抵抗,兀良合台遂撤兵北上。然而宋宰相贾似道在督师救援时,却私自暗中求和,愿意向蒙古称臣纳贡,双方划长江为界。忽必烈已知蒙哥汗死讯,急欲北返,争夺皇位,遂答应贾似道的议和条件而撤兵。贾似道在事后隐瞒求和真相,谎报鄂州大捷,并贬斥和杀害抗战的有功将领。

(十)南宋灭亡

忽必烈北返,夺取汗位,在1271年改国号大元。早在1268年,蒙古军开始包围襄樊,宋军屡次救援,都被击败。1272年,民兵领袖张顺和张贵率壮士三千人,乘轻舟顺流转战,突破重围,直抵襄阳城中,不久先后战死。1273年,元军切断襄阳府和樊城的浮桥联络,攻破樊城。守将范天顺和牛富英勇牺牲,襄阳守将吕文焕降元。1274年,元朝丞相伯颜统率大军沿汉水和长江东下,水陆并进,击破南宋部署在长江、汉水一带的大量舟师,鄂州、黄州等地的宋守臣相继降元。1275年,贾似道抽调诸路精兵十三万集结芜湖,又派使者前往求和,情愿称臣纳币,伯颜不许。两军遂于鲁港、丁家洲一带(今安徽铜陵附近)开战,宋全军溃败。元军乘势纵击,进陷建康、平江、常州等地,进逼临安。江南西路安抚使文天祥、郢州守将张世杰等起兵救援临安府。但宋廷执意在1276年请降,元军遂取临安。

文天祥、张世杰、陆秀夫等人拥立宋度宗的两个幼子赵昰和赵昺，在江南西路、福建路和广南东路一带继续抗元，图谋恢复。宋端宗赵昰于福州即位，因元军进逼，由张世杰、陆秀夫护卫，逃往海中，病死于硇洲（今广东雷州湾硇洲岛）。文天祥在赣州战败，转战到海丰北的五坡岭被俘。1278年，张世杰和陆秀夫拥立赵昺为帝，退至南海中崖山（今广东新会县南海中），作为最后据点。1279年，元朝水军向崖山发起猛攻，宋军失败，陆秀夫抱幼帝赵昺投海而死，张世杰率部乘船突围后，遭遇大风，溺死海中，南宋灭亡。文天祥被押解元朝大都（今北京），拒绝元世祖忽必烈的亲自劝降，英勇就义。

二十一、西夏（1038年～1227年）

西夏是我国西部羌族中的党项族建立的国家。原在青海和四川西北部，后因反抗吐蕃，移居到甘肃、宁夏边境和陕西北部一带。唐末，拓跋思恭因参与镇压黄巢起义，受封为夏州定难军节度使，赐姓李，统领夏、绥、银、宥（今陕西靖边东）四州地，进爵夏国公。从此夏州拓跋氏改称李氏。宋太宗时，首领李继捧献出四州八县的辖区，归附宋朝。李继捧族弟李继迁反对降附，率领族属逃奔夏州东北三百里的地斤泽（今内蒙古伊克昭盟鄂托克旗境）反宋。李继迁连结辽朝为外援，与宋连年争战不息。

1031年，李继迁之孙元昊即位，改姓嵬名氏，发布秃发令，恢复本民族旧俗。同时，积极整饬军政，继续扩大势力。1038年，称帝，国名大夏，在汉籍中习称西夏。西夏景宗称帝后，与宋连年交战，造成士卒死伤，财政困难，人民厌战，元昊遂于1044年被迫与宋议和。1044年，夏辽关系激化。辽兴宗亲率大军，三路渡河，深入夏境。夏人坚壁清野，乘势纵击。辽军溃败。元昊在重创辽师后，与辽议和。从此形成北宋、辽、夏三足鼎立的局势。

从西夏景宗李元昊到崇宗乾顺四代中，统治集团内部不断发生皇族与后族的斗争，以及奉行汉礼或蕃礼的矛盾。金灭辽后，夏崇宗以藩属礼事金，金、夏双方划疆而守。仁宗统治时期，贵族、官僚都以奢侈相尚，对百姓的盘剥越来越重。1143年，威州的大斌，静州的埋庆，定州的笆浪、富儿等蕃部纷纷起义，后被西平府都统军任得敬镇压。接着任得敬擅权专政，公然胁迫仁宗"分国"，在金国的支持下，仁宗捕杀任得敬，尽诛任氏族党。

13世纪初，蒙古在漠北兴起。蒙古统一后，就向南方发动了大规模的进攻，金朝和西夏首当其冲。自1205年始，蒙古多次进攻西夏。1126年，成吉思汗再次进兵西夏，进围中兴府，1127年，西夏末帝遣使乞降，后末帝在赴降时被执杀。蒙古军陷中兴府，西夏亡。

西夏传十代，共一百九十年。其世系表为：景宗（李元昊）→毅宗（李谅祚）→惠宗（李秉常）→崇宗（李乾顺）→仁宗（李仁孝）→桓宗（李纯佑）→襄宗（李安全）→神宗（李遵顼）→宪宗（李德旺）→末帝（李睍）。

二十二、金朝（1115年～1234年）

女真族原来居住在黑龙江流域和松花江流域，生活在辽阳一带的女真部落，被编入辽朝户籍，称为"熟女真"。松花江以北宁江以东的女真诸部落，保持本族的习俗和制度，被称为"生女真"。建立金朝的女真族属于生女真。大约在辽兴宗时，活动在安出虎水（今黑龙江流经阿城的阿什河）一带的女真完颜部发展为强大的部落，联合其他诸部组成部落联盟，完颜部长乌古迺为联盟长，接受辽朝加给的节度使称号。从乌古迺四传到阿骨打，他于1113年继任女真部落联盟的酋长，统一女真各部，开始了反辽斗争。1115年，在进攻辽朝的胜利战争中，阿骨打称皇帝（金太祖），建国号大金，国都设在上京，称会宁府（今黑龙江阿城南）。金朝建国后，继续攻打辽朝，不断取胜。1116年攻占辽的东京辽阳府（今辽宁辽阳）。1120年起，又先后攻占辽的上京临潢府（今内蒙古巴林左旗南）、中京大定府（今内蒙古宁城西大名城）、西京大同府（今山西大同）和南京析津府（今北京），辽天祚帝逃往夹山（今蒙古萨拉齐西北）。1123年，阿骨打死，其弟吴乞买（金太宗），继续追击辽天祚帝。1125年，擒天祚帝，辽亡。

同年，金太宗下诏进攻北宋，命完颜宗翰与完颜希尹等攻打太原。太祖次子完颜宗望领兵攻夺燕京，宋燕京守将降金。完颜宗望继续挥师南下进围北宋都城开封。1126年正月，宋钦宗割太原、中山（今河北定县）、河间三镇求和，金军北撤。八月，金太宗再次进军。宗翰攻下太原，宗望攻占真定（今河北正定），两军在开封城下会师。破城，北宋亡。1127年，金军俘虏徽宗、钦宗二帝北返。宋宗室赵构（宋高宗）在宋南京应天府（今河南商丘）重建宋朝，放弃中原，逃往江南。金太宗派出重兵分路南下。逐步侵夺宋河北、河东、陕西、京西、京东各路大片土地。1129年至1130年,完颜宗弼军一度渡过大江,攻下临安(今浙江杭州),掳掠而回。

1135年,完颜亶(金熙宗)即帝位。为了巩固金朝的统治,熙宗时对统治制度一再作了改革。此时,金朝统治集团内部发生激烈的纷争,1139年金熙宗以谋反罪杀完颜宗盘、完颜宗隽、完颜昌等大臣,以完颜宗弼(兀术)任都元帅。1141年,完颜宗弼领兵南下侵宋,南宋请和。金宋议定以淮水为界,宋向金纳币称臣。1149年,金海陵王完颜亮刺杀金熙宗,即帝位。1161年,海陵王迁都汴京,并统三十二总管兵渡淮,攻入宋淮南路。随从海陵王南下的女真猛安完颜福寿,率领辽东征调的兵士万余人,返回辽阳,举行政变,拥立完颜雍为帝(金世宗)。金世宗下诏废黜海陵王,海陵王在采石之战渡江失败,被部下耶律元宜杀死。1165年,宋金议和,世宗在他统治三十年间对外不再发动战争,统治集团内部也渐趋稳定。

1189年,金世宗死,皇太孙即位,是为金章宗完颜璟。在章宗统治的二十年间,北方和南方又都爆发了战争。北边的鞑靼和蒙古合底斤、山只昆等部一再起兵反抗金朝的控制。1206年,南宋发动了对金朝的进攻。各路宋军相继失败,金军乘胜分路南下,攻占宋京西、淮南部分地区。南宋兵败求和。1208年,宋金双方重新订立和约。金朝在这次作战中损失惨重,金章宗也于当年病死。金世宗第七子完颜允济(卫绍王)即位。1211年,蒙古成吉思汗开始南侵金朝。1213年,金将纥石烈执中政变,杀卫绍王,迎立金世宗孙完颜珣即帝位(宣宗)。1124年,金宣宗献子女、金帛,向蒙古求和,迁都汴京,史称"宣宗南迁"。1217年,成吉思汗封木华黎为太师、国王,命专统大军攻金朝。次年,木华黎军攻下太原、平阳府(今山西临汾),威胁南京。面对蒙古的威胁,金朝以尚书右丞相术虎高琪为首的官员,主张南下侵掠南宋,扩大疆土。1217年,金军攻宋,双方战事又绵延十余年。1223年,金宣宗病死。太子完颜守绪即帝位(哀宗)。金哀宗停止南线的侵宋战争,集中兵力抵抗蒙古。1230年,蒙古窝阔台、拖雷统兵征金,次年,拖雷军入汉中,假道宋境攻金。窝阔台取金河中府。1232年,蒙古拖雷军歼金军,进围汴京。金哀宗逃离汴京。1233年,金哀宗至归德,金京城西面元帅崔立政变,以汴京降蒙古。哀宗逃至蔡州。是年,宋应约出兵与蒙古联合灭金,合围蔡州。1234年,金哀宗让位东面元帅完颜承麟,自缢死。蔡州城破,末帝承麟被杀,金亡。

金传九代,共一百二十年。其世系表为:太祖(完颜阿骨打)→太宗(完颜吴乞买)→熙宗(完颜亶)→海陵帝(完颜亮)→世宗(完颜雍)→章帝(完颜璟)→卫绍王(完颜允济)→宣宗(完颜珣)→哀宗(完颜守绪)。

二十三、元朝(1271年~1368年)

蒙古族在唐时称为蒙兀,是室韦族的一个部落。原居大漠以北。铁木真击败各部落,完成了蒙古的统一,于1206年建蒙古国,称成吉思汗。从1218年到1223年,在成吉思汗亲自率领下,蒙古军发动了第一次西侵。攻灭了西辽和花剌子模国,打败了斡罗思诸部,把蒙古国的领土扩充到今中亚细亚地区。从1235年到1241年,蒙古大汗窝阔台在灭金之后,派遣拔都、贵由、蒙哥等发动第二次西侵,攻占了斡罗思,军锋直逼东欧的孛烈儿(今波兰)和马扎儿(今匈牙利)等地。从1253年到1258年,蒙古大汗蒙哥又派遣旭烈兀第三次西侵。蒙古军战败了黑衣大食,攻陷巴格达和达马士革城,势力发展到西南亚。形成了一个以蒙古地区和林(今蒙古人民共和国哈尔和林)为中心的横跨欧亚的大汗国。不久就分裂成几个独立的汗国:钦察汗国、察合台汗国、窝阔台汗国、伊利汗国,名义上奉蒙古皇帝为大汗。蒙哥汗死,忽必烈于1260年即大汗位于开平,留镇漠北的阿里不哥也在漠北称汗,与忽必烈兵戎相见。1264年,阿里不哥向忽必烈投降。1271年忽必烈改国号为元,以金中都为大都。1276年元灭南宋,统一南北。此后十余年中,元军屡次入侵邻国,多败少胜。元朝任用汉地士人兴儒学,定制度,设中书省管理行政,枢密院司军事。中书省辖河北、山东、山西等"腹里"地区,余地分设行中书省(行省)。全国有驿站联系,沟通信息。

元世祖(忽必烈)在位期间,提倡农垦,修治黄河,并为蒙古贵族和官府需要的手工业,设局管理,用匠户生产。此时,民间棉织业、丝织业也相当发达。又开凿通惠河,使大运河可以直达大都,便利漕运。其时,近海航运也较发达,纸币"交钞"行用于全国,许多色目人(旅居中国的西方人)经营国内外贸易,拥有特权,使大都在当时已成为一个国际都会。

1294年,忽必烈死,铁穆耳即帝位,是为元成宗。成宗对外罢征忽必烈时开始的日本、安南之役,内政以奉行忽必烈成规为务,国家相对安定,因而被称为守成之君。1307年,元成宗死,侄爱育黎拔力八达发动政变,夺取政权,自北方迎其兄海山即帝位,是为元武宗。1311年,武宗死。爱育黎拔力八达即帝位,是为元仁宗。1320年,仁宗死。太子硕德八剌嗣帝位,是为元英宗。英宗刚毅而思有作为,锐意于改革:召集有治国经验的退职老臣,优其禄秩,使议事中书;行助役法,民田百亩抽三,以岁入助役;正式颁行《大元通制》,督责各级官吏遵循国家的政制法规,改变政令不一、罪同罚异的混乱现象;裁罢冗职,节省浮费,减免赋役,以舒农力。1323年,英宗自上都南归,驻跸南坡(内蒙古正蓝旗东北)。御史大夫铁失等弑英宗,奉晋王也孙铁木儿即帝位,是为泰定帝。1328年,泰定帝死,皇太子阿剌吉八即帝位于上都。留守大都的武宗亲信燕铁木儿发动政变,迎元武宗之子图帖睦尔为帝,是为元文宗。上都、大都两个政权并立,发生激烈战斗。结果上都政权失败。图帖睦尔遣使往漠北迎其兄和世㻋即帝位,是为明宗。1329年和世㻋南来,与图帖睦尔相会于王忽察都,数日后中毒暴死,图帖睦尔复即帝位。文宗初即位,就建立奎章阁,集儒臣于阁中备顾问,又置艺文监,以蒙古语翻译儒书,刊刻经籍。1331年,《经世大典》书成。该书由赵世延、虞集先后主持修纂,是记录元朝一代制度故事的珍贵文献。1332年,文宗卒,临危遗诏立明宗之子为帝。燕铁木儿利于立幼,拥明宗次子懿璘质班为帝,是为宁宗。宁宗逾月而卒,时年七岁。燕铁木儿在文宗后坚持下,被迫把被文宗放逐于静江(治今广西桂林)的明宗长子妥欢贴睦尔迎入京都,但迁延数月不肯立君。直到他因纵欲过度而死,妥欢贴睦尔才得在1333年即位于上都,史称顺帝。

元朝末年,吏治腐败,财政破产,军备废弛。蒙古政权对汉人剥削压迫严重,引起汉人的强烈反抗。元顺帝妥欢贴睦尔时,以宗教和秘密结社为纽带的农民暴动遍及全国。至1351年,修治黄河的民工中爆发了以红巾为标志的大起义,迅速蔓延到河淮广大地区,继续向四方扩展。红巾军徐寿辉、彭莹玉部攻下杭州,众至百万。刘福通部于1355年于亳州奉韩林儿为帝,稍后分兵三路北攻元军。1363年,刘福通败。濠州红巾军朱元璋过江在苏、皖、浙一带压平各支割据势力,罗致士人,振兴农业,不久就奄有东南半壁。1367年,朱元璋命徐达率大军北伐,以"驱逐胡虏,恢复中华"为号召,第二年进据大都,建立明朝。

元朝历十一帝,共九十八年。其世系表为:世祖(奇渥温忽必烈)→成宗(奇渥温铁穆耳)→武宗(奇渥温海山)→仁宗(奇渥温爱育黎拔力八达)→英宗(奇渥温硕德八刺)→泰定帝(奇渥温也孙铁木耳)→天顺帝(奇渥温阿剌吉八)→明宗(奇渥温和世瑓)→文宗(奇渥温图帖睦尔)→宁宗(奇渥温懿璘质班)→顺帝(奇渥温妥欢贴睦尔)。

二十四、明朝(1368年~1644年)

明朝历十六帝,共二百七十七年。其世系表为:太祖(朱元璋)→惠帝(朱允炆)→成祖(朱棣)→仁宗(朱高炽)→宣宗(朱瞻基)→英宗(朱祁镇)→景帝(朱祁钰)→宪宗(朱见深)→孝宗(朱祐樘)→武宗(朱厚照)→世宗(朱厚熜)→穆宗(朱载垕)→神宗(朱翊钧)→光宗(朱常洛)→熹宗(朱由校)→思宗(朱由检)。

1. 明朝的建立

元朝末年,以红巾军为主力的农民大起义中,朱元璋所部成为起义军主力。1356年,朱元璋攻占集庆(今南京)后,采纳儒士朱升"高筑墙、广积粮、缓称王"策略,发展生产,且耕且战,为军需奠定了雄厚基础。对外攻城略地,屡败陈友谅、张士诚,势力扩展至苏、浙、皖、赣。1363年,朱元璋与陈友谅在鄱阳湖决战,陈友谅败死。1364年,朱元璋称吴王。1367年,朱军克平江,张士诚被擒自杀。又迫降方国珍,南征陈友定,南方割据势力基本廓清,遂派徐达、常遇春统兵二十五万北伐。1368年,朱元璋在应天府(今南京)即帝位,是为明太祖。同年八月,明北伐军进入大都,元顺帝逃往上都,史称北元。元亡。此后,明军分兵略地,先后平定西北、四川、云南、东北等地,统一中国。

朱元璋注意到大乱之后休养生息对巩固政权的必要,采取了一系列的措施,如招诱流亡农民垦荒屯田,实行免税三年或永不起科制度;迁徙长江下游无业农民到淮河流域、边远地区、空旷地区开垦,推行军屯制度,注意水利的兴修,提倡种植经济作物等等。朱元璋的这些措施,使明朝初期的农业生产逐渐得到恢复和发展。手工业和商业也得到恢复和发展,人口较前有所增加。

朱元璋在建国之初，尤其致力于加强中央集权。1380年，左丞相胡惟庸以谋反罪被杀，株连三万余人。1393年，凉国公蓝玉因谋反被杀，株连死者一万五千余人。朱元璋借胡惟庸、蓝玉二案，诛杀大批功臣，锄灭异己，提高皇权。废丞相，分中央权力于吏、户、礼、兵、刑、工六部。设锦衣卫（明成祖朱棣时又设东厂），由宦官掌管，直接听命于皇帝，侦查和镇压反对势力。全国各地设十三布政使司，由布政使、按察使、都指挥使分理民政、财政、司法、军事。军队分驻各地，屯田自给，设立卫所，由兵部和五军都督府管辖。科举取士，考试八股文，专以四书五经命题。调查各地居民的丁口、产业，载入黄册。丈量全国土地，将每户土地的数目、四至载入鱼鳞图册，作为赋役的依据。又实行里甲制，里甲内人民互相知保，以防止犯罪、逃亡、隐匿等情。

2. 封藩与靖难

在加强皇权、加强专制统治的同时，朱元璋又实行了分封制，除长子朱标被册立为太子外，其他二十三个儿子和一个从孙都被封为藩王，分驻于全国各个军事要地，以"藩屏帝室"。朱元璋为了防止功臣宿将居功自傲，不利于子孙的统治，处心积虑，不惜大肆屠戮为他南征北战、出生入死的功臣大将。1398年，朱元璋去世，太子朱标早已病殁，皇位由16岁皇太孙朱允炆继承，年号"建文"。朱允炆及其大臣齐泰、黄子澄鉴于北方诸王势力太大，决定削藩。议定先削废周、齐、湘、代、岷五王，再削拥有重兵的燕王朱棣。1399年，朱棣打着"清君侧"的旗帜，号称"靖难"之师，以入京诛奸臣为名，向南京进兵，明统治集团内部的斗争演变为武装冲突，此即靖难之役。1402年，燕兵渡江，攻入南京。宫中起火，建文帝不知所终。燕王朱棣即帝位，是为明成祖。

3. 永乐改革

朱棣即位后，在巩固专制主义中央集权政治方面进行了重大改革。一是继续削藩。使分裂割据势力更加削弱，军政大权再度集中于皇帝手中。二是对中央行政机构作了进一步调整，正式设立内阁，内阁成员由皇帝亲自从官僚中选拔，在皇帝的指挥下协理政事。重用司礼等监宦官，给宦官以出使专征、监军、分镇、刺官民隐事诸大权。又在北京成立东厂,由宦官统领。东厂与锦衣卫合称厂卫。厂卫的出现,标志着君主专制的加强。三是迁都北京。在当时形势下,永乐迁都有利于抗击从北边袭来的蒙古人的威胁,又能进一步控制北方地区,对于巩固边防以及维护全国的统一都有积极意义。

朱棣统治时期,以妥欢帖睦尔及其后裔为首领的北元政权已经崩溃。蒙古各部互相仇杀。明朝对兀良哈、鞑靼和瓦剌三大部采取羁縻和防御并用的政策,在兀良哈地区设置了朵颜、泰宁、福余三卫,给其首领以都督、指挥使、同知等官,又先后封瓦剌部、鞑靼部首领为王,给以印信,准各部与明朝贸易,并许其迁来内地居住。同时明朝又积极加强北方的兵备,屯田练兵,防其南侵。1410年至1424年,明成祖曾亲自率兵,五次出塞,先后打败本雅失里、阿鲁台和马哈木的军队,使鞑靼、瓦剌两部遭受很大的挫折。

1409年,明政府在东北地区设置奴儿干都指挥使司。奴儿干都司管辖的卫所初有一百八十四卫,后多至四百余卫,这对加强边疆与明朝中央政府的联系,对广大东北地区的进一步开发以及各族人民之间经济文化的交流,都起了很大的作用。

4. 土木之变、夺门与曹石之变

永乐以后,仁宗、宣宗采取了宽松治国、息兵养民的政策,取代了明初以来的严猛政治,在他们治国的十二年间,成为明朝历史上少有的政治宽松、吏治清明的时期,历史上称其为"仁、宣致治"。但从明英宗1435年即位后的一个半世纪里,明朝的统治开始走向衰落:政治腐败,边防松弛,土地兼并日趋激化,封建剥削极其苛重,农民起义不断发生,封建社会的危机日益加深。

英宗时,瓦剌部首领脱欢统一了蒙古诸部。脱欢死,其子也先继续扩充实力,准备进攻明朝。其时,明军政大权操纵在宦官王振之手,王振不但不布置边防,反而接受瓦剌的贿赂,私运兵器与瓦剌贸易。1449年,也先率军大举南下,攻扰宣府(今河北宣化)、大同等地。明英宗在王振挟持下,仓猝率军五十余万亲征。大军到达大同,兵未交锋,王振就挥军急退。归途中,邀英宗到其家蔚州(今河北蔚县),中途又折往宣化。行至土木堡

（今河北怀来西南），为瓦剌军所袭，英宗被掳，王振为乱军所杀，明军全军覆没，也先军乘胜兵临北京城下。史称"土木之变"。

也先兵临北京城下，兵部尚书于谦等与北京军民竭力防御，另立英宗之弟祁钰为景帝。也先战不胜，议和退兵，释放英宗。景帝幽禁英宗于南宫。1457年，景帝病重，不能临朝，明将石亨、太监曹吉祥等密谋发动政变，拥英宗复辟，以邀功赏。英宗复位后，杀景帝及于谦等，史称夺门之变。

石亨、曹吉祥恃夺门迎复之功，骄横跋扈，招权纳贿，肆行无忌，遭英宗猜疑，1459年，石亨被下狱死。曹吉祥、曹钦叔侄惧不自安，结死党，谋废英宗。英宗接到密报后立即逮捕了曹吉祥，曹钦立即驱兵在东西长安门纵火焚烧，并杀死杀伤了东西朝房的官员。战乱很快被平息，曹钦兵败投井死。曹吉祥三天后被凌迟处死。史称这次事件为"曹石之变"。

5. 宪宗怠政，孝宗求治

1464年，英宗死，太子见深即位，是为宪宗。宪宗其即位之初，颇有振作之象，但很快即沉溺于神仙佛老和声色货利之中，并宠信宦官汪直，致使政治腐败、黑暗。宪宗时，始以内批授官，时称传奉官。1477年，增设西厂，以汪直为提督，权势居东厂之上，屡兴大狱，得专刑杀，致使士大夫、商贾、庶民不安。大学士商辂因劾直被罢，九卿被罢者达数十人。以至天下臣民但知有汪太监，不知有天子。

1487年，宪宗死。九月，太子祐樘即位，是为孝宗。孝宗即位伊始，便以疾风骤雨式的行动罢斥奸佞，遣散传奉官两千余人。为进一步起弊振衰，对中央政府官员进行了大规模整顿。孝宗自己也能以身作则，勤求治理，比较注意节用恤民，较少与民争利。注意抑制皇亲贵戚等势家近幸为非作歹和占夺、接受投献土地，避免与民争利。上述一系列政治改良，有效地缓和了正统以来日益激化的社会矛盾，使人民生活亦相对安定，因而弘治一朝政局、社会均相对稳定。

6. 武宗乱政，刘瑾擅权

1505年，孝宗死。太子厚照即位，是为武宗。武宗为明代最荒唐的皇帝。他一生不以国事为重，而一味耽于淫乐嬉戏、恣意妄为，因而致正德一朝奸佞横行，朝政混乱，社会动荡不安，明代政治自此步入衰败之途。武宗正德时期，刘瑾等八个宦官，勾结成伙，人号"八虎"。瑾掌司礼监，总督团营，马永成、谷大用则分掌东、西厂。他们与阁臣焦芳、尚书张彩勾结，结成阉党，权擅天下。其后，刘瑾另设内行厂，亲自掌管，为害更为酷烈。东、西两厂亦被置于其侦伺之下。大学士刘健、谢迁，户部尚书韩文等先后因劾瑾而被免官，并被列为"奸党"。司礼监之权居内阁之上，官员奏事，须先具红揭投瑾，号"红本"，然后才上通政司，号"白本"。刘瑾还令朝觐官每布政司纳银二万两，广置庄田；又劝武宗令内臣镇守者，各贡万金，并奏置皇庄，致天下大扰。1510年，藩王宁夏安化王朱寘鐇起兵反叛，颁布"清君侧"的檄文，指斥刘瑾内外交结，图谋不轨。朝廷派前右都御史杨一清为提督，泾阳伯神英为总兵，太监张永监军，率军西讨安化王。大军至宁夏，安化王已被宁夏游击将军仇钺设计擒获。张永押解安化王至京向武宗献俘，并呈上安化王讨刘瑾的檄文，揭发刘瑾意图谋反，刘瑾遂以谋反罪被诛。

刘瑾虽诛，但明武宗声色犬马之所好却无丝毫改变。刘瑾之后，他又宠信山西宣府人江彬。在江彬的诱导下，武宗屡屡出巡。1519年，宁王宸濠反于南昌，南赣巡抚王守仁发兵征讨，克南昌。宸濠兵败被俘。武宗乘机以平叛为名出巡江南，一路上游山玩水，捕鱼捉鸟，寻欢作乐，直到1520年在清江浦积水潭捕鱼时舟覆入水，救起后得病不愈，延至次年死。

7. 明中期的农民起义

明朝加强中央集权，但许多皇帝或昏庸、或年幼，不亲理朝政，大权旁落于宦官之手。司礼监代皇帝批阅奏章，发布政令，他们作威作福，贪污勒索，迫害正直的大臣，朝政日益腐败，社会矛盾尖锐。由于土地兼并和赋役、地租剥削的加重，明朝中期，在全国各地先后爆发了多次农民起义，其中规模较大有三次。

一是英宗时赣浙闽山区叶宗留、邓茂七起义。1444年，浙江处州（今浙江丽水）农民数百人到福建采矿，因不堪官府的迫害，在叶宗留的领导下发动武装起义，活动于浙江、福建、江西的边区。1448年，邓茂七领导福建沙县农民起义，自称铲平王，与活动于闽浙赣边界的叶宗留领导的矿徒起义军取得联系，彼此声援，共同作战。1449年，叶宗留、邓茂七在与明军作战中先后牺牲。起义军余部直到1451年才被镇压下去。

二是英宗、宪宗时荆襄郧阳山区刘通、李原领导的农民起义。1464年，垦荒农民在刘通、石龙领导下在湖北房县起义，在明军的镇压下，刘通等英勇牺牲。1470年，石龙所部的李原又聚众数万人起义，荆襄地区广大流民纷纷响应，起义军发展到数十万人，李原号称太平王。1471年，李原牺牲，起义失败。

三是武宗时从河北平原发动的刘六、刘七起义。1509年，北京附近的霸州、文安农民刘六（刘宠）、刘七（刘宸）等34人在霸州举行起义。各地农民纷纷响应，发展至十余万人。起义军在刘六、刘七领导下，兵分两路，转战于山西、山东、河南、江苏、安徽和湖广（湖北、湖南）等地。起义军坚持斗争三年之久才最后失败。

此外，还有与河北起义相配合的江西农民起义和四川农民起义等。但都被镇压下去。

8. 庚戌之变

1251年，武宗死，武宗从弟厚熜即位，是为明世宗。严嵩为内阁首辅，专权甚久，贿赂公行，政治腐败，边疆的事态也很严重。蒙古鞑靼部势力复振，明廷设立九边重镇，修筑长城，屯驻重兵，仍不能挡住蒙古的进攻。1550年，蒙古土默特部首领俺答汗因"贡市"不遂，率军突入长城，逼近北京。明世宗急集兵民及四方应举武生守城，并飞檄召诸镇兵勤王。大同等七镇兵先后至，但都不敢应战。严嵩也要求诸将坚壁勿战，听凭俺答兵在城外掳掠。俺答进围北京，骚扰京畿达八日之久，人民遭受巨大损害。该年为干支纪年庚戌年，故史称为庚戌之变。

9. 戚继光平定倭寇

十六世纪以来，日本封建藩侯组织境内的一些商人和浪人，到我国东南沿海各地进行走私贸易，并抢劫财物，杀掠居民。这种海盗活动，史称"倭寇之祸"。1549年，海盗王直、陈东与倭连结，劫掠浙东，沿海倭患大炽。1555年，明廷以戚继光任参将调浙江防倭。1561年，戚继光大败倭寇于台州。次年，奉命率师增援福建，捣毁倭寇巢穴横屿（今福建宁德东）、牛田（今福建福清南），直至兴化（今福建莆田南）等地。1563年，戚继光再次领兵入福建，在福建巡抚谭纶的指挥下，与俞大猷、刘显联合攻克平海（今莆田东南）倭寇,收复兴化。至1564年春,戚继光全歼福建境内的倭寇。次年俞大猷亦肃清广东境内残倭。至此,猖獗数十年之倭寇基本上被平定。

10. 张居正的改革

1566年,世宗服丹中毒死。子载垕即位,是为穆宗。穆宗在位六年,醉心于玩乐挥霍,使嘉靖以来"帑藏匮竭"的财政危机进一步恶化,尖锐的社会阶级矛盾进一步激化,明皇朝的社会政治经济已到了不改革则无以为继的地步。1572年,穆宗死,太子翊钧即位,是为明神宗。内阁首辅张居正为了缓和社会矛盾,挽救明朝统治,实行改革。他大力加强边防,整顿吏治,振兴农桑,修治河道。1581年,张居正在清丈土地的基础上,进行赋役制度改革,全面推行一条鞭法。把各种名目的赋税杂役,合并为一,折银征收,杜绝征收中的许多弊端,一定程度上减轻了人民的负担。

11. 万历时的援朝战争

在戚继光肃清倭寇的同时,日本的丰臣秀吉战胜其他诸侯,统一了日本。丰臣秀吉为满足封建主和商人的贪欲,积极对外扩张。1592年,发动侵略朝鲜的战争,企图以朝鲜为根据地,侵略中国。日军从釜山登陆后,迅速攻陷王京汉城,占领平壤,国王逃往义州,遣使向明朝求援。明朝以宋应昌为经略,李如松为东征提督,率兵四万余援朝。明军与朝鲜军民配合作战,于1593年打败日本最精锐的小西行长的军队,收复平壤,继而又克复开城,共击毙日军万余,迫使日军放弃王京,退据釜山,汉江以南千余里之地复归朝鲜所有。

丰臣秀吉败后,假意与明朝讲和,诱明撤兵,孤立朝鲜,以待机发动新的军事侵略战争。明朝主和派亦主张对日本"封贡",求得暂时的和平。1597年,日军再度入侵朝鲜,明朝政府再派邢玠率兵援朝。连续在稷山、珍岛、蔚山、泗州等地获得胜利,打破了敌人侵占全部朝鲜的迷梦。1598年,丰臣秀吉死。中朝海军在朝鲜南海与日军决战,日军几乎全部被歼。丰臣秀吉发动的第二次侵朝战争失败。

12. 矿监税使与民变

从1596年起,神宗派出大批矿监税使,以征收矿税、商税为名,在各地大肆搜括各种珍宝和金银。这些宦官在各地公行抢掠，随意捕杀人民，还在城乡交通路口设置关卡，苛税极其杂多。在矿税监的横暴掠夺下，城市的工商业日趋凋敝。自1599年后，各地纷纷爆发城市居民反对矿监税使的斗争，参加斗争的基本群众是城市的下层居民，包括小商人、小手工业者和城市贫民。最有代表性的是发生在苏州、临清、武昌等东南沿海和运河沿岸地区以及北京的民变。

1599年，税监陈奉在武昌百般搜刮，甚至掘坟毁屋，剖孕妇，溺婴儿，以致到处受到反抗。湖广按察金事冯应京疏列陈奉十大罪，反被逮捕，武昌市民数万人起而包围陈奉官署，陈奉被迫逃到楚王府中。其爪牙六人被投入长江。朝廷被迫下令将其撤回。

同年，税监马堂在临清纵群小横征，激起空前规模的民变。他们在手工业工人（或云脚夫）王朝佐的领导下，千人集聚抗议，马堂的爪牙竟暗箭伤人，更激起众愤，于是火烧税署，杀其随从三十余人。后王朝佐被捕牺牲。

1601年，税监孙隆在苏州掠夺机户，勒索商税，机户皆闭门罢织，手工工人大批失业。于是织工葛贤（成）就领导二千多织工和染工举行暴动。他们用乱石击毙孙隆的爪牙黄建节和税官多人。事后，葛贤被下狱死，群众称他为"葛将军"。

1603年，宦官王朝率禁军劫掠西山煤窑，激起采煤、运煤者及其家属愤怒，群起到京城示威，"持揭呼冤"。这是中国早期的一次煤矿工人斗争。

13. 争"国本"和"三案"

立储是封建皇朝的头等大事，因而被称作"国本"。明朝立储的原则是：有嫡立嫡，无嫡立长。1582年，宫女王氏生下神宗的长子朱常洛，贵妃郑氏则于1586年生下神宗的第三子朱常洵，围绕着立长立幼的问题，在明神宗和廷臣之间，展开了激烈的争论。此事延续达十五年之久，直到1601年，常洛才被立为皇太子。但围绕着朱常洛即位，明宫廷中前后发生了梃击、红丸、移宫的三起政治案件。

1615年，郑贵妃宫中太监庞保、刘成指使蓟州村民张差，手持枣木棍，闯入太子所居之慈庆宫，击伤守门官，直至前殿，被内监所执。众人皆怀疑郑贵妃欲谋杀太子，以扶立福王。郑贵妃极力否认，神宗、太子也不愿追究,匆匆下令杀死张差和庞保、刘成等了事。

1620年,神宗死,太子常洛即位,是为光宗。数日后,光宗患病,内医崔文升进泻药,病情加重。鸿胪寺丞李可灼进红丸,光宗死。时人疑下毒致死,是为红丸案。光宗死后,年仅十六岁的皇长子朱由校(即熹宗)当立。抚育他的李选侍与心腹太监李进忠(即魏忠贤)密谋,企图挟皇长子据干清宫,以操纵朝政。给事中杨涟、御史左光斗等知其谋,乃入宫拥皇太子登舆,至文华殿,转移入慈庆宫。两日后迫使李选侍从乾清宫迁至哕鸾宫,并拥朱由校即位,是为移宫案。

14. 东林党与阉党

明代后期,统治阶级内部的斗争十分复杂尖锐。1605年被罢官的吏部郎中顾宪成回到家乡无锡后,与高攀龙等讲学于东林书院,讽议时政,要求改良政治,以缓和统治危机,得到在野及部分在朝士大夫的呼应,形成了一种颇有影响的政治势力,被反对派称为东林党。浙江宁波人沈一贯任首辅后,纠集在京的浙江籍官僚,结成东林党的反对派,被称作"浙党"。此外,还有"齐党"、"楚党",以及"宣党"、"昆党"等,也都是以地缘关系结成的党派。浙党势力最大,齐党、楚党皆依附于它,联合攻击东林党,以排除异己为能事,故合称"齐楚浙党"。他们不久与宦官魏忠贤相勾结,形成"阉党",对东林党施以残酷的打击。1625年,魏忠贤兴大狱,捕杨涟、左光斗、魏大中等人,杨、左、魏受刑死。次年,又先后逮捕高攀龙、周顺昌等人,高攀龙在无锡自杀,其余皆入北京诏狱,蹂躏以死。各地群众为了保护蒙冤的东林党人,进行了反阉党的斗争。同年三月,魏阉缇骑到苏州逮捕周顺昌,苏州群众极为愤慨,方开读假诏时,群众即起而打击缇骑,当场击毙缇骑一人。后为首的颜佩韦、周文元、杨念如、马杰和沈扬五人被处死。这次事件即著名的"开读之变"。当地人士感五人之义,将他们合葬于虎丘,称五人墓。

15. 明末农民大起义

明末以秘密宗教组织的民众反抗斗争,迅速发展。万历年间,蓟州人王森传播白莲教,自称闻香教主,其教徒遍布直隶、山东、山西、河南、陕西、四川等省。1614年,王森在京师传教时被捕,死于狱中。之后,其弟子山东巨野人徐鸿儒被推为教主，约定各地于天启二年（1622）八月起义。但是年春被人告发，不少骨干被捕。徐鸿儒遂于五月提前在徐家庄树旗起义。起义军拥立徐鸿儒为中兴福烈帝，建号大乘兴胜，设立官职，建立政权。经过半年多的战斗，徐鸿儒被部下出卖，在邹县被捕押至京城杀害。

1627年，陕西大饥，澄城官吏催逼赋税，激起民变。农民王二等攻入澄城，杀死知县。不久，王嘉胤、高迎祥、张献忠、李自成各部齐起。1633年，闯王高迎祥联络七十二营，众数十万。1635年，各路起义军集会于荥阳，商讨战略，连袂东进，攻破凤阳。1636年，高迎祥战死，余部推李自成为闯王。1638年，明廷推行招抚政策，张献忠据湖北谷城受抚，但拒绝解甲。李自成屡为明军所败，兵力微弱，起义军隐入于商雒山中。1639年，张献忠在谷城再起，破房山、保康。1640年，张献忠、罗汝才合兵攻四川，破绵州，逼成都。李自成复出山，招集部众。时值河南灾荒，李自成军入河南，大批饥民从之如归，有些知识分子也投入起义军队伍，出谋划策，提出"均田免赋"口号，并整顿队伍，申明纪律，实行平买平卖政策。起义军队伍迅速发展，所向克捷，攻克洛阳、襄阳、西安等地，建号"大顺"。张献忠在成都称帝，建号"大西"。1644年，李自成起义军从西安出发，攻占北京，明崇祯帝自缢死，明朝灭亡。

二十五、清朝（1644年~1911年）

清朝历十帝，年号为：顺治、康熙、雍正、乾隆、嘉庆、道光、咸丰、同治、光绪、宣统。共二百六十八年。其世系表为：世祖（爱新觉罗福临）→圣祖（爱新觉罗玄烨）→世宗（爱新觉罗胤禛）→高宗（爱新觉罗弘历）→仁宗（爱新觉罗颙琰）→宣宗（爱新觉罗旻宁）→文宗（爱新觉罗奕詝）→穆宗（爱新觉罗载淳）→德宗（爱新觉罗载湉）→爱新觉罗溥仪。

1. 清军入关及其统一全国

（一）后金的建立

满族的先世是女真，分建州、海西、野人三部。其中建州女真从黑龙江流域逐渐向南迁移，定居于长白山之南。其领袖努尔哈赤经多年征战，统一了建州各部，击败海西女真的哈达、辉发、乌拉、叶赫等四部，基本上统一了女真各部。在战争过程中，努尔哈赤创建了八旗制度。八旗是军政合一的组织,它把分散的女真族组织起来,进行生产和战争。1616年,努尔哈赤在赫图阿拉(今辽宁新宾)称汗,建国号"大金",史称后金。

(二)明清战争

在清朝兴起和明朝灭亡的过程中,明清之间发生过多次战争。最主要的有:抚顺之战、萨尔浒之战、开铁之战、辽沈之战、广宁之战、宁远之战、入口之战、松锦之战。

1618年,努尔哈赤以"七大恨"誓师征明,攻陷抚顺。1619年二月,明军十余万人分兵四路征伐后金。三月,后金以六万兵力于萨尔浒(抚顺东南)击破明军。六月,后金兵万骑攻下开原。七月,努尔哈赤亲自领兵攻占铁岭,形成了进取辽沈的有利态势。1621年,后金乘胜攻取沈阳,1625年,后金迁都沈阳,是为盛京。1622年,明在关外的最大基地广宁(今辽宁北镇)失守,后金席卷有辽西大片地区。1626年,努尔哈赤死,皇太极即位。1627年,皇太极攻宁远、锦州,被明袁崇焕击退,时称宁锦大捷。因有袁崇焕在宁远坚守,后金直接进兵北京的道路受阻,便改从长城各口入塞,长驱南下,于是明清间发生了多次"入口之战"。1629年,皇太极亲率大军,从喜峰口入关,围困北京;又施用反间计,借崇祯帝之手杀袁崇焕。1636年,皇太极改国号为"大清"。皇太极以大军屡次入口而未能得逞,皆因山海关之阻隔,而要攻取山海关,必先夺下关外锦州等城。1640年起,皇太极进兵并包围锦州。明派蓟辽总督洪承畴率军增援,被围于锦州城南十八里的松山。1642年,清军攻陷松山,明洪承畴与锦州守将祖大寿等先后降清。

(三)清军入关

1643年,皇太极突然死去,其子顺治帝(清世祖福临)即位,多尔衮为摄政王。1644年,李自成农民起义军攻入北京,推翻明朝,崇祯帝自缢。驻军山海关的吴三桂投向清朝,引清兵入关。四月,李自成率军至山海关,与吴三桂和清朝的联军战于一片石、石河等地,农民军战败。从此,形势急转直下,李自成匆忙撤出北京,退往陕西;撤离北京前夕,登基称帝,国号大顺。清军在多尔衮的率领下,打着为明朝复仇的旗号,长驱直入北京,取代了明王朝的统治。十月,清世祖祭告天地社稷,即皇帝位,国号仍为"大清",定都燕京(北京)。

（四）南明及各地的抗清斗争

清兵长驱而入，破陕西、入湖广，连败大顺军，1645年，李自成在途经通山县九宫山，遭地主武装的袭击，李自成遇害，余部退至湖南。清军击败李自成后，派豪格率兵入川。张献忠从成都北上迎敌。1646年驻军西充，遭到清军的突然攻击，张献忠牺牲。大西军余部转战南下，进入云南。

明朝的残余势力在南方组织抵抗，但内部矛盾重重，互相倾轧，不能有效地防御。清兵南下，南明督师史可法战死于扬州。清兵先后击破南京的弘光政权、浙江的鲁王势力、福建的隆武政权、广东的绍武政权。1646年，称帝于肇庆的桂王朱由榔（永乐帝），闻清军来袭，逃往广西，颠沛流离，处境极为险恶。

清军入关后，实行圈地，严定逃人法，强迫汉人薙发易服，激化了民族矛盾，抗清斗争如火如荼地开展起来。张献忠的大西军余部由孙可望、李定国率领，据有云南全境，并与桂王联合抗清。1652年，李定国出兵攻桂林，屡败清兵，声威大振。但是，这次高潮也没能持久，孙可望因妒忌，阴谋杀李定国，于1656年发动内战，兵败后降清。清军乘大西军内讧之际，挥师西进，占贵州，入云南。李定国迎战失利，撤出昆明，永历帝逃往缅甸。1662年，吴三桂率军入缅，俘杀永历帝，李定国则转战云南边境，同年病死。战斗在川鄂交界的大顺军余部在李来亨、郝摇旗、刘体纯等领导下组成了"夔东十三家军"继续抗清。1662年，清廷调集三路大军大举进攻，由于寡不敌众，于1664年失败。郝摇旗、刘体纯等先后阵亡，李来亨举家自焚。清朝经过长期战争，终于确立了对全国的统治。

（五）郑成功收复台湾

和李定国同时坚持抗清的还有郑成功。其父郑芝龙降清，而他坚持奉南明永历帝年号，以厦门为据点，转战于福建、广东、浙江沿海一带。1659年，郑成功与张煌言合作，出动水师，深入长江，克瓜州、镇江、芜湖各州县，围攻南京，苏皖震动。后遭清军突然反击，战败退回福建。1661年，郑成功为建立持久的抗清基地，率领所部，分乘战船百艘，从金门出发，攻打盘踞我国台湾的荷兰侵略者。1662年，荷兰军力竭投降。郑成功收复台湾后，坚持抗清斗争。

2. 清朝全盛期

清朝在康熙、雍正、乾隆时期，鼓励垦荒，兴修水利，农业生产得到全面恢复和进一步发展，经济繁荣，国库充盈，文化发达，社会稳定，疆域辽阔，国力达到鼎盛。

（一）满汉地主阶级的联合专政

清朝入关时，采取了一些野蛮的掠夺政策。但为了适应新占领区的形势，也在不断调整各种措施。诸如：立即取消明末苛重的"三饷"（辽饷、剿饷、练饷），奖励垦荒，招集流亡，减轻赋役，使农业生产有所恢复，耕地和人口数字逐渐回升。在政治上，礼葬崇祯帝，收罗人心。招降明朝的文官武将，委以职任，发挥他们的才能。建立汉军旗，依靠他们了解内地的民情风俗，征服更多的地方，确立牢固的统治。为了笼络知识界，又开科取士，为他们开辟入仕做官的途径；尊重汉族大部分原有的制度和习俗，崇尚孔子和儒家文化。所以，清朝政权，在保持满洲贵族核心地位的前提下，逐渐形成了满汉地主阶级的联合专政。

（二）皇权的巩固

1643年，皇太极病故，八旗王公大臣于崇政殿集会商议立君，在索尼、鳌拜等以"兵谏"来威逼诸王必立皇子的压力下，多尔衮放弃了继兄为帝的打算。多尔衮当上摄政王后，索尼、鳌拜、遏必隆等继续效忠幼主，多尔衮尽革索尼所有官职，黜为民，徙居盛京昭陵（太宗之陵）。鳌拜被两次定罪论死，罚银赎身。遏必隆被籍没家产之半，革世职。1650年，摄政王多尔衮病故，次年福临亲政，随即以谋逆之罪加于多尔衮，削其封典，籍没家产。对索尼、鳌拜、遏必隆等，立即委以重任，官复原职，并加官晋爵。苏克萨哈因首告其主摄政王多尔衮"逆谋"，立下大功，亦被重用。福临为免再次出现亲王摄政危及幼君之祸，决定取消八旗王公议立新君掌管军国要务的传统，在遗诏中委任经己擢用的心腹大臣为辅臣。

1661年，福临卒，玄烨即位，是为清圣祖，改元康熙。以索尼、遏必隆、苏克萨哈、鳌拜等四大臣辅政。四大臣执政初始，尚能齐心合力，基本上遵照福临制定的方针，继续完成统一中国的战争。1666年始，四大臣之间的争斗日益激化。索尼死，鳌拜操持国柄，擅自杀戮苏克萨哈，并与遏必隆结党营私，以控制国家中枢。鳌拜所为严重地威胁着皇权。1669年，康熙亲政后，在鳌拜单身入宫时，利用预先埋伏的布库侍卫，一举拿下鳌拜，列其罪状三十款，将他永远拘禁，遏必隆也被革职锁拿，四大臣辅政时期结束。

康熙帝除去鳌拜集团以后，重用索额图、明珠。他们又各树党羽，争权倾轧。1688年，明珠被革职。索额图因与太子胤礽勾结，被囚处死。而康熙帝两立两废太子，储位最终未明确，致使诸皇子明争暗斗、拉党结派，皇族内部极不安宁。康熙帝也因之心力交瘁，晚年不靖。1722年康熙死，据称遗诏指定皇四子胤禛继位，是为清世宗，改元雍正。胤禛上台后，诛杀或囚禁其他诸弟兄，株连甚众。雍正鉴于这场斗争的教训，实行秘密立储，密写继承人的名字，藏于乾清宫的匾额之后，以避免公开立储引起的争夺。此后，封匣立储法成为有清一代定制，有力地巩固了皇权。雍正时，朝臣中仍多结党。雍正亲自写《朋党论》以告诫廷臣。他最亲信的大臣年羹尧、隆科多亦得罪，年赐死，隆被囚，其案可能是皇位争夺的余波。

1735年胤禛卒，弘历继位，是为清高宗，改元乾隆。乾隆初，鄂尔泰与张廷玉亦广植党羽，乾隆加以裁抑，两派均不得专权。乾隆年老，和珅得宠，纳贿营私，权势甚盛。乾隆死后，和珅立即被嘉庆诛死。有清一代，上层政治屡起风波，政局经常变幻，但专制皇权却很强固，最高统治者能够驾驭局势，驱遣左右，故统治秩序尚为稳定。

（三）削平三藩之乱

康熙执政后面临的首要问题是三藩割据。三藩是指清初吴三桂、耿精忠、尚可喜三支割据势力所辖藩镇。吴三桂、尚可喜、耿仲明原都是明朝将领，清兵入关前先后降清。因平定东南、西南有功，清廷封吴三桂为平西王，留镇云南；封尚可喜为平南王，留镇广东；封耿仲明为靖南王，其子耿继茂（耿精忠父）袭封，留镇福建。他们占有云南、贵州、广东、广西、福建等广大地区，兵多财足，朝廷号令不行。1673年，康熙下令撤藩。削去他们的权力，收回他们盘踞的地盘。吴三桂、耿精忠和尚可喜的儿子尚之信悍然发动叛乱。康熙立即下令削夺吴三桂的王爵，以示武力平定叛乱的决心，并处死在北京居住的吴三桂之子吴应熊、孙吴世霖，然后，发兵讨伐。1676年，耿精忠、尚之信归降，清军集中兵力围剿吴三桂。1678年，吴三桂在湖南衡州即皇帝位,国号大周,未及半载病死,由其孙吴世璠(吴应熊之庶子)在衡州继承帝位。1681年,清军攻破昆明,吴世璠兵败自杀。三藩之乱平。

(四)统一台湾

1662年,郑成功从荷兰殖民者手中收复了台湾。不久,郑成功去世,其子郑经继位。之后,台湾郑氏集团内部矛盾重重,郑经与其叔父郑世袭为争夺权力发生火并,政治上越来越走下坡路。自从南明灭亡后,郑氏集团失去了政治方向,一度曾与三藩中的耿精忠合,后又发生矛盾。郑经死后,诸子争立,郑克塽继位,力量已大大削弱。清政府在平定三藩之后,决定收复台湾,任用姚启圣、施琅等练兵造船,积极准备。1683年施琅统率舟师出海,先攻澎湖,击败郑氏军的反抗,兵至台湾。郑氏集团的防御瓦解,郑克塽出降,清朝设置为台湾府,隶属于福建省。台湾遂统一于清朝中央政权之下。

(五)扼制沙俄东侵

17世纪40年代,沙俄侵略者开始侵入中国黑龙江流域,侵占雅克萨(在今漠河东,黑龙江北岸)、尼布楚等地,杀掠骚扰。顺治时,清军在松花江的战斗中大胜,全歼入侵的哥萨克,但俄军仍盘踞在黑龙江上游的尼布楚。不久,沙俄侵略者又卷土重来,在雅克萨故址筑堡盘踞,四出掠劫。清政府多次要求俄军撤出雅克萨,但沙俄置若罔闻。于是,清政府决定用武力驱逐沙俄侵略者,收复被占领土。1685年,彭春统率清军攻雅克萨,俄军战败,俄将托尔布津不得已开城投降。但俄军背信弃义,在得到了增援以后,托尔布津又率军重占雅克萨。1686年,康熙令黑龙江将军萨布素等再次攻取雅克萨,围城数月,危城旦夕可下。这时,俄皇在接到康熙帝要求谈判的信件以后,派遣使者到北京,接受中国的谈判建议,清军遂停止攻打雅克萨。1689年,中俄《尼布楚条约》签订,划分中俄东段边界。

但北段边界由于俄国不断入侵蒙古,矛盾逐渐加剧。雍正时,俄国派出以萨瓦为首的使团到中国谈判,雍正先后派隆科多、策棱与俄国使臣在波尔河举行会谈,签订了中俄《布连斯奇条约》,划定了两国的中段边界线。

(六)多民族统一国家的加强

平定三藩以后,清朝把战略重点移到北方,和强大的准噶尔蒙古长期作战。康熙时,准噶尔领袖噶尔丹据有伊犁,占领天山以南,征服青海、影响西藏，又和喀尔喀蒙古冲突，打败喀尔喀三汗，三汗南奔。1690年，康熙亲征准噶尔，清军败噶尔丹军于乌兰布通。以后，康熙屡次亲征，深入大漠，噶尔丹势穷自杀。以后，策妄、策零相继为准噶尔汗，屡和清廷抗衡。策零死后，诸子互相残杀，达瓦齐夺取汗位。乾隆时，清政府先后擒俘达瓦齐，打败阿睦尔撒纳，平定准噶尔。1757年，清军入南疆，平定大小和卓之乱，统一天山南北。

清朝入关以前，已和西藏发生联系。顺治时，达赖五世曾到北京觐见清帝。康熙末，清廷设驻藏大臣，经济、文化交流日益密切。乾隆后期，尼泊尔廓尔喀入侵西藏，大掠日喀则，清军入藏驱逐廓尔喀军，制定西藏章程，进行政治、军事、财政改革。并定"金奔巴"（金瓶）制，达赖、班禅死后，其继承人用金瓶掣签决定，以防止贵族操纵擅权。清朝还在西南地区实行改土归流政策，废除土司制度，设置行政官员。清朝努力经营边疆，使边疆地区的经济、文化获得较大发展，国家统一更加巩固。

（七）强化统治机构

清朝政权实行以满族贵族为主体的满、蒙、汉封建阶级的联合专政，是专制主义中央集权制度的高度发展形态。专制皇帝君临全国，主宰一切，他的意志就是国家法律。

清代最初，军政大权操于议政王大臣会议，日常庶政归内阁。康熙时，皇权加强，南书房协助皇帝，参与机务。雍正时，创设军机处，其为有清一代处理政务的最高权力机关，负责决策发令，撰述谕旨，综理军国大计，军机处不是独立的正式衙门，而是皇帝身边的办事机构，无官署、无定员，军机大臣均为兼职，由皇帝特简。军机处把议政王大臣会议和内阁的职权集于一身，直接听命于皇帝，皇权得到高度的发挥，也在一定程度上简化了办事手续，提高了行政效率。

皇帝在任用官员，一方面在中央机构中实行"满汉复职制度"，另一方面，让满族官员处于掌实权的核心地位，利用满洲贵族监视汉族官员，从而达到"乾纲独揽"。

（八）加强思想控制

清朝为了巩固思想统治，笼络知识界，大力尊孔崇儒，给孔子加上"大成至圣先师"的尊号。儒家思想是理政、治学、处世、待人的标准,程朱理学又被视为孔子的真传、儒学的正统,因此朱熹备受尊重,四书及五经中的一部分均以朱熹的注释为准。清朝的统治安定以后,大规模编纂书籍,最著名的有《古今图书集成》(一万卷)和《四库全书》(七万九千余卷)。《四库全书》收集历代经、史、子、集各类书籍三千四百余种,其中有很多是从《永乐大典》中辑出的已经失传的书籍,包罗宏大,丰富浩瀚,为中国古代思想文化遗产之总汇。但在编纂过程中,清政府对全国图书作了一次大检查,大批书籍被认为对清朝统治不利,归入悖逆、违碍之列,遭到销毁或篡改。

清朝对文化思想的控制十分严厉,发生了许多次文字狱,惩治极重,株连极广。在康、雍、乾三朝的百余年间,文字狱多达上百起,而且愈演愈烈。死于文字狱者,数以百计,被株连而判以其他刑罚的,更是不可胜计。

康熙朝较大的文字狱有两起,即庄廷鑨的明史案和戴名世的《南山集》案。1663年,浙江富户庄廷鑨将明末人朱国桢编写的明史当作自己的作品,并请人增添和补写了明末天启、崇祯二朝及南明史事,该书奉南明小朝廷为正朔,公开诋毁清统治者。被人告发后,清廷将已死的庄廷鑨开棺戮尸,杀害了其弟及有关人士200余人。1711年,翰林院编修戴名世在未中进士和担任编修以前,曾网罗散失佚文,搜求明朝野史,访问遗老,著成《南山集》。因集中论及南明史事,未用清朝年号等问题,戴名世及同族16岁以上均被斩杀,并株连作序、刻印、售卖者,计数百人。

雍正朝的文字狱,株连范围进一步扩大。1726年,江西主考官查嗣庭,出了"维民所止"的试题,这本是《诗经》中的一句话,被人告发说是"维止"两字是把"雍正"两字"去首",于是把他下了大狱,死于狱中,乃戮其尸,株连亲属和学生。

1728年,曾静因反清被逮捕入狱。经审讯,查出曾静的反清活动是受清初著名学者吕留良思想影响,于是把矛头集中在吕留良的子孙、门徒等。结果,死去多年的吕留良父子被开棺戮尸,其他有关人士分别被处以斩决、流放。

乾隆时,王锡侯编纂《字贯》一书,仅仅因为对《康熙字典》进行了议论,忽略了康雍乾三代皇帝的名字避讳,便横遭斩决。

文字狱造成了严重的恐怖气氛,对社会的影响是十分有害的。

3. 清中叶的农民起义

乾隆后期,国力中衰,社会矛盾日益尖锐。土地兼并严重,人口激增,天灾频仍,官府贪污腐败之风日盛,人民纷起反抗,以1774年山东临清的王伦起义为契机,揭开了清中叶农民起义的序幕。起义虽很快被镇压下去,但因其发生在清朝统治的心脏地区,所以全国震动,影响极大。1781年,甘肃爆发了苏四十三、田五起义,参加者多为撒拉族、回族人民。1786年,台湾爆发了天地会的林爽文起义。1795年又发生了湘黔苗民起义。嘉庆元年(1796年),爆发了清中叶规模最大的农民起义——川楚白莲教起义。这次起义历时九年,波及湖北、四川、陕西、河南、甘肃,规模甚大,战斗激烈,严重地打击了清王朝的统治。以后,小规模的农民起义仍持续不断。1805年,东南渔民在蔡牵领导下发动起义。1813年,北方天理教在李文成、林清领导下发动起义。林清联络教徒二百人,准备由太监接应直冲宫禁。林清本人坐镇黄村,等待后援。起义教徒由西华门攻入紫禁城,虽因众寡悬殊而失败,但对京师震动极大,史称"癸酉之变",或"紫禁城之变"。

1814年,陕西三才峡木工,因失业乏食,发动起义。道光年间,1831年湖南、广东、广西的瑶民分别在赵金龙、赵子清、盘均华的领导下发动起义,都发展成规模较大的战斗。还有东南各省的天地会,也发动了频繁、细小的武装反抗。这些起义也都被镇压下去,但社会的动乱还在继续,更大规模的农民运动正在酝酿,终于爆发了太平天国农民起义。

4. 闭关政策与鸦片贸易

清朝建立全国政权之后,厉行闭关政策。前期禁海的目的主要在于隔绝大陆人民与台湾郑氏抗清力量交通,防范人民集聚海上。乾隆二十年(1758年)后,则着重防禁"民夷交错",针对外国商人,以条规立法形式,严加限制对外贸易。

康熙朝在统一台湾后,于1684年开海禁,指定广州、漳州、宁波、云台山四个口岸对外国通商。乾隆时,英国人为了向北方推销其纺织品和接近产茶、丝地区,力图在广州以北扩张海口。英国通事洪任辉偕同英国武装商船多次驶至浙江定海、宁波。为了整肃浙省海防,1758年,清廷下令只准在广州一口贸易。在对外贸易中,清政府又实行商行制度,即广州十三行,以进行垄断。清政府只允许少数殷实富商设立"公行",负责与外商从事进出口贸易,并代表清政府与洋商交涉。乾隆年间,两广总督李侍尧奏请制订《防范夷商规条》,嘉庆年,清政府颁布《民夷交易章程》,道光年间,又先后制订了《防范夷人章程》和《八条章程》。其中有关严拿贩卖鸦片人船等项,则是针对外国侵略者鸦片贸易的正确禁令。

鸦片最初是以药品输入中国的,数量很少。18世纪末,输入量逐年增加,每年达四千箱。清政府觉察到鸦片的危害,于嘉庆五年(1800年)禁止鸦片进口,以后又不断重申禁令,采取各种禁烟措施。但英国鸦片贩子通过贿赂和走私,使鸦片输入不但没有减少,反而连年激增,到鸦片战争前夕,每年输入高达四万箱,其价值超过了中国出口的茶丝布匹全部价值的总和。中国的对外贸易从出超变成入超,每年为抵偿贸易逆差,外流的白银达一千万两。

罪恶的鸦片贸易为英国商人和英国印度政府带来了巨大的利益,而给中国社会、中国人民造成了严重的灾难。鸦片烟不仅摧毁了许多中国人的身心健康,而且导致白银大量外流,扰乱了货币流通过程,银价上涨,银贵钱贱,影响了生产、交易。官吏和士兵吸食鸦片,意志萎靡,不理政事,不习武功。清朝也因货币流通混乱、税源枯竭而减少了财政收入。

5. 鸦片战争

1838年,黄爵滋、林则徐先后上书道光帝,力主禁烟。道光帝便派林则徐为钦差大臣,前往广州查办鸦片。1839年,林则徐在广东收缴并焚毁了二百三十七万斤鸦片。英国鸦片贩子和英国政府因不肯放弃这项具有大利可图的贸易,悍然发动战争。

(一)第一次鸦片战争

1840年,英国司令懿律率领远征军来到中国,先在广东、福建沿海骚扰。林则徐、邓廷桢进行抵抗,英军随即北上,攻陷浙江定海,驶往大沽。清廷幻想弭兵息事,派琦善赴广州和英国谈判,并将林则徐、邓廷桢革职,遣戍新疆。琦善执行投降妥协政策,撤除广州防务,接受了割地赔款的屈辱条件。道光帝不甘心不战而降,又撤换琦善,准备在广州和英军作战。

1841年，英军进攻虎门，提督关天培等英勇抵抗，力竭牺牲。接着英军攻击广州城，身为统帅的奕山竟向英军乞和，签订《广州和约》，向英军交纳六百万元"赎城费"。但英军仍在城外烧杀淫掠，激起广大民众的强烈愤慨，广州郊区三元里的民众手持戈矛犁锄、几乎全歼英军一个连于牛栏冈，并进而包围英军盘踞的四方炮台。奕山等闻讯恐慌，急派广州知府余保纯出城向民众施压，台围才解。

广州战役之后，英国派璞鼎查率军北上，攻陷定海、镇海、宁波。清廷派遣的第二个统帅奕经一战失利，全军溃退。英军于1842年进入长江，清军在吴淞口和镇江进行了英勇抵抗，提督陈化成力战牺牲，驻防镇江的旗兵全部战死，但未能阻挡住英军的前进。英军抵达南京。强敌压境，清廷惊慌失措，失去了抵抗的意志和决心，遂派耆英、伊里布议和，接受了英国的全部侵略要求。1842年8月29日，签订了中国历史上的第一个不平等条约，即中英《南京条约》。条约规定：割让香港，赔偿军费、烟价共两千一百万元，开放广州、福州、厦门、宁波、上海五口通商，"议定"税则等。以后又和美国签订《望厦条约》，和法国签订《黄埔条约》。从此，资本主义列强纷至沓来，掠夺权利，一个个不平等条约更加阻挡落后中国的前进。

（二）第二次鸦片战争

第二次鸦片战争是在咸丰年间，英、法在俄、美支持下联合发动的侵华战争。因其实质是鸦片战争的继续和扩大而得名，亦称英法联军之役。

1856年，广东水师在"亚罗号"上逮捕几名海盗和涉嫌水手。"亚罗号"是一艘中国船，曾为走私方便，在香港英国当局注册，但已过期。英国借口亚罗号事件，英舰突然闯入虎门海口，进攻珠江沿岸炮台，悍然挑起侵略战争。

为了扩大侵略战争，英国政府于1857年任命额尔金为全权代表，率领一支海陆军来中国；同时向法国政府提出联合出兵的要求。此前，法国正以"马神甫事件"（又称"西林教案"），向中国交涉。所谓"马神甫事件"，是指法国天主教神甫马赖违法进入中国内地活动，胡作非为，于1856年在广西西林县被处死一案。法国政府以此作为侵略中国的借口，任命葛罗为全权代表，率军来华协同英军行动。

1857年，英法联军进攻广州，两广总督叶名琛被俘。1858年春，英法联军北上，在大沽登陆，攻陷天津。清王朝正在长江中下游和太平军殊死战斗，北方毫无军备，只得和英法议和，订立《天津条约》。依据条约，清政府除赔款、修改税则、更多开放通商口岸外，又同意外国使节常驻北京，外国人可赴内地游历、通商、传教等。1859年，英法公使为交换条约前往北京，竟带军队向清军驻防地区挑衅，遭到中国军队的还击。英法又以此为借口，大举进攻，于1860年攻陷北京，清帝逃往热河。英法联军烧杀抢劫，焚毁了建筑宏丽、藏有大批文物珍宝的圆明园。清政府被迫接受《北京条约》。

6. 列强对中国边疆的侵略

沙皇俄国对中国的边疆觊觎已久。在英法联军期间，它派军队沿黑龙江而下，迫使清政府于1858年和1860年签订了《瑷珲条约》、《北京条约》，侵吞了中国黑龙江以北和乌苏里江以东的大片领土。1864年，俄国以《北京条约》中关于勘分西北疆界的规定，和清政府在塔城谈判，使用蒙骗和威胁手段，强迫清政府签订《中俄勘分西北界约记》，割占去中国西境的三大湖（巴尔喀什湖、斋桑湖和伊塞克湖）连同周围约四十四万平方公里的中国领土。

1865年，浩罕汗国军官阿古柏在英国支持下，侵占南疆，建立所谓"哲德沙尔汗国"政权，自立为汗。1870年阿古柏攻占乌鲁木齐，天山南北路部分地区为其占据。1871年，俄国以清朝不能安辑地方为名，出兵侵入伊犁，名为"代管"而久占不去。1876年，左宗棠出师讨伐阿古柏，收复乌鲁木齐，天山北部平定。1877年，清军进入南疆，阿古柏在库尔勒服毒死，清军收复除沙俄侵占的伊犁地区以外的全部新疆国土。清朝派崇厚往俄国，索还"代管"的伊犁。俄国玩弄花招，勒索更多的权利，崇厚受欺弄擅自签约，舆论大哗。1881年，清廷改派曾纪泽前往俄国签订《中俄伊犁条约》，虽索回了伊犁，但中国丧失的领土仍达七万平方公里之多。清政府收复新疆后，于1884年建立行省，与内地行政制度统一起来。

英国则以缅甸为基地，侵入云南。其译员马嘉理在云南被杀，英国借机讹诈，强迫清政府签订《烟台条约》。不久又武装入侵西藏，遭到西藏军民的抗击。

日本明治维新刚刚发端，即效法西方殖民主义，对中国进行侵略。1874年，以琉球人被台湾土人所杀为借口，派兵在台湾登陆，对清政府勒索讹诈。清廷妥协退让，赔款乞求日本撤兵。为了保卫海疆，1885年台湾建为行省，但十年后中日甲午战争中国失败，台湾又被日本所侵占。

7. 太平天国革命

（一）金田起义

太平天国起义领袖洪秀全是广东花县人，在多次应试落第后，接触到西方的传教书籍，逐渐离开传统的儒家信仰，接受了基督教的一些思想，劝人信拜上帝。1844年初夏，他和好友、信徒冯云山等人深入广西桂平紫荆山区传教，宣传朴素的平等观念，提出"斩邪留正"，号召农民起来反对清朝封建统治。信奉的群众越来越多，和地主的团练武装发生激烈冲突。拜上帝会发展成一支强大的力量，形成了以洪秀全、杨秀清、冯云山、萧朝贵、韦昌辉、石达开为首的领导核心。1851年1月11日，拜上帝会群众在桂平金田村起义抗清，建国号太平天国，尊洪秀全为天王。9月，太平军突破封锁，东出平南，在官村大败追兵，克永安州（今蒙山），在此封王建制。封杨秀清为东王，萧朝贵为西王，冯云山为南王，韦昌辉为北王，石达开为翼王。

（二）建都天京

清军分南北两路围困永安。1852年二月，太平军自永安突围，大败清军向荣、乌兰泰部。于是突围北上，进攻桂林，相持月余未下，太平军撤桂林围，北出湖南。经全州时，南王冯云山中炮牺牲。六月，由陆路攻入湖南境内，克道州（今道县），扩军休整。九月，挥师北上，进攻长沙，西王萧朝贵中炮牺牲。十一月，撤长沙之围，出洞庭，入长江。1853年，占武昌，沿江东下，连克九江、安庆等地而皆不守，兵锋直逼南京城下。1853年攻克南京，随即分军攻克镇江、扬州。计自金田起义起，仅用两年三个月就席卷江南，截断清朝漕运，控制了中国的东南要地。太平军攻克南京后，决定在南京建都，号称天京。

（三）《天朝田亩制度》与《资政新篇》

建都天京后，太平天国颁印了《天朝田亩制度》，提出"凡天下田，天下人同耕"，要求根据新的原则重新分配土地，彻底废除封建土地所有制，建立一种一切财产公有制,"有田同耕,有饭同食,有衣同穿,有钱同使,无处不均匀,无人不饱暖"的理想社会。《天朝田亩制度》宣布后半年,由于天京缺粮,形势紧迫,因而未能实行平分土地方案。

在废除私有财产制的原则下,太平天国曾实行过圣库制度。建都天京后,设立天朝圣库,所有资财都归圣库总管,个人不得私有。军民生活由圣库统筹,上起天王,下至士兵,都不领俸饷,生活供给大体平均。天京人民的全部生活,包括医药、儿童教育(设娃崽馆)、养老(设老人馆),全由圣库供给。这是太平天国在战争时期实行的军事供给制度。

《天朝田亩制度》还要求建立兵农合一的社会组织和守土乡官制,以图达到平均主义的理想社会。乡官分军帅、师帅、旅帅、卒长、两司马各级。两司马管二十五家,是最基本的单位。其中设一国库,婚娶、弥月、丧事都照定额由国库供给,鳏、寡、孤、独、残疾也由国库给养;设一礼拜堂,每日教育儿童,礼拜日讲道理,并处理争讼、赏罚和保举等事。

《天朝田亩制度》还规定妇女与男子同样分田,在经济上有同等地位,并规定妇女与男子同样受教育,宣布"天下婚姻不论财"。建都天京后,又禁止妇女缠足,以解除对妇女肢体的残害。

1859年,洪秀全族弟洪仁玕来天京辅政,封干王。是年冬,太平天国颁布洪仁玕所著《资政新篇》。提出一套统筹全局的革新方案。政治方面,提出禁朋党之弊,维护集中领导;建议设新闻官,立暗柜(意见箱),以通上下之情,发扬公议。经济方面,主张发展交通运输业,修筑道路,制造火车轮船,兴办邮政;鼓励民间开矿、办企业,奖励技术发明;创立银行和发行纸币。文化思想、社会风俗方面,主张关闭寺庙道观,反对传统迷信,提倡崇信上帝教;设办医院、学堂;革除溺婴、吸食鸦片、妇女缠足等陋习,禁止买卖人口和使用奴婢。外交方面,提议与各国通商,允许外国人来中国传授科学技术,但不准其干涉内政。这个方案的基本精神是向西方学习,在中国发展资本主义。但因脱离当时的实际情况,所以没有也不可能付诸实施。

(四)出师北伐与西征

太平天国的胜利进军使清王朝陷入极度的惊慌恐惧之中,清将向荣、琦善分别组成江南大营和江北大营,在天京附近驻扎和窥伺。太平军在天京站稳脚跟后,派林凤祥、李开芳率军北伐,派胡以晃、赖汉英率军溯江西征。

北伐军在林凤祥、李开芳等率领下,于1853年自扬州出发,穿越安徽、河南,突破黄河天险,迂回到山西境内,东向折回河南,再进入直隶省(约今河北)。十月前锋迫进保定。清廷惊恐,咸丰帝准备逃往热河,官僚豪富纷纷逃走。太平军见清军已严扼保定,乃从深州(今深县)乘虚而东,改从东面攻北京。到达天津附近静海时,大水淹没道路,严寒倍添困难,清朝大军结集在杨村以阻止北进,北伐军被迫南撤。天京方面虽然派出援军,但仓促招募,未经训练,在山东溃散。1854年五月,北伐军粮尽援绝,南撤到直隶的连镇和山东高唐州。林凤祥率部与清军相持将近一年之久,1855年突围时被俘,后在北京英勇就义。李开芳先守山东高唐州(今高唐),后突围南下退守茌平县冯官屯,兵败,被执送北京处死。北伐军以两万余人孤军远征,长驱六省,血战两年,全部壮烈牺牲。

1853年,太平军同时西征,溯长江而上,占领安庆,围攻南昌,进入武汉,但在1854年进军湖南时,遭到曾国藩湘军的顽强抵抗。但太平军在石达开等率领下反攻获胜,稳定了局势,把曾国藩困在江西南昌,又从江西抽调兵力回师,大败长期屯兵天京城下的钦差大臣向荣的江南大营。其时,长江千里,上自武汉,下至镇江,都归太平天国版图。新克州县,群众争先归附。

(五)天京事变

正当太平天国在军事上正处于顺境,内部矛盾却在激化。东王杨秀清大权在握,骄奢日甚,凌虐同僚部属,甚至假天父下凡之名,要责罚洪秀全,并要逼洪封自己为万岁。1856年9月,洪秀全下诏诛杨秀清。北王韦昌辉利用洪杨之间的矛盾,乘机举兵杀死杨秀清,并株连杀害了许多无辜的将士,引起群众的愤怒。石达开起兵讨韦。在平定韦昌辉之乱后,全朝推举石达开承接军师杨秀清职权。但洪秀全猜忌石达开,把石达开逼走。石达开带走大批精兵良将,脱离洪秀全,走上了分裂道路。此后,石达开转战西南,最后在四川大渡河畔全军覆没。

（六）反清起义高潮

太平天国起义的胜利发展，大大推动和鼓舞了全国各地各族人民的反清斗争。其中声势浩大的起义有：1853年5月黄德美在福建海澄（今属龙海）领导的小刀会（天地会支派）起义，9月刘丽川在上海领导的小刀会起义；1854年7月陈开在广东佛山领导的三合会（天地会别系）起义；1855年夏张秀眉在贵州台拱厅（今台江）领导的苗族起义；同年秋，张乐行在安徽亳州雉河集（今涡阳）领导的捻党起义；1856年10月杜文秀在云南大理领导的回民起义，等等。它们有的与太平天国取得联系，有的遥相呼应，以太平天国为中心，形成了一个波澜壮阔的反清起义高潮。

（七）后期艰苦卓绝的斗争

太平天国内讧后，精锐尽丧，致使有利的军事形势发生逆转。重要城市武汉、九江、庐州（今合肥）、镇江相继失守。当时，英王陈玉成、忠王李秀成等一批青年将领，具有指挥才能，作战身先士卒，能够辨认形势，团结盟军，故屡立战功，肩负起挽救危局的重任。1858年，陈、李与捻军联合作战，攻破重建的江北大营，又在安徽三河全歼湘军精锐李续宾部。1860年，大破号称有十万大军的江南大营，解除了对天京的包围。接着，乘胜东进，席卷苏常，攻克杭州，在江浙开辟了新的局面。但曾国藩、李鸿章、左宗棠的湘军、淮军从四面八方进攻，成为太平军的劲敌。外国侵略者在第二次鸦片战争后，和清政府勾结，枪口转向太平军。而太平天国的政治日益腐败，纪律废弛，多次发生叛乱，将领各自为政，苦乐不均，败不相救。洪秀全深居宫内，不理朝政，刑赏不公，封爵冗滥，天京逐渐失去了权威。陈玉成、李秀成也受到猜忌。1861年，天京上游重镇安庆经激烈争夺后失守，清军从四面八方逼向天京。陈玉成又在皖北被俘遇害，太平军的西战场瓦解。李秀成既要抵抗李鸿章、左宗棠的猛烈进攻，保卫苏州、杭州；又要和曾国荃作战，以解天京的围困，左支右绌，败局已定。他提出撤离天京、"让城别走"的建议，未被洪秀全采纳。形势日益对太平天国不利。1864年，洪秀全死。六月，清军攻破天京，李秀成在突围时被俘遇害。幼天王洪天贵福也在江西被俘杀。太平军余部在李世贤、汪海洋的率领下转战江西、福建、广东，被清军击败，太平天国农民起义遂告失败。

8. 辛酉政变

1860年，英法联军进逼京师，咸丰帝逃亡热河（今河北承德）。恭亲王奕䜣奉命为钦差便宜行事全权大臣，与英、法等国议和，签订《北京条约》。其间，奕䜣不但得到外国的支持，而且在朝廷中结成自己的势力集团。1861年，咸丰帝在热河病危，立六岁长子载淳为皇太子，任怡亲王载垣、郑亲王端华等八人为顾命大臣。咸丰死，顾命大臣户部尚书肃顺等即以赞襄政务王大臣的名义总摄朝政，定翌年改元祺祥。载淳生母慈禧太后企图揽权，使人上奏请求皇太后"垂帘听政"，载垣等人以"本朝向无垂帘故事"予以拒绝。慈禧与奕䜣合谋，在回銮北京时发动政变。两太后抵京后，将载垣、端华、肃顺逮捕处死。慈安、慈禧两太后垂帘听政，改年号为同治。任命奕䜣为议政王，辅理政务。从此，慈禧太后把持晚清朝政将近半个世纪。这次宫廷政变，以时在夏历辛酉年得名。又因改变祺祥年号而称"祺祥政变"，亦称"北京政变"。

9. 洋务运动

洋务运动是清朝统治阶级内部中央和地方一部分当权的官僚在严重的"内忧外患"形势下所采取的"自强"措施。当时主张办"洋务"的一批贵族和官僚，被称为"洋务派"。其中主要人物，在中央有奕䜣、桂良、文祥，在地方官僚中有曾国藩、李鸿章、左宗棠等。为了适应形势需要，1861年清政府成立了以奕䜣为首的总理各国事务衙门，以办理外交事务为主，同时办理以"自强"、"求富"为内容的洋务活动。

洋务运动兴起之初，其直接目的是镇压人民反抗，因此，一开始就以购买洋枪洋炮和创办新式军事工业为主要任务。1861年，曾国藩在安徽创办安庆内军械所，以手工生产仿制"洋枪洋炮"，并制造了一艘木壳轮船。1862年，李鸿章在上海设立"上海洋炮局"，手工铸造炮弹。次年，李鸿章又在松江附近设厂制造弹药。清军攻陷苏州后，将该厂迁至苏州，添置一些机器，设立"苏州制炮局"。这是洋务派兴办新式军用工业的开端。从同治四年（1865年）江南制造总局设立到光绪二十一年（1895年）中日甲午战争结束，30年间，洋务派设立的军用工业中规模较大的有江南制造总局、金陵机器局、福州船政局和天津机器局。

洋务派在兴办军用工业的同时,还训练新式陆军和建立新式海军。创立了北洋舰队和闽江舰队。

为了供应军用工业需要的原料、燃料和运输,从同治末年开始到光绪二十年(1894年)共创办民用企业20多个。这些企业,大多系官督商办,即在官府监督下,招徕社会上的私人资金,创办民用企业。在这些民用企业中,规模较大的有轮船招商局、开平矿务局、电报总局、汉阳铁厂、上海机器织布局、湖北织布官局等。

洋务运动期间还培养了一批新式人才,为培养翻译人员,清政府于1862年在北京设立了同文馆,随后又设立了上海、广州广方言馆。以后,洋务派又在实践中认识到,要真正办好"洋务",达到"求强"、"求富"的目的,中国必须有通晓洋务的人才。为培养这样的新式人才,一是派遣人员出国留学,二是开办学堂。派遣学生出国始于1872年的幼童留美。1880年起先后在天津、上海、南京等处开办电报学堂,1880年在广州创办西学馆,1883年在吉林创办表正书院,1887年在台湾创办西学堂,此外还办有商务学堂、医务学堂、矿务学堂等等。在近代军事学堂方面,有天津、广州的水师学堂,广州水陆师学堂,威海水师学堂等。

随着洋务事业的开展和西方近代科学文化的传入,特别是由于资本主义经济的产生,社会上开始出现了具有倾向资本主义的早期改良主义社会思潮。王韬、郑观应等就是这一思潮的佼佼者。然而,洋务运动的指导方针是"中学为体,西学为用"。正是由于洋务运动本身既不能摆脱外国资本主义的压迫和控制,又不可能摆脱封建势力的阻挠和浸蚀,因此也就难以避免失败的命运。1894年清政府在中日战斗中战败和1895年《马关条约》的签订,证明了富强未能达到,也标志着洋务运动的失败。

10. 中法战争

法国一直觊觎中国的西南边疆,企图以越南为跳板侵入中国的广西、云南。1883年,法军占领越南河内、南定,越南国王请刘永福所部黑旗军助越抗法,两军在河内城西的纸桥激战,大败法军,击毙法军司令利瓦伊业中校。但法军在越南中部攻占了当时的首都顺化,越南国王两次遣使向清政府求援。清政府一方面做出援越姿态,一方面寄希望于通过谈判解决问题,致使中国军队处于被动挨打的地位。1884年,法国派遣远东舰队司令孤拔率舰队侵入福建马尾,福州水师覆没。至此,清政府不得已才下诏宣战。法国舰队占领台湾基隆炮台,封锁台湾海峡。

1885年,冯子材率清军在广西边境要隘镇南关(今友谊关)前和法国侵略军展开了激战,击毙法军一千多人,法军全线崩溃。清军挥师追击,攻下谅山、文渊,法军纷纷向南逃窜。同时,刘永福率黑旗军大败法军于临洮,沉重打击了法军的气焰。但在前线大捷、中国军队正在战场上胜利推进时,清政府竟宣布停战缔约,授权李鸿章和法国公使巴德诺在天津签订《中法会订越南条约》(即《中法新约》),承认法国占领越南,在广西、云南边界开辟商埠,并规定中国以后在此修建铁路时向法国商办,为法国侵略中国的西南地区打开了门户。

11. 甲午中日战争

1894年,朝鲜发生东学党起义,清政府应朝鲜国王的请求,派兵帮助镇压。日本乘此机会,动员海陆军开到朝鲜,并不宣而战,在海上和陆路向中国军队大举进攻。清政府被迫宣战。清军在平壤集结,设防据守。日军分四路进攻,清将左宝贵率部力战,英勇牺牲,但其他将领却不战而逃,退过了鸭绿江。日军乘胜侵入中国的东北,进占安东(今辽宁丹东)、九连城、长甸、宽甸、金州、大连、旅顺等地。日本舰队又在鸭绿江大东沟外的黄海海面袭击中国舰队,双方激战达五小时之久。中国海军官兵英勇奋战,邓世昌、林永升等以身殉国。战斗结果,中国失利,日本海军亦受重创。此后,李鸿章命令北洋海军躲藏在威海卫军港内不许出战,造成束手待毙的局面。1895年,日本陆军在山东半岛登陆,威海卫陷入包围之中。日军从海面和陆地开炮轰击,中国海军陷入绝境,水师提督丁汝昌和"定远"号管带刘步蟾自杀殉国。李鸿章与日本政府签订《马关条约》,把辽东半岛和台湾全岛及所有附属各岛屿(包括澎湖列岛)割让给日本。俄、德、法三国照会日本,劝告放弃辽东半岛,日本被迫接受,清政府以银三千万两赎回,史称三国干涉还辽。

《马关条约》的另一条款是赔偿银二亿两,并加上赎辽费三千万两。清政府每年财政收入仅八千万两,自然无力偿付,只得向帝国主义借债赔款,以关税、盐厘作为抵押品。李鸿章赴俄京祝贺沙皇加冕,俄国诱使他缔结《中俄密约》，取得在中国东北修筑铁路的特权。各国纷纷效尤，强迫清政府接受多次铁路借款，夺取了中国津镇路（后改津浦）、芦汉路（即京汉路）、粤汉路和关内外铁路（即京沈路）的修筑权。帝国主义还垂涎中国矿产资源，纷纷成立公司，攫取各省的采矿权。

1897年，德国借口传教士被杀，派军舰占领胶州湾，租借青岛，把山东作为其势力范围；随后，俄国军舰强占旅顺、大连，把东北作为其势力范围；法国要求租借广州湾，把两广、云南作为其势力范围；英国除视长江流域为其势力范围外，又租借威海卫与九龙；日本则把福建作为其势力范围。帝国主义争夺势力范围，中国面临被瓜分的危险。美国为了与列强共享利益，提出"门户开放政策"，要求插足于列强的势力范围内。

12. 戊戌维新

《马关条约》的签订及列强瓜分中国的危机，极大地震动了各个阶级、阶层，促进了中国人民爱国意识的觉醒。当议和条件传出后，举国上下强烈反对，要求拒签条约。当时，正在北京举行会试的各省举人集会，由康有为起草上皇帝书，提出"拒和、迁都、练兵、变法"，掀起了反对投降的巨大运动。这就是著名的"公车上书"。

继"公车上书"之后，康有为又给光绪帝多次上书，建议变法。同时，在北京创办《中外纪闻》，设立强学会，进行宣传鼓动，团聚了一批维新志士，争取了光绪皇帝及帝党官僚翁同龢等的同情和支持。强学会因遭顽固派的嫉恨而被查禁，但变法维新的思潮汹涌激荡，一发而不可阻遏。维新运动的主要代表康有为、严复、梁启超、谭嗣同等，大力宣传变法的必要性和迫切性。在其倡导和组织下，各地纷纷成立学会，开办学堂，出版报纸。1898年初，康有为等又在北京组织保国会，以"保国、保种、保教"为号召，激发人们关心国家命运的热情。四月二十三日（6月11日），光绪帝下"明定国是"诏书，宣布变法，委派康有为在总理衙门上行走，梁启超办理译书局，谭嗣同、刘光第、杨锐、林旭为军机章京。光绪帝根据他们的改革建议，颁布改革的诏令，主要是：发展经济，保护农工商业，设立农工商局，提倡私人办实业，奖励发明创造；改革财政制度，编制国家预算；开放言路，鼓励创办报纸，允许士民上书言事；精简官僚机构，裁汰冗员；改革科举制度,废除八股;北京创办京师大学堂,各省广设学堂,提倡西学,翻译书籍;选派出国留学生;改革军制,士兵改练洋操。八月初六(9月21日),慈禧太后发动政变,幽禁光绪帝于瀛台,废止新政,并下令捉拿康有为、梁启超。康梁逃往日本。谭嗣同、刘光第、杨锐、林旭、杨深秀、康广仁被捕处死。百日维新失败。

13. 义和团运动

义和团本名义和拳,原是起于山东的烧香拜神、操练拳棒的反清秘密组织。为反对外国侵略,义和拳举起"扶清灭洋"的旗号,改称义和团,并得到地方官吏的某些支持,声势日益浩大。清政府在帝国主义的要求下,撤换了镇压不力的山东地方官,派袁世凯为山东巡抚,屠杀和逮捕义和团。义和团遂向北发展,活动于直隶各地,焚烧教堂,拆毁铁路、电线。1900年,天津和北京街头上,义和团成群结队,头裹红巾,手执刀矛,公开活动。大街小巷,到处是拳厂和坛场。其他各省也纷纷响应,东北、山西、内蒙古、河南、四川、云南,都有大小规模不等的义和团。以慈禧太后为首的顽固派,因百日维新后在废立光绪问题上与列强存在矛盾,所以承认义和团合法,并采取控制、利用的策略,企图以义和团的刀矛发泄自己的怨忿。当义和团进入北京、天津,帝国主义立即调动军队,进行干涉。英国将军西摩尔率领两千侵略军,从天津租界出发,向北京进攻。但沿路遭到义和团的阻击,被迫退回。接着,英、俄、日、法、德、美、意、奥八国组成联军,强行攻占大沽炮台,正式挑起大规模入侵中国的战争。慈禧太后等出于对洋人不满,遂决定宣战。南方各省督抚抵制宣战,提出东南互保,与帝国主义勾结。面对帝国主义军队的进攻,义和团和清朝爱国官兵进行了英勇抵抗。天津城郊的战斗持续了一个多月,手持刀矛的义和团群众遭屠杀,聂士成等清朝的将领、士兵浴血奋战,以身殉国。八国联军占领天津后,纠集两万兵力,向北京进攻。1900年七月,北京陷落。慈禧太后带着光绪帝仓皇逃走,前往西安。侵略联军分兵四出,占领山海关、张家口、保定、井陉等战略要地,并在京津地区屠杀抢劫。民居商铺被焚烧,户部存银洗劫一空,颐和园的文物、书画、古器被捆载而去,北京城遭到外国侵略军的又一次蹂躏和践踏。

沙俄除了参加八国联军外,竟出动了十多万军队入侵中国东北,烧杀抢掠,占领主要城市,企图并吞东北全境。还制造了惨绝人寰的大屠杀,烧死、杀死在江东六十四屯的中国居民三万人;并将居住在海兰泡的七千多中国侨民驱赶入黑龙江,活活淹死。

慈禧太后在逃跑的路上就急忙发布"剿匪"上谕,命令清军掉转枪口,对准义和团。又催促李鸿章北上,与帝国主义议和乞降。1901年李鸿章和帝国主义签订了《辛丑条约》,主要内容有:赔款四亿五千万两,拆除大沽至北京间的中国炮台,允许各国在北京附近驻兵,设置东交民巷使馆区,禁止中国人民成立或参加任何反帝组织,惩办首祸诸臣。《辛丑条约》使中国下降为列强共管的半殖民地。

14. 辛亥革命

为了缓和国内矛盾,清政府也标榜实施"新政",改革政府机构,编练新军,设立大中小学堂,但成效并不显著。1905年,同盟会在东京召开成立大会,提出"驱除鞑虏,恢复中华,创立民国,平均地权"的纲领,推举孙中山为总理,以统一领导日益成熟的民主革命。同盟会创办《民报》,宣传反清革命并发动了一系列武装起义。1905年,吴樾在前门车站炸出洋考察宪政的载泽等五大臣,炸伤载泽、绍英,吴樾死难。1906年,清廷宣布"预备仿行宪政"(预备立宪)。张謇、郑孝胥、汤寿潜等在上海组织"预备立宪公会"。十二月,以安源煤矿矿工为主力的萍浏醴起义爆发,不久失败。1907年,清廷发布上谕,设立资政院,令各省设咨议局。是年,同盟会发动一系列起义,均遭失败。徐锡麟在安庆刺杀安徽巡抚恩铭,发动起义,事败牺牲。秋瑾在绍兴准备响应徐锡麟起义,事泄,英勇就义。1911年,黄兴领导广州黄花岗起义,起义失败。

1911年,清廷宣布铁路国有,强夺商民的路权出卖给帝国主义,引起各地的保路运动,四川尤为激昂,数十万人罢市请愿,清军进行镇压。是年八月十九日(10月10日),武昌新军起义,占领武汉,组织军政府。各省纷纷响应,宣布独立。

独立各省的代表集会,推举孙中山为临时大总统。1912年1月1日,孙中山在南京就职,宣布中华民国成立。2月12日,清帝溥仪宣布退位,清亡。

第二节　中国古代史学史

一、先秦时期

《尚书》是中国上古时记载国家政治大事的书,是我国最早的一部史料汇编书。

《春秋》是中国最早的一部按年月日顺序记录的编年体史书。出自鲁国史官之手,经孔子整理。以后相继出现了一些叙述春秋战国时期史事的典籍,如编年体的《左传》、《公羊传》、《穀梁传》；略具国别断代史性质的《国语》、《战国策》；最早的谱牒之书《世本》；以地理为主兼有神话传说的《山海经》以及发抒哲学思想、政见和史观的诸子百家之书。其中《左传》叙事详备,文笔生动,是中国最早的一部史学名著,也是先秦史学中最高的成就。战国时期诸子争鸣,往往运用历史知识,针对现实,发表政见,也是重要的史料参考书。

二、秦汉至唐初时期

司马迁的《史记》开创了综合本纪、表、书、世家、列传等于一书的纪传体通史体例。记事起于传说时期的黄帝,迄于汉武帝刘彻,跨朝越代首尾三千余年。班固的《汉书》开创了纪传体断代史的先例。

继《史》、《汉》之后,汉唐之际产生了不少纪传体史书,其中有《三国志》、《后汉书》等名著。唐初百年内有八史问世(官修的正史有：《晋书》、《梁书》、《陈书》、《周书》、《北齐书》和《隋书》；私人修成的有《南史》、《北史》)。从此纪传体史书代代续修,其体例也大致定型。

编年体和其他体裁史书也有发展。荀悦撰《汉纪》,以编年体叙述西汉历史,《后汉纪》等编年史继踵产生。还有传记体的国别史《十六国春秋》,最早的地方志《华阳国志》以及《佛国记》、《高僧传》、《世说新语》、《颜氏家训》、《洛阳伽蓝记》、《水经注》等与历史有关的各种著作。据《隋书·经籍志》著录,汉代至隋代的史书达数百部,反映了史学发展的盛况。

这时文献整理工作已经展开。刘向、刘歆父子奉命校书,着有《别录》、《七略》,在历史文献学上有很大贡献。唐初也重视文献整理工作,所修《隋书·经籍志》在历史文献学上有很大作用。

这时期史学的特点首先是史学由附属地位而逐渐独立，已形成一门独立的学科。这个时期的历史著述，有官修，有私修，有奉诏私修等几种情况。

随着士族地主势力的兴起和门阀制度的盛行，谱牒著作与谱学大为发展，有家谱、宗谱、族谱和姓氏谱等。

各少数族在史学中也占有地位。除正史中有记载各族史的专传外，还出现了记述各族史的专书，同时民族问题也在史学中有所反映。

关于史学的评论，司马迁曾说《春秋》是"礼义之大宗"，"采善贬恶"，指出史书的教育作用和政治意义。同时，他表明自己志在"继《春秋》"而写史，以"成一家之言"，表现了他以史学为己任的自觉性。班彪的《前史略论》是评论史学的专篇，谈到古来的史官和史籍，着重评论了司马迁与《史记》，既肯定其有"良史之才"，又指责其"大敝伤道"，表明了马、班史学思想之分歧。班彪这个思想，为其子班固所继承。

两汉以后，史学评论渐多，梁代刘勰《文心雕龙·史传篇》是史评专文，探讨了古代史官的建置与职守，叙述了史书的源流、派别及其得失，议论了撰史的功用、目的与态度。《隋书·经籍志》史部分十三类，各类之序叙述各类史书的源流，并加以评论。史部十三类的序加在一起，就是较全面的史学总结。

唐代史学理论家刘知几所著《史通》，对古代史学作了系统性的评论，在史书编撰、书事曲直、史家修养以及史馆监修等方面都提出很重要的看法。他主张直书，反对曲笔；主张一家独断，反对官府垄断；主张实事求是，反对附会臆说。

三、中唐至乾嘉时期

这时国家开始设置史馆，并形成修史制度。

首先是纂修实录，即以编年体记录每一帝王在位时的大事。唐代和宋代的实录已散佚，明清两代实录基本上保存完整。实录虽不完全真实，但保存了丰富的比较原始的史料。史馆还修"国史"即当代史，但历代国史随着王朝的更替，多已湮没无闻。

其次，历代史馆都纂修前代的历史，如《旧唐书》、《旧五代史》等等。

直到清代修《明史》，完成了一套纪传体的后称为"正史"的"二十四史"。其中除《史记》外，皆是以朝代为断限的纪传体断代史。

与正史相对应的史书是野史、杂史和别史。野史、杂史、别史的共同特点是成于私人之手而非官修，故又称"私史"。三者又有所不同。野史体例不一，或编年，或纪传，或杂记一代史事，其内容多奇闻异事、闾巷风俗、统治者的秘事，故往往被封建王朝视为禁书；杂史体例一般是只记一事始末、一时见闻或一家私记；别史内容往往限于杂记历代或一代史事。野史、杂史、别史虽有史实不确之弊，但往往亦可补正史之阙遗，具有较高的史料价值。

中唐以后，开始出现了这种旨在"通变"、"致用"的通史：杜佑的《通典》，郑樵的《通志》，马端临的《文献通考》，还有司马光的《资治通鉴》。它们是这个时期通史和史学的代表作。

杜佑着《通典》是中国第一部典制通史。郑樵着《通志》是一部纪传体通史。马端临所撰的《文献通考》，是继《通典》之后又一部典制通史。分类较细，内容丰富。但马端临旨在通古今的典制，而不涉时政。因以汇集考核典制为特点，故以后凡与此同类之书均称通考。

后来有"续三通"、"清三通"等，合称为"九通"。加上清刘锦藻的《清朝续文献通考》，称为"十通"。十通再加上汇编某一朝代各项经济、政治、社会制度的会要，如《唐会要》、《西汉会要》等，统称为典志。

司马光主编的《资治通鉴》，自战国初年叙至五代末年，是一部编年体通史。全书体例严谨，取材审慎，内容翔实，文字简洁。

袁枢根据《通鉴》，编成《通鉴纪事本末》，即是《通鉴》的一个支流，又首创了将史事分别立目，独立成篇，各篇按时间顺序编写的纪事本末体。朱熹亦编成《通鉴纲目》，首创了纲以大字提要，目以小字叙事的纲目体。

中唐以来，出现了不少专史，包括典章史（如会要）、学术史（如学案）、传记、族谱等等。虽然唐之前已产生一些专史，但只是在中唐之后才有所发展。

中唐后出现不少地理著作，其中包括丰富的历史内容。记载全国风土人情的全国性地志，有《元和郡县图志》、《太平寰宇记》、《元丰九域志》

以及元、明、清三朝的一统志等。著名地理著作有《天下郡国利病书》、《读史方舆纪要》等。清代纂修方志之风特盛，其成果几乎占了现存方志总数之半。

唐代以来，契丹、女真、蒙古等族曾先后进入中原，建立了辽、金、元等王朝，关于他们的历史有《辽史》、《金史》、《契丹国志》、《大金国志》、《元朝秘史》、《元史》等著作。

明代前期中期，撰史、考史和论史几方面的成就，都不及唐宋。明末清初，社会矛盾激化，动乱频仍，史学出现生气。李贽主张经史相为表里，以史经世，反对脱离现实而空言义理，对史学上有一定贡献。以后黄宗羲、顾炎武、王夫之等明确提出了经世致用的治史方针，要从历史研究中寻找社会历史发展的前途，总结解决社会矛盾的办法。顾炎武针对明代空言心性而讲究考据，但考据只是作为手段。其代表作《日知录》，考古而证今，目的仍在经世致用。黄宗羲除《明儒学案》等学术史专著外，还著有史论专著《明夷待访录》。这部书尖锐地批判封建政体的腐败，抨击封建君主专制的缺点，主张对君权严加限制。王夫之提出了"理势合一"和"趋时更新"的进步历史观，又强调以史为鉴，以"求治之资"。他的代表作《读通鉴论》和《宋论》，往往以辩证的思想评论历史，史论中寓有政论。

明清之际史学著作，值得注意的还有茅元仪的《武备志》、谈迁的《国榷》、顾祖禹的《读史方舆纪要》、唐甄的《潜书》等。

乾嘉考史著作，可以王鸣盛的《十七史商榷》、钱大昕的《廿二史考异》、赵翼的《廿二史札记》为代表，而三书各有特点。《考异》是清代历史考据的最高水平，《札记》在史料基础上发挥议论，《商榷》体裁则兼有二者，但精审不及钱赵二家。

清朝官修的《四库全书总目》，在史部评论古代各种史书体例和得失，提倡历史考证，抬高本朝官修史书，鼓吹"归正斥邪"。意图在于以官史压私史，以官方评论左右舆论，诱导学者好古而不问今，以加强其思想文化专制。史学理论家章学诚所著《文史通义》，对古代史学作了尖锐批评，提出了自己的史学见解。他提出了"史学所以经世"，史贵于"义"，史文"质以传真"，志为史体等看法，推崇独断与家学，强调"史德"。

第八章　舆地广记

一、传统地理学之形成和发展

中国古代地理学知识萌芽很早，至春秋战国时代已在许多方面取得了杰出的成就。战国以后，逐渐形成传统的地理学，即"方舆之学"。

"地理"一词在中国最早出现在春秋战国时候。《周易·系辞》有："仰以观于天文，府以察于地理"之句。《尚书·禹贡》是中国最早的区域地理著作。《管子·地员》是中国最早的综合自然地理著作。《汉书·地理志》是中国第一部疆域地理志。

中国古代地图学是建立在平面制图的基础上的，自战国到西晋是中国地图学理论的建树时期。西晋裴秀根据前人的实践总结出绘制地图的六项原则，即"制图六体"："分率"（比例尺）、"准望"（方向）、"道里"（人行路径）、"高下"（高取下）、"方邪"（方取斜）和"迂直"（迂取直）。这六项原则是中国最早的制图理论。

约在三国时期，出现了中国第一部专记水道的著作《水经》，不过内容过于简略。北魏郦道元把他实地考察所得和前人著作中的大量有关记载汇集起来为《水经》作注，完成了名著《水经注》。

《史记·大宛列传》和《汉书·西域传》是根据张骞等出使西域所获知的地理情况写成的，它们是记载中亚和西南亚最早的域外地理专篇。

东晋僧人法显从长安出发，西行越葱岭，再南下到印度，在印度居住多年，然后取道海路经师子国（今斯里兰卡）、苏门答腊回国。《法显传》描述了他所到地区的地理情况，是中国古代关于中亚、印度、南亚的第一部旅行记。

东汉初年，光武帝"始诏南阳，撰作风俗"，这是中国官修方志已知的最早记载，并出现了已知最早的志书《南阳风俗传》。历史上保存下来的已知的最早以"志"命名的中国的志书，为晋代的《华阳国志》。

1. 实地考察取得的成果

唐代颜真卿任抚州刺史时，在今江西省南城县的麻姑山顶上发现螺蚌壳化石，认为这就是沧桑变化的遗迹，写了《抚州南城县麻姑山仙坛记》。北宋沈括见到太行山麓有"螺蚌壳及石子如鸟卵者"，于是断定此处是"昔之海滨"。他还进一步指出太行山以东的大陆是由来自黄土高原的河流携带的泥沙沉积而成，最早对华北平原的形成做出科学的解释。

指出黄河发源于星宿海一带论断，是由唐代和元代的实地考察者奠定的。据《新唐书·吐谷浑传》记载，侯君集和李道宗曾经到过"星宿川"（今星宿海一带）"观览河流"。潘昂霄的《河源志》记载，忽必烈曾委派女真族人都实考察过河源地区。

唐僧玄奘的《大唐西域记》对于当时中亚和南亚的100多个国家和地区的山川地形、气候物产、交通道路、城邑关防、风土习俗、文化政治等情况和特点都有记述。

南宋范成大在实地考察中记述了桂林的喀斯特洞穴和峨眉山的植物垂直分布等现象，并在《桂海虞衡志》中探讨了洞穴的成因。

元代耶律楚材在中亚各地旅行多年，写成《西游录》一书。汪大渊远游印度洋沿岸的亚非各地，著有《岛夷志略》。明郑和等人7次出使西洋（指今苏门答腊岛以西的北印度洋及其沿岸地区）。在《郑和航海图》上绘有从长江口出发至非洲东岸沿途观测到的海岸线、港湾、山脉、岛屿、沙洲、浅滩、珊瑚礁以及所测海洋的深度等，并留下了郑和等人横渡印度洋的宝贵记录。与郑和一同远航的马欢、费信和巩珍，把沿途所见所闻分别写在《瀛涯胜览》、《星槎胜览》和《西洋番国志》3部地理著作中。

2. 地图成果

唐代地图学家贾耽绘的《海内华夷图》，在中国地图史上开创了以朱、墨两色分注古今地名的先例。宋代沈括绘有《天下州郡图》，南宋黄裳绘有《地理图》，还有刘豫1136年在石版上所刻的不同方向的《华夷图》和

《禹迹图》。《禹迹图》上有画方,"每方折地百里"。元代朱思本绘的《舆地图》亦有画方。画方遂为中国传统地图的特色。

3. 方志发展

隋、唐时期图经替代了地记,成为志书的主要形式。已知保存下来的最早的图经是唐代的《沙州都督府图经》和《西州图经》(均已残)。北宋专设机构修志,志书数量大增,撰写体例定型,由图经阶段进入方志阶段。宋代的代表性方志有《长安志》、《吴郡志》等。明清两代是中国修志的繁盛时期。

4. 沿革地理成就

唐代李吉甫的《元和郡县图志》、宋代乐史的《太平寰宇记》所记各州、县之下,都有沿革地理的内容。宋代王应麟的《通鉴地理通释》、清初顾祖禹的《读史方舆纪要》等是这个阶段最重要的沿革地理专著。

5. 新地理学萌发

明代中叶以后,一些学者,重视"经世致用",自觉深入实际考察研究,使中国地理学前进了一大步,萌发出中国地理学实地考察、研究自然规律的新方向。

明代徐霞客经过30多年的旅行考察,取得许多居于当时世界先进水平的成就。如他在《溯江纪源》中,以清晰的实测概念为基础,提出"计其吐纳,江倍于河"的论断,在世界上第一次比较了长江和黄河的流域面积。《溯江纪源》汇集在《徐霞客游记》中。

明末清初顾炎武主张"君子之为学,以明道也,以救世也",撰有《天下郡国利病书》和《肇域志》等。

孙兰在《柳庭舆地偶说》中、刘献廷在《广阳杂记》中,都指出过去的地理著作多停留在"记其事"的阶段,而缺少成因方面的探讨,主张要研究"天地之故",即大自然的规律;要"说其所以然,又说其所当然"。孙兰在论述地形变化,刘献廷在观察物候方面,都有精辟的分析。

6. 西方地理知识的传入

将西方先进的地理知识传入中国的传教士,影响较大的有意大利的利玛窦、龙华民、艾儒略,比利时的南怀仁,法国的白晋、雷孝思、杜德美和蒋友仁等。

利玛窦先后编绘出《坤舆万国全图》和《两仪玄览图》等，将西方的地圆说、地图投影和测量经纬度的方法以及关于五大洲的知识传入中国。

1623年，艾儒略写成《职方外纪》，书中附有世界总图和各大洲分图，对世界各地的介绍较为详细，它是最早用中文描述世界地理的著作。同年，龙华民和阳玛诺合制成保存下来的最早在中国制作的地球仪，其上附注中文说明，彩绘陆地和岛屿的形状都较好。

1674年南怀仁撰《坤舆图说》，上卷论述了地球的形状和山岳、江河、潮汐等自然地理知识，下卷介绍世界各大洲和各国情况。所附的地全图已绘有澳大利亚。

康熙年间，清廷任命白晋、雷孝思、杜德美等人率领中国测绘人员完成《皇舆全览图》的测绘工作。他们完成的全国性的三角测量，走在世界各国的前列；规定每200里合地球经线一度，每里1800尺，即每尺长度等于经线的百分之一秒，这种以地球的形体来定尺度的方法在世界上是最早的；还发现经线一度的长距不等。

乾隆时蒋友仁等利用了中国学者明安图、何国宗等在新疆测量的成果和已有的地图、资料，编绘成《乾隆内府舆图》。蒋友仁在他编绘的《坤舆全图》上介绍了哥白尼的地动学说。

7. 近代地理学的萌芽

鸦片战争之后，中国学习西方先进科学技术、富国强兵的呼声日益高涨，出现了魏源的《海国图志》和徐继畬的《瀛环志略》。

1897年在上海创办南洋公学留学生班，地理课是所要讲授的课程之一。任教于上海南洋公学的张相文，于1901年编著中国最早的地理教科书《初等地理教科书》和《中等本国地理教科书》，1908年，又编出中国最早的自然地理学教科学《地文学》，为培养地理人才和促进中国近代地理学的兴起作出了重要贡献。1896年，邹代钧在湖北武昌创办舆地学会，学会译绘中外舆图700多幅，推动了中国近代地图事业的发展。1909年，张相文、白雅雨等人发起成立中国地学会，它是中国地理学会的前身。地学会创办的《地理杂志》于1910年问世，所载论著以地理学方面的最多。中国地学会和《地学杂志》是中国近代地理学萌芽时期最重要的组织和文献。

二、历代政区概览

1. 郡县（春秋中期至秦汉时期）

商周时代采取"封建邦国"的办法进行统治，亦即实行分封制，整个王朝疆域内无所谓地方行政区划。春秋中叶后，有些诸侯国开始发展中央集权，不再进行分封，于是开始出现了地方行政区划。据现有的文献记载，最早设县的是楚国和秦国。春秋后期各国县数骤增，到战国时成为较普遍的地方行政区划。

郡的出现也在春秋而较晚于县。初期皆设于边远荒僻之处。以后边郡地大，遂分置数县；内地事多，数县上置郡以统之。以郡统县的制度才逐渐确立。这种制度可能始于三晋。不过整个战国时代郡县制和采邑制始终同时存在。至秦统一六国后，郡县制才正式成为全国划一的地方行政区划。

秦始皇统一六国，在全国推行郡县制。初并天下时为36郡，至秦末约有近50郡。汉初武帝时，因开疆拓土增置了许多郡，又将内地的郡分小。所以到公元前108年时多达110郡（国），以后逐步省并，《汉书·地理志》记载为103郡国制度。王莽时又增至125郡。东汉时稳定在105郡（国）左右。

西汉时还曾在西域地区设置军政合一的西域都护府进行统治，治所在乌垒城（今新疆轮台东），东汉也曾两度复置西域都护。

秦县约近千个。《汉书·地理志》记载西汉末年时有县1587个，《后汉书·郡国志》记载140年东汉时有县1180个。

2. 州郡（魏晋南北朝时期）

汉武帝将京畿附近7郡以外全国的郡国分成13个区域。这个区域称部，每部派一刺史（刺即监察之意），巡视吏治，故称刺史部。刺史部名称，借用《禹贡》九州岛加上《职方》的2个州名，即冀、兖、青、徐、扬、荆、豫、雍、梁、幽、并11州，但将雍州改称凉州，梁州改称益州。另有2个为最北的朔方（河套）和最南的交趾（岭南），共为13个刺史部，俗称十三州。其后又将京畿附近7郡置司隶校尉监察，称司隶校尉部。故西汉有14个监察区。东汉初年，匈奴南侵，省朔方入并州，改交趾为交州，加上司隶校尉部，共13个监察区，俗称十三州。东汉末年黄巾起义，为了加强地方权力，以便镇压起义军,以中央"九卿"出任州牧,掌一州军民,不仅有省察、举劾、黜陟权,同时还有兵权和治民之权。于是州逐渐形成为郡县以上一级行政区划,开始了中国历史上州郡县三级行政区划制度。

三国时,魏据黄河流域有12州,孙吴占有长江中下游和珠江流域,有3州。蜀汉占有今四川和陕西汉中盆地置1州。故三国共有16州。西晋时,全国共为19州,至西晋末年分为21州。

西晋末永嘉之乱后,北方在十六国统治之下,往往在各自统治所及的较小区域分设许多州,于是州的设置开始发生混乱。南北朝前期共有州五六十,末年竟达300余。州制之滥,至此已极。州既如此,郡亦相同。不少的州只辖一二个郡,一郡只辖二三个或一二个县。有的州竟无县可领,有的仅存名目。有的两个州、郡合治一地,称"双头州郡",故实际上州直辖县,郡同虚设。实行了400多年的州郡县三级制已完全丧失了原意。

东晋南朝时还有一种特殊的地方行政制度,即侨州郡县。永嘉之乱后,中原人民纷纷流徙,大部分渡淮南迁,也有一小部分迁往辽东和河西地区。当地政府为了招抚流民,安置世家大族,即就地按原来籍贯的州郡县名设置政区,称为侨州郡县。

3. 道路(隋唐五代两宋时期)

隋朝建立后,罢天下郡,以州领县。后又改州为郡。从此州即是郡,郡即是州。唐一代近300年中实行郡县制仅16年,基本上是州县制。但唐代州一级行政区划中还有府。先是升首都雍州为京兆府,升陪都洛州为河南府。以后又陆续升新建的陪都和皇帝驻跸过的州为府。五代十国时期各国首都和陪都均升为府。宋代升州为府的情况更多了,除了首都、陪都外,凡是皇帝诞生、居住、巡游过的地方以及地位重要的州,都升为府。

五代两宋时地方行政区划中还出现军和监,军在唐时是军镇,多设在边区。五代时军也辖土地民政,宋代沿袭五代制度,演变成地方行政单位。监是由国家经营的矿冶、铸钱、牧马、制盐等专业管理机构,对国家财政收入关系很大,地方官无法兼管,故划出一定区域由监官管辖,变成地方行政单位。军监有领县不领县两种,领县的与府州同级,不领县的与县同级。领县的军监虽与府州同级,但一般地位低于府州。所以宋代县级以上政区有府州军监四类。

唐贞观初根据自然山川形势将全国疆土分为关内、河南、河北、河东、陇右、山南、淮南、江南、岭南、剑南10个区域，称为十道。开元二十一年（733）分为十五道，即将关内道分出首都长安附近地区为京畿道，河南道分出都畿道，又分山南为东西2道，江南为东西2道，另增设黔中道，共15道。每道置采访处置使，并有固定治所。乾元元年（758）废除。此后"十道"、"十五道"即从政区名变为地理区划名，一直沿用到五代。

中唐以后又出现了节度使区域。唐初沿袭北朝以来的制度，在军事要地设置总管，旋改称都督，管辖几个州的军事。后为加强防务，给边境诸州的都督带使持节（节是权力的凭证），以增加其权力，称为节度使。开元时有沿边八节度使。天宝时有沿边九节度使（即范阳、平卢、朔方、河东、河西、陇右、剑南、安西、北庭），一经略使（岭南）。安史乱后，内地也遍设节度使，职权也由原来只管军事，发展为总揽一区的军、政、财、监大权，位尊权重。节度使所辖地区称镇、方镇、节镇、藩镇或道，从而形成了道（镇）、州（府）、县三级地方行政区划。唐朝后期全国有四、五十个镇，除首都京兆府和附近几个州和陪都河南府外，其余府州均属方镇。

在边疆少数民族地区，唐代仿效汉代西域都护府的建制，采取了都护府和羁縻府州的制度。羁縻府州是由唐朝政府任命当地少数族首领为都督刺史，颁发印信，可以世袭。各边地共设置了800余羁縻府州，分别由若干边州都督府和都护府统辖。开元、天宝年间有六都护府分布四边，安东都护府管辖东北地区，安北都护府管辖漠北，单于都护府管辖漠南，安西都护府管辖天山以南的西域地区。北庭都护府管辖天山以北的西域地区，安南都护府管辖越南北部地区及滇东南、桂西。由于政治形势的变化，上述各都护府辖区也屡有变迁。

宋代有300余府州军监，1200多个县级政区。面对这样庞大的府州，中央无法进行直接的统治，但又不愿在府州以上再增加一级行政机构，怕扩大了地方权与中央抗衡。于是就设计了一种由中央直接控制的监司机构，即所谓道路制度。

宋代初年吸取了唐末藩镇割据的教训，将全国分成若干个称为路的区域，每路置转运使负责征收和转输各地的财赋。以后转运使职权逐渐扩大，兼及"边防、盗贼、刑讼、金谷、按廉之任"，控制了一切地方行政事务，形成了分路而治的局面。真宗时（998～1022）考虑到转运使权力太重，于是设置了提点刑狱使，总揽一路司法和监察，安抚使主持一路军事，而转运使专理一路财赋和民政。所以宋代一路有三种长官：转运使（简称漕司）、提点刑狱使（简称宪司）、安抚司（简称帅司）。总称监司。

北宋分路以转运使为主，元丰八年（1085）时定为23路：京东东、京东西、京西南、京西北、河北东、河北西、永兴军、秦凤、河东、淮南东、淮南西、两浙、江南东、江南西、荆湖南、荆湖北、成都府、梓州、利州、夔州、福建、广南东、广南西路。崇宁四年（1105）将首都开封一府置为京畿路。宣和四年（1122）宋金盟约，约定联合灭辽后，金归还宋燕云十六州地。于是北宋预置了燕山府路和云中府路。不料金灭辽后未能践约，仅归还六州。所以北宋末年号称26路，实际上只有24路。

南宋时因军事防御需要，分路以安抚使为主。在其秦岭、淮河以南全境内分为两浙东、两浙西、江南东、江南西、淮南东、淮南西、荆湖南、荆湖北、京西南、成都府、潼川府、夔州、利州、福建、广南东、广南西16路。

宋代的路有三种监司，各司其职，没有集权于一人一司，府州有事仍可直达中央。因而与魏晋的州和元以后的行省不同，不构成地方上一级行政机构，仍实行州（府）县二级制。

辽代沿袭唐制，将全国分为5道。每道有一政治中心称府，建有京号。并以上京道、中京道、东京道、京道和西京道为道名，合称五京道。辽代在形式上沿袭了唐代的道制，但具体统治方法上却采用了宋代的路制，即每道设都总管府（帅司）、处置使司（宪司）和转运使司（漕司，各道名称不一），也是三权分立。道下分府州军城4类，另有隶属于州的州、军、城，实与县同级，这种制度为前所未有，为明清时代直隶州、散州的先声。

辽代还有3种特殊的地方行政制度。一是头下军州，又作投下军州。这是贵族、功臣将在战争中掠夺来的人口，作为他们的私奴所建立的州县。按人口的多少，分成头下州、军、县、城、堡级次。一是斡鲁朵制。是皇帝的私奴俘所建立的州县，实际上就是皇帝的头下军州。一是边防城。主要设置在西北边在线的州、军、城,总名边防城。

辽代对北边原游牧部族不采用中原王朝传统的州县制,设立部族节度使、属国等进行统治。《辽史·地理志》记载,辽朝有五京、六府、一五六州军城、三〇九县、五十二部族、六十属国。

金代政区杂糅辽、宋之制,分路而治。前后有17路、20路、19路之分。每路置一都总管府,掌一路军事兼及民政。但在东北外兴安岭以南黑龙江流域所设有的诸路,则为地方基层行政单位,不领府州县,只辖猛安、谋克(300户为一谋克,十谋克为一猛安,是军政合一的部落联盟组织),不在20路、19路之列,金总管府路下辖府、州、军(后尽升为州)、县。据《金史地理志》载,金时有京、府、州一百七十九,六百八十三县。

4. 行省(元明清时期)

行省制度起源于魏晋以来的行台,原为中央(台、省)的派出机构。凡地方有事,临时代中央执行任务,事毕即罢。金代初年也出现过行台省制度,为时短暂。蒙古入主中原,仿金实行行省制度。金代称行尚书省。元世祖时将尚书省并入中书省,故称行中书省。起初也是临时措置,后逐渐被固定下来。其职能也由只管军事演变为兼及民政,其长官也由中央官演变为地方官。其设置是全国分成11个区域。其首为中书省,即中央机构中书省直辖地区,故又称都省、腹里。又在辽阳、陕西、河南、江浙、江西、湖广、四川、云南、甘肃、岭北设行中书省,简称行省。置丞相、平章等官总揽该地区政务,为地方最高行政区域。

明代改行中书省为承宣布政使司,主管一省民政,设都指挥使司主管一省军户卫所,另有主一省监察司法的提刑按察使司。因名称和辖区未改,故而习惯上仍称省。自宣德以后,全国一直分为两京(或称两直隶)13布政使司,即京师、南京、山西、山东、河南、陕西、四川、江西、湖广、浙江、福建、广东、广西、贵州、云南,合称15省。

明初实行一省布、都、按三权分立。宣德年间开始将原来派部(六部)院(都察院)大臣巡抚地方的临时措施在关中、江南等处固定下来,作为常制。景泰以后又增设两广总督。嘉靖以后,全国普遍设有节制布、都、按三司的总督和巡抚。总督主理军务,巡抚主民政、兼理军务。在明代督抚始终是中央派出的钦差大臣,与三司之间名义上仍是中央官与地方官的关系。地方上日常事务仍由三司管理。

总督、巡抚成为地方官实始于清。顺治年间曾实行一省一督制。康熙初年改为一省一巡抚,二三省一总督。乾隆中叶以后,确定全国8总督(直隶、两江、闽浙、湖广、四川、陕甘、两广、云贵)、15巡抚(江苏、安徽、山东、山西、河南、陕西、福建、浙江、江西、湖北、湖南、广东、广西、云南、贵州),成为定制。直隶、四川、甘肃三省由总督兼巡抚事,省区与督抚辖区趋于一致。至光绪时始有所增裁。明代一省之长为布政使,而清代一省之长为巡抚,布政使、按察使位次于巡抚。

清代边疆地区施行与内地不同地方行政制度,由中央委派重臣,授以将军、都统、大臣等官职,推行军政合一的统治。如东北地区设奉天(盛京)、吉林、黑龙江,外蒙古设乌里雅苏台,新疆设伊犁5个将军辖区。西藏、西宁设办事大臣辖区(办事大臣驻甘肃西宁府,辖青海地方)以及由中央理藩院直接管辖的内蒙古盟旗,加上内地18省,共26个政区。清末为加强防务,光绪十年(1884)建新疆省。十一年建台湾省,二十一年马关条约后,台湾割让日本。三十三年(1907)改原奉天、吉林、黑龙江3将军辖区为省。全国共22省。

三、疆域沿革

1. 先秦时代

中国原始氏族和部落,经过长期的战争和融合,形成了二个主要的部落联盟:一是活动于黄河中游的夏人,一是活动于黄河下游的夷人。以后夏人部落不断扩展,与东部夷族相融合,成为最大的华夏部落联盟。

进入夏王朝,其统治中心地带大致西起今河南省西部(豫西)与山西省南部(晋南),东至河南省与山东省交界处,北入河北省,南接湖北省。这一区域的中心是中岳嵩山及其周围的伊、洛水流域、济水流域和颍水与汝水上游地区。

从商代遗址发现的地域分布来看,商朝统治的中心区在河北西南部和河南中北部。武丁(第二十三代商王)以前,商朝的疆域北面扩展到了易水,南抵淮河,西至太行、伏牛山脉,东至海。武丁以后疆域更为扩大,东北可能到达了辽宁,南抵江淮(湖北黄陂盘龙城即为归附商朝的一个方国),西北越过太行山进入山西。

商朝的周围还有许多部族和方国(即已归属的部落国家)。在今东北的有肃慎,滦河下游有孤竹,内蒙古东南部和山西境内有鬼方、舌方、土方,陕西北部有羌方、犬戎、熏育(荤粥),西部有周、氐,西南为巴、蜀,长江中游为濮、楚人,淮河流域为淮夷等等。

周朝原为商朝西部的一个方国,从周文王开始沿渭河向东发展,武王灭殷,控制了商朝统治区。武王死后,周公东征,相继征服了商朝残余势力和东方诸小国。周朝的疆土大于商朝,为了控制新取得的领土,即推行分封制,当时北方封国燕,已到达了今辽宁喀左、朝阳一带,西面至今甘肃渭河上游,西北抵汾河流域霍山一带,东面的封国齐鲁到了山东半岛,南至汉水中游,东南抵长江下游和太湖流域,势力所及还可能到达了巴蜀一带。

西周末年,犬戎强大,最后杀幽王而周亡。平王东迁,是为东周,进入历史上春秋战国时代。春秋初年,四周夷狄入侵,华夏区域缩小。中原地区诸国逐渐合并,疆界屡易。到战国时形成了韩、赵、魏、齐、楚、燕、秦七大强国,即所谓战国七雄。夹在七雄之间还有十几个小国。到战国末年,七雄的疆域范围,东北过了鸭绿江,北面到了内蒙古河套地区、晋冀北部和辽南,西面到了甘肃洮河流域,南面已有浙江一半、赣北、湘全境及黔、川的一部分。

先秦时代疆域变迁的总趋势是华夏地区逐渐扩展,由中原向南向北。夏时主要在黄河中游两岸;商时南至淮河,北至冀中;周时南面到了长江南岸,北面到了辽东;春秋时南到洞庭湖,北至晋中;战国时南到五岭,北至阴山。另一方面是下游向上游发展。夏商时主要在黄河中下游,周时向西发展到渭河;春秋时发展到洮河。长江流域从下游向上游发展和黄河流域有所不同,主要是由于交通方便,黄河流域诸夏文化先到长江中下游,然后转向上游发展。

2. 秦汉时期

秦汉时期,以汉族为中心的中原王朝疆域规模基本奠定。

秦始皇在公元前222年,东南并闽越和东瓯,置闽中郡,有今福建全省及浙江东南部。前214年,南踰五岭并南越,置桂林、南海、象3郡,相当今广东、广西2省;北逐匈奴,拓地至阴山,将河套地区开置九原郡。于是将战国的燕、赵、秦长城重加修筑和连接,形成了"起临洮至辽东,延袤万余里"的秦长城。史载秦时的疆域,东至海暨朝鲜,西至临洮、羌中(陇西),南至北响户(北回归线以南岭南),北据河为塞(河套),并阴山至辽东。秦始皇还开了通往西南的五尺道,大致自今四川宜宾至云南曲靖一线,控制了当地的部族国家,将政治势力伸入了云贵高原。

秦末农民起义,接着楚汉战争,中原动荡不定。北方匈奴乘机南下,夺还了秦代开拓的河南地(今内蒙古伊克昭盟一带)。闽中郡的闽越、东瓯相继独立,南海郡龙川令赵佗据南海又西并桂林、象郡,自立为南越王,尽有岭南之地。在西南方面不仅失去了对云南的控制,连同战国时在今湘西、黔东设置的黔中郡也放弃了。所以秦末汉初时王朝的疆域不仅小于秦代,亦小于战国末年。

汉武帝继位后,不断向外扩展,疆域空前辽阔:东抵日本海、黄海、东海暨朝鲜半岛中北部;北边疆界达阴山以北;西至中亚;西南界达到了今四川邛崃山和云南高黎贡山和哀牢山一带;南至越南中部和南海。

自汉武帝末年以后,国势削弱,版图有所缩小。

3. **魏晋南北朝时期**

魏晋南北朝时期,由于中原王朝内部长期战乱,政局分裂,而周边各族徙移频繁,并伺机扩展领土,中原王朝和各族之间疆界变迁很大。对东北地区疆界变化影响最大的是高句骊。在4世纪初,高句骊向南扩展占领了乐浪郡,中原王朝势力退出了朝鲜半岛。以后与前燕争取辽东,互有进退。至5世纪初辽东地区遂为高句骊所有,中原的后燕势力退至辽西。北方地区,在北魏全盛时(497年),西至焉耆,东到海,北界到了阴山、河套,与柔然接壤,南临淮、沔与南齐为邻。而东北则不如前汉和前燕。东、西魏时期,其南、北疆界稍有内缩,除西魏之建、泰、义、南汾四州在河东外,大抵以黄河为界划分东、西魏。齐、周时期,北朝的疆界有扩展:北齐南并淮水流域,濒长江与陈对峙;北周占有梁、益,控制江陵,长江上游、汉水流域全归周有。周武帝(577年)灭北齐,疆域之大,超过北魏。北朝后期,突厥兴起,北界又开始内缩。

魏晋时在西域置戊己校尉治高昌(今新疆吐鲁番东南),西域长史治海头(罗布泊西),略如东汉规模。十六国时代的创举是在西域地区设置了郡县。自西汉以来中原王朝虽控制了西域地区,但从西域都护到戊己校尉都不是民政机构,与内地郡县制有别。到十六国前凉时乘中原战乱之际,击败了戊己校尉,在高昌地区设置了高昌郡(今吐鲁番盆地)。这是西汉以来大量汉人入居开发的结果。

西南方面,蜀汉时在南中地区(今四川大渡河以南和云南、贵州2省地区)增置了不少郡县,到南朝梁侯景之乱后,分布在滇东黔西一带的爨族独立,影响到周围其他民族纷纷脱离南朝,于是大渡河、川江以南的南中地区形成了西南各族部族林立的局面。南朝时,疆土以刘宋时最广,黄河以南,淮水以北以及汉水上游大片地区皆属于宋。陈朝时,疆域最为狭小。

4. 隋唐五代时期

隋朝的疆域东至海。583年东西突厥分裂,隋朝即乘机取得河套地,不过势力未超过阴山,所以其北面疆域止于五原。西北方面,608年隋进军伊吾(今新疆哈密),610年置伊吾郡。609年隋朝大破据有今青海省及新疆南部的吐谷浑,自西平临羌城以西,且末以东,祁连以南,雪山以北,皆归隋有。隋于其地置西海、河源、鄯善、且末4郡。前2郡在青海东部,后2郡在新疆东南部。在南方,610年海南岛上俚族归附隋朝,设朱崖、儋耳、临振3郡,疆域达于南海。

隋末,吐谷浑复国,收复了隋朝所占故地,又脱离了中原王朝。

唐朝在太宗、高宗时期是疆域扩展期,东至安东,西迄安西,北起单于府,南止日南。

630年唐朝灭东突厥,北面疆域推至阴山以北600里,将漠南收入版图。646年又灭了汉北的薛延陀(铁勒诸部之一),北至贝加尔湖的大漠南北全入唐版图。于是在漠北设安北都护府(627年置燕然都护府于乌加河北,663年移治回纥本部土拉河畔,改称瀚海都护府,669年改名安北,仍治漠北),统辖漠北铁勒诸部都督府州;在漠南置单于都护府(663年置云中都护府治今内蒙古和林格尔土城子,664年改称单于),统辖漠南突厥诸部都督府州。这是唐朝北方疆域的极盛时期。682年突厥复国，唐朝势力退出漠北，单于都护府并入安北都护府，移治阴山以南。

640年唐平高昌（今新疆吐鲁番东南），置安西都护府。658年又平定西突厥。至此西突厥及其属国全境入唐版图。在东起阿尔泰山，西至咸海的西突厥本部设置了几十个羁縻都督府州，由昆陵、蒙池二都护府统辖。这二个都护府和河中及天南山路城邦诸国都属安西都护府管辖。661年又在阿姆河以南于西域十六国置羁縻都督府州，势力最远伸至波斯。这是唐代西面疆域最盛时期（702年分安西都护府置北庭都护府，分辖天山北路突厥诸部；安西只辖天山南路葱岭东西城郭诸国）。635年唐朝破吐谷浑和党项，将川西西羌部落收入版图，大小金川一带也设置州县，边界线推至黄河河曲，其南大致以折多山为界。667年后吐蕃势力强大，尽破唐朝西羌地羁縻州，逼徙吐谷浑部于祁连山一带，曾一度取得了安西4镇及吐谷浑地。后由于大食势力的扩展，唐朝退出了葱岭以西地。751年唐朝与大食在怛罗斯城（今哈萨克斯坦江布尔城）一役战败后，唐朝势力退至葱岭以东。在葱岭以西的影响更被削弱。

东北方面疆域变迁也很大。660年唐先平朝鲜半岛南部的百济，668年攻下平壤，灭高丽，于其地置都督府州县，并设安东都护府治平壤，统理高丽及靺鞨诸部府州，辖区西起辽河，东与北抵海，包有今乌苏里江以东及黑龙江下游地区，南及朝鲜半岛北部及西南部。不久即遭到高丽人民的反抗和新罗向北扩展，安东都护府从平壤先迁至辽东，后一再西迁，开元天宝年间迁至辽西。

在南方，唐朝于679年置安南都护府，治宋平（今越南河内），辖在今滇东南、桂西南和越南北部部分地。

总之，唐代前期盛时直辖版图即指置州县的领土而言，小于汉代。如以羁縻府州范围言之，则远远超过汉代。唐代全盛时有800多个羁縻府州，分属边州都督府和六都护府。六都护府所辖羁縻地区极为广大。如安北至西伯利亚南，安西最远至波斯，北庭西至咸海，安东至朝鲜半岛、日本海，安南至云南东南部和越南北部。

总之，安史乱后，唐帝国削弱，疆土收缩。周边各族因长期受到隋唐经济文化发展的影响,在这过程中加强自己政权的建设。

漠北的回纥汗国,对唐朝平定安史之乱和收复两京(长安,洛阳)、河北,出力很大。9世纪初,回纥更盛,大破吐蕃,恢复了北庭、龟兹,西至拔汗那国(今费尔干纳)的交通线,称雄漠北。840年左右,回鹘(788年回纥改称回鹘)在鄂尔浑河流域受到黠戛斯的攻击,被迫分3支西迁,一支南至甘州(今张掖)为中心的河西走廊,史称河西回鹘、甘州回鹘,11世纪初为西夏所并;一支西迁到新疆东部,以高昌(吐鲁番)为中心,西包龟兹,东至敦煌,史称西州回鹘;一支迁至新疆西部和中亚,从10世纪中~12世纪建立了黑汗王朝,都城八拉沙衮(今吉尔吉斯斯坦托克马克东)。

东北方面形势也有新的变化。契丹和奚脱离了唐朝控制后,日益强大。10世纪初契丹阿保机统一各部,建立了强大的契丹帝国,扩大领土,西征回鹘、党项、吐谷浑、阻卜,灭渤海国,其疆土东至于海,西通西域。五代后唐时占有了营、平2州(今大凌河流域和滦河下游)。后晋时割让幽云十六州给契丹,大体上即今北京市、河北和晋北。五代末年中原王朝与契丹以河北白沟河和山西内长城为界。

西面是吐蕃的崛起。吐蕃居住今西藏雅鲁藏布江一带。吐蕃统一了青藏高原后,多次与唐朝争夺安西4镇。8世纪下半叶吐蕃进入极盛时期,除了统一青藏高原外,北有河西走廊、南疆地区、湟水流域,东至陇山,南有尼泊尔,西至中亚,东南有滇西北角和四川盆地的西部山区。850年沙州人张义潮将瓜、沙等十一州归唐,后又收复凉州(今甘肃武威),吐蕃势力退出陇右。其后吐蕃国势日衰,内部分裂。

隋唐时代在今云南洱海周围地区以乌蛮为主体和白蛮等族长期融合形成了6个部落,史称"六诏",地处六诏最南的蒙舍,又称"南诏"。唐开元年间,吐蕃势力伸入洱海地区,唐朝支援南诏统一六诏。天宝年间南诏叛唐附吐蕃,把唐朝势力逐出云南。至9世纪最盛时有今云南全部、四川大渡河以南、黔西及缅甸、老挝部分地区,北与吐蕃接界,902年为郑氏所篡,建长和国。南诏亡。至937年政权落入段氏(白族)手中,建立了大理国。

自汉至五代千余年一直是中原王朝的直属版图的越南北方地区于10世纪中叶脱离了中原王朝而独立。直至明初曾一度于其地置交趾布政司,前后仅20年。

5. 宋辽金时期

在中原的有宋、辽、金、夏，在边区的有大理、吐蕃和西州回鹘、哈喇汗国、西辽。

北宋的疆域基本上沿袭了五代十国后期的范围。唯自唐代以来据有陕北河套的党项族，时叛时降，宋朝始终未能统治到这一地区。至11世纪遂发展成为西夏国。

辽朝南以雁门山关、大茂山和白沟河下游（今白沟镇、霸县、信安镇一线）与北宋分界。北界在今蒙古国和俄罗斯边界之北，东循外兴安岭至海，东面据有渤海国故地，南面跨越鸭绿江、图们江，有今朝鲜东北部。西境辖有阿尔泰山地区的粘八葛部。1114年属部生女真完颜部起兵反辽，次年建国号金，1125年即为金所灭。

1124年，辽宗室耶律大石自立为王，率部西迁。1131年至起儿漫（今乌兹别克克尔米涅）称帝。后迁都虎思斡耳朵（今吉尔吉斯斯坦托克马克东南楚河南岸），史称西辽或黑契丹。其盛时版图西至阿姆河，北至巴尔喀什湖北岸、乌伦克河为界，其东以役属畏兀儿与西夏接壤，南至昆仑山与吐蕃诸部邻接。

西夏初据夏州，旋迁灵州（今宁夏灵武西南），其疆域盛时西至古玉门关，北至今额济纳旗和后套地区，南至祁连山，东有河套至陕北的横山，先后与宋、金分界。

西州回鹘的疆域西面开拓至龟兹（今新疆库车）以西阿克苏、乌什一带，西北界天山、北包准噶尔盆地，南隔塔里木盆地与于阗为邻，东至甘肃与西夏分界，东南以阿尔金山与黄头回纥（居阿尔金山南、青海北部）接壤。

哈喇汗国其版图东至阿克苏、拜城间，与西州回鹘以荒山、沙漠为界，东北隔准噶尔盆地为西州回鹘，北至巴尔喀什湖，西北至锡尔河、阿姆河下游，西南抵阿姆河，南至葱岭与于阗相望。

金朝的疆域南以淮水、秦岭与南宋为界，东至日本海，东南与高丽接壤，西邻西夏、吐蕃，略如北宋旧界，北边东段抵外兴安岭。

南宋的疆域仅限于秦岭、淮河以南，东南沿海的澎湖列岛，当时属晋江县（今泉州）。西南方面，大理国辖今云南除昭通东北数县外全境、四川大渡河以南，贵州西边数县，西南面还远及今缅甸、老挝辖境和越南、泰国各一部分。而吐蕃自9世纪中分裂后，成为青藏高原上许多分散的部族，历史上仍称为吐蕃或西蕃。

6. 元明清时期

元朝是中国历史上疆域又一次扩展时期。其疆域北至西伯利亚，东到太平洋，南抵南海，西及中亚，欧洲。包有今大陆全境，海南岛还有今朝鲜，缅甸北部，老挝越南一部，不丹锡金，拉达克（今克什米尔东南），中亚诸国大部，俄中西伯利亚，远东地区（包括库页岛）。除此之外，还有四大汗国，控制今东欧，西亚，南亚等地。

明朝的疆域最广时，东北抵日本海、鄂霍次克海、兀的河（今乌第河）流域，西北到新疆哈密，西南包有今西藏、云南，东南到海并及于海外诸岛。

清乾隆中叶至道光初期是清朝疆域的极盛时期，东北至外兴安岭、乌第河和库页岛，北达恰克图，西至巴尔克什湖和葱岭，南至南沙群岛、西沙群岛，东到台湾及附属岛屿、钓鱼岛。

道光以后，外来帝国主义势力的入侵，一系列不平等条约的订立，遂使疆土日蹙，这是近代中国疆域变迁的一大特点。

四、名山大川

中国国土广袤，山川锦绣，自然绚丽，景观多姿。

中国是一个多山的国家，山地丘陵面积占国土的70%以上。而且中华大地形势有一个明显的特征，这就是西高东低，形如三级巨大的阶梯。第一级是著名的世界屋脊青藏高原，平均高度在4000米以上。青藏高原的北边和东边，海拔下降到2000—1000米，构成第二级阶梯，包括内蒙古高原、黄土高原、云贵高原、塔里木盆地、准噶尔盆地以及天府之国四川盆地。第三级阶梯是从东北的大兴安岭山脉，华北的太行山脉，川东的巫山以及云贵高原东缘一线以东，海拔1000米以下的广大东部平原，丘陵区一直延伸到我国的领海，还包括沿海星罗棋布的5000多个岛屿。由于气候的纬度变化和阶梯地形的垂直差异，从而形成东低西高、南秀北雄的景观特色。

中国名山大川是从境内千千万万普通山水中遴选出具有文化内涵和

景观风貌的山水景观。其主要特征是：具有美学价值、科学和生态学价值以及融自然与人文为一体的山水景观。

1. 中国的山系

山地系统是指山脉、山块、山链及其大小分支的总称。中国的主要山系有：天山—阿尔泰山系，帕米尔—昆仑—祁连山系，大兴安岭—阴山山系，燕山—太行山系，长白山系，喀喇昆仑—唐古拉山系，冈底斯—念青唐古拉山系，喜马拉雅山系，横断山系，巴颜喀拉山系，秦岭—大巴山系，乌蒙—武陵山系，东南沿海山系，台湾山系，海南山系。

2. 中国山景的成因

中国山景依其成因大体可分为：

（一）新生代造山运动隆起的世界高峰。如珠穆朗玛峰、希夏邦马峰、慕士塔格峰等。

（二）花岗岩形成的风景名山，如黄山、九华山、华山、盘山、碣石山、崂山、千山等。

（三）石灰岩溶蚀而成峰林和溶洞喀斯特景观，如桂林山水、路南石林、兴文石林、安顺龙宫等。

（四）砂岩经过湿热气候长期作用而形成的丹霞地貌，如武夷山脉、韶关金鸡峰、剑川石钟山、承德双塔山、僧帽山等。

（五）砂叶岩不均衡侵蚀而构成的奇峰，如庐山、梵净山、新疆乌尔禾的"魔鬼城"。

（六）火山喷发物流纹岩再经风化作用造就的奇峰，如雁荡山、天目山等。

（七）由火山喷溢的玄武岩构成的火山景观，如云南鸡足山、长白山白头峰和五大连池火山群。

（八）古老变质岩形成的名山，如泰山、嵩山、五台山等。

（九）由构造断裂而隆起的名山，如点苍山、峨眉山、恒山等。

（十）新构造运动和冰川作用塑造的奇峰，如贡嘎山、四姑娘山等。

3. 名山举要

我国的名山，遍布祖国大地的东南西北。

（一）华北地区

①"五岳独尊""雄镇天下"的泰山

泰山古称岱山，又名岱宗，春秋时改称泰山。为我国五岳（泰山、华山、衡山、嵩山、恒山）之一。因地处东部，故称东岳。泰山成山于太古代，距今约二十四亿五千万年至二十五亿年，为片麻岩构成的断块山地。山势磅礴雄伟，峰峦突兀峻拔，景色壮丽，山上名胜古迹众多，为我国名山之首。

巍巍泰山，以通天拔地、雄风益世的气势屹立于齐鲁大地之上，"重如泰山"的成语来表达对东岳泰山的崇敬。泰山之所以为五岳之尊，首先是山体的雄伟庄重。泰山的基体宽大稳重，主峰突起，众峰拱卫，大有"镇坤维而不摇"之威仪。孔子的"登泰山而小天下"的赞叹，李白"凭崖望八极，目尽长空闲"以及杜甫"会当凌绝顶，一览众山小"的名句，脍炙人口，流传至今。

自秦始皇到清乾隆，在2000多年间，先后有13代帝王31次到泰山封禅或祭祀，使泰山拥有"五岳独尊""雄镇天下"的至高无上的地位。泰山还有悠久的宗教活动史，广大文人学士的游览观赏史，学者的科学研究史以及农民起义活动史等，从而构成了极为丰富的泰山历史文化地位。

②素以山、海、林、泉兼美著称的"仙山"崂山

位于山东半岛西南部，青岛市区的东北的崂山，古称劳山、牢山，又名辅唐山、鳌山。成山于大古代，山体为灰黑色花岗岩，山势东峻西坦，主峰名巨峰，俗称崂顶，居崂山中部，海拔1133米。东临崂山湾，南濒黄海，海山相连，水气岚光，变幻无穷。自古有"神仙之宅，灵异之府"之称，"泰山虽云高，不如东海崂"之赞。

崂山山体巨大高峻，形成了复杂的气候，北坡有"小关东"之称，易受到北方

泰山

崂山

冷空气影响；南坡有"小江南"之誉，气候更为暖湿。全山植被丰富，从北方的桦树到南方的樟树、棕榈都能生长。由于临近海洋，降雨丰沛，山泉飞瀑众多，又构成了众多的水景，使崂山兼具山、海、林、泉、石、洞诸景，令人流连忘返。史书记载，秦皇汉武为寻求仙药，曾先后登临此山。宋元以来，寺观次第兴建，遂成道教名山。

③山雄地险的北岳恒山

恒山坐落在山西境内，亦名太恒山，又名元岳、常山。相传四千年前舜帝巡狩四方，至此见山势雄伟，遂封为北岳。为北国万山之宗。恒山自东北伸向西南，绵延数百里，中间是一道深大的断裂带，浑河在绝壁峡谷中穿行而过。恒山主峰天峰岭与对峙而立的翠屏峰之间的金龙口峡谷，最窄之处仅10米，两峰拔地摩天，壁立如门，形势十分险要，成为历代兵家必争之地。由于恒山地处我国山西高原北部，气候比较干燥，山上树木稀少，山石裸露，显得格外峥嵘雄奇。寺庙也都依倚绝壁悬崖而筑，似成危楼悬阁，成为恒山建筑景观的一大特色。其中最为著名的是位于金龙峡谷西侧翠屏峰悬崖峭壁之上的悬空寺。

④四大佛教名山之一的清凉佛国五台山

五台山位于山西省境内，因有五座高耸如平台的山峦环围而成，故称五台。五台各有其名，东台望海峰，西台挂月峰，南台锦绣峰，北台叶斗峰，中台翠岩峰。

恒山主峰天峰岭

五台之中北台最高，海拔3058米，素称"华北屋脊"。山中气候寒冷，每年四月解冻，九月积雪，台顶坚冰累年，盛夏气候凉爽，故又名"清凉山"。"岁积坚冰，夏仍飞雪，曾无炎夏，故名清凉。"清凉佛国之称，由此而来。山中寺庙林立，清流潺潺，青山绿水，风景秀丽。

五台山

⑤享有"五岳奇秀揽一山"盛名的苍岩山

位于河北省南部石家庄市井陉县以南的苍岩山，藏身于太行山群峰之中，重林苍郁，古木横空，巉岩绝壁如披绿衣，故名苍岩山。山中禅房古刹，碑碣夹道，步步引人入胜，故享有"五岳奇秀揽一山，太行群峰惟苍岩"之盛名。

苍岩山

⑥"三晋第一山"北武当山

北武当山地处山西省吕梁山中段，亦名真武当山。相传道教真武大帝（即玄武神）在其发祥地湖北省武当山被封为北方正神后，便来到北方，觅得这一环境幽雅的高山，为了区别于武当山，故称之为北武当山。北武当山主峰海拔达2254米，雄居于吕梁山中部的群峰之中。周围还有香炉峰、天柱峰、松都峰等等。山峰四周悬崖绝壁，只有一条崎岖险峻的山路可通顶峰。山上松奇石异，鸟贵兽珍，景区集险、秀、雄、奇于一体，号称"三晋第一山"。

北武当山

⑦有"京东第一山"之誉的盘山

位于天津市蓟县城西北的盘山，又名徐无山、四正山、无终山等。因山势磅礴如龙盘桓，故名盘山。该山为燕山之余脉，平均海拔500米，主峰挂月峰海拔864米。历史上誉盘山为"京东第一山"。盘山自然景色优美，以"红杏青松之丽，层峦峭壁之奇"著称，山水奇伟清秀，云海松涛变幻多姿，景色迷人。尤以三盘、五峰、八石美景称绝。

盘山

⑧"东华山"五老峰

五老峰位于山西省西南端的中条山南端的一部分，山峦迭嶂连绵、高

五老峰

崿石岩

长白山

耸挺拔，洞天福地，空灵幽远，是一座以山峰奇秀、清泉灌顶、名胜众多而著称于三晋大地的名山，史称"东华山"。

五老峰由数十座山峰组成，主要有玉柱峰、东锦屏峰、西锦屏峰、棋盘山和太乙峰等山峰。主峰玉柱峰，又名灵峰、云峰，海拔1819.3米，犹如一根顶天立地的玉柱直插云霄，壁立千仞，四面如削，险不可攀；其他4峰罗列四隅，恰似5位彬彬有礼的老人，曲腰列于座堂之上。明代谢据《河东五老传》记述：中条山"其上耸然特出，最高且峻者，为峰有五。因偃蹇伛偻之状，故名'五老峰'焉"。五老峰历史上为北方道教名山。

⑨"三栈九套"的崿石岩

崿石岩位于河北省南部赞皇县的西南陲。其景观特色大致可概括为"三栈牵九套，四屏藏八景"。三栈即三条古道；九套即连接三条古道的九条山谷；四屏乃整体看似四道屏障一样而又相对独立的四个分景区（九女峰、圆通寺、纸糊套、冻凌背）。

（二）东北地区

①林海雪原长白山

巍巍长白山，绵延千里，纵贯于中朝边界。最高峰白云峰为2744米，是我国东北的第一高峰。一年四季，长白山上积雪达9个月之久，远远望去像一条白色的玉龙横卧天际，所以称为长白山。长白山上下布满了茫茫森林，林海之中到处呈现着一片原始风光。古树参天、遮天蔽日，奇花异葩俯拾皆是，珍禽异兽屡见不鲜。长白山顶是一个被群峰所环抱的湖泊——天池。南北长近5公里,东西宽3公里以上,面积约为10平方公里,水深竟达二、三百米。平静的湖水倒映着四周16座山峰,蓝天、雪峰、碧水,一片宁静安谧的气氛,仿佛到了混沌初开的史前世界。

②秀出北国的千朵莲花千山

千山位于辽宁鞍山东南,原名千华山,全称千朵莲花山,又称积翠山,为东北地区三大名山之一。是一处花岗岩体剥蚀低山丘陵。景区内群山层峦起伏,山峻崖峭,形状万千。最高峰仙人台海拔708米。山上林木繁茂,有植物八百多种,有珍贵的黑鹤等鸟兽近百种。千山景区集寺庙、山石、园林之胜于一体,山中奇峰迭起,共有999座,近千数,故名千山。尽管它地处我国东北,但临近海洋,气候温暖湿润,使得满山遍野松柏青翠,林木茂繁,尤其是春夏季节,好似绿色的波浪覆盖着这千山万壑,山色之秀美,可谓独占北国鳌头。最高峰为仙人台,第二高峰为五佛顶。自古为辽东名胜,有"无峰不奇,无石不峭,无寺不古"之誉。

③五大连池火山群

五大连池火山群坐落在黑龙江中部大平原中。14座高低不同、但外形均为锥形截顶的孤立山峰,与因火山喷发的熔岩堵塞河道而形成的5个湖泊交相辉映,加上附近还有不少具有治疗疾病功效的矿泉,使得五大连池的火山风光,兼备山秀、石怪、水幽、泉奇四大特色。这14座火山中,有12座是史前约60万年前至30万年前喷发形成的,有2座是200多年前才喷发过的休眠火山。火山喷发停息之后,流动的熔岩冷凝成各种千姿百态、奇形怪状的熔岩地貌奇观,如火山口、火山锥、熔岩台地、石海、石龙、翻花石、喷气咀等,是一座典型的既又观赏价值,又有科研价值的天然火山博物馆。

④雄踞北镇的医巫闾山

医巫闾山位于辽宁北镇辽河平原的西部,素以雄峻多姿、风景优美著

医巫闾山

紫金山

黄山

称,与长白山、千山合称东北三大名山,为"五镇"名山之一。"五镇"之说,据《周礼》记载为:东镇青州沂山、西镇雍州吴山、中镇冀州霍山、南镇扬州会稽山和北镇幽州闾山。闾山的别称很多,如于微闾山、扶犁山、无虑山、无闾山、医无虑山、医无闾山、义巫闾山、医毋闾山等等,都是东胡族语的音译,意为"大山"。因闾山有六道山岭,所以又称为"六山"。闾山之美,尤以奇石取胜。山峰连绵,石峰林立,峰峰皆有奇石巧迭,千姿百态,迎空而立,而且苍松如海,铺翠于岩壑之间,使山景更添勃勃生机。

（三）华东地区

①龙蟠虎踞的南京紫金山

南京紫金山北依长江天险,山峦巍峨,似蛟龙盘曲,石头山地势险固,如虎踞江边。紫金山为南京地区群山之首,最高峰448米,因平地拔起,屹立于城东,显得格外雄伟。山上有紫红色的砂岩,在阳光照耀下显露出紫色。传说晋元帝渡江时见有紫气东来,故称为紫金山,钟山、蒋山、金陵山是它的别称。整座山区松柏苍翠,林谷幽深,四季花香,处处古迹,令人百看不厌。登上山顶,北望长江如带,江中百舸争流;西瞰古城全貌,玄武湖波光闪耀,全城景色一览无遗。周围名胜古迹很多,人文景观尤为突出。

②"峰、石、松、云"奇妙结合的黄山

位于皖南山区的黄山,古名黟山。传说轩辕黄帝在此得道升天,唐天宝年间由唐玄宗下令改名为黄山。明代地理学家、旅行家徐霞客在遍游祖国名山之后,两度登临黄山,发出了"薄海内外无如徽之黄山,登黄山天下无山,观止矣"的赞叹!他所说的"五岳归来不看山,黄山归来不看岳"的赞语,唤起了无数亲历黄山游人们的共鸣。黄山集雄、奇、幻、险于一体,以怪石、云海、奇松、温泉为"四绝",景观虚实相生,瞬息万变,令人遐想翩翩。

③集"古、清、奇、幽"于一身的天台山

天台山位于浙江省东南部的天台县境内,系仙霞岭余脉,为我国名山之一,也是我国佛教天台宗的发源地。天台山山体主要由花岗岩和流纹岩构成,垂直节理发育,经风化后,常形成悬崖峭壁。故而形成群峰争秀,巉峭多姿,飞瀑流泉,洁白如练。主峰华顶山海拔1138米。景区内飞瀑奔雪,奇岩异洞,峰峦迭翠,古刹梵音,蔚为奇观。天台山内众多景点各具特色,但可概括为"古、清、奇、幽"。

天台山主峰华顶

雪窦山

莫干山

④誉称"四明第一山"的雪窦山

雪窦山位于浙江奉化西北,素有"四明第一山"之誉。景区内高峰海拔千米,群峦耸峙,林泉密布,幽岩飞瀑,涧壑苍润,乃四明山风景渊薮所在。雪窦古刹遗址,前临千丈岩,有两溪在寺前汇流,并倾泻而下,形成捣玉飞雪般的瀑布,雪窦山一名即源于此。

⑤竹林浮翠的莫干山

莫干山位于浙江省湖州市德清县境内,属天目山余脉,因古吴莫邪干将磨剑处而得名。景区素以竹、云、泉"三胜",绿、凉、清、静"四优"而蜚声海内外。竹,是莫干山"三胜"之冠,其品种之多、品位之高、覆盖面积之大列全国之首、世界之最;云,因时而异,变幻万千,恍若仙境;泉,峰峰有水,步步皆泉。绿,全山绿化覆盖率高;凉,夏季七八月平均气温只有24℃,早晚尤为凉爽;清,处处清新悦人,神舒肤爽;静,谷幽境绝,宛如世外桃源。莫干山素有"世界建筑博物馆"的美称,现存200多幢别墅,形象生动，无一雷同，分别代表了欧、美、日、俄等10多个国家的建筑风格，是欧美各国住宅府邸形式在我国的复制。这些建筑参差错落，高低掩映，融入无边无际的茂林修竹之中，构成了一幅幅瑰丽多姿的园林画面。莫干山群峰竞秀，修篁似海，山泉琤琤，风物优美，以其秀雅之神韵，进入祖国名山之列。竹海、飞瀑、怪石和别墅为莫干山"四绝"。

⑥挺拔如柱、耸立云天的江淮奇峰天柱山

位于安徽省潜山县境内的天柱山，又名潜山、霍山、皖公山、万岁山，是国内五大"镇山"之"中镇"。山体主要由燕山期二长片麻岩和混合花岗岩组成，略呈北西向延伸，成为江淮的分水岭。天柱山的主要特点是群峰兀立，危崖罗列，怪石嵯峨，千岩万壑，自古以"雄、奇、灵、秀"四绝著称，有"峰无不奇，石无不怪，洞无不杳，泉无不吼"之誉。主峰天柱峰海拔1485米，劈地摩天，有"中天一柱"之誉。石刻是天柱山风景区的一大奇观，从山麓的石牛溪旁，到天柱峰峰顶均有分布，成为我国名山之中少见的诗书石刻艺术主库，是故天柱山又称为文化名山。

⑦"蓬莱之后无别山"的琅琊山

琅琊山古称摩陀岭，位于安徽省滁州市西南。最高峰不过317米，但远望山峰"耸然而特立"，近探山谷"窈然而深藏"。山中琅琊山古称摩陀岭，位于安徽省滁州市西南。最高峰不过317米，但远望山峰"耸然而特立"，近探山谷"窈然而深藏"。山中林木繁茂，花草遍地，山泉淙淙有声，洞穴神秘莫测。唐宋以来各代建筑众多，摩崖、碑刻有数百处。欧阳修之后，苏轼、王安石、曾巩、王阳明、文征明等各代名人留下许多诗文，使琅琊山名声大噪，享有"蓬莱之后无别山"的美誉。

天柱山

琅琊山

⑧"赤如朱砂、灿若红霞"的齐云山

齐云山位于安徽省南部休宁县城西，与黄山南北相望，因"一石插天，与云并齐"而得名。齐云山古称白岳、云岳，以山奇、水秀、石怪、洞幽著称。齐云山为典型的丹霞地貌，岩石呈紫红色横向节理，有"赤如朱砂、灿若红霞"之誉。经过千百年的风化雨蚀，形成了危岩绝壁，怪石嶙峋。齐云山丹崖翠壁、奇险峻美，无不幽深诡谲、引人入胜。

⑨号称"世外桃源"的云台山

云台山位于江苏省东北部之连云港市的东北面。原为黄海中一列孤岛，清康熙五十年（公元1711年）前后变成陆地。名胜区中自然景观极富特色，具有"海、古、神、幽"四大特色，有"东海第一胜境"之誉。云台山风景秀丽，由前云台山、后云台山、东西连岛等组成，其中前云台山主峰玉女峰海拔642米，系江苏境内最高峰。山上多奇峰异石，因石取名的峰峦就有130多座。风景点主要集中在前云台山一带。这里峻峰深涧，奇岩坦坡，有"世外桃源"之称。

⑩黄山姊妹山三清山

三清山位于江西省上饶地区的玉山、德兴两县境内。三清山原名少华山。景区内玉京、玉虚、玉华三峰峻拔，犹如道教所尊之玉清、上清、太清三神位列其巅，故名三清山，是全国道教名山。三清山风景名胜资源丰富，规模宏大，种类齐全，东险西奇，北秀南绝，兼具"泰山之雄伟、华山之险峻、衡山之烟云、匡庐之飞瀑"的特点。名胜区以奇峰异石、云雾佛光、苍松古树、峡谷溶洞、流泉飞瀑、云海佛光、名贵动植物、第四纪冰川遗迹等构成丰富的自然景观，被誉为"黄山姊妹山"。

齐云山

云台山

三清山

⑪"天下奇秀"雁荡山

雁荡山地处浙东南一片重岭迭嶂的山区之间，外观平常，但奇秀其中。雁荡山是远古火山喷发时岩浆冷凝而成，经过亿万年来的断裂发育、流水侵蚀，如刀削斧劈似地形成了许多岜然挺立的岩峰、千形万状的石柱和两壁矗立的嶂谷，以及遍布全山的洞穴。拥有奇峰、巨嶂、异洞、名瀑等景点300多处，处处引人入胜。

⑫莲花佛国九华山

我国四大佛教名山之一的九华山坐落在皖南青阳县境内，周围百余公里，原名九子山。唐代大诗人李白曾三次游历九华山，作诗道："昔在九江上，遥望九华峰。天河挂绿水，秀出九芙蓉。"古时的"花"与"华"通用，所以"九华"之名，更含溢美之意。自此，九子山改称九华山。九华山山峰耸峙纤细，山顶如同朵朵莲花盛开。著名的莲花峰置于云海之中，真有亭亭出水之态。所以，在我国四大佛教名山之中，九华山又以莲花佛国著称于世。

⑬海上佛国普陀山

普陀山是浙江省舟山群岛中的一个小岛，然而它却以海上佛国著称于世。普陀山原称落伽山，普陀落伽是梵文的音译，实际上的意思是"美丽的小白花"，点出了普陀山如海上浮莲的引人入胜的景色。普陀山是一座花岗岩构成的岛山，在海浪作用下形成了丰富的海蚀地貌，为优美的自然景观奠定了基础。山上植被繁茂，古木参天，更增添了海上仙山的意境。岛上众多的寺庙都与观音菩萨有关，成为四大佛山中专门供奉观音菩萨的道场。

⑭碧水丹岩武夷山

在江西和福建两省交界处，绵延着一列长500多公里的武夷山脉，在崇安县以南10公里的一段，为红色砂砾岩构成的丹霞地貌，景观极为丰富。自古以来，就有"碧水丹山"、"奇秀东南"之誉。这里山环水绕，山水风光以奇秀、幽深、精巧取胜。素有"三三秀水清如玉，六六奇峰翠插天"之说。"三三水"是指萦绕群峰之间的九曲溪，"六六峰"是指溪畔姿态各异的三十六峰，还有九十九奇岩，故合称为"三三六六九九"。九曲溪清澈见底，江水碧澄，群峰都为红色砂砾岩构成，碧水丹岩相衬，如同一个巨大的天然山水盆景。

武夷山

⑮飞峙江畔的庐山

远望"匡庐奇秀甲天下山"的庐山，势如九天飞来，突立于长江中游坦荡的平原之上，气吞长江，影落鄱湖，重山迭岭，时而被云雾缭绕，使得山形变幻莫测。原来，庐山是一座断块山，亿万年以来一直不断上升，而东侧则下陷为鄱阳湖。庐山上断裂纵横，峰谷相间，真是"横看成岭侧成峰，远近高低各不同"。在绝壁陡崖之上，悬挂了许多瀑布。李白为此写下名诗："日照香炉生紫烟，遥看瀑布挂前川，飞流直下三千尺，疑是银河落九天"。

庐山

石钟山

⑯江湖锁钥石钟山

苏轼散文名篇《石钟山记》里讲述的石钟山绝壁，位于九江市东侧，鄱阳湖入长江之口处。石钟山为一石灰岩质山体，久经流水雕镂，临江山壁之处多见大小溶洞裂缝。沿江的崖壁悬立，虽不见高，但如能乘坐小船仰望绝壁耸立的石钟山，也觉得气势非凡。每当皓月当空，湖光千里，观赏江湖夜色，更加韵味无穷。石钟山不仅以风景取胜，而且地势险要，素有"江

湖锁钥"之称，历来是兵家必争之地。

⑰云海林涛阿里山

阿里山在台湾嘉义县以东，是阿里山脉中心群峰的总称。主峰大塔山海拔2663米；次为塔山，2480米。阿里山区是台湾著名天然森林区。古木参天，其中的一株老红桧，高约53米，树龄达三千年，被称为"神木"。阿里山风景以大塔山断崖、塔山云海和祝山观日出等最为有名。

（四）中南地区

①"峻及于天"的中岳嵩山

中岳嵩山地处河南省洛阳与郑州之间的登封县境内，北濒滔滔黄河，"势如卧龙，雄镇中州"。早在夏商周时代，就被称为"中原第一名山"。周平王迁都锥邑（今洛阳）后，正式定嵩山为中岳，沿袭至今。嵩山由太室、少室两山组成，太室山主峰是峻极峰，海拔1440米，登山之道多险要之处。宋代文学家欧阳修曾作《登峻极峰》一诗："望望不可到，行行何曲盘。一经林梢出，千崖云下看。烟岚半明灭，落照在峰端。"少室山主峰称御寨山，高1512米。嵩山构造复杂，断块隆起，巍峨壁立，形成"嵩高惟岳，峻极于天"的雄伟形象。

在少室山北麓的五乳峰下，有一座驰名中外的佛教禅宗祖庭和以武术举世闻名的古刹少林寺。少林寺始建于公元495年，以后印度高僧菩提达摩飘洋过海来到这里面壁坐禅9年，创立了我国佛教中禅宗派。

②道教圣地武当山

武当山又名玄岳山、太和山。它位于湖北省丹江口市境内，北临丹江口水库，南接神农架山区，西连秦岭，东迤大洪山，方圆400公里，号称"八百里武当"。武当山山体四周低下，中央呈块状突起，多由古生代千枚岩、板岩和片岩构成，局部有花岗岩。岩层节理发育，并有沿旧断层线不断上升的迹象，形成许多悬崖峭壁的断层崖地貌。武当山有七十二峰，主峰天柱，又名金顶，海拔1612米。在金顶俯瞰群峰，诸峰又都微微向主峰倾斜，像是俯首朝拜主峰，这就是有名的"七十二峰朝大顶"的奇观。山中林木茂盛，又有岩、洞、泉、涧点缀其间，被明代地理学家徐霞客誉为"山峦清秀，风景奇幽"。武当山二千多年来一直是道教活动胜地，明成祖朱棣更在武当山大兴土木，营建了从山麓到金顶长达70公里的"神道"，建成了庞大的道教建筑体系，形成了"五里一庵十里宫，丹墙翠瓦望玲珑，楼台隐映金银光，林岫回环画境中"的宏伟景象，使武当山构成为威武庄严，神奇玄妙的道教名山。

③秀冠五岳的衡山

衡山为五岳中的南岳。位于湘中衡阳盆地北缘，湘江西侧。山峦突兀峥嵘，主峰祝融峰海拔1290米。祝融峰之高，藏经殿之秀，方广寺之深，水帘洞之奇，素称南岳"四绝"。又因云雾幻变，故祝融峰有"云起峰流"的壮观。五岳之中，要数衡山的植被最为茂盛，满山上下迭翠堆绿，故有"五岳独秀"之誉。

④云中公园鸡公山

鸡公山位于河南信阳以南，山岭苍翠秀丽，报晓峰最高处海拔767.5米，形似引颈啼鸣的雄鸡，矗立于群山之中。鸡公山地处鄂豫两省之间，素有"青分楚豫，气压嵩衡"之称。景区中山势奇伟，泉清林翠，气候独特，时有风生风息，常见云起云飞，故有"云中公园"之称。

南岳衡山祝融峰巅

⑤"太行之脊"王屋山

位于河南济源的王屋山山峦起伏，高大雄奇，主峰天坛山海拔1715米，素有

鸡公山

"太行之脊"、"擎天之柱"的美誉。景区内山势陡峻、沟壑幽深，既有阳刚雄健之美，又隐含秀丽幽静之姿。沟谷之间，飞瀑流泉，急湍回流，深潭清沼，奇峰怪石，令人目不暇接。由于地处暖温带，气候温暖湿润，阳光明媚，林木丰茂。春天群芳争艳，夏季漫山凝碧，仲秋红叶遍野，冬日银装素裹。

王屋山又是我国道教九大名山之一，道教"天下第一洞天"所在地。

⑥"苍松翠柏长生地"的大洪山

大洪山位于湖北省随州市和钟祥、京山县交界处。主峰海拔1036米。古称绿林山，西汉末绿林起义军即起兵于此。因水出其阴，亦称涢山。后因山中每年泛洪水，殃及下游，则人称之谓大洪山。山内森林莽莽，植被繁茂，古木参天，珍禽异兽、奇花异木数不胜数，有"苍松翠柏长生地"的赞誉，是一处天然森林公园。

⑦鄂赣分水岭九宫山

九宫山位于鄂赣交界处的湖北省通山县境内。地处鄂东地区西幕阜山脉中段，是鄂赣二省的分水岭。最高峰老鸦尖海拔1656.7米，也是幕阜山脉的最高峰，为鄂南第一峰。景区内群峰耸立，森林茂密，古木参天；还有满山的原始次生林，被誉为中亚热带森林自然生态平衡的典型代表。

九宫山气候宜人，风景奇丽。春天，桃花绚丽，百鸟争鸣，瀑布磅礴；夏日，凉风习习，云海扑朔迷离；秋时，枫叶烂漫，层林尽染，景色别致；冬季，

王屋山

大洪山

九宫山

白雪皑皑,冰凌挂枝,别有一番情趣。

⑧南粤名山西樵山

西樵山位于广东省中南部佛山所辖南海县西南之官山圩附近。原为一片汪洋大海。约在3万多年前,由于海底火山爆发而产生了新的地貌,形成今日之西樵山。它是一座平地而起的、挺拔突兀的古火山锥体。山峰、岩洞、泉涧、瀑布、古树、名木等组成了西樵山的自然景观。西樵山山体外陡内平,状若莲衣复合。因区内多瀑布、流泉,故西樵山有"泉山"之称。大科峰为西樵山群峰之首,海拔400米。山虽不高,但以景色清幽秀丽、幽谷翠嶂、流泉飞瀑而闻名。

西樵山

桂林山水

⑨"碧莲玉笋世界"的桂林峰林

桂林地处我国石灰岩地区,亿万年来激烈的地壳运动造成了纵横交错的断裂,加上此地气候炎热多雨,使石灰岩的溶蚀加快了速度。形成了典型的岩溶地貌。如此大面积典型的岩溶地貌,世所罕见。在桂林,众峰大多在100米以下,但都尖峭陡立,花茂树繁,挺拔俏丽,形态万千,而且山中多溶洞,洞内石笋、石钟乳、石

武陵源

柱、石幔、石花等组成奇异迷人的景致,如同走进一个神话世界。这里不仅"平地涌千峰",而且"碧水如带",漓江宛如玉带缠绕于群峰之间,使人进入"青峰倒影山浮水"的诗情画意之中。真是山青水秀、石美洞奇。其中尤以独秀峰、迭彩山和洑波山三峰最为著名。

⑩原始风光武陵源

武陵源地处湖南西北部,有奇峰、有幽洞、有怪石、有秀水,充满了自

然原始风光的野趣。武陵源最大的特点，是毫无修饰的自然美。奇峰三千多座，峰峰拔地而起，座座形态各异。诸峰的高差一般均在二、三百米之间。上锐下削，或上下相仿，甚至于上大下小，峰体棱角分明，挺拔坚硬。岩层多呈水平状，层层迭迭，垂直节理又特别发育，形成峰体笔直向上，岩壁上布满水平与垂直相交的皱折纹理，形成一种有章有法、有棱有角的严谨布局，如同用大自然的神斧横劈竖砍雕凿而成。这些奇峰怪石，如柱如塔，如屏如墙，如人如兽，若动若静，给人以丰富的想象。

⑪桂平西山

西山又名思灵山，位于桂平城西，素有"桂林山水甲天下，更有浔城半边山"之誉。这"半边山"即指此西山。山上古木参天，溪流蜿蜒，怪石嶙峋，石径曲幽，沟壑秀美。

⑫天涯海角五指山

五指山是海南岛的象征。主峰有五个并列的山头，分别称头指、二指、三指、四指和五指，势如"嵌空巨灵手"。五指山是在约7000万年前的地壳运动中，由大量岩浆的喷涌而形成的。由于这里高温多雨，流水不断切割山体；天长日久，使得山峰变为锯齿状，形加五指。五指山峰峦插天，又处在海岛之上，水汽充足，云雾特别多。特别是早晚，半山腰以上白云茫茫，以下则满眼翠绿，宛如两个世界，充满了原始热带风光。

（五）西南地区

①世界屋脊第一峰珠穆朗玛峰

珠穆朗玛峰海拔8848.13米，以世界第一高峰的雄伟风姿，屹立于中尼边境的喜马拉雅山脉的中段，附近耸峙着洛子峰、南迦帕尔巴特峰、乔奥尤峰、希夏邦马峰

桂平西山

五指山

珠穆朗玛峰　程至善摄

等6座8000米以上的姐妹峰，成为世界上高峰簇拥、地势最高的地方。

珠穆朗玛，是藏语中"女神"的意思。在我国的藏史和传说中有不少关于珠穆朗玛女神的故事。早在1717年，清政府派出测量人员在珠峰地区测绘地图，就发现了它是世界上最高的山峰，并在地图中精确地标出了它的位置。

② "青城天下幽"的青城山

青城山位于四川省都江堰市内，古称清城山，道书上称它为"洞天第五宝仙九室之天"、"洞天福地"，是我国古代著名的道教名山之一。青城山背靠邛崃山，面向成都平原，隐伏在幽深的岷江峡谷之中，山上林木葱茏，四季常青，峰峦起伏，状若城廓，故得名青城山。传说轩辕黄帝曾封青城山为五岳丈人，因此青城山又称丈人山。青城山峰峦青翠，谷壑深幽，奇岩巍耸，水碧溪清，有"亦幽亦秀亦雄亦奇"之誉。主峰大面山海拔1300米。以幽古闻名，素有"青城天下幽"之称。

③ 瀑布之乡四面山

四面山位于重庆市所属之江津市南端，景区内山雄林茂，风光秀丽。森林覆盖率达90%以上，是地球上同纬度地区面积最大、保存最好的亚热带常绿阔叶林带。四面山集瀑、石、林、湖于一山，纳幽、险、雄、野为一体，景观旖旎，野趣迷人。在这片绿苑中，碧湖辉映日月，一百多挂瀑布多姿多彩，数百种珍稀动物嬉戏繁衍，千种植物郁郁葱葱，人文景观举世罕见。置身四面山景区，飞瀑四面扑来，这里有"瀑布之乡"的美誉。

青城山

四面山

④ 碎玉飞琼四姑娘山

四姑娘山位于四川省北部阿坝藏族自治州小金县与汶川县的交界处。藏名为

四姑娘山

"石骨拉柔达"，意为大神山。四姑娘山主峰是横断山脉东部边缘邛崃山系的最高峰，海拔6250米，山势陡峭，终年积雪。由于在3.5平方公里距离内，接连有4座山峰挺立，即大姑娘、二姑娘、三姑娘和四姑娘，故通称为四姑娘山。每当有风时，山上积雪随风飘舞，4座山峰如同头披白纱、姿容俊俏的4位少女。

四姑娘山东麓的皮条沟两岸，是闻名中外的大熊猫的故乡。皮条沟又名卧龙沟，沟内河流称皮条河，其河水流湍急，一泻千里，汇入绵江后经岷江流入长江。河流两岸，峡峰对峙；河中岩石高达三四米，矗立江心，经倾泄的河水撞击，激起朵朵浪花，犹如碎玉飞琼，十分雄伟壮观。

⑤"匡庐奇秀甲天下山"的峨眉山

峨眉山雄踞四川盆地西南缘，与浙江普陀山、安徽九华山、山西五台山并称佛教四大名山。因山势逶迤，"如螓首蛾眉，细而长，美而艳"，故名。峨眉山又称大光明山，系大峨山、二峨山、三峨山和四峨山的总称。主峰万佛顶海拔3099米。山脉峰峦起伏，重岩迭翠，气势磅礴，雄秀幽奇，素有"峨眉天下秀"的称誉。李白赋诗说："蜀国多仙山，峨眉邈难匹。"说明峨眉既有"平畴突起三千米"之雄，亦有"双峰缥缈谁画眉"之秀。峨眉山另一特色是奇，从山麓到山顶，一般具有亚热带到寒温带的各种气候带谱，在一年中的同一季节内，呈现不同的气候。雨多湿重，云厚雾大，又形成了"红椿晓雨"、"金顶云海"、"峨眉宝光"等气象奇景。

峨眉山

⑥丽江玉龙雪山

丽江玉龙雪山位于云南省西北部丽江、宁蒗、中甸3县境内，是世界上北纬最南端的现代海洋性冰川，主峰下是漫无边际的冰雪天地。全山13峰，如擎天玉柱，并列如扇面，峰峰银装素裹。主峰扇子陡

丽江玉龙雪山

山顶终年积雪不化，犹如银龙腾空，雄伟壮观。山上植被依海拔和气候分布。山势磅礴，拔地擎天，深壑比比，鬼斧神工，险怪出奇。随着时令更移和阴晴交替，风貌万变。由于从河谷到山顶呈典型的垂直气候分布，所以山上白雪皑皑，山下却四季如春，形成少见的"白雪世界"兼具"阳春气候"的自然奇观：从春至夏，杜鹃、山茶，此开彼谢，花铺草甸，宛然一座天然雪山花园。

⑦川西第一雪山贡嘎山

在四川康定县城以南的贡嘎山，又称贡噶山。藏语"贡"，冰雪之意，"嘎"意为白色。贡嘎山在藏语中是"雪之山"的意思。从"世界屋脊"青藏高原而来的许多东西走向的山脉，到川滇西部，急转南下，势如群龙。这就是闻名世界的横断山脉。横断山脉的最高峰是贡嘎山，海拔7556米为大雪山主峰，是四川省内第一高峰。贡嘎山周围有20余座6000多米左右的高峰，十分壮观。贡嘎山的组成山体岩石为浅绿色花岗闪长石，其附近山峰多由花岗岩组成。峰顶近似平台，方圆约70平方米，常年为冰雪覆盖。在4600米以下，布有草地及灌木林。

贡嘎山

⑧千秋雪原西岭雪山

西岭雪山原名为"大飞水原始森林风景区"。位于四川省成都市以西大邑县西部，地处横断山脉东部边缘之邛崃山的南端。最高处的苗基岭海拔5364米，山顶积雪终年不化，矗立于天际，洁白晶莹，故名西岭雪山。唐代著名大诗人杜甫寓居成都时眺望此景后，写下了"窗含西岭千秋雪"的著名绝句。

西岭雪山

⑨凌空垒迭梵净山

净山是贵州武陵山脉的主峰，层层迭迭的千枚岩，沿垂直节理崩塌风化以

梵净山

后所形成的山峰，断崖和深沟幽谷，如同凌空垒迭的梵、书籍和纸张，形同"万卷书"、"千层纸"，蔚为天下罕见的奇观。梵净山奇观集中于金顶附近，石柱突兀、裂隙如刀切。著名的"金刀峡"、"薄刀岭"都是十分奇险的景观。

⑩"川东小峨眉"缙云山

缙云山在四川重庆市西北约60公里，因缙云寺得名，为蜀中名胜之一，素有"小峨眉"之称。缙云山海拔1030米，山势峻秀，林木茂密，环境清幽。登峰远眺，群山迭翠，大江碧流，是避暑胜地。

⑪南方第一屏障金佛山

金佛山耸立于四川盆地东南南川县境，古称九递山，素为巴蜀四大名山胜景之一（其他三处胜景为峨眉山、青城山、缙云山），自古以来即为"南方第一屏障"。金佛山以原始奇特的自然山峦、林壑为主要特色。主峰风吹顶海拔2251米，为大娄山最高峰。山体上部为二迭系红砂岩，经上升剥蚀后成浑圆坦缓的丘陵状，相对高差20~50米，其下为石灰岩，多溶洞、洼地和石芽。最下部为志留系叶岩，岩性软弱，易风化剥蚀，故形成悬崖绝壁。每逢夕阳西照，辄呈灿烂金黄色，故得名"金山"。其植物群落随着其地势的高差而呈垂直分布。由于这里的原始植被保存完好，植物群落和古代珍稀植物又呈区域性分布，形成了特有的景观。

⑫腾冲地热火山

位于云南省腾冲县城周围的腾冲火山群是多次喷发形成的新生代死火山群。腾冲的火山蔚为壮观。景区内的火

缙云山

金佛山

腾冲地热火山

山，由于喷发方式的不同，有截顶圆锥状火山、低平状火山、盾状火山和穹状火山等多种类型。腾冲地热众多，有汽泉、温泉、热泉、沸泉等。

⑬神奇的路南石林

云南路南石林到处怪石嶙峋，奇峰耸峙，千姿百态，神奇莫测。耸立的石峰一般不高，但它却以奇特的风貌独领风骚。这一片石峰的"森林"中，有的如利剑刺空，有的似宝塔伫立；有的如莲花，有的似灵芝；有的如人形，有的似兽禽；有的如飘飘欲飞的仙女，有的似面目狰狞的鬼怪。高低错落。疏密有致，构成无穷无尽的景观。

云南路南石林

鸡足山

⑭滇中佛地鸡足山

滇中佛教名山鸡足山背靠西北、面向东南，气势雄伟，左靠金沙江，右邻洱海，与著名的苍山遥遥相望。因它的形状"山前列三峰，后拖一岭，宛如鸡足而得名"。又称九曲山、滇巅台。鸡足山的最高峰为金顶，海拔3240米，气势雄伟秀丽。原始植被相当完好。进山便有"古木参天万壑松涛，山峦迭翠鸟语花香"之感。登临巅顶四望，极目千里，景色壮美，东观日出，西观洱海苍山，南观祥云，北观玉龙雪山。明代旅行家徐霞客评价道："天下日、海、云、雪得其一就以为奇绝，而鸡足山则一顶已萃天下四观。"这四大奇观兼得于鸡足山，因而又获名"四观山"。

佛教传入鸡足山，大约在唐代。明清时大盛，形成了以祝圣寺为中心的佛教圣地。

（六）西北地区

①风光绮丽的天山

天山山脉纬向横亘于新疆维吾尔自治区中部，东西长约1760公里。南北宽250～350公里。山地耸立于准噶尔与塔里木盆地之间，海拔多在4000

天山

喀喇昆仑山

华山

米以上。

天山群峰高耸入云，披着银盔白甲般的冰雪，在湛蓝的天穹下晶莹闪亮。山坡上云杉成林，芳草成茵，牛羊成群，是维吾尔族牧民的牧场。称为天山明镜的天池，是一个由古代冰川和泥石流堵塞河道而形成的高山湖泊。湖面曲折幽深。

位于西段的托木尔峰是天山山脉的最高峰，海拔7435.3米。天山东段山势渐低，最高的博格达峰，海拔5445米，耸立在乌鲁木齐东北方的碧空中，冰峰银光闪耀数百里，成为古往今来丝绸路上和当地牧民辨别方向的"灯塔"。

②巍峨高耸的喀喇昆仑山

喀喇昆仑山是世界山岳冰川最发达的高大山脉，中亚著名山脉之一。突厥语为"黑色岩山"之意。位于中国、塔吉克、阿富汗、巴基斯坦和印度等国的边境上。喀喇昆仑山冰峰峥嵘，插云擎天，极为壮观。喀喇昆仑山夏季阻挡东南湿润季风而南山多雨，冬季受西来低气压影响多降雪，因而高山多积雪，冰川发育，景观壮丽。

③以"险"著称的西岳华山

西岳华山又名太华山，素以"险"著称，自古即有"华山天下险"之说。它的四周绝壁如削，举目仰望，山顶诸峰如同花状，高耸入云，令人敬畏。

有莲花、落雁、朝阳、玉女、云台五峰耸列，峻秀奇险。沿登山蹬道，有苍龙岭、南天门诸多名胜。沿途山路崎岖，上接蓝天，下临绝壑。层峦迭嶂，彩翠云涛，景色极为壮观。

④道家第一名山崆峒山

崆峒山为六盘山的支脉，地处甘肃与宁夏交界处，主峰海拔2133米。传说该山最早为道家所崇奉的仙人广成子修炼得道之所，被道教尊为远祖的黄帝曾登临崆峒山问道于广成子，故此山有"道家第一名山"之称。崆峒山有大小山峰数十座，山势雄伟、险峻、秀丽、奇巧。山上山洞遍布，而且洞洞有景，景景迷人。山头松柏参天，林木葱茏，山势磅礴，雄伟壮观，既有北方之雄，又兼南方之秀。

崆峒山

麦积山

宝鸡天台山

⑤石窟宝库麦积山

麦积山在甘肃省天水市东南，是秦岭山脉西端小陇山中突起的一座孤峰。山峰高140米，呈圆镞形，如同农家堆起的麦垛，故名麦积山。这里既有峰峦雄伟的西北风光，又有密林清泉的江南秀色，名胜众多，古迹遍布。

随着佛教传入我国，石窟艺术也应运而生。坐落在"丝绸之路"上的麦积山石窟，与敦煌莫高窟、大同云冈窟、洛阳龙门窟并驾齐名为我国的四大佛教石窟，成为闻名世界的艺术宝库。

⑥天台天下古的宝鸡天台山

宝鸡天台山于陕西省秦岭山脉北麓、宝鸡市南郊，自古就有"天台天下古"之誉。传说炎帝神农氏曾在这里率先民制作耒（一种农具）、教耕稼、尝百药，开启了中华文明长河之源。

天台山群峰竞秀，林木葱郁，风光秀丽，气候宜人；具有秦岭雄伟壮观的博大气魄，其三柱九峰，四河六岭，怪石嶙峋，高可擎天；溪涧幽深，飞瀑流泉，构成了如诗若画的自然游览胜境。

4. 多姿大川

我国的河流水系可分为两大部分，其一为流入海洋的外流流域，其二为注入内陆湖沼的内陆流域。

我国许多大江大河都是发源于世界屋脊，奔向三洋四海。如发源于青藏高原注入渤海的黄河、注入东海的长江以及注入南海的澜沧江，都流归太平洋。流向印度洋孟加拉国湾的有印度河、雅鲁藏布江和怒江。发源于新疆阿尔泰山的额尔齐斯河则流向北冰洋的哈拉海。

我国四大河流为长江、黄河、黑龙江和珠江。

（一）长江

长江发源于青藏高原唐古拉山脉主峰各拉丹冬雪山的西南侧，流经青、藏、川、滇、鄂、湘、赣、皖、苏、沪10省、市、自治区，注入东海。全长约6300公里，为我国第一大河。仅次于南美的亚马孙河和非洲的尼罗河，为世界第三大河。

长江干流各段名称不一：源头至当曲口（藏语称河为"曲"）称沱沱河，为长江正源，长358公里；当曲口至青海省玉树县境的巴塘河口，称通天河，长813公里；巴塘河口至四川省宜宾岷江口，称金沙江，长2308公里；宜宾岷江口至长江入海口，约2800余公里，通称长江，其中宜宾至湖北省宜昌间称"川江"（奉节至宜昌间的三峡河段又有"峡江"之称），湖北省枝城至湖南省城陵矶间称荆江，江苏省扬州、镇江以下又称扬子江。

长江上游的流向是：沱沱河由南而北出唐古拉山，至切苏美曲口。北流穿过祖尔肯乌拉山，接纳江塔曲，折向东，至囊极巴陇附近，右岸汇入当曲，进入通天河段。沱沱河与通天河上段（登艾龙曲口以上）河道宽展，多沙洲，水流散乱呈辫状，河流两岸山丘平缓。

通天河自登艾龙曲口以下，河道较顺直，河槽渐趋稳定、水流比降增大，两岸山势增高。谷底海拔由通天河上段的4000余米，下降到3000余米。玉树巴塘河口以下称金沙江，流向转南，成为川、藏间的界河。金沙江进入横断山脉区，南流至云南省石鼓突折向东北，进入虎跳峡，峡长16公里，落差达200米，最窄处河宽仅30米，右岸玉龙雪山，左岸哈巴雪山，峰顶海拔均超出5000米，谷深达3000米以上，为世界罕见。金沙江至三江口又折向南，至云南省金江街以下又折转东流，此段介于川、滇间的河谷虽较宽，但仍为岭谷之间高差达千米左右的深谷。金沙江段的主要支流有：雅砻江、龙川江、普渡河、牛栏江、横江等。

从宜宾至奉节，长江蜿蜒于四川盆地南缘，穿越一系列褶皱山岭，河谷宽窄相间，沿江阶地发育。长江北岸有岷江、沱江、嘉陵江等大支流；南岸除乌江、赤水河外。支流均较短小。形成川江的不对称水系。

自奉节白帝城至宜昌南津关，长江流经三峡，江水横穿背斜山地，形成了白帝城与黛溪间的瞿塘峡，巫山与巴东官渡口间的巫峡，香溪与南津关间的西陵峡，故称三峡。这一河段滩峡相间，迂回曲折。最大割切深度可达1500米，三峡江面最窄处仅宽百余米，暗礁、险滩密布，水流湍急，航行障碍重重。

长江中下游的流向是：江水出三峡后，进入中游，在宜都纳清江。枝城以下河段，两岸原野坦荡，分属江汉平原和洞庭湖平原。平原上水道纵横，堤圩交错。南岸有松滋、太平、藕池、调弦（现已堵死）四口与洞庭湖相通。藕池口以上的上荆江河段属一般性弯曲河道，水流分歧，汊河发育，河道外形较稳定。藕池口至城陵矶的下荆江河段，河道蜿蜒曲折，素有"九曲回肠"之称，河道外形变化无定。

长江在城陵矶接纳洞庭湖水系（主要有湘江、资水、沅江、澧水四水）的来水后，至湖北省武汉市，有汉江汇入，在湖北省黄石与武穴间，两岸山峦逼近，河谷较窄，形成约束江流的卡口。至江西省湖口汇合鄱阳湖水系（主要有赣江、抚河、信江、鄱江、修水）的来水，进入下游河段。

长江下游的流向是：湖口以下，长江河谷愈加宽广。江水在皖南丘陵和皖中丘陵、巢湖平原之间奔流，右岸常有基岩逼临江边，形成矶头，使河床变窄，超过矶头，河床又复展宽，心滩出露，水流分汊，形成宽窄相间、时束时放的藕节状河床。大通以下开始受海潮影响，水势和缓。此段主要支流有：青弋江、水阳江、滁河、秦淮河等。

镇江至江口，长约312公里，流经长江三角洲。其中江阴以下称河口段。江阴附近江面束窄，仅宽1200余米，向东至长江口宽达91公里，呈喇叭状。长江每年挟带入海的约4.86亿吨泥沙,在长江口至杭州湾一带落淤,形成许多暗沙和沙洲。三角洲自全新世(最年轻的地质时代,从11700年前开始)以来年均向海推进约40米,长江在江口附近接纳支流黄浦江。

长江从世界屋脊的冰川融水,聚归途之千支万川,汇成浩浩巨流,穿山切谷,奔腾万里,来到东海,流向太平洋。

(二)黄河

黄河因河水黄浊而得名。古代称为"河",汉书中始称黄河。发源于巴颜喀拉山北麓约古宗列盆地,流经青、川、甘、宁、内蒙古、陕、晋、豫、鲁9省区,在山东省垦利县注入渤海。全长5464公里,为我国第二大河。

黄河最初的源流称玛曲。河出约古宗列盆地,向东穿过芒尕峡谷,进入有许多"海子"的沮濡滩地,名"星宿海"。黄河出星宿海后穿过扎陵湖和鄂陵湖,至玛多县城附近的黄河沿。嗣后穿行巴颜喀拉山和阿尼玛卿山间的古湖盆和丘陵宽谷,至川、青交界的松潘草地,东受岷山所阻,绕阿尼玛卿山作180度的大弯,折向西北,重新进入崇山峻岭之中,在青海东部穿过拉加峡、野狐峡、拉干峡等一系列峡谷,又作180度大弯,向东流入龙羊峡。从龙羊峡到青铜峡,黄河穿行在群山中,河道一束一放,峡谷与川地相间。此段河道长910多公里,落差1320米,河出青铜峡,流经宁夏平原,流入内蒙古自治区河套平原。

黄河中游从河口镇到河南省郑州附近的桃花峪,河流穿行于峡谷中,成为陕、晋两省的天然分界线。除河曲、保德等河谷较开阔外,绝大部分河谷两岸崖壁陡立,多急流险滩,有著名的壶口瀑布。壶口以下65公里为禹门口(又称龙门),龙门山和梁山左右环抱,形势惊险。出禹门口,河面开阔到3~15公里,有汾河、渭河、泾河、北洛河等支流汇入。黄河在甘、宁、内蒙古、陕、晋等省区形成马蹄形大弯,到潼关受秦岭阻挡,折向东流,进入豫西峡谷。过三门峡,河心有两座石岛,把河道隔成"人门"、"鬼门"、"神门",古称"三门天险",三门之下有一小岛,挺立河中,即为著名的"中流砥柱"。

自孟津县小浪底以下进入低山丘陵区,河道逐渐放宽至1~3公里,是由山地进入平原的过渡性河段。

桃花峪以下是黄河的下游,河道平坦,水流缓慢,泥沙大量淤积,使河床逐年抬高,成为世界著名的"悬河"。黄河下游汇入的主要支流仅有大汶河等。除山东的平阴、长清一带有山地屏障外,两岸全靠大堤约束。据《水经注》载,黄河下游约有130多个湖泊陂塘,因黄河决溢改道都淤成平陆。

黄河河口位于渤海湾与莱州湾之间,属弱潮、多沙、摆动频繁的陆相河口。

(三)黑龙江

黑龙江是一条流经中、俄、蒙三国的国际性河流。因流经黑土地带,河水呈黝黑色,又蜿蜒似龙,故得名黑龙江。满语称"萨哈连乌拉",意思即为黑水。黑龙江有两支源头,北源石勒喀河源于蒙古肯特山东麓;南源额尔古纳河源于中国大兴安岭西坡。南北两源在中国漠河西洛古河村汇流后称黑龙江,东流至俄罗斯境内注入鄂霍次克海。从额尔古纳河上源的海拉尔河开始到黑龙江河口,全长4370公里,流域面积达184.3万平方公里。黑龙江的支流共约200余条。其中较大的有松花江、乌苏里江、结雅河、布列亚河等。松花江为黑龙江最大支流,其流域几乎包括东北的北部大地。流域的森林植被很好,水土流失甚微。松嫩平原多沼泽草地,是候鸟水禽的天堂。

(四)珠江

珠江是我国南方大河,原指广州到东江口的河段,因河中有海珠岛而得名,后用以概称该水系。由西江、北江和东江三条河流组成水系,入海口则有8条水道注入南海。珠江长2197公里,流域面积452616公里。

主干西江源于云南沾益县马雄山,西江干流上游南盘江与北盘江会合后称红水河,会柳江过大藤峡后称黔江,黔江与郁江相会后称浔江,会桂江后在梧州市以下始称西江。西江经羚羊峡后在思贤滘处与北江沟通,以下便流经珠江三角洲入南海。

北江主源称浈水,源于江西省信丰县西溪湾,绝大部分在广东省境内,主要支流有武水、滃江、连江和绥江。北江中游切过盲仔峡和飞来峡,经三水后流入三角洲河网区,与西江河道交错,注入南海。

东江源于江西省寻乌县大竹岭,称寻乌水,与定南水相会后称东江,流经广东东部,到石龙后分流,形成东江三角洲,后分为北干流和南支流两大河,同注入狮子洋经虎门出海。

(五)淮河

淮河是我国东部的主要河流之一。源于河南省桐柏山北麓,流经豫、皖至江苏扬州三江营入长江,全长1000公里。豫皖两省交界的洪河口以上为上游,长360公里,流域面积3万平方公里。洪河口至洪泽湖出口处的三河闸为中游,长490公里,流域面积16万平方公里。洪泽湖以下为下游,面积3万平方公里,入江水道长150公里。

(六)雅鲁藏布江

雅鲁藏布江是世界海拔最高的大河,西藏自治区最大河流。发源于西藏西南部,喜马拉雅山脉北麓的杰马央宗冰川。雅鲁藏布江自西向东横贯西藏南部,流经米林后折向北东,之后又急转南流,于巴昔卡出境流入印度后,改称布拉马普特拉河,又流经孟加拉国与恒河相汇,最后由孟加拉国湾注入印度洋。

河源至里孜为上游段,长268公里。雅鲁藏布江的正源杰马央宗曲,流经桑木张附近,支流库比藏布汇入后改称当却藏布(即马泉河)。里孜以下方称雅鲁藏布江。里孜至派区为中游段,长1293公里。中游以宽谷为主,宽窄相间的串珠状河谷特征。派区以下至流出国境处为下游段,长496公里。雅鲁藏布江在该派区—墨脱约212公里河段处,段形成马蹄形大拐弯,在河道拐弯的顶部内外两侧,各有海拔超过7000米的南迦巴瓦峰与加拉白垒峰遥相对峙,形成高山峡谷地带。山高谷深,河道迂回曲折。

(七)澜沧江

澜沧江是横断山脉区重要河流,也是我国最长的南北向河流,总长2354公里,流域面积16.5万平方公里。澜沧江源于青藏高原,上源有二,东源扎曲,西源昂曲,都出自唐古拉山在青海省境内的岗果日山,二曲至昌都汇流后称澜沧江。一般以扎曲为正源。类乌齐河汇口以上称为上游,全长556公里,山势一般较平缓,河谷平浅。以下即进入中游峡谷区,河长821公里,河床坡降大,谷形紧窄,水面宽120米左右。功果桥以下为下游段,两岸山势降低,窄谷与宽谷相间出现。戛旧以下进入西双版纳,地势更为低平。河道流经峡谷和平坝,形成串珠状河谷。至南腊河口随即流出中国国境,改称湄公河,在越南胡志明市以南入海。

5. 著名运河

运河的开凿始于春秋时期。在唐以前称为沟、渠、漕渠、漕河、运渠,宋代始有运河之称,元明以来渐成通称。

(一) 江汉运河

又称扬水、子胥渎。楚庄王(前613～前591)时,激沮水作渠,引江水循入古汉水支流扬水,东北流至今湖北潜江西北注入汉水,沟通江汉。楚灵王(前540～前529)时,又自章华台(今湖北监利北)开渎北通扬水以利漕运。楚昭王(前515～前489)时,伍子胥率吴师伐楚,疏浚此运道以入,故称"子胥渎"。这是目前所知中国最早的运河。

(二) 邗沟

周敬王三十四年(前486)吴王夫差筑邗城(古广陵),并于侧近开沟,引江水北出武广(今邵伯湖)、陆阳(今江苏高邮南)两湖之间,下注樊梁湖(今高邮湖),东北流至博芝、射阳两湖(今江苏宝应东),再西北至今淮安北古末口入淮。

(三) 菏水

又名深沟。公元前484年吴王夫差于今山东定陶东北开深沟引菏泽水东南流,入于泗水,因其水源来自菏泽,故称菏水。菏水的开凿使原来互不相通的江、淮、河、济四渎得以贯通,成为中原地区东西往来的主要航道。

(四) 鸿沟

魏惠王九年(前361),自今河南原阳县北开大沟引黄河水南流入圃田泽(今河南郑州、中牟之间),又自圃田泽引水至国都大梁(今河南开封)城北,绕城趋南,经通许、太康,注入沙水,再南至陈(今河南淮阳)东南入淮河支流颍水。鸿沟的开凿联结了河、济、濮、泗、菏、睢、颍、汝、涡等数条河道,形成黄淮平原以人工运河为干流,以自然河流为分支的水运交通网。鸿沟水系的形成是先秦运河草创时期的总结。

(五) 丹徒水道

公元前210年秦始皇遣刑徒三千人自今江苏镇江至丹阳，开凿一条弯曲的河道，东南通吴王夫差所开之古江南河，而至会稽郡（今江苏苏州）。又自今浙江崇德向西南开凿新水道抵钱塘（今浙江杭州）。经过改造整治的人工水道奠定了隋代江南运河的基本走向。

（六）灵渠

秦始皇二十六年（前221），在今广西兴安境湘水上游开凿灵渠，分湘水一支西流，经今兴安溶江注入大溶江，沟通湘、漓二水，今称兴安运河。灵渠使长江、珠江两大水系接通，从此黄、淮、江、珠四大水系皆有运河相连。

（七）关中漕渠

汉武帝元光六年（前129）发卒数十万开关中漕渠。自长安城西北（今陕西西安市郊鱼王村附近）引渭水东流，经今西安、临潼、渭南、华县以北，至华阴县东北之三河口以西注入渭河。

（八）白沟

建安七年（202）起，曹操陆续在华北平原上开凿了六条运河。其中白沟，又名宿胥渎。九年（204），曹操欲攻袁绍据点邺（今河北临漳邺镇），下枋木成堰，遏淇水东入白沟，以通粮道。此后，上起枋堰，下包今河北威县以南的清河，皆被称为白沟，成为河北地区的水运干道。

（九）通济渠、邗沟

大业元年（605）隋炀帝杨广营建东京（今河南洛阳），又征发河南、淮北诸郡男女百余万人开凿通济渠。

通济渠西段自东京西苑引谷水、洛水，循东汉阳渠故道东流，至偃师东南入洛，由洛入河；东段从板渚（今河南荥阳汜水镇东北牛口峪附近）引黄河水东行汴水故道，至浚仪（今河南开封）东，折而东南流，至宋城（今河南商丘南），东南入蕲水故道，最后至徐城（今江苏洪泽湖西鲍集附近）东南今盱眙对岸处入淮。

同年，又征发淮南民工十多万疏浚，并改造春秋末年吴王夫差所凿沟通江淮的邗沟，取代山阳渎。

通济渠、邗沟是隋所开运河中最重要的两段，渠广四十步，炀帝多次乘坐高大龙舟，率领着庞大船队由此往返于东都洛阳和扬州江都宫之间。

（十）永济渠

隋大业四年（608），炀帝又征发河北诸郡男女百余万人开永济渠，引沁水南通黄河，又在沁水下游东岸凿渠引沁水下接清、淇水，略循白沟、清河故道东北至今德州，沿今南运河抵今天津市，然后利用沽水上接桑干水（即今天津至武清的白河与武清至北京西南郊的永定河故道）至涿郡（今北京），全长两千余里。大业七年，炀帝准备亲征高丽，自江都坐船取道邗沟、通济渠渡黄河入永济渠，直达涿郡。

（十一）江南河

隋大业六年（610），炀帝在江都欲东巡会稽，又开凿了自京口至余杭（今浙江杭州），沟通长江与浙江间航运的江南河。大致利用六朝以来旧运渠而加以疏导，略同今大运河江南段，唯崇德以南一段在今运河之南。全长八百余里，宽十多丈，使可通龙舟。但"东巡会稽"的打算并未实行。

隋代开凿的这一系列运河，西自京师大兴城，北抵涿郡，南至余杭，全长四五千里。它沟通了海河、黄河、淮河、长江、钱塘江五大水系，并把京师、东都、涿郡（幽州）、浚仪（汴州）、梁郡（宋州）、山阳（楚州）、江都（扬州）、吴郡（苏州）、余杭（杭州）等通都大邑联缀一起，从而加强了各地区之间的联系。

（十二）宋漕运四河

北宋定都开封后，在改造、疏浚前代原有水道的基础上，形成以首都开封为中心向四围辐射的人工水运系统。有汴、黄、惠民、广济（五丈）四河通漕运，合称漕运四河。

（十三）元代运河

元代在今山东临清、济宁间先后开凿了济州河、会通河，在今北京、通县间开凿了通惠河，因而就形成了一条自大都（今北京）出发，可以经由通惠河、白河、御河（永济渠）、会通河、济州河、泗水、黄河、淮扬运河（邗沟）、浙西运河（江南河）直达杭州的沟通海河、黄河、淮河、长江、钱塘江五大流域的南北大运河。

（十四）明清运河

元代开京杭大运河使运河贯通南北。但会通河所经山东地段地势较高,河道较窄,加以水源不足常苦水浅胶舟,不任重载。明成祖朱棣迁都北京后,下令元代开京杭大运河使运河贯通南北。

清代沿明旧,大致可分为七段:

①北京至通州段称通惠河,漕称"里漕河"。

②通州至天津段称北运河,也称白河、路河或外河,漕称"白漕"、"路漕"或"外漕河"。

③天津至临清段称南运河,也称卫河或御河,漕称"卫漕"。

④临清至台儿庄段称会通河,也称山东运河,共设节制闸四十余座,故漕称"闸漕"。

⑤台儿庄至淮阴段是利用黄河,漕称"河漕"。

⑥淮阴至扬州段称里运河,也称淮扬运河、南河或高宝运河。中经宝应、高邮、邵伯等诸湖,故漕称"湖漕"。

⑦镇江至杭州段总称江南运河或转运河。又以苏州为界分为南北两部分:其北段称丹徒运河,漕称"江漕";其南段称浙江运河,漕称"浙漕"。

五、丝绸之路

丝绸之路有广义与狭义之分。广义丝路是古代中西方商路的统称;狭义丝路仅指汉唐时期的沙漠绿洲丝路。

汉武帝于建元二年(公元前139)派张骞出使西域,"凿空"丝路。元狩四年(公元前119)他再度出使西域,其副使分赴大宛(今费尔干纳)、康居(今阿姆、锡尔两河流域)、大月氏(今阿富汗中西部)、大夏(今阿富汗北部)、安息(今伊朗)、身毒(今印度)、于阗(今和田)、扜弥(今于田东)等地,从此开通丝路。新莽时期丝路中断。后班超重开丝路,曾派甘英使大秦(罗马帝国),至条支(今伊拉克)遇西海(今波斯湾)而返,这是汉代中国官员沿丝路西行最远者。隋唐丝路空前繁荣,胡商云集东都洛阳和西京长安,定居者数以万计。唐中叶战乱频繁,丝路被阻,后虽有恢复,规模远不如前,海上丝路逐渐取而代之。

1. 北方陆上丝路

指由黄河中下游通达西域的商路,包括草原森林丝路、沙漠绿洲丝路。前者存在于先秦时期,后者繁荣于汉唐。沙漠绿洲丝路延续千余年,沿线文物遗存多,是丝路的主干道。其起点一般认为是长安(今西安),其实它随朝代更替政治中心转移而变化。长安、郏鄏—洛阳、平城(今大同)、汴梁(今开封)、大都—燕京—北京曾先后为丝路起点。

2. 草原森林丝路

从黄河中游北上,穿蒙古高原,越西伯利亚平原南部至中亚分两支,一支西南行达波斯转西行,另一支西行翻乌拉尔山越伏尔加河抵黑海滨。两路在西亚辐合抵地中海沿岸国家。

3. 沙漠绿洲丝路

是北方丝路的主干道,全长7000多公里,分东、中、西3段。

(一)东段。自洛阳、长安至敦煌。较之中西段相对稳定,但长安以西又分3线:

①北线由长安沿渭河至虢县(今宝鸡),过汧县(今陇县),越六盘山,沿祖厉河,在靖远渡黄河至姑藏(今武威),路程较短,沿途供给条件差,是早期的路线。

②南线由长安沿渭河过陇关、上邽(今天水)、狄道(今临洮)、枹罕(今河州),由永靖渡黄河,穿西宁,越大斗拔谷(今偏都口)至张掖。

③中线与南线在上邽分道,过陇山,至金城郡(今兰州),渡黄河,溯庄浪河,翻乌鞘岭至姑藏。南线补给条件虽好,但绕道较长,因此中线后来成为主要干线。南北中三线会合后,由张掖经酒泉、瓜州至敦煌。

(二)中段。敦煌至葱岭(今帕米尔)或怛罗斯(今江布尔)。自玉门关、阳关出西域有两道:

①南道。从鄯善,傍南山北,波河西行,至莎车为南道,南道西逾葱岭则出大月氏、安息。

②北道。自车师前王庭(今吐鲁番),随北山,波河西行至疏勒(今喀什)为北道。北道西逾葱岭则出大宛、康居、奄蔡(黑海、咸海间)。北道上有两条重要岔道:一是由焉耆西南行,穿塔克拉玛干沙漠至南道的于阗;一是从龟兹(今库车)西行过姑墨(阿克苏)、温宿(乌什),翻拔达岭(别垒里山口),经赤谷城(乌孙首府),西行至怛罗斯。

③新北道。东汉时在北道之北另开一道,隋唐时成为一条重要通道,

称新北道。原来的汉北道改称中道。新北道由敦煌西北行，经伊吾（哈密）、蒲类海（今巴里坤湖）、北庭（吉木萨尔）、轮台（半泉）、弓月城（霍城）、碎叶（托克玛克）至怛罗斯。

（三）西段。葱岭（或怛罗斯）至罗马。丝路西段涉及范围较广，包括中亚、南亚、西亚和欧洲，历史上的国家众多，民族关系复杂，因而路线常有变化，大体可分为南、中、北3道：

①南道由葱岭西行，越兴都库什山至喀布尔后分两路，一西行至赫拉特，与经兰氏城而来的中道相会，再西行穿巴格达、大马士革，抵地中海东岸西顿或贝鲁特，由海路转至罗马；另一线从白沙瓦南下抵南亚。

②中道（汉北道）越葱岭至兰氏城西北行，一条与南道会，一条过德黑兰与南道会。

③北新道也分两支，一经钹汗（今费尔干纳）、康（今撒马尔罕）、安（今布哈拉）至木鹿与中道会西行；一经怛罗斯，沿锡尔河西北行，绕过咸海、里海北岸，至亚速海东岸的塔那，由水路转刻赤，抵君士坦丁堡（今伊斯坦布尔）。

4. 南方陆上丝路

即"蜀身毒道"，因穿行于横断山区，又称高山峡谷丝路。南方丝路由3条道组成。

（一）五尺道。丝路从成都出发分东西两支，东支沿岷江至僰道（今宜宾），过石门关，经朱提（今昭通）、汉阳（今赫章）、味（今曲靖）、滇（今昆明）至叶榆（今大理），是谓五尺道。

（二）灵关道。西支由成都经临邛（今邛崃）、严关（今雅安）、莋（今汉源）、邛都（今西昌）、盐源、青岭（今大姚）、大勃弄（今祥云）至叶榆，称之灵关道。

（三）永昌道。两线在叶榆会合，西南行过博南（今永平）、嶲唐（今保山）、滇越（今腾冲），经掸国（今缅甸）至身毒。在掸国境内，又分陆、海两路至身毒。

5. 海上丝路

起于秦汉，兴于隋唐，盛于宋元，明初达到顶峰，明中叶因海禁而衰落。规模最大的港口是广州和泉州。海上丝路有三大航线。

（一）东洋航线，由中国沿海港口至朝鲜、日本。

（二）南洋航线，由中国沿海港口至东南亚诸国。

（三）西洋航线，由中国沿海港口至南亚、阿拉伯和东非沿海诸国。

六、园林胜景

中国最早见于文字记载的园林，是《诗经·灵台》篇中记述的灵囿。灵囿是在植被茂盛、鸟兽孳繁的地段，掘沼筑台（灵沼、灵台），作为游憩、生活的境域。

秦始皇统一中国后，营造宫室，规模宏伟壮丽。这些宫室营建活动中也有园林建设如"引渭水为池，筑为蓬、瀛"。

汉代，出现了新的园林形式——苑，苑中有宫、有观，成为以建筑组群为主体的建筑宫苑。公元前138年，汉武帝扩建上林苑，前104年，又建建章宫，北治大池，名太液池，中有蓬莱、方丈、瀛洲三山，开创了"一池三山"园林布局。

西汉时已有以建筑组群结合自然山水的私园，如梁孝王刘武在今开封建造的兔园（梁园）。茂陵富人袁广汉于北邙山下筑园，构石为山，反映当时已用人工构筑石山。

魏晋南北朝时，园林建设趋向自然山水园。南齐文惠太子（萧长懋）开拓元圃园，多聚奇石，妙极山水。魏官吏茹皓阳建芳林园，后改名为华林园，"经构楼馆，列于上下。树草栽木，颇有野致。"从中可看出南北朝时期园林是山水、植物和建筑相互结合组成山水园。

南北朝时期佛教兴盛，不少贵族官僚舍宅为寺，原有宅园成为寺庙的园林部分。很多寺庙建于郊外，或选山水胜地营建。这些寺庙不仅是信徒朝拜进香的圣地，而且逐步成为风景游览的胜区。此外，在一些风景优美的胜区，还有了居、别业、庄园和聚徒讲学的精舍。这样，自然风景中就渗入了人文景观，逐步发展成为今天具有中国特色的风景名胜区。

605年，隋炀帝在洛阳营建西苑，又称会通苑。苑中造山为海，周十余里；海内有蓬莱、方丈、瀛洲诸山，高百余尺，台观殿阁，分布在山上。山上建筑装有机械，能升能降，忽起忽灭。海北有龙鳞渠，屈曲周绕后入海。沿渠造十六院，是十六组建筑庭园，每院临渠开门，在渠上架飞桥相通。各庭院都栽植杨柳修竹，名花异草，秋冬则剪彩缀绫装饰，穷奢极侈。院内还有亭子、鱼池和饲养家畜、种植瓜果蔬菜的园圃。十六组建筑庭园分布在山水环绕的环境之中，成为苑中之园，这是从秦汉建筑宫苑转变为山水宫苑的一个转折点。

唐代长安城宫苑壮丽，有大明宫的太液池，兴庆宫的龙池，大内三苑等。另外还有离宫别苑，如作为避暑夏宫的麟游县天台山的九成宫，作为避寒冬宫的临潼县骊山之麓的华清宫。尤其是在长安城东南隅有芙蓉园、曲江池，一定时间内向公众开放，实为古代一种公共游乐地。

唐代自然园林式别业山居有很大发展。盛唐诗人、画家王维在蓝田县天然胜区，利用自然景物，略施建筑点缀，经营了辋川别业，形成既富有自然之趣，又有诗情画意的自然园林。中唐诗人白居易游庐山，见香炉峰下云山泉石胜绝，因置草堂，建筑朴素，不施朱漆粉刷。草堂旁，春有绣谷花（映山红），夏有石门云，秋有虎溪月，冬有炉峰雪，四时佳景，收之不尽。唐代文学家柳宗元在柳州城南门外沿江处，发现一块弃地，斩除荆丛，种植竹、松、杉、桂等树，临江配置亭堂。这些园林运用艺术和技术手段来造景、借景而构成优美的园林境域。

北宋李格非撰《洛阳名园记》，记载了他在洛阳城郊游览并加以评述过的花园、宅园、别墅。如花园中的天王院花园子和归仁园，宅园中的富郑公园，别墅中的董氏西园。从中可以看出，北宋宅园别墅都采取山水园形式。在面积不大的宅旁园地里，就低凿池，引水注沼，因高累土为山，但很少迭石，亭廊建筑依景而设，散漫自由布置。布局的章法，借景的运用，理水的技艺较前代都有较大的进步。

宋徽宗赵佶在开封营建寿山艮岳，成为宋代的著名宫苑。初名万岁山，后改名艮岳、寿岳，或连称寿山艮岳，亦号华阳宫。艮岳突破秦汉以来宫苑"一池三山"的规范，把诗情画意移入园林，以典型、概括的山水创作为主题，在中国园林史上是一大转折。艮岳主山寿山，岗连阜属，西延为平夷之岭；有瀑布、溪涧、池沼形成的水系。在这样一个山水兼胜的境域中，树木花草群植成景，亭台楼阁因势布列。这种全景式地表现山水、植物和建筑之胜的园林，称为山水宫苑。苑中奇花异石取自南方民间，运输花石的船队称为"花石纲"。

南宋时的吴兴园林，如北沈尚书园、赵氏苏湾园、南沈尚书园、俞子清家园、莲花庄、赵氏菊坡园等，都追求精炼，在小的境域内着意经营，模拟自然，追求诗情画意。迭石技巧的进步，使假山和置石成为园林中常见的题材。这些都开明清江南宅园的先河。

元、明、清三代建都北京，大力营造宫苑，历经营建，完成了西苑三海、故宫御花园、圆明园、清漪园（今颐和园），静宜园（香山）、静明园（玉泉山），及承德避暑山庄等著名宫苑。这些宫苑或以人工挖湖堆山（如三海、圆明园），或利用自然山水加以改造（如避暑山庄、颐和园）。宫苑中以山水、地形、植物来组景，因势因景点缀园林建筑。这些宫苑中仍可明显地看到"一池三山"传统的影响。清乾隆以后，宫苑中建筑的比重又大为增加。

这些大型宫苑多采用集锦的方式，集全国名园之大成。承德避暑山庄的"芝径云堤"，仿自杭州西湖苏堤，烟雨楼仿自嘉兴南湖，金山仿自镇江，万树园模拟蒙古草原风光。圆明园的一百多处景区中，有仿照杭州的"断桥残雪"、"柳浪闻莺"、"平湖秋月"、"雷峰夕照"、"三潭印月"、"曲院风荷"，有仿照宁波"天一阁"的"文源阁"，有仿照苏州"狮子林"的假山等。这种集锦式园林，成为中国园林艺术的一种传统。

明清时代，江南园林续有发展，尤以苏州、扬州两地为盛。早期园林遗产，如扬州始建于北宋的平山堂，苏州沧浪亭和嘉兴烟雨楼均始建自五代，嘉兴落帆亭始建自宋代，易代修改，已失原貌。苏州留园和拙政园、无锡寄畅园、上海豫园、南翔明闵氏园（清代改称古猗园）、嘉定明龚氏园（清为秋霞圃）、昆山明春玉园（清为半茧园）均建于明代。

江南园林中最具有代表性的一批杰作为苏州名园。其中较闻名的有苏州四大名园：拙政园、留园、狮子林、沧浪亭。

拙政园为明王献臣用大宏寺的部分基地造园，用晋代潘岳《闲居赋》中"拙者之为政"句意为园名。分为东区（原"归田园居"）、中区（原"拙政园"）、西区（原"补园"）三部分。

留园原为明嘉靖时太仆寺卿徐时泰的东园，清嘉庆时刘恕改建，称寒碧山庄，俗称刘园，当时有造型优美的湖石峰十二座而著称。光绪初年易主，改名留园。

狮子林，元末天如禅师建，初名狮林寺，后改菩提正宗寺；因寺北园内竹林下多怪石，形似狮子，所以也称狮子林。清末为贝氏祠堂的花园。

沧浪亭在苏州现存诸园中历史最为悠久，原为五代吴越国时期的王公贵族别墅。北宋苏舜钦购作私园，建沧浪亭，作《沧浪亭记》，园名因而大著。元明时期园废，改作佛庵。清康熙时重建。

此外，还有网师园，原为南宋史正志万卷堂址，称"渔隐"，后废。清乾隆时重建，借"鱼隐"的含意，改称网师园。环秀山庄，相传为宋时乐圃故址，后改景德寺。清乾隆时建为私园，道光末属汪氏宗祠耕荫义庄，俗称汪义庄，亦称颐园。怡园，为清光绪年间所建。耦园，因有东、西二园，故名。东园始建于清初，原名涉园。艺圃，原为明文震孟（文征明曾孙）的药圃，清初改现名，又称敬亭山房。

拥翠山庄，在虎丘云岩寺二山门内，建于清光绪年间。其他，诸如畅园、壶园、残粒园、西园等亦甚闻名。

扬州有"园林之胜""甲于天下"之称，后来由于经济中心转移和兵燹摧残，园林大量被毁坏。现存的扬州名园有两类：一是依托自然水景的园林群，如瘦西湖；二是坐落在城内的宅园，如个园、寄啸山庄、小盘谷、片石山房等，均以迭石见胜。

瘦西湖，原名保障河、炮山河，又称长春湖，瘦西湖名称始于清乾隆年间。瘦西湖有二十四景，按性质大体可分为六类：御苑园林、寺庙园林、祠堂园林、书院园林、酒楼茶肆园林和宅园。个园，原为"寿芝园"的遗物，相传出于康熙年间著名画家石涛之手。清嘉庆时园归富商，重新修筑，广植修竹，竹叶形如"个"字，便取名个园。寄啸山庄，系清代光绪年间，何芷舠的宅园，习称"何园"。小盘谷，系清光绪年间两江总督周馥购旧园重建而成，以园中假山幽谷取胜。片石山房，又名双槐园，园以湖石著称。

其他各地较著名的有：南京的瞻园、煦园，无锡的寄畅园，常熟的燕园，上海的豫园、南翔古猗园、嘉定秋霞圃、青浦曲水园、松江醉白池，杭州的郭庄（汾阳别墅）、高庄（红栋山庄）、刘庄（水竹居），吴兴的南浔小莲庄,嘉兴的烟雨楼。

七、地理要籍与古地图

1. 地理要籍

（一）《尚书·禹贡》

中国第一篇区域地理著作。它是《尚书·夏书》中的一篇,简称《禹贡》,作者不详。约成书于公元前5～前3世纪。全书分5部分：

①九州岛。叙述上古时期洪水横流,不辨区域,大禹治水以后则划分为冀、兖、青、徐、扬、荆、豫、梁、雍九州岛,并扼要地描述了各州的地理概况。

②导山。分九州岛山脉为四列,叙述主要山脉的名称,分布特点及治理情形,并说明导山的目的是为了治水。

③导水。叙述9条主要河流和水系的名称、源流、分布特征,以及疏导的情形。

④水功。总括九州岛水土经过治理以后,河川皆与四海相通,再无壅塞溃决之患。

⑤五服。叙述在国力所及范围,以京都为中心,由近及远,分为甸、侯、绥、要、荒五服。从此,九州岛安定。

（二）《管子·地员》

《管子·地员》是战国时期一些人假春秋早期齐国政治家管子之名编撰的《管子》中的一篇,简称《地员》。主要论述中国土地分类,涉及土壤地理和植物地理。

（三）《管子·地图》

《管子》中的一篇,是中国最早的地图专篇。说明中国古代至迟战国时期的地图,已经具有比例尺、方位、距离等地图地理要素,对于地物的表示也已使用形象符号和文字注记等方法。

（四）《山海经》

中国古代以"山"和"海"为纲领,广泛辑录多种巫师、方士所记各地山川、神话、巫术的资料汇编。西汉末由刘歆（后改名秀）编定。全书内容庞杂,自然方面的山、川、泽、林、野、动物、植物、矿物、天象,人文方面的邦国、民族、民俗、物产、信仰、服饰、疾病医药，以及古帝王世系、葬地和发明制作，无所不包。

（五）《史记·大宛列传》

中国最早的边疆和域外地理专篇，是司马迁所著《史记》中的一篇，根据西汉张骞出使西域的汇报写成的。大宛为汉代西域地名，在今中亚的费尔干纳盆地一带。该篇不仅叙述了开辟"丝绸之路"的艰苦历程，并且反映出中国古代人民地理知识与视野的不断扩大，是研究中国地理学史和中亚等地历史地理的重要文献。

（六）《史记·货殖列传》

中国最早的经济地理专篇，是司马迁所著《史记》中的一篇。该篇既肯定农业生产的首要地位，又十分强调商品经济的自由发展。篇中将中国划分为若干区域，进而分别描叙其经济状况及风土人情，既写出各区域的特点，又进行区域对比，指出区域间的联系和差异。而且还叙及风俗、交通、物产和贸易情况，还记叙了古代的经济思想家和大工商业者。

（七）《汉书·地理志》

中国第一部以"地理"命名的地理著作，是东汉班固撰写的《汉书》十志之一。它对汉代郡县封国的建置，以及各地的山川、户口、物产、风俗和文化等作了综述，保存了汉代及其以前的许多珍贵的地理资料。是中国地理学史上一部具有划时代意义的著作。它是中国最早以疆域政区为主体的地理著作，开创了疆域地理志（以一个朝代一定时期的疆域政区为主体、分录各区山川物产）和沿革地理的体例。

（八）《法显传》

《法显传》是东晋旅行家和高僧法显记述他历时15年远赴天竺的旅行经过。书中记述的地域甚广阔，对所经中亚、印度、南洋约30国的地理、交通、宗教、文化、物产、风俗乃至社会、经济等都有所述及，是中国和印度间陆、海交通的最早记述，中国古代关于中亚、印度、南洋的第一部完整的旅行记，在中国和南亚地理学史和航海史上占有重要地位。

（九）《水经注》

《水经注》是北魏地理学家郦道元为《水经》所作的注文。《水经》作者不详,《四库全书提要》推论为三国时的著作。《水经注》数据丰富,语言生动,是一部不可多得的古代地理名著,同时在历史学、金石学、语言学和文学等方面也有很高的价值。

（十）《大唐西域记》

《大唐西域记》是唐代旅行学、高僧玄奘最重要的著作,由玄奘口述,辩机执笔。生动地记录了7世纪以前中国新疆、中亚及阿富汗、巴基斯坦、印度、孟加拉国等138国或地区的地理形势、人口疆域、国都城邑、政治历史、物产气候、交通道路、风土习俗、语言文字、民族宗教等。它是中国古代杰出的旅行著作,是研究中亚和南亚各国、尤是研究印度历史地理的珍贵文献。

（十一）《元和郡县图志》

《元和郡县图志》作者李吉甫是唐代地理学家。全书以当时的郡、县为体系,按更高一级的十道四十七方镇（节度使）编次。记述户口、沿革、四至八到、贡赋、物产、山川、水利,以至古迹史事等,是中国现存最早的一部全国地理总志,是研究唐代历史地理极为重要的文献。

（十二）《太平寰宇记》

宋初乐史编著的宋代大型全国性区域志。书中沿用唐制,将全国分为十三道,下分州、县,分别记述其历代的建置沿革、户口、风俗、人物、土产、山岳陂泽、水道源流、城邑乡聚、关塞亭障等情况,取材广博,内容丰富,是中国地理学史上一部重要著作。

（十三）《长安志》

宋敏求撰写的《长安志》是中国现存最早的古都志。书中着重记述唐代旧都,并上溯汉以来长安及其附近属县（即整个雍州）的情况,对研究长安的历史地理有较大参考价值。

（十四）《诸蕃志》

南宋赵汝适根据得知的各国国名、风土、山泽、物产等情况,以及其他有关数据,撰成《诸蕃志》。所记海国很广,东自今日本,西抵今意大利的西西里岛,沿海诸古国几列举无遗。书中对北非、东非的记载也相当详细。

（十五）《徐霞客游记》

明末旅行家、地理学家徐霞客死后由他人整理成《徐霞客游记》，是一部以日记体裁为主的地理名著。该书描述的内容涉及地貌、地质、水文、气候、动植物、历史地理、社会政治经济、城镇聚落、民族风俗等方面的知识，尤以地貌、水文、植物等内容为多，也是最富有地理学价值的部分。它是世界上第一部广泛系统地记载和探索喀斯特地貌的巨著。

（十六）《天下郡国利病书》与《肇域志》

这是明末清初学者和地理学家顾炎武编着的两部地理名著。《天下郡国利病书》先撰写舆地山川总论，然后分省论述地理形势、水利、粮额、屯田、置官、边防、关隘等，侧重于经济及军事形势。每省前均有地图，名曰"图录"，并录有西域、交趾及海外诸国。《肇域志》又名《肇域记》，专门撰述各地沿革、建置、山川、名胜等资料，保存了大量珍贵的历史地理资料。

（十七）《读史方舆纪要》

清初沿革地理学家和学者顾祖禹的《读史方舆纪要》，着重考订古今郡、县的变迁，和推论山川关隘战守的利害，是中国沿革地理最具代表性的著作，也是研究中国历史地理和军事地理的重要参考文献。该书附"舆图要览"，有当时全国总图、各省分图、边疆分图以及黄河、海运、漕运分图。

（十八）《西湖志》

清代傅王露的《西湖志》是记载杭州西湖的方志。该书仿"通志"体例，分门记载，列目二十：水利、名胜、山水、堤塘、桥梁、园亭、寺观、祠宇、古迹、名贤、方外、物产、冢墓、碑碣、撰述、书画、艺文、诗话、志余、外纪。征引颇多，史料丰富。书中名胜卷以图为主，绘图艺术相当美好。

（十九）《海潮辑说》

清代俞思谦编纂的《海潮辑说》是一部中国古代潮汐研究专集，编纂此书目的在于系统介绍中国古代的潮汐知识。此书保存了不少有价值的古代潮汐文献。

（二十）《大清一统志》

这是一部清王朝官修的全国性区域志。首为京师，次为统部，有直隶、盛京、江苏、安徽、蒙古、青海、西藏等24个统部；朝贡各国附录于后。各统部先有图、表，继以总叙，再以府、直隶厅、州分卷。府及州各列一表，下统所属诸县。列有疆域、分野、建置沿革、形势、风俗、城池、学校、户口、田赋、税课、职官、山川、古迹、关隘、津梁、堤堰、陵墓、祠庙、寺观、名宦、人物、流寓、列女、仙释、土产等25门。内容丰富，考订较为精详，是研究中国历史地理及清代政治、经济、文化的重要参考书。

（二十一）《海国图志》

清代思想家、地理学家魏源编著的《海国图志》内容丰富，记述了世界各国的地理、历史、经济、政治、军事和科学技术，乃至宗教、文化等情况，并附有世界地图、各大洲地图和分国地图等。它与成书时间相近的《瀛环志略》是中国学者编写的最早的两部世界地理著作。

（二十二）《瀛环志略》

清代徐继畬编著的《瀛环志略》是中国最早的世界地理著作之一。该书较全面地介绍了当时世界各国的疆界位置、山脉河流、地形气候、物产风俗、人种肤色、历史沿革等情况。书中附有大量地图，卷首有地球（东、西两半球）图，每洲的介绍之前有洲图，重要的国家还附有分国的地图。

2．古地图

（一）《马王堆出土西汉地图》

马王堆三号汉墓出土的3幅古地图，绘制时间当在2100多年前。第一幅为"西汉初期长沙国深平防区图"，又名"地形图"。主区为汉初长沙国桂阳郡的中部地区，邻区以赵佗割据的岭南地区为主。绘有河流、山脉等。现代地形图上的四大基本要素，即水系、山脉、道路和居民点，图上都有比较详细的表示。第二幅为"驻军图"，突出军事内容，用黑底套红勾框，着重表示九支驻军的驻地及其指挥中心。第三幅图残破严重，依稀可看出绘有的建筑物。

《马王堆出土西汉地图》反映了秦汉时期中国制图技术的高度水平，其中"地形图"是目前世界上传世下来的最早以实测为基础的地图，"驻军图"是世界上现存最早的彩色军事地图。

（二）《历代地理指掌图》

这是我国现存最早的一部历史地图集，又称《地理指掌图》。北宋税安礼撰，南宋赵亮夫增补。共有图44幅，每幅图都有图名，图后均附说明。上自帝喾,下至宋朝,各代地图至少一幅,多则五幅。第27幅"唐十道图"的西部有"星宿海"名,此名称在地图上出现可能以此图为最早。

（三）《九域守令图》

这是中国现存最早以县为基层单位的全国行政区域图。该图是北宋宣和三年（1121）利用前人底图,同时增加一些绘图时的新建置绘制而成,由荣州刺史宋昌宗立石,为中国现知立石最早的石刻地图。

（四）《禹迹图》与《华夷图》

中国现存最早的石版地图。于南宋绍兴六年（1136）上石。正面刻《禹迹图》,背面刻《华夷图》。《华夷图》上方朝下,下方朝上,与《禹迹图》正相反,因而这是一块作为印刷用的两面刻有地图的石版。《禹迹图》采用画方的绘法,每方折地百里,是目前所见中国古代地图上最早出现画方的图。

（五）《十五国风地理之图》

这是南宋杨甲编撰《六经图》中的一幅地图。该图绘于1155年,是为《诗经》周南至豳风之十五国风（国为诸侯所封之域,风为民俗歌谣之诗）绘制的地理图,它是世界现存时代较早的印刷地图,比欧洲的第一张印刷地图早约200年。

（六）《地理图》

这是南宋黄裳绘制,王致远刻石的石刻古地图,又称《坠理图》。海岸、江河,轮廓比以前地图较为正确。山脉、森林,用象形画法。地名加方框颇醒目。

（七）《平江图》

这是宋代石刻平江府（今苏州市）的城市平面图,是一幅具有较高绘制水平的古代城市地图。

（八）《静江府城图》

这是现知古代最大的城市平面图,又称桂州城（今桂林市）图。绘于南宋咸淳六年（1270）,同年刻石。图上山川名胜较少,街坊只绘主要大街11条。而城壕建筑、军营、官署和桥梁津渡却绘得比较详细,是一幅带有军事性质的城市地图。

（九）《郑和航海图》

这是中国古代内容最丰富的航海图。原名《自宝船厂开船从龙江关出水直抵外国诸番图》，载于明代茅元仪《武备志》。这幅海图是15世纪中叶的作品。包括航海图20叶（相当现代书籍40页），过洋牵星图2叶（有4幅）。图示郑和出使西洋各国的航程和经历的地名方位，航线以南京为起点，遍及今南海及印度洋沿岸诸地，最远到达非洲东部海岸肯尼亚的蒙巴萨。从南京至苏门答腊岛的航线注有罗盘针路，苏门答腊岛至非洲东部沿海除注罗盘针路外，还有星辰定向的记载。图上绘有航行方向、航程远近、停泊处所、暗礁浅滩，并标有亚非地名500多个，其中国外地名约300个，是中国古代记载亚非两洲地名最为丰富的一幅地图。

（十）《杨子器跋舆地图》

这是明代的彩绘全国行政区划图。原图无图名，亦未注绘图人。因图下方有杨子器的跋文，故称为《杨子器跋舆地图》。图中用来表示山脉、河流、湖泊、海洋、岛屿、长城，以及行政区名的图例项标示，共20余种。500多座山脉均用着色的山峰表示。河流用双线着色表示。1600多个地名分级用方、圆、菱形等符号表示。海岸线画得比较正确，水系较为详细。

（十一）《广舆图》

明代罗洪先用计里画方之法，据朱思本《舆地图》缩编增广而成。《广舆图》以总图为首，按行政区划分幅列图，并附有专门性地图，成为一部比较完整的、附域外地区的综合性地图集。

（十二）《皇舆全览图》

由康熙皇帝亲自主持、聘请西洋传教士经过经纬度测量绘制而成的《皇舆全览图》是中国第一幅绘有经纬网的全国地图。其范围之广，内容之精详，超过了以往任何中国地图。《皇舆全览图》在中国地图发展史上具有划时代的意义，自清中叶至民国初年国内外出版的各种中国地图基本上都渊源于此图。

（十三）《京城全图》

清乾隆十五年（1750）绘制完成的北京全城地图，又称《清内务府京城全图》、《乾隆京城全图》。全图高14.01米，宽13.03米，比例约为1:650，分表为51帙。全图的绘工十分精细，且以写真的手法显示主要建筑物的立面形状，在世界古代城市地图的绘制史上实属罕见。

（十四）《乾隆内府舆图》

此图是乾隆年间在康熙《皇舆全览图》的基础上修订补充而成的全国地图，又称《乾隆皇舆全图》。该图以纬差5度为一排，共分十三排，故又名《乾隆十三排图》。

（十五）《皇朝一统舆地全图》

这是清代李兆洛、董方立编绘的全国地图。主要根据《皇舆全览图》和《乾隆内府舆图》，并参校乾隆以来至道光二年（1822）的州县变更、水道迁移编绘而成。图有经纬网（以通过北京的经线为中经线），又有计里画方，以纬度1度分为二方，每方百里。图中还标出疆界，北到外兴安岭，西到帕米尔和后藏的阿里地区，东到库页岛，南到南海，反映了盛清时期的疆域。

（十六）《大清一统舆图》

清代邹世诒、晏启镇绘制，李廷箫、汪士铎校订的《大清一统舆图》，参照了李兆洛的《皇朝一统舆地全图》的画法，将经纬网与画方融于一图之中。内容比李兆洛图详细，远超出本国范围，故又名《皇朝中外一统舆图》。此图采用书本形式，冠以总图，下分31卷，以南北400里为1卷，每卷包括纬差2度。直到现代地图出现前，一般为众家所采用。

第二卷

華夏文明聖火薪傳

主　编　章人英
副主编　葛明沧
　　　　顾　钢

上海三联书店

总目录

第一卷
卷首语　鸿儒卓识
第一章　厥初生民
第二章　先哲玄训
第三章　质测钩玄

第二卷
第四章　郅治之道
第五章　文化教育

第三卷
第六章　武备韬略
第七章　史志辑略
第八章　舆地广记

第四卷
第九章　字源韵会
第十章　文苑汇考

第五卷

第十一章 艺林掇英

第十二章 民族博闻

第二卷 目录

第四章 郅治之道

第一节 **原始氏族社会的民主制和国家雏形之产生** / 1
 一、氏族社会 / 1
 二、国家雏形的形成 / 2
 三、传说时期（夏以前）"选贤与能"的禅让制度 / 2

第二节 **中国第一个奴隶制国家夏王朝** / 3
 一、夏时期"天下为家"的王权世袭制度 / 3
 二、王权的形成 / 3
 三、奴隶制国家政治制度的确立 / 3
 四、夏代的辅政官员 / 4
 五、神权政治 / 4

第三节 **殷商时期** / 5
 一、"殷人尊神" / 5
 二、"尊祖敬宗"与王权专制思想 / 5
 三、国家机器的逐步健全 / 6
 四、商代完备的刑制 / 7
 五、一些政治思想之萌发 / 8

第四节 **西周王朝时期** / 8
 一、实行分封制 / 8

二、系统的宗法制度 /9

三、完整的礼乐制度 /9

四、等级森严之爵禄服命制度 /10

五、"内服"官与"外服"官体制之建立 /10

六、周公旦的政治思想 /11

七、祭公谋父关于德与兵间关系的政治思想 /12

八、伯阳父关于"和"与"同"之思想 /13

九、西周刑法——九刑；西周法律制度与《吕刑》/13

十、西周"井田"土地制度 /14

第五节　春秋战国时期 /14

一、政治制度之演变 /15

二、春秋战国时期的法律法规 /18

三、职官管理制度 /20

四、百家争鸣中, 诸子百家的政治主张 /23

五、先秦经济思想 /37

第六节　专制主义中央集权的秦王朝 /38

一、始称皇帝 /39

二、三公九卿制 /40

三、实行中央集权的郡县制 /40

四、经济文化政策 /41

五、崇尚黑色 /42

六、反对以古非今 /42

七、秦代法规 /42

第七节　西汉时期 /43

一、分封诸王和郡国并行制 /43

二、中朝官尚书行政管理体制 /44

三、朝廷铸钱与盐铁官营 /44

四、西汉政治家、思想家之治国思想 /45

五、实行儒学与仕途相关的选官制度 /49

六、设置刺史以监察地方 /50

　　七、"代田法"和"区田法" /50

　　八、王莽改制 /51

　　九、律,令,科,比 /53

第八节　东汉时期 /54

　　一、虽置三公,事归台阁 /54

　　二、加强监察 /54

　　三、提倡谶纬神学 /55

　　四、王充的伦理思想 /55

第九节　两汉时期经济思想 /56

第十节　三国两晋南北朝时期 /56

　　一、曹操与诸葛亮以法治国、务实求治的主张 /56

　　二、玄学家的政治思想 /58

　　三、鲍敬言之无君论 /59

　　四、九品中正制 /60

　　五、三国——吴国的领兵制和复客制 /60

　　六、西晋占田制 /61

　　七、北魏孝文帝之改革 /61

　　八、西魏宇文泰创立府兵制 /63

　　九、三国两晋南北朝时期之法规 /63

　　十、三国两晋南北朝时期经济思想 /67

第十一节　隋唐时期 /68

　　一、隋代之改革 /68

　　二、唐朝前期"偃革兴文,布德施惠"的治国方略 /70

　　三、唐朝前期的政治措施 /72

　　四、唐朝中后期政治制度之变化 /74

　　五、唐朝中后期思想家的政见 /76

　　六、唐朝时期经济思想 /78

第十二节　两宋时期 /78

3

一、宋代高度集权只君主专制制度 / 78
　　二、宋代思想家的各种政治主张 / 81
　　三、宋代时期经济思想 / 87

第十三节　元代时期 / 87
　　一、"附会汉法"，实行"仁治" / 87
　　二、中央与地方行政制度 / 88
　　三、达鲁花赤制 / 91
　　四、站赤（驿传）系统 / 91
　　五、元代的成文法 / 91
　　六、"农桑为急务"的政策 / 92

第十四节　明代时期 / 92
　　一、朱元璋加强中央集权的政治举措 / 92
　　二、王守仁之"心学"体系 / 96
　　三、张居正的救时主张和一条鞭法的推行 / 97
　　四、李贽反传统、反权威的政治思想 / 98
　　五、李自成"均田免粮"之反封建纲领 / 100

第十五节　清代时期 / 101
　　一、入关初期的民族高压政策 / 101
　　二、怀柔政策 / 103
　　三、八旗兵、绿营兵 / 103
　　四、"轻徭薄赋"，招徕逃亡和垦荒政策 / 104
　　五、清初思想家的政治及经济思想 / 104
　　六、清朝中央和地方政权机构的加强 / 108
　　七、"改土归流"政策 / 112
　　八、法律监察制度的发展和完善 / 112
　　九、思想钳制与文字狱 / 113
　　十、鸦片战争前之对外关系 / 115
　　十一、闭关政策和鸦片贸易 / 117
　　十二、中国近代思想家的政治思想 / 119

十三、洋务派政治思想与洋务运动/123

十四、"革故鼎新"的变法维新思想/126

十五、戊戌变法/133

十六、清末"新政"/134

十七、民主革命派的政治思想/135

十八、孙中山的三民主义理论与辛亥革命/136

第五章　文化教育

第一节　**中国历代教育**/139

一、学校的萌芽/139

二、夏朝的学校雏型/139

三、殷商时期教育/140

四、西周时期教育/141

五、春秋战国时期教育/148

六、秦汉时期教育/166

七、魏晋南北朝时期教育/177

八、隋唐时期教育/183

九、宋元明清时期教育/189

第二节　**中国历代体育**/225

一、远古体育的萌芽/225

二、夏、商、西周时期的体育/226

三、春秋战国时期的体育/226

四、秦汉魏晋南北朝时期的体育/231

五、隋唐五代时期的体育/241

六、宋辽金元时期的体育/244

七、明清时期的体育/247

第三节　**中国历代新闻出版事业**/252

一、中国古代报纸/252

二、新闻学理论的研究 / 254

　　三、出版事业的普及 / 254

　　四、印刷技术的发展和新型出版机构 / 256

第四节　中国书籍沿革 / 256

　　一、中国的初期书籍 / 256

　　二、中国的古籍 / 257

　　三、古籍的装帧形式 / 260

第五节　中国历代图书收藏和管理事业 / 264

　　一、中国图书馆的沿革 / 264

　　二、古籍的分类 / 268

第六节　中国历代生活习俗 / 269

　　一、饮馔美食 / 269

　　二、服装文化 / 276

　　三、传统民居 / 279

　　四、家具沿革 / 284

　　五、婚庆习俗 / 286

　　六、丧葬规制 / 289

　　七、岁时节令 / 296

第四章　郅治之道

政治是一种重大的社会现象。我国早在先秦时期就有"道洽政治，泽润生民"（《尚书·毕命》）之说，并且认为"政"主要是指国家的权力、制度、秩序和法令，而治则主要指管理和教化。近代孙中山先生分析道："政就是众人的事，治就是管理，管理众人的事便是政治"。总之，数千年历史的演绎证明，历代思想家、政治家都将自己在义理思辨方面的认识付之社会实践，身体立行，企图创造出一套套治国经世方案，诚然，其中有经验，也有教训。

第一节　原始氏族社会的民主制和国家雏形之产生

一、氏族社会

社会学家把原始社会分为前氏族公社、母系氏族公社、父系氏族公社三个发展阶段。这三个发展阶段所出现的社会组织又区分为原始人群、血缘家庭、氏族、胞族、部落、部落联盟等几种形式。

氏族是原始社会基本的社会经济单位，也称为氏族公社，约相当于我国传说中的有巢氏和燧人氏时期，按《韩非子·五蠹》记载，当时"人民少而禽兽众，人民不胜禽兽虫蛇，有圣人作，构木为巢，以避群害"，"有圣人作，钻燧取火，以化腥臊"。

几个氏族结合起来的联合体称为胞族，由各氏族推举产生胞族长，负责调节氏族间的纠纷，主持宗教活动。由若干个氏族、胞族联合而成的联合体即为部落,部落设有首长,由本部落各氏族推选有威望的氏族首领担任,并出现了一些既从事生产又负责管理的人,这大概是从传说中的伏羲氏时期开始,所以《通典》认为"伏羲氏太昊以龙纪,故为龙师名官。师,长也。龙纪其官长,故为龙师。"官,管也,就是管理事务的人。

部落联盟是由两个以上的部落为了共同的利益而结成的联合组织,初期的部落联盟军事首领或酋长由选举产生,后来逐步地演变为在氏族贵族内部产生。部落联盟设有议事会和民众大会。

二、国家雏形的形成

据文献传说记载,中国古代部族有三大集团。一个是华夏集团,由黄帝、炎帝、高阳氏(颛顼)、有虞氏(舜)、祝融氏等支系组成。二是东夷集团,由太皞、少皞、蚩尤等部族组成。三是苗蛮集团,由三苗、伏羲、女娲、貛兜等部族组成。这三大集团生活在黄河和长江流域,时而争斗,时而和平共处,逐渐同化而形成后来的汉族,并最终在黄河流域形成了以黄帝部落为核心的、比较巩固的大联盟。在此基础上,经过几百年,又形成了陶唐氏、有虞氏、有夏氏的部落联盟,尧、舜、禹相继为这个部落联盟的首领。在部落联盟首领统率之下,专门从事管理的部门和人员也逐渐产生,并且日益增多。杜佑《通典》记载:"黄帝置六相","尧有十六相","官员六十名",说明当时已有了一定的管理机构,出现了与人民大众分离的公共权力,形成了国家的统治机构。

三、传说时期(夏以前)"选贤与能"的禅让制度

尧、舜、禹时期正值以血缘关系为纽带的原始社会氏族制度阶段。原始社会恶劣的自然条件,低下的生产力水平,使得原始人只能以完全公有化的集体群居方式求得生存。物质公有,权力公有,一切都成为公有,这样,原始先民自然选定了禅让制这种确保权力公有化的制度。禅让制的核心是"传贤"而非"传亲",更不是"传子"。关于尧、舜、禹禅让的传说,《礼记·礼运篇》中关于"大同"社会"选贤与能"的表述,都说明了当时的现状是氏族社会民主推举的部落首领制。

第二节 中国第一个奴隶制国家夏王朝

一、夏时期"天下为家"的王权世袭制度

关于尧、舜、禹之间部落首领职位的更代,按《古本竹书纪年》、《韩非子》等书记载,禅让只是表象,实质则是强力夺取。原始社会末期,出现了物质资财私人占有现象。物质的强烈诱惑力引发的只能是人类惊人的占有欲,而能满足这一占有欲并使之有效实现的唯一方式,便是实行王权世袭制,亦即对权力实行绝对垄断并且世代相传。夏禹死后,其子启夺取伯益之位,使世袭制首次成为现实。这样,氏族、部落的管理机构逐渐变为国家的统治机构,而氏族和部落的首领实质上已经成了国王。王权也正是在这种反复的斗争中逐渐产生和加强的。《礼记》把这时称作"各亲其亲,各子其子"的"天下为家"的时代。从夏启开始,中国的王权、奴隶主阶级以及奴隶制专政国家开始出现了。

二、王权的形成

从"王"字的本义来讲,三横分别代表天、地、人,一竖是指一个贯通于天地人之间的人。也就是说,天下的一切都属于王,所以《说文解字》释义为"天下所归往也"。字义本身已经反映出王被认为是天地人的主宰、最高权力的象征。夏代最初几个君主启、太康、仲康、相等不称王,而称为"后","后"的本义意思是生育,亦有祖先的意思。说明刚刚从氏族社会组织中脱胎出来的奴隶制国家,还带有氏族社会组织的痕迹。当时的君主是以祖宗的身份来行使统治权力,号令各个部族的,俨然是一个大家长兼最高首领。直到少康重建夏朝,奴隶制国家才完全确立起来,因此,夏的统治者便进一步称"王",表明这时王权已经形成。

三、奴隶制国家政治制度的确立

国家是从氏族制度演变而来的。从古书记载可知,夏代已具备作为国家机器的主要组成部分——刑狱和军队这种脱离人民群众的"公共权力",正式产生了自上而下垂直式的臣属关系或统治关系的国家这一专政机构。夏代已修建了城廓沟池,在今二里头遗址上已挖掘出夏王朝当时的宫殿遗址。古书记载:"芒芒禹迹,划为九州岛",表明夏代曾把居民按居

地分成九个区域进行统治。又与四周各部落进行过长期战争，可证夏朝已经有专门从事掠夺或镇压奴隶大众的军队组织。夏设有监狱，《广雅》云："夏曰夏台，殷曰羑里，周曰囹圄，皆圜土"。圜土是监狱的泛称。又据古书记载："夏有乱政，而作禹刑"，"禹刑"是对奴隶大众进行镇压的法律和刑罚制度。禹刑的具体内容已无从考证，从《左传》所引《夏书》的片断，如"昏、墨、贼、杀，皋陶之刑也"，"与其杀不辜，宁失不经"，以及《汉书·刑法志》的记载："禹承尧舜之后，自以德衰，而作肉刑"，可以约略看到夏的一些罪名、刑名和刑罚适用原则。其刑罚手段，从史料所见"孥戮"，可知为罚作奴隶，用作祭祀的牺牲。

四、夏代的辅政官员

夏代已出现了国家机构重要组成部分的官吏。《尚书·甘誓》记载，夏有"三正"，就是指奴隶制王朝的大臣和官长；《史记·夏本纪》讲，夏有"四辅臣"，所谓"古者天子必有四邻，前曰疑，后曰丞，左曰辅，右曰弼"；《通典·职官二》又讲，夏有"三老五更"，"三者，道成于三，谓天地人也。老者，旧也，寿也"，"五者，训于五品。更者，更也，五世长久更相代，言其能以善道改更己也"。以上诸说，都说明夏代确是存在着辅政官员的。

政务官员方面，《通典·职官一》载，"夏后之制，亦置六卿。《甘誓》曰'乃召六卿'是也。其官名次，犹承虞制。"辅佐夏王的六卿中，司空为六卿之首，后稷掌农业，司徒主教化，大理主刑狱，共工管营建百工，虞人掌山泽畜牧。足证夏代已经形成国家，也已经有了分管各项政务的官员。

五、神权政治

《周书·召诰》说："有夏服（受）天命。"这是君权神授最早的记载。"受命于天"，这是当时以国王为首的奴隶主贵族极力宣扬的道理。启伐有扈氏便打着执行上天命令的旗号。《尚书·甘誓》中讲："天用剿绝其命，今予惟恭行天之罚"。其实，早在原始社会每个氏族或部落都拥有自己的保护神——图腾，这种原始宗教的传统发展到夏禹时，出现了超出氏族部落的地区性的保护神——社。最早被尊为这种保护神的是禹。《封禅书》说："自禹兴而修社祀"，以禹为象征的社神成为象征国家的国神。在夏的政治生活中，祭祀是最重要的国家大事。在夏的国家机构中，由于巫史在祭祀活动中扮演重要角色，因此巫史除了掌握直接与神事有关的占卜、祭祀大权之外，实际上还控制着司法、军事、教育、历法及记事等方面的大权，甚至直接掌管王室事务。当时许多职官的名称，就是从巫史分化出来的。如大理、遒人、作册、守藏史及帅保等。巫史在国家权力上的绝对优势，表明了神权在夏的政治生活中占着重要的支配地位。

第三节　殷商时期

约公元前16世纪夏亡，商继起。商王朝实行"亲贵合一"的组织原则，建立起以宗法式家族制度为核心的贵族奴隶制。商王朝实际上是由许多贵族家族的骈支所构成的。

一、"殷人尊神"

《礼记·表记》载："殷人尊神，率民以事神。" 随着殷王权力的加强，殷代统治者创造了一种与祖宗崇拜相结合的"至上神"的观念，称为"帝"或"上帝"，认为它是上天和人间的最高主宰，是商王朝的宗祖神，能够经常"在帝左右"，甚至宣称他们的祖先就是上帝的子孙。因此，老百姓应该服从商王的统治。"上帝"（或称"帝"）是自然界和人类社会的最高主宰，能发号施令，实行赏罚，一切人事如年岁丰歉、战争胜败、城邑兴建都是由他决定的。当时的巫、祝们按照统治者的意志，通过卜筮来传达上帝的意志，用以治理民众。在《尚书·汤誓》篇里，汤认为"夏氏有罪"，民不堪命，所以要"致天之罚"。在《尚书·盘庚》里，盘庚宣布迁都至殷是神的意志，所以官员们必须服从盘庚的统治，否则，将"罚及尔身"。

二、"尊祖敬宗"与王权专制思想

商王强调"尊祖敬宗"，把宗庙祭祀列为国家大事，用族权来维护和加强王权。对神权的顶礼膜拜同时也是树立王权绝对权威的最有效形式。体现在王位继承制度方面，商汤时制定了"兄终弟及"的继承制度，即兄死由弟继承，弟死由少弟继承，直到同辈之弟全不在世时，再由长兄之子继位，以此类推。但这种制度本身潜伏着动乱因素，因为继位之弟往往不肯把王位再交还兄之子，而要传给自己的儿子，形成了"废嫡而更立诸弟子，弟子或争相代立"的争夺局面。后来,虽经过盘庚中兴,但王位继承问题还没有真正得到解决,只是在帝庚丁以后,才完全确立传子制度,随后又确立了嫡子继承制。

商政治思想的核心正是王权专制思想。卜辞中商王自称"余一人",在文献《盘庚》中也有"余一人"的记录。充分表明商王普天之下唯我独尊、唯我至高的个人专制思想,仅"余一人"处于承天继祖救民的位置,万民的一切皆为王所恩赐,因此万民必须保证绝对地由"余一人"支配。天下任何事都由王说了算,无论何人都不得有丝毫的违背。正是这种王权的神化导致了王权的无限膨胀,最终出现个人专制。

三、国家机器的逐步健全

国家统治机器的基本成分是官吏、军队、监狱、刑法等。商王朝为了镇压奴隶和平民的反抗,镇服四方诸侯和进行掠夺战争,加强了国家机器,已逐步建立起以国王为中心的比较完整的内外职官体制,初步形成了地方政权体制,进一步体现出按地区组织和管辖居民的国家特征。

商代王室内廷政务官(即宫官),主要有"宰"和"臣",其职责主要管理内廷事务。"宰"或称"家宰",为王室事务的总管,有时可代王施政。臣为王的仆役,小臣为商王的近侍,常伴王之左右。这些宰和臣,平时为王服务,战时随王出征,常被委以重任而由内廷官变为外廷官,所以,商代的内、外廷官有时很难区分清楚。

商王朝的外廷政务官主要有尹,卜,作册,亚服等。尹的地位最为显赫,其职位与后世的"相"很接近。卜、巫、史等是为商王朝处理占卜和祭祀等事务官。由于商代"国之大事,在祀与戎",神权在政治生活中占重要作用,他们充当神与人之间沟通者的角色,通过卜筮的仪式把国王的一举一动,都放在他们的命令之下。因而实际上,他们就是商代的政治、经济和军事的最高指挥者,拥有不小权力。甲骨文中的贞人就是"卜"官,他们受王之命,常为祭祀与戎事活动进行占卜。商王朝有一个庞大的贞人(即"卜"官)集团,称为"多卜"。巫史在职务上有些分工,如有师保(又称阿衡)、卿史(也写作卿士)等。其中以师保权力为最大,卿士主要职务是掌管祭祀、占卜、历法,也管些军事。

甲骨文里的"乍（作）册"，铜器铭文上的"乍册右史"、"御史"等就是史官。《尚书·多士》说："唯殷先人，有册有典"。这里所谓的"典"、"册"，应是出自当时史官——"作册"的手笔。

亚服是武官，王婿称为"亚"，多充当宫廷警卫之类的武官。

商王周围还有一些负责侍从警卫的官吏。专为商王吃宿等服务的官叫"尹"，尹不止一个人，故有时也称"多尹"。管理商王车马的叫"服"，管理商王猎区的称"犬"或"兽正"，管理商王之放牧的称"牧正"，管理商王粮仓的叫"啬"或"廪人"，管理商王之酒的叫"覃"。商王的警卫则分为左、中、右三（师），主要由经过训练的骑兵与射手组成，前者叫"马"，后者叫"射"，所有以上官吏同商王及其家族共同构成了商王朝一个庞大的专制统治集团。

商朝政务机关设有食、货、祀、司徒、司空、司寇、宾、军八个部门，即所谓"八政"。

四、商代完备的刑制

《尚书·盘庚》记载："以常旧服，正法度"，说明商代已具有成文法律。

《左传·昭公六年》记有"商有乱政，而作汤刑"之说。"汤刑"是商代法律的总称。有关汤刑的内容和墨、劓、剕、宫、大辟的五刑制度，古文献中已有较多的记载，并得到了地下甲骨卜辞的证实。商代的刑制以其完备著称于古代。周初政治家周公旦在教导诸弟如何统治商族遗民时，强调要"用其义刑义杀"（《尚书·康诰》）。直到战国，荀况在谈到刑法的发展沿革时，仍说"刑名从商"（《荀子·正名》），充分肯定了商代刑制的历史地位。

《尚书·康诰》认为"殷罚有伦"，说明商代的刑法有条理、有规则，但据说"殷之法弃灰于公道者断其手"，可见商代的刑罚是十分残忍的。据古文献和考古发掘看，当时有黥额（在面额上刺字）、桎梏（脚镣手铐）、流放、割鼻、刖刑（断手，断足）、砍头、炮烙（令受刑者爬行在用炭烧红的铜柱上堕火而死）、剖腹、活埋、醢脯（剁成肉酱，晒成肉干）、放入臼中捣死、族诛连坐等酷刑。

甲骨文有"圉"字，说文解释为："圉，囹圄，所以拘罪人也。"可见，商代已有监狱存在。

五、一些政治思想之萌发

在商代，与专制思想并存的，还有从一些政治概念所反映出的政治思想，已萌发了一个重要的政治和伦理概念"德"。关于德的规定，当时有：恪谨天命，遵顺先王谓之德；唯王之言是听谓之德；信用旧人谓之德，等等。另外，殷代也出现了"礼"这个概念。见于卜辞的许多祭祀制度都可称之为礼。由于殷商为神权政治，因此礼也是一个政治概念。商统治者还萌发了"重民"、"蓄众"的敬民思想，以及"正法度"即强调政治行为规范化，不能任意行事的政治思想。

第四节　西周王朝时期

一、实行分封制

西周王朝建立后，为了控制其征服的广大地区，周朝统治者实行分封制，基本上按照王室的血缘亲疏关系来进行分封。《荀子·儒效篇》中说：周兼并天下之后，立71国，姬姓（周王的同姓）就占到53国。周王是最高统治者，直接管理着最大的土地，称为"王畿"。将与周王室血缘较密的亲族，封在距周的东西两都较近的地区，即以周都镐京为中心的姬姓诸侯国。对殷，除采取分而治之外，并用以殷治殷的办法，治理部分殷民。另外，对一些异姓部族首领加封，将商毁灭掉的古国，重新扶植起来。但是，各封国都必须承认周天子为其共主。此外，各封国对周天子还负有戍守或随王出征等一定的义务。

作为分封制度的延续，所有被周天子封的大诸侯，也以同样的方式对其属下进行分封，形成小的诸侯。诸侯封其属下为卿大夫。卿大夫的封地名"采地"或"采邑"。卿大夫以下有士，也被封予食地。"士"是贵族阶级的最低一层，以下便是平民和奴隶。周天子利用这一级一级的分封方式，建立了一套严密的统治网络。上自天子，下至士，都是上级对下一级分封，下级对上一级承担缴纳贡物、军事保卫及服役等义务。分封制度的推行进一步巩固了周奴隶主贵族阶级的统治地位。

二、系统的宗法制度

周王朝分封制的顺利推行是与以血缘为基础的宗法制分不开的。周的宗法制度，本是由氏族社会氏族组织演变而来的以血缘为基础的族制系统。其具体内容大略是：以天子为天下大宗，所以称为"宗周"。天子实行世袭制，嫡长子享有继承父位荣登天子宝座的资格，称之为宗子。嫡长子的同母弟与庶兄弟封为诸侯，是为小宗。诸侯在其国为大宗，世子世袭，诸侯的众子则封为卿大夫，为侯国的小宗。卿大夫在自己的封邑为大宗，嫡长子世袭，卿大夫的众子则被封为士，为卿大夫的小宗。士的长子仍为士，其余诸子为庶民。异姓诸侯也同样实行此制。

周室确定嫡长子对国土和田邑有继承权的宗法制度，是解决贵族间的矛盾、巩固分封制的一种方法。宗法制提倡以祭祀典礼表达对祖先的尊敬，而且规定只有大宗才有祭祖的特权。此外，西周的这种宗法制度要求人人都得尊祖，因此，无权祭祖的就只有敬那个能祭始祖的大宗了。这样，嫡长子（大宗）继承父亲的国土，诸庶子（小宗）分封，也就无可争辩了。可见宗法制正是维系分封制的。它从表面上来看，好像是要分别血缘上的亲疏关系，其实主要目的是通过亲疏的血缘关系，确定财产及政治地位的分配关系。

三、完整的礼乐制度

西周政治制度中，礼乐制度占有极其重要的地位。礼的核心是统治阶级内部的等级名分制度，要求做到《荀子·富国》中说的那样："贵贱有等，长幼有差，贫富轻重皆有称者也"。简言之，根据这种等级原则形成的一系列繁琐的规定，就是关于礼的制度。如堂屋地基的高度，《礼记·王制》记载："天子堂高九尺，诸侯七尺，大夫五尺，士三尺"，便是这种礼制的最好体现。另外，为了保证礼的规范在各等级的贵族中都能自觉遵守，统治者还将这些具体的行为规则用歌唱、舞蹈等艺术形式加以渲染和表现。由此，形成完整的礼乐制度。在贵族内部，大凡有关君臣、父子、兄弟等的衣食住行，丧葬婚嫁，风俗争讼以及其他军制政令、鬼神祭祀等等，都必须按着制定的一套固定的礼制行事。可见，礼的作用就在于"定亲疏，决嫌疑，别同异，明是非"，也就是按照尊卑、亲疏、贵贱、长幼的差别，定出每一等人的一定的义务和权力。

四、等级森严之爵禄服命制度

周的最高统治者称王也称天子、天君等。国王享有主祭权、分封诸侯权、国事的最后决定权,任命官吏权以及军队的统率权等等庞大的权力系统。西周爵位分为天子、诸侯、大夫、士四个等级。贵族上下级间皆为君臣关系。诸侯为天子的臣,大夫为天子臣的臣,也叫"陪臣",士对诸侯也为陪臣。爵位是贵族等级的标志,爵位同时预示着权力和土地的拥有量,而土地收入又形成各级贵族的俸禄。不同爵位的贵族,其宫室建筑、所穿衣、所乘车及举行的礼仪排场都必须与其所授命数相符。此外,在朝会等庄重场合,贵族要依命数穿特定礼服,亦即"命服"。《诗·小雅·采芑》一书中讲:"服其命服,朱芾斯皇。"由于命数与服装存在这样一种直接的对应关系,所以命数也称作"服命"。

五、"内服"官与"外服"官体制之建立

官制区分为内外服,源于周代。《尚书·酒诰》:"越在外服,侯甸男卫邦伯;越在内服,百僚庶尹、惟亚惟服、宗工越百姓里居"。在西周,被称为"内服"官的是指中央政府机关内的职官,"外服"官是指众多的分封诸侯(侯、甸、男)。外服官在一定时期一定程度上起着藩卫周王室的作用,具有地方行政长官的属性。但西周的诸侯封国无论在政治、经济和军事上都具有很大的独立性。在国家结构形式上,西周基本上是一个地方分权制的国家。

西周中央机构中,辅弼周王的为三公:太师、太傅、太保。他们由宗族的长老担任,协助天子总理朝政,同时又是官僚机构的总管。另外,在太子年幼不能即位或即位后不能亲政的情况下,三公可单独或一起代行王的所有权力。三公下有"三事大夫":掌地方民事行政的为常伯,又称牧;掌官吏选任的为常任,又称任人;掌政务的为准人,又称准夫。

政府行政事务官分卿士寮和太史寮。卿士寮以卿士为中央政府的最高行政长官,又是军事将领,其下主要有司徒、司马和司空三个政务长官,合称"三有事"。司徒专管公田、山林及征发役徒;司马则专门负责征收军赋,管理军马及军事行政之大权;司空负责工程营造。此外,掌管司法的叫司寇,受王命出使的则叫"行人",掌管天子与诸侯间朝觐聘问等事务的叫

"大行人"等等。太史寮是掌管历法、祭祀、占卜和文化教育的行政部门，以太史为首长。史官由夏商的巫职发展而来，尽管其地位不如夏商时期那么重要，但却与掌管军政司法部门的卿士寮平起平坐。太史掌管历法，起草政府文件，记载王、三公的言论及国家大事等。太史的同僚与属吏很多，主要有掌管占卜吉凶事务的太卜，掌王族祭祀的太宗，掌授氏姓的司商，以及掌管葬丧礼仪的丧史等等。

还有一些能够参与政事的就是侍奉王左右、负责保卫和王室杂务的官员。他们一般地位不高，但因与王接近，常常直接受王命而出使或传达命令等。比如：掌王家膳食的膳夫，掌王室事务的总管宰，为王室制作衣服的缀衣，为王驾车的车夫御，掌管宫廷用酒的大酉等等。

西周下级行政机构分为"国"、"邑"两级。诸侯直辖地域称"国"、大夫封地称"邑"。其掌军政大权者叫"卿"、或称"正卿"，但一律不称作"卿士"。另外，像司徒、司马、司空、以及行人等等之类的官职，一般的诸侯国均有。大夫封地邑的机构更为简单，一般由家臣负责管理。管理大夫家务的总管和掌管私邑的均称为"宰"，此外，还有掌管军赋、工匠、驾车、祭祀等事务的，他们依次分别称作"马正"、"工师"、"御驺"和"祝宗"。

六、周公旦的政治思想

西周政治家、思想家周公旦吸取了夏、商统治者对人民过于残暴而被灭亡的教训，提出了一种新的君权神授说，认为"天"或"上帝"是天下各族所共有的神。"天命"之归属，在于能使人民归顺的"德"。在《大诰》等文献中，系统地阐发了周公旦对政治基本问题的看法和主张。

1. 敬德永命

周公用天意作为西周的统治根据，认为"惟命不于常"，过去，殷的先王有"德"，"克配上帝"，但后来的殷王"惟不敬厥德，乃早坠厥命"，而周王有德，故"皇天上帝改厥元子兹大国殷之命"而大命文王。因此"天命"归周，周王成了天之元子。但又认为"天畏棐忱，民情大可见，小人难保"（《尚书·康诰》），"天不可信，我道惟宁王德延"（《君奭》）。意思是天威并非诚实可信，而民情却总是可见的，表明小人是难以治理的；天并不可信，重要的是要发扬文王的德政。他指出夏、商亡国的根本原因在于"不敬厥德",所以要求最高统治者要勤政无逸,还要重视各种官员的选用和统治集团的团结,处理好中央与地方的关系;各级统治者要尽力治民,加强庶狱和武装的管理,谨慎地使用刑罚,讲求统治策略。只有"敬德",才能"永命",从而形成了敬德、保民、慎罚、永命的统治思想。

2. 明德慎罚

周公特别强调"德"对于王政举足轻重的作用。他认为:有德则上可得天之助,下可得民之和,二者兼具,便能为王,且历年不败。"明德"是周公发布一系列诰命的思想支柱。"明德慎罚"以"德"为本,以"罚"为补,是周公政治思想中很重要的一个方面。

周公比较重视民心的向背,要求西周贵族以殷为鉴,主张"明德慎罚",德刑并用,反对"罪人以族",要求在判罪量刑时必须区别过失("眚")和故意("非眚")、偶犯("非终")和累犯("惟终"),以缩小打击面。他又提出了"以德配天"的君权神授说,由纯重神权走向兼重人事,为法律思想初步摆脱神权的羁绊提供了有利条件。他还"制礼作乐",以"亲亲"、"尊尊"原则为指导,健全了西周的礼制。

周公基于历代王朝兴衰的经验,还提出了保民、建业以及守业的思想。历史的巨变显示了作为社会振荡主体即劳苦大众的巨大力量,周公深刻认识到王权的巩固不能仅仅简单地依靠神明,而必须以保民措施,获得民众的拥护。保民主要是强调一种治民的态度。《大诰》中周公反复说明建业的艰难,鼓励人为建业而勇于牺牲一切。周公告诫人们在建业后,仍要有危机意识,并指出守业更难。在《无逸》及《立政》两书中,周公对如何守业的问题作了详细论述,他一再强调要了解民情,慎行政治等。

七、祭公谋父关于德与兵间关系的政治思想

《国语·周语上》记载,尚武好斗而王道衰微的周穆王将征伐犬戎,卿士祭公谋父劝谏道:"先王耀德不观兵",表明他的主张是先德而后兵。即"修意"、"修言"及"修文"、"修德"等文的办法不行,再动用兵刑。祭公谋父还强调,如果非用兵不可,那就一定要有准备,合"时"而"动",不能耽误农时;另外对荒僻偏远之地也不易兴师动众。这种政治思想适应了穆王时疆域猛增,极需守成而非拓展的社会形势的需要。

八、伯阳父关于"和"与"同"之思想

最早预测到周室灭亡者是周幽王时的太史伯阳父,后人称作史伯。他认为政治上的"和"就是指君臣应互相配合,取长补短,而要做到"和",帝王就必须"择臣取谏工而讲以多物",即善纳臣谏。"和"本意是指各种不同事物的配合与协调,与"和"相反的"同",则专指事物的封闭性、单一性,"同"的政治表现就是拒谏饰非、独断专行。"和"、"同"作为两种截然不同的政治态度,其政治后果自然相去甚远,王"和"而纳谏必能巩固统治,若拒"明德"之臣,听阿谀奉承之词,则王权难保,所谓"同则不继"。基于上述观点,史伯断言幽王"拒和而取同",周室必亡。

九、西周刑法——九刑;西周法律制度与《吕刑》

《左传·昭公六年》记载:"周有乱政,而作九刑"。韦昭注:"谓正刑五,及流、赎、鞭、扑也"。即墨刑、劓刑、宫刑、剕刑和大辟加上流、赎、鞭、扑,其数为九,故称九刑。墨刑,即后来的黥刑,是古代西周常用的刑罚之一,其主要用于异族战俘或同族罪人,这些人经过黥额后转变为奴隶。劓,是割掉鼻子的刑罚。宫刑,是破坏男女生殖系统的酷刑。剕刑,则是砍掉脚的刑罚,后来发展为刖足之刑。大辟,即砍头。据史载,还有焚、辜(分裂肢体)、磔(分裂肢体,悬首张尸示众)、腰斩等。这些残酷的刑法,对贵族完全不适用。《周礼·秋宫·小司寇》中便有贵族"不躬坐狱讼"的记载,他们犯了法,只能用礼"以导其志"。

西周的法律制度比夏、商更趋成熟。《周礼》中包含有刑法、民法、行政法、诉讼法等内容。《周礼》中载有《六官》、《六典》之篇。《六官》即《天官冢宰》、《地官司徒》、《春官宗伯》、《夏官司马》、《秋官司寇》、《冬考工记》。《六典》即治典、礼典、教典、政典、刑典、事典。六官各掌一典。其中治、教、礼、事四典实为行政法的内容。从此,奠定了中国古代行政法的基础。

《吕刑》,为周穆王命吕国诸侯兼周王朝司寇的吕侯所作,因吕侯改受封甫地称甫侯,故亦称《甫刑》。全书主要记述当时的刑事政策和诉讼制度,其中关于赎刑的规定较详尽。同时,《吕刑》强调德教与防止滥刑。在审判案件方面提出三条原则:罪与罚相符、力戒贪赃枉法的原则,罪疑从

轻原则和刑罚要根据形式的变化而采取相应的"世轻世重"原则。

西周是中国奴隶制法制发展的最高峰。周时除文献所载《九刑》、《吕刑》外，周王颁发的誓、诰、命也是重要的法律形式。周初在"明德慎罚"的思想指导下，形成了一套断罪量刑的原则，如区分故意与过失，一贯与偶发，罪疑从赦，上下比罪以及罚赎等等。当时调整民事关系的法律规范也有所发展。

十、西周"井田"土地制度

《诗经·小雅·北山》"溥天之下，莫非王土，率土之滨，莫非王臣"，形象地表达了西周的土地状况，即全部土地的主权归周王室。分封制实行后，由于土地来自上级的封赐，便形成一种阶梯形的土地占有结构。周天子和诸侯等贵族直接掌握的土地称"公田"、"大田"、"甫田"、"藉田"。当时田地的基本单位是"田"，因为古时"田"字中间是个"井"字，所以这样划的田称为"井田"。《礼记·王制》载"田里不鬻"，说明最初是不许私相转让或买卖土地的，但实际上贵族们占有土地后世代相袭，周王或诸侯对其下级所占有的土地，也无力收回，因此，当时的土地，事实上也就逐渐变成各级贵族的私有田地了。在土地上从事耕种劳动的都是奴隶，单身奴隶称"人鬲"、"鬲"或"讯"、"丑"等，以"夫"或"人"为计算单位。成家的奴隶称"臣"，以"家"计数。各级奴隶主贵族，驱使奴隶在其田地集体耕种，即《诗经》里所描绘的"十千维耦"、"千耦其耘"。

第五节　春秋战国时期

春秋战国时期是奴隶制向封建制过渡的时期，是社会动荡和政治、经济制度急剧变革的时期。从鲁初税亩起，至秦商鞅变法，"裂井田，开阡陌"，表明中国奴隶制社会的土地制度——井田制瓦解，土地私有制逐渐形成，奴隶制生产关系逐渐被封建生产关系所取代。随着大国争霸逐渐演变为列国之间的兼并战争，奴隶主贵族日益没落，新兴的地主阶级开始走上社会政治舞台，各国纷纷进行变法，先后废除以宗法血缘关系为基础的世卿世禄制，建立起以国君为首的封建官僚制度。国君是地主阶级的最高代表,掌握军政大权,是国家的主宰。国君之下文武分职,丞相和将军为文武百官之长。地方上形成了郡、县政权的组织体系。封建专制主义中央集权制度在对官僚的严格约束和对地方的绝对统治基础上初具规模。在此时期内,士人成为较为稳固的知识阶层和社会政治生活中最活跃的力量,这为政治思想的繁荣发展创造了重要的条件。

一、政治制度之演变

1. 税亩制

《春秋》记鲁宣公十五年(前594)"初税亩",即将以公田所产作为诸侯领主财源的旧制,改为诸侯领主向有田者按实际占有土地面积征税的措施,这样,私田也就随着公田的废除而失去意义,形成了允许土地兼并,占地多者逐渐成为地主的税亩制。这标志着中国古代土地所有制度的重大变革。

2. 庄园制的变化

大诸侯、大领主领地的扩大,并将土地赐其左右,便出现了邑县,如孔子所说"十室之邑"。邑是原来的庄园,县是包括几个邑的一种行政区划。称作邑的庄园内住着诸侯领主及其家属、左右;还有从事耕作的农民、工匠等劳动者,及个体生产者。大诸侯的首邑如临淄、曲沃和江南的吴等,都逐步成为中国早期的都市。庄园原为单级管理,后发展为层迭式的行政管理。如齐国的县、乡、卒、邑;晋国的郡、县、邑;楚国的县、邑等。这就势必赋予邑、县、郡各级大夫的较大权力,促使西周初期分封制的崩溃。

3. 世卿制的逐步瓦解

西周的宗法制规定,与王侯同姓的为公族,异姓的为卿族。公族世代相传为大宗,又称为"世族"。这些世族凭借其优越的地位,在王侯国内世代为官,即所谓的"世卿"制度。春秋时期,王室、诸侯、卿、大夫之间的激烈斗争,使君臣之间以宗法关系构成的约束关系发生动摇。王室衰微,诸侯兴起,与此同时,诸侯国的卿大夫势力也相对膨胀,他们在列国君主身边赞襄政务,在战争中借功邀赏,土地和实力不断扩大,往往取得决策者的地位,置君主于不顾,甚至驱君、杀君,废立君主,出现了"社稷无常奉,君臣无常位"的局面。三家分晋,田氏代齐,都是卿大夫专权而造成的。同时,诸侯也不愿重蹈王室衰微的覆辙,更不愿受制于卿大夫,于是也想尽办法加强对他们的控制。这些办法包括：诸侯根据卿大夫的官位给以封邑，如果免去官位，同时要收回部分或全部封邑；卿大夫致仕或因病必须离去官职，并且将邑归还于公；卿大夫的私属和甲兵要归国君指挥。在兼并卿大夫封邑的同时，各国先后建立郡县制，出现了"克敌者，上大夫受县，下大夫受郡，士田十万，庶人工商遂，人臣隶圉免"的以军功而不完全按血缘授官的规定。因此，各国相继出现了没有世袭的、带有雇佣关系和臣仆性质的官僚制度，这些官僚主要来自"士"的阶层。

4．"士"的构成和分类

"士"的构成非常复杂，他们低于大夫，而高于庶人，属于低级没落的贵族。按制度他们享有受教育的权力，学习礼、乐、射、御、书、数六艺，凭着学习到的技能，服务于君主和卿大夫身边，充当低级官吏，或以武艺韬略在军队中充当骨干；或行侠远游，求人赏识，以至为知己者死；或以文才谈辩论理，教授生徒，著书立说；或以技艺从事工商方术之事。因此，士是分布广泛而富有能量的一个阶层。在宗法血缘关系普遍遭到破坏，各国君王、列卿又急需有才能的人来为自己服务的时候，这些"士"便成为被争取的对象。君主以官、爵、禄招徕士人，卿大夫以养士来扩大势力和提高声誉。著名的贵族如孟尝君、平原君、信陵君和春申君，各养士三千人以上。当然，这其中自然不乏鸡鸣狗盗之徒，但在激烈的竞争中，也确有一些有才能的士脱颖而出。在战国时期，为各国将相，政绩卓著而又立功名于当世的，诸如吴起、乐羊、商鞅、庞涓、孙膑、苏秦、张仪、乐毅、白起、范雎、蔡泽、廉颇、蔺相如、李牧、王翦、李斯等人，均先后成为君主的重要辅臣，或为名臣，或为名将，或为名震一时的策士，成为当时军事政治舞台的重要角色。与此相适应，士的地位也有了大幅度的提高。当时普遍流行的"士大夫"、"国士"等称呼，反映出士已拥有较高的社会地位。

当时的士大体可分为四类：

学士。如儒、墨、名、法、道等各家的士，他们通过著书立说，提出政治主张和思想学说，为中国古代的思想文化，作出了不同的贡献和影响。

策士。他们有政治才能，擅长议论辩说，以才干和口辩博得官爵和富贵，如以苏秦、张仪等为代表的纵横家即是。

方士和术士。他们中的上流为天文、历算、医药、农业和技艺等方面的专家,对中国古代的科学技术发展,具有重要的作用;其下等便是具有阴阳、占卜、神仙和房中等术的游客。

最低一层的食客。这些人当时为数众多,鱼目混杂,其中甚至包括有鸡鸣、狗盗、任侠、奸人、屠夫、刺客和罪犯、赌徒等,他们依靠贵族的豢养,汲食社会财富和人民血汗。

5. 中央官制

春秋时各国相继出现了辅佐国君、处理政务的主要执政官。秦称上卿、亚卿和大庶长,楚称令尹,齐、晋、鲁、郑诸国称相。随着中央机构日益完善。齐、鲁、郑、楚等国继承西周官制,仍以司徒、司马、司空及司寇为政府主要行政长官。其他重要事务官有:掌农田税收的司田,掌财务的职计,掌山泽、田猎的虞人等。随着诸侯国间交往增多,各国设行人,以主外交。史官太史的地位重要,其职责为"记大事,书盟首"。战国初,随着各国变法运动的进展,建立封建专制主义中央集权政体,成为此时中央官制的重要特征。"百官之长"的相、丞相,已成为各国普遍设置的官职。由于历史和传统的原因,各国官制仍不划一。齐国变化较大,相以下设五官:大田、大行、大谏、大理和大司马。楚国自成一系,令尹是中央最高行政长官,上柱国、大司马和大将军是政府高级军事长官。秦国沿三晋,又取东方诸国之长,形成一套独特的官制,并为汉代所继承,成为封建社会前期中央官制的基本框架。

6. 以文武分职为标志的官僚制度之形成和发展

春秋前期,主要的执政和政务官,统称为卿,并有正卿、上卿、介(亚)卿的区别。他们平时为国家的政务官,战时为军队的高级长官。春秋后期,列国相继出现文武分职,在前547年,齐景公即位之初,崔杼策立有功为相,庆封为左相,这是最早的以"相"名官,虽然这时的相还是世袭卿大夫之职,还不能由国君自由任免,但文武分职已经开始发展起来。三家分晋以后,在设将军的同时,开始出现了"相",说明文武职已经分离,正如《战国策·赵策一》云,"故贵为列侯者,不令在相位;自将军以上,不为近大夫",说明当时正在向官僚制度过渡。《尉缭子·原官》指出"官分文武,王之二术也"，这是君主控制臣下的重要手段。因为文武分职，大臣权力分散，可以起到相互制约和监督的作用，有效地防范和制止大臣揽权造成的对君上大权的威胁，同时，也适应了当时政治和军事分工的需要，使文才武略各尽其能。战国时期，各国国君为进一步加强中央集权，逐步削弱世卿的势力，大都采用见功与赏、因能授官的办法委任职官，添设爵位，招徕四方贤能，逐渐形成了一套比较完整的官僚制度。

7. 地方郡县制的建立

春秋战国时期，地方由采邑制逐渐变为郡县制，从而使地方行政体制发生了较大的变化。郡县设立最早和较普遍的是春秋初期的晋国和楚国，楚国最早设县，春秋后期，晋国首先设立了郡。由于郡的面积大，在郡以下逐渐分置了若干县，形成郡统县的郡县制度。与此同时，也加强了郡县行政组织的建设和管理。郡的长官称为"守"或"太守"，既是行政长官，又是军事长官。县的长官称"令"、"长"、"公"、"尹"、"大夫"、"啬夫"等，并不统一。各国根据本国的具体情况，在县内还设有丞（主民政）、尉（主军事）、御史（主监察）、司寇（主刑罚）、司空（主土木工程）、司马（主军马）、官啬夫（主官吏任免）、仓啬夫（主粮食支储）、库啬夫（主钱帛杂物支储）、厩啬夫（主养殖）、皂啬夫（主仆役）、田啬夫（主收税）、苑啬夫（主苑囿）、发弩啬夫（主军械）等分管各方面事务的官吏，以及令史、佐、史等主管具体文案工作的"少吏"或小吏，一套比较完整的县级行政管理体制已经初步形成。据《管子·立政》所云，齐国分为五乡，这五乡就是后来的"五都"。以下有州、里、游、什、伍等组织。战国时，各国按照居住地的邑（村镇）、聚（村落）设立基层组织，或称乡、里，或称连、闾，分别设官吏进行管理。秦商鞅变法，"令民为什伍，以相收司连坐"，使地方基层的乡里什伍组织进一步得以确立。这样，从中央到郡县以至乡里什伍，形成一个庞大的统治网络，由君主牢牢提控着主纲，进而层层控制整个国家。专制主义中央集权制度也就在君主对官僚的严格约束和对地方的绝对统治的基础上初具规模了。

二、春秋战国时期的法律法规

春秋战国时期，为了适应经济、政治、军事发展的需要，各国的法律制度也相应地发生了变化,先后出现并且完善了成文法,完善了刑罚等级和程序,并建立起司法行政体系。

1. 法规

(一)"铸刑鼎"与《竹刑》

春秋时期,奴隶制法制解体,各诸侯国的法律制度发生重大变化,成文法陆续颁布。《左传·昭公六年》杜预注记载,郑国执政子产"铸刑书于鼎,以为国之常法"。这种"铸刑鼎"的方法,曾受到贵族们的攻击,但它毕竟是有生命力的,所以郑国大夫邓析随后又补充编订了《竹刑》(因刻于竹简,故名)。后二十年,晋国大夫赵鞅和荀寅亦仿照郑国"铸刑鼎,著范宣子所为刑书"。成文法的制定和公布,体现着无上下贵贱皆从法的精神,限制了旧贵族的特权,促进了封建生产关系的发展。

(二)《法经》与《秦律》

战国时期的各国先后实行变法。并陆续颁布了以保护封建私有制为中心内容的封建法律,其中最有代表性的是魏国李悝编定的《法经》和秦商鞅变法后颁行的《秦律》。

魏国李悝"集诸国刑典",著《法经》六篇,是中国历史上第一部有体系的法典形式的著作。《法经》是以刑为主,诸法并用的第一部封建法典,共分盗法、贼法、囚法、捕法、杂法、具法六篇。其编制的指导思想和篇目的设置基础是,"以为王者之政,莫急于盗贼,故其律始于盗贼。盗贼须劾捕,故著网(应为囚)捕二篇。其轻狡、越城、博戏、借假不廉、淫侈、逾制以为杂律一篇,又以具律具其加减"。这些都是"罪名之制也"(《晋书·刑法志》)。

战国时期封建制确立。秦国统治者奉行法家学说,任法为治。商鞅以《法经》为蓝本,改法为律,制定《秦律》盗、贼、囚、捕、杂、具律六篇。此外,秦还颁布了大量法令。具有法律效力的除律以外,还有令、法律答问、例、式等作为补充。律有田、厩、仓、金币、工、徭等。令,是王批准发布的命令,具有相同于法律的效力。法律答问,是官方以问答的形式对刑律的解释,这种解释也可以作为量刑的依据,同样具有法律效力。例,是官府办案判决的成例,可以作为断案的依据。式,是法律文书程序和断案的要求。这种律、令、答问、例、式等构成的法规，条文繁细，规定具体，既从多方面反映出当时社会生活和司法制度的复杂情况，又反映出中国古代立法的早期过程和发展轨迹，其中有不少条文为后世所因循。

2. 残酷的刑罚种类

春秋战国时期的刑罚是很残酷的，见于典籍的刑罚虽然可以按死刑、肉刑、财产刑、自由刑、流刑来进行分类，但其刑罚手段是多样化的，每种刑罚还区分出轻重不同的等级，诸如死刑，就有赐死、杀、斩、腰斩、绞、戮尸（犯罪者已死，斩戮其尸体）、囊扑（以囊盛人，扑而杀之）、枭首（割下首级悬于木上示众）、弃市（在闹市处死，并陈尸街头）、剖腹、菹醢、凿颠、抽胁（抽掉胁骨，胁骨即肋骨）、车裂（俗称"五马分尸"，即将人头和四肢分别栓在五辆车上，以五马驾车，同时分驰）、镬烹、弃灰、坑、肢解、磔（分裂肢体而杀之）、醢脯、夷族、灭宗等数十种处决方式。肉刑则有鞭、笞、抶、黥、劓、髡（将人犯剃光头发，用铁钳束颈，强制其劳役）、斩左右趾、刖、挖目、截耳、宫等不同刑罚手段。财产刑也有偿、赎、罚、没等区别。自由刑除剥夺自由外，还要做徒役，分为耐（隶臣妾，即罚为官奴婢，男称隶臣，女称隶妾）、城旦（施过黥、劓刑的工徒）、舂（施过刑的女徒舂米）、鬼薪（施过刑的男徒）、白粲（白米，施过刑的女徒）、司寇（强制劳作）等。流刑分为迁（全家迁徙）、放两种，还有远、近、边、荒的区别。在处罚的时候，按照罪犯的罪行轻重，参考其身份等级，实行轻重不同的处罚，在法律面前实行公开的不平等原则，所以对刑徒、奴隶臣妾的处罚最重，对官吏和有爵位的人则从轻，官爵高的人和贵戚可享有减刑和赎罪的待遇。

三、职官管理制度

春秋战国时期，各国相继从世卿世禄制过渡到官僚制，官僚制度是建立在"主卖官爵，臣卖智力"（《韩非子·外储说右下》）的人身依附和雇佣关系的基础上的，君主运用礼法、刑德、赏罚、爵禄和诛杀来控制群臣，群臣则是以臣仆的资格来进行治理，因此，职官管理制度必然出现某些变革。

1. 官吏选拔制度

春秋战国时期已经出现了许多新的选拔官吏方法，主要有荐举、学校、游说自荐、招贤、军功、任子、吏胥等。荐举之法按《管子·立政》所说，"君之所审者三，一曰德不当其位，二曰功不当其禄，三曰能不当其官"，作为国家治理的"三本"。战国中期以后，这种以德、功、能荐举的标准才逐渐成为制度，规定朝中大臣和郡县主要长官应定期向君主推荐人才，量能以授官，并实行荐举连坐。学校在西周时就已经成为一种选拔人才的途径，许多没有继承权的"士"，通过官学取得任官资格。春秋战国时期在官学的基础上发展起许多私学，私学子弟凭才能也可以入仕。但毕竟私学不能直接入仕，弟子们还是主要凭自己的才能游说自荐。这种上书游说的自荐，成为非宗法性的士显名建业、实现抱负的可行快捷方式，以至在战国时游说纵横之士遍布天下，其中被擢为大臣、声名卓著的有荀况、商鞅、张仪、苏秦、李斯等人。士是以自己的才能和取得的业绩博取到重用的，并在此基础上奠定了官僚制度。官僚制度的基本原则之一就是以功授官。因为"功"比较容易看到，以此为标准能为大多数人所接受。功在军事上最好表现，各国多以军功提拔人才为将领。至秦商鞅变法后，更明确规定了军功入仕制度。在官僚制度中还有世官的遗存，主要体现在荫及子孙的荫子制度方面。在云梦秦简中有"葆子"这一名词，秦简整理小组认为与汉代的"任子"一样，虽然目前尚有争议，但从秦简中所见爵位世袭和《史记》所载"蒙恬因家世得为秦将"等的情况来看，这种荫子制度应是比较普遍的。

2. 等级和俸禄

《礼记·王制》云："王者之制禄爵，公侯伯子男凡五等"。根据等级裂土分封，按级别高低分别享有不同政治特权和物质待遇，并且世袭罔替。这种世卿世禄制，随着社会生产的发展和政治形势的变化，开始形成新的官僚等级制度。他们是以国王的仆役的资格行使治理，只是对国王负责。国王的语言，变为他们的法律，国王的好恶，决定他们的命运。在官僚等级制度下，官吏除了不能世袭之外，还可能随时受到升迁罢免，上下沉浮，而且享受报酬的形式也不再以土地作为标准，而是改以实物作为支付的手段。当时经济发展的条件决定了这种实物主要是粮食，因此官吏的俸禄和等级基本是以粮食多少来划分的，列国计量单位主要有石、盆、钟、担、斗、斛等，以不同的重量来划分等级，如秦、燕等国有五十石、百石、三百石、五百石、六百石等级差。在以粮食作为俸禄支付的同时,对一些功高位重的人还要增加土地(食邑)的租税收入(即封君制度,除部分封君的食邑可以世袭以外,大部分在离职以后要收回)和一定数目的货币,如年俸黄金百镒、十镒、百金、千金等。有关这些粮食和货币支付的等级、数额、级差等均已逐渐形成一定的制度。

3. 考课和奖惩

天下政务纷繁,由大小官吏分级分职处理,君主为了对下实行有效控制,便"申之以宪令,劝之以庆赏,振之以刑罚"(《管子·修权》),逐渐建立和健全了考课和奖惩制度。据《周礼·天官·冢宰》介绍,"岁终,则令百官府各正其治,受其会,听其致事,而诏王废置。三岁则大计群吏之治而诛赏之"。说明当时实行的年终考评制度(称为"上计"),是指在年终时,群臣将自己职权范围内的有关事务,写在木卷上汇编成簿册,称为"计簿"。基层官吏向上级官吏送交簿册,接受考核。成绩优者,上级官长给予褒奖;成绩劣者,将被收回官印并施行杖责。然后,上级官长再将各基层的簿册整理汇编成册,并将所属官吏政绩优劣和赏罚意见也编入册内上报,以供君主审核并实行奖惩。一般地方郡一级长官和中央卿一级长官是簿册的最终汇集者,由他们直接呈送给君主进行考核。考核工作由作为"百官之长"的"相"来协助进行。在考核中区别优劣,优者奖赏金银、增加食邑以至升迁官职;劣者降免职务,甚至施行处分直到刑罚。随着考课制度的完善,有时也给有过失的官员以将功补过的机会,所谓"三岁,则大计群吏之治",即根据三次考课的平均成绩进行赏罚,以示审慎。以后在上计过程中,又增加了主要长官应向君主推荐人才的内容,按照不同的级别规定可以推荐的人数,其目的是为了及时选拔和使用分散在各地各部门的有用之才。为使推荐者认真负责和保证被荐举人才名符其实,还普遍推行推荐者与被推荐者有连坐关系的做法,"保任其人不称者与同罪"。可见,当时的上计制度已经粗具规模,包括考课、奖惩、人事升黜任免、人才推荐等方面的内容,成为定期沟通上下政务的比较固定的办法。

4. 封君和赐爵制

春秋战国时期出现了一些不同于世卿世禄制的封君和赐爵制。从封君得封的原因来看，主要是"臣之能谋励国定名者，割壤而封；臣之能以车兵进退成功立名者，割壤而封"。当时的封君虽然以功勋为主，但实际上"贵戚父兄，皆可以受封侯"，这说明以宗亲姻亲关系而跻入封君之列的亦不在少数，两者是并存的。

赐爵制在战国时已经普遍实行，集大成者是秦商鞅变法后实行的"二十等爵制"，也称为"军功爵制"，主要是用来奖励军功，并在此基础之上建立起新的等级制度，用以调节统治集团内部的关系和扩大统治基础。爵制还和官制紧密联系在一起，有爵可以为官，官爵基本一致，并享有本爵所规定享有的政治和经济权益。为了保证赐爵制的顺利实行，秦国还设有管理爵制的专门机构——主爵中尉。

四、百家争鸣中，诸子百家的政治主张

1. 儒家的救时治国之策

儒家是中国古代以孔孟为宗师、主张以仁义道德治国的学派。儒家的理想是《礼记·礼运篇》所描述的大同、小康社会。孔子从仁的精神出发，以怀古的方式憧憬未来，称尧舜时代是"天下为公"的大同社会，是政治理想的最高境界；称文武周公时代是"天下为家"又充满礼义仁信的小康社会，是近期奋斗目标。孔门后学对此又有不同的展开，孟轲宣扬王道仁政，荀况提出"王制"的社会模式，实际上都是大同、小康理想的延伸和具体化。面对春秋战国时期"王道衰，礼义废，政权失，国异政，家殊俗"的社会现实，儒家代表人物提出一套以仁学礼治为基本精神的治国之策。

（一）孔子"道之以德，齐之以礼"的政治伦理思想

①礼治

礼治是孔子政治伦理思想的核心和立足点。孔子说："周监于二代，郁郁乎文哉，吾从周。"他认为周礼是根据夏、商二代之礼建立起来的，因而丰富多彩，所以他拥护周礼。孔子对于当时出现的礼乐崩坏、名分颠倒、犯上作乱等现象，深恶痛绝，极力反对。为了维护礼治，孔子提出"正名"，以名正实，用纠正"名分"的办法，把社会上出现的"君不君，臣不臣，父不父，子不子"的现象纠正过来，恢复和维护周礼规定的"君君，臣臣，父父，子子"的奴隶制宗法等级制度的权威。他认为"名不正则言不顺，言不顺

则事不成，事不成则礼乐不兴，礼乐不兴则刑罚不中，刑罚不中则民无所措手足。"他主张对人民"齐之以礼"，扩大了礼治的约束范围，目的在于维护奴隶制，尤其是宗法等级制度。他还把礼和"让"联系起来，主张"以礼让为国"。他的弟子有若说："礼之用，和为贵"，表现出一种妥协与调和的精神。

②德治

孔子认为，德治是维护周礼的最好办法。他说："为政以德，譬如北辰，居其所而众星共之。"德治之所以具有如此威力，关键在于一个"仁"字。"克己复礼为仁"，这是孔子对于"仁"的涵义的解释。"克己"是处处要约束自己，"复礼"是事事依周礼而行。孔子说，"孝悌也者，其为仁之本与！"把孝悌说成是"仁"的根本，这是西周奴隶制的深刻反映。西周是氏族奴隶制，其特点是宗法即等级，伦理即政治，族权与政权、君权与父权是完全一致的。因此，在家族内部对父兄尽孝悌，就能在政治上对君主尽忠。这也就是孔子所说的"孝慈则忠"。可见孔子提倡仁以"亲""孝悌"为本，目的还在于"复礼"，通过加强宗法关系以维护等级制度。在德政的具体主张上，孔子认为要尊君重民，在强调"礼乐征伐自天子出"的同时，强调重民，包括爱民、保民、利民、教民；博施之道，于民而能济众，使民以时等内容。在为政问题上，孔子主张中庸反对偏颇，认为"过"和"不及"都是一种偏颇。他赞成一张一弛和宽猛相济。指出"张而弗弛，文武弗能也，弛而不张，文武弗为也；一张一弛，文武之道也"（《礼记·杂记下》）。又说："政宽则民慢，慢则纠之以猛；猛则民残，残则施之以宽。宽以济猛，猛以济宽，政是以和"（《左传·昭公二十年》）。孔子反对大贫大富，主张相对均平，他曾说"不患寡而患不均"、"盖均无贫"（《论语·季氏》）。

③人治

在治国问题上，孔子很重视统治者个人以身作则的表率作用，多次指出，统治者"不能正其身，如正人何"？甚至认为"其身正，不令而行；其身不正，虽令不从"。由于统治者能否以身作则关系到国家的治乱，因而孔子不惜修正周礼的"亲亲"原则，要求"举贤才"（《论语·子路》），并认为"举直错诸枉则民服，举枉错诸直则民不服"（《论语·为政》）。孔子十分强调统治者个人的作用，认为只有道德高尚的贤才才有资格成为执政者，主张让非贵族出身的"贤才"也能参与国政，并且提出了"为政在人"的"人治"观点。

（二）孔子以仁为核心的道德规范体系

孔子大力宣传"仁"。"仁"是他心目中为人、处世、接物、从政的最高准则。他对"仁"虽有多方面的解释，但其核心则是仁者爱人，"己欲立而立人，己欲达而达人"，"己所不欲，勿施于人"。这是维系人与人之间的伦理关系。孔子要求人们"志于道，据于德，依于仁，游于艺"，认为必要时可以牺牲一切，直至自己的生命，说："志士仁人，无求生以害仁，有杀身以成仁"。他强调发挥个人在道德修养中的自觉能动作用，说："君子求诸己，小人求诸人"。他提出"自讼"等修养方法，主张在博学多闻的基础上进行反省，学与思结合，言与行一致。他总结自己的修养过程说："吾十有五而志于学，三十而立，四十而不惑，五十而知天命，六十而耳顺，七十而从心所欲，不逾矩"（《为政》）。这一论述包含了道德修养是一个从不自觉到自觉，从必然到自由循序发展过程的思想。他的理想人格是"圣人"和"仁人"。

（三）孟子的仁政学说

孟子将孔子的德治思想发展为仁政学说，从而形成其政治思想的核心。从人性善出发，孟子认为，为政者必须用教化的方法，行王道仁政来治理人民和管理国家。他告诫统治者"政在得民"，"保民而王，莫之能御也"（《梁惠王上》）。又说"得天下有道，得其民斯得天下矣"（《离娄上》）。

①民本思想

仁政的具体内容很广泛包括经济、政治、教育以及统一天下的途径等，其中都贯穿着一条民本思想的线索，即"民为贵，社稷次之，君为轻"。所谓"民为贵"，是说人民为国家的基础；如何对待人民这一问题，对于国家的治乱兴亡，具有极端的重要性。孟子十分重视民心的向背，通过大量历史事例反复阐述这是关乎得天下与失天下的关键问题。他的仁政的各项具体措施就是以这个总的思想为指导制订出来的。

②君臣平等

孟子主张君臣平等，暴君可诛。他说"君之视臣如手足，则臣之视君如腹心；君之视臣如犬马，则臣之视君如国人；君之视臣如土芥，则臣之视君如寇仇"（《离娄下》）。对于祸国害民的暴君，他认为是可以"诛其君而吊其民"（《梁惠王下》），武王杀了殷纣并不是杀了一个皇帝，而只是杀了一个暴虐无道的匹夫。

③主张"富民"，反对"罔民"

孟子强调"推恩"于民，"薄其税敛"，使人民富裕起来。取消商业税、土地税、户口税和住宅税，只保留"野九一而助，国中什一使自赋"；再加上"制民之产"，使农民每家最好能有"五亩之宅"、"百亩之田"。只有使人民拥有"恒产"，固定在土地上，安居乐业，他们才不去触犯刑律，为非作歹。孟子说："若民，则无恒产，因无恒心。苟无恒心，放辟邪侈，无不为己。及陷于罪，然后从而刑之，是罔民也"。孟子说："夫仁政，必自经界始"。所谓"经界"，就是划分整理田界，实行井田制。另外还要省刑罚、薄税敛，使近者悦而远者来。

④不忍人之心

孟子所说的仁政也叫做"不忍人之政"，它建立在统治者的"不忍人之心"的基础上。孟子说："先王有不忍人之心，斯有不忍人之政矣。""不忍人之心"是一种同情仁爱之心。孟子主张，"亲亲而仁民"，"老吾老以及人之老，幼吾幼以及人之幼"，要求统治者推己及人，把这种血缘的感情运用到政治上来。如果君王不这样做，也不听规劝，孟子认为，"君有大过则谏，反复之而不听，则易位。"

（四）孟子的道德规范

孟子把恻隐之心、羞恶之心、辞让之心、是非之心，称为"四端"，认为这是人人都有的"善端"。有的人能够扩充它，加强道德修养，有的人却自暴自弃，为环境所陷溺，这就造成了人品高下的不同。因此，孟子十分重视道德修养的自觉性，认为士阶层应该做到"富贵不能淫，贫贱不能移，威武不能屈"，当遇到严峻考验时，应该"舍生而取义"这样才可以培养出一种坚定的无所畏惧的心理状态，这就是所谓"浩然之气"。这种气"至大至刚"，能够充塞于天地之间。

孟子认为道德修养是搞好政治的根本,他说:"人有恒言,皆曰'天下国家'。天下之本在国,国之本在家,家之本在身。"所以应该重视道德修养。他把道德规范概括为仁、义、礼、智,并认为这是天赋的,是人心所固有的,是人的"良知、良能"。他说:"仁义礼智根于心","仁义礼智非由外铄我也,我固有之也"。孟子同时把人伦关系概括为五种,即"父子有亲,君臣有义,夫妇有别,长幼有序,朋友有信"。孟子认为,仁、义、礼、智四者之中,仁、义最为重要。仁、义的基础是孝、悌,而孝、悌是处理父子和兄弟血缘关系的基本的道德规范。他说:"仁之实,事亲是也;义之实,从兄是也";"尧舜之道,孝悌而已矣"。他认为如果每个社会成员都用仁义来处理各种人与人的关系,封建秩序的稳定和天下的统一就有了可靠保证。他说:"为人臣者,怀仁义以事其君;为人子者,怀仁义以事其父;为人弟者,怀仁义以事其兄,是君臣、父子、兄弟,去利,怀仁义以相接也,然而不王者,未之有也"(《告子下》)。

(五)荀况的政治思想

荀况的政治思想是一个以儒家为主体、在批判的基础上兼收并蓄其他各家思想的综合体系。其基本内容如下:

①性恶论

荀况激烈批判孟子所主张的性善论,认为"人之性恶,其善者伪也"。"伪"是人为。在他看来,人的自然本性是"恶"的,"目好色,耳好声,口好味,心好利,骨体肤理好愉佚"(《性恶》),发展下去必然发生"残贼"和"淫乱",破坏社会秩序。但是,人们又能够尊君、孝亲、循礼、守法,这是"化性起伪",后天教育改造的结果。因此,他认为人类社会的一切政治法律措施和礼义教化,都是为了改造人们的恶性。他说:"古者圣人以人之性恶,以为偏险而不正,悖乱而不治,故为之立君上之势以临之,明礼义以化之,起法正以治之,重刑罚以禁之,使天下皆出于治,合于善也。是圣王之治而礼义之化也。"

②隆礼重法

荀况坚持儒家的礼治传统,系统地全面地发挥了儒家的礼治学说。他提出用礼的"度量分界"来解决无限的物欲与有限的社会产品之间的矛盾，实际是用礼所规定的等级原则来调整封建社会的阶级关系和统治阶级的内部关系。他还提出"礼者，法之大分（本），类之纲纪也"，要求以礼作为立法和类推的根本原则。他竭力宣传礼义教化，但他不是教育万能论者，认为即使国家在尧舜那样的圣君贤相的治理下，也会有教育不好的"嵬琐"之徒。因此，在"隆礼"之外，还要"重法"，设置必要的刑罚，严惩犯罪，才有助于改变人们的恶性，使人各安本分。所以，他强调国家要制定和颁行法律，并广泛地进行宣传，使"天下晓然皆知夫盗窃之不可以为富也；皆知夫贼害之不可以为寿也；皆知夫犯上之禁不可以为安也"；"为奸则虽隐窜逃亡，由（犹）不足以免也"。

③尊君爱民

荀况认为君主是国家的最高统治者，居于最尊贵的地位，只有把权力集中于君主一人手中，国家才能长治久安。他主张君主要善于利用"势"、"术"来驾驭臣民，集大权于一身，认为只有如此，国家才能长治久安。但他认为如果君主不好，臣民就不应该盲从，所以他说"从道不从君"（《子道》）。在提倡尊君的同时，荀况也强调爱民、"重民"、"利民"，认为"天之立君，以为民也"（《大略》）。他把君和民的关系比作水与船的关系，指出"君者舟也，庶人者水，水则载舟，水则覆舟"。

④人治与"尚贤使能"

荀况认为，"有治人，无治法"，治国的关键是人而不是法。他由人治推论出为政需要"尚贤使能"。他强调英明的君主应该用人唯公，用人唯贤，"内不可以阿子弟，外不可以隐远人"，唯贤能是用。并指出，宁"私人以金石珠玉，无私人以官职事业"（《君道》）。

⑤明分使群

荀况认为人之所以区别于其他动物并能制服其他动物的原因，在于人能合群，多次提出："人生不能无群"，"离居不相待则穷"。然而在群居的生活中，他特别强调了"分"，所谓分就是人的身份、职份、财产定分和社会的分工。他认为只有区别开每个人的身份、职份，规定好每个人的财产份额，明确每个人的社会分工，才能有一个良好的社会群居秩序，否则就会天下大乱。他指出："人之生不能无群，群而无分则争，争则乱，乱则穷矣"

(《富国》)。他强调明天人之分,认为天是天,人是人,各不相涉,天不能支配人,而人定可以胜天。

⑥ "罪祸有律"

荀况主张"法胜私","罪祸有律",君主只有不分贵贱亲疏,依法断处,才能使臣民"畏法而遵绳"。他坚决破除儒家"治世用象刑"的传统观念,认为用象征性的刑罚,是"罪至重而刑至轻,庸人不知恶矣,乱莫大焉"。他也坚决反对法家的轻罪重判、以刑去刑的主张,特别是反对当时盛行的"一人有罪而三族皆夷"的族诛连坐,认为这是"乱世"的特征。他认为一个政权,在执法上能够坚持"刑当罪","刑不过罪"的原则,就能建立起自己的权威,否则,就会受到人民的轻侮,丧失权威。

⑦ "王制"理想

荀况追求的政治理想是"王制"。王制之下的政治是举贤能、除奸恶、养废疾的"王者之政";王制之下的人是以教义相约束、以法行事的"王者之人";王制之下实行的制度是"道不过三代,法不贰后王"的"王者之制";王制之下听到的议论是"无德不贵,无能不官,无功不赏,无罪不罚"的"王者之论";王制之下的法是均等赋税,治理民事,裁制万物"以养万民"的"王者之法"。

2. 崇尚"道法自然"的道家政治思想

道家是春秋战国时期以老聃和庄周为主要代表的一个学派。道家的代表作是《老子》和《庄子》,分别体现了道家思想发展的两个阶段。

(一) 老子的"无为而治"方案

老子第一个提出了"道法自然"的观点。他认为统治者只有顺应自然,按照自然法则办事,才符合"道"的精神。"道"之所以能生养和主宰万物,并不是它对万物有所作为或横加干涉,而是让万物自然而然地生长变化。正因为它自然无为,所以它才具有化育万物的巨大威力。统治者要想保持自己的统治,也必须"惟道是从",而不能背"道"而驰。

① "处无为之事,行不言之教"

老子认为最理想的治国方法,就是"无为"。《老子》说:"为无为,则无不治";"我无为而民自化,我好静而民自正,我无事而民自富,我无欲而民自朴",最理想的治国方法,就是"无为"。因此,他要求统治者"处无为之事,行不言之教",一切听任自然法则的支配。他把这种自然法则名曰"天之道"或"天道",认为"天之道"的基本特征是"损有余而补不足",因而对立的双方一旦发生斗争,柔弱的一方必然战胜刚强的一方,即所谓"柔弱胜刚强"。统治者如果自恃刚强,对人民一味横征暴敛、强加制裁,自己的地位就会转化,走向"强梁者不得其死"的下场。所以统治者要想维持其统治,就应使自己经常处于柔弱的地位,"知其雄,守其雌",并尽可能避免斗争,特别是不要主动去挑起斗争。这样就可以退为进,使"天下莫能与之争"。

② "见素抱朴,少私寡欲"

老子认为统治者必须清静无为,"见素抱朴,少私寡欲",切忌过分压榨人民。他一再告诫统治者"祸莫大于不知足",不知足就会"金玉满堂,莫之能守"。他要求统治者在立法、定制时,必须"去甚、去奢、去泰",并且指出最理想的法制就是不要去宰割人民。

③ "绝圣弃智"

老子认为"古之善为道者,非以明民,将以愚之,民之难治,以其智多。故以智治国,国之贼;不以智治国,国之福。"为此,他主张"不尚贤,使民不争;不贵难得之货,使民不为盗;不见可欲,使民心不乱。是以圣人之治:虚其心,实其腹,弱其志,强其骨,常使民无知无欲。"为了达到这一目的,他进一步要求做到"绝圣弃智"、"绝仁弃义"、"绝巧弃利",以便使"民复孝慈"、"盗贼无有"。

④ "小国寡民"的理想社会

老子认为"无为而治"的理想社会应该是"小国寡民,使有什伯之器而不用,使民重死而不远徙。虽有舟舆,无所乘之;虽有甲兵,无所陈之;使人复结绳而用之。甘其食,美其服,安其居,乐其俗。邻国相望,鸡犬之声相闻,民至老死,不相往来。"这种理想社会没有矛盾,没有斗争,军队、监狱、法律等也就失去作用。

(二)庄周的虚无主义

庄周主张绝对"无为",否定一切文化和法律道德。他认为"君子不得已而临莅天下,莫若无为"。他激烈反对其他各家的"有为"政治,认为只有未经人工改造的自然事物才有价值,而社会文化的发展都是对自然的破坏。因此,他要求回到人与物无别的"浑沌"时代,也就是"同与群兽居"、"族与万物并"、"无知无欲"、"无人之情"的"至德之世"。为此,庄子主张取消一切制度、规范和文化,认为只有这样,才能安宁。所以他说:"绝圣弃智,大盗乃止;擿玉毁珠,小盗不起;焚符破玺,而民朴鄙;掊斗折衡,而民不争。殚残天下之圣法,而民始可与议论。"这里所要取消的包括道德、法律、制度、度量衡等所有规范以及一切物质和精神文明,实质上就是对整个人类文化的否定。

庄子追求不受任何纪律约束的绝对自由,主张超然物外,把人生看成一场大梦,物我两忘。也不承认有判断是非、功罪等的客观标准,"是亦彼也,彼亦是也;彼亦一是非,此亦一是非"。既然如此,也就没有什么可以作为判断人们言行是非的客观规范。这也是他否定法律、道德的另一重要理由。

（三）杨朱的"贵己"和"为我"

杨朱的基本政治主张是"贵己"和"为我",反对墨子的兼爱主张和儒家的伦理政治学说。"贵己",就是顺乎自然,"全性保真,不以物累形",性和真,即人的天性,杨朱认为人应保全自己的真性。"为我"则是贵己的逻辑发展。

关于杨朱"贵己"、"为我"的政治主张,孟子指其为"拔一毛而利天下不为也"。韩非则说杨朱"不以天下之大利,易其胫一毛"。前者表现为极端自私,不为天下谋利,后者表现为对利欲的淡漠,不谋天下之利,二者在不损害自我这一点上是一致的。杨朱认为,天下治的前提是既不损己为人,又不损人为己,"人人不损一毫,人人不利天下,天下治也"。

3. 墨家"兼相爱""交相利"的政治主张

墨家的宗旨是"兴天下之利,除天下之害"（《墨子·非乐》）。针对当时诸侯兼并,天下大乱的实际状况,提出了一整套整治社会的主张。它的原则和方法可分为"五项十事":对于国家之间的攻伐战争,要实行"兼爱"、"非攻";对于一些诸侯国的昏乱无序,要实行"尚贤"、"尚同";对于国家的贫困,要实行"节用"、"节葬";对于国家沉湎于歌舞音乐以至于萎靡不振,要实行"非乐"、"非命";对于国家淫乱无礼,要实行"敬天"、"事鬼"。这些主张是要以"兼爱"为指导思想,以"非攻"、"尚贤"、"节用"为主要手段,以"敬天"、"事鬼"为依托保障,来统一天下,治理国家,实现君明臣良、国泰人和的理想社会。

(一)"兼爱"、"非攻"

墨家的基本政治主张为"兼爱",即"周爱","爱无厚薄"(《大取》),不分尊卑贵贱、上下左右,爱一切人。人与人、家与家、国与国只有"兼相爱",才能"交相利"。为了避免祸乱发生,必须"兼以易别"(《兼爱下》),以"兼相爱"代替"别相恶"。这是墨子处理人们之间政治关系的基本观点,也是他的基本政治主张。"非攻"是"兼爱"思想在处理国与国相互关系上的具体运用。"非攻"是非难和反对一个主权国家侵掠另一个主权国家。他认为攻人之国是"大为不义"的,不仅害人之国,而且对自己国家的百姓也是不利的。因为战争势必要"夺民之用,废民之利"(《非攻中》),所以必须"非攻"。不过墨子认为禹征三苗、商汤放桀、武王伐纣,都不是"攻",而是"诛","诛暴"是无可非议的。

(二)"尚贤"、"尚同"

墨家认为,对于一些诸侯国的昏乱无序,要实行"尚贤"、"尚同"。所谓"尚贤",就是要不拘一格任用贤才。他认为"官无常贵,而民无终贱",虽是"农与工肆之人"(《尚贤上》),有能有才也要举之、用之。只有任用贤才,方能治理好国家。这种贤人政治的主张,直接否定了世卿世禄的宗法官僚制度。所谓"尚同",就是"尚同一义",天子必须壹同天下之义,老百姓才能逐级上同于天子。实际上是要用墨家的思想统一天下的思想,不允许众说纷纭,开创了在思想领域内要求实行一个主义、强调思想统一的先声。

4. 法家"以法治国,实行法治"之主张

法家有几个不同的学派。李悝、商鞅主张以"法"治国,强调政治制度与法令信誉是治国工具;申不害则提出国君要有"术",即驾驭群臣的方法;慎到又提出重"势"的原则。所谓"势"就是统治权力。韩非总结了他们三家的思想,提出了以法治为中心,法、术、势相结合的法治观点。

（一）先驱者管仲的"纠之以刑罚"主张

管仲认为发展经济是使国家富强的前提，也是人们能否遵守礼义法度和社会秩序能否稳定的物质基础，因而提出"仓廪实而知礼节，衣食足而知荣辱"。他认为发展经济是使国家富强的前提，也是人们能否遵守礼义法度和社会秩序能否稳定的物质基础。为了富国强兵和保证法令的贯彻，管仲提出"劝之以赏赐，纠之以刑罚"，强调赏罚的作用。一方面主张"匹夫有善，可得而举"和"士无世官"，提倡破格选拔人才，规定乡大夫有推举人才的责任。若有才不举，便以"蔽明"、"蔽贤"论罪。另一方面又对"寡功"的官吏加以处罚："一再则宥，三则不赦"。但是管仲"纠之以刑罚"的锋芒主要还是指向人民的，他曾按职业身份重新编制全国居民，"作内政而寄军令"，把行政组织和军事组织结合起来，以加强军事力量和对人民的控制。他还主张加重刑罚，使人民"畏威如疾"。

（二）商鞅的治国之道

① "不法古，不修今"

商鞅认为，"治世不一道，便国不必法古"（《商君书·更法》），应该因时制宜，随机而变。当变而变，国家则兴；当变不变，国家则亡。在"不法古，不修（循）今"（《商君书·开塞》）的变法思想指导下，他两次实行变法，以法治国，奖励耕战，推行县、乡行政制与什伍编户制，统一了秦国的度、量、衡。变法获得成功，使"秦民大说（悦）"，"乡邑大治"（《史记·商君列传》）。

② "以刑去刑"

商鞅认为，实行法治的关键是信赏必罚。他主张"重刑少赏"，实行重刑政策，以便"以刑去刑"。重刑政策的内容包括：一是轻罪重罚，他指出："以刑去刑，国治。以刑致刑，国乱。故曰：行刑重轻，刑去事成，国强。重重而轻轻，刑至事生，国削"（《商君书·去强》）。二是刑无等级，"壹刑者，刑无等级"（《商君书·赏刑》）。王公卿相至大夫庶人有犯法者，同样处置。三是不能以功折罪，"有功于前，有败于后，不为损刑。有善于前，有过于后，不为亏法。忠臣孝子有过必以其数断"（《商君书·赏刑》）。四是执法犯法，罪死不赦，绝不宽恕。五是"刑于将过"，防患于未然。他认为，

"刑于将过,则大邪不生;赏施于告奸,则细过不失"(《商君书·算地》)。商鞅这种没有构成犯罪,只要有犯罪的苗头,便要用刑,实为滥刑苛法。

③奖励农战

商鞅认为,农耕和兵战是"治国之要","国待农战而安,主待农战而尊"(《商君书·农战》),为了富国强兵,必须奖励农战,大力发展农业生产,加强军事力量,奖赏有功于农战的人,惩罚不利于农战的人。为了奖励农战,富国强兵,就必须做到"壹赏"、"壹刑"与"壹教"。"壹赏",就是赏赐只能施于有功农战和告奸(揭发"犯罪分子")的人,重点是奖励军功。"壹刑",就是要求"刑无等级,自卿相将军以至大夫庶人,有不从王令、犯国禁、乱上制者,罪死不赦"。"壹教",就是取缔一切不符合法令、不利于农战的思想言论。

④法、信、权三要素

为了推行以重农、重战和加强君权为内容的"法治",商鞅提出了一套比较完整的方法。他认为,推行"法治",首先必须"立法明分",君主必须自己带头遵守,做到"言不中法者,不听也;行不中法者,不高也;事不中法者,不为也"。在行赏施罚上也应公正无私,做到"不失疏远,不违亲近"。"守法守职之吏有不行王法者,罪死不赦,刑及三族"。为了保证法令的准确性,又郑重宣布,"有敢剟定法令,损益一字以上,罪死不赦"。

商鞅要求"信赏必罚",取信于民,"民信其赏,则事功成;信其罚,则奸无端"。商鞅认为,要使君主的法令能够顺利推行,就必须"尊君",使君主掌握独断一切的大权,故说:"权者,君之所独制也";"权制断于君则威"。只有"秉权而立",才能"垂法而治"。因此要实行"法治",就必须建立中央集权的君主专制政体。

(三)申不害的重"术"思想

申不害从两方面阐发"术"的内容:第一,"为人臣(当作君)者操契以责其名"。这是指国君公开用以选拔、监督和考核臣下的方法。具体说,就是先要按照臣下的才能授予官职,然后考查臣下所做的工作(实)是否符合他的职守(名),据以进行赏罚。在名实是否相符上,他提出:"治不逾官,虽知弗言",意即凡不属于职权范围内的事,臣下即使知情也不许言讲，目的在于防止臣下篡权。第二，"藏于无事"，"示天下无为"。这是驾御臣下的权术，要求君主不干具体工作，甚至要求国君"去听"、"去视"、"去智"，以免暴露自己，使臣下无从投其所好这就可象明镜一样，看到臣下的一切，真正识别出忠奸，国君也就不会被臣下所蒙蔽，而能"独视"、"独听"、"独断"。这种极端专制的思想正是他重"术"的最后归宿，因而他说："独视者谓明，独听者谓聪，能独断者，故可以为天下主"。

（四）慎到的重"势"思想

① "民一于君"与"立公弃私"

慎到重"势"是从"尚法"出发的。他认为"治国无其法则乱"，坚决主张"法治"；而要实行"法治"，就必须尊君和尚法。他说："民一于君、断于法，是国之大道也"。"民一于君"在法律上的表现，是只有国君才有权立法和变法，各级官吏只能"以死守法"，严格遵守和执行君主的法令。一般老百姓则必须"以力役法"，受法令的役使。同时，他认为"法者，所以齐天下之动，至公大定（正）之制也。故智者不得越法而肆谋，辩者不得越法而肆议，士不得背法而有名，臣不得背法而有功"，而且"定赏分财必由法"。他又认为，法的最大作用，就在于"立公弃私"。为了立法"为公"，必须严格遵守法制，尤其是为人君者，"无法之言，不听于耳；无法之劳，不图于功；无劳之亲，不任于官。官不私亲，法不遗爱，上下无事，唯法所在"。

② 重"势"与"无为而治"

慎到认为，君主要想臣民服从法令、实行"法治"，唯一有效的办法就是掌握能使臣民服从的权势。他将君主与权势形象地比拟为飞龙和云雾。飞龙有了云雾才能高飞，一旦云消雾散，飞龙也就成了地上的蚯蚓。君主要推行法令只能靠"势"而不能靠"德"，但也必须"尚法"。人君在法面前也应"事断于法"、"无为而治"。在他看来，天子、国君以及各级官吏不但必须"任法"、"守法"、"唯法所在"，而且都是为了服务于天下、国家而设立的。因此他说："立天子以为天下，非立天下以为天子也，立国君以为国，非立国以为君也，立官长以为官，非立官以为长也"。

慎到又认为君主要懂得无为而治，做到"臣事事而君无事"，即国君不要去做具体工作，具体工作应在"事断于法"的前提下，尽量让臣下去作，以调动臣下的积极性,发挥他们的才能,使得"下之所能不同",而都能为"上之用",从而达到"事无不治"的目的。因为"君之智未必最贤于众",即使"君之智最贤",也必然精疲力竭,不胜其劳。而且国君如果事必躬亲,一个人去"为善",臣下就不敢争先"为善",甚至会"私其所知",不肯出力,国事如有差错,"臣反责君"。慎到认为这是"乱逆之道",是"君臣易位",国家也就不可能不乱。

（五）韩非关于法、术、势相结合的法治观点

韩非的政治纲领是"尊主安国",认为民众的根本利益在于有一个富强的国家,而一个富强的国家必须有一个有权威的君主。他是一个国家至上论者,提倡尊君,目的在于安国。为了维护君主的权威,韩非认为,君主必须：

①拥有无上权威,牢牢掌握专制大权

在法、术、势理论体系中,势是法和术的前提和后盾。所谓"势"就是君主的权威,就是立法出令、生杀予夺的权力。韩非认为"国者君之车也,势者君之马也。无术以御之,身虽劳犹不免乱；有术以御之,身处佚乐之地,又致帝王之功也"（《外储说右下》）。韩非认为刑德是君主须臾不可离的权柄,是制服臣民的法宝。他指出："明主之所导制其臣者,二柄而已矣。二柄者,刑、德也。何谓刑德？曰：杀戮之谓刑,庆赏之谓德。为人臣者畏诛伐而利庆赏,故人主自用其刑德,则群臣畏其威而归其利矣"（《二柄》）。

②制定以君主至上为特征的统一的成文法

韩非坚持以法治国,强调"明主之国无书简之文,以法为教；无先王之语,以吏为师"（《五蠹》）。韩非的法治原则是：第一,法要统一。他说："法莫如一而固"（《五蠹》）,意思是法应有相对的稳定性,不能朝令夕改,也不能随心所欲地任意解释,法不应彼此矛盾,前后不一。第二,法要严峻。他认为,重刑的威慑可使人不去触犯刑律,达到"以刑止刑"的目的。第三,法要公平合理。所谓公平合理,就是在法律面前人人平等,不能偏袒亲贵,他提出了"法不阿贵","刑过不避大臣,赏善不遗匹夫"的主张。第四,执法要信。所谓信,就是法的条文怎样规定就怎样执行,不打折扣。

③用好驾驭臣僚的"术"

"术"就是权术,是君主驾驭、考核臣僚特别是大臣、近臣的一种手段。韩非说的"术",是"运用之妙,存乎一心"的东西,内容丰富,主要是:第一,君主对臣下不要表示真实的感情,"若天若地,孰疏孰亲,能象天地,是谓圣人"(《扬权》),"君无见其所欲,君见其所欲,臣将自雕琢;君无见其意,君见其意,臣将自表异。故曰:去好去恶,臣乃见素"(《主道》)。第二,君主要行"无为"之道。凡事藏而不露,在暗中观察,出其不意制人。韩非说:"道在不可见,用在不可知"(《主道》),又说:"故明主观人,不使人观己"(《观行》)。第三,君主要千方百计地维护自己的独尊地位。"权势不可以借人"。韩非主张坚决打击大臣们拉帮结派,朋比为奸的行为。他说:"朋党相和,臣下得欲,则人主孤;群众公举,下不相和,则人主明"(《外储说左下》)。对于大臣们结成朋党,一定要断然处置,"数披其木,毋使枝茂……掘其根本,木乃不神"(《扬权》)。

(五)韩非的伦理思想

韩非的伦理思想是其"法治"理论的组成部分。韩非把贵族、地主的自私性抽象化为普遍的"人性",认为人皆"自为"(利己),人与人之间是"用计算之心以相待"的赤裸裸的利害关系,决不会"去求利之心,出相爱之道"。人的一切行为均出于利己,没有所谓"仁"或"贼"(善或恶)的道德信念,不具有道德价值。由此出发,他不仅揭露了儒家所提倡的仁义道德的虚伪性,而且认为在"当今争于气力"的时代,仁义一套对治国有害无益。进而,他把德与法对立起来,主张治国"不务德而务法",提倡"以吏为师"、"以法为教",否定道德和道德的社会作用。

五、先秦经济思想

先秦道家的主要经济观点是"均富"和"知足"。他们认为自然规律是"损有余而补不足",如不人为地"损不足而奉有余",财富分配会"自均"。另外,道家又认为"多藏必厚亡","祸莫大于不知足"(《老子》下篇),因而强调"知足"。

儒家认为,物质财富的获取,必须"见利思义"(《论语·宪问》),反对"放于利而行"(《论语·里仁》);在富国与富民关系上,认为民富是国富的基础,主张"因民之所利而利之"(《论语·尧曰》);在财政上反对聚敛而要求"薄税敛"(《孟子·梁惠王上》),主张实行农业什一税和"关市讥而不征,泽梁无禁"(《孟子·梁惠王下》)。对于社会的分职分工及由此而产生的交换活动,认为是合理的和必要的,主张"通功易事,以羡补不足"(《孟子·滕文公下》),达到社会需要的满足。

墨家分析各种问题均以是否对人民有"利"出发,因此他们宣扬人与人之间应该"交相利",反对攻战,提倡节用,体现了"利"在墨家经济思想中的突出地位。

法家对农业生产极为重视,李悝提出了"籴甚贵伤民,甚贱伤农"(《汉书·食货志》)的论点,成为推行稳定粮食政策的先驱者。韩非第一次提出"农本工商末",成为封建地主经济全期的支配观点。商鞅为了驱使工商业者归农,采取提高税率的政策,"市利之租必重"(《商君书·外内》)。韩非公开肯定贫富差异的合理性,并第一次从人口与财富的对比关系中去寻求社会治乱的根源。

《管子》的经济思想偏重在商品货币流通和市场经济范围,提出处理商品货币经济活动的基本原则是,把重要商品如粮食、布帛、盐、铁等和货币流通置于国家控制之下。

范蠡在经济思想方面的主要贡献有:第一,农业经济循环论,即"六岁穰,六岁旱,十二岁一大饥"(《史记·货殖列传》)。第二,他的"积著之理"给商品、货币和价格在人们财富积累问题上的运用提示了若干足资遵循的原则。第三,他在粮食价格政策上,认为"二十病农,九十病末。末病则财不出,农病则草不辟矣。上不过八十,下不减三十,则农末俱利"(《史记·货殖列传》),这样才是使"关市不乏"的治国之道。

李悝和范蠡的粮价政策,成为创立和维护常平仓制度的古典理论根据,而《管子》的"衣食足则知荣辱",更变成了此后儒生经常宣扬的思想。

第六节　专制主义中央集权的秦王朝

从公元前230年至公元前221年,历时十年,秦次第诛灭关东六国,完成了统一大业，从而结束了春秋战国以来诸侯长期割据混战的局面，建立起中国历史上第一个统一的多民族的中央集权的封建国家。

一、始称皇帝

吕不韦在谋划秦王朝体制时提出"故为天下长虑，莫如置天子"（《吕氏春秋·恃君览》），又强调"天子必执一，所以抟之也"（《吕氏春秋·执一》）。"执一"、"抟"的思想意思也就是主张中央集权。在这一点上，秦始皇认为自己功盖三皇五帝，应该是"受天之命"的"天子"，于是把古代传说中神和人最尊贵的三皇五帝的称号合而为一，创造出"皇帝"这

秦始皇像

个至高无上的新头衔，并制定了一套尊君抑臣的朝仪和文书制度，如皇帝的命令称"制"和"诏"。文字中不准提及皇帝的名字，凡文书中遇到"皇帝"、"始皇帝"、"制曰可"等字样时，要另行顶格书写。只有皇帝才能自称"朕"，臣民对皇帝称"陛下"，史官记事称皇帝为"上"等等。皇帝行使权力的凭证是玺、符、节。嬴政规定只有皇帝的大印，才能称为"玺"。符为兵符，多用于调兵遣将。符多作伏虎状，分为两半，右半存于国君，左半发给将军。嬴政规定，调动士卒50人以上，必须持有皇帝的虎符为凭。否则，就是违法。节也是一种信征，使臣执以示信。

嬴政还废除了传统的"谥法"（即对去世的君王赠予带有评价性质的称号），不准后代臣子借"谥法"褒贬皇帝。秦王政自称"始皇帝"，子、孙继位，为"二世、三世，至千万世，传之无穷。"这就是嬴政被称为"秦始皇"的由来。

皇帝拥有至高无上的权力。"天下事无大小皆决于上"，凡行政、司法、立法、任免官吏、军事、征收赋税、重大工程营建，无不取决于皇帝。从中央到地方的官吏都要按照皇帝的意志办事。有关国家的大小问题，大臣们可以发表议论和提出不同方案，但一律须由皇帝决断才能付诸实行。皇帝行使权力的方式，一般是在朝则听理朝政，批阅奏章；外出巡幸则监察官吏，察看民情。秦王朝规定所有上报给皇帝的重要公文，必须经皇帝亲自审批。

皇帝的决断与批示写成诏书,下达给有关主管官员作为处理问题的依据。听朝有朝议制度和朝会制度两种形式。朝议制度是由氏族社会时的氏族会议发展而来的。秦始皇虽然以极权专制著称,但朝议制度并未废弃。

二、三公九卿制

秦朝的中央机构实行"三公九卿制"。三公为丞相、太尉、御史大夫。丞相是"百官之长",总领朝廷集议和上奏,协助皇帝处理日常政务。秦朝设左、右丞相,以右为尊。太尉掌军事,名为全国最高军事长官,实际只有带兵权,发兵权完全操在皇帝手中。秦统一后,太尉一职只是虚设其位而已。这样便于皇帝亲自控制军队,权力更加集中。御史大夫是副丞相,掌图籍章奏,监察百官。皇帝多任命自己的亲信担任这一职务,用来牵制丞相,防备丞相专权。

三公之下有所谓"九卿"(实际上不止九卿),分掌具体政务。奉常,掌宗庙祭祀;郎中令,掌管宫殿警卫;卫尉,掌管宫门保卫;太仆,管理御用车马;廷尉,掌刑罚,是全国最高的司法官;典客,负责少数民族事务和外交;宗正,管理皇族、宗室名籍;治粟内史,掌全国财政;少府,掌全国山海池泽的税收和官府手工业制造以供应皇室需要;将作少府,掌宫廷修建;中尉,负责京师治安,等等。三公和九卿等,都各有自己的属官和办事机构,处理日常事务。大事总汇于丞相,最后由皇帝裁决。

三、实行中央集权的郡县制

秦统一中国后,实行什么样的地方行政制度来管理辽阔的国土,直接关系到能否维护国家统一、贯彻中央集权的重大问题。丞相王绾、博士淳于越等一批大臣认为,六国刚刚破灭,燕、齐、楚等地远离秦王朝统治中心,中央无力控制,分封诸公子为王建立属国,便于屏卫中央。廷尉李斯力排众议,坚决反对分封制,认为分封诸侯会削弱皇帝的权力,使国家重新陷入四分五裂局面。秦始皇肯定了李斯的意见,他指出"天下共苦战斗不休,以有候王",就是说,分封诸侯是战乱的根源。于是,秦朝在地方上彻底废除"封诸侯,建藩卫"制度,全面实行郡县制度。在已控制的地区设置了36个郡。随着边境的开发和郡治的调整,郡数最多曾达46个。秦郡一律置"守、尉、监"三长官。郡守为一郡之长,掌政事;郡尉是郡守的辅佐,并掌军事；监御史负责监察，直属中央的御史大夫。郡府设诸曹掾属，处理一郡民政事务。郡以下设若干县，万户以上的县设县令，不足万户的设县长。令（长）掌政事；另有县丞，掌文书、司法裁判等；县尉，掌军事。边远地区少数民族居住地则置"道"以代县。县以下为乡、里。十亭为一乡，有三老掌教化，啬夫掌狱讼、赋税，游徼掌捕盗贼。十里为一亭，有亭长，掌捕盗贼。

四、经济文化政策

1. 令黔首自实田及赋徭制度

《史记·秦始皇本纪》《集解》所引徐广说，秦始皇统一六国后，下令"使黔首自实田"，就是命令土地占有者向政府自报占有土地的数额，国家以法律的形式承认土地私有，并为征收赋税提供根据。秦朝的田赋按土地多少收税，另外还有"户赋"、"口赋"等。徭役与兵役一样，从十七岁开始服役到六十岁免役。服役者要从事各种繁重劳动。

2. 上农除末与徙民开荒

秦始皇对商人进行残酷打击，并把原先实施的"重农抑末"政策改为"上农除末"。为了发展农业生产，他还推行奖励农垦的政策，用免除徭役等方法，先后把几十万人迁往边疆和劳动力不足的地区去开垦荒地，从事农业生产。

3. 统一度量衡和车同轨

战国时期的现状是"田畴异亩，车途异轨，律令异法，衣冠异制，言语异声，文字异形"，秦统一后，秦始皇按秦制度统一全国度量衡，颁布统一度量衡诏书。同时规定车宽六尺，一车可通行全国。在货币上，规定黄金称上币，重一镒（二十两）；铜钱称下币，重半两。规定二百四十步为一亩。

4. 书同文

周朝文字笔划繁重，称为大篆，或称籀文。战国时，东方齐鲁地方通行一种比较省便的字体，汉朝人称为古文、蝌蚪文、或孔壁古文。李斯订定文字时，依据籀文古文，笔划力求简省划一，称为秦篆，或称小篆。李斯作《苍颉篇》，赵高作《爰历篇》，胡母（毋）敬作《博学篇》，这些学童课本都是用小篆写成的。

五、崇尚黑色

秦王朝以当时流行的"五德终始说"作为自己合法统治的理论依据。"五德终始说"采用金、木、水、火、土五种要素的循环相克,来解释社会历史的复杂变化。秦始皇认为自己代表水德做天子,水德崇尚黑色,"度以六为名"。于是,代表水德的黑色和"六"这个数(含六的倍数),便体现在秦的政治措施和典章制度之中。黑色是秦代的流行色,衣服、旄旌、节旗都必须采用黑色。法冠、兵符长度为六寸,车长为六尺,量地六尺为一步,各种制度都设法和"六"这个数字相符,行事也尽可能地和六相配合。这样做的目的是使统治者的一切活动都神秘化,便于加强对人民的控制。

六、反对以古非今

秦初,在治国之策的论辩中,博士淳于越等人主张"师古",认为"事不师古而能长久者,非所闻也"(《史记·秦始皇本纪》)。李斯则坚持"师今",认为时代在不断发展变化,一切政治法律制度也要随着时代的变化而变化,不可因袭旧法,"三代之事,何足法也"(《史记·秦始皇本纪》)。为了巩固君主专制的中央集权统治,强调加强思想上的统治。秦始皇、李斯反对人们议政,特别是反对人们以古非今,提出在思想上要"别黑白而定一尊"。他们认为不能让人们"入则心非,出则巷议",否则,就会造成"主势降乎上,党与成乎下"的结果。故必须实行文化专制,"史官非秦记皆烧之,非博士官所职,天下敢有藏《诗》、《书》、百家语者,悉诣守、尉杂烧之,有敢偶语《诗》、《书》者弃市,以古非今者族"(《史记·秦始皇本纪》)。规定"若欲有学法令,以吏为师"。

李斯

七、秦代法规

从湖北云梦县出土的秦简可知,秦除了商鞅变法时制定的六篇刑律之外,还曾颁行过大量单行律与其他形式的法律规范。主要有:各种单行条例和检核规定;案例与疑案问答;有关判决程序的规定与说明。

目前看到的秦律只是秦律的部分,其主要内容有:

1. 刑法（包括罪名、刑罚和刑罚的适用原则等）

秦律的罪名近200种。刑罚分为死、肉刑、徒、笞、髡刑、耐刑、迁刑、赀刑、赎刑、废刑、谇刑等。刑罚适用原则主要有：依犯罪人的身份等级定罪；区分共同犯罪与非共同犯罪；在共同犯罪中集团犯罪从重，教唆青少年犯罪从重；区分故意和过失，故意从重，过失从轻；区分既遂、未遂和对社会的危害程度；区分态度好坏，累犯从重，自首从轻，消除犯罪后果减免。此外，还规定了刑事犯罪的责任年龄。

2. 有关农业、手工业和商业方面的法规

秦律在农业方面对农田水利、山林保护、种子数量、庄稼生长和旱涝虫灾的报告等作了具体规定；在手工业方面对生产管理、劳动力调配、徒工训练和产品规格、质量的检验等作了具体规定；在商业方面对商品标价、货币流通、外商经营登记等作了具体规定。这些规定主要见于田律、厩苑律、工律、均工、工人程和金布律以及其他单行法律的部分条款。

3. 规定了一套诉讼制度

为了保证法律的贯彻执行，秦律还规定了一套诉讼制度。审判机关为中央、郡、县三级，行政与司法不分。地方行政长官主管所辖郡、县的司法。诉讼可以由受害人提起，也可以由国家官吏提起。限制子女、奴婢的诉讼权利。审讯时一般不主张刑讯逼供，重视现场勘验和搜集证据，实行"爰书"报告制度。判决后准许上诉。秦律的内容带有封建法律初期的特点，主要表现在：法律篇名、条文繁杂；有的罪名就事论事，不够规范化；刑罚手段残酷；法律既鼓励奴隶解放，又保留和维护大量奴隶制残余。

秦始皇统治后期，乐以刑杀为威，致使"贪暴之吏，刑戮妄加"，"赭衣塞路，囹圄成市"。秦二世即位后，"更为法律，益务刻深"，大肆诛杀诸公子及大臣，进一步镇压人民群众，使秦法遭到严重破坏，加速了秦王朝的崩溃。

第七节　西汉时期

一、分封诸王和郡国并行制

在楚汉战争中，刘邦为了联合力量打败项羽，分封了7个异姓王（楚王韩信、梁王彭越、淮南王英布、赵王张耳、燕王臧荼、韩王信、衡山王吴芮）。汉王朝建立后，异姓王仍拥兵自重，占地广大，约当六国故地。刘邦把以首都长安为中心的旧秦国及其附近地区划分为15个郡，实行郡县制度。由于郡与封国并行，所以汉初实际上实行的是郡国并行制。

分封异姓诸王，是刘邦对付项羽的权宜之计，在一统天下后，这些异姓诸侯王便成为刘氏天下的严重威胁。因此，刘邦在他登上皇帝宝座后就开始一一铲除异姓王。同时，又陆续分封了9个同姓王（齐王刘肥、楚王刘交、吴王刘濞、代王刘恒、淮南王刘长、梁王刘恢、赵王刘如意、淮阳王刘友、燕王刘建），想依靠刘氏宗族的力量，作为皇权的屏障。刘邦晚年和群臣杀白马盟誓："非刘氏而王者，天下共击之"（《史记·吕太后本纪》）。

二、中朝官尚书行政管理体制

汉袭秦制，建立了以皇帝为中心的三公九卿制。但从武帝时期起发生了重要的变化，汉武帝为加强皇权，削弱丞相权力，建立中朝制，即选用一批地位较低的内廷人员参与朝政。其中原属少府，为皇帝掌管文书的尚书以及一些内廷人员，地位有较大提高。朝廷政务往往先与尚书、侍中、大将军等近侍内廷"中朝"人员商议，然后告之以丞相为首的"外朝"官员。外朝官实际作用被削夺，地位下降，中朝官员受到重用。中朝制的建立既是皇权与相权矛盾的产物，也是内廷近臣权力膨胀的结果。汉成帝时，大司马（武帝时由太尉改称）、大司空（成帝时由御史大夫改称）和丞相（哀帝时改称大司徒）三公权力进一步削弱。尚书权力扩大，尚书令为主管，设五曹。

东汉时尚书权力进一步扩大，尚书机构称台，有令、仆射各一人，尚书六人，分掌三公、吏、民、客、二千石及中都官等六曹，分割或取代了九卿部分职权。东汉至魏晋，中央政务逐步由三公向三省转移，行政事务渐由九卿向六部过渡。

三、朝廷铸钱与盐铁官营

在币制上，汉改秦制，黄金以一斤（亦称一金，约合今半斤）为单位，铜钱自汉高祖行榆荚钱始，铜钱轻重不一，私铸钱盛行，钱法很乱。直到汉武帝时，朝廷与豪强经历九次斗争才取得胜利。公元前113年，汉武帝销废各种铜钱，专令水衡都尉在京师铸五铢钱，通行天下。朝廷铸钱权的确立，有利于国家统一的巩固。

冶铁、煮盐、铸钱三大利，在朝廷收归官营以前，都被豪强大姓所专擅。汉高祖时，三大利都允许民间私营，巨利为豪强所有。汉武帝擢用桑弘羊等做理财官，向商贾夺取盐铁业，设置铁官、盐官，从此，盐铁官营成为定制，朝廷增加了巨大的收入。

桑弘羊（前152～前80年）洛阳人，西汉政治家、思想家。出身于商人家庭，曾任大司农中丞、搜粟都尉、治粟都尉和御史大夫等职，长期参与财政经济政策的制订与推行。在长期任职中，他推行盐铁、酒类的官营专卖，设立平准、均输机构控制全国商品，从富商大贾手里夺回了盐铁经营权。汉昭帝始元六年（前81年），召开盐铁会议，讨论是否罢盐铁官营、酒类专卖和均输官问题。以桑弘羊为一方，以霍光为后台的贤良文学为另一方，展开争论。次年，因被指控与上官桀等谋废昭帝、立燕王旦，被杀。关于盐铁问题的争论，涉及一系列治国原则，争论的记录被西汉桓宽整理为《盐铁论》一书，该书是研究桑弘羊政治思想的重要资料。

四、西汉政治家、思想家之治国思想

1. "攻"、"守"不同术

秦二世而亡的教训，给汉初的君臣们以强烈的刺激，新王朝的政治家和思想家们各抒己见，各自提出治国良策。政论家陆贾（约前240～前170年）针对刘邦江山乃"居马上得之"的思想，告诫刘邦道，"居马上得之，宁可以马上治之乎？""汤武逆取而以顺守之，文武并用，长久之术也"（《史记·郦生陆贾列传》）。并指出"齐桓公尚德以霸，秦二世尚刑而亡，故虐行则怨积，德布则功兴，百

桑弘羊

陆贾

姓以德附,骨肉以仁亲"(《新语·道基》)。就是说,可以马上得天下,不能以马上治天下,只有文武并用才能使国家长治久安,秦的短命乃是不行仁义之道的缘故。因此他提出"治以道德为上,行以仁义为本"的政治主张。

贾谊

政论家和思想家贾谊(前201~前168年),洛阳人。他为官正当"文景之治",在歌舞升平的繁荣景象背后,他看到西汉王朝所潜伏的严重社会危机,犹如处在"抱火厝之积薪之下"。为此,他向汉文帝奏上《陈政事疏》(又称《治安策》),提出一套巩固和加强中央集权的封建君主专制制度的主张。从而形成了"礼先刑后"、"德主刑辅"的政治法律思想。

贾谊在总结秦王朝二世而亡的教训时,得出一条重要结论,即"仁义不施,攻守之势异也"(《新书·过秦论上》)。他认为,君主取天下和守天下,其做法是不应相同的。取天下要"高诈力",守天下则应"贵顺权"。秦王朝在统一中国之前,为夺取全国政权,"繁法严刑而天下震",用武力征讨六国,这种政策在当时是合适的。但取得政权后,不知"变化因时","离战国而王天下,其道不易,其政不改",仍然以取天下之策治守天下之世,不尚"仁义","不信功臣,不亲士民,废王道,立私权,禁文书而酷刑罚,先诈力而后仁义","繁刑严律,吏治深刻,赏罚不当,赋敛无度"(《新书·过秦论中》)。因此,结出"百姓怨望而海内叛"的恶果。前事之覆,后事之诫,汉王朝必须以此为鉴。

贾谊认为,"仁义恩厚,人主之芒刃也;权势法制,人主之斤斧也"。对待诸侯王的分裂割据,必须使用"斤斧",武力削除,用"芒刃"就会"不缺则折"。除此之外,治理国家则主要用"芒刃",行礼治。在他看来,"道德仁义,非礼不成;教训正俗,非礼不备;分争辩讼,非礼不决;君臣上下,父子兄弟,非礼不定;宦学事师,非礼不亲;驱朝治军,莅官行法,非礼威严不行;祷祈祭祀,供给鬼神,非礼不诚不庄"(《新书·礼》)。礼深入社会生活的各个方面,它的作用,远胜"权制法制",所以治国必须"礼先法后"。

2. 与民休息，发展生产

暴秦之后，民生凋敝，民不聊生，仁义之道最现实的要求是实行较宽松的政策，与民休息，以便恢复生产，繁荣经济，安定人心，稳定社会秩序，巩固新生政权。于是博采道、儒、名、法诸家之长的黄老思想应运而起，风行一时，上层人物如曹参、陈平、陆贾都笃信黄老。他们主张清静，倡导无为而治，即在政治上实行不干涉主义或少干涉主义。黄老思想还主张"因循为用"，对于群众已经习惯了的法律制度不多事更张。陆贾等人，虽然也说黄老、讲无为，但同时也讲君臣之礼，序夫妇长幼之别，强调仁义道德，宣传民本主义。陆贾认为社会政治理想的最高境界是"清静无为"，而实行"无为"政治就是"行仁义"的表现。陆贾认为"夫道莫大于无为"。所谓"无为"，就是不要"举措暴众"，不要用刑太极。要通过劝善，教化，使"民不罚而畏罪，不赏而欢悦"，上下相安，清静无为。他在《至德》篇中描绘了这样一幅理想社会的蓝图："君子之为治也，块然若无事，寂然若无声，官府若无吏，亭落若无民，闾里不讼无巷，老幼不愁于庭；近者无所议，远者无所听。邮驿无夜行之卒，乡闾无夜召之征。犬不夜吠，鸡不夜鸣。老者息于堂，丁壮者耕耘于田；在朝者忠于君，在家者孝于亲。"这就是陆贾无为政治的理想境界。其基本精神就是贵清静，不要对人民作过多干涉，使民安居乐业，休养生息。

3. 主张削藩，加强国家统一

黄老思想在稳定封建秩序上起了一定的作用，但这种政治带来的一个很大的弊病，就是诸侯坐大，成为威胁西汉中央政权的分裂势力。

汉高祖分封同姓诸侯王，本意是让他们辅翼皇室，想以血缘关系形成政治支柱。但结果适得其反，诸侯王拥有政治特权、经济实力，恃亲骄横，贪得无厌，搞分裂，成为独立王国，甚至相机而动，举兵叛乱。

针对同姓王日益坐大、尾大不掉的形势，贾谊呼吁削弱地方势力，加强国家统一。他建议文帝先用表面上的"仁义恩厚"，允许诸侯把国土再分封给他们的子弟，使原来的大国分化为小国，叫作"众建诸侯而少其力"，也就是用"分而制之"的办法来削弱诸侯国的势力。而对那些搞独立王国，图谋叛乱的诸侯王，必须用"权势法制"这把板斧，实行"割地定制"，化大为小，化整为零，使"下无背叛之心，上无诛伐之志"，做到"法立而不犯，令心而不逆。"这样，中央政府就可以象伸展手臂、手指一样自如地控制诸侯王了。景帝实践了他的这些主张，对巩固中央集权起了积极的作用。

晁错（公元前200？～前154年）颍川人。西汉学者、政治家、散文家。少习申商刑名之学，因通晓文献典故，为太常掌故，曾奉命从故秦博士伏生受《尚书》。后任太子家令、中大夫等职，深得宠信，号为"智囊"。晁错曾向文帝提出了"以粟为赏罚"、"入粟拜爵"等办法以贯彻汉初重农抑商，与民休息的政策。在政治上，他力主削弱诸侯势力，维护汉帝国的统一，触犯了朝内贵戚勋臣和诸侯的利益，因而遭到激烈反对。景帝即位，晁错迁为御史大夫。"数请间言事，辄听，宠幸倾九卿"（《史记·晁错传》）。景帝三年（前154），吴楚等七国以诛晁错"清君侧"为名，发兵叛乱，朝内大臣窦婴、袁盎等以此迫使景帝默许，把晁错腰斩于长安东市。

4. 独尊儒术，罢黜百家

国家政治上的统一，必然要求思想上的统一。董仲舒认为，要想巩固政治上的一统局面，就必须统一思想。他说："春秋大一统者，天地之常经，古今之通谊也。"因此，他主张把特别重视"一统"的儒家思想定为封建社会的统治思想。他提出："诸不在六艺之科、孔子之术者，皆绝其道，勿使并进。"这就是"罢黜百家，独尊儒术"，要让"邪辟之说灭息，然后统纪可一，而法度可明，民知所从矣"（《汉书·董仲舒传》）。董仲舒的这一思想被汉武帝所接受，从此确立了儒家思想在中国封建社会的"独尊"地位，孔子也被神化，推为素王，奉为"圣人"，具有了"教主"的意义。然而，董仲舒所推崇的儒家思想已不是孔子本人的儒家思想，而是董仲舒以儒家思想为主，杂揉各法阴阳各家学说改造而成的更适合封建专制政治要求的新儒家思想体系。

5."君权神授"和"三纲五常"

汉武帝即位后曾三次下诏策问古今治乱之道和天人关系等问题。董仲舒三次上书应对，即所谓"天人三策"，受到武帝的称许。董仲舒将天人感应、天人合一的神学理论应用到政治领域,提出了"君权神授"的观点。他说:"唯天子受命于天,天下受命于天子"(《汉书·董仲舒传》),又说:"古之造文者,三画而连其中谓之王。三画者,天地与人也,而连其中者通其道也。取天地与人之中以为贯而参通之,非王者孰能当是?"由于天子受命于天,尊天就必须尊王,即天下要受命于天子。而"人主立于生杀之位,与天共持变化之势","天地人主一也"(《春秋繁露·王道通三》)。君权神圣的理论为封建皇权罩上了一层神圣不可侵犯的灵光,使天下诸侯臣僚百姓都在"君权神授"的天威下"尊君",老老实实地接受皇权统治。

董仲舒看到"凡物必有合。合必有上,必有下;必有左,必有右;必有前,必有后;必有表,必有里;有美必有恶;有顺必有逆;有喜必有怒;有寒必有暑;有昼必有夜。此皆其合也。阴者阳之合,妻者夫之合,子者父之合,臣者君之合。物莫无合,而合各有阴阳"(《春秋繁露·基义》)。由此他认为相对的双方总有一方永远处在主导的地位。一尊一卑,其地位和性质的不同是永恒的,不变的,不可转化的,这是"天之常道"。因此,董仲舒以这种观点来说明封建统治秩序和伦常关系的亘古不变和神圣不可侵犯。他说:"君臣父子夫妇之义,皆取诸阴阳之道。君为阳,臣为阴,父为阳,子为阴,夫为阳,妻为阴。"阳尊阴卑,那么,君、父、夫永远处于统治地位而臣、子、妻则永远处于服从的地位,这是天经地义的,其位置是不可动摇的。此乃"王道之三纲。"这就是后来形成的"君为臣纲,父为子纲,夫为妻纲"说教的发端。

五、实行儒学与仕途相关的选官制度

汉武帝即位后,实行新的选拔官吏制度。

1. 察举制

汉文帝时已有"贤良"、"孝廉"之选,但未形成正式制度。前134年,汉武帝"初令郡国举孝、廉各一人"(《汉书·武帝纪》),从此郡国岁举孝廉成为定制。六年后,武帝又针对郡国察举不力的情形,诏令各郡国必须按规定举人。郡守、王国相如果"不举孝,不奉诏,当以不敬论。不察廉,不胜任也,当免",以此督责察举制度的实行。

2. 征召制

对那些有一定能力而又不肯出仕的人,武帝下诏召见,如确有才能,即授予官职。与此相配合的还有"公车上书"的制度,天下吏民上书言事有可取者,也授予官职。

3. 博士弟子制度

秦朝以来的太常博士各有受业弟子,但博士弟子的选择和任用,还没有定制,也没有共同的受业校舍。武帝在长安城外,为太常博士的弟子兴建学校,名为太学。规定:博士弟子名额50人,由"太常择民年十八以上仪状端正者"充当(《汉书·儒林传序》),入学后免除本人赋役。正式弟子之外,又增设旁听生若干人,由郡县官吏选择优秀少年充当。正式弟子和旁听生都是每年考试一次,合格者按等第录用,一般补文学掌故的官缺,成绩优异者可以做郎官。武帝还令天下郡国皆立学校官,初步建立了地方教育系统。通过以上措施的实行,大官僚子嗣和大富豪垄断官位的局面有所改变,一般地主子弟入仕的途径较以前宽广,皇帝在较大的范围内按照自己的意志选拔了一批有才能的人,史称"汉之得人,于兹为盛"(《汉书·公孙弘卜式儿宽传》)。

六、设置刺史以监察地方

武帝时,为了加强对地方的控制,把全国分为十三个监察区域,叫十三州部,每个州部设刺史一人。刺史为六百石官,秩低而权重,代表中央政府出巡,可以监察二千石和王国相,乃至诸侯王。刺史于每年秋冬到所属郡国巡察,按诏书规定的六条问事。六条中的第一条是督察豪强田宅逾制和以强凌弱、以众暴寡;其余五条是督察郡国守相横征暴敛、滥用刑罚、选举舞弊和勾结豪强等。刺史受御史丞统辖,职在司察,除"断治冤狱"外,不能干预地方具体行政事务。刺史年终回京师奏事,其考查结果是地方官升降的重要依据。

七、"代田法"和"区田法"

代田法,即西汉赵过推行的一种适应北方旱作地区的耕作方法。由于在同一地块上作物种植的田垄隔年代换,所以称作代田法。

汉武帝刘彻末年,为了增加农业生产,任赵过为搜粟都尉。赵过把关中农民创造的代田法加以总结推广,即把耕地分治成圳(同畎,田间小沟)和垄,圳垄相间,圳宽一尺(汉一尺约当今0.694尺),深一尺,垄宽也是一尺。一亩定制宽六尺,适可容纳三圳三垄。种子播在圳底不受风吹,可以保墒,幼苗长在圳中,也能得到和保持较多的水分,生长健壮。在每次中耕锄草时,将垄上的土同草一起锄入圳中,培壅苗根,到了暑天,垄上的土削平,圳垄相齐,这就使作物的根能扎得深,既可耐旱,也可抗风,防止倒伏。第二年耕作时变更过来,以原来的圳为垄,原来的垄为圳,使同一地块的土地沿圳垄轮换利用,以恢复地力。在代田法的推广过程中,赵过首先令离宫卒在离宫外墙内侧空地上试验,结果较常法耕种的土地每汉亩(大亩,约合0.69市亩)一般增产粟一石(大石,合今二市斗)以上,好的可增产二石。代田法是争取单位面积高产的积极手段。

成帝时,农学家氾胜之著《农书》(即《氾胜之书》,原书已散佚,贾思勰《齐民要术》转引有部分内容),里面记载一种精耕方法——区田法。区田法是把耕地分为上农区、中农区和下农区三部分。上农区掘土方深各六寸为一区,每区相隔九寸,一亩地可掘三千七百个区,每区下粪一升,下种二十粒,每亩下种二升。中农区和下农区的土方大一些,相距远一些。这是一种园田化的耕作技术。这种方法可以不择地段,不拘作物,通过深耕、足肥、勤灌和精心管理就可以在较小面积上获得高产。这种方法由于"工力烦费",未能大力推广,但反映了西汉时期农业的发展水平。

八、王莽改制

王莽毒杀平帝,立一小孩"孺子婴"为皇帝。公元8年,王莽废掉孺子婴,自立为皇帝,改国号为"新"。次年改元为"始建国"。

王莽即位后,针对当时最主要的社会弊病——土地兼并和奴婢买卖等问题,陆续颁发诏令,附会《周礼》,托古改制,主要内容为:

1. 实行"王田"与"私属"制

这是王莽改制中最主要的政策。为了解决长期存在的土地和奴婢问题,王莽根据《周礼》记载的井田制度,实行"王田"、"私属"制,宣布"更名天下田曰王田,奴婢曰私属",不准买卖。"王田"就是实行土地国有,即废除土地私有制,恢复井田制。这项政策的推行遇到了极大的阻力,地主官僚继续买卖土地和奴婢,因此获罪者不可胜数。贫苦农民为生活所迫而出卖土地或子女,也被视为触犯禁令,沦为罪犯。这项政策不仅没有解决广大劳动人民的痛苦,反而给他们制造了更大的苦难,这项政策勉强执行了三年就宣布废止了。

2. 实行五均六筦

王莽为增加税收、垄断工商,下诏实行五均六筦。五均为管理市场之官,就是在长安东西两市和洛阳、邯郸、临淄、宛、成都五大城市设均输官,改原市令和市长为"五均司市师",下设交易、钱府等属官,负责征收工商农桑之税和赊贷。六筦是官卖盐、酒、铁以及收山泽税、铸钱和办理五均赊贷。五均六筦多由富商执行。这些法令从表面上看,含有抑制兼并保护平民的意图,但据《汉书·食货志》记载,执行者"乘传求利,交错天下。因与郡县通奸,多张空簿,府藏不实,百姓愈病"。

3. 改革币制

公元7年,王莽附会周景王铸大钱改革币制,铸钱四品,除原有的五铢钱外,新铸错刀、契刀和大钱,规定错刀一值五千,契刀一值五百,大钱一值五十,同时流通。大钱重12铢,仅为五铢钱的2.4倍,价值却是五铢钱的50倍,实际上是用货币贬值的办法掠夺人民。王莽称帝以后,因为"刘"字有金、"刀"作偏旁,刀币犯忌,便废刀币和五铢钱,另造28种货币,叫做二十八品。用五物(五种材料,金、银、龟、贝、铜)制成,分为钱货、黄金、银货、龟货、贝货、布货六名(六类),钱和布都是铜制。所以总称"五物、六名、二十八品"。由于货币种类太多,换算困难,流通不便,仅一年就被迫废除,只留小钱值一、大钱五十两种继续使用。14年,王莽又废除大、小钱,改用货布和货泉。货泉重5铢,货布重25铢,但一个货布却值25个货泉,币值比例仍不合理。王莽屡易货币,造成社会经济的极大混乱,加速了人民的破产。

4. 统一度量衡

王莽于9年诏令制造标准的度量衡器颁行天下,命"万国永遵",作为全国统一的度量衡标准。从魏晋以来,全国各地相继出土了斛、斗、升、合、龠五种新莽时期的度量器物,已构成了完整的度量衡总体。东汉以后各代,各承袭莽制。

5. 屡加变更之政治制度

王莽附会《周官》,对于中央和地方的官名、官制以及行政区域的划分屡加变更。他模仿西周官制,在中央设立四辅(太师、太傅、国师、国将,位上公)、三公(大司马、大司徒、大司空)、四将(更始将军、卫将军、立国将军、前将军),合称十一公。三公下设九卿;九卿各领大夫三人,凡二十七大夫;每一大夫又领元士三人,合八十一元士,组成中央机构。又更光禄勋等名为六监(位上卿),分掌京师宫殿的戍卫、皇帝的舆服等。改郡太守为大尹、卒正、连率等;改县令、长为宰。郡县的划分和名称也同样更改频繁。有些地名连改五次,最后又恢复原名。由于改易次数太多,官吏百姓弄不清该叫做什么名称。以致皇帝下诏书时,要在新名称下注出旧名。此外,王莽还改变少数民族的族名和民族首领的封号。如改钩町王为锡町侯,改高句骊王为下句骊侯,改匈奴单于玺为新匈奴单于章。引起兄弟民族的极大反感,造成民族关系紧张。

九、律,令,科,比

萧何以《秦律》为基础,制成《九章律》,确立以律、令、科、比为形式的一整套法律制度。

汉代主要法规多采用"律"的形式,其中《九章律》是汉代的基本法典,律有9篇,故名《九章律》。律文早已散佚,仅知9篇的篇目是盗、贼、囚、捕、杂、具、兴、厩、户。前6篇是沿袭秦律的旧体例,内容以刑法为主,杂有审判、禁囚等规定。后3篇为萧何所创,是有关徭役、户籍、赋税和畜牧牛马等事项的法规,亦称"事律"。

其他如《汉仪》是维护朝廷、宗庙尊严,树立皇帝权威的一种有关礼仪的法规。又称"礼仪"、"仪品"、"仪法"。《越宫律》是有关宫廷警卫制度的法律。《朝律》是有关诸侯朝贺制度的法律,又称《朝会正见律》。《金布律》是有关财政制度的法规。《田律》是维护乡间社会秩序、管理农事、征收田赋的法律。《钱律》是关于货币管理制度的法律。《沈命法》是关于督促地方官吏镇压农民暴动的法律。汉武帝时定。

令,是解决某一具体问题,以皇帝名义颁布的诏令。较为重要的诏令有《谳疑狱令》、《箠令》等。《谳疑狱令》是关于疑难案件审判制度的诏令。

《棰令》是关于笞刑刑具及执行方法的诏令。

科,原意为依律断罪。法律条文中所列依律应科刑罚的部分,称为科条,后渐成为一种独立的法律形式。

比,即决事比,指经朝廷批准,具有法律效力的断事成例或断案判例。

第八节 东汉时期

刘秀针对西汉时期权臣当政,外戚篡权,以及地方权重,尾大不掉等历史教训,在建立东汉后,立意加强皇权,削弱和分散宰相的权力。

一、虽置三公,事归台阁

东汉时称尚书为近臣或内职。又因尚书的官署在宫禁内而称为台阁。西汉后期大臣权势过重,皇帝丧失权柄,为了加强中央集权,刘秀虽然保留三公的名位,却不授与实权,实际处理政务集中在尚书台。东汉后期政论家仲长统指出:刘秀"愠数世之失权,忿强臣之窃命,矫枉过直,政不任下,虽置三公,事归台阁。自此以来,三公之职备员而已"。

东汉初年,中央最高的官职是三公,就是司徒、司空和太尉。司徒(原丞相改称),管民政,权力比丞相小得多。司空(原御史大夫),不再管监察,改为负责重大水土工程。太尉掌军事。三公职位虽高,但无实权。三公辟召官吏,最后须经尚书核准;尚书不仅能举荐弹劾大臣,而且还有收捕和诛罚的权力;国家大事,常由尚书商议决定,三公负责执行。权力集中于尚书台,凡机密要事全部交给尚书处理,尚书直接听命于皇帝。

二、加强监察

加强监察是集中皇权的又一重要内容。西汉时期设置的三套监察机构在东汉初年得到恢复,但有较大变化。

1. 御史台

光武帝称中央监察机构为御史台,改由御史中丞负责。御史中丞原属御史大夫,这时改属少府。从表面上看,中央监察机构的级别下降了,但丝毫不影响其职能的强化。御史中丞的权力仅次于尚书令。在公卿朝见皇帝时,尚书令、御史中丞、司隶校尉设专席并座,时号"三独坐",这是从政治上明确提高他们的地位。

2. 司隶校尉

光武帝所置司隶校尉是一个独立监察机构,由皇帝直接掌管。司隶校尉既是京官,又是地方官,监察权很大。

3. 州刺史

专门监察地方的官员的州刺史,从光武帝开始,正式确定为地方一级监察机构,加强了刺史的职权。按照西汉旧制,刺史检举地方长官的违法行为,要先报告三公,由三公派属员复查核实,然后决定是否黜免。光武帝不用旧典,要刺史直接向他报告情况,不再告知三公及经三公审定。这样一来,刺史直接向皇帝报告情况,如此,既削弱了三公的权力,又把地方监察权收归皇帝直接掌握,达到了强化集权的目的。

三、提倡谶纬神学

《后汉书·光武帝纪》记载,刘秀"宣布图谶于天下",正式确定谶纬神学为统治思想,从而董仲舒学说被发展成为谶纬神学,孔孟之道被歪曲成预卜吉凶的迷信,朝廷之上公然用占卜的办法决定国家大事。谶纬学把儒学与迷信神学结合起来,更具有欺骗性,那些荒诞的隐语,谁都可以根据自己的政治需要任意解释。

儒家中对谶纬的态度不尽相同。今文经学家信谶纬,而古文经学家多不大相信。刘秀压抑古文经学家,并不能解决古今经文学家的争执,到汉章帝时,召集诸儒在北宫的白虎观讨论"五经",对不同的意见,亲自作裁决,最后由班固总结,写成《白虎通》一书。这本书是经学与谶纬学的混合物。中心内容是宣扬三纲六纪。为此王充、桓谭曾对盛极一时的谶纬神学进行了勇敢的批判。另外,针对政治腐败,豪强专断,用人唯亲,以阀阅取士的风尚,王符、仲长统也曾进行了猛烈抨击。

四、王充的伦理思想

王充认为"礼义之行,在谷足也"强调人民群众的物质生活对于社会道德状况的制约作用,与董仲舒天人感应的道德论相对立。他还不赞同孔子"去食存信"的主张,认为人民有了温饱,"虽不欲信,信自生矣"。

王充认为"国之所以存者,礼义也"。治国必须养德、养力,以德为主。

他又认为"论人之性,定有善有恶。其善者,固自善矣;其恶者,故可教告率勉,使之为善",充分肯定后天的环境教育在改造人性中的作用。王充主张命定论,认为人生的贵贱祸福与神无关,也与个人的操行无关,而取决于"命",由在母体中秉受自然元气的厚薄所定。

第九节　两汉时期经济思想

由于汉初曾将先秦的一些经济设想具体化为各种经济措施,于是产生了一些新的经济范畴,如常平、平准、均输、盐铁专卖等。随着社会经济的不断发展,还产生了一些新的经济观点,如限田与均田、各种财政原则、钞币思想、外贸与人口思想等,而主要以土地、财政和货币三方面为最突出。

董仲舒的"限田"思想,虽只有"限民名田,以澹不足"(《汉书·食货志》)寥寥数字,却在此后千余年内导致出许多土地改革方案,并经常被人们奉为足资借鉴的原则。

尽管汉武时已明令独尊儒术,然而还常有异端思想发声,如桑弘羊在《盐铁论·本议》中强调的"开本末之途,通有无之用"等。晁错在阐发《管子》的货币名目论说:"珠玉金银,饥不可食,寒不可衣,然而众贵之者,以上用之故也"(《汉书·食货志》),这一论点一直成为嗣后长期为人们普遍接受的货币观点。晁错的移民实边思想的周详备至,也被后世垦殖和移民论者奉为典范。

第十节　三国两晋南北朝时期

一、曹操与诸葛亮以法治国、务实求治的主张

黄巾农民起义,瓦解了东汉王朝。黄巾起义失败后,形成了魏、蜀、吴三国鼎立的局面。后来,司马氏集团发动政变夺取曹魏政权,建立了西晋王朝。这个历史阶段,正是中国封建社会第一次国家大分裂和民族大融合时期。这时,两汉经学、谶纬神学左右思想界的状况被打破,出现了多种政治思想纷然杂陈的局面。在诸多的思想流派中,出现了以法治国、务实求治的

主张，但影响最大的是玄学思想。

1. 曹操的基本政治主张

曹操（155～220年），字孟德，小字阿瞒，沛国谯县人，三国时期的政治家、军事家和文学家。著作有《曹操集》。曹操力主统一。"挟天子而令诸侯"，是在当时的客观形势下号召天下，团结内部，铲平割据，实现全国统一的重要政治策略。运用这个策略，曹操掌握了政治上的主动权，壮大了自己的军事力量，统一了北方，为全国统一打下了坚实的基础。

曹操

曹操主张以法治国。他在《以高柔为理曹掾令》里说，"夫治定之化，以礼为首；拨乱之政，以刑为先"。曹操主张执法如山，强调法不阿贵，在《孙子注·计篇》里说，法令"设而不犯，犯而必诛"。他法令规章，赏罚分明，不官无功之臣，不赏不战之士。他还重视执法者的人选和执法者以身作则的作用，认为这是贯彻法令、实行法治的保证。

在汉末选官偏重门第、不问才德的情况下，曹操主张突破门阀界限，实行唯才是举。他认为，天地间，人为贵。要建功立业，只有靠人的智慧和才能，"任天下之智力，以道御之，无所不可"（《魏志·武帝纪》）。他重视才能，鄙视德行礼教，认为遵守封建礼教的人不一定有开创事业的能力，有开创事业能力的人未必肯遵守礼教，所谓"有行之士未必能进取，进取之士未必能有行也"（《敕有司取士毋废偏短令》）。他主张起用那些果敢英勇临阵力战的人，出身地位低微但有高才异质的人和"负污辱之名，见笑之行，或不仁不孝而有治国用兵之术"的人，要求下属"各举所知，勿有所遗"（《举贤勿拘品行令》），不拘一格选官用人。

2. 诸葛亮的治国之道

诸葛亮（181～234年），字孔明，琅琊阳都人，三国时期政治家和军事家。著作有《诸葛亮集》。

诸葛亮主张统一。他在"隆中对策"中提出了成就霸业、兴复汉室、统一全国的目标，其方针策略是：占据荆州、益州，整修内政，西和诸戎，南抚夷越，东联孙吴，北抗曹操，逐步统一中国。

诸葛亮认为法治是治国之本。整治混乱的秩序，必须威之以法，限之以爵，法行则知恩，爵加则知荣，他在《答法正书》里说，"恩荣并济，上下有节，为治之要，于斯而著"。至于如何实行法治，他认为首先赏罚要公平。赏不可虚设，不要妄加；赏不可不平，罚不可不均。其次是"私不乱公"。不能用私情来枉法，内外如一，亲疏不别，铁面无私，秉公办事。再次执法要以身作则。执法人的一言一行，人们有目共睹，要做到"非法不言，非道不行"，身正才能令从。诸葛亮以挥泪斩马谡的实际行动为他的法治主张树立了威信，使蜀国"风化肃然"，刑政虽峻而无怨者。

[明]张飌：诸葛亮像

诸葛亮主张为政以德。他将德政视为"安民之本"，在《便宜十六策》里提出了"唯劝农业，无夺其时；唯薄赋敛，无尽民财"等政策。上顺天，下忠君，这是诸葛亮终身奉行的政治信条和行为准则。他认为"三纲不正，六纪不理，则大乱成矣"（《便宜十六策》），把维护和巩固君臣、父子、夫妻等伦理关系作为治理天下的重要政治原则。

二、玄学家的政治思想

玄学是中国魏晋时期以注释儒道经典、清谈玄理为特色的一个学派，是儒学发展的一个新阶段。代表人物有何晏、王弼、嵇康、向秀、裴頠、郭象等。他们借"三玄"（《老子》、《庄子》、《周易》）来阐发他们的思想，借用道家的"玄"和"道"，通过对本末、有无、众寡等世界观问题的探讨，论证了封建统治的合理性和儒家思想的永恒性。他们的政治思想要点为：

1. 无为而治

何晏、王弼都是"贵无"论者。他们认为，"天地万物皆以无为本。无也者，开物成务，无往不存者也"（《晋书·王衍传》）。从这种以无为本的观点出发，他们主张无为而治。何晏认为，天地以自然为本，圣人以自然为用,自然者道也,道者无也,所以圣人应当无为。王弼指出:"善治政者,无形,无名,无事无政可举,闷闷然,卒至于大治"(《老子注》)。这是先秦《老子》无为而治思想的复述,但其哲学根据更为完备,其政治作用更加消极。

2. 名教本于自然

这里的"自然"即"无"、即"道"、或人之自然本性,名教泛指封建伦理纲常、仁义道德。何晏、王弼将自然与名教的关系,比作母与子、本与末、体与用的关系,认为名教本于自然,要以自然为本,名教为末。但又指出:"守母以存其子,崇本以举其末"(《老子注》),实际上比较重视名教的存在和功用。嵇康反对假名教,提出"越名教而任自然"的观点,他基于对现实的不满而主张"任自然"。向秀则调和名教与自然的关系。裴頠、郭象认为,"名教即自然",顺应自然是为了推行名教,只有按照名教的原则办事,才能符合自然,名教是天然合理的。

3. 以寡治众

何晏、王弼认为,少数人统治多数人是符合自然之理的。以君御民,就是执一统众之道。王弼在《周易略例·明象》说:"夫少者,多之所贵也;寡者,众之所宗也"。又说:"众不能治众,治众者,至寡者也"。向秀、郭象认为,"千人聚,不如一人为主,不乱则散。故多贤不可以无君,无贤不可以无君,此天人之道,必至之宜"(《庄子·人间世注》)。

三、鲍敬言之无君论

鲍敬言,两晋之际思想家,生平事迹不详。据葛洪《抱朴子·诘鲍篇》中有零星资料,得知鲍敬言"好老庄之书,治剧辩之言",在政治思想上主张无君论。

在门阀势力大盛,政治黑暗的两晋之际,阮籍作《大人先生传》,首倡"无君",提出"无君而庶物定,无臣而万事理"(《全三国文》)。鲍敬言进一步提出了系统的"无君论",指责君主是政治弊害和社会动乱的根源,向往无君、无臣的社会。他说:由于"君臣既立",社会便产生了不平等,"有司设则百姓困,奉上厚则下民贫","宿卫有徒食之众,百姓养游手之人"。统治者骄奢淫逸,欲壑难填,对百姓"劳之不休,夺之无已",使他们"食不充口，衣不周身"，以致铤而走险，"冒法犯非"。统治者之间为了一己私利，还不断挑起纷争杀伐，"推无仇之民，攻无罪之国"，使天下大乱，这些"皆有君之所致也"。

鲍敬言还指出："无道之君，无世不有，肆其虐乱，天下无邦。忠良见害于内，黎民暴骨于外"。他们之所以能够"肆酷恣欲，屠割天下"，正因为他们是君主。君主是一切罪恶之源，所以"古者无君，胜于今世"。只有没有君主和政府的社会，人们才能"内足衣食之用，外无势利之争"。他的无君思想在中国古代社会独树一帜，对于后世的反君主专制主义思潮有重要影响。

四、九品中正制

《魏书·陈群传》记载，曹丕称帝前，接受了吏部尚书陈群的建议，普遍推行"九品中正制"。由司徒选择在中央政府任职"贤有识鉴"的官员，兼任其出生郡的"中正"（齐王芳时又增设州中正），负责考查与他们同籍散处在各地的士人，品评高下，定为上上、上中、上下、中上、中中、中下、下上、下中、下下九品，送给吏部，任命官职，所以"九品中正制"也称"九品官人法"。中正在评定人物时，综合考查他们的门第和德才，定出"品"和"状"。门第（家世官位高低）称"品"，个人才德的简要评语称为"状"。

"九品中正制"实行不久，弊端日生，状越来越不被看重，成为可有可无的东西了。本来中正是帮助吏部按才能品选人士，却演变成由中正来决定人才的高下。中正又都由本州郡的世家名门贵族官僚来充任，因而定为上品者，无不是世族名门，选官用人就全凭门第的高低了。这样一来，"九品中正制"便成为士族垄断选举、操纵政治的工具，由此而形成了日后的门阀政治。

五、三国——吴国的领兵制和复客制

孙吴政权所依靠的主要是江东吴郡顾、张、朱、陆四大姓的土著地主和南渡的江北世家大族的张昭、周瑜、鲁肃等。为了保证世家大族在政治上、经济上的特权，吴国实行了"领兵制"和"复客制"。"领兵制"是各将帅可以长期统领自己管辖的士兵，而且父死子继，若无子，则兄死弟及。"复客制"是将领不仅世袭领兵，而且国王还赐给他们一定数量的屯田客

（孙吴在大片尚未开发的土地上实行屯田，分军屯和民屯。军屯主要是士兵，称为"作士"，参加民屯的农民称为"屯田客"）或农民作为私属，这些人对国家不出租役。

六、西晋占田制

西晋统一中国后，为了增加国家租赋收入，强迫农民开垦荒地，扩大耕种面积，颁布了占田制。据《晋书·食货志》记载，规定男女从16岁到60岁为正丁，13岁到15岁及61岁到65岁为次丁。每一正丁男占田70亩，课田50亩，收田租四斛。另外，每一正丁男之户，每年交纳绢三匹、绵三斤，叫做户调。每一正丁女占田30亩，课田20亩，户调为正丁男的一半。次丁男占田、课田及户调都为正丁男的一半。次丁女不占田、课田。

此外，占田制还规定了官吏可按品级占田、占佃客及荫衣食客、荫亲属的特权。

西晋的占田制，只是在有待开垦的荒地上进行土地分配，丝毫不触动原来地主所占有的土地，加之农民无力承担占田制规定的过重赋税，不得已而四出逃亡，因此，占田制并没有起到促进农业生产发展的作用。

七、北魏孝文帝之改革

北魏孝文帝拓跋元宏的改革分两个阶段进行。第一阶段主要改革政治、经济制度，第二阶段主要内容是迁都洛阳和推行汉化运动。

1. 整顿吏治

北魏前期，各级官吏都没有俸禄，官吏多贪赃枉法，肆意搜刮人民。吏治日益腐败，百姓纷起反抗。冯太后主持的改革规定，守宰的任期根据治绩好坏决定，不固定年限。又制定了俸禄制度，俸禄由国家统一筹集，定期按品第高低发给，不准官吏自筹。还制定了惩治贪污的办法，俸禄之外，官吏贪污帛一匹及枉法者，一律处死。孝文帝亲政后，继续整顿吏治，严明赏罚，贪赃枉法大大减少。吏治的改善为其他方面的改革创造了条件。

2. 实行均田制

中原地区经过长期战乱，土地大量荒芜，良田也大多为豪门大族强占，许多流亡农民依附于豪门大族，遭受残酷的剥削奴役。国家的赋税征收和徭役调发，遇到很大困难。《魏书·高祖纪》记载，冯太后执政后，规定"一夫制治田四十亩,中男二十亩,无令人有余力,地有遗利。"孝文帝在此基础上,采用李安世的均田思想,颁布了均田令。其主要内容是:一是规定男子15岁以上,受露田40亩,桑田20亩;妇人受露田20亩。露田加倍或加两倍授给,以备轮种。年满70岁或身死,还田于官。桑田作为世业,不还官,但要按照规定种植一定数量桑、榆、枣树。不宜蚕桑的地区,男子受麻田10亩,妇人5亩,还受法和露田一样。二是奴婢受田与良人相同,壮牛1头,受田30亩,限受四牛之数,不再给桑田。三是露田不得买卖。原有桑田超过20亩的,其超过部分可以出卖,不足20亩的可买至20亩为止。四是地方官吏按官职高低在任职地区授给公田。刺史15顷,太守10顷,治中、别驾8顷,县令、郡丞6顷。离职时移交下任,不得转卖。

3. 三长制

三长制是地方基层行政组织。三长就是五家立一邻长,五邻立一里长,五里立一党长。三长的职责是检查田地、户口数量,征发租调力役,维持治安。以三长制代替魏初的宗主督护制,完备了北魏的基层统治机构。

4. 新租调制

制度规定:一夫一妇每年出帛(麻乡出布)1匹,粟2石;15岁以上未婚的男女4人,从事耕织的奴婢8人,耕牛20头,分别出一夫一妇的租调。

5. 迁都洛阳

孝文帝亲政后办的第一件大事就是把都城从平城(今山西大同)迁往洛阳。因为军事上,平城偏在北方,既不利于控制整个北方地区,也不便于经略中原,而且还直接受到北方强大民族柔然的威胁。经济上,平城贫瘠,且常发生水旱疾疫之灾,所产粮食不能供应需要,加上交通运输不便,粮食供应常发生困难。政治上,北魏统治者为了加强对中原人民的镇压,迫切需要同汉族地主进一步合作,实行汉化政策。何况旧都保守势力大,迁都于洛阳可以减少改革的阻力。

6. 汉化政策

迁都洛阳以后,孝文帝改革的中心是推行汉化政策。其一,改革官制。北魏初年的官吏名称,鲜、汉杂用。迁都后,用王厘改定官制,政府的组织与职官的名称,几与魏晋南朝无异,全部汉化。其二,禁鲜卑语。北魏初定中原，鲜卑人自然使用本族语言，军中号令也用鲜卑语。朝廷上则鲜卑、汉语杂用。孝文帝在迁都的第二年下令，在朝廷上必须使用汉语，禁用鲜卑语。30岁以上的鲜卑官吏，要逐步学说汉语；30岁以下的在朝廷上要立即改说汉语。如有故意说鲜卑语的，降爵免官。其三，禁胡服。鲜卑旧俗披发左衽，迁都后，改制汉人衣冠，不但男子，妇女也改穿汉装。其四，改姓氏，定族姓。鲜卑人多是二三字的复姓，姓氏与汉人不同，标志着民族的差异，影响"胡"、汉贵族合作。孝文帝把太祖以来的八大著姓全都改为汉姓。所改汉姓，以读音与原鲜卑姓相近为准。拓跋氏为首姓，改姓元氏，为最高门第。丘穆陵氏改姓穆氏，独孤氏改姓刘氏，步六孤氏改姓陆氏，贺赖氏改姓贺氏，贺楼氏改姓楼氏，勿忸于氏改姓于氏，纥奚氏改姓嵇氏，尉迟氏改姓尉氏，这八姓"勋著当时，位尽王公"，社会地位与汉族北方的最高门第崔、卢、李、郑四姓相当。"其余所改，不可胜纪"。又规定以父祖做官等级的高低、多少定郡姓，分为"膏粱"（三世为三公）、"华腴"（三世为令、仆）以及甲、乙、丙、丁四姓六个等级。鲜卑八姓和汉人士族著姓世为清官，不做猥屑的官吏。还规定迁到洛阳的鲜卑人一律以洛阳为原籍，死后不得还葬代北。为了禁止鲜卑同姓相婚，孝文帝还设法使皇族和鲜卑贵族与汉人著姓通婚，并以此为荣。这样，通过政治联姻，不仅可以消除"胡"、汉贵族的矛盾，而且使双方在血统上融合起来，共同支持北魏的封建政权。孝文帝改革在客观上促进了以鲜卑族为中心的北方各族的封建化和以汉族为主体的民族大融合。

八、西魏宇文泰创立府兵制

西魏宇文泰执政后，在军事方面创立了府兵制。府兵制是以府为军事编制基本单位的征兵制度，从六等以上的民户（民户分九等）中三丁抽一，充为府兵，共有百府。每府由郎将统领，分属于24军；每军由开府统领，分属于十二个大将军；十二大将军分属于六柱国，六柱国由宇文泰统帅。府兵都是挑选出来的壮丁，编制严明，训练有素。所以战斗力较强。

九、三国两晋南北朝时期之法规

1.《魏律》（又称《太和律》或《魏新律》）

魏明帝即位，命刘劭、庾嶷、荀诜等参酌汉律，"作新律十八篇"颁行。

魏律早已失传，其篇目据《唐六典》卷六注记载，是在汉《九章律》的基础上，增加劫掠、诈伪、毁亡、告劾、系讯、断狱、请赇、惊事（《通典》作"警事"）、偿赃等9篇而成，史称《魏律》。魏代修律对秦、汉相沿的旧律进行了一次大改革，例如魏律"更依古义制为五刑"，规定的刑罚有死刑、髡刑、完刑、作刑、赎刑、罚金、杂抵罪。使刑罚进一步规范化。又如，魏律中正式规定维护封建统治阶级特权的"八议"条款。此项规定表明封建等级制度的进一步法典化。此外，尚有《州郡令》45篇，《尚书官令》、《军中令》合180余篇，以及《邮传令》等。

2.《蜀科》

据《三国志·蜀书·伊籍传》记载，伊籍曾"与诸葛亮、法正、刘巴、李严共造蜀科"。《蜀科》内容已不可考，但据《诸葛亮传》记载，得知蜀国用刑严峻。

3. 吴国法规

吴国法规有"科"、"令"，亦早已失传，但史书中还可找到片断记载，如"自今诸将有重罪三，然后议"的优待军将之令。刑名有：鞭、髡、剥面、凿眼、刖足、徙、锯头、车裂、夷三族等。

4. 晋代法规

晋代法规主要有《晋律》、《晋令》和《晋故事》。

《晋律》，又称《泰始律》，据《晋书·刑法志》记载，该律有刑名、法例、盗律、贼律、诈伪、请赇、告劾、捕律、系讯、断狱、杂律、户律、擅兴、毁亡、卫宫、水火、厩律、关市、违制、诸侯律共20篇，620条。《晋律》颁行以后，明法掾张斐与河南尹杜预先后为之作注。他们两人的注解成了《晋律》的权威注本，至南朝时犹行用，历时200余年。

《晋令》，与律同时颁行。计有户、学、贡士、官品、吏员、俸廪、服制、祠、户调、佃、复除、关市、捕亡、狱官、鞭杖、医药疾病、丧葬、杂上、杂中、杂下、门下散骑中书、尚书、三台秘书、王公侯、军吏员、选吏、选将、选杂士、宫卫、赎、军战、军水战、军法（六篇）、杂法（二篇），共40篇。

《晋故事》，律令以外的制书、诏诰等法律文书的汇编。

此外，"式"作为一种法规形式，在晋代也已出现。《晋书·食货志》称：

晋在平吴之后，"又制户调之式"，主要包括户调、占田、课田以及荫族、荫客等方面的规定。《新唐书·刑法志》说："式者，其所常守之法也。"

晋代法规皆早失传，但从《晋书》、《唐六典》、《通典》、《太平御览》等古籍中，尚可略见其部分佚文。在刑法原则方面，有八议，故意与过失、老弱刑事责任、服制、造意、自首、累犯加重等规定；在刑名方面，有鞭、杖、髡、徙边、死刑、赎刑、罚金等；在罪名方面，有谋反、大不敬、不孝、不道、恶逆、盗、诈伪、贪赃、诬罔等。

晋代法规的特点，首先是第一次将服制列入律典，准照五服以制罪。其次是制官品令，对于官品、官俸、穿戴服饰、职掌、官印（银或铜）作了详细规定，为后世所沿袭。再次是扩大了贵族官僚的经济特权，规定了按等级占有土地的占田制。

5. 南北朝法规

宋、齐、梁、陈，史称南朝，统治历时160余年，由于朝野上下都不重视法律，故在封建法制上建树甚少。

南朝齐武帝命尚书删定郎王植等根据晋律及张斐、杜预律注，"削其烦害，录其允衷"，撰定齐律，是为《永明律》。但据《隋书·刑法志》记载，这部《永明律》"事未施行，其文殆灭"。

萧衍灭齐建立梁朝后，即开始编纂法规。梁朝法规主要有律、令、科3种形式。

梁律，由律学家蔡法度等人编定，凡20篇，即刑名、法例、盗劫、贼叛、诈伪、受贿、告劾、讨捕、系讯、断狱、杂律、户律、擅兴、毁亡、卫宫、水火、仓库、厩律、关市、违制。梁律是参酌晋律和齐《永明律》编纂而成。

梁令，蔡法度等撰，大抵依晋令损益而成。

梁科，蔡法度等依汉、晋故事删定。

北朝法规特别是北魏和北齐法规，上承汉、魏，下开隋、唐以至明、清，在中国古代法制史上起着承先启后的作用。

北魏法规主要有律、令、格三种形式。

《北魏律》，由律学博士常景等撰成。到唐代这部法典已亡失。其篇目从《唐律疏议》中可以看出是：刑名、法例、宫卫、违制、户律、厩牧、擅兴、贼律、盗律、斗律、系讯、诈伪、杂律、捕亡、断狱,仅存15篇。其内容在刑法原则方面有:八议、官当、老小残废减罪或免罪、公罪与私罪、再犯加重等。在刑名方面有:死刑(处决方法有轘、枭首、斩、沉渊、门房之诛)、流刑、宫刑、徒刑、鞭刑、杖刑。在罪名方面有:大不敬、不道、不孝、诬罔、杀人、掠人、盗窃、隐匿户口,以及官吏贪赃枉法等。

《北魏令》,据《唐六典》注说:"后魏初,命崔浩定令,后命游雅等成之,史失篇目。"但从史书中尚可见到有:品令、职令、狱官令、田令等。其中"田令",涉及对土地实行分配和调整,推行"均田"制度的法令,对后世影响较大。

《北魏格》,"格"作为一种法律形式是北魏末年出现的。《魏书·出帝纪》:"可令执事之宫四品以上,集于都省,取诸条格,议定一途,其不可施用者,当局停记。新定之格,勿与旧制相连,务在约通,无致冗滞。"《唐六典》卷六注说:"后魏以格代科,于麟趾殿删定,名为《麟趾格》。"《新唐书·刑法志》:"格者,百官有司所常行之事也"。可见,"格"是从魏晋的"科"发展而来的,是魏晋以来法律形式的一大变化。

北魏时,作为独立法规形式的"式"也已出现。《周书·文帝纪下》载:西魏文帝时,宇文泰辅政,主持编定24条新制,大统十年魏文帝以其"前后所上24条及12条新制,方为中兴永式,乃命尚书苏绰更损益之,总为五卷,班行天下",谓之《大统式》。

北齐取代东魏而建立。其法规主要也是有律、令、格。

《北齐律》,由尚书令高叡等撰成,分名例律、禁卫律、婚户律、擅兴律、违制律、诈伪律、斗讼律、贼盗律、捕断律、毁损律、厩牧律和杂律12篇,949条。《北齐律》确立了重罪十条,即反逆、大逆、叛、降、恶逆、不道、不敬、不孝、不义和内乱。犯此十罪者,不在"八议"论赎之限。隋律"十恶"即由此发展而来。《北齐律》是在总结历代定律经验的基础上制订的,又经过当时的律学家封述、封隆长期编纂,因而"法令明审,科条简要",因而,其篇章体例和基本内容为隋律所取法和吸收。

《北齐令》,分"令"与"权令"。《唐六典》卷六注说:北齐"令赵郡王叡等撰令五十卷,取尚书二十八曹为其篇名。又撰权令二卷,两令并行"。

《隋书·刑法志》称：权令即"不可为定法者,别制权令二卷,与之并行"。可见"权令"具有暂时作为律令补充的性质。

《北齐格》,除一般曹司格以外,还有"权格"。于二十八曹以外,针对某一事件临时颁布的,不便编立篇名,故称"权格",又称"别条权格"。

北周取代西魏而建立。其法规包括制诏、律、令和刑书要制。

制诏,《周书·文帝纪》记载,宇文泰辅政西魏时,"命所司斟酌今古,参考变通,可以益国利民便时适治者,为二十四条新制"。后又定新制十二条。后命尚书苏绰在三十六条制的基础上,总为五卷;苏绰又制定"六条诏书",颁行全国,并令百司习诵,非通"六条",不得为官。北周初年继续沿用上述制诏。

《大律》,周武帝时,命赵肃、拓跋迪等撰定法律,因仿《尚书·大诰》,谓之《大律》,计有刑名、法例、祀享、朝会、婚姻等25篇,共1537条,比《北齐律》增加588条。原文早已亡失,在《隋书·刑法志》中有简略记载。《北周律》模仿《尚书》、《周礼》,杂采魏、晋,篇章、条目繁多,《隋书·刑法志》说它"比于齐法,烦而不要"。

《北周令》,编纂年月不详,《唐六典》卷六注说："后周命赵肃、拓跋迪定令,史失篇目。"

《刑书要制》,据《周书·武帝纪》载：武帝初行《刑书要制》,宣帝时,又加以增补,"为《刑经圣制》,谓之《法经》。"这两个法规是律外的特别刑法。

十、三国两晋南北朝时期经济思想

北魏李安世的均田思想,不仅为魏孝文帝所采用,并继续地推行了三百年,影响深远。魏贾思勰的《齐民要术》是一部有名的农学巨著,记载了很多指导封建地主家庭经营管理田业的设想,为各种农作物和林木的生产提供了不少可贵数据,并对自给性家庭消费数据从生产、加工到享用方式的知识,均有所论述。《南齐书·刘悛传》记载南齐孔颛《铸钱均货议》云："铸钱之弊,在轻重屡变。重钱患难用,而难用为累轻;轻钱弊盗铸,而盗铸为祸深。民所盗铸,严法不禁者,由上铸钱惜铜爱工也。"强调铸币不能"惜铜爱工",成为后世论述货币问题时经常引述的证词。此外,西晋傅玄还提出封建赋税应遵守"至平"、"趣公（积俭）"、"有常"（《傅子·平赋役篇》）三原则，均对后世持政者有所启迪。

第十一节 隋唐时期

隋唐时期是中国统一的封建专制社会重建、发展和鼎盛时期。这一时期的政治思想主要反映在励精图治的现实政治主张、社会批判思想、儒家的礼治伦理思想和佛、道的宗教思想上面。

一、隋代之改革

隋文帝改革了北周以来的政治、经济制度。中国的封建制度开始走向成熟。

1. 设置三省

隋文帝废除了北周的一套官僚机构，在中央设置内史省、门下省、尚书省为最高政务机构，分别负责决策、审议和执行，长官分别为内史令、纳言和尚书令。以三省长官分割宰相权力，确立了三省长官并为宰相的体制。尚书省下设吏、户、礼、兵、刑、工六部，具体负责人事行政、户口和赋税、礼仪和教育、武官选授和军事行政、司法行政和审判、国有工农业及政府后勤事务等。

[唐]阎立本：历代帝王图卷（唐摹本·隋文帝）

2. 简化地方行政机构

隋文帝遵循"存要去闲，并小为大"的原则，在地方行政方面，简化机构，压缩政府开支，将南北朝时实行的州、郡、县三级行政改为州（后改为郡）、县两级行政。

3. 加强对地方官吏之控制

为了加强中央对地方的控制，规定九品以上地方官员的任免权归中央，并由吏部每年进行考核。后来进一步规定州、县正官每三年一换，佐官四年一换，不得重任。

4. 建立科举制度

废除魏晋以来按门第选用官吏的九品中正制,实行科举制度。最初,令每州岁贡三人,由中央考试录用。后又设立进士科,直接通过考试来选拔官员,这是中国最早的科举制度。科举的出现,有效地防止了世族高门把持和垄断官场的政治权力。

5. 府兵制改革

隋朝在沿用西魏、北周以来的府兵制的同时,采取了一项重大的改革,令"军人可悉属州县,垦田籍帐,一与民同",使府兵隶属地方政府,将过去的兵、民分治改为兵、民合治;使兵散于府,而将归于朝。无战事时,兵可耕种土地,将又无握兵之重。这样就进一步使兵权直接隶属于皇权。

6. 用法宽平

隋文帝对待民众比较宽平,建国之初,修订新律,废除前朝酷刑,规定,民有冤屈,县不审理者,可逐级向上申诉,直至中央政府主管司法的大理寺。并要求执法官吏均应熟悉法律。

7. 继续实行均田制

为了健全高度集权的封建土地制度,隋文帝诏令:男21岁为丁,一夫一妇为一床,夫领受露田80亩,妇领受露田40亩;夫妇领受永业田20亩。人死后露田交还国家,永业田可世袭。一床每年交粟3石为租;纳绢2丈为调;服徭役20天,不服役者,以一天交纳3尺绢代役为庸。

8. 完善户籍制度

由于周、齐统治者对人民的沉重盘剥,大批农民"诈老诈小",虚报年龄,以求躲过纳税年限,或者依附豪强,成为"浮客",摆脱政府的控制。隋建国后,为了增加赋税收入,与豪强争夺人口,隋文帝采取了强制性的"大索貌阅"和"输籍法"两项措施。"大索貌阅",就是按照户籍簿所登记的年龄核对本人体貌,若有不实,保长、里正也要发配远方;"输籍法",即中央确定划分户等的标准,即"输籍定样",颁之各州县,由地方政府依此确定各家的户等,按照户等确定各种赋税定额,使人民负担有固定标准,而重要的是所定税额比豪强向其"浮客"的剥削为轻,从而使他们脱离豪强的荫庇,作为国家的编民。通过这次整顿户籍,国家编户农民增加了160万。

二、唐朝前期"偃革兴文,布德施惠"的治国方略

1. 李世民的治国思想

李世民(599~649年),即唐太宗。高祖李渊的次子。他以隋代统治者骄奢淫佚、残酷无道,终于在农民起义军的打击下迅速亡国的教训为鉴,由长孙无忌、房玄龄、杜如晦、魏徵等重臣辅佐,励精图治,按照"偃武修文"、安人宁国的方针,在政治、经济、文化等方面制定和推行了一整套比较开明的政策,造成了史称"贞观之治"的繁荣兴盛局面。

唐太宗深刻认识到"水所以载舟,亦所以覆舟,民犹水也,君犹舟也"(《资治通鉴》)的道理,主张"去奢省费,轻徭薄赋,选用廉吏"

[两宋]佚名:唐太宗像

(《资治通鉴》),以安百姓。唐太宗认为,隋朝灭亡的原因之一,是"法令尤峻",使"民不勘命,遂至于亡"(《旧唐书·刑法志》)。所以他在法制方面,以西汉以来封建正统的"德主刑辅"思想为指导,兼采道家的"简静"、"无为",极力讲求"明德慎罚",用法"宽仁",以德化胜法禁,以求达到"安民立政"的目的。提出"死者不可再生,用法务在宽简"(《贞观政要》)。他亲自主持制订的《贞观律》,与隋律相比,死刑减少了92条,改流刑为徒刑的71条,并删去"兄弟连坐俱死之法"。

唐太宗的施政作风接近儒家理想中的君主风范:纳谏、爱民,与群臣建立了较好的关系。唐人吴兢编撰《贞观政要》,记述唐太宗和大臣魏徵、魏胄、马周等有关国家长治久安之策的讨论。此书成为儒家政治文明中君和臣的理想教材。

唐太宗在用人方面,主张尽量摆脱门第、地域和亲疏关系的限制,唯贤是举。

2. 魏徵的政治思想

魏徵(580~643年),唐初政治家和思想家。字玄成,钜鹿下曲阳

人。唐太宗李世民即位后,被拜为谏议大夫,直言进谏,受到赏识和重用。后迁为秘书监、侍中、太子太师,并被进阶为左光禄大夫、封为郑国公。死后赠司空、相州都督,谥"文贞"。其思想和事迹散见于《贞观政要》、《魏郑公谏录》等书中。

魏徵的政治思想主要是围绕李唐王朝的长治久安问题展开的。

魏徵

（一）与民休息,励精图治

魏徵认为主政的关键是息末敦本,与民休息,励精图治。"百姓欲静而徭役不休,百姓凋残而侈务不息,国之衰弊,恒由此起"(《贞观政要·君道》)。由乱及治必须息干戈土木,罢不急之务,省靡丽之作,节己顺民,轻徭薄赋,发展生产,否则就无以为治。所以他提出了"偃革兴文,布德施惠,中国既安,远人自服"(《贞观政要·诚信》)的施政方针。

（二）居安思危,防微杜渐

魏徵在《谏太宗十思疏》奏章里说:"诚能见可欲,则思知足以自戒;将有作,则思知止以安人;念高危,则思谦冲而自牧;惧满溢,则思江海下百川;乐盘游,则思三驱以为度;忧懈怠,则思慎始而敬终;虑壅蔽,则思虚心以纳下;想谗邪,则思正身以黜恶;恩所加,则思无因喜以谬赏;罚所及,则思无因怒而滥刑"(《贞观政要·君道》)。这著名的"十思"和后来提出的"十渐"(即批评李世民"渐不克终"的十个问题及提出的改进办法)主张,意在告诫李世民要居安思危,防微杜渐,务实求治,以实现李唐王朝的长治久安。

（三）兼听则明,偏信则暗

魏徵认为有道明君必须"兼听",不能"偏信"。兼听就是要虚己外求,倾听各种意见,集思广益,择善而从。要兼听就不能怕批评,不能怕意见尖锐,更不能把激切的意见和诽谤混为一谈。偏信就是刚愎自用。偏听偏信是君主昏庸无能的表现。

三、唐朝前期的政治措施

1. 基本承用隋制

中央政府仍为三省六部制。中书省、门下省为中央机要机构，长官为中书令和侍中；尚书省为最高行政机关，长官为左、右仆射，领导吏、户、礼、兵、刑、工六部，每部下辖四司。另设辅佐皇帝决策的政事堂会议，由三省长官和皇帝指定的官员参加，参加者均为宰相。唐初，侍中、中书令之职不轻易授人，常在其他官名之前加"参与朝政"、"参知政事"、"参议朝政"等名号作为实际上的宰相。设御史台监查百官，弹劾官员的违法行为。设秘书省掌图书、历法；太常寺掌礼乐、祭祀；光禄寺掌膳馐；卫尉寺掌武器、宫廷警卫；宗正寺管理皇族及外戚属籍；太仆寺管理御马；鸿胪款掌宾客及丧仪之事；司农寺掌粮食贮存；太府寺管理贸易；国子监掌管学校教育；少府寺管百工；将作监掌土木工程；军械监掌管武器制作；都水监掌水利建设。另有为皇室服务的侍从机构：殿中省，掌管皇帝衣食车宿；内侍省，掌管皇帝起居饮食，宫廷内卫；学士院，安排备皇帝随时召见的文词之士。地方行政仍为州、县两级。州设刺史，县设县令。后州上设道。唐初置十道，设巡按使，巡察诸州，监督地方官员。国内重要卫戍地区设府，京城、陪都、行都所在地为京都府，其他地区置都督府。县以下的行政组织为乡、里、保、邻。四家为邻，五邻为保，百户为里，五里为乡。乡置耆老，里设里正。负责核查户口，收授土地，征收赋税。500户以上的市镇设坊，置坊正。唐朝官员的品级沿用北魏制度，分为九品，每品分正从两阶；四品以下，正从又分上下两阶；共九品三十阶。不同官品、服色、佩带、冠等都有严格区别。

2. 完备的科举制度

唐朝的学校分京师学和州县学。中央设有六种学校，国子学招收三品以上高级官吏子孙；太学招收五品以上中级官吏子孙；四门学，招收七品以上低级官吏和一般地主的子弟；书学、算学、律学，招收八品以下和一般地主的子弟。另外，门下省设弘文馆，专收皇亲；东宫设崇文馆，专收皇后亲族。在地方，州设州学，县设县学。各级学校的生徒学成后，参加常举考试。

唐代选取士人的办法有三：一是"生徒"，由学校保送投考；二是"乡贡"，先由州县考试，合格者（乡贡或贡士）保送投考；三是"制举"，这是皇帝为求"非常之才"而亲自主持的考试，时间不固定，取士也不多。前两种考试为常举，每年由礼部主持举行。考试科目分为秀才、明经、进士、明法、明算、明书、一史、三史等科。明经一科重儒家经典的记诵，进士考试重诗赋。考试及格称为"及第"，再经吏部考试合格，就可以做官。由于没有功名时只能穿粗布衣服的考生，经考试合格后，可以做官脱去褐衣换上官服，故这种考试叫"释褐试"。制举为皇帝临时定立名目，下令考试的。制举的名目很多，有贤良方正直言极谏科、博学通艺科、武足安边科、文词清丽科、军谋越众科、才高未达、沉迹下僚科等百数十种。常人与官吏都可参加制举考试。考中者，原为官员随即升迁，原来不是官吏的，由吏部授以官职。

3. 法制发展成熟的唐律

唐代法规的基本形式有律、令、格、式四种。《新唐书·刑法志》说："令者，尊卑贵贱之等数，国家之制度也。格者，百官有司之所常行之事也。式者，其所常守之法也。凡邦国之政，必从事于此三者，其有所违，及人之为恶而入于罪戾者，一断以律。"大体来说，律是刑事法规，令是关于国家体制和基本制度的法规，格是国家机关各部门在日常工作中据以办事的行政法规，式是国家机关的公文程序。

唐初刑律的特点是刑罚的省和慎。唐高祖李渊初入长安时，即与民约法12条，除杀人、劫盗、背军、叛逆者处死外，其余一律蠲免，建国后制定了《武德律》。唐太宗继位后，修订《武德律》，成《贞观律》。高宗年间，又在武德、贞观两律的基础上，编纂成《永徽律》；后高宗又命太尉长孙无忌统一注解律文，成《永徽律疏》，即《唐律疏议》，经皇帝批准颁布，具有同等于律文的效力。

唐律共十二篇，502条。其篇名为：名例、卫禁、职制、户婚、厩库、擅兴、贼盗、斗讼、诈伪、杂律、捕亡、断狱。疏议对名例的解释是："名者，五刑之罪名；例者，五刑之体例。"所谓名例，是关于刑罚的种类及其适用的一般原则的规定，相当于近代刑法典的总则部分。以下各篇是关于各种犯罪的规定，相当于近代刑法典的分则部分。

名例律包含的内容有：五刑，十恶，八议，请、减、赎，官当，公、私罪的划分，自首，共犯，累犯加重，老幼废疾减免刑，故与过，并合论罪，类推，同居相隐，化外人犯罪等等。卫禁律是关于警卫宫廷和关津要塞方面的法律。职制律是关于惩治官吏违法失职的法律。户婚律是关于户籍、赋税以及婚姻家庭方面的法律。厩库律是关于牲畜和仓库管理方面的法律。擅兴律是关于惩治擅自发兵和兴造的法律。贼盗律是关于惩治反叛、大逆、杀人、劫盗等犯罪的法律。斗讼律是关于殴斗伤人和控告申诉方面的法律。诈伪律是关于惩治诈骗和伪造的法律。杂律是关于无法单独成篇的各种犯罪的法律。捕亡律是关于逮捕罪犯和逃丁的法律。断狱律是关于司法审判和监狱管理方面的法律。

唐以后历代封建王朝都把唐律当做创法立制的楷模。甚至朝鲜、日本、越南诸国的古代法律，大半从摹仿唐律而来。朝鲜的《高丽律》，日本的《大宝律令》、《近江令》，越南的李太尊明道元年《刑法》和陈太尊建中六年《国朝刑律》，都与中国唐律基本相同。

4. 三司推事

唐朝时，中央司法机关为大理寺、刑部和御史台。大理寺是最高审判机关，负责审理中央政府百官和京城重要刑事案件。刑部为最高司法行政机关，也负责复核大理寺对流、徒刑的判决。御史台为最高监察机关，监察百官，也监督大理寺和刑部的司法审判活动。每遇重大案件，皇帝通常命令大理寺卿同刑部尚书、御史中丞共同审理，称作"三司推事"。有时由门下省、中书省和御史台的主要官员组成特别法庭，即所谓的小三司，审理有关申冤的诉讼案件。死刑执行前须经过三复奏，即行刑前一日、二日复奏，执行之日复奏。地方司法与行政合一。州、县的行政长官也是州、县的司法长官。为辅助刺史和县令的司法工作，州设司法参军事，县设司法佐。基层官员里正、坊正可裁决民事诉讼，但无权审理刑事案件。

四、唐朝中后期政治制度之变化

1. 募兵制——节度使——藩镇割据

唐初的军事制度沿用隋制，仍为府兵制。中央设置十二卫，各领40—60个折冲府（军府）。每府设折冲府都卫和果毅都卫，统领卫士千人。全国共设600多个折冲府，关内261个。兵士为均田制下的农民，以服兵役顶替租庸调。平时种地，冬季训练，轮流宿卫京城，战时出征，自备兵甲衣粮。20岁入府，60岁免役。征调兵士的规定极为严格。兵部分别向折冲府都卫和州刺史下达符契，折冲府都卫与刺史的符契相合，而后才可发兵。这就使将军很难形成自己的独立军事势力威胁皇权。

唐初，与府兵并行，有少量的募兵。高宗、武后以后，募兵制逐渐盛行，到玄宗时募兵从此成为定制。募兵制实行后，寓兵于农变成了兵农分离。由于处理与边远地区复杂的斗争形势，特在这些地区屯驻重兵，带兵的将领在睿宗时称为节度使。军队驻屯地多半实行屯田，成为军事和经济的独立单位。到玄宗时，节度使逐渐坐大，全面掌握了一个地区的军队、财政和行政。

安史之乱以后，国家政治权力不再高度集中于皇帝为首的中央政府，而是向由节度使控制的藩镇转移，形成地方割据局面。由于召降叛将，由于平叛时各地方政府组成的勤王军，在全国各地，而不只是边境地区，形成了34个藩镇，此后逐年增加，一直发展到45~50个。这些藩镇控制了全国最精锐的军队，有着自己独立的行政组织。据《新唐书》记载，在这些藩镇管辖的地区内，"自置文武将吏，私贡赋，天子不能制"，即使节度使死了，职位亦由其子弟或部将继承，中央只能承认，不能更改，史称"藩镇割据"。唐德宗时期，将可控制的藩镇的节度使换为文官；任命宦官为监军使，作为皇帝的代表进驻藩镇，由此，又引发了宦官专权的新危机。

2. 两税法之实行——田庄的发达

唐承隋制，也实行均田制，当时并存着三种土地占有形式。一是地主占有永业田，二是按均田法农民占有土地，三是无田百姓自己垦种小田地。随着大土地私有制的发展，这种农民往往因土地被地主兼并而成为佃客。地主占有的许多田地，按照阡陌相连的一片，组成一个农业生产单位，通称为庄，又称庄田、田庄、庄园等。安史之乱使农民大量流亡，他们失去土地，成为依附于豪强的浮户、寄庄户、寄住户、客户，土地多为官吏、地方豪强所兼并。这些人或享有免税特权，或通过依附权贵，私度为僧，赂买官职等方式获得免除租役的特权。均田制和租庸调法已不能满足政府财政的基本需求，唐政府改革财政制度，实行了新的税法。一是实行盐的专卖制度。二是建立政府调节物价的制度：于各道设巡院，置知院官，粮价贱时买入，贵时卖出，丰年以高于市价的价格买入，灾年以低于市价的价格卖出，以平抑粮价。三是改革漕运之法，减少损耗。唐德宗时，针对均田制和租庸调法所依赖的自耕农、半自耕农大量消失，土地多集中于地主豪强之手的土地实际占有状况，宰相杨炎制订了两税法。

两税法的主要内容是：第一，不分主户客户，一律在现居地立户籍，根据资产定出户等，确定应纳户税税额，根据田亩多少，征收地税；第二，量出制入，中央根据财政支出，确定全国总税额，摊派各地征税；第三，两税分夏、秋两次征收，夏税限六月纳毕，秋税限十一月纳毕；第四，两税税额依户等而定，官府以货币计算，农民可以实物折纳；第五，先前的租庸调和一切杂税全部取消。两税法不分主、客户，以财产的多少确定征税标准，扩大了税赋的承担面，使中央政府的税收有所保证，实行的第一年，国家财政收入增加一倍。两税法实行后，正式宣告了均田制的结束，土地兼并不再受任何限制，从此，土地以更快的速度集中在地主手里，地主田庄更发达了。

五、唐朝中后期思想家的政见

1. 陆贽的兴礼义明教令思想

陆贽（754～805年），苏州嘉兴人，字敬舆。德宗时召充翰林学士。后出任宰相，但不久被贬充忠州（今四川忠县）别驾（州主管官的佐吏）。陆贽有《陆宣公翰苑集》行世。

陆贽强调人君治国在于"明其德威"，而"致理之体"则应"先德后刑"。他认为，只有明教令，兴礼义，才能使人们重视廉耻，只有明教令，才能使社会保持和平；这样才能达到不发生犯罪和暴乱的目的。他主张约法省禁，反对密网严刑；认为法禁繁杂、科条严峻，会使"吏不堪命，人无聊生"；要做到"止塞奸讹"，就必须"削去苛刻"，"务于利人"。陆贽主张

陆贽

信赏必罚，反对轻爵亵刑。他认为行赏要"先卑远而后贵近"；行罚要"先贵近而后卑远"。如果"非功而获爵"，则是"轻爵"；"非罪而肆刑"，则是"亵刑"。这是导致国家衰乱的重要原因。

陆贽勇于指陈弊政，揭露两税法实行后的各种积弊，主张废除苛敛，建议积谷边境，改进防务。指出："今制度弛紊，疆理隳坏，恣人相吞，无复畔限，富者兼地数万亩，贫者无容足之居"。极力主张奖励屯田，但未被采纳。

2. 韩愈的修齐治平理论

韩愈崇儒排佛，以儒家的道统反对佛家的宗教法统。他所谓的"道"，是指仁义道德。"博爱之谓仁，行而宜之之谓义，由是而之焉之谓道，足乎己无待于外之谓德"（《原道》）。仁义备，才能诚意、正心、修身、齐家，才能恪守君臣、父子、夫妻的纲常名教，才能治国、平天下，这是儒家学派的修齐治平理论。他认为这个"道"，由尧传舜，由舜传禹，由禹传汤，由汤传文武周公，文武周公传孔子，孔子传孟子，孟子死，不得其传。他以儒家道统的继承者和发扬光大者自命，表示"使其道由愈而粗传，虽灭死万万无恨"（《与孟尚书书》）。

韩愈还提出尊君论和诛民说。韩愈认为，君者，出令者也；臣者，行君之令者也；民者，事其上者也。臣不君其君，民不事其事，这种状况是不能被允许的，应该受到最严厉的惩罚。因此必须尊君；对于民，如果"不出粟米麻丝、作器皿、通货财，以事其上，则诛"（《原道》）。

3. 柳宗元的吏为民役思想

柳宗元在《封建论》里指出："封建非圣人意也，势也"，他论证了郡县制代替分封制的历史必然性和天然合理性，肯定了郡县制"摄制四海，运于掌握之内"的优越性，抨击了分封制"末大不掉"、搞独立王国、分裂割据的弊端。主张巩固秦汉以来的郡（州）县制度，反对分封制。

柳宗元深刻揭露了社会的某些黑暗面，对腐朽的官场进行无情的鞭挞。在《捕蛇者说》一文中，借捕蛇者之口，揭发了赋敛之毒有甚于蛇毒的苛政。在杂文里，他勾画了朝廷权贵、宦官嬖幸、得志小人和贪得无厌者的丑恶嘴脸，并指出了他们身败名裂的必然归宿。为此，柳宗元提出了"吏为民役"的思想。他说:"凡吏于土者,若知其职乎?盖民之役,非以役民而已也"(《送薛存义序》)。指出官吏的俸禄来源于人民,应该为民办事;官吏是人民的仆役,不是奴役人民的老爷;人民有权黜罚那些不称职的官吏。这种吏为民役的思想是对中国传统民本思想的丰富和发展。

六、唐朝时期经济思想

安史之乱使经济破碎,许多经济问题,尤其是封建财政问题亟待解决。为此,刘晏提出了一系列财政改革措施,其基本观点是坚持以商业经营原则处理国家财政事务。在租税征课方面,他执行两个原则:一是"知所以取,人不怨";二是"因民之所急而税"(《新唐书·刘晏传》),即对日用必需品课税能以低税率而获致稳定的高税收。

杨炎的两税法改革所体现出的两个财政观点:一是"量出以制入"(《旧唐书·杨炎传》),不同于先秦以来一直奉行的量入为出的财政原则;二是以货币定税额,即以较进步的货币税代替落后的实物税。

第十二节 两宋时期

一、宋代高度集权之君主专制制度

为了杜绝皇权衰微,宦官、权臣擅权于内,藩镇拥兵自重、割据一方于外的政治局面,宋太祖、太宗建立了高度集权的君主专制制度。

宋朝的中央机构分为行政、军事、财政等独立部分,分别直接向皇帝负责。

1. 中央行政机构

大体沿用唐朝的三省六部制,但三省长官只据以享俸禄,不参与政事,并无实权,于三省之外设政事堂为中央行政首长办公机构,也称中书门下,简称中书。其正职长官,即宰相,称同中书门下平章事,副职为参知政事。另设直属皇帝的翰林学士院,置翰林学士若干,为皇帝起草诏书,包括对高级官员的任命及对外的国书等。

2. 最高军事行政机关

宋朝国家军队称禁兵,由朝廷,即皇帝直接控制。设枢密院为最高军事行政机关,"佐天子执兵权",统帅禁兵,并处理国家军事行政的具体事务。枢密院与中书并称二府(枢府、政府),正、副长官分别为枢密使、知院事,均由文人充任。枢密院掌管"军国机务、兵防、边备、戎马之政令,出纳密令",以及"侍卫诸班直,内外禁兵招募、阅试、迁补、屯戍、赏罚之事"等(《宋史·职官志二》);下设北面房、河西房、支差房、在京房、教阅房、广西房、兵籍房、民兵房、吏房、知杂房、支马房、小吏房等机构。直接管理、训练禁兵的机构是殿前司和侍卫司,称为二司;侍卫司又分侍卫马军司和侍卫步军司,与殿前司合称三衙。长官分别是殿前都指挥使、侍卫马军都指挥使和侍卫步军都指挥使。禁兵外出作战,由皇帝另派统帅。

3. 中央财政机构

掌管全国财政收支的中央财政机构,是独立于尚书府户部的三司:盐铁司、度支司和户部司。各司的长官为使和副使。三司地位略低于二府,称为计省,其长官被称为计相。盐铁司掌管工商收入、兵器制造,内设机构为兵、胄、商税、都盐、茶、铁、设等七案;度支司掌管财政收支、粮食漕运等,下设赏给、钱帛、粮科、常平、发运、骑、斛斗、百官等八案;户部司掌管户口、赋税、榷酒等,下设户税、上供、修造、曲、衣粮等五案。

4. 最高教育行政机构

国家最高教育行政机构为国子监,正、副长官分别为祭酒和司业。下设国子学,专门收七品以上京官子孙;太学,招收八品以下官员子孙及平民中的优秀者,以及沿唐制而设的律学、算法、书学、医学和新设的武学、画学;另有为皇家宗室子弟设立的大、小学。州、县皆有学,置学官和教授。科举考试由礼部负责组织,每三年举行一次。录取分三等:及第、赐进士出身、赐同进士出身。录取后即可授官。进士及第须经殿试,由皇帝考选。除常试外,还有由皇帝临时设立科目的制举。贤良方正能直言极谏科、博通坟典明于教化科等六科为现任官员考试的科目;沉沦草泽科、茂材异等科为平民之被举者参加的科目。为防止科场作弊,宋朝开创了"糊名"(弥封)和"誊录"(考卷由他人代写)等办法。对于连考十几场不中者,皇帝予以特恩,赐本科出身。

5. 考核与检察机构

设审官院(考核京朝官)和考课院(考核幕职和地方官)负责官吏的考核,当时称为磨勘。一年一考,三考为一任。一任满后,由户部根据考核成绩决定升降。考核主要不看政绩建树,官吏只要在任内不出过错,都可升迁。宋朝官员大多老成持重,因循守旧。

设御史台监察朝廷百官,"纠察官邪,肃正纲纪,大事则廷辨,小事则奏弹"(《宋史·职官志四》)。皇帝亲自任命御史,准其根据传言弹劾官吏,弹劾不当不负任何责任;并规定每月至少奏事一次,为"月课";如百日内无纠弹,即罢免降职或罚"辱台钱";只要敢于奏弹,无论实否,一律有赏。御史台兼有司法权力。官吏违法,先由御史台侦察、审讯。另设谏院,职责不是谏君主,而是举报官员较轻的不法行为。

6. 中央司法机构与宋代法规

中央司法机构为刑部、大理寺、御史台。另于宫中设立审刑院,由皇帝直接控制。

宋朝第一部法典是《宋刑统》,但宋朝立法以皇帝的敕令为主。宋神宗认为"律不足以周事情",规定"凡律所不载者,不断以敕",并把"律、令、格、式"的名目改为"敕、令、格、式"。据《宋史·刑法志》的解释:凡属有关犯罪与刑罚方面的规定叫做敕,有关约束禁止方面的规定叫做令,有关吏民等级及论等行赏方面的规定叫做格,有关体制楷模方面的规定叫做式。四种形式具有同等法律效力。后统编历年敕、令、格、式,成《元丰编敕令格式》。宋朝法网严密,刑罚严酷,盗窃五贯钱以上,一律处死刑。每年判死刑之人数倍至数十倍于唐朝。

宋代法规除《宋刑统》外,主要有以下几种:

编敕,敕是皇帝发布的指示或决定。敕令日多,为了便于保存和官吏检引,需要汇编成册,这就是编敕。

条法事类,《宋史·刑法志》记载:南宋孝宗淳熙初,因敕、令、格、式合编在一起,内容庞杂,不便于官吏检引,令"敕令所分门编类为一书,名曰《淳熙条法事类》"宋宁宗时,又编成《庆元条法事类》一书。宋理宗时又编有《淳祐条法事类》。后又根据庆元法与淳祐新书进行修订,这是宋代最后一次规模较大的法规编纂活动。

断例,即判案的成例。宋代规定,"法所不载,然后用例"(《宋史·刑法志》)。例本是补法之不足,但在实际审判中,例起的作用很大,甚至超过法令。后曾分类汇集成书,名曰《乾道新编特旨断例》。

指挥,原是中央官署对某事临时所作的指示或决定。一经有过指挥,此后对同类事件就具有约束力,往往与敕、令并行。

申明,中央主管官署就某项法令所作的解释。解释刑统的,称"申明刑统";解释敕的,称"申明敕"。"申明"也具有法的效力。

看详,中央和上级主管官署,根据过去的敕令或其他案卷所作的批示或决定。主管部门所作的看详,也可以作为以后处理同类事件的依据。

7. 地方行政组织

宋朝的地方行政组织分为路、州(府、军、监)、县三级。路为唐朝的道转变而来。宋太宗时全国设15路。朝廷在路所设行政机构称司。掌管军政、边防的是经略安抚司,长官为经略安抚使。财政机构为转运司,长官为转运使;司法机构为提刑司,长官是提点刑狱公事,简称提刑;另置提举常平使,主管赈灾和盐铁专卖的提举常平司。为削夺地方财政及司法权力,转运使、提刑均直接向朝廷负责。州、府、军、监为同级行政。在一般地区,州是路下一级的行政区。皇帝居住过或任过职的州,京都、陪都和特要之地置府。军事要冲之地设军。矿区设监。州、府、军、监设行政长官知府事(知府)、知州事(知州)、知军事(知军)、知监事(知监);设通判为副长官,但通判直接向皇帝负责。正、副行政长官均由文官充任。节度使、刺史、防御使等均为优待皇室宗亲、功臣、将帅的闲职。州的地方武装为招募来的厢兵,设总管统帅。州下置县。长官为县令,掌管一县民政、司法。另设辅佐县令管理民政的县丞,管理机要文书的主簿,统领弓手,捉拿匪盗的县尉。县下设乡,置乡书手。乡下设坊(城厢)、里(农村),置坊正、里正。里下有户,设户长。在乡书手、坊正、里正的组织下,有户籍的男子组成乡兵,维持地方治安。

二、宋代思想家的各种政治主张

自宋代开始,中国封建社会进入后期,并逐步走向衰败。这一时期社会经济虽仍在发展,却始终伴随"积贫积弱"的困扰,政治家和思想家为消除内忧外患提出了各种政治主张。

1. 宋代理学的政治实质

宋代的一些思想家，将传统的儒学与当时流行的佛、道结合起来，形成富有理性思辨色彩的政治哲学，即宋代理学。理学的主要范畴有：理、气、义、利、心、命、情、性、阴阳、太极等。理学家们认为，理是世界的最高范畴，是万事万物的根源，一切都要依理而行。理的政治含义就是封建的秩序和伦理。这种思辨哲学的政治实质，是维护封建的社会秩序和伦理道德。理学家们都是"同植纲常，同扶名教，同宗孔孟"，发扬孔孟学说是他们的共同之志，维护三纲五常是他们共同的思想核心，"存天理，灭人欲"、防止犯上作乱是他们共同的目标。他们还有一个共同特征：崇尚空谈，轻视功利。

2. 范仲淹与庆历新政

范仲淹（989~1052年），字希文，苏州吴县人。官至枢密副使、参知政事。谥文正。为官有政声，道德文章为世人所推许。平生志向之所在，曾归结为"先天下之忧而忧，后天下之乐而乐"。有《范文正公集》行世。庆历三年，范仲淹、富弼、韩琦同时执政，欧阳修、蔡襄、王素、余靖同为谏官。宋仁宗责成他们在政治上有所更张以"兴致太平"。参知政事范仲淹与富弼联名上《答手诏条陈十事》，提出明黜陟、抑侥幸、精贡举、择官长、均公田、厚农桑、修武备、减徭役、覃恩信、重命令等十项以整顿吏治为中心的改革主张。欧阳修等人也纷纷上疏言事。宋仁宗采纳了大部分意见，陆续颁布几道诏令，施行新政。史称庆历新政。

范仲淹强调革故鼎新必须以整饬吏治为重点，他认为历代政制相沿，到宋代已经出现了深重的弊病，主要原因是人事制度不合理，使贤德和有才干的人得不到任用，官吏大都空占着职位，白享俸禄而不办事；即使有一二"良吏"，也力量单薄，无补大局。这样便造成了"天下赋税不得均，狱讼不得平，水旱不得救，盗贼不得

范仲淹

除"的恶果。因此他主张改弦更张，以图挽救，并强调"欲正其末，必端其本"，即以整饬吏治为重点：一面"开学校，设科等"，大力培养人才，做到"政无虚授"、"代不乏人"；一面建立和加强考核官吏的"磨勘"制度，通过考核官吏的功过行能，决定升降，打破"知县两任例升同判（知州的佐官），同判两任例升知州"的"贤愚同等、清浊一致"循例升迁的旧制。对知州、同判中的老耄者、昏懦者、贪浊者、暴虐者以及目无法纪、为政无状的人，一律予以"奏降"，以新天下耳目。

范仲淹认为，"天生兆人，得王乃定"，君主的作用是极为重要的。但是，"万机百度，不可独当"。任何君主都必须选用官吏以分担治理的大任；而君主本身必须做到"临万机之事而不敢独断"，"纳群臣之言而不敢偏听"，特别应当和臣下一样严格守法。他强调指出，法律法令是使"天下画一"、不因贵贱亲疏而任意轻重的"衡鉴"，必须公正运用。为此，君主一定要"舍一心之私"以"示天下之公"。

3. 李觏的改革主张

李觏（1009~1059年），字泰伯，宋建昌军南城（今属江西）人，南城在盱江边，李觏在此地创建盱江书院，故世称盱江先生。他家世寒微，自称"南城小民"。

李觏在政治思想方面，反对道学家不许谈"利""欲"的说教，认为"人非利不生"（《原文》），"治国之实，必本于财用"（《富国策》）。他提出了一些发展经济的办法，强调"田均则耕者得食"，提出"限人占田"，"冗者"归农，量入为出，去王者私藏等主张，对王安石变法有直接影响。

李觏塑像

4. 司马光的尊君崇礼思想

司马光是尊君论者，他说"王者万物之父也"，国家治乱兴衰系于人君一身，没有人君来决是非、行赏罚，国家将混乱不宁。臣下应绝对

司马光

服从君主,违君之命应受"天刑"。他同意人臣对君主可以死谏或辞职,但坚决反对孟轲关于贵族之卿可以易君之位的说法。

司马光坚决反对王安石变法,认为不可"祖宗之法变也"。他说王安石的变法是侵官、生事、征利,青苗等法是聚敛行为,违背了周孔仁政思想,或能富国,但更病民。他否认王安石关于社会贫弱在于开源不足的观点,认为社会财物总量有限,关键在于节流。

司马光强调以礼治国,认为礼"用之于身,则动静有法而百行备焉;用之于家,内外有别而九族睦焉;用之于乡,则长幼有伦而俗化美焉;用之于国,则君臣有叙而政治成焉;用之于天下,则诸侯顺民而纪纲正焉"(《资治通鉴》)。司马光的礼就是正名、定分,区别君臣的等级关系。他说:"礼莫大于分,分莫大于名。……何谓分?君臣是也。何谓名?公侯卿大夫是也"(《资治通鉴》卷一)。

司马光认为治国要赏罚分明。又认为国家选拔人才,应该选拔那些才德兼备的"圣人",退而求其次,是选拔"德胜才"的"君子"。如果圣人、君子都得不到,宁可要愚人,也不要那些小人。他提出不拘资序,不论亲疏,不讲门第,不计恩怨等唯才是举的取人路线。他说:"苟有才德高茂合于人望者进之,虽宿昔怨仇勿弃也;有器识庸下无补于时者退之,虽亲昵姻娅勿取也"(《司马温公传家集·言为治所先上殿札子》)。

5. 王安石的变法实践

王安石变法以"三不足"为理论根据。他用"天变不足畏,祖宗不足法,人言不足恤"的"三不足"口号,回击了反对派对新政的攻击。认为水旱、地震、彗星等的出现是自然现象,不足为怪,只要"益修人事以应天灾",不足多虑,至于以天文附会人事更不足信。他说,祖宗之法在祖宗时代也许合理,今天仍要实行就未必正确,因为时代已经不同。若认为有一法"可行万世","非愚则诬"。他不顾种种诽谤与攻击,果断实施新法。

王安石

王安石变法以理财为主要内容，理财重点在开拓财源。他倡导"因天下之力，以生天下之财"，主张"无夺其时，无侵其财，无耗其力"，以保障农民正常的生产劳动，使民有其"常产"，增强社会财力。王安石主张打击豪强，抑制兼并和特权。他要求官绅豪强大地主按土地数量交纳赋税，并无一例外地出助役钱等。他还将市场上"轻重敛散之权"收归北宋政府掌管，由国家平操市场物价，不准豪强劣商垄断居奇。这些措施既利于贫民，又增加了国家收入。王安石推行的生财、理财之法有：均输法、青苗法、农田水利法、募役法、市易法、方田均税法等。

王安石主张抵抗外族侵略，倡导积蓄力量，与辽夏斗争。保马、保甲法的实行，军器监的设置，收到了强兵的效果。他重视人才和教育，大胆提拔了一大批有才干的下层士大夫，改革了当时积弊已久的教育制度和科举制度，力主学以致用。他主张刑德并举，尊孔孟之道，以德为本，但又认为必须用刑来辅德。指出任德、任察、任刑三者不可偏废。

6. 朱熹的天理治国思想

朱熹认为，在物质世界之外，先验存在着一个理（也称天理、道或太极），理是万事万物的根源，也是社会产生和运行的根源，人君治国只须本理而行。以天理治国便是王道，以人欲治国便是霸道。他认为，夏、商、周三代君主心术明正，完全以天理行事，因而三代是王道政治；三代以下的君主包括唐宗、汉祖，都心术不正，违天理而行人欲，因而三代以下，包括汉、唐盛世，都是霸道政治。

朱熹说宇宙间一理而已，"其张之为三纲，其纪之为五常"，因天理是永恒的，故三纲五常也是永存的真理。人的富贵贫贱都是天赋的，是禀气不同所致，禀得清高之气便贵，禀得丰厚之气便富，禀得衰颓薄浊之气便为愚不肖、为贫贱。这些禀赋是天理流行的结果，任何想改变天生差别的言行都是人欲。因此要"存天理，灭人欲"。

在为政之道上，朱熹提出"严本宽济"的德政主张。他认为，宽政只能使"奸豪"得志，平民遭殃，为政"当以严为本，而以宽济之"。

朱熹还认为君主个人独裁是一种不正常现象，国家大事，君主不可擅作主张，应该同臣僚们商量，作出决定，然后公布实行，即"谋之大臣，参之给舍,使之熟识,以求公议之所在,然后扬于王庭,明出命令而公行之"(《朱子文集大全类编·经筵留身面陈四事札子》)。

面对南宋朝廷的腐败无能,加之他多次为地方官的亲身经历,朱熹提出过一些社会改革主张,如:限田数量,抑制兼并;量地正界,合理赋税;移兵屯田,爱惜民力;设立义仓,缓和民困等。

7. 陈亮的德在生民思想

陈亮主张以功利为准绳。他用"德在生民"的功利原则,评赞唐宗汉祖,以隆盛之效益肯定汉唐政治,认为汉唐可与夏商周三代媲美。从功利出发,陈亮主张"王霸可以杂用,则天理人欲可以并行",认为王道往往要通过霸道来实现,汉唐之所以杂行霸道,"其道固本于王"。基于功利原则,陈亮提出"农商一事"的主张,抛弃了重本抑末的传统思想。陈亮还根据功利原则,对当时盛行的理学作出自己的解释。他认为"理"不是物外的先验道德,而是同人"与生俱生"的,理存在于人的日用之间,存在于人事之中;若舍人而空谈性理,将陷入佛门。陈亮对朱熹独善其身、以醇儒自律的道德不以为然,主张以天下国事为己任。

陈亮还主张限制君权,宽以待民。他认为君主应"才能德义"兼备,自觉节制情欲,反对君主威福由己,任意生杀。陈亮虽肯定霸道,但不主张对人民严刑峻法,认为"持法深者无善治,奸宄之炽,皆由禁网之严"。在对待人民生活方面,陈亮主张轻徭薄赋,藏富于民。在对待外族侵略方面,陈亮一生力主恢复中原,反对苟安,认为苟安只会造成政治腐朽和南宋社会的虚假繁荣。

8. 邓牧对君主专制制度之批判

邓牧(1247~1306年),字牧心,晚年别号九锁山人,自称"三教外人",以示其不属于任何正宗行列。邓牧有政治抱负,并热心仕进,但仕途不顺。元灭南宋,他决心不与元统治者合作,寄身幽谷,浪迹山林。著有《伯牙琴》一书。

邓牧认为"天生民而立之君"。设立君主是因为老百姓需要一个为他们服务的首领,而不是做君主的人有"四目两喙"的超人本领,更不是上天要给君主个人以更多利益。他说:古代"至德之世"的君主,除了辛勤地为民服务外,不享有任何特权和好处,人民视之如父母,"乐戴而不厌"。后世之君则违反上天旨意,"竭天下之财以自奉",残酷地奴役百姓,并以焚诗书、任法律等手段,防范人民反抗,这样的暴君统治,不可能有长治久安。邓牧抨击腐朽的封建吏治,认为暴君下面的官吏是"窃人货殖"的盗贼,甚至比盗贼更坏。因为盗贼害民,尚有所顾忌,而"吏无避忌,白昼肆行",人民对他们敢怒而不敢言,敢怨而不敢诛。邓牧认为,喜治厌乱的百姓屡冒性命危险起来造反,是官逼吏迫的结果。邓牧主张社会平等,向往一个没有压迫和奴役、没有盗贼和战争,人人自食其力的平等社会,并主张以此来代替罪恶的封建君主社会。他还幻想过"废有司,去县令,听天下自为治乱安危"的无政府社会。这虽是不现实的空想,但表明了他对平等社会生活的向往。

三、宋代时期经济思想

宋代理学家一直将儒家传统的经济教条如井田制、贵义贱利、打击富人等观点奉为金科玉律,一些进步思想家逐渐对此表示怀疑乃至进行批判。最初批判"讳言财利"观点者是李觏,他指出:"贤圣之君、经济之士,必先富其国焉"(《李觏集·富国策第一》),王安石也认为:"政事所以理财,理财乃所谓义也"(《王临川集·答曾公立书》)。到南宋时,叶适大倡"功利"之学,并为包括富裕工商业者在内的"富人"辩护,坚决否定摧抑兼并思想。

另外,宋代在钞币理论方面有许多贡献,其中最值得注意的是南宋的有关行用钞币的所谓"称提之术",亦即关于钞币发行和管理的若干原则。称提,据《续文献通考·钱币一》:"有钱而后有楮(纸币),楮滞则称提之说兴焉。" 称提的主要方法:用金属货币或商品收兑跌价纸币,减少发行量,设法推广纸币的流通等。

第十三节　元代时期

一、"附会汉法",实行"仁治"

元代政治思想核心的内容是主张"附会汉法",实行"仁治"。它发端于元太宗窝阔台时代的耶律楚材；而由元世祖忽必烈时代的刘秉忠、郝经、许衡等人进一步阐发并形成体系；其后，赵天麟、郑介夫、马祖常、许有壬及苏天爵等人均壁守其基本观点，而成为元代政治思想演进过程中的代表人物。

耶律楚材（1190～1244年），元朝成吉思汗、窝阔台汗时大臣。字晋卿，契丹族，辽皇族后裔。他对于元代封建国家政治、法律制度的奠定，起了重要作用。

耶律楚材

耶律楚材主张用中原文明去影响和改变大蒙古国的社会政治制度和治国方法，即"以儒治国"，并通过劝说蒙古统治者括编户籍、制定赋税制度、建立太极书院、传播理学及以经义、词、赋、论来考试儒士等加以实践。

到了忽必烈时代，随着蒙古统治中心的南移，如何才能"治国安民"，成为当时亟待解决的问题。忽必烈开府金莲川，尊揽儒士，招集一批汉族地主阶级知识分子为幕僚，其中以刘秉忠、郝经、许衡为代表。刘秉忠向忽必烈上疏陈事，指出"可以马上得天下，不可以马上治"，劝说忽必烈效法周公、尊崇孔子、修复庙祀，奠立太平之基和王道之本。郝经力主"附会汉法"，即"以国朝之成法，援唐宋之故典，参辽金之遗制，设官分职，立政安民，成一代王法"（《郝文忠公文集·立政议》）。许衡也主张"帝中国，当行中国事"，"必行汉法"（《许文正公遗书·时事五事·立国规模》）。他们的政治思想，成为元初改革的基本理论，奠定了元代的成宪，为后继诸帝所师承。"附会汉法"政治思想在以下四个方面被蒙古统治者所实践：一是建立年号、国号和礼仪制度；二是承袭中原王朝传统的国家机构和职官制度；三是实行劝农政策；四是承认和提倡以儒学为主体的汉族传统文化。

二、中央与地方行政制度

《元史·百官志三》记载，"国初未有官制，首置断事官曰札鲁忽赤，会决庶务"，其主要职责是执行法律，掌管刑狱。

汉官制度是从太宗三年时开始的,据《元史·太宗纪》说:"幸云中,始立中书省,改侍从官名,以耶律楚材为中书令,粘合重山为左丞相,镇海为右丞相"。

忽必烈即位以后,"遂命刘秉忠、许衡酌古今之宜,定内外之官。其总政务者曰中书省,秉兵柄者曰枢密院,司黜涉者曰御史台。体统既立,其次在内者,则有寺、有监、有卫、有府;在外者,则有行省,有行台,有宣慰司,有廉访司。其牧民者,则曰路、曰府、曰州、曰县。官有常职,位有常员,其长则蒙古人为之,而汉人、南人贰焉"(《元史·百官志序》)。这就是"中统(1260~1264)官制",也是有元一代的基本定制。

1. 中央行政制度

从全国政务的角度来看,元代中央行政主要分为四个系统,即管理政务的中书省,管理军事的枢密院,管理监察的御史台,管理宗教和吐蕃事务的宣政院。这四个系统互不统属,直接对皇帝负责。中书省是政务的主体,其首席长官中书令不常设,一般由皇太子兼领,而由其次席长官左右丞相来总领省事,以右为上。其下设平章政事,"掌机务,贰丞相,凡军国重事,无不由之"。再下为左右丞、参政及参议中书省事。左右司料理省中各项文牍工作。省辖吏、户、礼、兵、刑、工六部,分管各种政务。凡与政务有关的寺、监、卫、府事务也无不经由中书省调度。元代曾三次设立尚书省,与中书省分理朝政,但时间长者四年多,短者只有数月,又并入中书省,所以终元之世基本实行的是一省制。

枢密院是全国最高军事机关,枢密院设知院、同知、副枢、佥院、同佥、院判、参议等官,分管院内外的军政事务。在中央凡与军政事务有关的寺、院、卫、府,都要接受枢密院的调度安排。

御史台是全国最高监察机关,总台设大夫、中丞、侍御史、治书侍御史,分管总台和所属各部门的监察事务。御史台中央直属机构有殿中司,主管监察在京的文武百官;察院,"司耳目之寄,任刺举之事"。地方的直属机构是诸道行御史台(其建置如中央御史台)和诸道肃政廉访司。从中央到地方的监察官员都由御史台自选,奏请皇帝批准,这在历史上是绝无仅有的,说明了元代对监察工作的重视和加强。

元朝尊崇佛教、喇嘛教、道教等，元世祖拜喇嘛教高僧八思巴为帝师，以后元朝诸帝均援以为例。帝师除为皇帝宗亲做佛事外，还在宗教、文化事务方面对皇帝提供咨询。帝师出入京师，地方政府以皇帝之礼侍奉。中央政府设宣政院，与枢密院同级（从一品），管理宗教事务及西藏地区事务。西藏从此并入中国版图。宣政院在各地设16所广教总管府，官员僧俗并用。元代不仅重视喇嘛教，对于道教、基督教、回教等也比较重视，各设有专门的管理机构，如崇福司及一些负责寺庙营缮的司和总管府，这些机构都要服从宣政院的指挥调度，从宗教信仰来划分统治支系，这是元朝政治的一大特点。

2. 地方行政制度

成吉思汗建立蒙古国，把所属部民按万户、千户、百户、十户为单位编制起来，各设长以统辖，各长都是世袭的贵族，这是一种军政合一的组织。忽必烈进入中原，建立元朝，为加强对地方的控制，以中书省分驻地方，称行中书省，以便直接处理政务。不久行省便成为固定行政区。

行省，即行中书省，简称省。元代除大都周围一带称"腹里"，直属中央的中书省管辖，以及吐蕃和诸王封地由宣政院管辖之外，还在全国设立了河南、江浙、江西、湖广、陕西、四川、辽阳、甘肃、云南、岭北、征东等11个行省。各省设有丞相、平章、左右丞、参知政事等为正副长官，又有郎中、员外郎、都事等分管省内各种事务。行省的建立有效地防止了分裂，这是秦汉以来郡县制的一大发展，是我国省制的开端，在我国行政区划和地方政治制度史上占有很重要的地位。

行省之下设路、府、州、县。路统属于行省，设有总管府，设达鲁花赤、总管、同知、治中、判官等主要官员，还有学校、司狱司、织染局、东造局、录事司等分管各项专门事务的部门。府设达鲁花赤、知府或府尹为主要长官，又有同知、判官、推官、知事、提控案牍等员分管各种具体事务。州设达鲁花赤、州尹或知州为主要长官，其他如府制。县设达鲁花赤、县尹、丞、簿、尉、典史等主要官员，典史专主刑狱。在比较重要和遥远的地方设巡检司，如浙江行省泉州路的澎湖巡检司，管辖澎湖、琉球（台湾）等地。县以下有乡都和村社，为地方基层组织，乡都置里正，村社设主首。

在少数民族和边疆地区，根据不同情况设置宣抚使司、宣慰使司、安抚使司、招讨使司和宣慰使司都元帅府，如在土蕃（今西藏），由宣政院在西藏地区设置乌斯藏、纳里速、古鲁孙三个元帅府，元帅府下又设若干万户府，屯戍军队，征收赋税。从行政管理体系讲，这些使司统属于中央的宣政院。在政务上与行省有一定的关系。使司一般都设有使、同知、副使、经历、都事等员，由达鲁花赤任最高监临官。使司以下设万户府、千户所、百户所，各设达鲁花赤、万户、千户、百户为长官，并设有副职和负责具体事务的官吏。根据各行省的具体情况，有的还设有儒学提举司、都转运使司、茶盐转运司、盐课提举司、市舶提举司等专门机构，分管各种专门事务，是统属于行省的单独行政体系，地方官府无权干涉它们的事务。

三、达鲁花赤制

达鲁花赤是蒙古语，意为镇压者、制裁者、掌印者，转而为监临官、总辖官之意。达鲁花赤主要由蒙古人充任，是各级地方政府最高行政兼监督长官，虽然他们往往不管实际事务，但由于他们是高踞于其他官员之上的特殊官员，有实际的监督权，因此在地方政务中起着重要的作用。达鲁花赤的设置，反映了元代官制的特点，也表明蒙古贵族在元朝政府中占有特殊的地位。

四、站赤（驿传）系统

据《元史·兵志》，"站赤者驿传之译名也"。元太宗窝阔台时起就已开始建立驿传（站赤）制度。忽必烈建立元朝后，这种驿传制度更加完善，以大都为中心，在全国交通在线设置了站赤，以便于"通达边情，布宣号令"，既加强中央对地方的控制，也便利了全国的交通。站赤分陆站和水站，陆站用马、牛、驴或车，辽东有些地方用狗（称狗站）；水站用船。由中央通政院管理"北地"驿站，兵部掌管"汉地"驿站。并于各要冲之地置脱脱禾孙（邮政官员），监察驿政。另设急递铺制度，每隔十里、十五里或二十里设一急递铺，铺用铺丁五人，用徒步奔驰，转账传递紧急文书。

五、元代的成文法

蒙古族原来没有文字，因此也没有成文法。成吉思汗用畏吾儿字拼成蒙古语，把自己的训令编为"大扎撒"，意即"大法令"，要求后世严格遵守,但这种"大扎撒"还不是系统的法典,仅仅是蒙古部落的习惯法。直到建立元朝后才着手制定法律,颁布了《至元新格》。但它"大致取一时所行事例,编为条格而已,不比附旧律也"(《元史·刑法志》)。仁宗时,又取格例中有关纲纪、吏治的条目分类编成《风宪宏纲》。后开始对忽必烈以来的条格、诏令和断例加以厘定。英宗时完成,定名为《大元通制》。英宗时还编修了《大元圣政国朝典章》,简称《元典章》。顺帝时又颁布《至正条格》。

元代法律突出了民族间的不平等。法律将各族人分为四等:第一等是蒙古人;第二等是色目人,即西夏人、维吾尔人、回回、西域各族人等;第三等是北方汉人,包括契丹人、女真人、高丽人等;第四等是南方汉人以及西南地区的白族、僮族人等。甚至还规定"诸蒙古人与汉人争,殴汉人,汉人勿还报"(《元史·刑法志》)。

六、"农桑为急务"的政策

元世祖对于逐水草而居的游牧经济落后于定居的农业经济这一点,有透彻的认识。他极力推行以"农桑为急务"的政策,采取了一系列措施恢复发展农业生产。1261年成立劝农司,派劝农官到各地检查农业生产情况,作为评定地方官吏政绩的依据。1270年成立司农司,搜集古今农书,总结民间经验,编成《农桑辑要》,颁发全国,指导农业生产。1289年在江南成立司农司及营田司,掌管农桑事务。设都水监与河渠司,掌管河渠水利,先后修治了黄河,沟通了大运河,在江南修筑了浙东海塘,疏导了吴淞江。

第十四节　明代时期

明代政治思想发展的复杂状况是中国历史上前所未有的。传统政治思想的高度发展与各种反权威、反正统思想的出现和发展,是明代政治思想的特点。

一、朱元璋加强中央集权的政治举措

1. **外儒内法的政治权术**

朱元璋夺取政权后,强调尊重儒学,下诏通祀孔子,称赞孔子"道冠百王,功参天地"。他主张以仁义之道治国,反对严刑峻罚,告诫大臣说:"丧乱之余,民思治安,犹饥渴之望饮食,若更驱之以法令,譬以药疗疾而加之以鸩,民何赖焉"(《明通鉴》卷一)。有人鼓吹申韩的重刑主义说:"法重则人不敢轻犯,吏察则下无遁情"。朱元璋则说:"法重则刑滥,吏察则政苛,钳制下民,而犯者必众","未闻用申韩之法可致尧舜之治也"(《明通鉴》卷四)。但实际上朱元璋在政治活动中,却采取以猛治国的方针,实践了法家的政治主张。他猜忌成性,屡兴文字之狱;严刑峻罚,并运用特务组织,制造了许多血案;他采用野蛮残酷的刑罚,大批地屠戮,以至贤否不分,善恶不辨。

[明]佚名:明太祖坐像

2. 废中书省和丞相制

洪武初年,政府行政机构沿袭元朝制度,在中央设立中书省,由左右丞相总理吏、户、礼、兵、刑、工六部事务;在地方设行中书省,管辖地方军政事务。但不久朱元璋发现丞相和行中书省的权力太重,便首先采取措施削弱地方权力,下令改行中书省为承宣布政使司,掌管民政、财政,另设按察使掌管刑法,都指挥使掌管军事,合称"三司",不相统属,各自直属中央。布政使司下分府(直隶州)、县(州)两级。明时全国分山东、山西、河南、陕西、四川、湖广、江西、浙江、福建、广东、广西、云南、贵州十三个布政使司和南京、北京直隶区。在边远和少数民族地区则单设都指挥使司,实行军政和民政的合一统治。

接着,朱元璋设通政使司,长官称通政使,主管章奏出纳和封驳,裁抑中书省的"关白"之权。洪武十三年朱元璋以"擅权枉法"之罪名杀左丞相胡惟庸,下令废除中书省丞相制度,分中书省和丞相的权力归属六部,六部尚书直接对皇帝负责,奉行皇帝的命令。为了加强监察机构的职能,改御史台为都察院,并在左右都御史之下,设有许多监察御史。监察御史出为巡按御史,代皇帝巡视地方,监视和纠劾地方官吏的行动。中央还设立大理寺，负责司法案件的复审，与刑部、都察院合称"三法司"。

洪武十五年，朱元璋设立"锦衣卫"，直属皇帝指挥，专掌缉捕、刑狱和侍卫之事。下设镇抚司，有监狱和法庭。后来朱棣永乐十八年，又建立了"东厂"，由宦官统领，搜捕"谋逆、妖言、大奸恶者"（《明史·刑法志》）。锦衣卫和东厂的出现，是君主专制特务统治的表现。

3. 卫所制度

为了加强国家的武装力量，朱元璋创设了卫所制度，在军事上重要的地区设卫，次要的地区设所。当时明朝约有军队二百万，都编制在卫所中，大抵112人为一个百户所，1120人为一个千户所，5600人为一卫。卫所的军官叫卫指挥、千户、百户。军户皆另立军籍，是世袭的。朱元璋废丞相制时，同时也废了大都督府，另设中、左、右、前、后五军都督府，分别管理京师及各地卫所和都指挥使司，规定五军都督府对军队无调遣权。平时军队由卫所军官负责操练、屯田，战时调遣权由皇帝掌握。军队始终控制在皇帝手中。这是朱元璋在军事上加强和巩固皇权的重要措施。

4.《大明律》和《大诰》

鉴于元末封建纲纪的破坏，朱元璋和他的臣属用了20多年的时间制订《大明律》，于洪武三十年（1397）正式颁布施行。《大明律》共分三十卷，篇目有名例一卷，包括五刑（笞、杖、徒、流、死）、十恶（谋反、谋大逆、谋叛、恶逆、不道、大不敬、不孝、不睦、不义、内乱）、八议（议亲、议故、议功、议贤、议能、议勤、议贵、议宾），以及吏律二卷、户律七卷、礼律二卷、兵律五卷、刑律十一卷、工律二卷，共460条。

明律规定，如犯有所谓"谋反"、"谋大逆"之"罪"者，不分首从一律凌迟处死，甚至其祖父、父、子、孙、兄弟及同居之人，年龄在16岁以上的都处斩刑。对"造妖言"和"劫囚"之人，在被发现之后，也要处以死刑。这些律令都是以前所没有的。

朱元璋还亲自指导编纂的一部严刑惩治吏民的特别刑法。共四编236条。在四编"大诰"中，包含有三方面的内容：其一，摘录洪武年间的刑事案例，特别是洪武十七年至十九年朱元璋对臣民法外用刑的案例，用以"警省奸顽"。其二，结合陈述案件或另列专条颁布了一些新的重刑法令，用以严密法网。其三,在不少条目中,掺杂有明太祖对吏、民的大量"训导",表达了朱元璋重典治国的思想和主张。这种以诏令形式颁发的,由案例、峻令、训导三方面内容组成的法规文献在中国法律史上是前所未有的。

5. 黄册

洪武十四年(1381),朱元璋命令全国地方官府编制差役图。以户为单位,每户成员分成丁和不成丁两等,登载乡贯、姓名、年龄、丁口、田宅、资产。图册一式四份,一份上户部,另三份由布政司、府县存档。因上户部图册用黄纸作封面,所以叫"黄册"。明政府根据"黄册"向人民征收赋税,所以也叫"赋役黄册"。

6. 鱼鳞册和里甲制度

洪武二十年(1387),朱元璋下令在全国丈量土地,编制了鱼鳞图册,记载每乡土地的亩数四至、田主姓名和田地土质优劣,绘制成图,因所绘的田亩形状像鱼鳞,就叫作鱼鳞图册。明朝政府还规定,民户以110户为一里,推选人口和税粮较多的十户,每年以其中的一户轮值为里长,其余九户休息。每里管辖的一百户分为十甲,每甲十户,设甲首一人,由十户轮流担任。里长、甲首各一人,管理一里一甲的公事,里甲内的民户要互相作保。这就是里甲制度。

7. 学校和科举考试

明朝的学校,分国子学和府州县学两种。在中央的叫国子学,学生叫"监生",多数是官僚子弟,其中也有一些土司的子弟。府州县学的诸生必须入国子学才能得官。国子学的监生结业后可直接作官或通过科举考试取得官职。洪武三年(1370),明政府正式建立科举制度,规定以八股文取士,专取四书五经命题考试。四书要以朱熹的集注为依据。凡参加科举考试的府、州、县学生员,首先在各省布政使司主持下进行考试。考试合格者,通称举人,第一名称解元。第二年,举人赴京参加由礼部主持的会试,合格者,通称贡士,第一名称会元。贡士参加由皇帝主持的殿试,殿试合格被录取者通称进士。进士分一、二、三甲,一甲三人,称为状元、榜眼、探花,赐进士及第;二甲若干人,赐进士出身;三甲若干人,赐同进士出身。二、三甲的第一名,称传胪。凡考中进士、举人者,都可以被任命为中央和地方官。

8. 严刑竣法整顿吏治

朱元璋惩治贪官污吏之用法严酷,世所罕见。据《草木子》和《明朝小史》记载,他规定:地方官受贿钱财一贯以下者,杖九十,每五贯加一等,至八十贯绞;监守自盗仓库钱粮一贯以下者,杖八十,至四十贯斩;贪污钱财六十两以上者,斩首,剥皮示众。朱元璋在府州县卫衙门的左面,建立高庙宇一座,称为"皮场庙",专供剥人皮之用。在官府公座两旁,各悬挂一个填满草的人皮袋,官员稍有触犯,即刀锯随之。据《明史·刑法志》记载,洪武十七年(1384),户部侍郎郭桓与中央六部及各地地方官勾结,大肆贪污。事发后,朱元璋对他们严加惩处,牵连致死的达数万人。

9. 兴胡蓝之狱和文字狱

朱元璋对功臣曾两次大肆杀戮。洪武十三年(1380),朱元璋以"谋不轨"的罪名杀左丞相胡惟庸。凡有告发某人是胡党者,不经调查审问立即捕杀。韩国公李善长全家被诛杀,宋濂也因长孙宋慎坐胡党而被安置茂州,死于途中。因胡惟庸案牵连被杀的达3万多人。洪武二十六年(1393),朱元璋又兴起大将军蓝玉之狱,以"蓝党"罪名株连残杀1万5千多人。朱元璋还因他自己出身"微贱",怕地主文人不肯合作,也不断制造罪名,把他们杀害。如浙江府学教授林允亮,为海门卫作《谢增寿表》,因有"作则垂宪"之语,朱元璋以"则"字和"贼"谐音,是影射他当过红巾军,而下令把他杀掉。常州府学训导蒋镇为本府作《正旦贺表》,内有"睿性生知"之语,朱元璋认为"生"是"僧",是讽刺他当过和尚,而下令把他处死。类似这种例子不胜枚举,结果吓得一些文士不敢做官。但朱元璋又不准这些人辞官,如诗人高启就是因为辞官的罪名而被朱元璋处斩的。

二、王守仁之"心学"体系

王守仁政治思想的哲学基础是他创立的"心学"体系。"心学"的核心内容认为,心是宇宙本体,是天地万物的主宰。宇宙间的万事万物是由人心派生出来的。他说:"心外无物,心外无事,心外无理,心外无义,心外无善"(《王文成公全书·与王纯甫书之二》)。又说:"身之主宰便是心,心之所发便是意","意之所在便是物"(《传习录上》)。把心学原理用在政治上，把三纲五常等封建伦理、道德名教看作是人类的本能。说这种人心，无所不在，"达四海，塞天地，亘古今"。表现在感情上，"则为恻隐，为羞恶，为辞让，为是非"，表现在事物上"则为父子之亲，为君臣之义，为夫妇之别，为长幼之序，为朋友之信"（《阳明先生集要三种·文章集卷二·稽山书院尊经阁记》）。从心学的理论出发，他把封建的伦理道德、纲常名教说成是人心所固有的。他说："知是心之本体，心自然会知，见父自然知孝，见兄自然知悌，见孺子入井，自然知恻隐，此便是良知，不假外求"（《传习录上》）。作为封建伦理道德观念的孝悌和恻隐之心如同吃饭一样是人类的本能。推而广之，三纲五常等封建伦理、道德名教也是人类的本能。他的逻辑是：如果人人都能自觉地遵守三纲五常之道，便不会犯上作乱，天下就太平了。

为了维护"三纲五常"的社会伦理关系，他要求人们"以天地万物为一体"，"视天下犹一家"、"视中国犹一人"（《大学问》）。他认为这种"以天地为一体"的品格是"明德"、是"良知"，所以他提倡"明明德"、"致良知"。这种"明明德"、"致良知"落实到行动上便是《大学》书中所指出的格物、致知、正心、诚意、修身、齐家、治国、平天下。

三、张居正的救时主张和一条鞭法的推行

当明王朝的危机表面化时，出现了张居正的改革思想。他的改革纲领主要是省议论、振纪纲、重诏令、核名实、固邦本、饬武备，解决实际存在的弊端，提高统治功效。这些主张虽然反映了有识之士要求改善统治的思想，但实际上却是难以做到的。

张居正（1525~1582年），政治家。字叔大，号太岳，湖广江陵（今属湖北）人，又称张江陵。神宗时，他为内阁首辅，当政10年，曾进行多方面的改革：清查大地主隐瞒的庄田，推行一条鞭法，裁汰官府冗员，任用名将戚继光等加强边防，荐用潘季驯治理黄河淮河水患。死后，谥文忠。由于受到张诚等人的攻击，死后不久即被抄家，直到崇祯时才恢复名誉。著作有

张居正

《张文忠公全集》。

1. 救时主张

明王朝统治危机的加剧,是张居正推行改革的思想条件。他指出,明王朝的统治已如"汉唐之末世","衰宋之祸,殆将不远"。针对明王朝的种种弊端,张居正提出了明确的救时主张:

其一,省议论,加强实干精神。其二,整顿并加强国家的纪纲,晓谕天下人服从教令,以统一人们的思想和行动。其三,提高朝廷诏令的威信,以加强皇帝的权威和行政效率。其四,循名责实,信赏必罚,严格考核官吏,指出"致理之道,莫急于民生,安民之要,惟在核吏治"(《张文忠公全集·请定面奖廉能仪注疏》)。其五,加强国家的根本建设,反对官府浪费人民资财,反对豪强兼并人民的土地,以保障人民生活的安定。其六,整饬武备,加强边防。这些主张由于来自实际需要,在改革实践中发挥了一定的作用。

2. 推行一条鞭法

张居正认为财政问题是"邦本",因此,理财就成为他改革的重点。万历六年(1578),张居正下令对全国各种类型的土地进行清丈,同时,又实行赋役制度的改革,在此基础上,于万历九年(1581)在全国推行"一条鞭法",又称"条鞭法"。其主要内容为简化税制,先将赋和役分别归并,再将扰民最重的役逐步并入赋内;原先十年一轮的里甲改为每年编派一次;赋役普遍用银折纳;征收起解从人民自理改为官府办理;赋役外的"土贡"、杂税也加以合并;合并后的赋役杂项均向田亩征收。一条鞭法的特点为役并入赋和有实物税转为货币税,上承唐代两税法,下启清代"摊丁入亩"制,是中国赋役法上的又一重大改革。统一赋役法,简化了赋税制度,在一定程度上抑制了豪强漏税的弊病;赋役征银,既是商品经济发展的必然产物,又反过来促进商品经济的进一步发展,有利于资本主义萌芽的成长;以银代役,相对地松弛了对农民的人身控制,客观上有利于生产的发展。

四、李贽反传统、反权威的政治思想

明代后期,资本主义的生产关系有了萌芽。市民阶级开始参加政治活动,相应地产生了思想上的代表人物。李贽勇敢地站出来反对封建传统、反对权威,要求个性解放、思想自由,宣传人类平等,批判封建礼教,反对歧视妇女，主张婚姻自由，他幻想"至道无为，至治无声，至教无言"的理想社会。以顾宪成为代表的东林学派，借讲学之名，"讽议朝政，裁量人物"，抨击当权派，反对矿监、税监的掠夺，主张开放言路，实行改良。

李贽在反对政治腐败和宋明理学的过程中，形成了他的政治思想，主要有：

1. 主张个性解放，思想自由

李贽终生为争取个性解放和思想自由而斗争。他蔑视传统权威，敢于批判权威。他自幼"便倔强难化，不信学，不通道，不信仙释"。他认为一个人应该有自己的政治见解和思想，不应盲目地随人俯仰。"士贵为己，务自适。如不自适而适人之道，虽伯夷叔齐同为淫僻。不知为己，惟务为人，虽尧舜同为尘垢粃糠"（《焚书·续焚书·答周二鲁》）。他认为要获得个性解放和思想自由，就必须打破孔孟之道及其变种宋明理学的垄断地位，冲破封建经典所设置的各种思想禁区。李贽把斗争的矛头首先指向孔丘，认为孔丘只是一个普通人，他的话并不都是千古不易之理，不能以他的是非为是非，每一个人都应该自为是非。为了打破孔丘提出的是非标准，李贽编写了《藏书》和《续藏书》，用自己的是非标准，重新评价了历史人物。

2. 提倡人类平等

李贽认为，按照万物一体的原理，社会上根本不存在高下贵贱的区别。老百姓并不卑下，自有其值得尊贵的地方；侯王贵族并不高贵，也有其卑贱的地方。他说："致一之理，庶人非下侯王非高，在庶人可言贵，在侯王可言贱"（《李氏丛书·老子解下篇》）。

3. 反对封建礼教

李贽认为儒家经典的六经，如《论语》、《孟子》并不都是圣人之言，是经过后人吹捧拔高形成的，不能当作万年不变的真理。他反对歧视妇女，当有人说："妇女见短，不堪学道"的时候，他驳斥说，人们的见识是由人们所处的环境决定的，并不是先天带来的。他指出："夫妇人不出阃域，而男子则桑弧蓬矢以射四方，见有长短，不待言也。……故谓人有男女则可，谓见有男女岂可乎？谓见有长短则可，谓男子之见尽长，女人之见尽短，又岂可乎？"（《焚书·答以女人学道为见短书》）他主张婚姻自由，热情歌颂卓文君和司马相如恋爱的故事。

4. 反对理学空谈，提倡功利主义

李贽揭露道学家的丑恶面目，指出他们都是伪君子，"名为山人，而心同商贾，口谈道德，而志在穿窬"（《焚书·续焚书·夏焦弱侯》），仁义道德不过是掩盖他们卑鄙龌龊的假面具。他认为人类的任何举动都有其谋利和计功的目的。从功利的观点出发，李贽主张富国强兵。他批评理学家"高谈性命，清论玄微，把天下百姓痛痒置之不闻，反以说及理财为浊"的行为。他指出："不言理财者，决不能平治天下"（《四书评·大学》）。他强调武事重要，认为"知兵之将，民之司命，国家安危之主"（《李氏丛书·孙子参同》）。他提倡耕战，认为"务农讲武，不可偏废"（《李卓吾批点皇明通记》），说"盖有所生，则必有以养此生者，食也。有此身，则必有以卫此身者，兵也"（《焚书·续焚书·兵食论》）。

5. "至道无为"的政治理想

针对明王朝的腐败政治，李贽提出了"至道无为、至治无声、至教无言"的政治理想。他认为人类社会之所以常常发生动乱，是统治者对社会生活干涉的结果。他理想的"至人之治"则是"因乎人者也"，顺乎自然，顺乎世俗民情，即"因其政不易其俗，顺其性不拂其能"，对人类的社会生活不干涉或少干涉。

五、李自成"均田免粮"之反封建纲领

李自成针对明末土地高度集中、赋税苛重的情况，提出了"均田免粮"的战斗纲领。"均田"，就是把土地分给农民；"免粮"，就是取消封建的赋役剥削。《国榷》记有当时在群众中流传的歌谣："吃汝娘，着汝娘，吃着不尽有闯王；不当差，不纳粮"。《明季北略》记有："朝求升，暮求合，近来贫汉难存活，早早开门迎闯王，管叫大小都欢悦"。吴伟业《绥寇纪略》记有："迎闯王，不纳粮"等等，说明"均田免粮"受到广大贫苦农民的热烈欢迎。这一纲领是近代民主革命"耕者有其田"思想的萌芽，包含了反对封建土地所有制的内容。

第十五节　清代时期

一、入关初期的民族高压政策

1644年，清统治者福临在北京即皇帝位，"号曰大清，定鼎燕京，纪元顺治"，标志清王朝中央政权的确立。面对全国范围内十分尖锐的阶级矛盾和民族矛盾，清朝统治者为了夺取对全国的统治权，制定和实施了一系列政策和措施。

1. 圈地令

早在入关前，满族的王公贵族就在关外各地设置大小不等的各种农庄，驱使农奴或奴隶进行生产。另外，由于清政府不负担八旗军队的装备，八旗兵遇有出征，要自己置办马匹、器械。因此，清朝统治者在入关前就实行"计丁授田"的政策，分给八旗士兵一定数量的土地，而八旗士兵的生活和军事装备，都来源于所分土地的生产收入。清朝入都北京后，为解决八旗官兵生计，决定强占北京附近的土地，遂下圈地之令。顺治元年（1644年）十二月下令"凡近京各州县民人无主荒田，及明国皇亲、驸马、公、侯、伯、太监等，死于寇乱者，无主地甚多，……尽行分给东来诸王、勋臣、兵丁人等"（《清世祖实录》）。这是清政府入关后的第一次大规模圈地。第二次圈地是在顺治二年（1645），范围扩大到河间、滦州、遵化等府州县。顺治四年（1647）又在顺天、保定、河间、易州、遵化、永平等42府州县内，进行第三次大规模圈地。在圈地过程中，清朝统治者为占夺靠近京城的土地，不但圈占无主荒地，还以"圈拨"、"兑换"、"拨补"的名义，强占大量有主土地。根据上述命令，旗人携绳骑马，大规模地圈量占夺汉人土地。很多农民田地被占，流离失所，饥寒迫身；有些汉人地主为求得政治上的庇护，还带地投充。土地圈占后，八旗贵族和官员、兵丁，按照各自地位高低及所属壮丁多少，分得数量不等的土地。其大部分落入了贵族和官员之手。圈地给汉族人民带来极大痛苦，所圈之地，原田主被逐出家门，背乡离井，因此纷纷起而反抗。社会秩序动荡不安，迫使清朝统治者从维护其长远利益出发，在圈地令不断发出的同时，也不断发出停止圈地的命令。顺治四年，大规模的圈地已停止，但零碎的圈地、换地、带地投充仍不断发生。共圈占土地16.35万顷，约占当时全国耕地面积的1/30。康熙二十四年四月作出永远不许再圈的决定，圈地至此最后停止。

2. "投充"和"逃人法"

在圈占土地的基础上，清皇室、王公和八旗官员建立了大量庄田。这些庄田一方面要靠从关外迁来的庄丁（农奴）进行生产，另一方面，为了补充庄田上的劳动人力，清王朝强迫当地汉人"投入满洲家为奴"，称为"投充"。汉人投充之后，身份降为奴仆，他们不但要遭受残酷的经济剥削，还没有人身自由，甚至随时可能被主人卖掉。为了摆脱这种非人的处境，被迫"投充"的汉人纷纷逃亡。这直接影响了满族王公贵族的经济利益，也危及到满洲八旗的武力。因此，清朝政府制定了严禁奴仆逃亡的"逃人法"。逃人法除对逃亡的奴仆加以惩罚以外，还规定要严厉惩治"窝主"。逃人被捉到后，不仅受鞭责，而且还会被在面上、臂上刺字，然后归还原主；窝藏逃人的人，往往被处死，家产被没收，还会连累邻居。"逃人法"公布以后，奴仆的逃亡现象不但没有得到禁止，反而与日俱增，"逃人"成为严重的社会现象。

3. 剃发令

顺治元年（1644）颁布，满族男人头发剃去前额和四周，留存头发编成辫子垂之脑后。清在关外时，汉族及其他各族人民投降归顺或被掳去的，都要以剃发作为标志。顺治元年五月多尔衮进入北京后，即宣布京城内外军民人等尽行剃发以示归顺，但遭到北京人民的强烈反对，不久被迫停止。二年五月清兵进入南京，南明弘光政权灭亡，清廷乃于六月再次颁布剃发令。强调汉人必须从衣冠服饰到精神观念，承认清朝对全国的统治，规定京城内外以十日为限，各省地方在接到命令后也以此为限，改换明朝衣冠，按照满人的辫发风俗，剃发梳辫，凡是不剃的、迟疑的、上书表示异议的，一律"杀无赦"。在州县的命令上，更写上"留头不留发，留发不留头"等语。与此同时，清政府还派兵丁巡行街头，武装强迫剃头，稍有反抗，就砍头。本来，清军入关后的暴行以及诸如圈地、强迫汉人"投充"、"逃人法"等一系列民族高压政策的实施，早已激起各地人民的无比愤怒，剃发令更是火上浇油，严重地伤害了汉族人民的民族感情。这时，一些反抗清朝的汉族官绅、知识分子利用群众情绪,以"头可断,发不可剃"为号召,展开抗清斗争。

二、怀柔政策

1. 笼络汉族上层

满族统治者在入关前就确定了笼络和利用汉族降官、降将的基本方针政策。因而,满族贵族进入北京后,打着"复君父仇"的旗号,礼葬明崇祯帝后,营造陵墓,令官民服丧三天,表示自己对汉族前政权的"宽大"和"恩礼",并拨款修复保护明帝诸陵,春秋致祭,以满足汉族上层对明王朝的眷恋心理,减少他们对新政权的抵触情绪。清王朝对明宗室投诚者,则仍予禄养,不夺其爵。同时,广泛招徕明朝官吏,下令:凡明朝"各衙门官员,俱照旧录用,……其避贼回籍,隐居山林者,亦具以闻,仍以原官录用"(《清世祖实录》卷八)。"凡文武官员军民人等,不论原属流贼,或为流贼逼勒投降者,若能归服我朝,仍准录用。"在录用故明官员的同时,还准许他们举荐"境内隐迹贤良,以凭征擢"。

2. 尊孔活动

为了笼络汉族上层,清军进入北京后,立即"遣官祭先师孔子",又将孔子的后人封为衍圣公,并为孔子加上"大成至圣文宣先师"的头衔,摄政王多尔衮还亲自"谒先师孔子庙行礼"。

3. 恢复科举考试

顺治二年(1645),清王朝恢复"乡试",次年三月,在京举行"会试",四月,又举行了"殿试"。对很多汉族知识分子而言,既然"有出仕之望",则"从逆之念自息"(《清世祖实录》卷十九)。清政府开科取士吸引了一部分知识分子,在一定程度上缓和了汉族上层和知识分子的反抗情绪,也加强了满族统治者的统治力量。

三、八旗兵、绿营兵

八旗兵分满洲八旗、蒙古八旗和汉军八旗,其中满洲八旗是清代军事力量的核心,蒙古和汉军八旗始终处于附庸的地位。

满洲八旗原是努尔哈赤时设置的一种制度,以八种颜色(黄、白、红、蓝、镶黄、镶白、镶红、镶蓝)的旗帜为标志编组,兼有军事、行政和生产职能的"兵民合一"的满族兵制。入关后则作为一种军事组织,但其行政机构仍与各级衙署州县并存。在满洲八旗中,又以正黄、正白、镶黄为上三旗,名为天子亲军,可以入充侍卫,其地位更在其他五旗之上。蒙古八旗和汉军八旗是皇太极时期分别由归附的蒙古人、汉人组成的。

绿营兵是招募汉人组成的,因用绿色旗而得名。驻在北京的称为"巡捕营"或"京营"。驻在各地的,最高一级称"标",长官为提督或总兵。标下称"协",长官是副将。协下设"营",长官是参将、游击、都司、守备。营下设"讯",长官是千总、把总、外委。此外,还有由少数民族成员组成的军队,在四川、云南、西藏等地称土兵,在黑龙江称"索伦兵"等。

四、"轻徭薄赋",招徕逃亡和垦荒政策

清军入关后,由于长期的战乱,使耕地大量荒芜,农民死亡逃徙,全国呈现一片萧条的景象。清政府为了笼络人心、恢复生产、稳定统治,实行了"轻徭薄赋"的政策。顺治元年七月开始,根据各地的不同情况,分别减免田赋。八月,摄政王多尔衮又下令免除"厉民最甚"的辽饷、剿饷、练饷,规定赋税的征收,以万历初年《赋役全书》所载为正额,其余各项加增尽行免除。"轻徭薄赋"是一定历史条件下的特殊产物,对稳定社会经济起到了一定作用。但是,清军入关后,与明末农民起义军余部以及南明政权的大量战争支出,使清政府仍然面临极困难的境地。为了摆脱困境,清政府在减免租赋的同时,下令招集流亡人口,开垦荒田。顺治六年(1649),下令"凡各处逃亡民人,不论原籍别籍,必广加招徕,编入保甲,俾之安居乐业,察本地方无主荒田,州县官给以印信执照,开垦耕种,永准为业"(《清世祖实录》)。顺治十四年(1657),清政府又将各地垦荒多少作为考核官吏的一项内容。由于满族统治者实行了"轻徭薄赋"、招徕逃亡、开垦荒地等措施,社会经济逐渐恢复,人口与耕地都有了一定程度的增长。

五、清初思想家的政治及经济思想

1. 敢于抨击君主专制的黄宗羲

黄宗羲敢于抨击君主专制制度,在《明夷待访录·原君》里,矛头直指封建帝王。他说:"为天下之大害者,君而已矣。"因为君主"以天下之利尽归于己",所以在"其未得之也,屠毒天下之肝脑,离散天下之子女,以博我一人之产业",即不惜牺牲千百人的生命来为自己夺取皇帝的宝座,"其既得之也,敲剥天下之骨髓,离散天下之子女,以奉我一人之淫乐"。

黄宗羲极力反对"君为臣纲"的封建教条,在《明夷待访录·原臣》里,他明确指出:"故我之出而仕也,为天下,非为君也;为万民,非为一姓也。"又说:"非其道,即君以形声强我,未之敢从也",意思是皇帝胡作非为,做臣子的就不应该盲从,即使受到强大的压力,也不应屈服。进而他阐述了自己的治乱观:"盖天下之治乱,不在一姓之灭亡,而在万民之忧乐。是故桀纣之亡,乃所以为治也",不但不是坏事,而是莫大的好事。

黄宗羲在《明夷待访录·原法》里说,封建社会的法律是"一家之法而非天下之法也",这些法没有为民众谋利益的内容,仅仅是统治者保护自己和他们子孙利益的工具。他强调法治,认为"有治法而后有治人",并认为应该按照"公天下"的原则来立法。

另外,黄宗羲在《明夷待访录》里还阐述了他的经济理论,诸如主张铸造发行一种统一的铜币,以畅"公私之利源";主张土地平均使用,赋税合理负担;以及工商"皆本"等"富民"的见地。

2. 区别"国"与"天下"的顾炎武

顾炎武反对把家的利益和民众的利益等同起来。他用"国"和"天下"两个概念,来区别属于一家一姓的王朝和属于"匹夫"的天下。他认为"亡国"只是"易姓改号"而已,所以"保国"也只是"其君其臣肉食者"的事;而政治腐败,人民受苦,谓之"亡天下",关系到民族的伦常纲纪和风俗习惯,所以"保天下"则是每个人的事,"匹夫之贱,与有责焉"(《日知录卷十三》)。

顾炎武反对君主独裁,认为君主独裁必将导致:一是严刑峻罚,危害人民。因为一个幅员广大、人口众多的国家,靠一个人来统治,势所不能,独裁者必然依靠严刑峻罚来维持统治,必然危害人民。二是在君主独裁政治下,皇帝不信任大臣,必然"废官而用吏",宵小之徒将会因此得志,误国害民。

为了矫正君主独裁之弊,顾炎武提出了分权思想。他认为中国历史上曾经实行过的封建制度和正在实行的郡县制度,两者都有弊病,"封建之失,其专在下,郡县之失,其专在上",要消除两者的弊病,就必须把两者结合起来,"寓封建之意于郡县之中"(《亭林文集》卷一《郡县论一》)。顾炎武指出专制主义法制的主要弊病在于"法令日繁,治具日密"。他说:"人君之于天下,不能以独治也。独治之而刑繁矣,众治之而刑措矣。"他所说的"众治",并非"以天下之权,寄天下之人",而是扩大公卿郡县守令的职权,藉以平衡君权,限制君权的滥用。

顾炎武不赞成法家政治,主张"正人心,厚风俗",以"礼义廉耻"之道教化人民,才是治乱的关键,国家的根本。不从根本入手,徒以法为禁,必然使"事功日堕,风俗日坏,贫民愈无告,奸人愈得志"。为了改变风俗,发挥封建纲纪的教化作用,顾炎武提倡"清议","政教风俗,苟非尽善,即许庶人之议"。

3. 主张"公天下"的王夫之

王夫之主张"公天下",反对"家天下"。他认为一姓的兴亡是私事,别人用不着去关心;而广大人民群众的生死问题才是人人应该关心的公事。从"公天下"的观点出发,他认为历史上的典章制度只要是对人民有利,虽对皇家不利,也是好制度。反之,如对皇家有利,而对人民不利,就不是好制度。他用这个标准评价郡县制度,认为它优于分封制度。他说:"郡县者,非天子之利也,国家所以不长也。而为天下计,则害不如封建之滋也多矣"(《读通鉴论》卷一)。他反对封建卫道士关于王朝正统的说法,认为天下并非一家的私有物,无所谓正统与非正统。判断一个政权的顺逆是非,不是看它姓张姓王,而是看它的政绩,"以德之顺逆定天命之去留"(《读通鉴论·叙论一》)。王夫之主张宽以养民,任教而不任法。他认为法治在历史上虽起过积极作用,但属"一事之得",不能当作普遍原则来推行。他反对豪强大地主,主张轻徭薄赋,藏富于民。

王夫之从历史观出发,认为政治也要"更新而趋时"。他主张厚今薄古,驳斥了"泥古薄今"的观点,阐明了人类历史由野蛮到文明的进化过程。依据他"理依于气"、"道器相须"的一贯思想,提出了"理势相成"的历史规律论和"即民见天"的历史动力论。他说的"势",是历史发展的必然趋势和现实过程,"理",是体现于历史现实过程中的规律性。他肯定理势相成,"理"、"势"不可分,理有顺逆之别,势有可否之分。人们的历史实践有各种复杂情况,形成历史事变的复杂性,应当"推其所以然之由,辨别不尽然之实",从"理成势"和"势成理"等多方面去探讨,才能阐明人类史的必然趋势和内在规律。

王夫之沿用传统范畴,把"天"看作支配历史发展的决定力量,但用"理势合一"来规定"天"的内涵。他把"天"直接归结为"人之所同然者"、"民心之大同者",赋予"天"以现实的客观内容。因而在肯定人民的"视听"、"聪明"、"好恶"、"德怨"、"莫不有理"的前提下,为强调必须"畏民"、"重民"而提出了"即民以见天"、"举天而属之民",意识到了民心向背的巨大历史作用。

王夫之主张有欲斯有理的伦理思想,他提出了"性者生理也"的观点,认为仁义等道德意识固然是构成人性的基本内容,但它们离不开"饮食起居,见闻言动"的日常生活,这两者是"合两而互为体"的。在他看来,人性也不是一成不变的,它"日生而日成"。人性的形成发展,就是人们在"习行"中学、知、行的能动活动的过程。他反对程朱学派"存理去欲"的观点,肯定道德与人的物质生活欲求有着不可分割的联系。他认为物质生活欲求是"人之大共","有欲斯有理",道德不过是调整人们的欲求,使之合理的准则。他也反对把道德同功利等同起来的倾向,强调"以理导欲"、"以义制利",认为只有充分发挥道德的作用,社会才能"秩以其分"、"协以其安"。从上述观点出发,王夫之主张生和义的统一,强调志节对人生的意义,认为人既要"珍生",又要"贵义",轻视生命、生活是不行的,但人的生命、生活不依据道德准则,也没有价值。他指出:志节是人区别于动物的标志,一个人应当懂得生死成败相因相转的道理,抱定一个"以身任天下"的高尚目标,矢志不渝地为之奋斗。

4. 反对君主专制和宏扬民本思想的唐甄

唐甄认为"自秦以来"的皇帝都是贼,他们为了夺取皇位常常无故杀人,残害百姓。正所谓"川流溃决,必问为防之人,比户延烧,必罪失火之主,至于国破家亡,流毒无穷……,非君其谁乎"(《潜书·远谏》)。为此,唐甄提出了"抑尊",即限制君权的主张,要求提高大臣的地位,使他们具有同皇帝及其他权贵作斗争的权力,以"攻君之过","攻宫闱之过","攻帝族、攻后族、攻宠贵"之过,使皇帝有所顾忌。

唐甄强调民是国家的根本,离开了民,便没有国家的政治。他指出,国防靠民来巩固,府库靠民来充实,朝廷靠民来尊崇,官员靠民来养活。君主只有爱护人民才能达到长治久安的目的。如果无道于民,纵然"九州为宅,九州为防,九山为阻,破之如椎雀卵也"(《潜书·远谏》)。

他还提出了爱民、保民、富民的具体政策,主张打击贪官污吏,强调"刑先于贵";呼吁政府帮助农民种植农桑,发展生产,提高人民生活。针对当时贫富悬殊的社会现象,唐甄提出贫富要相对平均的主张。他指出"天地之道故平,平则万物各得其所"(《潜书·大命》),否则,必然引起社会动乱。

5. 主张经世致用的颜元

颜元是一个主张经世致用的思想家,也是一个关心民生福利的功利主义者。他痛恨宋明道学家的侈口空谈,推崇王安石的事功。他在《朱子语类评》里说:"荆公所办,正是宋家对症之药,即治疮之砒霜,破块之巴黄,犹之治虚劳之参苓也。"他提出"正其谊以谋其利,明其道而计其功"(《四书正误》卷一),主张把利和义二者结合起来。他说:"世有耕种而不谋收获者乎?世有荷网持钩而不计得鱼者乎?"(《颜习斋先生言行录·教及门篇》)正因为谋利计功的正当动机和目的,与道义并无抵触,因此,他对于经世致用,富国强兵,就特别具有坚强的自信心。他说:"如天不废予,将以七字富天下:垦荒,均田,兴水利;以六字强天下:人皆兵,官皆将;以九字安天下:举人才,正大经,兴礼乐"(《颜习斋先生年谱》卷下)。

6. 清初思想家的经济思想

清初颜李学派的重要人物王源提出的"惟农为有田"(《平书》卷七),是近代"耕者有其田"学说的先行思想。又认为"本宜重,末亦不可轻",主张提高商人地位。他建议的商税税制,颇类似于现代的所得税制。清初蓝鼎元是第一个从互通有无的经济角度为开放海外贸易辩护的学者。

六、清朝中央和地方政权机构的加强

1. 中央最高行政机关

清入关前，议政王大臣会议是最高的中枢机构，号称"国议"。皇太极时，先建立了文馆，1636年改为内国史、内秘书、内弘文院（即内三院）。清入关后，改内三院为内阁，作为中央最高行政机关。据《清史稿·职官志》载，清代的内阁组织设大学士满、汉各2人，协办大学士满、汉各1人，学士满6人、汉4人。清朝大学士的职务主要是执掌票拟，不参与重大政务的决策，其实际权力比明代小。

清朝为了进一步提高皇权，压抑阁权，逐渐将军政大权交给一些非正式的机关，康熙时的南书房以及雍正以后出现的军机处就属于此类。南书房一般又称"南斋"，原是康熙帝读书的地方。康熙十六年（1677）选调翰林等官入乾清宫南书房当值，称为"南书房行走"，人数不固定，这些人除陪着皇帝做诗写字、为皇帝讲学外，还秉承皇帝意旨拟写谕旨、起草诏令，实际上是皇帝处理政务的机要秘书班子。军机处始设于雍正年间，因与准噶尔用兵，往返军报频繁，而内阁距内廷过远，不便亲授机宜，为及时商议军务，"办事密速"，遂于内阁中挑选谨慎可靠的中书办理机密事务，当时称"军需房"，亦称"军机房"，雍正八年（1730）正式改称军机处。军机处原非正式机关，没有公署而只有值房，没有专官都是兼职，且是为军务临时设置，但由于更利于皇帝的集权，所以一直沿置下来，成为皇帝直接控制的处理全国军政事务的中心。在军机处任职的最多时有六七人，由亲王、大学士、各部尚书、侍郎中选任，称为军机大臣，通称为"大军机"，被选任的军机大臣按其资历深浅不同，具体任命时有"大臣上行走"和"大臣上学习行走"的区别。在军机大臣中设有领班一人，总揽一切。军机大臣的僚属称为军机章京，通称为"小军机"，掌管缮写谕旨，记载档案，查核奏议。军机大臣每天受皇帝召见，商议军政大事，用面奉谕旨的名义对部门各地方发布指示。皇帝通过军机处将机密谕旨直接寄给地方督抚，称为"廷寄"；各地督抚也将重大问题径寄军机处交皇帝审批，称为"奏折"。

2. 中央行政管理机关

清朝的中央行政管理机关仍沿袭明制，设吏、户、礼、兵、刑、工六部，每部设满、汉尚书各1人，满、汉侍郎各2人，以下有郎中、员外郎、主事等属官。六部长官无权向地方官直接发布命令，只能奏请皇帝颁发诏谕。六部长官虽设满、汉复职,但在很长时期内,实权皆操于满族官员手中。

清朝的中央行政管理部门还有三院(理藩院、翰林院、太医院)、二监(国子监、钦天监)、二府(宗人府、詹事府)。其中理藩院是清朝新设的,管理少数民族事务。理藩院设尚书1人,左、右侍郎各1人,皆由满人或蒙古人担任。其下设旗籍、王会、典属、柔远、徕远、理刑6个清吏司。理藩院还和礼部分管一部分对外国的交涉,特别是对俄国的交涉,理藩院下设招待俄国使臣和商人的俄罗斯馆。

3. 地方行政机构

清朝地方行政机构分为省、道、府、县四级。此外,还有与省大体平行的边疆特别行政区。

省是地方最高一级行政组织。鸦片战争前,清朝共设置18个省,后增置台湾、新疆、奉天、吉林、黑龙江5省。省级最高长官是总督和巡抚,每一省或二、三省设总督,各省均设巡抚。督抚代表皇帝总揽一省或数省的军政大权。总督为从一品官,巡抚为正二品官,督抚例兼兵部尚书或兵部侍郎衔,统辖本省的军队。由于督抚统辖一方,权力很大,所以在清朝前期和中期,总督和巡抚一职多由满人或汉军旗人充任。督抚之下,各省均设承宣布政使司和提刑按察使司,设布政使和按察使各1人。布政使亦称藩台,主管一省的民政、财政和人事大权;按察使亦称臬台,主管一省的司法、刑狱、纠察,兼领驿传。

省下为道。明代的道是监察分区,而不是行政区。其长官道员是因事派遣的差使,本身并无品级。清朝自乾隆时设"守道",道员为正四品官,有固定的辖区,主要掌管钱谷政务;清朝还设有"巡道",道员分巡某一区域,主管刑狱案件。另外,为处理专门事务,清朝还设立督粮、地道、河道、海关道等。

道下为府。府设知府1人,清朝全国共有215个府。知府以下各官分驻境内,逐渐形成固定的行政单位——厅和州,厅的行政长官称同知,州的行政长官称知州。厅与州虽是固定的行政单位,但不是一级政权机关。厅分散厅、直隶厅,州分散州、直隶州。直隶厅、直隶州相当于府一级,散厅、散州相当于县一级。

府下为县,设知县1人,正七品官。其下有县丞、主簿、典吏等官,负责管理全县的政务、赋役、户籍、缉捕、诉讼、文教等事务。

清朝在县以下还实行里社制和保甲制。里社和保甲虽不是正式的行政单位,但却是统治人民的基层组织。里正、保正由地方上的富户充任,负责调查田粮丁数,编制赋役册以作为课税的根据。

4. 选拔官员的途径与监督管理

清代官吏的选拔大致可以分为三个途径:

第一是继续实行科举制度,这是培养和选任官吏的"正途"。清代的科举制度与前代基本相同。康熙时还在正科之外增设特科,如"博学鸿词科"、"经学特科"、"孝廉方正科"等。

第二是由皇帝直接任命或由大臣荐举,由皇帝直接任命的叫"特简",由大臣互推任用的称"会推",有功官员或因公殉难官员的子弟可以"荫袭"得官,另外,还可以通过各级官吏的荐举任官。

第三是捐官制度,也称"捐纳"。清朝政府为补充财政收入的不足,允许百姓"纳粟入监",乾隆时,文官可捐至道府、郎中,武官可捐至游击。捐纳制度虽然弥补了政府临时的财政不足,但却使官僚机构恶性膨胀,同时,也使官吏更加贪污腐化。

清朝官吏的任用方式包括署职、兼职、护理、加衔、额外任用、革职留任等。初任官者须试署2年,经考察称职后再实授其职,称署职;清代大学士例兼尚书,总督兼兵部尚书或右都御史等职,这些职务都是兼职;低级官兼高级官称为护理;于本官外另加品级稍高的官衔称为加衔;额外任用是皇帝对官员的特殊优待;革职留任是指官员虽被革职,但仍留任原职主事。

为加强对官吏的监督管理,清朝对天下文武百官进行定期考察。考察工作主要由吏部考功司主持,对京官的考核称为"京察",对外官的考核称为"大计"。考察的内容分为"四格":守(操守)、政(政绩)、才(才能)、年(年龄),考察后将官员分为称职、勤职和供职三等,称职者加级。不称职者则罚俸、降级、革职,最重的交刑部治罪。对武官的考察称为"军政",由兵部主持,考核的内容分为操守、才能、骑射、年岁四格。

七、"改土归流"政策

"改土归流"是清朝政府废除西南各少数民族的土司制度,改由中央政府委派流官进行统治的措施。这种措施开始于明朝,清雍正、乾隆年间在西南地区大规模推行。

西南地区历来是少数民族聚居的地方。元明以来设立的土司制度,分土司和土官两种。前者包括宣慰司、宣抚司、安抚司等,它们虽受封于中央政府,但实际上是割据一方的地方政权;后者包括土知府、土知州、土知县等,是按照汉族地区行政建制设立的府、州、县中由少数民族头人所担任的官职。土司制度是中央政府针对西南少数民族地区经济落后、交通闭塞的条件而实行的"羁縻"政策和特殊的统治制度。

清朝建立以后,西南少数民族地区土流混杂,行政体制混乱。在这种情况下,清政府任命鄂尔泰为云、贵、广西三省总督,从雍正四年(1726)开始,在贵州的"苗疆"、云南的东川、乌蒙、镇雄三土司与西南边境地区以及广西的一些土司,大规模地施行"改土归流"。到雍正九年(1731),由土司改为流官的地区共有309处之多。此后,清政府又在平定四川西北部大小金川地区叛乱的基础上,废除当地的土司制度,改设流官进行管理。这一措施至乾隆四十一年(1776)基本完成,"改土归流"政策加强了清中央政府对西南少数民族地区的统治,从客观上对国内各民族之间经济、文化的联系,促进西南少数民族地区的社会经济发展都具有一定的积极意义。

八、法律监察制度的发展和完善

清入关前,没有成文法,入关后,下令"准依明律治罪"(《清史稿·刑法志》)。直到顺治四年(1647)才制定了清朝第一部成文法《大清律》。后经康熙、雍正两朝不断修改,完成《大清律集解》和《大清律例增修统纂集成》,于雍正五年(1727)正式公布。乾隆五年(1740),重修律例,编成一部比较完整的《大清律例》。此外,还制定了针对维吾尔族、藏族、蒙古族等少数民族的《回律》、《番律》、《蒙古律》、《西宁番子治罪条例》等。至此,清初修订法律的过程基本完成。

《大清律》是中国历史上最后一部封建法典,其结构形式分为例律、吏律、户律、礼律、兵律、刑律和工律七篇,47卷,30门,其中律文436条,附例

1409条。在清朝法律中，经常起作用的是例，有例即按例行，如无例可循，才能照律行事。例在法律上占优先地位，这是清朝法律的一个重要特点。

为了总结国家行政活动的经验，提高官吏的统治效能，从康熙年间开始，清朝统治者制定了《大清会典》，后屡经修改，至光绪时会典正文多至100卷，事例1220卷。《大清会典》是我国封建时代最完整的行政法典。

清朝的司法审判机关，在地方上分为四个审级，县为第一审级，有权决定笞、杖、徒刑案件；府为第二审级，省按察使为第三审级，总督巡抚为第四审级。督抚仅能决定流刑以下案件，流刑以上案件须报中央刑部审理。刑部执掌全国刑罚政令，同时也是中央级审判机关，负责审核地方上的重案和上诉案件，以及发生在京师的笞、杖以上的案件，有权决定流刑案件，但须将判决送大理寺复核，受都察院监督。死刑案件由刑部会同都察院、大理寺组成"三法司"审理或"九卿会审"。这是中央最高审级。对于某些重大案件，皇帝还命王公、大学士参加会审或亲自审问。

清朝监察机关，中央设都察院以督察百官，整肃吏治。都察院设左都御史、左副都御史、左佥都御史。例以总督、巡抚兼右都御史与右副都御史，故无专职官员。因此，清代的都察院长官只有左都御史。

清代在都察院分置科道，科掌言谏，道司纠举，合言监于一体，凡国家行政、财赋、司法、官吏，无不在其督察纠举之列。自唐代以来，封建国家的台、谏并列之局，至此完全统一。监察权的集中是清朝监察机关的一个特点，是清朝君主极权专制的突出表现。

九、思想钳制与文字狱

清朝统治者对于不利于统治的思想言行，进行严厉的钳制和残酷镇压。除了销毁、篡改不利于自己统治的书籍之外，还大兴文字狱，以达到消灭异端，钳制思想的目的。所谓"文字狱"，是指因文字犯禁或借文字罗织罪名清除异己而设置的刑狱。

清代文字狱，一般以康熙二年（1663）的庄廷鑨《明史》案为起始，下限则在乾隆五十三年（1788）的贺世盛《笃国策》案。在康、雍、乾三朝的百余年间，文字狱多达上百起，而且愈演愈烈。以至从乾隆三十九年到四十八年的十年间，无年不有。仅乾隆四十三年一年，即达十起之多。死于文字狱者,数以百计,被株连而判以其他刑罚的,更是不可胜计。

康熙朝最有代表性的案件是庄廷鑨的《明史》案。浙江富商庄廷鑨请人增编《明史》,如实地写了明末天启、崇祯两朝的历史,如建州卫与明朝的关系,被认为有意反清,庄氏全族和为此书写序、校对以及卖书、买书、刻字、印刷的人等共七十余人被斩杀,还有几百人充军边疆。此案发生时,庄廷鑨已死,但仍被剖棺戮尸。

清初反清思想久久不能消弭,尤其是汉族士大夫眷恋故明,宣扬"夷夏之防"一类思想,对巩固清廷统治极为不利。为了强化满洲贵族的封建专制统治,对反清思想就势必要用暴力加以打击。康熙五十年的戴名世《南山集》案,雍正六年的吕留良、曾静案,都可作为出于此类需要而制造文字狱的典型事例。在这两次冤狱中,被牵连而受害的多至数百人,《南山集》的作者戴名世惨遭杀害,已经故世的吕留良父子等均被剖棺戮尸。

康雍之际,清皇族中权力斗争空前激化,史称夺嫡之争。清世宗胤禛即位之后,为了巩固已得的胜利,除杀戮夺嫡诸王外,不惜借助文字狱来打击"党附诸王"的势力。雍正四年(1726),江西考官查嗣庭,出题"维民所止",被认为"维止"二字意在去雍正二字之首,"谓为大不敬",将查下狱,查死于狱中,仍被戮尸。其亲属有的被杀,有的被流放。究此案的真正原因,是由于查嗣庭依附隆科多。又如雍正四年的汪景祺《西征随笔》案,雍正七年的谢济世注《大学》案、陆生柟《通鉴论》案等,尽管所加罪名不一,但目的皆在于打击异己。

此外,尚有皇帝滥施专制淫威而出现的文字狱,如乾隆四十二年王锡侯编纂《字贯》一书,仅仅因为对《康熙字典》进行了议论,忽略了康雍乾三代皇帝的名字避讳,便横遭斩决。

康、雍两朝文字狱主要打击的对象是具有反清思想的士大夫或政治上的反对势力,获罪的大多是官吏和上层知识分子。文字狱发展到乾隆时,更是望文生义,捕风捉影,获罪的人中又有很多是下层知识分子。很多人无辜被杀。文字狱就是要在知识分子中造成浓重的恐怖气氛,显示皇帝生杀予夺的专制淫威。如杭州人卓长龄着《忆鸣诗集》,因"鸣"与"明"谐音,被指为忆念明朝,图谋不轨;"布袍宽袖浩然巾"被说成是反对清朝服制;"天地一江河,终古自倾泻"被说成是希望天下大乱等等。甚至为清朝统治者歌功颂德不得法,也会遭到杀身之祸。如直隶人智天豹编写《万年历》,祝颂清朝国运久长,其中说"周朝止有八百年天下,如今大清国运,比周朝更久",可是万年历中把乾隆的年数只编到五十七年为止,被认为是诅咒乾隆短命,结果智天豹被处死。

文字狱是封建专制主义空前强化的产物,其根本目的是要在思想文化领域内树立君主专制的绝对权威。文字狱极大地桎梏了学术思想的发展,知识分子终日提心吊胆,不敢议论当代的社会问题,也不敢编写历史,只有脱离现实,埋头于故纸堆中。

十、鸦片战争前之对外关系

十七世纪,早期的殖民主义势力,象一把钳子一样从南、北两个方面钳住了中国。清王朝,从它建立了全国的统治时候起,就遇到了复杂而棘手的和西方国家的矛盾,面临着中国历代王朝从未经历过的险恶的国际形势。

1. 《尼布楚条约》签订前后

明崇祯十六年(1643)冬,沙俄雅库次克督军戈洛文派出以波雅科夫为首的远征军,侵入中国境内精奇里江地区,对达斡尔人村庄大肆劫掠,达斡尔村民用简陋的武器同侵略者进行搏斗,打死了10名侵略军。这是中国黑龙江地区居民的第一次武装抗俄斗争。顺治六年(1649),沙皇俄国又派出以哈巴洛夫为首的哥萨克,越过外兴安岭,对中国东北地区发动了第二次武装侵略,在桂古达尔村制造了骇人听闻的惨案,他们共杀死了大人和小孩661人,还抢走妇女和儿童361人,全村只有15人幸免于难。顺治十年(1653),清政府为抗击俄国侵略,设立宁古塔昂邦章京,并于顺治十七年(1660)肃清了流窜在松花江流域的斯捷潘诺夫率领的沙俄侵略军。但俄军仍盘踞在黑龙江上游的尼布楚,以后又侵占雅克萨。俄军在黑龙江中下游地区建立堡寨,设置据点,强征贡税,迫害当地中国居民。

康熙二十四年(1685)二月,康熙帝下令由都统彭春、副都统郎谈、黑龙江将军萨布素等统军分水陆两路进取雅克萨。在清军的强大炮火攻击下,俄守军托尔布津被迫开城投降。清军在得到俄军决不再到雅克萨骚扰的许诺后,释放了俄军俘虏,平毁雅克萨城,还驻瑷珲。这就是第一次雅克萨战争。托尔布津率俄军从雅克萨退到了尼布楚,但野心不死。不久,托尔布津在得到了增援后,再次侵占雅克萨。康熙二十五年(1686),康熙帝下令再次讨伐。黑龙江将军萨布素率所部再次进攻雅克萨,围城数月,托尔布津被击毙,危城旦夕可下。沙俄政府的军事侵略未能得逞,只好接受中国政府提出的通过谈判解决中俄边界问题的建议。为了表示和平谈判的诚意,清政府于翌年主动下令解除了对雅克萨的包围。这就是第二次雅克萨战争。

康熙二十八年(1689),以索额图为首的中国使团和以戈洛文为首的俄国使团在尼布楚举行谈判。经过艰难曲折的交涉,双方对中俄东段边界的划分达成协议,签订了《尼布楚条约》。条约规定,以格尔必齐河、外兴安岭和额尔古纳河为两国的分界线;外兴安岭与乌第河之间的地区,暂行存放,留待后议;条约禁止彼此越界入侵,双方不得收容逃亡者,两国人民持有"路票"(即护照)者,可以往来贸易等等。《尼布楚条约》是中国和俄国签订的第一个条约,是一个平等的条约。双方代表在政府事先指示可以接受的范围内做出一定的让步,达成了协议,明确划分了中俄的东段边界。雍正五年(1727),中俄双方就包括贝加尔湖在内的蒙古地区的边界划分问题,签订了《布连斯齐条约》,规定了东起额尔古纳河,中经恰克图附近的楚库河,西迄唐努乌梁海地区的西北角的沙毕纳伊岭(即沙宾达巴哈)的边界走向,以南属于中国,以北属于俄国。雍正六年(1728),中俄双方又签订了《恰克图条约》,对《布连斯齐条约》进行了补充和细化。条约在边界问题上,内容与《布连斯齐条约》相同,除中俄北部边界外,又重申《尼布楚条约》中关于东部边界的乌第河地区仍暂不划分的规定。此外,还规定了中俄通商及文化交流等事项。

2. 天主教的传布及其被禁止

由于受到了清朝统治者的保护,天主教在中国大陆的传布范围有了较大的发展。顺治十七年(1660),徽州人杨光先指责汤若望造历有误,得到辅政大臣鳌拜、苏克萨哈等人的支持,清政府决定处死李祖白等5名钦天监官员,汤若望免死,由西堂迁到东堂,其他寄居内地的传教士,一律驱至澳门,禁止到内地传教,杨光先接任钦天监监正一职。

康熙七年(1668),康熙帝起用传教士南怀仁任钦天监监正。此后,在康熙帝的信任和支持下,许多传教士来到北京,在清廷任职。他们有的从事天文历法,改造北京的观象台,制作天文仪器;有的出入宫廷,充任皇家教师,给康熙帝讲授数学、天文、物理知识;有的将文艺复兴以后的欧洲音乐、绘画、雕刻等艺术传到中国;有的在清宫造办处指导工人制作自鸣钟和其他机械;还有的协助清政府在各省进行实地测绘,制作全国地图。全国有28个城市都设有天主教堂,共有教徒十万余人。

耶稣会传教士在传播西方科学技术知识方面起到了有益的作用,但是,传布科学文化仅是他们来华宣传天主教的一种手段,同时,他们还积极刺探消息,盗窃情报,干涉中国的内政和外交。清政府的许多机密档案都被传教士传到国外,如有传教士参加绘制的《皇舆全览图》是当时的机密地图,记载了各省的疆域、山川、田赋、民情、特产等,在其绘成不久,巴黎就出现了副本。清政府在与沙皇俄国进行边界谈判时,担任翻译的传教士向俄国索贿讨好,把中国的内部机密和谈判策略都泄露给俄国,甚至帮助俄国人收买中国官吏,使中国在《布连斯齐条约》的谈判中处于很不利的地位。传教士还干涉中国内政,参与康熙晚年各皇子之间的明争暗斗。

传教士的不法活动逐渐引起了清政府的重视,原来对传教士颇有好感的康熙帝也隐约觉察到欧洲国家将成为中国很大的威胁:"海外如西洋诸国,千百年后,中国恐受其累"(《东华录》)。因此,到康熙末年,清政府开始加强对传教士在内地传教的限制。雍正即位后,规定除少数传教士留京在内廷和钦天监效力外,禁止传教活动,关闭各省教堂,各省传教士全部迁往澳门,令其搭船回国。乾隆五十年(1785)和嘉庆十六年(1811),清政府又先后制定了西洋人传教治罪条例。道光十七年(1837),传教士中担任钦天监监正的高守谦回国,早期的天主教传教士在华的活动到此结束。但不久以后,鸦片战争爆发,欧洲传教士卷土重来,西方国家在中国的传教活动进入到另一个阶段。

十一、闭关政策和鸦片贸易

早期殖民者来到中国,普遍地采取欺骗讹诈和武力掠夺手段,骚扰中国沿海。英、美、法等国完成资产阶级革命以后,为开辟新的更广阔的市场，积极要求打开中国的市场。清朝政府对于汹涌而来的西方殖民主义者采取传统的闭关政策，即在对外贸易上采取严格的限制政策。这一方面是由于当时中国自给自足的自然经济仍然占统治地位，不需要从国外输入大量商品；另一方面，清政府防范、隔绝人民与西方国家接触以利于统治；而当时西方资本主义强盗在中国沿海港口的种种侵略行径，也不能不引起清朝统治者的严密关注和防范。

清朝入关之初，统一台湾后，清政府曾一度开放海禁，并在澳门、漳州、宁波、江云台山等地设立海关，作为对外通商的口岸。但后来由于英国等殖民者在中国沿海进行种种非法活动，清政府又下令只准在广州一处通商，并由政府特许的"十三行"商人统一处理对外事宜。同时，清政府还制定了许多条规和章程，对广州的外商贸易做了种种限制。清政府的闭关政策，使西方各国的对华贸易受到很大阻碍。当时在西方各国的对华贸易中，英国居于首位。因此，各国都支持英国派遣使臣到北京交涉，以便促使清政府能解除通商的限制，打开中国的通商大门。乾隆五十七年（1792），英国政府以给乾隆帝祝寿为名，派使臣马戛尔尼来中国交涉通商事宜，提出六条要求，实际上是要求中国割地、开埠、减免税率以及许可其种种特权，因而当即遭到乾隆帝的严辞拒绝。嘉庆二十一年（1816），英国政府又派阿美士德来华再度交涉，但由于在朝见的礼节上发生争执，最后根本没有受到嘉庆帝的接见。英国政府来华交涉失败后，就更多地派遣商船在中国沿海进行走私活动，甚至向中国输入鸦片。

鸦片的走私贸易给中国人民带来了深重的灾难。中国人吸食鸦片者愈来愈多，严重地损害了中国人民的身心健康。鸦片的走私贸易造成中国白银的大量外流，英美等国的鸦片贩子从中获取了高额的利润。据当时人估计，道光三年至道光十一年间，仅广州一地每年外流白银即达3000万两之多。由于白银外流，清政府的财源日益枯竭。西方殖民主义者对我国进行经济掠夺的同时，还伴随着武力威胁。西方各国的鸦片贩子在走私鸦片的同时，还在中国沿海劫掠财物，甚至攻击中国的缉私兵船。西方殖民主义者的罪恶行径激起了沿海广大人民群众的无比愤慨。清政府为了维护自己的统治利益也不得不认真地查禁鸦片。林则徐受命为钦差大臣，于道光十九年（1839）到达广州查禁鸦片，一场轰轰烈烈的禁烟运动开始了。外国资本主义，为了打开中国的大门，于道光二十年（1840）发动了侵略中国的鸦片战争。从此，中国人民开始走了一条漫长而曲折的道路，揭开了近代史上反帝反封建斗争的序幕。

十二、中国近代思想家的政治思想

1. "开眼看世界的第一人"林则徐

林则徐（1785～1850年），字符抚，又字少穆、石麟，晚号竢村老人。曾任江苏巡抚、两江总督、湖广总督。施政中以民惟邦本思想为指导，体察民心，爱惜民力，清理冤狱，兴修水利，救灾代赈，整刷吏治，为人称颂。他充分认清鸦片走私之危害，烟毒泛滥，官场腐败，白银外流，财源枯竭，市场混乱，商民交困，人人萎顿，兵士羸弱，关系到国家、民族的存亡。所以他力主严禁鸦片贸易，1839年3月受道光皇帝委派到广州禁烟，他勒令英商缴出鸦片，在虎门海滩当众销毁。随后，打退了英国军队对广州的多次侵犯。1840年9月，因投降派的诬陷被革职，次年派赴浙江筹划海防，不久充军新疆。在新疆主持开垦荒地，兴修水利，传授纺织技术，并建议充实边防以抗御沙俄侵略。1845年底被重新起用，曾任陕甘总督、陕西巡抚、云贵总督，在任期间，建议民间集股开采铜矿、银矿，企图打破政府官办的垄断局面。1850年奉旨往广西镇压农民起义，行至广东潮州时病逝。

林则徐注意了解外国情况，组织翻译西文书报，供制定对策、办理交涉参考。所译资料，先后辑有《四洲志》、《华事夷言》、《滑达尔各国律例》、《澳门新闻纸》等，成为中国近代最早介绍外国的文献。还组织翻译西方关于制造大炮等武器方面的书籍，以学习西方先进的军事技术，被称为近代中国"开眼看世界的第一人"。

2. 主张扫除积弊、反对侵略的龚自珍

龚自珍主张"更法"，扫除积弊，因为他看到清朝实际上已进入衰世。他认为有清以来，皇帝为了树立至高无上的权威，摧锄天下的廉耻心，一人为刚，万人为柔，造成臣子的奴性，大臣只知阿谀奉承，贪恋高位，地方官吏敲诈勒索，搜刮民财。晋升官职论资排辈，不求有功，但求禄位。朝政被昏庸、贪婪、刻薄之徒把持着，人才流散四方，造成人才凋零。他指出大官僚大地主兼并土地造成了严重的社会问题，农民变为贫民，沦为流民，被逼反抗，大乱将至。因此，他提出要厚俸禄以养廉，科举增设策论，按照宗法制度拟定一个均平的授田分配方案，以限制土地兼并，吸收闲户成为佃户等改革主张。此外，他对英国侵略有所认识，说"近惟英夷，实乃巨诈，拒之则叩关，狎之则蠹国"。他支持林则徐禁烟，并提出准备抵御英国侵略，认为是"此驱也，非剿之也"，又说："此守海口，防我境，不许其入，"说明了战争的防御性和正义性，驳斥了顽固派关于战争是开衅的非难。与此相关，他关心边疆开发，建议西域置行省，即将新疆设为行省，移民垦荒，巩固国防。

3. 主张"师夷长技以制夷"的魏源

魏源具有民本思想，重视下层群众，认为皇帝是首脑，宰相是股肱，诤君是喉舌，而民众是鼻息，人不呼吸便要死亡，君主不了解下情便无法治理国家。他认为只有允许謇吏、百工、庶人进言，君主才能集思广益，众贤才能聚于本朝。针对清朝皇权高度集中，大臣安于晏乐，明哲保身，养痈致患，官吏不问民瘼，只知层层盘剥，中饱私囊的现实，他要求改不拘成法，革弊政，"治不必同，期于利民"，"变古愈尽，便民愈甚"。

魏源深以鸦片战争败北为国耻，试图用清初以来的武功之盛激励民气，重振国威，抵御"英夷"，并提出了一些强国的具体建议。他针对积弊，于兵饷主张开源节流，整顿财政，"采金更币"；于河工主张修复黄河故道，导河于大清河入海。又遵友人林则徐嘱，据林所主持译编的《四洲志》，参以历代史志及两人记录，辑为《海国图志》五十卷，后续增至一百卷。《海国图志》率先介绍西方各国历史地理状况，主张学习西方的先进科学技术，"师夷长技以制夷"，表明魏源是中国近代向西方寻求救国真理的先行者之一。

4. 实践地上天国理想境界的洪秀全

在洪秀全的政治思想中，反对满洲贵族的民族压迫，占有重要地位。他借用"皇上帝"的名义,宣传农民的朴素平等思想,指出清朝统治者、地主豪绅和封建社会的统治思想都是妖魔鬼怪,必须予以讨伐和批判。他强调:"天下总一家,凡间皆兄弟。"又说:"天下多男人,尽是兄弟之辈,天下多女子,尽是姊妹之群,何得存此疆彼界之私?何可起尔吞我并之念。"他批判君主专制制度时说:"天人一气理无二,何得君主私自专。"所有这些都反映了广大农民对封建等级和剥削制度的憎恶与愤慨。在这种认识的基础上,洪秀全主张建立一个太平一统,永世相续的没有阶级、没有剥削和压迫的理想国家。所以在南京建立了农民政权后,洪秀全推行天朝田亩制度,企图废除封建地主占有制,将土地分配给农民,在小农经济基础上耕作,以实现"有田同耕,有饭同食,有衣同穿,有钱同使"的地上天国的理想境界。

5. 提出发展资本主义蓝图的洪仁玕

太平天国后期,洪仁玕在香港接受西方文化的影响,写成《资政新篇》,提出发展资本主义的蓝图,这是走资本主义道路的尝试。太平天国农民运动失败,其政治理想未能实现。

洪仁玕在《资政新篇》,向洪秀全提出一套统筹全局的革新方案。政治方面,针对内部的分散主义,提出禁朋党之弊,维护集中领导;建议设新闻官,立暗柜(意见箱),以通上下之情,发扬公议。经济方面,主张发展交通运输业,修筑道路,制造火车轮船,兴办邮政;鼓励民间开矿、办企业,奖励技术发明;创立银行和发行纸币。文化思想、社会风俗方面,主张关闭寺庙道观,反对传统迷信,提倡崇信上帝教;设办医院、学堂;革除溺婴、吸食鸦片、妇女缠足等陋习,禁止买卖人口和使用奴婢。外交方面,提议与各国通商,允许外国人来中国传授科学技术,但不准其干涉内政。这个方案的基本精神是向西方学习,在中国发展资本主义。经洪秀全审批,旨准刊刻颁布。但由于当时中国还缺乏使之实现的社会条件和阶级基础,同时,太平天国正处于紧迫危殆的战争环境,所以没有也不可能付诸实施。

针对太平天国后期法纪废弛、国势日衰的局面,洪仁玕深感整顿法制是"万不容已之急务",强调"国家以法制为先",指出太平天国革命初期屡战屡胜的原因是"令行禁止"、执法有力,英、俄、法等先进国家强盛,也是由于法制完善,因此整顿法制不仅可以扭转形势、革除弊端,还有增强国力、争雄世界的深远意义。

洪仁玕认为,有了完善的法律以后,真正"奉法、执法、行法",乃是实施法制的关键。而能否做到这一点,又必须立法者首先要身体力行、认真贯彻。所以,他主张"持法严",一切禁革法令,"先要禁为官者,渐次严禁在下"。对于结盟联党、拥兵自重、阴谋僭乱而忤犯刑律者,虽官居王位也要"奉行天法",直至"律以大辟"。他认为只有法纪严明才能整饬吏治,维持军权、政权的统一;只有官民上下守法,才能人皆服法,整顿法制。洪仁玕还认为,任何完善的法律,都必须由人去贯彻执行,因此"设法"(即立法)和"用人"都很重要。他在《资政新篇》中写道:"盖用人不当,适足以坏法;设法不当,适足以害人,可不慎哉!"殷商中兴和周武盛世,"惟在乎设法用人之得其当耳"。因此,有了完善的法律,而且"代有贤智以相维持",则"民自固结而不可解,天下永垂而不朽矣"。

洪仁玕也很注重从教育感化入手,以防止犯罪。他的"教法兼行"思想的主要内容有:先对全民进行法制教育,而后一体遵守法律;提倡良好的道德风尚,革除社会陋习和腐败风气;慎刑少杀,善待轻犯,促其改过自新;对重大案件,要集众宣判,进行群众性的法制宣传和教育。他还主张"刑止一身",反对滥杀无辜,无罪株连。

洪仁玕是太平天国唯一着眼于发展近代交通、工矿事业的领导人。他主张法律应当允许并保护富人投资开设银行和招工采矿等,在法律允许的范围内,可与外国通商,但是为了调整与外国的关系,使外国人遵守一定的章程和礼法,"不致妄生别议",必须制定"柔远人之法"。由于革命形势急剧逆转,洪仁玕的法律思想没有变成现实。

6. 改良派的先导——冯桂芬

冯桂芬(1809~1874年),字林一,号景亭。江苏吴县人。他师承林则徐,早年讲究经世致用,注意研究西学。曾先后主讲金陵、上海、苏州诸书院,研究过数学、天文学。提出"采西学、制洋器、筹国用、改科举"等建议,主张"以中国之伦常名教为原本,辅以诸国富强之术",强调学习西方科学技术,兴办军事工业以及其他事业。他对清朝统治也有不满,要求革新内政,并且重视农业生产,倡议在生产中采用机器,以节省人力而提高劳动生产率;建议改革科举考试内容,给予掌握西方技艺者科举待遇。这些主张对洋务派曾产生很大影响,对维新派也有所启迪。所著《校邠庐抗议》一书,戊戌变法时,曾被光绪帝印发群臣阅读。主要著作还有《显志堂稿》、《说文解字段注考证》等。

7. 传播西学不遗余力的王韬

王韬是清末改良主义政论家,他一生正值民族危机日益加深之际,忧时愤世,曾远游四方诸国,目睹其富强,主张"师其所能,夺其所恃",以西法造炮制船,大力发展资本主义工商业,允许民间自立公司。他赞扬西方君主立宪政治制度,认为君民不隔而上下相通。批评科举制,主张设立新式学堂培育人才。呼吁在自强的基础上,实现独立自主的外交,废除关税协议和领事裁判权。毕生著作宏富,为传播西学不遗余力,不仅涉及天文历算、声光化电等自然科学,且对政治、经济、历史、文化等人文科学甚多评介。

十三、洋务派政治思想与洋务运动

1. 洋务派政治思想

洋务派以倡导引进西方机器生产和科学技术的洋务运动而得名,主要代表人物有:曾国藩、左宗棠、李鸿章、张之洞等。

曾、左、李他们的根本立场和出发点是维护封建社会统治秩序,但他们开始认识到世界形势的变化,承认西方资本主义国家的强盛,抛弃了闭关锁国、妄自尊大的陈旧观念,所以,他们主张处理好和西方国家的关系,并向西方学习某些先进的东西,以振兴中国,挽救清朝的危亡。"外须和戎,内须变法",概括了洋务派政治主张的两个基本点。

"外须和戎",即通过外交谈判解决同外人的争端,避免武装对抗。洋务派认为,中外实力相差悬殊,如果打仗,中国"即暂胜终必败",遇到麻烦,应当"以理折之"。既反对不敢和外人争议的畏葸,又反对轻易和外人决裂的鲁莽。"以理折之"的原则是"守定和约",即以既定的中外条约为准,承认侵略者业已取得的权益,抵制条约以外的索求。但是,由于资本主义列强得寸进尺,不断发动侵略战争,迫使清朝签订新的不平等条约,洋务派步步退让妥协,没有能够阻止中国半殖民地化的不断加深的过程。

"内须变法",主要是指学习西方资本主义国家富强的成功经验,改变中国在军事上、经济上和科学技术上的落后状态,主张"借法自强"。他们认为国家实力是外交谈判的基础,加强国家实力是抵制侵略、维护和平的前提。洋务派经常用外交的挫败来宣扬内政改革的必要性。于是积极倡导引进西方造船制炮的机器和技术,创办军事工业;兴办轮运、电讯、铁路、采矿、纺织、炼钢等一系列工矿交通企业;采取"官为扶持"、"招商承办"、"借用洋器洋法而不准洋人代办"的方针,和洋人"争利"以"求富"。根据实际的需要,他们创建了外语、造船、驾驶、电报、水师、武备、军医、水雷等各种专科学校,选派青少年到欧美去留学,并强烈要求变革封建的科举用人制度。个别人士还提出了效法西方议会制度,以备咨询、通下情的设想。

"中学为体,西学为用"是洋务派奉行的理论原则。"中学为体",即传统的封建纲常名教是根本,是不可动摇的;"西学为用",即外来的科学技术等,只是辅助性的,当因时制宜。中日甲午战争的结果,证明"稍变成法"的洋务运动并不能使中国摆脱危机。于是,要求实行全面改革,变封建专制为立宪政体的维新运动迅速兴起。洋务运动遂丧失了有限的进步性,洋务派的成员或转化为维新派,或成为时代的落伍者。

2. 洋务运动

洋务运动是指清朝统治阶级内部一些主张办"洋务"的中央和地方官僚所办理以"自强"、"求富"为内容的洋务活动,而他们也被称之为"洋务派"。其中主要人物,在中央有奕䜣、桂良、文祥,在地方官僚中有曾国藩、李鸿章、左宗棠等。

(一) 创办近代军事企业

洋务运动兴起之初,其直接目的是镇压人民反抗,因此,一开始就以购买洋枪洋炮和创办新式军事工业为主要任务。1861年曾国藩在安徽创办安庆内军械所,制造弹药、炸炮等军火。该所以手工制造为主,未雇洋匠,是清末最早官办的近代军事工厂。而购买西方近代军事武器较早而又较多、创办近代军用工业的规模较大而又较早者,是李鸿章及其统率的淮军。

清政府创办的近代军用企业早期规模最大的有四家:李鸿章创办的江南机器制造总局和金陵机器制造总局,左宗棠创办的福州船政局,三口通商大臣崇厚创办的天津机器制造局。

（二）建立新式海军

为了建立新式海军，清政府除设厂制造兵船外，还以重金向外国购买军舰。1888年北洋舰队初步成军，舰队编制基本采自英国。拥有战舰铁甲2艘，巡洋舰7艘；守船6艘；辅助战守各船鱼雷艇6艘；其他还有练船、运输船等，共计25艘。与海军建设相适应，沿海各重要海口还设置了炮台等防御工事。1875年后，先后筑有烟台、营口、旅顺、大连、威海等处炮台。这些军事设施，在中法战争和中日甲午战争中，虽然起了一定的抵御外侮的作用，但因清朝统治的腐败而终于惨败崩溃。

（三）创办民用工业企业

1873年创设的轮船招商局，是由军用工业为主向民用工业企业为主转变的标志。由于洋务运动的任务和内容有了某些改变，洋务派在原有官僚集团之外，又加了一些买办商人和有维新倾向的知识分子。

洋务派创办民用工业企业，一为"分洋商之利"，以保护利权，并获得饷源；同时也为军用工业所需金属原料和煤炭燃料可以由自己创办的这些工业得到供给，减少对外国的依赖。民用工业企业主要有四项：一是轮船航运。二是开采煤矿和采掘、冶炼其他金属矿藏。三是电报。四是纺织业。

洋务派办的民用工业企业，除少数为政府出资的官办者之外，大多为官督商办。官办企业和官督商办企业在资金来源和经营管理上虽有差别，但都是资本主义性质的企业。它们虽然在外国资本主义和封建主义的抑制下，得不到正常发展，但毕竟是冲破了中国的自然经济结构而出现的近代新的生产方式，并且对社会政治、经济、文化生活产生了重要而深远的影响。

（四）培养新式人才

洋务运动起步之初，引进西方近代技术设备，兴办军事工业及购买洋枪洋炮和轮船等种种事宜，主要是依靠外人和"洋匠"办理。为培养翻译人员，清政府于同治元年（1862）在北京设立了同文馆，随后又设立了上海、广州广方言馆。以后，洋务派又在实践中认识到，要真正办好"洋务"，达到"求强"、"求富"的目的，中国必须有通晓洋务的人才。为培养这样的新式人才，一是派遣人员出国留学，二是开办学堂。

派遣学生出国始于1872年的幼童留美。此事由容闳倡议，丁日昌支持，曾国藩、李鸿章会奏促成。当时选拔出120人（12岁至20岁），分四批出国。所选者在国外由小学、中学升至大学，主要攻读铁路、船政、矿务、电学、军事技术、外交等专业。许多人后来成为学有专长的人才，如詹天佑等。在派遣留学生的过程中，清政府逐渐认为，出国留学人员应以经过外语训练的成年人为宜，学习期限三至五年。当时具备这个条件的主要是福州船政学堂的学生，前二批学习制造和驾驶，第三批赴英、法学习。此外，还有派赴德国学习陆军和张之洞派赴欧美学习冶炼钢铁的一些留学人员。

与此同时，清政府在国内创办了许多专门性的学堂。先后在天津、上海、南京等处开办电报学堂，在广州创办西学馆，在吉林创办表正书院，在台湾创办西学堂。此外还办有商务学堂、医务学堂、矿务学堂等等。在近代军事学堂方面，有天津、广州的水师学堂，广州水陆师学堂，威海水师学堂等。

由于洋务运动本身既不能摆脱外国资本主义的压迫和控制，又不可能摆脱封建势力的阻挠和浸蚀，因此也就难以避免失败的命运。光绪二十年（1894）清政府在中日战斗中战败和1895年《马关条约》的签订，证明了富强未能达到，也标志着洋务运动的失败。

十四、"革故鼎新"的变法维新思想

早期改良派的代表有容闳、王韬、薛福成、马建忠、郑观应等人。他们主张学习西方的科学技术，发展资本主义工商业，以自富自强而救国。但他们只重视变"用"，不重视变"体"；注重经济改革，不注重政治改革。他们没有总揽全局，收效甚微。

19世纪八九十年代，经过中法战争、中日战争，中国连续失败，民族危机和社会危机进一步加深。维新派为摆脱压制和束缚，更为挽救民族危亡，他们游说公卿，上书当朝，集会京师，积极鼓吹变法维新，自强救国。他们还通过组织政治团体（强学会、保国会、南学会），出版报刊（《中外纪闻》、《时务报》、《国闻报》），开办时务学堂等途径，进行变法宣传，培养变法人才，推动了戊戌变法运动的形成和发展。

维新派的代表康有为、梁启超、谭嗣同、严复等人，总结了早期改良派的思想和实践，在批判、继承的基础上，将变法维新思想推向了新的阶段，形成了系统的理论体系和一整套变法维新主张。他们是当时向西方寻求救国救民真理的先驱,是中国近代启蒙思想家和维新派政治家。他们的政治思想主要有:

1. 自强救国的爱国思想

他们认为,变法能够自强,自强可以救国,不变法自强就要亡国。康有为痛陈时局的危急,指出外国列强正在从四面八方蚕食、侵吞中国,国家已经危在旦夕。不变法自强就不能挽救这种危急局面。要变法就必须大变、全变;全变则强,小变仍亡。严复以西方进化论"优胜劣败"等观点,说明避免亡国灭种的厄运,只有变法自强,别无他途。谭嗣同则明确表示反对帝国主义经济侵略的态度,要求发展民族工商业,以维护民族利益。他们这些思想,是推动维新变法运动的动力和基础。

2. 变易、进化的社会历史观

他们根据中国古代的"公羊"三世说、小康和大同说,引用西方资产阶级学者的进化论、天赋人权论等,指出变易、进化是历史的普遍规律。以这种变易、进化的社会历史观为根据,他们提出"全变"、"变本"的变法指导方针。他们批判顽固派"祖宗之法不可改"和洋务派"中学为体,西学为用"的论调,提出"以群为体,以变为用","自由为体,民主为用"等原则。他们憧憬着大同世界,为此作了美好的设想和描绘。但是,他们的社会历史观是按照所谓"三世相演"的,即由据乱世(多君为政之世)、而升平世(一君为政之世或君主立宪)、而太平世(民为政之世或大同),循"拾级而升"的机械次序和程序发展。"升平世"或"君主立宪"是不可逾越的阶段,既不能"躐等",也"不可期之以骤",只能以渐进的改良,建立君主立宪制。

3. 建立君主立宪政体的政治纲领

维新派认为中国衰败的原因在于传统的封建专制君主制和集权制度,而东西各国之强盛皆以立宪,"立行宪法,大开国会,以庶政与国民共之,行三权鼎立之制"。提出要"设议院以通下情",设责任内阁和制度局,执掌行政,设法官独立执掌司法。为达到这一目的,认为必须做到三点:"一曰大誓群臣以革旧维新,而采天下之舆论,取万国之良法;二曰开制度局于宫中,征天下通才二十人为参与,将一切政事制度重新商定;三曰设待诏所,许天下人上书,日主以时见之"(《上清帝第六书》)。他们的政治纲领核心是要在中国建立君主立宪政体。

4. 社会经济文化等方面的改良措施

维新派主张以建设资本主义物质文明和精神文明为目标,"定新制,行新法"。治国以"富国为先",以"劝工"、"惠商"为"养民之法"。在各种产业中实行雇佣劳动制,发展大机器生产,引进西方先进科学技术,开发本国资源,修矿山、筑铁路、造船舶、铸银币、发钞票、办银行,奖励发明者和"成大厂以兴实业"者。改革旧教育,发展新教育,"废八股,兴学校",乡立小学,县立中学,省和中央立大学,并向外国派遣留学生,广收博采"西学",改革教学内容和方法,培养新式人才,等等。

5. 维新派思想家

(一)严复的政治思想

①力陈进化论思想,呼吁变法图强

严复在论文《原强》和译作《天演论》中,介绍了西方的物竞天择、适者生存、优胜劣败的进化论。他以进化论为根据,结合中国的实际,指出中国已经危机重重,按照优胜劣败的规律,中国快要灭亡了!但只要人们努力奋斗,完全可以与天争胜而终胜天;只要变法图强,国家就可以永存,种族就不会被淘汰,中国仍然可以得救。因此,处在世界剧变的形势下,变法维新势在必行。"中法之必变,变之而必强"(《救亡决论》),变则强,不变则亡。

②宣传天赋人权思想,主张君主立宪

严复认为人们的自由权利是天赋的,任何人不得侵犯。要讲自由,不可不讲平等,有平等才有自由之权,有了自由之权才能实现民主。他认为百姓立君主,是要君主为民办事,民众才是真正的主人,国家是民众的公产。中国要由弱变强,必须实行君主立宪制度。要在中国实行君主立宪,必须"鼓民力"(保护和增强民众体力)、"开民智"(废科举,办学堂,以开发民智)、"新民德"(养成新的社会风气,培养新的社会道德)、兴教育,使得人人能够自主自立。这样才能实行西方的君主立宪制度。

③提倡西学新文化，抨击中国封建主义旧文化

严复指责三纲五常、孔孟之道是僵死的教条，宋明理学和汉学考据以及辞章之学实为无实、无用之学，尤其是八股文，"锢智慧，坏心术，滋游手"（《救亡决论》），必须废止。他嘲骂"中学为体，西学为用"的主张，斥之为非牛非马的怪物。指出："牛有牛之体，有牛之用；马有马之体，有马之用"，"未闻有牛之体，有马之用"（《与外交报主人论教育书》）。他认为西学"先物理而后文词，重达用而薄藻饰"（《原强》），而中学却"繁于西学而无用，过于西学而无实"（《救亡决论》）。他指出西学和中学的八大区别：西人力今而胜古，中国好古而忽今；西人首明平等，中国最重三纲；西人隆民，中国尊主；西人尚贤，中国亲亲；西人重讥评，中国多忌讳；西人恃人力，中国委天数；西人乐简易，中国尚节文；西人喜娱乐，中国追淳朴（《论世变之亟》）。通过比较，他认为西学优于中学。

（二）康有为的政治思想

①新公羊三世说

康有为根据传统的"变则通、通则久"的进化思想，将汉代的公羊三世说推演为"乱世"、"升平世"（"小康"）、"太平世"（"大同"）的社会历史的演变程序；又与西方的历史发展阶段相比附，公羊三世说就变成了由封建社会进到君主立宪，再进到民主共和。他用这种新的公羊三世说说明君主立宪是不可逾越的历史阶段，成为其维新变法的政治纲领——君主立宪提供了理论依据。

②爱国图强思想

康有为前期政治思想的主题是爱国主义。他反对资本主义列强侵略中国，力倡自强保国，多次指出，从第一次鸦片战争到甲午战争，中国已陷于"四邻交逼、不能立国"的局面："日谋高丽，而伺吉林于东；英启藏卫，而窥川、滇于西；俄筑铁路于北，而迫盛京；法煽乱民于南，以取滇粤"（《康有为政论选集》）。在这种情况下，只有实行"自强政治"，才能"保全"民族，救国救民。

③变法维新主张

康有为变法维新思想的政治纲领是实行君主立宪。要实行君主立宪制

度，就必须改革封建专制政体，抑君权、伸民权，使上下沟通，君民共治。要做到这一点，就必须设议院。在中国民智未开，封建势力顽固的情况下，又必须先开民智，设集议院，逐步向国家议会过渡。

在政治方面的变革主张还有：在中央和地方设制度局与民政局，以定新制，贯彻新政；裁撤旧官员，任用拥护新政的新人才；在午门设上书处，以广开言路。在经济方面的变革主张有富国之法，养民之法，改革财政，编制国家预决算等，中心是发展资本主义工商业。在文化教育方面有废八股，停科举，办学堂，派人出国留学、考察，奖励办报和著书立说等。在军事方面，主张更新武备，采用西法训练陆海军。

④大同思想

康有为在考察中国封建社会和西方资本主义社会后，发现许多社会矛盾，他希望通过改良的办法，去"九界"达到世界大同。他为人类社会的未来描绘了一幅理想的蓝图：生产发展，物质丰富，人人独立、平等、自由、幸福，实行民主管理；消除阶级压迫和剥削，没有军队和刑罚，没有皇帝和贵族，禁止"独尊"。他构想中的均产说、民主原则、自由平等观念和社会福利设想是较有价值的思想。

（三）梁启超的政治思想

梁启超（1873~1929年），字卓如，号任公，又号饮冰室主人。广东新会人。曾在广州万木草堂拜康有为为师，并助师著书、讲学，鼓吹新学。他协助康有为发动"公车上书"，要求清朝变法，后在上海创办《时务报》，并追随康有为发动戊戌变法，世以康梁并称。戊戌变法后，逃亡日本，先后在横滨创办《清议报》、《新民丛报》，宣传西学和君主立宪的政治主张。1905年开始，代表保皇派与革命派展开论战和斗争。辛亥革命后，一度依附袁世凯。1915年袁世凯称帝，他策动"护国军"反袁，依附北洋军阀。1917年末因不满军阀统治，脱离政界，从事著述和讲学，任北京清华研究院教授。主要著作辑为《饮冰

梁启超

室合集》。

梁启超以"流质善变"著称,其政治态度和主张因时而变,但其爱国图存、实行政治改良、反对暴力革命的观点却基本不变。其政治思想可分三阶段：

① 第一阶段(1895~1903年)力主变法维新

在戊戌变法时期,他积极宣传和推行康有为的政治主张,希望通过变科举、兴学校、变官制,逐步过渡到君主立宪政体内的议会政治制度。他指出："变法之本,在育人才；人才之兴,在开学校,学校之立,在变科举；而一切要其大成,在变官制。"变法失败后,他仍坚持君主立宪宗旨,但言论渐趋激烈,较强调立宪法、伸民权、限君权,甚至抨击清朝弊政。他曾一度同情革命,希望调和革命和改良,提出折中的"变革"主张,并说此"为今日救中国独一无二之法门"。

② 第二阶段(1904~1911年)鼓吹开明专制

梁启超的政治思想日趋倒退,渐与革命派发生冲突。其政治主张已由"君主立宪"倒退为"开明专制"。他声言："与其共和,不如君主立宪；与其民主立宪,不如开明专制。"他积极参与清朝的"预备立宪"活动,以图抵制革命。光绪、慈禧相继病故后,梁启超又谋划"国会请愿"活动,要求清政府立即召开国会,以遏止革命洪流。武昌起义后,他又配合康有为鼓吹"虚君共和",企图保存清朝皇统,反对民主共和。

③ 第三阶段(1912~1929年)提倡国民制宪

梁启超从日本回国后,曾一度依附袁世凯。当袁世凯公然"帝制自为"时,梁启超即发表《异哉所谓国体问题者》公开声讨,又策动蔡锷起兵反袁,并冒险南下参与护国反袁之役。张勋复辟时,他又出面反对,不惜与拥护复辟的康有为对立。复辟失败后,北洋军阀执掌中央政权,梁启超依附段祺瑞,与孙中山为首的护法军政府为敌。1917年末梁启超因不满军阀的专横统治,脱离政坛。他反对军阀"私斗"之祸,提倡"国民自卫","自卫"的方式是"国民制宪",即"以国民动议的方式,得由有公权之人民若干万人以上之联署,提出宪法草案","由国民全体投票通过而制定之"。这与他昔日的"立宪"主张,本质上并无不同。五四运动后,梁启超把参加革命活动的工人和学生等同于军阀、官僚、政客,一概称之为"无业阶级",并提出"有业阶级打倒无业阶级"的口号,混淆阶级阵线,反对新民主主义革命。

(四)谭嗣同的政治思想

①仁学世界观

谭嗣同认为"仁为天地万物之源",仁的基本要义就是"通"和"流"。通就是事物之间平等的联系和统一,流表示事物的运动和变化。"通之义有四":"中外通"、"上下通"、"人我通"、"男女内外通",概括了物质世界的统一和人类社会的联系。由仁及通及流的公式,抽象地表达了客观世界处在相互联系和不断运动、发展过程中的总规律。他的仁学世界观为变法维新提供了政治哲学依据。

②忧国忧民思想

谭嗣同具有强烈的忧国忧民意识,他忧心忡忡地写到:"时局之危,有危于此时者乎"(《壮飞楼治事十篇·湘粤》),为此,他为挽救民族危亡而奔走呼号。他明确表示了反对帝国主义侵略的态度,主张变法维新,以自强御侮;抵制帝国主义的经济侵略,发展民族工商业,以同帝国主义进行"商战"即打贸易战,保护国内市场,维护民族利益。

③主张"君民共主"

谭嗣同原则上赞同康有为的君主立宪政治纲领,主张以"君民共主"代替封建专制制度。他也赞成设议院,并在湖南进行了以学会议政的试验。具体改革主张有:以新学代替科举,培养创业、守成人才;改革官制以减少层次;改订税厘制度,开展对外贸易,限制进口,发展大机器生产;禁止鸦片,巩固和加强国防等。

④反对封建专制主义

在戊戌变法时期,谭嗣同喊出了"冲决一切网罗"的反封建口号。他认为自秦汉以来到清朝,封建君主专制"黑暗否塞",是万恶之源,封建君主都是独夫民贼。因此,"要废君权,昌民权","君之不善,人人得而戮之",甚至人们可以效法法国大革命。他还从理论上论证了"民本君末",君主本来是应为民办事的需要而由民共举的,如果不为民办事反而压迫人民,则"必可共废"。至于纲常名教,"君以名桎臣,官以名轭民,父以名压子,夫以名困妻"(《谭嗣同全集》),造成了无数"惨祸烈毒",必须废除,代之以平等的朋友关系。他的思想带有明显的反清革命倾向。

十五、戊戌变法

光绪二十一年(1895),清政府因甲午战败,被迫与日本签订《马关条约》。消息传到北京,群情激愤。康有为联合各省应试举人,聚集达智桥松筠庵,讨论上书请愿。会后由康有为起草"万言书"(即《上清帝第二书》),提出拒签和约、迁都抗战和变法图强三项建议,并详论"富国"、"养民"、"教民"等变法图强的具体措施,初步形成了改良变法的纲领。经康有为、梁启超等奔走联络,"万言书"征集到1300余名举人的签名,呈递都察院。都察院拒绝代呈,但"万言书"已广为流传。此即所谓"公车上书"。它是改良思潮发展为政治运动的起点,是中国近代知识分子第一次以一种社会政治力量表现出的群众性爱国行动。

维新派为了团结力量、制造舆论和培养人材,积极组织学会,创办报刊,开办学堂。康有为、梁启超、谭嗣同、黄遵宪、唐才常、严复等人在各地组织学会,设立学堂和报馆,宣传维新变法,影响遍及全国。以康有为为首的资产阶级改良派政治力量,得到军机大臣翁同龢和湖南巡抚陈宝箴的支持。

1897年,德国强占胶州湾,俄国强租旅大,帝国主义瓜分中国的危机日深,康有为迅速从上海赶赴北京,向光绪帝上"第五书",痛言"瓜分豆剖"的危险局势,提出"采法俄、日以定国是"、"大集群才而谋变政"、"听任疆臣各自变法"的上、中、下三策,供皇帝采择;并建议将国事付国会议行,颁行宪法。1898年4月,康有为与御史李盛铎在京发起成立以"保国、保种、保教(孔教)"为宗旨的保国会。士大夫经常集会,议论时政,变法空气日浓。光绪帝接受变法主张,引用维新人士,6月11日,颁发《明定国是诏》,明白宣示:"嗣后中外大小诸臣,自王公以及士庶,各宜努力向上,发愤为雄,以圣贤义理之学植其根本,又须博采西学之切于时务者实力讲求,以救空疏迂谬之弊。"变法从此正式开始,直到9月21日慈禧太后发动政变,共103天,史称"百日维新"。

以慈禧太后为首的守旧派操纵军政实权,坚决反对变法维新,9月21日发动政变，幽囚光绪帝于南海瀛台。谭嗣同、林旭、刘光第、杨深秀、康广仁、杨锐六位维新志士惨遭杀害，时称"戊戌六君子"。新政除京师大学堂外，全部被废除。康有为、梁启超逃往海外。变法运动宣告失败。

十六、清末"新政"

慈禧太后镇压了主张变法维新的改良派后，为了讨好帝国主义列强，维护封建统治，她也不得不推行一系列政治、经济、文化和军事方面的改革措施，史称清末"新政"。

1. 编练"新军"

"新军"用西方营制编成，以洋操训练，使用洋枪洋炮，要求士兵具有一定的文化，军官则由国内外近代军事学堂毕业生担任。

2. 筹饷

筹饷内容包括增加税种，提高税率，将各地库存以及各项"陋规"收归中央政府，允许地方官自筹税收。

3. 废科举、办学堂、奖励留学

命令将各省书院中属省城者改为大学堂，属各府者改为中学堂，强调"教法当以四书五经、纲常大义为主"。停止一切科举考试，结束了中国自隋唐以来延续一千余年的科举取士制度，并在中央政府成立学部，初步建立起包括大学、中学、小学、幼儿园各级，文、法、理、工、农、医、军事以及巡警各学科的教育体制。另外，命令各省选派留学生出国，准许自费留学，并陆续颁布有关留学及奖励章程。

4. 改革官制、整顿吏治

撤销原总理各国事务衙门，改设外务部，班列六部之首。命令军机处、外务部、吏部、学堂照旧；巡警部改民政部，户部改度支部，兵部改陆军部，刑部改法部，大理寺改大理院，工部、商部改并为农工商部，设邮传部，理藩院改理藩部；太常寺、光禄寺、鸿胪寺并入礼部。将盛京将军改为东三省总督，设奉天、吉林、黑龙江三省巡抚。命各省将按察使改为提法使，增设巡警道、劝业道、留兵备处，设审判厅。

5. 振兴商务、奖励实业

1904年，公布《商律》（部分）、《公司律》、《商会简明章程》，并先在京师设立商会。1905年，颁布《商标注册试办章程》、《重订开矿暂行章程》、《奖励公司章程》、《改订奖励华商章程》、《试办银行章程》、《农会简明章程》等。1907年，设邮传部交通银行。1908年公布《大清银行则例》，将原户部银行改为大清银行，并先后对著名工商界人士给以名位荣誉。

十七、民主革命派的政治思想

半封建半殖民地社会的基本矛盾，是帝国主义同中华民族、封建主义同人民大众的矛盾。因此摆在近代中国社会面前亟待解决的主要政治课题就是独立和民主。太平天国革命和义和团运动代表农民小生产者，曾提出过朴素的反侵略、反压榨的斗争纲领。维新派传播了救亡图存和社会变革的思想，并尝试付诸实践。他们的活动具有一定的进步意义，但也表现出明显的历史局限性。以孙中山为代表的民主革命派开拓了民主革命的新阶段，他们摒除了笼统排外倾向和皇权主义，突破了维新志士的君主立宪藩篱，结合中国国情，认真吸取了西方的民主主义，提出了一系列关于民主革命的理论观点和主张。民主革命派的政治思想，成为近代中国民主思潮的高峰。孙中山、黄兴、章炳麟、宋教仁、朱执信、廖仲恺、胡汉民、陈天华、邹容等都曾对此作出过重要贡献。

1. 争取民族解放和国家独立

近代中国的民族矛盾错综复杂，帝国主义同中华民族的矛盾居于首位；国内则存在以满洲贵族为首的清朝政府与汉族和其他少数民族的矛盾。由于侵略者和统治者日益勾结，两种矛盾相互交错，民主革命派所倡导的民族主义就包含着反满和救亡图存两方面的内容。

（一）"驱除鞑虏，恢复中华"

反满，是孙中山和他的战友们最先揭橥的战斗旗帜。从兴中会到同盟会，"驱除鞑虏，恢复中华"始终是其中心口号。清朝政府的统治意味着满洲贵族"宰制于上"的民族牢狱，同时由于清王朝的媚外卖国政策，使其日益沦为"洋人的朝廷"。辛亥革命的斗争矛头直接指向腐朽的清朝政府。

（二）救亡图存

兴中会宣言指出："蚕食鲸吞，已效尤于接踵；瓜分豆剖，实堪虑于目前。"后来的同盟会和其他革命团体,都无例外地把"拯救中国"作为当务之急。孙中山和他的战友们意识到要避免被瓜分、被共管的厄运,首先要推翻腐败的卖国的清朝政府。孙中山指出:"非革命无以救危亡","非先倒满洲政府"不足以图生存。

2. 反对封建专制主义,主张建立民主共和国

民主革命派认为必须根本改变"以千年专制之毒而不解"的社会政治生活状况,决不允许"侵犯我们不可让与的生存权、自由权和财产权"以及"压制言论自由",应当代之以符合历史潮流和时代精神的"民主立宪",指出实现重大的变革,就难以避免采用"流血"的、"强迫"的手段。只有经由"国民革命"的途径推翻清王朝,才能建立"平等"的、"民治"的"国民的国家",亦即兴中会誓词中提出"建立合众政府"的战斗任务。同盟会宣言对未来的共和国作了较为完备的表述:"要其一贯之精神,则为自由、平等、博爱"。"凡为国民皆平等以有参政权。大总统由国民共举。议会以国民公举之议员构成之。制定中华民国宪法,人人共守"。

十八、孙中山的三民主义理论与辛亥革命

1. 孙中山的政治思想

孙中山(1866～1925年),名文,号逸仙,旅居日本时曾化名为中山樵,故名孙中山。1894年创建中国最早的民主革命团体兴中会,1905年成立中国同盟会,组织了多次反清武装起义。1911年在他的引导和影响下爆发辛亥革命,次年元旦建立了中华民国,担任临时大总统。接着又相继领导了反对袁世凯和各派军阀统治的运动,并在晚年促成中国国民党与中国共产党合作,共同进行反帝反封建的国民革命。其著作辑为《孙中山全集》。

孙中山的政治思想,主要体现于他所倡导的三民主义。他用"驱除鞑虏,恢复中华,创立民国,平均地权"来概括他的政治主张,这就是三民主义即民族主义、民权主义、民生主义的基本内容。关于民族主义,他强调反对帝国主

孙中山

义及其支持的中国军阀,以实现中华民族的独立解放和国内各民族的自由平等。他提出废除一切不平等条约、收回外国租界和租借地、废除领事裁判权、恢复中国关税自主权等一系列反对帝国主义的对外政策,并主张在国际上建立反帝国主义联合阵线。关于民权主义,他在多次演说中批判西方代议政体的弊端,阐明直接民权、权能区分、五权分立等原则,主张实行普选制,以县为实施地方自治的单位。关于民生主义,他坚持实行平均地权,提出"耕者有其田"的口号;主张节制私人资本,发展国家资本,由国家负责开发自然资源、经营管理垄断性的生产事业和大型企业,并曾为此制订了发展民族经济的建设计划。此外,他还主张将来在中国和全世界建立一个没有压迫、没有战争、天下为公的大同社会。

2. 辛亥革命

民主革命派接受戊戌维新运动失败的教训,提出了民主主义革命的纲领,建立了革命组织,成为革命的领导力量。

1894年11月,孙中山在檀香山成立了兴中会,以救国为宗旨。1895年,又在香港成立了兴中会,以"驱除鞑虏,恢复中国,创立合众政府"为誓词。同年10月,兴中会密谋在广州起义,事泄失败。

以孙中山为代表的民主革命派与维新改良派进行了坚决的斗争,出版许多鼓吹革命的宣传品,著名的有章炳麟《驳康有为论革命书》,邹容《革命军》,陈天华《猛回头》、《警世钟》等。1905年8月,孙中山与黄兴、陈天华等人,以兴中会、华兴会(1904年2月在长沙成立)等革命小团体为基础,在日本东京创建全国性的革命党同盟会,孙中山被推举为总理。孙中山提出的"驱除鞑虏,恢复中华,创立民国,平均地权"的革命宗旨被采纳为同盟会纲领。在同盟会机关报《民报》发刊词中,孙中山首次提出"民族、民权、民生"三大主义。孙中山的政治思想集中表现为"三民主义"。他要求推翻清政府的君主专制制度,建立共和国。1906年12月2日,在日本东京举行《民报》创刊周年庆祝大会上,孙中山参照欧美资本主义国家立法、行政、司法三权分立的制度,结合中国封建时代的考试制度和御史监察制度,提出了革命成功后实行行政、立法、裁判、考试、监察"五权分立"制度,史称"五权宪法"。革命派发动了一系列武装起义,包括浏醴起义、粤桂滇边界6次起义,徐锡麟的安庆起义,黄兴领导的广州黄花岗起义。但起义都失败了。

为了抵制革命,清廷派大臣出国考察资本主义国家宪政情况,宣布"预备立宪"。1908年颁布《钦定宪法大纲》。慈禧太后、光绪帝死去,溥仪继位。1909年改元宣统,下诏重申"预备立宪",命令各省当年内成立咨议局。立宪派在备省咨议局中占据了领导地位。1910年10月,资政院在北京成立。1911年5月,清政府裁撤军机处等机构,组成新内阁。由庆亲王奕劻任总理大臣,在13名国务大臣中,汉族官僚4名,蒙古旗人1名,满族8名,其中皇族又占5人,因此被讥为"皇族内阁"。清政府"预备立宪"的骗人伎俩已不能阻止革命的爆发,一场规模巨大的革命高潮随即到来了。

1911年5月,清政府颁布铁路国有上谕,宣布各省商办铁路一律收回,随即同英、德、法、美4国银行团签订了借款合同,将从中国人民手中夺得的权利拱手让给了帝国主义。此举立即引起各地的保路运动。四川保路运动尤为波澜壮阔,四川总督赵尔丰对群众进行镇压,造成流血惨案。

在清政府全力应付四川保路运动的时候,湖北新军中的文学社和共进会等革命团体乘机发动了武昌起义。10月10日,武昌起义爆发。全城光复。汉阳、汉口也先后为革命军占领。11日,中华民国湖北军政府成立。武昌起义的胜利,极大地鼓舞了革命派和全国人民。湖南、陕西、江西、山西、云南、上海、贵州、浙江、福建的新军先后起义成功,并建立了军政府。江苏、广西、安徽、四川、广东先后宣布脱离清政府而独立。

12月29日,17省代表会议选举孙中山为临时大总统。1912年元旦,孙中山到南京就职,发布《临时大总统宣言书》、《告全国同胞书》等文档,正式宣告中华民国的诞生。

1912年2月12日,清朝皇帝接受中华民国对皇室的优待条件,正式退位。这样,延续二千多年的君主专制政体也随之结束。

第五章 文化教育

第一节 中国历代教育

"教育"一词,在中国最早见于《孟子·尽心》中的"得天下英才而教育之,三乐也"。按《说文解字》的解释:"教,上所施,下所效也。""育,养子使作善也。"教育,从广义上说,凡是增进人们的知识和技能、影响人们的思想品德的活动,都是教育。狭义的教育,主要指学校教育。学校,是授课求学、培育人才的地方。在我国,学校的设立源远流长。

一、学校的萌芽

《周礼·春官》:"大司乐掌成均之法,以治建国之学政"。《礼记·文王世子》郑玄注引董仲舒云:"五帝名大学曰成均"。《礼记·明堂位》:"米廪,有虞氏(舜)之庠也。"上述记载都认为中国早在"五帝"和"虞舜"时期就已经有了学校。但这些古籍所云都是根据历代相传撰写的,还没有得到出土文物的证实,只能作为一种传说。因为"五帝"和"虞舜"时代还没有产生文字,不可能出现专门的教育机构。另外据郑玄注,"成均"乃是乐师作乐的地方。《孟子》说,"庠者,养也",原是饲养牛羊的场所,后演变成敬养老人和教育儿童的地方。这些,在当时虽都含有一定的教育因素,但它们都还没有从其他社会现象中独立出来,还不是专门的教育机构,只能算作中国正在萌芽和发展中的"学校"。

二、夏朝的学校雏型

据史书记载,夏代"国学曰学,大学为东序,小学为西序,在西郊。乡学曰校"(《御批历代通鉴辑览·卷三》)。郑玄注《仪礼》说:"夏后氏之学在上庠。"表明中国夏代已经有了"庠"、"序"、"校"等学校的名称。

"庠"在"虞舜"时代就是养老和进行教育的场所。《礼记·明堂位》说夏代的学校曰"序"。根据《孟子》"序者射也"、"所以明人伦也"的记述,联系"夏道尊命"、"为政尚武"的社会现状,可知夏代已有进行伦理教育和军事训练的学校。

关于夏朝的"校",《说文》释其原义为"木囚也",即用木或竹等围成栏格作为养马的地方,后来逐渐演变为奴隶主贵族习武和比武的地方。虽然《孟子》曾云:"校者,教也",但由于未曾论及教的内容,因此只能推断夏朝的"校"可能同"序"一样,也是一种军事体育性质的教育机构。因此,夏朝的"序"和"校"只能说是具备了学校的雏型。

三、殷商时期教育

汉字到商代后期已基本成熟,仅就发现的单字数量来看,已有4000字以上,其中一部分已近似于形声字。在出土的甲骨中多次出现有像手持笔形状的"笔"字,像竹木简扎在一起的"册"字,以及"师"、"学"、"教"等字。这说明商朝已经有了专门进行教育工作的机构——学校;有了专门用于教学的用具——"笔"和"册";有了专门从事教育工作的人——教师。甚至在殷商甲骨文之中,还发现有占卜何时建校、何时入学的内容;有表示习射、习数、习礼和习乐的内容;有反映教师指导学生练习刻字的内容,等等。另外,郭沫若在《殷契粹编》中指出,商朝时期邻近的一些小国常派遣子弟前来入学,这说明商朝学校已相当发达。

根据古籍中的各种记载和甲骨文提供的部分数据,商朝学校的具体情况大致如下:

商朝的"庠"是一种以养老为号召,进而实施教化的一种社会教育机构。商朝的"序",既保留了军事体育训练的旧形式,又增添了学习礼乐的新内容,而且更强调品德修养。"习射"只是一种形式,通过习射达到"明君臣之礼"、"明长幼之序"的目的。这说明,商朝的"序"已是以习礼为主、习射与习礼相结合的教育机构了。

商朝有"尚右"的传统,因为商朝举行各种祭祀活动时都向右(西)的方向朝拜。《礼记·明堂位》说，"殷人设右学为大学，左学为小学，而作乐于瞽宗"；又说"瞽宗，殷学也"。汉人注解，瞽宗本是乐人的宗庙，因成为学乐的场所。《殷契粹编》第114页第1162片记载："丁酉卜，其呼以多方小子小臣，其教戒。""教戒"，兼指习武与习舞，与殷序习射、瞽宗习乐之说相吻合。"国之大事，在祀与戎"，习武是为了征战，习乐是为了祭祀。"殷人尊神"，正反映了商朝盛行的是以宗教教育为核心的教育。

商朝的"学"和"瞽宗"，是前代没有的一种真正的教学场所。因为它有固定的校舍，选拔德高望重的人为师，传授礼、乐等典章文化，其目的是为奴隶主贵族培养继承人。由此可见，商朝的"学"和"瞽宗"已具备现代学校的某些特点，标志着中国学校的正式形成。

四、西周时期教育

1. 学校教育体系

西周在教育方面集前代之大成，汇合各种学校，构成一套组织比较完备的学校教育体系。据《礼记》、《周礼》等文献记载，西周官学已有"国学"与"乡学"之分。

"国学"分小学与大学两级。据《礼记·王制》和《礼记·保傅篇》记载，小学分为两种：一种是设在宫廷附近的贵胄小学；一种是设在郊区的一般贵族子弟的小学。大学也有两种：一种是设在诸侯所在地的"泮宫"；另一种是设在都城南郊的"辟雍"。"辟雍"又分为五学，辟雍居中，又称"太学"，四周分设四学：南曰"成均"，取五帝之学名，也称"南学"；北曰"上庠"，取虞舜之学名，也称"北学"；东曰"东序"，取夏代之学名，也称"东胶"或"东学"；西曰"瞽宗"，取殷商之学名，也称"西雍"或"西学"。

"乡学"是按当时的地方行政区域划分进行设置的，对具体情况的说法也不完全相同：《周礼》说"乡有庠，州有序，党有校，闾有塾"；《礼记·学记》说"家有塾，党有庠，术（遂）有序，国有学"。

乡学的优秀生可以升入国学。入学年龄也有规定，但诸书记载不一致，以说8岁入小学、15岁入大学者居多。

2. "学在官府"，"政教合一"、"官师一体"的教育制度

学校设在官府之中，教育机构与官府不分，是"学在官府"的重要表

现。西周的学校都是"公办"学校,既是施教的场所,又是处理政务的官府,又是祭祀献俘、献馘的地方。被称为"大教之宫"的明堂,就是辟雍太庙,是国家的重要组成部分,朝政、祭祀、飨射等行政事务,也在此办理。

教学所需要的典章文献、乐器礼器收藏在官府,是"学在官府"的另一重要表现。教学所用之书称为典、籍、策、简、牍等,它们记载的都是历代天子及命官们著述的典、谟、诰、训,以及他们所制作的礼制和乐章等。这些东西既是国家的文献,又是政府的命令、档,也是学生学习的教材。这些东西只能存放于官府,民间不可能拥有。学习礼、乐、舞、射诸科所需要的教具(古人称为"器"),民间是无力购置的。

官师不分,是"学在官府"的主要表现形式。在宫廷教育中,国家重臣太师、太保、太傅同时也是帝王之师。西周国学和乡学与宫廷教育基本相同,也是亦官亦师。国学由大司乐(大乐正)主持,同时他又是国家的礼官。大司乐之下设有教官乐师、师氏、保氏、大胥、小胥等,分别担任教学、教育工作,同时均为国家官吏。乡学由大司徒负责,以下分别由乡师、乡大夫、州长、党正等行政长官兼管。

3. 学校管理制度

西周时期对学校已实行分级管理。"国学",由皇室和侯国的宫廷直接管理;"乡学",由地方各级政府分别管理。据史籍记载,西周的天子或其他重要官员每年都要到学校视学,以示敬学重道,视学时还要举行隆重的礼仪。在视学过程中,除检查学校的教育、教学情况外,有时还亲自为学校师生讲学。

根据《礼记·学记》的记载,西周官学已有来年考查的具体办法:"一年视离经辨志,三年视敬业乐群,五年视博习亲师,七年视论学取友,谓之小成。九年知类通达,强立而不反,谓之大成。"另据《礼记·王制》的记载,在考查中如发现有不受教者,以告于大乐正,大乐正以告于王,王命三公九卿,大夫元士皆入学习礼以感化之,如不改变,王亲自视学,以示警告,仍不改变,则迁送远方,终身不齿。乡学的考查工作由乡大夫负责。

4. "六艺"教育的形成

西周在夏代尚武、商殷敬神的基础上,向文武兼备的方向迈进了一大步，形成了以礼乐为中心的文武兼备的六艺教育。六艺由六门课程组成：礼（包括政治、历史和以"孝"为根本的伦理道德教育）。乐（属于综合艺术，包括音乐、诗歌和舞蹈）。射、御（以射箭、驾兵车为主的军事技术训练）。书、数（包括读、写、算基础文化课）。具体内容包括五礼、六乐、五射、五御、六书、九数。

关于六艺教育的实施，是根据学生年龄大小和课程深浅，循序进行的。并且有小艺和大艺之分。书、数为小艺，系初级课程；礼、乐、射、御为大艺，系高级课程。大艺中的礼、乐代表奴隶主阶级意识形态，乐的作用主要是配合礼进行伦理道德教育，礼重在约束外表的行为，乐重在调合内在的情感。射、御，明显属于军事性的，因为战车在当时战争中是主要武器，要掌握战车的技术，必须学射、御这两种武艺。而礼、乐和射、御又有密切联系，在进行射、御训练时，要配合礼、乐的活动。礼与乐除配合射、御的训练，还配合对鬼神的祭祀，即所谓"国之大事在祀与戎"。可见礼、乐、射、御的训练，是为奴隶主贵族培养统治人才和军事骨干的教育目的服务的。

礼乐教育在中国原始社会，主要的教育内容和形式是宗教活动仪式（礼）、和原始音乐歌舞（乐）。到夏代，据《史记》记载已立宗庙、社稷，行郊社之礼。而商代迷信思想浓厚，礼乐教育从属于"事神致富"的宗教活动。史籍说："殷人尊神，先鬼而后礼。""鬼"是指祖先的灵魂，"先鬼"是说殷人以祭祖之祀最为重要。在大学举行祭祖献俘盛典是对贵族子弟进行祭祀之礼的实际教育。凡有祭祀必有乐。《诗经·商颂》详细描写了商人祭祀成汤的热闹场面，既有敲钟击鼓，又有乐舞。这说明乐教在商殷已很发达。

西周的礼乐虽仍服务于宗教的需要，但已逐渐趋于伦理化和政治化了。周公制礼作乐，对于实现这一转变起了关键作用。当然，礼乐之教最终实现伦理化和政治化，是由孔子完成的。通观中国礼乐教育的发生和发展过程，不难看出，西周是一个重要的转变时期，它改变了礼乐完全依附于宗教的关系，开始成为独立的政治道德教育。

（一）礼教

礼教的具体内容为五礼："吉"礼，用于祭祀；"凶"礼，用于丧葬；"军"礼，用于田猎和军事；"宾"礼，用于朝见或诸侯之间的往来；"嘉"礼，用于宴会和庆贺。

①政治教育

礼，是贵族子弟从政所必备的技能，他们要当官，必须谙熟各种礼仪。对礼的政治教育作用，《周礼·大司徒》指出："以仪辨等，则民不越"，就是说借各种礼仪标明尊卑上下的等级差别，可以教育老百姓安分守己，遵守君臣上下之道。所谓"以刑教中，则民不虣（古暴字）"，就是说借礼进行法制教育，可以使者百姓守中不悖，防止暴乱的发生。所谓"以度教节，则民知足"，就是说通过制定舆服制度，显示出人与人的差别，教育老百姓知足安贫，不思反抗。所谓"以贤制爵，则民慎德"，就是通过选贤任官，可以教育老百姓不矜细行，终累大德。所谓"以庸制禄，则民兴功"，就是说以其任用来确定官员的俸禄，可以鼓励老百姓为国兴功立业，以求宠荣。这些都体现出通过礼之教育达到政治教育的目的。

②人伦道德教育

在西周国学里，由师氏负责的"三德"教育和乡学所进行的"七教"都是人伦道德教育的重要内容。所谓"三德"，指的是至德、敏德、孝德；所谓"七教"，指的是父子、兄弟、夫妇、君臣、长幼、朋友、宾客七项人伦之教。《礼记·祭统》说："凡治人之道，莫急于礼，礼有五经，莫重于祭。"由此可以看出，在西周，祭祖为祀礼之首。祀礼十分重视培养人们共同祖先的观念。这一传统礼俗，对于中华民族形成同为炎黄子孙的观念影响甚为深远。后来，由祭祖逐渐转化为现实生活中的孝道。"长幼有序"的教育在礼教中也占有重要地位。《周礼·大司徒》说："以阳礼教让，则民不争。""阳礼"指的是乡里之中进行的"飨饮酒礼"，行礼时一般要以年龄为序，使人们懂得长幼有序的道理，养成谦逊、敬老、无争的风气。婚姻家庭观念的伦理教育，自西周王朝起，一直很受社会重视，强调"以阴礼教亲，则民不怨"。"阴礼"就是指婚姻之礼，进行这种礼教，就是阐明相亲之义，使天下无怨妇旷夫。西周建立起来的婚姻制度，对于消除野蛮时代遗留下来的混乱婚姻，曾起过进步的历史作用，也开创了中华民族重视"家道"建设、维护家庭和睦的优良传统。

③行为习惯的培养

《礼记·内则》记载,西周从小孩会吃饭时起,就根据年龄的大小和男孩女孩的特点,对其进行行为习惯的培养,对洒扫、饮食、起居、衣着、谈吐、应酬等等方面都有严格的规范和要求。国学里设有"三行"教育,乡学里设有"六行"教育。以国学里的"三行"教育为例,一是孝行,教其孝顺父母;二是友行,教其尊敬贤良;三是顺行,教其侍奉师长。

(二)乐教

"乐"是当时各门艺术的总称,不仅包括音乐,还包括诗歌、舞蹈、简单的作文等。乐教在西周享有崇高的地位,掌握国学的最高长官就称大司乐,即乐师。"乐"在西周官学中是主要课程之一,有乐德、乐语与乐舞等的教育。其具体内容为六乐:"云门"、"大咸"、"大韶"、"大夏"、"大濩"、"大武"等古乐名。礼教和乐教的作用互为表里,各有侧重,乐修其内,礼修其外,互相促进。

①乐德教育

西周推行"德治",乐教也以德教为重,即所谓"德成而上,艺成而下"。因此,乐德教育的核心是等级名分教育。西周对于乐队和舞队的排列、人数、所用乐器,都根据主人的等级而有相应的规定。

乐德教育以对贵族子弟灌输"中和"伦理道德观念最为重要。所谓"中和",就是王道的和谐,就是运用艺术的感染力量,使受教育者从道德认识到道德情感都达到中和,化情移性,移风易俗,即所谓"乐者天地之和也"。乐德既是当时贵族子弟的自我修养,又是他们施行社会教化的内容。

②乐语教育

根据《周礼·春官·大司乐》记载,乐语教育包括兴、道、讽、诵、言、语几方面的教学:所谓"兴",就是比喻;"道",就是借古证今进行启发诱导;"讽",就是读书背文;"诵",就是歌咏吟诵,配乐赋诗;"言",指"发端"的言辞;"语",指答述的言辞。"兴"和"道"是关于阅读和写作知识的教育;"讽"和"诵",主要是指诗歌教学;"言"和"语",在周代是两类文章体裁,近于后来的作文教学。诗歌演唱是当时社交活动中不可缺少的内容，为贵族甚至庶人必备的文化修养。所以，乐语之教在西周受到重视。

③乐舞教育

周代的乐舞教育既教大舞，又教小舞。大舞是歌颂黄帝、尧、舜、禹、汤、文王、武王等功德的史诗性乐舞；小舞是周统治者制定的六种祭祀舞蹈。大舞与小舞由大司乐和乐师教授，为周代国学中的必修课程。乐舞具有寓多种教育于艺术教育之中的特点，可以起到德育、智育、体育、美育的作用。

（三）射御教育

西周王朝初期学校教育的主要内容是练兵习武，力图把学生培养成为保卫社稷的武士。据《礼记·射义》记载，周天子选择诸侯、卿、大夫、士的办法就是试射。《礼记·内则》记载，13岁或15岁以上的男孩就要"学射御"。射，就是射箭；御就是驾驶马车。射箭是当时最重要的作战本领。其具体内容为五射："白矢"、"参连"、"剡注"、"襄尺"、"井仪"。白矢即箭穿过鹄的，要用力适当，恰中目标，刚刚露出白色箭头。参连即先发一矢，后三矢连续而去，矢矢中的，看上去像是一根箭。剡注即箭射出，箭尾高箭头低，徐徐行进的样子。襄尺的襄读让，臣与君射，不与君并立，应退让一尺。井仪即连中四矢，射在鹄的上的位置，要上下左右排列像个井字。

作战以车战为主，驾御兵车作战的技能十分重要。御的训练方法有"五御"，即鸣和鸾、逐水曲、过君表、舞交衢、逐禽左。鸾、鸣都是车上的铃铛，车走动时，挂在车上的铃铛要响得谐调。逐水曲即驾车经过曲折的水道不致坠入水中。过君表即驾车要能通过竖立的标竿中间的空隙而不碰倒标竿。舞交衢即驾车在交道上旋转时，要合乎节拍，有如舞蹈。逐禽左即在田猎追逐野兽时，要把猎物驱向左边，以便坐在车左边的主人射击。

（四）书、数教育

书教，就是识字和书写教学。汉字到殷商时代已进入成熟阶段，识字学书也就成了当时教育的重要内容。据《礼记·内则》记载，西周时期的书学是："十年出就外傅，居宿于外，学书计。"这是说儿童长至10岁有一定生活能力时，就要出门投师学习识字与算术。其具体内容为六书即六甲，是古代学童练习写字的材料。因十天干和十二地支依次相配，其中有甲子、甲戌、甲申、甲午、甲辰、甲寅，所以叫六甲。

数教，是关于数字和计算方法的教学。数，在古代是与术相联系的，故称数术，简称数。今天所说的数学，古时则称为"算"，是数术之一种。数教的具体内容为九数，即九九表，古代学校的数学教材。其教学内容主要是：学习十进制的文字记数方法；学习计算方法以及与当时民生日用有关的自然科学知识。

5."世业"

西周在科学技术方面，如天文、历法、医药、建筑、冶炼、机械制造等，都有很大的进展，但贵族们奉行的原则是"德成而上，艺成而下"，认为学习这类东西是同高等贵族的身份不相称的，所以学校中并不重视科技教育。科技的传授是通过另外的管道，由专门事务官祝、史、医、卜及"百工"，父以传子，世代相继，成为"世业"。学校教育与"世业"并行，是中国古代教育制度的又一特点。

6. 周公的教育思想

周公是中国教育政策和国学制度的奠基者。《礼记·明堂位》记载："周公践天子之位以治天下，六年，朝诸侯于明堂，制礼作乐，颁度量而天下服。"周公制礼作乐的内容很广泛，包括西周时期的一系列典章制度和行为规范。这些制度和规范以政治制度为主，同时还包括人们的生活方式、宗教礼仪以及文化教育等方面的规范。周公所作之乐，则不仅包括乐曲，而且还包括诗歌、舞蹈等内容。正是由于周公制礼作乐，使整个礼制由过去的宗教仪式变成了现实生活中的典章制度与教育手段。

周公主张"以教育德"和"敬德保民"。他既讲德，又言教，主张加强对人的教育。周公从德治论出发，阐述了教育的政治作用；从德性论出发，阐述了教育对人后天德性的作用。他采取文武兼施的两手来治理国家，即对广大民众，要以安抚、教化为主，镇压为辅。这就是周公的德治。他告诫周室统治者要"明德慎罚"，就是治理国家要先教后刑，并且要慎于用刑。他强调对民众要经常进行训导、告诫、教诲，认为这样治民民就不会弄虚作假，进行欺骗，他还认为，为施行教化，必须使民有所规范，知道言行的准则。

周公重视"师保之教"，特别是重视奴隶主贵族及其子弟的政治道德教育、"治术教育"和"勤政教育"。周公首先重视对上层统治者进行"体恤下民，力戒贪逸"的教育。其次周公很重视进行"勤勉从政"的教育。再次进行谨言慎行、克己自谦的教诫。周公自任周成王太师后，一方面辅佐成王，施政于朝；另一方面力尽师保之责，对成王进行敬德保民思想的教诲，收到良好成效。

周公致力于社会教化，力主化民成俗。他首先提倡彝教。"彝教"就是对庶民进行德行规范教育，即"化民成俗"的教化活动。他认为庶民若能按规范行事，即"民之秉彝"，天下就太平了。这是治国平天下不可缺少的教育活动。周公很注意观民风，并且是"采风问俗"的倡导者。相传周公曾亲自采集文王时期周地以南的民歌。他之所以亲自采风问俗，一是为了调查施政的得失利弊，为讽谏之用；二是为了化民易俗，实施社会教化。周公还提倡"六艺"教学等。

五、春秋战国时期教育

1. 西周官学的没落衰废

春秋战国时期是中国奴隶制社会解体和封建制社会形成的时代。当时，王室、诸侯连年忙于打仗，战争频繁，社会动乱，根本无暇顾及学校教育。而那些贵族子弟整天嬉戏游荡，无心读书，官学已经形同虚设。《诗经·子衿》就形象地反映了这样的史实。其小序云："子衿刺学校废也，乱世则学校不修焉。"另外，据《左传·昭公十八年》记载：鲁国参加曹平公葬礼的使者曾去见周大夫原伯鲁，谈及官学的事情，原伯鲁就和他说："不悦学"，甚至还讲"可以无学，无学不害"。反映了奴隶主贵族在政治上的没落，他们不想进学不思读书，连贵族本身也认为官学可有可无，官学走向没落衰废也就是必然的了。随着西周王室的衰落，不少在周天子和诸侯宫廷中掌管文化的职官，也开始走出宫廷另寻生活出路。《论语·微子》就记载了一批司礼司乐的专家和知识分子，他们失去了世袭的职守而流落到了民间的史实。与知识分子向民间活动的同时，官府的许多图书典籍也跟着扩散了。这样，就打破了奴隶主贵族"学在官府"、"官守学业"的现象，造成"文化下移"的趋势，出现了所谓"天子失官，学在四夷"的局面。王官失职，官学失守，文化下移民间四方，西周奴隶制官学彻底地衰废了。

2. "士"阶层的出现和私学的产生发展

所谓"士",有文士和武士,还有能文能武之士。在西周奴隶制度下,士是奴隶主贵族中的最低阶层。到了春秋战国时期,随着社会阶级关系的变化,一部分士从奴隶主贵族中游离出来,他们凭借掌握的六艺知识技能,变成依靠知识谋取生活的知识分子;另一部分士是由于庶人工商的身分变化,他们的子弟上升为士的;还有一部分士是从新兴地主阶级中涌现出来;可能还有获得解放的奴隶转变为士的。这批人不狩不猎,不工不商,脱离生产劳动,靠着掌握的文化知识或一技之长,走公室跑私门,寻找个人的政治以及生活的出路,成为社会上极为活跃的一支力量。

春秋初期,各国诸侯为了扩大自己的势力和巩固统治地位,出现了养士之风。到了战国时期,"养士"之风更加盛行,齐威王和宣王创办的著名"稷下学宫"就是非常典型的代表。私门养士如四公子齐孟尝君、楚春申君、赵平原君、魏信陵君,以及秦国的吕不韦,所养的士都是很多的。士的地位大大提高,这是时代的风气。

士,进可做官食禄,退可以为师办学。这样,有人渴望"学而优则仕",有人志趣当师办学,于是私学便产生了。所以,士的出现是私学产生的社会基础,养士之风的盛行又进一步促进了私学的迅速发展。由此可见,文化的下移和士的出现,是春秋战国时期私学产生发展的直接的原因。

春秋初期,各诸侯国根据需要各自为教,教育思想内容和文化学术观点也不尽一致,形成了不同的学风。使私学作为一种新的办学形式,应该说是从孔子开始的。在他的提倡和影响下,孔门学生分散到各国去开办私学,私学普遍发展了。战国时期,孟子,荀子都是儒家学派的大师,聚徒讲学致力于教育事业。墨子也创办了私学,规模和影响仅次于孔子私学,被并称为孔、墨两大"显学"。其他还有道家、法家、名家、纵横家等也都办了私学,聚徒讲学。在中国古代文化教育史上,影响最大的是儒、墨、道、法四家私学派别。各家私学及其代表人物,从不同阶级和集团利益出发,著书立说、议论政治、阐述哲理,展开了思想上的斗争,形成了"百家争鸣"的局面。各家各派之间互相辩论,而又相互影响吸收,即便在同一学派在发展过程中,也往往发生变化。这一切对当时的社会变革,以及文化教育的发展起了促进作用。

3.儒家学派的教育思想

儒家学派是春秋时期在政治上、教育上影响都较大的一个学派,它的代表人物主要有孔丘、孟轲、荀况等。

(一)孔子的教育思想

孔子是中国古代著名的思想家和教育家,是儒家学派的创始人。他的思想学说影响深远、历久不衰,被认为是东方文明的象征。孔子又是中国历史上首创私人办学的教育家,传说他有弟子三千,贤人七十。在长期的教育活动中,他积累了丰富的教育经验,他的教育思想是其教育经验的总结。

孔子杏坛讲学图(明 吴彬)

①教育目的

孔子主张"为政以德"(《论语·为政》),认为法治具有强制性,只能约束人们的外部行为;德治具有感化力,才能影响人们的心灵,他主张举用"贤才",提倡"学而优则仕"(《论语·子张》)。为此,他创办私学,以造就改良政治需要的"贤才"。孔子称"贤才"为"君子"("士"或"成人"),规定"君子道者三","智者不惑,仁者不忧,勇者不惧"(《论语·子罕》)。他说:"政者正也"(《论语·颜渊》),"其身正,不令而行;其身不正,虽令不从"(《论语·子路》)。所以要求"君子"首先必须是道德完善的人,能以身作则;把"修己以安百姓"作为最高的政治理想和教育的根本出发点。

②教育对象

孔子主张"有教无类"(《论语·卫灵公》),东汉马融作注说:"言人所在见教,无有种类"。南北朝时的皇侃在《论语集解义疏》中说:"人乃有贵贱,同宜资教,不可以其种类庶鄙而不教之也;教之则善,本无类也"。孔子又说:"自行束修以上,吾未尝无诲焉"(《论语·述而》)。束修的"修"是指干肉,又叫脯。每条脯叫一脡,十脡为一束。束修就是十条干肉。说明"有教无类"的基本含义是：不分种族、贵贱、贫富、贤愚、年龄和地区，任何人（除奴隶外）都可以入学接受教育。从孔子的学生群体来看，可证他在办学过程中是实现了"有教无类"这一方针的。据《史记·仲尼弟子列传》，在孔子众多的学生中，有贵族子弟孟懿子、南宫敬叔、司马牛。商人子弟端木赐（子贡），家累千金，结驷连骑。出身贫贱的颜回，居陋巷，过着"一箪食，一瓢饮"的生活。曾参种菜，其母织布，十年不曾添一件新衣。闵子骞受后母虐待，冬天穿着塞芦花的衣服，御寒取暖。仲弓，其父"贱人"，家贫几"无立锥之地"。子路食藜藿（野菜），百里负米养母。子张是鲁国"鄙人"。子夏衣若悬鹑。公冶长曾判刑入狱坐过大牢。颜涿聚当过"大盗"。聪颖学生有象闻一知十的颜回和闻一知二的子贡那样的，也有象高柴那样"愚"，曾参那样"鲁"的并非聪明的学生。学生年龄状况也参差不齐，十分悬殊，年龄大的学生秦商只比孔子小4岁，年龄小的学生，如公孙龙少孔子53岁。学生来自鲁、齐、卫、晋、宋、蔡、秦、楚等国。难怪在当时就有南郭惠子发出感叹："夫子之门何其杂也！"（《荀子·法行》）

③教育主要内容

孔子的教育目的是培养为统治阶级服务的知识分子，他说："学也，禄在其中矣。"认为学生学习是为了"干禄"。《论语·述而》说："子以四教：文、行、忠、信"，意思是孔子把"文、行、忠、信"作为教育的主要内容。在孔子的教育思想中认为质量教育是首要的，文化知识是从属的。所以他经常教育学生要学"礼"，认为"不学礼，无以立"（《论语·季氏》），"礼"就是当时社会的政治道德规范。所以，孔子主张治学先要立人，"弟子入则孝，出则弟，谨而信，泛爱众，而亲仁。行有余力，则以学文"（《论语·学而》），意思是要把品德修养放在根本的位置。孔子把生产知识和劳动技能排斥在教学之外。樊迟请"学稼"、"学圃"遭到他的痛斥，他说："上好礼，则民莫敢不敬；上好义，则民莫敢不服；上好信，则民莫敢不用情。夫如是，则四方之民襁负其子而至矣，焉用稼？"（《论语·子路》）

④教学科目

孔子的教学纲领是"博学于文，约之以礼"。基本科目是"诗、书、礼、乐"。

"诗"是西周以来的诗歌。经孔子删定,存305篇,概称"三百篇",即流传下来的《诗经》。孔子根据乐调将删存的"诗"分为"风"、"雅"、"颂"三类。孔子说"诗"的作用有四:激发道德情感、观察风俗盛衰、增进相互情谊、批评政治得失。归结起来,是教人懂得如何"事父"与"事君",还可以多识一些"鸟兽草木之名"。

"书"即历史。孔子将春秋以前历代政治历史文献汇编成书,保存了夏商以来特别是周初的重要历史材料。孔子说"文武之政,布在方策,其人存则其政举,其人亡则其政息"(《礼记·中庸》)。说明书教的旨意即在于复兴"文武之政"。孔子还根据鲁国的史记编写了一部编年史——《春秋》,以周礼为准则,评述春秋史实,"寓褒贬,别善恶",旨在正名定分,维护奴隶主贵族的统治秩序。

"礼"即周礼。包括奴隶制的宗法等级世袭制度、道德标准和仪节。孔子认为"不学礼,无以立"(《季氏》)。强调"礼"必须以"仁"的思想情感为基础,离开"仁","礼"就没有意义了,因此要求要达到"礼"和"仁"的统一。

"乐"即音乐。"乐"与"诗"相连,"乐"谓乐曲,"诗"谓歌词;合而言之,"乐"也包涵"诗"。"乐"与"礼"相配合进行政治道德教育,其作用尤在于陶冶情感。"礼"以修外,"乐"以修内。孔子认为"安上治民,莫善于礼;移风易俗,莫善于乐"(《孝经·广要道》)。孔子说:"兴于诗,立于礼,成于乐"(《泰伯》),对"乐"在培养人的性格中的作用给予了高度的评价。

⑤教育方法

其一,学思并重。孔子强调把学习与思考结合起来,学习与思考并重,并且要以学为主。他提倡的学习态度是采取"多闻阙疑"、"多见阙殆"(《论语·为政》),即自己要多听多看随时发现问题,并且有存疑的精神而不盲目轻信。他认为"学而不思则罔,思而不学则殆"(《论语·为政》),学习时如果不积极地进行思考,只是读书满足于记忆一些知识,就不会抓住事物的本质。而思考若不以学习为基础吸收实际知识,也就会产生心中疑惑流于空想不能解决问题。因此,忽视学与思的结合,单纯的学习或思考,都会产生片面性。孔子还以自己个人的体会,"吾尝终日不食,终夜不寝，以思，无益，不如学也"(《论语·卫灵公》)，告诫学生处理好学与思的关系，强调学在前、思在后，学而后思。他提出君子有九思："视思明，听思聪，色思温，貌思恭，言思忠，事思敬，疑思问，忿思难，见得思义"(《论语·季氏》)。

其二，虚心求是。孔子认为在思考问题时要抱虚心求是的态度，"知之为知之，不知为不知，是知也"(《论语·为政》)。对尚未明白的问题，暂时存疑，以待进一步探讨，"毋意、毋必、毋固、毋我"(《论语·子罕》)，即勿妄自意度、勿独断、勿固执、勿自以为是，要敢于向比自己低的人请教，做到"不耻下问"，如此才能获得真知。

其三，温故知新。孔子主张"学而时习之"(《论语·学而》)，"温故而知新"(《论语·为政》)。这一教学原则的含义，是指在温习旧知识的基础上，去探求获得新知识。巩固旧知识和探索新知识，两者之间存在着内在有机的联系，是一个合乎逻辑的过程。实际上，人们的认识是在不断温故知新的过程中向前发展的。

其四，启发诱导。孔子在教学中注重启发、诱导、有的放矢，主张"不愤不启，不悱不发。举一隅不以三隅反，则不复也"(《论语·述而》)。"启发"一词即由此而来。意思是教学的内容与方法务使适合学生的接受水平和心理准备条件，以充分调动学生学习的主动性和求知欲。因材施教，循序渐进，引导他们在理性认识的基础上，发展道德情感，树立道德信念，追求远大理想；由"知之"到"好之"，由"好之"到"乐之"，形成习惯系统。

其五，因材施教。孔子经常通过观察、问答等方式了解学生智慧性格的差异。《论语》保存了大量评论个性的记录，如："由也果……赐也达……求也艺"(《论语·雍也》)；"柴也愚，参也鲁，师也辟（偏激），由也喭（莽撞）"(《论语·先进》)；"德行：颜渊、闵子骞、冉伯牛、仲弓；言语：宰我、子贡；政事：冉有、季路；文学：子游、子夏"(《论语·先进》)……孔子根据他们不同的个性特点进行教学，主张"中人以上，可以语上也；中人以下，不可以语上也"(《论语·雍也》)。南宋教育家朱熹概括了孔子因人而异的教学方法，在《论语集注》内提出了"夫子教人，各因其材"的概念，这就是"因材施教"教学名言的最初的由来。

其六，学以致用。孔子要求学习所得必须见于行动，即把知识运用到政治生活和道德实践中去。他以学"诗"为例，说："诵诗三百，授之以政，不达；使于四方，不能专对；虽多，亦奚以为"（《论语·子路》）？孔子观察人的方法是："听其言，而观其行"（《论语·公冶长》）。最讨厌讲空话，讲大话，认为言过其行是最可耻的。就道德修养来说，根本的要求是"迁善改过"。孔子说：学习是为了提高自己的知识和道德修养，而不是用作装饰，给别人看。他说他自己经常忧虑的事情就是"德之不修，学之不讲，闻义不能徙，不善不能改"；认为颜渊过人之处就在于"不迁怒，不贰过"（《论语·雍也》），"有不善未尝不知，知之未尝复行也。"孔子深信人的智慧和道德都是在不断克服缺点与错误的过程中形成和发展的。

其七，以身作则。孔子在言教的同时也注重身教，要求自己"学而不厌，诲人不倦"（《论语·述而》），他一生勤奋刻苦，"发愤忘食，乐以忘忧，不知老之将至"（《论语·述而》）。认为以身作则，身教重于言教，对学生会更有说服力和示范感化的作用。他说"其身正，不令而行；其身不正，虽令不从"，"不能正其身，如正人何"（《论语·子路》）？正人先正己，孔子精辟地说明了一个教师以身作则的必要性和重要性，也说明了为人为学的一个基本准则。

（二）孟子的教育思想

孔子死后，儒家分为八派："有子张之儒，有子思之儒，有颜氏之儒，有孟氏之儒，有漆雕氏之儒，有仲良氏之儒，有孙氏之儒，有乐正氏之儒"（《韩非子·显学》）。其中"孟氏之儒"是儒家学派当中一个重要学派，代表人物就是孟子。

①教育思想的理论基础

孟子教育理论的基础是"性善论"。他说："恻隐之心，人皆有之；羞恶之心，人皆有之；恭敬之心，人皆有之；是非之心，人皆有之"（《孟子·告子上》）。这恻隐、羞恶、恭敬、是非是四种道德的萌芽，称之为"四端"。而这四端发展起来就成为仁、义、礼、智四种道德，称之为"四德"。在孟子看来，人与人之间的差别就在于能否发挥自己的人性本质。他认为，教育的作用在于收回原有的善性，去扩充善端。所谓"学问之道无他，求其放心而已矣"(《孟子·告子上》),这就是教育在人性形成发展上的作用。孟子因此认为,如果把人所固有的善端加以扩充完善,"人皆可以为尧舜"(《孟子·告子下》)。

②教育作用与目的

孟子对教育的作用,最强调的是内心的道德修养,认为比政治的作用更有效果。他说:"善政不如善教之得民也。善政民畏之,善教民爱之,善政得民财,善教得民心"(《孟子·尽心》)。为了争取民心,他提出要注意培养"明人伦"的君子或大丈夫。他说:"教以人伦,父子有亲,君臣有义,夫妇有别,长幼有序,朋友有信"(《孟子·滕文公》)。这些人与人之间的关系和行为的准则,被后世人们概括为人的道德的"五伦"。

③教育主要内容

孟子把伦理道德教育放在首位,成为他对学生进行教育的主要内容。认为教育的整个内容和全部过程就是"谨庠序之教,申之以孝悌之义"(《孟子·梁惠王上》)。教学以《诗》、《书》、《礼》、《乐》、《易》和《春秋》六经为主要教材。以伦理道德作为教育的基本内容,开端于孔子,中经孟子发展完善,此后形成儒家教育的中心内容和主要特点,极大地规范和影响着中国封建社会的全部教育。

④道德教育

孟子首先重视树立道德的理想。他反复强调"尚志"或"持志","王子垫问曰:'士何事?'孟子曰:'尚志'。曰:'何谓尚志?'曰:'仁义而已矣'"(《孟子·尽心》)。其次,要注意保持先验的道德意识,即"存其心,养其性"(《孟子·尽心》),以培养道德自觉性。在存养的基础上,他更提出要把先验的"善端"加以扩充,发展道德质量。他曾说:"人皆有所不忍,达之于其所忍,仁也;人皆有所不为,达之于其所为,义也;人能充无欲害人之心,而仁不可胜用也;人能充无穿踰之心,而义不可胜用也"(《孟子·尽心》)。

孟轲提出的道德教育原则和方法:

其一,寡欲养气。孟子主张节制私欲。他认为"养心莫善于寡欲。其为人也寡欲,虽有不存焉者寡矣。其为人也多欲,虽有存焉者寡矣"(《孟子·尽心》)。寡欲是克制欲念,养气则是发扬善性。孟轲说:"我善养吾浩然之气"(《孟子·公孙丑》)。所谓浩然之气是由道义积累而产生的,它是一种具有道德属性的精神力量;有了它就能理直气壮,敢于坚持自己的信仰,甚至具有为之献身的精神。

其二,反求诸己。孟子很重视自我检察,自我反省这种修养手段。他把反求诸己说成"求放心",认为"仁,人心也;义,人路也。舍其路而弗由,放其心而不知求,哀哉!……学问之道无他,求其放心而已矣"(《孟子·告子上》)。即通过思考,自觉地进行自我反省,把迷失了方向的善良的心寻找回来。

其三,改过迁善。孟子认为人有过错就应改正,这样才能获得人们的尊敬。又认为,知错改过还不够,还应该"好善"、"为善"和"与人为善"。"好善"就是赞扬、吸取别人的善言、善行。"为善"即自己去行善事。"与人为善"则是与别人共同为善,这是最好的德行。

其四,意志锻炼。孟子指出,一个人要通过意志的锻炼才能有坚强的性格,才能担负起治理天下的重任。他说:"故天将降大任于是人也,必先苦其心志,劳其筋骨,饿其体肤,空乏其身,行拂乱其所为,所以动心忍性,曾益其所不能"(《孟子·告子》)。

⑤学习与教学方法

其一,深造自得。孟子认为"君子深造之以道,欲其自得之也"(《孟子·离娄》),学习的最高目的,是使知识达到"自得"的境界。当一个人的知识达到"自得"境界的时候,在处理和解决事物时,才能操持自如,左右逢源,默识心通。反之,被动的学习都是外铄的肤浅的知识,心中必无所得,学了也等于没学、没有收获。

其二,专心有恒。孟子认为学习不仅要专一,还要持之以恒,一曝十寒也是难以成功的。他曾举掘井作譬喻说:"有为者辟若掘井,掘井九轫而不及泉,犹为弃井也"(《《孟子·尽心》)。

其三,循序渐进。孟子认为学习应该循序渐进,所谓"盈科而后进,放乎四海"(《孟子·离娄》),象流水似地顺序前进。相反,"其进锐者,其退速"(《孟子·尽心》),必然得不到预期的效果。孟子说:"助之长者,揠苗者也。非徒无益,而又害之"(《孟子·公孙丑》)。

其四,由博反约。孟子主张"博学而详说之,将以反说约也。"这是说在融会贯通的基础上,广博地学习,详细地解说,返回到概括地述说中心大意的地步。

其五,重思存疑。重思是孟子教学思想的特点,他提出"读书存疑"的主张,认为"尽信书,则不如无书"(《孟子·尽心》)。他还轻视闻见之知,认为感官只能扰乱人们的认识,唯有依靠心之官的思维才能认识事物。他说:"耳目之官不思,而蔽于物,物交物,则引之而已矣。心之官则思,思则得之,不思则不得也"(《孟子·告子》)。

其六,因材施教。孟子认为,除了自暴自弃者外,对有心问学的人都可量材施教。他说:"君子之所以教者五:有如时雨化之者;有成德者;有达财者;有答问者;有私淑艾者。此五者,君子之所以教也"(《孟子·尽心》)。

(三)荀子的教育思想

①教育作用、目的与教学内容

荀子说:"人之性恶,其善者伪(人为)也"(《荀子·性恶》),人之所以能为善,是靠后来的努力所为,由于学了礼义而懂了礼义,恶性也就转变为善性了。荀子认为教育可以起到"化性起伪"的作用,甚至人的贵贱、智愚、贫富都可看作是教育的结果。他说:"我欲贱而贵,愚而智,贫而富,可乎?曰:其惟学乎!"(《荀子·儒效》)

荀子认为教育目的是培养士、君子、圣人,而以学为圣人作为最高的目的。他说:"其义则始乎为士,终乎为圣人"(《荀子·劝学》)。又说:"彼学者,行之,曰士也;敦慕焉,君子也;知之,圣人也。上为圣人,下为士君子,孰禁我哉!"(《荀子·儒效》)"故学者固学为圣人也,非特学为无方之民也"(《荀子·礼论》)。荀子具体规划了施教的内容:诵习《诗》、《书》、《礼》、《乐》、《春秋》,指出:"《书》者,政事之纪也;《诗》者,中声之所止也;《礼》者,法之大分也,类之纲纪也。故学至乎《礼》而止矣。夫是之谓道德之极"(《荀子·劝学》)。

②道德教育

其一,崇礼尚义。荀子把礼推崇为有法的作用,成为人们共同遵守的准则。他说:"礼者,贵贱有等,长幼有差,贫富轻重皆有称者也"(《荀子·富国》)。"礼所以正身也,……无礼何以正身"(《荀子·修身》)。因为礼有这样大的作用,所以说:"学也者,礼法也"(《荀子·修身》)。孔孟讲孝弟,荀子认为孝是小行,应以义为尚,即认为怎样是对,便应怎样做。他说:"入孝出弟,人之小行也;上顺下笃,人之中行也;从道不从君,从义不从父,人之大行也"(《荀子·子道》)。

其二,隆师亲友。荀子特别强调"师法"的重要。他说:"故有师法者,人之大宝也;无师法者,人之大殃也。人无师法,则隆性矣;有师法,则隆积矣"(《荀子·儒效》)。他认为要"化性起伪",积礼义为君子,就要注重师法。他强调学习必须依靠教师的指导,学生应该尊重教师。他说:"言而不称师,谓之畔;教而不称师,谓之倍。倍畔之人,明君不内,朝士大夫遇诸涂不与言"(《荀子·大略》)。荀子又说:"夫人虽有性质美而心辩知,必将求贤师而事之,择良友而友之。得贤师而事之,则所闻者尧、舜、禹、汤也;得良友而友之,则所见者忠信敬让之行也;身日进于仁义而不自知也者,靡使然也"(《荀子·性恶》)。

其三,参验反省。荀子主张"君子博学而日参省乎己,则知明而行无过矣"(《荀子·劝学篇》)。这就是说先要有广博的知识而后再以知识为依据每日参验省察自己,能这样,则知明而行无过,就有了道德修养。

其四,择善而从。荀子认为"君子居必择乡,游必就士,所以防邪僻而近中正也"(《荀子·劝学》)。"见善,修然,必以自存也。见不善,愀然,必以自省也"(《荀子·修身》)。

其五,积善成德。荀子说:"积土成山,风雨兴焉;积水成渊,蛟龙生焉;积善成德,而神明自得,圣心备焉"(《荀子·劝学》)。又说:"涂之人百姓,积善而全尽,谓之圣人。……故圣人也者,人之所积也"(《荀子·儒效》)。

③教学方法

其一,强学力行。荀子认为学习要注重闻、见、知、行。行比知更为重要,强调艰苦的学习和实际的行动。他说:"不闻不若闻之,闻之不若见之,见之不若知之,知之不若行之。学至于行之而止矣"(《荀子·儒效》)。同时他还认为,只有行之有效的,才是正确的。他曾说:"君子之学也,入乎耳,着乎心,布乎四体,形乎动静。……小人之学也,入乎耳,出乎口"(《荀子·劝学》)。

其二,虚壹而静。荀子认为在学习和求取知识的过程中,要有"虚壹而静"的学习态度。"虚"就是虚心,"不以所已臧(藏),害所将受"(《荀子·解蔽》),意思是不因已有的知识而妨碍接受新知识。"壹"就是专一,"不以夫(彼)一害此一"(《荀子·解蔽》),即学习时用心专一,不一心两用。"目不能两视而明,耳不能两听而聪"(《荀子·劝学》),在同一个时间内,集中注意一件事情效果比较好些。"静"就是静心,"不以梦剧乱知"(《荀子·解蔽》),学习和思维不要做没有根据的想象,也不要受剧烈感情波动的影响,心情镇静有利于学习和思考认清事物。能够"虚壹而静",才能做到"大清明",即达到认识上完全透彻无所偏蔽的境界。

其三,学思兼顾。荀子认为在学习上学与思二者都不可缺,他说:"学不可以已"(《荀子·劝学》)。又说:"吾尝终日而思矣,不如须臾之所学也。吾尝跂而望矣,不如登高之博见也。"

其四,积渐全尽。荀子认为学习要全面、彻底、精粹。他说:"百发失一,不足谓善射;……伦类不通,仁义不一,不足谓善学。学也者,固学一之也。……全之尽之,然后学者也,君子知夫不全不粹之不足以为美也,故诵数以贯之,思索以通之"(《荀子·劝学》)。全,也就是照顾全面,不要"蔽于一曲,而闇于大理"(《荀子·解蔽》)。也就是要万物并陈而设立标准来衡量,即"兼陈万物而中悬衡焉"(《荀子·解蔽》)。

其五,立志有恒。荀子说:"无冥冥之志者,无昭昭之明;无惛惛之事者,无赫赫之功"(《荀子·劝学》)。没有专心致志精神的人,在学习上就难以取得进步成绩;不能默默无闻埋头苦干的人,也很难于做出一番出色的事业。志向确立之后,学习还要贵在有恒,要有刻苦努力坚持不懈的精神。"骐骥一跃,不能十步;驽马十驾,功在不舍。锲而舍之,朽木不折;锲而不舍,金石可镂"(《荀子·劝学》)。

其六,善假于物。荀子认为在学习过程中,还要善于利用前人总结的知识经验成果,并在此基础上进行改革不断创新。他说:"假舆马者,非利足也,而致千里;假舟楫者,非能水也,而绝江河。君子生非异也,善假于物也"(《荀子·劝学》)。所以荀子教育学生,一要"学莫便乎近其人"(《荀子·劝学》),简捷的方法和直接的途径是向你崇敬的人学习;二要"居必择乡,游必就士"(《荀子·劝学》),居住要选择乡邻,交游要接近贤士,多从良师益友处获取教益,避免不良习俗的浸染。

其七,学以致用。荀子说:"君子之学也,入乎耳,箸(着)乎心,布乎四体,形乎动静;端而言,蝡(蠕)而动,一可以为法则"(《荀子·劝学》)。这是把学习过程分为四步进行:首先,"入乎耳",这是通过感觉器官接受外界的刺激,从而获得所谓感性知识;其次,"箸乎心",这是把接受的外部刺激,即感性认识在头脑中加工而成所谓理性认识;第三,"布乎四体",这是由脑神经发布命令,传至身体的各个部位;最后,"形乎动静",这是身体各部位按着神经号令,表示出反应的动作。这也就是他所说的闻、见、知、行四个学习环节,即"不闻不若闻之,闻之不若见之,见之不若知之,知之不若行之,学至于行之而止矣"(《荀子·儒效》)。学习的过程从"闻之"、"见之"到"知之",最后到"行之"学以致用,才算结束完成。

4. 墨家学派的教育思想

墨家学派在春秋末及战国时期和儒家私学并称为"显学"。墨家创始人墨子死后,墨家分成三派:相里氏、相夫氏和邓陵氏。

(一)教育的目的与作用

墨子认为,人性如"素丝",本来并没有善恶之分,完全是后天的环境和教育影响才产生了善恶之别。他说:"染于苍则苍(青),染于黄则黄,所入者变,其色亦变。五入必(毕)而已,则为五色矣。故染不可不慎也"(《墨子·所染》),所以他认为,治理国家重在统一思想,提倡"尚同"以一同天下之义,使之有共同的是非标准,这样才能达到求治的目的。治理国家很重要的一个措施就是推行教育,用"上说下教"的办法来实现"兴天下之利,除天下之害"(《墨子·兼爱》),建设一个平等兼爱的社会。

墨子从实现"兼爱"的政治理想出发,提出教育的目的要培养"兼士"或"贤士",以备担当治国利民的职责,成为"摩顶放踵利天下"的人。墨子认为,"兼士"应该"视人之身若其身,视人之家若其家,视人之国若其国"(《墨子·兼爱》),必须能够"厚乎德行,辩乎言谈,博乎道术"。在这三项品德中,德行一项居于首位,因为"士虽有学,而行为本焉",而且还应该强调"有力者疾以助人,有财者勉以分人,有道者劝以教人"。除品德标准之外,墨子要求兼士善于辞令能言善辩,还要通晓治国的道理方法和掌握实用的技术。墨子培养兼士的思想,反映了劳动者要求互相帮助共渡难关的美好愿望,这是墨家学派的基本精神。

(二) 教育内容

墨家学派在强调"交相利、兼相爱"的道德教育基础上,同时重视文史知识的掌握及逻辑思维能力的培养,尤其在智育教育中注重实用技术的传习,这是墨家学派教育教学内容的特点。

墨子精通工艺,善于器械制造。在《墨子》一书里,载有许多有关几何学、力学和光学的科学知识,诸如,几何学方面关于点、线、面、体的研究;力学方面关于杠杆、天平、秤、滑车、斜面的研究;光学方面关于光线的进行、阴影、倒影、平面镜、凹凸面镜的原理研究等。墨子和他的学生做了世界上最早的小孔成像的实验,并成功地解释了小孔倒像的原理,指出:"足蔽下光,故成景于上;首蔽上光,故成景于下"(《墨子·经说》),证明了光线传播的原理。

墨家学派积极提倡劳动教育,墨子主张社会成员都要参加生产劳动,并发挥他们的一技之长。他说:"凡天下群百工:轮、车、鞼、匏、陶、冶、梓、匠,使各从事其所能"(《墨子·节用》)。人人如能各尽其所能,社会生产才能发展。他还强调:"赖其力者生,不赖其力者不生"(《墨子·非乐》),号召人们必须从事劳动,有力相劳,努力自强,用劳动创造自己的生活环境。

(三) 教学思想

其一,"知:闻、说、亲"。墨家学派对知识的来源,认为是"知:传受之,闻也;方不障,说也;身观焉,亲也"(《墨子·经说》)。也就是说,人的知识来源有三种:一是亲知,即亲身经历得来的知识,又可分局部的"体见"与全面的"尽见"两种。二是闻知,即传授得来的知识,又可分为"传闻"与"亲闻"两种。三是说知,即推论得来的知识,这种知识不受方域语言的障碍。这三种知识来源中,以"亲知"及"闻知"中的"亲闻"为一切知识的根本,由于"亲知"往往只能知道一部分,"传闻"又多不可靠,所以必须重视"说知",依靠推理的方法,来追求理性知识。

其二,"三表法"。墨家学派还重视"以往知来,以见知隐"的教育方法,培养学生察类明故的逻辑思维,即通过对事物的模拟,善于去寻绎探明事物的原理。墨子说:"古者有语:'谋而不得,则以往知来,以见知隐。'谋若此,可得而知矣"(《墨子·非攻》)。教育学生根据已知推测未知,根据明显的现象推知隐微含义,他提出了三表(三法)。所谓"三表法",即"有本之者,有原之者,有用之者"(《墨子·非命》)。墨子认为,判断事物的是非,需要论证有据,论据要有所本。首先是历史根据,"本之于古者圣王之事";但仅凭古人的间接经验来证明还是不够的,必须"有原之者",即"下原察百姓耳目之实",就是考察广大群众耳目所接触的直接经验。最后还要看它是否切合国家和人民的利益,"于何用之?废以为刑政,观其中国家百姓人民之利"(《墨子·非命》)。据此作为认识客观事物的方法,检验认识的标准和实践后判断是非的根据。

其三,辩乎言谈。墨家重视思维的发展,注意逻辑概念的启迪。墨子创立了一些逻辑概念如"类"与"故",应用类推和求故的思想方法进行论辩,以维护他的论点。由于墨子重视逻辑思维,辩析名理,不仅运用于论辩,而且运用于教学,除称说诗书外,多取材于日常社会生活和工农业生产的经验,或直称其事,或引做比喻,具体生动,较能启发门弟子的思想,亦较易为其他人所接受。

其四,"强说人"。墨子还特别重视"强说人"的积极教育态度。他主张"遍从人而说之"。坚决反对儒家所采取的"君子若钟,击之则鸣,弗击不鸣"以及"叩之以小者则小鸣,叩之以大者则大鸣"的被动答问的教学态度,而主张教师要采取主动积极的态度,不仅有问必答,并须"不叩必鸣"。

其五,"学必量力"。墨子从学生的实际和特点出发,既要求学生量力学习,也要求教者估计学生"力所能至"而施教。他说:"子深其深,浅其浅,益其益,尊其尊"(《墨子·大取》)。即对于程度高的,能力强的学生,要教深一点,应增加内容就增加;相反,学生水平比较低的,则教浅一些,应减少的地方就减少,做到学生能力所及易于接受。

5. 道家学派的教育思想

道家私学主要有两派:一派集中在齐国稷下,称为稷下黄老学派,以宋钘、尹文等为代表。另一派是以庄子为代表。他们都继承了老子的思想,集中体现在《老子》(《道德经》)中。

(一)《老子》有关教育思想的主要论点

其一,文化堕落论。老子认为,人类创造的文化,包括道德、法令以及一切智慧的表现,都是与"道"背离的,文化的产生和发展就是人类社会堕落的标志。他说:"大道废,有仁义;智慧出,有大伪;六亲不合,有孝慈;国家昏乱,有忠臣"(第十八章)。"故失道而后德,失德而后仁,失仁而后义,失义而后礼。失礼者,忠信之薄而乱之首也"(第三十八章)。"法令滋章,道贼多有"(第五十七章)。老子认为这就是人类社会堕落的轨迹。教育既以传授文化为任务,因被看作是促使人类堕落的工具。

其二,"绝圣弃智"论。老子认为人的本性从"无知无欲"到有知有欲,即从"无私"到有私,乃是对人类本性的背叛,教育则加速了这种背叛的趋势。于是老子提出人性的"复归"的途径是"绝圣弃智"(第十九章),即毁灭文化,取消教育。老子认为"为学日益,为道日损"。"知者不言,言者不知"(第五十六章),"善者不辩,辩者不善"(第八十一章)。真善、真知是不能用语言解说的,凡是用语言解说的东西,都是对真善、真知的损害。所以他认为教育只是把人引向错误,所以主张"绝学"(第二十章)。老子赞成的教育,就是"行不言之教"(第二章)。他说:"不言之教,无为之益,天下希及之"(第四十三章),一切任其自然,便是最好的教育。

(二)《庄子》有关教育思想的主要论点

以庄子为代表的道家学派继承老子"道法自然"、否定文化教育价值的思想,认为"绝圣弃智,大盗乃止"(《庄子·胠箧》),又说"待钩绳规矩而正者,是削其性者也,待绳约胶漆而固者,是侵其德者也"(《庄子·骈拇》)。所以他们断言教育是桎梏人性的,应该取消。

6. 法家学派的教育思想

法家学派的产生,与子夏有关。孔子死后,子夏到魏国,在西河讲学,弟子三百多人，李悝、吴起、魏文侯等都是他的学生。战国中期著名的法家商鞅，就是李悝的学生。商鞅提倡"耕战"，非议"诗书"，排斥"礼乐"，主张"燔诗书而明法令"，以官吏"为天下师"，"学读法令"。韩非发展了这些思想，提出了"明主之国无书简之文，以法为教；无先王之语，以吏为师"（《韩非子·五蠹》）。法家学派的这种主张，实际上是取消学校教育。

（一）商鞅的教育观

商鞅主张"燔诗书而明法令"的思想政策，提出"壹教"的教育纲领，"言不中法者，不听也；行不中法者，不高也；事不中法者，不为也"（《商君书·君臣》）。即凡不符合法令的言论，不听；不符合法令的行为，不赞扬；不符合法令的事情，不做。为了使"法治"教育能够贯彻执行，商鞅实行"置主法之吏，以为天下师"（《商君书·定分》）。

商鞅还主张加强农战教育。他说："吾教令：民之欲利者，非耕不得；避害者，非战不免"（《商君书·慎法》）。在教育途径方面，商鞅重视在通过农战的实际斗争中，锻炼和增长人们的才干。并认为人们的智谋是在长期的作战中成长起来的。

（二）韩非的教育观

其一，严格禁止"二心私学"。韩非认为当时的"私学"和统治者不是一条心，故称这些私学为"二心私学"。这些私学"乱上反世"，是天下祸乱的根源，所谓"儒以文乱法，侠以武犯禁，而人主兼礼之，此所以乱也"（《韩非子·五蠹》）。因此他断然主张采取"禁其行"、"破其群"、"散其党"的措施，"禁奸之法，太上禁其心，其次禁其言，其次禁其事"（《韩非子·说疑》），从思想、言语到行动都要严加控制，以有利于思想的统一。

其二，从耕战实际斗争中培养智术能法人才。韩非把培养智术能法人才作为教育目的，认为"智术之士必远见而明察；不明察，不能烛私。能法之士必强毅而劲直；不劲直，不能矫奸"（《韩非子·孤愤》）。韩非强调："宰相必起于州部，猛将必发于卒伍"（《韩非子·显学》），又说："富国以农，距敌恃卒"，"境内之民，其言谈者必轨于法，动作者归之于功，为勇者尽之于军。是故无事则国富，有事则兵强"（《韩非子·五蠹》）。通过"耕"和"战"的实际斗争锻炼和培养人才，这是先秦法家普遍提倡的一条重要的教育途径。

其三,以法为教、以吏为师。这是法家教育思想的中心思想和核心内容,教育的总纲领。所以韩非提出了"故明主之国,无书简之文,以法为教;无先王之语,以吏为师"(《韩非子·五蠹》)的教育方针,以法律的教育代替了文化知识的教育。"无书简之文",实质上就是废除古代的文化典籍,而"法"的书籍以及其他如兵、农的书简在当时民间还是可以保留的。《韩非子·难三》里说:"法者,编著之图籍,设之于官府,而布之于百姓者也。"《韩非子·五蠹》记载:"今境内之民,皆言治,藏商管之法者,家有之",又说:"境内皆言兵,藏孙吴之书者,家有之"。"以吏为师",就是让能够"明法"、"知法"、"行法"的政府各级官吏担任教师进行法治教育。这里的"师",是法家进行法治教育的执行者和宣传者。而"无先王之语",意思是剔除古代道德说教,特别是儒家宣传的礼乐一套东西,言行而不轨于法令者必禁。

7. 稷下学宫

战国时期齐国在都城临淄的稷门设立的学校,称"稷下学宫"或"稷下之学"。

齐宣王声称"寡人忧国爱民,固愿得士以治之"(《战国策·齐策四》),表明学宫具有公室养士的性质。据刘向《别录》说:"齐有稷门,齐之城西门也,外有学堂,即齐宣王所立学宫也"。进一步说明了说明稷下学宫是一个官办的教育机构,齐国政府利用稷下学宫不仅大量招贤养士,还借此培养训练封建官吏。这样,稷下学宫就由养士制度发展转化成为官办的封建学校。

稷下学宫在长期的办学过程中,形成了独具风格的特色,它的特点是欢迎游学、学术自由、待遇优厚,其中学术自由百家争鸣是最基本的特征。

其一,欢迎游学。稷下学宫允许有教和学的自由。教师可以自由招收学生到处讲学,学生也可以自由寻师求师受教,这是私学出现后产生的教育形式,稷下学宫利用这种方式开展教育活动,成为一个十分集中的游学场所。稷下学宫对教师择优聘请,首席不由官方指派,而由众人推举,称做"祭酒"。这种灵活的游学制度,学无常师行动自由,"合则留,不合则去",使师生扩大见闻,促进思想交流发展,有助于人才的尽快成长。

其二,学术自由。凡来稷下学宫讲学的各家各派,虽然政治主张和学术观点不同,但都可以在稷下讲学。根据史书记载,来过稷下学宫的各家各派的代表人物,儒家有孟子、荀子,道家有彭蒙、宋钘、尹文、接子、季真、环渊,由道家发展为法家的有慎到、田骈,名家有兒说、田巴,阴阳家有邹衍、邹奭,博学而无所谓学派的有淳于髡、王斗、徐劫、鲁仲连等。可以说,稷下学宫容纳百家,来者不拒。各家学派在稷下学宫展开了百家争鸣,活跃了思想,促进了学术的繁荣。

其三,待遇优厚。齐国政府为使稷下的学士们专心致志讲学著述,给他们以很高的政治荣誉和优厚的生活待遇,表明了齐国统治者对于人才的尊重。

稷下学宫开创了中国封建时代创办官学的道路,对封建官学制度的确立和发展,包括私学如书院制度都提供了有益的经验。稷下学宫所独创的官方兴办,私方主持的办学形式;容许人才流动自由游学讲学、相容并包各家私学的办学方针;教学和学术研究相结合的办学原则和提倡百家争鸣的学术风气;以及尊重优待知识分子的政策,都是具有启迪作用的。稷下学宫是中国教育制度发展史上的一大创造。

六、秦汉时期教育

1. 秦巩固统一的文化教育政策

秦朝在文化教育上实行"书同文"、"行同伦"、"禁私学,以吏为师"等文化教育政策。

（一）"书同文"和"行同伦"

中国文字产生很早,新石器时代即出现彩陶刻划文字。殷商出现甲骨文字。西周始有大篆（亦称籀文）,而东方各国则通行一种比较省便简易的文字,称之为"古文"或"蝌蚪文"。及至战国,各国文字虽同本于大篆,但因长期的封建割据,出现许多不同方言的假借字,同时各国书法形体也有差异。"言语异声,文字异形",对推行统一政令不利。公元前221年,秦始皇下令整理和统一文字,规定以统一前秦国小篆（亦称秦篆）为统一的书体。丞相李斯、中车府令赵高、太史令胡母（毋）敬分别编写《苍颉篇》、

《爱历篇》和《博学篇》字书,作为标准文字的模板,并供学童识字之用。字书四字为句,押韵,便于诵记,为中国蒙学识字课本之先驱。后来程邈又根据民间流行的简化的字体整理出一种新字体,称为隶书。隶书在小篆基础上改曲笔为直笔,变圆形为方形,化繁画为简易,使书写更为方便。隶书出现,古文便废,这是我国文字由古体转化为今体的里程碑。同时,它的出现,也标志着秦的"书同文"政策的实现。

为了"黔首改化,远迩同度",秦又实行"行同伦"的政策,即要求人们行为要规范。秦始皇在位出巡邵县,所到之处,都立石刻碑,宣传法治,以及伦常教育等,以期"行同伦"。在推行"书同文"、"行同伦"政策的过程中,主要依靠刑法,但也注意到了教化工作。各乡设置"三老"掌管教化。

(二)"君鬼臣忠,父慈子孝"

秦孝公用法家思想为指导,实行变法,把"公"和"忠"作为最高的道德规范。秦简《为吏之道》载,"为人君则鬼,为人臣则忠,为人父则慈,为人子则孝","君鬼臣忠,父慈子孝,政之本也"。这说明"孝"道不仅已被承认,而且提到了与"忠"相辅的地位。公元前210年,秦始皇又提出妇女的贞节观念。在会稽刻石上记载有"有子而嫁,倍(背)死不贞","妻为逃嫁,子不得母"。但是,王朝推行封建道德规范,主要不是以教育为手段,而是仍依法家的"立法化俗"的思想,单靠刑罚的胁逼,故其效不显。

(三)"禁私学,以吏为师"

秦始皇统一全国之后,因袭战国时齐鲁等国之制,征召六国博士70人于朝廷,规定博士的职务是掌握古今历史文化,备作政府顾问。博士除参议政事外,亦有以私人名义传业授徒。

"以吏为师"的制度,是秦为了禁止当时"以古非今"的现象,便于推行各项统一法令而实行的制度。最早由商鞅提出,"为法令置官也,置吏也,为天下师"(《商君书·定分篇》)。后来,韩非提出"明主之教,无书简之文,以法为教;无先王之语,以吏为师"(《韩非子·五蠹》)。真正将韩非思想付诸实践的则是李斯。秦始皇三十四年(前213年),李斯借议博士淳于越关于"事不师古而能长久者,非所闻也"的实行分封师古论调之机,进行反驳,认为"古者天下散乱,莫之能一,是以诸侯并作,语皆道古以害今,饰虚言以乱实,人善其所私学,以非上之所建立,今皇帝并有天下,别黑白而定一尊,私学而相与非法教人,闻令下则各以其学议之,入则心非,出则巷议","以非当世,惑乱黔首",以致"主势降乎上,党与成乎下",为此提出了"焚书"议,并提议"若欲学法令,以吏为师"(《史记·秦始皇本纪》),当即被秦始皇采纳,于是,颁"挟书令":凡《秦纪》之外的典籍以及非博士官所藏的《诗》、《书》等百家诸子书限期送交官府去烧掉(医药、卜筮、种树之书除外);有敢偶言诗书者处死,以古非今者灭族;知情不报者同罪;禁止私学,欲求学者必以吏为师。这样,"以吏为师"的吏师制度成了秦朝文化专制主义的教育政策。

2. 两汉"独尊儒术"的文化教育政策

汉初实行"无为而治"的"休养生息"政策,对教育事业尚无暇顾及,但当时的政治家陆贾已提出了"逆取而以顺守,文武并用,长久之术"的策略性建议。他认为对人民的统治,应以"教化"为主要手段,而不可单靠刑罚,因为刑罚只能"诛恶",不足以"劝善","劝善"要靠教化。文帝时,贾谊进一步提出推行教化的关键是在各级官吏,因此主张"敬士"、"选吏"。选吏必须用士,用士之道则在于"敬士"。至武帝时,董仲舒提出了"天人三策",主张"诸不在六艺之科、孔子之术者,皆绝其道"(《汉书·董仲舒传》),即"罢黜百家,独尊儒术"。汉武帝采纳了董仲舒提出的文化教育政策建议,并加以实施。下令置儒家五经博士,罢免其他诸子、传记博士,定儒术为一尊。元朔五年(前124)经丞相公孙弘再次奏请,于长安城南为五经博士弟子员筑校舍,官办太学诞生,经学被钦定为政府的官学。从此,攻读儒术成为为官取禄的必由之路。

3. 两汉的学校

纵观两汉,学校制度分官学和私学两类:官学有中央官学和地方官学之分;私学又分经师讲学和书馆。

(一)汉代的官学

汉代的官学分为两种,中央直接办的官学有太学和特殊性质的"鸿都门学"与"宫邸学"。地方政府办的官学是"郡国学",另外还有"校"、"庠"、"序"等学校。

①太学

汉武帝接受董仲舒关于兴太学的建议,于元朔五年(前124)在长安开办太学。嗣后,西汉各帝均重视太学,博士弟子的名额不断增加,据《三辅旧事》载:"汉太学中有市有狱,在长安门东,书社门立五经博士弟子万余人。"足可见其规模宏大,为汉时最高学府。东汉迁都洛阳后,光武帝刘秀在洛阳开阳门外重建太学。明帝时为了尊师重教,昌明经学,曾亲临太学讲学,"冠带缙绅之人,圜桥门而观听者,盖以万计"(《后汉书·儒林列传》),形成空前的盛况,甚至匈奴也派遣子弟入京求学。汉代的教育至此达到了一个鼎盛时期。东汉和帝之后,外戚、宦官轮流专权,以致太学校舍荒废,一片杂草丛生,成了放牧的地方。顺帝永建六年(131),经翟酺、庄雄的议,重修校舍,扩大生源,除太常、郡国官吏继续选送外,又增加公卿子弟及明经下第两种,并增加太学生的俸禄。这样,太学才又兴旺起来。

在太学中教授学生,讲授经书的是"博士"。"博士"最早见于战国,是对学者的泛称,并不是官名。战国末期,各国为求贤辅政,设立了博士官,参与议政,博士就由学者变成了官职名称。秦王朝时,博士为奉常的属官,备咨询,为朝廷的文化官吏。汉初承秦制,博士不限于经学,任博士者也不限儒家。自汉武帝置"五经博士"后,"五经"为"法定"的经典,儒家便垄断了博士职。到太学开办时,博士的职责是"作经师",以传授经学为业。博士之长,秦时称仆射,东汉时改为祭酒。一般来说,汉代的博士都要求专长一门经学,并且是当时的名流学者。

汉代博士传经,有一定的师承关系,必须遵守师法和家法。在博士传授时,只凭口授,但口耳相传,难免有误,想有所凭借,就不得不遵从大师所讲的经说,这便成了"师法"。然而学者仅限于"师法"的传授,难免拘于一见,对新的见解,不能发挥,于是又另立一家之学,称为"家法"。

汉代的太学生,在西汉时称为"博士弟子"或简称为"弟子",东汉时称为"诸生"或"太学生"。当时太学生的来源主要有两个。一是由官府正式招收,另一是地方选送。

汉代太学的教材都是明经。在确立独尊儒术之后,儒家五经不仅是学习的材料,而且是策士铨材的标准,并立为学官。汉武帝时设置博士,共

《诗》、《书》、《礼》、《易》、《春秋》五家。后又把《诗》分为鲁、齐、韩三家。西汉末年将《易》分为四家,《书》分为三家,《仪礼》分二家,《春秋公羊传》分二家,共称为五经十四博士。

汉代的太学很注重考试,董仲舒在对策之中就建议太学"数考问以尽其材"。《学记》中也说古代太学每两年考试一次,七年考试及格的叫"小成",九年考试及格的叫"大成"。当时考试的办法有射策和对策二种。射策之法,始于武帝。具体方法是由主考官提出问题,"书之于策,量其大小,置为甲、乙之科,列而置之,不使彰显,……随其所取而释之,以知优劣"。对策之法是主考官将问题写在策上,问题大都是关于政治、经济的策问,要应试者笔试回答,根据文辞来定成绩。

②宫邸学

宫邸学,是中央政府专门为皇室和贵胄子弟开办的贵族学校,于明帝永平九年(66)创立。汉明帝一方面重视太学,另外也注重对宗族子弟的教育。除命皇太子、诸侯功臣子弟入学外,对外戚势力,也给予特殊待遇。特为四姓小侯"别立学舍,搜选高能,以授其业",置"五经"师。四姓为外戚樊氏(刘秀舅家)、郭氏(刘秀郭皇后家)、阴氏(刘秀阴皇后家)、马氏(明帝马皇后家)诸弟子,因非列侯,故称小侯。所以,学校又叫"四姓小侯学"。后来,"自期门羽林之士,悉令通《孝经》章句",凡贵族子弟不论姓氏都可入学受业,甚至"匈奴亦遣弟子入学",可见影响很大。

宫邸学灌输的是一种治人者的特殊教育,而且在于它并非制度化,时兴时废。安帝时,邓太后临朝执政。邓太后师从班昭,是一个受儒教熏陶的皇后。她为和帝之弟济北河间王的子女,及邓氏近亲子孙设立学校,无论男女,都教授经书,并亲自监督。同时,她又提倡对宫人的教育,诏令中官近臣于洛阳东观殿,诵读经书。一时间"左右习习,朝夕济济"(《后汉书·邓太后传》),邓太后因此而成为汉代皇后中重视妇女教育的第一人。

③鸿都门学

鸿都门学,创办于东汉灵帝光和元年(178),因校址在洛阳鸿都门而得名,是中国最早学习、研究文学艺术的高等专科学校。鸿都门学是宦官用来对抗士族的太学,培养拥护自己的知识分子而创办一所新学校。鸿都门学招收的学生，大多来自下层社会，或没有名望的豪强子弟。其学习的内容有别于太学学习的经学，而是通俗的辞赋、小说、尺牍、书法。学校将作赋和写"虫篆"作为取士的标准。

鸿都门学的创立，不仅培养了文学艺术的专门人才，提高了文艺和文学艺术家的地位；同时，也推动了民族文化的发展。从教育史来看，这是个前无古人的创举，对后世影响深远，尤其是为唐代创立各种专门学校开拓了道路。

④地方官学（即郡国学）

地方官办学校制度最早创始于汉景帝时期的蜀郡守文翁，他爱好教化，选送郡县小吏十余人到京师做博士弟子，学成后回到蜀郡的学校任教。学校招收各县子弟入学，学生免除徭役，依其学习成绩，委派官职，成绩优秀的补郡县吏，合格的补孝悌力田。文翁出行巡视各县时，常带着高材生同行，于是"县邑吏民见而荣之，数年，争欲为学官弟子，富人至出钱而求之，由是大化"（《汉书·循吏传》）。这是我国地方公立学校的创始。汉景帝十分欣赏文翁这种兴办地方官学的办法，遂下令"天下郡国皆立学校官"（《汉书·文翁传》）。郡国普遍设立官学，是在汉平帝之时。平帝元始三年（3），采纳王莽请求立官学的意见，制定中央和地方的学校系统，初步奠定了后代学校制度的基础。中央官学为太学，地方官学分为四级：郡国曰学，县道邑侯国曰校，乡曰庠，聚曰序。郡县二级的学校设置经师一人，乡聚二级的序、庠设置《孝经》师一人。同时，在郡国设立宗师，用来教育皇室子弟。另外，地方官学还设有郡文学、郡文学史、郡文学卒史、五经百石卒史及乡三老等官职。东汉光武中兴之时，兴办学校成为衡量官吏政绩的一个重要依据，因此学校十分发达。

汉代地方官学的主要任务在于奖进礼乐，推广教化。它与太学相比，地方官学没有正规的课程设置，往往是因人而异的。学生上学的时间也没有固定的规定，有的只是在某个时节招集一些人讲学。地方官学的师资力量远差于太学，它与太学也没有什么从属关系。所以说，汉代的地方官学还处于一个草创阶段，并没有形成一个真正的系统。但是，它却为后代学校制度的发展奠定了初步的基础。

(二) 汉代的私学

汉代的私学一般可分作三个阶段。第一是蒙学阶段,目的是识字习书;第二是读《论语》、《孝经》阶段,目的在于接受封建道德教育;第三是读经阶段,目的在于进入仕途,治理国家。

①书馆

学童在蒙学阶段学习的学校称作"学馆"、"书馆"、"书舍"或称为"小学",教师称为"书师"。这一阶段主要是识字习书。汉初小学所用的字书,闾里塾师将秦时的《苍颉篇》、《爰历篇》、《博学篇》三篇合而为一,断60字为一章,凡55篇,仍叫《苍颉篇》,共3300字。由于书中复字出现较多,后扬雄作《训纂篇》,顺续《苍颉篇》,剔除《苍颉篇》中重复字,计89章,5340字。班固又补作13章,计102章,6120字,均无复字。和帝时贾鲂,又作《滂熹篇》。后人以合并后的《苍颉篇》、《训纂篇》、《滂熹篇》统称为《三苍》。大抵四字一句,两句一韵,便于诵读。现在全书已佚亡。此外,汉武帝时司马相如作《凡将篇》,以三字或七字为一句,此书到宋代已佚。元帝时,黄门令史游作《急就篇》(又叫《急就章》),内容包括姓名、衣服、饮食、器物、音乐、生理、兵器、飞禽、走兽、医药、人事等方面的应用文字,全文押韵,且无复字。

学童学完字书后,就可以应试作小官。汉律规定:太史试学童,能讽书九千字以上,乃得为史,又以六体试之,课最者,以为尚书御史或史书令史。所谓六体,指的是古文、奇字、篆书、隶书、缪篆、虫书六种字体。另外,学童也可以继续深造,进一步学习《论语》和《孝经》,接受道德教育。读完《论语》、《孝经》之后,既可以入仕为吏,也可以继续入太学深造,或投奔私家经师,专攻一经或数经,主要是六艺。

②经师讲学

经师讲学是汉代教育的另一种重要形式。经师讲学,其中有居官教授,而大多数为一代名儒自立"精舍"(亦称"精庐")"隐居教授"。东汉经师讲学之风更是盛况空前。汉代私学中的学生,可分为"及门弟子"和"著录弟子"两类。"著录弟子"只须把自己的名字录在名儒、学者名下即可,不必亲来受业,这便开了后世的"拜门"之风。而"及门弟子"才是名儒、学者亲自教授，有的也通过高业弟子转相传授。一些经师鸿儒，及门弟子和历年著录的门生，常有数百、数千之众，乃至万人以上。求学者亦不顾背井离乡，远行千里，负笈寻师。在私人精舍中，师生关系尤为亲密，学生对师长恭敬礼让。两汉经师讲学之所以兴盛，一方面是受国家"以经术取士"的影响；另一方面私人讲学思想束缚较少。太学博士多专一经，墨守章句，少有撰述，而私人讲学常兼授数经。东汉经师，有的不仅精通儒经，还兼及天文、历法、算学、律学等知识的传授。

东汉私人讲学的一个突出表现便是妇女讲学，其最突出的代表是班昭和蔡琰。班昭，字惠班，系史学家班彪之女、班固之妹。班昭博学多才，与马续共同完成《后汉书》中的《八表》和《天文志》。在和帝时，担任皇后和妃嫔的教师，是我国古代的女史学家，也是中国教育史上第一位女教育家。另一位则是汉末文学家、书法家蔡邕之女蔡琰，字文姬。她精通音律，学富才高，记忆力超人。曾诵忆缮写四百余篇诗书让曹操的官吏学习，文无遗误。蔡文姬虽未开门授徒，然而她以笔传授，可以说是开后世函授之先河。

4. 汉代教育家的教育思想

（一）董仲舒的教育思想

董仲舒主张"诸不在六艺之科，孔子之术者，皆绝其道，勿使并进。邪辟之说灭息，然后统纪可一，而法度可明，民知所从矣"。从而奠定了汉武帝时代"独尊儒术"的教育理论基础。

①三大文教政策的建议

董仲舒把教育作为实现他政治理想的工具，他提出了三大文教政策的建议，内容是兴太学、重选举和独尊儒术，都被汉武帝采纳，并付诸实施。董仲舒认为王者的职责在于"承天意以从事，任德教而不任刑"，要"以教化为大务"，把"教化"当作"为政之本"。认为"养士之大者莫大乎太学。太学者，贤士之所关也，教化之本原也"（《汉书·董仲舒传》）。他建议汉武帝"兴太学，置明师，以养天下之士，数考问，以尽其材，则英俊宜可得矣"（《汉书·董仲舒传》）。汉武帝采纳他的建议，兴办了太学。

董仲舒对纳资授官和积日累久的升官办法不满，认为这种选官办法根本不能选举贤才。于是他建议"使诸列侯、郡守、二千石,各释其吏民之贤者,岁贡各二人,以给宿卫"(《汉书·董仲舒传》),然后通过试用,以便"量材而授官,录德而定位"。他认为,只有这样,才能尽心求贤,不致埋没天下贤士。

董仲舒指出,"今师异道,人异论,百家殊方,指意不同,是以上无以持一统,法制数变,下不知所守"(《汉书·董仲舒传》)。因此他建议"诸不在六艺之科,孔子之术者,皆绝其道,勿使并进"。董仲舒的"罢黜百家,独尊儒术"的文化政策,取代了汉初的道家思想,成了以后各王朝的基本政策。

②关于人性、教育对象及作用

董仲舒把人性分为上、中、下三等,即"圣人之性"、"中民之性"和"斗筲之性"。他认为"圣人之性"有仁无贪,是善的,他们的任务是完成天交给他的"受命教民"的任务。"中民之性"是"两具仁贪",善恶俱有,而"斗筲之性"则有贪无仁,这类人的性完全是恶的。如果不用教化去提防,就会导致"恶"的泛滥。而教化则是"防水之溃堤"的工具。所以他认为民性犹如陶土,而教育犹如制陶的陶模,可见教育的重要性。

③关于知识和教学

董仲舒认为"天命"是人认识能力的源泉。真正的知识,并不是"众物"的知识,而是事物的"本心"。而要获得真正的知识,即事物的本心,就必须通过"内视反听"的内省方法,才能去认识事物的本质。他认为"名"就是"真",来源于"天",因此也是要学习的对象。他认为"名"是由圣人体会天意而制定的,体现在诗、书、礼、乐之中。人要学到"名"就必须学习诗、书、礼、乐。

在教学上,董仲舒认为"善为师者,既美其道,有慎其行;齐时早晚,任多少,适疾徐;造而勿趋,稽而勿苦;省其所为,而成其所湛,故力不劳而身大成,此之谓圣化,吾取之"。也就是说,作教师的要以身作则,要注意受教育者的才性,慢慢引导,才能达到"圣化"的境界。这是孔子因材施教,循循诱导的教学原则的具体发展。

董仲舒要求认真学习儒家的六经,因为"《诗》、《书》序其志,《礼》、《乐》纯其美,《易》、《春秋》明其知"。但他又认为六经各有所长,

"《诗》长于质,《礼》长于文,《乐》长于风,《书》长于事,《易》长于数,《春秋》长于治人"(《春秋繁露·玉杯》),所以学者应"兼其所长",不要"偏举其详"。

董仲舒还特别注重专一和努力。对于专一,他说:"目不能二视,耳不能二听,手不能二事,一手画方,一手画圆,莫能成。"这是说学习必须专心致志。关于努力,他说:"事在强勉而已矣。强勉学问,则闻见博而知益明,强勉行道,则德日起而大有功。"这种关于学习要肯钻研、肯刻苦的观点,也是教学中必不可少的原则。

④关于道德修养

董仲舒认为仁、义、孝、悌等这些道德品行,都是天赋予人的,人一生下来就有善有恶,道德的根源是"性命"。而仁义则是道德的顶峰,圣人所要说的就是仁义。他认为社会上不外乎人与我的关系,如果能够做到"以仁安人,以义正我"(《春秋繁露·仁义法》),那么社会便可安定太平。然而董仲舒更注重的是义,强调"正其谊,不谋其利,明其道,不计其功"。另外,要求"治我"要严,要严于责己而薄于责人,要攻己之恶,不攻人之恶。

董仲舒也注重"礼"的约束,他认为礼可以"序尊卑、贵贱、大小之位,而差外内、远近、新故之级",起到"体情防乱"的重大作用。同时他认为"德莫大于和,而道莫正于中",要求人们"以中和养其身"。这些都反映出董仲舒要求人们"非礼而不定,非礼而不动"的思想,要求人们在"礼"的约束下生活。在道德修养上,董仲舒强调"尽小慎微",采取"众少成多,积小致巨"的方法。另外还要"强勉行道",这样才能使"德日起而大有功"。

(二)王充的教育思想

①教育环境的作用

王充认为人性有善有恶,且可变化,善可以变恶,恶亦可以变善,"久居单处,性必变易"《论衡·率性》。重要的是在于教育和环境。他说"在化不在性","在于教,不独在性","善则养育功率,无令近恶,(近)恶则辅保禁防,令渐于善"。也就是说,只要得到适当的教育,天下无不可教之性,无不可教之人,关键的是"教导"、"锻炼"和"渐渍"。他说:"譬犹练丝,染之蓝则青,染之丹则赤。十五之子其犹丝也,其有所渐化为善恶,犹蓝丹之染练丝,使之为青赤也。……人之性,善可变为恶,恶可变为善,犹此类也。蓬生麻间,不扶自直;白纱入缁,不练自黑。……夫人之性,犹蓬纱也,在所渐染而善恶变矣"(《论衡·率性》)。人的知识、才能、道德质量都是在教育和环境的影响下形成和改变的。

②培养目标

王充认为教育的培养目标应该要求达到"尽材成德",就是通过教育培养出"多闻博识"、"深知道术"的人。这种人"能知大圣之事",又能"晓细民之情"。王充将人才分为四种,"能说一经者为儒生;博览古今者为通人;采掇传书,以上奏记者为文人;能精思著文,连结篇章者为鸿儒"(《论衡·超奇》)。王充认为理想的培养目标是"鸿儒",因为"儒生过俗人,通人胜儒生,文人踰通人,鸿儒超文人"(《论衡·超奇》)。

③知识论和教学思想

王充认为"不学自知,不问自晓,古今行事,未之有也"(《论衡·实知》)。他认为学习过程,首先要通过感觉器官接触外界事物,"不目见口问,不能尽知也"。但仅凭耳目等感官的感知,还会产生真伪、虚实不分的假象,不可能认识事物的本质。所以要获得真知,必须借助心意,"铨订于内","以心意议",即要分析、研究、思考,这样才能获得真知。如果只凭耳目,人们常会得到虚假的知识。为了证明知识是否正确,还要以"效验"与"有证"去检验知识的可靠性。"铨轻重之言,立真伪之平",即要质疑、问难。他认为学习过程应以实际的效果来检查知识的真伪,要"订其真伪,辩其虚实",强调"有效"与"有证","事莫明于有效,论莫定于有证"。

王充认为学习必须专一,"称干将之利,刺则不能击,击则不能刺,非刃不利,不能一旦二也。方圆画不俱成,左右视不并见,人材有两为,不能成一。"在专一的基础上,还必须注重精益求精和切磋琢磨的精神,他说:"骨曰切,象曰磋,玉曰琢,石曰磨。切磋琢磨,乃成宝器,人之学问,知能成就,犹骨象玉石之切磋琢磨也"(《论衡·超奇》)。另外,王充也重视练习和实践。要"日是之,日为之",才能"狎习",即达到熟练的程度。要是学到的知识不能应用,虽博览群书,也只是"匿生书主人",对社会是毫无用处的。

王充的学习论,强调"见问"、"开心意"、"有效"、"有证",对后世影响很大。

七、魏晋南北朝时期教育

1. 官学

由于玄学清谈的风气和自然放任的思潮,阻碍了教育事业的发展,再加以九品中正制使士族有了做官特权不再需要认真读书,因此这时期的教育特点是中央官学衰微,呈现出时兴时废状态。

(一)三国时期的学校

三国时期,战争频仍,儒道衰落,但曹操仍于称魏王后第二年在邺城南建造泮宫,这是一所非正式的太学。及至曹丕称帝,正式于洛阳设立太学。初入学的叫"门人",两年后考试通过一经的称为"弟子",不通一经的则被退学。太学实行"五经"课试的办法,每过两年考一次。过二经的可以补文学掌故,过三经的可以擢高第为太子舍人,通四经的则可为郎中,五经全通的,则随才叙用。每次考试不合格的,允许下一次再考。

曹魏时期的地方官学自曹操掌政后实行,他诏令各郡国修文学,县满五百户置校官,选其乡之俊秀者而教之。

刘备称帝建立蜀国,"承丧乱历纪,学业衰废",他于是"鸠合典籍,沙汰众学"立太学,设立博士,在各州设置"典学从事",总管一州的学校教育。

孙权称帝后,下诏设立都讲祭酒,以教学诸子。据史籍记载,景帝孙休也曾下诏说:"古者建国,教学为先,所以道世治性,为时养器也。自建兴以来,时事多故,吏民颇以目前趋务,去本就末,不循古道。夫所尚不淳,则伤化败俗。其案古置学官,立五经博士,核取应选,加以宠禄;科见吏之中及将吏子弟有志好者,各令就业,一岁课试,差其品弟,加以位赏"(《三国志·吴志·孙休传》)。但据《三国会要》记载,这一诏令只是一纸空文,并未实行。

(二)两晋时期的学校

西晋王朝,比较重视文化教育。晋初承魏制,中央设立太学,由太常博士领导。这时期盛行王肃的经学,他所注的《尚书》、《诗》、《论语》、《三礼》、《左氏解》、《易传》等都立为官学。学生有弟子、门人、寄学、寄学陪住、散生等称呼。散生是凉州所辖的四郡和西域人,可见当时招生范围之广。咸宁二年(276)设立国子学,这是我国古代于太学之外专门为士族子弟另立学校的开始。惠帝元康元年(291)规定:五品以上官员的子弟入国子学,六品以下官员子弟入太学。"两学齐列,双宇为一,右延国胄,左纳良逸"(潘岳:《闲居赋》),这种国子学与太学的分立并存,是实行"九品中正制"选士制度,重视门第阀阅的必然结果,使汉代单轨制的太学,至此成为太学与国子学并存的双轨制。后来八王之乱,太学与国子学都被毁,成为灰烬。

东晋偏安江左,依靠士族势力得以维持。当时玄学的风行,一些有识之士曾主张复兴学校。元帝时,废国子学,专设太学。但"东序西胶,未闻于弦诵"。至淝水之战后,孝武帝采纳谢石的建议,重开国子学。国子学与太学才又开始并存,但两学的学生都不多。

(三)南朝的学校

南朝由于战争纷起,政权更迭频繁,学校教育也因此而时兴时废,不很发达,只有宋梁两朝比较重视,并有创新的制度。刘裕建立宋朝后,于元嘉十五年(438),征庐山处士雷次宗到京师开儒学馆,讲授儒经。第二年又令何尚之开办玄学馆,研究佛老之学;令何承天开办史学馆,专研历史;令谢玄开办文学馆,研习词章。一共四个学馆,各招门徒讲学。《南史·文帝纪》称"江左风俗,于斯为美"。到元嘉二十七年,由于战乱,国子学便废。明帝太始六年(470)设立"总明观",又称"东观",分设玄、儒、文、史四科。这是我国分科教授制度的开端。

梁朝建立后,因武帝萧衍在位47年,战争较少,文教事业比较发达。武帝根据儒道佛"三教同源"的精神开办五馆,打破了专经界限。当时以明山宾、陆琏、沈峻、严植之、贺玚各主一馆,而以严植之兼五经博士。每馆都招收寒门子弟几百人,由朝廷负责膳食。其中通过射策考试而通明经的,即可做官。同时又分派博士祭酒,到各州郡创立地方官学。天监四年(505),朝廷设置胄子律博士,开办律学,这是中国古代学习法律的高等专科学校。中国最早提出创设律学的是南齐的廷尉孔雅珪。他于齐武帝永明九年（491）上书要求国学置律助教，依"五经"例，国子生经过策试，优秀的可擢用为执法官职。他的建议虽被采纳，但并未实行。天监五年为远方学者开办"乐雅馆"。七年又下诏兴学，目的在于"大启庠教，博延胄子"，以"熔范贵游，纳诸轨度"，也就是为了熔范"胄子"而开办国子学。这是梁武帝为调和士族和寒门的矛盾而采取的措施。大同七年（541），梁朝还在宫廷西面建立了一个"士林馆"，是一个延纳士人讲学和研究的机构。

（四）北朝的学校

魏朝在文化教育上大力采取崇儒政策，广开学校，宣传儒学思想，所以其教育事业较为发达。魏道武帝拓跋珪完全仿照汉朝的方法，创立太学，设置五经博士，后改国子学为"中书学"，立教授博士。太武帝始光三年（426）又在城东建立一所太学，令各州郡选派才学之士，进京求学，并广征才学名儒任教。同时祭祀孔子，以颜回配祀。北方由于多年的战争，教育衰败，经这一提倡，于是"人多砥尚，儒学转兴"（《北史·儒林传》）。魏太平真君五年（444），又下诏："王公以下至于卿士，其子息皆诣太学，其百工伎驺卒子息，当习父兄作业。不许私立学校，违者师身死，主人门诛。"这种禁私学的举动，是自秦始皇禁设私学以来所仅有的一次。其目的是"所以整齐风俗，示轨则于天下"（《魏书·世祖本纪》），便利于加强汉化，以儒术统一思想。

北魏孝文帝特别仰慕汉族文化，积极改革，加速汉化的实现。太和十年（486）改"中书学"为"国子学"。十六年（492）办"皇宗学"，又叫"皇子学"，设置博士，专授皇室子弟。十七年孝文帝迁都洛阳，除设立太学、国子学之外，还于四门设立四门小学，立四门博士和助教。后人称赞这一时期说："斯文郁然，比隆周汉"（《北史·儒林传》），可见当时教育十分发达。

北齐建国后即下诏复兴学校，并将蔡邕所写的石经52枚移置学馆。但在初期，"国子一学，生徒数十人"，"国学博士，徒有虚名而已"（《北史·儒林传》）。但文帝仍下诏令郡学立孔子庙宇，"定制每春秋二仲行礼，每月旦祭酒领太学四门博士、助教及诸生，阶下拜孔揖颜。郡学则于坊内立孔颜庙，博士以下，亦每月朝祀"（《阙里广志》），成为以后州县立孔庙的开始。

北周明帝宇文毓酷爱学习，博览群书，于559年立"麟趾学"，召集公卿以下有文学才能者八十多人于麟趾殿，校刊经史，又捃采众书，自羲农以来，迄于魏末，叙为世谱，共五百卷。周武帝时，除设太学外，又设"露门学"、"虎门学"，这都是教授贵族子弟的学校。又设"通道观"，这与"玄学馆"相类似。武帝时，文教大振，学者向风，文教事业较为发达。

2．"九品中正"制度对教育的影响

魏晋南北朝时期的"九品中正"制度产生以后，取士的大权操纵于著姓大族，造成"高门华族有世及之荣，庶族寒人无寸进之路"的情况，因而形成一种厚结门第，奔走请托的坏风气，对学校教育产生极坏的影响。尽管时兴时废的学校教育仍以经术为唯一的教学内容，但这个时期的经学已非昔时汉代的经学，而是一种儒玄经学。玄学大师何晏注《论语集解》和《道德论》，王弼以玄注经，开魏晋新经学之先河。西晋流行的王肃的经学，有融合经学和玄学研究的旨趣。东晋时郑玄的经学占主导地位。这一时期，尽管经学的根底仍是古文经学，但已汇入了玄学的思想，博采众说，打破了师法。这种新的学风支配了这一时期的考试和学校教育的内容。而"九品中正"取士制度的实行则对这种学风起到了推波助澜的作用，引起了学校设置学官和教学内容的变化。

3．玄学家和儒学家的教育思想

（一）嵇康的教育思想

嵇康注重自然任性，反对儒家的礼乐名教。他在《难自然好学论》中指出："昔洪荒之世，大朴未亏，君无文于上，民无竞于下，物全理顺，莫不自得。饱则安寝，饥则求食，怡然鼓腹，不知为至德之世也。若此，则安知仁义之端，礼律之文？"而后世造出的名教都是用来束缚人的，"造立仁义，以婴其心；制其名分，以检其外；劝学讲文，以神其教"。因此，他极力否定六经，认为"六经纷错，百家繁炽，开荣利之途，故奔骛而不觉，是以贪生之禽，食园池之粱菽；求安之士，乃诡志以从俗；操笔执觚，足容苏息；积学明经，以代稼穑。"进而把六经中的仁义骂作腐臭污秽之物，他说："今若以讲堂为丙舍，以讽诵为鬼语，以六经为芜秽，以仁义为臭腐，睹文籍则

目瞧,修揖让则变伛,袭章服则转筋,谭礼典则齿龋。"因此必须"兼而弃之"。(以上引文均见嵇康《嵇中散集》)

嵇康擅长弹琴,在音乐教育上有其独特的见解。他认为声音本于自然,而哀乐则本于感情,二者并没有什么关系。他认为"乐之为伴,以心为主,故无声之乐,民之父母也,至八音会谐,人之所悦,亦总谓之乐。然风俗移易,不在此也"(《声无哀乐论》),意思是风俗的好坏,决定于政治,而非礼乐所决定的。

(二)傅玄的教育思想

傅玄(217~273年),魏晋间人,字休奕,北地泥阳(今陕西西耀县泥阳)人。他"少孤贫,博学善属文",曾于晋武帝时任散骑常侍、驸马都尉、御史中丞、太仆等官职。著有《傅子》120篇,今存42篇。

①尊儒贵学

傅玄把教育同国家的兴衰联系在一起,他说:"世尚宽简,尊儒贵学,政虽有失,能容直臣。简则不苟,宽则众归之,尊儒贵学则笃于义,能容直臣则上之失不害于下,而民之所患上闻矣。"不但如此,他还把"尊儒贵学"放在国家大政的首位,"夫儒学者,王教之首也",因为"贵教之道行,士有仗节成义,死而不顾者矣。……因善教义,故义成而教行;因义成礼,故礼设而义通"。这就是说,儒家教育能培养出立场坚定、观点鲜明、有节操、敢于负责的人才,这有利于社会秩序的稳定和统治政权的稳固。他进一步指出,"中国所以常制四夷者,礼义之教行也。失其所以教,则乎夷狄矣;失其所以教,则同乎禽兽,乱将甚焉"。这里说的是中国常被外族侵略,但不被外族所制,反而同化外族,这主要由于儒学教育的作用。所以,傅玄把"尊儒贵学"作为国家的根本教育政策。

②关于教育的作用和教育内容

傅玄认为"人之性如水焉,置之圆则圆,置之方则方。澄之则淳而清,动之则流而浊",因此,教育完全可能而且有必要按照儒家思想去改造和培养人性。

傅玄主张"尊儒"以培养人才,坚持以儒家有仁、义、信、公道等作为教育内容。他在《傅子·仁论》中说:"古之仁人,推己好以训天下,而民莫不尚德；推所恶以诫天下，而民莫不知耻。"通过仁的教育，可以使人们推己及人，有利于搞好人际关系，使邻里和睦，天下太平。对于"信"与"义"，他认为"讲信修义，而人道定矣"。谈到"公道"，他认为"公道行则天下之志通，公制立而私曲之情塞矣"，如果社会都讲公道，则可以使天下之志通，则可以达到天下大治。

③关于教育的原则和方法

傅玄认为教育要以"知人"为前提。"知人"就是要了解教育对象；只有了解了教育对象，针对不同的人采取不同的教育方法，才能收到良好的效果。由于"知人"很难，傅玄提出"听言必审其本，观事必校其实，观行必考其迹"的"参三法"，用以"知人"。首先，即对人的言、行，不要轻信，要认真思考，察其根由；其次是观察人做事，要讲究实际效益；第三是观察人的行动，要看他的一贯表现。

傅玄还主张对青年子弟进行"无欲"、"知足"的教育。他认为"天下之福，莫大于无欲；天下之祸，莫大于不知足"。

傅玄重视教育和经济的关系，他认为经济是教育的基础，民富才能"从教"，民贫"而不行非者寡矣"，就会"相聚而犯上"。（以上引文均见《晋书·傅玄传》、《傅子》）

(三) 颜之推的教育思想

颜之推 (531～约595年)，字介，琅邪临沂人。初在梁朝做官，奉命校书，后奔齐主持文林馆，相继做过中书舍人和黄门侍郎。齐亡后，入北周为御史上士，直至隋开皇中，太子召他为学士。颜之推著述甚丰，但现存仅《颜氏家训》20篇，《还冤志》3卷。他的教育思想，主要散见于《颜氏家训》各篇中。

①及早教育的观点

颜之推认为应该及早对子女进行教育，他说："人生幼小，精神专利，成长以后，思虑散逸，固须早教，勿失机也"。否则，等到长大，则"捶挞至死而无威，忿怒日隆而增忌。逮于成

颜之推

长,终为败德"。也就是说,等孩子长大,坏习惯形成了,则教育也难以见效了。另外他主张对子女的教育要严格,要勤于督训,使子女能"识人颜色,知人喜怒,……使为则为,使止则止"。他反对父母溺爱子女,一味放纵。尽管颜之推提倡早教,但他也不反对晚学。他说人如未早学,"犹当晚学,不可自弃"。

②求益、博学和精思的学习论

颜之推认为学习的目的是为了"多智明达","开心明目",是为了"求益",补自己的不足。因此在学习上不能稍有一点知识就狂妄自大。他说"见人读数十卷书,便自高自大……,如此以学自损,不如无学也"。他强调学知识要扎实,不能道听途说,要"眼学",不能专信"耳受"。

颜之推认为读书要"博学"、"精思",才算是"上品"。他说:"学者贵能博闻",如果"观天下书未遍",那么"不得妄下雌黄,或彼以为非,此以为是。或本同末异,或两文皆欠,不可偏信一隅"。只有博览群书,学问才能丰富。如果不博涉群书,知识就会狭隘。在博学的同时,又要精思,只有精思才可以得要领。另外,在学习上,他主张好问,切不能"闭门读书,师心自是",而要常与朋友切磋,互相启发。

③注重经世涉务教育

颜之推认为培养青年子弟,除了对他们进行道德操行教育外,还要进行经世涉务方面的教学,使他们能够经历世务,增加生活经验,并且在博览机要的基础上学成一艺。只有这样,他们做"朝廷之臣",才能"鉴达治体,经纶博雅";做"文吏之臣",才能"著述宪章,不忘前古";做"军旅之臣",才能"断决有谋,强于习事";做"藩屏之臣",才能"明练风俗,清白爱民";做"使命之臣",才能"识变从宜,不辱君命";做"兴造之臣",才能"程功节费,开略有术",而成为对国家,对社会有用之才。(以上引文均见《颜氏家训》)

八、隋唐时期教育

1. 隋唐的文化教育政策

隋文帝一面崇儒,一面兴学,自京都至州县均设学校,并亲至国子寺参加释奠礼,奖励国子生,考选国子生为官。又下令劝学,强调设学施教是国家的首要任务,进行礼义教育是学校教育的主要内容;全国统一之后,又令所有学校都要勤训导严考课。后来,隋文帝因在晚年崇佛过甚,儒学受到重大打击,严重地破坏了教育事业。隋炀帝杨广继位后,又恢复崇儒兴学政策。

唐朝李世民在"偃武修文"的治国方针指导下,积极推行崇儒兴学的文化教育政策。一是以儒学作为指导思想;二是以德行学识为标准,选用儒生为各级官吏;三是科举考试和学校教育都以儒家经典为主要内容;四是兴办儒学,首先是扩大中央官学,使之成为全国文化教育中心,州县也仿效办理;五是统一经学,命令考定五经文字,撰写《五经正义》,以适应政治上统一进而思想统一的要求。

武则天当政时,兴佛废学。到唐玄宗李隆基当政时,崇儒兴学的政策又得到恢复,其措施是:皇帝亲临释奠,提倡尊孔;规定每年乡贡明经、进士须至国学拜谒先师;追封孔丘为文宣王;亲注《孝经》,令家藏一册,勤加讲习,乡学之中,倍加教授;征求儒士,考选为官;京都官学及地方官学均有制度,确定编制,并加载《六典》之中,作为国家基本教育法令,使儒学在地方广泛发展,鼓励乡里设立学校。唐后期的文教政策随政局而波动,学校教育的发展也时有起伏。

2. 学校教育的发展和专门学校的建立

(一)隋代

隋朝在中央设有国子学、太学、四门学、书学、算学、律学,在地方设置州学、郡学、县学。书学、算学是以教授学科知识为目标的专门学校。当时还有些专门学校与行政业务机构结合在一起,尚未分离独立。如在大理寺中,设律博士,教授若干学生;在太常寺属下的太医署,设医学博士、按摩博士、药园师等,教授若干学生;在秘书省属下的太史曹,设天文、历法、漏刻博士,教授若干学生等。这表明专门学校的办理已有多种形式。

(二)唐代

①京都的儒学

包括弘文馆、崇文馆、国子学、太学、四门学。弘文馆、崇文馆属贵族学校,专收皇帝、皇太后、皇后的亲属和宰相等高级官员的儿子。国子学收文武三品以上高级官员的子孙。太学收文武五品以上中级官员的子孙。四门学收文武七品以上低级官员的儿子，兼收地方庶民中俊秀青年。这些学校，等级越高，名额越少，等级低些，名额渐次增多。

教学内容主要是九经，按文字多少，分为大经、中经、小经三类，学习期限不一。《礼记》、《左传》学三年，《诗》、《周礼》、《仪礼》、《周易》学二年，《尚书》、《公羊》、《穀梁》学一年半，《论语》、《孝经》学一年。大经和中经是分班必修的，小经作为选修，《孝经》、《论语》作为公共必修。教材由国家规定，用孔颖达等编的《五经正义》。除学经之外，还学书法及各项礼仪。学生分班习经，博士、助教分经教授，一经习毕方许习另一经，读熟经文之后才教授文义。这种方式，可称为专经缓进。在学时间长短，取决于习经的数目与考试能否合格。

入学时要举行束修礼。通过隆重的仪式，献礼拜师，标志师生关系的建立，是尊师敬学的一种表示。考试有旬考、月考、季考、岁考等名目，方式有试读（帖经）和试讲（口义）两种。平常考试由博士主持，岁考则由主管的长官领导。其成绩作为升退的依据。学生已通二经或三经，经考试合格，可出监参加科举考试；愿留监者，可以升进，四门学生可升补太学生，太学生可升补国子学生，借此提高政治地位和改善经济待遇。学生中有以下三种情况则命令其罢退：成绩太差，连续3年考下等，在学时间已超过9年；品德不好，不听教导；旷课太多，超过规定。平常十日一休假，称"旬假"。每年还有两次较长假期，一次在五月，称为"田假"，一次在九月，称为"授衣假"。

②京都的专门学校

律学是以律令为专业，兼习格式法例的专科学校，八品官以下弟子或庶民中俊秀青年可入学。课程以现行的律令为主要内容，格式法例亦兼习之。在学以6年为限。

书学是训练通晓文字并精于书法的技术专科学校。入学身份同律学。课程以《石经》、《说文》、《字林》为主，其他字书也兼习之。在学以9年为限。

算学是训练天文历法、财政管理、土木工程方面的技术专科学校。以李淳风等校定注释的10部算经为基本教材，分古典数学和应用数学两组进行教学,各学习7年。在学时间以9年为限。

医药学是培养掌握传统医药知识技能的技术专科学校。附设于太常寺属下的太医署中,是与行政、医疗、制药结合在一起的机构,便于学习医药理论时能联系实际。

医学:分医、针、按摩三个专业。医学专业包括:体疗(内科)、疮肿(外科)、少小(儿科)、耳目口齿(五官科)、角法(拔火罐等疗法)。针学专业教学生了解经脉和穴位,熟识各种症候,掌握9种针法的运用。按摩专业教学生消息导引的方法,学会治疗风寒暑湿饥饱劳逸等八项疾病,此外也兼习正骨术。

药学:与药园设在一处,教学生识别各种药物,掌握药材的种植和收采贮存制造等项技术,教学与劳动结合在一起。

医药学重视精读医经,教学结合实际,注重实习,根据成绩和疗效来决定工作分配。

兽医学是附设于太仆寺,教授治疗牲畜的技术的专科学校,边学习边参加治疗,考试合格者补为兽医。

天文学是附设于司天台的技术专科学校,按业务范围分科教学,有天文、历法、漏刻三种。学生由博士带领参加业务实践,边实践边教学,重视观测,在业务实践中学习,这是天文学的教学特点。

音乐学校是附设于太乐署的专科学校,由乐博士对长上散乐乐人(长期常备的乐工)和短番散乐乐人(短期轮番的乐工)分批教学,每批再按所习乐曲的难易分三档进行教练,每年考课,根据演奏功夫熟练程度,评定优劣,然后累计成绩,决定升退。

工艺学校是附设于专管手工业品制造的少府监的技术专科学校,由技艺最高的巧手任师傅来教授生徒,各种工艺难易不一,训练期限也不同。

③地方的学校

唐初已按行政区设学,府州县学均由官办,乡里学校则归私办。地方学校的实际发展是在贞观年代,629年唐政府还命令州设医学,在中国历史上也属首创。

学生入学,由府州县长官选补,可免除课役,并享受按例的物质供应。

经学除读经之外，还学习书法和时务策，并兼习礼仪，考试重在岁考，合格的，县学可升于州学，州县学也可升于四门学。医学限于地方条件，着重学《本草》、《百一集验方》等，学生结业后就地使用。

隋唐政府着重办官学，对乡里学校有时也加以提倡，但大多是听任私人办理，任其发展，不施加过多的强制。私学遍布城乡，制度不一，程度悬殊，既有名士大儒的传道授业，也有村野俗儒的启蒙识字。

3. 科举制度的产生和对教育的影响

隋废除九品中正制，逐渐形成科举考试制度。隋文帝开皇七年（587）定制每州每岁贡士3人，标准是文章华美，而尤为突出的人，可应秀才科。开皇十八年（598）诏"京官五品以上，总管、刺史，以志行修谨、清平干济二科举人"，以德才为选士标准。炀帝大业三年（607），诏文武有职事者，以孝悌有闻、德行敦厚、节义可称、操履清洁、强毅正直、执宪不挠、学业优敏、文才美秀、才堪将略、膂力骁壮，十科举人。其中"学业优敏"科当即明经科，"文才美秀"科当即进士科。这说明把"进士科"与"试策"办法联在一起，也即通过考试来选拔进士科的人才，从而"科举"与"考试"形成必然关系，产生了科举取士的制度。

唐朝因袭隋朝的科举制度大体可分两类：一类是常科，有秀才、明经、进士、明法、明书、明算等基本科目，每年定时举行；另一类是制科，根据需要下令开科选拔人才。贞观时，士人已集中于明经进士两科；至武则天当政时，进士科占优势，成为入仕的重要途径。参加科举的人来自两方面，由学馆选送的称生徒，由州县选送的称乡贡。

科举考试方法有五种，即口试、帖经、墨义、策问、诗赋。所谓口试，就是让考生当场回答问题，所谓帖经，就是"以所习经掩其两端，中间开一行纸为帖，凡帖三字，随时增损，可否不一。或得四得五得六为通"（《通典》）。所谓墨义，就是以经义试士，令其笔答；所谓策问，即就人事政治设题作文，有方略策和时务策之分。答策问的文体，在初唐时大多重骈体，其后渐用散文。所谓诗赋，即要求考生当场作诗赋各一篇。唐初明经仅试帖经和策论两项，进士仅试策论一项，后实行明经首场帖经，中场口试经义，后场答策。进士首场帖经，中场杂文，所谓杂文即一诗一赋。后场时务策。其他科目考试办法也屡有变更,均由政府颁发命令重新加以规定。

从此学校教育的目标就是为应举做官,教育内容被限在经史文辞的范围内,形成重文辞而轻实学,养成只重记诵不重义理的学风。

4. 留学教育

据《新唐书·选举志》载,唐时"四夷若高丽、百济、新罗、高昌、吐蕃相继遣子弟入学"。当时以日本留学生最多。日本元正天皇时代(715~748年)共派遣550余人赴唐留学。唐代对留学生的教育与管理也形成了一套规章。唐政府规定,国子监直属的学校方可接纳留学生。外籍学生与中国生徒一视同仁。入学同样需携带束修,同样享受官费和公膳,同样享受津贴与补助。醉心于科举者,在履行手续后可以入试,及第后不因国籍影响而授官。此外,留学生可与中国学生、亲戚、朋友自由交往;可以收购中国文化典籍、书画、乐器、工艺品及瓷器等,并可携带归国;可以娶唐女为妻,并携带归国等。唐代的留学教育,对于唐代文化的传播,具有积极意义。

5. 韩愈的教育思想

(一)性三品与教育的关系

韩愈认为"性"是"道"的体现,并包含着仁、礼、信、义、智五常之教。和性紧密相关的是"喜、怒、哀、惧、爱、恶、欲"七情。在他看来,"性"和"情"都是先天的,"性也者,与生俱生也;情也者,接于物而生也。"而且"性"和"情"都分为不同的三品。教育的作用就在于对具有不同品级的性的人产生不同的影响,对于"上焉而已矣"的上品之人,则"就学而愈明";对于中品之人,则"可导而上下";对于"恶焉而已矣"的下品之人,则只能用刑罚来制服,使其"畏威而寡罪"。所以他说:"是故上者可教,而下者可制也。"

(二)关于学习方法

韩愈在《进学解》中提出了关于学习方法的观点。他指出"业精于勤,荒于嬉,行成于思,毁于随"。要使自己"业精"、"行成",则必须在"勤"和"思"上下功夫。至于学习,韩愈认为,首先要求遵循"记事者必提其要,纂言者必钩其玄,贪多务得,细大不捐"的学习方法,就是说,在学习时应提纲挈领,博约相济。其次,他要求有"沉浸醲郁,含英咀华"的治学态度,要像品尝芳香味甘的佳肴美酒一样去诵读经典著作,探索经典的真谛。第三,他要求有"焚膏油以继晷,恒兀兀以穷年"的勤奋精神,意即学习时,应该夜以继日,孜孜不倦,力作不息。在教学方法方面,韩愈重视因材施教,要求教育者要根据学生不同的情况使用不同的方法。

(三)教师的任务

韩愈在《师说》一文里,指出教师的任务有三:传道、授业、解惑。三者之间,道是师的灵魂,业是运载道的工具,师是道的传播者和业的解惑者。韩愈认为,师生之间应以师为中心,以道和业为准绳,谁在道和业上有疑难,谁就应从师而学,谁先懂得道和业,谁就可以为人师。

6. 柳宗元的教育思想

柳宗元十分重视教育,他认为君子应以学习儒家经典为本。"本之书"理解事物的实质;"本之诗"探索事物永恒的真理;"本之礼"懂得社会生活的适宜方式;"本之春秋"明辨善恶是非;"本之易"了解事物变化的法则。但他又主张泛览群书,博取众长。在他看来,杨、墨、申、商、刑、名、纵横、释、老等各家学说,都有"韫玉","皆有以佐世"。

柳宗元强调后天学习。他认为君子不是天生的,而是经过后天学习培养起来的。在学习中应独立思考,发现"有不可者而后革之","究穷而不得焉,乃可以立而正也。"他还认为,学习"宜求专而通、新而一","勿怪、勿杂、勿务速显",莫浮光掠影,"肤末于学而遽云云",应专心致志,"究穷其书",融会贯通,掌握实质。只有这样,才能"达识多闻而习于事",学到利人济世的实用知识。

他提倡师生间"交以为师","以其余易其不足",取长补短,共同提高。

他指责科举考试"为文辞,道今语古,角夸丽,务富厚",仅"用文字求士",忽视真才实学。他主张"即其辞,观其行,考其智。"既要看考生的文章,又要注意考生的品行。这样,才有利于选拔德才兼备的人才。

九、宋元明清时期教育

1. 教育理论的发展

宋代先后形成了以范仲淹为首的改革派、以王安石为首的新学派、以陈亮、叶适为首的事功学派,以程颢、程颐、朱熹为代表的理学派,以陆九渊为首的心学派。

各学派都强调人才的巨大政治作用。但在培养什么样的人才，怎样培养人才问题上，各个学派的见解又是不同的。范仲淹、王安石以及陈亮、叶适等是德才并重论者。理学家、心学家则偏重于纲常名教的道德素养，轻视各种有实用价值的学问。二程、朱熹提出学校的根本任务是教人"明天理，灭人欲"。南宋末年以后，程朱的观点成为占统治地位的教育思想。

（一）"天命之性"和"气质之性"

北宋教育家张载把人性区分为二，首次提出"天命之性"和"气质之性"的命题。程朱理学派改造并发挥了张载的人性观点，赋予仁、义、礼、智、信等道德观念以"天理"的形式。"天地之性"是"天理"在人心中的体现，"气质之性"是人禀受于"气"而形成的。"天命之性"是至善的；而"气质之性"的善恶，取决于人出生时所禀气的清浊、纯驳与厚薄。凡人的"气质之性"都有不同程度的浊、驳以及偏、薄，不仅显示出智愚差别，而且一旦接触物质世界，便会萌发"人欲之私"，将"天理"遮掩，沦为道德有缺陷的人。但经过读圣贤书、修身，气质可变，愚而可智，人欲可去，圣人可学而致。

（二）理学家的教育目的与知行观点

理学家强调教育目的是培养具有完善的封建道德修养的人。朱熹在《白鹿洞书院学规》中提出，小学教育的基本任务是向儿童灌输道德观念和训练道德行为习惯，而以后者为重点。大学的基本任务是"格物致知"，即"即物穷理"，使其在小学养成的道德习惯提到道德信念的高度来执守。

理学家依据"知先于行"、"行重于知"的知行观点，认为大学的教育过程，其基本特征是重知，但要求道德义理知识的传授、学习和道德实践有机统一。根据这个"教学次序"，理学家进而就如何读书明理，进行德性修养问题作了总结。其中涉及到注意、思维、感情、意志、操守等心理质量以及道德的自我评价等问题的论述，是中国古代教育史中有价值的历史遗产。

（三）教育用书的编辑和研究

许多理学家重视小学、大学教育用书的编辑和研究，程颢、程颐从众多的儒家经典中，选出《大学》、《中庸》、《论语》、《孟子》，作为教学的基本用书。朱熹对上述四种书又重新加以注释,称《四书集注》。此外,他又编写了《童蒙须知》、《小学》,并与吕伯恭合编《近思录》。朱熹自述《小学》为儿童提供了"做人的样子",是小学阶段的基本用书;《近思录》是摘编宋代理学家的言论汇编而成,是一本理学的通俗读物,便于青少年"得其门而入",其特点是"要切"。《四书集注》除发挥理学家思想外,力求注释简练、遣辞精确。

元代及明初,是程朱理学教育思想流行时期。元人程端礼著《程氏家塾读书分年日程》,对推行理学教育颇有影响。至明中叶,以王守仁为代表的心学教育思想,作为程朱理学教育的对立面而崛起。

(四)心学的教育思想

明代王守仁提出了以"存养"为特征的教育过程论。他认为教育的起点是"致良知"。"良知"即是人心自然固有的"天理",是忠、孝、仁、悌、信等道德观念,是不学而能辨别是非善恶的能力。由于人的"私欲"的遮蔽,才使"良知""昏昧放逸",行为陷入"非辟邪妄"。"致"就是"省察存养","省察是有事时存养,存养是无事时省察。"他说读书的作用仅仅是印证心中的"良知"而已。"致良知"的教育过程,便是教人直接做去人欲存天理的功夫。也就是"谨守其心"。王守仁认为"知行本体"是合一的,所以提倡"知行合一"说。并认为儿童教育应顺应童子"乐嬉游而惮拘检"之情,重在诱导、鼓励、陶冶。

(五)启蒙学派的教育观

明清之际形成的启蒙学派,代表人物有顾炎武、黄宗羲、王夫之、颜元、李塨、戴震等。他们提出理"即在事中"。人性或人心中不存在"天理",但具有知理义的能力。主张"正其谊以谋其利,明其道而计其功",提倡"经世致用"的学问,学习军事、财经、农业、水利、手工业、林业等实际知识、技能,造就经济人才。启蒙学派既反对"知先行后"说,也否定"知行合一"说,主张"行先知后"说,强调"履事"、"习事"、"实历"、"习行"、"习作"、"实践"在教学中的首要作用,但同时亦指出知对行具有反作用,指导人们趋利避害。两者是相辅而行的,"知行相资以为用",知行"并进而有功"。

2. 官学的发展及其演变

（一）中央官学

①宋朝

宋朝中央官学和学制系统，主要增设了画学及武学。在教学组织形式上，皇祐、嘉祐年间推行胡瑗的"分斋教学"（又称"苏湖教学法"）。其特点是经义与实学并重，因材施教与学友互相切磋相结合。熙宁、元丰期间，推行王安石创立的"三舍法"，即在太学中分置外舍、内舍与上舍，建立了一套品德与学业兼顾、平时考查与升舍考试并重的升舍及诠选制度，试图将国家选拔人才与培养人才统一于学校。后来其他类型的学校也纷纷沿用此法。

画学创立于宋徽宗崇宁三年（1104）。开设佛道、人物、山水、鸟兽、花竹、屋木等专业课程。学生除学习这些专业课之外，还必须学习《说文》、《尔雅》、《方言》、《释名》等基础理论知识，而且要求"《说文》则会书篆字，著音训，余书皆设问答，以所解义观其能通画意与否"（《宋史·选举志三》）。学生分士流与杂流，分斋而居。士流另兼习一大经或一小经，杂流则诵小经或读律。作画考试的评分标准是："以不仿前人而物之情态形色俱若自然，笔韵高简为工"（《宋史·选举志三》）。

武学创立于仁宗庆历三年（1043），不久废除，神宗熙宁五年（1072）重建。"生员以百人为额，选文武官知兵者为教授"（《宋史·选举志三》）。学科内容为诸家兵法，历代用兵成败及前世忠义史实，并量给兵伍演习阵队。南宋高宗年间，武学进行了整顿，规定"凡武学生习《七书》兵法、步骑射，分上、内、外三舍，学生额百人。置博士一员，以文臣有出身或武举高选人为之；学谕一员，以武举补官人为之"（《宋史·选举志三》）。

②元朝

中央官学有国子学、蒙古国子学、回回国子学。国子学始创于1269年，是专门学习汉文化的学校。学生为七品以上朝官子孙及卫士子弟。平民中之俊异者，需得三品以上朝官之保举。学生不分种族，凡蒙古人、色目人、汉人皆可入学。学习内容为儒家经典。学校实行"升斋等第法"和"积分法"。"升斋等第法"就是把国子学分为下、中、上三个等级六个斋舍，学生按程度分别进入各个斋舍学习不同的内容，然后依据其学业成绩和品德行为，依次递升。"积分法"则是累积计算学生全年学业成绩的方法。蒙古国子学始创于1271年，是以招收蒙古子弟为主的学校。学习内容为用蒙古语翻译的《通鉴节要》，也兼习算学，学生学成精通者，量授官职。回回国子学始创于1298年，是专门学习波斯文学的学校，招生仅限于公卿大夫及富家子弟。学校的目的在于培养翻译人才。

③明朝

明太祖建国学于鸡鸣山下，改名为国子监。明成祖迁都北京，在北京建京师国子监，把原来的国子监改名为南京国子监，遂有南北监之分。国子监设有祭酒、司业、监丞、博士、典簿、掌馔、助教等官。明代国子监的监生，根据来源不同分为四类：一，凡在京会试下第的举人，由翰林院择其优者送入监内读书者为"举监"。二，凡由地方官学的生员，选贡到国子监来学习者为"贡监"。三，凡三品官以上子弟或勋戚子弟入监读书者为"荫监"。四，凡是捐资于官府者，其子弟可以入监读书，为"例监"。此法明中叶以后开始采用。

国子监教学组织分为六堂，初等生员通"四书"未通经书者，入"正义"、"崇志"、"广业"三堂，修业一年半以上；初等生员修业期满，文理条畅的，升中等，入"修道"、"诚心"二堂，修业一年半以上；中等生修业期满，经史兼通，文理全优的，升高等，入"率性"堂。生员升入"率性"堂则用积分制，按月考试，一年积满八分为及格，但坐堂需满700天才可毕业。毕业后即派相当官职。这种国子监直接授官的制度，造成了明初官学的发展与繁荣。

④清朝

清代基本承袭了明代的学校制度。在中央主要设置国子监，还有算学馆及贵族学校。

国子监又称太学，既是教育的管理机关，又是培养封建官僚的最高学府。《清史稿·选举志一》载："世祖定鼎燕京，修葺明北监为太学。"分设率性、修道、诚心、正义、崇志、广业六堂讲习之所。设有祭酒、司业及监丞、博士、助教、学正、学录、典簿等官，分别负责监务、纪律、教学、图书数据等事务。主要官员由皇帝特派大臣兼管,满、汉人都有。

清代强调以科举选拔人才的政策大大削弱了国子监的教育功能,国子监也成为科举的附庸,有名无实,形同虚设。

国子监学生来源不一,一般由国子监直接收录的称"监生",此外还有"贡生"和"荫生"。监生按出身分恩监、荫监、优监、例监四种;贡生按贡之方式分岁贡、恩贡、拔贡、优贡、副贡、例贡六种,通称为国子监生。三品文官荫一子入监,称荫监生;有功或死难官员特恩一子入监,称恩监生;例监是以财买官的入监生之称。贡生则是由府州县学选拔来国子监读书的。国子监生待遇上享受"膏火",还有免役的权利。

国子监内附设算学馆,培养算学人才。算学教育内容遵循《御数理精蕴》,分线面体三部。满、蒙、汉军算学生都由八旗官学生中考取,汉人算学生都由国子监会同算学馆考取。

国子监还设立了琉球官学和俄罗斯馆,收容外国留学生。

还有为宗室或旗人子弟、贵族功臣子弟设立的贵族学校,种类繁多。大体有宗学、觉罗学、景山官学等,统称八旗官学,八旗官学中有的隶属于国子监,有的隶属内务府管辖,不过都与国子监有关。

(二)地方官学

①宋朝

宋代地方行政区划为路、州(府、军、监)、县三级。地方官学只有州(府、军、监)学和县学两级。州县地方学校的教学内容为"以经术行义训导诸生,掌其课试之事,而纠正不如规者"。宋代地方官学在学校管理方面有其特点,表现在:一是设置主管地方教育的行政官员。置各路提举学事司,掌一路州县学政,每年前往各州县巡视一次,考查教师之优劣及学生的勤惰。南宋或设专员或由明文规定地方长官兼任提举学事。二是实行"三舍法"。三舍法本系王安石熙宁变法改革太学的措施,决定太学为上舍、内舍、外舍,在一定年制及条件下,外舍生得升入内舍;内舍生得升入上舍。最后经过考试分别规定其出身并授以官职。三是划拨学田,保障经费。

宋朝地方官学增设道学。道学创立于徽宗政和六年(1116)。徽宗重和元年(1118)诏示天下,"自今学道之士,许入州县学教养。所习经以《黄帝内经》、《道德经》为大经,《庄子》、《列子》为小经外,兼通儒书,俾合为一道,大经《周易》、小经《孟子》。其在学中选人,增置士名,分入官品"(《续资治通鉴》卷九十三)。

②元朝

元朝在地方学校中,路学、府学、州学、县学、诸路小学、社学都是根据行政区划而建立的儒学教育系统。社学为前代所无。据《新元史·食货志》记载,至元二十三年(1286)元朝规定:"诸县所属村疃,五十家为一社,择高年晓农事者立为社长"。"每社立学校一,择通晓经书者为学师,农隙使子弟入学。"可见,社学是设在农村地区,利用农闲空隙,以农家子弟为对象的初等教育形式。其他的地方官学均属专门学校性质。学习内容,除"五经"外,须先修《论语》《孟子》《大学》《中庸》,从此"四书"与"五经"并列,同为各级官学的必习教材。诸路医学,专门研习医学;诸路蒙古字学是地方上学习蒙古文字的学校;诸路阴阳学是专门学习天文历法的学校;孔颜孟三氏学是专门教授孔子、孟子、颜子三氏后裔子弟经术的学校。

③明朝

明朝在全国诸府、州、县设立相应学校,又在防区卫所设有卫学,乡村设社学,还在各地方行政机构所在地,设置都司儒学、宣慰司儒学等有司儒学。卫儒学、都司儒学主要招收武臣子弟。

明朝地方学校的教学内容,洪武初年所定学科为专习一经,以礼、乐、射、御、书、数设科分教。后又重行规定,计分礼、射、书、数四科,颁经史礼仪等书,要生员熟读精通,朔望又须学射于射圃,每日习书500字,数学须通《九章》之法。但实际上,明代强调科举致仕,更规定八股取仕之法,官学只以教读八股范文,即"闱墨""房稿"之类。由于学校成为科举考试的预备场所,明代地方学校订有周密考试制度,月考每月由教官举行一次;岁考、科考则于掌管一省教育行政大权的提学官主持。

④清朝

清地方行政区域划分为省、道、府(直隶州、直隶所)、县(州、所)四级。设儒学则在府、县二级。边疆尚有卫学、土司学等特殊学校。

府、州、县学,与太学相维相接,但不相统属,是依地方区划而成。府设教授,州设学正,县设教谕,并设训导于各学。各省设提学道、提学御史或提学学政,管理儒学。府州县学学生称生员,分为三等:附学生、增广生和廪膳生。初入儒者称附学生,入学后按考试成绩分廪膳生和增广生,待遇有别。入学前生员称童生,要经县、府、院三级考试合格方可取得入学资格,俗称秀才。生员在学,并非以读书课业为主,主要任务为乡试作准备,每月要到学宫听教官宣读"训饬士子文"和"卧碑诸条"律令。府州县学的主要教育内容,据《大清会典》所载为《御纂经解》、《性理》、《诗》古文辞、及校《十三经》、《二十史》、《三通》等书。另据《皇(清)朝文献通考》所载,为"《四子书》、《五经》、《性理大全》、《资治通鉴纲目》、《大学衍义》、《历代名臣奏议》、《文章正宗》等书,责成提调教官课令儒诵习讲解。"

生员考试分岁考和科考两种。岁考一年一次,科考二年一次,内容大同小异,前者为四书文二,经文一,后者增时事策而已。童试内容略有变动,为四书文、小学论、孝经、五言六韵诗等。为了加强对儒学的统治和生员的管理,清统治者制定了严厉的学规,务令遵守,严加考校。跟生员关系较大的有顺治九年的《训士卧碑文》,康熙三十九年的《圣谕十六条》、雍正二年的《圣谕广训》。

清廷对府州县学教育予以重视,对生员要求"各衙门官以礼相待",生员享受免役的特权,除本人外,其家庭还可免差役二丁,廪膳即津贴之意,廪膳生意义由此而来,府州县学经费来源主要是官方津贴和"学田"收入,也有捐赠。

社学是地方学校中最基层的一种,有启蒙童、兴教化之意。顺治九年曾令各省设社学,置社师,雍正元年,"定各州、县设立社学、义学之例,旧例各州、县于大乡区镇各置社学",后被义学等形式所取代了。

义学是明清时期为民间孤寒子弟设立的教育机构。源于宋代,清廷提倡,从旗人子弟入学和边省地区发轫,广为设置,并取代社学而成为乡间重要的教育形式。康熙时"令各省府、州、县多立义学,延请明师,聚集孤寒生童。"雍正时又令"各省改生祠书院为义学,延师授徒,以广文教。"后来"穷乡僻壤,皆立义学。"义学一直成为清代蒙学的一个重要组成部分。

卫学是卫所（戍边地区）军童生的学校，也是地方官学之一，不同于一般地方学校在于它以卫籍学生为招生对象。

社学、义学、卫学等虽然各有其特色，但性质主体上多属于启蒙教育机构。教育对象主要是儿童；教学内容主要为《三字经》、《百家姓》、《千字文》、《孝经》、《蒙求》、《神童诗》以及一些封建礼仪制度，规格较高的学校则还学习，如《东莱博议》、《唐宋八大家文钞》、《古文观止》、《声律启蒙》等内容，为学作诗文和时文、八股一类为科举作准备；教学方法传统，重视注入式教学，严加训练，而忽视儿童兴趣和需要。

3. 书院的建立与发展

（一）书院的萌芽

"书院"一词最早出现在唐朝玄宗时期，不过，这时所谓的书院还不具备学校性质。它只是一种由中央政府设立的，旨在编录国史、整理古籍的机构。安史之乱后，官学日趋衰落，一些好学之士避居山林、建屋藏书，并沿袭书院之名，称其读书之所，此类书院或直接以个人名字称呼，或者以所在地命名。以个人名字命名的书院，基本上系私人抚琴、品茗、集会、赋诗、读书、潜修之所。但在一些私人设立的书院中，也出现了聚徒讲学的活动。据同治《九江府志》记载，东佳书院"唐义门陈衮建，聚书千卷，以资学者，子弟弱冠，悉令就学。"同治《福建通志》记载，松洲书院，"唐陈珦与士民讲学处"。光绪《江西通志》记载，皇寮书院"唐通判刘庆霖建以讲学"。不过，这种书院在当时还不普遍，规模一般也不大，没有形成系统的规章制度，只能算是后来宋时书院的萌芽。

（二）宋时五大书院

书院作为一种教育制度形成和兴盛是在宋朝。宋朝开国之初，实行重文轻武政策，敦尚教化，崇儒兴学。但地方的州县学，却未能普遍设立，为满足学子需要，私人书院乃应运而生。据统计，宋朝先后共出现过460多所书院，但其中最著名的有五大书院。

白鹿洞书院设在江西庐山五老峰下。唐李渤与其兄李涉隐居庐山读书，"谓其所居曰白鹿洞"。南唐升元年间（937~943年），始在此建立学校，称庐山国学，亦称白鹿洞国库，国子监九经李善道为洞主，掌教授。后毁于兵火。直到宋孝宗淳熙六年（1179）朱熹重建书院，并请皇帝题额赐书，白鹿洞书院乃扬名于世。

岳麓书院设在湖南长沙岳麓山抱黄洞下。原为僧人所建佛寺。南唐开宝九年（976），长沙太守朱洞在此基础上建讲堂5间，斋舍52间，创建岳麓书院。宋大中祥符五年（1012）湘阴人周式主持书院，后宋真宗亲书"岳麓书院"匾额以褒奖，"于是书院之称闻天下"（《宋元学案》）。

白鹿洞书院（侯钦孟摄）

应天府书院设在睢阳（今河南商丘）。宋真宗大中祥符二年（1009），应天府民曹诚于名儒戚同文旧居旁建造学舍150间，聚书1500余卷，招徒授课，宋真宗诏赐"应天府书院"匾额。景祐二年（1035），书院改为应天府学。

嵩阳书院设在河南省登封县嵩山南麓。北魏时为嵩阳寺，唐代为嵩阳观，五代后周时改为太室书院。宋太宗至道二年（996）赐"太室书院"匾额及《九经注疏》印本。真宗大中祥符三年（1010）复赐《九经》。仁宗景祐二年（1035）诏更名嵩阳书院，于是名闻天下。

石鼓书院设在湖南衡阳北石鼓山，原为寻真观。唐衡阳士人李宽曾构屋读书于其中。宋太宗至道三年（997），李宽族人李士真在李宽读书旧址创建书院。景祐二年（1035），宋仁宗赐书院匾额，于是石鼓书院遂闻名于天下。

（三）宋代书院的教学

宋时书院的内部组织已俨然一学校系统。书院设山长，也称洞主、洞正或山主。山长主持一院之事。山长之下，设副山长，堂长。副山长辅助山长主持院务，堂长则掌管纪纲众事，表率生徒。副山长以下有讲书、说书、助教等，均以典教为职。其下则为学生。

书院的教育旨在阐明圣学，以养成理想的人格。朱熹在《白鹿洞书院揭示》（亦称《白鹿洞书院学规》）的跋文中说，"熹窃观古者圣贤所以教人为学之意,莫非使之讲明义理,以修其身,然后推己及人,非徒欲其务记览,为词章,以钓声名,取利禄而已也。"为此,他要求学生必须遵守学规,"凡学于此者,必严朔望之义,谨晨昏之令。居处必恭,步立必正。视听必端,言语必谨。貌必庄,衣服必整。饮食必节,出入必省。读书必专一,写字必楷敬。几案必整齐,堂室必洁净。相呼必以齿,接见必有定。修业有余功,游艺以适性。使人庄以恕,而必专所听。"

书院教育除了志在明人伦、辨义利外,还有一个很重要的目的,就是"通经史"。因此书院传授的内容,主要是儒家经书及理学家的著作。朱熹在讲学中,即以《大学》、《孟子》、《中庸》为开始,继而旁及诸经,通经之后进而读史。

书院教学采取自学、共同讲习和教师指导相结合的方式进行,而以自学为基础。书院提供充分的书籍条件。教师十分注意对学生进行读书和研究学问方法的指导。师生之间可以相互辩论,通常采用讨论式教学。如朱熹在白鹿洞书院讲学时,提倡读书有疑,常与学生质疑问难。"从游之士,选诵所习,以质其疑。意有未喻,则委曲告之,而未尝倦。问有本切,则反复戒之,而未尝隐"(黄干《朱子行状》)。书院的学术空气也非常自由,各派学说均可以自由讲授。史载朱熹曾邀陆九渊在白鹿洞书院"同升讲堂"。1175年的"鹅湖之会"更是学术界的一件盛事。后来,书院的这种学术辩论成为一种固定的制度。

(四)书院的兴衰

宋朝末年,书院开始出现官学化趋势。即书院开始受制于政府,并被纳入官学体系,私人讲学的性质逐渐淡化。元朝建立后,书院的官学化倾向更加明显。明初,由于国子监及府、州、县、社地方官学的发达,书院处于沉寂状态。嘉靖年间书院转盛,其中以心学家湛若水、王阳明所设置的书院影响为大。王阳明学派将书院内部的学术争论,发展为书院外的讲会活动,四方学者辐辏。明末无锡东林书院的讲会,尤负盛名,成为政治清议的中心。明代统治者意识到书院聚众讲学,对巩固封建统治不利,先后于嘉靖、万历、天启期间四次禁毁书院。此外,由官方控制书院的建置,使之成为官学的补充,纳入科举的轨道。清初对书院采取禁止办法,雍正时才下令由官府拨款在各省城设置书院。乾隆年间,官立书院剧增,已是因袭其名,而无自由讲学之实,绝大多数书院成了以考课为中心的科举预备学校。乾隆、嘉庆之际,以考证训诂为特征的汉学兴起(亦称朴学),出现了一代著名汉学家,如惠栋、江永、王鸣盛、钱大昕、汪中、戴震、段玉裁、王念孙、王引之等等。他们主讲的书院,主要传授经史、辞赋,研究小学、史学、名物制度、天算、地理、音韵、金石、校勘、目录等学问,不课八股文。嘉庆初,阮元在杭州孤山建立的"诂经精舍",后在广州粤秀山建置的"学海堂",在培养考据训诂人才的实践中,形成了颇有特色的教学体制和方法。清朝末年,随着封建制度的日渐瓦解,书院也江河日下。虽有人采取多种变应措施力加挽救,终于收效甚微。光绪二十七年(1901)谕令各省所有书院,于省城均改设大学堂,各府厅直隶州均改设中学堂,各州县均改设小学堂。

4. 蒙学的发展

蒙学是指对儿童进行启蒙教育的学校。宋代的蒙学可分为三种。一种是设在京城宫廷内的贵胄小学。另一种是设在地方上的庶民小学。还有一种是民间设立的私学。它有不同的名称,有的称为小学,有的称为冬学、私塾、蒙馆等。蒙学的教学内容为初步的道德行为训练及基础知识的教学。

学塾在明清时期遍及城乡。其种类有:坐馆或教馆(地主士绅豪富聘请教师在家进行教学);家塾或私塾(教师在自己住所设学教学);义学或义塾(地方或个人出钱资助设立的小学,招收贫寒子弟入学学习,带有慈善事业的性质)。

蒙学的发展,形成了相对稳定的教学内容和教学程序。学塾中主要进行读书、习字以及作文三方面的教学,是为进入官学、书院以及应科举考试作基础准备。而每一方面的教学,又都建立了一定的次序。如读书,首先进行集中识字。待儿童熟记千余字后,进入读《三字经》、《百家姓》、《千字文》和"四书"。这阶段儿童主要用力在跟读、熟读和背诵。在此基础上,教师进行讲书,着重阐述书中的封建政治思想和伦理原则。习字的次序,则是先由教师把着手写,而后描红,再进入临帖书写。作文之先,必练习作对。学塾中实行个别指导,教学进度视学生的接受能力而异。一般说,都遵循由易及难的原则,前一步的学习为后一步的学习铺垫基础。教学中尤重视温故,教师有计划有步骤地组织指导学生复习旧课和新课。

随着学塾的发展,童蒙课本种类愈益增多。计有:儿童道德教育读本,如《童蒙须知》、《小学》等。识字课本,继《千字文》有《性理字训》、《百家姓》、《三字经》以及各种实用杂字。约在南宋末已出现图文对照的识字课本。经学课本,有朱熹注《四书集注》等。文学读本,有《千家诗》、《神童诗》、《唐宋八大家文》、《古文观止》等。史学课本,有各种形式的《蒙求》。习字课本,有描红本及名家字帖。作对学文课本,清乾隆时有《声律启蒙》等。

随着蒙学的发展,童蒙教学法著作也开始问世。宋元以后,在学塾教学实践的基础上,专门研究童蒙教学法的著作,陆续得到刊行。著名的有:元代程端礼的《程氏家塾读书分年日程》、清代王筠的《教童子法》、崔学古的《蒙学录》等。

5. 科举制度的发展

(一)宋代的科举制度

大体沿用唐制,但在具体做法上有所发展:

一是殿试成为定制。唐武则天时已有殿试,宋以后乃成定制。宋太祖开宝六年正式以殿试取代吏部试,采用皇帝亲自策问的录取形式来体现皇恩浩荡。殿试的内容,宋初为诗、赋、论三篇,熙宁以后,考试策一道,以一千字为限。

二是考试内容有所增加。宋时科举设有进士、九经、五经、开元礼、三史、三礼、三传、学究、明经、明法等科,以进士科最为兴盛,各科考试内容较唐时有所变化。

三是考试规制更加完备。宋英宗治平三年确立了"三岁一贡举"的制度。此后的科举均依此例。又宋太祖开宝二年设"特奏进士"。凡多次参加考试而不录者,根据情形由皇帝"恩例"特赐"出身"。

四是考试方式更加细密。除原来的糊名等方式外,又采取锁院、验照、复试、别试、誊录等方式,以防作弊。锁院是指主考官接受任命之日,即得移居贡院,不许外出或接待访客,以免泄题。验照就是考生在进入贡院时须交验写有姓名、籍贯、保官及相貌特征的"给帖",以免冒名顶替。

复试是指京官子弟通过会试后,还须参加在中书省特设的考试。别试是指主考官的五亲六戚应考,不参加统一命题的考试,而是参加由他人命题、监考和阅的专门考试。誊录是指将所有试卷请人重新抄写一遍之后,再予以评定,以防认笔迹,作暗号的舞弊。

(二)元代科举制度的变化

元代到仁宗皇庆二年始诏行科举条制。大体上与唐宋时期的科举制度相同,但也有二大变化,一是考试内容以朱熹注《四书》为准,二是实行民族歧视政策。

(三)明代科举制的特点

科举原由分科取士而得名,唐代常科有基本科目六种,宋代更多,明代只有进士一科,进士科成为入仕的主要途径。所以入学中举,考取进士,谋得高官厚禄,已深入士子之心。

明代试士之法自明宪宗成化年间开始盛行的"八股文"取士。这一特殊文体对明、清400余年的教育与学风产生了极大的影响。

(四)清代的科举考试

清代选官最初是从八旗贵族中选官,后有荐举途径。但选官制度仍以科举为主,科举从内容到形式基本上沿袭了明朝制度。

清代的科举考试分三级,乡试、会试和殿试,在此之前还有预备性考试的童试。

童试是地方州府县学的入学考试,也是获取秀才资格的考试。童试最初由县、府的地方长官主持,为了加强对州府县学的管理,清廷派学政到各省主持院试。院试合格后称秀才,又称附生。

乡试一般在省城举行。各省设立贡院,作为乡试场所。乡试三年一次,叫"大比",在子卯午酉年八月举行。乡试中式称"中举",中式后称"举人",第一名为"解元",第二名为"亚元",以下各有称谓。

会试是中央级考试,由礼部主持,考试又称"礼闱",在贡院进行。会试时间定于乡试后次年(丑辰未戌年)二月,乾隆后改为三月。应试者为各省举人,中式后称"进士",会试第一名称"会元"。会试后即可由吏部酌情授予相应官职。

殿试由皇帝亲自在保和殿主持,策试一道,试题、等级常由皇帝圈定。殿试后分三甲,第一甲录三人,第一名称状元,第二名称榜眼,第三名称探花;二甲若干人,赐"进士出身";三甲赐"同进士出身"。状元、榜眼、探花按惯例可立刻被授予翰林院修纂和编修,其他人也可入翰林院或授其他官职。朝廷为殿试者在国子监立碑刻名,科举考试到此结束。

(五)八股文取士

明清科举考试最大特点就是规定用八股文做文章。八股文又称制艺或制义、时艺、时文、八比文,由于文题均取自《四书》《五经》,故又称"四书文"。每篇由破题、承题、起讲、入手、起股、中股、后股、束股八部分组成。"破题"是用两句话将题目的意义破开,"承题"是承接破题的意义而说明之。破题论及圣贤诸人须用代字,如尧舜须称帝,孔子则称圣人;承题则与此相反,可直呼其名,不再避讳。"起讲"为议论的开始,首二字用"意谓"、"若曰"、"以为"、"且夫"、"尝思"等字开端。"入手"为起讲后入手之处。下自"起股"至"束股"才是正式议论,以"中股"为全篇重心。在这四股中,每股又都有两股排比对偶的文字,合共八股,故名"八股文"。一篇八股文的字数,清顺治定为550字,康熙时增为650字,后又改为700字。

八股文注重章法与格调,本来是说理的古体散文,而能与骈体辞赋合流,构成一种新的文体,在文学史上自有其地位。但从教育的角度而言,作为考试的文体,八股文不仅使士人的思想受到极大的束缚,而且败坏学风。顾亭林在《日知录》里说:"八股之害,等于焚书,而败坏人才,有甚于咸阳之郊所坑者四百六十余人也。"

6.中国近代改革派的教育主张

鸦片战争以后,中国的封建专制统治已岌岌可危。在这种情况下,统治层内部出现了改革派和顽固派的斗争。顽固派坚持祖宗之法不可变,认为"变而从夷";改革派则主张改革,认为只有改革才有出路。这一时期的改革派代表人物有龚自珍、林则徐、魏源、黄爵滋、姚莹、包世臣、张穆等。龚自珍、林则徐和魏源于1830年就结成"宣南诗社",坚决反对外国侵略势力,主张禁烟和抵抗,支持改革。在文化教育上,以龚自珍、魏源最有见地,他们对清末教育的腐朽提出了尖锐批评,主张改革教育,学习西方。

改革派对当时学术界、教育界盛行的空谈心性,崇尚空疏的"宋学"和专事考据、脱离现实的"汉学"提出批评,提倡"经世致用"的新学风。他们主张研究古代学术典籍,应该联系当时的政治斗争。提出要本着重视实际和"经世致用"的精神研究外国的历史、地理,研究本国政治、经济情况。改革派极力反对顽固派那种对外国闭塞无知而盲目自大的保守主义立场。讥笑他们是"徒知侈张中华,未睹寰瀛之大"。主张必须研究和学习外国的长处,以抵抗外国资本主义的侵略。改革派又对八股取士的制度进行了揭露,认为这种文体标志着封建主义的传统教育已经日趋腐朽和反动。

1851年爆发了太平天国农民革命。太平天国进行了教育改革的尝试,采取了反儒方针,旨在解除束缚劳动人民的思想桎梏。在太平天国里,礼拜堂既是举行宗教仪式的主要场所,又是主要的教育机构。不分男女老幼都要受教育,儿童是"俱日至礼拜堂""上课",成年人是"礼拜日至礼拜堂""听讲"。"两司马"和军队将领是当然的教师,承担教育的职责。这种教育制度,是把政治、经济、军事、宗教与教育相结合的、"军政合一"、"政教合一"的教育体制。总之,重视对儿童和劳动人民的教育,尤其将女子教育提到同男子教育的同等地位,是太平天国教育的重大特点。

7. 中国近代洋务派的教育主张

经过两次鸦片战争的打击,中国处于强敌环伺、民族危亡的危险境地。中国紧紧关闭的封建大门已被打开,闭关锁国、孤立于世界之外的时代已经结束。在这种历史条件下,中国封建统治高层内部的一些官员开始认真面对中国胜败存亡的现实,以曾国藩、李鸿章、左宗棠和张之洞等人为代表的政治集团,开始提倡"自强"、"求富"的"新政运动",即洋务运动,以维持清朝的封建统治。这是一次带有某些资本主义倾向的改革,而教育活动是洋务运动的重要组成部分。

洋务教育的举办历时30多年。它走的是一条"借材异域"的道路。他们兴办的新式学校主要有三种类型:

其一,同文馆或广方言馆(外国语学校)。有京师同文馆(1862年)、上海广方言馆(1863年)、广州同文馆(1864年)、湖北自强学堂(1893年)。

其二，武备、水师学堂（军事学校）。有福州船政学堂（1866年）、天津水师学堂（1881年）、天津武备学堂（1885年）、广东水师学堂（1887年）、南京陆军学堂（1896年）。

其三，机器、电讯学堂（技术学校）。有上海江南制造局附设的机器学堂（1865年）、上海电报学堂（1882年）。

这些"洋学堂"，没有统一的学制，也没有形成学校系统，它的教学内容，除了四书、五经等封建主义的"旧学"外，主要是"西文"和"西艺"。

洋务派还办理留学教育，派遣学生往西方资本主义国家学习军事、技术和自然科学。1872年曾国藩、李鸿章接受容闳的倡议联名奏请清朝廷选派幼童赴美留学。批准后，由容闳带领幼童赴美，这是中国近代派遣到外国去的第一批官费留学生。除了派学生留美外，洋务派还先后在1876年、1877年派遣学生到德、英、法等资本主义国家学习陆军、海军和造船等科。

8. 中国近代戊戌维新变法时期的教育

1898年，中国改良派发动了一次变法图强的维新运动。领导这次维新变法运动的主要代表人物是康有为、梁启超、谭嗣同、严复。他们受了西方思想的影响，是当时中国"向西方寻找真理的一派人物"。为了传播他们的改良主义维新思想，培养维新变法干部，他们用向皇帝上书，组织学会，兴办学校，设立报馆，著书，翻译等办法介绍西方资本主义的情况和文化思想，企图以此向统治阶级上层和知识分子宣传维新富强的道理。但是维新变法思想的传播与封建顽固势力发生了尖锐的矛盾，在教育战线上主要是围绕着要不要变科举、废八股和提倡西学，举办学堂的问题上进行的。

顽固派坚持八股取士的科举制度，维护中学，反对西学。洋务派主张"中学为体，西学为用"。这两派的基本态度是一致的。维新派则反对八股取士的科举制度，认为这种考试制度培养和选拔出来的知识分子，实际都是一些"谬妄胡涂"的废物，"消磨岁月于无用之地，隳坏志节于冥昧之中"（严复《救亡决论》）。

维新派认为要想使中国富强，只有向西方资本主义国家学习，设立新式学堂，建立资本主义的教育制度，学习资本主义国家的自然科学、工程技术和社会政治学说。维新派的代表人物，从康有为到谭嗣同，他们都设计了各种各样的发展资本主义教育制度的方案，把兴办新式学堂列为维新变法的重要内容。

"百日维新"是维新变法运动的高峰，在"百日维新"期间，维新派积极"除旧布新"，推行新政，通过当时的光绪皇帝颁布了大批维新变法的诏令。除在政治、经济、军事等方面的改革外，属于文化教育方面的主要有：

其一，废除八股，改革科举制度。凡国家的会试，省级的乡试及府县的生童岁科（考秀才），一律改试策论。各级考试，一试历史政治，二试时务，三试四书五经；一切考试，取士均以讲求实学实政为主，不凭楷法（写字）好坏为取舍标准。在规定的考试外，又开设考试经世致用学问的"经济特科"，选拔新政人才。

其二，在北京设立京师大学堂（北京大学前身），将原设的官书局和译书局并入大学堂。大学堂在课程方面采取中西并重的方针，并把课程规定为普通学和专门学两类。京师大学堂的任务不仅是各省学堂的表率，而且还有统辖各省学堂的大权。

其三，筹办高、中、小各级学堂。各地旧有的大小书院，一律改为兼习中学和西学的学堂。省会的书院改为高等学堂，府城的书院改为中等学堂，州县的书院改为小学堂。地方捐办的义学、社学，亦令中西兼习。奖励绅民兴学。中学应读之书由官书局颁发，民间祠庙不在祀典者，由地方官晓谕，一律改为学堂。

其四，筹备设立铁路、矿务、农务、茶务、蚕桑、医学等专门学堂。

其五，建立新的译书局，编译学堂，编译外国书籍。

其六，改时务报为官办，鼓励自由创立报馆、学会。各省士民著作新书，创行新法，制成新器，合于实用的，均给奖赏，或量才授予实职。

其七，派人出国游学。由各省督抚就学堂中挑选聪颖学生有志深造者，派赴日本游学。

9. 清末政府的"改革教育"

至19世纪末，清政府对教育也进行了一些改良，如在书院增添格致、制造、算学、外国语等西学课程；创设中西学兼习的新式书院；将大小书院一律改为兼习中学西学的学堂。对待科举制度，先是对科举内容进行改革，继而对科举中额的递减,最后对科举制度全部废除。清政府在1905年发布上谕:"着即自丙午科(1906)为始,所有乡、会试一律停止,各省岁科考试,亦即停止"。

从1901年起,清政府开始实行一些新政,"改革教育"就是其中的一项重要内容。在清政府的《诏书》中说:"兴学育才,实为当今急务"。1902年,清政府公布了由管学大臣张百熙拟定的一系列"学堂章程",即《钦定学堂章程》(旧称"壬寅学制")。但是,这个学制未及实行,清政府又在1903年命张百熙、荣庆、张之洞重加拟定,并于1904年公布,即《奏定学堂章程》(旧称"癸卯学制")。

"癸卯学制"是中国近代第一个以法令形式公布并在全国推行过的学校教育系统。为了从组织上保证"癸卯学制"的推行,清政府于1905~1906年间成立了从中央到地方的教育行政机关,管辖全国教育。清末各级教育行政机关系统如下:

中央学部的最高长官为尚书,其次则为左右侍郎。部内的组织,分为五司十二科,分掌本部事务及全国各项教育。此外,还设有视学官,轮流出京视察全国各省教育。

省设提学使司,专管全省教育事务,主管长官为提学使。提学使司下分设六课,分掌本司事务及全省各项教育。此外,另设省视学,承提学使的命令,巡视本省各府厅州县的学务。

府厅州县设立劝学所。劝学所的职权不仅掌管本府厅州县的教育行政,并有诱劝地方人士建立学堂推广教育的责任。每所设总董一人。每府厅州县划分若干学区,每学区由总董选举本区"热心教育"的士绅充任劝学员,负责推行本区的一切学务。

癸卯学制的建立,在一定程度上也促进了兴办学堂事业的发展。由此,在20世纪初期,不仅国内学堂纷纷成立,知识分子人数急剧增加,而且,出国留学也成为一种风气。

1905年学部成立后,就厘订了各项留学章程,规定了各项留学资格、管理、奖励等制度。此外还特别制定了《贵胄游学章程》,使清王朝的王公贵族及其子弟获得出国留学的特权。

10. 著名学者的教育思想

（一）北宋周敦颐的教育观点

周敦颐认为教育的目的便是使人们舍恶归善，求得"中"、"和"。他从教育的重要性，引申出教师的作用，"或问曰：'曷为天下善？'曰：'师'"。认为"师道立，则善人多；善人多，则朝廷正而天下治矣"。

周敦颐把德育放在首位，以"君子进德修业"为根本。知识只是工具，为德育服务。他把人的学习自觉性提到身心修养的高度，所谓"贤者得以学而至之，是为教"。反之，"不贤者虽父兄临之，师保勉之，不学也，强之，不从也。"他认为只有在学习上能引起"愤"和"悱"，做到举一反三，才能"发圣人之蕴"。这里也寓有培养学者思维能力之意。

（二）北宋程颢、程颐的教育观点

程颢、程颐认为"人欲"的实质是私利，乃是天下纷争的根源。欲堵塞动乱之源，唯有运用教育，教人"复天理"，"安得天分，不有私心"，达到圣人、仁人的境界。而这种教育，首先从士开始，使之在乡里成为道德的楷模，在朝廷成为贤臣，从而影响民风的好转。

二程赞同圣人可学而致，而学做圣人，既要进行"格物穷理"的"致知"工作，又要做"存心养性"的"涵养"功夫，这叫"敬义夹持"。程颐认为"格物穷理"包括读书、评论古今人物、应接处事等多种途径，而最重要的是读经，因为经是"载道"的。在儒家的经典中，二程尤表彰《论语》、《小戴礼记》中的《大学》、《中庸》和《孟子》四部书。他们给学生规定的读经顺序是：先《大学》，而后《论语》、《孟子》，再后及《春秋》以及其他各经。

在读经方法上，应坚持"由经以求道"，贵在"自得"。教师主要是指导学生读经的方法，至于蕴藏在经中的"义理"，应由学习者去反复思绎，从己出发，由近及远。故二程提倡勤于思，在思考过程中发展思想。"人思如泉涌，汲之愈新"。

程颢注重"涵养"，主张"以诚敬存之"。要实实在在以"义理养心"，既不能刻意追求，操之过急，又不能怠惰忘却，一切顺其自然。程颐说："涵养须用敬"，"所谓敬者，主一之为敬。所谓一者,无适之谓一。"意即心志专一,心有主宰。但程颐所主张的"敬",除了这一层意思之外,还讲究人的容貌举止的严肃和庄重。

(三)北宋胡瑗的教育观点

胡瑗认为,"圣人之道"有体、用、文等三方面:"君臣父子,仁义礼乐"等体制是体,"诗书史传子集"等经典著作是文,用是把这些道理付诸日用,福国利民。学校就是要向学生传授"明体达用"之学。国家选拔和培养的人才,如果不以体、用为本,而专讲究声律浮华的词藻为应付科举考试作准备,一定会败坏世风民俗。为了培养"明体达用"人才,胡瑗很重视因材施教。他在湖学采取分斋教学制度:一是经义斋,选择"心性疏通,有器局,可任大事"的学生,对他们讲授儒家经典的经义。一是治事斋,也叫治道斋,对学习研究治道的学生,分别讲授治兵、治民、水利、天文历律等等,一人各治一事和兼治一事,或专或兼,教师可因学生所专进行教学。

(四)宋张载的教育观点

张载重视教育的作用,认为学习能变化气质。他把人性分成"天地之性"和"气质之性"。天地之性是本然之性,为人所共有,都是善的;气质之性则是人形成后才有的。各人的气质可能有偏,于是有善有恶。对于不善的气质,须用教育工夫使之复归于善,把后来的气质之性去掉,以回复本来的天地之性。圣人即天地之性,所以他的教育目的在于学为圣人。为要达到此目的,他十分重视"礼"的教育,要求学生习礼,"动作皆中礼,则气质自然全好"。他把动作中礼当作变化气质的主要途径,由此,他主张"知礼成性",一方面须有较深的知识,一方面谦恭合礼。

张载在教育方法上坚持因材施教和循序渐进。要求教师培养学生"刚决果断"的志气,以发挥学习的积极性,不停地前进。他特别重视"思"和"疑"在学习上的作用,他说"学则须疑","逐事要深思","濯去旧见,以来新意"。他认为学生能提出疑问,便说明他有进步,如果可疑而不疑,就表示他不曾学。同时他又认为,"思"可以促进"疑"和"记",经过思索才能产生疑问,只有理解了的东西才容易记忆。他还认为"记"是"思"的基础,"不记则思不起"。张载还要求学生虚心,多读书,对书中义理进行比较研究,融会贯通。

（五）北宋王安石的教育观点

王安石认为，教育的目的是要造就"可以为天下国家之用"的治国人才，而人才应该从学校产生。所以，他主张从中央到各地都广设学校，严选教官，招揽能为国家所用的人才，教给治国的知识和本领，国家通过严格的考核，选拔德才兼优者充任官职。在当时学校尚未普遍设置的情况下则应首先改革科举考试方法，以改变用非所学、学非所用的状况。

王安石变法期间，对科举制度和学校制度进行了一系列改革。废除旧有的专考呆读死记儒家经典的明经诸科，取消进士科的诗赋考试而改试经义。经义考试要求"务通义理，不必尽用注疏"。后又规定所有及第进士必须加试法律政令，合格者方能授予官职。熙宁四年（1071），在太学开始实行三舍法，这是以学校考核逐步取代科举考试为国家选拔人才的开端。与此同时，规定地方学校一律由朝廷委派学官管理，学校的事务由学官全权负责，学校的教授必须通过专门的经义考试，然后择优任命，有不称职的，由国子监负责报请朝廷予以撤换。

（六）南宋朱熹的教育观点

朱熹任地方官期间，积极发展地方教育，如整顿同安县学，重修庐山白鹿洞书院。所订《白鹿洞书院学规》，成为南宋以后各地方学校和书院共同遵守的学规。在漳州，首次刊刻《大学章句》、《中庸章句》、《论语集注》、《孟子集注》。"四书"名称，由此形成，并作为一套经书，流传社会。在潭州，修复岳麓书院。朱熹从政之余，亲自执教，从事教育达50年，对周秦以来的教育理论、教育实践，作了系统的总结和改造，建立了完整的教育理论体系。

① "明人伦"

朱熹重申学校的根本任务是"明人伦"，其实际内容就是"明天理，灭人欲"。朱熹认为"天理"、"人欲"同存于人性之中，互相对立，互为消长。人性是由"天命之性"和"气质之性"结合而成。"天理"是仁、义、礼、智、信等道德观念的体现，所以又称"明德"。而"私心"、"物欲"，表现为"人欲"，将"天理"遮蔽，如同明珠掉进污泥之中。朱熹认为，人欲之私，需要经过教育和自我修养，"变化气质"，逐步达到"革尽人欲，复尽天理"。

②"事"

朱熹称儿童教育为"小子之学"。他认为小学教育的基本任务,是向儿童灌输道德观念和训练儿童的道德行为习惯。两者之中,尤以后者为主,朱熹称之为"事"。"事"是相对"理"而言的,"理"是抽象的道德伦理学说。"事"是具体的日常生活准则,即"洒扫、应对、进退之节"。

③"穷理"

朱熹认为大学的基本任务便是"穷理",即研究义理,其主要途径是熟读五经。朱熹依据他的"知先于行","行重于知"的知行观,引"博学之、审问之、慎思之、明辨之、笃行之",作为大学教育的次序。学、问、思、辨属于穷理阶段,笃行包括修身及处事接物。即"穷是理而守之也"。朱熹所主张的大学教育,始于读书,终于修身,这叫做"下学上达",又称作"由博返约"。在修身过程中,朱熹尤其重视"慎独"、"节情"和"忍"的修养功夫。

④"主敬"

朱熹认为读书和修养的始终功夫是"主敬"。他释"敬"是"心不放肆","动作不放肆",随时随处,"提撕此心"。实是一种主动排除各种物欲和情绪的干扰,集中思想、精力于自己既定的目的的追索和践履的心理状态。朱熹提倡学生自己勤读书,勤做札记。教师只需作"解惑"式的讲学,不必"支离多说",这种教学方式叫"讲问"。关于如何读书,朱熹自己总结为:"读书之法莫贵于循序而致精,而致精之本,则又在于居敬而持志。"朱熹的门人辅汉卿等把朱熹自述的读书法展开,归纳为六条:"居敬持志,循序渐进,熟读精思,虚心涵泳,切己体察,着紧用力。"

(七)南宋陈亮的教育观点

陈亮在教育思想上,主张造就"非常之人"。他认为,造就"非常之人"的主要方法,在于严格锻炼。好像金银铜铁,"炼有多少,则器有精粗"。锻炼程度不同,决定着材器的精粗和好坏。其次,主张为学必须勤奋专一,认为"工贵其久,业贵其专",只有这样,学业才有所长进。他主张做人要谦虚而不自满,说:"君子之道不以其所已能者为足,而尝以其未能者为歉。"千万不能因稍有成就便自满起来,应该以有所不知和不能而加强学习。他又提出要注意教育对象的年龄发展程序,从实际出发进行教育。"童子以记诵为能,少壮以学识为本,老成以德业为重。"因此儿童时期则注重记诵能力的培养,少壮时期适宜于知识学问的增益,老成时期重在德业的修养。

(八)南宋叶适的教育观点

叶适主张"兴起天下之人才",造就"豪杰特起之士"。他提出学习范围和方法有:其一,明古今百家之学,融合贯通各种流派思想。其二,学贵致用,志在拯救当前危局,出为世用。其三,独立思考,有新见解。认为"未脱模拟之习",徒然生搬硬套,不能适应"目前之用"。其四,不断学习与积累知识经验,才能有所成就。认为"学非一日之积也,道岂一世而成哉","习而愈悦,久而愈成"。其五,学思结合,感觉经验与理性思维不可偏废。认为"学则内外交相明","古人未有不内外交相成而至于圣贤"。他指出,古代有学问有成就的人,都是能够做到感觉经验与理性思维相结合的。

(九)明王守仁的教育观点

王守仁认为"心",亦称"良知",又称"天理",是天地万物的本源。所以认识的源泉不在客观世界,而是"吾心"。教育的根本问题是"致良知",其具体内容就是"明人伦"。道德修养的关键在"去人欲,存天理"。他认为"知之真切笃实处,即是行,行之明觉精察处,即是知"。强调"一念发动处便即是行",要人们在修养上"防于未萌之先,克于方萌之际",重视对意念的克制工夫。

王守仁主张做学问在"明白自家本体"、"不假外求",即不必通过外界事物来求得知识。强调"夫学,贵得之心。"认为学习与其旁人"点化",不如自己"解化"。他反对朱熹"为学之道在穷理,穷理之要在读书"的观点,认为"六经之实"都在"吾心"之中,单读书是不行的,必须考之于心。"心学"是根本,读书只是寻求工具寻求方法而已。因此,他反对盲从典籍,重视独立思考。提出只要"求之于心而非也,虽其言之出于孔子,不敢以为是也",相反"求之于心而是也,虽其言之出于庸常,不敢以为非也"。

王守仁主张施教要照顾学生的心理发展水平。认为人的资质有不同,施教须"随人分限所及",因人而异,不可躐等;人的才能也互不相同,使他们"益精其能",是学校教育的重要任务。

王守仁十分重视儿童教育,认为正确的童蒙教育应该考虑到儿童"乐嬉游而惮拘检"的心理特点,象园丁栽培花木一样,通过"诱之歌诗"、"导之习礼"、"讽之读书",培养儿童的道德、情感,发展儿童的智慧,增进儿童的身体发育。在学习内容和次序的安排上,规定"每日工夫,先考德,次背书诵书,次习礼或作课仿,次复诵书讲书,次歌诗",注意动静搭配,使儿童"趋向鼓舞,中心喜悦",而"乐习不倦"。

(十)明李贽的教育观点

李贽认为,人生而具有"童心",只因为受了理学教育的污染,"童心"遭到损害,才得不到发展,而使人沾上虚伪作假、欺人、欺世的恶习,以致"言假言,事假事,文假文"。

李贽认为儒家以孔子的是非为是非,乃是完全错误的。他说:"夫天生一人,自有一人之用,不待取给于孔子而后足也。若必待取足于孔子,则千古以前无孔子,终不得为人乎"。李贽认为"六经"、《论语》、《孟子》成了伪君子们的护身符,决不能成为万世之至论。

李贽提倡"因材而笃"的教育观点。他说,人人都有物质的欲望,但各有个性,人们的能力和爱好也各不相同,"就其力之所能为,与心之所欲为,势之所必为者以听之",就能适应其个性,发展其个性,从而实现"因材而笃"、"万物并育"的原则。

(十一)明清之际黄宗羲的教育观点

黄宗羲认为科举制发展到明清,妨碍人才培养,遏抑社会进步,使学术日衰,学风日坏,人才日绌,士心陷溺,而"庸妄之辈充塞天下"。他慨叹:"科举之弊未有甚于今日矣"。

黄宗羲依据限制君权施行民主政治制度的理想,设计了一套学制体系。他认为,作为最高学府的太学,应当保存,不过要继承东汉太学"清议"的学风。全国郡县均设立学宫、置学官。太学祭酒和郡县学官,均得由诸生"公议"推选或罢免。其地位应尊于政府官吏。学官下设五经师,及兵法、历算、医、射各专科教师,皆由学官自择。其学官条件,在政治方面,最要者是"不干清议"。在业务方面,教师必须有真才实学。乡村"民间童子十人以上"者，则设小学，由蒙师教之。其他"凡在城在野寺观庵堂，大者改为书院，经师领之；小者改为小学，蒙师领之，以分处诸生受业。"由大学、小学和书院构成一个学校体系。

黄宗羲认为"学校之盛衰，关系天下之盛衰。"学校教育，除了培养实用人才和传递学术文化，还应当成为"公其是非"、监督政府、指导舆论的机关。他提倡"实学"，规定在学校中开设自然科学的课目，反对空论性理、高谈仁义。特别反对鬼神迷信风水之说，倡议用学校教育的手段，扫除"万民"的迷信，改变社会的风气。

（十二）明清之际朱之瑜的教育观点

朱之瑜在教育方面的特点是视中外为一体，以得天下英才而教育之为乐。他侨居日本20多年，接受的弟子不断增加，并曾公开讲学。他向日本弟子表示，"不佞于中夏四国，本来一体为亲，凡遇英才，乐于奖进。"

朱之瑜主张为学当有实功，有实用；格物致知要与事功统一起来，不应专在研究理学方面下功夫。

关于教人之道，他认为有一定不易者，有因人而施者。"学问之道，贵在实行"，"立志当如山，求师当如海"，这是一定不易者。因弟子"资性"之不同，提出不同的要求，并予以不同的启示，这是因人而施者。他重躬行实践，却不废读书，因为书能益人神智。对于读书之法，他则认为读史应先于读经；史书文义较浅，于事情又近，于事理吻合，读之易懂。这些都表现了他着重实功、实用的精神。

（十三）明清之际王夫之的教育观点

王夫之阐明并发展了中国古代关于"学"与"思"、"知"与"行"相结合的教育原理。提出了"学思相资"，以"心思"为主和"行可统知"，以"行"为基础的教育教学理论。

①知行并进论与学思相资论

王夫之主张行先知后，知行并进，他说："行可兼知而知不可兼行"（《尚书引义》）。又说："知行相资认为用"（《礼记章句》）。一方面肯定知源于行，行可以检验知，知以行为目的，从而否定了传统教育中脱离实践、死读书、学习空疏废用的学风；另一方面强调知行虽相互为用，但不能混淆,"则于其互用,益知其必分矣"(《礼记章句》),既反对了单凭直觉顿悟,又反对了离开理论指导的实践。

王夫之认为学与思是相互结合、相互依赖、相互促进的。他说:"致知之途有二,曰学,曰思。学则不恃己之聪明,而一唯先觉之相效。思则不徇古人之陈迹,而任吾警悟之灵……学非有碍于思,而学愈博则思愈博;思正有功于学,而思之困则学必勤"(《四书训义》卷六),还说:"乃二者不可偏废,必相资以为功"(《四书训义》卷六),教学必须做到两者统一,相辅相资才能共同发展。学要虚心,学以长知;思则不墨守陈规,发挥能动性,进行独立思考。王夫之认为在不同阶段学思各有其功效:在"格物"阶段,以学问为主,思辩辅之;在"致知"阶段,以思辩为主,而学问为辅之。学习的最高境界是把感性知识转化为理性知识,这是一个思维活动过程,必须有艰苦的思维活动。

②教学原则和方法

王夫之认为,为学者首先要立志,"志立则学思从之,故才日益而聪明盛,成乎富有;志立笃,则气从其志,以不倦而日新"(《张子正蒙注》卷五)。志向确立,学习才有明确的方向,并沿着目标克服困难前进。立志务必专一,"志于彼又志于此"(《俟解》),简直等于无志。立志向有差别,君子要"志于仁"。教师负有帮助学生立志的任务,"善教人者,示以至善以驱正其志"。

王夫之主张教师严格要求学生,学生更应高标准要求自己,他说:"学者不自勉,而欲教者之俯从,终其身于不知不能而已矣"(《四书训义》卷二十五)。自勉是学有成就的关键,如果学不自勉,苟且度日,那么一辈子也只能陷入不知不能的境地。与自勉相结合的是"本心乐为",教学要注意激发学生的学习兴趣,引导学生达到"本心乐为"的境界而后学习才能努力前进,卓有成效。他还主张自得,即学习积极性原则。他说:"有自修之心则来学,而因以教之。若未能有自修之志而强往教之,则虽教无益"(《礼记章句》)。学生的心理有了学习准备和努力钻研精神,加上教师启发式教学,也就是说师生两方面都发挥积极性,"教在我而自得在彼",才能取得好效果。

王夫之认为,教师掌握了教学中的序,按规律教授学生,则达到"因其序则皆使之易"(《张子正蒙注》卷四)的效果。循序渐进的教学可使学生容易接受所教学内容,并抓住精义所在;学生在掌握最基本的知识基础上,"则相因以渐达",获得广博的知识道理。循序渐进也是对学生的要求,"君子之道……故和小者渐大也,积微者渐著也"(《四书训义》卷三)。与"有序"相联系的是"不息"。他说:"时者,有序不息之谓,恒守也"(《礼记章句》卷十八)。不息即指学要持之以恒,无间断中止。

在循序渐进教学法基础上,他提出了五步教学:教学粗小的事——教学粗小的理——教学精大的事——教学精大的理——综合统一大小精粗的理。该教学法有事有理,有分有合,先后贯通,是关于循序渐进方法较完备的认识。

王夫之认为,学生是有个性的,存在"刚柔敏钝之异"。教师应该了解自己的教育对象,善于因材施教。首先要了解学生特点和水平,更要"深知其心",深入其内心世界;其次根据学生的接受能力和基础以至主观努力的程度,要有针对性地施教,使学生在原有水平上获得发展。

③教师观

王夫之说:"师弟子者以道相交而为人伦之一……欲正天下人心须顺天下之师受"(《四书训义》卷三十二)。教师不仅负有传授知识的任务,还有"正人心"的责任,教学是一个传道授业统一的过程。所以教师必须对教书育人有一种执着精神,须"恒教事"。教师要在实际行动中成为学生道德行为的榜样,即"主教有本,躬行为起化之源;谨教有义,正道为渐靡之益"(《四书训义》卷三十二)。当然,教师单靠躬行是不行的,他必须传授知识、讲道理,这就要求他有丰富的知识。他在《四书训义》里说:"夫欲使人能悉知之,能决信之,能率行之,必昭昭然知其当然,知其所以然,由来不昧而条理不迷……欲明人者先自明,博学详说之功,其可不自勉乎?"教师不可能知悉一切,于是需要抱一种实事求是的态度,虚心学习,温故知新。此外,教师除了本身的道德修养和知识结构要求外,还应掌握高超的教学艺术。

(十四)清颜元的教育观点

①批判传统教育

颜元认为科举制度使读书人以获取功名利禄为最终目的，于是专习八股，偏重时文，一生中关心的唯"入学、中举、会试、做官而已"（《存人篇》），此外，别无关注，别无所能。八股的恶果是导致了天下无学术、无政事、无治功的局面，"八股之害，甚于坑儒"。他慨叹科举八股条件下"学校之废久矣"（《习斋记余》）。

颜元反对宋明理学的观点，认为知识、道理只能从实习、实行中获得。而理学教育主张静坐读书和心性领悟，所以学者脱离实践，"身在家庭，目遍天下，想象之久，以虚为实"，结果造成一种空疏不实的学风。读书玄而又玄，所学知识缺乏用处，出现"读书愈多愈惑，审事愈无识，办经济愈无力"（《朱子语类评》）的通病。要防止重蹈历史覆辙，必须提倡实学，培养实用人才。

②关于教育目的和作用

颜元认为，教育的主要目的在于培养"经世致用"的人才。通过教育培养人才是治国的基础，"有人才则有政事，有政事则有太平"（《习斋先生言行录》卷下）。因此他主张重视作为"本源之地"的学校，大力发展学校教育。他鼓励学生各专一艺，认为通才也好，专才也好，最重要的是能"利济苍生"，为"生民办事"。总之，学是为了经世致用、造实绩。

③关于教育内容

颜元关于教育内容的主张是"实文、实行、实体、实用"。他认为"六艺之学"是对学生德、智、体的全面训练，使少年儿童获得"身心道艺"的全面发展。

颜元认为，唐虞三世和周孔都提倡实学，实学教育于国于己都有益，因而他主张以尧舜周孔所倡导的"三事、六府、三物"的实学为主要教育内容。"三事"指"正德、利用、厚生"；六府指"金木水火土谷"；三物包括"六德、六行、六艺"。这里，既含有他的政治主张和教育目的，又包括具体纲目。总括起来，"六府、三事、三物"的基本内容就是"六德、六行、六艺，内容广泛，包含"礼乐兵农"，体现了实学主张。

颜元的实学教育内容主张集中地体现在其"漳南书院分斋教学计划"

中。他拟把书院分为六斋：文事斋、武备斋、经史斋、艺能斋以及理学斋和帖括斋。在前四斋中以礼乐兵农和科学技术知识进行教学，渗透了"实用"思想；后两斋设立"以应时制"，"示吾道之广"。这里还体现了他的兼容并包精神和关于教育制度及分科教学的思考。

④关于教学方法

颜元教学方法上最大特点是强调"主动"与"习行"。颜元认为动则强，静则弱，动关系到人才培养和国家盛衰。所谓主动的教学法，就是要通过实际活动，通过具体的事去教去学，才能获得实用的知识，取得好效果。主动的教学法，还使人身体、精神健康、和谐发展，增进人的道德修养。

习行即通过实践获取知识，并应用到实践中去。颜元认为学习的最终目的在于把所学知识运用到实践中去。即所谓"学而必习，习又必行"。把实践经验看得比书本知识更为重要，要求学者"向习行上做工夫，不可向语言文字上着力"（《习斋先生言行录》）。

颜元"习行"原则是与他的"经世致用"观点分不开的。他认为，人们获得知识的目的全在于"实行"、"实用"，以服务于人们。一方面，习行是获取知识的基础；更为重要的一面是，习行即应把所学所知运用于实践，发挥"为生民办事"、"为天地造实绩"的功效。

(十五)清戴震的教育观点

①关于教育目的

戴震认为只有体民之情、遂民之欲才能"王道备"，王道既备，乐土才会出现，人民生活才能进步和发展，教育目的即在于培养能承担这种责任的人才。

②关于教育内容

戴震提倡以经学教育内容取代理学教育内容。他认为教育要"以《六经》、孔、孟之旨，还之《六经》、孔、孟"。从六经通义理，是戴震通经致用思想的集中体现。

戴震十分重视科学技术的教育。段玉裁说："先生有志闻道，谓非求之《六经》、孔孟不得，非从事于字义、制度、各物无由以通其语言。"要弄懂经文，就必须训诂、考据，同时也不能缺少天文地理、制度、工艺、数学等实用知识。

③论"扩充"的教育作用

戴震论证了扩充的重要作用。他说:"人之初生,不食则死;人之幼稚,不学则愚。食以养其生,充之便长,学以养其良,充之至于圣人、贤人,其故一也"(《疏证》卷下)。

戴震的"扩充"的教育作用论不同于程朱理学"学以变化气质"的教育作用论。他认为人"自有生则能知觉运动"的善端,通过教育以扩充原有善端,不断扩充、不断进步。他提出:"学以牖吾心知",经过教育"虽愚必明,虽柔必强",即使下愚也"无不可移"的观点,强调了教育的积极意义和学习的重要性。

④"明理解蔽"的教学方法

戴震认为,"私"和"蔽"是人获取知识、形成品德中最大障碍。学习的任务就是要"明理解蔽",即"解蔽莫若学"(《原善》)。何谓"蔽"?他说:"蔽也者,生于心也为惑,发于政为偏,成于行为缪,见于事为凿、为愚,其究为蔽之以己"(《原善》)。要达到"致其心之明"、"自能权度情无几微差失"的境界,就必须要学习广博的知识,要勤恳好问,要明辨是非,要有脚踏实地的行动。

戴震认为,"去蔽莫如学",强调了教育"去蔽"的重要作用,认为通过学习而获得的知识能够"致心知之明"或扩充"心知"之明,发展思维能力,有助于明白事情。但这种学习必须是深入了解、掌握学习内容精神实质,能吸收为己所用的学习。学习不是生吞活剥、死记硬背经文,而是在博学基础上,提出质疑,只有这样,学到的知识才能真正消化,才是自己真正学到的知识。

戴震还认为学习须充分发挥学者的主观能动性,"自得之,则居之安,资之深,取其左右逢其源"(《疏证》),又说:"学不足以益吾智勇,非自得之学也"(《与某书》),只有经过深入思考,才能消化所教学的知识,将其转化为自己的智慧,增进个体的才能和勇气。这样,蒙蔽自然去掉,"理"不但不会失去,还会明晰起来。

(十六)清龚自珍的教育观点

龚自珍抨击科举弊端，主张改革八股取士制度。他认为八股取士制度已行之年久，弊端丛生，非改革不可。他曾尖锐地指出："今世科场之文，万喙相因……四书文录士、五百年矣，士录于四书文，数万辈矣，既穷且极"（《定庵文集·补编·与人笺》）。他是最早提出改革八股取士制度的教育思想家。他认为清代统治已经衰败不堪，科举制度已经到了穷途末路，提出"奈之何不思更法"的主张。他认为"穷则变，变则通，通则久"（《定庵文集·乙丙之际箸议之七》）。

他反对教育脱离实际，主张经世致用之学。他说："生不荷耰锄，长不习吏事，故书雅记，十窥三四，昭代功德，瞠目未睹，上不与君处，下不与民处。……终必有受其患者，而非士之谓夫"（《定庵文集·治学》）！他要求学能经世致用，讲求"东西南北之学"，开创出一代新的学风。在学术观点上，主张联系实际，提倡"通经致用"，建议用政治、经济方面的实际问题考查学生。

龚自珍十分慨叹清末世衰无人才，还认为一旦"才士与才民出"，又会遭到封建专制统治的种种压制，使之失去忧愤之心和思虑之心，形成万马齐瘖的局面。因此，他出于对祖国和民族的热爱，热切地渴望打破那种令人窒息的沉闷局面，大声疾呼："我劝天公重抖擞，不拘一格降人材。"（《龚自珍全集·己亥杂诗》）

（十七）清魏源的教育观点

魏源主张培养有真才实学的人才，改革科举取士制度。他认为，要抵御外国侵略势力，改革清朝弊政，就要革除社会上的两大弊病：一是"人心之寐"；二是"人才之虚"。所谓"人心之寐"，是指人象睡觉似的昏聩胡涂；所谓"人才之虚"，就是缺乏有真才实学的人。如何去掉"寐患"？他认为必须"去伪、去饰、去畏难、去养痈、去营窟"；如何去掉"虚患"？就是要"以实事程实功，以实功程实事"。他在《圣武记叙》中指出："今夫财用不足，国非贫，人材不竞之谓贫。"在魏源看来，要想培养经世致用的人才，必须改革科举制度，代之以研习朝章，讨论国故的实学。

魏源提出了了解西方、学习西方的主张。他依据林则徐的《四洲志》稿本，增补而成《海国图志》60卷，后又扩为100卷。这是一部中国最早研究世界历史、地理及其他情况的系统著作。他指出,"欲制夷患,必筹夷情",要以"师夷之长技以制夷"(《海国图志·筹海篇四》)。

魏源非常重视教化,并把教化分为教和化。他说:"教以言相感,化以神相感。有教而无化,无以格顽;有化而无教,无以格愚"(《默觚下·治篇十三》)。在施教方法上,他竭力反对强制,主张"顺序渐进"和"潜移积诚"。他十分强调"身教亲于言教"。他认为,人们即令读遍经书,也可能毫无触动,但有时听到师友一句重要的话,受到一件事例的教育,却能为之奋斗终生。在教学方法上,他主张按照每个学生的自然素质因材施教,"教法因人、因时,原无定适",根本之点在于"各得其性所近"(《论语孟子类编序》)。

(十八)太平天国洪仁玕的教育观点

①提倡发展资本主义的文化教育

洪仁玕主张设立"士民公会",奖励兴办教育事业。他很赞赏美国的福利事业,"其邦之跛盲聋哑,鳏寡孤独,各有书院,教习各技"。他要求效法西方,成立残疾人和无助者的收容机构,进行教养。他号召"有财者自携资斧,无财者善人乐助,请长教以鼓乐书数杂技,不致为废人也"。他认为中国的旧教育"不务实学,专事浮文",处于闭塞落后状态,必须改革;而西方列强的文化教育和科学技术是使其富强的物质基础。

②培养"德才兼备"的新人

洪仁玕在《资政新篇》中认为,要永保太平天国的江山,根本问题是"必先得贤人";要得贤人,必须重视教育,培养人才;要想搞好教育,培养人才,必须"因时制宜,度势行法",做到教法兼行;教法兼行,还要以教为先导,才能得人行法。培养"德才兼备"、"文武兼通"的人才,是洪仁玕的教育目的观的集中体现,是他最根本的教育指导思想。

③"三宝"教育

为培养太平天国所需要的、德才兼备的"新民"、"新人",洪仁玕主张实施以宗教道德、科学技术知识和文学艺术为教育内容的"三宝"教育。他把宗教道德教育视为"上宝"。他认为,进行宗教道德教育可以"格斯邪心,宝其灵魂,化其愚蒙,宝其才德"。他把学习科学技术知识视为培养"新人"的"中宝"。他在《资政新篇》中指出:"中宝者,以有用之物为宝,如火船、火车、钟镖（表）、电火表、寒暑表、风雨表、日晷表、千里镜、量天尺、连环枪、天球、地球等物。"他认为，学习这些科技知识，"皆有探造化之巧，足以广闻见之精"。他把诗画美术看作培养"新人"的"下宝"，认为，"诗画美艳，金玉精奇，非一无可取，第是宝之下者也"。

④主张办新式学校

1860年，我国第一个留美毕业生容闳到天京访察，向洪仁玕提出7项教育改革建议，其中4项是建立新式学校：设立武备学校、建设海军学校、颁定各级学校教育制度、设立各种实业学校。这些建议得到干王洪仁玕的赞赏，并愿付诸实施。

(十九) 清张之洞的教育活动

张之洞在学政任内，以端品行、务实学两义训勉学生。早年在湖北办经心书院；到四川，又设尊经书院，编撰《輶轩语》、《书目答问》，开列古籍2200余种，加以要言不繁的按语，为学生读书、修养指点门径。他主张通经学古，反对空疏繁琐的学风、文风。又设尊经阁，捐俸置四部图书数千卷；开办印刷局，刊行经史诸书。奏陈整顿试场积弊八条，主张要治民心先治士，法不贵严、贵在必行。他还亲自讲学、主考、批阅试卷；屡为统治阶级破格选拔荐举人才。中法战争后，在粤开办洋务学堂，如黄埔鱼雷学堂、电报学堂、广东水陆师学堂，为洋务活动培养军事技术人才。同时继续开办书院，如广雅书院，并首创广雅书局，刊行广雅丛书。甲午战争后，在两江、湖广总督任内，办学范围进一步扩大，包括军事、农工商实业和方言等，如江南陆军学堂、湖北武备学堂、江南储才学堂、江南铁路学堂、湖北农务学堂、湖北工艺学堂、武昌自强学堂、湖北方言学堂。1898年前后，按学堂章程多次对两湖书院等进行改革，使之纳入近代学校规制。辛丑条约后，为迎合清廷新政需要，1901年与刘坤一会奏"变通政治人才为先"等三折，建议对教育进行一系列改革，如设立文武学堂，酌改文科、停罢武科的科举制度。奖励游学，多译洋书等。1903年受命会同张百熙、荣庆厘定学堂章程；博考日本等国学制，在1902年制定的学制基础上，制订了中国第一个正式颁行的近代学制——《奏定学堂章程》即癸卯学制。他多次提出宜首先急办师范的主张，湖北师范学堂、三江师范学堂等即在此时成立。所办各级各类学堂形式上多具有资本主义近代学校的一般特点,教学内容增加外国语和天、地、兵、算、声、光、化、电等近代科目,对清末教育改革影响很大。他尤为注重出国游学,清末以督抚名义向日本选派留学生以湖北地区为最早最多,所学习专业甚广。他曾多次主张变通科举,1905年与袁世凯等督抚奏请立停科举以广学校,被清廷采纳。在中国实行了1300年的科举制度,至此宣告废止。

"中学为体,西学为用"是张之洞的基本思想。这种思想从理论上加以系统总结和阐述是1898年在他所写的《劝学篇》中完成的。

(二十)清严复的教育观点

严复主张教育救国。他认为当时中国的"大患"在于"愚"、"贫"、"弱";中国最迫切的任务是"愈愚"、"疗贫"、"起弱";"三者之中,尤以愈愚为最急"。他认为,从讲求西学入手,通过教育途径,就能达到"愈愚"、"疗贫"和"起弱"的目的,实现救亡图存之愿望。

严复批判旧学,宣传西学。他认为这些旧学虽有些学问,但这种"学问"多是烦琐的、形式主义的,因而是"无实"和"无用"的。他宣传西学,主要是通过他的译著进行的。他翻译了赫胥黎的《天演论》、斯宾塞的《群学肄言》、孟德斯鸠的《法意》、穆勒的《名学》、亚当·斯密的《原富》等著作。这些书直接传播了西方资本主义国家的社会政治学说、哲学和自然科学知识,也包括了西方国家的治学方法和科学研究方法。

严复制定了一个较为详细的教育制度蓝图。他提出,儿童在十六七岁以前受初等教育,入蒙学堂与小学堂。小学堂的教学目的是"粗通经义史事",能写"条达妥适之文";功课以旧学为主,也学习西学读物。16~20岁的青少年接受中等教育,课程以西学为重点,西学科一律以洋文授课。高等教育的内容,主要是西学。高等学堂和专门学堂聘用洋教习,不用中国教习,班型大、学生多时可聘中国人为助教。

(廿一)清康有为的教育观点

康有为认为教育的主要任务是培养"才智之士";"才智之士多则国强,才智之士少则国弱";"太平世以开人智为主,最重学校"。他提出教育的目的是"保国、保种、保教";这里的"国"是指大清帝国,"种"指"汉满合种","教"则指孔孟的儒教。

康有为在《请开学校折》中提出了近代学校的系统方案,建议把书院改为学堂,每乡设小学,儿童"不入学者罚其父母"。小学生学习科目有文、史、算学、地理、物理、歌乐等。每乡设中学,分初、高等两种,各二年。所学科目除继续小学各学科外,增授外国语和实用学科。各省府设专门高等学校和大学。大学分为经学、哲学、律学和医学四科。京师则创立规模较大的京师大学堂。

康有为主张对受教育者施以德、智、体、美多方面的教育,尤其强调文化学习。康有为在广州万木草堂讲学时,其"讲学宗旨是,以孔学、佛学、宋明学为体;以史学、西学为用","德育居十之七,智育居十之三,而体育亦特重焉"(梁启超:《南海康先生传》)。

康有为提倡女子教育。他在《大同书》中抨击了封建礼教、"三从四德",呼吁男女平等、妇女解放、选拔妇女人才、让妇女参加国家政权等。他主张女子应享有与男子同等的受教育权利,提出"小学院"的教师应由女子担任。

康有为在《大同书》中提出在太平世对儿童实行公养公教的思想。所谓公养,就是由政府对怀孕母亲和婴儿幼儿实行供养和抚育。所谓公教,就是由政府设立各级学校,对年满6岁至20岁的青少年实施免费普及教育。

康有为还提出了派遣留学生出国学习的主张,认为这是学西学、培养新人的有效途径。

(廿二)清梁启超的教育观点

梁启超非常重视教育的"开民智"作用。他认为变法的根本在"开民智"、"育人才",因为变法的基本要求是"兴民权"。他从"智"能生"权"的观点出发,特别强调"开智"的作用,"今日中国之大患,苦于人才之不足"。因此,他把兴学校、开民智看作救亡图存的头等大事。

梁启超认为教育的宗旨是培养"新民"。他的"新民"标准是:具有爱国心、公共心、独立性、自治力等。教育的任务,是通过学校教育"养成一种特色的国民"。这种国民能"自克自修","薅劣下之根性",养成"完粹之品格"。培养出这样的"新民",再由他们去改良社会,国家就能走向独立富强之路。他认为，在"今日列国并立，弱肉强食，优胜劣败之时代"，如不确立正确的教育宗旨和育才目标，中国在世界上是"绝无立足之地"的。针对中国的落后状况，梁启超积极主张变科举、兴学校，并提出了改革科举的具体方案。对于师范教育的作用，他给予了极大重视，认为师范教育是"群学之基"，力倡建立师范学堂，发展师范教育。梁启超坚持"男女平权"的观点，积极提倡兴办女学，并计划在上海设一女子学堂。

第二节　中国历代体育

一、远古体育的萌芽

早在远古的渔猎时代，人们进行渔猎和采集食物时，奔跑、跳跃、攀登、投掷、射箭、游水等，就成为人们必不可少的技能。虽然当时这些身体活动，并不以增进健康为直接目的，但是，这些活动的内容和方式，却是早期体育产生的根源。

1. 舞蹈

传说陶唐氏时，"水道壅塞，不行其原"，人们因受潮湿的侵袭，"筋骨瑟缩不达，故作为舞，以倡导之"（《吕氏春秋·古乐》）。可见远古时代的舞蹈和导引常混为一体，说明舞蹈与体育的某些内容存在着相互交叉的关系。

2. 击壤

据晋代皇甫谧《帝王世纪》载："帝尧之世，天下太和，百姓无事，有八九十老人，击壤而歌。"其活动方式，在《荆楚岁时记》中有所记述："将戏，先侧一壤于地，遥于三四十步，以手中壤击之，中者为上，古野老之戏也。"说明这是一种练习掷准的娱乐活动。

3. 武艺和角抵

《史记·五帝本纪》记载："轩辕之时，神农氏世衰。诸侯相侵伐，暴虐百姓，而神农氏弗能征。于是轩辕乃惯用干戈，以征不享，诸侯咸来宾从"。又《世本》中记载："蚩尤造五兵：戈、殳、戟、酋矛、夷矛。"这些兵器即为后世武艺所用器械之起源。"轩辕之初立也，有蚩尤氏兄弟七十二人，……与轩辕斗，以角抵人，人不能向"（《述异记》）。这表明当时作战中尚有徒手搏斗。"角抵"一词，后世常与"角力"通用，多指摔跤而言。操干戈、用五兵练角抵，当时均属于军事技术。但在操练和运用的过程中，不论是进攻还是防守都有增强体质的作用，也可以说是早期"军事体育"的萌芽。

二、夏、商、西周时期的体育

原始社会后期已出现日益频繁的军事活动，先前的狩猎，除生产意义外，开始转化为统治阶级用以练兵习武的"田猎"活动。《山海经·海外西经》载："大乐之野，夏后启于此舞九代。"即夏启曾带领部下在大乐之野进行名为"九代"的武舞。商代的甲骨文和金文中，已经有了射、御两字。甲骨卜辞中还出现了许多记载田猎活动的数据。西周时期对于武艺极为重视。据《礼记·月令》载："孟冬之月……天子乃命将帅讲武，习射、御、角力。"对于百姓习武，也有明确要求，即"三时务农，而一时讲武"（《国语·周语上》）。

据《孟子·滕文公上》载："设为庠序学校以教之。庠者养也，校者教也，序者射也。夏曰校，殷曰序，周曰庠，学则三代共之；皆所以明人伦也。""校"、"序"、"庠"为夏、商、周三代学校的名称，既是教育机构，又是习武场所。可以说中国3000多年前的学校教学中已有"体育"的内容。周代的学校以礼、乐、射、御、书、数六艺为教学内容。射和御既是军事技术，也具有锻炼身体的作用。《礼记·内则》载："十有三年学乐、诵诗、舞勺，成童舞象、学射、御。"说明当时已经注意到根据年龄的差别，规定学习不同的内容，即13岁的少年学舞勺（各种文舞），15岁的成童学舞象（各种武舞）。15岁以后还要习射、御。商代和西周时期的体育活动，除与军事和田猎等联系较为密切外，学校教育中的射、御、舞勺、舞象等，均带有明显的体育特征。

三、春秋战国时期的体育

1. 与军事技术相关的体育活动

（一）拳斗

拳斗从徒手格斗中发展起来。《诗经·小雅》："无拳无勇，职为乱阶。"管仲治理齐国时，曾下令各地把勇力过人者推举出来："于子之乡，有拳勇股肱之力，筋骨秀出于众者，有则以告"(《管子·小匡》)。"拳勇"一词，即指拳斗而言。

(二) 剑术

古称剑道。其具体内容，始见于《吴越春秋》："其道甚微而易，其意甚幽而深，道有门户，亦有阴阳，开门闭户，阴衰阳兴。凡手战之道，内实精神，外示安仪。见之似好妇，夺之似惧虎。布形候气，与神俱往，杳之若日，偏如腾兔，追形逐影，光若仿佛，呼吸往来，不及法禁。纵横逆顺，直复不闻。"吴越以剑术见长，在《吴越春秋》、《越绝书》中均有所记述。对于剑术练习与运用中的进退开合，形神相应，以及避实乘虚等要领，在《庄子·说剑》中，也有生动的记载："夫为剑者，示之以虚，开之以利，后之以发，先之以至。"可见当时在练习剑术方面已经积累了不少经验。

(三) 举鼎、角力、相搏

举鼎是以举起重物比赛力量的活动。鼎一般有大、中、小三种类型，举鼎所用多为中小型。据《史记·秦本纪》载："武王有力，好戏，力士任鄙、乌获、孟说皆至大官。王与孟说举鼎，绝膑。""角力"包括摔跤和各种较力活动在内，东周时常见的相搏，亦属角力。如《春秋穀梁传·僖公元年》载：鲁"公子季友帅师败莒师于丽，获莒挐。……公子友谓莒挐曰：'吾二人不相悦，士卒何罪？'屏左右而相搏。"又《左传·僖公二十八年》载："晋侯梦与楚子搏，楚子伏，已而盬其脑。"始见于魏晋时期的"相扑"一词，或即由此一时期的"相搏"转化而来。

(四) 田猎

春秋战国时期，田猎已成为练兵习武的手段。因为平时以田猎方式"教民以战"，既能将百姓组成队伍，又能锻炼行军和骑射的军事技能。据《国语·齐语》载："春以搜振旅，秋以狝治兵。"即指齐国常以田猎活动进行练兵习武。

(五) 赛马

马术中的赛马运动，是我国古代传统的体育活动之一，称"驰逐"或"走马"。早在周朝时期，我国古代已经出现了马术。《诗经·小雅·绵》中说："古公亶父，来朝走马，率西水浒。"到了春秋战国时期，由于各国争霸，战争频仍，军事的需要产生了骑兵。为了提高士卒的素质，于是逐渐出现了赛马运动。

当时已有赛马的赌博，而且在赛马中还学会了运用战术。如齐国的军事家孙膑，曾向田忌献计说："今以君之下驷与彼上驷，取君上驷与彼中驷，取君中驷与彼下驷。"使田忌以二比一取胜，赢得千金（《史记·孙子吴起列传》）。

（六）奔走、窬高、投石、超距

中国古代军事训练中，很注意跑、跳、投等技能的训练。据《墨子·非攻》记载："古者吴阖闾教七年，奉甲执兵，奔三百里而舍焉。"战国时军事家吴起主张将"能窬高超远，轻足善走者"编成一队（《吴子·图国》）在战争中发挥作用。秦将王翦破楚时，见军中"方投石超距"，认为"士卒可用矣"（《史记·白起王翦列传》）。可见古代名将很重视训练兵士的长跑、跳高、跳远、投石等技能。

（七）游泳

为了训练水军，游水早已作为锻炼身体和练习水上军事技能的内容。如兵书《六韬》所载："奇技者，所以越深水渡江河也。"齐国管仲为了防备吴越从水路偷袭，引三川之水，建沼池练游泳，对"能游者赐千金"。于是"齐民之游水，不避吴越"（《管子·轻重甲》）。至今尚存的战国时代的铜壶上所刻的水陆攻战图，留下了当时士兵们游水的生动形象。

（八）钩强

最初是配合水战的一种军事技能。《墨子·鲁问》记载："昔者，楚人与越人舟战于江。楚人顺流而进，逆流而退。见利而进，见不利则其退难。越人逆流而进，顺流而退，见利而进，见不利则其退速。越人因此若执，亟败楚人。公输子自鲁南游楚，焉始为舟战之器，作为钩强之备。退者钩之，进者强之。"后演变为荆楚一带民间流行的"施钩之戏"，后世的拔河运动即由此演变而来。

（九）射箭

早在原始社会晚期，人们就发明了弓箭，用于狩猎。后来成为战争中的主要武器之一，所以射箭就成为一种重要的军事体育活动。西周时期，不仅军事活动中广泛开展射箭，而且射箭已成为学校学习的重要内容，列为"礼、乐、射、御、书、数"六艺之一。孟子说："序者，射也"（《孟子·滕文公》)，说明学校已成为习射之地。由于社会尚武和学校的教育，射箭在当时社会生活中占有极重要的地位，是男子最重要、最起码的本领和执礼的标志。西周的礼射，是施行礼制、提倡等级名分的产物，从天子、诸侯、士大夫到士民都有"大射"、"宾射"、"燕射"、"乡射"等一套礼制的规定。其目的是"明君臣之义"和"明长幼之序"（《礼记·射义》)。西周的"礼射"由于礼节和形式的繁琐，难以达到怡情悦性娱乐的目的，所以以后就逐渐废除了。

到了春秋战国，不仅有弹射、弓射，并且出现了弩射（包括可以连发之弩)。由于良弓的出现，射箭的技艺更加提高，同时出现了许多善射的名手。楚国的养由基，不仅能在百步之外射穿柳叶，并能射透七层厚的甲叶。《吴越春秋》记载："夫射之道，身若戴板，头若激卯，左（足）蹉，右足横。左手若附枝，右手若抱儿，举弩望敌，翕心咽烟，与气俱发，得其和平，神定思去，去止分离，右手发机，左手不知……此正持弩之道也。"即为这一时期总结出来的弓射与弩射的要领。

2. 与教育、礼仪相关的体育活动

（一）射

学校习射，技术上与军中的射箭没有什么区别，但学校非常注意礼仪和道德教育。《礼记·射义》："故射者进退周还（旋）必中礼，内志正，外体直，然后持弓矢审固；持弓矢审固，然后可以言中。"首先提到的就是必须合乎礼仪；"内志正，外体直"是指内心和仪态而言。

（二）御

作为一项习武的科目，也设置于学校之中。孔子教育学生御车时要重视礼仪，他指出："升车，必正立执绥；车中，不内顾，不疾言，不亲指"（《论语·乡党》)。

（三）投壶

投壶，是源于古代贵族阶层宴饮中进行的一种游戏活动，"投壶者，主人与客燕饮讲论才艺之礼也"（《礼记·投壶》)。这种游戏是用壶象征箭靶，用短箭投，中者（投入壶口或穿入壶耳）为胜。投壶源于古代宴会中的"射礼"，《礼记·投壶》中蓝田吕氏注释说："投壶，射礼之戏也。……且以乐宾，且以习容，且以讲艺也。投壶者，不能尽于射礼，而行其节也。"这说明投壶是由射礼演变而来的。这种游戏，其作用在于"养志游神"，解除疲劳，还可以"合朋友之和，饰宾主之欢"。

春秋时期，投壶已经比较流行。及至战国，投壶游戏日益娱乐化，行礼的方式逐渐被人们忽视了，成为社会上非常流行的游戏之一。甚至在游戏时，"男女杂坐，行酒稽留，六博投壶，相引为曹"（《史记·滑稽列传》），即边饮酒边玩六博或投壶，以此为乐。

3. 健身娱乐的体育活动

（一）蹴鞠

亦称蹴鞠，始于战国时期。"鞠"是皮球，"以革为囊，实以毛发"。《史记·苏秦列传》载："临淄甚富而实，其民无不吹竽鼓瑟，弹琴击筑，斗鸡走狗六博蹴鞠者。"这段记载描述了当时齐国都城居民丰富多采的文化娱乐活动，其中包括蹴鞠之戏。

（二）弄丸

亦称跳丸。《庄子·徐无鬼》载："市南熊宜僚弄丸，而两家之难解。"注："市南有勇士熊宜僚者，工于丸，士众称之，以当五百人，乘以剑而不动，捶九丸于手，一军停战而观。"可以连续抛弄9个弹丸于空中而不坠地，可见弄丸技术的高超。

（三）秋千

据《古今艺术图》载："秋千，北方山戎之戏，以习轻捷者。齐桓公伐北戎，流传入中国。"这就是说秋千是在公元前600多年时，由北方少数民族地区传入中原的。

（四）围棋

围棋是中国发明创造的一种古老的棋类之一，称为"弈"。《说文解字》注："弈，围棋也"。《方言》也说："围棋谓之弈"。关于围棋的起源有尧舜造围棋的传说。最早记载围棋起源的古书《世本·作篇》中说："尧造围棋"；晋人张华在《博物志》中也讲："尧造围棋，以教子丹朱。或云舜以子商均愚，故作围棋以教之。"但这些记载属于传说，不足为凭。据可靠的记载，围棋至迟在春秋时期已开始流行。孔子说过："饱食终日，无所用心，难矣哉！不有博弈者乎，为之犹贤乎已"（《论语·阳货》）。又《左传·襄公二十五年》载："今宁子视君不如弈棋，其何以免乎？弈者举棋不定，不胜其耦，而况置君而弗定乎，必不免矣。"战国时期还出现了下棋的高手弈秋，孟轲称赞他是"通国之善弈者也"（《孟子·告子》）。

（五）象棋

正式记载见于战国时期，《楚辞·招魂》中提及"昆蔽象棋，有六簙些；分曹并进，遒相迫些；成枭而牟，呼五白些"。文中所说的象棋、六簙显然是两种游戏，三四两句形容象棋的下法，五六两句则是形容六簙的玩法。又《说苑·善说》：雍门子周对孟尝君说，"足下千乘之君也，……燕则斗象棋而舞郑女"。说明象棋的产生，当在战国时期或更早一些。

4. 呼吸和肢体运动相结合的健身术

导引，又称作"道引"，即今天的气功。它是我国先祖在生活、劳动及与疾病、衰老作斗争中积累、创造的一种自身锻炼方法，是我国一种传统性的医疗体育。《吕氏春秋·古乐篇》中记载，唐尧时代，即有倡导法。这种倡导法也就是后来的导引法，即疏血导气，引伸肢体，以达到健体强身的目的。随着时代的发展，导引由单一的养形变为养气与养形相结合，不仅仅用于治病，而且逐渐用于健身长寿。

导引，亦称行气。战国初期的《行气玉佩铭》石刻文，经郭沫若考释全文如下："行气，深则蓄，蓄则伸，伸则下，下则定，定则固，固则萌，萌则长，长则退，退则天，天几春在上，地几春在下，顺则生，逆则死。"这段文字说明了行气的要领和功能，可见战国初期的导引术已发展到一定的程度。

四、秦汉魏晋南北朝时期的体育

1. 足球

足球在中国古代称之为"蹴鞠"，另有"蹙鞠"、"蹋鞠"和"鞬鞠"等称呼。蹴、蹙蹋、鞬，相当于现代的"踢"的含义，而"鞠"就是皮球。汉代的皮球，是用皮革作为外皮而缝制成的。"鞠以韦（皮）为之"（《汉书·枚乘传》），或者"挽革为鞠"（《杨雄《法言》），而在球内部则填有一些轻而软的诸如毛发之类的东西。

秦汉时期，非常重视足球运动，足球比赛已有较为完备的竞赛方法。西汉建立之初，长安宫苑里就修建了"鞠城"，作为足球的竞赛场地。汉人将足球球门称为"鞠室"，将球场称为"鞠域"。诗人李尤在《鞠室铭》中说"圆鞠方墙，放（仿）象阴阳，法月冲对，二六相当"。这说明当时足球场周围有围墙，场地分阴阳两半，每半各有一个半月形的球门相对称。双方各有六名队员，并且"室有一人"，也就是说有守门员。在场地周围还有看台，甚至有专为皇帝设的御座，"设御座于鞠城，观奇林之曜晖"（卡兰：《许昌宫赋》）。

足球比赛时，双方各设队长一人；比赛采用直接对抗的方式，有攻有守，"二六对阵，殿翼相当"（何宴：《景福殿赋》），运动员奔跑如飞。比赛的胜负是裁判员按照进球的多少来决定的。裁判员要遵守其职责，"建长立平，其例有常；不以亲疏，不有阿私，端心平意，莫怨是非"（李尤：《鞠室铭》）。这就是说，裁判员在比赛中要纠偏正误，不循私情，是非分明，要作出公正的裁决。

汉人将蹴鞠视为"治国习武之场"，因此上至皇帝、宫廷贵族，下至平民百姓都十分喜爱蹴鞠。

2. 击剑

秦汉魏晋南北朝时期，击剑之风十分盛行，剑不仅成为健身之宝，而且也成为防身之物。由于击剑运动的盛行，也出现了许多精于剑术的剑术家，时称"剑客"。汉武帝时，许多剑客云集长安，进行击剑比赛。魏文帝曹丕剑术很精，他和邓展在一次宴会中比赛剑术，"数交，三中其臂"，说明剑术已演变成为一项竞技运动了。有人把当时的技击精华，总结成击剑方法的专门著作——《剑道三十七篇》，收录于《汉书·艺文志》中，可惜已经失传。

随着击剑运动的影响，秦汉之际，出现了"剑舞"，作为宴会上娱乐项目进行表演。剑舞是将剑术与舞蹈紧密结合而形成的，最初见于《史记·项羽本纪》中。

汉代的击剑之术，大约可分为两大类，即适应军事需要而发展的击剑术和适应比赛或表演娱乐而发展的剑术运动。这两种击剑术在汉代并存,历久不衰。魏晋南北朝时期,剑作为军队中使用的武器逐渐为刀所代替,也就慢慢退出实战的舞台,而成为武将及权贵们的佩带装饰以及文人学士尚武任侠的标志。

3. 射箭

秦代以后,兵射逐渐受到重视,它的要求是射远,命中率比较高,因此需要力量和技巧。射箭的工具由弓箭发展到弩,增加了射术的力量性和技巧性。这一时期,射箭已成为一种比赛运动,在军队中常常开展。汉代的射箭分为步射和骑射。步射主要流行于内地,而骑射则在北方特别盛行。

这一时期,出现了大量射法专著,如《阴道成射法》、《李将军射法》、《魏氏射法》、《强弩将军王围射法》、《望远连弩射法》、《护军射师王贺射法》等等。反映出当时射箭技术已是相当精熟了,并且形成了不同特点的各家射法。

4. 摔跤

摔跤是我国传统的体育项目之一,是一种气力和技术的比赛。它起源于西周时期"讲武之力"的"角力"比赛。角力有的是比赛力量的大小,有的则是相互搏斗以决高下。战国时期由于战争的需要,这种角力比赛发展成为摔跤比赛,是一种体力和技巧性的军事娱乐活动。它的主要特点不仅是比力气大小,而特别讲究技巧。《庄子·人世间篇》中说:"且以巧斗力者,始于阳,常卒于阴,泰至多奇巧。"其中的"阳"就是可以看见的技巧,而"阴"则是指隐秘的技巧。摔跤在秦代有了很大的发展。秦始皇统一后,下令以角力作为练兵项目。这样,角力在秦军中普遍盛行起来,并改名为"角抵"。"角者,角材也,抵者,相抵触也"(《史记·李斯传》注引应劭语)。

随着汉代体育运动的兴盛,摔跤运动也有了迅猛的发展。汉代的摔跤称为"弁"、"卞"或"角抵",还可称作"摔胡",即勾扭颈脖,以摔倒对方。汉武帝元封三年、六年举行角抵戏表演,以致"三百里皆来观"。武帝"设酒池肉林,以飨四夷之客,作巴俞、都卢……角抵之戏,以观视之"(《汉书·西域传赞》)。哀帝不喜欢乐舞,下令废除乐府,但"时览卞射武戏"(《汉书·哀帝纪赞》),即时常观看摔跤等武戏。《汉书·艺文志》中记载了《手搏六篇》，"手搏"即摔跤。东汉时期的摔跤运动，较之西汉，有了更长足的发展。张衡在《西京赋》中对汉代的摔跤进行了生动的描写："乃使中黄之士，育获之畴，朱鬒髽，植发如竿，袒裼戟手，奎踽盘桓。"这就是说，摔跤者像古代中黄、夏育、乌获那样的大力士，头上扎着绛红色的抹额，头发用胶液梳成竿子一般直，光着身子，伸手向前，互推互搏，不停盘桓来进行比赛。

三国两晋南北朝时期，摔跤运动进一步发展。东吴末帝孙皓曾令宫女摔跤，供其娱乐。自晋代以后摔跤这一活动被称为相扑（相掊），它既是军中习武的活动之一，又是一项单独开展的竞技活动。当时北方流行"蚩尤戏"，两两三三的人"戴牛角相抵"（任昉：《述异记》），表明这一时期角抵在北方开展比较广泛。

5. 赛马

秦汉时期，赛马活动日趋频繁。当时"博戏驰逐，斗鸡、走狗，作色相矜，必争胜者，重失负也"（《史记·货殖列传》），赛马已逐渐脱离军事轨道，成为民间的一种赌博活动。

两晋南北朝时期，赛马活动不仅要求速度，有的甚至要求在马上做各种动作，如"卧骑、倒骑、颠骑"（《南齐书·礼志》），表现了对马术动作的更高要求。

6. 围棋

秦统一后，围棋活动曾一度冷落，东汉时期，弈风转盛，尤其是市民好尚，相习成俗。当时富人以"游敖博弈为事"（《潜夫记·浮奢篇》）。文人百士精于棋弈者也大有人在。如冯翊、山子道、王九真、郭恺等，都是棋坛名将。吴人严子卿善弈，被称为"棋圣"（《抱朴子》），与桓谭、蔡邕的音乐，黄象的书法，赵达的数理，并称为"一时之绝"。班固的《弈旨》是迄今流传下来的最早一部围棋著作。据《三国志》记载，汉魏之际，曹操、孙策、吕范、陆逊、诸葛瑾、费祎等，都酷爱围棋。曹操棋艺甚高，能与当时冯翊、山子道等名手抗衡，不相上下。孙策与吕范的一局棋，至今仍保留在宋谱《忘忧清乐》中，是流传至今的最早一局棋。而"建安七子"之一的王粲对于棋弈更是有惊人的记忆力。据《三国志·魏志·王粲传》记载：王粲观人围棋，局坏，粲为复之。棋者不信，以帊盖局，使更以他局为之。用相比较，不误一道。可见其围棋造诣很高，已经能够复盘。

围棋作为一种训练智力的竞技游戏，历来人们都非常重视它与兵法的联系，"世有围棋之戏，或言兵法之类也"（桓谭：《新论》）。东汉大儒马融在《围棋赋》中说："略观围棋兮，法于用兵；三尺之局兮，为战斗场；陈聚士卒兮，两敌相当；拙者无功兮，弱者先之。"这是把"三尺之局"当成模拟战争，以下棋来说明用兵之道。

《杨子·法言》中说："断木为棋"，因此，汉代围棋子应是木质的。李尤《围棋铭》云："局为宪短，棋法阴阳，道分经纬，方错列张"，也就是说棋子有黑有白，棋道纵横交错。汉代棋盘"纵横各十七道，合二百八十九道，白、黑子各一百五十枚"（《艺经》）。根据河北望都出土的东汉时期一块石质围棋盘，可知汉代棋盘是十七道，这也是我国现存最早的棋盘。汉代围棋中已经出现先于棋局之四角星位各置一子的"势子"（或称"镇子"）。马融在《围棋赋》中有"先据四道兮"之句，即指"势子"而言。由此可见，汉代围棋已为后世奠定了基础。

围棋活动，至南北朝时，呈现出围棋发展史上的一个高峰。魏晋玄学兴起，人们喜欢清谈高雅，弈风更盛，称围棋为"手谈"或"坐隐"。帝王将相、文人学士多爱此活动。宋文帝刘义隆曾指定围棋名家褚思庄与会稽太守羊元保对弈，并令录制局图供其领会和欣赏（《南史·萧惠基传》）。宋明帝刘彧为棋家设置官署，授以俸禄，建立"棋品制度"。齐武帝与梁武帝时期都曾举行过大型的全国性比赛，对有一定水平的棋士，授予相应的"品级"。棋艺分九品，现代围棋分九段即源于此。北朝围棋也很兴盛，出了一些名家，如后魏的范宁儿。

两晋南北朝时期，围棋成为人们普遍喜爱的活动，一些少年儿童也成为高手。如梁武帝时八岁儿童陆琼，在一次比赛中，当着到溉、朱异等名家的面，"于客前复局，由是京师号曰神童"（《陈书·陆琼传》）。但这一时期，由于玩棋过度也造成了一些弊端，许多人"好玩博弈"而"荒事废业，忘寝与食"（韦曜：《博弈论》）北齐的文学家颜之推认为围棋"令人耽愦废丧实多，不可常也"。但工作和学习时间长了，"时有疲倦，则傥为之，犹胜饱食昏睡，兀然端生耳"(《颜氏家训·杂志》)。这种评论还是比较中肯的。

两晋南北朝时的围棋著述很多，围棋技艺已有较高水平，出现了食、绝、劫、补、续、侵、行、技、聚、点、撇等术语，还总结了如方四聚五，花六技七等许多定势。这一时期，围棋技术上的重大发展是，北朝已变汉代棋盘的十七线为十九线，共361粒棋子，着法增加，变化更多。这极大促进了弈棋技术的提高，以后棋盘都定以十九线。沈约的《棋品序》把魏晋以来的棋谱作了一个总结。

7. 弹棋

弹棋，又称作"弹碁"。它是西汉时期兴起的一种棋类游戏。有关弹棋的起源，史书记载不一。《弹棋经序》中说："弹棋者，仙家之戏也。"汉武帝喜欢蹴鞠，群臣不能谏，侍臣东方朔就用弹棋献给汉武帝，"帝就舍蹴鞠而上弹棋焉"(《弹棋经序》)。又据《西京杂记》中说："成帝好蹴鞠，群臣以蹴鞠劳体，非至尊所宜。"于是刘向就创作弹棋，进献给汉成帝。另外《世说》中又说："弹棋起自魏室妆奁戏也。"这些说法各不相同，然而，弹棋至少在汉武帝时，已成为宫中的一种游戏，"习之者多在宫禁中，故时人莫得而传"(《弹棋经序》)。

弹棋作为"张局陈棋，取法武备"，"设兹石矢，其夷如破"，"乘色形巧，据险用智"(蔡邕:《弹棋赋》)的一种游戏，非常受时人喜欢。颜之推也认为"弹棋亦近世雅戏，消愁、释馈时可为之"而加以推崇。弹棋是以"二人对局，黑白各六枚，列棋相当，下呼上击之"(《艺经》)，也就是摆好棋后，然后用石箭击对方的棋子。这种早期的玩法与后来隋唐时期的弹棋是有很大的差别的。

8. 投壶

汉代的投壶活动，创造出了一种不同于古代的投壶新方法。旧式投壶，广口大腹，颈部细长，"取中而不求还，故实小豆，恶其矢之跃而出也"(《西京杂记》)。所用之矢，一头齐，一头尖如刺，称作"棘"。"棘"有三种长度，在室内投壶用二尺，堂上用二尺八寸，庭院中用三尺六寸。投壶之前，先指定一人为司射，其职责是裁决胜负。然后由主人拿矢，邀请客人投壶。客人经过几番谦让，方从主人手中接过矢，每人四支。位尊者，可将矢放在地上，而位卑者则须将矢抱在怀中。之后，司射宣布开始投壶，乐队奏乐。每投中一矢，司射放下一"算"，以作记录。"算"又称为"释算"，长约一尺二寸，是计算投中数目的。将全部四矢投完结束第一局。三局之后以"算"的多少决定胜负。这种旧式投壶比较繁杂。

西汉中叶出现一种新的投壶方法，"以竹为矢，不用棘也"，并且将豆去掉，每投一矢，"则激令还，一矢百余反，谓之为骁"（《西京杂记》）。这种"骁"法省去了许多繁琐的传统礼节，改变了木制器具的"棘"，而采用弹性较好的竹箭。并且"骁"法去掉壶中小豆，使箭投入壶中立即反弹出来，游戏者按箭在手，继续投入壶中。如此一投一反，连续不断，既提高了投壶的技巧，又增加了投壶的娱乐性。

东汉时，投壶游戏更是流行，达官显贵家有宾客，设宴款待，"对酒设乐，必雅歌投壶"（《后汉书·铫期王霸祭遵列传》），以增添宴会的欢乐气氛。三国时期，投壶仍为贵族、士大夫们所崇尚。

两晋南北朝时期，投壶活动开展的范围日益广泛。由于当时统治阶级乐游宴、好饮酒，因而投壶这一游戏也愈见精巧。魏晋之际，壶具开始有耳，"耳小于口，而赏其用心愈精，遂使耳算倍多"（《经说·投壶》）。这就是说，如果投矢穿入壶耳的话，那么计算"算"时要比投入壶口的多一倍。器具的改变，投壶花样的增多，难度、技巧也就随之加大，但身怀绝技者仍不乏其人。晋光禄大夫虞潭曾撰《投壶变》，对此游戏大加赞赏。

南北朝时期，"骁"投十分盛行，并且出现一些新奇的名目。《颜氏家训》中说："今则唯欲其骁，益多益喜"，有"倚竿"、"带剑"、"狼壶"、"豹尾"、"龙骨"等新的花样。

9. 导引

（一）导引与医疗

秦汉三国时期，由于医学的进步，使得导引得到广泛的重视。《内经》中记载，如果患有"痿、厥、寒、热"和"息、积"等病，须用导引配合按摩来治疗。此外，还提到"形志苦乐，病生于筋，治之以熨、引"（《素问·奇病论》），即用熨药和导引相配合来治疗筋病。如果患有四肢"重滞"症，则要用"导引吐纳、针灸、膏摩"（张仲景：《金匮要略》）一起来治疗。东汉末年，华佗指出"导引可逐客邪于关节"，如果"宜导引而不导引，则使人邪侵关节，固结难通"（《中藏经》）。由此可见，汉人对导引在医疗上的应用有了较深的认识，导引已与按摩、针灸一样，形成为医学的一个专科。用导引治病时，大体是以肢体摆动、屈伸为主，并且往往和按摩、针灸一起配合使用。

（二）导引与养生

这一时期，导引在养生方面也有了新的发展。一些养生家主要依靠行气，进行导引，其目的是为了防衰老、延年益寿。关于行气，汉代养生家就采用好几种方法，比如"吹"法，指吹出凉气；"呵"法指呵出热气；"吸"法指匀而长的深吸气。另外，还讲究"胎息"和"龟咽"等方法。"胎息"指的是"息闭气而吞之"的呼吸方法；"龟咽"指的是仿效乌龟的吸气之法。行气时，要注意季节，"春食一去浊阳"，"夏食一去阳风，和以朝霞，行暨"，"秋食一去凌阴，和以沆瀣"。另外，不同年龄的人在早晚行气的次数是不相同的，"年廿者朝廿暮廿，二日之暮二百；年卅者朝卅暮卅，三日之暮三百，以此数准之"（《却谷食气》）。这反映出这一时期的导引比前代有了较大的发展。一些人为了长寿也积极利用导引作为养生的手段。但是一些方士们常通过导引来追求"长生不老"，依靠"辟谷"来行导引。"辟谷"就是不吃粮食，依靠"食气"来代替吃粮食，乞求白日升天，长生不死。但是，从总体上看来，导引仍是一种健体养身的运动。

（三）《导引图》

在马王堆三号墓出土的《导引图》，是我国迄今所发现的最早最完全的健身图谱。全图长约一米，宽约半米，用红、蓝、棕、黑各色，描绘了不同年龄的男女作导引的44个姿态，每个姿态都是一个独立的导引术式。有立式导引，又有步式导引（即步引）和坐式导引（即坐引）。既有徒手的导引，又使用器物（如杖、鞠等）的导引，还有配合呼吸运动的导引，如仰呼、猿呼。这种呼吸法既不同于常见的"胎息法"，即丹田呼吸法和脐呼吸法，又不同于"踵息法"，即引气至脚心涌泉穴处的呼吸法，而是一种"开声吐气法"，其特点是一边运动，一边摹仿动物的叫声，形声俱备。此外，图中还有大量摹仿动物形态动作的导引。指出了通过导引可以治愈不同类型的疾病。

(四)华佗创编五禽戏

在汉代导引发展史上,东汉末期名医华佗的业绩占有重要的一页。华佗(？~208年前),字符化,沛国谯郡(今安徽亳县)人。他擅长医术、方药,尤其精于外科手术,又"晓养性之术"。华佗在继承前人的导引理论和实践的基础上,根据人体的生理结构和某些医学原理,阐明了"劳动"(即运动)对于人体健康的重要性和导引养生的作用,创造了明确的、符合科学原理的导引养生理论。他说:"人体欲得劳动,但不当使极耳。动摇则谷气得销,血脉流通,病不得生,譬犹户枢,终不朽也。是以古之仙者为导引之事,熊经鸱顾,引挽腰体,动诸关节,以求难老。"

华佗

华佗的养生实践主要是创编五禽戏。战国时期,《庄子》中提到"熊经"、"鸟伸"等以动物形态命名的导引术式。《淮南子·精神训》中也有"熊经鸟伸、凫浴蝯躩、鸱视虎顾"等名目。华佗的五禽戏是在继承发展前人理论的基础上创编出来的。他说:"吾有一术,名五禽之戏:一曰虎,二曰鹿,三曰熊,四曰猿,五曰鸟。亦以除疾,兼利蹏(蹄)足,以当导引"(《后汉书·方士列传》)。具体的意思就是,模仿虎的动作,可以四肢精壮,增长全身力气;模仿鹿的动作,可以引伸筋脉,腰腿灵活;模仿熊的动作可以长力气,促进血脉流通;要手脚灵活,容颜不衰则要模仿猿的动作;而要动作轻快,心情舒畅则要学习鸟的动作。所以汉人荀悦说:"若夫导行蓄气,功藏内视,可以治疾。"

五禽戏中的大部分动作,是模仿动物动作俯伏在地上进行的,运动量比较大。华佗并不要求做全套动作,可以"起作一禽之戏",这要根据自己的身体状况有选择地做。五禽戏的出现,推动了导引的发展,流传后世,长盛不衰。

(五)葛洪

东晋道教理论家、医学家葛洪,在养生理论上作出了重大的贡献,著有《抱朴子》一书,全书分内外两篇,内篇二十篇,是道家养生之说。

葛洪提出了许多符合医学原理的养生观点。他在《微旨》中主张应配合使用导引、行气、草药等方法，以"内修形神，使延年愈疾；外攘邪恶，使祸害不干"，这就是他认为的"借众术之共长成生也"的观点。在《极言》中，葛洪引经据典，说明"伤身以不伤为本"的道理。他列举了伤身的种种情况，如"才所不逮，而困思之"；"力所不胜，而强举之"；还有"悲哀憔悴"、"喜乐过差"、"汲汲所欲"、"久谈言笑"、"寝息失时"、"沈醉呕吐"、"饱食即卧"、"跳走喘乏"等等。葛洪认为养生之法应包括"唾不及远，行不疾步，耳不极听，目不久视，坐不致久，卧不及疲，先寒而衣，先热而解。不欲极饥而食，食不过饱；不欲极渴而饮，饮不过多"；"不欲甚劳甚逸，不欲（起早）起晚"；"不欲多啖生冷，不欲饮酒当风"；"不露卧星下，不眠中见肩"等等。他的这些思想与《内经》等医典中阐明的原理是相吻合的。

在养生理论中，葛洪特别注重导引的应用。他主张导引"疗未患之患，通不和之气"（《微旨》），明确指出导引的目的。他记载了熊经、鸟伸、龙导、虎引、龟咽、燕飞、蛇屈、猿踞、兔惊、天俯、地仰等多种导引术式，反映出晋代又出现了许多仿生术式的导引名目。对于导引的行气，他认为"善行气者，内以养生，外以却恶"，指出了正确行气的双重作用。行气有多种方法，如咽气法、守一法、内视法、反听法、数息法、叩齿法等等，但主要的是用"胎息法"，他说："初学行气，鼻中引气而闭之，阴以心数，至一百二十，乃以口微吐之。及行之，皆不欲令己耳闻其气出入之声，常令入多出少，以鸿毛着鼻口之上，吐气而鸿毛不动为候也。渐习转增其心数，久久可以至千。至千则老者更少，日还一日矣"（《微旨》），这在导引理论上是第一次详细指出"胎息法"的应用。葛洪还特别注重导引应用的实效，反对当时存在的过分追求形式的倾向。他说："夫导引不在立名，象物，粉绘，表形，着图，但无名状也，或伸屈，或俯仰，或行卧，或倚立，或踯躅，或徐步，或吟或息，皆导引也"（《别旨》）。在葛洪时代，有关导引的养生著述很多，如《导引经》、《观卧引图》、《食六气经》、《胎息经》、《内视经》等等，反映出这一时期的导引非常繁荣。

（六）陶弘景

南北朝时期导引理论的另一重要代表陶弘景，他是南朝齐、梁时期的著名医学家、思想家，着有《本草经集注》、《陶氏效验方》等医学著作，并撰写了《养生延命录》和《导引养生图》等养生专著。

陶弘景的《养生延命录》辑录了"上自农黄以来，下及魏晋之际但有益于养生，乃无损于后患诸本"的养生理论和方法，保存了古代大量导引数据，是我国古代最早对导引数据进行系统整理的专集。书中总结了前人十二种调气法；列举出"吹、呼、嘘、呵、唏、咽"六字运气法。同时介绍了《导引经》七势（即啄齿、漱唾、呼吸、活四肢、熨眼、按目等）和按摩八法（包括坚齿、熨目、接目、抬发、摩面、摩身等）以及形体运动八势（包括两臂伸直、两手前推、左右开弓、单手托天、两手前筑等）。另外，还提到了以盐沫揩齿、以温盐汤洗目和以冷水洗脸的作用。同时，《养生延命录》对"五禽戏"动作作了文字说明。书中记载："虎戏者：四肢距地，前三掷，却三掷，长引腰，乍却；仰天即返。距行，前、却各七过也；鹿戏者：四肢距地，引项反顾，左三右三，左右伸脚，伸缩亦三亦二也；熊戏者：正仰，以两手抱膝下，举头，左僻地七，蹲地，以手左右，托地（各七）；猿戏者：攀物自悬，伸缩身体，上下各七。以脚拘物自悬，手钩却立，按颈左右七；鸟戏者，双立手，翘一足，伸两臂，扬眉鼓力，左右二七，坐伸脚，手挽，足距各七，缩、伸二臂各七也"。这是关于"五禽戏"动作迄今所见的最早的文字说明。

五、隋唐五代时期的体育

1. 武艺的进一步演进

隋唐时期推行的府兵制和武则天设置的武举制，推动了武艺的普及和提高。原来主要用于军事的武艺开始向健身、娱乐为主要目的"武术运动"演化，民间练武、比武之风盛行。武则天"长安二年（702年），始置武举，其制，有长垛、马射、步射、平射、筒射，又有马枪、翘关、负重、身材之选"（《新唐书·选举志》）。可见武科考试，极重视武艺和力量，连身材、体格也列为一个条件。这对民间和军中的练武都有推动作用。

2. 球戏的发展和创新

魏晋南北朝时期濒于湮没的击鞠、蹴鞠活动，到唐代，不仅恢复，而且有了发展。

(一)击鞠(马球)

击鞠一词,始见于曹植《名都篇》,亦称"击球"或"打球",唐初再度流行,当时宫廷、府第中击球成风。唐代的左右神策军中有专门的击球能手。击球的方法:"各立马于球场之两偏以俟命。神策军吏读赏格讫,都教练使放球于场中,诸将皆骋马趋之,以先得球而击过球门者为胜。先胜者得第一筹,其余诸将再入场击球,其胜者得第二筹焉"(《资治通鉴·唐纪六十九》胡三省注)。长安还有所谓"驴鞠"。郭英义曾"教女伎乘驴击球"(《新唐书·郭知运传》),表明唐代开始有女子击球活动。五代时,后蜀花蕊夫人《宫词》中有:"自教宫娥学打球,玉鞍初跨柳腰柔"之句。还有一种女子徒步持杖打球的活动,因与骑马"打球"相区别,故名"步打"。王建《宫词》有"寒食宫人步打球"句,指的就是这种球戏。

(二)蹴鞠

唐代由于充气球的发明和用球门代替"鞠室",大大促进了踢球技术的发展和提高,增加了人们踢球的兴趣。唐人徐坚所撰《初学记》说:蹴鞠之球,"古用毛纠结为之,今用皮,以胞为里,嘘气,闭而蹴之"。又仲无颇《气球赋》还记述了"交争竞逐,驰突喧阗"的激烈场面;而"或略地以丸走,乍凌空以月圆"两句,则是"远球"和踢到半空的情景。唐代女子蹴鞠不用球门,谓之"白打"。王建《宫词》有"寒食内人长白打"句,即指宫女们的踢球。"步打"与"白打"都是唐代创始的球戏。

(三)十五柱球戏

唐代创造的"十五柱球戏",其法为置瓶状木柱于地,十柱上朱书"仁"、"义"、"礼"、"智"、"信"等褒义词,五柱上墨书"傲"、"慢"、"吝"、"贪"、"滥"等贬义词,参加者抛滚木球以击柱,中朱书者为胜,中墨书者为负,并有赏罚。

3. 角抵的兴盛与普及

隋唐时"角抵"一词,主要指摔跤而言,又称"相扑"或"角力"。《续文献通考·乐考》谓:"角力戏,壮士裸袒相搏而角胜负。每群戏既毕,左右军搖大鼓而引之"。角抵十分普及,不仅宫廷、教坊、军队中养有专门角抵的职业摔跤家，每日训练，皇帝每隔三日定期观看他们比赛，而且民间角抵活动也十分普及，每到寒食日（清明）或五月份都有大规模的民间角抵比赛活动。

五代时，角抵仍然风行，并有以角抵赌得大官者。《旧五代史·李存贤传》载："存贤少有材力，善角抵。……庄宗自矜其能，谓存贤曰：'与尔一博，如胜，赏尔一郡，'实时角抵，存贤胜，得蔚州刺史。"

4. 杂技的全面继承和发展

隋代的百戏盛况空前。炀帝时，几乎年年举行大规模的演出，其中有很多杂技项目，重要的有拟兽伎（以舞龙、舞狮为常见）、空中伎（以履绳、缘竿为主）、呈力伎（以力气为主、间以技巧）、丸剑技（以弄丸、跳剑为主）、掷倒伎（以筋斗、倒立等为主）。

5. 乐舞进入极盛时期

隋唐是中国古代乐舞的极盛时期，有"太常寺"、"教坊"专司其事。丰富多彩的舞蹈，大抵可分为"健舞"和"软舞"。此外尚有花舞、字舞、马舞等。

大型舞蹈创作，首推唐太宗令人编制的《破阵乐》，后更名为《七德舞》。据《资治通鉴·唐纪十》注谓："一百二十八人，被银甲执戟而舞。凡三变，每变为四阵，象击刺往来，歌者和，曰秦王破阵乐。"显然是一种包括阵法变化和兵器演练的武舞。还有《九功舞》、《上元舞》，属有名的三大舞。

武则天时，又创编了《圣寿乐》，"舞之行列必成字，十六变而毕"（《旧唐书·音乐志》）。这是类似近代团体操的组字舞。王建《宫词》有"每遍舞头分两向，太平万岁字当中"之句。

小型舞蹈也有软舞、健舞之分。据崔令钦《教坊记》和段安节《乐府杂录》，软舞有"凉州"、"绿腰"、"苏合香"等；健舞有"阿辽"、"柘枝"、"剑器"、"胡旋"等。健舞与体育活动的关系尤为密切。如"剑器"舞，既是舞蹈又是剑术表演。杜甫《观公孙大娘弟子舞剑器行》描绘了剑光闪耀，舞姿雄健的生动形象。又如"胡旋舞"，是从西北少数民族地区传入中原的舞蹈。白居易《胡旋女》云："胡旋女、胡旋女、心应弦，手应鼓，弦鼓一声双袖举;回雪飘飘转蓬舞,左旋右转不知疲,千匝万周无已时。"这些舞蹈均流行于民间。

6. 围棋的发展

继魏晋南北朝之后,唐代围棋又形成了新的高潮。所用棋枰已纵横各19道。通用术语已达30余字,如"立、行、飞、尖、粘、干、绰、约……"等(徐铉《围棋义例》),各字之下,并有注语。可见棋艺和弈理都发展到新的阶段。这一时期,围棋仍盛行于文人学士之中,民间亦有高手。张籍《美人宫棋》诗云:"红烛台前出翠娥,海沙铺局巧相和,趁行移手巡收尽,数数看谁得最多。"可见唐代妇女也爱好弈棋。

7. 趋于实用的养生术

隋唐帝王多热衷于养生术,尤以唐高宗、中宗、睿宗、玄宗为突出。如潘师正、孙思邈、司马承祯、张果等,均曾应召入宫,宣讲养生之道。《隋书·经籍志》、《新唐书·艺文志》中,记载养生术的著述甚多。《隋书》和《新唐书》的"百官志"中载有"按摩博士"的设置;《唐六典》中还载有按摩工、按摩生,说明这一时期对按摩术的作用相当重视。隋唐养生术与两晋南北朝一脉相承,但在实用方面有明显的进步。例如孙思邈养生术的中心思想,是身心并重。他主张根据自然界的变化而调理日常生活,尤其注意精神思想方面的舒畅和宁静。在养生方法上,他很讲究行气与导引。

六、宋辽金元时期的体育

1. 骑射

宋代基于军事需要,十分重视射术和武艺,每年三月都要组织军事演习,向假想的敌人试射弩箭。宋元丰元年(1078),宋神宗制定《元丰格法》,对士卒步射、马射、弩射所应达到的等级标准做出了详细规定。宋时民族矛盾尖锐,北地边民为抗御辽金南侵,组织了以习射为主(兼习诸般武艺)的"弓箭社"。北宋官府利用民间武力抗金,一律加以扶持。据《宋史·职官志》载:设"提举弓箭手,掌沿边郡县射地弓箭手之籍,及团结、训练、赏罚之事。"

本来是游牧民族的辽金元统治者更是以骑射立国,不仅人人练习骑射,而且每逢重大节日都要举行各种骑射活动,使这项运动更受重视。

由于骑射的发展，有关射术的著述颇多，仅《宋史·艺文志》所载，即有何珪《射经》、徐锴《射书》等人所著15种，反映出当时对射术研究的丰富成果。

2. 养生术

宋代摆脱了自魏晋以来养生术中的神秘色彩和"服食成仙"、"长生不死"等迷信观念，走向较为切合生理实际的道路。

诗人苏轼注意养生，并在实践中总结出一种简易的导引法。宋代道士蒲处贯在《保生要录·调肢体》中讲述"养生之人，欲血脉常行如水之流"，其运动方法为："故手足欲时屈伸，两臂欲左挽、右挽如挽弓法，……或手臂前后左右轻摇；或头左右顾；或腰胯左右转，时俯时仰……"这可以说是一套包括四肢运动、头部运动和转体、弯腰的中国古代健身体操。

在养生保健理论和实践方面有较大发展的基础上，宋代出现了至今流传的八段锦。其中武八段的内容是：①仰手上举所以治上焦；②左肝右肺如射雕；③东西单托所以安其脾胃；④返而复顾所以以理其伤劳；⑤大小朝天所以通五脏；⑥咽津补气左右挑其手；⑦摆鲜之尾所以祛心疾；⑧左右攀足所以治其腰（南宋曾慥辑《道枢》）。

3. 水上活动

宋太祖赵匡胤重视水军训练。太宗赵炅一即位就下令凿引金河水造"金明池"，大练水军。此后，金明池不仅作为训练水军之用，同时也是嬉戏的处所。据《东京梦华录》载：当时有划船成为"圆阵"、"交头"，以及赛船"争标"夺彩等。大型画舫尾部设有秋千，表演者荡至与支架齐高时，"筋斗掷身入水，谓之水秋千"，这实际上是一种跳水活动。淳化三年（992年），赵炅"幸金明池，命为竞渡之戏，掷银瓯于波间，令人泅波取之"，"岸上都人纵观者万计"（《宋史·礼志》）。水上游戏之盛由此可见一斑。

钱塘弄潮也是宋代特有的一种水上活动。每年八月，政府在钱塘进行水军训练，当地青年趁潮水涌来，有的手执彩旗游于惊涛骇浪间，"腾跃百变"为戏，有的则踩一叶小舟，在浪潮中，"穿行自如"，大显身手。钱塘江岸，观者相连，长达数十里。至于传统的端午竞渡，水乡地区的城镇及农村仍盛行不衰，成为宋辽金元时期主要的水上活动节日。

4. 长跑

这一时期，由于战争频繁，政府十分重视选拔和培养善于长跑的人，以便在紧急时刻能迅速传递军情。宋代从"弓箭社"中选出长跑的人，名为"急脚子"。金章宗"初置急递铺，腰铃转递，日行三百里"（《金史·章宗本纪》）。元代的急递铺兵可达"一昼夜行四百里"（《元史·兵志》）。

除上述职业性长跑外，元代还出现了定期举行的超长距离越野赛。元世祖曾建"贵赤卫"军，担负元大都（今北京）等地的警卫任务。为检阅这支军队的身体素质，元统治者每年举行一次长跑比赛活动。"先至者赐银一饼，余者赐缎匹有差"（元陶宗仪：《辍耕录》）。

5. 相扑

据《都城纪胜》"相扑"条载："相扑、争交，谓之角抵之戏；别有使拳自为一家，与相扑曲折相反"。这里明确记载了当时摔跤的一些名称，并与拳术加以区别。北宋时的汴京，在一般平民游乐的"瓦市"，均有相扑表演。每年六月初六，万胜门外演出的伎艺中，有相扑及乔相扑。南宋时，体育、文艺、杂剧等集社之风在临安盛行。《武林旧事》、《繁胜录》中记有多种社名，相扑社就是其中之一。相扑社是一种民间组织，它的出现，标志着相扑已自成一类，有专门表演摔跤的班子和特设的场地，并不断地交流技术和统一比赛的规则。女子相扑，首见于三国时吴末帝孙皓的宫中，但在民间公开表演，则始于宋代。

6. 持续发展的几种球戏

（一）蹴鞠

蹴鞠至宋代愈益盛行，宫廷府第中常有蹴鞠之戏。徽宗赵佶酷爱蹴鞠，他的两个宰相李邦彦和高俅均为蹴鞠能手。在民间还产生了蹴鞠组织"圆社"（亦称齐云社）。孟元老《东京梦华录》详细记载了当时有关蹴鞠的场地设备及竞赛方法。

（二）打球

亦称击鞠，即古代的马球运动。宋辽金元时期，统治者从军训着眼，仍提倡此项运动。据《桯史》记载，宋孝宗以打球为经常练兵手段，且列击球为取士的考试科目之一。每逢节日、庆典，行击球射柳之戏。据《金史·礼志》所记，球场设球门（即在木板墙下开一小孔，加网为囊），两队骑马持鞠杖相争逐，以杖击球，入网者胜。球门有单门与双门两种，球以木作成，涂以红色。骑马打球称"大打"，骑驴骡打球称"小打"，人数无定额，可多至百余人。

（三）捶丸

捶丸系由唐代"步打"发展而来，宋辽金元时均盛行。元时《丸经》对捶丸活动的场地、设备、竞赛方式与裁判规则等，均有详细记载。根据地形选择场地，作成球穴。球以坚固的木料制成，棒为木竹合制。竞赛人数可3～10人，双数可分两班比赛。竞赛方法主要是以棒击球进穴，以筹计胜负。从《丸经》可知中国远在宋元时期，就已经有了类似欧洲高尔夫球的运动。

七、明清时期的体育

1. 武术运动

从武艺演进到作为运动项目的武术，到明代才基本完成。武术运动在技术上的重要标志，是从"着着必须临阵实用"的局限性超脱出来，即保留攻防、技击的内涵不变；编成有利于全面身体锻炼、连贯而紧密的套路；兼顾引人入胜的优美形态。三者兼备，缺一不可。

嵩山少林寺僧普遍练武并以武功见长，是明清武术高度发展的典型事例之一。明王士祯《嵩游记》说：寺僧四百余，"各习武，武艺俱绝"，表演时"拳棍搏击如飞"，有"为猴击者，盘旋踔跃，宛然一猴也"。表明少林武术还具有形象生动富于观赏价值的套路。由于少林武术影响较大，逐渐形成著名的"少林派"。

武术发展至明代，其体系已渐形成：

（一）建立了有特定内容的武术系统

对形形色色的拳械之术，综合归并，并统称为十八般武艺。于十八般大类中，又按其不同特点划分种属，如对当时流传的各种枪法归纳为"十七家枪"。明代武术从拳法的不同内容与风格形成"内家"和"外家"（即武当和少林）两大流派。至今广泛流传之太极拳即为内家拳有代表性之优秀拳种。

（二）形成了比较完整的技术结构

拳械之术由各种招势形成完整的套路并定名，多完成于明代，如精通武术的军事家俞大猷所著《剑经》中的招势。在戚继光《纪效新书·拳经捷要》中，记载了拳法32势，同一书《剑经》中有棍法14势，均为常用之招势。在王介祺《十三刀法》中，记载了"劈、打、磕、扎、搁、撩、提、托、老、嫩、迟、急、等"诸法，均为刀术的基本动作。由各种基本动作组成不同"招势"，再由若干招势间以腾跃、旋转、进退，编排出不同形式、不同风格的套路，此种完整的技术结构，形成了武术运动的重要特征。

（三）总结了较为丰富的理论

此一时期已总结出练习武术应由拳法入门的原理，并强调套路演习的重要性。并开始将拳械技术要领编成歌诀，既有利于把握技术关键，又便于记诵。

（四）创造了一套行之有效的训练方法

明末武术家石敬岩训练枪法时，先教"一戳一革"的基本技术；"戳革既熟，然后教以连环，……既熟既精，然后教以破法"（吴殳《手臂录》附卷上）。戚继光亦总结了武艺训练的若干法则，《纪效新书·赏罚》中记载了全面身体训练和从难从严的要求，还注意到根据士兵的不同体型和年龄等条件，分配使用不同的兵器。

2. 骑射的延续和狩猎的复兴

骑射之术，在明清的军营和学校中，仍然受到重视。科举考试中，骑射亦列为主要科目，就连文科也包括骑射在内。因此，不仅军中将士娴习骑射，儒生文臣中善于骑射的也屡见不鲜。

以射箭为交游娱乐的现象，清代有突出表现。"士大夫家居，亦以习射为娱，家有射圃，良朋三五，约期为会"。这种娱乐的射法很多，如"射鹄子"，其中又分"射羊眼"、"射花篮"以及"射绸"、"射香火"等（徐珂《清稗类抄·技勇类》）。由于纨绔子弟以射箭为赌博，赌箭场也应运而生。

努尔哈赤及其子皇太极在关外时，效法古制，通过"狩猎"，演习行军作战。康熙并定"秋狝"之制，选择蒙古翁牛特旗作为围场基地。乾隆亦认为"行围出猎，既以操演技艺，练习劳苦，尤足以奋发人之志气"（《清文献通考·王礼考》），明确提出了狩猎具有军事演习和体育锻炼的双重意义。

3. 传统球戏由盛而衰的变化

古代各项传统球戏,至明代仍有所发展,明代流行的球戏,主要有"踢鞠"、"蹴球"、"打球"。打球又分为"击球"、"捶丸"两种。到了清代,由于满族习俗尚骑射,善溜冰,喜摔跤,从而取代了各种球戏。除拍球、踢石球尚在民间流行外,一些大型球戏逐渐衰落。

4. 摔跤、冰嬉空前活跃

(一)摔跤

清代军中设有"善扑营",从"八旗精练"勇士中选出,其任务为"凡大燕享皆呈其伎";"与藩部之角抵者较优劣"(《清稗类抄·技勇类》)。蒙古王公贝勒朝见清帝时,常举行满、蒙摔跤力士的竞技,并有赏赐。清代的摔跤,有"官跤"、"私跤"之分,"善扑营"和"八旗"的摔跤活动属于官跤;民间的摔跤活动属于私跤。私跤又有用以健身娱乐和藉以谋生者两类,后者除2人对抗形式外,还有一种"跤人子",即1人负两偶人作互抱之势,模拟2人摔跤的表演,即宋代之"乔相扑"一类。这个项目至今仍出现于杂技表演中。

(二)冰嬉

冰嬉原为北方各地传统的冬季活动。据刘若愚《明宫史》记载,德阳门外的河流"至冬冰冻时,可拉拖床,……一人在前引绳,可拉三四人,行冰上如飞"。可见明代的冰嬉中,以冰床活动较为流行。

满族聚居关外时,早有冰嬉习俗,并有擅长溜冰的军队。清人入主中原后,每年"于太液池冬月表演冰嬉,以简武事而修国俗"(《日下旧闻考》)。

(三)冰球

清代已有冰球竞赛,"每队数十人,各有统领、分伍而立,以皮作球,掷于空中,俟其将堕,群起而争之,以得者为胜;或此队之人将得,则彼队之人蹴之令远,喧笑驰逐,以便捷勇敢为能"(高士奇《金鳌退食笔记》)。又有一种从高3、4丈的"冰山"上下滑的活动。名为"打滑挞","乃使勇健兵士,着带毛猪皮履,其滑更甚,自其巅挺立而下,以到地不仆者为胜"(《清稗类抄·技勇类》)。滑速竞赛也是一个主要项目,"冰上滑擦者,所着之履皆有铁齿,滑行冰上,如星驰电掣,争先夺标取胜"(潘荣陛《帝京岁时纪胜》)。

(四)冰上杂戏

清代民间的冰嬉活动亦颇为普遍,与军中项目大致相同。另有一种"冰上杂戏",即将杂戏移在冰上进行,如舞狮、龙灯、彩船、飞叉、弹弓等,表演者均着冰鞋,滑行中作各种杂戏表演。

5. 导引的继承和发展

导引,传至明清,在全面继承的基础上又有创新和发展。有关导引的著述增多,广泛采用绘图说明,并对前代的导引著述进行了整理、校订工作。

明天启四年(1624年)易筋经的出现,标志着导引发展史上的一个新阶段。据目前所见史料,《易筋经》创始于明代。"达摩创传"之说实为清人之附会。导引术经释门研习后,有明显的发展变化,如《易筋经》中提出了"内壮神勇"和"外壮神勇"之说,并谓:"内壮既熟,骨力坚凝"才可以习练"外功"。外功有八法:"曰举、曰提、曰推、曰拉、曰揪、曰按、曰抓、曰坠,依此八法,日行三次,久久成功,则力充周身矣。"在以前的导引主要练"内功"的基础上,增加了"外功";亦即在"行气"的基础上,增加了"力"的练习。原来多为文人实行的导引,从此也为武术家所研习了。

6. 围棋和象棋

明代由于弈棋的广泛开展和棋艺的不断提高,形成了弈棋流派,如"永嘉派"、"新安派"、"京师派"等。除称弈棋名手为"国手"、"国工"外,并已使用过"冠军"的称号(冯元仲《弈旦评》)。

清代的围棋活动又有进一步的发展,出现了新的高潮。康熙间,名手辈出,棋风更盛。当时有"棋圣"之称的仪征人黄龙士,自幼成名,与前辈盛大有对弈,战而胜之。龙士棋艺高超,能自出新意,穷极变化,著有《弈话》。当时对弈常以十局评定高下,并录成棋谱,广为传阅。

象棋在清人所写的《象棋歌》中谓:"市夫牧童靡不能",反映出连一般市民和牧童都会下象棋。流传至今的象棋谱如《桔中秘》、《象棋百局》、《适情雅趣》等,皆为近几百年间有关象棋的重要作品。

7. 十九世纪末二十世纪初期的体育思想

19世纪70年代后,在改良派所提倡的新学中,包括了近代体育的思想内容。康有为在《大同书》"小学院"一章中说:"以人方幼童,尤重养身,少年身体强健则长亦强健,少年脑气舒展则长大益舒展";在"中学院"一章中,提出修建"体操场、游步园、操舟渚"。在"大学院"一章中也强调"大学亦重体操,以行血气而强筋骸"。康有为还在长兴里自办学堂,并规定"枪"(兵操)、"体操"及"游历"为教学内容。梁启超主张教导儿童"习体操"。他在湖南时务学堂任总教习时,也注意对学生进行"体操锻炼"。严复在《原强》(修订稿)中写道:身体"逸则弱,劳则强";"劳心劳力之事,均非体气强健者不为功"。

8. 早期学校体育的普遍实施

清政府于1901年开始宣布实行"新政"。在《奏定学堂章程》里规定了各级各类学校均应开设"体操科"(体育课),并要求从小学到高等学堂,师范及职业学堂每周"体操科"时间为二或三小时。小学"体操要义"是:"在使身体各部均齐发展,四肢动作敏捷,精神畅快,志气勇壮,兼养成其乐群和众动遵纪律之习"(舒新城编《中国近代教育史资料》)。对中学及师范学堂的"体操",则强调"实用",规定"其普通体操先教以准备法、矫正法、徒手哑铃等体操,再进则教以球竿、棍棒等体操。其兵式体操先教单人教练、柔软体操、小队教练及器械体操,再进则更教中队教练、枪剑术,野外演习及兵学大意"。高等学堂的体操内容同样是普通体操和兵式体操。《奏定学堂章程》还强调,高等小学以上的学校体操科"宜以兵式体操"为主。1906年的《学部奏请宣示教育宗旨折》中,更明确提出:"凡中小学堂各种教科书,必寓军国民主义"、"体操一科,幼稚者以游戏体操发育其身体,稍长则以兵式体操严整其纪律"(舒新城编《中国近代教育史资料》)。由于"军国民主义"影响,清末至民初,各级学校的体操课内容,除一些徒手体操和轻器械体操外,多半是"立正"、"稍息"、"托枪"、"开步走"之类的兵式体操。这种"体操课"呆板枯燥,锻炼身体的价值很小,不能适应青少年身心发育的特点,因而曾遭到社会舆论的谴责。

第三节　中国历代新闻出版事业

一、中国古代报纸

1. 唐代的官报

早在公元前200年前后，中国封建王朝就开始公布政令，发布文告。但直到唐玄宗开元年间，才出现了把朝廷政事"条布于外"的原始形态的报纸，后人称之为"开元杂报"。这是由各地派驻长安负责呈进奏章和通报消息的进奏院和进奏官们分别向各个地方抄发的，当时通称为进奏院状报、进奏院状、邸吏状或报状。1900年在敦煌石窟发现的唐僖宗光启三年（887）的进奏院状，就是一份现存年代最早的中国古代报纸。这份报纸是驻地在敦煌地区的归义军节度使派驻朝廷的进奏官，从朝廷所在地发回敦煌的。内容以报告归义军节度使派出官员到朝廷驻地请求旌节的情况为主。发报人自称夷则，是归义军节度使派驻朝廷负责官报抄传工作的进奏官。

2. 宋代的邸报

从宋代起，邸报的名称开始出现。邸报又称邸抄、朝报、报状或除目，由诸路州郡派驻首都的进奏官负责传发。发报前由门下省给事中负责审核，称"判报"。邸报内容主要是皇帝的诏书、起居言行、政府的法令公报、各级臣僚的章奏疏表、省寺监司等机构的工作报告和边防驻军的战报等。

宋代政府十分注意对邸报传发工作的控制。宋真宗咸平二年（999）规定了由枢密院事先审查样报，通过"定本"，然后方准传发的"定本"制度。邸报的正本只发至各级政府部门的长官，长官以外的官僚和士绅所看到的往往只是它的抄件。宋代的邸报大部分是抄写的，只有一小部分稿件以"镂版"的方式印发。

3. 宋代的小报

中国民办报纸最早出现于北宋，盛行于南宋，是由部分进奏官和书肆主人私自发行。时人称为"小报"，有时也称之为"新闻"。材料来源于在宫廷内部和省、寺、监、司等政府机关通报新闻的"内探"、"省探"和"衙探"。其内容主要是政府没有公开的"朝廷机事"、官报不准备发表或尚未发表的皇帝诏旨、大臣表疏和官吏任免事项。南宋时，小报上还常载有北方军民抗击金兵的消息和主战派官员反对议和的奏疏。大部分为手写,一小部分雕版印刷。

4. 元、明、清三代的官报

元代设通政院,明、清两代设通政司和提塘官,专门负责官文报的收递工作。凡皇帝和内阁同意发布的文件和朝政消息,都由他们向地方传报。除通称邸报外,还有邸钞、阁钞、朝报、京报等别称。元、明、清三代政府对官报发布工作控制日益严厉。当时的官报仍以抄写为主,崇祯十一年（1638）以后,才普遍采用活字版印刷。

5. 明、清两代的报房《京报》

明代中叶以后,政府默许民间自设报房,选印从内阁抄录的谕旨、奏疏和官吏任免消息,公开出售。报房大多设在北京,所发行的报纸通称《京报》,开始印有报头。报房出版的报纸,可以公开叫卖和接受订户。读者主要是官吏、士绅和商人。清王朝入关后,所发行的《京报》,用土纸和胶泥活字或木活字印刷,因多用黄纸封面,有红色套印的"京报"二字作报头,通称黄皮京报。其内容以记录皇帝起居和大臣陛见情况的宫门钞和常程文书为主。清政府被推翻后,《京报》陆续停刊,中国古代报纸的历史遂告结束。

6. 中国近代早期报刊

中国近代报刊首先是由外国人办起来的。英国伦敦布道会传教士马礼逊在马六甲创办的《察世俗每月统记传》,是外国人创办的第一个中文近代报刊。而德籍传教士郭士立于1833年在广州创办的《东西洋考每月统记传》,则是在中国境内的第一家近代中文报刊。葡萄牙人安东尼奥在澳门创刊的葡文《蜜蜂华报》（1822年）是我国第一家外文报纸。

中国人自己办的近代报刊,在国内始于19世纪70年代。这些报刊中,具有代表性的有艾小梅办的汉口《昭文新报》、王韬主编的香港《循环日报》、容闳等创办的上海《汇报》、上海官商合办的《新报》以及广州的《述报》、《广报》等。这些报纸的版式和体例,都仿效外国报纸。所不同的是,它们大多重视政论的作用,特别是《循环日报》,每天刊登1篇言论,评议时政,宣传变法自强,开创了中国报刊的政论传统。

1895年中日甲午战争之后，中国的民族危机进一步加深，以康有为、梁启超为代表的改良派举起变法维新旗帜，创办了《中外纪闻》、《时务报》、《国闻报》、《湘报》等报刊，形成了中国人办报的第一个高潮。江苏无锡才女裘毓芳于1898年创办并主编了《无锡白话报》，这是我国历史上最早的白话报刊之一。

二、新闻学理论的研究

我国"新闻"一词最早见于唐朝："尝恨天下无书以广新闻"（《新唐书》）；"旧业久抛耕钓铝，新闻多说战争功"（李咸多诗句）。宋朝《朝野类要》："其有所谓内探、省探、衙探者，皆衷私小报，率有泄漏之禁，故隐而号之曰新闻。"

1854年，洪仁玕在《资政新篇》中提出整套办报方案，主张通过报纸发挥"收民心公议"的作用。这是中国人最早发表的有关报纸的论述。从19世纪70年代起，关于报纸作用的探讨引起了中国知识分子的关心。王韬、郑观应、陈炽、何启、胡礼垣、陈虬等一批改良主义思想家，纷纷撰文，阐述了报纸在开风气、通民隐、达民情和促进工商业发展的作用，倡导把报纸办成推动国家富强的工具。

梁启超的新闻思想在中国报界产生很大影响。他主持过《中外纪闻》，并创办了《时务报》，在长期的新闻宣传工作中形成了自己的新闻思想。他认为报纸可以"浸渍于人心"，可以影响舆论。他把报纸的功能作用概括为一个字："通"。"通"的作用就是"耳目"和"喉舌"的作用。"观国之强弱，则与其通塞而已"；"去塞求通，厥道非一，而报馆导其端也"。"报馆愈多者其国愈强。曰惟通之故"。梁启超很重视报纸的教育作用。在戊戌维新时期他就注意到了报纸的"开民智"作用，同时也注意到了开官智。他痛感"维新吾国，当先维新吾民"，报纸的功能除监督政府外，就是为国民之向导。他明确指出，"重教育为主脑，以政治为附从"。在这一思想指导下，梁启超广泛介绍、评议和宣传资产阶级思想意识。许多人接受了新思想，由不满清王朝而走向革命。

三、出版事业的普及

中国出版事业历史悠久，但从汉代中叶到唐初约800年的时间内，书籍还处于靠手抄流传的抄本时期，这一时期出现的"书肆"，大多是"自抄自卖"的小规模经营。唐代发明雕版印刷术以后，出版业才迅速发展，并开始印刷佛教经典、纳税凭证、历书、阴阳杂记、占梦相宅、九宫五纬、字书小学等书籍。

唐代由政府设立史馆，组织专人撰写史书。在韩国发现的唐雕版佛经印本《无垢净光大陀罗尼经》，刊印年代约在唐朝武后长安四年至玄宗天宝十年之间。而在敦煌发现的咸通九年（868）本《金刚般若波罗蜜经》最为著名。

宋代，雕版印刷进入了鼎盛时期，京城开封府设有与出版有关的国子监、崇文院、秘书监、国史院、编敕所等机构，南迁后又在杭州设立了类似的出版机构，负责有关图书编纂、出版事务。著名的刻书地区还有成都、福州、湖州、建宁等处。其中，成都于宋初创刊了第一部佛教大藏经《开宝大藏经》共5048卷，为后来各佛藏之祖本；福州先后刊刻佛藏《崇宁藏》和《毗卢藏》各6000余卷及道藏《飞天法藏》5481卷，成为佛道经典出版中心。

北宋庆历年间，毕昇发明胶泥活字印刷术，为世界最早的活字印刷术。其后，又有人仿造泥活字，造成了瓷活字。元代开始使用木活字和锡活字。元代农学家王祯是印刷术的改进者。他延请工匠制造了木活字，设计转轮排字架，按韵旋转活字，制定取字排版，印刷方法，于1298年印刷了《大德旌德县志》，并撰成《造活字印书法》，附于《农书》卷后出版。

元代，京城大都（今北京）设编修所、广成局、兴文署等中央出版机构，刻写经史书籍。国子监、太医院、民间书坊也分别刻印《伤寒论》、《圣济总汇》及元杂剧剧本。

明代官、私刻书数量之大，品种之多，超越宋、元两代。明成祖迁都北京后，政府出版事业归太监司礼监经厂库掌握，先后刻有经书约200种，称"经厂本"。明代有藩王府刻书，刻印装褙精良，称"藩府本"。当时两京十三省无不刻书，苏州多地主文人，藏书、刻书之风最盛。常熟县著名藏书家、出版家毛晋的"汲古阁"，就有"毛氏之书走天下"之誉。

清代进关后刊行汉文与满文书籍，称"内府本"，式样仿明经厂本。康熙十九年（1680）开始设立修书处于武英殿左右廊房，掌管刊印装潢书籍。乾隆间刻《十三经注疏》、《二十四史》，称"武英殿版"，简称"殿版"，康熙、乾隆两代所刻最精，纸墨精良，为清代印本之冠。同治二年（1863）曾国藩首创金陵书局于南京。此后仿效者十余省，著名的有浙江官书局、武昌崇文书局、广州广雅书局。各局所刻共约千种左右，称"局本"。清代书场、书肆更加发展，北京的厂甸"书肆如林"，有的既刻书又卖书，有的则只是贩卖书籍。成为有编辑、出版、印刷和自己的发行网的大型民营出版企业。

四、印刷技术的发展和新型出版机构

清嘉庆年间，英国传教士马礼逊曾雇人秘密镌刻字模，印成《马礼逊字典》（亦称《华英字典》）和多种英华合刊的书籍，开启了中文采用西式字模的序端。

鸦片战争以后，随着西方印刷设备的传入，外国传教士办的墨海书馆于1843年由新加坡迁到上海，成为上海有铅印设备的第一家。清政府创立的同文馆（1862年）、江南制造局翻译馆（1868年）开始编译书籍。一批近代资本主义出版企业如商务印书馆（1897年）、文明书局（1902年）、中华书局（1912年）等先后成立，并大量编印图书。

第四节　中国书籍沿革

一、中国的初期书籍

甲骨文，也称甲骨刻辞或卜辞，是记录性的档案材料，不能算是书籍。

大骨版祭祀狩猎涂朱牛骨刻辞（商代）　　　　　西周恭王时期墙盘内有铭文200余字

但从使旁人或后人从中获取一定的知识这个意义上,它可视为初期书籍的形式之一。

铸刻在青铜器上的文字称为铭文,也称金文。它也不是正规概念的书籍,但有些铭文确实是历史人物或事件的记载,也可视为初期书籍的形式之一。

战国及战国以前,在石头上刻字相当流行。这些雕刻和书写在石鼓、玉、石片上的文字,也可作为初期书籍的形式之一。

熹平石经拓片(局部)

二、中国的古籍

1. 石头书

东汉灵帝熹平四年(175),将《鲁诗》、《尚书》、《周易》、《春秋》、《公羊传》、《仪礼》、《论语》七经全文刻在太学前46块石碑上,这就是熹平石经。由于经文都是蔡邕等用当时通行的隶体字书写,故又称"一字经"。三国魏正始二年(241),又用古文、小篆、汉隶三种字体刊刻《尚书》、《春秋》、《左传》(未

正始石经拓片(局部)

刊完)于石碑上,称为"魏石经"、"正始石经"或"三体石经",与"熹平石经"立在一起。唐代大和七年(833),又用楷书刊刻《周易》、《尚书》、《毛诗》、《周礼》、《仪礼》、《礼记》、《春秋左氏传》、《公羊传》、《榖梁传》、《孝经》、《论语》、《尔雅》12种经书于227块石碑上,另附五经文字、九经字样,至开成二年(837)工竣,立于长安务本坊国子监太学,史称"开成石经"。

自沙门静琬于隋末唐初在今北京房山县石经山始将佛经刻于整治好的石块上以后,历经辽、金、元、明、清代的递刻,刊石1万多块,形成了石刻大藏经,这也是典型的正规书籍。

2. 简策、版牍

我国最早的书籍用竹片和木板制成。用竹片作载体材料者叫简策,用

木板者叫版牍。简是狭长的竹片，绝大多数竹简都只能写一行字，因此要写一篇文章，往往要用几十根以上。为了利于阅读，用绳把这些竹简穿在一起，便成"册"，又称"策"。所用之绳，麻绳称为"编"，丝绳称为"丝编"；牛皮绳称为"韦编"。

在无竹子之地，一般用杨柳木削成的小木片来替代，这就称为"札"。简和札平时卷起来，阅读时才摊开。

通常策的起始两枚简是不写字的，称为"赘简"，作为保护字简之用。赘简的背面，常题有篇名，称为"标简"。

一块经过加工过的木板称作"版"，写上文字就叫"牍"。用来写录物品名目或登录户口的，称为"籍"或"簿"；用来绘画或绘制地图的称为"版图"；用来通信（一尺见方）的又称为"尺牍"。

简牍不采用刻字或铸字的办法，而是像多数甲骨文那样，用毛笔蘸墨书写。但在简上书写之前，要"以火炙简令汗，取其青易书，复不蠹，谓之杀青。亦谓汗简。"（《后汉书·吴佑传》李贤注）

汉简（劳过使者过境中费）

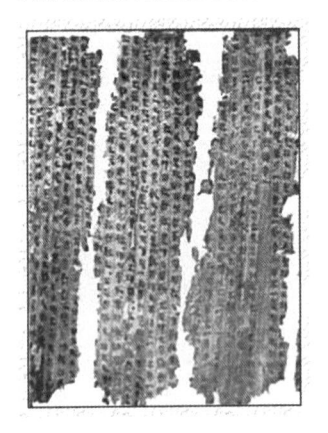

帛书《老子》残片

3. 帛书

至迟在春秋前，我国又出现了一种用丝织品缣帛作为载体材料的书籍，称之为"帛书"。生帛的一种叫素，叫绢，双丝撒黄的细绢叫缣，所以又有"缣书"或"素书"之称。帛轻软，可根据文字长短随意裁截。为效仿竹木简书的条状，帛书上还绘或织有红、黑界行线，称为"朱丝栏"或"乌丝栏"。帛书可采取卷起或迭起的方法，称为卷子。帛书比竹木简书优越，但价格昂贵，故并未取代竹木简书，而是和竹木简书并行，直到为纸书所取代。

《三国志·吴志》写本残卷　　唐咸通九年（868）雕版印刷的《金刚经》，为现存有纪年的最早印本

4. 纸书

中国西汉时期已发明造纸技术。到东汉时，蔡伦在原料和技术上加以改进，纸的质量提高、品种增多，应用更加广泛。到东晋末年，桓玄帝下令废除竹木简，一律以纸代之。从此，纸书取代了以前各种材料制作的书。

（一）写本书

最早的纸书是用手写的，所以又称为写本书。国内目前保存最早的纸写书是在新疆发现的晋人写本《三国志》。明朝内府抄本《永乐大典》共22870卷，是历史上罕见的写本书。

（二）雕版印本

唐朝初年，我国发明了雕版印刷术。其方法是：先在一张薄纸上用毛笔书写稿样，然后将其反贴在一块经过修治的长方形木板上，使墨迹图文留在木板上，刮去纸毛后，便开始刊刻，剔去没有图文的空白部分，就成为一块图文部分凸起并且反写的书版。印刷时，在书版上刷墨，将纸覆于其上，用棕毛刷刷印，即成为一叶雕版印品；将印好的书叶一张张折迭后装订起来，就成为一部雕版印本。但唐代的雕版印刷多为佛经、佛画或历日、字书、阴阳、杂书，且多为民间私宅所刻。五代时，由国子监主持校勘雕印了"九经"和《经典释文》。宋代，雕版印书的方法为政府、民间、私宅、坊肆广泛采用，书籍生产进入了极盛时期，并影响辽、金、西夏也广为刻书。宋代刻书，无论官刻私雕，一般版式大方、行格疏朗、字体端庄、纸墨精良，

《古今图书集成》　　　　　　　　卷子装《戒缘》 北魏泰安四年（458）写本

为后世书籍的楷模风范。直到明清时代，雕版印书经久不衰，而且越来越发展。特别是明代的套印、饾版和拱花技法，把雕版印刷技术推向了高峰，出现许多蜚声中外的作品。

（三）活字印书

北宋庆历年间（1041~1048年），平民毕昇发明了泥活字，元代王祯据此创制了木活字，明代又发明了铜活字。清代雍正四年（1726年）用铜活字排印《古今图书集成》，是中国历史上最大的一次金属活字印书工程。乾隆年间，用木活字排印《武英殿聚珍版丛书》，是中国历史上最大的一次木活字印书工程。雕版印刷术和活字印刷术，都是中华民族的伟大发明。

三、古籍的装帧形式

1. 纸写本书的装帧形式

（一）卷轴装

卷轴装的形式最早起源于"帛书"。人们为了盛放和阅读方便，用一根竹木做轴，然后用轴卷起来成为一卷。从此"卷"就成为书籍的计量单位。这种书籍的装帧形式，叫"卷子装"或"卷轴装"。等到造纸发明以后，人们把若干张纸粘连起来，成为一幅长纸，用来书写正文，这部分称为"卷子"，一般长一尺左右。每卷写完，就把最后卷纸粘贴在一根通常油漆过的细木棒（轴）上，轴要比卷子略长一些，两头露出卷子外面，以便卷舒方便。卷纸粘贴在轴上后，从尾向前卷起，在卷子的右端贴上一张比较坚固的纸，或者是罗、绢、锦等织物的长方形条子，用来书写书名和卷次，这部分叫缥或包头或玉池。缥头上系上的一条带子，作为捆扎卷轴用的，叫做"带"。

经折装《楞伽经疏》五代时期写本　　旋风装《刊谬补缺切韵》唐写本

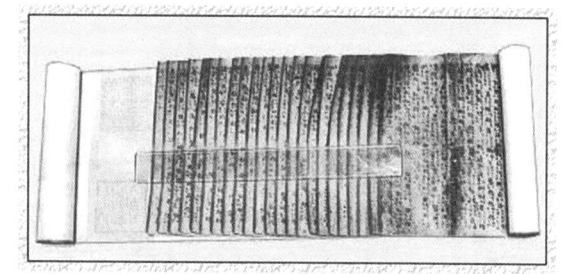

（二）经折装

为了避免卷轴装翻检、查阅不便的缺点，人们不将长长的卷子卷起，而是一反一正反复折迭，使之成为长方形的一迭，在前后加贴一张硬纸或一块木板，这就形成了经折装。它翻检方便，易于保管，以致后世的碑帖、画册等，亦多采用这种装帧形式。

（三）旋风装

旋风装相传有两种：

其一是为了避免经折装阅读时容易散开的缺点，将一张大纸对折起来作为书面，使折迭的卷纸的首页与末页粘连在书面上。这样首尾相接，阅读时可以循环翻阅、连接不断，犹如旋风，不致散开。

另一种是先准备好一张裱成手卷的素纸，然后把一张张写好的纸的右端，按顺序相错的一定距离，粘贴在素纸上，方向是自左向右，形如鳞次，然后把素纸自右向左卷起，即成一书。从外表看是手卷形式，开卷后却可逐页翻阅。这种书籍的装帧形式又称"龙鳞装"。收藏时从首向尾卷起，各页抖动，分层向一个方向旋转，形似旋风，故叫"旋风装"。

旋风装既保留了卷轴装的躯壳和外观，又解决了保护书叶和内容查检的问题，开始了书籍向册叶形式的过度。

（四）梵夹装

梵夹装直接继承了古印度的贝叶经形式，只是书写材料由贝多罗

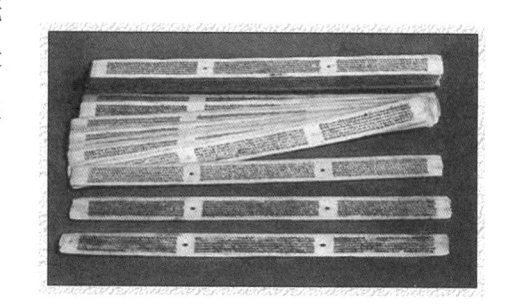

梵夹装《妙法莲华经》1082尼泊尔写本

树叶换成了一张张长方形的纸,这种纸又厚有硬,系用若干纸张粘裱加工而成。当书写完毕后,将其按顺序整齐地迭放在一起,再在上下用木板夹住,用绳捆扎住,或裹以绫落锦缎。现存的藏文、蒙文佛经都是这种装帧形式。

2. 印刷本书的装帧形式

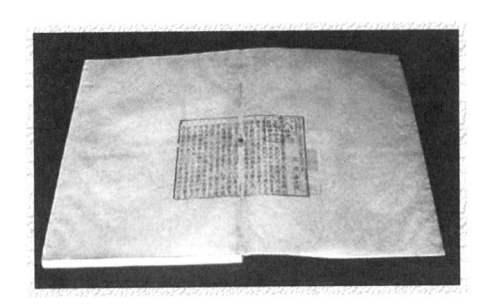

蝴蝶装《梦溪笔谈》元刻本　　　　包背装《四库全书》(文津阁藏本)

(一)蝴蝶装

蝴蝶装始于五代,是册叶时代书籍的最初形式。其特点是将每张印好的书叶依照中缝将印有文字的一面朝里对折起来,然后将中缝对起,用浆糊粘贴在一张包背纸上,再将上下和书口三边的余幅裁齐。这样的书籍打开时,书叶向两边张开,好象蝴蝶两翼飞翔飘舞。其缺点是每翻一叶,必然遇到两个无字的背面,而且版心折缝处也易脱落破损。

(二)包背装

南宋末年出现的包背装恰好与蝴蝶装相反,字面向外,背面相对,书叶对折后,版心向外;全书各叶折好对齐后,在右边余幅处打眼,用纸捻订起砸平,然后用一张硬厚整纸,连书背全部包起,在书脊处粘接,最后裁齐上下两边,就成一部包背装的书籍。

(三)线装

线装的装订方法和包背装一样,所不同的是线装书不用整幅书衣包背,而是前后各加书皮,然后打孔穿线成册。这种书籍形式既方便阅读,又美观牢固。现在保存的古书,绝大部分都是线装书。

宋代线装本《说文》

①线装书的结构与版式。

版式即古籍每一印页的格式,印页上各部位都有特定的名称,其中:

版框(边栏、栏线),是指版面四周的粗线,上下方为"上下栏",两旁称"左右栏"。单线叫"单边(栏)",双线叫"双边(栏)"。有的印页版框上下栏单线,两旁双线,称为"左右双边(栏)"。栏线印成红色的称朱丝栏,以黑色印的叫乌丝栏。

行格(界行、界格、行栏)是指版面内用直线分成的行。行款是指计算半页内×行×字(或小字双行×行×字)的著录方式。

版心(中缝、书口),指一版印页中心较窄的一行,通常有用作对折的标准

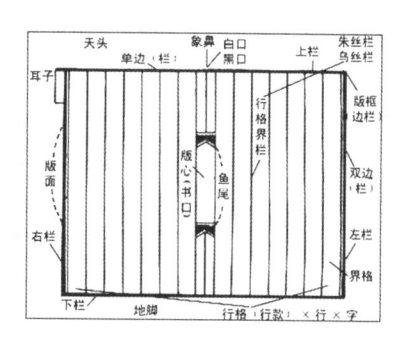

古籍版式图

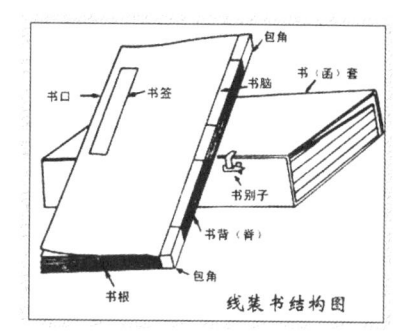

古籍结构图

的黑线和鱼尾形图案,有的还印有书名、卷数、页码及本页字数。明代以前,版心的下方还刻印有刻工姓名。宋代以后,书籍装帧均在版心处对折,然后粘连或订线,对折的准绳主要是鱼尾(一个称单鱼尾,上下都有称双鱼尾);在鱼尾上下各印一条黑线作为标准线,叫做象鼻。凡加印黑线的书,装订成书后书口处呈黑色,故称黑口,不加线的叫白口。宋代蝴蝶装版面上有时在版框左栏外刻出一个小方格,里面题写篇名,这叫"书耳"或"耳格"。

②古籍的结构

书衣,即书的前后封皮,又称书皮、书面。书衣有布、纸两种,最常见的是用栗色毛边纸和青色连史纸做成的书衣;布、绫则多用于古籍善本或明清内府图书。

书衣上一般题有书名,或贴一纸书签。书签一般贴在古籍封皮左上角。书脑指订线的一边。书脊指订线的侧面,相当于现代图书的书背。古籍的上端叫书头,下端叫书根(往往用作题写书名、卷数,靠近书脊一端,多

用于标注册数）。在书衣后的一页白纸叫扉页，在扉页后是书名页，这是古籍的封面，专用题写书名，大多数以半页课写书名及作者，也有以半页题书名，另半页题刻版时间、刻版机构或藏版处。

第五节　中国历代图书收藏和管理事业

一、中国图书馆的沿革

1. 典籍收藏的起源

据史载，早在商王朝，已有担任文化事务的史官和宗教事务的卜、贞人。他们把占卜时间、占卜者姓名、占卜的结果等卜辞刻于甲骨上，形成早期的文献。《尚书》载"惟尔知，惟殷先人，有典有册"。既有文献，且有专门史官管理。史官对这些文献进行有目的的收集、积累、整理和储藏，就形成了古代典籍收藏的雏型。西周至春秋时期，史官增多，有专司文档起草与发布，典籍管理与提供检阅利用的史官，史载老子就是周守藏室之史。史官对典籍产生、收藏、传播和利用起着重要的作用。战国以前的这种藏书室就是中国图书馆的起源。

2. 藏书楼

（一）简册、帛书盛行时期的官私藏书

秦汉的宫廷中都设置专门官吏管理图书典籍。秦末焚书，先秦图书遭受损失。汉初，宫廷中建造专门楼阁贮藏图籍，如天禄阁、麒麟阁、石渠阁。汉武帝建藏书之策、置写书之官，宫廷藏书初具规模。西汉末，朝廷初步建立起宫廷藏书与官署藏书。刘向等整理官府藏书，使藏书制度逐步完善。西汉末，藏书散失，但东汉之兰台、东观仍为朝廷中重要藏书和校书的机构。恒帝延熹二年（159）朝廷设置秘书监，官府藏书开始有专门机构进行管理。

私家藏书在战国时出现，但当时藏书家不多，藏书数量不大。两汉时私家藏书逐步增多。

（二）写本书时期的官私藏书和宗教藏书

三国以后，图书以纸写本为主，图书数量激增，从而全面促进各种藏书处所的建立。三国两晋间,于秘书省下设秘书监,主管艺文图籍和著述、编纂,官府藏书迅速发展。晋之东观、仁寿阁,南朝宋之聪明馆、齐之学士馆、梁之文德殿,以及北朝北齐之仁寿阁、文林阁,后周之麟趾殿,都富有藏书。官府藏书成为朝廷重要文化学术机构。其时,官吏和文士皆以藏书相尚,可补官府藏书之不足。

佛教寺院既是译经、传经之地,也是佛教典籍收藏之所。两晋、南北朝寺院林立,藏经甚多,梁代宫廷中有华林园藏佛典,编成《华林殿众经目录》,著录佛经3700卷。定林寺编成《定林寺经藏目录》。道教典籍一般不广泛流传,只秘藏道教宫、观中。南朝刘宋的崇虚馆通仙台、齐的兴世馆、梁的华阳上下馆、北朝北周的玄都观、通道观等都富有藏书。

隋唐是中国藏书事业发达的时期。隋文帝下诏"购求遗书于天下"(《隋书·高祖纪》),因而使隋政府的图书量大增,收藏于西京嘉则殿,又从中挑选、补配出标准版本即正御本存放于东都皇宫,专供皇帝阅览。对于从民间购求上来的图书以及新刻图书,皇帝都命人严格按质量分类,按内容分放。

唐太宗李世民即位后于宏文殿侧置弘文馆,先后任魏徵、虞世南和颜师古为秘书监,负责领导整理图书。开元初,唐玄宗李隆基接受名儒马怀素、褚无量的建议,发动了中唐规模宏大的校书活动。在张说、萧嵩、张九龄、李林甫、杨国忠等人先后主持下,集贤院进行了系统的搜书、编目、校写工作。史称"唐之藏书,开元最盛。"

隋唐时期,私家藏书多集中京都等大城市及四川、江南等地。宗教藏书更趋兴盛。唐时长安有大兴善寺,洛阳有上林园设立译场,翻译佛教经典。玄奘回国带回佛典,于长安大慈恩寺译经,长安大慈恩寺、弘福寺等都有大量佛典收藏,封建统治者采取统一译经、抄写,分送各地寺院收藏的办法,使全国各地寺院大量收藏佛典。道教典籍的积累和收藏在唐代最为丰富。官府组织编纂与抄录,分送各地宫观,逐步形成唐代道教的藏书体系。

(三)印本书时期的官私藏书和书院藏书

宋初在收集五代十国官府藏书基础上建立了庞大的官府藏书体系。978年,崇文院建成。崇文院东廊为昭文书库、南廊为集贤书院、西廊为史馆书库，分经、史、子、集4库。又抽取珍善藏本别建秘阁。宫廷中还建有太清楼、龙图阁、玉宸殿、四门殿等藏书处所。专藏历代皇帝御笔文集、真迹、书画。据统计，北宋馆阁藏书总数是6705部，共73877卷（《宋史·艺文志》），且都是经过反复校勘的善本。在搜求整理图书的过程中，几部颇具影响的国家书目也陆续问世，包括乾德六年编的《史馆新定目录》、景德四年编的《太清楼书目》以及景祐元年开始编的《崇文总目》，尤以《崇文书目》影响最大，由欧阳修等奉命编撰，共著录图书3669卷，分部、类、目录等排列，大受后人称道。北宋末，藏书多有散失，南宋在临安（今杭州）建秘书省，收藏和整理图书，并有补写所从事书籍抄写。此外，各地诸州学也建阁藏书。

宋代私人藏书也很兴盛，如李昉、王溥、宋绶、欧阳修等都是著名的藏家，其藏书少则数千，多则数万。

元代藏书较盛，初期图书主要来源于宋、辽、金，从南宋得到的图书尤多，基本上完整地接收了南宋国家图书宫及内府图书馆所藏书籍及书版，又从南方出版发达地区收购了大批图书，加上后期元朝政府自己翻译、刻印的书籍，使元代的图书收藏量比前代为盛。但由于种种原因，元代图书整理编目水平远逊于宋代，只有《文献通考·经籍志》、《宋史艺文志》及私人撰修的《录鬼簿》较为著名。

和官府、私家藏书相互辉映的还有书院藏书。书院是宋元时兼有讲学、研究、进修诸种职能的文化教育机构。宋代如白鹿书院、岳麓书院、睢阳书院、嵩阳书院皆备有书籍，供学者和生徒使用。书院藏书的来源，有朝廷赐送、私人赠送、书院自行购置等。藏书有专门楼库收藏，并有专门人员管理。藏书利用甚为普遍，在各种藏书类型中别树一帜，特别在书院教学、著述和研究活动中发挥了巨大的辅助作用。

明清两代是古代藏书事业最为繁荣的时期。明太祖朱元璋收集元朝遗留图书，置于文渊阁。明成祖朱棣编纂《永乐大典》时，广泛利用文渊阁藏书。明代中期，整理文渊阁书籍，并编制目录。嘉靖时还建造了皇史宬，建筑全部是石头结构，收藏皇帝事迹、实录、宝训、玉牒于金匮中，取"金匮石室"之意，至今无损。宫廷中亦设置多处藏书楼阁。此外，国子监等官署亦编书、印书、藏书。各地州县学亦积累藏书，成为地方性官府藏书。

清乾隆时，《四库全书》编成，分别抄写7部，建楼收藏于内廷四阁和江南三阁。北京内廷文渊阁、京郊圆明园文源阁、奉天故宫文溯阁、承德避暑山庄文津阁，合称北四阁。又在镇江金山寺建文宗阁、扬州大观堂建文汇阁、杭州西湖行宫建文澜阁，即江浙三阁，各藏抄本一部。副本存于京师翰林院。其中江南三阁供士子借读，可视为公共藏书楼。此外，宫廷中有养心殿的"宛委别藏"，还有五经萃室、紫光阁、南熏殿、味腴书屋等处收藏图书。刻书处武英殿，官署的翰林院都有藏书，形成了庞大的官府藏书体系。1776年，设立文渊阁职官，有领阁事、直阁事、校理、校阅等官吏，直接管理整个官府藏书的工作。

明清时期，私家藏书在社会生活中产生巨大影响。明代中期后，江南藏书家唐顺之、王世贞、刘凤、钱谷、沈节甫、茅坤均名著一时，特别是嘉兴项元汴的天籁阁，鄞县范钦的天一阁、常熟毛晋的汲古阁均为有名的藏书楼。清乾嘉年间，出现嗜书成癖的收藏家，专收宋元版本的鉴赏家，从事书籍校勘整理的校雠家，黄丕烈、周仲涟、顾之逵、吴又恺被称为乾嘉四大藏书家。鲍廷博、卢文弨、顾广圻、孙星衍、张金吾等亦以藏书、校勘、刻书闻名于世。鸦片战争以后，各地藏书之风仍然兴盛，如钱塘丁氏八千卷楼、常熟瞿氏铁琴铜剑楼、聊城杨氏海源阁、归安陆氏皕宋楼，被称为清末四大藏书楼。

明代以后，各地书院继续发展，书院藏书不仅为山长教学所必需，而且可供生徒学习参考，故普遍建成藏书楼，藏书数量和管理方法更趋完善。清代书院更为发达，成为讲学、研究、著述兼备的学术研究和教育、文化机构。藏书来源更为多样，书籍内容广泛，藏书楼有专门管理人员，兼制定管理条例与规则，成为书院重要辅助部分。

3. 辛亥革命前的图书馆事业

1896年李端棻上书，请求于京师及十八省会设立大书楼，"许人入楼观书"（《请广学校折》）。1898年维新派梁启超等创设学会藏书楼，作为学会活动和会员研习西方政治学说的场所。各地成立的学会附设藏书楼，它们有明确的办理宗旨，有藏书和借阅制度，各种阅览活动吸引了广大读者，已具有公共图书馆的性质。与此同时，新式学堂的设立，也促使专门图书馆开始出现。1904年，湖南、湖北开始出现正式以"图书馆"命名的省级公共图书馆。1908年，清廷学部筹办京师图书馆。此外，在辛亥革命前，各种类型的图书馆纷纷出现，包括私人图书馆，如1904年开办的绍兴古越藏书楼；学校附设图书馆，如1902年建立的京师大学堂藏书楼；机关附设图书馆，如1906年建立的邮传部图书馆；在上海等地还出现了资本主义国家传教士设立的图书馆。1910年清廷颁布《京师及各省图书馆通行章程》，明确规定，"图书馆之设，所以保存国粹，造就通才，以备硕学专家研究学艺、学生士子检阅考证之用，以广征博采，供人浏览为宗旨"。

二、古籍的分类

从学科真正意义上说，古籍的分类始于汉代刘歆的《七略》，他著录了上古到西汉末年我国图书文献603家13219卷图书，并按六艺略、诸子略、诗赋略、兵书略、术数略、方技略6大类38小类予以划分。（"六艺"，本来是指中国奴隶社会时期学校的六门教育教学课程，即礼、乐、射、御、书、数。内容包括五礼、六乐、五射、五御、六书、九数。而这里的六艺，是指《诗》、《书》、《礼》、《乐》、《易》、《春秋》等"六经"的混称。）

随着图书的日益增多，到魏晋南北朝时，出现了书分四部的分类法。这种方法始于魏代郑默的《中经簿》（称中经，因为是国家内部藏书之目录），定于西晋荀勖《中经新簿》，成于东晋李充《晋元帝四部书目》。《中经新簿》分甲、乙、丙、丁四部，创立四部书目分类体系。甲部记六艺及小学，乙部有古诸子家、近世子家、兵书、兵家、术数，丙部有史记、皇览簿、杂事，丁部有诗赋、图赞、汲冢书。东晋李充依荀勖的四部书目分类体系，并改史书为乙部，诸子为丙部，从而正式确立了四部排列顺序。此后各代宫廷藏书目录均以此类分图书，被史学家称为"秘阁之永制"。

南齐王俭的《七志》在《七略》基础上增加而创七分法，即经典志、诸子志、文翰志、军书志、阴阳志、术艺志和图谱志。鉴于当时道教、佛教盛行的时代特征，还附录佛经录、道经录。梁阮孝绪的《七录》则分内篇5录：经典录、记传录、子兵录、文集录和术技录；外篇2录：佛法录、仙道录。

至唐初贞观年间，魏徵等编撰《隋书·经籍志》，始将甲、乙、丙、丁四部名称换成经、史、子、集。《隋书·经籍志》吸收王俭、阮孝绪七分法的优点，使四部分类法成为更为完善、更加切合实际的书目分类体系。唐代以后，各家目录对四部分类体系略作增益调整，大体趋向更为细密合理。

清乾隆三十八年（1773），清朝设立《四库全书》馆，纂修《四库全书》，积20年之功才全部完成。纪昀等分析了历代书目分类体系的特点和流变，择善而从，撰写了《四库全书总目》，成为四部书目分类体系的总结之作。《四库全书总目》共收录书籍10254种，172860卷。其中收入《四库全书》的3461种，79309卷；存目6793种，93551卷。基本上包括了先秦至清初尚传世的重要书籍，尤其对元代以前的书籍收录较全。《四库全书总目》又称《四库全书总目提要》，共200卷，是中国古代最大的一部提要体目录，按经史子集四部编排，部下分44类，类下分66属。每书均有提要，著录作者简历、成书经过、主要内容、著述体例并品评得失。

第六节　中国历代生活习俗

一、饮馔美食

1. 中国烹饪的起源

人类的饮食文明，经历过生食、熟食、烹饪三个阶段。170万年前，我国境内出现最早的人群——元谋猿人，他们与嗣后出现的蓝田人、北京人，统称为"猿人"。他们群居于洞穴或树上，集体出猎，共同采集，平均分配劳动所获，过着"茹毛饮血"、"活剥生吞"的生活，这便是中国饮食史上的"生食"阶段。大约在50万年前，先民学会人工取火。这时陆续出现的马坝人、长阳人、丁村人、柳江人、资阳人、河套人以及山顶洞人，被考古学家称为"古人"或"新人"。他们尽管仍处于原始状态，但已学会了用火烧烤食物、化冰取水、烘干洞穴、照明取暖、防卫身体和捕获野兽，进入了中国饮食史上的"熟食"阶段。熟食的最大贡献，就在于它从燃料和原料方面，为烹饪技术的诞生准备了物质条件。中国社会进入距今1万年左右的旧石器时代晚期，氏族公社最后形成，并出现原始商品交换活动。特别是制造出适用的刮削器、雕刻器、石刀与骨椎，发明摩擦生火，学会烧制瓦陶，更为烹饪技术的诞生提供了必不可少的工具与装备。再加上盐的发现、制取与交换，梅子、苦瓜、野蜜与香草的采集和利用，进而初步解决了调味品的问题，至此，中国饮食史进入"烹饪"阶段。在学术界，称之为中国烹饪的萌芽时期，即火烹时期。

2. 中国烹饪的产生

最早的烹饪技术，应是在火炙石燔基础上发展而成的水烹；只有在水烹中，燃料、炊具、原料、味料、技法五大要素才能得到初步的结合。又由于燃料、原料这两大要素在熟食阶段已经出现，故而随着最早炊具陶器的发明、盐梅的使用自然而然地产生了烹饪技术。

3. 中国菜肴的发展

中国传统菜肴的发展，可划作先秦、汉魏六朝、隋唐宋元、明清四个时期。

（一）先秦时期

这是中国烹饪的草创时期，包括新石器时代、夏商周、春秋战国三个各有特色的发展阶段。

新石器时代的大致轮廓是：食物原料多系渔猎所获的野味和水鲜，间有驯化的禽畜、采集的草果和试种的五谷，不很充裕；炊具是陶制的鼎、甑、釜、罐和地灶、砖灶，燃料仍系柴草，还有钵、碗、盘、盆作餐具；烹调方法是火炙、石燔与水煮、汽蒸并重，比较粗放，调味品主要是盐，也用梅子、苦果、香草和野蜜；至于菜品，相当简陋，仅出自求生的需要。

夏商周三代是中国烹饪发展史上的初潮。首先，食品原料增加。有了"五谷"（稷、黍、麦、菽、麻）、"五菜"（葵、藿、薤、葱、韭）、"五畜"（牛、羊、猪、犬、鸡）、"五果"（枣、李、栗、杏、桃）和"五味"（醋、酒、糖、姜、盐）之说，其中肉酱制品和羹汤多达百余种，天子的宴餐常是数十道饭菜。其次，炊具食器革新。青铜餐具（如鼎、鬲、簋、甗、爵、觚、斝、鉴）的问世，在烹饪中引起连锁反应，炊具、礼器、酒具、水具的分工，不仅便利烹调，提高功效，还显示出礼仪，装饰着筵席。第三，饭菜品质提高。这时可以较好地运用烘、烤、烧煮、煨、蒸等技法，烹出熊掌、乳猪之类档次较高的食品，产生影响深远的"周代八珍"——淳熬（肉酱油浇大米饭)、淳母(肉酱油烧黍米饭)、炮豚(煨烤炸炖乳猪)、炮牂(煨烤炸炖母羔)、捣珍(烧牛羊鹿里脊)、渍(酒糟牛羊肉)、熬(类似五香牛肉干)、肝膋(网油包烤狗肝)。与此同时,我国的饭、粥、糕点等主食品种亦见雏型。宫廷已设立食官,配置御厨,迈出食医结合第一步;在民间,屠宰、酿造、炊制相结合的早期饮食业也应运而生。

春秋战国时期,烹饪成就相当突出。由于使用牛耕和铁制农具,农产品供应充裕多了,不仅家畜野味共登盘餐,蔬果五谷俱列食谱,还有简单的冷饮制品和蜜渍、油炸点心。铁质锅釜的发明,使动物性油脂(猪油、牛油、狗油、鱼油)和调味品(主要是各类肉酱)日见增多,出现煨牛筋、烧羊羔、焖大龟、烩天鹅、烹野鸭、油卤鸡、炖甲鱼、蒸青鱼等一批美食。《大招》介绍的楚宫席单,菜点多达27种,注意到原料组配、上菜程序和接待礼仪,为后世酒筵提供了蓝本。此时还出现南北风味的分野,黄河流域与长江流域的肴馔初具地方特色。《周礼·天官》、《礼记·内则》和《吕览·本味》有不少关于烹饪的论述;大梁、燕城、咸阳、郢都已出现了专业的酒肆。

(二)汉魏六朝时期

这时期,战争频仍,中国烹饪在急剧的社会变革中演化,广收博采各民族饮食馔之精华,展示出新的特质。在烹调原料方面,经过张骞通西域,开辟丝绸之路,相继引进茄子、黄瓜、扁豆、大蒜等新菜,水稻跃居粮食作物首位,大豆制品增多,植物油(芝麻油、豆油)开始得到利用。而且猪的饲养量超过牛、羊,成为肉食品的大宗,乳制品加工业发展也快,不少地方的奇珍异味(如东北的鹿犴、西南的菌菇、江浙的鲍贝、闽粤的蛇虫)进入了餐桌。还大量酿造米酒、香醋和豆酱,糖也有不少品种,花卉、香料、药材、蜜饯等食用物料,都引起重视。在炊饮器皿方面,出现深曲通火的炉灶,顷刻可熟的诸葛行锅,使用方便的五熟釜和锋利灵巧的钢刃铁刀;燃料中增加了煤与石油,厨师还有围腰、护袖等工作服。特别是精巧秀雅的漆质餐具大放光华,它们与清丽的青瓷、华贵的金器、玲珑剔透的玉器配套,提高了菜肴档次,美化了席面。在烹调技法方面,这时已总结出炙炮、羹臛、焦脂、消煎炒、脯腊菹、鲊酱等诸类方法,其中油煎法应用尤为广泛,对后世影响最大。当时的金齑玉脍、莼羹鲈脍、羊肉灌肠、糖醉蟹、七宝羹、胃脯、蛇肴、鸭煎等名馔,都超过"周代八珍"的水平。还由于西域商贾的内迁和佛教的盛行,"胡风烹饪"和"素食"在饮食市场上崭露头角。这时,在烹调理论方面,突出成就有二:一是食疗肇始,《黄帝内经》与淳于意、华佗等医家努力探寻食治单方,对摄生学有所建树;二是一批食书问世,尤其是贾思勰的《齐民要术》,既具烹调原料学雏型,又对食品酿造技术有所发展,还是我国最早的食谱大全。这时的饮食市场也较活跃,江陵、临淄、番禺、洛阳等地,"熟食遍地,毂旅成市"。

(三)隋唐宋元时期

这时期是中国烹饪发展史上的一个高潮。

首先,这时从西域、印度、南洋引进蔬菜新种更多,如菠菜、丝瓜、莴苣、胡椒、胡萝卜,都普遍栽培。同时国内食物资源也进一步开发,尤其是海产品用量激增,如海蜇、海蟹、墨鱼、蚝肉之类。至于内陆的发菜、虫草、蚂蚁、蜗牛、象鼻、驼峰,也成为脍炙人口的美味。由于原料多,品类全,应用广,研究细,《禾谱》、《菌谱》、《笋谱》、《蟹谱》、《糖霜谱》、《荔枝谱》、《茶经》、《酒经》等专著纷纷刊行。

其次,炊饮器皿向小巧、轻薄、实用方向发展,出现刀机、手提镣炉、六格蒸笼与火锅,还有人工合成的"金刚炭(蜂窝煤)"和类似火柴的"火寸",四川使用天然气,西北使用石油。在餐具中,瓷器取代漆器独领风骚,唐代的邢窑和越窑,宋代的定窑、官窑、钧窑、哥窑、吉州窑、龙泉窑和景德镇影青瓷,元代的釉里红和釉下彩,均是中国古餐具的极品。而且银质餐具在汴京和临安的"正店(高级酒楼)"中也普遍使用。

第三,工艺菜勃兴,菜肴外观美更为时人所重视。象镂金龙凤蟹、雕酥、九钉牙盘食、五生盘、玲珑牡丹鲊和辋川图小样,都显示精湛的功力,被后世师法。许多菜式讲究推陈出新,如蟹酿橙、柳蒸羊、白龙、凤皇胎、蚁子酱、鸳鸯炙、软钉雪笼、溯罗脱因、云林鹅、烧山猫、金铃炙、箸头春均系名品。这时不仅肴馔美,酒筵更美,象张俊接待宋高宗的大宴,肴馔超过200款;蒙古王公的诈马宴,享用整羊整牛,酒用特大的"酒海(容量数百斤乃至上千斤)"盛装,服饰一日一换,至少欢宴三天以上。这种气派,前所未有。

第四,饮食市场上,出现"集四海之珍奇,皆归市易,会寰区之异味,悉在庖厨"的繁胜景象。饮食网点相对集中,高级酒楼多在闹市,茶馆酒肆分级划类,高低贵贱应客所需;并且夜市大兴,四季皆然,还有专门的筵席服务机构——四司六局,饮食摊贩走街串巷,方便住户送货上门。凡此种种,奠定了中国饮食市场传统的模式,其影响直至今日。还有一个新因素是,"北食"、"南食"、"川味"、"胡风烹饪"、"素食"等帮口名称问世,中菜北咸南甜、东淡西浓的口味特征业已形成。

第五,出现《吴氏中馈录》、《山家清供》、《本心斋蔬食谱》、《云林堂饮食制度集》等一批颇有价值的食谱;有了《千金食治》、《食医心鉴》、《食疗本草》、《食性本草》等食疗养生专著。特别是元代饮膳太医忽思慧所著的《饮膳正要》,强调药补不如食补,重视饮食多样化和季节性,要求培养良好的卫生习惯,堪称我国第一部营养卫生学专著,对中国烹饪指导作用很大。

(四)明清时期

这时期,中国烹饪进入成熟期。据明人宋诩记录,弘治年间的烹调原料已达1300余种,其中引人注目的是大豆制品发展(多达50余种),蔬菜种植技术提高(有露地种植、保护地种植、沙田种植、真菌寄生养殖茭白),西红柿和辣椒引进,以及海味(含燕窝、鱼翅、海参、鱼肚)原料脱水处理。而且回回饮食、西天茶饭、女真饮食、吐蕃饮食都介绍到中原;虎丹、麒面、豹胎、狮乳、鱼须、雀舌、燕尾、牦腰等稀异物料风靡一时。这时的餐具仍以瓷器为主体,辅用金银玉牙,注重成龙配套,象著名的《满汉宴银质点铜锡仿古象形水火餐具》就多达404件,可上196道菜点,排场惊人。在技法上,已演化出100余种,菜点品质更上一层楼。我国现存的1000多种历史名菜大都诞生在明清两代,孔府菜、谭家菜、宫保菜、鸿章菜等也以殊风别韵,饮誉食坛。象金陵叉烤鸭、套禽、佛跳墙、龙虎斗、换心蛋、罗汉斋、虫草金龟、青州全蝎、一品官燕、白扒鱼翅、蟹黄狮子头、雪梨果子狸等,历经岁月风尘,仍然光彩夺目。酒筵在明清亦是大发展的黄金时代,各式全席(如全龙席、全凤席、全虎席、全麟席、全羊席、全鱼席、全蛋席、全藕席)脱颖而出,满汉燕翅烧烤全席为无上上品;至于官府雅宴,多以精巧取胜,而皇家大席(如千叟宴、除夕宴)则是包容人间美食之最了。由于交通畅达,商旅兴盛,明清饮食市场已向专业化、集约化发展,出现数里相连的食肆。

烹饪著述上也有重大建树。《本草纲目》和《随息居饮食谱》为代表,饮食保健学得到长足的发展;烹饪研究与菜谱整理,成绩更为显著。关于珍馐佳肴,有《群物奇制》和《天厨聚珍妙馔集》等;关于地方名食,有《养小录》和《清稗类钞·饮食》等;关于居家饮膳,有《居家必用事类全集》和《中馈录》等;关于饮食养生,有《遵生八笺》和《养生食忌》等。此外,还有指导炉案操作的《宋氏养生部》以及《食宪鸿秘》、《易牙遗意》、《海味索隐》、《粥谱》等书,更有中国食经的扛鼎之作《随园食单》和古菜谱大全《调鼎集》。

4. 中菜的构成

据估计,我国现有菜品6万余种,其中菜5万余种(含名菜5千余种,历史名菜1千余种),点1万余种(含名点1千余种,历史名点2百余种),按其不同的社会背景所孕育出不同风格的菜品,可分为:

(一)宫廷菜

中国历代君王深知健康长寿的重要,"食饮必稽于本草",各朝都设有食官和御膳,专门调配帝后饮食。宫廷菜用料考究,调理精细,造型艳美,定名规范,几乎全系精品或异品,筵宴规格高,掌故传闻多,在食坛上倍享殊荣。

(二)官府菜

历代官宦为享乐和应酬,也重视食饮;还有人以珍馐作敲门砖,谋求升迁,故而官府肴馔历来精细。官府菜亦称"公馆菜",多以乡土风味为旗帜,注重摄生,讲求精洁,工艺上常有独到之处,不少家传美馔遐迩闻名。如山东孔府菜,北京谭(宗俊)家菜,河南梁(启超)家菜,湖北东坡(苏轼)菜,川黔宫保(丁宝桢)菜,安徽李公(鸿章)菜,湖南组庵(谭延闿)菜等。

（三）商贾菜

古代商贾，财大气粗，"宴会嬉游，殆无虚日"。为了勾结官宦，牟取暴利，他们也善于利用酒食打通门路。《随园食单》和《调鼎集》中的不少名菜出自商家，粤菜与沪菜的兴盛，也与商界的活跃有关。商贾菜特别崇尚形式，用料名贵，餐具济楚，筵宴奢侈，但实用性不是很强。

（四）市肆菜

市肆菜是中菜的正宗和主体，植根于广阔的饮馔市场，由创造精神最强的肆厨制作。它能广取宫廷菜、官府菜、商贾菜、民族菜、寺观菜、民间菜、食疗菜、祭祀菜和外来菜之精华，腾挪变化，锐意创新，故而流派众多，特色鲜明。

（五）民族菜

我国是个统一的多民族国家，各民族均有独特的饮食风尚和知名食品。民族菜风味浓郁，选料、调制自成一格，菜品奇异丰满，宴客质朴真诚。象维吾尔族抓饭，朝鲜族冷面，傣族虫菜，苗族酸鱼全席，都不同凡响。

（六）寺观菜

又名素菜、斋菜或香食，有近两千年的发展历史，系中菜的特异分支。我国的膳食结构自古便是谷蔬为主；佛教传入和道教兴起后，善男信女甚多，大多数桑门弟子不嗜荤腥，饮食崇奉清素，久之便酝酿而成斋食。素菜有寺观素菜、民间素菜、宫廷素菜和市肆素菜，其用料多系三菇、六耳、果蔬和谷豆制品，调味清淡，素净香滑，具有保健食品特色。

（七）民间菜

这是中菜的基础。产生于平民家庭，数量很大，档次偏低，多由主妇操持。民间菜又分两种：一是三餐必备的家常菜，注意实惠；二是逢年过节的宴享菜，讲求丰盛。它们都重视原料的综合利用和饭菜的营养调配，制作简易，味美适口，并且不同人家有不同的祖传菜品，宗族气浓烈。内中的精品也在餐馆供应，以家常风味取胜。

（八）外来菜

这是中外饮食文化交流的产物，中菜的新鲜血液。外来菜（主要是以日本、印度、韩国为代表的东洋菜和以法国、俄国、意大利代表的西洋菜，以及独树一帜的土耳其清真菜）在中华落户，大都需要经过改造，在工艺与成品方面与纯粹的外来菜不尽相同。鸦片战争以来，引进的外来菜至少也有数百种。

二、服装文化

服装是穿于人体而起到保护和装饰作用的制品。又称衣裳。广义而言，还包括鞋、帽、服饰件。服装文化既是人类物质文明和精神文明的反映，又是人们必需的生活用品。

中国服装的历史源远流长，最初穿的衣服，通常是用树叶或兽皮连在一起制成的围裙。《吕氏春秋》、《世本》、《淮南子》提到，黄帝、胡曹或伯余创造了衣裳。为了捕猎野兽、对付战争，防避利爪、矢石的伤害，或出于伪装与威慑，原始的兽头帽、皮甲、射鞲、胫衣之类的部件式衣着率先发明，并因此引导出一般衣服。进入了新石器时代，纺织技术发明，服装材料从此有了人工织造的布帛，因而服装形式发生了变化，功能也得到改善。贯头衣和披单服等披风式服装已成为典型的衣着，饰物也日趋繁复。新石器时代除有笼统式服装外，还从一些陶塑遗物发现有冠、靴、头饰、佩饰，以及簪发椎髻用的骨、石、玉笄等。

由商代到西周，是区分等级的上衣下裳形制和冠服制度等逐步确立的时期。商代衣服材料主要是皮、革、丝、麻。奴隶主和贵族，平时已穿色彩华美的丝绸衣服。衣料用色厚重，奴隶、平民一般穿本色麻、葛布衣或粗毛布衣。

周代奠定了中国服装的基本形制，即上衣下裳已分明，"衣裳"成为服装的通称。衣袖有大小，衣长出现长大宽博式样，衣领多作矩式曲折直下，具有承上启下的特色。腹前的斧形韦韠，用皮革涂朱作成，另有一种用丝绸绘绣花纹的叫"绂"或"赤芾"，后世统称之为"蔽膝"，成为特别身份的象征。一般平民只能穿本色麻、葛布衣或粗毛布衣，穷极的只好穿草编的"牛衣"（襄衣）。

春秋战国时期，男女衣着通用上衣和下裳相连服装形制的深衣制。深衣有将身体深藏之意，是士大夫阶层居家的便服，又是庶人百姓的礼服，男女通用。大麻、苎麻和葛织物是广大劳动人民的大宗衣着用料。战国赵武灵王颁胡服令，推行胡服骑射。胡服，指当时"胡人"的服饰，与中原地区宽衣博带的服装有较大差异，特征是衣长齐膝，腰束郭洛带，用带钩，穿靴，便于骑射活动。

秦代男女服都是交领、右衽、衣袖窄小，衣缘及腰带多为彩织装饰，花纹精致。秦代服制，服色尚黑，囚徒穿赭色衣。

汉代染织品有纱、绡、绢、锦、布、帛等，服装用料大大丰富。西汉男女服装，仍沿袭深衣形式。不论单、绵，多是上衣和下裳分裁合缝连为一体，上下依旧不通缝、不通幅；外衣里面都有中衣及内衣，其领袖缘一并显露在外，成为定型化套装。女衣，有直裾（直襟）和曲裾（三角斜襟式）。曲裾式下裳部分面积加大，而且与领、袖、襟缘一同作斜幅缝纫。这种斜领连襟合成锐角的曲裾衣，成为当时妇女的一种时装。男衣，外衣领口展宽至肩部，右衽直裾，前襟下垂及地，为便于活动，后襟自膝弯以下作梯形挖缺，使两侧襟成燕尾状。

魏初，文帝曹丕制定九品官位制度，"以紫绯绿三色为九品之别"。这一制度此后历代相沿杂而用之，直到元明。魏晋时，部分文人轻蔑礼法，宽衫大袖、散发袒胸，就是对礼教束缚的突破；"褒衣博带"，成为魏晋世俗之尚。

南北朝时，北方民族短衣打扮的袴褶渐成主流，不分贵贱、男女都可穿用。袴褶的上衣短身大袖或小袖；下衣喇叭裤，有的在膝弯处用长带系扎，名为缚袴。服无定色，外面还可以服裲裆衫（一种背心）。女子衣着上衣短小、下裙宽大。

隋唐两代，统治者对服装作出严格的等级规定，使服装成为权力的一种标志。隋代朝服尚赤，戎服尚黄，常服杂色。唐代以柘黄色为最高贵，红紫、蓝绿、黑褐等而下之，白色则没有地位。日常衣料广泛使用麻布，裙料一般采用丝绸。隋唐时期最时兴的女子衣着是襦裙，即短上衣加长裙，裙腰以绸带高系，几乎及腋下。隋统一后，上襦又时兴小袖，影响所及，贵族妇女内穿大袖衣，外面再披一件小袖衣，名披袄子。讲究的用金缕蹙绣，听任小袖下垂以为美，竟成一时风尚。唐代长期穿用小袖短襦和曳地长裙，但盛唐以后，贵族妇女衣着又转向阔大拖沓。一般妇女穿青碧缬（印花或染花织物）。

宋代官服面料以罗为主，三品以上服紫，五品以上服朱，七品以上服绿，九品以上服青。官服服式大致近于晚唐的大袖长袍。宋代官员日常便服，主要是小袖圆领衫。宋代遗老的代表性服装为合领（交领）大袖的宽身袍衫。劳动人民的衣着变得更短，原因是生产虽有发展，生活却益加贫困。农民和渔夫因而开始被称作"短衣汉子"。

元代长衣通名为袍，其式样在北方男女区别并不大，但材料精粗贵贱，却差别悬殊。

明代以汉族传统服装为主体，清代则以满族服装为大流。

自唐宋以降，龙袍和黄色就为王室所专用。百官公服自南北朝以来紫色为贵。明朝因皇帝姓朱，遂以朱为正色。最有特色的是用"补子"表示品级。补子是一块约40～50cm见方的绸料，织绣上不同纹样，再缝缀到官服上，胸背各一。文官的补子用鸟，武官用走兽，各分九等。平常穿的圆领袍衫则凭衣服长短和袖子大小区分身份，长大者为尊。明代普通百姓的服装或长、或短，或衫、或裙，基本上承袭了旧传统，且品种十分丰富。当时出现一种长身背心，状似士兵的罩甲，故名马甲，在青年妇女中尤为流行。

清代官服主要品种为长袍马褂。马褂为加于袍的外褂，因起源于骑马短衣而得名，特点是前后开衩、当胸钉石青补子一方（亲王、郡王用圆补）。补子的鸟兽纹样和等级顺序与明朝大同小异。因皇帝有时还赏穿黄马褂，以示特别恩宠。影响所及，其他颜色的马褂遂在官员士绅中逐渐流行，成为一般的礼服。

清代一般男子的装束为京样高领长衫，腰身、袖管窄小，外套短褂、坎肩（背心）。汉族妇女在康熙、雍正时期还保留明代款式，时兴小袖衣和长裙；乾隆以后，衣服渐肥渐短，袖口日宽，再加云肩；到晚清时，都市妇女已去裙着裤，衣上镶花边、滚牙子，多至十几道，有"七姐妹"、"十三太保"、"十八镶绲"诸名，一衣之贵大都花在这上面。满族妇女着"旗装"。至于后世流传的所谓旗袍，长期主要用于宫廷和王室。清代后期，旗袍也为汉族中的贵妇所仿用。体力劳动者则穿短袄长裤。

三、传统民居

帝王居所称"宫室",墓葬处为"陵墓"。贵族的住宅称"第宅"。民居,则是民间的住房。

我国是一个统一的多民族国家,历史悠久,幅员广阔。各族人民在长期的生产和生活中,根据各自不同的生活方式、民族习惯和自然条件,因地制宜,就地取材,创造出各自适用的传统民居。

1. 木构架庭院式住宅

中国传统住宅的最主要类型。这种住宅以木构架房屋为单体,在南北向的主轴在线建正厅或正房,正房前面左右对峙建东西厢房,形成次要的东西向轴线。由这种一正两厢组成院子,即通常所说的"四合院"、"三合院"。较大住宅可沿纵轴线设两个、三个以至多个这种"一正两厢",形成多进院。更大的住宅可以几个多进院并列,并附有花园。这种形式的住宅遍布全国城镇乡村,但因各地区的自然条件和生活方式的不同而各具特点。

北方的四合院,以北京的四合院为典型。它的基本形式是由几幢单体建筑,分别建在东南西北四面,用廊子联系组成一个方形院落,故称为四合院。住宅大门多开在东南角上,以象征八卦的"巽"位,附会"紫气东来"。门内设有影壁。入门折西,则为前院,坐南朝北的房称南房,通常作客房和男仆住房。在中轴在线开有华丽的垂花门。门内为内院,坐北朝南的北房为正房,供家长起居、会客和举行仪礼之用。正房一般为三开间,两侧各有一或二间较为低小的耳房,通常作卧室用。正房前左右对峙的东西厢

四合院垂花门　　　　　北京四合院

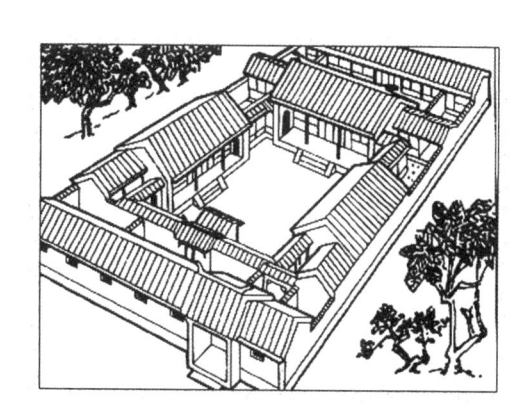

房，通常供晚辈居住或作饭厅、书房用。东厢房的耳房常作厨房用。从垂花门到各房有廊互相连通。从东耳房夹道进后院，这排房称后罩房，作为库房、厨房和仆人用房。北京四合院的院子比例大小适中，冬天可日照入室；庭院是户外活动场地。东北地区的四合院，院子更开阔，以便更充分地接受日照。山西、陕西等地的院子则较狭窄，是为了防避过多的西晒。"四合院"房屋结构为抬梁式构架，屋顶苫背极厚，上铺阴阳瓦。山墙和后檐也是很厚的砖墙或土坯墙。前檐下部为坎墙，上部为窗。室内多为砖墁地。平面布局和建筑做法都考虑到适应北方比较寒冷干燥的气候。

江南地区的住宅名称很多，平面布局同北方的"四合院"大体一致，只是院子较小，称为天井，仅作排水和采光之用，故称为"四水归堂"式住宅，意为各屋面内侧坡的雨水都流入天井。大门多开在中轴在线，第一进院正房常为大厅，院子略开阔，厅多敞口，与天井内外连通。后面几进院的房子多为楼房，天井更深、更小些。"四水归堂"式住宅的结构为穿斗式构架，墙壁底部常用石板墙，墙面多刷白色，并有各种式样的防火山墙。屋顶铺小青瓦。室内多以石板铺地，以适合江南温湿的气候。江南水乡住宅往往临水而建，前门通巷，后门临水，每家自有码头，供洗濯、汲水和上下船之用。

云南省的"一颗印"式住宅，在湖南等省称为"印子房"。这类住宅布局原则与上述"四合院"大致相同，正房有三间，左右各有两间耳房，前面临街一面是倒座，中间为住宅大门。四周房屋都是两层，天井围在中央，住宅外面都用高墙，整个外观方方整整，如一颗印章状，故俗称为

一颗印式住宅外观　　　　　　　　云南一颗印式住宅

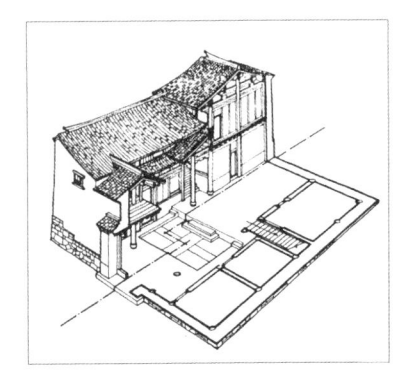

福建永定下洋镇圆形土楼　　　　闽西客家楼房

"一颗印"。布局虽然单调，但因多为楼居，正房与厢房大小高低颇有变化，构成具有风采的形体。"一颗印"式住宅单体建筑为木构架，土坯墙，多绘有彩画。

大土楼是闽西客家人聚族而居的围成环形的楼房，内包庭院，一般为3～4层，最高为6层。大环形土楼占地直径最大的达70米，可住50多户人家。庭院中有厅堂、仓库、畜舍、水井等公用房屋。楼房外墙夯土厚度1～1.5米。结构为木构架。内檐木装修讲究，有线条优美、出檐很深的瓦屋顶。底层和二层朝外都不开窗，多用作仓库。三层以上开小窗，多用作居室。大门牢固，上设防火水幕，防卫性很强。这是客家人为保护自己生存而创造出的独特建筑形式。

2．窑洞式住宅

在河南、山西、陕西、甘肃、青海等地，自古以来流行着一种窑洞式住宅。因为这个地区多为高原黄土地带，地势丘陵起伏，土质坚实，当地民众利用黄土壁立不倒的特性，创造了多种形式的窑洞住房。这种窑洞节省建筑材料，施工技术简单，冬暖夏凉，经济适用。窑洞一般可分为三种。

平地窑。在平地上按需要的大小和形状，

下沉式窑洞民居（河南巩县）

陕西平地窑洞

傣族民居竹楼（云南景洪）　　　傣族竹楼

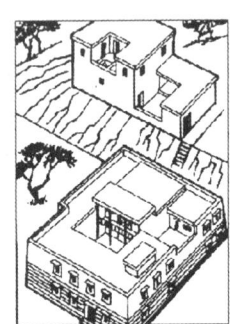

西藏达孜县藏族碉房　　　碉房

垂直向下挖出深坑，成为院子，再从坑壁向四面挖靠山窑洞，布局原则同四合院。在入口处挖成隧道式的或开敞式的阶梯通出地面。院子内设渗井排水。窑洞顶上是自然地面，可以行人走车，也可耕种，节约土地。

靠山窑。利用垂直的黄土壁面开洞，向纵深挖掘，进深最大的可达20米。也可以数孔并列，互相穿套；或者迭层开挖，宛如楼层。

砖窑、石窑或土坯窑。布局与一般庭院相同，只是单体建筑是用砖或石或土坯发券建成窑洞的形式，盛行于山西、陕西等地。

3. 杆栏式住宅

主要分布在云南、贵州、广东、广西等地区，为傣族、景颇族、壮族等的住宅形式。杆栏是用竹、木等构成的楼居。它是单栋独立的楼，底层架空，用来饲养牲畜或存放东西，上层住人。这种建筑隔潮，并能防止虫、蛇、野兽侵扰。傣族竹楼以具有家庭活动用、多功能的平台为特点。当地称平台为"展"。景颇族竹楼以长脊短檐式屋顶为特色。壮族的"麻栏"则比较接近木构建筑。

4. 碉房

青藏高原的住宅形式，外地人因其用土或石砌筑，形似碉堡，故称碉房。碉房一般为2~3层。底层养牲畜，楼上住人。平面多为外部一大间，内套两小间，层高较低。结构为一间一根柱，故俗称"一把伞"。外墙下宽上窄，有明显收分，朝南卧室常开大窗，实墙都是材料本色，外观朴素和谐。厕所常设在楼上，并向外悬挑。大型碉房内有小天井采光，高的达4~5层。有一种高20~30米的高碉，作为储存贵重物品和眺望守卫之用。

5. 毡帐

毡帐是过游牧生活的蒙、藏等民族的住房形式，是一种便于装卸运输的可移动的帐篷。

蒙古族住的毡帐称"蒙古包"，平面多圆形，用木枝条编成可开可合的木栅做壁体的骨架，用时展开，搬运时合拢。用细木椽组成穹窿顶的木骨架，用牛皮绳绑扎骨架。用绳索束紧骨架外铺盖的羊皮或毛毡。小型的毡帐直径为4~6米，内部无支撑，大型的则需在内部立2~4根柱子支撑。毡帐的地面铺有很厚的毡毯，顶上开天窗，地面的火塘、炉灶正对天窗。

蒙古包

藏族住的毡帐称"账房"，帐篷是用黑牦牛毛织成的。帐篷内立几根木柱支顶，四周用牦牛毛绳悬拉帐篷，使之固定。平面为方形，中部设炉灶，两侧铺羊皮、毛毯，男左女右席地而坐。

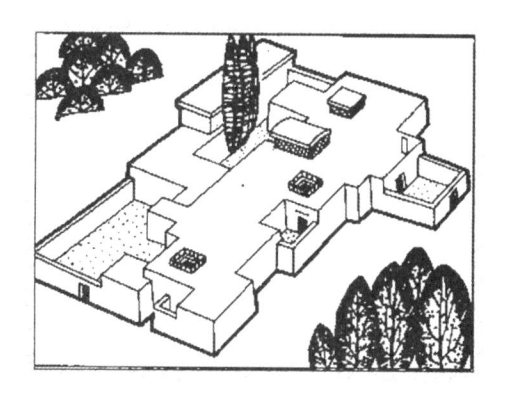

阿以旺

6. 阿以旺

新疆维吾尔族的住宅形式。土木结构，密梁式平顶，房屋连成一片，庭院在四周。带天窗的前室称阿以旺，又称"夏室"，有起居、会客等多种用途。后室称"冬室"，是卧室，通常不开窗。住宅的平面布局灵活，室内设多处壁龛，墙面大量使用石膏雕饰。

四、家具沿革

从新石器时代到秦汉时期，家具都很简陋。人们席地而坐，家具均较低矮。从山西襄汾县陶寺村新石器时代晚期遗址发掘出的器物痕迹和彩皮，可辨认出随葬品中已有木制长方平盘、案俎等，这是迄今发现的最早的中国木家具。由于发明了青铜冶炼和铸造技术，出现了坚利的金属工具，为制造木器用具提供了条件，致使西周以后木家具逐渐增多。

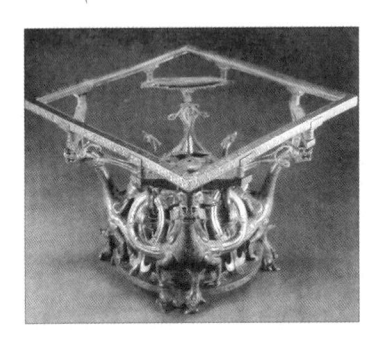

龙凤青铜方案

青铜家具在商代为整体浑铸，至春秋时期已发展为分铸、焊接、失蜡铸造、镶嵌等多种工艺。战国时期，青铜家具在造型、工艺上有很大进步。如1978年河北平山白狄族故国中山王墓出土一件错金银龙凤青铜方案，以四鹿为足承一圆圈，圈上蟠绕成半球形四龙四凤，龙首上方各有一组斗拱承置案面，工艺精湛，可称稀世珍宝。

早在新石器时代，人们就认识了漆的性能并用于制器。商、周时期，漆饰工艺已较普遍。东周时期留存的漆木家具较多。黄河中、下游出土的漆箱等，表面多饰以云雷、回纹、蟠螭、窃曲等图案的彩绘；江汉、江淮地区楚墓出土的座屏、几、案等漆木家具，造型优美，纹饰流畅。

秦汉时期在继承战国漆饰的基础上，漆木家具进入全盛时期，不仅数量大、种类多，而且装饰工艺也有较大的发展。这时期人们起居仍是席地跽坐（跪坐）或盘膝坐，垂足坐始见萌生尚未普及。常用家具有几、案、箱、柜、床、榻、屏风、笥（放衣服的小家具）、奁（放梳妆用品的器具）、胡床（坐具，又称交床，绳床）等。

魏晋南北朝时期，新出现的家具主要有扶手椅、束腰圆凳、方凳、圆案、长几、橱，并有筲、簏（箱）等竹藤家具。坐类家具品种的增多，反映垂足坐已渐推广，促进了家具向高型发展。家具脚型除直脚外还有弯脚，同时又吸收了建筑台基和佛像须弥座的造型结构，创造了新的家具支撑构件，因其形似宫中巷弄之门，依形附会称为壶门结构。这种结构坚固，富有装饰性，形成六朝以至隋唐时期家具的一大特色。

隋唐五代时期家具一改六朝前家具的面貌，形成流畅柔美、雍容华贵的唐式家具风格。至五代时，家具造型崇尚简洁无华，朴实大方。这种朴素内在美取代了唐式家具刻意追求繁缛修饰的倾向，为宋式家具风格的形成树立了典范。

宋代是中国家具承前启后的重要发展时期。首先是垂足而坐的椅、凳等高脚坐具已普及民间，结束了几千年来席地坐的习俗；其次是家具结构确立了以框架结构为基本形式；其三是家具在室内的布置有了一定的格局。宋代家具正是在继承和探索中逐渐形成了自己的风格，并以造型淳朴纤秀、结构合理精细为主要特征。

宋代出现了中国最早的组合家具，称为燕几。它是一套按比例制成大小不同的几，共有3种式样7个单件，可以变化组合成25样，76种格局。燕几在世界家具史上也是最早出现的组合家具。

明代家具在宋代、元代家具的基础上，在加工工艺、造型、材料、结构上都有巨大发展。多用紫檀、花梨、红木等质地坚硬、纹理细密、色泽光润的木材制成，充分利用木材固有的纹理色泽，结构单纯简练，造型大方，无繁琐的装饰，既实用又美观，成为中国古典家具史上最为辉煌的一页，在世界家具史上也占有重要的地位。

明式家具品类齐全，按使用功能划分为六大类。其一，坐卧类：有小凳、杌凳、条凳、春凳、交杌；绣墩、藤墩、瓷墩；靠背椅、灯挂椅、

黄花梨五屏式龙凤纹镜台（明）

梳背椅、玫瑰椅、官帽椅、圈椅、交椅等。其二，承具类：有香几、花几、炕几、炕桌、半桌、月牙桌、方桌、圆桌、条桌、平头案、翘头案、架几案等。其三，卧具类：有童床、平榻、杨妃榻、罗汉床、板床、架子床、拔步床等。其四，庋具类：有盒、匣、奁、板箱、坐柜、衣箱、躺箱、躺柜、立柜、圆角柜、方角柜、亮格柜、连二橱、闷户橱等。其五，架具类：有面盆架、镜架、衣架、巾架、灯架等。其六，屏具类：有砚屏、炕屏、座屏、折屏等。

清代家具体量增大，注重雕饰而自成一格。清代家具作坊多汇集沿海各地，并以扬州、冀州（河北）、惠州（广东）为主，形成全国三大制作中心，产品分别称为苏作、京作、广作。苏作大体师承明式家具特点，重在凿磨，工于用榫，不求表面装饰；京作重蜡工，以弓镂空，长于用鳔；广作重在雕工，讲求雕刻装饰。装饰图案多用象征吉祥如意、多子多福、延年益寿、官运亨通之类的花草、人物、鸟兽等。北京故宫太和殿陈列的剔红云龙立柜，沈阳故宫博物院收藏的螺钿太师椅、古币蝇纹方桌、紫檀卷书琴桌、螺钿梳妆台、五屏螺钿榻等，均为清代家具的精粹。

五、婚庆习俗

婚姻，古时又称"昏姻"或"昏因"。在我国历史上，繁衍后代，传宗接代，一直是婚姻的主要原因。《礼记》所说的"下以继后世"就是这个意思。

在原始社会，人类处于乱交杂婚阶段，直到夏商时期才基本确立了一夫一妻婚俗。但对王公贵族而言，仍流行有多妻习俗。为此，演变出一种媵制婚俗。媵是随嫁、陪嫁的意思。媵制婚姻经商朝一代的持续发展和演变，至西周时期已更趋成熟和完备。大量的文献资料和考古数据表明，媵婚已成为西周时期中上层人士、尤其是世族（世袭贵族）们最重要、最流行的婚俗。

到秦汉魏晋南北朝时期，除了注重父母之命、媒妁之言的聘娶婚外，主要还有14种婚姻形式：（1）掠夺婚。又称抢婚、劫婚，是男子通过战争或依靠权势等原因，以掠夺方式获取女子为妻的一种野蛮的强制婚姻类型。（2）转房婚。又称"收继婚"。指寡妇改嫁给原夫亲属的婚姻形式。（3）逆缘婚。这种婚姻形式表现为"妻姐妹"或"夫兄弟"，是对偶婚的一种残留形式。汉代宫廷中妻姐妹的现象颇多。（4）童养婚。这种婚姻形式一般有两种情况:一是男家有儿子后抱养或买进别家幼女为养女,达到婚龄后与本家儿子成婚,养女转为儿媳;二是男家婚后暂无儿子,先抱养或买进别家幼女为养女,待生子并达到一定年龄时再将养女转为儿媳,这又叫"等郎婚。(5)交换婚。指两家互以异性家属交换婚配的婚姻形式。(6)表亲婚。指异性同胞所生子女间结为夫妻的婚姻形式。(7)入赘婚。又称"招养婚"或"招婿婚"。指男子结婚后到女方家居住的婚姻形式。(8)指腹婚。又称"胎婚",一般是两家主妇同时有孕,指腹相约,产后是一男一女,即结为夫妻。(9)自主婚。这一时期也有不少体现男女婚前自由交往的记载。(10)和亲婚。是中国古代以公主出嫁异族的婚姻形式。(11)冥婚。是男女两家或一家为死亡子女联姻的婚姻形式。冥婚可分三种:娶死者为妻,称作娶鬼妻。嫁死者为夫,称作嫁鬼夫。男女双方死后举行婚礼,称为鬼娶鬼。(12)选婚。是挑选女子纳入后宫的婚姻形式。(13)赐婚。是帝王或后将女子赐与子弟或臣下的婚姻形式。(14)野合而婚。指不合礼法的两性关系。

进入隋唐两宋时期,,儒家思想及有关的封建伦理道德文化渗透在这时期习俗中。宋代理学兴起,使封建宗法社会更加严密,等级观念男尊女卑思想进一步强化。婚姻仪礼制度日益严格,婚礼形成纳采、问名、纳吉、纳征、请期、亲迎几大步骤。

纳采,是指男方家长派人向女方家长献纳采择之礼。唐朝纳采有"合欢嘉禾、阿胶、九子蒲、茱萸、双石、绵絮、长命缕、干漆九事,皆有词,胶漆取其固,绵絮取其调柔,蒲苇为心可屈可伸也,嘉禾分福地,双石义在两固也"(《酉阳杂俎》卷一)。"宋代之制,诸王聘礼,赐女家白金万两。敲门(宋称纳采为敲门)用羊二十口,酒二十壶,采四十匹)"(《宋史·礼志十八》)。

问名,是双方交换正式姓名、年庚、生辰八字,使彼此了解两造家族之来历,衡量一下这宗婚姻是否"门当户对"。其手续先由媒妁将女方之"庚帖"送交男家,以归卜于宗庙,以看联姻的吉凶。男家将此帖置于神前暨祖先案头上,卜吉。3日内如家中平安无事,则将男方庚帖送女家,女家接受后,或问卜于星相,或即同意合婚。宋代男方先把自己"男家三代官职品位、名、讳、议亲第几位男及官职,年月日吉时生、父母或在堂,或不在堂,或书主婚何位尊长,或入赘",女方加帖写上"议新第几位娘子,年甲、月、日、吉时生,具列房奁、首饰、金银、珠翠、宝器,动用帐幔等物,及随嫁田土、屋业、山园等"(《梦粱录》卷二十)。

纳吉,是指男方卜得吉兆,告诉女方家长。

纳征又叫纳币,是指男方向女方送聘礼,即宣告正式订婚。纳征。宋代纳聘十分隆重,一般分为下定和送聘两步。下定比较简单,男方送上罗、绢、银胜等,有钱人送上"珠翠、首饰、金器"(《东京梦华录》卷五)。女方回定礼淡水、活鱼、筷子、酒等。送聘礼是鹅酒或羊酒。重礼是三金"富贵之家当备三金(金钏、金镯、金帔坠)",一般人家也以银或镀银代之。此外还有银铤,叫下财礼,同时用两个信封装上聘书、礼状。即使最没钱人家帛、银、鹅酒、茶饼也要送去。女方家穷、无嫁妆,男方此时要送首饰,衣物等叫兜裹。媒人作媒任务完成,当事者要送媒人"媒箱"。其中有缎匹、杯盘、钱物等。

请期,是指男方把迎娶的日子告诉女方。

迎亲,据《梦粱录》卷二十说,宋代迎亲前男女双方互送礼物,男方送花粉、花髻、销金盖头等,女方送幞头、靴、袍、笏等。迎亲前一日,女方到男家"铺房挂帐幔",布置新房,放置房奁、珠宝首饰等物。并以亲信女人或从嫁女使看守房中,迎亲之日男方让人捧着花瓶、花烛、香球、纱罗、洗漱妆合、裙箱、百结青凉伞、交椅浩浩荡荡前去迎亲,并雇乐队吹吹打打,有"引迎花担子,或棕担花胜轿"前往女家迎娶新人。新人迟迟不出则有催妆、催促登车,新人出阁,车轿故意不行"求利市钱酒毕方行起担"。

新娘迎娶回家,结婚大事完成。结婚时还要举行撒豆、拦门求利市,女子入门还有坐虚帐、饮交杯酒、拜堂等一系列活动。

唐代迎亲习俗据《酉阳杂俎》卷一述:"迎妇,以粟三升填臼,一枚以覆井台,三斤以塞窗,箭三只置户上。妇上车,婿骑而环车,舅姑以下悉从便门入,更从门入,言当践新妇迹。"又妇入门,先拜猪舍及灶。这些习俗无疑是告诉新妇入门以后要操持家务,舂米、担水、喂猪、做饭,服从丈夫与公婆。宋代也有婿坐高座之习俗(见《东京梦华录》卷五),反映了男尊女卑的意识和社会风气。

结婚后三日有女家"送三朝礼"之俗,婿有拜门之俗。

隋唐宋三代尊古制一个男子可以取一妻,不可重婚,允许纳妾。

在明代前后,中国的婚姻中出现了几种不太正常的现象:一夫多妻制的风俗有所抬头;女子在家庭中的地位明显降低;改嫁遭到坚决反对;多妻制中妻与妾的地位悬殊。

满族婚俗受封建礼教束缚甚少,婚事婚礼简便,不提倡寡妇守节,妇女不缠足,闺阁限制不多等等。但满族婚姻制度有许多落后、消极的成分,如逼迫妻妾、奴婢殉葬。这种酷习一直延续到康熙年间。满族婚姻还重民族差别,对汉人采取歧视政策。满族、蒙古族之间可男女通婚,但禁止满族妇女嫁与汉人,汉族妇女仅能为满人作妾。

满洲贵族入主中原以后,满族婚俗逐渐受汉族的影响,婚礼由简趋繁,去朴尚奢。在寡妇再嫁问题上却持双重标准。一方面允许本族妇女再嫁;另一方面鼓励汉族妇女夫死殉节、未婚守志,用封建礼教、名教禁锢汉族妇女,从而使汉族婚俗中的陋习部分发展到骇人听闻的程度。《清史稿·烈女传》及各地方志所收节妇烈女数,远远超过前代。清王朝和各级官府每年都要为节妇烈女立下大量贞节牌坊,颁发大量褒奖诏文。

宋以前,下层平民通行的婚姻形式是一夫一妻制。明代对庶人纳妾作了规定,"庶人于年四十以上无子者,许选娶一妾"。清代对纳妾之事不作限制,纳妾遂成为颇为盛行的社会婚姻现象。妾亦有等级。一等是二房,二等称姨娘,三等是通房丫头。清代各家族在记载族谱、家谱时,必须以严格的措词来记载各种不同的婚姻关系,不能乱了嫡、庶次序,诸如:"妻生则书娶,死则书配;妾曰侧室。明嫡、庶也。"

六、丧葬规制

1. 中国远古暨三代的丧葬习俗

粗略而言,可区分出墓葬形式,敛葬方法与习俗两大类。

(一)墓葬形式

中国远古暨三代墓葬形式,包括洞穴土葬(居室葬)、平地土葬、竖穴土坑墓、土洞墓、瓮棺葬、悬棺葬等种类。

①洞穴土葬

洞穴土葬或称居室葬，是居住在洞穴（天然洞穴）或窑洞（人工洞穴）中的古人在洞穴中就用土埋葬死者的一种方式。这种以居地当墓地的形式，是中国迄今所知最古老的埋葬方式。北京周口店山顶洞洞穴下室中曾发现三人合葬墓，说明早在距今约1.8万年前后的旧石器时代晚期便已出现洞穴土葬习俗。这种葬俗沿用的下限约达夏王朝时期。

②平地土葬

平地土葬是指不挖墓坑，在地面上直接堆土掩埋的葬俗，始见于新石器时代中期，一般是将死者陈放地面上，不加葬具，放置好随葬品后便掩土而埋。流行此种葬俗的新石器时代遗址或文化主要分布在长江中下游地区。平地土葬习俗预示了中国"坟"的习俗的崛起。

③竖穴土坑墓

竖穴土坑墓，是垂直下挖成坑，将死者葬于坑内，摆放好随葬品和其他殉葬物后再用土掩埋，将葬坑填平的葬俗。这是中国古代墓葬形式的主流，是最常见、最流行的葬俗。竖穴土坑墓据墓室的平面形状大致可区分出长方形、方形、圆形、亚字形、中字形、甲字形、殊异形、无规则形等等。

④土洞墓

这是一种横穴掏洞墓，据掏洞形式和整体平面形状可分凸字形、日字形二类。

⑤瓮棺葬

以陶容器为敛葬棺具，充当棺具的容器种类有瓮、缸、钵、盆、罐、瓶、鼎、豆等等。始见于新石器时代早期。陕西西乡李家村瓮棺葬是迄今所知中国最早的瓮棺葬，距今已有七八千年的历史。仰韶文化时期盛行瓮棺葬，是当时对夭折儿童实行的一种主要葬俗。商代的瓮棺葬采用砸碎陶容器上铺下垫来为小孩敛葬，故亦称陶棺葬。西周时期也有瓮棺葬俗的流行。新石器时代中晚期至西周时期的瓮棺葬，大多是埋在房基之下，故又被认为其与房屋建筑宗教迷信活动有关，可能是具有奠基的作用。

⑥悬棺葬

这是将死者连同棺木悬置在悬崖峭壁上的特殊葬俗。其棺木陈放因时因地有所不同，或利用峭壁间隙置放；或在峭壁上设桩承托；或利用天然岩洞及人工凿洞摆放。葬具多为独木凿修而成，呈长方形，少数则直接用独木舟船为棺具。葬式见有一次葬和二次葬。中国迄今所知最早的悬棺葬是福建崇安武夷山一、二号船棺葬，其年代相当于中原地区的夏商文化时期。

（二）敛葬方法与习俗

敛葬方法即收敛尸体的各种具体措施或方式、方法。其中包括尸骨处理、尸体包装、葬式处理、特殊设施、特殊葬仪、随葬物品、殉葬等等。

①尸骨处理。常见的方法是一次葬、二次葬、归葬和火葬。

一次葬，对死者进行一次性的埋葬处理，下葬时一次完成所有程序并构成死者安息长眠的最终形态。一次葬尤其是土坑一次葬，是中国传统敛葬中最主要、最流行的埋葬法。

二次葬，是对死者尸体或遗骨分别进行两次或两次以上处理的敛葬方法，故又称迁葬和洗骨葬。二次葬的含意是为了达到与家人团聚、为使死者和生者生活在一块、对死者表示关怀和敬畏以及出于氏族迁徙或氏族公共墓地清理等等。二次葬俗大多与合葬相联系。

归葬，将一次葬和二次葬同时施用到一个墓穴中的葬俗，即在同一座墓中共存一次葬与二次葬的尸骨。一次葬者是主体，二次葬者通过洗骨后与其相聚墓穴中。故此种葬俗亦称为归葬或带附葬。始行于仰韶文化时期，夏商周时期基本见不到此种葬俗。

火葬，是焚烧火化死者尸骨的敛葬。古代西北地区的氐羌族流行有烧骨成灰、然后将盛着骨灰的陶器挖坑埋土的火葬习俗，这是一种真正体现了火化与安葬双层意义的葬俗。

②尸体包装。

石棺，大汶口文化早期的石棺墓，这是中国迄今所知年代最早的石棺葬，距今约六千年。

船棺，以独木舟船为葬具，是夏商周时期东南沿海地区古代渔民中流行的一种特殊葬俗。以船为棺有以船为家，叶落归根，生死相袭的含义。

箱式木棺、椁，是中国古代葬具的主流形式。相当于夏朝的二里头文化，开始使用髹漆木棺。西周文化墓葬均广泛使用髹漆或不带漆的木棺、椁。

其他葬具,还有用树皮连接成规整棺具敛葬之俗、使用红胶泥包裹尸骨之俗、用土坯垒砌成土棺之俗、树枝敛尸之俗和草席裹尸之俗等。

③葬式

仰身直肢葬,是新石器时代至夏商周三代最流行、最普遍的葬式。仰身直肢是人生前仰卧憩息状态的再现,表达的是正常死亡、正式敛葬的含义。

俯身直肢葬,四肢基本自然伸展,俯伏于地面。新石器时代的俯身葬,或认为有"凶死"的色彩,夏商周时期的俯身葬,有非正常死亡、非正常敛葬之意,也有用于表彰因公殉职的意义,还有依附殉葬的意义。

屈肢葬,人体上下肢作不同的屈弯状态的下葬。可分蹲式和卧式两大类,蹲式包括跪屈、蹲踞、蜷曲诸形态,卧式有躺卧、趴伏、侧卧等姿态。屈肢葬的含义有四种不同的推测:一是埋葬时为了省地省工;二是活人休息和睡眠姿态的照搬;三是像母体中的胎儿,意味着人死后回归地胎之中;四是捆绑埋葬以抑制死者鬼魂作祟。

④特殊设施

壁龛,在墓穴四壁某一壁掏挖龛洞。一般用来放置随葬品,最早见于新石器时代早期。壁龛设置,主要是起到扩大墓室空间的作用,但其实质或含有一定的族属或其他特定的含意。

二层台,在墓穴底部放置葬具后充填熟土于边壁形成与棺具等高的较规整台面,或直接依棺形在墓底中央挖坑纳棺保留与棺等高的边壁台子。前者习称熟土二层台,后者习称生土二层台。二层台的作用是便于摆放随葬品。

腰坑,是在墓府中央开设的小型土坑,因常见位于尸体腰部之下,故习称腰坑。腰坑的作用多是为了殉葬狗等家畜。殉狗者一般又带有护卫祛邪的意义。腰坑殉兽已成为商周墓葬的一个重要内容,个别贵族墓,还发展出腰坑殉人的习惯。

⑤特殊葬俗

红敛葬,是指用红色矿物或其他质料进行敛葬之俗。中国迄今最早的墓葬——北京山顶洞人墓,已出现在尸骨下铺撒赤铁矿粉粒的敛俗。在流行朱砂敛尸的同时,夏商周三代又迅速流行起朱砂葬与红漆棺椁敛组成配套的更为完善成熟的红敛葬。红敛葬的发生、发展与流行,反映了古人尚红、崇红的心理。因为红色代表生命、象征生命,血与火都是人类维系生命不可或缺的物质。红敛葬再造了血与火的环境,死者在这样的环境中,将虽死犹生,灵魂不灭。

盖头覆面葬,是用物体将尸体头面覆盖,表达一定的意义。有的用红陶钵覆盖,钵底设穿孔,有保护尸骨头面和保持灵魂(气息)不灭的双重含意。有的用麻布或丝帛遮盖头面,主要是出于妥善敛尸、保护头面及肢体的目的。

饭含,是敛葬时往死者口中放进一些特定的物体含着的葬俗,是中国历史上丧葬制度中一种十分重要的丧仪。饭含的目的是使死者在另一世界中继续享受生前的食禄,是死者生前食禄生活的再现,故其有着珠、玉、贝、米的含物区别。饭含物贫者为海贝、石饰,富者为玉饰。而据发掘所见的玉镞、骨针含物看,可能尚具有实际的镇惊辟邪、护体守灵的意义。

摔丧,摔是指摔碎、摔破一些随葬器物,尤其是陶容器。在敛葬死者时,有意识地将某些器物摔于墓坑内使其破碎,这便构成摔丧习俗,是后世摔盆习俗发展的根源。

⑥物殉

物殉是指用各种质料的物品随葬。古人有很浓的生死相袭意识,故物殉与生前的生活密切相关。用于殉葬的物,按用途区分有装饰品、生活器皿、生产工具、武器、礼乐器等等;而按质地区别,则有骨、角、牙、介壳、石、玉、陶(含原始瓷)、木(漆)、铜、金、铅、锡、铁、琉璃等等。不同时代、不同族属文化一般各有其物殉的习俗特点。

⑦兽殉

兽殉,是指用动物作随葬品,意义可能与护灵驱邪有关。

⑧人殉

人殉,是指用活人为死者殉葬。殉葬人一般生前与死者关系密切,如妻妾、近臣内侍、亲属亲信、奴婢仆人等。商代晚期,殉人之风十分惊人。至西周晚期时,可能已扬弃了这种不人道的殉人陋俗。

2. 春秋战国时期的丧葬习俗

春秋战国时期的墓葬大多是分等级而下葬的,一般分王、侯、高级大夫、一般大夫、平民这么几个等级。各个等级的随葬品是有区别的,主要区别在随葬的礼器方面,这时的居民以礼器的数量来区别各自的等级。春秋时期大多随葬青铜质的礼器,而至战国时期,则大多随葬仿青铜的陶质礼器,所有的礼器都和饮食有关。春秋时期的墓葬大多没有墓道,而是长方形的竖穴墓,而自战国以后,则有墓道出现。这个时期的古墓的墓主大多是头向北方,个别头向东方。春秋时期的居民大多是屈肢葬,而战国的居民开始采用直肢葬。春秋战国的居民都是使用木棺,一些贵族还有木椁。乐器随葬也是这一时期随葬品的主要内容。

3. 秦汉魏晋南北朝时期的丧葬习俗

这一时期在丧葬习俗方面的重要特点之一是厚葬比较盛行。如《水经注》卷八载:"秦始皇大兴厚葬,营建冢圹于丽戎之山,一名蓝田,其阴多金,其阳多玉,始皇贪其美名,因而葬焉。斩山凿石,下锢三泉,以桐为椁,旁行周回三十余里,上画天文星宿之象,下以水银为四渎百川五岳九州岛,象其地理之势。宫观百官,奇器珍宝充满其中。令匠作机弩,有所穿近辄射之。以人鱼膏为灯烛,取其不灭者久之。后宫无子者,皆使殉葬,甚众。坟高五丈,周回五里余,作者七十万人,积年方成……项羽入关发之,以三十万人,三十日运物不能穷。关东盗贼销椁取铜,牧人寻羊烧之,火延九十日不能灭。"

从秦代起开始实行居丧制度。居丧又称守丧、值丧或丁忧,是人们为了表达对死者的哀悼之情而产生的一种习俗。在居丧期间,死者的亲属或其他有关人员一般要遵守某些特定的规范或禁忌,这些规范或禁忌在不同的历史时期有不同的内涵。

4. 隋唐两宋时期的丧葬习俗

隋唐两宋时期,人死之后有属纩、招魂(名复)、沐浴、饭含、小敛、大敛、殡葬等礼仪。

宋赵彦卫《云麓漫钞》卷五云:"古之明器,神明之也。今之以纸为主,谓之冥器"。宋代以纸做"明器"随葬的风俗逐渐多起来。又受佛教寺院僧人火化的影响,加之宋代人民生活贫困,无力殡葬,故而火葬之风盛行。

5. 辽金元时期的丧葬习俗

辽代契丹人原来实行风葬,后受宋殡葬习俗的影响实行土葬,并效法宋朝处处以礼仪为之。除保留契丹民族送殡时杀黑羊,过神门之木等特殊习惯外,其葬仪一切与宋相似。

金代女真人丧葬时有烧饭、殉葬、送血泪之习俗。烧饭,将饮食之物尽焚之,"其亲戚、部曲、奴婢设牲宰、酒馔以为祭典,名为'烧饭'"(《庞廷事实·血泣》文惟简)。殉葬,"死者埋之,而无棺椁。贵者生焚所宠奴婢、所乘鞍马以殉之"(《大金国志》卷三十九)。送血泪,据《大金国志·初兴风土》,"其亲友死,则以刃劙额,血泪交下,谓之'送血泪'"。

蒙古族的葬俗的特点是殉马、驱马蹴平、剜木为棺。元正式建制后,丧葬礼仪则是民族融合的产物。据《析津志辑佚》"风俗篇"记载,"但有丧孝,请僧诵经,喧鼓钹彻宵","孝子扶辕亲戚友人挽送而出至门外某寺中","一从丧夫烧毁","礼尽而去","家中亦不立神主"。

6. 明时期的丧葬习俗

明朝人相信:人死之后,生命不是消失,而是在另一个"世界"里继续。在那个世界里,死者还要吃饭、穿衣、睡觉,还要有开支,故而,生者对死者的埋葬一点也不敢马虎。他们要给先人准备好一切在阴间需用的东西,包括吃穿用住行中的一切。

从埋葬程序上讲,明代居民将埋葬分为复、敛、殡、葬、服五个阶段。

复,是指在生命垂危的病人鼻孔处放一缕新丝绵。丝绵极轻,丝缕极细,稍有呼吸,便可振动这缕新丝绵。这种作法叫"属纩",目的是为了验证生命垂危者是否还有呼吸。呼吸一停止,即可为其招魂,即由活着的人登上屋顶,面向北方,呼喊死者姓名,企以将其魂魄招回体内,再使其复活。这种呼喊魂魄的方法就叫"复"。

敛,是指招魂不成,便给死者沐浴,穿衣,这被称为"小敛"。将穿好衣服的死者放入棺材里,这被称作"大敛"。

殡,是指人死之后,并不立即下葬,而需停棺待葬。停棺待葬的用意是表示生者对死者的眷恋之情,不想让他们很快离去。明代居民往往将棺材放在死者生前的居处,象对待生者一样对待他,每天有人陪着他(守灵),

给他的灵位上香，上供品，这就叫做殡。在"殡"期间，给死者灵位上香，上供品被称为"祭葬"。

葬，是指对死者的埋葬。要根据风水先生的指示，为死者选一个埋葬的地点。

服，是指关于穿丧服的有关规定。穿孝服三年者称为斩衰，穿粗麻布制成的衣服，衣服下沿不能缝边。穿孝服一年者称为齐衰，穿稍粗麻布制成的衣服，但衣服下沿可以缝边。另有齐衰不杖期、齐衰、大功、小功、缌麻等名目。

7. 清时期的丧葬习俗

清代丧葬习俗有满汉之分。满族丧礼较汉族简便，没有那么多讲究。满族有"闹丧"的习俗，参加丧礼者除非真有等不得的事要办，一般都愿意稍作逗留，以示休戚相关。大厨房开流水席，以应酬越来越多的吊客。

虽然汉族丧葬习俗南北各地有所不同，但讲究孝道、迷信、长期守制则一，乾隆二十七年《乐陵县志》对丧葬习俗有详细记载："初丧，孝子披发跣足哭踊，设奠上食，具棺衾，三日入敛。啜稀粥，不茹蔬菜。三日内乡俗：第一傍晚，具香楮向城隍庙哭踊焚化。第二夜，具轿马纸俑于家门前向西南焚之，名曰送盘缠。三日成服斩衰，苴杖腰绖梁冠，设神牌，书铭旌，受亲友吊唁。类尚浮屠，作佛事。亦有秉礼不俗者，寝苫枕块，斋素月余，亦有持斋百日者。五七设祭陈词告奠，亦有逢七即奠者。孝子斩衰三年，其余成服轻重有差。葬无定期，延地师之卜吉壤穰事，作行窆，求墓志，镌石瘗之隧道间。立神主，题铭旌，以易初丧所书者。比葬，先一日晚间设祭灵，次日家祭。发引日，亲友随路设祭，曰道祭。其有设棚帐陈盘馔者，曰坐祭。柩之墓前，先祀后土，次题神主，然后设墓祭，谓之茔祭。葬毕捧主入庙，设奠行礼，谓之虞祭。"

江南有"喜丧"之说。若死者寿跻期颐，享尽荣华，死而无憾，不但不足为悲；而且留下余不尽的福泽，阴庇子孙，反倒是兴家的好兆头。

七、岁时节令

1. 元旦

西汉太初元年（前104），汉武帝主持制定太初历，正式确定每年正月初一为元旦（1949年后改称春节），朝廷于这一天要举行元旦朝会。文武百官，各民族使者，外国使者，都于这一天早晨向皇帝祝贺新年，皇帝在朝廷上隆重接受朝拜，会后大宴群臣及使者。

元旦这一天也是民间最热闹，最欢乐的一天。隋唐以来过年仍遵古制：①清晨放鞭炮，"先于庭前爆竹，以辟山臊恶鬼"（《荆楚岁时记》）。②挂桃符。桃符用长二三尺，阔四五寸的桃木板所制。上画神荼、郁垒之像以期辟鬼。③更衣拜年。④饮屠苏酒、椒柏酒，认为可以不病瘟疫。宋代城市发展，元旦更有一番热闹景象。

宋代已有元旦拜年投刺（竹片上刻自己姓名）的习俗，这是最早以简单化的方式进行拜年，既不浪费时间，又不失于礼貌。宋以后，桃符开始用写春词表喜庆，开启了以后贴春联的习俗。

2. 立春

上辛祈谷。各朝按惯例，朝廷"以立春后上辛祈谷。"（《宋史·礼志三》卷一百）。隋唐宋均有此祭典仪式，而元代直到至正以后才有祭天仪式。

鞭春牛。所谓春牛是一个泥塑之牛。立春日，皇帝让宦者用彩色丝杖打春牛，表示促春耕之意。立春这一古俗在隋唐宋元仍盛行不衰。

食春盘。春盘为立春日用盘装蔬菜、水果、点心馈送亲友的礼品。唐宋以来均有此俗。

春幡胜。幡胜为金银箔及罗彩剪出的装饰品，可戴在头上以表庆祝。宋朝廷于立春日赐入朝称贺群臣"春幡胜"。

辽代重视立春，有立春仪。立春辽帝要先拜祖先，供祖先酒。并于是日皇帝戴幡胜，并将幡胜赐予臣下。教坊奏乐，侍仪使进彩杖，皇帝要给土牛上香，并亲自鞭牛。司辰报告春到，鞭牛。然后"引节度使以上官员上殿，撒谷豆、击土牛"（《辽史》卷之五十三）。最后是宴会，群臣依次行酒两行。端进春盘，行酒三行。大家起立，立春仪结束。

3. 元宵节

元宵节是隋唐宋元历代以来最热闹的节日。元宵节又称灯节，至宋庆祝规模之大，庆典之隆重均为前代所无。

灯的制作到南宋可谓登峰造极：五色琉璃制作的苏灯、白玉制作的福州灯、新安制作的无骨灯,更有宫内琉璃宝石灯山等。元宵之夜皇帝坐于皇城之上,万民观灯于皇城之下,演出节目令人目不暇接,买卖应节物品食品的小贩,穿插往来于人群之中,数万灯盏映亮夜空。夜深放烟火,人们彻夜欢腾。

元宵节吃元宵的习俗,大概从唐宋时期开始。圆子、团子都是元宵的别称,直到宋末元初,才正式称为元宵。

4. 上巳节

上巳节本指三月第一个巳日,自晋以后只用三月三日。三月三日本为祓除之日,即到水边除去不祥。到唐以后成为士女出游之日。宋代上巳日又为道教北极佑圣真君的诞辰,这一天除道观设醮庆祝外,民家也都设醮祈恩。

辽代这一天刻木为兔,众宾走马射之。先中者胜,负者下马跪着进酒,胜者马上饮之。

5. 清明节

清明节是传统的扫墓之日。清明节前两日是寒食,寒食开始即不举火,只吃冷食。

清明扫墓,人们都去郊外,到唐宋已成为踏青的习俗。而且寒食清明还常举行踢球和秋千之戏。

6. 四月八日浴佛节

浴佛节为佛祖释迦牟尼生日,寺院于这一天灌浴佛像。以小金佛演示佛出生奇迹。《东京梦华录》卷八说:"四月八日,佛生日,十大禅院各有浴佛祭会,煎香药糖水相遗,名曰'浴佛水'。"佛徒相信喝浴佛水可以祛病延年。

浴佛节时南宋西湖有放生会。为纪念佛诞辰,汴京肉铺关门,人们吃素。

7. 端午节

五月五日又称端午节,唐宋习俗为采艾草扎成人形悬于大门上,叫做插艾,还要插上菖蒲等物以避邪祟。宋人身上还要佩符袋、香袋以驱病毒。南宋民家以艾草扎张天师像悬于门上,有些人家是悬一虎头。

五月节为浴兰时节,有用兰草洗浴以除不洁及喝菖蒲酒的习俗。

唐宋之前已有端五赛龙舟之习,"为屈原投汨罗日伤其死所故"(《荆楚岁时记》），宋人亦以竞渡来纪念屈原。

辽人与金人都重视端午节。金帝于端午举行拜天之礼。辽俗用采艾叶和绵着衣上，用五彩丝为绳缠臂，还用采丝绕盘做成人形，谓之"长命缕"。金人还于端午进行射柳、击球、饮宴等娱乐活动。

端午节节日食品为粽子。南宋人编结巧粽，可以编为"楼台舫辂（舟车）"（《武林旧事》卷三），表现出手艺的高妙；金人射柳，表现为重骑射。不同的民族在纪念同一个节日中，表现出不同的风俗，体现了不同的文化内涵。

8. 七夕

七月七日晚为七夕节，又称乞巧节。传说是牵牛织女相会的日子。我国妇女自古以来有七夕乞巧的习俗。唐宋时代此风更盛。乞巧是乞求灵巧和智慧，也是乞求幸福和美满。《梦粱录》卷三记载，七夕时全城的"儿童女子，不论贫富皆着新衣。富贵之家于高楼危榭，安排筵会，以赏节序；又于广庭中设香案及酒果，令女郎望月瞻斗列拜，乞巧于女、牛。或取小蜘蛛，以金银小盒盛之，次早观其网丝圆正，名曰'得巧'；"南宋"妇人女子，至夜对月穿针，饾饤杯盘，饮酒为乐"（《武林旧事》卷三）。

元代，每逢七夕，宫女们登上高台，各用五彩丝穿"九尾针"，互相比赛，看谁先穿完九个针孔。先穿好的称为得巧，晚穿好的称为输巧。

总而言之，七夕节是妇女的节日，妇女们都希望自己有一副巧手，创造出美好的生活。

9. 中元节

七月十五中元节，又叫做"鬼节"。传说这一天是赦免鬼罪的一天，同时又是道教地官大帝的生日，将为鬼打开地狱之门，鬼魂要回家乡。所以人们在这一天祭祀祖先。寺庙这一天要举行盂兰盆会。盂兰盆是"解救倒悬"之意。盂兰盆会起源于目连救母的传说。《盂兰盆经》记载，目连之母因有恶行死后堕入饿鬼道，目连对母极孝，以钵盛饭喂母，但食未入口已化为火炭。目连求救于佛，佛为他说"盂兰盆经"，让他在七月十五作盂兰盆，盆中置百味五果，供养众佛僧，仰众佛的恩光来解脱饿鬼如倒悬一般之苦。目连依佛祖之言祭祀群鬼，最后与父母同成正果，成为地藏王之护法。

七月十五晚上有放灯的习俗,不仅寺院放灯,宫中也放灯,意思是替鬼照亮冥界。

10. 秋社

秋社是祭祀土地神的节日,这是一个古老的节日。一般在立秋后第五个戊日举行。

农村秋社有社会,会后有聚餐,社会有祭神和谢神的活动。

唐宋以来朝廷及州县都要祭春社、秋社。"春秋二社及腊前一日,祭太社、太稷。"

11. 中秋节

八月十五中秋节。唐代中秋玩月之俗已盛行。宋代始定中秋、仲秋节。开封是北宋都城,从节前已热闹起来。到八月十五,市民中秋赏月"贵家结饰台榭,民间争占酒楼玩月,"京城"丝篁鼎沸","夜深遥闻笙竽之声,宛若云外。""闾里儿童连宵嬉戏,夜市骈阗,至于通晓。"到南宋亦如往昔。"王孙公子、巨家富室莫不登危楼,临轩玩月","琴瑟铿锵,酌酒高歌,恣以竟夕之欢"(《梦粱录》卷四)。一般商人"亦登小小站台,安排家宴,团圞子女,以酬佳节"。穷苦市民"虽陋巷贫窭之人,解衣市酒,勉强迎欢,不肯虚度此夜。"

中秋节吃月饼,这是从古代祭月所供的祭品演变而来的。月饼的名称见于《武林旧事》"蒸作从食"一项中,那时月饼是一种圆形带馅的甜点心,尚未列入中秋馈赠之节令食品。到明以后,月饼名气大振,成为节日食品。

12. 重阳节

九月九日为重阳节,又称重九。古人以九为阳数,月,日都逢九故名重阳。重阳,民间流行的习俗有登高、赏菊、佩茱萸、吃重阳糕等。重阳登高的习俗传说很多,影响最大的是《续齐谐记》中桓景避难的传说,桓景听从仙人费长房的指点,九月九日臂上系茱萸、登高,饮菊花酒,避免了全家人的灾殃。从此以后形成九九登高的习俗。

13. 冬至

冬至节在农历十一月。这是一个古老的节日。《玉烛宝典》谓冬至的"至"有三义,一者阴极之至,二者阳气始至,三者日行南至。冬至是古代一个重大的节日，又叫"亚岁"。其庆祝活动仿效除夕、新年，规模稍差。民间曾有"冬至大如年"的俗谚。冬至时，皇帝要接受百官朝贺，礼仪隆重。历代帝王都于冬至祭天。官府于这一天放假。冬至是历代王朝大祀天帝之节。

民间重视冬至节。祭祖先是冬至节一项内容，杭人冬至祭祖专用馄饨，故有"冬馄饨"之说（《武林旧事》卷三）。

14. 腊日与腊八

"腊"是古代祭祀之名，指岁终祭祀众神，古代腊日是冬至后第三个戌日。隋唐宋各代都由宫廷进行祭祀，宋称为"君王腊"，唐谓"腊祭"。

"腊八"成为民间节日出自佛教传说。据说佛祖释迦牟尼于此日成道，腊八为佛教"成道节"。佛寺于此日隆重庆祝，逐渐扩展到民间，成为一个民俗节日。"诸大寺作浴佛会，并送七宝五味粥与门徒，谓之腊八粥"（《梦粱录》卷六）。所以腊八粥又叫做佛粥。在佛教寺院的影响下，民间也做腊八粥。《东京梦华录》卷十谓："都人是日各家亦以果子杂料煮粥而食也。"吃"腊八粥"的习俗始自宋代。

15. 祭灶

农历十二月二十三或二十四日为祭灶日，又叫小年。隋唐宋代多在二十四日祭灶。关于灶神，唐段成式《酉阳杂俎》卷十四说："灶神名隗，状如美女，又姓张名单，字子郭，夫人字卿忌，有六女皆名察（祭），常以月晦日上天白人罪状……故为天帝督使，下为地精。已丑日，日出卯时上天，禹中下行福，此日祭得福。"由于这种灶君上天告状的传说，小年祭灶习俗在宋代极为盛行。"二十四日交年，都人至夜请僧道看经，备酒果送神，烧'合家'替代钱纸，贴灶马于灶上，以酒糟涂抹灶门，谓之醉司命"（《东京梦华录》卷十）。人们愚弄灶君希望他上天言好事，下界降吉祥。

祭灶是极普遍的活动，《梦粱录》卷三记"二十四日，不以贫富，皆备食糖、豆祭灶"，"此日市间及街坊，叫卖五色米食花、胶牙糖、箕豆声，叫声鼎沸。"据说胶牙糖可粘住灶君之口，使其不能说人坏话。

16. 除夕

除夕为传统节日中最重大节日之一。隋唐宋元以来，除夕节日活动有扫除、敬门神、挂桃符、放爆竹、祭祖、驱疫鬼、馈岁、守岁等习俗。

《梦粱录》卷三云:"十二月尽,俗云月穷岁尽之日谓之除夜,士庶家不以大小,俱洒扫门闾,去尘秽,净庭户,换门神,挂钟馗,钉桃符春牌。"

祭祖,祭神。《梦粱录》卷六云:"祭祀祖宗。遇夜时备迎神鲜花供佛,以祈新岁之安"。

放爆竹。放爆竹一方面以送旧岁,驱散旧岁一切不吉、邪鬼;另一方面是迎新年,求新年大吉大利。

点灯。唐宋沿袭古代庭燎习俗,点灯烛及火盆,除夕夜处处光明"红映霄汉"(《武林旧事》卷三)。烛光照耀"如同白日"(《梦粱录》卷六)。

驱鬼。驱疫鬼,每年除夕宫廷都有驱傩的仪式。是时"用皇城亲事官",随驾的卫士"戴假面,穿上绣画的衣服,"执金枪龙旗",有人假装将军,有人装门神、装判官、装钟馗及其小妹,装灶神和土地神,浩浩荡荡的驱鬼队有千余人,"自禁中驱祟,出南熏门外转龙湾,谓之'埋祟'而罢。"(《东京梦华录》卷十)。

馈岁。节前馈送礼物,"馈岁盘合、酒担、羊腔,充斥道路。"(《武林旧事》卷三)

守岁。人们有除夜不眠以待更尽岁尽的习惯。一则送旧岁,二则迎新岁,一夜之中度过两年,意义深远。

第一卷

華夏文明聖火薪傳

主　编　章人英
副主编　葛明沧
　　　　顾　钢

上海三联书店

本书蒙联合国教科文组织（UNESCO） 香港文化委员会委员

顾铁华博士赞助

序言一

自 序

百岁老人 章人英

子曰:"吾道一以贯之"(《论语·里仁》)。传承与弘扬华夏文明,是我这个年逾百岁老者毕生的追梦历程。

文明作为人类改造自然与社会的物质和精神成果的总和,表达社会进步和社会发展的标志,与文化涵义有所不同。英国人类学家B.K马林诺夫斯基在《文化论》一书中认为,文化是一个总概念,指人类所创造的一切物质和非物质成就;文明是一个分概念,指文化发展中的进步方面。任何时代和地域的民族、部落或人群都有自己的文化,但不一定都有文明,或文明程度不一,因为文明是有一定的价值观的。

从很早的古代起,华夏民族的祖先就劳动、生息、繁衍在中国这块美丽、富饶、广阔的土地上。在华夏各族人民共同开拓下,在几千年的历史长河中,就以其睿智的义理思辨思想、繁荣的经济、灿烂的文化艺术和辉煌的科学技术成就蜚声于全世界,对于人类社会的进步产生过深远的影响。华夏民族伟大的历史贡献,是华夏各族人民智慧的结晶。

毋庸讳言,古往今来的各种非文明逆流和灾难确实屡见不鲜,而且确实不同程度的侵袭和销蚀着来之不易的华夏文明成果。这对当今要实现中国梦的华夏儿女来说,是关乎民族兴亡的头等大事,容不得半点怠慢!我赞同邓伟志先生的观点:"一个民族要以自己创造的先进文化,引领人类文明的脚步,必须有两个立足点:一是要客观地总结自己的传统文化的价值,亦即自己的文明发展史;二是要将自己的传统文化和文明的价值观与人类现代文明的价值观接轨并整合起来。只有这样,它才有希望站在世界民族之林,也包括文明的前列。"

早在十年前,我与几位学者在创办"新世纪国学沙龙"时,就倡言普及国学常识,旨在"传承中华文化,开拓现代文明"。意谓吾人必先"立足本土文化",在对华夏文明通盘了解的基础上,鉴往知来,以现代的理念审视利弊得失,取其精华,弃其糟粕,在当今多元化时代的背景下,交融互补而创新,为光大和开拓现代华夏文明而自强不息!

基于上述原因,我们编纂了这部《华夏文明圣火薪传》,希翼在"传承华夏文明,共享世界大同"这一宏伟事业中能够略尽绵薄之力。

2015年1月于上海水云书屋

序言二

民族复兴寄望于华夏文明的传承与光大

顾铁华

联合国教科文组织（UNESCO）香港文化委员会委员

（一）

作为世界四大文明之一的华夏文明，博大精深、源远流长，是世界文明宝库中的灿烂明珠。

大家都知道，巴比伦文明（两河文明）、埃及文明、印度文明、华夏文明，是世界的四大文明瑰宝，也是世界文明的基石。后来，巴比伦文明与埃及文明在希腊及地中海地区的融合与延伸，发展成了灿烂辉煌的希腊文明，而后，上述各种文明的继承、冲撞、交融、发展、创新，最后终于造就成了今日世界文明的洋洋大观。

世界上的各种文明，都曾经历过坎坷、甚至灾难。最最古老的两河文明，虽然萌发最早，但数千年来，两河地区却一直沉陷在无休无止的战乱与动荡中；印度文明也曾屡遭劫难，作为佛教的发源地，正如《大唐西域记》所记述的，该佛教在印度早已消亡，现在的佛教是倒传进去的。

至于中国的华夏文明，在它五千年的发展道路上，有过举世公认的辉煌，也曾一次又一次地经历了坎坷、曲折、甚至倒退。且不说遥远的历史坎坷，在最近的大半个世纪中，至今血泪未干的十年"文化大革命"，早已是举世公认的文明大劫难，而十年浩劫前后在华夏大地上所发生的一次又一次的反文明的风暴，甚至包括今日官场上、社会上泛滥成灾的贪腐大潮等等，无不是华夏文明的灾难甚至倒退。

凡此种种，都已成为伤害和玷污华夏文明的瘟疫和毒瘤，如蠹虫般至今仍未从中华大地上彻底清除！

（二）

岁月如流，世事如流，历史如流……

是的，五千多年来，华夏民族走过了一条极不寻常的道路：兴盛与悲怆、辉煌与衰败、风和日丽与血雨腥风、世道兴隆与灾祸连年。许多往事，有的彪炳千秋、有的沉沦史海，许多人物，有的流芳百世、有的遗臭万年。这一切的一切，汇聚成风云宕荡的历史长河，造就成渊源流长的华夏文明。

在浩如烟海的历史长河中，每个历史人物或现代人物作为其中的一员，都亲历与目睹了其中的一霎，扮演了其中的一个角色，并从不同的出发点、不同的观念与感悟，留下了不同的印记。这些印记无不深深地刻上了时代的烙印。而每一个时代的当权者或亲历者，为了自己地位的需要、生存的需要，受制于时势的影响，常常歪曲和掩盖了历史的真相！其中最最典型、最最现实的例证，就是正在隐入历史长河的"文化大革命"。

而今，无数改革者、探索者、求真者，正在挖掘与复元历史的真相，寻找与反省史实的教训，探索与求证未来的正确的道路，开创民族复兴的宏伟前程。

（三）

一位军方的思想家刘亚洲上将，最近写过一篇研究华夏文明兴衰的文章，文中举列了许多活生生的典型事例来反省中华文明的倒退甚至堕落，其中的一例便是"多佛惨案"。说的是几十位福建偷渡客，企图乘闷罐车从多佛海峡进入英国，结果憋死在闷罐车中。对于这个轰动世界的人间惨剧，有关方面竟保持了沉默，反而是一批素不相识的英国老百姓，自发地为他们举行了追悼会和烛光晚会。一些手捧"中国制造"的玩具参加这次追悼会的英国孩子在回答记者的询问时说，"偷渡客也是人嘛，他们的生命同样是宝贵的，我们的玩具可能就是他们当中的一些人制造的"。然而令人心寒的是，这场纪念中国亡灵的追悼会，竟没有一个中国人出席。对此极不正常、极端违背人性与天理的现象，刘亚洲先生十分沉重地说："什么叫文明，什么叫不文明？我在思考"。

几十名活生生的偷渡客憋死在闷罐车中的人间惨剧不能不令人悲恸，而由英国民众举办一场凄苦的哀悼会却没有中国人参加，这样的事实所显示的悲殇的内涵，则更加令人心寒。冷血而又污浊的政治观念，居然在全世界面前颠倒和强奸了人类文明的最最基本的是非善恶。

是的，刘亚洲先生思考的问题十分尖锐地触及到了文明的本质。事实上，人类文明之本源就是"以爱为本"！而华夏文明，自古提倡的就是"以爱为本——博爱、仁爱、兼爱"，是与"爱"联系在一起的。多佛惨案发生后出现的违逆天理的情况，就是违背了"仁政爱民"的基本主旨，以"政治畸视"违逆了博爱、仁爱、兼爱的文明主旨。

如今，中国的经济虽然有了很大的发展，但华夏文明的核心内涵却没有取得相应的、实质性的进步，甚至依然处于一种是非混乱的状态中。是的，煽动"恨"与"斗"是反文明的，是被"阶级斗争"、"政治歧视"的专制理念所玷污的。以致当上述"多佛惨案"发生后，英国民众看到的，是几十条生命毁灭的社会悲剧，而中方有关人员竟完全丧失了对于自己民族同胞的不幸遭遇的同情。

以上仅仅是一个少有人知的案例。今天，一个尖锐的课题摆在了我们面前，华夏文明的精华倒底是什么？它有没有得到继承和发展，华夏文明倒底有没有走上健康发展的道路，还是早已被狭隘的政治观念所玷污了？

英国民众与有关方面对于"多佛惨案"的不同态度，揭示了一个十分根本的问题：人类的普世价值的问题，以及文明的内涵及实质的问题。今天，在继承和发展华夏文明的道路上，对于哪些是应该抛弃的糟粕，哪些是应该光大的精华，必须重新建立一个正确的认识，否则，该抛弃的没有抛弃，该继承的没有继承，糟粕与精华反而被颠倒了。

一个民族必须正确地认识文明的意义与内涵，正确地认识自己的文明史，才能清醒地分辨华夏文明的精华和糟粕，从而为民族的复兴和发展找到一条正确的道路。事实上，一个不能够彻底反思华夏文明史的民族，决不是一个有希望的民族。文明的本质内涵清楚地显示，一个民族如果连举世公认的普世价值都不承认，连华夏文明的内涵都不能够正确地认识，又怎么能够期望这个民族有伟大的胸怀及创造未来的智慧与意志呢？

是的，中华民族再不能一味地沉浸在国民经济GDP增长的数值中自称自赞、自我陶醉了！近代、现代历史上，华夏文明已无数次地昭示出在发展道路上所面临的却难甚至危机！

今天，要民族复兴，首先要寄望于华夏文明的复兴！寄望于华夏文明的传承与光大！

（四）

历经了几十年的沧桑变化，苍茫大地阴晴圆缺，风暴雨狂，华夏文明前进的脚步，却一天也没有停止、沉寂过。而随着天色放晴、日朗云开，越来越多的求知者、思索者，希望读到、接触到比已经被化妆、剪裁、漂白、变异过的"为政治形势服务"的书刊更广泛、更原始、更真实的历史资料和先哲睿智。

这些越来越多、越来越广、越来越迫切的求索者、思考者，正在寻求生活的答案、现实的答案、历史的答案、未来的答案。他们已远远不能满足于现成的信息、现成的答案、现成的结论了！他们热切地渴望获得更真实的史料、更广博的信息、更原始的素材、更丰富的滋养。但由于时间、环境、条件的局限，他们却又不可能像专职的研究者、专家那样，全身心地钻进浩如烟海的华夏文明的史料中，作深入、全面的发掘、探索与求证。

于是，像《华夏文明圣火薪传》这样的书，便在千呼万唤中应运而生了！它所要承担的，正是为万千求索者、思考者提供一个大家所期待的、关于华夏文明的智识与资料的宝库，历史与前辈的智慧的粮仓。

然而，编纂《华夏文明圣火薪传》却是一项巨大的"文化工程"，若要将博大精深、浩如烟海、渊源流长的的华夏文明的丰功伟绩、来龙去脉，分门别类、梳理成章，理出头绪，奉献给如饥似渴的上下求索者，不知要组织多少社会贤达、硕学鸿儒，经过多少年的努力才能完成。

本书的编纂过程，不仅从浩瀚的历史典籍、一代代先哲先贤的著述中汲取了丰富的史料和教益，也从当代的许多专家、学者的著作中获得了巨大的启迪与素养。因此可以说，本书是无数能人贤士共同编纂的，是汇集了无数前辈同侪的研究成果的一部集大成于一体的汇编之作。

我相信本书编者们的努力尽管微不足道、挂一漏万，却可以发挥抛砖引玉、圣火薪传的作用，为有识之士立下一块惠及千千万万后来者的奠基石。

编者前言

顾 钢

（一）关于本书的编纂特点

"华夏"，中国的别称。相传在中国古代的黄河流域，分布着许多部落，其中最具规模的是炎、黄两大部落，经过征战，黄帝部落战胜了炎帝部落，并融合了其他少数民族，最后繁衍成为"炎黄子孙"，即今天的华夏民族。

华夏民族的始祖从盘古开天辟地开始，经历无数的挫折与坎坷，一朝朝、一代代，留下了无数叱咤风云的历史篇章，涌现了无数可歌可泣的动人事迹，创造了世界上最灿烂、最古老、最丰富的文明！

记录这一切的，有传说，有史记，有一朝朝、一代代的编年史，还有许许多多的偏史、野史、专题史，甚至还有形形色色的文艺作品、民间故事……

依年月、朝代为序的陈述与解读史料的方式，是历史的方式，依笔划、条目、拼音、字母为序的介绍方式，是辞典的方式。这是两种应用最广泛的方式，但对于我们希望本书要达到的"全面搜集与介绍中华文明"这一目的来说，都不尽合适！

华夏文明的青史，煌煌五千年，渊源流长，浩如烟海。华夏文明的瑰宝，巍如群山，江海涛涛，无穷无尽。如何向我们的读者全面系统地、有条不紊地、简明易检地介绍中华文明的瑰宝呢？如何向今天的上下求索者、思考者、探寻者展示华夏文明的历史传承呢？本书打破垂直的、纵向的记载历史的传统方式，而从横向的、综合的层面，按照华夏文明所包含的不同的门类,分为政治、历史、哲学、军事、社会、文化、教育、艺术、科技、民族、地理等等专题,编纂成了一部可供广大读者随手阅读、学习、查询、检索、研究的"类似辞典却又不是辞典"的大书。

是的!要从横向的层面,对于华夏文明的史料进行专题的提炼、编纂与组合,从全新的角度,系统地、全面地展示华夏文明的精粹,既是一个具有远见卓识的、意义深远的创意,更是一个极为艰难而又宏大的文化工程!

正因为如此,《华夏文明圣火薪传》不是一部以史记形式演绎的、故事性很强的华夏文明的通史,而是一部以专题性、史料性、研究性、典籍性为特长的、近乎辞典而又不是辞典的大书,但基本上仍可归类为工具书。

为此,我们将华夏文明的瑰宝按照不同的专题分成了十二章,在十二章中又以年月先后为序,分成了各篇章、各支节、各条目。我们相信,《华夏文明圣火薪传》这一专题性质的、综横交错的编辑结构,是比较方便于读者进行查阅、检索、找寻、收集所需要的资料与素材的,也是十分有利于读者对某一研究专题进行比较全面的审视、浏览和研究的。

我们还相信,《华夏文明圣火薪传》这部大书纵然还不够完美,却终将成为广大的上下求索者、思考者、探寻者、研究者贴身的一个工具,成为我们的读者了解"历史的真实"和"文明的瑰宝"的一个参谋,成为民族复兴的伟大事业中的一名忠诚的助手。

我们由衷地希望并相信,本书虽然还不够完美,却必将为未来的有志者,在编纂《华夏文明大辞典》时,发挥抛砖引玉、开路先锋的作用。

(二)百岁老教授的睿智

上述卓越睿智的创意,是由本书的主编、百岁老教授章人英先生首先提出来并在本书的副主编葛明沧老先生的辅助下实现的。

章人英老教授提出编纂《华夏文明圣火薪传》的这一创意,是五年前!

这个故事说来话长,不及细述。让我们从故事发展到一半时、章老在医院病房里召集的一次特别的编辑会议说起。

2013年初,章老因心脏、肾脏等等综合症并发,住进了上海瑞金医院的重症监护病房，医院已先后三次发出了"病危通知"，家属们也已经惴惴不安地开始准备后事。然而无论病情多么严重，年近百岁的章人英老教授却始终保持着清醒的头脑与顽强的抗病意志，居然在医生的悉心治疗下一步步闯过了鬼门关，一点点康复起来，并于三月中脱离了重症监护病房，转入了普通病房。

就在我们暗暗为章老庆幸、暗暗捏一把汗的第二天，我们竟然接到了章老传来的口信：要在病房里召集一次编辑会议。

那一天的上海阴霾笼罩，在又冷又湿的天气下，我们的心情也下着阴雨，为章老的病情忐忑不安、忧心忡忡！

我们轻手轻脚，连大气也不敢喘一下地进入了章老的病房！章老用纤弱的、不可抗拒的声音，指示我们坐下，并以难以置信的清晰的思维，向我们作出了明确的安排、提出了要求，就像三军统帅下达军令一般！可见，章老即便是在生命垂危、混身水肿得像上山的桑蚕那样、正在进行生死存亡的肾脏透析期间，也没有停止过作为主编对于编纂本书的思考！

章老先生对于弘扬华夏文明的这种无与伦比、殚精竭虑的献身精神，令我们每一个人都感动得五体投地、心悦诚服。

我们相信，这恐怕是我国出版史上绝无仅有的一次编辑会议吧！

章老先生原为华东政法大学教授，是著名的人类学家、社会学家、法学家、国学家，曾编著了《社会学辞典》、《人类学词典》、《辞海》之社会学词条，著有《普通社会学》、《文化冲突与时代选择》、《水云客剩稿》等书，在他八十多岁高龄、进入新世纪的十多年间，章老又编著了《论语五连环》、《东方爱经》等著作。章老还坚持为博士生、硕士生讲学。而且，章老竟一次次谢绝了学校安排的车辆接送，坚持自己骑着助动车，从建国西路的寓所出发，穿过上海市交通拥挤的市中心，到苏州河畔的政法大学授课，并指导研究生写作学术论文！

九十岁后，章老的学术研究仍然没有稍稍停息，章老的学术成果，一项接着一项，从来没有停歇过！章老九十三岁时，不顾自己年事已高，毅然倡导、创办了"新世纪国学沙龙"，而且开始筹划与主编《新世纪国学文摘》杂志。而今，该杂志已经出版了几十期。章人英老先生为弘扬中华国学，真可谓是呕心沥血、鞠躬尽瘁了！2010年，九十六岁高龄的章老策划编纂《简明国学常识辞典》，该书现已由上海辞书出版社出版。

章人英老先生九十七岁时，开始策划主编本书。于是便发生了前面所述的、在他老人家刚刚脱离病危期的第二天，便在病房里召集了编辑会议的令人感动的一幕。

章老还经常受邀向社会各界作社会学、人类学、法学、国学、古诗词、修身养性等方面的报告，足迹所至，除上海外，甚至远至江苏、四川等省市，听众对象有大学、图书馆、妇联、老年大学、街道，甚至还包括公检法机构等等！

要特别说明的是，当时，对于《华夏文明圣火薪传》所编纂的内容与篇幅，我们这些编者们曾处于两难的境地，由于受到成本、资金、市场、销售等等的桎梏，不得不研究——是否有必要把全书压缩在上、中、下三册内，故必须进行大刀阔斧的削减。

但我们的编辑人员，对于这种做法都心有不甘，深感这对于浩如烟海的华夏文明，是一种削足适履的人为挤压。

最后，我们一致决定，仍然按我们原来的计划，照五卷本的容量重新编纂我们的《华夏文明圣火薪传》。

（三）胸藏万卷　谦躬礼让　赤诚奉献

辅助百岁老教授章人英先生实现上述卓越非凡的创意，并为本书的编纂工作埋头苦干、呕心沥血的主力军，是葛明沧老先生，本书"绪言"就是出自葛老之手。像葛老这样胸藏万卷却又谦恭礼让、行止低调得不能再低调的学者，在当今这个被虚荣和利益所充斥的商业社会中，是很难找到第二个的！

有不少事例，充分显示了葛老先生谦诚、礼让而又崇高的为人。

第一，前些年，在上海市卢湾区图书馆（其前身为上海市人民图书馆）的藏书库中，发现了一大批明清时代和民国时期的珍贵典籍，计有7783册之多，其中有不少还是拓片、孤本和善本。作为上海市图书馆学会高级专家咨询委员会成员,葛老先生接受图书馆的邀请和重托,钻进古籍堆中埋头苦干,并按照《四库全书》的分类办法,研制出了一套系统,对这批珍贵的、最古已达500年之久的珍稀古籍进行了悉心的整理。他的不顾劳苦、不计报酬的献身精神,使这批珍稀古籍终于被很快地整理出来,并很快地与有关的专家和研究者们见面了。

第二,本书的编纂,原来曾计划分为上、中、下三册,九个篇章,最后我们决定:对本书重新进行调整、补充、扩容、增补、充实,一方面将其扩展为十二个篇章、五册,一方面对于每个篇章的文字与图片数量,作适当的浓缩与删减,而且,我们还决定,在十二个编章之首,另外再增加一个特别的篇章——专题阐述与介绍中国的鸿儒学圣们对于华夏文明的总体评述。

这一改变,几乎相当于重新编纂整部著作。而这副重担,落到了葛明沧老先生的肩上!葛老对此不但没有半个"不"字,而且如同其一贯的为人处事一样,默默地挑起了重担,日以继夜地埋头工作。终于,经过一年多的耕耘,总篇幅扩容到了十二个篇章,而总字数则作了一定的浓缩,调整到了现在的150万字左右。

对于这一切,葛老不但倾心倾力、任劳任怨,而且竟连一个字的埋怨都没有!

第三,为本书选配合适的图像、照片,对于充分显示本书的内涵、展现当时特定的历史真相,是不可或缺的重要工作,但这却是一个难度甚大、极不容易做到的事情!葛老不但把这一重任担了起来,而且全家都成了生力军,都成了无名的助手,逐张逐项地进行了拍摄、修版与制作,以尽力保证其质量,为本书的许多重要条目配备了相应的图像与照片,使这套书做到了图文并茂。而且,其中有许多图像、照片,要找到原始的作者、版权人,决不是易事,但葛老及其家人,还是竭尽所能,尽力而为,凡有出处的,均尽可能注明了原作者与原始的出典与来源,充分显示了一个学者对于相关作者与作品的尊重与责任感!对于实在无法追本溯源、找不到原出处的,则在本书的"鸣谢"中,统一表达了我们由衷的歉意与谢忱!

在这里,我们要真诚地向葛老和他的家人致以深深的敬意!

我们深深地敬佩葛明沧老先生毫无功利主义的敬业精神和崇高人格,

以及赤心弘扬华夏文明的高尚情操和奉献精神!

(四)不容华夏文明沾染铜臭味

一代学术宗师季羡林先生对于书籍的"序"和"跋",有过这样一段淋漓尽致的阐述:"序跋这一种体裁没有什么严格的模子,写起来,你可以直抒胸臆,愿意写什么就写什么,愿意怎样写就怎样写。如果把其它文章比做峨冠博带,那么序跋则如软巾野服。写起来如行云流水,不受遏制,欲行便行,欲止便止,圆融自如,一片天机。写这样的文章,简直是一种享受。"

我很荣幸,作为《华夏文明圣火薪传》的编纂者之一,能有机会为本书撰写"编者前言",这既是一种荣耀,更"是一种享受",因为我终于有机会"行云流水","圆融自如",向广大读者介绍我们这部五卷本丛书的二位灵魂人物——百岁老人、主编章人英老教授,及副主编葛明沧老先生,直抒胸臆地为他们唱一曲赞歌。是的,对于他们毫无功利之心、一心弘扬华夏文明的献身精神,我们确实很有必要鸣锣击鼓,作一番歌功颂德!

可悲的对比与参照是,今日的文化大舞台,几乎越来越像一个个"生意场"了,其间充满了唯利是图的铜臭味。举个例子来说,不少演员与歌星,拍一集电视片、唱一首歌曲,竟以自己的知名度作为"身价"来漫天要价,往往高达十几万、甚至几十万的天文数字,而那些幕后的原创作者和服务群体,却往往只有"为人搭台做嫁衣"的份,一方面是名利双收、风光万丈,一方面却是默默耕耘、埋头苦干、收入极其微薄!这个极为畸形的现像,居然长期共存,甚至有越演越烈之势!

然而,更有甚者,像本书的二位著作主编——章老、葛老这样的教授、学者、鸿儒,当他们们为弘扬华夏文明、集一生几十年苦读与耕耘的学识,连年累月地,贡献出自己毕生的心血与智慧,编纂出版一部像《华夏文明圣火薪传》这样博学如山、睿智如海的大书的时候,整个事情最后竟演变成了出版社的一个"生意经"!

可悲的是,有些出版社在现有的体制下,不是不想作为,而是不能作为,他们自己也深受羁绊,有许多难以诉说的苦衷,以至斤斤于出版费用、书号费用等等问题，不得不将书藉的出版与发行归结为一门"生意"！如果"生意"不赚钱，则出版社自己也无能为力，至于原著作者们，则不但没有任何报酬，而且连埋头著作期间的茶水费、面包费、纸墨费、复印费等等，也像飞出去的小鸟一般，别想收回来了！

文化出版界的这类极不正常的现象，其实已经弥漫了许多年了。记得二十多年前，章人英教授为了编著出版《人类学》、《社会学辞典》之类颇为"冷门"、学术上又十分需要的专业类书籍时，就已经面临过书号费、出版费的难题。而今，几十年过去了，文化出版界的这一"老大难"问题，仍在困扰着、阻碍着文化大发展的步伐！

其实今天，上海三联书店在出版《华夏文明圣火薪传》时所面临的，也正是同样的窘态。作为编著者，我们是非常体谅出版社的苦衷与难处的。

这里，我们要深深地感谢联合国教科文组织香港文化委员会委员顾铁华博士。顾铁华博士为弘扬华夏文明，满腔热忱地、一次又一次地慷慨解囊，赞助了本书的出版。

同时，我们也要深深地感谢本书的出版者上海三联书店！我们是在与许多出版社联系、洽谈后，最后才选定了上海三联书店的。正是上海三联书店，给予了我们尽可能合适的条件，并调动了精华力量，保证了本书能以较优异的条件出版与发行，并同意拨出相当数量的书籍，无偿赠送给全国的各大图书馆、大学、研究机构，等等，充分体现了编著者、赞助者、出版者三位一体，共同投身于弘扬中华文明、促进民族复兴的伟大事业的一片赤心。

2014年10月6日

绪　言

天地运转无穷,时序更迭流逝,"子在川上曰:逝者如斯夫"(《论语·子罕》)!然而,悠久的岁月却能留下人类征路历程的不朽印记,镂刻下历史长河中波澜壮阔的动人篇章。其中神州大地哺育着的华夏各族子民,他们历劫万千,"辟草昧而趋文明"(李渔《闲情偶寄》),孕育出震古烁今的华夏璀璨文明。

华夏文明源远流长,内容繁富,底蕴深厚,是华夏各族人民长期来凝聚的智慧,是今人励精图治不可或缺的传世瑰宝。虽时空变幻,烟雨沧桑,历久而弥足珍贵。作为华夏后裔,倘能熟谙家底,在传承的基础上,海纳百川,交融而创新,想来必有硕果可待。

然而,古往今来,历代哲人学者的宏篇巨著、微言大义,数逾万千,书山文海、汗牛充栋。常人虽有求知渴望,但也乏力卒读,况且众说纷纭,莫衷一是,使求学者望洋兴叹,不敢问津。

有鉴于此,本书试图博采古今众家研习之得,梳理纲目,条分缕析,既能辨章学术,考镜源流,又能在言简意赅的诠释中概览全貌,从而一书在手,了然在胸,可为求知者补缺拾遗,为探索者提供门径,既是普及读本,又能充当参考工具书之用,以致案头置放一册,方便求索知识。这便是《华夏文明圣火薪传》的编纂旨归。

《华夏文明圣火薪传》共分五卷。

《华夏文明圣火薪传》第一卷包括:

卷首语"鸿儒卓识"。摘录清末以来诸家的相关学术言论,通过他们对华夏文明的认知及其对"国学"内涵、范畴与方法的剖析，从宏观上理解继承华夏文明的重要性和必要性，并从中了解到华夏文明的发展与演变过程。

第一章"厥初生民"。概述华夏大地古人类衍生和进化的考古史料，审视华夏民族大家庭形成的历史必然性。

第二章"先哲玄训"。介绍我国义理思辨之学发生、发展的变化轨迹，从中可以窥见中华各流派思想家的哲理思考和实践经历。

第三章"质测钩玄"。从观象授时、数理精蕴、生化撮要、岐黄之术、齐民要术、水利工程、方技钩沉、营造建筑、交通运输诸方面的卓越成就，雄辩地证明了华夏民族在自然科学领域上的伟大贡献。

《华夏文明圣火薪传》第二卷包括：

第四章"郅治之道"。简述中国国家的产生与历代治国之得失、策略与方针。历代思想家、政治家将他们在义理思辨方面的认识付之社会实践，身体力行，创造出一套套治国经世方案，有经验，有教训。纵览全球古文明孳生地，数千年来惟我中华屹立而不衰，其中必有可为今人借鉴之处。

第五章"文化教育"。教育乃立国之本，本章着重勾勒出中国教育思想演变的脉络与教育制度的变迁，兼及历代体育、新闻出版简况，以及中国书籍的沿革与图书收藏和管理事业，并通过饮馔美食、服装文化、传统民居、家具沿革、婚庆习俗、丧葬规制和岁时节令等方面展示华夏民族长时期所形成的中国历代生活习俗。

《华夏文明圣火薪传》第三卷包括：

第六章"武备韬略"。战争是人类社会衍生的一种特殊现象。中国是历史上战争频发的地域，在长期征战中，一些军事家所总结出来的军事思想和计谋韬略，对现今保卫国家安全与世界和平事业仍有积极意义。

第七章"史志辑略"。通过中国历代史事要录，纵观历代兴衰、成败得失，有助于鉴往知来、革故鼎新。

第八章"舆地广记"。论及传统地理学之形成和发展，叙述历代政区概览和疆域沿革，并举要介绍了中国的名山大川、丝绸之路和园林胜景。

《华夏文明圣火薪传》第四卷包括：

第九章"字源韵会"。文字是语言的书写符号,是人群间交流信息,约定俗成的视觉信息系统。汉字是向表词方向发展的文字,其独特的形体结构和训诂、音韵的发展,包括诗词格律的模式,本章亦予一定的关注。

第十章"文苑汇考"。中国文学璀璨夺目,诸如诗词歌赋、偶俪胼文、散曲杂剧、传奇小说等等,无不魅力迸发,引人入胜。本章择其梗概,可为读者提供思接千载、视通万里,沉浸醲郁,含英咀华的意境和氛围。

第十一章"艺林掇英"。中华书画,冠绝艺苑;工艺雕塑,美轮美奂;古乐韶舞,余韵袅袅。本章撷拾精华,务求图文并茂。此外,还兼及巧夺天工的建筑艺术、戏曲艺术与民间诸艺等方面。

第十二章"民族博闻"。中国自古以来就是一个多民族的国家,各民族共同缔造了祖国的历史和文化。各民族有其独特的哲理思考,有着各种各样的宗教崇拜和生活习俗以及语言文字,其璀璨夺目的文学艺术和科技创造成为华夏文明宝库不可或缺的组成部分。

全书以纲目结构编排,基本上以时间、朝代先后为序,兼及类别和流派。行文不求丰腴,意在简约充实,少作主观评论。

本书在取材编纂方面,必有舛误之处,祈请不吝指教。

总目录

第一卷

卷首语　鸿儒卓识
第一章　厥初生民
第二章　先哲玄训
第三章　质测钩玄

第二卷

第四章　郅治之道
第五章　文化教育

第三卷

第六章　武备韬略
第七章　史志辑略
第八章　舆地广记

第四卷

第九章　字源韵会
第十章　文苑汇考

第五卷

第十一章 艺林掇英

第十二章 民族博闻

第一卷　目录

序言一　自序　章人英 / 1
序言二　民族复兴寄望于华夏文明的传承与光大　顾铁华 / 1

编者前言　顾　钢 / 1
绪言 / 1

卷首语　鸿儒卓识

第一节　国学科目之阐释 / 1
　　一、黄节《国粹学报·叙》/ 1
　　二、章太炎《国学概论》/ 1
　　三、邓实《国学讲习记》/ 1
　　四、梁启超《清代学术概论》/ 1
　　五、胡适《国学季刊·发刊宣言》/ 2
　　六、梁实秋《灰色的书目》/ 2
　　七、胡朴安《研究国学之方法》/ 2
　　八、曹聚仁《国故学之意义与价值》/ 2
　　九、蔡尚思《中国学术大纲》/ 2

十、钱穆《国学概论·弁言》/ 2
十一、马瀛《国学概论》/ 2
十二、张岱年《说"国学"》/ 3
十三、季羡林《国学漫谈》/ 3
十四、胡道静《国学大师论国学·序》/ 3
十五、章人英《国学是学习做人之道的一门大学问》/ 4

第二节　范畴与方法 / 4
一、胡适《国学季刊·发刊词宣言》/ 4
二、东南大学《史地学报》2卷4号 / 4
三、胡朴安《研究国学之方法》/ 4
四、顾颉刚《北京大学研究国学门周刊·一九二六年始刊词》/ 4
五、王云五《旧学新探》/ 4
六、毛子水《怎样读中国古书》/ 4
七、陈立夫《国学治学方法·陈序》/ 5
八、蔡尚思《中国文化史要论·引言》/ 5
九、刘存宽《"汉学"应正名为"中国学"》/ 5
十、张岱年《说"国学"》/ 5
十一、季羡林《国学漫谈》/ 5
十二、朱维焕《国学入门·绪论》/ 6
十三、张立文《国学的新视野和新诠释》/ 6
十四、刘梦溪《什么是国学,什么是传统文化》(2007) / 6

第一章　厥初生民

第一节　中国古人类 / 8
一、神灵创世说 / 8
二、远古人类序列 / 9
三、中国早期直立人 / 9
四、中国晚期直立人 / 11

　　　　　五、中国早期智人/12
　　　　　六、中国晚期智人/13
　　　　　七、古人类遍布中华大地/14
　　第二节　华夏民族之形成/14
　　第三节　华夏族称之变化/16
　　第四节　民族大家庭/17

第二章　先哲玄训

　　第一节　先秦哲学/18
　　　　　一、殷商西周时期哲学/18
　　　　　二、春秋战国时期哲学/25
　　第二节　秦汉时期哲学/66
　　　　　一、《吕氏春秋》中的哲学思想/66
　　　　　二、黄老之学/67
　　　　　三、陆贾的宇宙观/69
　　　　　四、贾谊的哲学思想/70
　　　　　五、今文经学家的哲理思考/72
　　　　　六、古文经学家之哲理思考/76
　　　　　七、主张天道自然的思想家/77
　　　　　八、谶纬象数之学/87
　　　　　九、宗教神学思想与白虎观会议/88
　　　　　十、汉代宗教哲学/90
　　第三节　魏晋南北朝时期哲学/92
　　　　　一、才性之学（名理之学）/92
　　　　　二、魏晋玄学/93
　　　　　三、禅学与《坛经》/103
　　　　　四、般若学佛理/104
　　　　　五、涅槃学与道生"顿悟成佛说"/108

六、道教理论 /109

　　七、神灭论 /112

第四节　**隋唐五代时期哲学** /114

　　一、儒家哲学 /115

　　二、佛理哲学 /121

　　三、道家哲学 /132

第五节　**宋元明时期哲学** /135

　　一、宋初理学三先生 /135

　　二、北宋唯物主义思想家李觏 /136

　　三、宋朝的理学思想 /137

　　四、元朝的理学思想 /158

　　五、明朝的理学思想 /160

第六节　**明清之际经世致用哲学** /169

　　一、刘宗周（1578~1645年）/169

　　二、朱之瑜（1600~1682年）/169

　　三、陈确（1604~1677年）/170

　　四、傅山（1607~1684年）/171

　　五、黄宗羲（1610~1695年）/171

　　六、方以智（1611~1671年）/172

　　七、顾炎武（1613~1682年）/173

　　八、熊伯龙（1617~1669年）/174

　　九、王夫之（1619~1692年）/175

　　十、唐甄（1630~1704年）/177

第七节　**清代哲学** /178

　　一、颜李学派 /178

　　二、唯物主义思想家戴震 /179

　　三、中国近代清季思想家 /180

第三章 质测钩玄

一、观象授时 / 191

二、数理精蕴 / 198

三、生化撮要 / 210

四、岐黄之术 / 229

五、齐民要术 / 245

六、水利工程 / 250

七、方技钩沉 / 253

八、营造建筑 / 262

九、交通运输 / 266

卷首语　鸿儒卓识

第一节　国学科目之阐释

一、黄节《国粹学报·叙》(《国粹学报》第1期,1905)

夫国学者,明吾国界以定吾学界者也。痛吾国之不国,痛吾学之不学,凡欲举东西诸国之学,以为客观,而吾为主观,以研究之,期光复吾巴克之族,皇帝尧舜禹汤文武周公孔子之学而已。

二、章太炎《国学概论》(1906)

夫国学者,国家所以成立之源泉也。吾闻处竞争之世,徒恃国学固不足以立国矣。而吾未闻国学不兴而国能自立者也。吾闻有国亡而国学不亡者矣,而吾未闻国学先亡而国仍立者也。故今日之国学之无人兴起,即将影响于国家之存灭,是不亦视前世为尤岌岌乎?

三、邓实《国学讲习记》(《国粹学报》第19期,1906)

国学者何?一国所有之学也。有地而人生其上,因以成国焉,有其国者有其学。学也者,学其一国之学以为国用,而自治其一国者也。国学者,与有国而俱来,因乎地理,根之民性,而不可须臾离也。君子生是国,则通是学,知爱其国,无不知爱其学也。

四、梁启超《清代学术概论》(1910)

社会日复杂,应治之学日多,学者断不能如清儒之专研古典;而固有之遗产,又不可蔑弃,则将来必有一派学者焉,用最新的科学方法,将旧学分科整治,撷其粹,存其真,续清儒未竟之绪,而益加以精严;使后之学者既节省精力,而亦不坠其先业;世界人之"中华国学"者,亦得有籍焉。

五、胡适《国学季刊·发刊宣言》(1923)

"国学"在我们的心眼里,只是"国故学"的缩写。中国的一切过去的文化历史,都是我们的"国故";研究这一切过去的历史文化的学问,就是"国故学",省称为"国学"。

六、梁实秋《灰色的书目》(1923)

国学便是一国独自形成的学问,国学便是所以别于舶来的学问的一个名词。

七、胡朴安《研究国学之方法》(1924)

国学二字,作如何解释?即别于国外输入之学问而言,凡属于中国固有之学问范围以内者,皆曰国学。又,此国学的名词,为概括的、通共的,非特指某专门学问也。

八、曹聚仁《国故学之意义与价值》(1925)

国学者,中华民族以文字所表达之结晶思想,用合理的、组织的、系统的方式记载其生灭,分析其性质,罗列其表现形式,考察其因果关系者也。简言之,国学者,以我国固有学术为研究之对象,而以科学方法处理之,使成为一种科学者也。

九、蔡尚思《中国学术大纲》(1931)

国是一国,学是学术,国学便是一国的学术。其在中国,就叫做中国的学术。既然叫做中国的学术,那就无所不包了。既然无所不包,那就无所偏畸了。

十、钱穆《国学概论·弁言》(1931)

学术本无国界。"国学"一名,前既无承,将来亦恐不立。特为一时代的名词。其范围所及,何者应列国学,何者则否,实难判别。

十一、马瀛《国学概论》(1934)

道、咸之间,欧风东渐,于是凡由西方移译而来之学术,概称之曰"西学";而我国固有之学术,不可无对待之名辞以称之,"中学"之名于是应运而生焉。光绪中叶,海内学者虑中国固有学术,因西学之侵入而式微也,群起而保存之,于是遂有"国粹"之名。然中国固有学术,未必尽为天壤间之精英,则国粹之名,容有不当,于是章太炎特改称之曰"国故";《国故论衡》一书,即首以"国故"称中国固有之学术者也。"国故"者,盖为中国掌故之简言。"掌故"二字,始见于《史记》,本谓一国之文献,故章氏遂立此名,然国故乃指所研究之对象,不可指研究此对象之科学。于是称此研究对象之科学者,有"古学"、"中学"、"国故学"、"国学"等歧异之名辞,然"古学"本因"新学"之名而生,含义混淆,本不适用。"中学"之名,以西人称我国之学术斯可;若我国人亦称其固有学术曰"中学",实嫌赘废,且与学校之称易混,亦未得当。此四名辞之中,自以"国故学"、"国学"二名为宜,顾"国故学"之"故",限于文献,未能将固有学术包举无遗,微嫌含义窄狭,故不如径称之曰"国学"为较宜。

"国学"之名,始自何人,今已无考,然最早出现于光绪末年,可断言也。当章太炎羁旅日本时,称其研究中国学术机关曰"国学讲习会",同时刘师培等亦有"国学保存会"设立,国学之名,殆始此欤!

十二、张岱年《说"国学"》(1988)

"国学"之名,兴起于民国初年。章太炎先生着《国故论衡》,又作过《国学概论》的讲演(由曹聚仁先生笔录),是关于国学的代表作。所谓国学即中国学术之意。

十三、季羡林《国学漫谈》(1994)

国学决不是"发思古之幽情"。表面上它是研究过去的文化的,因此过去有一些学者使用"国故"这样一个词儿。但是,实际上,它既与过去有密切联系,又与现在甚至将来有密切联系。

十四、胡道静《国学大师论国学·序》(1997)

原来,"国学"就是中国学术的简称,是为了有别于西洋学术而在文人圈、学术界叫开的。最早称为"中学"的,如洋务派张之洞,即主张"中学为体,西学为用"。此后,随着变法维新的推进,有人便将西洋学术称为"新学",而将中国传统学术称为"旧学"。其中更有一些学者出于保持中国文化命脉的考虑,而将其称为"国粹"或"国故",……可能由于这两个名称都多少带有一些主观色彩,且流露出保守恋旧的情绪,因而逐渐弃而不用,中性的"国学"便应运而生,并取而代之了。如章太炎作过《国学概论》的讲演，胡适主办过《国学季刊》。随着时间的推移，"国学"就成了一个约定俗成的专用名称，如国歌、国旗、国花、国鸟中的"国"一样。其目的主要是为了表明中国传统文化有别于西洋文化，故有"国学"之名。

十五、章人英《国学是学习做人之道的一门大学问》（2006）

新世纪国学，是在传承祖国传统文化的基础上进一步研究中国古今社会文化的整合、比较、开拓和创新的一门综合性的学问。

第二节　范畴与方法

一、胡适《国学季刊·发刊词宣言》（1923）

"国故"包含"国粹"，但它又包含"国渣"。"国故学"的使命是整理中国一切文化历史。

二、东南大学《史地学报》2卷4号（1923）

国学之为名，本难确定其义。在世界地位言之，即中国学。分析为言，则中国原有学术，本可分隶各种学科，惟故籍浩博，多须为大规模之整理；而整理之业，尤以历史为重要；而研究之中，莫不须用历史的眼光。

三、胡朴安《研究国学之方法》（1924）

以鄙人个人之意见，将中国学问分为六类，如下：（一）哲理类。（二）礼教类。（三）史地类。（四）语言文字类。（五）文章类。（六）艺术类。

四、顾颉刚《北京大学研究国学门周刊·一九二六年始刊词》（1926）

研究国学，就是研究历史科学中的中国的一部分，也就是用了科学方法去研究中国历史的材料。所以国学是科学中的一部分（如果是用了科学方法而作研究），而不是与科学对立的东西。

五、王云五《旧学新探》（1947）

我对于研究旧学的新方法，归纳其较重要者，计得六项，就是：（一）高处俯瞰，（二）细处着眼，（三）淘沙见金，（四）贯珠成串，（五）研究真相，（六）开辟新路。

六、毛子水《怎样读中国古书》（1955）

我国先哲把学问分作三大类：一是义理，二是辞章，三是考据。以现代的名词讲，就是哲学（包括科学）、文学和历史。这个分法，在西洋开始于英儒培根，在中国则可溯源至刘歆。（《六艺》、《诸子》、《诗赋》三略，便是培根的学问的三大类，但细节的出入，异同甚多，不能详列。）我国最古的书，如《易经》及周秦诸子可以说是属于哲学的；《诗经》和《楚辞》则属于文学的；《尚书》、《春秋》和《仪礼》、《周礼》等，则属于历史的。

七、陈立夫《国学治学方法·陈序》（1980）

中华文化之大经大脉，实大成于孔孟，绍述于先哲；中华文化之内涵，则包罗于国学，所谓四部之书，其所讲求者固可以义理、词章、考据、经济分，综其内容，则不外道与术、文与艺，而近世之科技，亦系其中之一，诚可谓之海纳渊藏矣。

八、蔡尚思《中国文化史要论·引言》（1980）

中国文化的主要部分是中国学术。解放前统称"国学"。一九二九年，我开始在大学任教，首先担任的一门课程就叫做"国学大纲"，我自编讲义，名为"中国学术大纲"，把它的内容分为文字学、文学、史学、哲学；古来所谓"十三经"也被我分配到这四个方面去。

九、刘存宽《"汉学"应正名为"中国学"》（1988）

所谓中国学，从研究范围和内容上看，主要是中国的语言、文字、历史、风俗、文学、艺术等学问，它包括中国各少数民族聚居的边疆地区在内，并不局限于汉民族的语言、文字、历史及文化等等。

十、张岱年《说"国学"》（1988）

中国学术，照传统的说法，包括义理之学、考据之学、词章之学、经世之学。义理之学是哲学，考据之学是史学，词章之学是文学，经世之学是政治学、经济学。其实传统学术的领域不止于此。此外还有天算之学（天文学、数学）、兵学（军事学）、法学、农学、地学、水利学、医学等等。

……

不但今日以前的中国学术是国学，当代中国的学术思想也属于国学的范围。

十一、季羡林《国学漫谈》（1994）

特色最容易表现在精神文化方面，我姑且称之为"软件"，哲学、宗教、文学、艺术、伦理、道德、经营、管理等等都属于这个范畴。这些东西也是能够交流的，所谓"固有"并不排除交流，这个道理属于常识范围。以上这些学问基本上都保留在我们所说的"国学"中。

十二、朱维焕《国学入门·绪论》（2006）

国学的范围，总以言之，凡中国之学术，莫不属之。分而言之，则包括之类别如下：一、四部（略）。 二、四门：曾国藩《圣哲画像记》云："姚姬传氏言学问之途有三：曰义理、曰词章、曰考据。戴东原氏亦以为言。"曾氏复益之《经世》一门。

1. 考据之学：包括目录学、版本学、校勘学、辨伪学、辑佚学、文字学、声韵学、训诂学……

2. 词章之学：包括诗学、词学、曲学、文章学、小说学、俗文学……

3. 经世之学：包括政治学、社会学、经济学、史学、地学、兵学、农学、工学、商学、医学、数学……

4. 义理之学：包括经学、子学、玄学、佛学、理学、哲学、宗教……

十三、张立文《国学的新视野和新诠释》（2006）

作为中华学术文化总和的国学，应以和合整体为方法论，不能依傍西方分科的方法，要整体地而不是部分地、全面系统地而不是片面支离地呈现国学的事实面相及其内在逻辑理路。就整个国学而言，既有纵向的国学的大化流行，各个时期的流行均有其时代的特色、风格、方法和性质，构成了那个时期的国学精神，而不能错位和代替；又有横向的国学的周流六虚，它不仅与各个时期的外来学术冲突、融合，在兼容并蓄方法的观照下进行和合，而且是各个时期各种学术的整体相对相关的和合，并凸显其整体"一以贯之"的内在逻辑的联系性、整体性。

十四、刘梦溪《什么是国学，什么是传统文化》（2007）

国学与传统文化是两个不同的概念。传统文化的内涵要宽泛得多，整个传统社会的文化都可以叫作传统文化。一般把周秦以降直至清朝最后一个皇帝退位，也就是1911年辛亥革命之前，称作传统社会。而文化应该指一个民族的整体生活方式及其价值系统,因此广义地说,中国传统文化就是指中国传统社会中华民族的整体生活方式和价值系统,其精神学术层面,应该包括知识、信仰、艺术、宗教、哲学、法律、道德等等。国学则指的是中国固有的学术。我们在谈学理问题的时候,不应把国学和中国传统文化混淆起来或者等同起来。

第一章　厥初生民

第一节　中国古人类

一、神灵创世说

沧桑岁月，劫难万千，先民筚路蓝缕，"辟草昧而趋文明"（李渔《闲情偶寄》），为谱写人类历史巨篇宏章而前仆后继。然而，面对天地万象之理、人类诞育之源，古代先辈依然无从揣测，于是先秦屈原乃有"曰遂古之初，谁传道之"之诘问（《天问》），甚至千余年后唐纪柳宗元亦有"鸿灵幽纷，曷可言焉"之浩叹（《天对》）。无怪乎历代均传有各种神灵创世之说。

有关开天辟地，当以三国吴人徐整《三五历记》记载最为详备，据云天地初开，"首生盘古，垂死化身，气成风云，声为雷霆，左眼为日，右眼为月，四肢五体为四极五岳，血液为江河，筋脉为地理，肌肉为田土，发髭为星辰，皮毛为草木，齿骨为金石，精髓为珠玉，汗流为雨泽，身之诸虫，因风所感，化为黎氓"。嗣后南朝梁人任昉《述异记》亦谓盘古死后，"头为四岳，目为日月，脂膏为江海，毛发为草木"。

[两宋]佚名：盘古图卷

又据东汉应劭《风俗通义》记载："俗说，天地开辟，未有人民。女娲抟黄土作人。剧务，力不暇供，乃引绳絙于泥中，举以为人。"故此女娲是抟土造人之始祖。《山海经大荒西经》郭璞注："女娲，古神女而帝者，人面蛇身，一日中七十变。"传说中还有伏羲与女娲为夫妇的说法。此说大约出现于西汉时代。东汉王延寿《鲁灵光殿赋》有"伏羲鳞身，女娲蛇躯"语。东汉武梁祠石室画像上即有人首蛇身的伏羲、女娲交尾的图像。又据唐李冗《独异志》记载："昔宇宙初辟之时，只有女娲兄妹二人，在昆仑山中。而天下未有人民，议以为夫妻。"在新疆吐鲁番唐古冢采集到的绢本伏羲女娲图中，伏羲、女娲分别是男女形象侧身相对，各扬举一手，伏羲执矩，女娲执规，另一手各抱对方腰部，下半身作蛇形交绕。画面上部绘日，中有三足乌；下部绘月，中有玉兔、桂树、蟾蜍。满幅大小不一的圆点代表天宇星宿。传说伏羲女娲为兄妹，相娠而有人类。

[唐]佚名：伏羲女娲图

征诸史册，举凡涉及始祖诞育之说，无不与神异相关。太昊庖羲氏之母"居于华胥之渚，履巨人迹，意有所动，虹且遶之，因而始娠，生帝于成纪"（《竹书统笺》）。皇帝轩辕氏之母附宝"见大电绕北斗枢，星光照郊野感而孕"（《竹书纪年》）。周始祖后稷之母姜嫄亦是"履帝武敏歆"（《诗经·生民》）而感孕生子。凡此种种，不一而足。

二、远古人类序列

随着近代考古学之传入，人们才懂得从地层里生物化石中获悉亘古时代生命的诞生和进化，而通过对人类化石的发掘和研究，进一步科学论证出远古人类各进化阶段之特点与序列：最早阶段为直立人，又称猿人，其中距今百万年以上者为直立人早期阶段，数十万年者为中晚阶段。嗣后进化为古代智人阶段，亦称"化石智人"。化石智人又可以分做早期智人和晚期智人。早期智人亦称"古人"，晚期智人亦称"新人"。

元谋人

蓝田猿人

郧县人头骨化石

三、中国早期直立人

而今，中国已拥有代表人类进化各主要阶段的标本，其中直立人等阶段的材料在世界人类学史上占有重要地位。

已发现之早期直立人化石主要有，元谋人、蓝田人（公王岭）和湖北郧县出土材料。

1965年5月，中国地质科学院在云南省元谋县上那蚌村西北小山岗上发现了元谋人化石，"元谋"一词，出自傣语，意为"骏马"。据古地磁断代，年代为距今170万年。根据出土之两枚牙齿、石器、炭屑，以及其后在同一地点之同一层位中，发掘出少量石制品、大量的炭屑和哺乳动物化石，证明他们是能制造工具和使用火之原始人类。

1963~1964年中国科学院古脊椎动物与古人类研究所在陕西蓝田县公王岭和陈家窝村发现的直立人化石，通常称作"蓝田猿人"。

公王岭的头骨化石为一30多岁女性，据古地磁断代，距今约80万至75万年。而陈家窝的下颌骨化石则属于一个老年女性，距今约65万至50万年。故此不少学者认为"蓝田人"应专用于公王岭的直立人化石，而陈家窝的直立人化石宜称作"陈家窝人"。

郧县人是发现于汉水流域的直立人。1975年，湖北郧县梅铺杜家沟龙骨洞发现古人类牙齿化石。1989年又发现一具人类头骨化石。1990年湖北省文物考古研究所进行考古发掘，再发现一具头骨化石。两具头骨化石都保存了完整的脑颅和基本完整的面颅，第二具更为完整，根据头骨特征，属于直立人类型,定名为"郧县直立人",简称郧县人。

根据古地磁法测定,化石大致距今80万年。

四、中国晚期直立人

晚期直立人的化石特别丰富,除北京人外,还有和县人、金牛山人以及在安徽巢县、山东沂源、河南淅川和南召、湖北郧西、贵州桐梓、辽宁庙后山等地发现的材料。

北京人,又称北京猿人、北京直立人,世界著名猿人化石。其遗骸化石于1927年首次在北京周口店龙骨山洞穴内发现。1929年,在中国考古学家裴文中独自主持下,于12月2日下午发现了一个完整的北京人头盖骨,随后,又陆续发现北京人化石、大量石器及用火遗迹,为此震动了世界学术界。据古地磁法测定,北京猿人距今约70万至23万年。1937年,发掘工作因日本侵华战争而中断。当时已发现的北京人头盖骨共有五个,此外还有头骨碎片、面骨、下颌骨、股骨、肱骨、锁骨、月骨等以及牙齿147颗。遗物之多,代表性之全,超过了地球上任何一处已知的人类遗址。"北京人"及其洞穴之家的发现,是古人类学、考古学中的一件划时代的大事。当时这些珍贵的标本保存在北京协和医学院。1941年太平洋战争爆发后,标本不知去向,迄今仍下落不明。1966年,一具北京猿人头盖骨再次出土,其形态特征较以往所发现者更为进步,印证了北京猿人身体结构正在不断地向早期智人方向演变,对研究人类发展史具有极为重大的意义。

和县人,中国南方长江流域发现的第一个直立人化石,1980~1981年发现于安徽和县陶店镇汪家山北坡的龙潭洞穴中。其头盖骨属一青年男性个体,有许多特征和北京人相似,但又具有若干较北京人进步的特征。这表明和县人是直立人中的进步类型,可能与北京人中的较晚者相当。据热释光法测得的年代在距今20万年以内。

金牛山人,东北地区辽宁营口境内已知最早的人类,距今约28万年。1984年,我国

北京人复原像

考古学家在今大石桥市永安镇西田村金牛山洞穴内,发现一完整古人类头骨化石,较北京周口店猿人化石更加完整。从头骨壁的厚度小于北京猿人而大于现代人这一点判断,金牛山人是猿人与智人的过渡类型。

五、中国早期智人

早期智人的化石有大荔人、马坝人、许家窑人、长阳人、丁村人以及辽宁喀左等地的材料。

大荔人为中国华北地区旧石器时代的早期智人化石。1978和1980年两次发掘发现于陕西省大荔县解放村附近的洛河第三阶地砂砾层之中。经科学鉴定,大约距今10余万年。大荔人化石为一不足30岁的男性头骨,体质特征介于直立人和早期智人之间。

马坝人是1958年在广东韶关市曲江区马坝镇西南三公里的狮子山石灰岩溶洞内发现的人类化石,为一中年男性个体,属早期智人,距今约10余万年,是目前华南确认的最早的古人类。

1973年,许家窑人化石首次发现于山西省阳高县许家窑村和河北省阳原县侯家窑村之间。据铀系法断代,距今约10万年,属直立人向早期智人过渡的类型。从头骨骨缝的愈合程度、牙齿萌出和磨损的情况判断,许家窑人的寿命一般比较短,平均年龄约20来岁。

长阳人化石,1956年发现于湖北省长阳土家族自治县西南下钟家湾村一个称为"龙洞"的石灰岩洞穴中,由贾兰坡教授命名为"长阳人"。据地质年代测定,迟于马坝人而早于丁村人,属早期智人。长阳人的问世,说明了长江流域以南的广阔地带同黄河流域一样,也是中国古文化发祥地,是中华民族诞生的摇篮。

长阳人是世界人类进化发展于古人阶段的典型代表,填补了人类考古学"中更新世后期"和"亚洲长江流域"时空两个空白,也进一步否定了"中华文明西来说"。

丁村人发现于山西襄汾县丁村,为早

长阳人

期智人化石，距今10万年左右。丁村人化石包括1954年发现的三枚儿童牙齿和1976年发现的一块小孩顶骨残片。根据研究断定，丁村人为介于北京人与山顶洞人之间的古代人类。

六、中国晚期智人

晚期智人的化石有柳江人、

柳江人头骨化石

河套人、峙峪人、山顶洞人、资阳人以及辽宁的建平、海城、丹东，甘肃泾川，云南丽江和台湾左镇等地的材料。

1958年在广西壮族自治区柳江县通天岩旁洞穴中发现人类颅骨一具、脊椎骨、肋骨、骨盆和大腿骨化石多块，经中国科学院古脊椎动物与古人类研究室吴汝康教授鉴定、定名，"柳江人"是中国乃至整个东亚迄今所发现的最早的晚期智人化石，距今已有四到五万年历史。

河套人，我国发现的晚期智人化石之一。包括1922年发现一枚小孩上外侧门齿，1956年发现的左侧股骨的下半段和一块右侧顶骨破片，1978年和1979年发现的3件额骨，一件下颌骨残片，一件右侧股骨和一件左侧胫骨。化石产地位于鄂尔多斯高原毛乌素沙漠的东南边缘，内蒙古自治区乌审旗境内萨拉乌苏（蒙语为"黄水"）河两岸。据放射性碳素断代和铀系法断代，河套人化石的年代，距今约5万至3.5万年，应在丁村人之后，而在峙峪人和山顶洞人之前。

峙峪人，我国发现的晚期智人化石之一。1963年在山西朔县城西北峙峪村附近发现。据放射性碳素断代，距今约2万8千年前。

左镇人，因1971年首次采集于台湾西部台南县左镇乡菜寮溪而得名。为一右顶骨残片。其后又陆续采集到顶骨、额骨、枕骨和单个牙齿等。根据对化石中氟、锰含量的测定，估计其年代为距今3万至2万年。从头骨片的形态特征、从牙齿的形态和大小等性质来看属于晚期智人，这是迄今为止台湾地区发现的最早人类。

山顶洞人，指发现于中国北方的晚期智人化石。因化石地点在周口店龙骨山顶部，北京猿人洞穴上方的"山顶洞"内而得名。1930年发现，由中国地质调查所新生代研究室裴文中主持于1933~1934年进行发掘。山顶洞的人类化石共代表8个男女老少不同的个体。由头骨缝的愈合程度和牙齿的生长情况看，其中5个是成年人，包括男女壮年和超过60岁的老人，1个是少年，1个是5岁的小孩，1个为婴儿。山顶洞人的体质已很进步，基本上和现代人相一致。据放射性碳素断代，年代为距今1万8千年前。其重要化石及遗物均在1941年二次世界大战期间随同北京猿人标本一起丢失而下落不明。

山顶洞人复原像

资阳人头骨化石是1951年在四川资阳县的黄鳝溪桥基旁发现的，是一老年妇女头骨化石。资阳人头骨的形态特征与现代人已基本相似，生物分类上归于晚期智人。

七、古人类遍布中华大地

人类学史证明，我国直立人，除元谋人发现于云南省楚雄彝族自治州的元谋县，地处金沙江南岸，属长江上游；其余比较集中于黄河中游和长江中游。早期智人，目前所知比较集中于黄河中游的黄土高原。晚期智人，已知其分布范围，西南至云、贵，东南至闽台，东北至黑龙江，北方至内蒙古；若以与晚期智人相应的旧石器晚期文化分布而论，则已有较晚期智人遗骸化石的发现，范围更大。可见，到了晚智人阶段，也就是旧石器时代晚期，中华大地已普遍有了人类的分布。

第二节　华夏民族之形成

中国是历史悠久的文明古国，也是人类重要的发祥地之一。早在100多万年前，我们的祖先就生息、繁衍在这片广袤的土地上。随着人类认识自然、改造自然能力的不断提高，远古社会经历了原始人群、母系氏族社会和父系氏族社会三个发展阶段。婚姻制度从低级形态逐步向高级形态演化。社会结构也渐趋复杂。历史学家研究证明，从六、七千年前起，分布在中华大地各处的先民共同体，陆续进入以农耕和畜牧为标志的新石器时代。人们由从事采集渔猎经济，进而改造自然，出现了磨制石器、陶器和纺织等，形成了黄河流域一带的仰韶文化、龙山文化和长江流域下游的河姆渡文化、马家浜文化等许多文化遗存。与此同时，在中国北方草原地带有大量的、延续时间较久的、以细小打制石器为特征的游牧和狩猎民族的文化。当时，中华民族先民的足迹已遍布祖国辽阔的大地。从这一时代起，中华各族人民的祖先，已为逐步形成多民族的国家开始奠定基础。

早在传说时代，居住在中国北方的人被统称为狄，其中大漠南北的荤粥是北方强族；东方的人被统称为夷，分布在黄河下游和淮河流域一带；南方的人被统称为蛮，包括九黎和三苗等；西方的人被统称为戎，其中羌人在黄河与湟水之间。在中原地区，即黄河中、上游地区，以黄帝和炎帝部落最为强大。传说炎帝是上古姜姓部落首领，一说即神农氏。姜姓是西戎羌族的一支，以渭水流域为最早活动中心。

由于中原沃野气候温和，宜牧宜农，并临近其最早活动中心区域，因而他们逐渐向中原扩展，并在中原建立其氏族、部落。

姜姓在中原所建部落，多在今河南黄河流域地区，在殷周之际或以前，已发展成强大部落。黄帝族为姬姓部落首领，原先游牧于北方今之陕北与陇东一带，后自陕西渡河，沿中条山、太行山边，主要在黄河以北，向东北行而至河北大平原。传说黄帝族居于涿鹿，因部落间利益与炎帝族发生军事冲突，黄帝"教熊、罴、貅、貔、虎，以与炎帝战于阪泉之野。三战，然后得志"，又"与蚩尤战于涿鹿之野"（《史记·五帝本纪第一》），于是

轩辕黄帝像（山东武梁祠石刻）

黄帝族又从河北大平原进而扩展至中原地区。炎黄两族逐渐融合，而黄帝在新形成的大联盟中成为共主，奠定了华夏族的发展基础。嗣后，在黄河中下游，夏人、商人、周人相继兴起，建立国家，并通过三代，融为一体，以夏为族称。西周时出现"中国"一词，体现出多民族国家的新发展。

传说夏禹的继承者为皋陶，偃姓，是夷族。皋陶死后，伯益被预定为禹的继承人，亦为夷族。夏帝启死后，五子争立，夷人后羿、寒浞曾"因夏民以代夏政"，先后统治中原达数十年之久。由此可见，追溯华夏族之祖先，很早就包括一部分原属羌、夷等族的成员。复经春秋战国时期的民族大迁徙与大融合，不断吸收周围羌、夷、戎、狄、苗、蛮等族的成分，华夏族逐渐形成一个稳定的民族共同体。夏又称华，或合称华夏，黄河流域便成为各族进行交往活动的中心，诸夏又成为联系各族的纽带。华夏族形成后，黄帝被公认为全族的始祖。

第三节　华夏族称之变化

中国古称华夏，亦作诸夏。华夏之称始见于《左传》"楚失华夏"句。《尚书孔氏传》称"冕服采装曰华，大国曰夏。"孔颖达疏谓"中国有礼仪之大故称夏，有服章之美谓之华"，并认为华夏连称"谓中国也"。可见，这是古人对祖国的一种美称，盛赞祖国疆土的广袤和颂扬文明、讲道德、讲礼貌的中华民族传统美德。

华夏，又是汉族的古称。华夏族在春秋战国时，被人们称呼为"夏"、"华"、"诸夏"、"华夏"。逮至汉朝，始有把朝代的名称用作族称，用"汉人"——汉族的族称来称呼华夏族。《汉书·李广利传》记有"贰师闻宛城中新得汉人知穿井"，才开始出现"汉人"的称谓。汉朝国力强盛，文化发达，影响扩大，声名远播，因而"汉人"的称谓逐渐得以沿用下来而最后代替了华人、夏人、华夏人等称谓。诚然，汉族并非仅系华夏族名称的简单变化，而是华夏族吸收了众多的民族成分，扩大和发展了族体，形成比原来更大、更强盛的族体。嗣后，朝代屡经变更，统治民族有汉族，也有其它民族，而"汉人"作为中国主体民族的族称，一直沿用至今。

第四节 民族大家庭

中国辽阔的疆域和富饶的土地是靠中华各族人民共同开拓的。黄河流域和长江流域是中国古代文明的发祥地。从夏、商、周以至秦汉的漫长历史时期中,当华夏、苗蛮、百越诸族开拓上述地区时,边疆地区各民族的先民也在艰苦地开发祖国的周围边区。东北部和北部的肃慎、东胡、乌桓、鲜卑、挹娄、扶余、鬼方、玁狁、狄、匈奴等族分别或共同开发了今黑龙江、吉林、辽宁的广大地区和今蒙古草原,以及华北北部的广大地区;西域的乌孙、月氏、塞种和龟兹、于阗、鄯善等"城郭国"诸族开发了今新疆及其以西的广大地区;西北部和西部的戎、羌、氐等族开发了今青藏高原的广大地区;西南夷开发了今川、滇、黔地区;百越诸族开发了今广西、广东以及福建、浙江等广大地区;东南部的徐夷、淮夷等"东夷"诸族开发了今江淮流域的广大地区。以后相继又有更多的少数民族陆续登上开发祖国的历史舞台,较著者有敕勒、吐蕃、突厥、回鹘(即回纥)、靺鞨、契丹、党项、女真、蒙古、朝鲜等族。大量史实证明,中国历史上辽阔的疆域是由中华民族的各族先民共同开拓的,没有他们的共同的辛勤劳动,披荆斩棘,艰苦创业,就没有中国今天的广阔富饶的领土。中华民族经过了各民族间长期的交汇融合,终于以汉族为主的多民族国家之姿态屹立于世界之林。

第二章 先哲玄训

哲学是世界观的理论形式，是关于自然界、社会和人类思维及其发展的最一般规律的学问。《尚书·皋陶谟》有云："知人则哲，能官人，安民则惠，黎民怀之。"《孔氏传》解释为："哲，智也。无所不知，故能官人、惠爱也。爱则民归之。"可见，哲学从字义上讲即是智慧之学。我国古代将探究放之四海而皆准的道理学问称之为"义理"，而从概念到实在法则的演绎结果则谓之"思辨"，故此从同属于哲学范畴意义上讲，中国古代哲学其实是义理思辨之学。当然，这门学问在中国古代曾经称过"道"、"玄学"、"理学"等，直至晚清黄遵宪开始正式引用"哲学"一词的表述。

第一节 先秦哲学

学术界通常把秦统一中国之前的哲学称为先秦哲学。

一、殷商西周时期哲学

中国古代哲学思想的出现可上溯到殷代。其时，哲学思想和占卜巫术结合在一起。《礼记·表记》云："殷人尊神，率民以事神，先鬼而后礼。"说明殷人除崇奉鬼神外，还萌发了"礼"的观念，在重视对上帝及宗神的祭祀仪式的同时凝聚出一种伦理规范。另从《尚书·盘庚》的记载中，可知殷人已有了"德"的思想概念。而可能形成于殷周之际的八卦，是人们长期"仰则观象于天，俯则观法于地，观鸟兽之文与地之宜，近取诸身，远取诸物"（《易传·系辞下》），亦即观察各种自然现象所形成的一种观念，显然表明人们已经开始接触到义理思辨的精髓。

1.《周易》的义理思辨思想

《周易》，亦称《易经》，简称《易》。古老的占筮用书。儒家重要经典之一。旧说伏羲作八卦，"文王拘而演《周易》"（司马迁《报任少卿书》）。今人多认为是西周末年卜筮之官根据旧筮辞编撰而成。古有《三易》：夏《连山》，殷《归藏》、周《周易》。《连山》、《归藏》今已失传。

八卦图

《周易》分《经》、《传》两个部分。《经》部分列六十四卦。每卦先列卦形，次卦名、次卦辞。每卦有六爻，每爻先列爻题，次列爻辞。《传》部分列《彖》、《象》、《文言》、《系辞》、《说卦》、《序卦》、《杂卦》七种，都是为解释《经》的文字。

"周易"一名，最早见于《左传》庄公二十二年的记载。关于"周"字，约有三种说法：一为"周普"，意为易道广大，弥纶宇宙；二为"周代"，意为此乃周人所用占筮之书；三为"周而复始"，意为《周易》六十四卦，每卦六爻，由初至上，往返无穷。关于"易"字，孔颖达《周易正义》云："夫易者，变化之总名，改换之殊称……。《易纬乾凿度》云：易一名而三义，所谓易也、变易也、不易也。"

《周易》传扬"天人合一"的观念，主张天道与人道、自然与人事相通、相类或统一。《易传》："大人者，与天地合其德，与日月合其明，与四时合其序，与鬼神合其吉凶，先天而天弗违，后天而奉天时"，就是以天人合一为人生之理想境界。

《周易》十分注意事物的发展变化问题，如《泰》与《否》、《剥》与《复》、《损》与《益》、《既济》与《未济》等等，都反映了事物发展到一定的阶段，必然要向其相反的方向转化这一基本的事实。所谓"无平不陂，无往不复"、"穷则变，变则通，通则久"等。从而由必变、所变和不变，到知变、应变和适变。而自然界与社会中的一切变化又都是由阴、阳两种对立力量相互作用引起的，所谓"一阴一阳之谓道"。阴阳本指阳光向背，又引申为事物之正反两面,以说明自然、社会中的对立、消长现象。以《乾》和《坤》这两个纯阳和纯阴卦为六十四卦的第一和第二卦,便包含了阴阳和合而生万物的意义。就六十四卦的排列来说,基本上遵循了"非复即变"的原则。如《屯》与《蒙》,《需》与《讼》,《师》与《比》,都反映了《周易》对事物矛盾关系的认识。

《周易》还注意到万物交感,矛盾双方交互作用的具体形式亦即同性相斥,异性相感的问题。如《咸》卦、兑上为少女,艮下为少男。男下女,有男子谦逊求女之象,所以卦辞谓之"取女吉"。又如《革》卦,兑上为少女,离下为中女。同性居于同一卦中,就象《象传》中说的"二女同居,其志不相得",因而必须施行变革。这说明事物的发展、平衡,均须建立在阴阳之间的感应基础上。

《周易·系辞上》提出"形而上者谓之道,形而下者谓之器。"形而上指无形或未成形之物,形而下指有形成或已形成之质。《易传》提出这一对概念后,在中国哲学史上逐渐被哲学家引申为表述抽象和具体、本质和现象、本源和派生物的范畴。

《周易》里有"自强不息"、"厚德载物"和"进德修业"等警句,可以作为人们处世立身的修身之道。

2.《尚书》有关周公的天命思想

有关周公的天命思想在《尚书》中有所记载。《尚书》,又称《书》、《书经》。儒家经典之一。中国最早的政事史料汇编。传为孔子编选,但有些篇实为后人所补。"尚"即上古,"书"即书写在竹帛上的历史记载,所以"尚书"就是"上古的史书"。

周公,中国西周思想家。姓姬名旦。生卒年不可考。周文王之子,周武王之弟。曾辅佐武王及其子成王执政,为周朝提出了成套的统治思想。

周公的哲学思想主要是天命观。以有意志的天为王权统治的合理性作辩护。鉴于殷亡的教训,他告诫统治者要注意"敬德","保民",

周公(南熏殿旧藏《历代圣贤名人像》)(杨春瑞摹绘)

"知小人之依"。还提出了"天命靡常"和"天视自我民视，天听自我民听"（《尚书·泰誓中》）的思想，他告诫王者："皇天无亲，惟德是辅"（《尚书·蔡仲之命》）。只有"保享于民"，才能"享天之命"。周公的天命思想把"敬天"与"保民"直接联系起来，在宇宙观的发展上是一种进步。

3.《洪范》中有关古代五行说的观点

《洪范》，《尚书》篇名，旧传为商末箕子向周武王陈述的"天地之大法"。

《洪范》认为龟筮可以预卜人事吉凶祸福，国家的治乱兴衰影响到气候的变化，后成为汉代"天人感应"说的理论根据。

"五行"原指水、火、金、木、土"五材"，是中国古代哲学概念。早期的五行说见于《尚书·洪范》。在该篇九畴中首先提出水、火、金、木、土为构成世界最基本的物质元素，也是人们日常生活不可缺少的五种物质元素，反映出人们对事物多样性的认识。

4.《诗经》中有关疑天、责天的思想

《诗经》是我国最古的一部诗歌总集。儒家经典之一。约结集于西周初期至春秋末期之间。

在《诗经》里有不少篇章抒发出人民对压迫和剥削的抗议。他们批判"不稼不穑"的寄生者，把这些人比作"硕鼠"，并向他们的保护神即"天"提出了疑问："瞻卬昊天，则不我惠"（《瞻卬》），意思是：我抬头瞻望苍天，为什么老天爷对我们没有一点恩惠。继而愤慨地责问："不吊昊天，乱靡有定。式月斯生，俾民不宁"（《节南山》），意思是：不作好事的老天爷，一直无休止地降下祸乱。祸乱月月发生，害得小民不安宁。从这些咒骂声中，反映出人们否定"天命"信仰的权威，体现出古代无神论思想的产生。

5.《国语》中有关伯阳父与史伯的论述

《国语》是先秦时期的一部史书，传为春秋时左丘明著，主要记述西周末年和春秋时期周鲁等国贵族的言论，有《春秋外传》之称。书中《周语》篇记载有西周末年"伯阳父论地震"一事，《郑语》篇记载有西周末年史伯对郑桓公的谈话，都是中国古代哲学的重要史料。伯阳父与史伯，中国西周末期思想家。生卒年不可考，一说伯阳父与史伯实为一人。

在中国哲学史上，伯阳父最早用"阴阳"范畴来解释自然现象和社会现象。公元前780年,西周发生地震,伯阳父认为"阳伏而不能出,阴迫而不能烝,于是有地震。今三川实震,是阳失其所而镇阴也"(《国语·周语》)。伯阳父把阴阳看作天地之气,认为发生地震的原因是阴阳二气失去了平衡。实际上他是企图用自然界本来固有的两种物质势力的互相排挤和消长来说明自然现象变化的原因,这是一种原始的唯物主义观点。

《国语·郑语》中记载有史伯论述"和与同"这两个哲学概念的区别。他认为:"百物"都是"先王以土与金木水火杂"而成的,自然和社会的一切事物,都是由于不同的"他"物和合变化而来的,所以"和"是自然与社会事物发展的法则,"和实生物,同则不继"。故此"声一无听,色一无文,味一无果,物一不讲",意思是说,声调单一就不好听,一样的颜色就没有文彩,一种味道就没有滋味,只有一种东西就无从比较好坏。西周将亡之际,史伯同郑桓公谈论西周末年的政局时,指出西周行将灭亡,原因是周王"去和而取同",即去以直言进谏的正人而信与自己苟同的小人。史伯第一次区别了"和"与"同"的概念。他说:"以他平他谓之和,故能丰长而物归之,以同裨同,尽乃弃矣"(《国语·郑语》),认为不同的事物互相结合才能产生百物,如果同上加同,不仅不能产生新的事物,而且世界的一切也就变得平淡无味,没有生气了。

6.《国语·越语》中有关范蠡的赢缩转化说

范蠡,春秋末期的思想家。楚国宛(今河南南阳)人,生卒年不详,主要活动于公元前496~前454年。在吴越争霸中,他辅佐越王勾践,发愤图强,度过危难,终于在公元前473年灭吴。功成之后,他弃官退隐,离越去齐,称鸱夷子皮。齐国想任他为相,他又移居陶(今山东定陶西北),经营商业,改名陶朱公,成为巨富,后散财济贫,隐逸而终。

范蠡认为"持盈者与天,定倾者与人,节事者与地",认为天时、地利、人事都有一定客观规律。他提出"必有以知天地之恒制,乃可以有天下之成利","夫人事必将与天地相参,然后乃可以

范蠡(明人绘)

成功",认为人事必须遵循自然界的客观规律。他依据"时将有反,事将有间","阳至而阴,阴至而阳",提出了"赢缩转化"是"天节固然"的矛盾转化思想,主张抓住转化的时机和条件,积极采取行动,去夺取胜利。(引文均自《国语·越语下》)

7. 《管子·水地篇》中有关管仲的水本原说

管仲,春秋时期齐国的政治家、思想家。名夷吾,字仲,谥敬,故又称管敬仲,颍上(今安徽省颍县)人,姬姓之后。在齐国任相40年,以"尊王攘夷"为号召,说服桓公实行改革,对齐国称霸诸侯起了重要作用。管仲的哲学思想见于《管子》书中。《管子》为后人托名管仲所撰,其实是一部从战国到汉初各学派之零散著作的总集。对于管仲的评价,中国学术界有不同的看法。一般认为管仲是中国早期法家思想的先驱。

管仲认为水是万物的本原,《管子·水地篇》说:"水者,何也?万物之本原也,诸生之宗室也。""水者,地之血气,如筋脉之通流者也"。草木得水而茂盛,鸟兽得水而肥壮,人类正是水之最精华部分凝聚而成的。所谓"人,水也,男女精气合,而水流形"。管仲还认为人的"九窍五虑"都是水产生的,甚至人的体质、容貌、性情和道德质量也是由于水的性质不同所决定,从而认为水是决定人的心性行为和社会治乱的关键,"是以圣人之化世也,其解在水"。

8. 《左传》中有关无神论观点的记载

《左传》,亦称《左氏春秋》、《春秋左氏传》、《春秋内传》是解释鲁国史籍《春秋》的一部编年体历史著作。传为春秋末鲁人左丘明作,实际成书时间当在战国中期。《左传》除了叙述春秋时的具体史事外,还记录了当时人物的言论,保存了有关当时哲学思想的一些片段材料。其中反映无神论观点的记载主要有:"季梁论祀神"、"臧文仲论巫尪"和"子产论天道"。

《左传·桓公六年》记载季梁谏随侯追楚师时说:"夫民,神之主也,是以圣王先成民,而后致力于神"。意思是在对于民和神的关系上,民是主体,神是附属。这实际上反映了对神权政治一种否定。

《左传·僖公二十一年》记载鲁僖公为了解除旱灾,准备焚烧死巫尪(女巫和突胸仰面的残疾人),臧文仲劝阻道:"非旱备也。修城郭,贬食,省用,务穑,劝分,此其务也。巫尪何为?天欲杀之,则如勿生;若能为旱,焚之滋甚。"意思是只要人们努力于增产节约,就可以减轻干旱所造成的灾害,而神灵是无能为力的。

《左传·昭公十八年》在郑国遇到灾害时,子产反对求神禳祭。否定占星术能够预测人事,认为天体运行的轨道与人事遵行的法则互不相干,指出:"天道远,人道迩",表现了反对天命迷信的倾向。

子产,春秋时期政治家、思想家。姓公孙,名侨,字子产,一字子美,号成子。郑穆公之孙,司马子国之子。他在郑执政,既维护公室的利益,又限制贵族的特权,进行了自上而下的改革。他主张"唯有德者能以宽服民,其次莫如猛"《左传·昭公二十年》。孔子评价道:"善哉!政宽则民慢,慢则纠之以猛。猛则民残,残则施之以宽。宽以济猛,猛以济宽,政是以和。"

9.《左传》中有关史墨的皆有贰也说

史墨,春秋末期思想家。姓蔡,名墨。又作蔡史墨、史黶、史默,生卒年不可考。官为晋太史,故称史墨。长于天文星象、五行术数与筮占。他提倡设置"五行之官",即木正、火正、望正、水正、土正。认为,五行之物都有其官,"官宿其业,其物乃至",有利于国家和人民的财用。史墨常用筮占与星占之术,推究人事的变化,曾提出"火胜望"、"水胜火"之类的预言,开了"五行相胜"说的先河。

《左传·昭公三十二年》记载,鲁昭公被季平子赶出鲁国,死于流亡途中。晋国赵简子就此事问史墨:"季氏出其君而民服焉,诸侯与之,君死于外,而莫之或罪也?"史墨回答说:"物生有两,有三,有五,有陪贰。故天有三辰,地有五行,体有左右,各有妃耦,王有公,诸侯有卿,皆有贰也。天生季氏,以贰鲁侯,为日久矣。"史墨认为"高岸为谷,深谷为陵,三后之姓(贵族)于今为庶(平民)",这也是"天之道也"。他从具体事物中看到了"物生有两"的矛盾,分析了鲁君与季氏君臣关系发生变化的必然性与合理性,得出"社稷无常奉,君臣常位,自古以然"的结论。

10.《左传》中有关晏婴的相成相济说

晏婴，中国春秋时齐国的思想家。字仲，谥平，亦称晏平仲。夷维（今山东省高密）人。在齐从政长达56年，声名卓著。传世《晏子春秋》，是战国时人搜集有关他的言行编辑而成。

晏婴主张修文德，轻鬼神。《左传·昭公二十年》记载齐景公生病，意欲降罪祝史，晏婴以为不可，于是进谏说："虽其善祝，岂能胜亿兆人之诅？"彗星出现，景公想举行禳祭，他用"天道不谄，不贰其命"的道理，说明祈福禳灾无益，要求齐君善理政事，多关心人民疾苦。

晏婴

在与齐景公论述和与同的关系时，晏婴以烹调和羹、对待不同意见和奏乐为例，说明和是"济其不及，以泄其过"，是事物矛盾的"相成相济"。他并进一步从可与否来论证其观点，说"君所谓可，而有否焉"、"君所谓否，而有可焉"。又说："若以水济水，谁能食之！若琴瑟之专壹，谁能听之！同之不可也如是"。他还明确指出"清浊、大小、短长、疾徐、哀乐、刚柔、迟速、高下、出入、周疏"等矛盾的现象都可以"相成相济"。

二、春秋战国时期哲学

处于社会大动荡、大变革的春秋战国时期，儒、墨、道、法、名、阴阳等学派，各自就天人之际和古今之变以及名实、礼法等问题展开了激烈的哲学论辩，从而形成了百家争鸣的诸子哲学时期。

1. 儒家

儒家是中国古代学术思想史上最有影响的一个学派。《汉书·艺文志》说，儒家"游文于六经之中，留意于仁义之际，祖述尧舜，宪章文武，宗师仲尼，以重其言，于道最为高。"《史记·太史公自序》说："夫儒者以六艺为法。六艺经传以千万数，累世不能通其学，当年不能究其礼，故曰博而寡要，劳而少功。若夫列君臣父子之礼，序夫妇长幼之别，虽百家弗能易也。"综上得知，儒家学派的主要特征即是：以崇奉孔子学说为其宗旨，以《诗》、《书》、《乐》、《礼》、《易》、《春秋》为经典，遵循尧舜之道，效法周文王、周武王之制，崇尚"礼乐"和"仁义"，提倡"忠恕"和"中庸"之道，维护君臣、父子、夫妇、兄弟等伦常关系，政治上主张"德治"和"仁政"，重视伦理道德教育和自我修身养性。

儒家之所以称儒，据《汉书·艺文志》说："儒家者流，盖出于司徒之官，助人君、顺阴阳、明教化者也。"但在社会大动荡的春秋时期，"儒"失去原来的地位，遂以"相礼"为谋生职业。孔子早年曾以"儒"为业，《论语·子罕》记载他自己的话说："吾少也贱，故多能鄙事"；"出则事公卿，入则事父兄，丧事不敢不勉，不为酒困，何有于我哉？"不过，孔子除通晓养生送死的礼仪外，还精通礼、乐、射、御、书、数六艺。《史记·孔子世家》记载："孔子以诗书礼乐教，弟子盖三千焉，身通六艺者七十有二人。"由此形成一个以孔子为核心的学派，后世称为"儒家"。

孔子思想具有博大而多面性的特点，其弟子对孔子的理解也各执一端，学派内、外论争的结果，遂有"儒分八家"之说。《韩非子·显学》云："自孔子之死也，有子张之儒，有子思之儒，有颜氏之儒，有孟氏之儒，有漆雕氏之儒，有仲良氏之儒，有孙氏之儒，有乐正氏之儒。"

战国时的儒家以孟子和荀子最为突出。孟子继承孔子关于仁的思想和德政主张，并发展为仁政学说。荀子则继承了孔子思想中重人事、不重鬼神的一面，强调天人之分，提出"制天命而用之"的观点。此外，战国还有一些儒家学者，解释《周易》，作成《易传》。《易传》认为，宇宙万物处于永恒的生灭变易之中，变易的根据在于宇宙中阴阳、刚柔相摩相荡。儒家思想由于孟、荀、《易传》作者和其他派别代表人物的发展，成为先秦显学之一。

（一）孔子（公元前551~前479年）

①孔子生平与《论语》

孔子，春秋后期的思想家、教育家，儒家创始人。名丘，字仲尼，鲁国陬邑（今山东曲阜）人。早年丧父，家境中落，年轻时曾做过"委吏"和"乘田"（管理仓廪与放牧牛羊的小官）。34岁时鲁大夫孟僖子之嗣孟懿子及南宫敬叔来学礼，从此，孔子开始授徒讲学。孔子的教育活动，打破了"学在官府"的传统，促进了学术文化的传播和教育的发展。

鲁昭公二十六年（前516）鲁国内乱。孔子离鲁至齐。齐景公曾问政于孔子，孔子对以"君君、臣臣、父父、子子"，深得景公赞许。但因晏婴等人的阻挠，最终未被任用。不久孔子返回鲁国，其时鲁国三桓专权，而季氏家臣阳虎、公山不狃的势力也膨胀起来。孔子极度不满这种"陪臣执国命"的状况，喟然叹道："不义而富且贵，于我如浮云。"于是退而埋首整理诗、书、礼、乐，并扩大教学事业，弟子越来越多，影响越来越大。

鲁定公九年（前501），孔子被任为中都宰，颇有政绩，由中都宰升为大司寇。十年，齐鲁夹谷之会，孔子认为"有文事者必有武备，有武事者必有文备"，他临事兵礼并用，为鲁国收回了被齐国侵占的郓、灌及龟阴之田。十三年，孔子为加强公室，利用三桓与其家臣的矛盾，以"臣无藏甲，大夫毋百雉之城"为理由，建议公室毁季孙氏、叔孙氏、孟孙氏等三家的都邑，但计划遭到失败，复兴周礼的抱负和理想难以实现，乃借口"燔肉不至"，带领弟子离开鲁国，开始其周游列国的飘泊生涯。先抵卫国，因受卫灵公猜疑，即离卫去陈。经匡时，遭到匡人的围困。解围后抵蒲，不久再到卫国。然后由卫经曹至宋。宋司马桓魋想害他，他只好离宋，经郑至陈，在陈国住了三年。因陈经常受到晋、楚、吴等大国的侵犯，便再次经蒲至卫。卫灵公曾向他请教兵阵，孔子说："俎豆之事则尝闻之矣，军旅之事未之学也。"后孔子离卫至陈，一年后又由陈迁蔡，在蔡住了三年，后来楚昭王听说孔子在陈蔡之间，使人迎孔子。陈蔡大夫害怕孔子去楚对陈蔡不利，便派人围困孔子，致使断粮。最后楚昭王兴师迎孔子，才使其免遭于难。楚昭

[南宋]马远：孔丘像　　[明]佚名：孔子不仕退修诗书图

[明]佚名版画：圣贤像赞

王想以七百里的户籍封孔子，遭到令尹子西的反对。不久昭王死，孔子觉得在楚也难以施展抱负，于是又返回卫国。鲁哀公十一年（前484）季康子以币迎孔子，孔子归鲁，时年已68岁。鲁哀公和季康子常向孔子问政，但终不起用。孔子晚年集中精力从事教育，整理《诗》、《书》等古代典籍，删修《春秋》。鲁哀公十六年（前479）孔子病逝。

孔子的思想学说主要汇集在《论语》中。《左传》与《史记·孔子世家》有关孔子言行的记载，也较可靠，都是研究孔子思想的主要依据与资料。

《论语》，儒家经典之一。孔子弟子及后学记述孔子言行的语录体著作，成书时代当在战国初期。西汉时有今文本的《鲁论》和《齐论》及古文本的《古论》三种，西汉末年张禹据《鲁论》并参考《齐论》，编出定本《张侯论》。今本《论语》系东汉郑玄混合《张侯论》和《古论》而成，共二十篇，是一部最集中地记载孔子思想的著作。

②孔子的哲学思想

△"畏天命"和"敬鬼神而远之"的天道观

先秦哲学争论的中心议题是天与人的关系。孔子认为"唯天为大，唯尧则之"（《论语·泰伯》）、"获罪于天，无所祷也"（《论语·八佾》）。所以他以为"不知命，无以为君子也"（《论语·尧曰》），他自己就是"五十而知天命"（《论语·为政》）的。既然天是最高权威，天命就是不可抗拒的。所以宋司马桓魋欲害孔子时，孔子说："天生德于予，桓魋其如予何"（《论语·述而》）。当冉伯牛垂死之际，他无可奈何地说："亡之，命矣夫。"当公伯寮干扰他的政治活动时，他说："道之将行也与，命也；道之将废也与，命也。公伯寮其如命何"（《论语·宪问》）。孔子还说："君子有三畏：畏天命，畏大人，畏圣人之言"（《论语·季氏》）。孔子在相信天命的同时，对周时盛行的通过卜筮探求上天意向的作法持否定态度，他特别强调"为仁由己"。这种先尽人事而后言天命的思想奠定了儒家天命思想的基础。

孔子不否认天命鬼神的存在，但又对其持怀疑态度，主张"敬鬼神而远之，可谓知矣"（《论语·雍也》）。据《论语·述而》记载，孔子"不语怪、力、乱、神"，并且说："未能事人，焉能事鬼"；"未知生，焉知死"（《论语·先进》）。

△悬生知而重闻见的知识论

孔子在分析知识来源时说："生而知之者，上也；学而知之者，次也；困而学之，又其次矣；困而不学，民斯为下矣"（《论语·季氏》）。对"生而知之"的圣人，孔子认为"吾不得而思之矣。"但对自己的评价则是："我非生而知之者，好古，敏以求之者也"（《论语·述而》）。

孔子十分强调后天的学习，他认为不学习，仁、智、信、直、勇、刚等品质将流于"六蔽"："好仁不好学，其蔽也愚；好知不好学，其蔽也荡；好信不好学，其蔽也贼；好直不好学，其蔽也绞；好勇不好学，其蔽也乱；好刚不好学，其蔽也狂"（《论语·阳货》）。因此他一生学而不倦，曾说："十室之邑，必有忠信。如丘者焉，不如丘之好学也。"（《论语·公冶长》）还说："三人行，必有我师焉，择其善者而从之，其不善者而改之"（《论语·述而》）。

孔子注重"多闻"、"多见"，他说："盖有不知而作之者，我无是也。多闻，择其善者而从之，多见而识之，知之次也"（《论语·述而》）。又说："多闻阙疑，慎言其余，则寡尤；多见阙殆，慎行其余，则寡悔"（《论语·为政》）。但他又认为闻见得来的知识，不可都信以为真，必须细加观察，"视其所以，观其所由，察其所安"（《论语·为政》）。

孔子认为学必继之以思，思必依据于学，"学而不思则罔，思而不学则殆"（《论语·为政》）。他反对只思不学，指出："吾尝终日不食，终夜不寝，以思，无益，不如学也"（《论语·卫灵公》）；他反对学而不思，提倡"视思明，听思聪，色思温，貌思恭，言思忠，事思敬，疑思问，忿思难，见得思义"（《论语·季氏》）。他认为，在"思"的过程中，要不断进行模拟，并加以演绎推理，才能达到"举一反三"的效果，亦即"举一隅，不以三隅反，则不复也"（《论语·述而》）。

孔子认为学还必须不断地"习"和"行"。所谓"学而时习之，不亦悦乎"(《论语·述而》),还要"敏于行"(《论语·里仁》)亦即学以致用。当然,孔子主张的"习"和"行",目的应是为了从政和道德践履。他说:"诵诗三百,授之以政,不达,使于四方,不能专对,虽多,亦奚以为?"他还说:"闻义不能徙","是吾忧也"。主张"徙"义,把了解到的道理用于道德实践,反对那种知而不行或"言而过其行"(《论语·宪问》)的人。

△仁与礼的学说

"仁"是孔子思想的核心,也是其伦理思想之根本。孔子认为"仁"的本质就是"爱人"(《论语·颜渊》),亦即"己欲立而立人,己欲达而达人"(《论语·雍也》),如能做到"博施于民而能济众"(同上),就是"仁"的极致。

孔子在回答子张询问"仁"时,把"仁"的基本内容归纳为"恭、宽、信、敏、惠。恭则不侮,宽则得众,信则人任焉,敏则有功,惠则足以使人"(《论语·阳货》)。可见孔子的"仁"是一种制约社会全体成员的伦理道德原则,认为一个人要达到"仁"的标准,就得凡事以身作则,体谅别人,实行忠恕之道。《论语·里仁》说:"夫子之道,忠恕而已矣",《论语·卫灵公》说:"其恕乎,己所不欲,勿施于人"。

《论语·颜渊》记载,颜渊向孔子请教如何达到"仁"的高度,孔子回答道:"克己复礼为仁。一日克己复礼,天下归仁焉。为仁由己,而由人乎哉?"这是说,一个人只要能自觉地克制自己的非份欲望,遵守礼法,就可以达到仁的境界。礼原是中国奴隶社会的典章制度,用以规范人们的行为和思想。要贯彻"仁",必须靠"礼"来辅助。当颜渊询问具体做法时,孔子的回答是"非礼勿视,非礼勿听,非礼勿言,非礼勿动。"他又说:"富与贵,是人之所欲也,不以其道得之,不处也。贫与贱,是仁之所恶也,不以其道得之,不去也。君子去仁,恶乎成名?君子无终食之间违仁。造次必于是,颠沛必于是"(《论语·里仁》),这就为社会稳定奠定了道德伦理基础。

孔子还把"仁"作为一种高尚的道德修养,所谓"无求生以害仁,有杀身以成仁"(《论语·卫灵公》)。"仁义"作为一种理想的道德规范,千百年来,却早已深入人心,成为中华民族的政治理想与传统美德。

孔子认为维护周礼,须从"正名"入手,他说:"名不正则言不顺,言不顺则事不成,事不成则礼乐不兴,礼乐不兴则刑罚不中,刑罚不中则民无所措手足"(《论语·子路》)。这是一个关于"名"与"实"的哲学问题,其社会作用在于用周礼的形式去匡正已经产生变化的社会现实。春秋时,出现了臣杀君、子杀父、少陵长、庶废嫡等违背伦理的行为,出现了"礼乐征伐自诸侯出"、"政在大夫"、"陪臣执国命"的僭越行为。孔子对于破坏周礼的行为一概加以谴责,他说:"天下有道,则礼乐征伐自天子出;天下无道,则礼乐征伐自诸侯出。自诸侯出,盖十世希不失矣;自大夫出,五世希不失矣;陪臣执国命,三世希不失矣。天下有道,则政不在大夫,天下有道,则庶人不议"(《论语·季氏》)。鲁国季氏窃用天子之礼,"八佾舞于庭",孔子对此极为愤慨,认为"是可忍也,孰不可忍也"(《论语·八佾》)。

孔子倡导德政,主张政治上对民宽刑罚而重教化,要"道之以德,齐之以礼"(《论语·为政》),反对任意刑杀,认为"不教而杀谓之虐;不戒视成谓之暴"(《论语·尧曰》),为政者只有宽猛结合,才能维护其统治。"宽"是孔子德治、教化的重要内容,因为"宽则得众"(《论语·尧曰》)。"宽"的含义在经济上则为"惠民","养民也惠"(《论语·公冶长》),"节用而爱人,使民以时"(《论语·学而》),实行有利于民的"庶(增加人口)、富、教"具体政策(参见《论语·子路》)。为了实行德政,孔子提出"举贤才"(《论语·子路》)的政治主张。提拔正直的人,废置邪恶的人,"举直错诸枉,则民服;举枉错诸直,则民不服"(《论语·为政》),说明孔子重视民意。《论语·颜渊》记载,樊迟问仁,孔子答以"举直错诸枉,能使枉者直"。朱熹在《论语集注》里解释道:"举直错枉者,知也。使枉者直,则仁矣。"

△中庸之道

中庸是孔子立身行事的最高标准,孔子说:"中庸之为德也,其至矣乎!民鲜久矣"《论语·雍也》)。中庸的基本原则是"允执厥中"(《论语·尧曰》),要求人们在处理事务时,把握适当的限度,以保持事物的平衡,使人的言行合于既定的道德标准。既不能过,也不能不及。孔子在回答子贡问"师与商也孰贤"时说:"师也过,商也不及","过犹不及"(《论语·先进》)。因为"过"和"不及"都偏离中道。

孔子的中庸之道,既是一种世界观,也是一种对待自然、社会、人生的基本方法。如在政治上,主张"名正言顺","礼乐兴而刑罚中",还主张"宽以济猛,猛以济宽,政是以和"(《左传》昭公二十年)。在经济上,他主张"惠而不费","劳而不怨","欲而不贪"(《论语·尧曰》)和"施取其厚,事举得中,敛从其薄"(《左传》昭公十一、十二年)。在伦理道德上,他认为中庸为"至德",主张"直道而行"(《论语·卫灵公》)。在美学上,他主张文质兼备,"乐而不淫,哀而不伤"(《论语·八佾》),等等。孔子承认一般人很难做到中庸,因此他同意在中道"不可必得"的情况下,则"思其次",他说:"不得中行而与之,必也狂狷乎?狂者进取,狷者有所不为也"(《论语·子路》)。他对勇于进取的"狂"和退而洁身的"狷"都给予一定的肯定,而最厌恶的是"同乎流俗,合乎污世,居之似忠信,行之似廉洁,众皆悦之,自以为是",称这种行为是"乡愿",认为"乡愿,德之贼也"(《论语·阳货》)。

△孔子的审美观与正名思想

孔子的审美观建立在"仁学"基础上,认为要使社会得到合理的、和谐的发展,最重要的是实行"仁"的原则。文艺就是唤起这种要求、促使人们自觉行"仁"的一个十分重要的手段。所以,他提出"兴于《诗》,立于礼,成于乐"(《论语·泰伯》)的思想,并把诗的社会功能明确概括为"兴"、"观"、"群"、"怨"四个方面。他认为文艺的特殊作用在于感发、陶冶人们的伦理道德感情,使遵守社会伦理道德原则成为个体的自觉要求,不但要"知之"、"好之",而且要"乐之",即以实行"仁"为最大的愉快和满足。这样,孔子便把道德上的"善"融合到了审美的境界。孔子认识到事物的"文"与"质"(形式与内容)既矛盾又统一的关系,故说:"质胜文则野,文胜质则史。文质彬彬,然后君子"(《论语·雍也》),也就是主张"文质兼备"。但他所把持的原则和方法是先"质"后"文",他认为"有德者必有言,有言者不必有德"《论语·宪问》),指出"巧言令色,鲜矣仁"(《论语·学而》)。当然,由于时代的局限性,孔子要求美和文艺必须绝对服从于"礼",而且把审美与文艺的作用最后归结为"迩之事父,远之事君,多识于鸟兽草木之名"(《论语·阳货》)。

孔子是中国古代逻辑思想的启蒙者,他提出的正名主张包含了对逻辑正名的初步意识。在名和言的关系上,孔子认为言有赖于名,"名不正,则言不顺;言不顺,则事不成;事不成,则礼乐不兴;礼乐不兴,则刑罚不中;刑罚不中,则民无所措手足"(《论语·子路》)。所以,正名是言论合理的前提和条件。"名"是指反映事物或对象的概念,"言"是指由名构成的语句(命题)或判断以及由语句(命题)组成的言语(推理)。只有名具有确定性(正名),才能构成形式正确的语句(命题)和进行有效的推理(言顺)。孔子强调推理在认识中的作用,提出"告诸往而知来者"(《论语·学而》)、"温故而知新"(《论语·为政》),认为由过去的已知可以推论今后的未知。他根据同类可以相推的原则,提出了"举一隅不以三隅反,则不复也"(《论语·述而》)和"闻一以知十"(《论语·公冶长》)等著名的类推教学方法,认为事物都可以归属于一定的类,从某类中的一个事物所具有的某一性质,可以推知该类中的其他事物也有此性质。

(二)子思(公元前481？~前402？)

①子思生平

中国战国初期思想家。姓孔,名伋,字子思,孔鲤之子,孔子之孙。鲁国陬邑(今山东曲阜)人。约生于公元前481年,卒于公元前402年前后。相传曾受业于曾子。汉学者郑玄、孔颖达等人认为《中庸》为子思所著。

但《中庸》有"今天下,车同轨,书同文,行同伦"之语,显然为秦汉之际增补的文字。《韩非子·显学》把子思之儒列为一单独学派,后世亦有并称子思与孟子为思孟学派。宋徽宗时尊他为"沂水侯",元文宗时又追谥为"沂国述圣公",其思想对孟子和宋明理学都有影响。

②子思的哲学思想

在传说子思撰写的《中庸》里,提出"天命之谓性,率性之谓道",认为人性是天赋,循性而行便是道。《中庸》的核心观念是"诚"(信

子思

实无欺或真实无妄），认为"诚"是"天"的本性，是世界的根本性质，故说"诚者，物之终始，不诚无物"。又说："诚者，天之道也；诚之者，人之道也"，"诚者非自成己而已也，所以成物也。成己，仁也；成物。知也。性之德也,,合外内之道也"。努力求诚达到合乎诚的境界则是为人之道，所以，人要通过道德修养工夫，"择善而固执之"，以求达到"不勉而中，不思而得，从容中道"的境界。

在论述道德修养时，子思首次提出"慎独"的概念。他说："道也者，不可须臾离也，可离非道也。是故君子戒慎乎其所不睹，恐惧乎其所不闻。莫见乎隐，莫显乎微，故君子慎其独也。"意思是君子在无人监督的闲居独处时，对自己的行为尤须谨慎，自觉遵循儒家的伦理道德准则。

(三) 孟子 (约公元前372~约前289年)

①孟子生平与《孟子》

孟子，战国时期思想家，儒家的主要代表之一。名轲，邹（今山东邹县）人。约生于周烈王四年，约卒于周赧王二十六年。相传孟子是鲁国贵族孟孙氏的后裔。幼年丧父。家庭贫困。曾受业于子思的学生。学成以后，以士的身份游说诸侯，企图推行自己的政治主张，到过梁（魏）国、齐国、宋国、滕国、鲁国。当时几个大国都致力于富国强兵，争取通过暴力的手段实现统一。孟子的仁政学说被认为是"迂远而阔于事情"（《史记·孟子荀卿列传》），没有得到实行的机会。最后退居讲学，和他的学生万章一起，"序《诗》、《书》，述仲尼之意，作《孟子》七篇"（《史记·孟子荀卿列传》）。

《孟子》是儒家思孟学派汇集孟轲思想的代表作，一般认为是孟轲与弟子公孙丑、万章等人共同编定而成的。《孟子》记载了孟轲一生的政治活动、政治思想、哲学、伦理和教育思想。诸篇的核心思想是"仁政"说，就是要求国君能够"与民同乐"，使人民的生活安定幸福，其要点：一是在经济上减免赋税，实行井田制，使百姓有固定的"恒产"。二是在政治上选贤任能，宽省刑罚。三是在文化上

孟子

"设为庠序学校以教之",使百姓知仁义、"明人伦"。孟轲认为,实行"仁政",就可以得到百姓的拥护,因而必定能够一统天下,即"仁者无敌"。孟轲的"仁政"学说,把百姓看作是国家政治的根本,"民为贵,社稷次之,君为轻"(《孟子·尽心》),国君若暴虐害民,那就是独夫民贼,百姓完全有理由将其推翻。民本思想是孟轲学说中最光辉的组成部分。

在孟子生活的时代,百家争鸣,"杨朱、墨翟之言盈天下"。孟子站在儒家的立场加以激烈抨击。孟子继承和发展了孔子的思想,提出一套完整的思想体系,对后世产生了极大的影响,被尊奉为仅次于孔子的"亚圣"。

②孟子的哲学思想

△天人合一

孟子哲学思想的最高范畴是天。他说:"诚者,天之道也"。把诚这个道德概念规定为天的本质属性,认为天是人性固有的道德观念的本原。孟子的思想体系,包括他的政治思想和伦理思想,都是以天这个范畴为基石的。凡是人力所不能做到的事,孟子都归结为天的作用。他说:"君子创业垂统,为可继也。若夫成功,则天也"(《孟子·梁惠王》)。因此,孟子主张"乐天"、"畏天"、"事天",顺从地接受天的安排。

关于天人关系,孟子认为天与人二者是相通的。从天的方面来说,天是万事万物的主宰,人事的一切,无论是政治制度、道德原则、社会历史发展还是个人的穷通祸福,都是由天决定的。从人的方面来说,不仅人的善性来自天赋,而且人心的思维功能也是天所赐与的。人心具备天的本质属性,只要反求诸己,尽量发挥、扩展自己的本心,就可以认识天。孟子的这种天人合一的思想集中地体现在"尽其心者,知其性也。知其性,则知天矣"(《孟子·尽心》);"万物皆备于我矣。反身而诚,乐莫大焉"(《孟子·尽心》);"是故诚者,天之道也;思诚者,人之道也"(《孟子·离娄》)。

所谓"尽其心者",意思就是尽量发挥、扩展人的本心。因为心是专主思维的器官,包含着仁、义、礼、智四种道德的发端。孟子认为"恻隐之心,仁之端也;羞恶之心,义之端也;辞让之心,礼之端也;是非之心,智之端也。人之有是四端也,犹其有四体也"(《孟子·公孙丑》)。人们的心理状态、思想感情都是差不多的。尽心，就是人们要尽量扩展心所固有的善端，认识到自身的善良本性，从而进一步认识天命。天是人之心、性的最高依据，为了认识天，应从尽心做起。

尽心、知性、知天，这三个程序贯穿着孟子的天人合一思想，集中表述了他的道德修养方法和认识论思想。所以，他强调主体的自觉与向内的追求，认为如果达到了这种境界，可以产生一种巨大的精神力量，"所过者化，所存者神，上下与天地同流"（《孟子·尽心》）。孟子还宣称，"天"为了培养一个伟大人物，必须给他一个艰苦磨炼的机会："天之将降大任于是人也，必先苦其心志，劳其筋骨，饿其体肤，空乏其身，行拂乱其所为，所以动心忍性，曾（增）益其所不能"（《孟子·告子》）。孟子主张人在物质上要清心寡欲，而在精神上则要培养"浩然之气"。浩然之气，"其为气也，至大至刚，以直养而无害，则塞于天地之间"（《孟子·公孙丑》）。这种气，不是本来存在于自然界的精气，而是由主观精神升华而成的一种精神状态，"其为气也，配义与道"（《孟子·公孙丑》），就可无所畏惧，充分表现出强烈的主观进取精神。

△仁政学说

孟子把孔子"仁"的观念发展成为"仁政"学说，提出"民贵君轻"的政治观点，劝告统治者要重视民心的向背，阐述了儒家重民思想。他指出："明君制民之产，必使仰足以事父母，俯足以畜妻子，乐岁终身饱，凶年免于死亡。然后驱而之善，故民之从之也轻"（《孟子·梁惠王》）。孟子曾对邹穆公说："凶年饥岁，君之民老弱转乎沟壑，壮者散而之四方者，几千人矣；而君之仓廪实，府库充，有司莫以告，是上慢而残下也"（《孟子·梁惠王》），会逼起民众造反，若行仁政，则民可亲其上。又说："以佚道使民，虽劳不怨；以生道杀人，虽死不怨杀者"（《孟子·尽心》）。他认为，只有关心劳动者的生活，才能使自己的统治地位得到巩固。

关于仁政的具体内容，孟子归纳为五点：一、对士人要"尊贤使能，俊杰在位"（《孟子·公孙丑》）；二、对商人要减轻负担；三、对行商不要征税；四、对耕者恢复井田制度，不要另外赋税；五、对城市居民免去住宅税。这五点充分体现出改良政治，保护百姓利益的精神。

孟子的仁政学说，还包括对暴政的批判。他说："贼仁者谓之贼，贼义者谓之残，残贼之人谓之一夫，闻诛一夫纣矣，未闻弑君也"（《孟子·梁惠王》）。又说："庖有肥肉，厩有肥马，民有饥色，野有饿莩，此率兽而食人也"（《孟子·梁惠王》）。这些对暴君昏王的揭露，体现出他的重民思想。

△义利与劳心劳力观

孔子重义轻利，他说："君子喻于义，小人喻以利"（《论语·里仁》）。孟子更进一步把义利绝对对立起来，认为讲利必然危害义，利是危害社会，引起社会混乱的总根源。他对梁惠王说："王何必曰利，亦有仁义而已矣"《孟子·梁惠王》。

劳心与劳力的问题，是孟子哲学中的一个重要内容，因为它是比较系统地论证剥削制度的合理性的学说，对后世有过深刻影响。同时也涉及到社会分工的一些初步理论。战国时期农家学派领袖许行率徒数十人从楚国来到滕国，皆衣褐，捆屦，织席以为食，宣传"贤者与民并耕而食，饔飧而治"（《孟子·滕文公》）的观点。孟子则以为："然则治天下独可耕且为与？有大人之事，有小人之事。且一人之身，而百工之所为备，如必自为而后用之，是率天下而路也。故曰：或劳心，或劳力；劳心者治人，劳力者治于人；治于人者食人，治人者食于人，天下之通义也"（《孟子·滕文公》）。

（四）荀子（约公元前286～前238年）

①荀子生平及《荀子》

战国末期思想家、教育家。名况，时人尊而号为"卿"，赵国（今山西省南部）人。关于荀子的生平事迹，史籍记载较略。他约生于周显王四十四年前后，卒于楚考烈王二十五年。据说他曾到过齐国稷下讲学，后因遭受齐人毁谤，投奔楚国，曾任兰陵（今山东省苍山县兰陵镇）令。晚年，他积极从事教学和著述，总结百家争鸣的理论成果，是儒家思想之集大成者。荀子对儒家的保守复古倾向有所扬弃，主张法后王和性恶说，反对天有意志，强调后天学习的重要性，注意发挥人的

荀子

主观能动性等。其思想集中反映在《荀子》一书中。

《荀子》经秦火后，藏于汉秘府，名《孙卿书》，当时共存322篇。后经刘向整理校定，去其重复290篇，定著32篇，名《孙卿新书》，《汉书·艺文志》著录名《孙卿子》。后经唐杨倞订正注解，改名为《荀卿子》，简称《荀子》。其中《大略》等最后六篇，或系其弟子所记。

②荀子的哲学思想

△"天行有常"和"制天命而用之"的自然观

关于"天命"，先秦时期有两种不同的学说。一种把"天"视为有意志的"至上神"，"天命"就是天之命令。另一种则把"天"当作无意志的自然，"天命"就是自然的必然或自然之规律。荀子是主张天道自然的思想家，他指出："天行有常，不为尧存，不为桀存"、"天不为人之恶寒也，辍冬；地不为人之恶辽远也，辍广"（天论》）。自然界的变化没有意志，也不受人的意志所左右。天人各有不同的职能，"天能生物，不能辨物也；地能载人，不能治人也"（《礼论》），所以必须"明于天人之分"，明确划分"天职"与"人治"，即自然与人为之间的界限。"天有其时，地有其财，人有其治，夫是之谓能参"（《天论》）。人类能够根据对于天时、地利的认识来利用自然，役使万物，从而"制天命而用之"（《天论》），实现了人在自然面前的主观能动性，体现了人定胜天思想。

△"当薄其类"和"征知"的认识论

荀子在《解蔽》篇中，把"蔽于一曲而暗于大理"的主观片面性视为"心术之公患"，提出"兼陈万物而中悬衡"，即要求"虚壹而静"，全面、客观地观察事物。在《正名》篇中，他把认识过程区分为"天官当薄其类"和"心有征知"两个阶段。荀子认为，"知有所合谓之智"，"能有所合谓之能"（《正名》），人们认识世界和改造世界的知识和能力只有在主观符合客观的前提下才能实现。要做到这一点，必须在认识过程中充分发挥"天官"（感觉器官）和"天君"（思维器官）的作用。"天官"的作用在于通过"当薄其类"，即与不同种类事物及其不同方面属性的接触形成各种不同的感觉。但感觉还只是表面的、零碎的，在复杂的情况下，还可能产生错觉。因此，还必须依赖"天君"发挥"征知"的能动作用，对感觉加以鉴别验证，形成理性认识。荀子认为，当人们把感性认识上升为理性认识后，就可以"精于物者以物物，精于道者兼物物"（《解蔽》），取得认识事物、征服自然的主动权。

△ "化性而起伪"的人性改造论

荀子在《性恶》篇中，针对孟子天赋道德的性善论，提出"人之性恶，其善者伪也"的论点，认为"好利"、"疾恶"、"好声音"是人的自然情欲，是人的天性。而善的道德意识是后天人为加工的结果。人的主观能动性不仅表现为"制天命而用之"，改造客观世界使其为人类服务，还表现为"化性而起伪"，改造主观世界。他提出"察乎人之性伪之分"的观点，把人们基于生理机能而产生的对物质生活的欲求归之于与生俱来的自然本性，把为了调节这一欲求而必须具备的道德意识归之于后天人为的社会规范（伪）。他说："性也者，吾所不能为也，然而可化也；情也者，非吾所有也，然而可为也。"亦即认为人的自然本性可以改造变化，道德规范是人为创造的结果。他还指出，人人都可改造成为圣人，"涂之人可以为禹"，但需经历一个长期磨练过程："起于变故，成乎修为"，即开始于自然本性的改变，完成于后天人为的积累。这是从自然与人为、先天与后天的矛盾统一出发的人性自我改造。他说："可以为，未必能也；虽不能，无害可以为。"意思是具有可能性并不一定能成为现实性，而虽不能成为现实性，也不能因此而否认这种可能性。"能不能"与"可不可"之间，既有联系，又有差别。但只要"肯为"，就可以化"可为"成"能为"。这种把可能性变为现实性的主观能动性思想，是荀子人性论中的积极内容。

△ "明分使群"的社会起源论

在解释社会国家起源的问题上，荀子看到，人们一方面在物质利益上产生利害冲突，另一方面由于职业分工又需要互通有无。这种经济利益的依存关系，使人们处于"离居不相待则穷，群而无分则争"（《富国》）的矛盾之中。为了解决这一矛盾，人们通过认真思考，总结出"群居和一之道"（《荣辱》），这就是"明分使群"。他认为，只有在生产上实行农工商贾的职业分工，在产品上确定多少厚薄的分配数额，在政治和伦理上区分贵贱长幼的不同等级，人们才能在一定关系中组成社会群体，从而在与自然作斗争中发挥"分则和,和则一,一则多力,多力则强,强则胜物"(《王制》)的能动作用。同时,在分工明确、职责清楚的前提下,人们都争取实现自己之所愿欲,避免自己之所畏恐。所以,荀子得出结论说:"无分者,人之大害也;有分者,天下之本(大)利也"(《富国》)。在他看来,"分"所强调的虽是"不同"、"非齐",但只有"不同"才能"一",只有"非齐"才能"齐",只有"明分"才能"群居和一"。

△"法后王"的进化历史观

荀子从发挥主观能动性的思想出发,认为天命可制,人性可化,社会制度应根据时代变化而进行因革损益。他反对"古今异情"(《非相》)的观点,认为历史总是处在更新代替的发展过程中,过去由"先王"制定的社会制度,因时代久远,早已废弛失传了,"欲观圣王之迹,则于其粲然者矣,后王是也"(《非相》)。因此,要承认今胜于古,"欲观千岁,则数今日",不要"舍后王而道上古"(《非相》),要根据现实的需要去研究历史,要站在今天的高度去衡量古人,"处于今而论久远"(《解蔽》)。另外,荀子还主张"以道观尽,古今一也"(《非相》),认为反映历史发展的普遍规律(道)是无时无处而不常在(尽)的。从普遍规律来看,古与今虽具有差异性,但更具有一致性。只有这种一致性,才能保证"百王之无变,足以为道贯"(《天论》)。荀子的"后王"观,是一种以继承为主的温和改革思想。

△"制名以指实"的逻辑思想

荀子认为,"实不喻然后命,命不喻然后辞,辞不喻然后说,说不喻然后辩"(《正名》)。他所说的命、辞、说、辩指的是人们的基本思维活动形式。在他看来,名的形成首先要靠人的"天官"即目、耳、口、鼻、体接触事物,获得经验材料,并经过"天君"即心对经验材料加工、整理。而且,由于人们的天官和天君的机能是相同的,因此对同一认识对象就会有相同的反映,从而形成统一的名即概念,相当于形式逻辑的概念或语词;辞是连属不同的名以说明一个思想的思维形式,相当于命题、判断或语句;辩、说是针对同一个论题的不同说法以辨明孰是孰非的思维形式,相当于推理和论证。

荀子在《正名》篇中,比较系统地探讨了制名的原则和方法。他提出,

"同则同之,异则异之",同实者莫不同名,异实者莫不异名,能用一个字表达一个名的就用一个字表达,不能用一个字表达的就用两个以上的字表达;要遍举一类事物的全体就用共名,要偏举一类中的部分事物则用别名。他还指出,"名无固宜","约定俗成谓之宜";"名无固实","约定俗成谓之实名";同时还强调从时间、空间、状态、变化等方面稽核事物的实际数量,进而去制定数量之名。

荀子关于共名与别名的思想,具有深刻的理论意义:其一,他对名作了分类,把名分为共名和别名两类,进而把共名再分为一般共名和大共名,把别名再分为一般别名和大别名。其二,他明确指出共名和别名具有属种关系,而属种关系是相对的,因为共名之上还有共名,别名之下还有别名。其三,他说明了名的推演有比较明确的概括和限制的思想,认为"推而共之"是概念的概括,"推而别之"是概念的限制。但又认为概括和限制都不是无止境的,"至于无共然后止","至于无别然后止。"

荀子十分强调正名。他所谓的正名,就是要使名正确地反映实,做到"名闻而实喻"、"名定而实辨"。他在同诡辩的斗争中,总结出"以名乱名"、"以实乱名"、"以名乱实"的三惑。在他看来,"以名乱名",是歪曲共名和别名的关系,或者用共名抹煞别名之间的区别,将共名和别名混同起来;或者利用共名和别名之间的区别,把别名排斥在共名的外延之外。荀子强调名的确定性,坚持名实相符的原则,反对各种形式的混淆名和名实相违的错误。

荀子在辨、说方面提出了"以类度类"的推类思想。他认为,世界无比广大,事物异常复杂,人虽有认识世界的能力,但由于寿命、活动条件等限制,却不可能只凭自身的条件亲知世界上的复杂事物。因此,要认识事物,就要善于"假物"和"操术",充分利用各种有利条件,多掌握一些认识事物的方法和手段。荀子重视推理,认为"圣人"之所以不可欺,原因之一就在于他们懂得推理。他指出,"以类度类"的前提是"类不悖,虽久同理",即同类的事物必有相同的本质。因而只要已知某一特定对象具有某种性质,就可推知同类的另一对象也具有此种性质;已知某类事物的共同的本质,就可推知该类的任一事物也具有此种性质。在推理论证中,荀子强调要"知类",不能在类的同异上发生混乱,同时要有充分的理由。

2. 道家

中国古代哲学的主要流派之一。以"道"为世界的最后本原,故称之为道家。创始人为老子。西汉司马谈评论道家时,认为"其术以虚无为本,以因循为用"(《论六家要旨》)。可见道家在哲学上以虚无无形的"道"为世界的根本,以柔弱因循为"道"的作用;在政治上主张实行无为而治,认为只有无为才能无不为。由于对"道"与无为思想的理解不同,道家内部又形成老庄学和黄老学两大派别。前者的思想以《老子》、《庄子》、《列子》为代表;后者的思想以《淮南子》、《经法》、《十六经》和《管子》中《心术》等篇为代表。

(一)老子

① 老子生平与《老子》

老子是中国古代深有影响的思想家,道家学派的始祖。生卒年不可详考。关于老子其人,大致有三种意见,即:老聃、太史儋(或老莱子)、李耳。《史记·老庄申韩列传》记载,老子姓李名耳,字聃,楚国苦县厉乡曲仁里人,担任过周王朝"守藏室之史"(管理藏书的史官)。据传孔子三十四岁时曾向他请教过有关古礼的问题。老子晚年看到周王朝日趋没落,便归乡退隐,著《老子》五千言,不知所终。

《老子》亦称《道德经》、《老子五千文》,唐代尊为《道德真经》,是研究老子哲学思想的直接材料。1973年长沙马王堆三号汉墓出土的帛书为最古的《老子》抄本。《老子》认为"道"是构成万物的基础,又是世界万物自身的规律。"道之尊,德之贵,夫莫之命而常自然",从而提出"天道自然无为"这一原则。又提出"反者道之动"的命题,说明事物相互依存和相反转化之理。还主张贵柔守雌,反对刚强进取。在

[元]赵孟頫:老子像

认识论上,主张通过虚静冥想直觉万物,甚至提出"绝圣弃智",做到"常使民无知无欲"。在抨击时政上,尖锐指出"天之道,损有余而补不足,人之道则不然,损不足以奉有余"、"民之饥,以其上食税之多"。在物质生活上强调"知足"与"寡欲"。在社会历史观上,提倡"无为而治",幻想回到"小国寡民"、"结绳而用"的原始状态去。在伦理、美学问题上,提出"见素抱朴"、"大音希声"、"大象无形"等观点。学说影响深远,为后世各派吸收、阐发。

②老子的哲学思想

△"道"

"道"是老子思想体系的核心,他说:"道生一,一生二,二生三,三生万物"(四十二章),认为一切由道生出。"道"的原始涵义指道路、坦途,随后引申发展为道理,用以表达事物的规律性、普遍性。"天道"一词,在春秋时期已是指天象运行的规律,有时也包括人生的吉凶祸福规律在内。老子吸取了"道"与"天道"的一般含义,把它概括为事物存在和变化的最普遍的原则,具有物质实体及其规律的全部含义。主要有三层意思:一是指形而上的实存者,即构成宇宙万物的最初本原和本体的广义之道,在某些场合也可具体引申为一种政治主张或思想体系的狭义之道;二是指宇宙万物发生、存在、发展、运动的规律;三是指人类社会的一种带有本原性、普遍性和总括性意义的准则、标准。

老子对"道"的具体诠释是:其一,"道可道,非常道;名可名,非常名"。老子心目中的"道"是绝对存在而又难以准确描述的思维概念。"有物混成,先天地生。寂兮寥兮,独立而不改,周行而不殆。可以为天下母。吾不知其名,字之曰'道',强名之曰'大'"(二十五章)。意思是:独立运行的"道"是宇宙万物的本源。它是物质性的,弥漫于一切,无所不在,所

[明]丁云鹏:孔子问道图

以又叫做"大"。而"道"没有生灭、没有增减，虽有运动，但是永恒不变的，所以不可描绘、不可命名。

其二，"天道自然无为"。老子认为"道"是"天地之始"、"万物之母"（第一章），是形而上的实存者，是世界万物自身的规律、是根本的现象，对于万物"生而不有，为而不恃，长而不宰"（第十章）。"道常无为，而无不为"（三十七章）。这是说"道"是构成万物的基础，是事物存在和变化的最普遍的原则，具有物质实体及其规律的全部含义，因此"道"是"无不为"的；而"道"并不是有意志、有目的地去构造万物，所以它又是"无为"的。"无不为"以"无为"为条件。"道"是世界万物自身的规律，"道之尊，德之贵，夫莫之命而常自然"（五十一章）。其意思就是说，"道"之所以重要，"德"对于万物之所以珍贵，就在于它让万物自己生长、发展，而不发号施令。亦即"天道自然无为"。

其三，"有生于无"。老子认为"道"具有"有"和"无"两种性质。"天下万物生于有。有生于无"（四十章），"道之为物，惟恍惟惚。惚兮恍兮，其中有象。恍兮惚兮，其中有物。窈兮冥兮，其中有精。其精甚真，其中有信"（二十一章），从中可看出"有生于无"的道理。老子所讲的"无"是指"无名"、"无形"，并不是虚无，而只是与"有"相对的一种客观存在，它是一切具体事物所以产生的根源。

总之，"道"这一范畴的提出，标志着中国春秋时期人们认识世界的抽象思维能力的进一步提高。

△"反者道之动"

老子悟彻事物相互依存和相反转化之理，认为"反者道之动，弱者道之用"（十四章）。意思是说，向相反的方向转化，是"道"运动的规律，而柔弱则是"道"的作用。

老子看到人世间的美丑、难易、长短、高下、前后、有无、损益、刚柔、强弱、祸福、荣辱、智愚、巧拙、大小、生死、胜败、攻守、进退、静躁、轻重等一系列矛盾，都是对立统一的现象，一方不存在，另一方也就失去了存在的依据。所以他说："有无相生，难易相成，长短相形，高下相倾，声音相和，前后相随"（《老子》第二章）。

老子不仅看到了事物的相互依存关系，而且还看到事物都在向着相反的方向转化。所谓"正复为奇，善复为妖"，"祸兮福之所倚，福兮祸之所伏"（五十八章）。他用"反者道之动"概括了这种相反变化的规律。但是，老子却从消极方面看待这一转化规律。他说："草木之生也柔脆，其死也枯槁"（七十六章）。"物壮则老，是谓不道，不道早已"（三十章）。意思说，事物强大了，就会引起衰老，这样就会早死。"兵强则灭，木强则折"（七十六章）。因此，他主张守雌、居弱、无为、不争。所谓"曲则全，枉则直，洼则盈，敝则新，少则得，多则惑"（二十二章）。"天下莫柔弱于水，而攻坚强者莫之能胜"（七十八章）。"上善若水，水善利万物而不争"（八章）。由于水不争，"故天下莫能与之争"（六十六章）。这是老子"柔弱胜刚强"的生活观点。由于老子忽略了条件的作用，因此，才得出"多藏"必招致"厚亡"、"有为"必招致失败的结论。

老子已初步接触到事物量的积累可以引起性质的变化。他说："合抱之木，生于毫末，九层之台，起于累土"（六十四章）。还说："图难于其易，为大于其细"（六十三章）。其间都模糊地看到了事物由量变发生质变的现象。他还说："多易必多难"（六十三章），把事情看得太容易，势必遭到困难，这里面都包含有质量互变的规律。同时，老子还接触到事物由低级到高级的发展观念。他说："大成若缺，其用不弊；大盈若冲，其用不穷。大直若屈，大巧若拙，大辩若讷"（四十五章）。这是说，好似拙的大巧并不是真正的拙，好似空虚的充实并不是真正的空虚，它们都是原来物质的进一步提高后的新质。

△"静观"与"玄览"

老子说："以身观身，以家观家，以乡观乡，以天下观天下"（五十四章），这是从个别到一般的认识方法。而认识具体事物的总目的是为了认识"道"——世界发生、变化的总规律。要认识这个非同一般的"道"，则必须"静观"，从复杂多样的耳闻目见的感觉经验中解脱出来，"涤除玄览"（十章）。所谓"静观"就是排除主观成见，摒弃杂念干扰，专心一意地去认识客观事物，即"致虚极，守静笃"（十六章）。所谓"玄览"是指用深远的思维去考察现象。《老子》西汉河上公注："心居玄冥之处，览知万物，故谓之玄览"。今人高亨注：览"帛书甲本作'蓝'，乙本作'监'。览、蓝均当读为监。监是古鉴字，镜也。"所以，玄览即玄妙的镜子，以此喻心。"涤除玄览"即清扫自己的心镜，使之致虚守静，以体"道"得"道"。

△"小国寡民"

老子的哲学反映在社会理想上，则是一种幻想中的"小国寡民"、"无为而治"的模式："小国寡民，使有什伯之器而不用，使民重死而不远徙。虽有舟舆，无所乘之；虽有兵甲，无所陈之；使人复结绳而用之。甘其食，美其服，安其居，乐其俗。邻国相望，鸡犬之声相闻，民至老死不相往来"（八十章）。在这种社会中，也有统治者与被统治者，但管理国家社会的人要"无为而治"，顺其自然。所谓"我无为而民自化，我好静而民自正，我无事而民自富，我无欲而民自朴"（五十七章）。这正如天道的"生而不有，为而不恃，长而不宰"（十章）。结果就可以达到"悠兮，其贵言！功成事遂，百姓皆谓我自然"（十七章）的境界。这就是"圣人处上而民不重，处前而民不害，是以天下乐推而不厌"（六十六章）。

（二）庄子（约公元前369~前286年）

①庄子生平与《庄子》

庄子，战国时期思想家，道家的代表人物之一。名周，宋国蒙（今河南商丘东北）人。幼贫，靠打草鞋过活。据《史记·老子韩非列传》记载，庄子曾在家乡做过管理漆园的小官，在职不久就归隐了。楚威王闻知庄子很有才能，派了两名使者，以厚币礼聘，请他作相。庄子说："千金，重利；卿相，尊位也。子独不见郊祭之牺牛乎？养食之数岁，衣以文绣，以入大庙。当是之时，虽欲为孤豚，岂可得乎？""我宁游戏污渎之中自快，无为有国者所羁；终身不仕，以快吾志焉"。这些记载反映出庄子的性格和人生观。在当时学者名人中，他和惠施经常往来。在《庄子》书中有不少他和惠施进行讨论，争辩的故事。

清《古圣贤像传略》庄子（杨春瑞绘）

庄子的著作，今存《庄子》一书，亦称《南华经》。其中内篇为庄子本人著作，外、杂篇为庄子后学或道家其他派别的著作，只是其中一部分反映了庄子的思想。也有学者据《史记·老子韩非列传》，认为外、杂篇反映的是庄子的思想。

②庄子的哲学思想

关于庄子的思想，《史记》说："其学无所不窥，然其要本归于老子之言，故其著书十余万言，大抵率寓言也。……其言洸洋自恣以适己，故自王公大人不能器之。"庄子继承和发展了老子和道家思想，形成了自己独特的哲学思想体系和独特的学风、文风。

△道统万物的自然观

庄子认为道是世界的终极根源，是无所不覆、无所不载、自生自化、永恒存在的宇宙本体。他在解释"宇"和"宙"时说："有实而无乎处者，宇也；有长而无本剽者，宙也"（《庚桑楚》）。意谓"宇"是有实在而不限于方位、处所的，也就是空间。"宙"是有绵延长度而无本始、终末的，也就是时间。亦即用"宇"概括了实在的一切方位、处所，用"宙"概括了实在的全部时间绵延。又说："通天下一气耳"（《知北游》）。认为道即气，道作为世界统一原理，不是在天地万物之外的"造物者"，而是一切事物内在的原因。他说："夫道，有情有信，无为无形，可传而不可授，可得而不可见；自本自根，自古以固存；神鬼神帝，生天生地；在太极之上而不为高，在太极之下而不为深，先天地生而不为久，长于上古而不为老"（《大宗师》）。"道不可闻，闻而非也；道不可见，见而非也；道不可言，言而非也"（《知北游》）。都是说"道"是"无为无形"，"自本自根"，"生天生地"的本原。他强调"道"的自生自化、无所不在，认为"在蝼蚁"，"在稊稗"，"在瓦甓"，"在屎溺"（《知北游》），并用"周、遍、咸"三个词来形容"道"的无所不在。他把"道"与"无"完全等同起来，认为世界就是从"无"中生出来的，因而在《知北游》中说："有先天地生者物邪，物物者非物。"不仅"道"是非物，而且还是一种超时空的绝对存在的精神实体。但在"道"和"物"的关系上，他说："夫昭昭生于冥冥，有伦生于无形，精神生于道，形本生于精，而万物以形相生"（《知北游》）。认为形体产生于精神，而个别精神产生于绝对精神"道"。

△逍遥自适的人生观

庄子认为事物之间本质上无差别，所以悲于现实生活之痛苦，人世纷争的无聊，可以通过"心斋"、"坐忘"而与"道"合一，做到齐物我、齐是非、齐生死、齐贵贱，达到"天地与我并生，万物与我为一"（《齐物论》）的精神境界。要求人们安时处顺，逍遥自得，顺应世俗，随遇而安。

庄子强调用自然的原则反对人为，认为自然的一切都是美好的，人为的一切都是不好的。因此，不要以人的有目的活动去对抗自然命运，不要以得之自然的天性去殉功名。从这种自然原则出发，庄子认为真正的自由在于任其自然，具备理想人格的人，就是无条件地与自然为一的"至人"。庄子《逍遥游》里那则关于鲲鹏的寓言，旨在申明人的精神生命可以无所繫泊，无限展开，鲲鹏的逍遥神游，实际上正是庄子所企慕的人与道一体化的人生境界。庄子理想中的真人、至人、神人，都是不拘泥于世俗的观点，不刻意划分"有用"或"无用"，一切都合于自然的本真之性。所以任何时候他们都不会因为眼前的利益而连累自己的精神自由，更不会为了功名利禄牺牲自己的生命。在他们的世界中，没有大小、生死、古今，一切都与宇宙融于一体。他们能够超越一切变化和有限，没有物累之患，没有心灵羁绊，因而能够顺其自然而逍遥自在。

△万物齐一的相对主义认识论

庄子认为天道犹如"大块噫气"（《齐物论》）的交响乐，瞬息万变，充满天地。"道无终始，物有死生，不恃其成。一虚一满，不位乎其形"（《秋水》）。认为事物无时无刻不在变移，虚满、生死都只是一时的现象，其形态是绝不固定的。所以，从道看来，一切事物都是相对的，是没有质和量的规定性的。"天下莫大于秋毫之末，而泰山为小；莫寿于殇子，而彭祖为夭。""莛与楹，厉与西施，恢恑憰怪，道通为一（《齐物论》）"。就是说，事物没有大小之分，泰山与兔毛尖无大小之别；事物没有美丑之分，西施与丑厉是一样的；事物没有时间上的差别，殇子的短命与彭祖的长寿是相同的。至于大知与小知，大年与小年，大鹏与小虫也都是一样的。庄子在《秋水》中进一步阐发了他的观点："以道观之，物无贵贱；以物观之，自贵而相贱；以俗观之，贵贱不在己。以差观之，因其所大而大之，则万物莫不大；因其所小而小之，则万物莫不小；知天地之为稊米也，知毫末之为丘山也，则差数覩矣。以功观之，因其所有而有之，则万物莫不有；因其所无而无之，则万物莫不无；知东西之相反而不可以相无，则功分定矣，以趣观之，因其所然而然之，则万物莫不然；因其所非而非之，则万物莫不非；知尧桀之自然而相非，则趣操覩矣。"这段论断是在说明，从道来看，万物是没有贵贱之分的。从量上看，顺万物大的来看都是大的；顺小的来看万物又都是小的。从功能上看，顺万物有用来看都是有用的，顺无用角度来看又都是无用的。从取向来看，顺万物对的看都是对的，从不对的看则又都是不对的。可见，庄子完全否认了认识对象的规定性，走上了相对主义。

△是非不分的不可知论

庄子认为，世间根本没有是非的界限。诸子百家"彼亦一是非，此亦一是非"，原因在于是非产生于主观片面性。主观是受自己存在的条件限制的，即所谓"囿于物"。他说："井蛙不可以语于海者，拘于虚也；夏虫不可以语于冰者，笃于时也；曲士不可以语于道者，束于教也"（《秋水》）。诸子百家受到空间（虚）、时间（时）条件的限制和所受教育的束缚，成为认识上有主观片面性的"曲士"，因此，他们都以自己为是，以别人为非。真正要打破一切限制和束缚，从道的观点来看，是非、彼此、物我都是一样的。他还特别论述了是非不能断定的观点。他说，两个人辩论，你说你的观点对，我说我的观点对，无法断定谁是谁非。如果找个第三者来评是非，那么第三者站到你我任何一方也判定不了谁是谁非，第三者如果不站在你我任何一方，也更无法判定谁是谁非，所以是非是永远搞不清楚的，是非之争辩是毫无意义的。

庄子还对逻辑思维能够把握宇宙发展法则的观点提出了种种责难。他说："无形者，数之所不能分也；不可围者，数之所不能穷也。可以言

元刘贯道：梦蝶图

论者,物之粗也;可以意致者,物之精也。言之所不能论,意之所不能察致者,不期精粗焉"(《秋水》)。认为"道"是无形的,无形即不能用数量分解、表达;"道"是无限的,无限即没有数量可以穷尽。因此,"道"不能用语言表达,也不能用概念来把握。庄子认为以有限的生命追求无限的知识是不可能的,"吾生也有涯,而知也无涯。以有涯随无涯,殆已。已而为知者,殆而已矣"(《养生主》)。庄子的责难揭露出逻辑思维中的矛盾,促使人们去思考,有积极意义。但他得出不可知论的结论,却是错误的。

△澹然无极的美学思想

庄子认为"道"的根本特征在于自然无为,并不有意识地追求什么目的,却自然而然地成就了一切目的。人类生活也应当一切纯任自然,这样就能超出于一切利害得失的考虑之上,解除人生的一切痛苦,达到一种绝对自由的境界。这种与"道"合一的绝对自由境界,就是唯一的真正的美。"澹然无极而众美从之"(《刻意》),"道"是一切美的根源。"天地有大美而不言"(《知北游》)、"美者自美"(《山木》)、"至乐无乐"(《至乐》)。这种思想虽带有虚无消极的性质,但又深刻地意识到美具有超越有限的、狭隘的功利目的之特征。这种超功利的人生态度,实质上是一种审美的态度。庄子提倡一种排除思虑和欲望的精神修养方法称为"心斋"和"坐忘"。"心斋"要求摈弃一切知觉和思想,完全泯灭意识的作用,保持心的虚静清明,这样才能与"道"契合。"坐忘"则是指端坐而彻底忘掉物我、是非差别,进入与天地万物浑然一体的境界,达到精神上的绝对自由。庄子关于通过"心斋"、"坐忘"而与"道"合一的理论,一方面带有神秘主义色彩,另一方面又包含了对审美经验的深刻理解。它所讲的不是一般的认识论,而是审美观念问题。表明庄子已初步认识到艺术创造活动是一种充满情感的、忘怀一切的自由活动。

(三)宋尹学派

宋尹学派是战国时期的重要哲学派别之一。其主要代表人物为宋钘、尹文,都是齐国稷下学士。《汉书·艺文志》著录《宋子》18篇,《尹文子》1篇,二书皆已亡佚。今存《尹文子》系后人伪作。也有学者认为《管子》书中的《心术》上下、《白心》、《内业》等篇是宋尹的遗著。现在研究宋尹学派的思想，最可靠的资料散见于《庄子》、《荀子》、《韩非子》、《吕氏春秋》等书中，其中尤以《庄子·天下篇》最为重要。

宋、尹的基本思想是以"宽"、"恕"为处理人和人之间关系的总原则，主张在人与人之间，"设不斗争，取不随仇"、"见侮不辱，救民之斗"。在国与国之间，"禁攻寝兵，救世之战"，即禁止攻伐，息止兵事，反对诸侯间的兼并战争。据《孟子》记载，秦楚构兵，宋牼（即宋钘）曾要往秦楚二国"说而罢之"。他们"救民之斗"、"救世之战"的目的，是"愿天下之安宁，以活民命"。为了达到利天下的目的，在内心修养上，他们提倡"以情欲寡浅为内"，认为人类的本性就是欲寡而不欲多，"人我之养，毕足而止"，"五升之饭足矣"。因此，荀子批评他们是"有见于少，无见于多"。又说"宋子蔽于欲而不知得"，即只知人欲寡，而不知人贪得，对人本性的认识不正确。

在哲学上，宋尹学派提出"接万物以别宥为始"。别宥，就是打破形成偏见的局限性，认为只有破除见侮为辱、以情为欲等偏见，才能认识事物的真相。他们还力图从主观上消除荣辱、誉非、美恶的界线，要求做到"定乎内外之分，辨乎荣辱之境"。照他们看，因为荣辱等等是属于"外"的东西，不应以之妨害内心的平静，即使身陷囹圄，也不以为羞耻。"举世誉之而不加劝，举世非之而不加沮"。他们认为，如能做到"见侮不辱"，就可以"救民之斗"，使天下安宁了。

3. 杨朱学派

《孟子·滕文公下》里说："杨朱、墨翟之言盈天下。天下之言，不归杨则归墨"。可见，在孟子生活的时代，杨朱学派的影响很大。但由于史籍散佚，该学派的言论著述、派别渊源，尚需考辨钩稽。杨朱学派的创始人杨朱，战国初期思想家，先秦古书中又称之为杨子、阳子居或阳生。魏国人。生平事迹不详。

杨朱思想的特点是"为我"、"贵己"和"轻物重生"，重视个人生命的保存，反对别人对自己的侵夺，也反对侵夺别人。孟子曾激烈批评杨朱的"为我"思想，他说："杨子取为我，拔一毛而利天下不为也"（《孟子·尽心上》）。韩非也说："今有人于此，义不入危城，不处军旅，不以天下大利,易其胫一毛"(《韩非子·显学》)。因此,韩非把杨朱一派叫做"轻物重生之士"。《淮南子》则把他们的思想概括为"全性保真,不以物累形"。

其后学有子华子和詹何等人,无著作传世。关于杨朱学派的思想史料,散见于《孟子》、《庄子》、《韩非子》、《吕氏春秋》、《淮南子》诸书中,《列子·杨朱篇》是后人的著作,不能代表杨朱的思想。

4. 墨家

墨家是战国时期的一个重要学派,因创始人墨翟而得名。《汉书·艺文志》列为"九流"之一。与儒家针锋相对,在当时影响颇大。主要观点有:"兼爱"、"尚贤"、"非攻"、"尚同"、"天志"、"明志"、"节葬"、"节用"、"非乐"、"非命",强调"强力"、"功利",提出"取实予名"、"三表"等重要思想。墨家组织严密,纪律严谨,首领称"巨(钜)子",力行舍身行道,赴汤蹈火。

(一)墨子(约公元前476~前390年)

①墨子生平与《墨子》

墨子,春秋战国之际思想家,墨家学派的创始人。姓墨名翟,其生卒年月,历史上无确切记载。《史记·孟荀列传》说他是"宋之大夫",《吕氏春秋·当染》认为他是鲁国人,也有的说他原为宋国人,后来长期住在鲁国。墨子可能当过工匠或小手工业主,具有相当丰富的生产工艺技能。他率徒奔波于齐、鲁、宋、楚、卫、魏国之间,多次制止战争。提出"兼相爱,交相利"之说,主张发展生产,限制消费;强调节用、节葬、非乐、非攻;主张尚贤、尚同,反对世袭特权。认为天有意志,但又提出"非命",认为夭寿、安危、治乱在于人力,主张以强力改变生活境遇。在认识客观事物上,他提出"有本之者,有原之者,有用之者"(即以历史经验为根据,以众人的感觉经验根据,以政治实践是否符合国家和民众利益为验证)的"三表"(标准)法,以验证言论之是非,又有"取名"、"察类"、"明故"之论,奠定了中国逻辑学的基础。

墨子

墨子言行颇多，但无亲笔著作。今存《墨子》一书中的《尚贤》、《尚同》、《兼爱》、《非攻》、《节用》、《节葬》、《天志》、《明鬼》、《非乐》、《非命》等篇，都是其弟子或再传弟子对他的思想言论的记录，也是研究墨子思想的重要依据。

②墨子的哲学思想

△三表与非命

墨子说："天下之所以察知有与无之道者，必以众之耳目之实知有与无为仪者也。请或闻之见之，则必以为有；莫闻莫见，则必以为无"(《墨子·明鬼下》)，肯定了人们的认识只是来源于感官所能感觉到的客观实际。墨子又说："瞽者不知黑白者，非以其名也，以其取也……天下之君子不知仁者，非以其名也，亦以其取也"(《墨子·贵义》)。这是说，正确的认识不在于口头上会说出黑或白的名词，要看他选取黑白的东西时，是否选对了。墨子认为，检验人们的认识正确与否，必须以"三表"作为判断是非真假的标准。"表"是"标志"、"标准"的意思。他说："言必有三表"，"有本之者，有原之者，有用之者"(《墨子·非命》)。"本"、"原"、"用"就是判断事物真假是非的三条标准。第一，要有前人的经验作根据，"上本于古者圣王之事"；第二，要有"百姓耳目之实"为来源，就是要取自于人民群众的切身经验；第三，要以对国家人民有用为标准，"发以为刑政，观其中（符合）国家百姓人民之利"。总之，一要有间接经验，二要有直接经验，三要有实际效果。

墨子运用这种认识论和方法论有力地批判了儒家的"天命"思想，他说："古者桀之所乱，汤受而治之；纣之所乱，武王受而治之。此世未易，民未渝，在于桀纣，则天下乱；在于汤武，则天下治，岂可谓有命哉"(《墨子·非命上》)？墨子指出，决定人生遭遇的不是"命"而是"力"。"饥者得食，寒者得衣。劳者得息，乱者得治"，原因不在"命"，而"以为其力也"。

△天志与明鬼

墨家学派是组织严密的带有宗教色彩的社会团体，维系他们的宗教意识，就是"天志"与"明鬼"。墨子认为天有意志，它能赏善罚暴，能爱人憎人,"顺天意者,兼相爱,交相利,必得赏;反天意者,别相恶,交相贼,必得罚"(《墨子·天志上》)。更具体地说,天之意,"欲人之有力相营,有道相教,有财相分也"(《墨子·天志中》)。"明鬼"就是相信鬼神确实存在,并且具有超凡的力量。"鬼神之所赏,无小必赏之;鬼神之所罚,无大必罚之"(《墨子·明鬼下》)。大如桀、纣、幽、厉,只要他们暴虐百姓,鬼神就来惩罚他们。为善的人就要表扬、奖励。

△兼爱、非攻与尚贤

墨子的社会伦理思想,其核心就是"兼以易别",认为"天下兼相爱则治,交相恶则乱"。墨子反复阐明"兼相爱,交相利"的道理,要求不分人、我、彼此,"爱人若爱其身","为彼犹为己也"。他认为"爱人者人亦从而爱之,利人者人亦从而利之",做到"天下之人皆相爱",社会上就没有强凌弱、贵傲贱、智诈愚和各国之间互相攻伐的现象。墨子指出,"诸侯各爱其国,不爱异国,故攻异国以利其国",造成天下大乱。所以他提出非攻的主张,反对兼并战争中侵城掠地,杀戮"万民"的行为,指出这种战争是最大的"不义"。至于"汤伐桀,武王伐纣",则不算"攻"伐无罪,而是"诛"讨有罪。墨子认为"官无常贵,而民无终贱",所以在用人原则上,主张"尚贤",即任人唯贤,反对任人唯亲。

△取实予名、察类明故与言必立仪

"取实予名"是墨子认识思想的重要命题。所谓"取实予名",就是根据事物的客观实际情况,给予相应的名称。墨子最早提出名实必须相符的思想。他在《非攻下》中指出,今天下之诸侯,"有誉义之名,而不察其实也。此譬犹盲者之与人,同命白黑之名,而不能分其物也"。他还在中国逻辑史上第一次提出了辩、类、故等逻辑概念。在《耕柱篇》中,他要求"能谈辩者谈辩",并要求将"辩"作为一种专门知识来学习,把"无故从有故",即没有理由的服从有理由的作为辩论的原则。墨子的"辩"虽然统指辩论技术,但却是建立在察类(考察、分析事物之种类、物类)明故(了解、明白事物所产生的根据、理由)基础上的,因而属于逻辑类推或论证的范畴。墨子认为言必立仪,言谈或者争论都应订立一个标准,也就是用"三表法"作为检验认识的标准。墨子所说的"三表"既是言谈的思想标准，也包含有推理论证的因素。墨子还善于运用类推的方法揭露论敌的自相矛盾。例如，他责斥儒家"执无鬼而学祭礼"，认为这就像"无客而学客礼"、"无鱼而为鱼罟（捕鱼工具）"一样都是荒谬的。由于墨子的倡导和启蒙，墨家养成了重逻辑的传统，并由后期墨家建立了第一个中国古代逻辑学的体系。

（二）后期墨家

后期墨家（据韩非子说，有相里氏之墨、相夫氏之墨、邓陵氏之墨）克服"天志"观念，对认识论、逻辑学以至自然科学中的几何学、力学、光学等，都有一定研究和贡献。有学者把《墨子》中的《经上》、《经下》、《经说上》、《经说下》、《大取》、《小取》六篇定为后期墨家的作品。

后期墨家对墨子的思想有所发挥和改造，认为人凭自己的感官具有认识事物的能力，并提出"心"的察辨作用。《经上》说："执所言而意得见，心之辩也"，认为判断是非，除耳闻目见外，尚需经过头脑的分析、辨别等理性活动。

《墨经》把知识按其来源分为三种："亲知"、"闻知"、"说知"。"亲知"是亲身感觉得到的知识，即所谓"身观焉"；"闻知"是由他人传授得来的知识，又分为"亲闻"和"传闻"两种；"说知"是由推理得来的知识。在这三种知识中，后期墨家特别重视"亲知"，认为它是"闻知"和"说知"的基础，好比尺是丈量事物长度的标准和基础。《经下》说："闻所不知若所知，则两知之。"后期墨家这种对知识分类的学说，表明它的认识论已达到相当高度。

战国时期，随着思想上理论上论争的发展，各家各派都注意如何运用逻辑思维规律以击败自己的论敌，逻辑学成为当时论战的必不可少的思想武器。当时思想上理论上的论争统称为"辩"。《小取》对"辩"的作用及方法作了如下的阐述："夫辩者，将以明是非之分，审治乱之纪，明同异之处，察名实之理，处利害，决嫌疑。焉（乃）摹略万物之然，论求群言之比。以名举实，以辞抒意，以说出故。以类取，以类予。有诸己不非诸人，无诸己不求诸人。"后期墨家对"名"（概念）、"辞"（判断）、"说"（推理）在"以名举实"原则下，区分了"达"、"类"、"私"等外延不同的三类概念，讨论了"或"（选言）、"假"（假言）、"效"（定言）三种判断形式，论述了"辟"（比喻）、"侔"（附比）、"援"（模拟）、"推"（间接的归纳与演绎）四种形式的推理，对中国古代逻辑的发展做出了重要的贡献。秦汉以后，墨家衰微，几成绝学。直至清中叶后，始为学者重新研究。

5. 名家

战国时期，以辩论名（概念）实（事实）为中心的学派，先秦称为"刑名家"、"辩者"，西汉司马谈《论六家之要旨》中称之为"名家"。《汉书·艺文志》列为九流之一。这是以思维的形式、规律和名实关系为研究对象的哲学派别。战国时期这一学派的主要代表人物有尹文、惠施、公孙龙以及后期墨家等。其中以公孙龙为代表的"离坚白"学派，着重于分析感觉和概念，区别个别与一般、具体与抽象，强调事物的差别性。以惠施为代表的"和异同"学派，认为一切差别、对立都是相对的，强调事物的同一性。

（一）惠施（约公元前370~前318年）

①惠施生平

惠施，战国时期思想家，《庄子·天下》说："惠施多方，其书五车"，是"合同异"学派的代表人物。宋国人。曾任魏相，并促成魏、齐二王互尊为王，开六国称王局面。后张仪至魏，说服魏王连秦韩而攻齐楚，惠施坚决反对，遂被逐走。楚将其纳于宋，惠施因得以与庄周交游，成为好友。后张仪离魏，惠施复返魏，时为魏王出使邻国。惠施博学善辩，他和庄周关于鱼乐的濠上之辩，是很著名的辩论。惠施死后，庄周认为再无可言之人。《汉书·艺文志》著录《惠子》一篇，已佚。他的学说散见于《庄子》、《荀子》、《韩非子》、《战国策》、《吕氏春秋》、《说苑》等书中。

②"合同异"、"大一"与"小一"

"合同异"是惠施学派的基本观点。《庄子·天下》篇记载了这一派的十个论题，后被称为"惠施十事"：一是至大无外，谓之大一；至小无内，谓之小一。二是无厚不可积也，其大千里。三是天与地卑，山与泽平。四是日方中方睨，物方生方死。五是大同而与小同异，此之谓小同异；万物毕同毕异，此之谓大同异。六是南方无穷而有穷。七是今日适越而昔来。八是连环可解也。九是我知天下之中央，燕之北、越之南是也。十是泛爱万物，天地一体也。其中一、五、十,集中地表现了惠施的哲学思想与逻辑思想。"大一"与"小一"是对宇宙万物大小两个方向的高度抽象。惠施看到万物的差异,而更重视其同一,断言"山与泽平","天地一体"。惠施注意从事物的联系和发展来看待事物的差异,发现差异的相对性。但他忽视事物的相对稳定性和质的差别性,不懂得相对中寓有绝对的道理,从而走向了相对主义。

③惠施的逻辑思想

在惠施十事中包含有正名的思想。他提出"天与地卑,山与泽平",在于说明天之高与地之低是相对的,山之高与泽之低也是相对的,事实上存在着有的山与有的泽同高的情况。惠施的"日方中方睨,物方生方死"的命题,反映了太阳由中向西的运动和物由生向死的转化;他的"万物毕同毕异"的命题,反映了万物皆有同的一面又有异的一面,即反映了异中有同、同中有异的辩证关系。有的命题采取了近似定义的形式,如把"大同异"定义为"万物毕同毕异";把"小同异"定义为"大同而与小同异";用"无厚不可积也",定义几何图形,等等。

惠施还提出了"善譬"的推类方法,揭示了由已知到未知的推理过程。他提出"譬"的推类原则是"以其所知谕其所不知而使人知之",也就是用人们已经知道、认识了的事物类推人们还不知道、不认识的事物,从而使人们知道和认识原来不知道、不认识的事物。

《韩非子·说林上》还记载有惠施关于"同中辨异"的思想,即从同是向东走的两个人中辨别逃者和逐者的不同性质,这里包含了一个复合三段论的推理过程。

(二)公孙龙(约公元前320~前250年)

①公孙龙生平及《公孙龙子》

公孙龙,名家的主要代表人物,传说字子秉,战国末年赵国人,曾在平原君赵胜家当门客。他善于辩论,"诡辞数万",人称"辩者之徒"。力倡"白马非马"之说,并与儒家的孔穿、阴阳家的邹衍等人进行过辩

公孙龙

论。由于他坚持和创立了"坚白相离"的学说,后人称他为"离坚白"派。公孙龙第一个从理论的高度提出了正名的原则,对中国古代逻辑的形成起了重要的作用。现存的《公孙龙子》一书,有《坚白论》、《白马论》、《指物论》、《通变论》、《名实论》和《迹府》6篇论文,集中反映了他的哲学和逻辑思想。

② "离坚白"、"指与物"与"白马非马"说

公孙龙在阐述"离坚白"思想时指出,石头"视不得其所坚而得其所白者,无坚也";"拊不得其所白而得其所坚者,无白也",因此,坚和白是不能同时属于石头的。坚在未与石物结合时,必定独立地是"坚"并自藏着的;而白在未与石物结合时,也必定独立地是"白"并自藏着的。因此得出结论认为,这样的"坚"和"白"实际上只是和石这个物相分离而独立自藏着的精神实体,但他在《名实论》和《指物论》中却承认"物"是天地本身及其所形成的万物,"名"是对实的称谓;强调"名"必须符合实;肯定"物"是"有","指"(相当于"名")是"无";认为"物"不是"指"。所以,他的哲学思想具有二元论的倾向。

在一般与个别的关系上,公孙龙肯定黄马、黑马都是马,承认个别包含于一般,一般又存在于个别之中。但他通过"白马非马"这一命题,强调了白马(个别)与马(一般)的区别;同时从外延上肯定了马中包括白马,在内涵上肯定了白马中也有马形的共性,从而更加明确地揭示了个别(白马)与一般(马)的辩证关系。

③ "唯乎其彼此"之正名观与"鸡三足"等诡辩术

公孙龙在中国逻辑史上第一个提出了"唯乎其彼此"的正名理论,强调"彼"之名必须专指彼之实,"此"之名必须专指此之实,这样的"彼"或"此"之名才能谓之"名正";否则,"彼"或"此"之名就不能成立。这涉及到"名"必须具有确定性的正名原则。他在《名实论》中初步阐述了任何一类具体事物都具有确定的属性和属于一个确定范围的逻辑思想,从而为明确"名"的外延和内涵提供了客观基础。"白马非马"这一命题也在逻辑上揭示了种名(白马)和属名(马)的种属差别和包含关系。

公孙龙在其《通变论》中,初步提出了类同必须俱有(有共同点)、类

异必须不俱有（有不同点）和"俱有不必同类"以及"不俱有不必异类"的分类思想。但他在论证"鸡三足"、"牛羊足五"等诡辩命题中，他用偷换和混淆概念的手法，将抽象的"鸡足"、"牛羊足"（"足"之名）混同为具体的"数足"（可数的足），因而得出了荒谬的结论。

与惠施的"合同异"相反，公孙龙主张"别同异，离坚白"（《淮南子》语）。他在论证"白马非马"时说："马者，所以命形也；白者，所以命色也。命色者非命形也，故曰：白马非马。"这是说，"马"与"白马"的内涵不同，但忽略了其相同的部分。又说："求马，黄、黑马皆可致；求白马，黄、黑马不可致"，所以"白马非马"。这里是从外延上论证"白马"的局限，而夸大为"非马"的结论。又说："白马者，马与白也，白与马也。故曰：白马非马。"这又进一步从事物的部分形而上学的性质上加以区别论证，而忽略了其内在的统一性与联系，从而得出错误的结论。公孙龙的论证在逻辑和概念的分析方面有其深入的细致的独到之处，但他夸大了个别与一般的差别，甚至完全割裂起来，并加以绝对化，结果导出由个别否定一般，割断事物间内在联系的结论，否定了事物的存在，这在哲学上称之为诡辩。

6. 法家

法家是战国时期以法治为思想核心的重要学派。其思想先驱可追溯到春秋时的管仲、子产，实际上创始者是战国前期的李悝、吴起、商鞅、慎到、申不害等。战国末期的韩非提出了法、术、势相结合的完整的法治理论，是法家思想的集大成者。法家学派主张"各当时而立法，因事而制礼，礼法以时而定，制令各顺其宜"（《商君书·更法》）。倡导重农抑商，奖励耕战，建立君主专制国家，严刑峻法，监察官吏，建立官僚制度。其主要学说思想见于《管子》、《商君书》、《韩非子》等著作中。

（一）商鞅（约公元前390~前338年）

①商鞅生平与《商君书》

商鞅，战国时期政治家、思想家，法家

商鞅（杨春瑞绘）

代表人物。卫国人。原姓公孙,名鞅,亦称卫鞅。因功受封于商(今陕西商县东南),故称商君或商鞅。初为魏相公叔痤家臣,后入秦进说秦孝公变法图强,指出"治世不一道,便国不法古",提出了"势"与"数"的重要观念。他曾先后两次实行变法,主张废井田、开阡陌,奖励耕战,取消分封制和世袭制,实行郡县制,统一法令等。秦孝公死后,商鞅遭贵族诬陷被秦惠王处以车裂之刑。商鞅被杀,但变法成果仍沿袭不变,促使秦国奠定了富强的基础。

《商君书》,亦称《商君》或《商子》,是商鞅及其后学者的著作合编。《汉书·艺文志》著录《商君》计二十九篇,今存二十四篇,为战国时法家所辑录,从这些著作中可以了解到商鞅的基本思想。《史记·商君列传》、《韩非子》中的《和氏》、《定法》、《内储说上·七术》、《奸劫弑臣》等篇亦为研究商鞅思想的重要资料。

②商鞅的哲学思想

商鞅认为人的认识不能脱离客观存在之物,说"夫物至则目不得不见,言薄(迫近)则耳不得不闻,故物至则变(辨),言至则论"。但他却主张愚民政策,他说:"愚农不知,不好学问,则务疾农。"

商鞅认为不同时代有不同的政治措施,指出"治世不一道,便国不法古"。他提出了"势"与"数"的重要观念,认为"凡知道者,势、数也。故先王不恃其强,而恃其势,不恃其信,而恃其数"。"势"指时势,"数"指规律。他又认为,"圣人知必然之理,必为之时势,故为必治之政,战必勇之民,行必听之令"。所谓必然之理与必为之时势都是指历史发展的客观必然。

(二)慎到(约公元前395~约前315年)

慎到,战国时期法家代表人物。赵国人。曾在稷下(齐国国都的西门)讲学。"学黄老道德之术,因发明序其指意",把道家的理论向法家理论方面发展。其著作《慎子》早佚,据《史记·孟荀列传》说他"著十二论",《汉书·艺文志》说有"四十二篇,现存《慎子》只有七篇残余辑本。

慎到讲主张法治,认为"民一于君、断于法,是国之大道也",并认为尚法必须兼讲势,把君主的权势看作执行法治的力量,认为"贤智未足以服众,而势位足以诎贤者",强调治国以法为标准,"任法而弗躬,则事断于法"。他尊君,但不主张独裁,反对"国家之政要在一人之心",提出"立天子以为天下,非立天下以为天子也,立国君以为国,非立国以为君也,立官长以为官,非立官以为长也"。因此,国家兴亡的责任亦非属个人,"亡国之君非一人之罪也,治国之君非一人之力也"。他还在哲学上提出"天道,因则大,化则细,因之者,因人之情也"的思想,强调遵循客观存在的规律。

(三)申不害(约公元前385~前337年)

申不害,战国时期法家代表人物。郑国人。《史记·老庄申韩列传》云:"申不害者,京人也,故郑之贱臣,学术以干韩昭侯。昭侯用为相,内修政教,外应诸侯,十五年,终申子之身,国治兵强,无侵韩者。"著有《申子》一书,内容多刑名权术之学。《汉书·艺文志》著录六篇,皆失佚。现仅存辑录《大体》一篇。此外还有散见各书的残章断句。

申不害主张法治,但着重于"术"。《韩非子·定法篇》说:"今申不害言术,而公孙鞅为法。术者,因任而授官,循名而责实,操生杀之柄,课群臣之能者也。此人主之所执也。"申不害所讲的"术",首先是强调最高统治者要明了自己的地位,即"主处其大,臣处其细";其次统治者要施展权术,言行深藏不露,令人叵测,用假像迷惑臣下和百姓,暗中"张天地之网",对付"寇戎盗贼"以及不忠之臣。他强调"独视者谓明,独听者谓聪,能独断者,故可以为天下主",这反映了他所主张的个人独断的思想。

(四)韩非(约公元前280~前233年)

①韩非生平与《韩非子》

韩非,战国末思想家,法家主要代表人物。韩国人,出身于贵族世家,和秦国大臣李斯同学于荀况门下。曾多次上书韩王,主张变法图强,但未被采纳。于是"观往者得失之变",著书立说。著作传到秦国,受到秦王嬴政的赞赏。公元前233年,韩非出使秦国,为秦臣李斯、姚贾谗杀,死于云阳。

韩非集法家之大成,主张"务法",称法

韩非

的制订,应该"编著之图籍,设之于官府,而布之于百姓"。法的实行,应该"刑过不避大臣,赏善不遗匹夫"。并提出以"法"为中心的"法、术、势"三者合一的君主统治术,强调加强中央集权。在哲学上提出"道"与"理"相区别,主张循名实而定是非,用"参伍"的方法对事物分类排队,比较研究,以求得正确的认识。他注重对立面关系的研究,首次制定"矛盾"范畴,概括事物之对立关系。在历史观上,分历史为"上古"、"中古"、"近古"、"当今"诸阶段,提出"世异则事异"、"事异则备变"的历史进化观点,并以"人民众而货财寡"说明社会动乱的根本原因。著有《韩非子》一书,为后人搜集其遗著,并加入他人论述韩非学说的文章编成。有《孤愤》、《解老》、《喻老》、《难势》、《问田》、《定法》、《五蠹》、《显学》等55篇。

②韩非的哲学思想

△道尽稽万物之理

韩非在《解老》篇中,提出了"道"和"理"的观念,认为凡是具体的事物都有其自身的特殊性质和规律,而且是经常变化和发展的。"道者,万物之所然也,万理之所稽也",理与道和,所以"道"是万理的依据和总合,是事物运动的普遍规律。"万物各异理,而道尽稽万物之理,故不得不化",既然具体事物是不断变化的,"道"、"理"也必然随之而变化。依据这样的观点,韩非反对固执成见和因循保守,为要求变法提供了理论基础。

△"法、术、势"

法家的政治思想体系讲求的是"法、术、势","法"指公开颁布的成文法律以及实施封建法治的刑罚制度。"术"是君主驾驭臣民,使之服从于统治的政治权术。"势"即权势,主要指君主的统治权力。韩非主张"抱法处势而用术",并把维护君主权势的理论提到了哲学的高度,论证了君权至高无上的性质,认为"道无双,故曰一。是故明君贵独道之容"。

△参伍之验

韩非认为人是凭借天生的感觉器官和思维器官来认识事物、反映客观物件的,"人也者,乘于天明以视,寄于天聪以听,托于天智以思虑"(《韩非子·解老》)。而人们的言辞是否可靠,观点是否正确,应当根据实际情况和实际功效及其分析、比较等手段加以验证,"循名实而定是非,因参验而定言辞","偶参伍之验,以责陈言之实"。"参验"即"参伍之验",就是把各种情况进行分类、排列、比较、研究,进行分析、验证,以求得正确的认识。

△矛楯之说

韩非在《难势》中他讲述"客有鬻矛与盾"的故事,说明"不可陷之盾,与无不陷之矛,不可同世而立",从而首创"矛盾之说","矛盾"一词亦由此而来。韩非认为,所谓矛盾,是对立的两个方面,是普遍存在的,自然界是如此,社会生活中也充满着矛盾。因此在处理矛盾时,必须进行全面分析,权衡利弊,分清主次,然后决定取舍,要"权其害而功多则为之"。韩非还认为"万物必有盛衰,万事必有弛张",在导致矛盾转化的条件中,内因固然有决定的作用,但外因的作用也不可忽视。他举例说:"木之折也必通蠹,墙之坏也必通隙。然木虽蠹,无疾风不折;墙虽隙,无大雨不坏"(《亡征》)。

③"古今异俗,新故异备"

韩非坚持"古今异俗,新故异备"的发展观,强调社会的进化,注重当前的现实,反对"是古非今"的复古主义。他把社会历史分为"上古之世"、"中古之世"、"近古之世"和"当今之世"几个历史阶段,认为适用于某一历史阶段的事情不一定适合于另一历史阶段,"世异则事异","事异则备变"。另一方面,他比较重视物质因素在社会历史发展中的作用,试图探索引起社会变化的物质原因。他指出,古今社会的变化决定于人口和财货的比例关系,人口增长的速度高于生活数据增长的速度,人多财少,这是出现社会矛盾与社会动乱的根源。

④"形名参同"

韩非从其政治思想出发,讨论了形名逻辑。形名或称刑名,是指事和言,有时也指实和名,即事物和语词、概念。韩非认为,"名实相持而成,形影相应而立",主张名以形为本,形名相符,"形名参同"。在韩非看来,要实现法术之治,首要的问题是要明确法律概念,确定法律标准。因为只有"形名参同",才能赏罚得当。他提出"审名以定位,明分以辨类"两个命题,要求审察名的涵义,辨明事物的类别。

（五）告子

告子，战国时期的哲学家。生平事迹不详。《墨子·公孟篇》和《孟子》中的《公孙丑》、《告子》等篇保存了他的某些言论片断。

告子持性无善恶的主张。他说："生之谓性"，"食色性也"。"性无善，无不善也"。又说"性犹湍水也，决诸东方则东流，决诸西方则西流，人性之无分于善不善也，水之无分于东西也"（《孟子·告子上》）。他认为，人性就是生来具有的饮食男女的自然本能，社会道德的善恶属性是后来才有的。因此，告子既不认为人性是恶的，也不反对用道德来改造。他着重说明道德并非天赋，而是后天人为的结果。他把人性比做杞柳，把道德比作杯盘，认为人性可以纳入道德规范中来，如同人们可以用杞柳来制作杯盘一样。

（六）《管子》中相关之哲学论述

《管子》，战国时齐稷下学者托名管仲所作，其中也有汉代附益部分。原本八十六篇，今存七十六篇。分为八类。内容庞杂，包含道、名、法等家的思想以及天文、历数、舆地、经济、和农业等知识。其中《心术》、《白心》、《内业》等篇，保存一部分道家关于"气"的学说，《水地》篇提出了以"水"为"万物之本原也，诸生之宗室也"的思想，认为水可以决定人的心性行为和社会治乱。

7. 阴阳家

先秦时期以阴阳、五行说为中心思想的一个哲学流派。由古代天文家和占星家演变而来。他们在长期的天象观测中，掌握了自然间阴阳五行变化的某些规律。又因他们专长以天象来预测人事的吉凶祸福，便把科学和巫术结合在一起。这些人到汉代即被称为阴阳家、五行家，或阴阳五行家，成为"六家"或"九流"之一。其思想是一个科学和巫术混杂在一起的矛盾体系。一方面，从科学和生产实践中，他们掌握"见伏有时"、"赢缩有度"的天象运行规律和"春生夏长、秋收冬藏"的农作物生长周期，尚能按照客观事物的本性及其相互作用来说明世界的变化。另一方面，又往往把自然和社会混同起来，用自然界的天象变化来比附、隐喻人事的吉凶祸福，宣扬天人感应的神秘主义思想。阴阳家的代表人物为邹衍。

(一) 邹衍生平（约公元前305~前240年）

邹衍，即驺衍。战国时期阴阳五行家的代表人物，齐国人。他"深观阴阳消息"，喜谈宇宙变化，宣扬"五德终始"说，认为社会历史变动发展和王朝兴替，是五行之间的转移循环。这种"禨祥度制"，后成为两汉谶纬学说主要来源之一。又提出"大九州岛"说，认为中国名为"赤县神州"，为大九州岛中的一州，占全世界八十一分之一。因其语"闳大不经"，时人称他为"谈天衍"。由于其学说适应当时大一统趋势，诸侯对其"尊礼"甚隆。据《汉书·艺文志》著录，有《邹子》四十九篇，《邹子终始》五十六篇，皆亡佚。他的遗说载清代马国翰所编《玉函山房辑佚书》。

(二) 邹衍的哲学思想

邹衍的哲学思想主要有三点，一是阴阳消长，四时更替；二是天瑞天谴说；三是"五德终始"说。

邹衍提出了"五行生胜"的观点，认为木生火、火生土、土生金、金生水、水生木是"五行相生"的转化形式，这一形式说明事物之间有着统一的关系。同时，又存在着水胜火、火胜金、金胜木、木胜土、土胜水的"五行相胜"的对立关系。这种五行相生、相胜的特点，不仅表现在自然界的四时变化和万物生息之中，而且体现在人类社会之中。由此，提他出了"五德终始"循环相生的观点，认为"天地剖判以来"的历史，按照"五德转移"的顺序，经过了黄帝（土德）、夏（木德）、商（金德）、周（火德）的更替过程，并预见以后的发展是"代火者必将水"。邹衍还试图将宇宙各部分联贯为一个整体，并给以总的说明。他认为中国名为"赤县神州"，内有九州岛，只是世界的一小部分而已，这就是所谓"大九州岛"说。邹衍是用"先验后推"的方法提出他的这一学说的。据司马迁所述，这一方法的特点是："必先验小物，推而大之，至于无垠"，即以直接经验为基础，由近及远，由已知推及未知，以至于闻见之所不能及的无限广阔世界。这种用幻想代替真实的联系，以符端感应、"五德终始"来沟通天人关系，最后终于陷入了神秘主义。

第二节　秦汉时期哲学

一、《吕氏春秋》中的哲学思想

1.《吕氏春秋》与吕不韦

《吕氏春秋》，亦称《吕览》，是战国末秦相吕不韦组织门下学者，"人人著所闻"，"以为备天地万物古今之事"，集体编纂而成的一部融合各学派见解的著作。全书有"十二纪"、"八览"、"六论"，共一百六十篇，以儒、道思想为主，兼采名、墨、法、兵、农、阴阳、纵横诸家之长，初步形成了包括政治、经济、哲学、道德、军事等各方面内容的理论体系。综合百家之学，总结历史经验，为行将出现的统一全国的专制中央政权提供长治久安的治国方案，书中还保存了先秦诸子遗说、古史旧闻，以及天文、音律、医学、农业等数据，成为先秦诸子思想的资料汇编。《吕氏春秋》在观点上具有调和色彩，反映了当时百家融合的趋势，其编书的方法和体例对后世《太平御览》等类书影响很大。

吕不韦（？~前235年），早年在韩国经商，成为"家累千金"的"阳翟大贾"。当时，秦公子子楚流亡赵国，吕不韦认为"奇货可居"，便出金钱资助子楚，并帮助他承继王位，是为庄襄王。庄襄王"以吕不韦为丞相，封为文信侯"。庄襄王死，其子政即位，也就是以后的秦始皇。政"尊吕不韦为相国，号称仲父"。吕不韦为秦相15年，一方面在政治上积极推进统一事业，另一方面聚集门客编写《吕氏春秋》。秦王政亲政后，他被免职，出居封地河南，不久又被迁往蜀郡，忧惧自杀。

2.《吕氏春秋》反映出的学术观点

（一）"精气"本源观

《吕氏春秋》认为天是由"精气"形成的，精气轻扬者上升为天，重浊者下降为地，鸟兽、珠玉、树木等都是"精气之集"所表现出的属性（《尽数》）；对于宇宙的本源，认为"万物所出，造于太一，化于阴阳"（《大乐》），由精气所形成的万物在不停地运动，"与物变化，而无所终穷"（《下贤》）。"太一"乃"道"，也就是无声无色，看不见摸不着，但却是充满天地、覆盖宇宙的"精气"。它是宇宙的本源，万物都是它派生出来的，由阴阳二气变化而成的。

（二）认识论

《吕氏春秋》认为"不知则问，不能则学"（《谨听》），"圣人之所以过人以先知，必先审征表，无征表而欲先知，尧舜与众人同等"（《观表》）。这就说明人的认识和知识不是先天就有的，强调后天学习的重要性，《吕氏春秋》还强调认识真理必须破除主观成见；判断言论是非必须"缘物之情及人之情以为所闻"，并且"验之以理"；对"有道之士"的言论，要"愉易平静以待之"，"固然而然之"；对自己以为已经认识而毫不怀疑的东西要"察之以去，揆之以量，验之以数"。

（三）阴阳五行思想

《吕氏春秋》有"十二纪"，以阴阳二气消长来解释四时季节变化，以五行相胜论述黄帝、禹、汤、文王之兴替，以五行、五方、五色、五音、五祀等说明政令要适应时令，把季节、生产、政事、祭祀、生活等放在阴阳五行的理论框架之中。这些明显袭用了战国邹衍的"五德终始论"的思想，以五行之数递相推衍，并力图把人事与天地自然的变化对应起来。

二、黄老之学

战国至汉初道家黄老学派的学说。该派尊传说中的黄帝与老子为创始人。黄老之学是《黄帝书》和《老子》的合称。《黄帝书》为战国时人所作，假托黄帝之名，内容与老子相近。其基本精神就是"贵清静而民自定"的"无为而治"的政治思想。主要代表人物是曹参和盖公。黄老之学的特点是道法结合，提出"道生法"的观点；突出刑德观念，主张恩威并施以巩固政权；在以道、法为主的同时，兼采阴阳家、儒家、墨家、名家的思想。《汉书·艺文志》里托为黄帝的书有21家，除《黄帝内经》外，都已亡佚。1973年长沙马王堆汉墓出土的帛书《老子》乙本卷前，有《经法》、《十六经》、《称》、《道原》四篇古佚书，是黄老学派的重要著作。

1.《经法》中的哲学思想

《经法》、《十六经》、《称》、《道原》四篇古佚书，在今人整理出版时，合称《经法》。《道原》篇中认为，道是未有天地之前的太虚混沌状态，道是无所不包的，是天地万物的本原，又是万事万物的总规律。除了这个总规律之外，各种具体事物又各有不同的规律，叫做"理"。而"法"是治理社会的各种标准和原则，是道派生的。

《经法·四度》说："极而反，盛而衰，天地之道也"。认为物极必反，盛极必衰，是自然界和人类社会共同的规律。《称》提出"凡论必以阴阳明大义"，认为客观事物无不具有阴阳对立的两个方面。《十六经》进一步提出，"两相养，时相成"，阴阳备于一物，故"化变乃生"。又提出了矛盾转化过程中以柔克刚的"守雌节"的思想。

2.《黄帝内经》中的哲学思想

《黄帝内经》，现存最早的中医经典，又称《内经》，分《素问》、《灵枢》两书，作者不可考，成书年代说法不一。

《黄帝内经》认为"气"是宇宙万物的本原。在宇宙形成之先，就是太虚。太虚之中充满着本元之气，这些气便是天地万物化生的开始。由于气的运动，从此便有了星河、七曜，有了阴阳寒暑，有了万物。阴阳五行的运动，总统着大地的运动变化和万物的发生与发展。

《黄帝内经》在"人与天地相参"、"与日月相应"的观念指导下，将人与自然紧密地联系在一起。人的一切正常的生理活动和病理变化与整个自然界是息息相关的。《内经》说："阴阳者，万物之能始也"，又说："清阳为天，浊阴为地，地气上为云，天气下为雨"。这就是说，世界是物质性的，是阴阳二气相互作用的结果。同样，人体结构和人体的生理运动也是自然界阴阳二气相互作用而成的，因而病理要从自然界中寻找。若违反四时的养生原则，则会邪气伤人。

3.《淮南子》中的哲学思想

《淮南子》，亦称《淮南鸿烈》，是汉淮南王刘安及门客集体编著的杂家著作。《淮南子》本名《鸿烈》，经西汉刘向校定后称《淮南》，《隋书·经籍志》始称《淮南子》。据《汉书·艺文志》记载：《淮南内》二十一篇，《淮南外》三十三篇。《外书》今佚，《内书》亦称《淮南鸿烈》或《淮南子》。内容以道家的自然天道观为中心，综合先秦道、法、阴阳各家思想。认为宇宙万物都是"道"所派生的，由阴阳二气构成，它说："阴阳者承天地之和，形万殊之体，含气化物，以成将（形）类"。"气"没有意志和目的，"气"的运行变化是阴阳二气相互作用的结果。

《淮南子》讲自然之道,也讲人世之道,它要求从政者"体道"、"得道之本",提出"漠然无为而无不为"、"漠然无治而无不治"的政治思想。认为"无为"不是无所事事,无所作为,而是"循理而举事,因资而立功",符合客观规律的要求。所以认为施政之要,在于去掉浮华,达到静虚,从而符合于道。

《淮南子》在历史观方面,反对"法古"、"循旧"。论述了自然和社会发展过程中,常与权、本与末、利与害、取与予、祸与福、为与败、备与致、刚与柔、奇与正等相反相成的关系,包含着辩证法思想。

陆贾

三、陆贾的宇宙观

1. 陆贾生平（约公元前240～前170）

陆贾是西汉初年的政治家、思想家和辞赋家。曾奉命赐南越赵陀为南越王,使其向汉称臣。吕后专权时,陆贾佐丞相陈平划策,为翦除诸吕、迎立文帝作出了重要贡献。著作有《楚汉春秋》和《新语》等。

2. "天地相承,气感相应"与天人关系

陆贾认为,"天生万物,以地养之,圣人成之,功德参合,而道术生焉,跂行喘息,蜎飞蠕动之类,水生陆行,根着叶长之属,为宁其心而安其性,盖天地相承,气感相应而成者也。"就是说,先有天地然后有物有人,这里的天地也就是自然。万物和人类都由天地之"气感相应",自然生成的。而天地万物和人类又是可以认识的,"在天者可见,在地者可量,在物者可纪,在人者可相。""故知天者仰观天文,知地者俯察地理。"人可以通过观察认识天地自然万物,也可以认识人类自身。

陆贾认为天道和人道是有区别的,"尧、舜不易日月而兴,桀、纣不易星辰而亡,天道不改而人道易也。"他指明,"故世衰道亡,非天之所为也,乃国君者有所取之也。"即社会的治乱兴衰,不是什么天意,而是统治者的政治措施是否得当造成的。陆贾尖锐地批评了当时的"论不验之

语，学不然之事，图天地之形，说灾变之异"的迷信思想。但他又认为人事能影响天；天有时也可以向人间示以灾变、祯祥、生杀等等，他说："恶政生于恶气，恶气生于灾异，……治道失于下，则天文应于上，恶政流于民，则虫灾生于地"《新语》。说明他也有圣人"承天诛恶"和"天人感应"的神秘思想。

四、贾谊的哲学思想

1. 贾谊生平（公元前200～前168年）

贾谊是汉初著名的政论家、文学家、思想家，洛阳人。他自幼"明申、商"，"年十八以能诵诗书属文称于郡中。"早年受学于李斯的学生河南郡守吴公和荀况的学生张苍，22岁时被文帝召为博士，曾任太中大夫。他才华出众，遭谗被贬，先后为长沙王、梁孝王太傅，郁郁不得志而死，时年仅33岁。贾谊写下了大量的政论文章，总结秦朝被农民起义推翻的经验教训，向汉文帝提出缓和阶级矛盾，巩固中央政权，削弱诸侯王地方割据势力等方面方略的建议，对汉代政权的巩固和汉文化的发展起了积极作用。后人将他的58篇议论文章编为《贾谊新书》，集中体现他的政治、哲学思想。另外，贾谊还写了许多诗赋，如《吊屈原赋》、《鵩鸟赋》等，取得了很高的文学成就，也表达了他的哲学观点。

2. 贾谊的哲学观点

（一）"道德造物"的根源说

贾谊在《道德说》中提出"道德造物"说，认为天下万物都是由"道"与"德"造成的。具体万物以至仁义道德的根源是"德"，"德"又以"道"为本。"物所道（导）始谓之道，所得以生谓之德。德之有也，以道为本"，"道者无形，平和而神"。"道凝而为德"，"德之所以生阴阳、天地、人与万物也。""仁者德之出也，义者德之理也"。一切变化也是从德中产生，所以又说："德者，变及物理之所以出也。"可见，贾谊的"道"是指尚未凝结为有形之物的无形之物，它可以千差万别，千变万化，也可以分散、凝集在有形可见的"德"里来化育万物。他在《道德说》中曾举玉为例来说明"德有六理","曰道、德、性、神、明、命",指的就是"道"凝于"德"化生万物,又存在于具体的万物之中,表现为不同的形态。

(二)"千变万化"的转化观

贾谊在《鵩鸟赋》中说,"万物变化兮,固无休息。斡流而迁兮,或推而还。形气转续兮,变化而嬗。沕穆无间兮,胡可胜言!"万物变化,就是形气转续,"千变万化兮,未始有极",即认为宇宙间一切事物都处在无休止的运动变化之中。又说,"祸兮福所倚,福兮祸所伏;忧喜聚门兮,吉凶同域"。意思是忧与喜、吉与凶、福与祸,都是对立的双方,而对立的双方又同于一域,聚于一门,也就是一种既对立又统一的关系,在这种对立统一中互相渗透,相互转化。而对事物变化的根源,贾谊解释为:"万物回薄兮,振荡相转。云蒸雨降兮,纠错相纷。大钧播物兮,坱圠无垠。天不可与虑,道不可与谋。迟速有命兮,乌识其时?且夫天地为炉兮,造化为工,阴阳为炭兮,万物为铜,合散消息兮,安有常则。"这里把天地比作炉,阴阳比作炭,造化比作神工。它们无"虑"无"谋",即没有意志,没有目的,是一种无意识的动力。因此归根结底,万物是在那里自然变化着,无须任何其他力量去推动。

(三)"清虚而静"与"参验"的认识论

贾谊说,认识事物要"清虚而静,令名自命,令物自定,如鉴之应,如衡之称。"意思是说,心要像平静的水,像明镜一样反映事物的真实面貌,要像天平一样反映事物的轻重。贾谊进一步指出人心对物的反映正确与否,要经过"参验",即"观之上古,验之当世,参之人事",这样才能"察盛衰之理,审权势之宜,去就有序,变化因时",才能"见终始之变,知存亡之由"。

(四)"察盛衰之理,审权势之宜"的历史观

贾谊认为,人类社会是在不断地发展变化着的,并且是有因果可循、条理可找的。政治家、思想家的任务就是要"察盛衰之理,审权势之宜",透过错综复杂的历史现象,去探寻社会发展的因果、条理,找出兴衰成败的道理,以供统治者审疑定势,"备患于未形"、"治之于未乱"。贾谊在《过秦论》中客观分析了秦的兴起、强大、衰亡的全过程,充分肯定了商鞅变法和秦始皇统一中国的历史进步性,指出秦国的强大和统一中国,根

本原因在于秦孝公任用商鞅实行革新变法,"内立法度,务耕织,修守战之具,外连衡而斗诸侯"的结果;他充分肯定秦始皇"奋六世之余烈,振长策而御宇内",结束了"近古无王"、"兵革不休"、"士民罢弊"的混战局面,"天下之士,斐然向风","元元之民,虚心而仰上",指出秦始皇统一中国,"甚得民心"。而对秦的失败原因,贾谊认为主要是没有区分开"守"与"取"的不同统治术,而且又不施仁义。他说:"秦以区区之地致万乘之势,序八州而朝同列,百有余年矣。然后以六合为家,崤函为宫。一夫作难而七庙堕,身死人手,为天下笑者何也?仁义不施而攻守之势异也"(《过秦论上》)。他批评秦之暴政曰:"秦王怀贪鄙之心,行自奋之智,……焚文书而酷刑法,先诈力而后仁义,以暴虐为天下始。夫并兼者高诈力,安危者贵顺权,推此言之,取与守不同术也。"这里所说的"取",意思是得天下,也就是攻,是进行兼并战争,因此必须通过诡诈和暴力;"守"则是巩固政权,单凭暴力,是不能奏效的,而必须"施仁义"。

五、今文经学家的哲理思考

汉武帝罢黜百家,独尊儒术。儒家著作被尊为"经",并立五经博士,下置弟子讲习经书,从而形成了经学。用汉朝通行的文字"隶书"书写的儒家经书称为今文经,而进行训释、研究今文经的学问称为今文经学。汉初今文经学的主要代表是董仲舒,他传授的经书是《春秋公羊传》。《春秋》有三传,其中《公羊传》和《穀梁传》属今文经学。董仲舒依据《春秋公羊传》,阐发"奉天法古"和"天人感应"的神秘主义思想。东汉末年,何休作《春秋公羊传解诂》,倡导"三世"说,发挥公羊春秋的微言大义,是汉代今文经的最后代表人物。

1. 董仲舒(公元前179~前104年)

(一)董仲舒生平与《春秋繁露》

董仲舒,西汉时期的儒家大师,广川(今河北枣强县)人。他早年就研究《春秋》,景帝时任博士(官方讲授儒家经典的教师),设帐教学,专心攻读儒家经典,"三年不窥园"。汉武

董仲舒

帝时"举贤良文学之士",他以三篇对策提出了一套维护封建大一统的哲学理论和"罢黜百家,独尊儒术"的建议,深得武帝赏识。董仲舒一生著述繁多,流传至今的只有《举贤良对策》,又称《天人三策》和《春秋繁露》一书。他在公羊春秋的基础上,以儒家思想为主,揉合法家、阴阳家的某些主张,将儒家思想改造成为维护封建专制主义中央集权统治的思想体系。

《春秋繁露》,现存17卷,共82篇,推崇公羊学,发挥"春秋大一统"之旨,阐述了以阴阳、五行为骨架,以天人感应为核心的哲学-神学理论,宣扬"性三品"的人性论、"王道之三纲可求于天"的伦理思想及赤黑白三统循环的历史观,为汉代中央集权的封建统治制度,奠定了理论基础。

(二)董仲舒的哲学思想

①天人感应说

董仲舒借儒家《春秋公羊传》的"微言大义",阐发出一套"天人感应"说。其主要内容有两个方面:一是灾异谴告说,认为"国家将有失道之败,而天乃先出灾害以谴告之,不知自省,又出怪异以警惕之,尚不知变,而伤败乃至"(《对策》)。二是天人同类、天人相副说,认为"天有阴阳,人亦有阴阳,天地之阴气起,而人之阴气应之而起。人之阴气起,而天之阴气亦宜应之而起,其道一也"(《春秋繁露·同类相召》)。

"天人同类"的观念是董仲舒天人感应论的基础,他认为"天"是宇宙万物的主宰,天按照自身的体制有目的的制造出人类以及人世间的种种事情,他说:"以类合之,天人一也"(《春秋繁露·阴阳义》),"为人者天也,人之为人,本于天,天亦人之曾祖父也"(《春秋繁露·为人者天》)。天按照它的样子制造了人,人是天的副本,宇宙的缩影,人身有366小骨节,副天有366日之数,大骨节12,副月份之数,内有五脏,副五行之数,外有四肢,副四季之数(《春秋繁露·人副天数》)。不仅人的形体与天同类,人的情感意识也与天同类,他说:"人之德行,化天理而义;人之好恶,化天之暖清;人之喜怒,化天之寒暑;人之受命,化天之四时;人生有喜怒哀乐之答,春秋冬夏之类也。"总之,"人之性情有由天者矣"(《春秋繁露·为人者天》)。

②天不变,道亦不变

在《举贤良对策》里，董仲舒提出了"天不变，道亦不变"的命题。他看到了对立面的普遍存在，指出"凡物必有合。合必有上，必有下；必有左，必有右；必有前，必有后；必有表，必有里；有美必有恶；有顺必有逆；有喜必有怒；有寒必有暑；有昼必有夜。此皆其合也。阴者阳之合，妻者夫之合，子者父之合，臣者君之合。物莫无合，而合各有阴阳。"但他不承认对立面的斗争和转化，认为矛盾的双方总有一方永远处在主导的地位。一尊一卑，其地位和性质的不同是永恒的，不变的，不可转化的。他说："阳之出也，常悬于前而任事；阴之出也，常悬于后而守空处。此见天之亲阳而疏阴，任德而不任刑。"因此，阳尊阴卑，阳上阴下，阳先阴后，阳为主阴为从，这是"天之常道"。"道之大原出于天。天不变，道亦不变。"

董仲舒进而以这种观点来说明封建统治秩序和伦常关系的亘古不变和神圣不可侵犯。他说："君臣父子夫妇之义，皆取诸阴阳之道。君为阳，臣为阴，父为阳，子为阴，夫为阳，妻为阴。"阳尊阴卑，那么，君、父、夫永远处于统治地位而臣、子、妻则永远处于服从的地位，这是天经地义的，其位置是不可动摇的。此乃"王道之三纲。"这就是后来形成的"君为臣纲，父为子纲，夫为妻纲"说教的发端。在此基础上，董仲舒强调"正名"。不管实际如何，只要有名份，就处在相应的位置上，就拥有这个"名"所给予的权利或义务。这种思想后来发展成"名教"。董仲舒不仅概括发展了"三纲"说，而且把纲常名教说成是天的意志的体现，且是永恒的，万古不变的。他的这种封建纲常名教思想对后世中国社会产生了极大的影响。

托古改制是公羊学派的特征之一，为此董仲舒提供出了"经"和"权"的概念。"经"是指通常情况，"权"是指异常情况。他承认在非常情况下的变通是必要的，但必须在"道"的范围之内。道永远是正确的，弊政在于"失道"。因此，"王者有改制之名，无易道之实"。即使是改朝换代"易姓更王"，"徙居处，更称号，改正朔，易服色"，也只是顺天志而明自显，纠正前代的失道之弊，恢复天之正道而已。最终仍然是"天不变，道亦不变"。

③道莫明省身之天

董仲舒从天人感应角度出发，认为人的认识主要是认识、体察天意。能否与天意相符，就是人的认识和行为是否正确的标准。认识天意的途径,一是观察天的"喜怒之气,哀乐之心",如四时寒暑更替,祥瑞灾异变化等;二是向内自省,体会天意。即"道莫明省身之天"。董仲舒认为,天人本是就是合一的,天意本来就存在于人心之中。因此,没有比向内反省更能认识"天意"的了。在董仲舒看来,只有圣人才能真正体察天意,他们能知"天地鬼神",知"人事成败",知"古往今来",是"同诸天地"的先知先觉。"故圣人之言,亦可畏也。"这样,社会历史就是圣人根据天意安排的,人民群众就应该"畏圣人言",老老实实接受"圣人"的统治。

④三统说

为了说明封建统治秩序的亘古不变,董仲舒还提出了"三统"、"三正"的历史循环论。所谓"三统"就是黑、白、赤三种颜色,夏尚黑为黑统,商尚白为白统,周尚赤为赤统。夏以寅月为正月,商以丑月为正月,周以子月为正月,此乃"三正"。历史就是这三统周而复始的更替。因此,朝代更替就要改正朔,易服色,但封建的根本制度、纲常伦理则是自古一脉,永恒不变、神圣不可侵犯的。

⑤性三品

董仲舒把人的本性分为上(圣人之性)、中(中民之性)、下(斗筲之性)三个等级,也就是"三品"。认为圣人之性天生善,斗筲之性天生恶,而且是不可改变的,即孔子所谓"上智与下愚不移"。但是董仲舒又认为圣人之性、斗筲之性不可以叫性,他所以称为性的是中民之性。中民之性处于善恶之间,可以通过教化使其成为善性。但他又强调:有善质不等于本性"已善","善如米,性如禾。禾虽出米,而禾未可谓米也,性虽出善,而性未可谓善也。"其目的在于要人民接受"圣王"教化,从而"循三纲五纪,通八端之理,忠信而博爱,敦厚而好礼",也就是突出强调了道德教化的必要性。董仲舒又认为,人的本质中有性还有"情",好比天之有阴阳。性为阳,主善;情为阴,主恶。因此人性之中也有恶的一面。他认为,人性兼有善恶两个方面,"仁贪之气,两在于身"。善恶两性之中,善质为主,恶情为从。他以孟轲的人性论为主,又吸取了孔子、荀况的某些观点。这是一种善恶二重论的人性论,是对先秦诸子人性论的一个总结和发展。

2. 何休(公元129~182年)

何休，东汉时期今文经家。字邵公，任城樊（今山东滋阳）人。何休为人质朴多智，精研六经。诏拜郎中，因不合性情，以病辞去。太傅陈蕃召请他参与政事。党锢事起，遭禁锢。党禁解除，被召为司徒，拜议郎，再迁谏议大夫。

何休钻研今文诸经，历十七年撰成《春秋公羊传解诂》，对公羊家的"春秋三世"说作了新的阐述和发挥，提出"衰乱世"、"升平世"、"太平世"的历史进化思想。并在《文谥例》里阐述了"三科九旨"：新周，故宋，王鲁为一科三旨；所见异辞，所闻异辞，所传异辞为二科六旨；内其国而外诸夏，内诸夏而外夷狄为三科九旨。从三科九旨推演，又有许多义旨，系统阐发《春秋》中的微言大义，成为今文经学家议政的主要依据。另撰《公羊墨守》、《左氏膏肓》、《穀梁废疾》等，已佚。

六、古文经学家之哲理思考

用先秦的古文字"篆书"书写的儒家经书称为古文经，训释、研究古文经的学问称为古文经学。西汉末，开始出现经学的古文与今文两派之争论。东汉时，古文经盛行，虽未能立为官学，势力却胜过今文经学。东汉末，融合今古文的郑玄之学流传很广。今文经师为经书作章句，传述大义。古文经师则为经书作训诂，解释文字、名物、制度。章句、训诂的学风影响整个经学苑囿。后来愈趋愈繁，动辄数十万言乃至百余万字，浩瀚卷帙反而不易读通经义，因此两汉经学逐渐走向衰落。

1. 刘歆（？～公元23年）

刘歆，西汉末年经学家、学术史家。字子骏，刘向之子。少时通诗书，能属文。曾与其父同校皇家藏书，对六艺、传记、诸子、诗赋、术数、方技，无所不究。后继承父业，集六艺群书，分类撰成《七略》。刘歆在校皇家藏书时，见古文《左氏春秋》、《毛诗》、《逸礼》及《古文尚书》，为此撰写《移书太常博士》，指出今文经简编错乱，多有残缺。今文博士满足于师说传授，是因陋就简，抱残守缺。而古文经出自秘府旧藏，真实可信，将古文经列于学官是"辅弱扶微"。刘歆又指出，《春秋左传》的作者左丘明"亲见夫子。而公羊穀梁在七十子后，传闻之与亲见之，其详略不同"。刘歆的这封移书，据实讲理，较有说服力。刘歆的建议触怒了今文博士诸儒，指责他改乱旧章，非毁先帝所立今文经。刘歆惧诛，被迫求放出任地方官吏。王莽篡位，以刘歆为国师，封侯。后赤眉、绿林起义，王莽政权动摇。刘歆谋诛王莽，事泄，被迫自杀。

刘歆所作《七略》是秘府所藏群书的提要，分《辑略》、《六艺略》、《诸子略》、《诗赋略》、《兵书略》、《术数略》、《方技略》七类，论述学术源流及各门学术的宗旨，认为诸子出于"王官"，先秦各学派，包括孔子创立的儒家在内，都是人的创造，是历史的产物。反对今文经学神化孔子的思想。《七略》是一部较早的很有价值的学术史著作。以后班固根据这部书删存其要，写成《汉书·艺文志》。《七略》今已不存，从《汉书·艺文志》可以窥其大略。

2. 郑玄（127~200年）

郑玄，东汉末年经学大师，字康成，北海高密（今山东高密）人。博通今、古文经学、精于天文历算。曾从东汉经学家马融学古文经。后郑玄游学十余年，归里聚徒讲学，弟子众至数百人。后因党锢事起，被禁锢。遂隐修经业，杜门不出。当时任城学者何休，好公羊学，著《公羊墨守》、《左氏膏肓》、《穀梁废疾》，郑玄乃著《发墨守》、《针膏肓》、《起废疾》等反驳何休。何休见后感叹地说："康成入吾室，操我矛，以伐我乎！"

郑玄潜心著述，所注群经，有《周易》、《毛诗》、《仪礼》、《周礼》、《礼记》、《论语》、《孝经》。又注《尚书大传》、《周易乾凿度》、《乾象历》等。此外又著有《天文七政论》、《鲁礼禘祫义》、《六艺论》、《毛诗谱》、《驳许慎五经异义》、《答临孝存周礼难》等。他遍注群经，以古文经说为主，兼采今文经说，成为汉代经学之集大成者，称郑学。范晔《后汉书·郑玄传》评论他的经学成就说："郑玄括囊大典，网罗众家，删裁繁芜，刊改漏失，自是学者略知所归。"郑玄经注详于典章制度，名物训诂，统一了今古文之争，对后世经学的发展有深远的影响。郑玄的论著多散佚。清

郑玄

人马国翰《玉函山房辑佚书》辑有郑玄佚著多种，略可见其遗说。

郑玄对于天文历算有较深的研究，曾提出一年四季与地在太空中的四游升降有关的观点。在《周易乾凿度注》中提出元气之所本始寂然无物亦忽然而自生的观点，对魏晋玄学有一定影响。

七、主张天道自然的思想家

1. 扬雄（公元前53～前18年）

扬雄，又作"杨雄"（《汉书》本传作扬雄，清段玉裁考证，"扬"应为"杨"）。西汉末年著名的文学家和思想哲学家。字子云，蜀郡成都（今四川成都）人。他沉默好思，长于词赋，曾仿司马相如赋写了《甘泉》、《羽猎》、《长扬》等赋，得到汉成帝的重视，任职为郎，给事黄门。扬雄后主张一切言论都应以"五经"为准则，鄙薄辞赋，转而研究经学，仿《周易》写作《太玄》，仿《论语》写成《法言》，这是他的重要哲学著作。王莽篡位后，扬雄校书天禄阁，因符命案受牵连，被迫投阁，未死，仍为大夫。扬雄又写有《解嘲》、《解难》等，用以自况。

（一）玄本说

扬雄认为"玄"是天地的本原，而万物是天地相互作用的结果。天地万物也都是对立的统一，对立面相互转化，相互推移。"盛则入衰，穷则更生；有实有虚，流止无常"。又认为，事物的变化表现为因、革交替，"因而循之，与道神之；革而化之，与时宜之。故因而能革，天道乃得；革而能因，天道乃驯"。"因"指事物的继承关系，"革"指事物的创新变革。他认为在继承过程中有创新，创新过程中又不能离开继承，"物不因不生，不革不成。"

（二）鬼神渺茫说

扬雄针对当时流行的宗教迷信和谶纬思想，认为"神怪茫茫，若存若亡，圣人曼云。"意思是神怪之事，谁也没有验证过，因此圣人不谈鬼怪。他明确指出，"有生者必有死，有始者必有终，自然之道也"。他举古代圣贤为例，说明世上从来没有长生不死的神仙。伏羲神农、黄帝尧舜、文王周公都死了,孔子眼看着自己的独生爱子死在自己前面,又有什么办法呢?这不是人力所能及的,是谁也无法抗拒的自然规律。

(三)性善恶混说

在人性论方面,扬雄抛弃了董仲舒的性三品说,调和孟荀性善、性恶论,提出性善恶混的学说。他指出:"人之性也善恶混。修其善则为善人,修其恶则为恶人。"就是说,人性之中有善也有恶,关键看后天怎样修身和学习。他所说的"性",包括"视、听、言、貌、思"五个方面,而对每个人而言,又有"正"、"邪"两个方面,既有善的方面,又有恶的方面。表现为善或恶,则决定于"学"与"修"。从而提出了"修其善则为善人,修其恶则为恶人"和"学则正,否则邪"的道德修养论。他说,"学者所以修性也",主张人之为学,务必及早,应从"其不奸奸、不诈诈"的儿童时代开始。因为,这时恶习未染,易于修学。一旦染上恶习之后再修学求正,就难以见效。

2. 桓谭(约公元前23~公元56年)

桓谭,东汉思想家、经学家。字君山,沛国相(今安徽淮北)人。成帝时,其父为大乐令,谭以父任为郎。王莽称帝时,谭为掌乐大夫。更始立,拜大中大夫。东汉光武帝即位后征为待诏。桓谭好音乐,善鼓琴,博学多通,遍习五经,喜非毁俗儒。后汉光武帝建灵台,欲以谶决之,桓谭因极言"谶之非经",被汉光武帝目为"非圣无法",贬为六安郡丞,死于赴任途中。其著作有《新论》,已佚。其文散见于其他各著作之中,有辑本。

(一)反对谶纬

西汉末年,谶纬泛滥。谶是一种托言天意的预言或隐语。王莽篡位,曾利用谶语,伪造符命;光武帝刘秀也用它作为夺取政权和巩固统治的工具,并于中元元年(56)颁布"图谶"于天下。桓谭坚决反对谶纬,他说:"谶出《河图》、《洛书》,但有朕兆而不可知,后人妄复加增依托,称是孔丘,误之甚"(《新论》)。他屡次向光武帝上书,极力指斥谶是"奇怪虚诞之事",非"仁义正道",只能"欺惑贪邪,诖误人

桓谭

主"，对政治十分有害。桓谭总结王莽、楚灵王等"好卜筮，信时日，而笃于事鬼神"，以至国破身亡的历史教训，指出："国之废兴，在于政事，政事得失，由乎辅佐"，与是否信神祭鬼无关。

（二）以烛火喻形神

桓谭驳斥长生不死的迷信，否认灵魂不灭的信仰，认为人的生命是由形体和精神相结合而成的。他在《形神》里以烛与火比喻肉体与精神，尖锐指出，长生不死是不可能的，更没有离开肉体而独立存在的精神。指出："精神居形体，犹火之然烛矣"，"烛灭，火亦不能独行于虚空"，人之老死，"如火烛之俱尽矣。"明确肯定精神不能脱离形体而存在。

3. 王充（27～约97年）

（一）王充生平与《论衡》

王充，东汉思想家。字仲任，会稽上虞（今浙江上虞）人。他出身"细族孤门"，家"以农桑为业"，"以贾贩为事"。少年时游洛阳太学，曾师事班彪，好博览而不守章句。家贫无书，"常游洛阳市肆，阅所卖书，一见辄能诵忆，遂博通众流百家之言。"曾任小县吏，因与当权者不合，免官家居。晚年生活潦倒，贫无供养。《论衡》，共30卷，85篇，现缺《招致》一篇。据《论衡·自纪篇》说："充既疾俗情，作《讥俗》之书。又闵人君之政，徒欲治人，不得其宜，不晓其务，愁精苦思，不睹所趋，故作《政务》之书。又伤伪书俗文，多不实诚，故为《论衡》之书。"晚年还有《养性》书十六篇，"冀性命可延，斯须不老"。但《讥俗》、《政务》、《养性》三书，今已佚失。

（二）王充的哲学思想

① "自生"与"无独燃之火"

王充以"元气"为始基，用天地表示整个宇宙自然界，将天还原为自然之天。他说："夫天者，体也，与地同"《祀义篇》，"天地，含气之自然也"（《谈天篇》）。王充认为，气充满了宇宙而无限，是没有具体形体的物质元素，万物皆由这个物质的气构成。而万物的差

王充

异,都是由于禀气的不同,即"因气而生,种类相产"(《物势篇》)。气是无知无欲的,构成万物是自然而然的,"天地合气,万物自生"(《自然篇》)。"自生"指自然而然地生成,在万物背后没有一个指使它们生成变化的主宰。所以,他否定"天人感应",认为"夫人不能以行感天,天亦不随行而应人"(《明雩篇》)。

在形神关系上,王充认为物质(形体)先于精神,精神是由物质派生的,人的精神不能离开形体单独存在。他在《论死篇》里比喻说:"天下无独燃之火,世间安得有无体独知之精?"他断然否定灵魂不灭,否定人死为鬼,认为"人之生,其犹水也,水凝而为冰,气积而为人;冰极一冬而释,人竟百岁而死"(《道虚篇》)。因为人和其他物体一样都是元气构成的,"人生于天地也,犹鱼之于渊,虮虱之于人也,因气而生,种类相产"(《物势篇》)。因此,"虽贵为王侯,性不异于物"(《道虚篇》)。他指出人与物的不同,在"人,物也,而物之中有智慧者也"(《辨祟篇》),于人有精神智慧。精神是人体内"精气"发生作用,精气依赖人的血脉,又称"血气"。他说:"人之所以生者,精气也","能为精气者,血脉也。"精神依附于人的生理结构,人死生理结构遭到破坏,精神也就散失了。他说:"人死血脉竭,竭而精气灭,灭而形体朽,朽而成灰土,何用为鬼?"(《论死篇》)

②驳斥"祥瑞"与"谴告"说

王充认为,所谓瑞应完全违反天道自然无为的原则,有时瑞物出现,只是一种巧合。"文王当兴,赤雀适来;鱼跃鸟飞,武王偶见,非天使雀至白鱼来也"(《初禀篇》)。王充还用天道自然无为驳斥"谴告"说,指出:"夫天道自然也,无为。如谴告人,是有为也,非自然也"(《谴告篇》)。他认为灾异现象是自然界自身的变化引起的,与社会政治好坏无关。谴告说是仿照人事编造出来的。它的流行,有一定的社会原因,"末世衰微,上下相非,灾异时至,则造谴告之言矣"(《自然篇》)。

③"实知"和"效验"

在认识论上,王充认为,"凡论事者,违实不引效验,则虽甘义繁说,众不见信"(《知实篇》)。"效验"即实际效果,实效、事实是检验认识是否正确的标准。他驳斥生而知之的先验论和谶纬迷信,即用"何以效之"、

"何以验之"来考论虚实。他说:"凡天下之事,不可增损。考察前后,效验自列。自列,则是非之实有所定矣"(《语增篇》)。王充还注重实验,针对当时神学迷信宣传雷为天怒的说法,他用五种事实和实验,证明雷是火,不是天怒。

王充重视效验,但认为认识不能停留在感觉经验阶段。王充批评墨子经验论的局限性时说:"墨议不以心而原物,苟信闻见,则虽效验章明,犹为失实"(《薄葬篇》)。"以心原物"就是要用理性思维去辨别、校正感性经验,将感性经验加以深化、提高。王充提出"知物由学"的观点。他说:"人才有高下,知物由学,学之乃知,不问不识"(《实知篇》)。他承认人的才智有高低差别,但无论才智高下,都必须经过后天学习才能获得知识。据此,他反对神化古人的做法,大胆地"问孔"、"刺孟",对圣人的言论坚持分析、质问的态度。他特别注重效验,反对"好信师而是古",以圣人之言为是非的风气,主张"事莫明于有效,论莫定于有证"(《薄葬篇》)。这就是说,认识必须符合客观事实,必须通过实际效果来验证,不经验证的不足为信。他这种以实际效果来检验认识正确与否的观点,在认识史上是一大贡献。

④反对崇古非今

在历史观方面,王充反对崇古非今的复古主义。他认为历史是进步的,不断发展的。他指出:"彼见上世之民饮血茹毛,无五谷之食;后世穿地为井,耕土种谷,饮井食粟,有水火之调。又见上古岩居穴处,衣禽兽之皮,后世易以宫室,有布帛之饰。则谓上世质朴,下世文薄矣"(《齐世篇》)。可见,所谓"上世质朴,下世文薄"的说法,实质上是推崇古代的落后状态,而菲薄后世的精神文明。王充认识到历史的发展是一个从落后到文明的进步过程,不是汉不如周,而是汉胜于周。至于社会的治乱、王朝的更替就像春夏秋冬四季一样,是一个不以人的意志的转移的客观过程,不是人力所能左右的。

⑤"谷足食多,礼义之心生"

王充观察到历史的治乱与人民经济生活之间的联系,他引用《管子》"仓廪实则知礼节,衣食足则知荣辱"的观点,说:"谷足食多,礼义之心生,礼丰义重,平安之基立矣"(《治期篇》)。他注重从人民经济生活出发论证道德兴废的观点,在中国历史上起了进步作用。

⑥"反情治性,尽材成德"

王充在《本性篇》里赞同周人世硕的说法,"以为人性有善有恶,举人之善性,养而致之则善长;性恶,养而致之则恶长"。这是因为善恶与人的禀性受气有关,禀气有厚薄,故性有善恶。但他又强调后天环境教育对人"性行"的决定作用。指出习恶为恶,习善为善,人性可以通过教育而改变。他说:"夫学者,所以反情治性,尽材成德也"(《量知篇》)。王充特别强调后天学习、环境对中人的作用。他说:"夫中人之性,在所习焉。习善而为善,习恶而为恶。"好比染丝,染之蓝则青,染之丹则赤,好比矿石锻炼为铁,能铸成龙泉、太阿等宝剑。人性虽恶,总比木石易化。王充肯定教育对改造人性作用,是有一定积极意义的。

⑦王充的逻辑思想

王充否定有"神怪之知",肯定推类之知。所谓推类,是根据事物之间类的相同、相似和相异进行的推论。他说圣人所以能预先知祸福是靠"推类"。他明确提出并阐明了"论证"的概念,指出:"事莫明于有效,论莫明于有证"。他在《论衡》一书中,经常是先提出一个论题,紧接着用"何以效之"、"何之明之"、"何以验之"等一类话承上启下,进而转入"引证定论"的具体过程。在论证终了之后,他还往往加上"审矣"、"验矣"、"明矣"等字样。

在论证方法上,王充比较注重用具体事实作效验。他著《论衡》就是为了确立真理和批驳谬误,"立真伪之平"。在论证中,他提出了一些带有规则性质的思想:一是切忌"失之所对",转移论题。二是不能"首尾相违",自相矛盾。三要明言显文,做到"言无不可晓,指无不可睹"。

4. 王符

(一)王符生平与《潜夫论》

王符,东汉后期思想家。字节信,安定临泾(今甘肃镇原县)人。生平事迹不详,大约活动在黄巾起义(184年)之前。王符由于耿介不同于俗,志意蕴愤,终身不仕,隐居著书,讥评时政,立志"医国"。著作有《潜夫论》10卷,36篇。内容指陈时政得失,反对谶纬迷信,大量揭露官吏豪强奢侈浪费和迫害人民的罪行。作者隐居著述，不欲披露自己姓名，故题名潜夫论。

（二）王符的哲学思想

王符认为天地万物的根源是元气。说"上古之世，太素之时，元气窈冥，未有形兆，万精合并，混而为一，莫制莫御。若斯久之，翻然自化，清浊分别，变成阴阳，阴阳有体，实生两仪。天地絪缊，万物化淳，和气生人，以统理之"（《本训》）。也就是说，元气后来自然分化成阴阳，产生天地、万物和人类。总之，天之动，地之静，日月之明，万物之生长变化，"莫不气之所为"（《德化》）。天地人"三才异务，相结而成"，既相互联系，又各具特殊地位和作用。事物是运动变化的，有"盛衰"，有"推移"，"积微成显，积著成体"，这些也都是气的作用。

王符承认天命，但又强调人为，更反对卜筮、巫祝、看相、占梦等迷信活动。他说："凡人吉凶，以人为主，以命为决。行者己之质也，命者天之制也，在于己者固可为也，在于天者不可知也。巫觋祝请，亦其助也，然非德不行，巫史祈祈者，盖所以交鬼神而救细微尔；至于大命末如之何"（《巫列》）。说到最后，依然主张远鬼神，重视德义方面的人为。他提倡学习，认为人的高贵在于聪明智能，智慧、才能来源于学习。"天地之所贵者人也，圣人之所尚者义也，德义之所成者智也，明智之所求者学问也。虽有至圣，不生而知；虽有至材，不生而能"，"人不可以不就师矣"（《赞学》）。

5. 张衡（78～139年）

张衡，东汉科学家、天文学家、思想家。字平子，河南南阳西鄂（今河南省南召县石桥镇）人。少善属文，曾到西汉故都长安进行历史与民情考察，又去京城洛阳游学，遂"通五经"、"贯六艺"。曾两次执掌天文的太史令。他精通天文、历算，创制了世界上最早的水力转动的"浑天仪"，后又制造了测定地震的候风地动仪。此外，还制造有指南车、自动记里鼓车等。

张衡

关于宇宙结构理论，当时共有三个学说：

盖天说、浑天说、宣夜说。盖天说以《周髀算经》为代表，认为天圆地方，天如伞盖，地如棋盘。宣夜说认为，天体为元气构成。浑天说认为天地都是圆的，天在外像蛋壳，地在内像蛋黄。张衡是浑天派的主要代表，他说："浑天如鸡子，天体圆如弹丸，地如鸡中黄，孤居于内，天大而地小。天表里有水，天之包地，犹壳之裹黄。天地各乘气而立，载水而浮"(《浑天仪》)。他在《灵宪》中对天地的起源作过解答，认为天地未分之前，乃是一片混沌，既分之后，轻者上升为天，重者凝聚为地，阴阳相荡，产出万物。他还在中国历史上第一次正确地解释了月蚀的原因，指出月光是日光的反照，月蚀是由于月球进入地影而产生的。他还观测和记录了我国中原地区能看到的2500颗星，并绘出我国第一幅较完备的星图。

张衡著述据《后汉书》本传称，有"诗、赋、铭、七言、《灵宪》、《应闲》、《七辩》、《巡诰》、《悬(玄)图》凡三十二篇"。《灵宪》是他的哲学著作，总结了当时的天文知识，肯定了宇宙的物质性与无限性。文学作品有《二京赋》、《归田赋》等。张衡文集已佚，明人辑有《张河间集》。清严可均《全上古三代秦汉三国六朝文》中《全后汉文》收集了张衡的全部著作。

6. 荀悦(148～209年)

荀悦，东汉末思想家、史学家。字仲豫，颍川郡颍阴县(今河南许昌)人。少好学，喜著述，善于解说《春秋》。汉灵帝时因宦官当权，托病隐居。献帝时，被辟召到曹操府，迁黄门侍郎，与孔融等人同在献帝宫中侍讲，累迁秘书监、侍中。献帝以《汉书》文繁难懂，命荀悦用编年体改写。乃依《左传》体裁，写成《汉纪》30篇，按年叙述西汉历史，时人称其"辞约事详，论辩多美"。另著有《申鉴》5卷，抨击谶纬符瑞，反对土地兼并，主张为政者要兴农桑以养其性，审好恶以正其俗，宣文教以章其化，立武备以秉其威，明赏罚以统其法，表现了他的政治、伦理、哲学思想。

荀悦认为仁与义是"道之本"，礼教与法治是"政之大经"，主张汉代"以霸王道杂之"的传统政治思想。针对汉末土地高度集中、阶级矛盾激化的现实，荀悦抨击"富人民田逾限"，提出一种"耕而勿有"的理想，即土地只许耕种而不许私有和买卖。强调"足寒伤心，民寒伤国"，主张"兴农桑以养其生"，"先丰民财以定其志"；不应在法令规定的范围以外私自增加赋役;"慎庶狱",反对"峻刑害民"。

在人性论上,荀悦提出了一种和董仲舒有所不同的性三品说,认为上品君子性善,下品小人性恶,中人则善恶混。"礼教"施于君子,"桎梏鞭扑"加于小人,对中人则"刑礼兼焉"。他对当时流行的宗教迷信如谶纬、神仙方术等都提出了怀疑,加以否定,认为卜筮无益,"德斯益,否斯损"。提出"生之谓性也,形神是也","凡言神者,莫近于气,有气斯有形,有神斯有好恶喜怒之情",肉体、精神都根源于气的观点。

7. 仲长统(179~220年)

仲长统,东汉末哲学家。字公理,山阳高平(今山东金乡县西北)人。"少好学,博涉书记,赡于文辞"。20岁时外出游学,后官至尚书郎,参曹操军事。著作有《昌言》。

仲长统提出"人事为本,天道为末"的观点,强调"唯人事之尽耳,无天道之学焉"。他指出"和神气,惩思虑、避风湿,节饮食,适嗜欲,此寿考之方也。不幸而有疾,则针石汤药之所去也"。如果舍此"人事",一味追求"淫厉乱神之礼"、"伪张(欺诳)变怪之言"、"丹书厌胜之物",这是"通人所深疾"的。他说:"知天道而无人略者,是巫医卜祝之伍,下愚不齿之民也;信天道而背人事者,是昏乱迷惑之主,覆国亡家之臣也"(《群书治要节录》)。

仲长统把朝代的兴亡分为兴起、保守、没落三个阶段,认为是"天道常然之大数"。王朝的兴起是通过战争胜利取得的,灭亡的根本原因则是政治腐败,"怨毒无聊","祸乱并起",并非天意使然。

《后汉书》本传说:"统性倜傥敢直言,不矜小节,默然无常,时人或谓之'狂生'"。又说他"每论说古今及时俗行事,恒发愤叹息"。他愤世疾俗,痛斥王侯贵族"心同于夷狄,行比于禽兽"。但在面对现实无可奈何之时,他终于萌发和加深了年轻时曾有过的出世隐居思想,认为"名不长存,人生易灭",不如"叛散五经,灭弃风、雅"。他"思老氏之玄虚","求至人之仿佛",成为儒道合流的先驱;他的"狂生"风度,开创了魏晋玄学的某种风气。

八、谶纬象数之学

谶纬之学是我国两汉时期一种把经学神学化的学说。谶是一种能够预示出吉凶后来应验的隐语。早在春秋时期就已出现过，秦始皇时流行很广。西汉初社会安定，很少出现，到西汉末年，社会动荡，各种谶语与纬书结合在一起，逐渐流行。王莽、刘秀都提倡这种迷信用来为自己改朝换代制造根据。

纬，"经之支流，衍及旁义"，是汉代儒生用神学迷信附会儒家经义的一类书。纬是对经而言，有经就有纬，如易和易纬，书有书纬。纬书的名字都很怪诞，如易纬有《乾凿度》、《稽览图》等。此外还有许多关于"河图"、"洛书"一类的纬书。

谶和纬本来是两码事，但随着六经的神秘化，纬书中也有些谶语，谶也往往假托圣贤之言，所以后来人们往往把谶和纬混为一谈，通称为谶纬，其实谶完全是宗教迷信，纬书中则包含了一些具有哲学意义的理论。其中最重要的是易纬中的象数之学。

易传中包含着象数，象即图像，就是阳爻（——）、阴爻（— —）以及由其所组成的卦象。数就是数目，最基本数是奇偶。数中的奇偶与象中的阴阳相应。易纬专门阐发易传中这部分内容，构成一个世界图式。所谓象数之学，认为象和数是宇宙万物发生发展的本源，这就是象数之学坚持无中生有的宇宙发生论。

《周易乾凿度》，西汉末纬书《易纬》中的一篇。又称《易纬乾凿度》，简称《乾凿度》。《乾凿度》是纬书中保存完好、哲学思想较为丰富的作品。"乾"为天，"度"是路，《乾凿度》有开辟通向天上道路的意思。

《乾凿度》说："昔者圣人因阴阳定消息，立乾坤，以统天地也。夫有形生于无形，乾坤安从生？故曰：有太易，有太初、有太始，有太素也。太易者，未见气也。太初者，气之始也。太始者，形之始也。太素者，质之始也。气形质具而未离，故曰浑沦。浑沦者，言万物相混成，而未相离。"又说："易起无，从无入有，有理若形，形及于变而象，象而后数。"说明宇宙发生的几个阶段是从无（太易）到有气（太初）到有形（太始）到有质（太素），再到气、形、质三者浑然一体，而未分离（浑沦）。浑沦，是未分离的统一状态，又称为一，也就是太极。由太极一分为二，"清轻者上为天，浊重者下为地"，再由天地产生人和万物。其中"易"起自无，有一个由无入有的过程,从有理产生出形、象和数,象数变化产生万物。

《乾凿度》说,易是无形的,看不见摸不着。"易变而为一,一变而为七,七变而为九。九者,气变之究也,乃复变而为一。一者形变之始,清轻者上为天,浊重者下为地。物有始有状有究,故三画而成乾。乾坤相并俱生。物有阴阳,因有重之,故六画而成卦。三画以下为地,四画以上为天,物感以动类相应也。"这段文字说明周易卦象形成的原理,以及象数与宇宙间事物相感应的神秘作用。它把十天干、十二地支和二十八星宿与五音、六律、七变联系起来,认为这就是周易系辞中所说的"大衍之数五十",这个"大衍之数"可以变幻出世间一切事物。具有"成变化而行思神"的神秘力量。

《乾凿度》中也用"太极"、"两仪""四象"、"八卦"配以四正四维四时十二月,以表明一年当中阴阳消长四时寒暑变化的规律。《乾凿度》还将人的道德伦常与八卦相应。人为"人生而应八卦,体得五气以为五常,仁义礼智信也。"表现了纬书的天人感应神秘主义的世界观。

易纬的象数之学中也含有一些具有科学意义的因素。如易纬《是类谋》、《稽览图》和京房将六十四与四时二十四节气、七十二候相配,反映了当时天文历法学的科学知识。

九、宗教神学思想与白虎观会议

1. 白虎观会议

自以西汉武帝"罢黜百家,独尊儒术"以后,经学迅速发展,逐步形成了三大派别,一个就是以董仲舒《公羊》学为代表的今文经学派,一个是以刘歆、扬雄为代表的古文经学派,还有一个就是谶纬神学。它们之间互相斗争,但又以不同的角度共同为封建皇权提供服务。从王莽到东汉初年的几代皇帝都采取了兼收并蓄的政策,对经学中的三大派别都给予扶植和利用。三派在斗争中互相争论,使得经学"章句烦多",各派之间互相攻击,使得经义说解杂乱,分歧很大。为了加强思想统治的力量,东汉章帝于建初四年(79)在白虎观亲自主持会议,"讲论五经同异",以"正经义",这就是白虎观会议。各派有名的博士、儒生参加了会议,他们的发言编成《白虎议奏》。汉章帝亲自对这些议奏进行了裁决,又命著名文学家、史学家班固根据他的定论编辑整理成一部贯通五经大义的《白虎通义》简称

《白虎通》。《白虎通》以董仲舒的《公羊》学为主线,兼收古文经学、谶纬神学的成果,使经学进一步神学化,也使神学经学化,成为一部广泛涉及封建社会政治观点、制度、伦理道德的具有法典性质的经学百科全书。

2.《白虎通义》

《白虎通义》将董仲舒的神学目的论与图谶纬书杂揉在一起,描绘出完整的神学世界观。它说:"万物怀任交易,变化始起。先有太初,然后有太始形兆既成,名曰太素。"它直接引用易纬《乾凿度》的话解释这个观点,认为万物起源于虚无的易,到"太初"时,开始产生气,"太始"时开始有形,"太素"时开始有质,到"太素"阶段仍然处在不能闻见的混沌状态。太素以后,《白虎通》不采易纬的八卦说,而坚持《春秋繁露》的三光、五行说。认为太素混沌状态割据分裂,生成日、月、星三光和金、木、水、火、土五行。

《白虎通》将阴阳五行和封建伦理相比附,坚持和发展董仲舒的神学目的论。它说:"地之承天,犹妻之事夫,臣之事君也,其位卑"。地即土,对天来说天尊地卑,但在五行之中它又是最尊贵的,为"五行之主"。《白虎通》引用纬书《元命苞》的话进一步阐发,认为"土无位而道在",故能支配其他四气;"人主不任部职",但能驾驭群臣。它以土位居中,比附中央集权君主专制政治,并对社会上的一切关系都用五行相比附,如"子顺父、妻顺夫,臣顺君,何法,法地顺天"。又如:"男不离父母,何法,法火不离木也。女离父母何法?法水流去金也。"这实际上是将汉代封建制度、法令、伦常神圣化,为巩固封建统治服务。

《白虎通》继承、发挥了董仲舒社会伦理思想,并引用礼纬《含文嘉》的话,正式指出了"君为臣纲、父为子纲、夫为妻纲"的"三纲"说。它根据"阳尊阴卑"的观点,进一步论证了三纲的天经地义,并突出强调了束缚妇女的"三从"思想。它说:"女者如也,从如人也。在家从父母,既嫁从夫,夫殁从子也。"《白虎通》的"三纲"、"六纪"、"三从"思想成为汉代乃至以后中国封建社会的最高伦理规范和政治准则。

在认识论方面,《白虎通》完全依附于宗教神学。它把"圣人"说成是生来无所不通、无所不晓,"与天地合德、日月合明,四时合序、鬼神合吉凶"的神仙。但一般人必须通过学习才能"悟所不知"。

《白虎通》把命运区分为三种:"寿命"决定人的寿限;"随命"决定人的行为的善恶报应,"遭命"决定人的祸福遭遇。三命都是由上天注定的。

在历史观方面,《白虎通》继承了《春秋繁露》以"三统""三正"说为中心的循环论的神学历史观,作了更为细致的理论分析。它认为"三统""本于天",三统循环决定了朝代的更替,正朔、服色、都城随之交易。这种形式上的变化可以周而复始。但封建伦理纲常和政治准则是永恒的,不能改变的。

十、汉代宗教哲学

1. 中国佛教哲学

中国佛教哲学是中国哲学的一部分,它是印度佛教与中国封建传统哲学相结合的产物。

佛教于西汉初传入时,被视作神仙方术。东汉末,汉译大量佛教经典,佛教教义开始同中国传统伦理和宗教观念相结合,得到传播。当时的主要译作有安世高译的小乘佛典,支娄迦谶传译的大乘佛典。其他还有竺佛朔、安玄、支曜、康孟详等人,也都各有传译。

(一)《四十二章经》

《四十二章经》是中国所译最早的佛教经典,传为汉明帝时译出流入。从内容看,《四十二章经》可能是印度小乘佛教《阿含》等经的节译和编译。《四十二章经》宗旨在于奖励梵行,明沙门二百五十戒,离恶行之过失,离烦恼之垢染,教人克伐爱欲,证成阿罗汉果。认为"使人愚蔽者,爱与欲也","人怀爱欲,不见道","人从爱欲生忧,从忧生怖",所以要"断欲去爱,识自心源"而"除去欲爱"要在"乐善好施",应于外物无所执着。又认为凡生必有死,人生无常,自生至老,自老至病,自病至死,其苦无量;心恼积罪,生死不息。但因为过去作业,来生受报,神明遂转轮于生死无常之苦海。因而,天地世界如幻化,山河大地均非常住。

(二)《理惑论》

《理惑论》,又名《牟子》,是现存中国人所撰最早的佛教著作。传为汉献帝时苍梧太守牟子博传。

《理惑论》运用问答形式,宣传了当时流行的佛教关于"神不灭"思想。《理惑论》认为"魂神固不灭矣,但身自朽烂耳。身譬如五谷之根叶,魂神如五谷之种实。根叶生必当死,种实岂有终亡,得道身灭耳。"《理惑论》认为,所谓"佛道",在"归于无为","道之言导也,导人致于无为",而"无为"必须"革情"、"自敕",优婆塞(信佛的居士)当受"五戒",沙门(和尚)当受"二百五十戒"。

《理惑论》试图把佛教与中国传统的儒家和道家思想调和起来,体现了汉代末期佛教在中国流传的特点。

2.道教哲学

道教哲学是产生于东汉晚期的一种以神秘化了的"道"为宇宙本原的宗教哲学。它把道家的"道"予以神学的阐释,结合儒学,融合佛学,形成了独特的理论。

(一)《太平经》

《太平经》,中国道教初期的重要经典,成书约于东汉中晚期,非一时一人所作。《太平经》主要宗旨在于导致太平。认为"阴阳者,要在中和。中和气得,万物滋生,人民和调,王治太平"。

《太平经》的哲学思想体系是宗教唯心主义,但在某些篇章里,汲取当时流行的元气唯物论的观点,说"天地人本同一元气,分为三体,各自有祖始",又说"元气恍惚自然,共凝成一,名为天也;分而生阴而成地,名为二也;因为上天下地,阴阳相合施生人,名为三也"。认为不仅天地人都是从元气自然化生而成,连飞禽走兽、诸谷草木等,均为元气生成。

(二)《参同契》

《参同契》,道教经典。全称《周易参同契》。作者魏伯阳,为东汉炼丹术士,生卒年不详。一说名翱,号伯阳,自号云牙子。会稽上虞(今属浙江)人。生平事迹,正史无载。《参同契》现存三卷,系借《周易》爻象的神秘思想来论述炼丹修仙的方法,将"大易"、"黄老"、"炉火"三者参合,谓修丹与天地造化同途,故托易象而论之。《参同契》认为万物的产生和变化,皆由阴(坤、雌)阳(乾、雄)的交媾,相须不离,使精气得以发舒的结果。欲求长生不死,必须顺从阴阳变化,掌握乾坤六十四卦运行规律,从事修炼，即所谓炼丹。炼丹是道教修炼长生成仙的方术。有内丹、外丹之分。外丹指用铅、汞等矿石药物在炉鼎中炼制成的丹药；内丹指将人体拟作炉鼎，以修炼体内精、气、神，使之凝结成丹。《参同契》兼及内丹、外丹，是较早论述炼丹炉火的主要著作，但重点是内丹。此书对道教修炼术影响甚大，被奉为"丹经之祖"，对宋代理学亦有影响。

第三节　魏晋南北朝时期哲学

一、才性之学（名理之学）

才性之学是指汉魏之际讨论评论人物的标准和原则的学说。晋人袁准说："性言其质，才名其用"（《才性论》），意谓"才"一般是指人的才能，而"性"是指决定人的才能的内在质量。由于才性之学讨论问题强调辩名析理，因而也称为"名理"之学。

1. 刘劭生平与《人物志》

刘劭，三国时期魏国思想家。字孔才，广平邯郸（今河北邯郸）人。约生于汉灵帝建宁（168~172）年间，卒于魏正始（240~249）年间。官至散骑常侍，正始中执经讲学，赐爵关内侯。刘劭著作多已散失，仅存《人物志》，还有若干散篇收入《全三国文》中。

汉末魏初，由于儒家思想的衰落，出现了儒、道、名、法竞起与合流的趋势，而当时政坛的核心人物曹操又特别重视刑名，更促进了名家和法家思想的流行，使得人物品题（"月旦评"）由对具体人物的评论，发展到人物才性高下标准问题的讨论。刘劭的著作《人物志》正好反映了这一思想特点。他认为，对人物的认识不仅应听其言，而且应观其行，说"必待居止然后识之"；人禀阴阳以立性，由于每个人禀受的气不同，因而有不同的才性。他根据才性高下，把人物分成五等：圣人、德行（与"圣人"比，是"具体而微"）、偏材（有一方面特长）、依似（表面上有一方面特长，而实无）、间杂（"无恒"的人）。其中"圣人"是最高的人格，因为"圣人"以中庸为其德，"其质无名，咸而不碱，淡而不醇，质而不缦，文而不缋，能威能怀，能辨能讷，变化无方，以达为节。"刘劭用道家的"无名"解释儒家的"中庸",表现出儒、道合流的倾向。

2. "四本才性"问题

汉魏之际,在才性关系问题上,出现过四种不同的学说,即"四本才性"问题。《魏志》说:"四本者,言才性同,才性异,才性合,才性离也。尚书傅嘏论同,中书令李丰论异,侍郎钟会论合,屯骑校尉王广论离"。四家的讨论实际上已进入了抽象的名理,涉及"才"和"性"的涵义以及二者的关系。"四本才性"的讨论,反映了当时政治上的分野。曹操认为"才"、"性"可以不统一,其集团的李丰、王广以论"异"、论"离"来反映本集团的意志;司马氏提倡所谓"以孝治天下",其集团的钟会以论"同"、论"合"来反映司马氏集团的要求。按照玄学家王弼的看法,才性关系,在一定意义上讲,也可看作玄学的一部分。

二、魏晋玄学

玄学是指魏晋时期,一部分士大夫揉和儒道而形成的一种新的思想体系。他们把道家的《老子》、《庄子》和儒家的《易》称为三玄。他们注释三玄,阐发自己的哲学观点,探讨本与末、有与无、名教与自然等哲学理论问题,从本体论的角度探索社会政治和人生。代表人物有何晏、王弼、嵇康、阮籍、裴頠、向秀、郭象等。其中,王弼的"贵无论"、裴頠的"崇有论"、郭象的"独化论",集中反映了玄学发展的不同阶段,最具有代表性。

玄学思想的基本特点是:以"三玄"为主要研究对象,以辩证"有无"问题为中心,以探究世界本体为其哲学的基本内容,以解决名教(即儒家礼教)与自然(即"无"或"道")的关系为其哲学目的,以"得意忘言"为方法,以"辨名析理"为其哲学的思维形式。

1. 何晏的"恃'无'以生"论

何晏(约193~249年),魏晋玄学贵无论创始人之一。字平叔,南阳宛(今河南南阳)人。何晏是汉大将军何进之孙,曾随母为曹操收养。少以才秀知名,好老庄言。与夏侯玄、王弼等倡导玄学,竞事清谈,首开正始玄风。曹爽执政时,曾官至吏部尚书,后为司马懿所杀。《三国志·魏书·曹爽传》载,何晏"作《道德论》及诸文赋,著述凡数十篇"。但多已散佚,至今保留完整的只有《论语集解》和《景福殿赋》留存。

何晏主张儒道合同，引老以释儒，宣称"天地万物以无为本。无也者，开物成务，无往而不存者也。阴阳恃以化生，万物恃以成形，贤者恃以成德，不肖恃以免身。故无之为用，无爵而贵矣"（《晋书·王衍传》）。他在《道论》中曾明确表述说："有之为有，恃'无'以生；事而为事，则无以成"。"无"是何晏对《老子》、《论语》中"道"的理解。他认为，天地万物都是"有所有"，而"道"则是"无所有"，是"不可体"的，所以无语、无名、无形、无声是"道之全"。

2．王弼的以无为本与得意忘象论

王弼（226~249年），魏玄学家。字辅嗣，山阳（今河南焦作）人，祖父王凯与建安七子之一的王粲是亲兄弟。王弼政治上属于曹魏集团，做过尚书郎。24岁时，遭疠疾亡。他与何晏被称为玄学的创始人。他的主要著作有《周易注》、《周易略例》、《老子注》、《老子微旨略例》和《论语释疑》等。

（一）以无为本的哲学本体论（有与无，多与一，动与静）

王弼提出了"以无为本"的理论体系。他以思辨哲学的形式，以探讨宇宙本体问题为其哲学体系的核心。他认为世界万物统一于一个共同的本体，即所谓"天地万物皆以无为本"（《晋书·王衍传》）。他认为世界上具体存在着的形形色色的万物，即有，只是现象，即末，而"无"才是决定万有的更根本的东西，即本、即母。他说："天下之物，皆以有为生；有之所始，以无为本；将欲全有，必反于无也。"只有无形方能生成众形，只有无或道才能成为万物存在的共同根本。

王弼认为万物是多种多样的，"多"必须统一于"一"，因为"众不能治众，治众者至寡"。"少者多之所贵，寡者众之所宗"（《周易略例·明象》）。"至寡"也就是"一"，"众之所得咸存者，主必致一也。"这里所说的一和多的关系，也就是本和末的关系。"一"即道，即无；"多"即有、万物。"万物万形，其归一也，何由致一，由于

王弼（据南熏殿旧藏至圣先贤像摹绘）

无也。由无乃一,一可谓无。"由一而多,多而归一。王弼的一多论,承认了宇宙的统一性,并认为"物无妄然,必由其理"。就是万物存在有一定的规律性,这个规律性不是存在于事物本身而是在于"道"之中。"道者,物之所由也"(《老子注》)。道即一,即无,所以,"无"是为有的宗主和根本。

王弼论证了动与静的关系,他认为运动是相对的、暂时的,静止是绝对的、永恒的。"凡动息则静,静非对动者也;语息则默,默非对语者也。然则天地虽大,富有万物,雷动风行,运化万变,寂然至无,是其本矣"(《周易注·复卦》)。就是说,天地万物的运动、变化是静止的变态,最终还是要返依静止,静是动的本体。静也就是"寂然至无",因此,动的本体仍然是"无"。本和末、有和无、一和多、动和静,实际上说的是一个问题,即本质和现象的关系问题,是从不同的侧面反复论证了"以无为本"的命题。有和无,有为末,无为本;一和多,多而归一,一也就是无;动和静,动归于静,绝对的静也就是无。总而言之,观念性的"无"是第一性的,物质性的现实世界是第二性的,世界统一于这个没有质的规定性——"无"。这就是王弼的本体论。

(二)得意忘象的思辨哲学

从这种本体论出发,王弼又提出了"得意忘象"论。他分析研究了言、象、意三者的关系:言是《周易》的卦辞,也代表语言;像是指卦象,也代表物象;意是指卦中义理,也代表事物的规律。他认为,语言是用来表达物象的,物象是反映义理的。"意以象尽,象以言著。故言者所以明象,得象而忘言;象者所以存意,得意而忘象。"言和象分别是得象得意的工具,一旦认识了象,就要抛开言,一旦理解了意,就要抛开象。他甚至更进一步认为:拘泥于物象会妨碍认识意理。因此"得意在意象,得象在忘言"。这就是说:抛弃物质,才能认识事理。

3. 嵇康的崇尚自然思想

嵇康(223~262年),魏文学家、思想

嵇康

家。字叔夜,谯郡铚(今安徽宿县)人。官拜中散大夫,世称嵇中散。他崇尚老庄,讲求养生服食之道。为"竹林七贤"之一。嵇康对司马氏诛杀异己、图谋篡位却又盛倡名教极为不满,自称"轻贱唐虞而笑大禹","非汤武而薄周孔"。遭钟会构陷,以"言论放荡,非毁典谟"等罪名,被司马昭杀害。嵇康的著作被编成《嵇康集》传世。

嵇康的思想观点主要有:

(一)元气陶铄

嵇康认为万物的产生是元气陶铄的结果。他说:"元气陶铄,众生禀焉"(《明胆论》)。认为宇宙充满了浩浩无边的元气,由阴阳二气的结合,衍化出天地万物;人类最初也是由阴阳二气陶化而来。

(二)声无哀乐

嵇康在论述"声无哀乐"时指出,客观的声音与人的主观情感是两种不同的事物。认为"音声之作,其犹臭味在于天地之间",它的好听或不好听,并不因人的主观爱憎而有所改变。肯定声音是独立于人们意识之外的客观的"物之自然"。但又认为"声之与心,殊途异轨,不相经纬"(《声无哀乐论》),否认音乐与人们情感的联系。

(三)形神相亲

嵇康主张形神相须,反对形神相离,认为"形恃神以立,神须形以存","形神相亲,表里俱济",形神互相依赖才可维持人的生命活动。但是,形与神相比,神更重要,他说:"情神之于形骸,犹国之有君也。"

(四)否定寿夭命定

嵇康说,如果寿夭命定,"然唐虞之世,命何同延?长平之卒,命何同短?"他认为只要劳逸适当,注意调养,就能祛病延年。嵇康虽然反对命定论,但却认为宅有吉凶,相信有长生不死的神仙。

(五)自然之理

在认识论上,嵇康主张"推类辨物,当先求之自然之理",反对在未对事物的"自然之理"融会贯通时,只靠传闻和"古义"进行推理判断。他也反对"以己为度"的主观臆断。嵇康鄙视儒生"以周孔为关键"、"立六经以为准"的思想方法,认为只有跳出"六经"的樊笼,放开眼界,才能开拓对真理的认识。但在言意关系问题上，嵇康主张"言不尽意"，他说："心不系于所言，言或不足以证心也"。

（六）越名教而任自然

嵇康反对司马氏提倡的虚伪名教，主张"越名教而任自然"。他认为，人的本性"好安而恶危，好逸而恶劳"，向往"不逼"、"不扰"的自然生活。而儒家的经典、礼律，则不仅束缚人性，而且引导人们争名逐利，使人变得虚伪狡诈。因此他主张"从欲"、"全性"，恢复自然的人性，排斥礼律。嵇康羡慕古代自然无为的社会，认为"穆然以无事为业，坦尔以天下为公"，"君臣相忘于上，蒸民家足于下"的社会才是理想的社会。

4. 阮籍的自然观思想

阮籍（210~263年），魏文学家、思想家。字嗣宗，陈留尉氏（今河南尉氏）人。曾为步兵校尉，世称阮步兵。志气宏放，任性不羁，尤喜老庄，善弹琴，纵酒谈玄，无视礼法，与嵇康齐名。为"竹林七贤"之一。魏正始年间，任尚书郎，旋以病免。后召为曹爽参军，又以病辞。司马氏执魏政后，历任司马懿、司马师、司马昭从事中郎。高贵乡公即位，封关内侯，徙散骑常侍。阮籍不满司马氏图谋代魏，杀戮异己，遂不与世事。他发言玄远，在政治斗争中，常以醉酒的办法摆脱困境。他不拘礼节，尝以白眼对待礼俗之士。阮籍的著作已散佚。后人辑有《阮嗣宗集》。

阮籍在自然观方面，认为"天地生于自然，万物生于天地"（《达庄论》）。自然界的天地日月，风雨山川等等，从不同的方面看，虽然形态各异，但从相同的方面看，则是"一气之盛衰"，是"自然一体"的，"重阴雷电，非异出也；天地日月，非殊物也"，最后都统一于气。他以"道"为世界的本原，说："道者法自然而为化。侯王能守之，万物将自化。《易》谓之太极，《春秋》谓之元，《老子》谓之道"（《通老论》）。

关于人体和自然的关系，阮籍认为，人的形体和精神都是自然界的产物。"人生天地之中，体自然之形。身者，阴阳之精气也；性者，五行之正性也；情者，游魂之变欲也；神者，天地之所以驭者也"（《达庄论》）。理想的人格至人应是"恬于生而静于死"，即对生死全不在意，"与阴阳化而不易，从天地变而不移"，完全顺随自然，与自然同体。

关于名教与自然的关系，阮籍的看法在他不同的著作中表现出不同倾向。《乐论》强调礼乐的教化作用，认为礼乐对维护"尊卑有分，上下有等"的等级制度有重要作用，"礼逾其制，则尊卑乖，乐失其序，则亲疏乱"。《通老论》和《通易论》认为"明天人之理，达于自然之分，通于治化之体"，名教和自然没有矛盾。又说"圣人以建天下之位，定尊卑之制，序阴阳之适，别刚柔之节"，就是顺应了自然。而他的《达庄论》和《大人先生传》则认为名教和自然不能调和。他从天地万物"自然一体"的思想出发，指责儒家学说是制定名分、分别彼此的"分处之教"，违背了自然。他认为古代的"自然"社会没有君臣、名教，没有等级贵贱，人们"各从其命，以度相守"，"盖无君而庶物言，无臣而万事理"；君臣、名教产生之后，社会上的一切丑恶现象就与之俱生，"君立而虐兴，臣设而贼生，坐制礼法，束缚下民。欺愚游拙，藏智自神"。他谴责统治者"竭天下万物之至，以奉声色无穷之欲"，对人民强取豪夺；讽刺虚伪的礼法之士，是寄生在裤中的虱子，他们藉以"诈伪以要名"的礼法则是"天下残贼、乱危、死亡之术！"

5. 向秀的自生与自化思想

向秀（约227～272年），魏晋时期玄学家、文学家。"竹林七贤"之一。字子期，河内怀（今河南武陟）人。向秀早年淡于仕途，有隐居之志。嵇康被司马昭杀害后，为避祸计，不得已而出仕，但"在朝不任职，容迹而已"。曾为《庄子》作注，时人称"妙析奇致，大畅玄风"。向秀注本已佚，其注散见于刘义庆《世说新语》、张湛《列子注》、陶弘景《养生延命录》、陆德明《经典释文》、李善《文选注》等著作中。

向秀在宇宙论方面，以"无"为"万物之总名"，认为万物都是"自生"、"自化"的，不存在"生生者"或"化化者"。但同时又认为："明夫不生不化者，然后能为生化之本也"，表现出矛盾的思想。对名教与自然的看法，他既肯定"口思五味，目思五色"是"自然之理"、"天地之情"，主张"开之自然，不得相外也"，又认为必须"节之以礼"，"求之以事，不苟非义"，由此推及人的社会欲求，如富贵等。从而，明显地表示出合"自然"与"名教"为一的宗旨，而其中更强调"自然"应合于"名教"。

6. 郭象的独化论思想

郭象（约252~312年），西晋玄学家。字子玄，河南（今河南洛阳）人。据《晋书·郭象传》记载，他"少有才理，好老庄，能清言"。后应召任司徒椽，迁黄门侍郎。东海王司马越曾引为太傅主簿。在职专权，熏灼内外，遭到一些清谈名士的鄙视和非议。郭象的著作，流传至今最为重要的是《庄子注》。

郭象（潘颖生绘）

　　玄学理论形式的变化，是围绕着"名教"与"自然"的关系问题展开的。"名教"是指封建的等级名分和道德规范，"自然"是指所谓人的本初状态或自然本性，同时也指天地万物的自然状态。何晏、王弼等"以无为本"的"贵无论"，开始提出自然为本、名教本于自然的观点，期望以自然统率名教，使名教复归于自然。到了阮籍、嵇康那里，由于政治斗争的复杂原因，他们突出地强调以自然为本的思想，提出"越名教而任自然"的口号，在相当程度上冲击了名教的规范。到了西晋中后期，一些清谈名士、"贵游子弟"却借"任自然"来为他们骄奢淫逸、放荡无耻的生活作掩护，且美其名曰"通达"、"体道"。当时一些有见识的玄学家，从理论上用以有为本批判以无为本，提倡有为，否定无为，推崇名教，排斥自然。郭象在此之后进一步从理论上重新把名教与自然调和统一了起来。

　　（一）调和名教与自然

　　郭象不赞成把名教与自然对立起来的理论，认为名教完全合于人的自然本性，人的本性的自然发挥也一定符合名教。物各有性，而"性各有分"。一切贵贱高下等级，都是"天理自然"，"天性所受"，人们如果"各安其天性"，则名教的秩序就自然安定了。因此，名教与自然两者是不矛盾的。

　　郭象也不赞成把"有为"和"无为"截然对立起来，认为人们把"无为"理解为"拱默乎山林之中"，是完全错误的。其实，所谓"无为"者乃"各用其性，而天机玄发"，"率性而动，故谓之无为也"。即只要是顺着本性，在本性范围之内的一切活动，就是"无为"。所以他说：圣人"虽终日见形，而神气无变；俯仰万机，而淡然自若"，"虽在庙堂之上，然其心无异于山林之中"。从而在"各安其天性"前提下把"有为"和"无为"统一了起来,即所谓"各当其能,则天理自然,非有为也";"各司其任,则上下咸得,而无为之理至矣"。

(二)独化论思想

郭象主张名教即自然,自然即名教,构成了一套即本即末,本末一体的"独化论"体系。郭象"独化论"的中心理论是,天地间一切事物都是独自生成变化的。他认为"天地日月不运而行也,不外而自止也,不争所而自代谢也,皆自尔。"又认为"天者,万物之总名也。"天不是造物者,也不是万物的主宰,万物没有一个统一的根源或共同的根据,万物之间也没有任何的资助或转化关系。所以他说:"凡得之者,外不资于道,内不由于己,掘然自得而独化也"。"万物虽聚而共成乎天,而皆历然莫不独见矣"。独化论充分肯定"物皆自然",反对造物主,否定"有生于无"等观念。但独化论同时认为,"物各自造,而无所待焉"。这样,郭象一方面把"物各自生"引向"突然而自得"的神秘主义;另一方面他又把各个"自生""独化"的"有",夸大为永恒的绝对,即所谓"非唯无不得化而为有也,有亦不得化而为无矣。是以夫有之为物,虽千变万化,而不得一为无也"。

郭象将"有"与"无"的统一称之为玄冥,并以独化与之相联系,提出"万物独化于玄冥之境"。认为一切事物都独自、孤立、无条件生成于浑然无别的境界。于是导致他在认识论上陷入不可知论。在他看来,任何事物都是突然的独自生存变化,无因无果,"玄冥之境"是混沌不分的,"理"、"命"是"不知其所以然而然"的,因此,"夫死者已自死,生者已自生,圆者已自圆,方者已自方,未有其根者,故莫知"。他又认为,人的本性也是独化的、有限的。人的活动能力和范围不能超出其本性。人的目见、足行、心知只是一种本能的"任其自动"而不是主观的能动性。因此他要求人们完全放弃对外部世界的认识。"放之自尔而不推明也"。而要通过主观修养,达到物我皆忘的境界,便可以"冥然自合",而"得其枢要也"。他的"玄冥"说有着浓厚的神秘主义和不可知论的色彩,对佛教的传播、对后世的宋明理学产生了深刻影响。

7. 裴頠的崇有论思想

裴頠（267~300年），西晋思想家。字逸民，河东闻喜（今属山西）人。晋开国功臣裴秀次子，袭爵位，封鉅鹿郡公。授官太子中庶子，迁散骑常侍。后任国子祭酒兼右军将军，官至尚书左仆射。裴頠通博德闻，兼明医术。辩才更为世人称道，"时人谓頠为言谈之林薮"（《晋书·裴頠传》）。曾奏修国学，刻石写经。他为人刚正不阿，疾恶如仇，虽然和皇后贾南凤是姨表亲，但对贾后淫虐乱政深恶痛绝。赵王伦谄事贾后，裴頠十分憎恶他。伦多次求官，裴頠与张华均不许，故遭伦忌恨，

裴頠

后为其所害。有集九卷，亦佚。佚文收在《全上古三代秦汉三国六朝文》之《全晋文》第三十三卷。存世著作有《崇有论》。

裴頠对西晋当时放荡虚浮、不重视儒术的风气十分不满。认为"礼制"、"名教"是社会生活中不可缺少的，不能"贵无"、"贱有"，而必须"有为"。他在《崇有论》里阐述的一个基本命题是，"总混群本，宗极之道也"。"群本"就是群有，也就是具体存在的万物。"宗极之道"也就是最高的本体。意思是说群有的总体是最高的道，也就是说具体存在着的物质世界的总和是最高的本体，离开客观存在的万有而独立自存的本体是没有的。在这个万有的整体中，由于每个具体事物性质形象不同而区分为不同的族类。"方以族异，庶类之品也；形象著分，有生之体也"。这就是说，一切生长变化的具体事物都因其形象显著区分为不同的个体。

"崇有"就是注重现实存在的事物。万有的整体是最根本的"道"，不是由"无"产生的，而是"自生"的，而"自生而必体有"。他认为"无"是"有"消失了的状态。万有的生生化化有其"理"（规律），是以现实存在的事物为依据的，即"理之所体，所谓有也"；"理"表现在事物的变化和相互关系之中，所以万物的变化和错综复杂的关系是寻求事物规律迹象的根据，即"化感错综，理迹之原也"；事物虽是"自生"的，但每个具体事物都是万物的一部分，因此不能"自足"，要依靠别的东西作为存在的条件，

即"夫品而各族,则所禀者偏,偏无自足,故凭乎外资";事物的存在要依靠一定的条件,条件适合某一事物的存在,对于某一事物叫作"宜",选择适合存在的条件是人们所要求的。因此,他得出结论说:"济有者皆有也",不是"无"济"有",而是"有"济"有"。

裴頠的思想也有局限性。他所谓的"有"不仅指自然物,也包括社会生活的内容,如封建礼教之类。他从"崇有"出发,肯定贵族等级的合理性,他说:"众理并而无害,故贵贱形焉;失得由乎所接,故吉凶兆焉。"意思是不同的理并存,都有其存的根据,由此产生了贵贱的差别;人们与外界接触,有了正确与不正确(得失)的行为,从而产生所应有的吉或凶的后果。

8. 杨泉的气一元论

杨泉,西晋思想家。字德渊,生卒年不详。一生隐居著述,著有《太玄经》、《物理论》,于南宋时亡佚,幸被各类书广为引述,得以部分保存,可略窥杨泉思想的大要。

杨泉反对当时流行的清谈风气,认为"虚无之谈尚其华藻","聒耳而已"。他从研究天文等科学知识出发,认为"夫天,元气也,皓然而已,无他物焉"。"天"只是回旋运转着的"元气",万物都是阴阳二气"陶化"、"播流"所产生,"气积"而成,所以说"气"是"自然之体"。杨泉肯定"自然"法则的客观性,又以其对农业、手工业生产知识的广泛总结,丰富了天人关系学说,指出:"良农之务"就在于处理好耕作过程中各种矛盾关系,以夺取丰收;"工匠之方规圆矩出乎心,巧成于手",就能创造一切。杨泉《物理论》残篇中还论及"水"的作用及"水"和"气"的转化,故曾有学者把杨泉哲学断为"水一元论"。

9. 欧阳建的言尽意论

欧阳建(?~300年),西晋思想家。字坚石,渤海(今河北南皮东北)人。曾任冯翊太守,后被赵王伦和孙秀所杀。著有《言尽意论》。

针对魏晋间思想界流为风尚的"言不尽意"论,欧阳建在《言尽意论》中阐明了"言"、"称"和物、理的关系,提出了"言尽意"学说。认为客观事物不依人们对它的"言"、"称"为转移,"形不待名,而方圆已著;色不俟称,而黑白已彰。然则名之于物,无施者也,言之于理,无为者也"。客观事物在人们没有给予它名称以前,依然按其本来的面目存在着。"言"、"称"对客观事物的存在不能有任何作用。他认为,客观事物虽然没有自然固定的名称,"非物有自然之名,理有必定之称",但"理得于心,非言不惕,物定于彼,非名不辨"。人们对物、理的认识,不用言词就不能表达出来;客观事物不用名称就不能辨别。因此"欲辩其实,则殊其名;欲宣其志,则立其称",否则人们就无法区别事物,交流思想,从而充分肯定了"言"、"称"反映物、理的作用。他还指出,事物的名称是人们约定的,为的是把不同的事物区别开,"名"归根结底是根据事物的不同而不同的,语言要根据事物道理的变化而变化。客观的物、理是不断变化的,因而"言"、"称"也应随之变化,"名逐物而迁,言因理而变"。名与物的关系,犹如"声发回应,形存影附,不得相与为二",从而认为言能尽意。

三、禅学与《坛经》

禅学,是中国佛教的禅法理论。禅,全称"禅那",源于梵文,意译"静虑"、"思维修"等,是指静中思虑,心绪专注一境,深入思虑佛教义理。"禅那",也就是止观,"止"是心的安静,"观"是思虑某一事物。

禅作为佛教的修持活动,有小乘大乘的区别,而其共同目的是通过安静身体,集中精神,排除内心的干扰和外界的诱惑,将思想专注于一定的观察对象,按照佛教的立场和义理进行思考,以根除烦恼,去恶为善,转痴为智,以得到精神解脱。

中国禅学始于东汉后期,在汉魏晋期间流行的禅法约有:

安般禅。"安般"即"数息",它重在调息(呼吸),以集中精神,进入禅定意境;又以"法数"(按数字对教义的分类)为止观对象,构成"禅数"形式,属于小乘佛教的禅法。

念佛禅。指通过专心观念佛相,明心见性,见性成佛。

五门禅。针对具体情况,讲究不同对治,即:贪欲重的修"不净"观;瞋恚重的修"慈悲"观;愚痴的修"因缘"观;散乱心重的修"数息"观;一般的人修习"念佛"。

实相禅。所谓实相就是空,实相观就是空观。

北魏时著名禅师菩提达摩在少林寺修禅,其禅法注重"理入"和"行人"。"理人",指进行佛教理论思索,即"壁观",在墙壁上涂成观想的图样,面壁观想,以契合佛理。"行人"属于修持实践。他强调"理"和"行"两者结合,在启发信仰时不离教理,借教悟宗,在形成信仰后不随于文教,不凭借言教。

北齐禅师慧文奉行实相禅,认为从万物因缘和合而生就可观察到任何一境的空、假、中三谛的道理,一心就能同时观察三谛。一境三谛就是万物的实相,一心三观就是实相禅。

南北朝末期,出现了禅宗。据传达摩、慧可、僧璨、道信、弘忍依次相传,弘忍后分化为神秀北宗和慧能南宗,时称"南能北秀"。神秀一系的禅法,讲动、定一体,主张"拂尘看净,方便通径",即逐渐领会,逐渐贯通的方法。慧能的修禅方法是顿,主张单刀直入,直摩心源,见性成佛。反映慧能禅学思想的《坛经》成为中国禅学的最重要著作。

《坛经》,即《六祖坛经》,亦称《六祖大师法宝坛经》,禅宗六祖惠能说,弟子法海集录。记载惠能一生得法传宗的事迹和启导门徒的言教,是研究禅宗思想渊源的重要依据。其品目为自序、般若、决疑、定慧、妙行、忏悔、机缘、顿渐、护法、付嘱等十品。其中心思想是"见性成佛",即所谓"唯传见性法,出世破邪宗"。性,指众生本具之成佛可能性。即"菩提自性,本来清净,但用此心,直了成佛"及"人虽有南北,佛性本无南北"。其诱导禅者修禅的实践方法是"无念为宗,无相为体,无住为本"。无念即"于诸境上心不染";无相为体,即"于相而离相",以把握诸法的体性;无住为本,即"于诸法上念念不住",无所系缚。又主张顿悟说,认为"不悟即佛是众生,一念悟时众生是佛","万法尽在自心中,顿见真如本性"。

四、般若学佛理

般若学是魏、晋、南北朝时期佛教的思想流派。般若是梵文"智慧"、"明"等的意译,全称"般若波罗蜜多",意译为"智度"、"明度"、"无极"等,是成佛的特殊认识。这种认识视世界万物为因缘和合所生,认为它没有固定不变的自性,所以性空,是故"般若"即"空观"。

姚秦时期,鸠摩罗什系统介绍了般若宗旨,把般若学的宣传、讲论推到了一个高潮。当时把关于"般若"理论的研究称为般若学,成为魏晋南北朝时期佛教的基础理论。

1. 道安（约312/314～385年）

道安，东晋时期佛学家。俗姓卫，常山扶柳（今河北冀县）人。师事知名僧人佛图澄，常代佛图澄讲经。佛图澄死后，道安研习东汉安世高所译小乘禅学著作，并作注解。其后亲率弟子慧远等辗转到襄阳发扬佛教事业：集中讲习般若学、考校译本，注释经文、创制《众经目录》、制定僧规。

道安是东晋时最博学的佛教学者。在本体论方面，他把佛教所讲的"空"与王弼的玄学贵无论思想统一起来，认为"空为众形之始，故谓本无"，也就是说"空""无"是世界万物的本源。道安的学说主要有两方面：禅学和般若学。道安修习的禅学是小乘禅法。其特点是把宇宙和人生分析为若干的"法数"，进行禅观。佛学界对道安佛教思想的归类有不同看法。昙济在《六家古宗论》中认为，道安的般若学属六家七宗中的"本无宗"思想，主要观点是"无在元化之先，空为众形之始，故称本无"。道安弟子僧睿在《大品经序》中则说："亡师安和上凿荒途以开辙，标玄指于性空，落（离）乖踪而直达，殆不以谬文为阂也。亹亹之功，思过其半，迈之远矣"。认为道安是性空宗，其思想大致符合鸠摩罗什译出的《大品经》的般若思想。据此，道安则不在六家七宗之列。

道安一生主要是组织翻译和注释佛教经典，宣法传教和培养弟子，其高足弟子有慧远等。

2. 慧远（334～416年）

慧远，东晋时佛学家。本姓贾，雁门楼烦（今山西省原平县崞阳镇东）人。出身仕宦家庭，博览群书，尤善《周易》、《老子》、《庄子》。二十一岁发愿南下从豫章名儒范宣子隐居，适值战事，和弟慧持赴太行恒山参见道安，遂从之出家。在听讲《般若经》后，认为"儒道九流糠粃耳"。自此以立宗弘法为己任。二十四岁开始登坛讲经。为便于听者理解般若实相义，引《庄子》思想相比附。后别师南下，途经庐山，

慧远（据明崇祯版《诸祖道影传赞》重绘）

见峰林清静，就定居东林寺，直至老死。慧远隐居庐山30余年，专心从事佛教事业，经常聚徒讲学，撰有《沙门不敬王者论》、《明报应论》、《三报论》、《大智论钞序》等文。此外有书信、铭、赞、记、诗等，主要收载在《出三藏记集》、《弘明集》和《广弘明集》中。

慧远从"本无"说出发，认为"法性"即"无性"。他用佛教的"缘起"说，说明万物都是由各种"因缘"（条件）暂时凑合而成的，没有独立的本性，所以"有"实际上是"无"。

慧远着力阐述佛教所谓解脱道路，发挥佛教的出世主义思想。他说："至极以不变为性，得性以体极为宗"。"至极"指涅槃，即佛教的最高境界。"性"即法性，指宇宙的本体。慧远认为，涅槃以永恒不变为法性，要得到这种不变的法性，应以体证涅槃为最高目的。认为得到和把握不变的法性本体，就达到了佛教的最高境界。

慧远把涅槃理解为生绝神冥，形居神存的境界，即所谓"冥神绝境"。他认为"神也者，圆而无生，妙尽无名"，"感物而非物，故物化而不灭"。就是说，神与万物相感应，变化无穷，无所不在，无处不有，而神自身则是"无生"、"无名"、"无形"、"无象"的，因而是非物质的。这种非物质的精神是永恒的，不灭的。形神浑为一体，在生死流转中形体消灭，神则离开原来形体转移到另一形体，永恒不灭。慧远以神不灭来论证佛教因果报应，即轮回转世和超脱果报主体的永恒性。

慧远还认为佛教与儒学并行不悖，潜相影响，互为补充，表现了儒佛融合的思想倾向。慧远的思想在中国佛教史上占有重要的地位。慧远的努力使佛教毗昙学、禅学和中观派的"三论"（《中论》、《百论》、《十二门论》）等在中国南方流行。他的神不灭论学说和调和儒佛的思想在中国哲学史上产生了重大影响。

3. 鸠摩罗什（344～413年）

鸠摩罗什，中国佛教四大译经家之一。其

鸠摩罗什

父鸠摩罗炎,在印度弃相位出家,远投龟兹(今中国新疆库车一带),和龟兹王妹耆婆结婚,生鸠摩罗什。鸠摩罗什初学小乘佛教毗昙学,后聆听《阿耨达经》,悟世界事物空无自相,从此改学大乘方等诸经。应后秦开主姚兴之请,鸠摩罗什住长安逍遥园,始主持译经,僧肇等受命助译。开辟了中国经史上的新纪元。

鸠摩罗什译出的经论,极大地推动了佛教的传播和发展。他们译的"三论"(《中论》、《百论》、《十二门论》),为三论宗立宗的依据,鸠摩罗什被称为三论宗的始祖,《成实论》流行江南,开创成实宗;《阿弥陀经》为净土宗所依的主要经典之一;《法华经》研究渐盛,开天台宗的端绪,《金刚经》启发慧能禅宗。"三论"对天台宗、华严宗和禅宗也有重要的影响。

鸠摩罗什主要是信奉和宣传根据般若经类而建立的龙树一系的大乘空宗学说,主张"假有性空",不着有、无二边的"中观"。印度大乘佛教有中观和瑜伽二系,鸠摩罗什信奉和提倡中观法门,这是对中国佛教影响最大最深的印度佛教思想。当时般若学派别很多,各持一说,鸠摩罗什从佛学源流上廓清了对般若学各宗的异解,从而推动了般若学的进一步发展。

4. 僧肇(约公元374/384~414年)

僧肇,东晋佛教思想家。本姓张,京兆长安(今陕西西安市)人。僧肇家境贫困,少年以代人抄书为生,得阅读大量经史典籍。后读到旧译《维摩经》,披寻玩味,始知所归,因而出家。从此深入研究佛教大乘经籍,通晓经、律、论三类佛教经典,成为知名的佛教理论家。

鸠摩罗什到姑臧(今甘肃武威县)后,僧肇千里迢迢前往从学。后秦姚兴于弘始三年(401)派人将鸠摩罗什迎至长安,僧肇随同前来,成为鸠摩罗什译经的主要助手。

僧肇把玄学和般若学的方法沟通,以体用一如的中心思想论述有与无、动与静、知与无知等问题,表达了般若学中观思想。

僧肇全部佛教理论的思想基础,表现在

僧肇(杨春瑞绘)

《不真空论》里阐述的佛教宇宙观。他以深厚的玄学功底与佛教经学结合，将有和无、真和空统一起来。不真空的意思是不真不空，也就是说世间万象"有"但不是"真有"，他们是众多的条件凑合而成的，是"假有"或称作"妙有"。一切事物现象，虽是缘起之"假"，自性为"空"，但却并不是虚无的，荡然无存的，所以，这"空"并不是"真空"，而是"假空"也称为"妙空"。即所谓"非有非真有，非无非真无耳"（《不真空论》）。这就是说万物是有，但不是真有，假有即空，但不是真空，有是假有，空是妙空。"非有非空"，"不真不空"。有和无、真和空是统一的，都是不真实的存在，因此世界是"空"的。这是印度佛教中观哲学与中国老庄、玄学思想嫁接的成果。他以玄解佛，达到了佛教真谛的精神境界。

僧肇在《物不迁论》中，主张迁与不迁不异，阐发体用一如，即动即静，动静不异的般若中观学说。

僧肇在《般若无知论》里，阐述了佛教最高智慧般若无知与无相的性质。他认为般若之能照，即在于无知；般若之所照，即在于无形。所谓无知、无相，即"虚其心而实其照"。万物虽有种种形象，但都是建立在自性空上的，由此而归结为"无相"，照到"无相"，就与实际相符合而成为"无知"。所以是"虚不失照，照不失虚"。贯彻般若体用一如，知即不知的中道思想。

五、涅槃学与道生"顿悟成佛说"

涅槃学阐发佛教修持的最高目的、所谓"成佛"的永恒境界的思想，是中国佛教哲学的重要学说。

涅槃是佛教的基本概念之一，源于梵文音译，意译为"灭"、"灭度"、"寂灭"等。"灭"，指灭生死因果。"灭度"，指灭生死之因果，度生死的烦恼。"寂灭"，指无为空寂，灭生死之大患。佛教对于社会人生所作的价值判断是，人生一切皆苦，必须经过宗教修持，解脱苦因苦果，进入涅槃境界，以此作为人生的最终归宿。涅槃学在南朝曾盛极一时，最著名的涅槃学学者是道生。

道生（杨春瑞绘）

道生（355?～434年），东晋末南朝刘宋初僧人，佛教涅槃学学者。他本姓魏，出家后随师姓竺，又称竺道生。钜鹿（今河北省平乡县）人。据史载，道生十五岁便登讲座，二十岁成为佛教界的知名人士。曾上庐山向慧远问学，后闻鸠摩罗什在长安译经讲学，于是前往受业，学习大乘般若中观理论。后返建康（今南京），首倡"一阐提"皆得成佛的主张，认为一阐提也是众生，也有佛性。僧众以为违背经说，给予佛教戒律的开除处分。道生被开除后，初至苏州虎丘山，后再入庐山。不久，凉译大本《涅槃经》译出传至京师，果称"一阐提"也有佛性，也能成佛，和道生主张相合，僧众才钦佩其佛学卓识。道生晚年更是大力开讲《大般涅槃经》，直至逝世。

道生的主要学说是"顿悟成佛说"。慧达《肇论疏》说："竺道生法师大顿悟云，夫称顿者，明理不可分，悟语照极，以不二之悟，符不分之理，理智恚释，谓之顿悟。"意谓佛教真理玄妙体一，不可分割，证悟则与理完全相契无间，不分阶段，一悟顿了，必是顿悟。同时众生若能返迷归极，以不二的智慧照不分的真理，豁然贯通，涣然冰释，亦谓之顿悟。

六、道教理论

道教的基本教义是追求长生不老，肉身成仙。道教把"道"作为最根本的信仰。道是超时空的、先天地万物而存在的东西。道生"元气"，元气生天地、阴阳、四时，然后化育万物。道教把道加以人格神化，即"元始天尊"、"灵宝天尊"和"道德天尊"，总称为"三清尊神"。其中道德天尊亦称"太上老君"，也就是"老子"。这就是道教所尊奉的神。

东晋南北朝时期，道教的主要代表人物有葛洪、寇谦之和陶弘景等。

1. 葛洪（约281～341年）

葛洪，东晋道教理论家、医学家、炼丹术家。字稚川，自号抱朴子，丹阳句容（今江苏）人。三国方士葛玄之侄孙，世称小仙翁。少好神仙导养之法，从葛玄弟子郑隐受炼丹术。司马睿为丞相，用为掾，后任咨议参军等

葛洪（杨春瑞绘）

职。因破石冰起义有功,赐爵关内侯。后闻交趾出丹砂,携子侄至广州,止于罗浮山炼丹。优游闲养,著作不辍。在山积年而终。

葛洪博学洽闻,析理明辨,著述宏富,词章优美,主要著作有《抱朴子》内篇、外篇,《神仙传》,《金匮药方》,《肘后救卒方》,《碑颂诗赋》等。《内篇》论神仙黄白、鬼怪变化、养生延年、禳邪却祸之事,属道家。《外篇》评人间得失,世事臧否,风俗良窳,属儒家。《金匮药方》和《肘后救卒方》属医学。《碑颂诗赋》属词章。他主张社会文明,今胜于古,有历史进化论的思想。

葛洪对战国以来的神仙方术思想作了系统的总结,在《抱朴子内篇》中为道教构造了种种修炼成仙的理论和方法,提出以神仙养生为内、儒术应世为外的主张,将道教的神仙方术与儒家的纲常名教相结合,建立了一套长生成仙的理论体系,使道教的神仙信仰理论化,丰富了道教的思想内容,对后世道教的发展有较大的影响。

(一)玄道观

葛洪首次提出"玄"的概念做为道教思想体系的核心,他在《抱朴子·内篇》中说:"玄者,自然之始祖,而万殊之大宗也",它的作用,能使"乾以之高,坤以之卑,云以之行,雨以之施。胞胎元一,范铸两仪,吐纳大始,鼓冶亿类"。这个超自然的"玄"是创造天地万物之母,无以名之,名之曰"玄"。他认为"玄"也就是"道","道也者,所以陶冶百氏,范铸二仪,胞胎万类,酝酿彝伦者也",所以他又称之为"玄道"。葛洪把修炼玄道视为成仙的途径,说"道也者,逍遥虹霓,翱翔丹霄,鸿崖六虚,唯意所造"。他认为修仙的人在于冥思玄道。

(二)形神观

葛洪以堤和水、烛和火比喻形和神的关系,认为"堤坏则水不留","烛糜则火不居"。这看来似乎与桓谭的形神论有些相似,但是葛洪强调的是炼形养神,使神不离形,最终达到长生不死,肉身成仙。因此他强调"形须神而立焉",正像"有因无而生焉"。

2. 寇谦之(365~448年)

寇谦之,北魏著名道士和天师道的改革者。原名谦,字辅真,上谷昌平（今属北京）人。《魏书》说他"早好仙道，有绝俗之心；少修张鲁之术，服食饵药，历年无效"。后遇"仙人"成公兴，随之入华山，采食药物不复饥。继隐嵩山，修道七载，声名渐著。魏太武帝时"国师"。寇谦之的著作有《云中音诵新科之戒》、《箓图真经》，均已佚失，今存《老君音诵戒经》一卷，当是《云中音诵新科之戒》的残卷。

寇谦之对天师道（俗称五斗米道）作了重大改革：一是整顿道教组织，改革祭酒的世袭制度，主张简贤授明，"唯贤是授"，以巩固道教组织，反对"服食饵药"的张鲁之术，而把服气闭练作为求长生之术的根本方法；二是吸收儒家礼法思想，反对利用道教坏乱土地、聚集逋逃、欲作不臣的做法，主张臣忠子孝，夫信妇贞，兄敬弟顺，安贫乐贱，信守五常；三是为道教建立了一整套教规教仪，如奉道受戒的仪式、请祈的仪式、三会的仪式、消除疾病的仪式等，并把某些佛教思想吸收入道教之中，如"建功斋请"、"诵经成仙"等。寇谦之的新道教形式虽为道教，内容则为儒、释、道三家思想的结合。

3. 陶弘景（456～536年）

陶弘景，齐梁时道教思想家、医学家。字通明，自号华阳隐居，谥贞白。丹阳秣陵（今江苏南京市）人。他热衷于政治，常接受梁武帝萧衍的咨询而献计献策，被称为"山中宰相"。他是上清经道派的主要人物之一，茅山宗的开创者。又因长期从事炼丹实验，在炼丹史上占有相当重要的位置。

陶弘景的道教哲学著作《真诰》一书，认为"道者混然，是生元气。元气成，然后有太极。太极则天地之父母，道之奥也。"这是"道"生元气、生天地万物的理论。

道教注重炼形，企图长生不死，在形神关系问题上，陶弘景认为，"凡质像所结，不过形神。形神合时，则是人是物。形神若离，则是灵是鬼。其非离非合，佛法所摄。亦离亦合，仙道所依"（《陶隐居集·答朝士访仙佛两法体相书》）。他的仙法分飞升与尸解，即"欲合则乘云驾龙，欲离则尸解化质"。他相信仙道能将人

陶弘景

的灵魂和肉体炼成不死，飞升上天，也能将灵魂离开人体，尸解成仙。灵魂和形体随意离合，合则形神永存，离则形体解化，遗弃肉体而仙去，神亦长生。陶弘景的《真灵位业图》特别推尊元始天尊、灵宝天尊、道德天尊，故以后道观的三清殿多供奉此三位神仙。

七、神灭论

1. 何承天（370～447年）

何承天，南朝刘宋无神论思想家、天文学家。东海郯（今山东郯城县附近）人。幼年从学于当时的著名学者徐广。历官衡阳内史、御使中丞等，史称何衡阳。对于天文历算、史学都有研究。著有《达性论》、《与宗居士书》、《答颜光禄》、《报应问》等。这些著作记录了他和佛教徒宗炳、颜延之等的辩论，见于《弘明集》与《广弘明集》。

何承天对佛教的"神不灭"、"因果报应"、"三世轮回"说和世界"空无"论等观点都有批判。他认为形神如薪火，"薪尽火灭，虽有其妙，岂能独传"，故知精神不能离开形体而存在。他又认为"生必有死，形毙神散，犹春荣秋落，四时代换，奚有于更受形哉？"

何承天认为佛教讲"空无"是虚伪的，他在《答宗居士书》中说："如论云，当其盛有之时，已有必空之实。然则即物常空，空物为一矣。今空有未殊，而贤愚异称，何哉？"认为佛教讲"空无"是虚伪的，他们虽然口头上讲"空无"，而实际上"爱欲未除"，害怕"生死轮回"、"因果报应"，说明他们并不是把一切看成是"空无"的。宗炳用"庄周"的"藏舟于壑，藏山于泽"来说明"诸行无常"和"物我常虚"。何承天认为这是对庄周原意的曲解，庄周的意思是说"自生入死"、"自有入无"是自然界的规律，人不应以生死为意。然而佛教徒对生死看得很重，活着的时候就老考虑死后的问题，既想得到"无量寿"，又希望死后升天堂，这哪里是什么"物我常虚"呢？

不过，何承天由于受到儒家传统思想的束缚，在一些问题上也陷入错误和矛盾之中，例如他既主张"形毙神散"，又承认"三后（大王、王季、文王）在天，言精灵之升遐"（《达性论》），这是他思想的局限性。

2. 范缜（约450～约515年）

范缜，南朝齐梁无神论思想家。字子真，南阳舞阴（今河南泌阳县西北）人。先后仕齐、梁，任尚书殿中郎、尚书中丞等职。

范缜曾同佛教有神论者进行过两次公开的大论战。第一次是齐竟陵王萧子良做宰相时，在建康西邸官舍，召集贵客名僧，宣扬佛教，范

范缜

缜针锋相对地驳斥了因果报应说，并且"盛称无佛"。在这场论战之后，范缜"退论其理，著《神灭论》"。此论一出，朝野喧哗，"子良集众僧难之而不能屈"。萧子良派王融去威胁利诱他，范缜表示决不"卖论取官"。第二次是在梁天监六年（507），梁武帝发动"王公朝贵"先后发表反驳《神灭论》的文章75篇，企图压服范缜。范缜写了《答曹舍人》，予以反击。

范缜"神灭论"的主要论点：

一是"形神相即"。他说："神即形也，形即神也。""即"就是彼此统一，不得分离。意思是说，形和神是不可分离的一个统一体，其实是"名殊而体一"，"形存则神存，形谢则神灭也。"范缜把这种形神关系叫做"形神不二"，或形神"不得相异"。

二是"形质神用"。他说："形者神之质，神者形之用，是则形称其质，神言其用；形之与神，不得相异。"所谓"质"就是主体。实体的意思，用是功用的意思。"形质神用"就是说形是实体，是神的主体，而神是形的一种功能和作用，实体不存在了，功用自然不会存在，就像"锋利"不能离"刀刃"而独立存在一样。他说："神之于质，犹利之于刃；形之于用，犹刃之于利。利之名非刃也，刃之名非利也。然而舍利无刃，舍刃无利。未闻刃没而利存，岂容形亡而神在？"这说明，锋利是刀刃的一种属性，刀刃不存在，锋利就无从论及。同样，神也是形的一种属性，形体不存在，精神又怎能存在。

三是"人之质有知"。他认为不同事物有不同的"质"，不同的"质"有不同的"用"。"知"就是精神活动，这种精神活动是"人"这种"质"的特

定属性，是人体特有的功能，不是任何形体都能具有的。他还认为，死人和活人的质是不同的，"死者有如木之质，而无异木之知；生者有异木之知而无如木之质。"也就是说：死人的质如同木头的质一样，所以也像木头一样没有知；活人有不同于木头的知，因为活人的质不同于木头的质。范缜把精神活动看作是人，而且是活人的质体所特有的属性，这就从理论上摧垮了佛教关于天堂地狱轮回报应等的迷信说教。

四是人的精神活动必须以一定的生理器官为基础，范缜把人的精神活动分为"知"和"虑"两类。"知"是能感受痛痒的感觉、知觉，"虑"是能够判断是非的思虑、思维。同是人体统一的精神活动的两个方面，"皆是神之分也。"但"知"和"虑"程度上有差别。"浅者为知，深者为虑。"这种差别是因为知虑由人体不同器官所司。手足等器官"有痛痒之知，而无是非之虑"，而"是非之虑，以心为主"，"心"是判断是非的器官，它与手足知痛痒没有本质的差别，只是司用不同而已。两者皆是统一的精神作用的不同组成部分，都不能离开人的形体而独立存在。

第四节　隋唐五代时期哲学

隋唐五代是中国儒、释、道三家并行，佛教宗派哲学空前发达的时代。隋唐五代哲学在中国古代哲学发展史中，是上承魏晋玄学，下开宋明理学的重要环节。

一、儒家哲学

1. 王通的三教归一思想

王通（？~617年），隋代思想家。字仲淹，门人私谥"文中子"。绛州龙门（今山西稷山县西）人。隐居河、汾之间，以著书讲学为业。弟子千余人，时称"河汾门下"。王通摹拟六经，著《续书》、《续诗》等，已不存。又仿《论语》，敷为《中说》，又名《文中子》，今存。

王通在《文中子》中反复论述兴六经、倡儒

学之重要，以"申周公""绍宣尼"的儒宗自命，说："如有用我者，吾其为周公所为乎！千载而下，有申周公之事者，吾不得而见也；千载而下，有绍宣尼之业者，吾不得而让也。"又赞赏"上无为，下自足"的道家观点。还鉴于北魏太武帝和北周武帝取缔佛教，结果反而"推波助澜、纵风止燎"的教训，提出了"三教于是乎可一"的主张，倡导儒、佛、道合一，以调和三者之间的矛盾。

王通在哲学思想上提出以元气、元形、元识区分天、地与人，认为"夫天者统元气焉，非止荡荡苍苍之谓也；地者统元形焉，非止山川丘陵之谓也；人者统元识焉，非止圆首方足之谓也。"他认识到自然之天，同时又相信"天神"的存在，把治乱、穷达、吉凶归结为命，不过他以为这些都是由人自召的。

2. 孔颖达的形由道立说

孔颖达（574~648年），唐代经学家。字冲远，冀州衡水（今属河北）人。隋初，举明经高第，授河内郡（今河南沁阳）博士。入唐，历任国子博士、国子司业、国子祭酒等职。唐太宗认为当时儒学师说多门，章句繁杂，命孔颖达主持编撰五经义训。孔颖达乃兼采南北经学义疏，以南学为主，编成《五经正义》，为经学注疏的"定本"。唐高宗时颁行于全国，自此时起至宋初，为考试经学的标准。

孔颖达继承儒家重礼的传统，提倡尊卑贵贱的等级区别。在哲学思想上，孔颖达以"无"为宇宙万物的本原，认为"万物之本，有生于无。"在解释"形而上者谓之道，形而下者谓之器"时说："道是无体之名，形是有质之称，凡有从无而生，形由道而立，是先道而后形"。这种思想，对宋代程朱理学影响颇大。

3. 韩愈的道统说和人性三品说

孔颖达

韩愈

韩愈（768~824年），唐代思想家、文学家。字退之，河南南阳（今孟县）人。先世曾居昌黎，故也称韩昌黎。他双亲早丧，由嫂抚养。自幼刻苦学习，熟读儒家典籍。曾任监察御史，旋被贬为连州阳山（今广东西北）县令。永贞时遇赦，历任国子博士、刑部侍郎等职。因谏迎佛骨，复遭贬为广东潮州刺史。穆宗即位后为国子祭酒，后转为兵部侍郎、吏部侍郎。卒后，赠礼部尚书，谥文，世称韩文公。著作编为《韩昌黎集》，其中《原道》、《原性》、《原人》、《与孟尚书书》、《谏迎佛骨表》等，是他政治思想和哲学理论的代表作。

（一）道统说

韩愈主张"圣人立教"，认为"先天不违之谓法天，道济天下之谓应道"（《贺册尊号表》），人类的文明和社会政治制度都是圣人创造的，圣人可以代天行道，因此他把仁义道德称为"圣人之道"，这个"道"世代相传，从尧、舜、禹、汤、文、武、周公、孔子到孟子，构成了一个所谓一脉相承的"道统"。由于当时儒、佛、道三家都各有自己的"道"和"德"，因此韩愈认为只有儒家的仁义才是真正的道德。韩愈说："博爱之谓仁，行而宜之之谓义，由是而之焉之谓道，足乎己无待于外之谓德。仁与义为定名，道与德为虚位"（《原道》）。至于怎样实施仁义之道，韩愈说："道莫大乎仁义，教莫正乎礼、乐、刑、政"（《送浮屠文畅师序》）。意思是道要通过礼、乐、刑、政来实施。韩愈说："使其道由愈而粗传，虽灭死万万无恨"（《与孟尚书书》），表示要以继承道统使之绵延万世为自己的历史使命。他认为佛教、道教的出世思想与儒家的经世思想是对立的，所以竭力排击佛、道，指斥它们破坏封建君臣、父子、夫妇的伦常关系，是国无宁日的祸根。

（二）人性三品说

韩愈认为孟轲的性善论，荀况的性恶论，扬雄的性善恶混论等说法，都只是说到了中品的人性，而遗漏了上下二品，因为只有中品的人性，才可导而上下，而上品和下品的人性则是不能更改的。因此，他认为把人性分为三品，才是对人性最全面的概况。他说，"上焉者，善焉而已矣"，上品的性，始终是善。"中焉者，可导而上下也"，中品的性，经过教化可上可下。"下焉者，恶焉而已矣"，下品的性，始终是恶。上品和下品的性是不可改变的。

对于性与情之间的关系，韩愈认为"性"是先天具有的，"情"是由于接触到外界，受到刺激后而产生的内心反应。性包括仁、义、礼、智、信"五德"，情包括喜、怒、哀、惧、爱、恶、欲"七情"；性是情的基础，情是性的表现。只能因情以见性，不能灭情以见性。人性上、中、下三品之分，人的情也有三品，上品的情，一发动就合乎"中"，中品的情，有过或不及，但大体上合乎"中"；下品的"情"则完全不合乎"中"。情的上、中、下三品与性的上、中、下三品相对应。

李翱

4. 李翱的复性说

李翱（772~841年），唐代思想家、文学家和诗人。字习之，陇西（今甘肃武威一带）人。早年家贫，登进士第后，官至山南东道节度使，是韩愈倡导复兴儒学运动的重要合作者。著作有《李文公集》，其中《复性书》代表他的哲学思想。

李翱与韩愈有同样的反佛立场，但李翱认为，对抗佛教的成佛理论，必须有一套成圣的理论。他把儒家经典《中庸》的性命学说与佛教的心性思想结合起来，形成一套成为圣人的理论，即复性说。

李翱是性善情恶论者，他认为"人之所以为圣人者，性也；人之所以惑其性者，情也"（《复性书》）。这就是说，人之所以能成为圣人，是因为人的本性是善的；人性之所以迷惑不清，是因为人的情欲是作恶的。但同时，他又认为性情是不可分的。他说"性与情不相无也"，"情由性而生"，即认为性和情并非各自独立自存的，情是性所派生的，性是情的基础。他又说："情不自情，因性而情；性不自性，由情以明。"就是说，性与情是互相依存、互相作用而存在的。因此，要恢复人们本来的善性，必须做到忘情。李翱认为，一般人要成为圣人，就要复性，就要"视听言行，循礼而动"；"弗虑弗思，情则不生"，"心寂不动，邪思自息"，做到"忘嗜欲而归性命之道"。这种忘情复性的修养方法，就是要彻底排除外物的干扰，使人进入"寂然不动"的静止状态。这样人心便"广大清明，昭乎天地，感而遂通天下之故",无所不知,无所不通。这种人就可超凡入圣,不仅可以治国平天下,还可以参赞天地,化育万物。

李翱的复性说为宋明理学所直接继承,程、朱、陆、王都讲"复性"、"复其初"、"复如旧"、"复心之本体"等等,它同韩愈的道统说一样成为宋明理学的先声。

5. 柳宗元的一以统同说

柳宗元

柳宗元(773~819年),唐代文学家、思想家。字子厚,祖籍河东解县(今山西永济县),世称柳河东。累官至礼部员外郎,因参加王叔文集团革新失败,被贬为永州(今湖南零陵县)司马,后改贬为柳州刺史,四年后卒于柳州。后刘禹锡将其著作编纂成《河东先生集》。其哲学代表作是《天对》、《天说》、《答刘禹锡天论书》和《封建论》。

(一)元气一元论

柳宗元认为物质性的元气乃是世界的本质。他在《天对》里说:"庞昧革化,惟元气存,而何为焉?"这是说世界是由混沌状态的、庞大的、运动着的元气所构成的。元气并没有意志,何来造物者存在其间?他认为"合焉者三,一以统同,吁炎吹冷,交错而功。"这就是说,天地和阴阳都统一于元气,所谓阴阳二气是元气的两个方面,正因为元气的冷热交错,形成了天地万物。自然界是元气阴阳的矛盾体,因而自然界才能变化万千,发展无穷。他在《非国语·三川震》中又说:"山川者,特天地之物也。阴与阳者,气而游乎其间者也。自动自休,自峙自流,是恶乎与我谋?自斗自竭,自崩自缺,是恶乎为我设?"这里,柳宗元集中地用了八个"自"字,突出地强调说明自然界是按照自己的规律而发展变化的,自然界的发展变化是自然界自身矛盾运动的过程。

(二)反对神学天命论

韩愈认为天有意志,能赏罚。柳宗元持反对意见,在《天说》里指出:"彼上而玄者,世谓之天;下而黄者,世谓之地。浑然而中处者,世谓之元气。寒而暑者,世谓之阴阳。是虽大,无异果蓏痈痔草木也。"意思是天、地、阴阳与果瓜草木等同样都是自然现象,是物质存在的不同形式。天没有意志,不能赏功罚恶。柳宗元认为"古之所以言天者,盖以愚蚩蚩者耳",其实天与人"其事各行不相预"(《答刘禹锡天论书》),所以人的吉凶祸福、社会的兴衰治乱,都非"天"能主宰,"功者自功,祸者自祸",要变祸为福,是"在我人力"。

（三）无神论

柳宗元对汉以来的天人感应,符命祥瑞、君权神授等神学史观,进行了广泛的批判,认为"其言类淫巫瞽史,诳惑后代"(《贞符》)。因此他提出了"势"的观点,即人类社会向前发展的客观必然趋势。这种人类社会发展固有的必然性,不是天命或神意,也不是帝王、圣人的主观意志,而是"生人之意"所作用的结果。它是人们要求生存的意愿,沿着固有的必然性,显示出一种不依主观意志为转移的客观趋势。

6. 刘禹锡的天人交相胜说

刘禹锡（772~842年）,唐代文学家、思想家。字梦得,洛阳人。曾任京兆府渭南县主簿、监察御史等职。后因参加王叔文革新集团,反对宦官和藩镇割据势力,被贬为朗州司马、连州刺史等,后因裴度力荐,迁太子宾客,加检校礼部尚书,世称刘宾客。其著作称《刘宾客文集》,也称《刘梦得文集》。其哲学思想主要体现在《天论》上、中、下三篇里。

（一）宇宙观

刘禹锡认为天国没有意识,不是上帝,而是"有形之大者",即最大的东西;天的日月星"三光",以地上的"山川五行"为基础;天是清、轻,地是浊、重,"浊为清母,重为轻始",故地为天的根基。他认为,整个宇宙存在的基础是物质性的"气",清浊二气的变化,阴阳二气的作用,促成万物生成;先有植物,后有动物;人则是动物中最有智慧的,能够掌握自然界的规律而作用于自然界。至于宇宙万物发展

刘禹锡

变化的规律,他提出了"理"(贯串于事物发展过程的规律)、"数"(事物存在及其规律的不可逃避的必然性)、"势(事物发展的客观趋势)三个概念。他说:"以理揆(度量)之,万物一贯也"万事万物"必有数存乎其间焉。数存然后势形乎其间焉","数存而势生",万事万物的变化都不能逃乎数而越乎势"。并且,"彼势之附于物而生,犹影响也"。就是说,万事万物都有自己的规律,规律对于事物具有必然性。事物规律的必然性,决定了事物发展的趋势,而事物发展的趋势又决定于事物本身的存在和状况。"理"、"数"、"势"三者都是事物本身固有的不以人的意识为转移的客观法则。

(二)天人交相胜说

刘禹锡认为,人类社会(人)和自然界(天)是有区别的,这种区别就在于:"天之道在生植,其用在强弱;人之道在法制,其用在是非。"在自然界,各种生物,都为自己的生存繁殖而竞争,强者胜,弱者败,没有是非可言;至于人类社会则有一定的社会秩序,社会秩序靠礼法制度来维持,因此人们有礼法制度所规定的"是非"作为行为的准则。"天之所能者,生万物也","人之所能者,治万物也。"因此他认为"天人不相预"。他说:"阳而蓺树,阴而揪敛。""用天之利,立人之纪。"就是说人能利用自然规律,春耕夏耘秋收冬藏。在生产过程中对自然利用、改造来满足人们生活的需要。除此而外,还有"义制强讦,礼分长幼;右贤尚功,建极闲(防止)邪,人之能也。"这是说人们建立礼法和社会制度,制定赏罚标准,禁止强暴,崇尚有功,这些人的社会职能,是自然界所没有的。总之,刘禹锡认为天与人各有自己的职能和作用。"天之能,人固不能也;人之能,天亦有所不能也。"据此,他提出了"天与人交相胜,还相用"的重要观点。

二、佛理哲学

1. 三论宗吉藏的"一切皆空"论

三论宗,隋唐时代佛教宗派。因印度龙树《中论》、《十二门论》和提婆《百论》三部论典创宗而得名。又因其阐扬"一切皆空"、"诸法性空"而名空宗或法性宗。三论宗的基本思想是:"一切皆空"论、二谛说和中论。

创建者为吉藏。

吉藏（549～623年），佛教学者。俗姓安，原安息人，先世避仇移居南海，后迁居金陵（今南京）。幼年时，其父带他见过著名佛经翻译家真谛（499～569），真谛为他取名"吉藏"。隋定江南后，吉藏曾住在越州（今浙江绍兴）嘉祥寺，故又称"嘉祥大师"。后受隋炀帝之请，驻长安日严寺，宣传佛法，注释《中论》、《十二门论》、《百论》，创三论宗。入唐，唐高祖所设十大德管理佛教事务，吉藏也在当选之列。晚年住延兴寺。吉藏著作约40余种，现存主要著作有《三论玄义》、《中论疏》、《百论疏》、《十二门论疏》等。

吉藏的佛教中心思想是"一切皆空"。他认为，宇宙万有都是因众缘和合而生的合成体，因而是没有体性的。就宇宙万有的现象言，是"缘起有"；就宇宙万有的本体言，是"自性空"。"缘起有"，即非空无；"自性空"，即非真有。非空、非有，即是"中道"。

吉藏传教50余年，弟子颇多。主要有慧远、智拔和高丽僧人慧灌等。慧灌后入日本传播"三论"，成为日本三论宗的初祖。

2. 天台宗智顗的止观论与一心三观及一念三千

天台宗，因实际创始者智顗常住浙江天台山而得名。因《法华经》为其教义的主要根据，故又称"法华宗"。天台宗推尊印度龙树为初祖，北齐慧文为二祖，慧思为三祖，智顗为四祖。

智顗（538～597年），中国佛教天台宗的创始者。俗姓陈，荆州华容（今湖北省监利县西北）人。曾从慧思禅师受业。后辞师往金陵（今南京），居九宫寺，创弘禅法。旋又入天台山。陈亡隋兴，智顗转辗活动于庐山、荆州、扬州各地，最终回归天台山。圆寂后，杨广为纪念他，于天台山创建天台寺，后改名国清寺。

智顗著述很多，多由其弟子灌顶据其演讲笔录整理而成，主要的有《法华玄义》、《法华文句》、《摩诃止观》，世称此三书为"天台三大

智顗（据明崇祯版《诸祖道影传赞》重绘）

部"。智顗的宗教哲学思想主要有：

（一）止观论

天台宗的特点是能把南北朝不同风格的佛教学派的学说熔于一炉，建立自己独特的体系，以适应政治上统一的需要。原来北朝佛教比较注重"禅定"，讲究修养，南朝佛教则重"义理"，讲究理论，智慧。南北朝趋于统一，智顗提出"止观"学说，主张"定慧双修"，止（定）观（慧）二者不能偏废。他说："泥洹（新译作涅槃）之法，入乃多途。论其急要，不出止观二法。所以然者：止乃伏结之初门，观是断惑之正要；止则爱养心识之善资，观则策发神解之妙术；止是禅定之胜因，观是智慧之由藉"（《修习止观坐禅法要》、《大正藏》卷四十六），这就融合了南北佛教。

（二）一心三观或三谛圆融

"三观"，即空、假、中观。有内外三观之分：内三观指一念无相谓之空，无法不备谓之假，不一不中谓之中。外三观即观诸法具足三观。"三谛"即真、假、中谛。真谛泯一切法，假谛立一切法，中谛统一切法。三观为能观心，三谛为所观境，能所交融，不可分割。在智顗看来，空、假、中本来是一体圆融的，"中道"不离"空"、"假"，亦即"空"、"假"，故曰"三谛圆融"。由于三谛圆融的道理为三惑（无明惑、尘沙惑、见思惑）所覆盖而不得显现，因此，修三观，灭三惑，显三谛，均具于一心之中，而显此三谛圆融之理，心赖三观，故曰"一心三观"。这也是天台宗由定生慧的根本宗义。

（三）一念三千

"一念"属心，"三千"指法界。智顗认为，宇宙千差万殊，森罗万象，是一念之偶动出现的三千诸种事物。他在《摩诃止观》中阐述了一念三千的思想，认为一法界即有十界，又各有三种世间，故有三十种世间；一界有三十种世间，百法界就有三千种世间，由此而有三千世界。而此三千世界，纷然杂陈，乃在一念心中，也就是说三千世界是由一心的活动而发生的。所以《止观辅行记》中说："三界无别法，唯是一心所作。"

3. 天台宗湛然的无情有性论

湛然（711~782年），唐代天台宗僧人。俗姓戚，常州（今属江苏）人，世居晋陵荆溪（今江苏宜兴），世称"荆溪大师"，又称"妙乐大师"。曾从左溪玄朗学天台宗义，又至越州（在今浙江绍兴）从昙一学律，后在吴郡（今江苏苏州）开元寺讲"止观"。玄朗死后，住天台山国清寺。湛然生平以传智顗的学说为己任，撰《法华玄义释签》、《止观辅行传弘诀》、《法华文句记》、《止观义例》、《止观大意》、《金刚錍》、《始终心要》、《维摩诘经疏记》等。

湛然除继承智顗"一心三观"等学说外，还创见"无情有性"论。"无情"指无情识的草木瓦砾。他认为一切众生皆有"真如佛性"，进而说一切事物，包括墙壁瓦石等无情的东西都是佛性的体现。他应用《大乘起信论》的本体真如随缘不变说来论证无情有性。认为不变的真如和变化的万物是一体，有情（众生）和无情都不在万物之外，彼此真如同一。他说："应知万法是真如，由不变故；真如是万法，由随缘故。"一切事物是真如佛性的体现，真如佛性是至高无上的永恒的绝对的存在；真如佛性又呈现在一切事物之中，"万法"都是真如佛性随缘生起的。

4. 法相宗玄奘和窥基的"阿赖耶识"论与三性说及四分说

法相宗主旨在于分析法相而阐扬"唯识真性"的义理，故称法相宗、唯识宗、法相唯识宗。创宗者唐代玄奘、窥基，因师徒长期住长安大慈恩寺，也称慈恩宗。法相宗严守印度佛教瑜伽行系的学说，以一经二论，即《解深密经》和《瑜伽师地论》，《成唯识论》为基本典籍。其重要学说有"阿赖耶识"论、"三性"、"四分"说。

（一）基本教义

① "阿赖耶识"论

"阿赖耶识"论是法相宗世界观的主要理论基础。"阿赖耶识"论认为，世界上的一切，包括人类的自我，世界的万物，都不是独立存在的，而是由"内识"变现出来的。"内识"生起时，自然而然地就变现出各种各样类似于"我"、类似于"法"的假相来，其实是似有而实无的假相，实际上世界上只有内识，并无外境。能变现"我"、"法"的识（主观认识能力和作用），除眼、耳、鼻、舌、身、意外，还有第七识"末那"（意识）和第八识"阿赖耶"。"阿赖耶"为"根本识"，是藏的意思，包括"能藏"、"所藏"、

"执藏"三重涵义。唯识论者认为"识"有两种状态,在它还没有显现时,它的潜在状态叫做"种子"。这种潜在状态有使它自身显现的趋势,因此,又有潜能或"势力"的意思。当意识由潜在状态而直接显现时,便成为"现行"的意识。"能藏"、"所藏"是指第八识能够"摄藏"各类"种子"(指变现万物的特殊功能),因此又称"种子识"或"一切种识",成为派生世界万物的本原。"执藏",是说第八识被第七识"执"以为"我","藏"此"我执",就是指第七识执着此识以为自我。。

② "三性"说

三性说是法相宗对于诸法实相,亦即对一切事物的形成及其本质的根本看法。法相宗认为一切事物的自性、自相有三种:"遍计"、"依他"、"圆成"。在法相宗看来,一般人依据名、言表示,以种种分别为实有,这是"遍计所执性"。按"缘起"理论,一切物质和精神现象都犹如幻事、梦境、镜象、水月,依各种因缘而生起,似有非有,这叫"依他起性"。懂得了"诸法缘起"的道理,于是"破除妄执","我法俱空",显示了"实相",这叫"圆成实性"。法相宗以为,这样讲"三性",就是对"有"、"无"有了正确的认识:遍计所执为虚妄,是"无";一切法依他起,即依阿赖耶识而起,所以是"假有",而去掉妄执,见到一切唯"识",理解了诸法实相,便是"实有"。有了这种认识才能成就种种佛教上的功德。此种以"无"为"有",体认一切唯有识性,被法相宗认为是极高的宗教境界。

③ "四分"说

法相宗为论证"唯识无境",还从认识的发生过程等方面加以说明,提出了"相分"、"见分"、"自证分"、"证自证分"的四分说。"见分"和"相分"的观点是法相宗的从内识显现为外境的关键。法相宗认为一般人所说的"境"(外界,对象),并不是主观(识)所要去认识的客观物质世界,而是由识所变现的"分"。就是说,人们之所以能有外境的感觉,不是由于真正有离开主观独立存在的外境,而是由人们自己的思想中现出来的外境的形相。所谓"相分",就是人的认识过程中被认识的形相部分;而与"相分"相对的心的能够认识的能力,这一部分就叫做"见分",它是认识者属于具有认识能力的部分。在"见分"、"相分"的基础上,法相宗又提出了

"自证分"和"证自证分"的理论。"自证分"指意识的记忆能力,又称"识体",它是"见分"的见证者。"见分"的结果,要由"自证分"来证明。如果没有"自证分",就不能回忆曾经"缘虑"过的事。相、见二分必有自己能够证知自己有认识活动的"自体"。为证见分,立"自证分",为证自证分,则立"证自证分"。

④"五种姓"说

唯识宗认为一切众生先天具有五种不同的本性,即"五种姓"。一是"菩萨种姓",因具有佛性可以成佛。二是"缘觉种姓",因独自观察生命个体的生死流转过程而悟道者,为"缘觉";又因是无师自悟,也称"独觉",不能成佛。三是"声闻种姓",闻佛道声而悟道者为"声闻",也不能成佛。四是"不定种姓",指究竟能达到什么果位并不确定者。五是"一阐提种姓","一阐提",意为"断善根"、"信不具"。不但不能成佛,也不能成"缘觉"、"声闻",而是永远沉沦生死苦海,承受苦难。

(二)玄奘(约600~664年)

玄奘,唐代佛学家、佛经翻译家,法相宗创立人。俗称"唐僧",通称"三藏法师"。本姓陈,名祎。洛州偃师(今河南省偃师县缑氏镇)人。因家境贫困,自幼便剃度为僧。他怀着强烈求知欲,四出求学,遍访名师,饱学佛教大、小乘经论以及各家学说。然各类佛典异说纷纭,各种学派主旨不一,特别是对于成佛的根据和步骤等问题,长期争论不休。为了澄清疑窦,追本溯源,进而建立统一的佛教学说,他"誓游西方,以问所惑"法。贞观三年(629),玄奘开始了艰苦卓绝的求法之行,终于到达中印度摩揭陀国王舍城,入当时印度佛教的最高学府——那烂陀(施无厌)寺,被推为深通三藏的十德之一,极受礼遇。他在该寺学《瑜伽师地论》等各类论典,历时五年。后游历印度东部、南部、西部和北部数十国,广泛参学,凡经四年。回那烂陀寺后,应戒贤之嘱,主讲《摄论》、《唯识抉择论》。戒日王还在曲女城为玄奘设无遮大会,

玄奘

以玄奘所著《会宗》、《制恶见》两论的论点标宗,任人难破。经十八天大会终了,无一人提出异议。在当时印度声誉之隆,千古一人。玄奘在天竺历时十七年,虽经五印朝野一再多方恳留,但玄奘毅然决然,不辞劳苦,于贞观十九年,携带大批经、像,满载声誉,抵达长安。玄奘回国后的主要事业,是翻译经论。历经二十年,共译出佛教经论75部,1335卷,在佛经翻译史上开辟了一个新纪元。

由玄奘口述,辩机记录整理的《大唐西域记》记述了玄奘西行的所见所闻,对于研究印度、巴基斯坦以及中亚细亚各国的古代史具有重要的史料价值。

玄奘的又一重要业绩,是创立了唐代第一个佛教宗派唯识宗(法相宗)。玄奘学兼各家,然崇尚戒贤所传唯识系学说,系统地译出唯识系理论。这种理论具有比较严密的逻辑体系。它力主"三界唯心","万法唯识"。认为"阿赖耶识"是世界本原,宇宙一切现象,都由"阿赖耶识"派生。还阐扬"五种姓"说,认为声闻、独觉和菩萨三乘人具有先天的决定根姓,定能成道;也有不决定根姓,即难以决定能否得道;还有一种无种姓的人,不能入道。从而开创独具特色的唯识宗。

(三)窥基(632~682年)

窥基,中国佛教唯识宗创始者之一。俗姓尉迟,字洪道,因其著述常题名基,或大乘基,后人称为窥基。京兆长安人。唐开国大将鄂国公尉迟敬德之侄。十七岁时,奉旨出家,为玄奘弟子。

印度传播世亲《唯识三十颂》学说共有十家,玄奘回国后,本拟将这十家的著述,分别照样译出,窥基则主张以护法(十家之一)观点为主,糅译其余九家,于是著十卷本《成唯识论》。窥基作《成唯识论述记》和《成唯识论掌中枢要》,加以注释和发挥。窥基还精通佛家逻辑"因明"学,其《因明大疏》为研究"因明"学的基本著作。因窥基常住大慈恩寺,世称慈恩大师。

5. 华严宗法藏和宗密的法界缘起与六相圆融及十玄无碍

华严宗以阐扬《华严经》而得名,创立这一宗派并确立其名称的是法藏。华严宗又因它的理论宗旨是依据《华严经》宣扬"法界缘起"论,故又称为法界宗。

（一）基本思想

①法界缘起

华严宗的中心教义，是"法界缘起"论。"法界缘起"论是讲理、事以及理和事、事和事的相互关系的理论。"理"，所谓真理，指事物的本性、本体。"事"，即万事万物、现象。法界其有四相，即事法界，理法界，理事无碍法界和事事无碍法界。事法界，即现象世界；理法界，即本体世界；理事无碍法界，意谓理是事的本体，事是理的显现，理和事相彻相存，本体和现象无妨碍，无矛盾，圆融和谐。这三个法界最后归结于事事无碍法界，以说明宇宙间的一切和各类关系都是圆融无碍的。由于理事无碍，理作用于事，事与事之间也发生联系，这就由"理事无碍"进到"事事无碍"。认为千差万别的事物都是理的体现，理体是同一的，事与事之间也都是相即相融的。

华严宗还把法界归于一心，认为理和心也是一回事。事事都是一心的产物，在同一心里，事事都周遍含容，彼此无碍。法藏称理事无碍的关系为"一即一切，一切即一"。同一本体显现为各种各样的事物，是"一即一切"；千差万殊的事物归结为同一的本体，是"一切即一"。由此也可说，任何一个事物都包含一切事物，每一事物都包含有其他事物；同样，一切事物都包含于每一个事物之中，一切事物都可以归结为任何一个事物。事事无碍法也是"一即一切，一切即一"的关系。

②六相圆融、十玄无碍

为了阐发事事无碍、重重无碍的中心思想，华严宗提出了"六相圆融"和"十玄无碍"的学说。所谓"六相"是指"总相"和"别相"、"同相"和"异相"、"成相"和"坏相"三对范畴。"总相"指事物的总体，"别相"指事物的各个组成部分。现象界每一事物是总相和别相、同相和异相、成相和坏相的统一。总之，事事融通，遍摄无碍，宇宙万物处于大调和、大统一之中。世界上的每一现象都是真理之体现，是天然合理的，世界是一个和谐的整体，本来是最美好的世界，顺应它，就可以使人得到精神上的满足。每个人本来都是佛，"无一众生而不具有如来智慧"，只是由于妄想，才生种种烦恼。一旦觉悟，"即见一切有为之法，更不待坏，本来寂灭"。

所谓十玄无碍，第一，同时，好像一滴海水具足百川之味；第二，广狭，好像一尺镜子能见千里之远的景致；第三，一多，好像屋里千盏灯光的互相交涉；第四，诸法，好像金的颜色离不开金子；第五，秘密，好像片月点缀天空有明有暗；第六，微细，好像玻璃瓶透露出所盛的芥子；第七，帝网，好像镜子对照重重影现；第八，托事，好像造象塑臂处处见得合式；第九，十世，好像一梦便自在地过了百年；第十，主伴，好像北极星为众星围绕。

法藏

（二）法藏（643～712年）

法藏，唐代佛教华严宗的创始者。原籍西域康居（今乌兹别克共和国撒马尔罕一带），故以康为姓，亦称康藏法师。其祖父迁至长安（今陕西省西安市）定居。法藏十七岁从云华寺华严大师智俨学习《华严经》一类经典，智俨死后出家。后依《华严经》创六相十玄门等理论，把"一真法界"作为世界根源，树立一宗之说。武则天曾赐号"贤首"，故世称贤首大师或贤首国师。华严宗由此也又名贤首宗。

法藏的著述宏富，著有《华严探玄记》《华严五教章》、《大乘起信论义记》等。

法藏在理论上竭力想把当时天台宗、法相唯识宗等说法熔冶于一炉。这种调和态度的理论根据是，各种佛教法门互相融通、互不矛盾。为此，他继承和发挥智俨的法界缘起思想，认为一切事物都由"法界"生起，法性本体生起现象。由此，世界上的一切现象就其关系来说是"无尽圆融"的，世界上的一切现象是一种范围无限广大而又互相包容、互相贯通而无区分的统一体。世界万物，通通互为因果。一物为因，万物为果；万物为因，一物为果。一即一切，一切即一。相即相入，重重无尽。佛教法门千差万别，最终都会归于佛境。世俗世界出于"法性"，佛的境界也和"法性"相顺，由此众生与诸佛交彻，世俗世界和佛国世界圆融无碍。从而指给了众生以修炼心性、培养佛智，进而成佛的现实方向。

法藏后被奉为华严宗三祖,他所阐发的华严教理,经过澄观和宗密的进一步发挥,在中国达到佛教理论思维的顶峰。不仅在中国唐代哲学中具有重要地位,而且对禅宗发生了直接的思想影响,并对宋代以后的哲学理论也有一定影响。

(三)宗密(780~841年)

宗密,唐代佛教华严宗兼禅宗的学者。华严宗奉他为五祖,禅宗荷泽神会的四传弟子。俗姓何,生于果州西充县(今四川成都东),因常住陕西鄠县圭峰草堂寺,世称"圭峰大师"。唐文宗曾敕号"大德"。卒后,唐宣宗追谥"定慧禅师"。宗密曾师事澄观,广学诸宗,特崇华严。他倡禅教一致,讲佛儒一源。主张一切有情(众生)本性是佛,只要依照佛教修行,即可返本还源。著有《华严经行愿品别行疏钞》、《原人论》、《禅源诸注集都序》等。

6. 禅宗慧能的无念为宗与顿悟成佛

禅宗是隋唐时期在中国形成的一个佛教宗派。因其以"直证本心"为宗旨,故亦称"佛心宗"。禅宗分慧能南宗和神秀北宗两大派。慧能一派禅宗不仅与旧的禅学相异,而且和印度原来的佛教以及后来中国其他各个佛教宗派都有所不同,是世界佛教史上尤其是中国佛教史上一次空前的大改革。禅宗的根本主张就是不立文字,强调精神的领悟,直指本心,见性成佛,亦即提倡单刀直入的顿悟。注重净性,强调自悟,就是慧能一派禅宗成佛学说的理论基础。

慧能(636~713),亦作惠能,禅宗南宗创始人。祖籍河北。慧能家境贫寒,少时随母采薪度日。后在五祖弘忍门下,充任杂役。在弘忍选嗣法弟子时,慧能以"菩提本无树,明镜亦非台;本来无一物,何处惹尘埃"一偈,深得弘忍赞赏,当即秘传《金刚经》,并授予法衣,以示"继承衣钵"。为

防止神秀一派加害慧能，嘱他立即回南方隐居。慧能回到岭南16年，即弘忍死后两年，开始公开参加佛教活动。有一次在黄河法性寺听印宗法师讲授《涅槃经》时，清风吹动旗幡，引起两个僧人的争论，一说风动，一说幡动。慧能则说，既不是风动，也不是幡动，而是两位的心在动。慧能的议论引起印宗的重视，于是与慧能谈论佛法。慧能乘机示以弘忍所传法衣，公开嫡传身份。自此慧能正式落发为僧。后移住韶州（今广东韶关）曹溪宝林寺弘扬禅学，宣传"见性成佛"，成为禅宗的正系。慧能本人并无著作，传说韶州刺史韦据曾请他在大梵寺讲佛法，弟子法海将记录加以整理，是为《坛经》。

慧能佛教学说的思想基础是性净自悟，要旨有：

（一）一切众性皆有佛性

慧能认为，人人皆可成佛，因为人人都具有佛性。佛性的"性"原为"界"，不是"性质"，而是"因"的意思，即人人都有成佛的可能性或根据。

（二）无念为宗

慧能认为，人人都具有清净的佛性，但由于有妄念浮云遮盖，清净的佛性显现不出来。所以要下一番功夫把妄念浮云吹散，使清净的佛性显现出来。而要吹散妄念浮云，并非难事，只要"无念"即可，"无念法者，见一切法，不着一切法"。"无念"是不着一切法，不于外着境，并非如同木石一般地无任何感知。

（三）顿悟成佛

慧能认为，佛性就是恒常清净的真如本性，佛性也就是本心，一旦认识本心（本性），就是顿悟，也即由"迷"转"悟"。既然人人都具有成佛的本性，人性就是佛性。慧能说："自性若悟，众生是佛；自性若迷，佛是众生"（《坛经·疑问品》）。这里所说的"迷"和"悟"，是就对自己心中固有的佛性是否唤醒而言。慧能认为，只要人们唤醒了自心中的佛性，就立即进入了"佛国"、"净土"。慧能认为，由"迷"转"悟"，是一下子实现的，是忽然悟解心开，"从自心中顿见真如本性"，即所谓"顿悟"。

（四）行住坐卧皆是坐禅

慧能以前的禅宗都把坐禅当成修行成佛的重要法，慧能则认为坐禅不但不能使人成佛,反而会使人离佛更远。他还对禅定作出新的解说,"外离相曰禅,内不乱曰定"。外离相就是不执取外境,内不乱就是无妄念。不于外着境和"无妄念"都是"无念",只要做到"无念",就体现了禅定功夫。

慧能的佛教理论比三论宗、天台宗、唯识宗、华严宗的学说都更为明快简易,从而吸引了更多的信徒,流行也更为久远。他的禅学思想对中国中唐以后的佛教及宋明理学都产生了广泛而深远的影响。

7. 五家七宗

五家七宗是指禅宗慧能以后派系的总称。慧能门下两大弟子,一是湖南南岳怀让,一是江西青原山行思。怀让一系后又分化出沩仰和临济两家;行思一系分化出曹洞、云门和法眼三家。合称"五家"。到北宋时代临济一系又分化出杨歧和黄龙两派。合称"五家七宗"。各派都宗奉慧能的《坛经》,基本思想相同,只是由于时代不同的影响,对于禅宗基本思想的表达方式有所不同,形成了不同的"门庭"和"家风"。

8. 其他佛教宗派

(一)律宗

律宗是中国佛教史上专门研习和传授戒律的宗派,它所依据的主要经典是《四分律》,故又称为四分律宗。唐代道宣(596~667)创立,由于他长期在终南山隐居传道,故其宗派又称为南山宗,全称"南山律宗"。与道宣同时弘传四分律的还有相州日光寺的法励(569~635),开创了相部宗。法励的弟子怀素(624~697)在西太原寺开创了东塔宗。唐代律宗三派并立,互有争论,繁荣一时,但是不久相部、东塔两派沉寂无传,唯南山律宗独承法系,绵延不绝。律宗主要在于约束僧众的戒行,理论上阐发较少。后道宣弟子鉴真和尚为弘扬佛法,东传律宗于日本。

(二)净土宗

净土宗是中国佛教中专修往生阿弥陀佛净土的法门。隋唐之际的道绰(562~645)和善导(637~681)是净土宗的实际创始人。传说主管西方净土世界之佛阿弥陀佛在成佛之前曾发宏愿大誓,凡称念他名号者,在死后他都要接引其往生西方净土。所以该派认为只要信佛,每日念佛万声以至十万声,死后便可往生净土(西方极乐世界)。由于修行方法简易,信徒颇多。

（三）密宗

亦称"秘教"，自称受法身佛大日如来深奥秘密教旨传授，为真实言教。以高度组织化的咒术、仪礼、民俗信仰为其特征。认为世界万物、佛和众生皆由地、水、火、风、空、识，即"六大"所造。前"五大"为色法，属"胎藏界"，识为心法，属"金刚界"。色、心二法摄宇宙万物，佛与众生体性相同。众生依法修行，手持印契，口诵真言，心观佛尊，就能使身、口、意三业清净，与佛的身、口、意相应，即身成佛。密宗仪式复杂，有严格的规范，必须由导师秘密亲授。

（四）三阶宗（普法宗）

隋代信行创立。所谓三阶，即把全部佛教按"时"、"处"、"机"（指人）分为三阶：第一阶是正法时期，"处"是"佛国"；第二阶是像法时期，"处"是"五浊诸恶世界"，人是凡圣混杂；第三阶是末法时期，"处"也是"五浊诸恶世界"，人都是"邪解邪行"当信奉"三阶教"。该宗强调苦行、忍辱、乏食、一日一餐，认为一切众生皆是真佛。死后尸体置林间，供鸟兽食，称以身布施。

三、道家哲学

在隋唐时期帝王的推崇下，道教发展空前繁盛。其时，道教融合了南北不同的学术流派，在清修无为理论和丹道两个方面获得了很大的发展。特别在唐代，道教中出现了一批文化素养较高的学者，他们对道教理论的发展做出了重要的贡献。

1. 李筌

李筌，唐代思想家，号达观子。生卒年及里籍不详，曾隐居少室山。唐玄宗时曾作过江陵节度副使、御史中丞等官。他研究道教经典和兵法，著作有《阴符经疏》、《太白阴经》、《孙子注》等。李筌反对卜筮禳祀。他说："任贤使能，不时日而事利；明法审令，不卜筮而事吉；贵功赏劳，不禳祀而得福。"在宇宙起源问题上，他继承了元气论的思想传统，认为"人禀元气所生，阴阳所成。淳和平淡，元气也"，提出天地由阴阳二气构成，二气又产生了五行，五行又产生了万物。

2. 司马承祯（647~735年）

司马承祯，唐代道教学者。字子微，法号道隐，河内温（今河南温县）人。为南朝道士陶弘景的三传弟子。受到唐睿宗和玄宗的尊重。死后，谥贞一先生。其著作有《坐忘论》、《天隐子》等。

司马承祯以老、庄学说及道教其他经典为基础，吸收儒家正心诚意及佛教止观禅定学说，系统地阐发了道教关于精神修养的理论，自称为"安心坐忘之法"。他认为"心为道之器宇"，故修道之要在于修心，修心之要在于守静去欲；只有排除对外物的一切欲念，做到心不"逐外"，才能保持内心的极端安静。因此他主张"学道之初，要须安坐，收心离境，住无所有，不着一物"，以达到"内不觉其一身，外不知乎宇宙，与道冥一，万虑皆遣"、"彼我两忘，了无所照"的境界。这种静心坐忘理论后世被道教清修派所发扬，成为道教中的主流。

3. 吴筠（？～778年）

吴筠，唐代道教思想家。字贞节，华阴（今属陕西）人。少通儒学，举进士不第，入嵩山依潘师正为道士，传正一之法。他的理论重在发挥老庄著作中的神仙养生思想，主张形神相守，从炼形入手，进而炼气，进而炼神，则可长生久视。著有《玄纲论》三篇。在《玄纲论》中，吴筠把"道"作为宇宙的本原，是"虚无之系，造化之根，神明之本，天地之源。"又著《神仙可学论》，既批评佛教"以泯灭为真实，生存为幻化"和生死轮回的思想，又批评嵇康的"神仙特受异气"、"非积学所致"的观点，认为神仙有不因修学禀受异气而致者，也有待学而后成者。吴筠还著《形神可固论》，论及宇宙生成，认为"自然生虚无，虚无生大道，大道生氤氲，氤氲生天地，天地生万物，万物剖氤氲"。另有《心目论》，主张摒弃一切，而"与自然作侣，将无欲事朋"。

4. 谭峭

谭峭，五代时道教学者。字景升，生卒年不详，泉州（今属福建）人。他醉心于黄老诸子以及道教典籍，弃家学道，遍游终南、太白、太行、王屋、嵩、华、泰岳诸名山不复归。师嵩山道士十余年，得辟谷养气之术。著有《化书》。

谭峭

谭峭以"道"为最高范畴，认为无限多样的世界统一于"道"。"道"的变化，乃是万物发生、发展和衰亡的根源。并讨论了社会的演化、动乱等问题。认为人类社会的早期阶段，没有尊卑和争夺，人们友好相处。以后有了分化，有君民、贵贱之别；在上者穷奢极欲，聚敛不已，刑戮不止，遂激起人民的反抗。为此，他主张"均食"、"尚俭"，幻想建立一个无剥削、无压迫、共同劳动、共同享受的"太和"社会。

5. 陈抟（约871~989年）

陈抟，五代宋初道教学者。字图南，自号扶摇子。亳州真源（今安徽亳县）人，一说普州崇龛（今四川安岳县）人。他自幼习儒，通经史，唐末举进士不第，遂隐居华山，修习道术。后移于少华山石室，每觉可百日不起，世人目为异人。据传，与华阴隐士李琪、关西逸人吕洞宾、终南道士谭峭为友。宋太宗赐号希夷先生。

陈抟精于《易》学，著《龙图序》，讲述八卦象数之学，阐明龙图未合、既合的变化，宣扬神学目的论的天人相通说，奠定了先天象数学的思想基础；又以道门所传的《无极图》刻于华山石壁（今已佚），并得《先天图》于麻衣道者。他认为万物一体，只有超绝万有的"一大理法"存在。其学说对宋代理学有重大影响。

第五节　宋元明时期哲学

胡瑗

北宋以后，随着佛教理论的日益衰落，形成了广泛的新儒学运动。范仲淹等政治改革家，努力提倡儒家学说，以欧阳修为代表的一些学者，主张从"本"上否定佛教。所谓"本"，就是儒家仁义学说。被称为宋初三先生的胡瑗、孙复、石介，开始从理论上进行探讨。他们以儒家《周易》、《春秋》为依据，提倡道德性命之学，发展了韩愈的道统说。他们的思想揭开了理学的序幕。

一、宋初理学三先生

1. 胡瑗（993～1059年）

胡瑗，北宋初学者。字翼之，泰州海陵（今江苏泰州）人。因居安定，世称安定先生。先后以经术教授于吴中、湖州。历任太子中舍、光禄寺丞、国子监直讲、大理寺丞、太子中允、天章阁侍讲。后以太常博士致仕，归老于家。胡瑗与孙复、石介并称"宋初三先生"，是宋代理学酝酿时期的重要人物。著有《周易口义》、《洪范口义》等。

胡瑗精通儒家经术，以"圣贤自期许"，讲"明体达用之学"。认为儒家的纲常名教是万世不变的"体"，而儒家的诗书典籍是垂法后世的"文"；把"体"、"文"付诸实际，可以"润泽斯民，归于皇极"，达到民安国治，这就是"用"。胡瑗讲学分经义、治事二斋，治事包括讲武、水利、算术、历法等等，表现了重视经世治用的特点。

2. 孙复（992～1057年）

孙复，北宋初学者。字明复。晋州平阳（今山西临汾）人。居泰山，世称泰山先生。历任秘书省校书郎、国子监直讲，官至殿中丞。是宋朝理学酝酿时期的重要人物。著有《春秋尊王发微》、《睢阳子集》，已佚，后人搜集遗文，编纂为《孙明复小集》。

孙复反对佛、道"与儒齐驱并驾，峙而为三"。斥责佛、道"去君臣之礼，绝父子之戚，灭夫妇之义"，"给我生命，绝灭仁义，屏弃礼乐"。批判佛老的死生、祸福、虚无、报应之说。

3. 石介（1005～1045年）

石介，北宋初学者。字守道，兖州奉符（今山东泰安东南）人。曾隐居徂徕（今山东境内），世称徂徕先生。历任郓州推官、南京推官、嘉州军事判官、国子监直讲，至太子中允、直集贤院。是宋朝理学酝酿时期的重要人物之一。著有《易群》、《易口义》、《唐鉴》、《政范》、《徂徕集》。

石介维护纲常名教，赞扬韩愈的道统说，反对佛教、道教，批判当时的浮华之风。他称佛、老、时文为"三怪"，作《怪说》三篇，斥佛、老弃道德，悖礼乐，裂纲常，毁衣冠，认为"去此三者，然后可以有为"。

石介认为，世界"无神仙，无黄金术，无佛"，但又相信天人感应说，认为"善则降之福,是人以善感天,天以福应善";"恶则降之祸,是人以恶感天,天以祸应恶"。他主张天人合一说,认为"人亦天,天亦人,天人相去,其间不容发"。

二、北宋唯物主义思想家李觏

李觏(1009~1059年),字泰伯,宋建昌军南城(今江西省南城县)人。少年时,家境衰落。两次应试,均不中。平生以教授为业,创建盱江书院,时人称盱江先生。晚年由范仲淹等人举荐为太学助教,后升为直讲。其著作中,《易论》和《删定易图序论》集中地反映了他的学术思想。

李觏把自然界的一切看作是阴阳二气会合而成的,万物在气的作用下,孕育、萌发、成长、壮大。他指出"相生未必吉,相克未必凶,用之得其宜,则虽相克而吉;用之失其宜,则虽相生而凶"。他强调事物转化的条件性和每一事物所具有的限度,指出离开了具体的条件,事物不能发生转化;超过一定限度,事物的性质便遭到破坏。"相生"、"相克"者可以为人类社会服务,实质在于不违背事物本身的变化规律。他重视发挥人的主观能动作用。

在认识论上,他指出:"夫心官于耳目,耳目狭而心广者,未之有也。耳目有得则感于心,感则思,思则无所不尽矣。"从而,强调感觉对于思维的作用,肯定人的认识能力。他又提出"权者,反常者也"的命题,探讨了事物的常规和变动的关系,反对因循守旧,袭故蹈常,表达了改革的愿望。

他是一个无神论者,反对佛教、道教,并对神仙方士、巫医卜相、图谶五行、鬼神迷信等,进行了广泛的批判。他对儒家的经注,也尽力洗刷其迷信色彩。

三、宋朝的理学思想

理学又称道学,形成于北宋时期。广义的理学,泛指以探讨天道性命问题为中心的整个哲学思潮,包括各种不同学派;狭义的理学,专指以理为最高范畴的程朱理学。

理学是中国古代哲学长期发展的结果,特别是批判佛、道哲学的直接产物。唐代韩愈的道统说,李翱的复性说,为理学的产生开了端绪。北宋以后,随着佛教理论的日益衰落,形成了广泛的新儒学运动。随着儒学批判和融合佛、道思想的展开,到北宋中期,理学思潮逐渐形成,出现一批重要的理学家,并各自形成学派。理学家从不同方面探讨宇宙人生的根本问题,他们以孔、孟、儒家思想为核心,批判地吸收佛、道哲学的思想数据,建立了新思想理论体系,提出了理学的基本范畴,如理气、道器、太极、阴阳、形而上形而下、动静、两一、心性、性情、性命、善恶、理欲、人心道心、中和、体用及诚、敬、知行等等。他们自称其道为"圣人之道",其学为"圣人之学"。

1. 象数学与邵雍

象数学是中国古代把物象符号化、数量化,用以推测事物关系与变化的一种学说。北宋邵雍依据《伏羲八卦方位图》以及配合一年二十四节气的《卦气图》等,参杂道教思想,虚构一宇宙构造图式和学说体系,以推衍解说自然和人事变化,形成他的"先天学",亦即"象数之学"。

邵雍(1011~1077年),北宋思想家,理学象数学派的创立者。字尧夫,谥康节。其祖先为范阳(今河北涿县)人,幼年随父徙居共城(今河南辉县),隐居于苏门山百源之上,潜心学问。共城令李之才曾授以《周易》象数之学,邵雍深入探索,多所自得,以先天象数之学名于世。他和周敦颐、张载、程颢、程颐,并称北宋五子。晚年居洛阳,和富弼、司马光等交游,所居称为"安乐窝"。著有《皇极经世》、《渔樵问对》、《伊川击壤集》等。

邵雍认为宇宙的本原是太极,太极生出天地,天生于动,地生于静。动之始生阳,动之极生阴,阴阳交互作用,于是形成日月星辰;静之始生柔,静之极生刚,刚柔交互作用,于是形成水火土石。这是说天之动生出阴阳,地之静生出刚柔。他又认为阴阳二者本是一气,说:"本一气也,生则为阳,消则为阴";"气一而已"。他又认为"太极不动,性也;发则神,神则数,数则象,象则器,器之变,复归于神也"(《皇极经世》)。

邵雍认为天地万物的生成变化是按照"先

邵雍

天象数"的图式展开的。他把这先天象数归之于心,既是个人的心,也是宇宙的心,因为人能知天地万物之理。他说"夫所以谓之观物者,非以目观之也,非观之以目,而观之以心也,非观之以心,而观之以理也"。所以他提倡"反观",要求既不蔽于物,也不蔽于我。

邵雍按照象数,把天地从始至终的过程区分为元、会、运、世,以此为宇宙历史的周期,一元十二会,一会三十运,一运十二世,一世三十年。邵雍断定,世界的历史,以此为周期,由兴盛到衰亡,周而复始,循环不已。天形成于元的子会,地形成于丑会,人产生于寅会。人类历史发展到第六会巳会,即尧之世,达到了兴盛的顶点;从午会即第七会开始,便由盛而衰,这是夏、商、周到宋的历史时期;到了亥会即第十二会,天地归终,万物灭绝。另一元,也即再一周期又将开始。在一个周期内,历史是退化的,由尧至宋,经"皇、帝、王、霸"四个阶段,一代不如一代。

2. 濂学与周敦颐

濂学是以北宋思想家周敦颐为首的理学学派,因周敦颐长期在庐山濂溪书院讲学,其学派被后人称为"濂学"。该学派提出的太极、理、气、性、命等一系列的哲学范畴,都成为宋明理学共同探讨的基本哲学范畴。

周敦颐(1017~1073年),宋代思想家。字茂叔,原名敦实,因避宋英宗旧讳,改名敦颐。道州营道(今湖南道县)人。幼年丧父,得到舅父、龙图阁直学士郑向的抚养和栽培。曾官大理寺丞、知洪州南昌、国子博士等。周敦颐从政之余,还"汲汲于传道授业"。他爱庐山风景,购地筑室以居,取故乡"濂溪"命名,后人遂称为濂溪先生。周敦颐的哲学著作主要有《太极图说》和《通书》等。

(一)"无极"和"太极"的宇宙论

周敦颐认为"无极"和"太极"是宇宙万物的本原,阴阳生出金木水火土五行,五行生成万物,万物变化无穷,但都是阴阳二气和五行相互作用的结果。在《太极图说》中,周敦颐把《太极图》改造成为儒者讲宇宙论的图式。他

周敦颐

解释说:"无极而太极。太极而生阳,动极而静,静而生阴。静极复动。一动一静,互为其根。分阴为阳,两仪立焉。阳变阴合而生水火木金土,五气顺布,四时行焉。五行一阴阳也,阴阳一太极也,太极本无极也。五行之生也,各一其性。无极之真,二(两仪)五(五行)之精,妙合而凝"。"乾道成男,坤道成女。二气交感,化生万物,万物生生而变化无穷焉"。所谓"无极而太极",并不是说太极之上还有一个无极,而是说太极无形无象,不可言说,不是真有一个"极",所以叫做无极。

(二)"诚"和"无欲"的人性说

周敦颐认为"诚"是一种神秘精神境界。他说:"诚者圣人之本。'大哉乾元,万物资始',诚之源也"(《通书·诚上》)。万物所由开始的"乾元",就是诚的本源。他认为,"诚"是由"太极"派生出的阳气的体现,是"纯粹至善"的,因而以"诚"为内容的人类本然之性亦是善的。但他又认为,"纯粹至善"的本然之性,由于受到物欲的诱惑,环境的影响,刚柔不能适得其"中",而产生恶。由此,他提出"主静"、"无欲"的道德修养论,认为人们通过学习和修养,能够"自易其恶"、恢复善性,使自己的一切言行都不违背仁义礼智。从而建立起"君君臣臣、父父子子、兄兄弟弟、夫夫妇妇"的人伦关系。他的存"诚","无欲"的人性论和禁欲主义,对程朱学派"存天理,灭人欲"的思想产生了重要影响。

3. 关学与张载

关学是以北宋思想家张载为首的理学学派。因其弟子多为关中人,故后人称该学派为"关学"。张载研究儒、道、佛,经过比较和鉴别,对佛、道取批判的态度,而崇奉儒家思想:"以易为宗,以中庸为体,以孔道为法"。

张载(1020~1077年),北宋思想家。字子厚。原籍大梁(今河南开封),生于长安(今陕西西安),随父侨寓于凤翔郿县横渠镇(今陕西眉县横渠镇),以后即在横渠镇讲学。时人称之为横渠先生。张载曾任崇文院校书,后辞职回

张载(据明《永乐大典》插图摹绘)

家讲学、著书。晚年,又任职同知太常礼院,因与主管礼官意见不合,又有疾,即辞职。回陕途中,在临潼病逝。"贫无以殓,门人共买棺奉其丧还"。其主要著作有《横渠易说》、《文集》、《张子语录》等。

(一)"太虚即气"说

张载提出"太虚即气"说,认为"凡可状皆有也,凡有皆象也,凡象皆气也"(《正蒙·乾称·篇》)。这就是说,凡是可以描述的都是存在,存在的东西是有形象的,有形象东西都是"气"。宇宙万物是由"气"构成的,世界的一切存在,一切现象都是"气",而不是什么"无"。"气"即太虚,太虚是"气"存在的基本形式。"气"是物质,气是宇宙万物的本体。具有各种形象的万物,是气的凝聚,气的聚散便引起了万物的形成和消失。因此,气是宇宙万物的根源,整个宇宙统一于气。

张载的气本体论哲学体系中,还有四个重要的基本概念,即"天"、"道"、"性"、"心"。他在《正蒙·太和篇》中说:"由太虚,有天之名;由气化,有道之名;合虚与气,有性之名;合性与知觉,有心之名。"认为天就是太虚,亦即广大无限的物质世界。道是太虚中的气变化运行的自然过程。性包含太虚之性(天地之性)和气质之性(气化之性)。天地之性,是世界中本来就有的,气质之性,是人有形体后因其特殊形体而有的。心则从性与知觉而来,性是"至静无感"的,即直觉的一种超然活动,而知觉则是"物交之客感",即耳目闻见之知。

(二)"一物二体"

张载认为,气处于永恒运动之中,而运动的原因在于气本身包含有互相吸引,互相排斥的两个方面,"太和所谓道,中涵浮沉、升降、动静相感之性,是生絪缊相荡、胜负、屈伸之始"(《正蒙·太和篇》)。"太和"是指阴阳未分的气。太和之气运动变化的过程就是所谓"道"。这种运动变化的过程也是元气自身不断地酝酿激荡、斗争、屈伸的过程。因为元气自身之中就具有阳浮阴沉,阳升阴降、阳动阴静的矛盾对立的本性。正是由于这种浮沉、升降、动静的矛盾对立的交互作用,形成了内部互相激荡,屈伸的动力。张载认为这就是气和气所构成的万物产生运动的内在原因。

张载把各种个别的对立概括为"两",把各种个别的统一概括为"一"。

他说:"一物两体,气也。"认为事物总是"有两则有一"、"若一则有两",强调两与一的互相联系,互相依存,反对割裂两一。"两不立则一不可见,一不可见则两之用息。两体者,虚实也,动静也,聚散也,清浊也,其究一而已"(《正蒙·太和篇》)。如果对立的两体不存在,那末统一也不存在;假如统一看不见,那末对立两体的相互作用也就停止了。象虚——实、动——静、聚——散、清——浊这样对立的两方面,究其底蕴,都是统一的。

（三）"天地之性"与"气质之性"

张载认为,人与万物都是气聚而成,气的本来状态构成"天地之性",它清澈纯一而无不善。人生成之后,由于禀受阴阳二气不同,又有各自的生理条件、身体特点而形成的本性,就叫做气质之性。它驳杂不纯,是人的各种欲望和不善的根源。张载认为,人们应当通过养气,变化气质,保存"天地之性",恢复先天的善性。这就是:"养其反,反之本而不偏,则尽性而天矣"(《正蒙·诚明篇》)。养气而能回到气的本来状况,就能恢复"天地之性"。所以,对于每个人来说,关键在于"善反"不"善反"。他说:"性于人无不善,系其善反不善反而已。""善反的一个重要内容是学习,学习的重点又在于"礼"。"拂去旧日所为,使动作皆中礼,则气质自然全好"(《经学理窟》)。

4. 临川学派（荆公新学）与王安石

临川学派是以北宋王安石为代表的理学学派。因王安石为江西临川人,故名。其学说强调气为万物本原,道为自然法则。"荆公"是王安石的封号。王安石设置经义局,训释《诗》、《书》、《礼》三经新义,史称"荆公新学"。新学以义理解经,改变了汉儒章句传注之学。

王安石（1021～1086）,北宋时期政治家、思想家和文学家。字介甫,也称临川先生、荆公。曾任签书淮南判官、鄞县知县、舒州通判、提点江东刑狱。长期的地方官吏生活,使他对北宋中央集权制度和土地兼并带来的社会弊病

王安石（据南熏殿旧藏至圣先贤像摹绘）

有较深的了解,产生了变法思想。嘉祐三年(1058),他在《上仁宗皇帝言事书》中提出,"视时势之可否,而因人情之患苦,变更天下之弊法,以趋先王之意"的改革主张,但未被采纳。宋神宗继位后,擢王安石为参知政事,后为同中书门下平章事,主持变法。史称"熙宁变法"。王安石在神宗朝曾两度为相。死后封舒国公,后改封荆国公,谥文。

王安石著作大多散佚,现仅存《临川集》、《周礼新义》辑本、《周官新义》以及保存在彭耜编《道德真经集注》等著作中的《老子注》残篇。

(一)元气体用论

王安石主张"天命不足畏,祖宗不足法、流俗不足恤",而这种推进社会变革的思想,是以他的元气体用论为哲学理论基础的。王安石认为,天地的运行"咸法于道",道之本体是元气,道是"至虚而一"的气,它可以化成万物,但它本身不是千变万化的万物。从道的作用方面看,道表现为冲气运行于天地之间,能促成万物的生成变化。道是"天",天是自然,也是元气。冲气是从元气中分化出来的。万物生于元气,所以元气(道)是天下母。王安石认为世界万物生成的具体过程是,道是阴阳二气的统一,又可分阴阳二气,阴阳二气构成水、火、木、金、土五种物质元素,这五种物质元素的相混相成和相生相克便形成了天地万物。

(二)"习以成性"

王安石主张人的活动要"顺天而效之",认识必须在"观于天地,山川、草木、虫鱼、鸟兽"的"外求"活动中才能有得。虽然人天性就具有感觉和思维的能力,但人只有通过视、听、思才能获得聪明才智,认识是在后天经验和学习中形成的。因此,王安石强调"五事",即"貌、言、视、听、思"五个方面的人事。依靠后天的学习、锻炼来发展人的聪明智慧,达到了"明作哲,聪作谋",以至"睿作圣"(《洪范传》)。

(三)"天道尚变"

王安石认为,变化是"天道"的特性。自然界和人类社会都是运动变化的,因为道有阴阳这两个对立的方面,由于阴阳的矛盾斗争,形成某一新的事物,而新的事物各有对立面,互相配合产生事物的种种变化。不仅事物有对立的两个方面,而且对立面的每一个方面又都包含有对立的两个方面,这是说,事物运动变化的原因是有"对"有"耦"。如性有柔刚,形有晦明,事有吉凶,情有美恶等等,都是对耦的、矛盾的,而"耦之中有耦",这就是万物变化的源泉,所以说"性命之理,道德之意,皆在是矣。"

王安石还对世界万物变化的不同运动形式作了区分,如:"变"(如木燃烧成火,腐烂成土)、"化"(如土能干燥或湿润)、"因"(如水和味而随之或甜或苦)、"革"(如火能使柔变为刚,或使刚变为柔)、"从革"(如金不能自化,要靠火的外力来变革它)等运动形式。而总起来看,由矛盾引起的变化是新事物不断代替旧事物的过程。王安石认为,"新故相除"是自然(天)和人类社会(人)共同的变化法则。

基于这种认识,王安石的变法思想,表现出鲜明的"经世致用"性质。他从"天道尚变",人应"顺天而效之"的观点,引伸出"天下事物之变,相代乎吾之前","必度其变",对法度政令也应"时有损益"的思想。事实上王安石的变法思想成为宋代对现实的政治、经济生活影响最大的思想体系之一。

5. 涑水学派与司马光

涑水学派是以司马光为代表的学派,因司马光籍贯地而得名。其为学讲求"治心"、"循礼",注重经史注疏,信奉天命,反对变法。

司马光(1019~1086年),北宋思想家、历史学家。字君实,陕州夏县(今属山西)涑水乡人,旧称涑水先生。宋仁宗宝元初进士,由地方官进天章阁待制兼侍讲、知谏院。英宗时,进龙图阁直学士。熙宁初,神宗任用王安石实行变法,他因力诋新政,出知永兴军(今陕西西安),又迁知许州(今河南许昌)。次年请判西京(河南洛阳)御史台,迁书局于此,居洛15年,专修《通鉴》(神宗时赐名《资治通鉴》),至元丰七年(1084)全书修成,历时19年。哲宗即位后,他以尚书左仆射兼门下侍郎,入主国政,驱除新党,尽废新法,史称"元祐更化"。居相8个月而病卒,追封为太师温国公,谥文正。他著作很多,除《通鉴》外,还有《司马

司马光

温公文集》、《稽古录》、《迁书》、《潜虚》等。

司马光一生的主要活动是修史与反对变法。他曾被称为北宋道学"六先生"之一，与道学之兴有密切关系。司马光认为，天是自然、社会和人生的最高主宰，"人之贵贱贫富寿夭系于天"，一切全由天命所定，人力不能使它改变。他还说："天地不易也，日月无变也，万物自若也，性情如故也，道何为而独变哉？"认为社会历史有万世不易之规，即礼义纪纲。他很强调仁义礼智等封建道德的作用，认为这是决定社会治乱兴衰的根本。他还提倡"诚"的修养境界。

6. 洛学与程颢、程颐

程颢、程颐，北宋思想家，理学创立者。由于二程长期在洛阳讲学，故他们的学说亦被称为"洛学"。"洛学"开始以儒家伦理道德为核心，吸收道家的宇宙生成论及佛教思辨哲学，融儒、释、道三教于一炉，建立了理本体论的哲学体系。

程颢（1032~1085年），字伯淳，学者称明道先生。河南洛阳人。曾官至太子中允、监察御史里行。曾参与王安石变法，后因反对新法，被贬至洛阳任京西路提点刑狱。与司马光等相互联系，继续反对新法。哲宗即位，司马光执政，荐程颢为宗正寺丞，未及行即病逝。

程颢的哲学代表作有他的学生吕大临所记关于"识仁"的一段语录，后人称《识仁篇》；他与张载讨论"定性"问题的《答横渠先生书》，后人称《定性书》。他的哲学思想多散见于语录、诗文中。明末徐必达将他与程颐的著作汇编为《二程全书》。

程颐（1033~1107年），字正叔，河南洛阳人，学者称伊川先生。与兄程颢同在洛阳讲学。司马光执政时，被荐为崇政殿说书，与修国子监

程颢

程颐

条规。其后,程颐因反对司马光的新党执政而遭贬,任西京国子监守。不久削职,被遣送至四川涪州,交地方管制。

程颐在被贬期间,完成著作《周易程氏传》。徽宗即位,得以赦免,但不久又受排斥,遂隐居龙门,遣散门徒,不久病死于家。程颐主要哲学著作有《周易程氏传》,还有《遗书》、《文集》、《经说》等。他与程颢的著作,明代后期合编为《二程全书》。

(一)二程的天理观

二程认为,理是一个至高无上的绝对本体,它不以人的意志为转移,不为尧存,不为桀亡,它是永恒存在的。理是世界万物的"所以然",即万物所依据的原理、原则,是自然界的最高原则,也是社会最高原则。它包括物的理,又包括封建社会的孝、悌、忠、信、君道、子道。理是超乎形器的,就是说,理无形,涉乎形体的乃是气;理超乎形体而又充塞宇宙之间,气是"有",是有生有灭,有存有亡的。理在有形象的事物之先就已存在,所以,作为有生有灭的物质性的气,当然也包括在万物之内,也就是理所派生的。区分理与气、道与器,则是形而上者谓之道,形而下者谓之器。

(二)二程"格物穷理"的认识论

二程解释《大学》的格物致知说时讲:"格犹穷也,物犹理也,犹曰穷其理而已也。穷其理然后足以致之,不穷则不能致也"(《遗书》卷二十五)。这是说,格物就是穷理,穷理才能致知,即回到本体理。所谓格物,就是至物,因为每一物都有一理,所以至物就是"就物而穷其理"的意思。而穷理是多方面的,"或读书讲明义理;或论古今人物,别其是非;或应事接物而处其当,皆穷理也"(《遗书》卷十八)。

(三)二程的复性说

二程提出了人性有"天命之谓性"和"生之谓性"的复性说。所谓"天命之谓性"就是人生来就先天具有的,它是本体理在人性中的体现。这个"天命之性"的性就是理,每个人生来都普遍地具有。它是最根本的和至善的性。人性中的仁、义、礼、智都是人性所固有的,也是天理所固有的,人性体现了天理。

所谓"生之谓性",就是从气上说的。从人性的本源来说,应该是善的，其所以有恶，是由于为外物所累，是由于思虑的发动。恶是由于"情"的活动发生偏向的结果，也是气禀影响的结果。为此，二程提出了存天理去人欲的主张。

7. 闽学（考亭学派、朱子学派）

闽学，指以南宋朱熹为代表的学派，因朱熹讲学于福建建阳，福建别称"闽"，故名。又因朱熹曾讲学于考亭，故又称考亭学派。其学集宋代理学之大成，学主"理在气先"，"理一分殊"，强调"即物而穷理"，"存天理，灭人欲"。亦称朱子学派。

朱熹对镜写真像石刻（1974年于福建建瓯县发现）

（一）朱熹（1130～1200年）

朱熹，南宋思想家。字符晦，号晦庵，徽州婺源（今属江西）人。历仕高宗、孝宗、光宗、宁宗四朝，死后谥曰文，追封信国公，改徽国公。

淳熙二年（1175），朱熹与吕祖谦、陆九渊等会于江西上饶铅山鹅湖寺进行学术辩论。会上，朱熹认为做学问要先泛观博览，而后归之约；陆九渊兄弟则主张先发明人之本心，而后博览。朱以二陆为太简，陆讥笑朱为"支离"，朱陆分歧由此更加明确。

朱熹建立白鹿洞书院，订立《学规》，讲学授徒，宣扬道学。在漳州他首次刊刻《论语集注》、《孟子集注》、《大学章句》、《中庸章句》。又在潭州（今湖南长沙）修复岳麓书院，讲学以穷理致知、反躬践实以及居敬为主旨。他继承二程，又独立发挥，形成了自己的体系，后人称为程朱理学。

朱熹著作广博宏富。主要哲学著作有：《四书集注》、《四书或问》、《太极图说解》、《通书解》、《西铭解》、《周易本义》、《易学启蒙》等。此外有《朱子语类》，是他与弟子们的问答，黎靖德分类编定《朱文公文集》由其子朱在编集，后人又有增补，包括《文集》，《续集》，《别集》。这两部书包含有朱熹的重要哲学思想。

朱熹的主要哲学思想有：

①理气论

朱熹认为宇宙之内有理有气，"天地之间，有理有气。理也者，形而上之道也，生物之本也。气也者，形而下之器也，生物之具也。是以人物之生，必禀此理，然后有性；必禀此气，然后有形"（《文集·答黄道夫书》）。意思是，任何具体事物的生成，也要有理有气。理是一物生成的根据或本原，是"生物之本"；气是一物生成的材料，是"生物之具"。"生物之本"是看不见的本体，称之为"形而上"之"道"。气是构成事物的具体材料、物质，它不是万化之源，是有形象可循的，所以称之为"形而下"之"器"。物，既是理的体现和表像，也是理借气而派生的。从"上推下来"，理——气——物；或从"下推上去"，物——气——理。理的全体，叫做太极。

在理和气的关系上，朱熹特别强调"有理而后有气，虽是一时都有，毕竟以理为主"。理制约、决定着气。理在先，气在后。"气虽是理之所生"，但一旦被派生出来，便有一定的独立性。理生出气而寓于气中，并借助气而生万物。气之轻清者为天，重浊者为地，精英者为人，渣滓者为物。从宇宙构成论看，理与气相依生物。从本体论看，则是"天下之物，皆实理之所为。"

②"一分为二"的思想

朱熹在《易学启蒙》中说："天地之间，一气而已，分而为二，则为阴阳，而五行造化，万物始终。"认为在气——物的化生过程中，是一气分做两气，动的是阳，静的是阴，又分做五气（金、木、水、火、土），散为万物。朱熹在解释《周易·系辞传》"太极生两仪，两仪生四象，四象生八卦"的过程时说："此只是一分为二，节节如此，以至于无穷，皆是一生两尔"（《朱子语类》卷六十七）。一分为二是从气分化为物过程中的重要运动形态，就是统一物分为对立的两个方面，由于对立统一，而使事物变化无穷。在动、静的关系上，朱熹把运动和静止看成一个无限连续的过程，在时空上是无限的。时空的无限性又说明了动静的无限性。动静又是不可分的，"太极动而生阳，静而生阴，非是动而后有阳，静而后有阴，截然为两段，先有此而后有彼也"。

③"格物穷理"的认识论

朱熹认为，人心中包含万理，但是心不能直接认识自己，必须唤醒"天理"。"所谓致知在格物者，言欲致吾之知，在即物而穷其理也。盖人心之灵,莫不有知,而天下之物,莫不有理。惟于理有未穷,故其知有不尽也。是以大学始教,必使学者即凡天下之物,莫不因其已知之理而益穷之,以求至乎其极。至于用力之久,而一旦豁然贯通焉,则众物之表里精粗无不到,而吾心之全体大用无不明矣"(《大学章句·补格物传》)。这段话包含着这样几层意思:其一,"人心之灵,莫不有知",肯定人的心或精神有天赋的知识,有"明德",这是认识的出发点。人心之所以昏暗,是因气禀所拘,为"人欲"所蔽。人的认识活动无非就是唤醒心中的"天理",把"人欲"去掉,使之"复其初"。其二,要唤醒"天理"必须是"致知在格物"。因为天下事物莫不有理,要使心里明亮,就要"即物穷理","理不穷则心不尽"。这包含着一个前提,即"物我一理"。程朱以为物和我,外和内是统一的,所以,一旦明白了事物的"理",心中的"理"也就马上明白;穷尽事物的"理",也就唤醒心中的"理"。亦可说人们认识外物之理,也无非是拿心中的理去照见外物。其三,"即物穷理","今日格一物,明日格一物",都只是认识的初级阶段。到了认识的最后阶段,由部分的理认识到全体的理,就有赖于神秘的顿悟,"一旦豁然贯通焉,则众物之表里精粗无不到,而吾心之全体大用无不明矣"。

④心性理欲论

朱熹认为理体现在人方面就叫做性,从人物之生来讲,理构成人的性,具有天理的人性叫做天命之性;气构成人的形体,理与气相杂的人性叫做气质之性。由于理是至善的,所以天命之性也是至善的;由于气有清浊昏明的差别,所以气质之性有善有恶。人的贤愚就是因为所禀的气有清浊的不同,所以变化气质,就如在浊水中的宝珠经过揩拭一样,此过程就是所谓"明明德"。气质变化成功了,宝珠恢复了本来的面目,不肖的人成为贤人,即所谓"善反之,则天地之性存焉"。与"天命之性"和"气质之性"相联系的,还有"道心、人心"。朱熹认为,来源于"性命之正",而出乎义理的是"道心";来源于"形气之私",而出乎私欲的是"人心",虽然两者截然不同,但"道"心只通过"人心"而显现。"道心"在"人心"之中,所以难免要受"人心"私欲的牵累和蒙蔽,而难以显露出来。由于具体的人是由天命之性和气质之性共同来形成的,所以,上智的人也不能不具有气质之性，不能没有"人心"；下愚的人也不能不具有天命之性，不能没有"道心"。所以要人们通过修心养性，使"人心"转危为安，"道心"由隐而显，"人心"服从"道心"，使"道心"处于支配的地位。

朱熹认为道心人心与天理人欲有所不同，道心就是天理，人心则不尽同于人欲。人心包括为善为恶两种可能，人欲则一定是恶的。所以天理和人欲是完全对立而不可并存的。所以他提出了"遏人欲而存天理"的主张。

（二）陈淳（1158~1223年）

陈淳，南宋思想家。朱熹的弟子。字安卿，福建漳州龙溪北溪人，学者称北溪先生。一生未做官，曾两次到朱熹门下求教。第一次朱熹教以"上达"之理，第二次教以"下学"之功。学成下学上达的"一贯"之道，深受朱熹赞许。朱熹死后，避居南緅，从事讲学。晚年授泉州安溪主簿，未上任而卒。著有《北溪字义》，《北溪先生全集》。

陈淳认为天是理和气的统一，天命是"大化流行"自然之理。他着重论证了理不离气的思想，认为"理与气本不可截断作二物"，道器不可分离，道是人事中之理，不是日用人事之外别有虚空之道。但又认为，天地万物所以生生不息，都是理在其中为"主宰"。

陈淳也讲心"有体有用"，以为心之体广大虚明，全是天理；心之用神妙不测，与天地同流。

陈淳不同意朱熹知先行后、分知行为二事的观点，提出"知与行其实只是一事，不是两事"。认为知中有行，行中有知，二者是相辅相成的统一过程。但他夸大了知行的统一性，忽视了二者的区别。认为知之亲切处，行便在其中，为王守仁的"知行合一"说开了先河。

（三）真德秀（1178~1235年）

真德秀，南宋哲学家。朱熹的再传弟子。字景元，后改希元。福建浦城人。学者称西山先生。历任起居舍人兼太常少卿，出任江东转运副使，历知泉州、隆兴、潭州。宋理宗即位，召

真德秀

为中书舍人,升礼部侍郎,史弥远执政,罢职。后起知泉州、福州,召为户部尚书,改翰林学士。端平二年拜参知政事而卒。著有《大学衍义》、《真文忠公文集》等。

真德秀强调理不离气,理在事中,但又承认仁义礼智之理先于事物而存在,是"天与"之实理。他认为体用不离,学以致用,主张把道德原则贯彻到实际行动和具体措施中去。他还提倡经史并用,认为性命道德之学与古今世变之学"其致一也",二者不能"析而二"之,学问的目的在于究当世之务。

真德秀发挥了朱熹的心性说,把内外体用之学变成"成己成物"之学,主张以成己为体,成物为用。认为心之本体,湛然虚明,全体是仁,仁即天理;只是由于物我之私,使此心昏蔽而不明,犹如乌云遮住光明;经过涵养操存工夫,可达到心与理一,心中之仁可全体复明;由此推己及物,即可亲亲、仁民、爱物,达到万物一体境界。真德秀虽然也讲"格物致知",主张以读书为本,但他又提出了"求仁说",认为心即是仁,不是心外别有仁,求仁只能反求诸心。他把向自己本心求仁看作学问的最后归宿,说"仁则其归宿之地,而用功之亲切处也"。

魏了翁

(四)魏了翁(1178~1237年)

魏了翁,南宋思想家。字华父,学者称鹤山先生,邛州蒲江(今属四川)人。曾任端明殿学士同签枢密院事等职,最后在绍兴府安抚使任上卒于官所。主要著作集有《鹤山大全文集》和《九经要义》。

魏了翁思想,以"三才一本,道器一致"为特点,主张道器不相离,体用不相分。反对有体而无用的玄虚之论,主张经世致用之学,发展了朱熹重视实学的一面。他还推崇象数学,认为象数与理也是体用关系。

魏了翁认为,人之一心,可以"范围天地,出入古今",从而提出"天只在此心","天地是我去做"的心学命题。在方法论上,他只讲"致知"、"明明德"，很少讲"格物穷理"。他认为，心之本体即是太极，即是仁。学问之功，只能"求其本心"，不必外求。如能求其本心而不失去，便可以"自立"，可以"宰物"。

（五）黄震（约1204～1276年）

黄震，南宋思想家。字东发，江西慈溪（今属浙江）人，学者称于越先生。曾任史馆检阅，与修国史。因论当时弊政，降三序。后任州府官。南宋灭亡后，饿死于宝幢山中。黄震继承并发展了朱熹学说，是朱熹后学中有独到见解的思想家。主要著作有《黄氏日钞》，对经史百家进行广泛评论，具有唯物主义倾向。

黄震的哲学思想，以主张经世致用、反对空谈义理为特征。他批判"心即天"和道器为二物的观点，认为天是客观存在的自然界，人心之灵，可以认识客观世界，但不能以心为天。他主张"格物穷理"之学，批判理学家所谓"人心道心"、"即心是道"以及所谓三圣"传心"之说，认为心只是灵明，它不能传，也不须传。至于传道，既不是"单传心印"之"传"，也不是虚托孤立之"道"。他提出"道不离器"，物各有理的观点，认为道既不超出天地之外，也不超出人事之外，它就是"日用常行之理"，不能离开桑麻谷粟相养之实道。

黄震反对当时的空谈浮论，提倡践履躬行，尤反对"在朱文公脚下添注脚"，认为义理之学，正为躬行而设，其根本目的是达之天下国家之用。但在知行问题上，他仍主张知先行后说。

8. 三陆子之学（象山学派）

象山学派是以南宋陆九渊为代表的学派，因陆九渊曾讲学于象山而得名。主张"宇宙便是吾心，吾心即是宇宙"，"心即理也"，提倡"直指本心"的简易功夫。

（一）陆九渊的心学

陆九渊（1139～1193年），宋代思想家，字子静，号存斋，抚州金溪（今属江西）人。因曾在

陆九渊（据清乾隆版《晚笑堂画传》摹绘）

江西贵溪象山讲学,时人称他为象山先生。曾任靖安、崇安等县主簿,官至奉议郎知荆门军。他的论学书札、讲学语录和诗文,在他死后由其子陆持之编为《象山先生全集》。陆九渊治学途径,与其兄陆九韶、陆九龄有共同的倾向,人称"三陆",但以陆九渊影响最大。他以儒家思想为骨架,糅合佛教禅宗思想内容,构成了与朱熹不同的心学学派。他的心学被明代的王守仁所发挥,故称为陆王心学。

① 心即理

陆九渊主张"心即理"。"理"与"心"既然是完全同一的,那么宇宙万事万物之"理",就是每个人心中之"理",所以他说"宇宙便是吾心,吾心即是宇宙"。这就是说,心是第一性的,理是被派生的。他说:"人心至灵,此理至明,人皆有是心,心皆具是理"(《杂说》)。又说:"盖心,一心也;理,一理也。至当归一,精义无二,此心此理,实不容有二。故夫子曰:'吾道一以贯之。'孟子曰:'夫道一而已矣'"(《与曾宅之》)。这是说,人人都有那个心,"是心"只是一个心,心中都具有那个理,"是理"也只是一个理;从其最终处看,心与理是"归一"无二的,是不能分开的,从其不容有二来说,所以心即是理。因此,陆九渊认为理的普遍性必须通过人"心"来证明,人心之理是宇宙之理最完满的体现。

② 切己自反,反省内求

陆九渊认为,宇宙之理就在每个人的心中,因此要了解天理的真实面目,不必向外追求,只需要向内反省,认识本心,发明本心,即能获得有关天理的真实知识。因此,他认为接触外物不仅不能获得知识,而且会损害人的固有良知,损害本心。由于外物的引诱,使人们产生物欲,从而损害了蒙蔽了固有的良知。只有去欲,才能存心。要"切己自反,改过迁善"。即反省内求,格除物欲,"剥落"净尽,才能恢复本心的清明。

③ 鹅湖之会(朱陆之争)

南宋时期朱熹与陆九渊在信州(今江西上饶市)鹅湖寺进行学术辩论的一次会议。

陆九渊与朱熹的分歧,开始是在无极与太极,形上与形下的问题上。朱熹讲开极而太极,即无形而有理,太极是形而上的道。陆九渊认为太极就是理，心就是理，所以不能离开心讲太极，更不能承认太极之上还有无极。这就是说，他不承认离开心还有一个不变、不动的本体。他不承认有朱熹所说的那种理的世界。朱熹极力贬低物质世界的地位（包括与物质有关的气），他把这些都算做形而下的，认为是不可靠的最根本的存在。陆九渊认为不需要区别形而上和形而下。如果《易·系辞传》说形而上者谓之道，一切东西都是道，都是形而上者，没有形而下者。那就等于取消了这种分别。心既然被看做万物的本源，当然不允许在心之外还有一个形而上之道比心的地位还高出一头。他不承认有所谓心外之道，当然也更不承认太极之上更有一个无极。

在鹅湖之会上，陆九渊与朱熹讨论"为学之方"，即道德的教育和修养问题时产生矛盾分歧。朱熹主张"泛观博览而后归之约，"陆九渊则主张先发明人之本心，而后使之博览"。"朱以陆之教人为太简，陆以朱之教人为支离。"这也就是所谓"道问学"与"尊德性"之争。

陆九渊与朱熹的争论还在"复性"的途径问题上。陆九渊和朱熹都主张"复性"说。不过朱熹区分了"心"与"性"。陆九渊则主张没有必要作这样的区分。他认为"心即理"，心与性是一回事，"复性"就是"复本心"。而朱熹则主张"复性"的途径在于"明天理，去人欲"。陆九渊认为，朱熹区分天理和人欲、道心和人心的说法是把天与人分裂为二了。但这决不是说他不赞成区分理和欲，只是认为应该把"欲"叫作"物欲"、"利欲"而已。使人失其本心的原因在于两种"蔽"：第一种是"物欲"，第二种是"意见"。一般人"蔽于物欲"，诸子百家"蔽于意见"，即认为自己的意见即是真理。只有去掉"物欲"、"意见"之蔽，才可以复见本心。

（二）杨简（1141~1226年）

杨简，南宋思想家。字敬仲，慈溪（今属浙江）人。陆九渊心学的重要传人。因在慈湖筑堂居住，故称慈湖先生。他强调所谓无思无为，寂然不动之"本心"，进而提出"万物唯我"的命题，说："天地，我之天地；变化，我之变化"；"天者，吾性中之象；地者，吾性中之形。故曰在天成象、在地成形，皆我之所为也。"他将陆九渊"心即理"进一步发展成为"万物唯心"、"万物唯我"。又说："天地万物尽在吾虚明无体之中"；"人心至灵至神,虚明无体,如日如鉴,万物毕照"。以主观之心吞并了客观世界。杨简的著述甚多,现在传世的有《慈湖遗书》、续集、《慈湖诗传》、《杨氏易传》等。

9. 浙东学派

浙东学派是南宋时期以浙江东部为活动中心的哲学流派,包括吕祖谦为代表的金华学派,叶适为代表的永嘉学派和以陈亮为代表的永康学派。

吕祖谦

（一）金华学派（婺学）与吕祖谦

金华学派,亦称婺学、吕学,南宋学派之一。因主要代表人物吕祖谦为金华（婺州）人而得名。

吕祖谦（1137～1181年）,南宋思想家、文学家。字伯恭,时人称东莱先生。浙江婺州（今金华人）人。尚书右丞吕好问之孙。隆兴元年（1163）进士及第,除太学博士,复召为博士兼国史院编修官、实录院检讨官。乾淳间与朱熹、张栻齐名,人称"东南三贤"。吕祖谦学以关洛为宗,而旁稽载籍,兼总众说,自成学派,深得一时人士称赞。著有《东莱左氏博议》、《吕氏家塾读书记》等。

吕祖谦认为"心即天也,未尝有心外之天;心即神也,未尝有心外之神,乌可舍此而他求哉。心由气而荡,气由心而出"。心即天即神,宇宙万物及其变化不能存于心外。心的一念之发,可以流金炼石、奔雷走霆。天象的变异,山川的鸣沸,"皆吾心之发见"。他也讲"理之在天下,犹元气之在万物也"。总之,吕祖谦调和朱陆思想,但倾向陆学,又首创经世致用之说。在认识论上强调"明心",在教育上重视"育实材",在历史研究方面发扬了中原文献之学。

陈亮

（二）永康学派（龙川学派）与陈亮

永康学派是以南宋陈亮为代表的学派,因

陈亮为永康人而得名。又因时人称他为龙川先生，亦名龙川学派。主张"事功之学"，反对空谈心性义理，提倡"王霸并用，义利双行"。

陈亮（1143～1194），南宋思想家、文学家。字同甫，浙江永康人。因力主抗金，遭当权者嫉恨，屡次被捕入狱。著有《龙川文集》、《龙川词》等。

陈亮提出了"道在物中"的思想。认为"盈宇宙者无非物，日用之间无非事，"不论自然界和社会都有其"道"，"道"是具体事物的法则，人们必须在客观的"事物之间"去认识事物的道理。以道与事物的相联系来看，"天下岂有道外之事哉！"即道在物中，道外无事，相互依赖，"何物非道"。

陈亮强调人要以行去体验道的存在，说"天下固无道外之事也，不恃吾天资之高，而勉强于其所当行而已"，认为知识的获得决定于后天的实际活动。主张以"用"见人之才能。反对以圣贤之是非为是非，认为"古今异宜，圣贤之事不可尽以为法"。

陈亮主张"本末具举"。他认为人的需要是全面的，既要有物质生活，也要有精神生活，二者缺一不可，"有一不具，则人道为有阙"。他说，如果认为精神生活是本，物质生活是末，则精神生活不能独立于物质生活之外，必须通过物质生活表现出来，所以应该"本末具举"，物质生活与精神生活并重。陈亮反对割裂性与欲的关系，认为物质生活欲望出于人的天性，"得其正则为道，失其正则为欲"，人的情欲"有分"，"有辨"，能得到正当满足就合乎道德。所以，"天理人欲可以并行"。

陈亮强调事功、功利在道德评价中的重要性。他认为观"心"，即动机固然重要，但更重要的是看"迹"即效果，"心"要通过"迹"来表现，没有"迹"就无以判"心"。古今的"贤君"都有他们的功业建树，区别只在于有的"做得尽"，有的"做得不尽"，有的成功，有的失败，而不在于主观动机上的有什么"义"与"利"、"天理"与"人欲"的绝对差别。

（三）永嘉学派（水心学派）与叶适

叶适

永嘉学派是南宋时提倡事功之学的学派,因其代表人物多为浙江永嘉人而得名。叶适是永嘉之学的集大成者,因他曾讲学于永嘉城外水心村,又称水心学派。

叶适(1150~1223年),字正则,温州永嘉(今属浙江)人。人称水心先生。历任太常博士,代理工部、兵部、吏部侍郎等职,官至宝文阁待制。他力主抗金,在调任知建康府兼沿江制置使时,击退来犯金兵,保全江淮。后遭"附侂胄用兵"罪,被夺职。叶适返归故乡,著述终身。主要著作有《习学记言》、《水心先生文集》及《别集》。其哲学思想主要有:

① "道归于物"

叶适认为"道"存在于事物之中,"物之所在,道则在焉。物有止,道无止也。非知道者不能该物,非知物者不能至道,道虽广大,理备事足,而终归之于物,不使散流"(《习学记言》)。意思是:物与道不可分离,物在哪里,道也在哪里;物与道又是不同的,因为物是有限,道是无限的;不知得道,就不能概括物,不知得物就不能达到道,即只有通过物才能知得道、达到道;道虽然是无限的,贯通一切事理,但最后仍然要归结到物,而不致使道、物流散。因此,物是比道更重要、更高的范畴,天地之间有形象的东西就是物。充满宇宙是"五行"这种物质。自然界有形象的物质,都是由五行八卦交错而成的,五行八卦是气所构成的,只有气才是统一的物质的根本形态。气为造化的根本,其本身是无始无终的。

② "一物为两"

叶适认为阴与阳、刚与柔、顺与逆、离与合等等,都"相禅而无穷"。他说:"道原于一而成于两,古之言道者必以两。凡物之形,阴阳、刚柔、逆顺、向背、奇偶、离合、经纬、纪纲皆两也。夫岂惟此,凡天下之可言者皆两也,非一也。一物无不然,而况万物?万物皆然,而况其相禅之无穷者乎!"就是说,矛盾的现象是普遍的现象,凡是物的构成,都有矛盾对立的两个方面,而不是单一的。一物如此,万物亦莫不如此。万物如此,前后相禅相续以至无穷的事物更是如此。而"两"原于"一",统一物分解为两个部分,这就是道。

③中和之道

对立统一的运动最终是达到平衡、调和。叶适所谓"中庸",是指中和之道。他以为自然界的"中庸",就表现在日月寒暑,风雨霜露、作物生长等等都是有条理的,可以测候推算。同样,人类社会的君臣父子、仁义教化等等也都有其"中庸之道"。他指出"理未有不对立者也",但又说"至于平而止",陷入了形而上学的平衡论。

④"格物"与"物格"

叶适认为"道"既不能离物,人们认识"道",就必须详尽地考察各种客观事物,"不以须臾离物。"叶适强调检验认识的正确与否,应以客观事实为标准,义理的正误应当以考查全面事实为依据。强调主观服从客观,这就叫"格物"。认识有两种态度:一种是"以己用"即"自用",是自以为是的主观主义态度,那便造成"伤物"而"己病"。另一种是"以物用"、"不自用",使主观符合于客观,喜为物喜,怒为物怒,这就叫"物格"。叶适很注重全面的观察和亲自实践,认为只有这样才能真正掌握事物的规律,避免拘泥于前人经验的失误,叶适提出了耳目等感官与思维并用的"内外交相成之道",作为获得知识的途径。就是说,在认识过程中感性与理性、学与思不可偏废。要获得正确的认识,一方面要依靠"耳目之官",另一方面又要依靠"心之官"。"内外交相成"是以感性为基础的。

⑤事功之学

叶适认为义理不能离开功利、义理只能在功利之中,亦即"以利和义",坚持道德和功利的统一。"以利和义",就是使义利相结合,以功利充实义的内容。他认为事功才是道德评价的依据,三代之君所以是"圣人",就在于他们从不同方面解决了当时人们的物质生活问题,其高尚品德就表现在他们的事功之中。如果义理没有在功利上表现出来,义理就没有实际内容,最后义理本身也就无法存在。

四、元朝的理学思想

理学发展到元时期,出现了有别于宋代理

许衡

学的新特点,元当局一方面积极吸取儒学为主的汉族思想文化,另一方面又把自己的思想传统传播到中原来,形成民族之间的思想交融。元朝理学始于赵复,鼎兴于"南吴北许"(吴澄和许衡)。

1. 许衡的理学思想

许衡(1209~1281年),元代思想家。字仲平,学者称鲁斋先生,河内(今河南沁阳县)人。生于金朝,幼受章句之学。蒙古灭金后,应试中选,占籍为儒。许衡34岁时,始得程颐的《伊川易传》、朱熹的《四书集注》,倾心研读,视为"进德之基",由此崇信程朱理学。元代建立,任许衡为集贤殿大学士兼国子祭酒,领太史院事,修授时历。在兼管太学间,著《中庸直解》、《大学直解》等书以为课本,并聘医、算等师,以教授汉蒙弟子,在北方传播理学和医算等六艺。在蒙元刚入主中原时,许衡提倡儒学,行"汉法",间接地保护了当时较为先进的中原文化,促进了民族融合。死后谥文正,封魏国公。

许衡称世界本原是"独立"的"道"。认为"道"生"太极","太极"函"一气";"气"具阴阳,由此化生天地万物,而其中又以人为灵贵。他又称太极是理、天理,说"有是理而后有是物","无理则无形",认为形而上之理是世界根源。在论到天地万物时,认为"万物皆本于阴阳,要去一件去不得"。万物皆有刚柔、动静、内外诸矛盾。每一矛盾双方都相济相胜,但矛盾发展最终"以静为主",止于无对、静止的状态。

在心性问题上,许衡认为人禀赋天理即天命之性。人性本善,是本然之性。但人禀气有清浊之不同,故又有气质之性。通过静时"存养"、动时"省察"的修养方法,能使"气服于理",复见天理。他还提出心与天同的天人合一论,强调"反身而诚"、"尊德性"等自省自思的认识和修养方法,认为这样就可以尽心,知性,知天。

许衡哲学虽本于程朱,但不重玄奥"隐僻"之理,而强调道德践履。他说,"道"在日用行事中,不是高远难行之事,并提出"盐米细事"

吴澄

也应当讲究。这在客观上有一定积极意义。

2. 吴澄的理学思想

吴澄（1249～1333年），元代思想家。字幼清，世称草庐先生，抚州崇仁（今江西崇仁县）人。自幼用心儒学，及长以继承朱熹之后的道统自命，校定五经，授徒讲学。历任元朝江西儒学副提举、国子司业、翰林学士、国史院编修、太中大夫等官职，但多"旋进旋退"，时间不长，究心于理学，被称为"经学之师"。著有《老子注》、《五经纂言》等。

吴澄认为，天地、日月和人物的形成，本于"一气"。"一气"即清浊未分的"混元太一"。但太一之上，又有太极，太极是无形无象、无增无减、寂然不动的绝对体，是"至尊至贵无以加者"，是宇宙本原。太极在阴阳中，含动静之理，主宰"太一"之气，化生二气五行以至天地万物。在这一过程中，包含着矛盾和运动。但这一运动不是发展，而是"完全周足"的循环，矛盾最终归结于绝对的"一"。

吴澄认为，太极本是"全体自然"，称为"天"、"理"；它"付与万物"，又称为"命"；"物受以生"，又称为"性"；它"具于心"，又称为"仁"，因此理、心、性本来为一。在此基础上，他认为要体悟天理，当以"尊德性"为本，要从自己"身上实学"，反求于己，因为人心本具善端，天理具足。这些思想表现了调和朱熹、陆九渊学说的倾向。

五、明朝的理学思想

1. 明代初期思想家

（一）陈献章（1428～1500年）

陈献章，明代思想家。字公甫，号石斋，广东新会白沙里人，世称白沙先生。曾从名儒吴与弼学。不久归家，筑阳春台，静坐其中，足不出户数年。后复游太学，名扬京师，被认为是"真儒复出"。以后归广东讲学。明宪宗下诏征聘进京后，未被重用，上疏托疾乞归。此后，一直隐居故里，直至逝世。著有《白沙子全集》。

陈献章建立了明代第一个较为系统的心学

陈献章

体系。他赋予"心"以"无我无人,无古今,塞乎天地之间"的绝对性质,认为"心"不仅制约天地的运行,而且还能产生万物,具有"生生化化之妙"。从而得出"一体乾坤是此心"、"若个人心即是天"的结论。

从这种以心为本体出发,陈献章进一步提出所谓的"作圣之功"。他认为,作为宇宙本体的"心",由于"下化""寓于形"而成为具体的人心。人心因受形体和物欲的蒙蔽,变得有理而不明,从而失去支配天地万物的能力。因此,人生的最高目的,就是重新恢复人心的本来面目。而要达到这一目的,只能通过"洗心"的办法,使心"无累于形骸,无累于外物",摆脱肉体的局限和物欲的蒙蔽。完成这一任务的主要方法是"静坐"。他认为,人静坐久之,"心之体"就会"隐然显露,常若有物"。达到这一境界,就会"天地我立,万化我出,而宇宙在我矣"。

陈献章建立了明代第一个较为系统的心学体系。他的心学观点对王守仁哲学思想的形成有很大影响。"

(二)薛瑄(1389~1464年)

薛瑄,明代思想家,字德温,号敬轩,山西河津人。历任监察御史、山东提学佥事、大理寺正卿,因触怒太监王振,放还为民。后又擢南京大理寺卿,后转礼部侍郎,翰林院学士。因石亨等人专权,辞官,居家讲学。卒谥文清。著作有《读书录》和《薛文清集》。

薛瑄提出"遍满天下皆气之充塞而理寓其中","理只在气中,决不可分先后","理气无缝隙,故曰器亦道也,道亦器也"。总之,"不可脱去气而言理"。他认为理是万事万物自然之脉络条理,不离气而独立存在。他不同意朱熹所谓太极之理先于阴阳而生阴阳,提出太极之理"只在气中,非气之外悬空有太极"的观点。但他又承认太极之理可以再造天地。

薛瑄从他的理气观出发,批判了佛教以一身"擅造化之柄"的理论;批判了陆九渊只主静坐反对向外求知的主张,认为这种主张未有不流于禅者。他发展了朱熹的格物致知说,重视耳

薛瑄

目感官的认识作用,认为"耳目口鼻专一事而心则无不通",肯定理性认识与感性认识的联系,又认为后者高于前者。他的格物方法,虽以读书为主,但也重视考察天地万物。在知行问题上,主张二者"兼尽",强调道德践履的作用。他接受了"理具于心"和"性即理"的观点,承认物我内外同是一理,同是一性,认为人只要能知性、复性,就不会拘于形体之小、蔽于物欲之私,而与天地同其广大。

湛若水

(三)湛若水(1466~1560年)

湛若水,明思想家。字符明,号甘泉,增城(今属广东)人。曾累官至南京礼、吏、兵三部尚书。少师事陈献章,后与王守仁同时讲学,各立门户。著作有《湛甘泉集》。

湛若水认为"心也者,包乎天地万物之外而贯乎天地万物之中者也,中外非二也。天地无内外,心亦无内外,极言之耳矣。故谓内为本心,而外天地万事以为心者,心之为心也甚矣。"他的观念是心体合一的。所谓天地古今,同此一心;宇宙阴阳,理气一体。他反对王守仁"致良知"说,认为"天理""皆发见于日用事物之间",主张"随处体认天理"。反对"知先行后"说,主张"体认兼知行","知行并进"。

2. 心学

心学,即陆王学派,指南宋陆九渊和明王守仁两大学派的合称。他们把心看成天地万物的本原,王守仁更强调"心外无物,心外无理"。

王守仁(1472~1529年),明代教育家、思想家,心学集大成者。字伯安,号阳明,浙江余姚人。尝筑室故乡阳明洞中,世称阳明先生。早年因反对太监刘瑾弄权,被贬为贵州龙场驿丞。后以镇压赣南农民起义和平定"宸濠之乱",封新建伯,官至南京兵部尚书。卒谥文成。著作由门人辑成《王文成公全书》,其中在哲学上最重要的是《传习录》和《大学问》。

(一)"心外无物,心外无理"

王守仁认为"在物为理,处物为义,在性为善,固所指而异其名,实皆

王守仁（据清乾隆版《晚笑堂画传》）摹绘

我之心也。心外无物，心外无事，心外无理，心外无义，心外无善"（《与王纯甫》）。意思是身之主宰便是心，心之本体便是理，心外无理；心之所发便是意，意之所在便是物，心外无物。有人问他："天下无心外之物，如此花树在深山中自开自落，于我心亦何相关？"回答是："未看此花时，此花与汝心同归于寂；你来看此花时，则此花颜色一时明白起来，便知此花不在你的心外。"这里强调了"心"作为主体的决定性作用。

（二）"致良知"

王守仁认为，人心之灵明就是良知，良知即是天理，故不可在良知之外求天理。天地万物皆从良知中产生，没有我的良知，便没有天地万物，但良知为人心之所固有。他又说，良知是"天渊"，是天地万物发育流行的根源，因此，良知又称为"太虚"。天地万物在太虚中发育流行，就是在良知中发育流行，而不在良知之外。

王守仁所谓良知，实际上是主观的道德意识，它既是是非标准，又是善恶标准，即真理和道德标准。他说："良知只是个是非之心，是非只是个好恶，只好恶就尽了是非，只是非就尽了万事万变。"这种是非善恶之心人人皆有，圣愚皆同，本来圆满，原无欠缺，不须假借，人人都可用自己的良知作为衡量是非善恶的唯一标准，故不必求之于圣人，亦不必求之于典籍，"良知便是你自家的准则，便是你的明师"。一切是非善恶，良知自会知道。它就在你的心中，如果求之于心而非，"虽其言之出于孔子，不敢以为是也"；如果求之于心而是，"虽其言之出于庸常，不敢以为非也"。

王守仁又提出良知无善无恶的思想，认为良知是超出善恶之上的绝对至善，是超出是非之上的绝对真理。善与恶对，是与非对，这都是相对的，但良知是绝对的，因此他称之为"至善"或"无善无恶"。他晚年提出"无善无恶是心之体，有善有恶是意之动，知善知恶是良知，为善去恶是格物"的"四句教"作为立言宗旨，表现了王守仁思想的内在矛盾，引起了王门后学的争论和分裂。

(三)"知行合一"

王守仁认为"知是行的主意,行是知的功夫;知是行之始,行是知之成。只说一个知,已自有行在;只说一个行,已自有知在"。知行是一个功夫的两面,知中有行,行中有知,二者不能分离,也没有先后。与行相分离的知,不是真知,而是妄想;与知相分离的行,不是笃行,而是冥行。他提出知行合一,一方面强调道德意识的自觉性,要求人在内在精神上下功夫;另一方面也重视道德的实践性,指出人要在事上磨练,要言行一致,表里一致。

3. 阳明学派(姚江学派)

阳明学派是明代中期以王阳明思想为宗旨的哲学流派。黄宗羲在《明儒学案》里以师承的地域为界限,将阳明学派区分为各个学派。从学术思想的不同特点来看,这些学派可分为四个主要支派:一是王畿为首的"良知现成"派,黄宗羲把它归入浙中学派。这派主张良知当下现成,一悟本体,即是功夫。主张在"心体"上立根,自称"先天之学"。二是王艮为首的"良知日用"派,黄宗羲把它归于泰州学派。这派提倡百姓日用即道,认为道在百姓日常生活之中。王艮的思想经罗汝芳发展,以"赤子良心"不学不虑为"的"。三是聂豹、罗洪先为首的"良知归寂"派,黄宗羲把它归入江右学派。他们认为心之本体虽无动静,但只有静才能存得心,故以虚静为修养工夫。四是欧阳德、邹守益、钱德洪为首的"良知修证"派,黄宗羲也把它归入江右学派。这一派反对现成派,强调修养工夫。

(一)浙中学派王畿

王畿(1498~1583年),明代思想家,浙中学派代表人物。字汝中,号龙溪,浙江山阴(今绍兴)人。王守仁弟子,王守仁卒后,往来各地讲学40余年。著有《王龙溪全集》。

王畿认为良知原是当下现成,不假功夫修证。致良知则是未悟者的事,他提倡四无说,认为王守仁所提"四句教"不是定本,主张心意知物,只是一事,若悟得心是无善无恶之心,则意、知、物皆无善无恶,故主张在心体上立根,自称这是先天之学,而诚意功夫在动意后用功,那是后天之学。他强调知识与良知的区别,认为如果变知识为良知,知识是良知的作

用；如果认知识为良知，则知识有害于良知。

(二)泰州学派创始人王艮

王艮(1483~1540年)，明代思想家，字汝止，号心斋，泰州（今江苏境）人。闻王守仁讲良知之学，即往晋见。几经辩难，终于折服，便倾心称弟子，从此王艮在王守仁门下，并往阳明书院及附近各地书院讲学。后来开门授徒，影响日益扩大。王守仁之学所以风行一时，与王艮的宣扬很有关系。王艮讲学，直接面向下层百姓，又敢作敢为，所以黄宗羲称他这一派多能赤手以搏龙蛇，遍及樵夫、陶匠、田夫，传至颜钧、罗汝芳、何心隐、李贽等，已是"非复名教所能羁络矣"。著作有《心斋先生全集》。

王艮以为百姓日用条理处，即是圣人条理处。良知原自分明停当，不用安排思索，小而至于百姓日用之事，大而至于参赞天地之化育，皆本于此。

王艮认为，格物之"格"就是格式之"格"，即所谓"絜矩"。我身是个矩，天下国家是个方，用身之矩量度天下国家之方，便知方之不正是由于矩之不正。所以只可去正矩，不必在方上求。矩正则方正，方正则成格，这就是格物的意义，要知道自身是天下国家之本，应该以天地万物依于己，而不要以己依于天地万物。本治而末治，正己而物正。这就是所谓淮南格物说。

他又将尊身与尊道结合起来，说身与道原是一体。至尊者此道，至尊者此身。尊身不尊道，不谓之尊身；尊道不尊身，不谓之尊道。须是道尊身尊，才叫做至善。因此他明确提出明哲保身论，为后来李贽倡导"人必有私"的思想开辟了道路。

(三)泰州学派重要思想家何心隐

何心隐(1517~1579年)，原名梁汝元，字柱干，号夫山，江西吉安府永丰县人。早年放弃科举，从王艮弟子颜钧学习。认为大学之道必先齐家，便在家乡创办"聚和堂"，进行社会改革的实验。他由于反对官吏征收杂税，被捕入狱，充军贵州，经友人帮助才出狱。后参与弹劾严嵩遭严党迫害,逃往南方。后到湖北孝感讲学,因反对当权者毁书院、禁讲学,遂遭通缉。被捕后死于湖北武昌狱中。其著作只留下《爨桐集》。

何心隐认为人为天地之心,"而仁,则人心也。心则太极也"。他主张"寡欲"、与百姓同欲。认为味、色、声、安逸即是欲,亦即是性。而性"乘乎其欲者也"。他以为"物也,即理也,即事也。事也,理也,即物也。无物不有者矩也,不容不有者也。"矩即事物的规矩、法则,矩

李贽

"非徒有是理,而实有是事也",理和事、理和物是不能分开各自独立存在的。他在《原学原讲》中提出,学问之道,不离日用事物,"即事即学也,即事即讲也",主张实事实学,反对空谈性命。

(四)泰州学派"异端"思想代表李贽

李贽(1527~1602年),明代思想家。原姓林,名载贽,为避讳,取名贽。号卓吾,又号宏甫,别号温陵居士,福建泉州晋江人。曾作过云南姚安知府,后辞官,先后隐于湖北的黄安、麻城,著书讲学。因敢于批评一切不合童心之理、之事、之人、之物,终于被官府以"敢倡乱道,惑世诬民"的罪名被捕入狱。后不堪其辱,自杀身亡。他著作甚丰,因自知这些著述不合时宜,故把史传评论命名《藏书》,将杂文论作命名《焚书》,说他的这些著作若不藏之必被焚之。

李贽的哲学观点没有摆脱王守仁和禅学的影响,但公开以"异端"自居,提出"穿衣吃饭,即是人伦物理"的见解,主张重视功利。反对以一、理、太极为万物本原,认为"天下万物皆生于两,不生于一"(《夫妇论》)。坚持"心外无物"。认为人的"是非""无定质"、"无定论",主张保持"童心",他说:"夫童心者,其心也。若以童心为不可,是以真心为不可也。夫童心者,绝假纯真,最初一念之本心也。若失却童心,便失却真心;失却真心,便失却真人。人而非真,全不复有初矣。童子者,人之初也;童心者,心之初也。"

李贽最有价值的思想,则是他力主平等;反对盲从;注重百姓日用之道;

认为人必有私，虽圣人不免。所谓力主平等，是他认为天下之人，无圣无愚，无佛无众，人人皆事成佛，人人都能生知；甚至人人都是佛，因为人人都有佛性。他认定《六经》、《论语》、《孟子》等儒家经典并非"万世之至论"。

（五）江右学派聂豹

聂豹（1487~1563年），明学者。字文蔚，号双江，永丰（今属江西）人。曾任兵部尚书，官至太子太保。推崇王守仁的"致良知"学说，自称弟子。但认为"良知"不是现成的，要通过"动静无心，内外皆忘"的涵养工夫才能达到。著有《困辨录》等。

罗钦顺

4. 气本论

气本论者认为气是世界万物的本原，理在气中。

（一）罗钦顺（1465~1547年）

罗钦顺，明代思想家。字允升，号整庵，泰和（今属江西）人。曾任翰林编修、南京国子监司业。因反对宦官刘瑾，"夺职为民"。后复职，曾升南京吏部尚书。辞官后居家二十余年，从事著述。早年曾钻研过佛学，"既悟其非，乃力排之"。他晚年批判改造朱熹的理学，建立了气本论的自然哲学。著有《困知记》、《整庵存稿》等。

罗钦顺认为，气是世界万物的本原，"盖通天地，亘古今，无非一气而已"。理只是气之理，并不是"别有一物依于气而立，附于气以行也"，更不是"类有一物主宰乎其间者"。他认为理气不是二物。但并不认为理等于气。"理须就气上认取，然认气为理便不是"。理作为物质运动变化的规律，同气不可分离，但它又是和事物有区别的。

在理学演变中，罗钦顺最早批判了"存天理、灭人欲"的思想，提出理欲统一的观点。他不同意天命之性、气质之性的区分，认为性只有一个，即气之理。如果区分天命、气质，就是一

王廷相

性而两名。他认为人欲出于天性,人之有欲,是无可非议的,正如喜怒哀乐之情不是恶一样,欲同样不是恶,也不可"去"。只有恣情纵欲,才会流于恶。他主张以理节欲,反对存理灭欲,承认人的物质欲望的合理性。

(二)王廷相(1474~1544年)

王廷相,明代思想家。字子衡,号浚川,河南封(今河南兰考县)人。因反对宦官,几经谪贬。嘉靖年间历任湖广按察使、兵部左右侍郎、南京兵部尚书、都察院左都御史等。后因郭勋事牵连,罢归田里,病卒于家。其主要著作汇编为《王氏家藏集》和《王浚川所著书》。其中《慎言》、《雅述》、《答薛君采论性书》、《石龙书院学辩》、《答何柏斋造化论》等,是代表他思想的主要著作。

①气一元论

王廷相是气一元论者,认为"天地未生,只有元气。无气具则造化人物之道理即此而在。故元气之上无物、无道、无理"。由元气化为阴阳二气,再由阴阳二气交相感应,一化而为日、星、雷、电,又化而为月、云、雨、露,则有水火之种。有水火,则蒸结而生土。"有土,则产生万物"。元气"有聚散,无灭息"。作为宇宙之本体,它是无形无象、无生无灭的物质实体。气聚而为万物,称之"有";气散而为太虚,称之"无"。太虚是气的一种形态,并不是虚空。太极"即天地未判之前,太始混沌清虚之气是也"。在理气关系问题上,他明确地提出"气为理之本"的观点。

②动静观

王廷相认为,宇宙并不是"寂然不动"的,而是元气的"生生不息"的过程。整个宇宙万物如同一条大河,"往而不返,流而不息"。日月星辰、雷霆风雨、山川海渎、草木昆虫都在变化。在动静问题上,王廷相提出动静互涵论,认为动中有静,静中有动。天动而不息,但恒星银河终古不移;地静而有常,但流泉则动而不已。他以为"天乘气机,自能运,自能立","天之转动,气机为之",把天体运转的根源归结为"气机"。他还提出"阴阳相待"的观点,认为元气本身以及由元气所派生的天地万物都包含有阴阳两个不相离的对立面,事物的性质是由阴阳之中居于主导地位的一方所决定的。

③天人交胜论

王廷相认为"天所能为者人不能为,人所能为者天亦不能为之"。进而论证了天人交胜的思想。他批评天人感应论,指出自然灾害并非政治得失所致。否定了"气外有神"及鬼神主宰祸福的宗教神学思想,坚持气、形、神三者是统一的。

④知行兼举说

在认识论上,王廷相主张为学主"思","见闻"和"接习"(实行)并重,提出"知行兼举",强调"力行"的重要性。主张"讲得一事即行一事,行得一事即知一事,所谓真知矣。徒讲而不行,则遇事终有暗惑"。

⑤性气一贯说

王廷相坚持"性气一贯"的人性学说,反对程朱把人性分为"本然之性"和"气质之性",认为"人物之性无非气质所为者","性与气相资","不得相离"。所谓超然于形气之外的本然之性,实即佛氏所谓四大之外,别有真性的"谬幽之论"。

第六节 明清之际经世致用哲学

明清之际的哲学,具有两个显著特点:一是出现了唯物主义思想的高潮;二是出现了初步的民主启蒙思想。王夫之建立了超越前人的唯物主义思想体系;黄宗羲提倡朴素民主学说;顾炎武以实事求是为宗,提倡经世致用之学;方以智把唯物主义体系建立在对自然科学的研究上;傅山把诸子哲学与儒家经典同等看待,开清代子学研究的先河;陈确肯定人性是后天的积习,认为"天理正从人欲中见";熊伯龙把无神论建立在唯物主义的理论基础上;颜元、李塨倡导实学,重视"习行",强调感觉经验和亲身践履,推进了唯物主义认识论。

刘宗周

一、刘宗周(1578~1645年)

刘宗周,明末思想家。字起东,号念台。因

讲学蕺山，学者称蕺山先生。山阴（今浙江绍兴）人。官至工部左侍郎、左都御史。南明福王政权覆亡，绝食殉国。刘宗周一生致力于讲学和著述，先后在东林书院、首善书院、证人书院与高攀龙、邹元标、陶奭龄等共同讲学。其著作辑有《刘子全书》和《刘子全书遗编》。

刘宗周学说"以慎独为宗旨"。"独"即"本心"，即自我意识。慎独就是"兢兢无负其本心"。刘宗周基本上信奉王守仁心学，又提倡理气一元论，认为"盈天地间，一气而已"。还说，"理即是气之理、断然不在气之先，不在气之外"，不承认气之上有主宰者。刘宗周否认"生知"，反对"废闻见而言德性"，强调闻见之知。他反对把人性分为义理之性与气质之性，认为"性只有气质之性，义理之性者，气质之所以为性也"。

刘宗周讲学20余年，培养了许多著名学者和气节之士，其中有黄宗羲、陈确等。

二、朱之瑜（1600~1682年）

朱之瑜

朱之瑜，明清之际的思想家。字鲁屿，又作楚屿，号舜水。浙江余姚人。清兵入关后，流亡于日本、越南、暹罗等地，参加了抗清复明活动。南明覆没，朱之瑜东渡日本，先后在长崎、江户（今东京）讲学。其门人辑其著作为《舜水先生文集》。

朱之瑜提倡"实理实学"，要求"为学当有实功，有实用"。认为知识应到日常生活实践中去学，学是为了用。他在《答安东守约问》中强调"学问之道，贵在实行"，"圣贤之学，俱在践履"。在他看来，判断一种学说有无价值，就看它是否"有关于国家政治"，是否"能变化于民风土俗"。学术应有益于现实统治和社会生活，要能"经邦弘化，康济艰难"。

朱之瑜博学宏识，多才多艺，在日本广泛介绍了中国的政治制度、文化制度，同时还传授了中国的建筑工程、农艺园林以及衣冠裁制等多项技艺。对中日文化交流作了不少贡献，在中日文化交流史上占有重要地位。

三、陈确（1604~1677年）

陈确，明末清初思想家。原名道永，字玄非，明亡后改名确，字乾初。

他自幼不喜理学家言，治学着重实际，强调独立思考。黄宗羲说他"学无所依傍，无所瞻顾，凡不合于心者，虽先儒已有成说，亦不肯随声附和，遂多惊世骇俗之论"。明亡后，隐居著述。晚岁得拘挛疾，病困十余年卒。著有《大学辨》、《葬书》、《瞽言》等。陈确著作问世很晚，1978年中华书局经多方搜求，辑成并出版的《陈确集》，是比较完整的本子。

陈确严厉地批判《大学》和朱熹在《大学》格物致知补传中宣扬的"知，止于至善"的观点。他认为，天下之理是无限的，个人的认识则有限，企图以个人的认识穷尽天下无穷之理，是根本不可能的。陈确把认识看作无限发展的过程，认为"道无尽，知亦无尽"，"君子之于学也，终身焉而已"。陈确对王守仁的致良知和知行合一观点也进行了批评，阐发了"知行并进"的命题和"知无穷，行亦无穷，行无穷，知愈无穷"的朴素辩证的知行观。陈确还抨击周敦颐以"无欲"为"圣学"之要的观点。他说："周子无欲之教，不禅而禅"，提出了"人心本无天理，天理正从人欲中见"的观点。

傅山

四、傅山（1607~1684年）

傅山，明清之际的思想家。初名鼎臣，字青竹，后改字青主。别字啬庐，号朱衣道人、石道人等。山西阳曲（今太原）人。明亡后，持节不仕。清顺治十一年（1654）被劾参与抗清密谋而下狱。康熙十七年征诏博学鸿儒，被荐，固辞，有司使役夫舁至京，但以死拒不入城。诏免试特授中书舍人，遂托老病辞归。

傅山博通经史诸子和佛道之学，擅长音韵、训诂，工诗文、书画、金石，又精医学。其著作传世者有《霜红龛集》等。

傅山强调事物的发展变化，"谓道本不息如川之流"，注重实际。他反对专制，认为"天下者，非一人之天下，天下之天下也。"他还以为做学问不能墨守前人旧见，只在注脚中讨分晓，说"君子学问，不时变化，如蝉脱壳，若得少自锢，岂能长进？"他主张"看书洒脱一番，长进一番"，应不断发挥新意。傅山注重考证，旁征博引，常以佛道印证和解释诸子，时有新义阐发，提倡"经子不分"，打破儒家正统之见，首开清代子学研究的风气。

五、黄宗羲（1610~1695年）

黄宗羲，明清之际的思想家。字太冲，号南雷，学者称梨洲先生。浙江余姚黄竹浦人。父黄尊素，死于狱中。崇祯元年，阉党遭禁，黄宗羲赴京讼冤，以铁椎伤仇人宦官许显纯。崇祯十一年，阉党余孽阮大铖在南京图谋再起，黄宗羲与复社领袖顾杲为首签署《南都防乱揭》，揭露阮大铖等人的罪恶。清兵入关后，阮等在南京拥福王监国，对复社进行镇压，黄宗羲被捕。清兵攻陷南京后，黄宗羲集合黄竹浦子弟组成"黄氏世忠营"。抗清失败后，感到复明无望，乃隐居家乡，总结明亡教训，著述终生。

黄宗羲学识渊博，对天文、算学、地理等等均有研究，尤长于史学，创浙东史学派，开清代史学研究新风。他一生著作70余种，1000余卷，重要的有：《明夷待访录》、《易学象数论》、《明儒学案》、《宋元学案》、《南雷文定》、《南雷文案》、《南雷文约》等。

黄宗羲的思想比较复杂。在理气关系上，他基本上坚持气一元论，认为气是第一性的，理是第二性的。理只是气运行变化的条理，只存在于气中。在心物关系上，认为"人受天之气以生，只有一心而已"，"在天为气者，在人为心，在天为理者，在人为性"。把气与心、理与性等同起来，得出了"心即气"的错误结论，把心作为世界的本原，认为"盈天地皆心也"，"故穷理者，穷此心之万殊，非穷万物之万殊也"。

黄宗羲在对封建主义君主专制进行批判中所表现出来的近代民主思想的萌芽，是他思想的精华之处。他认为，上古时代，天下人民是主，君是客。在封建专制主义制度下，"今也以君为主，天下为客"。君主"以我之大私，为天下之公"，君主为一人之私，可以"屠毒天下之肝脑，离散天下之子女，以博我一人之产业"。他认为如此不如无君。黄宗羲说："天下之治乱，不在一姓之兴亡，而在万民之爱乐"，认为君主应该以"天下万民为事"。黄宗羲认为"三代以上之法"是为天下立的，而封建专制主义的"三代以下之法",只是为君主"一己而立",他呼吁废除"一家之法",恢复"天下之法"。黄宗羲还提出"工商皆本"的主张,"世儒不察,以工商为末,妄议抑之。夫工,固圣王之欲来,商,又使其愿出于途者,盖皆本也"。

黄宗羲的思想,是明代中叶以后出现的资本主义生产关系的萌芽在社会意识形态上的反映,它体现出明清之际唯物主义思想高涨和出现近代民主思想萌芽的特点,而且成为近代民主思想萌芽的代表。他的《明夷待访录》一书,清廷曾列为禁书,但清末资产阶级改良主义者曾将它复印、散布。黄宗羲的思想在中国初期民主运动中起过积极作用。

方以智

六、方以智（1611~1671年）

方以智,明清之际思想家和科学家。字密之,号曼公,安徽桐城人。青年时代,结交黄宗羲、陈贞慧、吴应箕、侯方域等人,参加复社的政治活动。明亡后,南走五岭,改姓名为吴石公,别号愚道人,以卖药为生。1646年桂王在肇庆称帝,任命方以智为詹事府左中允,充经筵讲官。后受太监王坤排挤辞官,又屡遭阉宦诬害,流亡岭南,与王夫之结为知交。1650年清兵下广东,为避追捕,在梧州出家为僧,改名大智,字无可,别号弘智、药地、浮山愚者、愚者大师、极丸老人等。后北返,在金陵天界寺,潜隐著书。后起居吉安青原山净居寺。

方以智早年即对中国传统的自然科学和当时传入的西方自然科学作了广泛记述与考辨,写下《通雅》、《物理小识》,自言要把古今中外的知识烹炮一炉,"坐集千古之智,折中其间"。他称研究自然科学为"质测",称研究哲学为"通几",认为"质测即藏通几者也",哲学以自然科学为基础;"通几护质测之穷",哲学又对自然科学起指导作用;"或质测,或通几,不相坏也",二者不可分割。

在自然观上,方以智主张"盈天地间皆物也","一切物皆气所为也",认为气是有形物体的本原。又认为"凡运动皆火之为也",火是一切运动的根源。在认识论上，他主张"学天地"、"辨物则"、"即物求理"，提出"以实事征实理"和"古今以智相积"，"考古所以决今，然不可泥古"的方法论。他还用"一而二，二而一"的命题概括事物的矛盾和矛盾运动，既指出"尽天地古今皆二"、"相因者皆极相反"，又强调"两间无不交，则无不二而一"，认为事物都是"相捄相胜而相成"，体现出一些朴素辩证法的思想。

顾炎武

七、顾炎武（1613~1682年）

顾炎武，明清之际的经学家、思想家。字宁人，学者称亭林先生，吴郡昆山（今江苏昆山县）人。早年加入"复社"，放弃科举而专务经世致用之学。清兵入关后他曾参加苏州、昆山两次武装抗清斗争。失败后奔走于大江南北，长期旅居齐、燕，游历西北。在长期游居生活中，结识了许多有识之士，考察了祖国的许多名山大川，晚年定居于陕西华阴，终老于山西曲沃。

顾炎武著述宏富，主要有《日知录》、《日知录之余》、《左传杜解补正》、《九经误字》、《石经考》、《求古录》、《天下郡国利病书》、《五经同异》以及《亭林文集》、《亭林诗集》、《亭林余集》、《明季实录》等。《日知录》是他的代表作。

顾炎武的宇宙观受张载"太虚即气"的影响，认为"盈天地之间者皆气也"，基本属于气一元论的范畴。认为宇宙间有形与无形之间的变化都只是气的聚散而已。在道器问题上，他从"形而上者之谓道，形而下者之谓器"的思想出发，提出了"非器则道无所寓"的哲学命题，并且把这个命题引入认识论，否认有生而知之的圣人。他提倡"下学而上达"，"下学"指考察实际的有形有象的具体事物，亦即"格物"；"上达"指贯通具体事物中的道理和原则，亦即"致知"。实际上这是感性知识与理性知识的关系问题。

在人性论上，他认为善是就大同而论，也有天生不善的人；有自善而变为不善的人，也有自不善而变为善的人。他还认为人性可变是由于人情可变，但他没有论及人情变化的原因。

顾炎武是一位学识渊博的思想家,他的学术思想开清代朴学(指乾嘉学派的考据训诂学)之风。他的经学之才由于受历史条件的限制难以实现。他的考据、音韵之学则影响着乾嘉以来的考据家和史学家。

八、熊伯龙(1617~1669年)

熊伯龙,清初无神论者。字次侯,号塞斋,晚号钟陵。湖北汉阳人。官任编修、国子监祭酒、内翰林秘书侍读、内阁学士兼礼部侍郎等。他博学多才,知西方天文算法。著有《谷诒堂全集》。他的哲学和无神论思想集中收在他编著的《无何集》一书中。

熊伯龙认为自然界及其秩序是自然而然的,天是自然的,没有意志,不能干预人事。人的富贵贫贱、寿夭祸福不过是"偶然之遭遇"。所谓圣王受命于天是自欺欺人的谎言。他肯定精神依附于形体,说"人老而血气自衰",死则"精神升天,犹火灭随风散;骸骨归土,犹薪炭之灰在地",否定人死为鬼的谬论。

熊伯龙否定佛教的彼岸世界说,认为佛教宣扬"来世","疏漏畔戾而无据"。所谓"天堂地狱"是不存在的。他否定道教的神仙方术,说"血肉之躯,安能长生不死?"

九、王夫之(1619~1692年)

王夫之,明末清初启蒙学者。湖南衡阳人。字而农,号姜斋,中年别号卖姜翁、壶子、一壶道人等。晚年隐居湘西蒸左的石船山,自署船山老农、船山遗老、船山病叟等,学者称为船山先生。

王夫之青年时代,一方面留恋科举仕途,另一方面关心动荡的时局,与好友组织"行社"、"匡社",慨然有匡时救国之志。清军入关后,他与好友管嗣裘等在衡山举兵抗清,败奔南明,因而结识瞿式耜、金堡、蒙正发、

熊伯龙塑像

王夫之

方以智等，后被永历政权任为行人司行人。为弹劾权奸，险遭残害，逃归湖南，隐伏耶姜山，十年间过着流亡生活。曾变姓名扮作瑶人，寄居荒山破庙中，后移居常宁西庄源，教书为生。曲折的生活经历，使他有机会接触下层社会，体察民情，并促成他为总结明亡教训而笃学深思，发愤著述，写出《周易外传》、《老子衍》两部哲学著作，还写成《黄书》这部政论著作。后半生，他退隐荒僻的石船山麓，在艰苦条件下坚持学术研究，写出了大量的著作。

王夫之学识极其渊博。举凡经学、小学、子学、史学、文学、政法、伦理等各门学术，造诣无不精深，天文、历数、医理、兵法乃至卜筮、星象，亦旁涉兼通，且留心当时传入的"西学"。他的著述存世的约有73种，散佚的约有20种。主要哲学著作有：《周易外传》、《周易内传》、《尚书引义》、《张子正蒙注》、《读四书大全说》、《诗广传》、《思问录》、《老子衍》、《庄子通》、《相宗络索》、《黄书》、《噩梦》、《续春秋左氏传博议》、《春秋世论》、《读通鉴论》、《宋论》等。其哲学思想主要表现在：

1．"太虚一实"

王夫之在《张子正蒙注·太和篇》里说："阴阳二气，充满太虚，此外更无他物。"认为整个宇宙除了"气"，更无他物。所谓有无、虚实等，都只有"气"的聚散、往来、屈伸的运动形态。这种永恒无限的"气"乃是一种实体，并提出"太虚，一实者也"，"充满两间，皆一实之府"等命题，力图对物质世界最根本的属性进行更高的哲学抽象。在理气关系问题上，王夫之坚持"理依于气"的气本论，强调"气"是阴阳变化的实体，理乃是变化过程所呈现出的规律性。理是气之理，理外没有虚托孤立的理。

2．"据器而道存，离器而道毁"

王夫之坚持"无其器则无其道"、"尽器则道在其中"的道器观，认为"形而上"的"道"与"形而下"的"器"所标志的一般（共同本质、普遍规律）和个别（具体事物及其特殊规律），两者是"统此一物"的两个方面，是不能分离的。他通过论证"道"对于"器"的相关性，得出了"据器而道存，离器而道毁"的结论。

3．"太虚本动，天地日新"

王夫之认为太虚元气本体包含了阴阳两个对立面,他说:"阴阳异撰,而其絪緼于太虚之中"(《张子正蒙书·太和篇》)。"絪緼"是形容元气本体所孕育着的运动变化的状态。因为太虚本体有其固有的阴阳对立面,因此太虚元气永远处在运动之中。"太虚者,本动者也,动以入动,不滞不息"(《周易外传·系辞下传》)。

王夫之强调"天地之化日新",把荣枯代谢、推移吐纳看作是宇宙的根本法则。他认为任何生命体都经历着胚胎、流荡、灌注、衰减、散灭诸阶段,前三者是生长过程,后二者是衰亡过程,而就在"衰减"、"散灭"过程中已经孕育"推故而别致其新"(《周易外传·无妄》)的契机,旧事物的死亡为新事物的诞生准备了条件。

王夫之认为"万殊之生,因乎二气"。提出"乾坤并建","阴阳不孤行于天地之间",肯定矛盾的普遍性。对于矛盾着的对立面之间的关系,他进一步分析指出,一方面"必相反而相为仇",这是排斥关系;另一方面"相反而固会其通",这是同一关系。这两重关系,不可分割,"合二以一者,就分一为二之所固有"。但他更强调"由两而见一",认为矛盾双方绝非截然分开,而是"反者有不反者存"。在他看来矛盾是相互转化的,有时会发生突变,但在更多的情况下,转化是在不断往复、消长中保持某种动态平衡而实现的。

4. "因所以发能","能必副其所"

王夫之在《尚书引义·召诰无逸》里,对认识活动中的主体和客体、主观认识能力和客观认识对象加以明确的区分和规定,强调"所不在内","必实有其体"和"能不在外","必实有其用",二者不容混淆、颠倒。他认为"能"和"所"的关系,只能是"因所以发能","能必副其所",主观认识由客观对象的引发而产生,客观是第一性的,主观是客观的副本。从而抓住了认识论的核心问题,表述了反映论的基本原则。

5. "行先知后"

在知行关系问题上,他强调"行"在认识过程中的主导地位,得出了"行可兼知,而知不可兼行"的重要结论。他以知源于行、力行而后有真知为根据,论证行是知的基础和动力,行包括知,统率知。同时,他仍强调

"知行相资以为用"。王夫之进一步提出"知之尽,则实践之"的命题,认为"可竭者天也,竭之者人也。人有可竭之成能,故天之所死,犹将生之;天之所愚,犹将哲之;天之所无,犹将有之;天之所乱,犹将治之。"人可以在改造自然、社会和自我的实践中,发挥重大作用。

十、唐甄(1630~1704年)

唐甄,清初思想家。初名大陶,字铸万,号圃亭。四川达州(今达县)人。从小随父居住吴江。曾短期做过知县,去官后,着"僦居吴市",书不辍,度过了一生。著有《潜书》。

唐甄

唐甄是清初经世致用之学的积极倡导者,他认为儒家不应只讲心性,不谈事功。他认为"天地万物在我性中",主张充分发挥性的作用,去建立事功。他还提出"道贵通,通由于明。道贵变,变由于通"的朴素辩证思想。

唐甄的社会政治思想具有某些近代民主思想的因素,他对封建专制君主进行猛烈的抨击,说:"自秦以来,凡为帝王者皆贼也!"他提倡"破崇",指出必须废除愚忠愚孝这种"崇"的精神枷锁。他反对把儒家经典神圣化,视《诗》与《春秋》为"家人之言,闾巷之语"。唐甄揭露了封建专制下的社会严重不平等现象,提出了"天地之道故平"的平等思想。唐甄还主张富民,认为"财者,国之宝也,民之命也;宝不可窃,命不可攘"。

第七节 清代哲学

一、颜李学派

颜李学派是以颜元、李塨为代表的学派。主张身体力行,注重实学、实习、实功,倡导六艺为学,反对空谈心性义理,强调"践形以尽性"。

1. 颜元(1635~1704年)

颜元,清初思想家,颜李学派的创始人。字易直,又字浑然。直隶(河

北)博野人。出身农民家庭。中秀才后在村塾教书,一生不仕,靠教书、行医为生,晚年主持漳州学院。颜元仰慕古圣贤,名其斋曰"思古斋"。后认识到程朱、陆王之学,实非正务,遂改其"思古斋"为"习斋",力务实习实行之学,并以习斋为号。著作有《四存编》(《存性编》、《存学编》、《存人编》、《存治编》)、《四书正误》和《朱子语类评》等。

颜元是清初经世致用思潮的积极倡导者之一。他激烈反对程朱理学和陆王心学所提倡的静坐诵读,空谈性命,不务实际。强调实学、实习、实行、实用。通过习行,以达到致用。他认为"理在气中",气、理是统一的,但气是第一性的,是基础;理是第二性的,是气之理。又认为,此理只能在事物之中,不能在事物之上。他把求知识和修养德性的方法归结为不断的"实学"、"实习"、"实行",并以日常生活的经验来作具体论证,有把实践作为认识基础的思想倾向。

2. 李塨(1659～1733年)

李塨,清初思想家。字刚主,号恕谷,直隶(今河北)蠡县人。曾从学于颜元,并学兵法、书、数于当世诸名家。60岁被选为通州学政,72岁任《畿辅通志》总裁,两次任职,时间都不长。他曾两下江浙,与毛奇龄等名流交游,数至京师与万斯同等硕儒论学。平时家居行医、讲学、著述。著有《四书传注》、《周易传注》、《传注问》、《大学辨业》、《拟太平策》、《平书订》、《瘳忘编》等。

李塨也主"理在气中"说,在《论语传注问》中说:"朱子云:'洒扫应对之事,其然也,形而下者也;洒扫应对之理,所以然也,形而上者也。'夫事有条理曰理,即在事中。今曰理在事上,是理别为一物矣。理,虚字也,可为物乎?天事曰天理,人事曰人理,物事曰物理。《诗》曰:'有物有则',

离事物何以为理乎？"

在知行关系问题上，李塨坚持"以力行为格物"的行先于知的观点。但他却在《大学辨业》中批评颜元说："以力行为格物，是行先于知矣，倒矣。"在他看来应该是知先于行。

二、唯物主义思想家戴震

戴震（1724~1777年），字东原，安徽休宁隆阜（现属屯溪市）人。官至四库全书馆任纂修官、翰林院庶吉士。他擅长考据、训诂、音韵，为

戴震（杨春瑞绘）

清代考据学大师。对经学、语言学、哲学等均有重要贡献。他著述宏富，包括算学、天文、地理、声韵、训诂、哲学等多方面内容。后人将其著作统编为《戴氏遗书》。其主要哲学著作为《原善》、《绪言》、《孟子字义疏证》、《答彭进士允初书》等。

1. 气本原论

戴震认为宇宙的本原是物质的气，这种物质性的气就是阴阳、五行，就是道。认为所谓形上形下都是气化流行的形态。形而上是指阴阳未成形质时的原始形态，形而下是指阴阳二气所产生的各种具体事物。他认为所谓"理"，无非是事物的条理，即事物的规律，不能脱离具体事物而存在，理不是离开具体事物的所谓形而上者，理就在事物之中。

2. 运动发展观

戴震认为，"天地之气化流行不已，生生不息"，"生生者，化之原；生生而条理者，化之流"。他把宇宙看成是气化流行的总过程，并把这个运动变化的过程，称为"道"。但在发展观上，戴震认为道是运动变化的，而具体事物（器）却是一成不变的，这又具有形而上学的因素。

3. 认识论

戴震提出"人之血气心知，原于天地之化"和"有血气则有心知，有心知则学以进于神明"的观点。认为天地之化产生人的血气，由血气而产生认识能力。这是唯物主义的认识起源论。他认为"致知在格物"，经过观察和分析，才能认识事物的规律，"事物之理，必就事物剖析至微而后理得"。

龚自珍

他还提出"光照论",认为"凡血气之属,皆有精爽。其心之精爽,巨细不同,如火光之照物,光小者,其照也近,所照者不谬也,所不照斯疑谬承之,不谬之谓得理;其光大者,其照也远,得理多而失理少。且不特远近也,光之及又有明暗,故于物有察有不察,察者尽其实,不察斯疑谬承之,疑谬之谓失理"。把认识比作光照,这种直观的反映论,并不能正确说明认识对象和认识主体之间的关系。

三、中国近代清季思想家

1. 龚自珍(1792~1841年)

龚自珍,中国近代思想家。字璱人,号定盦,一名易简,字伯定,又名巩祚。生于浙江仁和(今杭州)。他出身于官宦世家,自幼从外祖父段玉裁学习文字学和汉学。青年时期即"贯串百家,究心经世之务"。曾任内阁中书、宗人府主事、礼部主事等职,后辞官回原籍。卒于丹阳云阳书院。著有《定盦文集》。

龚自珍的思想比较复杂,充满矛盾。他虽然认为天象皆有一定规律,但又相信天有意志,并肯定鬼神的存在;他强调"人"的作用,坚决否定"圣人"和天理创造和主宰世界的论调,但又错误地认为包括自然界和人类社会在内的宇宙间的一切都是"人"自我创造的。在认识论上,他把"知"与"觉"截然分开,认为"知"是对客观具体事物的认识,是"有形"的,"觉"是先验的认识,是"无形"的。他以为人性无善恶,善恶是后天环境造成的。这一思想,后来未能贯彻到底,而与"佛性"混为一谈。龚自珍注重《周易》的穷变通久论和《公羊》"三世"变易观,认为社会历史不是凝固不变的,而是循着据乱世——升平世——太平世,或治世——衰世——乱世的轨道不断地变化的。但他把社会历史的变化只看作是"渐"变,而且是"初异中,中异终,终不异初"的单纯循环。他的整个宇宙观属于唯心主义、形而上学,其中包含有若干唯物主义因素和辩证法思想成分。

2. 魏源(1794~1857年)

魏源，中国近代思想家。原名远达，字默深，湖南邵阳人。早年潜心王阳明的心学，后注重经世致用之学。曾任江苏东台、兴化等县知县、高邮知州等。积极参加过反抗英国侵略军的斗争，提出"师夷长技以制夷"口号。后又参预攻打太平天国农民起义军。晚年，先居兴化整理著述，继居杭州"寄僧舍"，潜心佛学。

魏源

魏源著述较多，有《古微堂集》、《古微堂诗集》、《元史新编》、《老子本义》、《孙子集注》、《书古微》、《诗古微》、《圣武记》、《海国图志》等。《古微堂集》中的《默觚》是他的哲学代表作。

魏源注重习行，反对脱离实际，但未能解决感性经验和理性认识的关系问题。以为只要"回光反照，则为独知独觉；彻悟心源，万物备我，则为大知大觉"。

魏源认为任何事物都包含着矛盾，"天下物无独必有对"，"有对之中必一主一辅，则对而不失为独"，且矛盾的两个方面可以互相转化，"暑极不生暑而生寒，寒极不生寒而生暑。屈之甚者信必烈，伏之久者飞必决"。而矛盾的相克相生，促成事物的变化和发展，"故气化无一息不变"。

他的社会历史观具有变易进化观点，他说："租、庸、调变而两税，两税变而条编。变古愈尽，便民愈甚，虽圣王复作，必不舍条编而复两税，舍两税而复租庸调也。"但他又认为封建社会的"道"，封建专制制度及三纲五常是根本不变的，说"其不变者道而已"。

魏源还主张鬼神之说，并明确反对无鬼论，认为"无鬼非圣人宗庙祭祀之教，徒使小人为恶无忌惮。"但他毕竟注重人为，强调"造化自我"，认为"人定胜天，既可转贵富寿为贫贱夭，则贫贱夭亦可转为贵富寿。"这一思想又违反有神论。

曾国藩

3. 曾国藩（1811～1872年）

曾国藩，清末政治思想家。字伯涵，号涤生，湖南湘乡人。进士及第后，在京10余年过翰苑生活，致力于程朱理学，兼治诗古文词。先后任礼部、兵部侍郎，官至总督、大学士，封一等毅勇侯。咸丰、同治年间，他奉清廷之命组织地主武装"团练"（"湘军"）镇压太平天国革命。死后清廷追赠他为"太傅"，谥"文正"。其奏稿、书信、日记、诗、文等汇编成《曾文正公全集》。

曾国藩着重继承和发挥程朱理学"理一分殊"、"格物穷理"等思想，宣扬"以诚为本"的思想，认为"诚"是宇宙万物及其变化的根源。他承认"帝天神鬼"的存在，宣扬天命论思想，说"人受命于天"，其功名、富贵、顺逆、成败等"都由天定"。曾国藩的思想，在清末至辛亥革命以后都有一定的影响。

4. 洪秀全（1814～1864年）

洪秀全，太平天国革命领袖。原名仁坤，生于广东花县。因家贫辍学，受聘任本村塾师。他曾多次应考，均落第，故对清朝的腐败统治产生了强烈的不满。后受基督教传道书《劝世良言》的启发，在花县创立拜上帝会，用以宣传发动和组织农民起义。金田起义后，定都天京，建国号太平天国，他被推为天王。但在中外反革命武装夹击下，太平军处于劣势，洪秀全病逝后不久，天京陷落，太平天国革命归于失败。

洪秀全把中国世俗迷信的鬼神看作是"阎罗妖"、"邪神"、害人之物。同时，宣布儒家的典籍为"妖书"。这是对中国数千年来封建意识形态的一次大的冲击。

洪秀全认为事物对立面的转化是自然的规律，说"乱极则治，暗极则光，天之道也"。他主张在地上建立"天国"。认为"天国"就是"公平正直之世"，就是"天下为公"的大同世界。在这个"天国"里，政治上人人平等，都是兄弟姊妹，经济上的分配与消费实行绝对平均。由此而提出《天朝田亩制度》，试图在推翻封建土地所有制之后，在小农经济基础上建立一

洪秀全

个没有压迫和剥削的理想社会。

洪秀全的世界观属于基督教唯心主义,他说:"皇上帝,天下凡间大共之父也,死生祸福,由其主宰。服食器用,皆其造成。仰观夫天,一切日月、星辰、雷雨、风云,莫非皇上帝之灵妙;俯察夫地,一切山原、川泽、飞潜动植,莫非皇上帝之功能。"

洪秀全写有不少诗文和诏旨,其中,《原道救世歌》、《原道醒世训》、《原道觉世训》为太平天国革命奠定了理论基础。

5. 洪仁玕(1822~1864年)

洪仁玕,中国近代思想家、太平天国后期领导人之一。原名谦益,号吉甫。洪秀全的族弟,曾与洪秀全同赴广州向美国教士罗孝全学习《圣经》,不久回乡研究医术。后辗转到香港,学到一些天文、历数、地理、医学等知识,并留意研究西方资本主义政治经济制度。后抵达天京(今南京)。天王封他为干王,兼精忠军师,总理朝纲。天京攻陷后,洪仁玕在行军中遇敌夜袭被俘,就义于南昌。著有《资政新篇》、《立法制宣谕》、《兵要四则》、《克敌诱惑论》、《颁新政谕》、《英杰归真》等。

洪仁玕信奉基督教神学唯心主义,认为"上帝是实有",它能造化宇宙间的一切,是"大主宰"、"救世主"。但他主张事物是变化发展的,说"事有常变,理有穷通",为政者要"因时制宜,审势而行",善于变通。又说:"凡一切制度考文,无不革故鼎新"。洪仁玕思想中的这些辩证法成分和唯物主义因素,是他主张施行"新政"纲领的主要哲学依据。

6. 王韬(1828~1897年)

王韬,中国近代早期改良派思想家。初名利宾,又名瀚,字懒今,后改名韬,字仲弢,又字子潜、紫诠。江苏长洲(今吴县)人。早年接受儒家教育,在上海墨海印书局任编辑,和外国传教士麦都思、艾约瑟等人共事。1862年化名黄畹上书太平天国将领刘肇钧。事发,逃亡香港。后赴英国帮助理雅各布翻译中国古代经籍。

王韬

1874～1884年间在香港主办《循环日报》，发表大量政论文章，宣传变法自强、君民共治等改良思想。1884年回上海，曾任格致书院院长。著有《弢园文录外编》、《弢园尺牍》等。

王韬强调"变"的观念，主张治理国家要"由渐而变"，反对"泥古以为治"。但他又认为，孔孟之道是"阅万世而不变"的。他懂得一些近代自然科学知识，认为宇宙间不存在什么鬼神，"圣人以神道设教，不过为下愚人说法"；佛教的轮回之说亦属荒谬。可是他相信天命，认为"穷达有命"，人生功名之迟速，境遇之通塞，声誉之显晦，"皆天为之主"，表现出自相矛盾的思想。

7. 郑观应（1842～1922年）

郑观应，中国近代早期改良派思想家。本名官应，字正翔，号陶斋，别号杞忧生、倚鹤山人。广东香山（今广东中山）人。科举考试落第后，遵父命到上海学商。曾在上海英文夜校跟傅兰雅学习英文，潜心泰西政治、实业之学。先后在宝顺洋行、太古轮船公司当过买办，又投资近代工、矿、运输业，并担任过轮船招商局总办等职务。中法战争期间，积极参加了抗法斗争。后来曾参与立宪运动。晚年顽固地反对民主共和制，思想沉湎于宗教信仰中。著作很多，主要代表作是《盛世危言》。

郑观应的基本思想在于谋求国家的独立富强，为此他积极主张向西方学习，办实业，兴商务，发展民族资本主义；设立议院，实行君民共主；创办学校，培养人才。其基本理论的依据是"道器论"。

郑观应的"道器论"有两个要点：一是主张道器结合。认为器由道生，道为实，器为虚。在现实世界中，道与器是结合一起的，"虚中有实，实中有虚"。西人虽不知大道之本，然而他们的形器之学却是不可缺少的。二是讲"器可变，道不可变"。他以为，包括国家政治经济制度在内的世界一切具体事物，都是器，是可变的；反映封建纲常名教观念的道，是不可变的。

郑观应是中国近代史中第一个提出设立议院主张的人。他的改良思想在知识分子中曾产生过广泛的影响。

8. 张之洞（1837～1909年）

张之洞，中国近代洋务派思想家。字孝达、芗（香）涛，号壶公。直隶南皮（今属河北省）人。先后担任过湖北、四川学政，山西巡抚，两广总督，湖广总督，代理两江总督兼署江宁将军，晚年充体仁阁大学士，又入阁为军机大臣，管学部事务。创办过汉阳铁厂、湖北纺纱织布厂等，重视文化教育事业，创建过一些书院和学堂，并会同幕僚编纂《书目答问》，提示治学门径，为维持名教和兴办洋务新政培养人才。张之洞是洋务派领袖人物，曾撰《劝学篇》，反对康有为领导的变法维新运动，后又镇压了唐才常领导的自立军起义。死后谥号"文襄"。

张之洞

在学术上，张之洞提出"中学为体，西学为用"的主张，曾发生过重要影响。对于旧学他标榜"兼师汉宋"，主张"读书宗汉学，制行宗宋学"，认为讲究训诂考证的汉学只是一种读书的方法，讲义理的宋学，才是人们行动的指南。他继承宋明理学，尊崇孔、孟、程朱，提倡纲常名教，认为纲常名教是"礼政之原本"，离了它，天下就会大乱，国家就要灭亡。他重申董仲舒的"天不变道亦不变"论，说三纲五常相传了数千年，是永远不会变的。在他看来，旧学即中学，是根本，而西学即近代西方文化教育、科学技术，只在于"应世事"。

9. 严复（1854～1921年）

严复，中国近代资产阶级启蒙思想家，向西方寻求真理的代表人物之一。初名传初，又名宗光，字又陵，又字几道。福建侯官（今闽侯）人。早年入福州马尾船厂附设的船政学堂（原名求是堂艺局），学英文、数学、自然科学及航海术。清光绪三年（1877）作为清政府第一批留欧学生，被派往英国学习海军。留学期间除应学科目外，还精心研读西方哲学、社会政治学论著，并亲自去英国法庭观察听狱。他与清政府驻英公使郭嵩焘议论富强之道和中西学术政教的异同，郭深以为然。光绪五年学成归国，受聘回母校任教。

严复（田禾绘）

翌年奉李鸿章之调，任天津北洋水师学堂总教习、会办、总办等职。

中日甲午战争以后，他感于时事，在天津《直报》上连续发表了《论世变之亟》、《原强》、《辟韩》、《救亡决论》等政论文章，积极介绍西学，批判中国传统的封建主义旧学，抨击清王朝的封建专制统治，鼓吹变法维新。1897年与王修植、夏曾佑等在天津创办《国闻报》。在思想上赞同戊戌维新运动，但戊戌维新运动失败后，日趋保守。此后曾任京师大学堂编译局总办、复旦公学校长、安庆高等学堂监督、京师大学堂总监等职。

严复热心传播西方文化。辛亥革命以前，他翻译了多种西方自然科学和社会政治学论著。其中著名的有：T.H.赫胥黎的《天演论》、亚当·斯密的《原富》、孟德斯鸠的《法意》、J.S.密尔（又译穆勒）的《群己权界论》（《论自由》）和《穆勒名学》、H.斯宾塞的《群学肄言》、甄克思的《社会通诠》、W.S.耶方斯的《名学浅说》等。通过这些译着，传播了西学，介绍进化论，鼓吹自由贸易论，阐发民权思想，宣传科学方法论，在中国近代起了很大的进步作用。严复的其他著作，曾收编为《侯官严氏丛刻》、《严侯官先生全集》、《严几道诗文钞》等。

严复对中国近代哲学的最大贡献，是通过翻译赫胥黎的《天演论》阐发了进化论思想。他有所取舍地介绍了达尔文、赫胥黎、斯宾塞等人的进化学说，使之与中国固有的唯物主义传统结合起来，形成了他的"天演哲学"。他认为进化是普遍的，宇宙间的天体是从星云逐渐演化出来的。地球上种类繁多的生物，也是长期进化的结果。生物体这种由简单到复杂的进化过程，遵循着物竞天择的规律。他还认为，人类也是从动物进化而来的，是生物进化过程中的一个阶段。

严复认为"世道必进，后胜于今"。人类社会是由各个个人组成的，社会历史的进化是通过人的活动实现的。他认为，个人是群体的基础，个人的智、德、力的状况是社会国家的根本，只有民智、民德、民力三者提高了，社会国家才能上进。从而把社会的进化与发挥个人群体的作用结合起来。

严复为了在学术上"黜伪而崇真",大力提倡逻辑归纳法与演绎法。他说:"格物穷理之用,其涂不过二端,一是内籀,一曰外籀。"他通过翻译《穆勒名学》和《名学浅说》,把这种逻辑方法介绍到中国。其中,对F.培根的经验归纳法尤为重视,称之为"实测内籀之学"。所谓"实测",即从实际经验出发,"验之物物事事"。所谓"内籀"即归纳法,"观化察变,见其会通,立为公例者也",亦即从实际经验中间归纳出规律性的东西来。然而,严复过分强调感觉经验,认为人的认识不能超越感觉的范围,只有感觉才是可靠的,又说,物的本体,"必不可知,吾所知者不逾意识","惟意可知,故惟意非幻"。

康有为（郜宗远绘）

10. 康有为（1858~1927年）

康有为,中国近代政治家、思想家。原名祖诒,字广夏,号长素,又号更生。广东南海人。他深受朱次琦"济人经世"思想的影响,大量阅读儒佛经典、诸子著作和西方译着,潜心于"经纬世宙"的学问。他融合所学中、西学问,开始构造自己的"以元为体"的哲学,并撰写了《人类公理》（后改题《大同书》）和《内外篇》。

清政府与日本签订丧权辱国的马关条约,全国震动。康有为在北京发动"公交车上书",领导了爱国维新运动。戊戌变法失败后,他流亡海外,到过日本、加拿大、欧洲、印度等地。并在加拿大组织保皇会,反对孙中山领导的民主革命。辛亥革命后,他鼓吹虚君共和,反对民主共和制。1913年回国后,极力提倡尊孔读经,为复辟帝制造舆论。尊孔派组织孔教会,推他为孔教会总会长。1917年参与张勋复辟。

康有为著作很多,《新学伪经考》、《孔子改制考》、《大同书》是他的代表作。

康有为主张"以元为体"。"元",有时被他解释为物质性的气,有时又认为是精神性的。他认为宇宙间的一切,都由这一精神性的"元"分转变化而成。这"元"赋予于人，便是不忍人之心，即"仁"；人们凭着这一仁爱精神，可以创造万物。为了调和其理论中的矛盾，他提出一种带有泛神论色彩的思想，说物质世界起源于元——神；物质世界出现后，元——神就在宇宙万物之中。

康有为注重变易，认为变易是自然界和人类社会变化发展的普遍现象。他根据近代自然科学知识，把这种变易观进一步发展为日新——进化观念。

康有为的变易和进化思想集中反映在社会历史观方面，则是一种三世说历史进化论。他说："天道，后起者胜于先起也；人道，后人逸于前人也。"人类社会历史是不断向前进化发展的，从蒙昧进化到文明，由君主专制的"据乱世"进到君主立宪的"升平世"，而后再进化发展到民主的"太平世"，是历史的必然。因此，他认为当前中国的封建君主专制制度已不合时宜，应当被资产阶级君主立宪制所代替。并且指出："世运既变，治道斯移"。这种观点动摇了封建统治者的"天不变，道亦不变"论。

康有为根据"三世"说历史进化论，把《礼记·礼运》中的"小康""大同"，佛家的慈悲，西方资产阶级的民主、自由、平等、博爱思想糅合一起，创立了空想的"大同"社会学说。认为人类社会的进化发展，将必然到达理想的"大同"世界。到了"大同"社会，国家、家族、阶级（等级）、君主、贵族都不存在了；"大同"社会财产公有，人人劳动，生产高度发展，人们过着十分美好的生活。康有为认为，"大同"社会从根本上说，彻底实现了资产阶级的天赋人权、民主、自由、平等、博爱诸原则。"大同"社会实质上是高度理想化了的资本主义社会。

11. 谭嗣同（1865～1898年）

谭嗣同，中国近代思想家，维新运动政治家。字复生，号壮飞，又号华相众生、东海褰冥氏等。湖南浏阳人。他力主"尽变西法"以图强。1897年，应湖南巡抚陈宝箴之邀，回湖南筹办新政，参与创立时务学堂、武备学堂，编辑

谭嗣同（杨春瑞绘）

《湘学新报》、《湘学报》。次年,创办南学会和《湘报》等,积极进行维新变法宣传。光绪帝下诏变法,谭嗣同由候补知府权充四品军机章京,参议新政。变法维新运动失败后,与杨锐、林旭等六人同时就义。

谭嗣同思想的来源和构成比较混杂,充满着矛盾。他企图把科学与宗教熔为一炉,建立一种"仁学"宇宙观。谭嗣同依据近代自然科学的知识,认为充满宇宙间的是"以太",从"以太"进而提出"仁",说物质性的以太是仁之体。同时,谭嗣同又强调以太作为媒介的传导性能,把它看作是与仁一样的东西,从而否定了以太的物质性。把宇宙万物的本原归结为"仁",这明显地反映出谭嗣同所要建立的"仁学"体系,已转向唯心主义。

在认识论上,谭嗣同明确提出"名"是"实之宾","名无实体,故易乱"。这种唯名论观点,为他冲决名教之网罗提供了认识论根据。但是他又主张"贵知不贵行",否认人们通过感觉和思维活动能认识客观事物,认为只有靠佛教唯识宗的"转识成智"的神秘直觉,才可获得真理。

谭嗣同的"仁学"体系中包含有比较丰富的辩证法思想因素。他十分强调事物的运动、变化和进化,并指出"日新"乃"异同攻取"的结果。人类社会也是不断向前发展、"自苦向甘"的。可是,他又以佛教的"刹那生灭"、"一多相容"和"破对彼"等理论否定事物性质的相对稳定性,幻想溶合矛盾、取消对立,陷入了相对主义。

谭嗣同认为"三纲五伦"的名教和君主专制主义根本违反了"仁"、"通"、"平等"的道理。他抨击君主专制主义说:"二千年来君臣一伦尤为黑暗否塞,无复人理,沿及今兹,方愈剧矣。"因此,他大声疾呼"冲决君主之网罗!"谭嗣同这些反封建的激进思想,对辛亥革命和新文化运动产生了积极影响。

第三章 质测钩玄

一、观象授时

中国古代天文学萌芽于原始社会，到战国秦汉时期形成了以历法和天象观测为中心的完整的体系。从三国到五代，在历法、仪器、宇宙理论等方面都有不少的创新。元代，忽必烈把金、宋两个司天监的人员集中到大都（今北京），再加上新选拔的一些人才，组成了一支强大的天文队伍。这支队伍在王恂、郭守敬主持下，从事制造仪器，进行测量和编制新历，将中国古代天文学推向新的高峰。

从明初到明万历年间的二百年中，很少发明创造，可以认为是中国天文学发展史上的一个低潮。随着欧洲一些耶稣会士来华把欧洲科学技术知识介绍给中国。这样，中国天文学就开始同西方天文学融合。1859年，李善兰和伟烈亚力合译英国J.F.赫歇耳的《谈天》，中国人得以窥见近代天文学的全貌。但由于当时中国已沦为半封建半殖民地社会，现代化的天文台和观测手段，都不可能建立和创制。

1. 中国古历

（一）中国古代历法的基本元素

"日"，即干支纪日。以六十为周期的序数，用以纪日、纪年等。它以甲、乙、丙、丁、戊、己、庚、辛、壬、癸为十天干，以子、丑、寅、卯、辰、巳、午、未、申、酉、戌、亥为十二地支。从甲子到癸亥，顺序相配组成，六十干支日名轮流循环使用。还用于纪年，中国古代木星被称为岁星，用木星所在星次来纪年称为岁星纪年法，对太岁所在的子、丑、寅、卯、辰、巳、午、未、申、酉、戌、亥十二个年,给以相应的专名,依次是:困敦、赤奋若、摄提格、单阏、执徐、大荒落、敦牂、协洽、涒滩、作噩、阉茂、大渊献。对甲、乙、丙、丁、戊、己、庚、辛、壬、癸十个年也给以专名,依次为:阏逢、旃蒙、柔兆、强圉、著雍、屠维、上章、重光、玄黓、昭阳。这样,甲寅年可写为阏逢摄提格,余类推。这些岁名在不同的古书中有不同的写法。古人也用十二地支纪时、纪月。

"气",即中国古历的阳历成分。从冬至点开始到下一个冬至点为一年(回归年)。一年分成二十四个"气",称为二十四节气。按时间等分的叫平气。按一年中太阳所走的路程等分的叫定气。从冬至开始,每隔一个气,大寒、雨水、春分、谷雨、小满、夏至、大暑、处暑、秋分、霜降、小雪、冬至叫中气;小寒、立春、惊蛰、清明、立夏、芒种、小暑、立秋、白露、寒露、立冬、大雪叫节气。二十四节气起源于黄河流域,几千年来成为中国各地农事活动的主要依据。

"朔",即中国古代历法的阴历成分。日月的黄道经度相同的时刻叫朔。月亮绕地球转动的速度是不均匀的,它的速度变化的周期叫一个近点月。太阳周年视运动的速度也是不均匀的。它的变化周期直到明末以前一直认为就是一个回归年。由于日、月运动都不均匀,所以每连续两次朔之间的时间也是不相等的。不过,经过长期观测统计,可以求得一个相对稳定的平均数,这个平均数就称为一个朔望月。根据朔望月推算出来的朔,叫平朔。对平朔进行日、月运动不均匀性的改正,得到真实的朔,称为定朔。中国古代的民用历法根据气、朔的变化,可分三个时期:从春秋战国时代到唐初,是使用平气、平朔时期。从唐初到明末,是使用平气、定朔时期。清代以后,是使用定气、定朔时期。

(二)古历沿革

我国最早的历法《古六历》,为黄帝、颛顼、夏、殷、周、鲁六种古历的合称,已佚失。但已知古代有三种不同岁首的历法(建寅、建丑、建子三个月的朔日为岁首,"建",指"斗建",即北斗所指的时辰,由子到亥,每月迁移一辰),依次叫做夏正、殷正、周正,合称三正,实际是春秋时代夏、殷、周三个民族地区的历法。中国古代历法绝大多数是阴阳合历。辛亥革命后,一般将我国历代颁行的阴阳历称为"夏历",因为都以建寅之月为正月。

自秦汉以来共有一百种以上历法。汉武帝为了改革历法,征聘天文学家编历,落下闳、邓平、唐都等合作创制的历法,优于同时提出的其他17种历法而被汉武帝采用,于元封七年(公元前104年)颁行,并改元封七年为太初元年,新历因而被称为《太初历》,这是流传至今的第一部完整的历法。但《太初历》共行用188年,即为后汉的《四分历》所代替。

魏晋南北朝时,出现了不少较好的历法,如三国时杨伟的《景初历》、南北朝时何承天的《元嘉历》和祖冲之的《大明历》等。其中《景初历》,首次提出食限概念,认为在交点附近的范围内就可以发生交食。《大明历》有不少的创造。祖冲之计算出一个归年的长度为365.2428(天),即一年相差52秒,这是1199年《统天历》前,最符合实际的一个数据。祖冲之把岁差引进历法,是我国历法史上的一个重大进步。他改进闰法,采用391年中有144个闰月,使之更符合天象。他还是我国历史上第一个求出交点月的数值在27.21223日。

604年,隋刘焯创《皇极历》,其中最主要的是为了解决日、月不均匀运动问题而创立等间距的二次差内插法公式推算日食所在、食之起讫、食分多少,以及应食不食、不应食而食等。在这些方面《皇极历》比过去的历法准确。所用岁差的数值也有较大的改进。

唐一行制定的《大衍历》,既继承了前代历法的的成绩,又为后代各历法所依照。包括推算朔望的方法、二十四节气各日的中午影长及白天黑夜长短、太阳运动和月亮运动、七十二侯和六十四卦、日月交食和五大行星运动等内容。

1199年,宋杨忠辅创《统天历》,定回归年长度为365.2425日,与当前世界通用的公历的平均历年长度相等,他还发现回归年长度有消长现象。

1280年,元王恂、郭守敬等吸取各历之长,采取理论与实践相结合的科学态度,编出新历《授时历》。郭守敬为修历而设计和监制的新仪器有:简仪、高表、候极仪、浑天象、玲珑仪、仰仪、立运仪、证理仪、景符、窥几、日月食仪以及星晷定时仪12种。另外,他还制作了适合携带的仪器四种:正方案、丸表、悬正仪和座正仪。在郭守敬的主持下,还进行了大规模的天体测量工作。郭守敬又结合历史上的可靠数据加以归算，得出一回归年的长度为365.2425日。这个值同现今世界上通用的公历值一样。

阴阳合历，即以太阳的视运动周期为年的单位，以月亮圆缺周期为月的单位。因两者无整数倍数，所以要采用一定的调整措施。但历史上有两种历法设计是纯阳历，避开了上述的问题。一个是沈括的《十二气历》，另一个是太平天国颁行的《天历》。沈括在《梦溪笔谈》里提出了一个中国历史上第一个阳历方案，每年12个月，大月31天，小月30天。并以节气为主，便于指导农事活动。《天历》，每年366日，分为12月，单月31日，双月30日，不置闰月，不计朔望。1859年，洪仁玕对《天历》作了每四十年，改每月28天的修正。使回归年长度相当于世界上通用的《儒略历》。

2. 天象观测

（一）对天象的观测

早在殷商时期，就留存有新星记录。据《春秋》和《左传》，从鲁隐公元年（公元前722）到鲁哀公十四年（公元前481年）的242年中，记录了37次日食，现已证明其中32次是可靠的。鲁庄公七年（公元前687年）"夏四月辛卯，夜，恒星不见。夜中，星陨如雨。"这是天琴座流星雨的最早记载。鲁文公十四年（公元前613年）"秋七月，有星孛入于北斗，"是关于哈雷彗星的最早记录。

大概在春秋中叶，我国已开始用土圭来观测日影长短的变化，以定冬至和夏至的日期。那时把冬至叫作"日南至"，以有日南至之月为"春王正月"。

随着观测资料的积累，战国时期已有天文学的专门著作，齐国的甘公（甘德）著有《天文星占》，魏国的石申著有《天文》。这些书虽然都属于占星术的东西，但其中也包含着关于行星运行和恒星位置的知识，所谓《石氏星经》即来源于此。该书有最早的一份星表，包括一百多颗星的赤道坐标，以赤经差和去极度来表示。

约公元前239年，《吕氏春秋》书中第一次记录了二十八宿的全部名称。二十八宿从角宿开始，自西向东排列，与日、月视运动的方向相同。东方七宿：角、亢、氐、房、心、尾、箕；北方七宿：斗、牛（牵牛）、女（须女或婺女)、虚、危、室(营室)、壁(东壁);西方七宿:奎、娄、胃、昴、毕、觜(觜觿)、参;南方七宿:井(东井)、鬼(舆鬼)、柳、星(七星)、张、翼、轸。

约公元前170年,中国留存了世界上最早的彗星形态图,画出了29种不同的彗头和彗尾形状。

《汉书·五行志》记载征和四年(公元前89年)的日食,有太阳的视位置,有食分,有初亏和复圆时刻,有亏、复方位,非常具体;而河平元年(公元前28年)三月关于日面黑子的记载,则是全世界最早的记录。《汉书·天文志》记载汉武帝元年六月(前134年),客星见于房,这是世界上第一个确切的新星记录。

《隋书·天文志》记载,晋太史令陈卓总结甘、石、巫三家星经,著于图录,共有283宫、1464星。

《唐书·历志》记载,晋虞喜通过比较古今中星的观测资料发现冬至点的移动规律,亦即"岁差",并得出每五十年西移一度的规律。该志还记载,唐一行、南宫说等实测出地球子午线一度之长。

在敦煌经卷中发现的一幅古星图。它是全世界现存古星图中星数较多而又较为古老的一幅。绘制年代约在唐中宗李显时期。图上用圆圈、黑点和圆圈涂黄三种方式绘出1350多颗星。

《北齐书·方技传》记载,北齐张子信在海岛上用浑仪观测天体运行,发现太阳视运动有快慢,春分后迟,秋分后速,从而引起历法上平气改定气的改革。

宋代先后进行过五次恒星位置测量,其中元丰年间的观测结果被绘成星图,刻在石碑上保存下来,这就是著名的苏州石刻天文图。

3. 宇宙学说

战国时,屈原在《天问》里就曾对宇宙形成和构造等问题发出了大胆的疑问。《晋书·天文志》记载了古代的一种宇宙学说,以为"天圆如张盖,地方如棋局",后来又改进成为"天似盖笠,地法覆盘",这就是"盖天说"。《周髀算经》中,进一步将盖天说数量化。总结了当时人们对天地结构的看法。至于天地的形成,汉《淮南子·天文训》认为天地未分以前,混混沌沌;既分之后,轻清者上升为天,重浊者凝结为地;天为阳气,地为阴气,二气相互作用,产生万物。

东汉时,以发明候风地动仪闻名于世的张衡,是浑天说的代表人物,他认为"天圆如弹丸,地如卵中黄"。《张衡浑仪注》中说:"天转如车毂之运也,周旋无端,其形浑浑,故曰浑天。"浑天说比盖天说进了一步,它认为天不是一个半球形,而是一整个圆球,地球在其中,就如鸡蛋黄在鸡蛋内部一样。不过,浑天说并不认为"天球"就是宇宙的界限,它认为"天球"之外还有别的世界,即张衡所谓:"过此而往者,未之或知也。未之或知者,宇宙之谓也。宇之表无极,宙之端无穷"(《灵宪》)。

除了盖天说和浑天说以外,比张衡略早的郗萌还提出他先师宣传的宣夜说,这个学说认为"天了无质",并没有一个硬壳式的天,宇宙是无限的,空间到处有气存在,天体都漂浮在气中,它们的运动也是受气制约的。

元代邓牧着《伯牙琴》,书中指出天地之外还有天地,这是一种无限阶梯的宇宙模式。

4. 制造发明

公元前104年,落下闳改进赤道式仪器,定下赤道式浑仪的基本结构。汉张衡在耿寿昌所发明的浑象的基础上,制成漏水转浑天仪,演示他的学说,成为中国水运仪象传统的始祖。

412年,北魏鲜卑族天文学家斛兰造铁质浑仪,架上设十字水槽,以校准仪器水平,是为后世仪器水平器发明的雏形。

据唐代徐坚《初学记》记载,北魏道士李兰发明称漏,以流出水的重量计量时间。

633年,唐李淳风制成浑天黄道仪,把中国观测用的浑仪发展到极为复杂的程度,在过去的固定环组(六合仪)和可运转的环组(四游仪)之间,又加了一个三辰仪;三辰仪由相互交错的三个圆环(白道环、黄道环、赤道环)组成。这样,在观测时就可以从仪器上直接读出天体的赤道坐标、黄道坐标和白道坐标三种数据。

725年,唐代一行和梁令瓒改进了张衡的水运浑象,发明有报时装置的水运浑象,可以说是最早的自鸣钟,名为"开元水运浑天俯视图"。用漏壶水力使之转动,以二木人每刻击鼓、每辰击钟,是一架精巧的定时器。

979年，宋代张思训制浑仪，用水银代替漏水，使浑仪转动不受寒暑之影响。

1089年，宋代苏颂、韩公廉等建造水运仪象台，其中有转仪钟的雏形，观测室屋顶可以自由卸除，并有复杂的报时装置，据苏颂著《新仪象法要》可知这座仪象台具有类似锚状擒纵器的机构。后来他们又制造了一架浑天象，其天球直径大于人的身高，人可以进入内部观看。在球面上按照各恒星的位置穿了一个个小孔，人在里面看到点点光亮，仿佛天上的星辰一般。今人把这种仪器也称为假天仪，它是现代天文馆中星空演示的先驱。

1276年，元郭守敬等设计制造简仪、仰仪、高表、景符、浑天象等多件天文仪器，把我国天文仪器的制造推到了一个新高峰。

5．名著举要

（一）《夏小正》

中国现存最古的科学文献之一。原为《大戴礼记》中的一篇。《夏小正》按夏历十二个月的顺序，分别记述每个月中的星象、气象、物候以及所应从事的农事和政事。其星象包括昏中星、旦中星、晨见、夕伏的恒星、北斗的斗柄指向、河汉（银河）的位置以及太阳在星空中所处的位置等等

（二）《石氏星经》

战国时代魏国天文学家石申（一名石申夫）的著作。本名《天文》，大约在西汉以后才被尊称为《石氏星经》。其内容涉及五星运动、交食和恒星等许多方面。原著已佚，但在唐《开元占经》中有大量节录。

（三）《开元占经》

全称为《大唐开元占经》，瞿昙悉达撰。书中有关于天文星象和各种物异等多方面的大量占语。其天文内容有名词解释、宇宙理论、日月五星行度、二十八宿距度、石氏、甘氏、巫咸氏三家星官名称、度数等。此外还介绍了16种著名历法的积年、章率等基本数据。书中搜辑唐以前的天文、历法资料及纬书甚多。

（四）《新仪象法要》

此书是宋朝天文学家苏颂为水运仪象台所作的设计说明书。曾名《绍圣仪象法要》、《仪象法纂》等。正文以图为主，介绍水运仪象台总体和各

部结构。各图附有文字说明。卷上介绍浑仪，卷中介绍浑象，卷下则为水运仪象台总体、台内各原动及传动机械、报时机构等。还有唯一的一段不带图的文字："仪象运水法"，讲述利用水力带动整个仪象台运转的过程。总计全书共有图六十种。这些结构图是中国现存最古的机械图纸。从中还得知近代机械钟表的关键性部件——锚状擒纵器是中国发明的。

（五）《崇祯历书》

明代崇祯年间为改革历法而由徐光启等编纂的一部丛书。它从多方面引进了欧洲的古典天文学知识。包括天文学基本理论、天文表、必需的数学知识（主要是平面及球面三角学和几何学）、天文仪器以及传统方法与西法的度量单位换算表五类。

（六）《历象考成》

清代康熙时由钦天监内外人员编成的一部论述历法推算之著作。上编16卷阐明理论，名"揆天察纪"；下编10卷讲计算方法，名"明时正度"。另外附有运算表16卷。

（七）《仪象考成》

清代中期的一部以星表为主的工具书。由戴进贤（日耳曼人）为首的钦天监众人参加编算工作。全书共32卷，分为10册。星表中列有300个星座、3083颗星的黄道坐标和赤道坐标值，以及每颗恒星的赤道岁差和星等。

（八）《畴人传》

清阮元撰写的传记集，记述自上古至清乾隆末年的天文、历法、算学家300多人（包括外国41人）的事业和贡献。内容涉及历代天文历法推算数据、论天学说、仪器制度以及算学等许多方面；星占之学则未予采收。所叙事迹、论说及著作，均摘编自有关典籍的原文。除人物姓名、籍贯、生卒年月、曾任主要官职外，其他政治与文化成就都略而不载。有些传后附有编者的评论。

二、数理精蕴

1. 中国数学之萌芽时期

中国历史上，有着"隶首作数"、"结绳记事"的传说。"结绳记事"，是用在绳子上打结的办法来记事表数，事（或数）大用大绳，事（或数）小用小绳,绳子上打的结的多少则表示事(或数)的多少。这反映了远古时人民的记录方法。后来又进一步出现了"书契",就是用刀在竹木或石头上刻痕来记数。

(一)十进制值制记数法

根据对出土的甲骨文和钟鼎文的考证,中国在殷商时代就已经采用了十进制值制的记数法,商代中期,在甲骨文中已产生一套十进制数字和记数法,其中最大的数字为三万;至迟在春秋时期就已经能够熟练地运用十进制值制记数法来记数和进行四则运算了。

十进制值制记数法,是中国古代在数学领域的一个重大发明。

(二)世界上最早之勾股定理

据成书于西汉的《周髀算经》记载,西周初期用矩测量高、深、广、远的方法时,数学家商高举出勾股形的勾三、股四、弦五以及环矩可以为圆等例子。其中"故折矩,以为勾广三,股修四,径隅五"。意思是:把一根直尺折成直角,如果最短的一段是三个单位,较长的一段是四个单位,则尺的两端(即直角三角形的斜边)必为五个单位。这就是勾三、股四、弦五,勾股定理的一个特例。

(三)世界上最早之测量工具——规矩准绳

《史记·夏本纪》记载禹在治水时"左准绳,右规矩",说明那时人们为了画圆作方,确定平直,已经创造了规、矩、准、绳等作图与测量工具。汉武梁祠造像中刻有伏羲执"矩",女娲执"规",亦可印证。

(四)天干与八卦

商代中期殷人用十个天干和十二个地支组成甲子、乙丑、丙寅、丁卯等60个名称来记60天的日期。在周代,又把以前用阴(--)、阳(—)符号构成的八卦表示8种事物发展为六十四卦,表示64种事物。八卦的创造是世界上最早的二进制制。

(五)算筹与筹算

中国古代人民用"算筹"作为计算工具。"算筹"是一种粗细相同、长短一致的小棍子。用这种棍子摆成不同的行列,表示不同的数目,以及进行各种运算。算筹还可用来表示负数,即用不同的形状颜色或排法来区分正负数。

筹算是以算筹作工具，摆成纵式、横式两种形式，按照纵横相间的原则表示任何自然数从而进行加、减、乘、除、开方以及其他的代数计算。大约成书于3世纪的《孙子算经》中说："凡算之法，先识其位。一纵十横（个位摆纵式，十位摆横式），百立千僵（百位摆纵式，千位摆横式），千十相望（千位和十位相同），万百相当（万位和百位相同）。"中国古代数学家就是利用这种算筹进行加、减、乘、除、开方等各种运算的。算筹至迟在公元前4世纪以前已经问世，战国时已经普遍使用，直到15世纪算盘推广以后，才逐渐被取代。

2. 中国古代数学体系之形成、发展与繁荣

（一）体系的形成

秦汉是中国古代数学体系形成时期，其主要标志是算术已成为一个专门的学科以及《九章算术》为代表的数学著作的出现。

《周髀算经》书中虽有较复杂的开方、分数运算和勾股定理的应用等数学问题，但它毕竟是一部讲述盖天学说的天文著作，而《九章算术》则是战国、秦、汉封建社会创立并巩固时期数学发展的总结，是中国古代最重要的数学著作。其中正负数运算法则、分数四则运算、线性方程组解法、比例计算与线性插值法盈不足术等都是世界数学史上的重要贡献。

（二）数学的发展

①魏、晋时期

吴国赵爽注《周髀算经》，魏末晋初刘徽撰《九章算术》注，为中国古代数学体系奠定了理论基础。赵爽是中国古代对数学定理和公式进行证明与推导的最早的数学家之一。他在《周髀算经》书中补充的"勾股圆方图及注"和"日高图及注"是十分重要的数学文献。在"勾股圆方图及注"中，他提出用弦图证明勾股定理和解勾股形的5个公式；在"日高图及注"中，他用图形面积证明汉代普遍应用的重差公式。

《九章算术》记载了当时世界上最先进的分数四则运算和比例算法，有解决各种面积和体积问题的算法以及利用勾股定理进行测量的各种问题。最重要的成就是在代数方面，记载了开平方和开立方的方法，并且在

这基础上有了求解一般一元二次方程（首项系数不是负）的数值解法。还有整整一章是讲述联立一次方程的解法，并在世界数学史上第一次记载了负数概念和正负数的加减法运算法则。

刘徽对《九章算术》所作的注释工作可以看成是《九章算术》中若干算法的数学证明。刘徽注中的"割圆术"开创了中国古代圆周率计算方面的重要方法，他还首次把极限概念应用于解决数学问题。

②南北朝时期

《孙子算经》成书于这个时期，它系统记述了筹算记数制，卷下"物不知数"题是孙子剩余定理的起源。

祖冲之曾经注解《九章算术》，并与他的儿子祖暅共撰《缀术》六卷。这些著作均已失传。在《隋书·律历志》与李淳风《九章算术》注等零星记载中，得知祖冲之在462年算出圆周率在3.1415926与3.1415927之间，并以22/7为约率，355/113为密率（现称祖率），使中国在圆周率计算方面，比西方领先约一千年之久。

祖暅提出"幂势既同则积不容异"即等高的两立体，若其任意高处的水平截面积相等，则这两立体体积必相等，这就是著名的祖暅公理。祖暅应用这个公理，解决了刘徽尚未解决的球体积公式。

《隋书·律历志》在叙述祖冲之的圆周率以后说："又设开差幂，开差立，兼以正负参之。指要精密，算氏之最者也。"中国古代称正系数的二次与三次方程解法为开带从平方和开带从立方，祖冲之用"差幂"取代带从平方，用"差立"取代带从立方，应指包括负系数在内的二次与三次方程的解法，因为只有负系数的方程在开方时才需"兼以正负参之"。这是具有划时代意义的重大成就。

③隋、唐时期

隋唐时期，由于历法的需要，天算学家创立了二次函数的内插法，丰富了中国古代数学的内容。隋代天文学家刘焯在《皇极历》中首创一个推算日、月、五星视行度数的等间距二次内插公式。僧一行在他的《大衍历》中又提出一个不等间距的二次内插公式。唐代其他历法，都应用内插法进行计算。

唐初王孝通著《缉古算经》，是最早提出数字三次方程数值解法的著作。唐代曾在国子监中设立算学馆，以李淳风等注释的十部算经作为教本，用以进行数学教育和考试。这十部算经是：《周髀算经》、《九章算术》、《孙子算经》、《五曹算经》、《夏侯阳算经》、《张丘建算经》、《海岛算经》、《五经算术》、《缀术》、《缉古算经》。后通称《算经十书》。

④计算技术的改革

算筹在计算时，由于布筹占用面积大，运筹速度加快时容易摆弄不正而造成错误等缺点，因此亟需改革。《数术记遗》（题东汉徐岳撰，北周甄鸾注）载有"积算"、"太乙"、"两仪"、"三才"、"五行"、"八卦"、"九宫"、"运筹"、"了知"、"成数"、"把头"、"龟算"、"珠算"、"计数"等14种算法，反映了这种改革的情况。其中"太乙算"、"两仪算"、"三才算"和"珠算"都是用珠的槽算盘，在技术上是一项重要的改革。尤其是"珠算"，它继承了筹算五升十进与位值制的优点，又克服了筹算纵横记数与置筹不便的缺点，优越性十分明显。但由于当时乘除算法仍然不能在一个横列中进行。算珠还没有穿档，携带不方便，因此仍没有普遍应用。

（二）繁荣时期

宋元时期，科学技术突飞猛进，出现了一批著名的数学家和数学著作，如贾宪的《黄帝九章算法细草》（已失传），刘益的《议古根源》（已失传），秦九韶的《数书九章》，李冶的《测圆海镜》和《益古演段》，杨辉的《详解九章算法》、《日用算法》和《杨辉算法》，朱世杰的《算学启蒙》和《四元玉鉴》等，很多领域都达到古代数学的高峰。其中一些成就也是当时世界数学的高峰。

如贾宪提出二项式系数表（现称贾宪三角和增乘开方法），从开平方、开立方到4次以上的开方，在认识上是一个飞跃。

南宋秦九韶著《数书九章》，创立解一次同余式的大衍求一术（一次联立同余式解法）和求高次方程数值解的正负开方术。李冶著《测圆海镜》和《益古演段》，讲述了宋元数学的另一项成就：系统论述天元术。用天元作为未知数符号，立出高次方程，古代称为天元术。这是中国数学史上首次引入符号，并用符号运算来解决建立高次方程的问题。书中还讲述了直角三角形和内接圆所造成的各线段间的关系,这是中国古代数学中别具一格的几何学。

杨辉的著作讲述了宋元数学的另一个重要侧面:实用数学和各种简捷算法。

元朱世杰著《四元玉鉴》,记载了宋元数学的另两项成就:四元术(求解高次方程组问题)和高阶等差级数、高次招差法。高阶等差级数求和起源于沈括的"隙积术"。

元代天文学家王恂、郭守敬等在《授时历》中解决了三次函数的内插值问题。秦九韶在"缀术推星"题、朱世杰在《四元玉鉴》"如象招数"题都提到内插法(他们称为招差术),朱世杰得到一个四次函数的内插公式。

从天元术推广到二元、三元和四元的高次联立方程组,是宋元数学家的又一项杰出的创造。进行系统论述的是朱世杰的《四元玉鉴》。

此外,勾股形解法在宋元时期有新的发展,李冶在《测圆海镜》对勾股容圆问题进行了详细的研究,得到一系列的结果,大大丰富了中国古代几何学的内容。

在弧矢割圆术方面,即已知黄道与赤道的夹角和太阳从冬至点向春分点运行的黄经余弧,求赤经余弧和赤纬度数,是一个解球面直角三角形的问题。传统历法都是用内插法进行计算。元代王恂、郭守敬等则用传统的勾股形解法、沈括的会圆术(已知弦、矢、半径求弧长的近似公式)和天元术解决了这个问题。由于王恂、郭守敬求直径时用圆周率3以及沈括的公式是一个近似公式,因此结果不够精确。除此以外,整个推算步骤是正确无误的。从数学意义上讲,这个方法开辟了通往球面三角法的途径。

纵横图又称幻方,根据《乾凿度》和东汉郑玄注,至迟在汉代已有一个三行纵横图。宋元时期,纵横图研究有了很大发展,杨辉在《续古摘奇算法》中记录了这方面的成就。

现传本《夏侯阳算经》已有化名数为十进小数的例子。宋元时代,这种十进小数有了广泛应用和发展,秦九韶用名数作为小数的符号,李冶则依靠算式的位置表示,杨辉和朱世杰的化斤价为两价的歌诀,是小数的具体应用。

中国古代计算技术改革的高潮也是出现在宋元时期。改革的主要内容仍是乘除法。"留头乘"最早见于朱世杰《算学启蒙》。"九归"最早出现在沈括的《梦溪笔谈》。"归除"最早见于《算学启蒙》，"撞归"、"起一"是朱世杰首先提出来的，"留头乘"与"归除"的出现，使乘除法不需任何变通便可在一个横列里进行，与现今珠算的方法完全一样。穿珠算盘在北宋已可能出现。但如果把现代珠算看成是既有穿珠算盘，又有一套完善的算法和口诀，那么应该说它最后完成于元代。

3. 中、西方数学之融合

16世纪末以后，西方初等数学陆续传入中国，使中国数学研究出现一个中西融合贯通的局面。鸦片战争以后，近代数学开始传入中国，中国数学便转入一个以学习西方数学为主的时期，直到19世纪末与20世纪初，近代数学研究才真正开始。

（一）珠算的普及

明初《魁本对相四言杂字》和《鲁班木经》的出现，说明珠算已十分流行。随后，珠算著作也陆续出现。如吴敬《九章详注比类算法大全》、王文素《古今算学宝鉴》、徐心鲁《盘珠算法》、柯尚迁《数学通轨》、朱载堉的《算学新说》、程大位《直指算法统宗》等。程大位在1592年写成的《直指算法统宗》详述算盘的用法，载有大量运算口诀，该书明末传入日本、朝鲜。

（二）早期传入之西方数学

1582年，意大利传教士利玛窦到中国，1607年以后，先后与徐光启合作将欧几里得《几何原本》前六卷、《测量法义》1卷译成中文。随后，又与李之藻编译《圜容较义》和《同文算指》。《几何原本》是现传的中国第一部数学翻译著作。徐光启所著的《测量异同》和《勾股义》，就是应用《几何原本》的逻辑推理方法论证中国的勾股测望术。他主编的《崇祯历书》，天文学和数学基本理论占全书30%，充分说明他对理论的重视。

介绍西方三角学的著作有邓玉函编译的《大测》2卷、《割圆八线表》6卷和罗雅谷的《测量全义》10卷。《大测》主要说明三角八线（正弦、余弦、正切、余切、正割、余割、正矢、余矢）的性质，造表方法和用表方法。

《测量全义》除增加一些《大测》所缺的平面三角外，比较重要的是积化和差公式和球面三角（直角三角形的弧与角的关系式和一般三角形的正弦定理和余弦定理）。

（三）中西数学之会通

1646年，波兰传教士穆尼阁来华，跟随他学习西方科学的有薛凤祚、方中通等。后来薛凤祚据其所学，编成《历学会通》，想把中法西法融会贯通起来。《历学会通》中的数学内容主要有《比例对数表》、《比例四线新表》和《三角算法》。前两书是介绍英国数学家J.纳皮尔和H.布里格斯发明增修的对数。后一书除《崇祯历书》介绍的球面三角外，尚有半角公式、半弧公式、德氏比例式、纳氏比例式等。方中通所著《数度衍》，对对数理论进行解释。

清初学者研究中西数学有心得而著书传世的很多，影响较大的有王锡阐《图解》1卷，梅文鼎《梅氏丛书辑要》60卷（其中数学著作13种共40卷），年希尧《视学》2卷等。

清代数学家戴煦的代表作是《求表捷术》九卷，其中包括论对数表造法的《对数简法》和《续对数简法》，论三角函数表造法的《外切密率》及论三角函数对数表造法的《假数测圆》。戴煦所给的三种表的造法，在中国数学史上均有超越前人的成就，其中尤以对数和三角函数的对数研究最突出。

与戴煦同时，李善兰在1845年著有《方圆阐幽》1卷，《弧矢启秘》2卷与《对数探源》2卷。李善兰在数学研究方面的成就，主要有尖锥术、垛积术和素数论三项。1852~1859年，李善兰与英国传教士、汉学家伟烈亚力等人合作翻译出版了《几何原本》后九卷，以及《代数学》、《代微积拾级》、《谈天》、《重学》、《圆锥曲线说》、《植物学》等西方近代科学著作，又译《奈端数理》（即牛顿《自然哲学的数学原理》）四册（未刊），这是解析几何、微积分、哥白尼日心说、牛顿力学、近代植物学传入中国的开端。李善兰的翻译工作是有独创性的，他创译了许多科学名词，如"代数"、"函数"、"方程式"、"微分"、"积分"、"级数"、"植物"、"细胞"等，匠心独运，切贴恰当，不仅在中国流传，而且东渡日本，沿用至今。李善兰为近代科学在中国的传播和发展作出了开创性的贡献。

清代数学家对西方数学做了大量的会通工作,并取得许多独创性的成果。这些成果,如和传统数学比较,是有进步的,但和同时代的西方比较,则明显落后了。

4. 中国古代物理知识

(一)早期《墨经》和《考工记》中之物理知识

先秦时期科技代表性著作有《考工记》和《墨经》。

《考工记》亦称《周礼·冬官考工记》,传为春秋战国之交齐国人的著作。它是中国古代一部手工技术规范的汇集。在记述各种手工技术的同时还阐明了一些力学、声学和热学的科学道理。诸如记述了滚动摩擦、斜面运动、惯性、浮力等现象;论述了箭的飞行运动与箭各部分结构的关系;记载了振动物体大小、形状同发声频率,声强同传播距离间的关系等。

《墨经》是战国时期墨家著作的总集《墨子》中的一部分,书中记述了杠杆平衡现象、重心和力的概念;记载了军事上应用的共振式地声仪和双耳定位法;叙述了影的定义和生成,光的直线传播性和针孔成像,并系统地讨论了平面镜、凹球面镜和凸球面镜中的物像关系。

此外,《管子·地员篇》中记载有中国定律调音的三分损益法。《庄子·杂篇·徐无鬼》中记载有弦线的共振现象。

关于物质结构方面,《管子·水地篇》中说,水是万物(无机界)和诸生(有机界)的统一本原。《庄子·天下篇》里记载名家惠施的学说,则认为"至大无外,谓之大一;至小无内,谓之小一"。而公孙龙关于"一尺之棰,日取其半,万世不竭"的论断,表明他主张物质是无限可分的。公元前4世纪的宋钘和尹文提出宇宙万物统一于"气"的学说。

(二)秦汉至五代时期关于物理方面之成就

①力学方面

约成书于东汉的《尚书纬·考灵曜》中载有"地恒动而人不知,譬如闭舟而行不觉舟之运也",说明当时对运动的相对性已有认识。东汉张衡采用齿轮系把浑象和表示时间的壶漏结合在一起,以流水下落的力量带动齿轮,齿轮带动浑象旋转,制成了水运浑天仪。他还在132年,制造了世界上第一个地动仪，用以测定地震的震源方向。2世纪时，毕岚发明了"渴乌"，即虹吸管，逐渐广为应用。张衡、三国时马钧和南朝宋祖冲之都曾制造过指南车，这是一种指示方向的机械装置。汉代长安巧工丁缓造被中香炉（银熏球），"为机环转四周，而炉体常平"（刘歆《西京杂记》），这或许是世界上最早的常平支架。《淮南子》记载了一个根据木炭与羽毛的吸湿性不同而创制的天平验湿器。

北齐信都芳撰《器准》（已佚失），集"浑天、地动、欹器、漏刻诸巧事并画图名曰器准"（《北齐书·信都芳传》），这可能是中国历史上第一部科学仪器图著。

在王充的著作中，有许多关于力和运动的描述。

在这时期，对流体的一般性质有所记述、探讨并实测了一些物体的比重，知道刻漏的流水速度会随温度变化。从汉代起，中国在天文仪器制造和其他器物生产中应用了虹吸管和吸水唧筒，因而引起对它们吸水机理的讨论。南北朝的《关尹子》、唐代王冰的《素问》均有记述。以气在管内或瓶内的存在与否来解释现在所谓的真空或大气压力的现象，是中国古代力学的传统观念。

唐僧一行（名张遂）和南宫说等人在724年，分赴11个地方测量北极高度和圭表日影长度。结果发现南北地距351.27唐里（约129.22千米），北极高度相差一度。这是中国第一次子午线的实际测量。

②光学方面

制作出青铜镜，凹面镜阳燧被普遍用于取火。《淮南子》中初步探讨了阳燧焦点问题。在汉代，人们已知道平面镜的组合。晋郭象在《〈庄子〉注》中说："鉴以鉴影，而鉴亦有影，两鉴相鉴，则重影无穷"。《淮南万毕术》中有潜望装置的记载。

汉代开始，中国就有"透光镜"。当一束光线射到这种金属镜的镜面时，经过反射，镜背面的花纹能清楚地映现在屏上，于是古代人就称它为"透光镜"。不能穿过不透明物质的光线，似乎能"透过"金属铜，把镜背面花纹反映出来，这种奥妙引起了历代人的注意。

对虹、色散现象的记述和实验是这时期光学上的又一成就。

张衡在《灵宪》中说："月光生于日之所照，魄生于日之所蔽。当日则光盈，就日则光尽。当日之冲，光常不合者，蔽于地也，是谓暗虚。"对月光及月食现象作了正确的解释。

《列子·汤问篇》记载了"小儿辩日"，争论太阳究竟在早晨还是在中午距地面近。对于这个复杂的光学问题，晋代束皙认为"此终以人目之惑，无远近也"（《隋书·天文志》），即与人的视幻觉有关。

③声学方面

唐调音律官郭道源在若干碗内盛不同数量的水，加减水量而改变其音调，用这样一组碗碟式乐器奏出优美的音乐。有大量典籍记载了各种乐器有共振现象。晋代张华、唐代乐律家曹绍夔还掌握了消除铜钟共振的方法。

音律学也有发展，荀勖对管口校正数的计算和何承天创制属于平均律体系的新律，是此时期的重要声学成就。

④电和磁方面

王充对古老的"司南"这种利用磁性指南的器物，明确记载了其形状、用法和指向。人们不仅知道磁石吸铁现象，还发现了磁的排斥现象，《淮南·万毕术》中有"磁石拒棊"的记载。

人们在汉初发现了琥珀和玳瑁摩擦后出现静电吸引现象，三国时还有"虎魄不取腐芥"（《三国志》卷五十七注）的记载。张华的《博物志》中载有"今人梳头，脱着衣时，有随梳、解结有光者，亦有咤声"；叙述了起电现象，既看到静电闪光，又听到放电声。陶弘景发现，当用布和琥珀摩擦代替手摩擦的方法时，琥珀的静电吸引力明显增大。唐代段成式发现用手和活猫摩擦时的静电火花。

⑤热学方面

早在战国时期，人们已知"冰，水为之而寒于水"（《荀子·劝学》）；东汉王充从气象着眼记述了物态的变化。南北朝时的《关尹子》中写道："曰寒暑温凉之变，如瓦石之类，置之火即热，置之水即寒，呵之即温，吹之即凉。特因外物有去有来，而彼瓦石实无去来。"它认为瓦石发生寒暑温凉之变是由于一种"外物"来去的结果，可以说是对热的描述。

（三）宋、元时期关于物理方面之成就

宋、元时期的400余年间，中国的物理知识有较大的发展，除了较集中于沈括的《梦溪笔谈》、赵友钦的《革象新书》以外，大量地散见于笔记小说一类的书籍中。

北宋沈括制成新定时器"玉壶浮漏"，直接量度了太阳视行速度变化引起的每日时差。在其著《梦溪笔谈》，记载了一种人工磁化方法，地磁的磁偏角，指南针的四种安置方法（水浮法、指甲法、碗唇法、丝悬法），针孔成像与球面镜成像，用纸人显示声音振动的方法等。沈括在研究了古乐钟的形状（扁圆）以后，对其音响效果作了精辟的分析。他认为，圆形钟音长，有哼音，在快速节奏中发音相互干扰，不成音律；而扁圆形钟音短，因此可以演奏。这就是古代人把钟铸成扁圆形的道理。

南宋初年的赵希鹄认真地探讨了古琴等乐器的声学技术问题。在他所著《洞天清禄集》中描写了制琴材料桐木的质地与其发声的关系。为了使发声低微的古琴有较大的音响，他建议修建"弹琴之室"，而且对这种古代音乐厅的设计，写了具体的构想。

宋末元初赵友钦在其著作《革象新书》中，记载了大量的针孔成像实验，讨论了小孔、光源、像、物距、像距这些因素之间的关系，研究了照度和离光源距离间的定性关系。

元末陶宗仪曾亲自做过热胀冷缩实验。他把带孔窍的物体加热后，使另一个物体进入孔洞，从而这两个物体如"辘轳旋转，无分毫缝罅"。他明确地讲到，这是前一个物体"煮之胖胀"的缘故（《南村辍耕录》卷二十三）。

（四）明、清时期关于物理方面之成就

明、清时期，西方科学的发展已超过中国，传教士来华促进了东西方的交流。

明朱载堉著《律吕精义》，以等比数列创立了"十二平均律"，在世界声学史上是一项重大贡献。

明宋应星的《天工开物》，是世界上最早诞生的有关农业和手工业生产技术的百科全书。在《佳兵篇》中记述了测量弓的弹力的方法，在《舟车篇》中记述了风帆与舟身比例的关系，还论述了风帆高度与受力大小的关系，详细地分析了"抢风"（风从横来）时的风向、航向以及张帆方向之间的关系，论述了舵的长短对舵力大小、舵的方向对船运动方向的影响。他还指出以金、银、铜三者的比重不同作为识别三种金属的方法。

明嘉靖年间，在北京天坛建造的回音壁、三音石和圜丘都有独特的声响效应。

意大利传教士利玛窦来华，后来《明史》正式记录了他的学术活动，并介绍了西方的地球中心说。由德国传教士邓玉函口述，王征笔录而成的《远西奇器图说》，于明天启七年（1627）刊行。书中有专述力学的内容，包括有地心引力、重心、比重、浮力等许多力学的基本原理和知识，这是近代力学知识传入中国的开始。

明清之际，王夫之以烧柴、煮水和焙烧汞的试验为例，定性地阐述了物质不灭的思想；还阐述了运动不灭的思想和关于运动的绝对性、静止的相对性的看法。

清道光年间，郑复光写成《镜镜詅痴》，详细地讨论了几何光学的基本原理和许多光学仪器的理论和制作方法，是中国近代物理学史中的一部重要著作。由英国人艾约瑟口述，张福禧笔录的《光论》，全面地介绍当时西方的光学知识，是一部比较系统的光学专著。李善兰与英国人伟烈亚力合译的《谈天》，其中有许多力学知识，第一次把万有引力定律介绍到中国来。艾约瑟与李善兰合译的《重学》，是译成中文的第一部力学专著。李善兰还与伟烈亚力、英国人J.傅兰雅合译了奈端（即牛顿）的《数理格致》（即《自然哲学的数学原理》）中的前3卷，但当时未能刊行。

19世纪下半叶，传入中国的西方近代物理学知识日益增多，不过这时期所传入的物理学知识基本上是一些实用性的知识，许多书籍大都属于教科书类型。对理论部分，尤其是较新的理论内容的介绍还较少。然而从此中国有了一批了解近代物理学知识的学者，近代物理学在中国开始发展起来。

三、生化撮要

1. 古生物学

（一）古代的动植物分类系统

在我国最早的一部诗歌总集《诗经》里，包涵有丰富的动植物知识，出现了大量动植物名称。而我国最早的一部指导农业生产的物候历《夏小正》，是以动植物生态知识为基础结合天象编制而成的。

秦汉之际，释经的词书《尔雅》有"释草"、"释木"、"释虫"、"释鱼"、"释鸟"、"释兽"、"释畜"诸篇，记述植物200余种，动物100余种。晋郭璞为《尔雅》注解，解释各种动植物的正名和别名，对许多动物或植物的形态、生态特征进行了具体的描述。他还为《尔雅》注音、作图，使用了分类研究的图示方法。

三国时陆机的《毛诗草木鸟兽虫鱼疏》是一部专门针对《诗经》中提到的动植物进行注解的著作。全书记载草木植物80种，木本植物34种，鸟类23种，兽类9种，鱼类10种，虫类18种，共计动植物174种。对各种动植物不仅记其名称，而且描述其形状、生态和使用价值。

一般认为成书于西汉的《神农本草经》是我国现存最早、最完整的药用本草著作。原书已散失，是后人从其他书中辑录而成的。书中记载药物365种，都作了简明的介绍，说明药理药性、主治功用、生长环境和别名等，提供了应用分类的参考方法。到南北朝时，陶弘景编《神农本草经集注》，共记载药物动植物730种，按药物本身功能进行分类。

唐初，朝廷组织苏敬等人编修《新修本草》(《唐本草》)，分《本草》、《药图》、《图经》三部分。"本草"是文字部分，重于叙述有关植（动）物的名别（正名和别名）、产地、生境、形态、习性、采集时间、历史沿流等；"图"则令全国各地选送地道药材（包括矿物、植物和动物），作为实物标本进行描绘；"经"是药图的说明文字。这是中国历史上由国家颁行的第一部药典，也是中国生物学史上出现的第一部药用动植物图谱。

宋代，苏颂等撰的《本草图经》，虽已失传，但其内容大都保存在唐慎微著《经史证类备急本草》(简称《证类本草》)中。此书有图有说，约有400余种植物，90余种动物有附图，每种一图、数图不等，有的多至10图，均据实物描绘，其精确程度，有的可资鉴别科、属或种，其中亦有图说不合者。这是中国现存最早的一部动植物图谱。

一般认为成书于西晋的《南方草木状》是我国最早的植物学专著，所记均为我国南方热带、亚热带植物。书中按经济效益分类，把80种植物分为草、木、果、竹四大类，特别重视环境对植物的影响。

自魏晋到唐宋，出现了众多的植物谱录。谱录是有关某种或某类植物的专书，较著名的有：晋代戴凯之《竹谱》、唐代陆羽《茶经》、宋代欧阳修《洛阳牡丹记》、陈翥《桐谱》、蔡襄《荔枝谱》、王观《芍药谱》、王灼《糖霜谱》、史正志《菊谱》、韩彦直《橘录》、范成大《范村菊谱》和《范村梅谱》、陈仁玉《菌谱》等。其中《竹谱》是我国最早有关竹子的专著，《茶经》是世界上第一部论述茶叶的科学技术专著，《橘录》是我国最早关于桔类植物的专著，《桐谱》则是研究经济树木的专著。

唐宋间成书的《禽经》，是我国关于鸟类最早的动物谱录，记载了70多种鸟的名称、形态特征和生活习性。宋郑樵的《昆虫草木略》，把生物分为草木（植物）、昆虫（动物）两个纲。草木纲又分草类、蔬菜、稻粱、木类、果类五目；昆虫纲分为虫鱼类、禽类、兽类三目。在植物部分，还将性状相近的种类排在一起。这种大类中再分小类的分类排列方法，在一定程度上反映了动植物的自然类群和亲缘关系，提出了编写动植物志的体例原则。

（二）生态学知识之发展

动植物的地理分布，既说明了地理环境对动植物的影响，也反映了动植物对其生活环境的适应。在我国最古老的地理学著作《山海经》里，记录了古代人对各地不同环境有不同生物的大规模考察结果。

地形对植物分布有重要的生物地理学意义，垂直分布是植物水平地带性分布，在垂直方向上的反映。《管子·地员篇》中专门述及在地势高低、土质优劣和水泉深浅不同的条件下，所宜于生长的不同植物；述及生长在5种高度不同的山地植物的垂直分布现象。进而提出"凡草土之道，各有穀造，或高或下，各有草物"的生态概念。汉代在保护野生动植物资源的措施中，特别强调保护幼树、孕兽、幼雏、幼畜，只有这样，才能使"草木之发若蒸气，禽兽之归若流泉，飞鸟之归若烟云"（《淮南子·时则训》），才能丰富动植物资源。

在生态关系中，除了环境与生物之间关系外，还有生物与生物之间的关系。动物间共栖现象，早在《尚书·禹贡》里就有关于"鸟兽同穴"的记载。在唐代，人们对海洋动物的共栖现象有很细微观察。刘恂的《岭表录异》、段公路的《北户录》和陈藏器的《本草拾遗》等著作中,都有关于水母与虾共生现象的记述。段成式在《酉阳杂俎》中还记有蟹与螺类的共生。

不同种类的动物之间,还存在着复杂的斗争关系。宋代陆佃在《埤雅》里记述了"蟾蜍食蝍蛆(蜈蚣),蝍蛆食蛇,蛇食蟾蜍。三物相制也。"可见,至迟在宋以前,人们已知道动物间互相竞争、互相制约的复杂关系了。在食物网中,生物间的关系更其复杂,一种动物,往往既是捕食者,又是被食者。李时珍在《本草纲目》里,就分析过蛇的生态特点,列举了蛇食多种动植物,也指出许多动物是吃蛇的。

我国古代很早就注意到地理环境对人类体质和健康的影响。《周礼·地官·司徒》中,就清楚地描绘了不同地域生活的人体在形态上的差异。《淮南子·坠形训》中多方面记述了疾病与环境的关系。李时珍在《本草纲目》里,还总结了水质与健康、长寿的关系,指出水质好坏随环境变化而有差异。

我国古代人们很早就认识到对于生物资源,必须注意保护,合理开发,反对过度利用。孟子就充分认识到"不违农时,谷不可胜食也;数罟不入洿池,鱼鳖不可胜食也;斧斤以时入山林,材木不可胜用也"(《孟子·梁惠王上》)的道理。荀子进一步发展了前人关于资源保护的思想,在《荀子·王制》里,根据生物资源的消长规律,提出了具体措施。《淮南子·主述训》里也有相应观点和措施的论述。

(三)对菌类之认识和利用

菌类,包括真菌、细菌和其他微生物。

宋代陈仁玉的《菌谱》,是世界最早的食用菌类专著。早在汉代,已有关于食用菌栽培方面的记载,唐代《四时纂要》中还详细记述了冬菇的栽培方法,元代《王祯农书》也有香菇繁殖方法的记载。

我国古代很早就学会利用微生物发酵酿酒,北魏贾思勰在《齐民要术》里,总结了我国的酿造技术。制酒一般包括制曲和酿酒两个步骤。制曲就是在酿酒前先培养微生物菌种。《齐民要术》把酒曲分为笨曲和神曲两大类,相当于现在的大曲和小曲。在制曲时,掺入生料,这是起接种微生物的作用。同时还注意原料的湿度、温度和曲房的密闭,从而有利于霉菌的生长繁殖。在酿酒发酵过程中,还十分注意"曲势"(即现在所说的糖化酶和酒化酶的活力),可见当时已知根据"曲势"来分批投料。

此外,还利用微生物发酵酿醋、制酱、作豉,以丰富生活食品。

关于病原微生物,我国古代也早有一定的认识。古代把传染病都包括在"伤寒"这个总病名中。张仲景的《伤寒卒病论》专门总结了伤寒病(包括各种急性传染病在内)的起始和发展过程以及一系列辩证施治的理论。明代吴有性在《瘟疫论》中提出了戾气说,指出"戾气"是存在于自然界中的一种特别的物质,可以通过口鼻传染人体。戾气也会使动物得病,如牛瘟、鸡瘟等。吴有性还认为痘疹、疔疮和外科化脓感染等也都是由于戾气感染所引起的。当时没有显微镜,所谓戾气,就是指现今的病原微生物。

为了免疫,我国古代早有研究,晋代葛洪的《肘后备急方》就有治疗"猘犬"(疯狗咬人)方。而影响最大的是接种人痘预防天花术的发明。明清时期,已有许多著作记述种痘方法。中国人痘接种术,是人类免疫学的先驱。俞茂鲲在《痘科金镜赋集解》中记载,人痘接种术起于明朝隆庆年间;《医宗金鉴》介绍了痘衣、痘浆、水苗、旱苗四种方法。据俞正燮《癸巳存稿》中记载,1688年(清康熙二十七年)俄国已派医生来学"人痘法"。

(四)对昆虫之研究

昆虫是整个生物界中最大的类群。我国历代人民在益虫研究利用和害虫防治方面都作出了显著的成绩。

养蚕取丝,是古代对昆虫资源开发利用最显著的成果。据出土的原始纺织工具和雕有编织纹和蚕纹图案的"牙雕小盅"考证证明,远在七千年前河姆渡人不仅已能纺纱织布,且已利用茧丝纤维作为纺织原料了。周代,栽桑养蚕在我国南北广大地区得到蓬勃发展。制备蚕种,是养蚕生产的一个重要环节。《齐民要术》提出要选取"居簇中"的茧为蚕种。宋代以来,人们还进一步从各个角度,如茧的质量、成茧的时间和位置、蛾出茧的时间、蛾的健康状态,以及卵的健康状态等,来选取种茧、种蛾和种卵。

为发展蚕丝生产,古代除了饲养春蚕外,还饲养夏蚕、秋蚕,甚至一年养多批蚕。明代在制备夏蚕种的生产中,还发现了家蚕的杂种优势。宋应星在《天工开物》书中关于"嘉种"的记述,是世界上最早的关于家蚕杂种优势利用的记载。

此外,蜜蜂、白蜡虫、紫胶虫、五倍子蚜等也都是我国自古以来对昆虫资源开发利用的成果。

根据古书记载,由于有些昆虫肉体营养丰富,味道鲜美,早就是我国古代参桌上的佳肴。直至现今,蚁卵、龙虱、蚕蛹、蝗虫等,仍是人们的佳馔。

自古以来,我国在利用益虫的同时,也与害虫展开了持续的斗争,促进了生物科学的研究。其中特别是与蝗虫的斗争。据历史记载统计,从公元前707年到1911年,大蝗灾发生约538次。在长期的治蝗斗争中,人们加深了对蝗虫的生物学认识,找到了不少有效的治蝗方法。《论衡》、《氾胜之书》诸书均有记载。宋神宗年间制定的《熙宁诏》是世界上最早治蝗法规,南宋的《捕蝗法》是最早的治蝗手册。明徐光启的《除蝗疏》,对蝗虫的生活史以及蝗虫的发生与周围环境的关系,有了进一步的认识,从而提出了改造蝗虫发生基地,根除蝗虫的办法。

另外,中国古代对昆虫习性已有所研究。如争论长达二千年的"螟蛉有子,蜾蠃负之"之谜,自陶弘景发难批判扬雄的唯心说法之后,不少学者"破巢观察",以有力的事实论证蜾蠃(一种细腰蜂)也有雌、雄性,所负归之"螟蛉"只是其幼虫的食料而已。

另一种昆虫寄生现象——蚕蛆蝇寄生现象,在古代养蚕生产中已被发现。古人还观察到有些蝇类,会在人体上寄生。

(五)关于人体结构和机能之认知

成书于战国时期的中国古医书《黄帝内经》(包括《素问》和《灵枢》两部分),对人体内脏的部位、大小、长短及功能已有一定认识,并指出人体的生理功能与生活条件及精神状态有密切关系。对男女的生长发育过程及生理特征也有比较切实的描述。

人体形态解剖图始于宋代,吴简的《欧希范五脏图》是根据庆历年间宋朝廷杀害欧希范等56人的尸体解剖,经画工绘成的,早已散失。但在沈括《梦溪笔谈》、叶梦得的《岩下放言》等书中,尚可见图的内容与始末。稍后,医师杨介绘《存真图》(一名《存真环中图》)有五脏六腑,十二经络各种图形多帧,对后世颇有影响。南宋以后,人体解剖中断,但根据《存真图》来考订人体形态结构之学术活动却始终未断。1830年,清代医学家王清任著《医林改错》。他根据对尸体的观察,重新绘制脏腑图,改正中国前人旧说,正确地区分了胸腔、腹腔的部位,指出膈肌之上只有心脏、肺脏;其余内脏器官均在隔肌之下。记述了气管、支气管和细支气管,纠正了"肺有二十四孔"之误。提出"灵机记性在脑不在心",还提出听觉、视觉、嗅觉均与大脑有密切联系的看法。

(六)在遗传学上之探索

在生物发生、发展方面。春秋末期,老子在阴阳说的基础上提出"道生一,一生二,二生三,三生万物"(《道德经》)的学说,认为"道"是产生万物(包括生物)的本源。庄子提出"万物皆种也,以不同形相禅,始卒若环,莫得其伦"(《庄子·寓言》)的循环变化观。西汉初,刘安进而提出了生物"同出于一(气),所为各异:有鸟、有鱼、有兽,谓之分物。方以类别,物以群分。性命不同,皆形于有。隔而不通,分而为万物。莫能反宗"(《淮南子·诠言训》)的朴素的生物发生、发展的观点。刘安还把生物因生活条件的改变而导致枯槁、死亡和变异等现象,归因于环境("势居不可移")和遗传("形性不可易")。《齐民要术》在述及选优汰劣时,不仅注意到母畜孕期及仔畜出生时的生活条件,还注意到亲代和子代的遗传关系,"母长则受驹,父大则子壮"。此外,该书还描述了马与驴杂交产生的骡子"形容壮大,弥复胜马"的杂种优势现象。

秦汉以来,人们有意识地利用生物普遍存在的可遗传的变异,进行定向的人工选择和培育,产生许多优良的品种。诸如作物选种、金鱼的选育和著名花卉品种的形成等。

(七)动植物分类研究之发展

明清时期,我国传统的动、植物分类学研究取得了空前的发展。出现了像《救荒本草》、《本草纲目》、《植物名实图考》等举世闻名的著作。

明代朱橚的《救荒本草》是一部记述野生植物的地方性植物志。记载植物414种,每种都配有木刻插图。从分类上分为草类、木类、米谷类、果类、菜类,按部编目。同时又按可食部位在各部之下进一步分为叶可食、根可食、实可食等。同类排在一起,既方便于识别,也反映了它们之间有相近的亲缘关系。《救荒本草》是以救饥为主要目的,故对有毒植物食用加工处理方法也有记载,其中有关利用净土的吸附作用,实际上是植物化学中吸附分离法原理的初步应用。

明代李时珍于1578年写成的《本草纲目》,分16部60类,共收药物1892种,插图1160幅,附药方11096则。每种药物一般都记名称、产地、形态、采集方法、药物性味功用以及炮制过程等。此书明确规定部、类、种三级分类程序。分植物为草、谷、菜、果、木五部,分动物为虫、鳞、介、禽、兽、人六部。每部(除人之外)之下又各分若干类。类之下分种。对生物的形态、架构之仔细和以此为基础的较准确的分类,均超过了前人。在分类方法上,采取了"以纲统目"、"析族区类"的综合分类法。就整体看,是以16部为纲,60类为目;就具体每种药物而言,是以正名为纲,释名为目;以大名为纲,附品为目。结果是纲中有目,目中又有纲,纲目交错,构成一部"博而不繁,详而有要"的体系。

清代吴其濬的《植物名实图考》,收载植物1714种,插图1865幅,主要是考核植物的名实、兼及实用,"以证诸今"。其分类是在《本草纲目》分类基础上,专就植物部分(传统药物主体)进行分类。对前人的研究成果,大量吸收,而对谬误之处,多有纠正。书中对植物形态性状的描述,比前人更加精细。《植物名实图考》最大的特点,在于图绘精美,既便于核对名实以鉴定种类,又形象地保存了原始资料便于后人检索。此书不仅图多,而且多数是据实物写生,可以按图考证鉴定到科、目,乃至到种。编排上,图文相间,随图说明,便于检索。

《植物名实图考》问世不久,清代李善兰和英国学者威廉臣合作编译一部介绍西方近代普通植物学知识的著作《植物学》在中国出版,从此西方近代生物学知识开始逐步传入,并逐渐代替了中国传统的生物学。

2. 陶瓷制品中之化学

(一)陶器

火是人类最早认识和利用的化学现象。当人们用泥土做成器形,并在火中烧达一定温度后,器物变得坚硬牢固,这便发明了原始陶器。早在公元前5000~前3000年,我国在仰韶文化时期已开始制作陶器。

大约距今6500年前,即新石器时代的中期,原始陶器发展为红陶,基色灰红,这是粘土经氧化焰焙烧后,其中三氧化二铁呈红色所造成的。多种红陶上常常有彩绘装饰,这类红陶称为彩陶。其涂料是赭石粉、铁锰矿粉和白土。

红陶进一步发展为黑陶,大量出现于新石器时代后期,是龙山文化的代表。黑陶色泽黑灰或乌黑,有的坯体中含有细石英砂,所以又称夹砂黑陶。黑陶通体内外呈黑灰色,是由于陶坯中的三氧化二铁在还原气氛中生成了四氧化三铁。这表明当时陶工已初步懂得了焙烧气氛的控制和利用。

殷商时期,出现了大量白陶的制作。其原料是白色粘土,主要成分是硅酸铝,因此,焙烧后陶器保持洁白。由于选用的原料可塑性好,质地坚硬,壁薄,而且常饰以印纹,较彩陶更雅致端庄。

黑陶的进一步发展则是硬陶。其特点是质地细腻、坚硬,陶土中所含二氧化硅较红陶明显要高,烧成温度需要1100~1200°C,所以质地坚硬不裂,有的表面甚至已达烧结的程度,呈现光泽。这种陶器表面也常拍印上几何图形的纹饰,因此常称为印纹硬陶。由于硬陶原料中含铁量较高,所以胎质表里多呈紫褐色。

在商代出现的釉陶,其胎骨原料与硬陶相近,但在挂陶衣的粘土浆中掺加了石灰石、方解石等碱性物质,使陶器表面在1000°C的高温焙烧过程中形成一层玻璃状物质,这就是早期的石灰釉。由于釉中含铁,在还原性气氛中烧成时,釉层便呈现出青绿的色调,所以一般称为青釉;如果在氧化气氛中烧成,则呈黄褐色。釉陶较之硬陶不仅美观,而且更不透水,容易清洗,适用于作贮水器、酿酒器和水管、板瓦等。

釉陶发展到汉代出现了低温釉,即以黄丹或铅粉代替石灰石作为陶釉中的助熔剂,并往釉料中加入少量含铜矿物或含铁矿物,前者便使釉层呈深绿色,后者使釉层呈深黄色或棕黄色。这是制作釉器使用呈色剂的开始。唐三彩就是一种施以多种釉色的陶器美术工艺品,以白色粘土为胎,彩绘釉色以白、绿、黄三色为基色,间有蓝、紫、棕褐、黑各色。唐三彩使用低温铅釉,采用二次烧成工艺,釉层约在800°C温度下烧成。绿釉仍用氧化铜类矿物(孔雀石、白青、曾青)着色;黄色和棕褐色釉用赭石着色;

蓝色釉用含钴氧化锰矿石着色；黑色釉用铁锰矿石着色；白色釉是以无色透明釉覆盖在化妆白土上而成。

宋代以后，宜兴（今属江苏省）的紫砂无釉细陶制品，尤其是紫砂茶具，誉满中外，明代达到极盛时期。紫砂陶的原料是宜兴所产的紫砂泥，是一种天然的五色陶土，深藏于岩石层下，具有很强的可塑性，属高岭土—石英—云母类型。因含三氧化二铁量特别高，所以烧成后呈棕紫色。

（二）瓷器

殷周时期出现了青釉器，这种青釉器已符合瓷器的基本要求，只是胎质的白度和烧结程度还不够，所以称它为原始瓷。原始瓷发展到东汉，演变成为真正的瓷。这种早期瓷器的釉层，靠釉料中固有的三氧化二铁自然呈色，所以多呈黄褐色。若焙烧时还原气氛掌握得好，则釉呈青色，所以称青瓷。

唐代瓷器以南方越窑的青瓷和北方邢窑、巩窑及四川大邑窑的白瓷为代表。越窑青瓷的瓷土经过仔细粉碎和淘洗，坯泥在成型前经过反复揉练，所以瓷胎细腻质密，不见分层现象，气孔也少。釉料处理和施釉技术也有很大进步，釉层均匀、晶莹润泽，开裂成纹和剥釉现象大为减少，青色纯正，滋润而不透明。唐代白瓷釉含铁量已极少，洁白似玉。

五代时江西浮梁县昌南镇（即今景德镇）的瓷窑建立，以其附近高岭村的优异瓷土为原料，烧制出的白瓷器，釉色纯正，含三氧化二铁少于1%，胎质含二氧化硅量接近80%，烧成温度高达1200°C，所以质地坚硬，透明度高，被誉为"假玉"。

宋代的名瓷、名窑有河南钧窑瓷、浙江南宋修内司官窑的"开片瓷"及龙泉窑的青瓷。钧瓷是一种天蓝或天青色乳浊釉瓷，而蓝釉中带红。这种紫红色釉是以铜为着色剂，在高温还原气氛中烧成的。"开片瓷"则是有意地利用胎质与釉质的膨胀系数相差过于悬殊的特点而使在开窑的片刻釉面出现很多裂纹，再填以炭末，于是变病为美，别有风味。龙泉窑的青瓷有梅子青和粉青之分，颜色碧青、柔和淡雅，有如翠玉，达到了青瓷的高峰，说明配料、烧成温度和气氛的掌握已达到了完全纯熟的阶段。在釉下彩绘方面，磁州窑白釉的釉下黑彩、酱彩可作为代表。它是以四氧化三铁呈色的。

元代瓷器主要反映在高温釉下彩绘上，出现了以钴土为呈色剂的青花瓷和以铜为呈色剂的釉里红瓷两个新品种，丰富了中国彩瓷的釉色。

明代瓷器中最具特色的是上下釉彩争妍斗艳的斗彩瓷和单纯釉上彩绘的五彩瓷。这两种彩瓷的发明使以往占统治地位的单色釉和单色彩绘逐渐退居次要地位。这时出现的釉上彩绘的颜色釉料是以黄丹—石英—硝石为基体的低温釉料，其着色元素虽仅为铜、铁、钴、锰等几种，但选用不同的原料和配比，却做出了鲜红、鹅黄、杏黄、水绿、叶绿、孔雀蓝、葡萄紫等绚丽的彩色，使彩瓷达到了极其华丽的地步。明代单色釉最珍贵的是永乐、宣德年间出现的"宝石红"、"霁红"等名称的铜红釉瓷。它采用一种高温石灰釉，以铜为着色剂，在强还原性气氛中烧成。红色是胶态单质铜的呈色作用产生的。其焙烧条件极为严格，可谓中国古瓷中的一项绝技。明代还有以铁着色的纯黄釉瓷和以铜为着色剂的孔雀绿瓷（法翠），前者采用低温铅釉，后者采用以牙硝代替黄丹的低温釉。

清代出现了釉料掺砒的粉彩、立体感强的珐琅彩、釉下三彩、墨彩、乌金釉等新品种，同时也从国外引进了很多新技术，例如金彩、以胶态金呈色的胭脂红釉彩和以氧化锑呈色的黄彩。

3. 冶金化学知识

中国古代在铜、钢铁、金、银、锡、铅、锌、汞等金属的冶炼史上均居于世界的前列。中国生铁（铸铁）的发明，大约比欧洲早1000多年。化学在冶金技术中占有很重要的地位，中国古代在冶金过程中积累了丰富的冶金化学知识。

（一）冶炼红铜

中国先民在开采石料的劳动中发现了天然红铜。由于当时烧制陶器的技术已相当成熟，既有了耐高温的陶器，又能造成1000°C以上的窑温，这就具备了用矿石冶炼金属的条件。大约在距今5000年前，中国已进入了冶炼红铜的时期。最初是利用孔雀石类氧化铜矿石，将它与木炭混合加热还原，得到金属铜。

（二）冶铸青铜

青铜，主要是铜锡合金，其中往往含有铅和其他金属。最初冶炼青铜，大概是将红铜和锡矿石、木炭一起合炼而制得的；后来才逐渐发展到先炼出锡、铅，然后再与铜合炼。商和西周时期是中国青铜器的鼎盛时代。中国至迟在殷代已掌握了金属锡和铅的冶炼技术，有可能加入金属锡、铅炼制青铜。战国后期成书的《周礼·考工记》记载了铸造各类青铜器的"六齐"规则（"六齐"是铸造青铜时铜和锡的六种配方）；战国末期成书的《吕氏春秋·别类编》有"金（即铜）柔锡柔，合两柔则刚"的论述，说明那时对青铜的成分与性能之间的关系已有了较系统的知识。

（三）炼铁

中国先民用铁是从陨铁开始的，开始冶铁的时间大约在春秋时期。由于那时已经有了丰富的冶铸青铜的经验，生铁和"块炼铁"几乎同时出现。块炼铁冶炼温度低，夹杂物多，但含碳量低，接近于熟铁，熔点高，质地柔软，适于锻造器物；生铁的冶炼温度高，含硫、磷量较大，质地硬脆，但耐磨，适于铸造器物。

中国古代的生铁先后发展出了四个品种，即白口铁、灰口铁、麻口铁和韧性铸铁。白口铁质硬脆耐磨，适宜铸造犁铧之类。灰口铁脆性减小，而其中的石墨片又具有润滑作用，所以这种生铁正适合铸造轴承材料。麻口铁介于白口铁和灰口铁之间。韧性铸铁是将白口铁加热，长期保温而得，碳以团絮状石墨析出，而基体相当于低碳或中碳钢，所以这种铸铁的出现，表明工匠已掌握了退火柔化处理技术。这一工艺在战国初期就初见端倪，后汉、魏晋南北朝时已得到广泛应用。

战国时期，工匠在锻打块炼铁的过程中，由于炭火中碳的渗入而炼成了最早的渗碳钢，并掌握了淬火工艺。这种方法到西汉初年又发展成为百炼钢工艺。在西汉后期又发明了以生铁为原料的炒钢技艺，并从而得到熟铁。大约在晋、南北朝时发明了将生铁和熟铁按一定比例配合冶锻的方法，以调节铁中的含碳量，而创造了"团钢"（又名灌钢）冶炼工艺。中国的炼钢技术在中古时期一直走在世界的前列。

中国大约在秦代或汉初开始采煤为薪，但只用作加热炉和退火炉的燃料。五代时开始用煤炼铁。明代后期，中国炼铁不仅主要用煤，而且开始炼制和使用焦炭。

（四）胆铜法

用胆水炼铜是中国古代冶金化学中的一项重要发明。这种工艺是利用金属铁将胆矾溶液中的铜离子置换出来，还原为金属铜，再熔炼成锭。西汉时，《淮南万毕术》、《神农本草经》就提到："白青（碱式碳酸铜）得铁化为铜"，"石胆……能化铁为铜"。唐代已有人用这种方法小规模炼制赤铜，北宋时胆铜法发展成为大规模生产铜的重要方法之一。

（五）淘冶黄金

黄金以游离状态存在于自然界，分沙金和脉金（小金）两种。历史上的早期采金技术都是"沙里淘金"。开采脉金大约在五代之后。黄金淘冶加工技术的出现应早在商代前期，那时黄金加工技术已达到很高水平。

（六）炼银

银主要以硫化矿形式存在，并多与铅矿共生。中国大约在春秋初期才开始采集银。东汉时期发明了以黑锡（铅）结金银的"灰吹法"。明代著作《菽园杂记》、《天工开物》中有翔实记载。

天然黄金中总混有一些银，又常有人以银掺入黄金谋利，所以提纯黄金，使它与白银分离，在古代成为一门专门的技艺。中国曾先后利用黄矾—树脂法、矾盐法、硫黄法、硼砂法、矾硝法、矾硝盐法来分离金和银，有丰富的经验。

（七）炼汞

汞，主要以丹砂（硫化汞）状态存在。战国时期，中国已用水银作外用药。同时中国发明了利用水银的鎏金术。这种技艺发展到西汉初年已达到极高的水平。从丹砂升炼水银的技术，在西汉时兴起的中国炼丹术中得到了很大的发展。方士们在密闭的设备中升炼水银，先后利用过石灰石、黄矾、赤铜、黑铅、铁和炭末来促进硫化汞的分解。南宋时期发明了蒸馏水银的工艺，设计了专用的装置，《天工开物》中也有类似记载。在中国的医药化学中还曾利用过铅汞齐、锡汞齐。唐代已开始用银锡汞齐作为补牙剂。

（八）黄铜

宋代以前，锌黄铜称为鍮石，唐代已较多见，价值在银、铜之间。明代以前，这种合金是利用炉甘石（碳酸锌矿）和金属铜、木炭合炼而成的。这个炼制方法的记载最早见于五代末期的"日华子点庚法",是一个炼金术的配方。此法一直沿用到清代。

(九)炼锌

明初中国已掌握了从炉甘石炼取金属锌的技术,那时称这种金属为"倭铅"。16~18世纪中国已向欧洲出口锌锭,18世纪时出口锌的纯度达到99%。明代著作《天工开物》中有世界上现存最早的关于炼锌术的文字记载。

(十)镍白铜

镍白铜自古是中国云南的特产。东晋常璩《华阳国志》就已记载:"螳螂县因山名也,出银、铅、白铜、杂药。"螳螂县在今滇北会泽、巧家一带。明代云南已大量生产似银的锌镍铜合金,称为"中国白铜"。清朝康熙、雍正、乾隆三代,白铜大量销往欧洲。

4. 酿酒技术

中国在4000多年前已知利用酒曲使淀粉发酵酿酒,在世界上是生物化学方面的一项重大发明。殷商时,大体上已经有了两种酒,即"醴"和鬯。前者是用麦芽制成的甜酒,供饮用;后者是以郁金香草酿黑黍而成的酒,主要用于祭祀。据《礼记》记载,西周已有相当丰富的酿酒经验和完整的酿酒技术规程,其中"月令篇"叙述了负责酿酒事宜的官"大酋"在仲冬酿酒时必须监管好的6个环节:"秫稻必齐,曲蘖必时,湛炽必洁,水泉必香,陶器必良,火齐必得,兼用六物。"

中国制曲技术的记载,最早见于晋人嵇康的《南方草木状》,其中提到两广的"草曲"。南北朝时贾思勰所著《齐民要术》翔实记载了北方的12种造酒用曲的制作方法。宋人朱翼中所著《北山酒经》则是研究中国古代南方造曲法的重要文献,它已提及用老曲末为曲种。这有利于优良菌种的延续和推广。宋代发明了红曲,它是在高温菌红米霉的作用下产生的。这种菌繁殖较慢,在高温酸败的大米上才容易生长。因此,红曲的制作是通过耐心的观察、长期的经验和特别的技术才研制成功的,确实来之不易。北宋陶谷的《清异录》对它已有记载。

中国的蒸馏酒以出现于宋代的说法较为可靠。明代以后,中国普遍"用浓酒和糟入甑,蒸令气上,用器承取滴露",以取得味极浓烈的烧酒。

5. 制糖技术

中国在西周时代已知将淀粉水解制糖。中国的制糖技术，长期以来积累了丰富的制糖知识，在化学史上占有重要的地位。中国古代食用的糖除了蜂蜜之外，主要有两大类：一类是淀粉水解而成的饴糖，其中味甜的成分是麦芽糖；另一类是由甘蔗汁加工的蔗糖。

饴糖的传统制法是把稻米、玉米、高粱煮熟后，加入磨碎的麦芽，掺水保温糖化。《诗经》中已有"周原膴膴，堇荼如饴"的诗句，可知西周时已有饴糖。《齐民要术》对饴的制作，分门别类作了阐述。

战国时期的楚国地区已开始种植甘蔗，并将甘蔗汁加热浓缩成为"柘浆"食用。东汉应劭对"柘浆"的解释为"取甘蔗汁以为饮也"。东汉时已将甘蔗汁"煎而曝之"，使它凝如冰。这种糖块当时曾叫"石蜜"。南北朝时制取了粗制砂糖，梁代陶弘景《本草经集注》已提到"取（甘蔗）汁以为沙糖"。蔗糖的脱色处理，最早有鸭蛋蛋白的凝聚澄清法和黄泥浆的吸附脱色法。《天工开物》对此工艺有翔实记载。

唐代糖匠发明了制冰糖（当时称为糖霜）法。南宋王灼在其《糖霜谱》中对冰糖的发明传说和制作方法有详明的记载。

6. 本草和炼丹术

"本草"是汉代以来中药的传统名称。中国自西周到清代的数千年内，均以中药作为主要药物。本草学中对一些药物的来源、性质、鉴别、制法及配伍有所叙述，应用和积累了广泛的化学知识，所以本草学成了研究中国古代化学的一个重要依据。炼丹术则为旨在将普通金属炼成能令人长生不老的丹药或"黄金"的方术。由于炼丹家们进行了许多原始的化学实验而取得了不少的化学知识，并制备了很多药物，后来这些成果演变为本草学的一部分。

（一）中国古代的汞化学

汞是炼丹术中最重要的金属，因此关于它的化学反应和化合物研究的最多。

中国古代的炼丹家由丹砂（即硫化汞）升炼水银，曾取得丰富的经验。其中由硫黄和水银再升炼出红色硫化汞这件事，不仅是一项最早的无机化学合成工艺,而且是用合成方法确定一种物质(丹砂)化学组成的最早范例,也是人类对可逆化学反应认识的开端。葛洪在《抱朴子内篇》中说"丹砂烧之成水银,积变又还成丹砂"。这是古代炼丹家对该可逆反应的简单概括。关于合成丹砂的明确记载,最早见于隋代方士苏元明《太清石壁记》的"太一小还丹方"(《道藏》本))。在唐代以后的中国炼丹术著作中"升炼灵砂"仍占重要地位,入明以后称人工升炼的丹砂为"银朱"。

《黄帝九鼎神丹经》中的"神符"、"柔丹"、"伏丹"都是在土釜中加热水银制得。这些"丹"实际上都是红色氧化汞,当时人们把它误认作"丹砂"。陶弘景最先明确区分了这两种红色的丹药。明代以后,氧化汞广泛用作疡科药,称为"红升丹",因为那时是用水银、硝石、白矾三味混合升炼而成,又称"三仙丹"。

氯化汞的合成是中国古代汞化学中重大成就之一。氯化高汞俗名升汞,中国古代称为粉霜、霜雪;氯化亚汞俗名甘汞,中国古代称为轻粉、水银粉。中国古代炼丹家很早就将水银、硫黄(或直接用丹砂)和戎盐、绿矾(或白矾)一起升炼,以制取甘汞;如配方中再掺入硝石或胆矾,则可制得升汞。大约前者在东汉时先制得,后者在东晋时制得。这两种人工制品后来都成为重要的药物,并有多种配方。清代曾把升汞定名为"白降丹"。

(二)中国古代的铅化学

炼丹术中也常将铅及其化合物作为实验对象。

中国最早的人工铅制剂是铅粉,即碱式碳酸铅。铅粉的出现可能始自殷代。战国时,铅粉已普遍用作化妆品。《周易参同契》里说:"胡粉(即铅粉)投火中,色坏还为铅";《抱朴子·论仙篇》说:"胡粉……是化铅所作。"这说明汉晋之际对铅粉与铅的互变关系已有较多认识。铅粉自古以来就用作颜料、化妆品和药物;汉代以后又成为制釉原料和炼丹要药。

铅霜,即乙酸铅,实际上往往是铅粉制造工艺的第一步产物,所以制得可能较早,但关于它的制备方法的记载,最早见于唐代问世的一些丹经,称为"玄白"。铅霜之名最早见于北宋苏颂的《图经本草》。

金属铅在空气中焙烧即得氧化铅,中国古称黄丹,其色泽金黄,受到早期炼丹家的重视,称为"玄黄"。若将黄丹以猛火加热,即变为橘红色的铅丹，秦代已用作红色颜料，因其色红似丹砂，也被炼丹家视为炼丹大药。汉末或晋代发明了用硝石、硫黄和金属铅炼制铅丹的方法，称为硝黄法，纯度较高。明代又有改进，采用硝石、矾和金属铅合炼的制法，称为硝矾法。宋代以后，则普遍作为灰吹法炼银的副产品而取得。

（三）中国古代的砷化学

中国古代医药和炼丹术中很早就利用了含砷矿物，其中有雄黄、雌黄、礜石、砒黄（不纯的砒石）等；后来又利用了信石。

雄黄和雌黄，初时用作颜料。东汉时有疡科"五毒方"，以石胆、丹砂、雄黄、礜石、慈石（即磁石）在土釜中合炼，所得药物的成分为升华的雄黄、砒霜和少量的硫酸亚汞。《神农本草经》把雄黄列为中品，礜石列为下品，说明对它们的毒性和医疗效用已有一定的了解。雄黄和雌黄在炼丹术中始终被视为炼丹要药。《神农本草经》中说，炼食雄黄可使人轻身神仙。《黄帝九鼎神丹经》所记载的"神丹"就是升华提纯的雄黄。

至迟到隋代时，中国炼丹家已知焙烧雄黄制得纯净的砒霜。唐代著名医学家兼炼丹家孙思邈在《千金药方》中最早用它治疗疟疾、牙痛等病，因其毒性猛烈，称为"貔霜"。较晚的本草学著作则写作"砒霜"。

中国古代砷化学中的最大成就为单质砷的制得。孙思邈《太清丹经要诀》中有以雄黄、雌黄与金属锡合炼的丹方，在密闭坩埚中升华的产物即单质砷。南宋方士们将砒霜和草木药或蜜合炼，得到了"色如银"或"如黑角色，甚硬"的单质砷晶体，称为"死砒"、"伏砒"或简称"砒"。可以说，在化学史上是中国炼丹家最早发现了元素砷。

（四）中国古代的矾化学

中国古代在染色、医药、炼丹术中都曾广泛地应用各种矾，包括绿矾（又名青矾，用于染黑，所以又称皂矾）、白矾（又名明矾）、黄矾、胆矾（唐代以前称石胆）。

绿矾是中国制取和应用最早的一种矾。战国时期已用于染黑，那时是通过焙烧涅石（含煤黄铁矿）取得的，所以得到"樊石"之称。《山海经》已有关于涅石和以涅（绿矾）染黑的记载。在北宋盛行胆铜法后，便得到了廉价的副产品绿矾。黄矾是绿矾经自然风化氧化而形成的，很早就用于染色；唐代以后又成为炼金术中的"染色剂"。

石胆和白矾在中国古代用作医药。炼丹家因为它具有"能化铁为铜成金银"的神异特性，将它视为"延寿、成仙"的圣药。唐人所辑《黄帝九鼎神丹经诀》中有胆矾的制法：用黄矾、绿矾和曾青（碱式碳酸铜）合炼后经浸取、重结晶而制得。东汉炼丹家狐刚子曾干馏胆矾，从挥发物中收集到硫酸。

矾在中国古代化学中的重要性还表现在它和硝石一起加热时所起的反应和作用。这时，它们便部分地起硝酸的作用。例如，红升丹和白降丹的升炼、铅丹的"矾硝法"炼制、南宋以后出现的"炸金法"（金银分离术）都依靠这种混合药剂的作用。

7. 火药的发明

火药是中国四大发明之一。最早的火药出自炼丹家之手，火药的发明大约在唐代中期，到唐代后期才开始应用于军事。

早期火药的基本成分为硝石（硝酸钾）、硫黄和含碳物质。中国在炼丹术和医药中利用硝石开始很早，《史记·扁鹊仓公列传》提到汉初名医淳于意用硝石为药剂。炼丹术兴起后，硝石成为一种主要炼丹药剂。早期丹经《三十六水法》就着重介绍了硝石在水溶液中对丹砂、雄黄、云母、石英等矿物的化学作用。

中国使用硫黄大约始于西汉。《神农本草经》说它"能化金银铜铁奇物"，已知它能腐蚀各种金属。魏晋时期，开始从焙烧黄铁矿制取绿矾的窑顶收集冷凝成液的硫黄，因此硫黄开始有了"矾石液"的名称。

炼丹术中有所谓"伏火法"。其实质为对硝石、雄黄、硫黄、草木药等物在共同火炼前的预处理方案，旨在先改变它们的易燃、易爆的剧烈性质。唐代的《丹房镜源》中已有用炭使硝石伏火的方法，而《太上圣祖金丹秘诀》更载有"伏火矾法"，其前一部分为"伏硫黄方"，此方的配伍实际上就是原始的火药方。

火药应用于军事，约始自唐末，但很不普遍。直到宋初，火箭、火球、火蒺藜等火药武器仍属新式武器。"火药"的名称及其正式配方最早见于北宋曾公亮所撰《武经总要》，其中翔实记载了用于制作"毒药烟球"、

"蒺藜火球"、"火炮"的火药方，它们都是属于燃烧性的。各配方中除焰硝、硫黄外，还掺入了易燃并冒浓烟的桐油、松脂、沥青、黄蜡、干漆，以及有剧毒的草乌头、砒霜、巴豆等物质。

约在南宋时，中国火药由商人经印度传入阿拉伯国家。1253年蒙古大汗蒙哥率军大举西侵，将中国火药、火器及其技术传到了西方。

明初人托名刘基所撰《火龙经》及明末茅元仪所撰《武备志》，先后详细地记载了南宋以来中国各种火药配方及各类火药武器，是研究中国火药史的重要文献。1637年出版的《天工开物》一书中绘有地雷爆炸情景的插图。

8. 黄白术

炼丹术中的黄白术（即炼金术）就是制作人造金银。炼丹术士们确实炼成过一些金黄色或银白色的"药金"和"药银"，对古代合金学和化学作出了贡献。

炼丹家"点化"药金、药银，使用了一些药剂，其中研制最早、使用最久的是一些含砷矿物，如雄黄、雌黄、砒石等。西汉武帝时茅盈等即用雄黄点化赤铜，制成含砷量较低的砷黄铜，即当时所谓丹阳金。隋代以后，制取了含砷量较高的银白色砷铜合金，这种砷白铜的炼制技艺到唐代趋于成熟，使它成为一种重要的药银。南宋以后，一些方士已知先从砒霜炼制"死砒"，再用它直接点化这种合金。

大约在唐代或五代时期，中国炼丹家掌握了以炉甘石点化鍮石（即鍮石金）的技艺。这种类似黄金的锌黄铜很快取代了砷黄铜。

金黄色二硫化锡的炼制成功是中国黄白术中的一项重大成果。7世纪孙思邈最先以金属锡和雄黄合炼制得。北宋人所撰《灵砂大丹秘诀》中又记载了以金属锡和丹砂合炼的制法。

中国黄白术在制作药银的尝试中，曾广泛利用水银，制得多种白色的汞齐，如银汞齐、铜汞齐、铜锌汞齐、铅汞齐、铅银汞齐等。唐代已发明世界上最早的补牙合金，即银锡汞齐（白锡银），这种技艺最初也可能也出于方士之手。

炼丹家们还曾制得铜锌砷（鍮石银）、锡银、锡砷、锡砷铜（白锡银）、锡铅（生铅银、即镴）等多种银白色合金。

四、岐黄之术

1. 中医简史

传说中的医药始祖是神农氏和伏羲氏，传说神农（或伏羲）亲自品尝植物和水泉，以寻求安全的饮食物，并在此过程中认识了某些药物。这就是通常所说的"神农尝百草，始有医药"和"医食同源"。

《周礼》记载，西周分医学为食医、疾医、疡医、兽医，是为医学分科之始。

秦代医和倡阴、阳、风、雨、晦、明"六淫致病学说"，为最初的病因理论。

战国时期，医学家扁鹊诊病已用望、闻、问、切等方法，他尤长于望诊和脉诊，在治疗上已用针灸、按摩、汤药等多种方法，有救治"尸厥"成功的记载。他所遵循的"六不治"准则，其中"信巫不信医不治"突出说明他的医疗实践已与巫医彻底决裂。

成书于战国的《导引图》（汉墓出土的简帛医书）为现存最早的医疗体育图。

《内经》，中医学奠基之作，现存最早的中医理论经典著作。全称《黄帝内经》，由《素问》与《灵枢》组成。这是一部托名"黄帝"的著作，撰者已难以稽考。基本内容写成于战国后期。《内经》认为"阴平阳秘"反映人体正常的生理状态，阴阳不平衡则是产生疾病的根源。治病的根本意义就是调整阴阳。作为一个总纲，阴阳被广泛用于归纳邪正、盛虚、脏腑、经络、脉色、寒热、气味、表里等众多不同层次的医学内容，沟通了解剖、生理、病理、诊断、养生、治疗等许多方面。《内经》中引进五行（木、火、土、金、水）学说，将五行与脏腑、情志、季节、味、色等相配属，并以此来说明人体脏腑器官之间相互依存、互相制约的"生克"关系。《内经》中已完全系统化的经络学说，是早期的经脉知识与阴阳五行学说、脏腑学说相结合的产物。经络的周而复始，运行气血，内连脏腑，外络肢节，使人体内外器官和各种生理功能形成一个完整的有机体。借用阴阳五行而建立起来的脏腑经络学说成为后世中医理论的核心。《内经》还把四时气候、地理环境和人体健康紧密相连。这种整体观正是中医理论的基本特点。总之，此书比较全面而系统地论述了脏腑、经络、营卫气血以及病因、病机、病认识、治则治法、养生保健，并批判了鬼神致病的落后观念。

随着医疗实践的发展，战国末期至秦汉，临证经验大量积累并逐渐形成辨证论治的某些原则。东汉末张仲景的《伤寒杂病论》是中医临证医学的里程碑，它反映了辨证论治原则已然确立，标志着临证医学发展到了一个新阶段。与此同时，药物、方剂、针灸、诊断、病源等方面的研究也蓬勃发展起来。

西汉名医淳于意针对汉文帝诏问所述之25例病案，史称《诊籍》，是中国现存最早的医案。

约成书于东汉以前的《难经》，是可以和《内经》并提的经典医著，又名《黄帝八十一难经》。该书采用"问难"的形式，设81问，以解疑释难，故名《难经》。

东汉名医华佗应用酒服麻沸散进行全身麻醉，在麻醉下施行开腹术。他所提倡的模仿虎、鹿、熊、猿、鸟动作的"五禽戏"是一种医疗体育法。

伤寒是一类外感热病的总称。东汉末张仲景的《伤寒论》（《伤寒杂病论》的伤寒部分）系统地总结了东汉以前的诊治伤寒的理论和经验。该书以六经（太阳、阳明、少阳、太阴、少阴、厥阴）为纲，辨析伤寒不同阶段的证候，把疾病发生发展与脏腑经络相联系，综合认识其证候的本质属性，进而制定治法。《伤寒论》中选用的方剂，大多配伍严密，主治明确，疗效显著，因而被后世尊为"众方之祖"（或称经方），对方剂学发展影响深远。围绕着《伤寒论》及伤寒的研究，形成了中国医史上的伤寒学派（或经方派）。

魏晋间皇甫谧撰《针灸甲乙经》，为现存最早的针灸学专著。针灸是我国医学早期广泛应用的疗法，最早用砭石，到战国时期才逐渐被金属针取代。皇甫谧《针灸甲乙经》，收载穴位已达349个，并将针灸理论和治疗紧密结合，形成了针灸学完整的诊疗体系。

晋代王叔和的《脉经》是中国第一部切脉诊断专书。王叔和将《伤寒杂病论》整理分为专论伤寒之《伤寒论》与专论杂病之《金匮要略》二书。

杂病是对立于伤寒而言的一类疾病，主要是内科病，也含有少数外科、伤科、妇科疾病。

东晋葛洪撰《肘后方》，全称《肘后备急方》，首次描述了天花在中国的流行；论述了沙虱（恙虫）病及应用虫末外敷、内服预防恙虫病的方法；创用咬人狂犬之脑外敷被咬者伤口，以防治狂犬病发作。其《抱朴子·内篇》所述之炼丹涉及几十种药物，并记述了一些化学反应的可逆性及金属的取代作用，被尊为化学之鼻祖。

《刘涓子鬼遗方》乃晋末刘涓子汇集晋前外科医方而成，托名"黄父鬼"所遗。南宋齐代龚庆宣将原书整理、编次，仍冠以刘涓子之名。该书论述金创、痈疽、疮疖等疾病的诊断和治疗，是现存最早的外科专著。

南北朝陶弘景编撰《本草经集注》，按统一体例整编了当时流传的各种《神农本草经》，选定药物365种，以成定本，并增补《名医别录》药物365种；首次按药物的自然属性，以玉石、草、木、虫兽、果菜、米食等分类，一直影响后世本草学著作；首创"诸病通用药"、"七情表"，依药物的治疗性能分类，有利于临床实用；描述药物形态和确定药物产地，成为早期本草最富新意的内容，对确定药材品种，保证用药安全有重要意义，并成为后世本草学著作一大内容。

隋代巢元方等编撰《诸病源候论》，为中国第一部病因病理学专著，该书并载有肠吻合术、大网膜结扎切除术、血管结扎术等外科手术方法和步骤。

唐代孙思邈的《千金要方》，全称《备急千金要方》，为综合性临床医著。该书记载用羊肝、猪肝煮汁治夜盲症、用龟甲治佝偻病、用谷皮、赤小豆等煎汤防治脚气病，多处强调水肿病人忌咸、断盐、勿盐，引述前人论述消渴病小便至甜的结论，并强调禁灸与防止化脓性感染等。其中所述下颌脱臼手法复位、导尿术、食管异物剔除术等都较科学，并绘制彩色经络穴位挂图。《千金要方》成书约30年后，孙思邈所撰《千金翼方》问世，加强了药物学的介绍和增加了对《伤寒论》的论述。

唐高宗接受苏敬等人建议，下诏征集全国各地所产药物，记录有关数据，绘成彩色药图送京，由苏敬等人据此对前代本草著作进行修订，公元

659年成书，名曰《新修本草》，并由政府颁行全国，成为世界第一部由政府组织编修的药学著作。

公元8世纪初，汉族医僧摩诃衍和藏族翻译家毗卢遮那共同编译成《月王药诊》。它是现存最早的一部藏医古代文献。到8世纪末，藏医学家宇陀·宁玛元丹贡布等所撰的《据悉》（《四部医典》），是藏医学主要经典著作。该书系作者根据前人所编《医学大典》、《无畏的武器》及《月王药诊》等书，结合个人经验编著而成。

唐代王焘撰《外台秘要》，集唐以前医学之大成，论述临床内、外、妇、儿、五官各科证治兼论天行瘟病、急救之法及明堂灸法。全书分1104门，均先论后方，收载医方6000余首。

唐代蔺道人撰《理伤续断方》，是我国现存最早的骨伤科专著。所述肩关节、髋关节脱臼的手法复位，四肢及脊柱骨折的手法、手术复位及夹板固定的方法和步骤，达到符合人体生理、解剖的正确复位。

在五代和宋代之间，相继产生了几部中国古代刑侦技术名著，它们是五代时和凝父子的《疑狱集》、南宋郑克的《折狱高抬贵手》、桂万荣的《棠阴比事》。

宋代医官王惟一考订了穴位（354个），增补各穴主治病证，撰成《铜人腧穴针灸图经》，由政府颁行，为经、穴规范化做出了巨大贡献。由王惟一主持铸造的针灸铜人，立体地表现了经络腧穴的位置，并进而将体表的经、穴标志与体内脏腑器官的相对位置直观地显露出来，成为当时最先进的标准针灸经穴模式和教具。

北宋陈直撰《养老奉亲书》，又名《奉亲养老书》、《寿亲养老书》为老年养生学专著。该书广泛搜集老人"食治之方，医药之法，摄养之道"，专门论述老人养生及防病治病的理论和方法。

北宋时，苏颂主编的成《本草图经》，是中国药学史上第一部由政府编绘成的刻版药物图谱。北宋末，医学家杨介校以古书，编成人体解剖图谱《存真图》。

北宋唐慎所撰《证类本草》，全称《经史证类备急本草》，为北宋药物学集大成之著作，囊括了北宋以前主要本草的精华。

政和年间（1111~1117年），由宋徽宗赵佶领衔，组织宫廷医官予编撰的《圣济总录》，全称《政和圣济总录》。该书搜集北宋建国以来临床有效方剂约2万首。先列运气、叙例、治法，依次论述内、外、妇、儿、五官、针灸、补益各科，间亦杂入乳石发动、符禁、神仙辟谷等。共分66门，按门分证，次列方药。

宋代陈自明的《妇人良方大全》，又名《妇人大全良方》，简称《妇人良方》，是中国现存最早且具有系统性的妇产科专著。

南宋宋慈《洗冤集录》是现存最早的系统法医学著作，包括人体解剖、法医检查、鉴别中毒、急救等内容，系统总结了尸体外表检验经验，集宋以前法医学尸体检验经验之大成，成为此后出现的40余种法医著作的祖本。

元代蒙古族医学家忽思慧撰《饮膳正要》，为中国第一部营养学专著。李仲南撰《永类钤方》。首次提出"俯卧拽伸"复位法治疗脊柱骨折。危亦林著《世医得效方》，首创"悬吊复位法"治疗脊柱骨折。

宋、金、元时代，医学学术争鸣比较突出，当时主要有五运六气学说之争以及刘、张、李、朱四大医家在学术上的争鸣。所谓五运六气，是指天有六气（风、寒、暑、湿、燥、火），地有五运（木、火、土、金、水），用十干配五运，用十二支对六气。以纪年的干支推定岁气，由岁气推定应得之病，并且制定施治的方法。宋《圣济总录》就是强调运气和疾病的关系。南宋医家陈自明认为疾病的感染不可拘泥于五运六气。北宋沈括在《梦溪笔谈》指出，五运六气的理论，从大处看，可以推测天地的变化，预计寒暑风雨和水旱螟蝗等自然灾害；从小处看，人的各种疾病也随气运的起伏而变化。但如果拘泥于固定的方法，用来就不灵验了。

宋、金、元之间，战争连年，疾病丛生。当时的医学家在对待疾病的认识和采取的治疗方法有所不同，出现了刘完素、张子和（张从正）、李东垣、朱丹溪（朱震亨）四人为代表的四大学派。金代医学家刘完素对急性热病的治疗，使用寒凉药剂，具有心得，著《素问玄机原病式》、《宣明论方》等书，被后世称为"寒凉派"。金代医学家张子和在临床上善用汗、下、吐三法治病，认为"邪去则正安"。著有《儒门事亲》，被后世称为"攻下派"。元代医学家李东垣创立了"脾胃有伤，中气不足"而致病的论点，用药主张甘温补中。甘寒泻火，反对使用苦寒药物。著有《脾胃论》、《内外伤辨惑论》等书，被后世称为"补土派"。元代医学家朱丹溪认为人体"阳常有余，阴常不足"，于是用药着重养阴补血、滋阴降火。强调要保护人体的正气，不能随便使用攻法。他的代表著作，被后世称为"养阴派"。四家争鸣，丰富了临床辨证、处方、用药的内容，促进了学术的发展。

明代滕硕、刘醇等编撰的《普济方》是中国现存规模最大的医方著作。该书广泛搜集明初以前历代医籍中的方剂，并兼收笔记杂说及道藏、佛书中的有关资料，以汇辑伤寒、杂病、妇科、儿科等各科医方为主，旁及方脉、药性、运气、针灸、本草。共收医论1960则，方剂61739首，附图239幅。

明代沈之问著《解围元薮》，为中国第一部麻风病专著。

明代李时珍的《本草纲目》是中国古代药学史上部头最大、内容最丰富的药学巨著。李时珍充分汲取了历代本草的编纂经验，在保留标注引文出处的优良传统基础上，对古本草的旧分类法进行变革，即采用了"不分三品，惟逐各部；物以类聚，目随纲举"的多级分类法。全书药物以十六部为纲，六十类为目。各部又按"从微至巨"、"从贱至贵"为序排列。每一药物以正名为纲，附品为目；"标名为纲，列事为目"，形成了该书独特的纲目体系。这一富有创造性的体例不仅方便检索，更重要的是建立了较先进的药物分类系统。该书药品众多，取材广博，因此其中也包含了相当丰富的自然科学（动、植、矿物学、化学等）知识。据考英国生物学家达尔文，在讨论鸡的变异、金鱼的育种家化时均引用了《本草纲目》的资料，并称它为"古代中国的百科全书"。

为了适应学医者对医书的需求，出现了不少医学全书、类书和丛书。其中比较著名的有明代徐春甫的《古今医统大全》。该书辑录了230余部医籍及其他文献中的内容编成，内容全面丰富。张景岳的《景岳全书》和王肯堂《证治准绳》也都是学验皆富的医学全书。清代蒋廷锡等受命编纂的《古今图书集成》中的医学部分（即后世单行的《古今图书集成·医部全录》）集录古典医籍注释、临证各科证治、医家传略、医学艺文与记事等内容，为清代著名的医学类书。医学丛书的数量更其众多。王肯堂、吴勉学编辑的《古今医统正脉全书》收明以前重要医书44种。清政府诏令纂修的《医宗金鉴》，包括了从理论到临床各科的内容。文字通俗，取材精当，是非常实用的医学丛书。

2. 基础理论

（一）阴阳

中医学的阴阳学说主要有：

①阴阳的对立制约

《类经附翼·医易义》指出："动极者镇之以静，阴亢者胜之以阳。"阴阳两方面制约斗争的结果，两者取得了统一，也就是取得了动态平衡。就人体来说，阴阳双方对立制约关系的正常，即是生理状态。若因某些因素影响，导致阴阳相互制约失控，则其动态平衡即被打破，便会出现阴阳某一方面的偏盛偏衰，从而导致阴阳失调而产生病理状态，发作多种疾病。

②阴阳的互根互用

《素问·阴阳应象大论》说："阳根于阴，阴根于阳"就人体而言，阴阳的互根互用主要表现为如下三个方面：一是体现于相对物质之间的相互依存、相互为用关系。如组成人体和维持人体生命活动的最基本物质气和血的关系。气属于阳，血属于阴，气为血之帅，血为气之母，两者互根互用。二是体现于机体相对功能之间的相互依存、相互为用关系。如人体生理功能的兴奋和抑制，兴奋属阳，抑制属阴，兴奋与抑制两者之间互根互用。三是体现于物质形体与功能作用之间的相互依存、相互为用关系。机体的形体和组成物质属阴，功能活动属阳，功能活动是物质运动的表现，物质形体则是功能作用的基础和结果，所以两者之间同样存在着互根互用的关系。《素问·阴阳应象大论》说："阴在内，阳之守也；阳在外，阴之使也。"内守、外使的相互关系正是阴阳互根互用理论对于机体内物质与物质、功能与功能、功能与物质之间生理生化关系的高度概括。

③阴阳的消长平衡

阴阳的消长变化，乃是阴阳运动的基本形式之一。在正常情况下，由于阴阳之间存在着相互制约的调控关系，因而其消长运动总是在一定的限度之内，保持着此消彼长、此进彼退的动态平衡状态。如以人体的生理功能而言，则白昼阳盛，机体生理功能以兴奋为主；黑夜阴盛，机体生理功能以抑制为主。子夜至晨起，阴气渐衰，阳气渐盛，机体的生理功能由抑制逐渐转向兴奋，此即是"阴消阳长"的过程；日中至黄昏，阳气渐衰，阴气渐盛，则机体的生理功能又从兴奋逐渐转向抑制，此又是"阳消阴长"的过程。所以，机体的阴阳平衡并不是绝对的静止的平衡，而是相对的阴阳消长的动态平衡。

④阴阳的相互转化

阴阳对立的双方在一定条件下可以各自向其相反的方面转化，即阴可以转化为阳，阳也可以转化为阴，这又是阴阳运动的另一种表现形式。阴阳转化一般都出现于事物变化的"物极"阶段，所以，如果说"阴阳消长"是一个量变过程的话，则阴阳的转化便是在量变基础上的质变过程。所以《灵枢·论疾诊尺篇》说："寒甚则热，热甚则寒。故曰寒生热，热生寒，此阴阳之变也。"

阴阳转化的观点应用于临床病证常见的由实转虚或由虚转实，由表入里或由里出表等病情变化，也都是阴阳转化，主要决定于机体抗病能力的强弱、病邪性质及毒力的大小，以及抢救治疗是否及时和恰当等因素，因而才导致病变发生寒热、虚实及表里等转化。

（二）五行

五行学说的基本内容可概括为两个方面：一是事物属性的五行归类，二是事物联系的五行法则——生克乘侮。

五行归类是将自然界和人体按木、火、土、金、水五种物质属性归纳概括为五大类。以人体五脏为例，则肝脏属木，心脏属火，脾脏属土，肺脏属金，肾脏属水。

五行学说以五行之间生克乘侮的法则来探索和阐述事物之间的相互联系，事物之间的平衡、不平衡乃至复归平衡的过程和方式。相生是一行对另一行具有促进、助长和资生的作用；相克是指一行对另一行具有克胜和制约的作用。相乘相侮是指五行之间的生克制化遭到破坏后出现的反常现象。乘，有乘虚侵袭的意思；侮，有恃强凌弱的意思，因其强故能反克。相乘和相侮往往同时出现，当五行中的某一行过于强盛时，一方面它可因亢而无制，加倍地乘袭我克一行，使其更加不足；另一方面也可以凭借强势,反侮克我一行。

五行学说应用于中医学就是以五行归类的方法以及生克乘侮、亢害承制的变化规律,具体地解释人体生理、病理现象,指导临床医疗实践。

(三) 运气

运气学说是以阴阳五行为核心,在天人相应的整体观念基础上建立起来的。内容包括干支配阴阳五行、五运(指木运、火运、土运、金运、水运五种不同的气候变化系统)、大运(主管每年全年气候变化)、主运(指每年气候的一般常规变化)、客运(指每个运季中的特殊变化)、平气(五行之气非太过即不及,但在运气化合上,则有运太过而被抑,运不及而得助等,格局而为平气之年,又称为正化)、六气(风、寒、暑、湿、燥、火)、主气(和主运的意义基本相同,也是指每年各个季节气候的一般常规变化)、客气(各年气候上的异常变化)、客主加临、运气相合等。

了解运气学说的基本法则后,就可运用它推测每年气候变化和疾病流行的一般情况和特殊情况。年气候变化和疾病流行的特殊情况则要根据值年的大运和司天(主管每年上半年和全年的客气叫做司天之气)在泉(主管每年下半年的客气叫在泉之气)之气来具体推算,并考虑到主运和客运、主气和客气以及运气之间的各种格局。此外,在太过或不及的情况下,还要考虑到胜复的问题。所谓胜复,就是在偏胜过度的情况下,自然界或人体中都会相应产生一种复气,以制止过度的偏盛。至于司天之气,则主管上半年气候变化和相应病变,在泉之气主管下半年气候变化和相应病变。从总的方面来讲,则司天之气又可影响在泉之气和间气而主管全年。

(四) 脏象

脏象学说是研究人体脏腑的生理功能、病理变化及其相互关系的学说。脏,古作藏,指居于体内的脏腑;象,指脏腑的功能活动和病理变化反映于体外的种种征象。又称藏象学说。

人体的脏腑包括五脏:心、肝、脾、肺、肾;六腑:胆、胃、大肠、小肠、三焦、膀胱;以及奇恒之腑:脑、髓、骨、脉、胆、女子胞。脏象学说不仅要研究这些脏腑的部位、形态、生理病理,而且要探究脏与脏、脏与腑、腑与腑之间的关系,以及脏腑与人体情志的关系,脏腑与气、血、精、津液的关系。人体的形体（皮、肉、筋、骨、脉）、官窍（耳、目、口、鼻、舌、咽喉、前阴、后阴）生理功能的产生离不开脏腑，它们与脏腑的关系也是脏象学说所要研究的内容。

脏象学说的基本观点是认为人是以五脏为中心的统一体并与自然界保持着统一，体现了中医学所具有的整体观的特点。在人的生命活动中，心、肝、脾、肺、肾五脏是中心，每脏都配以相应的腑：心配小肠，肝配胆，脾配胃，肺配大肠，肾配膀胱，脏对相配的腑的功能起主导与决定作用。其他形体官窍、四肢百骸均与五脏相关：心与血脉、舌、面，肝与筋、目、爪，脾与肉、口、唇，肺与皮毛、鼻，肾与骨、髓、耳、发均具有特殊的联系。气、血、精、津液既是脏腑功能活动的物质基础，又是脏腑功能的产物，它们与五脏关系密切：肾藏精，肝藏血，脾藏营，肺主气，心主血。津液的生成、输布与排泄，则主要是肺、脾、肾三脏协调完成的。人的精神情志活动称为"七情"（喜、怒、忧、思、悲、恐、惊），或"五志"（喜、怒、悲、思、恐），"五志"归属五脏：心在志为喜，肝在志为怒，脾在志为思，肺在志为忧，肾在志为恐，但这不是机械的划分。作为人体机能活动表现的情志，是以五脏精气作为物质基础的，脏气失调会引起异常的情志，而异常的情志同样会影响脏腑的功能。将五志分属五脏，也是脏腑学说中以五脏为中心的内在统一性的体现。人与自然界季节变化有密切的关系，心气通于夏，肝气通于春，脾气通于长夏，肺气通于秋，肾气通于冬，而昼夜阴阳变化与四时特点相类似。人体的阴阳消长亦与之相适应，保持着人与外界环境的统一。

阴阳五行学说对脏腑的功能、特性、相互关系也作了深刻的揭示。就阴阳而言，脏属阴主里，腑属阳主表，肾与膀胱、肺与大肠等都具有阴阳表里的配合关系。五脏的主要功能是贮藏精气，勿使外泄；六腑的主要功能是受盛和传化水谷，排出糟粕。就五行而言，金、木、水、火、土归属五脏。生克正常为生理现象，反常则为病理现象。

脏象学说贯穿到中医学各个领域，成功地指导了中医的实践。就诊断而言，所以能运用诊法了解病位之所在，分辨病邪之属性，把握脏气之虚实关键是通过疾病的外在表现，联系脏腑、经络、组织器官的相关情况，加以分析归纳而得到的。就治疗而言，由于脏与腑的功能特点不同，发生病变时，治疗大法各异。一般而言，五脏是主贮藏精气的，其有病往往表现为精气不足，见证以"虚"为主，常用补法。六腑主受盛与传化水谷，见证以传化失常为多，常用通法。根据脏腑相互资生、相互为用的关系，调治某脏的亏损，往往涉及到与之相关的他脏，如肝阴亏损，在益肝阴的同时，可以运用滋肾的药物，肝属木，肾属水，称之为"滋水涵木"。诸如此类的辩证治疗方法，其内在联系就是脏腑经络，由此可见脏象学说对指导临床的重要性所在了。

（五）经络

经络是人体气血运行的通道，经脉与络脉的总称，起到沟通内外、贯穿上下、联系左右前后，网络周身的作用。将外在筋、脉、肌、皮、五官、九窍与内在的五脏六腑等联成统一的有机整体。凡人体内行于深层上纵行较大的主干脉为经脉，行于浅层横行较小的分支脉为络脉。

经脉又名正经，包括十二经脉、十二经别和奇经八脉。络脉又名别络，包括较大一些的十五络脉及其分出的网络周身各部的细小络脉，名为孙络；浮现于体表的细小分支，名为浮络。根据十二经脉气血流注所分布的部位，将全身筋肉分成十二群，名为十二经筋；将全身皮肤划分为十二分区，名为十二皮部。这样则由经脉、络脉、经筋、皮部组成了人体的经络系统。

经络学说是在阴阳五行学说指导下，与传统医学其他基础理论，互相影响、互为补充而逐渐发展起来的。从经络的命名、腧穴的定性、各系统的生理、病理及与脏腑之间的关系，到临床各科诊断疾病、拟订治则、选药配穴、施术手法，皆以阴阳五行作论理的依据。尤其在论述人体与自然环境间的关系时，同样以阴阳五行理论来论述经络系统在气象、时间条件变化情况下所受的影响，并运用到针灸临床治疗中去。脏象学说形成后，经络则将脏腑之间、脏腑与肢体之间、脏腑与五官九窍之间联结在一起成为统一的整体，从而使经络系统的生理功能与病理变化与脏腑的生理病理统一起来，成为指导中医临床各科治疗的理论核心。

（六）病因

中医学认为，疾病的发生是致病因素作用于人体后，使正常的生理活动遭到破坏，导致脏腑经络、阴阳气血功能的失调所造成。

中医学将病因概括为：

①六淫

原指自然界风、寒、暑、湿、燥、火等六种自然界气候状况。正常时称为六气，反常时则称为六淫，是外感性疾病病因的总称。

②七情

指人的喜、怒、忧、思、悲、恐、惊等七种情志变化。突然、强烈或长期持久的情志刺激，可使人体气机紊乱、脏腑气血失调，导致种种疾病的发生。

③饮食不当

包括饥饱失常，饮食偏嗜，饮酒过度，生冷不洁等，主要损伤脾胃（主消化），导致脾胃功能失调而百病丛生。

④劳逸过度

包括形体和神志的过度劳累和过度安逸。可致筋骨劳伤，损耗气血，或津液气血运行失调，内伤脏腑。

⑤性生活不节（房劳）

耗伤肾精而产生诸多虚衰病证。

⑥外伤

包括烧、冻伤，溺水，虫兽所伤，金刃枪弹伤，坠堕跌仆伤等，致病后可直接损害筋脉肌骨和脏腑组织，也可使气血运行受阻而变生多病。

⑦疠气

指一类具有强烈传染性的病邪，多从口鼻侵入人体。具有发病急，病情重，症状相似，传染性强，易于流行等特点致病。

⑧痰饮

凡六淫或七情等病因致病使人体脏腑气机不畅，津液不能正常输化，停留或渗注于体内某一部位，均可形成痰饮。痰饮形成后又可成为新的致病因素，致使许多新的病证发生。

⑨瘀血

凡血液滞于体内称为瘀血。跌仆损伤，六淫所感，七情内伤等均可引起经脉中血行不畅，或溢出脉外，积滞于脏腑和组织之间形成瘀血。瘀血所致病证遍及临床各科。

（七）病理

病理，即疾病变化的道理。古代医家通过长时期的临床观察与体验，逐步认识到在各种各样复杂多变的疾病中，其病理变化时有规律性的。归纳而言，有：

①表里出入

表里，又叫内外，代表着病变部位的深浅，标志着病理变化的趋势。

②上下升降

上与下，代表着病的部位，升与降体现着阴阳气血顺逆的变化。上下升降的病理，是脏腑经络的功能失调，气血阴阳升降太过或不及的结果。

③寒热进退

寒是阴气偏胜的一种病理现象，属于功能的病理性衰退；热是阳气偏胜的一种病理现象，属于功能的病理性亢奋。由于阴阳之间具有相互制约的关系，阴阳的偏胜，往往能相互影响。所以，寒与热的病理，都必须分辨虚实。

④邪正虚实

虚与实，是体现人体正气与病邪相互对抗消长形势的病理。实，主要是指邪气亢盛。邪气盛而正气未衰，邪正相搏，是属于实的病理。虚，主要是指正气不能与邪抗争，即是属于虚的病理。虚与实的病理可以相互转化，而且，在疾病变化过程中，会出现"真实假虚"或"真虚假实"现象，对此必须细心分辨。

⑤气血失调

气是人体一切生命活动的动力，而人体全身各脏腑组织器官，都有赖血的濡养。

气的病理，一般有气虚、气滞、气逆三种情况。血的病理，一般有血虚、血瘀、出血三种情况。

气与血的病理，并不是截然分开的。如血虚者，多兼有气虚见症；气郁、气逆者，也往往会导致血瘀和出血。

⑥阴阳盛衰

阴阳盛衰的一般规律是：阳盛则外热，阴盛则内寒（实证）；阴虚则内热，阳盛则外寒（虚证）。凡病理属表、升、实、热、气的可用阳来概括；属里、降、虚、寒、血的可用阴来概括。

3. 临床诊治

（一）辨证论治的诊治原则

辨证论治作为中医诊疗疾病的一大特色，无论在理论上还是临床上，都具有十分重要的意义。

所谓辨证，就是分析、辨认疾病的证候，即以脏腑、经络、病因、病机等基本理论为依据，对四诊（望、闻、问、切）所收集的症状、体征以及其他临床数据进行分析、综合，辨清疾病的原因、性质、部位，以及邪正之间的关系，进而概括、判断属于何证；论治，是根据辨证的结论，确立相应的治疗方法，并选方用药。辨证和论治是诊治疾病过程中相互联系、不可分割的两个方面，是理法方药在临床上的具体运用。

（二）望闻问切四种诊察疾病之方法

诊法包括望诊、闻诊、问诊和切诊四种方法。望诊，是对患者的神、色、形、态、五官、舌象以及排出物等进行有目的的观察，以了解病情，测知脏腑病变。闻诊，是从患者语言、呼吸等声音以及由患者体内排出的气味以辨别内在的病情。问诊，是通过对患者及其知情者的询问，可得知患者平时的健康状态，发病原因，病情经过和患者的自觉症状等。切诊，是诊察病人的脉候和身体其他部位的情况，以测知体内外变化的情况。四诊的临床内容十分丰富，其中以望神、望面色、舌诊、问诊、脉诊为要。

病人所出现的各种症状和体征，以及与疾病发生有关的情况，必须通过望、闻、问、切四种方法进行周密观察和全面了解，从不同角度获得疾病信息，综合分析以提供诊断依据，才能正确辨明病证。这是诊法在临床应用时必须遵循的原则，称为四诊合参。

（三）汗、吐、下、和、温、清、补、消八种治疗基本大法

汗、吐、下、和、温、清、补、消是治疗原则中的八种基本方法。

汗法是汗泄肌腠，逐邪外出的一种治法，其主要作用是驱逐侵袭体表的外邪。

吐法是引导病邪或有毒物质，使之从口涌吐而出的一种治法，其主要作用是使停滞在上焦胸脘部分的有形之邪，从口中吐出，从而达到及时排除的目的，是一种急救的方法。

下法是攻逐体内结滞，通泄大便的一种治法，具有排除蓄积、恢复机理的作用。

和法是通过和解的方法，达到祛除病邪扶助正气的目的。

退法是祛除寒邪和补益阳气的一种治法，其主要作用是回阳救逆，温中散寒，从而达到消除沉寒痼冷，补益阳气的目的。

清法是治疗热性病的一种治法，具有清热降火保津，除烦解渴的作用。

补法是补益人体阴阳气血不足，或补益某一脏腑虚损的一种治法。其作用在于扶助人体气血不足，协调阴阳的偏衰，使之归于平衡。在正气虚弱不能清除余邪的情况下，使用补法不仅能使正气恢复，而且还有利于清除余邪，收到间接祛邪的效果。

消法即消除凝滞在体内的各种有形之邪，其作用与下法相似而实有区别，以渐消缓散的方法来达到治疗的目的。

4. 临床药物治疗之方剂

方剂又名处方，俗名汤头，是在对疾病进行辨证，明确诊断和确立治法的基础上，选择两味或多味药物，酌定用量与剂型，经过配伍组成的中医处方。

方剂由主要药、辅助药、兼制药、引和药组成。主要药是针对病因或主证起主要治疗作用的药物。辅助药是指能够协助和加强主药功能的药物。兼制药有两种作用，一种是能对主药（指有一定的毒性或药性味太偏）起制约作用，另一种是协助主药治疗某些次要症状。

方剂的组成，应当根据临证的具体情况而加减变化。

方剂的剂型有丸、散、膏、丹、汤、酒等。

5. 针灸

针和灸是两种不同的治疗方法，但都是在人体一定的部位（穴位）上，进行针刺或用艾熏烤，从而达到治疗疾病的目的。

针灸疗法，使用方便。临床主要应用于四个方面：针灸治疗、针灸保健、针刺麻醉、经络腧穴诊断。

6. 按压推摩

指在人体经络腧穴及一定部位上施以特定的操作手法或肢体活动来防治疾病和保健强身的方法，亦即推拿，又称按摩。推拿手法有一定的规范动作和技术要领，需要具备持久、有力、均匀、柔和、深透的基本要求。通过临床实践获知，推拿的功能有调整脏腑功能、疏通经络气血、疏理肌肉筋骨关节。推拿治疗总原则是"补虚泻实"，通过补或泻使失衡的机体重新趋向平衡，从而达到治病保健的目的。所谓补虚泻实就是通过手法对经络腧穴或特定部位施以各种刺激，补其不足，泻其有余，以达调整脏腑阴阳，营卫气血，扶正祛邪之目的。

7. 养生诸法

养生是指保养、调养、颐养生命。即以调阴阳、和气血、保精神为原则，运用调神、导引吐纳、四时调摄、食养、药养、节欲、辟谷等多种方法，以期达到健康、长寿的目的。

养生的理论均从维持人的正常状态出发，把减少消耗、加强再生、保证通畅、维持稳定作为重要的着眼环节，主要强调：调和阴阳、流通气血、培补精气、节欲保精和阴阳采补（采补之法，古书备载，今多不传，并对此多有非议）。

养生方法很多，大致有：

（一）调神养生

清心寡欲可使心气平和，血脉流畅，精神安定。调神之法，参禅入定，或心有所持，或弦歌自娱，或山林探幽，以气度从容，心思安定，老闲而少欲，心安而不惧，则神调。

（二）吐纳养生

即今之气功。气功之要，一是静心，静而不思，可以长寿。二是以意引气，以气行周身，通达经络，包括通任督、通小周天、通大周天等各种理论，达到养气养神、经脉流畅，保健强身。

（三）导引养生

又称为练形养生，专指用形体动作为主导方法的养生。这类养生术有五禽戏、八段锦、易筋经、太极拳以及被动的推拿健身等。

（四）食饵养生

指通过控制食物的质量、数量、进食规律、以及回避有害的方面等的养生方法。

（五）保精养生

保精之法，开源节流。开源者有食饵、药物、修炼等。节流有二：一是养神，神安不乱，精不妄耗，清静无为，恬愉自保。二是节房事。

（六）环境养生

人的生活，必不可免要受到环境的影响，因而对水土气候、地形地貌、植被等等均有所选择。多以名山大川，优美僻静处为理想。

五、齐民要术

1. 原始农业时期

《易经》、《淮南子》和《史记》等书载有神农氏发明耒耜和播种五谷的事迹。传说黄帝的妻子嫘祖，是养蚕的创始者。黄帝族著名首领之一帝喾的儿子名弃，即后稷，相传是种植农作物的能手，后被奉为谷神。这些传说依稀反映了原始农业产生的一些情况。

根据考古材料，证实黄河流域的原始农业以种植粟为代表，长江流域的原始农业以种植水稻为代表。当时的农业生产工具已以磨制石器为主，同时也广泛使用骨器、角器、蚌器和木器。其种类包括：整地工具如用来砍伐树木和清理场地的石斧、石锛，用来翻土和松土的石耜、骨耜、石铲，收割工具如石刀、石镰、骨镰、蚌镰、蚌刀等。此外，还普遍使用加工工具石磨盘、石磨盘棒和石臼、木杵等。

原始农业对土地的利用可分为刀耕和锄耕两个阶段。刀耕或称"刀耕火种"，是用石刀之类砍伐树木，纵火焚烧开垦荒地，用尖头木棒凿地成孔点播种子；土地不施肥，不除草，只利用一年，收获种子后即弃去。等撂荒的土地长出新的草木，土壤肥力恢复后再行刀耕利用。在这种情况下，耕种者的住所简陋，年年迁徙。到了锄耕阶段，有了石耜、石铲等农具，可以对土壤进行翻掘、碎土等加工，植物在同一块土地上可以有一定时期的连年种植，人们的住处因而可以相对定居下来，形成村落，为以后逐渐用休闲代替撂荒创造了条件。

2. 夏、商、西周时期

这一时期，财产私有制的产生，促进了农业生产力的提高。这首先反映在农业生产工具上出现了数量不多的青铜农具，木、石器中出现了耒、铲、镢等掘土工具和镰、铚等收割工具。另外，《夏小正》和《诗经》中还提到钱和镈两种除草工具和一种用来碎土平田的木质榔头称櫌，并有"或耘或耔"等记述，表明在农田操作中已有了整地和中耕、除草、壅土的内容。其次，土地的占有制和利用方式也有变化。西周曾行井田制。规定土地为国家公有，由国王将全国土地层层分封给各级贵族，按井字形划分为九区，中央一区为公田，四周八区为分授给八夫的私田。公田由八夫助耕，收获物全部缴交统治者。男子成年受田，老死还田。奴隶们依附于井田，通过集体劳动进行大规模的土地开垦和种植。

中国周朝农业发展，出现较进步的休闲耕作制，农耕中已有垄作。黄河流域已有"嘉种"概念，并出现不少黍、粟品种和品种类型。此时已用仓庾贮藏粮食，并建造"凌阴"（冰库），使用冰镇低温贮藏食物。大田生产重视中耕除草，并采用以火治虫方法。

3. 春秋战国时期

这一时期，封建的生产关系开始发生。鲁国实行"初税亩"，实行按亩征收赋税的制度。在秦国商鞅、魏国李悝等人的倡导下，一些诸侯国家纷纷实行变法，废井田、开阡陌，封建土地所有制逐渐形成。由于这时农民有了一定的经营自主权，生产的积极性就有很大提高。农业生产巨大发展的突出标志是铁制农具的出现。而铁犁的出现，把耕地的作业方式从间断式破土转变为连续式的前进作功，更使生产效率大大提高。铁犁所需的动力大，用畜力作动力的牛耕也便应运而生。这样整个农业生产面貌便随之大大改观。

从春秋末到战国，许多大型灌溉工程如楚相孙叔敖时开凿的芍陂，魏国西门豹兴建的漳水十二渠，战国末期秦国蜀守李冰在四川灌县兴建都江堰水利工程，战国末期韩国人郑国在秦国创建郑国渠等，为农业生产提供了更好的水利条件。

都江堰由分水工程、开凿工程和闸坝工程组成一个有机的整体。所谓分水工程,即在灌县西北的江心洲筑分水鱼嘴,把岷江一分为二,东面为内河,供灌溉之用,西面为外江,是岷江本流,沿江筑有堤防,鱼嘴和堤防的修筑均就地取材,用装有卵石的大竹笼垒筑而成。开凿工程则是在前人,即约早于李冰二三百年做过蜀相的孔明所修工程的基础上进行的,它使内江有足够的水通过宝瓶口流入成都平原上密布的农田灌渠。闸坝工程则包括调节入渠水量的溢洪道——飞沙堰和"旱则引水浸润,雨则杜塞水门"的一整套闸坝设施。三者相辅相成,构成了一个完整的工程系统。

铁制农具还促进了作物栽培方法的变化。一是促使土壤耕作精细化,人们已知深耕、多锄的好处。一是发明了畎亩法,即垄作技术。其要旨是根据田地的高低和土壤水分决定播种位置,实行"上田弃亩,下田弃畎"。再是肥料的施用。肥料古称粪,而"粪"字最早出现在战国,称施肥为"粪田"。《荀子·富国》说:"多粪肥田,是农夫众庶之事也。"

总之,在推行铁制农具的基础上,综合应用深耕多锄和多粪肥田等措施,中国农业的精耕细作传统,实已奠定基础。

这一时期农业的成就,反映到学术研究上,就是有许行等农家学说的出现,并有最早的农书《神农书》、《野老书》等著述(已佚)。托名齐相管仲著的《管子·地员》篇,对古代农业地理、土壤分类和植物生态等均有精要记述。战国时编入《尚书》的《禹贡》篇,为中国古代有关农业地理和农业区域规划的典籍之一。战国末期秦国相吕不韦编著《吕氏春秋》,其中"上农"、"任地"、"辨土"和"审时"四篇是保存至今有关中国古代农业生产的重要著作。战国末期荀况著《蚕赋》,是世界上最早描述蚕的形态和生活史的专著。

4. 秦、汉、魏、晋、南北朝时期

由于冶铁业的发达,铁器农具从汉代开始已经普及。尤其是汉代对犁进行革新,发明犁壁以后,能同时完成翻土、灭茬、开沟、起垄等作业,大大提高了耕作效率。耧车由种子箱、排种器、输种管、开沟器和机架牵引装置组成,可一次完成开沟、播种、盖土工序。汉代出现的提水工具翻车即后世的龙骨车,渴乌是利用虹吸管原理的吸水工具,在古代抗旱排涝中也都有重要作用。此外，在加工工具方面还有风车、水碓、水磨等的发明使用。同时，以牛为主的畜力动力应用，也得到进一步的改良和推广，出现了二牛三人的耦耕，以及用牛牵引的耧车等。

在耕作栽培方面，汉代赵过在春秋时畎亩法的基础上推广了代田法，提高了单位面积产量。在黄河流域还出现区种法以及瓜、薤、小豆间作和桑与黍混作技术。又据《氾胜之书》记载，西汉时还有区田法的创造，对提高产量和防旱保墒有明显的作用。魏、晋时在汉代耱（耢）的基础上，又创造了碎土工具——耙，使整地工艺得到改进，形成耕—耙—耱配套的整地技术。这一时期施肥技术已开始讲究施肥的数量、时间和种类，有了基肥和追肥以及人畜粪的生熟之分，并强调使用熟粪。绿肥作物受到重视，并被安排到轮作中去。播种前实行的"溲种"法，是一种带肥下种的技术。此外，还出现了穗选法以及单打、单锄、单种的选种、留种法等。使黄河流域的耕作栽培技术日趋完善。

这一时期作物方面主要是小麦与粟。园艺方面的突出成就是发明了利用温室以栽培葱韭等作物的方法。汉武帝时，从西域引入葡萄、苜蓿、胡麻（亚麻）等作物，开辟了扩大生产种类、丰富种质资源的途径，也是中国农业发展史上的一件大事。

北魏农学家贾思勰的《齐民要术》不仅详尽地记述了北魏时黄河流域农业生产的实况，也是对秦、汉以来北方旱作农业的一个总结，是一部完整的中国古代农业百科全书。

5. 隋、唐、宋、元时期

魏、晋、南北朝以后，北方时有战乱，南方相对较为安定。北方人口因之大量南移。到宋统一时，南方户数增加了4倍多。人口的增加，提出了兴修水利、扩大耕地以发展农业、特别是增加粮食生产的要求。由于江南农业以水稻为主，兴修水利尤其受到关注。扩大耕地在平原水乡以营造圩田为主；沿海则修筑海堤，以防海潮，并改造盐碱地为农田。在南方山区主要是营造梯田。其前身是畲田，盛行于唐。因畲田是顺坡种植，水土流失严重，宋代起逐渐改为沿山坡层层而上、"迭石相次、包土成田"的梯田，缓和了水土流失。但梯田的营造常以破坏山上林木为前提，梯田的发展对生态环境也有不良影响。

唐代，在长江下游出现的曲辕犁（又名江东犁），可以调节犁层的深浅和耕垡的宽窄，水田、旱地都可适用，因而大大提高了劳动生产率和耕地质量。宋代由于进一步使用了适于水田中碎土平地的耖，从而形成了耕—耙—耖的水田耕作技术，一直沿袭至今。

宋时除"踏粪法"即人工堆肥外，又出现沤肥和捻河泥、饼肥发酵、烧制火粪（相当于现在的焦泥灰）等，从而大大丰富了肥料的种类和来源。

在经营的集约化方面，也有新的发展。唐宋时期发展较快的复种形式是稻麦两熟制，丘陵山区，形成水稻杂粮一年两熟制。

这一时期的经济作物生产也有重大发展。其一是茶的兴盛，其二是甘蔗的扩种和制糖技术的进步，其三是棉花的引种。

有关宋代及以前江南一带农业生产技术上的重大成就，在《陈旉农书》等农学著作中有较为充分的反映。

6. 明清时期

由于耕地面积的扩大赶不上人口增长的速度，明、清二代政府一方面通过垦荒、发展圩田和开发沿海盐碱地等方式扩大耕地面积，另一方面通过增加复种指数，提高单位产量。复种方式上的新发展，在北方是实行多种多样的间作、套种；长江流域除稻麦两熟外，是推广双季间作稻和连作稻等。此外，这一时期从海外引种的甘薯和玉米，由于适应性强和单位面积产量高，到清初已传遍各地，在丘陵山区发展尤快，不久就取代了原来粟类杂粮的地位。

明代从国外引入烟草。这些经济作物产量的增长，促进了农产品的商品化和农村中的资本主义萌芽。

1840年鸦片战争以后，农村经济江河日下。耕地很少增加，农具鲜有改进，许多地方水利失修。

明、清时期的农学著作超过历史上任何一个时期，内容的广度和深度也胜过以往。其中如明末徐光启的《农政全书》，已开始吸收介绍西方科学。只是由于当时的社会条件，农学研究总的仍不能突破传统经验的局限。直到清代末叶，西方近代农业科学技术开始受到重视，农桑学校、农

业试验场和农业推广机构等有所兴办,农学研究才逐渐走上与新的科学技术相结合的道路

六、水利工程

1. 历史演变

传说中的大禹治水,就是治理黄河水患。据《竹书纪年》记载,夏桀时曾"凿山穿陵以通于河",这是有文字记载的最早水利工程。《诗经·小雅·白桦》有"滮池北流,浸彼稻田"句,可见西周时期已有简单的引水灌溉工程。春秋战国时期,有关水利工程的记载较多,如楚庄王时期,孙叔敖在今河南固始一带修建我国最早的"期思雩娄灌区"渠系工程,又在今安徽寿县修建我国最早的大型灌溉工程芍陂(安丰塘)。公元前487年,吴王夫差因伐齐而开邗沟。战国时期秦国在关中地区修成郑国渠,大片土地得到灌溉,农业生产更加发达。蜀守李冰父子在成都平原兴建都江堰灌溉工程,使蜀地成为"天府之国"。

秦始皇统一六国后,为进军岭南,派史禄主持开凿了位于今广西兴安县的灵渠,联结了湘江与漓江,沟通了我国南北水上交通。

汉武帝时开凿的漕渠,历时三年,渠长三百余里,从长安可直通黄河。

汉代长安城,是一座规模很大的都城,但城内水质欠佳,饮用水源不足,给城市生活带来极大不便。为此,汉武帝在长安城近郊修建了昆明池,并形成了由水库、坝、闸、管道和堤防等水工建筑组成的供水系统,兼具蓄、引、排的功能。从此,中国出现了较大规模的城市供水工程。

龙首渠也是汉武帝时发卒万人开掘的一条引洛河水灌溉重泉(今陕西蒲城东南)的一条大型管道,但管道为商颜山(今铁镰山)所阻,经庄熊罴的建议,开凿地下暗渠,发明了"井下相通行水"的"井渠法",使龙首渠从地下穿过了七里宽的商颜山。这种方法正是新疆独特的水利工程"坎儿井"的前身。

公元前95年,汉武帝派人开凿白渠。使关中地区的农业生产得到进一步发展。因该渠是在白公提议下修筑的,故名白渠。

东汉建都在远离江河的洛阳。为了解决洛阳的供水问题以及洛水与黄河间的水运问题,张纯奉命开挖管道引洛水经洛阳,然后注入黄河。该渠

被称作阳渠。这样,通过阳渠沟通都城与中原的水运交通。

黄河在历史上多次泛滥成灾,给人民生活和农业生产造成了极大的破坏。历代统治者都十分重视对黄河的治理。公元69年,东汉王景带领数十万民工开始治理黄河,这项工程包括修筑和加固自河南荥阳到黄河入海口山东千乘(今山东高青县北)500多公里的黄河大堤,同时开凿汴渠(秦汉之际的鸿沟在荥阳从黄河分出到开封的一段)的新引水口,截弯取直,疏浚河道,加固堤防,兴建水门,使河汴分流,汴渠因而得治这项工程的完成,稳定了黄河的河床,使新黄河分洪路线相对变直,成为黄河下游距海最近的一条河道,水流挟沙能力随之加强。在此后的900年里黄河没有发生大规模的决堤改道现象。

140年,会稽郡太守马臻主持修筑江南最古老的大型蓄水灌溉工程——鉴湖,成为东汉水利工程兴盛的一大标志。

东汉献帝时,陈登率众改建邗沟,从而使邗沟直接由樊梁湖之北,通津湖、白马湖、射阳湖,由淮安入淮。

可见秦汉时期,从关中经渭河、黄河、鸿沟或汴渠、邗沟、江南运河、灵渠,可以把黄河、淮河、长江、珠江等水路连为一体,初步形成了纵贯全国的航运干线和水路网络。

三国时期,曹魏推行屯田制,进而大力经营江淮一带,兴修芍陂、茹陂、七门、吴塘等;又在北方修堰筑闸,引各河之水灌田。还开凿了一系列的运河。主要有:连接潮白河和海河的泉州渠;连接漳水和滏阳河(子牙河支流)的平虏渠;连通漳水和卫河的利漕渠;在东南地区的睢阳渠、贾侯渠、广漕渠、讨虏渠;连通淮河北侧的主要支流汴水、濉水、涡水、颍水、汝水,沟通了黄河、淮水和长江三大水系。东吴在今湖北、湖南、江西、安徽南部、江苏南部、浙江一带广泛屯田的同时,也大量兴修水利。

280年,西晋杜预主持开凿扬口运河(今湖北江陵以东),将汉江中游直接与长江联系起来。

444年,北魏在宁夏吴忠一带修建引黄灌溉管道艾山渠。

514~516年间,梁朝曾在安徽浮山附近的淮河上修筑了世界上第一座栏河大坝。大坝应用了铁件贯串石块的建筑材料和技术。整个工程十分浩大，前后花去2年时间，修了两次才完成。该坝3年后就崩溃了，给当地人民带来很大的灾难。但大坝的建设，显示了中国古代人民已经掌握和解决了合龙、截流等一系列水利工程的技术问题。

584年，隋文帝下令宇文恺在西汉漕渠的基础上，修建从长安到潼关的广通渠。605年，隋炀帝征集百余万民工开凿通济渠，又疏浚了山阳渎（邗沟）。608年，又发民工百万开永济渠。610年，再加工开凿江南运河。从此，内河船只可自杭州直达北京以南的通州，完成了世界上开凿最早、规模最大、里程最长的大运河。它全长1794公里，沟通海河、黄河、淮河、长江和钱塘江五大水系，成为贯通南北的交通干线。

734年，唐润州刺史齐澣在瓜州开伊娄河，建伊娄埭，在埭旁建立闸门。从此，瓜州成为我国历史上南来北往的著名古渡。

883年，唐鄞县（今宁波）县令王元暐在浙东鄞江出峡口处修建它山堰排灌工程。它山堰为块石迭砌滚水坝，反映出当时水工建筑技术已相当高超。

北宋太宗期间，在大运河上建造复式船闸，这在世界人工运河发展史上属于首创。1099年，北宋两浙运判官曾孝蕴主持建成江南运河的京口、奔牛两处澳闸，比复式闸门在运用上更为节省水源。

元朝期间，在郭守敬主持下，先后开凿了济州河、会通河与通惠河，并与隋唐运河部分河道相接，形成贯穿南北、举世闻名的京杭大运河。

1351年，元治河专家贾鲁主持白茅堵口，采用"疏、浚、塞"三结合的技术措施和用石船堤障水的办法，取得黄河汛期堵口合龙的成功。

1535年，明绍兴知府汤绍恩主持创建三江闸，闸外筑石堤四百余丈抗潮，石闸上刻水则，依则自闭。闸成，山阴、会稽、萧山三邑方数百里无水患。

明嘉靖、隆庆期间，治河专家潘季驯提出"以堤束水，以水攻沙"的理论，对后世治河事业影响很大，其著作《河防一览》，是古代治河代表著作之一。

1775年，清乾隆年间的大型海塘工程，海宁老盐仓鱼鳞石塘竣工。

1844年，清代林则徐在新疆大兴水利，浚水源，开沟渠，推广汉代创建的"坎儿井"。

2. 水利技术理论专著

我国最早的水利技术理论专著是《管子·度地篇》，成书于春秋战国至秦汉时期。其内容除阐述了水利事业的重要性外，对于灌溉工程、堤防工程技术和管理方面，都作了比较系统的论述。

秦汉、魏晋时期的史学家们十分关注水利的发展历史和规律，出现了《史记·河渠书》和《汉书·沟洫志》、《水经注》等水利通史和专著，为世界水利史留下了宝贵的遗产。

西汉司马迁撰写《史记》时，特设《河渠书》专篇，记述大禹治水到汉元封二年（公元前109年）汉武帝黄河瓠子堵口这一历史时期内的一系列防洪治河，开渠通航，引水灌溉的重要史实。《河渠书》中还拓宽了"水利"的内含和外延。将战国末期所讲的"取水利"即捕鱼之利，发展为包括治河、修渠通航，引水灌溉等工程技术的专业性质，从而首次赋予水利一词以全新的概念。《史记·河渠书》是中国第一部水利通史。

东汉史学家班固撰写《汉书》，专门辟〈沟洫志〉专篇，是中国第二部水利史专著。全书涉及56件重大的水利事件，并以详记水利工程的规划、方略以及具体治水意见为著称，是一部难得的具有承前启后作用的水利发展史和水利工程经验的著作。

北魏郦道元的《水经注》，不仅较为详细地记载了当时各个主要水系全流域的概貌以及河道的变迁，还详细记载了河流所经的古代水利工程，如管道、塘堰、灌溉区域以及更早的一些水利工程的兴废和利害及施工技术等，是对北魏以前我国古代水利工程的大总结，是一部中国河道水系和水利应用的学术巨著。

宋人沈立所著，经元人沙克什改写的《河防通议》，总结了宋代及以前历代在治河中积累的技术经验，特别对筑堤、堵决，开引河和埽工技术有较系统的论述，是一部重要的水利史书。元欧阳玄撰写的《至正河防记》和王祯的《农书》，也都是我国古代水利史上具有较大价值的专著。

七、方技钩沉

1. 造纸术与印刷术

(一)中国古代造纸术

纸是我国四大发明之一。陕西灞桥出土的西汉麻纸,是目前发现的最早植物纤维纸。《三辅旧事》记载,汉征和二年(公元前91年)汉武帝病,卫太子探病,"以纸掩其鼻"。这是文献中提到纸的最早年代。《汉书》记载,汉成帝宠妃赵昭仪用"赫蹄"包药并在上面写字,给宫女曹伟能,要她服毒自尽。后汉应劭认为,"赫蹄"为"簿小纸"。这是历史记载中最早用于书写的纸。

长期以来人们公认为蔡伦造纸,最早提出此说者是东汉刘珍等人编著的《东观汉记》,南北朝时范晔在《后汉书》里,沿用刘珍数据,并且判断道:"自古书契多编以竹简,其用缣帛者谓之为纸,缣贵而简重,并不便于人。伦乃造意,用树肤、麻头及敝布、鱼网以为纸。"从此蔡伦就成为造纸的发明者。其实,蔡伦只是总结前人造纸实践经验,集其大成,把造纸提高到能生产书写纸的阶段。

自从造纸术被发明之后,纸张便以新的姿态进入社会文化生活之中,并逐步在中国大地传播开来。公元317年,晋文帝司马睿迁都金陵(今南京),随即使造纸术从黄河流域传到长江流域和江南一带。江南植物繁多,适于造纸。因为有了较多较好的纸,读书、抄书、藏书之风遂得以盛行。西晋葛洪为保护纸张和书卷免遭书虫(又名蠹鱼,即毛衣鱼)蛀蚀,发明了"入潢"之法,就是把纸用黄檗汁浸染一下,得到能防蛀蚀的黄麻纸(黄色的麻纸),提高了纸的实用性。东晋太尉桓玄用政令形式推广用纸,加快了纸张在国内的生产和流传。唐代是中国造纸术发展史上的鼎盛时期。据《新唐书·地理志》、《通典·食货志》等书记载,当时的造纸业几乎遍及中国各地。明清两代是中国手工造纸术的成熟阶段。经历了长期的生产实践与积累,中国手工造纸业中的许多技法已经形成了固定的"程序",如灰腌、晒白、捶捣、捞纸、晒纸等。反映了纸工们"手口相传"的较高的技艺水平。

中国造纸术中的生产工艺,诸如发酵制浆和分级蒸煮、日光漂白、高浓打浆、流漉法捞纸等,直到17世纪前,一直处于世界造纸技术的前列。

为了使纸张更加美观并改善质量,使之适于各种用途,中国在古时就常对原纸进行再加工。再加工的方式包括染色、洒金、印花、涂蜡、砑光、加米糊、浸胶矾等。在其过程中,相应地使用染料、填料、胶料、明矾等辅助剂。

古代手工纸的用途很多,主要供书写、绘画、印刷等文化之用,此外还有生活及其他用纸,如用于糊窗、糊墙、包装以及扎纸花、剪鞋样、糊灯笼、编纽扣、制鞭炮、做雨伞和纸扇等。

中国古代的纸全由手工操作而成,直到1884年由华商开办的中国第一家机制纸厂——上海机器造纸局建成投产,标志着中国机制纸工业的发端。

(二)印刷术的发明

印刷术是中国古代四大发明之一,对人类文化的发展作出了贡献。印刷术实际上是一种把文字或图画复制的技术,这种技术是从盖印和拓石演变过来的。

①雕版印刷术

唐代早期,我国发明了雕版印刷术。雕版印刷是用木板雕刻文字图画,把墨刷在文字或图画上面,再铺上纸张进行印刷的复制技术。唐中宗期间在长安雕印的《无垢净光大陀罗尼经》,是现存最早的印刷品。唐玄宗开元年间,原来用传抄方式出版的邸报,改用印刷出版,这是世界上最早的印刷报纸。印造于唐咸通九年(868)的《金刚经》,已证明此时雕版印刷技术已臻成熟,其扉页释迦牟尼说法图是现存最早的版画。

9世纪后在中国扬州、益州(今成都)和杭州等地,逐渐形成了雕版刻印作坊的中心。五代冯道从后唐长兴三年到后周广顺三年(932~953)雕造监本"九经",开政府出版标准课本的先河。宋朝早期,先后雕印《大藏经》、《太平广记》、《太平御览》,这是雕印史上最早的巨大雕印工程。

明代末年胡正言、颜继祖在17世纪40年代用饾版、拱花技术,编印了《十竹斋笺谱》、《萝轩变古笺谱》等彩色套印和凹凸印刷版画,发展了木版水印技术。

②活字版印刷术

宋仁宗庆历年间(1041~1049),布衣毕升创制泥活字进行印刷,发明了活字版印刷术,使得出版书籍更为方便灵活。元代王祯用梨枣木刻成大量活字，并创制了轮转排字架，刊印了多种书籍。元顺帝至元六年（1340），中兴路无闻和尚用朱墨两色印《金刚经注》，这是迄今发现的最早双色套印。

熔铸金属作活字是活字制作技术的一大进步。锡活字是我国出现最早的金属活字，其出现的年代，据元代王祯《造活字印书法》一文推算，至迟在13世纪已有锡活字了。到明孝宗弘治年间（1488~1504），无锡华燧和华珵大量用铜活字印书。

清代雍正时，内府用铜活字印了历史上著名百科全书《古今图书集成》。乾隆时，在四库馆副总裁金简主持下，刻成大小木字253500个，把活字版改名为聚珍版，刊印了《武英殿聚珍版丛书》，并把刷印的经验，写成《钦定武英殿聚珍版程序》一书。他还创制了贮字的字柜，这是现代排字字柜的权舆。

2. 纺织沿革

（一）纺织发展概述

早在原始社会，中国初民为了御寒，利用草叶和兽皮蔽体，由此发展编结、裁切、缝缀的技术。连缀草叶要用绳子，缝缀兽皮起初先用锥子钻孔，再穿入细绳，后来演化出针线缝合的技术。骨针是引纬器的前身，是最原始的织具。人们根据搓绳的经验，创造出绩和纺的技术。绩是先将植物茎皮劈成极细长缕，然后逐根拈接。人们还认识到野蚕丝的重要性，先把纤维松解，再把多根拈合成纱，称为纺。开始是用手搓合，后来利用回转体的惯性来给纤维做成的长条（须条）加上拈回，比用手搓拈又快又匀。这种回转体由石片或陶片做成扁圆形，称为纺轮。那时的纺织品已出现花纹，并施以色彩。但是，所有的工具都由人手直接赋予动作，因此称作原始手工纺织。

至迟在周代，已有了官办的手工纺织作坊，主要的植物纤维原料为大麻、苎麻和葛，并发明了沤麻（浸渍脱胶）和煮葛（热溶脱胶）技术。周代的栽桑、育蚕、缫丝已达到很高的水平，束丝（绕成大绞的丝）成了规格化的流通物品。春秋战国丝织物品种已发现有绢、纱、纺、縠、缟、纨、罗、绮、锦等，有的还加上刺绣。

到春秋战国，缫车、纺车、脚踏斜织机等手工机器和腰机挑花以及多综提花等织花方法均已出现。丝、麻脱胶、精练，矿物、植物染料染色等已有文字记载。染色方法有涂染、揉染、浸染、媒染等。人们已掌握了使用不同媒染剂，用同一染料染出不同色彩的技术。

秦汉到清末，蚕丝一直作为中国的特产闻名于世。大宗纺织原料几经更迭：从汉到唐，葛逐步为麻所取代；宋至明，麻又为棉所取代。这个时期里，手工纺织机器逐步发展提高，出现了多种形式：如缫车、纺车由手摇单锭式发展到多种复锭脚踏式；织机形成了素机和花机两大类。花机又发展出多综多蹑（踏板）和束综（经线个别牵吊）两种型式。宋代以后纺车出现适应集体化作坊生产的多锭式。在部分地区，还出现利用自然动力的"水转大纺车"。纺、织、染、整工艺日趋成熟。织品花色繁多，主要织物组织（平纹、斜纹和缎纹）到宋代已经全部出现。丝织物如南宋的缂丝、元代的织金锦、明代的绒织物等，成为以供观赏为主的工艺美术织品。元、明两代，棉纺织技术发展迅速，人民日常衣着由麻布逐步改用棉布。这是手工机器纺织的发展阶段。

18世纪后半叶，西欧国家把机器生产的"洋纱"、"洋布"大量倾销到中国来，猛烈地冲击了中国手工纺织业。中国在鸦片战争失败后，开始引进欧洲纺织技术，开办近代大型纺织工厂，从此形成了少数大城市集中性纺织大生产和广大农村中分散性手工机器纺织生产长期并存的局面。

（二）中国古代服装的变异

中国人的祖先最初穿的衣服，是用树叶或兽皮连在一起制成的围裙。

商代衣服材料主要是皮、革、丝、麻。商代人已能精细织造极薄的绸子，提花几何纹锦、绮，和绞织机的罗纱。奴隶主和贵族，平时已穿色彩华美的丝绸衣服。奴隶、平民一般穿本色麻、葛布衣或粗毛布衣。

周代奠定了中国服装的基本形制，即上衣下裳已分明，"衣裳"成为服装的通称。衣袖有大小，衣长出现长大宽博式样，衣领多作矩式曲折直下，具有承上启下的特色。腹前的斧形韦韠，用皮革涂朱作成，另有一种用丝绸绘绣花纹的叫"绂"或"赤芾"，后世统称之为"蔽膝"，成为特别身份的象征。一般平民只能穿本色麻、葛布衣或粗毛布衣，穷极的只好穿草编的

"牛衣"（蓑衣）。

春秋战国时期，男女衣着通用上衣和下裳相连服装形制的深衣制。深衣有将身体深藏之意，是士大夫阶层居家的便服，又是庶人百姓的礼服，男女通用。大麻、苎麻和葛织物是广大劳动人民的大宗衣着用料。战国赵武灵王颁胡服令，推行胡服骑射。胡服，指当时"胡人"的服饰，与中原地区宽衣博带的服装有较大差异，特征是衣长齐膝，腰束郭洛带，用带钩，穿靴，便于骑射活动。

秦代男女服都是交领、右衽、衣袖窄小，衣缘及腰带多为彩织装饰，花纹精致。秦代服制，服色尚黑，囚徒穿赭色衣。

汉代染织品有纱、绡、绢、锦、布、帛等，服装用料大大丰富。西汉男女服装，仍沿袭深衣形式。不论单、绵，多是上衣和下裳分裁合缝连为一体，上下依旧不通缝、不通幅；外衣里面都有中衣及内衣，其领袖缘一并显露在外，成为定型化套装。女衣，有直裾（直襟）和曲裾（三角斜襟式）。曲裾式下裳部分面积加大，而且与领、袖、襟缘一同作斜幅缝纫。这种斜领连襟合成锐角的曲裾衣，成为当时妇女的一种时装。男衣，外衣领口展宽至肩部，右衽直裾，前襟下垂及地，为便于活动，后襟自膝弯以下作梯形挖缺，使两侧襟成燕尾状。

魏初，文帝曹丕制定九品官位制度，"以紫绯绿三色为九品之别"。这一制度此后历代相沿杂而用之，直到元明。魏晋时，部分文人轻蔑礼法，宽衫大袖、散发袒胸，就是对礼教束缚的突破；"褒衣博带"，成为魏晋世俗之尚。

南北朝时，北方民族短衣打扮的袴褶渐成主流，不分贵贱、男女都可穿用。袴褶的上衣短身大袖或小袖；下衣喇叭裤，有的在膝弯处用长带系扎，名为缚袴。服无定色，外面还可以服裲裆衫（一种背心）。女子衣着上衣短小、下裙宽大。

隋唐两代，统治者对服装作出严格的等级规定，使服装成为权力的一种标志。隋代朝服尚赤，戎服尚黄，常服杂色。唐代以柘黄色为最高贵，红紫、蓝绿、黑褐等而下之，白色则没有地位。日常衣料广泛使用麻布，裙料一般采用丝绸。隋唐时期最时兴的女子衣着是襦裙，即短上衣加长裙，裙腰以绸带高系，几乎及腋下。隋统一后，上襦又时兴小袖，影响所及，贵族妇女内穿大袖衣，外面再披一件小袖衣，名披袄子。讲究的用金缕蹙绣，听任小袖下垂以为美，竟成一时风尚。唐代长期穿用小袖短襦和曳地长裙，但盛唐以后，贵族妇女衣着又转向阔大拖沓。一般妇女穿青碧缬（印花或染花织物）。

宋代官服面料以罗为主，三品以上服紫，五品以上服朱，七品以上服绿，九品以上服青。官服服式大致近于晚唐的大袖长袍。宋代官员日常便服，主要是小袖圆领衫。宋代遗老的代表性服装为合领（交领）大袖的宽身袍衫。劳动人民的衣着变得更短，原因是生产虽有发展，生活却益加贫困。农民和渔夫因而开始被称作"短衣汉子"。

元代长衣通名为袍，其式样在北方男女区别并不大，但材料精粗贵贱，却差别悬殊。

明代以汉族传统服装为主体，清代则以满族服装为大流。

自唐宋以降，龙袍和黄色就为王室所专用。百官公服自南北朝以来紫色为贵。明朝因皇帝姓朱，遂以朱为正色。最有特色的是用"补子"表示品级。补子是一块约40~50cm见方的绸料，织绣上不同纹样，再缝缀到官服上，胸背各一。文官的补子用鸟，武官用走兽，各分九等。平常穿的圆领袍衫则凭衣服长短和袖子大小区分身份，长大者为尊。明代普通百姓的服装或长、或短，或衫、或裙，基本上承袭了旧传统，且品种十分丰富。当时出现一种长身背心，状似士兵的罩甲，故名马甲，在青年妇女中尤为流行。

清代官服主要品种为长袍马褂。马褂为加于袍的外褂，因起源于骑马短衣而得名，特点是前后开衩、当胸钉石青补子一方（亲王、郡王用圆补）。补子的鸟兽纹样和等级顺序与明朝大同小异。因皇帝有时还赏穿黄马褂，以示特别恩宠。影响所及，其他颜色的马褂遂在官员士绅中逐渐流行，成为一般的礼服。

清代一般男子的装束为京样高领长衫，腰身、袖管窄小，外套短褂、坎肩（背心）。汉族妇女在康熙、雍正时期还保留明代款式，时兴小袖衣和长裙；乾隆以后，衣服渐肥渐短，袖口日宽，再加云肩；到晚清时，都市妇女已去裙着裤，衣上镶花边、滚牙子，多至十几道，有"七姐妹"、"十三太保"、

"十八镶绲"诸名，一衣之贵大都花在这上面。满族妇女着"旗装"。至于后世流传的所谓旗袍，长期主要用于宫廷和王室。清代后期，旗袍也为汉族中的贵妇所仿用。体力劳动者则穿短袄长裤。

3. 机械发明

中国古代在机械方面有许多发明创造，在动力的利用和机械结构的设计上都有自己的特色。早在原始社会，我国已出现加工粗糙的刮削器、砍砸器和三棱形尖状器等原始工具。4~5万年前出现磨制技术，28000年前出现弓箭，这是机械方面最早的一项发明。公元前8000~前2800年期间出现了陶轮（制陶用转台）。农具大约出现在公元前6000~前5000年，除石斧石刀外，还有石锄、石铲、石镰、蚌镰、骨镰和骨耜。石斧和石刀上已有用硬质砂子磨削而成的孔。

夏代以前和夏代，先后出现了以圆木板为行走部件的车辆，称为"辁"。相传夏朝奚仲对车辆作了重大改进，从此出现了各种有辐条的车轮。殷商和西周时已有相当精致的两轮车。独木舟和筏等水上运输工具早就相继出现。

商殷时期，随着手工业生产的发展和技术水准的提高，形成了灿烂的青铜文化。河南安阳殷墟留存商代晚期最重的青铜器——司母戊方鼎（重875千克，含铜84.77%）。

西周时，我国已经使用铜犁，会用研磨方法加工铜镜。约在公元前1000年，出现了带铁犁铧的犁。随后，又发明了冶铸用鼓风器。

春秋时期铁器和生铁冶铸技术开始出现，并发明失蜡铸造法和低熔点合金铸焊技术。春秋时期出现的弩，控制射击的弩机已有比较灵巧的机械装置。这时，我国已普遍采用漏壶计时，且已发明了滑轮。《左传》记载的晋国铸刑鼎是世界上最早的铸铁件。

战国时期已有利用天然磁铁制成的指南针——司南的发明，被称为中国古代四大发明之一。在此期间，又出现迭铸和锚链铸造等工艺。所谓迭铸，就是将多件铸范（即铸型）迭合成型，共享一个浇口浇注，一次可得到多个铸件的古老铸造工艺。战国时期即用迭铸铸造刀币。湖北随县曾侯乙墓留存春秋战国时期最复杂、最精美的青铜器——曾侯乙尊盘和大型编钟，编钟由8组65枚组成，采用浑铸法铸造。战国时期流传的《考工记》是现存最早的手工艺专著，其中记有车轮的制造工艺。对弓的弹力、箭的射速和飞行的稳定性等都作了深入的探索。

秦始皇陵铜车马共有零件3462件（包括金制零件737件，银制零件983件），局部装配和总装配采用了高水平的组装工艺。铜车马的制作不仅包括铸造和镶嵌技术，也包括锉、磨、冲、凿等金属加工技术以及焊接、铆接、铰链联接、销钉固定等联接技术，集多种加工技艺于一身，表现出当时金属制造和加工方面所具有的技术能力。

汉代的农具铁犁已有犁壁，能起翻土和碎土的作用，汉武帝时赵过创制三脚耧。汉代已有各类舰艇和大量的三四层舱室的楼船。有些舰船已装备了艉舵和高效率的推进工具橹。西汉时的被中香炉构造精巧，无论球体香炉如何滚动，其中心位置的半球形炉体都能经常保持水平状态。

西汉中期已炼出灰口铸铁，并出现了壁厚3~5毫米的薄壁铸铁件。铸铁热处理技术也有所发展。

东汉以后出现了记里鼓车和指南车。记里鼓车有一套减速齿轮系，通过鼓镯的音响分段报知里程。在此期间，出现了一系列创造发明，如毕岚发明翻车（龙骨水车）、杜诗发明冶铸鼓风用水排。张衡利用漏壶的等时性制成水运浑象，以漏水为动力通过齿轮系使浑象每天等速旋转一周。公元132年张衡创制了世界上第一台地震仪，即候风地动仪。

三国马钧所造的指南车除用齿轮传动外，还有自动离合装置，说明传动机构齿轮系已发展到相当的程度。他还将汉代的纺织机械50综（分组提放经线的综片）50蹑（踏具）和60综60蹑的绫机都改成50综12蹑和60综12蹑，提高了生产效率。并且还创制了新式提水机具翻车，能连续提水，效率高又十分省力。

南朝齐祖冲之所造日行百里的所谓千里船和南朝梁侯景军中的160桨快艇，都是人力推进的快速舰艇。南北朝时期出现了车船，这是中国古代用人力驱动运转的明轮船，也称轮船或车轮舸。北齐綦母怀文发明灌钢技术。

唐宋时期机械制造已有较高水平。如西安出土的唐代银盒，其内孔与外圆的不同心度很小,子母口配合严紧,刀痕细密,说明当时机械加工精度已达到新的水平。水力机械也有新的进展,唐代已有筒车,从人力提水发展为水力提水。南宋末期又创造出先进的水转大纺车。

这一时期天文和计时仪器发展迅速。北宋苏颂和韩公廉等制成的木构水运仪象台,能用多种形式表现天体时空的运行。它由水力驱动,其中有一套擒纵机构水运仪象台代表了当时机械制造的高度水平,是当时世界上先进的天文钟。元代的滚柱轴承也属当时世界上先进的机械装置。

明代已有活塞风箱。它是宋元木风扇的进一步发展。风箱靠活塞推动和空气压力自动启闭活门,成为金属冶铸的有效的鼓风设备。机械技术的进步促进了学术研究。王征于1627年编译和出版了《远西奇器图说录最》,介绍了西方机械工程的概况。来自西方的自鸣钟表和水铳等也在一定范围内得到流传。1634~1637年宋应星编著和出版了《天工开物》,记录了许多先进的工艺技术和科学创见。它反映出当时的农业和手工业的生产技术水准。记载了不少有关机械制造和产品性能的情况。内容涉及泥型铸釜、失蜡法铸造以及铸钱等铸造技术,还记述了千钧锚和软硬绣花针的制造方法、提花机和其他纺织机械以及车船等各种交通工具的性能和规格等。《天工开物》被称为中国17世纪的工艺百科全书。

八、营造建筑

1. 独特体系

中国古代建筑体系大致可归纳为四种,一种是以木材作为主要材料的构架体系,我国绝大多数建筑都属于这个体系。另一种是是以砖石为主的砌筑体系,像城墙、桥梁、陵墓等。还有一种在崖壁上开挖成石窟、窑洞的洞窟体系以及用绳索牵引的绳索体系。

我国木构建筑,无论结构或是形式都有许多独特的内容。

首先,木构建筑是以柱、枋、梁、檩、椽等构件组成的木构架为骨架,以其他材料为围护物的建筑。在屋基上立柱,柱上架梁,梁的两端承檩,檩上排列椽子,柱间用枋连系。椽上再铺望板或瓦片,形成屋面。使建筑物上部荷载均经由梁架、立柱传递至基础。墙壁只起围护、分隔的作用,不承受荷载。

其次，木构建筑各构件的连接都用榫卯。榫卯由榫头与卯孔组成，可以承受压力和一定的拉力，具有很好的弹性。用纵横相迭的短木和斗形方木相迭而成的向外挑悬的斗栱，本是立柱和横梁间的过渡构件，逐渐发展成为上下层柱网之间或柱网和屋顶梁架之间的整体构造层，这是中国古代木结构构造的巧妙形式。既具承托屋檐重量使屋面出挑的功能，又有一定的装饰作用。

第三，单体建筑的外观轮廓均由阶基、屋身、屋顶（屋盖）三部分组成。下面是由砖石砌筑的阶基，承托着整座房屋；立在阶基上的是屋身，由木制柱额作骨架，其间安装门窗槅扇；上面是用木结构屋架造成的屋顶，屋面做成柔和雅致的曲线，四周均伸展出屋身以外，上面覆盖着青灰瓦或琉璃瓦。

单体建筑的平面通常都是长方形，只是在有特殊用途的情况下，才采取方形、八角形、圆形等；而园林中观赏用的建筑，则可以采取扇形、凸字形、套环形等平面。屋顶有庑殿、歇山、盝顶、悬山、硬山、攒尖等形式，每种形式又有单檐、重檐之分，进而又可组合成更多的形式。各种屋顶各有与之相适应的结构形式。

第四，重视建筑组群平面布局。中国古代建筑组群的布局原则是内向含蓄的，多层次的，力求均衡对称。建筑组群的一般平面布局取左右对称的原则，房屋在四周，中心为庭院。大规模建筑组群平面布局更加注重中轴线的建立，组合形式均根据中轴线发展。

2. 综合效果

木结构建筑的梁柱框架，需要在木材表面施加油漆等防腐措施，由此发展成中国特有的建筑油饰、彩画。用青、绿、朱等矿物颜料绘成色彩绚丽的图案，可以增加建筑物的美感。雕塑运用也极为广泛：门楼、照壁常用砖雕，石栏杆和石台基常用石雕，门窗、槅扇、天花、藻井等常用木雕。

中国建筑往往把建筑与山石、水面、绿化溶会在一起，把建筑镶嵌在大自然之中，同时在建筑群中，又善于迭山理水，创造人工山水，这就是为世人所注目的、别具一格的中国园林建筑艺术

3. 发展史略

从远古时代到距今五千年以前，是中国建筑的原始阶段。人们开始从穴居野处、构木为巢发展到在地面上建筑房屋。在浙江余姚河姆渡留存大型木构榫卯杆阑式房屋，在陕西西安半坡村和临潼姜寨村有氏族社会聚居遗址，出现木构架房屋雏形，体现出集合若干单体建筑组成"组群"的总体布局原则。

据文献记载，夏代已有城池、宫室、监狱，但迄今尚未考古证实。河南偃师二里头遗存商代早期宫殿遗址，是中国已知最早的宫殿遗址。河南安阳留存商代盘庚迁殷后的都城和宫殿遗址（殷墟）。从这些遗址可以说明商代已有大规模的宫室。

中国独特的建筑体系是在商周时期初步形成的。中国建筑基本特征的一些形式，如夯土台基、木构架、斗栱以及院落式组合、对称布局等在这个时期均已出现。城市开始有了"城"（王宫所在）和"郭"（居民区）的区分。

春秋末期的《考工记·匠人》中记载的建筑礼仪制度和关于城市、道路、沟洫、城垣的规定，是有关中国建筑的最早文献资料。

战国时，北方诸国为防御匈奴游牧部落，修筑了长城。这是后世称为"万里长城"的伟大工程的开端。

秦汉两朝，建设了许多规模空前的伟大工程。建筑技术有很大进步，砖石材料开始推广使用。秦朝曾用数十万人，修筑驰道、长城、阿房宫、秦始皇陵。秦始皇扩建咸阳宫殿，集中仿建六国宫室，使战国时各国建筑艺术和技术得以交流，为形成统一的中国建筑风格开创先声。

西汉长安宫殿规模巨大，但仍是木构和夯土技术结合的台榭建筑。东汉原建筑虽未见保存，但在出土的大量东汉时期壁画、画像石、画像砖和明器中有丰富的建筑形象资料。其中绘有宅院、坞壁、重楼、厅堂、仓厩、圈、望楼等以至门、窗、柱、槛、斗栱、瓦饰、阶基和铺首、栏板、棂格等形象，显示出汉代建筑的基本情况。庭院式布局、建筑基本形式等都已接近后世。从出土的瓦当、铺地方砖、空心砖以及地下的排水陶制管道来看，这时期砖瓦的工艺水平相当高超，故有"秦砖汉瓦"之说。随着砖瓦的应用，在建筑结构上出现了拱券结构。

三国、西晋年代较短，建筑上无大建树。到南北朝时，佛寺建筑，数量极多。早期寺以塔为中心，继之则塔殿并重。北魏洛阳永宁寺塔，是古代最宏伟的楼阁型木塔。南方多数塔是中心柱（刹柱）式结构，成为塔式主流，并传入日本。砖塔始于西晋，现存最古砖塔河南登封的北魏嵩岳寺塔的形式同北凉石经塔基本一致，是密檐式塔的先声。同时也开始建造可以登临的层楼式砖石塔。

这个时期开始创建许多石窟寺。十六国时期起，由敦煌向东沿河西走廊至天水，开凿石窟不下20多处。北魏皇帝崇佛，开凿了著名的云冈石窟和龙门石窟。北齐皇室则开凿太原天龙山石窟和邺城响堂山石窟。北朝石窟中保存了一些建筑形象，如敦煌、云冈、龙门石窟壁上雕刻绘画中的佛殿形象，云冈、麦积山、响堂山、天龙山的窟檐。

在材料、技术和艺术方面，出现了用砖券砌筑的门窗洞口；琉璃制品开始应用于建筑；模制花砖用于壁面和铺地；塔刹和门窗装饰用镏金件；出现了屋顶呈曲面，屋角起翘的特点；应用了鸱尾一类大型瓦饰；佛寺绘制有绚丽多彩的大幅壁画等。这些都对后世有深远影响。

山西南禅寺大殿和佛光寺大殿显露了唐代木结构殿堂的真面目。通过佛光寺大殿，可以判断自战国时期创始台榭建筑以来，创造出由斗、栱、枋组合成的"铺作"，再进而创造出整体的铺作结构层，成为木构建筑发展成熟的标志。这是一种由井杆楼、台榭、阁道、斗栱等构造形式汇合发展而成的新形式。这种水平分层迭垒的形式，适宜于建造大规模的或高层的建筑物。

自南北朝开始改变席地而坐的习惯，唐代有越来越多的人使用桌椅。高坐要求增加室内高度，于是柱高增加了，出檐相对地减小了，导致房屋外观立面比例的改变。同时使用帷幔遮蔽风雨的效果也随之减低，渐渐地普遍安装了门窗，并由此导致门窗上各种花格子的制作。

宋代建筑已渐失唐代豪劲、朴实、典雅的风格，开始向轻巧秀丽的方向发展，建筑装饰也丰富起来。

元代在建筑方面有过两件大事：一是作出大都城规划，为继唐长安城规划后的又一宏伟规划；二是尼泊尔青年匠师阿尼哥建成北京妙应寺白塔，从此中国佛塔中又增加了"喇嘛塔"这一形式。

明清两代遗留的建筑实物随处可见，宏大、完整的建筑组群为数甚多。其中如北京紫禁城宫殿、明十三陵，曲阜孔庙清东陵和西陵，承德避暑山庄外八庙等，都是有计划、分期建造的宏大宫苑陵庙。此外，还有各地方的衙署寺庙、私人住宅和园林。

明清时代中国各少数民族（藏、蒙、维吾尔）建筑均有相当发展，如西藏布达拉宫、新疆吐虎鲁克玛扎等的建成。承德外八庙建筑则反映了汉藏建筑艺术的交流融合。

4. 重要典籍

春秋战国时齐国人编撰的《考工记》，其中"匠人"部分是中国现存最早的建筑文献。

北宋末期李诫编修《营造法式》，包含了很深的建筑学内容，成为研究唐宋时期建筑的主要典籍。

明代万历年间出现了一部《鲁班经》，似为匠师自编的秘本，流传于木工、匠师间，是一本简要的房屋建筑技术手册，其中还包括各种日用家具的制作制度。

清代前期编修了清工部《工程做法》74卷。这是一部典型的"则例"，其主要内容是详细开列出27种建筑物所用的每个木构件的尺寸。清工部《工程做法》和宋《营造法式》被认为是研究中国建筑的两部课本。

九、交通运输

1. 古代道路

据古籍传载，尧舜时称道路为"康衢"。到西周时期，才把可通行三辆马车的地方称作"路"，可通行两辆马车的地方称作"道"，可通行一辆马车的地方称作"途"，老牛车行的路称作"畛"，仅能走牛、马的乡间小道称作"径"。秦始皇统一中国后，"车同轨"，兴路政，天子驰车之道称为驰道。唐朝时筑路五万里，称为驿道。元朝将路称作"大道"，清朝称作"大路"、"小路"等。清末年，我国建成第一条可通行汽车的路，被称作"汽车路"，又称"公路"。

据《古史考》记载："黄帝作车，任重致远。少昊时略加牛，禹时奚仲驾马。"说明早在公元前2000年前，我国已有可以行驶牛车和马车的古老道路。

商汤的祖先"服牛乘马"，远距离经商，揭开了以畜力为交通运输动力的历史。经过夏商两朝长期的开拓，到西周时，道路已经初具规模。《诗经》有"周道如砥，其直如矢"句，表达出那时已有宽广平坦、笔直如矢的大路。据史载，周灭商后，除都城镐京（今西安附近）外，还营建了东都洛邑（今洛阳）。为了有效发挥两京的政治、经济、文化中心的作用，在它们之间修建了一条宽阔平坦的大道，号称"周道"，并以洛邑为中心，向东、向北、向南、向东南又修建成等级不同的、呈辐射状的道路。修建周道，在我国经济文化发展的历史上，起了奠基性的作用。春秋战国时期，频繁的经济文化交流、军事外交活动和人员物资聚散，都极大地推进了道路的建设。其中最著名的就是秦国修筑的褒斜栈道。这条栈道起自秦岭北麓眉县西南15公里的斜水谷，到达秦岭南麓褒城县北五公里的褒水河谷，故称褒斜道。这条全长200多公里的栈道是在峭岩陡壁上凿孔架木，并在其上铺板而成的。

秦始皇统一中国后，根据"车同轨"的要求。耗费了难以数计的人力和物力，修筑了以驰道为主的全国交通干线。驰道路面幅宽50步（约70米）；路基要高出两侧地面，以利排水，并要用铁锤把路面夯实；每隔三丈种一株青松，以为行道树；除路中央三丈为皇帝专用外，两边还开辟了人行旁道；每隔10里建一亭，作为区段的治安管理所、行人招呼站和邮传交接处。

汉朝和唐朝时期，东部山东和东南沿海江浙一带的大批质量上乘的丝绸从水路或陆路集中到长安城。有相当一部分通过陆路转运到西方去。由于在这条陆路上，丝绸的贸易占了很大比重，因此把它称为丝绸之路。这条长达7000多公里的丝绸之路，构成了世界性的东西大商道。不仅在两汉时期，而且在唐、宋、元、明时期，都发挥着重要作用，成为古代东西方文明联系的主要纽带。

唐朝是我国古代道路发展的极盛时期。如长安城内有11条南北大街，14条东西大街。皇城中间的南北大街称为承天门大街，宽441米，视野开阔。连接12座城门的有六条大街，其中朱雀大街，是盛唐时期长安城的一条贯穿南北的重要大街。它是中轴线,宽147米,把长安城划为东西两部分。

到了宋和辽金时期,我国的道路建设进入一个新的发展阶段,特别是在城市道路建设与交通管理方面,与隋唐时代有着明显的区别。这一时期的城市建设,实现了街和市的有机结合。城内大道两旁,第一次成为百业汇聚之区。北宋都城汴京(今开封)的中心街道称作御街,宽两百步,路两边是御廊。御街上每隔二三百步设一个军巡铺,铺中有防隅巡警,也许这是历史上最早的巡警。唐代出现了一种供众人使用的油壁车。到了南宋,这种油壁车有了新的改进。车身做的很长,上有车厢,厢壁有窗,窗有挂帘,装饰华美。车厢内铺有绸缎褥垫,很是讲究,可供六人乘坐观光。这是最早的公交车。

元、明时期建成了以北京为中心的稠密的驿路交通网。驿路干线辐射到我国的四面八方。特别是元代,综合拓展了汉唐以来的大陆交通网,进一步覆盖了亚洲大陆的广阔地区。

清朝把驿路分为三等,一是"官马大路",由北京向各方辐射,主要通往各省城;二是"大路",自省城通往地方重要城市;三是"小路",自大路或各地重要城市通往各市镇的支线。

2. 车辆演变

相传我国在黄帝时代已经创造了车。史载夏朝攻伐有扈氏时,就使用了大批的驮畜和战车、运输车。商的始祖契,是夏禹的同时代人,到其孙相土的时候,已能用四匹马驾车了。传至相土的曾孙王亥,商人又学会了用牛来驾车。商代战车的使用已经十分普遍,车辆制造技术也有很大提高,能够造相当精美的两轮车了。根据发掘的甲骨文中的许多"车"字分析,表明商朝的两轮车已有一辕、一衡、两轭和一舆。西周的车辆有了重大改革。《说文》上说,商代有三匹马拉的车,谓之骖;周人增加了一匹,谓之驷。

到战国时期,车辆有了大的改进,特别是车辕开始由单辕改为双辕,这就更加牢固,载重量也更大了。几个大国在农业和手工业发展的基础上,商业和交通也迅速发展起来,万户之邑纷纷建成,车辆往来十分频繁,大街上"车毂击,人肩摩",呈现出前所未有的繁荣景象。

始皇五次大规模巡游,主要的交通工具就是马车。从秦始皇陵兵马俑出土的两辆大型彩绘铜车马来看，我国2000多年前的马车制造技艺已十分精湛。

到了汉朝，车的种类增多，且主要用于载人装货。汉朝最高级的马车是皇帝乘坐的"辂车"和"金根车"。据《续汉书·舆服志》描写，金根车上有"鸾鸟立衡"、"羽盖华蚤"。高级官吏乘"轩车"是两侧有障蔽的车。一般官吏乘"轺车"（古代一匹马驾驶的轻便小车）。贵族妇女乘坐"辎车"，车箱形如一间小屋。此外，还有许多供某一特定目的而制作的专用车辆类型。

东汉和三国时期出现了独轮车，这是一种既经济又实用的交通运输工具，诸葛亮北伐时，为军队运送粮草的"木牛"，就是一种特殊的独轮车。汉朝科学家张衡发明的记里鼓车是一种利用减速齿轮系统带动车上小木人而报告车行里程的机械。机械发明家马钧制造的指南车，是一种由车子和一个小木人构成的指示方向的机械，车中装有可自动离合的齿轮传动装置，并与木人相连，木人有一只手指向前方。不管车辆朝什么方向行走，在自动离合齿轮装置的作用下，木人的手都指向南方。它与记里鼓车都是我国古代车辆机械方面取得的重要成就。

南北朝时出现了12头牛驾驶的大型车辆，还出现了装有石磨的磨车。宋朝的大车叫"太平车"，用五至七头牛拖拉。这时的独轮车前后两人把驾，旁边两人扶拐，前用驴拉，叫作"串车"。明朝将前用驴拉、后以人推的独轮车叫"双缱独轮车"。明清时期除了陆续出现许多新型车辆和异型车辆外，还出现了帆车，即在车上加帆，利用风力助车行进。到清朝时又出现了铁甲车和轿车。铁甲车有四轮，轮的直径约一尺，车厢包以铁叶，以保安全。轿车是马车与轿子结合的产物，外形如轿，用马和骡拉挽。徐扬的《乾隆南巡图》中就画有这类轿车。

3. 造船与航海

《易经·系辞》中有"涣"字。"涣卦"的注解认为是"木在水上也"。这是人类已知利用木作为渡水工具的最早记载。《易经》又记载"黄帝刳木为舟，剡木为楫，舟楫之利，以济不通"，这是有关人类制造舟楫进行航运的最早记载。《竹书纪年》说，夏朝帝芒"东狩于海，获大鱼"，这是有关夏代航海活动的最早记载。

在古代历史文献上，记载着许多先秦时期关于水上运输的史实。《史记》和《淮南子》都有周武王灭商渡孟津的记述。《诗经·大雅》中说到"渭彼泾舟，烝徒楫之"，说明已有较大的船用于航运，需要许多人来划。《左传》记述楚国训练水师，准备侵略吴国，说明航运已用于军事。《史记·秦始皇本纪》记述秦始皇东巡山东，派遣徐巿率童男女数千人入海，这是我国一次大规模海上航行的记载。

《拾遗记》记载，汉惠帝二年（前193），扶桑之外的泥离国来朝，惠帝派楼船十艘，送泥离之使，可见楼船已广泛应用。《淮南子·齐俗训》说，"乘船而惑者，不知东西，见斗极则寤矣"，表明船工已知利用天体进行导航。

据《汉书·地理志》，西汉时期，使臣从徐闻、合浦出发，航海至都元、邑卢没、谌离、夫甘都卢、黄支、已程不等国，是我国船舶进入印度洋的最早记载。

汉武帝为了统一和控制海上交通线，派严助、朱买臣等人建立海上武力，后又设楼船将军，大造楼船。

《太平御览》曾记述东汉地方官巡行涨海。涨海即今之南海。

226年，三国东吴派遣朱能、康泰率船队出使扶南（柬埔寨）、林邑及"西南大洋洲上"诸国。242年，东吴派遣将军聂友、校尉陆凯，以兵三万抵珠崖、儋耳（海南岛）。

《宋书》记载，晋代有"指南舟"之说，实际上说明了我国是世界上最早把指南针应用于航海导航事业，这可以在北宋朱彧的《萍舟可谈》与徐兢的《宣和奉使高丽图经》中得到印证。

唐代贾耽的《广州通海夷道》中记述当时的海运船舶已跨出汉代以来的南海活动范围，远达波斯湾、红海一带。

据宋代吴自牧的《梦粱录》可知，最早使用于航海的指南针结构是指南针与罗盘结合在一起的"针盘"，是世界上最早的磁罗盘。

南宋时，出现了我国最早的海图。十三世纪初年在编纂的《琼海志》的同时，有一张绘有南海诸岛的海图。

据《明史·郑和传》记载，郑和率领舰队自明永乐三年至宣德八年

（1405~1433年）将近30年的时间里，先后七次抵达了亚洲和非洲的30多个国家。从航海史的角度来看，郑和下西洋的重大意义在于他和他率领的舰队首创了我国横渡印度洋的记录。"郑和航海图"是郑和船队第七次下西洋使用的航海图。这是我国现存最早的航海图。在航海中使用了"过洋牵星术"，即天文导航，观测的器具称"牵星板"。

我国古代航海木帆船中的沙船、乌船、福船、广船，是最有名的船舶类型，尤以沙船和福船驰名于中外。沙船在唐代出现于江苏崇明。它的前身，可以上溯到春秋时期。沙船在宋代称"防沙平底船"，在元代称"平底船"，明代才通称"沙船"。明代初年，郑和七次下"西洋"每次出动船舰一百多艘或两百多艘，其中宝船四十多艘或六十多艘。郑和宝船长约一百五十米，舵杆长一一·○七米，张十二帆，这是最大的沙船了。

福船是一种尖底海船，以行驶于南洋和远海著称。明代我国水师以福船为主要战船。古代福船高大如楼，底尖上阔，首尾高昂，两侧有护板。全船分四层，下层装土石压舱，二层住兵士，三层是主要操作场所，上层是作战场所，居高临下，弓箭火炮向下发，往往能克敌制胜。

我国古代造船技术的特点，是能创造出可以适应各种不同地理环境、各种不同性能要求的优良船型。例如，周代的方舟，是一种双体船。战国时期有舫船，也是两船并连在一起的双体船，不仅能提高稳性，更便于装货载人。汉代的楼船非常高大雄壮。三国时期海上大船长二十多丈。晋代卢循作八槽舰。南北朝时期祖冲之作千里船。唐代有海鹘船。宋代最大的车船（桨轮船），长三十六丈，宽四丈一尺。明代有郑和宝船，还有两头船、蜈蚣船、连环舟、子母舟以及其他新型船舰。